カリフォルニア
California

アンドレア・シュルテ-ピーバーズ
Andrea Schulte-Peevers

サラ・ベンソン
Sara Benson

マリサ・ゲーリッヒ-バーギン
Marisa Gierlich-Burgin

スコット・マクニーリィ
Scott McNeely

カート・ウォルフ
Kurt Wolff

MEDIA FACTORY

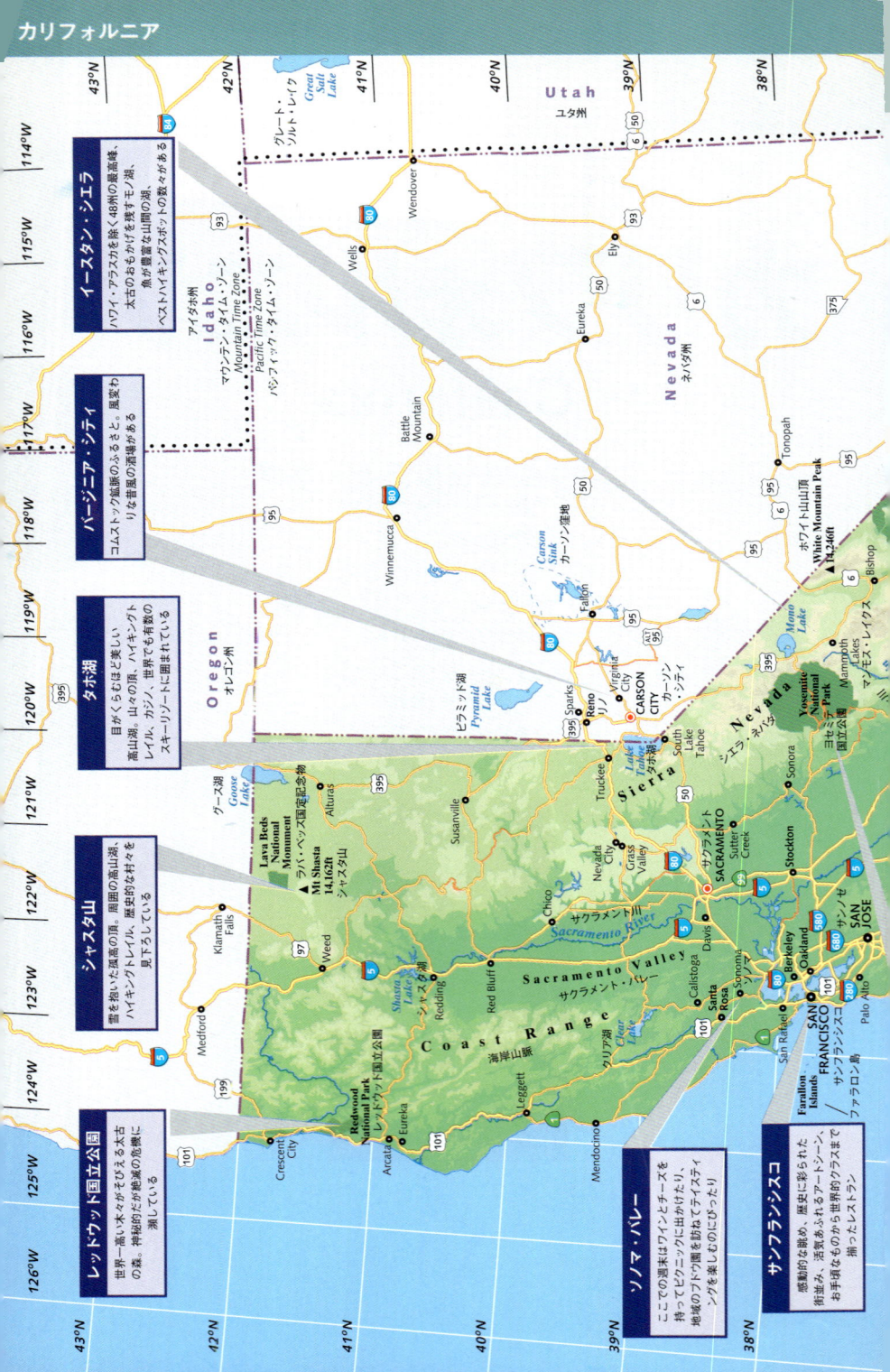

この本は、ロンリープラネット・ガイドブックの
「California 3rd edition／カリフォルニア第3版」を
メディアファクトリーが翻訳したものである。

原書
California
第3版-2003年3月
初版-1996年5月

原書発行者
Lonely Planet Publications Pty Ltd　ABN 36 005 607 983
90 Maribyrnong St, Footscray, Victoria 3011, Australia

本書
ロンリープラネットの自由旅行ガイド　カリフォルニア
2003年7月17日　初版第1刷発行

発行者　清水能子
発行所　株式会社メディアファクトリー
〒104-0061東京都中央区銀座8-4-17
Tel: 0570-002-001　Tel: 03-5469-4740（編集部）
印刷・製本　凸版印刷株式会社

乱丁、落丁本はお取り替えいたします。
本書の内容を無断で複製・複写・放送・データ配信することは、かたくお断りいたします。
定価は表紙に表示してあります。
ISBN4-8401-0820-X C2326
Printed in Japan

本ガイドブックに掲載のほとんどの写真は
ロンリープラネット・イメージズ Lonely Planet Images から
使用許諾を得ることが可能。
W www.lonelyplanetimages.com

表紙写真
パームツリーと赤い壁、カリフォルニア
(Grant V. Faint/Getty Images)

本文・地図 © Lonely Planet Publications Pty Ltd 2003
写真 © 記載の写真家2003

Lonely Planet、Lonely Planet logo、Lonely Planet Images、CitySync、eKnoは
Lonely Planet Publications Pty Ltdの登録商標である。
その他は各所有者の登録商標である。

日本語版編集スタッフ
編集Mgr.／小野アムズデン道子
翻訳／（株）トランスワード
編集／ブラムフィールド栄子　清水雄太　ウィンドーズ（株）
校正／向川浩子　水野佳子　北方章子　日當千秋　安河内俊弥（ブレーンドット）
　　　柏谷直子　高杉真理枝　中島まき
リサーチ／野村幸子
DTP・レイアウト／市川葉子　マリオ・リデントール・モスラレス　ハンター・ブラムフィールド
　　　　　　　　大倉俊一郎　ウィンドーズ（株）
表紙・アートディレクション／山田伸哉

原書・本書発行者と
執筆者および翻訳者は
可能な限り正確な情報を
記載するよう
努めているが、
本書の使用により被った
損失、傷害、不都合に
対しては
責任を負うものではない。

Contents - 本文

執筆者		8
原書について		11
はじめに		12
カリフォルニアの魅力		13
カリフォルニアについて		15

歴史	15	植物	27	住民	31
地理	23	動物	28	教育	31
地質	25	国立公園	29	芸術	32
気候	25	政治	30	宗教	41
エコロジー	25	経済	31	言語	41

基本情報		43

旅行計画	43	時差・時間	54	違法行為	60
旅行者としての良識	43	電圧・電源	54	営業時間	61
観光案内所	44	計測単位	54	祝日	61
ビザ・渡航書類	44	ランドリー	54	文化行事	61
大使館・領事館	46	トイレ	55	年中行事	62
通関	46	健康	55	仕事	65
お金	47	女性旅行者へ	56	宿泊	65
郵便・通信	49	同性愛の旅行者へ	57	食事	68
参考サイト	51	身体の不自由な旅行者へ	57	飲み物	70
参考になる本	52	高齢の旅行者へ	58	エンターテインメント	71
新聞・雑誌	53	子供連れの旅行者へ	58	スポーツ観戦	72
ラジオ・テレビ	53	知っておきたい組織	58	ショッピング	72
ビデオ方式	53	治安・トラブル	59		
写真・撮影	53	緊急のとき	60		

アクティビティ		74

ハイキング・バックパッキング	74	ラフティング	83	ランニング	86
サイクリング・マウンテンバイキング	79	カヤック	84	ケイビング（洞窟探検）	87
スキー	80	サーフィン・ウィンドサーフィン	85	ゴルフ	87
ロッククライミング・登山	82	ダイビング・シュノーケリング	86	熱気球	87
乗馬	83	釣り	86	スカイダイビング	87

アクセス		88

空から	88	列車で	92	ツアー	93
バスで	92	車・オートバイで	93		

交通手段		95

飛行機	95	オートバイ	99	公共交通機関	101
バス	95	自転車	100	ツアー	101
鉄道	96	ヒッチハイク	100		
車	96	船	101		

サンフランシスコ		102

歴史	103	サウス・オブ・マーケット	120	ロシアン・ヒル	125
オリエンテーション	104	ファイナンシャル・ディストリクト	121	フィッシャーマンズ・ワーフ	126
インフォメイション	105	ノブ・ヒル	123	マリーナ＆カウ・ホロウ	126
ユニオン・スクエア	119	チャイナ・タウン	123	パシフィック・ハイツ	127
シビック・センター	120	ノース・ビーチ	124	ジャパンタウン＆フィルモア地区	128

ヘイト..................128	サイクリング............134	年中行事...............136
カストロ................129	ジョギング・スケート......134	宿泊...................136
ミッション..............129	セーリング・ウィンドサーフィン.134	食事...................144
プレシディオ............130	サーフィン..............134	エンターテインメント....157
リッチモンド............131	テニス.................135	スポーツ観戦...........166
ゴールデン・ゲート・パーク.131	ゴルフ.................135	ショッピング...........166
サンセット＆ツイン・ピークス..132	ホエールウオッチング.....135	アクセス...............170
サンフランシスコ湾......133	徒歩ツアー..............135	交通手段...............171

サンフランシスコ・ベイ・エリア　　　　　　　　　　　　　　　　　　　　　174

マリン・カウンティ.......**174**	ミュア・ウッズ国定記念物..187	サンノゼ周辺............230
マリン・ヘッドランド....175	ビーチ.................188	サンフランシコからハーフ・ムーン・
サウサリート............178	**イースト・ベイ**........**193**	ベイ...................231
ティブロン..............181	オークランド...........195	ハーフ・ムーン・ベイ.....233
エンジェル島............182	バークレー.............204	ハーフ・ムーン・ベイからサンタ・
ミル・バレー............183	その他の見所...........215	クルーズへ.............234
ラークスパー、サン・アンセルモ、	**サンフランシコ半島**....**216**	サンタ・クルーズ.........235
コート・マデラ..........184	サンフランシコからパロ・アルトへ 217	サンタ・クルーズ周辺....242
サン・ラファエル........185	パロ・アルト...........218	サン・ファン・バウテスタ...243
タマルパイス山州立公園....186	サンノゼ...............223	サン・ファン・バウテスタ周辺 244

ワイン・カントリー　　　　　　　　　　　　　　　　　　　　　　　　　　　　245

ソノマ・バレー..........**249**	サンタローザ...........256	オークビル.............264
ソノバ・バレーのワイナリー..249	**ナパ・バレー**..........**258**	ラザフォード...........264
ソノマ.................252	ナパ・バレーのワイナリー...258	セント・ヘレナ.........264
ジャック・ロンドン州立歴史公園	ナパ...................262	カリストーガ...........265
.......................256	ヨントビル.............263	カリストーガ周辺.......269

ノース・コースト　　　　　　　　　　　　　　　　　　　　　　　　　　　　　270

ロシアン川..............**270**	グアララ...............299	ファーンデール.........320
セバストポル............272	ポイント・アリーナ.....299	フンボルト湾国立自然保護区 322
オキシデンタル..........274	マンチェスター州立ビーチ...300	ユーリカ...............322
ガーニビルとその周辺....275	エルク.................300	サモア半島.............328
内陸のハイウェイ101....**279**	バン・ダム州立公園.....301	アルカータ.............329
ヒールズバーグ..........280	メンドシーノ...........301	トリニダート...........334
ソノマ湖................283	ジャグ・ハンドル州立保護区 306	パトリックス・ポイント州立公園 336
ホップランド............284	フォート・ブラッグ.....306	フンボルト・ラグーン州立公園.337
クリア湖................285	マッカーリッチャー州立公園.310	オーリック.............337
アンダーソン・バレー....288	ウエストポート.........310	レッドウッド国立公園...338
ユカイア.................289	**レッドウッド・コースト**...**311**	プレーリー・クリーク・レッドウッド
ユカイア周辺............291	レガット...............312	州立公園...............338
ウィリッツ..............292	リチャードソン・グローブ州立公園	クラマス...............340
コースト沿いのハイウェイ1..**294**	312	デル・ノルテ・コースト・レッドウッド
ボデガ・ベイ............295	ベンボウ湖.............312	州立公園...............341
ソノマ・コースト州立ビーチ..297	ガーバービル...........313	クレセント・シティ.....342
ジェナー................297	ジャイアンツ・アベニューとフンボ	アール湖自然保護区.....344
フォート・ロス州立歴史公園.297	ルト・レッドウッド州立公園 315	ジェデディア・スミス・レッドウッド
ソルト・ポイント州立公園..298	スコーシャ.............316	州立公園...............345
シー・ランチ............298	ロスト・コースト.......317	

北部山岳地帯　　　　　　　　　　　　　　　　　　　　　　　　　　　　　　346

ラッセン・カウンティ＆プルマス・	ラッセン火山国立公園...348	マッカーサー・バーニー滝....350
カウンティ.............**346**	ラッセン国有林.........350	プルマス国有林.........350

アルマノール湖エリア 351	レディング周辺 361	スコット・バレー 375
ウエストウッド 352	シャスタ湖 361	カリフォルニア北東部 375
スーザンビル 352	キャッスル・クラッグス州立公園	ラバ・ベッズ国定記念物 375
スーザンビル周辺 353	 362	クラマス盆地国立自然保護区 376
ポルトラ 353	ダンスミュア 363	モドック国有林 377
ポルトラ周辺 354	シャスタ山 364	トリニティ・カウンティ 378
クインシー 355	マクロード 370	湖 378
クインシー周辺 357	スチュワート・ミネラル・スプリン	ウィーバービル 379
インターステート5でオレゴンまで	グス 372	海岸の山脈 381
. . . . 358	イリーカ 372	シックス・リバーズ国有林 . . 381
レディング 358	クラマス国有林 374	メンドシーノ国有林 381

サクラメント・バレー 383

サクラメント 383	デイビス 390	チコ 395
ザ・サクラメント・デルタ . . . 389	オロビル 393	レッド・ブラフ 399

ゴールド・カントリー 402

北ユバ川 404	マーシャル・ゴールド・ディスカバ	サン・アンドレアス 423
南ユバ川州立公園 406	リー州立歴史公園 415	エンジェル・キャンプ 423
マラコフ・ディギンズ州立歴史公園	プレイサービル 415	マーフィーズ 424
. . . . 407	プレイサービル周辺 418	エベッツ峠 425
ネバダ・シティ 407	アマドール・カウンティ・ワイナリー	コロンビア州立歴史公園 426
グラス・バレー 410	 418	コロンビア州立歴史公園周辺
オーバーン 412	アマドール・シティ 419	 426
オーバーン州立レクリエーション・	サター・クリーク 419	ソノラ 427
エリア 413	ボルケーノ 421	ジェームズタウン 429
コロマ 414	ジャクソン 422	

サン・ホアキン・バレー 430

ストックトン 430	フレズノ 435	ベーカーズフィールド 441
モデスト 433	ハンフォード 439	ベーカーズフィールド周辺 . . . 445
マーセド 434	バイセリア 440	カーン川 446

シエラ・ネバダ 448

レイク・タホ 450	ヨセミテでのハイキング 479	バージニア湖&ランディ湖 . . 503
トラッキー&ドナー湖 452	ヨセミテ・ゲートウェイ 489	モノ湖 504
スコーバレーUSA 456	キングスキャニオン&セコイア国立	ジェーン・レイク・ループ . . . 506
タホ・シティ 457	公園 491	マンモス・レイクス 507
北岸 461	スリー・リバーズ 500	マンモス・レイクス周辺 512
ネバダ州側（東岸） 462	イースタン・シエラ 500	ビショップ 512
サウス・レイクタホ 462	ブリッジポート 501	ビショップからローン・パイン 515
西岸 468	ツイン・レイクス 502	ローン・パイン 516
ヨセミテ国立公園 470	ボディ州立歴史公園 503	

カリフォルニア砂漠地帯 519

パームスプリングス&コーチェラ・	アンザ・ボレゴ砂漠 541	モハベとその周辺 548
バレー 524	アンザ・ボレゴ砂漠州立公園	バーストウ 549
ジョシュア・ツリー国立公園 534	 541	バーストウ周辺 550
ジョシュア・ツリー国立公園周辺	モハベ砂漠 546	デス・バレー 551
. . . . 535	東モハベ国立自然保護区 546	デス・バレー国立公園 551
ロー・デザート 539	アンテロープ・バレー 547	デス・バレー周辺 557
インペリアル・バレー 539	ビクター・バレー 547	

ネバダ　　560

- ラスベガス............560
- ラスベガス周辺..........578
- レッド・ロック・キャニオン..578
- ミード湖＆フーバーダム.....579
- バレー・オブ・ファイア州立公園 579
- リノ.................580
- リノ周辺..............588
- ピラミッド湖...........588
- バージニア・シティ......588

サンディエゴ・エリア　　590

- サンディエゴ............590
- 歴史..................591
- オリエンテーション.......592
- インフォメーション.......594
- ダウンタウン...........595
- エンバーカデロ..........598
- バルボア公園...........599
- ミッション・バレー......606
- オールド・タウン........607
- アップタウン・ヒルクレスト.609
- ポイント・ロマ..........609
- オーシャン・ビーチ......610
- コロナド..............610
- ミッション・ベイ........611
- ミッション・ビーチ＆パシフィック・ビーチ.............614
- ラ・ホーヤ............615
- アクティビティ.........619
- ツアー...............621
- 年中行事.............622
- 宿泊.................622
- 食事.................627
- エンターテイメント.....631
- スポーツ観戦..........634
- ショッピング..........635
- アクセス.............636
- 交通手段.............636
- サンディエゴ周辺......638
- ノース・カウンティ・コースト. 638
- ノース・カウンティ内陸部..644
- サンディエゴ・バックカントリー 645
- ティファナ（メキシコ）......649

オレンジ・カウンティ　　656

- アナハイム............657
- アナハイム周辺.........662
- オレンジカウンティのビーチ..665
- ラグーナ・ビーチ.......666
- ラグーナ・ビーチ周辺....669
- ニューポート・ビーチ....670
- ハンティントン・ビーチ..674
- シール・ビーチ........675

ロサンゼルス　　676

- 歴史..................676
- 地理・地質............678
- 気候..................679
- オリエンテーション......679
- インフォメーション......679
- ダウンタウン..........696
- エクスポジション公園....699
- イースト・ロサンゼルス..700
- サウス・セントラル.....701
- ハリウッド............702
- ウエスト・ハリウッド....704
- ミッド・シティ........705
- グリフィス公園........707
- ビバリーヒルズ＆ウエストサイド..............708
- マリブ...............710
- サンタモニカ..........710
- ベニス・ビーチ........711
- サン・ペドロ..........711
- ロングビーチ..........712
- サン・フェルナンド・バレー..713
- パサデナとその周辺.....714
- ビーチ...............717
- サンタモニカ山地......717
- ツアー...............718
- 年中行事.............719
- 宿泊.................719
- 食事.................729
- エンターテイメント.....737
- スポーツ観戦..........744
- ショッピング..........745
- ロサンゼルスへのアクセス....748
- 交通手段.............749
- ロサンゼルス周辺.......751
- サンタ・カタリナ島.....751
- シックス・フラッグス・マジック・マウンテン＆ハリケーン・ハーバー 755
- サン・バーナディノ国有林...755

セントラル・コースト　　764

- ベンチュラ............764
- チャネル諸島国立公園....766
- オハイ...............767
- サンタバーバラ........768
- ハイウェイ154沿い......777
- ソルバング...........778
- ロンポック...........779
- サン・ルイス・オビスポ湾....779
- サン・ルイス・オビスポ..783
- エステロ湾...........788
- カンブリア...........792
- サンシメオン.........793
- ハースト・キャッスル...794
- ピエドラス・ブランカス..796
- ビッグ・サー.........796
- ポイント・ロボス州立保護区..803
- カーメル・バイ・ザ・シー..803
- 17マイル・ドライブ.....808
- パシフィック・グローブ..808
- モントレー...........809
- モントレー周辺........818
- サリーナス...........818
- ハイウェイ101沿い......820

Index　　827

MAP凡例　　840

単位換算表　　巻末

Contents - 地図

カリフォルニアについて
カリフォルニアの伝道所 18
歴史街道 20
カリフォルニアの地理 24

サンフランシコ
サンフランシコ 106
サンフランシコ・ダウンタウン、ユニオン・スクエア、シビック・センター 108
チャイナタウン&ノース・ビーチ 110
フィッシャーマンズ・ワーフ、マリーナ、ロシアン・ヒル 112
ヘイト、カストロ、ミッション 114
サウス・オブ・マーケット（ソーマ） 116
リッチモンド、サンセット、ゴールデン・ゲート・パーク 117

サンフランシコ・ベイ・エリア
サンフランシコ・ベイ・エリア 175
マリン・カウンティ 176
オークランド・ダウンタウン 194
バークレー 205
セントラル・バークレー 208
サンフランシコ半島 217
パロ・アルト・ダウンタウン 218
サンノゼ・ダウンタウン 224
サンノゼ&サウス・ベイ 226
サンタ・クルーズ 236
サンタ・クルーズ周辺 238

ワイン・カントリー
ワイン・カントリー 246
ソノマ・バレー&ソノマ 250
ナパ・バレー 259
カリストーガ 266

ノース・コースト
ノース・コースト 271
メンドシーノ 302
ユーリカ 323
アルカータ 330
レッドウッド・コースト 338

北部山岳地帯
北部山岳地帯 347
ラッセン火山国立公園 348
レディング 359

サクラメント・バレー
サクラメント・バレー 384
州都サクラメント 385
サクラメント・ダウンタウン 386
デイビス 391
チコ 396

ゴールド・カントリー
ゴールド・カントリー 403
ネバダ・シティ 408
サター・クリーク 420
ソノラ 427

サン・ホキアン・バレー
サン・ホキアン・バレー 431
フレズノ 437
ベーカーズフィールド 442

シエラ・ネバダ
シエラ・ネバダ 449
レイクタホ 451
トラッキー&ドナー湖 454
タホ・スキー・エリア 456
サウス・レイクタホ 463
ヨセミテ国立公園 471
ヨセミテ・バレー 476
キングス・キャニオン&セコイア国立公園 492
モノレイク・エリア 505
マンモスレイクス 508

カリフォルニア砂漠地帯
カリフォルニア砂漠地帯 520
パームスプリングス&コーチェラ・バレー 525
ジョシュア・ツリー国立公園 536
アンザ・ボレゴ砂漠州立公園 542
デス・バレー国立公園 552

ネバダ
ラスベガス・ダウンタウン 562
ストリップ 565
ラスベガス周辺 579
リノ 582
リノ周辺 588

サンディエゴ・エリア

サンディエゴ・エリア........591
サンディエゴ近郊..........593
サンディエゴ・ダウンタウン...596
バルボア公園、ヒルクレスト、オールド・タウン..............600
ミッション・ベイ＆ビーチ....612
ラ・ホーヤ................616
サンディエゴ・ノース・カウンティ.......................639
サンディエゴ・バック・カントリー...................646
ティファナーソナ・セントロ...650

オレンジカウンティ

オレンジカウンティ.........657
アナハイム................659
ラグーナ・ビーチ...........667
ニューポート・ビーチ.......672

ロサンゼルス

ロサンゼルス..............680
ロサンゼルス・ダウンタウン..............682
ハリウッド................684
ウエスト・ハリウッド＆ミッド・シティ..................686
ビバリーヒルズ＆ウエストサイド....................688
サンタモニカ＆ベニス・ビーチ..690
グリフィス公園............692
パサデナ..................693
ロサンゼルス周辺..........752

セントラル・コースト

セントラル・コースト........765
サンタバーバラ・エリア......768
サンタバーバラ・ダウンタウン 770
サン・ルイス・オビスポ湾...781
サン・ルイス・オビスポ.....784
エステロ湾................788
モロ・ベイ................790
ビッグ・サー..............797
モントレー半島............804
カーメル・バイ・ザ・シー...805
モントレー................811

Contents - 地図

カリフォルニア MAP INDEX

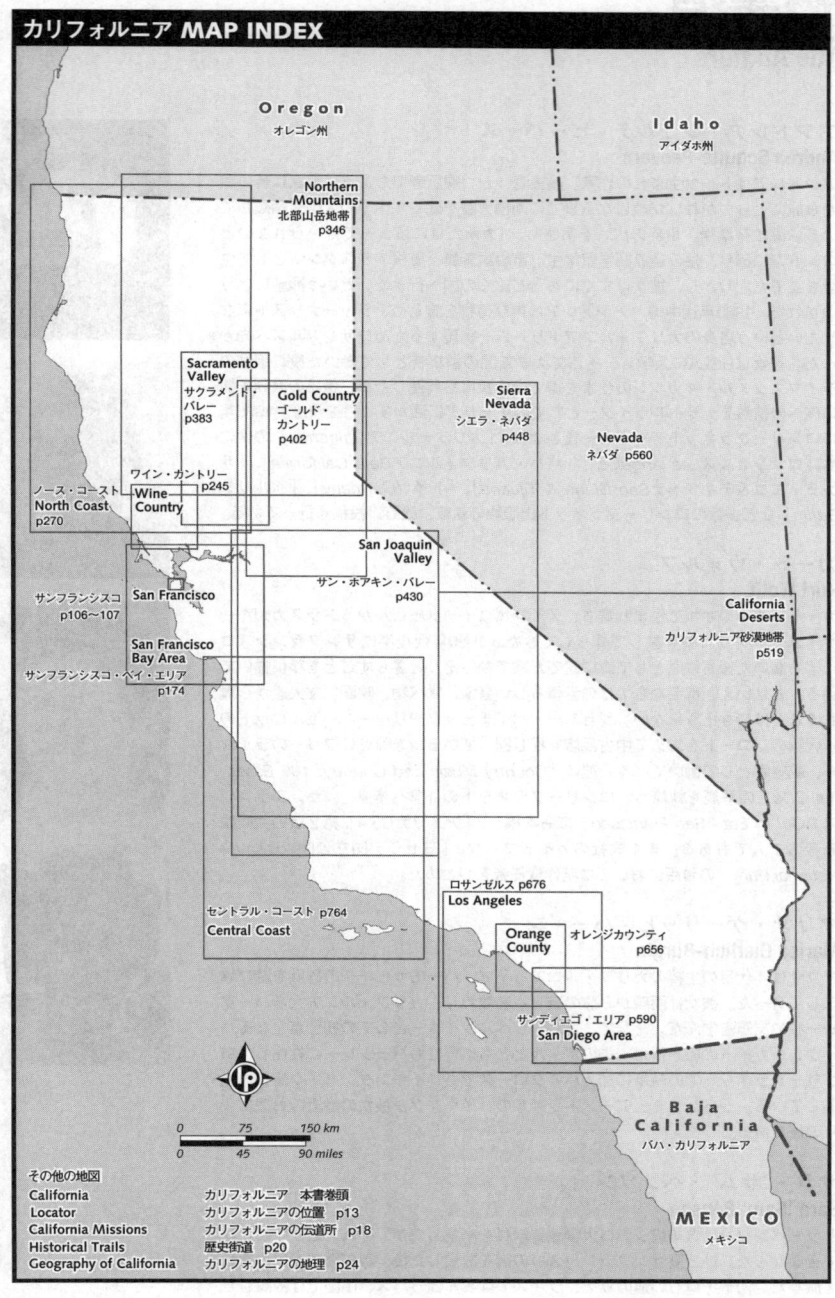

その他の地図
California　　　　　　　　カリフォルニア　本書巻頭
Locator　　　　　　　　　カリフォルニアの位置　p13
California Missions　　　　カリフォルニアの伝道所　p18
Historical Trails　　　　　歴史街道　p20
Geography of California　カリフォルニアの地理　p24

執筆者
The Authors

アンドレア・シュルテ - ピーバーズ
Andrea Schulte-Peevers

アンドレアはドイツ生まれの作家、編集者、かつ翻訳者でもある。彼女は若い頃から旅にとりつかれ、18歳になるまでに南極大陸を除くすべての大陸を踏破している。高校卒業後、世界の広さを実感し、1カ所だけに留まってはいられないとロンドンに移り、住み込み語学留学生、市場調査員、重役アシスタントとして生計を立てた。しかし、彼女はすぐにもっと遠くの国へ行きたいという願望にとりつかれた。1980年代中頃、アンドレアは再び荷物をまとめ、ジャーナリストになりたいという自身のカリフォルニアドリームを実現するためロサンゼルスへ向かった。彼女はUCLAに入学し、そこで大学新聞の編集者として働いた後、地域のライフスタイル・マガジンの仕事を得て編集長にも昇進したが、雑誌の廃刊を機に旅への情熱をトラベルライターとしてのキャリアに活かすことを決意。1995年にロンリープラネットチームの一員となり、「カリフォルニアCalifornia」の他にも「ロサンゼルスLos Angeles」、「バハ・カリフォルニアBaja California」、「サンディエゴ&ティファナSan Diego & Tijuana」、「ドイツGermany」、「ベルリンBerlin」など多数のロンリープラネット出版物の執筆、改訂、投稿を行っている。

カート・ウォルフ
Kurt Wolff

カートはオハイオ州で生まれ育ち、メイン州ウォータービルからアラスカ州キーナイまでアメリカ中を旅して暮らしてきた。1980年代後半にサンフランシスコに落ち着いた後も依然として森に建てた家でひっそりと暮らすことを夢に描いている。とはいえ、都会ならではの素晴らしい音楽、食べ物、映画、友人達から離れることはできそうにない。ジョニー・ペイチェックやリー・ヘーゼルウッドの年代物のレコードを求めて中古品店を探し回っている時を除けばフリーのライター、編集者として働いている。彼は「Country Music and Country: 100 Essential CDs」の解説を執筆し、ロンリープラネットの「食べ歩き － サンフランシスコOut to Eat - San Francisco」にも寄稿し、「アメリカUSA」第2版の共同執筆者の1人でもある。また同社のガイドブック、「ヨセミテ国立公園Yosemite National Park」の新版においては制作責任者をつとめた。

マリサ・ゲーリッヒ - バーギン
Marisa Gierlich-Burgin

マリサは4代目の生粋のカリフォルニアっ子で、ハーモサビーチの砂浜を遊び場にして育った。彼女は両親から旅の楽しさを教わり、カリフォルニア大学バークレー校で文筆を学んだ。そしてここでトラベルライターとしての初仕事となるバークレーガイドの職を得た。夫のポールとともに現在もバークレーに在住し、ロンリープラネットでの執筆に加えバックローズでもハイキング、バイク旅行を主催している。ジョン・ミュアー・トレイルのハイキングが彼女の最近のお気に入りの旅である。

サラ・'サム'・ベンソン
Sara 'Sam' Benson

サラ・ベンソンは数年前シカゴ大学教養学科を卒業したが、それを活かすことはできなかった。ひと夏サンフランシスコの街を放浪した後、数年間アジアの奥地を旅した。何千キロもの道のりを、ラオスではおんぼろバス、中国では故障した自転車、日本では新幹線に乗り、残りのあらゆる道は徒歩で進んだ。

ロンリープラネットに入社してかなりになるが、それ以前は国内外で編集者、高校教師、ジャーナリスト、企業内のライターなどいくつかの仕事を経験した。現在はカリフォルニア北部のベイエリアに住み、時間の許すかぎり温泉、レッドウッドの森林、海岸沿いの自家製ビールを出してくれるパブに足を運ぶ。彼女は情熱的なライターとして、また職業旅行家として、ロンリープラネットの多数の出版物を手がけている。

スコット・マクニーリィ
Scott McNeely

ロサンゼルス育ちのスコットはこよなく故郷を愛している。カリフォルニア大学バークレー校を卒業後、数年間ニューヨーク、イスタンブール、ダブリンで暮らしたが結局このゴールデンステートが恋しくなり、1997年にサンフランシスコへ戻ってきた。スコットは多数のガイドブックや雑誌を執筆し、ロンリープラネットのデジタル系編集者としてフルタイムの仕事をこなしながら旅行記の執筆にも携わっている。彼の長期的な目標は、理髪店、喫茶店、カクテルバーを融合した施設を設立することである。

執筆者より

アンドレア・シュルテ-ピーバーズ 誰よりも夫であるDavid Peeversに感謝をささげたい。彼はこの素晴らしい州の調査に協力し、この本の最も愉快なくだりの執筆にも手を貸してくれた。また、特別章の「ヨセミテでのハイキングHiking in Yosemite」の基礎となったロンリープラネットの「シエラネバダ・ハイキングHiking in the Sierra Nevada」の執筆者John MockとKimberley O'Neilにも感謝をささげる。とりわけ、音楽編を手がけた共同執筆者のKurt Wolffは称賛に値する。編集者のTom Downs、Suki Gear、Elaine Merrill、Helen Yeatesから受けた激励、忍耐、理解に感謝したい。また、我が社が誇るその他書籍の制作に携わる全制作チームにも感謝する。最後に、この本の制作にあたってたいへん貴重なご意見、情報、寄稿をいただいた多くの地元の方々、友人達、観光局職員の皆さん、旅行家仲間に多大な感謝をささげたい。

カート・ウォルフ 私に知識、激励、確かな情報を与え、本プロジェクト実施中はたびたび温かい食事まで用意してくださった以下を含むすべての方々に感謝したい：Amy Ventura、Eric Moore、Jeanne Kearsley、Elgy Gillespie、Suki Gear、Tom Downs、Andrea Schulte-Peevers、Victoria Merkel、Yvette Bozzini、Ben Cooney、Carla Avitabile、Randi Stephens、Gerald Haslam、Margaret Lutz、Roger Taylor、Laura Mitchell。

マリサ・ゲーリッヒ-バーギン 私を激励し、旅に同行させ素晴らしい機会を与えてくれた両親に対しては感謝してもしきれない。夫Paulも協力的で、毎年3カ月間も快く1人で夕食をとってくれ、表彰したいくらいだ。この「カリフォルニアCalifornia」の編集には多くの方々からご尽力いただいた。親愛なるSarahとKellyからは快く援助を、Burginsからは多くの時間を、Todd、Jen、Alex、Gidon、その他のサンディエゴの仲間達からは貴重な提案を授かった。また、Paulは数日間サーフィンを我慢して故郷を歩き回りながら調査の補助までしてくれ、とても感謝している。

執筆者について

サラ・'サム'・ベンソン このガイドブックが混乱を乗り越えまともな物になるよう指導してくれたロンリープラネットの仲間達に感謝の意を表する。特に、Tom Downs、Suki Gear、そしてElaine Merrill。苦しい時期、私を理解してくれたAndrea Schulte-Peeversにも格別の感謝を表したい。旅に同行し、無事に帰還した私の父にも大変感謝している。Ipsita Chatterjeaにいたっては、この本の締切日がきても私を見捨てなかった最初の人であることに対して敬意を表したい。私の北部探索を助けてくれたソハマー、ジェファーソン、フォート・ブラガードの方々、森林警備隊やその他の善良な仲間達にも感謝を表する。

スコット・マクニーリィ Teal Lewsadder、Aimee Panyard、Jim Stanley、Maggie Fost、Kelly Green、Noel Morrison、Kurt Hobson、Emily Hobson、John Turco、Tim Mitchell、Ray Klinke、Lisa Reile、Kip Gebhardt、Ada Vassilovski、Pete Cramer、David、Michelle and Lela Hepler、Greg and Deborah Mooradian、Peter Puhvel、Jonathan、Molly and Lucinda Gelber、Virginie Boone、そしてお気に入りのワイナリーについて詳細な情報を惜しみなく提供してくれたロンリープラネットのスタッフ（Heather Davis、Becky Ayers、Jenny Weiner、Suzanne Koett、Amy Willis、Andrew Nystrom、Neda Nazem、Carl Bruce、David Lauterborn、Christine Lee、Laura Santiago）に感謝の意を表したい。

原書について
This Book

本書日本語版「カリフォルニア」の初版は、英語版「カリフォルニアCalifornia」の第3版を原書として翻訳したものである。英語版「カリフォルニア＆ネバダ California & Nevada」の初版はJames Lyon、Tony Wheeler、Marisa Gierlich、Nancy Keller、John Gottbergが調査および執筆を、第2版はAndrea Shulte-Peevers、David Peevers、Nancy Keller、Marisa Gierlich、Scott McNeelyが改訂を行った。「カリフォルニアCalifornia」第3版はアンドレア・シュルテ-ピーバーズAndrea Shulte-Peevers（編集長）、サラ・'サム'・ベンソンSara (Sam) Benson、カート・ウォルフKurt Wolff、マリサ・ゲーリッヒ-バーギンMarisa Gierlich-Burgin、スコット・マクニーリィScott McNeelyによって改訂されたものである。それぞれの担当した章は以下のとおり。

アンドレアは、序章、シエラネバダ、オレンジカウンティ、ロサンゼルス、セントラルコースト。サラは、ノースコースト、ノーザンマウンテン。カートは、サンフランシスコ、サンフランシスコ・ベイエリア、サクラメントバレー、サンノゼバレー、ネバダ。マリサは、ゴールドカントリー、カリフォルニアデザート、サンディエゴエリア。スコットは、ワインカントリー。

また、特別章「ヨセミテでのハイキングHiking in Yosemite」の土台となったロンリープラネットの「シエラネバダ・ハイキングHiking in the Sierra Nevada」の執筆者John MockとKimberley O'Neilに感謝の意を表する。

原書スタッフ

原書「カリフォルニアCalifornia」第3版は、ロンリープラネットのメルボルン事務所で制作され、編集はElaine Merrillが担当した。メルボルン事務所ではプロジェクト・マネージャーのEoin Dunlevyがすべての指揮をとった。Helen Yeatesが編集および大部分の校正をまとめ、Isabelle Youngが残りの校正とレイアウトの指揮を引き継いだ。HelenとIsabelleの補佐にはElizabeth Swan、Danielle North、James Lyon、Jenny Mullaly、Lara Morcombe、Linda Suttie、Sally O'Brienがついた。地図作成にはCsanad Csuturos、Anneka Imkamp、Karen Fry、Laurie Mikkelsen、Herman So、Andrew Smith、アメリカのファインライン・マップスが携わった。本書のデザイン、レイアウトの責任者はCameron Duncanである。配色はSonya BrookeとNick Stebbing、表紙デザインはRuth Askevold、イラストはHugh D'Andrade、Haydn Foell、Justin Marler、Rini Keagyが担当した。イラストをまとめてくれたPepi Bluck、写真画像担当のロンリープラネット・イメージズ、そして技術的なサポートをしてくれたChris Lee AckとLachlan Rossに感謝の意を表したい。

情報ありがとう
英語原書の前回版を利用して有益なヒントやアドバイスまた興味深い逸話を寄せていただいた皆様に感謝をいたします。皆様の名前は巻末に掲載されています。

はじめに
Foreword

ロンリープラネットとは

物語はある古いトラベルアドベンチャーとともに始まる。

トニー＆モーリン・ホイーラー夫妻が1972年にヨーロッパ、アジアを横断してオーストラリアに旅行した。当時は陸路をたどる旅行に関する有益な情報は得られなかったので、トニーとモーリンは高まりつつある必要性に応えるべく、初めてロンリープラネット・ガイドブックを発行した。

キッチンテーブルから始まったロンリープラネットは、メルボルン（オーストラリア）、オークランド（アメリカ）、ロンドン（イギリス）、パリ（フランス）に事務所を構える世界最大の独立系旅行出版社に成長した。

現在、ロンリープラネットのガイドブックは全世界をカバーしている。さまざまなメディアにおいて書籍および情報のリストは増加しつつあるが、変わらない事柄もある。依然として主な目的は冒険好きな旅行者が世界を探検し、理解を深める手助けをすることにある。

ロンリープラネットは、旅行者が訪問する地域社会に敬意を払い賢明な消費をすれば、訪問国に積極的な貢献をしたことになると考える。1986年以降、書籍による収入の数％を援助プロジェクトや人権活動に寄付しており、最近では野生生物保護団体にまでその幅を広げている。

概してガイドブックではおすすめの場所すべてを紹介することはできないため、掲載しないからといって必ずしも批判を意味するわけではない。実際、掲載できない理由は多数あり、なかには、単に旅行者の殺到を防ぐためという場合もある。

改訂および読者へのフィードバック

情勢は常に変化しています。物価は上昇し、スケジュールは変更され、評判の良かった場所は悪化し、評判の悪かった場所は倒産するなど、変化しないものなど何もないのです。改善点や悪化点、最近開店した店やずいぶん前に閉店した店など、新しい発見についてお知らせいただければ、次の版をより正確で役立つものにすることができます。

ロンリープラネットはガイドブックの完全改訂をできるだけ頻繁に（地域により改訂期間は異なるものの、たいていは2年ごとに）行っています。改訂中は、ロンリープラネットのホームページを通して、世界の様々な地域に関する情報を見つけることができます。

また、ホームページの「ソーン・ツリー Thorn Tree」掲示板や「ポストカード Postcards」セクションをチェックすれば、旅行者から寄せられた未確認とはいえ興味深い情報がご覧いただけます。

寄せられたご意見についてはロンリープラネットが誠意を持って判断いたしますので、ぜひ英語にて下記のeメールアドレス、もしくはオーストラリアの本社郵送先まで情報をお寄せください。

投稿者の名前は、適切にガイドブックの新版に掲載します。

また、最優秀投稿者にはガイドブックを無料でプレゼントいたします。あなたのコメントをガイドブック、ホームページ、デジタル製品などのロンリープラネット商品に掲載することがあります。

コメントの掲載または名前の公表を希望されない場合はその旨をお知らせください。

ロンリープラネット受付デスク

オンライン：talk2us@lonelyplanet.com.au、www.lonelyplanet.com/japan
エアメール：Locked Bag 1, Footscray, Victoria 3011, Australia

カリフォルニアの魅力

Introduction

カリフォルニアは「ゴールデン・ステート Golden State（黄金の州）」と呼ばれるが、これ以上ぴったりの名前はない。この名は19世紀のゴールドラッシュにちなむものだが、今日でも、カリフォルニアには「ゴールド」に値するものが数多くある。降りそそぐ日の光、ビーチ、映画界の神々たち。それらのイメージが大小のスクリーンを通して世界中の人々をカリフォルニアへ誘う。しかし、それだけではなく、「ゴールデン・オポチュニティー（黄金の機会）」こそが、実際のバックボーン、推進力、精神でありそれらがカリフォルニアをカリフォルニアたらしめている活力なのである。この地では月曜日に想像したことが、火曜日には具体化していることがある。アメリカ人の「成せばなる」精神がもっともよく表れ、可能性には限界がないことを実感するのがカリフォルニアなのだ。

フラフープ、エアロビクス、インターネット、パーソナルコンピュータ、低温工学、インラインスケート、カイトサーフィンなど。カリフォルニアの大地に芽吹いた創造的なアイディア、突飛なアイディアは、瞬く間に都市や田舎の村々を巻き込み世界の隅々にまで広がる。カリフォルニアに住むのは未来に暮らすことである。知的な遊園地カリフォルニアは、新しいアイディアや文化、流行が根づき、ものすごいスピードで成長し、増殖し、変化し、拡散していく、いわば実験室のシャーレだ。ここでは夢想家が主役であるとともに、カリフォルニア州の「基本を押さえた」堅実な発展も見劣りするものではない。

カリフォルニアの経済規模は中国やフランスを超える。事実、GDP（国内総生産）は世界第5位で、州面積はイギリスやイタリアより大きい。しかし、経済的、創造的な影響力を別にしても、カリフォルニアには他に類を見ない自然の美がある。毎年3億人近くが国内外からカリフォルニアを訪れるのは主としてその理由による。人々はヨセミテやレッドウッドといった国立公園でママス＆パパスが歌った「夢のカリフォルニア California Dreamin」の世界を味わう。1200マイル（約1932km）の海岸沿いの道を走り、太平洋に生息する多くのクジラ、イルカ、アシカなどの豊かな野生生物をまのあたりに見る。アラスカとハワイを除く米国48州でいちばん高い地点（ホイットニー山）といちばん低い地点（デス・バレー）に行く。

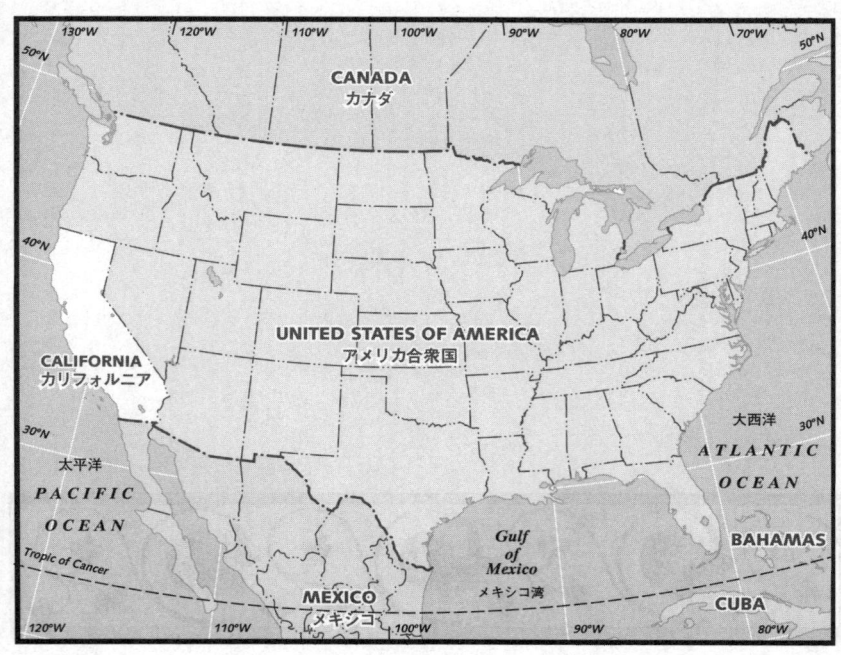

13

カリフォルニアの魅力

内陸部では世界でもっとも肥沃な農地やワインの生産地を訪れ、山々に登り、大自然の中を歩き、美しさに目を奪われる。

サンフランシスコやロサンゼルスなどカリフォルニアの都市に行けば、訪問者の前に広がるのはカリフォルニアの過去現在未来を示す小宇宙だ。カリフォルニアに置かれた伝道所の名残である建築物の隣に、ロサンゼルスのダウンタウンにあるウォルト・ディズニー・ホールのような最先端の建造物が並ぶ。昔日の面影を残すチャイナタウン(中華街)やかつての高級住宅地ノブ・ヒルが、カンボジアにエチオピアと多様な移住者の住むコミュニティと軒を連ねる。そして、この州の歴史に大きく関わってきたラテン系アメリカ人とアフリカ系アメリカ人の文化が、カリフォルニアの将来にさらに大きな影響を与えつつある。

「唯一変わらないのは変化することだけ」という言葉がおそらくどこよりもカリフォルニアにはよく当てはまる。今日の二枚目スターは明日の過去の人。優れた技術も新しいシリコンチップ1個の発明によって、一夜にして価値がなくなる。建物も近隣地区も、消えては数カ月のうちに再生される。今日はここ、明日はあそこ...と。現実のカリフォルニアのすべてを理解しようとするとき、自分の感覚が役に立たないことがある。夢が現実となり、創造と興奮の限りないサイクルの中で神話へと変わる。旅行者に最良のアドバイスをするとすれば「潔く身をゆだねよ!」だろう。カリフォルニアは一生分の夢を与えてくれる。それも現実の夢をだ。

カリフォルニアについて
Facts about California

歴史

はじまり
最初にアメリカに住んだのは、現在のベーリング海峡にあったとされる陸橋を渡ってアラスカに来た東アジアの人々だったという説が一般的だ。このベリンジアと呼ばれる陸橋は1万年前から2万5000年前の氷河期に海面が低下してできた。最初の移住者はおそらく、大きな狩猟動物を追いながら放浪生活を送る狩人たちで、動物を追いながら南へ東へとアメリカ大陸の隅々まで移動したのであろう。北米のもっとも初期の住人はニューメキシコ州のクロビス付近で見つかる石器をつくった人々であり、約1万1000年前とされる。

州内の古代遺跡からみて、カリフォルニア州にも早い時期から人が住んでいたことがうかがわれる。約8000年から1万2000年前のものとされる石器がベーカーズフィールド地域から出土し、約4000年から8000年前の人々のものと思われる海岸沿いの貝塚や山中のたき火の跡などが州内各地で発見されている。

カリフォルニアの初期の住人の残した遺物の中でもっとも見事なものは、500年から3000年前のロックアートである。岩壁画（1色もしくは数色の絵の具で岩に描かれた模様）5種類と、岩面陰刻（岩をうがち、削り、刻んだ模様）5種類が区別でき、先住民族の文化の多様性をうかがわせる。それらの多くは保存のために一般の立入りが禁止されているが、見学可能なものに、ゴールド・カントリーのインディアン・グラインディング・ロック州立歴史公園（「ゴールド・カントリー」を参照）、サンタバーバラ近くのチュマシュ壁画洞窟州立歴史公園（「セントラル・コースト」を参照）、リッジクレスト地域の数カ所（「カリフォルニア砂漠地帯」を参照）などがある。

カリフォルニアのインディアン
初期のヨーロッパ人の記録や後世の民族学研究の成果で考古学上の証拠を補うと、ヨーロッパ人が現れた時点でのインディアンの様子をかなり正確に知ることができる。カリフォルニアの先住民は20以上の言語グループに分かれ、約100種の方言があった。人口は合わせて15万人から30万人ぐらいとされるが、それよりかなり多いとする説もある。インディアンは小さなグループや村落をつくって住み、谷や海沿いから山地へと季節的な移動をすることが多かった。住居跡の残っているうちでもっとも大きな村落はセントラル・バレーにあり、1500人から2000人の住民がいたと考えられる。

ドングリの実を主食とし、ウサギやシカなどの小さな狩猟動物のほか、海岸では魚や貝も食べていた。植物は食料以外に繊維をバスケット作りや衣服に使用していた。カリフォルニアのインディアンは土器のつぼ、魚網、弓矢、尖った石を先端につけた槍などを用いたが、もっとも優れた工芸はバスケットの製作である。付近に生える草や植物繊維を使い、きれいな幾何学模様を編み込んだものであったバスケットには、水を入れられるほど密に編まれたものもあった。それらは多くの博物館で見ることができる。

グループ間、特に海沿いと山地のグループの間で多少の交易が行われていたようだが、一般にはグループ間の交流はなかった。その理由の1つは隣り合わせの村でさえ話す言葉が違ったからである。グループ間の争いはほとんどなく、カリフォルニアのインディアンには戦士集団はなく、あるいは戦いの伝統もなかった。少なくともヨーロッパ人が現れるまではそうだったのだ。

博物館の中にはアメリカ先住民族に関して考古学・人類学上の優れた展示をしているところがある。カリフォルニア大学バークレー校のフィービ・ハースト人類学博物館Phoebe Hearst Museum of Anthropology、サンディエゴの人類博物館Museum of Man、ロサンゼルスのサウスウエスト博物館などである。

ヨーロッパ人による発見
スペイン人は16世紀初めのメキシコ征服の後、新たに獲得した帝国周辺部を探検することに目を向けた。メキシコ西海岸の向こうには黄金の島があるという夢のような話があり、スペインの小説に出てくる架空の島にちなみ、探検される以前にカリフォルニアと名付けられた。「カリフォルニア」という名前の語源も意味も正確にはいまだ定説がないが、現在は「カラフィア」というその小説のヒロインで、黄金を持ったアマゾンの部族を治めていた女王の名前に由来するという説が広く支持されている。

1542年、スペイン王は、ポルトガル人探検家でかつてメキシコ征服に参加したファン・ロドリゲス・カブリヨを隊長とする探検隊を派遣した。西海岸を北上し、伝説の地を探すとともに、太平洋と大西洋を結ぶ想像上の海路であるアニアン海峡を見つける任務を命じた。

カリフォルニアについて － 歴史

船がサンディエゴ湾（カブリヨはサン・ミゲルと名付けた）に入った時、カブリヨと乗組員はカリフォルニアの大地を見た最初のヨーロッパ人となった。船は湾内で嵐を避けた後、航行を続け海岸線を北上するが、1543年、停泊中のチャネル諸島でカブリヨは病気で死亡し葬られた。探検隊は北上を続けオレゴンまで行ったが、大西洋に続く海路も黄金の町も香辛料の島も見つけられず帰還した。スペイン政府は失望し、その後50年間カリフォルニアへはそれ以上何ら関心を持たなかった。

1565年頃、スペインの船が太平洋を往復するようになった。メキシコの銀をフィリピンに運び、アジアのエキゾチックな品物を購入し始めたのである。これら「マニラ通いのガリオン船」は西風に乗るためにしばしば北の海路を取ってアメリカに戻ることがあり、カリフォルニア海岸に上陸することもあった。ガリオン船がイギリスの海賊に悩まされるなか、1579年にカリフォルニア沿岸を北上したフランシス・ドレイク卿もその1人であった。ドレイクはサンフランシスコ湾の入口を見逃したものの、レイズ岬の近く（現在のドレイクス湾）に停泊し、スペインから分捕った銀をはちきれんばかりに搭載した船の修理を行った。ドレイクはこの地を当時のエリザベス女王の領地と宣言し、ノバ・アルビオンと命名。さらなる冒険の旅に出帆した（訪問を記録するために真鍮のプレートを杭に打ちつけたものを残したと彼は書いている。おそらく偽物であろうが、1937年にその場所で見つかったとされるプレートが現在、カリフォルニア大学バークレー校のバンクロフト・ライブラリーBancroft Libraryにある）。

1596年、スペインは太平洋岸に港をいくつか確保する必要があると考え、セバスチャン・ビスカイノを探索に送った。ビスカイノの最初の遠征は惨たんたるもので、過去に発見したバハ・カリフォルニアにも至らなかった。しかし、2回目の遠征では、1602年にサンディエゴ湾を再発見、現在の名をつけた。受けた命令に反して、ビスカイノは独自に各地の海岸の名前をつけ替え、自分の「発見」の重要性について誇張した報告書を作成。そのなかで、モントレー湾は自然に守られた良港であるなどとした。おそらく、誰もビスカイノの報告を信じなかったのであろう。なぜなら、報告は160年間日の目を見ず、スペインはこの遠く離れた領土を無視し続けたのだから。

伝道所の時代
The Mission Period

1760年頃、ロシアの船がラッコの毛皮を求めてカリフォルニア沿岸に到来。イギリス人猟師や探検家は西部の隅々にまで広がり、スペイン王は彼らが海岸に住みつき、スペインの領土権を危うくすることを憂慮した。一方、先住民に対する伝道活動を始めることを強く望んでいたカトリック教会により、カトリックの伝道所とプレシディオと呼ばれる軍の要塞を組み合わせたものがこの新領土につくられるようになる。インディアンの改宗者は伝道所に住み、職業や農業技術を身につけ、ゆくゆくはスペインの小さな町のようなプエブロ（集落）をつくることとなった。

スペインによる最初の植民のための遠征は「聖なる遠征」と呼ばれる大がかりなもので、1769年、陸上部隊と補給船がサンディエゴに集まった。同年7月1日、フランシスコ会のフニペロ・セラ神父と軍の指揮官ガスパール・デ・ポルトラに率いられ、弱々しい様子の100人の伝道師と兵隊が足を引きずりながらサンディエゴ湾に上陸。すでにセラによって伝道所が1つつくられていたバハ・カリフォルニアから海路を数週間かけ、やっと到着したのだった。隊員の約半数が途中で死に、残った者の多くも病気にかかり、死にかけている者もいた。北カリフォルニアに次々とできる21カ所の伝道所の「母体」となるサンディエゴ・デ・アルカラ伝道所はこのような不運なスタートを切ったのだ。

セラはサンディエゴにとどまったが、ガスパール・デ・ポルトラはモントレーに第2のスペイン人居留地をつくれという命に従って北上をし、知らずにモントレーを通り過ぎた。ビスカイノの記したような自然の脅威から保護された良港などなかったからである。ポルトラの隊は、後にサンフランシスコと命名される大きな湾まで北上を続けた。失望してサンディエゴに戻ったポルトラを待っていたのは、到着しない補給船を待ちわびるセラたちだった。8カ月の伝道活動の結果、1人のインディアンも改宗せず、遠征を放棄する瀬戸際にあったが、丸1日祈りを捧げると補給船が現れたのだ。ポルトラはセラを引き連れて北上し、モントレーに戻った。良い湾がないため理想的な立地とは言い難かったが、ここに第2の伝道所とプレシディオがつくられた。

その後、さらに3カ所のプレシディオがサンディエゴ（1769年）、サンタバーバラ（1782年）、サンフランシスコ（1776年）につくられた。プレシディオの建前は、伝道所を保護し、外国の侵入者を抑止するというものであったが、実際には、これらの守備隊は防ぐはずの敵より大きな脅威となったのである。兵隊たちはインディアンの野営地を襲い、女性を犯し誘拐した。プレシディオの兵力の弱さを、ロシアやイギリスは熟知しており、カリフォ

ルニアにおけるスペインの領土権を強くする役には立たなかった。

　病気でインディアンの数が減少したため、スペインはカリフォルニアのプエブロに兵隊の家族やメキシコからの一般人を住まわそうとした。最初のグループはソノラからフアン・バウティスタ・デ・アンサに率いられ、南の砂漠を越えて陸路をやって来た。彼らは1776年にサンフランシスコ半島に定住し、その地に繁茂していたサトゥリヤ・ダグラスィ *Satureja douglasi*（シソ科の多年草つる草）にちなんで、そこをヤーバブエナYerba Buena（良いハーブ）と名付けた。スペインは民間人のプエブロをサンノゼ（1777年）、ロサンゼルス（1781年）にもつくったが、メキシコからの入植者は少なく、土地を耕作できる農民や土地を防衛できる兵隊もいなかった。

　伝道所は農業で成功しつつあり、1800年にはブドウやその他の果樹、小麦を育て、牛を飼い、伝道所内やプレシディオに十分な食料を供給していた。1810年から1821年まで続くメキシコによるスペインからの独立戦争の間、メキシコからの物資の供給は完全に途絶え、カリフォルニアは自給自足の必要に迫られていった。

　カリフォルニアの荒野を植民地化し、先住民族をキリスト教に改宗させる手段としてとられた伝道所の時代は惨めな失敗に終わった。スペイン人の人口は増えず、伝道所は存続しているだけで外国の侵入者を防ぐ効果もあまりなく、改宗したインディアンより死んだインディアンの方が多かった。スペイン人とインディアンの争いは続き、1824年になってもまだサンタバーバラで大きな暴動が起こるほどだった。

ランチョ時代
The Rancho Period

1821年のメキシコ独立に伴い、新国家の人々の多くは私有地を求めカリフォルニアに目を向けた。1830年代の半ばには伝道所は宗教色を薄め、歴代の総督は何百にものぼる土地払い下げを行った。これがランチョ制度の始まりである。新しい地主たちはランチェロあるいはカリフォルニオと呼ばれ、急速に富を得て、カリフォルニアの社会的、文化的、政治的かなめとなった。平均的なランチョ（牧場）は1万6000エーカー（約65km^2）の広さで、皮や牛脂を売るために牛を放牧していた。

　新しいことに積極的なランチェロの中には1年に7万5000枚を超える皮を1枚平均＄2で売るような者もいた。大きな財産を得ながら、税金を払わず、公共事業の費用も負担しない者もいた。多くは非識字者で、簡単な住まいには木の床も窓も水道もなく、もちろん学校などもなかった。労働はメスティーソと呼ばれるヨーロッパ人とインディアンの混血の人々によってなされ、インディアンはほとんど完

伝道所

カリフォルニアには全部で21カ所の伝道所があった。大部分はエル・カミノ・レアールすなわち「王の道」と呼ばれる、現在のハイウェイ101沿いにあった。メキシコ統治時代につくられたソノマをのぞき、伝道所はすべてスペイン人伝道師によってつくられたものである。最初の伝道所を開いたフニペロ・セラ神父は、伝道所を次々つくることに生涯を捧げた。後継者のフェルミン・フランシスコ・デ・ラスエン神父はセラの仕事を引き継いだが、伝道所が大きな成功を収めることはなかった。

伝道所はいずれもよく似た構造で、教会と住居を囲んで畑やブドウ園、牧場が広がっていた。軍隊による保護が必要とされ、侵略者に対するインディアンの不満が高まるとともにますます欠かせないものとなっていったが、伝道所は軍隊ともさらには一般の移住者とも距離を置こうとしていた。

スペイン人にとって、「異教徒」をキリスト教に改宗させることは経済的な発展や軍隊による支配と同様に重要であったが、結局、その努力は改宗というよりインディアンを絶滅に導いたようなものである。インディアンを小さなコミュニティに集めたため病気感染率が大きく増加し、人口を減少させることになったのだ。

初期の移住者によって、穏やかな人々と評価されたアメリカ先住民に対し、スペイン人の伝道師は敬意を払うことはなかった。「新改宗者」となったインディアンたちは伝道師たちに過度の労働をしいられ、軍隊と一般の移住者から虐待された。病気で死ななかった者たちは、彼らにとって異質なこの伝道所を離れていった。

1812年の大地震で伝道所の建物の多くは破壊され、独立後のメキシコが1834年に伝道所に対する援助を停止すると、伝道所は崩壊の一途をたどる。伝道所の大部分の土地や残った建物の所有権は、後にエイブラハム・リンカーンによってカトリック教会に返還される。

今日、伝道所の状態は驚くほどよく保存されたもの、完全に復元されたもの、昔の様子をほとんど残さないものなど、さまざまである。スペイン統治時代においても、伝道所は移り変わりが激しかった。モントレーの町の誕生のきっかけとなった2番目の伝道所は、1年後にカーメルの町に移された。現在のサンタクララの伝道所は5カ所目の場所に建てられた6番目の教会だが、それ以前の古い教会は洪水で流され、地震で倒れ、火事で焼けてしまった。

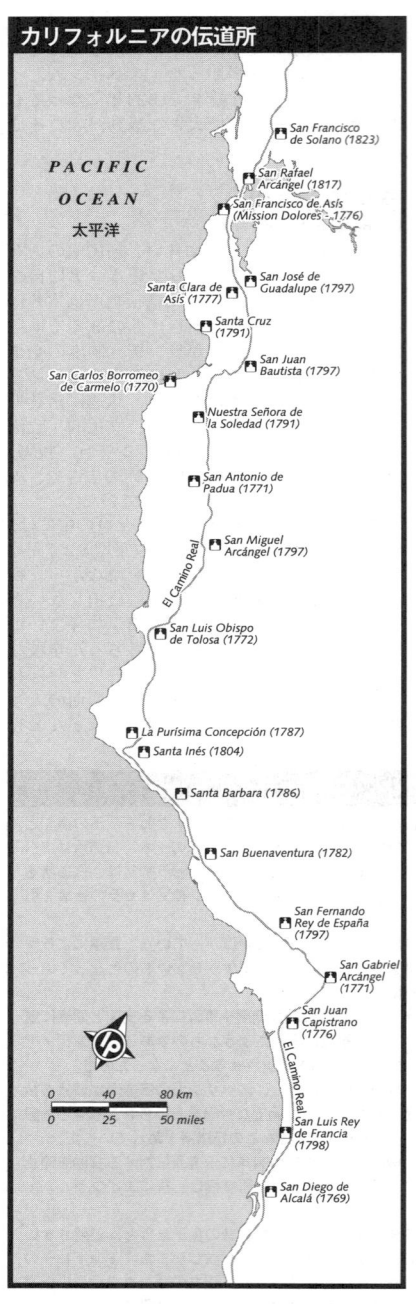

全に社会から無視されていた。

開拓者ジェデディア・スミスが1827年にサンディエゴに現れると、メキシコ政府は東からの道が通れないことを知り動揺した。同じく、開拓者のキット・カーソンは1832年にロサンゼルスに至る道、サンタフェ・トレイルをつくるのを支援した。後にカリフォルニア地域の運命と深い関わりをもつことになるスイス系移民ジョン・サッターは1839年、カリフォルニア総督を説得してサクラメント・バレーに5万エーカー（約202km²）の土地払い下げを受けた。彼の牧場はトラッキー峠Truckee Pass越えの別のトレイルの西側終点にあった。そこは1841年にアメリカ最初の幌馬車がカリフォルニアにやって来た道で、1846年にドナー隊が通った宿命の道でもあった（「シエラ・ネバダ」のコラム、「ドナー隊」を参照）。

アメリカ人探検家、猟師、商人、鯨捕り、定住者、そのほかチャンスを求める人々のカリフォルニアへの関心は高まり、もっぱら放牧だけに専念してきたカリフォルニオが振り向かなかった金儲けの機会を手に入れた。事業を始めたアメリカ人の中にはカトリックになって地元民と結婚し、カリフォルニオの社会に同化する者も出た。「帆船に乗って*Two Years Before the Mast*」（1840年）という海洋冒険小説を書いたアメリカ人、リチャード・ヘンリー・デーナは1830年代に皮取引の船で働いた経験があり、カリフォルニアの人々について「怠惰で金遣いの荒いどうしようもない連中」と記している。

ベア・フラッグ共和国と州制度
The Bear Flag Republic & Statehood

カリフォルニアの潜在的な豊かさに魅了され「マニフェスト・デスティニー（明白なる天命）」（アメリカの国境を東海岸から西海岸まで延ばそうとする帝国主義者的理論）に染まったアメリカ大統領アンドリュー・ジャクソンはメキシコに使者を送り、財政的に行き詰まったメキシコ政府から＄50万でカリフォルニアを買い取ろうとした。当時、何百人ものアメリカ人移住者が特に北カリフォルニアNorthern Californiaに続々と到着するようになっていたが、ジャクソンの使者はそっけなく断られた。政治的な嵐が起ころうとしていたのだ。

1836年、テキサスがメキシコから分離し、共和国として独立を宣言。1845年にアメリカがテキサスを併合すると、メキシコはアメリカとの外交関係を断ち、有効な書類を持たない外国人をカリフォルニアから退去するよう命じた。北カリフォルニアの定住者たちは怒り、駐在していたメキシコの役人を捕えた。そして、ジョン・C・フリーモント率いるアメ

カリフォルニアについて − 歴史

リカ軍部隊の応援を得て、1846年6月、ソノマの町に「ベア・フラッグ（熊の旗）」を掲げカリフォルニアのメキシコからの独立を宣言した。ベア・フラッグ共和国は1カ月の間存続した（旗はカリフォルニア州旗として今に至る）。

一方、メキシコとアメリカ両国はテキサスの領有をめぐって衝突し、アメリカはメキシコに宣戦布告。メキシコに侵入する正当な理由が揃ったアメリカは、7月に米海軍により首都モントレーを含むカリフォルニア海岸のすべての港を占拠。しかし、対局的にはカリフォルニアは戦いの中心にはならず、メキシコ本土での戦争でメキシコが敗退した。

アメリカ軍は1847年9月メキシコシティを陥落させ、戦争が終わった。メキシコ政府はアメリカに北部の領土を引き渡す以外に道はなく、1848年2月2日に調印されたグアダルーペ・イダルゴ条約によりカリフォルニア、ニューメキシコ、アリゾナがアメリカに渡された。その2年後、カリフォルニアはアメリカ合衆国第31番目の州として認められたのだ（この条約の興味深い点は、アメリカに譲られた地域に住むメキシコ市民の権利を保障したところである。メキシコ人の多くはこの条項により、今もなお出生国に関係なく、これらの州に居住し働く権利があると信じている）。

ゴールドラッシュ
The Gold Rush

メキシコと条約を結んだ数日後、北カリフォルニアで金が発見されたのは驚くべき偶然である。ちなみに発見場所は前述のジョン・サッター（彼の名をおぼえていますか？）の所有地であった。金の発見により、アメリカのもっとも新しい辺境の地は急激な変化を遂げることになる。人口はメキシコ統治末期の1万4000人から1849年には9万人以上に増加。アメリカ国内および諸外国から人々がカリフォルニアへと大挙して押し寄せた。

人口増加と豊富な資金で、農業や銀行業から建築やジャーナリズムに至る生活の隅々にまで活気があふれた。金採掘の結果、丘陵は裸になり、緑は消えた。川には土砂が堆積し、水銀がサンフランシスコ湾に流れ込んだ。サンフランシスコは賭博や売春、酔っぱらい、詐欺やペテンの温床となった。

表向きは軍の規律のもとにあったが、カリフォルニアの政府は有能ではなかった。通貨制度は質の悪い硬貨、金の塊、外国通貨などがごっちゃに使用されていた。主たる法は「鉱夫の掟」にすぎず、犯罪に対する刑罰は犯罪の真偽によらず恣意的で時に過酷なものであった。

土地の所有権は確定しておらず、ランチェロがカリフォルニアで使用可能な土地のほとんどの所有権を申し立てる一方で、何千人もの新しい移住者が、ホームステッド法による入植者として160エーカー（約0.6km²）を$200で入手する権利を得ようと居座っていた。1851年に連邦議会は土地委員会メンバーを西部に派遣し、土地所有の申し立てに関する審判を行った。20年前以前に土地払い下げを受けた者はすべてその合法性を書類や証人によって証明することを迫られた。1857年までに約800件が審判により見直され、うち500件がもともとのランチョ所有者として権利を認められた。その他の多くのランチョはアメリカ政府の所有となった。

1860年、カリフォルニアはカムストック銀鉱脈の発見により第2のブームを迎えたが、実際の鉱脈はまもなくネバダ州となる州境の向こう側だった。深い場所での採掘技術を要するこの鉱山の開発はすなわち、会社、株、交易、そして投機を意味する。ネバダは鉱山業で儲けたが、それ以上に株取引で儲けたのがサンフランシスコだった。ノブヒルには大邸宅が続々と建てられ、カリフォルニアの実業家は慎重さよりむしろ大胆さで知られるようになった。

大陸横断鉄道
The Transcontinental Railroad

大陸横断鉄道は単純な概念ながら、広大なスケールで革命的な影響をもたらした。これにより、ニューヨークからサンフランシスコまでの旅は2カ月から4〜5日へと短縮され、東海岸と西海岸の市場間の流通を可能にした。線路の建設は西と東から同時に行われ、1869年ついにユタ州でつながった。サクラメントから東の線路は、セントラルパシフィック鉄道の資金で数千人の中国人労働者を雇って敷設。同社の経営者の1人、リーランド・スタンフォードは1863年に州知事となった。

南北戦争（1861〜65年）により東海岸からカリフォルニアへの物資の移動は減少したが、その落ち込みを補うように地元産業が活発化。農業はオレンジなど輸出用の新しい作物も加わり多様化。カリフォルニア産のオレンジが強力な売り込みキャンペーンにのってニューヨークの食料品店の棚に並ぶと、改革運動家で新聞雑誌発行者ホラス・グリーリーの「若者よ西部をめざせ」という宣伝文句に従った東部の人々が続々とカリフォルニアへ向かった。カリフォルニアの人口は増え続け、1860年代には47％、1870年代には54％にもふくれ上がった。

この急増の後、1870年代後半には破綻が訪

19

カリフォルニアについて - 歴史

れる。投機にあおられた土地価格は農民や移住者の手の届かない値段に押し上げられた。鉄道が地元カリフォルニア産より安い品物を運び込み、鉄道建設の仕事が終わった約1万5000人の中国人が労働市場にあふれかえった。その結果、労働をめぐる不穏な時期が続き、中国人排斥法の成立と1879年の州憲法改正を引き起こした。

産業と農業

ロサンゼルスは1876年まで大陸横断鉄道につながっていなかった。この年、サザンパシフィック鉄道がサンフランシスコから創設期のロサンゼルスまで線路を敷いた。このサザンパシフィック鉄道の独占は1887年に断たれることになる。アチソン・トペーカ&サンタフェ鉄道会社がアリゾナ砂漠を横切ってロサンゼルスと東海岸を結ぶ線路を敷いたのだ。価格競争により輸送費が大きく削減され、州内各所、特に南カリフォルニアとサン・ホアキン・バレーで種々の開発が始まった。鉄道運賃の値下げがいわゆる「80年代ブーム」に火をつけた。1886年から1888年まで続いた大きな不動産ブームである。12万人以上が主に中西部から南カリフォルニアへと移住。多くはアチソン・トペーカ&サンタフェ鉄道会社がロサンゼルス・カウンティ東部に開発した25カ所のニュータウンに住んだ。

投機家は鉄道会社に払い下げられた多くの土地をまとめ買いするとともに、賄賂のきく政治家や役人の助けで、新しい定住者用に売り出されたたくさんの農地も買い占めた。こうして州内の農地のほとんどが都会に住む一握りの地主の手で大きな保有地としてまとめられ、家族経営の小さな農場ではなく、今日に続く、「アグリビジネス（農業事業）」という産業規模のパターンを確立。農地に灌漑用水を引くためのまとまった資本と政治的コネクションがこれら大規模なビジネスを有利にしたのだ。必要とされた低賃金の農場労働者も貧しい移住者によりまかなわれた。

石炭および鉄鉱石の欠如と水の不足は、重工業の発展をおくらせたが、1892年にロサンゼルス地域で原油が発見され、石油精製業と化学産業の発展を刺激した。

20世紀

カリフォルニア州の人口、富、重要度は20世紀を通して劇的に増加し続けていった。1906年のサンフランシスコ大地震と火事は市の大半を破壊したが、州の成長にとってはほとんど問題とならなかった。州の人口は1910年までの10年間で60％も伸び、237万8000人に達した。1910年から1921年までのメキシコ革命時代には国境の南からの移住者が急上昇し、アメリカの主権のもとで消えかかっていたラ

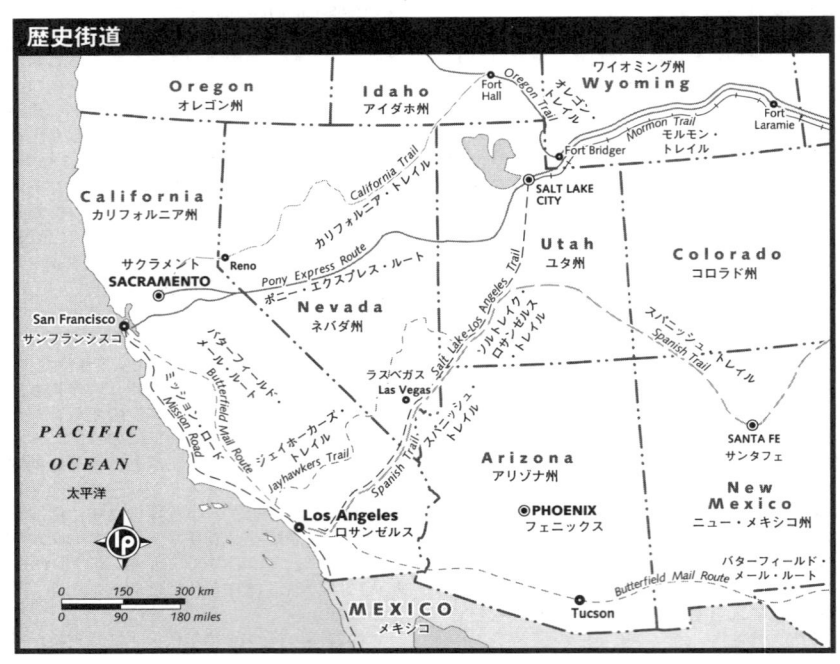

テン系の伝統が再び確立された。1914年のパナマ運河完成は、東海岸と西海岸間の大量海上輸送を可能にした。

1920年代、カリフォルニアの人口は225万人増え567万7000人となった。人口増加率は、ゴールドラッシュ以来最高66％におよんだ。次なる移住者の波は、砂嵐に襲われたダストボウルと呼ばれる貧しい中西部の大草原の州から湧き起こり、大恐慌とともに押しよせた。社会的不安、労働不安がカリフォルニアにおける民主党の躍進につながった。サンフランシスコのベイ・ブリッジや伝道所の建物の復元事業など大恐慌時代の公共事業のいくつかは大小とりまぜ今も残っている。

第2次世界大戦は軍人や軍関係の労働者の移入や新しい産業の発展だけに留まらずカリフォルニアに大きな影響を与えた。軍事産業に動員された女性が、伝統的な男の仕事の分野で活躍。アジアに対する反感が湧き起こり、多くの日系アメリカ人が収容所に入れられ、労働力不足を補うためにメキシコ人が国境を越えてやって来た。カリフォルニアに来た軍人たちの多くはこの地を気に入り、戦後、定住するために戻ってきた。1940年代の州人口は53％に増加し（1950年には1064万3000人に達した）、50年代は49％増加した（1960年には1586万3000人）。

20世紀を通して、カリフォルニアの生活におけるいくつかの問題は繰り返されたのだった。

成長、移住、少数民族 1850年に合衆国の州となって以来、カリフォルニアの人口は急激に増加する。人口増加の主な原因は移住者による。その結果、豊かな多文化社会となる一方、頻繁な民族間の緊張につながってきた。

移住者は急速な経済成長の時期には歓迎されるが、不況になると拒絶される。たとえば、1860年代には中国人の鉄道建設労働者は引く手あまただったが、1870年代には経済のひずみの犠牲となった。1913年のウェッブ外国人土地法により、アジア人の中には土地所有が許されない者が出た。第2次世界大戦中には、米国市民権をもつ多くの者を含む日系人9万3000人が強制収容させられた。また、戦後の好景気の間に多くのアフリカ系アメリカ人が来て職についたが、経済が下降すると失業する者が多くなった。

メキシコ系やラテン系アメリカ人労働者は今でも農場労働と家庭内労働の大半を受け持つ。1994年、カリフォルニア州では失業率の増加および州の赤字財政への対策として提案187号が可決。これは不法移住者に対して学校や病院など政府サービスの利用を禁止するというものだ。多額の経費をかけて、メタルフェンス、国境警備隊の増員、赤外線暗視鏡の使用で米・メキシコ国境を警備しようとする「オペレーション・ゲートキーパー」などによる努力にもかかわらず、カリフォルニアには現在、230万人にのぼる不法移住者がいると推定される。正式な書類をもたない労働者1人の逮捕に対し2人以上がアメリカにこっそり入国する。

今日のカリフォルニアにおける多様化した人種構成は強みであり、かつ弱点でもある。民族間の対立は日常茶飯事だが、時に脚光を浴びる。1992年のロサンゼルスの暴動は、ロドニー・キングを殴打した4人の白人警官の無罪放免をきっかけにして起こった。しかし、世界中から人が集まったために、カリフォルニアはどこよりも他人に対する受容性の高いコスモポリタンで、開放的な社会となっていることも事実だ。近所へ出れば日本人のクリーニング屋にワイシャツを出し、メキシコ人の食料品屋で買い物をし、ベトナム人美容師にマニキュアをしてもらって、ギリシア人の警官に駐車違反の切符を切られるのがカリフォルニアだ。世界は確かにカリフォルニアに集まっている。

軍事 大きな紛争の舞台となったことはないが、カリフォルニアは、地球上でも有数の充実した軍備の場所には間違いない。第1次世界大戦中から戦後にかけてロサンゼルスでは、ダグラスおよびロッキード兄弟が、そしてカーチスがサンディエゴで航空機産業を興した。20年後、第2次大戦が勃発すると航空機産業はカリフォルニアが大恐慌から抜け出すのに一役買った。戦争末期までに南カリフォルニアの軍需契約に何十億ドルもの連邦予算が流れ込んだ。

日本の真珠湾攻撃の後、米国太平洋艦隊はハワイからサンディエゴに移り、現在もそこにある。大きな海兵隊基地であるキャンプ・ペンドルトンがオレンジカウンティに建設され、南カリフォルニアのコロラド砂漠は一時的に史上最大の軍事訓練場の1つとなった。サンフランシスコでは造船が始まり、ロサンゼルスの航空機工場では何千もの飛行機が製造され、映画産業はプロパガンダ映画をつくることとなった。

第2次世界大戦後、カリフォルニア州には冷戦時代の高度なハイテク産業を含む軍需産業の大半が残った。航空電子工学、ミサイル製造、ヘリコプターや原子力潜水艦のメンテナンスなどである。海兵隊の新兵訓練、海軍戦闘機パイロットの上級訓練など軍関係の各種活動が、潜水艦基地、航空機試験設備、複数

カリフォルニアについて - 歴史

の空軍基地、兵器や銃の射撃場、米国海軍母港などで行われた。軍事支出は、カリフォルニア州知事を経験したロナルド・レーガンが大統領を務めた1980年代をピークに減少、軍需産業との緊密な関係の終わりは1990年までに明らかとなる。予算の縮小により多くの基地が閉鎖され、何百もの軍需関連の会社の規模縮小とリストラが今も続いている。

映画産業 映画産業ほどカリフォルニア、特にロサンゼルスを象徴する産業はない。1908年から映画製作者がここに集まるようになった理由はいくつかある。南カリフォルニアの暖かく晴れた気候は室内のシーンを屋外で撮影することをも可能にする。当時の稚拙な写真技術にとって非常に重要な意味をなした。海から砂漠、高山まで、ロケの場所は近くに揃っていたし、映画製作会社がトーマス・エジソン社のような特許権所有者の取立人に異議申し立てを受けた場合でも、すぐにメキシコ国境を越えて機材を安全な場所に避難させることができた。

映画産業はアメリカ内および世界へカリフォルニアのイメージを宣伝するのに大きな役割を果たした。映画、後にテレビが20世紀の有力な娯楽媒体となるにつれ、カリフォルニアは世界のポップカルチャーの中心地となったのだ。

社会変化 伝統の重みに縛られなかったうえに、豊かな資金をもち、映画・テレビで宣伝されたカリフォルニアは、常に新しい考え方や社会運動をリードしていった。すでに1930年代には、ハリウッドが中流階級のためのファッションや流行を広めていた。サンフランシスコがストライキや社会不安で揺れ動き、作家ジョン・スタインベックが労働者階級の福祉と価値について憂慮を示しているさ中においてでもある。

1950年代の豊かさのもと、サンフランシスコの「ビート」世代は都市近郊の生活の陳腐さと順応性を嫌悪し、コーヒーハウスに集まっては、ジャズ、哲学、詩、マリファナに明け暮れた。戦後のベビーブーム世代が10代後半になると多くがビート世代の残したものを受けつぎ、親たちの価値観を否定した。ドラッグにふけり、ドロップアウトしてセックスに溺れる若者たちの反抗は、1967年サンフランシスコの「サマー・オブ・ラブ」で絶頂期を迎える。ただし、これで終わったわけではなかった。ヒッピーの「カウンターカルチャー」は全世界的な現象であったが、とりわけカリフォルニアでは、音楽、サイケデリック・アート、新しいリバータリアニズム（自由意志主義）において時代の先端にあった。セックス、ドラッグ、ロックンロールが西海岸を席巻していた。

60年代後半から70年代初め、新左翼の政治活動、ベトナム反戦運動、黒人解放運動が政治の表舞台に現れ、フラワーパワーやギブ・ピース・ア・チャンスの政治活動はみぢかで素朴なものに映るようになった。1968年のロサンゼルスにおけるロバート・ケネディの暗殺、同年にバークレーで起こったデモに対し、繰り返された暴力的な規制、ローリングストーンズのコンサートでの警備員（ローリングストーンズがこのコンサートのために雇ったヘルズ・エンジェルズ）による観客殺害など。これらはこの時代の純粋さを急速に奪うこととなった。

カリフォルニアは多くの社会運動を生み出してきたが、ゲイ・プライド運動は70年代にサンフランシスコで急激に広がった。今でもサンフランシスコは世界中でいちばんオープンで活気のあるゲイ都市だ。

1980年代後半から90年代にかけてカリフォルニアはヘルシーなライフスタイルの最前線へと踊り出る。エアロビクスのクラスや自己実現ワークショップが数えきれないほど現れた。インラインスケート、スノーボード、マウンテンバイクなどのレジャーはカリフォルニア生まれの産業だ。笑ってしまうかもしれないが、石をペットにすることや大豆のハンバーガーを食べることも、今月のカリフォルニアの流行が、来年は全世界の流行かもしれないのだから。

科学技術 カリフォルニアはこれまで常に技術革新の先頭に立ってきた。1950年代、パロアルトのスタンフォード大学では戦後の大学の急成長により資金を集めることが必要となり、大学はスタンフォード・インダストリアル・パークを建設。大学に有益と思われるハイテク企業にスペースを貸した。ヒューレット・パッカード、ロッキード、ゼネラルエレクトリックなどが最初のテナントとなり、現在はこれがシリコンバレーの繁栄の礎となったと考えられている（シリコンバレーという言葉は1971年にドン・C・ホフラーの一連の記事に出たのが最初であった）。シリコンバレーの大きな転機となったのは、1971年のインテルによるマイクロチップの発明と、1976年のパーソナルコンピュータ、アップルI（ワン）の発明だ。

1969年、カリフォルニア大学ロサンゼルス校（UCLA）のレン・クラインロックというコンピュータ科学の教授が、ロサンゼルスから360マイル（約580km）離れたスタンフォー

ドに向け、コンピュータ間でデータを送ることに初めて成功した。彼が「L」という字をタイプすると、パロアルトのコンピュータ画面に確かに「L」が現れた。「O」をタイプすると、「O」が現れ、次に彼が「G」をタイプした時、システムがクラッシュしたのだ。しかし、インターネットが生まれたのだった。

コンピュータによる通信が電話のように日常生活の一部になるにはその後数十年を要するが、1つの革命が始まったことに間違いはない。

デジタル技術が世界そのものをつくり変えただけでなく、人々がありとあらゆるものを見たりつくる方法を変えた。豊かな90年代、ビジネスや創造のあらゆる分野でリーダーたちが揃ってデジタル技術を呪文のように唱え始めた。映画はデジタル技術による画質の向上とともにバーチャルな世界を生み出すようになったが、ほんの10年前には考えられなかったことだ。時を同じくして、企業は相次いでドットコムブームに飛びついた。株価は見当違いな楽観主義に助けられて、屋根を突き抜けるまでに急上昇したが、21世紀初めに株式市場のバブルがはじけると、今度は同じ速度で床を突き抜け墜落した。しかし、歴史はなお書き続けられている。

地理

アラスカ、テキサスに続き全米で3番目に広いカリフォルニア州は面積15万6000平方マイル（約40万km²）で、イギリスやイタリアよりも広い。北はオレゴン州、南はメキシコ、東はネバダ州とアリゾナ州に接し、西は太平洋に面した1200マイル（約1932km）の海岸だ。カリフォルニア北端はニューヨークやローマと同じ緯度、南端はジョージア州のサバンナやテルアビブと同緯度となる。山脈、海、砂漠が揃った州として地理的に優れた地域といえる。カリフォルニア州の5大都市としてはロサンゼルス（370万人）、サンディエゴ（270万人）、サンノゼ（92万3000人）、サンフランシスコ（80万1000人）、ロングビーチ（46万7000人）が挙げられる。

海岸

カリフォルニアは、その海岸線の大部分が海岸山脈をなし、西側が太平洋にそのまま面し、東側はセントラル・バレーに向かってなだらかにくだる。海岸山脈はサンフランシスコ湾でほぼ2つに分かれる。コースト・レッドウッドで知られるノース・コーストは人口が少なく霧が多いのに対し、モントレーからベンチュラまでのセントラル・コーストは穏やかな気候で、砂浜が多く人も多い。

海岸山脈は州の南4分の3のところでトランスバースレンジ（横断山脈）と呼ばれる山々でシエラ・ネバダにつながる。およそ5000フィート（約1520m）のこれらの山を境に、州は南カリフォルニアと北カリフォルニアに分かれる。南には海を前にロサンゼルス盆地が広がり、メキシコまで延びる山々にふちどられている。ロサンゼルスの120マイル（約193km）南、この台地の端にサンディエゴがあり、そこはもうメキシコ国境のすぐそばだ。

シエラ・ネバダとカスケード山脈
Sierra Nevada & Cascade Range

傑出したシエラ・ネバダの山なみは400マイル（約644km）にわたってカリフォルニア東部の州境沿いに延び、カスケード山脈南端とタホ湖の北でつながっている。2つの山脈はほぼ1本のつながった線に見えるが、地質は大きく異なる。シエラ・ネバダが西に傾いた断層ブロックで氷河に削られた谷があるのに対し、カスケード山脈は明らかに火山性の山々が連なっている。

シエラ・ネバダ山脈は南が高く、アラスカをのぞくアメリカ本土の最高峰である標高14497フィート（約4419m）のホイットニー山で最高地点に至る。カスケード山脈はオレゴン州とワシントン州に延び、高い山としてはラッセン山（10457フィート<約3187m>）とシャスタ山（14162フィート<約4317m>）がある。カスケード山脈の東、オレゴンとの州境には人のあまり住んでいないモドク台地がある。カスケード山脈西にはクラマス川とトリニティ川の急流に削りだされたクラマス山地がある。

セントラル・バレー
Central Valley

シエラ・ネバダ山脈と海岸山脈の間には、カリフォルニアのセントラル・バレーの肥沃な農業地帯が430マイル（約692km）にわたって続く。セントラル・バレーには北からサクラメント・バレー、南からサン・ホアキン・バレーを通る2つの川があり、これらはサクラメント・デルタで合流して西に流れ、サンフランシスコ湾を経て太平洋に注ぎ込んでいる。

砂漠

モハベ砂漠はロサンゼルスの東と北、シエラ・ネバダの南に位置し、砂漠東部はネバダに達している。海岸山脈の東側、モハベの南は、現在は灌漑が行き届いて耕地になっているインペリアル・バレーやコーチェラ・バレーなどの低砂漠と、ソルトン湖がある。シエラ・ネバダの東にはオーウェンス・バレーとデス・バレーがあり、ネバダ・ユタの両州に

カリフォルニアの地理

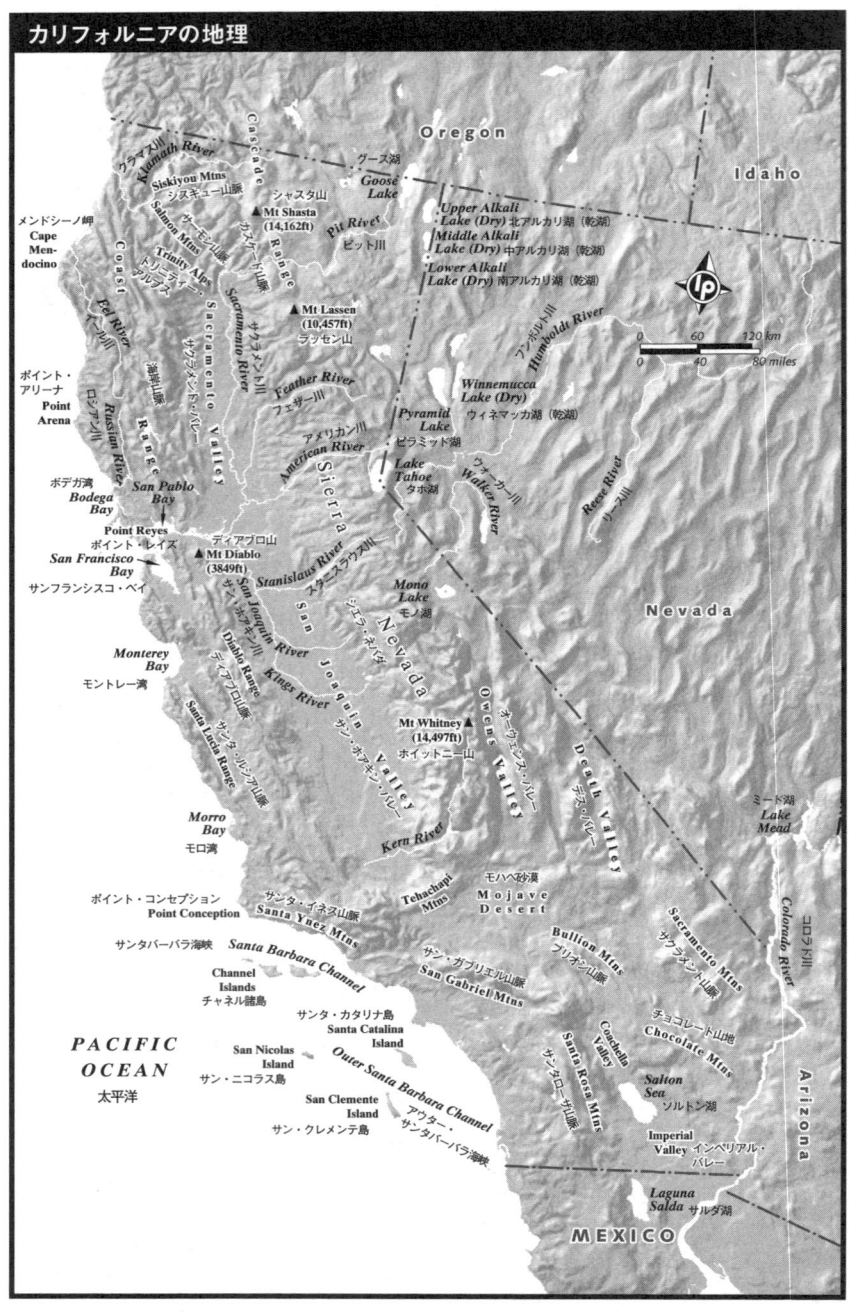

またがるグレート・ベイスン（大盆地）の端にあたる。

地質

ゴールドラッシュ当時からかも知れないが、カリフォルニアは今なお単独でアメリカ最大の鉱山の州だ。2001年にはアメリカの鉱山事業の8.4％がここで行われ、＄33億8000万の収入を生んだ。操業中の鉱山は約1000カ所、32種類もの鉱石を採掘している。カリフォルニアは砂や砂利の最大の生産地で、ホウ素とアスベストに関しては唯一の生産地だ。現在、金は16カ所の鉱山で採取され、そのうち約半分の金鉱が歴史に名高いゴールド・カントリーにある。2000年に掘り出された金は55万3000オンス（約16トン）、価値にして約＄1億5500万にのぼる。カリフォルニア州より多く金を産出するのはネバダ州とユタ州だけだ。

　カリフォルニアの地下には有用な鉱物がたくさんあるが、地盤はかなり不安定で、毎日どこかで地震が起こっている。ただし、ほとんどは小さいか距離がありすぎて人に感じられない程度のものだ。カリフォルニアは、世界でも有数の地震断層の上にある。1つは海底と海岸線からなる太平洋プレートと、北米全体と大西洋の海底の一部からなる北アメリカプレートで、この両方がぶつかるのがカリフォルニアだ。2つのプレートの境目をなすのが悪名高いサンアドレアス断層で、650マイル（約1047km）におよび、多数の小さな断層をつくりあげている。

　カリフォルニアでもっとも有名な地震は1906年にサンフランシスコで起きたマグニチュード7.8の地震で、3000人が亡くなった。サンフランシスコは1989年にもロマ・プリータ地震（マグニチュード7.1）でニュースに登場した。このとき、ベイ・ブリッジが部分的に倒壊し、62人が命を落とした。ロサンゼルスでの最近の「激震」は1994年に死者57人を出したマグニチュード6.7のノースリッジ地震であった。

気候

カリフォルニアの気候は驚くほど多様だ。霧で有名なサンフランシスコの天気予報は「夜と朝は霧。昼までには晴れるでしょう」と1年中こんな具合である。これはノース・コーストの大部分に共通する現象だ。内陸部の気温が高いため、冷たい海水の表面から霧が立ち昇る夏には海岸沿いの霧が特に発生しやすい。南部の海岸部は1年中暖かく、冬は穏やかで夏は暑過ぎることはない。それでも、朝は海霧がある。

州東側の山間部は標高が高く、夏は快適だ。さらに高度の高い場所では冬に雪が降る。

　サン・ホアキン川とサクラメント川の渓谷では夏は極端に暑い、冬は寒く「ツール霧」と呼ばれる霧が地面を包み、濃霧で見通しがきかなくなる。ツール霧に関しては「サン・ホアキン・バレー」のコラムを参照のこと。

　砂漠では夏の気温が不快になるほど高いのは驚くべきことではないが、デス・バレーではしばしば米国最高気温を記録する。冬は暖かく乾燥していて、たいへん快適だ。デス・バレーより標高が高いモハベは、夏はさほど暑くなく、冬の寒さもそう厳しくはない。

　1年を通して州内の大部分の地域で夜間は冷え込むことがある。

エコロジー

カリフォルニアは多くの点で成功しているが、開発と成長はしばしば環境を犠牲になされるものである。ゴールドラッシュとその後の鉱山採掘により、丘も谷も破壊され、北カリフォルニアの川は土砂でふさがれ、ヘッチヘッチー貯水湖とロサンゼルス・アクアダクトの建設はそれぞれサンフランシスコとロサンゼルスの街を潤したが、ヘッチヘッチー・バレーとオーウェンス・バレーにとっては不運をもたらした。セントラル・バレーや海岸部の湿地帯の汚染、破壊により、太平洋ルートの渡り鳥の休息地は消えてしまった。自動車の台数の増加は大気汚染を健康に害のあるレベルにおし上げている。それだけではない。牧草地の過剰放牧、森林伐採、漁業における乱獲、船のオイル流出、酸性雨などは枚挙にいとまがない。

　皮肉なことに、これらの厳然たる事実にもかかわらず、カリフォルニアの環境に対する認識は驚くべきものがある。すでに1864年、ヨセミテの比類ない美しさがヨセミテグラントという法のもとで保護され、1890年にはジョン・ミューアーの働きかけにより国立公園となったのだ。同年にはセコイア国立公園もつくられた。その後ミュアーは、今日もっとも影響力をもつ環境団体シエラクラブを、1892年に創設した。

大気汚染

カリフォルニアの大気はここ20年の間にずいぶん改善されたが、残念ながらそれでもかなりひどいといわざるをえない。自動車の排気ガスと産業汚染が一酸化炭素、窒素酸化物、粒子状物質（PM）など汚染物質を大気へ放出するのが主な原因だ。それ以上に健康に危険なのがオゾンで、特に呼吸器疾患の患者に影響が出る。太陽光が当たると窒素酸化物と有機ガスが反応してオゾンを発生する。

カリフォルニアについて － エコロジー

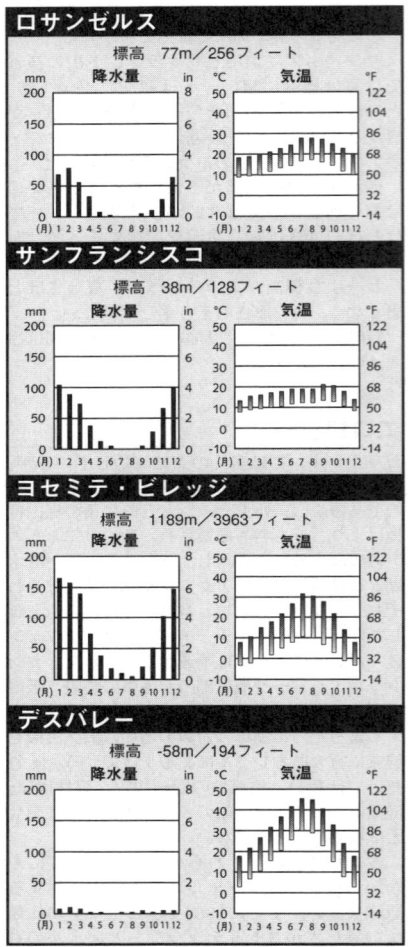

一般に海岸部では内陸部ほど大気汚染が問題にならない。陸から海に吹く風があるからだ。汚染の程度は季節や天候で変化する。一酸化炭素とPMのレベルは秋から冬に最高となり、オゾンレベルは太陽の照りつける夏が最高となる。夏には大気の逆転が頻繁に起こり、暖かい空気の層が有害なガスを地上に滞留させる。

カリフォルニアのもっとも厳しい自動車の排ガス規制と、クリーン燃料の推進計画を複数導入した結果、「スモッグ都市」として悪名高いロサンゼルスでさえ、ある程度、大気の質が向上した。2001年にオゾンが連邦基準値を超えた日は36日。10年前は130日であった。しかし、その他の都市地域でも高レベルの汚染を記録している。特にリバーサイドからサン・バーナディノ（ロサンゼルスの東）、フレズノ、ベーカーズフィールド、サクラメントなど。PMの高レベルは、サン・ホアキン・バレー、コーチェラ・バレー（カリフォルニア砂漠地帯）およびオーウェンス・バレー（イースタン・シエラ）など田舎の農業地帯でより顕著である。

水

現在、カリフォルニアは再び干ばつの最中にあるが、1987年から1992年まで続いた「大干ばつ」ほど深刻ではない。この時の降水量は例年の60％まで減少。当時、州政府は水の使用を減らすためいくつかの対策を実施した。干ばつ情報センターを設置して市民への節水啓蒙活動を行い、水供給公社は節水型トイレに補助金を出した。さらに水資源局では水銀行をつくって干ばつ中に各地域間で水の移動や販売を仲介した。いくつかの都市では下水の再利用を始め、海岸の町では海水の塩分を除去する脱塩装置を開発するところもあった。

水は昔からカリフォルニアの農業、都市、環境の争点となってきた。1930年代に実施されたアメリカ土地改良局のセントラル・バレー・プロジェクト（CVP）では北カリフォルニアの主な川にダムを造り、セントラル・バレーの260万エーカー（約1万400km^2）の農地を灌漑した。この成功により世界有数の豊かな農業地帯が生まれたが、取水の対象となったサクラメント川とサン・ホアキン川および河口デルタの生態系を大きく変えるという代償を払う結果となった。魚の個体数は減少し、魚、鳥、哺乳類など約100種が生息地を失い脅かされ絶滅の危機に瀕している。魚や野生動物の保存・保護をうたった1992年のセントラル・バレー・プロジェクト改善立法で多少の成果はあったものの、大きな効果はあがっていない。

もう1つの大きな水の問題は、映画「チャイナタウン Chinatown」でも鋭く描写されたロサンゼルス・アクアダクトによるシエラ・ネバダからの取水である。現在でもロサンゼルスはここから75％の水を得ている。さらに10％はコロラド川から300マイル（約483km）のアクアダクトで運んでいる。残りの15％のみ、ロサンゼルスの地下の帯水層からの水でまかなわれている。

この問題の詳細はロサンゼルスのコラム「渇いた巨人を癒す水」とシエラ・ネバダのコラム「モノ湖」を参照。

ゴミ処理

カリフォルニアでは毎年約6000万トンのゴミが出る。ゴミの埋立地は収容力ぎりぎりのと

ころまできており、環境プランナーは毎年出るゴミの山をどうするか頭を痛めている。問題の根本は増加し続ける人口にあり、どんなに効率のよいゴミ処理法でも追いつけない。1995年に可決された法律により、カリフォルニア州内の市町村は2000年までにゴミの発生を最低25％減少させることが必要となった。ガラス、アルミ、紙製品、プラスチック類のリサイクルは普及しているが、大部分の都市ではこの目標は達成されなかった。ゴミ削減に関する市民への啓蒙活動は重要なステップとして、学校がカリキュラムにゴミ削減教育を組み込むようになった。カリフォルニア総合廃棄物管理局では**ホットライン**（☎800-CLEANUP）を設け、郵便番号別に、ゴミ削減、再利用、リサイクル、ゴミによる堆肥作りに関する情報を提供している。

エネルギー

2000年から2001年にかけて起こったカリフォルニアのエネルギー危機は世界中で大きなニュースとなった。1996年当時の州知事ピート・ウィルソンのもとで可決された規制緩和法による。この規制緩和は、公式には州内の電力事業に競争原理を導入することで消費者に電力を安く供給しようとするものであったが、供給会社は発電所を電力卸売業者に売却した上で、電気を買い戻さなければならず、2002年までとされていた発電設備の完売まで、徴収することのできる電気料金には上限が決められていた。

一方、州内のハイテク産業の伸びと個人のインターネット利用の急激な増加により電力需要は年およそ6％ずつ上昇。同時に、隣接する州も含めカリフォルニア経済が予想以上に成長するとともに、人口も増加。1990年代に新しい発電所が建設されなかったことが事態をさらに悪化させた。古い発電設備は効率が悪く、点検や修理のために頻繁に停止されたのだった。

需要の増加により、規制を受けない電力卸売価格は急上昇したが、供給会社が顧客に請求できる料金は規制されたままであった。この欠損により、州内の2大供給会社、PG&E社と南カリフォルニア・エジソン社は破産寸前に追いやられた。倒産を避けるため2001年1月に州政府が介入、供給会社のために電気を買ったが、結果として州財政に穴があき、赤字に転落。こうした努力にもかかわらず、カリフォルニア州民は頻繁な停電と計画的な供給停止（電力供給網がパンクしないように地域ごとに短時間ずつ電気を止める）を味わった。

この危機は、卸売価格を上げようともくろむエネルギー会社による意図的な供給制限により、人為的に起こされたとする説もある。この件に対しては複数の調査が進行中であり、長期的な電力供給に対する解決方法はまだ検討中だ。

植物

カリフォルニアには砂漠、森林、高山帯、湿地帯と多様な生態系があり、きわめて変化に富んだ植物相（および動物相）の大部分を容易に観察したり体験できる。3つの「卓越した」樹木がカリフォルニアにはある。世界でもっとも高い木（コースト・レッドウッド）、もっとも大きな木（ジャイアントセコイア）、そしてもっとも古い木（ブリストルコーンパイン）である。

海岸

海岸の生態系は海水に浸っている状態から干上がった状態までいろいろある。カリフォルニアの海岸線に並行する海岸山脈北端にはコースト・レッドウッド *Sequoia sempervirens* の林がある。背の高い美しい木は樹皮がスポンジ状で赤く、平べったい針葉をもち、オリーブのような球果をつける。この木のまわりの林床にはソードファーン（タマシダ）、レッドウッド・ソレル（オキザリス）などが生えている（「ノース・コースト」のコラム、「地球上でもっとも背の高い木、コースト・レッドウッド」を参照）。

セントラル・コースト沿いに生育するモントレー・サイプレスとモントレー・パインは厚くざらざらした灰色の樹皮、上の方にかたまって生える長く伸びた枝と長い針葉をもつ。

他に比べるとはるかに乾燥した南カリフォルニアでは、ヒイラギに似た常緑の葉とトゲとゲの皿のついたドングリをもつライブオーク、細長い葉が紫になる芳香性のカリフォルニアローレル、低木で赤い樹皮と小さな実をもつイーストウッド・マンザニータとクヤマカ・マンザニータなどが生育する。

トリーパインは少ない降水量と石の多い砂地に適応した木であるが、非常に希少である。現存する林はサンディエゴの近くとチャネル諸島国立公園の一部であるサンタローザ島にある。

シエラ・ネバダ
Sierra Nevada

シエラ・ネバダには異なる3つの生態系がある。カシとチャパラル（カシの低木のやぶ）に覆われ乾燥した西側の山麓、2000フィート（約600m）前後から8000フィート（約2400m）に至る針葉樹林、8000フィート（約2400m）

を超える高山帯だ。森の中で注目すべきはカリフォルニア特有のジャイアントセコイアだ。巨大な幹は赤い毛むくじゃらの樹皮に覆われ、あちこちに小さい森をつくって、まるで木の兵隊のように立っている。ジャイアントセコイアが主に見られるのは、ヨセミテ国立公園とセコイア国立公園。セコイアの樹皮は偶然にもこの辺りに生育するインセンス・シーダーに似た樹皮をしている。ほかに、ロッジポール・パイン、ポンデローサ・パイン、シュガーパイン、レッドファー、ホワイトファーにも同様な樹皮がみられる。

落葉樹はたいてい水辺で見つかる。緑がった白い花が5月の終わりに咲き、美しいパシフィック・ドッグウッド。秋に大きな円形の葉がバターのような黄色になり、光にゆらめくクェーキング・アスペン。綿毛のように小さな白い花が風で飛ぶブラック・コットンウッド。赤茶けた樹皮と小さな球果をもつホワイトアルダーなどだ。

真っ赤なインディアン・ペイントブラッシュ、紫のルピナス、黄色やオレンジ色のモンキーフラワー、濃い紫のボウルチューブドアイリスなど、野生の花々は4〜6月に高山帯の草原に咲き、その後、ヨセミテのツオルム・メドウなど標高のさらに高い所で咲く。

砂漠

砂漠の植物は細いトゲのような葉で水分の蒸発を防ぎ（動物にも食われにくい）、短い雨期にいっせいに開花結実するという、乾燥気候に適応したしくみをもつ。

もっとも目立ちよく見かける砂漠の花は、明るいオレンジ色のカリフォルニアポピー（ハナビシソウ）だ。この花はカリフォルニア州花でもあり、開花期は3〜4月である。

砂漠のサボテンはおそらくこの辺りでいちばん好奇心をそそる姿をした生物だろう。たとえば毛むくじゃらに見えるウチワサボテン。「テディベアサボテン」というニックネームのついた種類もあるくらいだが、抱きしめるのはやめたほうがいい。「毛」のように見えるのは、実はひっかかりのある非常にするどいトゲで、軽く触れるだけで皮膚に食い込んでしまう。春には明るい黄色の花が咲く。

ドクタースースの絵本の世界から飛び出したようなジョシュアツリー（ヨシュアツリー）はユッカの1種で、ユリ科の植物だ。移住してきたモルモン教徒が、聖書に出てくるヨシュアが手を広げて約束の地に来た彼らを歓迎してくれているかのように見えたこの植物をそう名付けたのだ。ジョシュアツリーはモハベ砂漠およびその名を冠したジョシュア・ツリー国立公園に生える。同様に広く分布するプリックリーペアという平たいサボテンはピンクや赤紫、黄やオレンジなどきれいな花をつける。スモークツリーはスモーキーブルー色の細かい葉をもち、地下水の存在を示すといわれる。

サボテンのようなクレオソートブッシュは潅木で硬い葉をもち、独特のにおいがする。ほかにも、トゲトゲのオコティロには雨の後で茎状の小枝から葉が出て、春には明るい赤橙色の花が咲く。また、「ウエイト・ア・ミニット・ブッシュ（ちょっと待っての木）」というニックネームをもつキャットクロウには小さく鋭いかぎ状のトゲがあり、そばを通り過ぎる人を引っかいたり服を引っ掛けたりする。

西部劇でおなじみのタンブルウィードは成長が早く、1本の茎の上に丈夫な枝が丸いボール状にできる。夏の風で根から引き抜かれ、砂漠をころころ転がっている。

カリフォルニア原産の唯一のヤシ、ワシントニアパームは、砂漠のオアシスに自生し、なかなかおいしい小さな黒い房の実をつける。

動物

海岸

海岸では野生のひれ足動物を見る機会が多い。ゾウアザラシ、ゴマフアザラシ、カリフォルニアアシカ、ラッコなどだ。これらの人なつっこい動物たちを観察するなら、セントラル・コースト沿い、たとえば、カーメルの近くのポイント・ロボス州立保護区Point Lobos State Reserve、ハースト城のすぐ北のピエドラス・ブランカス、サンタバーバラ沖のチャネル諸島のいくつかの島が最適だ。サンフランシスコ半島のアニョ・ヌエボ州立保護区はゾウアザラシの主要な繁殖地でもある。

毎年、メキシコの暖かい海に移動するコククジラGray whaleは12月から3月まで海岸各地で見ることができる（「サンフランシスコ・ベイ・エリア」のコラム、「コククジラ」を参照）。トックリクジラとネズミイルカは、「ポッド」と呼ばれる群れをつくり、海岸にかなり近い所を泳ぐ。モロ湾からメキシコまでの海岸で1年中見ることができる。

海岸の鳥には、カリフォルニアブラウンペリカン、カモメ、カイツブリ、アジサシ、ウ、イソシギ、岸で波を追いかける愛くるしい小さなミユビシギなどがある。翼幅3m前後の黒と白の猛禽類、カリフォルニアコンドルは長らく州内でもっとも絶滅に瀕した動物の1つだったが、近年、個体数が回復しつつある（コラムを参照）。

驚くべき距離を移動する美しいオレンジ色

カリフォルニアコンドル：空の王者

カリフォルニアコンドル Gymnogyps californianus は、空を飛ぶ鳥では世界最大級だ。体重は20ポンド（約9kg）にのぼり、約20年の寿命をもつ。さらに驚くのは広げた翼の長さで、平均9フィート（約3m）、翼を動かさずに何時間も舞い上がったり、滑空できる。この巨大な野生の猛禽類は腐った肉を主食とする。

しかし、数年前まで野生のコンドルは1羽も残っていなかった。人間によって絶滅の危機に瀕していたのだ。約100年前からコンドルを殺すのは法律で禁じられてきたが、電線にぶつかるなどの事故以外に公害や環境汚染のために個体数がしだいに減少していったのだ。

この状況を変えるため、科学者グループが徹底的な保護に向けて立ち上がったが、時すでに遅しであった。80年代半ばには世界中に27羽だけ残った最後のコンドルが捕獲され、サンディエゴ動物園とロサンゼルス動物園における繁殖プログラムに組み入れられた。これは危険な賭けであったが、これ以上何も失うものはないというのが一致した意見だった。

幸いなことに、この計画はハッピーエンドとなる。1988年に捕獲状態での最初のヒナがかえり、1992年には捕獲状態で産まれたコンドルたちが初めて野生の世界に放された。2002年5月には総個体数も207羽に増加し、そのうち野生のものは74羽となった。しかし、挑戦は続く。自然に放たれたコンドルはつがいをつくったが、産まれた卵はまだ1つもふ化していない。コンドルの個体群がほんとうに回復したかどうかは、時間がたたないと今のところなんとも言えない。

の蝶オオカバマダラは、カリフォルニアで越冬し、主にセントラル・コーストのピスモビーチ、パシフィック・グローブ、サンシメオンなどで見られる。

シエラ・ネバダ
Sierra Nevada

降水量や食物量をはじめとする環境要因は標高により変化し、山脈の中で動物が住む地を決定する。たとえば、ハイイロリスは標高の低い地帯には多くいるが、7000フィート（約2100m）を超える場所では冬を越せない。タニホリネズミとオリーブチャツグミは標高7000フィート（約2100m）未満で見つかるが、類縁種のヤマホリネズミとオリーブチャツグミはもっと高地でも生息する。

動物の中には標高の低いところに移動して冬を過ごす動物もいる。ミュールジカ、オオツノヒツジ、それにステラーカラス、ハチドリ、キツツキなどの鳥類だ。シエラ・ネバダの上の方ではキバラ・マーモットやシマリスを見かける。

3000フィート（約900m）から8000フィート（約2400m）の地帯にたくさんいるのがアメリカクロクマだ。体重は約300ポンド（約135kg）。雑食性で木の実、ドングリ、木の根、草、昆虫、卵、小さな哺乳類、魚、腐った肉などを食べる。

砂漠

砂漠の野生動物の大部分は夜行性で、昼間はほとんど見られない。長いまっすぐな尾をもち、頭のてっぺんに羽の冠をいだく小さな灰色の鳥、ロードランナー（ミチバシリ）は道ばたでよく見かける。デザートトータス（サバクガメ）というこの陸ガメは歩みののろさゆえに車にひかれることが多く、絶滅に瀕した種となっているためあまり見かけない。赤みがかった茶色のキットフォックス、尻尾のないボブキャット、コヨーテ、ジャックラビット、カンガルーラット、さまざまなヘビ、トカゲ、クモ類など、そのほかの砂漠の動物はめったに姿を見せない。

国立公園

州内のもっとも美しく貴重な地域を保護しているのが国立公園だ。ヨセミテおよびセコイア国立公園は1890年につくられたカリフォルニア最初の国立公園である。今日、州内の国立公園は7カ所になり、その他16カ所が国立公園局（NPS）によって保護されている。それらは国立保護区（カリフォルニア砂漠地帯のモハベ国立自然保護区など）と国定記念物（イースタン・シエラのデビルズ・ポストパイルなど）でもある。NPSは1916年に「利用を促進するとともに調整を行い」、「将来の世代のために景観や野生生物を保護」するために創設された。NPSには有益なホームページ（www.nps.gov）があり、各国立公園の詳細な情報が得られる。

シエラ・ネバダ山脈の**ヨセミテ Yosemite**は、カリフォルニアはもちろん、アメリカでも有数の、多く観光客の訪れる有名な国立公園で、みかげ石の一枚岩と無数の滝で知られる。ヨセミテの南にあり、一体として運営されている**キングスキャニオン Kings Canyonとセコイア Sequoia**国立公園は、ジャイアントセコイアの木（世界でもここだけ）や、北米一の深い峡谷があって、ハイキングに最適だ。

カリフォルニア砂漠地帯の**デス・バレー Death Valley**はそそり立つ山々に囲まれ、太陽で

ひび割れた大平原に塩の柱が並ぶ不思議な美しさをもつ。南にある**ジョシュア・ツリー Joshua Tree**国立公園は、ロッククライマーのメッカで、ジョシュアツリーとモハベユッカの木で知られる。砂漠地域の国立公園を訪れる適期は10〜4月。気温が100°F（38℃）を超えない前がおすすめだ。

海岸地域には**チャネル諸島 Channel Islands**国立公園がある。サンタバーバラ沖の5つの島からなり、海中生物とアシカ、アザラシ、ラッコなどの群れで知られる。ノース・コーストのオレゴン州境近く、**レッドウッド Redwood**国立公園には世界でいちばん背の高い巨大なコースト・レッドウッドが育つ。

北部山岳地帯では**ラッセン火山国立公園 Lassen Volcanic National Park**がラッセン山を中心に広がる。ラッセン山は1916年以来、火山活動を停止しているが活火山とされている。

残念ながら、カリフォルニアの国立公園のいくつか、特にヨセミテ国立公園は訪問者が増えすぎて問題となっている。人ごみは環境に深刻な影響を与え、公園の開放と自然保護のバランスを取ることが難しくなっている。もし、1人で静かに自然と対話したいなら夏場は避け、道路や駐車場に近寄らないこと。主として州の北部のあまり知られていない地域には1年の大部分にわたって人のあまり来ない山や川、渓谷がある。

政治

アメリカ合衆国は、1787年につくられ27回の修正を経た憲法の条文に基づき統治されている。憲法は、行政、立法、司法の三権分立を保障し、それらの間に互いに抑制し合って均衡を保つさまざまな仕組みが働いている。憲法は連邦政府と州政府間の力の配分についても規定するものである。

18歳以上のアメリカ市民は選挙権をもつが、その権利を行使する者は半数に過ぎない。にもかかわらず白熱した選挙が行われ、政治家と政党は中傷合戦になることもある政治キャンペーンに何百万ドルもの資金を費やす。

アメリカの政治は2大政党が牛耳る。グランドオールドパーティー（GOP）のニックネームをもち、ゾウがシンボルの共和党は伝統的に保守的で、政府が巨大化することに反対し、州の権限を擁護する。ロバをシンボルとする民主党は、よりリベラルで、連邦政府の力の強化を支持している。グリーン党や自由党のような小さな党は選出議員数においてわずかなものである。

大統領が選出された党と上下院のいずれか、または両方における多数党が異なることは珍しくない。この「分割政府」の状態では新しい法律はあまり制定されず、大統領の拒否権発動が多くなる。

米国連邦政府

連邦の立法府は二院制の議会、上院および下院からなる。上院は50州からそれぞれ選出された2名ずつの議員からなり、下院の435名は州の人口に合わせて選出された数名ずつから構成されている。任期は上院議員が6年、下院議員は2年である。

司法府は、大統領によって指名され、上院の認可を受けた終身任命の判事9名がいる最高裁判所が頂点となる。裁判所は憲法に基づき、連邦法や州法、または行政の行った事柄を無効と決定することができる。

行政府は大統領と大統領顧問団からなる。顧問団のメンバーは大統領により選ばれるが、上院の認可が必要である。大統領は議会を通過した法案に対し拒否権をもつが、議会の3分の2以上の議員が再び支持した場合には拒否権は無効となる。

大統領は直接選挙ではなく、各州の上下院合わせた議員数と同じ数だけ選出された選挙人からなる選挙人団による選挙で選ばれる。選挙人は州内の一般投票の結果に合うように投票。大統領に選ばれるには、538票の選挙人団の票のうち過半数の270票を獲得しなければならない。もっとも人口の多いカリフォルニアは54人の選挙人がいる。大統領は4年の任期を2回までしか務められないと定められている。

カリフォルニア州政府

アメリカは連邦制の国であり、憲法により連邦政府に委任されていない権限は州政府がもっている。教育、犯罪司法、刑務所、病院、ハイウェイの維持管理などは州政府の責任である。

各州にはそれぞれ州憲法と政府がある。州政府の政策は一般に連邦政府の政策を反映するものであり、州知事が州の行政トップに立つ。カリフォルニアでは立法府は州の上院（40名）と下院（80名）からなる。任期規定は、知事と上院議員について4年の任期が2回、下院は2年の任期が3回までとなっている。

伝統的に、北カリフォルニアおよび大部分の都市圏、特にロサンゼルスでは民主党が強く、農村地帯の中心である豊かなオレンジカウンティとサンディエゴには共和党候補を支持する人が多い。

カリフォルニアは、1998年に選ばれたグレイ・デイビスの指揮下にある。彼は1970年代の後半以来、初の民主党出身の知事である。

2002年11月の選挙で、選挙民は47.5％の得票数で2期目のデイビスを選出した。相手候補の共和党ビル・サイモンは42.4％を得票、グリーン党のミゲル・カメホ候補は5.2％を獲得し、世間を驚かせた。

経済

カリフォルニア経済は非常に大規模で多様化しており、州内総生産は1兆3580億ドル、労働人口は1750万人を超える（2001年現在）。カリフォルニアのGDPを諸外国の統計と比べると、アメリカ、日本、ドイツ、イギリスに次ぐ第5位で、フランスと中国を追い抜くという興味深い結果が出た。農業以外の3大雇用業種はサービス業（675万人）、小売業（300万人）、公務員および軍関係者（250万人）である。

カリフォルニアの1人当たりの所得は＄3万2150で、全米平均を約9％上回る。もっとも豊かな郡はマリン、サンフランシスコ、サンマテオ・カウンティで、すべてベイ・エリアにある。もっとも住民所得の低い郡は内陸部にあるキングス、デルノルテ、ラッセンの各郡で、平均所得は＄1万9000に満たない。2002年6月のカリフォルニアの失業率は6.4％、前年6月の1.2％増、全米平均より0.5％高かった。

カリフォルニアの農業就業人口は少ないが（約72万8000人）、農業生産高は各州のうち最高で、750万エーカー（約3万km²）の灌漑された農地で、牛、綿花、乳製品、ワイン用ブドウ、果物、野菜、穀物などを生産している。農業は高度に機械化された企業経営で、文字通り「アグリビジネス」と呼ばれ、土地に対して大規模な投資がなされ、賃金の安いラテン系労働者を主に使用している。

多くの第2次産業は1次産品の処理加工で、魚の箱詰め、野菜・果物の缶詰生産や包装、ワイン作り、石油精製、製材業などである。重工業に必要な資源の少ないカリフォルニアは、航空機、ロケット部品、電子機器、コンピュータ、ハイテク消費財などを重点的に生産して成功を収めてきた。建築業、土木業、軍事工業は、巨大かつ非常に発展した業種である。

しかし、カリフォルニア州内には、銀行、金融、教育、研究開発、コンピュータソフトウェア、テレビ、映画、観光、企業サービスなど、さまざまな第3次産業があり、脱工業化社会であるともいえる。

住民

2002年のカリフォルニアの人口は約3450万人で、全米でもっとも人口の多い州である。人口増加率の大きい州でもあり、1990年から2000年までに500万人以上増加した。2025年には州の人口が約5000万人になると予想されている。住民の平均年齢は33歳である。

州人口の民族別内訳は変化しつつある。ヒスパニック系、ラテン系、アジア系が着実に増加しつつある一方、白人は減少しつつある。2000年の米国統計によれば次の通り。

白人（ヒスパニック系以外）	46.7％	1582万人
ヒスパニック＆ラテン系	32.4％	1097万人
アフリカ系アメリカ人	7.4％	250万人
アジア＆太平洋諸島出身	11.6％	436万人
アメリカインディアン	1.9％	62万7000人

カリフォルニアは実に多様な社会である。2002年、住民の4人に1人が外国生まれで、1990年の37％増であった。アメリカへの移住者の約30％はカリフォルニアに住む。そのうちメキシコからの移住者が1位を占め、フィリピン、エルサルバドル、ベトナム、中国、韓国、インド、イギリス、カナダ、ドイツの順に続く。カリフォルニアにはイラン人、アルメニア人、インド人、およびその他の文化をもつ人々が多数住んでいるため、特に移住者が多く住む都市部では、言語、宗教、あらゆる文化面における多様性が見られる。

教育

教育は州の管理下にあるが、学校は市や郡のレベルで各学校区によって運営され、地域の財産税（および連邦・州からのいくらかの補助金）でまかなわれている。このため、その土地の不動産価格と初等中等教育の質にはある程度の相関関係がある。一般に、エレメンタリー（またはプライマリー）スクールは1～6年生（5～11歳）、ジュニアハイ（またはミドル）スクールが7～9年生（12～14歳）、シニアハイスクールが10～12年生（15～17歳）である。

カリフォルニアには8575校の公立学校があり、男女共学、無宗教で、すべての民族を受け入れる。学校は地域住民の民族構成を反映するので、生徒のほぼ全員が同じ民族となることがしばしば起こる。都市によっては民族的、社会階層的に混ざった学校をつくるため、他の学校区へバスで生徒を運ぶプログラムを実施しているところもある。公立学校に行かずに、授業料を払って私立や宗教系の学校に通う生徒が増加している。生徒の親にとってカリキュラムや学校予算の配分に関して親が意見を出しやすいと感じているからだ。カリフォルニアには4250校の私立学校がある。

カリフォルニアの公的な高等教育機関は3つ

の層に分かれていて、博士号の取得であれ、美容師免状であれ、すべての住民は教育を継続する権利があるとの前提に基づいている。

コミュニティカレッジは2年制で、職業教育、4年制大学転入のためのアカデミックな教育、補習的な教育、生活を豊かにし職業技術を向上させるための生涯教育などの機能を持つ。カリフォルニアには108校あり、費用は安く、入学に高い条件はない。

公立大学ではカリフォルニア州立大学の23キャンパスとカリフォルニア大学の10キャンパスがある。カリフォルニア大学の中でもUCLA（カリフォルニア大学ロサンゼルス校）とUCバークレー校の2つがトップに位置し、教育および研究において国際的な評判が高く、教授陣からノーベル賞受賞者を輩出している。

私立の名門大学にはパロ・アルトにあるスタンフォード大学、パサデナ（ロサンゼルス）のカリフォルニア工科大学、同じくパサデナのアーツ・センター・カレッジ・オブ・デザインなどがある。

芸術

サンフランシスコとロサンゼルスはカリフォルニアでもっともダイナミックな文化の中心地である。もちろん、カーメルやラグーナビーチなど小さな町の多くにも活気あふれた芸術家集団がいる。伝統的なリベラリズムとヒューマニズムにより、サンフランシスコは出版界の重要な拠点となり、昔からライターたちがインスピレーションを求め集まってくる。ジャズ、オペラ、劇場、すばらしい博物館の数々があるサンフランシスコはたいへん住みよい街だ。アメリカの都市で、ロサンゼルス以上に幅の広い芸術を誇る街はそう多くない。そして映画産業のおかげで、良きにつけ悪しきにつけ、世界中に発信する文化的影響力をもつ都市もほかにはない。

音楽
カリフォルニアはあらゆるジャンルの音楽のメッカである。

クラシック音楽　20世紀初めのヨーロッパの作曲家には亡命してロサンゼルスに住んだ人が多い。1930年代、40年代のベルトルト・ブレヒトとトーマス・マン。後にロサンゼルス・フィルハーモニー管弦楽団の指揮者となったオットー・クレンペラー、クルト・バイル、1936年に来てUCLAの教授を務め、「弦楽四重奏曲第4番 Fourth Quartet」を書いたアーノルド・シェーンベルク。イーゴリ・ストラビンスキーは1940年にハリウッドに居を定め、「交響曲ハ調 Symphony in C」とオペラ「放蕩者の成りゆき Rake's Progress」を書いた。

ジャズ　ジャズがカリフォルニアに初めてやってきたのは1920年代、ホルン奏者キッド・オリーがロサンゼルスのレコード製作用楽団の指揮者になったときである。1940年代になるとアフリカ系アメリカ人コミュニティの繁華街であるセントラルアベニューで盛んに演奏されるようになった。チャーリー・パーカーがカマリロ州立病院の薬物中毒治療病棟に7カ月間収容されたのは、ハリウッドで毎晩ライブをしていたときだった。このときの経験をもとに、パーカーはロサンゼルスのダイアルレコードで「リラックスィング・アット・カマリロ Relaxing at Camarillo」の録音を行った。多くの偉大なジャズメンがロサンゼルスに生まれ育っていった。その中にはデクスター・ゴードン、チャールズ・ミンガス、アート・ペッパーがいる。

1950年代の西海岸のジャズは、ペッパー、バディー・コレット、ジェリー・マリガン、チェット・ベイカー、シェリー・マンなどのアーチストが太平洋のゆったりとした雰囲気で演奏する中で生まれたものである。ロサンゼルスのハリウッドではシェリーのマンホールやエルモサ・ビーチのライトハウスで、サンフランシスコのノースビーチではビンボズ365クラブやブラックホークなどのクラブで、東海岸志向のバップミュージックを上まわる、洗練された心なごむハーモニーのジャズが生み出された。

60年代になってリズム＆ブルース、ソウル、ロックンロールが人気を博すると、ジャズはスランプに陥った。しかし、80年代に再び人気を回復し、オークランドのヨシ、ロサンゼルスのカタリーナ・バー＆グリル、ジャズ・ベーカリーなどカリフォルニア各地のクラブで、ジャズは若い世代の心を捉えるようになった。スイングの音とスタイルも戻り、粋なブルース調のラベイ・スミス＆ハー・レッド・ホット・スキレット・リッカーズの演奏や、ウェスタンの影響を受けたビッグ・サンディー＆ヒズ・フライライト・ボーイズなどがファンを魅了し続けている。

リズム＆ブルース　1940年代から60年代を通して、ロサンゼルスのサウスセントラル地区にはブルース、リズム＆ブルース（R&B）、ジャズ、ソウルが演奏される優れたナイトクラブが多くあった。ロサンゼルスのワッツ地区からは、ドゥートーンレコードから最初のレコード「アース・エンジェル Earth Angel」を出したペンギンズなど、ドゥーワップの伝統にのっとったボーカルグループが生まれた。

50年代中頃のジュークボックスではTボーン・ウォーカーやエイモス・ミルバーン、チャールズ・ブラウンの曲がおなじみだった。

ワッツ地区のミュージックシーンでは、リトル・エスター・フィリップスをボーカルに起用したジョニー・オーティス楽団、DIGレコードからジョニー・オーティスが中心となり、さまざまな音楽を発表していた（ジョニー・オーティスはベイ・エリアでまだ演奏活動をしており、バークレーではKPFA 94.1 FM、ロサンゼルスではKPFK 90.7 FMで、土曜の朝、彼のR&Bラジオショーを聞くことができる）。60年代初め、サム・クックがヒットを次々に飛ばし、SARレコードを経営したことから、ソウルとゴスペルの歌手が全米からロサンゼルスに集まってきた。

ロックンロール ロックンロールのレコーディングはもとよりカリフォルニアで行われていたが、50年代に、リッチー・バレンスが最初の地元出身スターとしてヒットを飛ばした。彼の「ラ・バンバ La Bamba」は伝統的なメキシコの民衆音楽をロックにしたものだった。60年代の初め、「サーフミュージック」と呼ばれる新しいタイプのロックンロールが人気を博し、南カリフォルニアの海岸町を中心に現れた。これはチャック・ベリーのリフ、親しみやすいロックンロールのリズム、斬新なハーモニー、車、ガールフレンド、サーフというカリフォルニアの若者文化を組み合わせたものであった。ディック・デイル＆ヒズ・デルトーンズ、ビーチボーイズ、ジャン＆ディーンがこのジャンルのもっとも知られたスターである。

60年代中頃、後の「リザード・キング」ことジム・モリソンを含むUCLAの学生のグループがドアーズを結成、サンセットストリップで演奏した。

一方、サンフランシスコではサイケデリック革命の端を発する激しい熱狂が起こりつつあった。グレートフル・デッドやジェファーソン・エアプレインなどのスターを除くと、ジャニス・ジョプリン、ビッグ・ブラザー＆ザ・ホールディング・カンパニー、ザ・シャータランズ、スライ＆ザ・ファミリーストーン、クリーデンス・クリアウォーター・リバイバルなど、ベイ・エリアのアーチストがこの時期のサウンドの中心となった。カルロス・サンタナは60年代後半にサンタナというバンドをつくり、ラテンアメリカンリズムとロックンロールの融合に成功した。「サンフランシスコのゴッドファーザー」といわれる大プロモーター、ビル・グレアムはこれらのグループを使い、ポップミュージックが発表される方法を根本から変え、新しい世界的なエンターテイナーが生まれる時代に道を開いた。

愛と平和を歌う時代に反旗を翻し、フランク・ザッパは彼のバンド、マザーズ・オブ・インベンションとともに60年代半ばにアルバム「フリークアウト Freak Out」を出した。マザーズの風刺は、タカ派の保守層から頭が陶然となっているヒッピーまで、あらゆるものに向けられた。

安バーボンと両切りタバコでかすれた声のトム・ウェイツは、ルイ・アームストロング、クルト・バイル、チャールズ・ブコウスキーなど、さまざまなジャンルの影響を受け、ティン・パン・アレイの廃品置場から引っ張り出したようなサウンドを世に出した。

70年代後半から80年代初めにはカリフォルニア製のパンクがスケートボードカルチャーを中心に出現した。ロサンゼルスではバンド「X」が目立った。厳密なパンクではなかったが、Xはエクシーヌ・セルベンカとジョン・ドーのボーカルにビリー・ズームのロカビリギターのリックを組み合わせて、オリジナルでロサンゼルスらしいサウンドを生み出し、地元のパンクシーンに風穴を開けた。パンクそのものではブラック・フラッグがヘンリー・ロリンズのボーカルで先頭を走っていた。

80年代中頃、メキシコの影響を受けたロックサウンドと民族の壁を越える優れた音楽性をもつロス・ロボスが東ロサンゼルスから現れた。80年代の終わりには、同じく地元からレッド・ホット・チリ・ペッパーズがテンションの高いファンクパンクのサウンドで全米に躍り出た。

サンフランシスコ（今はなくなったウィンターランド・ボールルームでセックス・ピストルズの最後のコンサートが開かれた）からはアベンジャーズとデッド・ケネディーズが出た。デッド・ケネディーズのリードシンガーであったジェロ・ビアフラは80年代半ばにサンフランシスコ市長選に出馬。彼の公約でよく覚えられているのは、サンフランシスコ市警の巡回パトロール用の制服をピエロの衣装にするというものだった。

サンディエゴは1990年代にオルタナティブの2つのロックバンドが出て全米でヒットするまでは、これというものはなかった。シンガーソングライター、ジュエルのデビューアルバムは1100万枚売れ、一方、ポップパンクスター、ブリンク-182は、1997年に「デュード・ランチ Dude Ranch」を発売して大きな成功を収めた。

ラップ ロサンゼルスのサウスセントラル地区からロングビーチに延びる地域はラップの盛んなところである。独創的なラッパー、イ

ージーE、アイスキューブ、ドクター・ドレはみな、NWAというグループからスタートしたが、このバンドがヒットして、コンプトンと西海岸のラップの存在が知れわたることになった。その後ドクター・ドレは、デスロウレコードをシュグ・ナイトとともに設立、トゥパック・シャクール、スヌープ・ドギー・ドッグなど、評判のアーチストを世に出した。NWAの中心であったイージーEはルースレスレコードをつくり、キッド・フロスト（有名になった初のラテン系ラッパーの1人）やグラミー賞受賞のボーン・サグス・ン・ハーモニーを送り出した。ユニークなクロスオーバーヒップホップで成功したサイプレス・ヒルや、人気ラッパーのクーリオ、エミネムもロサンゼルスのラップシーン出身である。

カリフォルニア州北部からも、デジタル・アンダーグラウンド、荒削りなトゥー・ショート、陰鬱なディスポーザブル・ヒーローズ・オブ・ヒップホップリシーなど、激しさには多少欠けるものの注目すべきアーチストが出ている。

ランチェロ ラジオのチューニングを回していて、ポルカのようでいてスペイン語の歌詞をもつ歌に出くわしたら、それはランチェロRancheroをやっている放送局だ。ドイツ人移民がポルカを米国南西部に伝え、そこでスペインの影響を受けた土着の民衆音楽と一緒になったものである。叙情的なものが多く、ボーカルとコンボの組み合わせ、またはマリアッチの伴奏がつく。

ダンス

アメリカでダンスを見るなら、サンフランシスコのベイ・エリアが最適だ。国際的に評判の高いサンフランシスコ・バレエ団はアメリカでもっとも古く、世界中からバレリーナが集まり、上演依頼が届く。サンフランシスコには、ODC、ラインズ・コンテンポラリー・バレー、ジョー・グッド・パフォーマンスグループなど、多数の現代舞踊団もあり、フリーの振付家たちも多い。

オークランド・バレエ団はサンフランシスコ・バレエ団に比べて地域に根づいている。地元のバレリーナを中心に起用し、上演曲目はより伝統的で、サンフランシスコ・バレエ団よりチケットが安い。オークランドではエスニックなダンスシーンも活発である。

ロサンゼルスには常に実験的でアバンギャルドな傾向がある。マーサ・グレアム、アルビン・アイリー、ベラ・レウィツキーなどはここから出発した。古くからある地元舞踊団、アメリカン・レパートリー・カンパニー（1969年）はグレアムやイサドラ・ダンカンなど、20世紀初期のモダンダンスのパイオニアの伝統を今に伝えることを使命としている。ララ・ワシントン・ダンス・シアターは西海岸のアフリカ系アメリカ人舞踊団としてはもっとも優れたものの1つで、アフリカ音楽とモダンやジャズのテクニックの独特のミックスで知られる。

少々変わっているが目を見張るのはディアボロ・ダンス・シアターで、賛否両論かしましいが、ハイパーダンスと呼ばれる最新のダンスを行う。ダンサーはカスタムメードの空間の中で、文字通り自分の体を壁やドアなど物体にぶつけて踊る。ロサンゼルスのもう1つの優れた現代舞踊団はロレッタ・リビングストーン＆ダンサーズで、ロレッタは引退したベラ・レウィツキーと10年間一緒に踊っていた。

絵画＆彫刻

カリフォルニアの最初の画家はアメリカインディアンで、天然色素を使って岩や洞窟に岩壁画を描いた。猟の成功を祈るシャーマニズムの儀式の一部として行われることが多かった。部族により絵のスタイルは異なるが、チュマシュ族のものは奇抜なデザインとカラフルな色使いで、もっとも完成されたものとされている。

19世紀の風景画家 カリフォルニアで最初に風景画を描いたのは、当地の穏やかな光と自然の風景を記録にとどめた訪問者たちである。それらの画家の多くは、カリフォルニアの様子を記録するためスペインの探検家が連れてきた地図作成訓練を受けた者であった。セバスチャン・ビスカイノに随行した画家によるすばらしい風景作品がサンタバーバラ裁判所の壁にかかっている。

1850年代のカリフォルニアのゴールドラッシュのとき、画家も西にやって来た。金鉱が枯れると彼らの多くが絵を売って生活を立てた。ゴールドラッシュ時代のもっとも有名な画家であるトーマス・ヒルやドイツ生まれのアルバート・ビアスタットは2人とも、今でも訪れる人の絶えない自然の美に魅せられたのである。ビアスタットはカリフォルニアに対する当時の画家たちの一般的な思いをこう綴っている。「他のどこにも見出せない景観と光が、質といい、量といい十分にある」。

カリフォルニアの人気が上がるにつれ、版画商クーリエ＆アイブスはトーマス・A エアーズやチャールズ・ナールらの風景画家を派遣してカリフォルニアの景色を版画にし、カタログによる通信販売を行った。これらの作品の大部分はワシントンDCの議会図書館にあるが、数点

はストックトンのハギン博物館Haggin Museumとオークランド博物館にある。

20世紀初め　19世紀の終わりから1940年頃まで、カリフォルニアには太陽の降りそそぐ気候を求めて東海岸から画家たちが続々と移り住んだ。多くはサンフランシスコ、ロサンゼルス、カーメル、ラグーナビーチ近辺に住んだ。「ユーカリプタス派」として知られる彼らは、もっぱら心地よい印象派的な風景画を自然なパステルカラーで描いた。その場所に行って戸外で描くので「外光派」と呼ばれたが、アメリカの他の地域に浸透しつつあった工業化の現実に侵されないカリフォルニアの理想的なイメージを描いた。美術に対する関心は、1915年サンフランシスコ、1916年サンディエゴで開かれたパナマ太平洋万国博覧会で高まった。ガイ・ローズは当時もっとも影響力のあった画家の1人である。

外光派の画家は油絵の具を使用したが、カリフォルニア地方派すなわち「情景画家」は水彩絵の具を使って、大胆な筆使いで豊富に色をあふれさせた。絵の対象はより現実的になり、日常生活の記録に焦点をあてることもしばしばあった。

これらの作品を見るにはカーメルやラグーナビーチのギャラリーをのぞくとよい。この辺には今でも画家たちが多く住んでいる。ラグーナビーチで毎年開かれるフェスティバル・オブ・ザ・アートと、ソーダスト・アート・フェスティバルはカリフォルニアの2大アートフェスティバルである。

モダンアート　1940年、マン・レイがロサンゼルスに引っ越して、カリフォルニアはそれまでニューヨークとシカゴに限られていた美術の舞台にデビューした。マン・レイはシュールレアリズムとダダイズムを西海岸に持ち込んだが、この2つは物事にとらわれないカリフォルニア独特のライフスタイルに合い、アーチストたちが伝統主義から離れる結果をもたらした。アーチストたちはカリフォルニアの光によって浮き立つ質感と影を探求した。

40年代と50年代のカリフォルニアの美術はニューヨークの抽象表現派の影響を強く受けていた。1951年、サンフランシスコの画家、ディビッド・パークはコンクールに女性像を出品、抽象表現主義からの脱皮の最初の動きであった。まもなくエルマー・ビショフがパークの後に続き、一緒に、人物描写に新しい角度を与える、いわゆる「ベイ・エリア・フィギュラティブ・アート・ムーブメント」を進めた。最終的には空間と光の表現を追求してさらに抽象的なレベルに至ったリチャード・ディーベンコーンなど、多数が参加した。

1950年代はまた、アジアの芸術が、ロサンゼルスを中心にカリフォルニアのアーチストに影響を与え始めたときでもあった。抽象の風景画とカラフルな色のハネ、禅の影響を受けた作品で知られるサム・フランシスが、このカリフォルニアにおけるアジアムーブメントの中心的な役割を担った。彼の日本人の妻は彼女自身も優れたアーチストであったが、若いカリフォルニアのアーチストと日本の画商を結びつけるのに寄与した。

ポップアート　ベイ・エリアのアーチストが、型にはまったアートの厳格で不自然なカテゴリーを拒否するにつれ、今までの「アート」の定義から外れたアートの形が生まれてきた。「ファンクアート」として知られるようになったものは、ランプシェード、貝殻、タバコなど、日常品を精巧な彫刻やブリコラージュの作品の中に取り込んだ。同時期、ロサンゼルスではジェームス・タレルとロバート・アーウィンがその作品の中で、アートの過剰な商業化を拒否した「光と空間」のムーブメントを始めた。

1960年代、カリフォルニアのアーチストはアメリカという国の増加しつつある混沌と混乱に巻き込まれ、作品は著しい幻滅を示す暗いものとなった。チャンスを与えてくれる土地としてのカリフォルニアを代表するロマンチックな風景に取って代わったのが、薄められ消えていったアメリカンドリームを象徴し、スモッグと過密を示す「高速道路風景」であった。この傾向はウェイン・ティーボーのハイウェイや街の通りのポップな表現に強く現れている。

サンフランシスコではヘイト・アシュベリー地区を中心に、リック・グリフィン、スタンリー・マウス、アラン・ケリーなどのポスターやアルバムカバーアーチストによるサイケデリック作品が大量に生み出された。Rクラムと「ザップ・コミックスZap Comix」に掲載した彼の作品もこのムーブメントに大きな影響を与えた（「キープ・オン・トラッキンKeep on truckin」を覚えているだろうか）。

美術館　カリフォルニア初期の風景画の鑑賞におすすめなのは、オークランド博物館、ストックトンのハギン博物館Haggin Museum、サクラメントのクロッカー美術館Crocker Art Museum、そしてロングビーチ美術館である。

ロサンゼルスでは近代美術館（MOCA）の3つの分館が挑発的でときにアバンギャルドな展示をしている。サンフランシスコ近代美術館（SFMOMA）は多少保守的であるが、見ごたえのある常設展示をしている。湾の向こう、

UCバークレー美術館は当たりはずれがあるが、近代美術のすばらしい展示をすることがある。サンディエゴの近代美術館の2つの分館ではヨーロッパの作品が主である。

ロサンゼルス郡美術館（LACMA）、サンフランシスコのアジア美術館とデ・ヤング美術館には豊富で多岐にわたる常設展示があり、ワールドクラスの特別展をよく招へいする。サンフランシスコ、リンカーン・パークのレジョンドヌール美術館にはヨーロッパの作品の貴重なコレクションがあり、ロサンゼルスのゲッティ・センターも同様である。

ファンクとポップアートの作品はサンフランシスコのヘイト・ストリートHaight Street辺りの豊富なポスター屋で見られる。ロサンゼルスでは道路脇の壁画など公共の場所での芸術展示が盛んである。

建築

カリフォルニアの建築にはさまざまな様式が混在、使った建築材料もさまざまで、質や丁寧さでも大きな差がある。カリフォルニアに住む人々と同じく、非常に多様なものとなっている。

スペイン・メキシコ時代 スペインの最初の伝道所は庭や台所のある中庭を囲んで建てられ、近くには家畜や馬用の小屋もあった。建築材料は現地人や修道士たちが容易に入手できるもの、日干し煉瓦、石灰岩、草などであった。

伝道所自体は修道士たちの影響が薄れると壊れるにまかせられたが、この建築様式はカリフォルニアの気候に適していた。カリフォルニオたちは伝道所の様式を真似てカリフォルニアランチョや日干し煉瓦のランチョを作り出した。サンディエゴのオールドタウンやモントレー州立歴史公園、サンタバーバラ地域に見事な日干し煉瓦の建物が残っている。

ビクトリア様式 アン女王様式またはイーストレイク様式としても知られるビクトリア様式は、19世紀後半、サンフランシスコとノースコーストを中心に多数建てられた。カリフォルニアの上流階級は、ビクトリア女王の治世下で人気のあった様式を反映した東海岸の流行りに遅れずビクトリア様式の大邸宅を建てた（ユーリカのカーソン邸Carson Mansion、サクラメントの州知事邸Governor's Mansion、フレズノのメウクス・ホームMeux Homeなど）。まもなく、より小さく簡便にした住宅が大量につくられるようになった。隣家の壁ではなく眺めを提供する張り出したベイウィンドウは丘の多いサンフランシスコに適していた。また、プレハブ工法により安価となった。南カリフォルニアではサンディエゴのホテル・デル・コロナドHotel del Coronadoがビクトリア様式のよく知られた例であり、ロサンゼルスのダウンタウンの近くにもいくつかの例が残っている。

ミッションリバイバル様式 ミッションリバイバルとも呼ばれるスペインコロニアル様式の建築はシンプルでクラシックな線を特徴とする。装飾的なアン女王様式に対する反動とカリフォルニア・ミッションの初期の頃への懐古から生まれた。特徴は、上部がアーチ形となった入り口と窓、長いひさしの張り出したポーチ、噴水、中庭、堅固な壁と赤いタイル屋根である。1890年から1915年までがこの様式の最盛期であった。パロ・アルトのスタンフォード大学の建設と、ウィリアム・テンプルトン・ジョンソンおよび若きアービング・ギルの建築界への登場がこの様式に活力を与えた。

ストックトン、デイビス、ロサンゼルス、サン・フアン・キャピストラーノ、サンディエゴにあるアムトラックの列車の操車場はこの様式で建てられている。サンディエゴのバルボア公園にも1915～16年のパナマ・カリフォルニア博覧会の際につくられた優れた建物が残っている。

クラフツマン様式 クラフツマンあるいはアーツ＆クラフツ運動はバーナード・メイベック、チャールズ＆ヘンリー・グリーン、ジュリア・モーガンによって始められ、芸術まで高められた。シンプルさと調和をデザイン原理の中心に置き、建築家はアジア、ヨーロッパ、アメリカの影響を融合させて、機能的で快適な1軒の家を丁寧につくった。典型的な家はバンガローで、木造1階建て、勾配の緩い切妻屋根、しばしば露出した垂木、大きく伸びたひさし、家とまわりの自然環境との間の移行部または家の延長としてのテラスやスリーピングポーチがあった。

カリフォルニアでもっとも美しい建物のいくつかはクラフツマン様式で、バークレーにあるバーナード・メイベック設計のファースト・チャーチ・オブ・クライスト・サイエンスFirst Church of Christ Science（1906年）、パサデナにあるグリーン兄弟設計のギャンブル・ハウスGamble House（1908年）、サンディエゴにあるアービング・ギル設計のマーストン・ハウスMarston House（1905年）などがある。ウィリアム・ワースターは厳格な伝統的建築から始めたが、アーツ＆クラフツ運動の影響で柔軟化した。彼はカリフォルニアでもっと

も多作の建築家の1人であり、作品はストックトンとベイ・エリアに多い。

リバイバル＆折衷様式　1920年代初めにはそれまでの建築様式の模倣が広く流行した。しばしば組み合わされて建築様式のごちゃまぜとなったが、不思議に美しかった。使われない様式というものはなく、新古典様式、バロック、チューダー、プエブロ、フレンチノルマン様式に加え、マヤ、アステカ、エジプトの建築様式さえ取り入れられた。

州内にはこの様式の優れた例が多く、特に、裁判所、ホール、博物館、展示会場など公共の建物に多い。サンフランシスコのシビック・センターとパレス・オブ・ファイン・アーツ、ロサンゼルスのダウンタウンにある中央図書館、サンディエゴのバルボア公園にあるカリフォルニア・クアドラングルなど。ハースト城もゴシック様式、ムーア様式、スパニッシュ・ロマネスク様式が混在し、折衷様式の好例である。

アールデコ＆ストリームライン・モダン　アールデコは1920年と30年代の公共の建物や会社ビルに好まれた様式。特徴は垂直の線とシンメトリーで、天に昇るような効果を与える。頂点に向かって階段状に和らげることが多く、特にドアや窓の上の装飾は重厚で、花模様、サンバースト模様、ジグザグ模様などからなっている。ロサンゼルスのウィルターン・シアターと旧バロックス・ウィルシャー百貨店が優れた例である。オークランドのダウンタウンにもアールデコのすばらしい建物が多い。

アールデコと関連したストリームライン・モダンは、建物に機械の美しさを取り入れようとし、飛行機や外洋船の流体力学的な美しさを目指したものである。船の舷窓のように水平に並んだ小さめの円形の窓と、滑らかな曲線状のファサード、見せかけの手すりやアルミとステンレスの使用が典型的な特徴である。サンフランシスコの海洋博物館はこの様式のよい例である。

モダニズム　「国際的スタイル」とも呼ばれるモダン建築は、ヨーロッパ（主にドイツ）で、ヴァルター・グロピウス、ルートヴィッヒ・ミース・ファン・デア・ローエ、ル・コルビジエなど、バウハウスの建築家たちによって始まった。特徴には箱形、オープンフロアプラン、平たい屋根、シンプルで飾り気のないファサードおよび室内の壁、ふんだんなガラスの使用が挙げられる。

ロサンゼルスでは、いずれも母国オーストリアから南カリフォルニアにやって来たルドルフ・シンドラーとリチャード・ニュートラの2人が初期のモダニストであった。2人ともアメリカのもっとも優れた建築家の1人であるフランク・ロイド・ライトの影響を受けていた。シンドラーはロサンゼルスのハリホック・ハウス Hollyhock Houseの設計でライトに協力した。この家はライトがカリフォルニア・ロマンザと呼んだ様式で建てられ、コロンブス発見以前のアメリカ先住民族のモチーフを織り込んでいる。ライトはまた、「テクスタイルブロック」ハウスと呼ばれる、プレハブコンクリートブロックでできた住宅を作った。

ポストモダニズム　がらんとした国際様式に対する1つの答えは、建物の構造的な形および場所と場所の間の空間を改めて強調することである。これは、ラ・ホーヤ（サンディエゴ）にあるルイス・カーン設計のソーク研究所の丈夫なコンクリートブロックに見ることができる。

今日、もっとも優れたアメリカの建築家の1人といえるのはカナダ生まれのフランク・ゲーリー。彼の特徴であるカーブとステンレススチール仕上げは、魚の形と体の表面に発想を得ている。屋外展示の美術品に大きな影響を受けたゲーリーは、透明なビニールシート、金網スクリーン、アルミ波板、金網フェンスなど、普通の建築材料以外を使ったが、脱構築主義者のコラージュのようにも見える。ロサンゼルスには彼の作品がいくつかあるが、もっとも特徴を今に浮かび上がらせているのがダウンタウンのウォルト・ディズニー・ホールである。

モダニストのビジョンを完成させ、それを超えたもう1人の建築家はリチャード・マイヤーで、ロサンゼルスのゲッティ・センターを設計した。

模倣建築　カリフォルニアの自由で気楽なスタイルは、思いつきと想像力につき動かされたおもしろい建築物を生んだ。「カリフォルニア道路沿い建築様式」とも呼ばれるこれらの建物は普通何かを模倣している。ホットドッグの形をしたホットドッグ屋、大きなドーナツ形のドーナツ屋、双眼鏡の形の広告代理店、ジュースチェーン「オレンジジュリアス」のスタンドはもちろん大きなネーブルオレンジの形。南カリフォルニア、特にロサンゼルスはこれらのとっぴな建築物の世界的な中心地となっている。

文学
ゴールドラッシュから1920年代まで　マーク・トウェインはネバダ州カーソン・シティで働くために西部に来たが、すぐにバージニ

ア・シティに魅せられて移り、カムストック鉱脈の異常な騒ぎの最中に新聞社で働いた。「西部放浪記Roughing It」（1872年）は、彼の西部への駅馬車による旅、鉱山での日々、地震の経験などについて記されている。ゴールドラッシュのときのトウェインの話は「その名も高きキャラヴェラス郡の跳び蛙The Celebrated Jumping Frog of Calaveras County, and Other Sketches」にもある。

他に初期のベイ・エリアを訪れたのは、スコットランド生まれのロバート・ルイス・スティーブンソンで、モントレーとサンフランシスコに短期間住んだ。カリストガの銀の廃坑をハネムーンで訪れ、「シルベラード・スクアッターズThe Silverado Squatters」（1883年）を書いた。生涯を旅に送ったジャック・ロンドンはサンフランシスコ生まれ、オークランド育ちだった。ロンドンはフィクションを適度に混ぜた自伝的小説「マーティン・エデンMartin Eden」（1909年）をはじめ、膨大な量の小説を残した。

近代 カリフォルニアから出た小説家でもっとも影響力が強かったのはジョン・スタインベックであったことはほぼ間違いない。スタインベックはセントラル・バレーの農場とモントレー・カウンティの辺りに視点を置いた。彼が最初にカリフォルニアを題材にした小説、「おけら部落Tortilla Flat」（1935年）はモントレーのメキシコ系アメリカ人社会を扱い、「怒りのぶどうGrapes of Wrath」（1939年）はカリフォルニアのセントラル・バレーに移住してきた農場労働者の苦闘を語った。「キャナリー・ロウCannery Row」（1945年）はモントレーの缶詰工場界隈の労働者たちをユーモラスに描いている。セントラル・コーストのコラム、「ジョン・スタインベック」を参照。

カリフォルニアの農村生活を描いた作家には、ほかに、ウィリアム・サローヤンがある。彼は自分の育ったフレズノのアルメニア人社会をもっぱら題材にした。

ユージン・オニールは1936年のノーベル文学賞の賞金を持って、サンフランシスコ近くにあるダンビル郊外の眠ったような村に住みつき、「アイスマン・コメットThe Iceman Cometh」（1946年）、「ロング・デイズ・ジャーニー・イントゥー・ナイトLong Day's Journey into Night」を書いた。

アルダス・ハクスリーの小説、「アフター・メニー・ア・サマー・ダイズ・ザ・スワンAfter Many a Summer Dies the Swan」（1939年）は新聞王ウィリアム・ランドルフ・ハーストの生活をもとにした風刺的で優れた作品である（オーソン・ウェルズの映画「市民ケーン Citizen Kane」も同じくハーストをモデルとしたといわれる）。

ナタニエル・ウエストの「デイ・オブ・ザ・ロウカストDay of the Locust」（1939年）はハリウッドについて書かれたものでは、これまででもっとも優れていると同時に、もっともシニカルな小説である。ハリウッドの初期の時代を鋭い批評的な目で見た小説にはF・スコット・フィッツジェラルドの最後の作品、「ラスト・タイクーンThe Last Tycoon」（1940年）とバッド・シュールバーグの「ホワット・メイクス・サミー・ランWhat Makes Sammy Run?」（1941年）の2つがある。エベリン・ウオの「ラブド・ワンThe Loved One」（1948年）はハリウッドの葬儀屋をユーモラスに徹底的に描いている。

詩人で劇作家のケネス・レックスロスは最初の詩集「イン・ホワット・アワーIn What Hour」（1940年）でサンフランシスコの文学界にデビューした。レックスロスは影響力の大きい批評家でもあったが、ベイ・エリア、特にビート世代のアーチストが世に出るのを助けた。

大衆小説 1930年代、サンフランシスコとロサンゼルスは大衆受けする探偵小説の2大中心地となった。ダシール・ハメットのサム・スペード（「マルタの鷹The Maltese Falcon」1930年）とニック＆ノラ・チャールズ（「影なき男The Thin Man」1932年）はサンフランシスコを舞台に活躍し、レイモンド・チャンドラーのフィリップ・マーロウ（「大いなる眠りThe Big Sleep」1939年）は坂道のロサンゼルスにトラブルの種を見つける。ハメットはサンフランシスコの霧を作品の中で災いをもたらすものとして利用し、チャンドラーは明るい陽光のロサンゼルスの持てる者と持たざる者の差に迫る。

このジャンルの最近の作家には、エルモア・レナード（「ゲット・ショーティGet Shorty」1990年）やウォルター・モズリイ（「ブルー・ドレスの女Devil in a Blue Dress」1990年、「ホワイト・バタフライWhite Butterfly」1992年）がいる。

ビート世代 第2次大戦後の混乱のあと、ビート世代により短く、鋭く、活気のある新しい作品スタイルが生み出された。サンフランシスコを本拠にジャック・ケルアック、アレン・ギンズバーグ、およびビート世代のパトロンであり出版者であったローレンス・ファーリンゲッティが活躍した（詳しくは「サンフランシスコ」のコラム「ビート・ジェネレーション」を参照）。

ビートと共に1種のグラスノスチ（情報公開）が始まり、コメディアンを中心とするアート

に広がった。コメディアンがアメリカの弱点を赤裸々にさらけ出したのはアメリカでは初めてのことであった。レニー・ブルース、ロード・バックリー、モート・サール、ボブ・ニューハートおよびジョナサン・ウィンターズが新しいコメディーの先鋒となった。

1960年代　サンフランシスコは1960年代のカリフォルニア文学の中心地であった。エッセイスト、ジョーン・ディディオンは60年代の高揚感を「ベツレヘムに向け、身を屈めて *Slouching Towards Bethlehem*」（1968年）に捕えた。これはヘイト・アシュベリー地区のヒッピーたちのフラワーパワーを辛辣に描写したものである。トム・ウルフは「クール・クールLSD交感テスト *The Electric Kool-Aid Acid Test*」（1968年）で60年代のサンフランシスコを映し出した。ここにはグレイフル・デッド、ヘルズ・エンジェルズ、サンタ・クルーズから、いわゆる「マジックバス」でLSD漬けのバス旅行を始めたケン・キージー率いるメリー・プランクスターズなどが描かれる。この時代の精神の先駆者、ケン・キージー自身の作品「カッコーの巣の上で *One Flew over the Cuckoo's Nest*」（1962年）は自由な考えをもつ個人と体制の抑圧を対比する。

イースト・ベイの作家、フィリップ・K・ディックは「ブレードランナー *Blade Runner*」の題名で映画化されSF映画の古典「アンドロイドは電気羊の夢を見るか？ *Do Androids Dream of Electric Sheep?*」（1968年）など、主にSF作品で知られる。「デューン　砂の惑星 *Dune*」で有名になったフランク・ハーバートや、60年代のバークレーを舞台とした「競売ナンバー49の叫び *Crying of Lot 49*」（1966年）のトーマス・ピンチョンらがこの時期住民であった。

1970年代以降　70年代、カリフォルニアの度を超した無節制さは作家たちのかっこうのターゲットとなった。ハンター・S・トンプソンは「ヘルズ・エンジェル *Hell's Angels*」（1970年）でヒッピーの夢の崩壊を描き、傑作「ラスベガスをやっつけろ！*Fear and Loathing in Las Vegas*」（1971年）でその臨終の苦しみを書き留めた。

1970年はロサンゼルスに関する小説が多かった年である。テリー・サザンの「ブルー・ムービー *Blue Movie*」はハリウッドの退廃的な側面を見せた。ジョーン・ディディオンの「プレイ・イット・アズ・イット・レイ *Play It As It Lays*」はロサンゼルスの人々をドライに突き放したウィットで描き、チャールズ・ブコウスキーの「ポスト・オフィス *Post Office*」はロサンゼルスのダウンタウンの底辺を捕え

た。その後の作家も引き続きロサンゼルスの街を批判的な目で見続けた。リチャード・バスケスの「チカーノ *Chicano*」（1970年）は東ロサンゼルスのラテン系住民の居住地域をドラマティックにのぞき、ブレット・イーストン・エリスの「レス・ザン・ゼロ *Less than Zero*」（1985年）はロサンゼルスのコカインに侵された80年代を扱う。

アーミステッド・モーピンが「メリー・アン・シングルトンの物語 *Tales of the City*」シリーズで取り上げたように、サンフランシスコのゲイコミュニティがカミングアウトする様をはっきりと見つめた作家はいない。1979年に新聞の連載小説として始まり、メロドラマ文学の超ヒットシリーズとなった。羽のように軽く、読んでおもしろく、エイズ問題以前の激しく奔放だった日々をありありと再現する。エイズに対する認識が始まったばかりの時代に心動かされる話である「アンド・ザ・バンド・プレイド・オン *And the Band Played On*」（1987年）の著者、故ランディー・シルツも「エグザミナー紙 *Examiner*」と「クロニクル紙 *Chronicle*」に書いていた。

西海岸は常にアーチストや作家を魅了してきたが、今日、カリフォルニアの文学界はこれまでになく強力である。ピューリツアー賞受賞「カラーパープル *The Color Purple*」の著者アリス・ウォーカー、「ジョイ・ラック・クラブ *The Joy Luck Club*」の著者エイミー・タン、チリ人作家イサベル・アジェンデ「精霊たちの家 *The House of Spirits*」、ロマンス作家ダニエル・スティール、アン・ラモット、ドロシー・アリソン、マキシーン・ホン・キングストン、エルモア・レナード、ウォルター・モズリイ、ピコ・アイヤー、そしてジェイムズ・エルロイなど、全員がカリフォルニア住民である。

アメリカ西部を描く作家には多作で知られるゼーン・グレイがいる。また、カリフォルニアの作家リストにはウォーレス・ステグナーを忘れることはできない。賞に輝く小説やノンフィクションをもつ彼はもっとも偉大な西部作家の1人である。

映画

カリフォルニアの文化は、州内でもっとも盛んな芸術形態が映画であるという点で特異であるが、映画は主要な輸出産業でもあり、世界中の人々の生活に大きなインパクトを与える媒体でもある。カリフォルニアの映像は州境を越えて広がる。カリフォルニアを訪れた際、映画を通してカリフォルニアの風景を見たことのないという人は少ない。そしてここに住む人は映画に映し出されたライフスタイ

カリフォルニアについて － 芸術

　特にロサンゼルスは絶え間なく映画撮影の対象となってきた。ビリー・ワイルダー監督の「サンセット大通り*Sunset Boulevard*」（1950年）はグロリア・スワンソンとウィリアム・ホールデン出演で、ハリウッドが年を取った往年のスターを切り捨てていくさまを描いた見事な作品だ。

　ロサンゼルスを舞台に描いた傑作は「チャイナタウン*Chinatown*」（1974年）であろう。ロマン・ポランスキー監督、ジャック・ニコルソンとフェイ・ダナウェイ共演のこの映画は20世紀初めのロサンゼルスの水を巡る争いの話である。

　「ブレードランナー*Blade Runner*」（1982年）はSFスリラーで、監督リドリー・スコット、ハリソン・フォード、ルトガー・ハウアー、ショーン・ヤングの出演。未来のロサンゼルスでは新しい高層ビルがさらに天に近づく。冷たい要塞さながらのビルと対照をなす、悪のはびこる混乱したストリートが描かれている。

　「LAストーリー／恋が降る街*LA Story*」（1991年）ではコメディアンのスティーブ・マーティンが彼の住む街をパロディにする。ロサンゼルスの街の日常のすべて、地震までもがマーティンにかかるとギャグになる。

　ジョン・シングルトン監督の「ボーイズ・ザ・フッド*Boyz N the Hood*」（1991年）はキューバ・グッディング・ジュニア主演、今日の都市の真ん中で黒人ティーンエージャーが大人になっていく現実を見せる。一方、ローレンス・カスダン監督の「わが街*Grand Canyon*」（1991年）はダニー・グローバーとケビン・クラインの出演で、現代のロサンゼルスにおける厳然たる事実である民族間の対立に黒人家族と白人家族が対処していく中にかすかな希望の火が見える。

　「フォーリング・ダウン*Falling Down*」（1992年）は今日のロサンゼルスの民族間の緊張をずっとシニカルに扱う。マイケル・ダグラスがエスニックな地域でキレて大暴れをする欲求不満の男を演じる。

　「ザ・プレイヤー*The Player*」は1992年の公開で、ロバート・アルトマン監督が今日のハリウッドを描く。ティム・ロビンス、フレッド・ウォード出演のこの映画は映画製作機構に対する風刺がきいており、ハリウッドの名優たちが多数ゲスト出演している。

　クェンティン・タランティーノのつくる映画はフィルム・ノワール（犯罪映画）、ウェスタン、香港映画さえも意識的に取り込んでいる。「パルプ・フィクション*Pulp Fiction*」（1994年）はロサンゼルスを底辺から眺めたユーモラスで恐ろしい、アイロニーのきいた映画である。1997年の「L.A.コンフィデンシャル*LA Confidential*」はケビン・スペイシー、ラッセル・クロウ、キム・ベイシンガー、ダニー・デビート出演の、フィルム・ノワールの傑作である。

　サンノゼとロサンゼルスで撮影された「アメリカン・ビューティー*American Beauty*」（1999年）はブラックコメディで、家族が自分の足かせとなっていたことに気づいた中年男がそこから抜け出すべく意を決して足を踏み出す。

　ジュリア・ロバーツが主演してオスカーを受賞した「エリン・ブロコビッチ*Erin Brokovich*」（2000年）。ロサンゼルスの弁護士事務所で事務員として働くシングルマザーが、大きな供給会社による産業汚染で南カリフォルニアの小さな町の住民が毒を飲まされ続けてきたという事実を発見する。

　シュールレアリスト、ディビッド・リンチの最新作「マルホランド・ドライブ*Mulholland Drive*」（2001年）は記憶喪失の女性（ローラ・ハリングが演じる）が自分の元の生活をたどっていく話である。彼女は暗いロサンゼルスの心象風景の片隅で生きている奇妙な恐るべき人々と次々に出会っていく。

　サンフランシスコは無数の映画の背景に登場してきた。コメディーからSFまで、ハリウッドから生まれるありとあらゆる映画が「港の街」サンフランシスコを多少なりとも舞台にしていると言っても過言ではない。大きな製作会社の多くは、ベイ・エリア（フランシス・フォード・コッポラのゾエトロープなど）および、より有名なマリン・カウンティ（ジョージ・ルーカスのルーカスフィルムやハリウッドの大作映画のコンピュータによる特殊効果を受け持つインダストリアル・ライト＆マジック社など）にある。

　サンフランシスコを舞台とした最初の主要な映画はクラーク・ゲーブルの「桑港（サンフランシスコ）*San Francisco*」（1936年）で、これは1906年の地震を再現した。エイミー・タンのベストセラーを映画化した「ジョイ・ラック・クラブ*The Joy Luck Club*」（1993年）はサンフランシスコのチャイナタウンを中心に新旧の中国を探る。

　ヒット作「卒業*The Graduate*」（1967年）はステータスに憧れるカリフォルニア中流社会が舞台であるが、ダスティン・ホフマンの特殊な技能で知られる。バークレーに行ったはずの彼は、実はベイブリッジを反対向きのサンフランシスコ方向に渡っていた。当然、アッパーデッキ（サンフランシスコ行き）のほうが赤いアルファロメオは映えた。

「ブリット Bullit」では観客はスティーブ・マックイーンと一緒にサンフランシスコの坂道を右に左に疾走する。この1968年製作のスリラーは、それ以来、よくできたカーチェイスのお手本となってきた。クリント・イーストウッドの「ダーティーハリー Dirty Harry」（1971年）もサンフランシスコの話である。

アルフレッド・ヒッチコックの映画はしばしばサンフランシスコを舞台とする。キム・ノバクとジェームス・スチュアート出演の「めまい Vertigo」（1958年）ではサンフランシスコ中をさまよい、レジョンドヌール美術館とフォート・ポイントでは長く立ち止まる。1963年の「鳥 The Birds」ではしつこい羽の生えた悪魔たちがサンフランシスコの北で暴れた。

サンフランシスコの正統派探偵といえば、もちろん、作家ダシール・ハメットの生んだサム・スペード。スクリーンではハンフリー・ボガートが彼を演じた「マルタの鷹 The Maltese Falcon」（1941年）は、ジョン・ハストン監督のクラシックな殺人ミステリーである。

「乱暴者 The Wild One」（1954年）は「反抗的な若者」というテーマを追究した最初の映画の1つである。マーロン・ブランドがカリフォルニアの田舎町に現れた暴走族のリーダーを演じる。

1962年6月のセントラル・バレーの小さな町（町の名前はモデスト）の生活を味わえるのが、若者の夜のドライブであるクルージングに捧げるジョージ・ルーカスの「アメリカン・グラフィティ American Graffiti」（1973年）。同時期のマリブのサーフシーンをのぞくには、「ビッグウェンズデイ Big Wednesday」（1978年）。ビデオ屋で借りる価値はある（撮影されたのは実はサンタバーバラ）。サンタ・クルーズは「ロスト・ボーイズ The Lost Boys」（1987年）で新人類吸血鬼の巣となった。

ビリー・ワイルダーの古典的作品、マリリン・モンロー主演のコメディ「お熱いのがお好き Some Like It Hot」（1959年）はサンディエゴにあるホテル・デル・コロナドの輝きをモノカラーでエレガントに捉えた。センチメンタルな映画「プリティ・ウーマン Pretty Woman」（1990年）ではジュリア・ロバーツがロサンゼルスでいちばん幸運な娼婦を演じるが、一部はサンディエゴで撮影された。

宗教

カリフォルニアの3450万人の約半数はなんらかの宗教団体に属している。アメリカ全体の傾向と同じく、キリスト教が優勢で、約45%はプロテスタント、25%がローマカトリックである。人口の約5%はユダヤ教、7%はその他の宗教で、18%は宗派の好みはないと言う。しかし、自分は無宗教だと答えるのは9%にすぎず、22%は非常に宗教的であると言い、47%はかなり宗教的、22%は多少宗教的であると言う。

プロテスタントは多くの宗派に分かれるが、大きなものはメソジスト、プレスビテリアン、エピスコパリアン、ルセルン、バプチストである。モルモン教やエバンジェリカル、ペンテコスト派は多くないが、急速に成長中のグループである。世界中から移民が来るので、カリフォルニアには相当の数のイスラム教、ヒンズー教、シーク教、バハイなどのほかに、ありとあらゆる宗教の信者がいる。モスク、寺院、シナゴーグなど各種の宗教施設が都市をはじめ州内いたるところにある。ロサンゼルスには、アメリカの仏教徒の40%が住んでおり、テルアビブよりも多い（約50万人）ユダヤ教徒がいる。

カリフォルニアは「シリアル・ステーツ」（シリアルの中身が色々入っているようにゲイの人達もいれば、ユニークな人達、変わり者もいたりする）というだけあり、サタン崇拝から祈祷治療者まで、ちょっと変わった宗派も多くある。また、カリフォルニア州の辺ぴな場所には、昔からユートピア思想をもつコミュニティがひっそりと存在している。

言語

5歳以上のカリフォルニア住民の約43%は家庭で英語以外の言語を話している。その中では、スペイン語が飛びぬけて多く約550万人、州人口の17%が話す。しかし、街角やビジネスで使われているのは、やはりアメリカ英語である。大都市の各民族のコミュニティに行くと、英語以外の言葉が聞こえてくる。ロサンゼルス、サンフランシスコ、サン・ホアキン・バレーの大部分の町には、スペイン語、中国語、日本語、ベトナム語、韓国語、あるいはカンボジア語（クメール語）がもっぱら話される地域がそれぞれある。

サンフランシスコのチャイナタウンでは道路の表示、看板、メニューが英語なしで中国語だけのことが多い。南カリフォルニアでは山や町はスペイン語の名前をもつ。サンタバーバラ、サンディエゴ、ラ・メサ、エル・カホンなどであるが、これは現在の人口構成というより、過去の歴史の反映である（ただし、南カリフォルニアとセントラル・バレーの農村部はラテン系の人口が増加している）。郊外のストリートにつけられたスペイン風の名前は、開発業者がメインストリートや5thアベニューよりもう少しエキゾチックなものをと考えた結果である。バレーロードに住むよりビ

ア・デ・ラ・バレの方が響きがよい。
　主要な国立公園にはスペイン語、ドイツ語、フランス語、日本語などで書かれたビジター向けの案内パンフレットがあることが多い。

挨拶

挨拶はシンプルである。標準的なものは「ハロー hello」、「ハーイ hi」、「グッドモーニング good morning」、「グッドアフターヌーン good afternoon」、「ハウアーユー？ how are you?」で、もっとくだけたものをいくつか挙げると「ヘーイ hey」、「ヘーイ・ゼア hey there」、「ハウディー howdy」などとなる。別れの言葉にはもっとバラエティがあり、「バーイ bye」、「グッドバイ goodbye」、「バイバーイ bye-bye」、「シー・ヤー see ya」、「テイク・イット・イージー take it easy」、「レイター later」、「テイク・ケア take care」、「ドント・ワーク・トゥー・ハード don't work too hard」、それにあのカチンと来る「ハブ・ア・ナイス・デー have a nice day」というのがある。

アメリカ人は「プリーズ please」をつけないが、「サンキュー thank you」は何にでもつける。「ソーリー sorry」の代わりに「イクスキューズ・ミー excuse me」と言う。会話のときには聞き手は「ンー、フーン mm-hmmm」、「アー、ハー uh-huh」などと頻繁にあいづちを打ち、話し手に聞いていることを知らせ、話を続けてくれるように促す。判断を据え置きにする「ムムム mmm」よりはずっと熱が入っている。話し手によっては「アー、ハー uh-huh」を情熱的に答えてもらうだけでは足りず、話の各所に「ユーノウ y'know」や「ユー・ヒア・ホワット・アイム・セイン？ you hear what I'm saying?」などをはさむが、文字通りに質問しているわけではない。

南カリフォルニア方言

カリフォルニアでもっとも顕著ななまりは歌や映画で聞くスタイルで、南カリフォルニア So-Cal のビーチやショッピングモールから生まれる。カジュアルなこの話し方は常に変化しているのだが、「サーファー」とか「バレー」トークと呼ばれる（サン・フェルナンド・バレーにちなむ）。ああいうふうに実際にしゃべる人がいるということ自体信じがたいが、本当なのだ。

この方言を聞くのに最適な場所はSo-Calのビーチ、特にいい波が来て、雰囲気のすてきなところ。そういう話し方をしていても、話し手の知性のレベルや教育程度を反映するわけではなく、どの辺でいつも遊んでいるかによるのだ。

キラー killer、ビッチン bitchin'、オーサム awesome、スウィート sweet、スタイリン stylin'、ステラー stellar は基本的にすべて「とてもいい」を意味する。バンク bunk、ナッピー nappy、シッティー shitty、スラック slack、は「ほんとに悪い」という意味、ヘアリー hairy は「恐ろしい」である。ナーリー gnarly、インセイン insane は何かが極端で、トータリー totally、ヘラ hella と同様、言葉の前に置いて強調する（たとえば、ナーリー gnarly やインセイン insane な波はトータリーキラー totally killer であるか、トータリーヘアリー totally hairy なのだ）。バイブス Vibes は自分がある人やある場所から受ける気持ち、感じであって、よいことも、悪い、つまりウィヤード weird （変）なこともある。

デュード dude は男女両方に対して、普通「ヘーイ hey」（ハーイ hi より普通に聞かれる）を前につけて使う。「クルーズ cruise」するというのは足で、車で、自転車で、あるいはスケートボードで「行く」という意味である。「オーライ all right」と「ライトオン right on」は自分と話し相手が「オン・ザ・セイム・ウェーブレングス on the same wavelength」（よく似た考え方をもっている）を意味する。

仕事や遊びを通してできたグループごとに、ものすごいスピードで新語や新しい用法が生まれている。カリフォルニアの言葉は伝統に縛られない。そして何もかもが「クール cool」である。

基本情報
Facts for the Visitor

旅行計画

いつ行くか

カリフォルニアは1年中いつ行ってもすばらしい所だが、たいていの旅行者は6月から9月までの期間に集中している。だから、この時期には観光名所はたいへん混雑し、安く泊まれる部屋も見つけにくい。

春、夏、秋にはハイキング、カヌー、ラフティングなど、暖かい天候に適した野外活動ができ、11月後半から春の初めまではスキーがおもしろい。ビーチは1年中いつもきれいだが、水泳に適しているのはカリフォルニア北部では夏の盛りだけ、カリフォルニア南部では5月頃から10月までだ。もちろん、サーファーやダイバーは1年中ウェットスーツを着て楽しんでいる。冬はホエールウォッチングのシーズンで、コククジラがアラスカから沿岸を南下する。

野生の花は春夏にはいたるところで咲き、秋には樹木や果樹園、ブドウ畑が紅葉する。そして、砂漠地帯の冬は穏やかですばらしい。しかし、美しい山々、国立公園や国有林の多くは、冬は深い雪のために近づけない。都市部の見所である美術館、音楽や演劇、カフェ、レストラン、動物園、水族館などは1年を通して楽しむことができる。

夏と冬の値段

アメリカ人には夏が大きなホリデーシーズンだ。観光産業にとっての夏は、メモリアル・デー（戦没将兵追悼記念日、5月の最終月曜日）からレイバー・デー（労働祭、9月の第1月曜日）までを意味する。ホテルや観光名所によってはこの夏の時期に料金を上げ、そのほかの時期には元の料金に戻すというところがある。この料金の違いは本書では夏、冬として示してある。

地図

アメリカ自動車協会（AAA）が都市や道路の見やすい地図を発行しており、カリフォルニア各地の支部で購入できる（所在地は電話帳で調べること）。1冊4ドルぐらいだ。AAAの会員や海外の提携団体の会員には無料なので、会員証または紹介状を持参する。AAAではまた、「ノーザン・カリフォルニア＆ネバダ Northern California & Nevada」と「サザン・カリフォルニア＆ラスベガス Southern California & Las Vegas」というガイドブックを発行しており、AAA公認の宿がすべて掲載されている（会員以外は1冊＄13.95）。

観光案内所や商工会議所では、その地域の便利な地図を無料または安価で配布していることがある。国立公園の入口では入園料を払うとカラー地図をくれる。詳しいトレイル（小道）や等高線入りの地図が欲しいなら、国立公園のビジターセンターまたはレンジャーステーションに行けばよい。一番よい地図は米国地理院（USGS）発行のもので、通常、キャンプ用品店や旅行書の店にある。

コンビニエンスストアやガソリンスタンドでは、その地域の詳しい折り畳みの地図を売っており、これにはストリート名の索引も付いていて＄3.50ぐらいだ。

何を持って行くか

できるだけ何も持って行かないこと。忘れてもカリフォルニアで買える。街角の服装は一般的にカジュアルだ。男性で背広の上着とネクタイが必要になるのは、最高級レストランか公式なビジネスの場だけである。場所や日により天候が大きく変わることがあるので、重ね着が便利。暑い日でも夜には冷えることがある。

冬の旅行、特に、カリフォルニア北部に行くときは温かい服がいる。ほかの地域でも冬には急に雨が降って冷えることがある。山地に行くときは、雪と零下の温度に備えておこう。暑い盛りには帽子、日焼け止め、薄手のゆったりとした服とズボンが必要。水筒とサングラスも欠かせない。砂漠では長袖の薄手の服と長ズボンが日焼けと風から肌を守り、乾燥防止に役立つ。

ユースホステルを利用する場合は寝袋を持参するといい。テントをわざわざ持参するのもよいが、国立公園やキャンプ場の近くでレンタルできるかもしれない。カップ、ボウル、スプーンのような基本的な食器があれば、シリアルと飲み物で簡単な朝食をとることができるし、子連れのときも便利である。

旅行者としての良識

水は大切な資源であるが、毎日、無駄になっている部分が大きい。シャワーの時間は短くし、タオルの使用枚数は減らそう。1枚で十分なときに3枚も使うようなことはやめよう。エネルギー節約のため、ホテルの客室を出るときは電

灯とエアコンを消そう。ゴミのポイ捨ては嫌われ、ほとんどの人がしない。罰金が怖いというより習慣になっているのだ。森の中ではハイキングトレイルの上を歩き、野生の花は摘まないこと。持ち込んだものは持ち帰る。これには自分が出すゴミのすべてが含まれる。自然を考慮したハイキングやバックパック旅行については「アクティビティ」を参照。

観光案内所

カリフォルニア州政府観光局 California Division of Tourism（☎800-463-2543）には旅行計画を立てるのに有用な情報満載のホームページ（W www.visitcalifornia.com）がある。無料の公式カリフォルニア州旅行者ガイドブックも郵送してもらえるが、ホームページの内容とほとんど変わりがない。

州政府はまた、幾つかの地域でカリフォルニア・ウェルカム・センターCalifornia Welcome Centersを運営している。職員が地図やパンフレットを配り、宿を見つける手伝いをしてくれる。これらのセンターはアンダーソンAnderson（北部山岳地帯Northern Mountains）、アルカータArcata（ノース・コーストNorth Coast）、バーストウBarstow（カリフォルニア砂漠地帯California Deserts）、ロサンゼルスLos Angeles、マーセドMerced（サン・ホアキン・バレーSan Joaquin Valley）、オーシャンサイドOceanside（サンディエゴSan Diego）、サンタ・アナSanta Ana（オレンジカウンティOrange County）、サンフランシスコ、ユッカ・バレーYucca Valley（カリフォルニア砂漠地帯）にある。連絡先は当該の地域を参照。

海外にはアメリカ政府関係の観光局オフィスはない。

ビザ・渡航書類

パスポート・ビザ

カナダ人は写真付きの市民権カードまたはパスポートなど、カナダ市民権の証明となるものがあればアメリカに入国できる。そのほかの国からの旅行者は有効なパスポートが必要。

パスポートの申請は、下記の書類を揃えて住民登録のある各都道府県の窓口へ提出する。申請から受領までには、通常1～2週間程度かかる。

パスポートの申請　パスポート申請の方法は、下記の書類を揃えて住民登録のある各都道府県の窓口へ提出する。申請から受領までには、通常1～2週間程度かかる。

1、一般旅券発給申請書1通 ― パスポート申請窓口で入手する。有効期限が10年のものと5年のものがあるが、満20歳未満は5年のものしか申請できない。

2、戸籍謄（抄）本1通 ― 申請日前6カ月以内に発行されたもの。

3、住民票1通 ― 本籍の記載があり、申請日前6カ月以内に発行されたもの。

4、写真1枚 ― 縦4.5×3.5cmの縁なしで、無背景（薄い色）。申請日前6カ月以内に撮影されたもの。無帽で正面を向いており、頭頂からあごまでが27±2mmであるなど申請書に記載されている規格を満たしていることが必要。

5、官製はがき1枚 ― 宛先として申請者の住所、氏名を記入。

6、申請者本人の身元を確認できる書類 ― 有効な書類の原本に限る。運転免許証など写真付きのものは1点、健康保険証、年金手帳など写真がないものは2点。

7、旅券を以前取得した人はその旅券。
受領は、指定日以降、申請日から6カ月以内に次のものを持って、必ず申請者本人が受け取る。

1　申請の時に渡された受領票（受領証）
2　手数料　10年旅券1万5000円、5年旅券1万円（12歳未満5000円）
3　申請の時に提出し、旅券事務所から送付されたはがき

ビザ免除プログラムが適用される国の場合は、90日以内の滞在であればビザなしでアメリカに入国できる。現在、適用されている国は日本、アンドラ、オーストリア、オーストラリア、ベルギー、ブルネイ、デンマーク、フィンランド、フランス、ドイツ、アイスランド、アイルランド、イタリア、リヒテンシュタイン、ルクセンブルグ、モナコ、オランダ、ニュージーランド、ノルウェー、ポルトガル、サンマリノ、シンガポール、スロベニア、スペイン、スウェーデン、スイス、イギリス、ウルグアイである。このプログラムでは往復の航空券またはアメリカと国境を接する国（メキシコ、カナダなど）以外の次の目的地である外国行きの航空券で、アメリカ国内では払い戻しできないものを所持していなければならない。また、滞在は90日を超えて延長することは許されない。

パスポートはアメリカ滞在予定期間よりも6カ月以上有効期間が長いものでなければならない。

もっとも一般的な旅行者用ビザは非移民ビザのB1（商用）とB2（観光、医療目的）である。ビザの有効期間は出身国で違うが、アメリカ国内での就業をはっきりと禁止している。

実際にアメリカに滞在できる期間の長さは、入国地において米国移民帰化局（INS）により決定される。

労働ビザおよびアメリカ国内での就職については、本章後出の「仕事」を参照する。

ビザの延長　ビザ免除プログラムで入国した場合には滞在延長は認められない。その他の場合で、パスポートに押されたビザのスタンプの日付より長く滞在したいか、滞在しなければいけない場合は、スタンプの日が切れる前に近くのINSオフィスにビザ延長の手続きに行く（最寄りのINSオフィス所在地の電話案内は☎800-375-5283）。期限が切れると、不法就労をするつもりとみなされINSの係官とおもしろくない会話をするはめになる。もし期限が過ぎてしまったら、アメリカ市民を連れていってその人に人物を保証してもらうのがいい。その際は十分な滞在費用があることを証明するものも持参する。

旅行保険

どんな旅行をする場合でも旅行保険はかけておくこと。理想的には医療保険や荷物の紛失・盗難だけでなく、旅行プランがキャンセルされたり、遅延したりした場合にも補償できるものが望ましい。事故の入院や帰国など、考えられうる最悪の場合を保障するものが最善の保険である。国内で加入している医療保険には海外での治療にも適用されるものがあるので、調べてみよう。

旅行保険購入時には、保険会社と旅行代理店には保険請求に必要な書類の種類など、細かい条項の説明をもとめ、できるだけ早く買おう。出発1週間前に買ったのでは、たとえば購入前に始まったストや労働争議でフライトが遅れたという場合保険が利かないかもしれないからだ。

各保険により内容はいろいろだが、旅行代理店が適切なものを推薦してくれるはずだ。保険によってはスキューバダイビング、バイク旅行、それにトレッキングさえ「危険なアクティビティ」として除外事項になっていることがある。これらのアクティビティをする予定なら、きちんと保障してくれる保険を探そう。

医者や病院に直接支払ってくれる保険もあるが、地元の住民でなければ医療機関で治療時点での支払いを求められることが多いことを覚えておきたい。緊急時以外ならば、自分の加入している保険による支払いを認めてくれる医者を探すのが賢明である。領収書や書類はすべて取っておくこと。保険によっては、コレクトコールで日本の請求受付センターに電話することになっていて、すぐに問題に対処して査定してくれるところもある。

運転免許証・許可証

18歳以上のほとんどの旅行者は、自分の国の有効な運転免許証があればカリフォルニアで1年間合法的に運転できる。16歳以上18歳未満の旅行者は、カリフォルニア到着後10日しか運転できない。10日が過ぎると州自動車局Department of Motor Vehicles (DMV)からノンレジデント・マイナーズ・サーティフィケートNonresident Minor's Certificateを取得しなければならない。

国際運転免許証International Driving Permit (IDP)の取得は義務ではないが、持っておくと便利である。地域の交通取締りの警官はよその国の見たことのない書類より、国際運転免許証のほうを有効な身分証明と考えるだろう。国際運転免許証は自国の全国的な自動車連盟にわずかの手数料を払って発行してもらえ、1年間有効。自国の有効な運転免許証も必ず携帯すること。運転免許証はバー、ショー、そのほかの年齢制限のある施設に入場する際に身分証明書としても役立つ。

国際運転免許証は、住民登録している運転試験免許センターで取得できる。申請書は窓口にあるので、写真1枚（5×4cm撮影後6カ月以内、無帽、正面、上三分身、無背景）と日本の運転免許証（小特、原付、大特及び仮免は除く）、パスポートを持参して手続きを行う。申請料は2650円。

旅行者割引

カリフォルニアのホステルの多くは、国際ユースホステル連盟（IYHF）加盟の**ホステリング・インターナショナル・アメリカ・ユースホステル協会 Hostelling International-American Youth Hostel** (HI-AYH 🌐www.iyhf.org)に加入している。ユースの会員証がなくても宿泊できるが、あれば非会員より＄3安く泊まれる。チェックインのときに加入することもできる。

日本国内では各都道府県にあるユースホステル協会等で会員証の取得ができる。料金は満19歳以上2500円、満19歳未満2200円、中学生以下1500円。問い合わせは日本ユースホステル協会まで（☎03-3288-0260 🌐www.jyh.or.jp/）。

学生ならば国際学生証（ISIC）を持参する。これは写真付きのプラスチックのIDカードである。大学または学生向け旅行代理店で発行してくれ、これを見せると交通機関や見所、アトラクションの入場料が割引されることが多い。アメリカの学校や大学の学生の場合はその学校の学生証を携帯する。各大学生協、大学生協事業センター、日本ユースホステル協会などで発行してくれる。料金は1450円。

基本情報 − 大使館・領事館

65歳以上（55歳、60歳、62歳のこともある）の人は学生と同じ割引を受けられることが多い。生年月日の入った証明書を見せる。アメリカ退職者協会American Association of Retired Persons（AARP、本章後出の「高齢の旅行者へ」を参照）では、50歳以上の市民や他国からの人に会員証を発行しており、いろいろな割引がある。

アメリカ自動車協会（AAA）と海外の提携団体の会員には宿泊、そのほかの割引がある。本章後出の「お金」の「特別な割引」を参照。

コピーしておくもの

重要な書類すべて（パスポートの個人情報とビザのページ、クレジットカード、旅行保険の証書、航空券・バスや列車の乗車券、運転免許証など）は出発前にコピーをとっておく。コピー1部は家に残る誰かに預けておき、もう1部を原本と別にして携帯する。書類の紛失・盗難の場合には、コピーがあると再発行が容易となる。

大使館・領事館

アメリカ大使館・領事館

ビザ発給の申請は大使館または大阪、沖縄の領事館へ。その他の領事館ではビザ業務は行っていないものの、アメリカに関する様々な情報を提供している。

在日本アメリカ大使館
☎03-3224-5000　📠03-3505-1862
🏠東京都港区赤坂1-10-5

在札幌アメリカ総領事館
☎011-641-1115　📠011-643-1283
🏠札幌市中央区北1条西28丁目

在大阪・神戸　アメリカ総領事館
☎06-6315-5900　📠06-6315-5915
🏠大阪市北区西天満2-11-5

在名古屋米国領事館
☎052-203-4011　📠052-201-4612
🏠名古屋市中区錦3-10-33　錦SISビル6F

在福岡アメリカ領事館
☎092-751-9331　📠092-713-9222
🏠福岡市中央区大濠2-5-26

在沖米国総領事館
☎098-876-4211　📠098-876-4343
🏠浦添市西原2564

アメリカにある大使館・領事館

各国の大使館はワシントンDCにあるが、以下をはじめ多数の国がロサンゼルスやサンフランシスコに領事館を置いている。

ワシントンDCの大使館に連絡するときはワシントンの番号案内（☎202-555-1212）に番号を尋ねる。

在ロサンゼルス日本総領事館
☎213-617-6700
🏠350 S Grand Ave, Suite 1700, Los Angeles

在サンフランシスコ日本総領事館
☎415-777-3533
🏠50 Fremont St, Suite 2300, San Francisco

自国の大使館

自分の国の大使館ができることとできないことを知っておくことは重要だ。一般的にいうと、わずかでも自分の過失に基づくトラブルによる緊急時にはあまり助けてくれない。その訪問国の法律が適用され、たとえ自国では犯罪とならない種類であっても、その地の罪を犯した人には大使館員は同情しない。

本当の緊急事態の場合はなんらかの援助が受けられるかもしれないが、ほかの手段がまったくなくなってしまった場合に限られる。たとえば、大急ぎで帰国する必要が生じた場合に帰国用の航空券を無料でくれるという可能性は非常に小さい。大使館では旅行者が保険に加入していることを前提としている。所持金や旅行書類をすべて盗まれた場合でも、新しいパスポート発行の援助はしてくれても、旅行継続のためのお金は貸してくれない。

通関

米国税法により、21歳以上の人はアルコール1ℓ、葉巻100本、タバコ200本を免税で持ち込むことが許されている。アメリカ市民および永住者は海外から＄400相当のギフトを免税で持ち帰ることができ、アメリカ市民以外は＄100相当のギフトを持ち込むことができる。また1万ドルまでの現金、トラベラーズチェック、マネーオーダー（郵便為替）などでの持ち込み、持ち出しは申告なしで許される。上限はないが、それ以上の額の場合は税関で申告しなければならない。

カリフォルニア州は重要な農業地帯である。害虫、カビ、そのほかの病気が広がるのを防ぐため、ほとんどの食品、特に肉類、果物、野菜、植物は、生、乾燥、缶詰ともに州内に持ち込んではいけない。そういうものを持って来ないようにし、飛行機で到着の場合は機内に残すか税関を通る前に捨てる。パン類や熟成したチーズは持ち込める。

国境を越えてメキシコから、あるいは隣のオレゴン、ネバダ、アリゾナ州から車でカリ

フォルニアに来るときは、カリフォルニア州食品農業省の係員による簡単な検査や質問のために一旦停止する必要があるかもしれない。

お金

通貨
US＄1は100セント（¢）である。コインは1¢（ペニー）、5¢（ニッケル）、10¢（ダイム）、25¢（クォーター）、そしてめったにお目にかからない50¢（ハーフ・ダラー）がある。クォーターは自動販売機やパーキングメーターで一番よく使用されるコインなので用意しておく。紙幣は一般に「ビル」と呼ばれ、＄1、＄2、＄5、＄10、＄20、＄50、＄100のものがある。＄2札は珍しいがちゃんと使える。同じく珍しいのは＄1コインだが、これは切符や切手の自動販売機からお釣りとして出てくることがある。

為替レート
都市の銀行では主要な外国通貨の現金やトラベラーズチェックを両替してくれるが、郊外の銀行では両替できないことが多く、時間がかかるかもしれない。トーマスクック、アメリカン・エキスプレスや空港の両替カウンターなどでも両替できるが、おそらく銀行のレートのほうが良い。

国	単位	ドル
日本	¥100	US＄0.85

（1＄＝117.6円。いずれも'03年6月16日現在）

両替
現金を持ち歩くのは危険であるが、チップや少額の買物用に少しは持つと便利である。トラベラーズチェックは盗難や紛失に対して保護されており、米ドルのものであれば、多くの場所で現金同様に使用可能だ。アメリカン・エキスプレスとトーマスクックのものが広く使われ、迅速に再発行してくれる。チェック自体と別の所に、チェック番号と使用したチェック番号を記録しておくことが、失くした場合のチェック再発行に重要である。トラベラーズチェックの盗難・紛失の連絡先は、アメリカン・エキスプレスの場合は☎800-221-7220、トーマスクックの場合は☎800-223-7373へ。

現金自動支払機（ATM）は1日中使用でき、自国の銀行口座から現金を引き出すのに便利。ATMはほとんどの銀行にもあり、空港やスーパーマーケット、ショッピングモール、コンビニエンスストアなどにもたいてい設置されている。ATMはシラスCirrus、プラスPlus、スターStar、インターリンクInterlinkなどのネットワークに加盟している。使用の可否および手数料の額を出発前に自分の銀行で確かめておきたい。

たいていのATMではクレジットカードを使って現金を引き出すこともできるが、これは高くつく可能性がある。引き出し手数料に加えて、その日から貸し出し利子がつくからだ（カードで商品購入などの場合の支払い猶予期間がない）。

アメリカのATMカードの多くはデビットカードの機能があり、スーパーマーケットやガソリンスタンド、そのほかの店で使用できる。デビットカードは購入者の銀行口座から少額の手数料で購入金額を直接引き出すものである。自分の銀行のカードがカリフォルニアでデビットカードとして使用できるか確かめておく。

主なクレジットカードはカリフォルニア中のホテル、レストラン、ガソリンスタンド、商店、レンタル店などで使える。実際のところ、レンタカー、ホテルの予約、電話での切符購入などをクレジットカードなしでするのは不可能に近い。

ATMカードやトラベラーズチェックをもっぱら使用するつもりでも、緊急時のためにクレジットカードを持っていくのはいい考えである。ビザカードとマスターカードがもっとも広く利用されている。

クレジットカードと別の所にクレジットカード番号を控えて携帯する。カードの紛失・盗難の際はただちにカード会社に連絡する。

アメリカン・エキスプレス American Express
☎1-800-866-8630（日本語）
ダイナースクラブ Diners Club
☎03-3570-1200（東京へコレクトコール）
ディスカバー Discover
☎800-347-2683（英語）

ビザカードとマスターカードはカード裏面記載のカード発行元会社に連絡する。

お金・貴重品の管理
神経質になり過ぎる必要はないが、現金の携帯は十分に注意する。貴重品や余分な現金はホテルやユースホステルのセーフティーボックスに預ける。多額の現金を人目につく場所で見せない。移動中やセーフティーボックスに預けられないときは、余分な現金を服の下に着用したマネーベルトに入れるとよい。ズボンの後ろポケットはスリのかっこうのターゲットであり、リ

基本情報 - お金

ュックの外側のポケットやハンドバッグ、ウエストポーチなども狙われる。

旅費

カリフォルニア旅行の費用はどの程度の快適さを求めるかに大きくかかってくる。一般に1人で旅行すると割高につき、移動が多いと数カ所に長く滞在するより費用がする。主な出費は交通費、宿泊費、飲食費、観光費である。

カリフォルニアをもっとも容易に快適に見て回る方法は車を使うことだ。ただし、サンフランシスコのダウンタウンやネバダ州ラスベガスのストリップなど、都市の中心部は別。レンタカーは大半の町で利用でき、料金は安いものでは1週間＄120と保険料になる。

都市間の長距離バスは高くなく、ロサンゼルス～サンフランシスコはグレイハウンドの割引料金で＄30ということもある。鉄道はバスより高いが、往復切符で安くなることもある。飛行機の料金はさまざまで安い切符もあり、場合によってはバスと同じような値段にもなる。詳細は「アクセス」および「交通手段」を参照する。

宿泊費はメモリアル・デー（5月の終わり）からレイバー・デー（9月初め）および感謝祭とクリスマスの頃に高くなり、スキーリゾートの料金は当然冬に急上昇する。

辺ぴな場所でのキャンプ、または国有林や土地管理局（BLM）の管理地に車を停めて寝るのは無料である。キャンプ場の料金は快適度（水洗トイレ、温水シャワーの有無など）で違い、基本的なサイトで＄5、完備されたサイトで＄25ぐらい。

ユースホステルはドミトリーの2段ベッドで＄8～24、個室で＄40からである。バス・シャワーなどはほぼ確実に共同。基本的なモーテルの宿泊料金は2人で＄35ぐらいから始まる。快適な中級の宿はたいていの地域で＄80～150、贅沢な最高級ホテルやリゾートの料金は天井知らずだ。アメリカではB&B（ベッド＆ブレックファスト）は低予算の旅行者用ではなく、＄100ぐらいから始まり＄250になることもある。ビーチ、国立公園、観光名所の近くの宿はいずれも観光シーズンには高くなり、特別なイベントやホリデー中には2倍になることもある。本章後出の「宿泊」も参照。

贅沢なレストランでの食事にこだわらなければ、食費はそんなにかからない。至る所にあるファストフードチェーン以外でも、しばしば見つかる街の片隅のシンプルなおいしい小さな店で安くておなかがいっぱいにできる。もう少し充実した温かい食事をとりたいなら、普通ランチのほうがディナーより安い。中華料理店やタイ料理店などにはランチスペシャ

ルを＄7以下で提供する店もある。ディナーも、メイン1皿とノンアルコールの飲み物1杯にしておけば、きれいなレストランであってもそんなに高くはならない。

レストランはビール、ワインはむろん、ボトルウォーターに対してさえかなりのマージンを含んだ料金を請求するので、節約したいなら水道水にしよう。水道水は飲んでもまったく安全だ。アルコールが欲しい場合はビールかワインをグラスで注文し、高いカクテルは避ける。

勘定書は消費税とチップ（15～20％）で膨れ上がることを覚えておこう。

ゴールデン・ゲート・ブリッジを歩いて渡るとか、ビッグ・サーBig Surに行って海岸の景色を楽しむとか、ベニス・ビーチに行ってビーチ風景を眺めるとか、無料で体験できるものでも興味深く心に残ることはたくさんある。美術館の入館料は無料～＄15程度。大半は＄3～8だ。ディズニーランド、サンディエゴ動物園、ユニバーサルスタジオなどのテーマパークや大きなアトラクションには＄45ぐらいのところもあるが、高齢者と子供には割引がある。美術館の多くは曜日によって昼間とか夜に入館料無料になることがある。国立公園や歴史公園の入園料は車1台につき＄4～20で、1週間以内なら何回でも入園できる。

チップ

チップは必ず払うべきものというのではないが、アメリカでは支払うのが一般的である。サービス産業で働く人々には最小限の賃金しか払われていないので、まともな暮らしをするにはチップに依存するところが大きい。しかし、サービスがほんとにひどいときはチップを渡さないこと。通常のチップの額は次のとおり。

ベルボーイ、空港のポーター：バッグ1個につき＄1～1.50

コンシェルジュ：簡単な情報（道の案内またはおすすめのレストランなど）にはなし。特別なサービス（手に入りにくい切符の入手など）には＄5～20

ハウスキーパー：宿泊客1人につき毎日枕の上に＄1～2

駐車係：車を受け取るときに＄1～2（それ以上の金額を指定した表示がない場合）

レストランのウェイター・ウェイトレス、バーテンダー：税金を付加する前の勘定書の15～20％

タクシー運転手：10～15％

特別な割引

アメリカはおそらく地球上でもっとも販促キャンペーンの盛んな国である。値切るのは一般的ではないが、頼むと値引きしてくれることがある。アメリカ自動車協会（AAA）会員割引、

学生割引、現金割引などが適用されることもある。シーズンオフのホテルで競争相手のホテルの値段を告げると、マネージャーが初めに言っていた値段を下げてくれることがある。あるいは、希望の値段、たとえば＄40の部屋があるかと丁寧に尋ねてみるといい。

地域にある遊園地やレストラン、宿泊施設の割引クーポンはよく見かける。日曜日の新聞のチラシとスーパーマーケットや観光案内所、ホテルやモーテルのロビーをチェックしよう。ガソリンスタンドや道沿いのレストラン、観光案内所などに置いてある無料の情報紙にもたくさんついている。これらのクーポンには普通キャッチがある。「ピザ無料Free Pizza」とは、ピザを1枚買ったら、それと同じ値段か安くて小さいピザが1枚無料という意味。17:00以降および週末はだめとか、税金やチップは別というのもある。あるいはクーポンで宣伝の客室料金は、ホテルで一番せせこましい部屋に日曜～木曜日の間で連続2泊以上する場合にのみ適用されるのかもしれない。細かい字を読むこと！どうしても見たいアトラクションの入場料が＄2安くなるのは悪くない。

そのほかのお金の節約方法については、本章前出「ビザ・渡航書類」の「旅行者割引」を参照。

税金

アメリカでは購入するもののほとんどすべてが課税対象である。たまには、表示した値段の中に税が含まれていることもある（航空券、ガソリン、バーのドリンク、美術館や劇場の切符など）。レストランの飲食費、宿泊費、ほとんどの商品購入などでは税金が表示価格に付け加えられる。

カリフォルニア州の消費税の基本は7.25％であるが、多くの都市ではこれに1％かそれ以上の地方消費税が加わる。その上、宿泊費、レストラン、レンタカーには、そのほかの地方税（市または郡による）が加わることがある。特に記載のない限り、本書中の価格には税金を含まない。

郵便・通信

郵便料金

郵便料金は数年ごとに値上げされる。2002年7月の時点ではアメリカ国内宛ての1オンス（約28g）以内の手紙の第1種郵便料金は37¢（1オンス増えるごとに23¢ずつ追加）、はがきは23¢である。

国際郵便の料金はカナダ、メキシコを除き、1オンス（約28g）の手紙は80¢、1オンス増加するごとに宛先国により80～95¢ずつ追加。はがきの国際郵便は70¢。

カナダ宛ての1オンスの手紙は60¢、1オンス増加するごとに25¢ずつ追加。メキシコ宛ての1オンスの手紙は60¢、2オンスで80¢、その後1オンス増加するごとに40¢ずつ追加。はがきはいずれの国宛てでも50¢。エアログラム（航空書簡）は世界のどこ宛てでも70¢。

アメリカ国内宛て小包は優先郵便で1ポンド（約454g）まで＄3.85であるが、その後は距離と重量により増加する。書籍、定期刊行物、コンピュータディスクはブックレートあるいはメディアメールと呼ばれる時間はかかるが安い料金で送ることができる。

料金の詳細および最新情報は☎800-275-8777に問い合わせるか🖥 www.usps.comで確認しよう。

郵便を出す・郵便を受け取る

正しい金額の切手を貼付した重量16オンス（約454g）未満の郵便は、青い郵便ポストに投函してよい。切手の購入、郵便物の計量、16オンス以上の小包の発送は郵便局で行う。郵便局はほとんどの町にあり、スーパーマーケットやドラッグストアには郵便センターがあるところも多い。最寄りの郵便局の所在地を調べるには☎800-275-8777に電話する。大きな街の郵便局は通常、平日は8:00から17:00まで、土曜日は8:00から14:00まで開いているが、局により異なる。

ジェネラル・デリバリー郵便（局留め）はその局固有のジップコード（郵便番号）がある郵便局であればどこでも、c/o General Delivery at 郵便局名として受取人に送ることができる。届いた郵便は普通10日間保管され、その後、差出人に返送される。手紙をくれる人には「ホールド・フォー・アライバルHold for Arrival」と表に書いておいてもらう。郵便の受け取りにはパスポートや写真付の身分証明書を持って行く。

アメリカン・エキスプレスとトーマスクックはクライアント・メール・サービスを無料で行っている。差出人が「クライアント・メールClient Mail」と封筒のどこかに書いておくと、支店で30日間預かってくれる。ただし、書留郵便や小包は預かってもらえない。

電話

アメリカの電話番号は3桁のエリアコードと7桁の電話番号からなっている。同じエリアコードの地域内では7桁の電話番号だけをダイヤルする。市外通話の場合は☎1をダイヤルしてから3桁のエリアコードと7桁の電話番号をダイヤルする。

ダイヤル直通国際電話は☎011のあと、国番号に続いて、エリアコードと電話番号をダイヤルする。日本に電話する際には、国際コード☎011＋日本の国番号81＋市外局番から0を取った番号（東京03なら3）＋相手の電話番号を押す。ホテルからかけるときは、最初にホテルの外線番号をおす。
　また、日本のオペレータを呼び出してコレクト・コールをする場合は各国際電話会社の専用番号にダイヤルする。

KDDIジャパンダイレクト
　☎1-877-533-0051　料金は最初の1分間2020円、その後1分ごとに390円。

日本テレコムホームダイレクト
　☎1-888-311-0041、1-800-700-4641、1-888-211-0041のいずれか料金は平日昼間（日本時間）で5分間1480円、夜間1360円、深夜1320円。

　オペレータを通さずにクレジットカード引き落としで国際電話をかけることもできる。各国際電話会社の専用番号にダイヤルし、日本語の音声案内にしたがう。クレジットカードの暗証番号が必要。

KDDIスーパージャパンダイレクト
　☎1-877-533-0081　料金は24時間3分105円。

日本テレコムダイヤルジャパン
　☎1-800-785-0043　料金は平日昼間（日本時間）で3分間180円、夜間休日150円、深夜120円。

ケーブル・アンド・ワイヤレスIDCホームダイヤル
　☎1-800-381-0080(AT＆Tの場合)　料金は平日昼間（日本時間）で3分間180円、夜間休日150円、深夜120円。

　国際電話についての各会社の問い合わせ先は以下の通り。

KDDI
　☎0057無料
　◎24時間無休

ケーブル・アンド・ワイヤレス
　☎0066-11無料
　◎9：00～21：00（無休）

日本テレコム
　☎0088‐41無料
　◎9：00～21：00（無休）

NTTコミュニケーションズ
　☎0120-540-033
　◎9：00～21：00（無休）

　アメリカ国外からアメリカにかけるときの国番号は1である。
　市内の電話番号案内は☎411である。別のエリアコードを持つ地域の電話番号案内は☎1のあと、そのかけたい地域の3桁のエリアコードに続けて、555-1212をダイヤルする（たとえば、サンフランシスコの番号を知りたいときは☎415-555-1212である）。エリアコードは電話帳を見るか、☎0でオペレータに尋ねる。

　高級ホテルに滞在中は客室から電話をかけることは避けよう。たいていが1通話当たり50￠～＄1.50のサービス料を取る。これは、市内通話やフリーダイヤルにかけた場合も同じで、長距離の直通電話に対してはさらに高く取る。もちろんかかってきた電話で話すのは無料である。話したい相手にホテルの名前とルームナンバーを伝えて、相手のほうからかけてもらうと節約できる。おもしろいことに、ホテル料金が安いほど手数料が安く、市内通話がタダのところもある。

　800、866、877、888のエリアコードはアメリカ国内からのフリーダイヤルに割り当てられており、時にはカナダからかけられることもある。フリーダイヤルの番号案内は☎1-800-555-1212（無料）。900で始まる電話番号はテレフォンセックス、運勢、ジョークなどで、通話料金がたいへん高い。

公衆電話　市内通話は最低35￠。市外通話料金はかける先と電話会社によって違う。☎0でオペレータにかけて、料金を尋ねよう。しかし、オペレータがつないでくれると言っても断る。オペレータを通した通話は直接のダイヤル通話よりかなり高くつく。
　市外通話または国際電話のときはコインを使うと面倒かつ割高。電話にはクォーターとダイムのコインしか使えないからだ。まず、最初の3分間分のコインを入れなければならない（番号をダイヤルすると、コンピュータの音声が投入するべき最低金額を告げる）。これを投入してはじめて電話がつながる。
　公衆電話のなかにはクレジットカードが使えるものもあるが、相手の番号をダイヤルする前に細かい規定を読むことを忘れずに。もっとも良い方法はプリペイド・コーリング・カードを利用することである。また、相手がかけ直してくれるとお金が助かるが、その公衆電話が受信もできるかが問題である（公衆電話によっては受信できないようにしてある）。

プリペイド・コーリング（電話）・カード
このカードの購入者は、フリーダイヤルの800で始まる番号に続けてカード記載のカード・コードをダイヤルすると、どの電話からでも電話がかけられる。値段はいろいろで（＄5、＄10、＄20、＄50など）、スーパーマーケット、コンビニエンスストア、観光案内所、ガソリンスタンドなどで売っている。公衆電話を使

うときはコインよりこういうカードのほうが絶対に便利だ。

この種のカードは普通はお得になっているはずだが、細かい規定も忘れずに読もう。1分当たりの料金以外に「接続料」を取るものが多い。また、実際にかけられる時間が宣伝した時間より短かったという詐欺の報告もある。

ロンリープラネットのeKnoグローバルコミュニケーションサービスでは、国際電話を低価格で提供している。ただし、市内通話に関しては地元のテレフォンカードのほうが得であることが多い。そのほか、無料のメッセージお知らせサービス、eメール、旅行情報、自分の重要な書類情報を安全に保存しておけるオンラインデータスペース、トラベル・ボールトを提供している。申し込みは🅦www.ekno.lonelyplanet.comからオンラインでできる。ここには、各国からの24時間カスタマーサービスセンターへのアクセス電話番号が出ている。申し込み後はeKnoのホームページで各国の最新アクセス番号と新しいサービス情報をいつもチェックするようにしよう。

FAX

FAXの送受信には、インターネットカフェとオフィスサービス専門の店がベストで料金も適切。メール・ボクシズ・イーティーシーMail Boxes Etcと24アワー・キンコーズ・コピーズ24-hour Kinko's Copiesはカリフォルニア各地にフランチャイズがある。ホテルのビジネスサービスセンターはそれより高く、アメリカ国内への1ページの送信で＄1.50、海外へは1ページ＄10も取られることがある。たいていのホテルではFAXの受信は無料である。大半の郵便局からもFAXが送れるが、手数料はかなり高い。

eメール＆インターネット

携帯用のパソコンがあると旅先からでも自宅の暮らしを継続できるが、残念ながら問題がいろいろ起こる可能性がある。ACアダプターのほとんどはアメリカの電圧110ボルトでも使用できるが、一応確かめておこう。PCカードモデムについてはアメリカ国内でもちゃんと作動するように、定評のある「グローバル」モデムを出発前に取り付けておくとよい。アメリカの電話プラグの形はほかの国のものと違うことがあるので、自分のモデムに使用できるアダプターを用意する。アメリカの電源プラグ用アダプターも必要な場合があるから、ラジオ・シャックRadio Shackやサーキット・シティCircuit Cityのようなカリフォルニア各地に支店のある電子機器ショップでも売っている。

パソコンを持っての旅に関する詳しい情報を🅦www.teleadapt.comや🅦www.warrior.com

のホームページを参照するとよいだろう。

もし、インターネットカフェを使うつもりなら自分のメールサーバーの名前（POPまたはIMAP）とアカウント名、パスワードを知っておく必要がある。プロバイダーかネットワーク管理者に聞けば教えてくれるはずだ。

参考サイト

インターネットは旅行者に役立つ情報でいっぱいだ。行き先について調べ、安い航空券を探し、ホテルを予約し、天気をチェックし、地元の人やほかの旅行者とどこに行くのがベストか（避けるべき場所も！）についてチャットができる。

インターネットでサーチを始めるときは、まずロンリープラネットのホームページ（🅦www.lonelyplanet.com）に行ってみよう。地球上のたいていの場所への旅行についての簡潔な説明や、旅行者からの絵はがきもある。また「ソーン・ツリーThorn Tree」掲示板で、出発前に質問したり、帰ってきてからアドバイスしたりもできる。旅行関連のニュースやロンリープラネットのガイドブックの内容に関する最新情報も掲載している。サブーウェイsub-wwwayセクションにはインターネットのほかの有用なホームページへのリンクがたくさんある。

カリフォルニア旅行に役立つほかのホームページを以下に挙げる。

日本語のサイトとして

カリフォルニア州政府観光局
🅦forum.nifty.com/fworld/california
州の概要をはじめ、各所へのアクセス方法など。

ロサンゼルス観光局・ロサンゼルス国際空港
🅦www.lax.or.jp
ロサンゼルスの観光局と国際空港提供。エリアガイドやイベント情報、交通案内などの基本情報を紹介。

サンフランシスコ観光局／国際空港
🅦www.sf-japan.or.jp
マップ、イエローページ、イベントカレンダーなどのビジター情報。

また、英語のサイトとして以下のようなものがある。

カリフォルニア州政府 California State Government
🅦www.ca.gov
一般情報、歴史、文化、ビジネスの機会、環境保護情報などを紹介。

カリフォルニア州立公園 California State Parks
🅦www.calparks.ca.gov
カリフォルニアにあるすべての州立公園の歴史、情報、予約について知ることができる。

基本情報 – 参考になる本

カルトランス（カリフォルニア州交通局） Caltrans
🌐 www.dot.ca.gov
旅行者の役に立つ情報、ルートの設定、地図、道路状況、天気の様子などを満載。

ユースホステル Hostels
🌐 www.hostel.com
世界中のユースホステルのデータベースと、旅行のヒントや土産話がたくさんある。

国立公園局 National Park Service
🌐 www.nps.gov
各国立公園、歴史公園、記念物などの情報を提供。

ロードサイド・アメリカ Roadside America
🌐 www.roadsideamerica.com
「ちょっと変わったアトラクションのオンラインガイド」と謳ったこのホームページではカリフォルニア州観光局では見つからない情報を網羅。

参考になる本

たいていの本は国により発行者の違う異なった版が出ている。1冊の本が、ある国ではハードカバーだがなかなか手に入らず、別の国ではペーパーバックで容易に手に入るということがあるかもしれない。下記の本を見つけるには書店や図書館の司書に題名か著者名で探してもらうか、自分で🌐www.amazon.comのようなオンライン書店で調べる。

ロンリープラネットではカリフォルニア旅行の役に立つ次のような本を発行している。都市ガイドシリーズの「サンフランシスコSan Francisco」、「ロサンゼルスLos Angeles」、「サンディエゴ＆ティファナSan Diego & Tijuana」（すべて英語版）には観光、エンターテインメント、レストラン、宿泊に関する情報通によるヒントがいっぱいある。

「ハイキング・イン・ザ・シエラ・ネバダHiking in the Sierra Nevada」はシエラ・ネバダを隅々まで探検しようという人にぴったりのガイドブックだ。

ロンリープラネットが発行しているダイビング＆シュノーケリングガイドシリーズには、「モントレー半島＆ノーザン・カリフォルニアMonterey Peninsula & Northern California」、「カリフォルニアのセントラル・コーストCalifornia's Central Coast」、「サザン・カリフォルニア＆チャネル諸島Southern California & the Channel Islands」などがある。カリフォルニアはロンリープラネットの新しいサイクリングガイド「USA－ウエストコーストUSA-West Coast」にも大きく扱われている。

これらの本は大きな書店か、🌐www.lonelyplanet.comから注文することができる。

主要なガイドブック専門の出版社がカリフォルニアやカリフォルニアの都市に関するガイドブックを出している。また、アメリカ自動車協会（AAA）のツアーブックは会員や提携団体の会員に無料であるが、砂漠地域やタホ湖などの州内各地および大都市のガイドなど、カリフォルニアに関する良い資料が揃っている。ハイキング、スキーなど、特定のアクティビティに関するガイドブックは「アクティビティ」に記載した。地域限定のガイドブックはそれらの地域のセクションでふれる。

カリフォルニアの動植物の名前を知るための本はいろいろあり、その動植物に関する生物学的な記述とそれらがどこで見られるかについて解説してある。

ピーターソン・フィールドガイドシリーズPeterson Field Guide seriesには40冊近い優れたガイドがある。たとえば、William H BurtとRichard P Grossenheider共著『Mammals』、Roger Tory Peterson著「Western Birds」、Robert C Stebbins著「Western Reptiles & Amphibians」、Paul A Opler、James W Tilden、Amy Bartlett Wright共著「Western Butterflies」、Theodore Niehaus著「Southwestern & Texas Wildflowers」などである。

ほかにもフィールドガイドはたくさんある。「オーデュボン・ソサエティ・フィールドガイドAudubon Society field guides」シリーズは、鳥類、植物、動物を従来の標準的なフィールドガイドのように生物系統別に並べず、写真を使って色別に並べている。James A MacMahon著「オーデュボン・ソサエティ・ネイチャーガイドAudubon Society Nature Guide」の「Deserts」は南西部の砂漠地域の概況とこれらの地域の重要な動植物について説明した良い本だ。「ゴールデン・フィールドガイドシリーズGolden Field Guide series」はシンプルなアプローチで知られ、初心者に選ばれることが多い。ナショナル・ジオグラフィック・ソサエティNational Geographic Societyの「Field Guide to the Birds of North America」はよくでき本でもっとも詳しいガイドの1つである。

カリフォルニア全体の歴史なら、Walton BeanとJames Rawls共著「California: an Interpretive History」を読んでみよう。アメリカの歴史を読むとカリフォルニアを大きな時代の流れの中でとらえることができる。カリフォルニア州はアメリカ史およびアメリカ国民の心理の中で特別な位置を占めている。社会史についてはカリフォルニアのいろいろな時代に背景をとった小説の幾つかを読もう（「カリフォルニアについて」の「芸術」の「文学」を参照）。最初のヨーロッパ人による定住風景を知るには、初期の訪問者や住民の作品を読む。

カリフォルニアの印象を書きとめた最初の旅

行者の1人がRichard Henry Danaである。彼はメキシコのランチョ時代である1835年にカリフォルニアを訪れ、その思い出を「Two Years Before the Mast」に書いた。この本はおもしろく、入手は容易だ。ロサンゼルスの南のダナポイントはこの著者にちなんで名づけられた。

複数の著名な作家がラスベガスについて書いている。悪名高い「ラスベガスをやっつけろ！ Fear and Loathing in Las Vegas」はHunter S Thompsonの各種のドラッグに対する反応を記したものだが、ラスベガスという街自体に同様の反応を示す人も多いだろう。

Marc Reisner著「砂漠のキャデラック アメリカの水資源開発Cadillac Desert: The American West and Its Disappearing Water」は、西部諸州の人口爆発がどのようにして水資源を搾取し、争いをもたらしてきたかに関する情報をふんだんに盛り込んだ本。

アメリカ先住民族について真面目に学びたい人に最適の入門書はRobert Heizer編「Handbook of North American Indians」全20巻である。カリフォルニアは第8巻に載っている。HeizerがMA Whippleと著した「The California Indians: A Source Book」も権威のある本だ。

ハリウッドの歴史に興味をそそられる人はKenneth Anger著「Hollywood Babylon」またはRudy Behlmer著「Behind the Scenes」がおすすめだ。

新聞・雑誌

アメリカでは1500を超える日刊紙が発行されている。最大の発行部数を誇るのは「ウォールストリートジャーナルWall Street Journal」で、その次が「USAトゥデーUSA Today」、「ニューヨークタイムズNew York Times」、「ロサンゼルスタイムズLos Angeles Times」と続き、これらは主要都市で販売されている。「ロサンゼルスタイムズLos Angeles Times」を除くと、カリフォルニアでもっとも広く読まれている新聞は「サンフランシスコ・クロニクルSan Francisco Chronicle」、「サンディエゴ・ユニオントリビューンSan Diego Union Tribune」である。これらの新聞の日曜版には、その週のアートやエンターテインメントの催し案内が入っている。

ほかの都市にもたいてい地元発行の日刊紙があって、訪問地で何が話題になっているかを知るのになかなかよい。

「SFウィークリーSF Weekly」、「サンフランシスコ・ベイ・ガーディアンSan Francisco Bay Guardian」、「LAウィークリーLA Weekly」、「サンディエゴ・リーダーSan Diego Reader」などの無料の新聞には、地元および国レベルのニュースに関するよく書かれた記事のほか、エンターテインメント案内、レストランの紹介や劇評なども載っている。

ラジオ・テレビ

レンタカーはすべてカーラジオ付きである。大半の放送局は送信範囲が100マイル（約161km）未満なので、運転しながら頻繁に選局しなければならない。カリフォルニア南部ではメキシコの放送が容易に聴取できるが、アメリカの局のスペイン語放送との区別は難しい。主要都市付近ではいろんなジャンルの音楽やエンターテインメントが放送されている。農村地帯では音楽は主にカントリーウエスタンで、キリスト教関係の番組、地元ニュース、「トークラジオ」がもっぱらである。

全米公共ラジオ（NPR）はニュース、討論、音楽に対する穏健な姿勢が特徴である。NPRは普通FMの下の方の周波数を使って送信している。

もっとも安いモーテルの客室にも、ちゃんとつかないこともあるカラーテレビがある。テレビはアメリカの5大ネットワーク、ABC、CBS、NBC、FOX、PBS系列の地元提携局からの電波を受信している。PBSすなわち公共放送システムは商業放送ではなく、充実したニュースや「ジム・レーラーのニュース・アワーNewsHour with Jim Lehrer」などよく考えた時事解説番組がある。PBSではそのほかに教育番組、クラシック音楽や劇、イギリスBBCの番組も頻繁に放送される。

よいモーテルや大半のホテルではケーブルテレビも見ることができる。普通はESPN（スポーツだけ）、CNN（ニュースだけ）、ウェザーチャンネル（もちろん天気予報）とHBO（映画）である。ペイ・パー・ビューのイベントや映画はお金がかかるが、通常は中級から上級の大きなホテルでしか提供していない。

ビデオ方式

アメリカのカラーテレビはNTSC方式で日本と同じである。アフリカ、ヨーロッパ、アジアとオーストラリアの幾つかの地域で使用されているPAL方式やフランスのSECAM方式とは変換しない限り互換性はない。

写真・ビデオ撮影

写真のフィルムはスーパーマーケットやディスカウントドラッグストアで広く販売している。普通は使用目的に合わせてフィルムを買う。一般の写真撮影にはプリントの場合もスライドの場合もASA100のフィルムが一番実用

的で用途が広い。色が良く、ほとんどの状況に対応できる。暗い場所での撮影や、三脚を使用せずに、明るく照らされた夜景を撮る場合はASA400を使う。

もっとも品質がよく、一番多く売られているフィルムは富士フィルムとコダックである。スライド用では、富士のベルビアVelviaとコダックのエリートEliteが現像しやすく良い画像が得られる。コダクロームKodachromeは避けたほうがよい。速やかな現像が難しく上手に扱われないとトラブルのもととなる。プリント用のフィルムではコダックのゴールドGoldが一番。富士も良く、アグファAgfaもまあまあである。

フィルムは高温で変質するので、カメラやフィルムを車に残したり、運転中にダッシュボードに入れたりするのはやめよう。

予備の電池を携行し、周りに店も何もないところでカメラが動かなくなってがっかりしないようにしよう。旅行用に新しいカメラを買う予定ならば出発の数週間前までに買って練習しておく。

ドラッグストアではフィルムを安く現像できる。通常、正午までに預けると翌日受け取れる。ASA100の24枚撮り35mmカラーフィルム1本は約＄6で現像焼付けできる。プリント2枚ずつのセットなら1枚ずつのセット価格より割安になる店が多い。1時間仕上げサービスでは24枚撮りで＄11ぐらいかかることもある。

旅行中に良い写真を撮るには、ロンリープラネットの「旅行写真術：良い写真を撮るガイド *Travel Photography: A Guide to Taking Better Pictures*」を参照。

ビデオカセットは広く販売されている。自分のビデオカメラとの互換性を心配する必要はない。カメラに入れれば撮影できる。しかし、撮影したカメラと互換性のあるビデオプレーヤーでのみ再生可能である。

空港での制限

空港の機内持ち込み手荷物検査用のX線設備は、通常、低い感光速度（ASA1600以下）のフィルムに影響を与えないとされている。しかし、機内預け荷物検査用に、新しい高性能装置が世界中の主要な空港に導入されている。これらの装置の高エネルギースキャンは未現像のフィルムに被害を与える。

未現像フィルムおよびフィルムを入れたカメラはすべて手荷物にすること。機内持ち込み手荷物も機内預けの荷物と一緒に積み込まなければならないとか、もう1度スキャンを通す必要があると言われたときは、未現像フィルムは全部抜くこと。空港の警備係員には、機械を通さずに目と手でフィルムを調べてくれるように頼む。旅行中さらに5回かそれ以上の検査が予想

される場合には特に気をつける必要がある。フィルムは全部まとめて透明のビニール袋に入れ、すぐに荷物から取り出せるようにしておく。こうすると検査場での時間節約のみならず、警備係員との摩擦も最小限に抑えられる。このテロ時代の警備員の仕事は厳しいが、警備員には尊敬の念をもって対処しないと飛び立つまでの大変さが倍増する。

時差・時間

カリフォルニアは太平洋時間帯にあり、世界標準時より8時間遅れている。9時間進んでいる日本との時差は17時間。たとえばロサンゼルスの正午は、日本では翌日の午前5：00になる。デイライトセービングタイム（夏時間）は4月の第1日曜日から10月の最終日曜日まで実施される。春には時計を1時間進め（スプリング・フォワード）、秋には1時間戻す（フォール・バック）。

電圧・電源

電圧は110V、電源プラグは2本（平たい2本）または3本（平たい2本と丸い1本）の足がある。これに合わない電気器具を使用する場合はドラッグストアや金物屋、電子機器ショップで売っている変圧器やアダプターを利用する必要がある。日本の電圧は100Vなので日本製のドライヤーや髭剃りを短時間使用することは問題ない。

計測単位

長さの単位はインチ、フィート、ヤード、マイルである。3フィートは1ヤード（0.914m）。1マイル（1.6km）は1760ヤードまたは5280フィート。重量の単位はオンス（oz）、ポンド（lb）、トン（16オンスは1ポンド。2000ポンドは1トン）で、1ポンドは454g。

液体の容量は乾燥したものとは異なる。1パイントは16液体オンス、2パイントは1クォート、4クォートは1USガロン（3.8ℓ）となる。ガソリンはUSガロンで売られる。

温度は華氏で表す。華氏32度が氷点（摂氏0度）となる。

単位換算表が本書の巻末にある。

ランドリー

どんな規模であれ、大部分の町や設備の整ったキャンプ場にはセルフサービスのコインランドリーがある。1回分の洗濯には約＄1.25、乾燥にはその上に＄1ぐらいかかる。1回分の洗剤を売るコイン式の自動販売機があるが、

スーパーマーケットで洗剤の小さい箱を買うほうが普通割安となる。ランドリーには従業員がいて追加料金で洗って乾かし、畳んでくれる所もある。ランドリーを探すには電話帳のイエローページで、「ランドリーLaundries」または「ランドリー：セルフサービス Laundries - Self-Service」を見る。ドライクリーニング屋は「ランドリーLaundries」または「クリーナーCleaners」の箇所に掲載してある。

トイレ

外国からの旅行者はすぐに、この人間のもっとも基本的なニーズに関するアメリカ人の上品さに気づく。トイレを「トイレット」と絶対に呼ばず「レストルーム」、「バスルーム」、「パウダールーム」、「メンズルーム」、「レディーズルーム」、「ウォッシュルーム」、「リトルボーイズルーム」、「リトルガールズルーム」など、さまざまな婉曲表現を使う。

公衆トイレというものは原則的に存在しないので、トイレを見つけるには積極性と創造性が必要となる。ショッピングモール、デパート、ホテルのロビー、美術館、そのほかの公共の場所が有望だ。バーに飛び込むのもいいかもしれない。ただし、21歳以上でないとバーの入口から入ることさえできない。ダイナーやカフェなどのカジュアルなレストランは通常大丈夫だが、高級なもの（ホストやホステスが待っているもの）だと断られるかもしれない。

ガソリンスタンドのトイレはどこにでもあるものの、汚いことがあり、キャッシャーに鍵を借りる必要があることが多い。パブリックビーチには多くの場合、まずまずのトイレがある。

健康

大半の外国からの旅行者は入国に予防注射を必要としない。しかし、コレラと黄熱病の予防注射は、これらの病気の発生地域からの旅行者の場合に必要となるかもしれない。

一般的に言うと、アメリカは訪問地として健康的な問題はない。はやっている伝染病も危険もなく病院は充実している。ただし、医療費のコストが高いので、出発前に総合的な旅行保険に入っておくべきだ。保険がないと、命にかかわる緊急時以外の場合は病院によっては治療を断られることもあり、公立や郡の病院に送られて長い待ち時間と二流の治療を受けるはめになるかもしれない。旅行保険購入で、医療のところに高額と低額の選択肢があるときは、アメリカ旅行に関しては高額を選ぶこと。本章前出の「旅行保険」も参照。

重大な緊急事態の場合は、☎911で救急車を呼び、近くの病院の緊急救命室（ER）に運んでもらう。この場合、救急車もERでの治療もたいへん高いことに留意する。都市の病院の多くは、救急車で来る患者以外のためにそれほど重大ではない怪我や病気を治療するERより費用のかからない「アージェント・ケア・クリニック」を設けている。

ロサンゼルスやサンフランシスコには日本語の通じる病院やクリニックも数多い。その他の地域では必要なときには日本語の通訳を呼ぶといったシステムを使うエリアもある。

ロサンゼルス
Nippon Medical Clinic
☎310-575-4050
🏠1950 Sawtelle Blvd. Suite 145
Japan International Medical Clinic
☎213-680-2194
🏠360 East 2nd St. 101
Little Company of Mary Hospital
☎310-543-5944
🏠4101 Torrance Blvd. Torrance

サンフランシスコ
Saint Francis Memorial Hospital
☎415-353-6669/415-353-6000
🏠900 Hyde St.
Dr. Umekubo（内科）
☎415-931-5182
🏠1674 Post St.

食事・水

旅行者にもっとも共通した病気はおなかをこわすことだが、大部分は比較的軽度なものだ。アメリカの飲食店における衛生水準はたいへん高い。水道水はどこでも飲んで大丈夫だが、いつもおいしいというわけではない。ボトル入りの水が広く販売されている。

暑いときは水を十分飲むこと。のどが渇くのを待っていてはいけない。トイレに行きたくないとか、濃い黄色の尿が出るのは危険信号である。長い旅行では常に水筒を携行し、いくら水がきれいに見えても川などの水を直接飲まないこと。ジアルディアがいるかもしれない。これは「ビーバー熱」とも呼ばれ、船酔いが快適に思えるくらいのひどい状態を引き起こす悪い寄生虫である。川からの水は常に完全に浄化すること。

熱中症・熱射病

脱水状態や塩分の不足で熱中症が起こることがある。高温状態では徐々に身体を慣らし、十分な水分を摂ることを忘れない。塩分が不足すると、疲労、無気力、頭痛、めまい、筋

肉のけいれんなどの症状が出る。塩の錠剤で効果があるかもしれない。嘔吐や下痢のときも水分と塩分が不足する。暑いときはいつも水筒を持ち、頻繁に水を飲む。

水分が不十分で高温に長時間継続してさらされると、熱射病にかかりやすくなる。これは死ぬこともある重大な状態であり、身体の熱調整メカニズムが壊れて体温が危険なレベルまで上昇するものである。暑い所にはじめて到着したときはアルコールの過剰な摂取や過激な運動を控えよう。

症状には不快感、発汗なし、102°F〜105°F（39℃〜41℃）という高い体温などがある。重い場合は入院が必要だが、まず日陰に入り、服を脱いで身体を濡れたシーツやタオルで覆い、風を連続して起こす。

低体温症

山や砂漠の気温は心地よいところから零下まで急に下がることがあり、突然降り出した雨に濡れたり強い風に吹かれたりすると、体温が急激に低下し過ぎることがある。可能であれば、1人で旅行することを避ける。低体温症はパートナーがいれば防げる確率が高い。単独でのハイキングなどが避けられないときは、誰かにルートといつ戻るかを知らせておく。

天候が悪くなりそうなときは避難できる場所を見つける。濡れても温かさを保つ毛や化繊の衣類が綿よりも適している。高品質の寝袋は非常に価値のある投資だが、グースのダウン製のものは濡れると保温性が大きく失われる。チョコレートやドライフルーツのような高エネルギーで消化のよいスナックを携行しよう。

低体温症になった人がいたら風や雨を避け、服が濡れているときは脱がし、乾いた温かい服と取り替える。アルコール以外の熱い飲み物と高エネルギーで消化のよい食べ物を与える。重症の場合は、温かい寝袋に入れて自分も一緒に入る必要があるかもしれない。身体をこするのは避け、火の近くに座らせるか、可能であれば熱すぎない温かい風呂に入れる。

高山病

急性高山病（AMS）は標高の高い山で起こり、死ぬこともある。高山の薄い空気では酸素の不足により、頭痛、吐き気、鼻血、息切れ、体力の低下、そのほかの症状が見られる。これらは非常に重篤な状態になりうる。特に熱中症や日焼け、低体温症と合併すると危険だ。たいていの人は数時間または数日で回復する。もし、症状が続くときは速やかに高度の低い所に下りなければならない。軽い場合はアスピリンのような普通の痛み止めを飲んで症状を抑え、体が適応するのを待つ。

どの高さが高過ぎるかというはっきりした尺度はない。1万フィート（約3000メートル）で死んだ例もあるが、1万1500フィート（約3450m）を超える場合のほうが多い。その日に到達した一番高い所ではなく、少し低い所に下りて寝るほうが絶対に賢明である。AMSの防止やリスクの軽減に役立つ幾つかのルールは次のとおり。

- ゆっくり登る。休養日を多く入れる。3000フィート（約900メートル）の登りに2〜3日ずつかける。トレッキングしながら高い所に到着した場合は身体が徐々に適応していくので、飛行機で高所に直接行く場合よりも、高山病にかかりにくい。
- 水分を余分に摂る。山の空気は低温で乾燥しており、息をするときに水分を失う。
- エネルギーが多く必要なので、炭水化物中心の軽い食事を摂る。
- アルコールを避ける。アルコールは脱水の危険性を高める。
- 鎮静剤を避ける。

ティック（マダニ）

マダニは寄生性の蜘蛛類で、藪、森、草原などにいることがある。ライム病やボレリア症（回帰熱）を媒介することがあり、両方ともマダニがかむことでうつる。ハイキングのあとは衣服、髪の毛、皮膚を調べ、木の下に置いてあった場合には寝袋も調べる。両方の病気とも初期症状はインフルエンザに似ており、寒気、高熱、頭痛、消化不良、身体の痛みなどを引き起こす。ライム病が進行すると、関節炎、脳膜炎、神経疾患、心臓疾患を起こすことがある。

ジアルディア症

ジアルディア症は水で媒介される腸の病気で、慢性の下痢、腹部のけいれん、腹部膨満、疲労、体重減少（楽しいダイエット法ではない）などを起こす。川や湖、雪の水などは、5分以上の煮沸またはジアルディア用浄化フィルターやヨウ素入りの浄化器で処理をしたもの以外は飲まないこと。

女性旅行者へ

カリフォルニアは女性の1人旅でも比較的安全な場所である。もちろん、用心を忘れて知らない人をことごとく信じてもよいということではない。自分の国と同じ常識的な行動をすることだ。

暴行されたら☎911で警察に連絡する。田舎で☎911が使えない所では☎0でオペレータを呼ぶ。都市や大きな町にはレイプクライシスセンターやウイメンズシェルターがあって、

援護とサポートにあたっている。電話番号は電話帳に掲載されているが、なければ警察が照会してくれるはずだ。

同性愛の旅行者へ

サンフランシスコとロサンゼルスにはたいへん確立されたゲイコミュニティがあって、同性愛者がオープンに暮らすことができる。カリフォルニアの寛容さは人々に対して寛容であるが、大都市圏においても「ゲイ・バッシング」は起こっている。主要な都市を離れると、「寛容さ」はどちらかというと「聞くな、話すな」というポリシーとなる。

サンフランシスコのカストロ地区以外に、サンディエゴのヒルクレスト地域、ロサンゼルスのウエスト・ハリウッドとシルバー・レイク、パームスプリングスおよびカセドラル・シティにゲイコミュニティがある。これらの地域にはゲイやオルタナティブの新聞があり、イベント情報と地元の団体の電話番号を掲載している。同性同士の結婚はますます人気が出ているが、カリフォルニア州政府にはまだ認められていない。

ダムロンDamron社（**www.damron.com**）発行のクラシックなゲイ旅行ガイド「ウイメンズ・トラベラーWomen's Traveller」、「メンズ・トラベルガイドMen's Travel Guide」は毎年改訂版が出ている。ダムロン社ではまた「ダムロン・アコモデーション Damron Accommodations」を発行して、アメリカのゲイ経営またはゲイフレンドリーなホテル、B&B（ベッド＆ブレックファスト）、ゲストハウスを紹介している。フェラーリガイドFerrari Guidesの「ウイメンズ・トラベル・イン・ユア・ポケットWomen's Travel in Your Pocket」も、世界中を旅行する女性のための定評あるガイド。オンラインのインフォメーションでは**ゲイ＆レズビアン・イエローページ Gay & Lesbian Yellow Pages**（**www.glyp.com**）が優れている。

幾つかの全米および国際的な関連団体がインターネットにある。**全米ゲイ・レズビアン・タスク・フォース National Gay/Lesbian Task Force** (NGLTF、**www.ngltf.org**)、**ゲイ・アンド・レズビアン・アライアンス・アゲンスト・デファメイション Gay and Lesbian Alliance Against Defamation** (GLAAD、**www.gladd.org**)、**ラムダ・リーガル・ディフェンス・ファンド Lambda Legal Defense Fund**（**www.lambdalegal.org**）などだ。

身体の不自由な旅行者へ

身体の不自由な人々のアメリカ国内の旅行は容易になってきており、カリフォルニアも同様である。障害を持つアメリカ人法（ADA）の規定で、公共的な建物（ホテル、レストラン、劇場、美術館など）はすべて車椅子によるアクセスが可能でなければならない。バス、電車には車椅子用リフトを設備し、電話会社は聴覚障害者のためのリレーオペレータ（TTYナンバーからつなぐ）を置かなければならない。銀行のATMの説明には点字がついている所が多く、大部分の交差点では縁石が低くなって段差がなくなり、音の信号のついた交差点もたまにある。

大きなホテルチェーンや一般のホテルの中には、身体の不自由なゲストのための客室を用意している所がある。大きなレンタカー会社には手だけで運転できる車や、車椅子用リフトがついた車を追加料金なしで貸し出す所もあるが、ずいぶん前から予約しておく必要がある。

主要な航空会社すべて、グレイハウンドのバス、アムトラックの列車は盲導犬などのワーキングドッグが飼い主と一緒に利用できる。航空会社は車椅子を機内預け荷物として受け入れ、機内用の車椅子を提供しなければならない。これには事前の申し出が必要な場合もある。乗り換えや搭乗・降機の際の補助もあるので、フライト予約の際に補助を頼んでおく。

大部分の国立・州立公園やレクリエーション・エリアには舗装または板を敷いたネイチャートレイルがある。目や身体の不自由なアメリカ市民および永住者はゴールデン・アクセス・パスポートGolden Access Passportを取得できる（本章後出のコラム「国立公園パス」を参照）。リンダ＆アラン・ミッチェルの「カリフォルニア・パークス・アクセスCalifornia Parks Access」、ウェンディ・ロスとマイケル・トムペインの「国立公園へのイージーアクセスEasy Access to National Parks」などは読んでみる価値がある。

関連団体

身体の不自由な旅行者のための組織やツアーオペレータは次のとおり。（英語）

アクセサブル・トラベル・ソース
Access-Able Travel Source
☎303-232-2979 ℻303-239-8486
 www.access-able.com
たくさんのリンクがある優れたホームページ。

モビリティー・インターナショナル・アメリカ
Mobility International USA
☎541-343-1284 ℻541-343-6812
 www.miusa.org
身体の不自由な旅行者の移動の問題に関するアドバイス活動と、啓蒙教育のための交換プログラムを実施。

基本情報 – 高齢の旅行者へ

モス・リハビリテーション病院旅行情報サービス
Moss Rehabilitation Hospital's Travel Information Service
☎ 215-456-9600、TTY 456-9602
W http://www.mossresourcenet.org/travel.htm
便利な連絡先をまとめたリストがある。

ツイン・ピークス・プレス Twin Peaks Press
☎ 360-694-2462、800-637-2256
W http://home.pacifier.com/~twinpeak
季刊のニュースレターおよび電話番号リスト、アクセスガイドを発行している。

高齢の旅行者へ

高齢者割引や特典の始まる年齢はそのアトラクションによりいろいろだが、50歳で受けられる割引もある。ホテル、美術館、レストランでシニア料金がないか尋ねてみよう。国立公園の訪問にはゴールデン・エイジ・パスポートGolden Age Passportがある（本章後出のコラム「国立公園パス」を参照）。

シニアの権利を擁護する全国的な組織で、旅行を計画するときに役立つものには次のようなものがある。

アメリカ退職者協会
American Association of Retired Persons (AARP)
☎ 800-424-3410
W www.aarp.org
アメリカの50歳以上の権利擁護団体で、旅行のバーゲン情報がたくさんある。1年間のメンバーシップはアメリカ居住者＄8、外国人＄10。

エルダーホステル Elderhostel
☎ 877-426-8056
W www.elderhostel.org
55歳以上の人々にアメリカ、カナダで勉強する機会と学習ツアーを提供する非営利団体。

子供連れの旅行者へ

小さい子供連れの旅を成功させるには計画と努力が必要である。盛り沢山にしない。大人でさえ、限られた時間にたくさん詰め込むと問題が起きる。子供向けのアクティビティを含めること。朝、美術館に行ったら、動物園かビーチ行きでバランスをとる。旅行の計画を立てるときに子供にも参加させる。どこに行くかを決めるのを手伝っていれば、そこに着いたとき、より興味深く感じられるだろう。詳しい情報、アドバイス、旅のエピソードはロンリープラネットのキャシー・ラニガン著『子連れ旅行Travel with Children』を参照。

子供割引は美術館の入館料からバス運賃、モーテルの宿泊まで広く適用されている。子供の範囲はいろいろで、18歳未満という所もあるが、6歳未満にしか適用されない所もある。特に指示のない限り、本書記載の子供料金は3歳から12歳までだ。

ホテルやモーテルの多くでは子供は無料または安い料金で親と同じ部屋に泊まれる。ただし、B&B（ベッド＆ブレックファスト）はまれで、初めから子供を泊めない所が多い。大きなホテルには託児サービスがある所があり、ない所でもベビーシッターを斡旋してくれることがある。そうでなければ、イエローページ（職業別電話帳）を見て地元のエージェントを探す。ベビーシッターがライセンスを持ち保証契約に入っているか、1時間当たりの料金、最低支払い額の有無、食事代や交通費の要・不要を尋ねておくこと。

ほとんどのレンタカー会社ではわずかな料金で借りられるチャイルドシートを備えているが、必ずあらかじめ予約しておく。ハイチェアやベビーベッドも同様だ。大半のレストランやホテルにあるがが数に限りがある。ベビーフード、乳児用粉ミルク、豆乳、牛乳、紙おむつ、そのほかの必需品はカリフォルニア中のスーパーマーケットに豊富にある。おむつ交換用ステーションはモールやデパートのトイレで見かける。レストランのトイレにもある場合がある。

子供をカジュアルなレストランやカフェ、昼間の催しに連れて行くのは、幼児でも大丈夫だ（ただし、たいていの高級レストランのディナータイムは避けること）。

知っておきたい組織

前出の「女性旅行者へ」、「高齢の旅行者へ」、「同性愛の旅行者へ」、「身体の不自由な旅行者へ」に掲載の組織も参照。

アメリカ自動車協会
American Automobile Association (AAA)
自動車運転情報、地図、ガイドブック、自動車保険、レッカーサービス、旅行計画などのサービスを会員および海外の提携団体の会員に提供する（「交通手段」も参照）。

土地管理局 Bureau of Land Management (BLM)
国立公園または国有林以外の連邦政府の土地での市民による使用を管理し、しばしば辺ぴな場所における基本的なキャンプを提供する。

国立公園局 National Park Service (NPS)
国立公園、国定記念物、歴史公園、そのほかの連邦法で保護された地域を管理する。たいていのNPS区域では入園料を取るが、これは7日間出入り自由のもので、車1台につき＄4〜20（徒歩または自転車での入園は通常半額またはそれ以下）。無料のものもあり、訪問者の少ない時期（秋の終

わりから春の初め）には入園料を徴収しない所もある。キャンプやそのほかのアクティビティには追加料金が必要だ。

米国森林局 US Forest Service (USFS)
国有林を管理する。国有林は国立公園に比べて制限が厳しくなく、通常、木材の伐採、民営のレクリエーション施設、狩猟、魚釣り、スノーモービル、4WDの使用、マウンテンバイクなどのアクティビティが許可されている。大部分の国有林の立ち入りは無料だが、なかにはナショナル・フォレスト・アドベンチャー・パスNational Forest Adventure Passを購入する必要のある地域もある（「アクティビティ」のコラムを参照）。

治安・トラブル
カリフォルニアは一般的に危険な場所ではない。メディアの注目を浴びるのは暴力犯罪であるが、たいてい旅行者の行かないような場所に限られている。砂漠や山岳地帯の旅行は危険が伴い、野生動物による危険も多少はあるが、地震などの劇的な自然災害が起こる可能性はかなり低い。砂漠旅行のリスクを最小限にするアドバイスは「カリフォルニア砂漠地帯」を参照。

犯罪
旅行者が旅行者であるというだけの理由でだまされ、いかさまの犠牲になり、詐欺に遭うということはめったにない。しかし、特に都市では旅行者も地元の人と同じように暴力犯罪の対象となる。集団暴力事件はオークランドOakland、サウス・サンフランシスコSouth San Francisco、ベーカーズフィールドBakersfield、モデストModestoやストックトンStocktonの一部、ロサンゼルスではコンプトンCompton、イースト・ロサンゼルスEast LA、ワッツWattsなどの地区で深刻な問題となっている。これらの地区には特に暗くなってからは行かないこと。

もし、行きたくないような場所に間違って行ってしまった場合は、自信を持った様子を装うこと。数分ごとに止まって地図を見ない。できればタクシーを停めて立ち去る。もし路上強盗に声をかけられたら、これが100％おすすめだという方法はないが、欲しがっているものがなんであれ渡したほうが、刺されたり、撃たれたり、叩きのめされたりするよりはましだ。余分の現金や貴重品を持ち歩かず、全部を同じポケットや財布に入れておかない。現金のうち、たとえば＄50は別にしておいて、それを素早く渡す。強盗は被害者が一文無しだと知ると腹を立てる。

移動中は、服の下に着用したマネーベルトを含め数ヵ所に分けて現金をしまう。ホテルではセーフティーボックスを使用するか、少なくとも鍵をかけたカバンに貴重品を入れる。車は施錠し、貴重品は外から見えない所に置く。人里離れた所でうしろから追突された場合は、できるだけ止まらずに照明の明るい場所やガソリンスタンドまで走り続ける。警察署でもよい。

物乞い・路上生活者
カリフォルニアの通りで物乞いに出会うことは多い。多くは路上生活者で、病気や精神障害があるか、アルコールやドラッグ中毒を抱えている。困ったことだが、通行人に危害を加えることはまずない。「住居障害」、「非攻撃的な物乞い」、「正直に言おう。ビールが欲しい」などウィットのきいた看板を出していることが多い。

金銭や物品を提供するかどうかは個人の判断で。もし、食べ物を持っていれば、それを渡す方法もある。長期的な解決に寄与したい

国立公園パス
幾つかの国立公園を訪れたり、1年以内に何回も訪れることを考えている場合は国立公園パスNational Parks Passの購入を考慮するといい。これは1年間有効で＄50。このパスの所持者およびその車の同乗者は各国立公園に購入の月から1年間、何回でも入園できる。購入は国立公園の入口、または事前に☎888-467-2757に電話するかwww.nationalparks.orgからオンラインで購入できる。

＄15の追加を払うとゴールデン・イーグルGolden Eagleホログラムをパスに貼付してくれる。これがあると、所持者およびそのグループは、国立公園だけでなく米国魚類野生生物局、米国森林局、土地管理局など連邦政府機関が管理している地域に立ち入ることができる。有効期間はその国立公園パスの有効期間内である。

アメリカ市民または永住者で62歳以上の人はゴールデン・エイジ・パスポート Golden Age Passportを取得できる。費用は＄10で、国立公園、国定記念物、歴史公園、レクリエーション・エリア、国立自然保護区への入園が終身にわたっていつでも無料となる。キャンプ料、駐車料、そのほかの料金も半額となる。このパスの購入は、連邦政府管轄のいずれかのレクリエーション・エリアの入口で本人が行う。年齢の証明となるものを提示しなければならない。

最後にゴールデン・アクセス・パスポートGolden Access Passportについて。これはアメリカ市民または永住者で視覚障害または恒久的な障害を持つ人に発行される。ゴールデン・エイジ・パスポートと同様に使用できるが、年齢制限はなく、発行は無料である。

なら、路上生活者の世話をしている慈善団体に寄付するのも1つの案である。

野生動物

運転するときはハイウェイ上の牛やシカに注意する。時速55マイル（約89km）で大きな動物と衝突すると車が大破し、動物は死に、運転者も死亡する可能性がある。ヘビ、クモ、サソリ、そのほかの毒のある動物はカリフォルニア中におり、大自然の中だけとは限らない。しかし、これらの動物により人を襲ったり人が死んだりすることは極めてまれであり、以下の記述は主として参考のためである。

クマはカバン、テント、車、ピクニックバスケットなどから容易に食物が得られるキャンプ場に現れる。詳細は「アクティビティ」のコラム、「クマに対する注意」を参照。

マウンテンライオンは「クーガー」または「ピューマ」とも呼ばれるが、シエラ・ネバダの西側の低い場所およびロサンゼルスやサンディエゴの東の山や森林、特にシカの多い所にたくさんいる。人に対する攻撃はまれである。もし、出合ってしまったら地面に足を踏ん張って、腕を上げるか棒をつかんで自分を大きく見せるようにとレンジャーはすすめている。マウンテンライオンが攻撃的になったり襲ったりしてきた場合は、反撃し大声を出して物を投げつける。

ハイキングの際は、特に、暑い夏の午後や夕方にラトルスネーク（ガラガラヘビ）がトレイルの真ん中でのんびりしていることがあるので足元に注意しよう。ガラガラヘビは夜に活発になることが多い。ガラガラヘビには多数の種類があるが、しっぽの先の乾燥した皮の「ラトル」で見分けられる。ヘビが驚くと、ここからガラガラという小刻みな音が出る。大部分のガラガラヘビは背中にほぼ菱形の模様があるが、体長は2～6フィート（約60cm～1.8m）と違いがある。かまれると急速に腫れ、非常に痛く一時的に麻痺することがあるが、めったに死ぬことはない。ガラガラヘビ用の抗毒素血清はほとんどの病院にある。ヘビが死んでいる場合はヘビの種類特定のために持参する。しかし、もう1度かまれるおそれが少しでもあるときは決してつかまえようとしないこと。

サソリは石の下や積んだ木の下にいるので、これらの周りでは注意する。丸まった尻尾の先についた長い毒針がサソリの特徴である。刺されるとたいへん痛いが死ぬことはほとんどない。小さい子供には危険である。

この地域でもっとも危険なクモはブラックウィドウ（クロゴケグモ）で、この悪名は毒を持ったメスが交尾のあとオスを食べてしまうところからついた。メスは小さな丸い体の腹部の下面に赤い中央がくびれた模様がある。メスの作るとても下手な巣を見かけたら避けよう。邪魔をするとかみつく。非常に痛いが、小さい子供を除き、めったに死に至ることはない。抗毒素血清が手に入る。

毛のたくさん生えた大きなタランチュラは直径が最大で6インチ（約15cm）にもなるが、見た目のほうがずっと恐ろしげだ。かむのは非常にまれで、たいてい乱暴に扱われたときである。かみ傷はそれほど心配する必要はないが、一時的にかなり痛む。

地震

地震は頻繁に起こっているが大部分は小さ過ぎて、感度のよい地震計でわかるだけである。大きな地震に遭遇したら、屋内にとどまり、机、テーブル、戸口の下に隠れよう。窓、鏡など割れる危険のあるものには近づかず、エレベーターを使わない。ショッピングモールや大きな公共の建物にいるときは、警報装置とスプリンクラーが作動するはずだ。

屋外にいる場合は建物や木、電線から離れよう。運転中であれば橋、高架の下、電線を避けて道端に停車する。揺れが止まるまでは車内で待つ。建物近くの歩道にいるときは近くの建物の入口に飛び込み、落ちてくるれんが、ガラス、コンクリートなどから身を守る。地震の揺り返しに注意。電話はどうしても必要な場合だけ使用する。ラジオをつけてニュース速報を聞く。

緊急のとき

アメリカのほとんどの地域では☎911であらゆる緊急サービスにつながる。どの電話からも無料だ。農村地域の電話の中にはこのサービスのないものもある。その場合は☎0でオペレータを呼んで緊急事態を告げる。この場合も無料となる。

外国からの旅行者は緊急事態または助けが必要なときは☎888-US-1-INFO（☎888-871-4636）に電話すると140ヵ国語での助けが受けられる。

違法行為

何かの理由で警察に止められることがあったら、アメリカではその場で罰金を払うシステムはないと覚えておこう。交通違反については警官が支払方法を説明してくれる。警官に罰金を払おうとすると嫌な顔をされるのが関の山で、悪くすると贈賄で逮捕されかねない。罰金支払いは通常30日以内に行う。

もっと深刻な罪で逮捕された場合は黙秘権

があり、有罪が確定するまでは無罪と推定される。もし、警官と話したくなければ、話をしなければならない法的な理由はない。逮捕者は電話を1回かける権利を法律で保障されている。助けてくれる弁護士、友人、家族がいなければ、自国の大使館にかける。大使館の番号は警察に尋ねれば教えてくれる。

　法律により飲酒が許される年齢は21歳であって、年齢を証明するため写真付きの身分証明書を求められることがある。アルコールやドラッグの影響下の運転には多額の罰金、刑務所での服役、そのほかの刑罰が待っている。その状態でたとえ運転できたとしても、血液中アルコール濃度0.08％以上での運転は違法である。

　アルコールやドラッグの影響下での運転であるDUIに対する罰金は高額だ。警察は道端でしらふかどうかのチェック（「鼻をさわって。この線の上を歩いて」など）を行って飲酒またはドラッグを使っていたかを判断する。もし、合格しなかったときは呼気検査や尿検査、血液検査などをして体の中のアルコール濃度を決定する。この検査を拒否すると、受けて不合格になったのと同様に扱われる。DUIに対する刑罰は免許停止や罰金から刑務所での服役まである。グループで出かける場合は、アルコールもドラッグもやらないと同意した1人を「運転手」に任命しておくことで、DUIを避けることができる。

　車の中に封を切ったアルコールのびんなどを入れておくのも違法である。運転席でなくても空きびんであっても同様。いっぱい入った未開封のものはよいが、封を切ったら車のトランクに入れておかなかればならない。

　お祭り気分の祝日や特別なイベントのときは、警察が道路を封鎖して検問を行い、飲酒運転を防止することがある。

　カリフォルニアでは1オンス（28.3g）以下のマリファナの所持は軽罪で、1年以内の刑となることもあるが、たいていは罰金刑となる。コカイン、エクスタシー、LSD、ヘロイン、ハッシッシなどのそのほかのドラッグ、および1オンスを超えるマリファナの所持は重罪で、状況により長期の刑となる。ドラッグによる有罪判決はいかなるものでも外国人にとってアメリカ国外追放の根拠となる。

営業時間

大きな都市では幾つかのスーパーマーケット、レストラン、中央郵便局は24時間営業である。商店は通常9:00または10:00から17:00または18:00まで営業（ショッピングモールでは21:00まで開いていることが多い）。日曜日は12:00から17:00まで（モールではたいていそれより遅い）。郵便局の営業時間は平日8:00から16:00または17:30までだが、なかには土曜日も8:00から14:00まで開くものがある。銀行は通常、平日9:00または10:00から17:00または18:00まで営業するが、土曜日の13:00または14:00まで開いているものもある。正確な時間については各支店で確かめる。

祝日

連邦の祝祭日はアメリカ全土で祝われる。銀行、学校、行政機関（郵便局を含む）は閉まり、交通機関、美術館、そのほかのサービスは日曜日と同じ営業時間になる。祝日が週末に当たるときは通常次の月曜日に祝う。

元旦 New Year's Day	1月1日
キング牧師誕生日 Martin Luther King Jr Day	1月第3月曜日
大統領の日 Presidents' Day	2月第3月曜日
メモリアル・デー（戦没将兵追悼記念日） Memorial Day	5月最終月曜日
独立記念日 Independence Day （別名「フォース・オブ・ジュライ」）	7月4日
レイバー・デー Labor Day	9月第1月曜日
コロンブス・デー Columbus Day	10月第2月曜日
復員軍人の日 Veterans' Day	11月11日
感謝祭 Thanksgiving Day	11月第4木曜日
クリスマス Christmas Day	12月25日

文化行事

前出の祝日以外にアメリカには多文化国家を反映したさまざまな催しがある。以下は広く祝われているものである。

1月、2月

旧正月 Chinese New Year

1月終わりから2月初めにある旧正月には無料の催し、爆竹、パレード、たくさんの食べ物などが出る。サンフランシスコとロサンゼルスの祭りが大きい。

バレンタイン・デー Valentine's Day

2月14日に祝う。この日はバラと感傷的なカードが飛び交い、レストランはいっぱいとなる。赤い服を着て「ビー・マイバレンタイン（私の恋人になって）」キャンデーを配る人もいる。

3月

セント・パトリック・デー St Patrick's Day

3月17日にアイルランドの守護聖人の日は、アイルランドの血が騒ぐ人々によって祝われる。みんな緑の服を着る（着ないとつねられる）。店では緑のパン、バーでは緑のビールを売る。大きな街

も小さな町も陽気なパレードでにぎわう。

4月

イースター Easter
この週末の旅行は割高で混んでいる。グッド・フライデーは通常、祝日とはみなされない。

5月

シンコ・デ・マイヨ Cinco de Mayo
スペイン語で5月5日を意味するこの日はメキシコ人がフランス軍を1862年に破った日。メキシコ人の多いサンディエゴ、サンノゼSan Jose、ロサンゼルス、オーシャンサイドOceanside、カレキシコCalexico、サンフランシスコなどで大きな祭りがある。

6月

ジューンティーンス Juneteenth
6月17日には、アフリカから連れて来られた奴隷の解放を記念して祝う大きな祭りが、アフリカ系アメリカ人の多く住むオークランド、バークレー、そのほかの地域で行われる。

7月

独立記念日 Independence Day
7月4日には国を挙げてパレード、バーベキュー、花火で祝う。アメリカ国旗が至る所に翻る。

10月

ハロウィン Halloween
10月31日にあり、子供も大人も思い思いに仮装して、子供は「トリック・オア・トリート（お菓子をくれないといたずらするぞ）」と言いながら近所を回る。大人はパーティーで羽目を外す。サンフランシスコとロサンゼルスでは大きなパレードやダンスパーティーが開かれる。

11月

死者の日 Day of the Dead
11月2日にメキシコ人の家では亡くなった家族親戚を偲んで骸骨や頭蓋骨などの形をしたパンやお菓子を作る。

感謝祭 Thanksgiving
11月の最終木曜日は、アメリカ先住民の助けを得てピルグリムズが1621年に最初の収穫を祝ったのを記念する日である。この大切な家族の集いは豊富な食べ物と、テレビのフットボールの試合、全米が見るニューヨーク市の大きなパレードで祝われる。クリスマスの買物シーズンは翌日から正式にスタート。

12月

クワンザー Kwanzaa
12月26〜31日に行われるアフリカ系アメリカ人が家族、伝統、民族社会を祝う祭り。

ハヌカ Hanukkah
エルサレムの神殿の再奉献を祝う8日間のユダヤ教の祭り。

年中行事

全国的な祝祭日や文化行事以外に、カリフォルニアにはたくさんの地域別の祭り、スポーツ行事、アートフェスティバル、カウンティ・フェア、自動車ショー、アメリカ先住民族のお祭りパウワウなどがある。大部分は毎年開かれ、大体同じ時期の週末に予定されている。

田舎のイベントには小さい町の楽しみがいっぱい詰まっている。各郡では毎年カウンティ・フェアが開かれ、丸々太ったブタからアップルパイまで、あらゆるもののコンテストが行われる。そのほか、音楽、アートにクラフト、ロデオ、そして子供たちのための乗り物が出る。

ここにはほんの一部のイベントしか掲載できないが、完全な開催日入りの最新情報はカリフォルニア観光局に尋ねるか、観光局のホームページで調べる（本章前出の「観光案内所」を参照）。

1月・2月

トーナメント・オブ・ローズ Tournament of Roses
☎626-449-4400
🌐 www.tournamentofroses.com
ロサンゼルス郊外パサデナPasadenaで行われる有名な元日のパレード。花で覆われた山車、マーチングバンド、馬に乗った人々などを見ることができる。

ホエールフェスト（鯨祭り）Whalefest
☎831-784-6464
モントレーで毎年行われる、コククジラの回遊を音楽、展示、アートで祝うもの。

リバーサイド・カウンティ・フェア＆ナショナル・デーツ・フェスティバル
Riverside County Fair & National Date Festival
☎760-863-8247、800-811-3247
🌐 www.datefest.org
カウンティ・フェア（地域のお祭り）とデーツ（ナツメヤシの実）産業の祭り。豚、ラクダ、ダチョウのレースあり。

ベトナム正月（テト）Vietnamese New Year, Tet
サンノゼで大きなお祝いが行われる。

3月・4月

サンディエゴ・ラテン・フィルム・フェスティバル
San Diego Latino Film Festival
☎619-230-1938
🌐 www.sdlatinofilm.com
ラテンアメリカとアメリカから集まった映画を上映。

サクラメント・バレー・スコティッシュ・ゲーム＆ギャザリング
Sacramento Valley Scottish Games & Gathering
☎916-557-0764
スコットランド文化をバグパイプ、ダンス、スコットランドのスポーツなどで祝う。ウッドランドWoodlandにて。

トヨタ・グランプリ・オブ・ロングビーチ
Toyota Grand Prix of Long Beach
☎888-827-7333
🌐www.longbeachgp.com
ロングビーチの街を世界の一流ドライバーが駆け抜ける1週間にわたるカーレース。

レッド・ブラッフ・ラウンドアップ
Red Bluff Round-Up
☎530-527-1000
3日間にわたるアメリカーのロデオ。

サンフランシスコ国際映画祭
San Francisco International Film Festival
☎995-275-9490
🌐www.sfss.org
アメリカーの歴史を誇る映画祭。4月の終わりから5月初めに開催。

5月

スタンフォード・パウワウ
Stanford Powwow
☎650-723-4078
🌐http://powwowstanford.edu
パロ・アルトPalo Altoにアメリカ先住民族の各部族が大勢集う。

カラベラス・カウンティ・フェア＆ジャンピング・フロッグ・ジュビリー
Calaveras County Fair & Jumping Frog Jubilee
☎209-736-2561
🌐www.frogtown.org
エンジェル・キャンプAngels Campの2マイル（約3.2km）南、フロッグタウンFrogtownで開かれるクラシックなカウンティ・フェアと有名なカエルのジャンプ大会。

ベイ・トゥー・ブレーカーズ
Bay to Breakers
☎415-359-2800
🌐www.baytobreakers.com
世界一の規模、世界一クレージーなマラソン大会。サンフランシスコの街を仮装した人々、世界の一流選手、日曜マラソン選手など、さまざまな人が走る。

6月

ウエストコースト・アンティーク・フライイン
West Coast Antique Fly-In
☎800-446-5353
古い飛行機、手作り飛行機が集まる航空ショー。マーセドMercedにて。

サンフランシスコ・プライド San Francisco Pride
☎415-864-3733
🌐www.sfpride.org
レズビアン、ゲイ、バイセクシャル、トランスジェンダーのプライド・パレード。6月の終わりに数千人の人がサンフランシスコに集まる。

7月

フェスティバル・オブ・ザ・アーツ＆ページェント・オブ・ザ・マスターズ
Festival of the Arts & Pageant of the Masters
☎800-487-3378
🌐www.foapom.com
数百人のアーチストの作品展示と、名作絵画を生身の人々を使って再現する見世物。ラグーナビーチLaguna Beachにて。

バルハラ・アーツ＆音楽フェスティバル
Valhalla Arts & Music Festival
☎888-632-5859
🌐www.Valhalla-tallac.com
タホ湖に面したタラック歴史公園で行われるジャズとクラシック、美術展、演劇と盛り沢山なショー。サウス・レイクタホSouth Lake Tahoeにて。

ギルロイ・ガーリック・フェスティバル
Gilroy Garlic Festival
☎408-842-1625
🌐www.gilroygarlicfestival.com
焦点は「臭い美女」。ガーリックだらけの食べ物とジョークがいっぱい。

ジャズ・ジュビリー Jazz Jubilee
☎760-934-2478
🌐www.mammothjazz.org
最高のバンドが演奏するディキシーランド、ビッグバンド、ザイデコ、スイング・ジャズの数々。マンモスレイクスMammoth Lakesにて。

アニュアル・USオープン・サンドキャッスル・コンペティション
Annual US Open Sandcastle Competition
☎619-424-6663
サンディエゴのインペリアル・ビーチで行われる驚くばかりの砂の城コンテスト。

8月

スタインベック・フェスティバル
Steinbeck Festival
☎831-796-3833
🌐www.steinbeck.org
カリフォルニアの誇るノーベル賞作家ジョン・スタインベックを映画、演劇、公演で記念する。サリーナスSalinasにて。

オールド・スパニッシュ・デイズ・フィエスタ
Old Spanish Days Fiesta
☎805-962-8101
🌐www.oldspanishdays-fiesta.org

初期のランチョ文化をしのぶ。パレード、ロデオ、クラフト展示、ショー。サンタバーバラSanta Barbaraにて。

カリフォルニア・ステート・フェア
California State Fair
☎916-263-3247
カリフォルニア州最大のカウンティ・フェア。花火、かわいい家畜の赤ちゃんたち、たくさんの出店が並ぶ巨大な通り、馬のレース、おいしい食べ物、ビールにワインでにぎわう。サクラメントSacramentoにて。

コンクール・ド・エレガンス Concours D'Elegance
☎831-659-0663
W www.pebblebeachconcours.net
クラシックカーから最新のコンセプトカーまで、世界のトップレベルの車のオンパレード。ペブル・ビーチPebble Beachにて。

アフリカン・マーケットプレイス・アンド・カルチュラル・フェア
African Marketplace and Cultural Faire
☎323-734-1164
W www.africanmarketplace.org
アフリカ系アメリカ人の文化を伝統的な食べ物、アート、エンターテインメントで祝う。8月終わりから9月初めの週末3回。ロサンゼルスにて。

9月

フリンジ・フェスティバル Fringe Festival
☎415-931-1094
W www.sffringe.org
たくさんの作品が次々と上演されるこのシアターマラソンには、世界中からサンフランシスコに演劇人やパフォーマーが集まる。

モントレー・ジャズ・フェスティバル
Monterey Jazz Festival
☎831-373-3366
W www.montereyjazzfestival.org
伝統的なジャズと新しいジャズの両方が集う長い歴史を持つ有名なジャズ・フェスティバル。ワークショップや展示もある。

サイモン・ロディア・ワッツ・タワーズ・ジャズ・フェスティバル
Simon Rodia Watts Towers Jazz Festival
☎213-847-4646
ジャズ、ゴスペル、R&B、そのほかの音楽をロサンゼルスのワッツタワーズの下で演奏。

オクトーバーフェスト
Oktoberfest
9〜10月を通して州内各地で行われるドイツ伝統の祭り。音楽、ダンス、民族衣裳、ビールがあふれる。マンモスレイクスのものがおすすめ。

カーン・カウンティ・フェア
Kern County Fair
☎661-833-4900
W www.kerncountyfair.com

音楽とエンターテインメント、家畜ショー、子供の乗り物、ロデオなど。ベーカーズフィールドにて。

10月

サンフランシスコ・ジャズ・フェスティバル
San Francisco Jazz Festival
☎415-788-7353、800-850-7353
W www.sfjazz.org
ベテランジャズミュージシャンから新人まで、市内各所の会場でライブが開かれる。

ワールド・チャンピオンシップ・パンプキン・ウェイオフ
World Championship Pumpkin Weigh-Off
☎650-726-4485
W www.miramarevents.com
ハーフ・ムーン・ベイHalf Moon Bayで行われる、西海岸のカボチャ生産者の重量コンテスト。

11月

クリスマス・トゥリー・ライティング
Christmas Tree Lighting
11月の終わり、いろんな地域では公共スペースの大きな木をライトで飾ってクリスマスシーズンが始まる。

ハリウッド・クリスマスパレード
Hollywood Christmas Parade
☎323-469-2337
ハリウッド大通りを埋め尽くすファンに向かって手を振るスターのお歴々、クラシックカー、山車、マーチングバンドが参加。

ドゥ・ダ・パレード Doo Dah Parade
☎626-440-7379
ごちゃ混ぜのテーマで数千人の参加者がびっくりするような衣装で練り歩く、整然としたパレードの伝統に対するパロディ。パサデナにて。

12月

トラッカーズ・クリスマス・コンボイ Truckers Christmas Convoy
☎707-442-5744
クリスマスの派手な飾りをつけた100台の大きなトラックによる思い出に残るパレード。ユーリカEurekaにて。

クリスマス・ボートパレード Christmas Boat Parade
☎949-729-4400
ニューポートビーチ湾に浮かぶ約150隻のボートが、照明で明るく飾ってパレードをする。

ファーストナイト・サンタクルーズ
First Night Santa Cruz
アルコール抜きのダンス、ドラマ、音楽による大みそかのストリートフェスティバル。サンタローザSanta Rosa、ストックトン、モントレーにもファーストナイトの催しがある。

仕事

アメリカ市民および永住者（グリーンカード所持者）以外がアメリカで働くにはたくさんの法的な制約条件があり、非合法的に働くとかなり重い罰が課せられる（雇用者には多額の罰金、被雇用者は国外退去）。外国人が合法的に働くには自分の国を出る前にアメリカ大使館で労働ビザを申請する必要がある。

ビザの種類は滞在期間と仕事の種類で異なる。交換留学生用のJ1ビザは若い人々（年齢制限はいろいろ）に発行されるが、学生の長期休暇中の雇用、サマーキャンプの仕事、特定の雇用者の下での短期間の研修のためである。このようなビザの取得に役立つ団体は**アメリカン・インスティチュート・フォー・フォーリン・スタディ American Institute for Foreign Study**（AIFS、W www.aifs.com）や**カウンシル・オン・インターナショナル・エデュケーション・アンド・エクスチェンジ Council on International Education and Exchange**（CIEE、W www.ciee.org）などである。

学生以外の仕事の場合は一時的なものも恒久的なものも、アメリカ国内の雇用者がスポンサーとなって多種類のHビザの1つを申請しなければならない。この取得は容易ではない。雇用者はほかのアメリカ市民または永住者の中にその仕事ができる者がいないということを証明しなければならないからである。国立公園そのほかの観光地、特にスキー場では季節的な仕事が出る可能性がある。

宿泊

カリフォルニアの宿泊施設は原始的なキャンプ場から贅沢なリゾートまで、あらゆる種類が揃っている。料金は普通、夏期およびメモリアル・デー、独立記念日、レイバー・デー、クリスマスなど主要な祝日の頃に高くなる。スキーリゾートは冬場がもっとも高い。

本書の料金はホテルやモーテルから提示された公式な値段である。そのときどきで適用される可能性のある特別な割引料金を示すことは不可能であるため、考慮していない。インターネットで予約すると安くなるホテルもある。客室を予約するときは割引がないかを尋ねてみる習慣をつけるようにしよう。

ガソリンスタンドや観光案内所によく置いてあるホテル、そのほかの割引クーポンが満載された無料チラシを探そう。アメリカ自動車協会（AAA）とその提携海外団体やアメリカ退職者協会（AARP）の会員証を見せると正規料金から10％かそれ以上の割引をしてくれることが多い。大学生や軍人、旅行業従事者向けの割引を使う手もある。

問い合わせ・予約用のフリーダイヤルがある場合は本書にその番号を記載した。宿を見つけるのに困ったら**ホテル予約ネットワーク Hotel Reservations Network**（☎800-964-6835 W www.hoteldiscount.com）、**セントラル予約サービス Central Reservation Service**（☎800-873-4683 W www.reservation-services.com）などのホテル予約サービスを使うことも考えよう。これらのサービスは無料だが、客室料金はそれほど安くないかもしれない。

低料金ホテルやモーテルは予約を受け付けないことがあるが、空室があるかどうか行く前に電話で尋ねる。ホテルチェーンはクレジットカードを保証金代わりにして、数日あるいは数ヵ月前から予約を受け付ける。宿泊せずキャンセルの電話もしなかった場合は通常1泊分の料金を取られる。キャンセル料についてはホテルによって異なる。

キャンプ場

カリフォルニア州にはキャンプ場がたくさんあるが、特に山の中やカリフォルニア北部では通年オープンでないものが多い。キャンプ場が開いたり閉じたりする時期は天候や道路状況により毎年多少違う。夏場の砂漠のキャンプは不快なほど暑いことがある。

キャンプ場は州立公園、国立公園、国有林、土地管理局（BLM）の管理地などの公有地および民有地にある。設備はさまざまだ。辺ぴなバックカントリーのキャンプ場は設備がないか、あっても原始的で、トイレは汲み取り式、炉はあっても飲料水がないということも多い。基本的なキャンプ場にはトイレ、たき火の場所、ピクニックテーブル、飲料水があり、国有林や土地管理局の土地にはこの種類が多い。州立公園や国立公園のキャンプ場は設備が整っていて、水洗トイレがあり、なかには温水シャワーやキャンピングカー用の接続設備がある所もある。

民営のキャンプ場は町やレクリエーションの場所に近く、キャンピングカーのゲストが主で、テント用のサイトは少ない。通常、温水シャワーや水洗トイレがあり、コンビニエンスストアやランドリー設備を持つものも多く、なかにはプールや子供の遊び場のあるものもある。キャンプグラウンズ・オブ・アメリカ（KOA）は民営のキャンプ場のネットワークで、テント用のサイトで＄22から、接続設備のあるサイトで＄30ぐらいのキャンプ場がある。KOA（☎406-248-7444、800-548-7239 W www.koa.com）が毎年発行している無料ガイドを手に入れよう。

公有地のキャンプ場の多くは場内のすべて

または一部のサイトの事前予約を受け付けている。予約はいろいろな団体で扱っているが、いずれも地図やキャンプ場の詳細、道順、空き状況などがわかるホームページがある。

国有林 – リザーブ USA Reserve USA
☎877-444-6777、アメリカ国外から518-885-3639
W https://www.reserveusa.com
240日前から予約可能。1つの予約につき＄9。

カリフォルニア州立公園 – リザーブ・アメリカ Reserve America
☎800-444-7275
W https://www.reserveamerica.com
240日前から予約可能。1つの予約につき＄9.50。

国立公園 – 国立公園予約サービス
National Park Reservation Service（NPRS）
☎800-365-2267、アメリカおよびカナダ以外から301-722-1257
W reservations.nps.gov
予約は5カ月前から。毎月15日から受付。無料。
ヨセミテ国立公園の予約は☎800-436-7275。

国有林や土地管理局の土地で、通行する車を妨げずに道端に安全に車を停められる所なら、思い思いの場所で無料のキャンプを行うことが可能である。未指定道路（地図に載っていない道路および道路番号を示す標識のない道路）に停めることは許されていない。適切な許可証を持つバックパッカーを除き、国立公園内ではキャンプ場以外でのキャンプは許されていない。どこで合法的にキャンプができるのか、不明な場合はレンジャーステーションで尋ねる。レンジャーはまた、通常、無料でたき火許可証を発行してくれる。キャンプ場以外にはトイレも水道もたき火の場所もピクニックテーブルもなく、持ち込んだものは全部持って帰らなければならない。詳細は「アクティビティ」の「自然環境にやさしいハイキング＆バックパッキング」を参照。

バックカントリーキャンプが普通のキャンプと違うのは、キャンプ場まで歩いて行くという点のみである。その地域の所轄機関（国有林、土地管理局、国立公園など）によって、どこにでもテントを張っていいか、指定されたキャンプ場でなければならない（国立公園の場合に多い）かが異なる。

ユースホステル

HI-AYH 現在、ホスティング・インターナショナル・アメリカ・ユースホステル協会（HI-AYH W https://www.hiayh.org）に加入しているものはカリフォルニアに23カ所ある。このすべてについて本書の各地域で詳しくふれた。

ドミトリーベッドは＄8～24（非会員は＄3アップ）。ホステルの中には個室のあるものがあり、料金は2人で＄25～40、家族で＄75。ドミトリーは男女別で、飲酒と喫煙は禁止。設備はさまざまだが、一般的に、道具の揃った共同のキッチン、ランドリー（洗濯室）、テレビ、ゲーム、本や雑誌のあるコモンルームがある。ほとんどのホステルは昼間は閉まっている。なかには宿泊者が小さな手伝いをしなければいけないホステルもある。

ピークシーズンには予約が賢明であるが、最低2泊以上のドミトリーベッドについてのみ予約できる。たいていのホステルではクレジットカードを使った電話、ファックス、eメールによる予約を受け付けている。23カ所のうち17カ所については、フリーダイヤルの☎800-909-4776で受け付けている。郵便で予約するときは小切手、アメリカの銀行為替、郵便為替などと自分の住所を書いて切手を貼った返信用封筒を同封しなければならない。キャンセルや変更は到着予定の24時間以上前にしないと、1泊分の宿泊料がクレジットカードから引かれる。

サンフランシスコおよびサンフランシスコ・ベイ・エリアのHI-AYH加盟ホステルはサンフランシスコ（3カ所）、サウサリートSausalito、ロス・アルトス・ヒルズLos Altos Hills、モンタラMontara、ペスカデロPescadero、ポイント・レイズ国定海岸Point Reyes National Seashore、サンタ・クルーズSanta Cruz、サンノゼSan Joseである。ロサンゼルスには2カ所、フラートンFullerton（ディズニーランドの近く）に1カ所、サンディエゴに2カ所ある。そのほかのカリフォルニア州内のHI-AYH加盟ホステルはクラマスKlamath（レッドウッド国立公園）、サクラメントSacramento、マーセド、インディペンデンスIndependence（シエラ・ネバダ東部）、ミッドパインズMidpines（ヨセミテYosemiteの近く）、デス・バレーDeath Valley／テコパTecopa、モントレー、サン・ルイス・オビスポSan Luis Obispoである。

ユースホステル協会非加盟のユースホステル

HI-AYH加盟ホステルと同等の料金および設備のある非加盟のホステルも増加している。大きな違いは男女一緒のドミトリー（女性専用の部屋がある場合もある）と門限なし、飲酒・喫煙禁止の緩和である。これらのホステルはしばしば宿泊者によるパーティーやそのほかのイベントでにぎやかになることが多い。軽い朝食などの食事を料金に含む場合や、地元ツアーの手配、空港・駅などへの送迎サービスをしてくれることもある。

地元の貧困者を締め出すために、海外から

の旅行者しか受け入れないホステルもある。しかし、ほかの宿泊者とうまくやれそうなアメリカ人はたいてい宿泊できる。パスポート、ユースの会員証、または海外航空券などを見せると旅行者であることが証明できる。

B&B (ベッド&ブレックファスト)

画一的なモーテルの部屋の代わりに快適で雰囲気の良い宿に泊まりたいという人のための施設。どちらかというと節約旅行の群ではなく余裕のある人用で、古い家を改修して、壁には花模様の壁紙、アンティーク家具、気の利いた居心地のよい雰囲気というのが典型である。料金にはたっぷりとした朝食が含まれているが、テレビと電話のある部屋というのは標準ではなく、むしろ例外に近い。部屋によってはバス・シャワーも共用となる。ほとんどのB&Bは事前の予約が必要だが、オーナーによってはたまたま飛び込んで来るお客も歓迎する。喫煙はほとんどいても禁止。$100未満のB&Bを見つけるのは至難の技で、大部分のB&Bはそれよりずっと高い。

B&Bの多くはカリフォルニア・ベッド&ブレックファスト・インズ協会 California Association of Bed & Breakfast Inns (W www.cabbi.com) に属する。

モーテル・ホテル

ホテルは駐車場を囲んで建っておらず、ロビーがあるという点でモーテルと違っている。ホテルではランドリーサービスなど特別なサービスがあることがあるが、これらのサービスはしばしば非常に高くつく。ホテルやモーテルの多くはよく名を知られた全国チェーンに加盟しており、高速道路の出口付近にはこれらの建物がかたまって建っている。

客室料金は宿泊者の数ではなく、部屋にあるベッドの大きさと数に基づいていることが多い。ダブルまたはクイーンサイズベッド1つの部屋は1人でも2人でも普通同じ料金で、キングサイズベッドまたはベッド2つの部屋は高くなる。ダブルまたはクイーンサイズベッド2つの客室には4人まで泊まれるが、通常、3人目と4人目には少額の追加料金が必要となる。「キッズ・ステイ・フリーkids stay free (子供は無料)」という広告をよく見かけるが、時にはベビーベッドや「ローラーアウェイrollaway (簡易ベッド)」代を払わなければならないかもしれない。

部屋の位置でも料金は変わる。改装したばかりの部屋、大きな部屋、眺めのいい部屋の料金は高めとなる。やかましい道路に面したホテルの場合は静かな部屋のほうが高くなることもある。

一般に、払ったお金に対して一番得な宿を提供するのはモーテルであろう。インテリアデザインの賞はとりそうにないが、大体において快適に整えてあって清潔だ。もちろん、アメニティはいろいろだが、電話、テレビ、プライベートバスルーム、冷暖房付きがほぼ標準である。いいモーテルだと小さい冷蔵庫、コーヒーメーカー、電子レンジなどがある。なかにはプールやスパ、コインランドリー、市内通話が無料の電話を置いたものもある。

ホテルやモーテルチェーンの予約の場合は予約センター (コラム参照) にフリーダイヤルで電話する。アメニティの種類や地域限定割引料金の有無を確認するには直接、宿泊希望の宿に電話したほうがいいかもしれない。直通の電話番号は本書の各所に記載した。

リゾート・ロッジ

贅沢なリゾートには盛り沢山なアメニティがあるので、宿泊すること自体が旅行の目的となりうる。たいていのスキーリゾートは、1つの予約用の電話番号で、モーテルからコンドミニアムまでそのリゾートにあるさまざまな宿の予約ができる。冬の最中には1泊$250にもなるが、夏には半額以下に下がる。

景色の良い地域にあるロッジは素朴な田園風 (丸太と切り出した石がたくさん使われる) が典型的だが、室内はたいへん快適なものが多い。レストランも付属しており、ツアーサービスがあることもある。国立公園でのキャンプ以外の宿泊施設はパークロッジである。通常、営業許可を受けて経営されて結構快適であるが、内容に比べると料金が高過ぎる場合が多い。夏には大体何カ月も前から予約でいっぱいになる。

ハウスボート

カリフォルニアの特に北部の地域では陸の宿ではなく、家具などの揃った操縦可能なハウスボートに泊まって湖や川を見て回れる。温水、リネン類、調理設備など必要なものはすべて備えている。

4人以上のグループで週末や1週間、ハウスボートを借りるのは経済的である。たいていのハウスボートは10人寝られるが、8人にしたほうがより快適かもしれない。ピークシーズンは6月から9月で、ローシーズンとショルダーシーズンにはかなり下がる。最低2泊3日からというレンタル会社が多い。1週間借りるほうが割安になり、小さいボートを一緒に借りるとその料金が約20%引きということも多い。

10人用のハウスボートのローシーズンとハイシーズンの料金は週末3日あるいは平日の4泊でそれぞれ平均$1000と$2000、1週間のレンタルで$1700と$3000ぐらいである。一番得な料金で借りるために、アメニティの種

ホテル・モーテルチェーン

カリフォルニア州内には全国的なホテルチェーンがたくさんある。

低料金
デイズ・イン Days Inn	☎800-325-2525
エコノロッジ Econo Lodge	☎800-446-6900
モーテル6 Motel 6	☎800-466-8356
スーパー8 モーテル Super 8 Motel	☎800-800-8000
バガボンド・インズ Vagabond Inns	☎800-522-1555

中級
ベストウェスタン Best Western	☎800-528-1234
コンフォート・インズ Comfort Inns	☎800-228-5150
ハワード・ジョンソン Howard Johnson	☎800-654-2000
クォリティー・イン Quality Inn	☎800-228-5151
ラマダ・インズ Ramada Inns	☎800-272-6232
トラベロッジ Travelodge	☎800-255-3050

高級
ダブルトゥリー Doubletree	☎800-222-8733
ヒルトン Hilton	☎800-445-8667
ホリデイ・イン Holiday Inns	☎800-465-4329
ハイアット Hyatt	☎800-228-9000
マリオット Marriott	☎800-228-9290
ラジソン Radisson	☎800-333-3333
シェラトン Sheraton	☎800-325-3535

類（アイスボックスや冷蔵庫、エアコン、ステレオ、テレビ、ウォータースライドなど）を詳しく尋ね、「週末」あるいは「1週間」が実際は何日か（違うことがある）を確認し、どんな割引やセット料金があるかを尋ねよう。

ハウスボートのレンタルについては www.houseboats.com で調べるか、以下の会社に連絡する。

ビッドウェル・キャニオン・マリーナ
Bidwell Canyon Marina
☎530-589-3165
www.funtime-fulltime.com
サクラメント・バレーのオロビル湖Lake Orovilleで貸している。

フォーエバー・リゾート・ハウスボート・レンタル
Forever Resorts Houseboat Rentals
☎800-255-5561
www.foreverresorts.com
カリフォルニア北部のウィーバービルWeaverville近くのトリニティ湖Trinity lakeと、ゴールド・カントリー南部のソノラSonora近くのペドロ湖Lake Pedro、サクラメント・リバー・デルタSacramento River Deltaで貸している。

セブン・クラウン・リゾート Seven Crown Resorts
☎800-752-9669
www.sevencrown.com
シャスタ湖Lake Shastaとストックトン近くのカリフォルニア・デルタCalifornia Deltaで貸している。

食事

カリフォルニアの食事風景は住んでいる人々と同じく多様である。朝食はメキシコ料理のウエボス・ランチェロスhuevos rancheros、昼食はタイカレー、夕食はフィッシュ・アンド・チップスにすることも可能で、これらすべてを近所の店で済ませることができる。もちろん、これは大都市での話であるが、小さい町でも何種類かの飲食店があるのが普通だ。標準的なアメリカの料理はダイナー、コーヒーショップ、ファストフードチェーンで提供される。ピザは至る所にある。

自炊すると大いに節約できる。スーパーマーケットの多くは24時間営業で、価格が安く食品雑貨の品揃えが豊富であり、時にはサラダバーやデリカテッセン、ベーカリーもある。健康食品や自然食品の店には有機生産物、量り売りの食品やデリカテッセンセクションがあるが、価格はスーパーマーケットより高めである。なんと99セントの「99セント」ストアというのもあるが、食品は缶詰、お菓子のような腐らないものに限られている。トレーダー・ジョーTrader Joesという店はグルメフードを安く売るので人気があるが、普通のスーパーマーケットに比べて店の数が少ない。

朝食

朝食を十分とるのが安く満腹になる手段である。パンケーキ、卵、ソーセージまたは栄養満点のオムレツという朝食で＄5～8ぐらい。朝食には、ホームフライ（ジャガイモの角切りをタマネギ、ピーマンまたはスパイスと炒めたもの）あるいはハッシュブラウン（ジャガイモの細切りやスライスをキツネ色になるまで揚げたもの）にトーストと「ボトムレス」（お代わり自由）のコーヒーがつくことが多い。卵は好みでスクランブル、サニーサイドアップ（目玉焼き）、オーバー・イージー（両面焼きで黄身がとろとろ）、オーバー・ハード（両面焼きで黄身まで固い）など調理法が選べる。低価格の朝食・スペシャルはたいてい朝6:00から11:00頃にやっている。

ランチ

11:30から14:00頃に提供されるランチも安上がりの食事である。料理も量も同じディ

メニューに比べて値段が最低3分の1は安い。騒々しいエネルギッシュなランチ風景を見たかったら、都市のオフィス街へ行こう。たとえば、サンフランシスコの金融街ではスーツ姿のビジネスマン・ビジネスウーマンたちの数でおいしい店、安い店がわかる。インド、タイ、中国料理などのエスニックな店だと3コースランチで＄7ぐらいである。

ディナー

大都市では多数のレストランが「アーリー・バード・スペシャル」をやっている。そこでは16:00〜18:00の間だと、1食（メニューが限られていることが多い）が＄7ぐらいで食べられる。「ハッピー・アワー」（普通16:00〜19:00）に数ドルでドリンクを頼むと、しばしば無料のアペタイザーがついてくる。ピーナツの皿から、温かいものが並んだ軽食までいろいろだ。スポーツバーや大きなホテルチェーンのバーが一番得なようだ。カリフォルニアの人々は比較的早い時間に食事をとるので、22:00には多くのレストランは閉店またはお客がいなくなる。

料理

ヘルシーな食事はカリフォルニアのライフスタイルの一部になっている。ここから1980年代半ばに「カリフォルニア料理」が誕生した。バークレーのアリス・ウォーターズ、ロサンゼルスのウォルフガング・パックは、新鮮な季節の食材を使い、あっというような味の組み合わせと芸術的な見た目をもつグルメ料理を作りあげた。

カリフォルニア料理から分かれたものがカリフォルニア・アジア（Cal-Asian）料理または時に「パシフィック・リム（環太平洋）」料理と呼ばれるものだ。ポイントは地元の食材を中国や日本の調味料や調理方法と組み合わせることである。肉や魚をターメリックやコエンドロ（新鮮なコリアンダーの葉）、ショウガ、ガーリック、唐辛子ペースト、新鮮な果汁（たいてい柑橘類）などの斬新な組み合わせで味をつけ、アジアの定番のご飯やサツマイモ、ソバなどを添えて提供する料理である。

そのほか、カリフォルニア・フランス（Cal-French）料理というものもある。基本的にはフランス料理のダイエット版で、バター、クリームを極度に減らし、使用する野菜、そのほかの最高級食材の味で補おうという料理である。

メキシコ料理は多数のカリフォルニアの人々にとって日常食であり、カルニタス *carnitas*（ポーク）や魚のタコスをパシフィコビールで流し込みながら食べるまではカリフォルニア文化を経験したとは言えない。ファストフードチェーンのタコ・ベルTaco Bellはアメリカナイズされたメキシコ料理を出し、胃の弱い人には適当である。伝統的なメキシコ料理はたいへん濃厚でラードとチーズをふんだんに使う。ただし、これらを減らし健康に留意したものを専門にする店が最近増加しており、バハ・フレッシュBaja Freshは人気のあるチェーンである。タケリア *Taquerías* というのは厳密にいうとタコスを出す小さな店であるが、安くておいしく、普通はタコス以外もある。

ごく最近の流行はヌエボ・ラティーノ料理と呼ばれる高級化したラテン料理である。東海岸で長らく人気のあったもので、パナマからパタゴニアまで多数のラテンアメリカ諸国の食文化を組み合わせる。これらの料理はヒーカマ芋、プランテインバナナ、ユッカの根、マンゴーなどのエキゾチックな食材を唐辛子、エパソテ、そのほかのスパイスの大胆な組み合わせで調理した紛れもなく口の中で味が炸裂する爆弾である。

カリフォルニアのメニューは、特に海岸沿いで、魚と貝類に大きな比重が置かれている。その日に獲れたものがメニューに現れ、新鮮さの点では文句なしである。カリフォルニア北部では11〜3月がイチョウガニのシーズンである。サンフランシスコの南ではシーフードはメキシコ風に調理され、フィッシュ・タコスやベラクルーズ風（トマト、ピーマン、タマネギと調理してご飯にかける）にして出されることがある。

カリフォルニアは典型的な民族のるつぼなので各国の料理がある。なかでもタイ、中国、インド、イタリア料理がもっとも優勢である。

ファストフード

味は予想通り、心躍らず、もちろんヘルシーではないが、ファストフードチェーンは1日中いつでも安くて頼れる強い味方だ。ハンバーガーならマクドナルド、バーガーキング、カールズ・ジュニアCarl's Jr.。カリフォルニア限定の由緒あるイン・アンド・アウト・バーガーIn-N-Out Burgerは実質的なメニューと頑固な常連客がある。タコ・ベルとデル・タコDel Tacoはメキシカンのファストフードを出す。ドミノピザとピザハットは配達ピザの2大チェーンである。

テーブルマナー

カリフォルニアの外食風景はカジュアルな傾向があるが、それでも適切な服装は必要である。つまり、靴を履いてシャツを着るということである。高級レストランの中には男性の上着着用が望ましいところもある。迷うときは事前に電話してドレスコード（服装規定）を尋ねる。人気のあるレストランに行く場合は予約する。金

基本情報 - 飲み物

曜や土曜の夜は特にそうしたほうがいい。レストランの入口ではホストかホステスが席に案内してくれるのを待つ習慣である。席を自分で選んでもいいのは、セルフサービスまたは非常にカジュアルなレストランだけである。

ほとんどのレストランでは1晩に何回かお客が交代すると見積もっており、食事が済んだらすぐに引きあげることが期待されている。たいていの場合はウェイターが自動的に勘定書を持って来る。最高級レストランでは頼むまで持って来ない（その代わり、急がせるために数分ごとに誰かがテーブルに来て、ほかにご注文はと聞くかもしれない）。州法によりレストランとバーの中では禁煙であり、地元の条例で屋外のパティオも禁煙にするところが増えている。

飲み物

ノンアルコール

レストランでは客に無料のアイスウォーターを出す。これは水道の水で飲んでも安全である。通常のソフトドリンク類はすべて手に入るが、ペプシの代わりにコークにしてくれと言われることも、あるいはその逆もある。レモネードというとレモンと砂糖と氷と水の混合物である。もし、透明で泡の立った、イギリス人がレモネードとよぶものが欲しい場合は、スプライトまたはセブンアップを頼む。

レストランでは低脂肪のものを含めてミルクも提供する。オレンジジュースは、いいレストランでは絞りたてが出てくるかもしれないが、パック入りのものが普通だ。

コーヒーは紅茶より一般的で、普通、レギュラーか「デカフ（カフェイン抜き）」かの選択がある。紅茶はあまり提供されず、カップに入った湯の横にティーバッグが添えられて出てくることが多い。ミルクはまず入れないが、レモンのスライスを入れることはある。アイスティーには缶入りのものもある。

アルコール

もし21歳以下なら（すなわち未成年）、カリフォルニアで飲酒してはならない。バーに行くとき、レストランでアルコールを注文するとき、スーパーマーケットでアルコールを購入するときには、運転免許証やパスポートなど年齢を証明できるものを携帯する。販売者は証明書の提示を求める権利があり、提示されないときは販売を断ることができる。未成年はバーやパブに入って、ノンアルコールドリンクを注文することもできない。ただし、アルコールを出すレストランへの立ち入りは許されている。

アメリカ産の名前の通ったビールはどこにでも売られているが、味がないと思う人も多い。スーパーマーケットや酒店の輸入ビールの棚をチェックしよう。カリフォルニアのレストランの多くはワインとビールの販売許可しか持たず、コニャックやウィスキーなどの「ハード・リカー」は売れない。小規模醸造所（マイクロブリューワリー）や醸造もするブリューパブでは自家製ビールを提供し、12種類ぐらいのビールがオンタップで（サーバーから）提供される場合もある。

アメリカで売られているビールはほかの大部分の国よりもアルコール度が低く、このため旅行者の多くが大味だと感じるのかもしれない。輸入ビールにもアルコール度の規制が適用されるので、アメリカ用に特別に製造されていることが多い。自分の国でフォスターや、ハイネケン、ムースヘッドMooseheadが好きだった人は、アメリカ市場向けに骨抜きになっているのを知って失望するだろう。たとえば、アメリカで売られているフォスターのラガーは実はカナダで作られていて、オーストラリアで売られているフォスターの味が全然しない。

カリフォルニアは単一品種で作った優れたバライエタルワインを生産するほか、限られた予算しかない大酒飲みにお得な低価格の一般的なワインも作っている。カリフォルニアのワイン作りは、聖餐用ワインを作るためにブドウが植えられたスパニッシュ・ミッションの時代にさかのぼる。現在のカリフォルニアのワイン産業は非常に高度なレベルに達し、逸品は世界中で賞賛されている。もっとも名声の高いワインはサンフランシスコの北、ワイン・カントリーで生産されるものであるが、セントラル・コースト一帯にも、サンタバーバラ、サン・ルイス・オビスポ、モントレーなどを中心に、新進ワイナリーが散在している。

カリフォルニアの白ワインにはソーヴィニヨン・ブランsauvignon blanc、フュメ・ブランfumé blanc、リースリングRiesling、ゲヴェルツトラミネールgewürztraminer、シェニン・ブランchenin blanc、ジンファンデルzinfandel、そしてもっとも人気のあるシャルドネchardonnayなどがある。赤で一般的なのは、メルロmerlot、カベルネ・ソーヴィニヨンcabernet sauvignon、ピノ・ノワールpinot noirである。ジンファンデルzinfandelはカリフォルニアに特有のバライエタルワインで、赤、ロゼ、白がある。

バーにはジン、ブランデー、ラム、ウォッカ、ウィスキーなど多種の「ハード・リカー」がある。これらは「ストレート・アップ」と注文しないと、まず間違いなく氷をたくさん入れて（オン・ザ・ロック）出される。また、ウィスキーと注文すると、アメリカ製のウィスキーが出て

基本情報 - エンターテインメント

くる。スコッチウィスキーが欲しいときはスコッチと頼むこと。メキシコのテキーラはそのままでも、マルガリータやテキーラ・サンライズといったカクテルにしても人気がある。

エンターテインメント

映画
カリフォルニアでは映画館がほとんどの町とほとんどのショッピングモールにある。通常、マルチプレックスタイプで、スクリーンが少ないもので3つ、多いものだと20にのぼる。オルタナティブやクラシック、外国映画などを上映する小さな独立した劇場が幾つかの都市には生き残っている。歴史の古い映画館の建物はロサンゼルス周辺に多いが、ほかの都市にもある。

平均的な映画館の入場料は＄9～9.50で、小さな映画館や農村部の映画館は＄7ぐらいのこともある。18:00までの上映は割引料金のことが多いが、売店のポップコーン、キャンデー、ソーダ類はびっくりするような値段で入場券の値段がすぐに倍になる。映画の上映案内は地元新聞のエンターテインメント欄や無料のタウン紙を調べる。

クラブ
ナイトクラブはカリフォルニアでは古くから人気があった。1950年代にはいろいろなダンスのスタイルがハリウッドのステージや、ビーチパーティー、ロサンゼルスのナイトクラブから生まれた。

ハリウッドやサンフランシスコにはダンスクラブが集中しているが、サンディエゴとフレズノFresnoのタワー地区にも良いものが幾つかある。クラブにはハウス・オブ・ブルースのように洗練されたものから、ハリウッドのガレージGarageやオークランドのストーク・クラブStork Clubのようになりふり構わない所までいろいろある。カバーチャージ（入場料）は無料から＄20と幅があり、週末は高い。入場は無料でも最低ドリンクを2杯買うとか、21:00までは入場料が半額というクラブもある（大部分のクラブでは22:00を過ぎてやっと何かが起こり始める）。各クラブによって音楽のスタイルが違うが、ヒップホップ、ハウス、テクノはまだ人気がある。1人で踊るのもグループで踊るのも許される。

コンサート
マドンナからトム・ジョーンズまで、スターのカリフォルニアコンサートが開かれる会場は決まっている。サンディエゴ・スポーツ・アリーナSan Diego Sports Arena、ロサンゼルスのステープルズ・センターStaples Center、ベイ・エリアではショアライン・シアターShoreline Theater、またはオークランドのコリセウムColiseum、サクラメントのカル・エキスポCal Expoだ。都市には小さい会場もたくさんあり、ウクライナの民族音楽からパンクロックまで種々のコンサートが毎晩開かれている。サンフランシスコにはフィルモアFillmore、ウォーフィールドWarfield、グレート・アメリカン・ミュージック・ホールGreat American Music Hallなど、中ぐらいのサイズの優れたホールもある。オークランドではジャズとブルースがすごい。

演劇
ロサンゼルスは間違いなくカリフォルニアの演劇の都である。ここから出発して国際的な名声を手に入れる演劇やミュージカルも多い。この大きな理由は世に出ることを夢見てハリウッドの周りに集まる豊富な人材である。「世に出た」俳優たちも舞台で演じることを好む。マーク・テイパー・フォーラムMark Taper Forumは質の高い舞台でよく知られているが、ウエスト・ハリウッドのサンタモニカ大通りSanta Monica Blvd沿いに並んだものをはじめとする小さな多数の劇場も良い芝居を見せる。主なミュージカルは通常、シューバート・シアターShubert Theater、アーマンソン・シアターAhmanson Theatre、パンテージズ・シアターPantages Theaterで上演される。

サンディエゴはロサンゼルスに近く、ハリウッドの俳優やディレクター、デザイナーに接近できるという理由もあって、演劇で定評がある。市内の劇場ではレパートリー・シアターRepertory Theater、ラ・ホーヤ・プレイハウスLa Jolla Playhouse、オールド・グローブ・シアターOld Globe Theaterなどが良い。

サンフランシスコはカリフォルニア南部ほど才能が集まっていないとはいえ、劇製作の意気は高い。多数の小さなフリンジやアバンギャルドな劇団には優れたものも多いが、気の弱い人はやめたほうがいいものもある。近くのバークレー・レパートリー・シアターBerkeley Repertory Theatreは全米的に高い定評があり、数々の賞を受賞している。

多くの劇場では「ラッシュ」とか「スチューデントラッシュ」という切符があり、これは上演数時間前に割引料金で売り出される。上演当日の半額の切符もこれら3都市で手に入る（各章を参照）。

クラシック音楽・オペラ
サンフランシスコとロサンゼルスにはすばらしいオーケストラがある。ロサンゼルス・フ

ィルハーモニーの指揮者エサ・ペッカ・サローネンは世界有数の指揮者とされ、多くのファンがいる。シーズン中のコンサートはドロシー・チャンドラー・パビリオンDorothy Chandler Pavilionで、夏にはハリウッド・ボウルHollywood Bowlで行われる（新しいウォルト・ディズニー・ホールでの演奏は2003年の終わりに開始予定である）。サンフランシスコでのオーケストラの演奏はデイビス・シンフォニー・ホールDavies Symphony Hallで行われるが、ここは安い席でも結構良い。ロサンゼルスの主任指揮者でもあるケント・ナガノ指揮のバークレー・シンフォニーは秀逸である。サンディエゴとサンノゼのシンフォニーもよくできているが、格が違う。

ロサンゼルス・オペラは1985年以来と歴史は短いが、2000年にはアートディレクターとしてプラシド・ドミンゴをリーダーに頂いた。サンフランシスコ・オペラの上演は月並みから結構良いものまで差が大きい。入場券には最低＄75は出さないと悪い席しか当たらない（上演直前の「ラッシュ」シートを狙う手もあるかもしれないが）。サンディエゴ・オペラのシーズンは1〜5月、シビック・シアターCivic Theaterで行われ、比較的良い席もそれほど高くない。

スポーツ観戦

全米フットボールリーグ（NFL）はプレシーズンを含めて8月から1月半ばがシーズンである。野球のメジャーリーグ（MLB）は3〜10月、全米バスケットボール協会（NBA）は11〜4月、女子の全米バスケットボール協会（WNBA）は6〜8月、全米ホッケーリーグ（NHL）のアイスホッケーは10〜4月、メジャー・リーグ・サッカー（MLS）は3〜11月である。

スポーツが好きなら、カリフォルニアはアメリカの中でも最高の訪問地となる。カリフォルニア州にはほかのどの州よりもスポーツのプロチームが揃っている。NFLが3チーム（サンディエゴ・チャージャーズ、サンフランシスコ・フォーティナイナーズ、オークランド・レイダーズ）。MLBが5チーム（ロサンゼルス・ドジャーズ、ディズニーがオーナーのアナハイム・エンジェルズ、サンディエゴ・パドレス、サンフランシスコ・ジャイアンツ、オークランド・エイズ）。NBAが4チーム（サクラメント・キングス、ロサンゼルス・レイカーズ、ロサンゼルス・クリッパーズ、オークランドのゴールデン・ステート・ワリアーズ）。WNBAが2チーム（ロサンゼルス・スパークス、サクラメント・モナークス）。NHLが3チーム（ロサンゼルス・キングス、アナハイ

ムのマイティー・ダックス、サンノゼ・シャークス）。MLSが2チーム（サンノゼ・クラッシュ、ロサンゼルス・ギャラクシー）だ。試合の切符は、フォーティーナイナーズ、レイカーズ、キングスの試合などでは売り切れることもあり、早めに買ったほうがよい。

ビーチバレーボールの人気は毎年上昇している。ロサンゼルスのビーチの町々では毎年夏にプロトーナメントが開催される。ハーモサ・オープンとマンハッタン・オープンがその中でももっとも重要なものである。

モータースポーツについては、特に複数のレース場があるベーカーズフィールドのあたりでは夢中の人が多い。モントレーとサリーナスの間を走るマツダ・レースウェー・ラグーナ・セカも人気がある。ロングビーチではF1レースであるトヨタ・グランプリが毎年4月に開催される。

ショッピング

カリフォルニア州をはじめアメリカ全土にあふれる消費物資の量と種類は多くの旅行者にとって、まったくの驚きである。最近ではたいていのショッピングは、どこに行ってもほとんど同じ顔ぶれのチェーンストアが並ぶ巨大なショッピングモールでなされる。ギャップGap、バナナ・リパブリックBanana Republic、アン・テイラーAnn Taylorといった服屋、化粧品と洗面用品のボディーショップBody Shop、珍しいものやトレンディ小物のブルックストーンBrookstoneやシャーパーイメージSharper Image、大きなデパートのメイシーズMacy's、ロビンソンズ・メイRobinsons-May、ノードストロムNordstrom、そしてブルーミングデールズBloomingdale'sなどがほとんどのモールに入っている。

農村地域ではKマートK-MartやターゲットTarget、ホームデポHome Depotなどの全国的な大規模小売店舗が入った巨大なショッピングセンターが見られることが多い。サンフランシスコやロサンゼルスなどの大都市では、ショッピングモール以外にあちこちにユニークなブティックや画廊、専門店などが両側に並んだ通りがある。

アンティークに興味のある人にはアンティークのモールや蚤の市も各所にある。大きな街には毎月決まった週末に立つアンティーク市が幾つかある。アンティークモールでアメリカ風のものをいろいろ見て回るのは楽しいが、掘り出し物はなかなか見つからない。映画の記念品を見つけるベストな場所はもちろんロサンゼルスだ。

有名ブランドや大きな店が在庫品を安く売

り払うアウトレットモールはまだ人気が高い。バーゲン品を見つけるのは可能だが、傷やミスのある商品や前のシーズンの残り、あるいはデパートから返品されたものなどが多いことに注意。去年ファッショナブルだったライムグリーンのシャツはこの夏にはまったくの流行遅れになっているかもしれない。アウトレットショップのサービスは限られており、販売スタッフは少数、試着室や鏡も少ない。

カリフォルニア州は農業生産が盛んで、生産地を走っていると道端に土地の産品の売店をよく見る。モントレー・カウンティのサリーナス辺りとサン・ホアキン・バレー（I-5とI-80沿い、小さな脇道にも）、パームスプリングス周辺、サンディエゴ・カウンティの一部に多い。ナパ・バレーNapa valleyとソノマ・バレーSonoma valleyではすばらしいワインを生産するが、サンタバーバラ、パソ・ロブレスPaso Robles、モントレーの周りのブドウ生産地にもワイナリーがある。ワイナリーでは試飲が楽しめ、ワインを直接購入できるが、皮肉なことに値段は酒店やスーパーマーケットで買うほうが安い傾向がある。

カリフォルニアの多様な民族社会により、買物にも興味深いものが見つかる。サンフランシスコとロサンゼルスのチャイナタウンには中国書店や長寿と活力を増進するというショウガや朝鮮人参を売る漢方薬店がある。エキゾチックなお茶や服を見つけることもできる。ロサンゼルスのオルベラ・ストリートOlvera Stとサンフランシスコのオールド・タウンOld Townには、革製品、靴、ベルト、キャンドル、刺繍などメキシコの伝統工芸品がある。グアテマラのジャケットからインドのお香まで、各種の輸入品ならバークレーのテレグラフ・アベニューTelegraph Aveやロサンゼルスのベニス・ビーチVenice Beachに行こう。

中古ショッピング

バーゲンハンターにはゴミの山から宝を見つけ出す機会がたくさんある。お買い得品を見つけるにはスリフトショップthrift（中古品店）を見て回ろう。これは通常、グッドウィルGoodwill、ジュニアリーグJunior League、サルベーション・アーミーSalvation Armyなどの慈善団体によって経営されていて、寄付された衣類、日用品、本、家具、その他をしばしば嘘みたいに安い値段で売る店である。利益のほとんどが慈善事業にあてられる。

少ない予算で旅行する者にとって、スリフトショップは天の賜物となる。赤ワインでだめにしてしまった1本きりのズボンの代わりをデパートの値段の何分の1かで見つけることができる。突然のディナーパーティーの誘いにもスリフトショップのドレスやブレザーでスタイリッシュに変身することもできる。

スリフトショップの変形にビンテージの衣服を売る店がある。ここでは昔の時代の中古服が買える。50年代のフレアースカートとか、40年代のズートスーツが欲しいときにのぞく店がここだ。これらの店にはバーゲン品はあまりない。

金曜日や土曜日に近所を車で走ると、信号や電柱に「引越しセール」、「エステートセール」、「マルチファミリーセール」、「ガレージセール」などを告げる張り紙があるのに気づくだろう。セールをする者にとっては戸棚をきれいにしてついでにお金を稼ぐいい方法である。宝探しをする者には、ビンテージものイヤリングから家具まで、あらゆるものが底値で買えるのがガレージセールである。値切り交渉ももちろん楽しみの一部だ。

アクティビティ

Activities

カリフォルニアは、午前中はサーフィンをして午後はスキーをしたり、あるいはハワイ・アラスカを除くアメリカ本土48州のもっとも低い所からもっとも高い所までを1度の週末を使って訪れることができる、アメリカ唯一の場所だ。この章では、ハイキングやバックパック旅行など一般的なものから、サーフィンや熱気球などのより専門的なものまで、さまざまなオプションの中から幾つかを紹介する。それぞれのアクティビティには専門用具店（現地の情報を得る絶好の場所）があるが、レクリエーショナル・エクイップメント・インコーポレイテッドRecreational Equipment Incorporated（REI）の協力販売店があらゆるアウトドア・レジャーのニーズを満たしてくれる。知識豊富なスタッフがカラビナ（岩登り用具）からウールのソックス、ストーブ、カヤックのパドルまで、購入の相談にのってくれるほか、テント、スキー、ストーブ、自転車、カヤックなどのレンタルもしている。REI協力販売店はロサンゼルス、バークレー、そのほか各地にある。最寄りの協力販売店は、☎800-426-4840まで問い合わせを。

ハイキング・バックパッキング

人里離れたビーチ、起伏の多い海岸線、氷河で覆われた険しい峰、静かで深い森など、カリフォルニアの美しさを堪能するのに、トレッキングに勝る方法はないだろう。ほんの数日間でも（または数時間でさえも）ハイウェイを離れてすばらしいアウトドアを散策すれば、気分はリフレッシュされ、次々と目の前に広がっていく見事な景色にどんどん心を奪われていくに違いない。旅行者の中には抜群のハイキングを経験して、それ以降の旅行プランを自然保護区やハイキングエリア中心のプランに変更する人もいる。

多種多様な地形を誇るカリフォルニアでは、かなり自然な状態が保存された沿岸、砂漠、山、丘などを散策できる。カリフォルニアの土地の約半分は公有で、国立公園局（NPS）、米国森林局（USFS）、土地管理局（BLM）が管理運営をし、さまざまなレベルの保護をしている。

これらの機関はすべて連邦局の管轄だが、州立公園はカリフォルニア公園レクリエーション局が管理運営している。カリフォルニア

パシフィック・クレスト・トレイル

アメリカ西海岸で驚かされるのは、カリフォルニア州全域、オレゴン州、ワシントン州と進めばメキシコからカナダまでを歩いて縦断できるという事実だ。それも国立公園や国有林地の外にほとんど出ることなく、ただパシフィック・クレスト・トレイル（PCT）という山道（トレイル）に沿って歩けばいいのである。

この2638マイル（約4247km）のトレイルは24の国有林、7つの国立公園、33の指定自然保護区、5つの州立公園を通過し、カリフォルニア州のシエラ・ネバダ山脈、オレゴン州とワシントン州にわたる平均標高5000フィート（約1500m）のカスケード山脈へと続いていく。

このトレイル全行程を歩くには、1日15マイル（約24km）歩いたとしても6カ月近くかかるだろう。カリフォルニアだけでも4カ月はかかる。だが、このような大規模なアメリカ西部縦断トレックばかりではないPCTの楽しみ方もある。日帰りや週末を費やすだけのハイカーでも、全トレイルの中からアクセスしやすい行程を選んでショートトリップを計画することもできるのだ。

PCTは、カリフォルニアでもっとも壮観な自然保護区の数々を通過していく。最南のアンザ・ボレゴ砂漠州立公園Anza-Borrego Desert State Parkから、キングスキャニオン＆セコイア国立公園Kings Canyon and Sequoia National Parks、ヨセミテ国立公園Yosemite National Park、レイクタホLake Tahoe、ラッセン火山国立公園Lassen National Volcanic Parkへと続く。

もう1つの長距離トレイルであるジョン・ミュアー・トレイルJohn Muir Trailは全行程212マイル（約341km）。ヨセミテ・バレーYosemite Valleyとホイットニー山Mt Whitneyを結ぶこのトレイルは、デビルズ・ポストパイルDevils Postpileエリアとホイットニー山の山頂以外はPCTと平行して走っている。

パシフィック・クレスト・トレイル協会 Pacific Crest Trail Association（☎916-349-2109　www.pcta.org）の本部がサクラメントにあり、この地域のUSFSや自然保護区管理事務所の住所、長期および短期のバックパック旅行に役立つ情報、天候、自然保護区許可証が必要なエリアの情報、トレイルに関する詳細な情報を提供している。

アクティビティ − ハイキング・バックパッキング

には、2000マイル（約3220km）以上のトレイルがある州立公園が約270ある。都心に近い公園は、1年を通じで地元住民の保養地として週末にはにぎわいを見せる。サンフランシスコのタマルパイス山Mt Tamalpaisとロサンゼルスのウィル・ロジャースWill Rogersがこの種類に属する。

すべての国立公園や州立公園には、歩きやすく、標識もきちんと整備された短距離のトレイルがあり、その多くは2マイル（約3km）未満だ。これらは、ハイキングの経験があまりない人、身体能力に自信のない人、あるいは時間に制約のある人向けにつくられている。ほとんどのトレイルには道案内の表示板があり、地図上にはネイチャートレイルまたはガイドなしのトレイルとして記されている。これらのトレイルは森の中のフリーウェイで、速く移動できて迷いにくいため効率的だが、スリルは味わえない。自然保護区や森林にはこのタイプのトレイルはほとんどない。USFSの自然保護区の大半が指定を受けており、完全な孤独を味わいたいならBLMの自然保護区だろう。

トレイルはたいてい長時間の日帰りハイキングのために、はっきりとわかるよう整備されているので、メインルートから外れない限り、地形図やコンパスは必要ない。レンジャーステーションやビジターセンターで、自分の興味や能力に合ったトレイルについて尋ねてみよう。1時間以上のハイキングには、必ず水と軽食の用意をし、悪天候となりそうな場合はセーターやレインコートの準備も忘れないこと。

1泊のハイキングやバックパック旅行では、孤独感を味わうまでには至らないかもしれないが、人気の高い公園での週末や祝日を除けば、人ごみからは開放されるはずだ。本物の荒野を求めるハイカーには、国立公園ではなくもう少し知名度の低い国有林や自然保護区のほうが、来たかいがあったと思えるだろう。ヨセミテ国立公園にはハイ・シエラ・キャンプHigh Sierra Campsのルートがあるが、このルートは軽装のバックパッカー向けだ。

ハイキング愛好者にはロンリープラネットの「ハイキング・イン・シエラ・ネバダHiking in the Sierra Nevada」をおすすめしておく。この本から、カリフォルニア最大で景観美にあふれる山岳地帯のさまざまなハイキング情報が得られる。

自然保護区許可証
Wilderness Permits

国立公園の大半および森林と自然保護区の多くでは、泊まりのハイカーに（時には日帰りハイカーにも）バックカントリー許可証（自然保護区許可証wilderness permitsとも呼ばれる）の携帯を義務付けている。この許可証はビジターセンターまたはレンジャーステーションで入手できる。メイン・マウント・ホイットニー・トレイルMain Mt Whitney Trailやインヨ国有林Inyo National Forestのトレイル、レイクタホ付近のデソレーション自然保護区Desolation Wildernessのトレイルでは、各出発地点でハイカーやバックパッカーの1日の許可人数を制限する割り当てシステムが実施されている。これにより、過剰な混雑を防ぎ、ハイカーたちによる自然保護区への悪影響を減少させ、環境を守っているのだ。人数制限が行われる期間はハイシーズンのみで、通常晩春から初秋までとなる。

許可証の多くは事前予約によって割り当てられるが、残りは先着順となる。許可証は通常無料だが、予約する場合は有料となる。キャンプ代も別途必要だ。それほど混雑することのないトレイルでは、出発地点またはレンジャーステーションの外で、自己発行の許可証を入手できる。

自然保護区許可証の入手方法に関する詳細はこの本の中で後述する。

料金

州立公園の大半は、入園ごとに車1台＄2〜7と小額の料金を徴収する。自然保護区とほとんどの国有林は無料（例外：反対側ページのコラム「ナショナル・フォレスト・アドベンチャー・パス」を参照）。国立公園の入園料は、車1台につき＄4〜20とさまざまで、7日間は自由に入園できるので便利だ。カリフォルニアやそのほかの地域の国立公園に何度も訪れるつもりなら、国立公園パスNational Parks Passを取得するのもいいだろう。詳細は、「基本情報」のコラム、「国立公園パス」を参照。

自然環境にやさしいハイキング＆バックパッキング

ハイキングやバックパッキングへの人気が高まるにつれ、環境への悪影響が問題となっている。ハイキングが環境に与える悪影響を減らすために、自分はどんなことができるのか考えてみよう。おそらく個人でできるもっとも重要な行動は、自分のハイキンググループの人数を抑えることだろう。小人数グループは静かで環境への悪影響も少なくなる。混み合うハイキングエリアは避け、できればオフピークシーズンを選びたい。

ゴミ ゴミはすべて持ち帰ろう。うっかり忘れてしまいがちなアルミホイル、オレンジの

アクティビティ − ハイキング・バックパッキング

ナショナル・フォレスト・アドベンチャー・パス

州立・国立公園の日帰り使用料金は、カリフォルニアとネバダではここ数年来標準になっている。1996年、米国議会は車で特定の国有林を訪れる観光客に、ナショナル・アドベンチャー・パス（NFAP）の購入を求めるという試験的プロジェクトを承認。賛否両論を呼んだ。この国立公園のリストに挙げられたのは南カリフォルニアの4つの森林、サン・バーナディノ San Bernardino、クリーブランド Cleveland、アンジェルス Angeles、ロス・パドレス Los Padres が含まれた。パスは1日＄5または1年＄30（高齢者と身障者は＄15）で、車のフロントガラスに提示しておかなければならない。ゴールデン・イーグル・パスポート Golden Eagle Passport（詳細は「基本情報」のコラム、「国立公園パス」を参照）を森林局事務所で購入すると、このナショナル・アドベンチャー・パスも含まれている。

アドベンチャーパスは購入した月から1年間有効で譲渡可能。すべての南カリフォルニアUSFSレンジャーステーションで販売しており、クレジットカードによる電話（☎909-884-6634 内線3127）注文のほか、サン・バーナディノ国立森林局まで小切手を送って注文もできる。

San Bernardino National Forest
Fee Project Headquarters
🏠 1824 S Commercenter Circle, San Bernardino, CA 92408
小切手（アメリカの銀行に限る）受取人は、USDA Forest Serviceとする。

アドベンチャーパスからの歳入のうち80％が国有林の予算に直接あてられる。この予算は休憩所の数を増やして清掃を行き届かせたり、落書きやゴミの除去、トレイルの整備などに使われる。

国有林に止まらず車で通り抜けるだけだったり、レンジャーステーションやビジターセンターに立ち寄るだであったり、別の場所で森林使用料（キャンプ料やキャビン料など）をすでに払っている場合などはアドベンチャーパスを購入する必要はない。このNFAP不所持で捕まると＄100の罰金が科される。

詳細や販売所のリストはこちら。🌐 www.fsadventurepass.org

皮、タバコの吸殻、ビニールの包み紙などもだ。空袋は非常に軽いので、専用のゴミ袋として持参するといいだろう。

絶対にゴミを埋めてはいけない。地面を掘り返すことは、土壌や地表に悪影響を与え、侵食をおこすことになる。埋められたゴミは、それを掘り返した動物に怪我を負わせるだけでなく、有害になる危険性もある。さらにゴミの分解には数年かかり、特に高地ではその速度は遅い。

荷物を減らし、必要以上の食べ物を持っていかないようにして、ゴミを最小限に抑えよう。食べ物をばらで買うことができなければ、再使用できるプラスチック容器などに移し替えて持っていこう。

瓶詰めの水を持っていくより、自然水をヨードで殺菌するか1分間以上煮沸消毒をして利用しよう。アルミ缶や瓶詰めの清涼飲料水などは持って行かない。生理用品、タンポン、コンドームなども燃えにくく分解しにくいので、不便でも持ち帰るべきだ。トレイルでゴミを見つけたら、どんなものでも拾って持ち帰ろう。

人間の排泄物処理　人間の排泄物による水源の汚染は肝炎、腸チフスやジアルディア、アメーバ、回虫などの腸内感染の原因となり、ハイカーだけでなく、現地住民や野生動物にも深刻な健康障害をもたらす。

公衆トイレを利用するか、深さ6〜8インチ（約15〜20cm）の小さい穴を掘り、排泄物を埋める。その際は、水源やキャンプサイトまたはトレイルから少なくとも100ヤード（約91m）は離すこと。軽量のシャベルを持ち歩くといいだろう。トイレットペーパーの代わりに葉っぱを使う（有毒のオークではないことを確認して！）。トイレットペーパーを使う場合は、燃やしてしまうか、動物が掘り返すといけないので持ち帰る。排出物は土と岩で覆う。詳細は、キャサリン・メイヤー Kathleen Meyer著の「ハウ・トゥ・シット・イン・ザ・ウッド How to Shit in the Woods」を参照のこと。

洗濯　水源またはその近くでは、たとえ生物分解性のものであっても、洗剤、シャンプー、歯磨き粉などを使用してはいけない。生物分解性の石鹸や水のコンテナー（軽量のポータブル洗面器なども）を、少なくとも50ヤード（約46m）は水源から離れた所で使用する。調理用具を洗うときは水源から50ヤード（約46m）離れた所で行い、洗剤の代わりに研磨用ブラシ、砂、雪などを使う。

侵食　丘陵や山の斜面、特に高地では侵食を受けやすい。現在あるトレイルを外れないようにし、ジグザグ道を迂回するために近道をすることもやめよう。斜面を真っすぐに下る道を新しくつくると、その道は次の豪雨で水路になってしまい、最終的には土壌の流出や

深い溝をつくる原因となる。
　通常使用されるトレイルが沼地を通っている場合、そのトレイルにしたがって沼の中を通るようにしよう。沼の端を通ると、その沼のサイズを広げることになる。また、その場の表土を守っている植物を採集しないこと。

火・環境にやさしい調理　整備されたキャンプ地には通常火をたく場所があるが、未開拓地ではガスコンロを使った調理のほうが環境保護の面で望ましい。火をおこす場合は、以前使用された場所を使い、新しい場所で火をおこさないようにしよう。倒木や古木、落

クマに対する注意

カリフォルニアの森林には推定1万6000〜2万4000頭の黒熊が生息している。黒熊といっても、その毛色は黒からシナモン色までさまざまで、4足で立ったときの体長約3.5フィート（約1.1m）まで成長する。いらだった熊や、食料を探すために自動車（RVさえも）やテントに押し入り、大損害を引き起こす熊の話が、近年大きく報じられている。こういった事件はいつも格好のニュースとなるわけだが、旅行者、国立公園の管理者、特にヨセミテ、キングスキャニオン、セコイア、シエラ・ネバダの森林などでは、本当に気がかりな問題となっている。

人間が熊の生息地に近づいていくにつれ、熊の多くは本来の食料であるベリー類、ナッツ類、木の根、草、野菜類ではなく、「人間が食べている物」と熊がみなすあらゆるものを食料として選ぶようになる。これには歯磨き粉、日焼けローション、咳き止めシロップ、昨日のサンドイッチの食べ残しなども含まれる。熊には、食べ物や食料が入った容器を視覚、嗅覚で認識する驚くべき能力が備わっており、欲しいものを手に入れるための並み外れた技能を発達させてきた。鍵のかかった車両、ファスナーの下ろされたテント、ゴミ入れなどへは、器用にあっという間に侵入してしまう。母熊がこのような盗みの技術を子熊に伝授している場面が目撃されたことさえある。

これは我々にとって都合の悪いニュースだが、熊たちにとっても同様である。人間の食べ物に慣れるにつれて、それを手に入れようと熊はこれまで以上に攻撃的になり、その結果、やむを得ず熊を殺さなくてはならない事態となる。食べ物やそのほか香りの強い持ち物を熊に気づかれないよう常に気をつけなければならない。これは自分たちのためだけでなく、熊のためにもそうしなくてはならない。以下が基本的なルールだ。

・キャンプをするときは、食品、洗面用具、そのほか匂いのするものすべてを、熊よけの金属性食品ロッカーに保存する。現在、このロッカーは熊の出没する地域の整備されたすべてのキャンプ場に設置してある。
・未開拓地でキャンプする際は、熊の攻撃に耐えうる食品保存容器を使用する。レンジャーステーション、ビジターセンター、食料品店などで、数ドル程度で借りられる。保存容器は2.5ポンド（約1.1kg）ほどの重さなのでバックパックの中に収まる。バックの外側に縛ってもいい。食べ物や洗面用具などはすべて保存容器の中に入れ、キャンプ地から50フィート（約15m）離れた所に置く。木の枝に食べ物を吊るすのはもう効き目がない。ほとんどの熊がそれを手に入れる方法をすでに知っている。
・幾つかの地域（特にヨセミテ）では、山小屋やモーテルなどに泊まる場合でも、遠目で食べ物と見間違えそうなものはすべて車内から取り出しておく。これには口紅、キャンディーの空袋なども該当する。トレイルの出発点の駐車場にも、ベアーボックスが設置されているので、これを利用する。
・通常、調理中や食事中に熊が出没してくることはないが、キャンプ場を離れるときや就寝時には、食べ物やゴミをきちんと片づけておくこと。これについては病的なほど気を使ってほしい。キャンプ中にセックスをした場合、熊が食物の匂いと間違えるので、その後始末をきちんとする。これは本当にまじめな話だ。
・絶対に、間違っても熊に餌をやらない。子熊を抱いたりしないこと（こんなことをする人が実際にいるから驚きだ）。
・もし、キャンプ地やトレイルで熊に出くわしたら、大声で叫ぶ、手を打ち鳴らす、石を投げる、瓶をガンガン鳴らすなどして、なるべく自分を大きく見せる。これは、あなたが熊にとって危険かもしれないと思わせるためだ。キャンプ地では、熊さんがこのメッセージをきちんと受け取ってくれるまで、これを数回繰り返すことになるかもしれない。しかし、初回に盛大に脅かしておけばおくほど、何度も出没されることも少なくなる。
・もし熊が怒って威嚇してきたら、それは多分あなたを脅かし攻撃しようとしているのだ。この場合は立ち上がり、とてもゆっくりと後ずさりすること。そしてもう一度、自分を大きく見せるように大きな音を立てる。熊をにらみつけてはいけないが、目は離さないようにする。熊が引き返していくときは、あなたもそうする。
・絶対に熊から走って逃げてはいけない。これは熊の追跡本能の引き金を引くだけだ。あなたより熊のほうが速いのは言うまでもない。
・絶対に母熊と子熊の間に入らないようにする。熊が近くの木に登っていることもある。
・熊から攻撃をしかけてくるという話はめったに聞かないが、もし攻撃されたら、石を投げたり、キャンプ用品や大きな枝でたたいたりするなど身近にあるものは何でも使って反撃する。

ちている枝などを調理に必要な分だけを使うこと。使用後は完全に火が消えているのを確認する。燃え残りを広げ、その上から水をかけてかき混ぜ、もう一度水をかける。中に手を入れても熱くなくなるまで、その場から立ち去ってはいけない。

安全

ハイキングやバックパッキングには、もともとリスクがつきもので、特に山岳地帯ではリスクが伴う。ハイキングを安全なものにするために、しっかりと計画を立てよう。地図は利用できる中で1番よいものを入手しよう。変わりやすい天候に備え、適切な衣服とキャンプ用具を装備する。高地では、就寝時に晴天であっても、起床時には2フィート（約61cm）の雪が積もっていたということもある。8月中旬でもこんな調子だ。シエラ・ネバダでは午後の嵐が頻繁に襲ってくる。バックパッカーは、パックの中敷（頑丈なゴミ袋が役に立つ）、雨具一式、料理の必要のない食料を携行する必要がある。

自分の身体能力と気力に合ったハイキングコースを選び、出発前にトレイル、携行用具、天候などに関して、現地の人からアドバイスしてもらう。選んだコースの危険性を客観的に判断し、気をつける。小さなケガ、たとえば足首をひねるとか、丘の斜面を滑り落ちたとかでも、1人でトレッキングをしている場合は命にかかわることになりかねない。自分の目的地と予定時間を、常に誰かに知らせておく。トレイルの出発点やレンジャーステーションにある掲示板を利用する。近年、ハイカーやキャンパーの間では、便利な道具として携帯電話の使用が広まっている。

以下の基本的なルールに従って、山での安全性を高めよう。

1人でハイキングをしない。あまり高い所をハイキングしない。あまり速い速度でハイキングしない。必要な許可証を持たずにハイキングしない。

橋または倒れた木や連なった岩などの自然の橋がない場合、川や雪解け水で増水した小川を渡らなければならなくなるかもしれない。そのような場合は、もっとも広くて浅い場所を探す。川岸から1歩を踏み出す前に、バックパックを肩から片方はずし、ベルトバックルもはずしておく（バックパックは消耗品だが、あなた自身はそうではない）。裸足では渡らない。川のジャリ石が足元から体温を奪い、足の感覚を麻痺させ、歩行を困難にする。残りのハイキングを濡れた靴で歩くのが嫌なら、軽量のキャンバス地のスニーカーを持って行く。

ほかの人と手をつなぐ場合は、腰に手を回す。このほうが手をつなぐよりしっかりとお互いをつなぎとめることができる。1人で川を渡る場合は、杖やハイキングポールを上流に突き刺すと非常に安定し、流れに対しても抵抗しやすくなる。このようにして進行方向の足元を確認し、体の向きを流れと水平になるようにして歩けば、急流に体をとられにくくなる。水があまりにも冷たくて、速く渡ってしまいたくても急いではならない。急いては事を仕損じるというものだ。

濡れてしまったら、すぐに服を脱いで絞り、水分をすべて髪や体からふき取る。そして乾いた衣類を身につける。合成繊維や毛織物は濡れたときでも保温効果があるが、木綿にはない。

ウエスタンポイズンオークwestern poison oakはカリフォルニア全域の森林、特に標高5000フィート（1524m）未満の地域に多く見られる。光沢のある赤緑の3枚葉の低木で、とても簡単に判別でき、秋には濃赤色になる。「3枚葉には触るなLeaves of three, let it be」の言い伝えを忘れないように。

このポイズンオークを触ったり、うっかりかすっただけでも、体や衣服にほとんど目に見えない油性の樹脂が付着する。この樹脂にはウルシオールと呼ばれる有毒な化学物質が含まれており、肌にひどい発疹が広がり、やがて痒みを伴う水ぶくれになる。また患部が腫れることもある。発疹は接触の後30分くらいで表れ、2週間ほど続く。ウエスタンポイズンオークに触ってしまったら、すぐに石鹸と水で触った部分を洗う。樹脂が付着したと思われるすべての衣類を体から取り除くこと。このとき、脱いだ衣服をテントの中の寝袋やそのほかの衣服の上に置かないように注意する。抗ヒスタミンが症状を緩和させるが、それがない場合、我慢して何とか乗り切るしかない。

本

カリフォルニア地域のベストガイドブックは、カリフォルニア州バークレーのウィルダネス・プレスWilderness Pressから出版されている。以下がその例だ。「*The John Muir Trail*」、「*The Pacific Crest Trail*」、「*Sierra North*」、「*Lassen Volcanic National Park*」、「ヨセミテ*Yosemite*」。また、ワシントン州シアトルのザ・マウンテンニアーズThe Mountaineersからは、「*California's Central Sierra & Coast Range*」、「*Best Day Hikes of the California Northwest*」、「*The West Coast Trail*」が出版されている。

オリンピックプレスOlympic Pressから出版

されている「LAタイムズLA Times」紙のコラムニスト、ジョン・マッキニーJohn McKinneyによる以下のすばらしいハイキングガイドもおすすめだ。『Day Hiker's Guide to Southern California』、『Day Hiker's Guide to California State Parks』、『Walking the California Coast』、『Walking the East Mojave Desert』、『Walking Los Angeles: Adventures on the Urban Edge』だ。

地図

信頼できる地図はいかなるハイキングにおいても必需品だ。NPSとUSFSのレンジャーステーションではたいてい＄2〜9で地形図を販売している。レンジャーステーションがない場合は現地の文房具店、ガソリンスタンド、ハードウェアショップに行くとよい。

内務省機関である**米国地質調査所 US Geological Survey**（USGS ☎888-275-8747 Ⓦwww.usgs.gov）はさまざまな縮尺で、全国土の非常に詳細な地形図を出版している。USGSの200フィート（約60m）間隔の等高線の1：12万5000地図と150フィート（約45m）間隔の等高線の1：10万地図は、計画を立てるときや実際にバックパッキングに携行するのに便利だ。地図の目録と値段表は上記のUSGSの電話番号に問い合わせる。またホームページには、全カタログと最寄りの販売店がわかる販売店リストが紹介されている。USFSも国有林の優れた地形図を出版している。

サイクリング・マウンテンバイキング

ビーチ沿いの1時間のサイクリングであろうと、数日にわたるサイクリングツアーであろうと、自転車での旅は健康的で楽しく、環境にやさしい。カリフォルニア州の各都市、特にサンタバーバラ、サンタ・クルーズ、デイビス、バークレー、サンディエゴの一部など、中小規模の都市では、近年ますますサイクリングを奨励するようになっている。サンフランシスコにも、熱心なサイクリストがたくさんいる。坂の多い地形とその交通事情に気がめいりはするものの、こぢんまりしたサンフランシスコでは、自転車は理想的な交通手段となっている。

マウンテンバイキングはとても人気がある。マリン・カウンティ（特にタマルパイス山）はマウンテンバイク発祥の地といわれている。サンフランシスコからゴールデン・ゲート・ブリッジを渡ってすぐのマリン・ヘッドランドMarin Headlandsには、すばらしいサイクリングコースがたくさんある（週末になるとひどく混み合うが）。

夏の間は、マウント・シャスタ、ビッグ・ベア・レイク、東ロサンゼルスなどにあるスキー場がコースとリフトをマウンテンバイクのために開放する。しかしカリフォルニアでの目下のマウンテンバイクのメッカは、マンモス山Mammoth Mountainだ。ここのマウンテンバイクパークには、スラロームコースや障害物エリア、さらにマウンテンバイク専用の何マイルも続く急坂のダートコースがある。タホ・リム・トレイルTahoe Rim Trailも一部をマウンテンバイカーに開放している。タホ湖のネバダ湖畔にある挑戦的なフルームトレイルFlume Trailはベテランバイカーでさえ、興奮させられるコースだ。セントラル・コーストのモンタナ・デ・オロ州立公園Montaña de Oro State Parkや東サンディエゴのアンザ・ボレゴ砂漠州立公園Anza-Borrego Desert State Parkなどもよい。ゴールド・カウンティのダウニービル・ダウンヒルDownieville Downhillはトップクラスのマウンテンバイクコースだ。

指定自然保護区や国立公園ハイキングトレイル（舗装されたコースを除く）では、サイクリングは禁止されていることもある。しかし、国有林やBLMのシングル・トラック・トレイルではたいていサイクリングできる。トレイルから外れたり、新しい道をつくったりしないように気をつけよう。

レンタルバイクは幅広く利用できる。料金は1時間＄5〜、または1日＄10〜30と自転車のタイプと借りる場所によって料金はさまざまだ。

ドッグウッド・マウンテンバイク・アドベンチャー Dogwood Mountain Bike Adventures（☎916-966-6777 Ⓦwww.river-rat.com/dogwood.htm）がシエラ・ネバダへのガイドツアーを、**バックローズ Backroads**（☎510-527-1555、800-245-3874 Ⓦwww.backroads.com）がナパ・バレーのワインカントリーサイクリングツアーを提供している。

そのほかの役に立つ情報は、「交通手段」の「自転車」を参照のこと。

インフォメーション

カリフォルニアをサイクリングしながら回ろうと真剣に考えているなら、ロンリープラネットの「サイクリングUSAウエストコースト Cycling USA West Coast」をぜひ手にとってほしい。サドルに飛び乗って気軽に出かける日帰りサイクリングから、よほどのベテランサイクリスト以外はお尻が腫れあがってしまうような長距離アドベンチャーサイクリングまで、景観美あふれる田舎の42のサイクリングコースが詳しく紹介されている。

現地の観光案内所ではレンタル自転車に関する役立つ情報を提供しており、たいてい現地の地図が無料または有料で入手できる。確実な現地情報を得るには、レンタルショップの店員と話をしてみるのがよいだろう。

カリフォルニア運輸局California Department of Transportation（カルトランスCaltrans）から、カリフォルニアのノース・コーストとセントラル・コーストの、無料サイクリングコース地図が出版されている。カルトランスのオフィス（☎916-653-0036、614-688-2597、510-286-5598）まで電話をして入手する。イースタン・シエラの地図は、オンラインでのみ入手できる。Ⓦ www.cabobike.org/publications.htm にアクセスしよう。

このサイトは**カリフォルニア自転車組合連合会 California Association of Bicycle Organizations**（☎510-828-5299）が運営しており、ベンチュラ、ロサンゼルス、オレンジ、サン・ルイス・オビスポ、サンフランシスコ、サクラメントなど、カリフォルニア州内にある幾つかのカウンティの地図をオンラインで公開している。さらに、各都市の地図を公開しているそれぞれの組織のホームページへもリンクしている。これらは無料ではないが、読みやすくカルトランスの無料地図よりも情報量が多い。

カルトランスと同様の組織、**アドベンチャー・サイクリング協会 Adventure Cycling Association**（☎416-721-1776、800-775-2453 Ⓦ www.adv-cycling.org）のホームページには旅行プランに役立つ情報やオンラインショップがあり、リンク先もたくさん紹介している。この協会からは、「The *Adventure Cyclist*」や「*The Cyclist's Yellow Pages*」などが出版されている。後者はホームページからもアクセス可能だ。サンディエゴ地域のサイクリング地図は、**サンディエゴ・カウンティ・バイシクル・コーリション San Diego County Bicycle Coalition**（☎619-685-7742、Ⓦ www.sdcbc.org）まで問い合わせる。

スキー

シエラ・ネバダのスケールの大きな山岳地帯は、スキー、スノーボード、そのほかのウインタースポーツに申し分のない環境を提供している。高い山々と信頼できる雪のコンディションが投資家たちを惹きつけ、最新のリフト技術やスノーグルーミング（雪質管理）システム、各種設備などを備えた数百万ドル規模のスキーリゾートが登場した。一般的に、スキーシーズンは12～4月の初旬までだが、ここ数年は10月という早い時期や6月になっても積雪がある。

17以上ものダウンヒルと7つのクロスカントリーリゾートがあるレイクタホは、コースがたくさんあって内容もバラエティーに富んでいるので、カリフォルニアでもっとも人気の高いスキーリゾートとなっている。1960年の冬季オリンピックが開催されたスコーバレーUSA Squaw Valley USAやヘブンリーHeavenlyなどの有名なスキー場とともに、リフト数が少なくて初心者や家族連れ向けに格安チケットを提供している小規模のスキー場もある。タホ湖はその一部がギャンブルを容認しているネバダ州にあるため、1日中スロープを全速力で直滑降したあと夜はカジノのショーを見たり、無料カクテルを飲んだりして楽しみながら、高いリフト代の元を取るべくギャンブルにいそしむなんてこともできる。

タホの南約2時間の所にあるイースタン・シエラのマンモス山は、もう1つのハイグレードなスキーリゾートで、南カリフォルニアからスキーヤーが大挙して押しかける。ここではスキー同様にアフタースキーが充実していて、愉快に大騒ぎできる。もう少し静かなほうが好みの場合は、隣のジューン山June Mountainがおすすめだ。ヨセミテのバッジャー峠Badger Passは、初心者や家族連れに理想的なこぢんまりとしたリゾート。ゴールド・カウンティのエベッツ峠Ebbetts Pass地区には、ベア・バレーBear Valleyにダウンヒルとクロスカントリーのコースがある。

北カリフォルニアでは、プルマス～ユーリカ州立公園Plumas-Eureka State Parkやモドック国有林Modoc National Forestのシーダー・パス・スノー・パークCedar Pass Snow Parkなどでスキーができるが、マウント・シャスタ・ボード・アンド・スキー・パークMt Shasta Board & Ski Parkがおそらくもっとも人気の高いスキー場だろう。

ロサンゼルスの東にあるサン・バーナディノ山脈には、ビッグ・ベア・レイクやレイク・アローヘッドなどの小さなスキースポットがある。これらは規模やバラエティーにおいてシエラリゾートと比べるべくもないが、日帰りや短期休暇の旅行者に人気が高い。スキー場への行き帰りの道路渋滞状況はすさまじく、特に金曜と日曜の夜はひどい。

どのリゾートでも、スキー、アフタースキーのいずれも、ロッジ、レストラン、店、娯楽施設、託児施設が不足するということはない。ほとんどのスキーリゾートには、レンタル事務所、スキーショップ、ロッカーの設備のある快適なベースロッジが少なくとも1つはある。スキーをしない場合は、カフェテリアやラウンジまたはバーがあるので、窓から目の

前に広がるスキー場の景色でも眺めながら暖かな場所でくつろぐことができる。リフトチケットやトレイルパスを買ったりする必要はなく、ベースロッジは無料で使用できる。節約を心がけているのなら、食料品店で食糧を買い、昼食は持参しよう。ロッカーを使用すれば、ランチを持ち歩かなくていいし、ブルーベリーマフィンが落ちるんじゃないかと心配しなくてもすむ。

多くのリゾートでは、シャトルバスが現地のホテル間を無料または低額で運行している。

ダウンヒルスキー

スキー場では、半日、1日、数日間のリフトチケットを販売している。料金はさまざまで、1日券で＄25の安いチケットから＄56と高いチケットまである。通例、子供料金はかなり安くなるが、「子供」の定義がリゾートによって異なる。学生、高齢者が料金割引の対象になる場合もある。リフトチケット、宿泊、交通料金込みのバケーションパッケージがもっともお得な場合が多い。インターネット、新聞の旅行欄または旅行代理店に問い合わせてよい条件のものを探そう。

スキー用具は、どんな小さなスキー場でも、そのサイトかまたはその周辺でレンタルできるが、もしゲレンデまで運ぶことができるなら、近くの町で借りたほうが安くつく。

スキーレッスンを受けるつもりなら、用具を別にレンタルする必要はない。通常レッスン料には必要な用具のレンタル料がすべて含まれている。ただし自分の道具を使っても割引はない。子供向けのスキー教室は1日子供を預ける場所として人気がある。レッスンが受けられ、デイケア施設や昼食も用意される。

クロスカントリースキー

クロスカントリースキーやノルディックスキーは、スキーをしながら自然の美しさを間近で楽しめる。レイクタホ西のトラッキーTruckeeの近くにあるロイヤル・ゴージRoyal Gorgeは、北アメリカ最大のクロスカントリースキーのリゾート地で、熱心なスキーヤーが集まるメッカだ。ヨセミテ国立公園とキングスキャニオン＆セコイア国立公園では冬の間道路は閉鎖され、公園内の未開拓地へのクロスカントリートレイルとして整備される。ラッセン火山国立公園では、ガスや蒸気を吹き上げる噴気孔や泡や泥を噴出するマッドポットmud potの周辺をスキーできる。

人里離れたロッジまでスキーしていくことが、クロスカントリースキーの醍醐味の1つだ。ロッジでは心の込もった朝食で朝が始まり、1日中スキーを満喫した後は、ホームメイドの

ディナーやホットタブ、暖かい暖炉の火で夜を迎える。ヨセミテのオストランダー・スキー・ハットOstrander Ski Hutは筋金入りの未開拓地スキーヤーがこぞって目指すスキー小屋だ。一方、モンテシト・セコイア・ロッジMontecito-Sequoia Lodge（キングスキャニオン＆セコイア国立公園のすぐ外側）はアクセスしやすいので家族向けとして人気がある。

合衆国森林局USFSは夏のハイキングトレイルを、冬の間はクロスカントリースキーのトレイルとして整備する。クロスカントリースキー専用のリゾート地も幾つかあり、宿泊、食事、スキー装備レンタルを含む週末または1週間のパッケージを提供している。ダウンヒル用のリゾート地（ノース・スター・アット・タホNorthstar-at-Tahoeなど）でもクロスカントリースキーができるエリアがある。街の公園やゴルフコースも、冬の間は初心者用のスキートレイルとして開放されるところもある。

スノーボード

このスポーツは全米にあっという間に広がり、スノーボードから派生したスポーツをたくさん生み出した。今日、スキーリゾート地の多くにはハーフパイプ、ジャンプ、障害コースなどのスノーボード専用パークが開設されている。スノーボードのレッスンやレンタルは幅広く利用できる。煩わしいさまざまなポップアップ広告には惑わされずに、www.snowboards.comを訪れてみよう。ここにはスノーボード用品の評価や価値ある情報が満載だ。

その他のウィンターレクリエーション

クロスカントリーのスキーヤーは人気急増中のスノーモービルと場所争いをすることが多くなってきている。スノーモービルは楽しくてスリルがある反面、自然環境にやさしいとは言い難い。森林を傷つけるうえに、はなはだしい騒音や大気汚染の原因になっている。それにもかかわらず、スノーモービルのレンタルは普及している。スノーシューも人気上昇中のレクリエーションの1つで、クロスカントリースキーを履かずに未開拓地に入っていくにはもってこいの方法だ。湖が凍りついた場合は、アイススケートが考えられるが、このスポーツは主に通年オープンしているスケートリンクで楽しまれている。

本・雑誌

「スキーイング・アメリカ＆カナダSkiing America & Canada」は毎年更新され、チャールズ・

アクティビティ － ロッククライミング・登山

リオチャCharles Leochaが北アメリカすべての主要スキーリゾート地に関する情報を集めている。「*Ski*」と「*Skiing*」はともに年中いつでも入手できる雑誌で、旅行記事、ハウツーアドバイス、器具や装備のテストなどが掲載されている。

スノーボード関連で役に立つ本には、Greg Daniels著の「*Let It Rip: The Ultimate Guide to Snowboarding*」、Jeff BennettとScott Downey共著の「*The Complete Snowboarder*」がある。またPaul Richins JrとJane Crosen共著の「*50 Classic Backcountry Ski and Snowboard Summits in California: Mount Shasta to Mount Whitney*」も役に立つ本だ。

人気雑誌の多くは情報満載のホームページを公開している。「*Powder Magazine*」（www.powdermag.com）、「*Boarder Line*」（www.theboarderline.com）、「*Mountain Zone*」（www.mountainzone.com）、「*Snowboarder Magazine*」（www.snowboardermag.com）、「*Heckler Magazine*」（www.heckler.com）。

ロッククライミング・登山

花崗岩の石柱、シエラ・ネバダの氷河に覆われた峰、カスケード山脈の火山ドームの数々が、世界トップクラスのクライマーたちを夢中にさせている。ヨセミテ国立公園のエル・キャピタンEl Capitanとハーフ・ドームHalf Domeはともに垂直の花崗岩の壁に挑む登山となる。ジョシュア・ツリー国定記念物Joshua Tree National Monumentも人気があり、特に大きさよりもテクニックやフィットネスに重きを置くロッククライマーに人気がある。シャスタ山、ラッセン・ピークLassen Peak、リッター山Mt Ritter（すべて1万3000フィート＜約3962m＞以上）いずれも感動的な登山となる。ホイットニー山、ハワイ・アラスカを除くアメリカ本土48州の最高峰で1万4497フィート＜約4419m＞）は、この山に50回以上も登ったホイットニー・ポータル・ストアーWhitney Portal storeのオーナーによると、「楽しみと挑戦のパーフェクトなバランス」が保てる登山ルートがあるとのことだ。

近年、ロッククライマーは、頂上へ達するのはさておき、難しい地形のさまざまなルートで自分のスキルを試すようになってきている。頂上に到達することはもはや第1の目標ではなく、ロッククライミングのテクニックのほうが重要なのだ。

ロッククライミングと登山は、最高状態の体調で臨むべきアクティビティであり、さまざまな岩の種類とその危険度、高地でのそのほかの危険、ロープ、チョック、ボルト、カラビナ、ハーネスなどの装備について熟知していなければならない。崩れにくくハンドホールド（手を掛けるところ）も見つけやすいため、シエラ山脈に見られるような花崗岩を好むクライマーが多いが、挑戦するためにあえて石灰岩を選ぶクライマーもいる。堆積岩はクライミングに適しているが、ピナクルズ国定記念物Pinnacles National Monumentに数多く見られる火山岩は、人気はあるが登るのは非常に難しい。

ハイカー、クライマー、登山者はルートを5つの段階にランク付けしている。クラス1は、スクランブリングする（這い登る）場所があるようなハイキング。クラス2は崖下にくずれ落ちた岩屑堆積したような不安定な場所でのオフトレイルのスクランブリングが含まれる。重たいリュックを背負っている場合は両手でバランスをとらなければならない。クラス3は、クライミングやスクランブリングはシンプルだが、岩壁に立つ場合があるのでロープが必要。クラス4は、中レベルのクライミングで、険しい岩があったり、手を掛けるところが小さくなり、岸壁に立つ場合が多くなる。ロープの使用が義務付けられ、ノットの知識やビレイやラッペルなどのテクニックが必要。転落すると深刻な怪我を負う危険性がある。クラス5は困難度の程度により、12かそれ以上のサブカテゴリーに分けられる。ロープを熟知しているなどの上級テクニックが必要。

自然環境への影響配慮

今日ではクライマーの多くが、ハイカーのために設定されたものと同様のガイドラインに従い、このスポーツが依存している自然資源を以下のようにして保護している。アクセスには確立された道、トレイル、ルートを使うことで、利用される頻度が高い地区にインパクト（自然環境への影響）を集中させる。原始のままの地区では使用を分散させ、新たにトレイルをつくるのを避ける。ハンドホールドをつくったり、増強したりするのを控える。可能ならばボルトを打つのを慎む。さらにクライマーは、考古学的や文化的に価値のあるロックアートなどを大切にし、このような地区を登るのを慎むように特に注意しなければならない。

クライミングスクール

ロッククライミング初心者にうってつけのスクールがシエラ・ネバダには幾つかある。レイクタホ西のドナー峠Donner Passにある**アルペン・スキルズ・インターナショナル Alpine Skills International**（☎530-426-9108 530-426-

3063 www.alpineskills.com）はロッククライミング、登山、スキー登山、未開拓地スキー、雪崩からのサバイバルなどのセミナーを開いている。このスクールのコースとトリップは、登山への第1歩として最適だ。

ヨセミテ国立公園に本拠を置く**ヨセミテ・マウンテニアリング・スクール Yosemite Mountaineering School**（☎209-372-8344 9〜5月、209-372-8435 6〜8月）は毎日ビギナーや中級者向けクラスを開いていて、ワールドクラスのガイドが、国立公園内にあるすばらしいルートまで授業の一環として連れて行ってくれる。ヨセミテ登山スクールの詳細は、「シエラ・ネバダ」の「ヨセミテ」を参照。

ジョシュア・ツリー国立公園には**アップライジング・アドベンチャー・ガイド Uprising Adventure Guides**（☎760-320-6630、888-254-6266 www.uprising.com）があり、講習やガイドを提供している。

本

ヨセミテでは、ドン・リード Don Reidがもっとも尊敬されているロッククライミングの著者で、「ヨセミテ・フリー・クライム Yosemite Free Climbs」、「ロッククライミング・ヨセミテ・セレクト Rock Climbing Yosemite's Select」、「ロック・クライム・オブ・トゥオルム・メドウズ Rock Climbs of Tuolumne Meadows」など多数の本が出版されている。タホ地区でもっとも参考になるのが、マイク・カービル Mike Carvilleとマイク・クレランド Mike Clelland共著の「ロッククライミング・レイクタホ Rock Climbing Lake Tahoe」だ。RJ・セコー RJ Secor著の「ザ・ハイ・シエラ：ピークス、パス・アンド・トレイル The High Sierra: Peaks, Passes and Trails」には、ホイットニー山周辺のロッククライミングについての詳細な情報が載っている。ジョシュア・ツリーに関するおすすめガイドブックは、ランディ・ボーゲル Randy Vogel著の「ロッククライミング：ジョシュア・ツリー Rock Climbing: Joshua Tree」だ。

乗馬

カリフォルニアでは、公園、ビーチ、田園地帯の大半で、ショートライド用に馬をレンタルしている。ちょっと乗ってみようかと思う人にとっては乗馬料金が高いと感じるかもしれない。これは短い夏の観光シーズン中に訪れる旅行者から、冬の馬の餌代を得ようとしているからだ。料金はガイド付きツアーが1時間約＄20〜で2時間は＄35、1日では約＄80となる。乗馬経験豊かなライダーは、馬主に自分の能力を教えたほうがいいだろう。さもないと極端におとなしい馬をあてがわれるかもしれない。

パックトリップ
Pack Trips

ハイカーの未開拓地の移送は100年の伝統があり、今でも人気がある。このトリップはとても刺激的な散策で、ハイカーは馬に乗り、装備や食べ物を荷運び用の動物（ラバなど）に乗せる。パックストリング pack stringと呼ばれる編隊は本物のカウボーイに率いられて道を進んでいく。認可を受けたアウトフィッターoutfitter（ツアーコーディネーター）は、決められた出発地点から決められた道に従って案内していく。コースの大半が険しくて高い山脈が未開拓地に迫るイースタン・シエラ・ネバダにあり、パックトリップを魅力あるものにしている。

シエラ・ネバダの章でさまざまなアウトフィッターへの問い合わせ先を紹介する。ビショップ Bishopの町がパックトリップの中心地となっている。

ラフティング

カリフォルニアには、もっとも刺激的なアウトドア・レジャーの1つ「急流ラフティング」にトライできる場所がたくさんある。短時間の安価なモーニングトリップやアフタヌーントリップから1泊またはマルチデイの探検旅行まで、さまざまな急流ラフティング体験をアウトフィッターが提供している。国立公園局（NPS）、米国森林局（USFS）、土地管理局（BLM）のアウトフィッターが管轄機関から許可をもらって運営しているが、ラフティングの装備を所有する個人や団体も許可を得なければならない場合がある。エキサイティングな急流ラフティングには向かないという人は、ゴムボートなどでもっと穏やかに楽しめる。

ラフティングのシーズンが始まる頃は、雪解け水が莫大な水量と激流をつくりだす。シーズン後半になると水量は減り、川の水深も下がるので、より技術を必要とする急流となることがある。

サクラメントにもっとも近いのが、アメリカン川とスタニスラウス川 Stanislaus Riverだ。アメリカン川のサウス・フォーク South Fork（クラス2〜3、4〜10月）は初心者と家族向けに理想的だ。隣のノース・フォーク North Fork（クラス4、4〜6月）とミドル・フォーク Middle Fork（クラス4、5〜9月）は、サウス・フォークより難度が高い。スタニスラウス川のノース・フォーク（クラス4、5〜9月）は、カリフォルニアで1番長い距離の急流が続

いている。

ヨセミテ国立公園からは2本の川が下っている。マーセド川Merced River（クラス3〜4、4〜7月）は、シエラで日帰りの中級者用に最適の川だ。トゥオルム川Tuolumne River（クラス4、3〜10月）はさまざまな急流下りを楽しむのに最適の川だとみなされている。キングス・カーン・デバイドKings-Kern Divideの最上流から流れ出しているカーン川Kern Riverは、セコイア国立公園の中に深い渓谷を形成している。カーン川下流（クラス3、4〜9月）とカーン川上流（クラス3、4〜7月）には（両方ともベーカーズフィールドから近い）、南シエラでは最高クラスの急流がある。トラッキー川Truckee River（クラス2〜3、6〜9月）でもラフティングが楽しめる。

激流下りは、12人またはそれ以上の人数が乗れる大きいラフト（いかだ）か、6人乗りの小さいラフトを使用する。乗員全員がパドリングをして、急流を荒々しく乗り越えていける小さいラフトのほうが、よりおもしろくエキサイティングだといえる。たいていのアウトフィッターは、もっと操舵技術が必要とされる急流カヤックやカヌーのレンタルもしており、普通は指導も行っている。

激流下りには危険が伴い、参加者がラフトから激流に落ちることもある。しかし重傷を負うことは稀で、事故が起きない場合が圧倒的に多い。参加者は全員USコーストガードUS Coast Guard承認のライフジャケット着用が義務付けられており、泳げない人も参加できる。ラフティングには人命救助法の訓練を受けたリバーガイドが少なくとも1名は同行する。

川と流れの速さはインターナショナル・シックス・ポイント・スケールInternational six-point scaleでランク付けされている。

- **クラス1**（易しい）—平坦な水面〜中程度の急流の箇所がある。
- **クラス2**（中程度）— 3フィート（約90cm）の高さの波の急流、簡単な落下箇所、岩礁、滝が頻繁に続く。最適ルートを探し出すのは簡単。川全体をオープンカヌーで通過でき、高度な技術や操作を必要としない。
- **クラス3**（難しい）— 高く不規則な波、難しい落下箇所や滝がある激流で、下見が必要な場合がある。これらの川は経験豊かなパドラー向けで、カヤックまたはラフトを使用するか、カヌーにスプレーカバーを装着する。
- **クラス4**（非常に難しい）— 高く不規則な波が長距離続き、激しい逆流や狭い峡谷もある。下見が必須で、救助が困難な場所がたくさんある。これらの川でラフトや急流用カヤックに乗るときは、パドラーはヘルメットを着用する。
- **クラス5**（最高に難しい）— 荒々しい激流が続き、高低差のある落下箇所、激しいうねりで高水圧、穴、よけることが不可能な波や三角波がある。これらの川はエスキモーロールを習得したプロのラフターと急流カヤッカー向け。
- **クラス6**（極度に難しい）— 川が好状態のときに、高度な経験を積んだカヤッカーがトライする以外は使われない。深刻な怪我を負う危険性が高い。

ツアー

川下りできる場所としてもっとも人気があるのはアメリカン川のサウス・フォークだ。小さな町コロマColomaにオペレータが集中しており（「ゴールド・カウンティ」を参照）、半日トリップや数日間の冒険トリップ（食事、キャンプ宿泊料を含む）を提供している。半日トリップはたいてい1日トリップよりも経済的で内容もスリリングだ。一方、1泊旅行は楽しみが多い。

オアーズ
OARS
☎209-736-4677、800-346-627
🌐 www.oars.com
🏠 PO Box 67, Angels Camp, CA 95222
アメリカン川、カーン川、トゥオルム川で急流ラフティングとカヤックトリップを提供している。

ホワイトウォーター・ヴォヤージ
Whitewater Voyages
☎800-488-7238
🌐 www.whitewatervoyages.com
🏠 5225 San Pablo Dam Rd, El Sobrante, CA 94803
もう1つの優れたアウトフィッターで、クラマス川、カリフォルニア・サーモン川、アメリカン川、カーン川でラフティングトリップを提供している。

カル・アドベンチャーズ
Cal Adventures
☎510-642-4000
カリフォルニア大学レクリエーション学科のプログラムを通して、経済的な料金でラフティングとカヤックのクラスをアメリカン川のサウス・フォークで提供している。

トリビュータリー・ホワイトウォーター・ツアーズ
Tributary Whitewater Tours
☎530-346-6812、800-6723-8464
🌐 http://whitewatertours.com
カリフォルニアの主な川でラフティング旅行を提供している。

カヤック

静かで自然にやさしいスポーツ、カヤックで、未開の島や延々と続く沿岸を探検でき、海洋

生物の生態も間近に観察できる。1人か2人乗りのシーカヤックは、急流用カヤックよりも大きく安定性に優れており、安全で扱いやすい。さらに収納スペースもあるので1泊または連泊の旅も可能だ。チャネル諸島Channel Islandsの人里離れたビーチまでカヤックを漕いでいき、そこで1週間キャンプをすることだって考えられる。

シーカヤックでの行き先として人気が高いのが、チャネル諸島、セントラル・コースト沖、さらに南のカタリナ島Catalina Islandだ。これらは経験豊かなカヤッカーが1泊するには理想的な場所だ。一方、日帰りでも十分に価値がある。特にモロ湾Morro Bay、モントレー湾Monterey Bay、サウサリートSausalitoのリチャードソン湾Richardson Bayではアザラシやアシカと遭遇できるかもしれない。

ウッドソン・ブリッジ州立レクリエーション・エリアWoodson Bridge State Recreation Area（ロシアン川、モノ湖、タホ湖沿い）近くのサクラメント川下流でもカヤックができる。

カヤックが可能な場所ならどこでも、カヤック装備一式を貸し出し、ツアーを提供しているアウトフィッターがいる。

サーフィン・ウインドサーフィン

サーフィンはカリフォルニアの代名詞となるスポーツだ。ポリネシアの伝統的なスポーツで、1920年代にハワイのカハナモク公爵により世界に広まった。しかしカリフォルニアでは1914年にすでにサーフィンは紹介されており、ルックス、言葉、生活態度の中に浸透し、レイドバック（こだわらない）、イージーゴーイング（のんきな）、太陽と海にすべてを捧げるという「典型的な」カリフォルニアンを生み出した。

リンコンRincon、マリブMalibu、トラッセルズTrestlesがカリフォルニアで「ビッグスリー」と呼ばれるサーフスポットだ。これらすべてのポイント・ブレイク（岩礁にぶつかり、急に高く波立つところ）は、常にきれいで透明なビックウェーブが期待できることで知られている。初心者や中級のサーファーは、これらのポイントでのサーフィンに満足することだろう（すごく混んではいるが）。

サーフィンを学ぶのにうってつけの場所は、ビーチのポイント・ブレイクか波が小さくてローリングする長く浅い湾だ。サン・オノフレSan Onofre、サンディエゴのトルマリンTourmalineは初心者向け。ハンティントン・ビーチHuntington Beachはオレンジカウンティのサーフのメッカとなっている。サーフィン博物館、サーフィン・ウォーク・オブ・フェイムSurfing walk of fame、プロとアマによるサーフィン競技会が毎年9月に開催されている。サンディエゴ・カウンティのオーシャンサイドOceansideでもサーフィン競技会が毎年6月に開かれる。

ロングボードは、一般的に使用されているショートボードと比べて重くて扱いにくい。しかし、バランスをとりやすく、「パーリング（ボードが波の斜面に刺さること）」しにくい。モレイ・ドイルMorey Doyleのボードはスポンジボードで、究極の初心者用ボードだ。

サーフボードのレンタル・スタンドはサーフィンが可能なビーチならどこにでもある。レンタル料は1時間で約＄10、レッスンは約＄20から（ショップで問い合わせる）。

北カリフォルニアにあるサーフスポットは前述のスポットよりも水温は低く、波が大きく、サメも多く出没する。サンタ・クルーズの海岸も良く、マーベリックスMavericks（ハーフムーン湾近く）は、1994年にプロサーファーのマーク・フーMark Fooが亡くなったポイントとして知られており、ハワイの波に匹敵するビッグウェーブが打ち寄せる。フンボルト・カウンティはビッグウェーブに乗るサーファーとともにマリファナも産出している。

混雑が問題となっており、特に天気のよい週末はひどく混み合う。海に面した駐車場があるサーフスポットはどこも人でいっぱいとなるが、長い距離を歩いたりパドリングが必要なスポットはたいてい混み合っていない。オックスナードOxnardやサンディエゴのウィンダンシーWindanseaなど地元の人の間に知られたスポットが数多くある。現地のサーファーと仲良くなって、よいポイントを紹介してもらおう。

経験豊かなサーファーもそうでないサーファーもロンリープラネットの旅シリーズの一環として発行されたダニエル・デュアンDaniel Duaneの「コート・インサイド：ア・サーファーズ・イヤー・オン・ザ・カリフォルニア・コーストCaught Inside: A Surfer's Year on the California Coast」を手にしてみよう。オレンジカウンティを拠点とする雑誌「Surfer」には、アメリカの海岸線のすみずみまで網羅したトラベルレポートが掲載されている。本の注文はこちらまで☎949-661-5147または🌐www.surfer-mag.com/travel。

ウインドサーフィンもカリフォルニアでは人気がある。ビーチや公共のヨットハーバーならどこでもウインドサーフィンを楽しめる。しかし、ウインドサーフィン用の装備をレンタルしているところはほとんどないので、本格的にウインドサーフィンを楽しみたい場合は自前の装備が必要となる。サンディエゴの

ミッション・ベイMission Bay、ロサンゼルスのマリーナ・デル・レイMarina Del Rey、バークレー・マリーナBerkeley Marinaはレンタル施設があり、比較的穏やかな海なので初心者やカジュアルなサーファー向けだ。カリフォルニアで人気のあるウインドサーフィンのスポットとしては、サンフランシスコ湾、サクラメント・リバー・デルタのリオ・ビスタRio Vista、サン・ルイス・オビスポのちょうど東にあるロペズ湖Lopez Lakeなどがある。

ダイビング・シュノーケリング

カリフォルニア沖の水域はダイバーやスノーケラーにとっては最高のポイントだ。岩礁、難破船、ケルプ（海藻）の森が探検へとダイバーをいざない、さまざまな魚を引きつけている。ここにはあらゆるレベルのスキルや経験に見合った場所がある（年中ウェットスーツ着用が望ましい）。カリフォルニアでのダイビングに関する詳細は、ロンリープラネットのダイビング＆シュノーケリング・ガイド「モントレー・ペニンシュラ＆ノーザン・カリフォルニアMonterey Peninsula & Northern California」、「カリフォルニアズ・セントラル・コーストCalifornia's Central Coast」、「サザン・カリフォルニア＆ザ・チャネル・アイランズSouthern California & the Channel Islands」をチェックしてみよう。

初めてダイビングに挑戦する人用に、ビギナー向け短期コースを開いているところがあり、簡単な講習に続いて浅瀬またはボートからのダイブを指導している。講習代は＄60〜100。全くの初心者にとって最高のダイビングスポットは、モントレー湾のラ・ホーヤLa Jollaとカタリナ島だ。後者では海藻の森が海面近くまでにおよび、豊かな海洋環境を形成している。ダイビング装備、ガイド、インストラクターは現地のダイビングショップが提供している。カリフォルニアの海を潜るには資格が必要で、オペレータとともにダイビングまたは酸素タンクを取り扱うには、PADIやNAUIまたはBSACなどの認定組織からのオープンウォーター資格が必要だ。オープンウォーター資格取得コース代は＄300〜400である。インストラクターとダイビングスクールの一覧は、**ナショナル・アソシエーション・フォー・アンダーウォータ・インストラクション National Association for Underwater Instruction**（NAUI＜ナウイ＞　☎813-628-6284、800-553-6284　www.naui.org）で入手しよう。

時間や予算がない、またはそれほど深くダイビングしない場合は、シュノーケル、マスク、フィンがレンタルできる。それぞれのシュノーケリング場近くにある売店で幅広く利用できる。PADIが発行する「Rodale's Scuba Diving」（www.scubadiving.com）と「Sport Diver」（www.sportdiver.com）は入手しやすく、ダイビング情報満載だ。

釣り

カリフォルニアには何千もの湖、何百もの川があり、トラウトフィッシングが人気のあるレジャーとなっている。在来魚のレインボートラウト、カットスロートトラウト、ゴールデントラウトがまだ生息しているところもあるが、外来魚のブラウントラウトやブルックトラウトのほうが勢力が強い。米国森林局USFSの湖や川の多くは、1年ごとにトラウトをストックしている。

クラマス川Klamath、イール川Eel、トリニティ川Trinity、ピット川Pitはトラウトが豊富で、シャスタ湖やウイスキータウン貯水湖Whiskeytown Reservoirも同様だ。バージニア湖Virginia Lakes、ツイン・レイクスTwin Lakes、クローリー湖Crowley Lake、コンビクト湖Convict Lake、ジューンJune、グラントGrant、シルバーSilverなどのイースタン・シエラの湖や川は、絶好のフィッシングエリアだ。

サケ、大カレイ、キハダマグロなどの遠洋での釣りは、セントラル・コースト（モントレー湾やモロ湾など）の沖で人気がある。フィッシングボートが、ロングビーチ、ニューポートビーチ、サンディエゴから出航する。

16歳以上の人にはカリフォルニア州のスポーツ・フィッシング・ライセンスが必要だ。公共波止場で釣る場合は不要。ライセンスの値段はカリフォルニア居住者が＄30.45、それ以外が＄81.65で、発行から1年間有効だ。1日ライセンス＄7.10、2日ライセンス＄11.05、10日ライセンス＄30.45もある。これらのライセンスは州内に2350あるライセンスエージェントで入手できる。スポーツ用品店、ボートカンパニー、釣り具屋など。詳細はサクラメントの**カリフォルニア・デパートメント・オブ・フィッシュ・アンド・ゲーム California Department of Fish and Game**（☎916-653-7664　www.dfg.ca.gov）に問い合わせる。

ランニング

ランニングは健康を保つ最高の方法である。1足の心地よいランニングシューズ以外の装備は何もいらない。ジョギングはカリフォルニアでたいへん盛んで、特に早朝と夕刻は大勢の人がジョギングをする。走る場所として人気がある

のは海岸沿い、公園、森で、一般道路さえも人気がある。ランニングレース（マラソンを含む）はカリフォルニア州では年中開催されている。人気雑誌「カリフォルニア・トラック＆ランニング・ニュース California Track & Running News」では、レースの開催予定を、雑誌とホームページ（W www.caltrack.com）で紹介している。

ケイビング（洞窟探検）

経験豊富な洞窟探検家には、シエラ・ネバダの丘などの花崗岩の岩床エリアがおすすめだが、装備や経験が要らないガイド付きツアーで一般に公開している洞窟も次の通りある。ゴールド・カウンティのブラック・カズム洞窟 Black Chasm Cavern、嘆きの洞窟 Moaning Cavern、カリフォルニア洞窟 California Caverns、マーサー洞窟 Mercer Caverns。キングスキャニオンとセコイア国立公園のボイデン洞窟 Boyden Cavern とクリスタル洞窟 Crystal Cave。ラッセン国有林のサブウエイ洞窟 Subway Cave。ツールレイク Tulelake 近くのラバ・ベッズ国定記念物 Lava Bed National Monument。レディング Redding 近くのシャスタ湖洞窟 Lake Shasta Caverns。各自で気軽に探検するには、ピナクルズ国定記念物のバルコニー洞窟 Balconies Cave が理想的だ。遠距離まで移動できる人には、サンディエゴのラ・ホーヤ洞窟 La Jolla Caves がある。

洞窟は、デリケートで洞底の環境に密接に関係しているため、ケイバー（洞窟探検家）は、人の形跡を残さない、傷つきやすい洞窟内の堆積岩に触れない、こうもりなどの動物をおどさないようにするなど、洞窟の生態系と洞窟に生息する生物を保護する最大の努力をしなければならない。

ゴルフ

かつては年配の裕福な男性だけのスポーツだったゴルフは、近年では子供からおばあさんまでの誰もが夢中になって楽しむスポーツとなった。その結果、ゴルフコースは激増し、今や小さな町でさえゴルフコースがある。

カリフォルニアの大半の地域には一般用に手頃な値段のさまざまなコースがある。しかしペブル・ビーチ Pebble Beach やスパイグラス・ヒル Spyglass Hill のように未だに限られた人たち専用のコースもある。南カリフォルニアでは、サンディエゴとパームスプリングスが、誰もが認めるゴルフのメッカで90以上のコースがある。セントラル・コーストのサン・ルイス・オビスポ・カウンティやそのほかにもモントレー、サリーナスなどの地区でも、時代の流れに乗りたくさんのコースがある。

熱気球

枝編みのゴンドラに乗ってカリフォルニア上空を遊覧すれば、楽しめること請け合いで、眺めもすばらしい。しかし料金は安くなく、熱気球遊覧を提供しているところは限られている。大半の飛行は夜明けに出発し、地上1000フィートから2000フィート（約305m～610m）を飛行する。熱気球で1番人気のあるスポットは、すてきなゴンドラの中でシャンパンや現地のワイン、チーズなどでもてなしてくれるナパ・バレーだ。そのほかの人気があるスポットは、サンディエゴのノース・カウンティのデル・マー Del Mar やパームスプリングス地区だ。

スカイダイビング

飛行機から飛び降りて、地上3000フィート（約900m）地点でパラシュートを開くまで時速150マイル（約241km）もの速さで落下していくのが楽しいと思えるなら、南カリフォルニアのペリス・バレー Perris Valley に向かおう。**ペリス・バレー・スカイダイビング・スクール Perris Valley Skydiving School**（☎213-759-3483、714-759-3483、800-832-8744 ⌂2091 Goetz Rd, Perris, CA 92570）のスクールでは、インストラクターと一緒のダイブなら30分、1人でダイブしたい場合は6時間のレッスンで空へ向かうことができる。年齢は18歳以上、体重は230ポンド（約104kg）以内の制限がある。このスクールの所在地はリバーサイド・カウンティで、ロサンゼルスの西またはサンディエゴの北から約2時間だ。

アクセス

Getting There & Away

空から

アメリカ国内線の航空運賃は、利用する時期や曜日、滞在期間、変更や払い戻しが可能かといったチケットの適用範囲などにより大きく変わってくる。とはいえ料金を決める大きな要素は需要である。シーズンにかかわらず利用客が少ない時期は、航空会社は空席を埋めるため料金を下げる。航空会社間の価格競争が激しいため、時期にかかわらず格安な料金で航空券を手にすることができる。一方、国際線ではそれほどの差は期待できない。

空港・航空会社

ロサンゼルス国際空港 Los Angeles International Airport（LAX ☎310-646-5252 Ⓦwww.lawa.org）のターミナルは8ヵ所ある。ユナイテッド航空やアメリカン航空などの大手アメリカ系航空会社は専用のターミナルを持っており、国際線、国内線ともにそのターミナル発着となる。ほとんどの海外の航空会社便はトム・ブラッドレー国際ターミナルTom Bradley International Terminalに到着する。

ロサンゼルス内の中規模クラスの空港は**バーバンク・グレンデール・パサデナ Burbank-Glen-dale-Pasadena**（☎818-840-8847 Ⓦwww.burbankairport.com）、**オンタリオ/サン・バーナディノ・カウンティ Ontario/San Bernardino County**（☎909-937-2700 Ⓦwww.lawa.org/ont）、**ロングビーチ Long Beach**（☎562-570-2600 Ⓦwww.lgb.org）、**ジョン・ウェイン・オレンジカウンティ John Wayne-Orange County**（☎949-252-5200 Ⓦwww.ocair.com）にある。国内線が主である。

サンディエゴ国際空港 San Diego International Airport（☎619-686-6200 Ⓦwww.portofsandiego.org）も国内線が主であるが、ブリティッシュ航空のロンドンガトウィック便が毎日1便発着している。

ベイ・エリアへのほとんどの国際線は、ベイ・エリアの西側に位置する**サンフランシスコ国際空港 San Francisco International Airport**（SFO ☎650-821-8211 Ⓦwww.flysfo.com）に到着する。ほとんどの海外の航空会社およびアメリカ系航空会社数社の国際線はこの国際線ターミナルをベースとしている。

オークランド Oakland（☎510-577-4000 Ⓦwww.flyoakland.com）と**サンノゼ San Jose**（☎408-501-7600 Ⓦwww.sjc.org）にある空港も重要な国内線の玄関口となっている。

ネバダ州ラスベガスにある**マッカラン国際空港 McCarran International Airport**（☎702-261-5211 Ⓦwww.mccarran.com）は、アメリカ国内のほとんどの都市からの直行便と少しではあるがカナダやヨーロッパからの直行便も発着している。

リノ・タホ国際空港 Reno-Tahoe International Airport（☎775-328-6400 Ⓦwww.renoairport.com）はネバダ州リノにあり、多くのアメリカ系航空会社便が発着している。

カリフォルニア路線のある主なアメリカ系航空会社の現地問い合わせ先は以下のとおり。

アラスカ航空 Alaska
☎800-426-0333 Ⓦwww.alaskaair.com
アメリカン航空 American Airlines
☎800-433-7300 Ⓦwww.aa.com
アメリカ・ウエスト航空 America West
☎800-235-9292 Ⓦwww.america west.com
コンチネンタル航空 Continental
☎800-525-0280 Ⓦwww.continental.com
デルタ航空 Delta
☎800-221-1212、800-241-4141
Ⓦwww.delta.com
ジェット・ブルー航空 Jet Blue
☎800-538-2583 Ⓦwww.jetblue.com
ノースウエスト航空 Northwest
☎800-225-2525 Ⓦwww.nwa.com
サウスウエスト航空 Southwest
☎800-435-9792 Ⓦwww.southwest.com
ユナイテッド航空 United Airlines
☎800-241-6522、800-538-2929
Ⓦwww.united.com
USエアウェイズ US Airways
☎800-428-4322 Ⓦwww.usairways.com

注意事項

本章に記載の情報は変更される可能性が大いにある。国際線の料金は変動が激しく、路線の新設および廃止、スケジュールの変更、特別割引の設定および廃止、規約、ビザ要件の変更もありうる。航空券および料金の適用範囲については直接航空会社または旅行会社に連絡し確認すること。また海外渡航に関する安全情報も熟知しておくこと。

要は苦労して手に入れたお金はできるだけ多くの航空会社または旅行会社に相談し、情報を得てから使うこと。本章に記載の情報は参考とし、最新情報として使用しないこと。

☎ TEL 📠 FAX ℮ eメール Ⓦ WEBサイト 🏠 住所

主な海外の航空会社：

アエロメヒコ Aeromexico
☎800-237-6639 W www.aeromexico.com

エア・カナダ Air Canada
☎888-247-2262 W www.aircanada.com

エア・フランス Air France
☎800-237-2747 W www.airfrance.com

ニュージーランド航空 Air New Zealand
☎800-262-1234 W www.airnewzealand.com

アリタリア航空 Alitalia
☎800-223-5730 W www.alitaliausa.com

ブリティッシュ航空 British Airways
☎800-247-9297 W www.britishairways.com

キャセイ・パシフィック航空 Cathay Pacific
☎800-228-4297 W www.cathaypacific.com

日本航空 Japan Airlines
☎800-525-3663 W www.japanair.com

全日空 All Nippon Airways
☎800-262-2230 W www.ana.co.jp/

KLMオランダ航空 KLM
☎800-374-7747 W www.klm.com

ルフトハンザ航空 Lufthansa
☎800-645-3880 W www.lufthansa.com

メキシカーナ航空 Mexicana
☎800-531-7921 W www.mexicana.com

カンタス航空 Qantas
☎800-227-4500 W www.qantas.com

シンガポール航空 Singapore Airlines
☎800-742-3333 W www.singaporeair.com

ヴァージン・アトランティック航空 Virgin Atlantic
☎800-862-8621 W www.virgin.com/atlantic

チケットを買う

すべての主な海外の航空会社はアメリカへ乗り入れており、たくさんの片道、往復、周遊料金が設定されている。料金は6月から9月初めまでのハイシーズンがもっとも高い。5月および10月は「ショルダー」（ハイシーズン前後）で、感謝祭の休暇やクリスマス休暇の時期を除いた11月から4月がローシーズンとなる。

アメリカ国外からカリフォルニアに飛行機で到着する場合、そのチケットが旅行予算の中で1番高額な出費となるだろう。幸いなことに国際線の料金はあまり競争が激しくなく、飛行機での旅行をかつてないほど価値あるものとしている。たいていの旅行会社や航空会社は独自のホームページを持っているので、インターネットを使って情報を得ることができる。念入りに調べ、最高の選択をすることだ。

一般に、航空券はできるだけ早く買うとよい。割引航空券によっては何週間または何カ月も前に購入しなければならないものもあるからだ。また、人気路線はすぐに売り切れてしまう。フルタイムの学生や26歳未満であれば、よりお得なチケットを手にすることができる。

安い航空券を探しているなら、航空会社から直接購入することはほとんど期待できないが、たまにオンラインで魅力的な料金プランが見つかることもある。格安航空券は特定の旅行会社や格安航空券専門の代理店で販売されており、そこで最安の航空券が取り引きされている。また、オンラインの旅行会社では格安料金を一覧にしている。もし、出発直前に航空券を探していて、旅行日数や時間にかなり融通がきくようであれば、W www.priceline.comやW www.hotwire.comといったホームページをチェックしてみるのもよい。たいてい条件付きではあるが、かなり格安な料金のものが見つかるだろう。必ず規則や規定を確認してから申し込むこと。

旅行会社が旅行者にお金を使わせようと高い料金をふっかける時代は幸いなことに終わったようである。クレジットカードによる支払いは通常保護されており、支払い額に見合ったものが得られなかったことを証明できれば、たいていのカード発行元は払い戻しをしてくれる。

世界中に支店のあるSTAトラベル、カナダのトラベル・カッツなどの高い評価を得ている会社は、ほとんどの方面で、とりわけ学生や26歳未満の人向けに格安な料金を設定している。

航空券はコピーし、別の場所に保管するようにしておくとよい。盗難・紛失時の再発行が受けやすくなる。

旅行保険はできるだけ早く購入することを忘れないように（詳しくは「基本情報」の「ビザ・渡航書類」を参照）。

エアーパス たいていのアメリカの航空会社は海外からの旅行者向けに何種類かのエアーパスを設定している。パスは航空券と一緒に購入するようになっており、もっとも安く購入するなら、パスと航空券を同じ航空会社また提携の航空会社から購入しなければならない。

パスは実際はクーポンブックになっている。通常、クーポンは最少で3枚または4枚、最大8枚または10枚となっており、クーポン1枚が1フライトに相当する。気をつけなくてはいけないのは、直行便でない場合（便を変更した際でも）、2枚のクーポンが必要となることだ。エアーパスは目的地までの直行便がある航空会社から購入するのがよい。

たいていの航空会社のエアーパスは、旅行者は前もって旅行日程を計画しアメリカ到着後60日以内にすべてのクーポンを利用しなければならない。しかし航空会社により規則は変わってくる。あまり多くはないが、航空会社によってはスタンバイでクーポンを利用で

きるところもある。その場合、搭乗の前日または2日前に航空会社に電話し「スタンバイ予約」をする。この予約はそのほかのスタンバイより順番が優先される。条件や料金システムが複雑なため、旅行会社に適用範囲をよく確認しなければならない。

世界1周チケット Round-the-World Ticket　もしカリフォルニアに加えてほかの国にも行こうと計画しているなら、世界1周（RTW）チケットがもっとも割安な選択かもしれない。たいていは通常のアメリカまでの往復チケットより高いが、幾つかストップオーバーを追加するとかなり割安になる。アメリカとその他2カ所の大陸を周遊する旅行には一番割安になる。

認可されている航空会社のRTWチケットは、通常別の航空会社を組み合わせたものまたは提携グループ内での利用により構成されている。後戻りはできないが、定められたストップオーバーの回数または最大マイレージまで飛行できる。最初の区間は前もって予約が必要なこともある。キャンセルした場合はキャンセル料もかかってくる。チケットには有効期間があり、通常は1年である。RTWチケットの代わりとなるものが、旅行会社によって販売されている。これは幾つかの格安航空券を組み合わせたものである。

たいていのRTWチケットはアメリカおよびカナダ国内でのストップオーバーの回数が決められている。一番安いものだと1回のみで、航空会社によっては人気路線（ハワイ〜東京間など）は除かれている。通常、チケットは14日前までに購入しなければならない。チケット購入後の日にちの変更は追加料金なしでできることもある。区間の変更による再発行は追加料金を支払えば可能である。

オーバーブッキング

航空会社はキャンセルを見込んで予約を多めにとっている。時にはすべての予約客が現れ、何人かは他の便に「回される」こともある。これは次の便を待たなければならず、たいへん迷惑な話である。しかし、1日余裕があるならこれを逆手に取ることもできる。

航空会社のカウンターでチェックインの際に、満席で誰かほかの便に移ってくれる人を探していないか尋ねてみよう。もしそうだったら、リストに名前を載せておく。その便がどれだけ予約オーバーしているかによって、次の便のディスカウントから無料の往復航空券や現金支給など、補償内容の範囲が変わってくる。このとき、後の便をチェックすること。そうすると空港でスタンバイのために立ち往生しなくてすむ。1泊しなければならない場合、航空会社がホテル代金を支払ってくれることがよくある。航空会社の最初の提案を受け入れる必要はなく、もっといい条件が出るまで粘ることもできる。

だが、ほんの少し搭乗に遅れてほかの便に回されたときは、何の見返りも得られないので注意しなければならない。

手荷物・規定事項

通常、国内線および国際線では委託手荷物は2つまでとなっている。それ以上の荷物や航空会社の規定サイズを超えるものには追加料金が必要となる。国際線では手荷物の制限は重さで規定されており、最大許容重量は1個につき32kg（70.4ポンド）である。スキーバッグ、スノーボード、ゴルフクラブ、折りたたみ式自転車はたいていの場合無料だが、サーフボード、ウインドサーフィン用ボードは追加料金が必要となる。詳しくは航空会社に確認すること。できればチケット購入前にするとよい。

到着時に荷物が見つからない場合に航空会社によっては、必需品を購入するのに現金を支給してくれたり、スポーツ用品が紛失した場合にレンタルに必要な金額を支払ってくれることもある。荷物を紛失した際は、必ず届け出ること。航空会社は請求金額全額を支払う責任はないが、紛失物に見合う金額は支払ってくれる。この処理には6週間から3カ月ほどかかることもある。

委託手荷物であろうと機内持込手荷物であろうと、エアスプレー製品、催涙ガス、ペッパースプレー、燃料入りキャンプストーブ、満タンのダイビング用ボンベなどは手荷物として持ち込むことは違法である。2001年9月11日のテロ以降、安全対策が強化され、武器として使用される可能性のあるものはいかなるものも（はさみ、かみそり、編み針、つめきりなど）、持込禁止となっている。

すべての国内線およびほとんどのアメリカ発着の国際線で喫煙が禁止されている。

アメリカ到着

たとえすぐにほかの都市へ向かうとしても、最初に到着した空港で入国審査および税関の手続きをしなければならない。

アメリカのパスポートまたはグリーンカード保持者でないなら、入国審査を受ける前に、出入国カード（I-94）への記入を済ませておくこと。このカードは税関申告書とともに機内で配られる。税関申告書はすべての入国者に記入が義務付けられている。入国審査のあと手荷物を受け取り、税関に進む。申告するものがなければ、荷物を調べられることもなくすぐに済ませることができるだろう。ただし、

警戒が強まっている今の時期は抜き打ちで検査されることも多くなっている。

最終的にはアメリカを訪れる大部分の旅行者は問題なく入国することになるが、入国審査官や税関検査官は入国する者は誰にでも質問する権利があり、なかにはアメリカに入国させないようにしようとする審査官や検査官もいるかもしれない。彼らは潜在的なテロ組織のメンバーを発見すること以外に、違法に働いて滞在しようとするものを追い出すことにも必死になっている。

滞在期間、旅行日程、アメリカに親戚がいるか、所持金が十分であるかなど質問攻めに合うかもしれない。帰りの航空券や滞在期間分の所持金（1週間につき＄300〜400）を準備しておくとよい。最近では、大手クレジットカードを2、3枚持っているというだけでは「十分な資金」を証明するのに手間取ることもある。友達や親戚、ビジネス上の知人がたくさんいる印象を与えてはならない。INS（米国移民局）検査官に不法長期滞在しようとしていると判断されるかもしれないからだ。できるだけ平静を保ち、すべての質問に丁寧に答えること。手続きを完了するまでは、何の権利もないことをよく覚えておかなければならない。

出国税

アメリカの空港税および入国税は航空券に含まれている。表示されている料金に含まれていないこともあるかもしれないが、いずれにしてもどこかで支払うことになる。

日本から

ロサンゼルスには、日本航空（JL）、全日空（NH）、ユナイテッド航空（UA）、ノースウエスト航空（NW）、シンガポール航空（SQ）、コリアン　エアー（KE）、タイ国際航空（TG）、ヴァリグ・ブラジル航空（RG）の8社（コードシェア便は除く）が成田から直行便を運航。所要時間は航空会社によって若干異なるが、日本航空の場合9時間55分。便数が豊富な路線であることから航空会社間の競争が激しく、価格設定も全体的に安い。なかでも、コリアン　エアーなどアジア系航空会社が料金の安さでは狙い目といえる。ロサンゼルスから近辺の都市までのフライト所要時間の目安は、サンタバーバラまで40分、サンディエゴまで45分、ラスベガスまで1時間10分、サンフランシスコ、オークランドまで1時間20分といったところだ。

サンフランシスコには、日本航空、全日空、ユナイテッド航空、ノースウエスト航空の4社（コードシェア便は除く）が成田から直行便を運航。所要時間は日本航空の場合で9時間15分。

その他の都市では、成田〜サンノゼをアメリカン航空が直行便を運航。所要約9時間。ラスベガスにも、日本航空が成田から直行便を運航しており、所要9時間45分で到着する。また、アメリカ西海岸に行くのに、ホノルルを経由する便やホノルルでストップオーバーできる便もたくさんある。便数やフライトスケジュールは変動が頻繁なので詳細は各航空会社に問い合わせを。

日本航空	☎0120-255-931
全日空	☎0120-029-333
ユナイテッド航空	☎0120-114-466
ノースウエスト航空	☎03-3533-6000
シンガポール航空	☎03-3213-3431
コリアン　エアー	☎0088-21-2001
タイ国際航空	☎03-3503-3311
	☎06-6202-5161
ヴァリグ・ブラジル航空	☎03-3211-6751
	☎06-6221-0611

アメリカのそのほかの場所から

STAトラベル
STA Travel
☎800-777-0112
🌐www.statravel.com
定評のある格安旅行会社。世界各地に支店があり、特に学生や26歳未満の旅行者におすすめ。ほかの格安旅行会社を通しても特別料金が適用される。「ニューヨーク・タイムス*New York Times*」、「ロサンゼルス・タイムス*Los Angeles Times*」、「シカゴ・トリビューン*Chicago Tribune*」、「サンフランシスコ・クロニクル*San Francisco Chronicle*」などの大手の新聞の日曜日版旅行セクションの広告をチェックしよう。ホームページで安い料金を探すのなら🌐www.orbitz.com、🌐www.expedia.com、🌐www.travelocity.comをチェックするとよい。

料金はたいてい主な「空のハイウェイ」、とりわけサンフランシスコまたはロサンゼルスとニューヨークやワシントンDCといった東海岸の大都市間で安くなっている。シカゴやマイアミへのフライトも格安ではあるが、南部や中西部の小都市へのフライト料金は高めである。しかも乗り換えが必要となる。

西海岸と東海岸を結ぶノンストップのフライトは西海岸から東海岸までが4時間30分、東海岸から西海岸が5時間30分である。この差は卓越風によるものである。往復チケット、たとえばロサンゼルスとボストン、ニューヨークまたはワシントン間は＄300ほどである。シカゴ、ヒューストン、マイアミからロサンゼルスまでは＄200、サンフランシスコ、ラスベ

ガス、フェニックスからなら＄100以内と考えておけばよい。

メキシコ
サンフランシスコとロサンゼルスからメキシコの主要都市および観光地まで定期便がある。南カリフォルニアに向かったことのある旅行者はロサンゼルスまたはサンフランシスコに向かうより、ティファナまでの便を利用したほうが安いと思うかもしれない。ティファナはメキシコの最北端の都市で、サンディエゴから国境を越えたすぐのところにある。ロサンゼルスからは車またはバスでほんの3時間である。

中央アメリカ・南アメリカ
中央アメリカや南アメリカからだとマイアミが主要玄関口となるが、ヒューストンやロサンゼルスへの直行便もたくさんある。ユナイテッド航空やアメリカン航空などのアメリカ系航空会社同様、中南米のほとんどの国際運行航空会社（アルゼンチン航空やランチリ航空）も上記の空港までの便を持っており、そこから接続している。

バスで
アメリカ国内の大手バス会社**グレイハウンドGreyhound**（☎800-231-2222 Ｗwww.greyhound.com）は、カリフォルニアとそのほかのアメリカの都市を結んでいる。連絡先および料金・予約に関する詳細は「交通手段」を参照。

　主にカリフォルニアを旅行するなら、グレイハウンドの乗り放題のトラベルパスを購入すると安く上げることができるかもしれない。パスの種類は連続7日、10日、15日、21日、30日、45日、60日間有効のものがある。

　アメリカ・カナダ国民および永住資格を持つ人対象の**ドメスティック・アメリパス Domestic Ameripass**は、2002年現在、7日間有効で＄197、10日間＄235、15日間＄305、21日間＄350、30日間＄404、45日間＄449、60日間＄566である。パスはグレイハウンドのターミナルであれば旅行当日まで、オンラインなら出発2週間前まで購入できる。

　海外からの旅行者なら若干安い**インターナショナル・アメリパス International Ameripass**（7日間＄183、10日間＄228、15日間＄282、21日間＄327、30日間＄381、45日間＄417、60日間＄516）を購入することができる。パスは各国の指定代理店またはオンラインで利用する21日前まで販売されている。最寄りの代理店はグレイハウンドのホームページでチェックできる。

学生または62歳以上のシニアは10％、子供は50％のディスカウントがある。現在の料金、詳細、そのほかのパスについてはホームページをチェックすること。

列車で
アムトラック Amtrakによりアメリカ国内の広範囲にわたる鉄道システムが運行されている。列車は快適で長距離路線ではダイニングやラウンジ車両が備わっている。連絡先およびカリフォルニア内の路線、チケット、予約に関する詳細は「交通手段」を参照。

　下記の4列車がカリフォルニア内を通過する。

カリフォルニア・ゼファー California Zephyr
シカゴとエメリービルEmeryville（サンフランシスコ近く）間を毎日運行。オマハOmaha、デンバーDenver、ソルトレイクシティSalt Lake Cityを経由する。

コースト・スターライト Coast starlight
ロサンゼルスとシアトル間の西海岸沿いを毎日運行。オークランドOakland、サクラメントSacramento、ポートランドPortlandを経由する。

サウスウエスト・チーフ Southwest Chief
シカゴとロサンゼルス間を毎日運行。カンザスシティKansas City、アルバカーキAlbuquerque、フラッグスタッフFlagstaffを経由する。

サンセット・リミテッド Sunset Limited
ロサンゼルスとオーランド間を週3日運行。ツーソンTucson、エルパソEl Paso、ニューオーリンズNew Orleansを経由する。

アムトラックはさまざまなパスを販売しており、アメリカのその他の都市を回る予定があるならこれを使うと便利である。

　非アメリカ・カナダ国民向けに**USAレール・パス USA Rail Pass**がある。これは北米以外の旅行会社、またはアメリカ国内のアムトラックのオフィスで販売されている（パスポートの提示が必要となる）。このパスならアメリカ国内の指定地域でコーチクラスが乗り放題になる。連続15日間および30日間有効。料金は利用地域、有効期間、利用時期により異なる。たとえばシカゴおよびニューオーリンズ以西で乗り放題の**ウエスト・レール・パス West Rail Pass**までが、2002年の夏現在の料金で6月から9月初めまでが15日間＄325、30日間＄405、そのほかの時期ではそれぞれ＄200、＄270である。

　アムトラックの**ノース・アメリカ・レール・パス North America Rail Pass**はすべての人が対象で、アメリカおよびカナダ国内の鉄道が乗り放題となる。有効期間は連続30日間。料金は6

月から10月中旬までがおよそ＄674、そのほかの時期が＄475である。

車・オートバイで
運転に関する情報およびアドバイスの多くは交通機関に記載されている。アメリカそのほかの都市間の長距離運転に関してもその章で触れている。詳細は「交通手段」を参照。

代行配送車で
代行配送とはほかの人が所有している車を、所有者がある場所まで運転することができない場合その人に代わってその場所まで運転するシステムである。ドライバーになるには、21歳以上であること、有効な運転免許証、身分証明書、保証金＄200〜400が必要となる。なお、問題なく車が返却できれば保証金は返金される。代理店によっては、運転記録、大手のクレジットカード、3種類の身分証明が必要となることもある。車の使用料は支払わなくてよいが、使用したガソリン代および宿泊代、食事代といった雑費は支払わなければならない。代理店から運転代の支払いはないが、保険料は請け負ってくれる。車両受け取り時には損傷がないか注意して点検すること。

車は決められた時間までに目的地に届けなければならない。通常1日6時間運転するという計算で1回の移動に充てられる時間が決められる。最大走行距離も決められているため、最短ルートを走らなければならない。保証金の返金条件についてはちゃんと理解しておかなければならない。

ちょうどよい時期に行きたい場所に向かう車があるかどうかはわからない。旅行日程に融通をきかせ、幾つかの会社に連絡してみるとよい。望みの車が見つかるかどうかは需要次第だが、西海岸から東海岸間はもっとも簡単に見つかるルートである。

代行配送会社はイエローページの「自動車輸送・配送代行会社Automotive Transport & Drive-Away Companies」で見つけることができる。ホームページ ⓦ www.movecars.comで情報を得ることもできる。

ツアー
1人で旅行をしていて社交的なタイプなら、団体旅行は楽しいものになるだろう。そして時には経済的でもある。年齢、性別、興味のあるものを考慮して自分に適したツアーを選ぶとよい。通常、ツアーにはさまざまな国籍の人が参加しているが、アメリカ人はほとんどいない。たいていの場所で短時間しか滞在せず、その土地の文化にあまり触れる機会がないのはデメリットかもしれない。パッケージツアーに関する情報は出発前に国内の旅行会社から得るとよい。下記の旅行会社はここ最近活躍しており評判がいい。詳細は各ホームページをチェックするとよい。

グリーン・トータス
Green Tortoise
☎ 415-956-7500、800-867-8647
ⓦ www.greentortoise.com
🏠 494 Broadway, San Francisco, CA 94133
温泉や国立公園に立ち寄るさまざまなバスツアーを企画している。グリーン・トータスのツアーは移動コミューンのようだ。改造された寝台コーチには高くしたデッキにマットレスが敷かれ、2段ベッド、カウチ、テーブル、キッチン設備、ステレオが装備されている。ただし、トイレはついていない（バスは「必要に応じて」停車する）。車内は禁煙で、アルコールの持ち込みも禁止されている。サンフランシスコからのナショナル・パーク・ループNational Parks Loopは所要16日間で、2002年の料金は＄629。＄191が食費として別途必要になる。デス・バレーDeath Valleyへの3日間の旅行（＄180）、ヨセミテまでの2日間（＄130）、3日間（＄170）の旅行などがあり、食費が含まれている。ツアーはほとんどがサンフランシスコ発となっている。

アドベンチャー・プラネット
Adventure Planet
☎ 208-726-8410、888-737-5263
ⓦ www.adventurebus.com
グリーン・トータスと同様のツアーを行っている。ツアーには改造したグレイハウンドのバスを使用。ツアーはロサンゼルス（またはラスベガス）を出発し、すぐにカリフォルニアを越え西部や南西部のすばらしい景観や国立公園へと案内してくれる。

トレック・アメリカ
Trek America
☎ 973-983-1144、800-221-0596
☎ 01295-256 777（イギリス）
ⓦ www.trekamerica.com
アクティビティが中心のツアーを行っている。14人乗りのバンで回る。たいてい夜はテントでのキャンプになり、誰もがキャンプ仕事を手伝うことになっている。2、3泊するが、ハイキングやもっと個人的な観光をしてもよい。トレック・アメリカのツアーは通常18歳から38歳の旅行者を対象としているが、「フットルースFootloose」ツアーはより年配の旅行者向けに企画されている。7日間の「ウエスタン・ワンダーWestern Wonder」ツアー（＄529〜）はサンフランシスコを出発し、ヨセミテ国立

公園、ラスベガス、グランドキャニオンを回りロサンゼルスが終点となる。同コースの逆ルートを行くツアーがロサンゼルスから出ている。

アメリカン・アドベンチャー
AmeriCan Adventures
☎310-324-3562、800-873-5872
W http://www.americanadventures.com
ロサンゼルスを拠点としている。西部を6カ所回るアメリカ国内の少人数ツアーを行っている。ツアーは良心的な価格だ。ロサンゼルスから始まり、7日間の「カリフォルニア・クーラーCalifornia Cooler」（＄499〜）のコースでは、ヨセミテ、サンフランシスコ、パシフィック・コースト・ハイウェイ、ロサンゼルスとディズニーランドを回る。それに加え、ラスベガスやグランドキャニオンといったカリフォルニア以外の見所を回るものもある。人数は13名まで。夜はキャンプまたは、ユースホステルや格安ホテルに宿泊。ツアーは18歳以上であれば誰でも参加できる。アメリカまたはカナダ以外からの予約や問い合わせはイギリスのオフィス（☎01295-756200 FAX 01295-756240 e info@americanadventures.co.uk）に直接連絡を。イギリス以外の国から電話する場合、それぞれの国際アクセスコードを最初にダイヤルする。続いてイギリスの国番号44をダイヤルし、最初の0は省く。

サントレック Suntrek（☎707-523-1800、800-786-8735 FAX 707-523-1911 W www.suntrek.com）でも同様のツアーに参加できる。1週間のツアーとしては、ロサンゼルスを出発しグランドキャニオン、ラスベガス、デス・バレー、モノレイク、ヨセミテを回りサンフランシスコに行く「ウエスタン・サンWestern Sun」（＄549〜）、サンフランシスコを出発しパシフィック・コースト・ハイウェイを経由してメキシコのティファナに行く「サーフ・アンド・サンSurf & Sun」（＄499〜）がある。

バークレーBerkeleyを拠点とした**バックロード Backroads**（☎510-527-1555、800-462-2848 W www.backroads.com）はサイクリング、ハイキングなどさまざまなスポーツに関連したツアーを企画している。料金は高め。

交通手段
Getting Around

飛行機

短期間でいろいろなところを回るなら、カリフォルニアでは飛行機が便利だ。出発する空港、目的地、時期、どれくらい前に航空券を購入するかによって、飛行機の旅はバス、電車、レンタカーより安くつくことがある。

　サンフランシスコやロサンゼルスのような大空港のほかにも、サクラメント、オークランド、サンノゼ、サン・ルイス・オビスポ、モントレー、バーバンク、オンタリオ、ロングビーチ、オレンジカウンティ、サンディエゴなど地方の小さな空港からも飛行機が出ている。

　主要路線はサンフランシスコ（SF）からロサンゼルス（LA）間、バーバンク間、オレンジカウンティ間、サンディエゴ間、リノ間のほか、オークランドからロサンゼルス間、ロサンゼルスからラスベガス間で、1時間ごとあるいはそれより短い間隔で運航されている。空港に行き、チケットを買って飛び乗ることもできるが、安く買うには前もって購入しておかなければならない。チケットの購入については「アクセス」を参照。記載されているアドバイスは参考になるだろう。

　アメリカ・ウエスト航空、アメリカン航空、コンチネンタル航空、デルタ航空、サウスウエスト航空、ユナイテッド航空、USエアウェイズなどの航空会社がカリフォルニア内の便を運行している（航空会社の連絡先は「アクセス」の「空から」の「空港・航空会社」を参照）。

バス

グレイハウンドは大手長距離バス会社で、カリフォルニアとアメリカ全土の各地をつなぐ路線を運行している。

ミッシング・リンク・ツアー
Missing Link Tours
☎702-453-7193、800-209-8586
W www.tmltours.com
ラスベガスを基点とし、ラスベガスとロサンゼルス間のシャトル便を週3便運行。地域内のユースホステルやホテルへの送迎サービスつき。

グレイハウンド
Greyhound
グレイハウンド（☎800-231-2222 W www.greyhound.com）は都市をつなぐ幹線道路間のバスを1日数便運行しており、途中の小さな町にも止まる。運行の間隔はまちまちだが、辺ぴな場所でも少なくとも1日に1便は運行している。利用の多い便は1時間ごと、なかには24時間運行の便もある。

　長距離を旅するならグレイハウンドがもっとも安く、貧乏学生、低予算の旅行者、アメリカの低所得者層に多く利用されている。中流のアメリカ人はグレイハウンドに乗ろうとは思わないだろう。とはいえ、たいていの国の基準からいえば、サービスはかなりよいといえる。

　一般に車体は清潔で乗り心地がよく安全だ。トイレ、エアコン、リクライニングシートが完備されており、車内は禁煙である。3、4時間ごとに食事休憩があり、たいていはファストフード店かカフェテリア形式のトラックサービスエリアに停まる。

　バス発着所は殺風景な場所であることが多く、往々にして大都市の危険な場所にある。小さな町ではマクドナルドや郵便局、アムトラックの駅といった所定の場所に停車する。このような場所で乗車するには、バスがいつどこに着くのかを正確に把握し、はっきりと合図してバスを停め、釣銭のいらないよう料金を用意しておくこと。

　チケットはターミナルの窓口や代理店で購入できる。大手クレジットカードを使って電話（☎800-229-9424）やインターネットで購入することもできる。10日前までに購入すればアメリカ国内の住所に郵送してもらえる。身分証明書を提示してチケットカウンターで受け取ることもできる。

　次ページに料金表のサンプルを掲載している。ほかの路線についてはグレイハウンドに問い合わせること。

　表中の運賃は一般の大人運賃である。12歳以下の子供は半額。グレイハウンドの「シニアクラブSeniors Club」（＄5）会員の高齢者は10％引き。学生は＄22.5で「学生優待カードStudent Advantage Card」（☎877-256-4672、W www.studentadvantage.com）を購入すれば正規運賃の15％引きになる。外国人学生はISICカードを提示すれば、10％割引になる。

　割引料金は7日前までにチケットを購入すれば適用される。特別割引キャンペーンなども常にあるのでホームページをチェックしよう。グレイハウンドのドメスティック・アメリパスまたはインターナショナル・アメリパスについては「アクセス」を参照。

グレイハウンドバス路線と運賃

路線	運賃（$）	所要時間	便数
サンフランシスコ〜ロサンゼルス	42	7時間30分〜13時間30分	直行便最大16便
サンフランシスコ〜トラッキー	41	5時間30分	最大3便
サンフランシスコ〜マーセド（ヨセミテ行き）	29	4時間〜5時間	直行便4便
サンフランシスコ〜マウント・シャスタ（サクラメントで乗り換え）	56	8時間30分、12時間	2便
サンフランシスコ〜レッド・ブラフ（ラッセン火山国立公園にはサクラメントで乗り換え）	37	6時間〜9時間30分	最大5便
ロサンゼルス〜サンディエゴ	14	2時間15分〜4時間15分	1時間ごと
ロサンゼルス〜マーセド	34	6時間15分〜7時間30分	直行便最大11便
ロサンゼルス〜ラスベガス	34	5時間15分〜9時間	6:00〜11:00まで1時間ごと

鉄道

アムトラック Amtrak（☎800-872-724 ▣www.amtrack.com）がカリフォルニア州内で列車を運行しており、地方への接続にはバスも運行している。

サンディエゴとサン・ルイス・オビスポ（SLO）間を快適に旅するには、スマートな車体の新型2階建て車両パシフィック・サーフライナー*Pacific Surfliner*がおすすめ。エコノミーとビジネスクラスがある。全席ラップトップ・コンピュータ専用プラグ装備で食堂車もある。ロサンゼルス〜サンディエゴ間（アナハイム経由）は1日11列車が運行。4便が北上しサンタバーバラまで接続、さらにそのうち2便はSLOまで接続。主に海岸線に沿って走るので美しい景色を楽しむことができる。

コースト・スターライト*Coast Starlight*はロサンゼルス〜シアトル間を毎日運行。カリフォルニア州内ではSLO、パソ・ロブレス、オークランド、サクラメント、チコ、レディング、ダンスミュアに停車する。

キャピトル・コリダー*Capitol Corridor*はサンノゼ、オークランド、ノーザン・ゴールド・カントリーのサクラメント、オーバーン間を運行している。1日最大18便。

サン・ホアキンズ*San Joaquins*はサンフランシスコ近郊のエメリービルから内陸部へ向かい、ヨセミテ国立公園行きのバスが出ているマーセド経由でベーカーズフィールドへ向かう。ベーカーズフィールドからはサンタバーバラ、ラスベガス、ロサンゼルス、アナハイムまでバスが出ている。

カリフォルニア州内を走る列車もまた4路線ある。「アクセス」を参照。チケットは直接または、電話かインターネットで購入可能。料金は出発日、路線、座席クラスやほかの要因によって変わってくる。たとえばコースト・スターライトでロサンゼルスからオークランドまでの普通料金は$67（11時間半）、パシフィック・サーフライナー*Pacific Surfliner*でサンディエゴからサンタバーバラまでは$31（5時間30分）、サン・ホアキンズではサンフランシスコ（エメリービル）からマーセドまでが$29（3時間）となっている。料金や時刻はアムトラックのホームページでチェックできる。特別割引の情報も掲載されている。

一般に62歳以上の高齢者には15％割引が適用され、2歳から15歳の子供は普通運賃の半額。学生は**学生優待カード Student Advantage Card**（☎877-256-4672 ▣www.studentadvantage.com ▣$22.5）を購入すれば15％の割引が受けられる。1月から5月、9月から12月半ばまでの通常料金は安くなる。

予約は11カ月前から乗車当日まで受け付けられているが、席に限りがあるのでできるだけ早く予約するほうがよい。早く予約すれば割安料金で購入できる可能性がある。

あちこち旅行するならレール・パスがおすすめ。カリフォルニア・パスCalifornia Passだと州内を21日の期間内で7日乗り放題となる。料金は$159。南カリフォルニア・パスSouthern California Passと北カリフォルニア・パスNorthern California Passはそれぞれの地域内を7日の期間内5日間使用できる。料金は$99だ。

車

カリフォルニア州内のたいていの道路はよく整っており、車で快適に旅行できるだろう。車はもっとも便利な交通手段で、田舎をくまなく見て回るには唯一の手段といえるかもしれない。車を使えば小さな田舎町を訪れたり、不規則に広がる郊外を突っ切り、広大な荒野を旅行するのも簡単にできる。そのような場所は公共交通機関では難しく、不可能なこともある。

州内の道路状態に関しては**カリフォルニア運輸局** California Department of Transportation（Caltrans ☎800-427-7623）に問い合わせるとよい。

南北に走る3本の主要道路がカリフォルニア州を縦断している。パシフィック・コースト・ハイウェイ（PCH）として知られるハイウェイ1は砂浜や海沿いの断崖絶壁に沿って延びており、景色はこの上なく美しいがカーブが多いためスピードが出せない。

内陸のハイウェイ101も景色のよい田園地帯を横断しているが、PCHほど壮観ではない。インターステート5（I-5）はもっともスピードが出せるがもっとも単調でもある。起伏のないサン・ホアキン・バレーを抜け、州の中心地を北上しオレゴン州へ続いている。

シエラ・ネバダの横には2本の幹線道路が走っている。西側に延びているのがサクラメントの南からマーセド、フレズノを経由して、ベーカーズフィールドの南に出るハイウェイ99。もう1本がロサンゼルスから2時間北東にあるモハベ砂漠から始まり、イースタン・シエラの東側に沿ってリノへと向かいさらに北へと続くハイウェイ395である。

東西に延びる主なハイウェイとしては、サンフランシスコから北東に向かいリノを通りソルトレイクシティに達するインターステート80（I-80）、ロサンゼルスから北東に向かいラスベガスを通りソルトレイクシティに達するインターステート15（I-15）、バーストウから東に向かいフラッグスタッフとグランドキャニオンに達するインターステート40（I-40）、ロサンゼルスから東に向かいフェニックスに達するインターステート10（I-10）、サンディエゴから東に向かいツーソンに達するインターステート8（I-8）がある。

交通ルール

カリフォルニアでの運転については、「カリフォルニア・ドライバー・ハンドブック*California Driver Handbook*」に必要なことがすべて記載されている。自動車局Department of Motor Vehicles（DMV）で無料で入手できる。あるいはインターネットで次のアドレスにアクセスしてもよい。Ⓦwww.dmv.ca.gov（オートバイ版もある）

シートベルトは常時着用すること。4歳未満または、体重40ポンド（約18kg）以下の子供は、所定のチャイルドシートを使用しなければならない。

冬の時期、特に高度の高い地域で雪道、凍結した道を走行する際は、タイヤへのチェーン装着が必要となることがある。雪道や凍結した道では、チェーンを装着していない車や4輪駆動車以外の車は通行禁止になる場合があるため、トランクには常にチェーンを積んでおくこと（ただし、たいていのレンタカー会社はレンタカーへのチェーン装着を禁止している。チェーンによる損傷には責任を負わなければならない）。

ロード・サービスによるチェーン装着サービスがある場合もある（約$20）。冬場に備えて、緊急用に温かい毛布、フロントガラスのアイス・スクレイパー（氷取り）、雪用シャベル、照明装置、手袋とブーツをトランクに準備しておこう。

カリフォルニアでの運転が初めてなら次の点に注意しよう。標識がある場合を除き、優先権のある対向車の邪魔にならないなら赤信号でも右折できる。フォーウェイストップの標識がある（4方向に一時停止標識がある）交差点では車は到着順に進む。2台同時に到着した場合は、右側の車に優先権がある。どちらが先かについては意見が分かれるところなので、あやふやな場合はたとえ右側でも道を譲ろう。

フリーウェイでは、遅い車は、右、左いずれの車線からでも追い越してよい。2台が同じ中央車線に入ろうとする場合は、右側を走っている車に優先権がある。フリーウェイやハイウェイの中にはダイヤ型のマークが付き「カープールcar pool」と書かれた車線がある。この車線は乗客2人以上の車専用車線で、これ以下の人数でこの車線に入ると厳重な罰金が課せられる。

サイレンを鳴らして救急車が後方から走ってきた場合は、右側の縁石に安全に車を寄せ、通り過ぎるまで待つこと。

飲酒運転の罰則については、「基本情報」の「違法行為」を参照。

速度制限　速度制限は標識がない限り、市街地では時速35マイル（時速約56km）、インターステート、フリーウェイ、ハイウェイでは時速65マイル（時速約104km、時には時速70マイル（時速約112km）または時速7マイル（時速約120km）の場合もある。しかし、たいていのドライバーはこの制限速度を2、3マイル（約3～5km）オーバーしている。カリフォルニアには「基本速度法」があり、制限速度にかかわらず、道路状況に応じた安全な速度を超えて運転してはならないと定められており、警官の判断する安全速度に基づき、スピードオーバーと同様に運転が遅すぎる場合にも違反切符がきられる。

市街地や住宅地ではスクールゾーンに注意すること。児童がいる場合、制限速度は時速15マイル（時速約24km）で、速度は厳重に守らなければならない。児童が乗り降りしているこ

とを示すテールライトが点滅している際は絶対にスクールバスを追い越してはならない。

ゴミ捨て
カリフォルニア州ではゴミの投棄は厳しく取り締まられている。車から瓶、缶、ゴミ、タバコの吸殻などを捨てた場合は、最高＄1000の罰金が課せられ、ほかの運転違反と同様運転記録に残される。ゴミは車外に投棄せず、所定の場所へ捨てること。

駐車
縁石の色に注意しよう（赤は駐停車禁止。黄色は荷積み専用。白は短い用事を済ませるため5分間のみの駐車可。緑は9:00～18:00まで10分に限り駐車可。青は障害者専用）。駐車違反は厳しく取り締まりされている。パーキングメーターのある所に駐車する場合は必ず十分な額を投入しておくこと。30秒車に戻るのが遅れただけでも、最高＄30の罰金になる。交通標識には常に注意すること。住宅街、特に歓楽街付近の駐車は住民に限られている場合が多い。道路清掃時は道路に車を止めないこと（通常は平日の早朝だが日時が掲示される）。そして言うまでもまく、私道をふさがないように、消火栓やバス停の近くには駐車しないようにしよう。

アメリカ自動車協会
American Automobile Association

自家用車、他人の車、レンタカーに限らず、運転する機会が多いなら、アメリカ自動車協会（AAA、＜トリプルA＞と呼ばれる）（☎800-874-7532　W www.aaa.com）に入会することをおすすめする。会員カードがあれば、国内どこにいても事故、故障、ロックアウトなどの際、24時間緊急サービスが無料で受けられる（☎800-222-4357）。協会は無料で地図、ガイドブック、ほかの旅行案内を配布し、中古車購入のアドバイス、手頃な料金の自動車保険、旅行代理店などのサービスも提供している。

　会員カードの提示で宿泊、レンタカー、入場料が割引になる。協会事務所はカリフォルニア州をはじめ全米にあり、場所は電話またはホームページで確認できる。地域によって会費は多少異なるが、大体初年度は約＄65、2年目からは＄45で、家族会員は1人につき＄20となっている。

　イギリス自動車協会やドイツADACのようなAAAの海外関連団体の会員も会員カードを所持していれば同じサービスが受けられる。

レンタル
早く簡単に移動したい場合、特に何人かで料金をシェアできるならレンタカーがお得だ。ほとんどの国際レンタカー会社は全主要都市の空港、たいていの地方都市の空港に窓口を設けている。料金の問い合わせ、予約はフリーダイヤルかインターネットでもできる。

アラモ　Alamo
☎ 800-327-9633
W www.alamo.com

エイビス　Avis
☎ 800-831-2847
W www.avis.com

バジェット　Budget
☎ 800-527-0700
W www.budget.com

ダラー　Dollar
☎ 800-800-4000
W www.dollar.com

エンタープライズ　Enterprise
☎ 800-325-8007
W www.enterprise.com

ハーツ　Hertz
☎ 800-654-3131
W www.hertz.com

ナショナル　National
☎ 800-328-4567
W www.nationalcar.com

レンタレック　Rent-A-Wreck
☎ 800-535-1391
W www.rent-a-wreck.com

スリフティ　Thrifty
☎ 800-367-2277
W www.thrifty.com

　レンタカーの利用には免許証が必要で、多くの会社ではクレジットカードも必要となる。車種、借りる場所（大都市のほうが安い）、返車場所、ドライバーの人数などの要因により価格は大きく変わってくる。夏と大型休暇期間は需要が大きく、値段ももっとも高くなる。一般に中型車で1日＄30～50、1週間＄150～250、ハイシーズンや大型車ではさらに高くなる。たいていのレンタカー会社は21歳未満には貸し出しを行わず、25歳未満の場合は通常1日＄5～15の追加料金を払わなければならない。料金は通常走行距離無制限だが、税金や任意保険は含まれていない。

　前もって自国から予約しておくと割引になることもある。飛行機とレンタカーをパックで利用する場合は車を受け取る際に余分に地方税がかかる。主要空港でのレンタカー料金についての最新の情報はオンライン予約ネットワークで得ることができる。飛行機とレンタカーのパック料金を考えているなら比較検討してみるとよい。

　損害賠償保険は法律で義務付けられている

が、カリフォルニア州のレンタカー契約に自動的に含まれているとは限らない。アメリカ人は自家用車の保険でレンタカーもカバーされている場合が多いためである。契約書をよく読み、すでに保障がされているなら余分に支払う必要はない。保障がない場合は1日＄11を目安と考えておけばいいだろう。外国人旅行者は旅行保険証書を見てレンタカーに保険がかかっているか確認すること。

車両自体への損害保険は「衝突損害免責制度（CDW）」または「損失損害免責制度（LDW）」と呼ばれ、通常は任意（1日＄12〜15）となっている。しかし、修理費のうち免責金額＄100〜500の支払いが生じることもある。

アメリカン・エキスプレスまたはマスターカードやビザカードのゴールドカード、プラチナカードといったクレジットカードを使用してレンタル料金を支払うと、最高15日間の衝突損害免責制度（CDW）が適用される。このサービスの有無または適用範囲についてはクレジット会社に確認すること。

車を買う

アメリカに3カ月以上滞在するなら、車の購入を考えても損はないだろう。それより短期間の滞在であれば、レンタカーのほうが安上がりで手間もかからない。

ディーラーから購入すると高くつくが、保証やローンの選択肢がある。ディーラーは通常1つの地域に集中しているので、短期間で多くの車を見て、値段を比較検討できる。

個人だとより安く購入できる場合が多い。新聞広告や、中古車広告専門誌を見るとよい。個人の売り手は広範囲に散らばっているので、車を探すにも車が必要になるだろう。中古車購入には値引き交渉が普通だ。

「ケリー・ブルー・ブックKelley Blue Book」（公共図書館、書店、インターネットw www.kbb.comで入手可能）で、検討中の車の型と年式の相場を調べ、購入前に整備士か診断サービスのチェックを受けるとよい。権利証書を入念にチェックし、所有者の名前が売り手の身元と一致しているか確認すること。車の排気が検査済みかどうかも確認し、カリフォルニア基準に適合することを証明する「排気ガス検査合格証smog certificate」を受け取ること。

個人から購入した場合は、購入して10日以内にDMV（自動車局）事務所に登録しなければならない。所有者権利証書（ピンク・スリップ）、売渡証とともに、排気ガス検査合格証、保険証明を持参する。ディーラーから購入した場合は、通常DMVに出向く必要はない。書類作成は代行してもらえる。登録は郵送でも行える。

アメリカから出発する日が近づいてきたら、車を売ることを考えよう。安い金額で中古車ディーラーに売るよりは、地元の新聞やユースホステル、大学、スーパーマーケットのような場所に広告を出すとよい。DMVには車の売却を正式に報告しておかないと、他人の駐車違反の責任を取らされるはめになる。

車の所有者、運転者はすべて損害賠償保険に加入し、事故の際他人の体と財産を保護するため「財政責任を維持」する義務がある。

車を購入すると、損害賠償保険に加入しなければならないが、地元の免許証がない場合は難しいかもしれない。ディーラーあるいはAAA（前出を参照）が保険業者を紹介してくれることもある。地元の免許を持っていても安全運転記録の証明がなければ、保険が高額になったり加入が難しいこともある。本国での自動車保険証券の写しを提出すると、安全運転の証明に役立つかもしれない。

レクリエーション用車両

レクリエーション用車両（RV）には睡眠、食事用の設備が装備されている。カリフォルニア州をRV車で旅行することはとてもポピュラーで、電気、水道のフックアップを備えたキャンプ場は大都市を除いてどこにでもある。RV車は一般車より高額で車体も大きく経済的ではないが、交通、宿泊、調理を1台でまかなってくれる。RV車とキャンピングカーのレンタルは **クルーズ・アメリカ Cruise America**（☎800-327-7799 w www.cruiseamerica.com）とロサンゼルスに本社がある**ハッピー・トラベル・キャンパー・レンタル＆セール Happy Travel Camper Rental & Sales**（☎310-675-1335、800-370-1262 w www.camperusa.com）で扱っている。

車のシェア

車に同乗しガソリン代をシェアしてくれる人を探すなら、ユースホステルに掲示を出すか、大学の掲示板や新聞広告をチェックしてみよう。ユースホステルだと、長距離旅行だけでなく一緒に車をレンタルして日帰り旅行をする相手も見つかるだろう。

オートバイ

アメリカでオートバイに乗るのは語り伝えたい経験になるだろう。「イージーライダーEasy Rider」や「ワイルド・ワンThe Wild One」から受け継がれた伝統があるからだ。有効期限内のオートバイ免許証とオートバイにも有効な国際免許証を提示すれば、レンタルの手続きが簡単になる。

交通手段 − 自転車

オートバイのための交通ルールを詳述した『カリフォルニア・モーターサイクル・ハンドブック*California Motorcycle Handbook*』はDMVの事務所かインターネット（🌐 http://www.dmv.ca.gov）で無料で入手できる。ヘルメットは必ず着用するよう義務付けられている。150cc以下のバイクではフリーウェイの通行はできないこともある。

オートバイ、特にハーレー・ダビッドソンを狙っているなら、レンタルと保険は安くはない。**イーグル・ライダー Eagle Rider**（☎310-536-6777、888-900-9901 🌐 http://www.eaglerider.com）はサンフランシスコ、ロサンゼルス、サンディエゴ、サンタバーバラ、サンノゼ、パームスプリング、ラスベガスに支店がある。レンタル料金はレンタルする場所、サイズ、レンタル期間に応じて変わるが、ハーレーで1日＄75〜135である。料金にはヘルメット1個または2個、損害賠償保険が含まれており走行距離に制限はない。ただし、衝突損害免責制度（CDW）には追加料金がかかる。

自転車

自転車はカリフォルニアを旅してまわるには最高だ。環境にやさしく、費用も安く、運動にもなり、自分の目的地へ自分の足で行ける。その反面、距離がある場合は広範囲を素早く回れず、山道では体力が必要となる。

自転車は時間、日、週、月単位でレンタルできる。スポーツ用品店、大型ディスカウントストア、自転車店などで新品を購入することもできる。中古ならフリーマーケットやユースホステルの掲示板などで探すことも可能。新聞広告も参考になるだろう。もちろん価格はいろいろだ。

サイクリングやサイクリングコースの計画に関する本や雑誌などは書店、自転車店、旅行代理店で買える。「アクティビティ」を参照。

自転車はすべての通りやハイウェイで走行が許可されており、狭い道が並行して走っていない場合のように選択の余地がなければフリーウェイでも走行できる。ただし乗り入れができない場所では出口にすべて表示がある。たとえばインターステート5（I-5＜アイ5＞）のオレゴン州境からロサンゼルス北までは自転車で南下することができる。ほとんど例外なく荒野や国立公園ではマウンテンバイクに乗ることができない。ただし、幹線道路のサイクリングは問題ない。マウンテンバイクを含めて自転車は国有林、BLM単線道路での走行が許可されている。道路では、自転車はほかの利用者に道を譲るのがエチケットだ。

カリフォルニア運輸局（Caltrans）は州北部と中央部の自転車用地図を発行しており、無料で郵送してもらえる（ただし、南部版はない）。問い合わせは（☎916-653-0036、614-688-2597、510-286-5598）に連絡してみよう。地図や自転車のルート、用具などさまざまな情報は**アドベンチャー・サイクリング協会 Adventure Cycling Association**（☎416-721-1776、800-775-2453）でも入手できる。ホームページもチェックしてみよう（🌐 http://www.adv-cycling.org）。

自転車での長旅でペダルを踏むのに疲れたり、丘陵地帯や悪天候を避けたいなら、公共交通機関に自転車を乗せることもできる。自転車用ラックを装備したバスもある。詳細は本書に記載の各会社の連絡先に問い合わせてみよう。

折りたたみ式の自転車ならグレイハウンドに荷物として積み込むこともできる。その場合は駅で販売されている専用の自転車用ボックスに収納しなければならない。料金は＄15だ。

アムトラックも手荷物として自転車を運んでくれるが、やはり駅で販売されている＄10の自転車用ボックスに折りたたんで収納しなければならない。サン・ホアキンズ*San Joaquins*、パシフィック・サーフライナー*Pacific Surfliner*、コースト・スターライト*Coast Starlight*、キャピトル・コリダー*Capitol Corridor*などの列車は自転車収納車両がある。予約の際、詳細を確認すること。

たいていの航空会社はボックス収納された自転車をスポーツ用品としてみなし、追加料金を徴収しない。しかし、折りたたみできない自転車には超過荷物追加料金を徴収する航空会社もある。チケット購入前に各航空会社に確認すること。

ヘルメットはおしゃれではなく、かぶると髪が乱れるかもしれないが、我慢しよう。着用するのが賢明だ。18歳未満には着用が義務付けられている。夜に走行するなら、ヘッドライトの点灯と反射板が必要だ。明るい色や反射する衣服を身に着けるのもよいだろう。水およびパンクやほかのトラブルに備えて修理用具を携帯しよう。

自転車の盗難がよくあるので、頑丈な鍵をつけること。盗難保険がついたものもある。自転車のフレームに免許証番号やほかの身分証明書番号を刻んでおくとよい。たいていの警察署に道具が備えてあり、ものの数分でできる。警察に登録もしておこう。

ヒッチハイク

ヒッチハイクは世界中のどこでも完全に安全とはいえず、おすすめはできない。危険の可能性があっても、あえてヒッチハイクを選ぶ

旅行者は、現代のアメリカでヒッチハイクは一般的ではなく、ヒッチハイカーは疑いの念を持って見られていることを知っておくことだ。親指を立てても喜んで停まってくれるドライバーはほとんどいない。ヒッチハイクをするときもヒッチハイカーを乗せるときも格別の注意を払わなければならない。

性差別主義者だと思われることを承知であえて言うなら、女性は決して1人で、あるいは連れの女性がいてもヒッチハイクをするべきではない。ドライバーはたいてい連れのない男性を乗せたがらない。カップルが乗せてもらえるチャンスが1番多くまた安全でもある。一般道やハイウェイでヒッチハイクは可能だが、フリーウェイではオンランプ(一般道からフリーウェイに入る入口車線)の所に立たなければならない。一番いいのはガソリンスタンドに入ってきた車に尋ねることだ。(お互いに)人を吟味できる。断られることのほうが多いと覚悟しておこう。

船

ロサンゼルスの海岸からサンタ・カタリナ島 Santa Catalina Island への便はあるが、カリフォルニアの旅には船という選択肢はない。サンフランシスコ湾からは、サンフランシスコとサウサリート、ティブロン、ラークスパー、オークランド、アラメダ、バレーオ間にフェリーが運航している。サンディエゴ湾には小型フェリーと水上タクシーがある。詳細は該当の章を参照。

公共交通機関

都市や大きな街には地方のバスが運行されているが、多くは通勤用で夜の便は限られており、週末にはまったく便がないこともある。該当する地域の章を参照のこと。

湾岸地区高速鉄道 Bay Area Rapid Transit (BART) はサンフランシスコの湾岸地域の地下(あるいは海底)を走る地下鉄である。メトロ・レール Metro Rail はロサンゼルスの新しい地下鉄で、メトロ・リンク Metro Link はロサンゼルスと周辺の地域を結ぶ通勤列車である。通勤列車コースター Coaster はサンディエゴ・カウンティの海岸線に沿って海岸地域から街へ運行している。

ほかのローカル列車には歴史的なものもあり、主に観光用だ。この中でも有名なのは、ウィリッツとフォート・ブラッグ間のスカンク・トレイン Skunk Train、イリーカとモンタギュー間のブルー・グース Blue Goose、ナパとセントヘレナ間のナパ・バレー・ワイン・トレイン Napa Valley Wine Train、フェルトンとサンタ・クルーズ間のサンタ・クルーズ・ビッグ・ツリーズ&パシフィック・レールウェイ Santa Cruz, Big Trees & Pacific Railway、ゴールド・カウンティのジェームスタウンから出ているマザー・ロード・キャノン・ボール Mother Lode Cannon Ball、サクラメントとフッド間のサクラメント・サザン・レールロード Sacramento Southern Railroad などがある。

タクシーはメーター制で、最低料金は$1.50～2.50、1マイル(1.6km)ごとに$1.20～1.80料金が加算される。手荷物に追加料金がかかることもあり、運転手には10～15％のチップが必要。流しのタクシーが見つからないときは電話で呼ぶことができる。イエローページのタクシーの項をチェックしよう。

ツアー

辺境の荒野での急流ラフティングから都市部の観光名所めぐりまで、さまざまなツアーがある。数日にわたる長距離旅行から、2、3時間の観光ツアー、(ワイン・テイスティングや乗馬のような)アクティビティツアーのどれを選ぶにしても、特に時間が限られているなら、ツアーを利用すれば簡単に効率よく回れる。旅行代理店や観光案内所でツアーに関する情報やパンフレットを入手できる。本書にも幾つかツアーの詳細を記載している。長期にわたるツアーについては「アクセス」を参照。

サンフランシスコ

San Francisco

晴れた夏の夕べにはサンフランシスコのツイン・ピークスに登ってみよう。絵葉書のような美しい光景が見られることだろう。40を超える丘に広がるヴィクトリア朝様式の家並み、ヨットが点在する湾曲した入り江、世界中で最も愛されている2本の橋、そして夕陽で赤や淡紅色に彩られた有名なサンフランシスコの霧がのどかな空にたなびいている。サンフランシスコが米国の人気都市で常に上位にある理由は明らかだ。アメリカのほかのどの都市でも、これほど魅惑的な景色はない。

大都市の通例として、サンフランシスコ（人口80万1400人）もまったく毛色の異なる地区が集まって構成されている。丘のはざまに活気あふれるコミュニティが見え隠れし、サンフランシスコ半島のわずか7マイル（約11km）四方に収まっている。人でにぎわう極彩色のチャイナタウンは優雅なユニオン・スクエアに接し、1950年代頃にビート世代の中心地だったノース・ビーチのバーやカフェ、イタリアンレストランへとつながっている。

何といっても観光客が多く集まる場所であり、アルカトラズ島への出発点でもあるフィッシャーマンズ・ワーフはノース・ビーチと隣り合っている。気取った雰囲気のノブ・ヒルを登っていくと、その先には治安が悪いと言われているテンダーロイン地区がある。テンダーロイン自体は劇場地区、ユニオン・スクエアの高級デパート、ファイナンシャル・ディストリクトのまばゆい高層ビル街に隣接している。サウス・オブ・マーケット（ソーマSoMa）も、昼間はにぎやかな倉庫地区だが、夜間はナイトクラブのメッカに変身するという相反する顔を持つ。ラテン系の居住区であるミッション地区には小粋なバーやレストランが点在し、さまざまな個性をのぞかせる。近くのカストロ地区は1970年代にゲイの街として有名になって以来、現在でもゲイのメッカとして独特な雰囲気を漂わせている。

居住者にも観光客にとってもサンフランシスコの物価は決して安くはない。宿泊料はかなり高額になることもあり、うっかりすると、サンフランシスコで豪華な一晩をすごすのに1週間分の給料を費やすことになりかねない。当地に住む人々もこのような苦い経験を味わっている。1990年代のドットコム・バブルの頃には、住宅価格は天文学的数字にまで上昇し、この街に長く住んでいた人々の多くが街を離れる浮き目にあった。この数年、ドットコム・バブルはめっきり勢いを失ったが、住宅価格がアメリカ最高であることに変わりはない。10〜20年前のヒッピーやビート世代のように、ふらりと立ち寄り、安くあげようなどとは決して思ってはいけない。

激変する経済状況にもかかわらず、サンフランシスコがいまだに創造的なエネルギーにあふれているのは文化やライフスタイルが多岐多様を極めているからだろう。街のあちこちにある美術館やギャラリー、催し物の観覧、またチャイナタウン、ミッション、ノース・ビーチ、ヘイト界隈をそぞろ歩くだけでもそのことが感じられる。サンフランシスコの生活において、このような文化交流を最も反映しているのは、変化に富んだ料理ではないだろうか。サンフランシスコは食の豊富さでは世界に冠たる街だ。手頃なメキシカンやアジア系レストランから、世界中の伝統料理を縦

ハイライト

- 申し分のない日曜日 ―サンフランシスコ近代美術館で芸術鑑賞、ヤーバブエナ・ガーデンズで生演奏を聴きながらのピクニックもすてきだ。
- お祭り騒ぎのベイ・トゥ・ブレーカーズ・レースは5月末開催。10万人を超える仮装（または仮装なしの）ランナーたちが出場。
- ヘイト、ミッション、カストロの各ストリート、グラント・アベニュー、コロンバス・アベニューなど、サンフランシスコの（華やかな）通りも歩いてみたい。
- フォルサム・ストリート・フェア ―SM（革と鞭）愛好者、ヌーディストのパレードにはびっくり。
- カストロ・シアター、ロキシー、バルボアなどの超一流映画館もなかなかのもの。

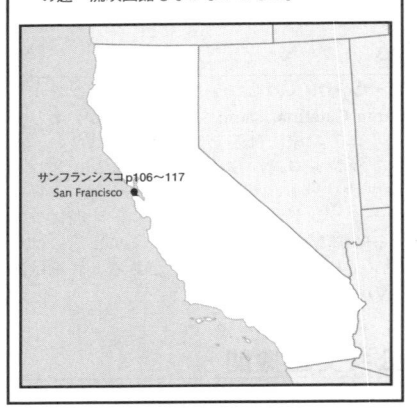

サンフランシスコ p106〜117
San Francisco

横無尽に掛け合わせたおしゃれなレストランまで、すべてがそろっている。落ち着いて、おいしい料理を十分に堪能しよう。

歴史

サンフランシスコは新しい都市だ。紀元前1100年頃には、インディアンのミウォク族とオーロン族がこの地域に定住していたが、ガスパール・デ・ポルトラがサンフランシスコ湾を「発見」してからまだ250年しか経っていない。1769年、ポルトラ一行はモントレー湾にスペイン人の伝道所を設立するため、サンディエゴから北へ向かった。それ以前にこの地域を探検したセバスチャン・ビスカイノは、モントレー湾を「囲われた良好な港」と評している。ポルトラは実際にモントレー湾を見てはいたが、ビスカイノの表現と一致しなかったため、一行はさらに北上した。1769年11月初旬、ホセ・オルテガ軍曹率いる先遣隊がサンフランシスコ湾を最初に目にした。ポルトラは北上しすぎたことに気づき、引き返した。

1772年、ドン・ペドロ・ファゲスとファン・クレスピ神父率いる第2次隊は、オルテガが発見した湾をさらに調査するためにモントレーに設立されたばかりの伝道所から出発した。当然のことながら、彼らは自分たちの調査結果に至極満足し、クレスピは「最高のカトリック信者である国王陛下の海軍だけでなく、全欧諸国の海軍が退避することのできる港である」と書き記している。1775年、ファン・マヌエル・デ・アヤラは湾に入港し、後に「ゴールデン・ゲート」と呼ばれるこの入り江に進入した最初の西欧人となった。このときクレスピも再びこの地を訪れている。翌年、ゴールデン・ゲートのすぐ上の地点に要塞が建設され、その3マイル(約5km)南にはサンフランシスコ・デ・アシス伝道所(ドロレス修道会)が設立された。これは今日のミッション地区の中心にあたる。

入植した伝道師たちの活動は実を結ばなかった。砂質の土壌は農業に向かず、プレシディオの駐留兵士が20人を超えることはまれで、港で交易が行われることはほとんどなかった。メキシコがスペインから独立してやっと、毛皮と獣脂の交易を中心とする地域経済に弾みがついた。交易所、家屋、雑貨屋、居酒屋が湾から続く斜面に建てられ始めた。

1846年、アメリカとメキシコとの間に戦争が勃発。メキシコ戦争はアメリカの勝利に終わり、メキシコはこの地をアメリカに割譲した。近くのシエラ・ネバダ丘陵地帯で1848年に金が発掘されたため、またとないタイミングだった。死んだように静かだったヤーバブエナの村は、ほぼ一夜にしてサンフランシスコと名を改め、立派な都会に変貌を遂げることになった。1850年、カリフォルニア州はアメリカ合衆国31番目の州として承認され、サンフランシスコの人口は800人から2万5000人へと爆発的に増えた。「フォーティー・ナイナーズ'49ers」と呼ばれた新住民のほとんどが40歳にも満たない男たちで、彼らを退屈させないため、カジノ、売春宿、アヘン窟、醸造所は言うまでもなく、約500の居酒屋と20の劇場がわずか5年の間に建設された。港近くの犯罪だらけの街(現在のファイナンシャル・ディストリクトの北東側)は、海賊で名高いベルベル人の故郷である北アフリカ海岸の名をとり「バーバリコースト」と呼ばれるようになった。

1906年4月18日まで、サンフランシスコは殺人と暴力の温床だった。この日、「ビッグワン」と呼ばれる大地震(当時まだ発明されていなかったリヒター・スケールでマグニチュード8.3と推定される)が発生、それに続く火災で街の半分が焼失し、3000人以上が死亡した。地震によって歓楽街のほとんどが破壊されたことで、再建のチャンスが巡ってきた。サンフランシスコはあっという間ににぎやかな近代都市へと生まれ変わったのだ。1915年、そしてパナマ・パシフィック国際博覧会を主催し、洗練された新生サンフランシスコを印象づけた。

当時のサンフランシスコは大恐慌の後遺症に悩み、ほかの都市と同様に、沈滞した経済を活性化させるための試みとして大規模な公共工事が進行中であった。ベイ・エリアは1930年代に実施した公共工事への投資金額に見合うだけの価値あるもの、すなわち1936年に建設されたベイ・ブリッジ、翌年完成したゴールデン・ゲート・ブリッジを手に入れたのだった。2つの橋はいまだにサンフランシスコの立派なシンボルである。

第2次世界大戦中、ベイ・エリアは太平洋における軍事作戦の主要拠点となり、わずかの間に湾のいたるところに巨大な造船所が出現した。

それから20〜30年後、サンフランシスコを特徴づけのが多種多様なサブカルチャーの台頭だった。50年代、体制に反抗するビート族と称する若者たちの出現を皮切りに、60年代にはヒッピーが登場。マリファナやLSDなどのドラッグを好み、ガンガンとギターを鳴り響かせたロック音楽、長髪、「フラワー・パワー」運動などが時代を彩った。1967年1月、約2万人のヒッピー(もともとは、中高年となったビート族たちが若い世代を嫌い、侮蔑をこめて用いた表現)がゴールデン・ゲート・パークに集まり、無料コンサートを開き「サマー・オブ・ラブ」の幕が切って落とされたのだった。

しかし湾の対岸では、平和と愛は時代の潮

流とはならなかった。60年代後半、ヘイトのヒッピーたちがドラッグで浮かれ騒ぎ、踊り、髪に花を挿している間に、バークレーの革命運動家たちは、世界中の学生運動を指導し、公民権をめぐって警察や大学当局と激しく闘った。オークランドでは、ボビー・シールやヒューイ・ニュートンが、当時の黒人運動で最も急進的なグループであるブラックパンサー党自警団を創設した。

再編と大変動の60年代が過ぎ、のんびりとした70年代へと入ってゆく。異性を対象としたセックスが主流だったヒッピーによるセックス革命に対し、サンフランシスコのゲイたちは決然と立ち上がり、70年代にホモセクシャル革命を起こす。「ゲイであることにプライドを持とう」をスローガンに、それまでこそこそと活動していた同性愛者たちが堂々とその存在を明らかにするようになった。

1980年代、サンフランシスコは不遇の時代を迎えた。1981年に、初めて数人のAIDS患者が報告された。当時、AIDSはゲイ関連免疫不全（GRID）として知られていた。1980年代終わりには、AIDSによる死者は数千人にのぼった。1980年代後半には、さらに驚くべき災害が起こる。1989年10月17日のロマ・プリエタ地震だ。震度はマグニチュード7.1を示し、その被害は広範囲におよんだ。ベイ・ブリッジの一部も被害を受けた。マリーナ地区の一角は倒壊し、焼失。オークランドでは、湾岸沿いの高速道路インターステート880（I-880）の2階建て部分が倒壊し、死者は42人という最悪の被害を出した。

1990年代に入り、サンフランシスコは最大の成長期を迎える。新興のインターネット企業やその他ドットコム関連企業の成功により、景気はうなぎのぼりに上昇、一攫千金を当て込んだ狂騒はサンフランシスコ市内のレストランやナイトクラブ業界の景気まで煽りたてた。古くからの居住区（たとえば、ミッション地区）に新興企業や（専門職を持った都会の青年）ヤッピーたちが侵入していった。しかし、この驚異的な成長も長くは続かず、1990年代後半にはドットコム・バブルの衰退が始まり、失業率が上昇、経済全体が揺らぎ始めた。ようやく景気の停滞が頭打ちとなり、現在は、雇う側、雇われる側、レストラン経営者も、クラブの常連客も、だれもがこの経験から何かを学んだようだ。

オリエンテーション

一方を太平洋、他方をサンフランシスコ湾に挟まれた、長さ30マイル（約48km）の半島の先端にあるサンフランシスコは、約46平方マイル（約119km²）というアメリカで最も小さな都市の1つだ。この街は大きく3つに区分で

49マイル・シーニック・ドライブ

ところどころで停車しながら、49マイル（約80km）の風光明媚なドライブを1日楽しもう。1939～1940年のトレジャー島博覧会開催に向けて考案された49マイル・シーニック・ドライブはコイト・タワーからゴールデン・ゲート・ブリッジにいたるまで、市内のほとんどの名所を網羅している。かもめの標識が順回路をわかりやすく表示しているが、見やすい地図や注意表示があればさらに心強い。サンフランシスコ・ビジター・インフォメーション・センターで手に入れよう。

きる。一切れのパイのような形をした中央部分、バン・ネス・アベニューとマーケット・ストリートが両辺にあたり、その両辺に挟まれた弧の部分がエンバーカデロだ。この狭い一画に、ユニオン・スクエア、ファイナンシャル・ディストリクト、シビック・センター、チャイナタウン、ノース・ビーチ、ノブ・ヒル、ロシアン・ヒル、フィッシャーマンズ・ワーフなどがすし詰めになっている。

マーケット・ストリート以南には、これからの発展が予想される倉庫地区、サウス・オブ・マーケット（ソーマSoMa）がある。ソーマは、ラテン系居住区であるミッション地区に隣接し、ゲイたちが暮らすカストロ地区へ続いている。

3つ目の地区は市内最大の専有面積を有する、バン・ネス・アベニューから太平洋へと続く広い地域だ。マリーナやパシフィック・ハイツなどの高級住宅街、リッチモンドやサンセットなどの郊外地区、ジャパンタウン、フィルモア、ヘイトなど、それぞれに独自性のある地区を含む多様な地域だ。サンフランシスコの主要な3つの公園、プレシディオ、リンカーン、およびゴールデン・ゲート・パークもここに含まれる。

地図

書店でサンフランシスコのきちんとした地図を購入することもできるが、ほとんどの旅行者は、各所中のホテルにはいる無料地図で事足りる。無料地図の中でも最も役に立つのが、市内のホテルで入手できる「サンフランシスコ市街図・ビジターガイドSan Francisco Street Map & Visitor Guide」だ。公共交通機関を利用して街を探訪したい場合には、＄2で購入できるMUNI（ミュニ：サンフランシスコ市営鉄道でケーブルカー、バスとメトロなどがある）の「市街地図・乗り換え地図Street & Transit Map」がおすすめ。地図を入手するならビジター・インフォメーション・センターか大型書店へ行くとよい。**ランド・マクナリー・マップ・ストア Rand McNally Map Store**（MAP2 ☎415-777-3131 cnr Market & 2nd Sts）は地図探しには格好の店だ。

ロンリープラネットでは、使いやすく耐久性のあるラミネート加工の市街地図（＄6）を発行している。**トーマス・ブロス・マップズ Thomas Bros Maps**（☎415-981-7520 ✆cnr Jackson St & Columbus Ave）はベイ・エリアの詳細な市街地図を発行している。

インフォメーション

観光案内所
サンフランシスコ・ビジター・インフォメーション・センター（MAP 2 ☎415-391-2000 📠415-227-2602 🌐www.sfvisitor.com ✆lower level, Hallidie Plaza, cnr Market & Powell Sts 🕐月～金8:30～17:00、土・日9:00～15:00）は、市内中心部ユニオン・スクエアのすぐそば、人気のケーブルカー折り返し地点脇にある。

センターでは地図、ガイドブック、パンフレット、テレフォンカードなどを入手できる。主要なエンターテインメント、スポーツ、催し物に関しては、テープによる情報を英語（☎415-391-2001）、フランス語（☎415-391-2003）、ドイツ語（☎415-391-2004）、イタリア語（☎415-391-2002）、日本語（☎415-391-2101）、スペイン語（☎415-391-2122）で24時間流している。

カリフォルニア州自動車協会 California State Automobile Association（☎415-565-2141 ✆150 Van Ness Ave）では、会員に地図やホテル予約などのサービスを提供している。

お金
サンフランシスコ市内にはいたるところに銀行があり、たいていの場合、両替率もいい。サンフランシスコ国際空港3階、国際線ターミナルには、**トラベレックス Travelex**（☎650-821-0900、🕐6:30～22:00）が経営する両替所がある。

郵便・通信
シビック・センター郵便局 Civic Center post office（MAP 2 ☎415-563-7284、800-725-2161 ✆101 Hyde St）宛に送れば、郵便を受け取ることができる。宛先はc/o General Delivery, Civic Center Post Office, 101 Hyde St, San Francisco, CA 94142, USA。ユニオン・スクエアのメイシーズ・デパート Macy'sの地下にも郵便局がある（🕐月～土10:00～17:30、日11:00～17:00）。

公衆電話から電話をかけるには、市内通話ならば35¢から50¢、マリン・カウンティ、イースト・ベイ、サンフランシスコ半島内にかける場合は割高になる。安くて便利なのは、テレフォンカード。どこの雑貨屋・ドラッグストアでも購入できる。

サンフランシスコとマリン・カウンティのエリアコードは☎415、イースト・ベイ（バークレー、オークランドを含む）のエリアコードは☎510、ペニンシュラ、パロ・アルトは☎650、サンノゼは☎408。

eメール＆インターネット
サンフランシスコの公共図書館ではインターネットやeメールにアクセスすることはできるが、ほとんどの場合、カリフォルニア州の図書館利用カードが必要。**市立図書館 Main Library**（MAP 2 ☎415-557-4400 ✆cnr Larkin & Grove Sts）はその例外。場所はBART（ベイ・エリア・ラピッド・トランジット）/MUNI（ミュニ・メトロ）のシビック・センター駅近く。1階にある6台の「高速」インターネット端末は、先着順で15分間使用できる。ビジター・インフォメーション・センターのスタッフだけでなく、図書館職員も市内のインターネットアクセスポイントについての情報を教えてくれる。

コンプUSA CompUSA（MAP 2 ☎415-391-9778 ✆750 Market St）では無料でインターネットにアクセスできる。しかし、便利なインターネットカフェが次のとおり市内各所に点在している。ダウンタウンなら、**カフェ・ドットコム Cafe.com**（MAP 2 ☎415-922-5289 ✆970 Market St 📠1時間＄7）を試してみよう。ヘイトでインターネットを使うなら**ケツァール Quetzal**（MAP 2 ☎415-673-4181 ✆1234 Polk St 📠1時間＄10）がある。カストロ地区の**チャット・カフェ CHAT Cafe**（MAP 5 ✆cnr 18th & Sanchez Sts）では何か注文すると無料で高速インターネットが使える。

旅行代理店
STAトラベル STA Travel（☎415-391-8407、800-781-4040 🌐http://statravel.com ✆36 Geary Blvd • ☎415-421-3763 ✆530 Bush St）はおすすめの旅行代理店。学生にも学生以外にも、安価なチケットを提供している。

書店
市内の書店の多くが遅くまで営業し、いくつかの店では充実した読み物をそろえている。**シティ・ライツ・ブックストア City Lights Bookstore**（MAP 3 ☎415-362-8193 ✆261 Columbus Ave, North Beach）は市内で最も有名な書店であり、アメリカ初のペーパーバック専門店だ。50年代はビート族の活動の中心となり、現在も創業者ローレンス・ファーリンゲッティが所有している。

[P118へ続く]

MAP 1 サンフランシスコ

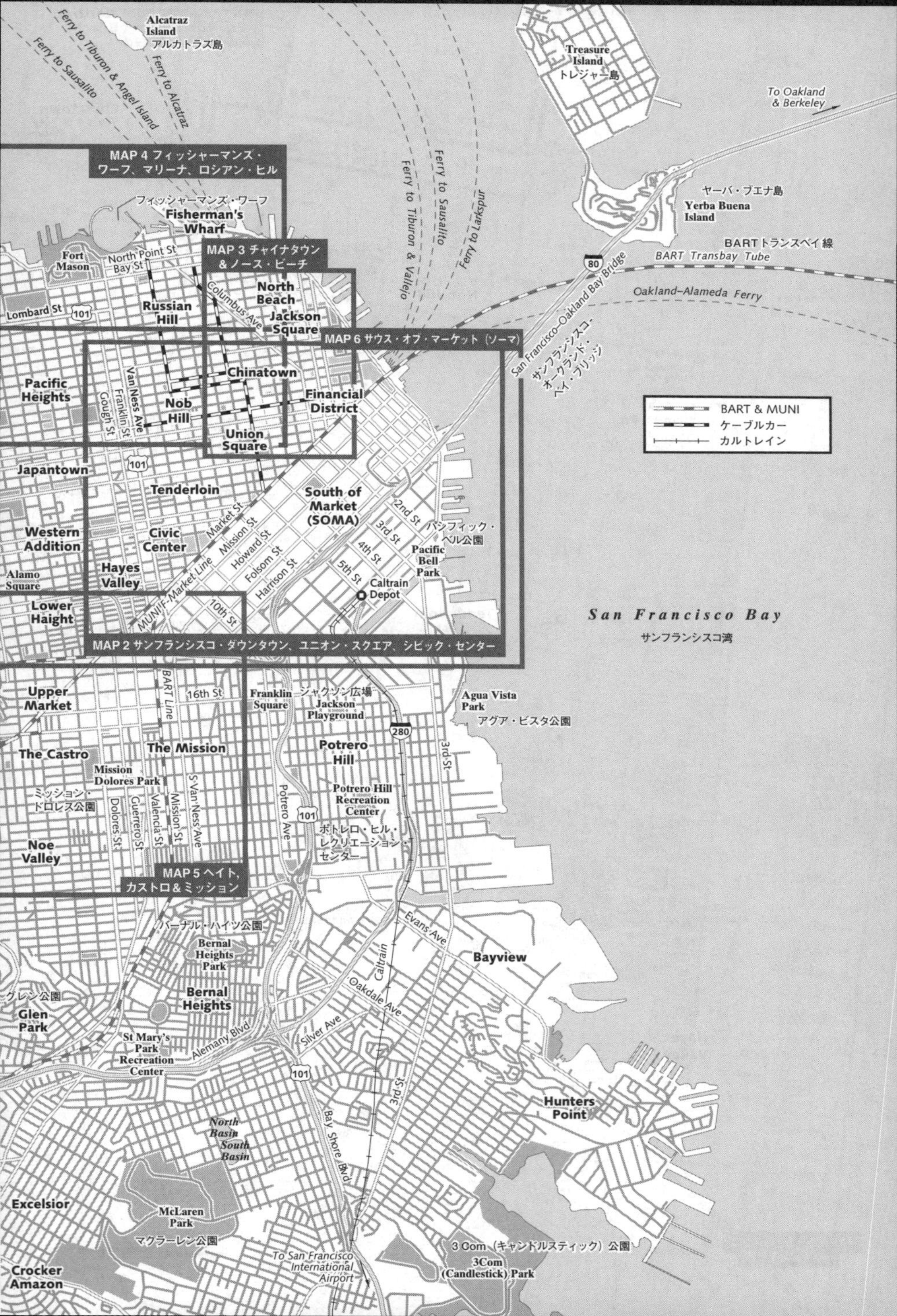

Alcatraz Island
アルカトラズ島
Ferry to Sausalito
Ferry to Tiburon & Angel Island
Ferry to Alcatraz
Treasure Island
トレジャー島
To Oakland & Berkeley
MAP 4 フィッシャーマンズ・ワーフ、マリーナ、ロシアン・ヒル
フィッシャーマンズ・ワーフ
Fisherman's Wharf
MAP 3 チャイナタウン＆ノース・ビーチ
Ferry to Tiburon & Vallejo
Ferry to Sausalito
Ferry to Larkspur
ヤーバ・ブエナ島
Yerba Buena Island
BART トランスベイ線
BART Transbay Tube
80
Oakland–Alameda Ferry
Fort Mason
North Point St
Bay St
North Beach
Columbus Ave
Russian Hill
Lombard St
101
Jackson Square
MAP 6 サウス・オブ・マーケット（ソーマ）
San Francisco–Oakland Bay Bridge
サンフランシスコ・オークランド・ベイ・ブリッジ
Chinatown
Pacific Heights
Van Ness Ave
Franklin St
Gough St
Nob Hill
Financial District
Union Square
BART & MUNI
ケーブルカー
カルトレイン
Japantown
Tenderloin
South of Market (SOMA)
2nd St
3rd St
4th St
5th St
パシフィック・ベル公園
Pacific Bell Park
Western Addition
Civic Center
Market St
Mission St
Howard St
Folsom St
Harrison St
Alamo Square
Hayes Valley
MUNI F-Market Line
Caltrain Depot
Lower Haight
10th St
San Francisco Bay
サンフランシスコ湾
MAP 2 サンフランシスコ・ダウンタウン、ユニオン・スクエア、シビック・センター
BART Line
Upper Market
16th St
Franklin Square
ジャクソン広場
Jackson Playground
Agua Vista Park
アグア・ビスタ公園
280
The Castro
The Mission
Potrero Hill
3rd St
Mission Dolores Park
ミッション・ドロレス公園
Potrero Hill Recreation Center
Dolores St
Guerrero St
Valencia St
Mission St
S Van Ness Ave
Potrero Ave
101
ポトレロ・ヒル・レクリエーション・センター
Noe Valley
MAP 5 ヘイト、カストロ＆ミッション
バーナル・ハイツ公園
Bernal Heights Park
Evans Ave
Bayview
Caltrain
Bernal Heights
グレン公園
Glen Park
Oakdale Ave
Silver Ave
Alemany Blvd
St Mary's Park Recreation Center
101
3rd St
Hunters Point
North Basin
South Basin
Bay Shore Blvd
Excelsior
McLaren Park
マクラーレン公園
3 Com（キャンドルスティック）公園
3Com (Candlestick) Park
To San Francisco International Airport
Crocker Amazon

MAP 2 サンフランシスコ・ダウンタウン、ユニオン・スクエア、シビック・センター

サンフランシスコ・ダウンタウン、ユニオン・スクエア、シビック・センター　MAP 2

宿泊

- 4　Pacific Tradewinds Guest House
- 10　Hyatt Regency; Equinox
- 13　Nob Hill Inn
- 14　Huntington Hotel
- 15　Fairmont Hotel; Tonga Room
- 16　Mark Hopkins Inter-Continental Hotel; Top of the Mark
- 17　Renaissance Stanford Court Hotel
- 19　Hotel Triton; Café de la Presse
- 28　Mandarin Oriental San Francisco
- 30　Petite Auberge
- 31　White Swan Inn
- 32　Sheehan Hotel
- 33　Golden Gate Hotel
- 34　Grant Hotel
- 37　York Hotel
- 39　Commodore Hotel; Red Room
- 42　Dakota Hotel
- 43　Hotel Beresford
- 45　Inn at Union Square
- 47　Sir Francis Drake Hotel; Scala's Bistro; Harry Denton's Starlight Room
- 48　Grand Hyatt San Francisco
- 52　Palace Hotel; Pied Piper Bar
- 56　Days Inn
- 57　Hotel Beresford Arms
- 60　Adelaide Hostel
- 62　Clift Hotel; Redwood Room
- 63　Diva Hotel
- 66　Maxwell Hotel
- 67　Westin St Francis Hotel; Compass Rose
- 68　HI San Francisco Downtown
- 73　HI San Francisco City Center
- 75　Globetrotters Inn
- 76　Hotel Bijou
- 79　Embassy Hotel
- 80　Phoenix Motel; Backflip
- 82　Central YMCA Hotel
- 85　Abigail Hotel; Millennium
- 87　Aida Hotel
- 92　New Central Hostel

食事

- 1　Hyde Street Bistro
- 3　Redwood Park
- 5　Palio Paninoteca
- 6　Rubicon
- 8　Aqua
- 11　Swan Oyster Depot
- 12　Cordon Bleu
- 18　Masa's
- 20　Café Claude
- 21　Tomato & Basil
- 23　Plouf
- 24　Café Bastille
- 25　Sam's Grill and Seafood Restaurant
- 40　Borobudur
- 41　Fleur de Lys
- 44　Farallon
- 46　Sears Fine Foods
- 59　Dottie's True Blue Food
- 61　Grand Café
- 64　Postrio
- 84　Stars
- 88　Jardinière
- 89　Vicolo
- 90　Caffè delle Stelle
- 93　Zuni Cafe

カフェ

- 36　Quetzal
- 38　Cup-A-Joe
- 83　Cafe.com

バー・クラブ

- 22　Carnelian Room
- 35　Hemlock Tavern
- 55　Edinburgh Castle
- 58　Blue Lamp
- 65　Biscuits & Blues
- 72　Great American Music Hall
- 78　John's Grill
- 91　Hayes & Vine

その他

- 2　ケーブルカー車庫・博物館
- 7　ウェルズ・ファーゴ歴史博物館
- 8　アメリカ西部通貨博物館
- 26　ラス・ビル
- 27　パシフィック証券取引所
- 29　101カリフォルニア・ストリート・ビルディング
- 49　子供たちの噴水
- 50　フォーク・アート・インターナショナル・ビル
- 51　ロッタの噴水
- 53　ホバート・ビル
- 54　ランド・マクナリー・マップ・ストア
- 69　メイシーズ
- 70　ニーマン・マーカス
- 71　コンプUSA
- 74　グライド記念合同メソジスト派協会
- 77　サンフランシスコ・ビジター・インフォメーション・センター
- 81　シビック・センター郵便局
- 86　アジア美術館

MAP 3 チャイナタウン & ノース・ビーチ

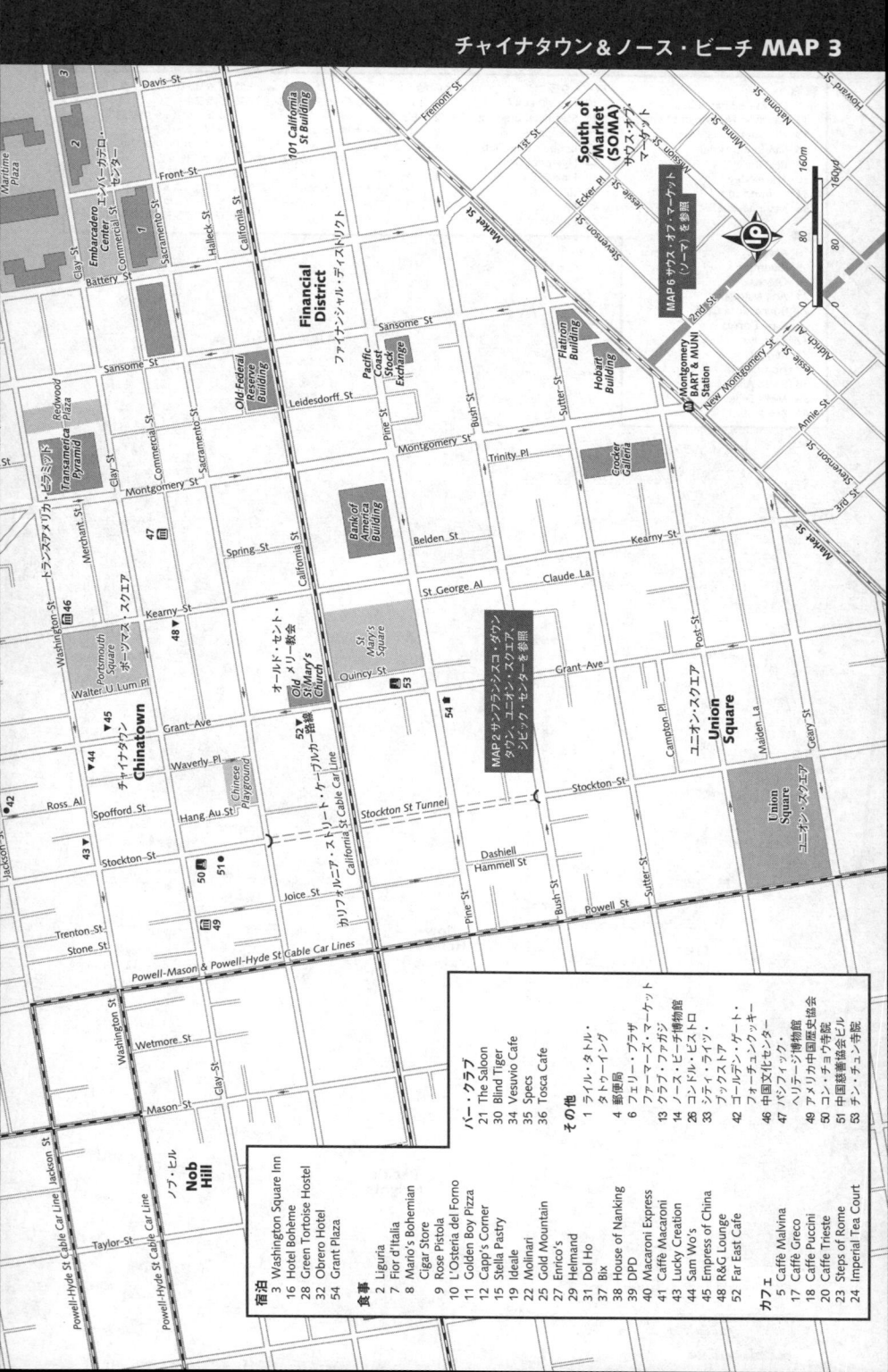

チャイナタウン&ノース・ビーチ **MAP 3**

宿泊
- 3 Washington Square Inn
- 16 Hotel Bohème
- 28 Green Tortoise Hostel
- 32 Obrero Hotel
- 54 Grant Plaza

食事
- 2 Liguria
- 7 Fior d'Italia
- 8 Mario's Bohemian Cigar Store
- 9 Rose Pistola
- 10 L'Osteria del Forno
- 11 Golden Boy Pizza
- 12 Capp's Corner
- 15 Stella Pastry
- 19 Ideale
- 22 Molinari
- 25 Gold Mountain
- 27 Enrico's
- 29 Helmand
- 31 Dol Ho
- 37 Bix
- 38 House of Nanking
- 39 DPD
- 40 Macaroni Express
- 41 Caffe Macaroni
- 43 Lucky Creation
- 44 Sam Wo's
- 45 Empress of China
- 48 R&G Lounge
- 52 Far East Cafe

カフェ
- 5 Caffe Malvina
- 17 Caffe Greco
- 18 Caffe Puccini
- 20 Caffe Trieste
- 23 Steps of Rome
- 24 Imperial Tea Court

バー・クラブ
- 21 The Saloon
- 30 Blind Tiger
- 34 Vesuvio Cafe
- 35 Specs
- 36 Tosca Cafe

その他
- 1 ライル・タトル・タトゥーイング
- 4 郵便局
- 6 フェリー・プラザ・ファーマーズ・マーケット
- 13 クラブ・ファガジ
- 14 ノース・ビーチ博物館
- 26 コンドル・ビストロ
- 33 シティ・ライツ・ブックストア
- 42 ゴールデン・ゲート・フォーチュンクッキー
- 46 中国文化センター
- 47 パシフィック・ヘリテージ博物館
- 49 アメリカ中国歴史協会
- 50 コン・チョウ寺院
- 51 中国慈善協会ビル
- 53 チン・チュー寺院

MAP 4 フィッシャーマンズ・ワーフ、マリーナ、ロシアン・ヒル

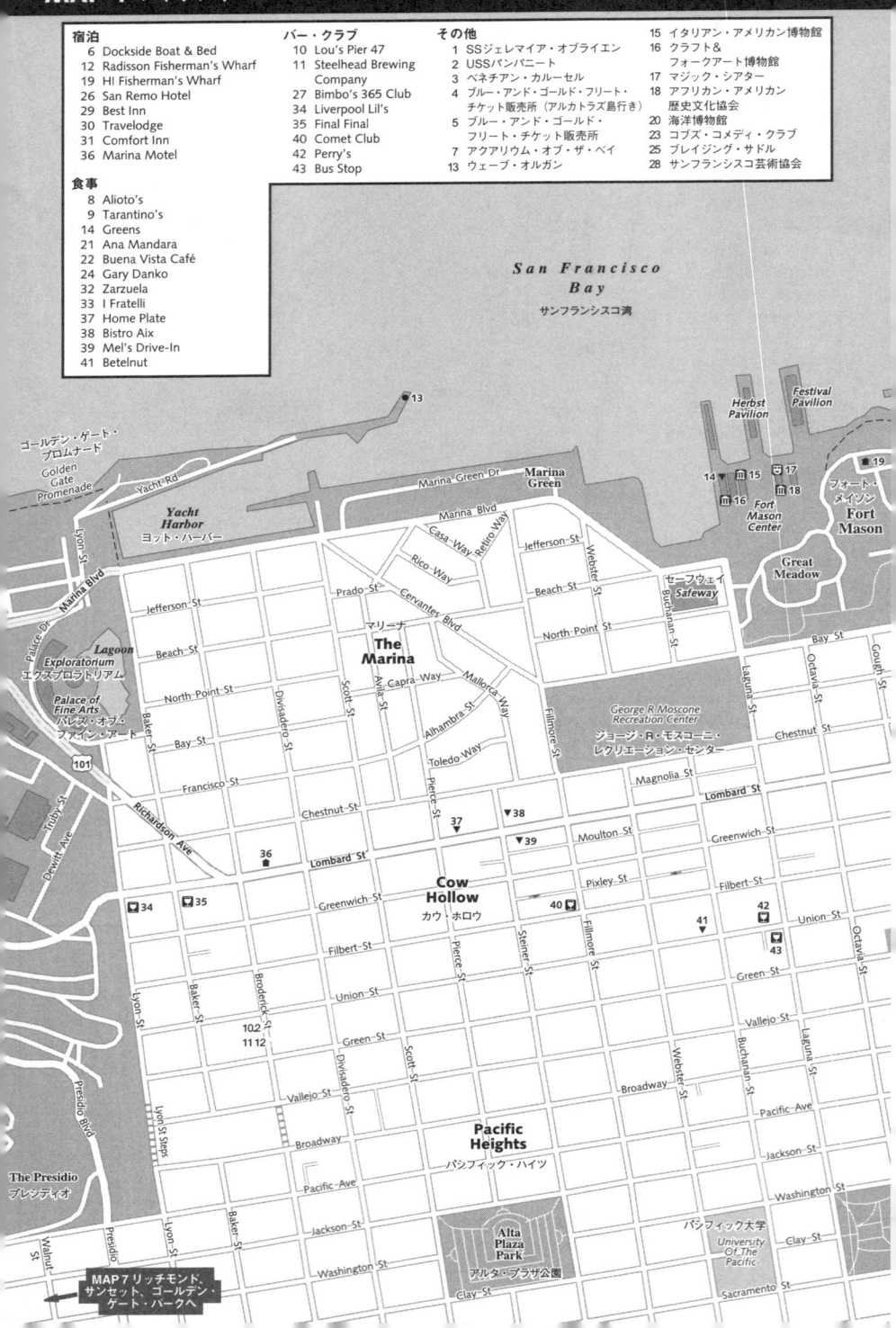

宿泊
- 6 Dockside Boat & Bed
- 12 Radisson Fisherman's Wharf
- 19 HI Fisherman's Wharf
- 24 San Remo Hotel
- 29 Best Inn
- 30 Travelodge
- 31 Comfort Inn
- 36 Marina Motel

食事
- 8 Alioto's
- 9 Tarantino's
- 14 Greens
- 21 Ana Mandara
- 22 Buena Vista Café
- 24 Gary Danko
- 32 Zarzuela
- 33 I Fratelli
- 37 Home Plate
- 38 Bistro Aix
- 39 Mel's Drive-In
- 41 Betelnut

バー・クラブ
- 10 Lou's Pier 47
- 11 Steelhead Brewing Company
- 27 Bimbo's 365 Club
- 34 Liverpool Lil's
- 35 Final Final
- 40 Comet Club
- 42 Perry's
- 43 Bus Stop

その他
- 1 SSジェレマイア・オブライエン
- 2 USSパンパニート
- 3 ベネチアン・カルーセル
- 4 ブルー・アンド・ゴールド・フリート・チケット販売所（アルカトラズ島行き）
- 5 ブルー・アンド・ゴールド・フリート・チケット販売所
- 7 アクアリウム・オブ・ザ・ベイ
- 13 ウェーブ・オルガン
- 15 イタリアン・アメリカン博物館
- 16 クラフト＆フォークアート博物館
- 17 マジック・シアター
- 18 アフリカン・アメリカン歴史文化協会
- 20 海洋博物館
- 23 コブズ・コメディ・クラブ
- 25 ブレイジング・サドル
- 28 サンフランシスコ芸術協会

フィッシャーマンズ・ワーフ、マリーナ、ロシアン・ヒル **MAP 4**

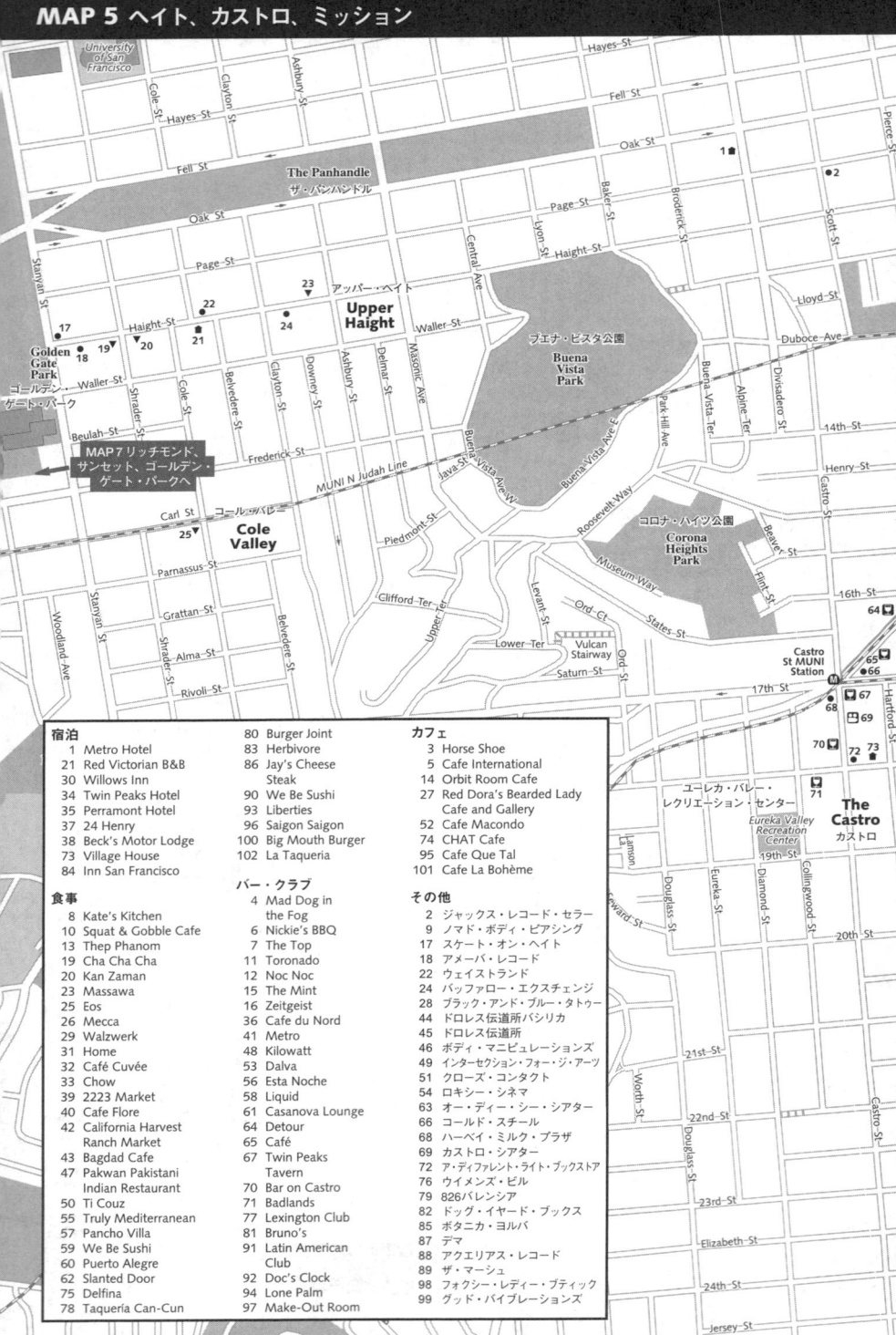

MAP 5 ヘイト、カストロ、ミッション

Upper Haight / アッパー・ヘイト
The Panhandle / ザ・パンハンドル
Buena Vista Park / ブエナ・ビスタ公園
Corona Heights Park / コロナ・ハイツ公園
Cole Valley
Golden Gate Park / ゴールデン・ゲート・パーク
The Castro / カストロ
Castro St MUNI Station
Eureka Valley Recreation Center / ユーレカ・バレー・レクリエーション・センター
University of San Francisco
MUNI N Judah Line / コール・バレー
MAP 7 リッチモンド、サンセット、ゴールデン・ゲート・パークへ

宿泊
- 1 Metro Hotel
- 21 Red Victorian B&B
- 30 Willows Inn
- 34 Twin Peaks Hotel
- 35 Perramont Hotel
- 37 24 Henry
- 38 Beck's Motor Lodge
- 73 Village House
- 84 Inn San Francisco

食事
- 8 Kate's Kitchen
- 10 Squat & Gobble Cafe
- 13 Thep Phanom
- 19 Cha Cha Cha
- 20 Kan Zaman
- 23 Massawa
- 25 Eos
- 26 Mecca
- 29 Walzwerk
- 31 Home
- 32 Café Cuvée
- 33 Chow
- 39 2223 Market
- 40 Cafe Flore
- 42 California Harvest Ranch Market
- 43 Bagdad Cafe
- 47 Pakwan Pakistani Indian Restaurant
- 50 Ti Couz
- 55 Truly Mediterranean
- 57 Pancho Villa
- 59 We Be Sushi
- 60 Puerto Alegre
- 62 Slanted Door
- 75 Delfina
- 78 Taquería Can-Cun
- 80 Burger Joint
- 83 Herbivore
- 86 Jay's Cheese Steak
- 90 We Be Sushi
- 93 Liberties
- 96 Saigon Saigon
- 100 Big Mouth Burger
- 102 La Taqueria

バー・クラブ
- 4 Mad Dog in the Fog
- 6 Nickie's BBQ
- 7 The Top
- 11 Toronado
- 12 Noc Noc
- 15 The Mint
- 16 Zeitgeist
- 36 Cafe du Nord
- 41 Metro
- 48 Kilowatt
- 53 Dalva
- 56 Esta Noche
- 58 Liquid
- 61 Casanova Lounge
- 64 Detour
- 65 Café
- 67 Twin Peaks Tavern
- 70 Bar on Castro
- 71 Badlands
- 77 Lexington Club
- 81 Bruno's
- 91 Latin American Club
- 92 Doc's Clock
- 94 Lone Palm
- 97 Make-Out Room

カフェ
- 3 Horse Shoe
- 5 Cafe International
- 14 Orbit Room Cafe
- 27 Red Dora's Bearded Lady Cafe and Gallery
- 52 Cafe Macondo
- 74 CHAT Cafe
- 95 Cafe Que Tal
- 101 Cafe La Bohème

その他
- 2 ジャックス・レコード・セラー
- 9 ノマド・ボディ・ピアシング
- 17 スケート・オン・ヘイト
- 18 アメーバ・レコード
- 22 ウェイストランド
- 24 バッファロー・エクスチェンジ
- 28 ブラック・アンド・ブルー・タトゥー
- 44 ドロレス伝道所バシリカ
- 45 ドロレス伝道所
- 46 ボディ・マニピュレーションズ
- 49 インターセクション・フォー・ジ・アーツ
- 51 クローズ・コンタクト
- 54 ロキシー・シネマ
- 63 オー・ディー・シー・シアター
- 66 コールド・スチール
- 68 ハーベイ・ミルク・プラザ
- 69 カストロ・シアター
- 72 ア・ディファレント・ライト・ブックストア
- 76 ウイメンズ・ビル
- 79 826バレンシア
- 82 ドッグ・イヤード・ブックス
- 85 ボタニカ・ヨルバ
- 87 デマ
- 88 アクセリアス・レコード
- 89 ザ・マーシュ
- 98 フォクシー・レディー・ブティック
- 99 グッド・バイブレーションズ

ヘイト、カストロ、ミッション **MAP 5**

MAP 6 サウス・オブ・マーケット（ソーマ）

宿泊
- 3 Hotel Griffon
- 4 Harbor Court Hotel
- 15 Mosser's Victorian Hotel
- 24 Hotel Britton
- 25 Carriage Inn
- 26 Americania
- 34 San Francisco International Student Center
- 36 Globe Hostel

食事
- 1 Boulevard
- 5 Yank Sing
- 6 Yank Sing
- 13 Hawthorne Lane
- 14 Fifth Floor
- 17 Tu Lan
- 19 Lulu
- 22 Caffe Centro
- 23 South Park Cafe
- 29 Bacar
- 30 Fringale
- 35 Julie's Supper Club

バー・クラブ
- 7 111 Minna
- 9 Kate O'Brien's
- 27 Covered Wagon Saloon
- 28 Hotel Utah Saloon
- 31 1015 Folsom
- 32 TheStud
- 37 Endup
- 38 Slim's
- 39 El Bobo
- 40 DNA Lounge
- 41 The Eagle

その他
- 8 マグネス博物館
- 10 漫画美術館
- 11 ヤーバブエナ・アート・センター
- 12 サンフランシスコ近代美術館
- 16 ソニー・メトレオン
- 18 ゼウム、ヤーバブエナ・アイススケート・ボーリング場
- 20 フォトグラファーズ・サプライ
- 21 ジェレミーズ
- 33 ブレインウォッシュ

MAP 7 リッチモンド、サンセット、ゴールデン・ゲート・パーク

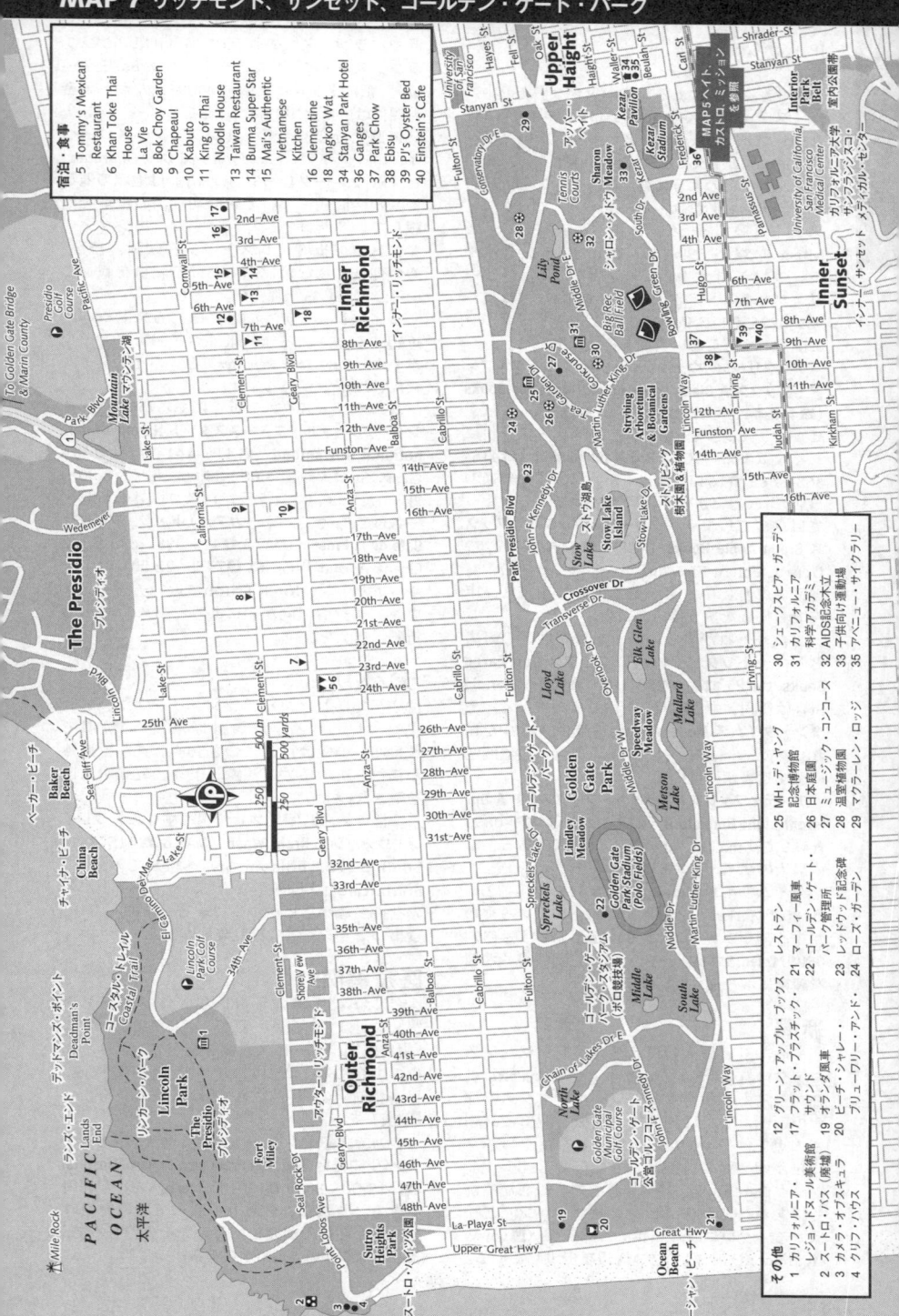

宿泊・食事
- 5 Tommy's Mexican Restaurant
- 6 Khan Toke Thai House
- 7 La Vie
- 8 Bok Choy Garden
- 9 Chapeau!
- 10 Kabuto
- 11 King of Thai Noodle House
- 13 Taiwan Restaurant
- 14 Burma Super Star
- 15 Mai's Authentic Vietnamese Kitchen
- 16 Clementine
- 18 Angkor Wat
- 34 Stanyan Park Hotel
- 36 Ganges
- 37 Park Chow
- 38 Ebisu
- 39 P J's Oyster Bed
- 40 Einstein's Cafe

その他
- 1 カリフォルニア・レジョン・ドヌール美術館
- 2 ストロ・バス（廃墟）
- 3 カメラ・オブスキュラ
- 4 クリフ・ハウス
- 12 グリーン・アップル・ブックス
- 17 フラット・プラスチック・サウンド
- 19 オランダ風車
- 20 ビーチ・シャレー
- 21 ブリュワリー・アンド・レストラン
- 22 マーフィー風車
- 23 ゴールデン・ゲート・パーク厩舎所
- 24 レッドウッド記念碑
- 25 MH・デ・ヤング記念博物館
- 26 日本庭園
- 27 ミュージック・コンコース
- 28 温室植物園
- 29 ローズ・ガーデン
- 30 シェークスピア・ガーデン
- 31 カリフォルニア科学アカデミー
- 32 AIDS記念林
- 33 子供向け運動場
- 35 アベニュー・サイクラリー

サンフランシスコ － インフォメーション

[P105から続く]

ダウンタウンにある規模の大きな書店の中には、ステイシーズ Stacey's (☎415-421-4687 ⌂581 Market St)や、アレキサンダー・ブック Alexander Book Co (☎415-495-2992 ⌂50 2nd St)などのように客当たりのいい個人経営の一流書店もあれば、ボーダーズ・ブックス・アンド・ミュージック Borders Books & Music (☎415-399-1633 ⌂cnr Post & Powell Sts)のような大手チェーン店もある。リゾーリ・ブックストア Rizzoli Bookstore (☎415-984-0225 ⌂117 Post St)はアートやデザインに関するすばらしい書籍をそろえている。

ア・クリーン・ウェルライテッド・プレイス・フォア・ブックス A Clean Well-Lighted Place for Books (☎415-441-6670 ⌂601 Van Ness Ave)はシビック・センター近くの、オペラ・プラザにある人気書店。ブックスミス Booksmith (☎415-863-8688 ⌂1644 Haight St)は、ごく普通の書店だが、周囲の環境が特異なだけにかえって目立っている。グリーン・アップル・ブックス Green Apple Books (MAP 7 ☎415-387-2272 ⌂cnr Clement St & 6th Ave)はリッチモンド地区にあり、中古書を豊富に取り揃えた、市内でも1、2を争う優れた書店である。

当たり外れが少ないミッション地区の書店として、ドッグ・イヤード・ブックス Dog Eared Books (MAP5 ☎415-282-1901 ⌂900 Valencia St)は新刊と中古書双方を取り扱っている。モダン・タイムズ Modern Times (☎415-282-9246 ⌂818 Valencia St)は革新的な社会、政治問題に関する書籍に特化。

ア・ディファレント・ライト・ブックストア A Different Light Bookstore (MAP 5 ☎415-431-0891 ⌂489 Castro St)はカストロ地区にある、市内最大のゲイ・レズビアン専門書店だ。

ライムライト Limelight (☎415-864-2265 ⌂1803 Market St)は映画や舞台に関する書籍が中心。ゲット・ロスト Get Lost (☎415-437-0529 ⌂1825 Market St)は旅行関係書や地図を豊富に取り揃えている。

新聞

ベイ・エリア最大の日刊紙「サンフランシスコ・クロニクル San Francisco Chronicle」紙は現在ハースト社所有だが、ワールドクラスの都市の新聞としては独創性、気概、記事の詳細さの点ではやや物足りない。日曜にクロニクル紙が娯楽面の付録として発行する「デートブックDatebook」はすぐれもの。紙面が薄桃色であることから「ピンクセクション」と呼ばれる。クロニクル紙ホームページ (www.sfgate.com) も役に立つ情報を提供している。

サンフランシスコのもう1つの日刊紙「サンフランシスコ・イグザミナー San Francisco Examiner」紙はタブロイド版に改訂されたが、読者の評価は今ひとつといったところ。

毎週発行の無料紙「サンフランシスコ・ベイ・ガーディアン San Francisco Bay Guardian」と「SFウィークリーSF Weekly」は地域の催し物や政治問題について鋭い切り口の記事を掲載しているだけでなく、アート、エンターテインメント批評、レストラン、映画、音楽、その他催し物など信頼のおける記事を載せている。どちらも水曜発行。

ゲイ、レズビアン向けには、カストロ地区近辺で配布される無料紙「ベイ・エリア・レポーター Bay Area Reporter」と「ベイ・タイムズ Bay Times」がある。

ユニオン・スクエア近くにあるハロルド・インターナショナル・ニューススタンド Harold's International Newsstand (☎415-441-2665 ⌂454 Geary St) ◎火～土 8:00～23:00、日・月 8:00～20:00)では、サンフランシスコ以外の新聞を多数取り揃えている。カフェ・ド・ラ・プレッセ Café de la Presse (MAP 2 ☎415-398-2680 ⌂352 Grant Ave at Bush St ◎7:00～22:00)はホテル・トリトン Hotel Tritonに近いチャイナタウン・ゲートの向かいにあり、ヨーロッパの新聞、雑誌を販売。

ランドリー

住宅街であればコインランドリーはたいていすぐに見つかる。料金は通常1回の洗濯で＄1.75、乾燥は15分につき50¢。洗濯物泥棒が横行しているので注意しよう。乾燥中は目を離さないように。

洗濯の待ち時間を楽しく過ごすなら、ブレイン・ウォッシュ Brain Wash (MAP 6 ☎415-861-3663 ⌂1122 Folsom St)へ行ってみよう。SoMa caféと店舗兼用なので、洗濯が仕上がるのを待ちながらビールやコーヒーを飲んだり、食事ができる。生演奏も楽しめる。

医療機関

医者については職業別電話帳の「内科医・外科医」または「診療所」欄を、歯科医については「歯科医紹介サービス」欄を調べてみよう。緊急の場合には、☎911にかけて救急車を呼ぶ。日本語対応の病院については「基本情報」の「健康」を参照。

自力で救急センターへ行ける場合は、サンフランシスコ総合病院 San Francisco General Hospital (☎415-206-8000 ⌂1001 Potrero Ave)が利用できる。ただし、救急センターで診察を受けた時点から費用が発生するのでそのつもりで。救急治療費用は＄100から＄700。

急を要さない場合は、ヘイト・ストリート近くの**ヘイト・アシュベリー無料診療所 Haight Ashbury Free Clinic**（☎415-487-5632 ⌂558 Clayton St）へ。予約が必要だが、無料で診療してくれる。

婦人科については、**プランド・ペアレントフッド Planned Parenthood**（☎800-967-7526 ⌂815 Eddy St）、または**セント・ルークス・ウイメンズ・センター St Luke's Women's Center**（☎415-285-7788 ⌂1650 Valencia St）を訪ねよう。

治安・困ること

アメリカの大都市の通例として、サンフランシスコでも犯罪は発生する。しかし、分別ある旅行者ならそんなに危険な目に遭うことはない。夜間の観光や、1人歩きがどちらかといえば「危険」な評判の良くない地域としては、テンダーロイン、ミッション地区の一部、ウェスタン・アディション、サウス・オブ・マーケットの6th、7thストリートなどがある。しかし、危険地帯にはっきりとした境界線があるわけではない。どこにいても周囲の様子に注意を払うのは旅行する者の常識だ。

日没後の、ミッション・ドロレス公園、ブエナ・ビスタ公園を含む市内の幾つかの公園はドラッグ売買、外でのセックスのたまり場となる。フォーティ・ナイナーズ49ersの本拠地、3Com（キャンドルスティック）公園北側にある、低所得アフリカ系アメリカ人の居住区ベイビュー・ハンターズ・ポイントなどは目的もなくブラブラ歩くのは控えたほうがよい。

サンフランシスコのホームレス人口は極めて多い（その責任の所在についてはここで述べない）。小銭をせびるホームレスのほとんどは危害を加えることはなく、中には人懐っこい者もいる。ほぼ笑み返すか、手持ちの硬貨数枚を渡せば、さっさと離れていく。ホームレス問題に関する地元発行の新聞「ストリート・シート*Street Sheet*」（$1）を売って日銭を稼いでいる者もいる。執拗な物乞いには「ごめん*I'm sorry*」とだけ言ってそのまま歩き去るのが最善の対処法だ。

望ましくない地域に足を踏み入れてしまった場合は堂々と降る舞い、店に入ってタクシーを呼ぼう。

ユニオン・スクエア（MAP 2）
Union Square

サンフランシスコ・ダウンタウンで観光客が最も集まるのが、ユニオン・スクエアだ。ここは南北戦争中に起こった北軍支援決起大会に由来する場所だ。広場は四方を高級ホテル、航空会社事務所、メイシーズ、ニーマン・マーカスなどの一流ブティックやデパートに囲まれている。広場の中心を占めるのは高さ97フィート（約30m）を誇る**デューイ記念碑 Dewey Monument**。これは1903年に、マニラ湾でジョージ・デューイ提督がスペイン艦隊を破り、フィリピンをアメリカの属領にするきっかけとしたことを記念するものだ。広場の側面には、「マルタの鷹*The Maltese Falcon*」に代表されるダシール・ハメットの小説に数多く登場する1904年築の**ウエスティン・セント・フランシス ホテル Westin St Francis Hotel**（⌂335 Powell St）がある。ハメットは1920年および30年代にサンフランシスコに住んでいたことがある。

広場脇のストックトン・ストリートにあるグランド・ハイアット・プラザには、サンフランシスコの歴史を詳細かつユーモラスに表現したルース・アサワの青銅像「**子供たちの噴水 Children's Fountain**」がある。**ニーマン・マーカス Neiman-Marcus**（⌂150 Stockton St）にも足を踏み入れてみよう。ステンドグラスのドームは一見の価値がある。1909年この地にパリの建物を移し1982年に建て直すまで、このステンドグラスが目玉となっていた。

広場の東側の**メイデン・レーン Maiden Lane**には高級ファッション店やブティックがひしめく。かつてこの通りは、現在の高級イメージとは相反する姿をしていた。1906年の地震以前、当時モートン・ストリートと呼ばれていたメイデン・レーンは、売春宿が軒を並べ、いかがわしいことで名を馳せたサンフランシスコで最も下品な地区として知られていた。街の再建にあたり、市の有力者たちは祈りを込めて通りを改称し、名前に合った清潔なイメージにつくり変えたのだ。1949年に建設された**フォーク・アート・インターナショナル・ビル Folk Art International Building**（⌂140 Maiden Lane）はフランク・ロイド・ライトが設計した、市内で唯一の建築物だ。ライトがニューヨークのグッゲンハイム美術館の習作としたと言われる螺旋を描く通路など、ぜひ中に入って見るべきだ。

ギシギシと音をたてながら、ユニオン・スクエア西側からパウエル・ストリート沿いにハリディ・プラザ・ターミナルを往復しているのが、サンフランシスコ名物の**ケーブルカー**。ケーブルカーの発明者の名前に由来する、ハリディ・プラザ・ターミナルは市内で一番人気のあるケーブルカー乗り場だ。

ユニオン・スクエアの南西に隣接する**シアター地区 theater district**はサンフランシスコの劇場が密集し、その先はうら寂しいテンダーロイン地区へと続く。

シビック・センター（MAP 2）
Civic Center

こぢんまりとまとまったシビック・センター地区は、サンフランシスコの建築、文化的野心と人間社会の恥部とが正面からぶつかりあい、対比の妙がうかがえる。市庁舎やオペラ・ハウスとダウンタウンの間にあるのが、酔っ払い、娼婦、薬物中毒者、不潔なストリップ・クラブなどがある薄汚れた**テンダーロイン地区 Tenderloin**だ。ジョーンズ・ストリートを南下しポスト、ギアリー、オファレルなどの通りを渡るにつれて危ない地域へと入り込んでいく。オファレル・ストリートから1つ先のエリス・ストリートはもっぱらギャングの活動拠点となっている。悪い面ばかりではない。この地区には安くておいしいレストラン、古びた趣のあるバー、最先端のナイトクラブなども幾つかある。

テンダーロイン地区に近接する（また、ホームレスが何人も広場にたむろしている）にもかかわらず、シビック・センターは荘厳なオーラを維持すべく最善の努力をはらっている。その目玉は見事に復興した**市庁舎 City Hall**（☎415-554-4000、⌂cnr Van Ness Ave & Grove St）だ。1906年の災害でかつての市庁舎は砂塵に帰し、バチカンのサン・ピエトロ寺院を模した、現在のボー・アート様式の建物が1915年に建てられた。1989年のサンフランシスコ大地震でも市庁舎は大きな被害をうけたが、1999年、3億ドルを注ぎ込んだ再建計画により再開にこぎつけた。陽光がたっぷりと差し込む円形広場や華やかな金色のドームにサンフランシスコ市民は満足げだ。

現在は市庁舎南のライト・コートに入居している**サンフランシスコ市博物館 Museum of the City of San Francisco**（☎415-255-9400、🌐www.sfmuseum.org 🆓無料 🕐月〜金 8:00〜20:00、土 12:00〜16:00）は市の歴史について興味深い写真や展示物を展示している。博物館はいずれフィッシャーマンズ・ワーフのピア45に移設される予定。

広場を挟んだ市庁舎の反対側にある、1917年に建設された旧市立図書館は新たに**アジア美術館 Asian Art Museum**（☎415-379-8800、🌐www.asianart.org ⌂cnr Larkin & McAllister Sts 🏛大人＄10 子供＄6 🕐火〜日 10:00〜17:00、木 21:00）として2003年初頭に開館が予定されている。新美術館には中東、インド亜大陸、東南アジア、チベット、中国、韓国、日本などのすばらしい芸術作品が展示されている。建物の並びには、1996年に1億3400万ドルをかけて開館した新しい**市立図書館 Main Library**（☎415-557-4400）がある。本嫌いの人も、この建物の使い方や新聞・雑誌閲覧室（多数の海外の新聞、雑誌を無料で閲覧できる）を利用する価値はある。5階建ての建物は自然光を取り入れ、半円形の中庭を取り囲むように設計されている。

ハイド・ストリートを挟んだ図書館の向かいには、1945年にサンフランシスコで調印した国連憲章を記念する国連プラザがある。毎週水曜と日曜には、この広場でファーマーズ・マーケット（農産物市）が開かれる。

市庁舎反対側にある**戦没者追悼記念オペラ・ハウス War Memorial Opera House**（☎415-864-3330、⌂301 Van Ness Ave）は1932年に建設されたもので、高い評価を受けているサンフランシスコのオペラやバレエ団の公演が行われる。オペラ・ハウスに隣接するベテランズ・ビルには、**ハーブスト劇場 Herbst Theatre**（☎415-392-4400）があり、1945年、ここで国連憲章の調印が行われた。南へ1ブロック下ると、**ルイス・M・デイビス・シンフォニー・ホール Louise M Davies Symphony Hall**（☎415-864-6000）がある。

オペラ・ハウスのすぐ西側、フランクリンとラグーナの2つのストリートに挟まれたヘイズ・ストリート沿いの3ブロックがヘイズ・バレー。この一画にはギャラリー、コーヒーショップ、レストランなどがある。

サウス・オブ・マーケット（MAP 6）
South of Market

サウス・オブ・マーケット（ソーマSoMa）は、ファイナンシャル・ディストリクトからはみだして進出したオフィスビル、ベイ・ブリッジ近くのエンバーカデロ沿いの洒落たアパート群、活気があり現在も拡張し続けている**ヤーバブエナ・ガーデンズ Yerba Buena Gardens**周辺の博物館・美術館や会議場、深夜まで騒がしい歓楽街などが交じり合った地区だ。この辺りでは駐車場が少ないことに注意が必要。最寄りの公共交通機関の利用がおすすめ。

ヤーバブエナ・ガーデンズはソーマにある屋外の公共センター。心地よい都会のオアシスとして、お昼時のピクニックにぴったりだ。**ヤーバブエナ・アート・センター Yerba Buena Center for the Arts**（☎415-978-2787 ⌂cnr Mission & 3rd Sts 🌐www.yerbabuenaarts.org 🏛大人＄6 学生＄3 🕐火〜日 11:00〜18:00）はヤーバブエナ・ガーデンズ内にあり、市内で最も刺激的なコンサート、映画、現代アートの巡回展示などが開催される。ハワード・ストリートをまたぐ橋で庭とつながっているのが**ジョージ・R・モスコーニ・コンベンション・センター George R Moscone Convention Center**（☎415-974-4000）で延々と拡張工事が続く、サンフ

ランシスコ随一の展示会場だ。

くっきりと目立つ建物の、**ソニー・メトレオン Sony Metreon**（☎415-369-6000 ✿cnr 4th & Mission Sts ◉10:00〜22:00）は、一言で言うならハイテクをテーマにしたショッピングセンター。中には、店舗、レストラン、おしゃれなゲームセンター、15の映画館、IMAXシアターなどがある。子供向けアトラクション「かいじゅうたちのいるところ Where the Wild Things Are」（■＄6）は音響効果を施したモーリス・センダックの同名の絵本に出てくる怪獣や人工森林のある室内運動場だ。

ハワード・ストリートを挟んだメトレオンの向かい側、モスコーニ・コンベンション・センター屋上にある**ゼウム Zeum**（☎415-777-2800 ⓦwww.zeum.org ■大人＄7 子供＄5 ◉火〜日11:00〜17:00）は、オーディオ、ビデオ、コンピュータアニメーションによる作品づくりやプロデュースを青少年に奨励している参加型の芸術・技術博物館だ。1921年から1972年にかけて、サンフランシスコのオーシャン・ビーチにあった遊園地、プレイランドから運んできて復元させた回転木馬（＄2）も置かれている。

モスコーニ・センターの屋上階にある**ヤーバブエナ・アイススケート・ボーリング場 Yerba Buena Ice Skating and Bowling Center**（☎415-777-3727 ■大人＄6.50 子供＄5、スケート靴レンタル料＄2.50 ◉毎日）は一般的なスポーツ娯楽施設。ボーリング場は1ゲームにつき、大人＄4、子供＄2.50、または1時間につき＄20。

上質な展示を誇る**サンフランシスコ近代美術館 San Francisco Museum of Modern Art**（SFMOMA ☎415-357-4000 ⓦwww.sfmoma.org ✿151 3rd St ■大人＄10 学生＄6 ◉金〜木10:00〜18:00、木 21:00まで）はヤーバブエナ・ガーデンズの正面にある。スイス人建築家マリオ・ボッタの設計による建物は人目をひくものの無機質な感じがする。常設としてはアメリカ抽象表現主義を中心に、クリフォード・スティル、ジャクソン・ポロック、フィリップ・ガストンなどの主要作品が展示されている。SFMOMAは、写真コレクションも世界的に有名。毎月第1火曜には入場料は無料、毎週木曜の夕方は半額になる。

漫画美術館 Cartoon Art Museum（☎415-227-8666 ⓦwww.cartoonart.org ✿655 Mission St ■大人＄4 学生＄3 ◉火〜日11:00〜17:00）は絶えず新しい漫画が展示され、一見の価値あり。

マグネス博物館 Magnes Museum（☎415-591-8800 ⓦwww.jmsf.org ✿121 Steuart St ■大人＄4 学生＄3 ◉日〜水 12:00〜17:00、木14:00〜19:00）はサンフランシスコ・ユダヤ人博物館とバークレーのユダ・L・マグネス博物館が共同で新たに設立。新博物館では、ユダヤ人の生活について絶えず新しい展示を行っている。マグネス博物館は2005年には豪華なヤーバブエナ・ビルに移転の予定。

メキシコ博物館 Mexican Museum（☎415-202-9700 ⓦwww.mexicanmuseum.org）はフォート・メイソンからヤーバブエナ・ガーデンズに移転し、2004年に開館予定。

ウォーターフロント近くの歴史ある**リンコン・センター Rincon Center**は、ミッション、ハワード、スチュアート、スピアの4本のストリートで囲まれたブロックを占める。現代的な店舗やオフィスを除けば、WPA（公共事業促進局）の美術プロジェクトの一環として、ヨセミテのアワニー・ホテルを手がけたギルバート・スタンレー・アンダーウッドがデザインした。かつては郵便局として使われたこともあり建物そのものが貴重品だ。建物正面のイルカの装飾、カリフォルニアの歴史を描いた内部の巨大壁画を一目見ておこう。壁画は1948年にアントン・レフレジャーが描きあげた。

ブライアント、ブラナン、2nd、3rdの4本の通りに囲まれているのが**サウス・パーク South Park**だ。かつてはめざましい発展を遂げた「マルチメディア・ガルチ」の中心にある、絵のように美しい楕円形の緑地帯だ。1852年にロンドンの広場を模して造成され、四方をオフィスやカフェに囲まれている。

サウス・パーク南東にある**パシフィック・ベル・パーク Pacific Bell Park**はサンフランシスコ・ジャイアンツ（本章の「スポーツ観戦」で後述する）の本拠地となっている。

ファイナンシャル・ディストリクト（MAP 2）
Financial District

サンフランシスコの高層ビルはユニオン・スクエアからサンフランシスコ湾までの一画に密集している。ここはサンフランシスコの金融街だ。カリフォルニアのゴールドラッシュで得た財産を管理するために1850年代に登場した銀行は、サンフランシスコの主要産業である。昼間はタクシーやビジネススーツに身を固めたビジネスマンやビジネスウーマン、突っ走るバイクメッセンジャーなどがわれ先にと争う騒がしい一画だが、夜ともなれば、がらりと様相が変わる。わずかなレストランやバーを別とすれば、辺り一帯には人影も見当たらない。

ファイナンシャル・ディストリクト観光は、ビル見物に終始しよう。1969年に**バンク・オブ・アメリカ・ビル Bank of America Building**（✿555 California St）が完成してからというもの、サンフランシスコの低層ビル街は新時代を迎えた。それまでの建築物をはるかにしのぐ

サンフランシスコ − ファイナンシャル・ディストリクト

52階建て、799フィート（約244m）の高さに加えて、サウス・ダコタ大理石の赤い色合いは、従来の薄い色調の建物に比べてよく目立つ。

サンフランシスコで最も目立つビルといえば、市内で最高853フィート（約260m）の高さの**トランスアメリカ・ピラミッド Transamerica Pyramid**（600 Montgomery St）だろう。このビルは1972年に完成し、当初は非難の的であったが、現在では市の近代的なシンボルとして認められている。ピラミッドの隣には、**レッドウッド公園 Redwood Park**と呼ばれ、0.5エーカー（約2000m²）にわたりセコイアが植樹されている公園がある。

1928年に建設されたゴシック様式の**ラス・ビル Russ Building**（253 Montgomery St）は建設時から1964年まで市内で一番高いビルだった。

この地区で注目すべきその他の建物としては、1915年に建設され、1930年に改築された**パシフィック証券取引所 Pacific Stock Exchange**（301 Pine St）、1916年建設の**ホバート・ビル Hobart Building**（582 Market St）などがある。1908年建設の**バンク・オブ・カリフォルニアビル Bank of California Building**（400 California St）は、コリント様式の柱を正面に備えている。バンク・オブ・カリフォルニアビル地下には**アメリカ西部通貨博物館 Museum of Money of the American West**（415-765-0300 無料 月〜金 10:00〜16:00）がある。

ウェルズ・ファーゴ歴史博物館 Wells Fargo History Museum（415-396-2619 420 Montgomery St 無料 月〜金 9:00〜17:00）はウェルズ・ファーゴ銀行の歴史を語る、小さいながらも趣のある博物館である。ウェルズ・ファーゴ社は1852年に創立され、西海岸全域の鉱山業者や企業に、銀行業務や駅馬車配送サービスを提供していた。

最近修復されて昔の輝きを取り戻した奇妙なかたちの**ロッタの噴水 Lotta's Fountain**（cnr Geary & Market Sts）は1875年にボードビル役者のロッタ・クラブツリーが寄贈したもの。1906年の地震後、待ち合わせ場所として有名になったこの噴水は4月18日の午前5時になると数少なくなった地震の生存者たちが集まる場所でもある。

パレス・ホテル Palace Hotel（415-512-1111 cnr Market & New Montgomery Sts）は1875年に、サンフランシスコで最も豪華なホテルとして開業。創立者ウィリアム・ラルストンを破産させ、金銭的なストレスによる心臓麻痺で死に追いやるなど、波乱の歴史がある。緑豊かなガーデンコートでお茶を飲み、1億ドル以上を費やした1991年の大改装の跡を偲んでみよう。

ウォーターフロントのエンバーカデロはかつてサンフランシスコ随一の活気ある地域だったが、その最初のつまずきはサンフランシスコ湾に2本の橋がかかったために、フェリーボートの時代が終わりその役割はコンテナ船にとって代わられた。それに伴い昔ながらの波止場は姿を消すことになった。1989年の地震でエンバーカデロ・フリーウェイの高架部分が倒壊し、椰子の木が立ち並ぶ道路とMUNIの路面電車を含むこの一帯は再開発の対象となった。

特徴的な時計台のある**フェリー・ビル Ferry Building**は1898年以来、カリフォルニア・ストリート、マーケット・ストリートの合流点にある交通標識だった。現在、このビルは大規模な修復工事中で、完成のあかつきには公共エリアや店舗部分が拡張され、フェリーターミナルが再びにぎわいを見せることだろう。

ケーブルカー

トランスアメリカ・ピラミッドやゴールデン・ゲート・ブリッジは立派な街のシンボルだ。しかし、サンフランシスコにはもう1つさらに長い歴史を持つシンボルがある。愛すべきケーブルカーだ。当初、ケーブルカーは、英国人鉱山技師アンドリュー・ハリディにより、馬が牽引する路面電車の代わりとして考案された。サンフランシスコの急斜面では路面電車の運行が困難かつ危険なためである。

ハリディが1873年に初めて実験を行ってからというもの、すぐさまケーブルカー人気に火がついた。1890年には、8人の運転手、500台の車両を擁し、総計100マイル（161km）以上を走行した。20世紀になる頃には、電気路面電車の新たな登場により、ケーブルカーの全盛期は過ぎ、衰退の兆しが見え始める。1906年の地震がケーブルカーにとって大きな打撃となり、1947年、はっきりとした終了宣告が下る。サンフランシスコ市長が最後に残っていた路線をバスに切り替えると発表したのだ。ところがフリーデル・クルスマン率いるケーブルカー救済市民委員会や高まる一般大衆の支援により、パウエル・ストリート線が存続することが決まった。こうした事態を市長は予想だにしていなかった。

サンフランシスコ市民は政治家や会計士たちの手からケーブルカーを救うことには成功したが、脱線や暴走が頻繁になるにつれ、老朽化を食い止めるという新たな課題に直面。1979年、6ヶ月にわたりケーブルカーを停止し、100万ドルかけて修復したが、あくまで一時凌ぎに過ぎなかった。1982年、6000万ドルの費用をかけて全面修復を行うために、ケーブルカーはついに停止。1984年に再開した新たなケーブルカーは、3路線を40台の車両が走り、その全長は12マイル（約19km）におよぶ。

サクラメント・ストリートとクレイ・ストリートに挟まれた巨大な**エンバーカデロ・センター Embarcadero Center**には、ファイナンシャル・ディストリクトで働く人々に人気のランチスポット、エンバーカデロ・アット・ジャスティン・ハーマン・プラザをはじめ、4つの高層ビルがひしめいている。4つのビル(エンバーカデロビル1~4)の1階には店舗、レストラン、映画館、郵便局が入っている。

ノブ・ヒル (MAP 2)
Nob Hill

ノブ・ヒルはサンフランシスコの著名な丘の上にある高級住宅街だ。1870年代にケーブルカーが登場し、338フィート(約103m)の頂上にも登りやすくなったため上流階級が移り住み、たちどころに市内随一の豪邸が建てられた。マーク・ホプキンスやコリス・P・ハンティントンなどの建設業者は、相棒の「泥棒男爵」でチャールズ・クロッカーやレランド・スタンフォードと手を組み(彼らをまとめて「ビッグ・フォー」と呼ぶ)、セントラル・パシフィック鉄道の建設で財をなした。ザ・ハンティントン、マーク・ホプキンス、スタンフォード・コートなど、ノブ・ヒルにはスタンフォード、ハンティントン、ホプキンス家に由来するホテルがある。クロッカーの名は銀行に冠され、スタンフォードはカリフォルニア州知事に選出され、スタンフォード大学を創立した。

ホテルやホテル最高階のバー以外にも、ノブ・ヒルには**グレース大聖堂 Grace Cathedral** (☎415-749-6300、⌂1100 California St)がある。青銅の扉はフィレンツェのサン・ジョヴァンニ洗礼堂にあるギベルティ作「天国の門」の複製だ。すばらしいバラ窓は1964年にフランスのシャルトルで製作された。そのほかにも特筆すべきものとしては、1995年にAIDSメモリアル・チャペル・プロジェクトが寄贈したキース・ヘリングの祭壇背後の飾り「キリストの生涯 The Life of Christ」がある。

ケーブルカー車庫博物館 Cable Car Barn & Museum (☎415-474-1887 ⌂1201 Mason St 無料 ⏰10:00~17:00、夏期は18:00まで)の創立は1910年にさかのぼり、全ケーブルカーを牽引する動力装置、ケーブルカーの夜間車庫、アンドリュー・ハリディが発明したクレイ・ストリート・ケーブルカー内部を展示している。

チャイナタウン (MAP 3)
Chinatown

チャイナタウンはサンフランシスコ最大の密集居住区であり、最もきらびやかな街といえる。これといった観光ポイントはないが、そぞろ歩き、喧騒を味わい、興味深い街角や路地に出くわすには格好の場所だ。

店やレストランが建ち並ぶ**グラント・アベニュー Grant Ave**はメキシコ人の村、ヤーバブエナの繁通街、カレ・ド・ラ・ファンダシオンだった頃からの華やかな歴史がある。中国語でデュ・ポン・ガイと発音することから、デュポン・ストリートと名前を変えた後も、売春宿、賭博場、アヘン窟、抗争を続ける中国結社(チャイニーズギャング)で有名だった。南北戦争時の将軍、ユリシーズ・S・グラントが1885年に死亡し、デュポン・ストリートは再度、グラント・アベニューと名を変えた。

観光客が集うグラント・アベニューから外れ、チャイナタウンらしい経験をしてみよう。みすぼらしい漢方薬局、多彩色の布が垂れ下がったバルコニー、飴色の北京ダックが吊り下げられた裏通りの食堂がそこにある。パレードや花火、その他催し物が行われ、この街が最も鮮やかに彩られる1月終わりか2月初めのチャイニーズニューイヤーはここに来るには良い時期だが、普段のチャイナタウンの活気を味わうだけでも十分に訪れる価値はある。

チャイナタウンを訪れるには、たいていの場合、ブッシュ・ストリートからグラント・アベニューへ曲がり、龍が取り付けられた**チャイナタウン・ゲート Chinatown Gate**をくぐって行く。道教の**チン・チュン寺院 Ching Chung Temple** (☎415-433-2623 ⌂532 Grant Ave 毎日)は目を見張るほどのものではないが、チャイナタウンの素顔を知るには一見の価値がある(だれも教えてくれないかもしれないが、短パンとTシャツは望ましい服装ではない。写真撮影も避けたほうがいい)。カリフォルニア・ストリートの交差点には**オールド・セント・メリー教会 Old St Mary's Church** (☎415-986-4388)がある。90フィート(約27m)の塔は1854年の建設当時には市内で一番高い建物だった。カリフォルニア・ストリート沿いのセント・メアリーズ広場はチャイナタウンでは数少ない広々としたオープンスペースだ。19世紀後半、チャイナタウン一掃運動が起こり、売春宿、賭博場、バーがこの場所に集められたが、1906年の震災で焼失した。

郵便局の上にある**コン・チョウ寺院 Kong Chow Temple** (☎415-434-2513、⌂55 Stockton St)では観覧者を歓迎しており、アメリカ最古といわれる中国式祭壇が見学できる。**中国慈善協会ビル Chinese Consolidated Benevolent Building** (⌂843 Stockton St)は、中国人のための互助組織である。この組織はまた「シックス・カンパニー」としても知られ、19世紀

には中国人の人権を求めて闘ったほか、中国人同士の紛争を仲裁したとされている。

表通りから外れたチャイナタウンを訪ねたい場合には、グラント・アベニューとストックトン・ストリートに挟まれた、極彩色の**ウェイバリー・プレイス Waverly Place**を訪ねてみよう。たくさんのバルコニーと2階建て寺院がある。ワシントン・ストリートにぶつかる直前の右側にある**サム・ウー Sam Wo's**（☎415-982-0596）は、ジャック・ケルアックが箸の使い方を学んだといわれる食堂だ。外観に反して料理はうまい。

ビート・ジェネレーション

ゴールドラッシュの時代から、サンフランシスコは自由気ままな街であった。アーチスト、ミュージシャン、作家たちが作品の中でたびたびサンフランシスコをたたえていたが、1950年代中頃に独特な流行の発信地、「ザ・シティthe City」として初めて全米の注目を集めることになった。文学界の新星でコロンビア大学の学生であったジャック・ケルアックとアレン・ギンズバーグは、無関心の温床であるニューヨークに見切りをつけ、文芸評論家兼詩人のケネス・レックスロスが始めた詩人たちの運動、サンフランシスコ・ルネサンスと手を組んだ。こうして、ビート・ジェネレーションが台頭した。

ビート族の執筆スタイルは簡潔、鮮明で躍動感のある新しさだ。ケルアックの「路上On the Road」（1957年）は彼らの必読書であり、ギンズバーグの「吠えるHowl」（1956年）は彼らの怒りの詩であった。自らも作家であり、ビート族のパトロンとして彼らの作品の発行者となったのがローレンス・ファーリンゲッティ。彼の書店でノース・ビーチにあるシティ・ライツ・ブックストアは、40年過ぎた今でも当時のままで、ヒッピーたちの人気を集めている。

ビート族は社会慣習にとらわれない生き方を説き、欲や野心からではなく自発的に創作活動を行っていた。詩人ハーバート・ハンケが「アイ・アム・ビート（もう、この世はこりごりだ）」というせりふで使った言葉「ビート」をもとにして「ビート・ジェネレーション」という言葉をケルアックが生み出したが、その功績は大きい。ビート・ジェネレーションとは、ヘミングウェーが描いた「ロスト・ジェネレーション」と語呂を合わせ、イエスが山上の垂訓で説いたビーティテュード、つまり至福という意味も暗に示している。後にビートニクという言葉が使われるようになったが、これはサンフランシスコ・クロニクルのコラムニスト、ハーブ・カンが、ちょうど当時打ち上げられたばかりの人工衛星スプートニクと「ぶっ飛んでいる」ビート族を掛け合わせた造語といわれている。

ワシントン・ストリート沿いに逆方向に数メートル進み、狭苦しい**ロス・アレイ Ross Alley**へ右折すると、またしても絵葉書のような景色が広がる。ガウ・ルーイー・スン・ホンあるいは「旧スペイン路地」として知られていたこの小路は、1870年代後半には端から端まで賭博場と売春宿ばかりだった。映画製作者のお気に入りの場所として、「ゴースト・ハンターズ*Big Trouble in Little China*」などの映画にも登場している。ここではパリッとした**ゴールデンゲート・フォーチュンクッキー Golden Gate Fortune Cookies**（☎415-781-3956 🏠56 Ross Alley）がおいしい。余談ながら、フォーチュンクッキーはゴールデン・ゲート・パークの日本庭園で供するため、サンフランシスコで考案されたものだ。

ポーツマス・スクエア Portsmouth Square（🏠Kearny & Washington Sts）にはいつも、おしゃべりやチェッカー、チェス、麻雀に興じる老若男女が集っている。ここはもともとはヤーバブエナのメキシコ系住民居住区の広場だった。広場の名称は、ジョン・B・モンゴメリー中佐の軍艦「ポーツマス号」に由来する。モンゴメリーは1846年に到着し、サンフランシスコを米国領と宣言。サンフランシスコに初めて星条旗が立てられた場所を記念する記念銘板が置かれている。

中国文化センター Chinese Culture Center（☎415-986-1822 🌐www.c-c-c.org 🏠Holiday Inn, 750 Kearny St 🎫無料 🕐火～日 10:00～16:00）に行くにはポーツマス・スクエアにあるホリデーイン・ビルの3階から歩道橋が通じている。同センターでは中国の芸術や文化に関する新しい作品を絶えず無料展示している。

パシフィック・ヘリテージ博物館 Pacific Heritage Museum（☎415-362-4100 🏠608 Commercial St 🎫無料 🕐火～土 10:00～16:00）はカーニー・ストリートを左折したコマーシャル・ストリートにある。この博物館には、サンフランシスコのアジア系、パシフィック系住民に関するものが展示されている。

アメリカ中国歴史協会 Chinese Historical Society of America Museum（☎415-391-1188 🌐www.chsa.org 🏠965 Clay St 🎫＄3 🕐火～金 11:00～16:00、土・日 12:00～16:00）はサンフランシスコにおける中国人コミュニティの歴史についての展示物を揃えている。ジュリア・モーガンが設計した旧YMCAビル内にある。

ノース・ビーチ（MAP 3）
North Beach

サンフランシスコのイタリア人街としてスタートしたノース・ビーチでは、レストランやバー

がその名残をとどめている。50年代にはビート族のたまり場となり、カフェやジャズクラブが栄え、シティ・ライツ・ブックストアも生まれた。地域の高級化が進み、観光客が押しかけ、ブロードウェイにすら大規模な風俗営業の店が建ち並んでいるにもかかわらず、ノース・ビーチは今日、市内で一番活気があり、安い食事、冷えたビール、最上のカプチーノを味わうのにもってこいの場所である。

ケアニー・ストリートの角にある、緑色をした銅の丸屋根のある**コロンバス・タワー Columbus Tower**は、1905年に建てられたが、1970年から映画監督のフランシス・フォード・コッポラが所有しており、彼の映画製作会社ゾーイトロープもその建物内にある。

コロンバス・アベニュー、パシフィック・アベニュー、ブロードウェイに囲まれた一角はサンフランシスコの文学の中心地といえる。**シティ・ライツ・ブックストア City Lights Bookstore**（☎415-362-8193）を訪ねたら、ついでにジャック・ケルアック・アレーを横切り、ディラン・トーマスとジャック・ケルアックが幾晩か飲み明かした**ベスビオ・カフェ Vesuvio Cafe**で一杯やるのもいい。1953年に詩人のローレンス・ファーリンゲッティが開店したシティ・ライツ・ブックストアは今でも彼が所有する。シティ・ライツ・パブリッシャーズの事務所は書店の上にある。1957年、この出版社はギンズバーグの詩集「吠えるHowl」を出版したことから有名になった。この詩集はわいせつだという理由のため、すぐに出版禁止となった。マスコミにも大きくとりあげられた裁判の判決後、ようやく詩集の発行が認められた。

ブロードウェイ、コロンバス・アベニュー、グラント・アベニューの3つが交わる地点にもサンフランシスコ文化史上の名所がある。**コンドル・ビストロ Condor Bistro**の銘板には、そこがコンドル・クラブであった1964年6月19日にシリコン注入で豊胸したキャロル・ドーダが初めてトップレスになり、さらに1969年9月3日にはボトムレスになったとうやうやしく語られている。このコンドル・クラブの遍歴にしては、現在のビストロはさほどおもしろくはない。

ノース・ビーチ博物館 Museum of North Beach（☎415-391-6210 ✿1435 Stockton St ◉無料 ◉月〜金 9:00〜17:00）はベイ・ビュー・バンクの中二階にあり、この地域の19世紀末から20世紀初めにかけての華やかな歴史をたどる写真や記念品が展示されている。

ワシントン・スクエア Washington Squareに面した**セント・ピーター・アンド・ポール教会 Saints Peter & Paul Church**（✿666 Filbert St）は、1924年に建てられた。ノース・ビーチの中心的な文化建造物で唯一の公共オープンスペースでもある。この教会はサンフランシスコ最大のカトリック教会で、毎年10月にはコロンバス・アベニューを通り、フィッシャーマンズ・ワーフまで大漁を祈るサンタ・マリア・デル・ルメ（漁師の守護神）のパレードが行われる。

コイト・タワー Coit Tower（☎415-362-0808 ◉10:00〜18:00）はテレグラフ・ヒルの頂上にある210フィート（約64m）のタワーで、サンフランシスコ随一のランドマーク。1934年に建てられたこのタワーの資金を提供したのは、変わり者として知られたリリー・ヒチコック・コイトというサンフランシスコの女性だった。彼女は男装してノース・ビーチのカジノでギャンブルしたり、ミニスカートでアイススケートに興じるほか、また生涯火事を追うことに情熱を燃やし続けた。1863年、15歳のリリーをマスコットとして採用した消防隊、ニッカーボッカー・ホース・カンパニーNo.5によれば、彼女が火事を見逃すことなどなかったそうだ。

タワー内にあるディエゴ・リベラ風の壁画はサンフランシスコで働く人々を表現したもので、1930年代のWPA（公共事業促進局）の美術プロジェクトの一部として地元の画家25人によって描かれた。タワー最上階までのエレベーターは＄3。駐車スペースが限られているので、車でここを訪ねるのは避けたほうがよい。ハイキングをするなら、フィルバート・ストリート・ステップスの木の階段を下り、絵に描いた小屋のような住宅が並ぶダレル・プレイスとナピア・レーンを横切っていくと、リーバイス・プラザ、エンバーカデロ方面へ出る。

ロシアン・ヒル （MAP 4）
Russian Hill

ノース・ビーチの西はローラーコースターのような急な坂のあるロシアン・ヒルだ。ここはサンフランシスコの一等地で、**ロンバード・ストリート Lombard St**のつづら折りがあることでも有名。ロンバード・ストリートのつづら折りは「世界一曲がりくねった通り」との宣伝通り、丘の斜面に10回連続のカーブがくねくねと続く。もともと他の坂道のようにまっすぐだったが、27％の傾斜は車には急すぎるため、1922年にカーブが付けられた。

ロシアン・ヒルの頂上付近は傾斜がひどく、乗り越えられない道も多い。そのため、**アイナ・クールバース公園 Ina Coolbirth Park**（✿Vallejo St）や、**マコンドレイ・レーン Macondray Lane**（✿Between Leavenworth & Taylor Sts）の急階段など、緑地がところどころ残っている。そこから見渡す市街地の景色はすばらしい。マコンドレイ・レーンはアーミステ

ッド・モーピンの「バーバリー・レーン28番地メリー・アン・シングルトンの物語Tales of the City」に出てくるバーバリー・レーンのモデルとなった通りである。文学に関係のある道の名をもう1つ挙げるなら、ラッセル・ストリートがある。ジャック・ケルアックはニール・キャサディとその妻、キャロリンと一緒に、この通りの29番地に住んでいた。そこで1952年に「路上On the Road」など、幾つかの作品の下書きを書いた。

サンフランシスコ芸術協会 San Francisco Art Institute（☎415-771-7020 🏠800 Chestnut St）は1870年代の創立。併設されている**ウォルター・アンド・マクビーン・ギャラリー Walter and McBean Gallery**（🕐月〜土 11:00〜18:00）と、学生が経営する**ディエゴ・リベラ・ギャラリー Diego Rivera Gallery**（🕐月〜土 8:00〜21:00）で作品の展示を行っている。ディエゴ・リベラ・ギャラリーでは、毎週火曜17:30に一般公開のレセプションが開かれている。この学校の回廊と中庭は1926年に造られ、1970年に一部増築された。雰囲気のいいカフェがあり、サンフランシスコ湾のすばらしい景色が見渡せる。

ロシアン・ヒルで人気のたまり場、ショッピング街は**ポーク・ストリート Polk St**で、その坂道を下るとギラデリ・スクエアに出る。

フィッシャーマンズ・ワーフ（MAP 4）
Fisherman's Wharf

サンフランシスコ住民の多くがフィッシャーマンズ・ワーフを必要悪と考えている。プラス面は、観光客から多大な収益を得、観光客を食い物にする悪趣味な商売を市内でその一カ所にとどめておくことができる点である。マイナス面は、観光のみを重視して開発されてきたため、「アトラクション」のほとんどが一皮むけばショッピングアーケードにすぎないということだ。

だが、かつてはこの波止場が実直な漁師たちでにぎわい、活気に満ちていた時代があった。**サンフランシスコ国立海事歴史公園 San Francisco Maritime National Historic Park**（☎415-561-7100）は、当時を物語るたくさんの遺産が公開されていることで著名な公園だ。園内には、アクアティック・パークに面し、ベイ・エリアの海事史を物語る**海洋博物館 Maritime Museum**（🏠300 Beach St 無料 🕐10:00〜17:00）や、船体が鉄でできた1886年建造の横帆船バルクルサ号をはじめとする5隻のクラシックな船が係留されている**ハイド・ストリート・ピア Hyde St Pier**（🏠2905 Hyde St 大人＄6 子供＄2 🕐9:30〜17:30）などがある。

ピア45では歴史に残る軍用船舶が2隻見られる。**USSパンパニート USS Pampanito**（☎415-775-1943 大人＄7 高齢者・子供＄4 🕐木〜火 9:00〜20:00、水 9:00〜18:00）は第2次世界大戦時のアメリカ海軍潜水艦で終戦までの数年間で6回太平洋を巡航し、6隻の日本船を沈めたが、そのうち2隻にはイギリスとオーストラリアの捕虜が乗っていた。**SSジェレマイア・オブライエン SS Jeremiah O'Brien**（☎415-544-0100 🏠Pier 45 大人＄7 子供＄4 🕐9:00〜17:00）は唯一運転できる状態で残っている第2次世界大戦時のリバティー船である。ノルマンディー上陸作戦への参加も含む11回の輝かしい航海歴を持つ。

フィッシャーマンズ・ワーフで最も混雑が激しい場所といえば、間違いなく**ピア39 Pier 39**だろう。実際の埠頭を改装して利用しているピア39には、あらゆる種類の安物店や観光客向けのレストランが並ぶ。その中の人気スポットとしては、**ベネチアン・カルーセル Venetian Carousel**（＄2）というメリーゴーランドや、**アクアリウム・オブ・ザ・ベイ Aquarium of the Bay**（☎888-732-3483 大人＄13 子供＄6.50 🕐10:00〜18:00、夏期には時間延長）という水族館がある。この巨大な水族館は、サンフランシスコ湾の水中の生き物たちを目の高さで観察できる2つの透明な水中トンネルが呼び物だ。

1990年頃からピア39の脇の歩道に現れるようになったカリフォルニアアシカたちも人気を集めている。今日ではその場所をすっかり占領してしまったアシカたちは、騒々しくほえながら日光浴を楽しんでいる。

フィッシャーマンズ・ワーフには、かつて工場だった場所を再利用したショッピングセンターが2つある。1つは、サンフランシスコのチョコレート・メーカー、ギラデリのあった場所にできた**ギラデリ・スクエア Ghirardelli Square**（🏠900 North Point St）（今でもショッピングセンター内にショップが2つある）、そしてもう1つは、もとデルモンテのフルーツ缶詰工場だった**キャナリー Cannery**（🏠2801 Leavenworth St）だ。

フィッシャーマンズ・ワーフはアルカトラズ島（後出の「サンフランシスコ湾」を参照）へ渡る船の始発地ということも覚えておこう。

マリーナ＆カウ・ホロウ（MAP 4）
The Marina & Cow Hollow

異性に声をかけるのが目的で行くバーや、家賃の高い高級アパートが多いマリーナは、ダウンタウンで高給職に就いた育ちの良い若者が住む地域だ。チェスナット・ストリートはマリーナでのショッピングの中心地である。

そこから通り数ブロック南ではユニオン・ストリートが隣町カウ・ホロウの中心を貫いている。カウ・ホロウの名は、昔そこで酪農が営まれていたことにちなんでつけられた。マリーナとカウ・ホロウの境界はモーテルが並ぶロンバード・ストリートで、この道はバン・ネス・アベニューを介しゴールデン・ゲート・ブリッジへと続いている。

パナマ太平洋万国博が開かれた1915年当時のマリーナはただの干潟であった。パナマ運河完成とサンフランシスコ大震災からの復興を記念する万博の会場建設のために、海に面したこの湿地が改装された。プレシディオとの境界にある美しい**パレス・オブ・ファイン・アート Palace of Fine Arts**（🏠Baker St at Bay St）はまだ残っている数少ない万博展示物の1つだ。バーナード・メイベック作のこの模造古代遺跡はとても人気があり、万博閉会後の取り壊しを免れたのだ。60年代初期に腐食が進んだ化粧しっくいの建物は耐久性のあるコンクリートで再建された。

エクスプロラトリアム Exploratorium（☎415-561-0360 🌐www.exploratorium.edu 🏠3601 Lyon St 🎫大人＄10 子供＄6 🕐火・木〜日 10:00〜17:00、水 10:00〜21:30＜夏期には時間延長＞）はパレス・オブ・ファイン・アートの後ろにある。1969年に物理学者フランク・オッペンハイマー（マンハッタン＜原子爆弾＞計画の指導者ロバート・オッペンハイマーの弟）によって美術、科学、人間の知覚を融合させた博物館として創立された。大人にも子供にも人気があり、すばらしい体験ができるので、時間をかけて見学しよう。ここの呼び物の触覚ドームでは真っ暗なドームの中を這ったり、登ったり、滑ったりできる（事前に予約すること）。

ウォーターフロントに細長く続く**マリナ・グリーン Marina Green**は、サイクリング、インラインスケート、ジョギング、凧揚げなどをする人々でにぎわう。天気が良ければのんびりするにはもってこいだ。

ゴールデン・ゲート・ヨット・クラブを過ぎたところにある防波堤の先端には、**ウェブ・オルガン Wave Organ**という変わった楽器がある。アーチスト、ピーター・リチャーズが開発し、（エクスプロラトリアムの援助で）1986年に設置された。満ち潮と引き潮でオルガンのパイプが音を出すしくみだ。その音はわずかに聞こえるだけなので、ベートーベンの第九のようなものを期待しないように。オルガンと防波堤は取り壊された墓地の墓石で建設された。

フォート・メイソン・センター Fort Mason Center（☎415-441-3400 🌐www.fortmason.org）はアクアティック・パークとマリーナの間にある。まずスペイン、後にはアメリカの軍事要塞として利用された建物と土地は1970年代にゴールデン・ゲート・国立レクリエーション・エリアへと譲渡された。現在、この文化施設内には、非営利団体、劇場、ギャラリー、博物館などがあり、その中には**クラフト＆フォークアート博物館 Museum of Craft and Fork Art**（☎415-775-0991）、**イタリアン・アメリカン博物館 Museo Italo-American**（☎415-673-2200）、**アフリカン・アメリカン歴史文化協会 African-American Historical & Cultural Society**（☎415-441-0640）も含まれる。ここから坂を上ってすぐのところに人気のホステル、HIフィッシャーマンズ・ワーフ（後出の「宿泊」を参照）がある。

パシフィック・ハイツ
Pacific Heights

この高級住宅街はマリーナの南にある丘の上にあたり、バン・ネス・アベニューとプレシディオの間にある。見事な大邸宅の並ぶ通りを見て回るのが好きな人は、ぜひ訪ねてほしい。ここには古き良き家柄の人々がまだ多く住んでいる。それは、1906年の震災後に起きた火災がバン・ネス・アベニューで食い止められたからである。特に決まった道順はないので、ぶらぶらと見て回るといい。案内役が必要ならば、後出の「ウォーキングツアー」を参照のこと。

ほとんど一般公開されていないパシフィック・ハイツの邸宅の中で**ハース・リリエンタール邸 Haas-Lilienthal House**（☎415-441-3004 🏠2007 Franklin St）は例外。1882年から1886年にかけて建てられたアン女王様式の邸宅である。見ごたえがあるのは外観だけではなく、屋内も年代物の家具で一杯だ。だが、1時間のツアーというのは、ちょっと長すぎるかもしれない。ツアー（大人＄5 子供＄3）は水曜と土曜の12:00〜15:00と、日曜の11:00〜16:00に行われている。

もう1つの見所は、ワシントン・ストリート2080番地にあるバロック様式のスプレックルズ邸だ。1912年、ジョージ・アップルガース（レジョンドヌール美術館の建築者でもある）が砂糖で莫大な富を築いたアドルフ・スプレックルズのために建てたものである。この邸宅は1990年、小説家ダニエル・スティールに買い取られた。

ユニオン・ストリートから上り、ジャパンタウンへ下る丘の上にある**フィルモア・ストリート Fillmore St**はこの辺りの中心街で、パシフィック・ハイツ側（ジャクソン・ストリートからサッター・ストリートまでの辺り）にはお

いしいが値段も高いレストランや高級ブティックが軒を連ねている。

ジャパンタウン＆フィルモア地区
Japantown & Fillmore District

日本人は1860年代からサンフランシスコに住んでいたが、現在、パシフィック・ハイツの南、フィルモア・ストリート周辺のジャパンタウンというこぢんまりしたエリアに住む日本人はほんのひと握りにすぎない。日本人街として知られるこの地域は、1906年の震災後、日本人が多く住むようになった。第2次世界大戦中、日本人と日系アメリカ人は強制収容所に送られ、住民たちは大きな打撃を受けた。元住民だった日本人の多くは、終戦後自分たちの家を取り戻すことができなかった。

第2次世界大戦中、**フィルモア The Fillmore**という名でも知られていたこの地には、アフリカ系アメリカ人たちが移り住んできた。その副産物としてフィルモア・ストリート沿いでジャズが盛んになった。その当時からフィルモアを対象とした様々な再開発案が出されてきた。そして今では、日々にぎわう美容サロンや商店、有名なコンサート会場（後出「エンターテインメント」の「バー＆クラブ」を参照）とともに、高層コンドミニアムも誇らしげに建ち並んでいる。

現在、ジャパンタウンでは主に小規模な商店がギアリー・ブールバード北側に集まる。その中心は1968年にオープンし、商店が雑然と並ぶ**ジャパン・センター Japan Center**（⌂cnr Geary Blvd & Fillmore St）だ。ジャパン・センター内の3つのモールにはたくさんのおいしいレストランや、カブキ8シネマという映画館、それに大きな日本語書店など興味深い店でいっぱいだ。

ジャパンタウンはチャイナタウンほど結束の強い社会ではないが、毎年4月の週末2回にわたって行われる桜祭りと、8月最初の週末に2日間開催される日本街フェスティバルでは実に活気づく。

銭湯なら**カブキ・スプリングス・アンド・スパ Kabuki Springs & Spa**（☎415-922-6000 ⌂1750 Geary Blvd 入浴＄15～18 ◯10:00～22:00）がおすすめ。水・金・日曜の夜が女性専用、月・木・土曜の夜は男性専用、火曜は混浴で、水着を着用しなければならない。マッサージ、その他のサービスもあるが、予約が必要だ。

ヘイト （MAP 5）
Haight

ゴールデン・ゲート・パークのちょうど東にあるヘイト・アシュベリー地区は、地元では「ヘイト」と呼ばれている。この地区は、ゴールデン・ゲート・パークからメーソニック・アベニューまでの**アッパー・ヘイト Upper Haight**と、スコット・ストリートから東のウェブスター・ストリートまで、薄汚れたナイトクラブやバーのある派手な一帯、**ロワー・ヘイト Lower Haight**の2つに分けられる。アッパー・ヘイトの南にある**コール・バレー Cole Valley**はカール・ストリートとコール・ストリートにカフェや商店が集まる高級住宅地だ。

ヘイト・アシュベリーはサマー・オブ・ラブやフラワー・パワーが全盛だった65、66、67年にその中心地だったが、実際にサンフランシスコのヒッピーたちの独創性に富んだイベントが開催されたのはこの地域ではない。何千人もがライブ・ミュージックとLSDに酔いしれた1965年のケン・キージー主催トリップス・フェスティバルは、フィッシャーマンズ・ワーフ近くのロングショアメンズ・ホールで行われた。また、サマー・オブ・ラブの先駆けとなった1967年のギャザリング・オブ・ザ・トライブス（ヒューマン・ビーインとして知られる）はゴールデン・ゲート・パークで開催された。しかし、理想主義的な「ヒッピー」たちは、どちらかというと、くたびれた感じがするビクトリア朝様式の街並みを持つヘイト・アシュベリーに引きつけられた。家賃が安く、公園にも近く、ノース・ビーチで栄えたビート族を卒業したボヘミアン的な集団がすでに住み着いていたことが魅力だったのだ。

「サンフランシスコ・サウンド」、つまり、チャーラタンズやグレイトフル・デッドといったグループに代表される、LSDの幻覚から生まれたサイケデリックなロック・ミュージックは、ヘイト・ストリートにあるストレート・シアターなどのナイトクラブで生まれた。60年代の多くの大スターは成功前にこの地区に住んでいた。デッド、ジェファーソン・エアプレイン、ジャニス・ジョップリン、ビッグ・ブラザー＆ザ・ホールディング・カンパニー、カントリー・ジョー＆ザ・フィッシュなどは、ヘイト・アシュベリーの最盛期にその住人だった。

だが、栄光の日々は長く続かなかった。67年の後半までにドラッグの過剰摂取は日常茶飯事となり、ヒッピー、見物人、マスコミ関係者、警察の間で暴力沙汰も増えていった。70年代の初期にはヘイトは燃え尽きたヒッピーたちのドヤ街と化した。ヒッピーたちが次第に姿を消していった通りは、夜遊びするゲイたちでにぎわうようになった。

絞り染めの服を着たはぐれ者や素朴な観光客の多くには信じがたいかもしれないが、今日のヘイト・ストリートではサマー・オブ・ラブは遠い昔の思い出となってしまった。そ

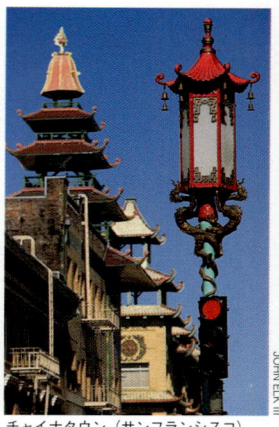

ハイド・ストリートの坂を下るサンフランシスコのケーブルカー

チャイナタウン（サンフランシスコ）

全ての旅行者を歓迎するサンフランシスコのゴールデン・ゲート・ブリッジ

ユニオン・スクエアの金箔のマイム

スタイナー・ストリートの有名な"ペインテッド・レディーズ"

サンフランシスコ・スカイラインの壮大な景色をバックにエンジェル島のビーチで散歩を楽しむ

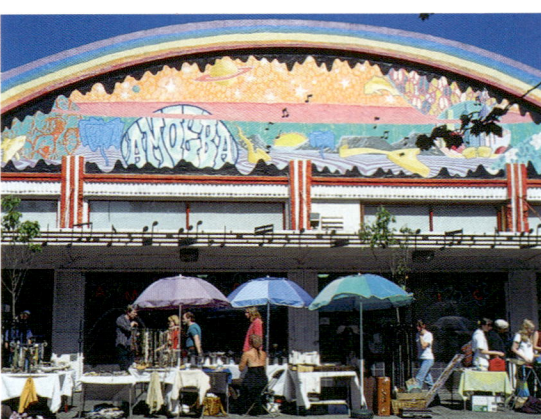

テレグラフ・アベニューの熱心な物売りたち（バークレー）

サンタ・クルーズのサーフィン・メモリアル

サンフランシスコ北部のパシフィック・コースト・ハイウェイ（ハイウェイ１）

サンフランシスコ — カストロ

の時代から変わらず残っているのはヘイト・ストリートとアシュベリー・ストリートの角にある道路標識ぐらいだ。しかし、薄汚れた物乞いやLSDで身を持ち崩したやからをよけて歩くのが気にならないのなら、ヘイトを見学する価値はあるだろう。ブティックをのぞいたり、安い食事をとったり、濃いめのコーヒーを味わったり、中古洋品店やレコード店に立ち寄ったりといったささいなことがここでの楽しみだ。熱狂的なデッドのファンなら、グレイトフル・デッドのメンバーがかつて共同生活を送っていた**アシュベリー・ストリート710番地・710 Ashbury St**の前を通ってみよう（現在は一般人の家）。

カストロ（MAP 5）
The Castro

こぢんまりしたカストロ地区はサンフランシスコのゲイ社会の中心地ではあるが、急進的な人々が集まっていると勘違いしてはいけない。この地域のほとんどがミドルクラス上層の雰囲気を持った住宅街だ。とはいっても、いつでも平穏な状態に在るわけではなく、ゲイ・プライド・マンス（6月）やハロウィーンなどの行事では特に、住民たちが狂ったように盛り上がる。

カストロの呼び物である立派な**カストロ・シアター Castro Theatre**（後出の「エンターテインメント」参照）は、毎年恒例のゲイ・アンド・レズビアン・フィルム・フェスティバルの中心となる。MUNIの駅にある**ハーベイ・ミルク・プラザ Harvey Milk Plaza**（cnr Market & Castro Sts）は、サンフランシスコの公職に当選した最初の自称ゲイ、非公式に「カストロ・ストリートの市長」と呼ばれたハーベイ・ミルクを記念して名付けられた。彼は1978年、モスコーン市長とともに暗殺された。

1980年代以降、エイズが何千人もの住人の命を奪っているが、派手な人物やにぎやかな通りを見ればこの地の活気は失われていないとわかる。実際、カストロは人間観察をしたり、ランチをゆっくり楽しんだり、本や服を見てまわったり、ビールを一杯やるには、昔から市内でも一番の場所である。

カストロ・ストリートまたはノエ・ストリートを南に進むと**ノエ・バレー Noe Valley**という、これまた小さいが興味深いサンフランシスコの町に出る。ビクトリア朝様式の家屋、レストラン、電気店などが混在し、田舎町のような雰囲気がある。この一帯の中心街は24thストリートで、チャーチ・ストリートとカストロ・ストリート間はブティック、ギフトショップ、書店、レコード店が軒を連ねている。ベビーカーを押す人の姿も多くみられる。

ミッション（MAP 5）
The Mission

ミッションは市内で最も古い地域の1つで、主にスペイン語圏の民族が住んでいる。ボヘミアン的で型にはまらないライフスタイルが主流の

サンフランシスコのゲイ社会

1950年代初期に、アメリカで最初の同性愛者の権利擁護団体、マタシン協会がサンフランシスコで生まれた。1955年にビリティスの娘たち（DOB）というアメリカ最初のレズビアン団体が創設されたのもサンフランシスコだった。

1959年の市長選キャンペーン中、現職市長のジョージ・クリストファーは対立候補ラッセル・ウォルデンから、サンフランシスコを組織的な同性愛者の全米本部にするつもりかと非難された。クリストファー市長は再選したが、同性愛者に甘い市長との悪評を買いたくなかったため、ゲイのたまり場での大規模な違法行為取り締まりや家宅捜査を行い、その結果ゲイ市民の公開ブラックリストが作られた。

このような迫害への反撃は、同性愛者運動ではなく、アレン・ギンズバーグが「アメリカで最もすばらしいゲイバー」と呼んだブラック・キャットというバーで始まった（ブラック・キャットの女装役者ホセ・サリアは1961年、市政執行委員に立候補し、アメリカ初の自称ゲイ公職立候補者となった）。

だが、ゲイ容認の時代がくるのはまだ先のことだった。1965年、宗教・同性愛者協議会後援のダンスパーティーに警察が踏み込み、その場にいた全員が逮捕され、写真を撮られた。市民は激怒し、マスコミさえ警察の行動を非難した。この事件はゲイ社会に対する市民の認識を一変させるのに役立った。ゲイバーの手入れはなくなり、ゲイの一員が警察の地域防犯広報活動の役員に指名された。

1977年の選挙でゲイ活動家ハーベイ・ミルクが市政執行委員に当選すると、ゲイの権利を求める運動は新たなピークを迎えた。だが、喜びもつかの間で、翌年、ミルクと市長のモスコーンはゲイ反対を公然と認めていた元警察官ダン・ホワイトによって暗殺された。

彼らの死を契機にゲイ運動の最盛期は終わりを告げ、1981年サンフランシスコで、当時、「同性愛者免疫不全症GRID」と呼ばれていたエイズAIDSの症例が初めて報告されるとその勢いはさらに失われていった。

ヘザー・ハリス

場所だ。安くておいしい食事にもってこいの場所でもある。区域一帯の中心は、東西方向はドロレス・ストリートとサウス・バン・ネス・アベニューの間、南北方向は16thストリートと25thストリートの間に広がっている。商店やレストランはバレンシア・ストリートとミッション・ストリートの2つに集まっている。

流行のナイトスポットと粋なアートイベントがあり、以前からトレンディーな街とされてきたミッションは、ドットコム・バブルの影響が最も顕著なエリアだ。以前はコンドミニアムや商業物件がサンフランシスコでは安いほうであったのに、市内全体で不動産価格が上がり始めると、地元の家主たちはその勢いに乗って最高入札者に貸したり、売却したりするようになった。その結果、古くからの住人や商売人の多くが追い出され、高級レストランや、高価なロフト、コンドミニアムが進出してきた。最近のドットコムの不調で(そして、経済の全体的な落ち込みで)その勢いはなんとか弱まってきた。

ヤッピーやナイトクラブに通う流行に敏感な若者たちの一団のせいで、ミッションのボヘミアン的な雰囲気や、人づきあいのいいラテンアメリカ系住民たちの魅力が失われていないのは、うれしいことだ。今でもラテンアメリカ系が住民の半分を占めるため、その文化はそこらじゅうで健在だ。24thストリートのミッション・ストリートからポトレロ・ストリートまで木陰を散策するだけで、住民たちの真の姿をのぞくことができるだろう。

ミッション地区の名前の由来となった**ドロレス伝道所 Mission Dolores**（☎415-621-8203 **⌂**Dolores & 16th Sts 🈯$2 🈺9:00～16:00)は、サンフランシスコ最古の建物。本来はサンフランシスコ・デ・アシス伝道所と呼ばれた。フニペロ・セラ神父がスペインのために創立した6つ目の伝道所だ。1776年6月29日に献堂されたが、1782年、フランシスコ会修道士がアメリカ先住民の労働力を用いて、より頑丈な建物を建てた。1913年、隣にバシリカ形式の教会堂が建てられたため、質素な伝道所の建物は今は見劣りする。

数ブロック南へ行ったところにある**ミッション・ドロレス公園 Mission Dolores Park**は晴れた日には日光浴を楽しむ人々や、バーベキューをするラテンアメリカ系住民たちでにぎわう。日が暮れた後のこの公園の評判は良くないので、避けるのが賢明だ。ここはかつてユダヤ人墓地であった。

ミッション地区の一番の呼び物としては、何百もの色彩に富んだ**壁画 Murals**がある。サンフランシスコの労働者の歴史から、中米での独立紛争、女性運動、地元の街角の様子まで何でもある。最も見事な壁画芸術はバレンシア・ストリートとゲレロ・ストリートの間に位置する**ウイメンズ・ビル Women's Building**（**⌂**3543 18th St)にある。また、フォルサム・ストリートとハリソン・ストリートに挟まれ、24thストリートから25thストリートへ抜ける細い路地、**バーミー・アレー Balmy Alley**は端から端まで、壁画で埋め尽くされている。

壁画に特に興味がある人は**プレシタ・アイズ・ミューラル・アート・アンド・ビジター・センター Precita Eyes Mural Arts and Visitors Center**（☎415-285-2287 **W**www.precitaeyes.org **⌂**2981 24th St)に立ち寄ってみるとよい。ここでは絵葉書、本、美術材料、壁画見学ウォーキングツアー地図（$4）を買うことができる。センターでは徒歩ツアーも主催している（後出の「徒歩ツアー」を参照）。

プレシディオ
The Presidio

サンフランシスコ半島の北西端地域は何十年もの間、かなり地味な陸軍基地で占められていた。その結果、この地域は開発から取り残され、ハイウェイ1と101がプレシディオの真ん中で合流し、ゴールデン・ゲート・ブリッジに続いているにもかかわらず、ほとんどが緑地のままだ。

プレシディオとは要塞という意味で、1776年ここにスペイン人が最初の要塞 *presidio*を建てるために住み着いた。プレシディオの軍事的役割は1994年に終わり、1480エーカー（約600ha）の敷地はゴールデン・ゲート国立レクリエーション・エリアの一部となった。それ以来、貴重な土地をどう利用するのが最適か、どうすれば公園を経済的に維持できるかについて激しい討論が続いている。ジョージ・ルーカスは、ここの新しいテナントの1人で、レターマン病院の跡で映画制作施設を建設中だ。

プレシディオ・ビジター・センター Presidio Visitors Center（☎415-561-4323、**⌂**cnr Montgomery St & Lincoln Blvd）には、公園の施設に関する展示、インフォメーションがある。

サンフランシスコ湾に面したクリシー・フィールドは、近年復元された潮汐湿地で、美しいハイキングコース、サイクリングコースがある。**クリシー・フィールド・センター Crissy Field Center**（☎415-561-7690 **⌂**cnr Mason & Halleck Sts 🈺水～日 9:00～17:00）には、カフェと書店がある。

フォート・ポイント Fort Pointは、アメリカの統治下、1861～65年の南北戦争の勃発に伴い、サンフランシスコ湾への敵の侵入を警備する目的で建設されたが、戦いも砲火も見ることなく1900年に廃棄された。現在、フォート・

ポイントからは最もすばらしいゴールデン・ゲート・ブリッジの景観が楽しめる。ヒチコック映画のファンなら、1958年に公開された「めまい*Vertigo*」に出てくる、あの景色を思い出せるだろう。この映画はサンフランシスコ各地で撮影された。煉瓦で造られた3段式の要塞は、マリン・ドライブから少し入ったところの、ゴールデン・ゲート・ブリッジ（後出の「サンフランシスコ湾」を参照）の真下あたりにある。

半島の太平洋側は、市内で最も美しい**ベーカー・ビーチ Baker Beach**だ。絶壁を背にして、ごつごつした岩場が続く。水温が低く潮流が強いため、水泳にはあまり適さないが、水着姿やパンツ1枚で日光浴をする人々でにぎわう。

リッチモンド（MAP 7）
The Richmond

北はプレシディオの緑地、南はゴールデン・ゲート・パークに挟まれ、均等に区画整理されたリッチモンド地区はアーゲロー・アベニューから海岸線まで広がっている。レストランや商店が並び、にぎやかなクレメント・ストリートがこの地区の中心で、ニュー・チャイナタウンの中心でもある。

オーシャン・ビーチの北端から太平洋を見渡す**クリフ・ハウス Cliff House**（☎415-386-3330 🌐 www.cliffhouse.com）は、もともと1863年に人混みから逃れるための邸宅として建てられたが、初代の建物は火事で焼失した。その後1896年にアドルフ・スートロによって建てられた2代目クリフ・ハウスはエレガントで立派な8階建ての保養施設で、アートギャラリー、ダイニングルーム、展望台を備えていた。この建物は1906年の震災では壊滅を免れたが、その翌年の火事で焼失した。1909年に再建された建物は、以前と比べてまったく豪華さに欠け、食事もありきたりだが、それでも景色がすばらしいレストラン、ラウンジとして人気を保っている。クリフ・ハウスは2002年初頭に修復工事を予定しているが、完全休業はしない。

レストラン下の見晴らし台にある巨大な発明品**カメラ・オブスキュラ Camera Obscura**（☎415-750-0415 💰$2 🕐11:00〜日没）は、外の景色を室内の放物面スクリーンに映し出す装置で、1946年に地元のエンジニアがレオナルド・ダ・ヴィンチの描いた図面に基づいて建てた。この装置の保存については何度か検討され、2001年、全米史跡登録に加えられており、一見の価値がある。

メカニカル博物館 Musée Mécanique（☎415-386-1170）もまたユニークで興味深いアトラクションだ。160以上のアーケードゲーム機、きわどい内容ののぞき眼鏡式活動映写機（ベリー・ダンサーが休みの日に何をしているか見てみよう！）、自動ピアノなどのコレクションはほかに例を見ない。19世紀末から20世紀初頭の品物で、すべて今でも機能する。この博物館は2002年のクリフ・ハウス修復工事のため、残念だが長年いたクリフ・ハウスの地下から立ち退くことになった。本書執筆時点では、一時的にフィッシャーマンズ・ワーフのピア45へ移り、ゆくゆくはクリフ・ハウスに新しくできた用地へ永久的に復帰するという計画がある。

クリフ・ハウスのちょうど北の入り江にある廃墟は、1896年にスートロが建てた**スートロ・バス Sutro Baths**と呼ばれた3エーカー（約1.2ha）の屋内プール御殿の跡である。3エーカーのその建物はプールが6つもある壮大なものだった。スートロ・バスは少しも儲からなかったが、1966年、保険金詐欺疑惑の真っ只中に焼失した。

クリフ・ハウスから**ランズ・エンド Lands End**までの驚くほど険しい海岸に沿って、すばらしい遊歩道がある。そこからゴールデン・ゲート海峡を見渡す眺めは最高だ。スートロ・バスの廃墟付近から始まるこの遊歩道は、ゴールデン・ゲート・パークの管理人だったジョン・マクラーレンが創立した**リンカーン・パーク Lincoln Park**を貫いている。

カリフォルニア・レジオンドヌール美術館 California Palace of the Legion of Honor（☎415-863-3330 🎟大人$8 子供$5 火曜は無料 🕘火〜日9:30〜17:00）はサンフランシスコで最も権威ある美術館の1つ。中世から20世紀にかけてのヨーロッパ美術を所蔵。MUNIバスの乗り換えチケットを見せると、大人の入館料が$2引きになる。ダウンタウンからは1番、2番、38番のどれかのバスに乗ればよい。

ゴールデン・ゲート・パーク（MAP 7）
Golden Gate Park

このサンフランシスコ最大の公園は、半島の半分に達するほど広い。1870年、公園のデザインを募集したコンテストで24歳のウィリアム・ハモンド・ホールの作品が選ばれた。彼は1871年に1017エーカー（4km²）もの砂丘を世界最大級の都市公園に変える作業を開始し、1880年までに、ここは市内で最も人気のアトラクションとなった。後任の管理人ジョン・マクラーレンは、1887年から56年間、97歳で他界するまで公園の管理を担当した。

庭園、池、スポーツ施設、遊歩道のほか、

ここには博物館などの屋内アトラクションも存在する。公園に関するインフォメーションは建物がすてきな**マクラーレン・ロッジ McLaren Lodge**（☎415-831-2700、🏠park entrance Fell & Stanyan Sts）で手に入る。

園内で一番古い建物は**花の温室 Conservatory of Flower**で、この温室は大富豪のジェームズ・リックが自分の庭園に建てようとアイルランドから持ち込んだものである。しかし再建前に世を去ったため、代わりに1878年、ゴールデン・ゲート・パークに引き取られた。ガラス張りの建物は1995年の暴風で大きく損傷したため現在改修中で、2003年に再び開館する予定だ。

カリフォルニア科学アカデミー California Academy of Sciences（☎415-750-7145 🅦www.calacademy.org 🎫大人＄8.50 学生＄5.50、第1水曜は無料 🕙10～5月 9:00～17:00、6～9月 9:00～18:00）はプラネタリウムや楽しい地震シミュレーターがある大きな自然史博物館。館内には、**スタインハルト水族館 Steinhart Aquarium**もあり、見学者をぐるりと囲む10万ガロン（約379m³）の水槽は「魚のメリーゴーラウンド」のようでうっとりする。MUNI（市営交通）の乗り換えチケットを見せると入館料が＄2.50引きになる。当博物館は2004年に大がかりな改修を開始する予定で、一時的に別の場所に移ることになっている。

その近くでは**MHデ・ヤング記念博物館 MH de Young Memorial Museum**（☎415-863-3330）が2005年に以前と同じ場所で新装再開する予定だ。

市民になじみのある**日本庭園 Japanese Tea Garden**（☎415-831-2700 🎫大人＄2 子供＄1 🕙夏期9:00～18:30、冬期8:30～18:00）は本来、1894年にゴールデン・ゲート・パークで開催されたミッドウィンター・フェアにおけるジャパニーズ・ビレッジという展示施設だった。今日、庭園内には仏塔、門、仏像などがあり、雰囲気の良い茶屋で緑茶とフォーチュンクッキーを＄2で味わうことができる。フォーチュンクッキーは1909年にこの地で発明されたものだといわれる。

70エーカー（約28.3ha）の**ストリビング樹木園＆植物園 Strybing Arboretum & Botanical Garden**（☎415-661-1316）はガーデン・オブ・フレグランス、カリフォルニア原産植物コレクション、ジャパニーズ月見ガーデンなど、幾つもの小さな庭園から構成されている。無料のツアーが毎日催行されている。詳細は園内に入ってすぐの書店で聞いてみよう。

園内には7.5マイル（約12km）のサイクリングコース、距離不明のジョギングコース、12マイル（約19km）の乗馬コース、アーチェリー場、野球およびソフトボールのグラウンド、フライキャスティング用の池、かなり難しい9ホールのゴルフ場、ローン・ボーリング用の芝生、ペタンク（ローン・ボーリングに似たフランスの球技）のコート、4つのサッカーコート、21のテニスコートと、スポーツ施設もたくさんある。**ストウ・レイク・ボートハウス Stow Lake boathouse**（☎415-752-0347 🕙10:00～16:00）では、1時間＄13～＄17で手こぎボートや足踏みボートが借りられる。

日曜にはパーク内の道路の一部は通行止めになり、インラインスケート、サイクリング、ストリートホッケーなどをする人々が車を気にせず楽しめるようになっている。自転車およびインラインスケートのレンタル場所については、後出の「サイクリング」と「ジョギング・スケート」を参照のこと。

サンセット＆ツイン・ピークス
The Sunset & Twin Peaks

起伏の激しいサンフランシスコの土地はゴールデン・ゲート・パークの南のツイン・ピークスとマウント・スートロの2カ所で大きく突き出しているが、そこから西へは海までなだらかで、均等な区画が延々と続く。もともとエル・ペチョ・デ・ラ・チョラ（インディアンの少女の乳房）と呼ばれていたが、**ツイン・ピークス Twin Peaks**と名付けられた2つの山の頂上922フィート（約281m）と904フィート（約276m）から見下ろすベイ・エリアの景色、特に夜景は最高だ。ツイン・ピークスへ車で行くには、マーケット・ストリートを南西に進み、急な坂を上ってから（道の名がポルトラ・アベニューに変わる）右折してツイン・ピークス大通りに入る。

ゴールデン・ゲート・パークから南へスロート大通りまで、そして16thアベニュー辺りから西へ海岸線までをサンセット地区と呼んでいる。主に住宅街で、1930～1950年代に建てられたパステルカラーの化粧しっくい仕上げの家屋が並んでいる。9thアベニューのアービング・ストリートとユダ・ストリートを中心に上品なレストラン、バー、商店が集まるインナー・サンセットと呼ばれる一帯はゴールデン・ゲート・パークから1、2ブロックしか離れていない。

オーシャン・ビーチ Ocean Beachの海岸はクリフ・ハウスからフォート・ファンストンの絶壁まで何キロも続く。晴れた日には日光浴、サーフィン、ピクニックなどを楽しむ典型的なカリフォルニアのビーチの光景が見られる。残念ながら、天気の良い日はそう多くない。

サンフランシスコ動物園 San Francisco Zoo

(MAP 1 ☎415-753-7080 ⓦwww.sfzoo.org
🏠Sloat Blvd & 45th Ave 🎫大人＄10 割引＄7
🕙10:00～17:00) は自然保護への配慮を重視したスタイルへ移行中である。キツネザルの森が2002年にオープンし、大規模なアフリカのサバンナや類人猿のコーナーも数年中に新しくできる予定だ。

そこから1マイル（約1.6km）ほど南の**フォート・ファンストン Fort Funston**には吹きさらしの美しい絶壁や遊歩道やビーチがある。午後、崖の上に浮かぶハンググライダーを眺めて過ごすと楽しい。

サンフランシスコ湾
The Bay

サンフランシスコ湾は長さ60マイル（約97km）、幅も最高12マイル（約19km）と、カリフォルニア沿岸では最大の湾である。サクラメントとサンホアキンの2つの川がここに注ぎ、ゴールデン・ゲートで大洋と交わる。この湾はたいへん浅く、引き潮時の平均深度は6フィート（約1.8m）から10フィート（約3m）ほどしかない。

ゴールデン・ゲート・ブリッジ
Golden Gate Bridge

1933年に着工し、1937年5月に開通した美しいゴールデン・ゲート・ブリッジはサンフランシスコとマリン・カウンティを結び、サンフランシスコのシンボルにもなっている。ジョセフ・B・シュトラウスが設計したこの橋は長さが2マイル（約3.2km）、中央支間長が4200フィート（1280m）もある。完成当時は世界で一番長い吊り橋だった。この橋は湾の入り口の地名ゴールデン・ゲートにちなんで名付けられたが、偶然、橋の塗装に使われた航海用の「国際オレンジ色」がゴールデンをそれとなく表している。週あたり25人の塗装工と1000ガロン（3785ℓ）の塗料を要した橋の塗装作業は果てしなく続いた。

最も一般的なゴールデン・ゲート・ブリッジの観光出発地点は、橋の南端にあるフォート・ポイント展望台。絶景が望めるこの展望ポイントには土産物店、シュトラウスの像、直径3フィート（約90cm）もある吊り橋のケーブル見本などがある。28番か29番のMUNIバスに乗れば、料金所に行ける。橋の北側にあるビスタ・ポイントからの景色はもっとすばらしい。

週末には歩行者は東側、自転車は太平洋側を通って（「サンフランシスコ・ベイ・エリア」のコラム「ゴールデン・ゲート・ブリッジのハイキング＆サイクリング」を参照）、橋を渡ることができる。平日は歩行者も自転車も東側を利用する。橋の通行料金（南行きのみ）は車1台＄5だ。

ベイ・ブリッジ
Bay Bridge

自動車専用のベイ・ブリッジはゴールデン・ゲート・ブリッジよりもずっと長く、交通量も多い。完成も6カ月早いにもかかわらず、知名度においてはサンフランシスコのシンボルにはとてもかなわない。ベイ・ブリッジは実際には、サンフランシスコと湾内にある**ヤーバブエナ島 Yerba Buena Island**を結ぶ二重構造の吊り橋、岩の多い島を貫くトンネル、格子状の支間をつなげたヤーバブエナ島からオークランド間の橋の3つに別れている。西行きの通行料金は＄2だ。

1989年の震災でヤーバブエナとオークランドを結ぶ橋の支間が50フィート（約15m）崩壊した。その部分は修復されたものの、災害を機に安全性の見直しが行われ、現在、橋の半分を交換する工事が進行中で、2007年の完成を予定している。

アルカトラズ島
Alcatraz

サンフランシスコ湾内にある岩だらけのこの島には、1933年から1963年にかけて、アメリカで最も悪名高い刑務所が存在した。12エーカー（4.85ha）のアルカトラズ島は重罪を犯した者が送られる刑務所だった。それは単に「ロック」と呼ばれたその島からの脱出が、1962年にアングリン兄弟と共謀者フランク・モリスが自作のいかだで島を抜け出し行方不明になるまでは絶対不可能と考えられていたことによる。この謎に包まれた脱出物語は1979年にクリント・イーストウッド主演の映画「アルカトラズからの脱出 Escape from Alocatraz」で有名になった。アルカトラズは本土からたったの1.5マイル（2.4km）しか離れていないが、とても水温が低く、潮流がきついだけでなく、サメも出没する危険な1.5マイルなのだ。

刑務所が閉鎖された後の6年間、この島はほとんど忘れ去られた存在だったが、1969年アメリカ先住民が島の所有権を主張し、19カ月の座り込みを行って、全米の関心を集めた。この出来事はアメリカでの先住民の積極行動主義の引き金となった。

ブルー・アンド・ゴールド・フリート Blue & Gold Fleet（☎インフォメーション415-773-1188、予約415-705-5555）はフィッシャーマンズ・ワーフのピア41からアルカトラズ島までのフェリーを運航。夏は特に余裕をもって事前に

予約し、チケット受け取りを済ませたほうがよい。島へ向かうフェリーは毎日9:30〜14:15（夏期は16:15まで）に出発する。往復料金は＄13で、電話予約すると＄2追加される。料金には、元看守や元受刑者の吹き込みによる解説付のツアーが含まれる。ガイド付の「アルカトラズ・アフター・ダーク」というツアーも木曜から日曜まで毎日2回催行されている（大人＄21 子供＄18）。島の歴史そのほかのインフォメーションは**パークレンジャー・ステーション park ranger station**（☎415-705-1042）で手に入る。

サイクリング

きつい坂道の通りが多いにもかかわらず、サンフランシスコでサイクリングを楽しむ人は多い。自転車でゴールデン・ゲート・パークやプレシディオ（プレシディオでは、公園を警備する警察官が、一時停止の標識無視などの交通違反を犯した観光客によく反則切符を切っているので注意）などに行ってみよう。また、ゴールデン・ゲート・ブリッジを渡って、サウサリートやヘッドランドまで出かけたり、ベイ・エリアで1番のマウンテンバイクの難関、マウント・タム（「サンランシスコ・ベイ・エリア」を参照）に挑戦してみるのもよい。

自転車専用レーンは今日市内の至るところに見られ、公園への道順や、自転車は急すぎて危険な坂であることを示すサインも多い。自転車利用者の権利、規則、アドバイス、集団サイクリングの日程については、**サンフランシスコ自転車連合 San Francisco Bicycle Coalition**（☎415-431-2453、🌐www.sfbike.org）に連絡して情報を得るとよい。この団体が発行している『サンフランシスコでの安全な自転車ツアーの手引*Safe Bicycling in San Francisco*』という小冊子も役に立つ。

18歳未満の者が自転車に乗る際にはヘルメットを着用すること、夜間自転車に乗る際はライトを必ずつけることなどが、カリフォルニア州の法律では定められている。当然のことだが、しっかりとした鍵を持って出かけよう。サンフランシスコでは自転車の盗難は頻繁にある。

アベニュー・サイクラリー Avenue Cyclery（MAP 7 ☎415-387-3155 📍756 Stanyan St 🏷レンタル料金1時間＄5〜、1日＄25〜）はアッパー・ヘイトにある貸し自転車店。すぐ隣がゴールデン・ゲート・パークだ。**ブレイジング・サドル Blazing Saddles**（MAP 4 ☎415-202-8888 📍1095 Columbus Ave 🏷レンタル料金1時間＄7、1日＄28）はフィッシャーマンズ・ワーフのそばにある貸し自転車店。この店はピア41でも営業しているので、自転車で橋を渡り、フェリーで戻ってくるのに（ルートマップももらえる）とても便利。

ジョギング・スケート

マリナ・グリーンには2.5マイル（約4km）のジョギングコースとフィットネスコースがあり、ゴールデン・ゲート・パークにもたくさんのジョギングコースがある。プレシディオも、マリーナからゴールデン・ゲート・ブリッジを過ぎてベーカー・ビーチまで行くのに様々なルートがありジョギングには最適だ。

ゴールデン・ゲート・パークではインラインスケートが盛ん。スケートを借りるならば**スケート・オン・ヘイト Skates on Haight**（MAP 5 ☎415-752-8375 📍1818 Haight St at Stanyan St 🏷スケートレンタル1時間＄6〜 1日＄24〜）はスケートを履いたままそこからゴールデン・ゲート・パークへ出られるので便利。

セーリング・ウィンドサーフィン

サンフランシスコ湾に点々と散らばる帆を見れば、セーリングがとても盛んな土地であることがわかる。だが、この湾は経験者のみが楽しめる手ごわい水域だ。**スピンネーカー・セーリング Spinnaker Sailing** ☎415-543-7333 🌐www.spinnaker-sailing.com 📍Pier 40）ではヨットのレンタルができ、レッスン（2日間の初級クラスで＄295）も受けられる。

サンフランシスコ湾はウィンドサーフィンにもってこいの場所でもあるが、初心者には適さない。かなりの上級者なら、世界でもトップレベルのウィンドサーフィン・スポットとして知られるゴールデン・ゲート・ブリッジの下あたり、クリシー・フィールドにトライしてみよう。ゴールデン・ゲート・ブリッジの真下のフォート・ポイントはウィンドサーフィンを眺めるのによいスポットだ。

サーフィン

オーシャン・ビーチはカリフォルニアでも最難関のサーフィンスポットで、特に冬には、強く冷たいうねりが12フィート（約3.7m）以上になることもある。監視員はいないので、決して1人でサーフィンをしてはいけない。3mm以上の厚さのある全身を覆うウェットスーツを必ず着用すること。オーシャン・ビーチの最新波情報は、**ワイズ・サーフボード Wise Surfboards**（☎415-273-1618）または、**SFサーフショップ SF Surfshop**（☎415-437-6683）

へ電話して録音メッセージを聞くか、■www.surfpulse.comでチェックしよう。

テニス

サンフランシスコでは至るところに公共の無料テニスコートがある。人気があるのはミッション・ドロレス公園のテニスコート。ほかの場所についての問い合わせは**サンフランシスコ・レクリエーション&パーク・デパートメント San Francisco Recreation & Park Department**（☎415-753-7001）まで。ゴールデン・ゲート・パークにある21のテニスコートは有料。

ゴルフ

サンフランシスコには18ホールの公営ゴルフ場が3つある。**ハーディング・パーク Harding Park**（MAP 1 ☎415-664-4690 ⌂Harding & Skyline Blvds）はレイク・マーセドの近くだ。**リンカーン・パーク Lincoln Park**（MAP 7 ☎415-750-4653 ⌂34th Ave & Clement St）と**プレシディオ・ゴルフ・コース Presidio Golf Course**（MAP 7 ☎415-561-4653）はプレシディオのアーゲロー・ゲート近くにある美しいコース。**ゴールデン・ゲート・パーク Golden Gate Park**（MAP 7 ☎415-751-8987）はビーチのそばで、9ホールの難しいコースがある。

ホエールウオッチング

ベイ・エリアでのホエールウオッチングは10月中頃から12月がピークで、毎年この時期にベーリング海から南方のバハ・カリフォルニアへ移動するコククジラを見ることができる（サンフランシスコ・ベイ・エリアの章のコラム「コククジラ」参照）。**海洋協会 Oceanic Society**（☎415-474-3385 ■www.oceanic-society.org ■ツアー＄50〜70＜6〜8時間＞）はホエールウオッチング・ツアーを主催。マリナ・グリーンのそばのヨット・ハーバーから出発する。

徒歩ツアー

歩きまわるのが好きな人にとって、サンフランシスコは魅力の尽きない街だ。サンフランシスコ・ビジター・インフォメーション・センター（前出の「インフォメーション」参照）は、チャイナタウン、フィッシャーマンズ・ワーフ、ノース・ビーチ、パシフィック・ハイツ、ユニオン・スクエアなど、各地区の散策ルートを紹介したすばらしいパンフレットを用意している。ガイド付徒歩ツアーは、たっぷりと時間のある旅行者がこの街のことを詳しく知るためにも、時間のない旅行者がこ

の街や名高い近郊地区を手っ取り早く知るためにも、大いに役立つだろう。

サンフランシスコ市立図書館友の会 Friends of the San Francisco Public Library（☎415-557-4266）は地元の歴史通の人々による多岐にわたる徒歩ツアーを実施している。詳細はビジター・インフォメーション・センターまたは市立図書館へ直接行くか電話で問い合わせること。

ヘレンの徒歩ツアー Helen's Walk Tour（☎510-524-4544 ■2人で申込み＄50、4人以上で申込み＄40）はユニオン・スクエア、チャイナタウン、ノース・ビーチをまわる3時間半のツアー。電話予約が必要。

サンフランシスコ歴史的建造物 San Francisco Architectural Heritage（☎415-441-3004 ■＄5）はパシフィック・ハイツ東部2時間のツアー。日曜12:30に出発。

ビクトリア建築探訪 Victorian Home Walk（☎415-252-9485 ■＄20）はユニオン・スクエアのセント・フランシス・ホテルSaint Francis Hotelのロビーから毎朝11:00に出発。市内の有名なビクトリア建築を見て回る約2時間半のツアー。建築物ファンにはおすすめ。

チャイナタウンは人気の高い散策コース。2つの徒歩ツアーが週1回、中国文化センターから出ている。**中国文化センター Chinese Culture center**（MAP 3 ☎415-986-1822 ⌂Holiday Inn, 750 Kearny St. 3rd floor ■中国の遺産探訪 Chinese Heritage Walk ＄15、中華料理探訪と昼食Chinese Culinary Walk & Luncheon ＄30）の予約は電話で。

ミッション地区も散策によい所だ。特に街のあちこちに散在するすばらしい壁画を訪ね歩くのは楽しい。**プレシータ・アイズ壁画観光センター Precita Eyes Mural Arts and Visitors Center**（☎415-285-2287 ⌂2981 Harrison St ■大人＄12、学生＄8）は2時間のミッション地区壁画探索ツアー。土・日曜の13:30に出発。

カストロ地区散策 Cruisin' the Castro（☎415-550-8110 ■＄40＜地元レストランでの昼食付＞）は4時間の徒歩ツアー。火〜土曜の10:00に出発。ゴールドラッシュの時代から現代までのサンフランシスコのゲイの歴史とカストロ地区について詳しく知ることができる。

ヘイト・アシュベリーのフラワー・パワー散策 Haight-Ashbury Flower Power Walking Tour（☎415-863-1621 ■＄15）はヒューマン・ビーインHuman Be-Inとグレイトフル・デッドGrateful Deadの旧居を訪ねる2時間のツアー。火曜と土曜の朝に出発する。

作家ドン・ヘロンDon Herronが主催する**ダシール・ハメット探訪ツアー Dashiell Hammett Tour**（☎510-287-9540 ■＄10）は5月と10月の日曜に出発。サンフランシスコの徒歩ツアーの中

サンフランシスコ － 年中行事

でも特に有名。ユニオン・スクエアやテンダーロインの3マイル（約5km）の坂道を、4時間かけて歩きまわる。

年中行事

1月末から2月初めには、**旧正月 Chinese New Year**を祝うチャイナタウンの呼び物ゴールデン・ドラゴン・パレード**Golden Dragon Parade**がある。問い合わせは**中華商工会議所 Chinese Chamber of Commerce**（☎415-982-3000 ♁730 Sacramento St）へ。

米国で一番古くからある映画祭**サンフランシスコ国際映画祭 SF International Film Festival**には、世界各国から種々様々な映画作品が出品され、その中にはここでしか見ることができない珍しいものもある。主催者は**サンフランシスコ映画協会 SF Film Society**（☎415-561-5000 Ⓦwww.sffs.org）で期間は4月か5月の2週間。ジャパンタウンのカブキ**Kabuki**や、カストロ・シアター**Castro Theater**など、ベイ・エリアの幾つかの映画館で出品作品が上映される。

5月の第3日曜の**ベイ・トゥ・ブレーカーズ Bay to Breakers**では、10万人を超える参加者がエンバーカデロから太平洋までをジョギングする。ほとんどの参加者は奇抜な衣装をまとい、素っ裸で走る人もいる。詳細と参加申込みは☎415-359-2800。

5月末の戦没者追悼記念日の週末、ミッション地区で開かれる**カルナヴァル Carnaval**は、音楽やダンスや壮大なパレードが見られる楽しい祭りだ。問い合わせは☎415-920-0125。

6月は、サンフランシスコのゲイ社会が誇りを示す月**プライド・マンス Pride Month**。ゲイとレズビアンの映画祭（☎415-703-8650 Ⓦwww.frameline.org）が開催されるほか、6月最後の日曜には、同性愛者や両性愛の快活で勇気あるパレード**Lesbian, Gay, Bisexual and Transgender Pride Parade**が何十万もの人々を魅きつける。その前夜はカストロ・ストリートで、ピンク・サタデー・パーティー**Pink Saturday party**が開かれる。詳細は☎415-864-3733またはⓌwww.sfpride.orgへ。

7月は、ケーブルカーの運転手がベルの音の大きさと美しさを競う**ケーブルカー・ベル・リンギング・チャンピオンシップ Cable Car Bell-Ringing Championship**がある。詳細は☎415-923-6217へ。

9月下旬の2日間、フォート・メイソンのグレート・メドウで催される**ブルース・フェスティバル Blues Festival**では、世界中から集まったバンド、ブルースやR&Bのミュージシャンたちが野外セッションをする。詳細は☎415-979-5588。

レイバー・デー**Labor Day**の週末から始まる**シェークスピア・フェスティバル Shakespeare Festival**では、毎年違う劇をゴールデン・ゲート・パークやその他の公園で無料上演する（後出「エンターテインメント」のコラム「無料・屋外イベント」参照）。詳細は☎415-422-2222へ。

サンフランシスコのほとんどの地区では毎年なんらかの**路上祭 Street fair**が催される。中でも人気があるのは、革に身を包んだ人や裸の人たちが気取って練り歩く9月下旬のフォルサム・ストリート・フェアー**Folsom St Fair**と、10月上旬の壮大なカストロ・ストリート・フェアー**Castro St Fair**の2つ。ブルースやジャズと工芸美術を一緒に楽しみたいなら、真夏のポーク・ストリート・フェアー**Polk St Fair**とフィルモア・ストリート・フェアー**Fillmore St Fair**がよいだろう。ノース・ビーチではコロンブス・デー・フェアー**Columbus Day Fair**が催される。6月初旬のヘイト・ストリート・フェアー**Haight St Fair**も人気だ。これ以外の路上祭の情報はⓌwww.sfstreetfair.comまたは電話でビジター・インフォメーション・センターへ。

10月半ば頃から11月にかけて、市内のあちこちで**ジャズ・フェスティバル**が開かれ、超大物や新進のジャズ・ミュージシャンたちの演奏が聴ける。日程と場所については、**サンフランシスコ・ジャズ・フェスティバル・ストア SF Jazz Festival store**（☎415-788-7353 Ⓦwww.sfjazz.org ♁3 Embarcadero Center）へ。

さまざまな衣装に身を包んだ何十万人もの人々が浮かれて街へ繰り出す10月31日の**ハロウィーン Halloween**は、サンフランシスコが1年中で最もクレージーになる夜だ。特に壮観なのはカストロ・ストリート（こんなに大勢の女装のゲイを見られる所はほかにない）とシビック・センター。コンコース・エキジビション・センター**Concourse Exhibition Center**で催される**エキゾチック・エロチック・ハロウィーン舞踏会 Exotic-Erotic Halloween Ball**（☎415-567-2255）は呼び物の1つ。

宿泊

サンフランシスコの宿を決める2つの要素としては、宿の種類と地域である。この2つを切り離して考えることはできない。たとえばロマンチックなB&B（ベッド＆ブレックファスト）に泊まりたいなら、ファイナンシャル・ディストリクトは選択の範囲外だし、高級ホテルを望むなら、ノブ・ヒルかユニオン・スクエア周辺を選ぶことになる。ビジター・インフォメーション・センター（前出「インフォメーション」参照）の専用電話（☎888-782-9673）かホームページ（Ⓦwww.sfvisitor.org）で予約できる。

ホスティング・インターナショナル Hostelling International（HI）は、市内ではユニオン・スクエア、シビック・センター、フォート・メイソンの3カ所にオフィスがある。

この章で推薦する宿は、地区別になっていて各地区ではさらに料金別に紹介されている。どの宿を選ぶにしても、夏の週末や、ホリデー・シーズン（クリスマスから正月にかけてなど）、ハロウィーンやゲイ・プライド・パレードの週末のような大きな祭りのあるときは、混みあうので予約が必要。

サンフランシスコのホテル料金は、季節や曜日、予約の多少などによって、週ごとまたは1日ごとにかなり変動する。そのため実際の料金は、ここに記載したものより上下する場合もある。

ユニオン・スクエア（MAP 2）
Union Square

駐車場のないダウンタウンのホテルに泊まるなら、駐車違反の危険を冒すより市内の駐車場に向かった方がいい。1泊駐車料金が1番安いのは、**フィフス・アンド・ミッション・ガレージ Fifth & Mission Garage**（☎415-982-8522 ♤833 Mission St 国24時間 $18）だ。マーケット・ストリートMarket Stの1ブロック南、ヤーバブエナ・ガーデンズYerba Buena Gardensの近くにある。**エリス・オファレル・ガレージ Ellis-O'Farrell Garage**（☎415-986-4800 ♤123 O'Farrell St 国1日上限 $25）は夜中の1時から朝5時半までは閉まっている。

低料金 ベッド数が多く、設備も充実しているのは、**ホスティング・インターナショナル・サンフランシスコ・ダウンタウン HI San Francisco Downtown**（☎415-788-5604 ♤312 Mason St 国ドミトリーベッド 会員 $22 会員以外 $25、個室1泊 $60〜）だ。ユニオン・スクエアのすぐそばで、ベッド数280以上、個室もある。24時間対応。BARTの最寄り駅はパウエル・ストリートPowell St。

グローブ・トロッターズ・イン
Globetrotters Inn
☎/国415-346-5786
♤225 Ellis St
国ドミトリーベッド1泊 $17、1週間 $95
ユニオン・スクエアのテンダーロイン地区にありHIユースホステルの近くだ。このこぢんまりしたホステルはドミトリー（ベッド数4）または個室を選ぶことになる。

アデレード・ホステル
Adelaide Hostel
☎415-359-1915、877-359-1915
Ⓦwww.adelaidehostel.com

♤5 Isadora Duncan Lane
国ドミトリーベッド $22〜、個室 $60〜
ポスト・ストリートPost Stとギアリー・ストリートGeary Stの間、テイラー・ストリートTaylor Stの近くにある小さなユースホステル。無料でインターネットを利用できる。朝食付でランドリーの設備がある。

グラント・ホテル
Grant Hotel
☎415-421-7540、800-522-0979
国415-989-7719
♤753 Bush St
国W $65〜75
清潔で簡素な低料金のホテル。全室バスルーム付。ノブ・ヒルの坂の途中にあり、チャイナタウンにも近い。

ダコタ・ホテル
Dakota Hotel
☎415-931-7475
♤606 Post St at Taylor St
国客室 $85〜
居心地のよい42室のホテル。全室バスルーム付。部屋によっては市街の眺望がすばらしい。

シーハン・ホテル
Sheehan Hotel
☎415-775-6500、800-848-1529
♤620 Sutter St
国客室 $80〜125
屋内プールとフィットネス設備を備えた64室のホテル。

ゴールデンゲート・ホテル
Golden Gate Hotel
☎415-392-3702
♤775 Bush St
国客室 バス共同 $85 バス付 $115

中級 宿泊料が高くなるにつれ、ホテルもカリスマ的になる傾向にある。

ホテル・ビジュー
Hotel Bijou
☎415-771-1200
Ⓦwww.hotelbijou.com
♤111 Mason St
国客室 $115〜179
ハリディー・プラザHallidie Plazaの近くにあり、ストリップ劇場や風俗店が建ち並ぶこの地区でひときわ目立つホテル。映画をテーマにした造りになっている。ロビーわきの小さなアール・デコ風劇場では、サンフランシスコで撮影された映画のビデオを毎晩上映している。

イン・アット・ユニオン・スクエア
Inn at Union Square
☎415-397-3510、800-288-4346
国415-989-0529

サンフランシスコ – 宿泊

W www.unionsquare.com
🏨 440 Post St
💰 客室 $119〜

ユニオン・スクエアのすぐわきにある30室のホテル。古風でエレガントな個室とスイートルーム。全室禁煙。

ホテル・ベレズフォード・アームズ
Hotel Beresford Arms
☎ 415-673-2600、800-533-6533
W www.beresford.com
🏨 701 Post St
💰 客室 $129〜

手入れの行き届いた96室の古いホテルで、おすすめ。キッチン付の部屋が多く、かなり大きな部屋も幾つかある。下記の姉妹ホテルはここから数ブロックの所にある。

ホテル・ベレズフォード
Hotel Beresford
☎ 415-673-9900
🏨 635 Sutter St
💰 客室 $145〜

コモドア・ホテル
Commodore Hotel
☎ 415-923-6800
📠 415-923-6804
W www.thecommodorehotel.com
🏨 825 Sutter St
💰 客室 $135〜

蒸気船の旅をテーマにした造りのトレンディーなホテル。バスルームと特注家具付の客室が心地よい。

ヨーク・ホテル
York Hotel
☎ 415-885-6800、800-808-9675
📠 415-885-2115
🏨 940 Sutter St
💰 客室 クイーンサイズベッド $159〜 キングサイズベッド $179〜

アルフレッド・ヒッチコックの映画「めまい Vertigo」の階段シーンに使われた、エレガントなホテル。

マックスウェル・ホテル
Maxwell Hotel
☎ 415-986-2000、888-734-6299
📠 415-397-2447
W www.maxwellhotel.com
🏨 386 Geary St
💰 W $165〜（駐車場の制限付利用と朝食代を含む）

1908年のホテルを巧みに復元した、現代的なジョワ・ド・ヴィーヴル系列のホテル。

ホワイト・スワン・イン
White Swan Inn
☎ 415-775-1755、800-999-9570

W www.foursisters.com
🏨 845 Bush St
💰 客室 クイーンサイズベッド $195〜

プチ・オーベルジュ
Petite Auberge
☎ 415-928-6000、800-365-3004
🏨 863 Bush St
💰 客室 クイーンサイズベッド $175〜

ホワイト・スワン・イン姉妹ホテルで、B&B（ベッド＆ブレックファスト）の中間くらいのクラス。極めてロマンチックな室内装飾と古風な趣のある、気楽なホテルだ。

ホテル・トリトン
Hotel Triton
☎ 415-394-0500、800-433-6611
📠 415-394-0555
W www.hoteltriton.com
🏨 342 Grant Ave
💰 スタンダード $139〜 デラックス $299〜

エキゾチックなデザインの140室。その中にはカルロス・サンタナやジェリー・ガルシアのスイートルームもある。室内装飾は、ポスト・ニューウェーブ風で現代的。

ディーバ・ホテル
Diva Hotel
☎ 415-885-0200、800-553-1900
🏨 440 Geary St
💰 客室 $209〜

ガラス、クロム、黒エナメル様式の内装のすっきりとした現代感覚の108室。かなり小さい部屋もあるが快適だ。

高級 高級ホテルの部屋は、通常1泊$200ぐらいから。スイートルームはそれよりかなり高い。

ウエスティン・セント・フランシス
Westin St Francis Hotel
☎ 415-397-7000、800-937-8461
📠 415-774-0124
🏨 335 Powell St
💰 客室 $229〜400

ユニオン・スクエアの西側全体を占めるサンフランシスコの名門ホテル。

グランド・ハイアット・サンフランシスコ
Grand Hyatt San Francisco
☎ 415-398-1234、800-233-1234
📠 415-403-4878
🏨 345 Stockton St
💰 客室 $179〜379

ユニオン・スクエアの北側にある。

クリフト・ホテル
Clift Hotel
☎ 415-775-4700、800-652-5438
📠 415-931-7417

🏠 495 Geary St
💰 客室 $ 220〜
上流階級向けの典型的なホテル。現オーナーはイアン・シュレーガー。時代を代表するクリエーターのフィリップ・スタルクがデザインし直した。

サー・フランシス・ドレイク・ホテル
Sir Francis Drake Hotel
☎ 415-392-7755、800-227-5480
📠 415-391-8719
🏠 450 Powell St
💰 客室 $ 289〜
英国王室の護衛兵の制服を着たドアマンのいる、華麗な装飾の高級ホテル。宿泊料は季節によって変動する。ときにはパッケージ料金による値引きもある。

シビック・センター（MAP 2）
Civic Center

低料金　ニューセントラル・ホステル New Central Hostel、☎ 415-703-9988 🏠 1412 Market St
💰 ドミトリーベッド $ 17 客室 $ 40〜
ドミトリーベッド数200と個室が4つある市内でも最大級のユースホステル。交通至便な位置にある。BARTかMUNIの電車でシビック・センター駅Civic Center Station下車、またはFラインのストリートカーでマーケット・ストリートMarket St下車。

ホスティング・インターナショナル・サンフランシスコ・シティ・センター
HI San Francisco City Center
☎ 415-474-5721
📠 415-776-0775
🏠 685 Ellis St
💰 ドミトリーベッド $ 25 個室 $ 69
ドミトリーベッド262台と個室が11室。テンダーロイン地区にある7階建の古いホテル。市内のHIの中では1番新しい。周囲の環境は、特に夜は好ましいとは言えないが、安い食堂や気の利いたクラブを探すにはよい。チェックインも問い合わせも24時間可能。

セントラルYMCAホテル
Central YMCA Hotel
☎ 415-885-0460
🏠 220 Golden Gate Ave at Leavenworth St
💰 ドミトリーベッド $ 26、S $ 44、W $ 62
環境がよいとは言えないテンダーロイン地区にある。簡素で清潔な個室（バスルームは共同）を備えている。男女とも宿泊可。

アイーダ・ホテル
Aida Hotel
☎ 415-863-4141、800-863-2432
📠 415-863-5151
🏠 1087 Market St
💰 W $ 70
6thストリートと7thストリートの間にある小ざっぱりとした174室のホテル。おすすめ。

エンバシー・ホテル
Embassy Hotel
☎ 415-673-1404
🏠 610 Polk St
💰 S $ 49 W $ 59
テンダーロイン地区の端にある簡素で清潔なホテル。

デイズ・イン
Days Inn
☎ 415-441-8220
🏠 895 Geary St
💰 客室 $ 122〜
無料駐車場付の簡素なモーテル。

中級　1925年創立の**アビゲイル・ホテル Abigail Hotel**（☎ 415-861-9728、800-243-6510 www.abigailhotel.com 🏠 246 McAllister St 💰 客室 $ 99〜）は、今はハワード・ジョンソン系列のホテルになっている。アンティーク家具を備えつけた61の客室に、この料金は高くない。ロビー脇の美しい絶対菜食主義レストランのミレニアムMilleniumは、サンフランシスコで有名。

フェニックス・モーテル
Phoenix Motel
☎ 415-776-1380
📠 415-885-3109
🏠 601 Eddy St
💰 キングサイズベッド $ 145〜
テンダーロイン地区にあり、ロックンロール・ファンによく知られたモーテル。この地を訪れる数々のバンドが泊まり、深夜パーティでにぎわう。1950年代のモーテルを改造した箱型の部屋がアートっぽいプールの前に並んでいる。かつての喫茶室は、最先端のクラブ兼レストランのバックフリップBackflipになった（後出「エンターテインメント」の「バー＆クラブ」参照）。無料駐車場とコンチネンタル風の朝食が付いているのはうれしい。

サウス・オブ・マーケット（MAP 6）
South of Market

グローブ・ホステル
Globe Hostel
☎ 415-431-0540
📠 415-421-3286
🏠 10 Hallam St
💰 ドミトリーベッド $ 18 個室W $ 50
7thストリートと8thストリートの間、フォルサム・ストリートFolsom Stからちょっと入った、意外なほど静かな所にあるホステル。手

入れが行き届き、接客も感じがよい。アメリカ人が泊まるにはパスポートが必要。ドミトリーは1部屋に5つのベッドがありバスルーム付。個室のダブルはシーズンオフのみ利用可。ランドリー設備、テレビ室、電子レンジが使える。キッチンはない。

サンフランシスコ国際学生センター
San Francisco International Student Center
☎415-487-1463
🏠1188 Folsom St
🛏ドミトリーベッド＄15

3～5人用の小ドミトリーを備えた古いホステル。上記のグローブ・ホステルから近い。宿泊料は季節と混み具合によって変動する。

モサーズ・ビクトリアン・ホテル
Mosser's Victorian Hotel
☎415-986-4400、800-227-3804
📠415-495-7653; 54
🏠4th St off Market St
🛏客室＄99～

簡素な客室。この地区で会議があるときは、さらに値上がりする。

　7thストリートに接したミッション・ストリートMission Stとハワード・ストリートHoward Stの間のブロックには、レネソン・ホテル・グループReneson Hotel Groupの経営するホテルが3軒ある。**ホテル・ブリトンHotel Britton**（☎415-621-7001、800-444-5819 📠415-626-3974 🌐www.renesonhotels.com 🏠112 7th St 🛏客室＄129～）、**アメリカニアAmericania**（☎415-626-0200 🏠121 7th St 🛏客室＄119～）と**キャリッジ・イン Carriage Inn**（☎415-552-8600 🏠140 7th St 🛏客室＄139～）はプールとジャグジー付で、暖炉を備えた部屋も幾つかある。3軒とも標準的なモーテル・ルームと駐車場、それにユニオン・スクエアへのシャトルサービスが付いている。

ホテル・グリフォン
Hotel Griffon
☎415-495-2100、800-321-2201
📠415-495-3522
🌐www.hotelgriffon.com
🏠155 Steuart St
🛏客室＄175～

コンチネンタル風朝食付。ウォーターフロントで、エンバーカデロ・センターやフェリー・ビルもすぐ近くという恵まれた場所にある。59室の部屋はモダンで快適。眺めのよい部屋は宿泊料も高い。

ハーバー・コート・ホテル
Harbor Court Hotel
☎415-882-1300、800-346-0555
📠415-882-1313
🏠165 Steuart St

🛏客室＄115～279

上記ホテルの並びにある130室のホテル。最近部屋の模様替えを行っている。宿泊客は隣接するヘルスクラブの運動設備を利用できる。

ファイナンシャル・ディストリクト（MAP 2）
Financial District

パシフィック・トレードウィンズ・ゲストハウス
Pacific Tradewinds Guest House
☎415-433-7970、800-486-7975
📠415-291-8801
🌐www.hostels.com/pt
🏠680 Sacramento St
🛏ドミトリーベッド＄24

感じのよい接客、手入れの行き届いた、4階建のユースホステル。高速インターネットを無料で利用でき、キッチンには必要器具がすべてそろっている。門限も規則もない。世界中の旅人に会える。最寄りのBART駅は、エンバーカデロEmbarcadero。

マンダリン・オリエンタル・サンフランシスコ
Mandarin Oriental San Francisco
☎415-885-0999、800-622-0404
📠415-276-9304
🌐www.mandarinoriental.com
🏠222 Sansome St
🛏スタンダード＄500～

市内でもとりわけ豪華で贅沢なホテル。宿泊料を気にしない人には理想的。158室ある客室はサンフランシスコで3番目に高いビルの38階から48階までを占め、眺めはすばらしい。

ハイアット・リージェンシー
Hyatt Regency
☎415-788-1234、800-233-1234
📠415-291-6538
🏠5 Embarcadero Center
🛏客室＄354

客室数800。後方に傾斜した20階の吹きぬけは建築学上興味深い。週末は割安になることもある。

ノブ・ヒル（MAP 2）
Nob Hill

ノブ・ヒル・イン
Nob Hill Inn
☎415-673-6080
🏠1000 Pine St at Taylor St
🛏S＄125～W＄165～

こぢんまりしたすてきなエドワード朝の建物。キッチンを備えたスイートルームは割高になる。

　ノブ・ヒルには、サンフランシスコで最も

古く格式の高い高級ホテルが4つ並んでいる。
フェアモント・ホテル Fairmont Hotel（☎415-772-5000、800-527-4727 ℻415-772-5013 ⌂950 Mason St ▤客室＄170〜380)、**ハンティントン・ホテル Huntington Hotel**（☎415-474-5400、800-525-4800 ℻415-474-6227 ⌂1075 California St ▤客室＄310〜)、**ルネッサンス・スタンフォード・コート・ホテル Renaissance Stanford Court Hotel**（☎415-989-3500 ⌂905 California St ▤客室＄409〜)、**マーク・ホプキンス・インターコンチネンタル・ホテル Mark Hopkins Inter-Continental Hotel**（☎415-392-3434、800-662-4455 ℻415-616-6267 ⌂999 California St ▤客室＄350〜)。予算的に泊まるのは無理でも、カクテルラウンジに立ち寄ってみる価値は充分ある（後出「エンターテインメント」の「バー＆クラブ」参照)。

チャイナタウン（MAP 3）
Chinatown

オブレロ・ホテル
Obrero Hotel
☎415-989-3960
⌂1208 Stockton St
▤客室＄55〜

パシフィック・ストリートPacific Stとブロードウェイ Broadwayの間にあるバスルーム共同の部屋が12室だけの格安ホテル。

グラント・プラザ
Grant Plaza
☎415-434-3883、800-472-6899
℻415-434-3886
⌂465 Grant Ave
▤Ｓ＄63〜 Ｗ＄76〜

ケーブルカーのカリフォルニア・ストリート California St駅やチャイナタウン入り口からわずか1ブロック入った所。客室はすべてバス付で、掃除が行き届いている。

ノース・ビーチ（MAP 3）
North Beach

グリーン・トータス・ホステル
Green Tortoise Hostel
☎415-834-1000
⌂494 Broadway
▤ドミトリーベッド＄21 個室＄54

グリーン・トータスGreen tortoiseという風変わりなバス・ツアーを運営している人達が経営する中型のホステル（「アクセス」の章の「ツアー」参照)。ドミトリーのほかに、シングルルームとダブルルーム、キッチンとランドリーの設備もある。宿泊料には朝食代が含まれる。トランスベイ・ターミナル Transbay Terminalから15番のバスに乗るとよい。

ワシントン・スクエア・イン
Washington Square Inn
☎415-981-4220、800-388-0220
⌂1660 Stockton St
▤客室＄145〜245

15室の古風なホテル。朝食、午後のワイン、食前酒付。

ホテル・ボエーム
Hotel Bohème
☎415-433-9111
℻415-362-6292
⌂444 Columbus Ave
▤客室＄164〜174

ノース・ビーチの真ん中にある、小さな洒落たホテル。ダブルルームはすべてバス付。

フィッシャーマンズ・ワーフ（MAP 4）
Fisherman's Wharf

ホステリング・インターナショナル・フィッシャーマンズ・ワーフ
HI Fisherman's Wharf
☎415-771-7277
℻415-771-1468
⌂Bldg 240, Fort Mason
▤ドミトリーベッド＄23

アクアティック・パーク Aquatic Park西側の丘の上にあるため、街の便利さはないが、代わりに静けさがあり、キッチンとランドリーの設備も付いている。行き方はトランスベイ・ターミナル Transbay Terminalから42番のMUNIバスに乗り、ベイ・ストリート Bay Stとバン・ネス・アベニュー Van Ness Aveの交差点で下車。30番と47番のバスも止まる。

サンレモ・ホテル
San Remo Hotel
☎415-776-8688、800-352-7366
℻415-776-2811
⌂2237 Mason St
▤客室＄55〜

ノース・ビーチ近くの静かな通りにある古風な美しいホテル。20世紀初頭の建物で、部屋は小さいながらも品が良い。ペントハウス以外はすべて共同バスルーム。この料金で泊まれる市内のホテルの中では1番のおすすめ。

ドックサイド・ボート＆ベッド
Dockside Boat & Bed
☎415-392-5526
🌐 www.boatandbed.com
⌂事務所：C Dock, Pier 39
▤カップル1泊＄125〜340

停泊しているヨット内で宿泊。13隻のヨットの中から選べる。宿泊料はヨットによって違う。

フィッシャーマンズ・ワーフ付近の通りには

ホテルチェーンや独立のモーテルが乱立しているが、**ラディソン・フィッシャーマンズ・ワーフ Radisson Fisherman's Wharf**（☎415-392-6700、800-333-3333 🏠250 Beach St 🛏客室＄169〜279）もその1つ。

マリーナ＆カウ・ホロウ（MAP 4）
The Marina & Cow Hollow

ここはサンフランシスコの真のモーテル地区と言ってよい。ゴールデン・ゲート・ブリッジの南、ロンバード・ストリートLombard St（ハイウェイ101）は、ネオンに輝く古いモーテルや中級チェーンホテルで埋め尽くされている。予約なしで車で来たときに部屋を探すにはよい場所だ。付近の通りは、さまざまな店やレストランがあふれ、キャッチバーは市内で1番多い。

マリーナ・モーテル
Marina Motel
☎415-921-9406、800-346-6118
📠415-921-0364
🏠2576 Lombard St
🛏夏期＄119
感じのよい1930年代のモーテルでおすすめ。

トラベロッジ
Travelodge
☎415-673-0691、800-578-7878
📠415-673-3232
🏠1450 Lombard St
🛏夏期＄109
バン・ネス・アベニューの角の近くにある。

ベスト・イン
Best Inn
☎415-776-3220
📠415-921-7451
🏠2850 Van Ness Ave
🛏客室＄125前後
上記モーテルの近くだが、場所はロンバード・ストリートより静か。

バン・ネス・アベニューを南へ下ると、さらに多くのモーテルがある。宿泊料はやや高くなるが、**コンフォート・イン Comfort Inn**（☎415-928-5000、800-228-5150 📠415-441-3990 🏠2775 Van Ness Ave 🛏客室＄119〜）がある。

パシフィック・ハイツ＆ジャパンタウン
Pacific Heights & Japantown

パシフィック・ハイツには感じのよいホテルが散在している。**エル・ドリスコ・ホテル El Drisco Hotel**（☎415-346-2880、800-634-7277 📠415-567-5537 🏠2901 Pacific Ave 🛏W＄245〜）もその1つで、1903年建設のエドワード朝のホテルだったが、修復後は宿泊料が異常なほど値上がりした。

ベスト・ウエスタン都イン
Best Western Miyako Inn
☎415-921-4000、800-528-1234
📠415-923-1064
🏠1800 Sutter St at Buchanan St
🛏夏期＄125
ベスト・ウエスタン様式に日本的な趣が添えられている。

ラディソン都ホテル
Radisson Miyako Hotel
☎415-922-3200、800-333-3333
📠415-921-0417
🏠1625 Post St
🛏夏期＄239
ジャパン・センター東の端にあり、上記の都インよりデラックスで大きく、宿泊料も高い。障子と日本式の深めの風呂がある。

ヘイト
The Haight

メトロ・ホテル
Metro Hotel（MAP 5）
☎415-861-5364
📠415-863-1970
🏠319 Divisadero St（Oak StとPage Stの間）
🛏客室 標準ベッド＄66 クイーンベッド＄77
オーク・ストリートOak Stとページ・ストリートPage Stの間にあり、薄汚れたロワー・ヘイトLower Haightの端の、交通料の多い通りに面している。部屋は安く清潔で、すべてバス付。テラスの付いた庭と駐車場がある。

スタニアン・パーク・ホテル
Stanyan Park Hotel（MAP 7）
☎415-751-1000
📠415-668-5454
🌐www.stanyan park.com
🏠750 Stanyan St
🛏客室＄130〜185
ヘイト・ストリートHaight Stの近くで、ゴールデン・ゲート・パークGolden Gate Parkのすぐそば。ビクトリア様式の古風で上品な建物。

レッド・ビクトリアン・ベッド＆ブレックファスト
Red Victorian B&B（MAP 5）
☎415-864-1978
📠415-863-3293
🌐www.redvic.com
🏠1665 Haight St
🛏W＄86〜200
コール・ストリートCole Stとクレイトン・ストリートClayton Stの間にある。フラワーチャイルド、サンシャイン、サマー・オブ・ラブなどと名付けられたヒッピー趣味のけばけば

しい内装の客室は、ヒッピー時代の栄光を思い出させてくれるだろう。長期滞在者には割引料金がある。

ビクトリアン・イン・オン・ザ・パーク
Victorian Inn on the Park
☎/FAX 415-931-1830
W www.victorianinnonthepark.com
🏠 301 Lyon St
客室 $ 159〜199

ヘイト地区にあるもう1つのB&B（ベッド&ブレックファスト）。1897年のクリュニー様式の建物で、バスルームとコンチネンタル風朝食付。

ロウアー・ヘイト北側をジャパンタウンの方角に行くとアラモ・スクエアAlamo Squareがある。ここにはペインテッドレディーPainted Ladiesと呼ばれるビクトリア様式のホテルが集まっている。**アラモ・スクエア・イン Alamo Square Inn**（☎415-922-2055 FAX 415-931-1304 W www.alamoinn.com 🏠 719 Scott St 客室 $ 130〜）は2軒の大邸宅を占めるすてきなホテル。**アーチビショップス・マンション Archbishop's Mansion**（☎415-563-7872、800-738-7477 FAX 415-885-3193 W www.thearchbishopsmansion.com 🏠 1000 Fulton St 客室 $ 129〜200）は1904年、サンフランシスコ大司教のために建てられた建物。駐車場、朝食、午後のワイン付。

カストロ（MAP 5）
The Castro

ツイン・ピークス・ホテル
Twin Peaks Hotel
☎ 415-863-2909
FAX 415-863-1545
🏠 2160 Market St
客室 $ 49〜

簡素な安ホテル。バス付の部屋はこれよりやや高い。

パラマウント・ホテル
Perramont Hotel
☎ 415-863-3222
🏠 2162 Market St
客室 $ 55

上記ホテルの隣り。バスルームは共同。

ベックス・モーター・ロッジ
Beck's Motor Lodge
☎ 415-621-8212、800-227-4360
🏠 2222 Market St
夏期 $ 129

平凡な57室のモーテル。

同性のカップルならサンフランシスコのたいがいのホテルで楽にくつろげるだろうが、カストロのホテルの中には特別な配慮をしているところもある。しかし以下に挙げるのは、誰の親でもくつろげる、すてきな宿。

ウィロウズ・イン
Willows Inn
☎ 415-431-4770
FAX 415-431-5295
W www.willowssf.com
🏠 710 14th St
S $ 100〜 W $ 120〜

マーケット・ストリートMarket Stからすぐの所にある、感じのよいB&B（ベッド&ブレックファスト）。アンティークな内装と気さくなスタッフ。バスルームは共同。

24ヘンリー
24 Henry
☎ 415-864-5686、800-900-5686
FAX 415-864-0406
W www.24henry.com
🏠 24 Henry St
客室バス共同 $ 65〜 バス付 $ 109〜

カストロから数ブロックの静かな街、デュボス・トライアングルDuboce Triangleにあるビクトリア風の建物。客室は5部屋。同じ経営者で**ビレッジ・ハウス Village House**（🏠 4080 18th St 客室 $ 80〜）がある。こちらはカストロ地区のちょうど真ん中にある。

ミッション（MAP 5）
The Mission

ミッションを訪れる人がこんなに増えているというのに、この地区にあるのはみすぼらしい安宿ばかり。安くて清潔な宿泊施設は驚くほど不足している。

イージー・ゴーイン・ホステル
Easy Goin' Hostel
☎ 415-552-8452
FAX 415-552-8459
W www.easygo.com
🏠 3145 Mission St
ドミトリーベッド $ 18〜 W $ 40〜

このホステルは以前、ヘイト地区にあったが、今はバーナル・ハイツBernal Heightsに近いシーザー・チャベス・ストリートCesar Chavez St南側にある。このホステルのおかげで前述の状況は変わりつつある。周辺地域は魅力的で安全で、すばらしいレストランや喫茶店、活気のあるクラブがある。サウス・オブ・マーケットSouth of Market地区にもイージー・ゴーインの第2ホステルがあり、運営はすべてこの地から行っている。

イン・サンフランシスコ
Inn San Francisco
☎ 415-641-0188、800-359-0913
FAX 415-641-1701

🏠943 S Van Ness Ave
客室バス共同＄95〜　バス付＄135〜　デラックスルーム＄215〜255
高級ホテルでありながら、この壮大なビクトリア様式のB&B（ベッド＆ブレックファスト）がある。デラックスルームにはホットタブ、大型の湯船、暖炉が付いている。

空港周辺

空港のまわりには多数のホテルがあり、空港の手荷物受け取り所からフリーダイヤルでつながるものや、フリー・シャトルバスでターミナルの入り口まで送迎するものが多い。

空港からハイウェイ101を少し南に行ったミルブレーMillbraeやバーリンゲームBurlingameには、多数のチェーンホテルがある。**モーテル6 Motel 6**（☎650-877-0770
🏠111 Mitchell Ave　客室＄69）はサンフランシスコの北にある感じのよいモーテル。空港からはサウス・エアポート大通り出口South Airport Blvd exitで。

食事

サンフランシスコのレストラン数は、アメリカのどの都市よりも多い。だが、真に誇るべきは、その数ではない。サンフランシスコの料理は、居住する多民族の影響を受けて、多種多様だ。アフガニスタン、ミャンマー、カンボジア、ケージャン、エチオピア、フィリピン、ギリシャ、インド、朝鮮、レバノン、モロッコ、スペイン、タイ、トルコなど各国の料理以外にも、ベイ・エリアが生み出したカリフォルニア料理というものもあり、その特徴は「新鮮さ」、「季節感」、「あっさりしていること」、そして「創造性」である。

それぞれの地区による料理の境界線はなくなってきた。イタリア料理が食べたいからといってノース・ビーチに出かけて行く必要もなく、中華料理はチャイナタウン、メキシコ料理はミッション地区と思う必要もない。市内のいたる所にある優れたレストランに目をとめていただきたい。きっと驚くようなおいしい店が見つかることだろう。

ほとんどの中級、高級レストランは、平日でも予約をして行った方がよい。金曜、土曜の夜は予約が絶対に必要だ。

ユニオン・スクエア（MAP 2）
Union Square
低料金＆中級

シアーズ・ファイン・フーズ
Sears Fine Foods
🏠439 Powell St
朝食＄6〜
🕐6:30〜14:30
ユニオン・スクエアすぐそばにある伝統的な洋風朝食レストラン。非常に人気がある。1938年以来、＄1銀貨サイズの（スウェーデン風）パンケーキで有名な店。

カフェ・ド・ラ・プレッセ
Café de la Presse
🏠352 Grant Ave
軽食と食事＄10未満
チャイナタウンの門の真向かい、ホテル・トリトンHotel Tritonのそば。朝食メニューやサンドイッチ、ハンバーガーとともに、世界各国の一般的な新聞や雑誌も売っている。

ボロブドゥール
Borobudur
🏠700 Post St
ディナー＄10〜
有名なジャワの仏教寺院にちなんで名付けられたレストラン。低価格のランチスペシャルとさまざまなインドネシア料理がある。

カフェ・クロード
Café Claude
☎415-392-3505
🏠7 Claude Lane
ディナー　メイン＄12〜14
人気があって当然のフレンチビストロ。屋外の席もある。週末にはジャズが流れ、ロマンチックな雰囲気がいっぱい。

グラン・カフェ
Grand Café
☎415-292-0101
🏠501 Geary St
ディナー　メイン＄17〜25
ホテル・モナコHotel Monacoの中にある、うっとりするほど華麗なレストラン。エレガントな雰囲気の夕食に最適。プチ・カフェにはサンドイッチやピザなどの軽食がある。

高級　ユニオン・スクエア周辺には、サンフランシスコの中でも特に有名で高価なレストランが集まっている。

ポストリオ
Postrio
☎415-776-7825
🏠545 Post St
ディナー　メイン＄25〜
プレスコット・ホテルPrescott Hotelの階下のレストラン。名シェフ、ウォルフガング・パックWolfgang Puckが1989年に開業して以来、この街のカリフォルニア料理の代表に数えられている。パックの有名なピザ（＄12〜16）は、夜中24時までカウンターで注文できる。

マサズ
Masa's
- ☎415-989-7154
- 🏠648 Bush St
- テイスティングメニュー＄65～110

格式ばった雰囲気で有名。非常に高級で格調高いフランス料理。

ファラロン
Farallon
- ☎415-956-6969
- 🏠450 Post St
- ランチ メイン＄12～ ディナー＄28～

イン・アット・ユニオン・スクエアInn at Union Squareの隣。パット・クレトが内装デザインした驚くような海底の風景の中で、マーク・フランツのすばらしい海鮮料理が供される。ディナーが高すぎるようなら、幻想的な「ジェリーバーjelly bar」でくつろいでみるのもいいだろう。

フロール・ド・リース
Fleur de Lys
- ☎415-673-7779
- 🏠777 Sutter St

美しい手染めの生地で飾られた内装が豪華。国際的に有名なフランス料理店。

シビック・センター＆ヘイズ・バレー（MAP 2）
Civic Center & Hayes Valley

低料金

ドティーズ・トゥルー・ブルー・カフェ
Dottie's True Blue Cafe
- 🏠522 Jones St
- 朝食＄10未満

テンダーロイン地区で最良の朝食レストラン。週末になると卵料理やパンケーキ、チキンソーセージなど、腹もちのする定番料理を求めてドアの外に行列ができる。

ヴィコロ
Vicolo
- 🏠201 Ivy St
- 1切れ＄4前後

オーブン料理、コーンミールピザにゴルゴンゾーラチーズ、ナス、コーンなどの珍しいトッピングを刻んで乗せた料理などがある。サラダ付きなので、厚切りトーストは1枚で十分。

パウエルズ・プレイス
Powell's Place
- 🏠511 Hayes St
- ディナー＄10前後

昔からフライドチキンがおいしいことで有名。チキンは個別に持ち帰り用の窓口でも買える。この店ではチキン料理だけに限った方が無難。南部料理は当たりはずれの差が大きく、マッシュポテトはインスタント、グリーンビーンズは缶詰をそのまま使っている。

中級

ズッペンキュッへ
Suppenküche
- ☎415-252-9289
- 🏠601 Hayes St
- メイン＄8～15

ハイセンスなドイツレストラン。シカ肉のソテーとシュペッツレspaetzle（ドイツのヌードル）とか薫製豚肉の切り身とザウアークラウトsauerkraut（塩漬け発酵キャベツ）といった心なごむドイツ料理を、すばらしいドイツビールやベルギービールといっしょに楽しめる。

カフェ・デラ・ステーレ
Caffé delle Stelle
- 🏠cnr Gough & Hayes St
- ディナーメイン＄8～15

陽気で飾り気のないイタリアレストラン。パスタやその他、満足感のある食事を手頃な価格で提供する。

ズーニー・カフェ
Zuni Cafe
- ☎415-552-2522
- 🏠1658 Market St
- メイン＄15～25

ズーニー・カフェがオープンしてもう20年になる。メスキートの木で燻製にした肉、レンガのかまどで焼いたピザ、カウンターの中から見守る人々。その魅力と信頼度は今も変わっていない。

高級

スターズ
Stars
- ☎415-861-7827
- 🏠555 Golden Gate Ave
- メイン＄20～

かつて、カリフォルニア料理に新風を吹きこんだシェフ、ジェレマイア・タワーが所有していた店。今もその光彩を失わず、上流階級の人々を惹きつける。料金は高いが、楽しく活気のある場所で意外に格式ばっていない。

ジャルディニエール
Jardinière
- ☎415-861-5555
- 🏠300 Grove St
- 前菜＄10～＄15 メイン＄20～30

フレンチ・カリフォルニア料理の店。1階の円形バーは演奏会帰りの客に人気がある。

ミレニアム
Millennium
- ☎415-487-9800

🏠246 McAllister St
🍴1品料理 $12〜18

アビゲイル・ホテル（前出の「宿泊」を参照）のロビーわきにある、サンフランシスコで最良の絶対菜食主義者向けレストラン。肉も乳製品もまったく使わないメニューが最高のディナーレベルにまで高められており、そこら辺のヒッピー料理などとは比べものにならない。無農薬のテンペ（発酵させた大豆を固めたもの）、セイタン（小麦のグルテン）、豆腐を材料にした、アジア、北アフリカ、地中海風といった創造的な料理を食べさせてくれる。

サウス・オブ・マーケット（MAP 6）
South of Market

低料金・中級

トゥー・ラン
Tu Lan
🏠8 6th St
🍴食事 $10未満

場所柄が悪いうえに、店も狭くてむさ苦しいが、すばらしくおいしいベトナム料理を安い値段で食べさせてくれる。行って後悔はしないだろう。

カフェ・セントロ
Caffe Centro
🏠102 South Park
🍴朝食・ランチ $4〜7

ブライアント・ストリートBryant Stと3rdストリートの交差点の近くにあり、人気のある、感じのよいカフェ。おいしいコーヒー、アイスティー、朝食の定番メニュー、サラダ、手頃な値段のサンドイッチなどがあり、屋内または屋外テーブルで食べられる。

ヤンシン
Yank Sing
🏠49 Stevenson St、および101 Spear St, Rincon Center
🍴1品料理 $3〜4

サンフランシスコの人々が香港と同じくらい最高と思っている点心の店。

サウス・パーク・カフェ
South Park Cafe
☎415-495-7275
🏠108 South Park
🍴ディナー メイン $13〜18

開店して20年近くになる、評判のよいフランス料理の店。オーナー・シェフは気さくで、場所柄もよく値段も手頃。

ルル
LuLu
☎415-495-5775
🏠816 Folsom St
🍴ディナー メイン $15〜22

もともと忙しく騒々しい自動車修理店を改造したハイセンスなレストラン。オープンキッチンがあり、薪で火を焚くオーブンで肉やピザを焼くのを目の前で見ることができる。

ジュリーズ・サパー・クラブ
Julie's Supper Club
☎415-861-0707
🏠1123 Folsom St
🍴メイン $12〜18

1987年以来、ソーマ地区の名物になっているこの店は、現代的な大衆受けする飾りつけがいっぱいのレストランバー。カリフォルニア料理からアジア、イタリア、ケージャン料理などを模した種々の家庭料理メニューがある。

高級

フリンゲール
Fringale
☎415-543-0573
🏠570 4th St
🍴ディナー メイン $15〜25

生粋のフランス人ウェイターとフランス・バスク人のシェフが自慢の客足の途切れないレストラン。アヒルの細切れコンフィを散りばめたマッシュポテトケーキなどのメニューで有名。

ブールバード
Boulevard
☎415-543-6084
🏠1 Mission St
🍴ディナー メイン $25〜

地震以前に建てられたオーディフレッド・ビル Audiffred Buildingの中にあるレストラン。ベルエポック時代のパリのサロン風デザインは、パット・クレトによるもの。シェフのナンシー・オークスは、豚ロースやバター入りマッシュポテト、クラブケーキの扱いがうまい。予約なしでふらりと立ち寄っても、すばらしいバーに行けば食事にありつける。

ホーソン・レイン
Hawthorne Lane
☎415-777-9779
🏠22 Hawthorne Lane
🍴ディナー メイン $25〜

倉庫だった建物を改造してできた粋なレストラン。地中海、アジア、カリフォルニアの料理が1つに溶け合った、手の込んだ料理を出す。

バカール
Bacar
☎415-904-4100
🏠448 Brannan St
🍴メイン $15〜35

サンフランシスコでは比較的新しい高級レス

トラン。この店の自慢はビストロフュージョン料理と最高級のワインが豊富にそろっていること。ダイニングルームよりカジュアルで居心地のよい階下のバーで、＄100以上のワインを一杯飲んでみてはいかが？

フィフス・フロア
Fifth Floor
☎415-348-1555
🏠12 4th St
✉ディナー メイン＄30〜 お試しコース＄85

オールド・ネイビーOld Navyビル上階のパロマ・ホテルPalomar Hotel内にあるレストラン。メンバー制クラブの格式と当世風のかっこよさを併せ持つ。料理は絶品で、常に市内で最良のレストランの1つに数えられている。

ファイナンシャル・ディストリクト（MAP 2）
Financial District

夜のファイナンシャル・ディストリクトは死んだように静かだが、海岸通りやノース・ビーチとの境にはおもしろいレストランが幾つかある。そのほとんどが日曜日は閉店。

　カーニー・ストリートKearny Stには平日オープンのランチレストランが並んでいるが、**トマト・アンド・バジル Tomato & Basil**（🏠305 Kearny St ✉ランチ＄5前後）もその1つ。持ち帰り用専門の小さな店で、ローストチキンサンドイッチがすばらしくおいしい。

パーリオ・パニノテーカ
Palio Paninoteca
🏠505 Montgomery St
✉サンドイッチ＄5〜

おいしいコーヒーとフォカッチャサンドイッチの店。

カフェ・バスティーユ
Café Bastille
☎415-986-5673
🏠22 Belden Place
✉ランチ＄10〜 ディナー＄15〜

毎年フランス人居住区のバスティーユ・デイBastille Dayの祝典の拠点となるこの店は、粋なレストランが密集しているベルデン・プレイスでも一番人気のあるスポット。ビストロ名物の出し物であるフライドポテト付きステーキ、おいしいクレープとジャズの生演奏で平日はいつもにぎわっている。

プルー
Plouf
☎415-986-6491
🏠40 Belden Place
✉食事＄15前後

ここもまた人気の高い、信頼できるフレンチビストロ。ムール貝とポンム・フリット*pommes frites*（フレンチフライ）がおいしいことで有名。ワイン、サンドイッチ、海鮮料理のメインディッシュもすばらしい。

サムズ・グリル・アンド・シーフード・レストラン
Sam's Grill and Seafood Restaurant
☎415-421-0594
🏠374 Bush St
✉メイン＄10〜

サンフランシスコでも特に古い、1867年創立のレストラン。1946年に現在の場所に移って以来、少しも変わっていない。鮮魚料理が特におすすめだ。

レッドウッド・パーク
Redwood Park
☎415-283-1000
🏠600 Montgomery
✉メイン＄28〜

トランスアメリカ・ピラミッドの1階にあるレストラン。フィフス・フロアFifth Floorの元エグゼクティブシェフ、ジョージ・モロンが調理を指揮している。飲み物と（高価な）前菜だけでよければバーも魅力的。

アクア
Aqua
☎415-956-9662
🏠252 California St
✉メイン＄30〜

サンフランシスコのエレガントで高価なレストランの中では最良の部類に入る。海鮮料理に的をしぼっている。フランスの伝統料理に微妙なカリフォルニア風のアレンジをした料理が多い。

ルビコン
Rubicon
☎415-434-4100
🏠558 Sacramento St
✉メイン＄22〜32

ロフトのような造りの店内と完璧な料理、すばらしいワインリストと高名なソムリエのラリー・ストーンがこの店のファンを魅了してやまない。余談だが共同オーナーにはロバート・デニーロとロビン・ウィリアムズ、フランシス・コッポラが名を連ねている。

ノブ・ヒル＆ポーク（MAP 2）
Nob Hill & Polk

コードン・ブルー
Cordon Bleu
🏠1574 California St
✉食事＄5〜7

ちっぽけだがボリュームのあるチキンディナーを破格の低料金で食べられるベトナム料理店。ルミエール劇場Lumière Theatreの隣りにあって便利。

サンフランシスコ － 食事

スワン・オイスター・デポ
Swan Oyster Depot
- 1517 Polk St
- 食事 $10〜20

カリフォルニア・ストリートCalifornia Stとサクラメント・ストリートSacramento St の間にある。ビール、クラムチャウダー、シュリンプカクテル、サワードウで作ったパンを出す、簡素で古風な海鮮料理店。熱烈なファンが多い。サンフランシスコの海鮮料理の店では最良の部類に入ることはまちがいない。

ハイド・ストリート・ビストロ
Hyde Street Bistro
- 415-292-4415
- 1521 Hyde St
- メイン $15前後

ノブ・ヒルの中心部にある、地元向けビストロ。くつろいだ雰囲気と標準的なフレンチビストロメニューが特徴。

チャイナタウン（MAP 3）
Chinatown

当然のことながら、チャイナタウンは中華料理店がひしめいている。小さな安食堂、建物は大きくても値段の安い点心レストラン、そして最新の高級中華料理を出す豪華レストランまで、より取り見取りだ。

ドル・ホー
Dol Ho
- 808 Pacific Ave
- 1品料理 $2〜4

一般的な点心レストランに比べて量は少なめだが、味は新鮮な感動を覚える。

ラッキー・クリエーション
Lucky Creation
- 854 Washington St
- メイン $5〜7

すばらしいチャイニーズ・ベジタリアンレストラン。飯類と麺類がおいしい。

ハウス・オブ・ナンキン
House of Nanking
- 919 Kearny St
- メイン $5〜12

観光客にも地元民にも人気のあるこの店は、チャイナタウンの食事処のハイライト。予約をうけつけないため、店の前にできる長い行列が忙しい厨房から出される料理のおいしさを物語っている。

ディー・ピー・ディー
DPD
- 901 Kearny St
- メイン $4〜7

ややいかがわしい雰囲気の店だが、おいしいヌードルスープやコクのある上海麺で完全に予想を覆される。チャイナタウンにはもっと評判のよいレストランもあるが、この店は穴場だ。

サム・ウーズ
Sam Wo's
- 813 Washington St
- メイン $4〜8

この店は、脂っこい料理を出すことより、ウェイターたちのふざけた態度で有名だ。厨房の中を通り抜け、階段を上がると、この有名なレストランのごちそうにありつける。

ファー・イースト・カフェ
Far East Cafe
- 631 Grant Ave
- ランチスペシャル $5

チャイナタウンで最も由緒あるレストラン。ここでは料理以上に、彫刻を施した桜材のブース席がほの暗い室内の雰囲気と相まって客たちを魅了する。だが、ランチスペシャルの価格は、雰囲気でごまかされているという気は決してしない。

点心

サンフランシスコは、点心（dim sum）レストランの人気と質の高さにおいては、香港と肩を並べている。点心の故郷広東省では、点心をつまむ行為を「飲茶」と呼ぶ。点心はもともと茶館で生まれたものだったからだ。

代表的な点心は、練り粉のようなものの中に豚肉、小エビ、タロイモ、野菜などをつめて、蒸したり揚げたり焼いたりしたものである。栄養のあるコンギー・スープ（小エビや魚やピーナッツの入った米粥）、蒸した野菜なども、よく供される。品数をいろいろ楽しみたいなら、何人かで連れ立って行くとよい。

標準的な点心レストランでは、大ホールにびっしりと並べられたテーブルの間をウェイターがカートを押して回って行く。威勢のいいウェイターになると、カート上の料理品目を辺りの喧騒に負けない声で呼びあげながら歩き、広東語がわからないお客のためには容器のふたを持ち上げて中身を見せてくれる。客は通りかかったカートから好きなものを取ればよい。1皿の値段は、たいてい $2から $4くらい。勘定書きはその都度テーブル上に置かれる。

良質の点心が食べられる店はサンフランシスコの至る所にあるが、本格的な体験をしてみたいならチャイナタウンをおすすめする。点心はいつでも人気があり、週末ともなると、チャイナタウンのレストランは絶え間なく広東語が飛び交い（人によっては咆哮とも聞こえる）、にぎやかなサーカス小屋のようになる。

ゴールド・マウンテン
Gold Mountain
- 644 Broadway
- 1品料理 $3〜4

驚くほど広い、多層構造の大食堂。日中は、できたての点心を運んで何台ものカートが通路を行き来する。活きの良い魚介類はどれか、尋ねてみるといいだろう。

アール・アンド・ジー・ラウンジ
R&G Lounge
- 631 Kearny St
- メイン $8〜15

チャイナタウンで最も有名な食事処の1つ。丹精をこらした広東料理を手頃な値段で提供している。

エンプレス・オブ・チャイナ
Empress of China
- 415-434-1345
- 838 Grant Ave
- ディナー $18〜

漢王朝時代の美術品を飾った贅沢で優雅な店内と、すばらしい眺望はチャイナタウンに数ある大衆食堂とは対照的なレストランである。料理のほうは、基本的なメインディッシュにとどめておいたほうが無難。

ノース・ビーチ（MAP 3）
North Beach

ノース・ビーチは、イタリアンレストランやカフェが有名なエリアで、朝の1杯のエスプレッソ・コーヒーからちょっとした夜食のパスタまで選択には事欠かない。イタリア系移民の減少や観光客の増大にもかかわらず、昔ながらのヨーロッパの雰囲気が程よく残っているのは、歩道のカフェや近隣のレストラン群によるところが大きい。

低料金
モリナーリ
Molinari
- 373 Columbus Ave
- サンドイッチ $5〜7

この地区に昔からあるデリカテッセンで、ノース・ビーチで最もおいしいサンドイッチ店の1つ。テーブル席はわずかだが、数ブロック歩けばワシントン・スクエア Washington Squareがある。

ゴールデン・ボーイ・ピザ
Golden Boy Pizza
- 542 Green St
- 1切れ $2〜3

店員の態度は無愛想で店内も雑然としているが、ピザは厚く大きくておいしい。ピザ1、2切れと生ビールで手軽にお腹一杯になれる。

リグーリア
Liguria
- 1700 Stockton St
- フォカッチャ $3

余分なサービスはないベーカリーで、フォカッチャ（トマトソース付き／ソース抜き）だけを売っている。早めのランチにはうってつけだ。

ステラ・ペストリー
Stella Pastry
- 446 Columbus Ave
- ペストリー $1〜2

ここのカプチーノとイタリアンペストリーを食べて1日をスタートすれば最高。こぢんまりしたすてきなカフェで、朝食や間食に最適。

マリオズ・ボヘミアン・シガー・ストア
Mario's Bohemian Cigar Store
- 566 Columbus Ave
- 食事 $6〜10

もう葉巻は売っていない。現在は、古くからノース・ビーチにあるくつろいだ雰囲気のカフェバーで、フォカッチャ、サンドイッチ、濃いエスプレッソ、濃厚な味のティラミスがおいしい。

中級　オステーリア・デル・フォルノ L'Osteria del Forno
（415-982-1124　519 Columbus Ave　メイン $6〜12）はテーブル数10と小さく、ロマンチックな雰囲気がある貴重な店。感じのよい2人のイタリア人女性の店で、おいしい薄皮のピザとおしゃれな前菜を作っているのも彼女たちだ。

カフェ・マカロニ
Caffé Macaroni
- 415-956-9737
- 59 Columbus Ave
- メイン $9〜16

見た目はあまりよくないが、テラス席のあるこの小さなカフェは、この地区でもトップクラスのイタリア料理を出す人気スポットだ。交差点の反対側にある支店の**マカロニ・エクスプレス Macaroni Express**（124 Columbus Ave）では、安めの一品料理が自慢。クレジット・カードは不可、予約も受けつけていない。

イデアーレ
Ideale
- 415-391-4129
- 1309 Grant Ave
- メイン $10〜18

このエリアで最も優れた部類のイタリア料理を賞味するのにふさわしい店。料理は伝統に忠実で、ティラミスがおすすめ。

ヘルマンド
Helmand
- 430 Broadway

🍴メイン＄10〜16

すばらしいアフガニスタン料理を出す店。カドボラニ*kaddo borawni*（焼いたかぼちゃにさっぱりしたヨーグルト・ソースをかけたもの）とアウシャク*aushak*（ねぎを詰めたラビオリにミント風味のヨーグルト・ソースをたっぷりかけたもの）がおすすめ。ベジタリアン用メニューは野菜料理の盛り合わせで、量もたっぷり。

カップス・コーナー
Capp's Corner
☎415-989-2589
🏠1600 Powell St
🍴ディナー＄15〜17

開業は1960年。薄暗く、印象的な調度品の置かれた店内は、気難しい常連客と隣で上演される「ビーチ・ブランケット・バビロン*Beach Blanket Babylon*」（現地で有名なコメディ・ショー）のチケットを持った物珍しげな観光客とで混雑する。食事よりも雰囲気を楽しむための店だが、昔ながらの飾り気のない料理も実はかなり美味。

高級

ローズ・ピストーラ
Rose Pistola
☎415-399-0499
🏠532 Columbus Ave
🍴メイン＄10〜27

変わらぬ人気を誇る最先端のビートポップスタイル（ジャズが毎晩演奏される）と独創的な地元のイタリア料理が融合した店。ディナーは予約をしたほうがよい。

エンリコズ
Enrico's
☎415-982-6223
🏠504 Broadway
🍴メイン＄12〜25

街で最も古いカフェテラス。上品なピザ、独創的な前菜、伝統的なシーフードと肉料理が楽しめる。夜のジャズ演奏が料理に華を添える。

フィオール・デ・イタリア
Fior d'Italia
☎415-986-1886
🏠601 Union St
🍴メイン＄14〜26

ワシントン・スクエア*Washington Square*にある1886年開業の自称アメリカで最も古いイタリアンレストラン。種類が多いのでメニュー選びは慎重に。無難なものを注文しておけば問題ないが、1人あたり最低でも＄25は払うつもりで。

ザックス
Zax
☎415-563-6266
🏠2330 Taylor St

🍴メイン＄18〜24

コロンブス・アベニュー*Columbus Ave*とチェスナット・ストリート*Chestnut St*の角にある穴場の店。カリフォルニア・地中海料理のこのレストランには、世界各地から客が集まり、品数は少ないながらも味は絶品。メニューは毎週変わる。

ビックス
Bix
☎415-433-6300
🏠56 Gold St
🍴メイン＄14〜32

ここの料理は注目度が高い。天井が高く洒落た店内は古風な雰囲気が漂う。ジャズ演奏がクールなナイトクラブのムードを醸し出しているが、週末の騒がしいバー・エリア（マティーニはおいしい）には、落ち着いた雰囲気はない。トランスアメリカ・ピラミッド*Transamerica Pyramid*の近くの細い通り沿いにある。

ロシアン・ヒル（MAP 4）
Russian Hill

イ・フラテッリ
I Fratelli
☎415-474-8240
🏠1896 Hyde St at Green St
🍴メイン＄11〜20

フレンドリーで感じのよい雰囲気の中で最高のイタリア料理とキャンティを楽しめる。

サルスエラ
Zarzuela
☎415-346-0800
🏠2000 Hyde St at Union St
🍴タパス＄4〜8、食事＄10〜15

本場スペインのタパスを食べられる店。値段は手頃だが混むことが多い。

ル・プチ・ロベール
Le Petit Robert
☎415-922-8100
🏠2300 Polk St
🍴メイン＄16〜19

比較的新しいすてきな店で、うさぎ、鴨、牛などのフランスの田舎風ビストロ料理を出している。

フィッシャーマンズ・ワーフ（MAP 4）
Fisherman's Wharf

新鮮なシーフードがフィッシャーマンズ・ワーフの名物。持ち帰りできる屋台からウォーターフロントの高級レストランまでそろっているが、ほかの地区のほうが品質はよい。11月中旬から6月のカニの時期にここを訪れるなら、サンフランシスコの味、アメリカイチョウガニ*Dungeness crab*とサワードウブレッド*sour-*

dough breadを食べよう。**アリートス Alioto's**（☎415-673-0183 🏠8 Fisherman's Wharf）と**タランティーノズ Tarantino's**（☎415-775-5600 🏠206 Jefferson St）はどちらもおすすめ。＄13～25で最高の眺めとおいしい料理が楽しめる。

ブエナ・ビスタ・カフェ
Buena Vista Café
☎415-474-5044
🏠2765 Hyde St
📖1品料理＄5～12

ハイド・ストリートHyde Stのケーブルカー折り返しポイント近くにある由緒あるレストランだが、基本的にはテーブルが幾つかある伝統的なバーでもある。朝食とバーガー類のメニューがある。アイリッシュコーヒーをアメリカに広めた店でもあるので、来店したら忘れずに伝統の味を試してみよう。

アナ・マンダラ
Ana Mandara
☎415-771-6800
🏠891 Beach St
📖メイン＄14～28

ギラデリ広場Ghirardelli Squareにあり、サンフランシスコでもトップレベルのレストランだ。俳優のドン・ジョンソンDon Johnsonとチーチ・マリンCheech Marinによる共同経営であることはまったく気にしなくてよい。ベトナム料理（シーフードが最高）と創作カクテルが充実している。

ゲーリー・ダンコ
Gary Danko
☎415-749-2060
🏠800 North Point St
📖お試しコース＄55～74

ギラデリ広場の近く、アメリカでトップとは言わないまでも、サンフランシスコでは間違いなくトップのレストランだ。フランス、地中海、アメリカの題材をミックスしたこの店の料理は、食べる者の味覚に（それと財布にも）大きなインパクトを与える。ここのチーズカートは伝説になっている。

マリーナ＆カウ・ホロウ（MAP 4）
The Marina & Cow Hollow

メルズ・ドライブイン
Mel's Drive-In
🏠2165 Lombard St
📖食事＄5～15

古くからサンフランシスコにある、いざというとき頼りになる店。マリーナのロンバード・ストリートLombard Stでは数少ないファーストフードの1つ。50年代のダイナーそのままの店は、ジョージ・ルーカス監督の映画『アメリカン・グラフィティAmerican Graffiti』

で重要な役割を果たした。

ホーム・プレート
Home Plate
🏠2274 Lombard St
📖1品料理＄5～10

納得の朝食メニューで人気の店。パンケーキはふんわり、エッグベネディクトはボリューム満点、最初に出される小ぶりのスコーンには思わず頬がゆるむ。

ビストロ・エクス
Bistro Aix
☎415-202-0100
🏠3340 Steiner St
📖ディナー＄15

平日のディナーは手頃な固定価格。田舎料理風のカリッと焼いたチキンとバター入りのマッシュポテトが店の人気の秘密だ。

　南へ向けて数ブロック坂を上がったところがカウ・ホロウCow Hollow。ラグーナ・ストリートLaguna Stの西のフィルモア・ストリートFillmore Stにかけて、ユニオン・ストリートUnion St沿いに数十軒のレストランが並んでいる。

ベテルナット
Betelnut
☎415-929-8855
🏠2030 Union St
📖メイン＄12～17

ブキャナン・ストリートBuchanan Stの近くにあり、色とりどりの美しい東南アジア料理が楽しめる。予約は必須。道路わきにあるこの店のバー、**ドラゴンフライ・ラウンジ Dragonfly Lounge**は、日焼けした若者たちで夜ごとにぎわう。

グリーンズ
Greens
☎415-771-6222
🏠Building A
📖メイン＄14～19

フォート・メイソン・センターFort Mason Centerの上にある、地元で非常に有名なベジタリアン料理の店。

パシフィック・ハイツ＆ジャパンタウン
Pacific Heights & Japantown

サッター・ストリートSutter Stからジャパンタウンのちょうど北側にあたるジャクソン・ストリートJackson Stまでのフィルモア・ストリートFillmore Stに沿いには、日本食を含めさまざまなレストランが並んでいる。

ジャクソン・フィルモア
Jackson Fillmore
☎415-346-5288

📍2506 Fillmore St
🍴メイン＄10〜18
古風な内装の人気店でいつも混んでいる。メニューは南イタリア料理で値段も手頃。3人以上の場合のみ要予約。

エリート・カフェ
Elite Cafe
☎415-346-8668
📍2049 Fillmore St
🍴メイン＄17〜28
1920年代の面影をそのまま残すレストランだ。ケージャン／クレオールのシーフードはすばらしいが、値も張る。

タサマク・プラザ、近鉄レストラン・モール、紀伊国屋ビルという3つのビルが連絡したショッピングモール、ジャパン・センターJapan Centerにはさまざまなレストランが入っている。

イソブネ
Isobune
☎415-563-1030
📍1737 Post St
🍴1品料理＄2〜5
近鉄モールにある回転寿司で、日本でも人気の寿司ネタが舟に乗って流れながら出てくる店。寿司料理人は中央に立ち、木の舟に乗ったネタが客の前を巡る。安上がりで楽しく、寿司の味もよい。

ミフネ
Mifune
☎415-922-0337
📍1737 Post St
🍴スープ麺類＄4〜8
ここも近鉄モール内にある店で、おいしい麺類が手頃でたっぷり食べられると好評。

ヘイト
Haight
60年代が遠い昔となった今でも、ヘイトにはヒッピーな若者が集まっている。このエリアで何よりも大切なのは、カッコいい場所で安く食べることだ。

朝食もそうだが特に週末のブランチは、ここヘイトではかなりのボリュームがある。ヘイト・ストリートHaight Stとアシュベリー・ストリートAshbury Stの交差点近くにある**クレセント・シティ・カフェ Crescent City Cafe**（📍1418 Haight St 🍴朝食＄5〜10）に行ってみよう。スパイシーなケージャン／クレオール料理とおいしいクラブケーキ（カニのすり身をパテにしてフライにしたもの）が食べられる。**ポーク・ストア・カフェ Pork Store Cafe**（📍1451 Haight St 🍴朝食＄5〜10）はクレセント・シティ・カフェのすぐそば。肉好きの人も満足できる店。

ロワー・ヘイトには注目のブランチ／ランチスポットが多いが、**ケイツ・キッチン Kate's Kitchen**（📍471 Haight St 🍴食事＄5〜10）もその1つ。**スクワット・アンド・ガブル・カフェ Squat & Gobble Cafe**（📍237 Fillmore St 🍴食事＄5〜10）もロワー・ヘイトの人気店。安くておいしいクレープが食べられる。

マグノリア
Magnolia
📍1398 Haight St
🍴サンドイッチ＄8〜10、メイン＄9〜15
古いビクトリア風の建物に入っている店だ。自家製ビールが飲める気さくなパブで、グレイトフル・デッドGrateful Dead（地元にゆかりのある伝説のロックバンド）のすばらしい装飾があるが、好き嫌いの分かれるところだろう。メニューにはサンドイッチ、フライ類、ディナープレート、見事な手作り醸造のエールがある。店自慢の英国式手動ポンプで飲み物を注いでくれる。限定メニューは夜の24:00まで（日曜は23:30まで）。

カン・ザマン
Kan Zaman
☎415-751-9656
📍1793 Haight St
🍴メイン＄7〜12
シュレーダ・ストリートShrader Stの近くにあり、良心的な値段の地中海料理と奇抜なアラビアン・ナイト風の装飾が呼びものの店で、水ギセルも試せる。週末の夜、ベリー・ダンスの実演が見られることもある。

チャ・チャ・チャ
Cha Cha Cha
📍1801 Haight St
🍴タパス＄4〜8、メイン＄15以下
騒々しいが活気があって非常に人気がある。スパイシーなカリブ料理のタパスとメインディッシュが楽しめる。予約は受けつけていないので、夜の順番待ちは1時間はみておくこと。

マッサワ
Massawa
☎415-621-4129
📍1538 Haight St
🍴メイン＄6〜12
アシュベリー・ストリートAshbury St近くにある東アフリカ、エリトリア、エチオピア料理の店。

テープ・パノム
Thep Phanom
☎415-431-2526
📍400 Waller St
🍴メイン＄8〜12

ロワー・ヘイトのヘイト・ストリートHaight St近く。期待を裏切らない、行く価値のあるタイ料理店。

エオス
Eos
☎415-566-3063
🏠901 Cole St
📖メイン＄17〜26

コール・バレーCole Valleyにあるこの店は、街で最も評価の高い東洋と西洋が融合した料理を出す店だ。工夫を凝らした感動的な前菜は、シェフのエリック・アーノルド・ウォンEric Arnold Wongが作る創意に富んだコース料理を際立たせる。隣にこの店が経営するすてきなワインバーがある。

カストロ（MAP 5）
The Castro

カストロにはいつも興味を注がれる人が多く、見ていて飽きない。はやりのどのレストランも自然と人間観察には格好の場となる。

カフェ・フローレ
Cafe Flore
🏠cnr Market & Noe Sts
📖食事＄10未満

カストロで人間ウォッチングの場所と言えば、まずはこの店。人気のコーヒーハウスで、太陽の光あふれる広いパティオがある。

カリフォルニア・ハーベスト・ランチ・マーケット
California Harvest Ranch Market
🏠2285 Market St
📖ランチ＄4〜8

グルメが喜ぶオーガニック食品店。広くて充実したサラダバーとデリカテッセンがある。店内にテーブルはないが、外のベンチは腰をおろして買ったばかりのヘルシーな惣菜を食べるのにうってつけだ。

バグダッド・カフェ
Bagdad Cafe
🏠2295 Market St
📖食事＄5〜10

終日営業のこの店は、熱々のターキーサンドイッチやパンケーキをすぐにでもに食べたいときにおすすめだ。

2223マーケット
2223 Market
☎415-431-0692
🏠2223 Market St
📖メイン＄10〜25

カストロ地区の縁に位置し、愛され親しまれているがあまり知られていない店。絶えず変わるメニューは、数は少ないがどれも興味を引くものばかり。服装はカジュアルで構わないが、予約をした方が賢明だ。

チャウ
Chow
☎415-552-2469
🏠215 Church St
📖メイン＄6〜10

マーケット・ストリートMarket Stから数軒先にあるこの店は、格安でおいしいピザやパスタ、グリルかローストした肉などを楽しめる。アジアの麺類も数種あり、深夜には多くの人が集まる。

カフェ・キュヴェ
Café Cuvée
☎415-621-7488
🏠2073 Market St
📖ディナーメイン＄13〜16

気取らないカフェで、ランチタイムにはカウンター越しにサラダやサンドイッチを注文できる。夜はほの暗い照明の中、カリフォルニア料理やニュー・アメリカン料理を味わえる。

メッカ
Mecca
☎415-621-7000
🏠2029 Market St
📖メイン＄14〜29

レストランというよりはナイトクラブに近いが、立派なメイン料理を出す。メニューは、魚料理からウズラ、グリルしたポークまでと幅広く、どれも典型的なカリフォルニアスタイル。新鮮な野菜がたっぷり添えられ、外国産の青物野菜も入っている。予約をすすめる。

ホーム
Home
☎415-503-0333
🏠cnr Market & Church Sts
📖メイン＄12未満

世界各地の一流家庭料理を作っている。ニョッキ、チリベルデchili verde（辛いピーマンで味付けした肉類のシチュー）、ポットローストなどを、異国の地を思い浮かべながらこのホームで召し上がれ。ここの料理は十分に元が取れる。

ミッション（MAP 5）
The Mission

1990年代後半、この地区は酒と食べ物の流行スポットとして一世を風靡した。タコス料理店taqueríasと並んで高級レストランが次々と建ち、薄汚れたミッション・ストリートMission Stは、駐車係を探す高級自動車ランド・ローバーを乗り回す客でごったがえした。ドット・コムの衰退とともにヤッピーはその影響力を弱めたが、この地区は衰える気配もなく、どのブロックにもすばらしいレストランが健在だ。

サンフランシスコ − 食事

低料金　イタリアン、ベトナム料理、東西融合料理、タパス、どれもすべてミッションで食べられるようになったが、この地区の代表料理は今もブリートburrito（ひき肉、粉チーズ、揚げた大豆などをトルティーヤで巻いたもの）だ。サンフランシスコの人は皆、お気に入りのタコス料理店があり話の種にしているものだが、ミッションの数軒の店が最高のタコス料理店として常に話題に上がる。掲載した店のブリートは＄4〜6が平均的だ。

ラ・タカリーア
La Taqueria
🏠 2889 Mission St

BART 24thストリート駅のちょうど南側にある。料理としては、カルネアサーダcarne asada（ステーキ）、カルニータスcarnitas（ロースト・ポーク）、ブリート、タコスがある。ライスはない（ブリートを食べれば満腹になる）。平均よりやや値が張るが、それだけの価値は十分ある。

タカリーア・カン・クン
Taqueria Can-Cun
🏠 2288 Mission St at 19th St

びっくりするほど大きく豪快なブリートを出すことで有名な街の人気店で、真夜中を過ぎてもオープンしている。ここのトルティーヤは蒸したものではなく焼いたものだ。お好みでアボカド丸ごと1個がつく。ブリートにはビーフと野菜があり、どちらも評判通りの味だ。

パンチョ・ビラ
Pancho Villa
🏠 3071 16th St

ブリート好きにははずせない店。いつでも行列ができていて新鮮な材料を使っていることがわかる。

椅子に座って食べる形式のディナープレートを専門にしているメキシコ料理店でもある。ディナーとマルガリータ、生き生きとしたムードが特徴で、周辺にまで活気があふれている。

プエルト・アレグレ
Puerto Alegre
🏠 546 Valencia St
食事 ＄6〜12

料理よりもマルガリータが有名。どちらが目的でもたいていは並ぶことになる。

ルーズベルト・タマル・パーラー
Roosevelt Tamale Parlor
🏠 2817 24th St
食事 ＄6〜12

活気のある24thストリート沿いに進んだミッション・ストリートMission Stの東にある。安くておいしいタマーレtamales（ひき肉をひき割りトウモロコシの皮で包み蒸したもの）などがあり、たいてい待たずに座れる。

ブリート以外をと考えるなら、バレンシア・ストリートValencia Stを16thストリートへ向かって歩けば、レストランが並んでいるブロックに出る。

トゥルーリー・メディタラニアン
Truly Mediterranean
🏠 3109 16th St
食事 ＄4〜6

絶品のファラフェルfalafel（中東料理の揚げパンまたはサンドイッチ）とシュワマshwarma（肉をパンに挟んだもの）を持ち帰りできる小さな店。

パクワン・パキスタニ・インディアン・レストラン
Pakwan Pakistani Indian Restaurant
🏠 3180 16th St
食事 ＄10以下

ここへ行けば、サンフランシスコにも安いインド料理があるとわかるだろう。カウンターで注文し番号をもらって、見事な（香辛料たっぷりの）料理を食べる。混んでいなくても熱気に満ちていて、落ち着ける雰囲気ではない。

ウィー・ビー・スシ
We Be Sushi
🏠 538 Valencia St • 1071 Valencia St
一皿 ＄3〜6

街一番の寿司屋というわけではないが、ネタが新鮮でおいしく、落ち着いた温かい雰囲気の店。客が絶えない。

ハービボーア
Herbivore
🏠 983 Valencia St
食事 ＄5〜15

21thストリートの小さな自然食品マーケットの隣にある、絶対菜食主義のレストラン。工夫を凝らした効果的な内装で、混じり気がなくおいしい肉抜きの料理、乳製品の含まれないデザートが目にも美しい。

サイゴン・サイゴン
Saigon Saigon
🏠 1132 Valencia
ディナーメイン ＄6〜10

間違いなく期待を裏切らないおいしい料理で値段も非常に手頃だ。ランチスペシャル（約＄5、11:30〜14:00）は、この辺りでは一番お得。

リバティーズ
Liberties
🏠 cnr 22nd St & Guerrero
食事 ＄10〜

サイゴン・サイゴンの近くにあるアイリッシュ・パブ・レストラン。カリッと揚げたフィッシュアンドチップスと一緒においしいビールが飲める。週末のブランチは街でもトップ

クラス。伝統的なアイリッシュ風の朝食を食べるならここ。

セント・フランシス・ファウンテン
St Francis Fountain
🏠2801 24th St

24thストリート沿い東にある、かなり由緒あるソーダ水の店。1918年創立でキャンディも売っている。

セサール・チャベス大通りCesar Chavez Blvdの南、1953年創業で家族経営の**ミッチェルズ Mitchell's**（🏠688 San Jose Ave）ではおいしい自家製アイスクリームが食べられる。とりわけマンゴーとアボカド（！）は人気がある。

バーガーの種類がターキー、野菜、ホルモン剤・抗生剤不使用のナイマン牧場特製ビーフがあり、ミッション地区の常連には評判の絶品バーガーの店は、**バーガー・ジョイント Burger Joint**（🏠807 Valencia St 🍴食事＄5〜8）、**ビッグ・マウス・バーガー Big Mouth Burger**（🏠3392 24th St 🍴食事＄5〜8）、そして**ジェイズ・チーズ・ステーキ Jay's Cheese Steak**（🏠3285 21st St 🍴食事＄5〜8）では名前の通りおいしいチーズ・ステーキがある。

ジョーズ・ケーブル・カー
Joe's Cable Car
🏠4320 Mission St
🍴食事＄5〜10

ミッションの南のはずれ、エクセルシアExcelsior地区にある指折りのハンバーガー店。店内の掲示、ナプキン、メニューまで店の至る所に、「ジョーが毎日新鮮な牛ひき肉を作っていますJoe grinds his own fresh chuck daily」と書かれている通り、材料の肉はかなり上質。店の売り上げも相当なもの。

中級・高級
高級レストランや流行の最先端をいく数店が、ドットコム企業とともにミッションに参入し、その後も営業を続けている。

ティ・コウズ
Ti Couz
☎415-252-7373
🏠3108 16th St
🍴クレープとサラダ＄4〜10

本場のブルターニュの味が食べられるクレープ・レストラン。おいしくて風味のあるクレープはバリエーションが豊富で驚くほど。サラダも新鮮で絶品。

バルツベルク
Walzwerk
☎415-551-7181
🏠381 S Van Ness Ave
🍴ディナーメイン＄10〜15

こぢんまりしたとても気さくなドイツ料理店。かつての鉄のカーテンの向こう側、東ドイツにあったとは想像できないほどヘルシーで味わいのある料理を出す。厳選されたドイツビールも印象的だ。

ブルーノズ
Bruno's
☎415-550-7455
🏠2389 Mission St
🍴食事＄10〜20）

かつてはイタリア人の多く集まるごく普通のナイトクラブとして1940年代にスタートし、その後バーレストランとナイトクラブを兼ねたはやりの店。派手なビニール製ブースと異国情緒のある魅力的な装飾が自慢だ。店の所有者とメニューはしょっちゅう変わるようだが、今のところ、正統派でハイレベルのイタリア料理に落ち着いている。何であれ最高のマティーニが飲める貴重な店だ。

ブルー・プレート
Blue Plate
☎415-282-6777
🏠3218 Mission St
🍴メイン＄12〜18

ほぼ完璧に調理されたアメリカの家庭の味を、温かく愛情あふれる家庭的な雰囲気の中で気取らずに食べられる。ミートローフと厚切りのポーク・チョップは舌もとろける味。

スランティド・ドア
Slanted Door
☎415-861-8032
🏠584 Valencia St
🍴ランチメイン＄5〜13 ディナーメイン＄8〜18

17thストリート近くのベトナム料理店で、この近辺のレストランブームの火付け役となった。ランチは驚くほど安い。ディナーは手が込んでいるがそれでも妥当な値段。ディナーは予約を忘れずに（注：改築のため、ダウンタウンの🏠100 Brannan Stへ一時的に移転している可能性あり）。

デルフィーナ
Delfina
☎415-552-4055
🏠3621 18th St
🍴メイン＄8〜18

典型的なイタリア料理ではないが、この人気店の料理は簡素だがアイディアにあふれており、イタリアンの流れを引いている。早めの予約を忘れずに。

リッチモンド（MAP 7）
The Richmond

サンフランシスコでおいしいものを探すなら、リッチモンドを見過ごすわけにはいかない。

車がなくても行きやすい地区で、38番のバスがギアリー・ストリートGeary Stを一晩中走っている。

ギアリー・ストリートGeary Stから1ブロック北、アルグエロ大通りArguello Blvdからパーク・プレシディオ大通りPark Presidio Blvdまでのクレメント・ストリートClement Stが「ニュー・チャイナタウン」。各種の店と中国、タイ、韓国、ベトナム、インドネシアなどのアジア料理店が建ち並ぶ場所だ。

タイワン・レストラン
Taiwan Restaurant
🏠 445 Clement St
🍴 食事 $15未満

格安のスペシャル・ランチが楽しめる店。自家製の麺やギョーザなどもあり、ガラス張りの厨房で作っている。

ボク・チョイ・ガーデン
Bok Choy Garden
🏠 1820 Clement St
🍴 食事 $15未満

絶対菜食主義者をも含むベジタリアン向けのおいしい中華料理が食べられる店。

メイズ・オーセンティック・ベトナミーズ・キッチン
Mai's Authentic Vietnamese Kitchen
🏠 316 Clement St
🍴 食事 $15未満

手頃でおいしいランチとディナーが楽しめる。

バーマ・スーパー・スター
Burma Super Star
🏠 309 Clement St
🍴 メイン $5〜10

インド、中国、タイ料理と共通点があるミャンマー料理が食べられる店。濃厚なカレーとパリパリのサモサは食べる価値あり。店内に目立った特徴はないが、料理は安くて満足感がある。

キング・オブ・タイ・ヌードル・ハウス
King of Thai Noodle House
🏠 639 Clement St
🍴 食事 $5〜8

西洋人が考えるタイ料理店とは違い、簡易食堂のような店。地味な内装は気にせず麺類とスープを味わえば元気がわいてくる。

ミッション近辺にはすてきなフレンチ・レストランが数軒あり、値段もダウンタウンよりは控えめで行ってみる価値がある。

クレメンタイン
Clementine
☎ 415-387-0408
🏠 126 Clement St
🍴 メイン $15〜18

上品なムード漂う最高のビストロ（ヨーロッパ風居酒屋）。愛想のよいスタッフが極上の料理を運んでくれる。

シャポー！
Chapeau!
☎ 415-750-9787
🏠 1408 Clement St
🍴 メイン $16〜25

家族経営のレストラン。変わらぬ魅力と料理に対する熱い情熱があふれている。

そのほかクレメント・ストリートに平行するギアリー大通りGeary Blvdにもさまざまなすばらしいレストランがある。

アンコール・ワット
Angkor Wat
🏠 4217 Geary Blvd
🍴 メイン $9〜14

すばらしいカンボジア料理が格安で食べられる。

かぶと
Kabuto
🏠 5116 Geary Blvd
🍴 寿司 $3〜6 メイン $11〜20

15thアベニューの近くにある。多くの寿司好きが街一番と太鼓判を押す店。ベジタリアン向けメニューもそろっている。

トミーズ・メキシカン・レストラン
Tommy's Mexican Restaurant
🏠 5929 Geary Blvd
🍴 食事 $15未満

23rdアベニューと24thアベニューの間にある、ユカタン料理が呼び物の店。絞りたてのライムで作るマルガリータは街でもトップレベル。バーにあるテキーラは最高の品揃え。

カン・トク・タイ・ハウス
Khan Toke Thai House
☎ 415-668-6654
🏠 5937 Geary Blvd
🍴 食事 $10〜20

トミーズ・メキシカン・レストランと同じブロックにある、街で屈指のタイ料理店。非常にロマンチックでありながら気取らない雰囲気がある。低いテーブルに座るときに靴を脱ぐように言われるので、靴下はきれいなものを履いて行くこと。

ラ・ヴィ
La Vie
☎ 415-668-8080
🏠 5830 Geary Blvd
🍴 メイン $6〜16

街でトップクラスのベトナム料理店。パイナップルとタマリンド・スープで煮込んだなまず料理に挑戦してみよう。

サンセット（MAP 7）
The Sunset

ゴールデン・ゲート・パークGolden Gate Parkの南に位置するサンセットSunsetは、手

頃な値段のエスニック料理店が多い地区で、特に5thアベニューから25thアベニューまでのアービング・ストリート沿いに集中している。インナー・サンセットは、9thアベニューとアービング・ストリートが交差する辺りで、古くからある店とはやりの新しいレストランとが密集して混在する活気ある地区だ。

アインシュタインズ・カフェ
Einstein's Cafe
- 1336 9th Ave
- ランチ＄5

落ち着いた雰囲気で手頃な値段がうれしいこのカフェでは、大振りのボールに入ったサラダと大きめのサンドイッチが食べられる。天気のよい日は裏庭にあるパティオに出て休むこともできる。

パーク・チャウ
Park Chow
- ☎415-665-9912
- 1240 9th Ave
- メイン＄6～12

おいしいパスタと家庭料理の店。カストロ地区近郊にある姉妹店同様、のんびりした雰囲気で満足できる。

ピージェイズ・オイスター・ベッド
PJ's Oyster Bed
- ☎415-566-7775
- 737 Irving St
- メイン＄15～25

ケージャン・クレオールのシーフードが食べられる陽気な店。アリゲーターのフィレ、クラブケーキなど風変わりなものから普通の料理までそろっている。地元で長年親しまれているだけある評判のレストランだ。

エビス
Ebisu
- ☎415-566-1770
- 1283 9th Ave
- 食事＄15～25

和食と寿司バーがある注目の店。いつも順番待ちの長い列ができている。

ガンジス
Ganges
- ☎415-661-7290
- 775 Frederick St
- 食事＄20未満

ヘイト・ストリートの近く。人気店だがくつろいだムードでベジタリアン向けのインド料理を味わえる。

エンターテインメント

流行最先端の巨大ナイトクラブに行くだけがサンフランシスコの夜の娯楽ではない。さまざまな種類のバーやダンスクラブ、最先端のコンサートスペースがある。この街には、演劇場、名高いオペラ・ハウス、交響楽団、・バレエ団、モダンダンスチームもたくさんある。

「サンフランシスコ・クロニクル紙San Francisco Chronicle」は、日曜にデートブックのエンターテインメント増補版でおすすめの映画／演劇のリストを掲載している。街の娯楽について最も広い範囲をカバーしているのは、無料の週刊誌「サンフランシスコ・ベイ・ガーディアンSan Francisco Bay Guardian」と「SFウィークリーSF Weekly」だ。

ティックス・ベイ・エリア
Tix Bay Area
- ☎415-433-7827
- 251 Stockton St
- チケット窓口 火～木 11:00～18:00、金・土 11:00～19:00

ユニオン・スクエアにあり、えり抜きのミュージカル・パフォーマンス、オペラ、ダンス、演劇の半額チケットを当日販売している。現金のみ可、手数料が多少かかる。

シアターショーや一流コンサートのチケットは、**チケットマスター Ticketmaster**（☎415-421-8497）か**バス BASS**（☎415-478-2277）へ電話を。

カフェ

サンフランシスコ全域には、あらゆる味と形式のコーヒーハウスやカフェがある。コーヒー店では、ビールやワイン、おつまみ、軽食を提供する店も多く、夜にコンサートや朗読会などを催したりするところまである。以下に掲載した店は、基本的にはカフェであり、ドリップタイプのコーヒーやエスプレッソを飲みながらゆったりと過ごせる場所です。遅くまでやっている店が多いが、すべてのカフェ、バーおよびレストランは禁煙であることをお忘れなく。

カフェ・デ・ラ・プレッセ
Café de la Presse（MAP 2）
- 352 Grant Ave

人気のヨーロピアンスタイルのカフェで、海外の新聞・雑誌が置いてある。

カップ・ア・ジョー
Cup-A-Joe（MAP 2）
- 896 Sutter St

ノブ・ヒルの近く。陽気なコーヒーショップで、インターネット（15分で＄2）も利用できる。

モミ・トビーズ・レボリューション・カフェ
Momi Toby's Revolution Cafe
- 528 Laguna St

ヘイズ・バレーにある。木枠の窓と大理石のカウンターがあるこぢんまりしているが優雅な店。コーヒー、ビール、ワイン、ピッツェ

ッタpizzetas（ピザのこと）、フォカッチャのサンドイッチなどのメニュー。店の雰囲気がよく、ついつい長居してしまう。

インペリアル・ティー・コート
Imperial Tea Court（MAP 4）
🏠1411 Powell St
チャイナタウンにあり、アンティークなテーブルの上部に鳥かごがつり下げてある店。珍しい種類の紅茶は、1ポンド（約450g）で＄100以上とかなり高額だが、それ以外は数ドルだ。

　ノース・ビーチ（MAP 4）には、サンフランシスコで最高のエスプレッソとカプチーノの店がある。

カフェ・トリエステ
Caffe Trieste
🏠601 Vallejo St
街で最も優れたカフェの1つと言って間違いない。有名人が数多く訪れるこの店は1956年に開業し、今もビート族全盛期の面影を残している。

カフェ・グレコ
Caffé Greco
🏠423 Columbus Ave
極上のエスプレッソがあるが、店が狭く非常に混んでいる。テーブル席がよければ、数軒先の**カフェ・プッチーニ Caffe Puccini**（🏠411 Columbus Ave）がおすすめ。

ステップス・オブ・ローマ
Steps of Rome
🏠348 Columbus Ave
カフェ・プッチーニと通りを挟んで1ブロックほど南。ノース・ビーチでは最もイタリア的で観光客向けの気楽なカフェだ。軽いノリのスタッフとデートの相手を探す男女が集まっている。

カフェ・マルビーナ
Caffè Malvina
🏠1600 Stockton St
古きよき時代の優雅さが残る店。日中は両側にある窓から明るい光が差し込む。

　アッパー・ヘイト（MAP 5）には驚くことにコーヒーハウスがほとんどないが、マサニック・アベニュー近くにあるのがこの**ピープルズ・カフェ People's Cafe**（🏠1419 Haight St）だ。質の高いコーヒーとちょっとした食べ物がある。ロワー・ヘイトには、アッパー・ヘイトよりはコーヒー店の数がある。ヒッピー（俗称：怠け者）のたまり場となっている**ホース・シュー Horse Shoe**（🏠556 Haight St）はシュタイナー・ストリートとフィルモア・ストリートの間にある。この店の近くにある、そつのない雰囲気の店**カフェ・インターナショナル Cafe International**（🏠508 Haight St at Fillmore St）には物静かな常連客が集まっている。メニ

ューとしてはサラダ、サンドイッチ、軽めの中東料理がある。

カフェ・フローレ
Cafe Flore（MAP 5）
🏠2298 Market St
カストロ地区にある。温室のような木造店舗にはガラス張りのパティオがある。ゲイもそうでない人も、暖かな午後には人間観察をしにここに集まる。

チャット・カフェ
CHAT Cafe（MAP 5）
🏠cnr 18th & Sanchez Sts
飲み物か食べ物を頼めば、高速インターネットを無料で利用できる。

オービット・ルーム・カフェ
Orbit Room Café（MAP 5）
🏠1900 Market St
ポスト・インダストリアル系ジャズエイジの香りがする店で、場所はマーケット・ストリートとラグーナ・ストリートの角。日中は静かだが、日暮れが近づくにつれ活気が出てくる。

　ミッション地区（MAP 5）もカフェが充実した地区で、コーヒー好きも大満足のエリアだ。

カフェ・マコンド
Cafe Macondo
🏠3159 16th St
年代物のソファー、壁にはラテンアメリカ急進派の政治ポスター。ボヘミア文学そのものの雰囲気の店だ。

レッド・ドーラズ・ビアーディド・レディー・カフェ・アンド・ギャラリー
Red Dora's Bearded Lady Cafe and Gallery
🏠485 14th St
ゲレロ・ストリート近くにある。レズビアンのコーヒー店。ギャラリーとパフォーマンススペースを兼ねている。

カフェ・ラ・ボエーム
Cafe La Bohème
🏠3318 24th St
長い間変わることなく人気を集めている店で、BARTの24thストリート駅の近くにある。ヒッピー予備軍とかつてのヒッピーが薄汚い格好で集まることもある。

カフェ・ク・タル
Cafe Que Tal
🏠cnr Guerrero & 22nd Sts
にぎやかなバレンシア・ストリートから1ブロック離れた所にある、ゆったりとして比較的静かな店。コーヒーは適度な濃さ、店の雰囲気もよい。

バー&クラブ
この街でのんびりと過ごす場所といえばダウンタウン。きついマティーニを飲んだ後にぜひ訪

れたいエリアだ。サウス・オブ・マーケットは、ミュージックライブの店やダンスクラブなどが最も集中している地区で、営業時間外にパーティを催す店もある。ミッション地区とヘイトも流行のナイトスポットで、流行に敏感な人や常連客が集まるバーがあちこちに見られる。

　ダンスクラブの入場料は、クラブやイベントごとに異なるが、平均して＄10か、派手な店でも＄20だ。ミュージックライブは幅があり、地元のプレーヤーの場合＄5か＄6、スリムズ、ビンボーズ、フィルモアのようなクラブでの大物アーチストの演奏は＄20。

　バー、クラブ、カフェ、レストランはどれも全店禁煙なので注意しよう。喫煙用のパティオを備えたバーもあるが、普通は店外で喫煙することになる。

ユニオン・スクエア＆ファイナンシャル・ディストリクト Union Square & Financial District（MAP 2）
セント・フランシス・ホテルSt Francis Hotel内にあるコンパス・ローズ Compass Rose（🏠335 Powell St）は、街で最もロマンチックかつ由緒あるバーだ。

ハリー・デントンズ・スターライト・ルーム
Harry Denton's Starlight Room
🏠450 Powell St
サー・フランシス・ドレイク・ホテルSir Francis Drake Hotelの21階にある眺めのよいバーで、品のよい中年の人向け。

レッドウッド・ルーム
Redwood Room
🏠496 Geary St
クリフト・ホテルClift Hotel内。かつてはクラシックなアール・デコ調のラウンジだったが、フィリップ・スタークによる改装後、流行の最先端を行くヤッピーたちのたまり場になっている。おしゃれでリッチな（少なくともそう振る舞っている）客が集まる。

ブルー・ランプ
Blue Lamp
🏠561 Geary St
かつての面影はないが、アンティークで装飾されたテンダーロインの伝統的バー。毎晩のようにブルースやロックバンドの演奏が聴ける。

レッド・ルーム
Red Room
🏠827 Sutter St
コモドア・ホテルCommodore Hotel内にあるこぢんまりとしたはやりの店。ビニール張りの内装、ボトル、照明、マティーニなど何から何まで赤で統一されている。

ジョンズ・グリル
John's Grill
🏠63 Ellis St

食べ物は値段ほどの味ではないが、ほの暗く抑えた雰囲気が1908年の開業以来ずっと人気を保っている理由だ。小説家のダシール・ハメットDashiell Hammettがなじみ客であったことをかなり宣伝に利用している（ハメットの小説をモデルにした映画「マルタの鷹Maltese Falcon」で主人公サム・スペードがここで食事をする場面がある）。ストレートの酒と「ブラディ・ブリジッドBloody Brigid」は避けたほうが無難。

ビスケッツ・アンド・ブルース
Biscuits & Blues
☎415-292-258
🏠401 Mason St
信頼のおけるブルースの店。毎晩演奏があり、家庭的な南部料理が食べられる。

パイド・パイパー・バー
Pied Piper Bar
🏠cnr New Montgomery & Market Sts
華やかなシェラトン・パレス・ホテルSheraton Palace Hotelの中にある抑えたムードの店。有名なマクスフィールド・パリッシュMaxfield Parrishが1909年に描いた巨大な絵画（店の名は「ハメルンの笛吹きThe Pied Piper of Hamelin」に由来する）は一見に値する。

　高い所からすばらしい夜景を楽しみたいなら次の2つが抜群。**カーニリアン・ルーム Carnelian Room**（🏠555 California St）は、バンク・オブ・アメリカ・ビルBank of America Buildingの最上階52階。**イクゥワナックス Equinox**（🏠5 Embarcadero Center）は、ベイフロントのハイアット・リージェンシーHyatt Regencyの最上階にある円形のバーで、（フロア全体が）360度回転する。

シビック・センター＆テンダーロイン Civic Center & Tenderloin（MAP 2）
かつては売春宿とダンスホールとして人気があったグレート・アメリカン・ミュージック・ホール Great American Music Hall（☎415-885-0750 🏠859 O'Farrell St）は、ロック、ジャズ、カントリー、ブルースなどのトップアーチストと契約している。過剰なまでに飾りたてたインテリアが独特の効果を醸し出している。

エディンバラ・キャッスル
Edinburgh Castle
🏠950 Geary St
びん入りの英国製エールと油っぽいフィッシュアンドチップスがあり、毎週火曜日にはパブクイズが催される。

バックフリップ
Backflip
🏠601 Eddy St

サンフランシスコ — エンターテインメント

テンダーロインにあるロックバンドにはおなじみのフェニックス・ホテルPhoenix Hotel内にある。流行に敏感な人に人気の店で、大音量のコンピュータミュージックをバックにダンスや酒を楽しむ。

ヘムロック・ターバン
Hemlock Tavern
🏠1131 Polk St
ポーク・ストリートPolk Stのシビック・センターCivic Center北に位置する飾り気のないすてきな店。暖房付きの喫煙用パティオがあり、たいていの夜は奥の部屋でバンド演奏がある（別途カバーチャージが必要）。

プラス・ピガール
Place Pigalle
🏠520 Hayes St
ヘイズ・バレーにある。鼻につく流行かぶれも、各種の良質なびんビールを居心地のよいソファーで飲めば帳消しになる。

ヘイズ・アンド・ヴァイン
Hayes & Vine
🏠377 Hayes St
洗練されたワインバーで、ワインファンにはイチ押しの店。

マルトーニズ
Martuni's
🏠cnr Market & Valencia Sts
カストロ方面にあるゲイにはおなじみの派手なカクテルラウンジがここ。絶品のマティーニが飲める。ピアノと歌が絶え間なく流れているため、キャバレーのようなムード。

サウス・オブ・マーケット South of Market
（MAP 6） ソーマSoMaにあるダンスやライブミュージッククラブのほとんどは、フォルサム・ストリートと11thストリート沿いに集中している。ダウンタウン近くにも幾つかよい店がある。

スリムズ
Slim's
☎415-621-3330
🏠333 11th St
生きのいいサウンドが聴ける四角い形をしたクラブ。ロック、ブルース、カントリー、R&Bなど次々と感動的な演奏が繰り広げられる。ロックスターのボズ・スキャッグスBoz Scaggsもオーナーの1人。

ホテル・ユタ・サルーン
Hotel Utah Saloon
☎415-421-8308
🏠cnr 4th & bryant Sts
1908年建築のビルにある、すてきなバーと小さなミュージックルームがある陽気な店。地元やツアーのアーチストが出演する。

カバード・ワゴン・サルーン
Covered Wagon Saloon
☎415-974-1585
🏠917 Folsom St
週に数回パンクバンドのライブがあるほかに、毎週火曜日はヘビーメタルバンド出演のという「ルシファーズ・ハンマーLusifer's Hammer」というイベントが開かれる。

1015フォルサム
1015 Folsom
🏠1015 Folsom St
街1番のダンスクラブ。クラブで人気の契約メンバーが司会をするほか、地元のトップDJやゲストの特別出演もある。

エンドアップ
Endup
🏠995 Harrison St
鳴り響くハウスミュージックと陽気な仲間を目当てに、ゲイもストレートも集まるソーマの店。ゲイが集まる金曜と日曜終日に行われる「Tダンス」は伝説となっている。朝の4:00過ぎまで営業していることも多い。

111ミーナ
111 Minna
🏠111 Minna St
昼間はギャラリーだが、夜は流行のナイトクラブになる。センスのよい店としてソーマのおしゃれな人たちに好評。

ザ・スタッド
The Stud
🏠cnr 9th & Harrison Sts
ソーマでは古参のクラブで、40年近くやっている店。ストレートもしばしば訪れるが、やはりゲイのホットスポットとして真っ先に挙げられる店だ。

DNAラウンジ
DNA Lounge
🏠375 11th St
ここも長年ソーマで営業しているクラブだが、最近ハイテクを取り入れた最新の派手なサウンドシステムでリニューアルした。

ケイト・オブライエンズ
Kate O'Brien's
🏠579 Howard St
居心地のよいアイリッシュパブで、ギネスを飲みに来る人や、2階のダンスフロアでテクノに合わせて踊るダンス好きで週末は混みあうことが多い。

ジ・イーグル
The Eagle
🏠cnr 12th & Harrison Sts
レザーを着た同性愛者が集まるような典型的なゲイバーで、暖房のある見事な屋外のパティオがある。スタッフは愛想がよく、ライブ

バンドが時々演奏する。

エル・ボボ
El Bobo
🏠1539 Folsom St

クラブをはしごする合間にちょっと休むならここ。もちろんじっくりと腰を据えて飲むにもよい店。

アニーズ・カクテル・ラウンジ
Annie's Cocktail Lounge
🏠15 Boardman Place

はやりの陽気なバーで、ホール・オブ・ジャスティスHall of Justiceの向かいの路地にある。

ノブ・ヒル Nob Hill（MAP 2）
マーク・ホプキンス・インターコンチネンタル・ホテル Mark Hopkins Inter-Continental Hotel最上階にあるトップ・オブ・ザ・マーク Top of the Mark（🏠999 California St）はダンスフロアもあるハイクラスのバー。眺めの良さは街一番。

トンガ・ルーム
Tonga Room
🏠cnr Mason & California Sts

フェアモント・ホテルFairmont Hotel内にある一風変わったバー。1時間に2回起こる豪雨や、人工的に造られた池にいかだを浮かべてのバンド演奏などが旅行者に好評。

ノース・ビーチ North Beach（MAP 3）
ジャック・ケルアック・アレーJack Kerouac Alleyを挟んでシティ・ライツ・ブックストアCity Light Bookstoreの向かいにあるのがベスビオ・カフェ Vesuvio Cafe（🏠255 Columbus Ave）だ。ビート族のたまり場だったこの店の歴史は観光客にとっては興味深いが、地元の人にも人気のバーである。

これ以外にも由緒のある2つのバー、トスカ・カフェTosca CafeとスペックスSpecsはコロンブス・アベニューColumbus Aveを挟んでベスビオ・カフェのちょうど向かい側にある。

トスカ・カフェ
Tosca Cafe
🏠242 Columbus Ave

1919年開業の由緒ある店で、オペラのレコードが入った立派なジュークボックスまであり、古風なムードが漂う。

スペックス
Specs
🏠12 William Saroyan Place

トスカのほど近くに、由緒ある気の置けない店。ざらざらの板張りもいただけないが、世界各地の港町から集められたと思われる珍しい品々がある。

ザ・サルーン
The Saloon
🏠1232 Grant Ave

1861年にできた町で最も古いバー。ジョニー・ニトロJohnny Nitroなど実力のある地元ブルース歌手がレギュラー出演する歴史的な店だ。

ブラインド・タイガー
Blind Tiger
🏠787 Broadway

チャイナタウンの端にあるアジアの風情が楽しめるセンスのいいダンスクラブで、トーンを抑えたインテリアもいい。客のダンスは熱狂的で、DJが興奮をさらに盛り上げる。

ビンボーズ365クラブ
Bimbo's 365 Club（MAP 4）
☎415-474-0365
🏠1025 Columbus Ave

チェストナット・ストリートChestnut Stの近く、街で最もおしゃれなナイトクラブだ。フィーチャーする曲目は、スイングやロカビリーのライブからオルタナティブ・ロック、カントリー、ソウルと多彩。

フィッシャーマンズ・ワーフ Fisherman's Wharf（MAP 4）
ケーブルカーの折り返しポイントのそばにあるブエナ・ビスタ・カフェ Buena Vista Cafe（🏠2765 Hyde St）は、非常に人気があるので入場するには並ぶ覚悟で。

ルーズ・ピア47
Lou's Pier 47
🏠300 Jefferson St

レストランを兼ねたバーで、毎日ミュージックライブが行われる。

スティールヘッド・ブリューイング・カンパニー
Steelhead Brewing Company
🏠353 Jefferson St

アンカレジ・ショッピング・センターAnchorage Shopping Center内。広い洞穴を思わせる造りの自家製ビールを扱う店。小さなメーカーの力強くおいしいビールも各種取り揃えている。

マリーナ＆カウ・ホロウ The Marina & Cow Hollow（MAP 4）
ユニオン・ストリートUnion Stはバーやクラブの集中地区で、1人でぶらっと入るような店が中心だ。この2つの地区ではどのバーに行くにしても、大声で怒鳴りあう客や、時には露骨なナンパのシーンも覚悟の上で出かけよう。それぞれロンバート・ストリートLombard Stの両側に位置している。

ペリーズ
Perry's
🏠1944 Union St

これぞ本物の夜の店。アーミステッド・モーピンArmistead Maupinが小説「テールズ・オブ・ザ・シティTales of the City」の中でここを書いている。バス・ストップ Bus Stop（🏠1901 Union St）とコメット・クラブ Comet Club

（🏠3111 Fillmore St）も、相手を見つける目的の場所として知られている。

喧騒から逃れたくなったら、スポーツバー **ファイナル・ファイナル Final Final**（🏠2990 Baker St）、またはプレシディオPresidioの近くにある堅実な店 **リバプール・リルズ Liverpool Lil's**（🏠2942 Lyon St）へどうぞ。

ヘイト The Haight (MAP 5)   **ザム・ザム Zam Zam**
（🏠1633 Haight St）はアッパー・ヘイトのベルベデーレ・ストリートBelvedere Stとクレイトン・ストリートClayton Stの間にある奇妙な店。前のオーナー兼バーテンダーだった「マティーニのファシスト」こと故ブルーノ・モーシェイの人気により、今やカルト的存在となった店。モーシェイは注文が「間違っている」などと、気まぐれに客を追い出したりしたことで有名。ペルシア調の店の雰囲気も今では明るくなり、接客態度もよくなった。

クラブ・デラックス
Club Deluxe
🏠1509 Haight St

レトロなムードの店で、上品ないでたちのフランク・シナトラファンの集まる店。スイングからロカビリーまでライブ演奏が店内を盛り上げる。

ロワー・ヘイトはピアス・ストリートとウェブスター・ストリートの間のヘイト・ストリートから3ブロック先にある騒々しいバーでにぎわう地区で、夕方になると若者が集まってくる。

トロナード
Toronado
🏠547 Haight St

自家製ビール協会Holy Mother Church of All Things Craft Brewedの店。頻繁に入れ替えのある生ビールは種類が多く、品揃えも常に街一番。

マッド・ドッグ・イン・ザ・フォッグ
Mad Dog in the Fog
🏠530 Haight St

人気のイングリッシュパブで、うまいビールを飲みながらのダーツやテレビのサッカー観戦、おいしいパブ料理が楽しめる。

ノック・ノック
Noc Noc
🏠557 Haight St

洞窟を模した風変わりな内装で、映画「フリントストーンFlintstones」に出てくるベッドロックという町に似ていると評判だ。

ニッキーズBBQ Nickie's BBQ（🏠460 Haight St）と **ザ・トップ The Top**（🏠424 Haight St）はどちらも毎晩のように混みあうにぎやかな店。ザ・トップのDJはパンク、レゲエをセレクトする。ニッキーズのほうは、ヒップホップやワールドミュージックから重くディープな70年代ファンクまでと幅広くセレクト。

ジャスティス・リーグ
Justice League
☎415-289-2038
🏠628 Divisadero St

ヘイト・ストリートHaight Stから北に数ブロックのところにある、唯一のライブミュージックの店。メインはヒップホップ。

ヘイトの北、ジャパンタウンにある一流の音楽が聴ける有名店が **フィルモア Fillmore**（☎415-346-6000 🏠cnr Geary & Fillmore Sts）だ。ステージは大きく、街のサイケ文化全盛期の頃からある店で世界的にも知られている。地元紙で出演者をチェックしよう。

カストロ＆アッパー・マーケット通り The Castro & Upper Market St (MAP 5)   この街の巨大なゲイコミュニティーでは、カストロをぶらつくことはごく日常的な行為だ。この地区には、MUNIの電車・バスの路線が何本も乗り入れている。

カフェ
Café
🏠2367 Market St

ゲイ、レズビアン、ストレート関係なくさまざまな人種の若者が出入りする店。カストロでは珍しいダンスフロアがある。マーケット・ストリートMarket Stを見渡せる長いテラスで、ぼんやりするもよし、下を通る人の中からお気に入りの相手を探すのもよし。

デートウア
Detour
🏠2348 Market St

街で最も長いハッピーアワー（14:00〜20:00）がある。すばらしい音楽、金網で囲った都会の運動場のような内装、ゴーゴーダンサーなどを目当てに楽しい時を過ごそうと客が集まってくる。

バッドランズ
Badlands
🏠4121 18th St

改修後の洒落たデザインが自慢のこの店は、日曜日16:00〜21:00に開かれるビアバストbeer bust（ビールを飲みながらのお祭り騒ぎ）が人気で、順番待ちの列は1ブロックに届くといわれるほど。集まってくるゲイは、レザーを着込んだ者やビジネスマンからパンク好きの若者までさまざまだ。

バー・オン・カストロ
Bar on Castro
🏠456 Castro St

客層はあらゆる年代の一般的な知的職業に就

いている人たちで、親しみやすい店。

メトロ
Metro
🏠3600 16th St

カフェ・フローレCafe Floreの向かい。平均よりやや上の層をターゲットにした店で、バルコニーには常連が集う。

ツイン・ピークス・タバーン
Twin Peaks Tavern
🏠401 Castro St

かつては、ゲイの人にとってここは街1番の出会いの場だったバー。現在は、年配のゲイたちと一緒に映画の後のカクテルを楽しむ、穏やかで愉快な大人の店だ。

ザ・ミント
The Mint
🏠1942 Market St

ハンバーガー店も付属しており、カラオケ好きのさまざまな人がやってくる。終日営業だが、おもしろくなるのは21:00を過ぎてカラオケが始まってから（歌う本人はいたって真剣）。

カフェ・ド・ノール
Cafe du Nord
🏠2170 Market St

地下にある店は1930年代のもぐりの酒場を思わせる。ジャズ、ロカビリー、ウエストコーストブルース、サルサの生演奏が行われる。

ミッション The Mission（MAP 5）
ミッションにあるバーも周辺地区同様に、流行の最先端の店と昔からの店とが入り混じっていて楽しい。一夜の遊びのために「節約」している郊外からの客で、週末には流行の店はあふれかえるが、そのほとんどが週半ばには気楽で穏やかな場所となる。アクセスはBARTを利用するのが楽だが、夜中過ぎるとじきに運行が止まるので注意が必要。

この地区で最先端を行く2つのダンスクラブは、最も荒廃したブロックにある。**リキッド Liquid**（🏠2925 16th St）はサウス・バン・ネス・アベニューSouth Van Ness Aveの近くにある正真正銘の都会派の店。ここの冒険好きのDJがコンピュータミュージックシーンを動かしている。リキッドよりさらに南にある**26ミックス 26 Mix**（🏠3024 Mission St）では、流行に敏感な若者たちがシャープなヒップホップやハウスミュージックなどを楽しんでいる。

メイクアウト・ルーム
Make-Out Room
☎415-647-2888

🏠3225 22nd Stは天井が高く広々とした店。ドリンクの値段は手頃だ。壁の絵は入れ替えがある。週に何回か（通常は月曜と日曜）DJが入れ替わる。ステージでは、インディーズロックからジャズ、ホンキートンクまでさまざまな曲を生バンドが演奏する。

カサノバ・ラウンジ
Casanova Lounge
🏠527 Valencia Stは見事なジュークボックスがある、粗末だがクールな店。バレンシア・ストリートValencia Stにあるほとんどのバー同様、非常に混みあい騒々しく、特に週末はかなりのもの。

ダルバ
Dalva
🏠3121 16th Stは、ほの暗い照明の店で、スペインの裏通りにある芝居小屋を思わせる。

キロワット
Kilowatt
🏠3160 16th St

ダルバから通りを上がったところにある、改築した消防署に入っている店。ミッションのおしゃれな人たちに人気。

エスタ・ノーチェ
Esta Noche
🏠3079 16th St

ラテンアメリカ系のゲイバーで、異性の格好をした人たちに特に人気がある。

ツァイトガイスト
Zeitgeist
🏠cnr Valencia & Duboce Sts

16thストリートから北へ3ブロック。バイク便ライダーからバイク好きの人までサンフランシスコの都会派バイカーに人気の店。ビールの品揃えもよく、裏手にある広いパティオは暖かい午後のひと時を過ごすのに最適だ。

レキシントン・クラブ
Lexington Club
🏠3464 19th Stは小さいが愛想のいい雰囲気で、いつも盛況の秘密の隠れ家。街で唯一の終日レズビアンバーだ。

ロウン・パーム
Lone Palm
🏠3394 22nd St

映画「カサブランカCasablanca」を思わせるロマンチックな造りの店。

ラテン・アメリカン・クラブ Latin American Club（🏠3286 22nd St）はバレンシア・ストリートValencia Stのちょうど東、控えめで落ち着いた楽しい店。地元の人たちのたまり場となっている。**ダクス・クロック Doc's Clock**（🏠2575 Mission St）も22ndストリートの近くにある、改修した地元ではなじみのバーで、強いお酒とプロの応対で知られている。

ブルーノズ
Bruno's
🏠2389 Mission St

スマートなバーレストランで、エレガントな

サンフランシスコ − エンターテインメント

カクテルに完璧なレトロ調の内装がマッチしている。ジャズ、インディーロックのほか興味深い演奏が定期的に行われる。ミュージックルームへの入室はカバーチャージが必要だが、飲み物を頼めばバーに座ってスピーカーを通して音楽を楽しめる。

エル・リオ
El Rio
🏠3158 Mission St
セサール・チャベス・ストリートCesar Chavez St沿い。堅気のさまざまな人が集まる陽気なバー。2つの部屋と大きな裏庭がある。土曜はライブ、金曜はワールドミュージックのダンス、日曜日午後にはサルサパーティと、定期的な催しものがある。

ボトム・オブ・ザ・ヒル
Bottom of the Hill
☎415-621-4455
🏠1233 17th St
ミッションの東に位置するポトレロ・ヒルPotrero Hillにあり、ライブミュージックが楽しめる。最高のインディーロックを狭いが残響のある部屋で聴かせてくれる。

リッチモンド The Richmond（MAP 7） ゴールデン・ゲート・パークの西端、オーシャン・ビーチに向かい合う**ビーチ・シャレー・ブリューワリー・アンド・レストラン Beach Chalet Brewery & Restaurant**（🏠1000 Great Hwy）は歴史的なビルの中にある活気あるビストロ。料理の値段は少々高いが、自家醸造のビールはなかなか美味で、夕日が沈む眺めもすばらしい。

コメディ・キャバレー

多くのバーがコメディを呼びものにすることがあり、実際、サンフランシスコにはとても人気のあるコメディ・クラブが2つある。**パンチ・ライン Punch Line**（☎415-397-4337 🏠444 Battery St）はファイナンシャル・ディストリクトのマリタイム・プラザMaritime Plazaにあるコメディ・クラブ。**コブズ・コメディ・クラブ Cobb's Comedy Club**（MAP 4 ☎415-928-4320 🏠2801 Leavenworth St）はフィッシャーマンズ・ワーフのキャナリーCanneryにある。上記のクラブはどちらもたいてい毎晩2回ステージがあり、1回目は20:00か21:00頃、2回目は23:00頃である。カバー・チャージは＄7〜20で、さらに最低2ドリンクのオーダーが必要だ。
そのほか**ビーチ・ブランケット・バビロン Beach Blanket Babylon**はノース・ビーチにあり、コメディ系のミュージカル・ショーを絶えず上演している（詳しくはこのセクションの後にある「舞台芸術」の中の「演劇」を参照）。

映画

洒落たマルチスクリーンの劇場は忘れてしまおう。というのは、サンフランシスコは一流のレパートリー劇場や、見事に修復された年

無料・屋外イベント

サンフランシスコは、無料の屋外エンターテインメントが特に夏場に多い。市内の大きなイベント会社がスポンサーとなって屋外で無料のイベントを開催する。また比較的小さな会社がスポンサーになることもある。

スターン・グローブ・フェスティバル Stern Grove Festival（☎415-252-6252）は、夏の日曜にサンセットのスロート大通りSloat Blvdと19thアベニュー19th Aveの角にあるスターン・グローブ野外円形劇場The Stern Grove Amphitheaterで行われる無料公演。木立の中の美しい野外円形劇場で、サンフランシスコ交響楽団や有名なジャズ・アーティストの音楽を聴きながらピクニックを楽しめる。

サンフランシスコで最も人気のあるイベントの1つにシェークスピア・イン・ザ・パーク Shakespeare in the Park（☎415-422-2222）がある。毎年1つの劇がベイ・エリア中の公園で上演され、9月になるとゴールデン・ゲート・パークにやってくる。料金は無料で開演は13:30だ。温室植物園The Conservatory of Flowersからコンサーバトリー・ドライブConservatory Drを渡った木立の中が会場だが、すぐに観客でいっぱいになる。

9月の第2日曜にゴールデン・ゲート・パークでオペラ・イン・ザ・パーク Opera in the Parkが行われる。カジュアルな服装で出かける無料オペラで、これから始まるオペラシーズンを祝うものである。上演は13:30〜15:30で、多くの人が訪れる。会場のゴールデン・ゲート・パークの東端のシャロン・メドウSharon Meadowは、スタンヤン・ストリートStanyan Stのそば。

サンフランシスコ・マイム・トループ San Francisco Mime Troupe（☎415-285-1717）は、夏の間中、サンフランシスコやカリフォルニア北部の公園で上演。顔を白塗りにして何もしゃべらないパントマイムを想像してはいけない。これはコメディア・デラルテcommedia dell'arte（即興喜劇）の伝統をくむ政治ミュージカル劇場。大がかりでおもしろく、しかも無料だ。

マーケット・ストリート・アソシエーションは7〜9月中の毎週平日の正午にピープル・イン・ザ・プラザ People in the Plazas（☎415-362-2500）と呼ばれる無料コンサートを開催する。ロビビリーからジャズ、ラテン音楽まで演奏され、ダウンタウンのカリフォルニア・ストリート101番地California St（月曜）やヤーバブエナ・ガーデンズYerba Buena Gardens（木曜）などのさまざまなプラザでショーが行われる。

代もののシングルスクリーンの劇場を誇っているからだ。料金は夜の部で＄6〜10だ。

カストロ・シアター
Castro Theater（MAP 5）
☎415-621-6120
🏠429 Castro St
間違いなく最高の映画館である。そこで上映されている独立系映画、外国映画、クラシック映画などと同様、建物の外観も美しく興味を引く。夜の部の前にはワーリッツァー社製のすばらしいパイプオルガンの演奏が行われる。

ロキシー・シネマ
Roxie Cinema（MAP 5）
☎415-863-1087
🏠3117 16th St
ミッションにあり、新しい独立系の映画、芸術映画、クラシック映画などを混ぜ合わせた大胆なプログラム編成となっている。中にはフィルム・ノワール（犯罪映画）の印象的で珍しい映画も含まれている。地域の重要な財産の1つに数えられる。

サンフランシスコ・シネマテック
San Francisco Cinematheque
☎415-822-2885
興味をそそる映画を短編、長編取り混ぜてさまざまな場所で上映している世界的、前衛的、実験的映画団体。上映場所には**ヤーバブエナ・アート・センター Yerba Buena Center for the Arts**（MAP 6）🏠cnr Mission & 3rd Sts）や**サンフランシスコ芸術協会 San Francisco Art Institute**（MAP 4）🏠800 Chestnut St）などがある。夏期は上映していない。

バルボア
Balboa
☎415-221-8184
🏠3630 Balboa St
アウター・リッチモンド・ディストリクトにあるアール・デコ調の建物を復元した映画館で1926年の創業。よく考え抜かれた組み合わせの2本立て映画を上映している。

クレイ・シアター Clay Theatre（🏠2261 Filmore St）は1913年創業で市内では最も古くから興行している。ここでは外国映画や前衛的な映画を上映している。同様な映画館としてはほかに、チェーンの映画館の**ランドマーク Landmark**（☎415-352-0810）、**ルミエール Lumière**（🏠1572 California St）、**ブリッジ Bridge**（🏠3010 Geary Blvd）、**オペラ・プラザ Opera Plaza**（🏠cnr Van Ness & Golden Gate Aves）、**エンバーカデロ Embarcadero**（🏠1 Embarcadero Center）などがある。

レッド・ビック・ムービー・ハウス
Red Vic Movie House
☎415-668-3994

🏠1727 Haight St
アッパー・ヘイトにあるレパートリー劇場で、人気のあるカルト映画やそのほか昔はやった興味深い映画、再公開映画などを上映している。

3月にサンフランシスコ市の主催で**アジアン・アメリカン映画祭 Asian American Film Festival**（☎415-863-0814）がジャパンタウンの**カブキ・エイト・シアター Kabuki 8 Theater**（🏠1881 Post St）で催される。有名な**サンフランシスコ国際映画祭 San Francisco International Film Festival**（☎415-561-5000 🌐www.sffs.org）も4月と5月に主にカブキ・エイトとカストロ・シアターで市が主催して行われる。6月開催の**ゲイ・アンド・レズビアン映画祭 Gay and Lesbian Film Festival**（☎415-703-8650、🌐www.frameline.org）も同じく市の主催。カストロ・シアターでは。7、8月に**ユダヤ映画祭 Jewish Film Festival**（☎925-866-9559）が開催される。

舞台芸術

演劇 サンフランシスコは劇場に関しては最先端の都市ではないが、一流の劇団が1つある。**アメリカン・コンサーバトリー・シアター American Conservatory Theater**（ACT；☎415-749-2228）で、ユニオン・スクエアの多くの劇場で公演している。同劇団が公演する劇場としては**ゲーリー・シアター Geary Theater**（🏠450 Geary St）、**マリーンズ・メモリアル・シアター Marines Memorial Theatre**（🏠609 Sutter St）、**ステージ・ドア・シアター Stage Door Theater**（🏠420 Mason St）などがある。

マジック・シアター
Magic Theatre（MAP 4）
☎415-441-8822
フォート・メイソン・センターFort Mason Centerのビルディング D にある。おそらく市内で最も冒険的な大劇場。

アンドリュー・ロイド・ウェバーのミュージカルなどの超大作は以下の劇場で上演される。劇場のチケット購入の場合は☎415-512-7770に電話をすること。**カラン・シアター Curran Theatre**（🏠445Geary St）はメイソン・ストリートMason Stとテイラー・ストリートTaylor Stの間にある。**ゴールデン・ゲート・シアター Golden Gate Theatre**（🏠1 Taylor St at Golden Gate Ave & Market St）、**オーフューム・シアター Orpheum Theatre**（🏠cnr Market & Hyde Sts）。

クラブ・ファガジ Club Fugazi（MAP 3 ☎415-421-4222 🏠678 Green St 🎫チケット＄25〜62）はノース・ビーチにあり、**ビーチ・ブランケット・バビロンBeach Blanket Babylon**を上演している。これはコメディ・ショーとしてはサンフランシスコで一番のロングランですでに30年以上になるが、今なお満員である。ジョ

ークも地元の住民でなくてもほとんどすんなり理解できる。水〜日曜までの公演と週末には健全な内容の昼の公演がある。(昼の公演をのぞき、21歳以上のみの入場となっている。)

サンフランシスコには下記のような多くの劇場空間があり、独演会や実験的ショーなどを行っている。市内の新聞でリストをチェックしよう。マーシュ Marsh (MAP 6 ☎415-826-5750 ⌂1062 Valencia St)、インターセクション・フォー・ジ・アーツ Intersection for the Arts (MAP 5 ☎415-626-3311 ⌂446 Valencia St)、シアター・アートード Theater Artaud (☎415-621-7797 ⌂450 Florida St)、シアター・ライナサロス Theatre Rhinoceros (☎415-861-5079 ⌂2926 16th St)。

クラシック・オペラ 定評あるマイケル・ティルソン・トーマスが音楽監督を務める**サンフランシスコ交響楽団 San Francisco Symphony**は9月から5月まで**デイビス・シンフォニー・ホール Davies Symphony Hall** (MAP 2 ☎415-864-6000 ⌂cnr Grove St & Van Ness Ave ◉約＄25〜50ぐらい)で公演を行う。

ハーブスト・シアター Herbst Theatre
☎415-392-4400
⌂401 Van Ness Ave
ベテランズ・ビルの中にあり、クラシック音楽の公演やさまざまな講演会を行っている。

サンフランシスコ音楽院 San Francisco Conservatory of Music
☎415-759-3475
⌂1201 Ortega Ave
ヘルマン・ホールでさまざまな公演を行っている。

ウォー・メモリアル・オペラ・ハウス War Memorial Opera House (MAP 2 ☎415-864-3330 ⌂301 Van Ness Ave)では名高い**サンフランシスコ・オペラ**を9月上旬から12月中旬まで上演。学生証があれば＄100のオーケストラ演奏が＄20で鑑賞できる。学生チケットは開演の2時間前から発売。立見席がある場合の料金は＄8で、やはり開演2時間前に発売する。

ダンス サンフランシスコ・バレエ団 San Francisco Ballet (☎415-865-2000)はオペラ・ハウスと**ヤーバブエナ・アート・センター Yerba Buena Center for the Arts** (MAP 3 ☎415-978-2787 ⌂cnr Howard St & 3rd St)で公演を行っている。

サンフランシスコにはさまざまなモダンダンスの公演を行う大規模な活動の場がある。**オー・ディー・シー・シアター ODC Theater** (MAP 5 ☎415-863-9834 ⌂3153 17th St)では、ほぼ毎週末モダンダンスの公演を行っている。ヤーバブエナ・アート・センターと**シアター・アートード Theater Artaud** (☎415-621-7797 ⌂450 Florida St)ではしばしばダンスの公演が行われる。モダンダンスはこれらの劇場以外でもミッション地区のあちこちにある小規模劇場で上演される。週刊情報紙をチェックしておこう。

スポーツ観戦

サンフランシスコ・フォーティーナイナーズ San Francisco 49ers
☎415-656-4900
サンフランシスコ・ナショナル・フットボール・リーグに所属するチーム。リーグ史上最強とされるチームで、5回もスーパーボウル・チャンピオンに輝いた。フォーティーナイナーズの本拠地は寒い風がよく吹くキャンドルスティック公園(現在はスリー・コム公園3 Com Parkと呼ばれている)で、市の南部のハイウェイ101を下りたところだ。

サンフランシスコ・ジャイアンツ San Francisco Giants
☎415-972-2000
ナショナル・リーグに所属する野球チーム。サンフランシスコへは1958年にニューヨーク市のブルックリンにあるもともとの本拠地ポロ・グランドから移ってきた。2000年に新しくできたダウンタウンにあるジャイアンツのパシフィック・ベル・パーク Pacific Bell Park (MAP 6)には、多くの観客が押し寄せている。2002年にはワールド・シリーズに出場しファンを沸かせた。

ショッピング

サンフランシスコでのショッピングは、ナイト・ライフ同様、「小さい」、「風変わり」、「エキセントリック」という言葉がぴったり。もちろん、大きなデパートや世界で名の知れたブランドのブティックもあるが、ちょっと変わったしゃれた店がヘイト、カストロ、ヘイズ・バレー、ミッションなどの通りに並んでいて楽しむことができる。

ユニオン・スクエア Union Squareには**メイシーズ Macy's** (☎415-397-3333)、**ニーマン・マーカス Neiman-Marcus** (☎415-362-3900)があり、有名ブランドのハイファッションブティックが集まっている。マーケット・ストリート近くのスタイリッシュな**サンフランシスコ・ショッピング・センター San Francisco Shopping Centre** (⌂cnr Market & 5th Sts)の上階数フロアには**ノードストローム Nordstrom** (☎415-243-8500)

が入っている。その隣りにある旧エンポリウム・ビルに大型デパートの**ブルーミングデール Bloomingdale's**が新しく入ることになっている（2003年オープン予定）。

フィッシャーマンズ・ワーフ Fisherman's Wharfには、もちろん、手頃な値段の土産や派手なギフトを売る店があり、特に**ピア39・Pier39**には密集している。キャナリーやギラデリ・スクエアは少し落ち着いた雰囲気になる。**チャイナタウン Chinatown**では観光客向けのアクセサリーなどを売っているが、さらにもっと街の探索をしたい人はチャイナタウンの裏の路地でお買い得な調理器具や珍しい漢方薬を探してみるのもよい。

カウ・ホロウ Cow Hollowにあるユニオン・ストリートにはデザイナーズブティックや高級なギフトショップが点在している。湾に向かって北にほんの数ブロック行くと**マリーナ Marina**のチェスナット・ストリートに出る。そこにはあるチェーン・ストアの本部がある。どちらの地区もヤッピーが多く訪れる。

フランクリン・ストリートとラグーナ・ストリートの間のシビック・センターの近くに**ヘイズ・バレー Hayes Valley**として知られる流行に敏感な小区画がある。ブティックやショップはダウンタウンよりやや小規模だが、流行の最先端をいく地元のデザイナーの商品をよく扱っている。

ヘイト・ストリート Haight Stは若者文化のメッカとしての役割を担っている。絞り染めのTシャツはまだ健在だが、全体の傾向としてはヒッピー系のビーズ小物やサンダルといったファッションではなく、シック・パンクや底上げ靴などである。ここではビンテージものの衣類や音楽関係、特に中古CDやレコード盤のショッピングがおもしろいだろう。週末になるとアッパー・ヘイトはとても混雑し、駐車するのも一苦労だ（車を利用するよりMUNIのN-ユダ線N-Judah、または6番、7番、71番のバスに乗るほうがいいだろう）。

カストロ Castroには男性衣料、良質な書店、斬新で個性的なものを扱っている店などがあるが、たいてい裕福なゲイの人たちをターゲットにしている。ウインドーショッピングだけでなく、雰囲気を味わったり行き交う人々を見物するのも楽しい。

カストロ南の小高い丘に、**ノエ・バレー Noe Valley**がある。中心は24thストリートでダイヤモンド・ストリートとチャーチ・ストリートの間にある。MUNIストリートカーのJ-チャーチJ-Church線を使うと便利だ。ここは趣味のよいブティックや書店、グルメ・ショップやワイン・ショップがあり、子供専門店などを見てまわる小さな子供を連れた若い夫婦でいっぱいだ。

ミッション地区 Mission Districtのバレンシア・ストリートはビンテージ・ショップや地元デザイナーの服、中古家具、メキシコの民芸品などのホットスポットだ。**ボタニカ・ヨルバ Botanica Yoruba**（MAP 5 🏠cnr Valencia & 21st Sts）のようなユニークな店もいろいろある。ここはアフリカンギフトのショップでカリブや西アフリカの宗教関係の商品を扱っており、キャンドル、ハーブ、お香の品揃えはすばらしい。デイブ・エッガーズDave Eggersがやっている風変わりな店**826バレンシア 826Valencia**（MAP 5、🏠826 Valencia St）では彼自身が発行している雑誌「マック・スウィーニーズ *McSweeney's*」に関連した一風変わった海賊アイテムを売っている。ここでは地元の子供たちのために無料のライティング・ワークショップも開催。人気の高い**グッド・バイブレーションズ Good Vibrations**（コラム「アダルト・オンリー」を参照のこと）や24thストリートを南に行くと見事なメキシカンアート愛好家のショップ、**ガレリア・ドゥ・ラ・ラザ Galeria de la Raza**（☎415-826-8009 🏠cnr 24th & Bryant Sts）がある。

リッチモンド The Richmondも忘れてはいけない。にぎやかなクレメント・ストリートClement Stに沿ってちょっと変わったショップが並んでいる。その中にはさまざまなアジアの土産物や食材を扱うショッピングセンター、レコード店が2軒、市内で最大の古本屋**グリーン・アップル・ブックスGreen Apple Books**（本章前出の「インフォメーション」参照）などがある。2番または38番のバスが利用できる。

カメラ

アドルフ・ガッサー
Adolph Gasser（MAP 6）
☎415-495-3852
🏠181 2nd St
ソーマSoMaのミッション・ストリートMission StとハワードストリートHoward Stの角にあり、新品および中古のカメラやビデオ機材を幅広く揃えている。フィルムの現像も行っている。

フォトグラファーズ・サプライ
Photographer's Supply（MAP 6）
☎415-495-8640
🏠436 Bryant St
ここもプロ用の機材、高級フィルムを扱っている。市内一の安価で提供している商品もある。

ブルックス・カメラ
Brooks Camera
☎415-362-4708
🏠125 Kearny St
ダウンタウンのポスト・ストリートPost Stとシ

サンフランシスコ － ショッピング

ャッター・ストリートSutter Stの間にあり新品のカメラを扱う。修理、レンタルも行っている。

ファッション

サンフランシスコはおしゃれな都市だ。それがすばらしいのは表現方法の領域がとても広く多様性に富んでいるという点にある。サンフランシスコではシャープなテーラード・スーツからビンテージのドレスまで何でもありで、多くの人がつい浪費に走ってしまう。

アウトレット　ポトレロ・ヒルPotrero Hillの東部にある工場直営のアウトレットである。
エスプリ Esprit（☎415-957-2540 ⌂499 Illinois St at 16th St）はサンフランシスコを本拠地とする衣類小売会社による大規模な卸売り店でアパレル製品を30〜50%オフで販売している。

ジェレミーズ
Jeremy's（MAP 6）
☎415-882-4929
⌂2 South Park
ソーマにあり、有名デザイナーの中古品がバーゲン価格でなんでもそろう。

デザイナー衣料　エム・エー・シー MAC
（Modern Appealing Clothing；☎415-837-0615 ⌂5 Claude Lane）はダウンタウンにあるおしゃれなメンズショップで、デザイナーものやレトロな装飾品でいっぱいだ。エム・エー・シー　ノース・ビーチ店 MAC's North Beach branch（☎415-837-1604 ⌂1543 Grant Ave）では最先端の女性衣料を扱っている。

　ヘイズ・バレーには次に挙げるような人気のショップがある。**マニフェスト Manifesto**（☎415-431-4778 ⌂514 Octavia St）は地元の2人のデザイナーが経営する店。狭いショップの中にはレトロでシックな雰囲気が漂っている。**アスファルト Asphalt**（☎415-626-5196 ⌂551 Hayes St）は地元デザイナーの豊富な品揃えが自慢だ。

　ミッション地区もファッションをチェックして歩くのにふさわしい場所だ。特にバレンシア・ストリート沿いを歩くといいだろう。**デマ Dema**（MAP 5 ☎415-206-0500 ⌂1038 Valencia St）はスタイリッシュで流行に敏感なショップ。地元デザイナーで1960年代ファッションのデザインを得意とするドゥマ・グリムDema Grimが経営している。

　ノエ・バレー近辺には以下のようなショップがある。**ラバート Rabat**（☎415-282-7861 ⌂4001 24th St）では最新流行の靴と女性用の豪華な服を幅広く揃えている。**アンビアンス Ambiance**（☎415-647-7144 ⌂3985 24th St・☎415-552-9195 ⌂1458 Haight St）はノエ・

バレーとアッパー・ヘイトにショップがあり、女性用のカジュアルな服やドレッシーな服のほか、ビンテージスタイルの帽子やジュエリーを扱っている。

　にぎやかなヘイト・ストリートには**ビハインド・ザ・ポスト・オフィス Behind the Post Office**（☎415-861-2507 ⌂1510 Haight St）のような、デザイナーもののブティックが多くある。ただし、その隣りにはロックTシャツや絞り染めの奇抜な品物を売る低俗な店が並んでいたりする。

ビンテージ衣料ショップ・古着ショップ
ヘイト・ストリートにはレトロな服のショップがあふれている。**ヘルド・オーバー Held Over**（☎415-864-0818 ⌂1543 Haight St）と**ラ・ローザ La Rosa**（☎415-668-3744 ⌂1171 Haight St）のショーケースにはハイクオリティーな（かなり高価な）ビンテージ（古い年代）もののスーツ、Tシャツ、ワンピース、パンツなどが並んでいる。

ウェイストランド The Wasteland（MAP 5 ☎415-863-3150 ⌂1660 Haight St）はつんと澄ましてほかより流行に敏感だといった感じの（そうではないと思うが）大規模なショップ。数十年前の良いものがあり、見てまわるのも悪くない。**バッファロー・エクスチェンジ Buffalo Exchange**（MAP 5 ☎415-431-7733 ⌂1555 Haight St）はアメリカ西部のチェーン店でポーク・ストリート1800番地1800 Polk Stにもう1軒ショップがある。

ガイズ・アンド・ドールズ
Guys and Dolls
☎415-285-7174
⌂4789 24th St
ノエ・バレーにあり1930年代および40年代の服やアクセサリーをたくさん扱う、あまり知られていないがキラリと光るショップだ。

アメリカン・ラグ
American Rag
☎415-474-5214
⌂1305 Van Ness Ave
高価な靴や新品衣類・古着などの大規模店。おそらく散財してしまうだろう。

クローズ・コンタクト
Clothes Contact（MAP 5）
☎415-621-3212
⌂473 Valencia St
ミッションにあり、衣料品を1ポンドあたり＄8で販売している。

　ミッションにも大きな古着屋が何軒かあり、とても人気がある。こういった店では古着屋の棚に並ぶポリエステル製の服やしわになったコットン製の服の山をかき分けて進むのはごく当たり前で、物おじするには当たらない。

アダルト・オンリー

ミッションの中心に風俗関連のショップがある。**グッド・バイブレーションズ** Good Vibration（MAP 5 ☎415-974-8989 www.goodvibes.com ⛨1210 Valencia St）はオーナーは女性で、性を明るく健全かつ肯定的にとらえている店。バイブレーター、大人のおもちゃ、コンドーム、書籍、ビデオ、そのほか遊び心満載の小物が数多くある。

フォクシー・レディー・ブティック Foxy Lady Boutique（MAP 5 ☎415-285-4980 ⛨2644 Mission St）は少し風変わりな店で、セックス産業の流行のものを扱っており、腿まであるピカピカの編み上げブーツや羽のついた下着も揃えている。

もし、皮革製品に興味があってカストロやソーマでショッピングするなら、**イメージ・レザー** Image Leather（☎415-621-7551 ⛨2199 Market St）をちょっとのぞいてみよう。本格的なレザー小物やフェチ系の小物ショップ。「地下牢」への階段を下りていくとそこはまるで一種の博物館のようだ。ソーマにある**ストーミー・レザー** Stormy Leather（☎415-626-1672 ⛨1158 Howard St）ではレザーや塩ビ製のセクシーな衣料品やムチ、平たい棒、首輪などを売っている。

大型古着店としては**スリフト・タウン** Thrift Town（☎415-861-1132 ⛨2101 Mission St）、バレンシア・ストリートValencia Stと26thストリートの角にある**サルベーション・アーミー・スリフト・ストア** Salvation Army Thrift Store（☎415-643-8040）、**コミュニティ・スリフト・ストア** Community Thrift Store（☎415-861-4910 ⛨625 Valencia St）がある。

フード・ワイン

ウォーターフロントの**エンバーカデロ・ファーマーズ・マーケット** Embarcadero farmers market（営土 8:00～13:30、火 10:30～14:30）は、有機農産物やおいしいコーヒーとペストリー、にぎやかな雰囲気を求めて朝の散歩に出かけるにはぴったりの場所だ。土曜市はマーケット・ストリートとグリーン・ストリートで、火曜市はマーケット・ストリート突きあたりにあるフェリー・ビル前のジャスティン・ハーマン・プラザJustin Herman Plazaで開かれる。

そのほかにも毎週水曜と日曜にシビック・センターの国連プラザ前で市が開かれるが、エンバーカデロの市ほどにぎやかではない。

ブーダン・ベーカリー Boudin Bakery（⛨156 Jefferson St）は、フィッシャーマンズ・ワーフにあり、昔ながらのサワードウブレッドが美味だ。支店が市内に何カ所かあり、メイシーズやギラデリ・スクエアの中にもある。

ギラデリGhirardelliは市内にある有名チョコレート店だ。パッケージ入りのおいしいチョコレートが市内各所で買える。**ギラデリ・スクエアのギラデリ・チョコレートショップ・アンド・カフェ** Ghirardelli Chocolate Shop & Caffè（☎415-474-1414）では、以前、工場があった場所でチョコレートなどを売っている。

海外からの旅行者ならナパ・バレーかソノマ・バレーのワインを2、3本持って帰るのもいいだろう。

ナパ・バレー・ワイナリー・エクスチェンジ
Napa Valley Winery Exchange
☎415-771-2887
⛨415 Taylor St
ダウンタウンにあり、生産量の少ないワインや特定ワインを置いている。

ケー・アンド・エル・ワインズ・アンド・スピリッツ
K & L Wines and Spirits
☎415-896-1734
⛨766 Harrison St
モスコーン・センターMoscone Centerの近くにあり、カリフォルニア・ワインを豊富に品揃えしている。

ワイン・クラブ
Wine Club
☎415-512-9086
⛨953 Harrison St
非常に幅広くセレクトされたワインをディスカウントプライスで販売している。また、自分でいろいろなワインを試すことのできるテイスティングバーもある。

音楽

アメーバ・レコード
Amoeba Records（MAP 5）
☎415-831-1200
⛨1855 Haight St
スタンヤン・ストリートStanyan Stの近くで、新品、中古を問わずあらゆるジャンルのレコードを買うにはもってこいの場所だ。以前、ボーリング場であったこの大規模店に入るとあっという間に時間がたってしまうだろう。

ストリートライト・レコード
Streetlight Records
☎415-282-3550
⛨3979 24th St
ノエ・バレーにあり、ここも中古のレコードやCD、テープを探すのによい場所だ。
レコード専門店なら、次の2店に行ってみよう。**フラット・プラスチック・サウンド** Flat Plastic Sound（MAP 7 ☎415-386-5095 ⛨24 Clement St）はクラシックレコードやめったに手に入らないポップスのレコードを扱っている。**グルーブズ** Grooves（☎415-436-9933 ⛨1797 Market St）

ではあらゆる種類のレコードを扱っており、無料検索サービスも行っている。

ジャックス・レコード・セラー
Jack's Record Cellar（MAP 5）
☎415-431-3047
スコット・ストリートScotto Stとページ・ストリートPage Stの角にある。ロウアー・ヘイトにある市内で一番古いレコード店で78回転盤のレコードを種々揃えている。

アクエリアス・レコード
Aquarius Records（MAP 5）
☎415-647-2272
⌂1055 Valencia St
ミッションにある気さくで親切なショップで、なかなか見つけにくいインディーロック、テクノ、メタル、エクスペリメンタルそのほかユニークな音楽を扱っている。中に入り登録して、隔週に（インターネットで）配信されるこの店の充実したeメールカタログをゲットしよう。

ディスコランディア
Discolandia
☎415-826-9446
⌂2964 24th St
ミッションの奥まったところにある。ベイ・エリアで最も古いラテン音楽の店。

アウトドア用品
アウトドア用品店の多くが衣料品だけでなくトラベルガイドを含むアウトドアの冒険に必要な道具なども売っている。適切なアドバイスもしてくれるし、情報満載の掲示板もある。バークレーにもアウトドア用品の大きな店が幾つかある(「サンフランシスコ・ベイ・エリア」の章の「バークレー」を参照のこと)。

　　ノース・フェイス North Faceはハイクオリティーなアウトドア用品や冒険用の商品を生産しており、そのうちのいくらかをソーマの9thストリートと10thストリートの間にある**工場直営のアウトレット店 North Face factory outlet store**（☎415-626-6444 ⌂1325 Howard St）で安く売っている。

パタゴニア
Patagonia
☎415-771-2050
⌂770 North Point St
フィッシャーマンズ・ワーフにあり、値段は決して安くはないが、ここもアウトドア用品では人気の店だ。

ジー・アンド・エム・セールズ
G&M Sales
☎415-863-2855
⌂1667 Market St
キャンプ用品、ハイキング用品、そのほかのアウトドア用品を幅広く揃えている大型店。

エス・エフ・オー・スノーボーディング SFO
Snowboarding（☎415-386-1666 ⌂618 Shrader St）はアッパー・ヘイトにあり、最新のスノーボードを置いている。隣りにある**エフ・ティー・シー・スケートボーディング FTC Skateboarding**（☎415-386-6693）は姉妹店。

ピアス・タトゥー
数多くのボディーピアスのプロたちが、耳だけでなくそれこそ体中どこにでもピアスをしてくれる。若者に限らず、乳首、へそ、舌などにピアスをしてもらう人は多いし、性器にピアスをする人ももちろんいる。これらのショップは清潔で消毒もしてあり、とても親切なので心配は無用だ。

コールド・スチール
Cold Steel（MAP 5）
☎415-431-3133
⌂2377 Market St at Castro St
カストロ店ではピアスとタトゥーの両方を扱っている。
　　ピアスだけでなくそのほかのオプションを探しているなら、次の3店に行ってみよう。**アヌビス・ウォーパス Anubis Warpus**（☎415-431-2218 ⌂1525 Haight St）はヘイトにある。**ボディ・マニピュレーションズ Body Manipulations**（MAP 5 ☎415-621-0380 ⌂3234 16th St）はミッションにある。パンハンドル北にある**ノマド・ボディ・ピアシング Nomad Body Piercing**（MAP 5 ☎415-563-7771 ⌂252 Fillmore St）の内部にはトロピカル風の草木で作った飾りつけがしてある。

ライル・タトル・タトゥーイング
Lyle Tuttle Tattooing（MAP 3）
☎415-775-4991
⌂841 Columbus Ave
ノース・ビーチにある、おそらく市内で最も有名で、1番古くから営業しているタトゥースタジオ。小さな美術館もある。

ブラック・アンド・ブルー・タトゥー
Black & Blue Tattoo（MAP 5）
☎415-626-0770
⌂483 14th St
ミッションにあるタトゥー、ピアス、焼印のショップ。複数の女性がオーナー兼経営者になっている。

アクセス

空から
ベイ・エリアには大きな空港が3つある。湾の西端にあるサンフランシスコ国際空港（SFO）、その数マイル先、湾の向こう側にあるオークランド国際空港、そして湾の南端にあるサンノゼ

国際空港だ。国際線のほとんどがSFOを利用する。これらの空港はどれも国内線の重要な空の玄関であるが、国内の旅行者（特に西海岸の旅行者）はオークランド国際空港を利用するほうが安いだろう。ここにはサウスウエスト航空のような格安の便が集まっているからだ。

サンフランシスコ国際空港 SFO（☎650-876-7809）はサンフランシスコのダウンタウンの南14マイル（約23km）、ハイウェイ101を下りた半島にある。近年、大規模な改修を行った結果、最新の国際ターミナルができた。またBARTが直通で空港に入るよう延長されているところで、完成すればこの文章を読んでいる間にもBARTが到着しすぐに出発できるようになる。

空港は半円形に建設されており、端から端まで歩くと相当な距離だ。ノース（北）ターミナルにはアメリカン航空、カナディアン航空、ユナイテッド航空各社が乗り入れている。サウス（南）ターミナルにはそのほか数多くの国内線各社が乗り入れている。短時間用の駐車場は中央にある。国際線ターミナルは別のビルにあり、国際便はカナディアン航空以外すべてここに発着する。

各ターミナルの1階にはATMや**インフォメーションブース**があり、スタッフが不在のときにはコンピューターパネルが使える。**トラベラーズ・エイド・インフォメーション・ブース Travelers' Aid information booths**（9:00〜20:00）は2階にある。さらに、空港案内電話にスタッフが24時間体制で応対しているので、白い無料電話で呼び出そう。

バスで

バスはすべてマーケット・ストリートの2ブロック南にある**トランスベイ・ターミナル Transbay Terminal**（MAP 2 ⌂425 Mission St at1st St）の発着となっている。イースト・ベイ方面は**エー・シー・トランジット AC Transit**（☎510-839-2882）、北のマリン・カウンティやソノマ・カウンティなどへは**ゴールデン・ゲート・トランジット Golden Gate Transit**（☎415-932-2000）が利用できる。南のパロ・アルトや海岸線沿いを行くなら**サム・トランス Sam Trans**（☎800-660-4287）が利用できる。

グレイハウンド Greyhound（☎415-495-1575、800-231-2222 Ｗwww.greyhound.com）もトランスベイ・ターミナルから毎日数多くのバスがロサンゼルス、そのほかの場所に発車している。ロサンゼルスまでの料金は＄42、所要時間は8〜12時間。

列車で

カルトレイン Caltrain（☎800-660-4287）は半島を南下し、サンフランシスコとパロ・アルト（スタンフォード大学）、サンノゼを結んで運行している。カルトレイン・ターミナルはマーケット・ストリートの南、4thストリートとタウンゼント・ストリートTownsend Stの角にあり、MUNIのN-ユダ線が発着している。

最寄りの**アムトラック Amtrak**（☎800-872-7245）のターミナルはエメリービルEmeryvilleとオークランドOaklandにある（「サンフランシスコ・ベイ・エリア」の章を参照のこと）。

交通手段

空港へのアクセス

ベイ・エリア・ラピッド・トランジット Bay Area Rapid Transit（湾岸地区高速鉄道）（BART）（☎415-989-2278）は2003年にサンフランシスコ国際空港に直通便を乗り入れる予定である。完成後、軌道に乗れば空港への最も手軽で効率のよい交通手段となるだろう。

サム・トランス SamTrans（☎800-660-4287）も空港へ運行している。急行バスNo KX（($5)は約30分でサンフランシスコ・トランスベイ・ターミナルに到着する。月〜金曜の6:00と深夜1:00の運行となっている。週末や深夜には毎時15分に発車する397番（＄1.10）のバスがある。もしBARTがまだ運行していなければ、急行バスBX号線（＄1.10）を探そう。20分でBARTのコルマColma駅に到着する。

空港輸送バスの1つ、**エス・エフ・オー・エアポーター SFO Airporter**（☎415-641-3100）も空港に乗り入れている。20分ごとに3つのターミナルから発車している。料金はどの路線も＄12だ。

ドア・ツー・ドアのシャトルバンはタクシーより安く、サンフランシスコのどこからでも乗ることができる。予約をすること。空港からだと予約は要らない。各ターミナルの出発ロビーから発車する。主な会社には次のようなものがある。**スーパー・シャトル Super Shuttle**（☎415-558-8500）、**ローリーズ Lorrie's**（☎415-334-9000）、**クエイク・シティ Quake City**（☎415-255-4899）、**アメリカン・エアポーター・シャトル American Airporter Shuttle**（☎415-202-0733、800-282-7758）。料金はどこもだいたい＄17ぐらいだが、ホテルまでまたはホテルからだとそれより安く、＄12.50だ。

公共の交通手段

ミュニ MUNI サンフランシスコの主要交通機関は**サンフランシスコ・ミュニシパル・レイルウェイ San Francisco Municipal Railway**（サンフランシスコ市営鉄道）（☎415-673-6864 Ｗwww.sfmuni.com）で、MUNI（ミュニ）と

して知られている。バス路線（多くが電気トロリーバスである）、メトロ・ストリートカー、昔ながらのストリートカー、有名なケーブルカーなど、合わせておよそ100の路線がある。ユニオン・スクエア周辺の新聞スタンドでは＄2の詳細な「ストリート・アンド・トランジット・マップStreet & Transit Map」を売っている。もし臨時便などを利用しようと思うなら、無料の時刻表をもらっておくといいだろう。メトロの各駅で中に入るほか、バス停にも表示してある場合もある。バスが定刻どおり運行されるとは限らないことを頭に入れておこう。

ミュニの標準料金はバスとストリートカーで＄1、ケーブルカーでは＄2だ。乗り換え乗車券は最初に乗るときに買い、だいたい90分以内なら2回乗り換えができる。ただし、ケーブルカーへの乗り換えはできない。

ミュニ・バス MUNI Passは1日乗車券（＄6）、3日券（＄10）、7日券（＄15）の3種類あり、ケーブルカーを含むすべての路線に無制限で使える。パスはハリディー・プラザHallidie Plazaのビジター・インフォメーション・センターや、ユニオン・スクエアの半額チケット売り場、ミュニ・パスの看板のあるホテルや売り場の窓口で売っている。これよりさらにお得な**ウイークリー・パス Weekly Pass**もある。ただし、月曜から始まって日曜終了の使用に限られている。＄9でバスと鉄道は乗り放題、ケーブルカーは割引運賃となる。

バート BART ベイ・エリア・ラピッド・トランジット・システム Bay Area Rapid Transit system（湾岸地区高速鉄道）（BART、☎415-989-2278）はサンフランシスコとイースト・ベイを結ぶ地下鉄である。BARTは1972年の開業で、便利で経済的、しかも概して非常に安全な交通手段である。ただし、夜間、駅周辺で注意が必要なところもあり、深夜には運行しない。5つの路線のうち4路線が市内を通っている。南地区の終点はこれまでデイリー・シティDaly Cityまたはコルマ Colmaであったが、最近、南サンフランシスコのサン・ブルーノ San Brunoやミルブレー Millbrae、サンフランシスコ国際空港まで延長されつつある。

ダウンタウンに入ると、路線はマーケット・ストリートの地下を走っている。ユニオン・スクエアに行くにはパウエル・ストリートPowell St駅が1番便利だ。ダウンタウンからは10分ですぐにミッション・ディストリクトにつく。南方面行きの電車ならどれに乗ってもよい。

サンフランシスコ市内なら片道料金はだいたい＄1.10で、ダウンタウンから離れた郊外までなら＄2〜＄5だ。サンフランシスコ市内のBART各駅でMUNIバス、MUNIストリートカーへの半額乗り換え乗車券（往復で＄1）を売っている。BARTの改札口を出る前に白いMUNIの券売機で25￠コインで買うことができる。

車・オートバイ

サンフランシスコのダウンタウンを移動するのに、車は非常に不便だ。坂道の運転はとても難しいし、車を止めようにも駐車スペースはなかなか見つからない。もちろん、交通量も多い。いらいらすることばかりだ。もし運転するなら、次のことは覚えておこう。坂道（約3％の勾配）で駐車するときは、車輪を曲げて縁石に接触させること。上りのときには、道側に車輪を向け、下るときには縁石側に向ける。守らないと、高額な罰金を請求されることもある。**トリプル・エー AAA**（アメリカ自動車協会；☎415-565-2012、緊急のサービス依頼および牽引☎800-222-4357 ♠150 Van Ness Ave）のメンバーになれば、路上でのサービスが受けられる。

ダウンタウンで比較的料金の安い駐車場といえば、**エリス・オファレル・ガレージ Ellis-O'Farrell Garage**（☎415-986-4800 ♠123 O'Farrell St）、サッター・ストリートとストックトン・ストリートの角にある**サッター・ストックトン・ガレージ Sutter Stockton Garage**（☎415-982-7275）、ヤーバブエナ・ガーデンズの近くの**フィフス・アンド・ミッション・ガレージ Fifth & Mission Garage**（☎415-982-8522 ♠833 Mission St）がある。

チャイナタウンのポーツマス・スクエアから下ったところにある駐車場は、短時間の駐車であれば料金はそれほど高くない。グラント・アベニュー寄りのカリフォルニア・ストリートにあるセント・メリーズ・スクエア・ガレージも手頃な料金だ。その駐車場から上がったところにセント・メリーズ公園がある。

サンフランシスコでは、駐車に対する取り締まりがとても厳しい。バス停や青色表示の車椅子利用者のためのスペースに駐車すれば、＄250以上の罰金を要求される。ラッシュアワーレーンやダウンタウンでの車の乗降場所（黄色表示）、車道など交通の妨げになる場所に駐車した場合も、車は牽引され、高額な料金を請求されることになる。

道路清掃日や住宅地区にある住宅地駐車許可システム（＄25または＄30のチケットを購入）の標識をよく注意して見ておこう。もし、自分の車が牽引されたと思ったときは、**シティ・トウ City Tow**（☎415-621-8605 ♠850 Bryant St, Room 145）に連絡する。

空港には主要なレンタカー会社が全社揃っ

ている。ダウンタウンにあるオフィスの連絡先は以下の通り。

アラモ Alamo
☎415-882-9440、800-327-9333
🏠687 Folsom St

エイビス Avis
☎415-885-5011、800-331-1212
🏠675 Post St

バジェット Budget
☎415-928-7864、800-527-0700
🏠321 Mason St

ダラー Dollar
☎866-434-2226、800-800-4000
🏠364 O'Farrell St

ハーツ Hertz
☎415-771-2200、800-654-3131
🏠433 Mason St

スリフティ Thrifty
☎415-788-8111、800-367-2277
🏠520 Mason St

タクシー

タクシーを利用する場合、主なタクシー会社の連絡先は次の通り。**ルクソール・キャブ Luxor Cab**（☎415-282-4141）、**デ・ソト・キャブ De Soto Cab**（☎415-970-1300）、**イエロー・キャブ Yellow Cab**（☎415-626-2345）。
タクシーの料金は初乗りが1マイル（約1.6km）＄2.5で、その後0.2マイル（約320m）ごとに40¢ずつ加算される。

自転車

交通事情や坂道のことを考えると、旅行者が市内を回る手段として自転車はあまりおすすめできない。ただし、ベイ・エリアは気晴らしにサイクリングするには、とてもすばらしいコースである。BARTへの自転車の乗り入れは許可されているが、いろいろ制約もある。朝の通勤時間帯（7:00～9:00頃）は禁止されており、唯一許可されているのは、エンバーカデロ駅からイースト・ベイに向かう場合のみ。夕方のラッシュ時（16:30～18:45頃）には、イースト・ベイ行きの電車に自転車は乗り入れできない。ラッシュの時間帯に自転車でイ

ースト・ベイからサンフランシスコに移動するときは、エンバーカデロ駅で下りなければならない（「BART移動の手引き*BART Trip Planner*」または「BART解説*All About BART*」などの冊子を参照）。

フェリー

ベイ・ブリッジ（1936年）とゴールデン・ゲート・ブリッジ（1937年）の完成後、サンフランシスコ市のフェリーはほとんど運行されていなかった。ただ、最近になって通勤や旅行者向けに、ある程度の便数の運行を再開し、好評のようだ。

アラメダ・オークランド・フェリー Alameda-Oakland Ferry（☎510-522-3300）はフェリー運行会社大手の**ブルー・アンド・ゴールド・フリート Blue & Gold Fleet**が経営。マーケット・ストリートのつきあたりにあるフェリー・ビルから出発している。フィッシャーマンズ・ワーフのピア41から出発するものもある。行き先はアラメダとオークランド。MUNIやACトランジットバスとも連絡している。ブルー・アンド・ゴールドの人気コースは、フィッシャーマンズ・ワーフのピア41からアルカトラズ島とエンジェル島（☎415-705-5555、415-773-1488）に向かうフェリー。マリン・カウンティのサウサリートやティブロン行きのフェリーに乗るには、ピア41から乗船する（ラッシュ時には、ティブロンとサンフランシスコのフェリー・ビルを結ぶ路線も数便ある）。**バレーオ・フェリー Vallejo Ferry**（☎415-773-1188）も同じくブルー・アンド・ゴールドの運行。平日にフェリー・ビルからバレーオまで運行。週末と祝日にはフィッシャーマンズ・ワーフのピア39からも出航している。その他にもいろいろなベイクルーズがあり、バレーオにあるシックス・フラッグズ・マリーン・ワールド・テーマパークへの足としても利用できる。
ゴールデン・ゲート・フェリーズ Golden Gate Ferries（☎415-923-2000）はゴールデン・ゲート・トランジットのフェリー部門。サンフランシスコのフェリー・ビルからマリン・カウンティのラークスパーとサウサリートまでの定期便を運行。MUNIバスへの乗り換えもでき、自転車の乗り入れも可能。

サンフランシスコ・ベイ・エリア

San Francisco Bay Area

間違ってもベイ・エリア周辺を探索しないでサンフランシスコを後にするようなことをしてはならない。あらゆる好み、予算に応じた日帰りツアーがあり、また地域のバス路線、湾岸地区高速鉄道Bay Area Rapid Transit（BART）やカルトレイン鉄道路線CalTrain rail systemsのおかげで移動は概して便利だ。

サンフランシスコ北部へはハイウェイ1と101を利用すれば、ベイ・エリアの主要な野外行楽地であるマリン・ヘッドランドMarin Headlands、エンジェル島Angel Island、タマルパイス山Mt Tamalpais、ミュア・ウッズMuir Woods、ポイント・レイズ国定海岸Point Reyes National Seashoreなどに簡単に行くことができる。

サンフランシスコからベイ・ブリッジBay Bridgeを渡るとすぐにあるイースト・ベイEast Bayの主な見所は、文化的・経済的に多様な地域でありながらまだ十分には評価されていないオークランドOaklandと、カルフォルニア大学の悪名高い分校のある、風変わりなバークレーBerkeleyだ。ハイウェイ101やインターステート280（I-280）で行けるサンフランシスコ南部の見所は、スタンフォード大学の本拠地パロ・アルトPalo Alto、自称「シリコン・バレーの首都」サンノゼSan Jose、そしてハーフ・ムーン・ベイHalf Moon Bayやサンタ・クルーズSanta Cruzなど、のんびりした浜辺の都市である。

ハイライト

- エンジェル島Angel Island — サンフランシスコを眺めながらの散策、マウンテンバイク、キャンプ
- タマルパイス山州立公園Mt Tamalpais State Park — マウンテンバイク発祥の地
- ヒストリック・オークランドHistoric Oakland — パラマウント・シアターParamount Theatre、自然保有公園Preservation Parkおよびジャック・ロンドンお気に入りのバー
- ボリナスBolinas — 訪れる価値のある隠れた沿岸の町
- バークレーBerkeley — カプチーノ、反政府活動、街頭演説、カルフォルニア料理
- サンタ・クルーズSanta Cruz — 巨木とビッグウエーブの共存

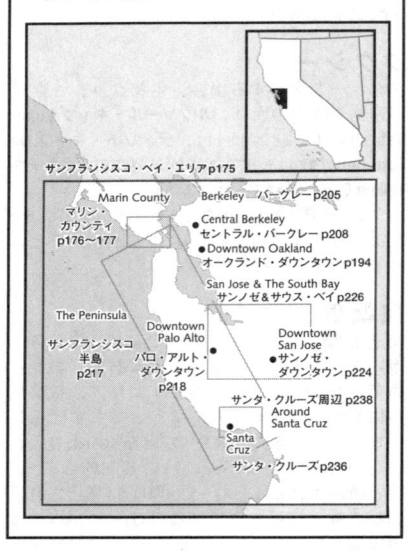

マリン・カウンティ

Marin County

ベイ・エリアでカリフォルニアドリームを意図的に実践している地域があるとすれば、それはマリン・カウンティだ。サンフランシスコから車でゴールデン・ゲート・ブリッジGolden Gate Bridgeを渡ってすぐにある豊かさと気楽さが入り混じったこの地域は、いわゆる「マリン・カウンティ・ホットタバー」と言われ、共和党のジョージ・ブッシュ元大統領を悩ませた。ここには自然食を食べ、民主党に投票する人が大勢いる一方で、スポーツ用多目的車（SUV）や高級住宅もあふれているからだ。

一方、自然豊かな地域でもある。霧に包まれた山々、そびえ立つレッドウッド、砕ける波、そしてポイント・レイズ、ミュア・ウッズ、タマルパイス山などの畏敬の念を抱かせる公園の中にはハイキングやマウンテンバイクのコースが豊富にある。これらすべてはマリン・カウンティがサンフランシスコからの日帰り旅行に最適な（そして人気の高い）理由だ。

オリエンテーション

交通量の多いハイウェイ101はゴールデン・ゲート・ブリッジから北にマリンの中心地を突き進み、閑静なハイウェイ1は人もまばらな海岸沿いを曲がりくねって進む。サン・ラファエルSan Rafaelでは、サー・フランシス・ドレ

サンフランシスコ・ベイ・エリア

イク大通りSir Francis Drake Blvdが、ハイウェイ101から海岸に向かってマリン西部を横切っている。海岸に向かう前にガソリンを入れておくこと。ミル・バレーMill ValleyからのガソリスタンドはオレマOlemaとポイント・レイズ駅にある。

ハイウェイ580はリッチモンド・サン・ラファエル橋Richmond-San Rafael bridge（西に向かう場合の通行料金＄2）を越えたラークスパーLarkspurでハイウェイ101に合流する。

インフォメーション
マリン・カウンティ観光局 Marin County Convention & Visitors Bureau（☎415-499-5000 ⓦwww.visitmarin.org 🏠1013 Larkspur Landing Circle 🕐月〜金 9:00〜17:00）ではラークスパーLarkspurで郡全土の観光案内を提供している。サウサリートSausalitoとミル・バレーの観光案内所でも観光情報が得られる。

マリン・ヘッドランド
Marin Headlands

この岬はゴールデン・ゲート・ブリッジ北端の海中から雄々しくそびえており、サンフランシスコ市街地からわずか数マイルしか離れていないことを考えれば、その野趣あふれる美しさはより際立つ。砦と防空壕の幾つかはアメリカ軍が占領した時代から取り残されている。皮肉なことに、このおかげで今日公園として保護され、開発をまぬがれているのだ。このゆるやかに起伏する沿岸の丘にはハイキングやマウンテンバイクのコース、ビーチ、独立キャンプ場などすべてが備えられている。

オリエンテーション・インフォメーション
ゴールデン・ゲート・ブリッジを渡るとすぐにアレキサンダー・アベニューAlexander Ave

マリン・カウンティ

マリン・カウンティ

P 駐車場

1. ラーク・クリーク・イン
2. マウンテン・シアター
3. ウエスト・ポイント・イン
4. マウンテン・ホーム・イン
5. ミル・バレー商工会議所
6. パントール・ステーション、駐車場、キャンプ場
7. スティープ・ラビーン・エンバイロメンタル・キャンプ場
8. ミュア・ウッズ・レンジャー・ステーション
9. リチャードソン・ベイ・オーデュボン・センター
10. バックアイ・ロードハウス
11. ティブロン半島商工会議所
12. エンジェル島&サンフランシスコ行きフェリー
13. ヘイプレス・キャンプ場
14. ホーク・キャンプ場
15. ベイ・モデル・ビジター・センター
16. サンフランシスコ行きフェリー
17. マリン哺乳類センター
18. マリン・ヘッドランド・ビジター・センター
19. ヘッドランド・アート・センター
20. マリン・ヘッドランド・ユースホステル
21. ホーク・ヒル
22. カービー・コーブ・キャンプ場
23. バッテリー・スペンサー（要塞跡）
24. 展望ポイント
25. ベイ・エリア・ディスカバリー博物館
26. ポイント・ボニータ灯台
27. ティブロン&サンフランシスコ行きフェリー
28. コーブ・カフェ
29. ビジター・センター、公園事務所

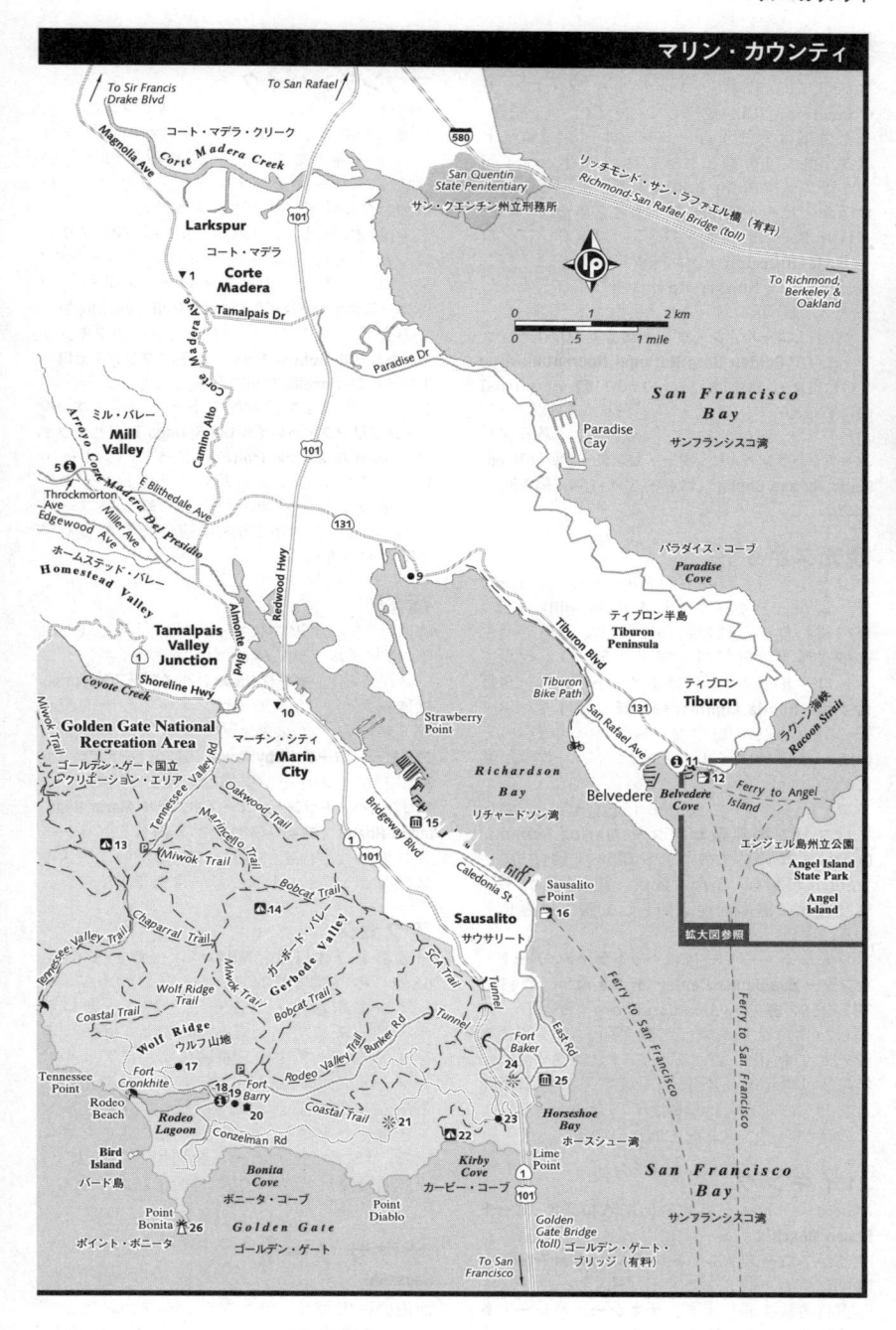

マリン・カウンティ

に入り、ハイウェイの下を左折し西に向かう。すると開放的な眺めになり、ハイキングコースの入口に着く。コンゼルマン・ロードConzelman Rdが蛇行して丘の頂上へと続き、そこで道は分岐する。コンゼルマン・ロードは急勾配の1車線となって西に延び、ポイント・ボニータPoint Bonitaまで下り、そこからロデオ・ビーチRodeo Beachとフォート・バリーFort Barryまで続いている。マッカラフ・ロードMcCullough Rdは内陸部に向かい、バンカー・ロードBunker Rdと合流してロデオ・ビーチへと続く。

情報は**ゴールデン・ゲート国立レクリエーション・エリア Golden Gate National Recreation Area**（GGNRA ☎415-561-4700 W www.nps.gov/goga）や、フォート・バリーに近いバンカー・ロードはずれの古い教会内にある**マリン・ヘッドランド・ビジター・センター Marin Headlands Visitors Center**（☎415-331-1540 9:30〜16:30）で入手できる。

観光スポット

コンゼルマン・ロードから2マイル（約3km）北に向かうと**ホーク・ヒル Hawk Hill**がある。夏の終わりから秋の初めにかけて、何千羽もの捕食性渡り鳥が崖を飛び交う。コンゼルマン・ロードのはずれには**ポイント・ボニータ灯台 Point Bonita Lighthouse**（土〜月 12:30〜15:30）があり、駐車場（スペースは限られている）から半マイルほどすばらしい散歩が楽しめる。

ロデオ・ラグーンRodeo Lagoonの上方の丘には**マリン哺乳類センター Marine Mammal Center**（☎415-289-7325 無料 10:00〜16:00）がある。負傷、疾病、親を失った海洋性哺乳類に機能回復訓練をして野生に返している。

フォート・バリーには**ヘッドランド・アート・センター Headlands Center for the Arts**（☎415-331-2787 W www.headlands.org）があり、改築した兵舎を芸術家の活動場所および集会施設として利用している。このセンターでは、年に3回地元の芸術家と共同でアトリエ公開し、月に2〜3回は講演会やパフォーマンス、そのほかのイベントを主催している。

ハイキング

バンカー・ロードはずれにある**ロデオ・ビーチ Rodeo Beach**は、高い崖によって風が遮られる。ここから**コースタル・トレイル Coastal Trail**が内陸部に向かって3.5マイル（約5.6km）続き、陸軍兵舎跡を通り過ぎ、**テネシー・バレー・トレイル Tennessee Valley Trail**に至る。そこから風の強い岬沿いを6マイル（約10km）行くとミュア・ビーチMuir Beachがある。

マウンテンバイク

岬にはすばらしいマウンテンバイクのコースが幾つかあるが、ゴールデン・ゲート・ブリッジから岬までのコースに勝るものはない（コラム「ゴールデン・ゲート・ブリッジのハイキング＆サイクリング」を参照）。

全長12マイル（約19km）におよぶ曲がりくねった泥道を楽しみたいなら、コンゼルマン・ロードとマッカレフ・ロードの分岐点から**コースタル・トレイル Coastal Trail**を西に向かってみよう。バンカー・ロードから**ボブキャット・トレイル Bobcat Trail**、さらに**マリンチェロ・トレイル Marincello Trail**に合流してテネシー・バレーの駐車場まで急勾配で下っていく。**オールド・スプリング・トレイル Old Springs Trail**と**ミウォク・トレイル Miwok Trail**をたどってバンカー・ロードまで戻るほうがボブキャット・トレイルを通るより幾分楽だが、この厳しいコースでわざわざ2、3カ所の難所を避けたところで無意味というものだ。

宿泊

岬には3つの小規模なキャンプ場がある（それぞれ1マイル＜約1.6km＞以上のハイキングコースがある）。**ホーク Hawk**と**ヘイプレス Haypress**は無料だが、ビジターセンターでの予約が必要（前出の「インフォメーション」を参照）。**カービー・コーブ Kirby Cove**（1泊＄25 ☎800-365-2267）のキャンプ場は電話で予約しよう。**マリン・ヘッドランド・ユースホステル Marin Headlands Hostel**（☎415-331-2777 ドミトリーベッド＄15 家族部屋＄45）はHI運営のユースホステルで、フォート・バリーにある。

アクセス

日曜および休日は、MUNIバス（☎415-673-6864）の76番でサンフランシスコのカル・トレインの駅からフォート・バリーとロデオ・ビーチまで行ける。車では、ゴールデン・ゲート・ブリッジ通過後すぐにアレキサンダー・アベニュー出口を出て、高速道路の下を左に曲がる。右に曲がってコンゼルマン・ロードを登っていくと、切り立った岬に出る。バンカー・ロードを利用してもよく、一方通行のトンネルを抜けて岬に続いている。

サウサリート
Sausalito

海沿いに広がり、サンフランシスコとエンジェル島を見渡せるサウサリート（人口7825人）は、スペイン語で「小さな柳」を意味する。

この地はサンフランシスコからゴールデン・ゲート・ブリッジを渡って最初にある町だ。かつては小さな漁師町でしかなかったが、今やこの小さな湾岸地域は流行の最先端で、安価な土産物店と高級ブティックが共存する旅行者の天国となっている。

人でごった返し、駐車がかなり難しい状態だが、すばらしいロケーションであることは間違いない。絵画のように美しい家が緑の丘から豊かな町の中心地まで整然と並んでいる。町の中心地の大部分は背後にそびえる尾根のおかげでゴールデン・ゲートを通って流れてくる霧から守られている。

歴史

サウサリートの歴史は、1838年にある陸軍大尉への1万9000エーカー（約7600ha）の土地が授与されたことから始まった。太平洋沿岸へ至る鉄道の終着駅になると、にぎやかな河岸とともに活気あふれる木材街として新たな時代を迎える。第2次世界大戦時にサウサリートはマリンシップ用地、つまり巨大な造船所として大きな変化を遂げた。戦後は新しいボヘミアン期を迎え、「箱舟」（湾沿いに停泊する住居船）に住む芸術家の居住地となる。

オリエンテーション・インフォメーション

サウサリートで商業が盛んなのは基本的に海岸沿いのブリッジウェイ大通りBridgeway Blvdのみ。フンボルト公園Humbolt Parkとフェリー乗り場は町の中心にあたる。**サウサリート・ビジター・センター Sausalito Visitors Center**（☎415-332-0505 ✿780 Bridgeway Blvd ◯火～日 11:30～16:00)では地元の情報が得られる。フェリー乗り場にも案内所がある。

観光スポット

サウサリートの湾沿いは訪れる価値があるが、そのほかにも幾つか観光スポットがある。

フェリー乗り場近くの**プラザ・デ・ビーニャ・デル・マー公園 Plaza de Viña Del Mar Park**には、1915年にゴールデン・ゲート公園で開かれたパナマ平和博覧会に造られた、高さ14フィート（約4m）の象に両脇を囲まれた噴水がある。ジョンソン・ストリートJohnson Stを挟んで反対側の**アーク・ロウ Ark Row**では、かつて湾でありふれた光景だった多数の居住船を見ることができる。

陸軍工兵隊Army Corps of Engineersにより運営されている**ベイ・モデル・ビジター・センター Bay Model Visitor Center**（☎415-332-3871 ✿2100 Bridgeway Blvd ■無料 ◯火～金 9:00～16:00、土・日 9:00～17:00)は町でもっともクールで大人も子供も楽しめる場所。古いマリンシップ格納庫内には1.5エーカー（約0.6ha）のサンフランシスコ湾およびデルタ地域の水力式模型が展示されている。ガイドなしでも楽に見てまわることができる。

イースト・フォート・ベーカーEast Fort Bakerのゴールデン・ゲート・ブリッジ北側タワーの下には**ベイ・エリア・ディスカバリー博物館 Bay Area Discovery Museum**（☎415-487-4398 ■＄7 ◯火～金 9:00～16:00、土・日 10:00～17:00)がある。子供たちが実際に体験できるよう特別に設計されており、海中トンネル、陶芸教室、科学実験室が常時公開されている。

ボート

晴れた日のリチャードソン湾Richardson Bayは本当に魅力的である。カヤックは**シー・トレック Sea Trek**（☎415-488-1000 ✿ベイ・モデル・ビジター・センター近くのスクーンメーカー・マリーナSchoonmaker Marina内 ■1時間＄15)でレンタル可能。経験は不要で、教室、グループツアーもある。

サウサリートには、ベイクルーズや、ヨットのレンタル会社が多数ある。リストはサウ

ゴールデン・ゲート・ブリッジのハイキング＆サイクリング

徒歩や自転車でゴールデン・ゲート・ブリッジを渡りサウサリートまで行くのは楽しい道のりである。少し体を動かせば、渋滞もなく、すばらしい海を眺めながらマリン・カウンティのさわやかな空気の中で日光浴ができる。実際、サンフランシスコから北に向かう場合にはほとんどが平坦でとても楽な道である（サウサリートから自転車で帰る時は、大きな登りが1度ある)。サウサリートに着いたら散策や食事をした後、帰る時にはフェリーに乗ってしまえばいい（後出の「アクセス・交通手段」を参照)。

橋の南端からは距離にして約4マイル（約6km）で1時間もかからない。歩行者は毎日5:00から17:00まで橋の東側の歩道が利用できる。自転車利用者は通常は西側を利用するが、平日の5:00から15:30までは利用できないので、歩行者（通行優先権がある）と一緒に東側を利用しなければならない。自転車利用者は21:00過ぎてもセキュリティゲートを通過して、東側の道を利用して橋を渡ることができる。

規則および自転車利用のより詳しい情報はサンフランシスコ自転車連合 San Francisco Bicycle Coalition（☎415-431-2453 ｗ www.sfbike.org)に問い合わせよう。

サリート・ビジター・センターで入手しよう。

サイクリング

サウサリートはマウンテンバイクには最適。町中をのんびりと行くのもいいが、ゴールデン・ゲート・ブリッジを越えてみたり、沿岸を行ったり（コラム「ゴールデン・ゲート・ブリッジのハイキング＆サイクリング」を参照）、マリン・カウンティのほかの町に行ってみるのもいい。フェリー乗り場からは、ブリッジウェイ大通りを南に向かい、左に曲がってイースト・ロードに入りベイ・エリア発見体験館まで行くのが楽な選択だ。ブリッジウェイ大通りを北に向かい、ハイウェイ101の下をくぐってミル・バレーを目指すのもすばらしいコースだ。ブライズデイル・アベニューBlithedale Aveで東に曲がってティブロンTiburonに行くこともでき、自転車道は一部ティブロン大通りTiburon Blvdと並行して走っている。

ルートの詳しい情報、規則、グループツアーについては、「マリン・バイク・ルート・マップ*Marin Bike Route Map*」を発行しているマリン・カウンティ自転車連合 Marin County Bike Coalition（☎415-456-3469 Ⓦwww.marinbike.org）に連絡してみるといい。サンフランシスコ自転車連合 SF Bike Coalition（☎415-431-2453 Ⓦwww.sfbike.org）でも役立つ情報が手に入る。

サウサリート・サイクラリー
Sausalito Cyclery
☎415-332-3200
🏠1 Gate 6 Rd
💰レンタルマウンテンバイク1時間＄12、1日＄40

ハイウェイ101近く、ブリッジウェイ大通り北のはずれにある。

宿泊

サウサリートの宿泊施設は少なく、料金も高い。

アルタ・ミラ・ホテル
Alta Mira Hotel
☎415-332-1350
🏠125 Bulkley Ave
💰客室＄95〜220

ブリッジウェイ大通りから1ブロック手前にある。すばらしい景観で有名。

ホテル・サウサリート
Hotel Sausalito
☎415-332-4155
🏠16 El Portal St
💰客室＄145〜

1915年に町の中心地に建てられたホテル。フェリー乗り場に近い。

カーサ・マドローナ
Casa Madrona
☎415-332-0502、800-288-0502
🏠801 Bridgeway
💰客室＄195〜

1885年に個人の住居として建てられ、1905年からホテルとなった。魅力的な場所にある。

食事

ブリッジウェイ大通りには手軽なカフェから高級レストランまで多数あり、そのどれもが旅行者に対応している。

オンダイン
Ondine
☎415-331-1133
🏠558 Bridgeway Blvd
💰食事＄30〜

古いヨットクラブ内にあり湾に面している。ロマンチックなバーとレストランは、すばらしい景色の見える窓に囲まれている。地中海料理も評判。

スシ・ラン
Sushi Ran
☎415-332-3620
🏠107 Caledonia St
💰1品＄4〜15

値段は高いが、ベイ・エリア住民の多くがこのあたりで1番のすし屋と評価している。隣接されたワイン、酒バーが順番待ちの辛さをやわらげてくれる。

ゲルニカ
Guernica
☎415-332-1512
🏠2009 Bridgeway Blvd
💰夕食＄11〜15

心地よい雰囲気の店で、バスク料理を提供して25年以上になる。

アラワン
Arawan
🏠47 Caledonia St
💰メイン料理＄10未満

手頃な値段のタイ料理の店。

カフェ・テュティ Caffe Tutti（🏠12 El Portal Dr）では濃いカプチーノととびきりおいしいフレンチペストリーを出している。テーブル席では食事もできる。おいしいコーヒーなら、ノース・ビーチNorth Beachの名所となっているコーヒーハウスの支店**カフェ・トリエステ Caffe Trieste**（🏠1000 Bridgeway Blvd）でも飲むことが可能だ。

エンターテインメント

目前に湾を見渡せる**アルタ・ミラ・ホテル Alta Mira Hotel**（🏠125 Bulkley Ave）の熱いテラス

で飲むカクテルは必ず試してみるべき。
　町の高級住宅化が進む中、**ノー・ネーム・バー No Name Bar**（🏠757 Bridgeway Blvd）には気さくな客が訪れ、時折バンドの演奏もある。おそらく、かつてのビートジェネレーションの行きつけの店だろう。

アクセス
　ゴールデン・ゲート・トランジットGolden Gate Transit（☎415-923-2000）の10番と50番のバスがサンフランシスコからサウサリートまで毎日運航している。片道料金＄2.50。トランスベイ・ターミナル外側の1stストリートとミッション・ストリートMission Stから乗ることができる。
　車でサンフランシスコからサウサリートまで行くなら、アレキサンダー・アベニュー出口（ゴールデン・ゲート・ブリッジを渡って最初の出口）を出て、標識に従って行くとサウサリートに着く。路上駐車制限が厳しいので、町中にある5カ所の町営駐車場を利用するとよい。
　フェリーはサウサリートに行く楽しくて簡単な方法だ。**ゴールデン・ゲート・フェリー Golden Gate Ferries**（☎415-923-2000）がサンフランシスコ・フェリー・ビルから片道料金＄5.60で往復運航している。フェリーは毎日10分おきに運航しており、片道30分かかる。**ブルー＆ゴールド・フリート Blue&Gold Fleet**（☎415-773-1188）はサンフランシスコにあるフィッシャーマンズ・ワーフFisherman's Wharfのピア41からサウサリートに向けて年中無休で運航している。片道料金が＄6.75で、自転車は無料で持ち込める。

ティブロン
Tiburon

湾の中心にまで突き出た半島にあるティブロン（人口8900人）はサウサリートに似た湾沿いの地域で、すばらしい眺めで有名である。名前はスペイン語のPunta de Tiburon（サメの岬）に由来する。サンフランシスコの中心地からフェリーで結ばれており、近場のエンジェル島Angel Island（本章後出の「エンジェル島」を参照）への起点でもある。

オリエンテーション・インフォメーション
　町の中心部はティブロン大通り、ゆるやかにカーブするファニータ・レーンJuanita Lane、魅力的なメイン・ストリートMain Stから構成されている。メイン・ストリートは通称アーク・ロウArk Rowとしても知られており、かつてのハウスボートがこの土地に根を下ろし、高級ショップやブティックに変遷した。

　ティブロン半島商工会議所 Tiburon Peninsula Chamber of Commerce（☎415-435-5633 🌐www.tiburonchamber.org 🏠96B Main St 📅月〜金 8:00〜16:00）では旅行情報が手に入る。

観光スポットと楽しみ方
　サンフランシスコからフェリーに乗り、メイン・ストリートの店をあちこちのぞけば、ティブロンがのみこめてくるだろう。19世紀のカーペンター・ゴシックの優れた一例、**オールド・セント・ヒラリー教会 Old St Hilary's Church**（☎415-435-1853 🏠201 Esperanza 📅4〜10月 水〜日 13:00〜16:00）を取り囲んでいる美しい丘陵地からはすばらしい眺めを味わえる。
　エンジェル島-ティブロン・フェリーAngel Island-Tiburon Ferryは、5月から10月の金曜と土曜の夕方**サンセットクルーズ sunset cruise**（☎415-435-2131）を運航している。料金は＄10。予約がおすすめる。
　ハイウェイ101に戻ると、ティブロン大通りのはずれに**リチャードソン・ベイ・オーデュボン・センター Richardson Bay Audubon Center**（☎415-388-2524 🏠376 Greenwood Beach Rd 📅日〜金 9:00〜17:00）がある。おびただしい種類の水鳥の生息地だ。

宿泊・食事
ティブロン・ロッジ・アンド・カンファレンス・センター
Tiburon Lodge and Conference Center
☎415-435-3133、800-762-7770
🏠1651 Tiburon Blvd
🛏客室＄159〜345
近代的な一流ホテル。「パープル・ハーレム」「レッドリコリス」などの名前の付いた珍しい温泉付の部屋もある。

サムズ・アンカー・カフェ
Sam's Anchor Cafe
☎415-435-4527
🏠27 Main St
🍴食事＄10〜
🌐www.samscafe.com
1920年の開店以来、この上ない眺めを誇っている。シーフードやハンバーガーを食べに立ち寄るのもいいし、デッキでカクテルを飲むだけでもいいだろう。サムの24時間稼働ウェブカメラで最新の天気をチェックしよう。

ゲイマス
Guaymas
☎415-435-6300
🏠5 Main St
🍴メイン料理＄10〜18
海辺にあるもう1つの人気店。パティオで湾を眺めながら、メキシコ料理とのマルガリータ

スウェーデン・ハウス
Sweden House
- 37 Main St
- 食事＄10未満

コーヒー、ペストリー、サンドイッチ、サラダがあるベーカリー兼カフェ。

アクセス

ゴールデン・ゲート・トランジット Golden Gate Transit（☎415-923-2000）の10番バスがサンフランシスコから（＄3.10）とサウサリートから（＄1.50）ミル・バレー経由でティブロンまで運行している。平日は8番バスがサンフランシスコからティブロンまでの直通便として定期運航されている。

ハイウェイ101からはティブロン大通り、**E ブライズデイル・アベニューE Blithedale Ave**とハイウェイ131から街中へ出る。東に走ると町なかに入り、ファニーナ・レーンとメイン・ストリートの交差点に至る。

ブルー＆ゴールド・フリート Blue&Gold Fleet（☎415-773-1188）はサンフランシスコにあるフィッシャーマンズ・ワーフFisherman's Wharfのピア41からサウサリートに向けて毎日運行している。フェリー埠頭はメイン・ストリートのグアイマス・レストランGuaymas restaurantの正面にある。片道料金は＄6.75で、自転車は無料で持ち込める。平日の通勤時間帯には、ティブロンとサンフランシスコ・フェリー・ビル間を往復する便がある。ティブロンから近場のエンジェル島への定期フェリーも運航されている。

エンジェル島
Angel Island

750エーカー（約300ha）の島全体を占める**エンジェル島州立公園 Angel Island State Park**（☎415-435-1915）は、サンフランシスコからもマリンからもフェリーで短時間の所にある。穏やかな地中海性気候とさわやかな海風のおかげで、ウォーキングやサイクリング、キャンプまでも楽しめる人気のスポットだ。

もともとエンジェル島は、ミウォク族のインディアンたちが狩猟と釣りをしていた場所だった。近年では歩兵団のキャンプ、移民局、第2次世界大戦中の捕虜収容所、ナイキ・ミサイル基地として使用されてきた。今も残る砦や穴蔵は、この島の変化に富んだ悲しい歴史を浮き彫りにする。

観光スポットと楽しみ方

島には**リバーモア山 Mt Livermore**山頂へと続くハイキングコース（自転車は禁止）や、湾が360度のパノラマで楽しめる周囲5マイル（約8km）のトレイルを含む12マイル（約19km）の道路などがある。**アヤラ・コーブ Ayala Cove**はエンジェル島ティブロン側の穏やかな入り江で、周囲を森に囲まれたピクニック用の芝生を背にした小さな砂浜だ。

移民局 Immigration Stationは1910年から1940年まで、中国人、ロシア人、日本人やほかのアジアからの移民の検査所として機能していた。これらの移民はしばしば長期間拘留され、囚人のような扱いを受けていた。第2次世界大戦中は、日系アメリカ人がここに収容されていた。週末や休日にはガイドからさらに詳しい話が聞ける。

島の西側にある**キャンプ・レイノルズ Camp Reynolds**は、1863年南北戦争中米軍の防衛基地として建設された。島東側の**フォート・マクダウェル Fort McDowell**はアメリカ－スペイン戦争中の1898年に建設された。どちらの要塞跡にもガイド付のツアーが用意されている。13時と14時にはキャンプ・レイノルズ近くの浜辺から南北戦争時の大砲が発射される。

5月から10月の日曜日にはエンジェル島周辺で、**シー・トレック・オーシャン・カヤッキング Sea Trek Ocean Kayaking**（☎415-488-1000）がガイド付のカヤッキング・ツアーを行なっている。1日コースは1人＄130、2時間半のコースは1人＄75。どちらも用具・教習付で、1日コースには昼食も付いている。

エンジェル島にはハイク・イン（車の乗り入れができない）の**キャンプサイト campsites**が9つある（☎800-444-7275予約用 キャンプサイトのハイシーズン料金＄10 ローシーズン料金＄7）。数ヶ月前から予約が必要。食事は弁当を持参しよう。しかし、もしあなたが何もしたくないほどに疲れているなら、フェリー・ドック近くの**コーブ・カフェ Cove Cafe**（春・秋の週末のみ営業、冬は休業）というスナック・バーがある。

アクセス・交通手段

サンフランシスコのピア41から**ブルー・アンド・ゴールド・フリート Blue & Gold Fleet**（☎415-773-1188 往復 大人＄10.50、子供＄5.50）のフェリーが出ている。5月から9月の間、週末には1日3便、平日には2便フェリーが出ていて、それ以外の期間は便数が少ない。

ティブロンからは**エンジェル島－ティブロン・フェリー Angel Island - Tiburon Ferry**（☎415-435-2131 往復 ＄5.50、自転車は＄1追加）が利用できる。平日の10:00から15:00まで、週末は10:00から17:00まで1時間おきにフェリーが出ている。10月から4月の平日は便数が少ない。

アヤラ・コーブでは1時間＄10、1日＄30で自転車を借りることができる。3月から11月までの間、島をめぐる**トラム・ツアー tram tours**（☎415-897-0715）がある。料金は＄11.50。

ミル・バレー
Mill Valley

タマルパイス山Mt Tamalpaisのふもと、レッドウッドの森に位置する小さなミル・バレー（人口1万4100人）はベイ・エリアの中でももっとも絵のように美しい集落の1つだ。ここは昔林業で栄えた所で、その名はベイ・エリアで最初に材木を送り出した、1830年代の製材工場の名前に由来している。1892年創立のミル・バレー・ランバー・カンパニーMill Valley Lumber Companyは今なおミラー・アベニューにあるが、町は現在大きく様変わりし、豪華な家々、高級車、高級ブティックが連なっている。

ミル・バレーはまた、旅行者をタム山Mt Tamへと運ぶ美しい景色が楽しめる鉄道の出発点でもあった（本章後出の「タマルパイス山州立公園」を参照）。線路は1940年に撤去され、以前の駅は現在デポー・ブックストア＆カフェDepot Bookstore & Cafe（後出の「食事」を参照）となっている。

ミル・バレーの観光情報は**商工会議所 chamber of commerce**（☎415-388-9700 🌐www.millvalley.org 🏠85 Throckmorton Ave 📅月〜金 10:00〜16:00）で得られる。

観光スポット

スロックモートン・アベニューThrockmorton Ave沿いのダウンタウン西側の数ブロックにピクニックに最適な**オールド・ミル・パーク Old Mill Park**がある。この公園では町の名の由来となった製材工場のレプリカを見ることができる。オールド・ミル・クリークOld Mill Creekにかかる橋を過ぎてすぐの所には、ディプシー・トレイルの出発点**ディプシー・ステップ Dipsea Steps**がある。

この地方の環境を守るため、35人のミル・バレー在住の婦人たちによって設立されたという私設の**アウトドア・アート・クラブ Outdoor Art Club**（🏠cnr W Blithedale & Throckmorton Ave）は、1904年に建てられ今はランドマークとなっているバーナード・メイベックBernard Maybeck設計の建物内にある。

ダウンタウンにあるのは高級品を扱う店やギャラリーだが、そんなアンティークショップや浴用化粧品店などの中に、ずっと昔からあるのが**ビレッジ・ミュージック Village Music**（🏠9 E Blithedale Ave）だ。ビンテージものの品が一面に飾られた壁は博物館のような雰囲気を醸し出している。

毎年10月に開催される**ミル・バレー・フィルム・フェスティバル Mill Valley Film Festival**（☎415-383-5256）では、創造的で国際的にも評価されたインディペンデント系の映画が上映される。

ハイキング

マリン・ヘッド・ランドにある**テネシー・バレー・トレイル Tennessee Valley Trail**は岩でできた海岸線の美しい風景が楽しめる、マリン・ヘッド・ランドでもっとも人気のハイキング・コースの1つだ（週末は混み合うことを覚悟）。歩きやすい平坦な道が3.8マイル（約6.1km）浜辺と海へ続くが、風が強いときがある。ハイウェイ101からミル・バレー―スティンソン・ビーチーハイウェイ1出口を降り、左に折れてショアライン・ハイウェイからテネシー・バレー・ロードへと向かう。駐車場と起点地まで道なりに行こう。

もっと歩きがいのある道を望む人には7マイル（約11km）の**ディプシー・トレイル Dipsea Trail**がある。ここでは海岸線の尾根を登り、ミュア・ウッズの一角を通りスティンソン・ビーチへと下る。トレイルは3段階に分かれた676段の階段を上った所にあるオールド・ミル・パークを起点とし、さらに険しい上り・下りを経て海へとつながっている。

宿泊

ハイウェイ101を下りてすぐの場所には**ファイアサイド・モーテル Fireside Motel**（☎415-332-6906 🏠115 Shoreline Hwy S＄55 W＄75）が大きな看板を掲げているので見逃すことはない。同等のホテルとしては**ファウンテン・モーテル Fountain Motel**（☎415-332-1732 🏠155 Shoreline Hwy S＄59 W＄79）がある。どちらも少し古いがこぎれいな道路沿いの宿だ。

ミル・バレー・イン Mill Valley Inn（☎415-389-6608 🏠165 Throckmorton Ave 客室＄170〜）は、町にある豪華なホテルで、25部屋のうち幾つかの部屋からはレッドウッドの森が臨める。料金にはテラスでの朝食も含まれている。

食事

デポー・ブックストア＆カフェ
Depot Bookstore & Cafe
🏠87 Throckmorton Ave
食事＄10未満

ほぼ町の中心にあり、カプチーノやサンドイッチ、そのほかの軽食をとることができる。

ブックストアの方ではこの地域の出版物やトレイル・ガイドがたくさん販売されている。

アバターズ・パンジャブ・ブリトー
Avatar's Punjab Burritos
- 15 Madrona St
- ブリトーは＄5〜

ここのブリトー（肉などをトルティーヤで包んだメキシコ料理）は試してみる価値あり。店の自慢料理は安くておいしい、食べごたえのあるインディアン風ブリトーだ。

エル・パセオ
El Paseo
- 415-388-0741
- 7 El Paseo Ave
- 食事＄25〜

こぢんまりとしたおしゃれなレストランで、フランス料理を専門としている。大金を費やす価値あり。

バックアイ・ロードハウス
Buckeye Roadhouse
- 415-331-2600
- 15 Shoreline Hwy
- 食事＄15〜

ハイウェイ101を南へ向かうショアライン・ハイウェイ入口付近にある、山小屋風の大きな建物。評判のアメリカ家庭料理がたっぷり食べられる。

エンターテイメント

スウィートウォーター **Sweetwater**（☎415-338-2820　153 Throckmorton Ave）は、ベイ・エリアでもっともクールな音楽が楽しめる場所の1つ。JJケイル、クリス・スミザー、マリア・マルダーのファンにはたまらない。音楽がなくても十分にすばらしいパブだ。

アクセス

サンフランシスコやサウサリートSausalitoからは、ハイウェイ101を北にミル・バレーミスティンソン・ビーチ・ハイウェイ1出口まで進む。アルモンテ大通りAlmonte Blvd（この通りはやがてミラー・アベニューとなる）までハイウェイ1（この辺ではショアライン・ハイウェイと呼ぶ）を進み、続いてミラー・アベニューを進んで行くとミル・バレーのダウンタウンに出る。

　北からは、ハイウェイ101からE・ブライスデール・アベニューE Blithedale Ave出口で下り、西に進路をとるとミル・バレーのダウンタウンに出る。

　ゴールデン・ゲート・トランジット **Golden Gate Transit**（☎415-923-2000）の4番のバスが平日、サンフランシスコからミル・バレーまで（＄2.50）運行している。週末は10番のバスが

運行し、サウサリートとティブロンで停車する。

ラークスパー、サン・アンセルモ、コート・マデラ
Larkspur, San Anselmo, Corte Madera

ハイウェイ101とサー・フランシス・ドレイク大通りのまわりには、ラークスパーLarkspur、コート・マデラCorte Madera、ケントフィールドKentfield、ロスRoss、サン・アンセルモSan Anselmo、フェアファクスFairfaxといった町が続く。

　ラークスパー **Larkspur**ではマグノリア・アベニュー Magnolia Aveをウィンドーショッピングしたり、近くにあるボルチモア・キャニオンBaltimore Canyonでレッドウッドの森を散策できる。フリーウェイの東側は**サン・クエンチン州立刑務所 San Quentin State Penitentiary**の巨大な建物が見える。ここはカリフォルニア州でもっとも古く2番目に有名な刑務所で、1852年に建設された。ジョニー・キャッシュJohnny Cashは1969年にここでアルバムを録音した。

　サン・アンセルモ **San Anselmo**にはかわいらしい、小さなダウンタウンエリアがあり、サン・アンセルモ・アベニュー沿いにはアンティークショップが数軒ある。**コート・マデラ Corte Madera**にはベイ・エリアの大手ブックストアの1つ、**ブック・パッセージ Book Passage**（☎415-927-0960　51 Tamal Vista Blvd）の本店がマーケット・プレイスのショッピングセンター内にある。ここには大規模な旅行書セクションがあり、また作家がよく訪れる。

　ラーク・クリーク・イン **Lark Creek Inn**（☎415-924-7766　234 Magnolia Ave, Larkspur　メイン＄20〜35）はマリンの高級レストランの1つ。オールドスタイルのビクトリアン様式の建物でレッドウッドの渓谷にひっそりと建っている。バーもあり気軽なメニューが用意されている。

　マリン・ブリューイング・カンパニー **Marin Brewing Company**（☎415-461-4777　1809 Larkspur Landing Circle　サンドイッチ、ピザ＄7〜12）は信頼のおける高い技術で醸造されたビールとパブフードが味わえる、人気のたまり場。ときおり騒がしい酔客の姿も。

　ゴールデン・ゲート・トランジット **Golden Gate Transit**（☎415-923-2000）はサンフランシスコにあるフェリー・ビルFerry Buildingからサー・フランシス・ドレイク大通りのラークスパー波止場Larkspur Landingまで（ハイウェイ101の東）、毎日フェリーを運航している。所要時間は50分、運賃は＄5.60。フェリーには自転車を乗せることもできる。

サン・ラファエル
San Rafael

サン・ラファエルは人口5万4800人の、マリンでもっとも古く大きい町だが、近隣の町に比べるとそう高級感があるわけではない。サン・ラファエルのすぐ北には、ルーカス・バレー・ロードLucas Valley Rdがジョージ・ルーカス・スカイウォーカー・ランチGeorge Lucas' Skywalker Ranchを過ぎ、ポイント・レイズ駅Point Reyes Stationに向かって西へ延びている（不思議なことだが、ルーカス・バレー・ロードはこの有名な「スターウォーズStar Wars」の制作者の名前から名付けられたのではない）。

オリエンテーション
サン・ラファエルのメイン通り、フォース・ストリートFourth Stにはカフェや店が建ち並ぶ。サン・ラファエルのダウンタウンを抜け西に向かえば、サー・フランシス・ドレイク大通りに出て、海岸へとつながる。

観光スポットと楽しみ方
中心街は1817年創設の**サン・ラファエル・アルカンヘル伝導所 Mission San Rafael Arcángel**（☎415-454-8141 ▲1104 5th Ave ◉11:00～16:00）から始まる。現在の建物は1949年に建てられたレプリカ。

　フランク・ロイド・ライトが設計した**マリン・カウンティ・シビック・センター Marin County Civic Center**（☎415-472-3500）は長く美しい構造で、ハイウェイ101の東にある丘にうまく溶け合っている。Nサン・ペドロ・ロードN San Pedro Rd出口を下り、サン・ラファエルの2マイル（約3km）北にある。2階の**ギフトショップ gift shop**（◉月～金 10:00～16:00）はのぞいてみる価値あり。ライトに触発された作品や、この地域の文学書を置いている。ここを起点としたツアーが水曜の10:30に出発する。予約は電話で（☎415-499-6646）。センターでは毎年7月のマリン・カウンティ・フェアMarin County Fairや、毎週木曜と日曜の朝の**ファーマーズ・マーケット farmers market**をはじめとして、定期コンサートやイベントを開催している。

チャイナ・キャンプ州立公園
China Camp State Park
☎415-456-0766

ピクニックやちょっとしたハイキングにぴったりの場所。ハイウェイ101からNサン・ペドロ・ロード出口を下り、3マイル（約5km）東へ向かう。この名前はかつてサンフランシスコ湾にたくさんあった中国人のエビ漁野営地の1つとして昔ここにあった中国人の漁村の名に由来している。

ラファエル・フィルム・センター
Rafael Film Center
☎415-454-1222
▲1118 4th St

復元されたダウンタウンの映画館で、北カリフォルニア映画協会Film Institute of Northern Californiaによって運営されている。ここでは最新の設備が整い、創造的なアートシアター映画を上映している。

宿泊・食事
チャイナ・キャンプ州立公園
China Camp State Park
☎415-456-0766、予約は800-444-7275
▦キャンプサイト＄12

30のウォークインキャンプサイトがある。

パナマ・ホテル
Panama Hotel
☎415-457-3993
℻415-457-6240
▲4 Bayview St
▦客室　バスルーム付＄100、共同バスルーム＄75

部屋数16。1910年創業のB&B（ベッド＆ブレックファスト）。歴史と洗練されたスタイルに魅了される。

サン・ラファエル・イン
San Rafael Inn
☎415-454-9470
▲865 E Francisco Blvd
▦S＄79 W＄99

シンプルな施設。

ラス・カメリアス
Las Camelias
▲912 Lincoln Ave
▦食事＄20未満

家庭的なメキシコ料理が味わえる。

ロータス・クイジーヌ・オブ・インディア
Lotus Cuisine of India
▲704 Fourth St
▦メイン＄10～18

地元で人気のスポット。ランチ・ビュッフェ（＄7.45）がお得。

アクセス
ゴールデン・ゲート・トランジット Golden Gate Transit（☎415-923-2000）のバスがサンフランシスコと3rdストリートとヘーザン・ストリートHetherton Stの角のサン・ラファエル・トランジット・センター間を多数の便で結んでいる。40番のバスのみ、自転車を乗せてゴールデン・ゲート・ブリッジGolden Gate Bridgeを渡ることができる。

タマルパイス山州立公園
Mt Tamalpais State Park

マリン・カウンティを囲むようそびえ立つ雄大なタマルパイス山（タム山）Mt Tamから眼下には、息をのむような海、湾、丘の360度のパノラマが見える。豊かな自然美を誇る2571フィート（約771m）のタム山とその周辺地域は、そこがアメリカ有数の大都市から車で1時間以内でたどりつけることを考えると、本当にすばらしい場所だ。

タマルパイス山州立公園は1930年につくられた。その土地の1部は下院議員で自然主義者のウィリアム・ケントWilliam Kentが寄付したものである（彼はまた、1907年にミュア・ウッズ国定記念物Monumentに指定される土地も寄付した）。6300エーカー（約2520ha）におよぶ広大な土地には鹿、キツネ、ボブキャットが生息し、ハイキングやサイクリング用のトレイルが何マイルも続く。

タム山はヨーロッパ人やアメリカ移住者がやってくる前は、何千年にもわたり海岸沿いで暮らしていたミウォク族のインディアンにとっての神聖な場所だった。19世紀の終わり頃にはタム山はサンフランシスコの住民にとって都会の喧騒から逃れて山歩きを1日中楽しめる場所となり、1896年には世界でもっとも曲がりくねった（281カ所のターン）鉄道がミル・バレーからタム山山頂まで引かれた。この鉄道は1930年に廃止されたが、今日このオールド・レールロード・グレードOld Railroad Gradeは眺めのよいハイキングやサイクリングの道としてタム山でもっとも人気がある。

オリエンテーション・インフォメーション

パノラミック・ハイウェイPanoramic Hwyがミル・バレーから公園内を通りスティンソン・ビーチまで登っている。パントール・ステーション Pantoll Station（☎415-388-2070 🏠801 Panoramic Hwy）は公園の管理所。公園の詳しい地図を$1で販売している。

観光スポット

パントール・ステーションから車に乗って4.2マイル（約6.7km）行くと**イースト・ピーク・サミット East Peak Summit**に到着する。パントール・ロードPantoll Rd、続いてすばらしい眺めのリッジクレスト大通りRidgecrest Blvdを通って山頂へ。駐車料金は$2で、そこから10分歩くと1番眺めのよい頂上に行ける。

公園内の自然石の席が4000もある**マウンテン・シアター Mountain Theater**（☎415-383-1100）では、毎年5月中旬から6月下旬までの6回の日曜に「マウンテン・プレイMountain Play」を上演している。ミル・バレーから無料のシャトルバスが出る。夏には新月になる頃に無料の天文観察プログラムが行われる。詳しいことは電話で（☎415-455-5370）。

ハイキング

このあたりには行ってみる価値のあるハイキングトレイルがたくさんあるので、$1の公園地図は賢い投資だ。パントール・ステーションから**スティープ・ラビーン・トレイル Steep Ravine Trail**が森に囲まれた小川に沿って海岸まで続く（各道約2.1マイル<約3.4km>）。さらに行こうと思えば、**ディプシー・トレイル Dipsea Trail**を1.5マイル（約2.4km）進んだ所で右に曲がり（北西方向）、木々の中をくねくねと曲がっている道を1マイル（約1.6km）歩いていくと、スティンソン・ビーチに到着する。昼食をとり、さらに北へ向かって町を抜け、**マット・デイビス・トレイル Matt Davis Trail**を指す標識に従って行く。これでパントール・ステーションまで2.7マイル（約4.3km）となり、1周したことになる。マット・デイビス・トレイルはパントール・ステーションを越えて続き、すばらしい眺望を誇る山をやさしく包んだような形になっている。

もう1つの見ごたえあるハイキングコースとしては、**カタラクト・トレイル Cataract Trail**がある。これはパントール・ロードの終わりからカタラクト・クリーク沿いに進むコースだ。アルパイン湖Alpine Lakeまでは約3マイル（約4.8km）。最後の1マイル（約1.6km）は、カタラクト滝Cataract Fallsに向かって下る道が目を見張るような木の根の階段となっている。

マウンテンバイク

バイカーは火災時用の道路を走行しなければならない（単線のトレイルには立ち入らないこと）。そして速度は時速15マイル（約24km）以下を保つこと。レンジャーたちは厳しいので罰金が高くつくかもしれない。

もっとも人気のあるコースは**オールド・レールロード・グレード Old Railroad Grade**で、2280フィート（約684m）の高さを6マイル（約10km）登る、骨の折れる道だ。スタートはミル・バレーのW・ブライスデール・アベニューW Blithedale Aveの終わりで、イースト・ピークまで登る。ミル・バレーから**ウエスト・ポイント・イン West Point Inn**までは約1時間かかる。もっとやさしい所からスタートするなら、途中のマウンテン・ホーム・イン（「宿泊」を参照）でスタートし、**グラビティ・カー・グレード Gravity Car Grade**を通ってオールド・レールロー

ド・グレードとウエスト・ポイント・インへ行く。後者は頂上までバイクで30分のやさしいコースである。

ところでウエスト・ポイント・インでは夏の間、**パンケーキの朝食 pancake breakfasts**を出している。つづら折の道を登って来たことへの心のこもったご褒美だ。予約は（☎415-388-9955）に。

パントール・ステーションのすぐ西から、バイカーは**ディア・パーク・ファイア・ロード Deer Park Fire Road**に進路をとり、巨大なレッドウッドの森を通ってミュア・ウッズの入口に向かうか、**コースタル・トレイル Coastal Trail**南東のコースを進むかを選べる。コースタル・トレイルは美しい海岸の景色を楽しめ、ミュア・ビーチの2マイル（約3km）北の所でハイウェイ1と合流する。どちらを選択しても、フランク・バレー／ミュア・ウッズ・ロードを通ってミル・バレーまで戻る必要がある。この道はパノラミック・ハイウェイまでずっと上りで（800フィート＜約240m＞）、それからミル・バレー方向に下る所でセコイア・バレー・ロード Sequoia Valley Rdになる。ウィルドマー Wildomarで左に折れ、ミル・クリーク・パーク Mill Creek Parkで右に2度曲がると、ミル・バレーの中心デポー・ブックストア＆カフェに出る。

バイクルートや規則についての詳しい情報は**マリン・カウンティ・バイク連合 Marin County Bike Coalition**（☎415-456-3469 🌐 www.marinbike.org）で得られる。

宿泊・食事

パントール・ステーション
Pantoll Station
☎415-388-2070
🏕キャンプサイト＄12
16のキャンプサイトを持つ。受付は先着順。

スティープ・ラビーン・エンバイロメンタル・キャンプ場
Steep Ravine Environmental Campground
☎800-444-7275
🏕キャンプサイト＄7 キャビン＄15
ハイウェイ1をスティンソン・ビーチの南約1マイル（約1.6km）の所で下りる。ビーチに面した6つのキャンプサイトと海が見える素朴な5人用キャビンがある。どちらも数カ月前からいっぱいになるので、予約は必須。

マウンテン・ホーム・イン
Mountain Home Inn
☎415-381-9000
🏠810 Panoramic Hwy
🛏客室＄175～
タム山の東側に位置する。イースト・ベイ East Bayのすばらしい眺めで、ランチやディナーに人気のスポット。予約を入れたほうがよい。

アクセス

パントール・ステーションへはパノラミック・ハイウェイまでハイウェイ1を通り、パントールの標識を探す。週末や休日にはマリン・シティ中継所（transfer station）からパントール・ステーションとマウンテン・ホーム・インまで**ゴールデン・ゲート・トランジット Golden Gate Transit**（☎415-923-2000）の63番バスを利用することができる。

ミュア・ウッズ国定記念物
Muir Woods National Monument

ミュア・ウッズの太古のレッドウッドの森（☎415-388-2595 🎫1日券＄3 🕗8:00～日没まで、冬は17:00まで）は最初木こりたちによって発見された。そして広く知られるようになると、レッドウッド・クリークはダムにするのに適した場所だと考えられるようになった。この計画は下院議員で自然主義者のウィリアム・ケントがレッドウッド・クリークの一部を購入し、1907年に連邦政府に295エーカー（約118ha）を寄付したため中止になった。セオドア・ルーズベルト大統領が1908年にここを国定記念物に指定し、自然主義者で環境保護団体シエラ・クラブを創設したジョン・ミュアーをたたえてその名を付けた。

周辺をタマルパイス山州立公園に囲まれたミュア・ウッズはレッドウッドが見られるサンフランシスコからもっとも近い場所であり、そのため、特に週末にはとても混雑する。ツアーバスが混雑しない週の中頃や、早朝、午後遅くに訪ねてみよう。たとえ混雑した時でも、短い時間ハイキングしただけで人ごみから逃れ、大木と目を見張るような眺望に出会える。

ハイキング

軽い散歩には**メイン・トレイル・ループ Main Trail Loop**が適している。レッドウッド・クリークに沿って1マイル（約1.6km）ほどで樹齢1000年の木々が茂るカテドラル・グローブ Cathedral Groveに着く。ここから公園内でもっとも高い木（254フィート＜約76m＞）がある**ボヘミアン・グローブ Bohemian Grove**を通って戻ることになる。**ディプシー・トレイル Dipsea Trail**はカーディアック・ヒル Cardiac Hillへ続く2マイル（約3km）あまりの登り道である。カーディアック・ヒル（心臓破りの丘）とはよく名付けたものである。

パノラミック・ハイウェイからのトレイルを行っても（ブートジャックのピクニック場

からブートジャック・トレイルBootjack Trailへ)、タマルパイス山のパントール・ステーションのキャンプ場からのトレイルを行っても（ベン・ジョンソン・トレイルBen Johnson Trailを通って)、ミュア・ウッズへ到着する。

アクセス
ミュア・ウッズはゴールデン・ゲート・ブリッジGolden Gate Bridgeから12マイル（約19km）北にある。ハイウェイ101を北へ向かいハイウェイ1で降り、ハイウェイ1／ショアライン・ハイウェイを北に向かってパノラミック・ハイウェイ（右側分岐）に進む。フォー・コーナーズFour Cornersまで1マイル（約1.6km）ほど行ってから、ミュア・ウッズ・ロードに向かって左に折れる（この辺でたくさんの看板を目にする)。ミュア・ウッズに直接行けるバスは運行されていない。駐車場と交通渋滞が恒常的な問題だということを考えれば、おかしな話である。

ビーチ

ミュア・ビーチ
Muir Beach

ハイウェイ1からミュア・ビーチへの脇道に入ると、ノースコーストに沿ってはるか先まで郵便受けが整然と並んでいて印象的だ。ミュア・ビーチは見事なビーチを持つ静かで小さな街であるが、ミュア・ビーチへ向かう直通バスはない。ミュア・ビーチの北側には、海岸を取り囲むようにすばらしい景色が広がり、**ミュア・ビーチ展望台 Muir Beach Overlook**からの景色を楽しむことができる。この展望台の周囲には、コンクリートでできた監視小屋があり、第2次世界大戦中は、そこから日本軍艦の侵入を監視していた。

ペリカン・イン
Pelican Inn
☎415-383-6000
🏠10 Pacific Way
客室＄200～

大変人気のある英国風の宿で、ミュア・ビーチ唯一の商業施設である。明るい雰囲気のレストランとパブがあり、ハイキングの前後に立ち寄って栄養補給するのもよい。

グリーン・ガルチ・ファーム・アンド・ゼン・センター
Green Gulch Farm & Zen Center
☎415-383-3134
📠415-383-3128
🏠1601 Shoreline Hwy

仏教徒の修行場で、ミュア・ビーチを見下ろす丘の上にある。センターの宿、**リンディスファーン・ゲストハウス Lindisfarne Guest House**（S$75～ W$125～）はセルフサービス形式の精進料理付。

スティンソン・ビーチ
Stinson Beach

ミュア・ビーチから北へ5マイル（約8km）の位置にあるスティンソン・ビーチは、ハイウェイ1に沿って長さ約3ブロックもあり、ギャラリー、ショップ、レストランや宿が密集している。ビーチはしばしば霧に覆われる。天気がいいとサーファー、家族連れや海を眺める人たちでいっぱいになる。それでも澄み切ったポイント・レイズとサンフランシスコは美しく、少し遠くまで散歩しようと思う人には最適なコースだ。

長さ3マイル（約5km）の**スティンソン・ビーチ Stinson Beach**は、人気のサーフィンスポットであるが、泳ぎに適しているのは5月下旬から9月中旬までのみ。最新の天候とサーフ情報については☎415-868-1922に問い合わせる。スティンソン・ビーチはハイウェイ1から西へ1ブロックの所にある。

スティンソン・ビーチから南へ約1マイル（約1.6km）行くと、ヌーディストビーチで人気のレッド・ロック・ビーチがある。人はそれほど多くない。というのも、ここへはハイウェイ1から急勾配の坂を下らないといけないからだ。

街の北部へ約3.5マイル（約5.6km)、ハイウェイ1沿いのボリナス・ラグーンを見下ろす丘には**オーデュボン・キャニオン牧場 Audubon Canyon Ranch**（☎415-868-9244 任意（寄付）3月中旬～7月中旬の土・日・祝 10:00～16:00）があり、貴重なアオサギとオオワシの営巣地となっている。

スティンソン・ビーチ・モーテル
Stinson Beach Motel
☎415-868-1712
🌐www.stinsonbeachmotel.com
🏠3416 Hwy1
客室＄85～225

庭に囲まれた築70年のモーテル。改築済み。ビーチから2ブロック行った所にある。

サンドパイパー・モーテル
Sandpiper Motel
☎415-868-1632
🏠1Marine Way
客室＄115～195

ビーチの近く。ガス暖炉付スタンダードタイプとキッチン付きのコテージがる。コテージは改装済み。

サンド・ダラー・レストラン
Sand Dollar Restaurant
☎415-868-0434
🏠3458 Hwy1
🍴ディナー＄15〜

地元に昔からあるレストラン。本格的なバーや日当たりのいい戸外のパティオがあり、夜はディナーを楽しめる。

パークサイド・カフェ
Parkside Cafe
☎415-868-1272
🏠43 Arenal Ave
🍴朝食＄7〜9 メイン（ディナー）＄15〜21

ボリュームたっぷりの朝食とランチが有名だ。料金は高いが最高級のディナーも味わえる。要予約。

ハイウェイ101からハイウェイ1に入り、ハイウェイ1／ショアライン・ハイウェイShoreline Hwyに沿って北へ向かう。約2マイル（約3km）ほど行くと分岐路にぶつかる（どちらの道を行ってもスティンソン・ビーチに着く）。左手の道路（ハイウェイ1／ショアライン・ハイウェイの続き）を行き、ミュア・ビーチを通って、海岸沿いを北西に向かえばスティンソン・ビーチに到着する。右手の道路を行くと、スティンソン・ビーチに到着するまでに、タマルパイス山州立公園の曲がりくねった道を抜けなければならない。どちらのルートでも距離は変わらないし、景観もきれいだが、カーブも多い。サンフランシスコからは約1時間のドライブだが、週末は渋滞がひどいので注意すること。

ゴールデン・ゲート・トランジット
Golden Gate Transit
☎415-923-2000

週末のみスティンソン・ビーチ行きの63番バスを運行。マリン・シティ・トランスファー・センターから出発している。

ボリナス
Bolinas

ゴールドラッシュ当時にジャグビルJugville（ウィスキーをたくさん飲むコミュニティー）として知られていたボリナスは、海岸沿いの静かな町であるが、最近あることで注目を浴びている。それは、町への道路案内標識をなくそうというものだ。地元の人々の手によって、町を開発（そして横暴な旅行者）から守ろうという運動が起こり、ハイウェイ1からボリナスの案内表示がなくされた。最終的にはハイウェイ管理局はボリナスを自由にさせることに同意した。

1970年代以降、ボリナスはナイマン牧場の拠点となった。ここでは食肉にする牛、豚、羊を天然の飼料で成長ホルモンを使わず丈夫な土地で飼育しており、全国のレストランから注文が寄せられている。

無料の月刊誌「パシフィック・コースタル・ポストPacific Coastal Post」は、地元ボリナスや世界の出来事をおもしろい視点で取り上げている。

観光スポットと楽しみ方 旅行者にとってボリナスはそれほど刺激的な町ではないが、魅力的なスポットも幾つかある。

ボリナス・ミュージアム
Bolinas Museum
☎415-868-0330
🏠48 Wharf Rd
🕐金 13:00〜17:00、土・日 12:00〜17:00

地元のアーチストの作品が展示されているが、目玉はこの地域の歴史資料である。

エイゲート・ビーチ Agate Beachには2マイル（約3km）ほどの海岸線に沿って、特にダクスベリー・ポイントの先端あたりにタイドプール（潮だまり）がある。ダウンタウンの西、メサロードの外れには**ポイント・レイズ鳥類観測所 Point Reyes Bird Observatory**（☎415-868-1221 🕐9:00〜17:00）がある。ここでは鳥類標識用の脚環のやり方や網作りのデモンストレーション、月1回のガイド付の探索を開催している。ビジターセンターや自然道もある。鳥類標識のデモンストレーションは、5月から11月下旬の毎週火曜から日曜日、それ以外の期間は毎週水曜、土曜・日曜日に行われる。

この研究所の奥にはパロマリン駐車場があり、さまざまなハイキングコースの出発地点となっている。この中には、美しい**バス湖 Bass Lake**へとつながる初心者でも歩けると人気の2マイル（約3km）コースもある。この先には、アラマレ滝やワイルド・キャット・ビーチが広がっている。

宿泊・食事 ボリナスの住民は外部の人間に対して、あまり愛想がないことで有名だが、幾つか宿泊施設はある。

スマイリーズ・スクーナー・サロン・アンド・ホテル
Smiley's Schooner Saloon & Hotel
☎415-868-1311 📠415-868-0502
🏠41 Wharf Rd
🛏客室＄74〜84

1851年創業の飾り気のない古い建物で、部屋はシンプルだが上品。ここのバーでは週末になるとバンドのライブ演奏が行われ、船乗りや白髪混じりのグレイトフル・デッド（バンド名）のファンがよく集まっている。

ブルー・ヘロン・イン
Blue Heron Inn
☎415-868-1102
🏠11 Wharf Rd
🛏客室＄125〜

すばらしい部屋が2つ。朝食付。小さいがディナーハウスもある。メイン料理は＄20もかからない。料理にはナイマン牧場の肉など、地元の食材が使われている。

街にはこのほかに、ダクス・ベリー・リーフが見渡せる**トーマス・ホワイトハウス・イン Thomas' White House Inn**（☎415-868-0279 ★118 Kale Rd 客室＄100〜）など数件のB&B（ベッド＆ブレックファスト）がある。

アクセス　車でスティンソン・ビーチからハイウェイ1を北に向かう。オーデュボン・キャニオン牧場を過ぎて左手にある最初の脇道（道標がないので注意）に入るとボリナスに行ける。町には駐車場があまりない。

オレマ・ニカシオ
Olema & Nicasio

スティンソン・ビーチの北約10マイル（約16km）、ハイウェイ1とサー・フランシス・ドレイク大通りのジャンクション近くにあるオレマは、1860年代西マリンでは主要な入植地であ

サー・フランシス・ドレイク

サー・フランシス・ドレイク Sir Francis Drakeは型破りの人物であった。叩き上げで、恐れ知らず、機知に富み、抜け目がなく冷酷、そして大変ツキのある男だった。1577年、彼は小さな5隻の艦隊とともにイギリスを出航した。彼の使命は探索と冒険であった。ただし、その資金は憎きスペイン人を標的にした、まさに海賊行為で得ていた。

1579年、ゴールデン・ハインド号Golden Handが1隻、カリフォルニア海岸に浮かんでいた。5隻のうち、食料を運んでいた2隻は乗り捨てられ、1隻はホーン岬を航行中に船員とともに沈没。そしてほかの1隻とは連絡が取れなくなり、イギリスへ戻ってしまった。ドレイクとそのクルーはスペイン人を利用して財を得たが、ゴールデン・ハインド号はすでにボロボロであった。そこでマリン・カウンティの海岸沿いのどこか、おそらくポイント・レイズ近くで現在のドレイク・ビーチあたりの安全な湾に入港した。満潮時に船を浅瀬にあげ、船体を横に倒し、破損箇所を修理した。ドレイクはそこで5週間滞在し、その間に現地のインディアンと交易し、内陸を探検した。クルーの一人が、その土地が海の向こうに見えたときの印象とは違い、実際は人々が歓迎してくれたことを書き記していた。

その後、ドレイクは世界を股にかけて航海し、イギリスに戻ったときには探検家として驚異的な富と名声を得ていた。そして1588年に、スペインの無敵艦隊との戦いの勝利に貢献すると、彼の名声は不動のものとなった。

った。当時、サン・ラファエルまで駅馬車が走っており、6つの酒場があった。1875年、オレマではなくポイント・レイズ駅を通って鉄道が引かれると、オレマはその存在価値を失っていった。再び注目されたのは1906年のサンフランシスコ大地震の震源地としてである。

オレマから西へ約1マイル（約1.6km）行った、サー・フランシス・ドレイク大通りから**ボリナス・リッジ・トレイル Bolinas Ridge Trail**がスタートする。12マイル（約19km）の行程は上り下りの連続だが、美しい景色が歩行旅行者やバイカーの目を楽しませてくれる。

オレマから内陸に向かって車で約15分ほど行くと、地理的にマリン・カウンティの中心となる小さな町ニカシオNicasioがある。質素な田舎の趣きとおしゃれな酒場、そして音楽を楽しめる場所がある。場所は、ハイウェイ101から10マイル（約16km）、ルーカス・バリー・ロードLucas Vally Rdの西の外れ。

オレマ牧場キャンプ場
Olema Ranch Campground
☎415-663-8001
キャンプ場使用 2人で＄23、1人追加につき＄3

ハイウェイ1とサー・フランシス・ドレイク大通りの近く。200以上のキャンプサイトがある。ガソリンスタンドもあるし、マウンテンバイクのレンタルも可能(1時間＄12、1日＄30)。

サミュエル・ピー・タイラー州立公園
Samuel P Taylor State Park
☎415-488-9897
キャンプサイト＄12

サー・フランシス・ドレイク大通りを、オレマから東へ6マイル（約10km）の所。前出のキャンプ場よりも施設が豊富だ。キャンプサイトは人目を避けたレッドウッドの森の中にある。

ランチョ・ニカシオ
Rancho Nicasio
☎415-662-2219
メイン＄16〜

町のダウンタウンにある素朴な酒場。ディナーと週末にはブランチが食べられる。また、地元だけでなく全米のブルース、ロック、カントリーシンガーがここでコンサートを開く。

週末と祝日には、オレマとサミュエル・テイラー・パークへ向かうバスが出ている。サン・ラファエル・トランジット・センターから**ゴールデン・ゲート・トランジット Golden Gate Transit**（☎415-923-2000）の65番バスに乗る。

ポイント・レイズ駅
Point Reyes Station

ポイント・レイズ駅は比較的小さい駅だが、1933年まで鉄道が通っていたため、今でも西

マリンの中心である。乳製品と牧場中心だったこの土地に、60年代にはアーチストたちが押し寄せてきた。そして今日では、それが見事に調和している。アートギャラリーや土産店、にぎやかな酒場に、午後にはそよ風にのって牧場の香りが漂ってくる。

週刊誌の「ポイント・レイズ・ライト*Point Reyes Light*」には地元のニュースのほか、イベント、レストランや宿泊所などの役立つ情報が載っている。

安い宿ならポイント・レイズ国定海岸（後出を参照）のそばにあるユースホステルがよい。かわいらしい小さなコテージ、宿泊小屋、そしてB&B（ベッド＆ブレックファスト）はポイント・レイズとその周辺にたくさんあるが、それほど安くない。**ウエスト・マリン・チェンバー・オブ・コマース West Marin Chamber of Commerce**（☎415-663-9329 www.pointreyes.org）ではいろいろな情報を入手できる。

ホリー・ツリー・イン
Holly Tree Inn
☎415-663-1554
FAX 415-663-8566
客室 $130〜

ベア・ベリー・ロード外れのシルバーヒル・ロード沿いにある。4つの部屋と3つのプライベートコテージがある。

ステーション・ハウス・カフェ
Station House Cafe
🏠 11180 Shoreline Hwy
メイン $10〜20

室内は質素だが食事はかなりおいしい。ナイマン牧場の肉類を使用し、ベジタリアンメニューもある。

ボバイン・ベーカリー Bovine Bakeryもまたショアライン・ハイウェイ沿いにあり、おいしいコーヒーと手作りのお菓子がある。

トメイルズ・ベイ・フーズ・アンド・カウガール・クリーメリー
Tomales Bay Foods and Cowgirl Creamery
🏠 80 Fourth St

古い倉庫内にある地元のマーケット。おいしいチーズや有機野菜のほか、ピクニック用の食品が手に入る。

ダンス・パレス
Dance Palace
☎415-663-1075
🏠 503 B St

週末にイベント、映画、ライブコンサートがある。

ウエスタン・ホテル
Western Hotel
🏠 cnr Shoreline Hwy & 2nd St

1906年創業で客室は田舎風。たまにライブ演奏がある。

ハイウェイ1が町のメインストリートになっていて、文字通り町の中心を走っている。週末と祝日には、ゴールデン・ゲート・トランジッジの65番バスがサンレイフィール・トランジット・センターからポイント・レイズ駅まで走っている（$5）。

インバーネス
Inverness

この小さな町が西に向かう旅の最終地点となる。トメイルズ湾の西側に沿って広がっている。よい食事スポットがたくさんあり、周りを取り囲む丘、絵画のように美しい海岸線という地形に、色々なレンタルコテージや古風で趣きのあるB&B（ベッド＆ブレックファスト）がある。車で北にほんの少し行った所にすばらしいビーチが幾つかある。

ブルー・ウォーターズ・カヤッキングツアー・アンド・レンタルズ
Blue Waters Kayaking Tours & Rentals
☎415-669-2600
🏠 12938 Sir Francis Drake Blvd

ゴールデン・ハインド・イン Golden Hinde Inn内にオフィスがある。さまざまなトメイルズ湾クルーズがあり、申し込みができる。個人で**カヤック kayak**（2時間$30、1日$50）も借りられる。カヤックに乗って自由に奥まったビーチや岩陰などへ行ける。初心者歓迎。

ハイウェイ1からサー・フランシス・ドレイク大通りをまっすぐに行くと、インバーネスに着く。また、サン・ラファエルからゴールデン・ゲート・トランジットの65番のバスに乗っても終点であるインバーネスまで行ける。

マンカズ・インバーネス・ロッジ
Manka's Inverness Lodge
☎415-669-1034
客室 $195〜

1917年に狩猟小屋として建てられた。町のちょうど北にあるアーガイル・ストリートの丘の上にひっそりと建っている（サー・フランシス・ドレイク大通りはずれの標識を探すこと）。田舎風のすてきな部屋は心地よく、気品が漂う。レストランには人気の定食メニュー（約$50）がある。目玉は地元で採れた食材と直火で焼き上げた肉料理。

インバーネス・バレー・イン
Inverness Valley Inn
☎415-669-7250
🏠 13275 Sir Francis Drake Blvd
客室 $130〜

ダウンタウンから約1マイル（約1.6km）の所

にある、愛想のいい穴場の宿。

グレー・ホエール・ピザ
Gray Whale Pizza
☎415-669-1244
🍴食事＄6〜
サー・フランシス・ドレイク大通り沿いのダウンタウンにある。お手頃な価格のピザ、パスタとサンドイッチのほかにベジタリアンメニューもある。

ポイント・レイズ国定海岸
Point Reyes National Seashore

ポイント・レイズ国定海岸には110平方マイル（約285km²）におよぶ自然のままの海岸が幾つもあり、その尾根には風が吹きつけている。そのような地形に多種多様な野生動物が生息している。広大な半島には手つかずの自然が残っていて、ハイキングやキャンプが楽しめる。ただし、防寒着を忘れないこと。もっとも晴れ渡る時期でも急に寒くなって、霧が出てくることがある。

オレマ近くの**ベア・バレー・ビジター・センター Bear Valley Visitor Center**（☎415-663-1092 🏠Bear Valley Rd 🕐月〜金 9:00〜17:00、土・日 8:00〜17:00）は、この国立公園の管理事務所。豊富な情報と地図が手に入る。このほかにも、2つのビジターセンターが**ポイント・レイズ灯台 Point Reyes Lighthouse**（後出の「観光スポットと楽しみ方」を参照）とドレイクス・ビーチの**ケン・パトリック・センター Ken Patrick Center**（☎415-669-1250 🕐週末・祝日 10:00〜17:00）にある。

観光スポットと楽しみ方　ポイント・レイズにあるすべての小道の中でもっとも神秘的なのは、ベア渓谷にある国立公園の管理事務所からスタートする**アースクウェイク・トレイル Earthquake Trail**だ。この小道には、16フィート（約5m）の深さの裂け目がある。この裂け目は、かつてひと続きだった壁面が、この地域を震源地に1906年に起こったサンフランシスコ大地震によって2等分されてできたもので、今にその地震の脅威を伝えるものだ。ほかにも小道があり、ベア・ベリー・ビジター・センターからスタートしてかつてのミウォク・ビレッジを再生した**クレ・ロクロ Kule Loklo**への近道となっている。

ライマンツアー・ロード Limantour Rdは、ベア・ベリー・ロードのはずれ、ベア・ベリー・ビジター・センターの北約1マイル（約1.6km）の位置にあり、ポイント・レイズ・ユースホステルと**ライマンツアー・ビーチ Limantour Beach**に続いている。このビーチにはライマンツアー・スピット沿いに小道があり、片側にはエステロ・デ・ライマンツアー Estero de Limantour、もう一方にはドレイクス湾が広がっている。**インバネス・リッジ・トレイル Inverness Ridge Trail** はライマンツアー・ロードLimantour Rdから始まり、標高1282フィート（約385m）のビジョン山まで続いている。そこから広大な国立海浜公園の壮大な眺めが堪能できる。反対側からは車でビジョン山の頂上近くまで行ける。

インバネスから約2マイル（約3km）、サー・フランシス・ドレイク大通りから右手に

コククジラ

コククジラ Gray Whalesはカリフォルニア海岸沿いであれば、いろいろな場所で見ることができる。ポイント・レイズ灯台は、年間に6000マイル（9700km）も移動するこの巨大な生物が見られる絶好のポイント。夏の間、コククジラは餌を求めて、アラスカとシベリアの間にある北極海で過ごす。10月頃、コククジラはカナダおよびアメリカにかけて太平洋沖を南へ移動し始め、バハ・カリフォルニアのメキシコ州近く、カリフォルニア湾の穏やかな環礁にやって来る。

子を宿した雌に率いられたコククジラの群れが、ポイント・レイズを通りかかるのは12月と1月。その後に雌と求める雄のコククジラの一群、普通、3〜5頭が続く。そして若いコククジラが一団の最後を泳ぐ。コククジラは約2カ月をバハ・カリフォルニア周辺で過ごし、その期間中に子を宿している雌のコククジラが出産する。子鯨の大きさは、身長15、16フィート（約4〜5メートル）、体重2000〜2500ポンド（約1t）で、1日に200ポンド（約90kg）も大きくなる。群れは2月になるとまた戻っていく。

コククジラの寿命は50年ほどで、長さ50フィート（約15m）、体重は45トンにまで成長する。我慢強く待ち続け、タイミングが合えばコククジラを見つけることができる。潮が吹き上がるのが見えたら、そこに鯨がいるサイン。約15秒間隔で潮吹きを繰り返した後は、海にもぐってしまい、尾びれだけを見せている。運がよければ、スパイホッピング（海面から頭を突き出してあたりを覗うこと）やブリーチング（海面から体全体を出して飛び上がること）が見られるかもしれない。双眼鏡を持って行こう。鯨は南に移動中にはかなり海岸へ近づくが、通常、岸から0.25から0.5マイル（400〜800m）の位置に見える。

ベイ・アドベンチャーズ Bay Adventures（☎415-331-0444）ではコククジラの移動時期にホエールウォッチングツアーを行っている。ツアーでは、岸からポイント・レイズまたはファロン島の周辺へ行く。要予約。

分かれる道がピーアス・ポイント・ロード Pierce Point Rd。ここから、湾にある泳ぐのにはいい2つのビーチへ行ける。マーシャル・ビーチMarshall Beachへは駐車場から1マイル（約1.6km）ほど歩く。一方、ハーツ・デザイアーは**トメイルズ・ベイ州立公園 Tomales Bay State Park**にあり、車で直接行くことができる。

ピース・ポイント・ロードは**アボッツ・ラグーン Abbotts Lagoon**の風にさらされた巨大な砂丘に続いていて、そこにはフタオチドリやそのほかの海鳥がたくさんいてピーピー鳴いている。この道路の終わりにはピース・ポイント牧場があり、途中**チュールエルク州立保護区 tule elk reserve**を通る約3.5マイル（約5.6km）のトメイル・ポイント・トレイルの起点となっている。北にボデガ湾、東にトメイルズ湾、そして西に太平洋が広がるトメイルズ・ポイントを背景に、巨大な角を持ったオオジカが立っている姿は感動的だ。

ポイント・レイズ灯台 Point Reyes Lighthouse（☎415-669-1534 ◎木～月 10:00～16:30）はサー・フランシス・ドレイク大通りのつきあたりにある。このスポットは険しい地形に強い風が吹き荒れ、地球の果てにいるような錯覚に襲われる。海岸では最高の**ホエールウォッチング whale-watching**も楽しめる。ポイント・レイズ灯台は岬の下に位置し、たどり着くまでに300段以上の階段を下りなければならない（帰りは上がらなければならない）。近くの**チムニー・ロック Chimney Rock**はちょっと散歩するには最適で、特に春がよく、野生の花が咲き乱れる。近くに観察地点があり、**ゾウアザラシ保護区 elephant seal colony**を観察することができる。

もし、吹きさらしのノース・ビーチとサウス・ビーチで波が砕け散る様子を見てみたいのであれば、必ず海岸から離れた場所からにしよう。というのも、ここの荒れ狂う波で溺死した人たちがいるからである。

週末のよく晴れ渡った12月の終わりから4月の中旬にかけて、チムニー・ロックとポイント・レイズ灯台への道路に一般車両が乗り入れできなくなる。その代わり、**ドレイクス・ビーチ Drakes Beach**から出るシャトルバス（＄2.50）を使う。ドレイクス・ビーチは安全で海を歩いたり、泳いだりできる。

宿泊と食事　リマンツアー・ロードLimantour Rdすぐそばの**ポイント・レイズ・ユースホステル Point Reyes Hostel**（☎415-663-8811 ◨ドミトリーベッド＄14）はハワイ風の建物で、海から2マイル（約3km）入った、人里離れた美しい渓谷にある。周囲にはすばらしいハイキングコースがある。

ポイント・レイズには4つのハイキング向けのキャンプ場 campgrounds（☎415-663-1092、◨キャンプサイト＄10）がある。簡易トイレ、未処理の水とテーブル（薪なし）が利用できる。許可が必要。ベア・ベリー・ビジター・センターまたは電話（☎415-663-8054）で予約を取っておくこと。4つのそれぞれ離れたキャンプ場へは、2～6マイル（約3～10km）ほど歩かなければならない。

ホテルやB&B（ベッド＆ブレックファスト）を探すなら、前出の「インバーネスとポイント・レイズ駅」を参照。

ジョンソンズ・ドレイクス・ベイ・オイスター Johnson's Drakes Bay Oysters
☎415-669-1149
◎火～日 8:00～16:30
新鮮で安いカキを提供している。インバーネスからポイント・レイズ灯台へ向かう途中にある看板を探すこと。

アクセス　車でポイント・レイズへ行く方法が幾つかある。スティンソン・ビーチとオレマを通るハイウェイ1を利用する。ただし、カーブの多い箇所だ。最短で行けるのは、サン・ラファエルでハイウェイ101を出て、ポイント・レイズの先までずっとサー・フランシス・ドレイク大通りを行く方法だ。このルートを利用するにはセントラル・サン・ラファエルの出口を出て、4thストリートを西へ向かう。そうすればサー・フランシス・ドレイク大通りに入る。どちらのルートを使っても、サンフランシスコからオレマまで約1時間半かかる。

オレマのちょうど北側、ハイウェイ1とサー・フランシス・ドレイク大通りがぶつかる位置にベア・ベリー・ロードがある。ベア・ベリー・ビジター・センターへは左に曲がる。もし、ポイント・レイズのもっと郊外にまで足を延ばしたいならば、サー・フランシス・ドレイク大通りに沿って、ポイント・レイズ駅を抜け半島へ向かう。約1時間のドライブ。

週末と祝日には**ゴールデン・ゲート・トランジット Golden Gate Transit**（☎415-923-2000）の65番バスが、ベア・ベリー・ビジター・センター、オレマ、ポイント・レイズ駅、そしてインバーネスに停車する（＄5）。

イースト・ベイ
East Bay

イースト・ベイは、ベイ・ブリッジによってサンフランシスコに連絡しており、その郊外として、ベイサイドの貧困層用のアパートか

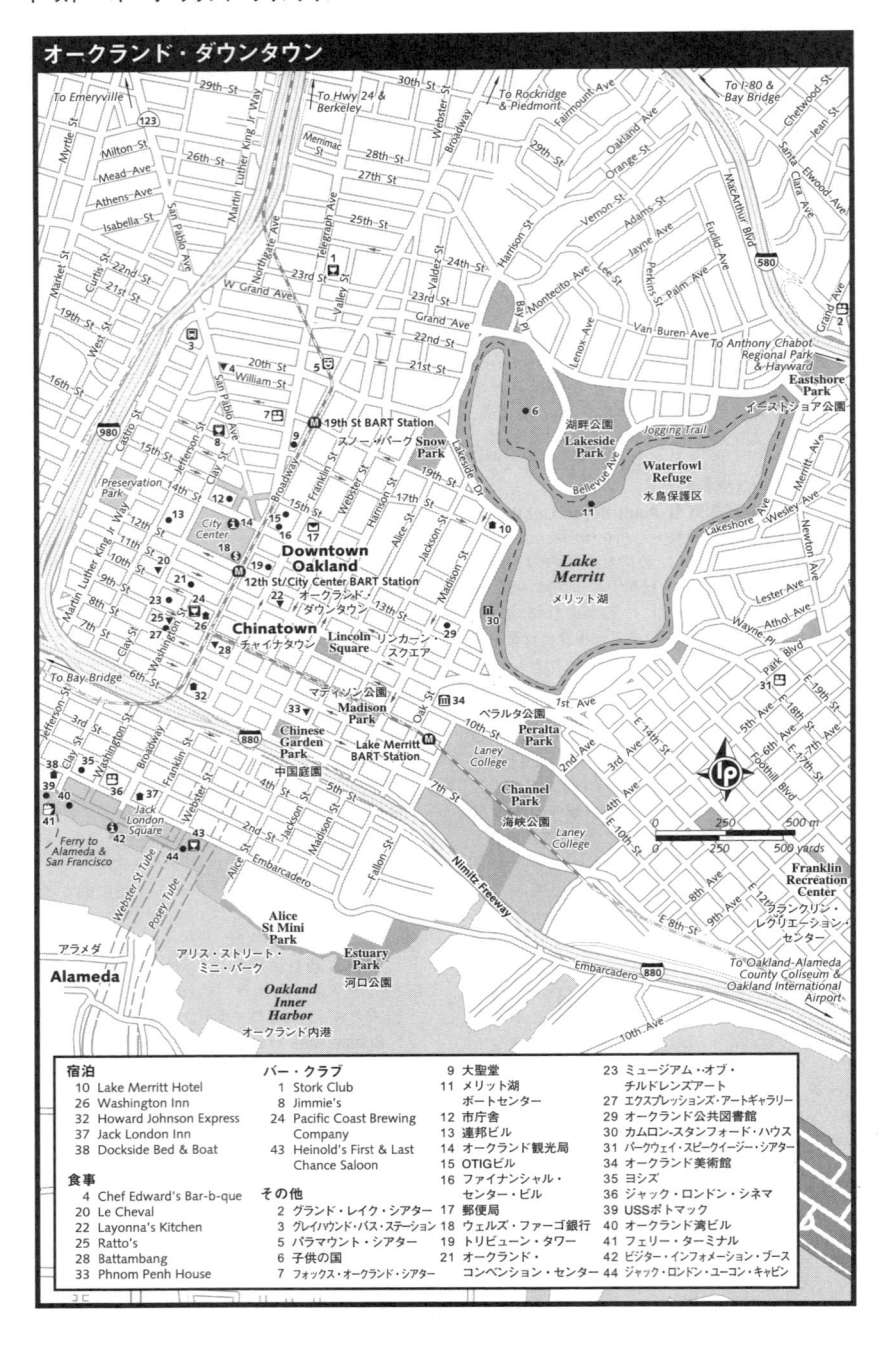

イースト・ベイ - オークランド・ダウンタウン

オークランド・ダウンタウン

宿泊	
10	Lake Merritt Hotel
26	Washington Inn
32	Howard Johnson Express
37	Jack London Inn
38	Dockside Bed & Boat
食事	
4	Chef Edward's Bar-b-que
20	Le Cheval
22	Layonna's Kitchen
25	Ratto's
28	Battambang
33	Phnom Penh House
バー・クラブ	
1	Stork Club
8	Jimmie's
24	Pacific Coast Brewing Company
43	Heinold's First & Last Chance Saloon
その他	
2	グランド・レイク・シアター
3	グレイハウンド・バス・ステーション
5	パラマウント・シアター
6	子供の国
7	フォックス・オークランド・シアター
9	大聖堂
11	メリット湖ボートセンター
12	市庁舎
13	連邦ビル
14	オークランド観光局
15	OTIGビル
16	ファイナンシャル・センター・ビル
17	郵便局
18	ウェルズ・ファーゴ銀行
19	トリビューン・タワー
21	オークランド・コンベンション・センター
23	ミュージアム・オブ・チルドレンズアート
27	エクスプレッションズ・アートギャラリー
29	オークランド公共図書館
30	カムロン・スタンフォード・ハウス
31	パークウェイ・スピークイージー・シアター
34	オークランド美術館
35	ヨシズ
36	ジャック・ロンドン・シネマ
39	USSポトマック
40	オークランド湾ビル
41	フェリー・ターミナル
42	ビジター・インフォメーション・ブース
44	ジャック・ロンドン・ユーコン・キャビン

ら丘の上に建つ高級住宅地が密集している。粗野なオークランドと気難しいバークレーという2つのはっきりとした個性がイースト・ベイを特徴づけている。イースト・ベイの起源はContra Costa（スペイン語で反対の岸という意味)で、その名前は今でもイースト・ベイの州の1つとして残っている。

　その背景にあるバークレー、オークランドやディアブロ山脈の山々を走る稜線には、広大な木々をなす草原が広がっており、感嘆することだろう。

オークランド
Oakland

オークランド（人口40万2100人）は今なお拡大し続けている都市である。多様多様な人種、多岐にわたる経済や力強い芸術分野など、変化に富んだ長い歴史がある。ただし、この数十年間は本当に過酷な時期であった。ビルは崩壊し、人々は街の中心から去り、犯罪は増加し続けた。しかし、最近オークランドは再び息を吹き返した。平日、ダウンタウンの夜は活気にあふれ、クラブやレストランは繁盛している。ダウンタウンのビルは修復され、街の東側の丘には多くの公園がある。この街は現在でも、アメリカでもっとも多様な顔を持つ都市の1つである。天候は、大概サンフランシスコより暖かく、霧も少ない。

歴史

もともとオークランドに暮らしていたのは、オウロン・インディアンであった。1820年、広大なランチョ（小農場）の一部としてこの地域はメキシコの軍人だったルイス・マリア・ペラルタに譲渡された。だが、1850年に3人のアメリカ市民が、ペラルタ・ファミリーから現在のオークランドの中心地とジャック・ロンドン・スクエアにあたる土地を借り受けた。その後、ペラルタ・ファミリーは広大なその土地を分割売却し、オークランドが生まれたのだ。

　オークランドの歴史は、1869年に大陸横断鉄道の完成とともに始まった。西海岸への鉄道の終点として、ビジネスと産業の中心、そして、にぎわう港の都市として急成長した。この成長が終わったのは1920年代の終わりに起こった世界大恐慌で、オークランドにも深刻な事態をもたらした。ガートルード・スタインGertrude Steinは学生時代をオークランドで過ごし、1934年に再び懐かしいこの地へ戻ってきた時に、あまりの変貌ぶりに動揺を隠せなかった。このときに古きよき故郷を喪失した気持ちを綴った彼女の言葉「昔の面影はもうどこにもないThere is no *there* there」は、現在オークランドにはもっともふさわしくないフレーズとなった。

　1936年のベイ・ブリッジ完成は、第2次世界大戦時の造船業がそうだったように、景気回復への足がかりとなった。1940年代の強烈なブルース・シーンはオークランドで形づくられ、今なお、その名残を伝えている。1960年代に入ると、オークランドでは徴兵に対する暴動を暴力で制圧するといったことが何度か起こり、自己防衛を目的としたブラックパンサー党などが結成された。この時代以降になると、サンフランシスコにおける船舶運輸が減少し、逆にオークランドがその役割を強めていき、現在ではアメリカで4番目に大きなコンテナ港をもつ都市となった。オークランドの埠頭では、巨大なコンテナクレーンが、その埠頭を征服したかのように空中を移動しており、その様子はジョージ・ルーカスの「スターウォーズ帝国の逆襲*The Empire Strikes Back*」に出てくるインペリアル・ウォーカーズImperial Walkersのヒントになったといわれている。

　確かにオークランドのダウンタウンの中には、いまだにさびれた地区もあり、夕方になるとその地区全体から人影が消える。街中の地区でも麻薬、ギャングや不景気といった都会の闇が今なお存在している。しかしながら、概して、この都市には活気があり、成長し続けている。探訪してみるだけの価値は十分ある街である。

オリエンテーション

オークランドには、互いに並行して走るインターステート880（I-880)とインターステート580（I-580)の2つのハイウェイがある。両ハイウェイは、ベイ・ブリッジの東の外れでI-80から分岐して、南へ向かっている。ベイ・ブリッジを渡ると重工業地区の西オークランドで、一部は住宅地区として、団地計画も進んでいる。ここから南東に行くと、ダウンタウンとメリット湖Lake Meritteがある。

　ダウンタウンから南に行ったサンフランシスコ半島には、アラメダAlamedaがある。かつて海軍の基地であり、ビクトリア朝やクラフツマンスタイルの住宅が建ち並んでいる。街の北の外れには、おしゃれな（より上流階級者向けの）ピードモントPiedmontとロックリッジRockridgeエリアがある。イースト・オークランドはサンリンドロSan LeandroとフレモントFremont方面に向かって南東に広がっている。一般的に言えば、オークランド・コロセウムや空港に行く以外、このあたりは避けるのが1番だ。行くとするならば、街の東の境界

線をなす丘に向かって地域ごとにある大きな公園だけだ。

オークランドのダウンタウンの根幹に、ブロードウェイBroadwayが走っており、ウォーターフロントにあるジャック・ロンドン・スクエアからずっと北に向かってピードモントとロックリッジにまで続く。テレグラフ・アベニューTelegraph Aveは15thストリートでブロードウェイと分離して、まっすぐバークレーに向かっている。ブロードウェイから東に走っているが、グランド・アベニューGrand Aveで、レイク・メリット商業地区へと続いている。サン・パブロ・アベニューSan Pablo Aveはかつての USルート40で（それ以前はリンカーンハイ・ウェイLincoln Hwy）、ダウンタウンから北にバークレーまで延びている。

ダウンタウンのBART駅は、ブロードウェイの12thと19thストリートにある。それ以外では、レイク・メリットの近くとロックリッジにある。

インフォメーション

オークランド観光局 Oakland Convention & Visitors Bureau（☎510-839-9000 www.oaklandcvb.com 475 14th St, Suite 120 月〜金 8:30〜17:00）はブロードウェイとクレイ・ストリートの間にある。ここ以外にも、ジャック・ロンドン・スクエアのブロードウェイとエンバーカデロEmbarcadero近くのバーンズ・アンド・ノーブルBarnes&Nobleを下ったことろに情報センターがある。

郵便局は街の中心（1446 Franklin St）とピードモント（195 41st St）にある。

オークランドには**ウォルデン・ポンド Walden Pond**（☎510-832-4438 3316 Gand Ave）、**ペンドラゴン Pendragon**（☎510-652-6259 5560 College Ave）、**ディーゼル Diesel**（☎510-653-9965 5433 College Ave）など新刊、並びに古本を扱う書店が多数ある。アフリカ系アメリカ人の文学、歴史に興味がある人は**マーカス・ブックストア Marcus Bookstore**（☎510-652-2344 3900 Martin Luther King Jr Way）に寄ってみよう。

「オークランド・トリビューンOakland Tribune」はオークランドの日刊新聞である。無料の週刊誌「イーストベイ・エクスプレスEast Bay Express」と「アーバン・ビューUrban View」には、オークランドとバークレーの情報が多く載っている。

ダウンタウン

オークランドのダウンタウンには歴史的建造物が多数ある。またこの地域を基盤に多様なビジネスが増加し続けている。サンフランシスコからBARTやフェリーで簡単にアクセスできるので、ぜひ、1日かけて探索してほしい。近くにはチャイナタウンとジャック・ロンドン・スクエアがあり、歩いて行ける。

5月から10月まで、オークランド市主催の**ウォーキングツアー walking tours**（☎510-238-3234）が催される。90分ほどかけて由緒あるダウンタウンストリート、市庁舎、プリザーベイション・パークを歩く。参加費無料で水曜と土曜の10:00にスタートする。予約を薦める。

歩いて回るのに最適な**シティ・センター City Center**は、ブロードウェイとクレイ・ストリート、12thと14thストリートに挟まれた地区で、オークランドのダウンタウンの中心である。ロナルド・デラムス連邦ビル（元下院議員に敬意を表して名付けられた）のツインタワーは、クレイ・ストリートを背にして建っている。**トリビューン・タワー Tribune Tower**は13thストリートとフランクリン・ストリートFranklin Stの間にあり、ひと際目立つ高層ビルだ。1923年に建てられた。オークランドの顔であり、オークランド・トリビューン新聞の拠点でもある。**市庁舎 City Hall**は14thストリートとクレイ・ストリートの間にあり、1914年に修復工事が終わった。美しい古典様式の美術館であるこのホールは、もう1つの街の宝である。

8thと10thストリートに挟まれたワシントン・ストリートWashington Stは、**オールド・オークランド Old Oakland**と呼ばれ、1860年から1880年に作られた多くの歴史的建造物があり、先ごろ修復工事が完了した（9thストリートのビクトリア様式の建物は必見）。先細りしていた経済もレストラン、分譲マンションやギャラリーが次々と建てられ、復活を遂げた。代表的なギャラリーには、8thストリートの角からすぐの**エクスプレッションズ・アートギャラリー Expressins Art Gallary**（815 Washington St）や子供の作品が展示されている**ミュージアム・オブ・チルドレンズアート Museum of Children's Art**（☎510-465-8770 538 9th St 無料 火〜土 10:00〜17:00、日 12:00〜17:00）がある。このエリアでは毎週金曜の朝に活気ある**ファーマーズ・マーケット farmers market**が開かれる。寄ってみる価値あり。

もっと落ち着いた雰囲気の中で、オークランドの歴史を感じたければ**プリザーベイション・パーク Preservation Park**（☎510-874-7580）に行ってみるといい。12thストリートと14thストリートに挟まれたマーチン・ルーサー・キング・ジュニア通りMartin Luther King Jr Wayにある。この公園には、歴史的建造物が別の場所から移築され、保護されている。なかに

はI-980の建設によって取り壊される運命だったものもある。1870年から1911年に造られたビクトリア朝の建物16棟が修復を終え、19世紀後半のオークランドの一地区のように整備されている。現在、これらの建物には非営利団体や小さな会社が入っている。

センターの北側、Telegraph Aveとブロードウェイが分岐する所に、1913年建造されたアイロンの形をした**大聖堂 Cathedral Building**が建っている。**パラマウント・シアター Paramount Theatre**（🏠2025 Broadway）は1931年建設のアールデコ建築の傑作である。改修も終えている。第1、第3土曜日に10:00スタートのツアー（＄1）がある（ツアーについては、後出の「エンターテインメント」を参照）。

オークランドのダウンタウンには、ほかにもアール・ヌーボー様式やアールデコ様式による建造物が多数存在する。不幸なことに、その多くは空家で、手入れが必要である。特にシティ・センター周辺に多い。特に貴重な建物で1928年建造の**フォックス・オークランド・シアター Fox Oakland Theater**（🏠Telegraph Ave & 19th St 🌐www.foxoakland.org）はかつて、シカゴの西部でもっとも大きな映画館であった。現在は閉鎖され、（願わくば）修復を待つ身である。ブロードウェイのはずれのストリートを散策すれば、ほかにも印象的ではあるが、中はからっぽの建造物を目にすることだろう。

ブロードウェイの東側、**チャイナタウン Chinatown**はフランクリン・ストリートFranklin Stとウエブスター・ストリートWebster Stの中心に位置し、1870年代から存在する。ベトナム、韓国、カンボジアやそのほかのアジア諸国の文化の拠点でもある。サンフランシスコのチャイナタウンより規模は小さいが、それでもアメリカの中では十分大規模なチャイナタウンの1つで、いわゆる観光用のつくりものの街ではない。騒然としていて実際、毎日大変なにぎわいを見せている。もちろん、いいレストランも多くある。

エボニー美術館 Ebony Museum（☎510-763-0141 🏠1034 14th St 💰＄2.50〜 📅火〜土11:00〜18:00）にはアフリカ系アメリカ人のアートや文化的遺産が展示されている。

ジャック・ロンドン・スクエア
Jack London Square

作家で冒険家であったジャック・ロンドンがかつて、大騒ぎした水辺がこの広場の名前の由来となっている。今ではそれほど騒がしい地区ではなく、旅行者向けのショッピングモールが点在しており、チェーンレストラン、チェーンストアやかわいらしい小さなギフトショップが入っている。ウォーターフロントはすてきな所で、特に日曜日には**ファーマーズ・マーケットfarmers market**が毎週、10:00から14:00まで開かれており、ぜひ散策してほしい。

ほかに**ヘインホールズ・ファースト・アンド・ラスト・チャンス・サルーン Heinholds First & Last Chance Saloon**（☎510-839-6761）も立ち寄ってみるだけの価値がある。ジャック・ロンドンやオークランドの著名人たちの行きつけだったとされる所で、こぢんまりとして、振れを感じるような建物ではあるが、1883年以来ずっと営業されており、歴史がある。キンキンに冷やしたアンカー・スティーム・ビールが味わえる。

少し安っぽいが、ジャック・ロンドンの**ユーコン・キャビン Yukon cabin**のレプリカがある（場違いな話だが）。ヘインホールズ・ファースト・アンド・ラスト・チャンス・サルーンの向かい、駐車場の隣にある。ユーコン・ゴールドラッシュ時に、ロンドンが住んでいた小屋の木材を半分使って建てられたらしい。

1990年中ごろの経済回復以来、この地域は人気のある**ジャック・ロンドン・シネマ Jack London Cinema**（☎510-433-1320 🏠100 Washington St）や世界的なジャズアーチストの演奏が行われる（後出の「エンターテインメント」を参照）しゃれたナイトクラブ、ヨシズYoshi'sで活気づいている。

165フィート（約50m）もある**USSポトマック号 USS Potomac**（☎510-627-1215 💰入場料＄5 📅水・金 10:00〜13:15、日 12:00〜15:15）はフランクリン・D・ルーズベルトの「浮かぶホワイトハウス」と言われ、クレイ・ストリートとウォーター・ストリートのフェリー埠頭に停泊している。2時間の歴史をめぐるクルーズが月に数回、3月から11月まで行われている（＄30）。電話で予約すること。

メリット湖
Lake Merritt

メリット湖は都会のオアシスで、散歩やランニング（湖の1周は3.5マイル＜約5.6km＞）にもってこいだ。かつては、水鳥が群れる干潟のある湿地であったが、オークランドの河口部分の支流が堰き止められて湖となった。翌年、州立法府はメリット湖をアメリカで最初の野生動物保護区に指定した。メリット湖には今でも渡り鳥がやってくるし、入り江にもつながっている。つまり、155エーカー（約62ha）のメリット湖の水は塩水であるということだ。ほかのベイ・エリアの公園と同じく、昼間は安全であるが、夜間は注意すること。

ガートルード・スタイン＆ジャック・ロンドン

オークランドでもっとも有名な2人の作家だが、どちらも実際にはここが出生地ではない。ガートルード・スタインは裕福な株式仲買人の娘として1874年にペンシルバニアで生まれた。学生生活をオークランドで過ごす以前は、ウィーンとパリに住んだ。カレッジ終了後パリに移り、第2次世界大戦終戦直後に亡くなるまでずっと住み続けた。有名人であったスタインは、その時代の多くの独創的な芸術家や作家と親交を深め影響を与えた。とりわけピカソとヘミングウェイは有名。キュビズムを作品に取り入れるという試みにより、あまり作品を読まれることのない作家だった。もっとも著名な作品はおそらく「アリス・B・トクラスの自伝The Autobiography of Alice B Toklas」だろう。これは長年のパートナーだったトクラスのことではなく、実は彼女自身の自伝だ。

　ジャック・ロンドンは1876年にサンフランシスコで、降霊術師の母と占星術家の父の息子として生まれた（父はその後家族を捨てる）。ロンドンは人生を冒険物語に変え始め、10代の頃はサンフランシスコ湾で自分の小舟に乗りカキ盗みをしていた（「ラズル・ダズルRazzle Dazzle」）。日本航路の船で働き、貨物列車に乗りアメリカ中を放浪、また熱狂的に社会主義を支持した。独学の末カリフォルニア大学バークレー校に入学するが、まもなく退学し、1897年にはクロンダイクKlondikeのゴールドラッシュに参加した。

　無一文のままアラスカから戻り、その後は書くことに驚異的なエネルギーを注いだ。歌からホラー小説にいたるまであらゆるものを書いた。最初の本となった「狼の息子The Son of the Wolf」を1900年に出版、以来16年間に年平均3冊の本を出した。ほどなくしてアメリカで1番稼ぐ作家となったが、お金が入ると急速に壁にぶつかった。1910年にソノマ・バレーSonoma Valley（「ワインカントリー」を参照）で農業に転向し1916年には謎めいた状況で亡くなった。肝臓病のためとされているが、薬物の過量服用による自殺の可能性が高い。

　メリット湖の南側には**オークランド美術館 Oakland Museum**（☎510-238-2200 🏠1000 Oak St 🎫大人＄6 学生＄4 🕐水〜土 10:00〜17:00、日 12:00〜17:00）があり、芸術と科学をテーマにした展示が交代に行われている。もちろん、常設展示のギャラリーも3つあるので、立ち寄ってほしい。こちらは州の多様な社会生態学をテーマにしている。たとえば、その地域の過去の様子から周辺地域の現在の様子まで網羅した歴史や、きらびやかな19世紀の風景画からおしゃれな現代作品までをカバーしたカリフォルニアの芸術が展示されている。BARTの駅から1ブロックの距離。

　メリット湖の北側の先には、湖畔公園があり、その中には**子供の国 Children's Fairyland**（☎510-452-2259 🎫入場料＄6 🕐夏 10:00〜16:00、春と秋の水〜日 10:00〜16:00、冬の金〜日 10:00〜16:00）がある。ここは1950年開園のおとぎ話をテーマにした大人も子供も楽しめる所で、変わった車や見せ物が展示されている。湖で遊びまわるなら**メリット湖ボートセンター Lake Merritt Boating Center**（☎510-238-2196 🕐10:30〜16:00 💰1時間＄6〜12）に立ち寄ろう。カヌー、こぎ船、カヤック、足こぎボートやヨットが借りられる。

　19世紀の終わりに、メリット湖畔には立派な邸宅が建ち並んでいたが、現在では1876年築の**カムロンスタンフォード・ハウス Camron-Stanford House**（☎510-444-1876 🏠1418 Lakeside Dr）が1軒残るだけだ。毎週水曜（11:00〜16:00）と日曜（13:00〜17:00）には＄4でツアーに参加することができる。しかし、この家で一番すばらしいのは湖畔の美しい外観と、オークランドのビクトリア全盛期を思い起こさせてくれる点だろう。

　メリット湖を取り囲む主な2つの商業通りが、メリット湖の東側にある**レイクシュア・アベニュー Lakeshore Ave**と北岸沿いに走っている**グランド・アベニュー Grand Ave**である。どちらの通りも食事、カクテルやコーヒーを飲むにはもってこいだ。後出の「食事」と「エンターテインメント」を参照のこと。

ピードモント・ロックリッジ
Piedmont & Rockridge

オークランドのダウンタウンの北側、ブロードウェイ沿いには何軒ものカーディーラーが建ち並んでいる。市はこの道をブロードウェイ・オート・ロウBroadway Auto Rowと名付けた。そこを過ぎた所がピードモントである。見事な住宅が並ぶ通りや、広大な墓地とそこから見渡す壮大な湾の眺めはすばらしい。ピードモント・アベニュー沿いには、アンティークショップ、コーヒー店、高級レストランやアートシネマ系映画館がぎっしりと軒を並べている。

　もう1つの人気のショッピング地区がロックリッジだ。イースト湾でもっともはやりの地区の1つである。ピードモントを少し過ぎた、ブロードウェイから北に分かれたカレッジ・アベニューを中心にしたあたりである。カレッジ・アベニューはバークレーにぶつかっていて、アベニューの端から端までブティック、書店、中古レコード店、パブやカフェ、そして高級レストランが数多く建ち並んでいる。おそらく、街一番の繁華街であろう。午後や夕方にぶらぶらしたり、食べたり飲んだりしているうちにあっ

という間に時間が過ぎていくだろう。BARTのロックリッジ駅あたりが、街の中心地になる。

オークランドヒルズ
The Oakland Hills

ダウンタウンの東側、インターステート580（I-580）を行くと道は複雑になり、曲がりくねりながらモントクレアなどの上流階級コミュニティを通り抜けると山の稜線にたどり着く。山には幾つもの公園がある。

ここの大きな魅力は、日帰りハイキングに理想的な大規模なイースト・ベイ・パークが幾つもあることだ。インフォメーションを利用するなら**イースト・ベイ・リージョナル・パークス・ディストリクト East Bay Regional Parks District**（☎510-562-7217 ♦2950 Peralta Oaks Court）に行ってみよう。ディストリクト（管区）ではアラメダとコントラ・コスタ・カウンティにある59の地域公園と自然保護区や憩いの場所を管理している。管理地域内には1000マイル（約1610km）も続く道が幾つもある。

ハイウェイ24を下りた所には**ロバート・シブレー火山帯保護区 Robert Sibley Volcanic Regional Preserve**がある。オークランドヒルズパークの最北端。円錐状の古い噴火口、ラウンドトップピーク Round Top Peak（1761フィート＜約528m＞）から見るベイ・エリアの眺めはすばらしい。シブレーからスカイライン大通りSkyline Blvdを南に走り、**レッドウッド地域公園 Redwood Regional Park**と隣接する**ホアキン・ミラー公園 Joaquin Miller Park**を通り越して**アンソニー・シャボー地域公園 Anthony Chabot Regional Park**へ行く。このような大きな公園の森でマウンテンバイクを走らせたり、山頂に沿ってハイキングすると、都会にいることをつかの間忘れられる。シャボー・パークの南端には大きなシャボー湖 Lake Chabotがある。湖岸に沿って歩きやすい小道がついている。カヌーやカヤック、そのほかのボートは**レイク・シャボー・マリーナ Lake Chabot marina**（☎510-582-2198）でレンタルできる。

2000年にオープンしたオークランドヒルズの科学技術センター、**シャボー宇宙科学センター Chabot Space & Science Center**（☎510-336-7300 ♦10000 Skyline Blvd 圏大人＄8 ユース＄5.50 ◎火～金 10:00～15:00、土・日 10:00～17:00）はホアキン・ミラー公園の少し北にある。宇宙旅行や天体などをテーマに多数展示をしている。金・土曜日には夜も開館してプラネタリウムショーを見せてくれる。20インチ（約50cm）の屈折望遠鏡を使って無料で観察ができる（天候による）点には注目だ。

フルートベイル Fruitvale の BART 駅からシャボー・センター Chabot Center とホアキン・ミ

イースト・ベイ－オークランド

ラー公園までは、ACトランジットバス53番が毎日運行。平日の通勤時間帯には、コロシアム・バート Coliseum BART から46番がスカイライン・ブルバードを走っている。

イースト・オークランド
East Oakland

イースト・オークランドはオークランドのダウンタウン南側に広がり、サン・リアンドロ San Leandroまで続く。旅行者はたいてい空港やコロシアムへの行き帰りにイースト・オークランドを通過するだけだ。インターナショナル大通り International Blvd（別名E 14thストリートとフットヒル大通り Foothill Blvd）沿いには興味深いビジネスや安いレストランも並んでいる。

オークランド・アラメダ・カウンティ・アリーナ・アンド・ネットワーク・アソシエイツ・コロシアム Oakland-Alameda County Arena and Network Associates Coliseum（☎510-569-2121）はI-880沿いにあり、オークランド・アスレチックス Oakland A's（野球）とゴールデンステートウォリアーズ Golden State Warriors（バスケット）、オークランド・レイダーズ Oakland Raiders（アメリカンフットボール）の本拠地となっている（後出の「スポーツ観戦」を参照）。

オークランド国際空港を利用するなら**ウェスタン航空宇宙博物館 Western Aerospace Museum**（☎510-638-7100 圏入場料＄4 ◎水～日 10:00～16:00）へ立ち寄ってみるとよい。ヘーゲンバーガー・ロード Hegenberger Rd からドリトル・ドライブ Doolittle Dr.の方へ北に向きを変える。博物館ではロッキード・エレクトラ（アメリア・イアハート Amelia Earhart が1937年に消息を絶ったものと同1機）と4エンジンの英国製ショート・ソレント飛行艇を展示している。

宿泊

オークランドのダウンタウンとヒルズではよいホテルも幾つかあるが、低予算での選択肢（少なくとも清潔で安全、周囲を信頼できること）はあまり多くない。サンフランシスコかバークレーで見つけるほうがよいだろう。

しかしB&B（ベッド＆ブレックファスト）はよい選択として考えられる。**バークレー・アンド・オークランド・ベッド＆ブレックファスト・ネットワーク Barkley and Oakland Bed & Breakfast Network**（☎510-547-6380 圏www.bbonline.com/ca/berkeley-oakland）はレギュラールームやスイートルーム、コテージを貸す20の一般家庭を紹介している。価格は1泊で＄90程度。あらかじめ1～2週間前に予約するのをおすすめしたい。

イースト・ベイでサンフランシスコよりも多いのは、快適なキャンプ場だ。**アンソニー・シャボー地域公園 Anthony Chabot Regional Park**（☎510-639-4751　テント＄15 RVサイト＄20）には75のキャンプサイトがる。場所はインターステート580（I-580）を下りてオークランドから南に数マイルの所。電話予約ができる（予約手数料＄6 ☎510-562-7275）。

サン・パブロ・アベニューSan Pablo Aveとブロードウェイ Broadwayをつなぐマッカーサー大通り MacArthur Blvdには安くて古いモーテルが立ち並んでいる。施設状況は悪くないが周囲が最高とはいえない。興味があるなら**インペリアル・イン Imperial Inn**（☎510-653-4125　490 W MacArthur Blvd S＄55 W＄65）を試してみよう。

ヘーゲンバーガー・ロードの空港近辺やインターステート880（I-880）のコロシアムとダウンタウン間には新しいチェーンモーテルが数多く並んでいる。シンプルな**モーテル6 Motel 6**（☎510-638-1180　8480 Edes Ave　客室＄66）から**コートヤード・バイ・マリオット Courtyard By Marriott**（☎510-568-7600　350 Hegenberger Rd　客室＄89）まで、選択肢はいろいろある。

ハワード・ジョンソン・エクスプレス Howard Johnson Express
☎510-451-6316
423 7th St
S＄79 W＄89
ダウンタウンにあり、BARTの12thストリート駅からわずか6ブロック。チャイナタウンに隣接している。

ジャック・ロンドン・イン Jack London Inn
☎510-444-2032、800-549-8780
444 Embarcadero West
客室＄99
ジャック・ロンドン・スクエア Jack London Squareにあり、手頃な価格の1950年式モーテル。室内は清潔でシンプルだ。

ワシントン・イン Washington Inn
☎510-452-1776　510-452-4436
495 10th St
客室＄108〜
もっとも魅力的なホテルの1つで、オールド・オークランド Old Oakland中心部にある。最近改装を行った。部屋数は47、バーとレストランがある。

レイク・メリット・ホテル Lake Merritt Hotel
☎510-832-2300、800-933-4683　510-832-7150

1800 Madison St
客室＄179〜289
1927年開業の堂々としたアールデコ様式のホテル。湖を見下ろす立地。

ドックサイド・ボート＆ベッド Dockside Boat & Bed
☎510-444-5858、510-444-0420
57 Clay St
2人用ボート＄125〜400
実際に船上体験をしたい人にスクエアズ・マリーナに係留しているヨットを貸している。料金には朝食が含まれている。

クレアモント・リゾート＆スパ Claremont Resort and Spa
☎510-843-3000、800-551-7266
510-843-6239
41 Tunnel Rd
客室＄270〜
ロックリッジに近い山頂にある。思う存分楽しみたい人向き。1915年にできたこの魅力的な白い建物の中には、高級レストラン、フィットネスセンター、プール、テニスコート、フルサービスのスパがある（部屋とスパのパッケージを利用できる）。

食事

ダウンタウン　晴れた日に外で食事したいなら**ラトーズ Ratto's**（821 Washington St　サンドイッチ＄5〜）のサンドイッチをどうぞ。古くから続くオークランドの食料品店（1897年）で、ランチ時のデリカウンターには人だかりができる。

ル・シュバル Le Cheval（1007 Clay St　1品＄5〜9）は10thストリートと11thストリートの間にあるベトナム料理の店で、ランチとディナーはどちらも人気。広々として都会的な店内には、風変わりで現代的なインテリアが施されている。

オークランドのチャイナタウンはサンフランシスコよりも見た目は地味かもしれないが、同じように混んでいる。**プノンペン・ハウス Phnom Penh House**（251 8th St　食事＄10未満）と**バタンボン Battambang**（850 Broadway　食事＄10未満）は優れたカンボジア料理のレストランだ。野菜料理だけを出す**レイオナズ・キッチン Layonna's Kitchen**（358 11th St　1品＄6〜10）のランチ・ビュッフェ（＄6.95）ではいろいろな料理を選べる。

サン・パブロ・アベニュー San Pablo Aveを北に進むと、かなり古びたバーベキュー店が幾つか並んでいる。小さな**シェフ・エドワーズ・バーベキュー Chef Edward's Bar-b-que**（1998 San Pablo Ave　食事＄5〜）のピグリー・ウィグリー・サンドイッチ Piggly Wiggly sandwichは

びっくりするほどおいしい。サービスも驚くほど親切だ。

レイク・メリット Lake Merritt

アリズメンディ Arizmendi
- 3265 Lakeshore Ave

マッカーサー大通り北の商業地にあるベーカリー。グルメピザを1切れ単位で売っている。ペストリーとパンもボリューム満点。

スペットロ Spettro
- 3355 Lakeshore Ave
- メイン＄12～16

奇抜な装飾と気さくな態度で迎えてくれ、家庭的で多国籍な料理にはリピーターが多い。

オータム・ムーン・カフェ Autumn Moon Cafe
- 3909 Grand Ave
- 食事＄8～16

グランド・レイク・シアターGrand Lake Theaterの北東にある古い1軒家。独創的な朝食とランチ、たっぷりのディナーを提供してくれる。フレンチトーストが有名。

ピードモント・ロックリッジ Piedmont and Rockridge

イースト・ベイでもっとも高級でトレンディなレストランの幾つかは、カレッジCollegeとピードモント・アベニューPiedmont Aves沿いの、この2つの個性的なショッピング・エリアにある。最初の4つのレストランでは予約をおすすめする。

ベイ・ウルフ Bay Wolf
- ☎510-655-6004
- 3853 Piedmont Ave
- メイン＄18～21

シェフのマイケル・ワイルドが1975年に開店、高級でしかも落ち着けるレストランだ。創作的で常に変化する地中海料理はどれもレベルが高い。

オリベート・カフェ＆レストラン Oliveto Cafe & Restaurant
- ☎510-547-5356
- 5655 College Ave
- メイン＄14～20

イースト・ベイで人気の高いもう1つの店。専門は素朴な北イタリア料理。1階はカフェ、2階はよりフォーマルなダイニングルームになっている。

シトロン Citron
- ☎510-653-5484
- 5484 College Ave
- メイン＄16～30

フランス料理を食べたい気分ならここがおすすめ。ロックリッジではシンプルでエレガントなビストロだ。

ジョジョ Jojo
- ☎510-985-3003
- 3859 Piedmont Ave
- メイン＄16～20

パニッセPanisseとオリベートOlivetoの両ベテランによる小さなカントリーフレンチのここもいい。

レッド・トラクター・カフェ Red Tractor Cafe
- 5634 College Ave
- 食事＄5～10

シンプルで気取らない店。食堂は明るく、よい香りが漂う。ローストターキーやミートローフ（肉なしバージョンもあり）といった安くて満足ゆく料理を出す。

オークランドブルース

1940年代に何千人もの黒人が造船所や軍需産業の仕事を求めてベイ・エリアにやってきた時、ブルースも持ち込んだ。1940年中頃から1950年にかけてのオークランド（とりわけ西オークランド）は活気のあるブルースシーンのメッカだった。7thストリート、ユニオン・ストリートUnion St、グローブ・ストリートGrove St（現在のマーチン・ルーサー・キング・ジュニア・ウェイMartin Luther King Jr Way）のあちこちにクラブがあり、その時代のブルースミュージシャンのほとんどがタバコの煙がたちこめるクラブで時を過ごした。ローウェル・ファルソンLowell Fulsomとジミー・マクラクリンJimmy McCracklinの2人のブルースマンの不朽の名曲はオークランドブルースと深いつながりがある。アイボリー・ジョー・ハンターIvory Joe Hunterはオークランドでスタートを切った。

　ミシシッピをルーツに持ちハーモニカを使うシカゴブルースとは違い、オークランドブルースはテキサスとルイジアナが融合したもの。そのスタイルをつくり育てた男として名を残すボブ・ゲディンスBob Geddinsの言葉「ゆっくりとひきずるようなビートと悲しみに満ちたサウンド」である。

　1960年代にはブルースの人気は次第に下火になった。ロックの人気が注目したのはオークランドスタイルではなく、ルネッサンスを楽しむシカゴスタイルのブルースだった。西オークランドのアンダーグラウンドブルースのクラブはじっと耐えていたが、1970年代にハーモニカなどほかの要素を取り入れていき、そのサウンドは変化し始める。オークランドには今でもブルースのクラブがあるが、もはや歴史的なオークランドブルースのサウンドは主役ではない。

イースト・ベイ － オークランド

ザッカリーズ・ピザ
Zachary's Pizza
🏠5801 College Ave
🍕ピザ＄12〜16

とてもおいしく重量感のあるシカゴスタイルのピザを出す。新鮮な材料がぎっしり並んでいるのが特徴。学生が多く、テーブル待ちに時間がかかるので覚悟しておこう。2号店がバークレーにある（🏠1853 Solano Ave）。

エンターテインメント
バー・クラブ

パシフィック・コースト・ブリューイング・カンパニー
Pacific Coast Brewing Company
☎906 Washington St

オールド・オークランドの中心部西側にある。十分な食事とおいしいビールが賞味できる。グレー・ホエール・エールGray Whale Aleをお試しあれ。

ヨシズ
Yoshi's
☎510-238-9200
🏠510 Embarcadero West

ジャック・ロンドン・スクエアにある、ベイ・エリアで1番のジャズクラブ。世界レベルの演奏を毎週興行している。隣のスシ・レストランで夕食をとると値段は高いが、しかるべき席を確保してくれる。

キンバルズ・イースト
Kimball's East
☎510-658-2555
🏠5800 Shellmound St

オークランド北西のエメリービルEmeryvilleにあり、ジャズ、R&Bの有名アーチストが出演。エメリーベイ・パブリック・マーケットEmerybay Public Marketにクラブがある。インターステート80（I-80）に乗り、パウエル・ストリートPowell Stで下りよう。

ジミーズ
Jimmie's
🏠1731 san Pablo Ave

大きなクラブとレストラン。ブルースとR&B、日曜にはジャズのライブ演奏もある。

エリズ・マイル・ハイ・クラブ
Eli's Mile High Club
🏠3629 Martin Luther King Jr Way

37thストリート近くにあり、オークランドブルース全盛期の面影を残している。ほぼ毎晩、地元バンドやDJたちが盛り上げてくれる。治安は万全というわけではないので、タクシーを使ったほうがよいだろう。

ストーク・クラブ
Stork Club
🏠2330 Telegraph Ave

ファンキーでちょっと風変わりな店。イースト・ベイのインディ・ロックシーンの舞台となっている。パンク、エクスペリメタル、ローファイ、スポークンワード、カントリー、そのほかのパフォーマーによる多岐にわたるラインアップが登場。

ホワイト・ホース
White Horse
🏠6551 Telegraph Ave

カリフォルニアで1番古いゲイバーといわれている。ストレートも歓迎。

アリー
Alley
🏠3325 Grand Ave

メリット湖Lake Merrittのそばにあり、パブ料理を出す素朴で古い居酒屋。ピアノバーでもある。1960年以来変わらずロッド・ディブルが経営している。

フィフス・アメンドメント
5th Amendment
🏠3255 Lakeshore Ave

メリット湖Lake Merrittの陽気な場所。地元のジャズやブルースのバンドが出演し、気さくで軽快な雰囲気。

ビール好きには地ビールの種類が豊富でパブ料理も食べられるロックリッジの**ベン＆ニックス Ben & Nick's**（🏠562 college Ave）とピードモントの**カトーズ・エールハウス Cato's Alehouse**（🏠3891 Piedmont Ave）が人気。

ホテル・イビサ
Hotel Ibiza
☎510-393-9888
🏠10 Hegenberger Rd

空港近くの1950年代のモーテルを改装している。有名デザイナーが手がけたダンスクラブでもある。もちろん宿泊はできるが、静寂を期待してはいけない。

演劇・映画 重厚なアールデコ様式の**パラマウント・シアター Paramount Theatre**（☎510-465-6400 🏠2025 Broadway 🌐www.paramounttheatre.com）ではクラシック・フィルムが月に数回上映されている。ここでのフィルム鑑賞はすばらしい体験となるだろう。シアターは**オークランド・イースト・ベイ交響楽団 Oakland East Bay Symphony**（☎510-446-1992）と**オークランド・バレエ Oakland Ballet**（☎510-465-6400）の本拠地でもあり、定期的に一流演奏家が出演している。

グランド・レイク・シアター
Grand Lake Theatre
☎510-452-3556
🏠3200 Grand Ave

メリット湖にある美しい映画館。しかし、残

念ながら複数の映画館に仕切られており、そのほとんどでハリウッド映画を公開している。

パークウェイ・スピークイージー・シアター
Parkway Speakeasy Theater
☎510-814-2400
🏠1834 Park Blvd
レイクショア・アベニューLakeshore Aveから2ブロック東にあり、とてもゆったりと映画を見られる。質の高いセカンドラン映画を上映。座席は快適でビールやワイン、サンドイッチ、ピザを食べられる。

スポーツ観戦

ゴールデンステートウォリアーズ Golden State Warriors（☎888-479-4667）はベイ・エリアでただ1つのNBAバスケットボールチーム。現在はネットワーク・アソシエイツ・コロシアム（別名オークランド・アラメダ・カウンティ・アリーナ・アンド・ネットワーク・アソシエイツOakland-Alameda County Arena and Network Associates Coliseum）と呼ばれるコロシアムで試合を行う。

オークランド・アスレチックス Oakland A's（☎510-638-4900）はベイ・エリアのアメリカンリーグ・ベースボールチーム。オークランド・コロシアムの屋外スタジアムで試合が行われる。

レイダース Raiders（☎510-864-5000）はオークランドのNFLアメリカンフットボールチームで過激なファンを魅了している。

チケットは**バス BASS**（☎510-762-2277）で予約できるが、かなりの予約手数料（遠回しに「便宜料」と呼ぶ）を取られる覚悟がいる。アスレチックスのチケットは外野席が＄7、内野席が＄20。野球の試合は予約なしで行っても問題はなく、手数料も節約できる。しかしウォリアーズとレイダースの試合は事前に完売してしまうことが多い。

アクセス

オークランドへは飛行機やバス、アムトラックAmtrak、BART、あるいはフェリーでも行くことができる。サンフランシスコからは車でベイ・ブリッジBay Bridgeを渡り、次のいずれかの道を経由して行く。インターステート580（I-580）に乗り、インターステート980（I-980）方面に進みシティ・センター近くで下りるか、またはインターステート880（I-880）に乗ってカーブしながら西オークランドを抜け、ブロードウェイ南端近くで降りる。インターステート880（I-880）はコロシアムやオークランド国際空港、サンノゼSan Joseに続いている。

飛行機 少し規模の小さい**オークランド国際空港 Oakland International Airport**（☎510-577-4000）が、サンフランシスコ国際空港から湾を越えて直接連絡している。あまり混雑しないので、オークランドを通ってベイ・エリアに発着するのはいい考えだ。**サウスウエスト・エアラインズ Southwest Airlines**（☎800-435-9792）はサンフランシスコでなく、オークランドに乗り入れていることに注目しておきたい。

バス 地域法人**ACトランジット AC transit**（☎510-839-2882）がミッション・ストリートと1stストリートの角にあるサンフランシスコのトランスベイ・ターミナルTransbay Terminalからオークランドのダウンタウンとバークレー、そしてイースト・ベイまでの2大都市間に便利なバスを多数走らせている。通勤時間帯にはサンフランシスコからオークランドまで（＄2.50）たくさんのバスが走っているが、「O」ラインだけが平日と週末の両方を運行。オークランドのダウンタウンにある5thストリートとワシントン・ストリートWashington Stの角で「O」ラインに乗ることができる。

夜遅く外出してサンフランシスコとオークランド間を走るバスを見つけたいなら「A」ラインが1時間に1本、トランスベイ・ターミナルから14thストリートとブロードウェイ角の間を運行している。

バークレーとオークランドのダウンタウンの間（＄1.35）なら、オークランドのダウンタウンからマーチン・ルーサー・キング・ジュニア大通り経由でバークレーに行く15番バスに乗るか、2つのシティ・センターをつなぐテレグラフ・アベニューTelegraph Aveを往復する40番バスに乗る。オークランドのブロードウェイ沿いとバークレーのカレッジ・アベニューCollege Ave沿いを走る51番バスは直通ではないが、ロックリッジやUCバークレー・キャンパスUC Barkley campus、バークレー・マリーナBarkley Marinaなどの近くにバス停があり便利。

グレイハウンド Greyhound（☎510-834-3213 🏠2103 San Pablo Ave）はオークランドからバレーオVallejo、サンフランシスコ、サンノゼSan Jose、サンタローザSanta Rosa、サクラメントSacramentoまで直行バスを運行（サンフランシスコターミナルに行くと直行便の選択肢はさらに増える）。発着所はかなりさびれている。

列車 沿岸を往復するアムトラックAmtrakがオークランドに常時停車する。オークランドのジャック・ロンドン・スクエアにある**アムトラック・ステーション Amtrak station**（☎510-238-4306、🏠245 2nd St）からオークランドのダウンタウンにはACトランジットバス58番、72番、

73番のいずれでも行ける。フェリーを利用して湾を渡りサンフランシスコに行くこともできる。

サンフランシスコまで発券した場合は、オークランドの1つ手前の**エメリービル駅 Emeryville Amtrak Station** (☎510-450-1081 ⌂5885 Landregan St) で下車すること。駅からサンフランシスコのトランスベイ・ターミナルまでは、アムトラックがシャトルバスを運行している。

BART ベイ・エリア内でオークランドへ行き来するには**BART**(☎415-989-2278、510-465-2278)を利用するのが1番便利だ。平日は4:00〜24:00、土曜は6:00〜24:00、日曜は8:00〜24:00に運行。5つの路線があり、15〜20分間隔で運行している。

オークランドのダウンタウンへ行くなら、リッチモンドRichmond行きか、ピッツバーグ/ベイ・ポイントPittsburg/Bay Point行きへ乗る。サンフランシスコのダウンタウンから12thストリートまたは19thストリートまでの料金は約$2.20。

レイク・メリット($2.20)やオークランド・コロシアム/エアポートOakland Coliseum/Airport ($2.75)へ行くなら、フレモント行き、ダブリン/プリーサントンDublin/Pleasanton行きのBARTに乗る。ロックリッジ($2.50)へ行くにはピッツバーグ/ベイポイント・ラインを利用する。

オークランドとバークレーのダウンタウンの間では、フレモントFremont—リッチモンドRichmondラインに乗る($1.10)とよい。

BARTとバスのトランスファーチケット($1.15)はBARTの駅出口近くの白いACトランジット販売機で購入できる。

フェリー サンフランシスコ〜オークランド間の移動で1番時間がかかり料金も1番高いが、1番楽しめるのは間違いない。**アラメダ/オークランド・フェリー Alameda/Oakland ferry** (☎510-522-3300)は、サンフランシスコのフェリービルからジャック・ロンドン・スクエアまでの便を平日は1日に約12回、週末は1日6〜9回運航している。所要時間は約30分。片道$4.50。チケットは乗船してから中で購入する。フェリーチケットには無料トランスファー(乗換チケット)がついていて、ジャック・ロンドン・スクエアからACトランジットバスを利用できる。

交通手段

オークランド国際空港からタクシーに乗ると、市内ダウンタウンまで約$25、サンフランシスコのダウンタウンまで約$40かかる。**スーパーシャトル SuperShuttle** (☎800-258-3826)は、オークランド国際空港からたくさん出ているドア・ツー・ドアのシャトルサービスの1つ。サンフランシスコ行きの片道サービスは、1人約$30、2人目は$8。イースト・ベイ行きも利用できる。電話で予約を。

安くて簡単な交通手段はBARTだ。空港とコロシアムBART駅の間を、空港〜BARTの表示のバスが10分間隔で運行している。料金は$2、BART駅または空港ターミナルの券売機で購入する。ACトランジットバス58番もオークランド空港とジャック・ロンドン・スクエア(コロシアムBART駅で停車)の間を運行。区間料金は$1.35。

ACトランジット AC Transit (☎510-839-2882)はオークランド市内全体を網羅するバス。ダウンタウンの14thストリートから13番に乗るとメリット湖とレイクショア・アベニューLakeshore Aveに行ける。58番はブロードウェイのダウンタウンからグランド・アベニューGrand Aveへ、59番はジャック・ロンドン・スクエアからピードモントPiedmont地区へ。51番はロックリッジとUCバークレー行き。料金は$1.35。つり銭のないようにする。

平日の11:00〜14:00だと、カイザー・センターKaiser Center(⌂Webster and 20th Sts)とジャック・ロンドン・スクエアの間を**ブロードウェイ・シャトル Broadway Shuttle**が無料運行している。

バークレー
Berkley

フリースピーチ運動全盛期から40年以上が過ぎてなお、バークレー(人口10万2750人)は真面目な自由主義の拠点である。風変わりな人々が通りにたむろし続け、活動的な政治活動家らが今も毎日出没している。バークレーに向かう者すべてが学生というわけでは決してないが、カリフォルニア大学バークレー校(UCB)の広大なキャンパスがこの街の大半を占めている。もちろん、テレグラフ・アベニューTelegraph Aveは昔ながらの、個性的な人々(熱心な学生たち、ひしめきあうように立ち並ぶ物売りたち、そしてその間を縫うように歩くお国柄豊かな人々)にあふれている。しかし、4thストリートのショッピング地区、活気のあるダウンタウンおよび「グルメ・ゲットーGourmet Ghetto」と称されるノース・バークレーの飲食街の人気が示すように、バークレーには大学だけにとどまることのない暮らしがある。

オリエンテーション

バークレーは、サンフランシスコのおよそ13マイル(約21km)東に位置し、西は港、東は丘陵、南はオークランドと境をなしている。I-80は街の西端に沿って次のマリーナまで延び、

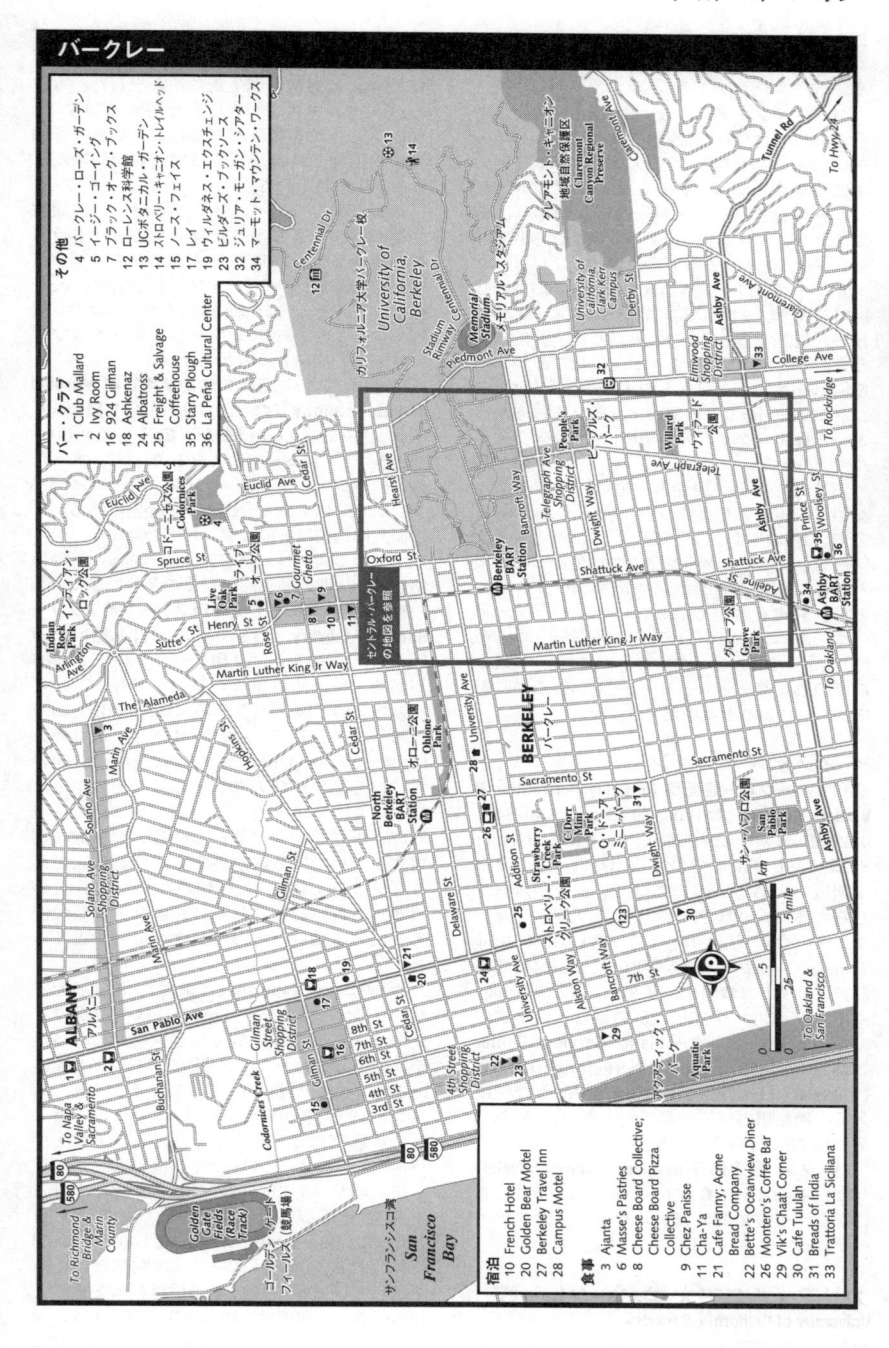

バークレー

バー・クラブ
1 Club Mallard
2 Ivy Room
16 924 Gilman
18 Ashkenaz
24 Albatross
25 Freight & Salvage Coffeehouse
35 Starry Plough
36 La Peña Cultural Center

その他
4 バークレー・ローズ・ガーデン
5 イージー・ゴーイング
7 ブラック・オーク・ブックス
12 ローレンス科学館
13 UCボタニカル・ガーデン
14 ストロベリー・キャニオン・トイルハッドF
15 ノース・フェイス
17 レイ
19 ウィルダネス・エクスチェンジ
23 ビルダーズ・ブックソース
32 ジュリア・モーガン・シアター
34 マーモット・マウンテン・ワークス

宿泊
10 French Hotel
20 Golden Bear Motel
27 Berkeley Travel Inn
28 Campus Motel

食事
3 Ajanta
6 Masse's Pastries
8 Cheese Board Collective; Cheese Board Pizza Collective
9 Chez Panisse
11 Cha-Ya
22 Bette's Oceanview Diner
26 Montero's Coffee Bar
29 Vik's Chaat Corner
30 Cafe Tululah
31 Breads of India
33 Trattoria La Siciliana

ここからユニバーシティ・アベニューがキャンパスやダウンタウンのある東に向かっている。

シャタック・アベニューShattuck Aveはキャンパスの1ブロック西側でユニバーシティ・アベニューと交差し、ダウンタウンエリアの主要交差点となっている。北にはグルメ・ゲットーのあるノース・バークレーがあり、南にはダウンタウンショッピング街およびBARTセントラル・バークレー駅。

サン・パブロ・アベニューSan Pablo AveはI-80の数ブロック東でユニバーシティ・アベニューと交差するもう1つの大通りだ。北に向かうと、サン・パブロ・アベニューはアルバニーAlbany、エル・セリートEl Cerrito、リッチモンドRichmondなど他都市に至る。南に向かうと、直接オークランドの市街に入る（約5マイル＜約8km＞）。

車で行く場合、居住者用道路の渋滞を防ぐために設置された多くの遮断機barriersがあるので、道案内はかなり難しく、この地区を横切ろうとするとUターンや立ち往生をする結果となる。特にキャンパス周辺やダウンタウンでは、駐車も容易ではない。テレグラフ・アベニューに近いデュラント・アベニューDurant Aveか、シャタック・アベニューの1本西側のセンター・ストリートCenter Stの駐車場に行ってみるとよいだろう。

インフォメーション

便利な**バークレー観光局 Berkeley Convention & Visitors Bureau**（☎510-549-7040、800-847-4823 www.visitberkeley.com ♦2015 Center St ◯月〜金 9:00〜17:00）はBARTダウンタウン駅近くにある。観光パンフレットが無料でもらえるほか、実用的なガイドブック「バークレー・ウォーキング・ツアー41 *41 Walking Tours of Berkeley*」（$5）も手に入る。24時間電話音声ガイド（☎510-549-8710）も利用可能。

キャンパスマップおよび情報は、大学構内にある**ビジターセンター Visitor Services Center**（☎510-642-5215 www.berkeley.edu ♦101 University Hall, 2200 University Ave）で手に入る。無料構内ツアーが月〜土曜の10:00と日曜の13:00に行われている。

バークレー歴史協会 Berkeley Historical Society（☎510-848-0181 ♦1931 Center St）ではさまざまなテーマで随時優れたウォーキングツアーを行っている（$10）。

カリフォルニア大学バークレー校
University of California, Berkeley

カリフォルニア大学バークレー校（多くの学生、地元住民には「カルCal」と呼ばれている）は、カリフォルニア州でもっとも古い大学である。大学設立が決定されたのは1866年、1873年には最初の学生たちが入学した。今日のバークレー校には3万人を超える学生と、1000人以上の教授陣がおり、ここから多くのノーベル賞受賞者が（粒子加速器を向けたように）生まれている。

テレグラフ・アベニューからは、人間観察や街頭演説および民族衣装を身に着けドラムを演奏する人々が集まるスプラウル・プラザSproul Plazaとセイザー・ゲートSather Gateを経由して入る。または、BARTダウンタウン駅近くのセンター・ストリートとオックスフォード・ストリートからも入れる。

キャンパスの見所は**古生物学博物館 Museum of Paleontology**（☎510-642-1821 www.ucmp.berkeley.edu 無料 ◯月〜金 8:00〜21:00、土・日 8:00〜17:00）などだ。凝った飾りのバレー・ライフ・サイエンス・ビルディングValley Life Sciences Building内にある。この研究博物館は一般公開されていないが、ティラノサウルス・レックス*Tyrannosaurus rex*の骨格など、広間の展示品を覗くことができる。

博物館の東には**バンクロフト・ライブラリー Bancroft Library**（☎510-642-3781 http://bancroft.berkeley.edu/ ◯月〜金 9:00〜17:00）がある。数ある貴重な資料の中でも、シェイクスピアの初版2つ折り本やドナー隊の記録が収められている（「シエラ・ネバダ」のコラム「ドナー隊」を参照）。わずかに一般に公開されている歴史的なカリフォルニア史の中には1849年のゴールドラッシュに火をつけた、驚くほど小さな金塊が載っている。図書館を利用するためには登録が必要で、18歳以上であり（あるいは高卒）、2種類の身分証明書（1つは顔写真付）を提示しなければならない。図書館に入る前に登録カウンターに立ち寄ること。

カンパニーレ Campanile（鐘楼）、正式名セイザー・タワーSather Tower、はバンクロフト・ライブラリーのちょうど東にある。ベネチアにあるサン・マルコ寺院St Mark's Basilicaをモデルにしたもので、328フィート（約100m）の尖塔から見るベイ・エリアはすばらしい景色である。最上階では、シリアル・ボウルからフォルクスワーゲン車の大きさに至るまでのサイズの61個の鐘からできたカリヨンを見上げることができる。演奏は平日7:50・12:00・18:00、日曜日は14:00・18:00に行われる。カンパニーレは現在修理のため閉鎖しているが、2002年末に再開の予定。エレベーターを利用する場合は最上階まで$2。

クローバー・ホールKroeber Hallのカンパニーレの南にある**ポイペ・ハースト人類学博物館**

Phoebe Hearst Museum of Anthropology（☎510-643-7648 🅿$2 ⏰水〜土 10:00〜16:30、日 12:00〜16:30）は古代ペルー、エジプトおよびアフリカなど世界中の原住民文化の遺物を所蔵。土着のカリフォルニア文化を特によく示すコレクションも多く所蔵している。

通りを挟んで向かい側には**UCバークレー美術館 UC Berkeley Art Museum**（☎510-642-0808 🏠2626 Bancroft Way 🎫大人＄6 学生＄4、木曜無料 ⏰水〜日 11:00〜19:00）がある。11のギャラリーに古代中国から最先端の現代作品まで幅広く展示している。この建物は、人気の高いパシフィック・フィルム・アーカイブ Pacific Film Archive（フィルムライブラリー兼映画館）（後出の「エンターテインメント」を参照）は言うまでもなく、書店、カフェ、彫刻庭園も備えている。

キャンパス南
South of Campus

UCキャンパスから南に向かうテレグラフ・アベニューは、まぎれもなくベイ・エリアでももっとも"カラフルな"通りであり、ピアスやマリファナあるいは絞り染めTシャツに対して旅行者がどう感じようとも、認めざるを得ない。実際、1日中、夢追い人や放浪者、露天商にあふれ、ヒッピーへの郷愁と軽蔑との中で活気が漂っている。髪を後ろで束ねた物乞いたちが小銭をせがみ、通りの露天商たちは水晶からバンパーステッカー、自費出版本に至るまで、あらゆる物を売りつけている。テレグラフ・アベニューには通り自体の魅力（すばらしい書店や巨大なレコード店、古着屋、コーヒーショップ、安い食堂）があるので、地元の人のように、それらは無視してしまっても構わない。

テレグラフ・アベニューの東、ヘイスト・ストリートHaste Stとドワイト・ウェイDwight Wayとの間には、60年代後半、住民と市政府との間で起きた政治的戦いの場として地元史に残る**ピープルズ・パーク People's Park**がある（コラム「支配的パラダイムの失墜」を参照）。それ以来、この公園はほとんどがバークレーのホームレスたち（非公認）の住居となっている。公的資金による復元事業で多少整備され、今もなおフェスティバルが行われているが、地面はいまだに踏み荒らされたみすぼらしい草地である。

公園の南西端にバーナード・メイベック Bernard Maybeckによる1910年の建造物、**ファースト・チャーチ・オブ・クライスト・サイエンティスト First Church of Christ Scientist**（☎510-845-7199 🏠2619 Dwight Way 📅日曜 礼拝時）がある。この建築物はコンクリートと木材を用い、クラフツマンスタイル、アジア様式、およびゴシック様式の影響が織り交ざっている。メイベックはかつてUCバークレーの建築学教授であり、サン・フランシスコ・パレス・オブ・ファイン・アーツSan Francisco's Palace of Fine Artsほか、ノース・バークレーで多くの家を設計した。無料のツアーが毎月第1日曜日12:15に行われている。

公園の南東に面しているのは、美しく装飾を抑えたレッドウッド造りの**ジュリア・モーガン・シアター Julia Morgan Theatre**（☎510-845-8542 🏠2640 College Ave）で、1910年建造のベイ・エリア建築家のジュリア・モーガンによって造られた劇場（もとは教会）で、モーガンはベイ・エリアの多くの建物を設計した。特に有名なのはハースト・キャッスルthe Hearst Castle。カレッジ・アベニュー南には**エルムウッド地区 Elmwood District**がある。ショップやレストランがある魅力的な穴場で、

サンフランシスコ・ベイ・エリア

支配的パラダイムの失墜

バークレーの学生たちは常に情熱的な信念を持っている。さかのぼること1930年代から学生運動家たちは社会的差別や人権侵害に対して抗議集会を開いていたが、バークレー市が国民最初の内戦の場として有名あるいは多くの点で悪名高くなるのは60年代になってからである。

1964年には学生たちはすでにケネディ大統領のピッグズ湾事件、ジョゼフ・マッカーシー上院議員および非米活動委員会の公聴会に異を唱えていた。しかし、9月30日にキャンパスのスプラウル・ホールSproul Hallでの平和的座り込み抗議が警察により中断させられたのを機に、改革運動に火がついた。フリースピーチ運動と反ベトナム戦争が主な論点となり、それから5年にわたってUC評議委員（大学当局）と当時の州知事であるロナルド・レーガンは、抗議者に対する激しい報復行動を繰り広げ、何千人にもの逮捕者、大勢の機動隊の派遣、数回におよぶ催涙ガス攻撃、および国家警備隊による17日間もの占拠などを行った。

1969年春、騒動はピークに達し、好ましからざるシンボル、ピープルズ・パークがその中心地となった。4月、放棄されていた大学所有地の1区画が「パワー・トゥ・ザ・ピープル・パークPower to the People Park」と呼ばれるようになった。何百人ものヒッピーが彼らのカウンターカルチャーの中心地をつくろうと木や花を手に集まった。翌5月、バークレー・フリー・チャーチBerkeley Free Churchにこの土地が奉献されてまもなく、大学側は一夜のうちにフェンスを張りめぐらせここを占拠した。暴動は何百人もの負傷者と流れ弾による死者1名を出す結果となった。

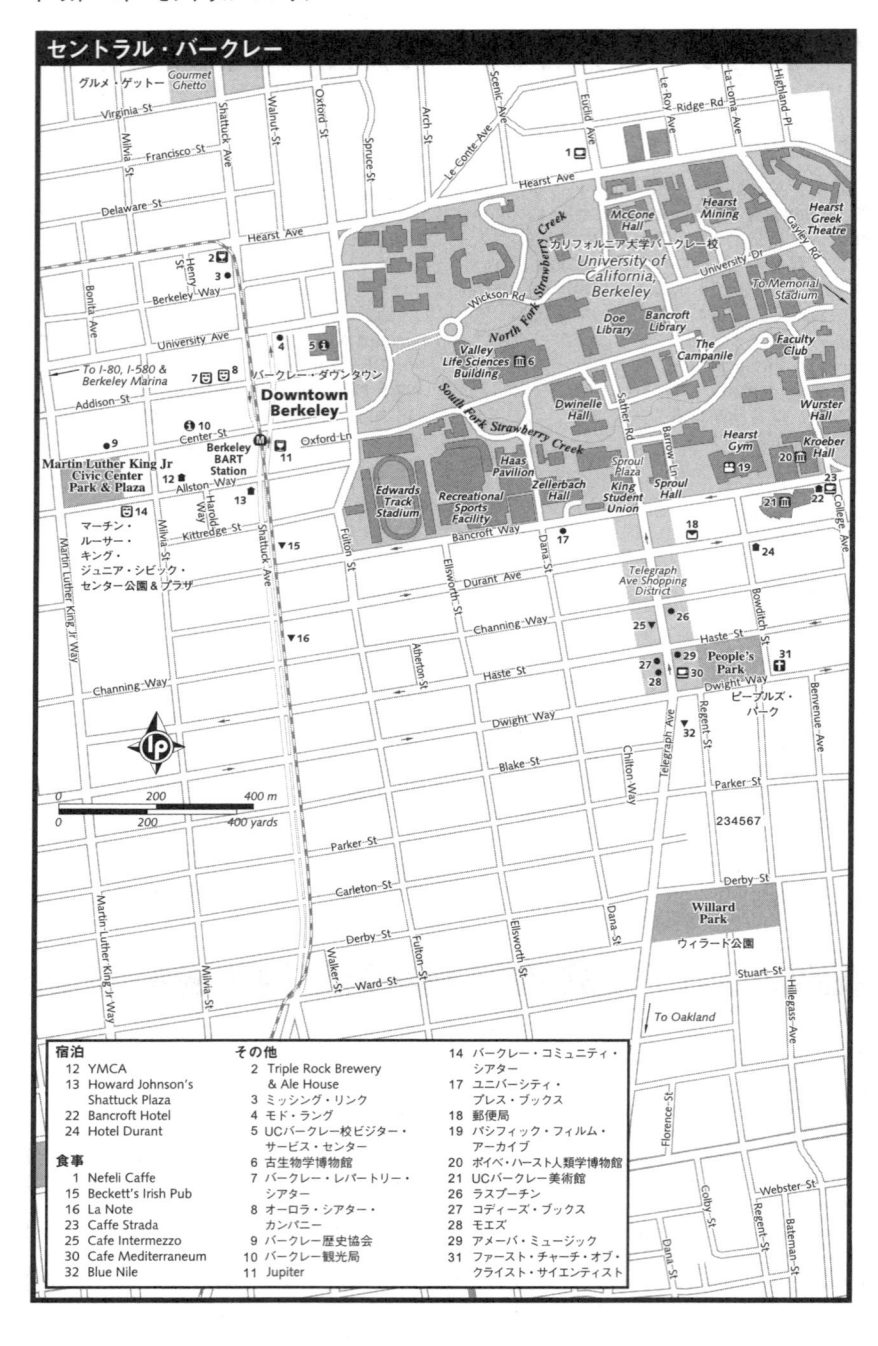

イースト・ベイ − セントラル・バークレー

セントラル・バークレー

宿泊	
12	YMCA
13	Howard Johnson's Shattuck Plaza
22	Bancroft Hotel
24	Hotel Durant
食事	
1	Nefeli Caffe
15	Beckett's Irish Pub
16	La Note
23	Caffe Strada
25	Cafe Intermezzo
30	Cafe Mediterraneum
32	Blue Nile
その他	
2	Triple Rock Brewery & Ale House
3	ミッシング・リンク
4	モド・ラング
5	UCバークレー校ビジター・サービス・センター
6	古生物学博物館
7	バークレー・レパートリー・シアター
8	オーロラ・シアター・カンパニー
9	バークレー歴史協会
10	バークレー観光局
11	Jupiter
14	バークレー・コミュニティ・シアター
17	ユニバーシティ・プレス・ブックス
18	郵便局
19	パシフィック・フィルム・アーカイブ
20	ボイペ・ハースト人類学博物館
21	UCバークレー美術館
26	ラスプーチン
27	コディーズ・ブックス
28	モエズ
29	アメーバ・ミュージック
31	ファースト・チャーチ・オブ・クライスト・サイエンティスト

テレグラフ・アベニュー周辺の熱狂的にぎわいとは対照的な落ち着きを与えてくれる。さらに南に進むとロックリッジRockridgeに出る（本章前出の「オークランド」を参照）。

ダウンタウン
ユニバーシティ・アベニューとドワイト・ウェイに挟まれたシャタック・アベニューを中心とするバークレーのダウンタウンには、バークレー評判の絞り染めはほとんど見られない。近年この地区は道路修復工事が行われており、多数のショップやレストラン、再建された公共ビルや、（そうあってほしいと市当局が望む）新興芸術地区のあるにぎやかなエリアとなり生まれつつある。有名な役者たちの行きつけの場であるバークレー・レパートリー・シアターthe Berkeley Repertory Theatre（後出の「エンターテインメント」を参照）や**オーロラ・シアター・カンパニー Aurora Theatre Company**（☎2081 Addison St）はこの地区の中心にある。近くには数件の良質な映画館（カリフォルニアCaliforniaとファイン・アーツFine Artsの2つは本原稿執筆時改装中）やコンサート会場の**バークレー・コミュニティ・シアター Berkeley Community Theatre**（☎cnr Allston Way & Milvia St）がある。

ノース・バークレー
North Berkeley
キャンパスの北は、美しい住宅、公園、それにカリフォルニアでも評判のレストランが多い界隈である。人気の**グルメ・ゲットー Gourmet Ghetto**はシャタック・アベニューに沿ってユニバーシティ・アベニューの北側まで数ブロックにわたる。多くのレストランがあるここの1番の魅力は、もちろん、カリスマ的存在のシェ・パニシェChez Panisseやベーカリー、コーヒーショップ、食品店などの食べ物である。ここより北西、バークレーからアルバニーに至る**ソラノ・アベニュー Solano Ave**には数多くのファンキーショップ、良質のレストラン、それに映画館が数件、軒を連ねている。

ノース・バークレーはまた豪邸が多く建ち並んでいる。ラ・ローマ・アベニューLa Loma Aveの1515番地やブエナ・ビスタ・ウェイBuena Vista Wayの2704、2711、2733、2751、2754、2780番地など、バーナード・メイベックの優れた建築作品を多く見ることができる。凝った造りの庭やこの界隈の特徴であるアジア風の門構えをじっくり見るのならこのあたりの通りを散歩するのがよい。

ユーナス・ストリートEunice Stの南、ユークリッド・アベニューEuclid Aveには**バークレー・ローズ・ガーデン Berkeley Rose Garden**と鮮やかな色彩で彩られた8段のテラスがある。ここなら静かなベンチとほぼ絶え間なく咲き続けるあふれんばかりのバラに出合えるであろう。

バークレー・ヒルズ
The Berkeley Hills
街の東にある丘にはバークレーの王冠、**ティルデン・リージョナル・パーク Tilden Regional Park**（☎510-562-7275）がある。2077エーカー（約831ha）もの公園には、舗装された道から起伏に富んだ丘まで、壮大なベイ・エリア・リッジ・トレイルBay Area Ridge Trailの一部も含む30マイル（約48km）以上におよぶ変化に富んだ難所のある道がある。ほかの見所としてはミニチュア蒸気機関車（＄1.75）、子供農場、植物園、18ホールの**ゴルフ・コース**（☎510-848-7373）や環境教育センターなどがある。アンザ湖Lake Anzaはピクニックに好適なエリアで、は春から晩秋までで泳ぐことができる（大人＄3 子供＄2）。ACトランジット・バスAC Transit bus67番がBARTダウンタウン駅から公園まで走っている。

グリズリー・ピーク大通りGrizzly Peak Blvd近くの**ローレンス科学館 Lawrence Hall of Science**（☎510-642-5132 ☎Centennial Dr ■大人＄8 子供＄6 ◙10:00～17:00）はサイクロトロン粒子加速器を発明してノーベル賞を受賞したアーネスト・ローレンスErnest Lawrenceにちなんで名付けられた。彼は第2次世界大戦のマンハッタン計画の重要なメンバーであり、その名はローレンス・バークレーLawrence Berkeleyやローレンス・リバーモア研究所Lawrence Livermore laboratoriesにも使われている。サイエンス・ホールthe Hall of Scienceについては、レーザーから地震について、さらに戸外には60フィート（約18m）ものDNA分子模型に至る膨大な展示品を所有している。ACトランジット・バス8番と65番がBARTダウンタウン駅から出ている。ハースト・マイニング・サークルHearst Mining Circleから出ている大学のベアー・トランジット・シャトル（H線）Bear Transit shuttle（H line）を利用することもできる。

ホール・オブ・サイエンスの下、ストロベリー・キャニオンStrawberry Canyonにある**UCボタニカル・ガーデン UC Botanical Garden**（☎510-643-2755 ☎200 Centennial Dr ■大人＄3 子供＄1、木曜は無料 ◙9:00～17:00）はバークレー・ヒルズのもう1つの見所。1万3000種を超える植物が育つこの植物園は、アメリカでももっとも多種多様な植物が見られる植物園の1つである。ここもまた、ベアー・トランジット・シャトルH線で来ることができる。

近くの消防道はストロベリー・キャニオンを1周する森林散歩道で、ここから見る街と立入禁止のローレンス・バークレー国立研究所Lawrence Berkeley National Laboratoryの景色はすばらしい。UCボタニカル・ガーデンの南西、センテニアル・ドライブCentennial Drの駐車場にある起点から入れば、ローレンス・ホール・オブ・サイエンスの近くに出られる。

シャタック・アベニュー西
West of Shattuck Ave
I-80近くの工業エリアに隠れているが**4thストリート・ショッピング・ディストリクト 4th St Shopping District**として知られた3ブロック。高級ショッピングや散歩のためのアーケード付舗道、数件のおいしいレストランがある。週末は特にこのエリアで駐車するのは難しいので注意したい。

バークレー・マリーナ Berkeley Marinaはユニバーシティ・アベニューの西端に位置する。鳴きながら飛ぶかもめの姿や、桟橋から静かに釣り糸をたれる人々、そして、特に風の強い週末には色とりどりのカイトが見られる。桟橋そのものはもっとずっと古くからあるが、マリーナの建設は1936年にスタートした。桟橋はもともと1870年代に建設され、1920年に長さ3マイル(約5km)の船用桟橋がとって代わった。旧桟橋の一部は造り直され、訪れる人に広大な港の風景を楽しませてくれる。

サン・パブロ・アベニューはもと国道40号で、I-80ができる前は東からの主要大通りであった。ユニバーシティ・アベニューの北界隈には、今もなお数件の古いモーテルや食堂、まぶしいネオンサインを灯した時代遅れの酒場が並んでいる。ドワイト・ウェイ周辺の狭い範囲に広がるレストランやギフトショップ、洋服店など、ユニバーシティ・アベニューの南は最先端の流行の場となっている。

宿泊
バークレー観光局(前出の「インフォメーション」を参照)が地元のホテルを紹介してくれる。
バークレー・アンド・オークランド・ベッド&ブレックファスト・ネットワーク Berkeley and Oakland Bed & Breakfast Network(☎510-547-6380 Ⓦ http://www.bbonline.com/ca/berkeley-oakland/)ではB&Bの宿泊情報を入手できる。B&Bリストには客室から人里離れた庭付コテージまでが揃っている。

キャンパス・ダウンタウン周辺 Around Campus & Downtown YMCA (☎510-848-6800 🏠2001 Allston Way 💰$46 W$60)はもっとも低料金で泊まれ、バークレーにユースホステルが1軒もないことを補っている。ダウンタウンの中心にあって、小さい客室の宿泊料にはサウナやプールの使用料金が含まれる。前もって予約しておきたい。

ハワード・ジョンソンズ・シャタック・プラザ
Howard Johnson's Shattuck Plaza
☎510-845-7300 📠510-644-2088
🏠2086 Allston Way
💰$79〜125
ダウンタウン、BART駅近くにあり、改築されたばかり。近年ハワード・ジョンソンのチェーンによって一新された174室のホテルはかつてホテル・シャタックHotel Shattuckと呼ばれていた。創業は1910年。

フレンチ・ホテル
French Hotel
☎510-548-9930
🏠1538 Shattuck Ave
💰$95
グルメ・ゲットー内。近代的な煉瓦造りの建物には、飾り気のないすっきりとした部屋が18室ある。1階は人気のカフェ。

バンクロフト・ホテル
Bancroft Hotel
☎510-549-1000、800-549-1002
📠510-549-1070
Ⓦ www.bancrofthotel.com
🏠2680 Bancroft Way
💰$99〜129
キャンパスの向かい。心地よい22室があり、学生を訪ねてくる親が好んで利用している。クラフツマンスタイルの建物は1928年に建てられ、元は婦人クラブだった。

ホテル・デュラント
Hotel Durant
☎510-845-8981、800-238-7268 📠510-486-8336
Ⓦ www.hoteldurant.com
🏠2600 Durant Ave
💰$160〜
キャンパスとテレグラフ・アベニューから1ブロックの所。快適な140の部屋と1階には人気のバーがある1928年創業のしゃれたホテル。

シャタック西 West of Shattuck ユニバーシティ・アベニューは低予算のモーテルが散在している。バークレーの中でもここはあまりきれいな所ではないが、宿泊施設の多くは改装されており1泊旅行者たちには十分かつ安全である。

キャンパス・モーテル
Campus Motel
☎510-841-3844

🏠1619 University Ave
🛏S＄70〜 W＄80〜
カリフォルニア・ストリート近くで、設備は正真正銘の1950年代の特色を備えており、小さいがシンプルで手入れが行き届いている。

バークレー・トラベル・イン
Berkeley Travel Inn
☎510-848-3840
🏠1461 University Ave
🛏S＄65 W＄90
キャンパス・モーテルの近くにあり、同様に満足できる。さっぱりとした清潔な外観のシンプルな1950年代の宿。

ゴールデン・ベアー・モーテル
Golden Bear Motel
☎510-525-6770
🌐www.goldenbearinn.com
🏠1620 San Pablo Ave
🛏S＄99 W＄119
ユニバーシティ・アベニューから数ブロックの所にある。清潔で近代的な1940年代のモーテル。カフェ・ファニーCafe Fanny（後出の「エンターテインメント」を参照）が通りの正面にある。

食事

テレグラフ・アベニューにはカフェやピザ屋、安いレストランが集まっている。BARTダウンタウン駅近くのシャタック・アベニュー沿いに、レストランを数多くを見つけることができる。ユニバーシティ・アベニュー北側のシャタック・アベニュー地区が「グルメ・ゲットー」で、カリフォルニア料理の代表であるシェ・パニシェなど、あらゆる飲食店の集まる所となっている。

キャンパス周辺 Around Campus
カフェ・インターメッゾ
Cafe Intermezzo
🏠2442 Telegraph Ave
🍴食事＄5
手早くお腹を満たすのによい。ボリュームがあっておいしいサンドイッチとサラダに定評がある。パンも自家製。

ブルー・ニール
Blue Nile
🏠2525 Telegraph Ave
🍴メイン＄10未満
エチオピア料理がすばらしく、店の雰囲気も穏やかで心地よい。

トラットリア・ラ・シシリアーナ
Trattoria La Siciliana
🏠2993 College Ave
🍴メイン＄8〜16

魅力的なエルムウッド地区のレストランの中で、キャンパス南にあるイタリア料理の話題の店。

ノース・バークレー North Berkeley
シェ・パニシェ
Chez Panisse
☎510-548-5525
🌐www.chezpanisse.com
🏠1517 Shattuck Ave
🍴選べるコース＄45〜75 メイン単品メニュー＄10〜19
1971年より料理長アリス・ウォーターズが指揮をとっているカリフォルニア料理レストランのカリスマ的存在。メニューは毎日変わるが、常に新鮮な旬の有機野菜、肉、魚を取り入れている。コース料理は1階で出され、曜日が進むにつれ価格が上がる。2階はカフェで、ランチやディナーに1階と同じ品を1品料理として出している。多くのファンがここのくつろいだセッティングにも同様に満足している。予約は1カ月前から受け付けている。

チャ・ヤ
Cha-Ya
🏠1686 Shattuck Ave
🍴1品＄5〜9
麺類、スープ、野菜中心のスシなど、独創的な日本食を出すのでベジタリアンらに愛用されている。

チーズ・ボード・コレクティブ
Cheese Board Collective
🏠1504 Shattuck Ave
多種多様なグルメ好みのチーズと自家製パンを出している。一緒に食べればしゃれたランチになる。同様に人気の高いピザをテイクアウトするなら隣の店**チーズ・ボード・ピザ・コレクティヴ Cheese Board Pizza Collective**（🏠1512 Shattuck Ave）へ。

ダウンタウン＆ウエスト・バークレー Downtown & West Berkeley
ダウンタウンの**ラ・ノト La Note**（🏠2377 Shattuck Ave 🍴食事＄5〜）はカジュアルなフランス田舎料理店。上等なハムとグリュイエールチーズのオムレツや贅沢なフレンチトーストほか、すてきな朝食・ランチメニューも揃えている。

ベケット・アイリッシュ・パブ
Beckett's Irish Pub
🏠2271 Shattuck Ave
🍴食事＄7〜16
ラ・ノトの近く。ヘルシーなアイルランド料理と英国ビールを出す。1925年建築のフランス田舎風建物に美しく復元され、広々と居心地がよい。

バークレーには一流インド料理店がたくさんある。**ブレッド・オブ・インディア Breads of India**（🏠2448 Sacramento St 🍴食事＄10未満）はしばしば人気店の上位にあげられ、装飾やサービスは極上とはいえないが工夫をこらしたナン（パン）など食事は絶品。ほかにおすすめの店としては、いつも混み合っている**アジャンタ Ajanta**（🏠1888 Solano Ave 🍴メイン＄11〜15）や広く頑丈な倉庫を店とし、味のある南部インド風の軽食を出す**ヴィックス・チャート・コーナー Vik's Chaat Corner**（🏠724 Allston Way 🍴1品＄4〜）がある。

カフェ・トゥルーラ
Cafe Tululah
🏠2512 San Pablo Ave
🍴1品＄5〜10

工夫されたおいしい朝食とランチを出す、センスのいい親しみやすい店。ユニバーシティ・アベニューから数ブロックの所で、開発途上地域にある数軒のうちの1軒。

ベティズ・オーシャンビュー・ダイナー
Bette's Oceanview Diner
🏠1807 4th St
🍴＄5以上

工夫をこらした食事はおいしく大変な人気だが、長く待たされることもある。

エンターテインメント

カフェ 昔ながらの「これぞ本来のバークレー」という雰囲気を味わいたければ**カフェ・メディタレニアム Caffe Mediterraneum**（🏠2475 Telegraph Ave）。1950年代から営業しており、多くの常連客は当時のままだ（同じ席に座っている）。

カフェ・ストラダ
Caffe Strada
🏠2300 College Ave

雰囲気のよいパティオと強いエスプレッソが特徴の学生たちでにぎわうポピュラーな店。

ネフェリ・カフェ
Nefeli Caffe
🏠1854 Euclid Ave

ノース・バークレーにある小さな店。地味だがリラックスしてコーヒーを楽しめる。

マッセズ・ペイストリーズ
Masse's Pastries
🏠1469 Shattuck Ave

独創的で最高のケーキとパンを焼く店。

モンテロズ・コーヒー・バー
Montero's Coffee Bar
🏠1401 University Ave

店外の窓口で、強くておいしい無添加自家製コーヒーを販売している。ユニバーシティ・アベニューに滞在している時や、単に通りがかりに寄るのにも格好の店。

カフェ・ファニー
Cafe Fanny
🏠1603 San Pablo Ave
🍴朝食＆ランチ＄4〜8

ユニバーシティ・アベニューの北にあり、アリス・ウォーターズAlice Watersが経営している。期待通りカフェオレ、自家製ペストリー、ポーチドエッグが大変おいしい。さらに、隣の**アクメ・ブレッド・カンパニー Acme Bread Company**もすてきな店なのでおすすめ。

バー・クラブ 1986年開店の**トリプル・ロック・ブリューワリー・アンド・エール・ハウス Triple Rock Brewery & Ale House**（🏠1920 Shattuck Ave）はアメリカ初のブリューパブの1つだ。おいしい自家製ビールのほか、つまみもある。同じオーナーがダウンタウンのパブ**ジュピター Jupiter**（🏠2180 Shattuck Ave）も経営しており、各地の地元、おいしいピザ、ビアガーデン、時にはバンドの生演奏も楽しめる。どちらの店も学生たちに人気がある。

アルバトロス Albatross（🏠1822 San Pablo Ave）はユニバーシティ・アベニューの1ブロック北にあり、ベイ・エリアでも1番魅力的で感じのよいパブの1つ。英国式のインテリアで飾られた店内はゆったりとしており、応対はフレンドリーでビールの種類は豊富、そしてマティーニは強めだ。

サン・パブロ・アベニューの北には、年代もののバーやパブが何軒かある。たいまつが燃える屋外にテーブルがあり、時間制でビリヤードもできる。**クラブ・マラード Club Mallard**（🏠752 San Pablo Ave）や荒削りなカントリー、ブルース、ロカビリーバンドの生演奏、1945年製の年代もののすばらしいジュークボックスがある**アイビー・ルーム Ivy Room**（🏠860 San Pablo Ave）などだ。

バンド生演奏といえば、バークレーにはたくさんの店がある。席料は＄5〜20で、演奏者によって異なる。

フレイト・アンド・サルベージ・コーヒーハウス
Freight & Salvage Coffeehouse
☎510-548-1761
🏠1111 Addison St

サン・パブロ・アベニューを横に入った所にあり、伝統的なフォークとブルーグラスバンドが聴ける。アルコール類はないので注意。

アシュケナズ
Ashkenaz
☎510-525-5054
🏠1317 San Pablo Ave

「音楽とダンスの中心」として、政治活動家やヒッピー、フォーク、スイング、民族音楽の

ファンなどダンス好きの人々を引きつけている（ダンスレッスンあり）。

924ギルマン
924 Gilman
☎510-525-9926
🏠924 Gilman St
1986年の開店以来、ウエスト・バークレーでパンク・ライブに若者ファンが集まる。

ラ・ペーニャ・カルチャー・センター
La Peña Cultural Center
☎510-849-2568
🏠3105 Shattuck Ave
BARTアシュビーAshby駅そばにあり、ラテンアメリカの趣きを持ったライブ演奏、コメディー、芝居、詩の朗読を行っている。

スターリ・プラウ
Starry Plough
☎510-841-2082
🏠3101 Shattuck Ave
ラ・ペーニャ・カルチャー・センターの隣の気楽なアイリッシュパブ。地元または国内ツアー中のロック、ジャズ、カントリー、ブルースなど各バンドの顔ぶれが豊富。

映画 熱狂的映画ファンには**パシフィック・フィルム・アーカイブ Pacific Film Archive**（☎510-642-1124 🏠2575 Bancroft Way 🎫入場料＄7）は必見。世界的に有名なフィルムセンターで、ほかではめったにお目にかかれない各国の映画や古典的な映画を見せている。上映スケジュールは常時変更される。

演劇・ダンス ダウンタウンは**バークレー・レパートリー・シアター Berkley Repertory Theatre**（☎510-647-2949 🏠2025 Addison St）の本拠地。高く評価されているこの劇団は、1968年から大胆奇抜な古典および近代劇を制作している。
　UCBキャンパスの南端、バンクロフト・ウェイBancroft Way とデーナ・ストリートDana St近くには**ツェラーバッハ・ホール Zellerbach Hall**（☎510-642-9988）がある。国内外のグループが多種多様なダンスイベント、コンサートおよびパフォーマンスを行う。チケットは電話で問い合わせるか、隣接する**カル・パフォーマンス・チケットオフィス Cal Performances Ticket Office**で。

スポーツ観戦
1923年に建設された**メモリアル・スタジアム Memorial Stadium**は、7万6000席を有するUCBの競技場だ。このスタジアムで数年おきに、有名なUCBとスタンフォード大学の熱狂的フットボール試合が行われる。UCBのスポーツイベントのチケット情報は、**カル・アスレチック・チケットオフィス Cal Athletic Ticket Office**（☎800-462-3277）に問い合わせを。イベントによっては、何週間も前に売り切れてしまうので注意。

ショッピング
テレグラフ・アベニューTelegraph Aveでは、路上販売のハンドメイド・ジュエリーからマリファナ吸引装具に至るまで都会のヒッピー向けアイテムは何でも揃う。ここで1番魅力あるのは、文句なしで書店と音楽ショップだ。
　もう1つのショッピング通りは、エルムウッド地区Elmwood Districtのカレッジ・アベニューCollege Aveと、ユニバーシティ・アベニューUniversity Ave北の4thストリートだ。ここには高級ブティック、台所用品店、書店、ギフトショップが軒を連ねる。

書店 伝統ある**コディーズ・ブックス Cody's Books**（☎510-845-7852、800-995-1180 🏠2454 Telegraph Ave）では新刊および有名作家の著書はほとんど揃い、膨大なセレクションを扱っているほか、見事なマガジンラックも置いている。（🏠1730 Fourth St）にも店舗がある。

モエズ
Moe's
☎510-849-2087
🏠2476 Telegraph Ave
昔ながらの地元の人気店で、4階にわたって何時間も見て歩けるだけの新書、古書、新古書がある。

ユニバーシティ・プレス・ブックス
University Press Books
☎510-548-0585
🏠2430 Bancroft Way
UCB教授陣の著書、そのほか学術書、美術書を扱っている。

ブラック・オーク・ブックス
Black Oak Books
☎510-486-0698
🏠1491 Shattuck Ave
ノース・バークレーにあるすばらしい店で、新書および古書を扱い、書籍発刊予定カレンダーもある。

イージー・ゴーイング
Easy Going
☎510-843-3533
🏠1385 Shattuck Ave
旅行ガイドブックの品揃えがよく、読書会も開催している。

ビルダーズ・ブックソース
Builders Booksource
☎510-845-6874

イースト・ベイ・バークレー

🏠1817 Fourth St
造園、ガーデニング、建築関連の書籍コレクションがよい。

音楽 音楽中毒なら**アメーバ・ミュージック** Amoeba Music (☎510-549-1125 🏠2455 Telegraph Ave)のバークレー店で時間を費やすといいだろう。膨大な量の新品および中古のCD、DVD、カセットテープ、レコードを扱っている。

ラスプーチン
Rasputin
☎510-848-9004
🏠2401 Telegraph Ave
アメーバ・ミュージックに近いこの店でも、大量の新品および中古リリースを扱っている。

モド・ラング
Mod Lang
☎510-486-1880
🏠2136 University Ave
ダウンタウンにあり、希少な輸入版、インディーズ版、テクノサウンドを得意とする。

ダウン・ホーム・ミュージック
Down Home Music
☎510-525-2129
🏠10341 San Pablo Ave
バークレーの北、エル・セリートEl Cerritoにあるワールドクラスの店では、ルーツ、ブルース、フォーク、ラテンおよび世界の音楽を扱っている。

アウトドア用品 サン・パブロ・アベニューSan Pablo Ave とギルマン・ストリートGilman Stが交差するあたりに、アウトドア用品店が数軒ある。**アールイーアイ REI** (☎510-527-4140 🏠1338 San Pablo Ave)は大型店でいつも混雑している。**ウィルダネス・エクスチェンジ Wilderness Exchange** (☎510-525-1255 🏠1407 San Pablo Ave)は新品および中古用品を扱う店。**ノース・フェイス North Face** (☎510-526-3530 🏠cnr 5th St & Gilman Sts)はウィルダネス・エクスチェンジから西に数ブロック行った所にある。バークレーが本拠地の信頼あるアウトドア用品ブランドのアウトレット店だ。

マーモット・マウンテン・ワークス
Marmot Mountain Works
☎510-849-0735
🏠3049 Adeline
登山、スキー、バックパッキングなどの各用品を扱う。

アクセス

バス 地方バス会社、**ACトランジット AC Transit** (☎510-839-2882)がサンフランシスコの**トランスベイ・ターミナル Transbay Terminal** (🏠Mission St & 1st St)からイースト・ベイEast Bay間に多数のバスを運行している。トランスベイ・ターミナルからユニバーシティ・アベニューUniversity Ave とシャタック・アベニューShattuck Aveの角をつなぐFラインは約30分間隔で運行(運賃＄2.50、30分)。

バークレーからオークランドのダウンタウンへはマーチン・ルーサー・キング・ジュニア・ウェイMartin Luther King Jr Way沿いを走るバス15番、またはテレグラフ・アベニューTelegraph Aveを往復するバス40番(運賃＄1.35)を利用。バス51番は、オークランドのブロードウェイBroadway沿い、その後バークレーのカレッジ・アベニューCollege Ave沿いを、UCBキャンパスを越えてバークレー・マリーナBarkeley Marinaまで走る。

BART BART (☎510-465-2278)は、サンフランシスコ、バークレー、オークランドおよびそのほかイースト・ベイ間を移動するのにもっとも簡単な方法だ。電車は平日の4:00～24:00まで10分間隔で運行している。土曜日は6:00から、日曜日は8:00からで便数は少なくなる。

バークレーへはリッチモンドRichmond行きに乗り、次の3つのBART駅のどれかで下車する。アシュビーAshby(アデリーン・ストリートAdeline St)、アシュビー・アベニューAshby Ave方面)ダウンタウン・バークレーDowntown Berkeley(シャタック・アベニューShattuck Ave、センター・ストリートCenter St方面)ノース・バークレーNorth Berkeley(サクラメント・ストリートSacramento St、デラウェア・ストリートDelaware St方面)。運賃は、バークレー～サンフランシスコ間＄2.50～2.80、バークレー～オークランド・ダウンタウン間＄1.10。平日20:00以降、土曜19:00以降および日曜日終日は、サンフランシスコからバークレーへの直通電車は走っていないため、ピッツバーグ／ベイ・ポイントPittsburg/Bay Point行きに乗り、オークランドの12thストリート12th St駅で乗り換える。

BARTからバスへの乗り換え切符をBART各駅出口そばにある白色のAC トランジット券売機で購入すると、乗り換えバスの運賃が＄1.15に値引きされる。

列車 **アムトラック Amtrak** (☎800-872-7245)がバークレーに停車するが、待合所(🏠University Ave & 3rd St)は駅員が少なく直通列車はほとんどない。この駅よりも便利なのは、バークレー駅より数マイル南にある**エメリービル・アムトラック・ステーション Emeryville Amtrak station** (☎510-450-1081、🏠5885 Landregan St)だ。アムトラックでサンフランシスコまで

の予約席を利用する場合、エメリービルでいったん下車し、そこからサンフランシスコのトランスベイ・ターミナルまではアムトラックのバスに乗らなければならないので要注意。

バークレーのダウンタウンからエメリービル駅までは、ACトランジットのバス51番を利用。

車・オートバイ サンフランシスコからバークレーへは、ベイ・ブリッジを渡り、その後I-80（ユニバーシティ・アベニュー、バークレーダウンタウン、UCB方面）もしくはハイウェイ24（カレッジ・アベニュー、バークレー・ヒルズ方面）に乗る。

市内には、市営パーキングが2カ所（前出の「オリエンテーション」を参照）、UCB経営のパーキングがテレグラフ・アベニューとデーナ・ストリートの間にあるバンクロフト・ウェイBancroft Wayに1カ所ある（駐車料金1時間＄1〜2程度）。夕方以降および週末には、ほかの大学や駐車場を一般に開放するため、パーキング事情はよくなる（利用可能時間に注意、料金はまちまち）。

交通手段

公共交通機関と自分の足を使うのが、混雑したバークレーの中心地を移動するには最適だ。たとえば、BARTバークレー駅からテレグラフ・アベニューまでは徒歩約10分だ。

バークレー・トランジット・ライド・シェアリング・アンド・パーキング Barkeley Transit, Ride Sharing & Parking（TRiP ☎510-643-7665）は公共交通機関の情報収集によい。直営の**コミュート・ストア Commute Store**（🏠2033 Center St）はダウンタウンのBARTバークレー駅近くにある。

ACトランジットが、公共バスを市内とその近郊で運行している（前出の「アクセス」を参照）。UCBが運営する**ベア・トランジット Bear Transit**（☎510-642-5149）は、ダウンタウンのBART各駅から大学キャンパス各所へシャトルバスを運行している（運賃25￠）。Hラインは、ハースト・マイニング・サークル Hearst Mining Circle停留所からセンテニアル・ドライブCentennial Dr沿いに、大学キャンパスの北端まで走っている（運賃50￠）。

ミッシング・リンク Missing Link（☎510-843-4763 🏠1961 Shattuck Ave）では1日＄35ほどでマウンテンバイクを貸し出している。

その他の見所

バークレー北に位置するリッチモンド・サン・ラファエル橋Richmond-San Rafael Bridgeは、イースト・ベイとマリン・カウンティMarine Countyを繋いでいる。北へ向かうI-80には、石油精製会社、ショッピングモール、住宅開発地が建ち並ぶ。バレーオVallejoの手前でI-80は、サスーン湾Suisun Bayとサクラメント・デルタSacrament Deltaへ繋がる狭いカーキネス海峡を横断する（前出の「サクラメント・バレー」を参照）。カーキネス海峡沿いにある、ベニシアBeniciaやポート・コスタPort Costaはゴールドラッシュ時代、にわか景気にわいた町だ。

バークレーとオークランドから東に向かうと、ハイウェイ24はカルデコット・トンネルCaldecott Tunnelに入る。トンネルの向こう側はすっかり郊外の、コントラ・コスタ・カウンティContra Costa Countyだ。景色とともに気温も変化する。バークレー・ヒルの東側は西側よりも夏は暑く冬は寒い。BARTはバークレー・ヒルを抜け、ウォールナッツ・クリークWalnut Creek、プレザント・ヒルPleasant Hill、コンコルドConcord、ピッツバーグ／ベイ・ポイントへと走っている。アンティオキアAntiochのピッツバーグ東でハイウェイ160は北へ、サクラメント・デルタ方面に向かう。コントラ・コスタ・カウンティの町にこれといった見所はないが、公園と博物館があるので時間があれば、またはサンフランシスコの霧から逃れたければ訪れてみるとよいだろう。

カウンティ・コネクション・バス County Connection buses
☎925-676-7500

ウォールナット・クリーク、コンコルドより遠方まで運行している。運賃は、BART各駅で無料発行しているBART-バス乗換券を持っている場合、たったの50￠だ。

ディアブロ山州立公園
Mt Diablo State Park

ディアブロ山（3849フィート＜約1155m＞）はマリン・カウンティにあるタマルパイス山より1000フィート（約300m）以上高い。晴れた日（特に冬の早朝）の山頂からの眺望は、広大で果てしない。西はサンフランシスコ湾とファラロン諸島、東はセントラル・バレーからシエラ・ネバダ山脈までも望むことができる。**州立公園 state park**（☎925-837-2525 入場料＄2 🕗8:00〜日没）には、ウォールナッツ・クリークまたはダンビルからアクセス可能な50マイル（約81km）におよぶハイキングコースがある（毒性を持つオークの木に注意）。**ビジターセンター visitors center**（🕗夏 水〜日11:00〜17:00、冬 10:00〜16:00）のある晴れまでドライブも可能だ。公園事務局は、公園に入る2本の道が交差した所にある。素朴な

キャンプ場は1泊＄12で利用できる（申し込みは南ゲートでのみ可）。予約は電話で（☎800-444-7275）。

ダンビル
Danville
ディアブロ山が影を落とす町ダンビルは、典型的なカリフォルニアの上位中流階級が住む郊外住宅地だ。ここを訪れる唯一の目的は、驚くほどに見事な自動車コレクションのある**ブラックホーク・ミュージアム Blackhawk Museum**（☎925-736-2277 入館料 大人＄8、学生＄5 水～日 10:00～17:00）だ。この博物館には計6つのギャラリーがあり、2つのギャラリーで多数の独自モデルを含むおよそ100台の自動車を展示している。科学と自然博物学のギャラリーもあり、子供向けの「ディスカバリー・ルームDiscovery Room」（発見の部屋）や、スミソニアン大学が主催するシリーズものの回転展示物が展示されている。

博物館はショップス・アット・ブラックホークThe Shops at Blackhawkという仰々しい高級土産物店に隣接している。I-680のシカモア・バレー・ロードSycamore Valley Rd出口から5マイル（約8km）行ったクロウ・キャニオン・ロードCrow Canyon Rdとカミーノ・タサヤラCamino Tassajaraの角にある。

ユージン・オニール国定史跡
Eugene O'Neill National Historic Site
☎925-838-0249

ここも興味深い観光スポットの1つだ。この有名な劇作家は、1936年のノーベル文学賞賞金でタオ・ハウスを建て、1937年～44年にかけてここに住み、「氷人来る*The Iceman Cometh*」、「長い夜への旅路*Long Day's Journey into Night*」、「日陰者に照る月*Moon for the Misbegotten*」を書き上げた。水曜と日曜の10:00と12:30に無料ツアーが行われる。参加するには、ダンビルのダウンタウンからシャトルバスを利用しなければならないため、予約は前もってしておきたい。付近住民は明らかに旅行者が車を近所に止めるのを好ましく思っていないようだ。

ジョン・ミュアー国定史跡
John Muir National Historic Site
ウォールナット・クリークの約15マイル（約24km）北に位置する静かな町、マーティネスMartinez（人口3万7050人）は野球界の猛打者「ジョルティン」ことジョー・ディマジオの生誕地だ。また、ここがマティーニ発祥の地ともいわれている。カクテル・ラウンジに寄る前に、**ジョン・ミュアーの家 John Muir residence**（☎925-228-8860 4202 Alhambra Ave 入館料＄3 水～日 10:00～17:00、夏は毎日）を訪れてはどうだろう。1882年にミュアーの義父によって建てられたこの家には、1890年～1914年にかけて、先駆的自然保護論者であり、シエラ・クラブ（環境保全を目的とする組織）創設者であるミュアーが住んでいた。建物は、どちらかといえばミュアーの義父の趣味やライフスタイルを反映しているが、ミュアーの経歴や美しい田舎の風景、書斎などは見学する価値がある。史跡はハイウェイ4のすぐ北にあり、敷地内には、1849年に建てられたマルチネス・アドーベMartinez Adobeおよび農園がある。

バレーオ
Vallejo
1852年、バレーオ（人口11万4700人）は、議会が心変わりするまでの1週間だけ、カリフォルニア州の州都だった。1853年に2度目の試みが行われたが、1ヵ月後ベニシアに変更された。同年、バレーオに西海岸で初の海軍基地が置かれた（マレ島海軍工廠、現在は閉鎖）。**バレーオ海軍・歴史博物館 Vallejo Naval & Historical Museum**（☎707-643-0077 734 Marin St 入館料＄2 火～土 10:00～16:30）で詳細を見学できる。

町の1番の呼び物は**シックス・フラッグス・マリーン・ワールド Six Flags Marine World**（☎707-643-6722 入園料 大人＄43 子供（身長48インチ未満）＄27、駐車料金＄10 春・秋 金～日 10:00～20:00、夏 毎日 10:00～22:00）だ。このモダンなテーマパークでは、巨大なジェットコースターなどの乗り物、シャチ、イルカ、アシカ、トドのアニマルショーが楽しめる。インターステート（I-80）80をマリン・ワールド・パークウェイMarine World Parkwayで下り、バレーオのダウンタウンから北へ5マイル（約8km）行った所にある。

ブルー・アンド・ゴールド・フリート Blue & Gold Fleet（☎415-773-1188、707-643-3779 片道＄9）はサンフランシスコのピア41 Pier41（フィッシャーマンズ・ワーフ）からバレーオ間にフェリーを運行している。

サンフランシスコ半島
The Peninsula

サンフランシスコは30マイル（約48km）におよぶ半島の端に位置し、西側を太平洋、東側をサンフランシスコ湾に挟まれている。ハイウェイ101で南へ向かうとサンフランシスコ独

サンフランシスコ半島 – サンフランシスコからパロ・アルトへ

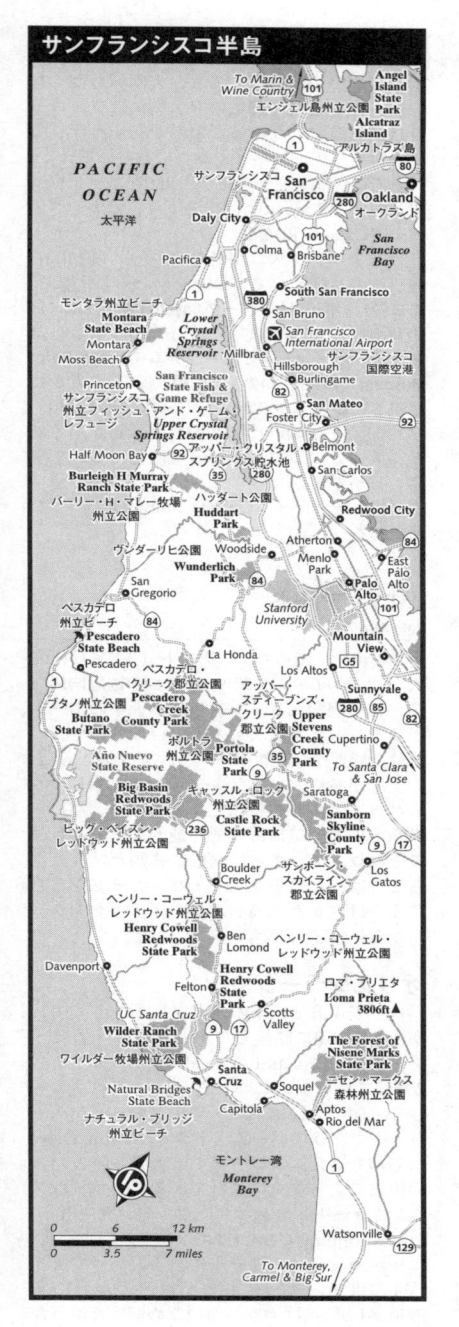

特のスタイルと一緒に人々のちょっとユニークな態度や強い個性もすぐに消え失せてしまう。サンフランシスコにはサンノゼSan Jose以南に向かう郊外道路もある。ハイウェイ101に乗ったら、パロ・アルトPalo Altoとスタンフォード大学Stanford Universityまではこれといって立ち寄るべき場所はない。もう一方のインターステート（I-280) 280南北線のほうが見所は多い。

　ハイウェイ1は太平洋岸をハーフ・ムーン・ベイHalf Moon Bay経由で走り、連なるビーチを繋いでサンタ・クルーズSanta Cruzまで延びている。ハイウェイ101とI-280は、サンノゼでサンタ・クルーズへの1番の近道であるハイウェイ17に繋がる。これらの道を組み合わせて、環状または直線のモントレー半島までの観光コースにすることができる（「セントラル・コースト」を参照）。

サンフランシスコからパロ・アルトへ
San Francisco to Palo Alto

サンフランシスコ半島の南側は、I-280により人口過密な南湾岸地域と人口が少なくでこぼこした太平洋岸地域に分けられる。I-280は全体的にカーブが多いので、ほこりっぽく混雑したハイウェイ101よりも見所が多い。残念ながら、平行に走る両方の南北線とも平日は通勤渋滞が激しい。

　デイリー・シティ Daly Cityは高級郊外住宅地で、1960年代のシンガーソングライター、マルビナ・レイノルズMalvina Reynolds作曲の「リトル・ボックシズLittle Boxes」に歌われている。すぐ南の、**コルマ Colma**（人口1290人）は、サンフランシスコが市内での墓地建設を禁止して以来、その代替地となっている。サンフランシスコ市民は、コルマには生者より死者のほうが多いと冗談を言うが、それは真実かもしれない。

　フィローリ Filoli（☎650-364-2880 入園料大人＄10 学生＄5 火～土 10:00～14:30）は、サンフランシスコから30マイル（約48km）の所にある654エーカー（約262ha）にもおよぶ英国式大邸宅。屋敷は1915～17年にグラス・バレーにあるエンパイア金鉱の所有者、ウィリアム・バウアーズ・ボーン2世William Bowers Bourn IIとその妻アグネスAgnesによって建てられ、「闘え、愛せ、生きろFight, Love, Live」という単語から名前がつけられた。この屋敷に見覚えがあるとしたら、テレビドラマ「ダイナスティーDynasty」を見ていたに違いない。16エーカー（約6ha）の庭園も屋敷と同じくらい魅力的だ。どちらも未開発のゆるやか

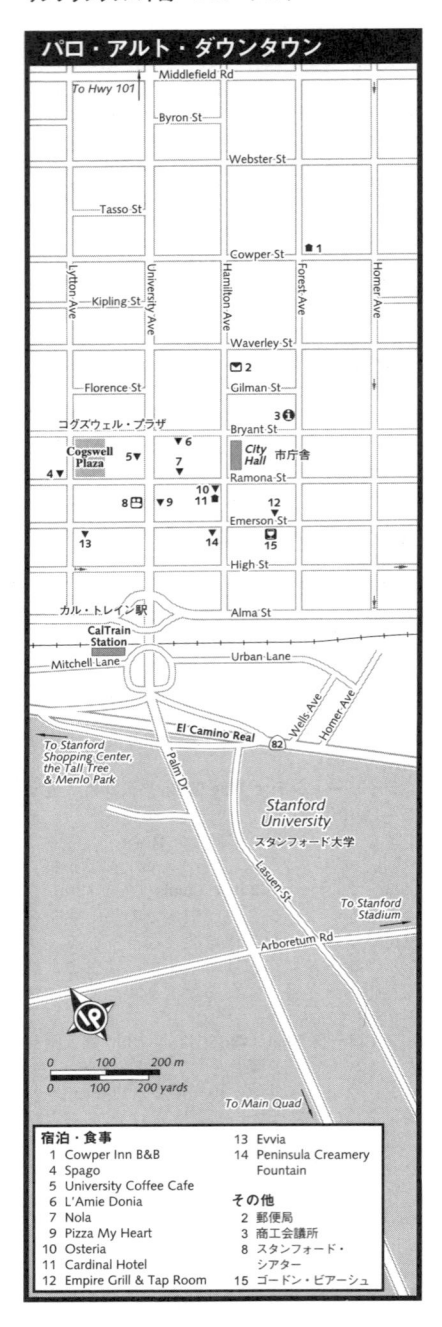

に起伏した自然に囲まれており、この自然こそが敷地の中で1番贅沢なものだろう。職員は横柄でお堅い感じがするし、入園料も安くないが、歴史を持つ邸宅のファンにはフィローリは訪れるかいがある。事前予約すれば、ガイド付きツアーやハイキングにも参加できる。行き方は、インターステート280をエッジウッド・ロードEdgewood Rdで下り、カナーダ・ロードCañada Rdを北へ。

サンフランシスコ空港の4マイル（約6km）南、湾の右側サンマテオSan Mateoの北端に、**コヨーテ・ポイント・パーク Coyote Point Park**（日中利用料＄4）がある。主なアトラクションは**コヨーテ・ポイント・ミュージアム Coyote Point Museum**（☎650-342-7755 入館料 大人＄4、子供＄2 火〜土 10:00〜17:00、日 12:00〜17:00）。子供向けの創造的な展示物があるほか、大人はエコロジーや環境問題について学ぶことができる。ハイウェイ101をコヨーテ・ポイント・ドライブCoyote Point Drで下りた所にある。

パロ・アルト
Palo Alto

半島の南端にあるパロ・アルト（人口6万1500人）は、ベイ・エリアのもう1つの国際的に名高い教育機関、スタンフォード大学のホームグラウンドだ。広大で木の生い茂るキャンパスは、緑豊かな8200エーカー（約3280ha）もの土地があり、バークレーのUCBと同じようにパロ・アルトの特色となっている。パロ・アルトの雰囲気は奇抜で先進的はバークレーのそれ以上で、さらに高級で裕福だ。なぜならここは、ヒューレット・パッカードを含む多くのIT企業がある有数のハイテクセンターだからかもしれない。

オリエンテーション

パロ・アルトは、市の北東がハイウェイ101、南西がI-280に隣接しており、エル・カミーノ・リールEl Camino Realが市を大学と町に2分している。ユニバーシティ・アベニューUniversity Aveはパロ・アルトのメインストリートで、途中パーム・ドライブPalm Driveに名前を変えスタンフォード大学キャンパスの中までまっすぐに延びている。大規模なスタンフォード・ショッピング・センターStanford Shopping Centerはキャンパスのすぐ北、エル・カミーノ・リールにある。ハイウェイ101の東側、イースト・パロ・アルトEast Palo Alto地域は治安が悪いため避けたほうがよい。

　パロ・アルトとはスペイン語で「高い木」

という意味だ。名前の由来となった木は、アルマ・ストリートAlma Stとパロ・アルト・アベニューPalo Alto Aveの合流点で、線路が横断しているサン・フランシスキート・クリークSan Francisquito Creekの脇にある。

インフォメーション

商工会議所 chamber of commerce（☎650-324-3121 ◆325 Forest Ave ◉月～金 9:00～17:00）では市に関する情報を配布している。エンターテインメント情報は、無料新聞パロ・アルト・ウィークリーPalo Alto Weeklyか、ホームページ Ⓦ www.paloaltoonline.comで。

隣接するメンロ・パークMenlo Parkには**ケプラーズ・ブックショップ Kepler's Bookshop**（☎650-324-4321 ◆1010 El Camino Real）がある。明るくモダンな店で、人気のカフェもある。火曜日と土曜日は24:00まで営業している。

スタンフォード大学
Stanford University

リーランド・スタンフォードは有名なやり手の実業家で、アメリカ横断鉄道の創設者4人のうちの1人であり、元カリフォルニア州知事でもあった。1884年スタンフォード夫妻は、ヨーロッパ旅行中に1人息子を腸チフスで亡くす。そして夫妻は、息子をしのんで大学を創立することを決める。リーランド・スタンフォードが亡くなる2年前にあたる1891年にスタンフォード大学は開校し、評判でも経営面でも一流の大学として発展した。キャンパスはスタンフォードの馬繁殖場に建てられたため、大学は通称「ザ・ファームThe Farm」（農場）として知られている（テネシー州サマータウンにある有名な共同自治体と混同しないように注意）。

ビジター・インフォメーション・サービス Visitor Information Services（VIS ☎650-723-2560 ◉月～金 8:00～17:00、土・日 9:00～17:00）のメインブースは記念講堂Memorial Auditoriumのロビーにある。1時間の無料徒歩ツアーは、冬休み期間（12月中旬～1月初旬）と幾つかの祝日を除く毎日、11:00と15:15に記念講堂を出発する。大学での駐車場は大問題だ。駐車料金は1時間＄1.50だが、小銭を大量に持ち歩くのは不便なので、1日駐車券（＄12）をVISで購入するとよいだろう。

入口にはオーギュスト・ロダンの青銅彫刻像、「カレーの市民Burghers of Calais」が立つ**メイン・クワッド Main Quad**は創立時からロマネスク様式とミッション・リバイバル様式の入り混じった12の建物がある広場で、1903年に建てられた**メモリアル教会 Memorial Church**と回廊で繋がっている。教会は、正面のすばらしいモザイク壁画、ステンドグラスの窓、7777本のパイプを持つオルガンで知られる。

メイン・クワッドの東側にある、高さ285フィート（約86m）の**フーバー・タワー Hoover Tower**（◉最終期末試験、学期間の休日、祝日を除く毎日 10:00～16:30 ◉＄2）からのキャンパスの眺めは最高だ。タワーには、大学図書館、大学事務所、フーバー研究所Hoover Institution on War、Revolution & Peaseの右翼部分が含まれる。1階には、スタンフォード大学出身で、元アメリカ大統領のハーバート・フーバーに関する展示がある。

1894年に開館された大規模な美術館、**キャンター・センター・フォー・ビジュアル・アーツ Cantor Center for Visual Arts**（☎650-723-4177 ◆328 Lomita Dr ◉入館料 無料 ◉水～日 11:00～17:00、木 11:00～20:00）は、古代文明から

シリコン・バレー

地図上にシリコン・バレーという場所は存在しない。シリコンとは、マイクロコンピュータの基礎を形成するシリコンチップを作るために使用される基本要素のことだ。パロ・アルトからマウンテン・ビュー、サニーベール、クパチーノ、サンタクララ、サンノゼまで延びるサンタクララ・バレーがマイクロコンピュータ発祥の地であることから、「シリコン・バレー」と呼ばれているのだ。シリコン・バレーは地図上にないばかりでなく、実際に地上で場所をはっきりと確認するのも難しい。サンタクララ・バレーは幅広く平坦で、各町は本質的に網の目のように走るフリーウェイによって、連なるショッピングセンターと工業団地が結ばれて形成されている。第2次世界大戦後も、この地が一面広大な果樹園と農場だったとは信じがたい。

シリコン・バレーに見所はほとんどない。最先端のコンピュータ企業は秘密主義で工場見学ツアーなどには無関心だ。それら企業のありふれた外見のビル（黒い板ガラス張りが好まれている）は面白みにかけ、人を拒んでいるかのようだ。サンノゼにあるテック・ミュージアムTech Museumやサンタクララのインテル・ミュージアムIntel Museumでいくらかシリコン・バレーのテクノロジーを味わうことができる（後出の「サンノゼ」を参照）。コンピュータビジネスがガレージで始まったことは有名だが、興味があればパロ・アルトのユニバーシティ・アベニューの5ブロック南、367アディソン・アベニュー 367 Addison Aveのガレージを訪れてみてはどうだろう。ここは、ウィリアム・ヒューレットとデビッド・パッカードが巨大コンピュータ企業ヒューレット・パッカードを始めた場所だ。

現代美術の作品、彫刻、写真まで幅広いコレクションを所有する。

美術館のすぐ南にはロダン彫刻庭園があり、「地獄の門 Gates of Hell」の複製を含むオーギュスト・ロダンの彫刻が多数展示されている。キャンパスの周囲にはさらに彫刻が点在しており、美術館で無料入手できる屋外彫刻ガイド Guide to Outdoor Sculptureまたは（W www.stanford.edu/dept/ccva）に作品詳細が載っている。庭園ツアーが、毎月第1日曜14:00にメイン・クワッド出発で行われる。

キャンパスのすぐ西、リーランド・スタンフォードが所有した農場の一角には**レッド・バーン Red Barn**（赤い納屋）が建つ。ここでスタンフォードの支援のもと、イードワード・マイブリッジは馬の動きを撮影した写真を研究し、動画へと発展させた。ハイキング、サイクリングコースがここからキャンパス西の丘陵地帯へと延びている。

スタンフォード線形加速器センター
Stanford Linear Accelerator Center

I-280を飛ばしているドライバーのほとんどは、自分の真下で物事が超高速で加速していることに気付かない。**スタンフォード線形加速器センター Stanford Linear Accelerator Center**（スタンフォード・リニア・アクセラレータ・センター）（SLAC ☎2575 Sand Hill Rd）はスタンフォード大学が、アメリカ・エネルギー省への協力のため運営しており、高速道路の真下にある。陽電子（正電気を帯びた素粒子）を全長2マイル（約3km）、直径4インチ（約10cm）の直線加速器（アクセラレータ・ビーム・チューブ）に通し、チューブの突き当たりで高速衝突を起こさせる実験が行われている。SLACの実験でクォークを含むさらなる素粒子の存在が確認され、これまでにノーベル化学賞を3度受賞している。週に数回行われる無料2時間ツアーで内部を見学することができる。事前に予約が必要（☎650-926-2204）。I-280の東、大学の2マイル（約3km）西にある。

NASAエームズ研究センター
NASA-Ames Research Center

パロ・アルトの数マイル南、モフェット・フィールドMoffett Field（下段のコラムを参照）の北側にNASAエームズ研究センターNASA-Ames Research Center（☎650-604-6497 入館料 無料 月～金 8:00～16:30）がある。超高速フライトを研究しており、巨大な風洞が高度航空宇宙研究に使われている。ハイウェイ101をモフェット・フィールドで下り、センター正門で左折するとビジターセンターだ。スペース・シャトルの3分の1模型が目印。センター内部には、有人宇宙カプセル、月の隕石など宇宙探索に関連した物が展示されている。さらに興味深いのは、実際の研究施設の見学ツアーだ。参加は無料だが、4～6週間前に予約が必要（☎650-604-6274）。2時間のツアーは2マイル（約3km）の距離があり、風洞、模擬飛行訓練施設、遠心機の見学が含まれる。

宿泊

ヒドン・ビラ
Hidden Villa
☎650-949-8648
26870 Moody Rd
ドミトリーベッド＄15～18
6月初旬～9月初旬を除き営業

インターステート280の2マイル（約3km）西、ロス・アルトス・ヒルズLos Altos Hillsの静かで落ち着いた環境にあるHI（ホスティリティ・インターナショナル）運営のホステル。1937年創業のアメリカでもっとも古いユースホステルの1つで、有機栽培と環境保護教育を行っているヒドン・ビラ農園の一角に建つ。子供たちがサマーキャンプに来ている間、ユースホステルは閉鎖される。ハイキングコー

モフェット・フィールズ・エアシップ・ハンガー（モフェット・フィールド飛行船格納庫）

パロ・アルトからハイウェイ101を南下すると、モフェット・フィールド旧海軍航空基地を左手に通過する。巨大で奇妙な形をした、まるで飛行船のために造られたかのような建設物が見える。実際、目的はそれに近かったのだ。1920～30年代にアメリカ海軍は、最大乗組員100名、戦闘機5機を搭載し、飛行中に戦闘機の離陸・格納ができる小型戦艦ほどのサイズの飛行船を所有していた。

1933年、全長1100フィート（約330m）、高さ198フィート（約60m）のハンガー・ワンHangar One（第1格納庫）の開設8日前、アメリカ海軍飛行船アクロンUSS Akronが嵐のためニュージャージー沖で墜落し、73名の乗組員が死亡した。その中には、「飛行機よりも軽い飛行船を」という夢を追った海軍少将モフェットMoffettも含まれていた。1935年、1年以上の間モフェット・フィールドを離陸基地にしていたアメリカ海軍飛行船メーコンUSS Maconもカリフォルニア沖、ビッグ・サーで墜落してしまう。アメリカ海軍飛行船メーコンの模型がNASAエームズ研究センターに展示されているが、墜落事故と近年の残骸発見に関する展示は、モントレーの海洋博物館Maritime Museumでしか見られない（後出の「セントラル・コースト」を参照）。

スが多数ありロケーションはすばらしいが、付近までの公共交通機関はない。

カーディナル・ホテル
Cardinal Hotel
☎650-323-5101 ℻650-325-6086
🌐www.cardinalhotel.com
🏠235 Hamilton Ave
🛏客室 バス共同＄70〜80、バス付＄90〜155、スイート＄195〜225

パロ・アルトの中心部にある。修復された1924年の建物はエレガントで古風。

カウパー・イン・ベッド・アンド・ブレックファスト
Cowper Inn B&B
☎650-327-4475
🏠705 Cowper St
🛏客室 バス共同＄80および＄100、バス付＄150

全14室でそのうち2室はバス共同。宿泊料には朝食が含まれる。

ホテル・カリフォルニア
Hotel California
☎650-322-7666 ℻650-321-7358
🌐www.hotelcalifornia.com
🏠2431 Ash St
🛏ベッド＄80〜95

カリフォルニア・アベニュー駅から2ブロックの所にある。20室すべてが禁煙、無料インターネット(DSL)あり。

このほかの低料金宿泊施設として、エル・カミーノ・リール北とパロ・アルトの南側にモーテルが多数ある。

スタンフォード・アームズ
Stanford Arms
☎650-325-1428
🏠115 El Camino Real
🛏客室＄60

全14室のやや古い建物。スタンフォード大学、スタンフォード・ショッピングセンターのすぐ北西にある。

コロネット・モーテル
Coronet Motel
☎650-326-1081
🏠2455 El Camino Real
🛏客室＄75

ペイジ・ミル・ロードPage Mill Rdのすぐ北にあり、スタンフォード大学の南側に近い。多少騒がしいかもしれないが、料金はお得。

グラス・スリッパー・イン
Glass Slipper Inn
☎650-493-6611
℻650-493-4421
🏠3941 El Camino Real
🛏客室 S＄55、W＄65

城あるいはスキーロッジのような風変わりな外観。部屋数が多く、プールもある。

カントリー・イン・モーテル
Country Inn Motel
☎650-948-9154
℻650-949-4190
🏠4345 El Camino Real
🛏客室 S＄69、W＄89

チャールストン・ロードCharleston Rdの南、木々に隠れて建つフレンドリーな宿。

食事

こぢんまりしたパロ・アルトのダウンタウンでも特にカウパー・ストリートからエマーソン・ストリートまでのユニバーシティ・アベニュー沿いに、安い店からエレガントなビストロまで、よいレストランが数多くある。

ペニンシュラ・クリーマリー・ファウンテン
Peninsula Creamery Fountain
☎650-323-3131
🏠566 Emerson St

つい最近オープンしたかのように見えるが、正真正銘1923年開業の店。泡立つミルクセーキが有名。

ユニバーシティ・コーヒー・カフェ
University Coffee Cafe
☎650-322-5301
🏠271 University Ave
🍴軽食＄5〜

挽きたてのコーヒー、地ビール、ワインのほか、サインドイッチがおいしい。ダウンタウンの中心にある。

ピザ・マイ・ハート
Pizza My Heart
☎650-322-8100
🏠220 University Ave
🍴ラージサイズのペパロニピザ＄15

毎晩深夜すぎまでにぎわう人気の店。かつてはピザ・ア・ゴー・ゴーPizza a Go Goとして知られていた。

エンパイア・グリル・アンド・タップ・ルーム
Empire Grill & Tap Room
☎650-321-3030
🏠661 Emerson St
🍴メイン＄10〜16

ポー・ブロンソンPo Bronsonの小説、「ザ・ファースト20ミリオン・イズ・オルウェイズ・ザ・ハーデストThe First $20 Million is Always the Hardest」に登場するようなヤッピーたちに人気の店。屋外で食事、屋内でベルギービールが楽しめる。

ノーラ
Nola
🏠535 Ramona St

サンフランシスコ半島 – パロ・アルト

メイン＄15〜

風変わりな、ニュー・オリンズの雰囲気を大事にした店。ケージャン料理、クレオール料理、ハリケーンなどのカクテルがある。店内、テラスともわざとがさつでファンキーな感じに飾ってある。

マス・サケ・フリースタイル・スシ
Mas Sake Freestyle Sushi
☎650-321-1556
260 S California Ave
1品＄4〜

ダンスクラブ、アイコンIcon（後出の「エンターテインメント」を参照）の隣にある。伝道的なスシに現代流アレンジを加えている。

パロ・アルトには、一流のすばらしい店も何軒かあるが、料金を見たら心臓発作を起こすかもしれない。どの店も要予約。

エビア
Evvia
☎650-326-0983
420 Emerson St
メイン＄20〜

ロマンチックな雰囲気の中、最高のギリシャ料理が味わえる（サンフランシスコに姉妹店、コッカリ・エスティアトリオKokkari Estiatorioがある）。

オステリア
Osteria
☎650-328-5700
247 Hamilton Ave
メイン＄15〜
ランチ 月〜金、ディナー 月〜土

とても人気のある店（ということはいつも混雑している）。主役は最高のトスカーナ料理。

ラミ・ドニア
L'Amie Donia
☎650-323-7614
530 Bryant St
食事＄25〜
火〜土 ディナーのみ

パロ・アルトでもっともすばらしいフレンチレストランの1つ。フランス郷土料理にカジュアルさとエレガントさがうまく溶け合っている。

スパーゴ
Spago
☎650-833-1000
265 Lytton Ave
メインディナー＄20〜

有名なシェフ、ウォルフガング・パック経営の店（マイケル・フレンチが取り仕切っている）。創意工夫に富んだカリフォルニア料理を現代的で華やかな雰囲気の中で楽しめ、リッチな人々を魅了している。

エンターテインメント

どれほど役に立つかはともかく、パロ・アルトはチェーン展開している工場直営パブ、**ゴードン・ビアーシュ Gordon Biersch**（640 Emerson St）の本店を擁する。ここはドイツスタイルのラガービールがおいしい。今どきの若者よりもブローカー風の客層が多い。

アントニオズ・ナッツ・ハウス
Antonio's Nut House
321 S California Ave

ナッツとビールが出てくるような雑然とした店。ナッツのディスペンサーが巨大なゴリラのロボットになっているので用心。

アイコン
Icon
☎650-289-0222
260 S California Ave

以前はジ・エッジthe Edgeというロッククラブだった。火、金、土曜はダンスナイトのトレンディーな店。地元をはじめ国内のロック、ジャズ、R&Bバンドのライブ演奏を楽しめる。隣はマス・サケ・フリースタイル・スシ（前出の「食事」を参照）。

パロ・アルト・ボウル
Palo Alto Bowl
☎650-948-1031
4329 El Camino Real

ボーリングがしたくなったらここ。金曜と土曜の翌1:00までは学生と独身のみOKというのが今風なアイデアだ。

スタンフォード・シアター
Stanford Theatre
☎650-324-3700
221 University Ave

ビンテージもののハリウッド映画、国際的古典映画をすばらしいワーリッツアーWurlitzer社製のオルガン演奏付で上映している。

アクセス・交通手段

パロ・アルトはサンフランシスコの30マイル（約48km）南、サンノゼの15マイル（約24km）北に位置する。**カル・トレイン CalTrain**（☎800-660-4287、650-817-1717）を利用すれば半島のどちら側からでもアクセスし易い。列車は、メンロ・パーク、パロ・アルト、スタンフォードに停車し、平日は30分または1時間おき、土曜は1時間おき、日曜は2時間おきに発車する。サンフランシスコからパロ・アルトへは約1時間、運賃は＄4.50。パロ・アルトからサンノゼへは30分、運賃は＄3。パロ・アルトのカル・トレインの駅は、ユニバーシティ・アベニューの北、アルマ・ストリートそばにある。

カル・トレインのパロ・アルト駅に隣接する

トランジット・センターTransit Centerからバスが発着している。パル・アルトからは**サムトランス SamTrans**（☎800-660-4287、650-817-1717 ■www.samtrans.com）のバス390番がBARTデイリー・シティDaly City駅行き（＄2.20）、バスKX番がサンフランシスコ国際空港経由トランスベイ・ターミナルTransbay Terminal行き（＄3）。どちらも毎日約30分おきに運行されている。

サンタクララ・バレー・トランスポーテーション・エージェンシー Santa Clara Valley Transportation Agency（VTA ☎800-894-9908、408-321-2300）はパロ・アルトとサンタクララ・バレーで運行している。バス300番はスタンフォード大学～パロ・アルト～サンノゼ間を（＄2 平日のみ）、22番はパロ・アルト～サンノゼ間（＄1.25）を運行している。

マーガレット Marguerite（☎650-723-9362）はスタンフォード大学が運営する無料公共電車で、カル・トレインのパロ・アルト駅とカリフォルニア・アベニュー駅からキャンパスを繋いでいる。日中は15分おき、20:00～24:00までは30分おきに運行。

市内には至る所に無料の2時間パーキングがあり、カル・トレインの駅では＄1.50で終日駐車可能。スタンフォード大学のパーキングについては、前出を参照。

ザ・バイク・コネクション The Bike Connection（☎650-424-8034 ■2011 El Camino Real）では1日＄20～25で自転車をレンタルしている。市内にサイクリングコースあり。

サンノゼ
San Jose

サンフランシスコの住民の多くとフリーウェイを通過する人は、郊外のベイ・エリアというよりはまるでロサンゼルスのようなサンノゼ（人口92万3600人）の外観に鼻をそむける。シリコン・バレーの非公式な首都であるサンノゼは、カリフォルニア第3の大都市である。この数十年で工業団地、ハイテクコンピュータ企業や似たような外観の住宅地が街の景観の大半を占めるようになり、サンフランシスコ・ベイと周辺の丘陵地帯の間にかつて広がっていた農場、牧場、未開発地にとって変わった。サンノゼに対して否定的な態度の人は気の毒な限りだ。サンノゼを無視すれば、歴史的な建物、すばらしい博物館、上質なレストランやファンキーな古いバーのぎっしり詰まった多様な文化を持つ街を見逃すことになる。これらが全部揃っているうえに、夏場には好天が続く。

カリフォルニア最古のスペイン民間人入植地

であるサンノゼは1777年にエル・プエブロ・デ・サン・ノゼ・デ・グアダルーペEl Pueblo de San José de Guadalupeとして創設された。プラザ・デ・セザー・チャベズPlaza de Cesar Chavezやペラルタ・アドービPeralta Adobe等が当時の名残を伝える。1849年から1851年までサンノゼは初のカリフォルニア州都となり、州政府は「1000杯の立法府Legislature of Thousand Drinks」として知られるようになった。1日の終わりには「1杯飲もう。1000杯飲もう」と召集がかかったと言われている。州都はその後何度か移転し、1854年にサクラメントに落ち着いた。

ばかげたことと言えば、ダウンタウン全域を照らすという無謀な計画のもと、1881年に建設されたエレクトリック・ライト・タワーElectric Light Towerのレプリカが歴史公園History Parkに建っていることだろうか。また街の南には隅々に旧西部の要素が今もひっそりと息づいている。かつて駅馬車の停車場だった旧ニュー・アルマデン水銀鉱の近くにあるアルマデン・フィード・アンド・フュエルAlmaden Feed & Fuelから、昔はエルドラド（黄金郷）として知られ、かつては町の赤線地区だった通りにあるダウンタウンのウエイブズ・スモークハウス・アンド・サルーンWave's Smokehouse and Saloonまでがそれにあたる。

サンノゼの主な歓楽街はSOFA（South of First Area）と呼ばれるサン・カルロス・ストリートSan Carlos Stの南側1stストリートに広がっており、数多くのナイトクラブ、レストラン、ギャラリーや歴史のある1927年築のフォックス・カリフォルニア・シアターFox California Theatreなどがある。もう1つ探索してみたい地域はアラメダThe Alamedaの新興ビジネス地区で、レストラン、カフェ、タウン3シアターTowne 3 Theatre（後出の「エンターテインメント」を参照）などだ。

頭上間近にジェット機が飛んでいるのを見ても驚かないこと。ダウンタウンのすぐ北にあるサンノゼ国際空港の滑走路に進入するジェット機だからだ。

オリエンテーション

サンノゼのダウンタウンはハイウェイ87とインターステート280の合流点にある。ハイウェイ101とインターステート880が箱型を描いている。サンフランシスコ・ベイの古い港町アルビソAlvisoからダウンタウンまで街を南北に貫いているのが1stストリートで、インターステート280の南になるとモントレー・ハイウェイMonterey Hwyと名前が変わる。

ダウンタウンのすぐ東にあるのがサンノゼ

州立大学。サンノゼ国際空港はハイウェイ87とハイウェイ101の交点にある。

ダウンタウンの市営駐車場は屋外、屋内とも平日は18:00以降、週末は終日駐車料金が無料だ。

インフォメーション

参考になる**ビジター・インフォメーション・アンド・ビジネス・センター Visitor Information & Business Center**（☎408-977-0900、888-726-5673 ⓦ www.sanjose.org ⌂150 W San Carlos St Ⓜ 月〜金 8:00〜17:00、土・日 11:00〜17:00）はサンノゼ・コンベンション・センターSan Jose Convention Centerの中にある。便利なヒストリカル・ウォーキング・ツアー*Historical Walking Tour*のパンフレットをもらうといい。どこで何をやっているのかを知りたければ、**イベント・インフォメーション・ホットライン Event Information Hotline**（☎408-277-3900）、無料の週刊新聞メトロ*Metro*（ⓦ www.metroactive.com）、隔週誌ザ・ウェイブ*The Wave*か日刊誌サンノゼ・マーキュリー・ニュース*San Jose Mercury News*の金曜版の「アイ*Eye*」セクションが役に立つ。

プラザ・デ・セザー・チャベズ
Plaza de Cesar Chavez

ダウンタウン中心にあるこの緑あふれる広場はエル・プエブロ・デ・サン・ノゼ・デ・グアダルーペの当時の広場の一部で、サンノゼ最古の公共スペースである。広場の名前はサンノゼで一時暮らした農場労働者組合の創立者セザー・チャベズにちなんでおり、周辺には博物館、劇場、ホテルがある。

広場の端にはプエブロの最初の教会、**セント・ジョセフ・バシリカ大聖堂 Cathedral Basilica of St Joseph**（⌂80 S Market St）がある。もとはアドービ（日干し煉瓦）造りで1803年に建てら

れたが地震と火災のため3回建て直されており、現在の建物は1877年に建てられたものである。

テック・ミュージアム・オブ・イノベーション
Tech Museum of Innovation
このすぐれたテクノロジー博物館（☎408-294-8324 ⓦwww.thetech.org 🏠201 S Market St 🎫博物館またはアイマックスIMAXシアター入場＄9 両方＄16 ⏰10:00～17:00）はプラザ・デ・セザー・チャベズの向かいにあり、宇宙探検から人体やマイクロチップ生産までを考察している。博物館にはアイマックスドームシアターもあり、毎日11:00から16:00まで正時に上映している。

サンノゼ美術館
San Jose Museum of Art
この美術館（☎408-294-2787 🏠110 S Market St 🎫入場無料 ⏰火～日 11:00～17:00、金 22:00まで）は市の中心に位置し、ベイ・エリアでもっとも優れた美術館の1つとして、力強い20世紀作品を常設している。さまざまな創造的な作品を特別展示することもある。この建物は1892年に郵便局として建てられたが、1906年に地震で破壊され、その後1933年にアートギャラリーとして生まれかわった。1991年に近代的な棟が増築された。

チルドレンズ・ディスカバリー・ミュージアム
Children's Discovery Museum
ダウンタウンにある子供のためのテクノロジー博物館（☎408-298-5437 🏠180 Woz Way 🎫入場＄7 ⏰火～土 10:00～17:00、日 12:00～17:00）。ここには触ることのできる科学、宇宙に関する展示や、気の利いたおもちゃもたくさんあるほか、風変わりな「アリスの不思議の国」など遊びながら学べるエリアも幾つかある。博物館はアップルの共同創設者で現在は教師（5年生を担当）をしているスティーブ・ウォズニアクSteve Wozniakにちなんで名付けられたウォズ・ウェイWoz Wayにある。

ペラルタ・アドービ・アンド・ファロン・ハウス
Peralta Adobe & Fallon House
非常に異なる2つの歴史的なサンノゼ住宅は初期建築様式を代表する建物で、サン・ペドロ・スクエアSan Pedro Square付近に道を挟んで向かい合って建っている。入場券はビジターセンター **Visitor center**（☎408-993-8182 🏠175 W St John St）で購入できる。

ペラルタ・アドービは1797年築のサンノゼ最古の建物で、最初のスペイン人の村で現存している唯一の建築だ。建物は非常に基本的で、2つある部屋はゴンザレスとペラルタの一家が住んでいた当時さながらに調度されている。ルイス・マリア・ペラルタは16歳でベイ・エリアにやって来た。後にアメリカ市民となり富豪になってイースト・ベイの大地主となって亡くなった。

トーマス・ファロンは有力なメキシコ人の地主の娘と結婚し、この高級なビクトリア様式の住宅を1854年から1855年にかけて建て、その後サンノゼ市長となった。家の中には家具付の部屋が15室ある。

土曜日と日曜日の12:00から17:00までツアーが行われている。料金は＄6。＄10で歴史公園History Parkへの入場も可能な共通入場券を買うこともできる。

歴史公園
History Park
市中心部から南東3マイル（約5km）に位置するケリー・パークKelly Parkにあるこの野外博物館（☎408-287-2290 ⓦwww.historysanjose.org 🏠1650 Senter Rd 🎫入場＄6 ペラルタ・アドービ＆ファロン・ハウス入場を含む共通入場券＄10 ⏰火～日 12:00～17:00）にはサンノゼ中の歴史的な建物が集められている。目玉は1881年築の高さ237フィート（約71m）の**エレクトリック・ライト・タワー Electric Light Tower**の半分のスケールのレプリカだ。オリジナルのタワーは街路照明における先駆的な試みで、街の中心全体を照らすことを意図していた。この試みは完全な失敗に終わったが、街灯が灯らなくても、1915年に錆びと風のため倒れるまでタワーは中心的なランドマークとして残されていた。このほかには1888年築の**チャイニーズ・テンプル Chinese Temple**やパシフィック・ホテルPacific Hotel（展示品はローテーションする）などがある。**トロリー・レストレーション・バーン Trolley Restoration Barn**（トロリー修復小屋）では歴史的なトロリーカーを修復してサンノゼの軽線路路線で運転している。トロリーは公園内の短い路線でも走っている。

見学ツアーは週末の12:30から14:30に行っている。園内は火曜から金曜まで開いているが、建物の多くは閉まっている。

ロージクルーシャン・エジプト博物館
Rosicrucian Egyptian Museum
ロージクルーシャン・オーダーRosicrusian Order（バラ十字会）はサンノゼダウンタウン西の**ロージクルーシャン・パーク Rosicrucian Park**（🏠cnr Naglee & Park Aves）に神秘主義と形

而上学の研究を専門とする大きなセンターを持っている。目玉は大規模なエジプト博物館Egyptian Museum（☎408-947-3636 入場大人＄9、学生＄7 火〜金 10:00〜17:00、土・日 11:00〜18:00）だ。ここには像、家庭用品、ミイラなど、幅広いコレクションのほかに、中を歩ける2部屋造りの古代の地下墓穴の複製まである。

ウインチェスター・ミステリー・ハウス
Winchester Mystery House

本当に不思議なのは、こんなばかげた家を一体どうして建てたのかということだ。家を建てる子供のゲームか何かのように馬鹿ばかしい部屋が寄せ集められているに過ぎない。サラ・ウインチェスターはウインチェスターライフルの富を相続し、その後この無秩序に広がった豪邸を建てるのに38年を費やした。夫の造った銃で殺された人々の魂がそうしろと言ったのだ。

ハウス（☎408-247-2101 525 S Winchester Blvd）はサンノゼ中心部から10マイル（約16km）西、I-280のすぐ北にある。たいていの人は＄16.95出して65分間のガイド付紹介ツアーに参加する。このツアーには庭の自分で見て回る散策と銃、ライフル展示の見学も含まれる。50分間の「舞台裏」ツアーは家の地下、配管設備やそのほか興味のわきそうにない部分を見るのに＄13.95を喜んで払おうという頑固者向き。両方のツアーに参加する場合は＄23.95。ツアーはすべて約30分間隔で毎日9:30から17:00、夏期は19:00まで行われている。

ハイキング・サイクリング

サンノゼ周辺の丘には幾つか公園があり、それぞれハイキングやサイクリング用のトレイルが設備されている。

アルマデン水銀郡立公園
Almaden Quicksilver County Park
☎408-268-8220

街の南側の旧ニュー・アルマデン水銀鉱跡にある。このため貯水池の魚は食べないように。トレイル、春の野草の展示場や鉱業博物館へ行ってみよう。金曜から日曜まで開いている。サンノゼからはアルマデン・エクスプレスウェイAlmaden Expresswayを通って南に向かう。

サンノゼの西にある**キャッスル・ロック州立公園 Catsle Rock State Park**（☎408-867-2952 駐車＄2）にはハイキングトレイルがあり、青々とした緑と日差しの強い所とが交差し、美しい海の景色を見ることができる。公園はサン

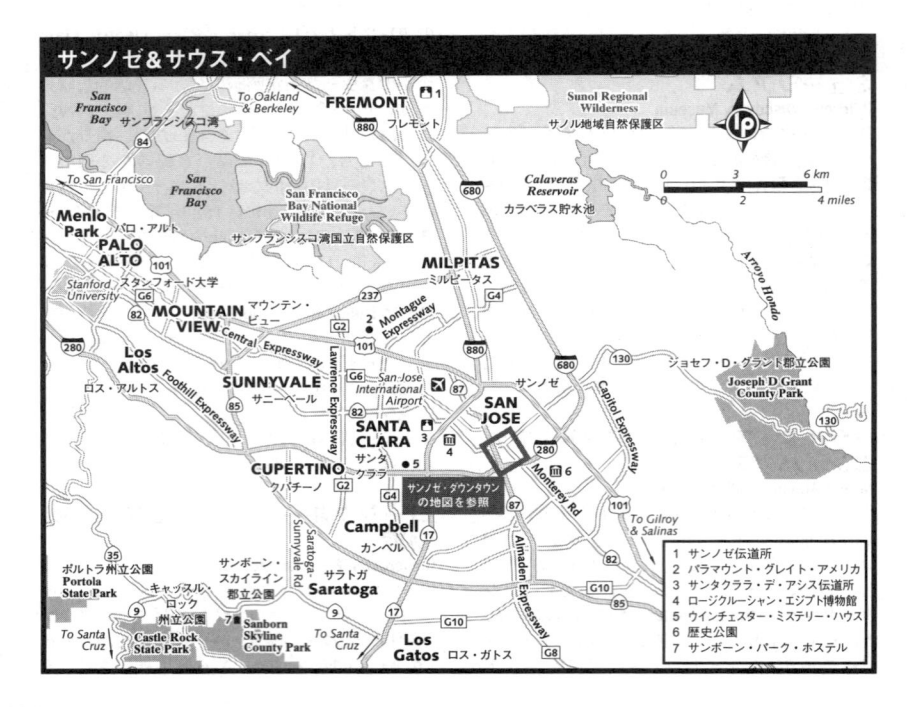

サンノゼ&サウス・ベイ

1 サンノゼ伝道所
2 パラマウント・グレイト・アメリカ
3 サンタクララ・デ・アシス伝道所
4 ロージクルーシャン・エジプト博物館
5 ウインチェスター・ミステリー・ハウス
6 歴史公園
7 サンボーン・パーク・ホステル

タ・クルーズ・マウンテンのハイウェイ35沿い、ハイウェイ9との交差点からすぐ南にある。

車で45分程南東の所には8万7000エーカー（約3万4800ha）の**ヘンリー・コウ州立公園 Henry Coe State Park**（☎408-779-2728 🅿駐車＄2）がある。250マイル（約402km）のハイキングとバイキング用のトレイル、広大な自然保護区域、ビジターセンター（営業時間不定）や小さなキャンプ場がある。ダウンタウンからはハイウェイ101を南にモーガンヒル方向へ15マイル（約24km）行き、細く曲がりくねった道E・ダン・アベニューE Dunne Aveを東に進む。

宿泊

宿泊費がもっとも安いのはHIホステルとヘンリー・コウ州立公園でのキャンピングだ。モントレー・ハイウェイMonterey Hwyのダウンタウン南には古めのモーテルが並んでいる。アラメダThe Alameda沿いのモーテルのほうが一般的に状態がよい。このほか空港近くのN 1stストリートにもモーテルがある。ダウンタウンのホテルはサンノゼではコンベンション（会議）やトレードショーが多いため1年中活気がある。サンノゼはビジネス旅行者の宿泊地であるため、平日料金のほうが週末（一般に金曜から日曜）より高いことがよくある。

ヘンリー・コウ州立公園
Henry Coe State Park
☎800-444-7275
🏕キャンプ場＄7

サンノゼ南東のモーガンヒルの近くにオートキャンプ場が20ある。予約は最低2日前にしておくこと。

サンボーン・パーク・ホステル
Sanborn Park Hostel
☎408-741-0166
🏠15808 Sanborn Rd
🛏ベッド＄10〜12

サンノゼの12マイル（約19km）西にある面積3600エーカー（約1440ha）のサンボーン郡立公園Sanborn County Park内、レッドウッドがうっそうと茂る森の中に建つ、驚くほど美しい1908年築の丸太造りのHIホステルだ。信じられないほど環境が良く、地元住民でもここの存在を知っている人は少ない。もっとも近い店やレストランは4マイル（約6km）離れたサラトガまで行かないとないので食品や必要品は全部持って行こう。サラトガからハイウェイ9を西に行き、サンボーン郡立公園の看板を探そう。車がない人は、21:00までに電話をすれば、サラトガのダウンタウンからホステルがピックアップしてくれる。車でサンノゼ

ダウンタウンから行く場合はN 1stストリートを北に約2マイル（約3km）行く。I-880の北側、ハイウェイ101の南にある。

エグゼクティブ・イン
Executive Inn
☎408-453-1100、800-877-1331
📠408-453-1892
🏠1310 N 1st St
🛏客室＄89〜

空港の近く、軽鉄道の停車場のすぐ向かいにある。

エアポート・イン・インターナショナル
Airport Inn International
☎408-453-5340、800-453-5340
📠408-453-5208
🏠1355 N 4th St
🛏客室 週末＄69〜、平日＄109〜

エグゼクティブ・インから数ブロック先にあるベーシックなホテル。上記2つの内から利用するなら、無料の空港シャトルサービスがある。

ダウンタウンからサンタクララ大学の間のアラマンダThe Alameda沿いにはモーテルが並んでいる。市の中心からサンタクララ・ストリートSanta Clara Stを西に向かうとアラマンダThe Alamedaになる。**アリーナ・ホテルArena Hotel**（☎408-294-6500 🏠817 The Alameda 🛏客室＄79〜）は良いホテルの1つだ。

インターステート280（I-280）の南に向かうとS 1stストリートはモントレー・ハイウェイ（ハイウェイ82）に変わり、古いおもしろい看板や店が並んでいる。モーテルが何軒もあり、汚くて老朽化している所もあるが、許容範囲の所もある。

トラベラーズ・レスト・モーテル
Travelers Rest Motel
☎408-297-2641
🏠1315 S 1st St
🛏客室＄55〜

試してみる価値あり。ただし、モントレー・ハイウェイは空港の飛行経路の真下にあるのでジェット機が頭上を飛び交うことを覚悟しておこう。

シティ・センター・モーテル
City Center Motel
☎408-998-5990
🏠cnr 2nd & E Reed Sts
🛏S＄55 W＄66

SOFA地区から歩いてすぐの距離にあり、質素だが清潔さ。

ラマダ・リミテッド
Ramada Limited
☎408-298-3500
🏠455 S 2nd St

サンフランシスコ半島 – サン・ノゼ

🛏客室 週末＄74〜、平日＄100〜
コンベンションセンターやSOFAから歩いて行ける距離で、フィットネスセンターもある。

サンテ・クレア・ホテル
Sainte Claire Hotel
☎408-295-2000　📠408-977-0403
🏠302 S Market St
🛏客室 週末＄99〜、平日＄159〜
1926年に建てられ、プラザ・デ・セザー・チャベズPlaza de Cesar Chavezを見下ろしている。1992年に改装され、現在はハイアットグループへ入っている。

ホテル・デ・アンザ
Hotel De Anza
☎408-286-1000、800-843-3700　📠408-286-0500
🏠233 W Santa Clara St
🛏客室 週末＄129〜、平日＄179〜
ダウンタウンにあるアールデコ建築を復元した美しいホテルで、料金に見合った贅沢な快適さを提供している。週末料金には朝食が含まれている。

食事

S 1stストリート沿いとサン・ペドロ・スクエアSan Pedro Square近くのサン・ペドロ・ストリートSan Pedro Stにはレストランがたくさんある。ベトナム料理レストランはEサンタクララ・ストリートE Santa Clara St沿いの4thストリートから12thストリートに集まっている。ジャクソン・ストリートJackson Stと4th、5th、6thストリートとの交差点周辺にあるサンノゼの小さなジャパンタウンには中級のおいしい日本料理レストランが幾つかある。

オリジナル・ジョーズ
Original Joe's
☎408-292-7030
🏠301 S 1st St
🍴メイン＄12〜
サンノゼのランドマークの1つで、1950年代の魅力あふれるクロムとガラスを使ったダイニングルームでスタンダードなイタリア料理を提供している。待つことを覚悟して行こう。

パレルモ
Palermo
🏠394 S 2nd St
🍴メイン＄14〜
シシリア料理が地元誌で絶賛されており、見た目にも印象的だ。

ラ・タケリア
La Taqueria
🏠15 S 1st St
🍴1品＄3〜
サンフランシスコにある姉妹レストランとまったく同じのとてもすばらしいブリートとタコスを提供している。

ウエイブズ・スモークハウス＆サルーン
Waves Smokehouse & Saloon
🏠65 Post St
🍴ディナー＄15〜20
1873年にさかのぼる旧西部スタイルの酒場兼旧売春宿の建物で、バーベキュー大皿料理とバーガーを提供している。空腹でないなら、ステンドグラスとダークウッドを主に使った歴史あるバーで1杯飲めば、ポスト・ストリートにあらゆる犯罪があふれ商業が活気づいていた時代へとタイムスリップできるだろう。夜には音楽、ダンス、カラオケが楽しめる。

タイド・ハウス
Tied House
🏠65 N San Pedro St
🍴1品＄8〜
サン・ペドロ・スクエア近くにある。おいしいハウスビール、テレビのスポーツ中継を楽しめ、標準的なバーガー類のメニューのある小規模なブリューワリーだ。

ベジタリアン・ハウス
Vegetarian House
🏠520 E Santa Clara Ave
🍴メイン＄6〜10
ジュースバーのある広々とした部屋で各国のベジタリアン料理を提供しており、スピリチュアルマスターのチン・ハイをたたえている。

ホワイト・ロータス
White Lotus
☎408-977-0540
🏠80 Market St
🍴食事＄10未満
アジア風の炒め物や麺類を提供する気取らないベジタリアンレストラン。

エミールズ
Emile's
☎408-289-1960
🏠545 S 2nd St
🍴メイン＄25〜35 コースディナー＄38
サンノゼでもっとも有名な豪華レストランで、1973年からスイス生まれのシェフ、エミールが経営している。ロマンチックな雰囲気でカリフォルニア-ヨーロッパ料理がとてもすばらしい。

アジェンダ
Agenda
☎408-287-3991
🏠399 S 1st St
🍴メイン＄15〜25
1908年築の建物の中にある煉瓦と木で造られたダイニングルームで肉、魚とパスタ料理を提供している。2階には美しいラウンジがあり、

地下室ではダンスが楽しめる。

ユーリピア
Eulipia
- ☎408-280-6161
- 374 S 1st St
- メイン＄15〜25

旧ジャズクラブで、ラザーン・ローランド・カークの楽曲にちなんで名付けられた。肉とパスタ料理をミックスしたニューアメリカンメニューを提供している。

ブレイクズ・ステーキハウス
Blake's Steakhouse
- ☎408-298-9221
- 17 N San Pedro St
- メイン＄20〜30

シーフード、骨付肉、プライムリブとクラシックカットの高級ステーキを提供している。

カフェインが必要なら心地よい、ゆったりとした雰囲気のコーヒーハウス**カフェ・マティス Cafe Matisse**（415 S 1st St）やカメラ3シネマCamera 3 Cinemaにつながっていて便利な**カメラ・カフェ Camera Cafe**（288 S 2nd St）に行ってみよう。

エンターテインメント

すばらしく快適な環境でおいしいビールが飲みたいなら、サン・ペドロ・スクエアの北にある**トライアルズ・パブ Trials Pub**（265 N 1st St）がおすすめ。優れたエールがたくさん（ファット・リップFat Lipを試してみよう）あり、テレビのない暖かくほっとできる部屋で飲むことができる。パブの食べ物もおいしい。

ウエイブズ・スモークハウス・アンド・サルーン
Waves Smokehouse & Saloon
- 65 Post St

ダウンタウンにあり、DJダンス、ライブミュージック、カラオケが楽しめる。

ヘドリー・クラブ
Hedly Club
- 233 W Santa Clara St

ダウンタウンにある1931年築の優雅なホテル・デ・アンザHotel De Anzaの中にあり、アールデコの雰囲気の中で静かに一杯飲むのによい場所だ。

クラブが一番多く集まっているのはSOFAとも呼ばれているS 1stストリート沿いだ。

アジェンダ
Agenda
- 399 S 1st St

バー兼レストランで、上階でライブジャズとスイング、地下室でハウスミュージックが楽しめる。上階の美しいバーのサービスタイムにカクテルを飲めば、心地よく夜をスタートできる。

ザ・ユージュアル
The Usual
- 400 S 1st St

近くの**カクタス・クラブ Cactus Club**（417 S 1st St）と同様にライブロックショーが行われ、定期的にDJダンスナイトがある。

アルマデン・クイックシルバー郡立公園で1日中ハイキングをしたら、**アルマデン・フィード・アンド・フュエル Almaden Feed & Fuel**（18950 Almaden Rd）でビールを注文しよう。1世紀前に建てられたこのファンキーな食堂はかつて駅馬車の停車場だった。街の南10マイル（約16km）、アルマデン・エクスプレスウェイAlmaden Expresswayを下りてすぐの所にある。

サンノゼ・レパートリー・シアター
San Jose Repertory Theater
- ☎408-367-7255
- 101 Paseo de San Antonio
- チケット＄20〜44

ダウンタウンにある新しい525席の会場で、評価の高い作品をフルシーズン上演している。

フォックス・カリフォルニア・シアター
Fox California Theater
- S 1st St

現在＄7000万をかけて改装中で、オープニングは2004年の予定。オペラ・サンノゼの本拠地になり、クラッシックフィルムシリーズが継続上映される。市が毎年開催している映画祭**シネクエスト Cinequest**（☎408-995-5033 2月下旬〜3月初旬開催）もここで開催されることがある。

カメラ・シネマズ
Camera Cinemas
- ☎408-998-3300

サンノゼの3つの劇場で自主制作映画や外国映画を上映している。劇場は最初にできたスクリーン1つの**カメラ・ワン Camera One**（366 S 1st St）、近代的で3つのスクリーンを持つ**カメラ3 Camera 3**（288 S 2nd St）、ダウンタウン西にありクラッシックとリバイバルを上映している**タウン3シアター Towne 3 Theatre**（1433 The Alameda）がある。

スポーツ観戦

市のNHLチーム、サンノゼ・シャークスSan Jose Sharksは、巨大なガラスと金属で造られた**コンパック・センター Compaq Center**（cnr Santa Clara & Autumn Sts チケット＄25〜107）のスタジアムでプレーしている。NHLシーズンは9月から4月。

メジャーリーグサッカーチーム、サンノゼ・アースクエイクスSan Jose Earthquakes（旧称ザ・クラッシュThe Clash）は3月下旬か

ら10月中旬まで**スパルタン・スタジアム Spartan Stadium**（🏠cnr 7th & Alma Sts）チケット＄10〜40）でプレーしている。

どちらのチームもチケットはコンパック・センターの切符売り場（☎408-999-5721）または追加料金がかかるが**チケット・マスター Ticket master**（☎408-998-8497）で購入できる。

アクセス

サンノゼとサンフランシスコ間のもっとも速くて便利な連絡は、毎日ペニンシュラを往復運転している通勤電車サービスのカル・トレインCalTrainである。

飛行機 ダウンタウン北2マイル（約3km）、ハイウェイ101とインターステート880（I-880）の間には**サンノゼ国際空港 San Jose International-al Airport**（☎408-277-4759）がある。サウス・ベイの人口増加につれて多数の国内便が2つのターミナルで発着し、新しい仮国際線到着施設もできてますます活気にあふれている。拡張工事が進行中だ。

バス・BART サンフランシスコ行き（＄5、90分）とロサンゼルス行き（＄40、7〜9時間）のバスを**グレイハウンド Greyhound**（☎408-295-4151 🏠70 Almaden Ave）が運行している。

イースト・ベイにあるBARTの鉄道網までは**サンタクララ・バレー交通局 Santa Clara Valley Transportation Agency**（VTA☎408-321-2300、800-894-9908）の180番のバスが毎日BARTのフレモント駅とダウンタウン間を運行している（＄2）。

列車 サンノゼとサンフランシスコ間を**カル・トレイン CalTrain**（☎800-660-4287）が36往復以上（週末は少ない）している。90分の旅は片道料金＄6だ。サンノゼのメインの**カル・トレイン・ステーション CalTrain station**（🏠65 Cahill St）はThe Alamedaのすぐ南にある。

カーヒル・ストリートCahill Stのカル・トレイン駅は**アムトラック Amtrak**（☎800-872-7245）の駅も兼ねていて、シアトル、ロサンゼルス、サクラメント行きの列車が運行している。

VTAはこの駅とダウンタウンの間で平日にシャトル（ダッシュDASHまたはダウンタウンエリアシャトルDowntown Area Shuttleと呼ばれている、路線番号804）を運行している。

車・バイク サンノゼはサンフランシスコ・ベイのちょうど下端に位置し、オークランド

（インターステート880経由）やサンフランシスコ（ハイウェイ101またはI-280経由）からは約40マイル（約64km）の距離にある。特にサウス・ベイではハイウェイ101は1日中交通量が多いことを予想して行こう。距離が若干長くなるが、I-280のほうがずっときれいで、たいてい交通量も少ない。イースト・ベイ側にあるI-880も見苦しいほど、激しく渋滞しているハイウェイで、オークランドとサンノゼ間を走っている。I-680はコントラ・コスタ・カウンティから入ってくる道路だ。

交通手段

空港の両方のターミナルからメトロ／エアポート・ライト・レールMetro/Airport Light Railの駅まで無料のシャトルが10分間隔で運行しており、駅からはサンノゼ・ダウンタウンまでサンノゼ・ライト・レールSan Jose light rail（＄1.25）に乗れる。

スーパーシャトル Super Shuttle（☎408-225-4444）はシリコン・バレー内のほとんどの目的地まで直行のバスサービスを提供している。料金は＄17から。

サンノゼ・ライト・レール・ラインSan Jose light-rail lineの主要路線は市の中心部から南北に20マイル（約32km）走っている。南はアルマデンAlmadenとサンタ・テレサSanta Teresaまで行くことができる。北ルートはシビック・センターCivic Center、空港、さらにベイ・ポイントBaypointeまでで、そこでグレイト・アメリカGreat Americaを超えてマウンテン・ビューMountain Viewまで西方向に進む別の路線と連絡している。

1903〜28年にさかのぼるサンノゼの歴史的な路面電車は、ダウンタウンの1.5マイル（約2.4km）の環状線で運行している。これらの年代物の車両は4月から9月の週末とクリスマスシーズンに運行している。

VTAバスはシリコン・バレー全域で運行。バス（急行路線は除く）と軽鉄道の料金は1回乗車につき＄1.25で1日乗車券は＄3。案内とスケジュールは☎408-321-2300または☎800-894-9908まで。

サンノゼ周辺
Around San Jose

サンノゼ伝道所
Mission San Jose

1797年に設立されたサンノゼ伝道所はカリフォルニアで14番目に開かれた伝道所だ。インディアンの人口が多く肥沃な農地を持ったこの伝道所は、1868年の大地震により1809年築

の最初に建てられた教会がほぼ全壊するまでは、もっとも成功している伝道所の1つであった。この教会は木造の教会に建て替えられたが、1979年には売却されサンマテオに移された。現在あるアドビ造りの教会は1809年築の建築をほぼ忠実に再建したもの。横の祭壇にあるセイント・ボナベンチャーSt Bonaventure（聖ボナベンチャー）の像は1808年頃のものである。隣接する居住区域には現在、小さな伝道所の博物館が入り、初期の建築が残っている。

フリーモントにある伝道所The mission（☎510-657-1797 🏠43300 Mission Blvd ◐博物館・教会は10:00〜17:00、ミサは月〜金8:00）は、ミッション・ピーク地域保護区Mission Peak Regional Preserveのふもとにある。インターステート880またはインターステート680からミッション大通りMission Blvdの出口で下りてワシントン大通りWashington Blvdに進む。

サンタクララ
Santa Clara

カリフォルニア8番目の**サンタクララ・デ・アシス伝道所 Mission Santa Clara de Asís**はサンノゼのダウンタウンから数マイル西のサンタクララ大学のキャンパス内にある。伝道所はグアダルーペ川|Guadalupe Riverの近くに1777年に誕生した。洪水のため最初の移転を余儀なくされた。2度目の場所は一時的に過ぎず、3度目に建てられた教会は焼失した。4度目の教会は大きなアドビ造り（れんがを使用）の建築で1784年に完成したが、1818年の地震のため現在の場所に移転しなければならなかった。5番目の教会は1822年に完成したが1926年に焼失。1928年に完成した現在の教会は、5番目の場所に建った6番目の教会で、1822年の教会の拡大版である。

屋根瓦の多くは以前の建物のもので、教会の正面には1777年に最初の伝道所の木製の十字架が付けられている。1822年築の伝道所で残っているのは近くにあるアドビの壁とアドビ建築だけ。カリフォルニア最初の大学はこの伝道所に1851年に開かれ、それがサンタクララ大学となり、伝道所の教会は現在は大学のチャペルになっている。サンタクララ大学はCalTrainカル・トレインのサンタクララ駅から歩いて行ける距離にある。

サンタクララで伝道所を訪れて時間に余裕があれば、旧伝道所広場の向かいにある**デ・サイセット博物館 De Saisset Museum**（☎408-554-4528 🏠500 El Camino Real 🎫入場無料 ◐火〜日 11:00〜16:00）に立ち寄ってみよう。美術と歴史のコレクションがある。

インテル博物館
Intel Museum

☎408-765-0503
🏠2200 Mission College Blvd
🎫入場無料
◐月〜金 9:00〜18:00、土 10:00〜17:00

コンピュータ産業の誕生と成長を、インテルとの関わりに特に重点をおいて展示している。

パラマウント・グレイト・アメリカ
Paramount's Great America

☎408-988-1776
🏠Great America Parkway
🎫大人＄44 子供＄34
◐7〜8月 毎日、春および秋 土・日・祝

サンタクララのハイウェイ101のわきにある。メテオ・アタックMeteor Attack、スター・トレックStar Trekやフライング・コースターのステルスStealthなど、乗り物が50程度ある大きな遊園地だ。

レイジング・ウォーターズ
Raging Waters

街の東、レイク・カニンガム・リージョナル・パークLake Cunningham Regional Parkにあるこのウォーターテーマパーク（☎408-238-9900 🏠cnr Tully Rd & Capitol Expressway 🎫大人＄25 子供＄20 ◐5〜9月）には滑り台、プール、スリル満点のウォーターライドがある。

サンフランシスコからハーフ・ムーン・ベイ
San Francisco to Half Moon Bay

ベイ・エリアで驚くことの1つに都会の景観が荒々しく未開発の海岸沿いですばやく消えてしまうことだ。サンフランシスコからサンタ・クルーズまでの70マイル（約113km）の道のりを海岸道路の曲がりくねったハイウェイ1が次々とビーチを通過するが、その多くはハイウェイからは隠れている。ハイウェイ1沿いのビーチのほとんどは荒々しく予測できない波が押し寄せるため、水泳よりも日光浴に向いている。海岸沿いの州立ビーチは利用料は取らないが、駐車料金が数ドルかかることがある。

ポイント・モンタラPoint Montara（サンフランシスコの南22マイル＜約35km＞）とピジョン・ポイントPigeon Point（36マイル＜約58km＞）には孤立した景色の非常にすばらしいHIホステルが集まっており、サイクリストにはおもしろいルートだが、道幅の狭いハイウェイ1自体は経験の浅いサイクリストには、

まったく危険とまではいかなくてもストレスになるかもしれない。

パシフィカ&デビルズ・スライド
Pacifica & Devil's Slide

サンフランシスコのダウンタウンから15マイル（約24km）のパシフィカPacificaとポイント・サン・ペドロPoint San Pedroは都市スプロル現象（都市開発が近接した地域へ拡散する現象）の終わる所だ。パシフィカの南にはデビルズ・スライドDevil's Slide（悪魔の滑り台）と呼ばれる不安定な断崖地域があり、その中をハイウェイ1が曲がりくねりながら通っている。岩や土砂がくずれることがよくあるので、夜間や降雨の運転には特に注意が必要だ。冬には激しい嵐のため道路が一時閉鎖されることが多い。問題の多いこの道路を迂回するためにトンネル建設が予定されている。

パシフィカにある**ロッカウェイ・ビーチ Rockaway Beach**とさらに人気の高い**パシフィカ州立ビーチ Pacifica State Beach**は日光浴や波乗りにおすすめだ。

グレイ・ホエール・コーブからミラマー・ビーチ
Gray Whale Cove to Miramar Beach

ポイント・サン・ペドロのすぐ南には海岸で人気の高い「水着着用は自由」のビーチの1つ**グレイ・ホエール・コーブ州立ビーチ Gray Whale Cove State Beach**（☎415-330-6300）がある。ビーチから何歩も歩かない距離にバス停と駐車場（＄5）がある。わずか半マイル（約0.8km）南には**モンタラ州立ビーチ Montara State Beach**がある。

サンフランシスコから22マイル（約35km）離れた**モンタラ Montara**の街からは、マーティニ・クリークMartini Creekの駐車場からハイキングトレイルがたくさんある**マクニー・ランチ州立公園 McNee Ranch State Park**までトレイルが続く。

ポイント・モンタラ・ライトハウスHIホステル
Point Montara Lighthouse HI Hostel
☎650-728-7177
⌂cnr Hwy1 & 16th St
🛏ドミトリーベッド＄18 個室＄48

2隻の蒸気船が沖の浅い岩礁で難破した後、1875年に霧観測所として生まれた。ホステルは1928年築の現在の灯台隣にある。非常に人気の高いこのホステルにはリビングルーム、キッチン設備、屋外ホットタブがあり、世界中の人が利用している。カップルや家族用に個室も数室ある。いつでも予約して行くほうがよい。特に夏場の週末は予約必須。サム・トランスSamTransの294番のバスに乗ると、ドライバーに丁寧に頼めばホステルで降ろしてくれる。

モンタラには**グース&タレッツ Goose & Turrets**（☎650-728-5451 📠650-728-0141 ⌂835 George St 🛏客室＄110～165）、**ファラロン・イン Farallone Inn**（☎650-728-8200 ⌂1410 Main St 🛏客室＄95～195）などのB&B（ベッド&ブレックファスト）も数多くある。

灯台の南、モス・ビーチMoss Beachには**フィッツジェラルド海洋保護区 Fitzgerald Marine Reserve**（☎650-363-4020）がある。天然の大きなタイドプールが広がっており、干潮時にはタイドプールの中を歩いて探検ができる。滑りやすいので気をつけること。ここは海洋保護区であるため、生物、貝殻はもちろん石に至るまで一切何も取ってはいけないことを覚えておこう。モス・ビーチでハイウェイ1から西へ曲がり、カリフォルニア・アベニューCalifornia Aveへと道の終わりまで進む。サム・トランスの294番のバスがハイウェイ1沿いに止まる。

モス・ビーチ・ディスティラリー
Moss Beach Distillery
☎650-728-5595
⌂cnr Beach Way & Ocean Blvd
🍴食事＄15～

海を見下ろす1927年築のランドマークで、食事をするのにも、毛布にくるまってデッキからただ景色を楽しむのにもよい。レストランには「ブルー・レディーBlue Lady」という幽霊まで付いている。ハイウェイ1から看板に従おう。

ここの南には**ピラー・ポイント Pillar Point**と呼ばれる海岸が広がっている。漁船がピラー・ポイント・ハーバーに釣れた魚を運んでくると、一部はハイウェイ1から外れたプリンストンPrincetonにある**バーバラズ・フィッシュトラップ Barbara's Fishtrap**（⌂281 Capistrano Rd）などのシーフロントレストランで料理される。

自分で釣りたいなら、ピラー・ポイント・ハーバーからサケ、ロックフィッシュ（カサゴ、メバルなど）、マグロを追うフィッシングトリップを提供している所へ。**ハック・フィン・スポーツフィッシング・センター Huck Finn Sportfishing Center**（☎650-726-7133）で試してみよう。日帰り鮭釣りツアーを1人約＄60で提供している。

ピラー・ポイントの西端には世界のトップクラスのビッグウェーブライダーたちが巨大で、高くてとても危険な波と戦うために集まってくる本格的なサーフポイント、**マーベリックス Mavericks**がある。毎年恒例のクイックシルバー／マーベリックス・サーフ・コンテストは、状況により12月から3月の間に行われる。

ハーバー・ビュー・イン
Harbor View Inn
☎650-726-2329

51 Alhambra Ave
客室 平日＄96〜、週末＄140〜
ピラー・ポイント・ハーバーのすぐそば。海の見える部屋がある。

ハーフ・ムーン・ベイ
Half Moon Bay

ハーフ・ムーン・ベイ（人口1万1300人）はサンフランシスコ（28マイル＜約45km＞北）とサンタ・クルーズ（40マイル＜約64km＞南）の間にある主要都市だ。サンノゼ（43マイル＜約69km＞）はハイウェイ92経由でサンタ・クルーズ・マウンテンを超えて東。ここはビクトリア朝時代にビーチリゾートとして開発された。長く広がるビーチには今でも週末旅行者や元気なサーファーがやって来る。

ハーフ・ムーン・ベイはハイウェイ1（町ではカブリヨ・ハイウェイCabrillo Hwyと呼ばれる）沿いに広がっており、開発されてはいるが今でも比較的小さな街だ。大通りはメイン・ストリートMain St上の5ブロックで、店、カフェ、レストランや数件の高級B＆B（ベッド＆ブレックファスト）などが並んでいる。観光情報はハーフ・ムーン・ベイ沿岸商工会議所 Half Moon Bay Coastside Chamber of Commerce（☎650-726-8380 www.halfmoonbaychamber.org 520 Kelly Ave 月〜金 9:00〜16:00）で得られる。

観光スポットと楽しみ方

かぼちゃはハーフ・ムーン・ベイ周辺の主要農作物であり、毎年恒例の**アート・アンド・パンプキン・フェスティバル** Art & Pumpkin Festival（☎650-726-9652）ではハロウィーンHalloween前の収穫を祝う。10月中旬に行われるこのイベントは、ワールド・チャンピオンシップ・パンプキン・ウエイ・オフWorld Championship Pumpkin Weigh-Off（かぼちゃ計量世界大会）で幕を開ける。大会では、丸々とした1000ポンド（約454kg）を超すオレンジ色のお化けかぼちゃが計りを振り切ることもある。

内陸の**プリシマ・クリーク・プリザーブ** Purisima Creek Preserve（プリシマ・クリーク保護区）には数は少ないがサイクリストやハイカーには行ってみる価値のあるトレイルがある。ハイウェイ1からヒギンズ-プリシマ・ロードHiggins-Purisima Rdをたどっていく。

シーホース
Seahorse
☎650-726-2362
乗馬2時間＄50 早朝サービスは8:00〜9:00で＄30
ハイウェイ92の合流点から約1マイル（約1.6km）北にある。毎日、海岸沿いの乗馬サービスを提供している。

宿泊・食事

ハーフ・ムーン・ベイ州立ビーチ
Half Moon Bay State Beach
☎650-726-8820
キャンプ場＄12
街のすぐ西側のケリー・アベニューKelly Aveにある。安く泊まるのにはよい。57ある簡易キャンプ場は先着順で利用できる。

サン・ベニート・ハウス
San Benito House
☎650-726-3425
356 Main St
客室＄127〜
ハーフ・ムーン・ベイのB＆B（ベッド＆ブレックファスト）の中では手頃な料金で泊まれる1軒だ。

オールド・タイム・イン
Old Thyme Inn
☎650-726-1616 779 Main St
客室＄130〜300
1899年頃に建てられたビクトリア時代のかわいいクイーン・アン様式の建物でメインのショッピング通りから数ブロック南にある。

フライング・フィッシュ・グリル
Flying Fish Grill
cnr Hwy 92 & Main St
1品＄3〜
すばらしい新鮮なタラ、サケ、タコス、そのほかのシーフードプレートがあり、テイクアウトも店内で食べることも可能。

M.コーヒー
M. Coffee
522 main St
ランチ＄5〜7
エスプレッソドリンク、アイスクリームコーンのほかにランチタイムにはサンドイッチやサラダもある。

キャメロンズ・レストラン・アンド・イン
Cameron's Restaurant & Inn
☎650-726-5705
1410 S Cabrillo Hwy
客室＄99〜 食事＄8〜
ハイウェイ92の合流点から2マイル（約3km）南。1世紀前に建てられた建物の中にある英国スタイルのパブで、ビールと食べ物の品揃えが豊富だ。バーからの音を気にしないなら、パブの上に広くて快適な客室が3室ある。

アクセス

サム・トランス SamTrans（☎800-660-4287）の294番のバスがカル・トレインのヒルズデイルHillsdale駅からハーフ・ムーン・ベイと沿岸を

上がってモス・ビーチとパシフィカまで毎日18:00まで運行している（＄1.10）。15番のバスはハーフ・ムーン・ベイから南にサン・グレゴリオとペスカデロまで週末のみ運行している。

ハーフ・ムーン・ベイからサンタ・クルーズへ
Half Moon Bay to Santa Cruz

ハーフ・ムーン・ベイの南にはさらに多くの海岸がある。**サン・グレゴリオ州立ビーチ San Gregorio State Beach**から始まって、南へ10マイル（約16km）続いている。サン・グレゴリオ州立ビーチには、着衣自由の海岸が北に延びているが、海水が相当冷たくなるので、泳ごうと思うのは白クマくらいのものだろう。

さらに海岸線を北に向かい、気持ちのよい小さな**ペスカデロ Pescadero**の町に行く途中に、ポンポニオ州とペスカデロ州立ビーチ Pomponio and Pescadero state beachesがある。8月半ばには、ペスカデロでは、毎年アート・アンド・ファン・フェスティバルArts & Fun Fest.が開催される。**ノームズ・マーケット Norm's Market**（☎287 Stage Rd）でサンドイッチや焼きたてのガーリック・ハーブパンをほおばるのもいいし、ゆっくりと食事をしたいなら**デュルテズ・ターバン Duarte's Tavern**（☎cnr Stage &Pescadero Rds 🍴ディナー＄16〜）に立ち寄ってみるのもいい。ここは、1894年開業のバー＆レストランで、アーティチョークのスープやオララベリー・パイを味わえる。

ペスカデロ沼地保護区 Pescadero Marsh Reserveではバードウォッチが楽しめる。ペスカデロ州立ビーチPescadero State Beachから、ハイウェイを挟んだ反対側にあり、1年を通じて数多くの種類の鳥が餌をついばんでいる。ペスカデロの南へ約5マイル（約8km）行けば、**ブタノ州立公園 Butano State Park**で1日ハイキングをして過ごせる。

ピジョン・ポイント・ライトハウス・ユースホステル Pigeon Point Lighthouse Hostel（☎650-879-0633 ☎210 Pigeon Point Rd 🛏ドミトリーベッド＄18 個室＄51）は、ピジョン・ポイントにあるHI施設の宿。ハイウェイ1沿い、ペスカデロの5マイル（約8km）南、古い灯台守の敷地内にある。1872年に建造された灯台の高さは110フィート（約33m）で、全米でもっとも高い灯台の1つとなっている。このユースホステルはとても立地が良いので、特に週末と夏は前もって予約をしておこう。

内陸側には丘が広がり、公園が点在している。都会から訪れる多くの人々が北や東に手近なドライブを楽しんでいるにもかかわらず、海岸線と同様、見事に手付かずのまま自然が残っている。ハイウェイ84はパロ・アルトPalo Altoへ向け森の中を曲がりくねりながら東に進む。その道路沿いには、サン・グレゴリオ州立ビーチSan Gregorio State Beachから東9マイル（約15km）の所に小さな**ラ・ホンダ La Honda**があり、ハイキングやマウンテンバイクに適した公園も幾つかある。ラ・ホンダの**アップル・ジャック・イン Apple Jack's Inn**（☎650-747-0331）は古い鍛冶屋の店舗を使った、素朴な田舎風のバー。週末にはライブステージが楽しめ、存分にこの地域の雰囲気を味わえる。

ビッグ・ベイスン・レッドウッド州立公園
Big Basin Redwoods State Park（☎831-338-8860 💰＄3）は、コースト山脈Coastal Mountain Range南部にあり、最大級のレッドウッドが生い茂る25平方マイル（約65km²）にわたる公園。大小の川が流れ、ワイルドライフ・トレイルに加えハイキング・トレイルもある。樹齢豊かなこの森には、モミ、ヒマラヤスギ、ベイ、マッドローナ、オークなどが茂っている。ビッグ・ベイスンはカリフォルニアで最初の州立公園で、地域の保護主義者と伐採業者との間でかなりの摩擦があり、1902年法律が制定された。ここのレッドウッドの多くが樹齢1500年を超えている。

ハイウェイ1から公園内に入ることもできるが、メインゲートは、サンタ・クルーズから約15マイル（約24km）北にあり、ハイウェイ9につながる道236。この公園には、146の ファミリー**キャンプサイト**（☎800-444-7275予約専用 💰＄12）がある。テントキャビンも36あり、それぞれにダブルベッド2台と薪ストーブ（＄49）が備えられている。電話で予約すること（☎800-874-8368）。

アニョ・ヌエボ州立保護区
Año Nuevo State Reserve

アニョ・ヌエボ海岸Año Nuevo Beachのゾウアザラシの生息地を訪れるのもすばらしい体験だが、真冬のハイシーズンには、前もって十分な計画を立てておくことが必要だ。海岸はピジョン・ポイントから5マイル（約8km）南、サンタ・クルーズから27マイル（約43km）北にあたる。

ゾウアザラシは、常に人を怖がることはない。だが残念なことに、2世紀前にはこん棒片手の捕獲業者に、そして今はカメラ片手の旅行者のようなアザラシ愛好家にも人なつこい表情をみせている。1800年から1900年にかけて、ゾウアザラシは絶滅の危機に瀕していた。ひとにぎりのゾウアザラシだけがメキシコ州バハ・カリフォルニア（下カリフォルニア半島）Mexican state of Baja California沖のグア

ダルーペ群島Guadalupe Islands周辺に生き残った。アザラシ油の代替品が手に入るようになったことや近年の保護主義者の活動により、ゾウアザラシは復活し、1920年ごろから南カリフォルニア海岸に再び姿を現すようになった。1955年にはアニョ・ヌエボ海岸に戻り、今日、当保護区はハイシーズンには何千頭ものゾウアザラシの生息地となっている。

ハイシーズンは繁殖期でもあり、12月15日から3月末までは予約が必要なガイド付きツアー客の見学のみ許可されている。特にピークとなる、1月半ばから2月半ばにかけては、8週間前からの予約が望ましい。**公園事務所 park office**（☎650-879-0227）は場所とりのアドバイスをしてくれるだけで、予約は別途☎800-444-7275への電話が必要となる。ツアー料金は＄4で、駐車料金は＄2。保護官詰所から、3〜5マイル（約5〜8km）海岸まで徒歩で往復するツアーで、所要時間は2、3時間。予約していなければ、天候不良による土壇場のキャンセルを待つこともできる。ハイシーズン以外では、先行予約は不要だが、入口の事務所で許可が必要。午後3時までに入ること。

サンタ・クルーズ
Santa Cruz

サンタ・クルーズ（人口5万6000人）は、70マイル（約113km）北にあるサンフランシスコからの週末の脱出先として人気のスポットだ。魅力的な海辺の町では、トレンディーなナイトライフも楽しめ、夏の気候も暑すぎず過ごしやすい。隣町のモントレーMonterey（南へ40マイル<約64km>、「セントラル・コースト」を参照）は富裕な感じであるのに対し、サンタ・クルーズは本物の「海辺の町」といった雰囲気を留めている。理由の1つは、良くも悪くも、サンタ・クルーズにはリッチな都会派ヤッピーをかなり上回る無愛想なヒッピーがいるからだ。実際ここは、ケン・ケジーKen Keseyが、ワーロックスWarlocksと一緒に、周辺の丘にある友人の家で最初の「アシッドテスト」（LSDパーティ）を開いた場所だ（ワーロックスはグレイトフル・デッドGrateful Deadと名のる前のバンド名）。美しい緑が広がるこの町は、サーフィンの町としても有名だ。またカリフォルニア大学サンタ・クルーズ校University of California, Santa Cruz（UCSC）の1万3000人を超える中道左翼の学生の本拠地となっていることは言うまでもない。

サンフランシスコは、1989年のロマ・プリエタLoma Prieta地震で注目を浴びたが、実際大きな被害を受けたのはサンタ・クルーズだった。震源地は町の北東わずか約10マイル（約16km）。パシフィック・ガーデン・モールPacific Garden Mallが壊れ、多くの人々が死亡した。しかし、今日では、基本的に「日常」に戻っている。つまり、学生たちやパンク、本物のイカしている人達の集団がうろつくことはあっても1年の大半は平穏に暮らしているということだ。夏の週末は、ビーチやサンタ・クルーズ・ビーチのボードウォークboardwalkに大勢の人が押し寄せる。

オリエンテーション

サンタ・クルーズは海岸線に沿って長く延びており、静かなビーチリゾートのキャピトラCapitolaにつながっている。サンタ・クルーズの道路は起伏の多いカーブでサン・ロレンソ川San Lorenzo Riverを挟んで見え隠れするため、多少複雑だ。パシフィック・アベニューPacific Aveがサンタ・クルーズの町のメインストリートで、フロント・ストリートFront Stが1ブロック東を走っている。

カリフォルニア大学のキャンパスは町の中心部から約2マイル半（約4km）北西部にある。

インフォメーション

サンタ・クルーズ・カウンティ観光局
Santa Cruz County Conference & Visitors Council
☎831-425-1234
Ⓦ www.santacruz.org

ゾウアザラシ

ゾウアザラシには正確なカレンダーがある。年初にビーチを離れた1歳未満と2歳未満のゾウアザラシは、9月から11月の間に戻ってきて巣を作る。11月と12月には雄の成獣が戻ってきて、優勢を示すための儀式的な戦いを始める。より大きく、強く、攻撃的な「アルファ」と称される雄だけがハーレムを作る。12月から2月にかけて、前年のビーチでの繁殖活動で妊娠した雌の成獣が戻ってきて出産する。その約1カ月後、強い雄とつがいになる。

出生時ゾウアザラシの子供は約80ポンド（約36kg）だが、母親の授乳期間中は、日に約7ポンド（約3kg）ずつ増加する。1カ月間十分に乳を与えられると、その体重は約300ポンド（約136kg）になる。しかし3月ごろになると、雌は子供を残してビーチを後にする。それからの2、3カ月間、「ウィナーweaner（乳離れした子供）」と呼ばれる幼いゾウアザラシは、「ポッドpod」と呼ばれる群れの中で生活し、少しずつ泳ぎ方を学んでいく。初めは川で泳ぎ、次にタイドプール、最後に海に出て行くのだ。4月になると、この長い絶食期間に体重の20〜30％を落とした若いゾウアザラシがビーチを離れていく。

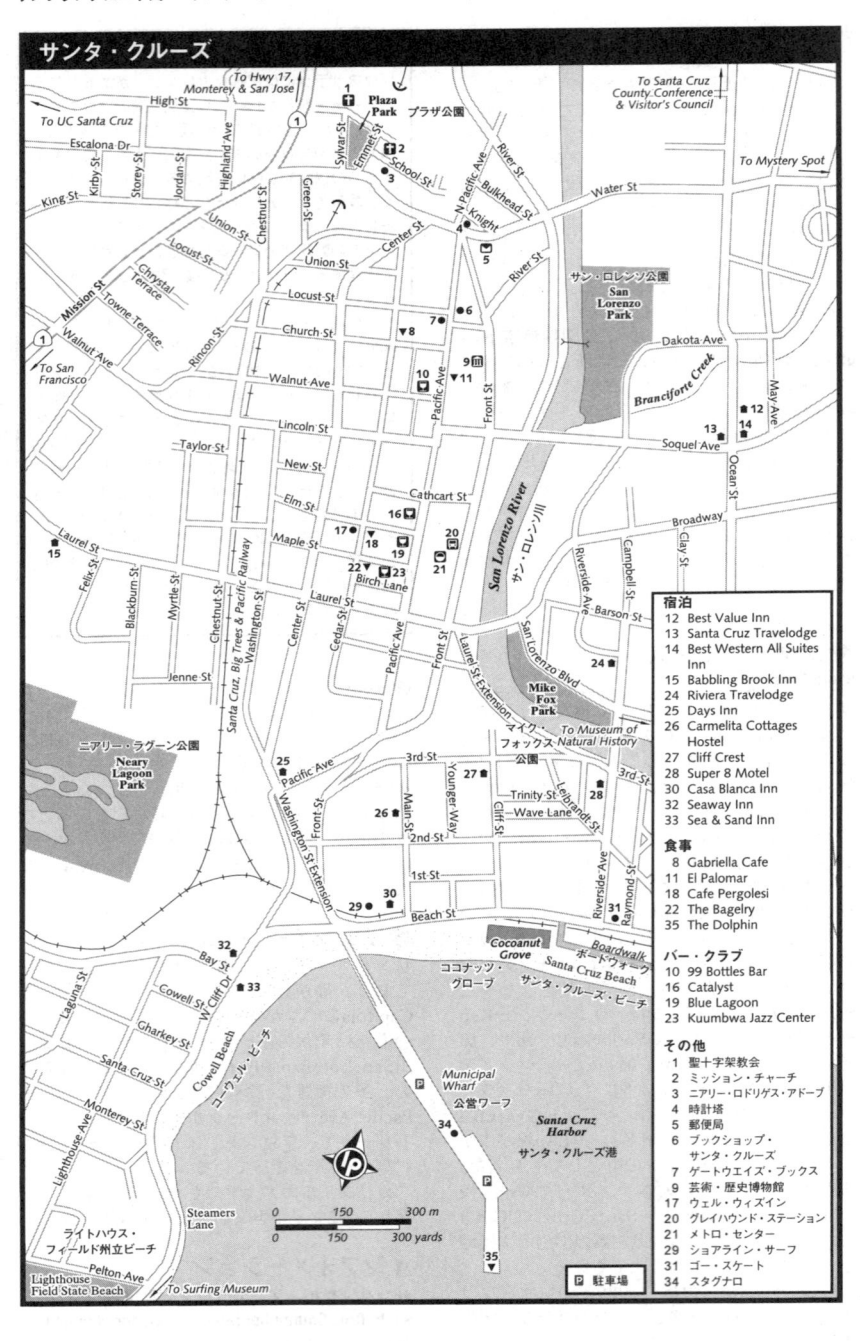

サンフランシスコ半島 − サンタ・クルーズ

サンタ・クルーズ

宿泊
- 12 Best Value Inn
- 13 Santa Cruz Travelodge
- 14 Best Western All Suites Inn
- 15 Babbling Brook Inn
- 24 Riviera Travelodge
- 25 Days Inn
- 26 Carmelita Cottages Hostel
- 27 Cliff Crest
- 28 Super 8 Motel
- 30 Casa Blanca Inn
- 32 Seaway Inn
- 33 Sea & Sand Inn

食事
- 8 Gabriella Cafe
- 11 El Palomar
- 18 Cafe Pergolesi
- 22 The Bagelry
- 35 The Dolphin

バー・クラブ
- 10 99 Bottles Bar
- 16 Catalyst
- 19 Blue Lagoon
- 23 Kuumbwa Jazz Center

その他
- 1 聖十字架教会
- 2 ミッション・チャーチ
- 3 ニアリー・ロドリゲス・アドーブ
- 4 時計塔
- 5 郵便局
- 6 ブックショップ・サンタ・クルーズ
- 7 ゲートウエイズ・ブックス
- 9 芸術・歴史博物館
- 17 ウェル・ウィズイン
- 20 グレイハウンド・ステーション
- 21 メトロ・センター
- 29 ショアライン・サーフ
- 31 ゴー・スケート
- 34 スタグナロ

P 駐車場

🏠1211 Ocean St
🕐月〜土 9:00〜17:00、日 10:00〜16:00
パンフレットや地図、宿泊情報を提供している。

メトロ・サンタ・クルーズ
Metro Santa Cruz
🌐www.metroactive.com/cruz
町の無料の週刊新聞でイベントや映画、レストランのリストを紹介している。

書店には、大型の書店**ブックショップ・サンタ・クルーズ Bookshop Santa Cruz**（☎831-423-0900 🏠1520 Pacific Ave）や**ゲートウェイズ・ブックス Gateways Books**（☎831-429-9600 🏠1531 Pacific Ave）などがある。

サンタ・クルーズ・ビーチ・ボードウォーク
Santa Cruz Beach Boardwalk
1906年開園の**ボードウォーク Boardwalk**（☎831-423-5590 🌐www.beachboardwalk.com）は西海岸でもっとも古い渚の遊園地。もっとも有名な乗り物は、1924年建造で走行距離半マイル（約800m）の木製ジェットコースター、ジャイアント・ディッパーと、1911年以来回り続けているというメリーゴーランド・ルーフだ。どちらも国の歴史的建造物に指定されている。

ボードウォークは6月から8月の毎日、冬の週末と祝日にのみ営業している。12月はほとんど営業していない。入場料は無料だが、乗り物料金は＄2から＄4かかる。＄23.95で1日パスを購入することも可能。

6月から8月の金曜夜には無料の「クラシック・ロック」コンサートを開催し、ハーマンズ・ハーミッツ**Hermin's Hermits**やゲイリー・パケット**Gary Puckett**といったアーチストが出演する。

隣接する1907年に建設された**ココナッツ・グローブ Cocoanut Grove**（☎831-423-2053）は豪華なボールルームで、私的な行事やダンスコンサートなどに利用されている。カジノ・ファン・センター・アーケード**Casino Fun Center video arcade**と同じ建物の中にある。

公営ワーフ
Municipal Wharf
ワーフまで直接車で乗りつけることができ、シーフードレストランや土産物店が多く入っている。ワーフ沿いで辛抱強くかかりを待っている釣り人たちの仲間に入りたくなったら、釣竿など釣り道具を貸してくれる店もある。たいていの日にはワーフのたもとにアザラシの群れがひなたぼっこをしていてにぎやかだ。

サンタ・クルーズ伝道所
Mission Santa Cruz
サンタ・クルーズ伝道所は1791年に創立された。サンタ・クルーズの町名は、この伝道所にちなんだものだ。12番目のカリフォルニア伝道所が定着したサンタ・クルーズは、幹線道路エル・カミーノ**El Camino Real**の往来から離れており、貧しいオローニ・インディアン**Ohlone Indian**という少数原住民族が住んでいるだけだった（伝道所にはキリスト教の布教のためにも厳しい労働を課すためにもインディアンが必要であった）。さらに悪いことには、この伝道所は、スペイン人居住区に近づき過ぎていた。悲劇的な出来事により移民と伝道所がうまくやっていけないことが証明されている。伝道所は世俗化された後に分裂し、1840年と1857年の地震により教会が倒壊。今日、**聖十字架教会 Holy Cross Church**がもとの場所に建っている。

サンタ・クルーズ伝道所州立歴史公園 Santa Cruz Mission State Historic Park（☎831-425-5849 🏠144 School St. 🕐木〜日 10:00〜16:00）はミッション・プラザ**Mission Plaza**から1ブロック奥にある。**ニアリー・ロドリゲス・アドビ Neary-Rodriguez Adobe**という1791年建造の当時の建物が1棟残っている。**ミッション・チャーチ mission church**（🏠cnr High & Emmet Sts）は、1931年に2分の1のレプリカとして再建され、内部には**ギフトショップ gift shop**（☎831-426-5686）がある。

博物館
小さな**芸術・歴史博物館 Museum of Art & History**（☎831-429-1964 🏠705 Front St 🎫大人＄4 学生＄2 🕐火〜日 11:00〜17:00、木 11:00〜19:00）では当地の開拓の歴史と当時の芸術家たちの作品が紹介されており、一見の価値がある。

セメントでできたグレーの大きなクジラ像が正面に飾られた**サンタ・クルーズ市立自然史博物館 Santa Cruz City Museum of Natural History**（☎831-420-6115 🏠1305 E Cliff Dr 🎫任意く寸志＞ 🕐火〜日 10:00〜17:00）はサン・ロレンソ川の東岸にある。館内には、古代のジュゴンの化石などの博物学の所蔵品が展示されて、触って体験できるコーナーもある。

サーフィン博物館 Surfing Museum（☎831-420-6289 🎫無料 🕐木〜月 12:00〜16:00）は西クリフ・ドライブ**W Cliff Dr**の灯台**Lighthouse Point**にある小さな博物館。サンタ・クルーズでもっとも人気のサーフポイントであるスティーマー・レーン**Steamer Lane**を見下ろす位置にある。内部には、サーフィンやサーファー、サーフボードについての展示がある。

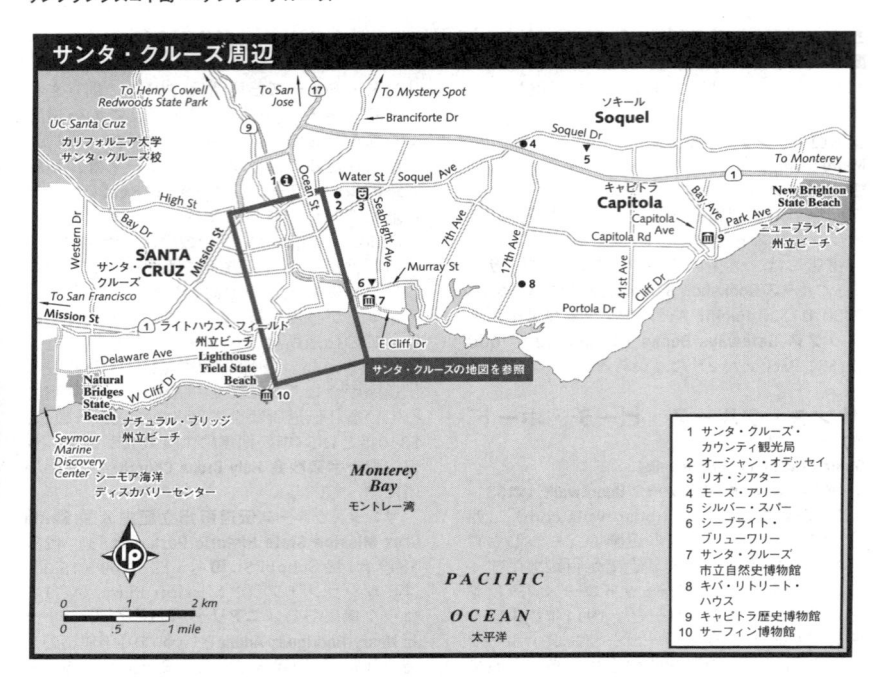

カリフォルニア大学サンタ・クルーズ校
University of California、Santa Cruz
1965年設立のカリフォルニア大学サンタ・クルーズ校（UCSC）は、町北部の丘にある。学生数は1万3000人を超え、田舎風のキャンパスには、ユニークな校舎と見事なレッドウッドの立ち木が点在している。キャンパス内には2つのギャラリーや有名な樹木園があり、現在キャンパスがある場所にはかつて存在したコーウェル牧場Cowell Ranchの1860年代の建造物が数多く残っている。シーモア海洋ディスカバリー・センター Seymour Marine Discovery Center（☎831-459-3800 ✦near Delaware Ave & Swift St ◨大人＄5 学生＄3 ◷火～土 10:00～17:00、日 12:00～17:00）は町の西部、ナチュラル・ブリッジNatural Bridgesの近くにある。UCSCのロング海洋研究所Long Marine Laboratoryの一部で、水槽が数個とシロナガスクジラの骨格が所蔵されている。

ナチュラル・ブリッジ州立ビーチ
Natural Bridges State Beach
この美しい海岸は西クリフ通りW Cliff Drの端、サンタ・クルーズの西に位置する。海岸のそばにはタイドプールや、広葉林もある。11月から3月の間この広葉林の大きな枝でオオカバマダラチョウが越冬する。オオカバマダラチョウは自然史博物館裏の林でも見られる。残念ながら、ビーチ名の由来であるナチュラル・ブリッジは流されてしまっている。

スパ
Spas
サンタ・クルーズのニュー・エイジーNew Ageyスパはくつろぐのに理想的な場所だ。ウェル・ウィズイン The Well Within（☎831-458-9355 ✦417 Cedar St）でプライベートタブを利用するには1時間＄22、カップルの場合は＄27かかる。

キバ・リトリート・ハウス Kiva Retreat House（☎831-429-1142 ✦702 Water St）では、2人用プライベートタブは1時間＄20、共同浴槽（何人でも入れる）は＄16だ。

海水浴・サーフィン・ダイビング
モントレー湾北部は、南部より暖かい。夏になると南部はモントレー峡谷からの流水で海が冷たいからである。その結果、海岸のスポーツ・レクリエーションはモントレーよりもサンタ・クルーズのほうがずっと向いている。

サンタ・クルーズの中でもスティーマー・レーンではサーフィンが人気だ。その他の人

サンフランシスコ半島 – サンタ・クルーズ

森林の中を走る

サザンパシフィック鉄道Southern Pacific Railwayの開通により、ビクトリア時代のサンタ・クルーズは観光地図に登場した。最初に鉄道が敷かれたのは1875年で、サンタ・クルーズ・ワーフSanta Cruz Wharfからサン・ロレンゾ川峡谷San Lorenzo River Canyonを7マイル（約11km）上って、フェルトンFeltonまで貨物を運んだ。その景色のよさとフェルトン付近のレッドウッドの大木により、すぐに貨物だけでなく観光客も集めるようになった。1880年には、サンタ・クルーズ山地Santa Cruz Mountainsを越えて、サンフランシスコ、オークランド、サンノゼを結ぶ狭間の鉄道が完成し、観光客をフェルトンまで、後には海岸線まで運ぶようになった。1940年に発生した大きな嵐により、ベイ・エリアBay Areaからフェルトンまでの区間の線路は流され、修復されることはなかった。その後、サンタ・クルーズ-フェルトン間の短い区間が復活し、貨物を運ぶようになった。海岸線鉄道Ocean Shore Railroadとして知られるサンフランシスコへと延びる第2の鉄道建設計画は、地形の困難さ（今日のハイウェイ1に類似）に悩まされ、部分的にフェリーを利用するつぎはぎの鉄道以上のものにはならなかった。1906年の地震によりこの路線は消滅した。

1985年には、サンタ・クルーズ・ビッグ・トリーズ・アンド・パシフィック鉄道 Santa Cruz, Big Trees & Pacific Railway (☎831-335-4400)として乗客サービスが再開。サンタ・クルーズのボードウォークboardwalkとローリング・キャンプRoaring Campを結ぶ短いが、ゆっくりと景色を楽しむ2時間の鉄道の旅。ローリング・キャンプでは、フェルトン郊外に1880年代の丸太小屋の町を再現している。この森林鉄道は、6月半ばから9月初めにかけては1日2回、その他の時期には週末と祝日に運行されている。往復の運賃は、大人＄17、子供＄12。続きの鉄道旅行としてローリング・キャンプからは、ローリング・キャンプ・アンド・ビッグ・トリーズ鉄道 Roaring Camp & Big Trees Railroadの古い狭間蒸気機関車に乗ることもできる。往復75分のレッドウッドの森林鉄道は、大人＄15.50、子供＄10.50。夏は毎日、その他の時期は週末と祝日のみ運行されている。ローリング・キャンプ駅まで車で行き、そこから鉄道に乗り換えることもできる。ハイウェイ17でスコッツ・バレーScotts Valleyまで走り、マウント・ハーマン・ロード Mt Herman Rdで下りてから、3マイル半（約5.6km）そのまま西へ走る。グラハム・ヒル・ロード Graham Hill Rdで左折し、半マイル（約800m）進むとローリング・キャンプ駅に着く。

気スポットとして、キャピトラCapitolaに向かう東クリフ通りE Cliff Drのプレジャー・ポイント・ビーチPleasure Point Beach、キャピトラを越えた所にあるマンレサ州立ビーチManresa State Beachが挙げられる。サーフボードやスーツは**ゴー・スケート Go Skate**（☎831-425-8578 🏠601 Beach St 🗓1日＄10）か**ショアライン・サーフ Shoreline Surf**（☎831-458-1380 🏠125 Beach St 🗓1日＄25）でレンタルできる。

サーフィンを習いたいなら、**クラブ・エド Club Ed**（☎831-459-9283）か**リチャード・シュミット・サーフ・スクール Richard Schmidt Surf School**（☎831-423-0928）へ。初日から立ち方やサーフィンの形を教えてくれる。どちらもグループレッスンで2時間、個人レッスン（初心者におすすめ）で1時間＄80（用具代込み）。

この地域でダイビングをするなら**オーシャン・オデッセイ Ocean Odyssey**（☎831-475-3483 🏠860 17th Av）に連絡するとよい。貸切ツアーや上達のためのフルコース・レッスンが受けられる。

ホエールウォッチング・湾内クルーズ
Whale-Watching & Harbor Cruises

ホエール・ウォッチングツアー、湾内クルーズ、釣りツアーは、公営ワーフから年中出発している。**スタグナロ's Stagnaro's**（☎813-427-2334 🗓3時間ツアー1人＄20〜30、1時間観光ツアー＄10、釣りツアー1人＄45〜55）はワーフの売店にある古くからの取次ぎ業者。ホエール・ウォッチングツアーは、12月から4月まで。夏は湾内クルーズでマリーンライフが満喫できる。初心者歓迎。

サイクリング・ハイキング

サンタ・クルーズの丘陵には、ハイキングやサイクリングが楽しめるポイントがたくさんある。**ヘンリー・コーウェル・レッドウッド州立公園 Henry Cowell Redwoods State Park**は特に人気のスタート地点。町なかでは、カーブのある西クリフ通りや海岸線に沿って進めば、手軽なコースとして楽しめる。ボードウォークboardwalkからライトハウス・ポイントLighthouse Pointまで1マイル（約1.6km）、ナチュラル・ブリッジ州立ビーチNatural Bridges State Beachまで3マイル（約5km）の距離。日の入りごろが特に美しい。

宿泊

何よりも考慮しなければならないのは、サンタ・クルーズの宿泊施設は料金が安くはないということだ。人気の高い観光地であり、天候さえよければ、低ランクの宿泊設備でさえかなり高くなる。もう1つ考慮しなければなら

ないことは、ここでの料金は季節や曜日によって大きく変わるということだ。必ず前もって電話し、空状況だけでなく、特定日の料金についても問い合わせること。

　キャンプは間違いなく安くつく選択であり、快適なキャンプ地も幾つかある。しかし真夏の土曜日に、海岸の景色が見える清潔で手入れの行き届いたホテルにどうしても泊まりたいなら、十分な資金を準備しておくことをおすすめする。

キャンプ場・ユースホステル
山地にも海岸にも、キャンプ場は数多くある。キャンプ地1カ所につき＄12で安く泊まりたいなら、最良の選択といえる。以下のサイトは電話で予約すること（☎800-444-7275）。ビッグ・ベイスン・レッドウッド州立公園Big Basin Redwood State Park（本章に前出の「ハーフ・ムーン・ベイからサンタ・クルーズへ」を参照）、ヘンリー・コーウェル・レッドウッド州立公園Henry Cowell Redwood State Park（フェルトンFelton近郊）、ニュー・ブライトン州立ビーチNew Brighton State Beach（キャピトラCapitola）、サンセット州立ビーチSunset State Beach（ワトソンビルWatsonville）。

サンタ・クルーズKOAキャンプ場
Santa Cruz KOA Kampgound
☎831-722-0551
キャンプサイト＄41
サンタ・クルーズから南へ12マイル（約19km）、ワトソンビルWatsonvilleから北へ5マイル（約8km）、ビーチからは1マイル（約1.6km）。少し高いが、ミニゴルフやゲームセンター、プールもある。250のサイトは夏には早い時期からいっぱいになるので、早めに予約すること。

カルメリタ・コテージ・ユースホステル
Carmelita Cottages Hostel
☎831-423-8304
321 Main St
ドミトリーベッド＄20 個室W＄45
低予算旅行者好みの立派なHI施設のユースホステル。庭の雰囲気がよいだけでなく、ビーチから2ブロック、ダウンタウンから5ブロックとアクセスもよい。チェックインは17:00から20:00までで、遅れるときは電話をすること。23:00の門限も忘れないように。前もって予約するほうがよい。

ホテル・モーテル
モーテルを探すなら、ボードウォークから市内へ入る通り（ただしここには本当にいかがわしいものもある）やリバーサイド・アベニューRiverside Ave、サン・ロレンソ川の反対岸を走るオーシャン・ストリートOcean Stといった通り沿いがよい。

スーパー・エイト・モーテル
Super 8 Motel
☎831-426-3707
338 Riverside Ave
客室 平日＄79、週末＄129
典型的で想像を裏切ることのない、ビーチにほど近いモーテル。

デイズ・イン
Days Inn
☎831-423-8564、800-325-2525
325 Pacific Ave
客室 平日＄88、週末＄165
サンタ・クルーズのダウンタウンと海岸通りのちょうど中間地点にある。客室は標準的で親しみやすいスタイルだ。

ベスト・バリュー・イン
Best Value Inn
☎831-426-7766
522 Ocean St
客室 平日＄69〜、週末＄129〜
もとはアイランダー・モーテルIslander Motel。基本サービスのみを選んでも満足できるだろう。

サンタ・クルーズ・トラベロッジ
Santa Cruz Travelodge
☎831-426-2300
525 Ocean St
客室 平日＄70〜、週末＄100〜

リビエラ・トラベロッジ
Riviera Travelodge
☎831-423-9515
619 Riverside Ave
客室 平日＄59〜、週末＄99〜
両方ともプールがあり暑い日にもってこいだ。

シーウェイ・イン
Seaway Inn
☎831-471-9004　831-471-0239
176 W Cliff Dr
客室 平日＄99〜、週末＄169〜
快適で心のこもったサービスを提供してくれる。

ベスト・ウエスタン・オール・スイーツ・イン
Best Western All Suites Inn
☎831-458-9898
500 Ocean St at Soquel Ave
客室 平日＄110〜、週末＄175〜
敷地内の雰囲気がよい。すべての部屋がスイートルームになっている。

シー・アンド・サンド・イン
Sea & Sand Inn
☎831-427-3400
201 W Cliff Dr
客室 クイーンサイズベッド付＄149〜、キングサイズベッド付＄179〜

外観も立派な高級感あるホテル。にぎやかなボードウォークからクリフの静かな場所に移転し、どの部屋からも海が見える。1晩贅沢をしようと思うならここにするとよい。

カサ・ブランカ・イン
Casa Blanca Inn
☎831-423-1570、800-644-1570
🏠101 Main St at Beach St
💰$150〜

海辺のモーテルの1つで少し特徴がある。内装が異なる39部屋のほとんどから全面海が臨めるが、ビーチ・ストリート側の部屋は多少騒音がある。部屋の大きさ、眺め、季節により宿泊料は異なる。

ブルックデール・ロッジ
Brookdale Lodge
☎831-338-6433 📠831-338-3066
🌐www.brookdalelodge.com
🏠11570 Hwy 9
💰客室 平日$87〜、週末$109〜

サンタ・クルーズ山地から北に14マイル(約23km)の所にある1890年創設の歴史ある保養地。部屋は46部屋、コテージも数棟ある。週末にはバンドのライブ演奏もあり、小川のそばという一風変わった状況でディナーを楽しめる。

B&B（ベッド＆ブレックファスト） ビーチとボードウォークの近くに**クリフ・クレスト** Cliff Crest（☎831-427-2609 📠831-427-2710 🏠407 Cliff St 💰客室 冬$125〜、夏$195〜）がある。ビクトリア朝時代の、アン女王スタイルの魅力的な邸宅で客室は5室。

バブリング・ブルック・イン
Babbling Brook Inn
☎831-427-2437
🏠1025 Laurel St
💰客室 $170〜250

ビーチからは離れているが、本当に魅力的な部屋が13あり、庭には小川や滝がある。ほとんどの部屋にガス暖炉、スパ、デッキがある。

食事

1年を通じて有機栽培の果物や野菜を求めるなら、**ファーマーズ・マーケット** Farmers market（🏠cnr Lincoln & Center Sts 🕐水14:30〜18:30）を置いてほかにはないだろう。バーガーやピザ、メキシカン料理を食べたいなら、パシフィック・アベニューとフロント・ストリートPacific Ave and Front St沿いのダウンタウンにある店先をのぞいてみるとよい。

シルバー・スパー
Silver Spur
🏠2650 Soquel Dr

💰食事$10未満

ハイウェイ1を北に1マイル（約1.6km）進んだ、町の東側に位置する。ドライブしていく価値あり。とても親切で、この店以上に心のこもった家庭的な朝食は望めないだろう。

ザ・ベイガリー
The Bagelry
🏠320A Cedar St
💰食事$5未満

メイプル・ストリートの角にあるこの店の朝食も人気がある。毎日早朝からオープンしている。

カフェ・ペルゴレージ
Cafe Pergolesi
🏠418 Cedar St
💰コーヒー＆スナック$5未満

学生に人気のコーヒーハウスでサンタ・クルーズのランドマークとなっている。通りを見下ろすバルコニーで、おいしいケーキとパイ、生ビールが楽しめる。

シーブライト・ブリューワリー
Seabright Brewery
🏠519 Seabright Ave
💰食事$8〜

パブの料理はなかなかで、地ビールがおいしい。ライブバンドが入ることもあり、パティオはにぎわい、混みあう。

公営ワーフではすばらしい景色を見ながらシーフードが食べられるが、値段は跳ね上がる。**ドルフィン** The Dolphin（☎831-426-5830 💰メイン$14〜）は波止場の先端にあるダイナースタイルの小さなレストラン。店内の座席でも外でも食べることができ、直送のシーフードが楽しめる。

ガブリエラ・カフェ
Gabriella Cafe
☎831-457-1677
🏠910 Cedar St
💰メイン$14〜19

ろうそくの灯された落ち着いたレストランで、パスタ、シーフード、地元のワインを出す。

エル・パロマ
El Palomar
☎831-425-7575
🏠1336 Pacific Ave
💰メイン$10〜22

典型的なメキシコ料理も創作料理も新鮮でおいしく、変わらぬ人気を持つ。テキーラの品揃えも豊富だ。

エンターテインメント

クームブワ・ジャズ・センター
Kuumbwa Jazz Center
☎831-427-2227

320 Cedar St

1975年以来この町最高のライブ音楽発信地の1つ。居心地のよい部屋は著名なアーチストにも好評だ。

カタリスト
Catalyst
☎831-423-1338
🏠1011 Pacific Ave

800席の収容能力があり、サンタ・クルーズの主要音楽発信地。ここ数年で、ジリアン・ウェルチからブラック・ウフル、ニルバーナまで、全米レベルの公演を主催した。ライブ演奏がない時でも、2階のビリヤード場はオープンしている。

リオ・シアター
Rio Theatre
☎831-423-8209
🏠1205 Soquel Ave at Seabright Ave

1949年建築の映画館を改造した建物で、今は第一級のバンドやコメディアン、劇団を呼んだり、映画関係のイベントを開催したりしている。

モーズ・アリー
Moe's Alley
☎831-479-1854
🏠1535 Commercial Way

パティオ、本格的なバーがあり、全米で有名なブルースのアーチストの出演スケジュールが目白押し。

ブルー・ラグーン
Blue Lagoon
🏠923 Pacific Ave

学生や地元のゲイのほか、ヒップホップ、トランス、テクノ、レトロミュージックのファンに人気のダンスクラブ。

99ボトルズ・バー
99 Bottles Bar
🏠110 Walnut Ave

誰もが思い描くような典型的なバー。ビールの種類が豊富で、40種以上の生ビールを揃えている。

アクセス

車を使わずにサンタ・クルーズへ行くもっとも簡単な手段は、グレイハウンドバスだ。サンタ・クルーズへ出入りするローカル路線はない。

メトロ・センターMetro Centerに隣接する**グレイハウンド Greyhound**（☎831-423-1800 🏠425 Front St）はサンフランシスコ（$11、3時間）、モントレー（$11、70分）、ロサンゼルス（$40、10時間）へ毎日バスを運行している。平日の通勤時間帯は**サンタクララバレー・トランジット Santa Clara Valley Transit**（VTA ☎800-894-9908）と**サンタ・クルーズ・メトロ・トランジット Santa Cruz Metro Transit**（☎831-425-8600）が共同でハイウェイ17エクスプレスバスと接続して、サンタ・クルーズからサンノゼのダウンタウンとカル・トレイン駅CalTrain station（$3）とを結んでいる。**サンタ・クルーズ・エアポーター Santa Cruz Airporter**（☎831-423-1214、800-497-4997）はサンノゼ空港（$40）とサンフランシスコ空港（$45）行きのシャトルバスを運行している。

サンタ・クルーズモントレーからハイウェイ1を使うと北40マイル（約64km）、サンゼノからはカーブが多く渋滞するハイウェイ17を使うと西35マイル（約56km）にある。時間に余裕があるなら、70マイル（約113km）北にあるサンフランシスコから主要幹線であるハイウェイ1をドライブすれば、風光明媚な海岸線を十分堪能できる。時間に余裕がない場合は、I-280を使いサンノゼまで行き、そこからハイウェイ17で南へ下るとよい。

交通手段

サンタ・クルーズ・メトロポリタン・トランジット Santa Cruz Metropolitan Transit（☎831-425-8600）が**メトロ・センター Metro Center**（🏠920 Pacific Ave）から運行している。便利な路線は、ナチュラル・ブリッジ州立ビーチNatural Bridges State Beach行きの3B線、フェルトンFelton経由ベン・ロモンドBen Lomondとボウルダー・クリークBoulder Creek行きの35番線、ダベンポートDavenport北部海岸行きの40番線（特急）、キャピトラ・トランジット・センターCapitola Transit Center行きの69番線。片道は$1、1日パスは$3。

サンタ・クルーズ周辺
Around Santa Cruz

ミステリー・スポット
The Mystery Spot

昔ながらの観光スポット、**ミステリー・スポット Mystery Spot**（☎831-423-8897 🏠Branciforte Dr 🎫$5 🕘9:00〜19:00）は1940年代の開園からほとんど変わっていない。丘の急斜面にあるためコンパスは狂い、神秘的な力がただよって、建物はあらぬ方向に傾いている。健全に害なく楽しめる。町の3マイル（約5km）北にあるので、ウォーター・ストリートWater Stをマーケット・ストリートMarket Stまで進んで左折し、丘の中腹まで上るとよい。

キャピトラ
Capitola

キャピトラはサンタ・クルーズの東約5マイル（約8km）にある小さな海辺の町。19世紀にリゾート地として築かれ、1949年に併合された。ソキール・クリークSoquel Creek沿いの断崖の巧みに隠れた場所にある。サンタ・クルーズより静かで、裕福な人々が多く、ビーチでバカ騒ぎをする人はほとんどいない。町中に、店、画廊、B＆B（ベッド＆ブレックファスト）、レストラン、かわいらしい家がたくさんある。しかし、通りは渋滞し、駐車場を見つけるのは難しいと心しておくこと。したがって、駐車するならキャピトラ・アベニューCapitola Aveはずれ、リバービュー・ドライブRiverveiw Drにある市庁舎City Hall裏のメーターロッドに入れるのが1番よいだろう。

キャピトラ商工会議所 Capitola Chamber of Commerce（☎831-475-6522 Ⓦwww.capitolachamber.com）では町の情報や宿泊施設についての情報を得られる。9月半ばに催される**キャピトラ・アート・アンド・ワイン・フェスティバル Capitola Art and Wine Festival**に関する情報も提供している。便利なホームページⓌwww.capitola.comもある。

ベゴニア・フェスティバル Begonial Festival（☎831-476-3566）はレイバーデイの週末に催される。ソキール・クリークSoquel Creekの花で飾られたいかだのパレードが見物。

キャピトラ歴史博物館 Capitola Historical Museum（☎831-464-0322 ⌂410 Capitola Ave Ⓞ金～日 12:00～16:00）は夏には、毎週土曜日に2時間のウォーキングツアーを開催している。予約は電話で。

サン・ファン・バウテスタ
San Juan Bautista

ふと、うとうとしてしまいそうなほどのどかなサン・ファン・バウテスタSan Juan Bautistaは、カリフォルニアの15番目の伝道所。州で唯一、原型を残すスペイン風広場が建物に面しており、ここの目玉となっている。この伝道所はまたサン・アンドレアス断層San Andreas Faultの末端に位置している。アルフレッド・ヒッチコック監督の映画「ベルチーゴVertigo」のクライマックスシーンの幾つかがこの伝道所で撮影されている。

サン・ファン・バウテスタはハイウェイ156沿いにあり、ハイウェイ101の2マイル（約3km）東、モントレーに向かうサンノゼとサリーナスSalinasの間にある。ここには、数多くの古い魅力的な建物やモーテルが数軒あり、レストランとカフェが3rdストリート沿いに連なっている。

サン・ファン・バウテスタ伝道所
Mission San Juan Bautista

伝道所（☎831-623-4528 ⊠＄2（献金として）Ⓞ教会は毎日 9:30～16:45）の創設は1797年で、教会の建物の建設は1803年に始まった。アメリカ人船員トーマス・ドークにより教会内の壁画が描かれ、内部が完成したのは、1816年。トーマス・ドークはモントレーで船を降り、カリフォルニア最初のアメリカ人移住者となった人物とされている。教会堂には3つの側廊があったが、外側の側廊は途中で仕切られていた。側廊は1906年の地震で倒壊し、1970年代まで再建されなかった。再建時には、内部にアーチ道が作られ、カリフォルニア伝道所最大の教会になった。鐘楼もその時作られた。赤いタイルの床にクマとコヨーテの足跡がついているので注意して見てみよう。

スペイン統治時代にはこの地域に多くのインディアンが住んでおり、伝道所脇の古い墓地には4000を超える人々が埋葬されている。教会堂の北側に沿った畝がサン・アンドレアス断層San Andreas Faultの線と一致している。

墓地の北側からは、古いエル・カミノ・リアルEl Camino Real（キングズ・ハイウェイKing's Highway）の一部が見える。伝道所をつなぐためのスペイン時代のこの道路は、州で最初に建設されたものだ。建設当時のルートの多くをハイウェイ101がたどっている。

プラザ・タウン
The Plaza & Town

古いスパニック・プラザ周辺の建物は**州立歴史公園 state historic park**（☎831-623-4526 ⊠＄2 Ⓞ10:00～16:30）の一部となっている。**プラザ・ホテル Plaza Hotel**はもとは1階建てのアドビ様式の建物で1814年に建てられたが、拡張され、1858年にホテルに改装された。隣接する**カストロ・ハウス Castro House**はホセ・マリア・カストロJosé Maria Castroのために建てられた。この人物は、評判のよくない当時の総督に対して2度反乱を起こし（1836年と1848年）、2度とも成功に導いた指導者。この家は1848年に、ドナー隊Donner Party（「シエラ・ネバダ」のコラム、「ドナー隊」を参照）の生き残りであるブリーン家Breen familyによって買い取られた。大きな鍛冶工場と**プラザ・ステーブル Plaza Stable**があり、日に11回も駅馬車が通ったという往時のサン・ファン・バウテスタがしのばれる。1876年に鉄道がこの町を迂回するようになって以来、サン・ファン・バウテスタの町は眠ったように静かである。

サン・ファン・バウテスタ周辺
Around San Juan Bautista

ギルロイGilroyは、ハイウェイ101経由で、サン・ファン・バウテスタの北14マイル(約23km)にある、世界のニンニクの生産地。ここでは、**ギルロイ・ガーリック・フェスティバル Gilroy Garlic Festival**(☎408-842-1625)が毎年開催され、7月最後の週末には12万5000人を超える人々が集まる。

ワイン・カントリー

Wine Country

カリフォルニア州には850のワイナリーがあり、そのほぼ60％がカリフォルニア「ワイン・カントリー」の伝統的な中心であるソノマ・バレーSonoma Valleyとナパ・バレーNapa Valleyという平行した地域にある。これらワイナリーの大多数は小規模、消費者志向で、年間生産量は1万ケース以下、州の総生産量の10％に満たない。

カリフォルニアの大規模販売ワイン（量販ワイン、通称インターステート5プランクInterstate 5 plonk）は、一般にフレズノFresno、マデーラMadera、トゥラーレTulareといったあまり有名ではない産地のセントラル・バレーCentral Valleyの大農業地帯の大きな醸造所で製造されている（これらの郡の生産量はナパとソノマの8倍である）。

ワイン・カントリーの高品質大量生産の伝統は、1857年にハンガリーのアゴストン・ハラスチー伯爵がカリフォルニア州初の商業ワイナリー、ブエナ・ビスタBuena Vistaをソノマ・バレーに造った時にさかのぼる。しかし当地のワイナリーが世界的に高い評価を得るようになってくるのは1970年代半ばになってからである。

転機が訪れたのは、1976年のフランスワイン品評会にナパ・バレーの2社が参加した時である。シャトー・モンテレナChateau Montelenaの1973年ものシャルドネとスタッグス・リープStag's Leapの73年ものカベルネ・ソーヴィニヨンが伝統を誇るフランスのボルドーワインより高得点を得たのだ。今日ナパとソノマは素朴な田舎で良質のワインを楽しみたい人々を魅了する独自のブランドとなっている。近年、州のあちこちで高級ワイナリーが急増しているが、カリフォルニアのハイクオリティーワインの多くは今でもナパ・バレー、ソノマ・バレー地域で生産されている。

ナパとソノマの2つの谷はサンフランシスコから車で2時間のところにある。内陸よりのナパ・バレーには230以上のワイナリーがあり、非常に多くの観光客を引きつけている（週末には渋滞が予想される）。一方、ソノマ・バレーにはおよそ170のワイナリーがあり、ナパよりはるかに商業的色彩は少なく、それほど混雑しない。どちらか一方にしか訪れる時間がなければ、ソノマがよいだろう。

とはいっても、どちらもブドウ園、野生の草花、黄金に輝く丘という美しい田園風景が広がっており、忙しくはあるがサンフランシスコから日帰りで両方見て回ることができる。

ハイライト

- 日の出、シャンパン、暑気-熱気球から見る谷の光景はすばらしい。
- カリストーガ Calistoga風泥浴―思う存分楽しんで!
- バレー・オブ・ザ・ムーン Valley of the Moon、ウェリントン Wellington、ケンウッド Kenwood―ソノマの3大高級ワインメーカー
- プランプ・ジャック PlumpJack―ナパの「隠れた」一流のワイナリーの1つ
- ヨントビル Yountvilleのフレンチ・ランドリー French Laundry-最高のカリフォルニア料理

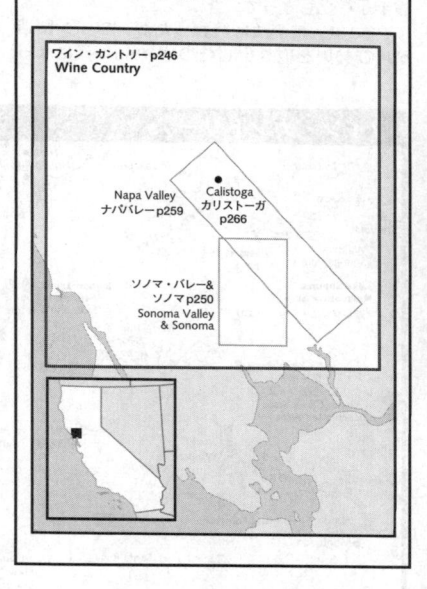

しかし、それぞれ堪能したければ、ワインの飲み比べや散策など2日間は必要である。

春と秋がベストシーズンだ。夏は暑く埃っぽく、間違いなく混み合う。秋は天候がよくブドウの収穫と「圧搾」の時期と重なる。ブドウの圧搾でワイン作りのシーズンが始まる。

歴史

1760年代にフニペロ・セラ神父が初めてワイン用ブドウをカリフォルニアに持ち込み、いわゆる「ミッション」品種（スペイン人征服者によって北米に持ち込まれたサルデーニャ種の派生種）をサンディエゴ伝道所の敷地に植

ワイン・カントリー － 歴史

えたことに始まる。ヨーロッパのブドウ種はハンガリーのアゴストン・ハラスチー伯爵によって初めて伝えられた。伯爵は1857年ソノマ・バレーに商業用ブドウ園を開き、カリフォルニアの近代ワイン産業の創設に功績をあげたとされる。1860年代後半にはソノマ・バレーとナパ・バレーに既に50のワイン製造業者が存在した。

1800年代後半、ワイン製造業者にとって情勢は悪化し始める。安価なワインの輸入と、ヨーロッパのブドウ園に大打撃を与えた極めて有害なフィロキセラ（ネアブラムシ属の昆虫）の到来という二重の攻撃を受けたのだ。1919年、禁酒法が制定され聖餐用ワイン生産のため一握りのブドウ園を除くすべてが閉鎖に追い込まれた頃になっても、ワイン業界はこうした攻撃の痛手から立ち直っていなかった。

1933年、禁酒法は終わったが、ワイン製造が再び勢いを取り戻したのは1960年代になってからだ。1976年、ナパとソノマで製造されたワインは、あの銘柄をふせたフランスでのワイン品評会において絶大な信任票を勝ち取った。近年この地方のワイナリーはカリフォルニアの経済に毎年330億ドルもの貢献をし、産業の活性化の一翼を担っている。

カリフォルニア・ワイン・カントリーを直ちに連想させるワインは1つもないが、代表的な白ワインにはフュメ・ブランfumé blanc、リースリングRiesling、ゲヴュルツトラミネールgewürztraminer、シェニン・ブランchenin blanc、カリフォルニア・シャルドネchardonnayがある。赤ワインの代表はピノ・ノワールpinot noir、メルロmerlot、ボジョレBeaujolaisなどである。こくのあるカベルネ・ソーヴィニヨンcabernet sauvignonやピリッとしたジンファンデルzinfandel（カリフォルニア州産の黒ブドウから製造する赤ワイン）が第1級カリフォルニア赤ワインだ。ポートワインやスイートマスカットも地元の製

造業者の間で人気が高まっている。

ワインテイスティング

最近ナパ・バレーのワイナリーでは無料で試飲（公式には「フライト」として知られている）できるところは少ない。試飲には、1回4～8銘柄のフライトで通常＄3～10払わなければならない。1杯無料サービスが付くこともある。ソノマ・バレーでは大規模ブドウ園を除いて、無料試飲が例外というより通例となっている。どちらの地のワイナリーでもワイン1本購入すればたいてい試飲料を返金してくれる。

いずれにしても、あなたは過度なテイスティングは望んでいないだろう。1日に5、6カ所のワイナリーを訪ね、各所で4～8品種を試飲すれば、十分恐ろしいジンファンデル・ジンジャー（別名、ひどい二日酔い）に襲われる。ワイナリーでは21歳未満の人にはアルコールを提供しないので注意すること。また、狭くカーブの多い道路は危険だからという単純な理由のためだけでなく、飲酒運転は絶対にしないことは言うまでもない。

一般にワイナリーでは自社製の数少ない銘柄を販売している。しかし、バーゲン販売を期待して来ないように。通常、小売りの定価販売で、酒屋やスーパーのほうがもっと安く売られていることも多い。もっとも、小さなブドウ園のワインのなかには特別なビンテージものや限定品と同じく、そこでしかあるいは非常に限られた店でしか手に入らないものがある。

ほとんどのワイナリーは毎日朝10:00または11:00から16:30または17:00までオープンしており、試飲もできるが、絶対に試飲や見学を逃したくなければ事前に電話するとよい。

2つの谷には数百のワイナリーがあり、この章に記載したワイナリーはよく知られている大手のものと興味深い小規模ワイナリーのごく一部である。

また、アレクサンダー・バレーAlexander Valleyやその近くの町ヒールズバーグHealdsburgとガイザービルGeyservilleの近郊にも一流のワイナリーがある（「ノース・コースト」の「ヒールズバーグ」を参照）。

遊覧飛行

グライダー飛行料金は1人＄115～180、2人＄155～260。所要時間は20～40分。ハイウェイ29をカリストーガの北方約10マイル（約16km）離れたミドルタウンMiddletownにあるグライダー発着所の**クレイジー・クリーク・ソアリング Crazy Creek Soaring**（☎707-987-9112）へ連絡を。**ビンテージ・エアクラフト・カンパニー Vintage Aircraft Company**（☎707-938-2444 ⬆23982 Arnold Dr, Sonoma 🈁複葉機飛行 大人1人＄120 2人＄170＜20分＞）の熱気球飛行は、通常空気が一番冷えている早朝（6:00か7:00ごろ）離陸する。着陸後、シャンパンの朝食が付く場合もある。費用は1人＄185から200。事前予約が必要。**バルーンズ・アバブ・ザ・バレー Balloons above the Valley**（☎707-253-2222）と、

ワイン・カントリー

ガラスのような羽の悪夢

カリフォルニアのワイン製造業者はここ数年暗くふさぎ込んだ日々を過ごしてきた。ガラスのような羽を持つシャープシューターglassy-winged sharpshooter（ブドウにつく害虫であるヨコバイの正式名称）と呼ばれる昆虫によって330億ドルのワイン産業が壊滅的な被害を受けていることを懸念してのことだ。

昆虫自体は有害ではない。ワイン製造者が心配しているのは、ピアス病として知られる、ブドウのつるを食べるバクテリアによって広まる致命的なバクテリアである。カリフォルニアのワイン業界は、1880年代に藍色ヨコバイ（ガラスのような羽を持つヨコバイ種の遠縁の種）に州が襲われた時以来、ピアス病と闘ってきた。藍色ヨコバイはまた1900年代に南カリフォルニア、さらに1940年代にはセントラル・バレーのワイン産業に大打撃を与えた原因とされている。

現代のワイン製造業者が恐れているのは、ガラスのような羽を持つヨコバイがかつての藍色ヨコバイより強力にピアス病を拡散させることである。ヨコバイの成虫2匹が1エーカー（約0.4ha）のブドウ畑を感染させるのにたった2、3日しかからないと予測されている。

1980年代にこのヨコバイはアメリカ南東部の州からカリフォルニアへのルートを見つけ、南カリフォルニアのブドウ園や果樹園を破壊してきた。はるか北方のサンタクルスやサンホセでもその姿が目撃されてきた。ナパ・バレーとソノマ・バレーはこれまで被害を免れてきたが、ワイン製造業者たちはあとどのぐらい幸運が続くのかと心配している。

カリフォルニア州知事は州第5位の輸出品の危機を認識し、数百万ドルの予算を当ててヨコバイ根絶に乗り出した（ピアス病は1度かかると治すことはできない）。

さまざまな拡散防止策がとられた。効果があると認められた数少ない対策の1つがヨコバイの卵を食べる小さな針なしスズメバチを標的的に向けて放つというもの。これまでのところ、一定の効果は上がっている。しかし、現地のブドウ栽培者やワイン製造者は自分たちの経済的将来を小さな針なしスズメバチに託すことに当然のことながら気を揉んでいる。

ナパ・バレー・バルーンズ Napa Valley Balloons（☎707-944-0228）の2社ともヨントビルにある。

ワイン・トレイン

ナパ・バレー・ワイン・トレイン Napa Valley Train（☎707-253-2111、800-427-4124 W www.winetrain.com 🏠1275 McKinstry St, Napa ブランチ付＄60 ランチ付＄70～100 ディナー付＄80～110 通年）は、ワイン・カントリー探検の人気コース。ビンテージのプルマン型ダイニングカーで食事をとる。ナパからセント・ヘレナまで行き戻る。往復36マイル（約58km）で所要3時間の快適な列車の旅だ。列車はナパの1stストリート近くのマッキンストリ・ストリートMcKinstry Stから出発する。

サイクリング

できるだけ静かな脇道を選んで走るのが最良だが、自転車でワイン・カントリーを回るのは忘れられない経験になる。ソノマ・バレーではハイウェイ12よりアーノルド・ドライブArnold Drを、ナパ・バレーではハイウェイ29よりシルベラド・トレイルSilverado Trailを行くとよい。

どちらの谷もかなり平坦でサイクリングに向いている。ワイナリー間の移動もそれほど厳しくない。谷を横断するのは、特に急勾配のオークビル・グレードOakville Gradeとトリニティ・ロードTrinity Rd（オークビルとグレン・エレンGlen Ellenの間）を経由する場合は大変だが、やりがいがある。

自転車は箱に詰めて運べばグレイハウンドバスでワイン・カントリーまで＄15で送れる。ゴールデン・ゲート・トランジットバスのほとんどの車体外部には自転車用ラックが付いており、先着順で無料で運んでくれる。

ゴルフ

ソノマでは9ホールのパブリックコースロス・アロヨス・クラブ Los Arroyos Club（☎707-938-8835 🏠500 Stage Gulch Rd）で練習できる。週末は＄14。またはサンタローザSanta Rosa郊外に隣接している18ホールのパブリックコース、オークモント・イーストOakmont-East（☎707-538-2454 🏠565 Oak Vista Court）、オークモント・ウエストOakmont-West（☎707-539-0415 🏠7025 Oakmont Dr）でプレーできる。プレー料金は＄32～40。

ナパには18ホールのゴルフコースが6カ所ある。以下はそのうちの有名なコース。

シャルドネ・ゴルフ・クラブ・ヴィンヤード Chardonnay Golf Club-The Vineyards（☎707-257-1900 内線2244 🏠2555 Jameson Canyon Dr）は、ハイウェイ12の外にあるパブリックコース。ナパ・ゴルフ・コース・ケネディ・パーク Napa Golf Course at Kennedy Park（☎707-255-4333 🏠2295 Streblow Dr）は、ナパ-バレーオ・ハイウェイNapa-Vallejo Hwyのちょうど西にある。いずれもプレー料金は＄30～50。

自動車レース

1年中レースが行われている。ナスカーズ・ウインストン・カップからアメリカン・ル・マンやスーパーバイクツアーまでいろいろある。ソノマ・バレーの南端、ハイウェイ37と121の交差点にあるシアーズ・ポイント・レースウェイ Sears Point Raceway（☎800-870-7223 W www.searspoint.com）で。

ツアー

サイクリング ガイド付ツアーがペタルーマPetalumaとカリストガCalistogaから出発する。ゲートウエイ・アドベンチャーズ Getaway Adventures（☎707-763-3040、800-499-2453 🏠1人＄95～900以上）には日帰りツアーや泊まりがけツアーがあり、食事、宿泊、道具一式を含み、至れり尽くせりでもてなしてくれる。

ナパ・バレー・バイク・ツアーズ Napa Valley Bike Tours（☎707-255-3377 🏠4080 Byway East 🏠1人＄105～＜ランチ、試飲料を含む＞）は、ナパでの1日ツアーによい。いろいろなガイド付きツアーが用意されている。

バス バスツアーはグレイ・ラインズ Grey Lines（☎415-558-9400、800-826-0202 🏠1人＄55）が運行していて、サンフランシスコのトランスベイ・ターミナルTransbay Terminal（🏠1st & Mission Sts）から毎朝9:00に出発する。ナパ・バレーとソノマ・バレーを回るツアーで、途中2、3カ所のワイナリーと1軒ショッピングに立ち寄る。昼食は各自で。所要10時間。要予約。

リムジン 1947年式パッカードのオープンカーでドライブするのはいかが？ナパのアンティーク・ツアーズ・リムジン Antique Tours Limousine（☎707-226-9227 🏠2205 Loma Heights Rd）ではワイナリーツアーほかを1時間＄90（最低4時間）で行っている。

ボー・ワイン・ツアーズ Beau Wine Tours（☎707-257-0887、800-387-2328 🏠＄200～）では車体を長くしたリムジンで4時間のワイナリーツアーを楽しむ。1人＄20の追加でグルメなピクニック・ランチが付く。

アクセス・交通手段

サンフランシスコから公共交通機関で2つの谷へ行くことができるが、個人でルートを見つけワイナリーを回るのは最良の方法ではない。

アムトラックAmtrakでマルチネスMartinez（バレーオVallejoの南）まで行き、そこからバスを乗り継いでナパ・バレーの中心部へ行ける。

バス　ソノマ・エアポーター **Sonoma Airporter**（☎707-938-4246、800-611-4246 片道＄35）がサンフランシスコ国際空港（SFO）からの送迎サービスを行っている。

グレイハウンド **Greyhound**（☎800-231-2222 片道＄14）ではサンフランシスコのトランスベイ・ターミナルからナパ・バレー、カリストーガまで毎日2便運行している。途中オークランド、バレーオ、オークビル、セント・ヘレナを経由する。片道3時間。カリストーガ以北およびソノマ方面は問い合わせること。

ナパ・バレー・トランジット **Napa Valley Transit**（☎800-696-6443 片道＄2.10）はバレーオ・フェリー・ターミナルVallejo Ferry Terminalからナパ・バレーを経由してカリストーガまで運行。10番のバス。**ヴィン The Vine**（☎707-255-7631、800-696-6443）はナパ・バレーの地元のバスネットワーク。カリストーガ、セント・ヘレナ、ヨントビル、ナパ中心部を毎日走っている。

ゴールデン・ゲート・トランジット **Golden Gate Transit**（☎707-541-2000、415-923-2000）は90番のバスがサンフランシスコからソノマまで運行（＄2）。乗り場はトランスベイ・ターミナル向かいの1stストリートとミッション・ストリートの交差点。

ソノマ・カウンティ・トランジット **Sonoma County Transit**（☎707-576-7433、800-345-7433）はソノマ・バレー地域内を運行。サンタローザとソノマ間をケンウッドとグレン・エレンを経由して多数のバスが走っている。

車・オートバイ　サンフランシスコからハイウェイ101に乗り北上し、ゴールデン・ゲート・ブリッジを渡り、ハイウェイ37のナバトNavatoのバレーオVallejo／ナパNapa出口まで走る。そのままハイウェイ37を北東に数マイル走ってハイウェイ121に入り、北上してハイウェイ12と交わるところまで走る。

ソノマ・バレーに行くにはハイウェイ12を北上する。ナパ・バレーに行くにはハイウェイ12／121を東に向かう。渋滞がなければ、60〜70分、朝夕の通勤時間帯には2時間以上見込んでおくこと。

ハイウェイ12／121はナパの手前で分岐している。ハイウェイ121は左（北）に折れ、ハイウェイ29（通称セント・ヘレナ・ハイウェイ）と合流する。一方、ハイウェイ12はハイウェイ29の南方面の延長部分と合流する。サンフランシスコから出かける場合、ハイウェイ29は毎日16:00から19:00にかけて渋滞し、帰りは時間がかかるので注意すること。

イーストベイからはハイウェイ80に乗り、東へ向かいハイウェイ29に入る。サンタローザからはハイウェイ12を東に向かい、ソノマ・バレーの北端を目指す。ペタルーマPetalumaとハイウェイ101からはハイウェイ116を東に走り、ソノマに向かう。

ソノマ・バレー
Sonoma Valley

「スローノマSlow-noma」とは、地元の人々がこの落ち着いた住みやすいワインの町につけた呼び名で、17マイル（約27km）あるソノマ・バレーの控えめな魅力を暗示している。「月の谷」（ジャック・ロンドンは彼の著書の中でこの地をそう名づけた）には家族経営のワイナリーや静かな田舎の脇道があり、もっと大きく、混み合ったナパ・バレーよりも散策をより楽しめる場所だ。

ソノマの町はソノマ・バレーの南端にあたり、付近にはワイナリーが多く、とても興味深い歴史を持つ町でもある。谷の北端にあるサンタローザSanta Rosaはソノマ・バレーの日常生活の中心都市である。谷の主要な道路はソノマ・ハイウェイ（ハイウェイ12）だが、ハイウェイを離れ、静かな小道や脇道を探策することをおすすめする。

ソノマ・バレーのワイナリー見学後まだ元気があるなら、谷から北西方向にあるヒールズバーグHealdsburgやガイザーヒルGeyserville辺り、またガーニービルGuerneville近くのロシアン川沿いに小規模だが高品質のワイナリーを訪ねたりするのもいい（詳細は「ノース・コースト」の「ロシアン川」の項参照）。

ソノマ・バレーのワイナリー
Sonoma Valley Wineries

ソノマ・バレーのワインはナパ・バレーのものと同等によいが、こちらのワイナリーは概してそれほど混んでおらず、現在でも無料の試飲が通例となっている。車がない場合はソノマの町がよい拠点となる。というのも町の中心部から自転車で簡単に行けるワイナリーが幾つかあるからだ。

ハイウェイ121を外れたビアンザViansaワイナリーの敷地内に**ソノマ・バレー観光局 Sonoma Valley Visitors Bureau**の南支部（☎707-935-4747 9:00〜17:00）があり、そこでワイナ

ソノマ・バレー&ソノマ

宿泊
- 3 Kenwood Inn & Spa
- 5 Gaige House
- 6 Beltane Ranch
- 12 Sonoma Mission Inn & Spa
- 23 El Pueblo Inn
- 25 Sonoma Hotel
- 26 Swiss Hotel
- 30 El Dorado Hotel
- 31 Best Western Sonoma Valley Inn
- 37 Victorian Garden Inn
- 38 Magliulo's B&B

食事
- 8 Glen Ellen Inn Restaurant
- 32 La Casa Restaurant & Bar
- 33 Murphy's Irish Pub
- 34 Cafe La Haye
- 36 Della Santina's

その他
- 1 シャトー・セント・ジーン
- 2 ケンウッド
- 4 ウェリントン
- 7 ベンジガー
- 9 アロウッド
- 10 ジャック・ロンドン博物館
- 11 バレー・オブ・ザ・ムーン
- 13 ラベンスウッド
- 14 バーソロミュー・パーク
- 15 ブエナ・ビスタ
- 16 グンラク・ブッシュ
- 17 トレイントウン
- 18 ソノマ・クリーク
- 19 グロリア・フェレール・シャンパン・ケーブ
- 20 ソノマ・バレー観光局（南支局）
- 21 ビアンサ
- 22 バレーオ・ホーム
- 24 デポ・パーク博物館
- 27 ソノマ・バラックス
- 28 サンフランシスコ・ソラノ・デ・ソノマ伝道所
- 29 セバスチアーニ
- 31 ソノマ・バレー観光局

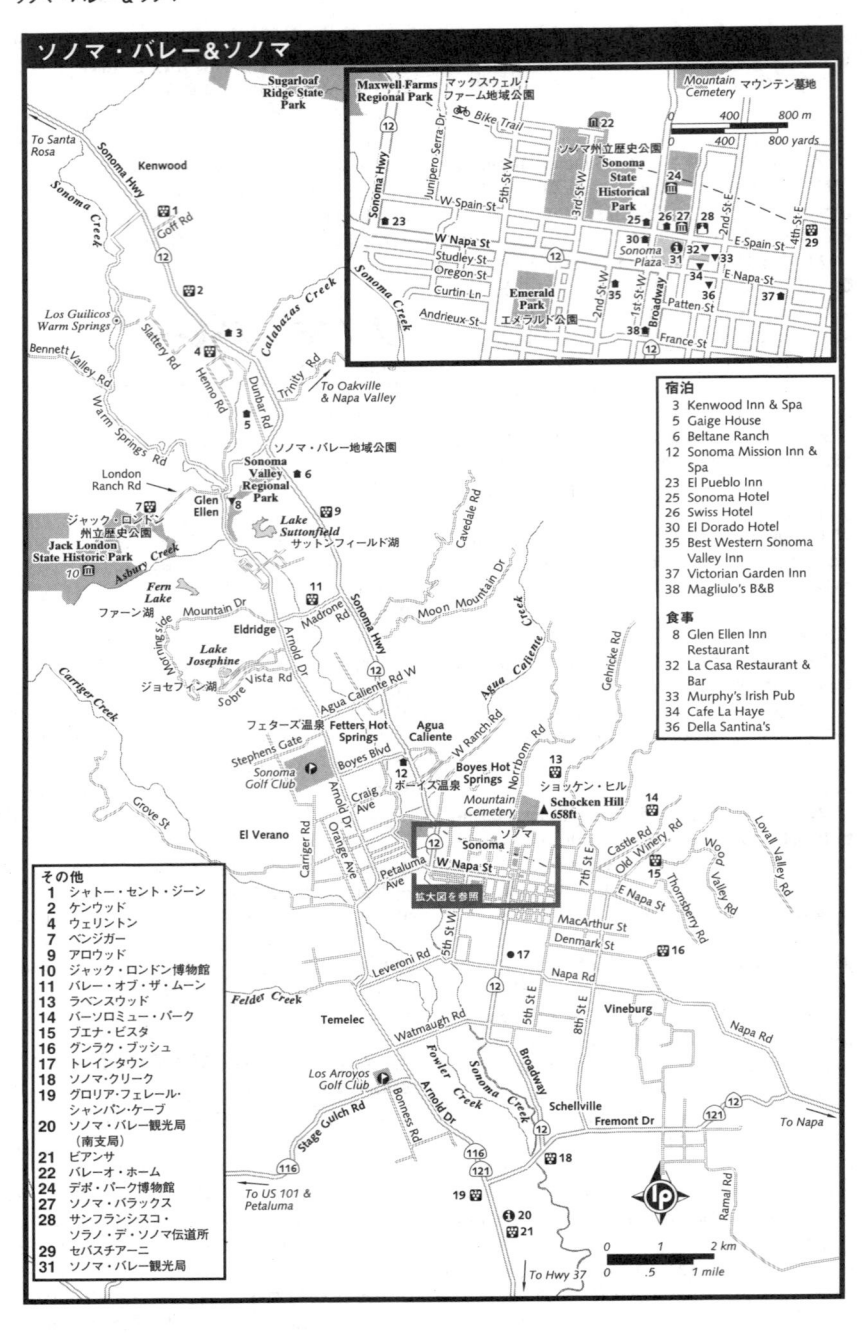

リーマップを購入したり、各種割引券を手に入れることができる。

下記のワイナリーは、ソノマの町の南数マイルの地点を始めとして南から北の順に記述している。すべて回ると少なくとも5時間はかかる。

ビアンサ
Viansa

ソノマ、ナパいずれに向かう場合もサンフランシスコから北上するならばここが最初に通る主要なワイナリーだ。ハイウェイ121を見渡す丘の上にあるこの小さなワイナリー（☎707-935-4700 🏠25200 Arnold Dr）は、夏の週末ともなると見学者であふれている。それでも牧歌的な眺めとワイン、イタリア風マーケットは立ち寄る価値がある。ガイド付きブドウ園ツアーは毎日11:00と14:00に出発。料金は＄5。事前予約が望ましい。

グロリア・フェレール・シャンパン・ケーブ
Gloria Ferrer Champagne Caves

グロリア・フェレール（☎707-996-7265 🏠23555 Hwy 121, Sonoma）に来てひらめくのはスパークリング・シャルドネとピノワイン、さらにスペインとカタラン地方の文化だ。フェレール一家は1982年スペインのバルセロナからソノマに移住し、1986年にこの地で開業した。テイスティングルームはさながらワインバーのようであり、グラスやボトルのワインを日当りのよい丘の上のテラスで楽しむことができる。グラスは＄4～7、ボトルは＄18～50。

ソノマ・クリーク
Sonoma Creek

余分なサービスを省いた実質本位の典型的な家族経営ワイナリー（☎707-938-3031 🏠23355 Millerick Rd, Sonoma）で、凝ったディスプレーよりワインの質を最重視する。混み過ぎるということもめったにない。テイスティングルームは4月から9月の期間のみ、週末の10:00から16:00までオープンしている。ハイウェイからの標識は少ないのでハイウェイ12と121の合流点ミルリック・ロードMillerick Rdを探すこと。

グンラク・ブッシュ
Gundlach-Bundschu

ソノマ・バレーで最古のもっとも心地よいワイナリーの1つグンラク・ブッシュ（☎707-938-5277 🏠2000 Denmark St, Sonoma）は、ドイツバイエルン移民のヤコブ・グンラクが1858年に設立した。それゆえ、リースリングとゲヴュルツトラミネールがここの代表的なバラエタルワイン（品種もののワイン）であるのは頷ける。

1999年ものカベルネ・フランもおすすめだ。曲がりくねった道を行くとワイナリーに到着する。静かな湖と落ち着いた雰囲気のハイキングコースがある。無料の試飲が毎日11:00から16:30まで提供される。

ブエナ・ビスタ
Buena Vista

カリフォルニア最古の高級ワイナリー（☎707-938-1266 🏠18000 Old Winery Rd, Sonoma）の歴史は1857年にさかのぼる。この地のワイン製造の先駆者であるハンガリー人、アゴストン・ハラスチー伯爵がここを買い取った。ワイナリーには芸術品を陳列した立派な古い建物があり、木漏れ日の射す、木々の生い茂った環境に位置する。試飲は毎日10:30から17:00まで。試飲料は＄5。自由に好きなように見学するのがいいだろう。ガイド付ツアーはほぼ毎日11:00と14:00に出発（事前予約が望ましい）。

バーソロミュー・パーク
Bartholomew Park

ここのワインはほかと同様によい。試飲料は＄3。バーソロミュー・パーク（☎707-935-9511 🏠1000 Vineyard Lane off Castle Rd, Sonoma）が際立っているのは、ブドウ園を通過する3マイル半（約5.6km）の環状のハイキングだ。ワイナリー入口に建つパラディオ様式の邸宅は、20世紀初めに造られたハラッチー伯爵の住居のレプリカ。水曜日と週末の10:00から16:00まで見学できる。

ラベンスウッド
Ravenswood

「活気あるワインのみ」は、ソノマを見下ろす丘の上のこの控えめなワイナリー（☎707-933-2332 🏠18701 Gehricke Rd off Lovall Valley Rd, Sonoma）の公式な宣伝文句。ここで有名

ワイン・カントリー

なのはジンファンデルで、見事な1999年ものソノマ・カウンティ・ジンファンデルもある。試飲料は＄4。

セバスチアーニ
Sebastiani
ソノマの町の中心部にある伝統を誇る古いワイナリー（☎707-938-5532 ✿389 4th St E）で、ガイド付きツアーが定期的にある。1825年に修道士たちによって設立され、1904年サミュエル・セバスチアーニが買い取った。無料の試飲が毎日10:00から17:00まで提供される。

バレー・オブ・ザ・ムーン
Valley of the Moon
このモダンで落ち着いたワイナリー（☎707-996-6941 ✿777 Madrone Rd, Glen Ellen）に着くまで、ソノマの町のすぐ北側にはあまりワイナリーはない。ここは車の多いハイウェイ12からずいぶん奥まっているため、大渋滞に遭わずにすむ。建物自体にはあまり見るべきものはないが、メルロ、ジンファンデル、ビンテージのポートは逸品だ。無料試飲は毎日10:00から16:30まで。

アロウッド
Arrowood
ハイウェイ12沿いのアロウッド（☎707-938-5170 ✿14347 Hwy12, Glen Ellen）は小さなワイナリーだ。創設者のリチャード・アロウッドはシャトー・セント・ジーンChateau St Jeanの設立を手伝った人物。テイスティングルームは何の特徴もないが、手作りのワインのクオリティーは申し分ない。試飲料は＄5（限定ものワイン＄10）で、毎日10:00から16:30まで。

ベンジガー
Benziger
ジャック・ロンドン州立歴史公園Jack London State Historic Parkに続く道路脇にこの興味深くためになるワイナリー（☎707-935-3000、888-490-2739 ✿1883 London Ranch Rd, Glen Ellen ◷10:00~17:00）がある。ブドウ畑を縫うように歩くウォーキングコースや45分間のトラムカーによるツアーがある（事前予約が望ましい）。ピクニックエリアもある。残念ながら、無料で試飲できるワインすべてがまあまあの出来というわけではない。試飲料＄5を払って限定ものワインを試してみる価値はある。

ウェリントン
Wellington
ハイウェイ12を少し外れた、この小さな平凡ともいえるワイナリー（☎707-939-0708 ✿11600 Dunbar Rd, Glen Ellen）では何の人目を引く宣伝もない。毎日11:00から17:00までの間、騒ぐこともなく、良質のワインが無料で試飲できる。ウェリントンはポート（甘口の白ワイン品種を含める）とカベルネ・ソーヴィニヨンがよく知られている。

ケンウッド
Kenwood
1970年の設立以来、ケンウッド（☎707-833-5891 ✿9592 Hwy12, Kenwood）は小規模ながらその高い品質で好評を博してきた。無料の試飲が毎日10:00から16:30まで提供されるが、＄5払って限定ものワインを試す価値はある。1998年ものマサラ・メルロや人気の高い1997年ものアーチストシリーズのカベルネ・ソーヴィニヨンに注目。

シャトー・セント・ジーン
Chateau St Jean
美しく広がるワイナリー（☎707-833-4134 ✿8555 Hwy12, Kenwood）には短時間のガイドなしのツアーがある。ここは白ワイン（特にゲヴュルツトラミネールがいい）と快適なピクニックエリアが有名だ。無料試飲は毎日10:00から17:00まで。シャトー自体は1923年に建てられたものだが、まさに絵葉書のような外観から、夏の週末ともなると多くのファンが詰めかける。

マタンサス・クリーク
Matanzas Creek
回り道はそれ自体価値のないことだが、もしサンタローザからソノマに向かってドライブし、車の多いハイウェイ12よりも脇道を走りたいと思うなら、このワイナリー（☎707-528-6464 ✿6097 Bennett Valley Rd, Santa Rosa）がおすすめだ。香りのよいラベンダーガーデンをはじめ、園内は穏やかで落ち着いた雰囲気。メルロとシラーがマタンサスの得意とするところだ。試飲は毎日10:00から16:30まで。料金は＄5。

ソノマ
Sonoma
ソノマの町（人口9350人）は小さいが、近郊のブドウ園探索の格好の拠点になる。町は夏の週末には圧倒されるほど混雑する。交通渋滞さえなければ、青々と茂った樹木に囲まれたソノマ広場に面した通りは平穏そのものだ。この広場は、隣接する伝道所や19世紀の兵舎とともに、この町がメキシコ文化の遺産を受け継いでいることをはっきりと示している。

ソノマでは年間を通していろいろな祝典や料理コンクール、コンサート、ワインオークションなどが行われている。詳細は観光局に問い合わせのこと。

歴史

驚くべきことに、ソノマは第2次アメリカ革命の起きた地である。この時はメキシコとの戦いだった。1846年カリフォルニアの情勢は不安定で、メキシコはソノマのような遠く離れた中核地を効果的に運営する資源も力も持っていなかった。そして、アメリカ人入植者の数が増大するとともに緊張が高まっていった。

カリフォルニア最後のメキシコ人総督、マリアノ・グアダルペ・バレーオ将軍は、アメリカに支配権を引き渡すのが地域にとって最良であると提言。好機だと感じ取ったアメリカの辺境開拓者たちは、警備の手薄なソノマの砦を占拠し独立を宣言した。彼らは自分たちがつくった軍旗にちなんで、カリフォルニアをベア・フラッグ共和国と呼んだ。不運なバレーオはその後追い払われ、サクラメントに監禁された。

初期の成功にもかかわらず、共和国は短命に終わった。わずか1カ月後、メキシコ・アメリカ戦争が勃発、カリフォルニアはアメリカ政府の支配下に置かれたのだ。失敗に終わった反乱だったが、それによりカリフォルニアは州旗を与えられた。旗には熊と「カリフォルニア共和国」の文字が今も描かれている。

バレーオの名は町の至るところで見かけるが、彼はその後まもなくソノマに戻り、地域の発展に重要な役割を果たし続けた。1850年初の州上院議員に選ばれ、1852年から1860年までの間ソノマ市長を務めた。

オリエンテーション・インフォメーション

ソノマ・ハイウェイ（ハイウェイ12）が町の中心を走っている。広々とした**ソノマ広場 Sonoma Plaza**はバレーオ将軍が1834年に計画したもので、市街地の中心である。周りにはホテル、レストラン、ショップが並んでいる。

ソノマ・バレー観光局 Sonoma Valley Visitors Bureau（☎707-996-1090 ⓦwww.sonomavalley.com 🏠453 1st St E ⏰9:00~17:00）は、ソノマ広場の東側にあり、宿泊の手配（予約料不要）や祭り・行事に関する情報がたくさんある。情報のほとんどはホームページでも見ることができる。

ソノマ広場とその周辺
Sonoma Plaza & Around

広場のど真ん中にある、ミッション・リバイバル様式の**市庁舎 City Hall**（1906-08）は建物の4面すべてにまったく同じファサード（建物の正面）を持っている。これは広場の周りで商売をする人々が皆、市庁舎が自分の方向を向いているべきだと要求したからといわれている。広場の北東角には**ベア・フラッグ・モニュメント Bear Flag Monument**が建ち、ソノマの革命の短い栄光の時を記念している。

広場周辺の興味深い建物に**セバスチアーニ・シアター Sebastiani Theatre**（🏠476 1st St E）がある。1934年に建設されたミッション・リバイバル様式映画館の好例で、今でも封切り映画を上映している。**ブルー・ウィング・イン Blue Wing Inn**（🏠139 E Spain St）は広場を少し外れたところにあり、バレーオ将軍が訪れる兵士や旅人を泊めるために1840年ごろ建てたと考えられている。のちにホテル、酒場、駅馬車の停車場として使われた。

広場の北側には幾つか注意を引きつける建物がある。ソノマ・バラックス Sonoma Barracksの隣の**トスカーノ・ホテル Toscano Hotel**（🏠20 E Spain St）は1850年代に店舗兼図書館としてスタートし、1886年にホテルに変わった。毎日10:00から17:00の間ロビーをのぞくことができ、週末と月曜日には無料のガイド付き見学ツアーが13:00から16:00の間行われている。

同じ広場の北側にはバレーオ将軍のソノマの最初の住居、**ラ・カサ・グランデ La Casa Grande**が1835年ごろ建てられた。しかし、大部分は1867年に焼け落ちてしまった。ラ・カサ・グランデは、バレーオ一家が新しい住居に引っ越した後さまざまな使われ方をした。今日唯一残っているのは召使いの部屋だけで、そこは将軍のネイティブ・アメリカンの召使いたちが寝泊まりしていた場所である。

ソノマ州立歴史公園
Sonoma State Historical Park

伝道所、その近くのソノマ・バラックス、バレーオ・ホームはすべてソノマ州立歴史公園（☎707-938-1519 🎫共通チケット＄1 ⏰10:00~17:00）の一部である。

サンフランシスコ・ソラノ・デ・ソノマ伝道所 Mission San Francisco Solano de Sonoma（🏠E Spain St）は広場の北東角にあり、1つには沿岸部のフォート・ロス Fort Rossにあったロシア植民地の内陸への拡大を阻止するため、1823年に建てられた。この伝道所はカリフォルニアでの21番目にして最後の伝道所で、メキシコ統治時代に建てられた唯1つのものだ。（あとはすべてスペイン人の手による）エル・カミーノ・レアル El Camino Real（幹線道路）の最北端になる（詳細は「カリフォルニアについて」のコラム「伝道所」参照）。当

時のまま残っている部屋が5部屋あり、見学のハイライトであるチャペルは1841年の建造。

日干し煉瓦造りの**ソノマ・バラックス Sonoma Barracks**（兵舎）（🏠E Spain St）は、1836年から1840年にかけてバレーオによってメキシコ兵士の宿舎として建てられた。その後アメリカ軍の本部として使われた後、長い間民間のさまざまな用途に使われてきた。現在は博物館となり、メキシコ統治時代やアメリカの統治になってからの生活に関する展示を行っている。

広場から北西に半マイル（約800m）のところにラクリマ・マンティスLachryma Montis（「山の涙」を意味するラテン語）としても知られる**バレーオ・ホーム Vallejo Home**がある。バレーオ将軍のために1851年から52年にかけて建てられたもので、敷地内の泉からその名が付いた。のちにバレーオの家族は泉の水を町に配水してかなりの収入を得た。カリフォルニア州が買い取る1933年まで、ここはバレーオ一家が所有していた。今でも当時の家具が多く残る。町の中心からここまで自転車専用道がある。

デポ・パーク博物館
Depot Park Museum

デポ・パーク博物館（☎707-938-1762 🆓無料 📅水〜日 13:00〜16:00）は広場から北に2ブロック離れた所にあり、芸術品や歴史に関する展示を行っている。隣の公園では毎週金曜朝9:00から12:00までファーマーズマーケットが開かれる。

トレインタウン
Traintown

トレインタウン（☎707-938-3912 🏠20264 Broadway 📅夏期10:00〜17:00、 9月中旬〜5月後半 金〜日のみ）は広場から南に1マイル（約1.6km）の所にある。20分間のミニチュア蒸気機関車＄3.75、観覧車＄1.50、回転木馬＄1。ふれあい動物園もある。子供が好きな所だ。

アクティビティ

自転車に乗る人は**ソノマ・バレー・サイクラリー Sonoma Valley Cyclery**（☎707-935-3377 🏠20093 Broadway）でコースマップと信頼できるアドバイスを得ることができる。1時間＄6、1日＄25で自転車の貸し出しも行っている。

乗馬がしたければ、**ソノマ・キャトル・カンパニー Sonoma Cattle Company**（☎707-996-8566）でいろいろなコースを選べる。通年営業しており、ジャック・ロンドン州立歴史公園やシュガーローフ・リッジ州立公園Sugarloaf Ridge State Parkの2時間コースが1人＄55。要予約。

テニス愛好家はソノマ・バレー高校Sonoma Valley High School（☎707-933-4010 🏠20000 Broadway）のテニスコートを平日17:00以降と週末に使うことができる。

宿泊

キャンプ場 シュガーローフ・リッジ州立公園 **Sugarloaf Ridge State Park**（☎707-833-5712、予約800-444-7275 🏠2605 Adobe Canyon Rd 💰1サイト＄15）は、一番近いキャンプ場でケンウッドのすぐ北にある。50サイトある。

ホテル＆モーテル Hotels & Motels　ソノマには真に低料金のホテルは少ない。

エル・プエブロ・イン
El Pueblo Inn
☎707-996-3651、800-900-8844
🏠896 W Napa St
💰客室 平日＄95〜 週末＄140〜
広場から西に6ブロック行ったところにある。清潔な部屋とプールのある、平均より上のモーテルだ。

ベスト・ウェスタン・ソノマ・バレー・イン
Best Western Sonoma Valley Inn
☎707-938-9200、800-334-5784
🏠550 2nd St W
💰客室 平日＄115〜145 週末＄170〜205
広場の南西2ブロックのところにあり、きれいで快適、機能的な部屋とプールがある。

広場に面してハイセンスで少し時代がかったホテルが数多くある。

スイス・ホテル
Swiss Hotel
☎707-938-2884
🏠18 W Spain St
💰平日＄100〜120 週末＄120〜180
年数を経たすばらしいホテルで上品な部屋が5室のみ。すべて異なる造りで、起伏のある床や壁はここがどれほど歴史ある場所かを物語っている。

ソノマホテル
Sonoma Hotel
☎707-996-2996
🏠110 W Spain St
💰＄110〜225
1880年代に建てられた威厳のある古い建物で、数年前全面的に（かつ趣味よく）改装された。

エル・ドラド・ホテル
El Dorado Hotel
☎707-996-3030
🏠405 1st St W
💰客室 平日＄165 週末＄205

B&B（ベッド＆ブレックファスト）
マグリウロスB&B
Magliulo's B&B
☎707-996-1031
🏠681 Broadway
🛏客室 バス共同 平日＄95 週末＄110、バス付 平日＄105 週末＄135
全4室。十分に快適なホテルで広場の南、歩いてすぐの所にある。

ビクトリアン・ガーデン・イン
Victorian Garden Inn
☎707-996-5339
🏠316 E Nepa St
🛏客室＄120〜205
香りのよい裏庭とプールがある。部屋はかなり簡素で機能的だ。週末は最低2泊しなければならない。

ソノマの北、グレン・エレンに幾つかよいところがある。プランテーション風の**ベルテイン・ランチ Beltane Ranch**（☎707-996-6501 🏠11775 Sonoma Hwy 🛏客室＄125〜165）は、落ち着いた静かな樹木に囲まれた中にある。ランチハウスには5室あり、人目につかないところにあるコテージ（＄220）には2室ある。

グレン・エレンにあるもうひとつのおすすめの場所は**ガイガー・ハウス Gaige House**（☎707-935-0237 🏠13540 Arnold Dr 🛏＄175〜295）。ロマンチックな週末の休暇に理想的な所だ。敷地内は静かで、プールもある。15室のなかには現在も利用できる暖炉が設置してある部屋もある。

スパ・ホテル Spa Hotel
ソノマ・ミッション・イン＆スパ
Sonoma Mission Inn & Spa
☎707-938-9000、800-862-4945
🏠18140 Hwy 12
🛏客室＄185〜950
気ままな（そして高価な）週末の休暇にもってこいの場所だ。好きなように過ごせるすばらしい静養先は、ソノマの北、数マイルの所にある。付帯設備として、まさに有名なスパと18ホールのチャンピオンシップのゴルフコースがある。宿泊客以外でも平日と日曜の午後はスパを利用できる。

ケンウッド・イン＆スパ
Kenwood Inn & Spa
☎707-833-1293
🏠10400 Hwy 12
🛏客室＄250〜395
グレン・エレンの北にあり、高慢さや気取りのない高級感が高く評価されている。部屋は12室しかなく、平穏で静かな時が期待できる。宿泊客は無料でスパを利用できる。料金は宿泊客以外は＄35。

食事
ソノマ・チーズ・ファクトリー
Sonoma Cheese Factory
☎707-996-1931
ソノマ・プラザにあり、ピクニック用の軽食をそろえるには最適だ。「ソノマ・ジャック・チーズの本場Home of Sonoma Jack Cheese」で、チーズの試食もあり、必要なものはすべてここで見つかるだろう。

地元の**ファーマーズマーケット farmers market**でもピクニックの準備は完璧にできる。毎週金曜の9:00〜12:00にデポ・パークDepot Parkで開かれ、夏場は毎週火曜の17:00〜20:00にプラザで開かれている。

カフェ・ラ・ヘイエ
Cafe La Haye
☎707-935-5994
🏠140 E Napa St
🚫火〜日
朝食（＄5〜10）が充実していて、軽いランチ（＄7〜15）もいい。

ラ・カーサ・レストラン・アンド・バー
La Casa Restaurant & Bar
☎707-996-3406
🏠121 E Spain St
伝道所に近く、手頃な値段で十分なメキシコ料理を提供している。ずっしりしたブリートburritos（肉やチーズのトルティーヤ包み）（＄5〜7）やチポトレ・サーモンchipotle salmon（＄15）、チキン・モレchicken mole（＄11）などがおすすめだ。

デラ・サンティーナズ
Della Santina's
☎707-935-0576
🏠133 E Napa St
🍽1品＄7〜20
小さいが人気のイタリア風食堂で、トスカーナ地方の料理がおいしい。

マーフィーズ・アイリッシュ・パブ
Murphy's Irish Pub
☎707-935-0660
🏠464 1st St E
プラザからちょっと入った路地にあり、シェパード・パイshepherd's pie（ひき肉をマッシュポテトで包んで焼いたパイ）（＄9）やフィッシュ・アンド・チップスfish and chips（魚のフライとフライドポテト）（＄9.50）など典型的なパブ料理とともに、ビールとライブミュージックが楽しめる。

ソノマ・バレー－ジャック・ロンドン州立公園

スイス・ホテル
Swiss Hotel
☎707-938-2884
🏠18 W Spain St
1品 $10〜20

宿泊しなくても、うしろにある静かなパティオとカリフォルニア風にアレンジしたイタリアン料理はおすすめ。

グレン・エレン・イン・レストラン
Glen Ellen Inn Restaurant
☎707-996-6409
🏠13670 Arnold Dr
メイン $15〜30

グレン・エレンでカリフォルニア料理を食べてみるには最適の店だ。

サンテ
Santé
☎707-938-9000
🏠18140 Hwy 12
メイン $15〜40

ソノマ・ミッション・イン・アンド・スパSonoma Mission Inn & Spaにあり、ソノマ・バレーで人気のある店の1つなので、前もって予約を入れること。正統カリフォルニア料理が楽しめる。スパにあるもう少し手軽なビストロ、**ビッグ3ダイナー Big 3 Diner**のほうがテーブルを見つけやすい。

ジャック・ロンドン州立歴史公園
Jack London State Historic Park

ナパ・バレーにはロバート・ルイス・スティーブンソンありといわれるが、ソノマにはジャック・ロンドンがいる。この公園（☎707-938-5216 🏠off Hwy 12 入場無料 駐車場 $3 ⏰9:30〜日没）では、ジャック・ロンドンの短い生涯（1876〜1916年）の晩年の様子を偲ぶことができる。

ロンドンは、オークランドの漁師やアラスカの金鉱夫、太平洋のヨットマンなど、小説を書き続けながら次々と職を替え、最後は農業に落ち着いた。1905年にはビューティー牧場を買い取り、1910年にはそこに完全に移り住む。今ならば、彼は有機農業家と呼ばれていただろう。壮大な豪邸ウルフ・ハウスの建築中には、2番目の妻のチャーミアンとともに、小さなコテージで暮らしながら執筆を続けた。だが、1913年、その屋敷は完成する前夜に火事で燃え落ちてしまう。その思いがけない惨事が痛烈な打撃となり、ロンドンは再建を夢見ながらも工事が始まる前にこの世を去った。

夫の死後、チャーミアンはハウス・オブ・ハッピー・ウォールズHouse of Happy Wallsを建て、それが現在、ジャック・ロンドン**博**物**館** museumの1つとして保存されている。そこから、ロンドンの墓 graveを横目で見つつ、半マイル（約800メートル）ほど歩くと、ウルフ・ハウスの跡地がある。ほかにも農場の辺りには幾つもの曲がりくねった小道があり、彼が仕事をしながら暮らしていたコテージに続いている。幾つかの小道はマウンテンバイクにも開放され、公園の奥へ行くことができる。ウルシが茂っているので小道からは外れないこと。

サンタローザ
Santa Rosa

広がり続けるサンタローザ（人口14万7595人）は、ワイン・カントリーではもっとも人口が集中している町だ。手頃な値段の宿泊施設があり、ソノマのワイナリーにも近い。

市の著名人には世界的に有名なマンガ家や園芸家もおり、午後を忙しく過ごすには十分なほどの博物館や店がある。それ以外には、長く滞在したくなるほどのものはないが、毎年7月末には**ソノマ・カウンティ・フェア Sonoma County Fair**（☎707-545-4200、🌐www.sonomacountyfair.com）がベネット・バレー通りBennett Valley Rdのお祭り広場で開かれる。

オリエンテーション・インフォメーション

サンタローザ観光局 Santa Rosa Visitors Bureau（☎707-577-8674、800-404-7673 🏠9 4th St ⏰平日 9:00〜17:00 週末 10:00〜15:00）はハイウェイ101の西側にある鉄道駅構内にあり、ダウンタウンから数ブロック離れている（ハイウェイ12と101からは、サンタローザのダウンタウン方面の出口を利用）。

ショッピングをするなら4thストリート沿いに建ち並ぶ店に立ち寄ろう。4thストリートはハイウェイ101に突き当たった所でいったん途切れ、由緒ある**レールウェイ・スクエア Railway Square**の地域で、また反対側から始まる。ダウンタウンには、最初の1時間半が無料になる駐車スペースが豊富にある。

ルーサー・バーバンク邸 & 庭園
Luther Burbank Home & Gardens

ルーサー・バーバンク（1849〜1926）は先駆的な園芸家で、サンタローザ・アベニューSanta Rosa Aveとソノマ・アベニューSonoma Aveの角にある19世紀ギリシャ復興様式の邸宅では、多くの植物や樹木の品種改良をした。その広大な庭園は一般開放されている（☎707-524-5445 入場無料 ⏰8:00〜17:00）。

邸宅とその隣にある乗り物博物館 Carriage Museum（入場 $3 ⏰4〜10月 火〜日 10:00〜

肥沃なソノマ・ワイン・カントリーの春の彩り

シャルドネのブドウ畑（ナパ・バレー）

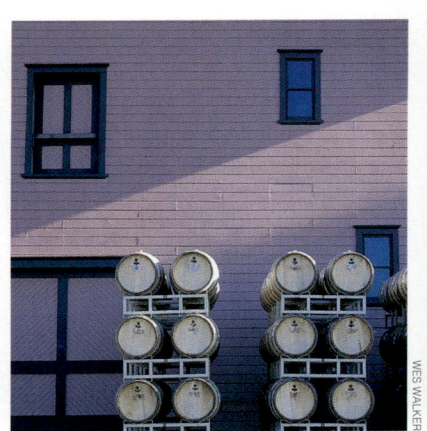

輸出用に詰められたナパ・バレー・ワイン

熱気球はナパ・バレーを眺める最良の方法

メンドシーノ郊外の滝

起伏の激しいソノマの海岸線に咲き誇る野生の花

ハーバー・アザラシ（ノース・コースト）

ボデガ・ベイの水は冷たいかもしれないけど、それが何だい、サーフィンをしようよ！

チャールズ・M・シュルツ博物館
Charles M Schulz Museum

マンガ「ピーナッツ」の作者として知られるチャールズ・シュルツは、サンタローザに長く住んでいた。シュルツは1922年に生まれ、1937年に最初の絵を発表、1950年にはスヌーピーとチャーリー・ブラウンを世界に紹介し、2000年に亡くなる数カ月前まで「ピーナッツ」を製作し続けた。

この新しい博物館（☎707-579-4452 ♠2301 Hardies Lane 入場＄8 月・水〜金 12:00〜17:30 土・日 10:30〜17:30）は2002年秋に開館の予定で、取材の段階ではまだ建築中だった。開館時間と入場料については問い合わせを。

スヌーピーズ・ギャラリー＆アイスアリーナ
Snoopy's Gallery & Ice Arena

シュルツ博物館から少し行った所にあるこのギャラリーとギフトショップ（☎707-546-3385 ♠1667 W Steele Lane 入場無料 10:00〜18:00）は、「ピーナッツ」に関する製品がほとんどすべてそろっている。ハイウェイ101を下りて、ダウンタウンの北2.5マイル（約4km）の所にある。

ギャラリーに隣接している**レッドウッド・エンパイア・アイスアリーナ** Redwood Empire Ice Arena（☎707-546-7147 入場＄9＜貸スケート含む＞）は、かつてチャールズ・シュルツが所有していたもので、彼はここをこよなく愛していた。たいてい、午後には一般開放されている（営業時間は問い合わせのこと）。

宿泊
スプリング・レイク地域公園
Spring Lake Regional Park
☎707-539-8092、予約707-565-2267
♠5585 Newanga Ave
サイト＄15

眺めが良く、29のキャンプサイトがあり、＄7で予約もできる。予約すれば平日の10:00〜15:00に入れる。キャンプ場は5〜9月は毎日、10〜4月は週末だけ開いている。公園そのものは1年中毎日開放されている。サンタローザのダウンタウンからは、4thアベニューを東に進み、ファーマーズ・レーンFarmer's Laneで右折、最初のホーエン・ストリートHoen Stを通り過ぎて、2番目のホーエン・ストリートで左折、しばらく直進して、ニューアンガ・アベニューNewanga Aveで左折する。全部で4マイル（約6km）のドライブになる。

アストロ・モーテル
Astro Motel
☎707-545-8555
♠323 Santa Rosa Ave
W＄45〜75

部屋は飾り気なくシンプルで値段も手頃だ。ジュリアード・パークJulliard Parkの横にあり、ダウンタウンにとても近い。もしここが満室でも、サンタローザ・アベニューSanta Rosa Ave沿いにはモーテルやチェーン・ホテルがたくさん建ち並んでいる。

ホテル・ラ・ローザ
Hotel La Rosa
☎707-579-3200
♠308 Wilson St
W＄175

レイルロード・スクエアにある由緒あるホテル。

ビントナーズ・イン
Vintners Inn
☎707-575-7350
♠4350 Barnes Rd
W＄175〜195

同じ価格帯のホテルだが、ダウンタウンから数マイルほど離れて、ショッピングモールではなく庭園に囲まれている。

食事

ダウンタウンの4thストリートなら、どんな空腹も満たされるだろう。ここには本屋やコーヒーバーも数多く建ち並ぶ。

ザ・カンティーナ
The Cantina
☎707-523-3663
♠500 4th St
メイン＄5〜8

大きくて明るいメキシコ料理店で値段も手頃だ。火曜日のタコ・ナイトTuesday Taco Nightには、マルガリータmargaritasが＄2、タコスtacosが25¢で楽しめる。

クリークサイド・ビストロ
Creekside Bistro
☎707-575-8839
♠2800 4th St

ちょっと風変わりな古びたビストロ。朝食とランチ（6:00〜14:00）のメニューはすべてアメリカンスタイルで、ほとんどの料理が＄8未満だが、ディナー（17:00〜21:00）には人気のフレンチビストロになり、値段も相応に変わる（鴨のコンフィconfit of duck＄17、サーモンフィレfillet of salmon＄16）。

ミックス
MiXX
☎707-573-1344
♠135 4th St at Davis St

🍴1品＄14〜20
🚫日曜休業

少し予算が高めになるが、選び抜かれたメニュー（魚料理が中心）と数多くの地元ワインが楽しめる。

雰囲気を変えて、4thストリートから数ブロック北のメンドシーノ・アベニューMendocino Aveをちょっと入った所にある**アンナプルナAnnapurna**（☎707-579-8471 🏠535 Ross St 🍴メイン＄12未満）はいかがだろう。繊細な味のカレーやシチューなどのインド、ネパール料理にはベジタリアンメニューも含まれている。

アクセス

ゴールデン・ゲート・トランジット
Golden Gate Transit
☎707-541-2000、415-923-2000
サンフランシスコのトランスベイ・ターミナルTransbay Terminalからサンタローザまで、ペタルーマPetaluma経由（72、74、80番）で毎日バスを運行している（＄7、所要2時間）。

ソノマ・カウンティ・トランジット
Sonoma County Transit
☎707-576-7433、800-345-7433
ソノマ・バレーの地元バス路線を運行している。

グレイハウンド
Greyhound
☎800-231-2222
サンフランシスコからサンタローザまで、また、ハイウェイ101に沿ってはるか北までバスを走らせている。

ナパ・バレー
Napa Valley

ナパ・バレーはソノマ・バレーより長く（約30マイル＜約48km＞）、内陸のほうに延び、ワイナリーもさらに多い。

谷に沿って南北に走っている2つの道路は、ハイウェイ29（セント・ヘレナ・ハイウェイ）と、その1〜2マイル（1.6〜3.2km）東を走るもっと風光明媚なシルベラド・トレイルSilverado Trailだ。もし車で行くなら、これらの主要幹線は避けたほうが賢明。特に夏と秋の週末にはハイウェイ29は渋滞し、耐えられないほどである。

ヨントビルYountville、オークビルOakville、ラザフォードRutherfordが交差する地点を通るシルベラド・トレイルとハイウェイ29の間を結ぶ道路は、たいがい牧歌的で交通量も少なく、ワイナリーへと続いている。すがすがしい景色を求めているなら、オークビル・グレイドOakville Gradeと田舎道トリニティ・ロードTrinity Rd（この道は南西に向かい、ソノマ・バレーにあるハイウェイ12に続く）が緩やかに曲線を描き美しい。マウント・ビーダー・ロードはヨントビルの西にある素朴な田園風景の中を通っていく。

谷の南端にあるナパ市はこの地域の経済の中心地だが、興味深いものはたいして見当たらない。セント・ヘレナやヨントビル、それに谷の北端にあってワインよりもミネラルウォーターで有名なカリストーガCalistogaのほうがもっと見所が多い。

ナパ・バレーのワイナリー
Napa Valley Wineries

ナパ・バレーにある230を超すワイナリーの多くは、訪問客を迎え入れる施設もその気もないような小規模な所が多い。試飲（「フライツflights」と呼ぶ）をさせるワイナリーは、だいたい毎日10:00か11:00に開き、16:00か17:00には閉まる。ソノマ・バレーの多くのワイナリーは無料で試飲させてくれるが、ナパ・バレーのワイナリーでは通常、一般リリースワインは1回の試飲が＄5で、リザーブワインになると＄10は必要になる。

以下のワイナリーは、南から北に向かう順に紹介されている。

ドメーヌ・カーネロス
Domaine Carneros
フランスのシャンパンメーカー、テタンジェTaittingerが一部所有する137エーカー（約55ha）の広大な土地に異国情緒豊かな城館があり、そこにテイスティングルームとビジターセンターがある（☎707-257-0101 🏠1240 Duhig Rd at Hwy 12/121, Napa 🕐10:00〜18:30）。醸造所そのものは、ナパの南西、ソノマ・バレーへ至る途中のカーネロスCarneros地域にある。1年中、日に何度も見学ツアーがあり、予約も必要ない。

ヘス・コレクション＆ワイナリー
Hess Collection & Winery
この究極のワイナリー（☎707-255-1144 🏠4411 Redwood Rd, Napa 🕐10:00〜16:00）では、美しくも高価なアートギャラリーが3階まで続き、ワインとアートの融合が楽しめる。試飲は＄3（カベルネ・ソーヴィニヨンをお忘れなく）、敷地内を自分で見学して回るのは無料だ。

ドメーヌ・シャンドン
Domaine Chandon
フランスのシャンパンメーカー、モエ・ヘネシーMoët-Hennesseyは、「新世界」でワイナ

ナパ・バレー

宿泊
- 2 Triple-S-Ranch
- 9 White Sulphur Springs Resort
- 13 Harvest Inn
- 14 Auberge de Soleil

ワイナリー
- 4 Chateau Montelena
- 5 Clos Pegase
- 6 Sterling Vineyards
- 8 Beringer
- 11 Prager Port Works
- 12 V Sattui & Heitz Cellars
- 15 Rutherford Hill
- 16 Niebaum-Coppola Estate
- 17 Grgich Hills Cellar
- 18 Beaulieu
- 19 Cakebread Cellars & St Supéry
- 20 Villa Mt Eden
- 21 PlumpJack
- 22 Opus One & Turnbull
- 23 Robert Mondavi
- 25 Domaine Chandon
- 26 Pine Ridge
- 27 Stag's Leap
- 28 Clos du Val
- 29 Hess Collection & Winery
- 32 Domaine Carneros

その他
- 1 ペトリファイド・フォレスト
- 3 オールド・フェイスフル間欠泉
- 7 ベール・グリスト・ミル州立歴史公園
- 10 シルベラード博物館
- 24 ナパ・バレー博物館
- 30 ナパ・バレー・ワイン・トレイン
- 31 コピア

リーを数力所持ち、「スパークリング・ワイン」を製造している（フランス人は、フランスのシャンパーニュ地方で産出されたものだけをシャンパンと呼ぶ）。ワイナリー（☎707-944-8844 🏠1 California Dr, Yountville ⊙10:00〜18:00）はハイウェイ29を下りた所にあり、興味深い展示や充実した見学ツアー、試飲（＄8）、洗練されたレストランなどが楽しめる（後出「ヨントビルの食事」を参照）。

クロ・デュ・バル
Clos du Val

このワイナリー（☎707-259-2200 🏠5330 Silverado Trail, Yountville）には見るべきものは多くないが、質の高いジンファンデルやカベルネ・ソーヴィニヨンを楽しみたいなら、必ず立ち寄ってほしい。試飲（＄5）は10:00〜17:00。

スタッグス・リープ
Stag's Leap

かつて1976年にフランス人を負かしたのはスタッグス・リープのカベルネ・ソーヴィニヨンで、それ以降も優れたワインを作り続けている。このワイナリー（☎707-265-2441 🏠5766 Silverado Trail, Yountville）では、品質が世界的に認められたシャルドネも作っている。試飲（一般リリース＄7 エステート・リ

ザーブ＄30）は10:00〜16:30。

パイン・リッジ
Pine Ridge
この小さく控えめなワイナリー（☎707-253-7500、800-575-9777 🏠5901 Silverado Trail, Yountville）は、メルロとカベルネ・ソーヴィニヨンで知られている。試飲は11:00〜17:00。現在のリリースワインは＄5、リザーブビンテージは＄10で試すことができる。ガイド付き見学ツアーは、毎日10:15、13:00、15:00に出発する（要予約）。

プランプ・ジャック
Plump Jack
このすばらしいワイナリー（☎707-945-1220 🏠621 Oakville Cross Rd, Oakville）は、シルベラド・トレイルとハイウェイ29が交差する道路沿いにあり、交通量の多い道路から離れていることが幸いしている。プランプ・ジャックの2000年もののシラーは谷で最高のワインの1つ。試飲（＄5）は10:00〜16:00。急成長のプランプ・ジャックの販売領域は、サンフランシスコやレイクタホLake Tahoeのスコー・バレーSquaw Valleyにあるレストランにまで広がっている。

ロバート・モンダビ
Robert Mondavi
この大きく商業的なワイナリー（☎888-766-6328 🏠7801 Hwy 29, Oakville）は、ミッション様式の建物で、正面にはベニアミーノ・ブファーノの像が置かれている。規模が大きく訪問者で混み合うことが多い割には、ワインの製造行程を紹介する内容の濃い見学ツアー（＄10）やピクニックも楽しめるツアー（＄60）、チーズの試食（＄50）、音楽の夕べなど、サービスが充実している。スケジュールと予約に関しては電話で問い合わせること。

オーパス・ワン
Opus One
このワイナリーの建物はハイウェイ29からすぐ見える。アステカ遺跡のピラミッドのようであり、見方によっては墜落した宇宙船のようでもある。オーパス・ワン（☎707-944-9442 🏠7900 Hwy 29, Oakville）はロバート・モンダビとフランスのボルドー地方にあるシャトー・ムートン・ロスチャイルドの所有者フィリップ・ド・ロスチャイルド男爵が共同経営している。ここは予算に余裕のある人向きで、数々の賞に輝いた赤・白ワインの試飲が＄25もする。テイスティングルームは10:00から16:00

まで開いている。無料のワイナリーツアーはすばらしく、毎日10:30に出発する（要予約）。

ターンブル
Turnbull
ターンブル（☎800-887-6285 🏠8210 Hwy 29, Oakville）は、カベルネ・ソーヴィニヨンで有名な小規模ワイナリーだ。1997年と1998年ものが特に良い。このワイナリーは、2000年もののソーヴィニヨン・ブランについても好意的な評価を受けている。ワイナリーそのものに特筆すべきものはないが、派手な仕掛けなどなくても品質の高さがそれを十分に補っている。試飲（＄5）は10:00〜16:30。

ケーキブレッド・セラーズ
Cakebread Cellars
このあまり知られていないワイナリー（☎707-963-5222 🏠8300 Hwy 29, Rutherford）は、特徴的なシャルドネとソーヴィニヨン・ブランなど、谷でも最高級のワインを幾つか作り出している。見学ツアーはない。試飲（＄5 限定品＄10）は10:00〜16:30。

完璧な仕事に口出し無用

ワイン・カントリーの人々にコルクについて尋ねたら、たいてい驚くほど情熱的な意見が返ってくるだろうが、あまりそれには深入りしないほうがいい。

コルクが破損して優れたワインが酢になったり、開ける時に折れてぼろぼろに壊れ、かけらが抜けないままになったり、そんなのは誰だって歓迎しない。だが消費者は、幾つかのワイナリーが採用し始めた解決策、すなわちネジ蓋や人工コルクはあまりお気に召さないと見える。ポルトガルのオークの樹皮は、何世紀もの間ワインの栓として使われてきた。その他のものは安い大量生産ワイン用で、＄120もする高級なビンテージものには似つかわしくないと人々は考えている。

2000年、ナパ・バレーのプランプ・ジャック・ワイナリーは、何百ケースもの高級ワインをネジ蓋付きで発売して話題を呼んだ。しかしそのワイナリーでさえ、これからずっと天然コルクの使用をやめるというわけではなく、むしろこれは1つの宣伝行為に過ぎないと認めている。

この争いは、つまるところは懐古趣味などではなく経済的な理由によって決着がつけられるだろう。天然コルクは、10年を過ぎるとその8〜10％が破損すると見込まれている。封印が破れてワインが傷んでしまった場合、コルク製造会社ではなく、自分達の責任にされて顧客を失うことをワイナリーは恐れているのだ。

サン・スペリー
St Supéry

この近代的なワイナリー（☎707-963-4507、800-942-0809 🏠8440 Hwy 29, Rutherford ⊙9:30～17:00）の前にある1882年建造の由緒あるアトキンソン・ハウスには、谷でもっとも革新的なワイン製造法についての展示がある。ガイド付き見学ツアーも特筆に値し、この地方で一番充実したものだろう。ツアーは＄5で、毎日11:00、13:00、15:00に出発する。予約は不要。試飲は＄5、リザーブワインは＄10だ。

ニーボーム・コッポラ・エステート
Niebaum-Coppola Estate

昔のイングルヌーク・エステート Inglenook estate（☎707-968-1100 🏠1991 Hwy 29, Rutherford）が1980年代半ばに映画監督のフランシス・フォード・コッポラに買い取られ、それ以降、谷でももっとも優れた赤ワインの幾つかを産出し続けている。加えて、コッポラの映画作品「ゴッドファーザー*The Godfather*」や「ドラキュラ*Dracula*」に関する展示が見られるのもお得だ。試飲（＄7.5）は10:00～17:00。

ガーギッチ・ヒルズ・セラー
Grgich Hills Cellar

このワイナリー（発音 **girr**-gich）には控えめな感じの試飲室がある。小さいとはいえ、ほかと比べるべきものはワインそのものである。ワインセラーの見学（☎707-963-2784、800-523-3057 🏠1829 Hwy 29, Rutherford ⊙9:30～16:30）には事前予約が必要だ。

ボーリュー
Beaulieu

1900年にフランスからの移民が創業したボーリューは、「美しい場所」を意味するフランスのある地域にちなんで名づけられた。今ではナパで、もっとも規模の大きいワイナリーの1つだ（☎707-967-5200 🏠1960 Hwy 29, Rutherford）。ビジターセンターでの試飲は無料だが、リザーブセラーでの試飲はグラス5杯で＄18。どちらも毎日10:00から17:00まで開いている。

ビラ・マウント・エデン
Villa Mt Eden

このワイナリー（☎707-963-9100 🏠8711 Silverado Trail, Oakville）は規模が小さいので、ナパにあるほかのワイナリーよりも込み合うことはなく、少し落ち着いた雰囲気だ。試飲（無料）は10:00～16:00。醸造所そのものは古くて立派な建物の中にある。

ラザフォード・ヒル
Rutherford Hill

オーベルジュ・ド・ソレイユ・リゾート（後出「ラザフォード」を参照）を過ぎてすぐの所にあるこの丘の上のワイナリー（☎707-963-1871 🏠200 Rutherford Hill Rd, Rutherford）では、申し分のない眺望と木陰のあるピクニックエリア、そしてすばらしいワインセレクションが楽しめる。一般リリースワイン（＄5）とリザーブワイン（＄10）の試飲は10:00～17:00。ワインセラーを巡る徒歩ツアー（＄10）は毎日11:30、13:30、15:30に出発する。

ヴィ・サッツィー
V Sattui

19世紀に創業されたこのワイナリー（☎707-963-7774 🏠1111 White Lane, St Helena ⊙9:00～17:00）は古い石造りの建物にあり、ピクニックにはもってこい。デリカテッセンでは、おいしいパンやチーズはもちろんワインも販売されている。試飲は無料。ミュスカかマデイラが提供されていたら、ぜひ試してみよう。

ハイツ・セラーズ
Heitz Cellars

ハイツ（☎707-963-3542 🏠436 Hwy 29, St Helena）では、小さくてエレガントなテイスティングルームを実際に訪れるだけで、ブドウ畑が見られるわけではない。1996年もののベラ・オークスと1997年もののマーサズ・ビンヤード・カベルネ・ソーヴィニヨンは有名なハイツの代表銘柄だが、グリグノリオやインク・グレードなどのポートワインもすばらしく、決して無視できない。試飲は11:00～16:30。

プラーガー・ポート・ワークス
Prager Port Works

壁紙に外国の紙幣が使われていたり、窓にわざとクモの巣がはってあったり、プラーガー（☎707-963-7678 🏠1281 Lewelling Lane, just off Hwy 29, St Helena ⊙10:00～16:30）のテイスティングルームはとってつけたような風変わりな内装になっている。試飲（＄10）のグラスワインを手にとって、賞に輝いたトーニーポートやホワイトポート、甘く金色に輝くミュスカを楽しもう。

ベリンガー
Beringer

1883年建造の堂々たるライン・ハウスを正面にすえたベリンガー（☎707-963-7115 🏠2000 Main St, St Helena）は、ナパで操業している

ワイナリーのなかでも最古のものだ。1876年にドイツ人兄弟、ヤコブとフレデリク・ベルリンガーが創業し、禁酒法時代には聖餐用や医療用のワインを製造することで生き延びた。無料の見学ツアーでは、ワイナリーのうしろにある丘の下を掘り進めた長大なトンネルも訪れることができる。試飲（＄5）は9:30～16:30。

スターリング・ビンヤード
Sterling Vineyards
スターリング（☎707-942-3344 ✆1111 Dunaweal Lane, Calistoga ⏰10:30～16:30）で目を引くのは、谷をはるかに見わたしながら丘の上まで連れて行ってくれるゴンドラだろう。ワイナリーそのものは白壁輝くギリシャの村を模していて、建築学的にも興味深い。＄6のチケットには見学ツアーと試飲が含まれている。

クロ・ペガーズ
Clos Pegase
高い評価を受けているこのワイナリー（☎707-942-4981 ✆1060 Dunaweal Lane, Calistoga）は、建築と芸術、ワインが一体になり、ナパ・バレーのハイライトの1つといえるだろう。1987年建造のマイケル・グレーブス設計による建物のある敷地には興味深い彫像が点在し、ビジターセンターはモダンアートで飾られている。無料の見学ツアーは11:00、14:00。試飲（＄5）は10:30～17:00。

シャトー・モンテリーナ
Chateau Montelena
谷の北端に位置するシャトー・モンテリーナ（☎707-942-5105 ✆1429 Tubbs Lane, Calistoga ⏰10:00～16:00）には、中国風の橋とあずま屋のある湖、石造りの立派な城館、ワイナリーを訪れる人々のためのピクニックエリアなどがある。試飲は＄10で、自家製のカベルネ・ソーヴィニヨンは特にすばらしい。

ナパ
Napa
ナパ（人口7万2500人）はバレーの日常生活の中心地である。小さなダウンタウンには興味深い古い建物や良いレストランも幾つかある。だがここに足を止めるのは、自転車を借りたり、コピア・ワインセンターCopia wine centerを訪れたり、ナパ・バレー・ワイン・トレインに乗るなど、より実質的な目的のためだろう。

オリエンテーション・インフォメーション
ナパでもっとも引きつけられるのは、店やレストランが建ち並んでいる1stストリートだろう。

ナパはシルベラド・トレイルとセント・ヘレナ・ハイウェイ（別名：ハイウェイ29）に挟まれた位置にある。ハイウェイ12/121でサンフランシスコから来る場合は、ソノマ・バレー方面への分岐点を通り過ぎ、左折して（北上）ハイウェイ29にのる（町の境界にハイウェイ121/29と表示されているのがまぎらわしい）。ダウンタウンに入るには、1stストリート方面の出口を下りて、そのまま東へ進む。

ナパ・バレー観光局 Napa Valley Visitors Bureau（☎707-226-7459 ✆1310 Napa Town Center ⏰9:00～17:00）はメイン・ストリートMain Stの2ブロック西、パール・ストリートPearl Stと1stストリート間にあるショッピングモール内にある。バレーではもっとも大きく一番にぎやかなインフォメーションセンターだ。宿泊予約も可能。

観光スポットと楽しみ方
総工費50億円をかけた文化センターの**コピア Copia**（☎707-259-1600 🌐www.copia.org ✆500 1st St 🎫1日パス＄12.50 ⏰10:00～17:00 火定休＜10～4月は火・水定休＞）は、ワインと食と文化の観光名所で、ナパのダウンタウンに求められていた活気をもたらした。1日パスには、広大なオーガニック菜園、美術品の展示スペース、ワインプログラムなどへの入場が含まれている。映画鑑賞や料理教室、野外コンサートなどそのほかの催し物のチケットは別売りになっている。

ナパ・バレー・サイクリングツアー
Napa Valley Bike Tours
☎707-255-3377
✆4080 Byway East

ハイウェイ29を下りたすぐの所にあり、1時間＄6、1日＄25で自転車を貸している。あまり忙しくない時には、追加料金＄25で片道レンタルもしてくれる。たとえば、自転車でカリストーガまで行き、そこで彼らの迎えの車に乗り、自転車も積み込んでナパまで戻ってくるようなことが可能だ。

宿泊
低価格で市内中心部の宿を探すなら**トラベロッジ Travelodge**（☎707-226-1871 ✆853 Coombs Sts at 2nd St 🛏客室 平日＄75 週末＄90）が確実だ。

ハイウェイ121沿いで、市内中心部の南東にある**ディスカバリー・イン Discovery Inn**（☎707-

ワイン・カントリー

253-0892 ☎500 Silverado Trail ■W＄45〜65）は、質素だがさらに格安だ。

ジョン・ミュアー・イン
John Muir Inn
☎707-257-7220、800-522-8999
☎1998 Trower Ave
■客室 平日＄95 週末＄145
トラワー・アベニューTrower Aveとハイウェイ29の角にある、もう少し快適なモーテル。

シルベラド・カントリー・クラブ
Silverado Country Club
☎707-257-0200
☎1600 Atlas Peak Rd
■＄280〜450
予算を考える必要がないなら、ぜひおすすめしたい所。ナパの東3.5マイル（約5.6km）の丘陵地帯にあるこの高級なリゾートには、2つのゴルフコースやテニスコート、たくさんのプールがある。ハイウェイ29からはトランカス・ストリートTrancas St（モンティセロ・ロードMonticello Rdになる）で右折（東行）し、アトラス・ピーク・ロードAtlas Peak Rdで左に入る。

食事

ダウンタウン・ジョーズ
Downtown Joe's
☎707-258-2337
☎902 Main St
■朝食＄6〜9 ディナー＄14〜16
2ndストリート東端の川岸にある。地ビール醸造所やレストランもあり、朝食（パンケーキやボリュームたっぷりのオムレツ）からディナー（ローズマリーチキン＄14）まで提供している。

ビストロ・ドン・ジョバンニ
Bistro Don Giovanni
☎707-224-3300
☎4110 Hwy 29
■メイン＄9〜17
洗練されたイタリアンレストラン。ワインリストも充実していて、薪を使ったおいしい釜焼きピザや見事なリゾットなどが楽しめる。予約を入れたほうがいい。

ビントナーズ・コート
Vintner's Court
☎707-257-0200
☎16 Atlas Peak Rd
■食事 約＄30
シルベラド・カントリー・クラブSilverado Country Club内にある。ロマンチックな気分でお財布にも余裕があったら、必ず前もってディナーを予約しておくこと。雰囲気とサービスは完璧で、太平洋の香り豊かなカリフォルニア料理も独創的。ほかに類をみないすばらしさだ。

ヨントビル
Yountville

ヨントビル（発音**yawnt**-vill、人口2916人）はナパ・バレーNapa Valleyでは大きな町の1つで、ナパNapaの北9マイル（約14km）、カリストーガCalistogaの南21マイル（約34km）に位置する。ヨントビルの真ん中をハイウェイ29（セント・ヘレナ・ハイウェイSt Helena Hwy）が通っているが、ほとんどのレストランや商店は、29号線と平行してすぐ東側を走っているワシントン・ストリートWashington St沿いにある。

ヨントビルには、銀行、市場、数件の宿、有名な高級店を含むレストランも数多くあるが、さらに北に行けば、もう少し便利なセント・ヘレナSt Helenaやカリストーガがある。

ナパ・バレー博物館 Napa Valley Museum（☎707-944-0500 ☎55 Presidents Circle ■＄4.50 ◉水〜月 10:00〜17:00）は、ヨントビルでもっとも近代的な建物で、敷地面積4万平方フィート（3716m²）。ナパNapa地域の文化的歴史が年代順に見られ、地元をテーマにした絵画を展示している。カリフォルニア・ドライブCalifornia Drから少し入った所にある。

ナパ・バレー観光案内所 Napa Valley Tourist Office（☎707-944-1558 ☎6488 Washington St）では各種の地図や宿のパンフレットが手に入る。

宿泊

ヨントビルには手頃な料金の宿が多い。

ナパ・バレー・ロッジ
Napa Valley Lodge
☎707-944-2468
☎2230 Madison St
■客室＄280〜350
マディソン・ストリートMadison Stとワシントン・ストリートWashington Stの交差する角にあり、テラス付の部屋や暖炉の付いたスイートルームが人気。

同じぐらい快適で、もう少し料金の手頃なのが、**メゾン・フレーリ Maison Fleurie**（☎707-944-2056 ☎6529 Yount St ■＄115〜250）で、客室数は13室、プールとスパを備えている。

客室数が112室の**ビラジオ・イン＆スパ Villagio Inn & Spa**（☎707-944-8877 ☎6481 Washington St ■＄210〜450）は、テニスコート、プール、各種温泉施設が完備。

食事

屋外で大勢の人とライブミュージックを聞きながら、リラックスした雰囲気を楽しみたいなら**パシフィック・ブルーズ・カフェ Pacific Blues Cafe**（☎707-944-4455 ☎6525 Washington St ■ハンバーガー＄8）。おしゃれではないが、ハンバ

ナパ・バレー－ オーク・ビル

ーガーとビールで十分というときにぴったり。

リストランテ・ピアッティ
Ristorante Piatti
☎707-944-2070
🏠6480 Washington St
🍴パスタ・ピザ＄9〜15
カリフォルニアの人気チェーン店の支店で、高級イタリア料理で人気を集めている。

ドメーヌ・シャンドン
Domaine Chandon
☎707-944-2892
🏠1 California Dr
🍴メイン＄12〜15
火曜定休 1月中休み
ハイウェイ29の外れにあり、緑にあふれたパティオにしつらえたテーブルで賞味するおいしいカリフォルニア料理が自慢。予約したほうが確実。

フレンチ・ランドリー
French Laundry
☎707-944-2380
🏠6640 Washington St at Creek St
🍴ランチコース＄115 ディナーコース＄135
とてもエレガントなヨントビルの食事スポットだが、予約をとることさえ難しい。もし運良く成功したら、ランチコース、もしくはディナーコースがおすすめ。メニューは伝統的なフランス料理にカリフォルニア風のアレンジを加えてある。

オークビル
Oakville

オークビル（人口300人）は小さな集落で、ヨントビルの北、ほんの数マイルに位置する。特にこれといった観光スポットがあるわけではないが、ワイナリーが10件ほどある。

オークビル・グローサリー＆カフェ Oakville Grocery & Cafe（☎707-944-8802 🏠7856 Hwy 29 🍴サンドイッチ＄5〜8）はオークビル・クロス・ロードOakville Cross Roadのすぐ北側にある。ナパ・バレー、ソノマ・バレー地域では最高のグルメカフェの1つで、サンドイッチや種類が豊富なサラダ、パン、チーズがおいしいので有名。

ラザフォード
Rutherford

オークビルOakvilleに似て、ラザフォード（人口525人）も、町や村というより、ワイナリーや住宅、道路沿いのアンティークやギフトの店がのんびりと集まって暮らしている集落といったほうがいいだろう。

ただし、ここには、ナパ・バレーで1、2を争うレストランがある。**オーベルジュ・ド・ソレイユ Auberge de Soleil**（☎707-963-1211 🏠180 Rutherford Hill Rd）は、シルベラード・トレイルSilverado Trailから少し入った所にある。フランス料理にカリフォルニア風のアレンジを加え、ワイン・カントリーならではの料理が堪能できる。料金は季節・料理によって変わる。ほかの施設としては、丘の側面に穴を掘って作った、プライベート・コテージ（＄525〜）や、スパ、プール、テニスコート、屋外の彫刻庭園がある。

セント・ヘレナ
St Helena

小さなセント・ヘレナ（発音ha-lee-na）の町は、中央をハイウェイ29が走っていて、ここではメイン・ストリートMain Stと呼ばれている。セント・ヘレナ（人口6000人）には珍しい古い建物やレストランが数多くあるが、夏の期間、週末はかなり混雑する。

商工会議所 Chamber of Commerce（☎800-799-6456 🏠1010 Main St, Suite A 🕐平日10:00〜17:00 土 10:00〜15:00）では観光情報が手に入る。

シルベラード博物館 Silverado Museum（☎707-963-3757 🏠1490 Library Lane 🎫無料 🕐火〜日 12:00〜16:00）にはロバート・ルイス・スティーブンソンゆかりの品がたくさん集められている。1880年、当時この有名な小説家は病気を患ったうえに、お金もなく貧乏、しかもまだ無名だった。古いシルベラード鉱山Silverado Mineの炭鉱労働者用の簡易宿舎に、新婚の妻ファニー・オズボーンとともに滞在した。彼の作品「シルベラード・スクワッターズ The Silverado Squatters」はこのときの様子をもとにして書かれている。博物館のあるライブラリー・レーンLibrary Laneへは、ハイウェイ29からアダムス・ストリートAdams Stの信号で東に曲がり、鉄道の線路を渡る。

宿泊

エル・ボニータ・モーテル
El Bonita Motel
☎707-963-3216
🏠195 Main St
🛏客室＄110〜160
プールや庭園が自慢。一般のモーテルより1ランク上の宿である。

ホテル・セント・ヘレナ
Hotel St Helena
☎707-963-4388
🏠1309 Main St
🛏客室＄145〜195

町の中央にあり、1881年開業。18室。バス付きの部屋もある。

ハーベスト・イン
Harvest Inn
☎707-963-9463, 800-950-8466
🏠1 Main St
🛏客室 ＄240〜550

セント・ヘレナSt Helenaの最高級ホテル。料金も一番高い。壮麗なチューダー朝スタイルの建物内に客室やスイートルームがある。2つのプールとよく手入れされた庭園があり、高級感にあふれている。

ホワイト・サルファー・スプリングス・リゾート
White Sulphur Springs Resort
☎707-963-8588
🏠3100 White Sulphur Springs Rd
🛏客室 平日＄85〜100 週末＄100〜140、プライベート・コテージ 平日＄135 週末＄160

カリフォルニアの古くからのリゾート地で、レッドウッドの木立ちのある静かな建物。温泉やプールがある。

食事

モデル・ベーカリー
Model Bakery
☎707-963-9731
🏠1357 Main St
📅月曜定休

スコーン、マフィンとコーヒーがおすすめ。

アルマジロズ
Armadillo's
☎707-963-8082
🏠1304 Main St
🍴メイン＄7〜12

おいしいメキシコ料理の店。料金もリーズナブル。

トラ・ビーニェ
Tra Vigne
☎707-963-4444
🏠1050 Charter Oak Ave
🍴メイン＄18〜25

セント・ヘレナの町の南端、メイン・ストリートMain Stのすぐそばにある。しゃれたイタリアンレストランで、ナパ・バレーで一番と評判の店。

キャンティネッタ
Cantinetta

トラ・ビーニェの塀に囲まれたパティオ内にある料理とワインの店。メインレストランより早く、安い料理が楽しめる。

ワイン・スペクテイター・グレイストーン・レストラン
Wine Spectator Greystone Retaurant
☎707-967-1010
🏠2555 Main St
🍴メイン＄16〜28

有名なカリナリー・インスティテュート・オブ・アメリカCulinary Institute of Americaが経営しているレストラン。メニューは純粋なカリフォルニア料理で、北カリフォルニアのワインと地ビールが豊富。

カリストーガ
Calistoga

カリストーガ（人口5190人）はおそらくナパ・バレーで一番魅力的な町といえるだろう。数多くのレストランやホテルがあり、それでいて本来の「小さな町」の雰囲気を自然に残している。

有名なビン詰めの水で「Calistoga（カリストーガ）」というのがあるが、この地名に由来する（グイゼッペ・ムサンテが1924年にここでカリストーガ・ミネラルウォーターのビン詰め業を始めたことから）。天然の温泉に恵まれ温泉施設も多く、この町でなければ味わえない暖かい泥風呂でのんびりくつろげる。

一風変わった町の名前は、舌足らずのしゃべり方をしたサム・ブラナンが名づけた。彼は1859年にこの町をつくったときに、ここが「サラフォルニアSara-fornia」の「カリストーガCali-stoga」として、ニューヨーク州の温泉町サラトーガSaratogaと肩を並べるようにと願いを込めたのだ。

オリエンテーション・インフォメーション

カリストーガの商店やレストランは、セント・ヘレナ・ハイウェイSt Helena Hwy (Hwy 29/128)とシルベラード・トレイルSilverado Trailを結んでいる。**リンカーン・アベニューLincoln Ave**沿いにある。

サム・ブラナン

1819年メイン州生まれ。アメリカの印刷業、新聞業界において伝説的な人物。1845年、モルモン教徒のコロニーをつくるためにカリフォルニアを目指した。しかし、宗教的開拓に対する熱情はすぐにさめてしまい、1847年、サンフランシスコで初めての新聞「カリフォルニア・スターThe California Star」を発行することになった。1848年、シエラ丘陵Sierra foothillsで金が見つかったと世界に発表し、ゴールドラッシュのきっかけをつくった。カリストーガの広大な温泉地は、彼にとってそれに続く大発見だったが、華やかな人生にも晩年は影が差し、1888年に亡くなったときには財産をすべて失っていた。

ナパ・バレー―カリストーガ

ワイン・カントリー

ナパ・バレー－ カリストーガ

商工会議所 & ビジターセンター
Chamber of Commerce & Visitors Center
☎707-942-6333
🏠1458 Lincoln Ave
🕙10:00～16:00 これより遅くまで開いていることもある。
オールド・レイルロード・デポOld Railroad Depotの裏にある。

観光スポットと楽しみ方

ワシントン・ストリートWashington Stにある小さな**市庁舎 City Hall**は、1902年にベドラム・オペラ・ハウスBedlam Opera Houseとして建てられた。現在は市役所として使われている。

シャープスティーン博物館 Sharpsteen Museum（☎707-942-5911　🏠1311 Washington St 無料　🕙11:00～16:00）は、市庁舎の向かい側にある。以前、ディズニーアニメの作者をしていたシャープスティーンが設立した博物館で、カリストーガのさまざまな歴史や、ブラナンの建てたカリストーガ・リゾートにあった当時のコテージを再現したものなどが展示されている（ブラナンが建てたコテージがただ1つだけ、そのままの場所に残されている。ブラナン・コテージ・インBrannan Cottage Innの近く（🏠106 Wapoo Ave)。

カリストーガには、数多くの**温泉 hot-spring spa**や**泥風呂の入浴施設 mud-bath emporium**がある。暖かい泥の中に体を沈めリラックスした後には、さらに健康になっていることだろう。

泥風呂のコースは1時間から1時間半で、料金は＄50～65。まず、暖かい泥の中で半身浴をする。シャワーを浴びて、ミネラル成分のある温泉に全身でつかる。オプションでスチームバスに入り、タオルで体を包んでクールダウンすることもできる。マッサージを追加することもでき、トータル料金は＄120～となる。

1人で利用することもできるが、施設によってはカップルでの入浴もOK。入浴の種類も多い。温かい泥の風呂（ファンゴfangoという）、ハーブで体を包むラップエステ、海草風呂、各種マッサージなど。ビジターセンターで割引クーポンを出しているときがある。あらかじめ予約をしておくことをおすすめする。特に夏、週末には予約が必要。

カリストーガの繁華街にある下記のスパでは、1日パック券を発行している。なかには宿泊できる所もある（「宿泊」の「スパ・ホテル」を参照）。

インディアン・スプリングス Indian Springs
☎707-942-4913
🏠1712 Lincoln Ave

ナンシズ・ホット・スプリングスNance's Hot Springs
☎707-942-6211
🏠1614 Lincoln Ave

ゴールデン・ヘイブン・ホット・スプリングス
Golden Haven Hot Springs
☎707-942-6793
🏠1713 Lake St

リンカーン・アベニュー・スパLincoln Avenue Spa
☎707-942-5296
🏠1339 Lincoln Ave

ドクター・ウィルキンソンズ・ホット・スプリングス
Dr Wilkinson's Hot Springs
☎707-942-4102
🏠1507 Lincoln Ave

ゲッタウェー・アドベンチャーズ
Getaway Adventures
☎707-942-0332, 800-499-2453
🏠1117 Lincoln Ave
1日＄25

レンタサイクルの店。町や町の周辺を自転車で回

ナパ・バレー — カリストーガ

ってみたい時には、ここで借りることができる。
　ワシントン・ストリートWashington St沿いの郵便局の裏にある**パリセード・マウンテン・スポーツ Palisades Mountain Sports**（☎707-942-9687 ♠1330-B Gerrard St）でも、同一料金でレンタルできる。

宿泊

キャンプ場　ナパ・カウンティ・フェアグラウンズ
Napa County Fairgrounds（☎707-942-5111 ♠1435 Oak St ▣テントサイト＄12 RVサイト＄20）は、カリストーガの中心から数ブロック北西に進んだ所にある。

ボーテ・ナパ・バレー州立公園
Bothe-Napa Valley State Park
☎707-942-4575、予約専用800-444-7275
♠Hwy 29
▣サイト＄15
カリストーガの南3マイル（約5km）にあり、景色が良い。

ホテル

カリストーガ・イン＆ブリューワリー
Calistoga Inn & Brewery
☎707-942-4101
♠1250 Lincoln Ave
▣客室 平日＄75 週末＄100
川沿いにあってカリストーガの中央に建つ歴史のあるホテルで客室は18室、バスは共用。ホテル内にレストランとビール製造所があり、地元の人がよく立ち寄る場所となっている。

コンフォート・イン
Comfort Inn
☎707-942-9400
♠1865 Lincoln Ave
▣客室 平日＄70〜 週末＄110〜
派手さはないが利用しやすいモーテル。55室あり、カリストーガの中央から見てちょうど北側にある。

トリプルS-ランチ
Triple-S-Ranch
☎707-942-6730
♠4600 Mt Home Ranch Rd
▣キャビン＄65〜 プール使用料込み
◉4〜12月
カリストーガからペトリファイド・フォレスト・ロードPetrified Forest Rdを北西に約3マイル（約5km）進む。利用しやすい料金で、シンプルなキャビン、プールがある。

B&B（ベッド＆ブレックファスト）

ジ・エルムスB&B
The Elms B&B
☎707-942-9476
♠1300 Cedar St
▣客室 平日＄120〜155 週末＄125〜185
パイオニア・パークPioneer Parkに隣接。7室あり、雰囲気も設備も良い。特に、夏の午後、正面のポーチでゆったりと過ごすのは最高の気分である。

ブラナン・コテージ・イン
Brannan Cottage Inn
☎707-942-4200
♠109 Wapoo Ave
▣客室＄115〜175
国の歴史保存地域に指定されている。部屋を取るのは難しい。

フットヒル・ハウス
Foothill House
☎707-942-6933、800-942-6933
♠3037 Foothill Blvd
▣客室＄150〜325 コテージ＄250
カリストーガからハイウェイ128沿いに北へ数マイルの所にある。居心地の良い客室と、ベッドルームが2室付いたプライベート・コテージとの両方がある。

スパ・ホテル（温泉施設付きホテル）

カリストーガで最初に開かれたリゾート施設の1つでフロリダの退職者用コミュニティと一線を画すのは、**インディアン・スプリングス Indian Springs**（☎707-942-4913 ♠1712 Lincoln Ave）。ここでは泥風呂＄75、温泉＄65、マッサージ＄50〜、美容エステ各種（フェイシャル、パック、ピーリングなど）が楽しめる。宿泊は2人用バンガローが平日＄265、週末＄295。4人用バンガローは平日＄315、週末＄360。6人用バンガローは平日＄450、週末＄500。

マウント・ビュー・ホテル
Mount View Hotel
☎707-942-6877
♠1457 Lincoln Ave
▣客室 平日＄150 週末＄185〜 露天ジャグジー付コテージ＄325
エレガントなホテル。歴史を感じさせる建物に泥風呂、プールといった現代的な設備を備えている。専用の露天ジャグジーが付いたコテージは早めに予約が必要。

ナンシーズ・ホット・スプリングス
Nance's Hot Springs
☎707-942-6211
♠1614 Lincoln Ave
▣客室 平日＄75 週末＄120 トリートメントコース＄85
1950年代の映画、フィルム・ノアールの雰囲気と、スペインの牧場スタイルをミックスしたような漆喰の建物。各部屋にキチネット

ナパ・バレーーカリストーガ

（小台所）が付いている。
ここのトリートメントコースNance's Works treatmentには、泥風呂、温泉、布で包む30分間のマッサージが含まれている。

ローマン・スパ・モーテル
Roman Spa Motel
☎707-942-4441
🏠1300 Washington St
🛏客室 平日＄95 週末＄135
静かな庭があり、温泉、屋外プールがある。客室はシンプル。立ち寄り温泉は**ジ・オアシス The Oasis**（☎707-942-2212）。

食事

パシフィコ
Pacifico
☎707-942-4400
🏠1237 Lincoln Ave
🕐月〜金 10:00〜22:00 土・日 11:00〜22:00
🍽メイン＄8〜14 ウィークエンドブランチ＄9〜14
トレンディーでおいしいメキシコ料理のレストラン。料金も手頃で、ウィークエンドブランチがおすすめ。

プエルタ・バラルタ
Puerta Vallarta
🏠1473 Lincoln Ave
少し落ち着いた雰囲気で、しかもおいしいメキシコ料理の店。本物志向の料理が味わえる。

カリストーガ・イン＆ブリューワリー
Calistoga Inn & Brewery
☎707-942-4101
🏠1250 Lincoln Ave
🍽メイン＄6〜14
良心的な値段のカリフォルニア料理とともに地ビールが味わえる。夏の週末には、ライブ演奏を聞きながらの食事が楽しめる。

チェッカーズ
Checkers
☎707-942-9300
🏠1414 Lincoln Ave
🍽ピザ＄8〜14 メイン＄9〜15
グルメ志向のピッツェリアとイタリアのビストロ、両方を備えている。地ワインの品揃えがすばらしい。

ボスコズ・トラットリア
Bosko's Trattoria
☎707-942-9088
🏠1364 Lincoln Ave
ピザとパスタが人気の店。

ワッポ・バー＆ビストロ Wappo Bar & Bistro
（☎707-942-4712 🏠1226-B Washington St 🍽メイン＄8〜19 🕐火曜定休）ではオープンエアーのパティオでの食事が良い。特に夏の夕方は、気温も程よく完璧といえる。アジア、フランス、南部アメリカ、カリフォルニアなど各地の料理が味わえ、いずれも美味。

キャタフーラ
Catahoula
☎707-942-2275

ハービンの思い出

もしもひと味違うスパ（温泉）を探しているなら、ハービン・ホット・スプリングスHarbin Hot Springsはどうだろう。ハービンには1度しか行ったことがないが、その体験はまず、水中ダンスマッサージWater Dance massageというのを申し込んだときに始まった。名前がちょっと謎めいていたのが事の始まり。共同の温泉プールに案内され、そこで長い髪をしたスウェーデン人の男性と会うことになった。彼は何もまとっていなかった。礼儀正しく握手を交わした。続いて、彼は私に脱ぐよう言った。えっ、ここで？
恥ずかしさに耐えながら身に着けていたものを取り、そっと水に入った。プールにはほかに10人ほどの人がいたが、皆裸で、私に注目する人などいなかった。いったいどんなマッサージが始まるのかと、不安がこみ上げてきた。
それからの1時間、スウェーデン人の男性と私は、何やら素っ裸で行う水中バレエ、といった感じの行動を続けた。私の体は、つかまれ、引っ張られ、ひょいと動かされ、沈められ、温水の中で彼のなすがままになった。初めは緊張していたが、途中からなるようになれ、といった気分に変わり、徐々にリラックスするようになっていた。終わる頃には、すっかりこの水中での押したり引いたりを楽しんでいた。ただ、友人はなぜ裸の男性と一緒にプールの中で踊っているのか、理由がわからず不思議そうに眺めていた。
ハービン・ホット・スプリングス Harbin Hot Springs（☎707-987-2477、マッサージ予約専用707-987-0422）は、ミドルタウンMiddletownを過ぎてから4マイル（約6km）、もしくはカリストーガからまっすぐ北に12マイル（約19km）行き、ロバート・ルイス・スティーブンソン州立公園 Robert Louis Stevenson State Parkを過ぎた所にある。ハート・コンシャスネス教会 Heart Consciousness Churchに行くと、「水着着用自由 clothes optional」のプールがあり、一般のスパ（温泉）設備が整っている。ここには、豪華ではないが、ベジタリアンのためのレストランもある（スパ利用者のみ）。
宿泊棟の宿泊費は＄35〜50で、タオル類は各自持参する。キャンプ施設もあり、バス共用が平日＄95 週末＄140、バス付きは平日＄110 週末＄165。各種設備付きキャビンは＄155〜。

スコット・マクニーリー

🏠1457 Lincoln Ave
🍴メイン＄12〜20

マウント・ビュー・ホテルMount View Hotelの中にある高級レストラン。ケイジャンCajun料理をたっぷり味わえる。おすすめは、バー（ディナー料理はこちらのほうが安い）で、オーナーシェフ、ルイジアナ生まれのジャン・バーンバウムの仕事ぶりを見ることができる。

カリストーガ周辺
Around Calistoga

ベール・グリスト・ミル州立歴史公園
Bale Grist Mill State Historic Park

この小さな州立公園（☎707-963-2236 🎫＄2 🕐10:00〜17:00）は、ピクニックには最適。1846年に作られ、かつては農家が作った穀物を粉に挽いていた36フィート（約11m）の水車が展示してある。10月初旬、「生きている歴史living history」祭り、別名古い水車の日Old Mill Daysが開かれる。ここから1マイル（約1.6km）の歩道をたどると、静かな**ボーテ・ナパ・バレー州立公園** Bothe-Napa Valley State Parkまで行ける。

水車および公園はハイウェイ29／128沿い、セント・ヘレナSt HelenaとカリストーガCalistogaの中間にある。

オールド・フェイスフル間欠泉
Old Faithful Geyser

イエローストーンYellowstoneのオールド・フェイスフル間欠泉より規模は小さいが、そのカリストーガ版といえる。きっちり45分毎に、60フィート（約18m）の高さまで熱湯を吹き上げる。

この間欠泉（☎707-942-6463 🏠1299 Tubbs Lane 🎫＄6 夏 9:00〜18:00 冬 9:00〜17:00）はカリストーガの町から北に2マイル（約3km）、シルベラード・トレイルSilverado Trailを入った所にある。時々、地元の新聞が割引クーポンを出している。

化石の森（ペトリファイド・フォレスト）
Petrified Forest

300万年前、近くにあるセント・ヘレナ山Mt St Helenaが噴火した時、その影響でカリストーガとサンタローザSanta Rosaの間の地域に生えていたレッドウッドがなぎ倒された。木はすべて噴火口とは反対の方向を向いて倒れ、その上に火山灰と泥が積み重なった。

何千年もの間に、なぎ倒された大量の木々の幹は化石になり、地盤が侵食されるにしたがって地表に姿を現すようになった。最初に発見されたのは1870年。さらにロバート・ルイス・スティーブンソンが1880年に訪れたと記念碑に記されている。彼はその時のことを著書「ザ・シルベラード・スクワッターズThe Silverado Squatters」に記述している。

場所は、カリストーガからハイウェイ128を5マイル（約8km）北西に走った所だ（☎707-942-6667 🏠4100 Petrified Forest Rd 🎫＄4 🕐夏 10:00〜18:00 冬 10:00〜17:00）。

ロバート・ルイス・スティーブンソン州立公園
Robert Louis Stevenson State Park

カリストーガから北に8マイル（約13km）の位置。ハイウェイ29の終点にある。手つかずの自然を残したこの公園（☎707-942-4575 🎫無料）の中に、長く活動を止めたセント・ヘレナ山Mt St Helenaの噴火による円錐丘があり、ナパ・バレーの終点を閉じるように立ちふさがっている。

4343フィート（約1324m）の山頂まで5マイル（約8km）の登りはきつい。晴れてさえいれば、山頂からの眺めは疲れを補って余りある美しさだ。公園内には古いシルベラード鉱山Silverado Mineの採掘跡があり、スティーブンソンが1880年に妻のファニーとともにハネムーンでここを訪れている。

ワイン・カントリー

ノース・コースト

North Coast

ノース・コーストNorth Coastは、ボデガ湾Bodega Bayと美しいロシアン川Russian River流域からオレゴン州境までを指す。起伏の多いこの地域では、レッドウッドの原生林から岩が多く陰鬱な感じのする海岸線まで、カリフォルニア州で一番ドラマチックな景色に出会える。砕ける波はいまだに海岸線を削り続けている。また、古風で歴史のある町や、大都市のそれとは異なる個人主義のボヘミアン文化も見所の1つだ。

サンフランシスコSan Franciscoのゴールデン・ゲート・ブリッジGolden Gate Bridgeの北側で、パシフィック・コースト・ハイウェイPacific Coast Hwy（ハイウェイ1）とハイウェイ101が分岐する。ハイウェイ1を北に向かうと、小さな海岸沿いの町や雄大な景色が続く。岩が多く風の強いビーチ、ごつごつした断崖が続く入り江、湾、川、静かな河口。冬は緑、夏には金色に色を変え、春には野の花でいっぱいになる草原。そしてレッドウッドの原生林。一方、北へ向かうハイウェイ101は、ブドウ園が点在する内陸の肥沃な谷を通り抜け、レゲットLeggettでハイウェイ1と合流する。その後ハイウェイはレッドウッド・コーストRedwood Coastを北上しオレゴン州へ入る。

海岸沿いの夏は涼しくさわやかで心地よいが、霧が出ることが多い。冬はたいてい寒くて雨が降っている。春は風が強い日もある。秋は北部へトレッキングするのに絶好の季節で、空は澄み、天気は穏やかだ。

ハイライト

- レッドウッド国立公園 Redwood National Park — 世界一高い木々がそびえる、荘厳で太古の姿をとどめる森
- ロシアン・リバー・バレー Russian River Valley — ワインの産地でサイクリングやカヌー、カヤックを楽しむのんびりした時間
- メンドシーノ・コースト Mendocino Coast — 風にさらされた断崖に沿ったビーチ、灯台、町
- キネティック・スカルプチャー・レース Kinetic Sculpture Race — もっとも奇抜な乗り物を決めるべく、水陸両方で競うレース

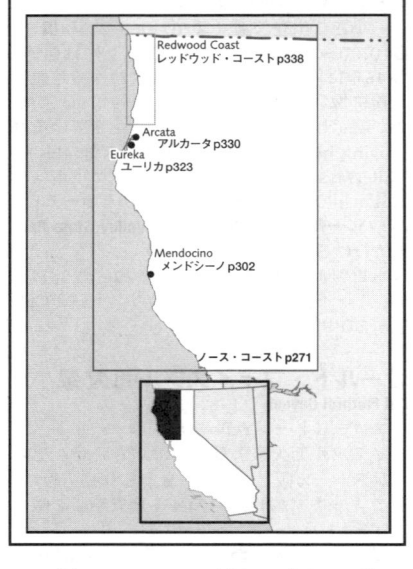

Redwood Coast レッドウッド・コースト p338
Arcata アルカータ p330
Eureka ユーリカ p323
Mendocino メンドシーノ p302
ノース・コースト p271

ロシアン川

Russian River

サンフランシスコから車で2時間もかからないロシアン川Russian Riverの下流一帯には壮大な景色が広がる。起伏に富んだブドウ畑、小さな町、沿岸のレッドウッド林を通り抜ける川の流れがある。ロシアン川は、19世紀初頭にラッコの毛皮猟師や移住者などに因んで名づけられた。ユカイアUkiahやホップランドHopland北の山々に流れを発し、ヒールズバーグHealdsburgのすぐ南で急に西に曲がり、海へ向かっている。

曇った夏の日でも、谷全体でいろいろなアウトドアスポーツを楽しんだり、のんびりした時間を過ごすことができる。下流域の町にはゲイ（同性愛者）の多い保養地であるガーニービルGuernevilleのほかに、リオ・ニドRio Nido、フォレストビルForestville、モンテ・リオMonte Rio、ダンカンズ・ミルズDuncans Millsなどの小さな町がある。川から遠く離れた町としては、モンテ・リオからボヘミアン・ハイウェイBohemian Hwyを7マイル（約11km）南下したところにあるオキシデンタルOccidentalや、サンフランシスコからハイウェイ101を55マイル（約89km）北上したところにある、農業とこの地域の玄関口としてにぎわうセバストポルSebastopolがある。

アクセス・交通手段

リバー・ロードRiver Rdは、ロシアン川下流地域の大動脈。サンタローザSanta Rosaのすぐ

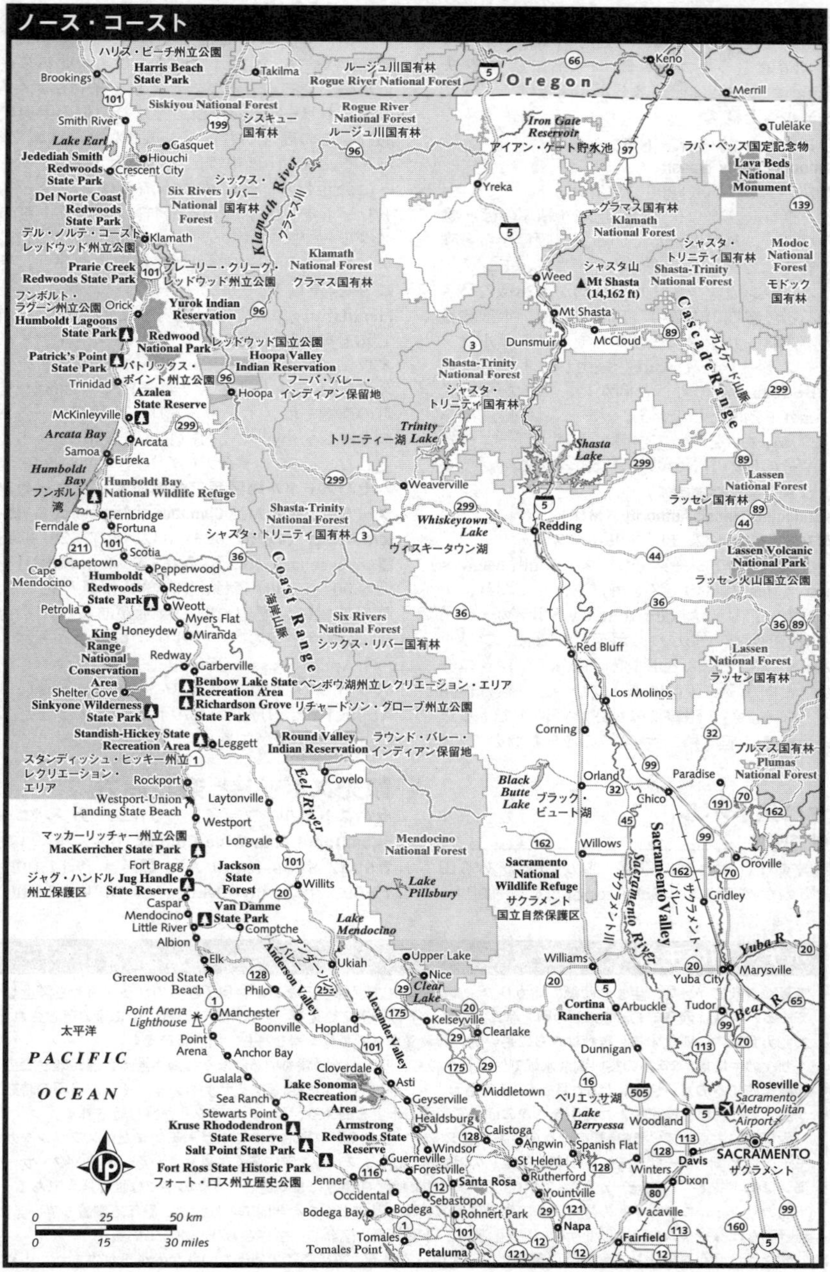
ノース・コースト
ハリス・ビーチ州立公園
Harris Beach State Park
Brookings
Takilma
ルージュ川国有林
Rogue River National Forest
Oregon
Keno
Merrill
Siskiyou National Forest
シスキュー国有林
Rogue River National Forest
ルージュ川国有林
Smith River
Lake Earl
Gasquet
Hiouchi
Jedediah Smith Redwoods State Park
Crescent City
Iron Gate Reservoir
アイアン・ゲート貯水池
Tulelake
ラバ・ベッズ国定記念物
Lava Beds National Monument
Six Rivers National Forest
シックス・リバー国有林
Klamath River
クラマス川
Yreka
Del Norte Coast Redwoods State Park
デル・ノルテ・コースト・レッドウッド州立公園
Klamath
グラマス国有林
Klamath National Forest
Klamath National Forest
クラマス国有林
Prarie Creek Redwoods State Park
プレーリー・クリーク・レッドウッド州立公園
Weed
シャスタ山
Mt Shasta (14,162 ft)
シャスタ・トリニティ国有林
Shasta-Trinity National Forest
Modoc National Forest
モドック国有林
フンボルト・ラグーン州立公園
Humboldt Lagoons State Park
Orick
Yurok Indian Reservation
Mt Shasta
Cascade Range
カスケード山脈
Redwood National Park
レッドウッド国立公園
Dunsmuir
McCloud
Patrick's Point State Park
パトリックス・ポイント州立公園
Hoopa Valley Indian Reservation
フーパ・バレー・インディアン保留地
Shasta-Trinity National Forest
シャスタ・トリニティ国有林
Trinidad
Hoopa
Azalea State Reserve
McKinleyville
Arcata Bay
Arcata
Trinity Lake
トリニティー湖
Samoa
Eureka
Shasta Lake
Humboldt Bay
フンボルト湾
Humboldt Bay National Wildlife Refuge
Lassen National Forest
ラッセン国有林
Weaverville
Fernbridge
Ferndale
Fortuna
Shasta-Trinity National Forest
シャスタ・トリニティ国有林
Whiskeytown Lake
ウィスキータウン湖
Redding
Scotia
Capetown
Cape Mendocino
Pepperwood
Lassen Volcanic National Park
ラッセン火山国立公園
Humboldt Redwoods State Park
Redcrest
Coast Range
海岸山脈
Weott
Petrolia
Myers Flat
Six Rivers National Forest
シックス・リバー国有林
Honeydew
Miranda
King Range National Conservation Area
Redway
Red Bluff
Lassen National Forest
ラッセン国有林
Garberville
Shelter Cove
Benbow Lake State Recreation Area
ベンボウ湖州立レクリエーション・エリア
Los Molinos
Sinkyone Wilderness State Park
Richardson Grove State Park
リチャードソン・グローブ州立公園
Corning
Standish-Hickey State Recreation Area
Leggett
Round Valley Indian Reservation
ラウンド・バレー・インディアン保留地
プルマス国有林
Plumas National Forest
スタンディッシュ・ヒッキー州立レクリエーション・エリア
Orland
Paradise
Rockport
Covelo
Black Butte Lake
ブラック・ビュート湖
Chico
Westport-Union Landing State Beach
Laytonville
Westport
Sacramento Valley
サクラメント・バレー
Oroville
マッカーリッチャー州立公園
MacKerricher State Park
Longvale
Eel River
Mendocino National Forest
Willows
Sacramento National Wildlife Refuge
サクラメント国立自然保護区
Fort Bragg
ジャグ・ハンドル州立保護区
Jug Handle State Reserve
Jackson State Forest
Willits
Lake Pillsbury
Sacramento River
サクラメント川
Gridley
Caspar
Mendocino
Little River
Albion
Van Damme State Park
Comptche
Lake Mendocino
Yuba R
Elk
Anderson Valley
アンダーソン・バレー
Ukiah
Upper Lake
Williams
Marysville
Greenwood State Beach
Philo
Nice
Clear Lake
Yuba City
Point Arena Lighthouse
Manchester
Alexander Valley
Kelseyville
Cortina Rancheria
Arbuckle
Tudor
Bear R
太平洋
PACIFIC OCEAN
Boonville
Hopland
Clearlake
Point Arena
Anchor Bay
Dunnigan
Gualala
Cloverdale
Lake Sonoma Recreation Area
Asti
Middletown
ベリエッサ湖
Lake Berryessa
Roseville
Sea Ranch
Stewarts Point
Geyserville
Sacramento Metropolitan Airport
Kruse Rhododendron State Reserve
Armstrong Redwoods State Reserve
Healdsburg
Calistoga
Woodland
Salt Point State Park
Windsor
Angwin
Spanish Flat
Fort Ross State Historic Park
フォート・ロス州立歴史公園
Guerneville
St Helena
Davis
SACRAMENTO
サクラメント
Jenner
Forestville
Santa Rosa
Rutherford
Winters
Dixon
Occidental
Sebastopol
Yountville
Bodega Bay
Bodega
Rohnert Park
Vacaville
Napa
Tomales
Tomales Point
Petaluma
Fairfield
0 25 50 km
0 15 30 miles

北で、ハイウェイ101とジェンナーJennerの海岸沿いを走るハイウェイ1とを結ぶ。ハイウェイ116はもう1つの幹線ルートで、コタチCotatiから北西にセバストポルを抜けてガーニービルへと続く

ソノマ・カウンティ・トランジット
Sonoma County Transit

☎707-576-7433、800-345-7433

サンタローザとロシアン川地域を結ぶのは20番のバスで、毎日運行している。月曜日から金曜日まではガーニービル、リオ・ニド、モンテ・リオ、ダンカンズ・ミルズへ向かう28番のバスがある。夏期の土曜日、日曜日に運行する29番のバスは、サンタローザからセバストポルとフリーストーンFreestoneを経由してボデガ・ベイBodega Bayの町へと向かい、そこからハイウェイ1を北上してジェンナーへ、さらにはハイウェイ116を通って内陸に入り、ガーニービルやその他の川沿いの小さな町を走る。

メンドシーノ交通局
Mendocino Transit Authority（MTA）

☎707-462-1422、800-696-4682

サウス・メンドシーノ・コーストSouth Mendocino Coast95番のバスを毎日運行しており、ポイント・アリーナPoint Arenaからボデガ・ベイの南で内陸へと曲がり、ボデガBodega、フリーストーン、セバストポルを経由してサンタローザへと向かう。午前中に南へ向かい、午後は復路便となる。バス路線上の小さな停留所で下りたいときは、運転手に合図するのを忘れないこと。

セバストポル
Sebastopol

起伏する丘陵とブドウ園、リンゴ園がある田舎町のセバストポルSebastopol（人口8100人）はアンティーク、ワイナリー、グラーベンスタイン（リンゴの品種）で有名。ハイウェイ116とハイウェイ12が交わるところがセバストポルの大交差点である。ハイウェイ116はメイン・ストリートMain Stと呼ばれ、町の中央にあり、この周辺がもっとも重要な商業地域だ。ハイウェイ116は車線によって2つのストリートに分かれる。南に向かう流れはメイン・ストリートを、北へ向かう流れは1ブロック東のペタルーマ・アベニューPetaluma Aveを通る。メイン・ストリートは北端で直角に曲がり、そこから先はヒールズバーグ・アベニューHealdsburg Aveと呼ばれる。そのまま町を出て北上すると、今度はグラーベンスタイン・ハイウェイN Gravenstein Hwy Nと呼び名を変え、フォレストビルやガーニービルへと向かう。町の南端ではメイン・ストリートがグラーベンスタイン・ハイウェイS Gravenstein Hwy Sと変わり、南東のハイウェイ101へと向かう。

セバストポル地区商工会議所＆ビジターセンター Sebastopol Area Chamber of Commerce & Visitors Center（☎707-823-3032、877-828-4748 www.sebastopol.org 265 S Main St 月～金 9:00～17:00）では、地図や情報が入手でき、隣の部屋には歴史資料の展示がある。年中行事には4月中旬のアップル・ブロッサム・パレードApple Blossom Parade、8月のグラーベンスタイン・アップル・フェアGravenstein Apple Fair、9月末のケルト・フェスティバルCeltic Festivalがある。

観光スポットと楽しみ方
セバストポル・ファイン・ワイン・カンパニー
Sebastopol Fine Wine Co（☎707-829-9378 6932 Sebastopol Ave 月～金 11:00～19:00、土 10:00～18:00、日 10:00～16:00）

サケー海の王者

晩夏から秋にかけて、生まれ故郷の北カリフォルニアの川で産卵するために、何千匹ものサケが海から溯上してくる。メスは最多で1万7000個の卵を産んだのち、その一生を終える。卵は川底の砂利の中に産み落とされ、2、3カ月以内に孵化する。稚魚はさらに長い間、卵黄嚢から栄養分を得ながら、川底にひそむ。

サケの中には、3年もの長い間淡水域で生活したのち、海へ帰る種類もいる。サケは海へ戻ると遠距離かつ広範囲を旅するのだが、中には6カ月から7年にもわたり、何千マイルも回遊するサケもいる。そして産卵の時期が訪れると、自分達が生まれた川をさかのぼって産卵し一生を終える、というサイクルが繰り返される。

太平洋に生息している6種類のサケのうち、チヌック・サーモン（別名：キングサーモンまたはスプリングサーモン）とコーホーサーモン（別名：銀鮭）の2種類は北カリフォルニアに多く生息している。チヌック・サーモンは80ポンド（約36kg）から時には100ポンド（約45kg）の重さにまで達し、サケの中では世界最大である。

北カリフォルニアのサケの数は、その生息環境の破壊などさまざまな要因により、ここ数年で激減している。無計画な伐採やダムの建設はサケの旧来の移動ルートを汚染、遮断し、生存をおびやかしている。

孵化場はサケが孵化して育つ際に重要な役割を担っている。毎年ここで何千ものサケの稚魚が生まれ、川や小川に旅立って行く。ダムの多くは近くに魚のための梯子を設置しており、これによりサケは上流へ戻って産卵することができる。しかし、残念なことに人間がいくらあとから手を加えても、既に与えてしまったダメージを修復することはできないのだ。

はプラザにある居心地の良いワインショップ兼テイスティングルームだ。

プラザの東側にある**セバストポル・アート・センター Sebastopol Center for the Arts**（☎707-829-4797 ♠6780 Depot St ◉無料 ◐月～金 10:00～17:00 土・日 13:00～16:00）はカリフォルニアの芸術家による作品を展示しており、毎月第1木曜日には無料のアートウォークを催している。

セバストポルの近隣のブドウ園には、オキシデンタル・ロードOccidental Rdそばの**タフト・ストリート・ワイナリー Taft Street Winery**（☎800-334-8238 ♠2030 Barlow Lane ◉試飲 火～金 11:00～16:00 土・日 11:00～16:30）や、ガーニービル方向へ向かうハイウェイ116からすぐの**セバストポル・ヴィンヤード Sebastopol Vineyards**（☎707-829-9463 ♠8757 Green Valley Rd ◉試飲 木～月 11:00～16:00）がある。

エース・サイダー Ace Cider（☎707-829-1223 ♠cnr Hwy 116 & Graton Rd）では自家製のフルーツサイダーを醸造しているほか、併設の小さな**エース・イン・ザ・ホール・パブ Ace-in-the-Hole Pub**（◐日～水 11:00～19:00 木～土 10:00～21:00）ではヨーロッパ産輸入ビールを味わうこともできる。週末にはたいていライブが楽しめる。

宿泊

バイン・ヒル・イン
Vine Hill Inn
☎707-823-8832 ℻707-824-1045
🌐www.vine-hill-inn.com
♠3949 Vine Hill Rd
🛏客室＄150

ハイウェイ116からすぐ。町の北側、ブドウ園の脇に建つビクトリア様式のファームハウス。スパのミネラルバスが無料で利用できる。

ラクーン・コテージ
Raccoon Cottage
☎707-545-5466 ℻707-577-7448
♠2685 Elizabeth Court
🛏約＄95～110

バイン・ヒル・ロードVine Hill Rdすぐのプライベートな田舎風コテージで、オークや果樹、英国庭園に囲まれている。宿泊料は滞在期間によって異なる。

アバロンB&B
Avalon B&B
☎707-824-0880、877-328-2566 ℻707-824-0990
🌐www.avalonluxuryinn.com
♠11910 Graton Rd
🛏客室＄195～320

このB&B所有のレッドウッドの森を抜けると、そこには豪華なチューダー様式のロッジが建っている。宿泊客は温かい朝食やアフタヌーンティー、天然のプールやサンデッキ、屋外のホットタブを楽しめる。

食事

ファーマーズマーケット（♠cnr Petaluma & McKinley Aves ◐4月～12月中旬 日 10:00～13:30）がダウンタウンのプラザで開かれる。甘いものがほしければ**スクリーミン・ミミ Screamin' Mimi's**（☎707-823-5902 ♠6902 Sebastopol Ave）の自家製アイスクリームや**セバストポル・クッキー・カンパニー Sebastopol Cookie Co**（☎707-824-4040 ♠168 N Main St）へどうぞ。

スライス・オブ・ライフ
Slice of Life
☎707-829-6627
♠6970 McKinley St
🍴食事＄10未満
◐火～日 11:00～21:00

サイケデリックなベジタリアン向けのメニューと、すべて自然素材を使用したピザが楽しめる。ショッピングセンターの裏にある。

イースト・ウエスト・カフェ
East West Cafe
☎707-829-2822
♠128 N Main St
🍴食事＄6～12
◐月～金 7:30～16:00 土・日 8:00～20:00

サーモンタコスや焼きナスのサンドイッチといったヘルシーな創作料理が出てくるすてきな店。

ルーシーズ・カフェ
Lucy's Cafe
☎707-829-9713
♠6948 Sebastopol Ave
🍴ランチ＄5～11.50 ディナー＄12～20
◐8:30～14:00 17:30～21:00

リコッタチーズのパンケーキからリブアイステーキまで、食欲をそそられるオーガニックなカリフォルニア料理。日当たりの良いプラザ脇のテーブルでは焼き菓子を食べることができる。

パスタ・ベラ
Pasta Bella
☎707-824-8191
♠796 Gravenstein Hwy S
🍴食事＄8～16
◐11:30～21:00

ここのイタリア料理は創意に富み洗練されているが、家族連れにもおすすめ。申し分のないワインがグラスでいただける。

シェ・ペヨ
Chez Peyo
☎707-823-1262
🏠2295 Gravenstein Hwy S
🍴メイン＄8〜20
🕐日 10:00〜14:00、水〜土 17:00〜21:30
ダウンタウンから南へ2マイル（約3km）行った所にある。フランスの田舎料理が得意。

K&Lビストロ
K&L Bistro
☎707-823-6614
🏠119 S Main St
🍴ランチ＄9〜18 ディナー＄15〜23
🕐火〜土 11:30〜15:00 火〜日 17:00〜22:00
セバストポルのダウンタウンにある最上級レストラン。洒落たカリフォルニアフレンチ料理が楽しめる。併設のワインバーは豊富な種類をそろえる。

エンターテインメント

メイン・ストリート・シアター
Main Street Theatre
☎707-823-0177
🏠104 N Main St
レパートリーと新作を上演している。

ジャスパー・オファレルズ
Jasper O'Farrell's
☎707-823-1389
🏠6957 Sebastopol Ave
伝統的なアイリッシュスタイルのバーで、おいしいつまみが出る。生演奏やその他のエンターテインメントが毎晩行われる。

コーヒー・キャッツ
Coffee Catz
☎707-829-6600
🏠6761 Sebastopol Ave
ロースタリー（コーヒー豆焙煎）とカフェ。歴史的に有名なグラーベンスタイン駅Gravenstein Station内プラザの東側にあり、年代ものの鉄道車両が展示されている。週末にはアコースティック音楽の生演奏を聴くことが多い。

パワーハウス・ブルーイング・カンパニー
Powerhouse Brewing Company
☎707-829-9171
🏠268 Petaluma Ave
🍴パブの料理＄9〜25
🕐食事 水〜日、パブ 毎日
地ビールの醸造所で、戸外のデッキには人々が集まっている。バンドの生演奏が聴けることもある。カバーチャージは＄2〜12。

ショッピング

ダウンタウンには文学上の出来事をカレンダーにしている**コッパーフィールズ・ブック**Copperfield's Books（☎707-823-2618 🏠138 N Main St）や有名な**インクレディブル・レコード** Incredible Records（☎707-824-8099 🏠112 N Main St）がある。グラーベンスタイン・ハイウェイS Gravenstein Hwy Sからハイウェイ101にかけてはアンティークショップやコレクターズショップが軒を連ねている。

セバストポル・アンティーク・モール
Sebastopol Antique Mall
☎707-823-1936
🏠755 Petaluma Ave
🕐10:00〜17:00
アジアの輸入品店やさまざまなアンティーク業者が店を構えている。

ミッドグレーのカントリー・フリー・マーケット
Midgley's Country Flea Market
☎707-823-7874
🏠2200 Gravenstein Hwy S
🕐土・日 6:30〜16:00
シェ・ペヨChez Peyoの向かい側にあり、この地域で最大のフリーマーケット。

ビジターセンターで入手できる「ソノマ・カウンティ・ファーム・トレイルズ*Sonoma County Farm Trails*」マップには、リンゴジャムからグルメ向きのマスタードまでさまざまなものを販売している近所の農場がたくさん載っている。**コズロウスキー・ファームズ** Kozlowski Farms（☎800-473-2767 🏠5566 Gravenstein Hwy N 🕐月〜金 9:00〜17:00 土・日 8:00〜17:00）では無料で試食できる。

オキシデンタル
Occidental

オキシデンタルOccidental（人口500人）は、19世紀には林業の町だったが、現在では旅行者に人気の伝統工芸品を扱う店や、素敵なちょっとした食堂、ゆっくり休める閑静な場所がある。車や自転車などどんな交通手段で訪れるにせよ、ブドウ園とレッドウッドの森に覆われた丘を通り抜ける田舎道は、ソノマ・カウンティ西のハイライトである。

フリーストーンを南東に車で15分行くと**オスモシス酵素バス＆マッサージ** Osmosis Enzyme Bath & Massage（☎707-823-8231 🌐www.osmosis.com 🏠209 Bohemian Hwy 🕐9:00〜21:00）がある。スパ利用者は香り高い杉の繊維を使用したドライ酵素バス（バスとブランケットラップで料金は＄65〜75）や、パゴダでの屋外マッサージを受けられる。

ユニオン・モーテル
Union Motel
☎707-874-3635
🏠3731 Main St

■客室 $50〜65
一般的なモーテルで、ユニオン・ホテルUnion Hotelのディナー客は無料で一晩駐車できる（RV車用フックアップ＜電気・水道などの設備＞は完備していない）。

ネグリズ・オキシデンタル・ホテル
Negri's Occidental Hotel
☎707-874-3623、877-867-6084
🏠3610 Bohemian Hwy
■W $50〜130
町の南の外れにあり、モーテル風の魅力的な客室、キッチン付の客室、プールなどがある。

イン・アット・オキシデンタル
Inn at Occidental
☎707-874-1047、800-522-6324
📠707-874-1078
💻www.innatoccidental.com
🏠3657 Church St
■客室 $195〜320
ダウンタウンにあるビクトリア様式のB＆B（ベッド＆ブレックファスト）で、室内は明るく、おいしい朝食が味わえる。

ハワード・ステーション・カフェ
Howard Station Cafe
☎707-874-2838
🏠75 Main St
■食事 $10未満
🕐月〜金 6:30〜14:30 土・日 6:30〜15:00
ベジタリアンにもそうでない人にもうれしい、心から満足できる料理が素早く出てくる。ジュースバーにはただ驚くばかりだ。

ネグリズ **Negri's**（☎707-823-5301 🏠3700 Bohemian Hwy ■ランチ $8 ディナー $16）とユニオン・ホテル **Union Hotel**（☎707-874-3555 ■ランチ $8 ディナー $16）はメイン・ストリートをはさむように建っている。どちらも1930年代から営業しており、バラエティ豊かなイタリアの家庭料理が食べられる。ユニオン・ホテルにはベーカリーカフェと1879年建築の酒場もある。どちらも週末になると音楽の生演奏が楽しめる。

ガーニービルとその周辺
Guerneville & Around

ガーニービルGuerneville（人口7000人）は、ロシアン川流域のリゾート地の中でもっとも活気にあふれている。4マイル（約6km）下流のモンテ・リオMonte Rioでは川岸のビーチや数少ない宿泊施設が自慢。さらに西へ進んだところにあるのが、のどかで小さな町ダンカンズ・ミルズDuncans Mills。住んでいる人は少ないが、修復された歴史的建造物やお店、すばらしい飲食店がある。ガーニービルより上流の東側には、素朴なロッジがありリオ・ニドRio Nidoや、ブドウ園やレストランが点在するフォレストビルForestvilleがある。

ワイナリーの地図や情報は、**ロシアン・リバー商工会議所 Russian River Chamber of Commerce**（☎707-869-9000、877-644-9001 💻www.russianriver.com 🏠16209 1st St, Guerneville 🕐5〜9月は月〜木 9:30〜18:00 金 9:30〜19:00 土 10:00〜19:00 日 10:00〜16:00、10月〜4月は短くなる）およびコーベル・シャンペン・セラーKorbel Champagne Cellarsの**ロシアン・リバー地区ビジター・インフォメーション・センター Russian River Region Visitor Information Center**（☎707-869-4096 🕐10:00〜15:45）で入手できる。

6月に開催される行事としては、スタンプタウン・デイズ・パレードStumptown Days Parade、ロデオ＆BBQおよびロシアン・リバー・ブルース・フェスティバルRodeo & BBQ and Russian River Blues Festivalがある。また9月にはジャズ・オン・ザ・リバーJazz on the Riverが開催される。レズビアンと偏見を持たない女性のためのウイメンズ・ウィークエンドWomen's Weekend（💻www.russianriverwomensweekends.com）は晩春と初秋に開催されている。

アームストロング・レッドウッド州立保護区
Armstrong Redwoods State Reserve

ガーニービルGuernevilleから北へ2マイル（約3km）行った所にある805エーカー（約322ha）の公園（☎707-869-8015 🏠17000 Armstrong Woods Rd ■昼間 車両1台あたり $2）内にある雄大なレッドウッドは、19世紀の材木王、アームストロング大佐によって保護され、手付かずのまま残されていたもの。入口に駐車したら、徒歩または自転車で入ることができる。入場は無料。驚くような巨木の林は、駐車場から歩いてすぐ。簡単な説明付のネイチャートレイルは、さらに奥のハイキングコースやキャンプ場に通じている。**アームストロング・ウッド・パック・ステーション Armstrong Woods Pack Station**（☎707-887-2939 💻www.redwoodhorses.com）は通年営業しており、2時間半のトレイルライド（乗馬）（$50）、1日のライド、1泊のトレッキングを用意している。要予約（特に長時間のライドの場合）。

ワイナリー

ピノノワールビンテージが有名。

コーベル・シャンペン・セラー
Korbel Champagne Cellars
☎707-824-7000
🏠13250 River Rd, Guerneville

◎試飲 9:00〜16:30
南部ボヘミアからの移民によって造られた（"コーベルkorbel"とは、チェコ語でゴブレットという意味）。スパークリングワイン、ブランデー、地ビールを醸造しているほか、華麗なバラ園や、1876年に建てられた鉄道の駅がある。ツアーは10:00〜15:00まで毎日行っている。

ロシアン・リバー・ブドウ園のトポロス
Topolos at Russian River Vineyards
☎707-887-1575
🏠5700 Gravenstein Hwy N
◎試飲 11:00〜17:30
家族経営のブドウ園。ハイウェイ116すぐでフォレストビルの近く。有名なギリシャ風創作料理レストラン（☎707-887-1562）は、夏は毎日営業している。

アイアン・ホース・ランチ・ヴィンヤード
Iron Horse Ranch Vineyards
☎707-887-1507
🏠9786 Ross Station Rd
◎試飲 10:00〜15:00
ハイウェイ116そば。受賞歴のあるシャルドネやピノノワールを栽培している。一流シェフやホワイト・ハウス御用達。

アクティビティ

ロシアン川の両岸には**ビーチ**と**天然のプール**がいたる所にある。1年を通じて**釣り**もできる。スポーツショップの多くは、5月中旬から10月初めの間だけ営業している。

ジョンソンズ・ビーチ
Johnson's Beach
☎707-869-2022
🏠Church Stの終点, Guerneville
浮き輪、カヌー、ペダルボートなどを手頃な料金で借りることができる。

キングス・スポーツ＆タックル
King's Sport & Tackle
☎707-869-2156
🏠16258 Main St, Guerneville
釣り道具やアドバイスに関してはこの地域で一番。カヤックのレンタルサービスもある。

バークス・カヌー・トリップ
Burke's Canoe Trips
☎707-887-1222
🌐www.burkescanoetrips.com
🏠8600 River Rd, cnr Mirabel Rd, Forestville
数日間の川下り旅行を催行。カヌーの1日レンタルは出発地までの送迎付で料金は＄42。1人あたり＄9追加すると、川岸のレッドウッドの森でキャンプができる。

ガーニービルには、誰でも無料で使える**テニスコート**もある。ハイウェイ116の橋のすぐ南のニーレイ・ロードNeeley Rdを挟むようにして**ミニゴルフコース**と**子供向けの遊園地**が向かい合わせにある。

宿泊

ロシアン・リバー・バレーには、低予算の宿はほとんどないが、週の半ばであれば割引があるかもしれない。週末や祝日の場合は前もって予約しておくこと。

キャンプ場 アームストロング・レッドウッド州立保護区から先、険しく曲がりくねった山道を進むと、森林に覆われた**ブルフロッグ・ポンド Bullfrog Pond**（キャンプサイト＄12）がある。ここには冷水はあるが、シャワーはない。徒歩や馬で行く大自然に囲まれた**奥地のキャンプ場**（キャンプサイト＄10）が点在している。どのキャンプ場も先着順で受け付けており、通年営業している。

ジョンソンズ・ビーチ・リゾート
Johnson's Beach Resort
☎707-869-2022
🏠16241 1st St
💲テント＄10〜 RVサイト＄15〜、キャビン1泊＄40〜45 1週＄200〜225
ガーニービルのダウンタウンの川沿いにある。中心地にあるが、特別なサービスはない。

カジニ牧場
Casini Ranch
☎707-865-2255、800-451-8400
🏠22855 Moscow Rd
💲キャンプサイト＄20 RVサイト＄24〜27
静かなダンカンズ・ミルズにある。川岸の牧場に建つ姿は美しく、家族連れが多い。お湯の出るシャワーとボートのレンタルサービスがある。

ウィロー The Willows（キャンプサイト＄18）、**クリークサイド・イン Creekside Inn**（RVサイト＄21）、**ファイフス・ゲスト牧場 Fifes Guest Ranch**（キャンプサイト＄25）でもキャンプを申し込める（詳細は後出の章を参照）。

どこもいっぱいなら、**スクールハウス・キャニオン・キャンプ場 Schoolhouse Canyon Campground**（☎707-869-2311 🏠12600 River Rd）や、ゲイ向けの**フェアリー・リング・キャンプ場 Faerie Ring Campground**（☎707-869-2746 🏠16747 Armstrong Woods Rd）を試してみてもよい。どちらもガーニービルのすぐ近く。

モーテル・コテージ・リゾート

リバーレーン・リゾート
Riverlane Resort
☎707-869-2323、800-201-2324
📠707-869-1954
🌐www.riverlaneresort.com

🏠16320 1st St
🛏キャビン夏＄65〜 冬＄52〜
ガーニービルの中心部にある。さまざまなタイプのキャビンがあり、家具や設備の整ったキッチンが付いて快適に過ごせる。プライベートビーチ、温水プール、ホットタブもある。

ファイフス・ゲスト牧場
Fifes Guest Ranch
☎707-869-0656、800-734-3371
📠707-869-0658
🌐www.fifes.com
🏠16467 River Rd, Guerneville
🛏キャビン＄80〜135、2部屋付のスイート＄135〜165
ゲイの男性向けの宿泊施設で、ダウンタウンのすぐ西、レッドウッド林そばの川沿いにある。

ファーン・グローブ・コテージ
Fern Grove Cottages
☎707-869-8105、📠707-869-1615
🌐www.ferngrove.com
🏠16650 River Rd
🛏キャビン（朝食付）＄80〜210
ファイフス近くのレッドウッド林の中にある1920年代のキャビン。ジャグジーや暖炉の付いているキャビンもある。家族で経営している。

クリークサイド・イン＆リゾート
Creekside Inn & Resort
☎707-869-3623、800-776-6586
📠707-869-1417
🌐www.creeksideinn.com
🏠16180 Neeley Rd
🛏B&B（ベッド＆ブレックファスト）タイプ＄80〜100 コテージおよびスイート＄130〜235
ここもこの辺りで人気。心地よい暖炉とプールがある。ガーニービル中心から橋を渡ってハイウェイ16からすぐ。

ハックルベリー・スプリング・カントリー・イン＆スパ
Huckleberry Springs Country Inn & Spa
☎707-865-2683、800-822-2683
🌐www.huckleberrysprings.com
🏠8105 Beedle Rd, Monte Rio
🛏コテージ＄145〜225
山頂にある雰囲気の良い保養所。4つしかないモダンなコテージには、それぞれに天窓がある。スパ、プール、デッキからも雄大な景色が見渡せる。シェフ自ら考案した複数のオーガニックコースは、サンルームでいただくことができる。

ビレッジ・イン
Village Inn
☎707-865-2304
🌐www.village-inn.com
🏠20822 River Blvd
🛏客室＄85〜150 簡易キッチン付＄160〜185

モンテ・リオの橋の下、レッドウッド林にたたずむ閑静で古風なリゾートホテル。

B&B（ベッド＆ブレックファスト） その他の宿泊施設は🌐www.russianriver.comをチェックしよう。

ウィロー
The Willows
☎707-869-2824、800-953-2828
📠707-869-2764
🌐www.willowsrussianriver.com
🏠15905 River Rd
🛏客室＄80〜140
町の西側の美しい川岸にある、もう1つの有名なゲイ向けリゾート。1940年代初めに建てられたレッドウッドのロッジには、設備の整ったキッチン、図書室、グランドピアノを備えた部屋がある。宿泊者は無料でカヌーやカヤックを利用できる。

リオ・イン
Rio Inn
☎707-869-4444、800-344-7018
📠707-869-4443
🌐www.rioinn.com
🏠4444 Woods Rd
🛏客室＄120〜150
リオ・ニドRio Nidoのリバー・ロードRiver Rdすぐそば。アンティーク家具でまとめられたのどかなチューダー様式のロッジで、レッドウッド林がすぐそばに高く繁っている。

アップルウッド・イン
Applewood Inn
☎707-869-9093、800-555-8509
🌐www.applewoodinn.com
🏠13555 Hwy 116
🛏客室＄155〜295
ガーニービル中心部の西側。豪華でロマンチックな宿には、図書室、品の良いレストラン、川の岩で作られた暖炉がある。

サンタ・ネラ・ハウス
Santa Nella House
☎707-869-9488、800-440-9031
🌐www.santanellahouse.com
🏠12130 Hwy 116
🛏客室＄120〜160
アップルウッド・インの先。室内はアンティーク調でまとめられ、暖炉もある。ベランダに座るもよし、上の階からレッドウッド林を見下ろすもよし。ディナー時にはポートワインとデザートのサービスがある。

ファームハウス・イン
Farmhouse Inn
☎707-887-3300、800-464-6642
🌐www.farmhouseinn.com

🏠 7871 River Rd
💲 $160〜275
フォレストビルForestvilleのダウンタウン北にあり、コテージ風スイートのそれぞれに暖炉、ジャグジー、サウナなどが付いている。庭とプールは共用。朝食はベッドでいただくこともできる。

ラフォード・ハウス
Raford House
☎ 707-887-9573、800-887-9503
🌐 www.rafordhouse.com
🏠 10630 Wohler Rd
客室 $125〜185
1880年に建てられたビクトリア様式のサマーハウスを修復したもので、美しいブドウ園を見下ろす小高い丘の上に建つ。ヒールズバーグに向かうリバー・ロードRiver Rdすぐ。

食事
ガーニービルは美食家にとって楽園ではないが、その他の川沿いの小さな町ではすばらしい料理を味わえるだろう。

ガーニービル Guerneville
メイン・ストリートMain StにあるセーフウェイSafewayという食料品店の外には、普段タコス売りのトラックが停まっている。

コーヒー・バザール
Coffee Bazaar
☎ 707-869-9706
🏠 14045 Armstrong Woods Rd
スナック $5未満
🕕 6:00〜
シナバー・ビルCinnabar buildingに入っている、現地の住民でにぎわう活気のある溜まり場。軽めのサラダ、サンドイッチ、ペストリー、キッシュがある。

カズン・ウッズ・スモークハウス
Cousin Wood's Smokehouse
☎ 707-869-0705
食事 $6〜14
水 17:00〜21:30 木〜日 12:00〜21:30
スタンプタウン・ブリューワリーStumptown Breweryにある。

スパークス・レストラン
Sparks Restaurant
☎ 707-869-8206
🏠 16248 Main Street
メイン $10〜15
土・日 10:00〜15:00 木〜月 17:30〜21:00
"驚くような" オーガニック野菜の料理や、完全な菜食主義者向けの料理を出す。

メイン・ストリート・ステーション
Main Street Station
☎ 707-869-0501

🏠 16280 Main St
食事 $6〜18
月〜金 7:00〜22:00 土・日 9:00〜22:00
家族連れも気兼ねなく来られるキャバレー風のイタリアンピッツェリアとレストラン。

ファイフス・ロードハウス・レストラン
Fifes Roadhouse Restaurant
メイン $14〜20
冬 水〜日 17:00〜21:00 その他の季節 17:00〜22:00
前出の「宿泊」を参照。屋内または、プールを見渡すデッキでも、魅惑的なおいしい食事が楽しめる。ブランチやランチがあるときもあるが時間が不定なので、前もって電話したほうが良い。

アップルウッド・イン・レストラン
Applewood Inn Restaurant
☎ 707-869-9093、800-555-8509
🌐 www.applewoodinn.com
🏠 13555 Hwy 116
メイン $20〜30
火〜土 18:00〜21:00
ガーニービル橋を渡ったところ。独創的なソースをかけた新鮮なシーフードや肉類は絶賛されている。予約をしたほうが良い。

フォレストビル Forestville
フォレストビルのダウンタウンにあるティン・ポニー Tin Pony（☎ 707-887-1242 🏠 6566 Front St 食事 $7.50〜12 水〜日 11:30〜20:30）では屋内のバー近くや美しいスペイン風の中庭でメキシコ料理を味わえる。

シェ・マリエ
Chez Marie
☎ 707-887-7503
🏠 6675 Front St
メイン $13〜20
ディナー水〜日 18:00〜
フランスの田舎料理とケイジャン・クレオール料理が味わえる心温まるディナーハウス。要予約。デザートは絶対注文するべし。

ファームハウス・イン
Farmhouse Inn
☎ 707-887-3300
🏠 7871 River Rd
メイン $25〜30
ディナー 木〜日
フォレストビルの北にある。ソノマ産のラムやサーモン、ウサギを使った季節料理は絶賛されている。

モンテ・リオ Monte Rio
橋の下の目立たない所にビレッジ・イン Village Inn（☎ 707-865-2304 🏠 20822 River Blvd メイン $12.50〜20

◎ディナー 水～日）がある。陽気なワインバーとカリフォルニア料理レストラン。

ダンカンズ・ミルズ
Duncans Mills

ケープ・フィアー・カフェ
Cape Fear Cafe
☎707-865-9246
🏠25191 Hwy 116
🍴朝食とランチ＄7～13、ディナー＄14～20
◎9:00～15:00、17:00～21:00)

小さなレストラン。オーナーシェフ自慢の料理はシーフード、サーロイン、サンドイッチ。裏手には**フィアレス・アイス・クリーム Fearless Ice Cream**ショップがある。

ワイン＆チーズ・テイスティング・オブ・ソノマ・カウンティ
Wine & Cheese Tasting of Sonoma County
☎707-865-0565
🏠25179 Hwy 116
🍴試飲＄6～12
◎11:00～17:30 ハッピーアワーは19:00まで。金曜日はもう少し遅くまで。

外のテーブル（数は少ない）や屋内のバーで、この地域で最高級のワイン、パン、チーズを提供する。

ブルー・ヘロン・レストラン
Blue Heron Restaurant
☎707-865-9135
🏠25300 Steelhead Blvd
🍴ランチ＄5～15 ディナー＄10～20
◎毎日

川向こうにあるカジュアルなレストランで、地ビールによくあうシーフードのグリルやつまみが出てくる。裏手では**ウエスト・ソノマ・ファーマーズ・マーケット West Sonoma Farmers Market**（◎5月～9月 土 13:00～18:00）が開かれている。

エンターテインメント

川のそばにあるかまぼこ型の**リオ・シアター Rio Theater**（☎707-865-0913 🏠cnr Bohemian Hwy & Hwy 116, Monte Rio）では封切り映画が上映されている。

このエリアの娯楽は、ほとんどがガーニービルにある。**メイン・ストリート・ステーション Main Street Station**（☎707-869-0501 🏠16280 Main 🎫カバーチャージ＄2～6）ではほぼ毎晩ジャズ、ブルース、アコースティックなどの生演奏やフロアショーが行われる。**コーヒー・バザール Coffee Bazaar**（☎707-869-9706 🏠14045 Armstrong Woods Rd）では時々生演奏がある。

クラブFAB Club FAB（☎707-869-5708 🏠16435 Main St 🎫カバーチャージ 無料～＄10）にもDJや生演奏あり。女装ショーやフィルム上映を行う夜もある。

レインボー・キャトル・カンパニー Rainbow Cattle Company（☎707-869-0206 🏠16220 Main St）はゲイの男性向けの有名なバーで、たまにレズビアンもいる。**ファイフス・ロードハウス・バー Fifes Roadhouse Bar**（☎707-869-0656 🏠16467 River Rd）のほとんどの客は男性の常連客だ。

スタンプタウン・ブリュワリー Stumptown Brewery（☎707-869-0705 🏠15045 River Rd ◎12:00～2:00）には地ビールとビリヤードがあり、一般の人でにぎわう。

交通手段

ロシアン・リバー・バイク **Russian River Bikes**（☎707-869-1455 🏠14070 Mill St）はガーニービル郵便局の隣にあり、ストリートクルーザー、フルサスペンションのマウンテンバイク、トレーラーサイクルなどがレンタルできる。

内陸のハイウェイ101
Inland Highway 101

サンタローザの北、ハイウェイ101はロシアン川上流沿いの肥沃な谷を北に向かい、レゲットLeggettでパシフィック・コースト・ハイウェイと合流する。沿岸のルートほど魅力満載だとは言えないが、高速でカーブの少ない道を走れるので、その分時間に余裕があり、ソノマSonomaおよびメンドシーノ・カウンティMendocino Countyのワイン地帯に寄り道したり、時間を忘れさせるようなアンダーソン・バレーAnderson Valleyを探検したり、クリア湖Clear Lakeで水遊びをしたり、ユカイアUkiahの先にある温泉リゾートで湯に入ったりすることもできる。

メンドシーノ交通局
Mendocino Transit Authority（MTA）
☎707-462-1422、800-696-4682

サウス・コースト South Coast線75番バスの運行は月曜日から金曜日まで。グアララGualalaからナバロ川Navarro Riverジャンクションへと北上し、ハイウェイ128で内陸に進み、アンダーソン・バレーを抜けてユカイアへ着く。復路も同じルートを通る。ナバロのジャンクションでは、アルビオンAlbion、リトル・リバーLittle River、メンドシーノ、フォート・ブラッグFort Bragg方面のノース・コースト線に接続している。65番のバスはメンドシーノ～フォート・ブラッグ～ウィリッツ～ユカイ

内陸のハイウェイ101 – ヒールズバーグ

ア～サンタローザという路線を通り、午前は往路、午後は復路を運行している。ユカイア、レッドウッド・バレーRedwood Valley、ウィリッツ間は月曜日から土曜日にも運行しており、ユカイアとホップランドHopland間を結ぶ54番バスの運行は月曜から金曜まで。

グレイハウンド
Greyhound
☎800-231-2222 W www.greyhound.com
ハイウェイ101の北行きバスと南行きバスを毎日運行している。

ヒールズバーグ
Healdsburg

ヒールズバーグ（人口1万750人）は周囲をブドウ園とワイナリーに囲まれており、ソノマ・カウンティ北部のワイン地帯の中心地である。それにソノマ湖Lake Sonomaやロシアン川の自然のすばらしさが加わるとなれば、この豊かな町が毎年数百万人もの旅行者を引きつけてやまないことも納得できる。ヒールズバーグ・アベニューHealdsburg Ave、センター・ストリートCenter St、マジソン・ストリートMatheson St、プラザ・ストリートPlaza Stに囲まれたタウンプラザは日陰が多く、週末にもなるとスポーツやレクリエーションをする人々でにぎわう。

プラザの数ブロック南にある**ヒールズバーグ商工会議所および観光局 Healdsburg Chamber of Commerce & Visitors Bureau**（☎707-433-6935、800-648-9922　📍217 Healdsburg Ave 🕐月～金9:00～17:00 土・日 10:00～14:00）に立ち寄って、ワイナリーマップをもらったり、熱気球、ゴルフ、テニス、スパ、ファームトレイルなどの情報を入手しよう。主な年中行事には3月のロシアン・リバー・ワイン・ロード・バレル・テイスティングRussian River Wine Road Barrel Tasting、メモリアル・デー（5月の最終月曜日の頃にある）ヒールズバーグ・ジャズ・フェスティバルHealdsburg Jazz Festival、7月中旬のヒールズバーグ・ハーベスト・センチュリー自転車ツアーHealdsburg Harvest Century Bicycle Tourがある。

観光スポット

プラザの西、数ブロック先に**ヒールズバーグ・ミュージアム Healdsburg Museum**（☎707-431-3325 📍221 Matheson St 任意（寸志）🕐火～日 11:00～16:00）がある。ネイティブ・アメリカン（地元のポモPomo族やワッポWappo族）によるかご細工のコレクションや、ソノマ・カウンティ北部の歴史に関するすばらしい展示がある。館内の書店では、ヒールズバーグの歴史的な家並みを巡る**ウォーキングツアー**用パンフレットが入手できる。

夏の日曜日の午後には、プラザで無料の野外**コンサート**が催される。そこにアートギャラリー、アンティークショップ、ワインのテイスティングルーム、喫茶などがたくさん出店する。**トイオン・ブックス Toyon Books**（☎707-433-9270 📍104 Matheson St）では周辺のガイドブックや地図が販売されている。**プラザ・アート・ギャラリー Plaza Arts Gallery**（☎707-431-1970 W www.healdsburgarts.org 📍130 Plaza St 🕐日～木 11:00～18:00 金・土 10:00～20:00）は地域住民による運営で、カリフォルニアの芸術家たちにスポットライトを当てている。

ワイナリー　毎月行われる**ファースト・ウィークエンド First Weekend**や秋の収穫祭など、ワイナリーの特別なイベントについてはWwww.alexandervalley.orgをクリックしてみよう。**ソノマ・カウンティ・ワイン図書館 Sonoma Country Wine Library**（☎707-433-3772 📍cnr Piper & Center Sts 🕐9:30～18:00）はヒールズバーグの公共図書館内にある。

ダウンタウンの北にある**シミ・ワイナリー Simi Winery**（☎800-746-4880 📍16275 Healdsburg Ave 🕐試飲 10:00～17:00）では19世紀につくられた石造りのワインセラー内部のツアーを行っている。**ラビット・リッジ Rabbit Ridge**（☎707-431-7128 📍3291 Westside Rd 🕐試飲 11:00～17:00）は小さいが優れたワイナリーだ。

ホップ・キルン・ワイナリー Hop Kiln Winery（☎707-433-6491 📍6050 Westside Rd 🕐10:00～17:00）には歴史的に有名なテイスティングルームがあり、池のそばにはピクニックエリアもある。**クロ・デュ・ボア Clos du Bois**（☎707-857-3100、800-222-3189 📍19410 Geyserville Ave, Geyserville 🕐試飲 10:00～16:30）はカリフォルニアワインで有名なブランドだ。

大ワイナリー、**シャトー・スーヴラン Chateau Souverain**（☎888-809-4637 📍Hwy 101, exit Independence Lane, Geyserville 🕐試飲 10:00～17:00）の自慢はすばらしい田舎風**フレンチレストラン**（メイン＄10～20 予約したほうが良い）だ。

ドライ・クリーク・ヴィンヤード Dry Creek Vineyard（☎800-864-9465 📍3770 Lambert Bridge Rd、ドライ・クリーク・ロードDry Creek Rd そば 🕐試飲 10:30～16:30）は禁酒法の廃止後に最初に設立されたブドウ園。

フェラーリ・カラーノ・ヴィンヤード＆ワイナリー Ferrari-Carano Vineyards & Winery（☎800-831-0381 📍8761 Dry Creek Rd 🕐試飲 10:00～17:00）ではワイナリーツアーを行っている。

園内を自由に散策することもできる。**レイク・ソノマ・ワイナリー** Lake Sonoma Winery（☎707-473-2999　🏠9990 Dry Creek Rd　🕐10:00～17:00）は地ビール園でもあり、日当たりの良い戸外のテーブルで壮大な渓谷を眺めることができる。

アクティビティ

WC "ボブ" トロブリッジ・カヌー・トリップ
WC 'Bob' Trowbridge Canoe Trips
☎707-433-7247、800-640-1386
📠707-433-6384
🌐www.trowbridgecanoe.com
🏠20 Healdsburg Ave
📋半日＄45、1日＄55、送迎希望＄3追加

カヌーやカヤックをレンタルすることができる。4月頃から10月まで。

ゲッタウェイ・アドベンチャーズ
Getaway Adventures
☎707-763-3040、800-499-2453
🌐www.getawayadventures.com

朝はブドウ園でサイクリング、そのあとは屋外でのランチや、ロシアン川でのカヌーやカヤックが楽しめる（1人あたり＄130）。

宿泊

キャンプ場　後出の「ヒールズバーグ周辺」を参照。

アレキサンダー・バレー・キャンプ場
Alexander Valley Campground
☎707-431-1453、800-640-1386
🏠2411 Alexander Valley Rd
📋キャンプサイト1人＄10
🕐4～10月

ヒールズバーグ・アベニューHealdsburg Aveの東2マイル（約3km）。ブドウ園の間に広がるのんびりした雰囲気のキャンプサイト。スロウブリッジ・カヌー・トリップスTrowbridge Canoe Tripsの利用客には割引がある。

クローバーデイル・ワイン・カントリーKOA
Cloverdale Wine Country KOA
☎707-894-3337、800-368-4558
🌐www.winecountrykoa.com
🏠26460 River Rd, Cloverdale
📋テントサイト＄30～、RVサイト＄36～、1ベッドルームキャビン＄50、2ベッドルームキャビン＄60

ヒールズバーグから距離があるように感じるが、ハイウェイ101のセントラル・クローバーデイルCentral Cloverdaleの出口からわずか6マイル（約10km）だ。キャンプサイトにアクセスする道路には"あきらめるな、もうすぐだ！"の看板があり、疲れたドライバーを励ましてくれる。

ここには、シャワー、スイミングプール、風呂、ネイチャートレイル、ランドリー、パドルボート、自転車レンタルなどさまざまな設備が揃っている。

モーテル・ホテル　家族経営のモーテルがプラザの南、数ブロック先にある。

フェアビュー・モーテル Fairview Motel（☎707-433-5548　🏠74 Healdsburg Ave　📋客室　平日＄65　週末＄90～110）と広々とした**L&Mモーテル** L&M Motel（☎707-433-6528　🏠70 Healdsburg Ave　📋客室　平日＄65　週末＄90～110）にはスイミングプールがある。L&Mにはさらにバーベキューグリル、ベンチ、ピクニック用芝地がある。

ヒールズバーグ・トラベロッジ Healdsburg Travelodge（☎707-433-0101、800-499-0103　🏠178 Dry Creek Rd　📋客室＄70～150）と**ベスト・ウェスタン・ドライ・クリーク・イン** Best Western Dry Creek Inn（☎707-433-0300、800-222-5784　🏠198 Dry Creek Rd　📋客室＄70～150）はダウンタウンの北、ハイウェイ101からドライ・クリークの出口を下りた所にある。

ホテル・ヒールズバーグ Hotel Healdsburg（☎707-431-2800、800-889-7188　📠707-431-0414　🌐www.hotelhealdsburg.com　🏠25 Matheson St　📋客室＄205～425）はプラザ右にあるちょっと気取った瀟洒な建物だ。ヒップでモダンな装飾が施され、スイミングプールとデイスパがあり、料金には部屋での朝食が含まれている。

B&B（ベッド＆ブレックファスト）　この町にはビクトリア様式のB&Bが充実しており、大半がプラザから歩いて行ける。

ヒールズバーグ・イン・オン・ザ・プラザ
Healdsburg inn on the Plaza
☎707-433-6991、800-431-8663
📠707-433-9513
🌐www.healdsburginn.com
🏠110 Matheson St
📋スイートルーム＄145～285

一流のスイートルームを備えた宿。ほとんどの部屋には暖炉と2人用バスタブが備えられており、1世紀の歴史ある建物の2階にはサンルームがある。料金には午後のワイン試飲が含まれている。

パイパー・ストリート・イン
Piper Street Inn
☎707-433-8721、877-703-0370
📠707-433-1322
🌐www.piperstreetinn.com
🏠402 Piper St
📋客室＄95～145　ガーデンコテージ＄185

この町でもっとも手頃なビクトリア様式の宿。

カメリア・イン
Camellia Inn
☎707-433-8182、800-727-8182
W www.camelliainn.com
🏠211 North St
🛏客室 $ 90～180

1869年に建てられたエレガントなイタリア風タウンハウス。スイミングプールと暖炉のあるパーラーがある。プラザから2ブロックの所。

ジョージ・アレキサンダー・ハウス
George Alexander House
☎707-433-1358、800-310-1358
📠707-433-1367
W www.georgealexanderhouse.com
🏠423 Matheson St
🛏客室 $ 145～235

ビクトリア様式の1つであるクイーン・アン様式の建物。1905年に建てられた歴史を感じさせる建物はプラザの東にある。

ヘイドン・ストリート・イン
Haydon Street Inn
☎707-433-5228、800-528-3703
📠707-433-6637
W www.haydon.com
🏠321 Haydon St
🛏客室 $ 110～ コテージスイートルーム $ 200

ここもクイーン・アン様式の建物。平日とオフシーズンには割引あり。

上記以外にも郊外に数軒のB＆Bがある。

ベル・デ・ジョア・イン
Belle de Jour Inn
☎707-431-9777 📠707-431-7412
W www.belledejourinn.com
🏠16276 Healdsburg Ave
🛏客室 $ 185～250 スイートルーム $ 250～300

シミ・ワイナリーSimi Wineryの反対側にある。ハンモック、天日で干したシーツ、ジャグジープール付のスイートルームなど、贅沢な設備の宿。

マドロナ・マナー
Madrona Manor
☎707-433-4231、800-258-4003
📠707-433-0703
W www.madronamanor.com
🏠1001 Westside Rd
🛏客室およびスイートルーム $ 175～445

スイミングプール付の豪華なビクトリア朝大邸宅とキャリッジハウス(元々は馬車置場の意)。ハイウェイ101の西1マイル(約2km)に位置し、近くにはワイナリーが建ち並ぶ。宿泊者以外でも予約すればロマンチックなレストランでキャンドルを灯したディナーが頂ける。

食事

グルメがヒールズバーグを訪れると、天国に来たかと思うことだろう。

毎週**ファーマーズマーケット farmers markets**(☎707-431-1956)がヒールズバーグ・プラザHealdsburg Plaza(🕐6～10月 火 16:00～18:00)と市営駐車場(🏠cnr Vine & North Sts 🕐5～11月 土 9:00～12:00)で開かれる。

ぜひ足を運んでおきたい現地のベーカリーは、**ダウンタウン・ベーカリー＆クリーマリー Downtown Bakery & Creamery**(☎707-431-2719 🏠308A Center St 🕐7:00～)、**コストー・フレンチ・ベーカリー＆カフェ Costeaux French Bakery & Cafe**(☎707-433-1913 🏠417 Healdsburg Ave 🕐火～土 6:30～18:00、日 7:00～16:00)などだ。コストー・フレンチ・ベーカリー＆カフェにはボックスランチもある。

オークビル・グローサリー
Oakville Grocery
☎707-433-3200
🏠124 Matheson St
🛏サンドイッチ約 $ 5
🕐夏 日～木 9:00～19:00、金・土 9:00～20:30

魚の燻製、グルメなサンドイッチやサラダ、キャビア、ピクニック用料理がお目当てならまずここに立ち寄ろう。プラザのテラスではワインも楽しめる。

センターストリート・デリ＆カフェ
Center St Deli & Cafe
☎707-433-7224
🏠304 Center St
🛏朝食・ランチ $ 5～10
🕐6:30～

スイートポテトパンケーキからニューオリンズ・マフアレッタ(ルイジアナ名物のサンドイッチ)まで、バラエティに富んだおいしい食べ物がいっぱい。うれしい悲鳴をあげさせることでよく知られた店だ。

レイブン・シアターRaven Theatre隣にある小さな**ラベネット Ravenette**(☎707-431-1770 🏠117 North St 🛏ランチ $ 7～12 🕐水～日 11:30～14:30)と**ラヴェナス・カフェ Ravenous Cafe**(☎707-431-1302 🏠420 Center St 🛏メイン $ 15～25 🕐水～日 17:00～)では、アイデアいっぱいのアメリカ風ビストロ料理を出している。

フェリックス＆ルイズ
Felix & Louie's
☎707-433-6966
🏠106 Matheson St
🛏ブランチ $ 11～16 ディナー $ 16～22
🕐月～金 17:00～20:30(または21:00まで)、日 10:00～15:00

プラザに新たに加わったお洒落なイタリアン

レストラン。ピッツェリア、ナイトクラブとしても楽しめる。

ドライ・クリーク・キッチン
Dry Creek Kitchen
☎707-431-0330
🏠317 Healdsburg Ave
🍴ランチ＄13~20 ディナーメイン＠22~35
🕐12:00~14:30と17:00~21:30
スターシェフ、チャーリー・パーマー氏が経営する人気店。新鮮なカリフォルニア料理、ソノマワインの全リスト、店に集まるすてきな人たちのピープルウォッチングも楽しい。

ジン
Zin
☎707-473-0946
🏠344 Center St
🍴ランチ＄10~15 ディナー＠13~25
🕐11:30~14:00 & 17:00~、冬は木~月のみ
ワインバー、オープンキッチン、刺激的なカリフォルニア料理が自慢の店だ。

ジェイサー・スモークハウス
Geyser Smokehouse
☎707-857-4600
🏠21021 Geyserville Ave
🍴食事＠6~12
🕐11:30~21:00
ヒールズバーグから人里離れたジェイサーヴィルまで車で10分。正統派のテキサスバーベキューが味わえる。ウイスキープリンや充実したバーをお見逃しなく。

サンティ
Santi
☎707-857-1790
🏠21047 Geyserville Ave, Geyserville
🍴ランチ＠9~13 ディナー＠13~25
🕐火~土 11:45~14:00、火~日17:30~21:00
魅力的な田舎風ワイン試飲ルームに隣接し、季節の料理でもてなすイタリアンキッチン。サンティの料理は非常に評価が高い。

エンターテインメント

レイブン・シアター＆フィルム・センター
Raven Theater & Film Center
☎707-433-5448
🏠115 N Main St
コンサート、文化的イベント、封切り映画が楽しめる。

ベア・リパブリック・ブリューイング・カンパニー
Bear Republic Brewing Company
☎707-433-2337
🏠345 Healdsburg Ave
🕐11:30~深夜
賞を受けたことのある自家製ビールとパブ風

グリルメニューが味わえ、週末にはライブ演奏も。

水曜日の晩と日曜日のブランチの時間帯には、プラザの**フェリックス＆ルイズ Felix & Louie's**（☎707-433-6966 🏠106 Matheson St）でジャズのライブ演奏が聴ける。

アクセス・交通手段

ソノマ・カウンティ・トランジット
Sonoma County Transit
☎707-576-7433、800-345-7433
ローカルバスが毎日、サンタローザSanta Rosa、ヒールズバーグHealdsburg、ゲイザービルGeyserville、クローバーデイルCloverdaleを結ぶルートを運行している。

ヒールズバーグ・スポーク・フォーク・サイクラリー
Healdsburg Spoke Folk Cyclery
☎707-433-7171
🏠201 Center St
さまざまな種類の自転車がレンタルでき、無料でツアーマップが入手できる。

ソノマ湖
Lake Sonoma

ウォーム・スプリングス・ダムWarm Springs Dam建設によって1983年にできた美しいソノマ湖には4マイル（約6km）と8マイル（約13km）の長さの2つの半島があり、そのほかにもたくさんの小さな入り江がある。ダム（高さ319フィート＜約97m＞幅3000フィート＜約900m＞）は湖の東の奥にある。ハイウェイ101をヒールズバーグ北のドライ・クリーク・ロードDry Creek Rd出口で下り、美しいドライ・クリーク・バレーDry Creek Valleyのブドウ園を通り抜けながら北西に向かって11マイル（約18km）走る。

ビジターセンター **visitor center**（☎707-433-9483 🕐9:00~16:00）には歴史的な展示物があり、40マイル（約64km）以上あるトレイル沿いの釣り、ボート、キャンプが楽しめる場所の地図や情報を入手できる。センター後方には**魚の孵化場 fish hatchery**がある。さらに2マイル（約3km）行くと**マリーナ marina**（☎707-433-2200）があり、カヌーからハウスボートまでさまざまなウォータークラフトを利用できる。

リバティー・グレン・キャンプ場 Liberty Glen Campground（☎予約 877-444-6777 🌐www.reserveusa.com 🏕キャンプサイト＠12）では温水シャワーが利用でき、すばらしいパノラマが望める。混雑することもめったにない。湖の周りには**自然のままのキャンプ場 primitive**

campground（キャンプサイト＄10）が点在している。ボートか歩いてアクセスできるキャンパー向けだ。

ホップランド
Hopland

ハイウェイ101沿いのほんの3ブロックの距離しかない小さな町ホップランド（人口80人）は、ワインで名高いメンドシーノ・カウンティMendocino Countyへの入口だ。この町では1866年にホップが初めて栽培されたが、禁酒法により生産中止に追いやられた。1983年にメンドシーノ・ブリューイング・カンパニーMendocino Brewing Company（メンドシーノ醸造社）が、禁酒法以来初のカリフォルニア州認可の醸造所パブとしてオープンし、ホップの町を地図上に復活させた。

ハイウェイ101に並ぶ**アンティークショップ**を訪れるだけでなく、現地ブドウ園で生産品を無料で試飲してみよう。**ブルトカオ・セラー Brutocao Cellars**（☎800-433-3689 🏠Schoolhouse Plaza 13500 S Hwy 101 ◎試飲 10:00～17:00）にはレストラン、ワインバー、6つのフルサイズのボッチコート（ボッチはイタリア生まれのローンボーリング、レンタル料1時間＄20）がある。**フェッツァー・ヴィンヤード Fetzer Vineyards**（☎800-846-8637 🏠13601 Eastside Rd ◎試飲 9:00～17:00）にはデリカテッセンとピクニック用ガーデンがあり、ボンテラBonterraブランドのオーガニック品種ワインもストックしてある。シーズン中にはツアーも行われている。**ジェプソン・ヴィンヤード Jepson Vineyards**（☎800-516-7342 🏠10400 S Hwy 101 ◎試飲 10:00～17:00）のワイナリーではブランデーやシャンペンを生産しており、予約によるツアーあり。

リアル・グッズ・ソーラー・リビング・センター Real Goods Solar Living Center（☎707-744-2100 Ⓦwww.realgoods.com 🏠13771 S Hwy 101 ◎10:00～18:00）に立ち寄って代替エネルギーについて学んでみるのもいいだろう。町の南郊外に広がる12エーカー（約5ha）のサイト内をガイドなしツアーで見学できる。開館時間内はいつでも入館可。金～日曜日の11:00～15:00にはガイド付ツアーが行われている。毎年夏至に一番近い週末には**ソル・フェスト・サマー・ソルスタス・セレブレーション Sol Fest Summer Solstice Celebration**が開催され、著名スピーカーの講演、ライブ演奏、売店、環境にやさしい暮らしに関するワークショップ、太陽エネルギーと風力、オーガニックガーデニング、その他のトピックが取り上げられる。

このほかの年中行事としては、メモリアル・デーあたりに開かれる**ホップランド・ウーマン・フェスティバル Hopland Women's Festival**がある。

宿泊・食事

ホップランド・イン
Hopland Inn
☎707-744-1890、800-266-1891
📠707-744-1219
Ⓦwww.hoplandinn.com
🏠13401 S Hwy 101
🛏客室およびスイートルーム＄95～175
見事に修復された1890年建造の魅力的なビクトリア様式のホテル。階下の**レストラン**（ランチ約＄10 ディナー＄14～25）は最上のカントリー料理でもてなしてくれる。営業時間と予約については電話で問い合わせよう。

フェッツァー・ヴィンヤード
Fetzer Vineyards
☎707-744-7413、800-846-8637
📠707-744-2159
🏠13601 Eastside Rd
🛏客室＄140～ スイートルーム＄175～ コテージ＄200～
ブドウ園が経営するB＆B（ベッド＆ブレックファスト）。

マンチーズ
Munchies
☎707-744-1600
🏠13275 S Hwy 101
🍴サンドイッチ約＄5
◎月～木 8:00～14:00、金～日 9:00～17:00
新鮮なしぼりたてジュース、イタリアンジェラート、エスプレッソを出してくれる。急ぎの食事にはカスタムサンドイッチやピクニックバスケットを用意してくれるので言うこと無しだ。自転車のレンタルもある。

フェニックス・ブレッド・カンパニー
Phoenix Bread Co
☎707-744-1944
🏠13325 S Hwy 101
🍴食事＄7.50～
◎水～日 10:00～19:00
手作りのパンとかまど焼きのピザを出す。ディナーの時間帯にはバーベキューのテイクアウトが利用できる。

ブルーバード・カフェ
Bluebird Cafe
☎707-744-1633
🏠13340 S Hwy 101
🍴朝食・ランチ＄5～10 ディナー＄10～15
◎毎日
アメリカンスタイルのすてきな食堂

メンドシーノ・ブリューイング・カンパニー（メンドシーノ醸造社）
Mendocino Brewing Company
☎707-744-744-1015
🏠13351 S Hwy 101
🍴食事約＄12
🕐閉店20:00、バーは深夜まで

北カリフォルニアでもっともよく知られた醸造所パブで、賞を受けたビールのレッド・テイル・エールRed Tail Aleが有名だ。ライブ演奏が聴ける時もある。同じ場所でホップランド・ブリューワリー・タバーン・レストランHopland Brewery Tavern Restaurantも経営している。

ゼモリニズ・ワイン＆コーヒー・バー
Zemolini's Wine & Coffee Bar
☎707-744-9463
🏠13420A S Hwy 101
🕐月～金 6:00～22:00、土 8:00～0:00

ブルーグラス、ロック、フォークのライブ演奏が聴け、遠くはユカイアからはるばるライブを聞きに足を運ぶ人もいる。

クリア湖
Clear Lake

メンドシーノ国有林Mendocino National Forestのちょうど南にクリア湖がある。くつろいだ環境でレジャーに適したこの湖は100マイル（約161km）以上の湖岸線が続き、カリフォルニアで一番きれいな空気を誇っている。湖の向こうにそびえる標高4200フィート（約1280m）のカノクティ山Mt Konoctiは休火山で、この湖は火山活動の結果できた。夏の終わりには藻が発生し、湖が深緑に染まることがある。この藻は湖の魚、特にバスにとって格好の生息環境を提供しており、さまざまな鳥のすみかにもなっている。

「アッパー・レイクupper lake」（湖の北西部）や「ロワー・レイクlower lake」（湖の南東部）といった言葉を耳にすることがあるだろう。これは湖が中央部分で狭まり2つに分かれているからだ。ハイウェイ29奥の北西の湖岸に位置するレイクポート Lakeport（人口4800人）はこのレイク地方のベースとなる町で、ホップランドの東から車で1時間以内の距離にある。ハイウェイ53沿いの、南東の湖岸奥に位置するクリアレイク Clearlake（人口1万3200人）は、この湖のほかのどの町よりも人が多く集まる。ハイウェイ20経由インターステート5（I-5）から40マイルの距離にあり、ここから北湖岸のすべての村落にアクセスできる。ミドルタウン Middletownもレイク地方では大きな町で、ハイウェイ175と129のジャンクションにあるクリアレイクの南から約20マイルで、カリストーガCalistogaの北からわずか40分だ。

レイク・カウンティ観光案内所 Lake County Visitor Information Center（☎707-263-9544、800-525-3743 🌐www.lakecounty.com 🏠875 Lakeport Blvd, Lakeport 🕐夏 月～金 8:30～5:30、土 10:00～16:00、日 12:00～16:00、冬は時間が短縮される）は、ハイウェイ29から入った丘の展望が開けた場所にある。ここでは湖に関するあらゆる情報を入手できる。

観光スポットと楽しみ方

レイクポートにある1871年築のオールド・カウンティ・コートハウス Old County Courthouse（🏠255 N Main St）は州の歴史的建造物だ。建物内には小さいが興味深いレイク・カウンティ博物館 Lake County Museum（☎707-263-4555 🕐火～土 10:00～16:00、日 12:00～16:00）があり、ポモ・インディアンの工芸品やその他の歴史的展示物が見学できる。

レイクポートから6マイル（約10km）行くとクリア湖州立公園 Clear Lake State Park（☎707-279-4293 🏠5300 Soda Bay Rd, Kelseyville）が湖の南西湖岸にある。ここではハイキング、釣り、ボート、キャンプが楽しめる。さらにこの地域の地理、自然の歴史、アメリカ先住民文化に関する解説付の展示物を見学できるビジターセンターもある。テイラー天文観測所 Taylor Planetarium & Observatory（☎707-279-8372 🕐15:00以降 🏠5727 Oak Hills Lane, Kelseyville 💰大人＄3 子供＄1）では天体観測プログラムが通常土曜日19:00から年中行われる。ロワー・レイクにはアンダーソン沼湖地州立歴史公園 Anderson Marsh State Historic Park（☎707-994-0688 🏠8825 Hwy 53）があり、ハイキングやバードウォッチングが楽しめ、ポモ・インディアンの遺跡や歴史的な牧場家屋がツアーで見学できる。レッドバッド・オードゥボン協会 Redbud Audubon Society（☎707-994-1545）による無料の自然とバードウォッチングウォークも毎月第1土曜日9:00から催される。ロワー・レイク・ヒストリカル・スクールハウス博物館 Lower Lake historical Schoolhouse Museum（☎707-995-3565 🏠16435 Morgan Valley Rd 🕐水～土 11:00～16:00）は19世紀の教室を修復した博物館で、歴史的な展示物を見学できる。

クリア・レイク・クイーン Clear Lake Queen（☎707-994-5432）は北湖岸のルサーンに停泊する優雅な3階建て外輪駆動の蒸気機関船だ。この船で湖の観光クルーズができ、食堂、バー、ライブ演奏が楽しめる。2時間クルーズ＄16～25、3時間クルーズ＄18～33、要予約。

ボートはクリア湖州立公園にある**オン・ザ・ウォーターフロント On the Waterfront** ☎707-263-6789 🏠60 3rd St, Lakeport、**ブルー・フィッシュ・コーブ Blue Fish Cove** ☎707-998-1769 🏠10573 E Hwy 20, Clearlake Oaks、**ブルー・ヘロン・カヤックス Blue Heron Kayaks** ☎707-272-0419 やカノクティ・ハーバー・リゾートのマリーナ（「宿泊・食事」参照）など、多くの場所でレンタルできる。

湖の周りにある数軒のワイナリーにはテイスティングルームがあり、予約をすればツアーを行ってくれる所もある。**ワイルドハースト・ヴィンヤード Wildhurst Vineyards** ☎800-595-9463 🏠3855 Main St, Kelseyville 試飲 10:00～17:00、**レッド・ヒル・ワイン・テイスティング Red Hill Wine Tasting** ☎707-277-9433 🏠9710 Broadmoor Way, Soda Bay Rd, Kelseyville 試飲 水～日 11:00～19:00、**スティーレ・ワインズ Steele Wines** ☎707-279-9475 🏠4350 Thomas Dr, Kelseyville 試飲 金～日 11:00～19:00、**プロイズ・ワイナリー Ployez Winery** ☎707-994-2106 🏠1171 S Hwy 29, Lower Lake 試飲 11:00～17:00、**ゲノック&ラングトリー・エステート・ヴィンヤード Guenoc & Langtry Estate Vineyards** ☎707-987-2385、内線200 🏠21000 Butts Canyon Rd, Middletown 試飲 11:30～17:00 などだ。

ミドルタウン郊外にある**ハービン・ホット・スプリングス Harbin Hot Springs**（「宿泊」参照）では日帰り客を歓迎している。

宿泊・食事

キャンプ場、豪勢なリゾート施設、B&Bなどの宿泊施設や軽食用食堂から豪華なディナーハウスまで、湖の周りではあらゆる施設が揃っている。夏期や週末は要予約。

レイクポート&ケルジービル Lakeport & Kelseyville クリア湖州立公園には4つの**キャンプ場** ☎800-444-7275 🌐www.reserveamerica.com 🏠キャンプサイト $12）があり、季節によっては要予約。温水シャワーが利用でき、年中オープンしている所もある。

湖岸のボートが利用できるモーテルにはかわいいコテージ風のモーテル、**マラード・ハウス Mallard House** ☎707-262-1601 ☎707-263-4764 🌐www.mallardhouse.com 🏠970 N Main St 客室 $50～100）、**アンカレッジ・イン Anchorage Inn** ☎707-263-5417 🏠950 N Main St 客室 夏 $60～145 冬 $45～95)、**クリア・レイク・イン Clear Lake Inn** ☎707-263-3551、888-800-8002 🏠1010 N Main St 夏 $79 W $89、冬 $55 W $59）などがある。

アーバー・ハウス・イン Arbor House Inn
☎707-263-6444 🌐www.arborhousebnb.com
🏠150 Clear Lake Ave
🍴B&B（ベッド&ブレックファスト）客室 $80～100 スイートルーム $120

湖岸近くの19世紀後半に建てられた宿。庭にはコイが泳ぐ池、ブドウの木、ジャグジープール、バーベキューエリアがある。グルメな3コースの朝食と軽食付の午後のワインを無料で提供する。

カノクティ・ハーバー・リゾート&スパ Konocti Harbor Resort & Spa
☎707-279-4281、800-660-5253
☎707-279-9205
🌐www.konoctiharbor.com
🏠8727 Soda Bay Rd
🍴客室 $49～130 アパート式・ビーチコテージ $110～210 スイートルーム $160～375

ケルジービルから約4マイル（約6km）のカノクティ湾にあり、湖周辺ではもっとも発達したリゾート施設。この巨大な施設はサウナ、スパ、フィットネスセンター、テニスコート、ミニゴルフ、マリーナを備えている。

ダッチ・トリート Dutch Treat
☎707-262-0631
🏠150 N Main St, Lakeport
🍴軽食 約 $6
🕐月～金 6:45～17:00、土 7:30～17:00、日 7:30～15:00

ヨーロピアンスタイルのコーヒーハウス。午前にはコーヒーとペストリーのほか、新鮮な野菜のサラダとサンドイッチの軽い昼食も利用できる。すてきなオーナーがもてなしてくれる。

パーク・プレース Park Place
☎707-263-0444
🏠50 3rd St, Lakeport
🍴ディナーメイン $10～22
🕐11:00～21:00

誰もが認める人気店で、自家製のパスタ料理、新鮮なシーフード、ステーキを専門とする。デッキからは湖が眺望できる。予約が望ましい。

ファーマーズマーケット（🕐5～10月 土 8:00～12:00）はケルジービルのステーレ・ワインズで開かれる。

シシリアン・カントリー・ステーキハウス Sicilian Country Steakhouse
☎707-279-0704
🏠5685 Main St, Kelseyville
🍴ディナーメイン $12～25

🅞ランチ・ディナー　毎日
正統派のイタリア料理で人気の店。

ノースショア・ミドルタウン North Shore & Middletown　グレンヘイブンGlenhaven地区の
レイク・プレース・リゾート Lake Place Resort
☎707-998-3331　📠707-998-4550　🌐www.lakeplaceresort.com　🏠9515 Harbor Dr　🅁RVサイト＄25〜30 コテージ＄30〜115）は湖岸に位置し、ウォーターフロントコテージではキッチン、ホットタブ、カヤックのレンタル、ボートの発着場や停泊場が利用できる。

クリスタルバーグB&B
Kristalberg B&B
☎707-274-8009
🌐www.kristalberggbb.com
🏠off Hwy 20, Lucerne
🛏客室＄60〜90 スイートルーム＄125〜150
カノクティ山のすばらしいパノラマが楽しめ、18世紀のイタリア様式からソフト・ビクトリア様式におよぶ装飾が施された豪華な宿。料金にはグルメなオーガニック朝食、午後のチーズ、ワインテイスティング、ディナー後のシェリー酒が含まれている。ドイツ語、フランス語、スペイン語が通じる。

フェザーベッド・レイルロード・カンパニー
Featherbed Railroad Co
☎707-274-8378、800-966-6322
📠707-274-1415
🌐www.featherbedrailroad.com
🏠2870 Lakeshore Blvd, Nice
🛏カブース＄102〜180
ほかに類のないB&B（ベッド＆ブレックファスト）。すべての部屋が列車のカブース（車掌室）を改造して部屋にしたもので、ほとんどの部屋が2人用のジャグジー付。

ゲノク＆ラングトリー・エステート・ヴィンヤード
Guenoc & Langtry Estate Vineyards
☎707-987-2385、内線200
🌐www.guenoc.com
🏠21000 Butts Canyon Rd, Middletown
🛏1人＄120〜150
ビクトリア時代の女優リリー・ラングトリーがかつて暮らした屋敷で、宿泊とワインディナーが楽しめる。

ハービン・ホット・スプリングス
Harbin Hot Springs
☎707-987-2377、800-622-2477
🌐www.harbin.org
🏠Harbin Hot Springs Rd, Middletown
🛏キャンプ＄24、ドミトリーベッド 平日＄35 週末＄50、S平日＄55 週末＄80、W平日＄80 週末＄115〜
のどかで平和な気分で温泉に浸れる歴史的な場所。もともとは19世紀の温泉リゾートであったが、今日ではニューエイジを信奉する人たちが集まる保養地となっている。温泉プール、冷泉プール、マッサージ、ヨガ、着衣自由の日光浴、ホリスティック健康ワークショップ（精神・身体・環境がほどよく調和した健康セミナー）が楽しめ、1160エーカー（約470ha）の敷地内ではハイキングもできる。宿泊施設は修復されたビクトリア様式の建物の中にあり、キッチンは共同。オーガニックフードや健康志向食品が施設内の食料雑貨店、カフェ、レストランで求められる。日帰りの温泉利用はキャンプ料と同じ料金または18:00まで6時間につき＄6。

この温泉はハイウェイ175から約3マイル（約5km）の位置にある。ミドルタウンからはビッグ・キャニオン・ロードBig Canyon Rdとなるバーンズ・ストリートBarnes Stに入り、分岐点から左に向かう。

エンターテインメント

カノクティ・ハーバー・リゾート＆スパ
Konocti Harbor Resort & Spa
☎800-225-2277
🌐www.konoctiharbor.com
🏠8727 Soda Bay Rd
野外の円形シアターや屋内のコンサートホールで一流のエンターテインメントショーが開かれる。ライル・ラベットやレイ・チャールズもここでコンサートを開いた。

ライブラリー・パーク Library Parkはレイクポートのダウンタウンの湖岸にあり、見晴らし台では夏、毎週金曜日の晩にブルース、スカ、ロカビリー、コピーバンドなどのフリーコンサートが開かれる。

ハービン・ホット・スプリングス（「宿泊」を参照）ではワールドミュージックの大物の演奏や"ソウルミュージックでソックホップダンス"が楽しめる。

フローム・ザ・バイン
From the Vine
☎707-263-5787
🏠307 N Main St, Lakeport
🅞金曜日の晩
テイスティングルームもあるワインバー。オードブルは無料。

ジョン・ヘンリーズ・アイリッシュ・パブ
John Henry's Irish Pub
☎707-994-1790
🏠16195 Main St, Lower Lake
田舎の心地よいパブ。

マウント・セントヘレナ・ブリューイング・カンパニー
Mount St Helena Brewing Co
☎707-987-3361

内陸のハイウェイ101 - アンダーソン・バレー

🏠 21167 Calistoga Rd, Middletown
賞を受けたこの地ビールブリューワリーには、パスタ、ピザ、シーフード、リブなどのなかなかのパブメニューが揃っている。

上記のほかにも湖の周りには数軒のボーリング場、映画館、カジノがある。

アクセス・交通手段

サンフランシスコ〜クリア湖間のドライブの所要時間は約2時間半から3時間。

グレイハウンド Greyhound (☎800-231-2222 www.greyhound.com) は毎日サンフランシスコとレイクポートLakeport間のバスを運行している。14ヵ所の停留所があり6時間かかる。レイクポートにはバス発着所はないが、メイン・ストリートMain Stならどこでもフラッグストップ(街角で気軽に手を挙げてバスを乗り降りすること)でバスに乗車できる。**レイク・トランジット Lake Transit** (☎707-263-3334, 707-994-3334) は平日に運行しており、湖の主要な町はすべて結んでいる。木曜日はミドルタウンMiddletown〜カリストーガCalistoga間を走るバスがサンタローザSanta Rosa経由で連絡している。

レイクポートでは**バイシクル・ラック Bicycle Rack** (☎707-263-1200 🏠302 N Main St) が自転車のレンタルを行っている。

アンダーソン・バレー
Anderson Valley

この美しい谷間の地では農業が盛んでブドウ園、リンゴ園、羊の牧草地、オークの木、レッドウッドの木立などを数多く見ることができる。旅行者は主にワイナリーを目当てにこの地を訪れるが、ハイキング、サイクリング、釣り、カヌー、カヤックなどを楽しみに来る人も多い。

小さな町**ブーンビル Boonville** (人口700人) と**フィロ Philo** (人口400人) がこのバレーの主要な町だ。ユカイアの南からハイウェイ253で南西に向かって20マイル (約32km) でブーンビルに着く。パノラマが楽しめるハイウェイ128を通ると、ホップランドHopland南にあるハイウェイ101沿いのクロバーデイルCloverdaleと海岸線を走るハイウェイ1沿いのアルビオンAlbionの間の60マイル (約97km) はカーブやターンの連続だ。

ユカイアで情報を入手するか、**アンダーソン・バレー商工会議所 Anderson Valley Chamber of Commerce** (☎707-895-2379, www.andersonvalleychamber.com) に問い合わせる。毎年5月にブーンビル・ビール・フェスティバルBoonville Beer Festival、カリフォルニア・

ブーントリング

ブーンビルは「ブーントリングBoontling」と言うこの地特有の言葉で有名であり言語学的にもよく知られている。ブーントリングは20世紀の変わり目あたりにここで発達した言葉だ。当時ブーンビルはかなり人里離れた地だった。この言葉はあまりにもローカルなので外部の者を「困らせshark (= stump)」、これが現地の人たちにとっては楽しみとなった。この町にいる間に、「老人たちcodgie kimmies (= old men)」が「コーヒーを一杯a horn of zeese (= a cup of coffee)」とか、「おいしい食べ物bahl gorms (= good food)」を頼んでいるのを耳にする機会があるかもしれない。運が良ければ「ブーント・リージョン・デェアキン・モシュBoont Region De-arkin' Moshe (アンダーソン・バレーの非救援マシーンの意)」と呼ばれるレッカー車が走って行くのを目にするだろう。

ウール&ファイバー・フェスティバルCalifornia Wool & Fiber Festival、ピノ・ノワール・フェスティバルPinot Noir Festivalが開催され、続いて6月初旬にはワイルド・アイリス・フォーク・フェスティバルWild Iris Folk Festivalが開催される。

アンダーソン・バレー歴史協会博物館 Anderson Valley Historical Society Museumはブーンビルのちょうど西を走るハイウェイ128沿いに建つ古くて小さな赤色の校舎内にある。ここにはアンダーソン・バレーの歴史がわかる写真や工芸品が展示されている。ハイウェイ128との十字路のちょうど西にあるバイエルン風の**アンダーソン・バレー・ブリューイング・カンパニー Anderson Valley Brewing Co** (☎707-895-2337 🏠17700 Hwy 153) のビールは賞を受けたことがある。通常毎日13:30と16:00にツアーがあるが、スケジュール確認のために事前に電話すること。

アンダーソン・バレーの**ワイナリー**は大半がフィロPhilo郊外にある。ワイナリーの多くは家族経営で試飲ができ、ツアーによる見学ができる所もある。詳細についてはホームページ (www.avwines.com) をチェックしよう。**ハッシュ・ヴィンヤード Husch Vineyards** (☎800-554-8724 🏠4400 Hwy 128 ◎試飲 夏10:00〜18:00、夏以外10:00〜17:00) と**ナバロ・ヴィンヤード Navarro Vineyards** (☎707-895-3686 🏠5601 Hwy 128 ◎試飲 10:00〜18:00) はつとに有名なブドウ園だ。

宿泊施設はすぐにいっぱいになる。特に夏期の週末はすぐに満室になる。

ヘンディ・ウッズ州立公園 Hendy Woods State Park (☎707-937-5804、シーズン中の予約 800-444-7625 www.reserveamerica.com

キャンプサイト＄12 キャビン＄20）はフィロのちょうど西のハイウェイ128沿いのナバロ川Navarro Riverに接している。ハイキングやピクニックが楽しめ、緑豊かな公園内には温水シャワーが利用できるキャンプ場がある。

ウェルスプリング・リニューアル・センター Wellspring Renewal Center（☎707-895-3893 🌐www.wellspringrenewal.org🏠Ray's Rd キャンプサイト＄14 キャビン＄32～）とフィロ郊外の**シェノア・リトリート・センター Shenoa Retreat Center**（☎707-895-3156 🌐www.shenoasprings.com🏠Van Zandt Rd コテージ＄89 キッチン付＄160は主にグループ用だが、個人旅行者も空きがあれば利用できる。要予約。

その他のフィロの宿泊場には**アンダーソン・バレー・イン Anderson Valley Inn**（☎707-895-3325 🏠8480 Hwy 128 モーテルルーム＄55 2部屋のスイートルーム＄90）や1888年からの歴史のあるレッドウッド材で作られたこぢんまりとして居心地のよいB&B、**フィロ・ポッタリー・イン Philo Pottery Inn**（☎707-895-3069 🌐www.philopotteryinn.com🏠8550 Hwy 128 客室＄110～150）、町の北の**ピノリ・ランチ・カントリー・イン Pinoli Ranch Country Inn**（☎707-895-2450 🏠3280 Clark Rd 客室＄115～125）などがある。

ブーンビルには歴史的な**ブーンビル・ホテル Boonville Hotel**（☎707-895-2210 🏠14040 Hwy 128 客室＄85～225）やハイウェイ128西2マイルにある優雅なゲストランチ、**アンダーソン・クリーク・イン Anderson Creek Inn**（☎707-895-3091、800-552-6278 FAX707-895-9466 🌐www.andersoncreekinn.com🏠12050 Anderson Valley way 客室＄120～180）がある。

ファーマーズマーケット（6～10月 土 9:45～12:00）はブーンビル・ホテルの外で開かれる。近くの**ブーント・ベリー・ファーム Boont Berry Farm**（☎707-895-3576 🏠13981 Hwy 128）はおいしいデリカテッセンやベーカリーのある自然食品店。

バックホーン・サルーン Buckhorn Saloon（☎707-895-3369 🏠14081 Hwy 128 ランチ＄7～10 ディナー＄11～16 11:00～21:00、冬 木～月 11:00～21:00）はアンダーソン・バレーに点在するよく知られた人気店の1つ。ファミリー向きの店でライブ演奏が聞ける時もある。アメリカングリル料理を出し、バーでは現地のワインや地ビールを出す。

ブーンビル・ホテル Boonbille Hotel（メイン＄16～25 レストラン木～月 18:00～21：00、バー15:00～）は上品なホテルのレストランで、心のこもったグルメ食事が楽しめる。おすめメニューは現地で捕れた鮭とロース芯のステーキだ。予約が望ましい。

ユカイア
Ukiah

肥沃な土地ヨカヨ・バレーYokayo Valleyに位置し、果樹園とブドウ園に囲まれたユカイア（人口1万5500人）はメンドシーノ・カウンティの中心となる町だ。とは言ってもここは今でもティーンエージャーが通りをうろつき回るような小さな町だと言われるが、これはただ夕刻になるとほかにすることが何もないからである。

ユカイアには旅行者を引きつけるものがあまりないかもしれない。しかし、気軽に滞在したり食事したりできる場所はたくさんあるので、奥地にあるワイナリーや温泉、自然保護区などへの拠点とするには理想的な町だ。

ハイウェイ101の西を南北に数ブロック続くステート・ストリートState Stがユカイアでもっともにぎやかな通りで、この町のモーテルやレストランのほとんどがここにある。**グレーター・ユカイア商工会議所 Greater Ukiah Chamber of Commerce**（☎707-462-4705 🏠200 S School St 月～金 9:00～17:00）はステート・ストリートの西1ブロックにあり、ユカイア、ホップランド、アンダーソン・バレーに関する情報が入手できる。

土地管理局 Bureau of Land Management（BLM；☎707-468-4000 🏠2550 N State St）では地図や奥地でのキャンプ、ハイキング、原野でのマウンテンバイキングなどに関する情報が入手できる。**AAA**（アメリカ自動車協会）（☎707-462-3861 🏠601 Kings Court）のオフィスもある。

町では、**サン・ハウス-グレース・ハドソン博物館 Sun House-Grace Hudson Museum**（☎707-467-2836 🌐www.gracehudson.org🏠431 S Main St ＄2（寄付）水～土 10:00～16:30、日 12:00～16:30）を訪れてみよう。ステート・ストリートの東1ブロックにあり、主にグレース・ハドソンGrace Hudson（1865～1937年）の絵画が展示してある。グレース・ハドソンが詳細に描写したポモ・インディアンの絵画を見ると、民族学的な研究や夫ジョン・ハドソンが収集したアメリカ先住民のかご細工の説明がよくわかる。隣接する夫妻が暮らした家（1911年にレッドウッド材で作られたクラフツマン・スタイルのバンガロー）では希望があれば、ガイドツアーが実施される。

広場に向かってダウンタウンから北に行った所にある、ユニオン76 Union 76ガソリンス

タンドには**レッドウッド・ツリー・サービス・ステーション博物館** Redwood Tree Service Station Museum（🏠859 N State St 🆓無料 🕐毎日）がある。ここには歴史的な写真や遺品がたくさん展示してある。

タウンでの特別イベントとして、**レッドウッド・エンパイア・フェア** Redwood Empire Fairがあり、8月の第2週末に開かれる。10月後半には**ユカイア・カウンティ・パンプキン・フェスティバル** Ukiah County PumpkinFestが開かれ、美術工芸品フェア、子供たちのカーニバル、フィドルコンテストなどが催される。

宿泊・食事

キャンプ場やその他の宿泊施設は後出の「ユカイア周辺」を参照。

モーテル6
Motel 6
☎707-468-5404、800-466-8356
🏠1208 S State St
💰客室 $40〜

おそらくもっとも低料金のモーテル。

そのほかのダウンタウン近くの宿泊先には**エコノミー・イン** Economy Inn（☎707-462-8611 🏠406 S State St 💰客室 $55〜60）やもっと快適な**デイズ・イン** Days Inn（☎707-462-7584、800-329-7466 🏠950 N State St 💰客室 $60〜110）がある。

ディスカバリー・イン・モーテル
Discovery Inn Motel
☎707-462-8873、707-462-1249
🏠1340 N State St
💰客室およびスイートルーム $75〜100

75フィート（約23m）の温水プールとトロピカル風の装飾を施したジャグジーがある。料金にはコンチネンタルブレックファストが含まれる。

サンフォード・ハウスB&B
Sanford House B&B
☎707-462-1653、707-462-8987
🌐www.sanfordhouse.com
🏠306 S Pine St
💰客室 $75〜150

ダウンタウン近くの閑静な場所にある。ビクトリア様式の1つであるクイーン・アン様式の建物。グルメな朝食が楽しめる。

ユカイア・ファーマーズ・マーケット
Ukiah Farmers Market
🏠cnr School & Clay Sts
🕐6月〜10月 火 15:00〜18:00
🏠cnr Orchard Ave & Perkins St
🕐6月〜10月 土 8:30〜12:00

新鮮な現地の生産品、美術工芸品が提供され、ライブ演奏などのエンターテインメントも楽しめる。

ザ・コーヒー・クリティック
The Coffee Critic
☎707-462-6333
🏠476 N State St
💰スナック $3〜6
🕐月〜木 6:00〜20:00、金 7:00〜19:00、土・日 7:00〜22:00

世界各地の特選コーヒーやティー、さらにジェラート、アイスクリーム、リッチな焼き菓子も出す。

ムーアズ・フラワー・ミル&ベーカリー
Moore's Flour Mill & Bakery
☎707-462-6550
🏠1550 S State St
🕐月〜金 7:30〜

自然食品、焼きたてのパンや食品雑貨類を販売している。

エリーズ・マット・ハット
Ellie's Mutt Hut
☎707-468-5376
🏠732 S State St
💰食事 約 $6.50
🕐月〜金 6:30〜20:00、土 6:30〜15:00

花で飾られた屋外のパティオでさまざまなおいしい野菜料理が楽しめる。

メイプル・レストラン
Maple Restaurant
☎707-462-5221
🏠295 S State St
💰食事 $5〜8
🕐月〜金 7:00〜13:00、土・日 7:00〜15:00

古風なコーヒーショップで朝食とランチが味わえる。フルーツパンケーキと特製オムレツがおすすめる。

シャッツ・コートハウス・ベーカリー&カフェ
Schat's Courthouse Bakery & Cafe
☎707-462-1670
🏠113 W Perkins St
💰スナック $2〜5
🕐月〜土 6:30〜20:30

チェックのテーブルクロスが敷かれた陽気なお店。

ディッシュ
Dish
☎707-462-5700
🏠109 S School St
💰1品 $8〜11
🕐月〜金 9:00〜17:30、土 10:00〜14:00

新スタイルのアメリカ家庭料理を出す。テイクアウト用の箱詰めが利用できる。

エル・ソンブレロ
El Sombrero
☎707-463-1818

🏠131 E Mill St
🍴ランチ＄7〜9 ディナー＄10〜15
🕐火〜土11:00〜21:00、日15:00〜20:00
サン・ハウス博物館の近く。シーフードや本格的メキシコ料理が楽しめる。

アンジェロズ・イタリアン・レストラン
Angelo's Italian Restaurant
☎707-462-0448
🏠920 N State St
🍴ランチ＄7〜10 ディナー＄11〜16
🕐月〜金11:00〜14:30、16:00〜21:30
さまざまなベジタリアン料理など、自家製のイタリア料理を出す。"バド＆スパゲッティ Bud & Spaghetti"のネオンサインがすべてを物語っている。

エンターテインメント

メンドシーノ・コミュニティ・カレッジ **Mendocino Community College**（☎707-468-3000）では劇、ダンスやコンサートが開かれる。

そのほかの文化イベントやトッド・グローブ・パーク **Todd Grove Park** で開かれるサンデイ・サマー・コンサート、町の広場で開かれるダンスについては商工会議所に問い合わせるとよい。

ユカイア・ブルーイング・カンパニー **Ukiah Brewing Co**（☎707-468-5898 🏠102 S State St）カバーチャージ＄5）は自家製ビールを出す気さくなパブだ。週末はレゲエ、サイコグラス、ニューアメリカンフォークソングなどのライブ演奏が行われる。

エル・ソンブレロ **El Sombrero** の2階の酒場カンティーナ **cantina**（🏠131 E Mill St）でもライブ演奏が行われることがある。ザ・コーヒー・クリティック **The Coffee Critic**（🏠476 N State St）でも同様。

ユカイアにはステート・ストリートを北に向かえば、ダイブ・バー、薄暗いカクテル・ラウンジ、ウエスタンスタイルのバーなどがたくさんある。ビリヤードやダーツのある店もあり、さらにカントリーウエスタンのラインダンスが楽しめる店もある。

ユカイア周辺
Around Ukiah

ワイナリー

地図には約30の地元のブドウ園が載っており、ユカイア商工会議所を通して予約すればツアーで見学できる所もある。

ユカイアの町には**ダンウッド・ヴィンヤード Dunnewood Vineyards**（☎800-624-0444 🏠2399 N State St 🕐毎日）のテイスティングルームがある。**パルダッチ・ワイン・エステート Parducci Wine Estates**（☎888-362-9463 🏠501 Parducci Rd 🕐試飲 9:00〜17:00）では、豊かでフルーティーなビンテージワインを生産している。ハイウェイ101からはメンドシーノ湖 Lake Mendocinoで下りよう。

レッドウッド・バレー・セラーズ Redwood Valley Cellars（☎707-485-0322 🏠7051 N State St, Redwood Valley 🕐試飲 9:30〜17:00）はユカイアの北7マイル（約11km）。オーガニックワインやカベルネポートワインを販売している。

ヴィシー・ホット・スプリングス・リゾート
Vichy Hot Springs Resort

1854年にオープンし、世界的に有名なフランスのヴィシー温泉にちなんで名づけられた。ここはカリフォルニアでもっとも古くから営業している鉱泉温泉だ。20世紀の変わり目の時代には、この温泉はサンフランシスコからの日帰り客で人気のスポットで、マーク・トウエイン、ジャック・ロンドン、ロバート・ルイス・スティーブンソンなどの著名な作家も保養に訪れた。

今日、このリゾート（☎707-462-9515 📠707-462-9516 🌐www.vichysprings.com 🏠2605 Vichy Springs Rd 🕐9:00〜 ⏱2時間＄22 終日＄35）だけが北アメリカでは唯一の、自然に炭化した温かい鉱泉である。ウエスト・コーストにある温泉と違い、ここでは水着の着用が義務づけられており（レンタル＄1.50）、設備は非常に充実している。

施設には鉱泉を沸かした屋外のお風呂と自然温100°F（38℃）のお風呂が屋内と屋外に10ある。沸騰したお湯をすするひしゃくを備えた岩屋もある。マッサージも受けられる。入湯料には700エーカー（約283ha）の敷地内の使用料も含まれていて、ここにはシニバー Cinebar鉱山の立つ坑やグリズリー・クリーク Grizzly Creek上流にある40フィート（約12m）の滝まで行けるハイキングトレイルがある。

ここには1854年に造られたスイートルームと2軒のコテージがある。この3つはメンドシーノ・カウンティでもっとも古い建造物だ。朝食と温泉入湯料が1泊料金に含まれている（RVサイト＄20 ロッジS＄115 W＄150、川に面した客室＄195 コテージ＄255）。RVサイト料には朝食や入湯料は含まれていない。

ハイウェイ101からヴィシー・スプリングス・ロード Vichy Springs Rdに入り、標識に従って約3マイル（約5km）東に向かう。ユカイアからはわずか5分の所にある。

オアー・ホット・スプリングス
Orr Hot Springs

着衣自由の憩いの湯で、バックパッカー、地元の人、急ぎの旅行者に愛されているオアー・ホット・スプリングス（☎707-462-6277、🏠13201 Orr Hot Springs Rd、🕐月〜日$15 火〜日$22 ⏰10:00〜22:00）には、レッドウッド材の共同バスタブ、屋外にはタイルや岩で作られた温水プール、4つの個人用の磁器製バスタブ、スイミングプール、サウナ、スチームルーム、マッサージルーム、庭などがある。

宿泊料はキャンプ＆ドミトリー式フトン・ベッドが1人$45、S$100、W$135、コテージ$185。入湯料や共同キッチン使用料が含まれる。月〜水曜日は10％の割引あり。

ハイウェイ101からN・ステート・ロードN State Rdに入り、北に向かってオアー・スプリングス・ロードOrr Springs Rdまで0.25マイル（約400m）行き、そこから西に向かって9マイル（約14km）走る。温泉までの険しく曲がりくねった山道のドライブは少なくとも25分かかる。見通しがきかないカーブに注意。

モンゴメリ・ウッズ州立保護区
Montgomery Woods State Reserve

オアー・ホット・スプリングスから西に2マイル（約3km）の所にあるこの1140エーカー（約461ha）の簡素な自然保護区（☎707-937-5804）では、レッドウッドの老木がある5つの森を保護している。2マイルの周回コースでは川を越え、レッドウッドの森を巡る。出発点はピクニック用テーブルとトイレがある場所の近く。ここは日帰り用の公園なので、キャンプはできない。

メンドシーノ湖
Lake Mendocino

ユカイアUkiahの北東5マイル（約8km）のなだらかな丘陵地帯にある1822エーカー（約737ha）のこの湖は、人造湖でポモ・インディアンが代々暮らした谷が水没している。湖の北側にはポモ・ビジターセンター Pomo Visitor Center（☎707-485-8253、🏠Marina Dr 🕐夏 水〜日 通常 9:00〜17:00）がある。ポモ・インディアンの円形の家を模した建物で、部族の文化やダムに関する展示をしている。夏は近くのマリーナ marina（☎707-485-8644）でボートのレンタルをしている。

コヨーテ・ダムCoyote Dam（長さ3500フィート＜約1067m＞高さ160フィート＜約49m＞）が湖の南西の角にある。湖の東689エーカー（約279ha）の地区が野生動植物保護区となっている。**USアーミー・コープス・オブ・エンジニアズ US Army Corps of Engineers**（☎707-462-7581 🏠1160 Lake Mendocino Dr ⏰月〜金 7:40〜16:30）がこのダムを建造し、湖を管理している。キャンプ、ハイキング、その他のレクリエーションに関する情報を提供しているが、オフィスがロワー・レイクにあるので不便だ。

この湖には300以上のさまざまなキャンプサイトが複合 **キャンプ場 campgrounds**（☎877-444-6777、🌐www.reserveusa.com、🏠キャンプサイト$8〜18）にある。

ほとんどのサイトで温水シャワーが利用可。予約が可能なサイトもあるが、その他は先着順。プリミティブな **ボート・イン・サイト boat-in sites**（ボートで行くキャンプサイト）（$5）もある。

アッパー・レイクへ行くには、ハイウェイ101から東に曲がり、ユカイアの数マイル北にあるハイウェイ20に入る。やがて右手に湖が見えたら、右に曲がりマリーナ・ドライブMarina Drに入る。標識に従って進むと、ビジターセンター、メインキャンプ場、マリーナに着く。

ウィリッツ
Willits

ユカイアの北およそ20マイル（約32km）に位置するウィリッツ（人口5000人）は北カリフォルニアのボヘミアン精神があふれる平均的な小さな町だ。牧畜業、材木業、製造業が町の経済を支える産業だ。観光客にとってウィリッツは、スカンク・トレインSkunk Trainの東の終着駅として有名である。メンドシーノ海岸から35マイル（約56km）離れたフォート・ブラッグFort Braggまで行くには、曲がりくねったハイウェイ20経由で約1時間かかる。

ハイウェイ20とハイウェイ101が交差するちょうど南にはウィリッツ・アーチWillits Archがそびえ立ち、ウィリッツは"レッドウッドへの入口"、"メンドシーノ・カウンティの中心地"と誇らしげだ。しかし、どちらもいささかこじつけかもしれない。このアーチはもともとネバダ州のリノに建っていたもので、1990年代にここに移築された。

アーチの北でハイウェイ101はメイン・ストリートMain Stとなり、モーテル、サイキックリーダー（人の過去や未来を"読む"ことができる特殊な能力を持った人たち、霊能力者）、ステーキハウス、スモークショップが建ち並び、その中に **ウィリッツ商工会議所 Willits Chamber of Commerce**（☎707-459-7910 🌐www.willits.org 🏠239 S Main St ⏰月〜金 10:00〜16:00）もある。

120年の歴史を持つ **スカンク・トレイン Skunk Train** の停車駅（☎707-459-5248、800-777-5865）は、ハイウェイ101の東、3ショートブ

ロック先のE・コマーシャル・ストリートE Commercial Stにある。スカンク・トレインはウィリッツと海岸沿いの町フォート・ブラッグFort Braggの間を毎日運行しており、すばらしい景色が楽しめる（詳細は後出の「フォート・ブラッグ」を参照）。

ウィリッツ観光に欠かせない**メンドシーノ・カウンティ博物館 Mendocino County Museum**（☎707-459-2736 ▲400 E Commercial St ▣任意（寸志） ◧水～日 10:00～16:30）では、この地域の歴史と文化を伝える想像力に富んだ展示物を見学できる。ポモ・インディアンやユキ・インディアンYuki Indianのかご細工や美術工芸品を見たり、この地域で起きたスキャンダラスな事件やカウンターカルチャー運動に関する記事を読んでいると1時間や2時間はあっという間に経ってしまうだろう。博物館の外では**ルーツ・オブ・モーティブ・パワー Roots of Motive Power**の展示があり、スチーム・ロギングsteam loggingや過去の機械のデモンストレーションが行われることもある。さらに毎年9月には、ランバージャック・ハンドカー・レースlumberjack handcar racesが開かれる。

大きなレッドウッドの森の中に位置する**ブルックトレイルズ・ゴルフ・コース Brooktrails Golf Course**（☎707-459-6761 ▲24860 Birch St ▣＄10～16）はシャーウッド・ロードSherwood Rdの奥、ダウンタウンを北に2マイル（約3km）行った所にある。このコースは北カリフォルニアでもっとも美しい9ホールの公共ゴルフコース。ハイウェイ20沿いのウィリッツの西15マイル（約24km）にある**ジャクソン・デモンストレーション州有林 Jackson Demonstration State Forest**は、ハイキングやマウンテンバイク用の学べるフォレストトレイルなど、日帰り用のさまざまなレクリエーション活動を提供している（フォート・ブラッグにあるジャクソン・デモンストレーション州有林の管理事務所では地図、トレイルガイド、その他役に立つ情報が入手できる。本章の後出参照）。

5月に開催される**ケルティック・ルネッサンス・フェアー Celtic Renaissance Faire**では、スコットランド伝統のハイランドゲーム、食べ物、音楽、ダンス、ジャグラー、美術工芸品が楽しめる。1926年から始まり7月の第1週に開かれる**ウィリッツ・フロンティア・デイズ＆ロデオ Willits Frontier Days & Rodeo**は"カリフォルニアで開催され続けているもっとも古いロデオ"だ。

宿泊

ハイウェイ101を西に2マイル弱行った所にある**ウィリッツKOAリゾート Willits KOA Resort**（☎707-459-6179、800-562-8542 ▲Hwy 20 ▣キャンプ＆RVサイト＄28～37 キャビン＄48～50）ではスカンク・トレインの乗車券を販売しており、スイミングプール、ハイキングコース、子供用の遊び場、家族向けアクティビティが楽しめる。

ジャクソン・デモンストレーション州有林 Jackson Demonstration State Forest
☎707-964-5674
▣キャンプサイト無料
ハイウェイ20の西の奥。バーベキューピット、ピクニックテーブル、汲み取り式トイレが付いたキャンプサイトがあるが、水道はない。サイトの管理人からキャンプの許可をもらう。

ヒドゥン・バレー・キャンプ場 Hidden Valley Campground
☎707-459-2521
▲29801 N Hwy 101
▣テントサイト＄17.50 RVサイト＄23
ウィリッツの北7マイル（約11km）にある。かなり込み合うサイトではあるが、緑が豊とは言いがたい。

ハイウェイ101沿いのモーテルはサービスの質がさまざまなので慎重に選びたい。スカンク・トレインとのパッケージについて問い合わせてみよう。

パイン・コーン・モーテル Pine Cone Motel（☎707-459-5044 ▲1350 S Main St ▣客室＄45～65）と**ペッパーウッド・モーテル Pepperwood Motel**（☎707-459-2231 ▲452 S Main St ▣客室＄30～55 キッチン付は＄10増）は安全で低価格のモーテルだ。

ホリデイ・ロッジ・モーテル Holiday Lodge Motel
☎707-459-5361、800-835-3972
▲1540 S Main St
▣客室＄50～110
スイミングプールや改装した部屋があり、料金にはコンチネンタルブレックファストが含まれる。スカンク・トレインへ無料で送迎してくれる場合もある。

オールド・ウエスト・イン Old West Inn
☎707-459-4201、800-700-7659
▲1221 S Main St
▣客室＄85～150
キッチュで西部開拓時代を思わせる楽しいモーテル。

ハイウェイ101沿いには**バエシュトル・クリーク・イン Baechtel Creek Inn**（☎707-459-9063、800-459-9911 ▲101 Gregory Lane ▣客室＄70～100）、**スーパー8モーテル Super 8 Motel**（☎707-459-3388、800-800-8000 ▲1119 S Main St ▣客室＄80～110）など、設備完備のより高級なモーテルがある。

ウィリッツ・クリーク・キャビン
Willits Creek Cabin
☎707-456-0201
✉willitscreekcabin@softhome.net
🏠190 Bittenbender Lane
💰S＄85 W＄100

1930年代の紡織工場従業員のコテージでダウンタウンから歩いて行ける距離にある。ロフト、ガス暖炉、バーベキューグリルがあり、6名が宿泊できる。

食事

新鮮な生産品は、ハイウェイ101から1ブロック奥の**ファーマーズマーケット**（🏠cnr Humboldt & State Sts 🕐5〜10月 木 15:00〜18:00）で入手できる。

ダウンタウンの南では**イデズ・ブリュード・アウェイクニング Yde's Brewed Awakening**を見落とさないように気をつけよう。ドライブスルーでエスプレッソが飲めて目を覚ましてくれるこの店はハイウェイ101の西側にある。

マリポサ・マーケット
Mariposa Market
☎707-459-9630
🏠600 S Main St
🕐月〜金 9:30〜18:30、土 10:00〜18:00、日 11:00〜16:00

自然食品やオーガニック食品を販売している。

アーデラズ・キッチン
Ardella's Kitchen
☎707-459-6577
🏠35 E Commercial St
🍴食事＄5〜8
🕐火〜土 6:00〜12:00

ハイウェイ101の半ブロック東にある。現地の人の間では朝食が人気だ。おいしい食事と愉快な会話にあふれている。

グリバルドズ・カフェ
Gribaldo's Cafe
☎707-459-2256
🏠1551 S Main St
🕐24時間

「朝食いつでも＄2.99」で知られた店。特選ディナーはビーフのリブ。早い時間にはサラダバーやビュッフェもある。

ザ・パープル・シスル
The Purple Thistle
☎707-459-4750
🏠50 S Main St
🍴メイン＄12〜18
🕐ディナー16:30〜

カジュアルな日本料理と"メンドニシアン"料理を出す店。オーガニック料理中心。値段がとてつもなく高くサービスもよくないのに、なぜか毎晩にぎわう店。自分の目で確かめてみよう。

もっと値段に見合った食事がしたいなら、隣にオープンしたばかりのカラフルな**ブリトー・エクスクイジート Burrito Exquisito**（☎707-459-5421 🏠42 S Hain St 🍴食事 約＄6 🕐11:00〜21:00）または通りの下手にある昔ながらのスタイルの**ステーキハウス steakhouse**がおすすめる。

エンターテインメント

シャナフィー・パブ
Shanaghie Pub
☎707-459-9194
🏠50B S Main St
🚫日曜休み

パープル・シスル・レストランの横にあり、DJやライブ演奏がほぼ毎晩楽しめる。

ウィリッツ・コミュニティ・シアター
Willits Community Theatre
☎707-459-0895
🏠212 S Main St

表彰ものの上演、詩の朗読、コメディーショーが年中開催されている。

コースト沿いのハイウェイ1
Coastal Highway1

パシフィック・コースト・ハイウェイとしても知られているハイウェイ1は、くねくねと海岸沿いを進む道路で、ボデガ・ベイBodega Bayから150マイル（約241km）北のレゲットLeggettでようやくハイウェイ101に接続する。忍耐は美徳という考えを持たない人にはおすすめできない。だが、その先にあるのは、寂しげに吹きさらされているフォート・ロスFort Ross、芸術の香り漂うメンドシーノMendocino村、多くの魅力的な公園、フォート・ブラッグFort BraggとウィリッツWillits間を結ぶ人気のスカンク・トレイン、そして何より、起伏に富んだ海岸線そのものなど、数々のすばらしい場所やアトラクションだ。

海岸線は、広大で海風が吹きつける砂丘から、人目につきづらい岩だらけの入り江までさまざま。ショートパンツや日焼けオイルではなく、厚手のジャケットやウィンドブレーカーが必要となる。ここでは水泳や日光浴ではなく、砂浜の散策やタイドプールの観察、珍しい貝殻や流木の発見、水平線へ沈んでいく太陽を眺めることが主なアクティビティだろう。

そのほかに、サーフィンや磯釣り、沖釣り、川釣り、ダイビングでのカニやアワビの捕獲が楽しめる。タイドプールは干潮時にのみ楽しめるもので、ヒトデやムール貝、ウニやイソギンチャク、ヤドカリといった海の生き物の生活を見ることができる。

コククジラ（大型ヒゲクジラの一種）が太平洋の沖合を移動する12月から4月にかけては、ホエールウォッチングがかなりの人気となる。ほとんどのウォッチングポイントや岬からでも見つけることができ、ボデガ・ベイやフォート・ブラッグからはツアー船も出航している。ジェナーJennerのロシアン川河口とフォート・ブラッグ近くのマッカーリッチャー州立公園MacKerricher State Parkではアザラシの群れを見ることができる。

海岸沿いは、たいてい夏場は涼しく霧が多く、冬場は寒くて雨が多い。5月終わり頃のメモリアル・デーから9月初めのレイバー・デーのシーズンと秋の週末には、海岸沿いの宿泊施設はどこも満員となるので、たとえキャンプ場であっても必ず予約が必要だ。できることなら春か秋、なかでも霧が晴れて海が青々と輝く9月か10月、夏の人出が一息ついた頃に訪れたい。

アクセス

メンドシーノ・トランジット・オーソリティ Mendocino Transit Authority（MTA；☎707-462-1422、800-696-4682）は沿岸地域で幾つかのバス路線を運行している。65番が毎朝メンドシーノ〜フォート・ブラッグ〜ウィリッツ〜ユカイア〜サンタローザを走っており、午後の便は逆回りとなる。サウス・メンドシーノ・コースト95番も毎日ポイント・アリーナ〜ジェナー〜ボデガ・ベイ〜セバストポル〜サンタローザを往復している。

サウス・コースト75番は月曜から金曜まで、グアララGualalaからハイウェイ128のナヴァロ・リバーNavarro River連絡駅まで行き、そこから内陸側のアンダーソン・バレーAnderson Valleyを経由してユカイアまで走っており、午後の便は逆回りとなる。ナヴァロ連絡駅では、アルビオンAlbion、リトル・リバーLittle River、メンドシーノ、フォート・ブラッグを経由する北行きの乗り換え切符をもらうことができる。

サンタローザでは、**ゴールデンゲート・トランジット・バス Golden Gate Transit buses**（☎707-541-2000）がサンフランシスコとベイエリアを結んでいる。**ソノマ・カウンティ・トランジット・バス Sonoma County Transit buses**（☎707-576-7433、800-345-7433）は、ロシアン川とソノマなどのソノマ・カウンティ内のポイントをつないでいる。**グレイハウンド Greyhound**（☎800-231-2222 www.greyhound.com）はハイウェイ101沿いを含むさらに外の地域まで運行している。

ボデガ・ベイ
Bodega Bay

内陸側の地域が蒸し暑い時も、たいていボデガ・ベイ（人口950人）は風通しが良くさわやかだ。海沿いの漁村であるこの地域は、海岸をぶらつく人、タイドプールをのぞき込んでいる人、ボデガ岬からクジラを観察する者、釣りやサーフィンを楽しむ人、そしてボデガ・ベイ名産の新鮮なシーフードを堪能している人でにぎわっている。

ボデガ・ベイは長い間ポモ部族の居住地であったが、1775年に入湾したスペインの帆船ソノラ号の船長、ホアン・フランシスコ・デ・ラ・ボデガ・イ・クアドラの名前にちなんでその名をボデガとした。19世紀初頭、ロシアからの入植者たちは毛皮猟のためにアラスカから海岸線沿いにフォート・ロスまでその活動範囲を広げ、小麦を栽培する農場をつくった。1842年にロシア人たちが引き上げたあと、アメリカ人が捨てられた交易所や農場に住み着いた。

ハイウェイ1はボデガ・ベイの東側に沿って走っている。ボデガ・ヘッド半島へはハイウェイ1からイーストショア・ロードを海側へ曲がり、ベイ・フラット・ロードの一時停止標示を右折する。タイズ・ワーフ・コンプレックスの向かいにある**ソノマ・コースト観光案内所 Sonoma Coast Visitor Information Center**（☎707-875-3866 www.bodegabay.com ⌂850 Hwy 1 ◯水木 10:00〜18:00、金・土 12:00〜20:00、日 11:00〜19:00）では、ボデガ・ベイ周辺から北のフォート・ロスまでの情報を入手できる。

ボデガ・ベイ・フィッシャーマンズ・フェスティバル Bodega Bay Fishermen's Festivalは4月に開かれるビッグイベントで、たくさんの観光客がやって来る。漁船に祈りを捧げたり、派手に飾られたボートのパレードが行われたり、ほかにも手工芸フェアや凧揚げなど多くの楽しい行事がある。2月か3月には大掛かりな**クラブ・フィード crab feed**（カニ祭り）も開かれる。

ボデガ・ベイを数マイル内陸に入った小さな街ボデガでは、アルフレッド・ヒッチコック監督の映画「鳥The Birds」が撮影された。

アクティビティ

海よりも陸という人にはボデガ岬Bodega Headの**ハイキング**が楽しいだろう。3.75マイル（約6km）ほどの小道が続くボデガ砂丘キャンプ場Bodega Dunes Campgroundなどの良

いコースがある。**キャンディー＆カイト Candy & Kites**（☎707-875-3777 🏠1415 Hwy 1）ではシングルラインやデュアルラインのさまざまなスポーツカイトが売られている。"ブロウデガ・ヘッドBlowdega Head"にはたいてい良い風が吹いている。

チャンスラー乗馬クラブ Chanslor Riding Stables（☎707-875-3333 🏠2660 Hwy 1 💰乗馬料＄25～50）では海岸とサーモン・クリークSalmon Creek沿いで乗馬が楽しめる。ロバート・トレント・ジョーンズJr.が設計したスコティッシュスタイルの18ホールのゴルフ場、**ボデガ・ハーバー・ゴルフ・リンクス Bodega Harbour Golf Links**（☎707-875-3538 💰＄40～90）は海に面している。

ボデガ・ベイ・サーフシャック Bodega Bay Surf Shack（☎707-875-3944 🏠1400 Hwy 1）ではサーフボード、ブギーボード、ウィンドサーフィン用品、シーカヤック、自転車、ウェットスーツのレンタルをしている。**サーフィン**のレッスンも行っている。

ボデガ・ベイ・カヤック Bodega Bay Kayak（☎707-875-8899 🏠1580 Eastshore Rd）ではカヤックのレンタルとガイド付の海岸ツアーを行っている。**ボデガ・ベイ・プロダイブ Bodega Bay Pro Dive**（☎707-875-3054 🏠1275 Hwy 1）でもダイビングのレッスンや機材のレンタル、ボートダイブの手配を行っている。

早めに予約しておいたほうがよいのが**スポーツフィッシング**、そして12月から4月の**ホエールウォッチング**だ。**ウィルズ・フィッシング・アドベンチャー Wil's Fishing Adventures**（☎707-875-2323 🏠1580 Eastshore Rd）とサンドパイパーカフェ隣の**ボデガ・ベイ・スポーツ・フィッシングセンター Bodega Bay Sport Fishing Center**（☎707-875-3344 🏠1500 Bay Flat Rd）では、ハーバークルーズのフィッシングツアー、ホエールウォッチングツアーを取り扱っている。フィッシングツアーやフィッシュ・アンド・チップスなどの軽食も提供している**ボートハウス The Boathouse**（☎707-875-3495 🏠1445 Hwy 1）およびボデガ・ベイ・スポーツ・フィッシングでは、餌や竿、釣り許可証の入手も可能だ。

次ページのソノマ・コースト州立ビーチも確認するとよい。

宿泊・食事

下記に挙げるキャンプ場は満員となることも多い。

ソノマ・カウンティ地域公園管理局 Sonoma County Regional Park（☎案内707-875-3540 ☎予約707-565-2267 💰キャンプサイト＄16 予約時＄23）はビーチ、温水シャワー、釣り場、ボートランプを共に有する**ドラン公園 Doran Park**（🏠201 Doran Beach Rd）と**ウエストサイド地域公園 Westside Regional Park**（🏠2400 Westshore Rd）を管理している。ドラン公園は入り江と海に挟まれた細長い土地で風が強い。ボデガ岬の入り江に面したウエストサイド公園キャンプ場も風が強い。

ボデガ・ハーバー・イン
Bodega Harbor Inn
☎707-875-3594
🌐www.bodegaharborinn.com
🏠1345 Bodega Ave
💰客室＄60～82 貸し別荘＄90～160
ハイウェイ1から半ブロック丘を登った所にあり、街でもっとも安い宿。室内はアンティーク家具で飾られている。

チャンスラー・ゲスト・ランチ
Chanslor Guest Ranch
☎707-875-2721
🌐www.chanslorranch.com
🏠2660 Hwy 1
💰＄80～150
ボデガ・ベイから約1マイル（約1.6km）北のB&B（ベッド＆ブレックファスト）。乗馬やマッサージ室、暖炉が楽しめ、部屋はすてきなカントリー調だ。

ボデガ・ベイ・ロッジ＆スパ
Bodega Bay Lodge & Spa
☎707-875-3525、800-368-2468
🌐www.bodegabaylodge.com
🏠103 Hwy 1
💰＄210～285
とても趣のある宿でゴルファーに人気が高い。夜にはワイン試飲会が開かれ、海に面したプールやマッサージスパ、フィットネスクラブなど豪華な設備が揃っている。パッケージプランを確認してみるといいだろう。

タイド・ワーフ＆レストラン Tides Wharf & Restaurant（☎707-875-3652 🏠835 Hwy 1 🍴朝食＆ランチ＄7～18 ディナー＄15～35）と、さらにその南にある**ルーカス・ワーフ・レストラン＆バー Lucas Wharf Restaurant & Bar**（☎707-875-3522 🏠595 Hwy 1 🍴食事＄10～40）は共にシーフードの専門店で、海に面した大きな窓は見晴らしがよく、船からの荷下ろしを眺められる。豊富なグルメフードを誇るレストランにもかかわらず、タイド・ワーフ＆レストランはツアーバスも受け入れている。さらに豪華なツアーバーも受け入れている。さらに豪華なルーカス・ワーフ・レストラン＆バーは長くすばらしいバーカウンターを備えており、持ち帰り用の食品も販売している。

サンドパイパー・ドックサイド・カフェ＆レストラン
Sandpiper Dockside Cafe & Restaurant
☎707-875-2278

⌂1410 Bay Flat Rd
💴$10〜

上の2店より小さいが、地元で人気の店で手軽な料金で楽しめる。軽快なサービスでシーフードを提供し、桟橋、マリーナ、入り江などの景色が眺められる。ハイウェイ1からイーストショア・ロードを海側に曲がり、一時停止標示をまっすぐ港の方へ進んだ所にある。

ダック・クラブ
Duck Club
☎707-875-3525
⌂103 Hwy 1
💴ブランチ＄7.50〜12 メイン＄18〜28

ボデガ・ベイ・ロッジ＆スパ内にある、ボデガ岬を見下ろす一流レストランだ。豪華なダイニングルームは錬鉄製のキャンデラブラ（枝付燭台）で飾られ、テーブルに並ぶカリフォルニアフレンチ料理は驚嘆に値する。

ソノマ・コースト州立ビーチ
Sonoma Coast State Beaches

ボデガ・ベイからジェナーに向かい、17マイル（約27km）にわたって10数カ所のビーチが連なっているこの岩の多い海岸地帯は、**ソノマ・コースト州立ビーチ Sonoma Coast State Beach**（☎707-875-3483）として知られる。

幾つか小さな入り江に隠れているが、そのほかは黄褐色の広大な砂地が広がっている。南から北へと目につくビーチを並べてみよう。**ボデガ砂丘 Bodega Dunes**、2マイル（約3km）もの長さの**サーモン・クリーク・ビーチ Salmon Creek Beach**、砂の広がる**ポルトガル＆スクールハウス・ビーチ Portuguese & Schoolhouse Beaches**、小船が停泊する**ダンカンズ・ランディング Duncan's Landing**、タイドプールと潮干狩りの楽しめる**シェル・ビーチ Shell Beach**、すばらしい景観とロシアン川河口のアザラシの群を見ることができる**ゴート・ロック Goat Rock**、これらはすべてジェナーJennerより北側にある。すべてのビーチは海岸沿いの**ハイキングトレイル**でつながっている。

ボデガ・ベイの1マイル（1.6km）北、**ボデガ砂丘キャンプ場 Bodega Dunes Campground**（キャンプサイト＄12）には小高い砂山とお湯の出るシャワーがある。さらに5マイル（約8km）北の**ライツ・ビーチキャンプ場 Wright's Beach Campground**（予約☎800-444-7275 🌐www.reserveamerica.com）キャンプサイト＄12）には、プライバシーこそあまり確保されていないが、人気の高いビーチ沿いの区画がある。

ウィロー・クリーク・ロードWillow Creek Rd沿い、ロシアン・リバー・ブリッジRussian

コースト沿いのハイウェイ1 − ソノマ・コースト州立ビーチ

River Bridgeの南側のハイウェイ1から内陸部に向かうと、**ウィロー・クリーク Willow Creek**と**ポモ・キャニオン Pomo Canyon**（キャンプサイト＄10）の2つの環境に配慮したキャンプ場がある。先着順で利用できる。駐車場は約500ヤード（460m）離れている。ウィロー・クリークには水道設備はなく、ポモ・キャニオンには水道栓がある。共に天候に左右されるが、4月から10月までオープンしている。

ジェナー
Jenner

人口160人のこの小さな海辺の町は、ロシアン川河口の丘の上にある。町の北にあるハイウェイ1の待避所からは、河口の**アザラシの群**を眺めることができる。アザラシの出産時期は3月から8月だ。ジェナーに滞在すれば、海岸にもロシアン川にも簡単にアクセスできる（前出該当項目を参照）。

ジェナー・イン＆コテージ
Jenner Inn & Cottages
☎707-865-2377、800-732-2377
🌐www.jennerinn.com
⌂Hwy 1
💴クリーク側客室＄88〜238 オーシャンビュー客室＄158〜258 コテージ＄158〜378

町の中心にあり、ジェナーのランドマークとなっているもっとも目立つ建物だ。料金にはベジタリアン風朝食が含まれている。ワインバーと暖炉のあるラウンジもある。

リバーズ・エンド
River's End
☎707-865-2484 📠707-865-9621
⌂11048 Hwy 1
💴客室、キャビン共に＄120〜180

数戸の美しいコテージとすばらしいシーフードレストラン（💴ランチ＄10〜20、ディナー＄23〜28 🕐木〜月 12:00〜15:30、17:00〜21:00）があり、どこからでもすてきな川を眺められる。食事はしなくとも、ロマンチックなバーだけでも立ち寄る価値はある。

フォート・ロス州立歴史公園
Fort Ross State Historic Park

1812年3月、25人のロシア人と、コディアク族とアリュート族を含む80人のアラスカ先住民がカシャヤ・ポモ族の村に近いこの地にやって来ると、木造の交易所を建て始めた。そして19世紀ロシア毛皮取引のアメリカ西海岸最南端の地となったフォート・ロスは、ラッコ捕獲、北部カリフォルニアとの取引、アラスカのロシア人に供給する小麦やその他農産物の栽培基地

コースト沿いのハイウェイ1 − ソルト・ポイント州立公園

となった。ラッコの減少による不猟、思い通りにならない農作業のためにこの地は捨てられたも同然となり、ロシアが占有していたのは1812年8月から1842年までであった。

現在、ジェナーの11マイル（約18km）北にあるフォート・ロス州立歴史公園（☎707-847-3286 ♠19005 Hwy 1 🚗車1台につき＄2 ⏰10:00〜16:30）には、ロシア交易所を正確に復元した建物がある。ほとんど元の建物はゴールド・ラッシュの時代はカリフォルニア・セントラル・バレーのサッター砦へ売却されたり、壊されたりしてしまった。**ビジターセンター**（☎707-847-3437）の歴史展示物はたいしたものではないが、カリフォルニアの歴史や自然などに関する品揃えの豊富なすばらしい本屋が併設されている。古いロシア人墓地と果樹園を歩くハイキングのことを尋ねてみるといいだろう。

7月最後の土曜日、リビング・ヒストリー・デイLiving History Dayには、当時のコスチュームを身にまとったボランティアたちが昔のフォート・ロスを再現する。ほかにもしばしば行われるイベント情報は、まずはホームページ（🌐www.parks.ca.gov）や、ビジターセンターで確認するのがいいだろう。

リーフキャンプ場
Reef Campground
☎707-847-3286
🏕キャンプサイト＄10
📅4月〜10月

歴史公園内にあり、ハイウェイ1からは約2マイル（約3km）南にある（水道水あり。シャワー設備なし）。先着順に利用でき、海沿いの渓谷から少し離れたちょうどいい位置にある。

スティルウォーター・コーブ地域公園
Stillwater Cove Regional Park
☎707-847-3245、予約☎707-565-2267
♠22455 N Hwy 1
🏕キャンプサイト＄16

ティンバー・コーブから2マイル（約3km）北。キャンプ場、温水シャワー、モントレー松の下を歩くハイキングトレイルがある。

シー・コースト・ハイドウェイ
Sea Coast Hideaways
☎707-847-3278
♠Hwy 1
🏕キャンプサイト 水道・電気付＄21 水道・電気なし＄19

フォート・ロスから北へ約3マイル（約5km）、ティンバー・コーブTimber Coveにある。海を見下ろす断崖にあり、小さな入り江の隔絶されたプライベートビーチを持つキャンプ場。温水シャワー、屋外風呂を備えており、ボートやスキューバダイビング用品のレンタル、

釣具、釣り餌なども準備している。2晩以上なら地域の貸家やキャビンのレンタルも行っている（＄195〜650）。

ティンバー・コーブ・イン
Timber Cove Inn
☎707-847-3231、800-987-8319
📠707-847-3704
♠21780 N Hwy 1
🛏客室 平日＄78〜 週末＄110〜

贅沢なロッジとレストラン。海あるいは日本式の池に面した幾つかの部屋では、天窓と暖炉、埋め込み式のローマ風浴槽が楽しめる。

ソルト・ポイント州立公園
Salt Point State Park

6000エーカー（約2428ha）の広さがある海岸沿いのこの公園（☎707-847-3221 🚗車両1台あたり1日につき＄2）には、ハイキングトレイルやピクニックグランド、タイドプール、ピグミーの森、そしてカリフォルニアでも長い歴史を持つ海底公園、**ガーストル・コーブ海洋保護区 Gerstle Cove Marine Reserve**があり、ダイビングやタイドプールの観察にはもってこいだ。少し内陸側に行くと、**クルーズ・ロードデンドロン州立保護区 Kruse Rhododendron State Reserve**がある。レッドウッドの林から漏れてくる日差しの下、30フィート（約9m）を上回る程に成長したシャクナゲが繁茂している。春、4月中旬から5月下旬の頃にはとてもきれいなピンク色の花が咲き誇る。ハイウェイ1からクルーズ・ランチ・ロードを東に向かい、駐車場の案内板にしたがって約半マイル（約800m）で到着する。

ウッドサイド Woodsideと**ガーストル・コーブ Gerstle Cove**（予約☎800-444-7275 🌐www.reserveamerica.com 🏕キャンプサイト＄12）の2つのキャンプ場では、モントレー松の下でキャンプができる。水道水はあるがシャワーはない。**環境に配慮したキャンプサイト environmental campsites**（キャンプサイト＄10）は駐車場から約半マイル（約800m）先、ウッドサイドキャンプ場の東側となる。サイトへは徒歩でしか入れない。

シー・ランチ
Sea Ranch

シー・ランチの村は海岸線に沿って、グアララの南側に計画的に広げられた。開発会社に対する長期にわたる訴訟の結果、多くのプライベートビーチをつなぐ公共の道路が建設された。**ハイキングトレイル**は現在、看板のある道路脇の駐車場から海沿いを抜け、断崖の頂上へつなが

っている。ハイウェイ1を55.24のマイル標識で下りた所の**シェル・ビーチ Shell Beach**の小道には、木の階段があり簡単に海辺に出られる。

シー・ランチ・ロッジ
Sea Ranch Lodge
☎707-785-2371、800-732-7262
📠707-785-2917
🌐www.searanchlodge.com
🏠60 Sea Walk Dr
🛏客室＄205～395

ハイウェイ1の海側、50.60のマイル標識付近にあり、本館と売店、郵便局がある。自然志向の部屋からは海を眺めることができ、風呂とテレビ付の部屋も幾つかある。レストラン、雑貨屋、ゴルフコースも併設している。

ロッジの北側、ハイウェイ1の内陸側にある風変わりな様相をした**チャペル**を見て、ひと笑いしていくのをお忘れなく。

グアララ
Gualala

この小さな海辺の町（人口585人）は製材所の町として1860年代にできた。**ドルフィン・アート・ギャラリー Dolphin Arts Gallery**（☎707-884-3896 🏠39225 Hwy 1 🕐水～月 10:00～17:00、火 12:00～16:00）は、歴史あるグアララ・ホテル裏手に隠れたモールにある。立ち寄って地図と観光情報をもらっていくといいだろう。

町の南端、昔からの通りステート・ロード State Rd沿いにある**グアララ・アート・センター Gualala Arts Center**（☎707-884-1138 🕐月～金 9:00～16:00、土・日 12:00～16:00）には、特別展示ギャラリーがあり、毎年8月第3週末には**アート・イン・ザ・レッドウッズ・フェスティバル Art in the Redwoods Festival**を開いている。同じステート・ロード沿いには、レッドウッド林のキャンプ場**グアララ・リバー・レッドウッド公園 Gualala River Redwood Park**（☎707-884-3533 🛏キャンプサイト＄15 RVサイト＄32～38 🕐5月の最終月曜メモリアル・デーから9月の第1月曜レイバー・デーまで）がある。

グアララ・ポイント地域公園
Gualala Point Regional Park
☎707-785-2377 予約☎707-565-2267
🏠42401 Hwy 1
🛏キャンプサイト＄12

街の南約1マイル（約1.6km）、グアララ川に沿ったレッドウッド林の中にあり、温水シャワーがある。ハイキングトレイルは川沿いにあり、ビーチに沿って海岸の断崖まで続き、ホエールウォッチングのポイントがある。

セントオーレス・イン
St Orres Inn
☎707-884-3303 📠707-884-1840
🌐www.saintorres.com
🏠36601 Hwy 1
🛏B&B（ベッド＆ブレックファスト）＄80～95 コテージ＄110～210

町の北側の外れにある、荒削りのレッドウッド材を使ったロシア風の宿。庭からは海を見渡すことができる。すてきな**ダイニングルーム**（予約☎707-884-3335 🍴メイン＄40）ではすばらしい北海岸地方料理を堪能できる。

ポイント・アリーナ
Point Arena

ポイント・アリーナ（人口440人）は小さな漁師町で、100年近く建っている灯台付近にある風の強い土地だ。**ポイント・アリーナ灯台 Point Arena Lighthouse**（☎707-882-2777 🎫大人＄4 子供＄1 ハイキングする人＆サイクリングする人 無料 🕐4月～9月 10:00～16:30、10月～3月 月～金 11:00～15:30、土・日 10:00～15:30）は町から2マイル（約3km）北、この地では2番目に建てられた灯台だ。もとは1870年に建てられたが、1906年の地震により崩れた。旅行者はガイドの案内の下で博物館を見学でき、115フィート（約35m）の頂上まで上ることができる。

周囲にある元米国沿岸警備隊の家々（団地を思い浮かべるとよいだろう）の幾つかは、非営利団体 **ポイント・アリーナ灯台守 Point Arena Lighthouse Keepers**（☎707-882-2777、877-725-4448 📠707-882-2111 🏠一軒家＄140）によって貸し出されている。

ローラービル・ジャンクション Rollerville Junction（☎707-882-2440 📠707-882-3049 🏠22900 Shoreline Hwy 🛏テント＄26、RVサイト＄32、キャビン＄38、コテージ＄95）はハイウェイ1の出口のうしろにあり、温水シャワー、コンビニエンスストア、ランドリー、時期によっては温水浴槽がある。

アリーナ・コーブの町を西へ1マイル（約1.6km）、ポイント・アリーナの小さな桟橋を見下ろす所に歴史的な**ワーフマスターズ・イン Wharfmaster's Inn**（☎707-882-3171、800-932-4031 📠707-882-4114 🌐www.wharfmasters.com 🏠785 Port Rd 🛏客室＄95～175 スイート＄225～250）がある。1862年に復元されたビクトリア様式の家で、週半ばとオフシーズンには割引料金が設定される。

ダウンタウンには幾つかのモーテルとB&B（ベッド＆ブレックファスト）があるが、特にそこで宿泊する必要もないだろう。おなかが

空いたら、財布にやさしい**エルブリトー El Burrito**（☎707-882-2910）⌂165 Main St ◷7:30〜19:00）や、さらに丘を登った情熱的な**パンゲア Pangaea**（☎707-882-3001）⌂250 Main St メイン＄16〜22 水〜金 18:00〜、土・日 17:00〜）で、大胆で折衷的なカリフォルニア料理とデカダン風のデザートを楽しむのもいい。

アリーナシネマ Arena Cinema（☎707-882-3456）⌂214 Main St）ではロードショー、外国映画、芸術映画を観られる。通りの向かい、7色の壁をした**コーヒーハウス**に立ち寄りビリヤードをしていくのもいいだろう。

マンチェスター州立ビーチ
Manchester State Beach

ポイント・アリーナから7マイル（約11km）北に行った所、小さな町マンチェスターのすぐ北にはハイウェイ1のもう1つの出口があり、長く荒々しい砂浜のあるマンチェスタービーチに行くことができる。**ロス牧場 Ross Ranch**（☎707-877-1834）はさらに5マイル（約8km）北のアイリッシュビーチにあり、乗馬は2時間の海岸線コースが＄60、山岳コースは＄50で楽しめる。予約したほうがよい。

メンドシーノ・コースト KOA Mendocino Coast KOA（☎707-882-2375、800-562-4188 www.manchesterbeachkoa.com）テント＄29〜 RVサイト＄36〜 キャビン＄48〜58）ではモントレー松の林の中に点在するキャンプ場があり、共同調理場、温水シャワー、温水浴槽、プール、ハイキングトレイル、レンタル自転車を利用できる。

海岸方面に半マイル（約800m）進んだ所にある**マンチェスター州立公園 Manchester State Park**（☎707-882-2463 キャンプサイト＄7）には草に覆われたキャンプ場がある。シャワーはないが水道水がある。10ヵ所の**環境に配慮したキャンプサイト**（キャンプサイト＄5）は砂丘に隠れ、駐車場からは歩いて1.5マイル（約2km）。ここでは小川の水がそのまま使われている。どちらも予約制ではない。

エルク
Elk

エルク（人口250人）も瞬きしている間に見逃してしまいそうな小さな海岸町だ。町の南端にある**グリーンウッド州立ビーチ Greenwood State Beach**（☎707-877-3458）にはピクニックテーブルは置いてあるが、キャンプ場はない。**ビジターセンター**（3月中旬から10月まで 土・日 11:00〜13:00）には町の歴史が展示

されている。**フォース10 Force 10**（☎707-877-3505）に電話し、ガイド付2時間＄95のシーカヤックツアーに参加してみるといいだろう。

幾つかの高級B&B（ベッド＆ブレックファスト）では静かで美しい海岸を堪能できる。

グリフィンハウス・アット・グリーンウッド・コーブ
Griffin House at Greenwood Cove
☎707-877-3422
www.griffinn.com
⌂5910 S Hwy 1
ガーデンビュー・コテージ＄100〜 オーシャンビュー・コテージ＄150〜
薪を燃やすストーブがある。

グリーンウッド・ピア・イン
Greenwood Pier Inn
☎707-877-9997 707-877-3439
www.greenwoodpierinn.com
⌂5928 S Hwy 1
スイート＄130〜300

グリフィンハウスの隣にある。海に近い庭と宿の主人の親切さが自慢の宿。すべての部屋には暖炉と、海に面したベランダがある。ヘルシーでグルメな**カフェ**（食事＄20未満）ではほとんどの土曜の晩、生演奏が楽しめる。

サンドパイパー・ハウス
Sandpiper House
☎707-877-3587、800-894-9016
www.sandpiperhouse.com
⌂5520 S Hwy 1
＄140〜260

1916年に建てられた灰色の海辺の家。町の外れにある。

エルク・コーブ・イン
Elk Cove Inn
☎707-877-3321、800-275-2967
707-877-1808
www.elkcoveinn.com
⌂6300 S Hwy 1
客室＄100〜 コテージ＄240〜 スパスイート＄300〜350
カクテルバーがある。

ハーバーハウス・イン
The Harbor House Inn
☎707-877-3203、800-720-7474
707-877-3452
www.theharborhouseinn.com
⌂5600 S Hwy 1
コテージ＄300〜425

クロウフットタブ（脚付浴槽）が付いた、海の見えるクラフトマンスタイルのコテージが寄りそうように幾つかある。料金は4品料理の食事料金込み。

クイニーズ・ロードハウス
Queenie's Roadhouse
☎707-877-3285
1品＄5〜8
木〜月 8:00〜15:00

軽食を出す古風で趣のあるカフェ。州立ビーチの向かい、デリカテッセンとガソリンスタンドの脇にある。

ブリジッド・ドーラン・アイリッシュパブ＆ディナーハウス
Bridget Dolan's Irish Pub & Dinner House
☎707-877-1820
5910 S Hwy 1
食事＄8〜18
日〜木 17:30〜21:00、金・土 17:30〜21:30

ソーセージとマッシュポテトの組み合わせやベジタリアンラザニヤなどがある。

バン・ダム州立公園
Van Damme State Park

メンドシーノから3マイル（約5km）南に進んだこの州立公園は、変わった**ピグミーの森 pygmy forest**でよく知られている。酸性の土と表面層の下の固い底土により、数十年も育っているにもかかわらず数フィートの高さにしかなっていない、自然にできた小さな盆栽のような樹木が生えているのだ。車椅子も利用できる1段高くなった遊歩道があるので、森には簡単に行くことができる。

行き方はハイウェイ1からリトル・リバー・エアポート・ロードを東へ、バン・ダム州立公園入口の半マイル（約800m）南から3マイル行った所にある。あるいはキャンプ場から、リトル・リバーLittle Riverを何度もまたぐハイキングトレイル、**ファーン・キャニオン・シーニック・トレイル Fern Canyon Scenic Trail**を3.5マイル（約6km）歩いてくることもできる。**ビジターセンター** ☎707-937-4016 夏10:00〜16:00 それ以外 土・日10:00〜16:00）には自然の展示、ビデオ、解説プログラムがあり、近くから沼をぐるりと回るハイキングトレイルがスタートする。**ロスト・コースト・カヤック Lost Coast Kayaking** ☎707-937-2434）で海食洞sea-caveのカヤックツアー（＄45）とカヤックレンタル（＄20）を聞いてみるといい。

もし、車を海岸近くに停めて公園まで歩くのなら、日中の駐車場料金は無料だ。2つの**キャンプグラウンド**（時期により予約 ☎800-444-7275 www.reserveamerica.com キャンプサイト＄12）には温水シャワーが付いており、1つはハイウェイ1を下りてすぐのハイランド・メドウにある。もう1つは10カ所の**環境に配慮**したキャンプサイト（キャンプサイト＄12）で、公園内の駐車場からファーン峡谷を1.75マイル（約3km）歩いた所にある。

メンドシーノ
Mendocino

太平洋を見下ろす断崖にあるメンドシーノ（人口1000人）は、1850年代にニューイングランドから移り住んできた人たちによって、製材所の町としてつくられた。19世紀の終わり頃には、メンドシーノ湾からサンフランシスコへのレッドウッド材の船輸送で栄えた。1930年代になると製材所は閉鎖し、その後、1950年代に芸術家たちがボヘミアンのパラダイスとして再発見するまで眠っていた地だ。

ケープコッドとビクトリア様式の建物はすべて美しく復興され、町全体がナショナル・レジスター・オブ・ヒストリック・プレイス（アメリカの歴史遺産登録制度）となっている。たくさんの人たちがアートギャラリー、レストラン、B&B（ベッド＆ブレックファスト）を目当てにやってくるが、時にメンドシーノ自体がそれらを戯画化したもののように思えることもある。とは言え、地元の人々はそんな押し寄せる人々を歓迎している。夏のピークシーズン以外はより落ち着いた雰囲気で、この地域の自然の美しさを感じられる。海辺のキャンプ場やフォート・ブラッグに泊まることで人込みを避けることもできる。

現地を訪れる前に、ホームページで事前に町を見ることができる（www.gomendo.com）。あるいは、**フォード・ハウス・ビジター・センター＆ミュージアム Ford House Visitor Center & Museum**（☎707-937-5397 735 Main St 寄付制

銀幕のスター

この小さな町メンドシーノでは、50作以上のテレビと映画が撮影されている。もっとも古い物は1916年の無声映画「プロミスThe Promise」で、列車事故を描いた作品。非常に有名な作品としては、ジェームス・ディーンが主演した「エデンの東East of Eden」（1954年）、「理由なき反抗Rebel without a Cause」（1955年）、ほかにも南メンドシーノ海岸で撮影された「青いイルカの島The Island of the Blue Dolphins」（1964年）、アンジェラ・ランズベリーが主役のテレビシリーズ「ジェシカおばさんの事件簿Murder, She Wrote」（1984〜1996年）がある。新作ではジム・キャリーの「マジェスティックThe Majestic」（2001年）に、ポイント・カブリヨ灯台とフォート・ブラッグのスカンク・トレイン駅で撮影されたシーンが収められている。

コースト沿いのハイウェイ1 – メンドシーノ

メンドシーノ

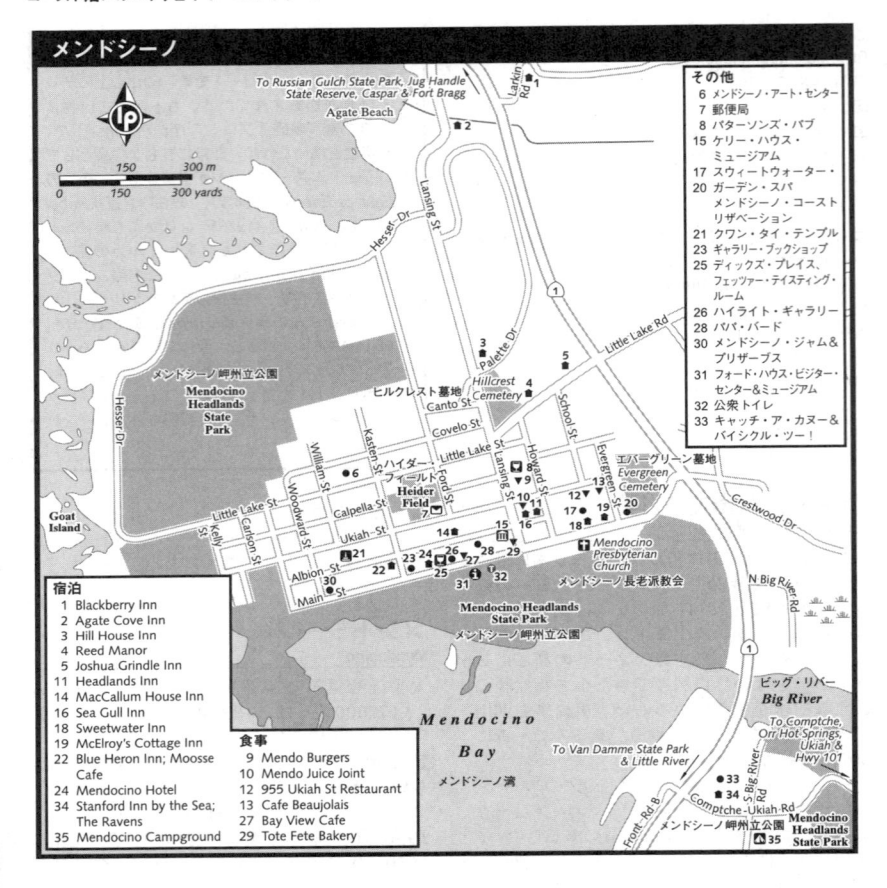

その他
6 メンドシーノ・アート・センター
7 郵便局
8 パターソンズ・パブ
15 ケリー・ハウス・ミュージアム
17 スウィートウォーター・…
20 ガーデン・スパ メンドシーノ・コースト リザベーション
21 クワン・タイ・テンプル
23 ギャラリー・ブックショップ
25 ディックズ・プレイス、フェッツァー・テイスティング・ルーム
26 ハイライト・ギャラリー
28 パパ・バード
30 メンドシーノ・ジャム&プリザーブス
31 フォード・ハウス・ビジター・センター&ミュージアム
32 公衆トイレ
33 キャッチ・ア・カヌー&バイシクル・ツー!

宿泊
1 Blackberry Inn
2 Agate Cove Inn
3 Hill House Inn
4 Reed Manor
5 Joshua Grindle Inn
6 Headlands Inn
14 MacCallum House Inn
16 Sea Gull Inn
18 Sweetwater Inn
19 McElroy's Cottage Inn
22 Blue Heron Inn; Moosse Cafe
24 Mendocino Hotel
34 Stanford Inn by the Sea; The Ravens
35 Mendocino Campground

食事
9 Mendo Burgers
10 Mendo Juice Joint
12 955 Ukiah St Restaurant
13 Cafe Beaujolais
27 Bay View Cafe
29 Tote Fete Bakery

$1（11:00～16:00）に立ち寄り地図や本を入手し、メンドシーノと周囲の州立公園の情報を集め6、自然や文化の歴史展示物を見るのもよいだろう。温かくて甘いホットサイダーとビデオがいつでも用意してある。断崖の近くにはピクニックコーナーとトイレがある。メイン・ストリートの向こうにある有名な**ウォータータワー water towers**も見ていこう。

観光スポット

全国的にも有名な200以上のアート教室とともに**メンドシーノ・アート・センター Mendocino Art Center**（☎707-937-5818、800-653-3328 ⓦ www.mendocinoartcenter.org ⚑45200 Little Lake St ギャラリー10:00～17:00）では展示、アート&クラフトフェア、演劇も行われている。町の周辺の**アートギャラリー**でも、4月から12月の毎月第2土曜日にはスペシャルイベントが開かれる。

1861年に建てられた**ケリー・ハウス・ミュージアム Kelley House Museum**（☎707-937-5791 ⚑45007 Albion St $2 6月～9月13:00～16:00、10月～5月 金～月13:00～16:00）には、研究図書館とカリフォルニアと地域の初期からの変遷がわかる展示がある。もう1つの歴史的な建物、1852年に建てられた**クワン・タイ・テンプル Kwan Tai Temple**（⚑45160 Albion St）では窓から昔の中国祭壇をのぞくことができる。

最近改修された1909年築の**ポイント・カブリヨ灯台 Point Cabrillo Lighthouse**（☎707-937-0816 ⚑Point Cabrillo Dr 無料 3月～10月金～月 11:00～16:00）はロシアン峡谷Russian Gulchとキャスパー・ビーチCaspar Beachの間、町の北側にある300エーカー（約364ha）の自然保護区域の中にある。5月から9月の間、日曜日の11時からガイド付のエコロジー・ヒストリーツアーが開かれている。

アクティビティ

スウィートウォーター・ガーデン・スパ
Sweetwater Gardens Spa
☎707-937-4140、800-300-4140
🏠955 Ukiah St
🕐月～木13:00～22:00、金・日12:00～22:00、土12:00～23:00

マッサージとリラクゼーションがある。1時間のプライベート浴槽とサウナのセットは＄15だが、一般スパの入場料は＄8.5（水曜＄6）だ。

町を取り囲んでいる**メンドシーノ岬州立公園 Mendocino Headlands State Park**には断崖や岩の多い入り江を見下ろせる小道が縦横に走っている。12月から3月にかけての週末には、無料の**スプリング・ワイルドフラワー・ウォーク spring wildflower walks**や**ホエールウォッチング・ウォーク whale-watching walks**が開かれることがあるので、ビジターセンターで尋ねてみるといい。ガイド付のヒストリーウォークもリクエストに応じて手配してもらえる。

キャッチ・ア・カヌー＆バイシクル・ツー！
Catch A Canoe & Bicycles, Too!
☎707-937-0273、800-320-2453
🏠Comptche-Ukiah Rd

マウンテンバイクとカヤック、アウトリガーカヌーのレンタルを行っており、8マイル（約13km）にも及ぶ北カリフォルニア最長の、未開発のビッグ・リバー河口域を下るガイドなしツアーがある。そこにはハイウェイも建物もなく、海岸と森林、塩湿地と河床、豊富な自然と歴史的な伐木跡地だけがある。当時の鉄道の橋げたや杭材、木材のダムなども残っている。

アルビオン Albionはアルビオン川河口の北側にある小さな町で、メンドシーノから約5マイル（約8km）南、カヤックで航行できる川と海がある。

年中行事

メンドシーノでは多くの年中行事が開かれる。1月後半から2月前半、**メンドシーノ・クラブ＆ワインデイズ Mendocino Crab & Wine Days**ではワインの試飲、料理教室、ホエールウォッチング、カニ獲りツアーが開かれる。**メンドシーノ・ホエール・フェスティバル Mendocino Whale Festival**は3月第1週の週末に開かれワインとチャウダーの試飲・試食、ホエールウォッチングウォークツアーと街頭演奏が楽しめる。

7月中旬には**メンドシーノ・ミュージック・フェスティバル Mendocino Music Festival**（🌐www.mendocinomusic.com）が開かれる。オーケストラと室内楽団のコンサートが岬で開かれ、子供のためのマチネや公開リハーサルがある。

メンドシーノ・ワイン＆マッシュルーム・フェスティバル Mendocino Wine & Mushroom Festivalは11月上旬に行われる12日間におよぶフェスティバル。ガイド付のキノコツアーと討論会が開かれる。

12月の**メンドシーノ・コースト・クリスマス・フェスティバル Mendocino Coast Christmas Festival**ではキャンドルライト・イン・ツアーと音楽などが楽しめる。

宿泊

ビクトリア様式のB＆B（ベッド＆ブレックファスト）に泊まりたいという人以外には、どうやらここはあまり向いていない。10マイル（約16km）北のフォート・ブラッグのほうがたいていは安く泊まれることを覚えておくとよい。

メンドシーノ・コースト・リザベーション
Mendocino Coast Reservations
☎707-937-5033、800-262-7801
📠707-937-4236
🌐www.mendocinovacations.com
🏠1000 Main St
🕐9:00～17:00

貸し別荘、コテージ、B＆B（ベッド＆ブレックファスト）の予約をしてもらえる。

スウィートウォーター・スパ＆イン
Sweetwater Spa & Inn
☎707-937-4076、800-300-4140
🌐www.sweetwaterspa.com
💰客室＆コテージ＄60～200

困惑するほど多くの種類の宿泊施設が、町中やリトル・リバー周辺に用意されている。こぢんまりしたB＆B（ベッド＆ブレックファスト）の部屋から海を見渡すコテージ、ウォータータワーの離れ家まで、料金にはすべてスパの特典が含まれている。

キャンプ場・キャビン ハイウェイ1からちょっと上った所にある**メンドシーノキャンプ場 Mendocino Campground**（☎707-937-3130 🏠Comptche-Ukiah Rd 📅4月～10月 キャンプサイト＄19）には温水シャワーがあり、近くには自然森林ハイキングトレイルがある。静かな田舎のキャンプ場だ。

ロシアン峡谷州立公園
Russian Gulch State Park
予約☎800-444-7275
🌐www.reserveamerica.com
💰キャンプサイト＄12

温水シャワーと岩ばった岬、砂浜、小さな滝、そしてデビルズ・パンチ・ボウルという崩れたシーアーチのある見つけにくいキャンプ場。町から2マイル（約3km）北にある。

キャスパー・ビーチRV公園
Caspar Beach RV Park
☎707-964-3306 ℻707-964-0526
🏠14441 Cabrillo Dr
キャンプサイト＄22 RVサイト＄25～30
メンドシーノから3マイル（約5km）北にある、キャスパー・ビーチ脇の隠れた小峡谷内にある。

メンドシーノから5マイル（約8km）南のアルビオンには2つのキャンプ場、**スクーナーズ・ランディング・キャンプ場 Schooner's Landing Campground**（☎707-937-5707 キャンプサイト＄24～29.50）と、**アルビオン・リバーキャンプ場 Albion River Campground**（☎707-937-0606 キャンプサイト＄19 RVサイト＄27）がある。

モーテル・ホテル
町の北側にある**ブラックベリー・イン Blackberry Inn**（☎707-937-5281、800-950-7806 www.mendocinomotel.com 🏠44951 Larkin Rd 客室＄95～145）は個性的だが居心地の良い西部風の宿泊施設だ。

ヒル・ハウス・イン
Hill House Inn
☎707-937-0554、800-422-0554
℻707-937-1123
www.hillhouseinn.com
🏠10701 Palette Dr
客室＄150～225
田舎の宿屋のような外観をした巨大なモーテル。海の見える部屋と趣のある家具が揃っている。インターネットの特別割引がないか調べてみよう。

メンドシーノ・ホテル
Mendocino Hotel
☎707-937-0511、800-548-0513
www.mendocinohotel.com
🏠45080 Main St
客室 バス付＄120～ バスなし＄95～、スイート＄275～
1878年に建てられた海を見下ろすビクトリア様式の宿屋。庭に面した部屋と裏にはスイートがある。

B&B（ベッド＆ブレックファスト）
ビクトリア様式のB&B（ベッド＆ブレックファスト）はメンドシーノに数多くあるが、もっとも有名と思われるのは**ヨシュア・グリンドル・イン Joshua Grindle Inn**（☎707-937-4143、800-474-6353 www.joshgrin.com 🏠44800 Little Lake Rd 客室＄130～245）だ。宿泊者はグルメな朝食、到着時にサービスされるクッキー、地元産のワインを味わえる。ウォータータワーの離れ家について尋ねてみよう。

マッカラム・ハウス・イン
MacCallum House Inn
☎707-937-0289、800-609-0492
www.maccallumhouse.com
🏠45020 Albion St
客室＄100～195
1882年に建てられ、幾つかのコテージには昔ながらのストーブが、そのほかは石造りの暖炉がある。

町中にあるほかのB&Bでは、1900年代初期のクラフトマンスタイルの**マッケルロイ・コテージ・イン McElroy's Cottage Inn**（☎707-937-1734、888-262-3576 www.mcelroysinn.com 🏠998Main St 客室＄70～115）や、ケープコッドスタイルの**ブルー・ヘロン・イン Blue Heron Inn**（☎707-937-4323 🏠390 Kasten St 客室＄95～115）、居心地の良いソルトボックスsaltbox（前が2階建て、うしろが1階建ての家）家屋の**ヘッドランズ・イン Headlands Inn**（☎707-937-4431 ℻707-937-0421 www.headlandsinn.com 🏠cnr Albion & Howard Sts 客室＄110～195）、そして**シー・ガル・イン Sea Gull Inn**（☎707-937-5204、888-937-5204 🏠44960 Albion St 客室＄80～165）の見晴らし部屋も価値が高い。

アゲート・コーブ・イン
Agate Cove Inn
☎707-937-0551、800-527-3111
℻707-937-0550
www.agatecove.com
🏠11201 Lansing St
客室＄130～250 オーシャンビュー・コテージ＄190～290
農家造り風の部屋と樹齢100年を越すイトスギの木がある。

スタンフォードイン・バイ・ザ・シー
Stanford Inn by the Sea
☎707-937-5615、800-331-8884
℻707-937-0305
www.stanfordinn.com
🏠Comptche-Ukiah Rd
客室 暖炉付＄245～285
実際に利用されている小さな有機畑のあるロッジの傑作だ。各部屋は完璧で4柱式、あるいは19世紀前半風のベッドと、薪式の暖炉がある。宿泊者にはこだわりの朝食とサービスのワインが振る舞われ、温室プールとスパもある。ペット歓迎。

メンドシーノ・ファームハウス
Mendocino Farmhouse
☎707-937-0241、800-475-1536
www.mendocinofarmhouse.com
🏠Comptche-Ukiah Rd
客室＄95～145

町からはさほど離れてはいないが、栄養たっぷりの朝食が出される、草とレッドウッドに囲まれた落ち着いた田舎の隠れ家だ。

オールド・ミルファーム・スクール・オブ・カントリー・リビング
Old Mill Farm School of Country Living
☎707-937-0244

メンドシーノから7マイル（約11km）内陸に向かい、ビッグ・リバーに隣接したなだらかな起伏の頂にある。泊り客は自給の小さな有機畑での作業を体験できる。ハイキングトレイル、天然プール、森林、ガーデンとそのほかの自然の美しさを味わえる。日程などは電話で確認のこと。

食事

トート・フェート・ベーカリー
Tote Fete Bakery
☎707-937-3383
🏠10450 Lansing St

軽食やピクニック用の買出しに最適。裏にはガーデンがある。

メンド・バーガーズ
Mendo Burgers
☎707-937-1111
🏠10483 Lansing St
🍴$5以下
🕐11:00～17:00

メンドシーノ・ベーカリー＆カフェの裏手にある、昔ながらのカウンターでランチを楽しめる店。北カリフォルニアスタイルで、メニューにはベジ、チキン、ターキー、フィッシュバーガーがある。

メンド・ジュース・ジョイント
Mendo Juice Joint
☎707-937-4033
🏠10418 Lansing St
🍴スナック類$3～6
🕐6:30～

ファンキーでのんびりとした、地元の人が集まる店。有機ジュース、スムージー、エスプレッソに加え、自家製の焼き菓子やちょっとしたお菓子なども売っている。

ベイ・ビュー・カフェ
Bay View Caé
☎707-937-4197
🏠45040 Main St
🍴朝食＆ランチ$10未満 ディナー$10～15
🕐日～木 8:00～16:30、金・土 8:00～22:00

名前の通り2階のダイニングルームと屋外デッキからは海が眺められる。朝食のおいしさがよく知られている。

メンドシーノ・ホテル
Mendocino Hotel
☎707-937-0511
🏠45080 Main St
🍴メイン$18～35

欧風料理が味わえるエレガントなビクトリア様式のレストラン。朝食とランチは毎日ホテル内の **ガーデン・バー＆カフェ Garden Bar & Cafe** で楽しめる。食通に愛されているほかの高級レストラン同様、予約をおすすめする。

カフェ・ボジョレー
Cafe Beaujolais
☎707-937-5614
🏠961 Ukiah St
🍴メイン$18～25
🕐5:45～21:00

1893年に建てられたビクトリア様式のファームハウス内にあり、メンドシーノでもっとも有名なレストランだろう。高級カリフォルニア料理が出され、メニューには有機野菜料理、シーフード料理、人手で飼育された家畜の肉料理が並ぶ。

マッカラム・ハウス・レストラン
MacCallum House Restaurant
☎707-937-0289
🏠45020 Albion St
🍴軽食$6～12 メイン$20～32
🕐5:30～

同名の宿の中にあり、シェフ自らがその手で選んだ新鮮な地元食材を使用した地方料理で名高い。

955ユカイア・ストリート・レストラン
955 Ukiah St Restaurant
☎707-937-1955
🏠955 Ukiah St
🍴メイン$15～25
🕐水～日 ディナー18:00～

庭園の小道沿いにある、もう1軒のウエストコースト料理の名店。赤鯛のパイ生地包み焼ペストソース（バジル、松の実、オリーブ油とおろしたパルメザンチーズを混ぜて作ったソース）仕立てが1番だろうか。

ムース・カフェ
Moosse Cafe
☎707-937-4323
🏠390 Kasten St
🍴ランチ約$10 ディナー$16～22
🕐11:00～15:30 & 17:30～21:30

ブルー・ヘロン・イン内にあるくつろげるレストランで、アイデアを生かした親しみ深い料理とオリジナルのデザートがある。

レイブンズ
The Ravens
☎707-937-5615
🏠Comptche-Ukiah Rd
🍴朝食$8～13 メイン$14～28
🕐月～土 8:00～、日 12:00～14:30、17:30～20:30

スタンフォードイン・バイ・ザ・シー内の抜群のベジタリアンレストラン。世界中からシェフを招いている。週替わりの徹底した菜食主義者定食と、ただただおいしい朝食を出している。

エンターテインメント

メンドシーノ・シアターカンパニー Mendocino Theatre Company（☎707-937-4477 ▣www.1mtc.org ♠45200 Little Lake St）はメンドシーノ・アート・センターで上演している。

カクテルならメンドシーノ・ホテル Mendocino Hotelか、マッカラム・ハウス・イン（前出「宿泊」参照）内のグレイ・ホエール・バー Grey Whale Barで楽しめる。地元の人たちが飲みに来るのがディックス・プレイス Dick's Place（☎707-937-5643 ♠45080 Main St）と、アイリッシュスタイルの店で大きなテレビスクリーンのあるパターソンズ・パブ Patterson's Pub（☎707-937-4782 ♠10485 Lansing St）。ここのメニューにあるサンドイッチとシーフード、サラダはすべて＄10未満で、食欲をそそる。

ショッピング

ギャラリー・ブックショップ
Gallery Bookshop
☎707-937-2665
♠319 Kasten St
⊙日～木 9:30～18:00、金・土 9:30～21:00
ここの書棚には歴史、自然、旅行、子供たちのための本であるブックウィンクルが延々と並んでいる。

ハイライト・ギャラリー
Highlight Gallery
☎707-937-3132
♠45052 Main St
高級な手作りの木彫り品、家具、ガラス細工、陶器、宝石類が並んでいる。

パパ・バーズ
Papa Birds
☎707-937-2730、800-845-0522
♠45040 Albion St
鳥かごのほか、あらゆる種類の鳥に関する品を扱っている。土曜朝のメンドシーノ岬バードウォークツアーが再び開かれる予定がないか、電話で確認するといい。

フェッツァー・テイスティング・ルーム Fetzer Tasting Room（☎707-937-6190 ♠45070 Main St ⊙10:00～18:00）と、メンドシーノ・ジャム＆貯蔵食 Mendocino Jams & Preserves（☎707-937-1037 ♠440 Main St）の2カ所は本物の手作り工房で、どちらも試飲、試食ができる。

ジャグ・ハンドル州立保護区
Jug Handle State Reserve

メンドシーノとフォート・ブラッグのほぼ中間に位置するこの自然保護区には、5マイル（約8km）の**ガイドが付かないネイチャートレイル** self-guided nature trailの先に、ほかではなかなか見ることのできない"エコロジカル階段ecological staircase"という驚くべき場所がある。侵食された段丘が海岸から5層になっており、それぞれの層の高さは約100フィート（約30m）、そして一層あたり10万年かけて侵食されてつくられた。層にはそれぞれ地質・植物に特徴があるが、中でも1つの層はより特徴的で、バン・ダム州立公園にあるピグミーの森のようになっている。ほかにも岬の小道やホエールウォッチングポイント、砂浜やかわいらしい小さな入り江などがある。ハイウェイ1を下りた所にある駐車場でコースガイドをもらうといいこと。

アニーズ・ジャグハンドル・ビーチB&Bイン
Annie's Jughandle Beach B&B Inn
☎707-964-1415、800-964-9957
℻707-961-1473
▣www.jughandle.com
♠Hwy 1
￥客室＆スイート＄100～230
自然保護区の向かいにあるケイジャン風の朝食を出すもすてしない良い宿。1880年代に建てられたビクトリア様式のファームハウスで、チェリールームはアンティークな家具で飾られている。幾つかの部屋にはジャグジーと暖炉もある。

フォート・ブラッグ
Fort Bragg

フォート・ブラッグ（人口7025人）は風の強い、メンドシーノよりはるかに観光客されていない街だ。メンドシーノ同様、美しい海岸沿いの自然探索の基点にするにはもってこいだろう。1857年にできたこの街の名は、メキシコ戦争の軍人ブラクストン・ブラッグ大佐からとられた。ポモ部族への"牽制"のためだろう。10年後にこの地は見捨てられたが、1885年に以前の砦に製材会社がつくられ、同年、のちに"スカンク・トレイン"とあだ名されるカリフォルニア西部鉄道ができ、巨大なレッドウッドの木を原始林から海岸へと運ぶようになった。

フォート・ブラッグは基本的に"メイン・ストリート"の街だ。メイン・ストリートとはすなわちハイウェイ1のことで、ほとんどすべてがそのストリートに沿っているか、もしくはそこから2マイル（約3km）以内にある。映画館と郵便局は、メイン・ストリートの1ブ

ロック東側を並行して走っているフランクリン・ストリートFranklin St沿いにある。フォート・ブラッグの埠頭地帯は、停泊した漁船とシーフードレストランが並ぶ、街の南にあるノヨ川Noyo River河口のノヨ湾Noyo Harborとなる。行き方はハイウェイ20をウィリッツ方面へ東に向かう。

フォート・ブラッグ・メンドシーノ・コースト商工会議所 Fort Bragg-Mendocino Coast Chamber of Commerce ☎707-961-6300、800-726-2780　www.fortbragg.com、www.mendocinocoast.com　332 N Main St　月～金 9:00～12:00 & 12:30～17:00、土 9:00～12:00 & 12:30～15:00)ではフォート・ブラッグ、メンドシーノ、周辺地域に関する豊富な情報が入手できる。高速インターネットアクセスは1時間＄10（最低使用料＄1）。**チョコレート・ディバイン Chocolate Divine** ☎707-964-7099　260 N Main St　毎日)も訪れておきたい。

観光スポットと楽しみ方

フォート・ブラッグの古くからの自慢の種である**スカンク・トレイン Skunk Train** ☎707-964-6371、800-777-5865　www.skunktrain.com　半日 大人＄25 子供＄18、1日 大人＄45 子供＄31)は1925年に乗用として走るようになったが、臭いガスを蒸気燃料としていたことからこのあだ名がつけられた。今日、この歴史的な蒸気とディーゼルの機関車にはにおいはなく、フォート・ブラッグとウィリッツ間の約40マイル（約64km）を結んでいる。美しいレッドウッド林のある山々と川沿いを抜け、30もの橋を渡り、山深いトンネルを2つくぐって進む。両駅のどちらからでも発車しており、往復・片道チケットのほか、中間地点のノーススパー駅までのチケットもある。フォート・ブラッグの駅は街の中心、メイン・ストリートMain Stから1ブロック西に行ったローレルストリートLaurel Stの末端にある。

1892年に建てられた威厳のあるビクトリア様式の**ゲストハウス・ミュージアム Guest House Museum** ☎707-964-4251　343 N Main St　＄2　冬 木～日 10:00～16:00、春・夏・秋 水～日 10:00～16:00)の中には、歴史的写真とフォート・ブラッグの伐木の歴史を語る遺物が残されている。まったくつながりはないが、**トライアングル・タトゥー&ミュージアム the Triangle Tattoo & Museum** ☎707-964-8814　356B N Main St)はメイン・ストリートのアートギャラリーとグルメフード店の向かいにある。**ノースコースト・アーティスツ Northcoast Artists** ☎707-964-8266　362 N Main St)は共同ギャラリーで、**アウトドア・ストア The Outdoor Store** ☎707-707-964-1407　247 Main St)はアウトドア用品を取り扱っている。アンティークショップは1ブロック東の**フランクリン・ストリート Franklin St**に並んでいる。

グラス・ビーチ Glass Beachは街の北側にあり、砂の中から海中で磨かれたガラスが発見されたことから名づけられた。メイン・ストリートMain Stからエルム・ストリートElm Stへ出て、岬の小道を海のほうへと少し歩けば着く。**ノース・コースト・ブリューイング・カンパニー North Coast Brewing Co** ☎707-964-2739　455 N Main St)はすぐ近く。月曜から土曜までブリュワリーツアーを行っているが、事前に電話すること。

ノヨ湾のたくさんの小さな船が海岸沖の**ホエールウォッチングクルーズ**と**フィッシングツアー**を行っている。ノヨ湾の**ノヨ・パシフィック・アウトフィッターズ Noyo Pacific Outfitters** ☎707-961-0559　www.noyopacific.com　32400 North Harbor Dr)はカヤックレンタル、シュノーケリング、アワビ獲りダイビングのツアーを提供している。

街の南側にある家族連れに最適な**メンドシーノ・コースト植物園 Mendocino Coast Botanical Gardens** ☎707-964-4352　18220 N Hwy 1　大人＄6 子供＄3　3月～10月 9:00～17:00、11月～2月 9:00～16:00)には海沿いから絶壁にかけて、北カリフォルニアの自然植物が47エーカー（約19ha）以上にわたって広がっている。主だったトレイルは車椅子に対応している。

年中行事

フォート・ブラッグではたくさんの年中行事が行われている。**フォート・ブラッグ・ホエール・フェスティバル Fort Bragg Whale Festival**は3月第3週の週末に開かれ、地ビールの試飲、クラフトフェア、ホエールウォッチングツアーが開かれる。**シャクナゲ祭り Rhododendron Show**は4月後半から5月上旬。

ワールド・ラージスト・サーモンBBQ World's Largest Salmon BBQは7月4日にもっとも近い土曜にノヨ湾で開かれる。9月第1月曜の祝日、レイバー・デーの週末に開かれるのが**ポール・バニヤン・デイズ・レイバー・デー Paul Bunyan Days Labor Day**。カリフォルニアの伐木の歴史を丸太ショーや、スクエアダンス、パレードやアート・フェアで祝う。

宿泊

メンドシーノ同様、フォート・ブラッグの宿泊施設には、ビクトリア様式のB&B（ベッド＆ブレックファスト）が多いが、ハイウェイ1沿いには、手頃な価格で泊まれるモーテルも多数

コースト沿いのハイウェイ1 － フォート・ブラッグ

ある。週末や休日には、すぐに全室埋まってしまうので、前もって予約しておきたい。

　そのほかの宿泊施設については、本章の「マッカーリッチャー州立公園」と「メンドシーノ」を参照。

ポモRVパークとキャンプ場
Pomo RV Park & Campground
☎707-964-3373
🏠17999 Tregoning Lane
テントサイト＄22 RVサイト＄28

町の南およそ1マイル、ハイウェイ1から奥まった所にある。施設にはランドリーがあり、美しい花々が咲いている。無料ケーブルTVも見ることができる。ゲートは23:00に閉まる。

デパートメント・オブ・フォレストリー
Department of Forestry
☎707-964-5674
🏠802 N Main St
月〜金 8:00〜12:00、13:00〜17:00

ここでは、フォート・ブラッグの東、ウィリッツWillitsへの途中にあるジャクソン・デモンストレーション・フォレストJacson Demonstration Forestでのキャンプに関する地図や許可証、情報などが得られる。

コロンビ・モーテル
Colombi Motel
☎707-964-5773
🏠647 Oak St
客室＄35〜85

家族経営のモーテルで、ハイウェイ1を東へ5ブロック行った静かな住宅地の中にある。この町では一番きれいな宿泊所で、隣にはセルフサービス式のコインランドリーがある。広々とした簡易キッチンと、家族部屋が利用できる。チェックインは、道路の向こう側にあるデリカテッセンで。

コースト・モーテル
Coast Motel
☎707-964-2852
🏠18661 Hwy 1
客室 オフシーズンは＄40〜

ハイウェイ20のすぐ南にあり、低料金で宿泊できる。

サーフ・モーテル
Surf Motel
☎707-964-5361、800-339-5361
🏠cnr Hwys 1＆20
客室＄68〜78 スイートルーム 夏＄135

港の北にある。キッチン付の家族部屋は6人まで宿泊可能。

ワーフ・レストラン
The Wharf Restaurant
☎707-964-4283　📠707-964-0351
🌐www.wharf-restaurant.com

🏠32260 N Harbor Dr
モーテル＄40 キッチン付アパート式＄95〜

低価格の部屋を用意しているが、お世辞にも豪華とは言えない。

シーバード・ロッジ
Seabird Lodge
☎707-964-4731、800-345-0022
🌐www.seabirdlodge.com
🏠191 South St
客室＄60〜110

非常に大きなモーテルで、中級以上。屋内温水プールがあり、客室は道路から奥に入った場所にある。

ビーチ・ハウス・イン
Beach House Inn
☎707-961-1700・888-559-9992
📠707-961-1627
🏠100 Pudding Creek Rd
客室＄60〜150

プディング・クリークPudding Creekのはるか北の河岸にあるすてきなモーテル。設備の整った部屋からなる一戸建ての建物で、暖炉や2人用の浴槽が付いた海の見える部屋も幾つかある。

ノース・クリフ・ホテル
North Cliff Hotel
☎707-962-2500、866-962-2550
🌐www.fortbragg.org
🏠1005 S Main St
客室 夏＄170〜 冬＄100〜

このホテルに泊まるのは賢い選択だ。部屋は非常にモダンで、暖炉と渦巻き風呂が付いている。部屋からはさえぎるものは何もなく、海が眺められる。

　以下のB&Bは、すべて町の中心にある。

ランデブー・イン
Rendezvous Inn
☎707-964-8142、800-491-8142
🌐www.rendezvousinn.com
🏠647 N Main St
客室＄70〜95

おいしいレストランがある。ゆったりとした雰囲気に合わせ、シンプルな部屋にはテレビも電話も置いていない。

カントリー・インB&B
Country Inn B&B
☎707-964-3737、800-831-5327
📠707-964-0289
🌐www.beourguests.com
🏠632 N Main St
客室＄65〜145

ローズガーデンや屋外ホットタブがある。スカンク・トレインのツアーへの申し込みもここでできる。

グレー・ホエール・イン
Grey Whale Inn
☎707-964-0640、800-382-7244 ℻707-964-4408
Ⓦwww.greywhaleinn.com
🏠615 N Main St
🛏客室＄75 スイート＄200

見晴らしのよい最上階にはスイートルームが2室あり、一方には2人用のジャグジーが、もう一方には南国風の竹製家具が備え付けられている。

アバロン・ハウス
Avalon House
☎/℻707-964-5555、800-964-5556
Ⓦwww.theavalonhouse.com
🏠561 Stewart St
🛏客室＄80〜145

クラフツマン様式の家が美しく修復されている。心が和む天窓やアンティークの家具があり、電化製品も揃っている。

ウェラー・ハウス・イン
Weller House Inn
☎707-964-4415、877-893-5537
Ⓦwww.wellerhouse.com
🏠524 Stewart St
🛏客室＄95〜165

1886年に建てられたビクトリア様式の建物。グラス・ビーチGrass Beachに近い。再建された給水塔は、フォート・ブラッグではもっとも高い建造物で見晴らしは最高。おまけにその塔の一番上にはホットタブが付いている。

ロッジ・アト・ノヨ・リバー Lodge at Noyo River (☎707-964-8045、800-628-1126 Ⓦwww.noyolodge.com 🏠500 Casa del Norte Dr 客室＄85〜175)は町の南端に位置する。19世紀に建てられた材木王の邸宅で、港を見下ろす断崖にある。

食事

ファーマーズマーケット (🏠cnr Laurel & Franklin Sts)は、5月末から10月の間、水曜日の15:30〜18:00に、ダウンタウンで開かれる市場。**メンドシーノ・クッキー・カンパニー Mendocino Cookie Company** (☎964-0282 🏠303 N Main St) と、アイスクリームショップの**コウリックス Cowlick's** (☎962-9271 🏠250B Main St) からそう遠くない。

エッグヘッズ
Eggheads
☎707-964-5005
🏠326 N Main St
🍴食事＄8〜13
🕐木〜火 7:00〜14:00

ここの食事はすごい。朝食には自家製のシナモンフレンチトーストと50種類以上のオムレツが登場する。地元でとれたイチョウガニDungeness crabを使った料理も幾つかある。フレッシュサンドイッチやハンバーガーの種類も多く、どれを食べるか迷ってしまう。

ヘッドランズ・コーヒーハウス
Headlands Coffeehouse
☎707-964-1987
🏠120 E Laurel St
🍴1品＄4〜8

メイン・ストリートMain Stのちょうど東にある。ここへはぜひとも行っておきたい。コーヒーや自家製スープ、焼き物料理やベジタリアン向けの軽食、さらにはとびきりおいしいデザートまであって、音楽を聞きながら楽しむことができる。

オールド・コースト・ホテル・バー＆グリル
Old Coast Hotel Bar & Grill
☎707-961-4488
🏠101 N Franklin St
🍴1品＄5〜15
🕐金〜日 12:00〜15:00、木〜火 16:00（または17:00）〜21:30

せいぜい酒飲みのためのパブにしか見えないが、意に反して新鮮なシーフードや、ちょっとしたカリフォルニア料理がおいしい。特に店の畑でとれたハーブ入りの料理は絶品。

ノース・コースト・ブリューイング・カンパニー
North Coast Brewing Co
☎707-964-3400
Ⓦwww.northcoastbrewing.com
🏠444 N Main St
🍴ランチ＄10未満、ディナー＄20未満
🕐11:30〜20:30

賞を取ったことのあるブリューパブbrewpub（工場直営パブ）で、シーフードやアメリカ料理も出している。

ランデブー・イン
Rendezvous Inn
☎707-964-8142
🏠647 N Main St
🍴メイン＄16〜23
🕐水〜日 17:30〜

高価なワインとともに出されるヨーロッパを思わせる料理は、メンドシーノ・カフェ・ボジョレーMendocino's Cafe Beaujolaisのかつてのシェフが作っている。ここへは予約して行ったほうがいい。

ノヨ港Noyo Harborには、多くのシーフードレストランがあるが、期待はずれの店もあるので選ぶには注意が必要だ。ランチは＄10くらい、ディナーはその2倍の値段がするのでそのつもりで。金星を受賞しているのは**ワーフ・レストラン＆ラウンジ The Wharf Restaurant & Lounge** (☎707-964-4283 🏠32260 N Harbor Dr

ノース・コースト

コースト沿いのハイウェイ 1 – マッカーリッチャー州立公園

☼夏 11:00～22:00)、シャロンズ・バイ・ザ・シー Sharon's by the Sea（☎962-0380 ⌂32096 N Harbor Dr)、タイ風料理のハーバー・カフェ Harbor Cafe（☎707-964-8281 ⌂32150 N Harbor Dr ☼火～日 17:30～20:30）などだ。

エンターテインメント

カスパル・イン Caspar Inn（☎707-964-5565 ⌂14957 Caspar Rd ⊘席料 $5～8、水は無料）では水～土曜日には、ライブもやっている。ハイウェイ1を離れ、フォート・ブラッグを南に約5マイル（8km）行った所にある。地元の人によるロックやR&B、ワールドミュージックのライブ、オープンマイクナイト open-mic nights（飛び入りライブ）などをやっている。出かけてみる価値はある。

ヘッドランド・コーヒー・ハウス Headlands Coffeehouse（☎707-964-1987 ⌂120 E Laurel St）では、夕方にはたいていアコースティックライブが行われている。よく演奏されるのは、クラシック音楽だ。帰りに地味な感じのノース・コースト・ブリューイング・カンパニー North Coast Brewing Company（⌂444 N Main St）や、オールド・コースト・ホテル Old Coast Hotel（⌂101 N Franklin St）のバーへ立ち寄れば、地ビールが味わえる。

フットライターズ・リトル・シアター Footlighters Little Theater（☎707-964-3806 ⌂248 E Laurel St）の目玉は1890年代のミュージカルやコメディー、メロドラマで、夏の夕方、水曜と土曜に上演している。

グロリアナ・オペラ・カンパニー Gloriana Opera Company（☎707-964-7469 ⓦwww.gloriana.org ⌂721 N Franklin St）ではオペレッタとミュージカルが年中見られる。オペラ・フレスカ Opera Fresca（☎707-937-3646、888-826-7372 ⓦwww.operafresca.com）はさまざまな会場で公演を行っている。

交通手段

メンドシーノ・トランジット・オーソリティ Mendocino Transit Authority（MTA;☎707-462-1422、800-696-4682）からローカル5番「ブラッグアバウト BraggAbout」というバスが出ている。このバスはダウンタウンの北、ノヨ港とエルム・ストリートElm Stの間を走るが、必ずしもメイン・ストリート（ハイウェイ101）に沿って行くわけではない。

フォート・ブラッグ・サイクリー Fort Bragg Cyclery（☎964-3509 ⌂579 S Franklin St ☼火～金 10:00～18:00、土 10:00～16:00）とオーシャン・トレイル・バイクス&レンタル Ocean Trail Bikes & Rental（☎707-964-1260 ⌂1260 N Main St）では自転車をレンタルできる。

マッカーリッチャー州立公園
MacKerricher State Park

フォート・ブラッグの北からほんの3マイル（約5km）離れたこの公園（☎707-964-9112）は、南はパッディング・クリーク Pudding Creekから北はテン・マイル川 Ten Mile Riverに至る荒涼とした海岸線の自然保護区だ。浜や砂丘、切り立った崖やタイドプール、緩やかな海岸のハイキングトレイルも自然保護区に含まれている。

ビジターセンター（☼土・日 11:00～15:00 夏の間は10:00～18:00）は、公園の入口、復元されたクジラの骨格の隣にある。クレオナ湖 Lake Cleoneは小さな淡水湖で、釣りやバードウォッチングが楽しめる。ラグーナ・ポイント Laguna Pointの近くには、観察のためのボードウォークがあり、そこからアザラシを見ることができる。12月から4月くらいまでの間は、移動していくクジラも観察できる。リコシェ・リッジ牧場 Ricochet Ridge Ranch（☎707-964-7669 ⌂24201 N Hwy 1）では、馬の背中に乗ってレッドウッドの木立の間や浜辺を散策することができる。90分間のんびり馬の背に揺られて、料金は$40。

レッドウッドに囲まれた人気の公園キャンプ場（☎予約800-444-2725 ⓦwww.reserveamerica.com ⌂キャンプサイト$12）は季節限定で予約を受け付けており、温水シャワーと飲料水を備えている。そこから奥まった所に、予約なしで行けるキャンプ場（キャンプサイト$12）が10カ所ある。駐車場からほんの50ヤード（約500m）しか離れておらず、先着順となっている。

ウエストポート
Westport

ウエストポート Westportは、海岸の切り立った断崖沿いにある、人口約200人という小さな町だ。1800年代末から1900年代初期までは、カリフォルニアではもっとも遠くまで伐採材木を搬出する重要な船積み港があったが、今日、ここには冒険小説にでも出てきそうな吹きさらしの海の眺めと完全なる静けさしかない。

ウェッジズ・クリーク・ビーチ・キャンプ Wages Creek Beach Camp（☎707-964-2964 ⌂37700 N Hwy 1 ⊘テントサイト$18 RVサイト$25）は通常冬には休業。温水シャワーがある。町を北にさらに1.5マイル行くとウエストポート・ユニオン・ランディング州立ビーチ Westport-Union Landing State Beach（☎707-937-5804 ⊘キャンプサイト$12）が風雨にさらされた海岸の断崖の上にある。自然のままのハイキングトレイルは、タイドプール（潮だまり）と小川を通ってこれら2つのキャンプ場をつないでいる

が、この道が利用できるのは引き潮時だけだ。

町にもシンプルで魅力的な宿泊施設がいろいろある。**ロスト・コースト・ロッジ Lost Coast Lodge**（☎707-964-5584 ⚑38921 N Hwy 1）客室 B&B＜ベッド&ブレックファスト＞＄70～90）は宿とレストランを兼ねている。**ウエストポート・イン Westport Inn**（☎707-964-5135 ⚑37040 N Hwy 1）はモーテルで**シーゲート・ゲスト・ハウス Seagate Guest House**（☎707-964-5595 ⚑36875 N Hwy 1）は板ぶき屋根の宿。

ウエストポート・ハウス
Westport House
☎707-937-4007
夏＄200

1832年頃に建てられたもので、海が見える貸し別荘になっている。5日以上の宿泊からしか受け付けないが、冬は3泊でも＄500で宿泊できる。少し高いと思われるかもしれないが、払うに見合うだけの価値は十分にある。

町のはるか北には田舎の静養所があり、そこへ行くと元気になれる。

デ・ヘブン・バレー・ファーム
De Haven Valley Farm
☎707-961-1660、877-334-2836 ⚑961-1677
www.dehaven-valley-farm.com
⚑39247 N Hwy 1
客室＄90～120 コテージ＄135～145

1875年に建てられたビクトリア様式の領主邸で、丘の中腹にはホットタブがある。

ハワード・クリーク・ランチ
Haward Creek Ranch
☎707-964-6725 ⚑707-964-1603
www.howardcreekranch.com
⚑40501 N Hwy 1
客室＄75～125 スイート＄105～160

かつては軽犯罪者訓練農場だった、歴史的にも有名な場所。

ハワード・クリークは、フォート・ブラッグからウエストポートまでの15マイル（約21km）をゆっくりと流れる曲がりくねった川だ。そこからさらに22マイル（約35km）をハイウェイ1に沿ってレガット Leggett へと流れて行くが、その速さはカタツムリにすらバカにされそうなほど遅い。

レッドウッド・コースト
The Redwood Coast

ハイウェイ101を内陸のルートに沿って北進する。レガットを通り越し、さらに90マイル（約144km）進むと、サンフランシスコの北にあるカリフォルニアでもっとも大きな湾、フンボルト湾 Humboldt Bay に面したユーリカ Eureka の海を望むことができる。アルカタ Arcata からさらに北へ数マイル行けば、ハイウェイはトリニダード湾 Trinidad Bay からクレセント・シティ Crescent City までの75マイル（約120km）をほとんどずっと海岸沿いに走っている。

途中でハイウェイ101は、荘厳なレッドウッドの原生林を通り抜ける。特にフンボルト・レッドウッド州立公園 Humboldt Redwoods State Park の有名なジャイアンツ・アベニュー Avenue of the Giants と、プレーリー・クリーク・レッドウッド州立公園 Prairie Creek Redwoods State Park のニュートン・B・ドゥルリー・シーニック・パー Newton B Drury Scenic Parkway 沿いに原生林が多い。回り道する価値は十分だ。

ユーリカは、フンボルト湾の漁業町であり、かつては木材の町であった。カリフォルニアの最北端の海岸では一番大きな町だ。古くて感じのいいビクトリア朝時代の建築物が多いこととおいしくて新鮮な魚介類で有名。アルカータは学生の多い若者の町で、1960年代には反体制文化が激発した。フンボルト湾とアルカータ湾は、どちらもバードウォッチングに適していて、自然保護区に指定されている場所もある。

オレゴン州へ北上する場合、海岸沿いを行くならハイウェイ101を走ろう。この道はオレゴン州内でも海岸沿いを通っている。内陸に向かうなら、スミス・リバー・シーニック・バイウェイ Smith River National Scenic Byway と呼ばれるハイウェイ199を走ろう。

海岸山脈を横切るハイウェイは、内陸部と太平洋を結んでいる。それらは一様に曲がりくねっていてゆっくりとしか走れないが、眺めはいい。山を越え、谷を抜ける蛇行した道ばかりだ。アルカータとレディング Redding 間のハイウェイ299は、別名トリニティ・シーニック・バイウェイ Trinity Scenic Byway とも呼ばれ、山地のカーブは3時間以上続く。美しいドライブコースで、海岸と内陸部をつなぐ主要なルートとなっている（「北部山岳地帯」の章を参照）。

アクセス・交通手段
グレイハウンド Greyhound（☎800-231-2222 www.greyhound.com）は毎日、ハイウェイ101を走る北行きと南行きのバスをそれぞれ2台ずつ運行している。主要な町だけでなく小さな町にもトリニダード Trinidad やオーリック Orick、クラマス Klamath やクラマス・レッドウッド・ホステル Klamath's Redwood Hostel といった停留所がたくさんある。

レッドウッド・トランジット・システム Redwood Transit System（☎707-443-0826）のバスは月曜から土曜、南はスコーシャScotiaから、北はトリニダードまでの区間を運行している。途中、ユーリカやアルカータ、道路沿いにある小さな町にも停車する。**レッドウッド・コースト・トランジット** Redwood Coast Transit（☎707-464-9314）はクレセント・シティやクラマスからレッドウッド国立公園間を走り、途中、道路沿いの色々な町で停車する。このバスの運行は月曜〜土曜、1日2台。

レガット
Leggett

レガットは、イール川Eel Riverのほとりにある人口200人の小さな集落。太古のレッドウッドの森を見る初めての経験となるだろう。

シャンデリア・ドライブスルー森林公園
Chandelier Drive-Thru Tree Park
☎707-925-6363
🏠Drive-Thru Tree Rd
入場料1台あたり＄3
8:00から日暮れまで

ピクニックエリアと自然遊歩道沿いには、200エーカー（約81ha）のレッドウッド原生林が広がっている。四角い穴があけられた巨大なレッドウッドの木もあって、車で通り抜けることができる。これはアメリカでしか体験できない。

町の北へさらに1、2マイル行くと、1000エーカー（約405ha）の**スタンディッシュ・ヒッキー州立レクリエーション・エリア** Standish-Hickey State Recreation Area（☎707-925-6482 🏠69350 Hwy 101　1日の利用料1台あたり＄2）がある。ここにはピクニックエリアがあり、イール川で泳いだり、釣りをしたりすることができる。レッドウッドの原生林や二次林の中にはハイキングトレイルもある。川沿いの**キャンプ場**（☎800-444-7275　www.reserveamerica.com　キャンプサイト＄12）には温水シャワーがある。年中無休だが、夏は電話で予約したほうがよい。ハイウェイ近くのサイトは騒々しく、狭いので避けたい。

ハイウェイ101沿いを北へ向かうと、レッドウッドの観光客相手の店が幅を利かせている。レゲットから約10マイル(16km)先にある**コンフュージョン・ヒル** Confusion Hill（☎707-925-6456　入場料 大人＄3 子供＄2、マウンテン・トレイン乗車料 大人＄3 子供＄2　夏8:00〜19:00、冬　11:00〜16:00＜または17:00＞）には重力体験ハウスがあり、水が上へ向かって流れるなど、不自然で奇異な現象が楽しめる。スナックバーの外にあるチェーンソーを使った面白い彫刻は必見。

レッドウッズ・リバー・リゾート
Redwoods River Resort
☎707-925-6249 707-925-6413
www.redwoodriverresort.com
🏠75000 Hwy 101
テント＄18 RVサイト＄22〜28 キャビン キッチン付＄68 キッチンなし＄30 簡易キッチン付A字型ロッジ＄63〜78

コンフュージョン・ヒルの向かい側、レッドウッドの森の川沿いにある家族向けのキャンプ場。

ドライブスルー・トゥリー・ロード Drive-Thru Tree Rdに面した同名のアトラクションの北には、食堂やカフェが幾つかある。スタンディッシュ・ヒッキーStandish-Hickey保護区の反対側にある食料品店兼デリカテッセン、**プリンス・ペグ・ハウス** Price's Peg House（☎707-925-6444 🏠69501 Hwy 101　8:00〜21:00）はグレイハウンド・バスの停留所になっている。

リチャードソン・グローブ州立公園
Richardson Grove State Park

レガットを北へおよそ15マイル（約24km）行った所にある、広さ1400エーカー（約567ha）の公園（🏠Hwy 101　1日利用料1台につき＄2）には、美しいレッドウッドの原生林が広がっている。ここの木は樹齢1000年を越えるものが多く、中には300フィート（約90m）以上の巨木もある。公園内にもイール川の一部が通っている。夏にはレンジャーが自然散策やキャンプファイヤーの指導をしてくれる。ビジターセンター（☎707-247-3318　9:00〜14:00）では、自然に関する本やお土産が売られている。1930年代に建てられたリチャードソン・グローブ・ロッジRichardson Grove Lodgeの中に、ビジターセンターとコンビニエンスストアがある。

公園内には**キャンプ場**（☎夏の予約 800-444-7275　www.reserveamerica.com　キャンプサイト＄12）が3つある。温水シャワー付で年中無休の所もある。

ベンボウ湖
Benbow Lake

イール川のほとり、ガーバービルGarbervilleの北2マイル（約3km）には**ベンボウ湖州立レクリエーション・エリア** Benbow Lake State Recreation Area（☎夏 707-923-3238、冬 707-923-3318　1日利用料＄2）がある。広さ1200エーカー（約486ha）のこの地域では、夏（通常6月中旬〜9月中旬）に26エーカー（約11ha）の

ダム湖、ベンボウ湖が姿を現わす。年中行事としては、サマータイム・ジャズやシェイクスピア・フェスティバルがあり、感謝祭から元日までは、特別休暇式典も催される。

ハイウェイ101を越えた川のほとりには**キャンプ場**（☎夏の予約 800-444-7275 W www.reserveamerica.com ﾃﾝﾄサイト＄12 RVサイト＄17）がある。年中無休だが、出水のため橋を閉鎖する時は利用できない。シャワーはたった1つだけ。おまけにハイウェイの騒音がひどい。

ベンボウ・イン
Benbow Inn
☎707-923-2124、800-355-3301
📠707-923-2897
W www.benbowinn.com
🏠445 Lake Benbow Dr
客室＄100〜245 コテージ＄325
湖の眺めがすばらしい庭園があるチェダー様式の郊外ホテル。1926年に開業し、今では米国の史跡になっている。かつてハリウッドのエリートたちが陽気に騒いだロビーは、現在ではちらちらするランプや骨董品、ジグソーパズルでいっぱいだ。この宿には、ワールドクラスの**レストラン**（朝食・ランチ＄9〜15 ディナーメイン＄15〜30）があってアフタヌーンティーや、夏の間中、日曜にはシャンパンの付いたブランチが楽しめる。

ガーバービル
Garberville

ガーバービルと姉妹都市のレッドウェイRedwayは、ハイウェイ101の西2マイル（約3km）に位置している。1970年代に、シンセミーリャsinsemilla（強力な効能を持つ種なしのマリファナ）が周辺の丘で栽培されているらしいとひそかに噂されて、有名になった。マリファナを栽培する農民や都会からやってきて田舎生活を楽しむ人々、風変わりな人々が、両市を通るメイン・ストリートであるレッドウッド・ドライブRedwood Drをうろつくのを今でも見かけることがある。現在のガーバービル（人口1800人）は、ハイウェイ101沿いにある合図がある時にだけ停まるような小さな町だが、周辺の田舎に比べればこれでも十分"都会"だ。

ガーバービル・レッドウェイ地区商工会議所
Garberville-Redway Area Chamber of Commerce
☎707-923-2613、800-923-2613
W www.garberville.org
🏠773 Redwood Dr, cnr Church St
🕐月〜金 10:00〜17:00、夏の土は時々 11:00〜15:00
ヤコブ・ガーバー・スクエアJacob Garber Square内にあり、たくさんの情報が得られる。レッドウッド・コミュニティ・ラジオRedwood Community Radio（KMUD 91.1FM）に合わせれば、さまざまなジャンルの音楽や環境ニュース、刺激的な地元放送が楽しめる。

トリーツ
Treats
☎923-3554
🏠764 Redwood Dr
🕐月〜金 7:00〜、土・日 9:00〜
アイスクリームとエスプレッソの店。インターネットもできる（1分＄0.10）。

レゲエ・オン・ザ・リバー
Reggae on the River
☎707-923-4583
W www.reggaeontheriver.com
8月の最初の週末、ピアシーPiercyを南に約10マイル（16km）行った所にあるフレンチズ・キャンプFrench's Campで開かれる有名なイベント。人々は、レゲエやワールドミュージック、美術品や工芸品の見本市、イール川でのキャンプや水泳に夢中になる。3日間のフェスティバル・パス（＄112）は3月1日から発売されるが、すぐに売り切れてしまう。1日だけのチケットはない。

ほかの年間行事としては、5月に**ジャイアンツ・アベニュー・マラソン Avenue of the Giants Marathon**が、6月に**ハーレー・ダビッドソン・レッドウッド・ラン Harley Davidson Redwood Run**と**ガーバービル・ロデオ Garberville Rodeo**がある。毎年11月には**ヘンプ・フェスティバル Hemp Fest**、12月中旬には**ウィンター・アート・フェア Winter Arts Fair**も開かれる。

宿泊

ベンボウ湖の近く、ジャイアンツ・アベニューAvenue of the Giants沿いに**キャンプ場**がある。

リバー・ローズ・コテージ
River Rose Cottage
☎707-923-3500
🏠off Sprowel Creek Rd, Garberville
W＄65 追加客は1人につき＄10加算
川沿いにある私有のコテージで、屋外に足付タブがある。ハイウェイ101を西に行った所にある。

ガーバービルとレッドウェイを通るレッドウッド・ドライブ沿いには、西へ2マイル（約3.2km）にわたってモーテルが建ち並ぶ。部屋が申し分なくきれいな**ローン・パイン・モーテル Lone Pine Motel**（☎707-923-3520 🏠912 Redwood Dr, Garberville 客室＄40〜60）、その隣の**モーテル・ガーバービル Motel Garberville**（☎707-923-2422 🏠948 Redwood Dr 客室＄40〜60）や中級ホテルでおすすめの

ブラス・レイル・モーテル Brass Rail Motel
（☎707-923-3931 ♠3188 Redwood Dr）など
を試してみよう。客室料金はすべて＄40〜60
だ。

ベスト・ウエスタン・フンボルト・ハウス・イン
Best Western Humboldt House Inn
☎707-923-2771、800-528-1234
♠701 Redwood Dr
客室 夏＄99 冬＄79
ここがガーバービルで一番高級なホテル。

食事
食料品がほしいなら、**シャタークワ・ナチュラル・フーズ**Chautauqua Natural Foods（☎707-923-2452 ♠436 Church St）へ立ち寄るといい。観光案内所の裏にある。

ナッチョ・ママ
Nacho Mama
☎707-923-4060
♠375 Sprowel Creek Rd, at Redwood Dr
食事＄6未満
自然食品を使ったメキシカン・ファーストフード店。

ウッドローズ・カフェ
Woodrose Cafe
☎707-923-3191
♠911 Redwood Dr
食事＄6〜10
月〜金 6:00〜14:30、土・日 6:30〜13:00
地元で人気の店。1977年からずっとおいしい自然食を提供し続けている。

イール・リバー・カフェ
Eel River Cafe
☎707-923-3783
♠801 Redwood Dr
1品＄2〜5
6:00〜14:00
ひと味違うカントリー調の店。ブルーベリーパンケーキはすぐにできて絶品。

ザ・ギャラクシー
The Galaxy
☎707-923-2664
♠849 Redwood Dr
食事＄5〜8
11:00〜22:00
改装したガソリンスタンドの中にあるコーヒーハウスで、素材を生かした、ベジタリアンでも食べられるグリル料理がある。メニューに載っていない料理はないといっても過言ではないくらいに、カリフォルニアなつめやしシェークまである。

キャリコズ・デリ＆パスタ
Calico's Deli & Pasta
☎707-923-2253

♠808 Redwood Dr
落ち着いた雰囲気のすてきなカフェ。創意に富んだサラダと日替わりのスープ、充実した新鮮なイタリアン料理で大いに楽しませてくれる。

ブラス・レイル・イン
Brass Rail Inn
☎707-923-3188
♠3188 Redwood Dr, Redway
メイン＄15〜35
ディナー 17:00〜21:30。
ここは歴史的に有名なレッドウッドのロードハウス（かつてはなんと、売春宿だった！）で、ステーキとシーフード料理がおいしい。カクテルアワーは16:00から。

マテール・カフェ
Mateel Cafe
☎707-923-2030
♠3342-44 Redwood Dr, Redway
ランチ＄7〜11 ディナー＄15〜32
月〜土 11:30〜21:00
シェフのピエール・ゴーデPierre Gaudeが作る、気軽に食べられるビストロ料理で有名。石焼ピザと有機野菜のサラダは評判がいい。

エンターテインメント

ガーバービル・シアター
Garverville Theatre
☎707-923-3580
♠766 Redwood Dr
封切り映画と芸術映画が楽しめる。

シシリッツ
Sicilito's
☎707-923-2814
♠445 Conger St
食事＄6〜14
11:30〜22:00。
ベスト・ウエスタンBest Westernの裏にある。地ビールと若者好みの料理、巨大スクリーンテレビでのスポーツ観戦を楽しむ人々の行きつけの場所。

ブードゥー・ラウンジ
Voodoo Lounge
♠Redwood Dr, Redway
通常 火・木〜土 9:00〜翌1:30
席料はさまざま
DJがいて、地元バンドがライブをやっている。

ザ・リバーウッド・イン
The Riverwood Inn
☎707-943-3333
♠2828 Avenue of the Giants, Phillipsville
バーは遅くまで
ここではミュージカルも頻繁に上演されている（後出「ジャイアンツ・アベニュー」を参照）。

アクセス

グレイハウンド・バスは、レッドウッド・ドライブRedwood Drの東、半マイル（約1km）先にある**シンギング・サーモン・ミュージック** Singing Salmon Music（🏠432 Church St）に停車する。

ジャイアンツ・アベニューとフンボルト・レッドウッド州立公園
Avenue of the Giants & Humboldt Redwoods State Park

ジャイアンツ・アベニューは、32マイル（約52km）に及ぶすばらしい眺めのいいハイウェイで、80平方マイル（約207km²）の**フンボルト・レッドウッド州立公園** Humboldt Redwoods State Park（☎707-946-2409）の中を曲がりくねって延びている。公園は世界一壮大なレッドウッド年代林の一部を有する。ドライブを楽しむときは、**セーブ・ザ・レッドウッズ・リーグ** Save-the-Redwoods League（レッドウッド保存同盟）に、少しは感謝しよう。1921年に、ここに最初の記念林を購入したのは彼らなのだ。**ドライブガイド**の無料パンフレットは、ガーバービルの北6マイル（約10km）にある南側入口と、フォーチュナの南数マイルにある北側入口の道路脇にある提示版の所で入手できる。パンフレットにはハイウェイ101からほかへのさまざまなアクセスポイントも載っている。

ウェオットWeottのちょうど南にある**ビジターセンター**（☎707-946-2263 🕐夏 9:00～17:00、冬 10:00～16:00）にはボランティアスタッフがいて、無料のビデオを見せてくれる。優れたフィールドガイドやハイキングマップ、本も売られている。規模は小さいが、1917年の「**トラベル・ログ** Travel Log」を所蔵しているすばらしい**ミュージアム**は見逃せない。

公園内で一番迫力のある木には、世界チャンピオン級の海岸のレッドウッドも含め、名前がつけられている。**ロックフェラー・フォレスト** Rockefeller Forestにある**ジャイアント・ツリー Giant Tree**（あまりセンスのいいネーミングとは思えないのだが）と呼ばれる木は、マトール・ロードMattole Rd沿いの並木道の西およそ4.5マイル（約7km）に立っている。その名誉は、かつては、ビジターセンターの真北にある**ファンダーズ・グローブ** Founders Groveの**ダイアービル・ジャイアント Dyerville Giant**のものだったが、その木は1991年にほかの木の巻き添えを食いっ一緒に倒れてしまった。370フィート（約113m）という途方もない長さを、頭上高くにそびえ立つ巨大な幹に沿って歩いてみれば、これら太古の木々がいかに大きいかがわかる。ロックフェラー・フォレスト Rockefeller Forestでも、**トール・ツリー Tall Tree**や、既に倒れてしまっているが、**フラトン・ツリー Flatiron Tree**を見物できる。

公園の別の場所には、ハイキングやマウンテンバイクでのサイクリング、乗馬などに利用できる長さ100マイル（約160km）の道がある。気軽に歩けるのは、ファンダーズ・グローブとロックフェラー・フォレストの短い**ネイチャートレイル nature trail**と、**ドルーリー・チャニー・ループ・トレイル Drury-Chaney Loop Trail**（ここでは新鮮なベリー類を摘み取りながら歩くことができる！）だろう。もっとしっかり歩きたいなら、人気なのは**グラスホッパー・ピーク・トレイル Grasshopper Peak Trail**だ。そのコースは、ビジターセンターの北からスタートし、高さ3379フィート（約1030m）にある火災監視所まで登っている。**ハッピー・ホース・ヒル Happy Horse Hill**（☎707-943-3008 🏠1989 Elk Creek Rd, Myers Flat）では1人あたり20ドルで、馬に乗って森の中を1時間散策できる。子供歓迎。予約をして行くほうがよい。

宿泊・食事

州立公園は3つの開発**キャンプ場**（☎800-444-7275 夏は要予約 🌐www.reserveamerica.com 💰キャンプサイト$12）を経営している。2つの環境に配慮したキャンプと5つのトレイル・キャンプ、ハイキング・キャンプ、バイク・キャンプや乗馬キャンプは同様に、温水シャワー付。開発キャンプの1つ、**バーリントンキャンプ場 Burlington Campground**は年中無休。ビジターセンターのそば、ハイキングトレイルの入口付近にある。**ヒドン・スプリングス・キャンプ場 Hidden Springs Campground**はビジターセンターの南およそ5マイル（8km）にある。**アルビー・クリークキャンプ場 Albee Creek Campground**は、マトール・ロードに沿ってロックフェラー・フォレストを過ぎた所にあり、通常5月中旬から秋の初めまで営業している。

巨木の並木道沿いには小さな町が幾つかあり、素朴な宿や食堂がある。

ジャイアント・レッドウッズRV＆キャンプ場
Giant Redwoods RV & Campground
☎707-943-3198 📠707-943-3359
🌐www.giantredwoodsrvcamp.com
🏠455 Boy Scout Camp Rd, Myers Flat
💰テント$20～ RVサイト$28～
温水シャワー付。レクリエーション活動もある。

レッドクレスト・リゾート
Redcrest Resort
☎707-722-4208 📠707-722-4403
🏠26459 Avenue of the Giants, Redcrest
💰テント・RVサイト$25 テント小屋$25 モーテル・キャビン$50～100
ずっと北のほうにあるキャンプ場。

ノース・コースト

老木の上に住んだ娘

アーカンソー州ジョーンズボロ出身の牧師の娘、ジュリア"バタフライ"ヒルは、スタッフォードという小さな町の近くにある、ルナと名づけられた樹齢千年のレッドウッドの高さ200フィート（約61m）のところに、長さ8フィート（約2m）の足場を作り、2年間そこで暮らした。

彼女がその木に登ったのは、1997年12月10日のことだった。彼女は、伐採が予定されている太古のレッドウッド林の中にあるもっとも巨大な老木を、パシフィック・ランバー・カンパニー（パルコ）が切ってしまわないように、その木に住む決心をしたのだ。パルコが強制的に立ち退かせようと、騒ぎ、野次をとばし、脅しても、近くをヘリコプターで飛んで伐材を運び出しても、バタフライは木の上に留まった。そして、太古のレッドウッド林の救済が、より活発に行われるようになるまでは、再び大地に足をつけるつもりはないと、きっぱり言い切ったのだった。

アースファースト（地球第一）！の運動家たちは、食事を運んだり、彼女が外部と接触するのを手伝ったりした。彼女はレッドウッド原生林の窮状とそれらの保護の必要性に関心を持ってもらうため、携帯電話やトランシーバーを使い、全国のマスコミと会談した。

最終的に彼女の努力は報われた。パルコはこの木を守るのに5万ドル支払い、彼女は地上に降り立ったのだ。しかしパルコがその丘の中腹に踏み入り、ほかの木をすべて切り倒したため、ルナは独りぼっちになってしまった。その後、2000年11月、ルナはチェーンソーで傷つけられるというあまりにも残虐な行為を受けた。そしてそのダメージは、取り返しの付かないほど大きなものだった。ルナはまだ立ってはいたが、かつて自分を切り倒そうとしたパルコが取り付けた金属製の支柱に頼らねばならなかった。

その武勇伝の一部始終は、バタフライの著書「1本の樹（レッドウッド）が遺したもの〜ルナの遺産*Legacy of Luna*」や、ダック・ウォーレンツ監督のドキュメンタリー映画「バタフライ*Butterfly*」（W www.butterfly-film.net）で知ることができる。

マッドロナ・モーテル＆リゾート
Madrona Motel & Resort
☎707-943-1708
🏠2907 Avenue of the Giants, Phillipsville
客室・簡易キッチン＄55〜100
とてもすてきな古風で趣のある宿。日陰の山腹に建っている。

ミランダ・ガーデンズ・リゾート
Miranda Gardens Resort
☎707-943-3011　FAX 707-943-3584
W www.mirandagardens.com
🏠6766 Avenue of the Giants, Miranda
客室＄75〜55 コテージ＄110〜225
イール川の正面に位置する。温水プールと子供の遊び場、サマーキャンプファイアーもある。ベッドルームが2つあるコテージには、キッチンや渦巻き風呂、暖炉などが付いている。

マイアーズ・カントリー・インB&B
Myers Country Inn B&B
☎707-943-3259、800-500-6464　FAX 707-943-1800
W www.myersinn.com
🏠12913 Avenue of the Giants, Myers Flat
客室＄125〜150
丁寧に完全修復された古い駅馬車停留所の中にある、古風で上品な宿。

ザ・リバーウッド・イン＆イル・リオ・メキシカン・レストラン
The Riverwood Inn & El Rio Mexican Restaurant
☎707-943-3333
🏠2828 Avenue of the Giants, Phillipsville
月〜金 16:00〜夜遅く、土・日 11:00〜22:00、バーは夜遅くまで
ガーバービル近くにある。ブルースやフォーク、ロックミュージックのライブが楽しめる老舗のロードハウスだ。貸し部屋もある。

ミランダMirandaという小さな町のジャイアント・レッドウッド・キャンプ場Giant Redwoods campgroundの脇道には、レストランがたくさんある。温かいランチや作りおきのランチを出す**ベーカリーカフェ**の隣には**ステーキハウス**、そのさらに北には自然食品を使った**コーヒーハウス**がある。

スコーシャ
Scotia

1887年に設立されたスコーシャScotia（人口1200人）は、いまどき珍しい町だ。カリフォルニアに残された最後の"カンパニータウン"で、その土地はパシフィック・ランバー・カンパニーPacific Lumber Company（パルコPalco）によって完全に所有、管理されている。パルコは世界でもっとも大きなレッドウッド製材所を経営している。**スコーシャ・ミュージアム＆ビジターセンター Scotia Museum & Visitors Center**（☎707-764-2222 内線 247　W www.palco.com　🏠cnr Main & Bridge Sts　夏期 月〜金 8:00〜16:30）は町の南端にある。

製材所の無料の**ガイドなしツアー**は、月〜金曜の7:30〜10:30と11:30〜14:00の2回行われている。夏、ミュージアムが開いている時

に立ち寄って、ガイドなしツアーの無料許可証をもらっておこう。1年間は有効で、工場入口で見せるだけでいい。巨木の皮をはぎ、板材にする工程すべてを見るのに1時間かかる。

ためになる**漁業の展示会 fisheries exhibit**（圖月〜金 8:30〜16:30）は、工場の訪問者用駐車場にあって、マスノスケやニジマスなどの魚がいる池と、工場のさまざまな生産能力向上計画についての展示が見られる。スコーシャの南およそ4.5マイル（約7km）にはパルコの**実演林 demonstration forest**（圖夏 8:00〜16:30）が広がっている。そこにはピクニック場やネイチャートレイルもある。

ここに長居しなくてはならない事情はないが、それでもどうしても滞在したいと思ったら、**スコーシャ・イン Scotia Inn**（☎707-764-5683、888-764-2248 Ⓦ www.scotiainn.com ⇧100 Main St 圖客室＄70〜 スイート＄165〜）に泊まろう。ゆったりとした由緒ある宿だ。その宿の中にあるステーキとポテトの**パブ**（圖ディナー＄8〜17 圖17:00〜21:00）や、アンティークな内装を施した**レッドウッド・ダイニング・ルーム Redwood Dining Room**（圖メイン＄17〜26 圖水〜日 17:00〜21:00 夏の間は月〜金曜にランチ、日曜にブランチもやっている）には、狩の獲物を使った料理と、たくさんのワインリストがあって、ぜひ行ってみよう。

宿の反対側にある**ホービーズ・マーケット Hoby's Market**（⇧105 Main St）では、ホットサンドやフレッシュサラダ、一般の食料を販売している。ほかにも橋を渡ったスコーシャの向こう側、リオ・デル Rio Dell には**モーテル**や**食堂**がたくさんある。

レッドウッド・トランジット・システム Redwood Transit System（☎707-443-0826）のバスが、ホービーズ・マーケットとリオ・デルの市役所に停まる。

ロスト・コースト
Lost Coast

カリフォルニアの「ロスト・コースト Lost Coast（失われた海岸）」は、ハイウェイ1がロックポート Rockport の北内陸へ向かうところから、ファーンデール Ferndale 周辺の北の境界までを指す。20世紀初期に導入された州のハイウェイ制度によって、そこは文字通り"失われた"海岸となった。起伏が多く、険しい**キング山脈 King Range**は海岸から3マイル（約5km）足らずの所にあって、切り立った崖を海に突き出し、4000フィート（1219m）以上の高さにそびえ立っている。降水量が多い（年平均100インチ〈2540mm〉を超える）ため、不安定な土壌や岩の状態が悪化し、海岸沿いにハイウェイを造るのは実質的には不可能である。そのためパシフィック・コースト・ハイウェイ Pacific Coast Hwy は内陸へ向かい、やがてこの地域を開発から守る法律がつくられたのだった。

今日、ロスト・コーストは、カリフォルニアでもっとも自然が多い沿岸地域だ。その南部は**キング山脈国立自然保護区 King Range National Conservation Area** と**シンキオン州立自然保護公園 Sinkyone Wilderness State Park**となっている。キング山脈の北方は、交通の便はいいほうだが景色に乏しい。ロスト・コーストで唯一大きなコミュニティはシェルター・コーブ Shelter Cove で、そこはガーバービル西から25マイル（約40km）の孤立した集落だ。

ロスト・コーストを訪れるなら一番いいのは秋。少し寒いかもしれないが、天気のいい日が多い。海岸沿いのハイキングを楽しみたいなら、晩春（4月下旬〜5月上旬）がおすすめ。この時期は天気がいいばかりでなく、移動していくコククジラを沖合で見るチャンスがある。そうは言っても、やはり暖かくて乾燥した時期に泊まるのが一番だと思うなら、6月〜8月がいい。ただし、1年中どの時期も天気はあっという間に悪くなるので注意すること。

シェルター・コーブ
Shelter Cove

シェルター・コーブは、周りをキング山脈国立自然保護区に囲まれた海辺のリゾート地だ。ポイント・デルガダ Point Delgada のちょうど真上にある吹きさらしの入り江には、美しい別荘が建ち並ぶ。辺ぴな所で、そこへ行く方法はたった1つ。ガーバービルに近いレッドウェイから山沿いを西へ23マイル（約37km）の曲がりくねった舗装道路を通るしかない。45分の快適なドライブだ。

シェルター・コーブRVパーク、キャンプ場＆デリカッセン
Shelter Cove RV Park, Campground & Deli
☎707-986-7474
⇧492 Machi Rd
圖テント＄16 RVサイト＄27
町の中にある。海が見えるデッキには温水シャワーと野外テーブルが置かれている。ここの自慢料理はフィッシュ＆チップスだ。

シェルター・コーブ・モーター・イン
Shelter Cove Motor Inn
☎707-986-7521、888-570-9676
Ⓦ www.sheltercovemotorinn.com
⇧205 Wave Dr

■夏 スイート＄88〜120
ここは快適。海に面した小さなスイートルームが自慢で、階下には**ロスト・コースト・コーヒー・カンパニー Lost Coast Coffee Company**（☎707-986-7888）がある。

そのほかの宿泊所には**シェルター・コーブ・ビーチコーマー・イン Shelter Cove Beachcomber Inn**（☎707-986-7551、800-718-4789 ♠412 Machi Rd ■客室＄55〜95）や素朴な感じの**マリナ・モーテル Marina Motel**（☎707-986-7595 ♠533 Machi Rd ■客室＄60〜85）などがある。

ノーザン・カリフォルニア・プロパティズ Northern California Properties
☎707-986-7346
♠101 Lower Pacific Dr
レジャーのレンタル用品を扱っている。

チャート・ルーム・レストラン Chart Room Restaurant
☎707-986-9696
♠210 Wave Dr
■食事＄12〜20
■9:00〜21:00
シェルター・コーブ・ビーチコーマー・インの向かいにある。コテージのポーチから見る海の眺めは最高。食事は平均的なアメリカン料理だが、バーもある。

ガーバービルからシェルター・コーブへ向かう途中のブライスランドBricelandには、自然食品を使った軽食やフレッシュジュース、エスプレッソを出す店**グラス・シャック Grass Shack**がある。ちょっと立ち寄ってみてはいかが。

キング山脈国立自然保護区
King Range National Conservation Area

未開発の海岸線は35マイル（約57km）に及び、険しいキング山脈に連なる稜線は、波の中にほとんど垂直に突き立っている。この6万エーカー（約24万3000ha）の荒野に、もっとも高いキング山脈の頂上（4087フィート＜約1246m＞）がある。

シェルター・コーブの東およそ9マイル（約15km）にある**土地管理局 Bureau of Land Management**（■8:30〜16:30）には、ハイキングトレイルとキャンプ場のマップや案内が置いてあり、営業時間外にはそれらが外に貼り出される。夏の間はスタッフがシェルター・コーブで説明会も行っている。インフォメーションは、アルカータ（後出参照）にあるBLMオフィスでも入手できる。そこが保護地域を管理しているからだ。

この地域で一番魅力的なのは、**ロスト・コースト・トレイル Lost Coast Trail**だ。シェルター・コーブ北端、ペトロリアPetrolia近くにあるマトール・キャンプ場Mattole campgroundから南端のブラック・サンズ・ビーチBlack Sands Beachまでの海岸24マイル（約39km）に及ぶ。いつも北から吹く風は、トレイルを北から南へ歩いて行くのに都合がいい。ここを端から端まで歩くなら、3、4日の日程を組んでおこう。バックパッカー・シャトル・サービス（往復便）についての情報はトレイルの入口で。問い合わせは**シェルター・コーブ・キャンプ場店 Shelter Cove Campground Store**（☎707-986-7474）まで。

ここで見ものは、ゴーダ岬Punta Gordaの廃棄された灯台と古い難破船の遺物、タイドプール（潮だまり）、そしてアシカやアザラシ、300種類以上の鳥といった海や海岸の豊富な野生生物だ。トレイルはほとんどが平らで浜に沿って進み、露出した岩を越えて行く。岩のある所では水位が低い時しか通行できないこともあるので、潮位表を調べておこう。

ロスト・コースト・トレイルの北のコースでは、美しいタイドプールを見ることもできるもっと短くて充実した**1日ハイキング**が楽しめる。それにはマトール・キャンプ場のトレイル入口からスタートするトレイルと、海岸沿いを3マイル（約5km）南へ歩き、ゴーダ岬の灯台まで行って戻って来るトレイルとがある。マトール・キャンプ場の場所はわかりやすい。ライトハウス・ロードLighthouse Rdが海に突き当たる所にあり、ペトロリア南東のマトール・ロードMattole Rdの交差点からは4マイル（約6km）離れている。

ブラック・サンズ・ビーチにあるロスト・コースト・トレイルの南終点からは、舗装されたハイウェイを通ってシェルター・コーブから5マイル（約8km）登って行くとシュミーズ・マウンテン・ロードChemise Mtn Rdへたどり着く。ここには**ヒドン・バレー・トレイル Hidden Valley Trail**と**シュミーズ・マウンテン・トレイルズ Chemise Mountain Trails**は険しい2つの尾根を通るトレイルで、ワイラキWailakiとナーデロスNadelosのレクリエーション場から1.5マイル（約2.4km）の上り坂へ続き、シンキオン州立自然保護公園Sinkyone Wilderness State Park（次章参照）を抜けるロスト・コースト・トレイルの別の場所とつながっている。キング山脈にある10.5マイル（約16.9km）の**キング・クレスト・トレイル King Crest Trail**は、主な海岸の尾根を通り、かなりラクに歩けるコースとなっている。シェルター・コーブの東、舗装されていないキング・ピーク・ロードKing Peak Rdの端をスタートする。

ワイラキとナーデロスには**造成されたキャンプ場**（キャンプ＄5〜7）がある。ほかに4つのキャンプ場が尾根のあちこちに散らばって

いる。歩いて入れる自然のままのキャンプ場も複数ある。開発キャンプ場の外でキャンプするには、キャンプファイヤー許可証が必要だが、BLMオフィスで無料でもらうことができる。

シンキオン州立自然保護公園
Sinkyone Wilderness State Park

7367エーカー（約2981ha）の自然保護公園は、かつてその地に住んでいたシンキオン・インディアンの名をとってつけられたもので、もう1つの海岸線で自然のままだ。**ロスト・コースト・トレイル**はここからさらに22マイル（約35km）、ホエール渓谷Whale Gulchから出発し、南へ向かってウサル・ビーチ・キャンプ場Usal Beach Campgroundへと続くが、歩くと少なくとも3日はかかる。公園の北端近く、**ニードル・ロック・ランチ・ハウス Needle Rock Ranch House ☎707-986-7711**）は、ビジターセンターとしての役割を果たしている。ここでは宿泊やキャンプ場の手続きができ、マップやトレイルガイドも手に入る。そのランチの2階は備品がないベットルームが2室あり、"インドアキャンプ"ができるようになっている。予約は9週間前から可能。

ニードル・ロックNeedle Rockへ行くにはブライスランド・ロードに乗って、ガーバービルとレッドウェイから西へホワイトソーンWhitethornを通り過ぎて、フォー・コーナーズFour Cornersまでの21マイル（約34km）を車で走る。そこから左（南）へ曲がり、さらに3.5マイル（約5.6km）、ランチ・ハウスまでのひどくでこぼこした道を下ると到着だ。所要時間は1.5時間。ハイウェイ1を離れた公園の南端にあるウサル・ビーチ・キャンプ場へもアクセスできる。ロックポートの北およそ3マイル（約5km）、舗装されていないカウンティ・ロード431 County Rd 431は、90.88のマイル標識の地点でハイウェイを離れ、海岸を6マイル（約10km）上り、キャンプ場へ至る。これらの道路は、雨の多い月にはぬかるんですぐに通行不能となる。

キング山脈の北
North of the King Range

ロスト・コースト北部を通るマトール・ロードは舗装されているため、年中通行可能だ。ファーンデールから北ヘメンドシーノ岬の海岸を過ぎて再び内陸を横切ると、フンボルト・レッドウッド州立公園とハイウェイ101に到達する。およそ3時間、68マイル（約109km）のドライブだ。ここでは、ハイウェイ101で見られるようなレッドウッドの森を期待してはいけない。ここの植生はほとんどが草や牧草

クレイジーな仕掛け装置

キネティック・スカルプチャー・レース（動く彫刻レース）は、1969年、ファーンデールの芸術家ホバート・ブラウンが息子の三輪車を改造し、もっと面白いものにしようと5つの車輪が付いたぐらぐら揺れる"5輪車"を作ったことから始まった。母の日に行われた最初のレースでは、5つの奇妙な仕掛け装置がメイン・ストリートを下って競争し、10フィート（約3m）の亀の彫刻が優勝した。レースは、70年代初期にはその規模を拡大し、今や3日間にわたって、アルカータからファーンデールまで35マイル（約56km）の距離を水陸を超えて競争するイベントとなっている。レースが週末のメモリアル・デーに延期されると、多くの観衆が押し寄せ、参加者はたいてい少なくとも2、30人に及ぶ（ある年は99人だった）。オーストラリアのパースのようにはるか遠く離れた町でも同様のレースが行われ、世界中の町がファーンデールのまねをするようになった。

レースのルールの幾つかは、参加者の仕掛け装置同様、へんてこなものだ。たとえば、「水・風・太陽・引力といった自然の力や、（レースの前に審判に紹介すれば）友好的な宇宙人に手伝ってもらってもよい」とか、マム・ルールというのもあって、そこではこんな事が述べられている。"もし、運転者が妊娠していて、おまけに出産中だったら、その運転者はペナルティなしで、ある程度の時間（1時間かそこら）待ってもらえる。ただし、レースに復帰する際には、運転者は宣伝用に8×10のカラー写真が必要。赤ん坊はフジツボ扱い（乗っていても意味がないこと）でコースの1区間同乗できる"。

で、牛の放牧場があちこちに点在している。

ここへ来るまでに、3つの小さな町、**ケープタウン Capetown**、**ペトロリア Petrolia**（カリフォルニアで最初の油田がある場所）そして**ハニーデュー Honeydew**を通過する。唯一ガソリンスタンドがあるのはハニーデューの郵便局、マーケット、溜まり場を兼ねた場所だが、そこは時々しか開いていないので当てにならない。だから、ドライブに出かける前にはガソリンを満タンにするのをお忘れなく。道はゆっくりとしか進めないので、時間にもたっぷり余裕を持たせよう。ドライブは十分楽しめるが、ロスト・コーストのような野性味あふれる壮大な景色はさらに奥、交通の便の悪い地域まで行かないと見られない。

AWウェイ郡立公園 AW Way County Park（☎707-445-7651 Mattole Rd; campsites 1台あたり＄12）には、キャンプ場がある。ペトロリアの南東6マイル（約10km）、ペトロリアとハニーデューの中間に位置している。

ファーンデール
Ferndale

ユーリカ（本章に後出）の南20マイル（約32km）にあるこの牧歌的な小さな酪農場コミュニティ（人口1400人）は、州と国の歴史的旧跡だ。ここにあるビクトリア様式の建物は、住人たちが自ら色を塗り、愛情込めて手入れしている。メイン・ストリートでは、わずか2、3ブロックの距離をアートギャラリーや古本屋、趣のある商店やソーダ水売り場などが埋め尽くすが、ファーンデールは旅行者を食い物にするだけの町ではないので安心してもらいたい。ここは忙し過ぎる現代社会の中でうまくやっている正真正銘、古風で魅力的な町なのだ。

ファーンデール商工会議所 Ferndale Chamber of Commerce（☎707-786-4477 Ⓦwww.victorianferndale.org/chamber）にはスタッフがいるビジターセンターはないので、ファーンデールの「**ビクトリアン・ビレッジ**Victorian Village of Ferndale」のマップと旅行者用ガイドを町のあちこちにある観光パンフレットの棚からもらうか、「**ファーンデール・エンタープライズ**Ferndale Enterprise」新聞の無料記念版を手に入れよう。キネティック・スカルプチャー・ミュージアム Kinetic Sculpture Museum（動く彫刻美術館）で模造品をチェックしたり、**ゴールデン・ゲイト・マーカンチール Golden Gait Mercantile**（全盛期の商業の歩み）（☎707-786-4891 ⌂421 Main St）で近年の物品の棚をざっと見たりするだけで、いい時間つぶしになる。ちょっと風変わりな**ホバート・ギャラリー Hobart Gallery**（☎707-786-9259 ⌂393Main St）でも情報を配っている。

観光スポットと楽しみ方

ファーンデールに最初に移住してきた人々は、自らの経営する酪農場で成功して裕福になり始め、彼らの中には「バターファット・パレス（バターで肥え太った宮殿）」として知られる華麗な装飾を施した大きなビクトリア様式の屋敷を建てる者も現れた。**ジンジャーブレッド屋敷 Gingerbread Mansion**（⌂400 Berding St）は、1898年に建てられたクィーン・アン・イーストレイク・ビクトリア様式の屋敷で、町の建物の中では写真を撮るのにもっとも適している。現在、B&B（ベッド＆ブレックファスト）になっている**ショー・ハウス Shaw House**（⌂703 Main St）は、ファーンデールに初めて建てられた永久構造物だ。この町の設立者セス・ショーが、1854年に切妻のカーペンター・ゴチック様式のビクトリアン・ハウスを建て始めたが、彼は1872年、その完成を見ることなく亡くなっている。高さ6フィート（2m）のシダが育っていたことから"ファーンデールFern Dale"（シダの谷）と呼ばれたその家の中には、新しい入植地の最初の郵便局もあった。ショーはそこの郵便局長だったため、町の名はファーンデールとなった。1866年設立の**ファーン・コテッジ Fern Cottage**（☎707-786-4835 ⌂Centerville Rd）は町の西から2、3マイル（約4、5km）の所にある。ツアー客のために開放している。予約制。

ファーンデール・ミュージアム Ferndale Museum（☎707-786-4466 ⌂cnr Shaw & 3rd Sts 入場料 寄付 火～土 11:00～16:00、6月～9月は日も 13:00～16:00＜年末最後の火曜日は休館＞）はメイン・ストリートを西へ1ブロック行った所にある。何百点もの芸術品と歴史的な展示品でごったがえしている。

ファーンデール・ミュージアム近くの**キネティック・スカルプチャー・ミュージアム Kinetic Sculpture Museum**（⌂580 Main St 月～土 10:00～17:00、日12:00～16:00）は毎年行われるアルカータからファーンデールまでのレース（前ページのコラム「クレイジーな仕掛け装置」参照）に出場した、非現実的でびっくりするような動く彫刻を所蔵している。

ブラフ・ストリート Bluff Stを通ってダウンタウンから半マイル先にある110エーカー（約45ha）の**ルス・パーク Russ Park**では、池やレッドウッド林、ユーカリの木々のそばを過ぎ、野生植物の花畑を抜ける短いハイキングが楽しめる。

年中行事

5月に行われる自転車レース、**未知の海岸ツアー Tour of the Unknown Coast**、6月の民族舞踊とごちそうで盛り上がる**スカンジナビア式真夏祭 Scandinavian Mid-Summer Festival**、8月中旬の10日以上に及ぶ**フンボルト・カウンティ祭り Humboldt County Fair**、10月の**ビクトリア村10月祭＆収穫デー Victorian Village Oktoberfest & Harvest Day**、そして12月には、トラクターのイルミネーションパレード、馬車に乗っての周遊、手工芸品、ホリデーコンサートに演劇と思考を凝らしたクリスマスを祝う催しなどが目白押しで、ファーンデールで行われる興味深いイベントとなっている。

宿泊

**フンボルト・カウンティ共進会場
Humboldt County Fairgrounds**
☎707-786-9511
⌂1250 5th St
テントサイト＄5 RVサイト＄15
会場の芝地を利用したキャンプサイト。西へ曲がりバン・ネス・ストリートVan Ness Stに出て数ブロック下る。草を食む羊が寂しさを紛らわせてくれる。

ファーンデール・コインランドリー＆モーテル
Ferndale Laundromat & Motel
☎707-786-9471
🏠632 Main St
💰ユニット＄50

ユニットが2組あり、それぞれ寝室2室、キッチンと専用浴室からなる。

フランシス・クリーク・イン
Francis Creek Inn
☎707-786-9611
🏠577 Main St
💰客室＄60〜70

快適なモーテル式客室が4室あり、酒屋のすぐそば。

ファーンデールのエレガントなビクトリア様式家屋はB&B（ベッド＆ブレックファスト）やブティックホテルを営むのには最適だ。

ビクトリアン・イン
Victorian Inn
☎707-786-4949、888-589-1808
🌐www.a-victorian-inn.com
🏠400 Ocean Ave
💰客室＄85〜175

1階は宝石学者が経営する宝石店。1890年建築の建物で、中はアンティークの数々で装飾されており、週末には温かい朝食が出る。

ホテル・アイバンホー
Hotel Ivanhoe
☎707-786-9000
🌐www.hotel-ivanhoe.com
🏠315 Main St
💰客室＄95〜160

ビクトリアン・インの斜め向かいにある豪華絢爛な歴史あるホテル。もともとは駅馬車停留所だった建物だ。スレイ・ベッド（頭板・足板がそりあがって外側へ湾曲したベッド）、ベルベットをあしらったロッキング・チェアーやクロウフットタブ（脚付浴槽）が置いてある部屋もある。

シャウ・ハウス
Shaw House
☎707-786-9958、800-557-7429
📠707-786-9758
🌐www.shawhouse.com
🏠703 Main St
💰客室＄80〜185

ステンドグラス、切妻天井、ほぼ全室にクロウフットタブ（脚付浴槽）と暖炉があるなど、インテリアにすてきな演出が施されている。最高においしい朝食が出る。

ジンジャーブレッド・マンション・イン
Gingerbread Mansion Inn
☎707-786-4000、800-952-4136
🌐www.gingerbread-mansion.com

🏠400 Berding St、cnr Brown St
💰客室・スイート＄150〜385

メイン・ストリートの1ブロック東にある4つ星のロマンチックなB&B（ベッド＆ブレックファスト）。アフタヌーンティーやターンダウンサービス（ベッドスプレッドをはずし客室から寝室の状態にしてくれる）など、サービスの良さは満点。

ほかのB&B（ベッド＆ブレックファスト）は中心街からやや離れている。

コリングウッド・イン・ベッド・アンド・ブレックファスト
Collingwood Inn B&B
☎707-786-9219、800-469-1632
🏠831 Main St
💰客室＄99〜 スイート＄245

歴史深いハート・ハウスHart Houseが、新たに、そして優雅にB&B（ベッド＆ブレックファスト）に変身した。

グランドマザーズ・ハウス
Grandmother's House
☎707-786-9704
🏠861 Howard St、off Main St
💰客室＄75

ビクトリア様式の1つであるクイーン・アン様式の簡素な建物。1901年建築。放牧地のそばにあり、子供連れも歓迎してくれる。

スチュワート・イン・アンド・ギャラリー
Stewart Inn & Gallery
☎707-786-9687
🏠1099 Van Ness Ave
💰客室＄110〜135

1895年に建てられた、小川のそばにあるビクトリア様式のファームハウス（農家の家屋）。イギリス式朝食、夕食前の軽食・飲み物と無料のエスプレッソまたはチャイのサービスを受けられる。客室には独創的な美術品があふれている。

食事

ファーンデールで空腹に悩まされることはまずないだろう。手頃な価格のベーカリー、カフェ、旧式の簡易食堂にお菓子屋までもがメイン・ストリートにずらりと並んでいる。

ファーンデール・ミート・カンパニー
Ferndale Meat Co
☎707-786-4501
🏠376 Main St
💰サンドイッチ＄5
🕐8:00〜17:00

くん製肉とチーズがたっぷりの本格的なサンドイッチが味わえる。

カーリーズ・グリル
Curley's Grill
☎707-786-9696

- 400 Ocean Ave
- 1品 $6〜18
- 11:30〜21:00、土・日 朝食 8:00〜

バーとレストランが一緒になっている店。従業員が気さくに客に話かける、といっても地元の客に対してのこと。カリフォルニア料理の味は並としても、一流レストラン並みのビール・ワインリストは十分に立ち寄る価値がある。

ホテル・アイバンホー
Hotel Ivanhoe
- ☎ 707-786-9000
- 315 Main St
- メイン $10〜20
- 水〜土 17:00〜20:30、日 17:00〜21:00

ホテル内にあるこのイタリア北部料理レストランは、16:00に始まるカクテルアワーで活気づく。

アンジェリーナ・イン
Angelina Inn
- ☎ 707-725-3153
- 281 Fernbridge St、Fernbridge
- バー料理 $10以下 ディナー料理 $17〜25
- 金〜火 バー 16:00〜、ディナー 17:00〜

ハイウェイ101のファーンデール分岐点近く。イタリア料理がたらふく味わえ、時には踊りも見物できる。

エンターテインメント

ファーンデール・レパートリー・シアター
Ferndale Repertory Theatre
- ☎ 707-786-5483
- 447 Main St

質の高い劇団で、年中上演している。観光客必見。この劇団はファーンデールの宝だ。

フンボルト湾国立自然保護区
Humboldt Bay National Wildlife Refuge

フンボルト湾南端に位置するこの保護区（☎ 707-733-5406 日の出から日の入りまで）は、毎年太平洋飛行経路をとる200種以上の渡り鳥にとって重要な区域だ。この保護区を訪れる水鳥と猛禽類のほぼ全種に該当するハイシーズンは9月から3月にかけてで、一方、メクロコクガンや渡り鳥に属するシギ・チドリ類のハイシーズンは3月中旬から4月下旬までになる。

カモメ、アジサシ、ウ、ペリカン、シラサギやアオサギなどの多くの野鳥は、年中姿を見かけることができる。この保護区はアザラシの避難場所にもなっている。保護区のマップ（案内図）には短い参考トレイルが2本記されていて、どちらも30分程度のコースだ。マップはユーリカEurekaおよびアルカータArcataの観光案内所で入手できるほか、保護区入口

忘れられそして見つけられ

既にかなり前から早期ヨーロッパ人冒険家が何人もカリフォルニアの海岸に押しかけていたが、入口が狭いことでフンボルト湾は発見を逃れていた。しかし1806年、ロシア・アメリカ毛皮会社がチャーターしたアメリカ船、オーケインの船長ジョナサン・ウィンシップがラッコを探し求めて湾へ入り込んだことから、フンボルト湾はついに発見される。当時そこに定住者はなく、その後フンボルト湾は皆に忘れられてしまった。もちろん、この地を「故郷」と呼んだワイオット・インディアンだけは別だったが。伝説か、歴史か、この件に関するさまざまな記述あるのでわからないが、1850年の春、「ユーリカ！」（ギリシャ語でくわれ発見せり！という意味）と叫びながら湾へ乗り入れた捕鯨士のジェームズ・T・ライアンが再発見し、町が建設されたという話である。
「ユーリカ」は、当時特に金工夫の間に流行していた言い回しで、ユーリカと名づけられた土地はここ以外にもあった。それにもかかわらず名前は維持された。のちに初代の衆議が集まり、「ユーリカ」をカリフォルニアのモットーにすると決定し、今でも州印に残っている。

で入手できる時もある。ハイウェイ101を、ユーリカEurekaから11マイル（約18km）ほど南下したフックトン・ロードHookton Rd出口で西へ曲がり、そこから標識どおりに進む。

サウスポート・ランディング
Southport Landing
- ☎ 707-733-5915　FAX 707-733-5215
- 444 Phelan Rd、Loleta
- 客室 $90〜125

1890年建築の初期植民地時代リバイバル様式の大邸宅。フンボルト湾の海岸線に延びる田舎道の突き当たりにある建物で、フンボルト湾国立自然保護区を見下ろす。保護区入口から、フックトン・ロードHookton Rdを3.5マイル（約6km）ほど西に向かったところで曲がる。

ユーリカ
Eureka

ユーリカ（人口2万5600人）は、フンボルト湾の海岸を抱きかかえるように広がる都市。フンボルト湾は、サンフランシスコの北にあるカリフォルニア州最大の湾・港湾で、某有名船団の拠点となっている。ハイウェイ101に乗ってユーリカへ入ると、車が騒々しく行き交い、ガソリンスタンドやチェーン経営のモーテルやファーストフードの店がハイウェイ沿いにひしめいている。一見して、つまらない所という印象を受けるかもしれない。しかし、

ユーリカ

食事
1 Cafe Marina & Woodley's Bar
6 Cafe Tomo; Eagle House Inn
7 La Chapala
9 Waterfront Cafe Oyster Bar & Grill
10 Six Rivers Brewing Co; Romano Gabriel Wooden Sculpture Garden
11 Los Bagels
13 Hurricane Kate's
14 Saffire Rose Cafe
16 Ramone's Bakery
17 Humboldt Bay Coffee Co
20 Kyoto
21 The Sea Grill
22 Lost Coast Brewery & Cafe
28 Casa Blanca
32 Patrick's Candy

その他
2 ハン、ボート、セイル、カヌー＆カヤック・センター
3 ブルー・オックス木工品・歴史公園
4 アドニー、レクリエーション・センター、フンボルト・ベイ・ハーバー・クルーズ発着所
5 アドニー円形劇場
8 フンボルト海洋博物館
12 オールド・タウン・ガゼボ
15 ユーインク・プレイス
18 クラーク・メモリアル・ミュージアム
19 ディスカバリー・ミュージアム
23 ユーリカ・フンボルト観光局
26 カウンティ庁
27 図書館
30 グレイハウンド・バス・ステーション
31 ノーザン・マウンテン・サプライ
33 郵便局、裁判所
34 ユーリカ生協
35 プロ・スポーツ・センター
36 モリス・グレイブス美術館
38 AAA（アメリカ自動車協会）
39 郵便局
40 ブロードウェイ・シネマ
44 ユーリカ・ナチュラル・フーズ

宿泊
24 Carter House Victorians
25 Hotel Carter; Restaurant 301
29 Old Town B&B
37 Eureka Inn; Rib Room; Bristol Rose Cafe; Palm Lounge
41 Cornelius Daly Inn
42 A Weaver's Inn
43 Abigail's Elegant Victorian Mansion

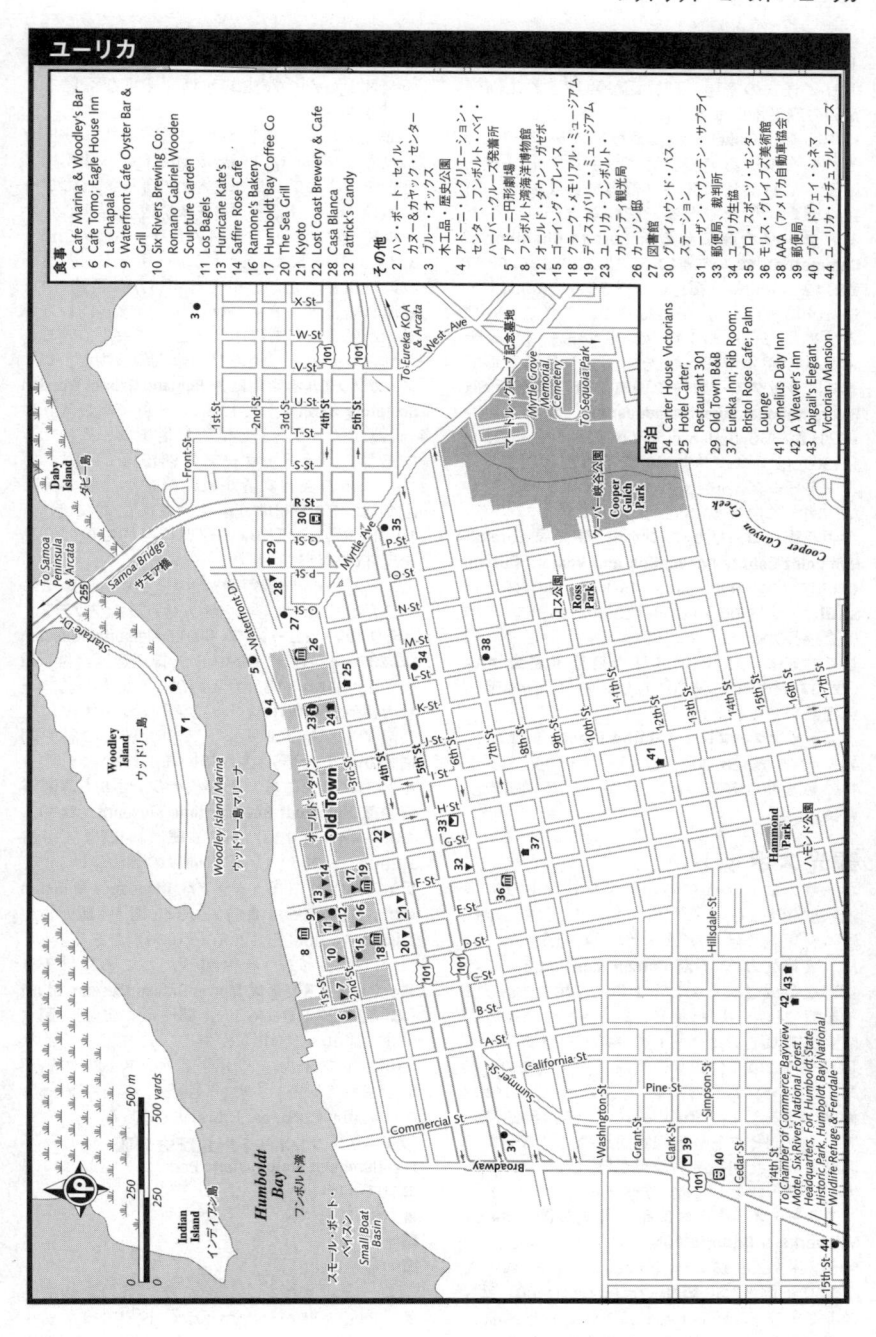

ハイウェイから2ブロックほど離れたオールド・タウンに足を踏み入れると、美しいビクトリア様式の家屋、博物館や再建された海岸沿いの商業地区がそこにある。

中心街は、ほぼ全域、番号付ストリートと、それらを横切るアルファベット付ストリートによって碁盤状に区画が整っているので、所在は簡単に把握できる。南からユーリカへ入ると**ユーリカ商工会議所 Eureka Chamber of Commerce**（☎707-442-3738 800-356-6381 ⌂2112 Broadway）月～金 8:30～17:00、土・日 10:00～16:00）があるので、ここでユーリカ、アルカタおよびフンボルト・カウンティ全域の観光情報と観光マップを各種入手できる。**シックス・リバーズ国有林管理事務所 Six Rivers National Forest Headquarters**（☎707-442-1721 ⌂1330 Bayshore Way）月～金 8:00～16:30）はブロードウェイをそれたところ、アップルビーズApplebee'sの向かいにあり、国有林に関する情報とマップを入手できる。

中心街に**ユーリカ・フンボルト観光局 Eureka-Humboldt County Convention and Visitors Bureau**（☎707-443-5097、800-346-3482 ⌂1034 2nd St）月～金 9:00～12:00、13:00～17:00）の中央事務局があるので、情報収集に役立つ。同じく中心街にある**アメリカ自動車協会 AAA**（☎707-443-5087 ⌂707 L St）の事務所も情報を提供してくれる。

ゴーイング・プレイス Going Places（☎707-443-4145 ⌂328 2nd St）は、オールド・タウンにある優良書店の1つで、旅行関連の書籍が豊富。

観光スポット

ユーリカには年代ものの見事なビクトリア様式家屋が多く、もっとも有名なのが1880年代に木材王、ウィリアム・カーソンが住んでいた、豪華な**カーソン邸 Carson Mansion**だ。この豪邸を完成させるのに、100人の男たちが丸1年を費やしたといわれている。今日、この邸宅は会員制のインゴマー・メンズ・クラブが所有し、一般には非公開（当然ながら女人禁制）である。カーソン邸の向かい、Mストリート202番地にあるピンク色の家屋は、1884年建築のアン王女朝ビクトリア様式建築物だ。カーソン邸を設計した建築家らが手がけ、カーソンの長男へ結婚祝いとして贈ったものである。

ブルー・オックス木工品・歴史公園 Blue Ox Millworks & Historic Park（☎707-444-3437、800-248-4259 ❖www.blueoxmill.com ⌂大人＄7.50 子供＄3.50 月～土 9:00～16:00）はXストリートの湾側の突き当たりにあり、旧式の道具を使って派手な飾り外装や住宅装飾品を昔のビクトリア様式建築物用に製作している。

こうした作業風景を見られる場所は世界中でも数少ない。1時間のガイドなしツアーで製作所全体とほかの歴史的建物をくまなく見ることができる。

観光案内所で無料配布している「ユーリカ観光マップ*Eureka Visitors Map*」に、建築物・歴史を中心にアレンジされた**ウォーキングツアー**や景色のいい**ドライブコース**が載っている。**オールド・タウン**のCからMストリート間の2nd・3rdストリートは、かつてユーリカ市内のさびれた地区だったが、今ではすっかり再建され、立派な店やアートギャラリー、カフェ、レストランが並ぶ歩行者専用地区として栄えている。

ユーリカのそう遠くない過去の遺物が、**ロマノ・ガブリエル木彫刻庭園 Romano Gabriel Wooden Sculpture Garden**（⌂315 2nd St）で、DストリートとEストリートの間の横道を少しそれた所にあり、ガラス・ケースに囲まれている。ガブリエルの表庭に置かれた鮮やかな色の民芸彫刻は、30年間地元の人々に愛されてきた。1977年の彼の死後は市が保存目的で彼の作品を現在の場所に移した。

ユーリカの小規模博物館の多くが近い距離にあるが、完全にマニア向けである。**クラーク・メモリアル・ミュージアム Clarke Memorial Museum**（☎707-443-1947 ⌂240 E St ❖任意〈寄付〉❖火～土 12:00～16:00）は1912年建築の前ユーリカ銀行建物内にあり、アメリカ先住民の工芸品や早期フンボルト・カウンティの歴史的遺物が何千と展示されている。ほかにもオールド・タウンには、小規模の**フンボルト湾海洋博物館 Humboldt Bay Maritime Museum**（☎707-444-9440 ⌂423 1st St ❖無料 ❖ほぼ毎日 12:00～16:00）と、子供向けの体験型博物館、**ディスカバリー・ミュージアム Discovery Museum**（☎707-443-9694 ⌂517 3rd St ❖＄3 ❖火～土 10:00～16:00、日 12:00～16:00）がある。

ハイウェイ101を横切ったところには**モリス・グレイブス美術館 Morris Graves Museum of Art**（☎442-0278 ⌂636 F St ❖任意＜寄付＞ ❖水～土 12:00～17:00）があり、さほど多くはないがカリフォルニア出身アーチストの作品が展示されている。1904年建設の3階建てカーネギー図書館Carnegie Library内にある。

フォート・フンボルト州立歴史公園
Fort Humboldt State Historic Park
☎707-445-6567
⌂3431 Fort Ave
❖無料
❖9:00～17:00

ブロードウェイを少しそれた、町の南側にある。内陸へ曲がり、ハイランド・アベニューHighland Aveへ出ると公園の入口ゲートが見える。この城砦は1853年に築かれたもので、

高い絶壁からフンボルト湾を望める。夏期は毎月第3土曜に蒸気機関車に乗せてもらえる。

セコイア公園
Sequoia Park
☎707-442-6552
🏠3414 W St
任意（寄付）
火〜土 5月〜9月 10:00〜19:00、10月〜4月 10:00〜17:00

美しい、セコイア（レッドウッドとも呼ばれる）の木立に囲まれたこの公園には、サイクリング用とハイキング用の散策コース、アヒルのいる池、子供用遊び場、ピクニックエリアや非営利動物園がある。

アクティビティ

アメリカ国内で定期的に利用されているものの中では最古の客船、MVマダケット *MV Madaket* での**フンボルト・ベイ・ハーバー・クルーズ Humboldt Bay Harbor Cruise** ☎707-445-1910 🏠dock at foot of L St ガイド付クルーズ 大人＄10.50 子供＄6.25 5〜10月の火〜日 運行）はユーリカでもっとも楽しい行楽の1つだ。客船は、1910年に完成・就航以来、ずっとフンボルト湾内を行き来してきた船で、1972年にサモア橋ができるまでの長い期間、作業員が製材所へ、また乗客が湾の各方面へ行くためのフェリー船として活躍した。予約とスケジュール確認は電話で対応。船はアドーニ・レクリエーション・センターAdorni Recreation Centerに埠頭入りする。

ハン・ボート Hum-Boats ☎707-443-5157 🏠Startare Dr）はウッドリー島Woodley Islandのマリーナで、カヤックとヨットのレンタル、レッスンとツアー、エコツアー、水上タクシー、貸し切りヨット、サンセット・セイリング、満月の下でのカヤック乗りなど、各種サービスを提供している。

ノーザン・マウンテン・サプライ Northern Mountain Supply ☎707-445-1711 🏠125 W 5th St）はカヌー、硬性膨張式カヤックやキャンピング・バックパック用品の販売店。**プロ・スポーツ・センター Pro Sport Center** ☎707-433-6428 🏠508 Myrtle Ave）はスキューバやアワビ獲りダイビング用品、膨張式ボート、スキー・スノーボード用品、キャンプ用品や自転車を扱っている。レンタル可能かどうかは電話で問い合わせるとよい。

年中行事

毎年恒例の行事は、4月初旬の**レッドウッド・コースト・ディキシーランド・ジャズ・フェスティバル Redwood Coast Dixieland Jazz Festival**、続いてシャクナゲ祭り **Rhododendron Festival** が同月の後半に行われる。セコイア公園では、6月から8月にかけてサマー・コンサートが開かれる。夏の**フンボルト・アート・フェスティバル Humboldt Art Festival**とブルース・バイ・ザ・ベイ **Blues by the Bay**が7月に行われ、コンサート、演劇、および美術展示会が催される。ユーリカを通過するキネティック・スカルプチャー・レースの詳細については、前出「ファーンデール」の「年中行事」を参照すること。

宿泊

ユーリカは、レッドウッド・コースト北部へ行くにも、トリニティ・シーニック・バイウェイ（「北部山岳地帯」の章を参照）へ出かけるにも便利な距離なので、観光の足場にするにはもってこいの町だ。より低予算の宿泊施設はユーリカから車で20分程度のアルカータで見つけられる。以下の料金は夏のハイシーズン期のレートになっている。

キャンプ場　ユーリカとアルカータの中間地点にある**ユーリKOA Eureka KOA** ☎707-825-4243、800-562-3136 🏠4050 N Hwy 101, at KOA Dr テントサイト＄18 RVサイト＄25 キャビネットおよびコテージ＄40）には温水プール、コンビニ、クリーニング店、遊び場、および自転車レンタルなどが揃っている。週、月単位で長期滞在する場合は、割引きしてもらえるか聞いてみるとよい。

キャンプ場は、サモア半島にもある（後出の該当セクションを参照）。

モーテル　ユーリカ市内を通るハイウェイ101沿いにはモーテルがずらりと並んでいるが、騒々しいハイウェイからうんと遠ざかった方が安眠できる。

ダウンタウナー・モーテル
Downtowner Motel
☎707-443-5061、800-862-4906
🏠424 8th St
客室＄60

このモーテルには、野外温水プール、室内サウナとホットタブがある。広い間取りの客室は清潔なうえ静かで快適。上記の料金にはコンチネンタルブレックファストが含まれる。

ベイビュー・モーテル
Bayview Motel
☎707-442-1673、866-725-6813
📠707-268-8681
🌐www.bayviewmotel.com
🏠2844 Fairfield St
客室 夏＄80 冬＄67、暖炉・ジャクジー付 夏＄150 冬＄127、2室付スイート 夏＄120 冬＄107

ユーリカ南部、郊外のヘンダーソン・ストリートHenderson Stを少し外れたブロードウェイBroadwayにあるこのモーテルは、比較的高級なブティックモーテルで、絶壁の上に建ち、湾を一望できる。

B&B（ベッド＆ブレックファスト）
ユーリカのエレガントに修復されたビクトリア様式屋敷はB&B（ベッド＆ブレックファスト）を営むのに適している。冬場はほとんどのB&Bで、料金を割り引きしてくれる。

オールド・タウンB&Bイン
Old Town B&B Inn
☎707-443-5235、888-508-5235
🏠1521 3rd St
客室＄110～130
修復された、1871年建築のビクトリア様式家屋。ウィリアム・カーソンが最初に住んだ家。

ウィーバーズ・イン
A Weaver's Inn
☎707-443-8119、800-992-8119 📠707-443-7923
🏠1440 B St
客室＄65 スイート＄125
1883年建築の、アン王女朝ビクトリア様式家屋。庭園は広々としていて、気分が和らぐ枝編みの家具があり、芝生ではクロッケー（庭でするゲーム）が楽しめる。

コーネリアス・デイリー・イン
Cornelius Daly Inn
☎707-445-3638、800-321-9656
🌐www.dalyinn.com
🏠1125 H St
客室＄85～125 スイート＄150
1905年に建てられた、早期植民地時代再興様式の邸宅で、土地が広く、ビクトリア様式の庭園と養魚池がある。

アビゲイル・エレガント・ビクトリアン・マンション
Abigail's Elegant Victorian Mansion
☎707-444-3144
🌐www.eureka-california.com
🏠1406 C St
客室＄95～195
すばらしい、アメリカの歴史的ランドマークといえる建物で、存在そのものが歴史の博物館といっても過言ではない。その風貌にふさわしく、従業員の丁寧なもてなしで有名である。4室ある客室の料金にはクラシックカーに乗ってユーリカを周遊してくれるサービスも含まれ、1929年フォードA型クーペ・ランブルシート、1925年シボレー・ツーリングカー、または1928年フォード・ツーリングカーの中から選べる。

ホテル・カーターが経営する、**カーター・ハウス・ビクトリアンズ Carter House Victorians**（客室＄190～360）は、1列に並んだ修復済み建物3件をB&B（ベッド＆ブレックファスト）用客室として提供している。利用客は道路向かいにあるホテル・レストランの豪勢な朝食を楽しむことができる。ここでは、1泊＄500の豪華なハネムーン向けの閑寂な隠れ家のようなカーター・コテージと、必要なものがすべて揃ったゲスト用キッチン完備のベル・コテージと呼ばれる豪華な客室も用意されている。

ホテル
ユーリカには、自慢のエレガントなホテルが2館ある。

ユーリカ・イン
Eureka Inn
☎707-442-6441、800-862-4906
📠707-442-0637
🌐www.eurekainn.com
🏠518 7th St
客室＄100～130 スイート＄130～300
豪華な1922年建設のチューダー様式建築物で、国の歴史的建造物として登録されている。温水プール、サウナ、ホットタブ、高級レストランにパブと快適な設備はすべて整っている。

ホテル・カーター
Hotel Carter
☎707-444-8062、800-404-1390
📠707-444-8067
🌐www.carterhouse.com
🏠301 L St
客室＄140～210 スイート＄250～325
このホテルはその風格にふさわしく、ベスト・イン、ベスト・レストラン、ベスト・ブレックファストなど、数々の称賛を浴びてきた経歴を持つ。スイートには、渦まき型浴槽や大理石の暖炉があり、窓からはマリーナを望める。この手厚いもてなしが受けられるホテルの宿泊料には、天下一品の朝食に加え、毎晩のワインとオードブルが含まれる。

食事
食料品やデリカテッセンは、**ユーリカ生協 Eureka Co-op**（☎707-443-6027 🏠cnr 5th & L St）、または**ユーリカ・ナチュラル・フーズ Eureka Natural Foods**（☎707-442-6325 🏠1626 Broadway）で調達するとよい。ほかに、**ファーマーズマーケット**（🏠Old Town Gazebo 🕐6～10月毎週火曜 10:00～13:00）や、古風な**パトリック・キャンディー Patrick's Candy**（☎707-442-0382 🏠537 F St）にも行ってみるとよいだろう。

ロス・ベーグル
Los Bagels
☎707-442-8525
🏠403 2nd St

ベーグルサンドイッチ＄2.50〜6
月・水〜土 7:00〜17:00、日 8:00〜15:00
手軽な食べ物を置いている。値段は少し高めだが、この店のクリームチーズが添えられた魚のくん製の味は格別。

ラモーンズ・ベーカリー
Ramone's Bakery
707-442-6082
209 E St
食事＄10以下
月〜土 7:00〜18:00、日 7:00〜16:00
ここも、スープ、サラダにサンドイッチといった軽い昼食を出す地元のカフェ。

サファイア・ローズ・カフェ
Saffire Rose Cafe
707-441-0805
525 2nd St
ランチ＄6〜10
月〜木 8:30〜20:00、金 8:30〜24:00、土 10:00〜24:00、日 11:00〜18:00
歴史深いバンス・ホテルVance Hotel内にあるレストランで、シンプルなイタリア料理を出している。ここでは、金・土曜の夜にジャズの生演奏が聴ける。

ラ・チャパラ
La Chapala
707-443-9514
201 2nd St
食事＄5.50〜13.50
11:00〜21:00
家族経営の本格メキシコ料理店で、大きな壁画のインテリアが目を引く。ここの強力なマルガリータと自家製フラン（リング状のパイ）は絶対に見逃せない。

シックス・リバーズ・ブリューイング・カンパニー
Six Rivers Brewing Co
707-268-3893
325 2nd St
パブ料理＄5〜10 メイン＄8〜16
11:00〜22:00
予想外においしいシーフード料理と、皿にてんこ盛りのグリル料理を食べられる。天井を横切る梁が丸見えのダイニングルームで、軽く地ビールを1、2杯楽しもう。

　当然ながら、ユーリカにはおいしいシーフードレストランがたくさんあり、その多くがフンボルト湾を眺められるような場所にある。

ウォーターフロント・カフェ・オイスター・バー・アンド・グリル
Waterfront Cafe Oyster Bar & Grill
707-443-9190
102 F St
メイン＄10〜16
9:00〜21:00

オールド・タウンにあるこのレストランは、その日捕れた魚とその名のとおりカキで人気がある。

カフェ・マリーナ・アンド・ウッドリーズ・バー
Cafe Marina & Woodley's Bar
707-443-2233
Hwy 255
メイン＄10〜16
6:00〜
ウッドリー島マリーナを眺められるようにデッキがあるこのバーでは、白髪混じりの老船長がビールを流し込んでいる様子が見られるかもしれない。

シー・グリル
Sea Grill
707-443-7187
316 E St
シーフード・ディナー＄12〜20
火〜金 11:00〜14:00、月〜土 17:00〜21:00
上品ぶった客間のような雰囲気が漂うこのレストランには、1880年代にホーン岬を回って運ばれてきたマホガニー製カウンターがある。

キョウト
Kyoto
707-443-7777
320 F St
メイン＄15〜25
水〜土 18:00〜21:00
店内に竹のすだれがあり、気配りの行き届いたサービスでもてなしてくれる、オールド・タウンにあるすしバー兼ディナー・レストラン。

　また、アルカタにある人気レストラン、トモ・ジャパニーズ・レストランTomo's Japanese Restaurantの支店、イーグル・ハウス・イン内の**カフェ・トモ Cafe Tomo**（707-443-5338　139 2nd St）と、**トモ・デリ Tomo Deli**（707-444-3318　2120 4th St）の両店が新たにオープンした。

ハリケーン・ケイツ
Hurricane Kate's
707-444-1405
511 2nd St
ランチ＄10 ディナーメイン＄16〜22
火〜土 11:30〜15:00、17:00〜22:00
焚き木を燃やして調理するスペシャル料理など、多国籍料理が次々と出てくる。ランチタイムには、サツマイモのフリッターを付け合せた心温まるサンドイッチが味わえる。

　ユーリカの高級ホテルにも有名なレストランがあるが、事前に予約が必要。

レストラン301
Restaurant 301
707-445-1390
301 L St

■朝食＄16 コース・ディナー＄38〜45 アラカルト・メイン＄18〜26
◎7:30〜10:00、18:00〜20:45
ホテル・カーターHotel Carter内の、国内外の賞を受賞した経歴を持つレストラン。ここの有名な朝食メニューは、4コースの料理と豪華なビュッフェで、新アメリカン料理のプリフィックス（あらかじめ用意されているコースメニューの中から好みの料理を選ぶ）ディナーは、ベジタリアン料理か、肉・魚料理かのどちらか好きなほうをオーダーできる。これらの創作料理には、すべてホテルの菜園で育てられた新鮮ハーブが巧みに使われ、そのメニューを増やしている。50ページにおよぶワインリストは感激。

ユーリカ・イン Eureka Inn（☎707-442-644 ♠518 7th St）内のレストラン、リブ・ルーム Rib Room（■メイン＄25〜40 ◎17:30〜22:00）は、高級あばら肉を専門にしている。朝食および昼食はリブ・ルームより気取りのないブリストル・ローズ・カフェ bristol Rose Cafeで出される。

エンターテインメント
モリス・グレイブズ美術館 Morris Graves Museum of Art（前出の「観光スポットと楽しみ方」を参照）では、9月から5月の間、たいてい土曜日の夜に、アート・パフォーマンスのイベントを開催する。

ブロードウェイ・シネマ
Broadway Cinema
☎707-444-3456
♠Broadway、near 14th St
第一封切りの映画館。

フンボルト・ベイ・コーヒー・カンパニー
Humboldt Bay Coffee Company
☎707-444-3969
♠211 F St
ほかとはひと味違ったコーヒー・ラウンジで、金・土曜の夜にはバンドの生演奏あり。

シックス・リバーズ・ブリューイング・カンパニー
Six Rivers Brewing Co
☎707-268-3893
♠325 2nd St
◎バー 2:00まで営業
ユーリカのもっとも新しいブリューパブ（醸造所パブ）でダーツ、大画面テレビ、ひと昔前のテレビゲームが置いてある、親しみやすいパブだ。週末にはしばしばバンドの生演奏やダンスの余興がある。

ロスト・コースト・ブリューワリー
Lost Coast Brewery
☎707-445-4480
♠617 4th St
ダウンタウン・ブラウン・エールで人気のもう1つの地元醸造会社。11:00から真夜中までパブ料理を出すことで有名。

ユーリカ・イン Eureka Inn（☎707-442-6441 ♠518 7th St）のにぎやかなパーム・ラウンジ Palm Loungeでは火・土曜の夜に生演奏がある。地下にはミラーズ Mirrorsという静かなバーもある。

反対に流行のバーやDJクラブに行きたいなら、オールド・タウンOld Townの裏町を探し回ることになるが、せいぜいストリップクラブがあるくらいだ。お気の毒さま。

アクセス・交通手段
ユーリカの北約20マイル（約32km）のところにアルカータ・ユーリカ空港Arcata-Eureka Airportがあり、ホライズン航空 Horizon Air（☎800-547-9308）と、ユナイテッド・エクスプレス United Express（☎800-241-6522）の2社が離着陸している。

グレイハウンド・バスステーション Greyhound bus station（☎707-442-0370、800-231-2222 ♠1603 4th St）が市の中心街にある。レッドウッド・トランジット・システム Redwood Transit System（☎707-443-0826）のバスは、ユーリカを通り抜ける際、4thストリートと5thストリートに数カ所ある停留所に停車する。市バスは、ユーリカ・トランジット・サービス Eureka Transit Service（☎707-443-0826）が管理し、月曜から土曜までバス運行。

プロ・スポーツ・センター Pro Sport Center（☎707-443-6328 ♠508 Myrtle Ave）では自転車レンタルを行っている。

サモア半島
Samoa Peninsula

吹きさらしの自然美あふれるサモア半島は、長さ7マイル（約11km）、幅0.5マイルの（約0.8km）半島で、フンボルト湾の北先端に位置する。西太平洋にあるサモア島のパゴパゴ港 PagoPago Harborに似ていることから、サモア半島と名づけられたといわれる。海岸道路は、ユーリカとアルカータ間の裏口ルートになっている。フンボルト湾の東側を通るハイウェイ101を利用しないで両市を行き来するもう1つのルートだ。半島沿いならどこでも、砂丘を通って南へ歩くと海岸に出られる。

半島の南端にある、サモア砂丘レクリエーション・エリア Samoa Dunes Recreation Area（☎707-825-2300 ◎日出〜日没）にはピクニックエリアがあり、釣りも楽しめる。野生動物をじっくり観察したければ、マッド・リバー・スラウ・アンド・デューン Mad River Slough & Dunesに行く

とよい。アルカータからは、サモア大通りを3マイル（約5km）ほど西へ向かい、マニラ分岐点のヤング・ストリートYoung Stで右折し、道沿いにコミュニティ・センターの駐車場まで行く。そこから散策コースを歩いて、干潟、塩性湿地、潮路などを歩いて回ることができる。ここでは年間を通して200種以上の野鳥を見ることができ、春・秋には渡り鳥の水鳥、春・夏は鳴鳥、秋・冬には岸辺に生息する鳥、そして年中たくさんの渉水類の鳥を目にすることができる。

475エーカー（約192ha）の**ランフィア砂丘自然保護区 Lanphere Dunes Preserve**は、太平洋海岸全域に拡大し続ける砂丘の例として、数ある中でも貴重な砂丘である。このまったく自然のままの砂丘は、高さ80フィート（約24m）以上になることもある。環境がデリケートなため、ガイド付ツアーのみとなっている。ランフィア砂丘の2マイル（約3km）ほど南に、**マニラ砂丘レクリエーション・エリア Manila Dunes Recreation Area** ☎707-445-3309）があり、一般に開放されている。ペニンシュラ・ドライブPeninsula Driveを利用して来る。

フレンズ・オブ・ザ・デューン
Friends of the Dunes
☎707-444-1397
W www.friendsofthedunes.org
毎月第1、第3土曜に、ランフィア砂丘散策を2時間半かけて案内してくれる。雨天決行、アルカータのジェーンズ・ロードJanes Rd 3001にある太平洋ユニオン・スクール駐車場から10:00に出発する。また、毎月第2、第4土曜日には、10:00から12:00までマニラ砂丘のガイドツアーを行う。こちらも雨天決行でコミュニティ・センターから出発する。上着と底のやわらかい靴持参。ボランティアを募って砂丘修復作業を第1、第3土曜に行っている。詳細は事前に電話するか、ホームページを見るとよい。

サモア・クックハウス
Samoa Cookhouse
☎707-442-1659
off Samoa Blvd
朝食＄8 ランチ＄9 ディナー＄13
月〜土 7:00〜15:30、17:00〜22:00、日 7:00〜22:00
"西部クックハウス唯一の生き残り"で、建物の一部が**博物館**になっている。ここ全体がユーリカ伐採所の過去を物語っているようだ。食事をする人はみな、チェックのクロスがかかった、同じ長テーブルにつき、皿にたっぷりと盛られた食べ放題料理が次から次へと運ばれてくる。子供は半額。サモア橋を渡ってユーリカから数分北西へ向かった所にある。標識が出ているのでその通りに進む。アルカータからの場合は、サモア大通りSamoa Blvdを通って来る。

サモア橋の南、4マイル（約6km）ほどのところにある**サモア・ボート・ランプ郡立公園 Samoa Boat Ramp Country Park** ☎707-445-7651　キャンプサイト＄10）にはキャンプ場がある。施設といえるほどのものはあまりなく、ピクニック用テーブルと駐車場の横にトイレがある程度だ。しかし、心安らぐ風景を眺めながら、管理人がいる。

サモア・エアポートB&B
Samoa Airport B&B
☎707-445-0765
W www.northcoast.com/airbb
900 New Navy Base Rd
客室＄75〜95
クックハウスから数マイル南で、修復された元陸軍施設の中に部屋がある。建物は第2次世界大戦時、今は民間のユーリカ市営空港がまだアメリカ海軍小型飛行船基地だった当時のもの。

アルカータ
Arcata

ユーリカからほんの5マイル（約8km）北上したところにある市で、アルカータ湾とフンボルト湾を見渡すアルカータ（人口1万6500人）には、どこか1960年代を思わせる、若々しくリラックスした空気が満ちている。1850年にユニオン木材会社によって町が建設され、その当時はユニオン・タウンと呼ばれた。もともとは、東のトリニティ金鉱山や近くの伐採所へ通うための足場だった町だ。その後アルカータは人口が増え、木材製作所も数カ所でき、木材の町へと発展した。1850年代後期、人気作家ブレット・ハートはジャーナリストとしてアルカータに勤務するようになった。のちに、彼のゴールド・ラッシュ時代小説の舞台としてアルカータが何度か登場した。今日、州立大学の中では最北の大学で、環境学と森林学に強いフンボルト州立大学（HSU）の存在によって、アルカータは大学都市として再認識されるようになった。

オリエンテーション・インフォメーション

アルカータはフンボルト湾へと傾斜している。ユーリカ同様、アルカータも番号付ストリートがアルファベット付ストリートを横切る碁盤状の区画が整っている。中心街はアルカータ・プラザArcata Plazaを基点に、ハイウェイ101と町の北端のHSU近くで合流する主要一

方面通行道路GとHストリートの間に広がっている。サモア大通りSamoa Blvdは、サモア半島を通ってハイウェイ255に合流する。こちらが、景色を楽しみながらユーリカへ向かうもう1つのルートになっている。

ハイウェイ101西側、ジュントーリ・レーンGiuntoli Laneのはずれ、町の北約2マイル（約3km）の**カリフォルニア・ウェルカム・センターCalifornia Welcome Center**内には**アルカータ商工会議所・観光情報センター Arcata Chamber of Commerce & Visitor Information Center**（☎707-822-3619 w www.arcatachamber.com 1635 Heindon Rd 9:00～17:00）がある。フンボルト・カウンティ全域、デルノルテ・カウンティおよびカリフォルニア州全域を受け持つ。ここで、必ず無料の折りたたみ地図「アルカータ公式観光地図Official Map Guide of Arcata」を手に入れよう。隣にある**土地管理局 Bureau of Land Management**（BLM；☎707-825-2300 1695 Heindon Rd）はロスト・コーストやキング山脈国立自然保護区の情報を提供している。

フンボルト・インターネット Humboldt Internet（☎707-825-4638 750 16th St 月～金10:00～13:30、15:30～17:00）は1時間＄2でインターネット・サービスを提供している。近くにある**キンコーズ Kinko's**（☎707-822-8712 1618 G St 月～金 7:00～23:00、土・日 9:00～18:00）では、1分20¢でインターネットにアクセスできる。

アルカータには優良書店が2件あり、入手困難な本もたくさん揃っている。**ティン・カン・メールマン Tin Can Mailman**（☎707-822-1307 1000 H St）には、中古本が2階まで並んでいる。一方、**ノースタウン・ブックス Northtown Books**（☎707-822-2384 957 H St）では、新書、定期刊行物、旅行地図やガイドブックを扱っている。

観光スポット

敷地が町の最北地区をほとんど占有するほど広い**フンボルト州立大学 Humboldt State University**（HSU；☎707-826-3011）のキャンパス内には、アートギャラリーがあり、文化、スポーツイベントが開かれ、そのほかにもたくさん見所がある。後出の「スポーツ・レクリエーション」を参照。HSUキャンパスのそばにある**HSU自然史博物館 HSU Natural History Museum**（☎707-826-4479 🏠1315 G St）大人＄1 子供＄0.5 ◎火～土（11:00～16:00）には化石、ノース・コーストに生息する動物、観察ミツバチの巣、タイドプールの水槽、津波・地震に関する展示など、幾つかの子供向け展示がある。

アルカータ・プラザ Arcata Plazaの周辺には歴史的な建物が集まっている。**ジェイコビーズ倉庫 Jacoby's Storehouse**（🏠cnr H & 8th Sts）は、国の歴史的建造物に登録されている。1915年建築の**ホテル・アルカータ Hotel Arcata**（🏠cnr G & 9th Sts）も同様に登録されている。1914年建築の古い**マイナー・シアター Minor Theatre**（🏠1013 10th St）は現在、映画館になっている。

フィリップス・ハウス歴史博物館 Phillips House Historical Museum（☎707-822-4722 🏠cnr 7th & Union Sts ■任意（寄付）◎日 12:00～16:00および電話予約による開館）は1854年建築の家屋で、興味がある人にはガイドが館内ツアーをしてくれる。

11thストリートと14thストリートの東側突き当たりにある**レッドウッド公園 Redwood Park**は最高だ。レッドウッドの木々に囲まれ、ピクニックエリアもある。隣の広い**アルカータ共同森林 Arcata Community Forest**は、575エーカー（約233ha）のレッドウッド森林の中を10マイル（約16km）の未舗装および舗装小道が抜け、ハイキングやマウンテンバイクを楽しむのに最高だ。

フンボルト湾沿岸には、**アルカータ湿原＆自然保護区 Arcata Marsh & Wildlife Sanctuary**があり、こちらはバードウォッチングに最適で、5マイル（約8km）のウォーキング用散策コースがある。**レッドウッド・コースト・オーデュボン協会 Redwood Coast Audubon Society**（☎707-826-7031）が毎週土曜の8:30に、ガイド付ツアーを行っている。雨天続行。Iストリートの南側突き当たりにある駐車場から出発する。アルカータ湿原の友Friends of Arcata Marshは、毎週土曜14:00に**アルカータ湿原情報センター Arcata Marsh Interpretive Center**（☎707-826-2359 🏠600 South G St ◎9:00～17:00）から出発のガイド付ツアーを行っている。

アルカータの北東、ハイウェイ101から2マイル（約3km）東に**アザレア州立自然保護区 Azalea State Preserve**（☎707-488-2041 🏠Hwy 200）がある。アザレアが咲き乱れる頃（たいてい4月下旬から5月下旬の間）はとても美しい光景が見られるが、その期間以外はそれほど感動的ではない。

アクティビティ

フィンランド式カントリーサウナ・アンド・タブ Finnish Country Sauna & Tub
☎707-822-2228
🏠cnr 5th & J Sts
◎日～木 12:00～22:00、金・土 12:00～24:00
極上レッドウッドで作られた個人用ホットタブに星空を見上げながら浸かれる。きれいな庭にはサウナ2室がある。料金は30分＄7.65からで、夜間・週末は利用者で込み合うため、同日予約を希望の場合は、早めに電話予約をしたほうがよい。

HSUセンター・アクティビティ HSU Center Activities
☎707-826-3357
◎月～木 19:30、金 10:00～18:00
大学センターの2階、キャパス時計台の横で、数えきれないほど多くののレクリエーション、講習会、グループ遠足、スポーツ用具レンタルや委託販売が行われる。在学生以外も歓迎してくれる。

アルカータ・コミュニティ・プール Arcata Community Pool（☎707-822-6801 🏠1150 16th St）には、自慢のホットタブ、エクササイズ・ルーム、そのほかにもいろいろな設備がある。**コミュニティ・ヨガ・センター Community Yoga Center**（☎707-440-2111 🏠890 G St）で心身ともにリラックスするのもいいだろう。＄5～＄10で体験教室に参加できる。

プラザにある**アドベンチャーズ・エッジ Adventure's Edge**（☎822-4673 🏠650 10th St）と**アウトドア・ストア The Outdoor Store**（☎707-822-0321 🏠876 G St）では、アウトドア用品のレンタル、修理、販売を行っている。サイクリングショップについては後出の「アクセス」を参照。

年中行事

もっとも有名なアルカータの行事といえば、ファーンデールまでの、**キネティック・スカルプチャー・レース Kinetic Sculpture Race**（前出「ファーンデール」のコラム参照）だ。そのほかには、6月に**アルカータ湾オイスター祭り Arcata Bay Oyster Festival**と、ビーバップ＆ブリューBebop & Brewが催される。9月半ばには**北部カントリー・フェア North Country Fair**が開かれる。

宿泊

手頃な価格と、ベイサイドの良好な立地条件からして、この町はユーリカとここより北の巨大セコイア森林へ出かける際の足場として絶好。

レッドウッド・コースト － アルカータ

最寄りのキャンプ場は、**ユーリカKOA Eureka KOA**（前出「ユーリカ」の「宿泊」を参照）だが、トリニダードに民間のキャンプ場が何カ所かあり、トリニダード近くのパトリック岬州立公園やクラム・ビーチにもある。これらのキャンプ場は、アルカータから車で北へ少し行った所にある。詳しくは、後出の関連セクションを参照。

フェアウィンド・モーテル Fairwinds Motel
☎707-822-4824 ℻707-822-0568 🏠1674 G St 客室＄40～55）の客室は普通だが、モーテルの裏、数km先にあるハイウェイ101からの騒音が難点だ。そのほかのモーテルはアルカータから2マイル（約3km）ほど北上したハイウェイ101のジュントーリ・レーンGiuntoli Lane出口にある。**モーテル6 Motel 6** ☎707-822-7061、800-466-8356 S＄42～ W＄46～)、デラックスなコンチネンタルブレックファストが出る**ベスト・ウェスタン・アルカータ・イン Best Arcata Western Inn** ☎707-826-0313、800-528-1234 スタンダード客室＄65～75）、無料の空港送迎サービスがあるレストラン完備の**ノース・コースト・イン North Coast Inn**（☎707-822-4861、800-406-0046 🏠4975 Valley West Blvd 客室＄65～）などだ。

ホテル・アルカータ
Hotel Arcata
☎707-826-0217、800-344-1221
🏠708 9th St
客室＄70～85 スイート＄90～140
プラザ北側にある、見事に修復された1915年建築のホテル。魅力的で快適な客室には、全室に専用バスとクロウフットタブ（脚付浴槽）が備えられている。無料コンチネンタル・ブレックファスト付。

キャッツ・クレイドルB&B
Cat's Cradle B&B
☎707-822-2287 ℻707-822-5287
🏠815 Park Place
客室＄65～80 スイート＄105
町を見渡すことができ、レッドウッド公園まで歩いて行ける距離にある。

レディー・アンB&B
Lady Ann B&B
☎707-822-2797
🏠902 14th St
バスルーム付＄80～105
ビクトリア様式の1つであるクイーン・アン様式の邸宅で1888年建築。トリニダードでは休暇期間中の貸家も扱っている。

食事

気候が暖かい間は、**ファーマーズマーケット**がアルカータ・プラザで（4月～11月 土 9:00～13:00）とワイルドベリー市場外（6月～10月 火 15:00～18:00）の2カ所で開かれる。

ワイルドベリー市場
Wildberries Marketplace
☎707-822-0095
🏠747 13th St
7:00～23:00
健康志向の食料品店で、店内には受賞したデリカテッセン、ベーカリーとジュースバーがある。

アルカータ生協
Arcata Co-op
☎707-822-5947
🏠cnr 8th & I Sts
6:00～22:00
ここも自然食品のスーパー。

ボン・ボニエール
Bon Boniere
☎707-822-6388
🏠791 8th St
ジェイコビーズ倉庫内にある古風なキャンディショップ兼アイスクリーム・パーラー。

ロス・ベーグル
Los Bagels
☎707-822-3150
🏠1061 I St
ベーグルサンドイッチ＄2.50～6
月・水～金 7:00～18:00、土 7:00～17:00、日 8:00～15:00
アルカータで生まれた店。値段は高いが、味に関しては文句のつけようがない。

ワイルドフラワー・カフェ＆ベーカリー
Wildflower Cafe & Bakery
☎707-822-0360
🏠1604 G St
食事＄5～8
月～土 8:00～20:00、日 9:00～13:00
オーブン料理が味わえ、おいしく栄養満点、しかも手頃なベジタリアン料理が食べられる。

ゴールデン・ハーベスト・カフェ
Golden Harvest Cafe
☎707-822-8962
🏠1062 G St
朝食＄4～8
ベジタリアンもそうでない人も満足させるおいしい朝食を出す店で、コーヒーの飲み放題もうれしい。

ザ・ビッグ・ブルー・カフェ
The Big Blue Cafe
☎707-826-7578
🏠846 G St
朝食・ランチ＄4～7
7:00～16:00
軽めのカフェ・メニューが揃った店。かんき

つ類のサラダやジンジャービーフ・サンドイッチはレパートリーのほんの一部。

パシフィック・リム・ヌードル・ハウス
Pacific Rim Noodle House
☎707-826-7604
🏠1021 I St
料 食事＄3.25〜6.50
⏰月〜土 11:00〜19:00

人気のあるテイクアウトの店。環太平洋料理の選りすぐりの食事を出し、店外にテーブルが置いてある。

ヘイ・フワン！ブリトー Hey Juan! Burritos（☎707-822-8433 🏠16421/2 G St ⏰11:00〜23:00）と、**フィリー・チーズ・ステーキ・ショップ Philly Cheese Steak Shoppe**（☎707-825-7400 🏠cnr 18th & G Sts ⏰11:00〜深夜）の2店舗は、金欠気味のHSU学生の間で非常に人気がある。

アルカータには、本格的なレストランも何軒かあり、事前に予約することが望ましい。

ジャンバラヤ
Jambalaya
☎822-4766
🏠915 H St
料 メイン＄13〜21
⏰火〜土 17:00〜21:00

週1度、メイン州から生きたロブスターを空輸して仕入れるほど、シーフードにこだわりを見せるレストラン。何度にもおよぶ受賞の背景には、レストランの食材同様にアメリカ風ビストロ料理に対する斬新な姿勢が見受けられる。チポトルアリオリソースで食べるフンボルト湾オイスターをぜひお試しあれ。

アブルッツィ
Abruzzi
☎707-826-2345
🏠enter off H St
料 メイン＄12〜20
⏰17:30〜21:00

かなり前から営業しているイタリアン・ディナーレストランで、歴史的建造物であるジェイコビーズ倉庫の下の階にある。上の階には、アブルッツィが同時に経営する**プラザ・グリル Plaza Grill**（☎707-826-0860 料 サンドイッチ＄7〜10 メイン＄13〜20 ⏰毎晩 17:00〜23:00）があり、ステーキとシーフード専門の活気のあるレストランだ。

トモ・ジャパニーズ・レストラン
Tomo Japanese Restaurant
☎707-822-1414
🏠708 9th St
料 ランチ＄8〜11 ディナー＄14〜17
⏰月〜金 11:30〜14:00、毎日 17:30〜21:30

ホテル・アルカータ内にあり、いつ行ってもすしネタを下ろしたり、好奇心をそそる酒のカクテルやベジタリアン・絶対菜食主義者向けサラダを作るのに忙しそうだ。

フォリー・ドゥース
Folie Douce
☎707-822-1042
🏠1551 G St
料 メイン＄16〜26
⏰火〜木 17:30〜21:00、金土 17:30〜22:00

このレストランは、新アメリカン・ビストロ料理と芸術品ともいえるワインリストを置いている究極のレストランだ。なんといっても、店の外まで漂うスパイスの香りと、あの焼きたてのグルメ・ピザの香りはたまらなく誘惑的だ。

エンターテインメント

センター・アーツ
Center Arts
☎707-826-4411、チケット問い合わせ707-826-3928

HSUの自主独立体で、パフォーマンス、コンサート、国際音楽ほか多種多様のイベントを支援している。

アルカータ・シアター
Arcata Theatre
☎707-822-1220
🏠1036 G St

ここでも文化行事を行う。

マイナー・シアター
Minor Theatre
☎707-822-3456
🏠1013 H St

封切り映画のほか、クラッシック映画も上映。歴史を感じさせるこの劇場で行われるお得なマチネ（昼興行）にぜひ行ってみるとよい。

フンボルト・ブリューイング・カンパニー
Humboldt Brewing Company
☎707-826-2739
🏠856 10th St
料 パブ料理＄5〜10
⏰火 16:00〜24:00、水〜土 12:00〜24:00

おいしいバッファロー・ウイング（鶏の手羽先をカリカリに揚げたもの）とフィッシュ・タコスがうまい自家製ビールのお供に出る。木曜から土曜日にかけての夜は、生バンドが演奏する。

ジャンバラヤ
Jambalaya
☎822-4766
🏠915 H St

ジャズ、ブルースやほかの音楽を生演奏している。さらに、週ごとに即興ナイト、詩の朗読ナイトなどが開催され、予定は随時店のドアに掲示される。

プラザ・グリル Plaza Grill（☎707-826-0860）は暖かく、気さくに1杯やれる場所だ。ジェイコビーズ倉庫Jacoby's Storehouseの建物の中にある。プラザ北側にある、駆け込みバーやカクテル・ラウンジにも近い。

アルカータにはコーヒーハウスもたくさんある。**セイクレッド・グラウンズ・オーガニック・コーヒー・ロースターズ Sacred Grounds Organic Coffee Roasters**（☎707-822-0690 🏠686 F St ⊙日～水 7:00～23:00、木～土 7:00～24:00）では週末にバンドの生演奏が行われる。チェス盤が置いてあり、日陰で有機栽培されたコーヒーが売り物。

フィンランド式カントリーサウナ＆タブ内にある**カフェ・モッカ Café Mokka**（☎707-822-2228 🏠cnr 5th & J Sts）は耳に心地よいアコースティック音楽（たいていはヨーロッパの民俗音楽）の生演奏を聴くだけでも立ち寄る価値は十分。テーブルが幾つかあり、各国の新聞と楽しい会話が楽しめる。店内の雰囲気は完全にボヘミアンっぽい。何はともあれ、ホット・チャイをぜひお試しいただきたい。

アクセス・交通手段

空港情報はユーリカの「アクセス」を参照。**グレイハウンド Greyhound**（☎800-231-2222）のバスが、ハイウェイ101に沿って運行している。**レッドウッド・トランジット・システム Redwood Transit System**（☎707-443-0826）の地方バスとアルカータ市バス（☎707-822-3775）が、**アルカータ・トランジット・センター Arcata Transit Center**（☎707-825-8934 🏠925 E St）で停車する。

レボリューション自転車修理店 Revolution Bicycle Repair（☎707-822-2562 🏠1360 G St）と、**ライフ・サイクル・バイク・ショップ Life Cycle Bike Shop**（☎707-822-7755 🏠1593 G St）で自転車のレンタル、修理および販売を行なっている。

トリニダード
Trinidad

アルカータの北およそ12マイル（約19km）に位置する。トリニダード湾Trinidad Bayに沿った、自然が豊かで強い風が吹くこの小さな村（人口400人）は、描かれたばかりの絵のような印象を与える。ここでは、トリニダード・ヘッドTrinidad Headや美しいトリニダード州立ビーチTrinidad State Beachでハイキングしたり、ラフェンホルツ・ビーチLuffenholtz Beachでサーフィンをしたり、博物館や歴史ある灯台の見学に行ったり、新鮮なシーフードを食したりと、さまざまな楽しみ方がある。

町と入り江には長い歴史がある。当初、トリニダード湾にはツライ・インディアンが居住していたが、1595年以降、数名のヨーロッパの探検家によって幾度となく"発見"されることとなった。1775年6月9日、スペイン人のヘゼタ船長とボデガ船長が上陸し、この場所を「ラ・サンティシマ・トリニダードLa Santisima Trinidad」（神聖な三位一体）と名づけた。1849年にヨシア・グレッグと7人の仲間たちがクラマスKlamathやトリニティ金鉱から山々を越えてやって来たのち、1850年代にはトリニダードに入植者が押し寄せるようになった。彼らは金鉱地帯に通じる便利な海上輸送手段を探していて、トリニダード湾を発見したというわけだ。ユーリカやアルカータ同様、トリニダードは、内陸に位置する金鉱にとって重要な拠点かつ物資供給用の港となり、帆船がサンフランシスコから物資を運んで来たり、ノース・コースト付近の森で伐採されたレッドウッドの木材を積んで来たりした。

オリエンテーション・インフォメーション

町は小さく、簡単に自分のいる位置を把握できる。トリニダードの出口でハイウェイ101を下りると、メイン・ストリートMain St、パトリックス・ポイント・ドライブPatrick's Point Drive、シーニック・ドライブScenic Driveが交わる大きな交差点に出る。この交差点からパトリック・ポイント・ドライブを海沿いの崖に沿って進み、モーテル、キャンプ場、B&Bなどを通り過ぎてさらに北に進むと、パトリックス・ポイント州立公園Patrick's Point State Parkに出る。シーニック・ドライブを南へ向かうと、ラッフェンホルツ・ビーチに行き着く。メイン・ストリートをまっすぐに灯台へと進めば、トリニダード州立公園Trinidad State Parkへの曲がり角を通り過ぎてしまう。

トリニダード商工会議所 Trinidad Chamber of Commerce（☎707-667-1610 ⓦwww.trinidadcalifchamber.org）にはビジターセンターはないが、大きな交差点ごとに**インフォメーション・キオスク information kiosk**があり、詳しいタウンマップが付いた無料パンフレット「ディスカバー・トリニダード*Discover Trinidad*」が手に入る。年間行事には6月の**トリニダード・フィッシュ・フェスティバル Trinidad Fish Festival**などがあり、灯台が一般に開放される数少ない機会の1つでもある。

観光スポットと楽しみ方

トリニダード記念灯台 Trinidad Memorial Lighthouse（🏠cnr Trinity & Edwards Sts）は1871年に建てられた灯台を復元したもの。トリニダード湾を見下ろす気持ちのいい風が吹く崖

の上に立っている。灯台から半ブロック内陸に入った所には**トリニダード博物館 Trinidad Museum**（☎707-677-3883 ⌂529B Trinity St）5〜9月 金〜日 12:00〜15:00）があり、地域の自然や歴史について簡単に紹介している。

HSUテロニチャー海洋試験所 HSU Telonicher Marine Laboratory（☎707-826-3671 ⌂Edwards St）無料 月〜金 9:00〜17:00、土 10:00〜17:00）は、エドワード・ストリートEdwards Stをトリニダード・ヘッドに向かって2ブロック行った所にある。タッチタンク（触ることができる）、水族館（8フィート＜約3m＞のミズダコは必見）、巨大クジラのアゴの展示や海底の3Dマップなどがある。

インフォメーション・キオスクで手に入る無料のタウンマップには、幾つかの魅力的な**ハイキングトレイル**が紹介されている。トリニダード・ヘッド・トレイルTrinidad Head Trailは港のそばの駐車場からスタートし、海岸沿いの美しい景色を楽しめ、シーズンには絶好のホエールウォッチングスポットとなる。トリニダード州立ビーチTrinidad State Beachにはとても美しい入り江があり、それに沿ってウォーキングトレイルが作られている。ピクニックエリアの利用は昼間のみとなっている。

シーニック・ドライブ Scenic Driveは、トリニダード湾の南側の海岸に沿った断崖をなぞったように曲がりくねった道で、途中トリニダード湾をバックにした景色を見ながら、小さな入り江を幾つか通り抜けていく。その名の通り景色が美しい。2マイル（約3km）ほど先に進むと、縦横に広がる**ラッフェンホルツ・ビーチ Luffenholtz Beach**、通常、リトル・リバー州立ビーチLittle River State Beachと呼ばれる海岸、さらにその南にはカーム・ビーチ郡立公園Clam Beach County Parkがある。しかしながら景色のいい車道が最後まで2つながっているわけではないため、郡立公園に行くには遠回りになるが、ハイウェイ101を利用する。

トリニダードは、海岸も沖合もすばらしい漁場として知られる。スポーツフィッシングを楽しみたいならば、**ソルティーズ・サーフ＆タックル・ツアーズ Salty's Surf & Tackle Tours**（☎707-677-0300 ⌂Saunders Shopping Center, 332 Main St）や**トリニダード・ベイ・チャーターズ Trinidad Bay Charters**（☎707-839-4743、800-839-4744）へ申し込もう。港はエドワード・ストリートの端、トリニダード・ヘッドのふもとにある。5時間のツアーで料金は1人およそ＄65。

大きな波が繰り返し押し寄せるラッフェンホルツ・ビーチはサーファーたちの間で有名。トリニダード州立ビーチもサーフィンを楽しめる。興味のある人は町のインフォメーショ

ン・キオスクの隣にあるサーフ・ショップを訪れてみよう。

ノース・コースト・アドベンチャーズ North Coast Adventures（☎707-677-3124 www.northcoastadventures.com）ツアー料金 2時間＄45〜 1日＄80〜）では、海や川でのカヤックのレッスンのほか、トリニダード湾やさらに先の海岸を訪れるガイド付エコツアーを主催している。

宿泊・食事

カーム・ビーチ
Clam Beach
☎707-445-7491
キャンプサイト1台＄8

ハイウェイ101を下りて町を南側に進むと、すばらしいキャンプ場がある。自然のままのキャンプサイトなので、砂丘のどこにでもテントを設置できる（風よけの木の近くがよい）。トイレ用の溝と冷たい水が出る水道、ピクニックテーブルとキャンプファイヤー場といった施設がある。

トリニダード・ベイB&B
Trinidad Bay B&B
☎707-677-0840 707-677-9245
www.trinidadbaybnb.com
⌂560 Edwards St
客室 ＄125〜170

灯台の向かい側にあり、港やトリニダード・ヘッドを一望できる。ケープコッドスタイルのすてきな建物。

パトリックス・ポイント・ドライブを海岸沿いに北へ向かうと、レンタル用のキャンプ場やロッジがある。詳しいキャンプ場情報については、後出の「パトリック・ポイント州立ビーチ」の章を参照のこと。

エメラルド・フォレスト
Emerald Forest
☎707-677-3554 707-677-0963
www.cabinsintheredwoods.com
⌂753 Patrick's Point Dr
テント・RVサイト＄19〜25 キャビン＄75〜180

木陰にキャンプ用の簡単なキャビンがある。簡易キッチンが付いたものもある。

ビショップ・パイン・ロッジ
Bishop Pine Lodge
☎707-677-3314 707-677-3444
www.bishoppinelodge.com
⌂1481 Patrick's Point Dr
スタジオ（1室型）コテージS＄80〜 W＄90〜、共同ジャグジー付の2階建てユニット＄95、2ベッドルーム付コテージ＄105〜 キッチンユニット付だと＄10加算

穏やかな雰囲気の昔ながらの建物。

レッドウッド・コースト - パトリックス・ポイント州立公園

ビュー・クレスト・ロッジ
View Crest Lodge
☎707-677-3393
🏠3415 Patrick's Point Dr
📧テントサイト＄16 RVサイト20 コテージ＄85〜135
木々に囲まれたキャンプ場とかわいらしいコテージ。ホットタブ付コテージもある。

　町の中心から数マイル離れたパトリックス・ポイント・ドライブ沿いにはモーテルもある。

トリニダード・イン
Trinidad Inn
☎707-677-3349
🌐www.trinidadinn.com
🏠1170 Patrick's Point Dr
📧客室＄65〜120
清掃の行き届いた清潔な宿。リクエストすればキッチンも利用できる。

　シー・クリフ・モーテル Sea Cliffe Motel（☎707-677-3485 🏠1895 Patrick's Point Dr 📧キッチン付客室＄45〜65）と眺めが期待できない**パトリック・ポイント・イン Patrick's Point Inn**（☎707-677-3483 🏠3602 Patrick's Point Dr 📧客室＄50〜90）はごく一般的な宿だ。

タートル・ロックス・オーシャンフロント・イン
Turtle Rocks Oceanfront Inn
☎707-677-3707
🌐www.turtlerocksinn.com
🏠3392 Patrick's Point Dr
📧客室＄120〜185 スイート＄145〜210
ガラス窓のデッキから海が見える広い部屋がある。そこから沖に生息するフィリアザラシが見える。

ロスト・ホエール・イン
Lost Whale Inn
☎707-677-3425、800-677-7859
🌐www.lostwhaleinn.com
🏠3452 Patrick's Point Dr
📧客室＄170〜200
崖端に建つ近代的な建物。天窓と堅木のフローリングがある。休暇シーズン中の宿泊については事前の問い合わせが必要。子供連れも歓迎。

　休暇中のレンタルについては**トリニダード・レトリーツ Trinidad Retreats**（☎707-677-1606 🌐www.parteehouse.com 📧1日＄90〜 1週間＄550〜）に問い合わせよう。ここでは幾つかの物件を紹介してくれる。

ケリーズ・スモークハウス＆フィッシュマーケット
Kelly's Smokehouse & Fishmarket
🏠Edwards St
🕘9:00〜18:00
海軍試験場から坂を上った所にあり、燻製したり、蒸したり、揚げたりしたいろいろな種類の新鮮な魚料理が食べられる。

トリニダード・ベイ・イートリー＆ギャラリー
Trinidad Bay Eatery & Gallery
☎707-677-3777
🏠cnr Trinity & Parker Sts
📧ほとんどの食事＄5〜8 シーフードスペシャル＄10〜16
🕘月〜木 7:30〜15:00、金〜日 7:30〜20:00
博物館の向かい側にあり、たっぷりとした量の温かい朝食やランチを出してくれる。

シースケープ・レストラン
Seascape Restaurant
☎707-677-3762
🏠Main St
📧朝食＆ランチ＄7.50〜10 夕食＄11〜22
🕘7:00〜22:00、冬 7:00〜20:30
港の近くにある1940年に建てられたレストラン。数多くの新鮮なシーフードが食べられる。朝食にはオムレツやブラックベリーのパンケーキも用意されている。

ラルピン・カフェ
Larrupin' Cafe
☎707-677-0230
🏠1658 Patrick's Point Dr
📧夕食＄18〜22
🕘木〜月 17:00〜21:00
町の北に位置する、トリニダードでもっとも有名なレストラン。食事をするために何マイルも離れた所からこのレストランを訪れる客もいるほど。メスキートmesquiteの木でグリルしたチリメンキャベツの料理など、多国籍創作メニューに、心温まる田舎風の雰囲気が花を添えている。予約したほうが確実。

　本書編集時点において、すばらしい夕日が楽しめるラフェンホルツ・ビーチの**カフェ**は一時的に閉鎖されていた。

パトリックス・ポイント州立公園
Patrick's Point State Park

トリニダードから北に5マイル（約8km）の所にあるこの美しい州立公園（☎707-677-3570 🏠4150 Patrick's Point Dr 📧デイタイム＄2）は、太平洋に突き出た海岸沿いの崖の上に面積640エーカー（約259ha）にわたって広がっている。**シュメグ Sumêg**とはユロック・インディアン村を忠実に再現したもので、手で切り出したレッドウッドの木材で造られた建物があり、そこではネイティブ・アメリカンが集まって伝統的な儀式を行う。近くにカリフォルニアの野生の植物を集めたガーデンがあるので、寄ってみよう。

　公園には、海水で洗われたメノウが見つかることで知られる、長くて広い**エーゲイト・ビーチ Agate Beach**などの見所がある。アザラシ

やアシカの群れや広範囲にわたるタイドプールがある。崖沿いに2マイル（約3km）続く**リム・トレイル Rim Trail**は、パトリックス・ポイントの縁をめぐるコースだ。シーズンには絶好のホエールウォッチングポイントとなる岩場へと続く。そのほかの**ネイチャートレイル**では、**セレモニアル・ロック Ceremonial Rock**や**ルックアウト・ロック Lookout Rock**など、珍しい岩の造型が見られる。

公園には**キャンプ場**（☎夏季予約800-444-7275 W www.reserveamerica.com ■キャンプサイト＄12）が3カ所ある。いずれも魅力的で人里離れた静かな所にある。ペン・クリーク・キャンプ場 Penn Creek campgroundやアバロン・キャンプ場 Abalone campground（■5月〜9月15日）は、エーゲイト・ビーチ（■1年中）よりもっと静かだ。この2カ所はお湯が出るシャワー付。

フンボルト・ラグーン州立公園
Humboldt Lagoons State Park

海岸沿いに数キロにわたって広がるこの公園（☎707-488-2041）には、長い砂浜と、海岸沿いに**ビッグ・ラグーン Big Lagoon**と**ストーン・ラグーン Stone Lagoon**という名の2つの大きな浅瀬がある。いずれもバードウォッチングに最適だ。**ストーン・ラグーン・ビジターセンター Stone Lagoon Visitor Center**（⌂Hwy101 ■6〜9月 通常10:00〜15:00）は一定の季節のみオープンし、その間はボランティアのスタッフがいる。ストーン・ラグーン・ビジターセンターから1マイル（約2km）北に行った所に**フレッシュウォーター・ラグーン Freshwater Lagoon**があり、やはりバードウォッチングに適している。

公営キャンプ場は先着順。州立公園は**環境に配慮したキャンプ場 environmental campgrounds**（キャンプサイト＄7）2カ所を運営している。ボートで行く6つの環境に配慮したキャンプサイトがあるストーン・ラグーンと、歩いていくハイウェイ101を下りた所にある6つのキャンプサイトがあるドライ・ラグーンだ。いずれもオープン期間は4月から10月までで、ビジターセンターでチェックインする。**フンボルド郡立公園 Humboldt County Parks**（☎707-445-7652 ■キャンプサイト＄12）はビッグ・ラグーンのそばの、イトスギの木立があるキャンプ場だ。ハイウェイ101から1マイル（約2km）の所にあり、水洗トイレと冷たい水はあるが、シャワーはない。

レッドウッド・トレイルズ・RV＆キャンプグラウンド
Redwood Trails RV & Campground
☎707-488-2061

レッドウッド・コースト − フンボルト・ラグーン州立公園

⌂Hwy101
■テント＄15 RVサイト＄25

ドライ・ラグーンへの分岐路とは反対の方向に進む。雑貨屋やベーカリー、ビデオゲームセンター、乗馬などの施設が揃っている。運がよければ、草地にたたずむエルクを見ることができる。

オーリック
Orick

オーリック（人口340人）は小さな町で、とりたてて観光ポイントというものはない。ただし北へ進むのなら、町の南西1マイル（約2km）の海岸沿いにある**レッドウッド国立・州立公園インフォメーション・センター Redwood National & State Parks Information Center**（☎707-822-7611 内線5265 ⌂ハイウェイ101 ■9:00〜17:00）に立ち寄ることをおすすめする。少なくともレッドウッドの森について説明する12分間のビデオは見ておこう。トール・ツリーズ・グローブ Tall Trees Groveへの入場許可証はここで手に入る。レディ・バード・ジョンソン・グローブ Lady Bird Johnson Groveやトール・ツリーズ・グローブ、ファーン峡谷 Fern Canyon（シダ渓谷）など、魅力的なスポットを持つ公園があるのは、オーリック近辺である。

フレッシュウォーター・ラグーン・スピット
Freshwater Lagoon Spit

■1台＄10 徒歩＆バイク1人＄3

ビジターセンターのすぐ南にある。ハイウェイに沿って海岸線に、砂利のままのRV車用待避スペースが長く続く。南端のアクセスポイントにはテントサイトもある。想像よりもずっと良い眺めが楽しめる。海の景色はすばらしいし、風も心地よい。

ロルフズ・パーク・カフェ
Rolf's Park Cafe

☎707-488-3841
⌂Hwy 101
■モーテル客室＄45〜 朝食＆ランチ＄6〜12 夕食＄10〜12
■水〜月8:00〜19:00、火17:00〜19:00、1〜2月は休み

町から2マイル（約3km）北へ行ったデービソン・ロード Davison Rdの角にある。ドイツ人家族が経営する店。ここで食事をするために、わざわざ遠くからやってくる人もいるほど。たっぷりとした心のこもった料理、エルク（おおしか）やバッファロー、野生のイノシシなど変わった材料を使用した料理のほか、シーフードのメニューも豊富。朝食に農家風オムレツ（まさに山盛り）を食べたあとは1日元気に過ごせるはずだ。

レッドウッド国立公園
Redwood National Park

ループ状のなだらかな歩きやすいネイチャートレイルを行くと、そこに畏敬の念を抱かせるレディ・バード・ジョンソン・グローブ Lady Bird Johnson Groveが広がる。ハイウェイ101を下りてボールド・ヒルズ・ロードBald Hills Rdをおよそ2マイル（約3km）行った所にある。ロルフズ・パーク・カフェの北側にある案内標識のついた脇道を探そう。

同じ道をさらに5マイル（約8km）行くとレッド・クリーク展望台 Red Creek Overlookがあり、そのすぐあとに、珍しいトール・ツリーズ・グローブ Tall Trees Groveに続くゲートの付いた脇道がある。ここは世界で一番高いとされるレッドウッドが生えている。ここを訪れることができる車は1日50台と制限されているが、それだけの観光客がやって来ることは少ない。オーリックのビジターセンターでゲートのカギの合わせ番号が書かれた無料の許可証をもらっておこう。舗装されていない6マイル（約10km）のでこぼこ道（最高時速15マイル＜約25km＞）を含む全行程を行くには3～4時間は必要。グローブへ行くには、どの道でも最後に1.6マイル（約2.6km）の急な坂を徒歩で上らなければならない。

美しい景色が続く8マイル（約13km）のレッド・ウッド・クリーク・トレイル Redwood Creek Trailを始め、トール・ツリーズ・グローブに続くハイキングトレイルが幾つかある。公園のビジターセンターでもらえる無料の立ち入り許可証がなければ、これらのトレイルでハイキングやキャンプをすることはできない。そのシーズンは夏のメモリアル・デーMemorial Dayからレイバー・デーLabor Dayの期間のみで、期間中は歩道橋が使用できる。このほかのシーズンには橋は沈み、水位も変動する。乗馬での移動も可能。使用に制限があるプリミティブキャンプ場 primitive campingが公園の別のポイントにある。詳しくは、オーリックのインフォメーションセンターの監視員に聞く。

プレーリー・クリーク・レッドウッド州立公園
Prairie Creek Redwoods State Park

美しいファーン峡谷Fern Canyon（シダ渓谷）で知られる、面積23平方マイル（約60km²）のこの公園には、何マイルにもわたる手つかずの自然の海岸線やビーチ、ルーズベルト・エルクの群れが生息する大草原、70マイル（約112km）も続くハイキングトレイル、すばらしい景色が楽しめるドライブコースなどが

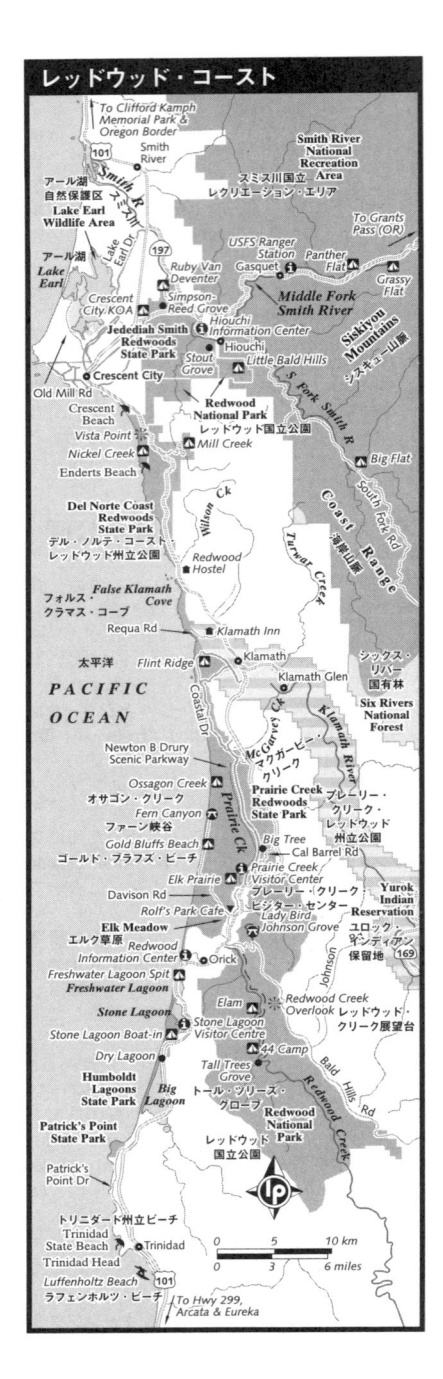

地球上でもっとも背が高い木、コースト・レッドウッド

レッドウッドはかつて北半球の至る所に生息していたが、今はカリフォルニア内の2つの地域と中国でしか見られなくなった。コースト・レッドウッド（学名センペルセコイア*Sequoia sempervirens*）は、モントレーからオレゴン州南部にかけてのカリフォルニア州の太平洋沿い、450マイル（約724km）の細長い地域で見ることができる。樹齢2200年、高さ367.8フィート（約112m）（記録されたうち最高のもの）、根元の直径22フィート（約7m）、樹皮の厚さ12インチ（30cm）になるものもある。

コースト・レッドウッドの構造は、釘の頭を下にして立てているようなものだ。ほかの木々と違い、コースト・レッドウッドには深い直根がない。根の組織の深さも、その高さに比べてわずか10～13フィート（約3～4m）と浅く、木の回りへは60～80フィート（約18～24m）にしか広がらない。そのため、風で倒されることもあるが、風が吹いても踊るように幹を揺らして柔軟に対応する。

この堂々とした巨大な木が赤い木と呼ばれる理由について説明しよう。赤はレッドウッドにたっぷり含まれるタンニンの色。タンニンは虫や病気に対する木や樹皮の抵抗力を高めるのに役立っている。水分量の高い海綿質の厚い樹皮は木を保護し、それによって古い木が自然出火による森林火災で焼失されることを免れた。

コースト・レッドウッドは、木々の先端に実るオリーブほどの大きさの種子によって繁殖するだけでなく、親根や切り株から発芽し、できあがった根の組織を利用して成長する世界で唯一の針葉樹。森の中ではレッドウッドが円を描くように立っていたり、時には大きなクレーターを囲むように生えていたりするのを目にする。この「妖精の輪」はおそらく、1本の親木から発芽した子孫が随分前に腐植土に変化してしまった跡であろう。また、幹や地面に落ちた丸太の上にできたでこぼこの生物組織である節から再生することもある。

レッドウッド国立公園、プレーリー・クリーク・レッドウッドPrairie Creek Redwoods、デル・ノルテ・コースト・レッドウッドDel Norte Coast Redwoods、ジェデディア・スミス・レッドウッド州立公園Jedediah Smith Redwoods state parksという4つの公園には壮大なレッドウッドの森があり、レッドウッド国立・州立公園として共同で管理され、いずれも国際生態圏保護区および世界遺産に指定されている。

ある。**プレーリー・クリーク・ビジターセンター Prairie Creek Visitor Center**（☎707-464-6101 内線5300 ◘3～10月 9:00～17:00、11～2月 10:00～16:00）はオーリックから北へ6マイル（約10km）に位置するエルク・プレーリーElk Prairieにある。

8マイル（約13km）続く有名な**ニュートン・B・ドゥルリー・シーニック・パークウェイ Newton B Drury Scenic Parkway**はハイウェイ101と平行に走る道で、自然のままの美しいレッドウッドの森を抜けていく。回り道をしてでも寄ってほしい。なんと言っても**タダ**なのだから。その道から分かれる何本もの脇道は、森への果てしない冒険旅行のためのハイキングトレイルになっている。**カル・バレル・ロード Cal Barrel Rd**は人気のある眺めが良い3マイル（約5km）の道で、プレーリー・クリーク・ビジターセンターの北側で大通りと交差する。さらに少し北に行って、道路脇の駐車場から舗装された道を100ヤード（約90m）進むと**ビッグ・ツリーBig Tree**がある。

公園を走る景色の良い道としては、ほかに**コースタル・ドライブ Coastal Drive**がある。ハイウェイ101からロルフズ・パーク・カフェの所で西にデービソン・ロードに入る（前出の「オーリック」の章を参照）。勾配のある砂利道を3.5マイル（12.8km）進むと**料金所**（1台＄2）に出る。そこから海に沿って1マイル（約2km）進み、ゴールド・ブラフズ・ビーチ・キャンプ場Gold Bluffs Beach Campgroundを過ぎた所に、簡易駐車場がある。そこから緩やかな0.5マイル（約0.8km）のトレイルに沿って歩くと、うっとりするような景色が広がる**ファーン峡谷 Fern Canyon**に出る。ここからは数種類のシダに覆われた60フィート（約18m）の高さの切り立った壁が見える。トレイルはレッドウッドの森まで続き、そこからまた先に長いトレイルが始まる。

公園内には気軽なコースからハードなコースまで、28のハイキングトレイルやマウンテンバイクトレイルがある。プレーリー・クリーク・ビジターセンターにはトレイルの状態について書かれた地図やパンフレットがある。ファイブ・ミニッツ・トレイルFive-Minute Trail（5分のトレイル）、レベレーション・トレイルRevelation Trail（発見のトレイル）、ネイチャートレイルNature Trail（自然のトレイル）、エルク・プレーリー・トレイルElk Prairie Trail（エルク大草原のトレイル）など、短距離の**ネイチャートレイル**はビジターセンター近くから始まる。公園の北の端に行くと、**アーパー・インタープリティブ・トレイル Ah-Pah Interpretive Trail**に最近植林し直された林道がある。ここを通ると、森林がこれほど早く回復するものかと驚くだろう。ほかに11.5マイル（約18.5km）の長さの**コースタル・トレイル Coastal Trail**やツツジやそのほかの野生の花々が咲き乱れる春が特に美しい3.5マイル（約5.6km）の**サウス・フォーク・ロドデンドロン・ブラウン・クリーク・ループ South Fork-Rhododendron-Brown Creek Loop**が

テディ・ルーズベルト・エルク

カスケード山脈Cascade Mountains西で発見されたルーズベルト・エルクは、エルク（オオシカ）としては最大の種類。オスは1000ポンド（450kg）にもなり、「王冠」または枝のような、がっしりとした角が生えている。

名前は、テディ・ルーズベルトTeddy Roosevelt元米大統領が1900年代初頭に国立野生動物保護システムを築き、絶滅の危機に瀕していたエルクのために、ワシントン・オリンピック国立公園を保護地区に定めたことに由来する。1925年には25頭にまで減少してしまったエルクだが、現在は1000頭以上が確認されている。現在、エルク最大の敵は密猟者や無謀な運転をするドライバーたちだ。

輝くように美しいエルク観察のベストスポットはオーリック近辺にあり、ハイウェイ101の西側のデービソン・ロード沿い、ニュートン・ビー・ドルーリー・シーニック・パークウェイ沿いのエルク・プレーリー、そしてファーン峡谷の近くのゴールド・ブラフ・ビーチなどだ。エルクの群れがエサを求めて活動する早朝または夕方近くに出かけてみよう。

エルクは1年中見ることができるが、一番活発な時期は秋の「発情期」（8月末から10月初めにかけて）。成熟したオスがハーレムの権利を獲得しようと激しい戦いを繰り広げる。5月末から6月は、子ジカが生まれる忙しい時期。幼いエルクは群れに追いつけるようになるまで、背の高い雑草に隠されている。この時期のエルクは危険な敵を寄せ付けまいとして獰猛になり、予測できない行動をとることがある。

ある。上り坂を歩くのが特に好きというわけでなければ、ブラウン・クリークBrown Creekからサウス・フォークSouth Forkの方向へと進もう。

エルク・パレーリー・キャンプグラウンド
Elk Prairie Campground
☎夏季予約 800-444-7275
Ⓦwww.reserveamerica.com
キャンプサイト＄12
エルク・プレーリーのビジターセンター脇にある、レッドウッドの林の中の魅力的なスポット。ルーズベルト・エルクの群れが頻繁に訪れる。温水シャワー付。

ゴールド・ブラフス・ビーチ
Gold Bluffs Beach
キャンプサイト＄12
ファーン峡谷の南の人里離れたビーチにある。キャンプ場は野ざらしで雨風にさらされているが、ほとんどのキャンプサイトは風除けで囲ってある。温水シャワーもある。キャンプサイトは季節を問わず先着順。

公園内には、このほかにも2カ所の田舎風のキャンプ場（キャンプサイト1人＄3）と環境に配慮したキャンプ場（キャンプサイト1人＄7）がある。

クラマス
Klamath

クラマス（人口1420人）でもっとも目を引くのは、クラマス・リバー・ブリッジKlamath River Bridge（クラマス川橋）だ。ゴールデン・カリフォルニア・ベアが町の南の端に立ち、見張りをしている。

いかにも田舎町といったクラマス地域では、レッドウッド国立公園や州立公園の中を曲がりくねった**ハイキングトレイル**や**眺めの良い道路**がたくさんある。公園の地図で確認しよう。川で釣りを楽しむのも良いだろう。8月には**サーモン・フェスティバル Salmon Festival**が行われ、伝統的なユロック・インディアンのダンス、アート、工芸品のほか、サーモンのバーベキューを楽しむことができる。詳しくは**クラマス商工会議所 Klamath Chamber of Commerce**（☎800-200-2335）に電話で問い合わせる。

クラマス・リバー・ジェット・ボート・ツアーズ
Klamath River Jet Boat Tours
☎707-482-7775、800-887-5387
Ⓦwww.jetboattours.com
Hwy 101
5月から10月にかけてガイド付ツアー（大人＄22～35 子供＄11～17）を用意している。すばらしい景色や、河口に生息するクマ、エルク、シカ、カワウソ、ミンク、ワシ、ミサゴ、タカ、アザラシ、トドなどの多くの野生動物の写真を撮ることができるようボートを頻繁にとめてくれる。橋の北側およそ2マイル（約3.2km）の所、たくさんのサーモンジャーキー店やRV駐車場が連なる手前にあるオフィスを訪れてみよう。

ツリーズ・オブ・ミステリー Trees of Mystery
（☎800-638-3389 15500 Hwy 101 大人＄15 子供＄8 8:00～17:30、冬は時間変更あり）の駐車場を見下ろすように立つ、ポール・バンヤンとベーブ・ザ・ブルー・オックスPaul Bunyan and Babe the Blue Oxのしゃべる大きな像はすぐ目につくだろう。橋の北5マイル（約8km）の所にある。冷静に判断できなくなっている旅行者は思わず立ち寄ってしまうだろう。ゴンドラに乗ってレッドウッドで覆われた川を下る体験アトラクションはまず入場料のもとを取ることはできないだろう。**エンド・オブ・ザ・トレイル博物館 End of the Trail Museum**（無料 夏 8:00～18:30）はギフトショップの裏手に隠れるように建ってい

る。ネイティブ・アメリカンの手によるアート作品や工芸品の見事なコレクションがある。ツリー・オブ・ミステリーに隣接しているが、博物館の見学は無料。

宿泊・食事

HI レッドウッド・ユースホステル
HI Redwood Hostel
☎707-482-8265、800-909-4776
FAX 707-482-4665
W www.norcalhostels.org
🏠 14480 Hwy101
料 2段ベッド＄14～16 個室＄38
○ チェックイン7:30～10:00＆16:30～21:30、クローズ10:00～16:30

クラマス・ブリッジの北、およそ7マイル（約11km）の所、ウィルソン・クリーク・ロードWilson Creek Rdを外れにある。やたらとあちこち張り出した形のこのユースホステルは、1908年にやって来たデマーティンDeMartin邸内にある。恐ろしげで陰鬱なフォルス・クラマス・コーブFalse Klamath Coveを見下ろす場所にあり、幾つかのすばらしいハイキングトレイルとつながっている。ハイウェイ101を走るグレイハウンドのバス停がすぐ外にある。いつも満室なので、事前に予約をすること。

ミスティック・フォレストRVパーク
Mystic Forest RV Park
☎707-482-4901
🏠 15875 Hwy101
料 テント＄16 RVサイト＄18

橋の北側4マイル（約6km）に位置し、温水シャワー、スイミングプール、スパ、レクリエーション施設などが楽しめる。

キャンプ・マリーゴールド
Camp Marigold
☎707-482-3585、800-621-8513
🏠 16101 Hwy101
料 テント＄10 RVサイト＄15 キャビン＄40～ ロッジ宿泊＄165

味わいがあり、ゆったりとした昔ながらの小さなリゾートホテル。温水シャワーがある。キャビンの宿泊料はオフシーズンや1週間の滞在者には割引になる。

　クラマス川の南側の岸にも幾つか**キャンプ場**がある。ハイウェイ101から西へ2マイル（約3.2km）、クラマス・ビーチ・ロードKlamath Beach Rd沿いにある。クラマス川はレッドウッド国立公園の境界線にあたる。

モーテル・ツリーズ
Motel Trees
☎707-482-3152、800-848-2982
🏠 15495 Hwy101 S
料 客室＄50～

ツリー・オブ・ミステリーの向かい側にあり、それぞれ趣の異なる部屋、テニスコートのほか、ファミリースタイルのフレンドリーな**フォレスト・カフェ Forest Cafe**（☎707-482-5585 朝食＆ランチ＄5～10、ディナー＄13～17 ○5～9月 7:30～21:00、3～4月＆10～12月木～月 8:00～20:00）がある。

ヒストリック・レクア・イン
Historic Requa Inn
☎707-482-1425、866-800-8777
W www.klamathinn.net
🏠 451 Requa Rd
料 ＄69～105

クラマス川の北側の岸を走るハイウェイ101の西に位置する、波乱に富んだ歴史を有する名の知れたカントリー・イン。1885年に建てられたクラマス・インをはじめとする町のほとんどの建物は1914年の大火事のあと再建された。何年にもわたる歴史の中、周囲の建物のほとんどは火事や洪水などで破壊されてきたにもかかわらず、このインだけは生き残った。海からおよそ1マイル（約2km）離れたすばらしい環境の中にある。クロウフットタブ（脚付浴槽）のある快適な部屋が設けられている。美しいダイニングルームでは朝食のほか、予約すれば宿泊客は夕食も食べられる（場合によっては宿泊客以外でも可能）。営業時間については電話で問い合わせること。

デル・ノルテ・コースト・レッドウッド州立公園
Del Norte Coast Redwoods State Park

6400エーカー（約2590ha）の面積を誇るこの公園（昼間1台＄2）には、美しいレッドウッドの森林と8マイル（約13km）の手つかずの海岸線がある。15マイル（約24km）以上のハイキングトレイルは、気軽なコースからハードなコースまで揃っている。地図と情報はクレセント・シティCrescent CityまたはオーリックOrickにあるレッドウッド国立・州立公園管理事務所Redwood National & State Parks Headquartersのインフォメーションセンターで手に入る。公園の北の端、**エンダーツ・ビーチ Enderts Beach**には、ハイウェイ101を下りてエンダーツ・ビーチ・ロードEnderts Beach Rdから、またはクレセント・ビーチ・トレイルCrescent Beach Trail（北側）、コースタル・トレイルCoastal Trail（南側）から行くことができる。引き潮時には巨大なタイドプールが現れる。同じようにタイドプールがある、フォルス・クラマス・コーブFalse Klamath Coveから南に2マイル（約3km）先の**ヒドゥン・ビーチ Hidden Beach**へは、コーストラル・トレイルや

レッドウッド・コースト − クレセント・シティ

ヒドゥン・ビーチ・トレイルHidden Beach Trailからアクセスできる。

ミル・クリーク・キャンプ場
Mill Creek Campground
☎夏季の予約800-444-7275
W www.reserveamerica.com
キャンプサイト＄12
5～9月

ハイウェイ101を東に2マイル（約3km）行った、クレセント・シティの南側7マイル（約11km）の所にある。レッドウッドの森の中に位置し、温水シャワーがある。

クレセント・シティ
Crescent City

三日月形をした湾に位置するクレセント・シティ（人口8800人）は、アルカータの北側の沿岸に唯一ある大規模な街だ。ノース・コーストのほかの場所と同じように、夏は霧に覆われ、冬は寒く、雨の日が続く。年間降雨量はおよそ75インチ（約190mm）。クレセント・シティは内陸にある金鉱地域のための港および物資供給センターとして、1853年に創立された。しかし、古い建物はほとんど残っていない。1964年に発生した津波（満潮時の大波）によって街の大半が破壊されたからだ。しかし、その後完全に復興した。街の経済は漁業（特に食用小エビやカニ）や街はずれにあるペリカン・ベイPelican Bayにあるもっとも厳重とされる刑務所に依存している。

ハイウェイ101は街の南側にある港を抜けクレセント・シティの東側に沿って走っている。そこから南へ向かうLストリートと北へ回るMストリートが出ている。灯台に向かって西へ進むフロント・ロードFront Rdに乗ると、途中にたくさんの情報を入手できるビジターセンター、**クレセント・シティデル・ノルト・カウンティ商業会議所** Crescent City-Del Norte County Chamber of Commerce（☎707-464-3174、800-343-8300 W www.northerncalifornia.net ♦1001 Front St 月～金 9:00～18:00、土（夏季）9:00～17:00、夏季以外の土曜日はクローズ）がある。クレセント・シティの小規模なショッピングエリア"ダウンタウン"は3rdストリートに集中している。**レッドウッド国立・州立公園管理事務所** Redwood National & State Parks Headquarters（☎707-464-6101 ♦1111 2nd St, cnr K St 9:00～17:00）には管轄する4公園に関する資料が揃っている。

観光スポットと楽しみ方

1856年建設の**バッテリー・ポイント灯台** Battery Point Lighthouse（☎707-464-3089）はAストリートの南端に位置する、小さな絵のような島に立っている現役の灯台だ。干潮時の水位が低いときには歩いて渡ることができる。灯台は4月から9月まで**博物館**としてオープンしているが、開館時間は潮や天気の影響により変わる。歩いて灯台を目指すのであれば、事前にツアー（＄2）の予定を電話で確認するか、少なくともビーチの駐車場に出ている掲示板をチェックすること。

ハイウェイ101にあるオーシャン・ワールド水族館Ocean World aquariumは飛ばして、代わりに**ノース・コースト・マリーナ・ママル・センター** North Coast Marine Mammal Center（☎707-465-6265 ♦424 Howe Dr 寄付 10:00～17:00）を訪れよう。位置は灯台の東側。怪我をして救助されたアザラシ、トド、イルカなどが治療を受けている。

デル・ノルテ歴史社会博物館 Del Norte Historical Society Museum（☎707-464-3922 ♦577 H St, at 6th St ＄1.50 5～9月 月～土 10:00～16:00）は1926年に建てられた刑務所内にあり、

クレセント・シティの巨大津波

1964年3月28日、巨大津波（満潮時の大波）によってクレセント・シティはほぼ全壊した。午前3時36分、アラスカのプリンス・ウイリアム・サウンドの北の沖で、マグニチュード8.5という大きな地震が発生。北米で記録された中でももっとも巨大な地震だった。地震によって生じた最初の大きな波のうねりがクレセント・シティに到着したのは、地震発生から数時間後のことだった。

3番目の波は街のすぐ近くまでやって来た。この時までには、住民はみな起きていて、アラスカでの地震のことを聞き、何が起こるのかという恐怖と戦っていた。3番目の津波が引いた時、住民は危険は去ったと思い喜んだ。しかし、恐ろしいことが起こったのはそれからだった。水は湾すべてが空っぽになるまで後退し、沖に固定されていた船は泥の中に残された。4番目の波が押し寄せたとき、冷たい水が5thストリートまで迫ってきて、ビルを倒し、車やトラックなど固定されていなかったものはすべて、そして固定されていたものまでさらっていった。波が引いたとき、街の29ブロックが破壊され、300以上の建物が壊されたり移動されたほか、5つのガソリン貯蔵タンクが爆発した。この津波で11人が死亡し、3人が行方不明となった。

古くからの住民の多くが津波が襲ってきたとき、そしてその後も、近所の人を助けたり街の再建に貢献した、その英雄的行動は今でも人々に記憶されている。以前の街のビジネスに代わって建てられたモダンで小さなダウンタウンのショッピングセンターには、ツナミ・ランディング Tsunami Landingという一風変わってはいるが、適切な名前がつけられている。

地元のトロワ・インディアンやユロック・インディアンによる工芸品のほか、デル・ノルテの開拓者の功績、1964年の津波、セント・ジョージ・リーフ灯台St George Reef lighthouseから運ばれた巨大レンズなど、マイナーな展示物が並んでいる。

1921年設立の**ルミアノ・チーズ・カンパニー Rumiano Cheese Company**（☎707-465-1535 ♠cnr 9th & E Sts ◉夏季 月〜金 8:00〜17:00、ほかの季節は不定期）ではチーズのできる様子を見学できる。試食用の部屋もある。新鮮な温かい凝乳を午前11時から昼2時の間販売しているが、すぐに売り切れる。

年中行事

2月の第3週末の**ワールド・チャンピオンシップ・クラブ・レース World Championship Crab Races**、4月のホワイト・ウオーター・カヤックレース、**ステート・オブ・ジェファーソン・チャンピオンシップ State of Jefferson Championships**、8月初旬の**デル・ノルテ・カウンティ・フェア Del Norte County Fair**、9月の**ドラム・オン・ザ・ビーチ Drums on the Beach**やネイティブ・アメリカン・フェスティバル、サーモン・バーベキューなどがある。

宿泊

クレセント・シティはレッドウッド国立・州立公園（良いキャンプ場もある）まで足を延ばそうとする人たちの拠点となる以外は、ゆっくりと過ごすのに向いている場所ではない。

クレセント・シティ・レッドウッズKOA
Crescent City Redwoods KOA
☎707-464-5744, 800-562-5754
♠4241 Hwy101 N
◉キャンプサイト＄20〜22 RVサイト＄23〜27 キャビン＄39〜46、1〜2月はクローズ

街から北へ5マイル（約8km）の所にある。10エーカー（約4ha）のレッドウッドの林のほか、温水シャワー、天然のトレイルなどさまざまな設備がある。

デル・ノルテ郡は3つの**キャンプ場**（☎707-464-7230）を運営している。いずれも水道、水洗トイレ付だが、シャワーはない。クレセント・シティのもっとも近くに位置するのは**フローレンス・ケラー公園 Florence Keller Park**（♠3400 Cunningham Lane ◉キャンプサイト＄10）だ。美しいレッドウッドの森にピクニックエリアがある。ハイウェイ101をエルク・バレー・クロス・ロードElk Valley Cross Roadまで北上し、看板を見ながら進むとよい。

ルビー・バン・ディベンター・キャンプ場 Ruby Van Deventer Campground（♠4705 N Bank Rd ◉キャンプサイト＄10）はハイウェイ197を下りた所のスミス川Smith River沿いの小規模なレッ

レッドウッド・コースト − クレセント・シティ

ドウッドの森にある。**クリフオード・カンフ記念公園 Clifford Kamph Memorial Park**（♠15100 ハイウェイ101 N ◉キャンプサイト＄5）は魅力的な小さなビーチ沿い（風除けはない）にあり、オレゴン州との境から南に1.5マイル（約2.4キロ）の所に位置する。

ライトハウス・コーブ B&B Lighthouse Cove B&B（☎707-465-6565 ♠215 S A St ◉スイート＄130）は大きな窓のあるオーシャンフロントの部屋で、窓の外に広いデッキがある。隣にある**コテージ・バイ・ザ・シーB&B Cottage by the Sea B&B**（☎707-464-9068、707-464-4890、877-642-2254 ⓦwww.waterfrontvacation.net ♠A St ◉キッチン付スイート＄125）はバケーション時のレンタルが可能。これらのB&Bはいずれも灯台のそばにある。

フロント・ストリートFront St沿い、商工会議所の近くには低料金のモーテルが幾つか並ぶ。また街の南、ハイウェイ101沿いにはかなり多くのモーテルがあるが、ハイウェイの騒音がうるさい。

クレセント・ビーチ・モーテル
Crescent Beach Motel
☎707-464-5436
♠1455 Hwy101 S
◉客室 夏＄82 冬＄55

街の南2マイル（約3.2km）の所にある静かなビーチ沿いに建つ。ほとんどの客室から海が見え、デッキもあるし、リラックスできる。

カーリー・レッドウッド・ロッジ
Curly Redwood Lodge
☎707-464-2137 ⓕ707-464-1655
ⓦwww.curlyredwoodlodge.com
♠701 Hwy101 S
◉客室 夏＄60 冬＄39

雷で倒れた1本のレッドウッドの木材を使用して建てられている。街の南わずか0.5マイル（約0.8km）、港を横切った所にある古いモーテル。部屋が広い。

スーパー8モーテル
Super 8 Motel
☎707-464-4111、800-800-8000
♠685 Hwy101 S
◉客室 夏＄60 冬＄45

ハイウェイの反対側に面した静かな部屋がある。

港近くの中級のモーテルはほかに、**ベイ・ビュー・イン BayView Inn**（☎707-465-2050、800-446-0583 ♠310 Hwy101 S）や**アンカー・ビーチ・イン Anchor Beach Inn**（☎707-464-2600、800-837-4116 ♠880 Hwy101 S）がある。

オレゴン州との境に近い、海の近くの静かな場所には**ホワイト・ロック・リゾート・キャビン White Rock Resort Cabins**（☎707-487-1021、888-487-4659 ⓕ707-487-1063

📧www.whiterockresort.com 🏠16800 Hwy101 N 客室＄110〜160）などがある。部屋からは海が見え、ホットタブ付。

食事

グッド・ハーベスト・カフェ
Good Harvest Cafe
☎707-465-6028
🏠700 Northcrest Dr, cnr Hwy101
食事＄3〜7
朝食＆ランチ

ヘルシーな食事と濃厚なエスプレッソが楽しめる。街の北側にあり、回り道してでもぜひ訪れてほしい。

グレンズ・レストラン＆ベーカリー
Glen's Restaurant & Bakery
☎707-464-2914
🏠722 3rd St
食事＄10未満
火〜土 5:00〜18:30

町で長い間人気を保ってきたレストランの1つ。昔なつかしい内装と心づくしの食事が楽しめる。1947年から1964年までは🏠1238 2nd Stにあったが、津波襲来後、今の場所に移］した。

シーフードならば、ハイウェイ101を西に1ブロック行った所、街の南端にある港に沿って並んでいるレストランやカジュアルな食堂だ。においが漂ってくるのですぐわかるだろう。

街から北へおよそ20マイル（約32km）、オレゴン州との境のちょうど南側には**ノーティカル・イン Nautical Inn** ☎707-487-5006 🏠16850 Hwy101 N メイン＄15〜20 火〜日 17:00〜）がある。ここでは目を見張るほど美しい太平洋の景色が楽しめる。ここのシェフは奇抜なソースを使った最高級のシーフードを作る。伝統的なラムやサーフ＆ターフ（魚介類とステーキのセット）などの料理もある。要予約。

アクセス

町の北側にある小さなクレセント・シティ空港では、**ユナイテッド・エクスプレス United Express**（☎800-241-6522）が利用できる。

グレイハウンド・バスステーション Grayhound bus station（☎707-464-2807 🏠500 E Harding Ave）はノースクレスト・ドライブNorthcrest Drの東にあり、ハイウェイをダウンタウン地区からおよそ1マイル（約1.6km）北へ行った所に位置する。**レッド・コースト・トランジット Redwood Coast Transit**（☎707-464-9314）のバスもここに停まる。

オレゴン州を訪れるのなら、ロンリープラネットのガイドブック「パシフィック・ノースウエスト *Pacific Northwest*」（英語版）が参考になる。クレセント・シティからコースト・ハイウェイCoast Highway101を北へおよそ20マイル（約32km）行くとオレゴン州に入り、ブルッキングスBrookings、ゴールド・ビーチGold Beach、クーズ・ベイCoos Bayへと続く。ハイウェイ199はクレセント・シティの北およそ3マイル（約4.8km）の地点でハイウェイ101から枝分かれして、内陸のルートを北東に向かいオレゴン州に入る。その後、インターステート5（I-5）のフリーウェイと交差するグランツ峠Grants Passに続く。この道を南に行くと、シャスタ山に行ける（「北部山岳地帯」の章を参照）。

アール湖自然保護区
Lake Earl Wildlife Area

ノースクレスト・ドライブNorthcrest Dr（レイク・アール・ドライブLake Earl Drに変わる）を進むと、クレセント・シティの北2マイル（約3.2km）の所にある自然保護区（☎707-464-6101 内線5151 日の出〜日没）に到着する。1万エーカー（約4047ha）の土地に、海岸、砂丘、湿原、草地、木に覆われた丘、細い水路で結ばれたアール湖とそれより小さなトロワ湖といった2つの湖など、さまざまな地形が織り成されている。

この野生動物の生息地域では渡り鳥を含め250種類もの鳥を観察できる。シカ、コヨーテ、アライグマのほか、トド、アザラシ、移動するコククジラもここに立ち寄る。湖ではカワマスを釣ることができる。春や初夏は野生の草花が特に美しい。公園にはおよそ20マイル（約32km）のハイキングトレイルや乗馬トレイルがあり、そのほとんどは平坦な砂地。クレセント・シティ商工会議所や、同じくクレセント・シティにあるレッドウッド国立・州立公園管理事務所で情報を入手できる（前出を参照のこと）。

ここには自然のままの**キャンプ場**（キャンプサイト＄7）が2カ所ある。1つは徒歩で行く環境に配慮したキャンプ場で、自分で水を用意する必要がある。もう1つは徒歩または乗馬で行くキャンプ場で、水が使用できる（飲用には適さない）。いずれも先着順。夏季のキャンプ場の利用登録をするには、ジェデディア・スミス・レッドウッド州立公園Jedediah Smith Redwoods State Parkまたはデル・ノルテ・コースト・レッドウッド州立公園Del Norte Coast Redwoods State Park内のミル・クリーク・キャンプ場Mill Creek Campgroundに行って申し込む。夏の間はキャンプファイヤー用の木が用意されている。

ジェデディア・スミス・レッドウッド州立公園
Jedediah Smith Redwoods State Park

クレセント・シティの北東およそ10マイル（約16km）およびハイウェイ101から5マイル（約8km）のハイウェイ199沿いにあるジェデディア・スミス・レッドウッドJedediah Smith Redwoods（昼間1台＄2）はカリフォルニアのレッドウッド州立公園の最北端に位置する。世界遺産と国際生態圏保護区に指定され、北カリフォルニアの内陸部にある荒地をネイティブ・アメリカン以外で最初に探検した人物にちなんで名づけられた。

内陸に数マイル入ったスミス川とミル・クリークが合流した地点では、クレセント・シティが霧で覆われる夏でも、太陽がまぶしく輝いている。入口付近には**水泳に適した淵**と**ピクニックエリア**がある。0.5マイル（約0.8km）のネイチャートレイルがキャンプ場の奥から続いて、夏だけ通れる歩道橋を渡ってスミス川を横切ると、公園で一番有名なレッドウッドの森、**スタウト・グローブ Stout Grove**に出る。キャンプ場内にはボランティアのスタッフのいる**ジョデディア・スミス州立公園ビジター・センター Jedediah Smith State park Visitor Center**（☎707-464-6101 内線5113 ■5月下旬～9月9:00～17:00）にハイキング地図や自然に関するガイドブック、海辺をドライブしながら聞けるガイド用のカセットテープがある。

人気のある**キャンプ場**（☎夏の予約800-444-7275 ■www.reserveamerica.com ■キャンプサイト＄12）はハイウェイ101の西をおよそ5マイル（約8km）行ったスミス川沿い、美しいレッドウッドの林の中にある。温水シャワーがあるが、いつも込んでいるので仲間が大勢できることだろう。

公園についてのより詳しい地図や情報が入手できるのは**ヒオウチ・インフォメーション・センター Hiouchi Information Center**（☎707-464-6101 内線5067 ■6月中旬～9月中旬9:00～17:00）だ。ハイウェイ199沿いのキャンプ場にある。子供連れには、滞在中子供たちが飽きることがないよう楽しいグッズが詰まった**アクティビティ・バックパック**があり、無料で借りることができる。公園の情報や地図は、クレセント・シティのレッドウッド国立・州立公園管理事務所でも手に入る。

ハイウェイ199沿いにあるヒオウチHiouchiは、公園の東およそ1マイル（約1.6km）の所にあり、立ち寄るには便利な場所。**ランカー・フィッシュ・トリップス Lunker Fish Trips**（☎707-458-4704、800-248-4704 ■2905 Hwy 199）では夏にはタイヤのチューブ、いかだ、空気で膨らませるタイプのカヤック、マウンテンバイクをレンタルできる。秋冬と春には荒野ツアーや近くの川でのフィッシングツアーがある。簡易宿泊施設なら**ヒオウチ・モーテル Hiouchi Motel**（☎707-458-3041、866-446-8244 ■2097 Hwy 199 ■客室 シングル＄55 ダブル＄60）だ。**ヒオウチ・ハムレット・RV・リゾート Hiouchi Hamlet RV Resort**（☎707-458-3321、800-722-9468 ■テント＄15 RVサイト＄20）の向かいにある。

ハイウェイ199に沿って走るオレゴン州に続くスミス・リバー・ナショナル・シーニック・バイウェイSmith River National Scenic Bywayに関する情報は、ヒオウチの数マイル東にある**ガスケット・レンジャー・ステーション Gasquet ranger station**（☎707-457-3131）で入手できる。この小道はスミス川国立レクリエーション・エリアを流れるスミス川の中央の支流沿いをたどっている。

ノース・コースト

北部山岳地帯

Northern Mountains

荒々しい自然の美しさがここの魅力だ。実際、ここはカリフォルニアで非常に野性的で壮麗な地域の一部である。本章では、無数にある素朴な山の湖、自然のままの国有林や自然保護区だけでなく、美しいシャスタ山Mt Shasta、ラッセン火山国立公園Lassen Volcanic National Park、ラバ・ベッズ国定記念物Lava Beds National Monumentを紹介する。カリフォルニア州に住んでいても、この地域を遠すぎると思い、1度も訪れたことがない人も多いだろう。しかしここならタホ湖Lake Tahoeやヨセミテ国立公園Yosemite National Parkに殺到する何千人もの旅行者と競い合うことなく、必要なすべてのサービスや宿泊施設を見つけられる。常道から抜け出すために必要なのは、ほんのわずかな開拓精神だ。

希望目的地間を結ぶ直線ルートはほとんどないので、放浪を楽しむ心の余裕がほしい。インターステート5 (I-5)が主要な南北ルートだが、本章ではサクラメント・バレーSacramento Valleyの東にある、山岳地帯のラッセン・カウンティLassen Countyプルマス・カウンティPlumas Countyから始まり、そこから西へと向かいレディングReddingへ、最後にインターステート5を真っすぐ北上し、マウント・シャスタ（町と山）、そしてネバダ州に近いカリフォルニア北東部へ少し遠回りしながら、オレゴン州との境界へと、地図中を移動する。それからコースト山脈Coast Mountainsとノース・コーストNorth Coast（前出「ノース・コースト」を参照）に囲まれた田園地帯のトリニティ・カウンティへと飛ぶ。

ここで扱う地理的面積は膨大だが、公共の移動手段はほとんどない。米国森林管理局US Forestry Serviceが管理する自然保護区でのキャンプの予約は、☎877-444-6777、またはⓦwww.reserveusa.comまで。

ハイライト

- シャスタ山 –「神のように孤独で、冬の月のように白い」
- ラッセン火山国立公園 – 活発で蒸気が立ち昇る大地を直に体験する
- 四方八方を走るシーニック・バイウェイ – 手つかずの山の湖、新緑に覆われた森、歴史的な村、天然温泉
- ラバ・ベッズ国定記念物-溶岩洞窟の探検、古代の岩面陰刻、キャプテン・ジャックの砦にある神秘的な迷宮
- 春と秋の渡り鳥 – クラマス盆地国立自然保護区Klamath Basin National Wildlife Refugesの空を覆い尽くす鳥達

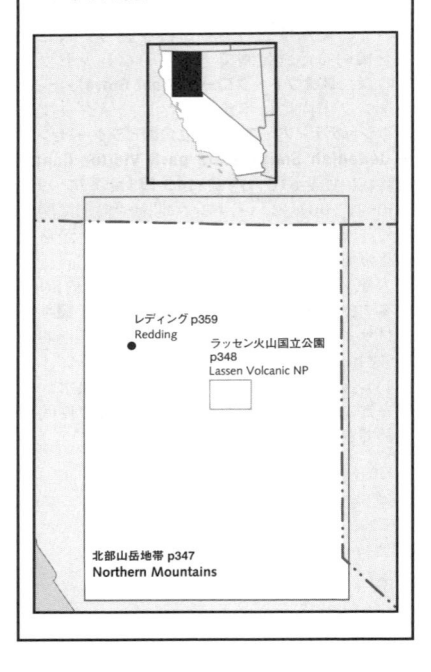

レディング p359
Redding

ラッセン火山国立公園 p348
Lassen Volcanic NP

北部山岳地帯 p347
Northern Mountains

ラッセン・カウンティ＆プルマス・カウンティ

Lassen & Plumas Counties

これら2つの郡での観光は（レディング東部、レッド・ブラッフRed Bluffからずっとネバダ州との境界の地域を含む）ラッセン国有林にあるラッセン火山国立公園の周辺とアルマノール湖Lake Almanorを中心に展開される。少し遠回りして州立マックアーサー・バーニー滝McArthur-Burney State Fallsへと北上後、本章では基本的に、全長187マイル（約301km）走行時間は約5時間のの**ラッセン・シーニック・バイウェイ Lassen Scenic Byway**に沿って案内する。ラッセン火山国立公園から東へ走り、アルマノール湖Lake Almanor、チェスターChester、ウエストウッドWestwood、スーザ

北部山岳地帯

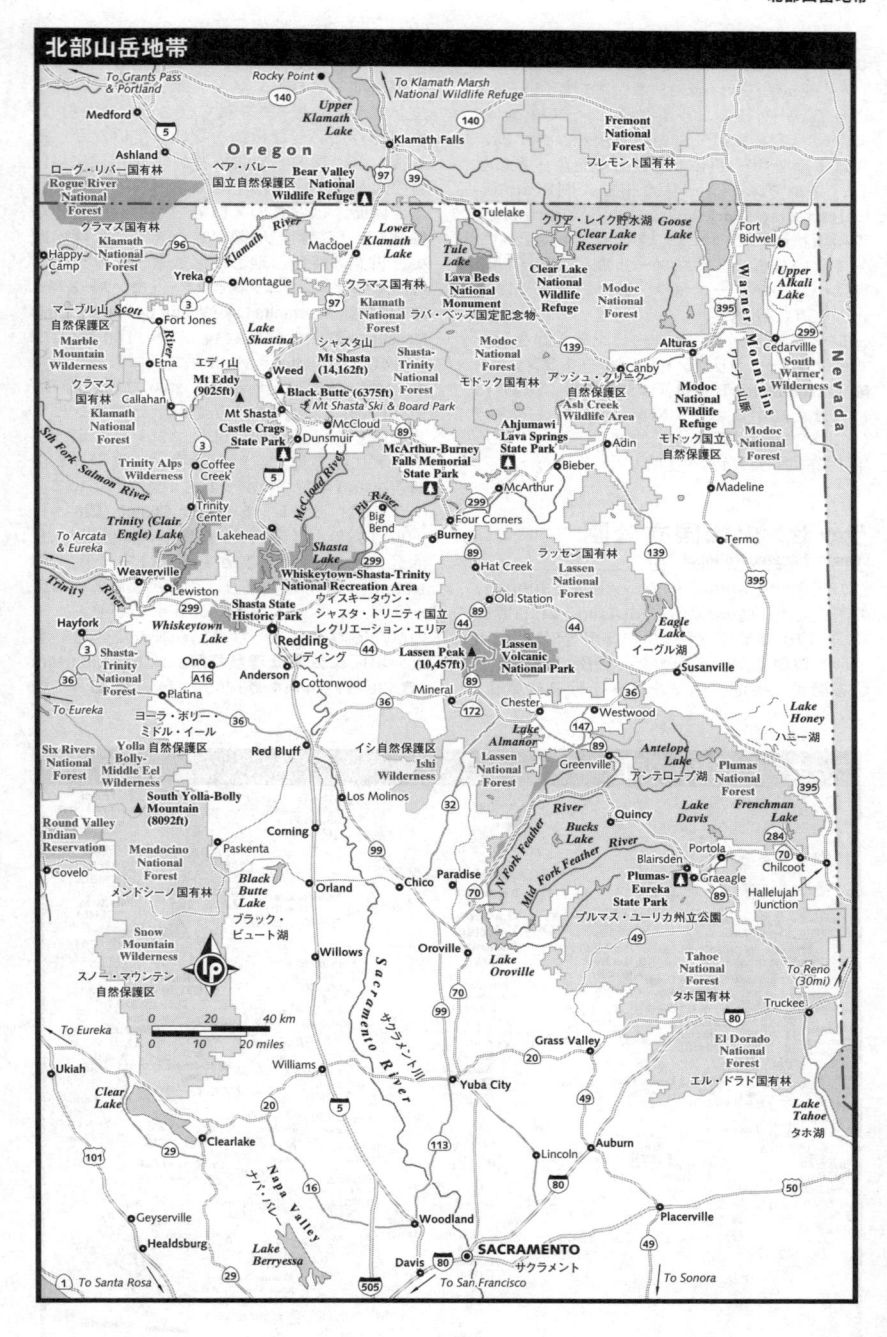

ンビルSusanvilleを過ぎて、そこから南下、ハレルヤ・ジャンクションHallelujah Junction（リノRenoからほんの25マイル（約40km）を通って、円を描くようにクインシーQuincyに向かい、アルマノール湖へと戻る。タホ湖またはトラッキーTruckee経由で南から入るなら、プルマス・ユーリカ州立公園Plumas-Eureka State Park近くのポルトラPortolaで、この環状道路にのれる。あまり冒険しない気分でないなら、アルマノール湖にはその湖岸線に小さめのシーニック・ループ・ドライブという道もある。

レッド・ブラフとスーザンビル間を運行する**マウント・ラッセン・モーター・トランジットMt Lassen Motor Transit**（☎530-529-2722）のバスは、途中ミネラルMineral、チェスター（アルマノール湖行き）とウエストウッドで停車する。運行日は月〜土曜。

ラッセン火山国立公園
Lassen Volcanic National Park

この広さ10万6000エーカー（約4万3000ha）の国立公園（W www.nps.gov/lavo、7日間有効 車＄10 徒歩旅行者＄5 二輪車＄5）は火山地形を現地で学べる場所だ。公園には沸き上がる温泉、泥池、蒸気を吹き上げる硫黄孔、噴気孔、溶岩流、噴石丘、クレーター、クレーター湖などもある。かつて、この地域は夏の野営地であり、アメリカインディアン諸部族が集う場所だった。彼らはここで鹿を狩り、カゴ作りに必要な植物を採取していたが、その後、金の採掘人や開拓者が1850年代に移住者の道を敷き始めた。

入園時にはどこの入口ででも、一般情報が掲載された無料の地図がもらえる。公園の歴史、自然の特色、地形地図など、より専門的な出版物は**マンザニタ湖ビジター・センター＆ルーミス博物館 Manzanita Lake Visitor Center & Loomis Museum**（☎530-595-4444、内線5180 6月中旬〜10月中旬 9:00〜17:00）で手に入る。公園の北端にある料金所を少し過ぎた所にある。博物館内には展示やオリエンテーションビデオ上映があり、夏期にはレンジャーやボランティアによる地学、野生動物、天文学、文化問題を扱う解説プログラムも用意されている。

ラッセン・シャレット Lassen Chalet（6〜9月 9:00〜18:00オフシーズンの開館時間は異なる）は公園の南口ゲートから北へ1マイル（約1.6km）ほどの所にあり、南西口案内所、スナックバー、本屋、ギフトショップが並ぶ。そのほかでガソリンや食料品が補充できる一番近い場所は**公園管理事務所park headquarters**（☎530-595-4444 38050 Hwy 36 月〜金

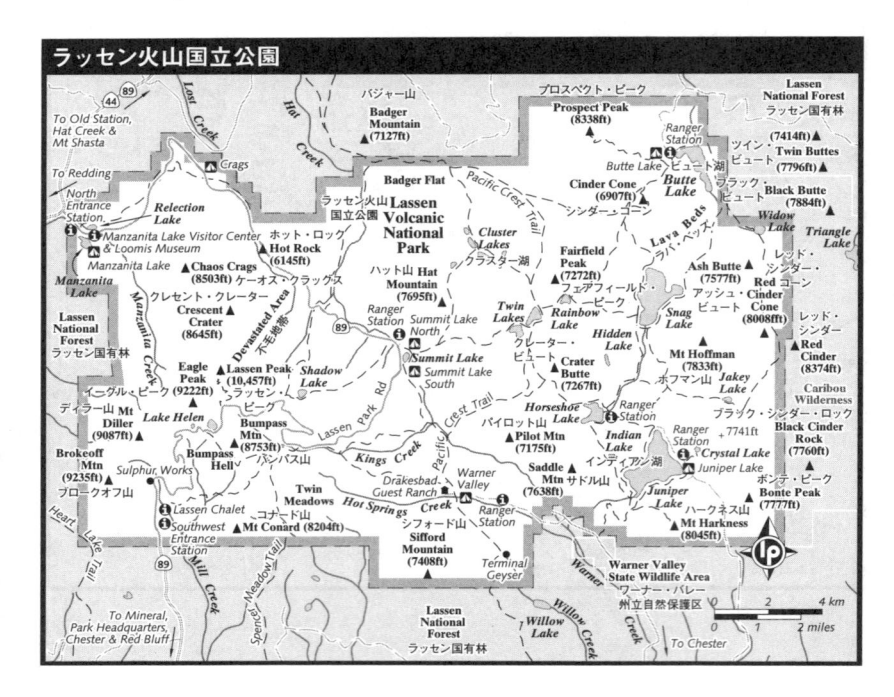

8:00～16:30）だ。ミネラルの小さな町から西1マイル（約1.6km）にある。

観光スポットと楽しみ方

ラッセン・ピーク Lassen Peakは世界最大級のプラグ・ドーム（溶岩ドーム）火山で、標高1万457フィート（約3200m）、周囲の地形より2000フィート（約610m）以上高い位置にそびえ立つ。活火山として分類されており、最後に噴火したのは1915年。空中7マイル（約11km）もの高さまで巨大な噴煙、蒸気と火山灰を吹き上げた。新しく形成された地形を保存するために国立公園がその翌年創設された。爆発により破壊された地域は、**被災地 Devastated Area**というぴったりの名をつけられた峰北東部の地域も含め、見事に復興を遂げつつある。

　公園内を通り抜ける道路、**ハイウェイ89**はラッセン・ピークの周囲を三方から覆うように走り、地熱地帯、湖、ピクニックエリア、ハイキング・トレイルにアクセスできる道になっている。公園内をドライブできるのは夏期だけで、通常6月頃から10月までだ。7月まで雪（40フィート＜約12m＞の積雪）のため道路が完全に閉鎖されたこともある。

　公園には、全長17マイル（約27km）のパシフィック・クレスト・トレイルPacific Crest Trailも含め、総計150マイル（約240km）の**ハイキング・トレイル**がある。経験をつんだハイカーならラッセン・ピーク・トレイルLassen Peak Trailに挑めるだろう。ただし、最低でも4時間半で5マイル（約8km）のトレイルを往復できることが条件だ。シーズンの初めに山頂を目指すなら、氷雪用の登山道具も必要だ。ラッセン・シャレットの近くには、比較的緩やかな2.25マイル（約3.6km）のトレイルがあり、牧草地や森林を通り抜けミル・クリーク滝Mill Creek Fallsへと続く。ハイウェイ89をさらに北上すると、道路脇に**サルファー・ワークス Sulfur Works**があり、ブクブク湧き出る泥池、音をたてて立ち昇る蒸気の通気孔、噴泉、噴気孔が見られる。**バンパス・ヘル Bumpass Hell**では、緩やかな1.5マイル（約2.4km）のトレイルと遊歩道がいまだ活動中の地熱地帯へと続く。そこでは不気味に色づいた池や吹き上がる蒸気が見られる。**マンザニタ湖 Manzanita Lake**では魚釣りやボート遊びが楽しめる。

宿泊

公園内には8つの**造成キャンプ場**（サイト＄10～14）が、周辺のラッセン国有林にもさらに多くのキャンプ場がある。公園内のキャンプ場は積雪の状況により変わるが、およそ5月下旬から10月下旬まで利用できる。マンザニタ湖は唯一温水シャワーの使えるキャンプ場だが、公園の中央付近に2カ所あるサミット湖キャンプ場Summit Lake campgroundsも人気が高い。どの場所も予約は受け付けず、先着順だ。

ドレイクスバッド・ゲスト・ランチ
Drakesbad Guest Ranch
☎530-520-1512 内線120
Ⓦ www.drakesbad.com
🏠 Warner Valley Rd
💰 ロッジ、キャビン、コテージ＄115～160
📅 6～10月初旬

チェスターの北西17マイル（約27km）、公園内の南端にあり、驚くほど閑寂な場所だ。宿泊客の多くがリピーターで、温泉を利用したプールで泳ぎ、乗馬を楽しむ。ここには電気はない（灯油ランプやキャンプファイヤーを想像しよう）。料金にはカントリースタイルの食事（ベジタリアン料理もあり）と毎週水曜日に行われるキャンプファイヤーでのバーベキューが含まれる。週割引については問い合わせること。

　公園外にも多種多様なロッジ、キャビン、小規模のリゾートがあり、特にハイウェイ89を北上したハット・クリークHat Creekとオールド・ステーションOld Station間に多い。全リストは公園の無料新聞「ピーク・エクスペリエンスPeak Experiences」に掲載されている。

チャイルド・メドウ・リゾート
Childs Meadow Resort
☎530-595-3383、888-595-3383
Ⓦ www.childsmeadowresort.com
🏠 41500 Hwy 36E, Mill Creek

公園の南西入口から公園外へ9マイル（約14km）の所にあり、数多くある昔ながらの素朴な場所の1つだ。

マウント・ラッセンKOA
Mt Lassen KOA
☎530-474-3133、800-562-3403
🏠 7749 KOA Road, off Hwy 44
💰 テントサイト＄20/25～ キャビン＄40～65

公園から西にほぼ20マイル（約32km）、シングルShingleの町にあり、プール、子供の遊び場、デリカテッセン、ランドリー設備も整っている。

　レッド・ブラッフ、レディング、アルマノール湖周辺の町も、公園観光に適した拠点だ。

アクセス

公園には2カ所入口がある。マンザニタ湖付近の北ゲートは、ハイウェイ44を通ってレディングから東へ45マイル（約72km）の所にある。南ゲートは、ハイウェイ89から分岐するアクセス道路（ミネラルから西に約5マイル＜約8km＞）を5マイル（約8km）行くとある。分岐点からレッド・ブラッフまでは西へ48マイル(約77km)、チェスターまでは東へ25マイル（約40km）、スーザンビルまでは東へ60マイル

（約97km）、またクインシーまでは南東へ65マイル（約105km）だ。

マウント・ラッセン・トランジット Mt Lassen Transit（☎530-529-2722）のバスは、レッド・ブラッフ、スーザンビル間のバスはミネラル経由で走る。ミネラルが公園に一番近い停留所。公園内にも、ハイウェイ36から公園入口までの5マイル（約8km）の間にも、公共の移動手段はない。

ラッセン国有林
Lassen National Forest

この巨大な森（W www.r5.fs.fed.us/lassen）はラッセン火山国立公園を囲み、「クロス・ロードThe Cross-roads」と呼ばれる地域にある広さ120万エーカー（約4900km²）にも及ぶ保護区だ。そこには、シエラ山脈Sierras、カスケード山脈Cascadesの火山帯、モードク高原Modoc Plateau、セントラル・バレーCentral Valleyが集まっている。

この森には460マイル（約740km）の**ハイキング・トレイル**があり、その中には、120マイル（約190km）のパシフィック・クレスト・トレイルPacific Crest Trail、12マイル（約19km）のスペンサー・メドウ国立レクリエーション・トレイルSpencer Meadows National Recreation Trail、3.5マイル（約5.6km）のハート湖国立レクリエーション・トレイルHeart Lake National Recreation Trailなどがある。見所としては、**サブウエイ洞窟 Subway Cave**溶岩層内の600ヤード＜約550m＞）のトレイル、1.5マイル（約2.4km）の火山性の**スパターコーン・クレスト・トレイル Spattercone Crest Trail**、**ウィロー湖 Willow Lake**、**クレーター湖 Crater Lake**、7684フィート（約2300m）の**アンテロープ・ピーク Antelope Peak**、高さ900フィート（約270m）、長さ14マイル（約23km）の**ハット・クリーク・リム Hat Creek Rim**断層崖がある。

森には3カ所の自然保護区もある。カリブー自然保護区Caribou Wildernessとサウザンド湖自然保護区Thousand Lakes Wildernessは6月中旬から10月中旬がベストシーズン。イシ自然保護区Ishi Wildernessはレッド・ブラッフの東山麓、セントラル・バレーの丘陵地帯にあり、ずっと標高が低いので、春や秋のほうが快適だ。夏の外気温は100°F（37℃）を超えることもざらにある。

ラッセン国有林管理事務所 Lassen National Forest Supervisor's Officeはスーザンビルにある（本章後出「スーザンビル」を参照）。そのほかの地区レンジャー事務所は次の通り。**イーグル湖レンジャー地区 Eagle Lake Ranger District**（☎530-257-4188）、**ハット・クリーク・レンジャー地区 Hat Creek Ranger District**（☎530-336-5521 🏠Fall River Mills）、チェスターから西に約1マイル（約1.6km）の**アルマノール・レンジャー地区 Almanor Ranger District**（☎530-258-2141 🏠Hwy 36）。

マッカーサー・バーニー滝
McArthur-Burney Falls

ラッセン火山国立公園を北上するハイウェイ89と、レディングから北東へ向かうハイウェイ299が交差する、フォー・コーナーズFour Cornersから北東へ6マイル（約10km）の所に**マッカーサー・バーニー滝記念州立公園 McArthur-Burney Falls Memorial State Park**（☎530-335-2777 W www.burneyfalls.com 🅿 デイキャンプ車1台＄2）がある。冷泉から湧き出る129フィート（約39m）の滝は、年中常に同じ水量、同じ温度（42°F＜5℃＞）だ。溶岩が濾過された澄みきった水は、滝の頂上からはもちろん、129フィート（約39m）の滝の正面を横切る岩間の泉からも波打ち、落ちていく。毎日およそ1億ガロン（約379百万リットル）もの水が滝を流れ落ちる。

駐車場のそばには展望台があり、滝から続く支流に沿ってトレイルがアップダウンする。滝の下流へと向かうネイチャー・トレイルはブリントン湖Lake Brittonへと続く。そのほかパシフィック・クレスト・トレイルの一部になっているハイキング・トレイルもある。公園の**キャンプ場**（☎800-444-7275 夏期予約 W www.reserveamerica.com 🅿 オートキャンプ＄12）には温水シャワーがあり、雪が地面に積もっているときも含め年中オープンしている。

マッカーサー・バーニー滝から北東へおよそ10マイル（約16km）走ると、広さ6000エーカー（約2400ha）の**アジュマイ溶岩源泉州立公園 Ahjumawi Lava Springs State Park**に着く。ここは豊富な泉、アクアマリンの湾と小島、そして黒い玄武岩のぎざぎざした溶岩流で有名だ。ここにはラット・ファームRat Farm（マッカーサーの町から傾斜の緩い砂利道に沿って北へ3マイル＜約5km＞）から出航する船でしか行けない。**プリミティブキャンプ**（自然に溶け込むことを楽しむキャンプ）の手配は、マッカーサー・バーニー記念州立公園まで電話を。

プルマス国有林
Plumas National Forest

シエラ・ネバダ北部にある120万エーカー（約4900km²）の地域を囲うこの森（W www.r5.fs.fed.us/plumas）は、南西のオロビル湖Lake

Orovilleから、北西のアルマノール湖Lake Almanor、北東のハニー湖Lake Honey、南東のフレンチマン湖Frenchman Lakeとデイビス湖Lake Davisまで広がる。山脈はポンデローサマツ、五葉マツ、ベイマツ、ダグラスファーなどの常緑樹の森林で覆われている。森には100を越す湖とおよそ1000マイル（約1600km）の川や小川がある。その中には、ハイウェイ70沿いを何マイルも走って景色を楽しめる**フェザー・リバー・キャニオンFeather River Canyon**もある。森には300マイル（約480km）の**ハイキング・トレイル**と50を越す**キャンプ場**もある。

プルマス国有林管理事務所 Plumas National Forest Supervisor's Office（後出の該当セクションを参照）はクインシーにあり、**マウント・ハフ・レンジャー地区事務所 Mt Hough Ranger District Office**とオフィスを共有している。ブレアスデンBlairsden（本章後出「ポルトラ周辺」を参照）の西にある**ベックワース・レンジャー地区事務所 Beckworth Ranger District Office**、オロビルにある**フェザー・リバー・キャニオン・レンジャー・ステーション Feather River Canyon Ranger Station**（「サクラメント・バレー」を参照）でも、地図や必要な情報を入手できる。

アルマノール湖エリア
Lake Almanor Area

ラッセン火山国立公園の南に位置し、ハイウェイ89と36が通るアルマノール湖は、1年を通じて自然の中でくつろげる理想的な場所だ。およそ1時間のドライブで、52マイル（約84km）の湖岸を1周できる。**チェスター Chester**（人口2200人）が湖に近い主な町。

湖内外、湖を囲むラッセン国有林内、または近くのラッセン火山国立公園内にある、あらゆるタイプのロッジ、レクリエーションに関する情報は、**チェスター・アルマノール湖商工会議所 Chester-Lake Almanor Chamber of Commerce**（☎530-258-2426、800-350-4838 W www.chester-lakealmanor.com 529 Main St 月〜金 9:00〜16:00）および町から西へ約1マイル（約1.6km）の**ラッセン国有林アルマノール・レンジャー・ステーション Lassen National Forest Almanor Ranger Station**（☎530-258-2141 Hwy 36 月〜金 8:00〜16:30）で手に入る。

ボートや水上スポーツ用品のレンタルショップは、湖周辺のいたる所にある。**ボッドフィッシュ・バイシクルズ＆クワイエット・マウンテン・スポーツ Bodfish Bicycles & Quiet Mountain Sports**（☎530-258-2338 152 Main St, Chester）では自転車、クロスカントリースキー、スノーシューズのレンタルと、カヌーとカヤックの販売をしている。マウンテンバイクや自転車のツーリング情報が豊富で、アドバイスしてもらえる。**スポーツ・ナット Sports Nut**（☎530-258-3327 108 Main St）ではアウトドア用品を扱っている。

宿泊・食事
湖周辺 たくさんのキャンプ場があちらこちらにある。湖を囲むラッセン国有林とプルマス国有林にはそれぞれ**連邦キャンプ場**（予約 ☎877-444-6777 W www.reserveusa.com）があり、いずれも湖の南西岸に創設されている。

ノース・ショア・キャンプ場
North Shore Campground
☎530-258-3376
W www.northshorecampground.com
テントサイト＄21 RVサイト＄24
ハイウェイ36をチェスターから東に2マイル（約3km）、湖のすぐそば。

ノッティ・パイン・リゾート＆マリーナ Knotty Pine Resort & Marina（☎530-596-3348 530-596-4404 W www.knottypine.net 430 Peninsula Dr RVサイト1週間＄150、キッチン付2ベッドルームキャビン1日＄120 1週間＄720）および**リトル・ノルウェイ・リゾート Little Norway Resort**（☎530-596-3225 432 Peninsula Dr キャビン1日＄70〜 1週間＄420〜）はチェスターから東へ7マイル（約11km）、郡道County Rd A-13沿いのビッグ・コーブBig Coveにある。どちらもボート、カヤック、カヌーがレンタルできる。

プルマス・プロパティズ
Plumas Properties
☎530-596-3203
W www.almanor.com
425 Peninsula Dr
1週間＄560〜
湖畔で過ごす休暇のための宿を提供してくれる。

セント・バーナード・ロッジ
St Bernard Lodge
☎530-258-3382
W www.stbernardlodge.com
W＄50
チェスターから西に10マイル（約16km）のミル・クリークMill Creekにある、古風な雰囲気のロッジ。B＆B（ベッド＆ブレックファスト）で浴室は共同（浴室の1つはクロウフットタブ＜脚付浴槽＞付）。

チェスター Chester 低料金のモーテル、ロッジ、B＆Bが豊富にそろっている。

セネカ・モーテル
Seneca Motel
☎530-258-2815

ラッセン・カウンティ＆プルマス・カウンティ － ウエストウッド

🏠545 Martin Way
💰$45〜
ハイウェイ沿いにあり、ほかのどの場所より静か。波板屋根のこのモーテルではピクニックやバーベキューができ、共同キッチンがある。

ティンバー・ハウス・ロッジ
Timber House Lodge
☎530-258-2729
🏠501 Main St at First St
🛏モーテル客室 $55〜
ステーキ、プライムリブ、シーフードで有名な家庭風のレストランでバーもある。

ビッドウェル・ハウスB&B
Bidwell House B&B
☎530-258-3338
🏠1 Main St
🌐www.bidwellhouse.com
🛏客室$80〜155 コテージ$170
ジョン＆アニー・ビッドウェルが建てた避暑地の別荘を移設したもの。客室は明るいアンティークで飾られている。

シナモン・ティール・イン
Cinnamon Teal Inn
☎530-258-3993
🏠227 Feather River Dr
🛏B＆B（ベッド＆ブレックファスト）$65〜85 スイート$95
木陰の建物。メイン・ストリートから半ブロック離れている。

ノットバンパー・レストラン
Knotbumper Restaurant
☎530-258-2301
🏠274 Main St
🍴食事$6〜8
🕐月〜土11:00〜20:00
タマーリパイ、シュリンプサラダサンドイッチ、アイデア料理など、豊富な食堂メニューがそろった、くつろげるカフェ。

シンシアズ・ホームメイド・ベーカリー＆カフェ
Cynthia's Homemade Bakery & Café
☎530-258-1966
🏠278 Main St
🍴ランチ$5〜10 ディナー$10〜17
🕐ランチ火〜土 11:30〜14:00、ディナー 金・土のみ 17:30〜
ノースウッド・ギャラリーNorthwoods Galleryの北方にある。職人技の（ハンドメイド）パン、グルメ・ピザ、ボックス・ランチなどがある。

ベナシス・レストラン
Benassi's Restaurant
☎530-258-2600
🏠159 Main St
🍴ランチ$5〜8.50 ディナー$10〜15

🕐11:00〜14:00 16:30〜21:00
北部イタリア料理が楽しめる。

ウエストウッド
Westwood

チェスターから東へ数マイルのこのごく小さな町から、ウエストウッドとスーザンビル間をつなぐ25.5マイル（約41km）の道、**ビズ・ジョンソン・トレイル** Bizz Johnson Trailは始まる。かつては旧南太平洋公道用地の一部だったが、今では徒歩やマウンテンバイクでの通行、乗馬、クロスカントリースキーも可能だ（モーター付車両の乗り入れは禁止）。

ウエストウッドからスーザンビルに向かってトレイルを進むと、ほとんど下り坂になり楽だ。ハイウェイ36の下側を通る急勾配のデビルズ・コーラルDevil's Corralを除くと、スーザンビルとウエストウッド・ジャンクション間の18マイル（約29km）にあたる部分の平均勾配は3％だ。トレイル・ガイドは、チェスターにある商工会議所、スーザンビル鉄道駅Susanville Railroad Depot、またはトレイルの終着点で入手できる。

バッファロー・チップス・ピザ Buffalo Chip's Pizza（☎530-256-2412 🏠322 Birch St 🍴サンドイッチ$6 ピザ$10〜20 🕐毎日深夜まで）では20年以上煉瓦製の窯でピザを焼いている。

スーザンビル
Susanville

砂漠高原にあるスーザンビル（人口1万7150人）は、世間から遠く隔離された感がある。ハイウェイ36とハイウェイ139のジャンクション（アルチュラスAlturasからUS-395を下って4マイル（約6km）に位置し、チェスターやアルマノール湖から東にちょうど35マイル（約56km）、レノから北西に85マイル（約137km）の所にある。もともとは牧場や材木業の町だった。1992年、州立刑務所がこの地で拡張され、飛躍的に経済活動が盛んになり、人口も急激に増えた。この町もラッセン・カウンティに属する。

スーザンビルは旅の目的地になる所ではないが、もし、カリフォルニアのこの地域からネバダ州に向かうことがあれば基本的なサービスは提供してくれる。**ラッセン国有林管理事務所** Lassen National Forest Supervisor's Office（☎530-257-2151 🏠55 S Sacramento St at Main St 🕐月〜金 8:00〜16:30）ではマップやアウトドアレクリエーションの情報が入手できる。**ラッセン・カウンティ商工会議所 Lassen County Chamber of Commerce**（☎530-257-4323 🌐www.lassencountychamber.org

🏠84 N Lassen St ⏰月〜金 9:00〜17:00) でも観光案内の情報が手に入る。

メイン・ストリートの南、ウェザーロー・ストリートWeatherlow Stのはずれには、古い歴史を持つ**スーザンビル駅 Susanville Depot**がある。ビジターセンター (☎530-257-3252 🏠601 Richmond Rd ⏰5〜10月 9:00〜17:00) では手頃な値段で自転車がレンタルできる。ビズ・ジョンソン・トレイル (前出「ウエストウッド」を参照) の終着点のそばにあり、この周辺の**マウンテン・バイク・トレイル**のパンフレットがもらえる。

町で最古の建物の名は、スーザンビルの創設者、アイザック・ループに由来する。1853年当時**ループの砦 Roop's Fort**はカリフォルニアの移民の道、ノーブルズ・トレイルNobles Trailの交易場だった。砦に隣接して、これといって特徴のない**ラッセン歴史博物館 Lassen Historical Museum** (☎530-257-3292 🏠75 N Weatherlow St 🎫任意(寸志) ⏰5〜10月 月〜金 10:00〜16:00) がある。

宿泊・食事

マウンテン・ビューRVパーク **Mountain View RV Park** (☎530-251-4757 🏠3075 Johnstonville Rd 🎫テントサイト＄17 RVサイト＄26) は町の東側にあり、どこよりも新しい。

メイン・ストリート沿いのモーテルは、どこも1泊＄40〜60。おすすめは**リバー・イン・モーテル River Inn Motel** (☎530-257-6051 🏠1710 Main St)、**スーザンビル・イン Susanville Inn** (☎530-257-4522 🏠2705 Main St)、**スーパー8モーテル Super 8 Motel** (☎530-257-2782、800-800-8000 🏠2975 Johnstonville Rd) だ。

ローズベリー・ハウスB&B **Roseberry House B&B** (☎530-257-5675 📠530-257-8739 🌐www.roseberryhouse.com 🏠609 N St🎫客室＄80 スイート＄100) はメイン・ストリートから北へ2ブロックの所にある、1902年に建てられた美しいビクトリア調の家。子供も歓迎してくれる。

パイオニア・カフェ **Pioneer Café** (☎530-257-2311 🏠724 Main St) は多目的バーとビリヤード・ルームもある手頃な値段のカフェ。店の表にある記念銘板には、1862年にこの地で食堂を創業して以来、カリフォルニア北東部でもっとも長い歴史を誇ると記されている。

メイン・ストリートには歴史があり、手頃な値段のカフェがほかにもある。**グランド・カフェ Grand Café** (☎530-257-4713 🏠730 Main St ⏰月〜土 7:00〜14:00) は1909年創業。**チャンピオン・ステーキハウス Champion Steakhouse** (☎530-257-4820 🏠830 Main St at South Union St ⏰月〜水 17:30〜20:30、木〜土 17:30〜21:30) はオールド・ストリート・フランシス・ホテルOld St Francis Hotel内にある。

スーザンビル周辺
Around Susanville

イーグル湖
Eagle Lake

スーザンビルから北西へ約15マイル (約24km) の地にあり、カリフォルニア最大級の自然湖の1つ。春の終わりから秋にかけて旅行者を引きつける。水泳、釣り、ボート遊び、キャンプが楽しめる湖。

南岸には5マイル (約8km) の**レクリエーショナル・トレイル**や**ラッセン国有林 Lassen National Forest** (キャンプの予約 ☎877-444-6777 🌐www.reserveusa.com) と**土地管理局 Bureau of Land Management** (BLM ; ☎530-257-5381) によって管理される多くの**キャンプ場** (🎫サイト＄14〜28 ⏰全サイト 5〜10月、一部のサイトは年中オープン) がある。近くの**イーグル湖マリーナ Eagle Lake Marina** (☎530-825-3454) には、熱いシャワーとランドリー設備があり、ボートのレンタルも行っている。

イーグル湖RV公園 Eagle Lake RV Park (☎530-825-3133 🏠687-125 Palmetto Way 🎫RVサイト＄25 キャビン＄75)、**マリーナーズ・リゾート Mariners Resort** (☎530-825-3333 🏠Stones Landing 🎫RVサイト＄28〜30 ヒルサイドキャビン＄85〜95 レイクサイドキャビン＄115〜125) は静かなほうの岸にあり、どちらもボートがレンタルできる。

ポルトラ
Portola

フェザー川の中央支流Middle Forkの両岸にまたがるポルトラが誇りとしているのが**ポルトラ鉄道博物館 Portola Railroad Museum** (☎530-832-4131 🏠700 Western Pacific Hwy 🎫＄2 ⏰5〜9月 10:00〜17:00、構内 4〜11月 10:00〜19:00) だ。39の機関車と約100台の貨物列車、旅客列車、車掌車が展示されている。夏の週末は**フェザー川鉄道協会 Feather River Rail Society** (☎530-832-4532) で列車に乗ったり、インストラクターといっしょに機関車を運転してはいかが。1日乗車券は大人1人＄2、1家族＄5。1時間＄95〜125でレッスンを受けることもできる。

町東部のはずれには**プルマス・カウンティ東部商工会議所 Eastern Plumas County Chamber of Commerce** (☎530-832-5444、800-995-6057

🌐 www.easternplumaschamber.com 🏠424 Sierra Ave ⏰夏 月～金 10:00～16:00、そのほかの季節 10:00～14:00）があり、小さな**歴史博物館**もある。

　低料金のモーテルがハイウェイ70の町を通り抜けるシエラ・アベニューSierra Ave沿いにある。妥当な選択をするなら、**シエラ・モーテルSierra Motel**（☎530-832-4243 🏠 380 E Sierra Ave 💰$50～65)、町の西部にある**スリーピー・パインズ・モーテル Sleepy Pines Motel**（☎530-832-4291 🏠74631 Hwy 70 💰客室$55～75、キッチン付プラス$10、キャビン$110)。

プルマン・ハウスB&Bイン
Pullman House B&B Inn
☎530-832-0107、800-996-0107
🏠256 Commercial St
💰$70～85
魅力あふれる1910年創業の民宿は、ダウンタウンの中心部にある。

ニコルズ・カフェ
Nicole's Café
☎530-832-5659
🏠239 Commercial St
💰食事$5～10
⏰月～金 7:00～15:00
ポンデロッサ・ボウルPonderosa Bowlの隣にある、フレンドリーで小さなカフェ。「山のように積まれた」サンドイッチやベルギーワッフルなど、ボリューム満点のおいしい田舎料理が期待できる。

ログ・キャビン
Log Cabin
☎530-832-5243
🏠64 E Sierra Ave
💰メイン$12～18
⏰水～月 17:00～21:30
心からもてなしてくれるドイツ料理専門店で、地元のランドマークになっている。バーは1940年代にグランド・ティートンズGrand Tetonsから列車で運送されたアメリカカラマツ材で造られている。

ポルトラ周辺
Around Portola

ポルトラから北に約7マイル（約11km)、プルマス国有林内にある**デイビス湖 Lake Davis**では、年間を通してキャンプ、マウンテンバイク、スノーモービル、釣りなどのアクティビティを楽しむことができる。**フレンチマン湖 Frenchman Lake**も人気が高いが、さらに遠い所にある。ハイウェイ70を南東のレノ方面に向かって20マイル（約32km）走ると、チルクートChilcootの分岐点があり、そこからハイウェイ284を北に8.5マイル（約14km）進むと湖に到着だ。

ブレアスデン&グライーグル
Blairsden & Graeagle

ポルトラから西に20分走ると、ハイウェイ89からそれた所、ハイウェイ70の南側に通りが1本しかない村**ブレアスデン**がある。そこからさらに南に2マイル（約3km）足らずで**グライーグル**に着く。そこは選手権大会が開催できるゴルフ場が4つあることで有名だ。年中アウトドアレクリエーションが楽しめ、周辺地域の安らげる環境を考えると、ポルトラよりここに滞在するのもいいだろう。

リバー・パイン・リゾート
River Pines Resort
☎530-836-2552、800-696-2551
🌐 www.riverpines.com
🏠8296 Hwy 89
💰モーテルS$70～ W$75～（キッチン付はプラス$10～20)、1&2ベッドルームスイート$150～270、ハウスキーピング付コテージ$90～115
グライーグルからブレアスデン方面へ、北に半マイル（約800m)。フェザー川に歩いていける距離にある。冬期割引や週割引あり。宿泊客はプール、熱いお風呂、人気の**コヨーテ・バー&グリル Coyote Bar & Grill**（☎530-836-2002、⏰火～日 17:00～21:00、1・2月は休業)も利用できる。

　グライーグルの町やその周辺にも休暇を過ごすための宿泊地が数多くある。ゴルフ場はどこもロッジを備えている。

プルマス・パインズ不動産
Plumas Pines Realty
☎530-836-0444、800-655-4440 📠530-836-1627
🌐 www.graeagle.com
🏠307 Poplar Valley Rd
長期滞在者には貸し別荘を安く貸し出してくれる。ゴルフ場の特別料金については問い合わせること。

グリズリー・グリル
Grizzly Grill
☎530-836-1300
🏠330 Bonta St, Blairsden
💰早めのディナー$12～15 メイン$12～20 キッズメニュー$10未満
⏰毎日 17:30～、冬は月・火休業
ロック・シュリンプのディープ・フライ、ハニー・マスタード・ビグレットソースがけから、ペッパー・ステーキのコニャックソース仕立てまで、多種多様で風味豊かなメニュー

に圧倒されることだろう。山のロッジの温かみが感じられるこのレストランには、ポルトラから、いやクインシーからでも車を飛ばして食べに行く価値がある。事前に予約を入れておくか、早めに来て辺りの古風なバーでカクテルを飲むのも一興だ。

プルマス・ユーリカ州立公園
Plumas-Eureka State Park

クインシーから南東へ約30マイル（約48km）、プルマス・ユーリカ州立公園内にあるのが、今日でも人が住んでいる古き西部の鉱山の町**ジョーンズビル Johnsville**だ。金がここで発見されたのは1851年3月のことだったが、採掘は第2次世界大戦まで続けられた。もともとはゴールド山Gold Mountainと呼ばれていた**ユーリカ・ピーク Eureka Peak**（高度7450フィート（約2271m））には、いまだに推定62マイル（約100km）の鉱山換気用導管や通気孔が残されている。800万ドルの値打ちがある金が処理されていた鉱山の集落も見学できる。砕鉱機、鉱夫の家、歴史的特色のあるものが保存されている。

郡道A14経由でグライーグルからハイウェイ89を西に5マイル（約8km）走るとこの公園入口に着く。付近には、鉱山歴史**博物館**（$1）も兼ねている**ビジター・センター**（☎530-836-2380）がある。夏期には、ハイキングや釣りが盛んで、レンジャーによる歴史ツアー、自然の中の散歩、そのほかの解説プログラムも用意されている。**グライーグル・ステイブル Graeagle Stable**（☎530-836-0430）では、ガイド付で馬に乗ってトレイルを走る乗馬トレイル（$26～45）や、ポニーライド（$8）が楽しめる。

冬には、公園でクロスカントリーやダウンヒル**スキー**ができる。**スキー・ゴールド・マウンテン Ski Gold Mountain**（☎530-836-2317、800-446-5368　www.skigoldmountain.org）は1日リフト券（$24）は非営利で運営されている。昔ながらのスキーコースの上をリフトが行き来している。標高差は675フィート（約206m）。一風変わった雰囲気には心がやすらぐ。スキー初心者や中級者にもおすすめだ。営業開始月は雪の状況次第。クロスカントリースキーを借りるなら、ブレアスデンにある**ブレアスデン・マーカンティール Blairsden Mercantile**（☎530-836-2589　282 Bonta St）へ。

アッパー・ジャミソン・クリーク・キャンプ場 Upper Jamison Creek Campground（ドライブイン・サイト$12　通常5～10月中旬）は公園内奥にあり、温水シャワーが使える。歩いて入れるサイトが多くある。どこも予約は受け付けず、早い者勝ちだ。**ベックワース・レンジャー地区事務所 Beckworth Ranger District Office**（☎530-836-2575　23 Mohawk Hwy Rd）はハイウェイ70からそれたブレアスデンの西にある。プルマス国有林内にあり、近辺のキャンプ場情報の詳細が入手できる。

湖水盆地レクリエーション・エリア
Lakes Basin Recreation Area

手付かずの湖が多くあるが、ほとんどがハイキングまたは乗馬でしか行くことができない。この開発の手が伸びていない地域に行くには、グライーグル南のハイウェイ89からシエラ・シティSierra Cityの北のハイウェイ49へと南北方向に走るゴールド・レイク・ロードGold Lake Rd（ハイウェイ24）を通る。ゴールド・レイク・ロードは冬場に除雪されないため、クロスカントリースキーやスノーモービルには格好の道になる。

パシフィック・クレスト・トレイルやほかの多くの**ハイキング・トレイル**がこのエリアを横切る。ラウンド・レイク・ループRound Lake Loopは3.5マイル（約5.6km）（3時間）のトレイルで、ゴールド湖ロッジの駐車場が始点だ。ロッジはエリア最大の湖、**ゴールド湖 Gold Lake**の真北に位置する。湖にはボートの発着場がある。**ゴールド・レイク・ステイブルズ Gold Lake Stables**（☎530-836-0940）では、乗馬トレイル（$27～98）や1泊バックパック旅行も利用できる。

タホ国有林とプルマス国有林には、それぞれのエリアに**キャンプ場**（タホ☎530-288-3231、プルマス☎530-836-2575）があるが、バックパッキングでどこでも好きな所にキャンプしてよい。幾つかある古風な湖畔のロッジでは、簡易な宿泊施設や食堂が利用できる。www.lakesbasin.comで検索するか、クインシーにあるプルマス・カウンティ観光局Plumas County Visitors Bureauを訪ね、おすすめの宿を教えてもらおう。ロッジの中には1年前から予約でいっぱいの所もあるので、予約は早めにしたい。

クインシー
Quincy

クインシー（人口5000人）は、ハイウェイ89沿いにあり、ラッセン火山国立公園とアルマノール湖の南東、ハイ・シエラの渓谷北部に見え隠れする。クインシーもプルマス・カウンティの町だ。サクラメント・バレーからハイウェイ70（クインシーで89と合流する）を北上すると、途中、壮大なフェザー・リバー・キャニオンFeather River Canyonを通り抜ける。

ラッセン・カウンティ＆プルマス・カウンティ − クインシー

いったん町に入るとハイウェイ70／89は、メイン・ストリートを東に向かう一方通行道路と、ローレンス・ストリートLawrence Stを西に向かう一方通行道路との2本に分かれる。ジャクソン・ストリートJackson Stはメイン・ストリートに平行して走る（メイン・ストリートの1ブロック南側）、もう1つの大通りだ。必要なものはたいていこれら3つの通り、あるいはその近辺で手に入る。この辺りがクインシーの控えめな商業地区といえよう。

プルマス・カウンティ観光局 Plumas County Visitors Bureau（☎530-283-6345、800-326-2247 www.plumas.ca.us ♠550 Crescent St ◎月～金 8:00～17:00、夏のみ土 8:00～18:00）は町から西へ約半マイル（約800m）にある。地図やアウトドアレクリエーションの情報は**プルマス国有林管理事務所 Plumas National Forest Headquarters**（☎530-283-2050 ♠159 Lawrence St ◎月～金 8:00～16:30）やさらに西へ5マイル（約8km）進んだ所にある**マウント・ホック・レンジャー地区事務所 Mt Hough Ranger District Office**（☎530-283-0555 ♠39696 Hwy 70 ◎月～金 8:00～16:30）で手に入る。

観光スポットと楽しみ方

メイン・ストリートの西端に位置する1921年創設の広大な**プルマス・カウンティ郡庁舎 Plumas County Courthouse**には、建物内部に巨大な大理石の支柱や階段、そしてロビーには2000ポンド（約900kg）の青銅・ガラス製のシャンデリアがある。

郡庁舎の裏手には**プルマス・カウンティ博物館 Plumas County Museum**（☎530-283-6320 ♠500 Jackson St at Coburn St ◎$1 ◎5～9月 月～金 8:00～17:00、土・日・祝 10:00～16:00）がある。花の咲きほこる庭園があり、郡の開拓者やマイドゥ・インディアン時代（昔の鉱山業、林業、ウェスタン・パシフィック鉄道の建設）の何百という歴史的な写真や遺品が展示されている。

歴史的建造物や周辺の**アメリカン・バレー American Valley**をもっと見たいなら、ビジターセンターに行けば徒歩またはドライブ用の無料観光パンフレットが入手できる。夏には、郡名にちなんで名づけられた**フェザー川**（プルマスplumasはフェザーを意味するスペイン語）の冷たい水が人気で、水泳、カヤック、釣りを楽しみ、古き川を流れに沿って漂う人でにぎわう。このエリア、特にバックス湖**Bucks Lake**（本章後出の「クインシー周辺」を参照）では冬のアクティビティも多く楽しめる。クロスカントリースキー用品やスノーシューズのレンタルなら、郡庁舎の向かいの**シエラ・マウンテン・スポーツ Sierra Mountain Sports**（☎530-283-2323 ♠501 W Main St）で。

宿泊・食事

プルマス国有林にあるクインシー近辺や、バックス湖には**キャンプ場**がたくさんある。

パイン・ヒル・モーテル
Pine Hill Motel
☎530-283-1670、866-342-2891
♠42075 Hwy 70
◎メゾネット式客室＆キャビンS＄60 W＄65、キッチン付S＄65 W＄70
クインシーから西へ1マイル（約1.6km）。簡素で落ち着ける宿だ。

ランチト
Ranchito
☎530-283-2265
♠2020 E Main St
◎S＄55 W＄60
小川のそばの、森を思わせるような3エーカー（約1ha）の土地にたたずむ。ここも町の西端にある。キッチン付は別料金。

このほかの簡素な**モーテル**は、町の西端のハイウェイ70沿い、別名クレセント・ストリートに並ぶ。**ゴールド・パン・モーテル Gold Pan Motel**（☎530-283-3686、800-804-6541 ♠200 Crescent St）、**ラリアット・ロッジ Lariat Lodge**（☎530-283-1000、800-999-7199 ♠2370 E Main St）の宿泊料は＄40～＄60。

フェザー・ベッド
The Feather Bed
☎530-283-0102、800-696-8624
♠542 Jackson St at Court St
◎B＆Bコテージ＄90～150
郡庁舎の背後にある、アンティークで飾られたアン女王時代の邸宅（1893年創設）。宿の主人がクッキーとアフタヌーンティーを振る舞ってくれる。自転車の貸し出しもある。

フェザー・リバー・ロッジ
Feather River Lodging
☎530-283-1234 ⅿ530-283-5769
www.featherriverlodging.com
♠300 Golden Eagle Ave
◎1ベッドルームドミトリー＄40、2ベッドルームドミトリー＄50、キッチン付デラックス＄65または＄80
◎6～8月
町から西へ2マイル（約3km）の所にある。大学生に夏の休暇用の部屋としても貸している。手頃な値段だ。週割引も利用できる。

グリーンホーン・ゲスト・ランチ
Greenhorn Guest Ranch
☎530-283-0930、800-334-6939 ⅿ530-283-4401

🅦 www.greenhornranch.com
🏠 2116 Greenhorn Ranch Rd
🈺 すべて込みでロッジ1日 大人＄204 学生＄131 子供＄72

プルマス国有林での乗馬をガイドしてくれる。毎日行われるアクティビティとして、スクエアダンス、夕方のキャンプファイヤー、野外料理パーティ、カエルのレースまである。ロッジの客室とキャビンは全室暖房付。週割引も利用できる。

クインシー・ナチュラル・フーズ
Quincy Natural Foods
☎ 530-283-3528
🏠 30 Harbison St

メイン・ストリートからすぐにある食料品店。

コートハウス・カフェ
Courthouse Café
☎ 530-283-3344
🏠 525 Main St
🈺 食事＄10未満
🕗 7:00～14:00

焼きたてパンのおいしいサンドイッチが味わえる。

モーニング・サンダー・カフェ
Morning Thunder Café
☎ 530-283-1310
🏠 557 Lawrence St
🈺 食事＄5～8
🕗 6:00～14:00

カントリースタイルの朝食とランチがおいしい。エスプレッソのバー、ベジタリアン向けのメニュー、時折行われるライブエンターテイメントが自慢。

ムーンズ
Moon's
☎ 530-283-0765
🏠 497 Lawrence St
🈺 メイン＄9～20
🕗 火～日 ディナーのみ

かわいいシャレー風の外観で、食欲をそそられる香りと魅力的な雰囲気で歓迎してくれる。ステーキやさっぱりしたイタリア＆アメリカ料理を堪能できる。

テン・ツー・ディナー・ハウス
Ten-Two Dinner House
☎ 530-283-1366
🏠 8270 Bucks Lake Rd
🕗 木～月 17:00～

クインシーから車で約8マイル（約13km）、バックス湖へ続く道路沿いのメドウ・バレーMeadow Valleyにある、こぢんまりとした手頃な値段のお店。夏期には、すぐ横を小川が流れる屋外の席に座ってみよう。自然の食材だけを使った豪華な料理やスペシャルメニューが楽しめる。できれば予約をすること。冬期の営業時間は異なる。

クインシー周辺
Around Quincy

バックス湖
Bucks Lake

クインシーから南西へ、バックス・レイク・ロードBucks lake Rd（ハイウェイ119）を約17マイル（約27km）。マツの森に囲まれたこの透き通った山の湖は、釣りやボート遊びをする人でにぎわう。プルマス国有林の北西部、隣接する2万1000エーカー（約8500ha）のバックス湖自然保護区Bucks Lake Wildernessを通り抜けるパシフィック・クレスト・トレイルをはじめ、ここには数多くの**ハイキング・トレイル**がある。**バックス湖ステイブルズ Bucks Lake Stables**（☎530-283-1147）では、乗馬トレイル（＄25～60）や1泊バックパック旅行も用意されている。冬期には、バックス・レイク・ロードの終端3マイル（約5km）は積雪のため閉鎖される。そのため、クロスカントリースキーやスノーモービルには絶好の道となる。

　ほとんどのキャンプ場やサービス施設は、6月頃から9月まで利用できる。基本設備が整った公共のキャンプ場についての詳細は、プルマス国有林管理事務所Plumas National Forest Headquartersまたはクインシーにあるレンジャーステーションに問い合わせること。

バックス・レイク・マリーナ
Bucks Lake Marina
☎ 530-283-4243
🏠 16469 Bucks Lake Rd

ボートやカヤックのレンタル、キャンプ場、キャビンがある。

バックス・レイクショア・リゾート
Bucks Lakeshore Resort
☎ 530-283-6900
🅦 www.buckslake.com
🏠 1100 Bucks Lake Rd, Meadow Valley
🈺 キャビン＄60～115

レストラン、バー、観光雑貨店などのサービス施設がそろった湖畔のロッジ。夏期にはキャンプ場、キャビン、ボートマリーナを経営し、冬期にはクロスカントリースキーを楽しむ人のリゾートに変わる。特別割引については問い合わせること。

バックス・レイク・ロッジ
Bucks Lake Lodge
☎ 530-283-2262、800-481-2825
🏠 16525 Bucks Lake Rd

北部山岳地帯

🛏モーテル＄75〜　キャビン＄85〜
🕐年中無休

夏にはボートや釣り道具のレンタルがあり、冬にはクロスカントリースキーが楽しめる。ロッジのレストランのおいしい料理には定評があり、地元の人がクインシーから頻繁にディナーを食べにくる。

ハスキンズ・バレー・イン
Haskins Valley Inn
☎530-283-9667
📧nelsons@inreach.com
🛏B＆B（ベッド＆ブレックファスト）＄115〜135

客室はアンティークで装飾されており、ジャグジー、暖炉、デッキ付の部屋もある。

インターステート5でオレゴンまで
Interstate-5 to Oregon

巨大なインターステート5（I-5）フリーウェイは、南はレディングから北のマウント・シャスタ、イリーカYrekaを結び、オレゴンに至る。ほとんどの大きな町には**グレイハウンド Greyhound**（☎800-231-2222 www.greyhound.com）やローカルバスが乗り入れている。

フリーウェイ沿いに進めば、見所は多い。まず、**シャスタ・トリニティ国有林 Shasta-Trinity National Forest**。この国有林は幾つかのエリアに分かれており、広さは210万エーカー（約8500km²）。西のシックス・リバーズ国有林 Six Rivers National Forestとずっと東のモドック国有林Modoc National Forestにはさまれるように広がっている。シャスタ・トリニティ国有林には、カリフォルニア北部の中でも優れたレクリエーションエリアが多い。レディング近くに点在する山間の湖。パシフィック・クレスト・トレイルPacific Crest Trailの一部154マイル（約248km）、シソン・シャラン国立レクリエーション・トレイルSisson-Callahan National Recreational Trailの一部9マイル（約14km）は、森を通り抜けて続く。キャッスル・クラッグス自然保護区Castle Crags Wilderness、シャスタ山自然保護区Mt Shasta Wilderness、トリニティ・アルプス自然保護区Trinity Alps Wilderness、チャンチェルラ自然保護区Chanchelulla Wilderness、ヨーラ・ボリー-ミドル・イール自然保護区Yolla Bolly-Middle Eel Wildernessの一部も

すべてこの地域にある。

レディング
Redding

サクラメント・バレーの北の端、三方を高い山に囲まれたのどかな町レディング（人口8万900人）を拠点として、ラッセン火山国立公園、シャスタ州立歴史公園Shasta State Historic Park、ウィーバービルWeaverville、付近の湖、原生自然のある山々まで簡単に日帰りで行ける。

以前、この地域は鉱山労働者たちがポバティ・フラットPoverty Flat（貧しい平地）と呼んでいた。ほとんど何もなかったからだ。1872年頃、鉄道が北に敷設されたとき、このポバティ・フラットが終点として選ばれ、新しい町が建設された。レディングという名前は、鉄道の土地管理人だったベンジャミン・B・レディングにちなんでつけられた。レディングは約10年間終着駅だったが、その間、鉄道敷設は難関のサクラメント峡谷へとさらに北に延びた。のちに、政治家達がこの町の土地所有者であったBPリーディング少佐をたたえるために、町の名前をリーディングReadingに変えようとしたとき、鉄道の関係者は断固として改称を認めなかった。そんなわけで、今でもこの町はレディングだ。

町の中心地域の北と東の境がサクラメント川になる。目抜き通りは、パイン・ストリートPine Stとマーケット・ストリートMarket Stだ。

レディング観光局 Redding Convention & Visitors Bureau（☎530-225-4100、800-874-7562 🌐www.visitredding.org 🏠777 Auditorium Dr 🕐月〜金 8:00〜18:00、土 10:00〜17:00）はタートル・ベイTurtle Bay近くにある。**シャスタ・トリニティ国有林管理事務所 Shasta-Trinity National Forest Headquarters**（☎530-244-2978 🏠2400 Washington St 🕐月〜金 7:30〜16:30、夏は17:00まで）はパーク・マリーナ・ドライブPark Marina Driveを下りてすぐ。カリフォルニア北部にある7つの国有林すべての地図、無料のキャンプ許可証が入手できる。

レディングから約10マイル（約16km）南のアンダーソンAndersonの**シャスタ・カスケード・カルフォルニア・ウエルカム・センター Shasta Cascade California Welcome Center**（☎530-365-1108、800-474-2782 🌐www.shastacascade.org 🏠1699 Hwy 273 🕐月〜土 9:00〜18:00、日曜日 10:00〜18:00）はプライム・アウトレット・モールPrime Outlets Mallの一番南にある。

大胆な発想でつくられた300エーカー（約

インターステイト5でオレゴンまで－レディング

120ha）の**タートル・ベイ探検公園 Turtle Bay Exploration Park**（☎530-243-8850、800-887-8532 🌐 www.turtlebay.org 🏠800 Auditorium Dr 🎫大人＄11 子供＄6 🕐夏 毎日 9:00〜18:00、10〜5月 火〜日 9:00〜17:00）は、サクラメント川の分水嶺を中心にした芸術、文化、科学の施設をあらゆる年齢層の来園者に提供するのが目的。園内には、美術館、科学博物館、森林の生態系に焦点を当てた子供向けの参加型の展示、広大な植物園、蝶の家、さらに、通り抜けることのできる水量2万2000ガロン（約8万3000リットル）の川の水族館がある。将来的には、サクラメント川の北の河岸と結び、有名なスペインの建築家、サンチアゴ・カラトラバが設計した見事なサンディアル橋 Sundial Bridgeが架けられる。

カルドウェル公園Caldwell Parkを西に入って行くと、新しい**レディング水環境センター Redding Aquatic Center**や、長さ8マイル（約13km）の**サクラメント・リバー・トレイル Sacramento River Trail**がある。このトレイルは舗装されているので、サイクリングもできる。

夏になると、人々は川でラフティングやカヌーを楽しむ。**アクア・ゴルフ練習場 Aqua Golf Driving Range**（☎530-244-4653 🏠2275 Park Marina Dr）ではサクラメント川にボールを打ち込むこともできる。また、**レディング・スポーツ社 Redding Sports Ltd**（☎530-221-7333

🏠950 Hilltop Dr、off I-5）ではオールシーズンのアウトドアとレクリエーション関連製品を扱っている。

宿泊

郊外には**RVパーク**が多くある。**テントでのキャンプ**なら、ウィスキータウン湖Whiskeytown Lakeかシャスタ湖Shasta Lakeが良い（後出のセクションを参照）。

プレミアRVリゾート
Premier RV Resort
☎530-246-0101、888-710-8450
🏠280 N Boulder Dr
🎫テントサイト＄20、RVサイト＄26、4人用円形テント＄35
ダウンタウン北でハイウェイ273を下りる。週単位で使用すると割引がある。

町中のモーテルには、**サンダーバード・ロッジ Thunderbird Lodge**（☎530-243-5422 🏠1350 Pine St）、**スターダスト・モーテル Stardust Motel**（☎530-241-6121 🏠1200 Pine St）、**シャスタ・ロッジ Shasta Lodge**（☎530-243-6133 🏠1245 Pine St）、**アメリカナ・ロッジ Americana Lodge**（☎530-241-7020 🏠1250 Pine St）などがある。どのモーテルも見栄えのよいネオン・サインが光る。宿泊料は1泊あたり＄35〜＄55。

町の南のはずれ、インターステート5近くにはモーテルがかたまっている。フリーウェイ

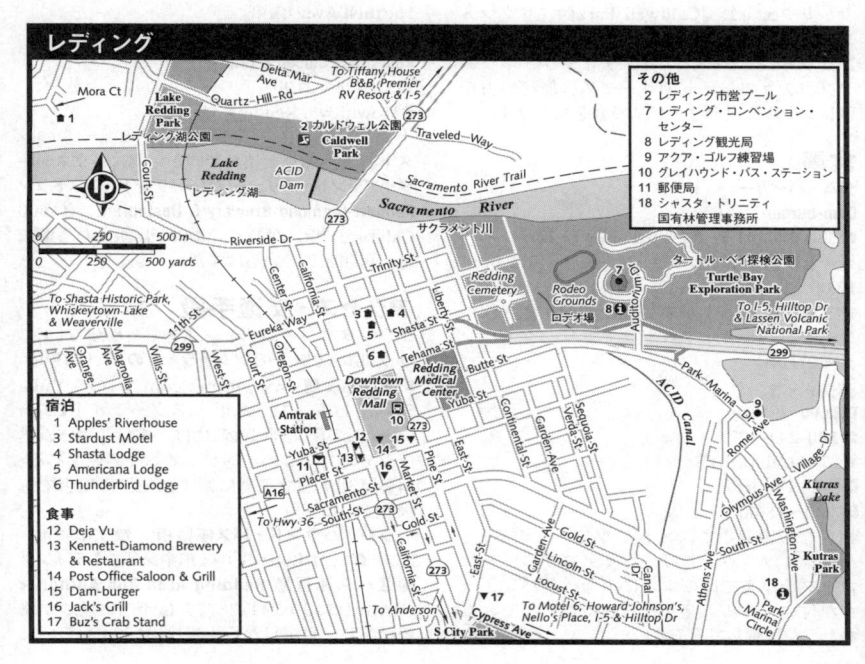

レディング

その他
2 レディング市営プール
7 レディング・コンベンション・センター
8 レディング観光局
9 アクア・ゴルフ練習場
10 グレイハウンド・バス・ステーション
11 郵便局
18 シャスタ・トリニティ国有林管理事務所

宿泊
1 Apples' Riverhouse
3 Stardust Motel
4 Shasta Lodge
5 Americana Lodge
6 Thunderbird Lodge

食事
12 Deja Vu
13 Kennett-Diamond Brewery & Restaurant
14 Post Office Saloon & Grill
15 Dam-burger
16 Jack's Grill
17 Buz's Crab Stand

北部山岳地帯

359

の西側、サイプレス・アベニューCypress Ave出口付近のベッチェリ・レーンBechelli Lane沿いには、**モーテル6 Motel 6**（☎530-221-0562、800-466-8356 ▲2385 Bechelli Lane ▣客室＄40〜55）がある。客室はハイウェイの反対側に面しており静かだ。**ハワード・ジョンソンズ Howard Johnson's**（☎530-223-1935、800-446-4656 ▲2731 Bechelli Lane ▣客室＄40〜80）もこの通りにある。フリーウェイの東側、ヒルトップ・ドライブHilltop Drには、もっと大きな高級ホテルやモーテルがかなりある。

ティファニー・ハウスB&Bイン
Tiffany House B&B Inn
☎530-244-3225
www.sylvia.com/tiffany.htm
▲1510 Barbara Rd
▣客室またはコテージ＄85〜135

優雅なビクトリア調の敷地には、プール、アップライトピアノがある。閑静な住宅地のはずれからの眺めはすばらしい。ハイウェイ273の西、サクラメント川の北1マイル（約1.6km）。

アップルズ・リバーハウス
Apples' Riverhouse
☎530-243-8440
www.applesriverhouse.com
▲201 Mora Court
▣客室＄95

カルドウェル公園Caldwell Park西、サクラメント・リバー・トレイル沿いにある。イブニングワインとチーズテイスティング、ホットタブ、チョコレートのサービス、無料の自転車レンタルなどのサービスで客をもてなす。

食事
ダム・バーガー
Dam-burger
☎530-241-0136 ▲1320 Placer St ▣ハンバーガーとソフトドリンク＄2〜5 ◎月〜金 9:00〜17:00、土 10:00〜15:00、日 11:00〜15:00

1930年代の懐かしい雰囲気が漂うすてきなハンバーガーショップ。ソフトドリンクカウンターがある。

デジャ・ブ
Deja Vu
☎530-244-4272
▲1590 California St
▣食事＄10未満
◎7:00〜15:00

朝食なら絶対ここ。オムレツを注文すると、ハッシュブラウンだけでなくアプリコットシロップを添えて山のように重なったパンケーキがついてくる。全部平らげることができるかどうか挑戦してみるといい。

バズズ・クラブ・スタンド
Buz's Crab Stand
☎530-243-2120
▲2159 East St
▣食事＄5〜20
◎11:00〜21:00

地元の人に人気の気取らないレストラン。屋外のテーブルもある。焼きたてのサワードウブレッドや捕れたてのシーフード料理が毎日味わえる。

ジャックス・グリル
Jack's Grill
☎530-241-9705
▲1743 California St
▣メイン＄10〜25
◎月〜土 17:00〜23:00

やや高級。ステーキすべてに確固たる定評がある。予約を受け付けないので、空いたテーブルに座るまで長く待つことになるがその価値はある。バーは16:00に開く。

ネロズ・プレイス
Nello's Place
☎530-223-1636
▲3055 Bechelli Lane
▣メイン＄15〜25
◎火〜土 17:00〜21:30

レディングで一番目立つカジュアルなイタリアンレストラン。ハートネル・アベニューHartnell Aveの南東。

ポスト・オフィス・サルーン・アンド・グリル
Post Office Saloon & Grill
☎530-246-2190
▲Downtown Redding Mall

上品なパブ・スタイルのランチとビールのレストラン。通りを挟んで向かい側に、**ケネット・ダイアモンド・ブリューワリー・アンド・レストラン Kennett-Diamond Brewery & Restaurant**（▲1600 California St）がある。本書が出版される頃には、再開店しているはずだ。

アクセス・交通手段
ダウンタウン・レディング・モールから1ブロック西には無人の**アムトラックの駅**（☎800-872-7245 www.amtrak.com ▲1620 Yuba St）がある。コースト・スターライト*Coast Starlight*の南北線に乗るには、電話かホームページであらかじめ予約をしておく必要がある。料金は列車内で車掌に渡す。旅行代理店でも扱っている。

グレイハウンド・バス停留所（☎530-241-2531 ▲1321 Butte St）は年中無休。**レディング地区バス運行局 Redding Area Bus Authority**（RABA ☎530-241-2877）は市内に幾つか路線があり、月曜日から土曜日の18:00くらいま

で運行している。料金は＄1から（釣り銭は出ない）。

レディング周辺
Around Redding

シャスタ州立歴史公園
Shasta State Historic Park

レディングの西に6マイル（約10km）、ハイウェイ299沿いにあるこの歴史公園（日の出から日没まで開園）には、1850年代のゴールドラッシュの時代にあったシャスタという鉱山の町（後出「マウント・シャスタの町」とは違う町）の史跡を保存している。ゴールドラッシュがそのピークに達していたときには、人も物もすべてこのシャスタを通過しなければならなかった。だが、鉄道がシャスタを迂回してポバティ・フラットに乗り入れてからは、残念ながらシャスタはその存在価値を失った。

1861年建造の裁判所が今ではすばらしい博物館（☎530-243-8194 入館料＄1 水〜日10:00~17:00）になっている。ここの銃のコレクションには目を見張るものがある。また当時の絞首台も見ることができる。館内の案内デスクで、この地域の歩き方を説明するパンフレットをもらうといい。カトリック墓地、醸造所跡、そのほか多くの史跡を回るトレイルもある。フリーメーソン支部、店舗2軒、パン屋は今でも営業している。数軒の個人住宅には、今も人が住んでいる。

ウィスキータウン湖
Whiskeytown Lake

ハイウェイ299を西に2マイル（約3km）行くと、ウィスキータウン湖 Whiskeytown Lake（☎530-242-3400 www.nps.gov/whis/ 昼間車1台＄5）がある。この湖の名前は昔の鉱山集落に由来する。1960年代当時、発電とセントラル・バレーCentral Valleyの灌漑のために263フィート（約80m）のダムが建設され、湖がつくられた。その時、古き良きウィスキータウンにわずかに残っていた建物を移築し、ウィスキータウンは湖の下に沈んだ。今日、人々は湖の全長36マイル（約58km）の波打ち際に押し寄せ、水泳、セーリング、砂金探し、ハイキング、マウンテンバイキングなどさまざまなレクリエーションを楽しんでいる。ビジターセンター（☎530-246-1225 夏9:00~18:00、冬10:00~16:00）がハイウェイ299を下りてすぐ、湖の北東地点にある。ウィスキータウンの情報や無料の地図はもちろん、ウィスキータウン・シャスタ・トリニティの国立レクリエーションエリアを構成する残りの2地域、シャスタとトリニティに関する情報や無料の地図も入手できる。レンジャーが指導する講義プログラムや、ガイド付徒歩ツアーのスケジュールをチェックしてみてはいかが。

湖の南岸にあるブランディ・クリーク Brandy Creekは水泳に適しており、夏の間は監視員が常駐している。ハイウェイ299を下りてすぐ、湖の北端にあるオークボトム・マリーナ Oak Bottom Marina（☎530-359-2269）では、ボートを借りることができる。公園の西端にあるタワーハウス歴史保存地区 Tower House Historic Districtには、エル・ドラドEl Dorado鉱山跡、開拓者のカムデン・ハウスCamden Houseがあり、夏の間は見学できる。

ブランディ・クリーク・キャンプ場
Brandy Creek Campground

RVサイト 夏＄14、ローシーズン＄7
場所の使用は先着順（テント用はない）。アスファルトで舗装された駐車スペースが並んでいる。

オークボトム・キャンプ場
Oak Bottom Campground

☎800-365-2267（夏期の予約）
テントサイト＄8 RVサイト＄18
湖岸にあり開放的な雰囲気。ローシーズンには割引がある。

そのほかにも、湖周辺には場所だけを提供するプリミティブキャンプサイト（夏＄10 冬＄5）もいろいろある（予約は不必要）。

シャスタ湖
Shasta Lake

レディングから北に15分行くとシャスタ湖（www.shastalake.com）がある。カリフォルニア最大の貯水湖であり、ハクトウワシの州最大の生息地でもある。湖の周囲には、ハイキングトレイルやキャンプ場が幾つかある。浮く物であれば、ありとあらゆる物を取りそろえてある。人気のスポットだ。

インターステイト5でオレゴンまで－キャッスル・グラックス州立公園

レンジャーステーション（☎530-275-1589）
🏠14250 Holiday Rd 🕐夏 月～土 8:00～17:00、日 8:00～16:30、夏以外 月～金 8:00～16:30）では、釣り、ボート、ハイキングに関する情報や無料の地図を入手できる。行き方は、まずマウンテンゲート・ワンダーランド大通りMountaingate Wonderland Blvdの出口でインターステート5を下り、レディングの北、約9マイル（約14km）の所で右折する。

シャスタ湖の南の端、シャスタ・ダム大通りShasta Dam Blvd（ハイウェイ151）沿いに**シャスタ・ダム Shasta Dam**がある。アメリカ第2の規模を持つ巨大なコンクリートダムで、重量は1500万トン。余水路の高さは、487フィート（約148m）。60階建てのビルに相当し、ナイアガラ滝の高さの3倍。ダムは、1938年から1945年にかけて建設され、ウディ・ガスリーはこのダムで働いているときに「わが祖国 This Land Is Your Land」を作曲した。**シャスタ・ダム・ビジター・センター Shasta Dam Visitors Center**（☎530-275-4463）🕐月～金 8:30～16:30、土・日 8:30～17:00）からは毎日無料のガイド付ツアーが10:00と14:00に出発する。

シャスタ湖洞窟 Lake Shasta Caverns（☎530-238-2341、800-795-2283 💰ツアー 大人＄17 子供＄9）は石灰岩と大理石の洞窟群。ツアーは毎日運行される。シャスタ湖を横断して洞窟に行くボート乗船を含む。洞窟内は年間を通じて気温58°F（14℃）なので、セーターを持って行くこと。シャスタ・キャバーンズ・ロードShasta Caverns Rdの出口で、インターステート5を下りる。レディングの北15マイル（約24km）辺りで標識に従って、そこから1.5マイル（約2.4km）。

宿泊・食事

湖周辺にある**米国森林局キャンプ場 US Forest Service campgrounds**（予約 ☎877-444-6777 🌐www.reserveusa.com 💰＄6～26）のうち、ほぼ半数は年中使用できる。ボートを乗り入れることのできる場所は先着順。**プリミティブキャンプ場**は設備の整ったキャンプ場の外にあり、5月から10月の間は火の使用に許可証が必要。許可証は米国森林局にて無料で入手できる。

ハウスボートをレンタルしたい場合には、できるだけ早く予約すること。特に夏の数カ月は1年前からの予約も多い。レンタル料は1週間で最低でも＄1100くらいを考えておこう。

ホリディ・ハーバー・リゾート Holiday Harbor Resort
☎530-238-2383、800-776-2628
🏠Holiday Harbor Rd
💰＄17.50～22.50
テントとRV車用のキャンプ設備がある（RV用設備の方が多い）。ハウスボートを借りることもできる。人の多いマリーナではパラセーリングも楽しめるし、釣り船のレンタルもある。シャスタ・キャバーンズ・ロードShasta Caverns Rdを下りて、湖のすぐそば。

アントラーズRV駐車・キャンプ場 Antlers RV Park and Campground
☎530-238-2322、800-642-6849
🌐www.shastalakevacations.com
🏠20679 Antlers Rd
💰テント・RVサイト＄13～29 コテージ＄85～
インターステート5（I-5）の東側、レイクヘッドLakeheadにある。この家族向けのキャンプ場は湖の北端に位置する。プールや雑貨屋があり、マリーナでは船やハウスボートを借りることもできる。

インターステート5の西側、レイクショア・ドライブLakeshore Dr沿いにも、RV駐車場が幾つかある。コテージに宿泊することもできる。

レイクショア・イン＆RV Lakeshore Inn & RV
☎530-238-2003、888-238-2003
🏠20483 Lakeshore Dr
💰テント・RVサイト＄20～28 コテージ＄80～
プール、レストラン、パブあり。

ハウスボートや船のレンタルなら、**シャスタ・マリーナ・リゾート Shasta Marina Resort**（☎530-238-2284、800-959-3359 🌐www.shastalake.net 🏠18390 O'Brien Inlet Rd）や**ジョーンズ・バレー・リゾート Jones Valley Resort**（☎530-275-7950、800-223-7950、877-468-7326 🌐www.houseboats.com 🏠22300 Jones Valley Marina Dr）がある。

オブライエン・マウンテン・イン O'Brien Mountain Inn
☎530-238-8026、888-799-8026 📠530-238-2027
🌐www.obrienmtn.com
🏠Shasta Caverns Rd
💰＄100～225
それぞれの部屋に音楽からとったテーマがある。樹上の部屋は、天窓、ジャグジー、キッチン、暖炉を備える。

ほとんどのリゾートやマリーナには、軽食スタンドやレストランがある。ホリディ・ハーバー・リゾートには手頃な価格の小さな**カフェ**（🕐8:00～15:00）があり、湖面に面したデッキテーブルに座れる。

キャッスル・クラッグス州立公園
Castle Crags State Park

このすばらしい州立公園は、キャッスル・クラッグス自然保護区内、マウント・シャスタ

から車で20分の距離にある。最大の見所は、およそ2億2500万年前の太古に形成されたそびえ立つ花崗岩の尖塔だ。その高さは、サクラメント川沿いにある2000フィート（約610m）のものから、クラッグス頂上にある6500フィート（約1980m）以上に及ぶものまでさまざま。岩山は、シエラ東部にある花崗岩形成と類似しており、ここのキャッスル・ドームCastle Domeは、ヨセミテの有名なハーフ・ドームを思い出させる。

入園管理事務所 ☎530-235-2684 昼 車1台＄2）にはレンジャーがいるので、約28マイル（約45km）の**ハイキングトレイル**についての情報や地図を入手できる。インターステート5の反対側にある昼間のピクニック用地では、サクラメント川での**釣り**も楽しめる。

キャンプ場を過ぎてさらに車を進めると、**展望台 Vista Point**に着く。かなりきつい2.7マイル（約4.3km）の**クラッグス・トレイル Crags Trail**はこの近くが始点だ。坂道を上がりながら森を抜け、脇道のインディアン・スプリングIndian Springsを過ぎて、キャッスル・ドームのすぐ下まで登りつめる。登ったあと、特に最後の数百ヤードを何とかよじ登り、鞍のようになった岩の裂け目にへたり込んでいるようなハイカーにとっては、シャスタ山の類い希なる眺めは何よりのご褒美だ。公園には、もっと楽な**ネイチャー・トレイル**や8マイル（約13km）の**パシフィック・クレスト・トレイルPacific Crest Trail**もある。これは、クラッグスの下側にあたる公園を通り抜けるトレイルだ。

キャンプ場（☎夏の予約800-444-7275 www.reserveamerica.com ＄12）は1年中使用できる。水道、温水シャワー完備。キャンプ場所は日陰にあるが、車の騒音が煩わしい。公園の周囲にあるシャスタ・トリニティ国有林では、どこでキャンプしてもOK。ただし、管理事務所で火気使用許可証（無料）をもらうこと。

ダンスミュア
Dunsmuir

キャッスル・クラッグス州立公園から6マイル（約10km）北にあるこの町（人口1900人）は、サクラメント川峡谷の中に位置し、手付かずの景観と良い釣り場で知られる。ダンスミュアは、セントラル・パシフィック鉄道が建設した町で、もともとは、プッシャPusherという地名だった。傾度の高い近くの坂で、重い蒸気機関車を押し上げた補機の「プッシャ（推進）」機関車に由来する。のちに町の創設者達は、石炭で財をなした地元の実力者アレキサンダー・ダンスミュアにちなんで、町の名前を改称した。ダンスミュア氏が寄付した噴水は今も残っている。

ダンスミュアは穏やかな懐かしい感じのする町だ。わずか8マイル（約13km）しか離れていないマウント・シャスタの町より安く滞在できる。曲がりくねったダンスミュア・アベニューDunsmuir Aveが目抜き通りだが、趣のあるレストラン、店、歴史的建造物は、駅近くまで坂を下り、さらに1ブロック東にあるサクラメント・アベニューSacramento Ave沿いにある。**ダンスミュア商業会議所 Dunsmuir Chamber of Commerce**（☎530-235-2177、800-386-7684 www.dunsmuir.com 4118 Pine St 月～土 10:00～11:30 12:30～16:00、日 夏のみ 12:00～16:00）では無料の地図、周辺の歩き方を説明するパンフレット、アウトドアレクリエーションや7月中旬に行われる**シスキュー・ブルース・アンド・ヘリテージ・フェスティバル Siskiyou Blues & Heritage Festival**について詳しい情報を入手できる。

カーブの多いダンスミュア・アベニューを北に進みフリーウェイを越えると、さほど特徴もなく見逃しても問題のないダンスミュア町立公園および植物園Dunsmuir City Park & Botanical Gardenの正面に年代物の**蒸気機関車**がある。河岸の植物園から森の中の小道を上がってゆくと小さな滝があるが、ダンスミュアの滝の中では**モスブレイ滝 Mossbrae Falls**のほうが大きくて見事だ。ダンスミュア・アベニューからの行き方は、まず西の方向に曲がってスカーレット・ウェイScarlet Wayに進む。線路の脇（標識はない）の「シャスタ・リトリートShasta Retreat」公園と記したアーチの下をくぐり抜け、線路のすぐ右側の道を北に30分歩くと、1901年に架けられた鉄橋に到着する。鉄橋から少し引き返すと、川と滝に通じる小さな道が木々の間を縫って続いている。線路脇を歩くときには、列車に絶対の注意を払うこと。川の音が近づく列車の音をかき消してしまうこともある。

宿泊・食事
レイルロード・パーク・リゾート
Railroad Park Resort

キャンプ場 ☎530-235-0420
モーテル ☎530-235-4440
予約800-974-7245
www.rrpark.com
100 Railroad Park Rd
テントサイト＄16、RVサイト＄24、カブース（車掌車）およびボックスカー（貨車）＄75～100

町の南、1マイル（約1.6km）の所にある。年代物の列車に宿泊できる珍しい施設。豪華な

ボックスカーは、インテリアも年代物で、クロウフットタブ(脚付浴槽)付。

レイルロード・パーク・ディナー・ハウス
Railroad Park Dinner House
(レイルロード・パーク・リゾート内)
- メイン＄11〜17
- 木〜日 17:00〜

カリフォルニア料理、バーが年代物の客車の中で楽しめる。

ケーブ・スプリングズ・リゾート
Cave Springs Resort
- 530-235-2721 888-235-2721
- 4727 Dunsmuir Ave
- RVサイト＄15 キッチン付客室＄36〜52 モーテル客室＄45〜65

ダウンタウン北のサクラメント川が臨め、家族向けの施設が充実している。人気のリゾートなので早めに予約を。週単位で利用すると割引がある。

ダンスミュア・アベニュー沿いにあるくつろぎモーテルには、**ザ・オークツリー・イン** The Oak Tree Inn (☎530-235-2884、877-235-2884 W www.oaktreeinn.com ♠6604 Dunsmuir Ave 客室＄55〜 スイート＄80〜)や、珍しい鳥を飼っていることで有名な**シーダー・ロッジ** Cedar Lodge (☎530-235-4331 FAX530-235-4000 ♠4201 Dunsmuir Ave ＄40〜55)がある。

ダンスミュア・インB&B
Dunsmuir Inn B&B
- 530-235-4543、888-386-7684
- 5423 Dunsmuir Ave
- バス付客室＄65〜80

旅行者にかなり人気がある。キッチンで料理を作ってもいいし、庭でバーベキューもできる。

ダンスミュア・アベニューとサクラメント・アベニューには、ダイナーやカフェが並んでいる。

カフェ・マダリーナ
Café Maddalena
- 530-235-2725
- 5801 Sacramento Ave
- メイン＄11〜17
- 夏 木〜日 17:00〜22:00

駅の近くにある陽気なレストラン。サルディニア地方のイタリア料理は感動的。ここで食事をするためだけのために、マウント・シャスタの町からドライブして行く価値がある。予約をしておいたほうがよい。

アクセス
シスキュー・カウンティに**アムトラックの駅**(☎800-872-7245 W www.amtrak.com ♠5750 Sacramento Ave)はただ1つしかなく、無人である。南北に走るコースト・スターライトCoast Starlightのチケットは車内で購入できるが、事前に電話かホームページで予約が必要。

グレイハウンド Greyhound (☎800-231-2222 W www.greyhound.com)のバス乗り場は**セチェッティーニ書店 Cecchettini's Books**(♠5814 Dunsmuir Ave)の前にある。この地域のバス情報は「シャスタ山」の「アクセス」を参照のこと。

シャスタ山
Mt Shasta

高くそびえるシャスタ山を初めて目にした時の感動は忘れられないものになるだろう。1874年、シエラ・クラブの創立者ジョン・ミュアは「私は1人歩いてへとへとだった。ところが、50マイル(約80km)ほど離れた所から初めてその山を目にすると、体内の血がワインに変わってしまったのか、それからは疲れることがなかった」と書いている。レディングReddingから60マイル(約97km)離れたマウント・シャスタの町(人口3650人、標高356フィート＜約1086m＞)は山に圧倒され、ちっぽけに見える。

1820年代、毛皮を得ようとこの地へ狩猟にやってきたヨーロッパの猟師たちは、シャスタ、カルーク、クラマス、モドック、ウィントゥ、ピット・リバーなどのアメリカ先住民の部族と遭遇した。1851年までには金鉱夫が大勢やって来て部族の伝統的な暮らしは妨害された。製材業が急速に発展し、丸太や労働者を運ぶ鉄道ができると、「禁酒」の町々に囲まれたマウント・シャスタの町は木こりたちの歓楽の地となった。野いちごが豊富だったこの町は、もともとストロベリー・バレーと呼ばれたが、のちに宿屋の経営者、山岳ガイドでもあった博愛主義者の大地主の名にちなんでシソンSissonと呼ばれるようになった。1924年に町名はマウント・シャスタと改められた。

現在、木こりに替わってここに住むようになったニューエイジの住民の多くは、この山の霊的な力(コラム「シャスタ」を参照)に引かれてやって来た。美しい自然と、キャンプ、ハイキング、登山、温泉、スキー、マウンテンバイク、ボートなど、アウトドアの楽しみを純粋に求めて移ってきた人々も多い。

周辺の大自然を探検するのに、シャスタを拠点にするのもそれなりによいが、近隣のウィードWeedやダンスミュアDunsmuirといった小さめの町に泊まるほうが割安である。メモリアル・デーからレイバー・デーまでとスキーシーズン(11月下旬〜4月中旬)中の週末が観光のハイシーズンだ。

オリエンテーション・インフォメーション

シャスタ山が町の東にそびえているので、ここで自分の位置を知るのは簡単だ。町の中心街はI-5から東に2～3ブロック離れた所にある。セントラル・マウント・シャスタCentral Mt Shasta出口から出てレイク・ストリートLake Stを東に向かい、ビジターセンターを過ぎると大きな交差点に出る。この通りがマウント・シャスタ大通りMt. hasta Blvdという町の目抜き通りだ。

マウント・シャスタ観光局
Mt Shasta Visitors Bureau
☎530-926-4865、800-397-1519
www.mtshastachamber.com
300 Pine St at Lake St
夏 月～土 9:00～17:00、日 9:00～15:00、冬 月～土 10:00～16:30、日 10:00～16:00
シスキュー・カウンティのアウトドアレクリエーションや宿泊場所について詳しく説明したプリントをもらえる。

マウント・シャスタ・レンジャー・ステーション
Mt Shasta Ranger Station
☎530-926-4511
204 W Alma St
8:00～16:30
マウント・シャスタ大通りから1ブロック西へ行った所にあり、自然保護区への立ち入りや登山の許可証を発行してもらえる。アドバイス、天気予報など地域を探索するのに必要なものは何でも手に入る。山の地形図も売っている。

山

ホアキン・ミラーが「ライフ・アマング・ザ・モドックスLife among the Modocs」の中で「神のように孤独で、冬の月のように白い」と描写したように、シャスタ山は堂々と場所を取ってそびえている。北カリフォルニアやオレゴン州南部の100マイル（約160km）以上離れた場所からでも見えるところは多い。カリフォルニアの最高峰ではないが（1万4162フィート＜約4317m＞で第6位）ほかの山と肩を並べることなく地平線にただ1つ浮かぶ姿はことのほか美しい。

シャスタ山は南のラッセン・ピークLassen Peakから北のセント・ヘレンズ山Mt St Helensやレーニア山Mt Rainierまで連なるカスケード火山帯の一部だ。温泉が湧いていることから死火山ではなく休火山であるとわかる。1850年代には頂上の火口から煙を出していたこともあったが、最後の噴火はおそらく200～300年も前だと思われる。シャスタ山には円錐丘が2つあり、主峰の円錐丘は直径約200ヤード（約180m）の噴火口がある。そして、それよりも低い、シャスティナと呼ばれる若い円錐丘は西の側面にあり、噴火口の直径は半マイル（約800m）である。

マウント・シャスタの町では、**フィフス・シーズン・スポーツ Fifth Season Sports**（☎530-926-3606　300 N Mt Shasta Blvd at Lake St）が登山・キャンプ・バックパッキングの道具、マウンテンバイク、スキー、スノーシューズ、スノーボードなどのレンタルを行っている。スキーとスノーボードは**スポーツマンズ・デン・スノーボード＆スキー・ショップ Sportsmen's Den Snowboard & Ski Shop**（☎530-926-2295　402 N Mt Shasta Blvd）や、**ハウス・オブ・スキー＆ボード House of Ski & Board**（☎530-926-2359　316 Chestnut St）でも借りることができる。ここでは自転車のレンタルも行っている。

シャスタ

ヨーロッパ人が移住してくる以前からシャスタ山は伝説の多い山であった。アメリカ先住民はこの山を神聖視し、山に登って霊的な探求、癒しの儀式、巫女の修行などを行った。先住民達の中にはこの山は部族主神のものであり、山自体が神の住みかだと信じている者もいた。

ちょっと変わった現代的な伝説も幾つかあるが、それを信じるのも変わった人たちである。その1つは、太平洋の底に沈んだといわれる大陸レムーリアLemuriaの住民レムーリア人の生き残りが山の内側に住んでいて、日用品が必要な時だけ金塊と交換するために現れる、というものだ。

この話が変化し、透明人間や神秘的な教団が山の内側に住むというバージョンもある。シャスタ山のセント・ジャーメイン・ファンデーションSt Germain Foundation（IAMという名でも知られる）の創設者、GW・バラードは、1930年夏にこの山で聖人ジャーメインとの神秘的な出会いを体験したと言っている。この教団は今日、ボルテックス（宇宙物質の渦巻運動）の見つけかたと最新の預言に従った生き方の説明が付いた「ゴールデン・シティGolden Cities」という地図を配布している。

シャスタ山は霊のエネルギーを引きつけるとか、シャスタ山、エディー山、キャッスル・クラッグスCastle Cragsを結ぶ三角形のエネルギーが怪奇現象、ボルテックスを起こすとかいう話を多くの人々が信じている。霊感を大切にする人々や芸術家、そしてスポーツ選手までが、この山に来ると力が増すというのはよく聞く。実際、ここでギターをかきならしたり、詩を詠唱したり、山を見渡せる場所で単に瞑想したりする人間を毎日のように見かける。

ドライブ 1年中すばらしい景色を楽しめるエベリット・メモリアル・ハイウェイEveritt Memorial Hwy（ハイウェイA10）を通ると、山頂近くまで車で行ける。町の中心からはレイク・ストリートLake Stを東に向かい、左折してワシントン・ドライブWashington Drに入り、道なりに行くだけだ。**バニー・フラット Bunny Flat**（6860フィート＜約2091m＞）はホース・キャンプHorse Camp方面とアバランチ峡谷Avalanche Gulch頂上ルートの起点になっていて、駐車場、インフォメーション用の掲示板、トイレなどがある。ハイウェイのバニー・フラットより先は、雪の状態にもよるが6月中旬から10月以外は閉鎖される。キャンプ場から小道を通り**ロウアー・パンサー・メドウ Lower Panther Meadow**を過ぎて上っていくと**オールド・スキー・ボウル Old Ski Bowl**（7800フィート＜約2377m＞）駐車場近くの草地にあるウィントゥ族の聖なる泉に出る。この道路で1番の見所**エベリット展望台 Everitt Vista Point**（7900フィート＜約2408m＞）はここからすぐだ。駐車場から短い解説付の道を抜けると、石垣で囲まれた露頭に出る。そこからは、南にはラッセン山、西にはエディー山やマーブル山脈、そして眼下にはストロベリー・バレー全体と、格別な景色が楽しめる。

登山 山頂まで登るのは5月から9月の間で、できれば、春か初夏にするとよい。その時期には南の側面にも柔らかい雪が残っているので、上級者用ルートでなければ、そのほうが足場が安定するからだ。1日12時間以上着実なペースで進めばちょうど1日で往復できるが、最低でも山中で1泊し、2日以上かけた方がいい。山頂まで登って帰ってくるのにかかる時間は選んだルート、登山者の健康状態、天候（天気予報を電話で聞く場合☎530-926-9613）によって異なる。

バニー・フラットから山頂までは7マイル（約11km）しかないが、7000フィート（約2000m）以上の高さを登ることになるので、高度に順応することが大切だ。アイゼン、ピッケル、ヘルメットなど登山に必要な道具は現地で借りることができる。突然悪天候になったり、岩盤すべりが起こると危険なので、初心者はマウント・シャスタ・レンジャー・ステーションでガイドのリストをもらうとよい。

シャスタ山に登るには登山料がかかる。3日パスは＄15で、年間パスは＄25だ。詳しくはレンジャーステーションに問い合わせること。シャスタ山と周辺の自然保護区に入る時には必ず無料の自然保護区立ち入り許可証が必要。

マウント・シャスタ・ボード・アンド・スキー・パーク Mt Shasta Board & Ski Park シャスタ山の西側斜面、マクロードへ向かうハイウェイ89を下りた所にあるこのウィンタースポーツパーク（☎積雪情報 530-926-86868 ⓦwww.skipark.com ◯冬 水～土 9:00～22:00 & 日～火 9:00～16:00、6月下旬～9月上旬 水・木・日 10:00～16:00 & 金・土 10:00～21:00）では、スキーとスノーボードが楽しめる。オープンは積雪状態によって決まる。標高差が1390フィート（約424m）で、24以上のアルペン・コース、18マイル（約29km）のクロスカントリーコースがあり、レンタル、インストラクター、週ごとの特別割引などのサービスもある。北カリフォルニア最大のナイトスキースポットだ。

夏には、チェアリフトでの展望や、パラグライダー、24フィート（約7m）のクライミングタワー、フリスビーゴルフなどが楽しめる。マウンテンバイクをチェアリフトに載せて上がり、一気に下ったりもできる。屋外コンサートなどの特別なイベントも定期的に催されている。

湖

シャスタ山近辺には自然のままの湖が幾つかある。その中には未舗装の道路やハイキングコースを通ってしか行けない所もあり、雑踏から逃れるには最高だ。

マウント・シャスタの町にもっとも近いのはハイウェイ26を2.5マイル（約4km）南西へ行った**シスキュー湖 Lake Siskiyou**（1番大きい）だ。深さ200フィート（約61m）の峡谷、**ボックス・キャニオン・ダム Box Canyon Dam**もあるのでのぞき込んでみるといい。シスキュー湖からキャッスル・レイク・ロードCastle Lake Rdをさらに7マイル（約11km）ほど山奥へ入る**キャッスル湖 Castle Lake**がある。松林と花崗岩の地層に囲まれた自然のままの湖だ。夏は、水泳、釣り、ピクニック、無料のキャンプをする人々でにぎわい、冬は湖上でアイススケートができる。町の北西15マイル（約24km）、ハイウェイ97を下りた所にある**シャスティナ湖 Lake Shastina**も美しい湖で、ショートボードでのウィンドサーフィンの人気スポットだ。

マウント・シャスタの町

シャスタ山のアトラクションはほとんどが町の周辺地域に散らばっているが、町自体にも見学する価値のある場所が幾つか存在する。**シャスタ山養魚場 Mt Shasta Fish Hatchery**（☎530-926-2215 ◯7:00～日没）と**シソン博物館 Sisson Museum**（☎530-926-5508 無料 ◯6～9月 月～土 10:00～16:00、日 13:00～16:00、4月～5月、10月～12月 毎日13:00～16:00）は

フリーウェイから西へ半マイル（約800m）ほど離れて並んで建っている（🏠1 Old Stage Rd）。博物館ではマウント・シャスタの町や山の地質と歴史に関する展示物が見学できる。養魚場ではガイドは付かないが、屋外のマス池を散策できる。

町の中心からシャスタ大通りを1マイル（約1.6km）ほど北に行った辺りを曲がると**マウント・シャスタ市立公園 Mt Shasta City Park**（🏠Nixon Rd）がある。大きな泉からは冷たい水がゴボゴボとサクラメント川へあふれ出している。公園内には、トレイル、ピクニックエリア、スポーツグラウンド、コート、子供の遊び場などもある。中心街の東にある**シャスティス・パーク Shastice Park**（☎530-926-2494 🏠cnr Rockfellow & Adams Drs）には、冬にアイススケートリンクがある。

マウント・シャスタの町から8マイル（約13km）ほど北に行ったウィードWeedにある**ウィード・ヒストリック・ランバー・タウン博物館 Weed Historic Lumber Town Museum**（☎530-938-0550 🏠303 Gilman St 🈁任意（寸志）🌞夏10:00～17:00）の案内係は、昔の写真や記念品を見せながら木材伐採について何から何まで説明してくれる。ここへ行くには、I-5を北に向かい、ハイウェイ97／セントラル・ウィードCentral Weed出口を出て、メイン・ストリートMain Stを通り、ウィード商工会議所Weed Chamber of Commerce（☎877-938-4624）を2～3ブロック過ぎた所にある博物館の看板を右に曲がる。車で約20分かかる。

アクティビティ

シャスタ・コーブ・ステイブルズ Shasta Cove Stables（☎530-938-3392、800-662-3529）では乗馬トレイルでの乗馬や、シャスタ・トリニティ国有林Shasta-Trinity National Forestでのガイド付1泊乗馬ツアーには75年の実績がある。

リバー・ダンサーズ River Dancers（☎530-926-3517、800-926-5002 🌐www.riverdancers.com）と**オスプレイ・アウトドア・カヤック・スクール Osprey Outdoors Kayak School**（☎530-926-6310 🌐www.ospreykayak.com）では、いかだでの急流下りやカヤックツアーを催行している。大人1人で1日最低＄80かかる心づもりで。

マウント・シャスタ・リゾート Mt Shasta Resort
☎530-926-3052
🏠1000 Siskiyou Lake Blvd
山々とサクラメント川の渓谷を広々と見渡す、なだらかな起伏の18ホールゴルフ場がある。夕方にはグリーンフィー（＄35～50）が割引になる。

町の北側にある、木の茂っていない黒い火山円錐丘**ブラック・ビュート Black Butte**は3000フィート（約900m）ほども隆起している。2.5マイル（約4km）のハイキングコースで頂上まで行って戻ると最低でも2時間半はかかる。急で岩だらけの場所がたくさんあり、日陰や水辺もないので、夏の暑さには注意が必要だ。ハイキングに適した靴を履き、水を十分持っていこう。そのほか、9マイル（約15km）のハイキングコース、**シソン・キャラハン国立レクリエーション・トレイル Sisson-Callahan National Recreation Trail**にトライするのもいい。このルートは1800年代中頃に探鉱者、猟師、牛を追う牧童などが、当時シソンと呼ばれたマウント・シャスタの町から鉱山の町キャラハンへ行くためにつくられた歴史あるルートだ。

シャスタ山のレンジャーステーションか、ビジターセンターに立ち寄り、**パシフィック・クレスト・トレイル Pacific Crest Trail**へのアクセスポイントなどこの2つのコース以外の情報も載っている無料のハイキングコースガイドを手に入れよう。

宿泊

週末、休暇、スキーシーズンは特に余裕をもって事前予約すること。

キャンプ場 シャスタ山周辺の24以上のキャンプ場についての詳しい情報はビジターセンターへ問い合わせてみよう。

マウント・シャスタKOA
Mt Shasta KOA
☎📠530-926-4029、800-562-3617
🏠900 N Mt Shasta Blvd
🈁テントサイト＄18～ RVサイト＄22～ キャビン＄40～50
中心街から北へ2～3ブロック離れたEヒンクレー・ストリートE Hinckley Stから入るプールのあるキャンプ場。混んでいて木陰もほとんどない。

レイク・シスキュー・キャンプリゾート
Lake Siskiyou Camp-Resort
☎530-926-2618
🏠4239 WA Barr Rd
🈁テントサイト＄18～ RVサイト＄25～ キャビン＄85～105
シスキュー湖の湖畔というすばらしいロケーション。遊泳用のビーチがあり、カヤック、カヌー、釣り舟、手こぎボートなどを借りることもできる。

この地域の米国森林局キャンプ場については、シャスタ山かマクロードのレンジャーステーションに問い合わせてみよう。もちろん、シャスタ山の山中にあるキャンプ場がベスト

だ。エベリット・メモリアル・ハイウェイEveritt Memorial Hwyから簡単に行けるキャンプ場は次の2つだ。**マクブライド・スプリングス McBride Springs**（キャンプサイト＄10）は水道はあるがシャワーがなく、トイレも水洗式ではない。標高5000フィート（約1524m）でマイル標識4の近く。**パンサー・メドウ Panther Meadows**（キャンプサイト無料）はマクブライド・スプリングスからさらに7マイル（約11km）ほど先、標高7000フィート（約2134m）の地点にある神秘に満ちたスポット。高木限界のあたりに予約のいらない10のテントスペースがある。どちらのキャンプ場も場所を確保するため、午前中早めに到着したい（予約不要）。

ホース・キャンプ Horse Camp（テント付1人＄5 テントなし1人＄3）はシエラ・クラブ経営の山小屋で、バニー・フラットから3km登った標高2438mの地点にある。小屋に管理人が駐在するのは5月から9月のみ。

レンジャーステーションで発行された無料のキャンプ許可証があるなら、水際から61m以内に限り山の湖畔のほとんどでキャンプができる。**キャッスル湖 Castle Lake**には6つのテントサイトがあるが、飲料水の設備はなく、冬には閉鎖される。マウント・シャスタの町から南西へ15マイル（約24km）ほどの**ガムブート湖 Gumboot Lake**にも無料のテントサイトがある（飲料水は自分で浄化すること）。町から18マイル（約29km）の**トード湖 Toad Lake**は指定キャンプ場ではないが、美しい湖だ。砂利道（4WDで行くことをすすめる）を11マイル（約18km）ほどドライブし、残りの0.25マイル（約400m）は歩く。

モーテル
冬にはほとんどのモーテルが割安なスキーパッケージを用意している。

フィンランディア・モーテル
Finlandia Motel
☎530-926-5596
🏠1612S Mt Shasta Blvd
客室＄45〜80
低料金でモーテルに泊まるならここ。デラックスルームには丸天井があり、山の景色が見える。冬には屋外のホットタブや、本物のフィンランド式サウナがオープンする。

ストロベリー・バレー・イン
Strawberry Valley Inn
☎530-926-2052
🏠1142 S Mt Shasta Blvd
Ｓ＄85〜 Ｗ＄110〜
ビュッフェ式の朝食と談話室でのワインを無料でサービスしている。同系列の**ストロベリー・バレー・コート Strawberry Valley Court**（☎530-926-2052 🏠305 Old McCloud Rd

キャビンＳ＄75〜 Ｗ＄90〜）とともにおしゃれなモーテルだ。白い杭垣に囲まれ、木陰に建てられた煉瓦造りのキャビンには専用の車庫が付いている。割安な平日料金がある。

低料金で泊まれるほかのモーテルは町の南端のマウント・シャスタ大通り沿いに点在している。その多くがホットタブを備え、ハイシーズン料金は＄50〜＄70。静かな**スイス・ホリデー・ロッジ Swiss Holiday Lodge**（☎530-926-3446 🏠2400 S Mt Shasta Blvd）はおすすめ。**マウンテン・エア・ロッジ・アンド・スキー・ハウス Mountain Air Lodge & Ski House**（☎530-926-3411 🏠1121 S Mt Shasta Blvd）は雰囲気がよく、共同キッチンとレクリエーションエリアが自慢。町中なら**シャスタ・ロッジ・モーテル Shasta Lodge Motel**（☎530-926-2815 🏠724 N Mt Shasta Blvd）。中心街のすぐ北にある。

マウント・シャスタの町からインターステート5を通って8マイル（約13km）離れたウィードまで行けば、割安に泊まれることが多い。サウス・ウィードSouth Weed出口にはチェーン店のモーテルが並ぶ。ハイウェイ97／セントラル・ウィードCentral Weed出口から町の中心へ出る通りには、こぎれいで陽気な家族経営の低料金モーテルが数件建っている。

B&B（ベッド＆ブレックファスト）・リゾート

アルペンローズ・コテージ・ゲストハウス
Alpenrose Cottage Guest House
☎530-926-6724 🏠204 E Hinckley St
ツインシェアのベッド1泊＄35 1週間＄180、個室ダブルベッド1泊＄60 1週間＄360
町の中心街から北へ長めのブロックを2、3過ぎた所にある美しいゲストハウス。マウンテンビューのデッキ、薪ストーブ、庭、共同キッチンがある。

ドリーム・イン
Dream Inn
☎530-926-1536、877-375-4744
🏠326 Chestnut St
客室 バス共同＄60〜70、スイート＄90〜100
町の中心に近く、ハス池やバラの花壇もある上品なビクトリア朝様式の白い建物。グルメ好みのアメリカンブレックファストが正午まで食べられる（これはすごい！）。

マウント・シャスタ・ランチB&B
Mt Shasta Ranch B&B
☎530-926-3870
www.stayinshasta.com
🏠1008 WA Barr Rd at Ream Ave
バス・キッチン共同のキャリッジハウス（馬車小屋の意）客室Ｓ＄45〜 Ｗ＄60〜、バス付の

北部山岳地帯

威厳のあるシャスタ山「冬の月のような白さは、神のように孤独」

ハイキング、サイクリング、スキーをする人達にとって絶好の場所（マンモス山とマンモス盆地）

夜のカリフォルニア州庁舎（サクラメント）

州庁舎の金箔の丸天井（サクラメント）

サクラメントの庁舎博物館にある果物用ボックス

機関車がメイン・アトラクションになっているカリフォルニア州立鉄道博物館（オールド・サクラメント）

本館客室S＄90 W＄110、コテージ＄115〜160　フリーウェイの西側にあり、とても広い。暖炉、ビリヤードテーブル、卓球台もある。コテージ以外の宿泊には朝食が含まれている。

マウント・シャスタ・リゾート
Mt Shasta Resort
☎530-926-3030、800-958-3363
🏠1000 Siskiyou Lake Blvd
📧バンガロー風1ベッドルーム＄155〜　2ベッドルーム＄205〜

町の西、シスキュー湖へ向かう途中の、湖畔を上った所にある。造りに職人芸がうかがえるバンガローはキッチンとガス式の暖炉を備えている。ゴルフコースに近いロッジ・ルームのほうはたいしたことはない。

食事

レイク・ストリートから外れた所に**ベリーベール食料品店 Berryvale Grocery**（☎530-926-1576 🏠305S Mt Shasta Blvd）や**マウンテン・ソング Mountain Song**（☎530-926-3391 🏠Mt Shasta Shopping Center, 134 Morgan Way）などの食料品店があるので、自炊することもできる。

ベーグル・カフェ＆ベーカリー
Bagel Café& Bakery
☎530-926-1414
🏠315 N Mt Shasta Blvd
📧スナック・軽食＄3〜7
🕐月〜金 6:00〜17:00、土 7:00〜16:00、日 8:00〜16:00)

愛想のいい店で、スムージーやサラダなどヘルシーなメニューもたくさんある。

パスタ・ショップ
The Pasta Shop
☎530-926-4118
🏠418 N Mt Shasta Blvd
📧食事 たいてい＄6前後
🕐8:00〜19:00

ピザ、カルゾーネ、日替わりスープ、パスタはすべて新鮮な手作りで、手がこんでいる（サービスの早さは期待しないほうがいい）。

ポンチョ＆レフコウィッツ
Poncho & Lefkowitz
☎530-926-1102
🏠107 Chestnut St
📧食事＄10未満

マウント・シャスタ大通りを眺めるテーブルで、安いメキシコ料理、特製ホットドッグ、地ビールが楽しめる。

マウント・シャスタには、なぜかレトロな1970年代風のイタリアンレストランがあふれていて、そのほとんどが食事に高すぎる値段をつけているが、**マイケルズ・レストラン Michel's Restaurant**（☎530-926-5288 🏠313 N Mt Shasta Blvd 🕐火〜金 11:00〜14:30 & 17:00〜21:00、土 12:00〜21:00）だけは例外だ。町の中心街にある。

リリーズ
Lily's
☎530-926-3372
🏠1013 S Mt Shasta Blvd
📧朝食＆ランチ＄8〜11 ディナーメイン＄14〜20
🕐月〜金 朝食7:00〜10:00 ランチ11:00〜14:00 ディナー16:00〜、土・日 ブランチ7:00〜14:30 ディナー16:00〜

質よりも雰囲気が売りのカリフォルニア料理の店。味も悪くない。軒から花が垂れ下がる屋外のテーブルはいつも混んでいて、特に朝食時は満席だ。

トリニティ・カフェ
Trinity Café
☎530-926-6200
🏠622 N Mt Shasta Blvd
📧メイン＄15〜22
🕐水〜日 17:00〜21:30

町の北のはずれにある。家庭的な雰囲気でくつろげる。グルメ好みのすばらしい食事が中心街の並のレストランと同じ値段で味わえる。

サージズ
Serge's
☎530-926-1276
🏠531 Chestnut St
📧メイン＄13〜19
🕐水〜日 17:00〜21:00

マウント・シャスタ大通りから1ブロック東へ行った所。ヨーロッパ料理とフランス風料理の店。山の景色を見渡せるテラスと室内にテーブルがある。

マウント・シャスタからインターステート5を車で20分ほど行ったウィードは昔風の町なので、いい食堂やカフェがもっと見つかるだろう。**エスプレッソ・ベーカリー Espresso Bakery**（☎530-938-1041 🏠79 S Weed Blvd 🕐7:00〜16:00）では病みつきになりそうなエスプレッソチョコレートキャンディーや、新鮮でおいしいケーキ類、シンプルなオーダーメイドサンドイッチも売っている。

エンターテインメント

マウント・シャスタ・シネマズ
Mt Shasta Cinemas
☎530-926-1116
🏠Mt Shasta Shopping Center, 118 Morgan Way

封切り映画が見られる。

ハス・ビーンズ・コーヒーハウス
Has Beans Coffeehouse
☎530-926-3602
🏠1011 S Mt Shasta Blvd

インターステイト5でオレゴンまで－マクロード

◎5:30〜19:00 遅くまでの時もある
地元でローストされた豆を使っており、極上のコーヒーを味わうことができる。アコースティックミュージックのライブ演奏もよくやっている。

ベッツ・クラブ・バー
Vet's Club Bar
☎530-926-3565
🏠406 N Mt Shasta Blvd
週末にはたいていライブミュージック（主にロックンロール）とダンスが楽しめる。

ショッピング

ビレッジ・ブックス Village Books（☎530-926-1678 🏠320 N Mt Shasta Blvd）と**ゴールデン・バウ・ブックス** Golden Bough Books（☎530-926-3228 🏠219 N Mt Shasta Blvd）では、シャスタ山の地質、ハイキング、民俗、神秘などについての興味深い本が豊富に売られている。**シソン博物館ショップ** Sisson Museum shop（前出「マウント・シャスタの町」を参照）も品揃えがよい。

マウント・シャスタ大通りにはアートギャラリーが並ぶ。ブラック・ベア・ビル内の**ビジョンズ・ギャラリー** Visions Gallery（☎530-926-1189 🏠201 N Mt Shasta Blvd）は天窓照明の展示室で、質の高い工芸品を展示している。

アクセス

I-5を南北方面へ行く**グレイハウンド** Greyhound（☎800-231-2222 🌐www.greyhound.com）のバスは**ベッツ・クラブ** Vet's Club（🏠406 N Mt Shasta Blvd）の向かい側からウィードの**バスターミナル**（☎530-938-4454 🏠628 S Weed Blvd）で乗れる。

ステージ・バス STAGE bus（☎530-842-8295、800-247-8243）のI-5を通るローカル幹線ルートにはマウント・シャスタの町も含まれている。このルートはマクロード、ダンスミュア、ウィード、イリーカも通り、毎日数回運行している。そのほかのバスとの乗り継ぎはイリーカですることになる（後出「イリーカ」の「アクセス」を参照）。

カリフォルニア・ハイウェイ・パトロール California Highway Patrol（CHP；☎530-842-4438）では、シスキュー・カウンティ全域の道路状況と天候の情報を録音メッセージで提供している。

自転車レンタルは前出の「山」を参照のこと。

マクロード
McCloud

製材の町としての歴史を持つマクロード（人口1600人）は、ハイウェイ89の北側、I-5から東側に約10マイル（約16km）入ったところ、シャスタ山南斜面のふもとにある。マウント・シャスタ・スキー＆ボード・パークからはもっとも近い町だ。町だけでも立ち寄る価値はあるが、周辺で穏やかなひとときを過ごすのもいいだろう。

マクロード・レンジャー地区事務所 McCloud Ranger District Office（☎530-964-2184 🏠Hwy 89 ◎月〜金 8:00〜16:30、メモリアル・デーから10月中旬までは土曜日もオープン）は町の0.25マイル（約400m）東にある。キャンプ、ハイキング、そのほかあらゆるレクリエーションを詳しく説明したパンフレット類が手に入る。**マクロード商工会議所** McCloud Chamber of Commerce（☎530-964-3113 🌐www.mccloudchamber.com 🏠205 Quincy Ave ◎月〜金 10:00〜16:00）ではいい情報が得られるかもしれない。

町をぶらつくついでにスクエアダンスを見学しては？**マクロード・ダンス・カントリー** McCloud Dance Country（☎530-964-2578 🏠cnr Broadway & Pine Sts 💰1カップル＄12）は1906年に建てられたダンスホール。夏にはほぼ毎週金曜日と土曜日の19:00からダンスパーティーが催される。

シャスタ・サンセット・ディナー・トレイン Shasta Sunset Dinner Train（☎530-964-2142、800-733-2141）では、野外でディーゼル機関車に乗車して夏の午後を楽しもう。オープンは6月から9月。1時間のツアー大人＄10、子供＄5だ。

バスターミナルの向かい側には小さな**歴史博物館**（◎月〜土 11:00〜15:00、日 13:00〜15:00）がある。

アッパー・マクロード川沿いに6マイル（約10km）続く一部未舗装の道、**マクロード・リバー・ループ** McCloud River Loopは町から5.5マイル（約8.9km）離れたファウラーズ・キャンプ Fowlers Campから始まり、マクロードの東11マイル（約18km）の地点でハイウェイ89に合流する。この道をたどると3つの滝へ抜ける脇道がある。ビゲロー・メドウBigelow Meadowにはバードウォッチングに適した水辺の生息地があり、ハイキングコースもある。マクロード・リバー・ループは車、自転車、徒歩のどれでも楽に通行できる。

良いハイキングコースはもっとある。その1つ、**スコーバレー・クリーク・トレイル** Squaw Valley Creek Trail（タホ湖の近くのスキー場と間違えないように）は町の南5マイル（8km）にある楽なコースで、水泳、釣り、ピクニックも楽しめる。スコーバレー・ロードから脇に入ったアーディーナAh-Di-Naキャンプ場と、景色のすばらしいバートル・ギャップBartle Gapの近くには、パシフィック・クレスト・ト

レイルPacific Crest Trailへの抜け道がある。レンジャー地区事務所でこれらのルートやコースの起点を説明した無料パンフレットが手に入る。

町からスコーバレー・ロードを南へ9マイル（約14km）行った所にある人里離れた貯水池、**マクロード湖 Lake McCloud**は釣りや水泳の人気スポットだ。ハイウェイ89を下りた町の中にサザン・アベニューSouthern Aveという名の標識があるが、それがスコーバレー・ロードだ。釣りなら、マクロード川上流（マスが放流されている）やスコーバレー・クリークでも楽しめる。スコーバレー・クリークの近く、マクロードの6マイル（約10km）南にある**フライデーズRVリトリート Friday's RV Retreat**（☎530-964-2878 ♠Squaw Valley Rd）にはフライフィッシングスクールがある。

宿泊

マクロード近辺には、**米国森林局キャンプ場 US Forestry Service campgrounds**が12ほどある。もっとも人気があるファウラーズ・キャンプFowler's Campは設備が整っていて、サイト料金は＄12以下。ほかのキャンプ場は無料だが、設備が整っていない（水道なし）。詳しくはレンジャーに聞いてみよう。

マクロード・ダンス・カントリーRVパーク
McCloud Dance Country RV Park
☎530-964-2252 ℻530-964-2083
♠480 Hwy 89 at Southern Ave
₸テントサイト＄14 RVサイト＄18〜22
町なかだが、ハイウェイ沿いあり、RV車がすし詰め状態だ。

ストーニー・ブルック・イン
Stoney Brook Inn
☎530-964-2300、800-369-6118
℻530-964-2930
🌐www.stoneybrookinn.com
♠309 W Colombero Dr
₸S＄36〜 W＄62〜
1922年に始まり、かつてはパークホテルだった。この静かな山荘にはフィンランド式サウナ付のホットタブ、バーベキューおよびピクニックエリアがあり、冬にはスキーパッケージを用意している。優雅な客室はさまざまなタイプがあり、簡易キッチン付もある。

マクロードB&Bホテル
McCloud B&B Hotel
☎530-964-2822、800-964-2823
℻530-964-2844
🌐www.mccloudhotel.com
♠408 Main St
₸客室＄75〜115 ジャグジー付スイート＄125〜165

ここも町の中心地にあり、史跡として登録されている。1916年に建てられた豪華なホテルは丹念に復元され、高級感を取り戻した。朝食のサービスには特に重点をおいている。

マクロード・リバー・イン
McCloud River Inn
☎530-964-2130、800-261-7831
🌐www.riverinn.com
♠325 Lawndale Court
₸バス付客室＄70〜145
立派で明るい黄色のビクトリア朝様式の建物はメイン・ストリートから外れてすぐの所にある。ここも国の史跡に登録されている。

マクロード・センチュリー・ハウス・イン
McCloud Century House Inn
☎℻530-964-2206
🌐www.mccloudcenturyhouse.com
₸スイート＄80〜100
町の西のはずれにある、こぢんまりとした山荘。スイートルームは設備の整ったキッチン付。個人経営の宿なので、必ず予約すること。

マクロード・バケーション・レンタル
McCloud Vacation Rentals
☎530-964-2443
🌐www.mccloudrentals.com
♠213 Quincy Ave
別荘を良心的な料金で貸し出している。

食事

マクロード・ソーダ・ショップ・アンド・カフェ
McCloud Soda Shoppe & Café
☎530-964-2747
♠245 Main St
オールド・マーカンタイル・ビルOld Mercantile Building内にある昔風のソフトドリンクカウンターで、スナックもある。

レイモンズ・リストランテ
Raymond's Ristorante
☎530-964-2099
♠424 Main St
₸ディナー＄14〜25
🕐水〜土 11:30〜14:00、ディナー 水〜月 17:00〜
長年営業しているイタリア料理の店。自家製ニョッキがここ1番の自慢料理らしい。

ブライアーパッチ・ファミリー・レストラン
Briarpatch Family Restaurant
☎530-964-2700
♠140 Squaw Valley Rd, off Hwy 89
🕐月〜金 11:30〜21:00、土・日 9:00〜21:00、ライブミュージック 金・土 21:00〜翌1:00
RVパークのそばにある、にぎやかなメキシコ・アメリカ料理のレストラン。

シャスタ・サンセット・ディナー・トレイン
Shasta Sunset Dinner Train
☎530-964-2142、800-733-2141
🌐 www.shastasunset.com
🏠 Main St
📅 コースディナー付3時間ツアー＄80、税・チップは別

復元された1916年式の食堂車でディナーが楽しめる。夏の間、木曜日から土曜日まで運行。乗車時刻は17:30で、マクロードの西か東へ向かうルートが幾つかある。夏以外の季節は短縮ツアーがある。

スチュワート・ミネラル・スプリングス
Stewart Mineral Springs

森林に覆われた渓谷の中にあるスチュワート・ミネラル・スプリングス ☎530-938-2222 ☎530-938-4283 🌐 www.stewartmineralsprings.com 🏠 4617 Stewart Springs Rd 📅 サウナ＆ミネラルバス＄15～20、サウナのみ＄10 🕐 5～9月 木～土 10:00～22:00、10～4月 毎日 10:00～18:00)の創立は1875年。瀕死のヘンリー・スチュワートという人物がアメリカ先住民によりここに連れて来られ、その体を癒した。自分が回復したのはそのミネラルウォーターが体内の毒素を取り除いてくれたおかげだとスチュワートは考えた。

今日ではプライベートルームで、クロウフットタブ（脚付浴槽）につかり、時々ホールにあるサウナへ通ったりして過ごせる。マッサージ、ボディー・ラップ、瞑想ルーム、アメリカ先住民の清めの儀式スエットロッジ、清流の上に設けられたテラスでの日光浴などのサービスも利用できる。食事や**宿泊の施設**（テントサイト・RVサイト＄15、ティピー＜北米インディアンの円錐形テント＞＄24、アパート式＄45～80）も整っている。ここへ行くには、マウント・シャスタの町からインターステート5を北へ10マイル（約16km）ほど進み、ウィードWeedを過ぎてエッジウッドEdgewoodの出口を出たら、今度は西に4マイル（約6km）行って標識に従えばよい。

イリーカ
Yreka

マウント・シャスタの町から約35マイル（約56km）北にあるイリーカはカリフォルニア州最北端の内陸都市（人口7100人）。イリーカ（発音wy-ree-kah）の始まりがゴールドラッシュ時代であることは明らかだ。ほとんどの旅行者がオレゴン州へ出る途中に通り過ぎるだけだが、奥地のスコット・バレーScott Valleyやカリフォルニア州北東部の自然保護区に向かって出発する前に体を伸ばして、食事をとり、燃料補給するにはもってこいの場所である。

見所のほとんどはメイン・ストリートMain Stとマイナー・ストリートMiner St沿いにあり、この2つは町の中心地で交わっている。**イリーカ商工会議所 Yreka Chamber of Commerce**（☎530-842-1649、800-669-7352 🌐 www.yrekachamber.com 🏠 117 W Miner St 🕐 夏 9:00～17:00、冬 不規則)へ立ち寄って情報を得よう。町の南端にある**クラマス国有林スーパーバイザー・オフィス Klamath National Forest Supervisor's Office**（☎530-842-6131; 🏠 1312 Fairlane Rd at Oberlin Rd 🕐 月～金 8:00～16:30）では、国有林での野外レクリエーションやキャンプについて詳細を教えてくれる。**アメリカ自動車協会 AAA**（☎530-842-4416 🏠 1876 Fort Jones Rd）の事務所もある。

観光スポットと楽しみ方

ブルー・グースBlue Gooseという愛称で呼ばれる**イリーカ・ウェスタン・レールロード Yreka Western Railroad**（☎530-842-4146、800-973-5277 🌐 www.yrekawesternrr.com 🏠 300 E Miner St）では、1915年式ボールドウィン蒸気機関車が屋根付客車と屋根なし客車を引いて走る。時速10マイル（約16km）でシャスタ・バレーShasta Valleyを抜け、シャスタ山を遠くに見渡しながら、モンタギューMontagueという小さな町まで行く。乗車ツアーは

イリーカ：名前より中身が大事

誰だって「なぜ、イリーカという名なのだろう？」と思うだろう。1851年、エイブラム・トンプソンがブラック峡谷Black Gulchの近くで金を発見した時、そのような名前の町はなかった。だが、たったの6週間で2000人以上の探鉱者が集まり、粗末な掘っ建て小屋や丸太小屋が建ち、テントの町ができた。もともとトンプソンズ・ドライ・ディギングスThompson's Dry Diggingsと呼ばれたその集落は、現在のイリーカ・クリークYreka Creekの脇、今日の町の所在地まで拡大し、シャスタ・ビュート・シティShasta Butte Cityと改名された。1852年のシスキュー・カウンティ創立時の選挙では、1票差でスコット・バレーのデッドウッドDeadwoodに勝ち、カウンティの議席を勝ち取った。レディング近くにある現在のシャスタの町との混乱を防ぐため、町は再び改名され、ウィリーカWyrekaのちにイリーカとなった。これはアメリカ先住民の言葉で「白い山」という意味で、シャスタ山を指している。

大人＄12.50、子供＄6だ。電話で出発時刻を問い合わせて予約しよう。カブース（車掌車）や機関車の席は特に人気があるので割り増し料金になる。イリーカの駅はインターステート5のすぐ東（セントラル・イリーカCentral Yreka出口を下りる）、フットヒル・ドライブFoothill Drにある。

町の中心地にある**シスキュー・カウンティ裁判所 Siskiyou County Courthouse**（⌂ 311 4th St）は1857年に建てられた。ロビーには金塊のコレクションが展示されている。そこから南に何ブロックか行くと、展示方法に工夫が凝らされた**シスキュー郡立博物館 Siskiyou County Museum**（☎530-842-3836 ⌂910 S Main St ▦＄1 ◐火〜土 9:00〜17:00）がある。この博物館では開拓者とアメリカ先住民の歴史を見学できる。屋外にはカウンティ内の各地から運んだ歴史的建物が展示されている。博物館のうしろには、木々の間を縫うようなトレイル**イリーカ・クリーク・グリーンウェイ Yreka Creek Greenway**がある。

宿泊・食事

クラマス国有林Klamath National Forestの経営する**キャンプ場**が数カ所ある。インフォメーションはスーパーバイザー・オフィスに問い合わせよう。町の外れには**RVパーク**も幾つかある。

ベン・ベル・モーテル Ben Ber Motel（☎530-842-2791 ⌂1210 S Main St）やプール付の**クラマス・モーター・ロッジ Klamath Motor Lodge**（☎530-842-2751 ⌂1111 S Main St）など、メイン・ストリートには快適なモーテルが多く、どこの料金も夏は＄40から＄60。冬はもっと安くなる。

セントラル・イリーカCentral Yreka出口にある**ベスト・ウェスタン・マイナーズ・イン Best Western Miner's Inn**（☎530-842-4355 ⌂122 E Miner St ▦S＄49 W＄54）はいくらか高級なモーテル。温水プールが2つある。

低料金のモーテルは町の南側、I-5のフォート・ジョーンズFort Jones出口のあたりに集まっている。

カクテルラウンジのある**中華料理店**2、3軒も含め、町には少し、または中程度の料金で食事ができる場所がたくさんある。

プア・ジョージズ
Poor George's
☎530-842-4664
⌂108 Oberlin Rd at Main St
▦食事＄5〜8
◐月〜金 6:00〜19:45、土・日 7:00〜13:45
町の南端にある。量の多さと、フレンドリーで故郷の店っぽい雰囲気が自慢の店。

ネイチャーズ・キッチン
Nature's Kitchen
☎530-842-1136
⌂412 S Main St
▦1品＄5程度
◐月〜土 8:00〜15:00
メイン・ストリートを北へしばらく行った自然食品店兼ベーカリーで、ヘルシーなベジタリアン料理、絞りたてのジュース、エスプレッソコーヒーなどがある。

グランマズ・ハウス
Grandma's House
☎530-842-5300
⌂123 E Center St
▦朝食＆ランチ＄5〜7 ディナー＄8〜15
◐6:00〜22:00、冬は不規則
中心街の東、メイン・ストリートとI-5の間にある。ここも家庭風料理を出す人気のレストラン。お菓子の家みたいな外装がかわいいので見てみよう。

アクセス

インターステート5を北と南に向かう**グレイハウンド Greyhound**（☎800-231-222 ▣www.greyhound.com）バスは、**グレイハウンド・ターミナル Greyhound depot**（☎530-842-3145 ⌂115 Miner St）に停まる。

ステージ STAGE（☎530-842-8295、800-247-8243）バスは、2、3のローカルルートでイリーカと地方内のほかの町を結ぶ。毎日数回インターステート5を走ってイリーカとウィード、マウント・シャスタ、マクロード、ダンスミュアを結ぶルートをはじめ、毎日運行のスコット・バレーのフォート・ジョーンズ、グリーンビューGreenview、エトナEtna方面ルート、月曜日と金曜日のみ運行のクラマス・リバーKlamath River、ハッピー・キャンプHappy Camp方面ルートがある。

イリーカからI-5を北に25マイル（約40km）向かったシスキュー・サミットSiskiyou Summit（標高4310フィート＜約1314m＞）は、冬になると、両隣の地域が晴れていてもそこだけ暴風が吹いて道が閉鎖されることがよくある。州境方面へ向かうなら、出かける前に**カリフォルニア・ハイウェイ・パトロール CHP**（☎530-842-4438）の録音メッセージを聞いて道路状況をチェックしよう。

イリーカと西海岸を結ぶもっとも楽なルートは、I-5を北へ向かってオレゴン州に入り、アッシュランドAshland、メッドフォードMedford、グランツ・パスGrant's Passの町を過ぎたら、ハイウェイ199を南に向かって戻り、クレセント・シティCrescent Cityに出るという行き方だ。オレゴン州との境界線を越えた

空想の州

イリーカのすぐ南、インターステート5（I-5）の東側には高さ12フィート（約4m）の文字で「ジェファーソン州State of Jefferson」と黄色いペンキのサインが書かれた倉庫や、その近くで野原の番をする巨大な牛のマスコット像がある。これらを見逃す人はいない。地元運動家たちの空想の州であるとはいえ、車のバンパー用ステッカーやナンバープレートホルダーにまで、その奇妙な51番目の州の名前がある。

ジェファーソン州は、人口面で圧倒的に有利な大都市の選挙民によって地元の将来が決定されることに反対し、1940年代から独立運動を始めた。たとえば、僻地の道路建設は地元の製材業や鉱業が生き残るためには不可欠であるが、カリフォルニア州の政治家たちにはまったく見過ごされているからだ。

当初、新しい州の名は「ディスコンテントDiscontent（不満）州」としたらどうかという博学者たちの提案もあったが、独立宣言を起草し、のちには大統領として探検家ルイスとクラークをオレゴンに送ってアメリカ西部を切り開いたトマス・ジェファーソンの名が採用された。真珠湾が攻撃を受けると反政府運動よりも国家団結が重要視されるようになったが、それがなければジェファーソンは合衆国の1州になっていたかもしれない。

ジェファーソン州の本来の境界線を正確に知る者はいないが、現在、州分離派はオレゴン州南部からシスキュー・カウンティやトリニティ・カウンティまでのエリアで活動している。金をさらうのに使う平鍋にXが2つというデザインのジェファーソン州の紋章は、ことあるごとに裏切られてきたことを表している。このような反抗精神は、州議会が地方住民の要求を無視して重税や法律を決定したために生まれたのだと彼らは言う。現時点では州分離は実現しそうにないが、人々の認識を高める（一部の非難も高める）政治的足場として、ジェファーソン州がいつか成功を収めることもあるだろう。

辺りでは警察のスピード取り締まりがあるので気をつけよう。景色が美しいハイウェイ96か299を通っても西海岸へ行けるが、カーブが多くとても時間がかかる。

クラマス国有林
Klamath National Forest

170万エーカー（約6900km²）のクラマス国有林（W www.r5.fs.fed.us/klamath）はカリフォルニア州北端部の大部分を占め、西はシックス・リバーズ国有林Six Rivers National Forest、南はトリニティ・アルプス自然保護区Trinity Alps Wilderness、北はオレゴン州と境界線を共有する。クラマス国有林はつぎはぎ状に広がった多くの森林地区からなり、その多くがイリーカの西側にあるが、イリーカの東側でもラバ・ベッズ国定記念物Lava Beds National Monumentまで広がる地区がある。

クラマス国有林には、クラマス、サーモンSalmon、スコットScottという3つの川が流れていて、のんびりとカヌーや浮き輪遊びをしたり、クラス5Class Vという難関の急流をゴムボートやカヤックで下ったりと、いろいろなレジャーが楽しめる。ゴムボート、カヌー、カヤックのレンタルサービスや、ツアー会社が催行するパッケージツアーも幾つかある。詳しくはレンジャーステーションに問い合わせてみよう。

この国有林内には5つの自然保護区がある。**マーブル山自然保護区 Marble Mountain Wilderness**はスコット・バレーのすぐ西にあり、広さは23万7500エーカー（約9万6000ha）。ここには100近くの湖がある。パシフィック・クレスト・トレイルの一部が通っており、ここは比較的簡単に行くことができる。ウィーバービルWeavervilleの北にある50万エーカー（約20万ha）の**トリニティ・アルプス自然保護区 Trinity Alps Wilderness**は高山帯、湖、川、合計400マイル（約644km）にもなるトレイル網などがある。**ロシアン自然保護区 Russian Wilderness**は広さ1万2000エーカー（約4900ha）。ゴツゴツした花崗岩の地層がそそり立ち、20以上の湖が見られる。**シスキュー自然保護区 Siskiyou Wilderness**は険しく、人はほとんど訪れない。国有林の西部に位置し、広さは15万3000エーカー（約6万2000ha）。**レッド・ビューツ自然保護区 Red Buttes Wilderness**のほんの一部もクラマス国有林内にあるが、大部分はオレゴン州との境界の向こうにあるローグ・リバー国有林Rogue River National Forestに属している。

イリーカにあるクラマス国有林スーパーバイザー・オフィス、または次のレンジャーステーションにはこれらの自然保護区に関する最新の地形図があり、アドバイスもしてくれる。

グースネスト・レンジャー地区
Goosenest Ranger District
☎530-398-4391
ウィードの北東、ハイウェイ97沿いのマクドエルMacdoelにある。

ハッピー・キャンプ・レンジャー地区
Happy Camp Ranger District
☎530-493-2243
イリーカの西約30マイル（約50km）、ハイウェイ

96沿いのハッピー・キャンプHappy Campにある。

スコット-サーモン・リバー・レンジャー地区
Scott-Salmon River Ranger District
☎530-468-5351
イリーカの南西、ハイウェイ3沿いのエトナEtnaにある。

ウコノム・レンジャー地区
Ukonom Ranger District
☎530-627-3291
ハッピー・キャンプ南、ハイウェイ96沿いのオーリンズOrleansにある。

スコット・バレー
Scott Valley

イリーカの南西にあり、ハイウェイ3が通るスコット・バレーは、そびえ立つ山々に囲まれた素朴な農業地帯で、110年間操業が続いたスコット・バー鉱山Scott Bar Mineがある。

スコット・バレーの北端に位置するフォート・ジョーンズFort Jonesはイリーカからはほんの18マイル(約29km)だ。**ビジターセンター**(☎530-468-5442 ⌂11943 Main St ◉火〜土10:00〜17:00、日12:00〜16:00)はギルド・ショップGuild Shopの店舗のうしろにある。通りを少し行った所には、アメリカ先住民の工芸品が展示されている小さな**ミュージアム**(☎530-468-5568 ⌂11913 Main St ◉夏月〜土)もある。

スコット・バレーからさらに12マイル(約19km)ほど行くとエトナに着く。**エトナ・ブリューイング・カンパニー Etna Brewing Company**(☎530-467-5277 ⌂131 Callahan St ◉無料ブリューワリーツアーは予約制、パブ 水〜日11:00〜18:00)という小さなブリューワリーがあることで知られる。ここで泊まっていくなら、**モーテル・エトナ Motel Etna**(☎530-467-5338 ⌂317 Collier Way ⓢ$35 W$40)がいい。おなかがすいたら、エトナ・ブリューイング・カンパニーのパブで食事ができる。**スコット・バレー・ドラッグ Scott Valley Drug**(☎530-467-5335 ⌂511 Main St ◉日曜休業)では、昔ながらのクリームソーダも味わえる。

ハイウェイ3をさらに南下してスコット・マウンテン・サミットScott Mountain Summit(5401フィート<約1646m>)を越えるとトリニティ・ヘリテージ・ナショナル・シーニック・バイウェイTrinity Heritage National Scenic Bywayと合流する。トリニティ湖Trinity Lakeを過ぎるとやっとウィーバービルWeavervilleにたどり着く。このルートについての詳細は本章後出の「トリニティ・カウンティ」を参照のこと。

カリフォルニア北東部
Northeastern California

モドック・カウンティModoc Countyとラッセン・カウンティLassen countyの高原砂漠からシエラ山脈北部に入ると、人の生活ペースもゆっくりになるようだ。住民は旅行者を見ると、なぜこんなところに来たのか不思議に思いながらも、心から歓迎してくれる。実際、カリフォルニア州の角にあるこの地方は大都会からは遠く離れていて、カリフォルニア住民もほとんど訪ねたことがないのだ。

踏み固められた道から外れたいならば、あまり知られていない壮観なこの地方をぜひゆっくり見て回るとよい。ウィンタースポーツの苦手な人は大雪のために思いとどまってしまうこともあるだろうが、それを除けば、カリフォルニアでありがちな交通渋滞がここではないので移動は楽勝だ。

ラバ・ベッズ国定記念物
Lava Beds National Monument

ツール湖国立自然保護区Tule Lake National Wildlife Refugeを過ぎた直後にハイウェイ139を下りた所にあるラバ・ベッズ国定記念物(◉www.nps.gov/labe ⊞7日間入場料 車$5 歩行者$3 自転車$3)は、72平方マイル(約186km²)に及ぶ見事な火山地形で、溶岩流、噴火口、噴石丘、溶岩滴丘、盾状火山、すばらしい溶岩チューブが見られる。

流れる熱い溶岩の表面が冷たい外気に触れて冷え固まると、外気と遮断された内部は溶けた状態で流れ出てしまうので、固まった溶岩の中にチューブ状の空洞が残る。それが溶岩チューブだ。このラバ・ベッズ国定記念物ではそのような管状の洞穴が400近くあり、今後ももっと見つかる可能性が高い。そのうち24はどは現在観光客が探検できるように公開されている。

公園の南側には**ビジターセンター**(☎530-667-2282、内線230 ◉www.nps.gov/labe ◉夏8:00〜18:00、夏以外 8:00〜17:00)がある。その近くの一方通行の短い環状道路を通ると、ラビリンスLabyrinth、ヘラクレスの脚Hercules Leg、ゴールデン・ドームGolden Dome、ブルー・グロットBlue Grottoなどと名づけられた洞窟へ行ける。ビジターセンターに1番近い**マッシュポット洞窟 Mushpot Cave**には照明と説明の看板が立っている。ビジターセンターが洞窟探検用の懐中電灯を無料で貸してくれる。「バンプ・ハット」と呼ばれる洞窟探検用のヘルメットを通常価格で買うこともできる。光

カリフォルニア北東部 − クラマス盆地国立自然保護区

キャプテン・ジャックの砦

ラバ・ベッズ国定記念物北端にある溶岩でできた迷路のような要塞は、キャプテン・ジャックの砦という名で知られ、米国史上重要な事件、モドック戦争があった場所である。キャプテン・ジャックと呼ばれたモドック族の副首長キエントプーズはモドック族の老若男女約150人を率いて、最終的には600人以上となった米陸軍の攻撃を6カ月にもわたって退け続けた。モドックの戦いが長引けば長引くほど、米陸軍は面目を失った。近年でいえばベトナム戦争のようなものだ。

攻撃に至る以前、モドック族は、初期白人入植者と対立したため、ラバ・ベッズから70マイル（約113km）離れたアッパー・クラマス・レイク近くの居留地に閉じ込められることになった。これはモドック族とクラマス族が長年の恨み重なる敵同士であったことを無視した決定であった。居留地では苦難といやがらせが続いたので、キャプテン・ジャックは追従者たちを伴って故郷のラバ・ベッズ地域へ戻ってしまう。

キャプテン・ジャックを捕え、人々を居留地に戻すためフォート・クラマスFort Klamathから軍隊が送られ、戦争へと発展した。モドック族は砦という自然の防衛力を利用して、1872年から1873年にかけての厳しい冬の間、敵の前進を許さなかった。最後にはモドック族が敗北し、キャプテン・ジャックと3人の部下は同胞に裏切られ、フォート・クラマスで絞首刑に処せられた。悲劇的な対立は悲しい結末を招いたのだった。

ける鳥たちが身を隠すのに好都合なため、何百もの巣で穴だらけなのがわかる。

史跡の北端にある**キャプテン・ジャックの砦 Captain Jack's Stronghold**も行ってみる価値がある。パンフレットを頼りに砦のトレイルをたどってみよう。途中何度も立ち止まって、その歴史や迷路のような地形に思いを馳せてみる時間的余裕がほしい。モドック戦争Modoc War（コラム「キャプテン・ジャックの砦」を参照）に関するパンフレットや本は、ビジターセンターで手に入る。

公園の南端、ビジターセンター近くの**インディアン・ウェルズ・キャンプ場 Indian Wells Campground**（サイト＄10）には水道と水洗トイレがある。ハイウェイ139で近くのツールレイクTulelake（次項参照）という町まで行けば**モーテル**が2、3軒ある。

クラマス盆地国立自然保護区
Klamath Basin National Wildlife Refuges

6つの国立自然保護区を総称してこう呼ぶ。この中で、ツール湖Tule Lakeとクリア湖Clear Lakeの2つは保護区全土がカリフォルニア州内にあるが、ロウアー・クラマスLower Klamathはカリフォルニア、オレゴン両州にまたがり、アッパー・クラマスUpper Klamath、クラマス・マーシュKlamath Marsh、ベア・バレーBear Valleyはオレゴン州側にある。ベア・バレーとクリア湖（ユカイアUkiahのすぐ東にあるクリア湖とは別なので混同しないように）は繊細な生態系を保護するため一般人の立ち入りは禁止されているが、残りの4つは毎日、日中のみ公開されている。

これらの保護区はパシフィック・フライウェイPacific Flywayを移動する渡り鳥の生息地になっている。ほんの短い期間しか滞在しない鳥もいれば、繁殖、巣作り、子育てのために長く滞在する鳥もいる。ここにはいつでも鳥がいるが、春と秋の渡りのシーズンには何十万羽もの水鳥が見られる。

クラマス盆地国立自然保護区ビジターセンター Klamath Basin National Wildlife Refuges Visitor Center（☎530-667-2231　Ⓦwww.klamathnwr.org　🏠4009 Hill Rd　営月〜金 8:00〜16:30、土・日 10:00〜16:00）はツール湖保護区の西側、ツールレイクの町からハイウェイ139を5マイル（約8km）ほど西へ行った所にある。ハイウェイ139かラバ・ベッズ国定記念物から標識に従って行く。ビジターセンターには非営利の書店があり、地図、本、野鳥観察や道路状況の最新情報が用意されているのはもちろんのこと、野鳥と保護区に関する興味深いビデオプログラムも扱っている。

の強い懐中電灯を使い、丈夫な靴を履き（溶岩はとがっているので）、1人では探検に出かけないことが大切だ。ビジターセンターは無料の地図や子供用のアクティビティブック、国定記念物や火山の特徴や歴史についての情報も提供している。レンジャーが主催する解説付サマープログラムに参加すると、キャンプファイヤーを囲んで説明を聞いたり、ガイド付きで洞窟探検したりできる。

この地域の見所はほかにもある。1マイル（約1.6km）の急なハイキングコースを登った所にある、黒く小高い円錐丘**シェーンヒン・ビュート Schonchin Butte**（5253フィート＜約1601m＞）からは壮大な景色が見渡せる（頂上まで行けば、6月から9月の間は火災監視員に会える）。辺りに広がる溶岩を吐き出した噴火口、**マンモス・クレーター Mammoth Crater**や、国定記念物北東部の高い崖のふもとにある**ペトログリフ**（岩面彫刻）もすばらしい。ペトログリフの由来や、その意味の推測などを説明した小冊子がビジターセンターに置いてある。それを読まなければ訪ねる意味はあまりない。崖面の高い部分は、近くの自然保護区で見か

カリフォルニア北東部 — モドック国有林

鳥類スーパーハイウェイ

カリフォルニアは、何百種類もの渡り鳥が冬には南へ、夏には北へと移動するパシフィック・フライウェイのルート上にある。年間を通して何かしら鳥はいるが、もっともすばらしい光景が見られるのは春と秋の渡りの時期だ。フライウェイの常連は、ハチドリ、フィンチ、ツバメ、キツツキなど小さなものから、ワシ、ハクチョウ、ガン、カモ、ツル、サギまでと、あらゆる種類の鳥たちである。

北カリフォルニアでは、水鳥が移動してくる湿地のほとんどが既存の自然保護区内にあり、保護されている。人々は車道やカヌーから出ないという規則を守ってできる限り控えめに行動するべきだという当局の方針で、保護区内にはハイキングコースはほとんどない。レンジャーは担当の、そして近隣の保護区内にいる野生動物の情報を提供している。

クラマス盆地国立自然保護区 Klamath Basin National Wildlife Refugesに属する複数の保護区はお互いに車で1時間以内の距離にある。ツール湖保護区から南東へ1時間半ほど行った**モドック国立自然保護区** Modoc National Wildlife Refugeは、アルツーラスAlturasの3マイル（約5km）南東になる。もっと回り道を続ければ、ハイウェイ299と139の合流地点の近くにある**アッシュ・クリーク自然保護区** Ash Creek Wildlife Areaに出る。アルツーラスから1時間ほど南西に行った辺りだ。

州境を越えてすぐのネバダ州、オレゴン州にも自然保護区がある。ネバダ州にある広大な**シェルドン国立自然保護区** Sheldon National Wildlife Refugeはアルツーラスから車で1時間半、オレゴン州にある**ハート・マウンテン・ナショナル・アンテロープ・レンジ** Hart Mountain National Antelope Rangeはアルツーラスまたはシェルドン Sheldonから約2時間、オレゴン州南東部にある**マルーア国立自然保護区** Malheur National Wildlife Refugeはハート・マウンテン Hart Mountainから車で1時間半だ。

春の渡りは3月がピークで、ここ数年この時期には百万羽以上の鳥が空を埋めるように飛び交っている。4月、5月には鳴き鳥、水鳥、水辺の鳥が到着し、あるものは巣作りをし、またあるものは北への旅を続ける前に力を蓄える。夏にはカモやカナダガンなど、たくさんのひながここで育つ。秋の渡りは9月上旬に始まり、10月下旬までには多くの鳥が立ち去ってしまう。寒い時期にはハワイ・アラスカを除くアメリカ本土48州からやって来るハクトウワシの最大の越冬地となり、12月から2月の間にその数が1000羽以上を記録することもある。ツール湖とロウアー・クラマスの保護区は、ワシなどの猛禽類を観察するには最高のスポットだ。

ツール湖とロウアー・クラマスの両保護区には年間を通じてもっとも多くの野鳥が集まるので、**車道**（車1台＄3）が造られた。ルートはビジターセンターでもらえる無料パンフレットに載っている。3つの保護区ではガイドなしの**カヌーコース**も設けられている。ツール湖とクラマス・マーシュにあるカヌーコースは通常7月1日から9月30日までオープンしているが、カヌーのレンタルサービスはない。アッパー・クラマスのカヌーコースは年中オープンしており、アッパー・クラマス・レイクの西側にある**ロッキー・ポイント・リゾート** Rocky Point Resort（☎541-356-2287）でカヌーがレンタルできる。

ラバ・ベッズ国定記念物の近くにはキャンプ場がある。ハイウェイ139沿いの小さな町、ツールレイクには、RVパークが2、3軒あり、フレンドリーな**エリス・モーテル** Ellis Motel（☎530-667-5242 ⌂2238 Hwy 139 🍴キッチン付Ｗ＄50 キッチンなしＷ＄45）など低料金で泊まれるモーテルもある。ツール湖保護区に近い**オズボーンズ・ウィネマ・ロッジ** Osborne's Winema Lodge（☎530-667-5158 ✉osbornelodge@cot.net ⌂5212 Hill Rd）はキャンプ場、客室、バンクハウス（小屋）を備えている。

モドック国有林
Modoc National Forest

カリフォルニア州の北東の角には面積約200万エーカー（約8000km²）のモドック国有林（🌐www.r5.fs.fed.us/modoc）がある。ラバ・ベッズ国定記念物から14マイル（約23km）南、国有林の西端にある**メディシン湖** Medicine Lakeは松林、キャンプ場、火山地形に囲まれた美しい火口湖だ。黒曜石（火山が造り出す黒く輝くガラス）が数回にわたって火山から流れ出し、その結果メディシン湖が形成された。この湖はカルデラ湖、つまり陥没した火山の中にある。黒曜石流出の後には軽石の噴火が起こった。それが**リトル・グラス山** Little Glass Mountainだ。

道路は11月中旬から6月中旬まで雪のため閉鎖されるが、この地域はそれでもウィンタースポーツが盛んで、人々はクロスカントリースキーや雪靴でやって来る。ガイドなしの**ロードサイド・ジオロジー・ドライビング・ツアー** roadside geology driving tourの行程には、溶岩洞穴や溶岩チューブなど、この地域で地質学的特徴を持つ見所が含まれる。このツアーは夏か初秋にトライするといい。詳しいツアーパンフレットはマクロードのレンジャーステーション（前出「インターステート5でオレゴンまで」を参照）で手に入る。

北部山岳地帯

トリニティ・カウンティ － 湖

国有林の東側にある**ワーナー山脈 Warner Mountains**は、カスケード山脈Cascade Rangeの支脈である。ワーナー山脈の天気は非常に変わりやすく、年中いつ吹雪になるかわからないので注意が必要だ。この山脈は、アルツーラスAlturasの東にあるシーダー・パスCedar Pass（標高6305フィート<約1922m>）を境にしてノース・ワーナーズNorth Warnersとサウス・ワーナーズSouth Warnersに分けられる。**シーダー・パス・スノー・パーク Cedar Pass Snow Park**（☎530-233-3323 🌐cedarpassnowpark.com 🕐スキーシーズンの土・日・祝 10:00～16:00）では、ダウンヒルとクロスカントリースキーが楽しめる。**サウス・ワーナー自然保護区 South Warner Wilderness**には合計77マイル（約124km）のハイキングコースや乗馬コースがあるが、これらのコースを楽しむのは7月から10月中旬までがいい。

地図、キャンプファイヤーの許可、インフォメーションは、アルツーラスにある**モドック国有林スーパーバイザー本部 Modoc National Forest Supervisor's Headquarters**（☎530-233-5811 🏢800 W 12th St 🕐月〜金 8:00〜17:00）ですべて揃う。アルツーラスはモーテル、コーヒーショップ、ファミリーレストランなどがあり、必要最低限のものは揃う小さな町だ。

トリニティ・カウンティ
Trinity County

連邦政府が75パーセントを所有する山林地帯、トリニティ・カウンティの中心地はウィーバービルWeavervilleだ。3300平方マイル（約8547km²）近くもあるこの地区は、デラウェア州とロードアイランド州を合わせた大きさに等しいが、カウンティ全土の人口はたったの1万3000人で、信号もパーキングメーターもなく、カウンティを分轄する自治体もない。トリニティ・シーニック・バイウェイや、トリニティ・ヘリテージ・ナショナル・シーニック・バイウェイは秋には鮮やかな紅葉を見に来る人々でにぎわう。

ハイウェイ299は**トリニティ・シーニック・バイウェイ Trinity Scenic Byway**としても知られ、レディングから美しい景観の険しい山々を縫って西へ向かい、150マイル（約241km）先のユーリカEurekaに近い太平洋岸の町アーケータArcataまで続く。この道路はレディングからシャスタ州立歴史公園Shasta State Historic Parkやウィスキータウン湖（前出「レディング周辺」を参照）を過ぎ、曲がりくねったトリニティ川の流域を通って、シャスタ・トリニティとシックス・リバーズの国有林内でカーブを繰り返し西へ進んでいく。

ハイウェイ299はウィーバービルで、**トリニティ・ヘリテージ・ナショナル・シーニック・バイウェイ Trinity Heritage National Scenic Byway**であるハイウェイ3と交わる。105マイル（約169km）のヘリテージ・ナショナル・シーニック・バイウェイを北へ向かうと、スチュワート・スプリングスを過ぎ、標高9025フィート（約2751m）のエディー山Mt Eddyを越えて、最後にはウィードの北でインターステート5と合流する。105マイル（約169km）の道のりは、休みながらだと丸1日、ただ通り抜けるだけなら2、3時間かかるとこの道を知る地元の人間は言う。もちろん、すべて天候次第ではあるが。コーヒー・クリークCoffee Creekより先は雪のため冬は通り抜けできなくなる。だが、もし足止めを食っても町にはたくさんの宿泊施設がある。北へ進むと道路は分岐して、一方を行けばハイウェイ17（インターナショナル・ペーパー・ロードInternational Paper Roadとも呼ばれている）へ通じ、もう一方はハイウェイ3のままで最終的にはスコット・バレーScott Valley（後出参照）にたどり着く。トリニティ・ディバイドTrinity Divideの辺りで、この道路は歴史あるシソン・キャラハン・ナショナル・レクリエーション・トレイルSisson-Callahan National Recreation Trailやパシフィック・クレスト・トレイルなど、幾つもの**ハイキングトレイル**と交わっている。道路からパシフィック・クレスト・トレイルPacific Crest Trailを南東方向へ入ると、3マイル（約5km）先のデッドフォール・レイクス盆地Deadfall Lakes Basinまでの1日ハイキングが気軽に楽しめる。または、そこから続けて標高9025フィート（約2751m）のエディー山の山頂に挑戦することもできる。トリニティ・ヘリテージ・ナショナル・シーニック・バイウェイはスチュワート・スプリングスStewart Springsを過ぎて、シャスタ山の近くにあるウィードのすぐ北でインターステート5と合流して終わる。

湖

ルイストン湖
Lewiston Lake

レディングから26マイル（約42km）、ハイウェイ299からトリニティ・ダム大通りTrinity Dam Blvdに入って約5マイル（約8km）の位置にあるルイストンLewiston（人口1300人）は休憩にはもってこいの町だ。トリニティ川

がすぐ脇を流れ、ダムの下は釣りに向いていない。そこから1マイル半（約2.4km）ほど北にある小さな湖ルイストン湖は、ボートの速度が時速10マイル（約16km）以下に制限されているため、ほかの湖よりものどかだ。水位が一定に保たれているので、魚や水鳥の生息地となっている。幾つかの渡り鳥の中継地でもあり、特に夕方にはミサゴやハクトウワシが魚を捕らえる姿が見られる。

宿泊・食事
湖周辺には民営のキャンプ場が点在する。**米国森林局キャンプ場 US Forestry Service campgrounds**に関するインフォメーションはウィーバービル（後出参照）のレンジャーステーションに問い合わせよう。

レイクビュー・テラス・リゾート
Lakeview Terrace Resort
☎530-778-3803　FAX 530-778-3960
W www.lakeviewterraceresort.com
 RVサイト＄18～21　トレーラー＄50～　キャビン＄60～

ルイストンから5マイル（約8km）離れた所にある美しい宿泊施設。ボートのレンタルもあり、週単位の宿泊には割引料金がある。

パイン・コーブ・マリーナ・アンド・RVパーク
Pine Cove Marina & RV Park
☎530-778-3770、800-778-3838
 9435 Trinity Dam Blvd

湖唯一のマリーナ。湖やそこに生息する野生生物の情報を無料で提供している。ボート・カヌーの貸し出しや、料理を持ち寄ってのディナーパーティ、ガイド付オフロードツアーなども行っている。

町の近くには、静かな宿泊場所が幾つかある。

オールド・ルイストン・ブリッジRVリゾート
Old Lewiston Bridge RV Resort
☎530-778-3894、800-922-1924
 Rush Creek Rd at Turnpike Rd
 テントサイト＄14 RVサイト＄24

川に架かる橋のそばのキャンプ場。

ルイストン・バレー・モーテル
Lewiston Valley Motel
☎530-778-3942　FAX 530-778-3943
 4789 Trinity Dam Blvd
 RVサイト＄20、モーテルS＄45 W＄55

プールとRVパークがあるこぎれいなモーテルで、ガソリンスタンド兼コンビニに隣接している。

オールド・ルイストン・インB&B
The Old Lewiston Inn B&B
☎530-778-3385、800-286-4441
W www.theoldlewistoninn.com
 Deadwood Rd
 S＄85 W＄95

町の中心、川沿いにある1875年に建てられた建物で、朝食はカントリー風。ホットタブが楽しめる。全費用込みのフライフィッシングやロマンチックな小旅行用のパッケージもあるので聞いてみよう。

ルイストン・ホテル
Lewiston Hotel
☎530-778-6800
 Deadwood Rd
 バー 16:00～、レストラン 水～土 17:00～21:00

ここも町の中心にある。1862年に建てられた。現在はホテルとしては営業していないが、ほかにはない雰囲気が人気のたまり場で、飲み物やディナーもおいしい。運が良ければライブミュージックやダンスをやっているかもしれない。

トリニティ（クレア・エングル）湖
Trinity (Clair Engle) Lake

ルイストン湖の北にあるトリニティ湖はカリフォルニアで3番目に大きな貯水池である。水泳、釣り、そのほかの水上スポーツを楽しむために大勢の人々が押しかける。ハイウェイ299を出てハイウェイ3を経由した車が入ってくる湖の西側は、キャンプ場、RVパーク、モーテル、貸しボート、レストランなどが集中している。

パインウッド・コーブ・リゾート
Pinewood Cove Resort
☎530-286-2201、800-988-5253
W www.pinewoodcove.com
 45110 Hwy 3
 テントサイト＄20、RVサイト＄26、A字型キャビン＄80、ロフトキャビン＄110
 キャンプ場 4月15日～10月31日

人気のある宿泊場所。

トリニティ・アルプス・マリーナ
Trinity Alps Marina
☎530-286-2282、800-824-0083
W www.trinityalpsmarina.com
 ハウスボート 週＄600～

ハウスボートだけでなく、釣り舟のレンタルもできる。

　湖の東側は静かで、人目につかないキャンプ場が多く、ボートでしか行けない所もある。**米国森林局キャンプ場 US Forestry Service campgrounds**については、ウィーバービル・レンジャー・ステーションWeaverville Ranger Stationに問い合わせよう。

ウィーバービル
Weaverville

レディングの西45マイル（約72km）、ユーリカの東100マイル（約161km）、雄大なトリニ

トリニティ・カウンティ − ウィーバービル

ティ・アルプスのふもと、ハイウェイ299沿いにあるウィーバービル（人口3300人）は国定史跡に登録されている小さな美しい町だ。町を1、2時間ぶらついて、アートギャラリー、博物館、歴史的建造物を見て回るだけで楽しい。建物の外にある銘板を見れば、何年に何のために建てられたかがわかる。

トリニティ・カウンティ商工会議所 Trinity County Chamber of Commerce ☎530-623-6101、800-487-4648 W www.trinitycounty.com
211 Trinity Lakes Blvd 月〜金 9:00〜12:00 & 13:00〜16:00、夏は土日も不定期にオープン）には役に立つ情報がたくさんある。

ウィーバービル・レンジャー・ステーション Weaverville Ranger Station ☎530-623-2121
210 N Main St 月〜金 8:00〜16:30）にはトリニティ・カウンティ内と周辺の湖、国有林、自然保護地域すべての地図、情報があり、許可証も発行している。特にハイキングコース、キャンプ場、レクリエーションスポットについて詳しい。

町の中心には**ジョス・ハウス州立歴史公園 Joss House State Historic Park** ☎530-623-5284 cnr Hwy 299 & Oregon St $1 冬土 10:00〜17:00、冬以外 水〜日 10:00〜17:00）がある。参拝が続いているものの中ではカリフォルニア最古の中国寺院で、その歴史は1870年代にさかのぼる。この道教の寺院には中国から持ち込まれた3000以上の古さの華麗な祭壇がある。見学ツアーは10:00〜16:00の毎正時に行われる。その隣の**JJジャクソン記念博物館およびトリニティ郡立歴史公園 JJ Jackson Memorial Museum & Trinity County Historical Park** ☎530-623-5211 508 Main St 任意（寸志） 5〜10月 10:00〜17:00、4・11月 12:00〜16:00）では金採鉱と文化に関する展示、昔の機械、驚くべき収集品が見られる。屋外には古い鉱夫の小屋もある。

ウィーバービル・レクソール・ドラッグ・ストア Weaverville Rexall Drug Store ☎530-623-4343
219 Main St 月〜金 10:00〜18:00、土 11:00〜15:00）は「カリフォルニア最古の薬局」と宣伝しており、1952年にできた。薬局としても営業している生きた博物館だ。

シックス・パック・パッカーズ Six Pack Packers（☎530-623-6314）は、トリニティ・アルプス自然保護区でのハンティング、釣り、乗馬観光ツアーを催行している。ウィーバービルの西55マイル（約89km）にあるウィロー・クリークWillow Creekでは**急流下り**ができる。急流下りのツアー情報については、ガイド付ツアーやゴムボート、カヤックのレンタルを行っている**ビッグ・フット・ラフティング・カンパニー Big Foot Rafting Company**（☎530-629-2263、800-722-2223 W www.bigfootrafting.com）や**オーロラ・リバー・アドベンチャーズ Aurora River Adventures**（☎530-629-3483、800-562-8475 W www.rafting4fun.com）などに問い合わせてみよう。

宿泊

地域内、特にトリニティ湖周辺には米国森林局キャンプ場が幾つもあり、レンジャーステーションが情報を提供している。幾つかの民営RVパークにはテントサイトもある。ハイウェイ299沿いは、アーケータまでずっとRVパークが点在する。

レッド・ヒル・モーテル・アンド・キャビンズ Red Hill Motel & Cabins
☎530-623-4331 FAX 530-623-4341
Red Hill Rd
モーテルS＄30 W＄35、メゾネット式客室W＄45、キッチン付キャビン＄50〜、キッチンなしキャビン＄40〜
町の西側にある静かな宿泊場所。レンジャーステーションの向かい側、メイン・ストリートMain Stからちょっと外れた所にある。家族用の宿泊施設は料金が割り増しになる。

町東部のハイウェイ299がナゲット・レーンNugget Laneと呼ばれる辺りにも、低または中程度の料金で泊まれるモーテルが幾つかある。1861年に建てられた由緒ある**ウィーバービル・ホテル Weaverville Hotel**については、再開したかどうか商工会議所に聞いてみよう。

食事・飲み物

暖かい季節にはメイン・ストリートで**ファーマーズ・マーケット**（5〜10月 水 16:30〜19:30）が毎週開かれる。

マウンテン・マーケットプレイス Mountain Marketplace
☎530-623-2656
222 S Main St
月〜金 9:00〜18:00、土 10:00〜17:00
ジュースバーとベジタリアン用デリカテッセンのある自然食品店。

トリニデリ Trinideli
☎530-623-5856
201 Trinity Lakes Blvd at Center St
サンドイッチ＄5〜7
6:30〜17:30
雰囲気のある店で、こってりした特製サンドイッチには栄養のある新鮮な具がぎっしり詰まっている。トリニティ・カウンティを出たあとも、ここで食べた物を思い出しては、よだれをたらしてしまいそうだ。

ママ・ラマ
Mamma Llama
☎530-623-6363
🏠208 N Main St
◎月〜土 7:00〜18:00、日 8:30〜15:00

書店兼エスプレッソコーヒーの店。時々アコースティックミュージックのライブをやっている。

ラ・グランジ・カフェ
La Grange Café
☎530-623-5325
🏠315 N Main St
🍴ランチ＄7〜14、ディナーメイン＄9〜22
◎月〜木 11:30〜21:30、金〜日 11:00〜16:00 & 17:00〜

フレンドリーな雰囲気の中、賞を受賞した欧風料理が味わえる。パブでもダイニングルームでも食事ができる。

本書執筆の時点では、パシフィック・ブリューワリーPacific Breweryの歴史ある立派な建物は**レッド・ドラゴン Red Dragon**という中華料理店に変わるため閉鎖されていた。夜遅くの飲食なら、中心街の東、ハイウェイ299沿いのナゲット・レーンNugget Laneに行ってみよう。

アクセス

月曜から金曜まではローカルバスがハイウェイ299と3を通りウィーバービルからルイストン間を環状に運行している。ウィーバービルとその南東30マイル（約48km）先のハイウェイ3沿いにある小さな町、ヘイフォークHayforkを結ぶローカルバスもある。詳細は**トリニティ・トランジット Trinity Transit**（☎530-623-5438）に問い合わせよう。

海岸の山脈
Coast Mountains

海岸山脈はセントラル・バレーCentral Valleyの北に位置し、カスケード山脈Cascades、シスキュー山脈Siskiyou Mountains、トリニティ・アルプスTrinity Alps、サーモン山脈Salmon Mountains、マーブル山脈Marble Mountains、スコット・バー山脈Scott Bar Mountainsなどの山脈へと続いて行く。

シックス・リバーズ国有林
Six Rivers National Forest

シックス・リバーズ国有林はクラマス、トリニティの国有林とシスキュー、トリニティ・アルプスの自然保護区の西側に沿って緑の帯のように細長く続く。北はオレゴンとの州境から、南ははるばるメンドーシノ国有林Mendocino National Forest北端に接するヨーラ・ボリー・ミドル・イール自然保護区Yolla Bolly-Middle Eel Wildernessまで延びている。国有林の名前になっている6つの川は、（北から南へ順番に）スミスSmith、クラマスKlamath、トリニティTrinity、マッドMad、バン・ドゥーセンVan Duzen、イールEelだ。

国有林内には12以上のキャンプ場があるが、キャンプファイヤーの許可証を持っていれば、どこでキャンプしても構わない。ユーリカEureka（「ノース・コースト」を参照）にあるシックス・リバーズ国有林管理事務所に行けば、地図やキャンプ、ハイキング、野外レクリエーションに関する情報が手に入る。次に挙げる4つの地区レンジャーステーションでも同じサービスを行っている（北から南へ順番にあげる）。

スミス・リバーNRA
Smith River NRA
☎707-457-3131
ハイウェイ199沿い、ガスケットGasquetにある。

オーリンズ・レンジャー地区
Orleans Ranger District
☎530-627-3291
ハイウェイ96沿い、オーリンズのイシ・ピシ・ロードIshi Pishi Rdにある。

ロウアー・トリニティ・レンジャー地区
Lower Trinity Ranger District
☎530-629-2118
ハイウェイ96の580番地、ウィロー・クリークWillow Creekにある。

マッド・リバー・レンジャー地区
Mad River Ranger District
☎707-574-6233
ハイウェイ36沿いのブリッジビルBridgevilleにある。

メンドシーノ国有林
Mendocino National Forest

南北の距離65マイル（約105km）、幅35マイル（約56km）のメンドシーノ国有林（🌐www.r5.fs.fed.us/mendocino）では、100万エーカー（約4000km²）以上に渡って山や渓谷が森林に覆われている。この国有林の標高は、東部にあるサクラメント・バレーSacramento Valleyのふもとから、北部にある8092フィート（約2457m）のサウス・ヨーラ・ボリー山South Yolla Bolly Mountainまでさまざまだ。

北部山岳地帯

海岸の山脈 – メンドシーノ国有林

国有林内には2つの自然保護区がある。**スノー・マウンテン自然保護区 Snow Mountain Wilderness**の広さは3万7000エーカー（約1万5000ha）で、52マイル（約84km）のハイキングトレイルがある。40マイル（約64km）のハイキングトレイルを持つ**ヨーラ・ボリー・ミドル・イール自然保護区 Yolla Bolly-Middle Eel Wilderness**の一部もこの国有林に含まれる。国立レクリエーション・トレイルも3つある。ヨーラ・ボリー自然保護区内にある8マイル（約13km）の**アイズ・コーブ・ループ・トレイル Ides Cove Loop Trail**、イール川の中央主流Middle Forkにある3マイル半（約5.6km）の**トラベラーズ・ホーム・トレイル Travelers Home Trail**、ミドル・クリーク・キャンプ場Middle Creek Campgroundから始まる**スレッド・リッジ・モーターサイクル・トレイル Sled Ridge motorcycle Trail**だ。この国有林にないものといえば、舗装された道路である。だが、ほとんどの道路は勾配がなだらかになったので、現在は2輪駆動の車も通れるようになっている。

メンドシーノ国有林管理事務所 Mendocino National Forest Headquarters（☎530-934-3316、インフォメーション530-934-2350 🏠825 N Humboldt Ave, Willows）では、録音メッセージによるレクリエーション情報を24時間提供している。

ピルズベリー湖Lake Pillsbury、ミドル・クリーク・エルク山 Middle Creek-Elk Mountain、レッツ湖Letts Lake、フーツFouts、イール川Eel River、プラスケット・メドウズ Plaskett Meadowsなどのレクリエーションエリアには**キャンプ場**があるが、キャンプファイヤーの許可証があれば、どこでも無料でキャンプできる。

ピルズベリー湖 Lake Pillsburyは、ハイキング、キャンプ、ボート、釣りなどを楽しむ人に人気があり、この国有林内ではおそらくもっとも多くの人が訪れる場所だが、かなり人里から離れている（11マイル＜約18km＞の砂利道を通らないとたどり着けない）ので、まだまだすいている。

サクラメント・バレー

Sacramento Valley

サクラメント・バレーは、シャスタ山の近くに本流を発し力強く流れる全長375マイル（約603km）の川、サクラメント川の中間地点沿いに広がっている。川は南下しながらレッド・ブラフRed Bluff、チコChico、サクラメントSacramentoなどを通過し、蛇行しながらサクラメントのデルタ地域を過ぎたあと、最終的にサンフランシスコ湾へ流れ込む。「サクラメントSacramento」とは、スペイン語で「神聖なるサクラメントHoly Sacrament」を意味し、1800年代初めに川にこの名前がつけられた。

サクラメントからレッド・ブラフへと北に走るバレーは、一見平凡に思えるが、注意して見ると実際は歴史豊かで繊細な美しさを持つ地であることがわかるだろう。サクラメント・バレーとは、一般的にグレート・セントラル・バレーGreat Central Valleyと呼ばれるエリアの一部を指す。南側のサン・ホアキン・バレーSan Joaquin Valleyを加えたこの一帯は、果物、ナッツ、オリーブ、米、その他農作物の耕作地として開墾されており、州の農産業の担い手（ワークエンジン）となっている。春には果樹園の木々が色鮮やかに見事に花開き、秋には黄色に色づいた葉が美しく、冬には渡り鳥が太平洋へと向かう飛行路にあたるため何千羽もの鳥で埋め尽くされる。夏は暑さが厳しいが、オーク樹木の木陰や大小の川が爽かさを演出し、それなりに楽しめる。

この章では、サクラメントから北へ向かって走るハイウェイ70とハイウェイ99沿いに、インターステート5（I-5）と合流するレッド・ブラフまでを紹介する。これより北のエリアについては「北部山岳地帯」を参照してほしい。

ハイライト
- 日の出、シャンパン、暑気−熱気球から見る谷の光景はすばらしい。
- カリフォルニア州庁舎California State Capitol − ここで物事が決定される
- カリフォルニア州立鉄道博物館California State Railroad Museum − クラシック機関車と関連記録の展示で米国内で有名
- オロビルの中国寺院Oroville's Chinese Temple − 地域社会の誇りある歴史の遺物
- チコChico − 小さな町のスピリットと大学生のナイトライフが融合する地

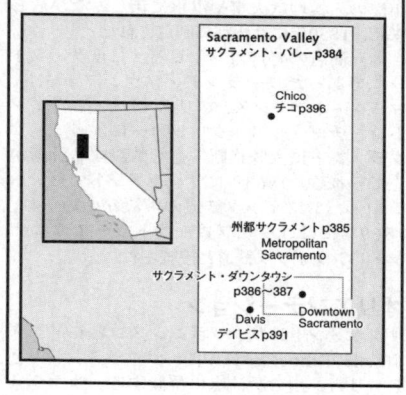

Sacramento Valley
サクラメント・バレー p384
Chico チコ p396
州都サクラメント p385
Metropolitan Sacramento
サクラメント・ダウンタウン p386-387
Downtown Sacramento
Davis デイビス p391

サクラメント
Sacramento

サクラメント（人口40万6000人）は、市内を抜けサンフランシスコ湾へと流れるサクラメント川にちなんで名づけられた。もともとは、1839年にこの地を創設したスイス人、ジョン・サターの一族をたたえ、ニュー・ヘルベシアNew Helvetia（ニュー・スイス）と呼ばれていた。現在の街は、歴史豊かな中心地から四方八方に広がっている。

サクラメントはカリフォルニア州都として、政治家、後援者、議会出席者であふれ、物事を成し遂げる活気がある都市だ。ダウンタウンは驚くほどこぢんまりしていて、夜にはほとんど人影がなくなってしまう。代わりに観光客や地元の人々は、川に面している、歴史はあるが安っぽい感じのオールド・サクラメントOld Sacramento、またはミッドタウンMidtownのレストランやクラブへ足を向ける。ミッドタウンはダウンタウンの真東にあり、小さいがトレンディーな雰囲気が増している場所だ。

サクラメントは、サンフランシスコの東90マイル（約145km）、リノの西130マイル（約209km）のインターステート80（I-80）、インターステート5（I-5）とハイウェイ99が交差する地点に位置する。ラッシュアワー時の高速道路は渋滞がひどいためイライラが募りがちだが、そんなときに頭を冷やすのには老舗の市営アイスクリームパーラーがもってこいだ。

歴史

1839年、スイス人移民ジョン・サターはカリフォルニアに到着し、メキシコ政府にサンフランシスコの北に移民居住区を作ることを提案した。政府はサターにアメリカン川とサクラメント川の合流点周辺に、76平方マイル（約

197km²）の土地を与えた。サターは、原住民ミウォク族の支援を受けてその地に砦を築き、農作物を植え、牧畜を行った。ここがサンフランシスコとカナダのバンクーバー間にある唯一の移民居住区だったため、サター砦は防衛拠点であり、普段の集合場所にもなった。

1848年、コロマColomaの近くにあるサターの製材所水路でジェームズ・マーシャルが金を発見したことから、サター砦を通過して何万人もが大挙してカリフォルニアにやって来た。サム・ブランナンは、新たな採掘者の流入から恩恵を授かろうと、砦の西のサクラメント川沿いに建造物を幾つか築いた（「ワイン・カントリー」のコラム、「サム・ブランナン」を参照）。サターが息子に砦を与えると彼は新しい町を「サクラメント」と名付けた。川岸の入植地は火事や洪水に苦しみながらも栄え、1850年には州都に制定された。

地元商店の4分の1を牛耳る「ビッグ・フォー」であったリーランド・スタンフォード、マーク・ホプキンス、コリス・P・ハンティントン、チャールズ・クロッカーによって、サクラメントに大陸横断鉄道を敷設する計画が立てられる。1863年にサクラメントでセントラル・パシフィック鉄道の敷設が始められ、1869年にはユタ州プロモントリーでユニオン・パシフィック鉄道と接続された。

オリエンテーション

サクラメントはサンフランシスコとレイクタホLake Tahoeのほぼ中間、サクラメント川とアメリカン川の合流点に位置する。サクラメント川はダウンタウンの西端に沿って流れている。

市内には4つの主要高速道路が横断している。ハイウェイ99とI-5は南から市内に入り、I-80は市の北端をダウンタウンの縁沿いに走り、西はベイ・エリア、東はリノへと延びている。ハイウェイ50はダウンタウンの南端を走り（ビジネス・ルート80＜BR80＞とも呼ばれる）、東はレイクタホへと延びている。

ダウンタウンでは数字の付けられたストリートが南北に、アルファベットの付けられたストリートが東西に走っている（キャピトル・アベニューCapitol AveはMストリートMStという）。Jストリートは、ダウンタウンの東からミッドタウンへ走る一方通行道だ。タワー地区Tower Districtはダウンタウンの南、ブロードウェイBroadwayと16thストリートの角に位置する。

毎年8月に開催されるカリフォルニア・ステイト・フェアーCalifornia State Fair（カリフォルニア州共進会）の会場となるカル・エキスポCal Expoは、BR80をカル・エキスポCal Expo出口で下りた東にある（「州都サクラメント」の地図を参照）。

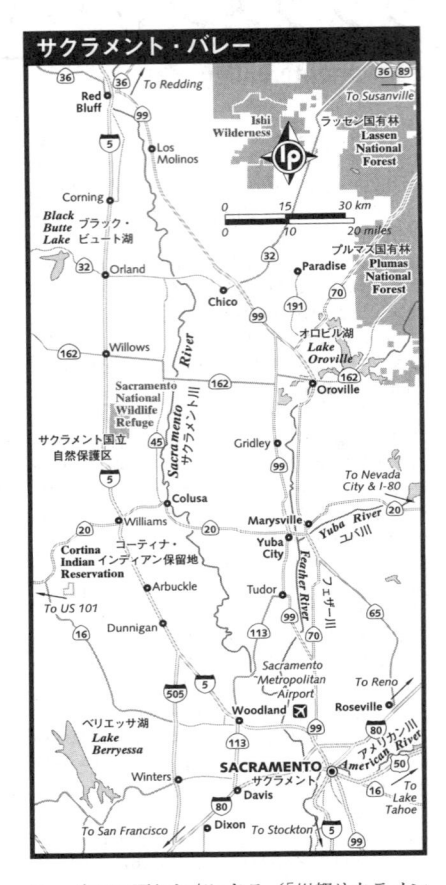

インフォメーション

オールド・サクラメント・ビジター・センター Old Sacramento Visitor Center（☎916-442-7644 🏠1101 2nd St ⏰10:00～17:00）と、観光局 Convention & Visitor's Bureau（☎916-264-7777 🌐www.sacramentocvb.org 🏠1303 J St ⏰月～金 8:00～17:00）の2カ所でイベント、バス運行時刻を含むローカル情報が得られる。

役立つホームページ🌐www.cityofsacramento.org/webtech/activities/visit.htmもチェックしてみたいところ。

ダウンタウンにある郵便局（☎916-556-3415 🏠801 I St）は州庁舎の3ブロック北にある。

優良書店としては、州庁舎の向かいにあるジ・アビッド・リーダー The Avid Reader（☎916-443-7323 🏠cnr 10th & L Sts）と、古本と地

州都サクラメント

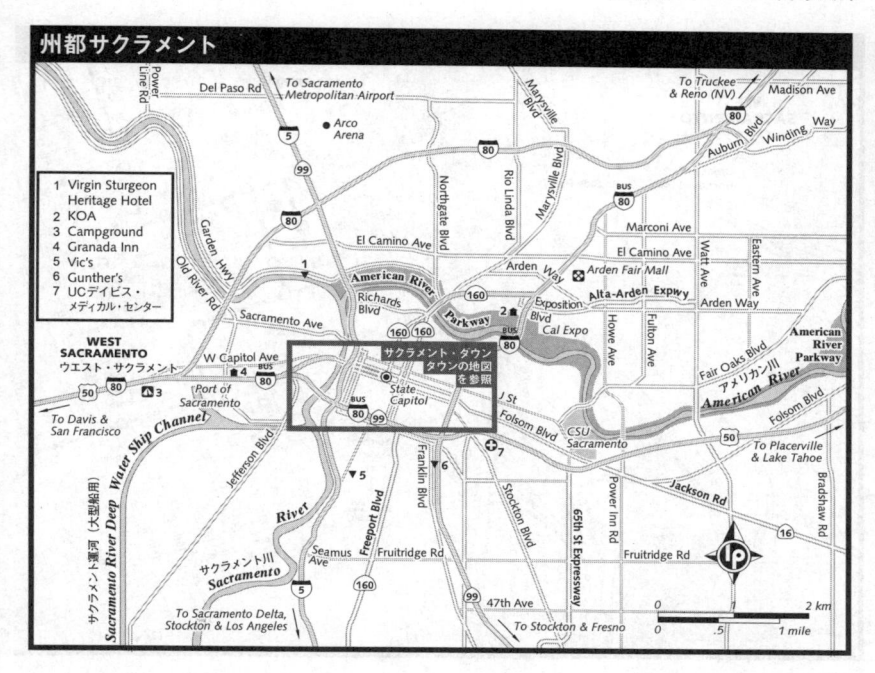

凡例:
1. Virgin Sturgeon Heritage Hotel
2. KOA Campground
3. Granada Inn
4. Vic's
5. Gunther's
6. UCデイビス・メディカル・センター

方色豊かな書籍が豊富な**ビアーズ・ブックス Beer's Books**（☎916-443-9148 ⬆1431 L St）がある。

UCデイビス・メディカル・センター UC Davis Medical Center（☎916-734-2011 ⬆2315 Stockton Blvd）は市の東側、ハイウェイ50の南にある。

カリフォルニア州庁舎
California State Capitol

カリフォルニア州庁舎（☎916-324-0333 ⬆cnr 10th & L Sts ◯9:00〜17:00）は、サクラメントでもっとも印象的な建物。19世紀後半に建てられ、1970年代に大規模な改築工事が行われている。1階の部屋は庁舎博物館Capitol Museumになっており、カリフォルニアの歴史各年代の家具、肖像画、写真、書類が展示されている。無料ツアーは、9:00から16:00の間、1時間おきに地階にある観光案内所から出発している。地階には、すばらしい壁画、無料ビデオ上映、**書店**（◯月〜金 9:30〜16:00、土・日 10:30〜16:00）もある。

庁舎周辺の40エーカー（約16ha）の土地は、**庁舎公園 Capitol Park**になっており、世界中の樹木が植えられている。ピクニックや夏には避暑に格好な場所だ。公園の東端には、力強いベトナム戦争記念碑Vietnam War memorialがある。

庁舎北の**州知事邸州立歴史公園 Governor's Mansion State Historic Park**（☎916-323-3047 ⬆cnr 16th & H Sts 🎫$1 ◯10:00〜16:00）は、1877年に造られ、1903年に州の所有物となったもの（現在、州知事は住んでいない）。ガイド付ツアーは毎日10:00から16:00の間、1時間おきに行われる。

オールド・サクラメント
Old Sacramento

かつては、希望に満ちた金採掘者たちであふれる活気ある河港町であったオールド・サクラメントには、町が誇るカリフォルニア州最大の建築物が集合する国定史跡がある。おもしろい場所だが、残念なことに観光スポットとなってからは、見事な石畳の通りにはキャンディやTシャツの店、バーや高級レストランが建ち並び、雑然となってしまった。

オールド・サクラメントの北端には、すばらしい**カリフォルニア州立鉄道博物館 California State Railroad Museum**（☎916-445-6645 🌐www.csrmf.org ⬆cnr 2nd & I Sts 🎫大人$3 子供無料 ◯10:00〜17:00）がある。かの有名な「ビッグ・フォー」が大陸横断鉄道の建設を指揮した場所の近くにある。この種では国内最大の博物館で、軌道車、機関車、模型、記録物などのすばらしいコレクションを収蔵

サクラメント・ダウンタウン

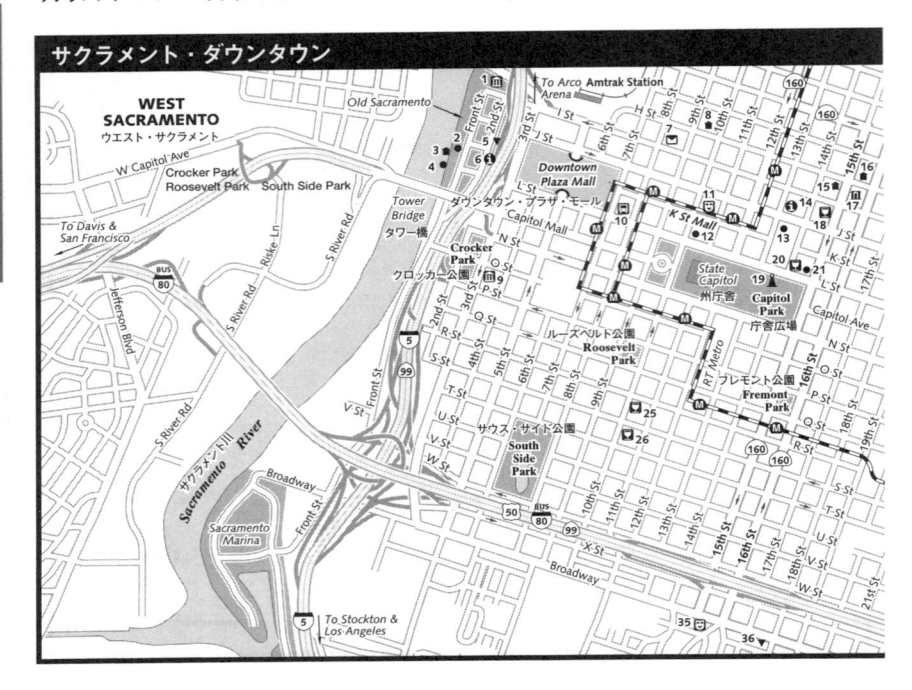

している。入館料には、博物館入口前の広場を横切った所にある復元されたセントラル・パシフィック駅Central Pacific Passenger Depotへの入場料も含まれる。4月から9月の週末には、この駅から蒸気機関車に乗り、川岸を走る40分間の小旅行を楽しむことができる。料金は$6。

オールド・サクラメントのもう1つの見所は、川岸の景観だ。**スピリット・オブ・サクラメント Spirit of Sacramento**（☎916-552-2933、800-433-0263）では、1842年製の外輪船に乗り、サクラメント川の1時間観光ツアーが$10で体験できるほか、カクテル＆ディナークルーズもある。船は夏に1日数回、Lストリートの桟橋から出航する。

鉄橋博物館の隣には**ディスカバリー博物館 Discovery Museum**（☎916-264-7057　101 I St　入館$5　9〜5月 火〜日 10:00〜17:00、6〜8月 10:00〜17:00）があり、体験型展示物やゴールドラッシュに関する展示物がある。

クロッカー美術館
Crocker Art Museum

マーガレットとエドウィン・B・クロッカー判事（チャールズ・クロッカー将軍の兄弟）の住んだビクトリア様式の家は、それ自体が1つの芸術品だ。このクロッカー美術館（☎916-264-5423　216 O St　大人$6 学生$3、日曜午前は無料　火〜日 10:00〜17:00、木 10:00〜21:00）は、アメリカ西部で初めて公に展示されたアートコレクションを所有する。1945年以降の大規模なカリフォルニアアート作品展示会、巡回展示品の公開も行っている。

ミッドタウン
Midtown

16thストリートから28thストリート間のJストリート沿いと、州庁舎東側のキャピトル・アベニュー沿いに広がる地区を指す。ミッドタウンにはショップ、レストラン、バーが建ち並び発展を続けており、サクラメントの最先端を行く人々が中心となる場所だ。また、きれいな住宅地、文化や歴史で重要となった場所も見ることができる。

サター砦州立歴史公園 Sutter's Fort State Historic Park

近代的な建物に囲まれた不釣り合いな場所に、サター砦州立歴史公園Sutter's Fort State Historic Park（☎916-455-4422　cnr 27th & L Sts　$1　10:00〜17:00）がある。ジョン・サターが建設した砦は、かつて何百マイルにも及ぶ砦で唯一の白人居住区だった。内部は1850年代のたたずまいに復元され、当時の家具、調度品が配置されている。

サクラメント・ダウンタウン

宿泊
- 3 Delta King
- 8 Sacramento HI Hostel
- 15 Quality Inn
- 16 Clarion
- 24 Hartley House
- 29 Amber House

食事
- 5 Fanny Ann's
- 23 Weatherstone
- 27 New Helvetia
- 28 Rubicon
- 30 Taqueria Taco Loco
- 33 Cafe Bernardo
- 34 Paragary's
- 36 Edokko
- 37 Sacramento Natural Foods Co-op

バー・クラブ
- 18 Torch Club
- 20 Capitol Garage Coffee Co
- 25 The Fox & Goose
- 26 Old Ironsides

その他
- 1 カリフォルニア州立鉄道博物館、ディスカバリー博物館
- 2 バイク・サクラメント
- 4 スピリット・オブ・サクラメント
- 6 オールド・サクラメント・ビジター・センター
- 7 郵便局
- 9 クロッカー美術館
- 10 グレイハウンド・バス発着所
- 11 クレスト・シアター
- 12 ジ・アビッド・リーダー
- 13 サクラメント・コンベンション・センター
- 14 観光局
- 17 州知事邸州立歴史公園
- 19 ベトナム戦争記念碑
- 21 ビアーズ・ブックス
- 22 ザ・ビート
- 31 カリフォルニア州立インディアン博物館
- 32 サター砦州立歴史公園
- 35 タワー・シアター

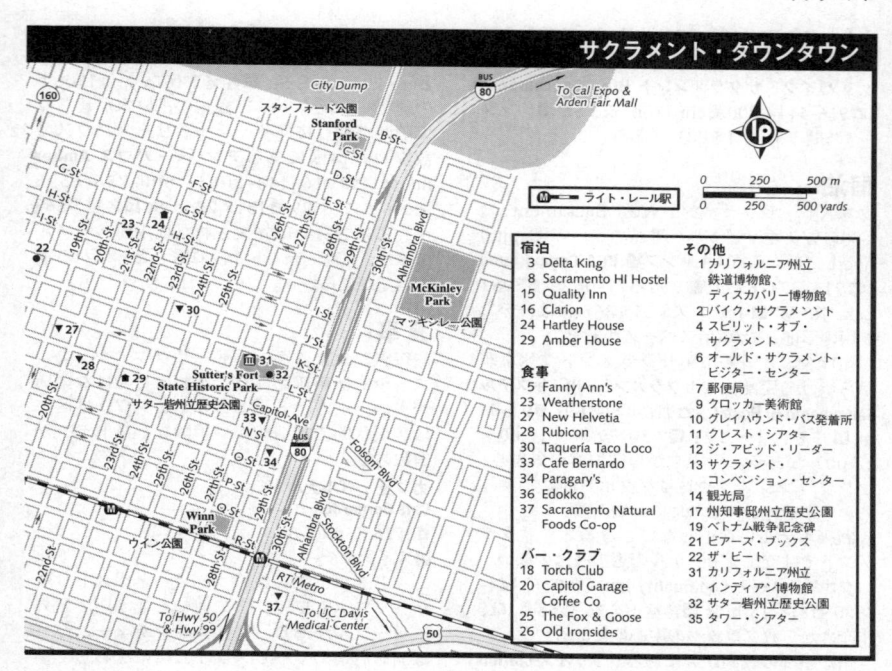

それほど感動するような所ではないが、この地域に入植したヨーロッパ人の歴史概要を総合的に知ることができる。月に1度ほど公園スタッフとボランティアの人々が1850年代当時の衣装を身につけて居住区での生活を再現し、にぎわいをみせる（スケジュールは電話で確認すること）。

カリフォルニア州立インディアン博物館
California State Indian Museum サター砦で得た知識の偏りを改善するためにも、隣接するカリフォルニア州立インディアン博物館California State Indian Museum（☎916-324-0971 🏠2631 K St 入館$1 10:00～17:00）を訪れたい。ここでは、サクラメント各地で見られるようなゴールドラッシュの称讃はされていない。代わりに、白人入植者たちの「侵略」により原住民の土地、文化そして人々が無残に破壊されていった歴史が説明されており、彼らの生活様式と手工芸品に関する展示が更なる補足を加えている。

タワー地区
Tower District
タワー地区はショップ、バー、エスニックレストランが並ぶ小さなエリアから成っている。1938年に建てられたアール・デコの美しい映画館、**タワー・シアター Tower Theater**（☎916-442-4700 🏠cnr 16th St & Broadway）は、地区中心のランドマークとなっている。世界中に店舗を展開する**タワー・レコード Tower Records**はここから始まり、オリジナルの看板がシアターに飾られている（現在の店舗は、標準より小さいがシアターの反対側にある）。**タワーカフェ Tower Cafe**（🏠1518 Broadway）はシアター1階にあり、映画鑑賞の前後に立ち寄るのに格好の場所だ。

アクティビティ
アメリカン・リバー・パークウェイ American River Parkwayはアメリカン川の北岸にある23マイル（約37km）に及ぶ河川緑地公園で、アメリカ本土でも最大規模の水辺公園の1つだ。公園内には小道が巡らされ、ピクニックエリアが幾つもある。アクセス方法は、オールド・サクラメントからは、フロント・ストリートFront Stを北に、ジブーム・ストリート Jiboom Stに通り名が変わる地点まで行き川を越すか、I-5またはハイウェイ99をジブーム・ストリート出口Jiboom St exitで下りる。

このほかに、**ジェデディア・スミス・ナショナル・レクリエーション・トレイル Jedediah Smith National Recreation Trail**というウォーキング、ランニング、サイクリングコースがあり、オー

サクラメント・バレー― サクラメント

ルド・サクラメントのJストリートの端からアクセスできる。川岸には自転車レンタルショップ**バイク・サクラメンント Bike Sacramento**（☎916-444-0200 ⌂cnr Front & J Sts 圏レンタル1時間＄6、1日＄20）がある。

宿泊

ウエスト・サクラメントWest SacramentoのI-80のW・キャピトル・アベニューW Capitol Ave出口近くの**KOAキャンプ場 KOA Campground**（☎916-371-6771 圏916-371-0622 ⌂3951 Lake Rd W 圏キャンプ＄25～36）には、テント用の草地とRV車用スペースがある。

州庁舎、オールド・サクラメント、列車駅から歩ける距離内に**サクラメント・HI・ホステル Sacramento HI Hostel**（☎916-443-1691 ⌂925 H St 圏ドミトリー＄21 ☉7:30～9:30・17:00～22:00）がある。世界中から宿泊客が集まり、サンフランシスコやレイクタホ方面に相乗りできる車を見つけるのにいい場所だ。

高級ホテルに宿泊しないとなると、サクラメントでは安価なモーテルの選択肢は少ない。

クオリティー・イン Quality Inn（☎916-444-3980 ⌂818 15th St 圏客室Ｓ＄74 W＄84）は、州庁舎から数ブロックの中心地にある。

州知事邸の真向かいにある**クラリオン Clarion**（☎916-444-8000 圏916-442-8129 ⌂700 16th St 圏客室＄99～）は魅力的な宿。ほかより高めのが納得できる。ここより北、16thストリート沿いにモーテルが何軒かあるが、町の様子はあまり良くない。

車があるなら、カル・エキスポに近い**ヘリテージ・ホテル Heritage Hotel**（☎916-929-7900 ⌂1780 Tribute Rd 圏客室＄69～）が市内の低料金ホテルの中で一番いいだろう。1980年代の学生寮のようだが、部屋は静か。清潔で広々としているが、さっぱりしすぎだと感じるかもしれない。

ウエスト・サクラメントのW・キャピトル・アベニューW Capitol Ave沿いに低料金のモーテルが数軒あるが、町のこの辺りは避けたほうが無難だ。このエリアで足止めをされた場合は**グラナダ・イン Granada Inn**（☎916-372-2780 ⌂4751 W Capitol Ave 圏客室Ｓ＄49 W＄57）にあたってみるといい。トラック運転手向けモーテルチェーン店だ。

料金を気にしないのであれば是非**デルタ・キング Delta King**（☎916-444-5464、800-825-5464 ㎜www.deltaking.com ⌂100 Front St 圏客室 平日＄119、週末＄169）に泊まってみるといい。オールド・サクラメントに停泊する外輪船がホテルになっている。

ミッドタウン近くのすてきな住宅街には、B&B（ベッド＆ブレックファスト）が何軒かある。**ハートリー・ハウス Hartley House**（☎916-447-7829、800-831-5806 圏916-447-1820 ⌂cnr 22nd & G Sts 圏客室＄161～）は1906年の建築で、ビクトリア様式の古い家が建ち並ぶ静かな通りにある。ハートリー・ハウスの数ブロック南にある**アンバー・ハウス Amber House**（☎916-444-8085、800-755-6526 圏916-552-6529 ⌂1315 22nd St 圏客室＄169～）にはきれいに修復された地中海スタイルの家や、「アーチストの隠れ家」と呼ばれる家に客室がある。

食事

旅行者が集まるオールド・サクラメントのレストランは値段が高く、評判ほどではない店が多い。一方、ミッドタウンとタワー地区には、現代的で創造的かつ手頃なレストランが多数ある。

カフェ・ベルナルド
Cafe Bernardo
⌂2726 Capitol Ave
圏メイン＄6～

ミッドタウンで人気のコーヒーとペストリーからパスタとワインまで何でも並ぶ店。屋外にテーブルがあり、隣接するマティーニバーは開店直後のサービスタイムににぎわっている。

パラゲリーズ
Paragary's
⌂cnr 28th & N Sts
圏ディナーメイン＄12～21

地元のレストラン経営者、ランディー・パラゲリーの店（カフェ・ベルナルドも経営）。炭焼きピザ、手作りパスタ、各種ワイン、肉・魚料理とすべていい。

ルビコン
Rubicon
⌂2004 Capitol Ave
圏サンドイッチ＄6～8

サクラメントで1番のビール工場直営パブ。フレッシュでバランスの取れたビール（IPAとヘーフェヴァイツェンHefeweizenがおすすめ）を出す魅力的な雰囲気の店。

また、タワー地区のブロードウェイ沿いにはおいしくてリーズナブルなエスニックレストランがある。**エドッコ Edokko**（⌂1724 Broadway 圏1品＄7～）は人気の日本食レストランですし、天ぷら、丼物、麺類がある。

最高のヘルシーフードを求めるなら、デリカテッセンの**サクラメント・ナチュラル・フーズ・コープ Sacramento Natural Foods Co-op**（⌂cnr S St & Alhambra Blvd 圏ランチ＄5～7）で。小さいが食事コーナーもある。

オールド・サクラメントで食事をしなけれ

ばならないときは俗っぽっく雑然とした古いバー、**ファニー・アンズ** Fanny Ann's（🏠1023 2nd St 🍴食事＄5〜）へ行って、まずまずのハンバーガーを食べるといい。

クラシックな**バージン・スタージョン** Virgin Sturgeon（☎916-921-2694 🏠1577 Garden Hwy 🍴ディナー＄10〜20）はインターステート5（I-5）の西、サクラメント川の北岸に停泊する古い遊覧船内にある店。新鮮な魚料理もいいが、すばらしい景観を目的に訪れる人も多い。

濃くておいしいコーヒーなら**ウェザーストーン** Weatherstone（🏠812 21st St）が1番。すてきなパティオとおいしいペストリーがある。古いれんがの建物が美しいカフェテラス**ニュー・ヘルベシア** New Helvetia（🏠1215 19th St）もよい。

サクラメントの夏はかなり暑い。そんなとき、ミルクシェークやアイスクリームで涼を味わうのは贅沢に値する。**ビックズ Vic's**（🏠3199 Riverside Blvd 🍴シェーク＄4）と**ガンザーズ Gunther's**（🏠2801 Franklin Blvd 🍴シェーク＄4）は、どちらも自家製アイスクリームを出す最高の喫茶店で、ブロードウェイとハイウェイ50の南にある。

エンターテインメント

無料週刊情報紙「**サクラメント・ニュース＆レビュー** Sacramento News & Review」で街の最新イベント情報が得られる。また、ミッドタウンの中心にある**ザ・ビート The Beat**（☎916-446-4402 🏠cnr 17th & J Sts）は新品・中古レコードを扱うほか、チケット売り場も兼ねている。

タワー・シアター Tower Theatre（☎916-442-4700 🏠16th St & Broadway）では新作映画に加え、外国やオルターナティブのクラシック映画を上映している。**クレスト・シアター Crest Theatre**（☎916-442-7378 🌐www.thecrest.com 🏠1013 K St）は、1949年の建物を修復したクラシックで立派な映画館。自主制作フィルムや外国映画を上映するほか、たまにライブ演奏もある。

オールド・アイアンサイズ Old Ironsides（🏠cnr 10th & S Sts）はツアーで街に寄ったインディーズバンドが演奏するクールな雰囲気の店だ。**キャピトル・ガレージ・コーヒー・カンパニー Capitol Garage Coffee Co**（🏠cnr 15h & L Sts）はインディーズロックのもう1店で、ミッドタウンの新しい物好きを集めている。

ブルースバンドなら**トーチ・クラブ Torch Club**（🏠904 15th St）をチェックしよう。おいしいビールとライブ演奏が楽しめる**ザ・フォックス＆グース The Fox & Goose**（🏠1001 R St）も広々とした古いパブだ。

スポーツ観戦

11月から5月にかけて地元のプロバスケットボールチーム（NBA）、ザ・キングス The Kings が**アーコ・アリーナ Arco Arena**（☎インフォメーション 916-928-6900、チケット 916-649-8497）でホームゲームを行う。5月から8月には地元の女性プロバスケットボールチーム（WNBA）、サクラメント・モナークス Sacramento Monarchs のホームゲームが行われる。

アクセス

小規模だが込みあう**サクラメント国際空港 Sacramento International Airport**（☎916-929-5411）は、ダウンタウンの15マイル（約24km）北、I-5を下りた所にある。空港には、主要な航空会社はすべて乗り入れており、ヨーロッパへの直行便も何本かある。

州庁舎そばの**グレイハウンド Greyhound**（☎916-444-6858 🏠cnr 7th & L Sts）では日に何本もサンフランシスコ（＄13、2時間）、ロサンゼルス（＄42、9時間）、リノ（＄20、3時間）、シアトル（＄68、17時間）へのバスが発着している。

サクラメントの**アムトラック駅 Amtrak Station**（🏠cnr 4th & I Sts）は、ダウンタウンとオールド・サクラメントの間にある。シアトル（＄91、20時間）、ロサンゼルス（＄51、15時間）、オークランド（＄17、2時間）への列車は毎日運行している。

交通手段

地方バス会社の**ヨーロバス Yolobus**（☎916-371-2877）の42番は＄1.25で空港とダウンタウン間を1時間に1本運行（時計回りルートに乗車すること）している。ウエスト・サクラメント West Sacramento、ウッドランド Woodland、デイビス Davis へも路線がある。地元バス会社の**サクラメント・リージョナル・トランジット Sacramento Regional Transit**（RT ☎916-321-2877）の1回乗車券は＄1.50、1日乗車券は＄3.50。**ダウンタウン・エリア・シャトル Downtown Area Shuttle**（DASH）はオールド・サクラメントとダウンタウンを結ぶトロリーバス。**ライト・レールシステム light-rail system** は、市と周辺住宅街をつなぐ交通機関だ。

ザ・サクラメント・デルタ
The Sacramento Delta

サクラメント・デルタはサクラメントの南西に位置し、1000マイル（約1609km）に及ぶ運河を抱えている。サクラメント川とサン・ホアキ

サクラメント・バレー デイビス

ン川が合流し、サンフランシスコ湾へと流れ込む景色は実に美しい。1930年代に政府開拓局は、「セントラル・バレーおよびカリフォルニア州水利事業」という水流方向転換計画を発表。これは、カリフォルニアの主要河川を堰き止め、水の75％をセントラル・バレーを通して農業用水と南カリフォルニア地域での利用水にするという強引なものだった。川からの出水はサクラメント・デルタの湿地帯や河口域に影響を及ぼし、以来、環境保護、生態学、政治、各分野の討論の的となっている。

シャスタShasta、フォルソムFolsom、オロビルOroville、フライアントFriantにダムが建設されるまで、水のほとんどは川からサンフランシスコ湾を通り、太平洋へと自然のまま流れていた。毎年の自然な洪水サイクルが、デルタの不純物堆積や乾期の海水侵食を防ぎ、水路は良い状態を保っていた。

第2次世界大戦後、サン・ホアキン・バレーの農作物生産は大幅に拡大し、農薬や化学肥料の使用が一般的となった。デルタ支流のダム数が増加したことで洪水はなくなり、有害堆積物を海へと流していた水の流れが変化してしまった。その後間もなくサクラメント川はデルタからの逆流による川の汚染を避けるため、周辺の運河へ流れを方向転換せざるを得なくなった。水は運河沿いにある水量調整ポイントからデルタへ戻され、残りの40％は州の水道用水、45％が灌漑用水として利用されている。

デルタは今でもカリフォルニアの政治と環境保護問題の主要な論点ではあるが、ここはまたボート、ウォータースキー、カモ狩りで人気の場所でもある（ボートに腰掛け、マルガリータを楽しんでいるときに、川が抱える問題は見えないものだ）。

サクラメントからアンティオキアAntiochへ南に走るハイウェイ160は、サクラメント川の堤防沿いにあり、デルタにとって目障りな存在（障害物）となっている。この道沿いには、緑豊かな自然と奇妙な町々がある。**アイルルトンIsleton**の興味深いメインストリートにはショップ、レストラン、バーと中国人の遺産を思わせる古い建物が幾つか並んでおり、6月の終わりに開催されるザリガニ祭りCrawdad Festivalには、カリフォルニア中から人が集まる。

ロックLockeは、1912年にウォールナット・グローブWalnut Groveのチャイナタウンが火事で全焼したあと、中国人農民たちによって建設されたデルタで1番おもしろい町だ。ハイウェイと土手に隠れるようにある町の1本道には、おんぼろの建物がお互い倒れ掛かるように建ち並び、まるで西部のゴーストタウンのようだ。ショップやギャラリーは長い歳月と

水に近いことから朽ち果ててはいるが、その衰えぶりがかえって絵になっている。町の目玉は、記念物が壁を埋める古めかしいバー、**アル・ザ・ワップズ Al the Wop's**（食事＄16〜20）で、がさつだがフレンドリーな客たちがたっぷりとビールを飲み、ステーキディナー（＄16〜20）を食べるためにやって来る。**ダイ・ロイ博物館 Dai Loy Museum**（☎916-776-1661　www.locketown.com　＄1.25　木・金11:00〜16:30、土・日11:00〜17:00）は、町の遺産を存続させている埃っぽいが価値ある博物館。古い賭博場が写真と記念物で埋められている。**リオ・ビスタ Rio Vista**には公共ビーチとボート接岸施設がある。ここからハイウェイ12は東へインターステート80（I-80）に向かっている。

デイビス
Davis

デイビス（人口6万1363人）はカリフォルニア大学デイビス校University of California at Davis（UCD）を中心とした魅力的な大学の町だ。UCDの農業学部、ブドウ栽培醸造学部、獣医学部は全米でもトップクラスを誇る。保守的な農業の町が集まるサクラメント・バレーの中では先進的な町で、教養ある市民のほか、全米のどこよりも住民の自転車所有台数が多いのを自慢にしている。学生と住民は互いに尊重し合い、活気ある町のカフェ、パブ、アートシーンを一緒にサポートしている。

オリエンテーション

町の南端を走るI-80をデイビス／オリーブ・ストリートDavis/Olive St出口で下り、リチャーズ大通りRichards Blvdと1stストリート1st Stを経由するのがダウンタウンへのもっとも便利なアクセス方法だ。UCDはダウンタウンの南西にあり、Aストリート、1stストリート、ラッセル大通りRussell Blvdが境を成している。キャンパスのメインエントランスへは、I-80からオールド・デイビス・ロードOld Davis Rdを経由するか、ダウンタウンからは3rdストリートを経由して行ける。キャンパス東のハイウェイ113は、北へ10マイル（約16km）のウッドランドWoodlandでI-5に、さらに北へ28マイル（約45km）行った所でハイウェイ99に接続している。

インフォメーション

デイビス観光局 Davis Conference and Visitor Bureau（☎530-297-1900　130 G St　www.davisvisitor.com　月〜金 8:30〜16:30）には無料の地図やパンフレットが置いてある。その

ほかには役立つホームページ🌐www.davis411.comを検索するといい。

その他のエンターテインメントとイベント情報は、カフェ、書店、キャンパスの建物にある掲示板でチェックできる。**キャンパスインフォメーションライン campus information line**（☎530-752-2222）は、UCDの各部署に電話をつないでくれる。

アビッド・リーダー Avid Reader（☎530-758-4040 🏠617 2nd St）と2ndストリートと3rdストリートの間にある**ボギーズ・ブックス Bogey's Books**（☎530-757-6127 🏠223 E St）はいい書店だ。**UCデイビス・ブックストア UC Davis Bookstore**（☎530-752-6846）は、学生会館内student union buildingにある。

観光スポットと楽しみ方

ワンルームの非営利ギャラリー**ペンス・ギャラリー Pence Gallery**（☎530-758-3370 🏠212 D St ◎火〜土 12:00〜16:00）では、現代カリフォルニアアートの展示と講義も開催している。ペンス・ギャラリーを含む町のギャラリーが参加する**アート・ウォークアバウト Art Walkabout**は無料イベントで、毎月第2金曜日の夜開催される。ギャラリーのリストと地図は、**ジ・アートリー The Artery**（☎530-758-8330 🏠207 G St ◎月〜土 10:00〜18:00、金 10:00〜21:00、日 12:00〜17:00）に置いてある。

毎日無料で行われる**UCデイビスキャンパスツアー UC Davis campus tours**の予約については**ビューラー・アロムナイ・アンド・ビジターズ・センター Buehler Alumni & Visitors Center**（☎530-752-8111 🏠cnr Mrak Hall Dr & Old Davis Rd）に問い合わせを。スペイン語のツアーもある。キャンパスの地図も置いている。**UCデイビス樹木園 UC Davis Arboretum**を通り抜ける景色の良い2マイル（約3km）の小道は、ちょっとしたハイキングにいい。また、**馬術センター Equestrian Center**（☎530-752-2372）では火曜の夕方に1時間の乗馬が＄23で体験できる。要予約。

デイビス

宿泊
- 4 Davis Bed & Breakfast Inn
- 5 University Inn Bed and Breakfast
- 7 Econo Lodge
- 20 Aggie Inn

食事
- 2 Osaka Sushi
- 3 Davis Food Co-op
- 8 Espresso Roma
- 14 Woodstocks
- 19 Delta of Venus Café
- 22 Redrum

その他
- 1 ケンズ・バイク・アンド・スキー
- 6 デイビス・ファーマーズ・マーケット
- 9 ペンス・ギャラリー
- 10 ボギーズ・ブックス
- 11 アビッド・リーダー
- 12 バーシティ・シアター
- 13 ジ・アートリー
- 15 Gストリート・パブ
- 16 デイビス観光局
- 17 UCデイビス・ブックストア
- 18 記念館
- 21 ビジター・インフォメーション・キオスク
- 23 ビューラー・アロムナイ・アンド・ビジターズ・センター
- 24 ビジター・インフォメーション・センター

サクラメント・バレー − デイビス

デイビス・ファーマーズ・マーケット Davis Farmers Market（cnr 4th & C Sts）は土曜の8:00から12:00までと水曜の16:30から20:30（10月から3月は14:00から18:00）の間、屋台、路上パフォーマンス、ライブ演奏でにぎわう。

デイビスではサイクリングが一般的だ。丘といえば高速道路を越える橋ぐらいだからだろう。30マイル（約48km）ほど西にあるベリエッサ湖Lake Berryessaが1番の人気スポットだ。自転車レンタルについては、「交通手段」を参照。

宿泊・食事

たいていの大学の町と同じく、デイビスのホテル料金はほぼ安定しているが、卒業式時期、キャンパスでの特別なイベント時に料金は上がり、すぐに満室になってしまう。

ユニバーシティ・パーク・イン
University Park Inn
☎530-756-0910　FAX 530-758-0978
1111 Richards Blvd
客室 S $75 W $85
インターステート80（I-80）の南側にある清潔で標準的な宿。プールもある。

エコノ・ロッジ
Econo Lodge
☎530-756-1040、800-424-4777
221 D St
客室 S $59 W $65
部屋はやや古いが、十分機能的だ。

アジー・イン
Aggie Inn
☎530-756-0352　FAX 530-753-5738
245 1st St
客室 $95〜
UCD東エントランスの向かいにあるこのインの部屋は居心地良い。ジャグジーもあり、コーヒーとペストリーは無料で食べられる。

デイビス・ベッド・アンド・ブレックファスト・イン
Davis Bed & Breakfast Inn
☎530-753-9611、800-211-4455
FAX 530-753-9611
www.davisbedandbreakfast.com
422 A St
客室 $79〜
キャンパスに面しており、古風な居間、朝食、プライベートバスのある居心地良い部屋が特徴。

ユニバーシティ・イン・ベッド・アンド・ブレックファスト
University Inn Bed and Breakfast
☎530-756-8648
FAX 530-756-8016
340 A St
客室 朝食付 $73〜、朝食なし $63〜

朝食はオプションだが全室バス、電話、ケーブルテレビが付いている。

食事

デイビス・フード・コープ
Davis Food Co-op
cnr 6th & G Sts
8:00〜22:00
まとめ売り商品、地元の有機栽培農作物やおいしいデリカテッセン。

エスプレッソ・ローマ
Espresso Roma
231 E St
3rdストリートと2ndストリートの間にある、リラックスしてカフェインを摂るのによい場所だ。

ウッドストックス
Woodstocks
☎530-757-2525
219 G St
ラージピザ $15程度
デイビスで1番人気のピザ屋。ランチ時には切り売り（1切れ $1.75）売りもある。

オーサカ・スシ
Osaka Sushi
630 G St
すし $1.50〜3.50
すしはサンフランシスコで1、2を争うほどだ。刺身、天ぷら、テリヤキディナーもおいしい。ボートに乗って流れてくるすし皿を自分で選んで取る、浮きすしバーもある。

デルタ・オブ・ビーナス・カフェ
Delta of Venus Café
122 B St
食事 $5〜
朝食、サラダ、スープ、サンドイッチにはベジタリアン用のメニューも用意されている。ビールやワインもある。

レッドラム
Redrum
978 Olive Dr
食事 $5〜
インターステート80（I-80）の近くにあり、以前はマーダー・バーガーMurder Burgerという名前だった。学生や旅行者に人気の店で、注文を受けてから作る新鮮なビーフ、ターキー（七面鳥）、オーストリッチ（駝鳥）の各ハンバーガーはもちろん、濃いエスプレッソ、シェーク、ポテトフライも大変おいしい。

エンターテインメント

UCDにある真新しい劇場、**モンダビ・センター・フォー・ザ・パフォーミング・アーツ Mondavi Center for the Performing Arts**（☎530-757-3199　www.mondaviarts.org）では、メジャー演劇、

音楽、ダンスなどのパフォーマンスが行われる。UCDのイベントを含むその他パフォーマンスは**バーシティ・シアター Varsity Theatre**（☎530-759-8724 🏠616 2nd St）で行われる。上記2つの劇場で行われるショーのチケットや情報については**UCデイビス・チケット・オフィス UC Davis Ticket Office**（☎530-752-1915、866-823-2787）でも問い合わせを受け付けている。

サドワーク Sudwerk（🏠2001 2nd St 🍴食事＄10程度〜）はダウンタウンの東にある。醸造所で少量だけ作られるドイツラガービールに加え、ドイツ、アメリカのブラートブルスト（ソーセージ）、ステーキ、ハンバーガー、大盛りサラダもおいしい。雰囲気の良い店で、晴れた日にはパティオが最高。冬場には、強いがスムーズなドッペルボック*Doppelbock*を楽しむのもいい。

Gストリート・パブ G Street Pub（🏠228 G St）はビリヤード台のあるパブ。木曜日から土曜日の夜はライブ演奏があり、食事もできる。

パームズ・プレイハウス Palm's Playhouse（🌐www.palmsplayhouse.com）は、27年間にわたって愛されてきたミュージックショーを上演していたが、2002年に住宅開発のため閉店された。良いニュースは、デイビスの12マイル（約19km）西にある町、ウインターズWintersに新店舗がオープンしたことだ。ショーは現在、歴史ある**ウインターズ・オペラ・ハウス Winters Opera House**（☎530-795-1825 🏠13 Main St）で見ることができる。

アクセス

UCD記念開館内の学生ストア向かいに、相乗り希望または相乗り者募集（たいていはベイ・エリアまで）を学生が掲示するボードがある。

42番ヨーロバス Yolobus（☎530-666-2877）のがデイビスとサクラメント空港間を5:00から23:00まで＄1.25で循環している。この路線がデイビスをウッドランド、サクラメントのダウンタウンとも結んでいる。

デイビスのアムトラック駅 Amtrak station（☎530-758-4220 🏠840 2nd St）は、ダウンタウンの南端にある。列車はサクラメント（＄6、30分）、リノ（＄11、5時間）、オークランド（＄15、1時間45分）の各方面へ毎日運行している。

交通手段

ほとんどの道に、専用信号の付いた自転車道がある。自転車が主要交通手段のこの町では、運転するとき、特に駐車場から出る際には自転車に注意が必要だ。**ケンズ・バイク・アンド・スキー Ken's Bike & Ski**（☎530-758-3223 🏠650 G St）では自転車を1日＄10で、マウンテンバイクはプラス料金で貸し出している。

ユニトランス Unitrans（☎530-752-2877）は、町とキャンパスの中を走る学生運行の＄0.75で乗れるシャトルバス。バスの多くは赤色のダブルデッカーだ。夜間は月曜日から木曜日の23:30まで運行している。

オロビル
Oroville

歴史豊かな小さな町オロビル（人口1万3100人）は、フェザー川Feather River沿い、交通量の多いハイウェイ70から西に数マイル離れた所に位置する。サクラメント・バレーの東境として、華麗なフェザー・リバー・キャニオンFeather River Canyonと、シエラ・ネバダ山脈の険しい北部地帯への入口となっている（「北部山岳地帯」を参照）。1848年、ジョン・ビドウェルによって、町近くのフェザー川沿いにあるビドウェル・バーBidwell Barとして知られる場所で金が発見された（現在はオロビル湖Lake Orovilleに沈んでいる）。町は急速に栄え、かつてはオフィル・シティOphir City（金の都）と呼ばれていた。

現在、町はかつてのゴールドラッシュの地というだけではない。1911年に地元原住民ヤヒYahi族の最後の1人、イシが見つかった場所であり（次頁のコラム、「イシ」を参照）、一時期は1万人以上が暮らす中国人社会があった所でもある。

しかし、町の9マイル（約15km）北東にあるオロビル・ダムOroville Damの裏手にあるオロビル湖の存在により、この地方は夏の観光地としてもっとも有名といえる。オロビル湖州立レクリエーション・エリアLake Oroville State Recreation Areaは、ボート、キャンプ、スイミング、サイクリング、バックパッキング、フィッシングを楽しむ人々に人気だ。

応対が親切な**オロビル地区商工会議所 Oroville Area Chamber of Commerce**（☎530-538-2542、800-655-4653 🌐www.oroville-city.com/chamber 🏠1789 Montgomery St 📅月〜金 9:00〜16:30）に行って地元の歴史やアウトドアに関する情報を得よう。USFS（米国森林局）の**フェザー川レンジャー・ディストリクト Feather River Ranger District**（☎530-534-6500 🏠875 Mitchell Ave 📅月〜金 8:00〜16:30）には、地図や近隣のプルマス国有林Plumas National Forestのパンフレットがある。道路状態の確認は（☎800-427-7623）まで。

観光スポットと楽しみ方

ダウンタウンには、数軒のアンティークストアと歴史ある建物が幾つかある。**チャイニーズ・テンプル Chinese Temple**（中国寺院）

サクラメント・バレー－オロビル

イシ

1911年8月29日の早朝、オロビルの外れにある家畜屠殺場で眠っていた肉屋の人々は、犬のけたたましい吠え声で目を覚ました。外に出てみると、犬たちが1人の男を唸って追い詰めていた。男はアメリカインディアンで、腰布だけをまとい、腹をすかせ、疲れ果て、恐れおののいており、英語はまったく話せなかった。

呼ばれた保安官は、今後のことが決定されるまでとりあえず男を牢屋に入れておくことにした。新聞は「野人」が発見されたと書きたて、人々は男をひと目見ようと押しかけた。地元のインディアンがマイドゥ語とウィンテゥ語で男とコミュニケーションをとろうとしたが無駄だった。男の話す言語は、周辺に住むインディアン部族とは異なるものだった。

カリフォルニア大学バークレー校の人類学者、アルフレッド・L・クローバーとトーマス・タルボット・ウォーターマン両教授は新聞でこのニュースを知った。ウォーターマン教授は列車でオロビルへ向かい、かつてこの地域に居住していたヤナ・インディアンの単語リストを使って男と話してみた結果、男は既に絶滅したと思われていたヤナ族の中でも、最南端に住むヤヒ族の1人であることがわかった。

ウォーターマン教授はヤヒ語で「男性」という意味の名の男「イシ」を大学博物館に連れ帰り、健康状態の回復を手伝った。イシは残された年をそこで過ごし、人類学者たちにこれまでの自らの歴史と部族の言語や知恵、風習を教えた。

イシの部族は彼の生まれる以前、1870年に入植者たちによりほぼ破滅されていた。彼の幼い頃には12〜15人のヤヒ族が残っていただけで、人里離れたレッド・ブラフ東の山麓の丘に隠れ暮らしていた。1908年にはイシ、母親、姉と老人が残るのみとなったが、その年、イシだけを残し皆他界してしまう。1916年3月25日、イシは大学病院で結核のため息を引き取り、ヤヒ族は完全にこの世から消えてしまった。

クローバー教授の夫人、シオドーラ・クローバー夫人は著書「イシ：北米最後の野生インディアン Ishi in Two Worlds: A Biography of the Last Wild Indian in North America」でイシのストーリーを記している。オロビルでは、小さな記念碑の立つ、イシが発見された場所を訪ねることができる（町の東、オロ・クインシー・ハイウェイ Oro-Quincy Hwy沿いのオーク・アベニュー Oak Ave）。ディア・クリーク Deer Creekとその他エリアを含むレッド・ブラフ東の山麓にあるラッセン国有林 Lassen National Forestは、イシとヤヒ族の仲間が暮らした場所で、現在はイシ自然保護区 Ishi Wildernessと呼ばれている。バークレーでは、大学博物館でイシに関しての展示を見ることができる。

（☎530-538-2496 🏠1500 Broderick St 🎫大人＄2 子供無料 🕐木〜月 12:00〜16:00、火・水13:00〜16:00）は、町でもっとも有名な建物。1970年には、オロビルの中国人社会は、40人弱の住民と彼らコミュニティの誇りある過去の偉大なる証である川のそばの美しく保存された建築物を残すだけとなった。1863年に建てられたこの寺院は、バンクーバーからサンディエゴにかけて建つ一連の中国寺院および廟の1つであり、庭園や礼拝堂、工芸品は一見の価値がある。

9月から11月にかけて、**フェザー川養魚場 Feather River Fish Hatchery**（☎530-538-2222 🏠5 Table Mountain Blvd 🕐日の出〜日没）では、チヌックサケが魚梯を飛び越える姿を見ることができる。

ダウンタウンからオロビル・ダム・ロード Oroville Dam Rd またはオリーブ・ハイウェイ Olive Hwy（ハイウェイ162）沿いに行った所に**オロビル湖州立レクリエーション・エリア Lake Oroville State Recreation Area**がある。多彩な野外活動のほか、高さ770フィート（約231m）のオロビル・ダムがある。ダムは1967年に完成し、土製のダムとして全米で1番の高さを誇る。**オロビル湖州立レクリエーション・エリア・ビジター・センター Lake Oroville State Recreation Area Visitor Center**（☎530-538-2219 🏠917 Kelly Ridge Rd 🕐9:00〜17:00）には、カリフォルニア州水利事業と地元インディアンの歴史に関する展示のほか、展望タワーがあり、レクリエーション情報も得られる。

フリーマン・バイシクル・トレイル Freeman Bicycle Trailは41マイル（約66km）の環状オフロードサイクリングトレイルだ。オロビル・ダムの頂きからフェザー川に沿い、サーマライト取水庭 Thermalito Forebay、放水庭 Afterbay、ハイウェイ70の西にある貯水湖へと戻る。道は幾つかのコースに分けることもできる。ほとんどの道は平坦で、坂道はダムへの登り道だけだ。商工会議所と**グリーンライン・サイクルズ Greenline Cycles**（☎530-533-7885 🏠1911 Montgomery St 🕐月〜土）でサイクリングトレイルの無料地図が入手できる。自転車レンタル料金は1時間＄5、1日＄20。

放水庭は**オロビル自然保護区 Oroville Wildlife Area**に隣接している。太平洋飛路沿いにあるため、バードウォッチングには最適な場所だ。愛鳥家なら**サクラメント国立自然保護区 Sacramento National Wildlife Refuge**（☎530-934-2801）にも是非寄りたい。冬場の渡り水鳥は壮観だ。**ビジターセンター visitor center**（🕐月〜金 7:30〜16:00）は、ウィローズ Willowsの近くでI-5を下りた所にある。ドライブトレイル（＄3）、ウォーキングトレイルは毎日開いている。

オロビル湖周辺のエリアには、ハイキングトレイルが多数ある。人気なのは、全長640フィート（約192m）の**フェザー滝 Feather Falls**までを一周する7マイル（約11km）、4時間のトレイルだ。

ハイウェイ162と70はオロビルから北東へ、山脈とクインシーQuincyに向かい走っている（「北部山岳地帯」を参照）。ハイウェイ70は、壮大な**フェザー・リバー・キャニオン Feather River Canyon**沿いに蛇行しており、秋には紅葉が見もの だ。

宿泊・食事

商工会議所、USFSオフィス、オロビル湖ビジター・センターでこの地域のキャンプ場に関する詳細が得られる。ユニークなボート用キャンプ場もある。電話で（☎800-444-7275）予約する。**ビドウェル・キャニオン・マリーナ Bidwell Canyon Marina**（☎530-589-3165、800-637-1767）は湖の南端にあり、ハウスボートなどの船がレンタルできる。夏場のレンタル料は、3晩で約＄1400から。

ハイウェイ70の東、モントゴメリー・ストリートMontgomery Stの南を走るフェザー・リバー大通りFeather River Blvdに低料金のモーテルが数軒ある。

サンセット・イン
Sunset Inn
☎530-533-8201
FAX 530-533-7515
🏠 1835 Feather River Blvd
🛏 客室 S＄47 W＄55
簡素、清潔かつ手頃な宿だ。

ジーンズ・リバーサイド・ベッド・アンド・ブレックファスト
Jean's Riverside B&B
☎530-533-1413
W www.oroville-city.com/jeans
🏠 1142 Middlehoff Lane
🛏 客室＄85〜145
ハイウェイ70の西、フェザー川沿いにある。全10室で、中にはジャグジー付の景色の良い部屋もある。

コーヌコピア・レストラン・アンド・パイ・ショップ
Cornucopia Restaurant & Pie Shop
🏠 515 Montgomery St
🍴 食事＄6〜
⏰ 24時間
ハイウェイ70を下りたすぐの所にある食堂風の店。卵料理、サンドイッチ、ハンバーガー、チキンフライステーキが味わえる。

ザ・ランチボックス
The Lunchbox
🏠 1442 Myers St
🍴 食事＄5〜

ダウンタウンにあってフレッシュなサンドイッチとサラダは食べきれないほどの量だ。

アクセス

グレイハウンド Greyhoundのバスはハイウェイ70の数ブロック東にある、**トムズ・シエラ・シェブロン Tom's Sierra Chevron**（☎530-533-1333 🏠 cnr 5th Ave & Oro Dam Blvd）に停車する。

チコ
Chico

チコ（人口6万4581人）は、かなり大きな大学の街だ。良質なレストラン、カフェ、ナイトクラブ、バーなどカルチャーとエンターテインメントのスポットが多数あり、この地方の社会活動の中心地となっている。チコ州立大学に通う1万6000人の学生のおかげで、パーティーで熱い町として評判だ。夏には別の意味でかなり暑くなり、90°F（32℃）を楽に超える。木陰の多いビドウェル公園にあるスイミングホール（川の泳げるほど深い所）が暑さを和らげてくれる。夜、気温が下がったあと、ダウンタウンは素朴でのんきな田舎町の魅力を呈する。

チコは1860年にジョン・ビドウェルによって創設された。ビドウェルは1841年にカリフォルニアに入り、初期入植者の中でもっとも有名な人物の1人として歩んでゆく。1840年代後半にビドウェルはこの地に40平方マイル（約104km²）の土地を購入し、ランチョ・デル・アローヨ・チコRancho del Arroyo Chico（小さい小川のある農場）と名づけた。1868年、カリフォルニア州下院議員としてワシントンDCでの任期を終えたのち、彼はワシントンの有名な役人の娘、アニー・エリコット・ケネディと結婚し、2人はビドウェルの建てた新しい邸宅に移り住む。現在、邸宅はビドウェル邸州立歴史公園Bidwell Mansion State Historic Parkとなっている。1900年に夫が他界したあとも、アニーは1918年に亡くなるまでこの地で慈善家として活動した。

オリエンテーション・インフォメーション

チコは平坦で簡単に移動できる。ダウンタウンはハイウェイ99の西に位置し、ハイウェイ32（8thストリート）からのアクセスがもっとも簡単だ。メイン・ストリートMain Stとブロードウェイ Broadwayがダウンタウンの中心となる通りで、そこからパーク・アベニューPark Aveは南へ向かい、並木道のジ・エスプラナードThe Esplanadeは北へ向かっている。

チコ商工会議所兼ビジター・センター
Chico Chamber of Commerce & Visitor Center

サクラメント・バレー－チコ

チコ

宿泊
- 1 Esplanade B&B
- 23 Vagabond Inn
- 24 Thunderbird Lodge

食事
- 4 Upper Crust
- 15 Cory's Sweet Treats & Gallery
- 16 Jasco's California Cafe
- 22 Shubert's Ice Cream & Candy
- 25 Tacos de Acapulco
- 27 Chico Natural Foods
- 28 Cafe Shadetree

その他
- 2 ビドウェル邸
- 3 ザ・ブックストア
- 5 ネイキッド・ラウンジ
- 6 レッド・ルーム
- 7 モキシーズ
- 8 チコ博物館
- 9 マディソン・ベア・ガーデン
- 10 ファーマーズ・マーケット
- 11 ブリック・ワークス
- 12 タワー・ブックス・アンド・レコーズ
- 13 チコ・スポーツ・リミテッド
- 14 ラ・サレズ
- 17 キャンパス・バイシクルズ
- 18 ページェント・シアター
- 19 CSUベル記念会館
- 20 チコ商工会議所兼ビジター・センター
- 21 郵便局
- 26 ウォッシュ・アウェイ・コインランドリー

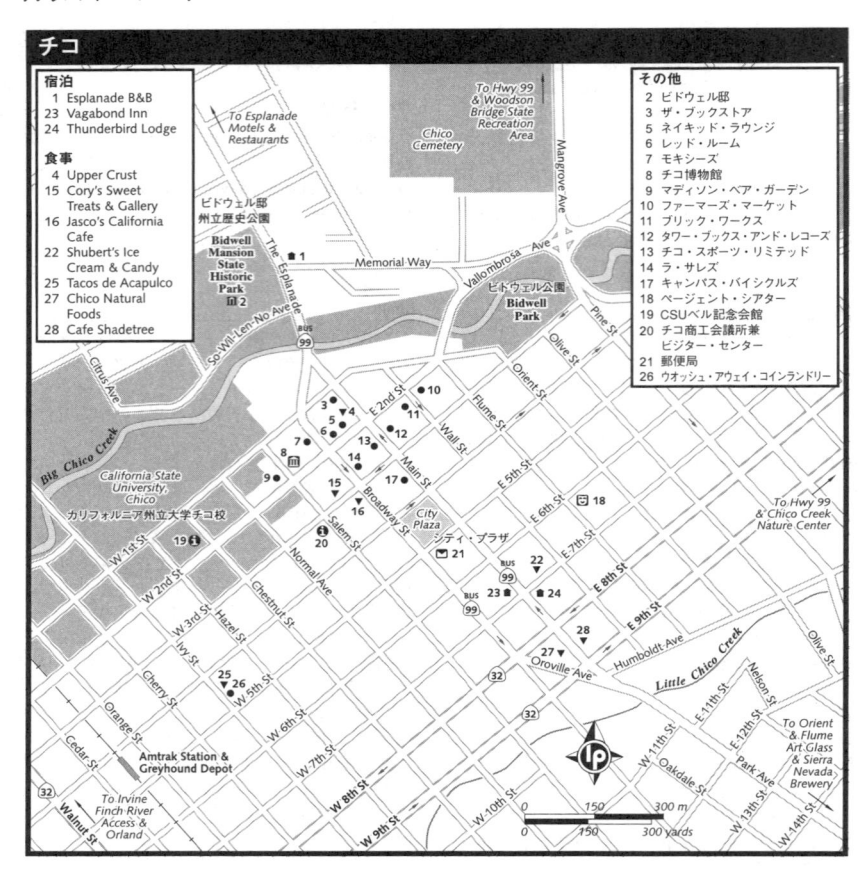

（☎530-891-5559、800-852-8570 ￦www.chicochamber.com 🏠300 Salem St 📅月～金 9:00～17:00、土 10:00～15:00）は地元社会の精神を誇示しており、十分すぎるほどの情報を与えてくれる。

もっとエンターテインメント情報が知りたいなら、無料週間情報誌「チコ・ニュース・アンド・レビュー*Chico News & Review*」をチェックしよう。

郵便局（🏠cnr 5th & Broadway Sts）は、シティ・プラザCity Plazaの向かいにある。

ザ・ブックストア The Bookstore（🏠118 Main St）は、状態の良い古本を大量に扱っている。チコでは夜、**タワー・ブックス・アンド・レコーズ Tower Books & Records**（🏠211 Main St 📅土・日～24:00）をのぞいてみるのが人気だ。

観光スポット

町のランドマークであり、もっとも有名なビクトリア様式の家屋は**ビドウェル邸州立歴史公園 Bidwell Mansion State Historic Park**（☎530-895-6144 🏠525 The Esplanade）で、チコの創設者、ジョンとアニー・ビドウェルの豪邸として1865年から1868年にかけて建てられたものだ。ツアー（＄1）が水曜日から日曜日、12:00から16:00の正時に出発している。1904年に建てられた旧カーネギー図書館Carnegie Library内にある**チコ博物館 Chico Museum**（☎530-891-4336 🏠cnr Salem & W 2nd Sts 📅無料 📅水～日 12:00～16:00）には歴史博物館、復元された道教寺院の祭壇（コラム、「ジョス・ハウス」を参照）、巡回展示物がある。

CSUインフォメーション・センター CSU Information Center（☎530-898-4636 🏠cnr Chestnut & W 2nd Sts）はベル記念会館Bell Memorial Unionの1階にある。**チコ州立大学 Chico State University（CSU）**の無料キャンパス地図があるほか、大学のイベント、ツアーに関する情報が得られる。魅力あるキャンパスは春になる

ジョス・ハウス（中国寺院）　Joss Houses

「ジョスJoss」とは、ピジン英語で「神」を意味するポルトガル語のデウス（神）が崩れてできた単語で、初期の海洋探検家たちが東インド諸島で見つけた偶像を表すのに使われた。寺院は中国人鉱夫たちの重要な礼拝場所であり、ほとんどの場合、鉱山の町における唯一の中国文化のシンボルだった。

寺院の外装はかなり簡素なのに比べ、内部は豪華でシンボル性を持った装飾が施されている。主な象徴としては、仏教、道教、儒教の特徴が融合された「曇天Somber Heavensの神」、「戦いの神」、「医術の神」、「富の神」がある。人々は神の判断を仰いだり、礼拝、嘆願をするため寺院にやって来る。

神と「会話」するための儀式はとても厳粛なものだ。寺院に入ったらまず合掌し、おじぎをする。ろうそくと線香に火を灯し、敷物にひざまずいて神の名前を3回呼ぶ。次に「ユム・イェン・フェイ」と呼ばれる2つの楕円形の木製ブロックを空中に投げる。両方とも裏が出れば凶、片方だけが裏なら更なる祈りが必要だ。

次に参拝者は、床に3度額をつけ願い事を唱え、番号の付いた竹串が入った筒をその中の1本が飛び出すまで振る。寺院の僧侶が竹串の番号を確認し、古文書でお告げの内容を調べてくれる。そして参拝者がお礼として紙の紙幣を燃やす間、僧侶がドラと鐘を鳴らす。こうしてお告げが得られるのだ。

カリフォルニアには幾つかの寺院が残っており、オロビルの中国寺院は毎日ツアーを行っている。メアリーズビルMarysvilleにあるボッ・カイ寺院Bok Kai Templeは年に一度のボッ・カイ祭りのときだけ公開される。ネバダ郡立歴史社会博物館Nevada County Historical Society Museum（「ゴールド・カウンティ」を参照）では、復元された1860年代の寺院の祭壇と広範囲にわたる中国社会の遺物を展示している。チコ博物館Chico Museumには、再現されたすばらしい道教寺院の祭壇がある。ウィーバービルWeavervilleにあるジョス・ハウス州立歴史公園Joss House State Historic Parkには、中国から送られてきた3000以上の歴史を持つ豪華絢爛な祭壇がある（「北部山岳地帯」を参照）。

と花の香りで満たされ、その中心にはバラ園がある。

オリエント・アンド・フルーム・アート・グラス Orient & Flume Art Glass（☎530-893-0373　2161 Park Ave　ショールーム 月～土 10:00～17:00）はダウンタウンの数マイル南にある。国際的に有名なガラス工芸品がここで制作されている。9:00から12:30頃まで。

シエラ・ネバダ・ブリューワリー Sierra Nevada Brewery（☎530-893-3520　1075 E 20th St）は、全米でもっとも有名で高品質なビール醸造所（「地ビール」とするには規模が大きすぎる）の1つ。多くの種類のビールを醸造しているが、なかでも有名なのがシエラ・ネバダ・ペール・エールSierra Nevada Pale Aleだ。無料ツアーは毎日14:30から、土曜は12:00から15:00の間断続的に行われている。パブとレストランも併設している（後出「食事」を参照）。

1894年に架けられた歴史ある**ハニー・ラン・カバード・ブリッジ Honey Run Covered Bridge**は、カリフォルニアで唯一の屋根付の橋だ。屋根は3つの部分から成っている。チコの南端を走るハイウェイ99をスカイウェイ出口Skyway exitで下り、東へ約1マイル（約1.6km）行った所で左に曲がり、ハニー・ラン・ハンバグ・ロードHoney Run-Humbug Rdに乗る。橋はそこから5マイル（約8km）の小さな公園内にある。

アクティビティ

チコ・クリーク沿いの北東10マイル（約16km）にわたって広がる3670エーカー（約1485ha）のビドウェル公園 Bidwell Parkは、国内で3番目に大きな町営の公園。「ロビンフッドの冒険 The Adventures of Robin Hood」や「風と共に去りぬ Gone with the Wind」の一部分を含む数本の古典映画がここで撮影されている。

チコ・クリーク・ネイチャー・センター Chico Creek Nature Center（☎530-891-4671　推奨寄付額＄1　火～日 11:00～16:00）は公園内にあり、動物園、ハイキングトレイル、マウンテンバイク用トレイルが多数あるほか、泳げる場所も幾つかある。ワン・マイルOne-Mileとファイブ・マイルFive-Mileレクリエーション・エリアにはプールがあり、スイミングホール（川などで泳げるほど深い所）がアッパー・ビドウェル公園Upper Bidwell Parkにあるほか、マンツァニタ・アベニューManzanita Aveの北にはベア・ホールBear Hole、サーモン・ホールSalmon Hole、ブラウン・ホールBrown Holeなどがある。すっ裸になって泳いでみたい。

夏にはサクラメント川での**チュービング tubing**（タイヤのチューブを使った川下り）が人気だ。チューブはノード・アベニューNord Ave（ハイウェイ32）沿いの店でレンタルできる。チコの数マイル西、ハイウェイ32にあるアーバイン・フィンチ・ラウンチ・ランプIrvine Finch Launch Rampがチュービングの始点、リバー・ロードRiver Rd外れのウォッシュアウトWashoutが終点だ。

CSUアドベンチャー・アウティングス CSU Adventure Outings（☎530-898-4011）がCSU学生や一般の人も参加できる多彩な野外アドベン

サクラメント・バレー − チコ

チャーイベントを計画している。

年中行事

チコのコミュニティが抱く精神と誇りは、毎年夏に開かれる家族向け野外イベントの期間中にもっともはっきりと現れる。4月から9月の毎週木曜日の夜、ブロードウェイの数ブロックにわたって**サーズデイ・ナイト・マーケット Thursday Night Market**が開かれる。シティ・プラザでは5月から無料の**フライデー・ナイト・コンサート Friday Night Concerts**が開催される。6月中旬から8月終わりまで、ビドウェル公園のシーダー・グローブCedar Groveで**シェイクスピア・イン・ザ・パーク Shakespeare in the Park**（☎530-891-1382）が行われる。

宿泊

ウッドソン・ブリッジ州立レクリエーション・エリア Woodson Bridge State Recreation Area（☎530-839-2112、800-444-7275　キャンプ＄12）は、46のテントとRVサイトのある川岸の快適なキャンプ場。ハイウェイ99を25マイル（約40km）北に行ってから、西のコーニングCorning方面に向かう。

近場のキャンプ場は、**ラッセン国有林 Lassen National Forest**（☎530-257-2151）がチコの北東、ハイウェイ32沿いにある。

ダウンタウンの北、ジ・エスプラナードThe Esplanade沿いに低料金のモーテルが多く集まっているほか、ハイウェイ99のコハセット・ロード出口Cohasset Rd exit脇にも数軒ある。チコは大学の町なので、卒業時期とホームカミング（卒業生を迎えての大学祭）には宿泊料金が上がり、すぐに満室になってしまう（5月および10月）。

すてきな中庭のある**マタドール・モーテル Matador Motel**（☎530-342-7543　1934 The Esplanade　客室 S＄46 W＄50）はダウンタウンからあまり離れていない。部屋はシンプルだが、古風な味わいがある。

タウン・ハウス・モーテル Town House Motel（☎530-343-1621　2231 The Esplanade　客室 S＄42、W＄55）は、マタドール・モーテルよりも北にある簡素な宿。**サファリ・ガーデン・モーテル Safari Garden Motel**（☎530-343-3201　2352 The Esplanade　客室 S＄4 W＄55）は、立ち木の陰に建つ静かで安全な宿だ。

ダウンタウンの中心にある低料金の宿なら**バガボン・イン Vagabond Inn**（☎530-895-1323　630 Main St　客室 S＄45 W＄55）と**サンダーバード・ロッジ Thunderbird Lodge**（☎530-343-7911　715 Main St　客室 S＄40 W＄55）の2軒だ。少々古めかしいが、悪くはない。

エスプラナード・ベッド・アンド・ブレックファスト Esplanade B&B（☎530-345-8084　620 The Esplanade　客室＄75～95）はビドウェル邸の向かいにあるダウンタウンにもっとも近いB&Bだ。

ザ・グレートフル・ベッド The Grateful Bed（☎530-342-2464　1462 Arcadian Ave　客室＄85～）は近郊の住宅街にある。いかがわしい宿を連想させる名前とは裏腹に、豪壮ですばらしい1905年のビクトリア様式家屋の宿。

ジョンソンズ・カントリー・イン Johnson's Country Inn（☎530-345-7829　3935 Morehead Ave　客室＄80～125）は、ダウンタウンの1マイル（約1.6km）ほど西にある見事なアーモンド園に建っている。

ミュージック・エクスプレス・イン Music Express Inn（☎530-891-9833　530-893-5321　1091 El Monte Ave　客室＄61～125）は、ハイウェイ32を下りてすぐの所にある。

食事

ウォール・ストリートWall StとE 2ndストリートE 2nd Stの角にある町営駐車場で、**ファーマーズ・マーケット farmers market**が毎週土曜日の7:30から13:00、1年を通し開催されている。

チコ・ナチュラル・フーズ
Chico Natural Foods
818 Main St
町に幾つかあるナチュラルフードマーケットの1つ。

シエラ・ネバダ・タップルーム・アンド・レストラン
Sierra Nevada Taproom & Restaurant
☎530-345-2739
1075 E 20th St
食事＄8～15
シエラ・ネバダ・ブリューワリー内にある。食事のほかフレッシュで極上の自家製エールビール、ラガービールがあり、ほかでは味わえないほどおいしい。

タコス・デ・アカプルコ
Tacos de Acapulco
429 Ivy St
食事＄5未満
低料金で満腹になれる。ブリートは巨大でおいしく、学生に人気の店。

コリーズ・スウィート・トリーツ・アンド・ギャラリー
Cory's Sweet Treats & Gallery
230 W 3rd St
食事＄7～
キャンディの店ではなく、フレンドリーで広々とした大人の雰囲気のするレストラン。壁には絵画が掛けられ、食事は満足できる。

大盛りの朝食で贅沢してみる価値あり。

ジャスコズ・カリフォルニア・カフェ
Jasco's California Cafe
🏠cnr Broadway & W 3rd St
🍴食事＄8～

フェニックス・ビルPhoenix Buildingの上階にあるシンプルだがきちんと座って食事のできるおすすめの店。

カフェ・シェードツリー
Cafe Shadetree
🏠817 Main St
🍴メイン＄6～10

親切でで落ち着いた雰囲気のするベジタリアンの店。タマーリ（メキシコ料理）、サンドイッチ、炒め物などを出す。週末には、ブルーグラス、ジャズ、アコースティックのライブ演奏もある。

レッド・タバーン
Red Tavern
☎530-894-3463
🏠1250 The Esplanade
🍴ディナーメイン＄15～

ダウンタウンの北には町で1番高級で洒落た店の1つ。独創的な肉・魚料理を出し、都会の上流階級が集まる。

アッパー・クラスト
Upper Crust
🏠130 Main St
🍴食事＄3～6

コーヒーとおいしい焼き菓子のほか、月曜日から土曜日にはランチもある。

シュバーツ・アイスクリーム・アンド・キャンディー
Shubert's Ice Cream & Candy
🏠178 E 7th St

町のランドマーク。大変おいしい自家製アイスクリームとチョコレートを60年以上も作り続けている。

エンターテインメント

レッド・ルーム Red Room（🏠126 2nd St）は店内が赤一色にされている小さなバー。色が強烈でないのが救いだ。地ビールも店内でかかっている音楽もクール。

レッド・ルームの隣には**ネイキッド・ラウンジ Naked Lounge**（🏠118 2nd St）がある。ゆっくりとリラックスして楽しみたい人向きのカフェ。

モキシーズ Moxie's（🏠128 Broadway）は魅力的なカフェ。週に何夜かジャズ、アコースティックなどの落ち着いた音楽のライブ演奏がある。

マディソン・ベア・ガーデン Madison Bear Garden（🏠316 W 2nd St）は、クラシックな雰囲気でゆったりとした学生行きつけの店。セーラム・ストリートSalem Stの角の趣ある古い建物内にある、ファンキーなサロンとハンバーガーレストランだ。

ラ・サレズ LaSalle's（☎530-893-1891 🏠229 Broadway）と、**ブリック・ワークス Brick Works**（☎530-895-7700 🏠cnr Wall & E 2nd Sts）は両店ともヒップホップ、トップ40、レトロダンスナイトが毎晩開かれ、レゲエからハードロックまでのライブ演奏もある。

ページェント・シアター Pageant Theatre（☎530-343-0663 🏠351 E 6th St）では各国映画およびオルターナティブ映画が上映されている。月曜の夜は入場料＄2.50の割引ナイトだ。

CSUキャンパスで開かれる映画、コンサート、アート展示そのほかのカルチャーイベントについては、**CSUボックス・オフィス CSU Box Office**（☎530-898-6333）もしくはベル記念会館Bell Memorial Union内にある**CSUインフォメーション・センター CSU Information Center**（☎530-898-4636））に問い合わせを。

アクセス・交通手段

チコ空港は小さく航空券は割高なため、飛行機を利用するならサクラメントの空港のほうがいい。

グレイハウンド Greyhound（☎530-343-8266）のバスは**アムトラック駅 Amtrak station**（🏠cnr W 5th St & Orange St）に停車する。無人駅のため、チケットは前もって旅行代理店で購入すること。

ビュート・カウンティ・トランジット Butte County Transit（BCT）☎530-342-0221、800-822-8145 🍴70￠）は、パラダイスParadise、オロビルOroville、グリドリーGridley行きのバスを運行。**チコ・エリア・トランジット Chico Area Transit**（CATS）も＄0.75でローカルエリア内を運行。

相乗り希望または相乗り者募集が、CSUのベル記念会館1階、書店の右手にある**ライドボード ride board**に掲示されている。

自転車は**キャンパス・バイシクルズ Campus Bicycles**（☎530-345-2081 🏠330 Main St）でレンタルできる。マウンテンバイクは1日＄35、半日＄20。**チコ・スポーツ・リミテッド Chico Sports Ltd**（☎530-894-1110 🏠240 Main St）での自転車レンタルは、1時間＄5、1日＄15。

レッド・ブラフ
Red Bluff

インターステート5（I-5）を下りた所にあるレッド・ブラフ（人口1万3147人）は、一見牧場

サクラメント・バレー — レッド・ブラフ

や農場がほとんどで、あとはRV車の給油地点でしかない静かな田舎町に思える。だがそんな印象とは裏腹に、町は繊細さと驚くほど楽しい面を備えている。

レッド・ブラフは1847年にピーター・ラッセンによって創設された町で、サクラメント川の重要な船積みポイントとなった。現在は、修復された19世紀ビクトリア様式の邸宅と並木のある住宅地と、古い商店が並ぶビジネス地区を町の誇りにしている。そしてこの地には、カウボーイ文化が根強く息づいている。**レッド・ブラフ・ラウンド・アップ Red Bluff Round-Up**（☎530-527-1000 www.redbluffroundup.com）は、4月の第3週末に開かれる1921年から続く主要なロデオ大会。ダウンダウンの東にあるテハマ・ディストリクト・フェアグランドTehama District Fairgroundsが会場になる。

町自体はかなり平坦だが、近くの山々の山頂（北西のトリニティ・アルプスTrinity Alpsから雪を頂く東のマウント・ラッセンMt Lassen）が空を縁取る様を町のいたる所から見ることができる。これが小さな町に美しさを加え、さらに魅力的にしている。夏には逃げ出したくなるほど暑くなるが、川岸のピクニックエリアの木陰でひと息つくことができるし、水を楽しむチャンスがたくさんある。

オリエンテーション・インフォメーション

サクラメント川の東岸にあるダウンタウンは、I-5のすぐ西に位置する。アンテロープ大通りAntelope Blvdとメイン・ストリートMain Stが町の主要交差点だ。歴史あるビクトリア様式家屋の並ぶ住宅地は、メイン・ストリートの数ブロック西にある。

南のサクラメントへ延びる旧ハイウェイ99は、レッド・ブラフで東西に分かれる。現在の新しいハイウェイ99へは、ダウンタウンからアンテロープ大通り東Antelope Blvd eastから乗ることができる。ダウンタウンから南へ向かうと、メイン・ストリートは細く景色の良い旧ハイウェイ99W（西）へと変わり、I-5に平行し、農場の町コーニングCorning、オーランドOrland、ウィローズWillowsへと延びている。

レストランやアンティークショップは、混みあうメイン・ストリートに建ち並ぶ。**レッド・ブラフ・テハマ・カウンティ商工会議所 Red Bluff-Tehama County Chamber of Commerce**（☎530-527-6220、800-655-6225 100 Main St 月 8:30～16:00、火～木 8:30～17:00、金 8:30～16:30）は、ダウンタウンから数ブロック南に小さな事務所を構えている。

観光スポット

商工会議所には無料の地図やレッド・ブラフに多くあるビクトリア様式邸宅に関するパンフレットがある。数あるビクトリア様式家屋の中でもっともすばらしい**ケリー・グリッグス・ハウス博物館 Kelly-Griggs House Museum**（☎530-527-1129 311 Washington St 任意＜寸志＞ 木～日 13:00～16:00）には時代物も展示されている。

ウィリアム・B・アイダ・アドービ州立歴史公園 William B Ide Adobe State Historic Park（☎530-529-8599 21659 Adobe Rd）は、ゆっくりと流れるサクラメント川を見渡す、木陰のある美しい公園。ウィリアム・B・アイダは、1846年にソノマで起きたベア・フラッグ革命 Bear Flag Revoltで闘い（「カリフォルニアについて」を参照）、短期間で幕を閉じたカリフォルニア共和国の大統領となった開拓者である。彼の日干し煉瓦で作られた家屋と敷地が保存されている。メイン・ストリートの1マイル（約1.6km）ほど北で東に折れ、アドービ・ロードを標識に従いながらさらに1マイル（約1.6km）行った所にある。

サクラメント川の東岸にある**レッド・ブラフ湖レクリエーション・エリア Red Bluff Lake Recreation Area**は、木が生い茂り草地があり、鳥たちの集まる広々とした公園だ。ピクニック、水泳、ハイキング、キャンピングの楽しめる場所が数多くある。案内標識があるトレイル、サイクリングコース、ボート接岸場、野鳥観察と魚梯（5月から9月）を含む野生生物の観察エリア、原産植物や乾燥に強い植物が植えられた2エーカー（約1ha）の庭園がある。ビジターセンターである**サクラメント川ディスカバリー・センター Sacramento River Discovery Center**（☎530-527-1196 火～日 11:00～16:00）には、川に関する子供向けの展示、牧畜のもたらす利益についての宣伝、センターのすぐ外にある分水ダムに関するインフォメーションがある。5月中旬から9月中旬にかけてダムが灌漑用水に放水し、泳ぐのに人気のレッド・ブラフ湖Red Bluff Lakeを作り出す。

宿泊・食事

シカモア・グローブ・キャンピング・エリア Sycamore Grove Camping Area（☎530-824-5196 キャンプ＄10）はレッド・ブラフ・レクリエーション・エリア内を流れる川の脇にある、静かですてきなUSFSキャンプ場。キャンプサイトは先着順に貸し出される。キャビンのあるグループ用の大きなキャンプサイト、キャンプ・ディスカバリーCamp Discoveryもある。

こちらは要予約。

インターステート5（I-5）と町の南、メイン・ストリート沿いにモーテルが数軒ある。

サクラメント川の西側にある**シンデレラ・モーテル Cinderella Motel**（☎530-527-5490 ♠cnr Rio St & Antelope Blvd 客室S＄45〜 W＄50〜）にはプールがあり、幾つかの部屋は川に面している魅力的なモーテルだ。サクラメント川の反対側には**トラベル・ロッジ Travel Lodge**（☎530-527-6020 ♠38 Antelope Blvd 客室S＄59 W＄65）がある。

ランプライター・ロッジ Lamplighter Lodge（☎530-527-1150 ♠210 S Main St 客室S＄44 W＄46）はダウンタウンのやや南にある、簡素な宿の1つ。

ビジネス地区の東には、ビクトリア様式邸宅のB&B（ベッド＆ブレックファスト）が数軒ある。1881年に建てられた**ジーター・ビクトリアン・イン Jeter Victorian Inn**（☎530-527-7574 ♠1107 Jefferson St 客室S＄65〜140）は、客室5部屋と離れにコテージがあるすばらしい宿だ。**フォークナー・ハウス Faulkner House**（☎530-529-0520、800-549-6321 ♠1029 Jefferson St 客室S＄75〜100）もおすすめ。

グリーン・バーン Green Barn（♠cnr Antelope Blvd & Chestnut Ave ディナーメイン＄9〜）は老舗のファミリーレストランで、ランチとディナーではアメリカ料理が味わえる。

薄暗くムードあるカウボーイ的雰囲気のする店**パロミノ・ルーム Palomino Room**（♠723 Main St 肉料理＄8〜）は、ダウンタウンの歴史あるトレモント・ホテル Tremont Hotel内にある。ステーキやハンバーガーがおいしい。パロミノ・ルームの数ブロック北にある**ペキン・レストラン Peking Restaurant**（♠860 Main St 食事＄5〜）は、手頃でおいしく盛りだくさんのメニューが並ぶ中華料理店。

アンテロープ大通りのすぐ南、メイン・ストリートの1ブロック東にあるやや高めの店**レイジング・フォーク・リバーフロント・グリル Raging Fork Riverfront Grille**（♠500 Riverside Way メイン＄12〜20）には美しいダイニング、バー、川を見渡すデッキがある。

ハルズ・イート・エム・アップ Hal's Eat 'Em Up（♠158 Main St）は、ダウンタウンの南にあるドライブインタイプの店。暑い日にはここのルートビアフロートを。

アクセス

グレイハウンド・ステーション Greyhound station（☎530-527-0434 ♠22825 Antelope Blvd）は町の東、ハイウェイ36 E（東）の角にある。

ゴールド・カントリー

Gold Country

カリフォルニア州にある「ゴールド・カントリー」（この名称は、この地方で大ゴールドラッシュが起こった年にちなんだもの）は、「マザー・ロード（主脈）」という別称でも知られる地方で、シエラ・ネバダふもと西側の小丘を抜け、ハイウェイ49沿い300マイル（約483km）の地域を指す。絶景と豊富なアウトドアレクリエーションはもとより、この地方は復元された鉱山の集落、そして30年前のナパ・バレーを思わせる将来性豊かなワイン産業地域として富を抱えている。

この地方で町並みがよく保存されたネバダ・シティNevada Cityやサター・クリークSutter Creekにある宿泊施設やレストランのほとんどは、既製品のコーヒーとドーナツよりも上等なサービスに慣れているサンフランシスコやサクラメント方面の客を相手にしている（またはその方面の所有者が経営している）ため、料金はやや高めだ。低料金のモーテルはオーバーンAuburn、ジャクソンJackson、グラス・バレーGrass Valleyにある。

ベイ・エリアからハイウェイ49へ出る主要路線は、インターステート80（I-80）と国道50号線（US-50）である。ゴールド・カントリーがどんなところか少しのぞいてみようという場合は、主要路線近くの、オーバーン、プレイサービルPlacervilleやネバダ・シティ（やや離れている）へ寄るといい。時間に余裕があれば、プレイサービルの南方まで足を延ばし、マーフィーズMurphysやエンジェル・キャンプAngels Camp周辺を探訪してみてはいかがだろう。キャンプやアウトドアレクリエーションが目的であれば、北ユバ川North Yuba Riverに勝る場所はないだろう。この辺りとヨセミテ国立公園間を旅する場合は、途中にあるソノラSonora（「シエラ・ネバダ」を参照）へ寄るのがいい。

12月から2月にかけてこの地方での積雪は珍しくないが、市内道路が閉鎖されることはまずない。I-80と国道50号線（US-50）は年中開通しているが、ハイウェイ49からシエラへ向かう、またはシエラを抜ける道路のほとんどは11月中旬から5月中旬まで閉鎖される。残念ながら、車なしでこの地方を見て回ることは不可能に近い。公共交通機関があるのは、ネバダ・シティ、グラス・バレー、オーバーン、プレイサービルのみである。

歴史

1848年、ジョン・サターに雇われたジェームズ・マーシャルが現在のコロマColoma近くに建設中だった水力製材所を点検していた際、製材所の排水から「グリーンピース半粒程度」の大きさの金粒を見つけたことが発端となって、カリフォルニアのゴールドラッシュは始まった。マーシャルがサターに助言を求めたところ、サターは百科事典に載っている方法で金が本物かどうか試し、その金粒が高質のものであると判明。だが、製材所の完成を希望していたサターは労働者に、働き続けるなら休憩時間を利用して見つけた金は持ち帰っても良いと約束した。まもなく金発見の話は外部に広がった。

サム・ブラナンを例に挙げると、彼はマーシャルが金の小片を発見した数カ月後にはうわさの真偽を確認するため、コロマ（サター製材所近くの町-本章後出を参照）へと足を運んだ。午後だけで6オンス（約170ｇ）の金を発見したブラナンは、サンフランシスコへ戻り発見した砂金を手に握りしめながら街路を歩き回り、「シエラふもとの小丘には、金があるぞ！」とふれ回った。これは金儲けの絶好のチャンスだと確信したブラナンは、この地域の発掘道具をハンカチからスコップまで丸ごと買い占め、金を掘り当てようとこの地を訪れた者にもとの倍の値段で売った。第一団が小丘へ向かった頃には、既にかなりの富を手に入れた（彼のその後については、「ワイン・カントリー」のコラム、

ハイライト

- アマドール・カウンティAmador Countyのブドウ園 – ナパ・バレーも羨むほどの景観
- カラベラス巨木州立公園Calaveras Big trees State Park – 木々は巨大だが、人は少ない
- ダウンタウン・マーフィーズDowntown Murphys – 魅力的という言葉を定義づける場所
- エンパイア金鉱州立歴史公園Empire Mine State Historic Park – 道具、建造物と鉱山所有者の家屋

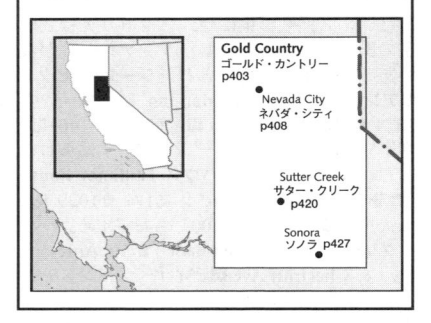

Gold Country
ゴールド・カントリー p403

Nevada City
ネバダ・シティ p408

Sutter Creek
サター・クリーク p420

Sonora
ソノラ p427

ゴールド・カントリー

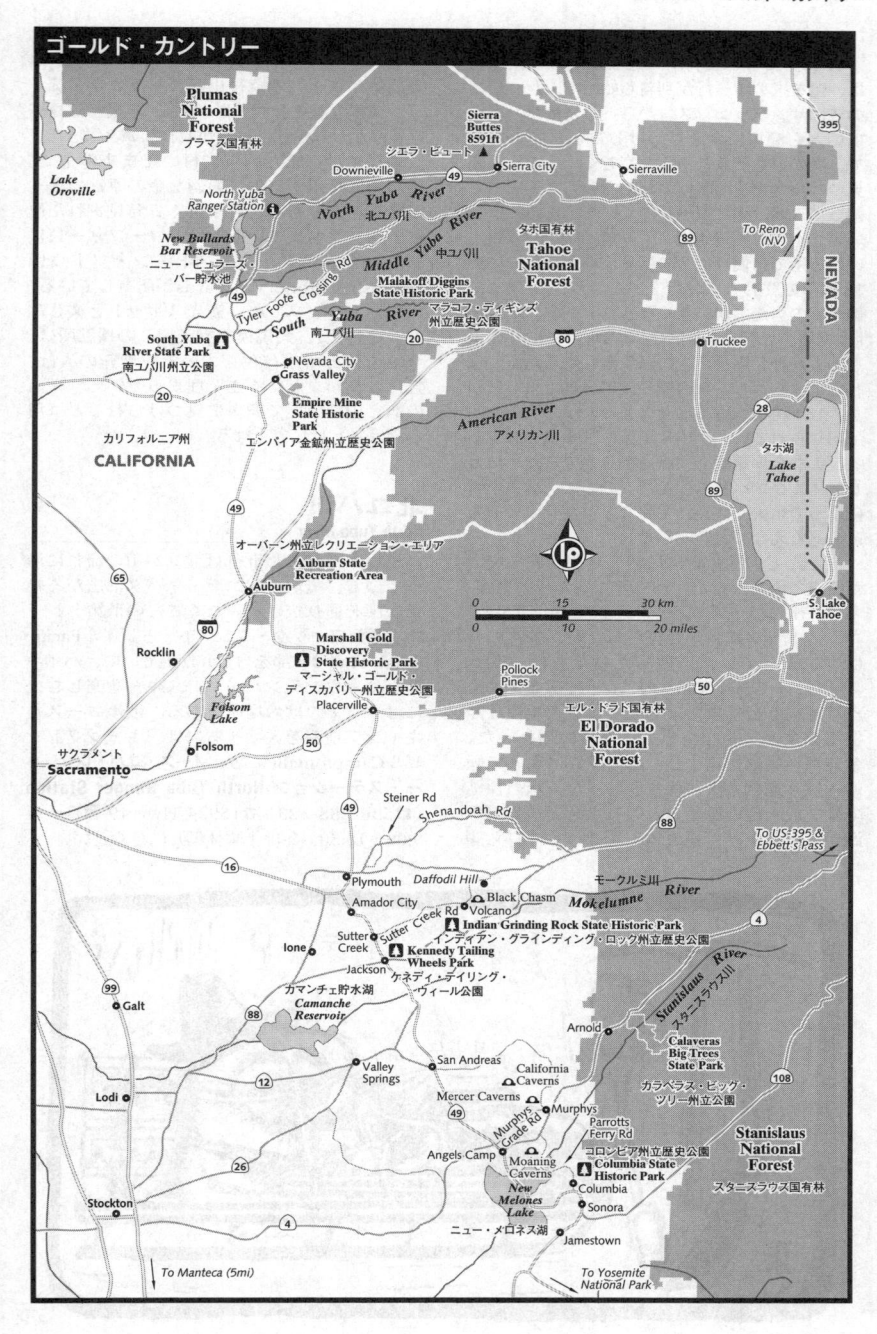

「サム・ブラナン」を参照）。

1848年の春、製材所の建設が終わった頃には、金を求める一行が到着し始めていた。最初の波はサンフランシスコから押し寄せた。彼らはいとも簡単に金を見つけることができたので、次の日もそうだろうと高をくくって、昼間見つけた金をその晩何のためらいもなくすべて使って（賭け事に費やして）いた。また、ほしい者すべてに行き渡るだけの金があると信じ、いたる所で自慢げに金の話を広めた。おかげで、1848年の終わり頃には、サンフランシスコに働き手の男たちがいなくなった。一方、坑夫が「採堀場」と呼んだ場所近くの町や村には何千もの人が押し寄せ、人口が急激に膨らんだ。うわさはオレゴン、東海岸や南アメリカまで伝わり、1849年までに6万人以上の人が、坑夫の間で信じられていた小川や川床に眠る金の源である巨大な金埋蔵脈、主脈を掘り当てるためにカリフォルニアへ移り住んだ（のちに、地質学者によって坑夫が夢見た主脈など存在せず、そもそもありえないと判明した）。

ほとんどの探金者は最初の発掘が底を突いた時点で山を去った。1859年にシエラの東側、ネバダ州のバージニア・シティVirginia Cityでコムストック鉱脈が発見された時、多くの者は既に去っていた。残った者たちは、グラス・バレーGrass Valleyのエンパイア金鉱のような裕福な会社または個人による大規模な発掘事業主と契約を交わし、作業に加わった。金発掘作業は複雑化し、水力採鉱によって脈内へ掘り進む方法に移り変わった。水力採鉱では、放水砲の原動力となる水を周辺の川や湖から引き上げ、丘の斜面をそっくり打ち砕いた（次ページのコラム、「金採取法」を参照）。マラコフ・ディギンズでは幾つもの環境・農業闘争が続き（本章後出の「マラコフ・ディギンズ州立歴史公園」を参照）、事業者は採鉱経費がかかりすぎ、採算が取れないと悟った。

現在では、まだ石英に付いたままの金で、博物館に展示するのに最適な金の原鉱のほうが金鉱石よりも高い値が付く。発見された原鉱でもっとも大きいものは、マーフィーズにあるカウツ・アイアンストーン・ブドウ園Kautz-Ironstone Vineyardsが所有している。（「マーフィーズ」の「観光スポットと楽しみ方」を参照）。大規模な露天掘りの採鉱所は、今でも何カ所か存在している。地元の人は、丘には金がまだたくさん埋まっていて、大雨のあと川や小川で簡単に見つけられると（用心深げに）話してくれる。

北ユバ川
North Yuba River

ハイウェイ49の最北部は北ユバ川の流れに沿っていて、奥地のシエラ・ネバダに広がる絶景の中を通り抜ける。たくさんの散策トレイル（パシフィック・クレスト・トレイルPacific Crest Trailの一部を含む）が出ていて、ハイキングやマウンテンバイク、スキーを楽しむ人にはうってつけの場所である。散策コースとキャンプ情報を入手するには、キャンプトンビルCamptonvilleにある**ノース・ユバ・レンジャー・ステーション North Yuba Ranger Station**（☎530-288-3231 🏠15924 Hwy 49 🕐月〜土9:00〜16:30、冬は土曜休業）に行くといい。

1848年、現在のコロマ近く、シエラ山脈のふもとで金がはじめて発見されると、金を求める人々がカリフォルニアのゴールド・カントリーにどっと押し寄せた。

> ### 金採取法
>
> カリフォルニアの丘に埋蔵する金は基本的に、金脈と砂金の2種類に分けられる。金脈は地中深くにある硬い床岩の内部に埋まっているので、採掘が困難で費用もかかる。まず、水平または垂直にトンネルを掘り砕き、炭坑夫の出入りや金搬出用のエレベーターシャフトもしくは鉄道を建設しなくてはならない。それから、原鉱と呼ばれる金を含む石を砕鉱機で粉々に砕き、洗鉱桶へと洗い出す。金は泥や残片よりも重いので洗鉱桶の捕砂溝に残り、異物は水と一緒に流される。
>
> 1884年に廃止されるまで(本章後出の「マラコフ・ディギンズ州立歴史公園」を参照)、水力採鉱も行われていた。この方法では放水砲で丘の斜面全体を打ち砕き、流れてきた岩石の破片をすくい坑夫が流し桶を使って金の分離作業を行った。
>
> 砂金の採取も同様の原理だが、侵食・風化作用といった自然の摂理が面倒な作業をすべて引き受け、滅鉱まで金を出してくれるので採取が容易だ。坑夫は単純に金を含む小川の中へざるを沈め、選鉱盆を回して泥を洗い流すだけである。自分の選鉱盆の底に金が残っていればラッキー！というわけだ。

シエラ・シティ
Sierra City

シエラ・シティ(人口282人、標高4187フィート<約1276m>)は**シエラ・ビュート Sierra Buttes**を目指す人たちの逗留場で、恐らくカリフォルニアでもっともアルプス登山の状況に近い場所だろう。ただし荷物を吊り上げる必要はない。この辺りには散策トレイルのネットワークがあり、気軽なハイキングはもとより、バックパッキングにも最適だ。**シエラ・カントリー・ストア Sierra Country Store**(☎530-862-1181 ♠Hwy 49 夏 月～土 10:00～18:00 日9:00～19:00、夏以外 10:00～15:00)で「湖と盆地、ダウニービル - シエラ・シティLake Basin, Downievill - Sierra City」という地図($1.50)を手に入れよう。

シエラ・ビュートおよび周辺の小川や湖へ行くには、ハイウェイ49のバセッツBassettsからゴールド・レイク・ハイウェイGold Lake Hwyを北へ進む。シエラ・シティからは9マイル(約15km)北東にある。この地域には、キャンプ場やハイキングトレイルを示す標識が数多く立っている。おすすめのキャンプ場は、バセッツの2マイル(約3km)北にあるUSFSキャンプ場、**サーモン・クリークSalmon Creek**と、バセッツの5マイル(約8km)北にある**スナグ湖 Snag Lake**だ。どちらも、ゴールド・レイク・ハイウェイ沿いにあり、汲み取り式トイレ、水道水、先着順に利用できるサイト($13)がある。最高のハイキングトレイルが**ハスケル・ピーク Haskell Peak**(8107フィート<約2432m>)へと1.5マイル(約2.4km)延びていて、シエラ・ビュートからシャスタ山Mt Shasta、さらにその先まで一望できる。コース始点は、ゴールド・レイク・ハイウェイをハスケル・ピーク・ロード(フォレスト・ロード9)Haskell Peak Rd(Forest Rd 9)を示す標識で右折し、8.5マイル(約13.7km)ほど先に進んだ所にある。

宿泊 シエラ・シティからハイウェイ49を東へ進むと、**USFSキャンプ場 USFS campgrounds**があり、サイトそれぞれにワイルドプラムWild Plum、シエラ、チャップマンChapman、ユバ峠Yuba Passと名前がついている。サイト料金は$13。サイトには汲み取り式トイレと水道水の設備があり(シエラにあるサイトで使えるのは川の水のみなので、飲む前には必ず浄化すること)、先着順に利用できるサイトもある。地元の人は声をそろえて、景色の良さではワイルドプラムWiod Plum(47のサイトがある)が一番のサイトだと言う。

ビュート・リゾート
Buttes Resort
☎530-862-1170、800-991-1170
♠Hwy 49
料キャビン$75～

シエラ・シティの中心にあり、川を望める絶好の立地にある。ほぼ全キャビンに専用デッキとバーベキューがあり、設備の整ったキッチン付キャビンもある。

オールド・シエラ・シティ・ホテル
Old Sierra City Hotel
☎530-862-1300
♠212 Main St
料客室$70

1862年の建築で、2001年に改築されたホテル。4つある客室には電話やテレビはないが、プライベートバスがあり、すてきな装飾がされている。

ユバ・リバー・イン
Yuba River Inn
☎530-862-1122
W www.yubariverinn.com
♠Hwy 49
料キャビン$50～140

町から0.5マイル(約0.8km)北、川沿いに各種のキャビンがある。かなり前から予約が必要。

ダウニービル
Downieville

魅力的なゴールドラッシュの小さなこの町(人口347人、標高2899フィート<約870m>)

はかつて5000人もの人口を抱えたこともあり、荒くれた町として知られていた。秩序を守る第1治安判事が酒場の主人で、マザー・ロードで最初に絞首刑を言いわたされた女性はダウニービルの絞首台で処刑された。最近は、登山者、ハイキングやマウンテンバイク愛好者の足掛かり的な町として知られている。マウンテンバイク用のコース、ダウニービル・ダウンヒルは、全長12.4マイル（約20.0km）の下り坂で5000フィート（1524m）下降するコースとして、アメリカ国内のダウンヒルコースではもっともエキサイティングなコースの1つとして自転車雑誌で高く評価されている。

食料品、地図や地元の話題は**ダウニービル食料品店 Downieville Grocery**（☎530-289-3596 ◯7:30～19:30、夏 日～木 7:30～21:00、金・土 7:30～22:00）で入手できる。**ダウニービル・アウトフィッター Downieville Outfitters**（☎530-289-0155 W www.downievilleoutfitters.com）は、ダウニービルの中心にある。夏の間自転車のレンタル（1日＄40～100）、各トレイルへの定期送迎（＄15～20）、ガイド付サイクリング（半日＄30、1日＄45）および自転車修理などを行っている。

この辺りのハイキングトレイルでおすすめは、チムニー・ロック・トレイル Chimney Rock Trail と、エンパイア・クリーク・トレイル Empire Creek Trail だろう。どちらもたどり着くまでの道のりが少し複雑なので、ノース・ユバ・レンジャー・ステーションかネバダ・シティのUSFS管理事務所で地図かトレイルガイドを入手するといい。

宿泊 ダウニービルの西、ハイウェイ49はタホ国有林内にある多数のトレイル起点やキャンプ場を通り抜ける。**カールトン・フラット Carlton Flat**、**フィドル・クリーク Fiddle Creek**、**インディアン・バレー Indian Valley**、**ロッキー・レスト Rocky Rest**、**ラムズホーン Ramshorn** キャンプ場には、汲み取り式トイレと水道があり、ユバ川の岸に先着順に利用できるサイト（＄13）もある。

シエラ・シャングリ・ラ
Sierra Shangri-La
☎530-289-3455
客室 平日＄85 週末＄100、キャビン＄110～150

ダウニービルの3マイル（約5km）東、ハイウェイ49沿いにあり、毎年訪れる家族客を相手に経営している。7月と8月はたいていどのキャビンも常連客の予約で一杯になるが、"バルコニーから川を望めて、部屋のドアまで朝食を運んでくれる" 客室のほうには空きがある。

ダウニービルのダウンタウンに優れた宿泊施設が数軒ある。

リバーサイド・イン
Riverside Inn
☎530-289-1000
206 Commercial St
客室 平日＄62～ 週末＄70～

北ユバ川を見渡せるバルコニー付客室もあり、午前中、軽い朝食を用意してくれる。客室にはテレビとバスルームはあるが電話はない。網戸が付いているので、メインのドアを開け放し、川のせせらぎを聞くことができる。

ダウニービル・モーター・イン
Downieville Motor Inn
☎530-289-3243
111 Main St
客室＄59～79

ほぼ全室に簡易キッチン、テレビ、電話、バスルームがある。マウンテンバイクをする客には、＄10で従業員による定期送迎サービスを提供し、サイクリングに適した場所も教えてくれる。

キャリッジ・ハウス・イン
Carriage House Inn
☎530-289-3573
W www.downievillecarriagehouse.com
110 Commercial St
客室 平日＄50～ 週末＄70～

カントリー・スタイルの魅力を生かした客室があり、設備はひと通り揃っている。

南ユバ川州立公園
South Yuba River State Park

カリフォルニア州立公園機構は、南ユバ川州域に2000エーカー（約809ha）に及ぶ土地を所有し、あとの5000エーカー（約2000ha）を土地管理局（BLM）から借用している。南ユバ川プロジェクトを通して同機構は川への立ち入り区域を広げ、マラコフ・ディギンズと南ユバ川州立公園をハイキングトレイルでつなげようとしている。中には、ハイウェイ49沿いの南ユバ川橋南側から始まり、1マイル（約1.6km）ほど延びている**インディペンデンス・トレイル Independence Trail** など、既に完成したものもある。

ブリッジポート Bridgeport（東シエラにある町と同じ名前なので混同しないように。「シエラ・ネバダ」を参照。）には、南ユバ川を横断するアメリカ最長の全長251フィート（約75m）に及ぶ屋根付木製単桁トラス橋がある。1862年に民間商用目的で建設されたこの橋は実に興味深いが、7マイル（約11km）もの曲がりくねった道路（ハイウェイ49の西方向はずれにあるプレザント・バレー・ロード Pleasant Valley Rd）を走って見に行くほどのものでは

ない。州立公園では、毎月最終日曜に野鳥観察ウォーキングを年中行っているほか、夏と秋には金のパンニング（選鉱盆を使っての採金）をさせてくれる。ハイキングや水泳が目的であれば、ここへ来る価値は十分にあり、少なくとも半日は楽しめる。バターミルク・ベンドButtermilk Bendと呼ばれる散策トレイルが、南ユバ川流域に1.4マイル（約2.3km）延び、川辺へ出ることができるほか、4月頃には美しい野生植物も観賞できる。エンブライト貯水池Englebright Reservoirまで1マイル（約1.6km）のコースもあり、穏やかな水面と未開発のキャンプ場が幾つかある。

地図と地域の情報はブリッジポートにある**州立公園管理事務所 state park headquarters**（☎530-432-2546）、またはネバダ・シティのタホ国有林USFS管理事務所（「ネバダ・シティ」を参照）で手に入る。

マラコフ・ディギンズ州立歴史公園
Malakoff Diggins State Historic Park

修復された町並み、興味深い博物館、赤土の地層が見える崖、長年の水力採鉱が残した巨大な尾鉱の山などがあるマラコフ・ディギンズは、1日かけて探索する価値が十分にある。

水力採鉱用に特別につくられた世界初の放水砲は、豊かな金脈を発掘するため、1850年代に古代の床岩を突き破り200フィート（約60m）の渓谷を砕き散らした。がれきが丘の斜面から流れ出し、尾鉱はユバ川へ捨てられた。この作業を繰り返すうちに、尾鉱がサクラメント・バレーの平らな谷底にまで到達し、問題となった。1860年代までには、20フィート（約6m）の泥の氷河が川の流れを遮断し、毎年春になるとシエラの雪解け水による深刻な洪水が起こるようになった。1年間に渡り農民と坑夫が裁判所（と酒場）で激しい闘争を繰り広げた結果、水力採鉱はほぼ全面的に禁止された。マラコフ鉱業の中心だった小規模金鉱集団、ノース・ブルームフィールドはその後倒産し、事業停止に追いやられた。

マラコフ・ディギンズ州立歴史公園管理事務所・博物館 Malakoff Diggins State Historic Park Headquarters and Museum（☎530-265-2740 車1台につき＄5）では、興味深い映画を上映し、書籍や地図を販売している。ノース・ブルームフィールドの構造はほぼ元の様態に復元され、現在、幾つかの鉱山事業所が営業している。

公園内には、古いタイプのキャンプサイト、設備の整った3カ所のキャンプ場（☎予約800-444-7321 サイト＄12）、4つのレンタル用キャビン（昔の坑夫用キャビンを改造したもの）がある。加えて、ピクニックエリアもたくさんあり、多数のハイキングトレイルが随所にある。ここにはRV用フックアップ設備はない。

公園に通じる道路、**タイラー・フート・クロシング・ロードTyler Foote Crossing Rd**へは、ネバダ・シティの11マイル（約18km）北、ハイウェイ49から入り、さらに北東へ17マイル（約27km）走ると公園入口にたどり着く。この道路は5000フィート（1524m）の峠を越え、公園入口のすぐ手前で砂利道にさしかかる。冬の間はしばしば4WD車が必要になる。道路情報は公園管理事務所に電話で問い合わせるといい。

タイラー・フート・クロシング・ロードを3マイル（約5km）下った所に**マザー・トラッカーズ Mother Truckers**があり、（普通とはひと味違った暮らしぶりの）地元の人たちが有機栽培の食料品を調達し、地元のニュースを耳にする場所となっている。

ネバダ・シティ
Nevada City

ネバダ・シティ（人口2880人、標高2525フィート＜約758m＞）の自由な気風のルーツは、多分アーロン・サージェントにあるだろう。ニュー・イングランドから移住してきたジャーナリストのサージェントは、カリフォルニアに共和党を発足する手助けをし、のちに連邦議会と上院の議員として活躍した。地元史によると、彼が（サージェントの友人で女性の権利を訴える開拓者的活動家、スーザン・B・アンソニーの助言も含み）19世紀の修正案の作成者だったという。サージェントは、鉄道案を連邦議会に持ちかけた最初の人物で、アブラハム・リンカーンがそれに署名し法制定にこぎつけ、大陸横断鉄道の建設に至った。（1970年代にやって来た）ヒッピーと（次々にやって来る）ロサンゼルスおよびベイ・エリアからの人たちのおかげで、この町はいまだに進化し続けているようだ。この地区では、芸術は生活に欠かせないものであり、大きな劇団が3つ、新興映画館が2カ所あり、音楽の生演奏も毎晩披露されている。状態良く保存されているダウンタウンでは昔の空気を肌で感じられ、ゴールド・カントリーで数日を過ごすのにもっとも良い町の1つといえる。ここは、ユバ川と5マイル（約8km）南のグラス・バレー近くの金鉱を探索するのには絶好の足場になる。

ネバダ・シティの街路はよく通行人と馬車で混雑するので、歩いて回るのが一番だ。ブロード・ストリートが主要大通りで、ハイウ

ゴールド・カントリー − ネバダ・シティ

ェイ49とハイウェイ20のブロード・ストリート出口Broad St exitで曲がると通りに出られる。12月には街全体がクリスマス・デコレーションで飾られ、毎週末には特別行事が催される。

インフォメーション

コマーシャル・ストリート東端の**ネバダ・シティ商工会議所・ダウンタウン協会 chamber of commerce and Downtown Association** (☎530-265-2692, 800-655-6569 ✦132 Main St) にはきれいな公衆トイレがあり、レクリエーション、宿泊、レストラン、エンターテインメントに関するパンフレットもたくさん用意されている。商工会議所は、ジェームス・J・オットがネバダのコムストック鉱脈から初めて採鉱した金の原鉱を分析したというオット鉱石分析所内にある。

タホ国有林USFS管理事務所 Tahoe National Forest USFS Headquarters (☎530-265-4531 ✦Hwy 49 ◉月〜土 8:00〜16:30) はコヨーテ・ストリートCoyote St北端にあり、ここからレイクタホまでの地域にあるトレイルやキャンプ場に関する情報を入手するのに便利。タホ国有林の芸術的な地図が管理事務所前に掲載されている。

ブロード・ストリート書店 Broad St Books (☎530-265-4204 ✦426 Broad St) には、地図、旅行ガイド、歴史書やベストセラーなどが置かれていて、店内にあるカフェで読書を楽しめる。

観光スポットと楽しみ方

ネバダ郡立歴史社会博物館 Nevada County Historical Society Museum (☎530-265-5468 ✦214 Main St ◉任意＜寸志＞) ◉4〜10月 11:00〜16:00) は、ネバダ・シティのもともとの消防署内にあり、1862年建築のジェス・ハウス (「サクラメント・バレー」のコラム、「ジェス・ハウス」を参照) の祭壇一式を含む、た

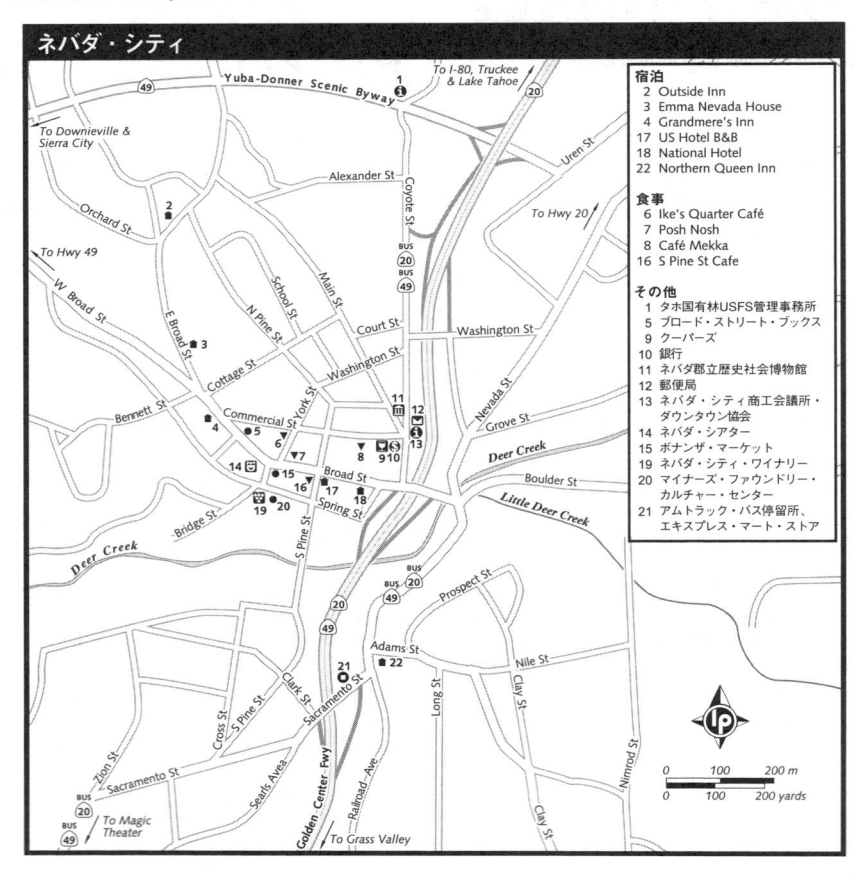

ネバダ・シティ

宿泊
- 2 Outside Inn
- 3 Emma Nevada House
- 4 Grandmere's Inn
- 17 US Hotel B&B
- 18 National Hotel
- 22 Northern Queen Inn

食事
- 6 Ike's Quarter Café
- 7 Posh Nosh
- 8 Café Mekka
- 16 S Pine St Cafe

その他
- 1 タホ国有林USFS管理事務所
- 5 ブロード・ストリート・ブックス
- 9 クーパーズ
- 10 銀行
- 11 ネバダ郡立歴史社会博物館
- 12 郵便局
- 13 ネバダ・シティ商工会議所・ダウンタウン協会
- 14 ネバダ・シアター
- 15 ボナンザ・マーケット
- 19 ネバダ・シティ・ワイナリー
- 20 マイナーズ・ファウンドリー・カルチャー・センター
- 21 アムトラック・バス停留所、エキスプレス・マート・ストア

くさんの中国製品の収集物が展示されている。ここには、生霊が宿っていると評判の心霊写真もあり、超心理学者が貸し切りバスに大勢乗ってやって来る。

1856年に建設された、ネバダ・シティの鋳造工場では、水力採鉱に革命を起こした最初のペルトン水揚げ車を製造した。第2次世界大戦後はこの工場で、ヘルスマスター・ジューサーを製造し、商品は健康志向の人々の間で人気を集めた。ブロード・ストリートから1ブロック外れたこの工場は現在**マイナーズ・ファウンドリー・カルチャー・センター Miners Foundry Cultural Center**（☎530-265-5040 ⌂325 Spring St）として、パフォーマンスアートや個人向けパーティー会場として利用されている。工場入口からガイドなしの見学ツアーができ、鋳造工場初期の道具などを見ることができる。5月にはここでジャズの祝典も行われ、国内各地のミュージシャンが集まる。

ネバダ・シティ・ワイナリー Nevada City Winery（☎530-265-9463 ⌂321 Spring St ⊙月〜土11:00〜17:00 日12:00〜17:00）では、受賞ものワイン（主にシラーとジンファンデル）が製造され、すてきなギフトショップ兼用の試飲室で無料で味わうことができる。毎年ブレンド具合が変わるここの象徴とも言えるラフ＆レディーRough＆Readyを必ずテイスティングしよう。

宿泊・食事
週末の料金は以下に記載する平日料金よりも約＄10高くなる。

アウトサイド・イン
Outside Inn
☎530-265-2233 ℻265-2236
🌐www.outsideinn.com
⌂575 E Broad St
🛏客室＄65〜105 キャビン＄120 コテージ＄140

ここは例外的に親しみやすく楽しいモーテル。客室はカラフルで、アウトドア好きなスタッフがいる。パティオのある客室もあり、そこからは小川が望める。ダウンタウンから徒歩10分の距離。

ノーザン・クイーン・イン
Northern Queen Inn
☎530-265-5824
⌂400 Railroad Ave
🛏客室＄77〜85、キャビン＄110

客室のほかに、5人まで寝られるシャレー（スイス風の別荘）がある。温水プール、スパ、レストランが完備されているが、ダウンタウンからは少し離れている。ここはネバダ・シティの中国人墓地の上にあり、火葬された死体がまだ地中に残されていると言い伝えられているが、墓標は以前あったにしてもとうの昔になくなっている。

ナショナル・ホテル
National Hotel
☎530-265-4551
⌂211 Broad St
🛏客室＄75〜119

ダウンタウンの真ん中にある歴史あるホテルで、ロッキー・マウンテンの西で継続的に営業しているホテルの中ではもっとも古い歴史を持つとうたっている。建物は1850年代に建築されたもので、室内装飾（1960年代のビンテージ）は少々くたびれた様子。

USホテルB&B
US Hotel B&B
☎530-265-7999、800-525-4525
⌂Broad St
🛏客室＄95〜

ナショナル・ホテルから数軒先にあり、客室はエレガントに修復されている。料金には、朝食および夕方の無料ワインが含まれている。

エマ・ネバダ・ハウス
Emma Nevada House
☎530-265-4415、800-916-3662
⌂528 E Broad St
🛏客室＄100〜155

市の一番高い所にあり、1890年代のオペラスター、エマ・ネバダが幼少時代を過ごした家。広い明るい居間があり、客室は爽快で風通しが良い。

グランメアー・イン
Grandmere's Inn
☎530-265-4660
🌐www.grandmeresinn.com
⌂449 Broad St
🛏客室＄138〜209

市の中心にあり、高級感を漂わせる1856年に建設されたアーロン・サージェントの邸宅。装飾は控えめで客室は広々としており、宿泊客はここの朝食は最高だと太鼓判を押す。

ボナンザ・マーケット
Bonanza Market
⌂cnr Broad & Bridge Sts
⊙月〜土 8:00〜19:00 日 9:00〜18:00

すばらしいデリカテッセンがある大型スーパー。

ブロード・ストリート・ブックス
Broad St Books
☎530-265-4204
⌂426 Broad St
🛏＄7未満

書店内に軽食やおいしい焼き菓子などを出すカフェがあり、パティオも好感が持てる。

Sパイン・ストリート・カフェ
S Pine St Cafe
☎530-265-0260
🏠110 S Pine St
📖朝食・ランチ＄4〜7

朝食やベジタリアン用料理を楽しむにはここがおすすめ。

イケ・クオーター・カフェ
Ike's Quarter Cafe
☎530-265-6138
🏠401 Commercial St
📖朝食・ランチ＄6〜8

ポーボーイやマフェラータ、レッドビーンライスなどケージャンおよびクリオール（フランス系住民）の定番料理を新しい解釈で料理。七面鳥のエトゥフェ巻きを試してみては。

おいしい料理を手頃な価格で楽しみたいなら**ポッシュ・ノッシュ Posh Nosh**（☎530-265-6064 🏠318 Broad St 📖ランチ＄8、ディナー＄9〜13）を試してみるといい。

エンターテインメント

木曜発行の「ユニオン*Union*」のイベント情報欄に、この辺りでどんな催しがあるか載っている。どこでも簡単に購入できるが、ホームページ（www.theunion.com）で調べることもできる。

カフェ・メッカ
Café Mekka
☎530-478-1517
🏠237 Commercial St

アコースティック音楽の生演奏をほぼ毎晩行っている。メニューにはコーヒー、デザート、軽食がある。隣の**クーパーズ Cooper's**（☎530-265-0116 🏠235 Commercial St）では、グラス単位（＄4）で地元のワインが味わえる。ビールサーバーからのビールを飲め、ジャズや地元のロックバンドの演奏が火曜から土曜の夜に楽しめる。

ネバダ・シアター
Nevada Theater
☎530-265-6161
🏠4401 Broad St
📖実演チケット＄17〜、映画＄5

カリフォルニアで最初の劇場といわれ、この舞台でジャック・ロンドンやマーク・トウェインのような役者が演技を披露したこともある。現在では、映画祭や最新映画の上映のほか、多作を誇るフットヒル劇団Foothill Theater Company（☎530-265-8587）の公演に使用されている。

マジック・シアター
Magic Theatre
☎530-265-8262
🌐www.themagictheatrenc.com
🏠107 Argall Way

ネバダ・シティのダウンタウン南にあり、多分カリフォルニア州で最小の、もっとも親しみやすい、一番環境への配慮が行き届いた（ポップコーンもコーヒーも使い捨てではない本物の容器やカップで出され、幕間には焼きたてのブラウニーを用意している）映画館だろう。水曜から日曜の夜に映画を上演し、日曜には＄4でマチネー（昼興行）を見ることができる。

アクセス・交通手段

アムトラックの定期バスが1日に5本、ネバダ・シティ発サクラメント行き（＄13）、グラス・バレーおよびオーバーン経由で運行している。バスは、**エクスプレス・マート・ストア Express Mart store**（🏠301 Sacramento St at Hwy 49）で停車する。

ゴールド・カントリー・ステージ Gold Country Stage（☎530-477-0103）は、グラス・バレーとネバダ・シティ間（乗車1回につき＄1、1日券＄2）を月曜から金曜の7:30から18:00と、夜間は17:30から21:45まで定期便を運行。ネバダ・シティでは、バスはブロード・ストリートBroad Streetとコヨーテ・ストリートCoyote Streetの角で停車する。メイン・ストリートMain Streetの市街電車も同等の低料金で似たようなルートを通っている。こちらは、ネバダ・シティの**ナショナル・ホテル National Hotel**（🏠Broad St）から発車する。現行の発車スケジュールは電話（☎530-265-4551）で確認できる。

グラス・バレー
Grass Valley

グラス・バレー（人口8291人、標高2420フィート＜約726m＞）は、この地域の住民が食品を調達し、車を修理したり、ペットの手入れをする場所だ。いまだに健在で優良店が並ぶこの歴史あるビジネス地区は、進歩の名のもとに建設ルールが無視された1980年代中頃から終わりにかけて建ったストリップモール、ガソリンスタンド、ファーストフードレストランによって規模縮小に追いやられている。

ジョージ・ボーンのエンパイア金鉱を筆頭に、グラス・バレーの鉱山はカリフォルニアでは最初の縦坑鉱山である。鉱山所有者と投資家は、この地の鉱山の鉱脈採鉱でも大規模事業と会社の株を宣伝することでも巨大な富が得られることを実感した。エンパイア金鉱は採鉱会社の中では初めて株を売りに出した会社である。エンパイア金鉱で労働者を必要としていたため、1860年代のグラス・バレー

はロサンゼルスやサンディエゴよりも大きな市に成長し、カリフォルニア州で最大の、しかも、もっとも長く続いた鉱山の町になった。

グラス・バレーの主要大通りは、ミル・ストリートMill StとWメイン・ストリートW Main St（歴史あるビジネス地区の中心を通る）、北のショッピングセンターと小モールへ向かうEメイン・ストリートE Main Stだ。この大通りは、ネバダ・シティ・ハイウェイとしてさらに北へ延び、さらにサクラメント・ストリートとしてネバダ・シティへ入る。Eメイン・ストリートとWメイン・ストリートの間はSオーバーン・ストリートによって隔てられている。

7月および8月の金曜の夜にミル・ストリートは車両通行止めとなり、食品、アート作品、手芸品、音楽であふれ、人々は通りを楽しむ。

インフォメーション

ダウンタウン協会 Downtown Association（☎530-272-8315）は、かつてローラ・モンテズが住んでいたミル・ストリートにある家だ。中には、地図やパンフレットが置いてある。

ブック・セラー The Book Seller（☎530-272-2131 🏠107 Mill St）では、地元の出版物、歴史書、旅行ガイド、ベストセラーを販売している。町の最近の出来事や行事を知るには便利な所だ。

観光スポットと楽しみ方

エンパイア金鉱州立歴史公園 Empire Mine State Historic Park（☎530-273-8522 🎫$1 🏞公園・ビジターセンター 9:00〜18:00、10〜5月10:00〜17:00）は、367マイル（約591km）の鉱山の換気坑上に位置し、1850年から1956年まで600万オンス（約17万kg）の金（今の金額で言うとおよそ20億ドルに相当する）を生産した金鉱。ゴールド・カントリーで一番保存状態のよい金英石採鉱事業所で、少なくとも半日は見学に費やす価値がある。広い採鉱地内には、巻き上げやぐら、砕鉱機、滑車などがあり、廃石（英石を採鉱した後に残った岩）で建設された建物内の会社事務所に囲まれている。

ビジターセンターと博物館は、東へ向かっている場合、E・エンパイア・ストリート右側の公園入口に分かりやすく記されてあり、おもしろい映画を上映し、レンジャーによる無料ツアーが1時間ごとに出ている。もしツアーを見逃したら、ビジターセンターの隣室にある、色分けされた金鉱システムの模型を見てみるといい。採鉱場で最大の巻き上げやぐらの横にある40フィート（約12m）下の主要な採掘換気坑へ続く階段がある。

ビジターセンター反対側には、エンパイア金鉱に成功をもたらしたボーン家の立派な邸宅が建っている。ガイドが引率するツアーで、優雅なカントリー・クラブ、英国式邸宅、バラ園などを見て回るので、ビジターセンターでその日のツアー予定をチェックするといい。

ハイキングトレイルが、鉱山の古い砕鉱機の近くから出ている。コースマップはビジターセンターにある。この歴史公園は、ハイウェイ49をエンパイア・ストリート出口で下り、グラス・バレーの2マイル（約3km）東にある。

グラス・バレーのローラ・モンテズ

19世紀に活躍した美人で、魅惑的、そして論争を招くような顔つきを持っていたローラ・モンテズは、現代で言うと歌手のマドンナのような存在だった。イライザ・ギルバートとしてアイルランドで生まれたローラは、スパニッシュダンサーと自称し、ロンドンのステージに上がった。そこで、バイエルン王、ルートヴィヒ1世のハートを射止め、王からランズフィールド女伯爵の称号を与えられた。1848年の王に対する革命が起きている最中、ルートヴィヒ王に連れ添っていたローラは、ローマが火の海と化した際、窓際に腰を下ろしてシャンパンを飲み、革命の火に油を注いだ。この無礼な行動が原因で、彼女はドイツを追放される羽目になった。

ジョルジュ・サンドやビクトル・ユーゴなどの仲間とパリで踊ったあと、30歳を超えたローラはまだ自分の官能的な踊りとエキゾチックな外見に喝采を浴びせてくれる、さほど洗練されていない観客のいるアメリカへと移り住んだ。常に注目の的であることを願って止まない彼女は、ニューヨークからボストン、フィラデルフィアへと移り、最終的にカリフォルニアまで来て、ここなら観客を虜にできると確信した。しかし、1853年頃にはサンフランシスコとサクラメントには既に魅惑的なエンターテイナーが存在していたので、ローラを手放しで歓迎してくれた無鉄砲な鉱山の町、グラス・バレーに落ち着くことにした。

女性はパンを焼き、洗濯をするのが当たり前で、女性自身が富を手にすることなど論外という風習の中で、胸元の開いたドレスに身を包み、キューバ製の葉巻を吸い、ハイイログマの小熊を2頭ペットとして飼い、自宅のヨーロッパ風「サロン」でシャンパンや輸入ウイスキーを振る舞うなどのローラの行動は、ここでも論争を巻き起こした。坑夫の憧れの的で、その妻たちからは毛嫌いされていたローラは、オーストラリアのゴールドラッシュを契機に、もうひと花咲かせようと南半球へ向かうまで、グラス・バレーで一番の有名人だった。彼女が住んでいた家は現在、商工会議所になっていて、いまだにグラス・バレーで注目を浴びている。

グラス・バレーにある**ノース・スター金鉱** North Star Mine**は、建設された中で最大のペルトン水揚げ車を使用した金鉱。ミル・ストリートの南端、ウルフ・クリークの西岸にある金鉱の旧石造発電所は現在**博物館 museum（☎530-273-4255 ■任意＜寸志＞ ◎5〜10月 10:00〜17:00）となっている。数は少ないがペルトン水揚げ車（とその試作品）、採鉱道具、工芸品の収集物を展示している。博物館の裏には小川のそばの日陰に幾つかのテーブルがあり、良好なピクニック・スポットになる。

宿泊・食事

ステージ・コーチ・モーテル
Stage Coach Motel
☎530-272-3701
🏠405 S Auburn St
■S＄55 W＄60
この地域でもっとも低料金のモーテルで、古びたカーペットでも気にならない人にとってはまんざらでもない宿だ。

ホルブルック・ホテル
Holbrooke Hotel
☎530-273-1353、800-933-7077 FAX530-273-0434
🌐www.holbrooke.com
🏠212 W Main St
■客室 ＄60〜145、ランチ＄8程度、ディナー＄8〜15
宿泊者名簿にはマーク・トウェインの署名がある。客室は設備が整っている。宿泊料には朝食が含まれている。ダイニングルームは特別行事によく利用され、バーは町中にあるバーにもひけをとらない。

リスキー・ビジネスB&B
Risky Business B&B
☎530-273-6873
🌐www.riskybusinessonline.com
🏠318 Neal St
■客室 ＄125〜200
1858年の家屋を見事に修復した建物には客室が4室ある。プールと共同スパがあり、客室にはジャクジーが付いている。場所はグラス・バレーの歴史センターから1ブロック離れた所にある。

トファネリ
Tofanelli's
☎530-272-1468
🏠302 W Main St
■朝食・ランチ＄8程度、ディナー＄8〜13
地元の人がコーヒーとスコーンからサラダにパスタまで、とにかく何でもここで済ませるという店。1人前の量が大盛りなので、連れと分け合って食べてはどうだろう。

クラ・クラ
Kula Kula
☎530-274-2229
🏠207 W Main St
■ランチ＄5程度、食事＄9〜15
家庭的な日本料理を出し、土曜の夜にはピアノの生演奏が聴ける。

アクセス・交通手段

アムトラックのバスは**市庁舎 City Hall**（🏠125 E Main St）の前で停車する。オーバーン経由のサクラメント行き定期バス（＄11）が日に5本運行している。グラス・バレーとネバダ・シティを往復する定期バスを、**ゴールド・カントリー・ステージ Gold Country Stage**が運営し、**郵便局**（🏠E Main St）前で停車する。

オーバーン
Auburn

1856年にオーバーン（人口1万2900人、標高1255フィート＜約377m＞）は町営の鉱山鉄道を完成させ、列車がサクラメントからフォルサムFolsomまで走り、人々を北へと鉱山近くまで運んだ。オーバーンの鉄道がセントラル・パシフィックの一部として大陸横断ルートに含まれるようになってから、サクラメント〜フォルサム線はやがて閉鎖となった。インターステート80（I-80）がベイ・エリアとタホ湖に沿って走り、オーバーンに住みサクラメントで働く人々の通勤道路になっている。I-80に近いことで、オーバーンはゴールド・カントリー内でもっとも人が訪れる町の1つになっているが、やはりここはストリップモール、自動車店、ファーストフードレストランが建ち並ぶサービスセンター的な町でしかない。ここの歴史的な部分（オールド・タウンと呼ばれる）は感じが良く、インターステートからあまり離れずに1時間程度で見て回れる。この辺りを日曜に観光するなら、オーバーンを訪れてみたらいい。道路が車両通行止めになり、音楽の生演奏と食べ物の露店が出て、大きなのみの市が9:00から17:00まで開催される。

オリエンテーション・インフォメーション

オーバーンは、I-80の東に位置し、すぐ目に入るプレイサー郡庁舎（大きな黄色の建築物でフリーウェイからでもはっきり見える）の南側にオールド・タウンがあり、北と東へ新興地区が広がっている。

リンカーン・ウェイLincoln way北端にある

旧オーバーン鉄道停車場の建物内に、**オーバーン地区商工会議所 Auburn Area Chamber of Commerce**（☎530-885-5616 ◎月〜金 9:00〜17:00）があり、博物館、宿泊、レストランに関するガイドを置いている。

観光スポットと楽しみ方

堂々とした**プレイサー郡庁舎 Placer County Courthouse**（◎8:00〜17:00）の1階にある、**プレイサー郡立博物館 Placer County Museum**（■無料 ◎火〜日 10:00〜16:00）で数時間楽しんだあと、ぶらりとオールド・タウンへ足を延ばすと、そこに1912年以来、不況と禁酒法をくぐり抜けて今も営業している**上海バー Shanghai Bar**（☎530-8446 ★291 Washington St）がある。貴重な発見物に等しい昔の酒があり、酒を飲まずとも一見の価値あり。週末は生演奏でかなり盛り上がる。

地元の体験知識を詳しく知りたい人は、広場の裏側にある**ゴールド・カントリー博物館 Gold Country Museum**（☎530-889-6500 ★High St ■ $1 ◎火〜金 10:00〜15:30 土・日 11:00〜16:00）を訪れてみるといい。

バーンハード・ミュージアム・コンプレックス Bernhard Museum Complex（★291 Auburn-Folsom Rd ◎火〜金 10:00〜15:30 土・日 12:00〜16:00）は、ハイ・ストリートの南端にあり、1851年にトラベラーズ・レスト・ホテルとして建築された。館内には、欠くことのできないワイナリーや馬車小屋など典型的な19世紀の農家の家庭を描いた展示物がある。

宿泊・食事

エルムウッド・モーテル
Elmwood Motel
☎530-885-5186
★588 High St
■S $45 W $50

多少くたびれた、オーバーンのダウンタウンで唯一のモーテル。野外プールがある。

I-80沿い、オーバーン・ラビーン・ロードAuburn Ravine Rdにある**フットヒル・モーテル Foothills Motel**（☎530-885-8444 ■S $60、W $65）は、数軒ある中の小さなモーテルで、プールとホットタブがあり、人懐っこいオーナーがいる。宿泊料には、道路向かいの喫茶店で食べる朝食が含まれている。

オーバーン・ベスト・イン&スイート
Auburn Best Inn & Suites
☎530-885-1800、800-272-1444、800-626-1900
■客室 $75〜

スパ、プール、エクササイズルーム、コインランドリーがあり、軽い朝食を用意してくれる。

オーフル・アニーズ
Awful Annies
☎530-888-9857
★160 Sacramento St
■朝食・ランチ $4〜8

オールド・タウンにある地元で人気の店。朝食や昼食を店内もしくは外のデッキでとることができる。1人前の量が多いが、腹8分目で抑えておき、おいしいデザートを食べる余地を残しておきたいところだ。

カフェ・デリシャス
Cafe Delicias
☎530-888-2050
★1591 Lincoln Way
■1品 $5〜8

オールド・タウンにあるメキシコ料理を味わうには最高のレストラン。裏口へ回って、トルティーヤが手作りされている様子をのぞいてみよう。

ブートレガーズ・オールド・タウン・ターバン&グリル
Bootleggers Old Town Tavern & Grill
☎530-889-2229
★210 Washington St
■ランチ・ディナー $8〜18

自慢話をするには最適だ。オーバーンのかつての市庁舎内にある店。

アクセス・交通手段

アムトラックAmtrakのサクラメント行き列車が日に1本、バスが8本運行されている（$9、55分）。ノースバウンド社Northboundのバスはグラス・バレー行き（$7.50、30分）と、ネバダ・シティ行き（$9、40分）を運行している。すべてフルウィーラーFulweiler（オールド・タウンの歴史的地区から北へ2マイル<約3.2km>行った所）角の、**列車プラットホーム・バス待合所 train platform and bus shelter**（★277 Nevada St）から出発する。チケットは乗車してから買う。

グレイハウンドGreyhoundのバスは日に3度、サクラメント（$9.25、1時間20分）およびトラッキーTruckee（$14.50、1時間45分）へ向かう。「シエラ・ネバダ」を参照。バスには**フライヤー・ステーション&ミニ・マート Flyers Station & Mini Mart**（★13461 Bowman Rd）で運転手に合図して乗り、料金は車内で運転手に払う。

オーバーン州立レクリエーション・エリア
Auburn State Recreation Area

オーバーンの南、約4マイル（約6km）の所で、アメリカン川の北支流と本流がハイウェイ49

に架かる橋の真下で合流する。ここは夏は日光浴や水泳を楽しむ人々に人気のスポットだが、流れが急で危険だという警告がはっきりと掲示されている。この地区に数多くあるトレイルは、ハイキング、マウンテンバイク、乗馬を楽しむ人の間で共有されている。ボートを楽しむ人には専用のキャンプ場とボート用コースが用意されている。

オーバーン州立レクリエーション・エリア、公園およびレクリエーション事務局カリフォルニア支部 Auburn State Recreation Area California Department of Parks and Recreation office (☎530-885-5648 ⚑Hwy 49 ⏰月〜金 8:00〜16:30) は、地図や情報を得るのにもっとも役に立つ場所で、橋とオーバーンの中間地点にある。トレイルとキャンプ場に関する情報は事務局前の箱に入っている。

もっとも人気があるトレイルは**ウエスタン・ステート・トレイル Western State Trail**で、オーバーン州立レクリエーション・エリアとフォルサム湖州立レクリエーション・エリアFolsom Lake State Recreation Areaおよびフォルサム湖Folsom Lakeを結ぶ。このトレイルは、毎年行われる「1日100マイル（約160km）」乗馬の場所で、ソーダ・スプリングスSoda Springs（トラッキー近く）の「シエラ・ネバダ」の「レイクタホ」を参照）からスタートし、オーバーンがゴール地点になっている。ここは、毎年6月恒例のウェスタン・ステート100マイル耐久マラソンのルートでもある。

クウォーリー・トレイル Quarry Trailは橋の少し南、ハイウェイ49から出ている水平のコースで、アメリカン川の本流に沿っている。ところどころにベンチが置いてあり、川へと下るサイドトレイルが幾つかある。

コロマ
Coloma

もともとはサター製材所（カリフォルニアで最初に金が発見された場所）に近いことで知られるようになったコロマ（人口1100人、標高750フィート＜約225m＞）は現在、ホワイトウォーターラフティング（急流いかだ下り）で有名な町だ。アメリカン川の南支流、プレイサービルの11マイル（約18km）北にあるこの町は、町自体が**コロマ・クラブ Coloma Club**（☎530-626-6390 ⚑7171 Hwy 49）などのハイウェイ49沿いに幾つか軒を並べるバー、レストランなどで構成されている。これらの店は、川の水面が上がると、ガイドや川好きな連中で活気づく。それだけでなく、たくさんの個々の川用品や道具の店でそのあたり一帯を占めている。

半日ツアーは通常チリ・バーChile Bar砂州上流から始まり、マーシャル・ゴールド・ディスカバリー州立歴史公園Marshall Gold Discovery State Historic Park（次ページを参照）近くで終わる。終日ツアーは、コロマ橋からフォルサム湖近くのラフト（いかだ）が急流に飛び上がるサーモン滝まで。半日オプションはクラスIIIの急流から始まり、終わりまでアクション満載（終日ツアーは穏やかに始まり、クライマックスをクラスIIIの急流で締めくくるよう、徐々に盛り上がるようになっている）。終日ツアーには、贅沢な昼食が含まれる。期間は、冬の雨量と雪解けの早さによるが、通常は5月から10月半ばまで。料金は、客の少ない月曜から金曜までは＄20安くなっている。

ホワイトウォーター・コネクション Whitewater Connection（☎530-622-6446、800-336-7238 ✉raft@whitewaterconnection.com）には、細部まで手入れが行き届いた用具、知識豊富なガイド、おいしい料理が揃っていて断然おすすめ。平日の半日ツアーをたったの＄89で楽しめる（土＄109 日＄99）。終日ツアーの平日料金は＄109（土＄129 日＄119）で、1泊2日ツアーは＄239〜。

マザー・ロード・リバー・トリップ Mother Load River Trips（☎800-427-2387 🌐www.MaLode.com）でも似通ったサービスを同等の料金で提供している。こちらには、6人以上のグループで1人あたり＄70の河川保護ツアーがあり、河川の環境や保護に関する説明を聞ける。

アドベンチャー・コネクション Adventure Connection（☎800-556-6060 🌐www.raftcalifornia.com）は手広く事業を展開していて、クラマス川Klamathとカウェー川Kaweahでもサービスを提供している。終日ツアーは平日＄105、週末＄135で、1泊2日ツアーは平日＄235、週末＄285。

州立公園内のサター製材所横の橋の上流、トラブル・メーカー・ラピッドTrouble Maker Rapidでラフティングをしている人を見物するのは、愉快でただの娯楽だ。

宿泊

ラフティング業者のほとんどが自社専用キャンプ場を所有し、泊りがけのツアー参加客が利用できるようになっているが、キャンプ場に空きがあれば、終日ツアー客でも約＄15でキャンプさせてくれる。

アメリカン・リバー・リゾート
American River Resort
☎530-622-6700 📠530-622-7461
⚑6019 New River Rd
🏕キャンプ 平日＄20 週末＄28、キャビン ＄115〜130

ハイウェイ49から0.25マイル（約0.4km）ほど入った州立公園のすぐ南にあり、レストラン、バー、遊び場や池があり家畜動物がいる。キャンプ場はすばらしいとは言い難いが、日陰になっていて、簡単に川へ出られる。

コロマ・リゾート
Coloma Resort
☎530-621-2267
🏠6921 Mt Murphy Rd
✉テント・RVサイト＄32、キャビン＄45
テントとキャビンのほかに寝台宿泊所が2棟あり、5人が＄75で泊まれる（シーツや寝具類は用意されていない）。

キャンプ・ロータス
Camp Lotus
☎530-622-8672
✉1人あたり 平日＄6 週末＄8（最低 平日＄18 週末＄24を支払う）
🗓5～10月
コロマの1マイル（約1.6km）西（ハイウェイ49をロータス・ロードLotus Rdへの分岐点で曲がる）にあり、RV用スペースが10サイトあるが、原則的にはテント使用者用のキャンプ場。ここのシャワーは熱いお湯が出て、トイレは水洗式だ。犬は禁止。

ゴールデン・ロータスB&B
Golden Lotus B&B
☎530-621-4562
🏠1006 Lotus Rd
✉客室＄85～120
地元の人がすすめるB&B。

マーシャル・ゴールド・ディスカバリー州立歴史公園
Marshall Gold Discovery State Historic Park

アメリカン川の南支流およびハイウェイ49がマーシャル・ゴールド・ディスカバリー州立歴史公園（🚗車1台につき＄2 🕗8:00～日没）の中を通っている。公園のほとんどはドライブしながら見ることができるが、ハイキングトレイル、復元された建物、サター製材所の複製など、車を降りても数時間楽しめる。ハイウェイ49を少しそれた所に**州立公園ビジター・インフォメーション・センター&博物館 State Park Visitors Information Center & Museum**（☎530-622-3470 🏠Bridge St 🕙10:00～16:30）がある。映画と興味深い採鉱に関する展示物があって、立ち寄る甲斐は十分にある。

坑夫墓地に立つ彫像が目印となるジェームズ・マーシャル記念碑まで車で1周できる。またはモニュメント・トレイルをハイキングしながら記念碑まで行くことも可能。トレイルは、途中に昔の採掘道具やきれいな公園指定ピクニックエリアがある（ほかにも景観開拓地や岩肌露出地など、ピクニックにちょうどいい場所がある）。

ここでは金のパンニング（砂金すくい）が人気のレクリエーションだ。ベッカート・ガン・ショップBeckeart's Gun Shop（ビジター・センター向かい、ハイウェイ49沿い）で＄7.50払うと、昔の坑夫が選鉱盆の中で「色」と呼んでいた金を必ず見つけられる場所でパンニングをさせてくれる。または、複製の製材所のところの橋を渡った川の東岸で挑戦してみるのもよい。選鉱盆はビジター・センターにあり、5月から9月の間は週末にパンニングの実演を披露してくれる。

プレイサービル
Placerville

「昔の絞首刑の町」として妄信的に知られているプレイサービル（人口9336人、標高1866フィート＜約560m＞）は絶えず行き交う旅行者相手の商売を生活の糧としてきた町だ。もともとは、金を求めてアメリカン川の南支流に沿ってカリフォルニアに到着した人たちが最終目的地として目指す町だった。1857年、シエラ・ネバダを横断した最初の駅馬車によってプレイサービルはネバダにあるカーソン・バレーCarson Valleyと連結された。このルートは、のちにアメリカ初の大陸横断駅馬車路線となった。今日、プレイサービルはハイウェイ50でサクラメントとタホ湖南部間を行き来する人たちのガソリンおよび食料調達地になっている。エル・ドラド・カウンティEl Dorado Countyの中心でもあるこの町は、性質の異なる2つの地区にはっきりと分かれている。一方には、ファーストフードレストランと自動車販売店が立ち並び、ハイウェイ50沿いでチェーン経営企業が集まっている地区、もう一方は、昔の状態が保存されている、活気に満ちたダウンタウンで、アンティークの店や書店、ヘミングウェイさえも泥酔するようなバーが集まっている。

歴史

サクラメント・バレーで最初に小麦を栽培した、ジャレッド・シェルドンとウィリアム・デイラーがコロマで坑夫に家畜を売るため、1848年の夏、東へ向かった。その際、現在のプレイサービルの12マイル（約19km）南東のまだ手つかずの土地を掘り起こしてみようということになった。彼らは、1週間で約1万7000ドル相当の金を発見したが、自分たちが懸命の努力を捧げている農場が気になり、アメリカ先住民ミウォク族を（日当50セントで）

雇って金を掘らせることにして、自分たちは農場へ戻った。やがてほかの坑夫たちがやって来て住むようになり、この地を「乾いた採掘場」と呼んだ。なぜなら、この地では干上がった小川の表面近くで金が発見され、ナイフやフォーク、または先のとがった棒を使って金を採取できたからだ。

ゴールドラッシュ全盛期には、犯罪をする気にもなれないほど金が定期的に発見されたが、起こった場合は、蚊がたくさん発生する時期に犯罪者を裸にして木に縛りつけるなどの「坑夫の掟」によって処分された。そのうちに大勢の人が押し寄せ、金を発見するのが難しくなり犯罪が急増し、その場しのぎの裁判がたびたび行われるようになった。裁判所の処分は、5人組の男たちに窃盗と殺人未遂で有罪判決を下し、「絞首刑！」との満場一致の意見で彼らを処刑した1849年まで、処罰は重くなる一方だった。短い執行猶予期間を経て、男たちはメイン・ストリートに生えている木へ連行され、首を吊された。この事件のあと、乾いた堀場は絞首刑の町と呼ばれるようになった。成長を続けるこの町の住民が、教会、禁酒同盟、劇場、何軒かのレストランを自慢し始めた1854年頃には、砂鉱採掘業により坑夫やその家族が増え、この町はプレイサービル（砂鉱の町）と呼ばれるようになった。

オリエンテーション・インフォメーション

プレイサービルの中心にある、メイン・ストリートはカナル・ストリートCanal Stとシーダー・ラビーン・ロードCedar Ravine Rdの間のハイウェイ50と平行に走っている。ハイウェイ49はダウンタウンの西端でメイン・ストリートにさしかかる。

エル・ドラド・カウンティ商工会議所 El Dorado County Chamber of Commerce (☎530-621-5885、800-457-6279 🏠542 Main St 🕐月～金 9:00～17:00)ではゴールド・カントリーに関する情報とレイクタホ地区の情報を入手できる。**プレイサービル・ニュース社 Placerville News Co** (☎530-622-4510 🏠409 Main St)には、豊富な数の地図、歴史書、新聞、および国際的関心事を掲載した雑誌がある。銀行や何軒かの優良書店は、メイン・ストリートにある。**郵便局** (🏠Sacramento St)は、1ブロック南。

観光スポットと楽しみ方

エル・ドラド・カウンティ裁判所 El Dorado County Courthouse (🏠543 Main St)などの、メイン・ストリートに並ぶ建物のほとんどが1850年代のもので、中でも**プレイサービル工具店 Placerville Hardware** (🏠441 Main St)は、ミシシッピー川の西側で継続的に営業している工具店ではもっとも古い歴史を持つ店だ。店の前にある昔の写真を見ると、初期のプレイサービルの様子と絞首刑の木が写っている。

プレイサービル歴史博物館
Placerville Historical Museum
☎530-626-0773
🏠524 Main St
🎫無料
🕐水～土 10:00～16:00 日 12:00～16:00
ファウンテン＆トールマンソーダ作業ビルFountain&Tallman Soda Works Building内にあり、少数のソーダ工場歴史遺物やプレイサービルの写真のコレクションが展示されている。

　町から1マイル（約1.6km）北のベッドフォード・アベニューBedford Aveにある**ゴールド・バグ公園 Gold Bug Park** (☎530-642-5207 🌐www.goldbugpark.org 🕐8:30～17:00、天候

プレイサービルはかつて大陸横断駅馬車ルートの停留所だった。

次第）は、1849年から1888年まで4カ所で金が採れたという金鉱跡にある。大人＄3、子供＄1（ヘルメット込み）でゴールド・バグ金鉱や砕鉱機を見学でき、坑内見学やピクニックは無料で楽しめる。

エル・ドラド・カウンティ歴史博物館
El Dorado County Historical Museum
☎530-621-5865
無料
水～土 10:00～16:00 日 12:00～16:00

プレイサービルのダウンタウン西（ハイウェイ50北出口からプレイサービル・ドライブPlacerville Driveへ抜ける）のエル・ドラド・カウンティのフェア会場にある。広々とした敷地内に修復された建物や採鉱道具があり、再設された企業もある。

宿泊・食事

プレイサービルKOA
Placerville KOA
☎530-676-2267
Hwy 50
テントサイト＄22、RVフックアップ＄26、キャビン＄45～55

プレイサービルの6マイル（約9.7km）西、ハイウェイ50沿いにある（北へ出てシングル・スプリングス・ドライブShingle Springs Driveへ抜ける）。18エーカー（約7ha）の敷地内にキャンプサイトがあり、店、ランドリー、プールがある。テントサイトは日陰になっているが、芝生の地面ではない。

ケアリー・ハウス・ホテル
Cary House Hotel
☎530-622-4271 FAX 530-622-0696
300 Main St
客室＄75～

プレイサービルのダウンタウンにある、完全禁煙のホテル。最近修復された客室があり、売春宿だった歴史を反映させるような内装を施している。料金には、シリアルなどの朝食、週末のワイン試飲が含まれている。街路の騒音から逃れるために裏側の客室が空いているか聞いてみるといい。

コンベラック・ブレア・ハウスB&B
Combellack-Blair House B&B
☎530-622-3764
3059 Cedar Ravine Rd
客室＄125

国の史跡に登録されている大きな建物で、メイン・ストリートの2ブロック南側にある。ビクトリア様式の客室3室と小さな庭がある。

チチェスター・マッキー・ハウスB&B
Chichester-McKee House B&B
☎530-626-1882、800-831-4008

www.innlover.com
800 Spring St
客室＄110～130

1892年に地元の木材会社の社長が手がけた建築物で、見事な木工はめ込みとステンドグラスの窓がある。夕方にはキャラメルブラウニー、朝は英国式の朝食を用意してくれる。

はっきりと看板が出ていてハイウェイ50から一目瞭然のファーストフードレストランがプレイサービルにはたくさんあるが、「本物」の料理を味わうにはダウンタウンへ行くといい。

ジェラート・ドーロ・カフェ
Gelato D'Oro Cafe
☎530-626-8097
311 Main St
ランチ＄5～7、ディナー＄8程度

クレープ、サラダ、イタリアン・アイスクリームがある。シックでカジュアルな雰囲気を考えると、ここのランチ、ディナーは手頃な価格だ。

ズィー・パイ
Z Pie
☎530-621-2626
3182 Center St
パイ＄5

サラダと、伝統的なチキンパイからトマティロベジタブルパイまでいろんな種類のサボイポットパイに有機農法の材料を使用している。コンボ（ランチまたはディナー）にはパイ、サラダ、ビール1パイント（約0.5リットル）込みで＄9、またはパイとビール1パイントで＄7.50という値段。

メルズ・ジ・オリジナル
Mel's the Original
☎530-626-8072

サンフランシスコからやって来たこの店は値段もお手頃だ。メニューに載っている料理はほとんど＄7で、卵3個のオムレツとサラダの大盛りセットからホットビーフサンドイッチまである。この店特製アイスクリームは大の甘党でない限り仲間と分け合って食べることをおすすめする。

エンターテインメント

プレイサービルのバーはミッドウエストMidwestにある近くの酒場と似たり寄ったりだ。6:00に開店し、クリスマスに年に1度の掃除をするこれらのバーは、地元色に染まりたい人にとっては最高の場所である。年代物の看板が出ている**ハングマン・ツリー Hangman Tree**（☎530-622-3878 305 Main St）と**ライアーズ・ベンチ Liars' Bench**（☎530-622-0494 255 Main St）は昔の絞首刑の町の雰囲気を味わえ

る場所だ。この点では、**ギルズ Gil's**（☎530-621-1402 📍372 Main St）も同様だ。

アクセス

アムトラックのサクラメント行き定期バス（＄13、1時間40分）が日に9本運行。グレイハウンドのサクラメント行きバス（＄11.25、1時間35分）は日に4本、南タホ湖行き（＄11.25、1時間35分）が日に3本運行している。**プレイサービル・トランジット・ステーション Placerville Transit Station**（📍2964 Mosquito Rd）は屋内のバス停でベンチと化粧室があり、ダウンタウンから約0.5マイル（約0.8km）離れたハイウェイ50北側にある。

プレイサービル周辺
Around Placerville

アップル・ヒル
Apple Hill

1860年、ある坑夫が1本のリンゴの木、ロード・アイランド・グリーニングを現在のラーセン家所有地に植えた。それがたくさんのリンゴが実る現在の、20平方マイル（約52km²）におよぶプレイサービルの特色、アップル・ヒルとなった。ここはハイウェイ50の北にあり、60以上のリンゴ農家が栽培を手がけている。坑夫が植えたロード・アイランド・グリーニングは今でも残されていて（博物館を運営するラーセン家にとっていい客引きのネタになっている）、周りにはグラニースミス、ピピン、レッドデリシャス、イエローデリシャス、日本のフジおよびニュージーランドのブレーバーンなどの品種が勢ぞろいしている。リンゴ農家は通常9月から12月頃まで一般の人々相手に直売を行う。

アップル・ヒルのちゃんとした地図は、ハイウェイ50、カミノ出口Camino exitそばにある、カミノ・ホテル内の**アップル・ヒル・ビジター・センター Apple Hill Visitors Center**（☎530-644-7692 🌐www.applehill.com）で入手できる。アップル・ヒルの要所をかいつまんで回るには、カミノ出口北側に入り、バークレー・ロードを道路名がラーセン・ドライブLarsen Driveに変わるまで進む。ラーセン・ドライブ（ケーブル・ロードに名前が変わり、そのあとでメイス・ロードになる）がハイウェイ50裏のポニー・エキスプレス・トレイルPony Express Trailにさしかかるまで進む。白地に真っ赤なリンゴの看板が立っていて、側道、近道への目印になっている。

リンゴやサイダー（リンゴ酒の一種）、パイ、手芸品などを求める際にもとてもいい場所は、**ラーセン・アップル・バーン Larsen's Apple Barn**（📍2461 Larsen Dr）、**ボア・ビスタ果樹園 Boa Vista Orchards**（📍2952 Carson Rd）、カーソン・ロードを少し外れた**ハイ・ヒル農園 High Hill Ranch**（📍2901 High Hill Rd）、**ボルスター・ヒルトップ農園 Bolsters Hilltop Ranch**（📍2000 Larsen Dr）、および**アルギーレー果樹園 Argyres Orchard**（📍4220 N Canyon Rd）だ（最後の2カ所ではリンゴ狩り可！）。

ワイナリー

エル・ドラド・カウンティのワインは人気上昇中で、頻繁にベイ・エリアのメニューに登場する。ナパやソノマ産ワインと競うため、この地区のワイナリーは製品向上に向けてかなりの投資をし、ほとんどのワイナリーで週末に無料試飲を提供している。商工会議所かプレイサービルにあるワイン・スミスWine Smithのほかにも、**エル・ドラド・ワイナリー協会 El Dorado Winery Association**（☎916-967-1299、800-306-3956 🌐www.eldoradowines.org 📍PO Box 1614, Placerville, CA 95667）でワイナリーの地図を入手できる。

注目すべきワイナリーは**ラバ・キャップ・ワイナリー Lava Cap Winery**（☎530-621-0175 📍2221 Fruitridge Rd）、カーソン・ロードの少し北にある**マドローナ・ブドウ園 Madrona Vineyards**（☎530-644-5948 📍High Hill Rd）および**ボーガー・ワイナリー Boeger Winery**（☎530-622-8094 📍1709 Carson Rd）で、3軒ともハイウェイ50の北にある。3月に開催されるパスポート・ウィークエンド期間中、「パスポート」を購入すると7カ所のワイナリーを自由に出入りし、特別テイスティングやツアーにも参加できる。

アマドール・カウンティ・ワイナリー
Amador County Wineries

スイス出身のウリンガー家は1856年に最初のブドウを植え、アマドールのワイン産業の火付け役となった。1960年代までこの地域はさほど発展していなかったが、ずっと大手ワイン会社にブレンド用として出荷していたブドウから果汁、皮ともに上等なブドウが収穫されるようになり、そのままワイン製造に使えるまでに向上し始めた。

アマドール・カウンティはピリッとし、イチゴなどの小さな果実やクロフサスグリのほのかな風味を持ちあわせるジンファンデルで有名だ。イタリア原産種もここでは良く育ち、バルベーラ、サンジョヴェーゼ、ネッビオーロといった品種が栽培されている。家族経営の小規模ワイナリーでの試飲はとてもリラッ

クスした雰囲気で、ほとんど無料の場合が多く、ワイン事業に関して訪問者が興味を持っている分野のことを熱心に話してくれるのでとても勉強になる。

地図は各ワイナリーと**アマドール・ビントナーズ協会 Amador Vintners Association**（☎209-245-4309 FAX209-267-2298 W www.amadorwine.com）で入手できる。まず、プリマスPlymouthからシェナンドア・ロードShenandoah Rdで東へ進むとじきに道路名がスタイナー・ロードSteiner Rdに変わる。そこから看板があり、ワイナリーへの道順とどこが開いているか（平日は休みの所もある）掲示されている。特におすすめしたいのは、シェナンドア・ロード外れのベル・ロード沿いにある**ストーリー・ワイナリー Story Winery**（☎209-245-6208 W www.zin.com）と**カーリー Karly**（☎209-245-3922 W www.karlywines.com）、試飲室にアートギャラリーがある**シェナンドア・ヴィーンヤード Shenandoah Vineyards**（☎209-245-4455）、サンジョヴェーゼワインで有名な**ビーノ・ノチェート Vino Noceto**（☎209-245-6556 W www.noceto.com）、およびシェナンドア・バレー博物館が建っている**ソボン・エステート Sobon Estate**（☎209-245-6554 博物館 10:00～17:00）である。博物館には、容量1万2000ガロン（約4万5000リットル）の赤木製樽やこの地方にまつわる品の数々が展示されている。

プリマスが最寄りの供給地になり、食料品店、レストラン、ガソリンスタンドなどがある。広い**ファー・ホライズン・フォーティナイナーズ・ビレッジRVパーク・キャンプ場 Far Horizons 49er Village RV Park and Campground**（☎209-245-6981 Hwy 49）は、RV車で旅をしている人がひと晩過ごすのに悪くない場所。

アマドール・シティ
Amador City

道路のカーブが町になったといえる（ハイウェイ49、だいたいプレイサービルの30マイル＜約48km＞南）アマドール・シティ（人口250人、標高620フィート＜約186m＞）は、カリフォルニアでもっとも小さな合併町村の1つだ。かつてキーストーン金鉱（カリフォルニアでもっとも大量に金を生産した）の本拠地だった場所で、1942年（閉山の年）から、サクラメントからきた一家が壊れかかった建物を買い取りアンティークショップに改造した1950年代まで見捨てられていた。現在、町には6軒ほど店があり、**アマドール・ホイットニー博物館 Amador Whitney Museum**（☎209-267-0928 Main St 無料 金～日 12:00～16:00）は地元の関心に合わせていろいろと展示物が変わる。

インペリアル・ホテルに立ち寄って徒歩ツアーの地図を手に入れよう。アマドール・シティの旧消防署（正面に真っ赤な車庫と警鐘タワーがある）の裏に石ひき臼（円形の浅いプールで中央に岩を砕いて小石にするための回り木戸がある）があって、これはかつてここで金の英石を砕くのに使われていた。今でも使え、4月下旬に行われるホセ・アマドール・フィエスタJose Amador Fiestaで使用される。

インペリアル・ホテル Imperial Hotel（☎209-267-9172、800-242-5594 14202 Main St）客室 平日＄95～ 週末＄105～、ディナー＄30程度）は1879年に建築され、優雅なダイニングルームでグルメディナーを楽しめる。客室はアンティークで装飾され、料金には英国式の朝食が含まれる。念のため忠告しておくが、ここは2社以上の調査機関がお化け屋敷だと公式認定したホテルだ。

サター・クリーク
Sutter Creek

多くの旅行者は、ゴールド・カントリーにある町の中で、サター・クリーク（人口2118人、標高1198フィート＜約359m＞）を気に入った町の1つに挙げる。この町の住宅地区と、一段高くなっていてアーケードになっている歩道と、高い位置のバルコニーがある建築物がメイン・ストリートにあり、19世紀建築様式の見事な例になっている。ここには、多くの歴史的観光地に見られるような無計画な広がりがなく、完璧に当時の風情が保たれている。

最盛期、サター・クリークはゴールド・カントリーの主要鋳造の地であった。1873年に3つの鋳造工場が稼動し選鉱盆や石砕具を製造。81ユーリカ・ストリート81Eureka Stにある**ナイト・ファウンドリー Knight Foundry**は、アメリカ最後の水力鋳造工場および機械店として1996年まで稼動していた。今でも工場の作業場を見ることができ、週末にはボランティアが工場の作業や機械について説明をしてくれる。

道路の向かいに**シーブリーズ彫刻スタジオ Seabreeze Sculpture Studio**（☎209-267-5883）があり、模様を型どった庭にトーマス・ボーThomas Boughの石彫刻作品が展示されている。ここは、アーチストの作業場兼住宅なので、卸売価格を下回る値段で彫刻品を購入できる。留守のときは、ほしい品を選び代金に相当する小切手または現金を郵便受けに入れておけばいい。

サター・クリーク・ビジター・センター Sutter Creek Visitor Center（25 Eureka St 月～金 9:00～16:00 土 10:00～15:00）に寄って、町

の徒歩ツアーマップを手に入れよう。隣にあるモンテベルデ・ジェネラル・ストア **Monteverde General Store**（☎209-267-5155 無料 土10:00〜15:00 日10:00〜17:00）は、1898年当時の様子と同じように修復されている。

宿泊・食事

ベロッティー・イン
Bellotti Inn
☎209-267-5211
🏠53 Main St
💰S $45 W $55

料金が高めに設定されているサター・クリークの宿泊施設の中にあって例外的に安価なイン。サター・クリークでもっとも古いバーの上に古臭いにおいのする客室がある。

サター・クリーク・イン
Sutter Creek Inn
☎209-267-5606
www.suttercreekinn.com
🏠75 Main St
客室 平日 $80〜165 週末 $100〜195

毎年同じ顔ぶれの客が泊まりに来る。客室が17室あり、それぞれの客室によって装飾や設備（アンティーク、暖炉、スイングベッドなど）が異なる。エレガントな応接間があり、ここで午後のシェリーが出される。広い芝生もある。朝食はキッチン横の居心地の良いダイニングルームでとる。

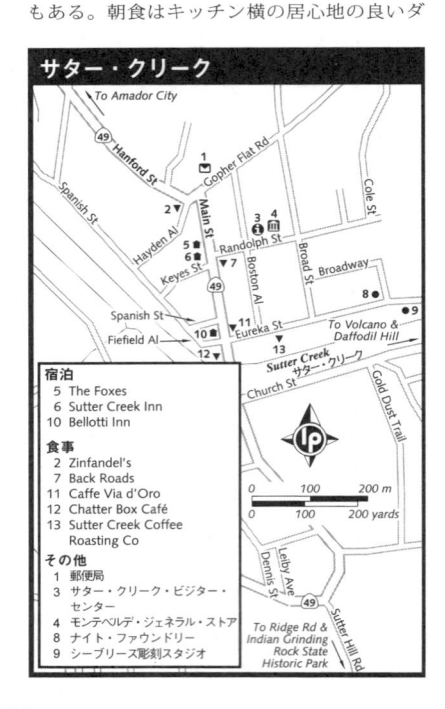

ザ・フォックス
The Foxes
☎209-267-5882
www.foxesinn.com
🏠77 Main St
客室 $140〜210

サター・クリーク・インの隣にある。7室の豪華な客室にはテレビ、ビデオデッキ、ブランド品の家具があり、バスローブ付。朝食はバラエティーに富んだグルメ料理で、午後に出るクッキーのお供に紅茶またはワイン1杯が添えられる。

サター・クリークのコーヒーハウスは朝食や昼食をとるのに最適だ。**バック・ロード Back Roads**（☎209-267-0440 🏠74A Main St ランチスペシャル $5程度）は四季を通じて継続的に人気がある。

サター・クリーク・コーヒー・ロースティング・カンパニー
Sutter Creek Coffee Roasting Co
☎209-267-5550
🏠20 Eureka St
軽食・コーヒー $3〜6

すてきなパティオがある。

チャターボックス・カフェ
Chatter Box Café
🏠39 Main St
朝食・ランチ $6程度

パン、バン（小さな丸いパン）、パイなどをすべて手作りしていて、朝食の卵料理と一緒に、または昼食のハンバーガーとして登場する。アップルパンケーキとここの特製アイスクリームは最高の味だ。

ジンファンデル
Zinfandel's
☎209-267-5008
🏠cnr Main & Hanford Sts
ランチ $8程度、ディナー $12〜20
木〜日

この地区では最高のレストランだと評判で、吟味されたカリフォルニアメニューで有名な店。ローストトマトポレンタなど、ランチタイムにはこの店の代表料理を割引価格で食べることができ、お手頃だ。

カッフェ・ヴィア・ドーロ
Caffe Via d'Oro
☎209-267-0535
🏠36 Main St
水〜月

ここは少々カジュアルな店。パスタやピザを $12程度で食べられる。変わったサラダがあり、ワインリストには長々と地元ワインの名前が綴られている。

ボルケーノ
Volcano

ボルケーノ（人口100人、標高2053フィート＜約616m＞）は、道路のカーブ沿いにあるかわいらしい町で、町というよりは辺境の植民地といった印象を受ける。ここは南北戦争の間、連邦主義者の包領となっていた場所で、ゴールド・カントリーにあるほかの街よりもずっと未発展の町だ。建物の前にある手描きの看板から、この町のおもしろい過去を垣間見ることができる。町の主張では、ここはカリフォルニア初の宇宙観測地になった場所で、おまけに初の私立法律学校や図書館が建った場所とのことだ。町の中心を通っているサター・クリーク（小川）の川床に大きな花崗状砂岩の岩が幾つもある。現在、ピクニックテーブルの狭間にある岩は、周辺の丘を水力採鉱で砕かれ、金が混ざっている泥がすっかり取り除かれたものだ。

マザー・ネイチャー・キャンドル・ガーデン Mother Nature's Candle Garden (cnr Constellation & Main Sts 木～日）では手作りのろうそくとせっけんを販売している。ハブ・カフェ Hubb Café (Constellation St) では、地元のワインをグラス単位で注文でき、種類豊富な食事のメニューを用意している。最高の野外テーブルエリアがあり、週末には音楽の生演奏も行っている。

観光スポットと楽しみ方

ボルケーノ劇団 Volcano Theatre Company (209-223-4663 $7～12 4～11月）が、修復されたコブルストーン・シアターCobblestone Theaterで上演している。

ボルケーノの2マイル（約3km）北東にあるラッパスイセンの丘 Daffodil Hillには3月中旬から4月中旬まで30万本以上のスイセンが一面に咲き乱れる。マクラフリン家とライアン家が丘の上で1887年以来農業に携わってきた。ヒヤシンス、チューリップ、スミレ、ライラック、スイセンを植え、クジャクがたまにスイセンの花畑を散歩している。開花時期には毎日開いている。入場料はかからないが、次の年に花を植える費用の足しになるため寄付は感謝される。

インディアン・グラインディング・ロック州立歴史公園
Indian Grinding Rock State Historic Park
209-296-7488
Pine Grove-Volcano Rd
$2

ボルケーノの2マイル（約3km）南西にあり、地元先住民ミウォク族の聖なる地である。石灰石露出部分に、以前からあったものと幾つかの新しいもの、あわせて363もの岩面陰刻が施されている。チャウッセと呼ばれるすり鉢穴は、ドングリの実を荒粉に挽くためのもの。1つの岩に1185個もの穴があるのはカリフォルニア最多だ。

地域インディアン博物館 Regional Indian Museum (月～木 11:00～15:00 土・日 10:00～16:00) は、岩の隣にミウォクの建造複製と並んで建っている。ここにはミウォク族文化に関する興味深い展示物があり、週末に公園内無料ツアーを行っている。

ブラック・カズム
Black Chasm
888-762-2837
www.caverntours.com
9:00～17:00

ボルケーノの0.25マイル（約0.40km）東、ボルケーノ-パイオニア・ロードVolcano-Pioneer Rd沿にあり、カリフォルニア洞窟（後出の「サン・アンドレアス」を参照）と嘆きの洞窟（「コロンビア州立公園周辺」を参照）のツアーを行っている人たちが運営している。ここの深い割れ目は、ヘリクタイト（曲がって成長する環状の鍾乳石）で有名だ。希で、白く輝く形成状態は拡大した雪の結晶を思わせる。ガイド付ツアーには＄13で参加できる。

宿泊・食事

美しい**キャンプ場 canpground**がインディアン・グラインディング・ロック州立歴史公園にあり、レストルーム（シャワーなし）と木々の間に先着順で利用できる21のサイトがある。料金は＄6。

セント・ジョージ・ホテル
St George Hotel
209-296-4458
www.stgeorgehotel.com
16104 Main St
客室 $78～120

「サンセットSunset」のような雑誌で紹介されたすてきな客室と、「グルメGourmet」誌が心のこもった料理と絶賛するグルメ料理が出てくるホテル。料金には朝食が含まれる。ほかのホテルの宿泊客も、朝食または昼食＄8、ディナー＄25で食事をとることができる。

ボルケーノ・ユニオン・イン
Volcano Union Inn
209-296-7711 269-7733
www.volcanounioninn.com
21375 Consolation St
客室 平日＄90～120 週末＄120～160

広いバスルーム付の優雅でモダンな客室が4つあり、食べ放題の朝食ビュッフェを客室または町を一望する広いバルコニーで食べることができる。

アクセス

ボルケーノへ向かうには、ハイウェイ88に乗ってジャクソンJacksonから北東へ進み、パイン・グローブPine Groveで北に曲がるか、景色が良く曲がりくねった道路でメイン・ストリートの東端近くのチャーチ・ストリートChurch Stとしてサター・クリーク（前出参照）の町へ入るサター・クリーク・ロードにのる。

ジャクソン
Jackson

ケネディとユーリカの金鉱が最盛期を迎えていた1860年から1920年まで、ジャクソン（人口3800人、標高1200フィート＜約360m＞）はこの地区初めてのエンターテインメント中心地として、酒場、ギャンブルホール、売春宿で有名だった。現在、観光事業へ移行した企業が歴史ある建築物（そのほとんどは良好な保存状態）を所有している。しかし、アマドール・カウンティの中心に位置するジャクソンは、魅力的な歴史村というよりも会社やお店の集まった商業エリアと言ったほうがいいだろう。

ここはハイウェイ88がハイウェイ49から東へ折れ、カークウッドKirkwoodのスキーリゾート（詳細は「シエラ・ネバダ」のコラム、「タホ・スキーエリア」を参照）近くのシエラへと向かう地点でもある。交差点には24時間営業のセーフウェイスーパーマーケットと、**アマドール・カウンティ商工会議所 Amador County Chamber of Commerce**（☎209-223-0350）がある。ここには、たくさんのパンフレットおよび無料のガイド、「アマドール・カウンティ：四季を通して楽しめる郡 Amador County: A County for All Seasons」があるのでぜひ立ち寄ろう。ガイドには、この地方にある町のほとんどの徒歩ツアーが載っている。ハイウェイ49の北側交差点西にはクリーニング店がある。

観光スポットと楽しみ方

丘の上に建ち、ダウンタウンを見下ろす**アマドール郡立博物館 Amador County Museum**（☎209-223-6386 ♦225 Church St ▣任意＜寸志＞ ▣水〜土 10:00〜16:00）は、メイン・ストリートの2ブロック北にある。1908年の野球のユニフォーム、今は博物館となっているこの家屋に住んでいた判事の所有物である32口径の弾が装填された隠し杖など、一般的なゴールド・カントリーの歴史に関する展示をしている。チャーチ・ストリート向かいの小学校正面には刻板があり、マザー・ロードで最初のユダヤ教礼拝堂があった場所を示している。

ジャクソンの中心地からノース・メイン・ストリートを通って1マイル（約1.6km）先の

ケネディ・テイリング・ウィール公園 Kennedy Tailing Wheels Parkは一見たいした場所ではないという印象だが、じっくり見物する価値はある所だ。4つの鉄製および木製車輪は、直径が58フィート（約17m）、（カーニバルの乗り物が落ちたように見える）もあり、ユーリカ金鉱から2つの低い丘を越えて尾鉱を廃棄用ダムへと重力水路を利用して運んだ車輪である。車輪はそれほど古い代物ではない。州議会が採鉱作業の際に有害な尾鉱を川に廃棄することを禁じたあと1914年に製造されたものだが、すばらしい技術と職人技の見本である。必ず車輪のうしろにある丘の上まで行き、廃棄用ダムを見ることをお忘れなく。

ジャクソンの8マイル（約13km）南のハイウェイ49沿いに**モークルミ・ヒル Mokelumne Hill**がある。ここは1840年代初期にフランスの鉱夫が住みついた場所で、ありきたりのアンティークショップやギフトショップ抜きで歴史ある場所や建築物を見ることができる。名称をフランス流に発音しない**ホテル・レガー Hotel Leger**（☎209-286-1401 ♦8304 Main St ▣客室 ＄70程度）のクラッシックなバー（1851年創業）には、だるまストーブ（丸みを帯びた石炭ストーブ）があり、天井に扇風機が取り付けられていて、大理石のテーブルが置いてある。ホールやダイニングルームには、バーガー、ステーキ、いろいろな種類のサンドイッチ（＄7〜12）があり、週末にバンドの生演奏が行われることもある。

宿泊・食事

ジャクソンのこぢんまりとした安価なモーテルが町の郊外、ハイウェイ49、ハイウェイ88のそばにある。

ナショナル・ホテル
National Hotel
☎209-223-0500 ▣209-223-4845
♦2 Water St
▣客室 ＄65〜100

ダウンタウンにあり、ジョン・ウェインやエルビス・プレスリーなど、いろいろなテーマ別に装飾された客室がある歴史的な建物のホテル。客室は町を見下ろすバルコニーに通じており、週末にはにぎやかなホテルのバーのざわめきがはっきり聞こえてくる。

カントリー・スクワイア・モーテル
Country Squire Motel
☎209-223-1657
♦1105 N Main St
▣客室 ＄45〜60、3人用客室 ＄82

ダウンタウンとケネディ・テイリング・ウィール州立公園の中間にある。手入れされた芝生、使い込まれた客室があり、料金はフルーツ、ペストリーにコーヒーの朝食込み。

アマドール・イン
Amador Inn
☎209-223-0970
🏠12408 Kennedy Flat Rd
🛏客室 平日＄45 週末＄55

客室は10室あり、小さな庭や野外プールもある。

メルズ・アンド・フェイズ・ダイナー・ドライブイン
Mel's and Faye's Diner Drive-In
☎ 209-223-0853

メイン・ストリートがハイウェイ49にさしかかる地点にあるこの店は、地元の施設で旅行者がよく立ち止まる場所。朝食開始は5：00からだが、紙の中敷を敷いたかごに入った山盛りのフライドポテトと一緒に出される＄5のバーガーとコーヒーミルクセーキで有名な店。

テレサズ・レストラン
Teresa's Restaurant
☎209-223-1786
🏠1229 Jackson Gate Rd
🍴食事 ＄11程度
🕐金〜火

町の1マイル（約1.6km）はずれにあるこの店では、3代にわたり4コースのイタリア料理を出し続けている。

サン・アンドレアス
San Andreas

サン・アンドレアス（人口2200人、標高1008フィート＜約302m＞）はカラベラス・カウンティCalaveras Countyの中心にあり、ハイウェイ沿いに実用的な会社が固まっている。Nメイン・ストリート沿い、ハイウェイ49の北にあるオールド・タウンには、郡裁判所があることを覚えておくといい。この裁判所には、悪名高い駅馬車強盗のブラック・バートが裁判にかけられるまでの時を過ごした、現在では修復済みの刑務所とその囲い地、アートギャラリーがある。この地方の歴史的展示物でもっともすばらしい展示物の1つが**カラベラス郡立博物館 Calaveras County Museum**（☎209-754-4658 🏠30 N Main St 🛏法廷入場料＄1 🕐10:00〜16:00）にある。

カリフォルニア洞窟 California Cavern（☎888-818-7462 🌐www.caverntours.com 🕐10〜5月 10:00〜16:00、6〜9月 10:00〜17:00）は、サン・アンドレアスの東9マイル（約15km）のケイブ・シティCave City（マウンテン・ランチ・ロードMountain Ranch Rdを利用）にあるすばらしい洞窟。ジョン・ミュアーは、ここを「高貴に垂れるヒダのわきが深く割れ、硬い、まるでシルクのドレープがかかった織物のようだ」と表現した。通常のツアーは1時間から1時間30分ほどかかり、＄10で参加できる。＄95ドルで4時間のワイルド・ケイブ・エクスペディションWild Cave Expeditionに参加すると、本格的な洞窟探検も体験できる。

エンジェル・キャンプ
Angels Camp

マーク・トウェインが短編小説「その名も高きキャラヴェラス郡の跳び蛙 *The Celebrated Jumping Frog of Calaveras County, and Other Sketches*」執筆のためにアイデアをノートに書き綴った場所として有名。エンジェル・キャンプ（人口2380人、標高1379フィート＜約414m＞）はこの歴史的事実とのつながりを最大限に活用している町だ。国際カエル跳び大会が5月の第3週末に開かれ、7月の第4週末にはマーク・トウェイン・デーを祝う。過去50年間の国際カエル跳びチャンピオンの栄誉をたたえ、メイン・ストリートの歩道沿いにはブロンズのカエルが埋め込まれている。

町は1849年ジョージ・エンジェルによって周辺の砂礫や英石採石場のための供給の地として創立された。硬岩採石は1890年代に最盛期を迎え、200台の砕石機が絶えず稼動していた。最後の採石場跡はメイン・ストリートの西端にあるユーティカ公園から見える。

アンティークショップおよび、ゴールドラッシュからアールデコにおよぶまでの建築物の見事な並びのほかに、訪れる価値が十分の**エンジェル・キャンプ博物館 Angels Camp Museum**（☎209-736-2963 🏠753 S Main St 🕐3〜11月 10:00〜15:00）がある。文書、写真、遺物、そして3エーカー（約1ha）の敷地に散在する昔の道具は、この地域が砕石で栄えた日々を物語っている。

カラベラス・カウンティ観光局
Calaveras County Visitor Bureau
☎800-225-3764
🌐www.visitcalaveras.org
🏠1192 S Main St
🕐月〜土 9:00〜17:00 日 10:00〜16:00

エンジェル・キャンプの徒歩ツアーを行っている。歴史書やこの地方全域の宿泊、レクリエーションに関する豊富な情報を提供している。

宿泊・食事

ジャンピング・フロッグ・モーテル
Jumping Frog Motel
☎209-736-2191
🏠330 Murphy Grade
🛏客室＄40〜56

メイン・ストリートから町の中心方向へ1ブロ

エンジェル・イン・モーテル
Angels Inn Motel
☎209-736-4242、888-753-0226
📠209-736-6758
🏠600 N Main St
🛏客室＄69～79
プールがあるこのインは、町の中心から0.5マイル（約0.8km）離れた所にある。

スーズ・エンジェル・クリーク・カフェ
Sue's Angels Creek Café
☎209-736-2941
🏠1246 S Main St
🛏朝食・ランチ＄6程度
地元の人たちがパンケーキ、卵料理、ハンバーガーやホットサンドイッチを食べに来る店。巨大なデリサンドイッチを食べるなら、**ピックル・バーレル Pickle Barrel**（☎209-736-2191 🏠Main St）へ。
　スーパーマーケットはハイウェイ49沿い、町の北端にある。

マーフィーズ
Murphys

マーフィーズ（人口3400人、標高2171フィート＜約651m＞）は、ハイウェイ49の7マイル（約11km）東、マーフィーズ・グレード・ロードにある。町の名前は、1848年にマーフィー・クリークに先住民マイドゥ族とともに交易場と鉱山事業を創設したダニエルおよびジョン・マーフィーに由来する。話によると、ジョンは一族と仲の良い関係にあって、のちに酋長の娘と結婚したそうだ。ノーマン・ロックウェルの描いた絵とジョン・ウェイン映画作品のセットが混ざったようなこの町のメイン・ストリートは、この地方でもっとも活気があり洗練されている。ゴールド・カントリーのほかの町ではアンティークやコーンにのったアイスクリームを売っているような場所に、この町ではブティックやワインバーがある。

観光スポットと楽しみ方

ズッカ・マウンテン Zucca Mountain、ミリエイア・ワイナリー Milliaire Winery、ステヴノット・ワイナリー Stevenot Winery など、メイン・ストリートに何軒かワインの試飲をさせてくれる所がある（どこも無料で毎日開いている）。ワイナリーの近くに**マーフィー・オールド・タイマー・ミュージアム Murphy's Old Timers Museum**（☎209-728-1160 🛏任意＜寸志＞ 🕐土・日 11:00～16:00）がある。興味深い写真のコレクションとマイドゥ族が作ったかごの展示のほか、ゴールドラッシュ時代のもっとも馬鹿げた組織で現在もある男性集団、Eクランパス・ウィトゥスが献呈した「関係者喝采の壁」がある。**サーシャズ・リーディング・ルーム Sasha's Reading Room**（🏠416 Main S）は新書、古本、地図、地元の歴史ガイドを入手するのに便利な店だ。

シックス・マイル・ロード Six Mile Rd（マーフィーズ・ヒストリック・ホテル＆ロッジの横）を通って町の2マイル（約3km）南へ行くと、大きなワイナリーの**カウツ・アイアンストーン・ブドウ園 Kautz-Ironstone Vineyards**（☎209-728-1251）がある。周りは美しい眺めで、小さなデリカテッセンと重さ44ポンド（約20kg）の金の英石を展示している博物館がある。英石は1992年にジェームズタウンで発見されたもの。この地方ではもっとも感じがよく、手入れの行き届いたワイナリーの1つで、観光客があとを絶たないが、それでも試飲室は広々としている。ここに来たら、カリフォルニア大学デイビス校の教授が交配したブドウで作られた「シンフォニー」というワインを必ず試してみよう。

マーサー洞窟 Mercer Caverns（☎209-728-210 🛏＄7 🕐10～5月 日～木 10:00～16:30 金・土 10:00～18:00、6～8月 日～木 9:00～18:00 金・土 9:00～20:00、9月 毎日10:00～18:00）はワイナリーと反対方向、シープ・ランチ・ロード Sheep Ranch Rd を通ってダウンタウンから1マイル（約1.6km）の所にある。ここは、1885年に丸1日金を探し回ったあと、乾いたのどを癒すための水を探していたウォルター・マーサーがここで水の代わりに地中から冷たい空気が噴き出しているのに気づき、洞窟発見に至った。45分間のガイド付ツアーに参加すると巨大な鍾乳石や石筍、「チャイニーズ・マーケット」や「オルガン・ロフト」などと名前が付いた丸天井の石室へ案内してくれる。

宿泊・食事

マーフィーズにある宿泊施設のほとんどが料金の高いB＆B（ベッド＆ブレックファスト）だ。より低料金の宿泊施設は近くのエンジェル・キャンプやアーノルド Arnold で探すといい。

マーフィーズ・ヒストリック・ホテル＆ロッジ
Murphys Historic Hotel & Lodge
☎209-728-3444、800-532-7684 📠209-728-1590
🏠457 Main St
🛏客室 平日＄75 週末＄85
ホテルの立地を考慮に入れるとお得な料金といえる。レストランとバーは地元の客で繁盛し、この町で新しくオープンした店と比べると低料金だ。ここには確実に昔のマーフィーズの雰囲気がある。

ダンバー・ハウス1880ベッド＆ブレックファスト
Dunbar House 1880 Bed & Breakfast
☎209-728-2897、800-692-6006
客室＄175〜225

メイン・ストリートの東端にあり、きれいな庭と4つのアンティークがぎっしりと並ぶ客室がある。料金は少々割高だが、地元のワイン1本と、到着時のオードブル、それにたっぷりの朝食が含まれている。

マーフィーズ・イン・モーテル
Murphys Inn Motel
☎209-728-1818、888-796-1800
76 Main St
客室 平日＄85 週末＄100

町の中心から0.5マイル（約0.8km）、ハイウェイ4のほんの少し外れにある。新しいモーテル室とプールがある。

自炊旅行者は**シエラ・ヒル・マーケット Sierra Hill Market**でたいていの食料品をすべて揃えることができる。場所は、シエラ・ヒル・センター内にあり、ハイウェイ4とメイン・ストリートの交差点。より高級なピクニック用付けあわせ料理や極上サンドイッチ（＄7）、またはワインを1杯飲みながら軽食をという場合は、**アルケーミー・マーケット＆ワイン・バー Alchemy Market & Wine Bar**（☎209-728-0700 191 Main St 日〜水 7:00〜19:00 木〜土 7:00〜22:00）を試すといい。

グラウンズ
Grounds
☎209-728-8663
402 Main St
朝食・ランチ＄6〜10、ディナー 水〜日＄14程度

もっとも早くこの町に進出した「新」レストランの1つで、いまだに最高のレストランの中の1軒。洗練された料理を楽しむ、またはスタイリッシュでありながらカジュアルな雰囲気の中でコーヒーを飲み、読書をして時間を過ごすには最適な場所。

メイン・ストリートの東端にある**マーフィーズ・ベーグル・バーン Murphys Bagel Barn**（☎209-728-1511 140 Main St 火〜日）と**コーヒー・ロースティング・カンパニー Coffee Roasting Co**は隣同士で、それぞれ自分たちの専門に関しては見事な腕前で、熱心に通う地元常連客がついている。

エベッツ峠
Ebbetts Pass

ハイウェイ4は、マーフィーズから東北へと向かいカラベラス巨木州立公園Calaveras Big Tree State Parkを抜け、エベッツ峠（標高8730フィート＜約2619m＞）を越え、下ってハイウェイ89と交差する。そのあとシエラ東側のハイウェイ395にぶつかる。峠は冬の間ほぼ完全に通行止めとなり、道路は通常**ベア・バレー・スキー・エリア Bear Valley Ski Area**（☎209-753-2301）までしか除雪されない。ここは人気のあるリゾートで、垂直に2000フィート（約600m）上がり、リフトが11カ所に設置され、昼間のチケットは＄38だ。このリゾートは、**クロスカントリースキーセンター cross-country ski center**（☎209-753-2834）としても営業している。

マーフィーズの東18マイル（約29km）、州立公園から2マイル（約3km）の所にあるアーノルドはハイウェイ4沿いでは最大のコミュニティで、手頃な料金の宿泊施設がある。

アーノルド・ティンバーライン・ロッジ
Arnold Timberline Lodge
☎209-795-1053
客室 平日＄49〜95 週末＄69〜145

ケーブルテレビがあるのはここだけ。古びているが、清潔で暖炉のある客室がある。

エベッツ・パス・ロッジ・モーテル
Ebbetts Pass Lodge Motel
☎209-795-1563
客室＄47〜64

ハイウェイに面したでこぼこな客室のほとんどに簡易キッチンが設置され、全室感じの良いバスルームが装備されている。

タマラック・パインズ・イン＆ロッジ
Tamarack Pines Inn & Lodge
☎209-753-2080
客室＄60〜、キャビン＄95〜

いろいろなタイプの客室があるこのインは絶好の場所に建っている。キャビンも幾つかあり、インの裏庭からクロスカントリースキーのコースが出ている。

ミスター・ビーズ・ディナー
Mr B's Diner
☎209-795-0601
1品＄4〜10

良心的で経済的なアメリカ料理の店。親しみやすい雰囲気があふれている。

カラベラス・ビッグ・ツリー州立公園
Calaveras Big Trees State Park

このカラベラス・ビッグ・ツリー州立公園（www.sierra.parks.state.ca.us/cbt/cbt.htm 年中 車1台につき＄2）は、約5000フィート（1500m）の地にあり、巨大セコイアに囲まれてハイキングやキャンプをするには最高の場所だ。小さくて未開発の公園だが、道のりは容易で（アーノルドから4マイル＜約6km＞北東に進んだハイウェイ4沿い）さほど込んでいない。

ゴールド・カントリー － コロンビア州立歴史公園

ここには2つの木立に分かれた巨大セコイア、6000エーカー（約2400ha）の針葉樹林、、スタニスラフ川とニジマス釣りと水泳にもってこいのビーバー・クリークBeaver Creekがある。冬の間はノース・グローブNorth Groveをスノーキャンプとクロスカントリースキーを楽しむ人に開放している。

公園入口にあるビジター・センター近くに**ノース・グローブ・キャンプ場 North Grove Campgrond**（**○**土・日 11:00~16:00、夏 毎日）、**レンジャーステーション ranger station**（☎209-795-2334)、メイン駐車場がある。さほど混雑していないのは、公園道路を9マイル（約14.5km）進んだ所にある**オーク・ホロー・キャンプ場 Oak Hollow Campground**だ。

1マイルの（約1.6km）ガイドなし環状コース、**北木立巨木トレイル North Grove Big Tree Trail**がビジター・センター隣から始まり、「大切り株」と「森林の母」と呼ばれる木を通り越し、森林をぐるりと回る。このコースから分かれノース・グローブを登り、上へと抜け、尾根を越えてスタニスラフ川へと1500フィート（約460m）下る4マイル（約6.4km）のコースもある。

車で行けない場所で、ピクニックエリアもキャンプ場もないのが**サウス・グローブ South Grove**で、公園の奥深く離れた所は自然保護区に指定されている。ビーバー・クリークのピクニックエリア（ビジター・センターから0.5マイル＜約0.8km＞）から**サウス・グローブ・トレイル South Grove Trail**が9マイル（約15km）延びている。思い出深い体験をしようと意気込んで全コースをハイキングする必要はない。

キャンプサイトは**リザーブ・アメリカ Reserve America**（☎800-444-7275 **図**キャンプ＄12）を通して予約する。

コロンビア州立歴史公園
Columbia State Historic Park

歴史的に「南部鉱山の貴重な町」として知られるコロンビアは商業的関心と歴史的関心がおもしろい形で面と向かっている場所だ。町の4ブロックは州立歴史公園として昔のまま保存され、当時の服装をした人たちが1849年であるかのように振る舞っている。歩行者以外の、町を行き交う交通手段は、原動力を馬のみに頼っている。蹄鉄工の店、すてきなせっけん・ろうそくの会社、2軒の古いホテル、金のパンニングをさせてくれる場所（＄4）、多数の公衆レストルーム、さらにピクニックや食料を調達する場所もある。これらのブロック周辺にごく普通の家屋や企業が建っているが、公園と見事に調和していて公園内、外の区別が難しいほどだ。全体的に緑豊かな地で、ゴールドラッシュ時代のままの建物を見ることができ、お金をかけずに済む。

石灰岩と花崗岩（これらはクジラの脊椎か恐竜の骨のように見える）が町のあちこちにある。これらの岩は水力採鉱によって周囲の丘から流されてきたものを金目当ての人たちがきれいに削り取った岩である。この手法による金採取に関してのかなりおもしろい説明が、**コロンビア博物館 Columbia Museum**（☎209-532-4301 **○**cnr Main & State Sts **図**無料 **○**10:00～16:30）に展示されている。博物館には興味深い金鉱石の見本があり、コロンビアの歴史に関するスライドショーをやっている。ガイドや地図は、**コロンビア商業 Columbia Mercantile**（**○**cnr Main & Jackson Sts **○**9:00～18:30）で入手できる。ここには種類豊富な食料品も置いてある。

シティ・ホテル City Hotel（☎209-532-1479、800-532-1479 **W** www.cityhotel.com **図**客室＄105～、ディナー＄40程度）には、コロンビア大学料理専攻課程の生徒が経営するレストランがあり、ゴールド・カントリーで最高級の料理を味わうことができる。

ファロン・ホテル Fallon Hotel（☎209-532-1470 **○** Washington St **図**客室＄70～）は、シエラ・レパートリー劇団の本拠地で、劇団のミュージカル作品は、近くはもとよりはるばる遠くから客を呼び寄せるほど人気がある。ショーは年間を通して水曜から日曜まで上演され、チケットは＄12～＄17で入手できる。上記2軒のホテルはどちらも1857年に創業されたもので、コンチネンタルブレックファストを出す。

コロンビア州立歴史公園周辺
Around Columbia State Historic Park

嘆きの洞窟
Moaning Cavern

スタニスラフ川にかかる風景画に出てくるような橋の北、パロット・フェリー・ロードParrots Ferry Rdにある嘆きの洞窟（☎866-762-2837 **W** www.caverntours.com **図**＄10）は、この地方にある地下の石室の中ではもっとも感動に欠ける洞窟だが、ほかを訪れる予定がない人は入場料を払ってでも見る価値がある。ここで一番の目玉は、地下の洞窟へと通じる100フィート（約30m）のらせん階段と＄95で参加できる3時間のアドベンチャーツアーで体験できる180フィート（約54m）懸垂下降だ。

洞窟と橋の間に、スタニスラフ川へ向かうナチュラル・ブリッジ・トレイルNatural Bridge Trailがあり、ここは川の水によって丘の中に

ゴールド・カントリー − ソノラ

広大な水路ができている。川は実際に広大な岩屋から流れ出ているようで、0.5マイル（約0.8km）のハイキングに十分値する。トレイルの始点は、1本の行き止まりの道路（屋外トイレの向かい）にあり、パロット・フェリー・ロードからはっきりと道順が示されている。行き止まりの道路脇ならどこにでも駐車可能。

ソノラ
Sonora

1848年にメキシコのソノラから来た坑夫が住みついたこの町（人口4800人、標高1796フィート＜約539m＞）が最盛期を迎えた頃、ここはコスモポリタン地区だった。スペイン風ピザ、凝った酒場、南部金鉱で最大のギャンブル集団、酔っ払いと金が集中していた。現在ソノラ高校が建っているワシントン・ストリート北端にあったビッグ・ボナンザ金鉱Big Bonanza Mineでは、12トンの金（28ポンド＜約13kg＞の金塊を含む）を2年間で採掘した。ここは、10カ所の劇場と映画施設はもとよりウォール・マートやデニーズ、アップルビーなど幾つかのチェーン系列レストラン、トゥオルム・カウンティTuolumne Countyの行政事務所があり、この地方にとって重要な町だ。もっとも、訪れたゴールド・カントリーの町の中で古風で趣があるわけでもない。町のダウンタウンはよく保存されていて、日が沈んだ後でも活気に満ちている。

オリエンテーション・インフォメーション

ソノラの東、シエラ・ネバダを抜ける2本のハイウェイ、ソノラ峠経由のハイウェイ108とタイオガ峠Tioga Pass経由のハイウェイ120が東シエラで国道395号線（US-395）と連結する。ヨセミテ公園を通るハイウェイ120の一部は夏のみ開通ということをお忘れなく（「シエラ・ネバダ」のコラム、「通行不可能なタイオガ峠」を参照）。

ソノラのダウンタウンの中心に、ワシントン・ストリートとストックトン・ストリートStockton StのT字路があり、ワシントン・ストリートが主要大通りであることから道路沿いに銀行、書店、レストランが建ち並ぶ。

トゥオルム・カウンティ・ビジター・センター
Tuolumne County Visitors Center
☎209-533-4420
🌐 www.thegreatunfenced.com
🏠 542 Stockton St
🕐 夏 月〜木 9:00〜19:00 金 9:00〜20:00 土 10:00〜18:00 日 10:00〜17:00、冬 月〜土 10:00〜18:00

レクリエーション、道路状況、宿泊などの情

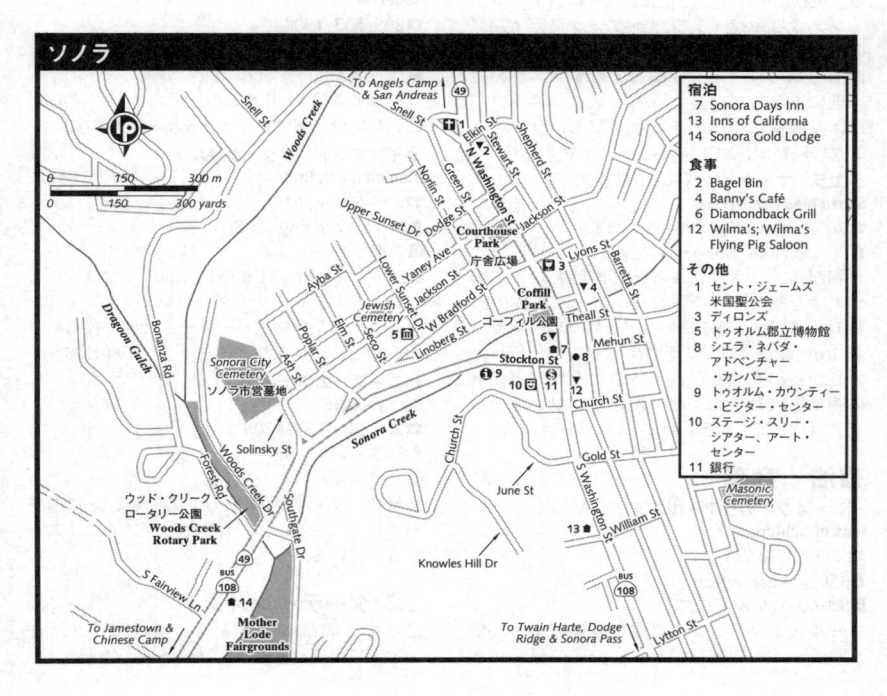

ソノラ

宿泊
7 Sonora Days Inn
13 Inns of California
14 Sonora Gold Lodge

食事
2 Bagel Bin
4 Banny's Café
6 Diamondback Grill
12 Wilma's; Wilma's Flying Pig Saloon

その他
1 セント・ジェームズ米国聖公会
3 ディロンズ
4 トゥオルム郡立博物館
8 シエラ・ネバダ・アドベンチャー・カンパニー
9 トゥオルム・カウンティ・ビジター・センター
10 ステージ・スリー・シアター、アート・センター
11 銀行

報を入手するのに役立つ。地図、現在の道路や天候状況と言ったヨセミテ国立公園関連情報を入手できるほか、公園付近にある宿泊施設のフリーダイヤルサービスも利用できる。

シエラ・ネバダ・アドベンチャー・カンパニー Sierra Nevada Adventure Company（☎209-532-5621 ⌂173 S Washington St）では、地図や道具が入手でき、登山、ハイキング、釣りなどに関する親切なアドバイスを受けることができるなど、かなり役立つので立ち寄ると良い。

観光スポットと楽しみ方

ワシントン・ストリートの2ブロック西に位置する、前トゥオルム・カウンティ刑務所内にある**トゥオルム郡立博物館 Tuolumne County Museum**（☎209-532-1317 ⌂158 W Bradford St ◾無料 ◉11:00～16:00）は、10万ドル相当の金が展示されているおもしろい博物館だ。

ワシントン・ストリート北端にある居住地区には修復されたビクトリア様式の家屋が並ぶ。ジャクソン・ストリートの西端には、幽霊の出そうな古い**墓地 cemetery**があり、家屋と同じ年代の墓石がたくさんある。**セント・ジェームズ米国聖公会 St James Episcopal Church**（⌂N Washington St）は、エルキン・ストリートElkin Stの北にある地元のランドマーク的存在で、1860年に建設されて以来ずっと利用されている。現在は単に「赤い教会」と呼ばれている。

ソノラはホワイトウォーターラフティングの拠点でもある。トゥオルム川はクラス、の激流で知られ、イヌワシとアカオノスリの生息地にもなっている。一方、スタニスラフ川はより簡単に川へ出ることができ、ラフティングの経験が浅い人にはとっつきやすい川だ。

シエラ・マック・リバー・トリップ Sierra Mac River Trips
☎209-532-1327、800-457-2580
⌂PO Box 366, Sonora, CA 95370
評判が良く、さまざまな所要時間と行き先のツアーを組んでいる。終日ツアーは＄180で、1泊2日ツアーは＄375。ツアーはグローブランドGroveland（ヨセミテ方向へ車で45分行った所）から出発するが、十分余裕を見てガイドに連絡を入れておくと、たいていソノラから車を用意してくれる。

宿泊・食事

イン・オブ・カリフォルニア Inns of California
☎209-532-3633
⌂350 S Washington St
◾S＄60～75 W＄155
プールとホットタブ、通常の設備がすべて整ったモーテル式客室がある。交通の騒音から逃れるために、ワシントン・ストリートから離れた客室が空いているか聞いてみるといい。

ソノラ・デイズ・イン Sonora Days Inn
☎209-532-2400
⌂160 S Washington St
◾モーテルルーム＄73～、ホテル客室＄80～105
ソノラでもっとも古く、町の真ん中にあるホテルの1つ。屋上プールと本館の裏に近代的なモーテルルームがある。

ソノラ・ゴールド・ロッジ Sonora Gold Lodge
☎209-532-3952、800-363-2154
⌂48 Stockton St
◾客室＄44～59
ほかの宿泊施設と比べると少し中心から離れるが、プールとホットタブがある。

ウイルマズ Wilma's
☎209-532-9957
⌂S Washington St
◾バーベキューディナー＄7～11
◉6:00～21:00
地元色がよく出ていていわゆる「気取らない、ありきたりの一品」であるパイ（1切れ＄3）と山盛りの朝食が有名だ。

ベーグル・ビン Bagel Bin
☎209-533-1904
⌂83 N Washington St
◉月～金 5:00～17:00
ベーグルおよびすべての付け合わせ、さらにおいしいサンドイッチを＄5未満で出す店。

ダイアモンドバック・グリル Diamondback Grill
☎209-532-6661
⌂110 S Washington St;
◾食事＄4～8
◉月～土 11:00～21:00 日 11:00～17:00
フライドポテト、サラダにベジタリアン・サンドイッチまたは極上バーガーが大皿に盛られて出るのを、ゆったりと腰を下ろして味わおう。

バニーズ・カフェ Banny's Café
☎209-209-533-4709
⌂83 S Stewart St
◾メイン＄9～14
鶏や魚、肉の持ち味を上手に生かした料理を出す店で、良心的な値段の良いワインリストを置いている。

エンターテインメント

どこでも簡単に手に入る、無料の「ユニオン・デモクラットUnion Democrat」が金曜に発

行され、トゥオルム・カウンティ全域の映画、音楽、パフォーマンスアート、イベントに関する情報を満載している。バーおよびカフェの多くが週末の夜にカバーチャージなしで音楽の生演奏を聴かせてくれる。**ウイルマズ・フライング・ピッグ・サルーン Wilma's Flying Pig Saloon**（☎209-532-9957）と**ディロンズ Dillon's**（☎209-533-1700）は2軒ともワシントン・ストリートにあり、信頼できる店だ。

ステージ・スリー・シアター
Stage 3 Theater
☎209-536-1778
🏠208 S Green St
💲$8〜12

アメリカ銀行の裏にあるこのアート・センターはワシントン・ストリートとストックトン・ストリートの角にあり、オフ・ブロードウェイの芝居と現代演劇を上演している。

シエラ・レパートリー・シアター
Sierra Repertory Theatre
☎209-532-312
🌐www.sierrarep.com
🏠13891 Hwy 108
💲$12〜17
🕐上演 水〜金 20:00 土・日 14:00

ジャンクション・ショッピング・センター近くのイースト・ソノラにあるこの劇場は、ファロン・ホテルで実演している劇団（前出の「コロンビア州立歴史公園」を参照）が上演。

ジェームズタウン
Jamestown

ソノラの南方3マイル（約5km）、ハイウェイ49とハイウェイ108の交差点少し南にあるジェームズタウン（人口540人、標高1405フィート<約422m>）は、住人から親しみを込めて「ジムタウン」と呼ばれている。この町の歴史は波が押し寄せるようにしてつくられてきた。最初の波は1848年にトゥオルム・カウンティで最初に金が発見されたとき、次の波は、1897年に鉄道が敷かれたとき、最後の波は1920年代にジェームズタウンがスタニスラフ川とトゥオルム川に建設するダムの建設本部になったときである。現在は、バルコニーのある建築物と一段高くなった歩道の合間に一流の骨董品店、週末にバイクでツーリングする客がよく立ち寄るハーレー・ダビッドソンの店がある。

エンポリウム Emporium（🏠18180 Main St）には、手頃な価格のアメリカーナ風物装飾小物が幅広く取り揃えられている。「$4で砂金を少し」という商売をしている所がメイン・ストリートに2軒あり、選鉱盆を持って現れる。自分を主脈が待っている、という夢に浸りた

い人は楽しめるだろう。

金探鉱遠征
Gold Prospecting Expeditions
☎209-984-4653、800-596-0009
🏠18170 Main St

30分（$10）から1泊2日（$135）までのツアーを組んでおり、さらに2泊3日の大学公認金探鉱コース（$595）まである。より人気のあるツアーの1つはスタニスラフ川の川面を5マイルほど下る昼食付のツアー（大人$79、18歳未満$49）だ。

レールタウン1897州立歴史公園
Railtown 1897 State Historic Park
☎209-984-3953
🏠5th Ave
💲$6
🕐年中

メイン・ストリートの南側にあり、26エーカー（約11ha）の敷地に列車および鉄道道具のコレクションが並んでいる。ここは映画「真昼の決闘 *High Noon*」の背景となった場所だ。入場料には、かつて金鉱石、材木および坑夫を乗せて金鉱とこの町を往復していた狭軌鉄道列車「マザー・ロード弾丸列車 *Mother Lode Canon Ball*」の乗車が含まれている。列車は1時間かけて古い金鉱や機具などの周りを1周する。列車は通常4月から10月までの間は土曜と日曜、冬は土曜のみ運行している。

宿泊・食事

ジェームズタウンの歴史美あふれるホテルに宿泊を希望するなら、かなり前から予約を入れ、朝食込みで$65〜$135の宿泊料を予算に入れること。おすすめは、個人の家庭のような雰囲気の**ロイヤル・ホテル Royal Hotel**（☎209-984-5271 🌐www.bbonline.com/ca/royalhotel 💲客室$65〜）と、広々とした客室があり、バスローブとバルコニー装備の**ジェームズタウン・ホテル Jamestown Hotel**（☎209-984-3902、800-205-4901 🌐www.jamestownhotel.com 💲客室$80〜95）だ。

バレンドレット食料品店 Barendregt's Grocery（🏠18195 Main St 🕐月〜土 8:00〜20:00 日 9:00〜18:00）は種類豊富な食料品の数々を揃え、充実したデリカテッセンもある。**モレリア・メキシカン・レストラン Morelia Mexican Restaurant**（☎209-984-1432 🏠18148 Main St 💲メイン$6〜9）は小さなパティオがあり、カジュアルな雰囲気の店。**ウィロー・ステーキハウス Willow Steakhouse**（🏠cnr Main & Willow Sts 💲メイン$12〜18）は、騒々しいホールとダイニングルームがある古い酒場で、ここで食事をすると追加料金なしでチーズフォンデュをサービスしてくれる。

サン・ホアキン・バレー

San Joaquin Valley

サン・ホアキン・バレーSan Joaquin Valleyは、俗にグレート・セントラル・バレーGreat Central Valleyと呼ばれる渓谷の南半分を指し（北半分はサクラメント・バレーSacramento Valley）、ストックトンStocktonからベーカーズフィールドBakersfieldの南東にあるテハチャピ山脈Tehachapi Mountainsまで広がる。もともとは湿地や木々に囲まれた小川や水辺の自然などが点在していたが、いまは乾燥した場所となっている。この地にはキング川やカーン川、マーセド川などが注ぎ込んでいるが、その水源は頂上を雪に覆われたシエラ・ネバダ山脈である。今日では灌漑によって川から水が引かれ、サン・ホアキン・バレーは、世界でも有数の農業生産地となった。東はシエラから西は海岸山脈まで広がるほとんどすべての畑では、作物が整然と並んでいる。ここが中心となってカリフォルニアに食物を供給している。

しかし、ここには家族経営の小さな農場は少ない。土地を所有しているのは大企業で、果物やナッツ類、野菜、乳製品などを作り、毎年莫大な収益を得ているが、一方で、出稼ぎ労働者は低い賃金で雇われている。大恐慌時代、この地には、主に南方や中央の大草原地帯からやって来た「オーキーズOkies」と呼ばれる白人移民が住んでいた。最近では、働いているのは、メキシコやラテンアメリカからの労働者がほとんどだ。そのため、ガスティンGustineやリードリーReedleyのような地方にある一部の小さな町には、アメリカの風物を感じるレトロなメイン・ストリートが残っているが、カトラーCutlerやラモントLamontのような多くの町は、メキシコそのものという印象を受ける。

先を急ぐ場合はインターステート5（I-5）を通るといい。南北に走る便利なルートで、実際、町もなければ沿道に目を奪われるような物も何もない。有名なルート66と同じくらい長い歴史を持つハイウェイ99はずっとおもしろい道だ。かつて、荷馬車道だったこのハイウェイは、ベーカーズフィールドとサクラメントの間を走る鉄道と平行に延びている。以前、ハイウェイ99は北へ向かい、オレゴンとワシントンの中を走っていたが、今ではI-5がそのルートをたどり、ハイウェイ99の北の終点はレッド・ブラフとなっている。この道は地方の主要な都市を結び、サン・ホアキン・バレーの（そしてカリフォルニアの）変化に富んだ歴史をたどる旅の入口としての役割を果たしている。

サン・ホアキンでは広い海を見渡すことも、雪をかぶったギザギザに尖る山々を見ることもできない。しかし、小麦畑やオレンジ畑、ブドウ園の上に夕日がつくり出す縞模様はとても美しい光景だ。

サン・ホアキン・バレーの真夏の気温は100°F（37℃）を超えることが多いので注意すること。

ハイライト

- カーン川ラフティング – スリルあふれる急流下り
- ブック・オーエンズ - 毎週ベーカーズフィールドで行われるカントリーミュージック・レジェンドのライブステージ
- フレズノズ・フォレステレール地下庭園 - 地下にある70の果樹園と花畑

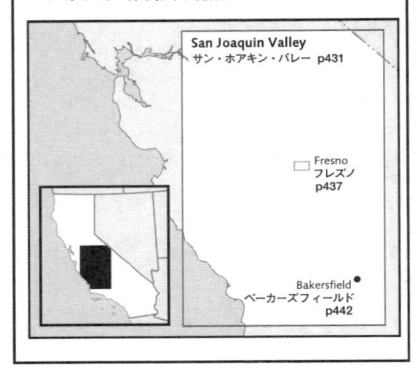

San Joaquin Valley
サン・ホアキン・バレー p431

Fresno
フレズノ
p437

Bakersfield
ベーカーズフィールド
p442

ストックトン
Stockton

ストックトン（人口24万3771人）がひどく荒廃した町だ、という事実を隠し通すのは難しい。特にダウンタウンから眺めると、板の打ち付けられた建物や店先はゴーストタウンのようで、修理の必要性を大いに感じさせる。そんな荒れた外観にもかかわらず、ストックトンは荒廃した街角さえ強い個性がある。レオナルド・ガードナーの小説「ファット・シティFat City」に出てくる人物も、そんなストックトンの住人だ（映画監督のジョン・ヒューストンはのちに、その安っぽいボクサーの話をステイシー・キーチとジェフ・ブリッジズを主役にした、とびきりすばらしい長編映画に仕立て上げた）。歌手のクリス・アイザークもこの町が生んだ有名人で、彼は日頃から

サン・ホアキン・バレー

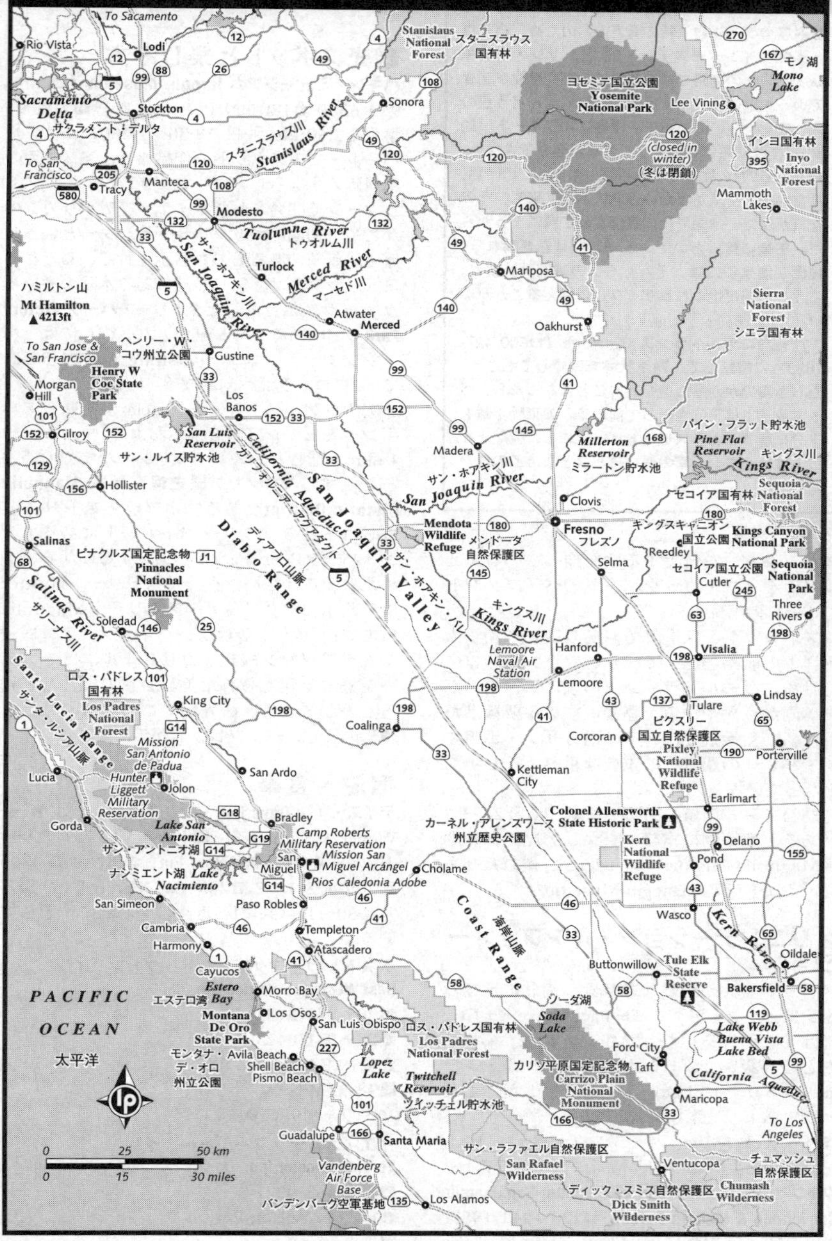

To Sacamento
Rio Vista
Lodi
Stockton
Sacramento Delta
サクラメント・デルタ
To San Francisco
Tracy
Manteca
Modesto
Stanislaus National Forest
スタニスラウス国有林
Sonora
スタニスラウス川
Stanislaus River
Tuolumne River
トゥオルム川
Turlock
Merced River
マーセド川
サン・ホアキン川
San Joaquin River
ハミルトン山
Mt Hamilton
4213ft
Atwater
Merced
Mariposa
Oakhurst
ヨセミテ国立公園
Yosemite National Park
(closed in winter)
(冬は閉鎖)
Lee Vining
モノ湖
Mono Lake
インヨ国有林
Inyo National Forest
Mammoth Lakes
Sierra National Forest
シエラ国有林
To San Jose & San Francisco
ヘンリー・W・コウ州立公園
Henry W Coe State Park
Gustine
Morgan Hill
Gilroy
Los Banos
San Luis Reservoir
サン・ルイス貯水池
California Aqueduct
カリフォルニア・アクアダクト
Hollister
Madera
Millerton Reservoir
ミラートン貯水池
パイン・フラット貯水池
Pine Flat Reservoir
キングス川
Kings River
Sequoia National Forest
セコイア国有林
Clovis
Fresno
フレズノ
キングスキャニオン国立公園
Kings Canyon National Park
Reedley
Selma
セコイア国立公園
Sequoia National Park
Cutler
Three Rivers
Salinas
ピナクルズ国定記念物
Pinnacles National Monument
Diablo Range
ディアブロ山脈
San Joaquin Valley
サン・ホアキン・バレー
Mendota Wildlife Refuge
メンドータ自然保護区
Salinas River
サリーナス川
Soledad
Lemoore Naval Air Station
Hanford
Lemoore
Visalia
Tulare
Lindsay
ロス・パドレス国有林
Los Padres National Forest
King City
Santa Lucia Range
サンタ・ルシア山脈
Coalinga
Corcoran
ピクスリー国立自然保護区
Pixley National Wildlife Refuge
Porterville
Mission San Antonio de Padua
Hunter Liggett Military Reservation
Jolon
Lucia
San Ardo
Kettleman City
Colonel Allensworth State Historic Park
カーネル・アレンズワース州立歴史公園
Earlimart
Gorda
Lake San Antonio
サン・アントニオ湖
Bradley
Camp Roberts Military Reservation
Mission San Miguel Arcángel
San Miguel
Rios Caledonia Adobe
Cholame
Kern National Wildlife Refuge
Delano
Pond
ナシミエント湖
Lake Nacimiento
San Simeon
Paso Robles
Coast Range
海岸山脈
Wasco
Kern River
Cambria
Templeton
Harmony
Atascadero
Cayucos
Buttonwillow
Tule Elk State Reserve
Oildale
Bakersfield
PACIFIC OCEAN
太平洋
エステロ湾
Estero Bay
Morro Bay
Los Osos
ソーダ湖
Soda Lake
Montana De Oro State Park
モンタナ・デ・オロ州立公園
San Luis Obispo
ロス・パドレス国有林
Los Padres National Forest
Lake Webb
Buena Vista Lake Bed
Avila Beach
Shell Beach
Pismo Beach
Lopez Lake
Twitchell Reservoir
ツイッチェル貯水池
Ford City
Taft
カリゾ平原国定記念物
Carrizo Plain National Monument
California Aqueduct
Maricopa
To Los Angeles
Guadalupe
Santa Maria
サン・ラファエル自然保護区
San Rafael Wilderness
Ventucopa
チュマッシュ自然保護区
Chumash Wilderness
Vandenberg Air Force Base
バンデンバーグ空軍基地
Los Alamos
ディック・スミス自然保護区
Dick Smith Wilderness
0 25 50 km
0 15 30 miles

> **ツール霧**
>
> 放射霧やツール霧（特に風下の）のため、ハイウェイ99やインターステート5など、サン・ホアキン・バレーの道路では毎年多くの衝突事故が起きている。諺に出てくるピースープ（えんどう豆のスープ）くらい濃い霧で、視界は10フィート（約3m）程度に悪化し、ドライブなど到底できない。11月から2月の霧がもっとも深いのは、この時期、冷たい山の空気が暖かい谷底に下りて来て、その空気が冷たい地面で夜に凝縮されて霧になるからだ。午後には、たいてい2、3時間は霧が晴れる。地面が温まるには、それくらいの時間が必要だ。こうして霧が生まれるサイクルは絶えることがない。
>
> 旅行前にカルトランスCaltrans（☎800-427-7623）に電話して、道路状態を確認しておこう。もしも霧のかかった道を進むことになったら、ヘッドライトは下向きにして前の車との車間距離を十分に取ること。スピードは一定にし、突然止まってはならない。車の追い越しなどもってのほかだ。

ストックトンを賛美する歌を作っている。オルタナティブ・ロックバンドのペイブメントもこの町の出身だ。

　ストックトンは港町でもあり、ここから太平洋上の航路を通って、サンフランシスコに行ける。ゴールドラッシュの頃には、南の鉱山へ向かう人や物資を陸揚げする主要な港だった。ごく最近では、その港はサン・ホアキン・バレーの農産物の重要な積み下ろし場所となっている。

　訪ねてみる価値のある場所は、もう2、3カ所ある。建築物に富むマグノリア歴史保存地区Magnolia Historic Districtと、優れたハギン・ミュージアムHaggin Museumだ。

オリエンテーション・インフォメーション

ストックトンの主要な通りは、南北に延びるパシフィック・アベニューPacific Ave（その一部は「ミラクル・マイルMiracle Mile」の異名をとる高級ショッピング地帯）とエル・ドラド・ストリートEl Dorado St、東西に延びるパーク・ストリートPark Stとウィーバー・アベニューWeber Ave、ハージング・ウェイHarding Wayだ。町の地図と情報が得られる**ストックトン-サン・ホアキン観光局 Stockton-San Joaquin Convention & Visitors Bureau**（☎209-943-1987、800-350-1987 ♠46 W Fremont St ◎月〜金9:00〜17:00）はセンター・ストリートCenter Stを外れた町の中心にある。ミラクル・マイルにある**マクスウェルズ・ブックス Maxwell's Books**

（♠2103 Pacific Ave）は1939年から続く個人書店だ。

観光スポットと楽しみ方

ハギン・ミュージアム Haggin Museum（☎209-940-6300 ♠1201 N Pershing Ave ■大人＄5 学生＄2.50 ◎火〜日 13:30〜17:00）にはアルバート・ビアスタットの作品など、アメリカの風景画のすばらしいコレクションがある。ストックトンで開発されたネイティブアメリカンのかごや、初期のキャタピラトラクターといった歴史的価値のあるものも展示されている。このミュージアムは、アヒル池のある木陰の多いピクニックスポット、**ビクトリー・パーク Victory Park**の中にある。ミュージアムへ行くには、パーシング・アベニューPershing AveでI-5を出て、2ブロック北へ向かおう。

　アカシア・ストリートAcacia Stを通ってハギン・ミュージアムを東へ約1マイル（約1.6km）進むと、ストックトンのかつての繁栄を証明する**マグノリア歴史保存地区 Magnolia Historic District**がある。ポプラ・ストリートPoplar Stとアカシア・ストリートにあるエデン・パークEden Parkから出発するのがおすすめだ。そこからハンター・ストリートHunter Stを北へ、マグノリア・ストリートMagnolia Stまで1ブロック歩けば、クィーン・アン様式やクラフツマン様式、カリフォルニア・コテージ様式で建てられた美しい家のほとんどを見ることができる。観光局でこの地域の歴史と建築の詳しいパンフレットが手に入る。

宿泊・食事

デイズ・イン Days Inn（☎209-948-6151 ♠cnr Weber & Center Sts ■S＄64 W＄75）と**レッド・ルーフ・イン Red Roof Inn**（☎209-478-4300 ■209-478-1872 ♠2654 W March Lane ■客室＄60〜）は共にI-5近くの中心部に位置している。

ベスト・ウェスタン・ストックトン・イン Best Western Stockton Inn
☎209-931-3131
■209-931-0423
♠4219 E Waterloo Rd
■S＄72 W＄86
ハイウェイ99の真東にある。

イエ・オルデ・フージャー・イン Ye Olde Hoosier Inn
☎209-463-0271
♠1537 N Wilson Way
■食事＄6〜
1946年から続く、堂々とした老舗の宿。赤いボックス席と庶民的な骨董品で飾られている。朝食とランチを毎日出している。

バレー・ブリューイング・カンパニー
Valley Brewing Co
☎209-464-2739
⌂157 W Adams St
🍴食事 $7〜

1994年開業。ハンバーガーやピザ、パスタ料理のほかに、ホップを利かせた自家製ビールも出している。この町にある本店は1853年から続いている。

アクセス

ストックトンとほかの町を毎日往復する公共交通機関は、**グレイハウンド Greyhound**（☎209-466-3568、800-229-9424 ⌂121 S Center St）のバスと**アムトラック Amtrak**（☎800-872-7245 ⌂735 S San Joaquin St）の列車がある。

モデスト
Modesto

農業の根づいた町で、アーネスト＆ジュリオ・ガロ・ワイナリーErnest & Julio Gallo Winery（1933年創立）もあるが、モデスト（人口19万102人）はおそらく「気晴らしを求めて街中で車をのりまわすクルージングのメッカ」として知られていることのほうが多い。この地で少年時代を過ごしたジョージ・ルーカスが映画「アメリカン・グラフィティAmerican Graffiti」でモデストの町とそこでの伝統を不朽のものにしたのだ。しかし、渋滞と暴力の問題からクルージングは1993年に禁止されている。それでも機会さえあれば高速で走る改造車や派手に飾った自動車を、いまだに見せびらかそうと人々が集まる。

クラシックカー・ショーが「グラフィティ・マンスGraffiti Month」（6月）に行われる。詳しくは電話で**商工会議所 chamber of commerce**（☎209-577-5757 ⌂1114 J St）に問い合わせよう。

この街中のクルージング全盛だった頃から残っているものはほかにもある。古くて感じのいい**A&Wルート・ビア・ドライブイン A&W Root Beer Drive-In**（⌂cnr 14th & G Sts）だ。ここではローラースケートで滑るウェイターが給仕してくれる。

ダウンタウンはハイウェイ99（高速道路の西地域を除く）の真東に位置している。10thストリートとJストリートを中心とした、今、ひときわ目を引く多重送信複合施設と幾つものレストランチェーン店を誇る活性化プロジェクトの本拠地だ。一方で、1934年建設の**ステイツ・シアター State Theatre**（☎209-527-4697 ⌂1307 J St）など、多くの歴史的建造物も現存している。このシアターでは、映画やライブミュージックの上演が行われている。有名な**モデスト・アーチ Modesto Arch**（⌂cnr 9th & I Sts）は1912年に建造され、かつて街への中央新入口だった場所に建っている。そこに貼られている町のスローガン「水は豊富で健康満足 Water Wealth Contentment Health」は、地元のコンテストの結果決まったものだが、最初からこれに決まったわけではない。もし、反対派の意見が通っていたら看板の文字は「誰にもモデストの邪魔はできないNobody's Got Modesto's Goat」となっていたことだろう。ダウンタウンからヨセミテ国立公園へ向かって、ヨセミテ大通りYosemite Blvd（ハイウェイ132）が東へ延びている。

観光スポットと楽しみ方

かつての市立図書館には広々とした**マクヘンリー・ミュージアム McHenry Museum**（☎209-577-5366 ⌂cnr 14th & I St 🎫入場無料 🕐火〜日12:00〜16:00）がある。地元の歴史や写真が展示され一見の価値はある。

マクヘンリー・ミュージアムから1ブロック離れた所にある**マクヘンリー・マンション McHenry Mansion**（☎209-577-5344 ⌂cnr I & 15th Sts 🎫入場無料 🕐月〜木 13:00〜16:00、金 12:00〜15:00）は、イタリア風でかわいらしいビクトリア調の屋敷。1883年に建てられたもので、以前は地元で有名な農場主であり銀行家でもあるロバート・マクヘンリーの家だった。

宿泊・食事

ダウンタウンのニーダム・ストリートNeedham Stから北へ延びるマクヘンリー・アベニューMcHenry Ave（ハイウェイ108）沿いには、低予算のモーテルが多く並ぶ。マクヘンリーとニーダム・ストリート近くの**シャレー・モーテル Chalet Motel**（☎209-529-4370 ⌂115 Downey St 🛏客室 $55）の客室は簡素で清潔だ。ダウンタウンにある**ベスト・ウエスタン・タウン・ハウス・ロッジ Best Western Town House Lodge**（☎209-524-7261 ⌂909 16th St 🛏 $78 W $83）はシャレー・モーテルよりもわずかに上質。

デイバ
DeVa
⌂cnr 12th & J Sts
🍴ランチ $7

店で挽いたおいしいコーヒー、ペストリーやサンドイッチなどを出す都会的なコーヒーハウス。

セントスタンズ・ブリューワリー
St Stan's Brewery
☎209-524-4782
⌂821 L St

サン・ホアキン・バレー － マーセド

🍴食事$6〜15

ドイツスタイルの滑らかなビール、アルトビアで知られるブリューパブ（工場直営パブ）。食事はうまくもまずくもなく、許せる範囲だ。でも、ビールは最高（暗くなったら試してみて）。

トレセッティズ・ワールド・カフェ
Tresetti's World Caffe
☎209-572-2990
🏠927 11th St
🍴ランチ$8〜 ディナー$15〜

おいしそうなメイン料理と、見応えのあるワインリストが魅力。しかも隣はワインの小売店。

フェラフェル・ハット
Falafel Hut
🏠917 Yosemite Blvd
🍴1品$3〜

ダウンタウンの東およそ1マイル（約1.6km）の所にある。フェラフェル（つぶした味付豆を丸めて揚げたもの）、シュワーマス（焼いた肉を串からはずし、パンにはさんだもの）は本当においしい。ハイウェイでは、ファーストフードの代わりに、これらの料理をどうぞ。

隣には、おいしいインディアン料理を出すゆったりとしたレストラン、**インディア・パレット India Palate**（🏠915 Yosemite Blvd 🍴メイン$8〜12）がある。平日はビュッフェ（$5〜6）もやっている。

アクセス

グレイハウンド Greyhound（☎800-229-9424）は、9thストリートとJストリートの所にあるモデスト・トランスポーテーション・センター Modesto Transportation Centerに停まる。ローカル線の**マックス MAX**（☎209-521-1274）のバスも同様。34番のバスに乗って**アムトラック駅 Amtrak station**（☎209-551-2048 🏠1700 Held Dr）まで、ダウンタウンからは40分かかる。

マーセド
Merced

由緒あるビクトリアン・ハウスと、1875年に建てられた格調高い郡庁舎が並木道沿いに並ぶマーセド（人口6万3893人）は、ハイウェイ99を行く人々やハイウェイ140を通って東のヨセミテ国立公園へ向かう道中に立ち寄ると楽しい町だ。ダウンタウンのオフィス街は日中は活気にあふれ、ひと休みしたりアンティークの買い物をしたりするのに最適だが、夜は昼間ほど魅力的ではない。ただ、メイン・ストリートMain Stには映画館が3つ（2つは1930年代に建てられたもの）あり、その界隈はにぎやかだ。マーセドにカリフォルニア大学の新キャンパスを建てることが決まっているが、周辺住民の反対があって建設は遅れている。

報道関係者なら、かつてアメリカの下院議員だったギャリー・コンディットのオフィスがマーセドの連邦政府建物内にあったことを覚えているかもしれない。コンディットは、今は亡きチャンドラ・レビー（彼のオフィスの実習生で、2001年に行方不明になっていた）との関係をうわさされ、よく知られる人物となった。彼は2002年に辞職させられている。

オリエンテーション・インフォメーション

マーセドのダウンタウンはハイウェイ99より東のメイン・ストリートMain St沿いにあり、Rストリートとマーチン・ルーサー・キング・ジュニア・ウェイMartin Luther King Jr Wayの間に位置している。番号の付いた道路は大通りの16thストリート（昔のハイウェイ99のルート）も含め、ハイウェイ99と平行に走っている。**カリフォルニア・ウェルカム・センター California Welcome Center**（☎209-384-2791、800-446-5353 🏠710 W 16th St）はバス発着所の近くにある。$2の地元の地図やマーセドとヨセミテの情報、モーテルの割引がついたクーポンブックも置いている。

eメールは**ワイヤード Wired**（☎209-386-0206 🏠450 W 18th St）でチェックしよう。1時間$5でインターネットができるおしゃれでモダンなコーヒーハウスだ。

観光スポットと楽しみ方

緑の多い落ち着いた広場にある、1875年建造の**マーセド・カウンティ庁舎 Merced County Courthouse**はこの町で最古の建築物。アルバート・A・ベネット設計による8つの郡庁舎のうち、現存する最後の1つだ。郡庁舎の中にあるすばらしい**コートハウス・ミュージアム Courthouse Museum**（☎209-723-2401 入場無料 水〜日 13:00〜16:00）は、一見の価値がある。

マーセドの北西およそ6マイル（約10km）のアトウォーターAtwaterにある**キャッスル・エア・ミュージアム Castle Air Museum**（☎209-723-2178 🏠5050 Santa Fe Dr 大人$7 子供$5 10:00〜16:00）には、復元された軍用機が数多く展示されている。

2月末から3月初旬にかけて果樹園の周りはアーモンドやピーチ、アプリコットなど、さまざまな果樹の花のうるわしい香りとうっとりするような光景で活気づく。花が好きな人はウェルカム・センターで地図とパンフレットを手に入れ、マーセド・カウンティの道を

行く**ブロッサム・ツアー Blossom Tour**に参加するといい。

宿泊・食事

マーセド・ホーム・ホステル Merced Home Hostel
(☎209-725-0407 ドミトリーベッド＄12〜15 日中は閉店)はヨセミテに詳しい古くからのマーセド住人の家庭で営まれているホステルで、ベッドが8台ある。人気があり、特に夏の週末にはすぐに満室になるので予約がおすすめ。電話での受付は17:30から22:00まで。宣伝はしていないが、バス停や駅までの送迎もしてくれる。

マーセドには、低料金のモーテルが数多くある。なかでも古い個人経営の宿泊施設でダウンタウンに近い**スランバー・モーテル Slumber Motel**(☎209-722-5783 1315 W 16th St S＄35 W＄45)は清潔で安全なうえに比較的静かだ。

低料金のモーテルはモーテル・ドライブ Motel Dr (この車道はハイウェイ99のすぐ東を走っているが、ハイウェイ140出口からはハイウェイ99につながる)で見つかる。**シエラ・ロッジ Sierra Lodge** (☎209-722-3926 951 Motel Dr S＄39 W＄45)はおすすめの1軒だ。

朝食なら**シネマ・カフェ Cinema Cafe**(☎209-722-2811 661 W Main St 食事＄4〜6)へ行かない手はない。くつろいだ雰囲気のこぢんまりした町食堂で、隣には古くて立派な映画館**マインツァ Mainzer** (☎209-722-4042) がある。

数十年前に建てられた大衆食堂は16thストリートとメイン・ストリート沿いに軒を連ねている。なかでも**ブランディング・アイアン Branding Iron** (640 W 16th St ディナー＄14〜)は実に魅力的な店の1つだ。地元の酪農場から運ばれてきた重圧感のある牛頭の剥製「オールド・ブルーOld Blue」が醸し出すウエスタンな雰囲気の中で、大皿に乗ったボリューム満点のステーキが食べられる。

アクセス

ヤーツ
Yarts
☎877-989-2787、209-388-9589
www.yarts.com

ヨセミテ・バレーへ向かうバスは毎日4便、**マーセド・トランスポ・センター Merced Transpo Center** (cnr 16th & N Sts) と**アムトラック駅 Amtrak station** (cnr 24th & K Sts) などマーセドの数カ所を経由して出発している。所要時間はおよそ2時間30分で、途中マリポサ Mariposaとミッドパインズ Midpines、ミッドパインズにあるヨセミテ・バグ・ロッジ＆ホステルYosemite Bug Lodge & Hostelにも停車

する。往復チケットの料金は大人＄20、子供＄14で、これにはヨセミテ国立公園の入場料も含まれており、かなりお得！ チケットは、ウェルカム・センターかバスの運転手から購入できる。

グレイハウンド
Greyhound
☎800-229-9424

トランスポ・センターTranspo Centerから運行しており、ロサンゼルス行き (＄32、6時間30分) やサンフランシスコ (＄27、4時間)行きは毎日何本も出ている。

アムトラック
Amtrak
☎209-722-6862、800-872-7245

マーセドとオークランドOakland (＄27、3時間15分) およびロサンゼルス (＄38、6時間)を結ぶ。ロサンゼルスに行くには、ベーカーズフィールドBakersfieldでバスへの乗り換えが必要。

フレズノ
Fresno

フレズノ (人口42万7652人) は火ぶくれを起こしそうなくらいに暑い、カリフォルニアの代表的な乾燥地だが、サン・ホアキン・バレーの中では飛びぬけて大きな町だ。海岸近くに住むカリフォルニアの住人のほとんどは、ここを目的地としてではなく、ヨセミテ (ハイウェイ41経由) やキングスキャニオン、セコイア国立公園 (ハイウェイ180経由) へ行くための通り道の1つくらいにしか思っていない。そういった人々は、ベーカーズフィールドやサクラメントと同様、農業や政治、さらには芸術までもがこの地で生まれていることを知らないのだ。

活気あるセントラル・バレーの中心地やその周辺には、興味深い歴史のある道路が延びる。古いれんがが造りの倉庫がサンタフェ鉄道線路沿いに並ぶ光景は印象的だが、それらの多くは1894年のフレズノ・ウォーター・タワーや1928年のパンテージズ (ワーナーズ) シアターPantages (Warnors) Theatreといったダウンタウンの由緒ある建物だ。不規則に広がるコンベンション・センター、フレズノのスリーAの野球チーム、グリズリーズの真新しい野球場など、最近できた建築物へ注目が集まる一方で、これら昔の建物も負けず劣らず注目を集めている。

フレズノにはタワー・ディストリクトTower Districtもある。ダウンタウンの北の地区で、サクラメントとロサンゼルスの間に位置し、文化が盛んなもう1つの地域だ。本屋やレコード店、ミュージッククラブや、ほんのひと握

バレーにある多くの町と同様、フレズノにも驚くほど多くの人種が住んでいる。メキシコ人やバスク人、中国人のコミュニティは数十年前からフレズノにあり、さらに最近では多くのモン族（ミャオ族）も定住している。長い歴史を持つアメリカ人コミュニティは、作家であり脚本家でもあったウィリアム・サローヤンによりもっともよく表現されている。サローヤンは、自分が生まれ育ったこの町を心から愛し、一生をそこで過ごした人物だった。

歴史

ジョン・C・フレモントやキット・カーソンなど、さまざまな探検家たちがやって来た1844年、今日のフレズノ周辺にはヨークト・インディアン族が住んでいた。1872年には、フレズノにセントラル・パシフィック鉄道Central Pacific Railroadの駅ができた。ワイン生産者のフランシス・エイサンが、偶然ブドウの木の上でその実を乾燥させてしまったことから、1870年代、アメリカにレーズンビジネスが起こった。しかし、灌漑によって不毛の地が金鉱のように農産物という金を産みだす土地に変わってからは、レーズンは利益をもたらす多くのフレズノ農産物の1つにすぎなくなった。1954～2001年、フレズノはアメリカで最大の農業生産地だった。今日でも綿や牛、トマトといった年間30億の農業商品を大量生産している。ところが、それと同時に、この地は都市乱開発の餌食となりつつある。ますます多くの農場が舗装され、大気と土壌の両面で公害問題が急増している。

オリエンテーション・インフォメーション

フレズノは無造作に広がった大きな町だ。ダウンタウンはディバイサデロ・ストリートDivisadero Stとハイウェイ41、ハイウェイ99に接している。タワー・ディストリクトはダウンタウンの2マイル（約3km）北にあり、Eオリーブ・アベニューE Olive AveとN・フルトン・アベニューN Fulton Aveの交差点角近くに位置している。

フレズノ観光局 Fresno Convention & Visitors Bureau（☎559-237-0988、800-788-0836 cnr Fresno & O Sts 月～金 10:00～16:00、土 11:00～15:00）はフレズノ・ウォーター・タワーFresno Water Tower内にある。

観光スポットと楽しみ方

フレズノでたった1ヵ所だけ見物するとしたら、**フォレスティエール地下庭園 Forestiere Underground Gardens**（☎559-271-0743 5021 W Shaw Ave 大人＄7 子供＄4 ツアー 土・日 12:00 14:00）がいい。シチリア人移民のバルダザール・フォレステエールがつくったこの庭園は、ハイウェイ99の1ブロック東にある。フォレステエールがここに着手したのは1906年で、彼は柑橘類の木を植えようとして硬い土に阻まれた。その硬土層の下をおよそ70エーカー（約28ha）掘り、商業作物と自分の住居のための、独特の明かり取りシステムを備えた空間を造り出した。そこには寝室や図書館、中庭、洞窟、養魚池などがあり、今では歴史的建造物となっている。

メウクス・ホーム Meux Home（☎559-233-8007 cnr Tulare & R Sts 入場料＄4 2～12月 金～日 12:00～15:30）は、19世紀ビクトリア朝時代の建築物の好例。元連合軍医TR・メウクス医師の邸宅だった。

厳かな静寂のなかにたたずむ**カーニー・マンション Kearney Mansion**（☎559-441-0862 7160 W Kearney Blvd 大人＄4 子供＄2 ツアー 金～日 13:00～15:00）は、M・テオ・カーニー老男爵が構想した壮大な「フレズノ城Chateau Fresno」の、ほんの一部が実現したものに過ぎない。その大邸宅は現在、ダウンタウンから7マイル（約11km）東のカーニー・パークKearney Park（入場料 1台につき＄3、カーニー・マンションへ行く人は無料）内にある。公園へ行く途中に通るカーニー大通りKearney Blvd沿いにはヤシの木が植えられていて、すばらしいドライブを楽しむことができる。

フレズノ美術館 Fresno Art Museum（☎559-441-4221 2233 N 1st St 大人＄4 学生＄2 火曜は無料 火～金 10:00～17:00、土・日 12:00～17:00）は、ラジオ・パークRadio Park内にある。地元の芸術家による作品も含め、サン・ホアキン・バレーでもっとも興味深い現代アートを交代で展示している。

フレズノ・メトロポリタン・ミュージアム Fresno Metropolitan Museum（☎559-441-1444 1555 Van Ness Ave 大人＄7 学生＄4 火～日 11:00～17:00、木 11:00～20:00）は、子供たちに大人気。参加型の科学展示やネイティブアメリカンの工芸品、昔のパズルの膨大な数のコレクション、ウィリアム・サローヤン・ギャラリーもある。

ハイウェイ99の真東を走るオリーブ・アベニューOlive Aveに面した広くて木陰の多い**ローディング公園 Roeding Park**（入場料 車1台＄1）内には小さな**チャフィー動物園 Chaffee Zoological Gardens**（☎559-498-2671 大人＄6 子供＄4 3～10月 9:00～17:00、11～2月 10:00～16:00）がある。隣接して、1962年に造られた

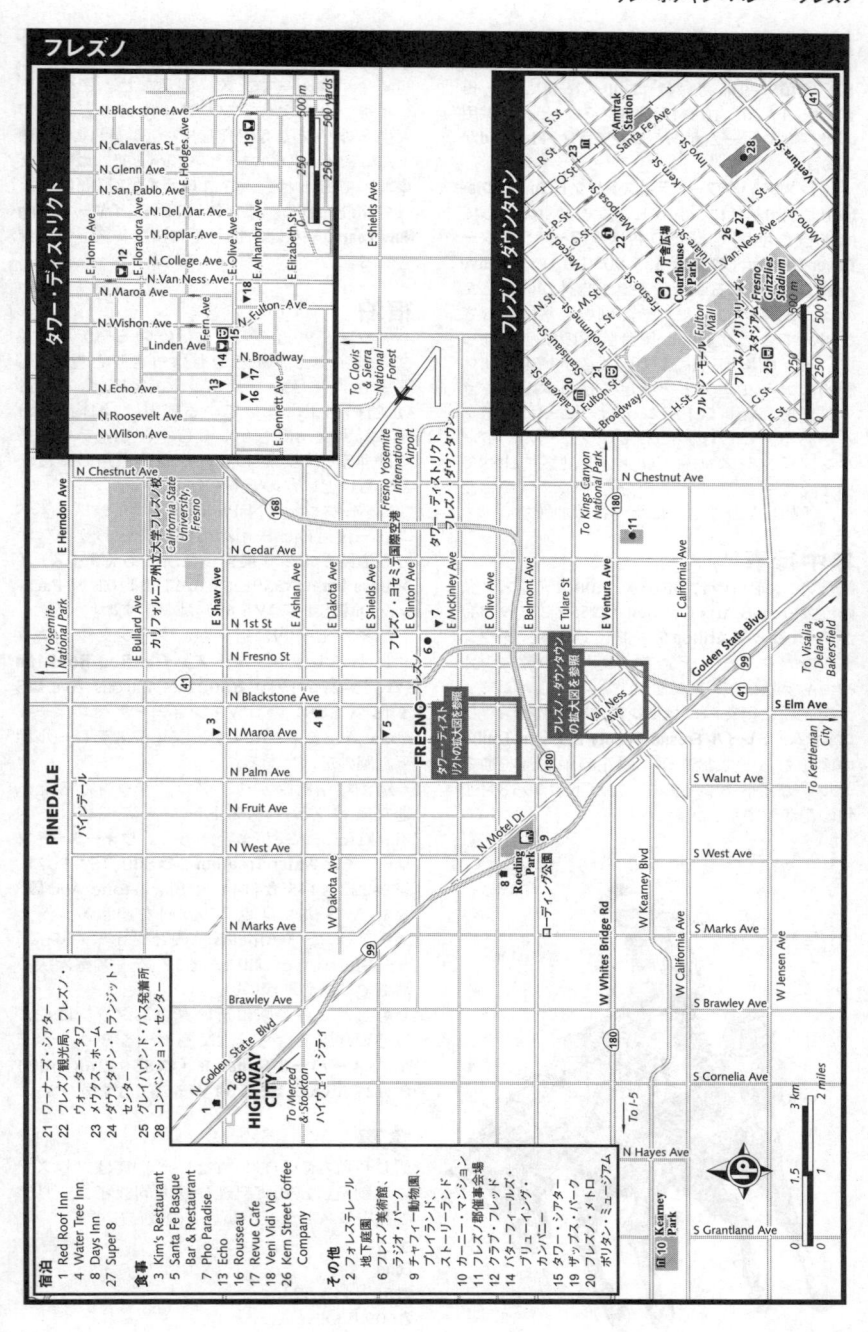

サン・ホアキン・バレー — フレズノ

フレズノ

タワー・ディストリクト

フレズノ・ダウンタウン

サン・ホアキン・バレー

宿泊
1 Red Roof Inn
4 Water Tree Inn
8 Days Inn
27 Super 8

食事
3 Kim's Restaurant
5 Santa Fe Basque Bar & Restaurant
7 Pho Paradise
16 Echo
17 Rousseau
18 Revue Cafe
18 Veni Vidi Vici
26 Kern Street Coffee Company

その他
2 フォレスティール地下医学
6 フレズノ美術館、ラジオ・パーク
9 チャフィー動物園、プレイランド、ストーリーランド
10 カーニー・マンション
11 フレズノ郡博覧会場
14 クラシー・フレッド
14 バスターフィールズ・ブリューイング・カンパニー
15 タワー・シアター
19 サンズ・パーク
20 フレズノ・メトロポリタン・ミュージアム
21 ワーナーズ・シアター
22 フレズノ観光局、フレズノ・タワー
23 メウクス・ホーム
24 ダウンタウン・トランジット・センター
25 グレイハウンド・バス発着所
28 コンベンション・センター

皿 10 Kearney Park

子供向けのおとぎの国、**ストーリーランド Storyland**（☎559-264-2235 ■大人＄3.75 子供＄2.75 ◎5〜9月 月〜金 11:00〜16:00、土・日 10:00〜17:30、10〜4月週末のみ）と、子供用の乗り物やゲームがある**プレイランドPlayland**がある。

フレズノの**タワー・ディストリクト Tower District**は1920年代にショッピングのメッカとして始まった地区で、その名は**タワー・シアター Tower Theatre**（☎559-485-9050 ■815 E Olive Ave）に由来するが、シアター自体が開館したのは1939年のことだ。その劇場は常に新しさを求めて変わり続け、舞台芸術の中心となっている。劇場周辺にはフレズノのゲイと非体制的なコミュニティを満足させる本屋やショップ、最高級レストラン、コーヒーハウスなどがある。ここは、たとえヒッピーの割合がサンフランシスコ・ミッション地区に比べて小さくても、アイスラテを片手にブラついたり、休憩したりするには街一番の地域だ。

年中行事

毎月第1木曜日の17:00から20:00はフレズノ芸術協会Fresno Arts Council（☎559-237-9734）が**アートホップ ArtHop**を主催しており、ダウンタウンとタワー・ディストリクトのスタジオやギャラリーが一般に公開される。

観光局に行く際には**フレズノ・カウンティ・ブロッサム・トレイル Fresno County Blossom Trail**の地図をもらっておこう。地元の果樹園を通るセルフガイドトレイルで、2月下旬から3月上旬の花が見頃だ。

クロービスではカリフォルニアで最大規模のロデオが開催される

最近始まった**ウィリアム・サローヤン・フェスティバル William Saroyan Festival**では、毎年春に朗読やパフォーマンス、展示など、さまざまなイベントによってフレズノ出身の有名人の人生と作品を広く紹介している。4月の第3週末には、近くのクロービスClovisで、カリフォルニアでもっとも大きな**ロデオ**が2日間にわたって開催される。**モング・ニュー・イヤー Hmong New Year**の祭りは、12月下旬にフレズノで開催される。

宿泊

ハイウェイ99近くの道には安いモーテルが並び、ハイウェイからでもはっきりと見える。洗練されたネオンサインと宿泊料金の安さ（広告の目玉になっている部屋は1泊約＄25）がうたい文句にもかかわらず、モーテルの多くは非常にいかがわしいか高速道路の騒音がとてもひどいかのどちらかだ。

NパークウェイN Parkwayとオリーブ・アベニュー付近には快適な宿泊施設もあり、なかでも道路から少し奥まった所にある**デイズ・イン Days Inn**（☎559-268-6211 ■1101 N Parkway Dr ■S＄47 W＄69）はおすすめ。

ハイウェイ99に近いが、ダウンタウンより北にある**レッド・ルーフ・イン Red Roof Inn**（☎559-276-1910 ■5021 N Barcus Ave ■S＄48 W＄59）は、W・ショー・アベニューW Shaw Aveを下りてすぐ、フォレステレール地下庭園のそばにある。

宿泊場所を探すならダウンタウンから北へ延びるNブラックストーン・アベニューN Blackstone Aveがよいだろう。**ウォーター・ツリー・イン Water Tree Inn**（☎800-762-9071、559-222-4445 ■4141 N Blackstone Ave ■S＄55 W＄65）はホテルが軒を連ねるシールズ・アベニューShields Aveとショー・アベニューShaw Aveの間にある1軒で、客室は広く清潔で、居心地がいい。

もしバス停や駅に近いダウンタウンに泊まる必要があるなら、とてもベーシックなホテル、**スーパー8 Super 8**（☎559-268-0621 ■2127 Inyo St ■S＄60 W＄70）がおすすめ。

食事

信じられないかもしれないが、実はフレズノには創意に富んだ料理や魅力的なインテリアの高級レストランがかなりの数存在する。

エコー
Echo
☎559-442-3246
■609 E Olive Ave
■メイン＄20〜

タワー・ディストリクトにあるすてきなレス

トラン。料理には地元で採れた旬の食材や有機栽培の食材もよく使われている。フランク・ロイド・ライト設計の水色の椅子は、デラノDelanoで処分されそうだったところを救い出された代物だ。

ベニ・ビディ・ビシ
Veni Vidi Vici
☎559-266-5510
🏠1116 N Fulton St
🍴メイン＄18〜

くつろげる上品な店で、2軒目として訪れるにもおすすめだ。オリーブ・アベニューOlive Aveを南へ1ブロック行った所にある。

ルソー
Rousseau
🏠568 E Olive Ave
🍴ディナー＄7〜10

それほど値段は高くない。パスタからポークチョップまで、いろいろな料理が楽しめる。

サンタ・フェ・バスク・バー＆レストラン
Santa Fe Basque Bar & Restaurant
🏠3110 N Maroa Ave
🍴食事＄15未満

ダウンタウンからかなり遠いが、フレズノに住む年配のバスク人には人気が高い。家族向けの食事にはスープやサラダ、肉、野菜、パン、デザートもあり、おなかをすかせて行きたい店だ。

キムズ・レストラン
Kim's Restaurant
🏠5048 N Maroa Ave
🍴ランチ＄5 ディナー＄8

小さな店にもかかわらず、洗練されたベトナム料理を出す。

このほかにもNファースト・ストリートN First St沿いにはベトナム料理を出す店が点在している。**フォー・パラダイス Pho Paradise**（🏠1848 N First St 🍴ランチ＄4〜6）もその1つ。この店ではスパイシーなヌードルスープがたったの＄4。

コーヒーを飲むなら**レビュー・カフェ Revue Cafe**（🏠620 E Olive Ave）へ。タワー・ディストリクトのフレンドリーなヒッピーたちが集う店だ。ダウンタウンでおすすめは**カーン・ストリート・コーヒー・カンパニー Kern Street Coffee Company**（🏠2134 Kern St）だ。感じの良いこの店にはスープやサンドイッチ、スムージーもある。

エンターテインメント

名高いタワー・シアターのほかに、タワー・ディストリクトには多くの人が足しげく通う人気の劇場が幾つかある。なかにはインディー・ロックが集まる**クラブ・フレッド Club Fred**（🏠1426 N Van Ness Ave）や、薄汚れたブルース・バーの**ザップス・パーク Zapp's Park**（🏠1105 N Black-stone Ave）や**バターフィールド・ブリューイング・カンパニー Butterfield Brewing Company**（🏠777 E Olive Ave）があり、ここでは自家製ビールを飲ませてくれるし、時々音楽ライブも行っている。

ダウンタウンには、由緒正しい古い劇場が数多く存在する。1928年に建造された**ワーナーズ・シアター Warnors Theatre**（☎559-264-6863 🏠1412 Fulton St）は驚くほど美しく、コンサートやミュージカルなど、さまざまなイベントが催されている。

アクセス・交通手段

狭いが拡張工事中の**フレズノ・ヨセミテ国際空港 Fresno Yosemite International Airport**は、24社の民間航空会社によって運営されている。空港は、シールズ・アベニューShields Ave東端のハイウェイ41から東へ行った所にある。26番のFAXバスは、空港からダウンタウンまで毎日運行している。

グレイハウンド
Greyhound
☎559-268-1829
🏠1033 Broadway

フレズノとロサンゼルス（＄22、5時間）およびサンフランシスコ（＄26、4時間45分）を結ぶバスが、ダウンタウンにある新しい野球場近くのバス発着所から出ている。

アムトラック
Amtrak
☎559-486-7651、800-872-7245
🏠2650 Tulare St

オークランド（＄34、4時間）とベーカーズフィールド（＄25、2時間）を結ぶサン・ホアキンズ・ルート*San Joaquins* routeを通り、フレズノまで走る列車がある。ロサンゼルス（＄30、4時間30分）へ行くにはバスに乗換える。

フレズノ・エリア・エクスプレス
Fresno Area Express
☎559-488-1122

地元のバス会社。ファン・ネス・アベニューVan Ness Aveとフレズノ・ストリートFresno Stが交差する角にあるダウンタウン交通センターから、タワー・ディストリクト（22または26番バス）、空港（26番バス）、フォレステール地下庭園（20番バスから9番バスに乗り換え）の間を毎日運行している。料金は＄1。

ハンフォード
Hanford

ハンフォード（人口4万1000人）には、1896年に建てられたこの街一番の宝とも言うべき**キングス・カウンティ庁舎 Kings county Courthouse**を中心に復興された小さなダウンタウンがあ

る。周辺の広場にある木陰は散歩にちょうどよく、街のあちこちで同様の光景が見られる。コート・ストリートCourt Stと7thストリート沿いにあるハンフォードの歴史的なれんが造りの建物は、ほとんどが1900年代初めに建造されたもので、今では建物内にはレストランやショップが入っている。

ハンフォード・カーネギー・ミュージアム Hanford Carnegie Museum（☎559-584-1367 ⌂109 E 8th St 入館$2 火～金12:00～15:00、土12:00～16:00）に行けば、歴史的建造物について、もっとよく知ることができる。庁舎の真向かいには**フォックス・シアター Fox Theatre**（☎559-584-7423 ⌂326 N Irwin St）がある。1929年に建てられた人目を引くアールデコ様式の劇場だ。定期的に生演奏が行われている。

もっと前からあったのがハンフォードの**道教寺 Taoist Temple**（☎559-582-4508 ツアーの予約は2週間前から）で、1893年にかつて栄えた中華街の中心地、**チャイナ・アレイ China Alley**に建てられた。ダウンタウンからチャイナ・アレイへ行くには、7thストリートを東へ進む。グリーン・ストリートGreen Stから左へ曲がれば、すぐ右だ。

ハイウェイ43を通り、ハンフォードから南へ向かって35マイル（約56km）ほど走った所に、**カーネル・アレンズワース州立歴史公園 Colonel Allensworth State Historic Park**（☎661-849-3433 入園 車1台$2）がある。アレンズワースは、かつては奴隷だったアフリカ系アメリカ人のアレン・アレンズワース大佐によって1908年に設立された小さな農場コミュニティだ。彼は、人種差別と偏見から逃れたいと切に願った人物だった。独特な歴史と保存状態のよい建物、草原を取り囲む繊細な美しさは、ゆったりした観光を望む人には最適だ。

宿泊・食事

カーネル・アレンズワース州立歴史公園内にある静かな木陰のキャンプ場は$6で、過度に開発が進んだセントラル・バレーでは珍しい場所だ。特別なイベントがない時にはほかに誰もいないことがある。

ダウンタウン・モーテル
Downtown Motel
☎559-582-9036
⌂101 N Redington St
客室$43～49
質素だがハンフォードの中心（6thストリートと7thストリートの間）にあり、値段も手頃。

インペリアル・ダイナスティ
Imperial Dynasty
☎559-582-0196
⌂406 China Alley
1品$10～30
月曜休
道教寺の隣にありながら意外にも高級欧風料理を出す。

チャイナ・カフェ
China Cafe
⌂420 E 7th St
食事$4～
月曜休
チャイナ・アレイの向かい側にあり、気軽に入れる中華料理店だ。

ザ・バスティーユ
The Bastille
☎559-585-8599
⌂113 Court St
ランチ$8～ ディナー$15～
郡庁舎の1階にある古い拘置所の中につくられたレストラン。涼しくてうす暗いバーがあり、屋外には気持ちの良いパティオもある。週に2回音楽ライブを行っている。

通り道を渡った所にあるのが、1929年から続く歴史あるアイスクリームパーラー、**スペリア・デアリ Superior Dairy**（⌂325 N Douty St）だ。コーンを買って、色あせたピンクのボックス席の1つに深々と腰かけたい。

アクセス

アムトラック
Amtrak
☎559-582-5236、800-872-7245
⌂200 Santa Fe Ave, off 7th St
ハンフォードとオークランド（$39、5時間）やベーカーズフィールド（$19、1時間30分）、ロサンゼルス（$26、4時間）を結んで毎日数便運行している。

バイセリア
Visalia

バイセリア（人口9万6750人）は、サン・ホアキン・バレーでもっともすてきな町の1つで、セコイア国立公園やキングスキャニオン国立公園へ行く途中宿泊するには都合がいい。バイセリアはハイウェイ198沿いのハイウェイ99を東へ5マイル（約8km）進んだ所にあり、100年ほど前には線路が通っていなかった（ハンフォードには通っていた）。ダウンタウンはコート・ストリートとメイン・ストリートの交差点を中心に広がっている。大きくて古い建物があり、昼夜を問わず散策には人気の場所だ。

観光スポットと楽しみ方

バイセリアにある昔のままのビクトリア様式やクラフツマン様式の家々は、まさに建築に

おける至宝といえ、歩いて見て回るだけの価値は十分にある。ウォーキングツアーについての詳細はバイセリア商工会議所＆ビジター・センター Visalia Chamber of Commerce and Visitors Center（☎559-734-5876、877-847-2542 Ⓦ www.visaliatourism.com 🏠720 W Mineral King Ave 🕐月～金 8:30～17:00）で。メイン・ストリートより北のNウィリス・ストリートN Willis Stとエンシーナ・ストリートEncina Stではかわいらしい家々が見られる。

見事に修復された1930年建造の劇場フォックス・シアター Fox Theatre（🏠cnr W Main & Encina Sts）では多種多様なコンサートやイベントが催される。

ダウンタウンから南に進んだハイウェイ63（ムーニー大通りMooney Blvd）沿いにある木陰の多いムーニー・グローブ・パークMooney Grove Park内にはトゥーレア・カウンティ・ミュージアム Tulare County Museum（☎559-733-6616 🅿️駐車＄5 ミュージアム入場料は無料 🕐月・木・金 10:00～16:00、土・日 13:00～16:00）が建っている。この博物館は、開拓者とネイティブアメリカンのゆかりの品を所蔵している。

バイセリアの東およそ7マイル（約11km）先には、324エーカー（約130ha）のオーク林、カウェア・オーク・リザーブ Kaweah Oak Reserveがある。かつてそのオーク林はシエラSierrasからバレーの（遠い昔には存在していた）トゥーレア湖Tulare Lakeまで広がっていた。ここはハイキングに最適で、果樹園とブドウ畑に変わってしまう以前の渓谷の姿を垣間見ることができる場所でもある。ハイウェイ198からロード182Road 182を北へ曲がり、左手におよそ0.5マイル（約0.8km）進むと公園になる。

宿泊・食事

ダウンタウンにあるベスト・ウエスタン・バイセリア・イン Best Western Visalia Inn（☎559-732-4561 🏠623 W Main St 🛏客室＄72）の客室は静かだ。

ハイウェイ198の南、エーカーズ出口Akers exit付近には、低料金のモーテルが何軒か見つかる。そのなかの1つマルコ・ポーロ・モーテル Marco Polo Motel（☎559-732-4591 🏠cnr Noble & Linwood Aves 🛏＄50 W＄60）は親しみやすいモーテルで、客室も広い。

雰囲気は地味だが、コリマ Colima（🏠111 E Main 🍴食事＄5～）は人気のあるメキシコ料理レストランだ。

ビンテージ・プレス Vintage Press（☎559-733-3033 🏠216 N Willis 🍴メイン＄20～30）には優雅で高級感漂うダイニングと、広々としたバーがある。

ワトソンズ・ベジー・ガーデン Watson's Veggie Garden（☎559-635-7355 🏠617 W Main St 🍴ランチ＄4～7）はヘルシーなサンドイッチやサラダが食べたい人はぜひ立ち寄りたい店だ。

メイン・ストリートには、自家製の豆をローストしているおいしいコーヒーハウスが点在している。そのうちの1軒がジャワ・ジャングル Java Jungle（🏠208 W Main St）だ。

アクセス

グレイハウンド Greyhound（☎559-734-3507 🏠1927 E Mineral King Ave）は毎日ロサンゼルス（＄22、4時間30分）とサンフランシスコ（＄42、6時間45分）へ向かうバスを運行している。アムトラック Amtrak（☎559-582-5236）はバイセリアとハンフォードの駅とを往復しているが乗車には予約が必要。

ベーカーズフィールド
Bakersfield

サン・ホアキン・バレーの南端に位置するベーカーズフィールド（人口24万7057人）は、バレーではもっとも大きな町の1つで、重要な農業中心地でもある。農業だけでなく石油もこの地区の繁栄の一端を担ってきた。カーン川Kern Riverの油田開発は1899年に始まった。油田は、町の真北にあたるオイルデールOildaleからのタフトTaftまで、西へおよそ30マイル（約48km）広がり、今なおアメリカでは最大級の石油生産地となっている。

街中にはかなりさびれた地区もあるが、ダウンタウンは修復された建物やカウンティ事務所、レストラン、アンティークショップなどが混在していて驚くほど活気がある。たとえばウールワースの初期の建物にはファイブ・アンド・ダイム Five and Dime（🏠cnr 19th St & K St）が入っているといった具合に。1930年のフォックス・シアターでは定期的に公演が行われ、薄汚れていてもなお人目を引くパドレ・ホテルPadre Hotelは、現在は閉店しているものの、将来の再建のために残されている。高速道路の近くには数百万ドルかけてつくられたバック・オーエンズのクリスタル・パレス Crystal Palaceがあり、大繁盛している。

行く先々で歴史を感じさせる多くのものに出合え、実際、驚くばかりだ。オールド・タウン・カーンOld Town Kernは、ベーカー・ストリートBaker Stとサムナー・ストリートSumner St周辺のダウンタウンの東にあり、現在では衰退しているが、かつては活気に満ちていたもう1つの地区だ。ベーカーズフィールド歴史保存委員会Bakersfield Historic Preservation Commissionは、ベーカーズフィールドの歴史地区ダ

ウンタウンや、オールド・タウン・カーン地区のウォーキングツアーのパンフレットも扱っている。パンフレットのコピーに関する問い合わせはどちらも☎661-326-3765。ホームページは🌐 www.ci.bakersfield.ca.us/edcd/historic/index.htm.を閲覧しよう。

歴史

ヨークツ族から分派したヨーレムネ族は、現在、16thストリートとF・ストリートになっているダウンタウン付近の村に住んでいた。1776年にフランシスコ・ガルセス修道士がやって来て、ソノラSonora、メキシコMexico、モントレーMonterey間のルートを見つけようとした。1853年にはカーン川Kern Riverの近くで金が発見されたが、トーマス・ベーカー大佐がやって来るまでバレーに住み着いた部族外の人間はあまりいなかった。ベーカー大佐は1863年に湿地の開墾を始め、広大な野原は「カーン・アイランドKern Island」と呼ばれるようになった。

1890年代、羊飼いの職を求めて「ベーカーズフィールド」にやって来たバスク人に続いて油田で働く人々がやって来た。世界大恐慌時、ベーカーズフィールドはオーキー農場労働者が集う場所となっていた。彼らはサウスプレーンSouth PlainとグレートプレーンGreat Plainからここまで移住してきたのだった。ジョン・スタインベックは『怒りの葡萄The Grapes of Wrath』の中で、彼らを見事に描き切った。その本のモデルとなった歴史的に有名な労働キャンプは、ラモント（本章後出の「ウィードパッチ・レイバー・キャンプ」を参照）の近隣の町の南方にまだ残っている。

オーキーズは、南部文化も一緒に持ち込んだ。その中には彼らの愛するカントリーミュージックもあり、ベーカーズフィールドはホンキー・トンクの温床（後出のコラム「ベーカーズフィールド・サウンド」を参照）となった。カーン・カウンティ・ミュージアムKern County Museumには、ベーカーズフィールドの音楽の歴史に関するちょっとした展示がある。

オリエンテーション・インフォメーション

カーン川はベーカーズフィールドの北端沿いを流れ、肉体労働者の住む隣町のオイルデールや目障りな多数の油田地帯を隔てている。トラクスタン・アベニューTruxtun Aveとチェスター・アベニューChester Aveはダウンタウンの道路で、番号の付いた通りはトラクスタン・アベニューと平行に走り、文字の付いた道路はチェスター・アベニューと平行に走っている。

グレーター・ベーカーズフィールド観光局 Greater Bakersfield Convention and Visitors Bureau

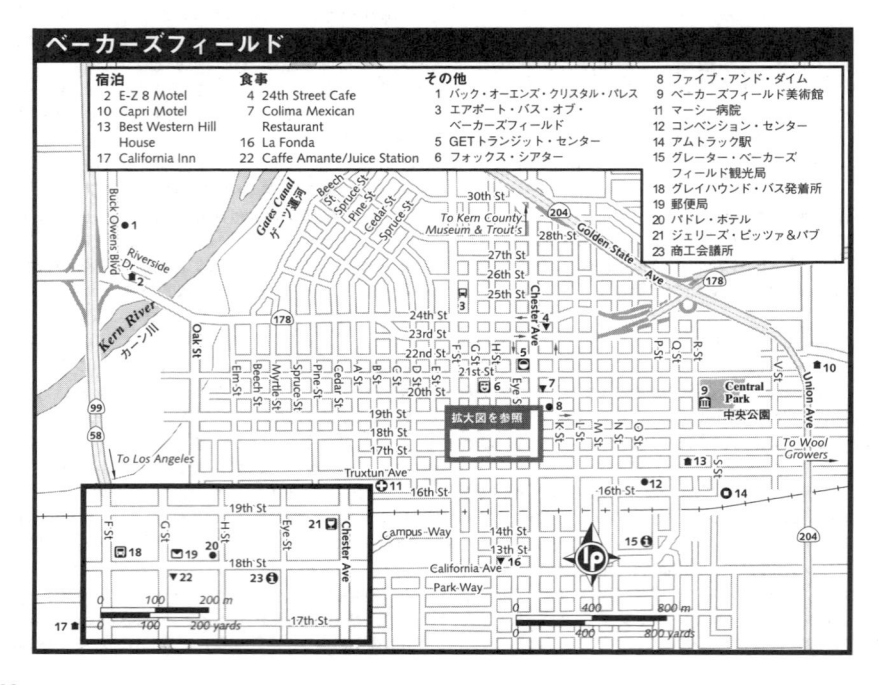

宿泊	食事	その他		
2 E-Z 8 Motel	4 24th Street Cafe	1 バック・オーエンズ・クリスタル・パレス	8 ファイブ・アンド・ダイム
10 Capri Motel	8 Colima Mexican Restaurant	3 エアポート・バス・オブ・ベーカーズフィールド	11 マーシー病院
13 Best Western Hill House	16 La Fonda	5 GETトランジット・センター	12 コンベンション・センター
17 California Inn	22 Caffe Amante/Juice Station	6 フォックス・シアター	14 アムトラック駅
			15 グレーター・ベーカーズフィールド観光局
			18 郵便局
			19 警察
			20 パドレ・ホテル
			21 ジェリーズ・ピッツァ＆パブ
			23 商工会議所

サン・ホアキン・バレー － ベーカーズフィールド

☎661-325-5051 Ⓦ www.bakersfieldcvb.org ⌂1325 P St ◎月～金 8:30～17:00）と商工会議所 chamber of commerce（☎661-327-4421 ⌂1725 Eye St ◎月 9:00～17:00、火～金 8:00～17:00）には、＄1.50の詳しい町の地図と大量のパンフレットが置いてある。パンフレットの中には、地方のアトラクションの割引が付いているものもある。そのほかの手軽な情報源は Ⓦ www.bakersfield.com にアクセスするか、情報がまとまった新聞「ベーカーズフィールド・カリフォルニアン Bakersfield Californian」をチェックしよう。地元月刊誌「ザ・ブラックボード The Blackboard」（Ⓦ www.theblackboard.knows.it) は変わった視点の情報を提供している。

ミュージアム

カーン・カウンティ・ミュージアム Kern County Museum（☎661-852-5000 ⌂3801 Chester Ave 🎫大人＄6 子供＄4 ◎月～金 8:00～17:00、土 10:00～17:00、日 12:00～17:00）はダウンタウンの北にある。子供や歴史マニア、音楽ファンはぜひとも立ち寄りたい場所だ。開拓者の村には、ホテルや木造の油井やぐらといった修復を重ねた建物や複製した建物が50以上あり、それらは16エーカー（約6ha）の日陰の土地に広がっている。体験型のチルドレンズ・ディスカバリー・センター Children's Discovery Center は、年少者を対象に設計されたものだ。成人むけには、石油産業やベーカーズフィールド・サウンドといった郷土史に関する展示を行っている。ベーカーズフィールド・サウンドの呼びものはハーブ・ヘンソン、トミー・コリンズ、ジョー・マフィスのような地元の伝説的人物に関する展示で、彼らの1952年にヒットした「ディム・ライツ、シック・スモーク・アンド・ラウド、ラウド・ミュージック Dim Lights, Thick Smoke and Loud, Loud Music」は、もともとミュージアムのすぐ南側にあった悪名高いナイトクラブ、ブラックボード Blackboard について歌ったものだ。

ベーカーズフィールド美術館 Bakersfield Museum of Art（☎661-323-7219 ⌂1930 R St 🎫大人＄5 学生＄2 ◎火～金 10:00～16:00、土 12:00～16:00）は小さな公園と彫刻のある美しい庭園に囲まれており、最近増築された。常設展と特別展のスケジュールは中身が濃く多様だ。地元のアーチストを前面に押し出しているが、国際的な問題や観点でもよく取り組んでいる。

カーレース

ベーカーズフィールドのレース場は、3月から11月はフル回転している。知名度の高いスポンサーがつくこともある週末のイベントは、カリフォルニア中から集まってくる。もっと小規模のレースを観戦しに来るのは地元の人ばかりだが、こちらも同じくらいスリリングに違いない。チケットは通常＄9～12（大イベントはもっと高い）で、たいていは入口で購入できる。

ベーカーズフィールド・スピードウェイ Bakersfield Speedway（☎661-393-3373 ⌂5001 N Chester Ave Extension）は3分の1マイル（約0.5km）の楕円形をしたクレイ・トラックで、1946年以来ずっとレースが行われている。チェスター・アベニューを北へ向かい、オイルデールを抜けた所にある。

ベーカーズフィールドでもっとも新しいレース場は**バトンウィロウ・レースウェイ・パーク Buttonwillow Raceway Park**（☎661-764-5333）で、コマーシャルイベントやクラブ、モーターサイクルなどの各種イベントを年中開催している。I-5とレルド・ハイウェイ Lerdo Hwy の交差点そばで、ハイウェイ58を通り、ベーカーズフィールドから西へ28マイル（約45km）ほど行った所にある。

ファモソ・レースウェイ Famoso Raceway（☎661-399-2210）は、3月のグッドガイズ・マーチ・ミート Goodguys March Meet、10月のカリフォルニア・ホット・ロッド・レユニオン California Hot Rod Reunion、11月のフューエル & ガス・ファイナルズ Fuel & Gas Finals といった古くからあるおなじみのイベントが行われる0.25マイル（約0.4km）のドラッグ・ストリップだ。たいてい週末には、もっと多くの競技が開催される。このレース場は、ベーカーズフィールドの北およそ15マイル（約24km）の所にある。ハイウェイ99を北進する時は、ハイウェイ46出口を通り、ファモソ・ロード Famoso Rd を右に曲がって東へ4マイル（約6km）行くといい。

メーサ・マリン・レースウェイ Mesa Marin Raceway（☎661-366-5711）はナスカー Nascar（全国ストックカーレース協会 National Association for Stock Car Auto Racing）のイベントの本場。0.5マイル（約0.8km）の楕円形コースでは、レーシングカーが25～100周を時速100マイル（約161km）以上という猛スピードで走る。レースは土曜の夜19:30から開催される。

宿泊

キャンプに最適なのは、町の東へ向かってハイウェイ178沿いを1時間ほど走った所にあるイザベラ湖 Lake Isabella 周辺だ（本章後出の「カーン川」を参照）。カリゾ平原国定記念物 Carrizo Plain National Monument（後出の「ベーカーズフィールド周辺」を参照）内には大昔の遺跡もある。

クリスタル・パレスのそばにある **E-Z 8 モーテル E-Z 8 Motel**（☎661-322-1901 🏠2604 Buck Owens Blvd 📠S＄39 W＄47）は、ハイウェイ99の出口付近ではたいてい見える多数のモーテルチェーン店。いつも混み合う。部屋はきれいで実用的だが、少し騒々しいこともある。

カリフォルニア・イン California Inn（☎661-328-1100 🏠3400 Chester Lane 📠S＄45 W＄49）広い部屋とスパ、サウナ、そして駐車場真横にあることが気にならないほど楽しめるプールもある新築のホテル。非常に静かで落ち着いている。カリフォルニア・アベニューを出てハイウェイ99のすぐ西にある。

ベスト・ウエスタン・ヒル・ハウス Best Western Hill House（☎661-327-4064、800-528-1234 📠661-327-1247 🏠700 Truxtun Ave 📠S＄59 W＄65）は都心部にあり、快適な部屋と親切なスタッフがそろっている。アムトラックとコンベンション・センターから近い。

古いタイプの低料金のモーテルが、ハイウェイ178から南へ向かうユニオン・アベニュー Union Aveに軒を連ねている。ぞっとするようなモーテルもあるが、そのなかで比較的まともなモーテルが **カプリ・モーテル Capri Motel**（☎661-327-3577 🏠2020 Union Ave 📠S＄35 W＄45）だ。

食事

ベーカーズフィールドには伝統的なバスク料理を出すレストランが幾つかあり、家族向けのコース料理としてスープやサラダ、ビーンズ、ぴりっとした味の薄切り牛タンなどが出される。この料理はすべてメインコースの前に来るので、おなかは空っぽ状態にして出かけたい。

ウール・グロワーズ
Wool Growers
☎661-327-9584
🏠620 E 19th St
🍴食事＄12〜18

ベーカーズフィールドでもっとも古いバスク料理店で、かなり特徴のある簡素な大衆食堂だ。フライドチキンのディナーは1週間分食べたような気分になるだろうし、＄9のサイドメニューだけを頼んでも十分すぎるほどおなかいっぱいになる。

ベーカーズフィールドでは、メキシコ料理も充実している。

コリマ・メキシカン・レストラン
Colima Mexican Restaurant
☎661-631-1188
🏠2000 Chester Ave
🍴食事＄5〜

活気あふれるダウンタウンにあって、ファヒータやモレといったメキシコの名物料理が味わえる。

ベーカーズフィールド・サウンド

カントリーミュージックとウエスタンミュージックは、歌うカウボーイの全盛期以来、南カリフォルニアでは非常に影響力のある音楽だったが、その中心はのちにハリウッドへ移った。オーキー農場労働者がカリフォルニアに移住した時、愛するカントリーミュージックも一緒にセントラル・バレーの田舎町へ持ち込まれた。

モデストは、マドックス・ブラザーズ・アンド・ローズというグループを生み出し、ウエスタン・スウィングの先駆者であるボブ・ウィリスはサクラメントにクラブを開いた。こうしてベーカーズフィールドは、地元のナイトクラブの騒音の中で聞こえてくるようなメリハリの利いたホンキー・トンク調カントリーミュージックの温床となったのだ。ちなみに、ベーカーズフィールドにはかつてナイトクラブがたくさんあった。

このいわゆるベーカーズフィールド・サウンドは、トミー・コリンズ、ウィン・スチュアート、フェーリン・ハスキー、ビリー・マイズ、レッド・シンプソン、ボニー・オーエンズといったアーチストによって、1950〜60年代に盛んになった。しかし、ベーカーズフィールドを実際に音楽の世界で有名にしたのは、メルル・ハガードとバック・オーエンズという2人の歌手だった。

オーエンズは最初、ブラックボード（今ではすっかりさびれてしまった）で、ビル・ウッズのバンドで演奏していた。ハガードはオイルデール近郊で育ち、地元のレコード会社のタリーと契約する前はスチュアートのバンドにいた。地元の人気テレビ番組「クーザン」ハーブ・ハンソンのトレーディング・ポスト Trading Postにもほとんど出演していた。ベーカーズフィールド・サウンドは1970年代から次第に衰え始めたが、それでも町はハードなカントリーミュージックと深い関わりを持っていた。その音楽は、クリスタル・パレスやトラウツのような場所で聞くことができる（詳細は「エンターテインメント」を参照）。地元のカーン・カウンティ・ミュージアムは、記念展示も行っている。ベーカーズフィールドの音楽史に関する情報がもっと知りたければ、オイルデール出身ジェラルド・ハスラムのすばらしいカリフォルニアのカントリーミュージック「ワーキン・マン・ブルース Workin' Man Blues」をチェックしよう。

ラ・フォンダ
La Fonda
☎661-325-1472
🏠1230 H St

ベーカーズフィールド・ハイスクールの向かい側にあってさらに格安だ。できたてのおいしいタコスがなんとたったの65¢。小ぶりなので3、4個買おう。

カフェ・アマンテ／ジュース・ステーション
Caffe Amante/Juice Station
☎661-864-1081
🏠cnr 18th St & G St
🍴朝食・ランチ＄3～5

ここではサンドイッチやアイスクリーム、スムージーやエスプレッソが楽しめる。

24thストリート・カフェ
24th Street Cafe
☎661-323-8801
🏠1415 24th St
🍴食事＄5～8

マス料理と卵料理が地元で人気。テーブル待ちを覚悟して。

エンターテインメント

バック・オーエンズ・クリスタル・パレス Buck Owens' Crystal Palace（☎661-328-7560 www.buckowens.com 🏠2800 Buck Owens Blvd）はローズデール・ハイウェイRosedale Hwy出口からハイウェイ99を下りた所にある。カントリーミュージック好きはぜひとも立ち寄りたい。ミズーリ州ブランソンにあるような派手なディズニー風の店だが、それでも十分楽しめる。定期的にツーリング・カントリー・アクトがあり、バック自身もここで毎週金曜と土曜の19:00に演奏する。料金は＄6で、席を確保したいなら予約が必要だ。バックゆかりの品も通路に並んでいる。食事の値段が高すぎるのはいいとして、特別料理がないのは残念。

　トラウツ Trout's（☎661-399-6700 🏠805 N Chester Ave at Decatur St）はオイルデールの北側近郊。簡素だが、にぎやかなカウボーイバーで半世紀の間変わらず続いている。人々はここに集い、ベーカーズフィールド・サウンドのヒットメーカーだったボビー・ダーラムと偉大なるレッド・シンプソンの音楽で踊る。ダーラムとシンプソンは、毎週ここで演奏している。

　1930年に建てられた都心のシアター、**フォックス・シアター Fox Theater**（☎661-635-0543 www.foxtheateronline.com 🏠2001 H St）は、修復された美しいアールデコ調。コンサートやライブパフォーマンス、映画の上映を行っている。

　あらゆる年代のパンクロックショーが見たいなら、ジェリーズ・ピッツァ＆パブ Jerry's Pizza & Pub（☎661-836-3576 🏠1817 Chester Ave）へ。

アクセス・交通手段

アムトラック駅
Amtrak station
☎661-395-3175、800-872-7245

🏠601 Truxtun Ave at S St

毎日数本の列車が新しい駅から出て、ベーカーズフィールドとオークランド間（＄42～51、6時間30分）を走っている。それらの列車はサン・ホアキンズ San Joaquins 路線に沿って走り、ハンフォード Hanford、フレズノ Fresno、マーセド Merced、モデスト Modesto、ストックトン Stockton などの町に停まる。アムトラックは、LA・ユニオン・ステーション LA's Union Station で列車に接続するバス（＄22、2時間30分）も運行している。

グレイハウンド
Greyhound
☎661-327-5617、800-229-9424
🏠1820 18th St

ベーカーズフィールドとロサンゼルス（＄15、2時間）、サンフランシスコ（＄34、8時間30分）、ラスベガス（＄38、8時間）を結ぶバスが毎日数便出ている。発着所は、パドレ・ホテル近くのダウンタウンにある。

エアポート・バス・オブ・ベーカーズフィールド
Airport Bus of Bakersfield
☎800-858-5000、805-395-0635
🏠2530 F St

1日7便のシャトルバスが、ベーカーズフィールドとロサンゼルス国際空港 LAX（＄27、2時間30分）の間を走る。予定時刻は電話で確認し、出発の30分前には直接行ってチケットを購入しよう。

ゴールデン・エンパイア・トランジット
Golden Empire Transit（GET）
☎661-869-2438

GETはローカルバスで、主なダウンタウンの中継所はチェスター・アベニューと22thストリートにある。2番路線はチェスター・アベニューを北に向かい、カーン・カウンティ・ミュージアムとオイルデールまで走り、3番路線はバック・オーエンズ大通りBuck Owens Blvdとクリスタル・パレスまで走っている。営業は18:15まで。料金は75¢。

ベーカーズフィールド周辺
Around Bakersfield

ウィードパッチ・レイバー・キャンプ
Weedpatch Labor Camp

世界大恐慌以降、数年間、カーン・カウンティのオーキー Okie 移民（オクラホマからの移住農業労働者）の割合はカリフォルニアではもっとも高くなった。貧しい白人農場労働者のほとんどはサウスプレーンズとグレートプレーンズ出身で、ゴールデン・ステート（カ

リフォルニア州のこと）の農場に新しい人生を夢見てやって来たのだが、大多数は出稼ぎの仕事を見つけただけで相変わらず苦しい生活を強いられた。

1935年に始まった農場安全管理局のレイバーキャンプ（『怒りの葡萄*The Grapes of Wrath*』の「ウィードパッチ・キャンプ」のモデル）は、当時移民労働者を援助するためにつくられたアメリカ合衆国に16ほどある施設のうちの1つで、その頃の建物が幾つか残っているのはここだけだ。しかし、それらの建物は柵で囲まれ目下修復中で、新しい建物も多く建っているのであまり期待しないこと。それでもキャンプに来れば興味深い昔がしのばれると共に、大企業資本の農業ビジネスといまだ不潔で貧しい移住労働者の間の隔たりが今日も変わらず残っているいることに気付かされる。

ベーカーズフィールドからハイウェイ58を通って東へ向かい、ウィードパッチ・ハイウェイWeedpatch Hwyに至る。そこからおよそ7マイル（約11km）南へ向かい、ラモントを過ぎてサンセット大通りSunset Blvdを左折、さらにもう1マイル（約1.6km）走ると右手に見えるのが、ラバーキャンプの建物（標識にはアルビン・ファーム・レイバー・センターArvin Farm Labor Centerとある）だ。在住者のプライバシーは尊重してほしい。**ダスト・ボール・デイズ Dust Bowl Days**（Wwww.weedpatchcamp.com）は、毎年10月に開かれるオーキーの歴史を祝う式典だ。

カリゾ平原国定記念物
Carrizo Plain National Monument

カリゾ平原は、2001年1月、ビル・クリントン大統領最後の任期に公式の国定記念物となった。そこはサン・ホアキン・バレー（そしてインターステート5）のすぐ西だが、その土地はカリエンテ山脈Caliente Rangeに向かって上り坂になっている。耕地化されたサン・ホアキンと違い、この乾燥した細長い草地は、大部分が未開発のままだ。公園はサン・アンドレアス断層San Andreas Faultによって分断され、その中心には、特定の季節になるとソーダ湖Soda Lakeが現れる。その一帯は、春には野生の花が見られ、冬にはバードウォッチングができ、カリフォルニアコンドルなど数多くの絶滅危惧種の野生生物が見られることでも知られている。道はでこぼこで最低限の施設しかないが、**ビジター・センター visitor center**（☎ 805-475-2131 ◎12〜5月）と年中無料で利用できるキャンプ場がある。ビジター・センターが閉まっている時期には**地域公園事務所 regional park office**（☎661-391-6000）に電話して情報を得よう。その公園はハイウェイ58を通り、ベーカーズフィールドを西へおよそ45マイル（約72km）行った所にある。

カーン川
Kern River

半世紀前、カーン川はその源をホイットニー山Mt Whitneyから発し、ほぼ170マイル（約274km）を流れ、最終的にセントラル・バレーCentral Valleyのブエナ・ビスタ湖Buena Vista Lakeに注ぎ込んでいた。高地では1マイル（約1.6km）につき60フィート（約18m）と驚くほどの激流だった川も現在では方々でせき止められ、谷底に行き着いた水のほとんどは農業用として利用されている。川の上流は自然が多く眺めも最高で、ラフティングの熱狂的ファンには非常に人気が高い。

ベーカーズフィールドの北東およそ40マイル（約64km）にはカーン川の2つのダムがつくり出す南カリフォルニア人を魅了する人気のレクリエーションスポット、**イザベラ湖 Lake Isabella**がある。その湖は低木の茂みに覆われた山々に囲まれており、シエラ・ネバダの南方に位置している。ほとんどの人はハイウェイ178を使ってベーカーズフィールドを通ってここへやって来る。

ハイウェイ178は、表情豊かな**カーン川峡谷 Kern River Canyon**に沿って走り、セコイア国有林Sequoia National Forestの下流を通るすばらしい景観道路へと続く。松とヨシュアの木が混在する絵のように美しい景色は、湖の東のハイウェイ178沿いにさらに50マイル（約80km）を縫うように続き、やがてハイウェイ395に合流する。

レイク・イザベラ Lake Isabellaは湖の南端に地元商店が並ぶ町だ。ここからハイウェイ155は北へ向かい、湖の西側へ回ると**カーンビル Kernville**に着く。カーンビルは、カーン川両岸に広がる小さくてきれいな町で、カーン川のラフティングの中心地でもある。普段は静かな町だが、夏の週末は旅行者でいっぱいになる。町には日陰がほとんどないため、湖は涼むのにもってこいの場所だが、川は見かけによらず流れが速いので非常に危険であることに留意しよう（標識は決まって観光客に立ち入り禁止を警告し、最善の注意を呼びかけている）。

カーンビルの北、セコイア国有林の中にジャイアント・セコイア国定記念物Giant Sequoia National Monumentがある（ジャイアント・セコイアの木自体はセコイア国立公園の南に立っているのだが、おわかりいただけただろうか？）。カーン川の東側から、シエラ・ウェイSierra Wayを川沿いに北へ向かう。その道はすぐに、所どころ下草の生い茂る、

うっそうとした松林に入る。**カーンビル・レンジャー・ステーション Kernville Ranger Station**（☎760-376-3781 ✿105 Whitney Rd ◉夏 毎日 8:00〜17:00、冬 月〜金 8:30〜16:30）では、＄6.50の地図や自然保護区立入り許可だけでなく、ハイキングやキャンプの情報も得られる。

ラフティング

アッパー・カーンUppper Kernとカーンの支流（どちらもカーンビル北の川の一部）は、雪解け水が流れ出す春には、クラス4〜5の急流になる。この地域でもっとも恐ろしい急流下りのツアーはここで行われている。これら難易度の高い急流に取りかかるにはよほど慣れてからでないといけないが、初心者が経験を積むのに良い場所もたくさんある。イザベラ湖の下流では、カーン川は陸軍の技術者によって流れを管理され、より穏やかで安定した流れとなっている。

急流下りを扱う6社ほどの会社がカーンビル郊外で営業している。どこも他社に負けない価格を提示し、川の状態にもよるが5月から8月にはツアーを行っている。人気の1時間下り（＄18〜23）や1日ロアー・カーン・ツアー（＄110〜170）、数日間のカーン支流の大自然体験（＄600〜800）がある。飛び入り参加歓迎で、経験も不問。子供も6歳以上ならたいてい参加できる。主催会社には**シエラ・サウス Sierra South**（☎760-376-3745、800-457-2082 ⓦwww.sierrasouth.com）、**ホワイトウォーター・ボイジズ Whitewater Voyages**（☎800-400-7238、660-376-8806 ⓦwww.whitewatervoyages.com）、**マウンテン＆リバー・アドベンチャーズ Mountain & River Adventures**（☎800-861-6553、760-376-6553 ⓦwww.mtnriver.com）などがある。

宿泊・食事

米国森林局US Forest Service (USFS)の**キャンプ場**（☎877-444-6777 ▦サイト＄12〜16）が、レイク・イザベラとカーンビル間の10マイル（約16km）に広がっている。キャンプ場は、カーンビル北のマウンテン99 Mtn 99沿いにもたくさんある。湖畔のキャンプ場は舟遊びをする人々がよく利用するが、カーンビル北のキャンプ場はあまり込み合わず、木に囲まれた場所にある。一部のサイトは予約ができる。

レイク・イザベラにもモーテルはあるが、カーンビルのほうが立地が良く、おまけに値段も手頃だ。カーンビルのモーテルでは週末の宿泊は2日以上を条件にしている所が多い。

リバー・ビュー・ロッジ
River View Lodge
☎760-376-6019
✿2 Sirretta Rd
▦客室＄79〜99

客室は改装されて間がなく、もちろん眺めも良いが、レクリエーション用車両（RV車）の駐車場が少し邪魔になっている。建物は古風で趣があり、町の広場に隣接している。

マッケンブリッジ・ロッジ
McCambridge Lodge
☎760-376-2288
✿13525 Sierra Way
▦客室＄54〜77

広場に面した丘の上に建つ、湖を一望できる居心地のよいロッジ。

ウィスパリング・パインズ・ロッジ
Whispering Pines Lodge
☎760-376-3733
✿13745 Sierra Way
▦客室＄99〜169

人目につかない所にあるB&B（ベッド＆ブレックファスト）で、素朴さと贅沢な快適さが融合している。街の真北にある。

よく冷えたビールやジュージューと音を立てるステーキのディナーをお望みなら、**ユーイング Ewings**（✿125 Buena Vista Dr ▦食事＄14〜）がおすすめ。1956年建設の広々としたロッジから見る川の眺めも抜群だ。

シエラ・ネバダ

Sierra Nevada

これまで1世紀以上にわたり、シエラ・ネバダの美しさは詩人や写真家、画家たちを魅了し続けてきた。全長400マイル（約644km）、幅60〜80マイル（約96〜128km）にわたる堂々たる山脈には、ハワイ・アラスカを除く合衆国最高峰（ホイットニー山 Mt Whitney、1万4497フィート＜約4422m＞）を含む、何百もの峰が突き出ている。この中には、世界的に有名な国立公園（ヨセミテYosemite、セコイアSequoia、キングスキャニオンKings Canyon）が3カ所あるだけでなく、8つの国有林、十数カ所にのぼる州立公園、自然保護区、レクリエーション・エリアが含まれる。山頂と丘陵地帯の間には、花崗岩でできた世界が広がり、その合間に渓谷、川、湖水盆地、草地が点在している。カリフォルニア州でも有数の壮大かつ自然のままの景色で、シエラ・ネバダはアウトドア愛好者にとって理想の場所だ。とりわけハイカー、バックパッカー、スキーヤーたちにとっては、無限の可能性を秘めた遊び場と言えるだろう。

地質

約1億4000万年前、太平洋プレートが西に移動中の北米プレートの下に沈み、その表面が高熱と摩擦により、マグマに溶け出していった。一部のマグマは火口を通じて表面に突出したが（マンモス・レイクスMammoth Lakes周囲など）、多くは冷えて花崗岩を形成し、それが現在のシエラ・ネバダとなった。

その後5000〜8000万年かけて、花崗岩は東側の断層に沿って隆起し、西方向に傾き、非対称の山並みをつくりだした。山が隆起すると、山から流れ出す水流は早瀬の川となり、西側斜面にV字型の渓谷（東から北西方向に傾斜）を刻みつけた。

約300万年ほど前に山脈の高所を覆っていた氷河はV字型だった渓谷をU字型に広げ、その結果、シエラのもっとも特徴的な地形である迷子石、つるつるに磨き上げられた岩峰、ヨセミテやキングスキャニオンのような渓谷が生まれた。

植物

シエラ西斜面の高度2000フィート（約700m）辺りの低地は、温暖な気候特有のカリフォルニアブラックオーク、チャパラル、ツツジ、背の高い草で覆われている。2000フィート（約700m）より上では、松やモミの木などが密生した針葉樹や、草原、地表が露出した岩山に取って代わる。ハイ・シエラHigh Sierraと呼ばれる9000フィート（約3150m）以上では、氷河の活動によって土壌は姿を消し、峰や盆地、尾根などの磨き上げられた花崗岩の景色が広がる。そこで生息するものといえばエノコログサ、ホワイトバークパイン、地衣ぐらいだ。シエラの東側では、タホ湖近くで峰が9000フィート（約3150m）近くに達し、そこから南に向かって徐々に高さを増し、およそ1万4000フィート（約4212m）とシエラの頂点を極めている。

ハイライト

- レイクタホ Lake Tahoe ― ハイキング、スキー、ギャンブル、年に300日は晴天
- モノ湖 Mono Lake ― シエラの峰を背にする、この世のものとは思えないほど美しい石灰華でできた、心やすらぐ火口湖
- ヨセミテ Yosemite ― ジョン・ミュアーがシエラの魅力に取り付かれた理由
- キングスキャニオン Kings Canyon とセコイア Sequoia ― 世界最大の生物が生息する、人里はなれた、素朴な公園。バックパッキングにぴったり。

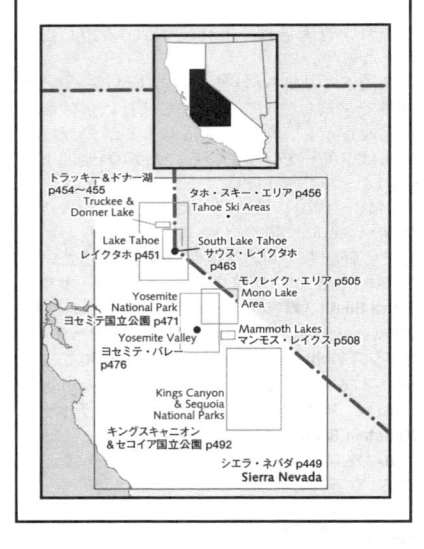

トラッキー＆ドナー湖 p454〜455
Truckee & Donner Lake
タホ・スキー・エリア p456
Tahoe Ski Areas
Lake Tahoe レイクタホ p451
South Lake Tahoe サウス・レイクタホ p463
Yosemite National Park ヨセミテ国立公園 p471
モノレイク・エリア p505 Mono Lake Area
Yosemite Valley ヨセミテ・バレー p476
Mammoth Lakes マンモス・レイクス p508
Kings Canyon & Sequoia National Parks キングスキャニオン＆セコイア国立公園 p492
シエラ・ネバダ p449 Sierra Nevada

シエラ・ネバダ

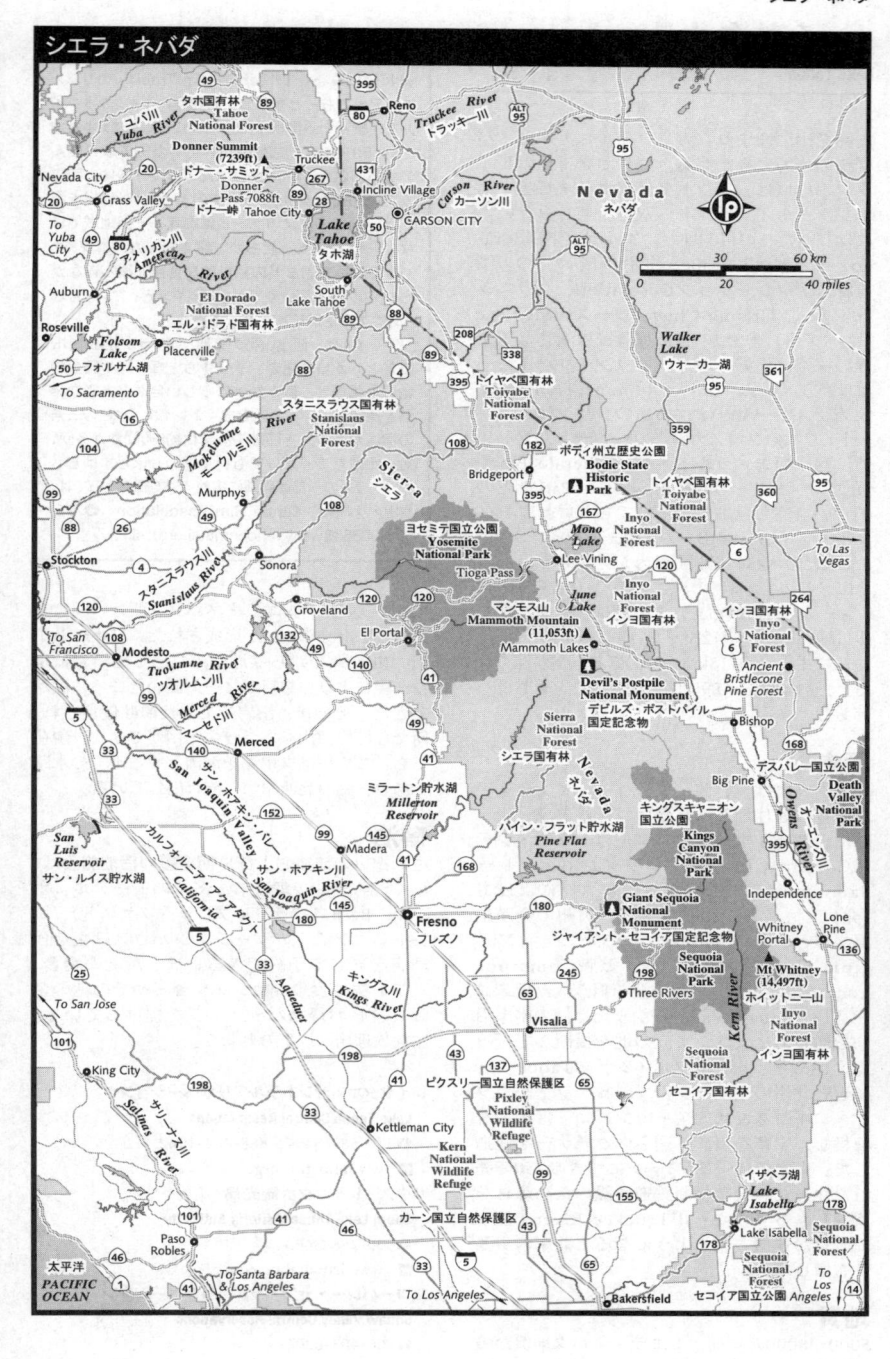

レイクタホ
Lake Tahoe

周囲を山に囲まれ、カリフォルニア州とネバダ州の州境にまたがる、鮮やかな青色のレイクタホ地域は、アウトドアアクティビティとエンターテインメントの双方を楽しみたい人にはぴったりの目的地だ。エルドラドEldorado、トイヤベToiyabe、タホTahoeの3つの国有林、デソレーションDesolation、グラニット・チーフGranite Chief、ローズ山Mt Rose（ネバダ州）の3つの自然保護区は未知なる世界の探索に格好の地だ。マウンテンバイカーには、フルーム・トレイルFlume Trailがおすすめ。スキーヤーは14カ所のダウンヒルリゾート、7本のクロスカントリーコースが楽しめる。西岸のエメラルド・ベイEmerald BayやDLブリス州立公園DL Bliss State Parkなどの美しい自然も見逃すことはできない。クリスタル・ベイCrystal BayやステートラインStatelineなどのネバダ州側にはカジノがある。

アメリカで2番目の深さを誇る（最高約1645フィート<約501m>）タホ湖は、縦約22マイル（約35km）、横12マイル（約19km）、周囲は約72マイル（約115km）にのぼる。雪が深くなると、ハイウェイ89は閉鎖されることもしばしばある。

歴史

レイクタホは長い間、ワショー・インディアンの夏の居住地だったが、ゴールドラッシュ時に、黄金を求めてネバダ州カーソン・シティCarson Cityからサクラメント・バレーSacramento Valleyを目指す人々によって「発見」された。カリフォルニア州の金が枯渇すると、ネバダ州バージニア・シティVirginia Cityでカムストック鉱脈Comstock Lodeが発見され、一攫千金を狙う人々はスコーバレーSquaw Valley経由または湖の南岸沿いを通って広大なシエラの地を横断して行った。1862年、現在のタホ・シティTahoe Cityに近い北岸の平地でフィッシュ・ファーガソン・コギンズ&スミス・カンパニーは干草を収穫し、干草を南岸へ運ぶスクーナーを建造した。南岸では干草が1トンにつき$250で売れたからだ。大陸横断鉄道建設のため森林を伐採し、トラッキー川Truckee Riverを使って木材が運搬されるようになると北岸の重要性も増した。

地質

5000〜8000万年前、シエラ・ネバダ地塊が隆起したことによって、カーソン山脈Carson Range（東）とシエラ・ネバダ（西）の間にタホ盆地Tahoe Basinが形成された。プルート山Mt Pluto北岸から盆地に流れ出した溶岩により、現在よりも数百フィート高いところに湖ができた。その後、溶岩でできた堰は侵食され、新たな流出河川、トラッキー川ができた。現在でも、この川はタホ湖を源流とする唯一の水路であり、湖の北西岸から流れ出している。

宿泊

主な祝日の前後および夏期全般の宿泊施設は、早くから予約で埋まる。多くのモーテル、ホテル、B&B（ベッド&ブレックファスト）、コンドミニアム、バケーションハウスは主な代理店を通じて予約できる。ほとんどの場合、リフト券や食事、カジノショーやその他の企画を含むお得なパッケージを提供している。主な代理店は以下のとおり。

レイクタホ・セントラル・リザベーション
Lake Tahoe Central Reservations
☎530-583-3494、888-434-1262
W www.tahoefun.org

サウス・レイクタホ観光局
South Lake Tahoe Visitor's Authority
☎800-288-2463
W www.virtualtahoe.com

スコーバレー・セントラル・リザベーション
Squaw Valley Central Reservations
☎800-403-0206
W www.squawvacations.com

タホ・リム・トレイル

タホ・リム・トレイルTahoe Rim Trailは、カリフォルニア州でもっとも新しい長距離ハイキングトレイルで、堂々たる尾根や山頂沿いに、レイクタホ盆地を約150マイル（約240km）にわたって取り囲んでいる。2001年に開かれたこのトレイルは、完成までに相当数のボランティアの力と約4半世紀を要した。現在では、ハイカー、乗馬者、一部地域ではマウンテンバイカーたちが、雪を冠したシエラ・ネバダの山頂や湖などの感動的な景色を楽しみながら、バスクの羊飼いやワショー・インディアンなどパイオニアの足取りをたどっている。

トレイルは、亜高山帯の草原、ポプラが並ぶ小川、鬱蒼とした針葉樹森、きらきらと輝く湖や野生植物の庭園など、豊かなすばらしい自然と多彩な地勢を通過していく。円を描くトレイル（水色の三角の標識がある）を踏破するには約2週間かかるが、短い距離を歩くだけでも、息をのむほどすばらしいパノラマの一部が眼前に広がる。詳細については、タホ・リム協会 Tahoe Rim Association（☎775-573-0586 W www.tahoerimtrail.org）まで。

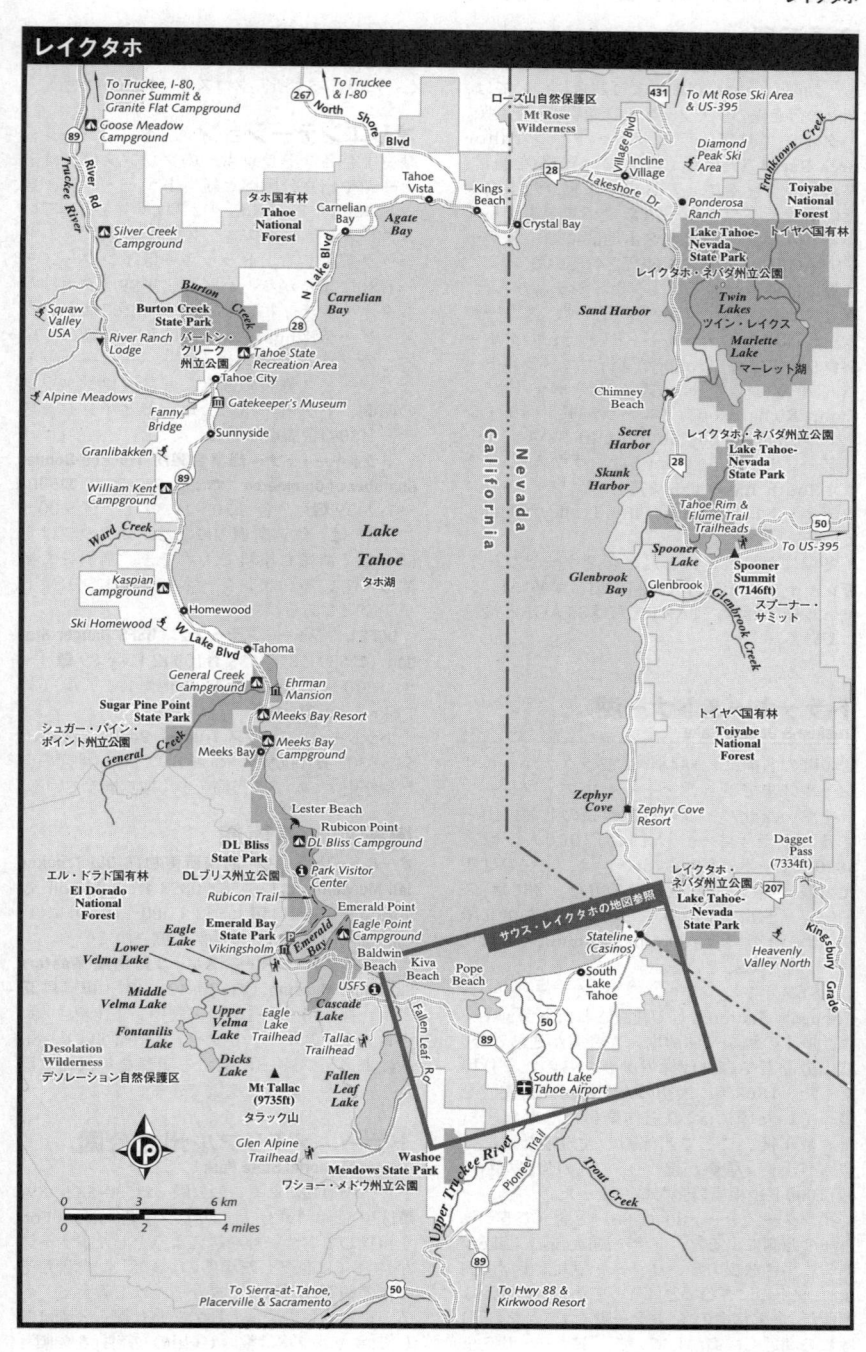

レイクタホ

交通手段

レイクタホ周辺の公共交通機関は広範囲を網羅し、効率もいい。詳細および運賃については、個々の行き先の「アクセス・交通手段」を参照。

タホ・エリア・ラピッド・トランTahoe Area Rapid Transit（TART）が年間を通じ、タホ・シティを中心として、北岸、西岸沿いだけでなくトラッキー川までバスを運行している。サウス・レイクタホ地区には、ステージSTAGEによるバスも運行されている。

夏には便数が増える。タホ・シティからは、クリスタル・ベイ（ネバダ州）や、スコーバレー、西岸のエメラルド・ベイ行きのタホ・トロリーTahoe Trolleyが運行。エメラルド・ベイからは、キャンプ・リチャードソンCamp Richardson行きエメラルド・ベイ・シャトルEmerald Bay Shuttleが出ている。キャンプ・リチャードソンからは、サウス・レイクタホSouth Lake Tahoe行きのニフティ・フィフティ・トロリーNifty Fifty Trolleyが運行している。

冬場になると、ほとんどのスキーリゾートでシャトル便を運行（無料の場合が多い）。シャトル便は通常、TARTまたはSTAGEと接続している。

トラッキー＆ドナー湖
Truckee & Donner Lake

この町の名前は、1846年にモンタナからロサンゼルスまでジョン・チャールズ・フレモントを率いた北パイウーテ族酋長の名前に由来する。トラッキー（人口1万3000人、標高5820フィート＜約2037m＞）は、現在では観光を糧とする古きよき西部の町だ。冬には、スキーシャトルがトラッキーとレイクタホ北岸やドナー・サミットDonner Summitの主なリゾート地を結んでいる。

1863年、コバーンズ・ステーションCoburn's Stationとして建設されたトラッキーは、多くの酒場や賭博場、売春宿が建ち並び、鉱山労働者や森林伐採労働者たちのたまり場だった。1868年、最初の大陸横断鉄道完成を競っていた頃には、鉄道作業員たちが集まった。数年後、ここで西部初の大規模な鉄道強盗、ベルディ強盗が起こり、7人の強盗たちは4万1000ドル相当の金を持ち去った。

インターステート80（I-80）を通ってトラッキーの西側に出ると、ドナー湖Donner Lakeがある。小さな森の多いリゾートや丸太小屋に囲まれ、タホのにぎわいとはうってかわった静かな場所だ。あの宿命の冬、ドナー隊（コラムを参照）はこの湖近くに宿泊している。ドナー・サミットと名づけられたこの湖西側の一帯は、高さ7088フィート（約2480m）のドナー峠Donner Passを取り囲み、6つのスキーリゾートがある（ダウンヒル5カ所、クロスカントリー1カ所）。

オリエンテーション

歴史上有名なトラッキーのダウンタウンはドナー湖や州立公園へと続くドナー・パス・ロードDonner Pass Rd上の2ブロックを占めている。レストランやユニークな店が並び、アムトラック駅もある。トラッキーはインターステート80にまたがり、ハイウェイ89はタホ湖からタホ・シティに、ハイウェイ267はキングス・ビーチKings Beachに向かって延びている。ガソリンスタンド、スーパーマーケットなどサービス施設のほとんどはダウンタウンの西側、ドナー・パス・ロードとインターステート80の合流点にある。

トラッキー・ドナー商業会議所 Truckee-Donner Chamber of Commerce（☎530-587-2757 ℻530-587-2439 ◎月～金 8:30～17:30 土・日 9:00～17:30）は、鉄道駅構内にある。スタッフはすばらしく情報も無料で入手でき、割引券も多数揃っている。インターネット端末、公衆トイレ施設もある。

USFSレンジャー・ステーション USFS Ranger Station（☎530-587-3558 ♠10342 Hwy 89 ◎月～土 8:00～17:00）は町の北東1マイル（約1.6km）の所にある。

トラッキー・ブックス Truckee Books（☎530-582-8302 ♠10009 W River St）では、地元の自然や歴史についての書籍を多く取り揃えている。

博物館・美術館

オールド・トラッキー刑務所博物館 Old Truckee Jail Museum（☎530-582-0893 ♠cnr Jiboom & Spring Sts ℻無料 ◎土・日 11:00～16:00）には、西部時代の興味深い遺物が収蔵されている。

ウエスタン・スキー・スポーツ博物館 Western Ski Sport Museum（☎530-426-3313 ℻無料 ◎冬 水～日 10:00～16:00、夏 土・日のみ）は、ボレアル・スキー・リゾートBoreal Ski Resort内にある。スキーに関する記録を年代順に展示し、スキー映画も鑑賞できる。

ドナー・メモリアル州立公園
Donner Memorial State Park

ドナー湖東端にあるこの公園（☎530-582-7894 ℻1日の使用料＄3）は、サッター砦Sutter's Fortを目指してドナー峠を越えようとしたドナー隊が1846年に越冬した場所の1つだ。記念碑がその年の積雪がどれほど深かったかを教えてくれる。忌まわしい記憶の地でありながら公園は美しく、キャンプ場は整い（後出の「宿泊」を参照）、砂浜、クロスカントリースキーコースもある。

エミグラント・トレイル博物館 Emigrant Trail Museum (☎530-582-7892 大人$2 子供$1 5月下旬～9月上旬 9:00～17:00、9月下旬～5月上旬 9:00～16:00)では、ドナー隊の足跡を丁寧に年代順にまとめている。スライドショーは一見の価値あり。エミグラント・トレイルEmigrant Trailは博物館から出発し、丸太小屋や1918年に作られた記念碑を過ぎながら、森を抜けていく。

ドナー湖
Donner Lake

ドナー湖は小さいため、タホ湖よりも水温が高く、泳ぐには快適だ。午後になると風が出てくるので、ここでは水上スキーよりもウインドサーフィンが人気だ。小さいが洒落た東岸のビーチやマリーナには、キャンプやボート遊びをする人が多い。ウエスト・エンド・ビーチWest End Beach ($3) は家族連れに人気だ。ここではバレーボールやバスケットボールができ、スナック売店や区画された遊泳場があるためだ。北岸沿いの湖畔公園Shoreline Parkからも湖にアクセスできる。

ハイキング

トラッキーの南、タホ・シティの西にある、**グラニット・チーフ自然保護区 Granite Chief Wilderness**には日帰りハイキングにぴったりのコースがある。アルパイン・メドウズ駐車場Alpine Meadows parkingから出発するファイブ・レイクスFive Lakes、ウィスキー・クリークWhiskey Creekのコースは急勾配だが、美しい高山帯の湖やパシフィック・クレスト・トレイルPacific Crest Trailを見ずとすぐだ。ここは、泊りがけのハイキングにぴったりのバックカントリートレイルへの入口となっている。自然保護区入場許可書は必要ない。トレイルの起点は、ハイウェイ89から西方へ走っているアルパイン・メドウズ・ロードAlpine Meadows Rdを約2マイル(約3km)登った所にある。

地図やルートプランが欲しければ、USFSレンジャー・ステーションに立ち寄ろう。

そのほかのアクティビティ

ドナー湖近辺のスキーリゾートは、スコーバレーよりも小規模で派手さはないが、申し分ないスキー場だ。各スキーリゾートについては、本章

ドナー隊

19世紀、4万人以上の人々がカリフォルニアでひと旗あげることを夢見て、大陸横断街道沿いに西へと移動していった。困難な道程には劇的なドラマがつきものだったが、ドナー隊の物語は陰惨さでは筆頭に値する。

ドナー隊は1846年4月にイリノイ州スプリングフィールドSpringfieldを出発した。6台の荷馬車と家畜を連れ、ジョージとジェイコブのドナー一家とジェームズ・リード一家はできるかぎり楽に旅をしようと考えていた。ミズーリ州インディペンデンスIndependenceで多数の開拓者が彼らに加わり、一行は総勢87人にのぼった。インディペンデンスを出発後、足並みが鈍り、7月には予定よりはるかに遅れていた。約350マイル(約560km)分の近道をしようと、一行はヘースティングス・カットオフHastings Cutoffを通る道を選んだ。荷馬車には未開の道であることを知らずに。

まもなく事態が悪化した。あるとき、一行はわずか36マイル(約58km)を進むのに3週間かかった。一行の中で言い争いやけんかが起こった。ジェームズ・リードは男を殺し、砂漠の真ん中で追放された。家畜たちは熱による衰弱と脱水症状のためグレート・ソルト砂漠横断中に次々と死亡し、荷馬車を置き去りにしなければならなかった。一行がシエラ・ネバダの東側ふもとに到着したときには、多くの人が徒歩になり、食料備蓄も底がつきかけていた。

その年の降雪は早かった。一行は11月にトラッキー峠(現在のドナー峠)を越えようと3度試みたが、いずれも失敗に終わった。天候が回復すれば、峠を通過することができるだろうと願い、彼らはトラッキー湖(現在のドナー湖)に腰を据えた。1カ月分の食料があったので、食料が尽きるまでには天候も好転すると信じていたのだったが、ことは思うように運ばなかった。雪は何週間も続き、積雪は20フィート(約6m)に達した。19世紀において最高の積雪量だった。砂漠で追放されたジェームズ・リードは10月半ばにカリフォルニア州サッター砦に到着していた。家族が吹雪に足を止められているのではないかと恐れた彼は、最初の救援隊を編成し、2月半ばにキャンプ地に到着した。ほとんどの家畜が雪に埋もれているため、人々は剥いだ牛の皮を食べて生き延びていた。衰弱が激しく旅を続けることができない人が多かったため、救援隊が連れ帰ったのは6人だけだった。

3月に2発目の救援隊が到着する頃には、人肉を食べ始めていた。「極めて不潔な環境で、気のふれかけた人々が生活し、服を剥ぎ取られた食べかけの死体が小屋の中に散乱していた」という記録が残っている。このときも救助できたのは体力の残っているほんの数人だけだった。4月半ばには最後の救援隊が到着した。湖の野営地に残っていたのは、ルイス・ケスバーグだけだった。ジョージ・ドナーの遺体は洗い清め、シーツに包まれているところを発見されたが、ジョージの妻、タスマン・ドナーの姿が見当たらなかった。タスマンはそれまでの救援隊と出発するだけの体力があったにもかかわらず、夫を残していくことを拒んだのだった。ケスバーグは死者の肉を食べて生き延びたことは認めたが、新鮮な肉を手に入れるためにタスマン・ドナーを殺害したことは否定した。彼はそれからの一生を汚名を注ぐことに費やした。89人の一行のうち、生き残ったのはわずか47人だった。

トラッキー＆ドナー湖

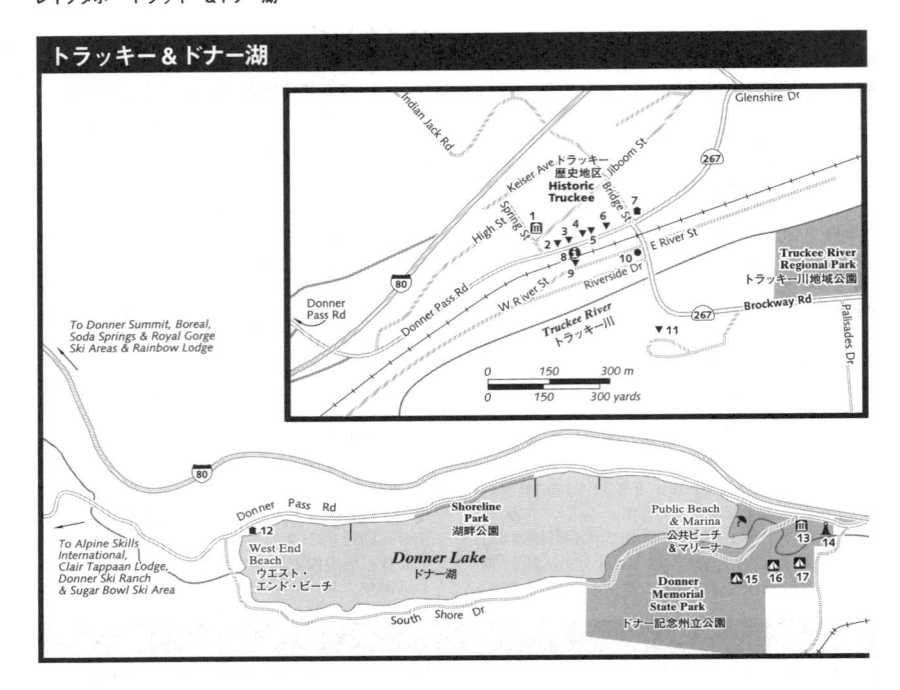

後出のコラム「タホ・スキー・エリア」を参照。
ガイド付のバックカントリーツアーやスキー教室については、ドナー峠にある**アルパイン・スキルズ・インターナショナル Alpine Skills International**（☎530-426-9108　 530-426-3063　 www.alpineskills.com）がおすすめ。

トリビュタリー・ホワイトウォーター・ツアーズ Tributary Whitewater Tours（☎530-346-6812、800-6723 8464　 whitewatertours.com）では、6月から9月に、トラッキー川急流下りツアーを＄64～74で行っている。コースはボカBocaからフロリストンFloriston（トラッキーから北東へ約6マイル＜約9.6km＞、インターステート80そば）までの約7マイル（約11km）。クラスIIまたはIII＋がある。

ポーターズ・スキー＆スポーツ Porter's Ski & Sport（☎530-587-1500）は、インターステート80とハイウェイ89の合流点、クロスロード・センターCrossroads Center内にある。スポーツ用品を多数取り揃え、装備のレンタルも行っている。

宿泊

ドナー・メモリアル州立公園 Donner Memorial State Park（☎530-582-7894、予約用800-444-7275　 サイト＄12）は風光明媚なキャンプ場だ。キャンプ場は3カ所あり、いずれも水洗トイレと温水シャワーが完備されている。**クリーク・キャンプ場 Creek Campground**は適度に日陰がありドナー・クリークに近いが、各サイトが接近している。**リッジ・キャンプ場 Ridge Campground**は小さいが、キャンプファイヤーセンターへのアクセスが一番良い。**スプリットロック・キャンプ場 Splitrock Campground**は規模が大きく、日常生活からもっとも切り離されている。

トラッキーの南側、ハイウェイ89沿いの川岸にUSFSキャンプ場が3カ所ある。**グラニット・フラット Granite Flat**（サイト＄14）は最大の敷地を有し、水洗トイレが設置してある。**グース・メドウズ Goose Meadows**（サイト＄12）は小規模で、ハイウェイの騒音もあまり届かない。**シルバー・クリーク Silver Creek**（サイト＄10）はタホ・シティにもっとも近いため混雑が激しい。予約は☎877-444-6777へ。

ドナー峠にある**クレア・タッパン・ロッジ Clair Tappaan Lodge**（☎530-426-3632　 530-426-0742　 clair.tappaan.lodge@sierra club.org　 ドミトリーベッド イースター～11月末 会員＄43 非会員＄48、12月～イースター 会員＄37 非会員＄41）は、ホステル形式の山小屋。シエラ・クラブSierra Clubが会員向けに運営しているが、非会員も利用できる。料金には食事も含まれるが、雑務の一部を分担し、寝袋、枕、タオルを持参しなければならない。東向きインター

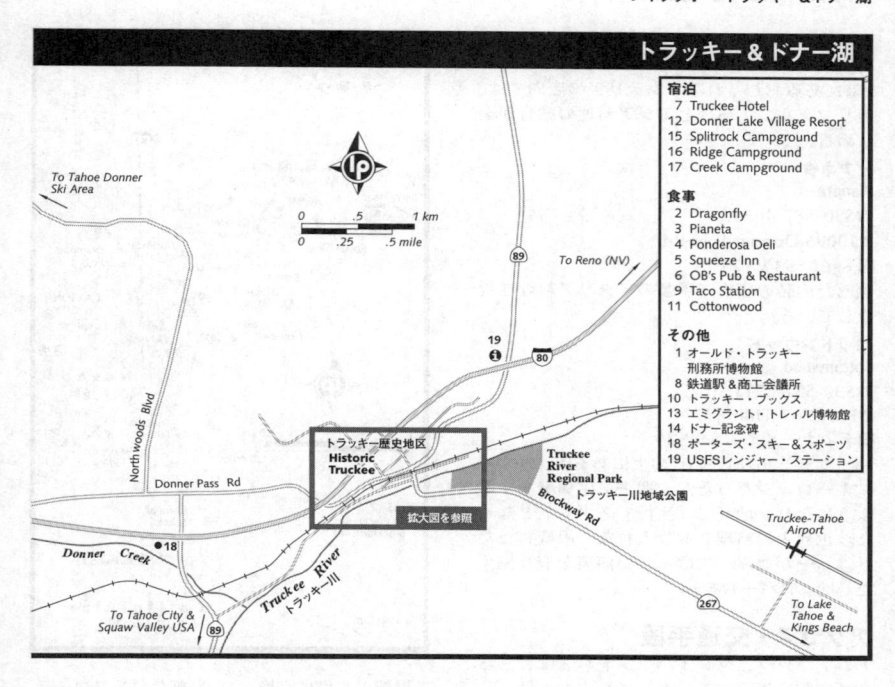

トラッキー&ドナー湖

宿泊
- 7 Truckee Hotel
- 12 Donner Lake Village Resort
- 15 Splitrock Campground
- 16 Ridge Campground
- 17 Creek Campground

食事
- 2 Dragonfly
- 3 Pianeta
- 4 Ponderosa Deli
- 5 Squeeze Inn
- 6 OB's Pub & Restaurant
- 9 Taco Station
- 11 Cottonwood

その他
- 1 オールド・トラッキー刑務所博物館
- 8 鉄道駅&商工会議所
- 10 トラッキー・ブックス
- 13 エミグラント・トレイル博物館
- 14 ドナー記念碑
- 18 ポーターズ・スキー&スポーツ
- 19 USFSレンジャー・ステーション

ステート80を、ソーダ・スプリングス/ノーデンSoda Springs/Nordenで下り、ドナー・パス・ロードを2.4マイル（3.8km）東へ。冬場にはクロスカントリースキー教室が開催される。

トラッキーでもっとも歴史のある宿泊施設ト**ラッキー・ホテルTruckee Hotel**（☎530-587-4444、800-659-6921　FAX530-587-1599　住10007 Bridge St　客室　バスなし＄45〜135、バス付＄105〜135）は、駅馬車停車場、鉄道建設作業員の宿泊施設、木材伐採人の寮を経て生まれ変わった。全面改装された現在でも、公共のエリアや客室内には当時の面影が残っている。宿泊料には朝食とアフタヌーンティーが含まれる。

ドナー・レイク・ビレッジ・リゾート
Donner Lake Village Resort
☎530-587-6081、800-621-6664
FAX530-587-8782
住15695 Donner Lake Rd
客室コンドミニアム&スイート＄80〜225
プライベートビーチ、マリーナ、プールの傍らにある高級リゾート。冬はスノーシューやスノーモービルで遊べる。

レインボー・ロッジ
Rainbow Lodge
☎530-426-3871、800-500-3871
FAX530-426-9221
客室　夏　バスなし＄95　バス付＄125、冬　バスなし＄100　バス付＄145
1920年代に建設された施設で、I-80に近いローヤル・ゴージ・クロス・カントリー・スキー・リゾートRoyal Gorge Cross Country Ski Resort内にある。大きな暖炉と居心地のいい客室のある典型的山小屋風。玄関を出たらすぐにスキーコースがある。

食事

歴史のあるトラッキーには、**スクイーズ・イン Squeeze Inn**、**ポンデローサ・デリ Ponderosa Deli**など、おいしいレストランがたくさんある。どちらも素朴な朝食やランチを提供し、＄10未満でおなかいっぱいになる。

OB'sパブ&レストラン
OB's Pub & Restaurant
☎530-587-4164
住10046 Donner Pass Rd
1品＄4〜14
十分な量の食事が出るパブ。トラッキーの苦楽浮沈をほうふつとさせる。**タコ・ステーション Taco Station**（住10130 W River St　食事＄6未満）は、駅裏に置かれた古い車両内にある。満腹感のあるメキシコ風料理を安価で提供している。

ドラゴンフライ
Dragonfly
☎530-587-0557

レイクタホ – スコーバレーUSA

🏠 10118 Donner Pass Rd
🍴 ランチ＄6〜10 ディナー＄17〜21
2階にあるおしゃれなインテリアの店内では、カリフォルニア料理とアジア料理の融合が楽しめる。

ピアネタ
Pianeta
☎ 530-587-4694
🏠 10096 Donner Pass Rd
🍴 メイン＄12〜25
洒落た内装の店内で手製のイタリア料理を提供している。

コットンウッド
Cottonwood
☎ 530-587-5711
🏠 Hwy 267 'Hilltop'
🍴 ディナーメイン＄9〜24
ハイウェイ267沿いの丘の上にある店。かつてスキーロッジだったが、週末に生演奏をするようになり、地元の「流行」スポットとなった。世界中の料理を取り入れた一風変わったメニューが並ぶ。すばらしい前菜を取り揃えた心地よいバーもある。

アクセス・交通手段
アムトラックとグレイハウンドバスはどちらも鉄道駅で停車する。グレイハウンドは、レノReno行き（＄10.25、50分）5便、サクラメントSacramento行き（＄21.25、3時間）3便、サンフランシスコ行き（＄37.50、5時間半）3便が毎日運行されている。

シカゴからエメリービルEmeryville／サンフランシスコ間を運行しているアムトラックのカリフォルニア・ゼファー*California Zephyr*号はレノに停車する。1日1便。

トラッキー・トロリー Truckee Trolley（☎530-587-7451）は9:00から17:00まで毎時間ごとに駅からドナー・メモリアル州立公園Donner Memorial State Parkと、ドナー湖行きを運行する。料金＄1、1日乗車券は＄2。

タホ・シティへ行くには、鉄道駅からTARTバス（＄1.25、45分）に乗ろう。

スコーバレーUSA
Squaw Valley USA
トラッキー川の源流近くにあるこの山間の谷は、1880年代、シエラ山脈を越えネバダ州の銀鉱を目指す近道を探していた鉱夫たちにより探索された。1955年、アレキサンダー・クーシングが開発を始め、1960年にはスコーバレーUSA（☎530-583-6985 🌐 www.squaw.com）は冬期オリンピックの開催地となった。1997年、山斜面の施設は全面的に修理され

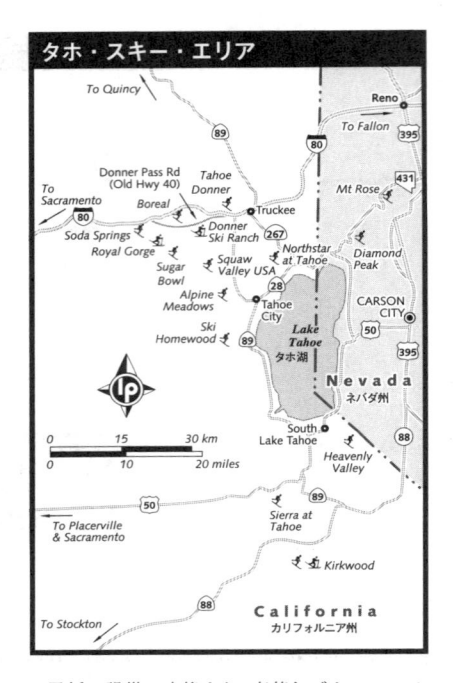

て最新の設備に交換され、豪華なゴルフコースや会議場、リゾート・アット・スコー・クリークResort at Squaw Creekが新たに建設された。現在では、「スコー」はレストランや**宿泊施設 lodgings**（☎詳細およびツアーについての連絡先 800-545-4350）のある1年を通して楽しめるリゾートに発展し、じっと座っているのが耐えがたいほど豊富なアクティビティが用意されている。

アクティビティはケーブルカー起点のメインロッジが中心になる。ここでは、装備のレンタル、レストラン、ビジターインフォメーション、リフト券の販売なども行っている。スコーにはチェアリフトが40本あり標高差2830フィート（約863m）のカリフォルニアでも有数のスキー場がある。詳細については後出のコラム「タホ・スキー・エリア」を参照。

夏には、景色のいい標高8200フィート（約2501m）の**ハイ・キャンプ High Camp**で、アイススケート、アウトドアスイミング、テニス、ハイキングなどが楽しめる。ケーブルカーの往復料金は大人＄17、子供＄5（17:00以後は大人＄8、子供＄5）。乗車券とスケート券は大人＄20、子供＄10（17:00以降大人＄14、子供＄10）、乗車券とプール券は大人＄22、子供＄13（17:00以降は大人＄15、子供＄13）、乗車券、スケート券、プール券は大人＄25、子

供＄17（17:00以降大人＄18、子供＄15）を組み合わせたコンビネーションチケットもある。ケーブルカーは6月下旬から8月は9:40から22:00まで、6月上旬と9月から10月中旬までは16:00まで運行している。

オフマウンテンアクティビティとして、**スコーバレー厩舎 Squaw Valley Stables**（☎530-583-7433）で、ハイウェイ89から山のふもとまでの道の乗馬が楽しめる。料金は1時間＄25、2時間＄45。**リゾート・アット・スコークリーク Resort at Squaw Creek**（☎530-583-3600）では、ロバート・トレント・ジョーンズ設計の18ホールコースでゴルフもできる。料金は＄110。

タホ・シティ
Tahoe City

レイクタホ北岸最大の町、タホ・シティ（人口2000人、標高6240フィート＜2184m＞）は1860年代にこの近辺にイタリア系とポルトガル系漁師が定住して以来、湖最大の船乗り町だ。ハイウェイ89とハイウェイ28がぶつかる位置にあるため訪れる人も多いが、ほとんどの店は湖岸沿いに1列に並ぶショッピングセンターに収容されているため、本格的な町とは言いがたい。

町で遊ぶには幾つかのマリーナと格好のビーチがある（ボートワークス・モール Boatworks Mall近く）。ハイウェイ28すぐ南のハイウェイ89辺りでは、トラッキー川が水門を通り、**ファニー橋 Fanny Bridge**下を流れている。橋の名前は、手すりから身を乗り出して魚を見ようとしている人々の姿（尻＜ファニー＞を突き出した様子）に由来している。

オリエンテーション・インフォメーション

タホ・シティを通過する幹線道路はハイウェイ28、別称N・レイク大通りN Lake Blvdだ。これはハイウェイ89との合流地点を起点とし、湖の北東岸を迂回して、ハイウェイ50に通じている。

ハイウェイ89と28の合流地点、バンク・オブ・アメリカ隣にある**ノース・レイクタホ・リゾート協会ビジター・インフォメーション・センター North Lake Tahoe Resort Association Visitor Information Center**（☎530-581-8737、800-824-3481 FAX530-581-4081 ✿245 N Lake Blvd ◎9:00～17:00）には、地図や宿泊、食事、買い物、アクティビティなどの情報が豊富にある。

ブックシェルフ Bookshelf（☎530-581-1900 ✿Boatworks Mall）はタホ・シティ一番の書店。地元に関する書籍も豊富に取り揃えている。

ゲートキーパーズ博物館
Gatekeeper's Museum

ファニー橋南にあるこの博物館（☎530-583-1762 ✿130 W Lake Blvd（Hwy89）無料 ◎5～6月中旬 水～日 11:00～17:00、6月中旬～9月上旬 毎日）は、ワショー・インディアンが作ったかごのコレクションやスキー道具、写真など、かつてのタホを偲ばせる品々を豊富に揃えている。近年、再開発された周辺の公園はピクニックに最適。1908年にできた**ワトソン・ログ・キャビン Watson Log Cabin**（✿560 N Lake Tahoe Blvd 無料 ◎5月下旬～9月上旬 12:00～16:00）は公共ビーチの近く。

アクティビティ

タホ・リム・トレイル Tahoe Rim Trailの出発点はハイウェイ89からすぐ（ファニー橋の北）のフェアウェイ・ドライブFairway Dr沿い、フェアウェイ・コミュニティ・センターFairway Community Centerの向かい側だ。約18.5マイル（約29.6km）のコースはタホ・シティからブロックウェイ・サミットBrockway Summitまで続き、**マウンテンバイカー mountain bikers**も通行できる。熟練ライダーはワトソン山 Mt Watsonを登る約15マイル（約24km）のコースにそそられるだろう。ルートは少し見つけにくいので、地図を携帯するとよい。

幅の広いトラッキー川は湖から北西に向かって緩やかに流れている。ボートにビール缶を積んでいる**ラフティング**初心者には格好のコースだ。**トラッキー・リバー・ラフト・レンタル Truckee River Raft Rentals**（☎530-583-0123 ✿185 River Rd 大人＄30 子供＄25）で、いかだを借りて、タホ・シティからリバー・ランチ・ロッジRiver Ranch Lodge（「食事」を参照）までの5マイル（8km）を流れに乗って下ってみよう。料金には町へ戻る移動手段の料金も含まれている。より難しい急流下りについては、本章前出の「トラッキー＆ドナー湖」の「そのほかのアクティビティ」を参照。

タホ・シティ近郊にはダウンヒル**スキー場**が4カ所、クロスカントリーコースが1カ所ある。詳細については次ページのコラム「タホ・スキー・エリア」を参照。

ポーターズ・スキー＆スポーツ Porter's Ski & Sport（☎530-583-2314 ✿501 N Lake Blvd）では、マウンテンバイク、インラインスケート、水上スキー、アルペンスキー、クロスカントリースキーなどのコース地図が入手できる。装備のレンタルも可能。

デーブズ・スキー＆ボーズ Dave's Ski & Boards（☎530-583-6415 ✿620 N Lake Tahoe Blvd）は、グローブ・ストリートGrove St近くにあり、スキー、スノーボードのレンタルに便利。バッ

タホ・スキー・エリア

冬の到来とともに太平洋が冷え込み、サーフボードをしまい込んだとしても、カリフォルニアの都会っ子たちは決してあきらめはしない。それどころかもう1つのボード（またはスキー）を抱え、アドレナリンを湧き出させてくれる別の「スロープ」へまっしぐらだ。タホ・スキー・エリアは近いだけでなく、地勢が多様で、第一級のスキー場だ。

タホにはダウンヒルコースが17カ所、クロスカントリーコースが7カ所ある。通常、スキーシーズンは11月から4月だが、年によっては早くも10月からスタートし大雪の降る嵐が来た場合は6月まで続くこともある。大雪の年には、高地の積雪は約35フィート（約10m）以上にも達し、冷たい「深いパウパウ」（パウダースノー）が人々を引き寄せている。

ファミリー向けには、スキー技術を磨きながらも連帯感を感じることができるスキー場がある。たいていのスキー場には子供向けから神風スキーヤー向けのスキー教室がある。本書に記載されている料金は、大人と子供の1日リフト券料金だが、「子供」の定義はスキー場ごとに異なり、そのほかのパッケージ料金もある。事前に電話をかけるか、ホームページで確認しよう。

ダウンヒルスキー

トラッキー／ドナー湖エリア Truckee/Donner Lake Area

ボレアル Boreal（☎530-426-3666　www.ride-boreal.com　大人＄34、子供＄10）− 初級、中級スキーヤー向けのスキー場で、テレインパークやハーフパイプがある。レベル3スキーヤーには無料でスキー教室を開催している。ナイターは21:00まで。リフトは9本あり、標高差500フィート（約152m）。トラッキーの9マイル（約15km）西、ドナー・サミットにあり、インターステート80からすぐだ。

ドナー・スキー・ランチ Donner Ski Ranch（☎530-426-3635　www.donnerskiranch.com　大人＄20、子供＄10［週半ばは大人も＄10］）− この辺りではもっとも古く、安価なスキー場だ。リフトは6本で標高差750フィート（約229m）。インターステート80をソーダ・スプリングス／ノーデンで下り、ドナー・パス・ロードを東へ3.5マイル（5.6km）進む。

ソーダ・スプリングス Soda Springs（☎530-426-3666　www.sodasprings.com　大人＄22、子供＄10）− あまり熱心でないスキーヤーや子供向け。この地域では最長のスノーチューブ滑り台、ミニスノーモービル、スノーシュー、そり、キッズ・X・パークKids X Parkがある。リフトは4本で、標高差650フィート（約198m）。インターステート80をソーダ・スプリングス／ノーデンで下り、標識に従って進む（約2マイル＜約3km＞）。

シュガー・ボウル Sugar Bowl（☎530-426-9000　www.sugarbowl.com　大人＄50、子供＄12）− 急勾配の地勢、豊富な積雪、深い粉雪、陽気な雰囲気などで地元の人々に愛されている由緒あるリゾート。ウォルト・ディズニーお気に入りのリゾートだったらしい（ディズニー山Mt Disneyと名づけられている山もある）。リフト11本にゴンドラが1本あり、標高差は1500フィート（約457m）になる。インターステート80をトラッキーから西へ10マイル（16km）の所にあるソーダ・スプリングス／ノーデンで下り、ハイウェイ40を東に3マイル（約5km）進む。

タホ・ドナー Tahoe Donner（☎530-587-9444　www.tahoedonner.com　大人＄26、子供＄12）− 派手さはないが、混雑しないスキー場がここ。家族向けで、初心者や中級者が多い。スキー教室もある。リフトは4本で、標高差600フィート（約183m）。インターステート80をトラッキー近く、ドナー州立公園Donner State Park出口で下りる。

タホ・シティ Tahoe City

アルパイン・メドウズ Alpine Meadows（☎530-581-8374、800-441-4423　www.skialpine.com　大人＄54、子供＄10）− ジャンプ、スパイン、ハーフパイプやテーブルトップ、あまり人が立ち入らないエリアなどのあるテレインパークが見ものの、のんびりとした最高のスキー場。リフトが14本あり、標高差は1800フィート（約549m）にのぼる。タホ・シティの北西6マイル（約10km）の地にあり、ハイウェイ89からすぐだ。

ノーススター・アット・タホ Northstar-at-Tahoe（☎530-562-1010　www.skinorthstar.com　大人＄54、子供＄17）− リフトの効率がよく、テレインパークが7カ所、スノーチューブ滑り台、スノーモービルなどもあり何でもできるリゾートだ。風雨を避けることができるので、風が強くなっても大丈夫。リフト12本にゴンドラ1本、標高差は2280フィート（約695m）ある。レイクタホからトラッキー方向へ北西に6マイル（約10km）進むと267号線からすぐ。

スキー・ホームウッド Ski Homewood（☎530-525-2992　www.skihomewood.com　大人＄42（平日＄25）、10歳未満の子供は無料です）− すばらしい湖の景観が望める広大な敷地にあり、地元の人たちもお気に入りの気取りのないスキー場。粉雪も上質で、リフトは8本、標高差1650フィート（約503m）。ハイウェイ89でタホ・シティの6マイル（約10km）南にある。

スコーバレーUSA Squaw Valley USA（☎530-583-6985　www.squaw.com　大人＄56、子供＄5）− スキーのレベルを問わない広大な一流リゾート。1960年の冬季オリンピック開催地にもなった。アメリカ最新のリフトのほか、改造されたベースエリアやテレインパークが2つあり、スノーチューブやアイススケートもできる。リフト券があればナイター

タホ・スキー・エリア

は無料というのもうれしい。リフト38本、トラム1本、ゴンドラ2本と充実。標高差は2850フィート（約869m）。タホ・シティの北西5マイル（8km）の所にあり、ハイウェイ89からすぐだ。

サウス・レイクタホ South Lake Tahoe

ヘブンリー・バレー Heavenly Valley（☎775-586-7000 ▣www.skiheavenly.com ▣大人＄57、子供＄29）－南岸最大のリゾートは湖近辺では最高地点にあり、距離も最長（5.5マイル＜8.8km＞）を誇る。リフト数は27本、トラム1本、ゴンドラ1本で、標高差は3500フィート（約1067m）。スキー場は2つに分かれている。ヘブンリー・ノースHeavenly North（ネバダ側）へは、ハイウェイ50を下り、州境線北側のキングスベリー・グレードKingsbury Gradeから進む。ヘブンリー・ウエストHeavenly Westはサウス・レイクタホのスキー・ラン大通りSki Run Blvdが終点となる。

カークウッド Kirkwood（☎209-258-6000、877-547-9663 ▣www.skikirkwood.com ▣大人＄52、子供＄11）－高地渓谷にある人里離れたリゾートだけあり、ここの雪はどこよりも良質で長持ちする。上級者、熱狂的スキーヤー向けのスキー場だ。リフト数は12本で、標高差2000フィート（約610m）。ハイウェイ88でサウス・レイクタホの南西へ35マイル（56km）（ハイウェイ89経由）の所にある。

シエラ・アット・タホ Sierra-at-Tahoe（☎530-659-7453 ▣www.sierratahoe.com ▣大人＄50、子供＄10）－ヘブンリー・バレーほど混雑もなく、ベイ・エリアBay Areaからの日帰りに便利。ツリースキーやスノーボードパークはすばらしい。リフト12本、標高差2212フィート（約675m）。ハイウェイ50でサウス・レイクタホの南12マイル（約19km）にある。

ネバダ州 Nevada

ダイヤモンド・ピーク・スキー・リゾート Diamond Peak Ski Resort（☎775-832-1177 ▣www.diamondpeak.com ▣大人＄41、子供＄15だ）－湖の景色がすばらしいリゾート。人が少なく、中級、上級者向けコースがほとんど。リフトは7本、標高差は1840フィート（約561m）。ルート28とカントリー・クラブ・ドライブCountry Club Drの交差点そば、インクライン・ビレッジIncline Villageにある。

マウント・ローズ・スキー・タホ Mt Rose Ski Tahoe（☎775-849-0704 ▣www.skirose.com ▣大人＄45、子供＄12）－タホで一番標高の高いベーススキーリゾートだけに景色が美しい。春まで雪質が良く、グルーミングされていない良質のパウダースノーだ。リフトは5本。標高差1440フィート（約439m）。431号線でレノの南約22マイル（約35km）にある。

クロスカントリースキー

本書に登場するスキー場のほかに、ドナー・メモリアル州立公園Donner Memorial State Parkには、標識のあるコースやグルーミングされていないすばらしいコースがある。

キャンプ・リチャードソン Camp Richardson（☎530-542-6584 ▣大人＄15、子供＄9。）－ハイウェイ89でサウス・レイクタホ近くの「Y」の北2マイル（約3km）の地にある湖に隣接したスキー場。ここにはグルーミングされた約12マイル（約20km）のコースと標識のついた約22マイル（約35km）のコースがある。

クレア・タッパン・ロッジ Clair Tappaan Lodge（☎530-426-3632 ♤Donner Summit）－質素なシエラ・クラブ・ロッジを囲む初級者、中級者向けの10マイル（16km）のコース。寄付は任意だが、推奨寄付額は大人＄7、子供＄3.50。旧US-40号線（ドナー・パス・ロード）沿い、トラッキーの西、ドナー・サミット近くにある。

ノーススター・アット・タホ Northstar-at-Tahoe（☎530-562-1010 ▣大人＄20、子供＄15）－ダウンヒルスロープ近くにある、グルーミングされた30マイル（48km）のコースとスケート用レーンを有するスキー場。レイクタホ北西6マイル（10km）、トラッキー方面へ向かうハイウェイ267からすぐ。

リゾート・アット・スコー・クリーク Resort at Squaw Creek（☎530-583-6300 ▣www.squawcreek.com ▣＄13）－主に初心者向けのグルーミングされた10マイル（16km）のコースがある。スノーシューズレンタルがあり。ハイウェイ89からスコーバレー・ロードSquaw Valley Rd、スコー・クリーク・ロードSquaw Creek Rdへ。

ローヤル・ゴージ・クロス・カントリー・スキー・リゾート Royal Gorge Cross Country Ski Resort（☎530-426-3871 ▣www.royalgorge.com ▣大人＄25、子供＄12（平日大人＄21.50）－アメリカ最大のクロスカントリースキーリゾート。200マイル（322km）以上にわたるグルーミングされたコースとサーフェースリフトが4本。インターステート80をソーダ・スプリングスで下り信号を右折、サミット・ステーションSummit Station行きの標識に従って進む。

タホ・クロス・カントリー Tahoe Cross Country（☎530-583-5475 ▣www.tahoexc.org ▣＄17.50）－タホ・シティ近くの森を抜ける40マイル（64km）の閑静なコース。休憩小屋や装備レンタル、スキースクールがある。タホ・シティの北2マイル（約3km）のダラーヒルDollar Hillにあり、ハイウェイ28の近くだ。

タホ・ドナー Tahoe Donner（☎530-587-9484 ▣www.tdxc.net ▣大人＄19、子供＄14）－約63マイル（約102km）に及ぶグルーミングされたコース。地勢は変化に富み、ナイター設備もある。トラッキーの北西、ドナー・パス・ロードからすぐだ。

ク・カントリー Back Country（☎530-581-5861 🏠255 N Lake Blvd）では、テレマーク（スキー滑走方法の1つ）の装備やスノーシューズがレンタルできる。

宿泊

町のすぐ北側に、**タホ州立レクリエーション・エリア Tahoe State Recreation Area**（☎530-583-3074、予約用800-444-7275 🏠Hwy 28 📋サイト＄16）がある。水洗トイレとシャワーが完備されており、湖の近くに36のサイトがある。

町の北西側、ハイウェイ89沿いにはUSFSキャンプ場が3カ所（本章前出の「トラッキー＆ドナー湖」を参照）ある。

ウィリアム・ケント・キャンプ場
William Kent Campground
☎530-583-3642、予約用877-444-6777
📋サイト＄15
町から南へ2マイル（約3km）の近距離にあるキャンプ場。ハイウェイ89沿いにある。

ペッパー・ツリー・イン
Pepper Tree Inn
☎530-583-3711、800-624-8590
🌐www.peppertreetahoe.com
🏠645 N Lake Blvd
📋客室＄40〜200
7階建ての高層ビルに収容されている客室は広々とし、アメニティが豊富なうえに景色も良い。

タホ・マリーナ・ロッジ
Tahoe Marina Lodge
☎530-583-2365、800-748-5650
📠530-583-2367
🏠270 N Lake Blvd
📋コンドミニアム＄115〜299
設備の整ったアパート式の部屋には、4〜6人が宿泊可能。レイクビューの部屋やプライベートビーチもある。最低2泊、休日前後は3泊以上必要。

リバー・ランチ・ロッジ
River Ranch Lodge
☎530-583-4264、800-535-9900
🌐www.riverranchlodge.com
🏠Hwy 89 at Alpine Meadows Rd
📋客室＄85〜160
トラッキー川のせせらぎを聞きながら眠れる。客室はどれも最新のアメニティや洒落た松材の家具、テレビ、データポート（データ送信用ジャック）が装備され、川が見える。料金には朝食が含まれる。

食事

ブルー・アガベ
Blue Agave
☎530-583-8113
🏠425 N Lake Blvd
📋1品＄4〜12.50
タホ・イン内にある由緒ある店。町で最高のメキシコ料理を賞味できる。

ザ・ブリッジ・テンダー
The Bridge Tender
☎530-583-3342
🏠65 W Lake Blvd
📋1品＄4〜8
ファニー橋近くにある地元の人が集まるレストラン。店内には薪ストーブやビリヤードテーブルも。日替わりのスペシャルビールがある。ハンバーガーとスペアリブのコンビネーションプレートがおすすめ。

ロージーズ・カフェ Rosie's Cafe（☎530-583-8504 🏠571 N Lake Blvd 📋朝食＆ランチ＄5〜9 ディナー＄10〜16）と**ジェイクズ・オン・ザ・レイク Jake's on the Lake**（☎530-583-0188 ランチ＄9〜14 ディナー＄16〜22）はボートワークス・モール内にあり、たっぷりの量の食事を出す。ハッピーアワーのアペタイザースペシャルを注文しよう。

ウルフデールズ
Wolfdale's
☎530-583-5700
🏠640 N Lake Blvd
📋ディナーメイン＄18〜26
創造的なシェフによる、新鮮なシーフードなど季節の素材を使った毎回違うメニューが楽しめる。極東料理と伝統的西洋風料理をかけあわせたものが多い。

リバー・ランチ・ロッジ
River Ranch Lodge（「宿泊」を参照）
📋ランチ＄6〜10 ディナー＄15〜26
夏のバーベキューランチが美味。ラフティングやマウンテンバイクの愛好者に人気の休憩所だ。ディナーはグルメも満足させる内容。とりわけフィレミニヨン、ヘラジカの腰肉のロースト、前菜のマッシュルームラビオリがすばらしい。

アクセス・交通手段

タホ・エリア・ラピッド・トランジット Tahoe Area Rapid Transit（TART）（☎530-581-550-1212、800-736-6365）が、北岸沿いにタホ・シティTahoe Cityからインクライン・ビレッジ Incline Village（ネバダNevada州）、西岸沿いに南のシュガー・パイン・ポイントSugar Pine Pointまで、ハイウェイ89経由でトラッキーTruckeeまでバスを運行している。バスの運行は通年毎日6:30から18:30まで。片道＄1.25、1日券＄3。

6月から9月初旬まで、TARTは**タホ・トロリー Tahoe Trolley**を運行している。ルートは、北岸

沿いにタホ・シティからクリスタル・ベイCrystal Bay（ネバダ州）行き、タホ・シティとスコバレーSquaw Valleyの往復、西岸沿いに南のエメラルド・ベイEmerald Bay行きの3つ。バス運行時間は10:30から22:30まで。料金は片道＄1.25。

夏には無料の**タホ・シティ・トロリーTahoe City Trolley**も11:00から18:00まで町中を疾走し、モール、ゲートキーパーズ博物館Gatekeeper's Museumや希望の目的地へ人々を運ぶ。

北岸
Northern Shore

ハイウェイ28でタホ・シティの北東へ向かうと、こぢんまりとした静かな町が続く。多くの町にはすばらしい砂浜があり、モーテルやホテルの料金は手頃だ。タホ湖の北側にあるカリフォルニア州とネバダ州の州境はクリスタル・ベイでハイウェイ28と交差している。湖の東岸はすべてネバダ州。

タホ・ビスタ
Tahoe Vista

タホ・ビスタ（人口1050人）には、湖に面しているほかのどの町よりも多くの公共ビーチ（6カ所）がある。モーテルやリゾートのある地区は森が多く、隣のキングス・ビーチKings Beachより静かだ。ナショナル・ストリートNational Stの突き当たりにある**ノース・タホ地域公園 North Tahoe Regional Park**はハイキング、自転車、クロスカントリースキーコースがあり、ピクニック施設も整っている。

ビースリーズ・コテージズ
Beesley's Cottages

☎530-546-2448
🏠6674 N Lake Blvd
🛏客室＄80 コテージ＄120〜
📅5月下旬〜9月初旬

雑然として心地よい客室と古くから使用されているコテージが多数ある。見事な白砂のプライベートビーチの傍らが芝生となっているのが何よりもいい。

シーダー・グレン・ロッジ
Cedar Glen Lodge

☎530-546-4281、800-500-8246
🖷530-546-2250
🌐www.cedarglenlodge.com
🏠6589 N Lake Blvd
🛏コテージ＄60〜150 客室＄95〜160

主人は愛想がよく、客室やコテージは改装したばかり。最高6人まで宿泊可能で、料金には朝食が含まれる。屋外温水プール、ホットタブ、サウナがあるほか、ビーチへアクセスできる。

モーレラトス・レイクショア・リゾート
Mourelatos Lakeshore Resort

☎530-546-9500、800-824-6381
🖷530-546-2744
🌐www.mourelatosresort.com
🏠6834 N Lake Blvd
🛏客室＄165〜310

ビーチに面した高級リゾート。上階の客室には見事な丸天井がついているほか、ほとんどの客室から湖が見える。簡易キッチン、暖炉、ジャグジー付の客室もある。

オールド・ポスト・オフィス
Old Post Office

🏠5245 N Lake Blvd
🍴メイン＄5〜10

モーレラトス・レイクショア・リゾートの数マイル南に位置する、カーネリアン・ベイCarnelian Bayに古くからあるレストラン。朝食やランチは量がたっぷりなので地元の人にも人気だ。

スピンドルシャンクス
Spindleshanks

☎530-546-2191
🏠6873 N Lake Blvd
🍴ディナーメイン＄12〜23

おいしい前菜と多銘柄のグラスワインを揃えたアメリカ風ビストロ。

キングス・ビーチ
Kings Beach

キングス・ビーチ（人口2796人）はレイクタホのカジノで働くラテン系住民の居住区。ハイウェイを下りると、カジノで働く人々とそこで遊ぶ（湖の西岸または東側のインクライン・ビレッジに住む）人々の生活水準の差は明らかだ。ハイウェイ沿いには手頃なモーテルや人気のレストランが多数ある。

ここでは水泳以外に、カヤックも人気だ。**タホ・パドル＆オール Tahoe Paddle & Oar**（☎530-581-3029 🏠8299 N Lake Blvd）では、カヤックを1時間＄15または1日＄70でレンタルできる。ガイド付ツアーも開催している。

サン・アンド・サンド・ロッジ
Sun N' Sand Lodge

☎530-546-2515、800-547-2515
🏠8308 N Lake Blvd
🛏客室＄50〜140

きれいに改装されているうえ、湖を望めるスポーツスパまで完備している。

ログ・キャビン・カフェ
Log Cabin Caffee

🏠8692 N Lake Blvd

朝一番にコーヒーで目を覚まし、満腹感のある朝食をたっぷりととりたいときにはこちらへ。

レイクタホ－ネバダ州側（東岸）

スティーマーズ
Steamers
☎530-546-2218
🏠8290 N Lake Blvd
🍴ピザ＄9.50〜20

湖に隣接したバーは夏にはたいへんなにぎわいようだ。大きさが3種類あるピザがおいしい。

ジェイソンズ・ビーチサイド・グリル
Jason's Beachside Grille
☎530-546-3315
🏠8338 N Lake Blvd
🍴サラダバー＄8 ランチ＄5.50〜10 ディナー＄14〜22

木目調の内装、湖を望むすばらしいパティオ、典型的なアメリカ料理が揃った店。食べ放題のサラダバーでビタミンをたっぷり補給しよう。

ネバダ州側（東岸）
Nevada (Eastern) Shore

ハイウェイ28は、小さなカジノが幾つかあるクリスタル・ベイでネバダ州に入り、ダイヤモンド・ピーク・スキー・リゾートDiamond Peak Ski Resort（前出のコラム「タホ・スキー・エリア」を参照）への入口となるにぎやかな**インクライン・ビレッジ Incline Village**へと続く。この町の観光の目玉である**ポンデローサ牧場 Ponderosa Ranch**（☎775-831-0691 🎫大人＄11.50 子供＄6.50 📅4月中旬〜10月 9:30〜18:00）は、かの有名なテレビ西部劇「ボナンザBonanza」のセットを中心として造られたテーマパークだ。カートライト牧場Cartwright Ranchのツアーには、懐かしいフィルムクリップ、セットで使用された小道具やアンティークでいっぱいの納屋、「メイン・ストリートMain Street」での拳銃の撃ち合い寸劇などが含まれる。

インクライン・ビレッジの北側、ハイウェイ431（レノへ向かうUS-395に接続するローズ山ハイウェイMt Rose Hwy）近くにあるローズ山Mt Rose、両手おなかの上で組み仰向けに横たわっている女性の姿に似ている。レノからその姿を目にしたかつての鉱夫が恋人の名前をとってローズ山と名づけた。

ローズ山自然保護区 Mt Rose Wildernessがハイウェイ431の北西にある。ローズ山の山頂や山頂から半マイル（約1km）西にあるタホ・メドウズ・トレイル起点からのアクセスが便利だ。記入式の保全地域入場許可書はトレイル起点で入手できる。トレイル起点には案内地図板、トイレ、無料駐車場がある。マウント・ローズ・スキーエリア（前出のコラム「タホ・スキー・エリア」を参照）もこの中にある。

レイクタホ東岸のほとんどは、すばらしい**レイクタホ-ネバダ州立公園 Lake Tahoe-Nevada State Park**となっている。所々にビーチ、湖が点在し、何マイルにも及ぶトレイルがある。ここのハイライトは**サンド・ハーバー Sand Harbor**だ。2つの砂मが浅瀬をつくり、鮮やかなターコイズ色の水と白い砂浜のある美しいスポットとなっている。当然のことながら夏は行楽客でにぎわい、不快なまでに混雑することもしばしば。

公園の南端、ハイウェイ50と28の合流点にある**スプーナー湖 Spooner Lake**はこの辺りでもっとも施設が充実し、公園に関する情報も揃っている。湖にはトラウトが泳ぎ、トイレ、ピクニック施設が完備され、グルーミングされた56マイル（約90km）のクロスカントリースキーコースにもアクセスできる。

熟練したマウンテンバイカーの天国といえるのが、15マイル（約24km）の**フルーム・トレイル Flume Trail**だ。ここはバージニア・シティVirginia Cityの製材所や銀鉱に丸太を運ぶのに使用した古い用水路沿いにコースをつくっている。トレイルはスプーナー湖Spooner Lakeからタホ・リム・トレイルTahoe Rim Trailとともに北方向へ向かい、マーレット湖Marlette Lakeの西側を通る（リム・トレイルは東側を通る）。西側は湖まで切り立った道なので、熟練バイカーでなければ走破は難しいだろう。2マイル（約3km）北、マーレット湖とツイン・レイクの東側に風光明媚な**キャンプ場 camping**（サイト＄7）がある。利用は先着順になる。

サウス・レイクタホ
South Lake Tahoe

サウス・レイクタホ（人口2万1650人、標高6254フィート＜約1990m＞）は、ハイウェイ50（ここではレイクタホ大通りLake Tahoe Blvd）沿いにミニモールやモーテルが一列に並ぶ南岸沿いに広がっている。この町の良いところは手軽な価格の宿泊と食事だ。サウス・レイクタホは州境でネバダ州側のステートラインStatelineと分割されている。この辺りがもっとも「にぎわい」の激しい所だ。角張ったカジノの建物が幾つか湖の上に顔を出し、スキーコースが数本、カジノの上に姿を現している。

ハイウェイ50から湖が見える場所としては、サウス・レイクタホ州立レクリエーション・エリア South Lake Tahoe State Recreation Areaがある。景色がもっとも良いのはヘブンリー・バレーHeavenly Valleyスキーエリアとカジノの最上階だ。ビーチへのアクセスには、町の西側にあるハイウェイ89がもっとも便利だ。

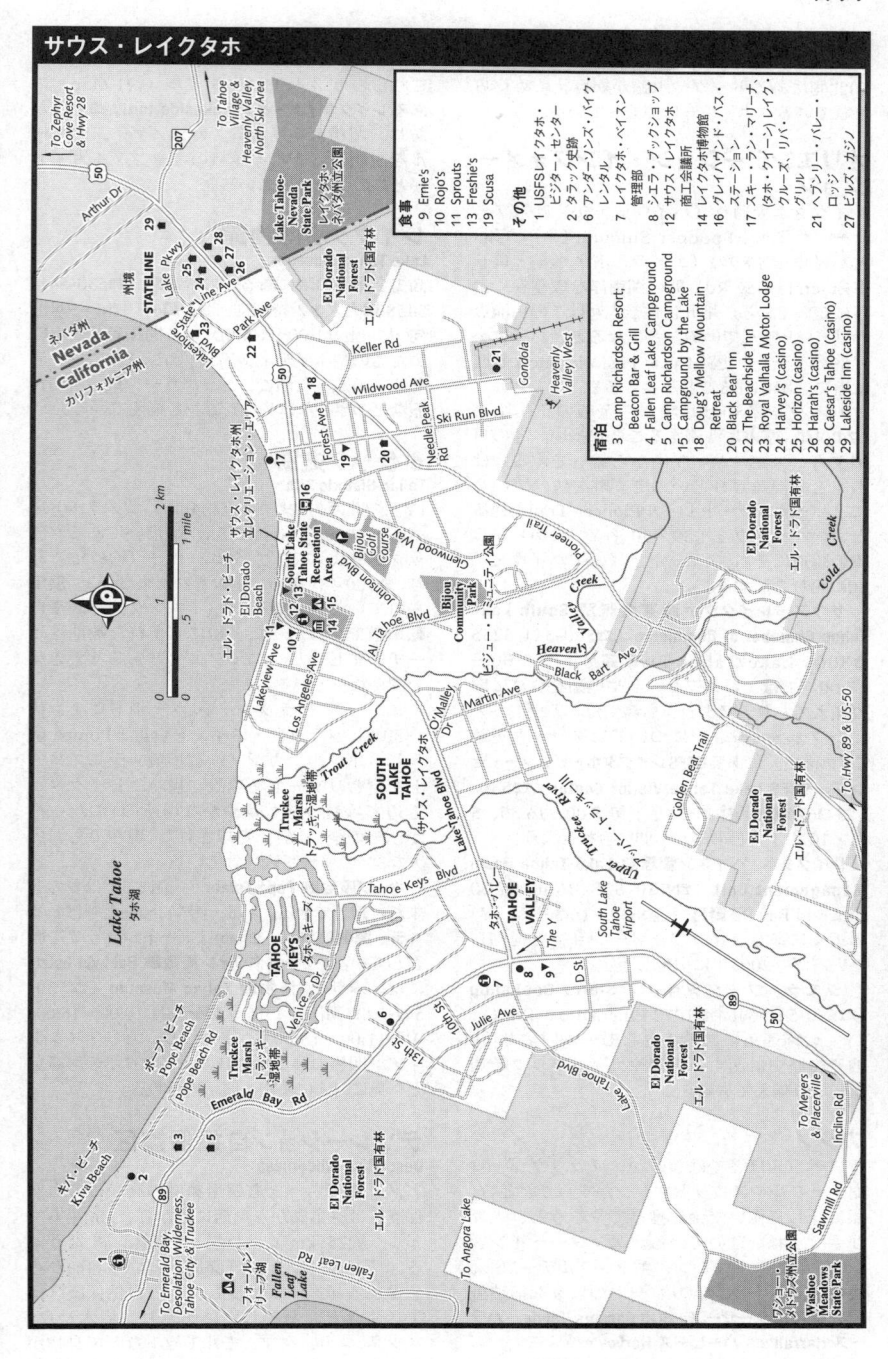

サウス・レイクタホ

食事
- 9 Ernie's
- 10 Rojo's
- 11 Sprouts
- 13 Freshie's
- 19 Scusa

その他
- 1 USFSレイクタホ・ビジターセンター
- 6 タラック史跡
- 8 アンダーソンズ・バイク・レンタル
- 10 レイクタホ・ベイスン管理部
- 12 シエラ・アットタホ
- 14 サウス・レイクタホ商工会議所
- 16 レイクタホ博物館
- 17 スキー・ラン・マリーナ、グレイハウンド・バス・ステーション
- 18 クルーズ（クイーン）レイクタホ
- 21 ヘブンリー・バレー・グリル
- 22 ロッジ
- 27 ビルズ・カジノ

宿泊
- 3 Camp Richardson Resort; Beacon Bar & Grill
- 4 Fallen Leaf Lake Campground
- 5 Camp Richardson Campground
- 15 Campground by the Lake
- 18 Doug's Mellow Mountain Retreat
- 20 Black Bear Inn
- 22 The Beachside Inn
- 23 Royal Valhalla Motor Lodge
- 24 Harvey's (casino)
- 25 Horizon (casino)
- 26 Harrah's (casino)
- 28 Caesar's Tahoe (casino)
- 29 Lakeside Inn (casino)

南岸には豪邸が建ち並び、ボートはタホ・キーズ大通りTahoe Keys Blvd経由のハイウェイ50北側にあるドックや水路が網目状にめぐらされているタホ・キーに停泊している。

オリエンテーション・インフォメーション

レイクタホ大通り（ハイウェイ50）はスプーナー・サミットSpooner Summit（ネバダ州）とハイウェイ89の（エメラルド・ベイ・ロードEmerald Bay Rd）間の湖南岸を取り巻くように続いている。地元に住む人々はこの合流点を「Y」と呼んでいる。冬になると、ハイウェイ89のタラック史跡Tallac Historic Siteより西は雪で閉鎖されることがよくある。

ハイウェイ50は月曜から金曜の正午頃と17:00頃、週末に渋滞することが多い。冬の日曜夕方（スキーヤーが山から帰ってくる）はもっとも混雑がひどいようだ。町を抜けていくにはパイオニア・トレイルPioneer Trailを通るといい。ハイウェイ89／50（「Y」の南）から東の脇道にそれ、ステートラインでハイウェイ50に再び合流する。

サウス・レイクタホ商業会議所 South Lake Tahoe Chamber of Commerce（☎530-541-5255 ✿3066 Lake Tahoe Blvd ◎月～土 9:00～17:00）では、パンフレットや地図を豊富に取り揃えており、スタッフも親切だ。アウトドアインフォメーションについてはタラック史跡（本章後出）にある**USFSレイクタホ・ビジター・センター USFS Lake Tahoe Visitor Center**（☎530-573-2674 ◎6月中旬～9月下旬 8:00～16:30、5月・10月 土・日のみ）へ問い合わせよう。

レイクタホ・ベイスン管理部 Lake Tahoe Basin Management Unit（☎530-573-2600 ✿870 Emerald Bay Rd ◎月～金 8:30～16:30）は「Y」の近くにあり、インフォメーションを提供しているが、2003年に引越し予定。

シエラ・ブックショップ Sierra Bookshop（☎530-541-6464 ✿1072 Emerald Bay Rd）は、「Y」の南西角にある小さなモール内にある。地元の歴史に関する書籍やガイドブックを豊富に取り揃えている。

カジノ

ラスベガスほどではないが、ブラックジャックテーブルやスロットマシンがずらりと並び、額に汗して稼いだ金を獲ってやろうと、人々が手ぐすねをひいている。エンターテインメント、スロットマシン、ギャンブルテーブル、複数のレストラン、リゾートのような宿泊施設を備えた**シーザーズ・タホ Caesars Tahoe**、**ハラーズ Harrah's**、**ハービーズ Harvey's**が「三大」カジノだ。**ホライゾン Horizon**や**ビルズ Bill's**はこれよりも小さく、派手さも劣る。ビルズはとくにギャンブル経験のない人には親しみやすい。これらのカジノの北約1マイル（約1.6km）にある**レイクサイド・イン Lakeside Inn**は郷土色があり、湖がよく見える。カジノゲームのルールを説明してくれる無料のギャンブルガイドがどこのカジノにもいる。

レイクタホ博物館
Lake Tahoe Museum

商工会議所の隣にあるこの博物館（☎530-541-5458 ◎大人＄2 特別割引＄1 ◎6月中旬～9月上旬 火～土 11:00～17:00）は、開拓者が使っていたものやネイティブアメリカン（主にワショー族）の造ったかご、ジュエリー、儀式用の衣服などの素朴なコレクションを揃えている。

タラック史跡
Tallac Historic Site

「Y」の北西約3マイル（約4km）エメラルド・ベイ・ロードEmerald Bay Rd沿いにあるタラック史跡は、広さが150エーカー（約61ha）あり、1900年代初めに建設された豪邸が3つ展示されている。舗装したハイキングコースや自転車道でつながった、松に囲まれた敷地はビーチや美しいピクニックエリアもある大きな公園となっている。

エリアス・'ラッキー'・ボールドウィンは1880年にタラック・ポイントTallac Pointを購入し、ホテル、カジノ、遊歩道、テニスコートを含むリゾートを建設。当時、レイクタホ近辺ではもっとも華やかな場所の1つだったが、その後、分割、売却された。現在でも、広大な3つの屋敷が残されている。

ポープ屋敷跡 Pope Estate（入館＄3）は夏の週末だけ観覧できる。バルハラValhallaと呼ばれる**ヘラー屋敷跡 Heller Estate**はアートショップを収容している。**ボールドウィン屋敷跡 Baldwin Estate**には、**タラック博物館 Tallac Museum**（☎530-541-5227 ◎任意（寸志）◎6～8月 10:00～16:00、9月 11:00～15:00）があり、ワショー・インディアン関係の展示品や昔のレイクタホの写真など、見に行くに値する展示物がある。

デソレーション自然保護区
Desolation Wilderness

アメリカでもっとも使用頻度の高いこの自然保護区はタホ湖から南西に広がり、100平方マイル（約259km²）にわたって森林、湖、峰がある。デソレーション（廃墟）という名前から想像するイメージに反し、この自然保護区は生き生きとした美しさにあふれ、樹木や鳥、キツネ、シカ、クマ、モルモットなどの動物が多く生息している。後退しつつある氷河がデ

エメラルド・ベイの夜明け（タホ湖）

そびえ立つレッドウッド（セコイア国立公園）

シエラ・ネバダでのロッククライミング

塩水のモノ湖に浮かび上がる幻想的なテュファ（石灰華）

エル・キャピタンの険しい岸壁（ヨセミテ国立公園）

ヨセミテ滝の上部

ヨセミテ・バレーの春

クライマー（ヨセミテ国立公園）

のどかでいつも変わらないヨセミテのハーフ・ドーム

ソレーション・バレーをつくり、土壌を拭い去り、磨き上げたような巨大な岩壁を高所に残していった。この地域では木は生えないが、地衣のような茂みが樹木のように大きく育ち、晩春になると野生の花が岩の間に顔を見せる。このつるつるとした平らな花崗岩の表面にキャンプするのも楽しい。ハイキングや登山は時間もかからず、きつくもない。

日帰りハイキングの目的地として人気があるのは、氷河でえぐれた岩峰、**タラック山 Mt Tallac**（9735フィート＜約2969m＞）だ。タラック山トレイルヘッドMt Tallac Trailhead（片道4.6マイル＜約7.4km＞）またはグレン・アルパイン・トレイルヘッドGlen Alpine Trailhead（片道5.7マイル（約9.1km））のいずれかから難易度の高い道をたどっていく。

フォールン・リーフ・レイク・ロードFallen Leaf Lake Rd経由のハイウェイ89南にあるフォールン・リーフ湖Fallen Leaf Lakeのグレン・アルパイン・トレイルヘッドから出発するコース、ハイウェイ89沿いのエメラルド・ベイにあるイーグル滝トレイルヘッドEagle Falls Trailheadから出発するコースも格好のハイキングコースだ。

自然保護区入場許可書は、日帰りでも宿泊の場合でも通年必要となる。日帰りハイカーはトレイル起点で自己申告できる。5月下旬から9月下旬までは、自然保護区入場許可書割り当て制度により泊りがけのキャンプは制限される。

割り当ての半分はタラック史跡にあるUSFSレイクタホ・ビジター・センターで、先着順に入手できる（前出の「オリエンテーション・インフォメーション」を参照）。残り半分は☎530-644-6048に電話をかけるか、FAX530-295-5624にFAXを送ってクレジットカードで支払うか、🏠3070 Camino Heights Dr, Camino, CA 95709に小切手（アメリカの銀行のものに限る）または郵便為替を送ることによって予約できる。予約料は＄5。キャンプ使用料は1人あたり1晩につき＄5。2晩以上の場合には＄10。

アクティビティ

町中を短時間で回るには、**サウス・レイクタホ・バイク・パス South Lake Tahoe Bike Path**を使おう。サウス・レイクタホ州立レクリエーション・エリアの北端にあるエル・ドラド・ビーチEl Dorado Beachから出発し、西方向へトラウト・クリークTrout Creek、アッパー・トラッキー川Upper Truckee River、トラッキー湿地帯Truckee Marshを通って、ボールドウィン・ビーチBaldwin Beachに出る。さほど難度のない**マウンテンバイクトレイル mountain-bike trail**はフォールン・リーフ・ロードを南下し、アンゴラ・リッジAngora Ridge、アンゴラ湖Angora

LakesLakesへと向かう。フォールン・リーフ湖やタラック山のすばらしい景色が道中楽しめる。デソレーション自然保護区では自転車は禁止されている。タラックにあるUSFSレイクタホ・ビジター・センターは、レイクタホのトレイルリストをそろえ、便利な地図も販売している。

アンダーソンズ・バイク・レンタル Anderson's Bike Rental（☎530-541-0500 🏠645 Emerald Bay Rd）では、自転車、スケート、スクーターなどのレンタルを行っている。レイクタホ大通り沿いにもレンタルショップが数軒ある。

エル・ドラド・ビーチは無料の公共ビーチ、ピクニックエリアだ。エメラルド・ベイ・ロード沿いには、ポープPope、キバKiva、ボールドウィンなど、立派な**遊泳場 swimming**やピクニックテーブル、バーベキューエリアなどが備わった格好のビーチが幾つかある。

スキー・ラン大通り端にある湖には**スキー・ラン・マリーナ Ski Run Marina**があり、ボートレンタルショップが数軒ある。料金相場はジェットスキーが1時間＄80、モーターボートが1時間＄90。

サマーキャンプを思い出させる**キャンプ・リチャードソン・リゾート Camp Richardson Resort**（「宿泊」を参照）があるのは、エメラルド・ベイ・ロード近く。格好のビーチがあり、カヤックやカヌーがレンタル（1時間＄15）できる。雑貨店もある。

ゼファー・コーブ・リゾート Zephyr Cove Resort（「宿泊」を参照）はステートラインの北東約4マイル（約7km）にある森の多いリゾートだ。ビーチ、レンタルボート、バレーボールコート、アウトドアバー、レストランがある。どちらのリゾート（日帰り利用料＄3）も夏場は子供がわんさかいる。

ボートで湖を巡るのもおすすめだ。**MSディキシーII MS Dixie II**（☎775-589-4906）はゼファー・コーブ・リゾートを出発して、エメラルド・ベイを2時間で往復する（＄24）。そのほかにも、生演奏が聴けるサンセットディナークルーズ（＄39、食事込み）や、湖の南岸沿いを通るシャンパンブランチクルーズ（＄29）も人気だ。

街中のスキー・ラン・マリーナから出発する**タホ・クイーンTahoe Queen**（☎530-541-3364）はもう少しお手頃。冬の人気はスキーパッケージ（＄78）だ。これには北岸への高速ボート乗車券、スコーバレーへのバス、リフト券が含まれる。アフタースキークルーズ上陸時に音楽を聴きながらドリンクを楽しむひとときもコースに入っている。

宿泊

キャンプ サウス・レイクタホ近辺のキャンプ場は雪が解けたあとでなければ営業を開始しない。

シエラ・ネバダ

レイクタホ – サウス・レイクタホ

フォールン・リーフ湖キャンプ場
Fallen Leaf Lake Campground
☎530-544-0426、予約用877-444-6777
🅟サイト＄16
フォールン・リーフ湖に面した、エメラルド・ベイ・ロード南のUSFS施設（フォールン・リーフ・ロードからアクセス）。景色が良いため、週末はあっというまにいっぱいになる。

キャンプグラウンド・バイ・ザ・レイク
Campground by the Lake
☎530-542-6096
🏠Lake Tahoe Blvd
🅟テント＄18 RVサイト＄25
商業会議所裏の森林地帯内にあるキャンプ場で、エル・ドラド・ビーチの近く。温水シャワー、水洗トイレを完備しているが、ハイウェイの騒音が気になる。

キャンプ・リチャードソン・キャンプ場
Camp Richardson Campground
🅟テント＄17〜25 RVサイト＄18〜26
キャンプ・リチャードソン・リゾート（後出）の一部。約300サイトを有する。

ホステル
バックパッカーにとって、この閑静な横道にある個人経営の小型ホステル**ダグズ・メロー・マウンテン・リトリート Doug's Mellow Mountain Retreat**（☎530-544-8065 🏠3787 Forest Ave 🅟ドミトリーベッド＄15）は天の賜物だ。部屋には4人から6人が宿泊できる。門限はない。

ホテル・モーテル・リゾート
タホ湖の南岸には、さまざまな予算の程度に合わせた宿が幾つかある。レイクタホ大通りLake Tahoe Blvdやスキー・ラン大通りSki Run Blvd沿いのステートライン近くに集中している。週末料金は50％増。

ブラック・ベア・イン
Black Bear Inn
☎530-544-4451、877-232-7466
📠530-544-7315
🌐www.tahoeblackbear.com
🏠1202 Ski Run Blvd
🅟客室＄175〜475
気取った高級感のある男性向きのデザインが施されたB＆B（ベッド＆ブレックファスト）。洒落たウエスタン風のアンティークが心地よい。塵ひとつない清潔な宿で、ロッジ、キャビンのどちらにも宿泊可能だ。

ザ・ビーチサイド・イン
The Beachside Inn
☎530-544-2400、800-884-4920
📠530-544-0600
🌐www.beachsideinntahoe.com
🏠930 Park Ave
🅟客室＄75〜179

けばけばしい内装ではあるが、電子レンジと冷蔵庫の付いた感じの良い客室。24時間使用できるスパとサウナがある。料金には朝食と午後のワイン、チーズが含まれる。

ロイヤル・バルハラ・モーター・ロッジ
Royal Valhalla Motor Lodge
☎530-544-2233、800-999-4101
📠530-544-1436
🌐www.tahoeroyalvalhalla.com
🏠4104 Lakeshore Blvd
🅟客室 夏＄99〜119、冬＄65〜95
湖に面した（すてきなビーチあり）だだっ広いが静かな宿。スタッフは笑顔を絶やさずてきぱきとしている。客室の多くはバルコニー付。2ベッドルーム、3ベッドルームの客室もある。

キャンプ・リチャードソン・リゾート
Camp Richardson Resort
☎530-541-1801、800-544-1801
📠530-541-1802
🌐www.camprichardson.com
🏠1900 Jameson Beach Rd, off Emerald Bay Rd
🅟客室 夏＄75〜155 冬＄65〜95、キャビン 冬1日＄90〜、夏 週＄565〜
「Y（YMCAなど）」からわずか2マイル（約3km）北へ行っただけなのに、サウス・レイクタホの美しいショッピングセンターとはまったくの別世界。由緒あるイン、近代的ホテル、キャビン、キャンプ場、ビーチ、ヨットハーバー、厩舎、クロスカントリースキーコース、レストランが揃ったにぎやかなリゾートだ。

ゼファー・コーブ・リゾート
Zephyr Cove Resort
☎775-588-3508 📠775-588-9627
🏠760 Hwy 50
🅟テント＄20〜29、RVサイト＄25〜44、キャビン＄109〜289 6〜9月上旬＄149〜359
🕐一年中
ステートラインから約4マイル（約6km）北の湖岸沿いにある、1919年から営業している家族向けリゾート。広々とした敷地には、キッチン、ケーブルテレビ付の居心地良いキャビン、キャンプ場、RV駐車場、店、レストラン、ギフトショップなどがある。遊泳場に面しているうえに、ボートが借りられるマリーナも近くにある。MSディキシーII *Dixie II*ツアーもここから出発している（本章前出の「アクティビティ」を参照）。

ソレンセンズ・リゾート
Sorensen's Resort
☎530-694-2203、800-423-9949
🌐www.sorensensresort.com
🏠Hwy88
🅟B＆B客室＄80〜145、1〜2人用キャビン＄95〜165、2〜4人用キャビン＄105〜225、大型キャビン＆ホーム＄135〜450

シエラ・ネバダ

森に囲まれたキャビンやこぢんまりとした居心地の良いダイニングルームがあり、クロスカントリースキーやハイキングのコース、釣りポイントへもアクセスできる。通年営業の夢のリゾートだ。タホ湖の南20マイル（約32km）、ハイウェイ88、89交差点から東へ1マイル（約1.6km）行った所にある。

カジノ　何階にも及ぶ「硬貨収集機」は清潔で近代的な客室を安価に提供していることが多いが、スイートでなければしばしば退屈だ。スイートならば、湖に望み、プライベートジャグジーが付いている。割引なしの料金は＄89からだが、繁忙期には＄300にもなることがある。リフト券、食事、ゲーム用のメダルを含むパッケージもある。

ハラーズ
Harrah's
☎775-588-6611、800-427-7247
FAX 775-586-6607

ハービーズ
Harvey's
☎775-588-2411、800-745-4320
FAX 775-588-6643
www.harveystahoe.com
ともに装飾が美しい。ハラーズのアメリカン・リバー・カフェThe American River Caféは朝食、ランチにぴったりだ。

シーザーズ・タホ
Caesar's Tahoe
☎775-530-3515、800-367-4554
FAX 775-586-2068
客室が少しばかり古びているが、植物や人工の滝が置かれた室内プールがいい。

ホライゾン
Horizon
☎775-588-6211、800-322-7723
FAX 775-588-1344
www.horizoncasino.com
カジノの中ではもっとも地味で、それだけ値段もお手頃になっている。

レイクサイド・イン
Lakeside Inn
☎775-588-7777、800-624-7980
FAX 775-588-4092
www.lakesideinn.com
ハイウェイ50で北に約1マイル（約1.6km）行った所にある。改装したばかりで、内装は驚くほど上品な山小屋風だ。

食事
アーニーズ
Ernie's
☎530-541-2161
🏠1146 Emerald Bay Rd
1品＄3〜10
🕕6:00〜14:00
「Y」近くの上品なアメリカ風大衆食堂。満腹感のある朝食、昼食を楽しめる。

スプラウツ
Sprouts
☎530-541-6969
🏠3123 Harrison Ave
1品約＄5
商工会議所近くにある自然食品を使ったカフェ。若者など、活気あふれる客でいっぱいだ。

フレッシューズ
Freshie's
☎530-542-3630
🏠3330 Lake Tahoe Blvd
ランチ＄2.50〜9　ディナー＄10〜19
レイクビュー・プラザ・モールLakeview Plaza Mall内にある店。内装はハワイ風で、メニューはベジタリアンから肉好きまで誰もが喜ぶ内容だ。

ロジョーズ
Rojo's
☎530-541-4960
🏠cnr Lake Tahoe Blvd & San Francisco Ave
ランチ＄6〜9　ディナー＄14〜19
数十年にわたる古趣を誇りにしている。内装もメニューも鉱山、材木業最盛期のタホを偲ばせる。リブ、チキン、ステーキなど、グリルされた料理が皿が曲がりそうなくらい山盛りで出される。

ビーコン・バー＆グリル
Beacon Bar & Grill
☎530-541-0630
🏠Camp Richardson Resort
ランチメイン＄8.50〜13　ディナー＄10〜24
南岸でもっとも愛されている店の1つ。デッキやダイニングルームからのすばらしい景色を楽しみながら、クラムチャウダーを賞味し、ステーキを詰め込むもよし、伝説のカクテル「ラム・ランナー」をゆっくり味わうのもいいだろう。

スクサ
Scusa
☎530-542-0100
🏠1142 Ski Run Blvd
ディナーメイン＄9〜20
町で最高のイタリアンレストランの1つ。風変わりな内装と満腹感のあるおいしい食事が客を魅了する。

リバ・グリル
Riva Grill
☎530-542-2600
🏠900 Ski Run Blvd
ランチ＄10〜18　ディナー＄18〜28
すばらしい湖を背景に、高級コンチネンタル

フードをいただける。「ウェット・ウッディ」（ウッディの意味は聞かないで）と呼ばれる幾つかの名物ドリンクにうっとりするだろう。朝食と日曜日のブランチも供する。

アクセス・交通手段

グレイハウンドバスがサクラメント（＄21.25、3時間）、サンフランシスコ（＄28.25、5時間半）やそのほかの目的地に1日数便出発している。バスはスキー・ラン・マーケットSki Run Marketの**バスステーション bus station**（☎3460 Lake Tahoe Blvd）から出発。**タホ・カジノ・エキスプレス Tahoe Casino Express**（☎ 775-785-2424、800-446-6128、www.tahoecasinoexpress.com）がサウス・レイクタホやステートラインとレノ・タホ国際空港Reno-Tahoe International Airportを1日14便のシャトルバス（片道＄19、1時間45分）で接続し、ステートラインの主なカジノに停車する。**サウス・レイクタホ・エリア・グラウンド・エクスプレス South Lake Tahoe Area Ground Express (STAGE)** ☎530-542-6077）はゼファー・コーブと「Y」間のハイウェイ50沿いに頻繁に停車する。通年6:00から翌1:00まで運行。料金＄1.25。

夏には、**ニフティ・フィフティ・トロリー Nifty Fifty Trolley**（☎530-541-7548）がステートラインからゼファー・コーブ間、ステートラインからキャンプ・リチャードソン間の2つの環状ルートを解説付で運行。キャンプ・リチャードソン行きはエメラルド・ベイ（追加料金＄2）行きと接続している。毎日10:00から22:00まで。1日券は＄3。

主なカジノには朝2:00まで運行している無料シャトルがあり、どこのモーテル、ホテルにも停車する。スキーシーズン中、ヘブンリー、カークウッドKirkwood、シエラ・アット・タホSierra-at-Tahoeのリゾートでは、たくさんのホテルや道路沿いのあらかじめ定められたバス停から乗車できる無料のバスサービスを提供している。

西岸
Western Shore

エメラルド・ベイとタホ・シティに挟まれたタホ湖西岸には、この一帯でもっとも美しいとされる州立公園やすばらしい遊泳用ビーチがある。ハイウェイ89（エメラルド・ベイ・ロード、さらに北では、Wレイク大通りW Lake Blvd）沿いの「町」はキャビンやリゾートが集まった程度で、その多くは1920年代以来ベイ・エリア在住の一族が所有している。夏になると、湖岸にはタホ・トロリーが運行する。

エメラルド・ベイ州立公園
Emerald Bay State Park

湖の南西の細長い入り江はタホの魅力の1つだ。湖には唯一の島であるファネット島Fanette Islandがあり、湖水はエメラルド・ベイの名に恥じない色をしている。ハイウェイ89は湾の南西岸を取り巻き、道路脇の駐車スペースや指定展望場からすばらしい景色が望める。年間を通して、サウス・レイクタホからボートで入り江を回ることもできる（本章前出の「アクティビティ」を参照）。

公園の人気名所の1つに**バイキングスホルム Vikingsholm**がある。1929年にローラ・ナイトが建設したおとぎばなしに出てくる屋敷だ。産業革命前の職人芸と、バイキングをモチーフとした家具や木彫りの天井を特徴とするスカンジナビアデザインを見事に融合させている。見学ツアー（＄1）は7月から9月の10:00から16:00まで。

屋敷へ行くには、ハイウェイ89沿いのバイキングスホルムの駐車場から続く急勾配を1マイル（約1.6km）登る。屋敷近くにある公園の**ビジターセンター visitor center**（☎530-541-6498）には、ハイキング、歴史、そのほかさまざまな情報が豊富に取り揃えられている。ファネット島頂上の石遺跡はかつてローラ・ナイトの茶室だった。

イーグル滝駐車場Eagle Falls parking lotからイーグル湖まで上がる1マイル（約1.6km）のハイキングコースは、湖畔でもっとも景色の美しい人気の短距離コースだ。美しいデソレーション自然保護区の景色が垣間見える。イーグル湖を過ぎ、ベルマ湖Velma Lake、ディックス湖Dicks Lake、フォンタニルス湖Fontanillis Lakesへ続くハイキングトレイルに入ると人が急に少なくなる。

イーグル・ポイント・キャンプグラウンド Eagle Point Campground（☎530-525-7277、予約用800-444-7275、サイト＄12、6月中旬～9月）は、イーグル・ポイント先端にある。ビーチに隣接しており、湾が一望できる。イーグル・ポイントはルビコン・トレイルRubicon Trail（次の「DLブリス州立公園」を参照）の南終点でもある。

DLブリス州立公園
DL Bliss State Park

湖岸で1日しか過ごせない場合には、この公園がおすすめだ。ルビコン・ポイントやレスター・ビーチLester Beach（DLブリス・ビーチとも呼ばれる）などの景勝地は透明なターコイズ色の水と白砂が美しい。

レスター・ビーチ東のカラウィ・コーブ・ビーチCalawee Cove Beachは**ルビコン・トレイ**

ル Rubicon Trailの北の出発点だ。景色のすばらしい湖岸のそぞろ歩きが楽しめる。キラキラと輝く紺碧の湖水を背景にした、湖岸沿いの植物が目を見張るほど美しい。ハイキングトレイルは南へ曲がりくねりながらエメラルド・ベイ州立公園まで約5.5マイル（約8.8km）。エメラルド・ポイント、バイキングスホルム屋敷を過ぎてさらに、イーグル・ポイントへ。全行程を踏破することも可能だが、1マイル（約1.6km）ほど歩けば十分に景色の美しさを満喫できる。

ビーチやトレイル起点の駐車場は＄2だが、極めて狭い。駐車場はたいてい10:00までに満杯になってしまうので、その場合には公園入口から2マイル（約3km）ビーチへ向かって歩いて行く。ビーチへ行く途中のキャンプ場登録事務所そばからトレイルに入ることもできるので、入口のビジターセンター（☎530-525-7277）で確かめよう。公園は通常、5月中旬から9月まで利用可。

DLブリスキャンプ場 DL Bliss Campground
（☎530-525-7277、予約用800-444-7275 サイト＄12）には、テーブルや炉、水洗トイレ、飲料水、温水シャワーが装備されたサイトが168ある。

ミークス・ベイ
Meeks Bay
広々とした沿岸の穏やかな浅瀬は、西側に牧草地があり、午後の太陽が十分に差し込むため湖でもっとも明るい場所になる。タホにしては湖水が温かい。美しいが混雑した砂浜に囲まれている。

ミークス・ベイ・リゾート
Meeks Bay Resort
☎530-525-6946、877-326-3357
テント＄20、RVサイト＄30、2人用キャビン＄220〜、6人用キャビン＄325〜
最近、ワショー・インディアンが購入し、キャビンを建設して一帯は全面的に手直しされた。昼間の駐車料は＄7。

ミークス・ベイ・キャンプ場
Meeks Bay Campground
☎530-583-3642、予約用877-444-6777
サイト＄16
ミークス・ベイ・リゾート近くの立派なUSFS施設。水洗トイレと飲料水はあるが、シャワーはない。昼間のビーチ駐車料は＄3。

シュガー・パイン・ポイント州立公園
Sugar Pine Point State Park
ミークス・ベイとタホマTahomaに挟まれたシュガー・パイン・ポイントはテニスコート、遊泳用桟橋、ネイチャーセンターを完備した手入れの行き届いた公園。1日使用料は＄5。

アーマン邸 Ehrman Mansion（☎530-525-7982）
は、19世紀後半に建築された優美な屋敷で、当時のレイクタホの金持ちや有名人の生活を垣間見せてくれる。冬になると、屋敷裏の丘ではソリ遊びが楽しめる。見学ツアー（＄2）は7月から9月上旬の11:00から16:00まで1時間に1回行われる。

公園は**タホ・トレイルウェイ・バイク・パス Tahoe Trailways Bike Path**の南起点でもある。タホ・トレイルウェイはタホ・シティからさらに北西のスコーバレーまで続く北へ向かう人気のある舗装道だ。

ハイウェイ89の西側には、鬱蒼と木が茂るキャンプ場**ジェネラル・クリーク・キャンプ場 General Creek Campground**（☎530-525-7982、予約用800-444-7275 サイト＄12）がある。大きな松の下に広々としたサイトが175ある。

タホマ
Tahoma
宿泊、食事だけでなく郵便局などの施設が西岸でもっとも集中している地域。デリカテッセン兼食料品店の**PDQマーケット PDQ Market**（☎530-525-7411 6:30〜21:00または22:00）もある。夏には小さな**ガソリンスタンド gas station**（7062 W Lake Blvd）でカヤックのレンタルを行っている。DLブリス州立公園（前出参照）はカヤック遊びに最適だ。

タホマ・メドウズB＆Bコテージ
Tahoma Meadows B&B Cottages
☎530-525-1553、866-525-1533
530-525-0335
www.tahomameadows.com
6821 W Lake Blvd
2人用コテージ＄85〜159 家族用コテージ＄145〜265
旧友との抱擁のように温かく、フレンドリーな愛すべきコテージ。どのコテージも、創意工夫に富んだ内装で、分厚いダウンの布団、簡易キッチン、バーベキュー設備が整っている。中にはハンモックのあるコテージもある。忘れがたいたっぷりとした朝食で腹ごしらえをしてから、1日の冒険に出かけよう。

ノーフォーク・ウッズ・イン
Norfolk Woods Inn
☎530-525-5000
6941 W Lake Blvd
客室＄110〜190
贅沢な客室と簡素なキャビンが古風な魅力を漂わせている。料金には朝食が含まれ、レストランではランチとディナーも出している。

ストーニー・リッジ・カフェ
Stony Ridge Cafe
☎530-525-0905
ディナーメイン＄18〜22

一見したところ、道路沿いにある掘っ立て小屋だが、実際には世界中の食材を駆使したグルメフードを提供している。朝食とランチは毎日、ディナーは木曜から土曜のみだが、変更になることもある（事前に電話しよう）。

チャンバーズ・ランディング
Chamber's Landing
☎530-525-7261

夏場は湖岸でドリンクや前菜を食べるのに格好の場所。名物カクテル「チャンバーズ・パンチ」はうまいネーミングだ。申し分ないレストランも併設（メイン＄18〜33）している。

ホームウッド
Homewood

冬場はスキー場を中心として成り立っているこの町は、ブラック・キャニオンBlack Canyon（ハイウェイ89に標識が出ている）経由でデソレーション自然保護区へ行くバックカントリースキーへの入口でもある。**タホ・ギア** Tahoe Gear（☎530-525-5233 ♠5095 W Lake Blvd）は、トレイルに関する情報収集や装備レンタルにはぴったり。

カスピアン・キャンプ場 Kaspian Campground（サイト＄14）は、ホームウッドの北約1.5マイル（約2.4km）にあり、唯一のサイクリスト向けのキャンプ場。9サイトあり、受付は先着順となっている。

サニーサイド
Sunnyside

夏の**サニーサイド・リゾート Sunnyside Resort**（☎530-583-7200 ♠1850 W Lake Blvd 客室＄100〜250）のデッキは楽しい。ランチ（春から秋まで）だけでなく、たくさんの人がハイキングトレイルから戻る日没時にはディナーやカクテルも出す。湖岸に宿泊施設もある。

ハイウェイを渡ってすぐ北にある**サイクルパス Cyclepaths**（☎530-581-1171 ♠1785 W Lake Blvd）では、自転車、インラインスケートなどの装備をレンタルできる。あらゆる種類のアウトドア情報も入手できる。

ヨセミテ国立公園
Yosemite National Park

ユネスコ世界遺産のヨセミテ国立公園は、アメリカでもっとも美しい景色が見られる場所の1つだ。世界中から300万人以上の人々が毎年この公園を訪れ、畏怖の念を覚えながら、氷河に押し流された自然美をうっとりと見つめている。観光客のほとんどがヨセミテ・バレーYosemite Valley（本章ではバレーと呼ぶ）をまっしぐらに目指す。途方もなく大きなエル・キャピタンEl Capitanの一枚岩、ハーフ・ドームHalf Domeの特徴的な岸壁。谷底から3000フィート（約900m）の高さにそびえる花崗岩の壁から轟を上げて落ちてくる滝の水。草地や木立に覆われた谷底をマーセド川Merced Riverが横切る。

バレーの先にある総延長800マイル（約1280km）以上におよぶハイキングトレイルは混み合うことがないため、奥地の雰囲気をじっくり味わうことができる。公園の北東部にあるヨセミテハイカントリーは高山帯にある自然保護区。針葉樹の森に囲まれ、小川が縦横に走る花盛りの草地だ。そびえ立つ峰のふもとで、宝石のように美しい湖がちらちらと瞬いている。タイオガ・ロードTioga Rd（夏のみ通行可）近くのトゥオルム・メドウズTuolumne Meadowsは、標高1万3000フィート（約3913m）のシエラ・クレストふもとにある、ハイカントリーの中心地だ。

ハイウェイ41沿いの南ヨセミテのアクティビティは、公園の歴史的中心であるワウォナWawonaと近くの巨大セコイアの森に集中している。公園の北西部であるヘッチ・ヘッチーHetch Hetchy地区はもっとも訪れる人が少ないので、静かな北部への長いハイキングスタート地点としては格好の場所だ。

歴史

セントラル・バレー・ミウォークCentral Valley Miwok族と東シエラ・パイウーテEastern Sierra Paiute族の1つであるアワニーチーAhwahneechee族が4000年にわたって居住していたヨセミテに、白人たちが足を踏み入れた。アワニーチー族はブラックオークの実やマーセド川で釣った魚を食料とし、ときにシカやウサギを罠でとらえた。彼らは秋冬をバレーで過ごし、春になると東のハイカントリーに移動して、モノレイク地区からやって来るパイウーテ族と交易を行った。

最初に探検者たちがヨセミテ・バレーを目にしたのは1833年だった。しかし、彼らは急な崖を下りることはしなかった。1850年代に、シエラ山脈西側の山すそに鉱山労働者が定住し、金鉱を探しにやって来た人々と、鉱山労働者のキャンプを襲ったネイティブアメリカンとの間に衝突が起こった。1851年、マリポサ歩兵大隊軍がアワニーチー族討伐に派兵され、ついに酋長であるテナヤと部族は1851年に捕囚の身となった。

ヨセミテ国立公園

To Carson City (NV)
Bridgeport
Twin Lakes Rd
395
Stanislaus National Forest
スタニスラウス国有林
Toiyabe National Forest
トイヤベ国有林
To Lee Vining
Twin Lakes
ツイン・レイクス
Pacific Crest Trail
Falls Creek
ティルデン湖
Tilden Lake
Stubblefield Canyon
スタッブルフィールド・キャニオン
バージニア湖
Virginia Lakes
ランディ湖
Lundy Lake
インヨ国有林
Inyo National Forest
Eleanor Creek
Frog Creek
エレノア湖
Lake Eleanor
Piute Mtn (10,541ft)
パイユート山
Rancheria Creek
Benson Lake
ベンソン湖
ベンソン峠
Benson Pass
Matterhorn Canyon
マッターホルン・キャニオン
Virginia Canyon
バージニア・キャニオン
サドルバッグ湖
Saddlebag Lake
Mt Conness (12,590ft)
コーンズ山
To Lee Vining, Mono Lake & US-395
Tioga Pass Resort
120
Wapama Falls
Tueeulala Falls
Rancheria Falls
O'Shaughnessy Dam
Hetch Hetchy (permit required)
ヘッチ・ヘッチー貯水湖
Hetch Hetchy Reservoir
Piute Creek
ツオルムン川
Tuolumne River
ヤング湖
Young Lakes
ゲイラー湖
Gaylor Lakes
ドッグ湖
Dog Lake
Glen Aulin HSC
Tioga Pass
Mt Dana (13,053ft)
Tioga Pass Entrance
Hetch Hetchy Rd
Hetch Hetchy Entrance
Grand Canyon of the Tuolumne River
ツオルムン川グランド・キャニオン
Tuolumne Meadows Stables
Lembert Dome
Yosemite National Park
ヨセミテ国立公園
Camp Mather
Evergreen Rd
White Wolf Lodge
ホフマン山
Mt Hoffmann (10,850ft)
カセドラル湖
Cathedral Lakes
Tuolumne Meadows Lodge
Visitor Center
Tuolumne Meadows
May Lake
May Lake HSC
Tioga Rd (open summer only)
Tenaya Lake
Sunrise HSC
Lyell Fork Tuolumne River
John Muir Trail
Pacific Crest Trail
To Groveland, Manteca & San Francisco
Yosemite Creek
Big Oak Flat Entrance
Sunrise Lakes
Vogelsang HSC
Porcupine Flat
Olmsted Point
Vogelsang Lake
Hodgdon Meadow
Tamarack Flat
ヨセミテ・バレーの地図を参照
Tuolumne Grove
エル・キャピタン
El Capitan (7569ft)
Yosemite Falls
Merced Lake HSC
Donahue Pass
Merced Grove
Crane Flat
Half Dome (8842ft)
ハーフ・ドーム
Mt Florence (12,561ft)
Valley View
グレーシャー・ポイント
Glacier Pt (7214ft)
Merced River
Merced Lake
フローレンス山
Mt Lyell (13,114ft)
ライル山
アンセル・アダムス山
Mt Ansel Adams (11,760ft)
Big Oak Flat Rd
Little Yosemite Valley
リトル・ヨセミテ・バレー
El Portal Rd
Tunnel View
Bridalveil Fall
Illilouette Creek
Mt Clark (11,522ft)
クラーク山
Foerster Peak (12,058ft)
フォレスタ・ピーク
El Portal
Arch Rock Entrance
Glacier Point Rd
140
Bridalveil Creek
To Midpines, Mariposa & Merced
Yosemite West
Badger Pass Ski Area
Ostrander Ski Hut
Merced Peak (11,726ft)
マーセド・ピーク
South Fork Merced River
マーセド川南支流
Wawona Rd
Alder Creek
Buena Vista Peak (9709ft)
ブエナ・ビスタ・ピーク
Chilnualna Creek
The Redwoods in Yosemite
Wawona
The Stables in Wawona
Wawona Hotel
South Entrance
Mariposa Grove
Tenaya Lodge
0 5 10 km
0 3 6 miles
Fish Camp
シエラ国有林
Sierra National Forest
41
To Fresno

4年後、サンフランシスコの出版業者、ジェームズ・メーソン・ハッチングスがバレーに最初の観光団体を送り込んだ。その中に、芸術家トーマス・エアズがいた。エアズの旅スケッチがヨセミテのすばらしい景色を人々に知らせる初めての印刷物だった。

訪れる人が増えるにつれ、ハッチングス、ガレン・クラーク、造園技師フレデリック・ロー・オルムステッドやその他の保護論者がヨセミテ・バレーとビッグ・ツリー・グローブBig Tree Grove（現在のマリポサ・グローブMariposa Grove）の保存の重要性に気づいた。1864年、アブラハム・リンカーンはヨセミテ基金と呼ばれる法案に署名した。これによりこの2地区は公益信託としてカリフォルニア州に移転され、ヨセミテ州立公園が設立されることとなった。

ジョン・ミュア率いる大々的なキャンペーンにより、ヨセミテ国立公園が設立されたのは1890年だった。当初はバレーとグローブを囲む地域だけが対象だった。しかし、1906年にカリフォルニア州が両地域の管理権を譲り、どちらも国立公園に吸収されることとなった。

1890～1914年はアメリカ騎兵隊が公園を管理、運営し、その後は内務省の管轄となった。1898年には、民間パークレンジャーが初めて採用された。

観光地としてのヨセミテの人気は20世紀を通じて上昇し続けた。1970年代半ばになる頃には交通渋滞が悪化し、谷底にはスモッグのかすみがかかっていた。この問題を緩和するために、1980年代に全般管理計画（GMP）が草案された。1984年、公園はユネスコの世界遺産に指定された。

2000年、GMPを研究、改正したのち、ついにヨセミテ・バレー計画が作成された。その主たる目的は公園の自然の美を取り戻し、自然のプロセスを優先するとともに、訪れる人の理解や楽しみを奨励し、交通量や混雑を緩和するというものだった。もちろん、改革には時間がかかるが、最終的には世界最大の自然の驚異であるヨセミテの存続を確実なものにしていくだろう。

地質

シエラブロックが隆起し、西へ傾くと、ゆっくりとした流れのマーセド川の流量が増し、岩に3000フィート（約903m）の渓谷を切り出した。これがV字型のヨセミテ・バレーだ。

約250万年にわたる氷河期にはバレーは氷河に覆われていた。氷河が後退する（約1万4000年前）につれ、V字型のヨセミテ・バレーはU字型に侵食され、花崗岩が地表面下で形成されているときに圧力と負荷によって生じる縦「目地」沿いに巨大な花崗岩の板が剥がれ落ちた。ヨセミテには6種類の花崗岩がある。これほど小さな地域にしてはかなりの集中度だ。それぞれに腐食率が異なるため、一部の崖は氷河の動きに耐えたが、ほかの崖は崩れ落ち、ヨセミテ・バレーは現在のような独特の景観となった。谷底から3593フィート（約1082m）にわたってそびえるエル・キャピタンの一枚岩は、両脇をやわらかな花崗岩の断層（ほとんどが木で覆われている）に挟まれている。

これまで6000年以上にわたり、約1万フィート（約3010m）の堆積物がヨセミテのUの字の底部に集積し、平らな谷底ができた。バレーの北東部にあるテナヤ・キャニオンTenaya Canyonは、埋まっていないU字型バレーの好例だ。約600年前の小氷河期の残りである、後退中の氷河が幾つかトゥオルム・メドウズTuolumne Meadows周辺の高地に残っている。

動植物

ヨセミテの標高は多岐にわたるため、さまざまな木、植物、鳥、動物が存在している。低地でもっともよく見かける自生の木はスモールリーフメイプル、ブラックオーク、ポンデローサマツ、ハナミズキ（春になると大きな白い花を咲かせる）、オニヒバなどだ。高地ではポンデローサマツ、三葉松、ベイマツが自生している。巨大セコイアは公園内のハイウェイ41近くのマリポサ・グローブMariposa Grove、タイオガ・ロード近くのトゥオルム・グローブTuolumne Grove、ビッグ・オーク・フラット・ロード南のマーセド・グローブMerced Groveの森に生育している。5、6月になると、バレーに野生の花が咲き乱れる。花がもっとも見事なのは7月と8月のトゥオルム・メドウだ。

ウエスタンハイイロリスやミュールジカ以外の野生動物はバレーの外のほうが豊富だ。1986年にこの地域原産のカリフォルニアオオツノヒツジが、狩猟と病気によって絶滅した

のち、再び導入された。ヒツジの群れは公園の東端のハイカントリーに生息しているので、ハイウェイ120から見ることができる。金色、濃茶、黒などさまざまな色をしたアメリカンブラックベアは、公園全域をうろついている。

鮮やかな青いステラーカラスはバレー全域をすいすいと飛び、キャンプ場のテーブルから食べ物を盗んでいくことでも知られている。谷底上の岩棚で子供を育てることで知られているハヤブサは非常に珍しい。

公園内には、イヌワシ（下図参照）、ヨセミテヒキガエル、シエラネバダキツネ、カリフォルニアクズリなど、絶滅の危機に瀕し、慎重な取り扱いが必要とされる動物が多数生息している。ヨセミテ・ビレッジのヨセミテ自然保護区センターは情報を手に入れるのに格好の場所だ。

いつ行くか

これは非常に簡単だ。6月から9月は公園全域が入園可能であり、すべてのビジター施設はオープンし、バックカントリーキャンプ場からアイスクリーム売店まですべてがフル回転している。

人がもっとも少ないのは冬だが、道路が閉鎖されるので（主にタイオガ・ロードだが、バッジャー峠スキーエリアBadger Pass Areaより先のグレーシャー・ポイント・ロードGlacier Point Rdも閉鎖される）、アクティビティはバレーとバッジャー峠に集中する。ビジター施設は最低限に減らされ、ほとんどのキャンプ場は閉鎖され、その他の宿泊施設も限定される。ヨセミテの「冬」は最初の積雪から始まることに注意しよう。早ければ10月に始まり、5月まで続くこともよくある。

ヨセミテを訪れるのにもっとも良い時期は春と秋だと考える人は多い。5月、6月には、公園の滝（水源は雪解け水）がもっとも勢いよくしぶきを上げる。8月末から10月にかけて来訪者は減るが、七色の秋の紅葉や張り詰めた透明な空気がすばらしい。ただし、滝はこの季節になるとちょろちょろした流れになってしまう。

オリエンテーション・インフォメーション

ヨセミテへ入る経路には主に3つある。南からはフレズノFresnoから続くハイウェイ41（園内に入るとワウォナ・ロードWawona Rd）で南側入口South Entranceから入園し、ワウォナを通過して、グレーシャー・ポイント・ロードGlacier Point Rdで下りる。南西からは、マーセドMercedからハイウェイ140（園内ではエル・ポータル・ロードEl Portal Rd）を進み、エル・ポータルを通過して、アーチ・ロック・エントランスArch Rock Entranceから入園する。最後はサンフランシスコ・ベイ・エリアやマンテカMantecaから続くハイウェイ120を通ってビッグ・オーク・フラット・エントランスBig Oak Flat Entranceから入園する。ハイウェイ120は園内ではビッグ・オーク・フラット・ロードBig Oak Flat Rdとなる。この道路はタイオガ・ロードTioga Rdと名を変えて園内を横切り、タイオガ峠を経由して、東のリー・ビニングLee ViningやモノレイクMono Lake（イースタン・シエラ）へと続いている。イースタン・シエラから来る（US-395）場合には、タイオガ・ロード／ハイウェイ120を通らないとヨセミテには入れない。この道路は暖かい季節にしか通行できない（コラム「通行不可能なタイオガ峠」を参照）。

園内で大型店舗やATM、ビジターセンター、博物館などの施設がもっとも充実しているのはヨセミテ・ビレッジYosemite Villageだ。

公園情報やキャンプ場空き情報、道路状況、天候などをテープで聞くには、☎209-372-0200へ。宿泊やそのほかのサービス（乗馬、観光ツアーなど）の予約や情報については☎209-252-4848に問い合わせるか、ホームページ（ⓦwww.yosemitepark.com）を閲覧しよう。NPSのすばらしいホームページ（ⓦwww.nps.gov/yose）はさまざまな情報を掲載している。

ヨセミテの入場料は1車両につき＄20、徒歩、自転車、馬での入園者は1人につき＄10。連続7日間有効だ。ヨセミテの1年間有効の入園パスは＄40。公園入場時にNPS地図と公園に関するニュースや役に立つ予備知識を掲載した半年ごとに出版される「ヨセミテ・ガイドYosemite Guide」と現在行っているレンジャープログラム、公園内のアクティビティ、シャトルバス地図や時刻表を掲載した隔週発行の「ヨ

通行不可能なタイオガ峠

イースタン・シエラからヨセミテ国立公園に入る主ルートであるハイウェイ120は、シエラ山脈最高点であるタイオガ峠（9945フィート（約2993m））を登る。カリフォルニアのほとんどの地図には、峠近くに「冬閉鎖」とカッコで注意書きがされている。確かに道路は閉鎖されるが、この表記は誤解を招きやすい。タイオガ・ロードは通常10月の最初の積雪から5、6月、ときには7月まで閉鎖されていることがある！ 春にタイオガ峠を通る旅行を計画している場合には、通行できない可能性がある。公園の公式方針によれば、この道路を除雪するのはもっとも早くても4月15日。しかし、1980年以降、峠が4月に開通したのは1度限りだ。タイオガ峠を目指す前には必ず電話☎ 800-427-7623で道路や天候の状況を確かめよう。

ジョン・ミュアー

1838年、スコットランド生まれのジョン・ミュアーは1849年に父親とともに渡米し、ウィスコンシンWisconsin州フォックス川Fox River近くに居を構えた。ウィスコンシン大学で植物学と地質学を学んだのち、未開地をめぐる果てしない旅に出発した。研究調査探検隊に参加して北極やユーコンYukonを訪れ、アラスカのグレーシャー湾Glacier Bayを発見した。しかし、ミュアーといえばシエラ・ネバダの代名詞的存在だ。彼はシエラの地質と植物の研究にほとんど一生を費やし、ヨセミテ・バレーとホイットニー山Mt Whitneyとにはさまれた地域を探索した。彼の業績に敬意を表し、200マイル（約320km）のジョン・ミュアー・トレイルが設立されている。

最初の探検で75の氷河を発見し、シエラのほぼ全域の地図を作成したが、ミュアーはその感動的な著作活動で有名だ。彼のアウトドアに対する情熱は激しく、ほとんどの時間を1人で木や崖、岩、滝に囲まれて過ごし、環境と意志を通わせるためにペンを使った。

彼が特別愛したのはヨセミテだった。「シエラでの最初の夏My First Summer in the Sierra」（1911年）で彼は初めてヨセミテ・バレーを目にしたときの様子を書いている。

「これほど見事な景色は見たことがなかった。荘厳な山の美しさは限りない。この景色を目にしたことがない人にこの景色を伝えるには、どんなに言葉を尽くしても、その壮大さとそれを覆う霊的な輝きをほのめかすことすらできないだろう」

ミュアーの記事やロビー活動を根底として運動が起こり、1890年にヨセミテは国立公園となった。ヘッチ・ヘッチー貯水池建設をめぐるサンフランシスコ市との闘いに敗れた1年後の1914年にミュアーはこの世を去った。

セミテ・トゥデイYosemite Today」を渡される。

ワウォナ、エル・ポータルEl Portal、タイオガ・ロードとブラック・オーク・フラット・ロードの交差点、トゥオルム・メドウズにはガソリンスタンドがある。事務所は日没後には閉まるが、クレジットカードを利用して給油機で支払えば、いつでもガソリンを入れられる。公園内ではガソリン価格は約30％増だ。

ビジター・センター ワウォナのエントランスのインフォメーションステーション（☎209-375-9531）やビッグ・オーク・フラットのエントランスのインフォメーションステーション（☎209-379-1899）は、春から秋まで開業している（ランチタイムは閉鎖）。ヨセミテ・ビレッジ内の**バレー・ビジター・センター Valley Visitor Center**（☎209-372-0299 ●年中無休）は公園全域の情報中枢だ。スタッフが親切なうえに、書店や公園内の無料電話、博物館級のすばらしい展示がある。「ヨセミテの心Spirit of Yosemite」と題されたすばらしい映像の映画がセンターのウエスト・オーディトリアム・シアターWest Auditorium Theaterで定期的に上映される（無料）。

ヨセミテ自然保護センター Yosemite Wilderness Center（☎209-372-0740 ●5〜10月 8:00〜17:00）がビジターセンターの隣にある。自然保護区入場許可書を発行している。地勢図や行程ガイドなども入手できる。ハイカントリーの**トゥオルム・メドウズ・ビジター・センター Tuolumne Meadows Visitor Center**（☎209-372-0263）にはハイキング地図やガイドブックがある。トゥオルム・メドウズ・ロッジ近くのレンジャーキオスクでも自然保護区入場許可書を発行している。どちらもタイオガ・ロード開通時はオープンしている。

キャンプファイヤープログラム、レンジャー指導のネイチャーウォーク、写真撮影ウォーク、アートクラスなどのアクティビティが公園全域で行われている。最新のスケジュールについては「ヨセミテ・トゥデイYosemite Today」を参照。

お金 カリー・ビレッジCurry Village、ヨセミテ・ビレッジ、ワウォナの食料品店内およびヨセミテ・ビレッジのビレッジ・ストアすぐ外にATMがある。主要クレジットカードやトラベラーズチェック（米ドル建て）はすべて公園内で使用できる。

郵便・通信 ヨセミテ・ビレッジ内の郵便局（週末は休業）では、局留め郵便を受け付けている。郵便番号は95389。ここからFAXを送ることもできるが、料金は非常に高い。インターネットに無料でアクセスしたい場合には、バレー・ビジター・センター近くのガールズ・クラブ・ビルGirls' Club Building内にある公共図書館へ行こう。ただし、開館時間が一定しないうえに、時間が30分に制限されている。

参考になる本 ジョージ・ウースナーの「ヨセミテ：ビジターズ・コンパニオンYosemite: A Visitors Companion」は公園の歴史、生態、野生動物、地理などについて総合的にわかりやすく解説している。ジェフリー・P・シャファーの「ヨセミテ国立公園：ヨセミテとトレイルの自然史ガイドYosemite National Park: A Natural History Guide to Yosemite and Its Trails」はハイキングに持っていくのにぴった

りだ。詳細な公園地図もある。そのほかに広く読まれているのは、ジョン・ミュアーの『ヨセミテThe Yosemite』。著名な自然写真家ガレン・ローウェルの写真を加えて再出版された。ローウェルは2002年8月、シエラ上空にて自家用飛行機の墜落という悲劇的な最期を迎え、その死は世界中の新聞見出しとなった。そのほかにも「シエラでの最初の夏My First Summer in the Sierra」、「カリフォルニアの山The Mountains of California」などのミュアーの著作は、雄弁かつ樹木を愛する作家の気持ちが切々と伝わってくる。

写真 アンゼル・アダムズ（有名なアメリカの自然写真家）を目指している人はミラー湖Mirror Lakeやヨセミテ滝、バレー・ビューValley Viewからの日の出、トンネル・ビューTunnel View、グレーシャー・ポイントからの日没を忘れず撮影しよう。もう1つの格好の撮影場所は、ハウスキーピング・キャンプHousekeeping Camp近くのセンチネル橋Sentinel Bridgeだ。最高に美しいハーフ・ドームHalf Domeが撮影できる。

プロのカメラマンが指導する無料のカメラウォークはほぼ毎日開催されている。滞在期間中のスケジュールについては「ヨセミテ・トゥデイYosemite Today」で確かめよう。スライド用やプリント用フィルムはどこでも手に入るうえに、値段も妥当だ。

ランドリー＆シャワー ハウスキーピング・キャンプには、**コイン式ランドリー laundry**（◎7:00～22:00）とシャワー（＄2）がある。バレー内のカリー・ビレッジにもシャワーがある。

治安・トラブル アメリカンブラックベアがヨセミテ全域をうろついている。2001年にはブラックベア関連の事件が230件発生した。車で移動している場合には、夜間は車に食品や化粧品や洗面用具を置かず、部屋に持ち込もう。キャンパーは各サイトでクマ対策をした箱を使用しなければならない。バックパッカーにはクマ対策がされた食品容器に食品を入れることをすすめる。このような容器は、自然環境保護地域入場許可書を発行している所など、バレーのどこでも数ドルで借りることができる。「アクティビティ」の章のコラム「クマに対する注意」も参照。

医療機関・緊急のとき 緊急の場合には☎911へ。ヨセミテ・バレー内にはヨセミテ・ビレッジ内のアワニー・ホテル・ロードAhwahnee Hotel road沿いに**ヨセミテ診療所Yosemite Medical Clinic**（☎209-372-4637）と**歯科クリニック Dental Clinic**（☎209-372-4200）がある。診察時間は一定しないが、緊急治療は24時間対応している。

ヨセミテ・バレー
Yosemite Valley

氷河によってつくり出された、切り立った花崗岩の壁が肥沃な草地や森の上にそびえ立っている景色を見ると、ヨセミテにいるのだと実感できる。ヨセミテ・ビレッジはバレーの次なる目玉観光地へ向かうのに格好の出発点だ。渋滞とそれにともなう苦悩を避けるためには、無料シャトルバス、自転車または徒歩で移動しよう。ほとんどの観光地はどこも1マイル（約1.6km）圏内だ。

バレーの主な観光地は自然がほとんどだが、文化的興味を引く所も幾つかある。

バレー・ビジター・センター（前出の「ビジター・センター」を参照）隣の**ヨセミテ博物館 Yosemite Museum**（☎209-372-0200　無料

伝説のハーフ・ドーム

ネイティブアメリカンの伝説によれば、ヨセミテ・バレーの初期定住者の1人が山からモノレイクに下り、テサイヤックTesaiyacというパイウーテ族の娘と結婚した。ヘレへ戻る道は困難だった。のちにミラー・レイクと呼ばれる辺りに着く頃には、テサイヤックは、引き返してモノレイクの自分の部族と一緒に暮らしたいと決意していた。しかし、夫は木の実を取るための樫の木もない乾燥した不毛の土地に住むことを拒んだ。絶望に打ちひしがれながら、テサイヤックはモノレイクに向かって走り出した。夫は彼女のあとを追った。力のある霊がヨセミテでの言い争いを聞きつけると、腹を立てて2人を石に変えてしまった。夫はノース・ドームNorth Domeとなり、妻はハーフ・ドームHalf Domeとなった。妻の顔を伝う涙が跡になり、ミラー湖となった。

石にまつわるこの話は神話だが、ハーフ・ドームがヨセミテでもっとも特徴的な天然記念物であることは疑いようもない。8700万年の歴史を持ち、垂直度は93％。北米でもっとも切り立った崖だ。世界中からクライマーが集まり、伝説の「北面」に挑戦している。健康なハイカーならば、バレー・ビレッジから8.5マイル（約13.6km）のトレイルを通って頂上に登ることができる。トレイルは4900フィート（約1475m）の高さを登っていく。最後の200ヤード（約180m）には太い綱の手すりがある。ハイキングは1日で踏破できる距離だが、道中、キャンプ（リトル・ヨセミテ・バレーLittle Yosemite Valleyがもっとも人気が高い）して2日に分けるとなお楽しい。詳細については後出の「ヨセミテでのハイキング」を参照。

ヨセミテ・バレー

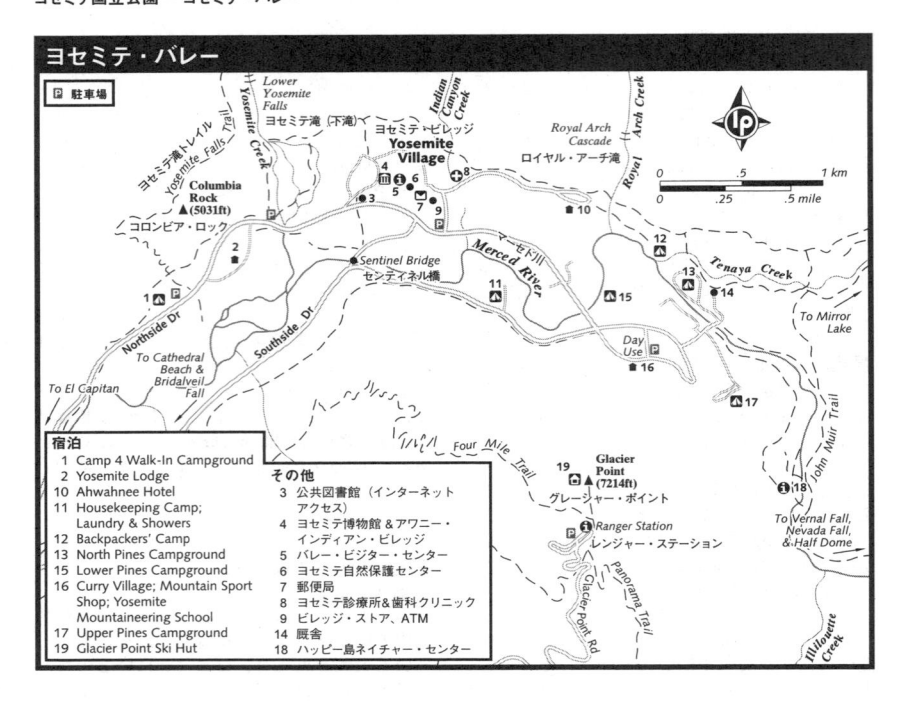

宿泊
1　Camp 4 Walk-In Campground
2　Yosemite Lodge
10　Ahwahnee Hotel
11　Housekeeping Camp; Laundry & Showers
12　Backpackers' Camp
14　North Pines Campground
15　Lower Pines Campground
16　Curry Village; Mountain Sport Shop; Yosemite Mountaineering School
17　Upper Pines Campground
19　Glacier Point Ski Hut

その他
3　公共図書館（インターネットアクセス）
4　ヨセミテ博物館＆アワニー・インディアン・ビレッジ
5　バレー・ビジター・センター
6　ヨセミテ自然保護センター
7　郵便局
8　ヨセミテ診療所＆歯科クリニック
9　ビレッジ・ストア、ATM
14　厩舎
18　ハッピー島ネイチャー・センター

9:00〜16:30＜これより遅くまで開館していることもある＞昼食時閉館）では、バレーにかねてから居住していたミウォーク族とパイウーテ族の文化的、歴史的背景を現在から1850年までさかのぼって展示している。夏には博物館の常設コレクションの絵画数点が統合ギャラリーに展示される。博物館裏には、ミウォーク族とパイウーテ族の村を再現した、**アワニー・インディアン・ビレッジ Indian Village of the Ahwahnee**を通る無料のセルフガイドトレイルがある。

ヨセミテ・ビレッジの東**約0.25マイル**（約400m）に**アワニー・ホテルAhwahnee Hotel**がある（後出の「宿泊」を参照）。優美さと純朴さと上品さで、1927年以来、裕福な旅行客の人気を集めてきた。地元の花崗岩、松、シーダーでつくられたこのホテルは、鉛ガラス、立体タイル、ネイティブアメリカンのラグ、トルコ産のキリム（カーペット）などで見事に飾られている。宿泊しないまでも、中を歩いてみるだけの価値はある。

ビレッジ西側、ヨセミテ・ロッジ（後出の「宿泊」を参照）の近くにある、難易度の低い短距離トレイルは**ヨセミテ滝 Yosemite Falls**の滝つぼまで続いている。ヨセミテ滝の2段階になった水流はバレー全域から見える。滝は上下段合わせると、2425フィート（約730m）の高さ

があり、北米最高の高さを誇る。バレーの反対側には620フィート（約187m）の**ブライダルベール滝 Bridalveil Fall**がある。こちらは日没時が一番美しい。アワニーチー族はこれをポホノ Pohono（そよ風の霊）と呼ぶ。突風で滝の水がしばしば横に吹き流されるためだ。

さらに西方、エル・キャピタン・メドウEl Capitan Meadowのすぐ向こうにある**バレー・ビュー Valley View**待避所は、**エル・キャピタン El Capitan**を見晴らすのには格好の場所だ。エル・キャピタンはふもとから頂上まで3593フィート（約1081m）あり、世界最大の一枚岩花崗岩の1つだ。近くで見てみるとロープやホールバッグ、切り立った岩の表面と格闘しているクライマーを目にするだろう。

マーセド川が小さな2つの島を迂回しているバレーの南東端では、**ハッピー島 Happy Isles**が人気ハイキングコースの起点となっている。**ハッピー島ネイチャー・センター Happy Isles Nature Center**（無料　5〜10月）には、体験型の自然に関する展示がある。

バレー東端では、舗装したトレイルが**ミラー湖 Mirror Lake**まで続いている。ヨセミテ・バレー厩舎のすぐ北から歩き始めよう。アンゼル・アダムズは湖に映るハーフ・ドームが朝日や夕日を浴びている光景をたくさんの写真に残した。ここから、3マイル（約5km）

の環状トレイルがテナヤ・クリークTenaya Creek沿いに延び、U字型の渓谷を見渡せる。

グレーシャー・ポイント
Glacier Point
標高7214フィート（約2171m）（谷底から3214フィート＜約967m＞）のグレーシャー・ポイントからは公園全体でもっともダイナミックな景色が望める。中でも、ここから望むハーフ・ドームはすばらしい。グレーシャー・ポイント・ロードGlacier Point Rd（ワウォナ・ロード／ハイウェイ41そば、通常5〜10月開通）を通って車で行くこともできるが、パノラマ・トレイルPanorama Trailまたはフォー・マイル・トレイルFour Mile Trail経由で歩くことも可能。冬にはクロスカントリースキーでも行くことができる。夏は**グレーシャー・ポイント・ハイカーズ・バス Glacier Point Hikers' Bus**（☎予約、問い合わせ209-372-1240）がヨセミテ・バレーから1日に数便運行している。多くのハイカーが片道はバスを利用し、片道は歩いて登るか下る。料金は片道＄15。車を運転している場合には、ワウォナ・トンネルWawona Tunnelのすぐ東にある**トンネル・ビュー Tunnel View**で停車して、有名なバレーのパノラマを楽しもう。

タイオガ・ロード＆トゥオルム・メドウズ
Tioga Rd & Tuolumne Meadows
タイオガ・ロード（ハイウェイ120）はもともと1882年に鉱山用道路として建設された公園を横切る唯一の道路だ（夏のみ開通。コラム「通行不可能なタイオガ峠」を参照）。東のタイオガ峠入口Tioga Pass Entranceから、ビッグ・オーク・フラット・エントランスBig Oak Flat Entranceまで約46マイル（約74km）、およそ2時間のドライブだ。この道は見事な景色を通過し、比較的人の少ないキャンプ場やすばらしい1日ハイキングコースに通じている。サービス施設があるのはタイオガ峠入口の西約6マイル（約10km）のトゥオルム・メドウズのみだ。

標高8500フィート（約2559m）のトゥオルム・メドウズはシエラ最大の亜高山帯にある草地。広々とした野原や透明な青い湖が森に覆われたヨセミテの谷とまばゆいばかりの対照をなしている。周囲を取り囲む花崗岩の頂上はほとんどが1万フィート（約3010m）から1万3000フィート（約3913m）級。ここの気温は夏に15〜20°F（8〜11℃）低い。草地に野の花が咲き誇るのは7月と8月になる。

この地域に多くある氷河湖は日帰りハイキングにぴったりだ。タイオガ峠入口のすぐ西にあるゲイラー湖Gaylor Lakesに行くトレイルはすぐさま高地に入る。ゲイラー湖中段Middle Gaylor Lakeまで1マイル（約1.6km）。上段へはさらに2マイル（約3km）。高度と急斜面のため、ハイキングは非常に骨が折れる。

ジョン・ミュアー・トレイル（前出「アクティビティ」の章の「パシフィック・クレスト・トレイル」を参照）はトゥオルム・メドウズのトゥオルム川のライル・フォークLyell Forkに並行して延び、ビジターセンター、キャンプ場、ロッジへと続いている。この辺りの2マイル（約3km）は歩きやすく、水泳ができるほどよい深みや草地があり、ドームも望める。

タイオガ・ロード沿いにさらに西へ行くと、カセドラル湖Cathedral Lakes、サンライズ湖Sunrise Lakes、メイ湖May Lake行きトレイルの起点がはっきりと標示されている。いずれも非常におすすめのコースだ。

公園西部の、タイオガ・ロードとビッグ・オーク・フラット・ロードの交差点のすぐ先には、巨大セコイアの森が2つある。**マーセド・グローブ Merced Grove**と**トゥオルム・グローブ Tuolumne Grove**だ。マーセド・グローブは2マイル（約3km）のハイキングを経てからでないとたどり着けないため、非常に静かだ。トゥオルム・グローブは6マイル（約10km）の環状道路で分断され、公園でもっとも小さい。

7月から9月初旬まで、**トゥオルム・メドウズ・ハイカーズ・バス Tuolumne Meadows Hikers' Bus**（☎209-372-1240）がバレーのヨセミテ・ロッジとクレーン・フラットCrane Flat、ホワイト・ウルフ・ロッジWhite Wolf Lodge、トゥオルム・メドウズ・ロッジを含むタイオガ・ロード沿いのトレイル起点やロッジを結んでいる。ヨセミテ・ロッジからトゥオルム・メドウズ・ロッジの全区間を乗る場合には、料金は片道＄14.50、往復＄23。途中で降りる場合にはそれ以下。各方向とも1日1便のみだ。

また、夏には無料の**トゥオルム・メドウズ・シャトル Tuolumne Meadows Shuttle**がトゥオルム・メドウズ・ロッジとオルムステッド・ポイントOlmsted Pointを結び、テナヤ・レイクなどで停車する。

ワウォナ
Wawona
ヨセミテ・バレーから約27マイル（約43km）南の、ワウォナ・ロード沿いにあるワウォナはヨセミテの歴史的中心地。公園管理事務所や観光客向け施設が初めて建設された場所だ。**ワウォナ・ストア Wawona Store**（☎209-375-6574）は、郵便局、デリカテッセン、バス停の役目も果たしている。近くには優美な**ワウォナ・ホテル Wawona Hotel**（後出の「宿泊」を参照）、**パイオニア・ヨセミテ歴史センター Pioneer Yosemite History Center**（圏無料 ⊙24時間）がある。センタ

ヨセミテ国立公園 − ヘッチ・ヘッチー

ーにある公園最古の建物は各地から移設されたものだ。駅馬車の展示も多数ある。

ワウォナ（公園の南側入口から2マイル<約3km>北）の南約6マイル（約10km）の所には、**巨大セコイアのマリポサ・グローブ Mariposa Grove of Giant Sequoias**がある。ここはかつてジョン・ミュアーお気に入りの森だった。ここには樹齢2700年のグリズリー・ジャイアント Grizzly Giantがある。さんざん踏み慣らされた小道からこの巨大な木まで徒歩で0.5マイル（約800m）。そこから先は人混みが減る。

高地の森も探索する価値がある。ここには、かの有名な車が通り抜けることのできた**フォールン・ワウォナ・トンネル・ツリー Fallen Wawona Tunnel Tree**がある。この木は1969年に倒木した。ここには、木の生態を知るのに役立つ**マリポサ・グローブ博物館 Mariposa Grove Museum**（通常土・日のみ）もある。騒々しいオープンエアトラムに乗って1時間のガイド付ツアーで森を探検することもできる（＄11）。

グローブの駐車場は小さい。春から秋まで、無料の**マリポサ・グローブ・シャトル・バス Mariposa Grove Shuttle Bus**がワウォナ・ストア、南側入口とグローブ間を環状に運行している。

ヘッチ・ヘッチー
Hetch Hetchy

ジョン・ミュアーが敗北を喫した環境に関する論争が終結した後、1913年のレイカー法案によってサンフランシスコ市はトゥオルム川をせき止め、オーショーネシー・ダムO'Shaughnessy Damを建設し、ヘッチ・ヘッチー・バレーにヘッチ・ヘッチー貯水湖Hetch Hetchy Reservoirをつくる許可を与えられた。現在、長さ8マイル（約13km）の貯水池にはヨセミテ・バレーと同じぐらい美しいといわれた地域が沈んでいるが、サンフランシスコのほぼ全域に水と水力発電による電力を供給している。

公園の北西部のヘッチ・ヘッチーはもっとも交通量が少ないが、ここの滝や花崗岩の崖は有名観光地に比肩するすばらしいものだ。ハイカントリーのほとんどが氷や雪に覆われている春や秋には、比較的標高の低いこの辺りを訪れるのもいい。

バックパッキング

年間を通し、宿泊には自然保護区入場許可書（無料）が必要だ。割り当て制度により、各トレイル起点を出発する人の1日の数が制限されている。割り当ての最低40％は、出発24時間前から先着順で入手できる。残りは＄5の手数料を支払えば、24週間から2日前までに予約できる（☎209-372-0740 W www.nps.gov/yose/wilderness/permits.htm）。

入場許可書請求前に、一行の人数、入園日、退園日、トレイルの起点、終点、主な目的地を確認しておこう。許可書はヨセミテ・バレー（春から夏）、トゥオルム・メドウズ（夏のみ）の自然保護区センター、ワウォナとビッグ・オーク・フラットのインフォメーションステーション（春から夏）、ヘッチ・ヘッチー・エントランス（夏のみ）にて発行。

バレーでキャンプ、バックパッキング用品を手に入れるなら、**カリー・ビレッジ・マウンテン・スポーツ・ショップ Curry Village Mountain Sport Shop**（☎209-372-8396）がおすすめ。**トゥオルム・メドウズ・ストア Tuolumne Meadows Store**（☎209-372-8428 夏のみ）でも、キャンプ、アウトドア装備や食品を販売している。

ヨセミテ・マウンテニアリング・スクール Yosemite Mountaineering School（☎209-372-8344）はトゥオルム・メドウズ・ロッジ内にあり、1人あたり＄125〜240（グループの人数による）で3日または4日間のガイド付バックパック旅行を開催。スクールではバックパック、寝袋、敷きパッド（それぞれ1日につき＄8、＄10、＄3）、ベアキャニスター（クマ対策を施した容器）（一律＄5）をレンタルしている。ヨセミテ・バレー内のカリー・ビレッジ・マウンテン・スポーツ・ショップCurry Village Mountain Sport Shopにも支店がある。

ロッククライミング

3000フィート（約900m）もの一枚板の花崗岩や穏やかな天候のおかげで、ヨセミテはクライマーのメッカとなっている。多くのクライマーはバレーにあるキャンプ4ウォークイン・キャンプ場Camp 4 Walk-In Campgroundに滞在する（後出の「宿泊」を参照）。ここにはロッククライミングのパートナー募集や装備の売買希望を張り出す掲示板がある。カリー・ビレッジ・マウンテン・スポーツ・ショップでは装備、書籍（クライマーによるDon Reidによる「ヨセミテ・フリー・クライミングYosemite Free Climbs」をすすめる）、地図を販売し、スタッフも知識が豊富だ。

ヨセミテ・マウンテニアリング・スクール（前出の「バックパッキング」を参照）ではあらゆるレベルの人向けのロッククライミング教室（グループの人数により＄70〜170）や1、2、3人向けのプライベートガイド付登山（＄220 ＄310 ＄405）を開催している。装備は支給され、講習参加者は登山靴をレンタルできる（＄8）。

エル・キャピタン向かいの草地やテナヤ・レイクの北東端（タイオガ・ロード近く）は、花崗岩にぶら下がっているクライマーたちを

[486ページへ続く]

ヨセミテでのハイキング

ヨセミテには、さんざん人が通った観光客ルートとは言い難い総延長800マイル（約1280km）以上のハイキングトレイルがある。園内のすばらしい自然を楽しみたければ、わずか半日といえども、2マイル（約3km）のバックカントリーに足を踏み入れるといい。もっとも人気の高いヨセミテ・バレーとトゥオルム・メドウズの2カ所だけでなく、ヘッチ・ヘッチーにもすばらしいハイキングトレイルがある。長距離にこだわるならば、トゥオルム・メドウズと谷底を結ぶハイキングトレイルをすすめる。グレーシャー・ポイント・ロードGlacier Point Rd沿いにもセンチネル・ドーム・トレイルSentinel Dome Trailやタフト・ポイント・トレイルTaft Point Trailなどのトレイル起点がある。どちらも距離は短く楽なコースだが、終点にはすばらしい見晴らしが待っている。ワウォナWawona地区のハイキングは難易度が低いだけでなく、ジャイアントセコイアの森の近くまで行くことができる。詳しいハイキング情報については、入園時に渡される無料新聞「ヨセミテ・トゥデイYosemite Today」を参照。ビジターセンターや国立公園内の店で詳細地図も手に入る。

本セクションではヨセミテ・バレーを起点とするすばらしい日帰りハイキングコースだけでなく、ハーフ・ドームを登る野営1泊コースを紹介している。ヨセミテ国立公園総合情報については、公園に関するセクションを参照。

以下に掲載する歩行距離は往復で表示されている。

バーナル滝
Vernal Fall

所要時間：2〜3時間
距離：2.6マイル（4.2km）
難易度：楽〜中程度
起点・終点：ハッピー島

ミウォーク族がパイワイアクPai-wai'-akと呼んだバーナル滝は高さ317フィート（約95m）の垂直の崖から落ちている。バーナル滝の頂上はヨセミテの滝でもっとも接近しやすく、バレーでもっとも人気の高い日帰りハイキングコースの1つとなっている。しかし、かつて舗装されていた幅の広いこのトレイルは1000フィート（約301m）登り、さらに1000フィート（約301m）下る。

トレイル起点は、アッパー・パインズ・キャンプ場Upper Pines Campground南端近くのハッピー島（シャトルバス16番停留所）だ。ハッピー島（4035フィート＜約1215m＞）から、マーセド川に架かる道路橋を渡り、右側（東側）の川岸を登って行く。1999年の洪水で被害を受けたフットブリッジ（歩行者用の橋）の向かいから、かつて舗装されたトレイルに入る。トレイルはバーナル滝のフットブリッジまでの0.7マイル（約1.1km）で400フィート（約120m）登る。道中、イリロート滝Illilouette Fall（370フィート＜約111m＞）が見える。南側にトイレと飲料水がある人気のフットブリッジは、バーナル滝の撮影には格好の場所だ。

ミスト・トレイルに沿ってフットブリッジからさらに進む。滝から飛んでくる水しぶきが行く手を覆っているため、濡れるものと心しておこう（天気が良い日には、この水しぶきが虹と戯れ、うっとりするような光景をつくりだす）。バーナル滝頂上まで0.6マイル（約1km）。短いが急な岩の階段（手すりがついている）で滝の上に登ることができる。ここで体を乾かし、景色やピクニックを楽しもう。

同じ経路でハッピー島に戻る。岩はぬれて滑りやすいので注意しよう。

ヨセミテでのハイキング

ネバダ滝
Nevada Fall

所要時間：4～5時間
距離：6.5マイル（10.5km）
難易度：中程度
起点・終点：ハッピー島

春先や晩秋には、ネバダ滝下のジョン・ミュアー・トレイルやバーナル滝近くのミスト・トレイルは一部閉鎖されることがある。しかし、ネバダ滝頂上は、たいてい通行可能だ。

　ハッピー島からマーセド川に架かる道路橋を渡り、右折。上流を目指して東側の川岸を歩き、かつて舗装されていた緩やかな登り坂に合流する。この登り坂から人気のあるバーナル滝のフットブリッジまでは0.7マイル（約1.1km）の距離で400フィート（約120m）登る。この道を少し進むと、ジョン・ミュアー・トレイルとミスト・トレイルとの分かれ道に出る。右折するとジョン・ミュアー・トレイルに入る。

　シエラ・ポイントの南面を正面に見ながら、緩やかなジグザグの登り坂を通り、ベイマツ、ゴールドカップオークの森を抜けて渓谷を1.3マイル（約2.1km）登ると、**クラーク・ポイント Clark Point**（標高5480フィート＜約1649m＞）に着く。平坦な道をさらに1マイル（約1.6km）行くと、パノラマ・トレイルと合流する。ジョン・ミュアー・トレイルを歩き続け、ネバダ滝（5907フィート＜約1178m＞）の上のマーセド川に架かるフットブリッジを渡る。滝の北東側崖沿いの花崗岩の上でピクニックをしてのんびりくつろごう。川の北側の脇道を少しばかり下っていくと、息をのむほど見事な景色が見られる。この場所はしばしば見過ごされがちだ。鉄製の手すりが設置されている高台は滝の縁ぎりぎりの所にある。

　ヨセミテ・バレーに同じ道を戻りたくない場合には、ハッピー島までミスト・トレイルで戻ると急勾配だが、より短距離で戻ることができる。ネバダ滝のてっぺんから、フットブリッジを北東に向かって少し歩き、太陽熱を利用したトイレ近くのトレイル分岐点を探そう。左へ曲がると**リバティ・キャップ Liberty Cap**下のミスト・トレイルがある。ネバダ滝沿いに500段の岩の階段を下っていく。**シルバー・エプロン Silver Apron**で再びマーセド川に架かるフットブリッジを渡り、傾斜の緩い道をエメラルド・プール沿いにバーナル滝を目指して歩く。バーナル滝の下で再び短い岩階段を下り、バーナル滝のフットブリッジから舗装道路沿いにハッピー島を目指す。この行程を1泊にするには、ネバダ滝からさらに1マイル（約1.6km）先へ行き、マーセド川沿いの**リトル・ヨセミテ・バレー Little Yosemite Valley**にキャンプを張る。

ヨセミテ滝
Yosemite Falls

所要時間：5～6時間
距離：6.8マイル（10.9km）
難易度：中程度～難
起点・終点：キャンプ4

チョロク Cho'lokとも呼ばれるヨセミテ滝は3段に分かれ、落差は2425フィート（約730m）ある。上の滝が1430フィート（約430m）、真ん中が675フィート（約203m）、下の滝が320フィート（約96m）で、世界で5番目に落差のある滝だ。谷底からバレーの北縁沿いに滝の頂上まですばらしいトレイルが続いている。しかし、2410フィート（約725m）の急な登りと、同じ標高差の下りがあるため、日帰りハイキングとしては非常に難度が高い。眺望がすばらしい**ヨセミテ・ポイント Yosemite Point**に寄り道したければ、3000フィート（約903m）近くのさらに過酷な登りとなる。

この南に面したトレイルはバレー縁へ向かうそのほかのトレイルよりも雪解けが早く、5月、6月の時期にぴったりのハイキングコースだ。この時期には滝の水はもっとも勢いがある。8月になると滝は、ちょろちょろと水が流れる程度になってしまうことがある。

トレイルはキャンプ4（シャトルバス7番停留所）の裏から出発する。キャンプ4ウォークイン・キャンプ場（標高3990フィート＜約1201m＞）の東側から、1分ほど斜面を登ると、バレー・フロアー・トレイルValley Floor Trailの北側に着く。ヨセミテ滝トレイルの起点は西へ1分進んだ所にある。トレイルはすぐさま40回ほど折り返す短いジグザグ道を登り、ゴールドカップ・オークスを抜けて岩屑の急斜面を登って行く。0.8マイル（約1.3km）登るとトレイルの勾配が緩やかになり、東向きのジグザグ道を通ってコロンビア・ロック Columbia Rockに着く。ここは、トレイル起点から1マイル（約1.6km）、谷底から1000フィート（約301m）の高さにある見晴らし台だ。東に見えるハーフ・ドームやクオーター・ドームQuarter Domeの眺望に感動を覚えずにいられない。

さらに0.4マイル（約640m）行くと、ヨセミテ滝の中滝 Middle Yosemite Fallsが見えてくる。ここにくるとそよ風がふいて、心地よい霧が降ってくる。さらに何度かジグザグ道を超えていくと、トレイルは北東に進み、北に曲がると上の滝が見えてくる。トレイルはさらに何度も曲がって、崖のごつごつとした裂け目を登り、バレーの縁に出る。この裂け目はかつてヨセミテ滝が流れ込んでいた所である。約13万年前に最後の大きな氷河が後退したとき堆石を残していった。これが川をさえぎり、東の崖寄りに川道が変わり、現在のようなすばらしい落差のある滝となった。

トレイルはトレイル起点から3.2マイル（約5.1km）で頂上に出て、そこからは東に折れる。分岐点から真っすぐに延びるトレイルはイーグル・ピークへ続く。この分岐点を右折し、ヨセミテ滝展望台 Yosemite Falls Overlook（6400フィート＜約1926m＞）で、上のヨセミテ滝の縁に続くトレイルをさらに進む。滝の景色は感動的だ。しかし、エル・キャピタンやハーフ・ドームの姿ははっきりと見えない。このコースは泊りがけで踏破することもできる。キャンプ場はヨセミテ川の真右岸上の森林地帯内にある。同じトレイルを通ってキャンプ4に戻る。

フォー・マイル＆パノラマ・トレイル
Four Mile & Panorama Trails

所要時間：6時間半〜8時間
距離：12.6マイル（20.3km）
難易度：中程度〜難
起点：レイディグ・メドウLeidig Meadow
終点：ハッピー島

ヨセミテ・バレーからのすばらしい日帰りハイキングは、バレーの南縁を横切り、滝のように流れ落ちるマーセド川沿いに谷底に戻るコース。ハイキングコースのほとんどで、世界的に有名なハーフ・ドームの、氷河で丸く磨き上げられた西面と南面をさまざまな視点から目にすることができる。バレーの三大滝の傍らを通り過ぎると往復とも約7800フィート（約2348m）を上り下りするので、苦しいが歩きがいのあるコースだ。トレイルのほとんどは森の中を通るので、登る途中、息をのむほどすばらしい景色がさえぎられることなく、心地よい木陰を提供してくれる。

フォー・マイル・トレイルで急な3200フィート（約963m）を登りたくないハイカーはその代わりに、グレーシャー・ポイントから登り始めることもできる。ここまでは、ヨセミテ・バレーからグレーシャー・ポイント・ハイカーズ・バス Glacier Point Hikers' Bus（☎予約、問い合わせ用209-372-1240）が運行している。バスは、6月から10月はヨセミテ・ロッジから1日数便運行している。料金は片道＄15（1時間半）。北に面した日陰の多いフォー・マイル・トレイルは雪と氷のため、ハイキングシーズン始まりの頃は、ほかのトレイルよりも長く閉鎖されているので

気をつけよう。

レイディグ・メドウ（4000フィート＜約1204m＞）からヨセミテ・バレー西端のサウスサイド・ドライブSouthside Dr沿いに歩き出そう。最寄りのシャトルバス停留所は7番（キャンプ4）。そこから舗装された歩道沿いに少し西に歩くと、スウィンギング・ブリッジSwinging Bridgeに出る。この橋がセンチネル・ビーチの砂浜のすぐ上を通過し、サウスサイド・ドライブ・ウォークSouthside Dr. Walkまで続いている。道路沿いに西へ向かって約1、2分歩くと、フォー・マイル・トレイル起点に出る。イエロー・パイン／センチネル・ビーチYellow Pine/Sentinel Beachピクニックエリアのすぐ手前にあるトレイル起点標識を探そう（反対側から歩き出す場合、トレイル起点はハッピー島。シャトルバスはアッパー・パインズ・キャンプ場Upper Pines Campground南端近くの16番バス停)。

実際には4.6マイル（約7.4km）のフォー・マイル・トレイルに沿って、2時間半～4時間登っていくと、グレーシャー・ポイント Glacier Point（標高7214フィート＜約2171m＞）に出る。ヨセミテ・バレーを見渡す落差3200フィート（約963m）の崖だ。トレイルは2000フィート（約602m）のセンチネル滝やセンチネル・ロック（標高7038フィート＜約2118m＞）下を通過しながら、ヨセミテ・バレーの日陰の北面を横切っていく。大きな木に近いトレイル起点から3マイル（約5km）にあるユニオン・ポイント Union Pointに到着する。ここで初めてハーフ・ドームの姿が見えてくる。エル・キャピタン、カセドラル・スパイヤズCathedral Spires、スリー・ブラザーズThree Brothers、ヨセミテ滝のすばらしい景色とロイヤル・アーチRoyal Arches、ワシントン・コラムWashington Column、ノース・ドーム、ハーフ・ドームのまたとない展望が望めるので、グレーシャー・ポイントを訪れる人は多い。長い登り坂のあとなので、売店や水飲み場も格好の休憩所となる。

グレーシャー・ポイントから、パノラマ・トレイルの起点を示す標識を探そう。火事の傷跡を残す広々とした緩斜面を2マイル（約3km）南下すると、イリロッテ・クリークIllilouette Creekに架かる頑丈なフットブリッジを渡る。木陰にある川岸は、心地よいピクニックスポットだ。遠くバーナル滝の滝音が聞こえる。トレイルがクリークから離れると、落差370フィート（約111m）のイリロッテ滝がよく見える。

パノラマ・ポイントPanorama Point、さらにマーセド川上にそびえるパノラマ・クリフ Panorama Cliffの頂上を目指して東へ登っていくと、グレーシャー・ポイントエプロン、ハーフ・ドーム、ブロデリック山Mt Broderick、リバティ・キャップ、スター・キング山Mt Starr Kingの見事な景色が見えてくる。トレイルを下り分岐点に着くと、ここからジョン・ミュアー・トレイルは左へ向かう。トレイル沿いに右に0.2マイル（約320m）行くと、イリロッテ・クリークから3.2マイル（約5.1km）のネバダ滝 Nevada Fall頂上に着く。ネバダ滝から、バーナル滝経由でミスト・トレイルを下るか、0.6マイル（約1km）ほど長いが、勾配のきつくないジョン・ミュアー・トレイルを下りて、谷の東端のハッピー島を目指そう。前出の「ネバダ滝」ハイキングコースを参照。

ハーフ・ドーム
Half Dome

所要時間：2日（もしくは9～12時間）
距離：17マイル（27.4km）
難易度：難
起点・終点：ハッピー島

ヨセミテ・バレーの東端から4800フィート（約1445m）以上の高さでそびえ立つ一枚岩の花崗岩ハーフ・ドーム（標高8842フィート＜約2656m＞）は、開園以来訪れる人々に畏怖の念を抱かれていた。1875年、ジョージ・アンダーソンが初めて頂上にたどり着いた。現在でも、ロッククライマーが切り立った岩の表面にしがみつい

ている。しかし、メイントレイルを登るハイキングならば、特別な知識や装備も要らない。2つの見事な滝を迂回しながら登っていくと、360度のパノラマ・ビューが望める。これはアンダーソンの歩んだ道のりとほとんど変わっていない。

困難なハイキングを2日間に分けて登ると非常に楽しいが、体力に自信のあるハイカーならば、10〜12時間の過酷なハイキングに挑戦することもできる。この1日行に挑戦しようと考えているならば、全行程で9684フィート（約2915m）の標高差があることを念頭におこう。日没前に戻れるように、日帰りハイカーは6:00までに出発すべきだ。懐中電灯の携行をすすめる。

ハーフ・ドーム頂上までのハイキングは、頂上までのルートにケーブルが張られ開通している時にしか認められない。雪の状態により、国立公園局（NPS）は早くても5月下旬にケーブルを敷設し、10月半ばにはずす。シーズン初めや終わりに旅行を計画している場合には、ケーブルがある時期を確認したほうがよい。リトル・ヨセミテ・バレーLittle Yosemite Valleyでのキャンプには、自然保護区入場許可書が必要。ヨセミテドームの頂上に行きたいが、ハーフ・ドームに怖気づいている人は、ノース・ドームを登ってみよう（後出）。時間も野心もあまりない場合には、センチネル・ドームもおすすめ。グレーシャー・ポイント・ロードのトレイル起点からわずか1.1マイル（約1.8km）だ。

1日目：ハッピー島 Happy Islesからリトル・ヨセミテ・バレー Little Yosemite Valleyへ

所要時間：3〜4時間
距離：4マイル（6.5km）
標高差：2000フィート（667m）

ハッピー島から舗装された小道をバーナル滝橋へ向かって0.7マイル（約1.1km）登る。橋を渡ってすぐに右折し、ジョン・ミュアー・トレイルを真っすぐに進む。緩やかな傾斜のジグザグ道を2マイル（約3km）登るとハッピー島から3.4マイル（約5.4km）離れたネバダ滝に着く。マーセド川に架かるフットブリッジを渡り、緩やかな勾配を登り続けると、リトル・ヨセミテ・バレー Little Yosemite Valleyに着く。ここからはハーフ・ドームのどっしりとして丸みを帯びた、黄金色の南面が望める。太陽熱を利用したコンポストトイレの存在が、この一帯のキャンプ場が人気の証だ。バックパックをこれ以上背負わなくて済むように、ここに野営する人は多い。

2日目：リトル・ヨセミテ・バレー Little Yosemite Valleyからハーフ・ドーム頂上 Half Dome Summitとハッピー島 Happy Islesへの帰り道

所要時間：6〜8時間
距離：13マイル（20.9km）
登り：2800フィート（934m）
下り：4800フィート（1600m）

リトル・ヨセミテ・バレーの東端から、マーセド・レイク・トレイルMerced Lake Trailがマーセド川沿いに東（右）へ向かっている。ジョン・ミュアー・トレイルを歩き続けると、北（左）へ曲がる。そのまま森を抜けて急な斜面を1.3マイル（2.1km）歩くとハーフ・ドーム・トレイル分岐点に出る。

ハーフ・ドームまで2マイル（約3km）との標示がある所を西（左）へ曲がると、ハーフ・ドーム・トレイル Half Dome Trailに出る。トレイル左側の分岐点の上から約10分の所に、季節ごとにできる見つけにくい湧き水がある。この湧き水はトレイル最後の水源なので、ここで水筒をいっぱいにしておこう（水は必ず処理すること）。さらに30分森を抜け、ジグザグ道を進むと、**山の北東肩 northeastern shoulder**に着く（標高7600フィート＜約2288m＞）。この辺りは混雑しているので注意を怠らず、辺りをうろうろしている野生動物から食料を守ろう。

ヨセミテでのハイキング

　ここから先の北東肩上のルートはふきさらしなので、これ以上先へ行きたがらないハイカーもいる。岩だらけのトレイルを20回ほど折り返しながら20〜30分、650フィート（約196m）を登るとドーム肩の頂上のくぼみとケーブルcablesの起点にたどり着く。ここから花崗岩にボルトで固定された鋼鉄のケーブルにつかまり、断続的な交差板に足元を支えられ、最後の600フィートを登り、ふきさらしの45度の岩肌にたどり着く。鋼鉄製ケーブルから手を守るために、ふもとに積んである手袋を持っていこう。ケーブルが混雑していなければ、登りはわずか15分。混雑している場合（怖気づいている場合）には、30分以上かかることもある。頂上の比較的平らな5エーカー（約2ha）から、驚くほど見事なヨセミテ・バレーの景色を楽しもう。特に、張り出した北西のポイントからスター・キング山Mt Starr King、クラウズ・レストClouds Rest（9926フィート＜約2988m＞）、カセドラル山脈Cathedral Range、ユニコーン・ピークUnicorn Peak、シエラ・クレストSierra Crestなどが見える。ほとんどの人は頂上で30分から1時間過ごす。下山中に日が暮れないように、時間には注意しよう。

　ハーフ・ドーム上でのキャンプは3つの理由で禁止されている。1つは、絶滅の危機に瀕しているライル山Mt Lyellのサンショウウオの生息地を保護するため。風除けのシェルターを建設するための岩を動かす作業によりサンショウウオは生態を乱されている。2つ目の理由は頂上に残されるし尿を減らすため。そして、3つ目の理由は1本だけ残っている最後の木を保護するためだ。7本あった木のうち6本は違法なキャンプファイヤーのために切り倒されてしまった経緯がある。キャンプ禁止を守って、この脆弱な生態系を保護しよう。

　下りはリトル・ヨセミテ・バレーへ戻ろう。ネバダ滝北東端のフットブリッジのすぐ手前で右折してミスト・トレイルに入り、ネバダ滝沿いに500段の岩段を下りる。バーナル滝上のフットブリッジを渡り、傾斜の緩いトレイル沿いに滝を目指そう。もう1度短い岩段を下り、バーナル滝のフットブリッジから舗装された歩道をたどっていくとハッピー島に着く。

ノース・ドーム
North Dome

所要時間：4時間半〜5時間
距離：8.4マイル（13.5km）
難易度：楽〜中程度
起点・終点：ポーキュパイン・クリーク・トレイル起点Porcupine Creek trailhead

ノース・ドームがヨセミテ・バレーの縁でもっとも見晴らしのきく場所であることはほぼ間違いない。しかし、北縁上のこの壮観なスポットを訪れるハイカーは少ない。ハーフ・ドーム、クオーター・ドーム、クラウズ・レストが花崗岩でできたテナヤ渓谷の上にそびえ立つ光景は、ほかに追随を許さない。

　トレイルは1000フィート（約301m）下るが、ノース・ドームへはわずか422フィート（約127m）しか登らない。そのため、往復の標高差は合計2844フィート（約856m）。インディアン・リッジIndian Ridgeの自然のアーチに寄り道しても、合計標高差は480フィート（約144m）増えるだけだ。ノース・ドームへ向かうコースはほとんどが下り坂で、帰りは上り坂だが勾配はけっして急ではないことを覚えておこう。丁寧な標識が出ているポーキュパイン・クリーク・トレイル起点（8120フィート＜約2444m＞）は、ポーキュパイン・フラット・キャンプ場の東1.3マイル（約2.1km）地点、タイオガ・ロード（ハイウェイ120）沿いの路面標識T19にある。ポーキュパイン・フラットでキャンプするときには、キャンプ場入口からハイウェイ120を横切り、東方面に延びるハイウェイ120の南側と並行して延びている歩道に沿って歩くと、トレイル起点に着く。ヨセミ

テ・バレー発トゥオルム・メドウズ行きのトゥオルム・メドウズ・ハイカーズ・バスTuolumne Meadows Hikers Bus（☎209-372-1240）は、だいたい9:30頃にトレイル起点を通過する（片道$10.50 往復$20）。トゥオルム・メドウズ発、ヨセミテ・バレー行きは14:45頃トレイル起点を通過する（片道$5 往復$9）。

赤モミの森を抜けてひと気のない道を0.7マイル（約1.1km）（20分）下る。歩道が終わり、トレイルは右折して小川を渡る。丸太を渡れば、大きなロッジポールパインが並ぶポーキュパイン・クリークPorcupine Creek（7840フィート＜約2360m＞）がある。ゆっくりと登り、広々とした赤モミの森に再び分け入ると、クラウズ・レスト、クラーク山脈Clark Rangeが見えてくる。さらに30分歩き続けると、標識のあるトレイル分岐点（標高7853フィート＜約2864m＞）に着く。ここまででトレイル起点から1.5マイル（約2.4km）。ミラー・レイク経由でヨセミテ・バレーを目指すスノー・クリーク・トレイルSnow Creek Trailはここで左折（東）。この分岐点をさらに真っすぐ50フィート（0.1マイル＜約16m＞）行くと、2つ目のトレイル分岐点に出る。この2つ目の分岐点で、ノース・ドームという標識が出ている左側の分かれ道を進む。

トレイルはインディアン・リッジの森に覆われた西斜面をゆっくりと横切るように10分ほど登り、眺めの良い見晴らし台viewpointに出る（7880フィート＜約2372m＞）。大きな花崗岩、満開のツツジの茂み、三葉松が数本手前に見え、その向こうにヨセミテ・バレー、センチネル・ドーム、タフト・ポイントTaft Pointの広々とした景色が広がっている。山の背沿いにさらに進んでいくと、剥き出しの赤モミの森を抜ける。トレイル沿いの低い場所に白いツツジの花が咲いている。15分ほど歩くと、季節ごとに流れの変わる小川に出る。さらにちょっと進むとトレイルは鋭角に東（左）に曲がり、10分間緩やかな斜面を登ると、インディアン・ロック・トレイル分岐点（標高8120フィート＜約2444m＞）の標示のある頂上に着く。最初の分岐点からここまでは1.1マイル（約1.8km）。

インディアン・ロック・トレイル分岐点（ハイキングの最高点）から、メイントレイルはさらに南へ進み、開けた尾根沿いに緩やかに10分間下っていくと、尾根の終わりに見事な見晴らし台viewpointがあり、すばらしいキャンプ地（標高8000フィート＜約2408m＞）にもなっている。ここ（またはノース・ドーム）で1晩過ごす場合には、水を持参すること。この近くでは水が手に入らないからだ。ハーフ・ドームのちょうど正面にあるこの見晴台からヨセミテ・バレーの向こうに、めったに見られないイリロッテ滝が見える。ノース・ドームはすぐ南側。バスケット・ドームの丸い花崗岩の頂上（7612フィート＜約2291m＞）を南東下に望む。

落雷で切り倒された巨大な三葉松の所で、トレイルは稜線の南東（左）側のハーフ・ドーム方向に曲がり、広々とした三葉松とツツジの森を抜けてジグザグ道を10分下り、開けた花崗岩に出る。道程標にルートが標されている。岩を超えて数分歩くと、ノース・ドーム・トレイル分岐点（7560フィート＜約2276m＞）の標識が出ている。インディアン・ロック・トレイル分岐点から1マイル（約1.6km）地点だ。

東（左）のノース・ドーム・トレイルに曲がり、最後の0.5マイル（約800m）を歩く。起伏のあるトレイルは急勾配の花崗岩の山肋沿いに下り、コロラドモミの林を抜けて山の鞍部（7400フィート＜約2256m＞）に出る。花崗岩を超えてわずか5分の楽な道を登っていくと、ノース・ドームNorth Dome頂上（7542フィート＜約2270m＞）に出る。西側にはセンチネル、カセドラル山脈、エル・キャピタン、スリー・ブラザーズ、ヨセミテ・ポイントが見える。ヨセミテ滝は隠れて見えない。北東には、バスケット・ドームBasket Dome、ワトキンス山Mt Watkins、そしてカセドラル山脈の遠くの峰が見える。ホース・リッジHorse Ridgeが南の地平線いっぱいに立ちふさがっている。しかし、何よりも視界をふさいでいるのは、ハーフ・ドームの切り立った北面だ。インディアン・リッジ沿いにトレイル起点まで2～2時間半で戻る。

ヨセミテ国立公園 – サイクリング

[478ページから続く]

見物するのに格好の場所だ（じっくり見物するには双眼鏡が必要）。最初にホールバッグを見つけよう。大きくて色が鮮やかなうえに、クライマーよりも動きが激しいので簡単に見つけることができる。

サイクリング

国立公園内でのマウンテンバイク利用は禁止されている。しかし、12マイル（約19km）の舗装されたトレイルのサイクリングは人気があるうえに環境にも優しいバレー内の移動手段でもある。**自転車レンタル・ステーション bike rental stations**（☎問い合わせ用209-372-1208）がヨセミテ・ロッジとカリー・ビレッジ内にあり、春から秋まで営業している。料金は1時間＄5.50、1日＄21だ。

乗馬

厩舎は**トゥオルム・メドウズ Tuolumne Meadows**（☎209-372-8427）、**ワワォナ Wawona**（☎209-375-6502）、**ヨセミテ・バレー Yosemite Valley**（☎209-372-8348）にある。シーズンはワワォナとバレーでは4月初旬から10月中旬、トゥオルムでは5月から9月。2時間で＄40、4時間＄55、1日＄80。2時間、4時間の乗馬では経験不要。特にヨセミテ・バレー厩舎は予約をすすめる。

ラフティング

5月末から7月まで、カリー・ビレッジからセンチネル橋までマーセド川の流れに乗ると、ゆったりとヨセミテ・バレーの景色を満喫できる。カリー・ビレッジ内の**ラフト・レンタルズ Raft rentals**（☎209-372-8319）では、3マイル（約5km）の旅を1人＄13.50で行っており、料金は装備とレンタルキオスクまでのトラム券を含む。ヨセミテ厩舎の上流またはカセドラル・ビーチ・ピクニック・エリアCathedral Beach Picnic Area下流のラフティングは禁止されている。

冬のアクティビティ

ヨセミテの冬は幻想的だ。バレー内の道路は除雪され、ハイウェイ41、120、140は状況が許せばたいていは通行可能だ（ハイウェイ140はほとんどの場合、通行可能）。タイオガ・ロード／ハイウェイ120は最初の積雪とともに閉鎖される。必ずスノーチェーンを持参しよう。山すそに着いたとたん、チェーンの料金は2倍に跳ね上がる。

カリー・ビレッジには、戸外に大きな**アイススケートリンク ice-skating rink**（☎209-372-8341 ◪1セッション＄6.50 スケート靴レンタル＄3.25）がある。バレーから**バッジャー峠**

スキー・エリア Badger Pass Ski Area（☎問い合わせ用209-372-1244）までは無料シャトルバスが運行している。ここは12月半ばから4月初旬まで開業。主に初級、中級者向けの山で、チェアリフトが5本ある。標高差は800フィート（約240m）。リフト券は大人＄31、子供＄16だ。きちんとしたスキースクールとフルサービスのロッジがある。

ヨセミテは**クロスカントリースキー cross-country skiing**にぴったりの地勢だ。機械でグルーミングされた25マイル（約40km）のコースや、バッジャー峠Badger Passから出発する90マイル（約144km）の標示付トレイルなどのスキーコースが総計約350マイル（約560km）に及ぶ。グレーシャー・ポイントへの風光明媚なコース（往復21マイル＜約34km＞）もここからスタートする（前出の章を参照）。

バックカントリーのクレーン・フラットCrane Flatやワワォナのジャイアント・セコイア・マリポサ・グローブにも標示されたトレイルがある。

ヨセミテ・クロスカントリー・スキー・スクール Yosemite Cross-Country Ski School（☎209-372-8444）では、スキー教室パッケージ（＄40）、ガイドツアー（半日＄40～）を行っており、装備レンタル（スキー板、スキー靴、ストック1日＄16、スノーシューズ＄14.25）もある。スクールではグレーシャー・ポイント・スキー小屋Glacier Point Ski Hutまでの1泊旅行も開催している（1泊1人につき＄150～180、2泊＄225～270）。

もう1つのスキー小屋**オストランダー・スキー小屋 Ostrander Ski Hut**（☎209-372-0740 ⓦwww.ostranderhut.com）は、オストランダー湖Ostrander Lake岸にある華やかなスポットで、ヨセミテ協会が運営している。冬の間はスタッフがいて、バックカントリースキーヤーやスノーシューをする人に1人につき1泊＄20で開放されている。10マイル（約16km）（片道）の行程では、経験と優れた身体能力が必要。詳細はホームページを参照。

ツアー

誰かに運転してもらって、広く移動するのにはツアーは便利だが、ヨセミテ・バレーを出発点とする6本のツアーのうち5本は、いずれも大型バスに乗り込み、ほとんど停車しない。もっとも人気が高いのは**バレー・フロア・ツアー Valley Floor Tour**による2時間のツアー（＄20.50）だ。1年中催行されており、ヨセミテ滝、ブライダルベール滝、エル・キャピタンなど、主な名所に停車する。そのほかのツアーについては、ヨセミテ・ロッジまたはカリー・ビレッジのインフォメーション・キオスクで尋ねるか、☎209-

372-1240に問い合わせる。ホームページwww.yosemitepark.comでもチェックできる。

宿泊

キャンプ ヨセミテのキャンプ場はバックパッカー向けのプリミティブなキャンプ場から、大型RVを駐車できる最先端のキャンプ場までさまざまだ。タマラック・フラットTamarack Flat、ヨセミテ・クリークYosemite Creek、ポーキュパイン・フラット以外には水洗トイレがある。上記3カ所は汲み取り式トイレで、飲料水がない。サイトには、たいていピクニックテーブル、炉、食糧貯蔵用ロッカーがある。キャンプ場のオープン期間は年によって若干異なるので注意。

ヨセミテ国立公園内のキャンプ場予約については、☎800-436-7275へ。最高5カ月前の月の15日から予約できる。キャンプ場が満場でも心配は無用。主な休日以外は、早く着けば、先着順でキャンプ場にもぐりこめる。

ヨセミテ・バレーにはサイト＄18で使用できるキャンプ場が3カ所ある（要予約）。**アッパー・パインズ Upper Pines**（通年）は、一番木が多く快適なサイトだが、ヨセミテ・ビレッジからもっとも遠い。**ロウワー・パインズ Lower Pines**（3～10月）はマーセド川の南岸。**ノース・パインズ North Pines**（4～10月）はマーセド川北岸にあり、ヨセミテ・バレー厩舎近く。

キャンプ4ウォークイン・キャンプ場 Camp 4 Walk-In Campground（サイト1人＄5 通年）は、エル・キャピタン近くにある先着順のキャンプ場。クライマーに人気がある。5月～9月は9:00にはいっぱいになる。各サイトは6人まで。一行が6人でなければ、別グループのキャンパーと1つのサイトを共用する。

ヨセミテ・バレーの外、公園の西口近くの**ホジドン・メドウ Hodgdon Meadow**（サイト＄18 通年）では、サイトの半分は先着順で使用できる。タイオガ・ロードとビッグ・オーク・フラット・ロード合流点近くの**クレーン・フラット Crane Flat**（サイト＄18 6～9月）では、サイトはすべて予約制になっている。

タイオガ・ロード沿いの**タマラック・フラット Tamarack Flat**（サイト＄8）、**ホワイト・ウルフ White Wolf**（サイト＄12）、**ヨセミテ・クリーク Yosemite Creek**（サイト＄8）、**ポーキュパイン・フラット Porcupine Flat**（サイト＄8）では予約なしでキャンプできる。公園東部の**トゥオルム・メドウズ Tuolumne Meadows**（サイト＄18）はビジターセンターに隣接しており、サイトの半分は予約制。この辺りのキャンプ場は通常、6月下旬から9月までオープンしている。タイオガ・ロード沿いのキャンプ場がいっぱいの場合には、公園の東口外、タイオガ峠とUS-395を結ぶハイウェイ120沿いに8カ所あるUSFSキャンプ場を尋ねてみよう。

バレーの南側にある**ブライダル・クリーク Bridalveil Creek**（サイト＄12 7月上旬～9月）は予約不要。**ワウォナ Wawona**（通年）は5～9月は予約必須（＄18）。それ以外の時期は先着順（＄12）だ。

自然保護区入場許可書がある場合には、ハイキング前後に1泊、トゥオルム・メドウズ、ヘッチ・ヘッチー、ヨセミテ・バレーのノース・パインズNorth Pines裏など、ヨセミテのバックパッカー向けキャンプ場で過ごすことができる。料金は1人1泊＄5。予約は不要。

ハイ・シエラ・キャンプ ヨセミテのハイ・シエラ・キャンプは、たくさんの食料や装備を運ばずともバックカントリーを体験できるすばらしい場所だ。キャンプ場は**ボーゲルサング Vogelsang**、**マーセド湖 Merced Lake**、**サンライズ・キャンプ Sunrise Camp**、**メイ湖 May Lake**、**グレン・オーリン Glen Aulin**にあり、トゥオルム・メドウズ近くの公園ハイカントリーの環状トレイル沿いに6マイル（約10km）から10マイル（約16km）間隔にある。どのキャンプ場にも4～6人収容のキャンバステントのキャビンがある。ベッドには、毛布または掛け布団が準備されているが、シーツか寝袋とタオルは持参しなければならない。洗面所には温水シャワーがあるが、湯量は限られている。満腹感のある朝食と夕食はファミリースタイル。料金は2食を含め、大人1人1泊＄109。ガイド付ハイキングや乗馬ツアーもある。

シーズンが短い（だいたい6月下旬から9月まで）うえに需要が多いため、予約は抽選となる。申し込みは10月15日から11月30日まで受け付け、12月に抽選する。申込書請求は☎559-253-5674もしくはwww.yosemitepark.comへ。

キャビン・ロッジ キャビンやテントキャビンを含む公園内にあるキャンプ場以外のすべての宿泊施設は、**ヨセミテ・コンセッション・サービス Yosemite Concession Services（YCS）**（☎559-252-4848 559-456-0542 www.yosemitepark.com）が運営している。夏、とりわけ週末や休日は早めに予約が入る。融通の利くスケジュールならば、特に週半ばなどは急に空きが出ることがある。事前に電話して、空室を確かめよう。

ハウスキーピング・キャンプ
Housekeeping Camp
テントキャビン＄56
4～10月
バレー内。マーセド川沿いに266のキャンバステントキャビンがある。各キャビンは最高4人まで収容。屋根付休憩所、炉、コンセント付だ。

シエラ・ネバダ

カリー・ビレッジ
Curry Village
- テントキャビン＄58.50、キャビン バスなし＄77 バス付＄92、スタンダード客室＄112
- 通年

バレー内にあり、さまざまな宿泊施設がある。キャンバステントキャビンは最高5人まで収容できるが、密集しているうえに暖房や炉がない。バスのない木造のキャビンのほうが少しばかり快適だが、それでもすし詰め状態だ。バス付キャビンは広々として居心地がいい。モーテルタイプの客室も幾つかある。

トゥオルム・メドウズ・ロッジ
Tuolumne Meadows Lodge
- テントキャビン＄59
- 6月上旬〜9月中旬

場所はタイオガ・ロード／ハイウェイ120近く。ベッド4台、薪ストーブ、ろうそく（電気なし）が付いたキャンバステントキャビンだ。

ホワイト・ウルフ・ロッジ
White Wolf Lodge
- テントキャビン＄55 バス付キャビン＄88
- 6〜9月中旬

タイオガ・ロードの1マイル（約1.6km）北にあり、独自の魅力的な世界を醸し出している。ロッジにはすてきなポーチと質素なダイニングルーム、テントキャビン、バス付ウッドキャビン、快適なキャンプ場がある。

ヨセミテ・ロッジ
Yosemite Lodge
- スタンダード客室＄112 ロッジタイプ客室＄136
- 通年

バレー内。近代的なモーテルタイプのスタンダード客室とプライベートパティオまたはバルコニーのついた大きめのロッジがある。すべての客室に電話はあるが、テレビはない。

ワウォナ・ホテル
Wawona Hotel
- 客室 バスなし＄101 バス付＄161
- 通年、12〜3月は金、土の夜のみ

ビクトリア様式の客室が104室ある優雅な建物（一部は最近改装されたばかり）は1879年の建築。ほとんどの客室が、トレードマークである広々としたベランダに面している。客室のほぼ半分は施設が共用になる。

アワニー・ホテル
Ahwahnee Hotel
- 客室＆コテージ＄366

1927年に建設された国定史跡。公園内でもっとも豪華な宿として大統領、王族、有名人を多数もてなした最高のホテル。

テナヤ・ロッジ
Tenaya Lodge
- ☎559-683-6555、800-635-5807
- 559-683-8684
- 1122 Hwy 41
- 客室＄105〜299

南側入口から南へ約2マイル（約3km）。プール2カ所、スパ、フィットネスセンター、レストラン3カ所、森林、居心地の良い客室がそろった贅沢なホテル。ヨセミテ・コンセッション・サービスが運営しているものの、公園外にあるので直接予約を受け付けている。

YCS以外の宿泊施設 ワウォナ内ハイウェイ41の東約1.5マイル（約2.4km）にある**レッドウッズ・イン・ヨセミテ The Redwoods in Yosemite**（☎559-375-6666　www.redwoodsinyosemite.com　Chilnualna Falls Rd　バケーションホーム　1泊＄82〜438）では、125のバケーションホームをレンタルできる。大きさや快適さはさまざま。夏は最低3泊からで、それ以外の時期は最低2泊。

ヨセミテ・ウエスト・ロッジング
Yosemite West Lodging
- ☎559-642-2211
- www.yosemitewest.com
- ワンルーム型＄85〜125 バケーションホーム＄155〜215

ワウォナとヨセミテ・バレー間のハイウェイ41近く、公園境界線すぐ外にある民間開発地にある家、キャビン、アパート式コンドミニアムをレンタルしている。料金は2人用だが、それ以上の人数を収容できる施設もある。

食事

食料を持参すれば節約はできるが、面倒でもある。夜間は車（またはバックパックや自転車）から出して、ロッカーやベアキャニスター（クマ対策を施した容器）に保存しなければならないからだ。ヨセミテ・ビレッジの**ビレッジ・ストア Village Store**は、自炊者向けの店としてはもっとも品物が揃っている。カリー・ビレッジ、ワウォナ・ストア、トゥオルム・メドウズの店は品物が限られている。

　特に規定がない限り、本書掲載の食事場所は通年営業。

　カリー・ビレッジ内にあるカフェテリアスタイルの**ダイニング・パビリオン Dining Pavilion**（朝食＄10 ディナー＄12　4月中旬〜10月中旬）では、手頃な食べ放題の朝食とディナービュッフェがある。**コーヒー・コーナー Coffee Corner**ではペストリーやスナックが楽しめる。屋外には**ピザ・パティオ Pizza Patio**（ピザ＄5〜12.50　春〜秋）がある。

　ヨセミテ・ロッジの**フード・コート Food Court**（1品＄3〜8.50）はセルフサービスの店で、朝

食やホット、コールドランチにぴったり。ヨセミテ滝が見える**マウンテン・ルーム Mountain Room**（ディナーメイン＄16〜24）は肉好きな人を満足させるメニューだが、価格は高め。

ヨセミテ・ビレッジ内の**ザ・ロフト The Loft**（🍕ピザ＄4.50〜 📅4月中旬〜10月）のピザにはふんだんにトッピングがのっている。1階の**デグナンズ・デリ Degnan's Deli**（サンドイッチ約＄6）では作りたてのサンドイッチが楽しめる。

アワニー・ダイニング・ルーム
Ahwahnee Dining Room
☎559-372-1489
🍴朝食＆ランチ＄10〜15 ディナーメイン＄20〜25
値段は高いが、堂々たる調度とグルメフードは忘れられない思い出となるだろう。必ず予約すること。ディナー時はドレスコードがある。

ワウォナ・ホテル・ダイニング・ルーム
Wawona Hotel Dining Room
🍴ランチ＄3〜8.50 ディナー＄18〜29
📅イースター〜10月
ビクトリアン様式の由緒ある調度と高級料理が味わえる。

エンターテインメント

アワニー・ホテル Ahwahnee Hotelでは、宣伝はしていないが、誰でも参加できるイブニングプログラムが行われる。夜のプログラムについてはロビーの案内板を確かめよう。

園内でもっとも特筆に価するエンターテイナーといえば、俳優のリー・ステットソンだ。リーはジョン・ミュアーの一生について**ワンマンショー one-man show**を行っている。彼の妻、コニーも19世紀のパイオニア時代の女性を描くプログラムを上演している。どちらかのショーがほとんど毎晩、ヨセミテ・ビレッジのビジター・センター・ウエスト・オーディトリウムVisitor Center West Auditoriumで上演されている。切符は大人＄7、子供＄3。

アクセス・交通手段

ヨセミテは公共交通機関がもっとも便利な国立公園の1つだ。**ヨセミテ・エリア・リージョナル・トランスポーテーション・システム Yosemite Area Regional Transportation System (YARTS)**（☎877-989-2787 🌐www.yarts.com）運行のバスは、マーセドのアムトラック鉄道駅とグレイハウンドのバス停留所（「サン・ホアキン・バレー」を参照）に停車し、ハイウェイ140経由でヨセミテ国立公園に行く。通年1日最高6便。バスはマリポサ、ミッドパインズMidpinesのヨセミテ・バグ・ホステルYosemite Bug Hostelなど数カ所に停車し、ヨセミテ・バレーに到着する。マーセドからの乗車料金は片道＄14（2時間45分）。積雪や、崩落、そのほかの問題により、道路が閉鎖され、バスの遅延やキャンセルがしばしば発生するので注意。

夏の間YARTSは、ヨセミテとイースタン・シエラのマンモスレイクスMammoth Lakesとの間をハイウェイ120、タイオガ・ロード経由で1日1便バスを運行している（片道＄20、3時間）。料金にはどちらのルートも公園入場料が含まれている。

グレイハウンドバスやアムトラック列車でマーセドからロサンゼルス、ベーカーズフィールドBakersfield、オークランド／サンフランシスコOakland/San Franciscoへも行くことができる。サンフランシスコからは**ミッシング・リンク・ツアー・カンパニー Missing Link Tour Company**（☎800-209-8586 🌐www.tmltours.com）が公園までの往復シャトルを週3回運行（＄27片道 ＄50往復、2時間）している。

ヨセミテ・バレーでは無料シャトルバスが頻繁に巡回し、すべての日帰り用駐車場やキャンプ場、ヨセミテ・ビレッジ、カリー・ビレッジ、ヨセミテ・ロッジ、アワニー・ホテルや人気のトレイル起点などに停車する。そのほかの園内で運行しているバスは、グレーシャー・ポイント・ハイカーズ・バス、トゥオルム・メドウズ・シャトル、ワウォナのマリポサ・グローブ・シャトル・バス。詳細については、本章前出の各セクションを参照。

ヨセミテ・ゲートウェイ
Yosemite Gateways

ヨセミテの西や南西端にある小さな町々は、現在では公園からあふれ出た観光客で生き延びているかつての鉱山町がほとんどだ。テントや客室を予約せずに訪れた場合に、このような場所に泊まるのもいい。**マリポサ・カウンティー・ビジター・センター Mariposa County Visitor Center**（☎209-966-2456、800-208-2434 🌐http://mariposa.yosemite.net 📍5158 Hwy 140 📅5月中旬〜9月 月〜金 通常20:00まで）が、この一帯のインフォメーションセンターの役割を果たしている。

東から来ると、最寄りの町はタイオガ峠入口Tioga Pass Entranceの13マイル（約21km）東のリー・ビニングLee Viningだ（本章後出の「イースタン・シエラ」を参照）。

オークハースト
Oakhurst

南из公園に入る場合、ハイウェイ41と49の交差点にあるオークハーストが相場の値段でガソリンを販売し、スーパーマーケット、銀行、自動車用部品店がある最後の町になる。ほとんどの車がヨセミテを目指しているものの、魚釣りや、ボート乗りで人気のある**バス湖 Bass Lake**に

この町で宿をとるならば、シャイロ・イン Shi-lo Inn（☎559-683-3555 ⌂40644 Hwy 41 客室＄59〜149）やベスト・ウエスタン・ヨセミテ・ゲートウェイ・イン Best Western Yosemite Gateway Inn（☎559-683-2378 ⌂40530 Hwy 41 客室＄54〜99）などのチェーンモーテルがおすすめ。どちらもプールが付いている。

マリポサ
Mariposa

マーセドとヨセミテ・バレーの中間にあたるハイウェイ140/49交差点にあるマリポサは公園近くでもっとも興味深く大きな町だ。ゴールドラッシュ中に鉱山町、鉄道駅の町として成立したマリポサには、1854年に建設された堂々たる裁判所がある（ミシシッピー川以西でいまだ使用されている建物では最古）。町の東端の歴史センター History Center（☎209-966-2924 10:00〜16:00）では、鉱山や鉄道に関する展示が行われている。

カリフォルニア州鉱業・鉱物博物館 California State Mining and Mineral Museum（☎209-742-7625 ＄2 10〜4月 水〜月 10:00〜16:00、3〜9月 毎日 10:00〜18:00）は、ハイウェイ49近く、町から1マイル（約1.6km）南のフェアグラウンドにあり、ゴールドラッシュ時代を再現している。ハイライトは巨大な金の塊と鉱夫たちの過酷な生活を描き復元した鉱山トンネルなどだ。

マザー・ロード・ロッジ Mother Lode Lodge（☎209-966-2521、800-966-8819 客室＄49〜82）とマリポサ・ロッジ Mariposa Lodge（☎209-966-3607、800-398-9770 客室＄48〜112）はどちらもハイウェイ140沿いにあり、泊まるには良い場所だ。

ミッドパインズ
Midpines

ヨセミテ・バグ・ロッジ＆ホステル Yosemite Bug Lodge & Hostel（☎209-966-6666、209-966-6667 ⌂6979 Hwy 140 www.yosemitebug.com ドミトリーベッド＄13〜16 テントキャビン＄30〜50 バスなし客室＄40〜70 バス付客室＄55〜115）は、森に覆われた山の斜面にひっそりと隠れるように建っている。ヨセミテから約25マイル（約40km）の所にある、ホステルというよりは陽気な山小屋だ。夜になると、木目調のカフェラウンジで世界中から集まったあらゆる年代の気さくな人々が語らい、音楽に興じ、高価ではないがおいしい食事を分かち合い、それぞれ予算に応じた客室へと戻っていく。ドミトリーベッド、テントキャビン、バス、トイレなしの客室、プライベートバス付のユニークな内装の客室など、さまざまだ。ドミトリー宿泊者は、キッチンを使用できる。マウンテンバイク（1日＄12〜15）やスノーシューズ（1日＄8）のレンタルもある。近くには遊泳できる場所もある。

ヨセミテへ行くには、同じくヨセミテを目指すホステラー仲間と乗り合わせて行くことも可能。YARTSバスの割引往復券を購入することもできる（本章前出の「アクセス・交通手段」を参照）。

バスは近くにある KOAキャンプ場 KOA Campground（☎209-966-2201、800-562-9391 テント＄21〜27 RVサイト＄31〜38 キャビン＄50〜60 通年）にも停まる。

エル・ポータル
El Portal

公園のアーチ・ロック Arch Rock入口のすぐ西にあるエル・ポータルは、ハイウェイ140沿いに約7マイル（約11km）にわたってマーセド川に沿って横に広がっている。ヨセミテへの起点にするには便利だ。

マーセド川の南支流と主流が合流する町の西端にあるサベージズ・トレーディング・ポスト Savage's Trading Postは、観光客向けギフトショップ。鉱夫やミウォーク族が1850年代に使用していた交易所があった場所だ。隣のレッド・バグ・ロッジ Red Bug Lodge（☎209-379-2301 客室＄85〜125）には、アール・デコ様式とネイティブアメリカン様式を混ぜた奇妙な内装の一風変わった客室がある。

もう少し格の高い宿を探している場合には、さらに公園方向に行くとよい。

シーダー・ロッジ
Cedar Lodge
☎209-379-2612、888-742-4371
209-379-2712
⌂9966 Hwy 40
客室＄59〜149
古い宿だが、客室は悪くない。

ヨセミテ・ビュー・ロッジ
Yosemite View Lodge
☎209-379-2681、800-321-5261
209-379-2704
⌂11136 Hwy 140
＄85〜205
公園入口にもっとも近い宿。プール、ホットタブ、レストランのついただだっ広い現代的なリゾートだ。一番良い客室の一部には小さいが設備の整ったキッチンが装備され、川を見晴らすことができる部屋もある。

グローブランド
Groveland

ビッグ・オーク・フラット・エントランスか

ら、グローブランドまでは22マイル（約35km）。グローブランドはハイウェイ120西方面沿いのかわいらしい町だ。ゴールドラッシュ時代の建物が復元されている。

ホテル・シャーロット
Hotel Charlotte
☎209-962-7872、800-961-7799
🏠Hwy 120
🛏客室＄81　スイート＄146
町の中心にあり、由緒ある客室がある。料金には朝食が含まれ、スイートは最高4人まで泊まれる。

シュガー・パイン牧場
Sugar Pine Ranch
☎209-962-7823
🏠21250 Hwy 120
🛏客室＄110〜150
60エーカー（約24ha）の牧場にひっそりと隠れているB&B（ベッド&ブレックファスト）。グローブランドの4マイル（約6km）東にある。

バック・メドウズ・ロッジ
Buck Meadows Lodge
☎209-962-5285
🏠7633 Hwy 120
🛏客室＄69〜179
公園入口から約12マイル（約19km）の所にあり、広い客室の内装は古めかしいがアメニティは近代的な宿。レストランではアメリカンスタイルの料理が＄7〜15で味わえる。

キングスキャニオン＆セコイア国立公園
Kings Canyon & Sequoia National Parks

ヨセミテの南、シエラ山脈の西斜面上に隣接しているキングスキャニオン国立公園とセコイア国立公園では、世界一の自然の驚異が見られる。ジャイアントセコイアが地上でもっとも巨大な生物としてそびえ立ち、息をのむほどのキングス川南支流の渓谷は、シエラにあるほかのどの渓谷にもひけを取らない。すばらしい場所であるにもかかわらず、公園の交通の便が比較的悪いため人は少ない。国立公園につきものの遊園地のような雰囲気は微塵も感じられない。車で近づける場所は少ないが、さまざまなレベルに合わせたトレイルが多数あるので、ハイカーやバックパッカーには人気が高い。公園にはそれぞれ歴史と特徴があるが、1つの公園として運営されている。

歴史

この森に最初に住んだのは、ネイティブアメリカンのヨクーツ族だ。西モノ族とも呼ばれるモナシェ族が東シエラのモノレイク近くから移住し、19世紀半ばには優位を占めていた。1805年、ガブリエル・モラガ率いるスペインの伝道師たちがキングス川を発見し、エル・リオ・デ・ロス・サントス・レイスEl Río de los Santos Reyes（聖なる王の川）と名づけた。数十年後、ゴールドラッシュによりグラント・グローブGrant Grove地区に材木業と放牧が、ミネラル・キングMineral Kingに鉱山業が起こり、初期の環境保護論者たちの間で警戒感が募った。ビセーリアVisaliaのジャーナリストで「セコイア国立公園の父」と呼ばれるジョージ・スチュアートは、大きな木を切り倒すことの影響について新聞記事を書き、サン・ホアキン・バレーに物議を醸した。大きな木は材木としてはいずれにしても役に立たなかったのだ。

　1890年、セコイアはアメリカで2番目の国立公園となった（イエローストーンYellowstoneに次ぐ）。数日後、4平方マイル（約10km²）のグラント・グローブはグラント・グローブ国立公園Grant Grove National Parkに指定された。グラント・グローブと近くのレッドウッド山Redwood Mountainを擁するキングスキャニオンは1940年に国立公園に指定された。2000年には、セコイア森の保護をさらに進めるため、セコイア国有林の32万7000エーカー（約13万2000ha）以上が正式にジャイアント・セコイア国定記念物Giant Sequoia National Monumentに指定された。

動植物

公園の丘陵地帯（5000フィート＜約1505m＞まで）は、ツツジ、カリフォルニアブルーオークや背の高いユッカに覆われている。ユッカの花は早春に咲き、良い匂いがする。ハイキング中にガラガラヘビ（下の絵参照）に注意しなければならないのは丘陵地帯だけだが、

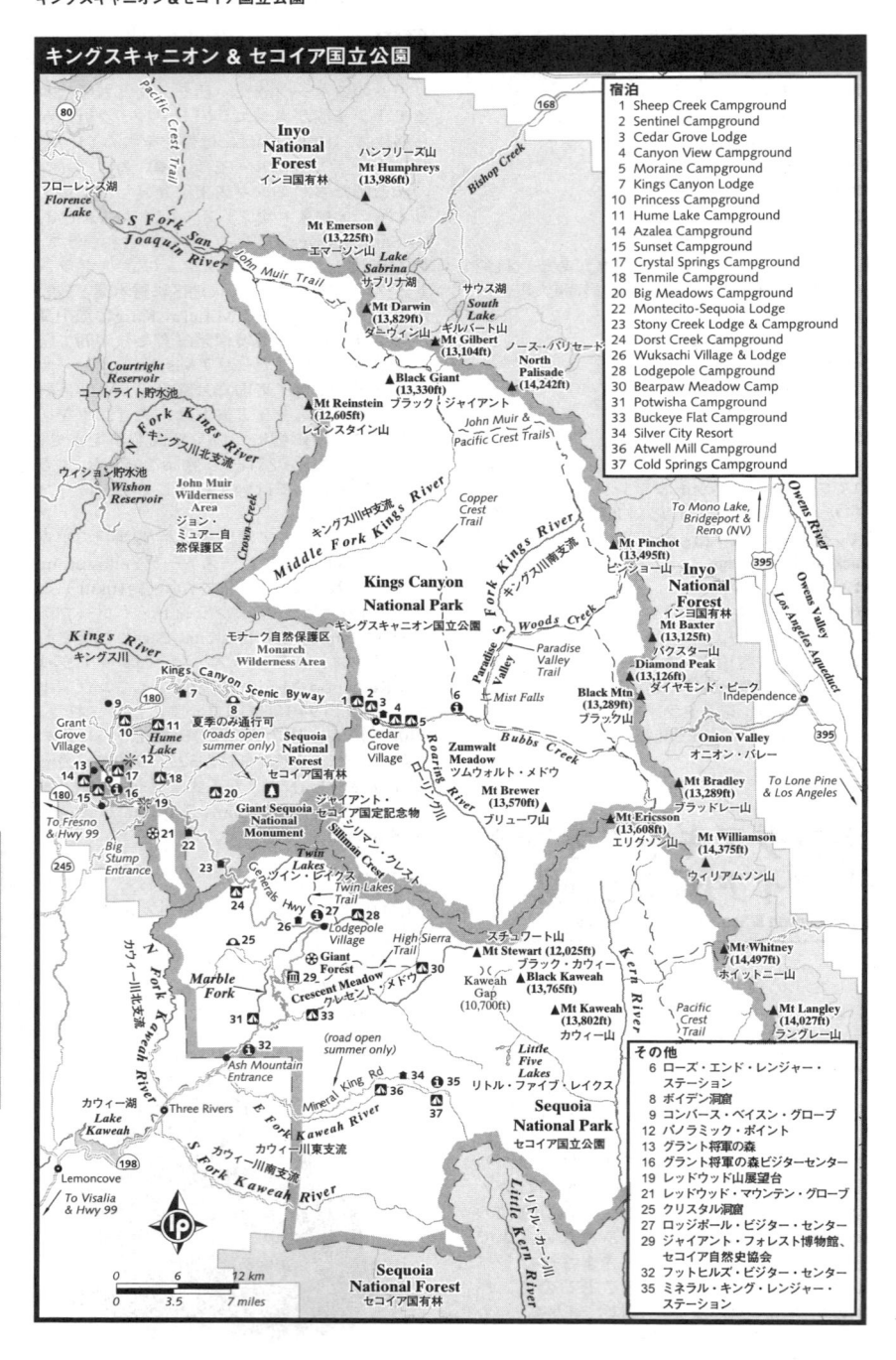

キングスキャニオン & セコイア国立公園

宿泊
1. Sheep Creek Campground
2. Sentinel Campground
3. Cedar Grove Lodge
4. Canyon View Campground
5. Moraine Campground
7. Kings Canyon Lodge
10. Princess Campground
11. Hume Lake Campground
14. Azalea Campground
15. Sunset Campground
17. Crystal Springs Campground
18. Tenmile Campground
20. Big Meadows Campground
22. Montecito-Sequoia Lodge
23. Stony Creek Lodge & Campground
24. Dorst Creek Campground
26. Wuksachi Village & Lodge
28. Lodgepole Campground
30. Bearpaw Meadow Camp
31. Potwisha Campground
33. Buckeye Flat Campground
34. Silver City Resort
36. Atwell Mill Campground
37. Cold Springs Campground

その他
6. ローズ・エンド・レンジャー・ステーション
8. ボイデン洞窟
9. コンバース・ベイスン・グローブ
12. パノラミック・ポイント
13. グラント将軍の森
16. グラント将軍の森ビジターセンター
19. レッドウッド山展望台
21. レッドウッド・マウンテン・グローブ
25. クリスタル洞窟
27. ロッジポール・ビジター・センター
29. ジャイアント・フォレスト博物館、セコイア自然史協会
32. フットヒルズ・ビジター・センター
35. ミネラル・キング・レンジャー・ステーション

ときに高地でも現れることがある。

5000～9000フィート（約1505～2709m）では、森には五葉松、ポンデローサマツ、三葉松、ロッジポールパイン、モミ、オニヒバなどがある。キングス川の北200マイル（約320km）地点には、ジャイアントセコイアの森が8カ所あるが、残りの67カ所は川の南側の60マイル（約96km）地帯に集中している。この地域ではシカやアカリスが圧倒的に多いが、コヨーテやヤマネコもこの辺りをうろついている。

9000フィート（約2709m）以上のハイカントリーでは、湖やエノコログサ、ホワイトバークパインが点々とする荒涼とした花崗岩の光景が森に取って代わる。

ブラックベアは頻繁に見かけるので、きちんとした食糧貯蔵容器が必要。最新の指示については、ビジターセンターや駐車場の掲示板で確かめよう（「アクティビティ」の章のコラム「クマに対する注意」を参照）。

オリエンテーション・インフォメーション

24時間対応のテープ情報を聞くなら、☎559-565-3341へ。公園の総合情報ホームページは、Ⓦwww.nps.gov/seki。どちらの公園の入場料も車1台＄10、徒歩または自転車の入園者＄5で、7日間有効。どちらの公園でも入口にてNPS地図、近くの国立公園やジャイアント・セコイア国定記念物にあるすべてのビジター施設の電話番号、営業時間、説明が記載されている4半期ごと発行の新聞が渡される。

公園には、ビジターセンター、マーケットなどの施設が装備されたサービスハブが数カ所ある。唯一、通年営業しているのがキングスキャニオン国立公園の**グラント・グローブ・ビレッジ Grant Grove Village**。ビレッジには、マーケット、レストラン、シャワー（＄3）、郵便局がある。**ビジターセンター visitor center**（☎559-565-4307 ◪8:00～17:00または18:00）には興味深い歴史展示物とスライドショーがある。

シーダー・グローブ・ビレッジ Cedar Grove Villageはキングスキャニオンの奥（グラント・グローブ・ビレッジの北東31マイル＜約50km＞）。マーケット、レストラン、ロッジ、シャワー（＄3）、ランドリー、小さな**ビジターセンター visitor center**（☎559-565-3793 ◪5月下旬～9月 9:00～17:00）がある。道路やキャンプ場は通常、4月下旬から最初の積雪（通常9月）まで開業。しかし、その他のサービスは5月下旬まで始まらない。ローズ・エンドRoads Endのビレッジ東6マイル（約10km）の所に、レンジャーステーションがある。

セコイア国立公園内、ジャイアント・フォレストの4.5マイル（約7.2km）北にある**ロッジポール・ビレッジ Lodgepole Village**には、マーケット、ギフトショップ、スナックバー、デリカテッセン、郵便局、コイン式シャワー、ランドリー施設、**ビジターセンター visitor center**（☎559-565-3782 ◪5月下旬～10月中旬 9:00～17:00）がある。

そのほかのインフォメーションセンターには、南のアッシュ山入口Ash Mountain Entranceの東1マイル（約1.6km）にある**フットヒルズ・ビジター・センター Foothills Visitor Center**（☎559-565-3135 ◪6～9月 8:00～17:00、それ以外は営業時間が短い）がある。ここには低地の生態系に関する展示もある。ミネラル・キング内には小規模な**レンジャーステーション ranger station**（☎559-565-3768 ◪5月下旬～9月上旬 7:00～16:30）があり、地図や小規模な鉱山関連の展示物がある。

書籍や地図は**セコイア自然史協会 Sequoia Natural History Association**（☎559-565-3759 Ⓦwww.sequoiahistory.org）でも入手できる。ジャイアント・フォレスト博物館Giant Forest Museum（本章後出）に支部がある。

グラント・グローブ・ビレッジとシーダー・グローブ・ビレッジにはATMがある。入手できるキャンプ用品は限られている。公園内では、ガソリンを購入できないが、ミネラル・キングのシルバー・シティ・リゾートSilver City Resort、キングスキャニオン・ハイウェイKings Canyon Hwy沿いのキングスキャニ

ジャイアントセコイア

カリフォルニアコーストレッドウッドとドーンセコイア（最近中国で発見）と同属の、ジャイアントセコイア（セコイアデンドロンギガンテウム*Sequoiadendron giganteum*）はシエラの西斜面、5000～7000フィート（約1505～2107m）でなければ生育しない。ジャイアントセコイアは体積でいうと世界最大の生物だ。高さは300フィート（約90m）、直径40フィート（約12m）にも育ち、3000年以上も生きる。最古のセコイアは樹齢3500歳と推定される。セコイアが枯れる原因のほとんどは、その巨大さにある。根が脆弱なためしっかりと支えられず、自分の重さに耐えかねて倒れるのだ。

これほど難しい木でなければ、セコイアの森はもっとたくさんあったかもしれない。根は広範囲にわたって浅く広がるので、地下水が豊富でなければ育たない。激しい積雪のおかげで、枝や枯れた枝を包み嵐でも吹き飛ばされることはない。しばしば起こる火事のため（分厚くやわらかい樹皮は空気をたっぷりと含み、耐火性が高い）、しっかりと閉じた球果が開き、中の種が飛び出してくる。

シエラ・ネバダ

オン・ロッジKings Canyon Lodgeで手に入ることもある。どちらも国有林敷地内。最寄りの銀行やスポーツ用品店は、ハイウェイ180近くリードリーReedley、ハイウェイ198で南西に8マイル（約13km）のスリー・リバーズThree Riversにある。

キングスキャニオン＆ハイウェイ180沿い
Kings Canyon & Along Highway 180

キングスキャニオン国立公園はグラント・グローブとシーダー・グローブの2つに分かれ、ジャイアント・セコイア国定記念物／セコイア国有林が間に挟まっている。2つの地域はハイウェイ180で結ばれているが、キングス川の南支流に沿ってキングスキャニオンへ2000フィート（約602m）も下っている。道路は通常10月または11月から春まで通行不可。詳細については、☎559-565-3341へ問い合わせるか、ホームページ🅦www.nps.gov/sekiを確認。道路から巨大な花崗岩の尾根や峰、ドームが遠くに見え、息をのむほどすばらしいバックカントリーが垣間見える。そのため、キャニオンは熱心なハイカーやクライマーの間では人気のスポットだ。バレーやバレーから延びるトレイルが主なアトラクションだ。キャニオンそのものはアラスカ、ハワイを除く48州でもっとも深いものの1つで、標高は8200フィート（約2468m）。その西端は果てしなく赤銅色が広がり、黄色がかった緑色と金色の岩が大きな塊と切り立った尾根となって川へつながっている。東端のシーダー・グローブ・ビレッジ近くで、崖は離れて切り立ち、谷底はU字型になっている。シーダー・グローブ・ビレッジを約6マイル（約10km）過ぎたあたりのローズ・エンドにはトレイル起点、1泊駐車場、バックパッカー情報を専門とし自然保護区入場許可書を発行するレンジャーキオスクがあるだけだ。

グラント将軍の森 General Grant Grove

セコイア国立公園設立法案が1890年に議会に提出されたとき、ビセーリアの住人であるDK・ズムウォルトは法案支援者に、伐採された森の中にぽつんとある小さなセコイアの森をグラント将軍国立公園と名づけるように説得した。この4平方マイル（10km²）の地域は、50年にわたって最小の国立公園として続いたが、1940年にキングスキャニオン国立公園に併合された。グラント・グローブ・ビレッジGrant Grove Villageから北東約1マイル（約1.6km）にあるグラント将軍の森には、樹齢1600〜1800年と思われる**グラント将軍の木 General Grant Tree**や初期のパイオニア、羊飼い、合衆国騎兵隊の馬を「収容した」巨大な木、**フォールン・モナーク Fallen Monarch**がある。手軽な説明付セルフガイドトレイルが駐車場から森を抜けて続いている。

パノラミック・ポイント Panoramic Point

グラント・グローブ・ビレッジのすぐ北にある、急勾配の道路を2マイル（約3km）行くと駐車場に着く。ここから短いトレイルを登っていくと、標高7500フィート（約2257m）のパノラミック・ポイントだ。眼下には、雪を頂いたハイ・シエラの峰々、キングスキャニオン、ヒューム湖Hume Lakeが密集するすばらしい景色が広がっている。道路は通常、5月下旬から9月まで通行可。

コンバース・ベイスン・グローブ Converse Basin Grove

グラント将軍の森の約6マイル（約10km）北、ハイウェイ180がジャイアント・セコイア国立公園に入ってからすぐ、未舗装の道はハイウェイから森を抜けて西へ向かっている。この森は、ジョン・ミューアーが「カリフォルニアの山 The Mountains of California」で「まさに森と呼ぶべき、最北の古木の集まり」と呼んだ所だ。ミューアが訪れてから約5年後、製材業者が森をセコイアの墓場に変えた。0.5マイル（約800m）の環状道路が、**シカゴ・スタンプ Chicago Stump**に続いている。これは1893年にシカゴで開催された世界博覧会のために切り倒され、分断、組み立てられた木の切り株だ。この木の巨大さを信じられなかった東部人は、「カリフォルニア人のホラ」と呼んだ。2本目の道路は北へ2マイル（約3km）進み、**スタンプ・メドウ Stump Meadow**に出る。ここでは、木の切り株や倒木が格好のピクニック場となっている。標識のついたトレイルが**ブール・ツリー Boole Tree**まで続いている。これは、伐採業者の手を逃れた唯一の原木だ（往復2時間半）。

ボイデン洞窟 Boyden Cavern

ハイウェイ180沿いにシーダー・グローブの西約11マイル（約18km）にある、石灰岩でできたボイデン洞窟（☎問い合わせ用209-736-2708）の入口近くには、石筍、鍾乳石、ドームなど、奇妙な形をしたものがある。興味深くはあるが、クリスタル洞窟Crystal Cave（後出）を見学する予定なら立ち寄るまでもない。クリスタル洞窟は大きく感動的だが、行くまでに距離がある。ツアー（＄大人10 子供＄5）は、5月は11:00〜16:00、6月〜9月は10:00〜17:00の間1時間に1回。

ヒューム湖 Hume Lake

1900年に運材用ダムとして建設されたヒューム湖は、現在では松やオニヒバ、モミの鬱蒼とした二次林に取り囲まれている。湖へ続くハイウェイ180の出口はグラント・グローブ・ビレッジから北へ約8マイル（約13km）。そこから湖までは南へ3マ

イル（約5km）。夏には、湖に遊泳客、釣り人、ボート遊びの人々が押し寄せる。

湖の北岸の**ヒューム・レイク・キャンプ場 Hume Lake Campground**（☎予約用877-444-6777 サイト＄16）には水洗トイレが完備されている。南岸の**テンマイル・キャンプ場 Tenmile Campground**（サイト＄12）には未完成のサイトが13カ所あり、気候が適しているときのみオープン。

ジェネラルズ・ハイウェイ
Generals Highway

1921〜34年にかけて建設されたハイウェイ198（別名ジェネラルズ・ハイウェイ）はキングスキャニオン国立公園のグラント・グローブ・ビレッジとジャイアント・フォレスト、セコイア国立公園のそれ以外の部分とを結んでいる。主なビジターセンター、キャンプ場にも通じているが、何よりも大事なことは誰もが見に来る木に通じていることだ。グラント・グローブ・ビレッジと南のアッシュ山入口を結ぶ46マイル（約74km）の間で、ハイウェイは巨木のある標高約6500フィート（約1957m）地点から、チャパラルに覆われた標高約2000フィート（約602m）のふもとの丘までうねうねと下っている。全行程を約2時間で走破できるが、それではここまできた意味がない。必ず車から降りてみよう。木の壮大さを知るにはそれしか方法がない。晩秋から春までは、グラント・グローブ・ビレッジとロッジポール・ビレッジ間はジェネラルズ・ハイウェイが閉鎖になる可能性があるので注意しよう。この時期は、公園の西にあるハイウェイ245が2つの地点を結ぶ最短のルートだ。

レッドウッド・マウンテン・グローブ Redwood Mountain Grove

グラント・グローブ・ビレッジから南東に約6マイル（約10km）の地にあり、セコイアの森としては最大。人通りの激しい道から離れ少しばかり見つけにくいので、もっとも手つかずの地域でもある。この辺りの木は鬱蒼としているが、ジャイアント・フォレスト（後出参照）ほど大きくはない。レッドウッド山展望台から東へ約0.5マイル（約800m）のクエール・フラットQuail Flatとヒューム湖の交差点のすぐ反対側にあり、でこぼこの砂利道へ続く下り口を探そう。砂利道を約0.5マイル（約800m）行くと駐車場がある。そこからは6マイル（約10km）2本、4マイル（約6km）、2マイル（約3km）のトレイルが選べる。部分的に**レッドウッド・クリーク Redwood Creek**沿いを歩く。5月、6月は両脇をアザレアの花が囲んでいる。4WDがあれば駐車場から先も車で進めるが、森を本当に楽しむには、徒歩がおすすめです。

ジャイアント・フォレスト Giant Forest ロッジポール・ビジター・センターから南へ約2マイル（約3km）、ジャイアント・フォレスト地区はセコイアの中心であり、公園をはじめて訪れる人にはぴったりだ。1858年にヘール・サープが「発見」し、1875年にジョン・ミューアーが命名した5平方マイル（約13km²）のレッドウッドの森は、現存する地球上でもっとも大きな木である**シャーマン将軍の木 General Sherman**を含む、公園内の巨木のほとんどを守っている。

駐車場からぐるりと回る短いトレイルを進むとシャーマン将軍の木にたどり着く。そこが2マイル（約3km）の舗装された**コングレス・トレイル Congress Trail**の出発点だ。コングレス・トレイルには「下院」、「上院」などという立派な名前がついた木の茂みがある。人込みを避けるには、さらに5マイル（約8km）の**セコイア・トレイル Trail of the Sequoias**を進むと森の中心に出る。

ジャイアント・フォレスト地区南には、まだ新しい**ジャイアント・フォレスト博物館 Giant Forest Museum**（☎559-565-4480 無料 9:00〜16:00、夏は延長）がある。1928年建設の質朴な建物はセコイアの生態、成育史、火との密接な関係など、伝統的な参加型展示でいっぱいだ。

博物館の向こうにあるクレセント・メドウ・ロードCrescent Meadow Rdを3マイル（約5km）行くと、行き止まりに**クレセント・メドウ Crescent Meadow**がある。ここはピクニックにぴったりの快適な場所だ。ここから、この地域の最初の定住者ヘール・サープが、倒れた木の中で夏を過ごした**サープス・ログ Tharp's Log**までの1マイル（約1.6km）のトレイルなど、歩きやすいハイキングコースが数本出ている。この道は、がっしりとした花崗岩の一枚岩、**モロ・ロック Moro Rock**の脇を通る。0.5マイル（約800m）の花崗岩に彫られた階段を上がっていくとこの岩の頂上に出る。ここからの景色は特に日没時には抜群だ。

クリスタル洞窟 Crystal Cave 1918年に2人の漁師が発見したこの洞窟（問い合わせ用☎559-565-3759）は、地中に約3マイル（約5km）続いている。できたのは1万年程前と推定される。地中を流れる川がやわらかな大理石をくりぬいて大きな空間や通路に侵食し、地下水の水面が上昇するにつれて水でいっぱいになった。最後に、カスケード・クリークCascade Creekが洞窟へ続く入口を侵食し、水が流れ出して岩が地表に現れた。石筍や鍾乳石が地面や天井からカーテンや丸天井、柱のような形を作り、「洞窟のベーコン」、「洞窟のポップコーン」のように

成長している。いずれも乳白色の大理石だ。50分のツアーで、空洞を0.5マイル（約800m）進む。詳しい解説付だ。

ツアー（大人＄8 シニア＄6 子供＄4）は6月中旬〜9月上旬までは、11:00〜16:00の間30分に1回。5月、9月下旬は回数が減る。チケットはロッジポールとフットヒルズのビジターセンターでしか購入できない（洞窟では購入不可）。夏には売り切れることもある。洞窟そのものは、ジェネラルズ・ハイウェイの北西、急斜面の狭い道を7マイル（約11km）登った場所にある。下り口はアッシュ山入口の北約15マイル（約24km）、ジャイアント・フォレストの南3マイル（約5km）。駐車場から洞窟までの0.5マイル（約800m）のトレイルはほとんどが階段。中は寒いので上着を持参しよう。

フットヒルズ Foothills　ジェネラルズ・ハイウェイ南端を囲む、標高約2000フィート（約602m）の山ろく丘陵地帯は、公園のほかの部分に比べると暑く乾燥している。ポットウィシャ・インディアンが1900年代初頭までこの辺りに住み、ドングリを主食としていた。かつてポットウィシャ族の村があった**ホスピタル・ロック Hospital Rock**ピクニックエリアでは、谷を見下ろす切り立った岩の表面に鮮やかな岩壁画が見られる。カウィー川 Kaweah Riverのマーブル・フォーク Marble Fork沿いや特にポットウィシャ・キャンプ場（後出の「宿泊」を参照）近くには遊泳のできる場所がある。流れが速いので気をつけよう。

ミネラル・キング
Mineral King

ミネラル・キングは標高7500フィート（約2256m）の亜高山帯にある風光明媚な谷だ。十数個の小さな谷や、遠くのバックカントリーまで続く標高1万1000フィート（約3311m）に達する峠に囲まれている。この一帯へ行くには、ハイウェイ198のスリー・リバーズとセコイア国立公園南端にあるアッシュ山入口間から東方向に枝分かれしているミネラル・キング・ロードから。夏しか通行できないくねくねとした急斜面の25マイル（約40km）の道は細く、はっきりとした目的のある人以外は通らない。ミネラル・キングはセコイアのバックパッキングの中心地であり、孤独を楽しむには格好の場所だ。

ここの変成岩はシエラのほかの場所で見つかる花崗岩よりもやわらかいので、谷の斜面は垂直というよりは傾斜して、赤銅色や紫を帯びている。この奇妙な特性のため、初期の探検家たちはこの地域には貴金属が埋まっていると考えた。1860〜1890年代、谷（ベウラ Beulahと呼ばれる）では銀採鉱と製材業が隆盛を極めた。かなり探さないといけないが、今でも古いシャフトや砕鉱機の遺物が残っている。1978年に議会がこの地域を国立公園に指定し、大型スキー場開発案は頓挫した。

ハイキング・バックパッキング

標識のついたトレイルが総延長800マイル（約1280km）に及ぶキングスキャニオンとセコイア国立公園はバックパッカーの理想郷だ。シーダー・グローブとミネラル・キングはバックカントリーへのアクセスが非常に便利。USFSジェニー・レイク自然保護区USFS Jenny Lakes Wilderness Area（ジャイアント・セコイア国定記念物があるビッグ・メドウズ・キャンプ場 Big Meadows Campground近くのビッグ・メドウズ・トレイル起点Big Meadows Trailheadからアクセス）は標高は低いが、手つかずの草地や湖がある。トレイルは通常、5月半ばまでには開通。

地勢図やハイキングガイドはレンジャーステーションやビジターステーションならどこでも入手可能。トレイルの状況やバックカントリー情報については☎559-565-3341へ問い合わせよう。

食糧貯蔵用のクマ対策を施した容器は多くのトレイルで義務となっている。マーケットやビジターセンターで数ドル出せばレンタルできる。最新の規則については、ビジターセンターまたはレンジャーステーションに問い合わせよう。

自然保護区入場許可書　1泊以上滞在する場合には、自然保護区入場許可書が必要。トレイル起点最寄りのレンジャーステーションまたはビジターセンターで入手しなければならない。入場許可書は割り当て制度で発行され、75％は予約、残りが先着順。予約済みの入場許可書は出発日前日の13:00以降または当日9:00以前に受け取ることができる。遅れる場合には電話すること。先着順の許可書は前日13:00以降から入手できる。キャンセルや不参加により、当日9:00以降にはさらに割り当て分が増える可能性がある。

予約料は＄10。少なくとも3週間前までに支払わなければならない。**自然保護区入場許可書　予約係　Wilderness Permit Reservations**（☎559-565-3708　559-565-4239　HCR 89 Box 60, Three Rivers, CA 93271）にFAXまたは郵便にて申し込む。詳細は公園のホームページ（www.nps.gov/seki）を参照。

キングスキャニオン Kings Canyon　キャニオンでトレイルを楽しむのにテントを持参する必要

はない。日帰りハイカーは谷底沿いのなだらかな無数のトレイルを楽しむことができる。そのトレイルでは、すばらしい峰をあらゆる方向に望めるのだ。シーダー・グローブCedar Groveの日帰りハイキングマップ（＄2）はビジターセンターやマーケットで入手でき、ハイキングには便利。**ツムウォルト・メドウ・ループ Zumwalt Meadow Loop**はとても気持ちの良いコースだが、混雑していることが多い。ローズ・エンドからメドウをつなぐ1マイル（約1.6km）のトレイルは人が少ない。この2本を歩けば、気持ちの良いハイキングとなる。

ローズ・エンドを出発する**バブズ・クリーク・トレイル Bubbs Creek Trail**は見晴らしがいいが、小川にたどり着くまでに過酷なジグザグ道を登っていかなければならない。**パラダイス・バレー・トレイル Paradise Valley Trail**は全行程を通じて川沿いを歩く（トレイル起点から4マイル（約6km）地点のミスト滝はこのトレイルの目標地点としては最適）。どちらも、ジョン・ミュアー／パシフィック・クレスト・トレイルに合流し、43マイル（約70km）の人気コース、**ラエ・レイク・ループ Rae Lakes Loop**となる。**コッパー・クリーク・トレイル Copper Creek Trail**は比較的低地を通って北上する。

ローズ・エンドのレンジャーステーションには、距離やクマ対策を施した食料保存容器の場所（それによってキャンプの場所が決まる）が示された案内地図や最新の情報、メッセージボードがある。

ジェネラルズ・ハイウェイ Generals Highway
ジャイアント・フォレストの日帰りハイキング地図はビジターセンターで入手できる（＄2）。5平方マイル（約13km²）に集中している総延長40マイル（約64km）のトレイルを理解するには役に立つ。ここのトレイルは緩やかな傾斜が多く、ほとんどは草地や林床を通っている。5マイル（約8km）の**セコイア・トレイル Trail of the Sequoias**はコングス・トレイル沿いに「有名」な名前のついたほとんどの木を通り、三葉松、突出した岩、シダの岩屋などを通過していく。モロ・ロックは車でアクセスできるので、**モロ・ロック・トレイル Moro Rock Trail**は混雑することがなくサン・ホアキン・バレーを望むこともできる。クレセント・メドウ駐車場から出発する**ハイ・シエラ・トレイル The High Sierra Trail**は、東にすばらしい景色を望める。

ロッジポール地区には、見事な氷河が望め、高地の湖水盆地へ延びる長いハイキングコースがある。トレイル起点はキャンプ場奥のロッジポール・ビジター・センター裏。距離が短く歩きやすい**トコパ滝トレイル Tokopah Falls Trail**は、カウィー川のマーブル・フォーク沿いを通っており、多層になった滝で終わる。**ツイン・レイクス・トレイル Twin Lakes Trail**は、最初の1マイル（約1.6km）は過酷だが、カフーン・メドウCahoon Meadowから楽になり、クローバー・クリークClover Creek沿いにシリマン・クレストSilliman Crestふもとの湖まで登る。日帰りの冒険にはぴったりだ。

ミネラル・キング Mineral King　ミネラル・キングからのハイキングは骨の折れるトレイル沿いに谷の急斜面を這い上がらなければならない。距離が短くても高度差に注意。愉快なハイキングコースは、クリスタル湖Crystal Lake、モナーク湖Monarch Lake、モスキート湖Mosquito Lake、イーグル湖Eagle Lake行きのコースだ。長いコースならば、地元の人のおすすめはリトル・ファイブ・レイクスLittle Five Lakesや、さらにハイ・シエラ・トレイル沿いに進んだ所にあるぎざぎざのブラック・カウィーBlack Kaweah、スチュアート山Mt Stewart、イーグル・スカウト峰Eagle Scout Peakに囲まれたカウィー・ギャップKaweah Gapだ。いずれも標高1万2000フィート（約3612m）以上。

ミネラル・キング地帯には多くのモルモットが生息し、主に春には冬ごもりのあとで欠乏している塩分を求めてホース、ベルト、車のワイヤーなどに噛みつきたがるので注意しよう。

冬のアクティビティ

グラント・グローブやジャイアント・フォレストは標識の付いたトレイル沿いに**スノーシュー snowshoeing**や**クロスカントリースキー cross-country skiing**が楽しめる。この2カ所を結ぶジェネラルズ・ハイウェイが必ずしも通行可能とは限らないので、どちらか一方を選ぶことをすすめる。公園内で必要となる可能性があるので、タイヤチェーンを持参するとよい。チェーンはセコイア国立公園南のスリー・リバーズとハイウェイ180沿いでレンタルできるが、割増料金を取られる可能性がある。

グラント・グローブからのトレイルはジャイアント・セコイア国定記念物のトレイルと合流する。モンテシート・セコイア・ロッジMontecito Sequoia Lodge（後出「宿泊」を参照）が管理しているトレイルもある。グラント・グローブ・ビレッジ（マーケットやレストランを含む）では、スキーやスノーシューズレンタル、ビジターセンターのイブニングプログラム、ナチュラリストがガイドするスノーシューウォークが行われたり、キャビンやキャンプ場の宿泊施設などもあって大いににぎわっている。

ジャイアント・フォレスト地区のスキーア

クティビティは**セコイア・スキー・ツーリング・センター Sequoia Ski Touring Center**（☎559-565-3435）に集中している。レンタル、レッスン、小売店などのあるすばらしい施設だ。ロッジポールから南へ2.5マイル（約4km）行ったウォルバートンWolvertonには、カフェテリア、小さなマーケット、雪で遊べる場所がある。

宿泊

特記していない限り、キングスキャニオンの宿泊施設はすべて**キングスキャニオン・パーク・サービス Kings Canyon Park Service（KCPS）**（☎559-335-5500、866-522-6966 www.sequoiakingscanyon.com）が運営している。セコイア側は、**デラウェア・ノース・パーク・サービス Delaware North Parks Service（DNPS）**（☎559-784-1500、888-252-5757 www.visitsequoia.com）の運営。通年営業しているロッジはグラント・グローブとウクサチWuksachiのみ。そのほかはすべて10月上旬から5月まで閉鎖となる。

セコイア国立公園とジャイアント・セコイア国定記念物では、キャンプ場以外でのキャンプは無料で行える。ビジターセンターまたはレンジャーステーションで詳細および火の使用許可書をもらおう。

NPSキャンプ場は先着順。ただし、ロッジポールとドースト・クリークを除く（☎予約用800-365-2267）。サイトには、クマ対策を施した箱、テーブル、炉がある。ほとんどの場所に水洗トイレがある。キャンプ場は5月頃オープンし、10月に閉鎖する。

キングスキャニオン&ハイウェイ180沿い Kings Canyon & Along Highway 180
国有林を抜けたハイウェイ180沿いの**プリンセス・キャンプ場 Princess Campground**（☎予約用877-444-6777 サイト＄14）には、巨大な草地に隣接した木の多いサイトがある。サイトの約4分の1は先着順だ。

シーダー・グローブの谷を下りるとNPSキャンプ場が4ヵ所ある。いずれもサイトの利用料は＄14。**センチネル Sentinel**と**シープ・クリーク Sheep Creek**には川沿いのサイトがあり（週末には早めに行かないと確保できない）、鬱蒼としたオニヒバや松の林も近い。**モレーン Moraine**や**キャニオン・ビュー Canyon View**（テントのみ）は急勾配の川岸にあり、地被植物がまばらに生えている地だ。

シーダー・グローブ・ロッジ Cedar Grove Lodge（予約はKCPSへ 客室＄99〜110）は谷で唯一のキャンプ場ではない施設。モーテル式客室が18室あり、シャワーと空調付だが、料金には見合わない。

キングスキャニオン・ロッジ Kings Canyon Lodge（☎559-335-2405 客室＄79〜109 4月中旬〜11月中旬）は、グラント・グローブ・ビレッジから17マイル（約27km）東にある国有林内の民間施設で、シーダー・グローブ・ロッジよりお得。客室にはプライベートバスがあり、6人まで収容できるキャビンがある。興味深いレストランには西部の狩猟小屋の雰囲気が漂い、本格的なバーがある。なんと昔の重力ポンプからガソリンを汲んでいる。

ジェネラルズ・ハイウェイ Generals Highway
NPSキャンプ場がもっとも集中しているのは、グラント・グローブ地区だ。ビジターセンター反対側の**サンセット Sunset**は山の斜面にサイトがあり、一部では西の丘陵地帯やサン・ホアキン・バレーを見渡せる。**アザレア Azalea**のサイトはそれぞれが密集しているが、草地に隣接しているものもある。**クリスタル・スプリングス Crystal Springs**は植物もなければプライバシーもない、もっとも魅力に欠けるキャンプ場だ。上記3ヵ所のキャンプ場はいずれも利用料が1泊＄14。

ロッジポール・ビレッジ近くでは、少し離れた所に**ドースト・クリーク Dorst Creek**（サイト＄16）がセコイアの小さなミュアー・グローブ Muir Grove近くにある。**ロッジポール Lodgepole**（＄14〜16）は巨大だが、非常に快適なキャンプ場だ。ビジターセンターとマーケットの裏にあり、カウィー川のマーブル・フォーク沿いにサイトがある。この2ヵ所は、公園で唯一予約を受け付けている（予約番号☎800-365-2267）。

アザレアとロッジポールだけは通年開場している。

丘陵地帯では、**バックアイ・フラット Buckeye Flat**（サイト＄14）と**ポットウィシャ Potwisha**（サイト＄14）のサイトが遊泳場近くの川岸にある。高地が冷え込む春と秋は気持ちが良いが、夏は暑く虫が多い。

USFSが運営するキャンプ場としては、ジェネラルズ・ハイウェイから北東に6マイル（約10km）の標識の出ている道路沿いに**ビッグ・メドウズ Big Meadows**（サイト＄12）がある。ここには汲み取り式トイレしかない。ハイウェイ沿いにさらに南に行くと**ストーニー・クリーク Stony Creek**（☎877-444-6777 サイト＄16）がある。クリーク脇に午後の日があたり、水洗トイレが装備されたサイトがある。49サイトの半分は予約が可能。

グラント・グローブ・ビレッジには、通年開業している宿泊施設2ヵ所（下記）がある。

グラント・グローブ・ロッジ Grant Grove Lodge（予約はKCPSへ テントキャビン＄45 プライベートバス付キャビン＄105〜112）には、山小

屋風内装の由緒あるキャビンもある。さらに高級な宿を希望する場合には、近くにあるジョン・ミュアー・ロッジ John Muir Lodge（予約はKCPSへ 客室＄140 スイート＄240）がおすすめ。小さいが、客室は快適だ。ロビーはミュアーに捧げられたもの。冬の特別料金は問い合わせよう。

モンテシート・セコイア・ロッジ
Montecito Sequoia Lodge
☎559-565-3388、800-227-9900
℻530-967-0540
ⓦ www.mslodge.com
￥1人＄69〜159

すばらしい立地の、家族向けプライベートリゾート。グラント・グローブ・ビレッジから約9マイル（約14km）南にある。夏には、グループ用バケーションキャンプとして使用されるが、9月〜5月は個人向けゲストに開放される。小さな湖と屋外温水プールがあり、山の見事な景色が望める。冬には、このリゾートが独自にクロスカントリースキーコースを整備している。ビュッフェスタイルのレストランもあるが、設備の揃ったキッチンがあるので自分で調理することもできる。料金には食事とアクティビティが含まれる。

ストーニー・クリーク・ロッジ
Stony Creek Lodge
￥客室＄125
◯5〜10月

グラント・グローブ・ビレッジとジャイアント・フォレストの中間地点に位置する。ロビーでは大きな川石でつくった暖炉が迎えてくれる。プライベートバス付のモーテル式客室は、古びているが悪くはない。予約はKCPSへ。

ウックサチ・ビレッジ＆ロッジ
Wuksachi Village & Lodge
☎559-253-2199、888-252-5757
℻559-253-5680
￥客室＄86〜177
◯通年

ジャイアント・フォレストの北約4マイル（約6km）の地にある、園内でもっとも新しいリゾート。客室には電話とデータポート（公園内では珍しい）があり、本館には洒落たラウンジとレストランがある。

6月中旬から9月上旬までオープンしている、DNPS運営のキャンプ場、**ベアポー・メドウ・キャンプ Bearpaw Meadow Camp**（1泊 大人＄155 子供＄75）が、ジャイアント・フォレストの東18マイル（約29km）、標高7800フィート（約2348m）のハイ・シエラ・トレイルの途中にある。ハイカーはテントキャビンに宿泊できる。料金にはシャワー、2食、寝具、タオルが含まれる。ここはあっというまに埋まるので早めに予約しよう。

ミネラル・キング Mineral King　ミネラル・キング・ロード沿いにキャンプ場が2カ所ある。**アットウェル・ミル Atwell Mill**（サイト＄8）はレンジャーステーションの約5マイル（約8km）西にある。**コールド・スプリングス Cold Springs**（サイト＄8）はレンジャーステーション向かいにある。川沿いにループトレイルが2つと、道路脇に人目につかない場所が少しある。どちらにも汲み取り式トイレがある。

レンジャーステーションの3マイル（約5km）西にある**シルバー・シティ・リゾート Silver City Resort**（☎559-561-3223 ⓦ www.silvercityresort.com ℻キャビン＄70〜150 シャレー＄200〜250、最低2泊以上 ◯5月下旬〜10月）には4〜8人収容できる新しく快適なシャレーがある。より質素なキャビンには簡易キッチンがあり、バスは共用。カフェでは朝食（毎日）、ディナー（水〜月）を出す。パイがすばらしい味わいだ。

食事

どちらの公園も食事する場所は限られている。グラント、シーダー・グローブ、ロッジポールの各ビレッジにはマーケットがあるが、通年営業しているのはグラントだけで価格も高め。

グラント・グローブ・レストラン Grant Grove Restaurant（食事＄10未満）はコーヒーショップのような雰囲気で、食事もまあまあなり。

シーダー・グローブ・ビレッジには、朝食とディナーを出すセルフサービスのレストランがある。キングスキャニオン・ロッジ（前出「宿泊」を参照）でも食事ができる。

ロッジポール・ビレッジには**スナックバー snack bar**があり、ピザやハンバーガーを販売している。デリカテッセンではサラダやサンドイッチを買える。ここには快適なパティオも付いている

ウックサチ・ロッジ Wuksachi Lodge（☎559-253-2199 ℻朝食ビュッフェ＄8.50 メイン＄13〜25）は唯一の洒落た店だ。メニューはチキン、ステーキ、パスタ、サラダが中心。

アクセス

公園は南と西からしか入れない。西からはハイウェイ180で、フレズノからゆっくりとビック・スタンプ・エントランスBig Stump Entrance方向に登っていく。グラント・グローブ・ビレッジから西へ4マイルになる。ここからは、北のキングスキャニオンまたはジェネラルズ・ハイウェイ沿いに南へ行くこともできる。南から来ると、ハイウェイ198はビセーリアからスリー・リバーズを抜け、

ミネラル・キング・ロードを過ぎ、ジェネラルズ・ハイウェイの南端アッシュ山入口に着く。冬には、ジェネラルズ・ハイウェイがグラント・グローブとジャイアント・フォレスト間が閉鎖になっていることが多いので、ルート245（公園西側）が最短コースだ。

スリー・リバーズ
Three Rivers

セコイア国立公園のアッシュ山入口のすぐ外には、スリー・リバーズがハイウェイ198沿いにカウィー川と並んで12マイル（約19km）にわたって広がっている。メインストリートであるシエラ・ドライブSierra Drには、モーテル、店、アーチストのスタジオやギャラリーが建ち並んでいる。町の中ほどには、郵便局、おいしいピザパーラー、食料などを購入できるマーケットがある。

ネイチャードーム Naturedome（☎559-561-6560 ⌂42249 Sierra Dr）は、カウィー川を見晴らす大きなデッキのあるジオデシックドーム（自然と調和するように建てられている）。地元のアーチストの作品を扱っている興味深いギフトショップがある。

リバー・エンビー・アイリス・ファーム River Envy Iris Farm（☎559-561-3630 ⌂43429 Sierra Dr ◷4月1日〜6月4日まで一般公開）では、グレープジュースやオレンジアイスキャンディーのような匂いのするものなど、遺伝子操作によりさまざまな種類のアイリスを育てている。農場は花の最盛期には一般公開している。その時期には展示園に七色の花が咲き、スタッフが質問に答えてくれる。5月最初の週末に開催されるスリー・リバーズ・レッドバッド・フェスティバルThree Rivers Redbud Festival中は、職人がシエラ・ドライブ沿いにブースを設置し、この祭りに数百人が集まる。

宿泊・食事

ゲートウェイ・ロッジ
The Gateway Lodge
☎559-561-4133
🛏客室 平日＄89、週末＄109
こぎれいなモーテル式客室とカウィー川岸のかわいいコテージがある。人気の川岸のレストランではカジュアルなランチを出すが、ディナーでは選り抜きのステーキやシーフードが主体（ランチ＄7〜17、ディナー＄9〜26）となる。入口から約0.5マイル（約800m）の所にある。

シエラ・ロッジ
Sierra Lodge
☎559-561-3681、800-367-879

🛏客室＄38〜86
公園入口から約3.5マイル（約5.6km）にある、これといって特徴はないが町でもっとも安い宿の1つ。

リバー・ビュー
River View
☎559-561-2211
⌂42323 Sierra Dr
🍴ランチ＄5〜9 ディナー＄11〜23
地元の人の「リビングルーム」の役割も果たしている道路沿いのレストラン。食事はアメリカ風そのもので、量もジャイアントセコイアサイズだ。

イースタン・シエラ
Eastern Sierra

シエラ・ネバダのぎざぎざとした険しい山頂が、完全な砂漠の上約2マイル（約3km）にそびえ立っている。標高1万4000フィート（約4214m）を超える峰が14もあるが、その中でも最高峰はホイットニー山Mt Whitneyだ。多くのアウトドアファンはこの辺りをシエラでもっとも良い場所と考えている。なぜなら、高山帯や高地山岳地帯の湖や青々とした草地へのアクセスが良いからだ。幾つかの自然保護区が北から西に約250マイル（約400km）にわたって延びている。ほとんどのトレイルがこれらの地域のいずれかにアクセスしている。十数本にのぼる主な山間の道はシエラ・クレストを超えて、ヨセミテ、キングスキャニオン、セコイア国立公園につながっている。

不毛のオーウェンス・バレーOwens Valleyが東のふもとに横たわるホワイト山脈White Mountainsは太古から存在し、高さはイースタン・シエラの山並みとさほど変わらないが、はるかに長い歴史がある。かつて、峡谷農業の中心地として栄えたオーウェンス・バレーは、現在では南カリフォルニアに給水するためにカリフォルニア導水管によって水を奪われ、砂漠のような荒地となってしまった。

US-395が山脈に並行して走り、舗装道路が西方の鏡のように穏やかな湖に続いている。湖にはトラウトがあふれ、多数の釣り人を集めている。そのほかの道路は急勾配の谷を登り、人気の高地のトレイル起点に続いている。これらの魅力的な渓谷のほとんどに、USFSのレクリエーション・エリア、キャンプ場やプライベートリゾートがある。

イースタン・シエラ − ブリッジポート

オリエンテーション

イースタン・シエラは北のブリッジポートから、南のUS-395とハイウェイ178の交差点まで続いている。山はビショップの北が一番低くアクセスしやすい。ビショップ付近でもっとも人気があるのは、マンモスレイクスだ。ハイキングやサイクリング、スキーができる。ビショップの南は山を分け入り、くねくねとした狭い道を長々と登っていかなければならないことが多い。高地の息をのむような景色にもっとも容易に近づくには、ビショップ・クリークBishop Creek(ビショップ近く)とホイットニー・ポータルWhitney Portal(ローン・パインLone Pine近く)から行くのがよい。

ハイウェイ沿いの小さな町は、宿泊、食事、キャンプ、ガソリン補給、備品補給などができる。交通量が減る冬には多くの施設が閉鎖する。

自然保護区入場許可書

アンゼル・アダムズ、ジョン・ミュアー、ディンキー・レイクの自然保護区内にあるすべてのトレイルおよびカイザーKaiser、ゴールデン・トラウト自然保護区Golden Trout Wildernessesの一部トレイルで1泊する場合には、自然保護区入場許可書(1人＄5)が必須。日帰りの場合には許可書は不要。

アンゼル・アダムズ、ジョン・ミュアー、ディンキー・レイクのトレイル起点割り当ては5月1日から11月、そのほかの2カ所については6月最後の金曜日から9月15日まで実施。各割り当ての約60%は、事前に電話、ファックス、郵便を通じて、**インヨ国有林自然保護区入場許可書オフィス Inyo National Forest Wilderness Permit Office**(☎760-873-2483 ᴵᴬˣ760-873-2484🏠 873 N Main St, Bishop, CA 93514)で予約できる。規則は変わることがあるので、最新の詳細については、ホームページ🌐www.r5.fs.fed.us/inyoで確かめよう。ホイットニー山近隣のトレイル詳細については、本章後出のコラム「ホイットニー山を登る」を参照。フーバー自然保護区の入場許可書については後出「ブリッジポート」を参照。

アクセス・交通手段

イースタン・シエラを通過する公共交通機関は非常に少ないので、自力で動き回るのが最適だ。北からの唯一のアクセスは、ビショップに本拠を置く**カーソン・リッジクレスト・イースタン・シエラ・トランジット Carson Ridgecrest Eastern Sierra Transit (CREST)**(☎760-872-1901、800-922-1930)のバスのみ。バスはビショップとカーソン・シティ(ネバダ州)の往復が週3便(火・木・金)とリッジクレスト行きの南方面が3便(ローン・パイン経由、月・水・金)ある。途中の町にはすべて停まる。料金は距離によって異なり、ビショップからカーソン・シティまでは片道＄20だ。

カーソン・シティはグレイハウンドバスでサンフランシスコ、サクラメントやそのほかの都市と連絡している。レノまでは**パブリック・ルーラル・ライド Public Rural Ride(Pride)**(☎775-888-7466)が運行している。

イースタン・シエラとロサンゼルス間を公共機関で移動することも可能だが、面倒だ。ロサンゼルスから、グレイハウンドでモハベMojaveに行き、リッジクレスト行きのカーン・リージョナル・トランジットKern Regional Transitバスに乗り換え、CRESTに乗ってUS-395沿いに北の各ポイントを目指す。

ブリッジポート
Bridgeport

ブリッジポート(人口500人、標高6500フィート<約1957m>)はカーソン・シティとマンモスレイクス間で初めてできた重要な町だ。メインストリートはアップルパイ同様に極めてアメリカっぽく、典型的な古びた店先と、赤く縁取られ優美な芝生に囲まれた印象的な1880年建設のイタリア風の裁判所がある。そこから数ブロック先の古い校舎の中にある**モノ・カウンティ博物館 Mono County Museum**(☎760-932-5281 ᴵᴬˣ大人＄1.50 子供＄0.75 ❺5月下旬〜9月 10:00〜16:00)にはイースタン・シエラのすばらしい歴史関係のコレクションがある。

ブリッジポートはツイン・レイクス、バージニア湖Virginia Lakes、ブリッジポート貯水湖Bridgeport Reservoir、イースト・ウォーカー川East Walker River、ツイン・レイクス・ブリッジポートTwin Lakes Bridgeportに集まる釣り人にとっては、記録的な大きさのブラウントラウトやレインボートラウト、パーチが捕まることで有名。そのほかのブリッジポートの主なアトラクションは、温泉や、カリフォルニアでもっともよく保存されているゴーストタウンの1つ、ボディ州立歴史公園Bodie State Historic Parkだ。温泉は裸になることやでこぼこ道を恐れない人におすすめ。

オリエンテーション・インフォメーション

US-395はメインストリートと名前を変えてブリッジポートを抜け東へ向かい、町の西端でツイン・レイクス、東端でブリッジポート湖へと枝分かれする。ボディ行きのハイウェイ270は町の南の境界線でUS-395から東へ方向を変える。

ブリッジポート・レンジャー・ステーション
Bridgeport Ranger Station（☎760-932-7070）7〜9月上旬 7:30〜17:00、9月下旬〜7月 8:00〜16:30）は町のすぐ南側、ハイウェイ沿いにある。案内地図板があり、フーバーHoover自然保護区の1泊入域許可書を発行している。一部のトレイル起点は6月最後の金曜日から9月半ばまで割り当て制。割り当ての半分は、レンジャーステーションに郵便で予約を申し込むことができる。受付は出発日の3週間前まで。宛先はHCR 1 Box 1000, Bridgeport, CA 93517。料金は1人＄3。

釣り情報なら**ケンズ・スポーティング・グッズ Ken's Sporting Goods**（☎760-932-7707 258 Main St）が最適。たくさんの地図や釣り、猟、キャンプ用具がある。

宿泊・食事
店はすべてメインストリート沿いにある。

ブリッジポート・イン
Bridgeport Inn
☎760-932-7380
モーテル＄69〜89 ホテル＄39〜99
ボディ行きの駅馬車停車場として建設され、1877年から営業してきた。人なつっこい「霊」が廊下をさまよっているという話だが、客室には「幽霊は居ない」らしい。由緒あるホテルのアンティークであふれた上階客室がもっとも良い。下階の客室ではバス、トイレが共用になる。すてきなバーとレストラン（メイン＄13〜29）もある。

シルバー・メイプル・イン
Silver Maple Inn
☎760-932-7383
客室＄70〜90
4月下旬〜10月
オーナーが親切。敷地がきちんと整備され、客室も快適だ。

ウォーカー・リバー・ロッジ
Walker River Lodge
☎760-932-7021、800-688-3351
www.walkerriverlodge.com
客室＄65〜170
通年開業している2カ所のロッジの1つで、温水プールとスパがある。

ライノズ・バー＆グリル Rhino's Bar & Grille（☎760-932-7345）は、地元の人が酒を飲み、ビリヤードに興じ、ピザを食べる町なかの店。地元の人おすすめのもう1軒は、US-395沿い、町の14マイル（約22km）南にある**バージニア・クリーク・セトルメント Virginia Creek Settlement**（☎760-932-7780 メイン＄12〜22）だ。おいしいステーキとイタリア料理ならこちらへ。

ツイン・レイクス
Twin Lakes

2つの湖は、標高1万2279フィート（約3696m）のマッターホーンを含むぎざぎざのソウトゥース・リッジSawtooth Ridgeが見下ろす美しい景色に鎮座している。ここは、トラウトやコカニーサーモンが釣れることで有名な釣りがメインのリゾートだ。ほとんどの店は5月〜11月しか営業しない。フーバー自然保護区やモノ・ビレッジ（後出）裏のバーニー・レイク・トレイル起点Barney Lake Trailheadなど、湖が多い東のヨセミテ国立公園へ続く快適なトレイルもある。

ツイン・レイクス行きの道路は、ブリッジポートでUS-395と交差し、約12マイル（約19km）にわたる牧草地や丘陵地帯を抜け、ロビンソン・クリークRobinson Creek沿いの心地よいキャンプ場を幾つか過ぎていく。

道中、ロビンソン・クリークに面した所に**ドック・アンド・アルズ・リゾート Doc and Al's Resort**（☎760-932-7051 テント＄13 RVサイト＄17 簡素なキャビン＄42 トレイラー＄47〜60 新型キャビン＄67〜98）がある。新しいキャビンは4〜10人収容でき、シャワーやキッチンがある。古いキャビンはシャワー、トイレが共同。

下の湖に着く直前に、道なりに南へ向かうと見えてくるのがUSFS**ロワー・ツイン・レイクス・キャンプ場 USFS Lower Twin Lakes Campground**（☎760-932-7070、予約用800-444-7275 サイト＄13 5〜10月中旬）だ。静かな東岸にサイトがある。

その近くには**クラグス・キャンプ場 Crags Campground**（☎760-932-7070、800-444-7275 サイト＄13 5〜10月中旬）がある。ローワー・ツイン・レイクス・キャンプ場より日当たりがよく、広々としている。

上の湖の西端、道路が途切れると個人経営の**モノ・ビレッジ Mono Village**（☎760-932-7071 760-932-7468 www.monovillage.com テント＄11 RVサイト＄18 客室＄50〜60 キャビン＄65〜125 4月下旬〜10月）がある。安いがかなり狭苦しい宿泊施設とボートレンタル、ボート発着場、あまりきれいとは言い難いレストランを備えた巨大リゾートだ。キャンプ場は300カ所有り、先着順となる。

バックアイ・ホット・スプリングス
Buckeye Hot Springs

この付近では一番のホット・スプリング（温泉）スポットだが、中には見つけにくいものもある。温泉はバックアイ・クリークBuckeye Creekの急勾配の土手上に湧き出し、岩で囲まれた淵に徐々にたまっていく。小川に隣接し

た最大の淵は、川の水かさが多いときには冷たい。土手の上にぽつんと立っている木の隣にある小さな淵からは、周囲の森のすばらしい景色が見渡せる。衣服の着用は任意。

ブリッジポートからツイン・レイクス・ロード沿いに西のドック＆アルズ・リゾートを目指し、北に曲がり段差のある砂利道に入る。約3マイル（約5km）進んだらバックアイ・クリークを渡り、さらに右折するとバックアイ・ホット・スプリングスに着く。右側に標示のない「駐車場」があるので注意しよう。バックアイ・ホット・スプリングス・ロードはさらに東へ続き、ハイウェイ95へ戻る。

温泉の西側、バックアイ・クリークに架かる橋の道路から2マイル（約3km）奥に入った所にUSFS**バックアイ・キャンプ場** USFS **Buckeye Campground**（サイト＄11 ◎5〜10月中旬）がある。テーブル、火格子、飲料水、水洗トイレが装備されている。橋の両側のバックアイ・クリーク沿い、未造成のスポットならば無料でキャンプできる。

ボディ州立歴史公園
Bodie State Historic Park

ボディ（图大人＄2 子供無料 ◎5月下旬〜9月 9:00〜19:00、10月〜5月上旬 9:00〜16:00）は、立地が辺ぴなうえに建物が修復されていないため、カリフォルニアでもっとも権威ある保存状態の良いゴーストタウンとなっている。1859年にボディ・クリーク沿いに金が発見され、20年も経たないうちにこの町は荒々しい鉱山野営地から、荒々しさを増した鉱山町へと発展した。人口は1万人に達し、無法状態、賭博場、売春宿、65ものくだらない酒場で名を馳せるようになった。周囲の丘陵地帯からは1億ドル以上の金が出たが、金の供給が減るとともに人の数も減り、町を捨て（主にネバダ州カムストック・ロードComstock Lodeへ）、ボディの建物は荒れるに任せることとなった。建物は約5％が残り、州公園局が保存しているが修復は行われていない。

博物館＆ビジターセンター museum & visitor center（☎760-647-6445 ◎5月下旬〜9月 10:00〜17:00）には歴史的地図や展示品があり、1日1回無料ガイドツアーが行われる。ボディとUS-395を結ぶハイウェイ270（13マイル＜約21km＞）は最後の3マイル（約5km）が舗装されていないうえに冬の豪雪時は閉鎖されていることが多い。しかし、史跡は通年開場しているので、スノーシューまたはクロスカントリースキーで訪れることができる。

バージニア湖＆ランディ湖
Virginia Lakes & Lundy Lake

ブリッジポートの南で、US-395はバージニア・クリークVirginia Creekと並走し、コンウェイ・サミットConway Summit（8148フィート＜約2452m＞）を過ぎるとモノ・ベイスンに下っていく。山頂から南を望むと、ジューン山June Mountainとマンモス山Mammoth Mountainを控えるモノ・クレーターズMono Cratersを背にしたモノ湖など、この一帯の地勢がはっきりとわかる。いずれも火山活動の置き土産だ。

ちょうどコンウェイ・サミットで、バージニア・レイクス・ロードVirginia Lakes Rdはバージニア・クリーク沿いに西へ約6マイル（約10km）登り、デュンダーバーグ・ピークDunderberg Peak（1万2374フィート＜約3725m＞）やブラック・マウンテンBlack Mountain（1万1797フィート＜約3551m＞）が両脇を固める湖水地帯に出る。道路突き当たりにあるトレイル起点からは、フーバー自然保護区、パシフィック・クレスト・トレイルへ、さらにはコールド・キャニオンCold Canyon、ヨセミテ国立公園へとつながっている。トレイル起点北東から約2.5〜5マイル（約4〜8km）地点にある湖水地帯はイースタン・シエラーの釣り場と言われている。

道路の終点にある**バージニア・レイクス・リゾート Virginia Lakes Resort**（☎760-647-6484 图キャビン 週＄480〜1567 ◎通常5月中旬〜10月中旬）には独自の世界が広がっている。こぢんまりとしたキャビン、カフェ、釣り道具や釣りライセンスを販売する雑貨店がある。2〜12人収容できるキャビンは週単位で借りることができる。近くの**バージニア・レイクス・パック・ステーション Virginia Lakes Pack Station**（☎760-937-0326）では乗馬ツアーを行っている。

リー・ビニングの約7マイル（約11km）北では、ランディ・レイク・ロードLundy Lake Rdが約5マイル（約8km）にわたってくねくねと西へ向かい、ランディ湖に着く。ここは目の覚めるような美しい場所だ。特に秋の紅葉が谷を染め上げる時期はすばらしい。それにもかかわらず、混雑することはめったにない。湖は細長く、急斜面の谷に囲まれていてハイキングにはぴったりだ。湖西端に川が注ぎ込んでいる。湖に着く手前道路沿いに**州営キャンプ場 county campgound**（サイト＄7）が見えてくる。ここには汲み取り式トイレと水道がある。

ランディ・レイク・リゾート Lundy Lake Resort（☎予約用626-309-0415 图テント＄11 RVサイト＄15 キャビン＄55〜100 ◎4月下旬〜10月）は釣り人やハイカーには人気の地味なリゾー

イースタン・シエラ－モノ湖

ト。サイトは先着順で使用できる。水洗トイレと温水シャワーがあり、そのほかにランドリー、ボートレンタル、店などの施設が揃っている。

リゾートを過ぎて数マイル砂利道を行くと、フーバー自然保護区のトレイル起点駐車場と入場許可書記入場所が見てくる。そこからランディ峠Lundy Passを越え、ヨセミテ国立公園すぐ外、タイオガ峠北2マイル（約3km）にあるサドルバッグ湖Saddlebag Lakeに出る。

モノ湖
Mono Lake

白熱の砂漠に物憂げに広がるきらきらとしたアルカリ水の湖は、北米で2番目に古い湖だ。数百万の渡り鳥や巣づくりをする鳥の重要な生息地でもある。盆地や湖は70万年以上前に形成された氷河期のなごりではあるが、この一帯のもっとも興味深い特徴は火山活動によってつくり出されている。湖岸近くに、滴が垂れた砂の城のような灯の形をしたモノのトゥファtufa（発音too-fah）（石灰華）がそれだ。石灰を含んだ真水の湧き水がアルカリ水を通って噴出したときにできたものだ。

US-395そば、リー・ビニングから約1.5マイル（約2.4km）北に**モノ・ベイスン景勝地ビジター・センター Mono Basin Scenic Area Visitors Center**（☎760-647-3044）オープン時間、曜日はさまざま）があり、ここから美しい湖が一望できる。すばらしい解説の付いた展示や情報を揃えており、書店やクマ対策を施した容器をレンタル（$3）できる場所もある。

さらに数マイル南、US-395西側のリー・ビニングには、**モノレイク・コミッティ・ビジター・センター Mono Lake Committee Visitor Center**（☎760-647-6595 www.monolake.org 9:00～17:00、6月下旬～9月 9:00～22:30）がある。インターネットアクセス、多種類の書籍、モノレイク地区の歴史や地理に関する30分の無料ビデオなどがある。モノレイクのすべてに夢中になっている環境保護活動家の存在に気が付くだろう。ビジターセンターではモノレイクの解説、ガイド付ハイキング、写真撮影ツアー、カヌーツアーも開催している。これらの催しは6月半ばから9月初旬の毎週土・日8:00、9:30、11:00に行われる（大人$17子供$7）。要予約。

湖周辺には、トゥファ塔の例が多く見られるが、もっとも多いのは湖南岸にある**サウス・トゥファ保護区 South Tufa Reserve**（大人$3 18歳未満の子供無料）だ。ここには、1マイル（約1.6km）の解説付トレイルがあり、塔に関する情報を提供している。遊泳に最適

モノ湖

1941年、ロサンゼルス市水道電力局（DWP）はモノ・ベイスンのほとんどを買収し、モノ湖に注ぐ5本の川のうち、4本をカリフォルニア州導水管に振り替え、ロサンゼルスに水を供給した。やがて、湖水面が40フィート（約12m）下がり、湖水に含まれている塩分が2倍に増えた。1976年、環境保護論者デビット・ゲインズは湖の枯渇に関する問題を研究し、約20年後に湖が完全に干上がってしまうことに気づいた。カリフォルニアカモメの主な繁殖地であり、ハジロカイツブリやアカエリヒレアシシギの生息地でもあるこの地で、これはカリフォルニアの鳥にとってゆゆしき事態だった。ゲインズは1979年にモノ湖委員会を設立し、多くの運動や裁判を経て、ロサンゼルス市から水を取り返した。

偶然の自然の出来事も裁判の進行に役立った。1989年、干上がったかつての余水路に大雪によりダムの水が流れ出し、10年にわたって水のなかった川に水が戻った。川に魚が見つかると、DWPが法律上は水利権を「所有している」にもかかわらず、魚を死なせることは許されないので、魚が生き残れる程度の水量を維持する義務を課すと裁判所が判決を下した。1994年、カリフォルニア州水源管理委員会による画期的な判決において、DWPは湖水面を17フィート（約5m）上げ、標高6392フィート（約1924m）とするために、分水量を大幅に減らすことをDWPに命じた。これは10～20年かけて実施される予定である。

なのが、保護区のすぐ東側にある**ネイビー・ビーチ Navy Beach**だ。ただし、シャワーがないので、皮膚に塩分が残り不快な思いをするかもしれない。

湖岸から離れたサウス・トゥファ保護区とハイウェイ120の中間にある**パナム・クレーター Panum Crater**は、モノ・クレーターの中でもっとも新しく（約640年前）小さい。南のマンモス山に向かって広がっている。クレーター周囲に景色の良いトレイル（約30～45分）と、距離は短いが急勾配の「おすすめトレイル」がある。こちらのトレイルを行くと、黒光りした黒曜石と軽石に囲まれたクレーターの中心に出る。

北岸には、**ブラック・ポイント・フィッシャー Black Point Fissures**がある。これは、ブラック・ポイントの溶岩流が1万3000年ほど前に冷えて、縮まったときに開いた細い岩山だ。この岩山にたどり着くのは大変だが、行くだけの価値はある（起点はUS-395そばのカウンティ・パークの東またはハイウェイ167の南）。道中は暑く乾燥している。出発前にビジターセンターでチェックインしよう。

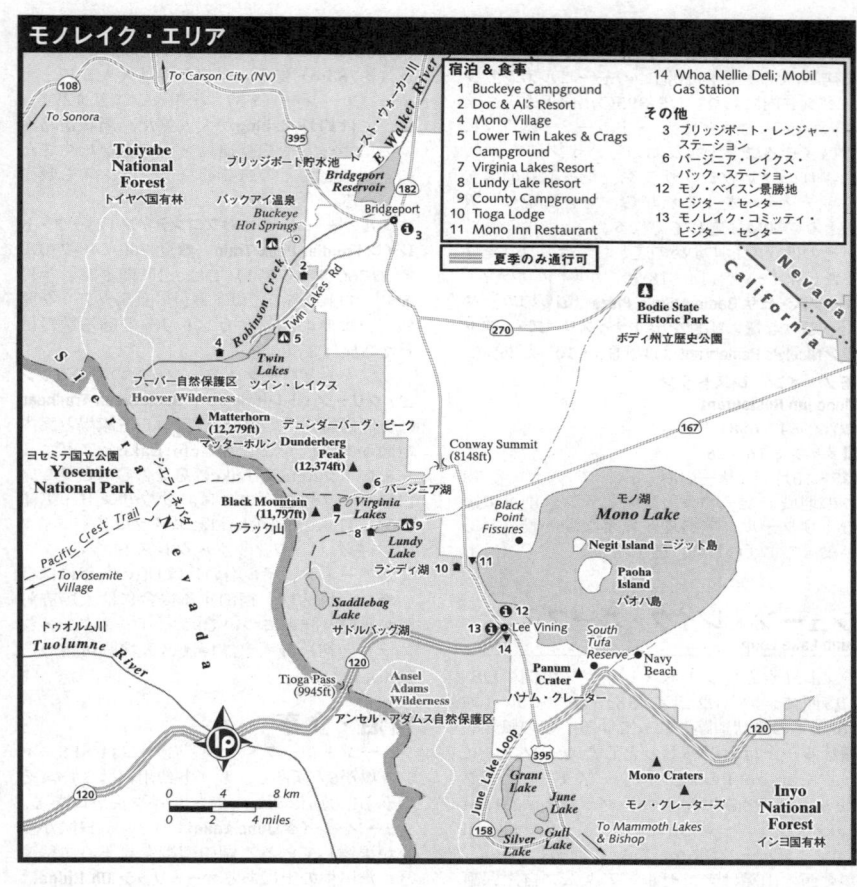

モノレイク・エリア

宿泊 & 食事
1 Buckeye Campground
2 Doc & Al's Resort
4 Mono Village
5 Lower Twin Lakes & Crags Campground
7 Virginia Lakes Resort
8 Lundy Lake Resort
9 County Campground
10 Tioga Lodge
11 Mono Inn Restaurant
14 Whoa Nellie Deli; Mobil Gas Station

その他
3 ブリッジポート・レンジャー・ステーション
6 バージニア・レイクス・パック・ステーション
12 モノ・ベイスン景勝地ビジター・センター
13 モノレイク・コミティ・ビジター・センター

夏季のみ通行可

リー・ビニング
Lee Vining

リー・ビニング（人口315人、標高6780フィート＜約2041m＞）は実用本位でモノ湖に付け加えられた町だ。ここには、食事、宿、ガソリンスタンドがある。ハイウェイ120がタイオガ峠（夏のみ通行可。「ヨセミテ国立公園」のコラム「通行不可能なタイオガ峠」を参照）を越え、西のヨセミテ国立公園へも続いている。ハイウェイ120脇の小川沿いに、汲み取り式トイレ、水道設備のある**USFSキャンプ場 USFS campgrounds**（サイト＄7）が6カ所ある。

町の中心にある**エル・モノ・モーテル El Mono Motel**（☎760-647-6310 客室 バスなし＄49〜85 夏のみ）は1927年より営業している宿。客室は小さく、設備は最低限でテレビはあるが、電話はない。

ベスト・ウエスタン・レイクビュー・ロッジ
Best Western Lakeview Lodge

☎760-647-6543 FAX 760-647-6325
客室＄49〜131
客室は十分な広さがあり近代的。フロントスタッフも感じが良い。

タイオガ・ロッジ
Tioga Lodge

☎760-647-6423、888-647-6423
www.tiogalodge.com
客室 冬＄55、夏＄75〜95
US-395沿いにあり、町から約2.5マイル（約4km）北。数名のオーナーが共同経営しており、モノ湖を望むこぢんまりとした由緒あるキャビンが集まっている。キャビンの内装は、シンプルなものから、けばけばしいものまでさまざま。レストランもある（朝食＄5〜9、ディナー＄6〜16）。

ウォア・ネリー・デリ
Whoa Nellie Deli

1品＄4〜17

🌙4〜11月

シエラにしては珍しいグルメな食事が楽しめる店。ハイウェイ120沿いのモービルガソリンスタンド内にあり、US-395の出口近く。シェフのマット・"タイオガ"・トゥーミーはクマに食べさせるほど大きなおいしいサンドイッチ、山盛りのフレッシュサラダ、たっぷりのステーキディナーを出しながら、できる限り一人ひとりの要望に応じてくれる。

そのほかのおすすめの店としては、リブを使ったディナー（$14〜18.50）が専門の**ボディ・マイクズ・ピザ Bodie Mike's Pizza**（🌙夏のみ）やたっぷりの量の朝食を出す**ナイスリーズ・レストラン Nicely's Restaurant**（食事$5〜10）がある。

モノ・イン・レストラン
Mono Inn Restaurant
☎760-647-6581
🍴メイン$16〜26
🌙5〜10月ディナーのみ

この地域で唯一の一流レストラン。創意に富むカリフォルニア料理が見事な湖の景色とあいまってすばらしい。要予約。

ジューン・レイク・ループ
June Lake Loop

モノレイクとマンモス・レイクスの間のUS-395西で、ハイウェイ158が16マイル（約26km）の環状道路となっている。この風光明媚なルートは、どっしりとしたカーソン・ピーク Carson Peakとリバースド・ピーク Reversed Peakに挟まれ、グラント湖Grant Lake、シルバー湖Silver Lake、ガル湖Gull Lake、ジューン湖June Lakeを通過していく。すぐ西の山脈はアンゼル・アダムズ自然保護区の一部。ヨセミテ国立公園まで続いているがトレイルで容易にたどり着ける。

アウトドア好きの人なら、この辺りにたっぷり1週間は留まれるだろうが、US-395から30分ほど回り道をするだけでも十分に見て回れる。湖はすべてトラウトフィッシング向き。グラント湖とシルバー湖には無料の公共ボート発着場がある。店などはジューン湖南端のジューン・レイク・ビレッジに集まっている。環状道路の南入口にインフォメーション・キオスクがあるが、スタッフはいない。

アクティビティ

ジューン・マウンテン・スキー・エリア June Mountain Ski Area（☎760-648-7733、問い合わせ用888-586-3686）は、マンモス・マウンテン（本章後出）よりも小さく混雑していない。スタッフも親切。標高1万135フィート（約3051m）のジューン・マウンテンは、高速4人乗り2本を含む8本のリフトがある500エーカー（約200ha）のスキー場。標高差は2600フィート（約783m）ある。リフト券は大人$47、ティーンエージャー$37、子供&シニア$27。

夏には**釣り fishing**が大人気だ。環状道路沿いにはボートや釣り道具を貸す店がたくさんある。ほとんどの店で釣りランセンスも販売している。

シルバー・レイクの**フロンティア・パック・トレイン Frontier Pack Train**（☎夏760-648-7701、冬☎760-873-7971）では、1時間$25、半日$55、1日$85で、ガイド付の乗馬ツアーを開催。シエラのバックカントリーを回る数日にわたる旅が$500〜。

リゾートとパックステーションの間の**ラッシュ・クリーク・トレイルヘッド Rush Creek Trailhead**は自然保護区への出発点だ。1日駐車場と案内地図がある。ジェム湖Gem Lakeとアグニュー・レイクAgnew Lakeは息をのむほど美しい日帰りハイキングコース。サウザンド・アイランドThousand Islandとエメラルド・レイク（どちらもパシフィック・クレスト/ジョン・ミューアー・トレイル沿い）は1泊の行程にはぴったりの目的地。宿泊する場合には入場許可書が必要（詳細については、「イースタン・シエラ」の初めの「自然保護区入場許可書」を参照）。

宿泊・食事

ジューン・レイク・ループ沿いにはUSFSキャンプ場が6ヵ所ある。サイト使用料は$13。そのうち2ヵ所はジューン・レイク沿いにある。**ジューン・レイク June Lake**は小さく、日陰が多いが混雑している。湖の南端を見下ろす荒涼とした尾根の上にある**オー・リッジ Oh Ridge**は景色がいいうえにビーチにアクセスできるが、あまり日陰がない。どちらも水設備がある。4月半ば〜9月下旬までオープン（☎予約用800-444-7275）。**シルバー・レイク Silver Lake**はラッシュ・クリーク横の草に覆われたサイト。**ガル・レイク Gull Lake**と**リバースド・クリーク Reversed Creek**は非常に狭く、先着順となる。

パイン・クリフ・リゾート・キャンプ場
Pine Cliff Resort Campground
☎760-648-7558
🏕テント$11、RVサイト$16〜20、キャンピングトレーラー 週$160〜400

オー・リッジの隣にある民間施設。店と公共の温水シャワー（$1）ぐらいしかくつろげるものはない。

ボルダー・ロッジ
Boulder Lodge
☎760-648-7533
🏨スイート、キャビン、客室$65〜275

ジューン湖岸。湖に面した広々としたスイートや、2ベッドルームのキャビン、スタンダードのモーテル式客室がある。内装は少し古びているが、屋内プール、ジャグジー、サウナあり。

ダブル・イーグル・リゾート＆スパ
Double Eagle Resort & Spa
☎760-648-7004、877-648-7004
📠760-648-7016
💲216〜298

シルバー湖南端近く。客の楽しみを何よりも優先してくれる施設。こぎれいなログキャビンにはアメニティがすべて揃っている。洒落たスパで疲れとともにシワも洗い流してしまおう。フライフィッシングでトラウトを釣ることもできる。レストラン（☎760-648-7897、朝食＆ランチ＄6〜11 ディナー＄6.50〜20）は天井が高く居心地の良いブースと大きな暖炉があり、素朴な気品を醸し出している。

タイガー・バー
Tiger Bar
☎760-648-7551
📍2620 Hwy158
💲1品＄4〜15

ジューン・ビレッジ内にある店。夜（特にスキーシーズン中）にハンバーガー、魚料理、ビールを目当てに行くならここ。朝食やランチもおいしい。

マンモス・レイクス
Mammoth Lakes

マンモス・レイクス（人口7200人、標高7800フィート＜約2348m＞）はイースタン・シエラの商業中心地だ。切り立った峰々に見下ろされ、高山地帯の透明な湖に囲まれ、鬱蒼としたインヨ国有林に覆い隠されている様は四季を通じてのリゾート地といえる。12月から5月初旬までは、1万1053フィート（約3327m）のマンモス山がスキー客を引きつけ、それ以外の季節にはハイカー、バックパッカー、マウンテンバイカー、釣り人などのアウトドア愛好者が集まる。

ほとんどの人がマンモスと呼ぶこの場所は、気取らずゆったりとしていて、心を和ませる雰囲気があり、宿泊料金も高すぎることはない。残念なことに、町そのものはショッピングセンター、コンドミニアムの集まりに過ぎず、高山帯リゾートにつきものの古風な魅力には欠けている。

この欠点を切実に感じていた都市計画立案者が、マンモス・マウンテン・アンド・イントラウエスト Mammoth Mountain and Intrawestという開発業者と手を組み、歩行者に親切な町という目標を据えて、町の性格を100％変えてしまった。本書を読む頃には、ハイウェイ脇に歩道（ことによっては暖房付かもしれない）が敷設され、店やレストラン、高級宿泊施設のある「ビレッジ」中央は、客を歓迎していることだろう。そしてゴンドラで村はスキー場と直接連絡されているだろう。高級リゾート施設の建設や山そのものの改良などの長期計画もある。

マンモスの将来を知るには、**イントラウエスト・ディスカバリー・センター** Intrawest Discovery Center（📍6156 Minaret Rd）を訪ねてみよう。開発業者の展望をまとめた縮尺模型と非現実的とも思える内容の映画が見られる。町の人たちはおおむね賛成しているようだが、一部にはこれらの「発展」がマンモス最大の財産であった自然そのものに恐ろしい影響を与えるのではないかと恐れ、乗り気でない人もいる。

歴史

驚くべきことに、マンモスはチェアリフトとともにこの世に誕生したわけではない。もともと鉱業と製材業の町だったマンモスには、砕鉱機、製材所、用水路、水車、テントキャビンや酒場が並ぶ粗野なメインストリートがあった。オールド・マンモス・ロードOld Mammoth Rd西端に集中している町のほとんどは黒焦げになってしまったが、14フィート（約4m）のはずみ車とそのほかの古い建物は残っている。**マンモス博物館** Mammoth Museum（☎760-934-6918 📍5489 Sherwin Creek Rd 🆓無料 🕐6〜10月9:30〜16:30）は、オールド・マンモス・ロードが西に急カーブする地点の東側にあり、かつての開拓地の写真が展示されている。古い町のツアー地図も配布している。

スキーリゾートとしてのマンモスの発祥は、1930年代に数人の冒険心に富んだ人々が山の周囲に取り付けられたロープトウ（スキーヤーがつかまって上へ引き上げられるスキー場の回転ロープ）を使用したときだった。これらの先駆者の1人がデーブ・マッコイだ。マッコイはこの地域に魅了され、現在のマンモス・マウンテンの原型となるスキーリゾートを建設することとなった。最初のチェアリフトは1955年に設けられ、1986年には隣接するジューン・マウンテンもマッコイが購入した。

オリエンテーション・インフォメーション

マンモス・レイクスでUS-395を下り、ルート203で西へ3マイル（約5km）行くと、マンモス・レイクスに着く。最初の信号を越すとルート203はメインストリートとなり、2つ目の信号を過ぎるとレイク・メリー・ロードLake Mary Rdとなる（冬はツイン・レイクスから先

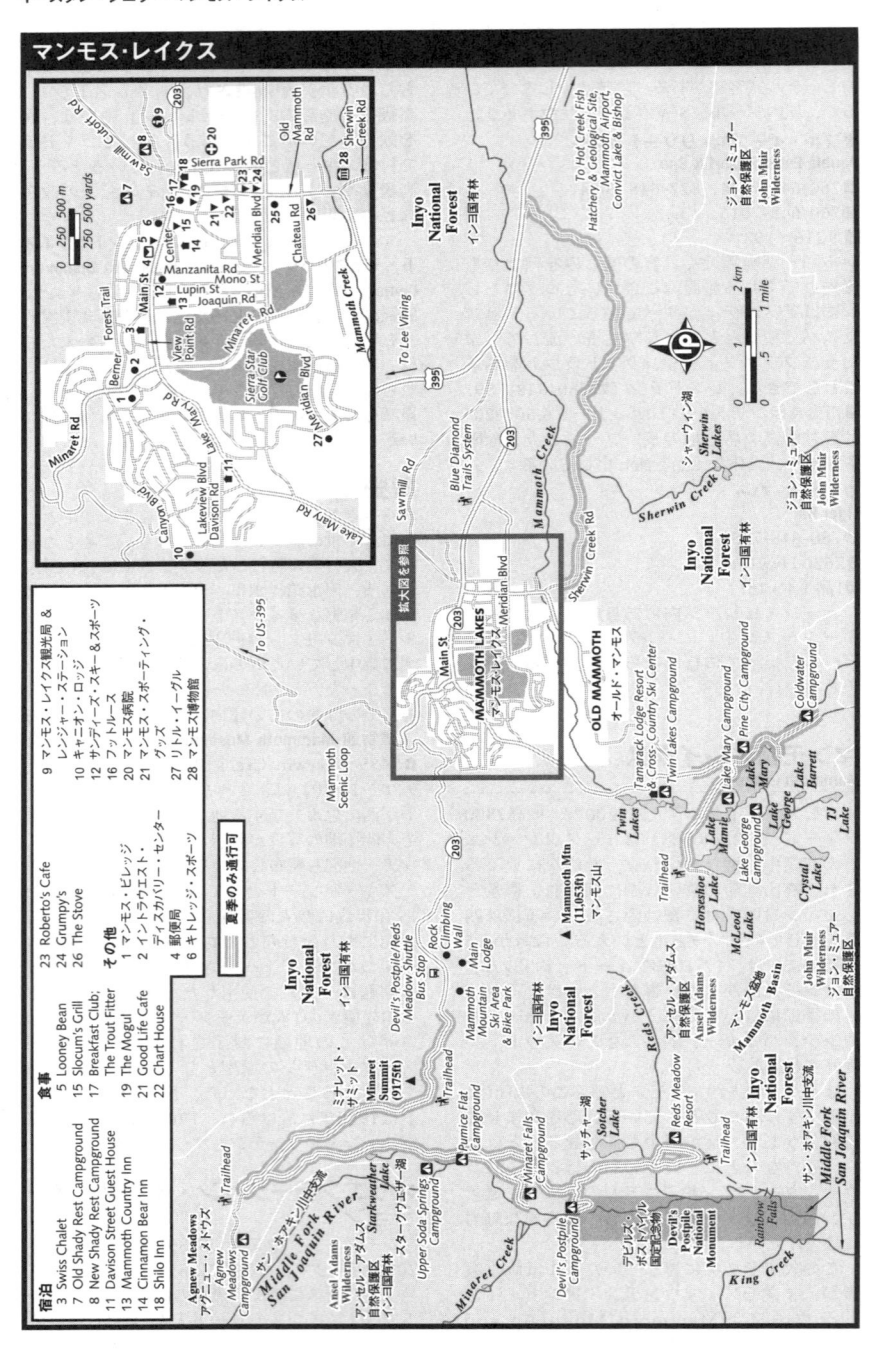

マンモス・レイクス

宿泊
- 3 Swiss Chalet
- 8 Old Shady Rest Campground
- 8 New Shady Rest Campground
- 11 Davison Street Guest House
- 13 Mammoth Country Inn
- 14 Cinnamon Bear Inn
- 18 Shilo Inn

食事
- 5 Looney Bean
- 15 Slocum's Grill
- 17 Breakfast Club; The Trout Fitter
- 19 The Mogul
- 21 Good Life Cafe
- 22 Chart House
- 23 Roberto's Cafe
- 24 Grumpy's
- 26 The Stove

その他
- 1 マンモス・ビレッジ
- 2 イントラウエスト・ディスカバリー・センター
- 4 郵便局
- 6 キトレッジ・スポーツ
- 9 マンモス・レイクス観光局 & レンジャー・ステーション
- 10 キャニオン・ロッジ
- 12 サンディーズ・スキー＆スポーツ
- 16 フットルース
- 20 マンモス天然館
- 21 マンモス・スポーティング・グッズ
- 27 リトル・イーグル
- 28 マンモス博物館

夏季のみ通行可

は閉鎖）。メイン・ストリートとレイク・メリー・ロード交差点の北のミナレット・ロードMinaret Rdがマンモスの新しい村を過ぎ、マンモス・マウンテン・スキー・エリアに続く。夏には、さらに南のレッズ・メドウReds Meadow／デビルズ・ポストパイルDevils postpile地区まで続く。

マンモス・レイクス観光局 Mammoth Lakes Visitors Bureau（☎760-934-2712、888-466-2666 W 760-934-7066 W www.visitmammoth.com ⌂Rte 203 ⏰8:00〜17:00）は、**マンモス・レイクス・レンジャーステーション Mammoth Lakes Ranger Station**（☎760-924-5500）と同じ建物内にある。建物はハイウェイ203北側の最初の信号すぐ手前にある。ここではすべての情報が手に入るうえに、自然保護区入場許可書を発行し、宿泊施設、キャンプ場のリスト、道路やトレイルの最新状況、地元の観光名所に関する情報も入手できる。マンモスに関する最新の情報を手に入れるには、町で配布されている無料の週刊新聞「マンモス・タイムズMammoth Times」（W www.mammothtimes.com）がよい。

郵便局 post office（⌂Main St）はシェブロンガソリンスタンドを過ぎてすぐの所。**マンモス病院 Mammoth Hospital**（☎760-934-3311 ⌂185 Sierra Park Rd）には、24時間対応の緊急治療室がある。

マンモス・マウンテン・スキーエリア
Mammoth Mountain Ski Area

スキーヤー、スノーボーダーにとっての真のリゾート。ここでは、思いきり滑って楽しむことが、スキーウェアのブランドよりも重要だ。休火山の**マンモス山 Mammoth Mountain**（☎760-934-0745、問い合わせ用800-626-6684 ☎雪情報（24時間）888-766-9778 W www.mammothmountain.com）にはチェアリフトが28本、ゴンドラが2本あり、1週間は楽しめるだけの広さがある。木立のスキーとオープンボウルスキーの組み合わせがすばらしく、3100フィート（約933m）の標高差のおかげで長いクルージングが可能だ。頂上は垂直に近い急斜面。初心者、上級者用の斜面がそれぞれ30％ずつあり、残りの40％は中級者用コースになる。

2003年の1日リフト券は大人週末＄60、平日＄57、13〜18歳の子供週末＄45、平日＄43、7〜12歳の子供、65歳以上のシニアは週末＄30、平日＄29。複数日のリフト券のほうがお得だ。毎年数ドルずつ値上げされるものとみておこう。ゲレンデは8:30〜16:00までオープンしている。

山のふもとには、メイン・ロッジMain Lodge、キャニオン・ロッジCanyon Lodge、リトル・イーグルLittle Eagle、ザ・ミル・カフェThe Mill Cafeの4つの拠点がある。いずれも駐車場が完備され、リフト券を販売している。メイン・ロッジとキャニオン・ロッジにはスキースクールがある。

駐車場はすぐにいっぱいになるので、スキー場と町を結ぶ無料シャトルバスを利用するほうがよい。

メイン・ロッジとキャニオン・ロッジには、どちらも最新の装備レンタルショップ、リペアショップがあり、リトル・イーグルには小規模なスキーショップがある。価格は**フットルース Footloose**（☎760-934-2400 ⌂Gateway Center Mall, 3043 Main St）、**マンモス・スポーティング・グッズ Mammoth Sporting Goods**（☎760-934-3239 ⌂Sierra Center Mall, Old Mammoth Rd）、**サンディーズ・スキー＆スポーツ Sandy's Ski & Sport**（☎760-934-7518 ⌂Red Rooster Mall, 3499 Main St）など、町なかにあるスキーショップのほうが安い。

クロスカントリースキー

ニュー・シェイディ・レスト・キャンプ場New Shady Rest Campground裏のブルー・ダイヤモンド・トレイル・システムBlue Diamond Trails System沿いに無料のクロスカントリースキーコースがある。USFSが管理しているトレイルはほとんどがグルーミングされていない。お金はかかるが、コンディションが良いのは**タマラック・クロス・カントリー・スキー・センター Tamarack Cross Country Ski Center**（☎760-934-5293 ⌂Lake Mary Rd 🎫チケット大人 終日＄18 午後＄13 夕方＄10、シニア＆ユース 終日＄13 午後＄10 夕方＄8 ⏰最初の積雪〜4月中旬）だ。ツイン・レイクスのすぐ隣に、45kmの整備済みトラック、スケートレーン、標識の付いたバックカントリートレイル、レンタルやレッスンをしてくれる質素なロッジ（後出「宿泊」を参照）などがある。レンタルは、大人が終日＄19、午後＄14、シニアと子供は終日＄14、午後＄11。レッスンは、大人が午前＄38〜、午後＄32〜、シニアと子供は午前＄30〜、午後＄26〜。

ハイキング

主なトレイル起点は3カ所ある。いずれも駐車場があり、格好の日帰りハイキングコースやシエラ・クレストを越える長いトレイルへ続いている。**ホースシュー湖 Horseshoe Lake**はマンモス・ベイスン内の高地にあるので、そこからあまり歩かなくても高山帯の景色が見えてくる。レッズ・メドウに下る気持ちの良いトレイルもある。**メリー湖 Lake Mary**もマンモス・ベイスン内。感動的なマンモス・クレストを背にしながら、小さな高山帯の湖へ簡単

にたどり着ける。**アグニュー・メドウズ Agnew Meadows**（デビルズ・ポットパイル方面。シャトルバスでもアクセス可能）からのトレイルは、パシフィック・クレスト／ジョン・ミューア・トレイル沿いに北へ向かい、シエラでもっとも見事な、のこぎりの歯のような峰が続くミナレットMinaretsや圏谷の湖に囲まれたアンゼル・アダムズ自然保護区へ続いている。冬にはこれらのトレイルの多くは（特にレッズ・メドウへ向かうもの）はバックカントリースキーヤーでにぎわう。ハイキングやバックパッキングの装備をそろえるなら**キトレッジ・スポーツ Kittredge Sports**（☎760-934-7566 ★3218 Main St）がおすすめだ。

マウンテンバイク

夏はマウンテンバイクが大人気だ。この時期、マンモス・マウンテンが**マウンテン・バイク・パーク Mountain Bike Park**（☎760-934-0706）になる。70マイル（約112km）以上の整備された単線トレイルがある。2001年まで、マンモスでは、サーキットでの一流レースの1つ、NORBA全米チャンピオン・マウンテン・バイク・シリーズNORBA National Championship Mountain Bike Seriesが開催されていた。

そのほかのトレイルは周囲の森を横断している。観光局に立ち寄り、ルート説明と最新のルート状況が付いた無料地図をもらおう。**フットルース Footloose**（前出の「マンモス・マウンテン・スキー・エリア」を参照）では、1時間およそ＄10または1日＄28〜40でバイクをレンタルしている。

釣り

4月の最終土曜日に解禁され、この町の名前の由来となっている十数個の湖がフライフィッシング、トラウトフィッシングをする各地の人々を引きつける。釣り人の仲間入りをするには、カリフォルニア州の釣りライセンスが必要で、スポーツ用品店で入手できる。マンモスでは、さまざまな釣りコンテストも行われている。その1つが、北米最大のフライフィッシング大会であるウエスタン・アウトドア・ニュース・ダブル・ホールWestern Outdoor News Double Haulだ。9月にクローレー・レイクCrowley Lakeで開催される。釣り道具をレンタルするなら、**ザ・トラウト・フィッター The Trout Fitter**（☎760-924-3676、800-637-6912）がよい。ルート203とオールド・マンモス・ロードの角、シェル・マート・センターShell Mart Centerにある。

宿泊

マンモスには宿泊施設がたくさんあるが、需要、時期、曜日によって料金が大きく異なる。祝日は料金がもっとも高い。冬には、宿とリフト券の付いたツアーがもっともお得だろう。観光局で確認しよう。

キャンプ マンモスレイクス近辺にはUSFSキャンプ場が約20カ所ある。ほとんどが6月中旬から9月中旬までオープンしている。サイトはほとんどが先着順で利用料は＄13〜16。ほとんどこにも水洗トイレがあるが、シャワーはない。全キャンプ場のリスト、個々のオープン期間、空き具合、公共シャワーについては、観光局で問い合わせよう。

禁止と表示されていない限り、国有林内でキャンプを張ることもできる。観光局で指定キャンプ場以外でのキャンプが認められている地域を確認し、こんろや炭火グリルを使用する場合には火気使用許可書も入手しておく。

ツイン・レイクス Twin Lakes、**メリー湖 Lake Mary**、**ジョージ湖 Lake George**の湖岸に位置する快適なキャンプ場もある。US-395に近い、町の南にある**コンビクト湖 Convict Lake**のキャンプ場は、4月下旬から10月までオープンしている。

ルート203（ミナレット・ロードMinaret Rd）は、サン・ホアキン川San Joaquin River沿いの**レッズ・メドウ／デビルズ・ポストパイル Reds Meadow/Devil's Postpile**エリアにある6カ所のキャンプ場に続いている。いずれも釣りやハイキングに便利だ。

それほど景色は美しくないが、町に近いニュー・シェイディ・レスト New Shady Rest（☎予約用877-444-6777）と**オールド・シェイディ・レスト Old Shady Rest**（電話番号同上）が観光局すぐ裏に広がっている。ニュー・シェイディ・レストは5月中旬から10月までテント、RVともにに開放され、積雪時にはテントのみの利用となる。

ユースホステル 町の北側の静かな住宅街にある**デビソン・ストリート・ゲスト・ハウス Davison Street Guest House**（☎760-924-2188、予約用619-544-9093 ⓦwww.mammoth-guest.com ★19 Davison St ⊞ドミトリーベッド＄18〜27）は親切な民間ホステル。客室が5室（合計26人収容）、バスルーム3つ、共同キッチン、ラウンジ、山の景色が望めるサンデッキがある。料金は季節、曜日によって若干異なる。

コンドミニアム マンモスには休暇用コンドミニアムがあふれている。その多くは、南カリフォルニアに住む裕福な人々が投資用または息抜き用に購入したものだ。コンドミニアム滞在はすばらしく値段も手頃なので特に4人以上のグループにはおすすめ。コンドミニアムの紹介、

空室状況問い合わせには、**マンモス・リザベーション・ビューロー Mammoth Reservation Bureau**（☎760-934-2528、800-462-5571 📠760-934-2317 🌐www.mammothvacations.com）、**セントラル・リザベーション・オブ・マンモス Central Reservations of Mammoth**（☎760-934-8816、800-321-3161 📠760-934-1703 🌐www.mammothlakes.com）へ。

B&B（ベッド＆ブレックファスト）・イン

スイス・シャレー
Swiss Chalet
☎760-934-2403、800-937-9477
📠760-934-2403
🌐www.mammothswisschalet.com
🏠3776 Viewpoint Rd
💴客室 夏＄60〜75、冬＄80〜120
魅力あふれる客室には、テレビと電話があり内装の趣味も良い。ホットタブやサウナを楽しみながら山でのんびりとした1日を過ごそう。どちらもすばらしい景色が楽しめる。

シナモン・ベア・イン
Cinnamon Bear Inn
☎📠760-934-2873、800-845-2873
🌐www.cinnamonbearinn.com
🏠133 Center St
💴客室＄89〜159
電気製品が揃った大きめの客室。料金にはたっぷりの朝食、夕方の前菜、共同ホットタブの利用が含まれる。

マンモス・カントリー・イン
Mammoth Country Inn
☎760-934-2710、866-934-2710
🌐www.mammothcountryinn.com
🏠75 Joaquin Rd
💴客室＄95〜185
最近、改装したばかりの真新しい客室が7室（中にはプライベートホットタブ付のものもある）とゲスト用キッチンがある。朝食もおいしい。メインストリートから1ブロック先にある。

シャイロ・イン
Shilo Inn
☎760-934-4500、800-222-2244
📠760-934-7594
🏠2963 Main St
💴＄119〜150
大変お得な宿。広々としたミニスイートは電子レンジ、冷蔵庫付で、料金にはたっぷりあるコンチネンタルブレックファストが含まれる。何よりもいいのはフィットネスエリアが広いこと。ジム、室内プール、ホットタブ、スチームルーム、サウナが完備されている。

タマラック・ロッジ・リゾート
Tamarack Lodge Resort
☎760-934-2442、800-237-6879
📠760-934-2281
🌐www.tamaracklodge.com
💴キャビン＄120〜350 ロッジ内客室＄82〜230
ローワー・ツイン・レイクの湖岸にある素朴で魅力的な宿。居心地の良いロッジには暖炉、バー、レストランがある。新築したばかりのものもあるキャビンは9人まで収容。設備の整ったキッチン、電話、プライベートバス、ポーチ、洒落たアルプス風の家具が備わっている。

食事

マンモスにはモーニングコーヒーを飲み、山で1日を過ごすのに必要な炭水化物でおなかをいっぱいにする場所はたくさんある。**ブレックファスト・クラブ Breakfast Club**（☎760-934-6944 🏠2987 Main St）と**ザ・ストーブ The Stove**（☎760-934-2821 🏠644 Old Mammoth Rd）はどちらもマンモス住民のお気に入りの店だ。**ルーニー・ビーン Looney Bean**（☎760-934-1345 🏠3280 Main St）もおすすめ。会話の絶えないコーヒーショップには、香り高いコーヒーと焼きたてのパンやお菓子がある。場所はシェブロンガソリンスタンド隣。

ロベルトズ・カフェ
Roberto's Cafe
☎760-934-3667
🏠271 Old Mammoth Rd
💴1品＄2〜10
マンモス一のメキシコ料理ならこの店。テキーラの種類が豊富だ。外のパティオは日があたり、気持ちいい。

グランピーズ
Grumpy's
☎760-934-8587
🏠361 Old Mammoth Rd
💴1品＄4〜20
にぎやかなスポーツバー。ピンボールマシン、ビリヤード台、テレビゲームがある。食事は体力回復にぴったりのアメリカ料理やメキシコ料理で、どんな予算にも対応。

グッド・ライフ・カフェ
Good Life Cafe
☎760-934-1734
🏠Mammoth Mall, Old Mammoth Rd
💴朝食＆ランチ＄4.50〜9.50
たっぷりと中身の詰まったラップサンドやサンドイッチ、大盛りのサラダなど、健康志向のメニューが豊富。天気が良いときにはデッキのテーブルがにぎわう。

ザ・モーグル
The Mogul
☎760-934-3039
🏠1528 Tavern Rd

イースタン・シエラ－マンモス・レイクス周辺

人気のステーキ、プライムリブの店。外見も雰囲気もカジュアルなスキーロッジといった雰囲気。食べ放題のサラダバーは＄9。

スロカムズ・グリル
Slocum's Grill
☎760-934-7647
🏠3221 Main St
ディナーメイン＄10～25

洗練されているが、にぎやかな雰囲気が際立っている店。客の年齢層は高い。メニューは創作パスタ、肉や魚のグリルが中心だ。

チャート・ハウス
Chart House
☎760-934-4526
🏠106 Old Mammoth Rd
メイン＄14～40

マンモスではもっともあか抜けた店。シェフが得意とするのはシーフードの見事な調理だが、メニューにはステーキ、チキン、プライムリブ、サラダもある。

マンモス・レイクス周辺
Around Mammoth Lakes

デビルズ・ポストパイル国定記念物
Devil's Postpile National Monument

国定記念物にある60フィート（約18m）の青みがかった灰色の玄武岩の多面柱は、この一帯の火山活動によって生まれた中でもっとも異彩を放ち興味深い。マンモス峠を通って流れてきた溶岩が冷え、縦に割れてこの柱ができた。そのあとに氷河期が訪れ、ひび割れた輝く表面が形成された。

天候が許せば、公園は通常6月～9月に開園。入園者は1人＄5の入園料を支払う。キャンプする場合を除けば、徒歩または無料シャトルバスで入園できる。スキーエリアのメイン・ロッジ前のゴンドラ・ビルGondola Buildingは7:00～19:00まで30分おきに出発しており、キャンプ場、展望台、**デビルズ・ポストパイル・レンジャー・ステーション Devil's Postpile Ranger Station**（☎760-934-2289）に停車する。ここからは、柱まで約0.5マイル（約800m）だ。さらに2.5マイル（約4km）にわたって火事でぼろぼろになった森を抜けていくと、101フィート（約30m）の高さから1枚の紙のように水が落ちてくる、すばらしいレインボー滝Rainbow Fallsに着く。

最後にたどり着くのは**レッズ・メドウ・リゾート Reds Meadow Resort**（☎760-934-2345、800-292-7758）。カフェ、雑貨店、パックステーション（キャンプ用具の店）、キャンプ場がある。

シャトルバスは終点まで片道45分だ。

コンビクト湖
Convict Lake

マンモスから南東へ約5マイル（約8km）、それからUS-395を西に2マイル（約3km）行った所にあるのがコンビクト湖だ。透明なエメラルド色の湖水をたたえたこの湖は、モリソン山Mt Morrisonとローレル山Laurel Mountainの巨大な2つの峰に抱かれたこの地域でもっとも美しい湖の1つ。湖の名前の由来は、脱獄してここまで逃げてきた受刑者たち（コンビクト）がいたことによる。緩やかな傾斜のトレイルが、ポプラやハコヤナギの林を抜け、湖を取り巻いている。南東岸のトレイル起点から、ジョン・ミューア自然保護区内にあるジュヌビエーブGenevieve、エディスEdith、ドロシーDorothy、ミルドレッドMildredの各湖へと続いている。

コンビクト湖キャンプ場 Convict Lake Campground（サイト＄13～15）のサイトは段状になっている（先着順）。水洗トイレもある。**コンビクト・レイク・リゾート Convict Lake Resort**（☎760-934-3800、800-992-2260 キャビン＄90～695）には、質素なものから豪華なものまでさまざまなキャビンがあり、キッチンとバスルームが装備されている。この辺りでは数少ないレストラン（メイン＄16～26）では、大都会にもひけをとらないグルメなコンチネンタル風料理が客を引きつけている。

ホット・クリーク養魚場＆地質サイト
Hot Creek Fish Hatchery & Geological Site

US-395沿いにマンモスから南東へ5マイル（約8km）行くと、ホット・クリーク養魚場（通年営業）の標識がある。ここでは毎年300万匹のトラウトが育てられ、シエラを流れる川や湖に放たれる。

さらに2マイル（約3km）ほど行くと、**ホット・クリーク地質サイト Hot Creek Geological Site**に出る。火山活動によってできたくぼみの底に温泉や淵が次々と湧き出している。山から湧き出す水が地表面の裂け目を通ってしみだし、マグマによって温められる。温められた水流が流れ出して熱い湯が湧き出し、自然の大釜のようになっている。淵に浸かることもできるが、煮えたぎるほど熱くなっている箇所もあるので表示を確認し、注意して湯に浸かろう。

ビショップ
Bishop

ビショップ（人口3700人、標高4150フィート＜約1249m＞）はマンモスレイクス南で最大の町。気取りのない質素な様子は、おとぎの国のような周囲の自然とは好対照だ。レクリエー

ションの中心地であるビショップからは、近くの湖にあるすばらしい釣り場や、ビショップ・クリーク・キャニオンBishop Creek Canyon経由でジョン・ミュアー自然保護区へ行くことができる。メモリアル・デイの週末には、ビショップでラバのオークション、ラバのレース、ラバのパレード、ラバのロデオなどが開催されるラバの日Mule Daysがある。この日ばかりは、1人残らずカウボーイかラバボーイとなる。この時期には約4万人がこの町を訪れる。

ビショップはまた**オーウェンス・バレー Owens Valley**北端の町でもある。かつてこの辺りはシエラ山脈を流れる川で潤う肥沃な農業地帯だった。20世紀初頭から、オーウェンス川の水はロサンゼルス導水管に吸い上げられ、谷は荒地となった。かつて300フィート（約90m）の深さを誇り、渡りをする水鳥の重要な立ち寄り先だったオーウェンス湖は干上がってしまった。風が強い日には、干上がって露出した湖底の乾燥した堆積物が空中に舞い上がり、細かい土埃があがる。呼吸器の弱い人はこれが原因で健康を害している。この状況を緩和するために、ロサンゼルス市水道電力局は、湖底の一部に浅水を溜め土壌を安定させるために塩生草を植えて、埃対策を実施している。

オリエンテーション・インフォメーション

ビショップにはUS-395でもっとも急なカーブがある。ここでハイウェイ6（ネバダ州ベンドンBenton方向）と直角に交差している。この町は、メインストリート沿いに交差点から約3マイル（約5km）にわたって広がっている。

ホワイト・マウンテン・レンジャー・ステーション White Mountain Ranger Station ☎760-873-2500 🏠798 N Main St ◎5月下旬〜9月上旬 8:00〜17:00、それ以外の時期は短縮）は自然保護区入場許可書を発行している。ホワイト・マウンテンズWhite Mountains、ビッグ・パインBig Pine、ロックRock、ビショップ・クリーク・レクリエーション・エリアBishop Creek Recreation Areasのトレイルやキャンプ場情報も入手できる。

近くには**ビショップ・エリア・ビジター・センター Bishop Area Visitor Center** ☎760-873-8405 🌐www.bishopvisitor.com 🏠690 N Main St ◎月〜金 9:00〜17:00、土・日10:00〜16:00）がある。

ローズ鉄道博物館
Laws Railroad Museum

歴史的建物や列車、装備が広範囲にわたって集められているこの博物館（☎760-873-5950 🏠Hwy 6 💰任意（寸志）◎10:00〜16:00）があるのは、ビショップの北東4マイル（約6km）だ。

展示の目玉は1883年建設のローズ停車場だ。狭軌鉄道の停車場は、近くのカーソン・シティから、当時は肥沃だったオーウェンス・バレーを通ってローン・パインの南まで、人や農産物を輸送するのに用いられた。ビショップ最初の教会を含むそのほかの歴史的建物もここに移築され、アンティークやあらゆる種類の展示物を収容している。

パイウーテ・ショショーネ・インディアン文化センター
Paiute Shoshone Indian Cultural Center

オーウェンス・バレーに最初に定住したのはパイウーテ族とショショーネ族だった。現在では、彼らは4つの居留地に住んでいるが、そのうち最大のものがビショップ・インディアン居留地だ。センター（☎760-873-4478 🏠2300 W Line St 💰大人＄4 子供＄1 ◎月〜金 9:00〜17:00、土・日10:00〜17:00）は部族の本部、集会場所として利用されている。ギフトショップや、かご細工、道具、衣服、スチームバスや調理小屋などの住居が展示された博物館がある。

マウンテン・ライト・ギャラリー
Mountain Light Gallery

荒野の撮影には卓越していた著名な写真家ガレン・ローウェルと、自身も著名な狩猟家だった妻のバーバラ・クッシュマンはビショップに居を定めていたが、2002年8月11日、自家用飛行機がビショップ空港の南に墜落し、悲劇の死を遂げた。畏怖の念を起こさせるほどすばらしい、ガレン・ローウェルが撮影したシエラの写真の中でもよりぬきが、2人によって建てられた**マウンテン・ライト・ギャラリー Mountain Light Gallery**（☎760-873-7700 🏠106 S Main St 💰無料 ◎日〜木10:00〜18:00、金土10:00〜21:00）に展示されている。

アクティビティ

町から9マイル（約14km）北のUS-395東側にあるオーウェンス・リバー・ゴージOwens River Gorgeは、**ロッククライミング rock climbing**に最適。町の西側のハイウェイ168を挟むバターミルク・ヒルズButtermilk Hillsでもロッククライミングができ、ボルダリング（大岩登り）にも最適だ。**ウィルソンズ・イーストサイド・スポーツ Wilson's Eastside Sports**（☎760-873-7520 🏠224 N Main St）のスタッフには熟練したクライマーがいて、ルートについてアドバイスしてくれる。ここでは装備レンタルや地図、ガイドブックの販売をしている。

ハイウェイ168で町の西を目指すとたちまち**ビショップ・クリーク・キャニオン Bishop Creek**

Canyonに着く。シエラ高地の高山帯にあり、松の森や湖、小川が点在している。南の支流は、ぎざぎざの峰に囲まれたサウス・レイクSouth Lakeで終わる。キャンプ場も数力所ある。ビショップ峠へ行くトレイル起点はジョン・ミュアー自然保護区内の無数の湖につながっている。

北の支流はサブリナ湖Lake Sabrinaまで続き、さらに小さなノース・レイクNorth Lakeが近くにある。ポプラが紅葉する秋が一番きれいだ。どの湖も**釣り**に向いている（ノース・レイクが一番混雑する）。**ハイキング**用トレイルがジョン・ミュアー自然保護区を抜け、セコイア国立公園へと続いている。

ホースパッキングはビショップでは大きなビジネスなので専門店が幾つかあり、それぞれにさまざまなツアーを開催している。**レインボー・パック・アウトフィッターズ Rainbow Pack Outfitters**（☎760-873-8877、760-872-8803 🏠600 Main St）はサウス・レイク近くのパーチャーズ・リゾートParchers Resort内。**ビショップ・パック・アウトフィッターズ Bishop Pack Outfitters**（☎760-873-4785、800-316-4252）はビショップ・クリークの北支流にある。**ロック・クリーク・パック・ステーション Rock Creek Pack Station**（☎夏760-935-4493、冬760-872-8331）はビショップから車で北へ約30分行ったすてきな峡谷内にある。

ビショップの南約5マイル（約8km）で右折し、キーオ・ホット・スプリングス・ロード Keough Hot Spring Rdに入る。次に、カウンティ・ロードCounty Rdで右折し、左側に**自然の温泉 natural hot springs**（入場無料）を探そう。キーオ・ホット・スプリングス・ロード沿いに**キーオズ・ホット・スプリングス Keough's Hot Springs**（大人＄7 特別割引＄4）がある。これは、歴史のある屋外プール（1919年にさかのぼる）で、鉱物をたっぷりと含んだなまぬるい湯があふれている。

宿泊・食事

ブラウンズ・タウン
Brown's Town
☎760-873-8522
🏕サイト＄14〜19

町の南端にある草に覆われたサイト、熱いシャワー、ランドリー、そのほかのアメニティの揃った快適な木陰のキャンプ場だ。

ハイウェイ168で町の西へ9マイル（約14km）行った所にあるビショップ・クリーク沿いにUSFSキャンプ場が10カ所ある。これらのキャンプ場は木に取り囲まれ、釣り場やハイキングコースにも近い。ほとんどのキャンプ場の使用料は＄11で先着順だ。

ビショップには、US-395沿いにたくさんの沿道モーテルもある。ありきたりの客室の料金は＄40〜。わずかでも格式と快適さを求めるなら、以下の場所はいかがだろう。

マトロック・ハウス
Matlock House
☎760-873-3133
🏠1313 Rowan Lane
🛏客室＄75〜85

「古きよき時代」を思わせる内装で、お得なB&B（ベッド＆ブレックファスト）。

コンフォート・イン
Comfort Inn
☎760-873-4284
🏠805 Main St
🛏客室＄85〜150

きちんと手入れされた大きなホテルで、プール、バーベキュールーム、魚をさばく部屋がある。

ベスト・ウエスタン・クリークサイド・イン
Best Western Creekside Inn
☎760-872-3044、800-273-3550
🏠725 N Main St
🛏客室＄109〜159

ビショップでは最高級の宿。見事に造園された敷地には温水プールとスパがある。客室は設備が整っており、かなり広々としている。

エリック・シャッツ・バッケリー
Erick Schat's Bakkery
☎760-873-7156
🏠763 N Main St
🥪サンドイッチ＄6〜7

シェパードブレッドなどのパンや菓子を1938年から作り続けている店。さんざん宣伝されているせいか、スナック・エスプレッソバーはたいてい観光客でいっぱいだ。

アミーゴズ
Amigos
☎760-872-2189
🏠285 N Main St
🍽1品＄3〜10

すばらしい正統派メキシコ料理の店。質素な装飾や窓のプラスチックのサボテンにひるまないで。

バーベキュー・ビルズ
Bar-B-Q Bills
☎760-872-5535
🏠187 S Main St
🍽食事＄10未満

昔風のセルフサービス食堂。とろ火でスモークした肉を見事なバーベキューソースで食べる。ベジタリアンには種類豊富なサラダバーはいかが。

ウィスキー・クリーク
Whiskey Creek

☎760-873-7174
🏠524 N Main St
🍴メイン＄7〜23

切妻造りのカントリーインの中にある店。山を望むサンデッキのあるバーでは前菜と簡単な料理が出され、少々堅苦しいダイニングルームでは凝った料理が賞味できる。

カバ・コーヒーハウス
Kava Coffeehouse
🏠206 N Main St

コーヒーとスムージーがおいしい。陽気な雰囲気で、インターネットにアクセスも可能。ここに立ち寄り朝食や焼き物、サンドイッチなどを補給していくハイカーも多い。

ビショップからローン・パイン
Bishop To Lone Pine

ビッグ・パイン＆ビッグ・パイン・キャニオン
Big Pine & Big Pine Canyon

ビショップから15マイル（約24km）南にあるビッグ・パインの町は、古代ブリストルコーン・パイン・フォレストAncient Bristlecone Pine Forestへ向かう途中の給油所または出発地点に過ぎないが、ここにある**ビジターセンター visitor center**（☎760-873-2500 🏠126 S Main St）にはこの地域全体に関する役立つ情報がたくさんある。

メインストリート沿いにはモーテルが数軒あるが、どの宿も基本料金は＄30〜55。**ブリストルコーン・モーテル Bristlecone Motel**（☎760-938-2067 🏠101 N Main St）の色あせた大きな客室には電話とテレビが付いている。きれいな庭があり、スタッフも親切なのが**ビッグ・パイン・モーテル Big Pine Motel**（☎760-938-2282 🏠370 S Main St）。

グレーシャー・ロッジ・ロードGlacier Lodge Rd（町中ではクロッカー・アベニューCrocker Ave）経由でビッグ・パインの西へ10マイル（約16km）の所にある**ビッグ・パイン・キャニオン Big Pine Canyon**は釣りやハイキングに絶好。**キャンプ場 campground**（サイト＄13）には汲み取り式トイレと飲料水がある。**グレーシャー・ロッジ Glacier Lodge**（☎760-938-2837 🏠キャビン＄70〜75）には、キャビン（最低2泊）、公共シャワー、小さな店がある。

峡谷入口のキオスクで詳しいことを尋ねよう。泊まるつもりなら、自然保護区入場許可書もここで入手できる。ここの景色は北の峡谷ほど見事ではないが、**パリセード氷河 Palisade Glacier**までトレイルが続いている。この氷河はアメリカ合衆国では最南端にあり、シエラでは最大。氷河から溶け出す水が下の湖を乳白色のターコイズ色に変え、美しい写真が撮れる。ノース・フォーク・トレイルNorth Fork trailを通って、氷河まで約9マイル（約14km）。**グレーシャー・パック・トレイン Glacier Pack Train**（☎760-938-2538）は＄50で1日乗り放題。パックツアーは1日＄90。

古代ブリストルスコーン・パイン・フォレスト
Ancient Bristlecone Pine Forest

ここのグレート・ベイスン・ブリストルコーン・パイン（松）は、現在生存している地球最古の生物だ。中には樹齢4000年を超えるものもある。最古の木はずんぐりとしてコブだらけなうえに、根が露出し、枝は大きく広がっている。ここでは千年に6インチ（約15cm）の割合で土壌が劣化するので、地上から数フィートの高さまで根が見えている。

森は、乾燥し荒涼としたホワイト山脈の中にある。ここはかつてシエラよりも標高が高く、歴史も古いため侵食が激しい。ここを訪れるには、ビッグ・パインからハイウェイ168を東方面に乗って12マイル（約19km）先のホワイト・マウンテン・ロードを目指し、次に左（北）へ曲がり、くねくねとした道路沿いに10マイル（約16km）進むとシュルマン・グローブSchulman Groveへ着く。ここに**ビジターセンター visitor center**（☎テープによる情報案内760-873-2500 🕐通常5月下旬〜10月）と駐車場がある。この行程は1時間もかからないはずだ。ここからはさまざまな森に続くセルフガイドトレイルを楽しめる。

2つ目の森、**ペイトリアーク・グローブ Patriarch Grove**には、世界最大のブリストルコーン・パインがある。ビジターセンターから階段状の砂利道（マウンテンバイカーに人気）を通って約12マイル（約19km）の所をさらに4マイル（約6km）行くと、バークロフト高地研究ステーションBarcroft High Altitude Research Stationがある。ここは、標高1万4246フィート（約4288m）のホワイト・マウンテンの頂上を目指す日帰り**ハイク hikes**の出発点だ。ホワイト・マウンテンはカリフォルニアで3番目に高く、ホイットニー山よりわずかに251フィート（約75m）低いだけ。廃道を通れば、往復は約15マイル（約24km）だ。ルートはわかりやすいが標高が高いため、散歩気分では歩けない。時間は十分に余裕をみて、1人につき少なくとも2クォート（約2ℓ）の水を用意すること。

ビジターセンター手前の標高8600フィート（約2588m）地点にある**グランドビュー・キャンプ場 Grandview Campground**は未造成のキャンプ場で、無料で利用できる。景色がすばらしい。水は持参すること。

インディペンデンス
Independence

けだるげなハイウェイ沿いの町、インディペンデンス（人口1000人、標高3925フィート＜約1181m＞）は1866年以来、カウンティの首都でもある。US-395を西へ3ブロック行くと、**イースタン・カリフォルニア博物館 Eastern California Museum**（☎760-878-0354 ♠155 N Grant St ■任意（寸志） ◎水～月 10:00～16:00）がある。ここは古めかしくはあるが、シエラで最高水準の地元の歴史博物館だ。展示の目玉は、マンザナール収容所の生活に関する、小さいが強く心に訴えかける展示やパイウーテやショショーネの貴重なかご細工コレクションなどだ。

オニオン・バレー・ロード Onion Valley Rd（町中ではマーケット・ストリート Market St）を通って町の西に出ると、オニオン・バレーに快適な**キャンプ場 campgrounds**（■サイト＄11 ◎3月中旬～10月中旬）が2カ所ある。パイウーテ族のかつての交易ルート、キアサージ・パス・トレイル **Kearsarge Pass Trail**へ続くトレイル起点からは、気持ちの良いハイキングコースがいろいろあり、キングスキャニオン国立公園の裏手にもっとも近い。ゴールデン・トラウト・レイクス **Golden Trout Lakes**へ続くトレイルは体力を要し、標示も少ない。カリフォルニアオオツノヒツジの群れがシェパード峠のオニオン・バレー南近辺に生息している。

町の裏手にある**ウィンデュマー・ホテル Winnedumah Hotel**（☎760-878-2040 @winnedumah@qnet.com ♠211 N Edwards St ■客室＄50～85、ドミトリーベッドHI会員＄19.50 非会員＄22.50）は、小さいが一流のホテルだ。近くのアラバマ・ヒルズ Alabama Hillsで撮影するハリウッドエリートにとっては、自分の家のようなものだった（後出の「ローン・パイン」を参照）。魅力的なインでホスティング・インターナショナル Hostelling Internationalに加盟している。ロビーはきれいなうえ、心地よい家具が温かく迎えてくれ、心休まる庭までついている。料金には朝食が含まれる。

マンザナール国定史跡
Manzanar National Historic Site

1942年2月、ルーズベルト大統領は、西海岸に居住するすべての日本人（ほとんどがアメリカ国民）を強制収容所に収容するよう命じる行政命令に署名した。マンザナールはそのような10カ所の強制収容所のうちで最初に建設されたものだ。ナシとリンゴの果樹園に囲まれたこの収容所は、インディペンデンスから6マイル（約10km）南にある。1942～45年、マンザナールは500エーカー（約200ha）の居住地に、約1万1000人が抑留された。この居住地は有刺鉄線で取り囲まれ、衛兵が見張りに立っていた。

戦後、強制収容所は跡形もなく取り壊され、歴史の暗部は数十年にわたってオーウェンス・バレーの土くれの下に埋められていた。1973年にこの地が旧跡の指定を受けるまで、認知されることもままならなかった。その後、1992年に国定史跡となった。最近行われた復元工事により、有刺鉄線が再建され、車でまわれるガイドなしツアーが完成した。残っている主な建物は古い高校の講堂だ。現在ではビジターセンターとなり、解説が行われている。

ローン・パイン
Lone Pine

ローン・パイン（人口2800人、標高3700フィート＜約1114m＞）は3つのことで有名だ。アラバマ・ヒルズ Alabama Hills、ホイットニー山へのゲートウェイであること、デス・バレー Death Valleyへ続くハイウェイへの分岐点であることだ。1800年代にオーウェンス・バレーの牧場や農家の補給地として成立したローン・パインは、1850年代の鉱山業が盛んな時代に最初のブームを経験し、約1世紀後に近くのアラバマ・ヒルズで撮影されたケーリー・グラント、ゲーリー・クーパー、ホパロン・キャシディーの西部劇が始まると次のブームを迎えることとなった。10月に開催されるローン・パイン映画フェスティバルはこの時代を記念したものだ。

ローン・パインでは、たくさんのモーテル、レストラン、店がUS-395（ここではメインストリートと呼ばれる）の両側に建ち並んでいる。ホイットニー・ポータル・ロードは町の信号で西に方向を変え、デス・バレーへ続くハイウェイ136は町から約2マイル（約3km）南で、南東へ方向を変える。

インターエージェンシー・ビジター・センター Interagency Visitor Center（☎760-876-6222 ◎通年 8:00～17:00）は、町の南1.5マイル（約2.4km）、US-395と136の合流点にある。シエラほぼ全域だけでなく、デス・バレーの情報の中枢である。

マウント・ホイットニー・レンジャー・ステーション Mt Whitney Ranger Station（☎760-876-6200 ♠Main St ◎5～10月 7:00～16:30、7～8月は延長）はローン・パインの町なかにあり、自然保護区入場許可書を発行。地元のトレイル

ホイットニー山を登る

標高1万4497フィート（約4364m）のホイットニー山はアラスカを除くアメリカ合衆国内でもっとも高い山であり、その頂上への登山はアメリカでもっとも人気のあるハイキングコースだ。

ホイットニー山登山のメイントレイルは、ローン・パインの約13マイル（約21km）西のホイットニー・ポータルWhitney Portalを出発し、ホイットニー・ポータル・ロード（冬は閉鎖）を通り、11マイル（約18km）にわたって約6000フィート（約1806m）を登っていく。健康な人ならたいてい登りきれるが、体の調子をしっかり整えた熟練登山者でなければ、日帰りはすすめられない。高山病を起こしがちなので、トレイル起点で1、2日過ごして体を慣らすようにレンジャーはすすめている。ルート沿いには2カ所のキャンプ場がある。3.5マイル（約5.6km）地点のアウトポスト・キャンプOutpost Campとトレイルを6マイル（約10km）地点にあるトレイル・キャンプTrail Campだ。そこを目指すならば、ローン・パインのレンジャーステーションranger station ☎760-876-6200）で詳細を尋ねてから出発しよう。ガイドブックとしては、ウォルト・ウィーロックとウィン・ベンティの「ホイットニー山を登るClimbing Mt Whitney」が良い。レンジャーステーションで＄8.95で販売されている。

ホイットニー・ポータルには、ホイットニー・クリーク沿いの松林にひっそりと隠れたすてきなキャンプ場が2カ所ある。ホイットニー・ポータルWhitney Portal（☎予約用877-444-6777 ■サイト＄14）は、トレイル起点から東へ約1マイル（約1.6km）。階段状になった快適なサイトで、汲み取り式トイレと飲料水がある。先着順での利用となるホイットニー・トレイルヘッドWhitney Trailhead（サイト＄6）は、ホイットニー・ポータルと施設内容は同じ。どちらも通常5月中旬から10月中旬までオープンしている。満場の場合には、ここから7マイル（約11km）東のローン・パイン・キャンプ場『ローン・パイン』の「宿泊・食事」を参照）に問い合わせてみよう。ホイットニー・ポータル・ストアWhitney Portal Storeでは食品雑貨や軽食を販売し、クマ対策を施した食糧貯蔵容器をレンタルしている。公共シャワーや温かい食事を出すカフェもある。

頂上を目指すにあたって最大の難関となるのは、自然保護区入場許可書を手に入れることだ。ローン・パイン・レイク（トレイル起点から約2.8マイル＜約4.5km＞）から先の宿泊、日帰りハイキングのいずれにも必要だ。トレイルの人気が高いので、5月1日から11月1日までは割り当て制になっていて宿泊者は1日60人、日帰りハイカーは1日100人に制限されている。入場許可書は抽選で配布。2月1～28日の間に、自然保護区入場許可書発行局国有林情報課 Wilderness Permit Office Info National Forest（☎760-873-2484 ★873 N Main St, Bishop, CA 93514）宛てに申請用紙を郵送またはFAXで送る。予約料は1人＄15。詳細はホームページ Ⓦ http://www.r5.fs.fed.us/inyoで確認を。

と道路状況を掲示している。

アラバマ・ヒルズ
Alabama Hills

ローン・パインの西、赤い大岩が積み重なり、想像力をかきたてるゆがんだ形に彫りこまれた不気味なアラバマ・ヒルズは、この世のものとは思えない景色だ。この景色になじみがあるとすると、「西部開拓史How the West Was Won」を初めとする懐かしの西部劇が数え切れないほどここで製作されたからだ。「映画撮影現場」に近づくには、ホイットニー・ポータル・ロードを西へ向かう。手っ取り早く見て回るには、タトル・クリーク・ロードTuttle Creek Rdを左折する（ポータジー・ジョー・キャンプ場Portagee Joe Campgroundの標識を探そう）。舗装した環状道路の所要15分間の楽な道のりだ。より大きくドラマティックな岩の累層を見たい場合には、階段状になった未舗装のムービー・ロードMovie Rdから行く。ローン・パインから約3マイル（約5km）西のホイットニー・ポータル・ロードから入る。インターエージェンシー・ビジター・センターには、歴史解説と正確な場所を記した地図がある。

宿泊・食事

ローン・パイン・キャンプ場
Lone Pine Campground
☎予約用877-444-6777
■サイト＄12
◎4月中旬～10月中旬

町の西側のホイットニー・ポータル・ロードからたくさん標示が出ている。暑く乾燥しているが、水道水とコンポストトイレがある。

ベスト・ウエスタン・フロンティア
Best Western Frontier
☎760-876-5571
★1008 S Main St
■客室 3月中旬～10月中旬＄54～103、10月中旬～3月中旬＄39～76

町の南側にある宿で、快適な客室が多数ある。中にはプライベートジャグジーのついた部屋も。料金には簡単な朝食が含まれている。

アラバマ・ヒルズ・イン
Alabama Hills Inn
☎760-876-8700、800-800-6468
Ⓦ www.alabamahillsinn.com
★1920 S Main St
■客室 夏＄58～109、冬＄45～75

比較的新しい宿。居心地の良い客室には、冷

蔵庫と電子レンジが付いている。

ヒストリカル・ダウ・ホテル
Historical Dow Hotel
☎760-876-5521、800-824-9317
W http://www.dowvillamotel.com
🏠310 S Main St
客室 夏 バスなし＄38 バス付＄52、冬 バスなし＄23 バス付＄39

かつてはジョン・ウェインやエロール・フリンなどの映画スターも滞在した。1922年に建設され建物は修復されているが、かつての面影を十分に残している。隣接する**ダウ・ビラ・モーテル Dow Villa Motel**（☎同上　客室 夏＄80〜115、冬＄64〜92）の客室はありきたりだが、現代の利器はすべて揃っている。

PJ'sカフェ PJ's Cafe（🏠446 S Main St　1品＄4〜13　24時間）のコーヒーショップ定番の食事はおいしい。**マウント・ホイットニー・レストラン Mt Whitney Restaurant**（1＄7.50〜12)では、伝統的なハンバーガーと風変わりなハンバーガー（バッファロー、ダチョウ、シカ）を「ロックンロールとオールド・ウエストが融合した」雰囲気の中で味わえる。映画にまつわるプレミアムグッズもいっぱい。どちらの店も地元の人のおすすめだ。

ランチ・ハウス・カフェ Ranch House Cafe（食事＄5〜15）は、ローン・パインから20マイル（約32km）南の**オランチャ Olancha**にある。高い天井、大きな木製のブース、赤いチェックのテーブルクロスのある素朴な雰囲気の中で、田舎風のアメリカ料理を堪能できる。

カリフォルニア砂漠地帯

California Deserts

緑のことは忘れよう。しばらくすると砂漠の荒涼とした風景も、明るい光も、広大さもそれなりに美しくなってくる。時には猛烈に暑くなるが、めったに過酷な状況にはならず、砂漠の気候は長い間、特に砂漠よりも寒く湿度が高く緑の多い土地から来た人々には健康的な気候と考えられてきた。

カリフォルニア砂漠地帯はパームスプリングスPalm Springs周辺のリゾート都市やインペリアル・バレーImperial Valleyの灌漑農業地帯を除けば人口が希薄だ。もっとも壮観な地域であるデス・バレー国立公園Death Valley National Park、ジョシュア・ツリー国立公園Joshua Tree National Park、アンザ・ボレゴ砂漠州立公園Anza-Borrego Desert State Parkですら年間を通して込み合うことはない。それらの公園を結ぶ長い道路を走っていると、辺ぴな場所や一見果てしなく広がる何もない空間が実際に私たちを引きつけることもありうるし、砂漠の厳しさ、ほかとの隔絶は現実の危険をもたらすこともまたしかりだ。旅行者はしっかり準備をし、必要な事前の対策を講じておかねばならない。

ハイキングを予定している人はビル・カニンガム、ポーリー・バーク共著の「*Hiking California's Desert Parks*」またはジョン・クリストの「*50 Best Short Hikes*」を手に入れよう。どちらも書店で簡単に入手でき、サンディエゴ地域のビジターセンターでも手に入る。

ハイライト

- ジョシュア・ツリー国立公園Joshua Tree National Park - 少々変わった木々と楽しい登山
- デス・バレー国立公園Death Valley National Park - 塩床と砂丘、壮観な日の出と日没
- パームスプリングス・ロープウェイ Palm Springs Aerial Tramway - 暑い砂漠からひんやりした松の森まで14分
- アンザ・ボレゴ砂漠州立公園Anza-Borrego Desert State Park - ヤシのオアシス、深い渓谷、そして広大な空間

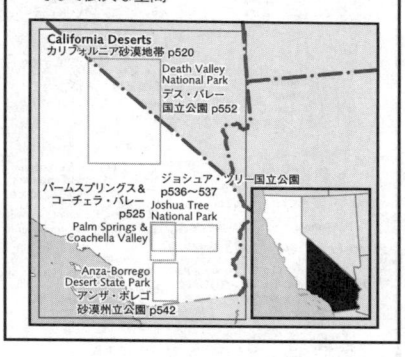

歴史

有史以前の時代からこの砂漠のあちこちでその生命を泉、小川、湖に支えられた人々が生活してきた。古代の居住跡が砂漠の数カ所で発見されている。ヨーロッパからやって来たの初期の探検家たち、たとえばフアン・バウティスタ・デ・アンザやジェデディア・スミスのような探検家にとって、砂漠は人の住める西海岸と南部や東部の居住地との間の障害であった。デ・アンザ・トレイルDe Anza Trailやスパニッシュ・トレイルSpanish Trailなど、彼らが開拓した道は今でもそのあとをたどることができる。鉱夫たちもやって来ては去り、町は鉱物を採り尽くすと同時に消えた。そして彼らの骸骨と逸話が砂漠に残された。

ヨーロッパからの永住は水が確保できるようになってようやく始まった。まず、インペリアル・バレーとコーチェラ・バレーCoachella Valleyで農業共同体が生まれ、次にパームスプリングスの健康保養リゾートが続いた。第2次世界大戦中、軍が広大な土地を訓練場としてとりあげ、現在でも300万エーカー（約1万2140km²）の土地に兵器実験場、砂漠訓練センター、銃砲射撃場、実弾爆撃場、航空機の試験場およびスペースシャトルの着陸場として使われている広大なエドワード空軍基地Edwards Air Force Baseがある。

地理

カリフォルニアのほぼ4分の1は砂漠だ。大まかに言うと、パームスプリングスの南部と東部のほとんどは"ローデザートlow desert（低砂漠）"で、コロラド川の渓谷周辺に位置するためにコロラド砂漠Colorado Desertと呼ばれている。コロラド砂漠は実際、壮大なソノラ砂漠Sonora Desertの一部で、ソノラ砂漠の大半はアリゾナとメキシコに広がっている。パームスプリングスのほぼ北、シエラ・ネバダの南、ベイカーズフィールドBakersfieldの東にはモハベ砂漠Mojave Desertという名の"ハイデザートhigh desert（高砂漠）"が広がり、この砂漠はアリゾナの北西部、ネバダの南部、ユタ南東角にまたがる。ローデザートはたいてい標高600フィート（約183m）以下（1000

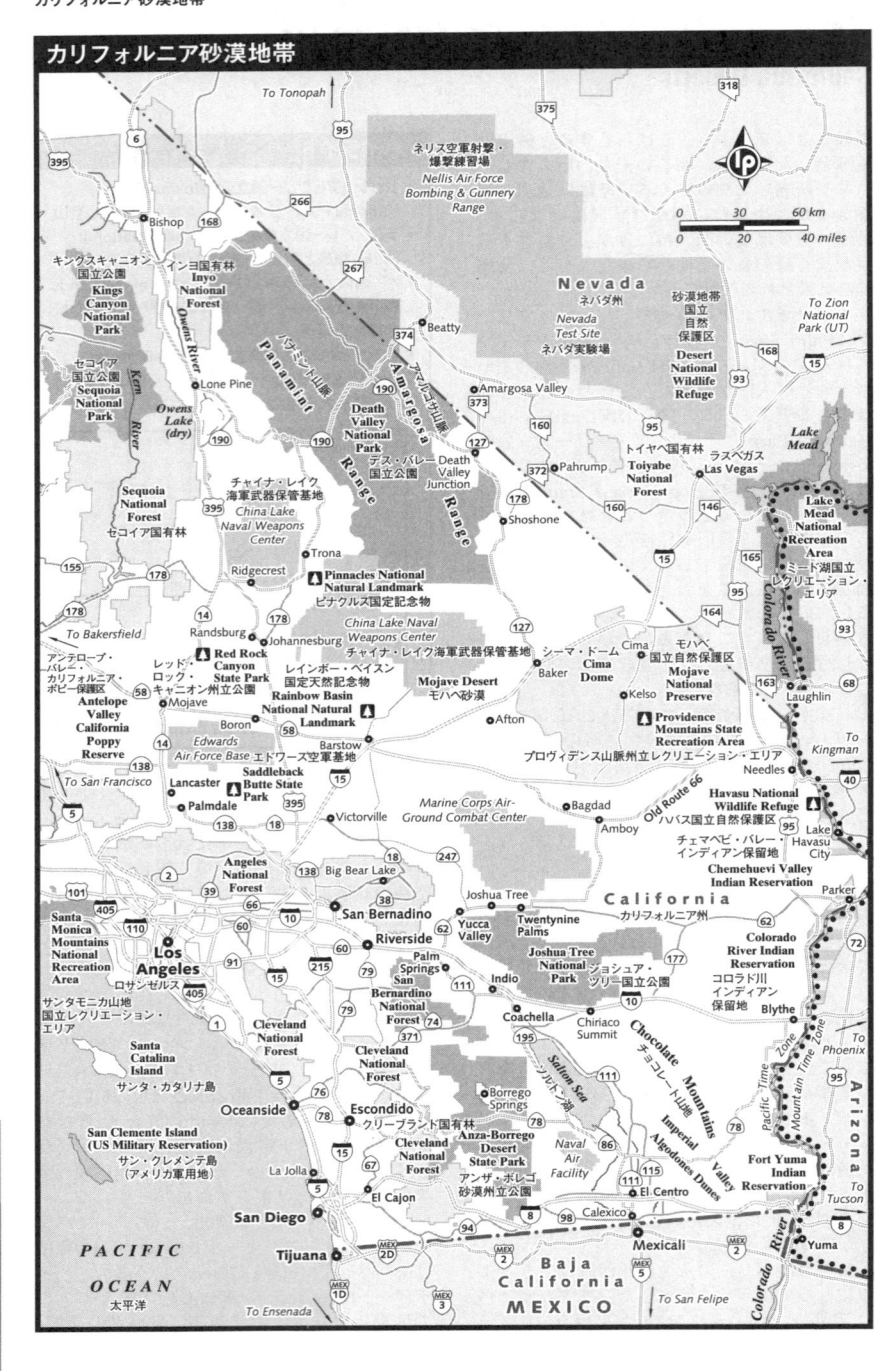

カリフォルニア砂漠地帯

フィート＜約305m＞を超える砂丘が2、3あるが）で、一方、ハイデザートは平均標高約2000フィート（約610m）（ハイデザートの真っ只中にあるデス・バレーDeath Valleyは海面より低く、アメリカ合衆国でもっとも標高が低い）くらいだ。

両砂漠の相違はその生態系にある。ローデザートはサボテン、特にチョージャ、オコティージョ、ウチワサボテンを特徴とし、大型のベンケイチュウサボテンがカリフォルニア州南東部隅に少し生えているが、アリゾナやメキシコではもっと一般的だ。ハイデザートでもっとも目立つ植物はジョシュア・ツリーで、モハベ砂漠のいたる所で見られる。両砂漠間の移行帯にまたがるジョシュア・ツリー国立公園は、その違いを観察するのによい場所だろう。ローデザートもハイデザートも"砂漠"が意味するのは同じ。つまり、年間降雨量が8インチ（約203mm）未満の場所ということだ。

動植物

砂漠の植物は通り過ぎる車の窓からは特徴がなくくすんで見えるかもしれないが、容易に近づいてじっくり観察することができる。乾燥した気候に適応するため"葉"は薄くとげ状になり、水分の蒸発を抑えたり草食動物から身を守る。多くの植物は短い雨期の間に花を咲かせて種子を結んだ後、残りの期間ほとんど動きのない状態でいる能力がある。開花を鑑賞する最良の時期はローデザートでは2月・3月で、標高が高い所では4月・5月まで続く。

渓谷や峡谷の山あいから流れ出る小川が、ヤシの木陰の小さなオアシスの生態系を支えてい

る。ヤシの木は南カリフォルニアを象徴するものだが、1種のみが土着の種カリフォルニア・ファン・パームで、砂漠のオアシスに生育する。カリフォルニア・ファン・パーム*Washingtonia filifera*は端整な木で、とてもおいしい小さな黒いベリーの実をつける。ローデザートの土壌は実のところ非常に肥沃で、灌漑によってナツメヤシ、ぶどう、綿花、柑橘類などの多種にわたる暑い気候に適した農作物が栽培されている。

砂漠はまたさまざまな野生生物を支えている。しかし、大半は夜行性のため簡単には見つけられない。ミチバシリは長いまっすぐな尾を持つ小型の灰色の鳥で、道路脇を走っているのが見かけられる。通常は非常に狡猾であまり姿を見せないコヨーテに、そんなに追いかけられることもないのだが。砂漠のカメはあまり動きは速くないが見られることもあまりなく、路上でよく死ぬため今や絶滅の危機にある。かわいい子ギツネは時々夜にキャンプに近づくが、ボブキャットはとても恥ずかしがりだ。小動物では砂漠の生活に適応したジャックウサギ、カンガルーネズミ、さまざまなトカゲ、ヘビ、クモ、昆虫がいる。朝早く砂地をのぞくとよく見かけられる、前夜そこを通った動物の足跡こそが、砂漠で見かけることのできる動物の証のすべてになる。バードウォッチングの最高の場所はオアシス（水のある場所はどこでも）で、アンザ・ボレゴ砂漠州立公園のヤシのオアシスは新米の鳥類学者がよく訪れる場所になっている。

砂漠の旅

砂漠を旅するうえでは極度の高温と水不足が最も明白な危険と言え、その次に危険なのが極度の夜の冷え込みや鉄砲水だ。有毒な動物、悪性植物、古い鉱山の柱や梁の危険性も心得なければならない。

120°F（48℃）という気温は、湿度がかなり低いため日光の直射を避け大量の水を飲んでいる限りはかなり我慢できる。砂漠に住み、砂漠で働く人々には"乾いた暑さ"というお決まりの文句はあまり慰めにならない。特にエアコンの効いたリゾートホテルでプールに浸かって数日過ごすような観光客がこの言葉を繰り返したときには。

砂漠は冬や夜には驚くほど冷え込む。一般に気温は1月の夜など氷点下まで下がり、雪を抱いた山の峰が酷暑の谷を取り囲む。標高の低い地点では雪はめったに降らないが、雪を被ったジョシュア・ツリーとかヤシの木、サボテンの話はよく聞かれる。

水 砂漠では多量の水を摂ることは必須である。発汗や蒸発は身体を冷やしてくれるが水

砂漠にはコヨーテも住む

分の損失は大きい。そのため、たとえ喉が乾いていなくても、また何をしていても定期的に水を飲み、摂取量を制限しないこと。アルコール、カフェイン、甘味料の入った飲み物などは身体を冷やすための水分量を減らしてしまうため、その脱水効果を抑制するためにも必ず余分に水を飲むこと。もっと良いのは、少なくとも日中は水以外の飲料物の類を飲まないことだ。

1人1日に1ガロン（約4ℓ）の水を割り当てる。ハイキング、登山、サイクリングなど戸外で活動する場合には、その2倍の水が必要だ。立ち往生の場合に備え1人1ガロン（約4ℓ）の予備水を、また車のラジエーター用の水を2、3ガロン（約8〜11ℓ）を積み込み、水は常に壊れない容器に入れて持ち歩こう。

砂漠には天然の湧き水があるが、水源として頼らないように。こうした湧き水は年によって変わるし、たいていは精製しないと飲めないからだ。

服装 頭と首を日差しから守る帽子をかぶろう。服装は体全体を包み込むようなゆったりした薄い色のものが最良で、短パン、サンダル、タンクトップは肌を太陽の熱射にさらし過ぎることになる。足を熱い大地から守るには、厚底の靴が必要だ。夜用に暖かい服装（少なくともセーター、帽子、ウインドブレーカー）を用意して行こう。また冬には重ね着が必要だ。

日焼け（紫外線による）は太陽の熱射（赤外線）とは別の問題だ。日焼けから保護するためにSPF値の高い日焼け止め（耳につけるのを忘れないように！）、リップクリーム、良質のサングラスを使おう。小さな町やビジターセンターではよくそうした物を売っているが、値段は高い。初めから荷物に入れておくのが一番いい。

砂漠でのサバイバル 最大の危険は十分な水を携帯しない状態で砂漠に取り残されることだ。おもしろそうな脇道をドライブするのは、車が故障あるいは砂にはまった場合思いがけない災難になり得る。ちょっとした距離を歩くのも道に迷ったりケガをしたら、命取りになりかねない。

まばらな草木が山野横断の旅に招いているように思えるかもしれない。しかし、自然の景色の中で目印となる物はほとんどなく、よくどこも同じように見えたりすること、つまり厳しい日差しと大きく開けた空間はあなたの視覚に錯覚を起こさせることがあることを覚えておくこと。立ち往生を避けるために地図とコンパスを持って自分がどこに向かっているかを知ろう。また乗り物の調子を確認し、無理をしないように。1人で離れた場所には決して行かないこと。どこに出かけ、いつ戻るかをいつも誰かに告げておくようにしよう。

もしも身動きできなくなったら、乗り物のある所で救援を待とう。1人の人間より車の方が遠くからでも見つけやすい。歩いているうちにどうしようもなく道に迷ったら、最寄りの日陰を探しそこで動かずじっとしていよう。砂漠を歩き回ると人はすぐに疲れ果てたり、脱水症状を起こしたりするものだ。

数種の基本的な防災用品があれば、砂漠での生存は随分長くできる。少なくとも1人1ガロンの水は予備に取っておくこと。鏡、マッチ、そしてたぶん発火装置を持って行けば救援信号を送ることができる。テントや地面に敷く防水シートは、あなたを発見されやすくするのではなく太陽光線から大いにあなたを

砂漠の保護と保全

1994年10月カリフォルニア砂漠地帯保護法が議会で可決され、カリフォルニアの砂漠の数百万エーカーに及ぶ土地にさらなる環境保護が加わった。デス・バレーとジョシュア・ツリーは国定記念物から国立公園に格上げされ、デス・バレーの保護区に2031平方マイル（約5258km²）が付け加えられた。また、この法律により東モハベ国立自然保護区East Mojave National Preserveが設立され、これに伴い元東モハベ国立景勝地East Mojave National Scenic Areaの管理は土地管理局Bureau of Land Management（BLM）から国立公園局National Park Service（NPS）に移管された。

こうした変化は一般的には環境保護主義者の歓迎するところだが、幾つか議論を呼ぶものともなった。拡大したデス・バレー国立公園内で、それまで行われていた鉱山活動の継続が認められたのだ。これは国立公園という格付けがもたらした保護レベルの後退と見られた。狩りは正確には保護活動ではないが、東モハベ国定自然保護区で許可された。そして土地管理の資金の問題があった。共和党多数の議会は国立公園局に対し2188平方マイル（約5665km²）の東モハベ国定自然保護区の管理費として、追加予算を年間1ドル（そう、たった1ドル）配分したのだ。

カリフォルニアの砂漠の大半は、国際的な環境の観点から重要な意味があると認識されている。その砂漠は国連指定のモハベ・コロラド砂漠生物圏自然保護地区Mojave & Colorado Deserts Biosphere Preserveの一部を形成している。

保護してくれる。懐中電灯、折りたたみナイフ、救急箱、予備の食料なども役立つだろう。

鉄砲水　たとえはるか遠方の豪雨であっても大雨のあとに、洪水は起こり得る。川の上流でほんの少しでも雨が降る可能性があれば、河床や湿地でのキャンプや駐車は愚かな行為だ。

有毒動物　クロゴケグモ、サソリ、ガラガラヘビ、ムカデは毒液を出すが、攻撃する可能性は低い。朝、靴を履く前に必ず靴をチェックしよう。夜は鞄を閉じずに外に出しておくのは止めよう。詳細は「基本情報」の「治安・トラブル」を参照。

先の尖った植物　サボテンに先の鋭く尖ったトゲがあるのは一目瞭然だ。一目瞭然といかない小さなトゲは肌に刺さると抜きにくい。トゲを抜くための丈夫な毛抜きかペンチを携帯し、短パンでのハイキングは避けよう。

鉱山　砂漠には何百という鉱山の廃墟があるので、見えにくく落下しやすい穴やシャフト（鉱山の垂直穴）に注意しよう。支柱の材木がたいていは朽ちていて、古いシャフトは非常に危険だ。周辺の空気は有毒ガスを含んでいるかもしれない。古い鉱山には決して入らないこと。

鉄道　古い鉄道路線は廃棄されたように見えるかもしれないが、鉱物抽出会社や熱狂的な鉄道ファンによって今でもよく使われている。逃げ場のない、または左右両方向半マイル（約800m）が見通せない線路上は絶対歩かないように。

爆弾　砂漠の多くが軍の訓練と試験の場として使われてきた。たいていははっきり区分された地域で行われるが、あちこちで不発弾や砲弾が見受けられる。これらには決して触れてはならない。実弾爆撃訓練場と印された区域に入ったり、地図にない脇道に入ったりするのは無分別な行為だ。

交通手段

砂漠の主要な町へはバスや鉄道で行ける所もあるが、実際に砂漠に出かけるなら自分で操縦できる交通手段が必要だ。砂漠の町でレンタカーは可能だが、レンタル料は通常沿岸の都市のほうが安い。ヒッチハイクなんてことは考えないこと。乗せてくれる車を待っている間に暑さで死んでしまうかもしれない。

車　カリフォルニアの砂漠の多くへは舗装道路が延びており、注意して運転すれば普通車で大丈夫だ。レンタカー契約は、多くの場合通常の交通道路を離れて運転することを認めていない。

　へき地へ行くにつれ、車の調子の確認とガソリン、オイル、冷却水の予備があることがますます重要になる。タイヤの空気ポンプ、埋まった車輪を掘り出すスコップ、ばら砂で動けなくなった時のための板か牽引マットも持って行くといいだろう。かなりデコボコした道では4WDが最適だが、普通車でも車体の下と地面との間に適度な隙間があれば未舗装の道路でもたいてい走れる。ビジターセンターではその時々の道路状況を掲示し、どの道は4WDが必要かわかるようになっている。オフロードドライブはオフロード車の使用を指定した地域を除くすべての公有地で禁止されている。駐車する時は段ボール、ビニール製日よけ、タオルなどでハンドル、ダッシュボード、座席を覆うこと。日なたに数分駐車しただけで、車内は熱くて触れなくなる。傷みやすい食べ物はトランクに保存すること。

　炎天下での運転開始前にはタイヤをチェックし、空気圧が十分かどうか調べておこう。

十分熱い？

気温は季節や標高によってさまざまだ。アメリカ合衆国で史上最高気温は1913年7月10日デス・バレーで記録された134°F（56℃）だ。夏はカリフォルニアの砂漠地帯で比較的標高の低い所で、通常120°F（48℃）を超える。デス・バレーの7月の平均最高気温は116°F（46℃）でパームスプリングスでは107°F（41℃）だ。高地ではおよそ10～15°F（約5.5～8.3℃）気温が低く、標高2100フィート（約640m）のバーストウBarstowでは7月の平均気温は101°F（38℃）だ。だいたいの目安として高度が300フィート（約91m）下がる毎に1°F（約0.6℃）気温が下がる。

しかし、これらの数値だけがすべてではない。報告や通常の引用で用いられる数値は日陰で計測した気温のものであり、日なたの温度計はあっという間に150°F（65℃）を超え、実際には燃えてしまうかもしれない。窓を透過する日射は車を小さな温室に変え、車内の温度は数分で160°F（70℃）に達することもあり、子供やペットにとっては命に関わることになりかねない。

これほど暑いと接着剤は軟化し、箱は崩れ、ページは本からはずれ落ち、プラスチックは溶け、写真のフィルムは色が変わることがある。太陽にさらされた地表は数時間後にはまぎれもなく猛烈な温度になる。砂漠の地表温度は200°F（93℃）を超えることがある。地面で卵が焼けるというのは本当だ！

空気の少ないタイヤはすぐにオーバーヒートを起こすことがある。運転して熱くなったタイヤの空気を絶対抜かないこと。

車の水温計によく注意し、高温になり始めることがあれば、エアコンを切る。それでも上がるようなら車を停め、前面に風が当たるようにし、エンジンはかけたままラジエーターの前側（エンジンやファンにではなく）に水をかけよう。車のヒーターを最大にするのも効果がある。

自転車 冬の自転車ツアーは準備さえしておけば、すばらしいものになるだろう。予備のタイヤとタイヤチューブ、1日当たり数ガロンの水、そして夜間防寒用具を持って行こう。早朝出発し、一番暑い昼間は休息し、日が低くなったらまた出かけよう。サイクリングに最適なのは観光客用の施設が集まっている場所、つまり、アンザ・ボレゴ、デス・バレー、パームスプリングスだ。ほとんどの砂漠の町で日帰り旅行用にマウンテンバイクをレンタルできる。

自転車は指定道路を走らなければいけない点に留意しよう。人間の足跡はバラバラについているが、自転車のタイヤの轍は何度も同じ場所を通ることによって水路となり、もっと大きなダメージを与えてしまうからだ。

パームスプリングス＆コーチェラ・バレー
Palm Springs & Coachella Valley

コーチェラ・バレー地帯を広げている、いわゆるリゾート都市は本当にどうしようもなく奇妙なものだ。リゾート都市にはほとんど途切れなく十分に緑地化された住宅用開発地、ゴルフコース、高級リゾート地が不規則に広がっている。人間が入り込んだことでできた緑豊かな人工オアシスは、四方八方どの方向を見ても乾いた砂漠か、険しく乾燥した山々に周りを囲まれている。しかし、オアシスの真っ只中で、人はこんな場所で快適に過ごすようにはなっていないということを忘れているようだ。そして、人から人へ伝染しがちな華やかな贅沢さに埋もれ、信じられないような休暇を過ごすのだ。

およそ人口4万3000人のパームスプリングスはもともとハリウッドスターの冬の保養地だった。今でも最もよく知られた来訪者の多いこの地には同性愛者の大きなコミュニティがあり、1940年代、50年代のモダニスト建築の優れた例が見られる。

谷を南東に進むとカテドラル・シティCathedral City、ランチョ・ミラージュRancho Mirage、パーム・デザートPalm Desertの町々が互いに大した違いもなくたたずんでいる。ただ、パーム・デザートのエル・パセオEl Paseo（砂漠のロデオ・ドライブ）はほかとは違っている。谷の南端インディオIndioはもともと鉄道や周辺の農業地帯に労働力を供給した町で、近年開発の注目を集めている。

旅行者（年間およそ350万人）の大半は比較的涼しい季節にゴルフやただ砂漠の気候を楽しみにここへ訪れ、春休み時期には何千人という大学生が押しかける。灼熱の真昼はプールをうろついたり、ロープウェイで山に登ったり、博物館やショッピングセンター（ここから先は選択肢がたくさんある）など、エアコンの利いた所に行く以外あまりすることはない。

歴史

カウィーア族はコーチェラ・バレーの南西部の渓谷に居住していた。そこはサン・ジャシント山脈San Jacinto Mountainsから小川が絶え間なく流れ出ていた。カウィーア族はまた、現在、パームスプリングスがある場所にあった温泉も利用していた。初期のスペイン人探検家は彼らに"湯"を意味するアグア・カリエンテという名をつけた。

1851年、カウィーア族はアメリカ政府に対し反抗し鎮圧されたが、彼らの土地所有権は1852年のテメクラ条約で認められた。しかし条約は議会で批准されず、1876年に新たな協定に取って代わられた。

ロサンゼルスからアリゾナ州ユマYumaまで鉄道建設のため、谷は1平方マイル（約2.5km²）ごとの碁盤の目に区切られた。奇数番号区分は南太平洋鉄道会社に与えられ、偶数番号区分はアグア・カリエンテに居留地として与えられた。鉄道が建設されたあと、会社はその土地のほとんどを売り払い、谷全体をまず農地として開拓してから保養温泉、ホテル、リゾートとして開発した。

測量によってようやく正確な区分の境界が定められたのは1940年代になってからで、その頃までにアメリカ先住民の土地の大半には建物が建っていた。彼らが土地を売ることはできなかったものの、賃貸は可能。谷はますます豊かになり、部族制度を確立した数百人の先住アメリカ人は非常に裕福になった。

谷の南端のインディオは1870年代鉄道建設のキャンプ地で、そこの掘抜き井戸は最初の農作物の灌漑用水として使われた。アルジェリアからナツメヤシがもたらされたのは1890

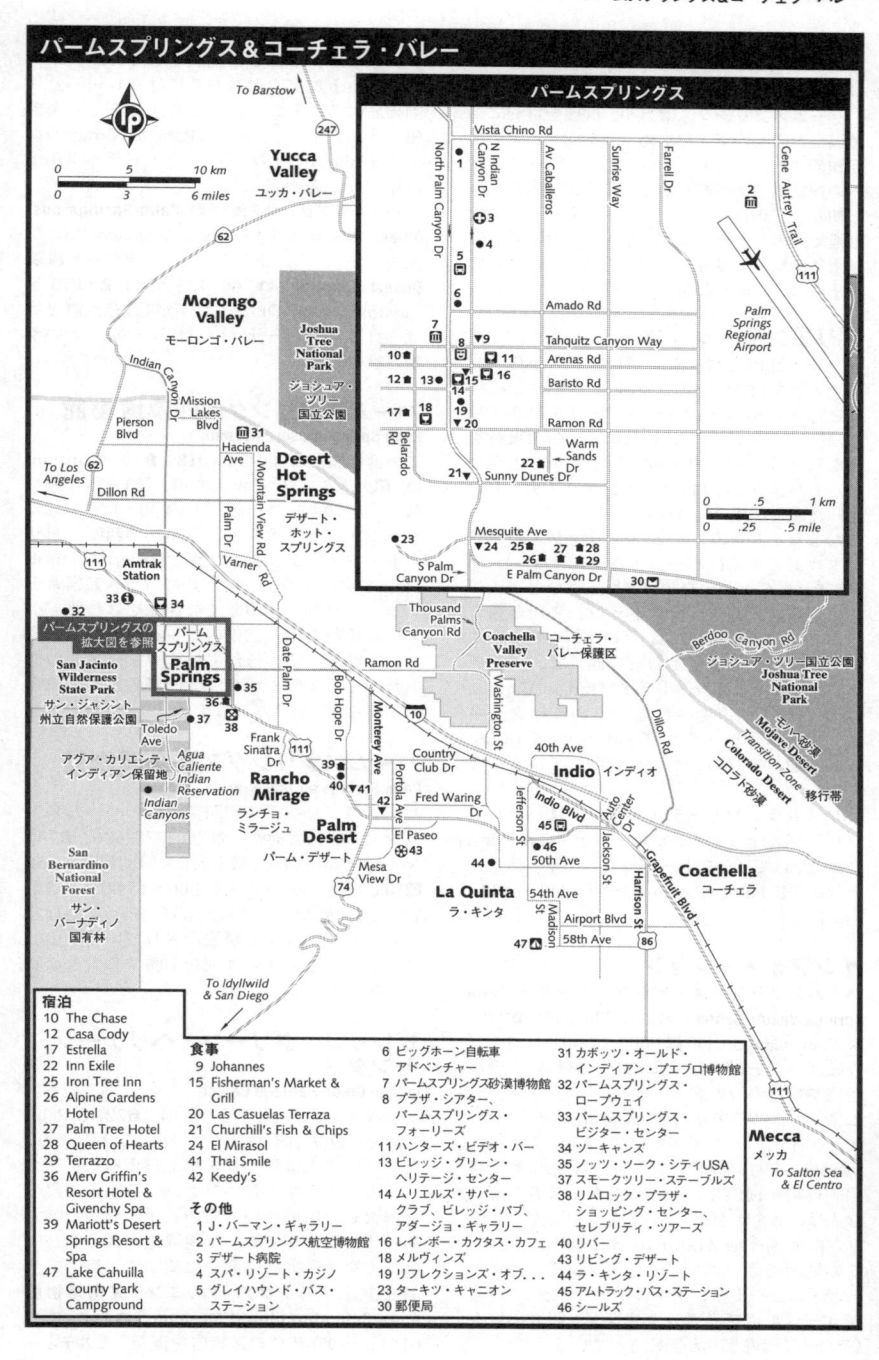

パームスプリングス&コーチェラ・バレー

宿泊
- 10 The Chase
- 12 Casa Cody
- 17 Estrella
- 22 Inn Exile
- 25 Iron Tree Inn
- 26 Alpine Gardens Hotel
- 27 Palm Tree Hotel
- 28 Queen of Hearts
- 29 Terrazzo
- 36 Merv Griffin's Resort Hotel & Givenchy Spa
- 39 Mariott's Desert Springs Resort & Spa
- 47 Lake Cahuilla County Park Campground

食事
- 9 Johannes
- 15 Fisherman's Market & Grill
- 20 Las Casuelas Terraza
- 21 Churchill's Fish & Chips
- 24 El Mirasol
- 41 Thai Smile
- 42 Keedy's

その他
- 1 J・バーマン・ギャラリー
- 2 パームスプリングス航空博物館
- 3 デザート病院
- 4 スパ・リゾート・カジノ
- 5 グレイハウンド・バス・ステーション
- 6 ビッグホーン自転車アドベンチャー
- 7 パームスプリングス砂漠博物館
- 8 プラザ・シアター、パームスプリングス・フォーリーズ
- 11 ハンターズ・ビデオ・バー
- 13 ビレッジ・グリーン・ヘリテージ・センター
- 14 ムリエルズ・サパー・クラブ、ビレッジ・パブ、アダージョ・ギャラリー
- 16 レインボー・カクタス・カフェ
- 18 メルヴィンズ
- 19 リフレクションズ・オブ...
- 23 タキッツ・キャニオン
- 30 郵便局
- 31 カボッツ・オールド・インディアン・プエブロ博物館
- 32 パームスプリングス・ロープウェイ
- 33 パームスプリングス・ビジター・センター
- 34 ツーキャンズ
- 35 ノッツ・ソーク・シティUSA
- 37 スモークツリー・ステーブルズ
- 38 リムロック・プラザ・ショッピング・センター、セレブリティ・ツアーズ
- 40 リバー
- 43 リビング・デザート
- 44 ラ・キンタ・リゾート
- 45 アムトラック・バス・ステーション
- 46 シールズ

年で、柑橘類や食用ぶどうとともにこの谷の主要な収穫果物となった。後年、水ははるかコロラド川から引いた。

パームスプリングスは当初、健康を目的に天然温泉と砂漠の気候を求める人々向けにホテルが建設され、1920年代後半はハリウッドスターの保養地や冬の避寒地として人気が出た。市の初の女性議員の1人、ルース・ハーディーは2階建ての家や屋外の大型広告の禁止など多くの制限条例制定に寄与し、パームスプリングスを歯止めのない過度な開発から救った。

オリエンテーション

リゾート都市はパームスプリングスからインディオまで25マイル（約40km）以上に及び、ほとんどの町はインターステート10（I-10）の南、ハイウェイ111沿いにある。谷を縦断する際は信号が幾つもあって何マイルも市街地を走るハイウェイ111よりインターステートを走ったほうが速い場合が多い。

かなり小規模なパームスプリングスのダウンタウンの中心はパーム・キャニオン・ドライブPalm Canyon Drの4ブロックほどで、ここには商店、銀行、レストラン、名所も数カ所ある。この区域では、パーム・キャニオン・ドライブは南行きの一方通行で、インディアン・キャニオン・ドライブIndian Canyon Drは北行き一方通行になっている。ターキツ・キャニオン・ウエイTahquitz Canyon Wayを通ってから、南北に分かれて走ることになる。

レストランやモーテルチェーンはパームスプリングスからカテドラル・シティCathedral Cityにかけてイースト・パーム・キャニオン・ドライブE Palm Canyon Drやハイウェイ111沿いに点在している。

インフォメーション

パームスプリングス・ビジターセンター Palm Springs Visitor Center（☎760-778-8418 ⌂2781 N Palm Canyon Dr ◉9:00〜17:00）はロープウェイへの分岐点近くにあり、無料のホテル予約や特定の行事案内、地図、「プレイ・パームスプリングスPlay Palm Springs」や「プレイ・ゲイ・パームスプリングスPlay Gay Palm Springs」（共に無料）などのいろいろな観光客用刊行物を提供している。モダニズムが好きな人は、＄5の地図「パームスプリングス・モダンPalm Springs Modern」を買うことができる。この地図には、アルバート・フレイ、リチャード・ニュートン、ドナルド・ウエクスラー、ジョージ＆ボブ・アレクサンダー設計の家々（その多くは私邸）が記載されている。

役立つホームページは www.palmsprings.comで、アトラクション、ツアー、レストランの割引券がしばしば掲載されている。インターネットにアクセスするにはバレーの公共図書館に行くといい。とてもすばらしい図書館がランチョ・ミラージュRancho Mirageのハイウェイ111とボブ・ホープ・ドライブBob Hope Drの交差点にある。

パームスプリングス郵便局 Palm Springs post office（☎800-275-8777 ⌂333 Amado Rd）が郵便サービスに応じている。**デザート病院 Desert Hospital**（☎760-323-6511 ⌂1150 N Indian Canyon Dr）では24時間救急治療を受けられる。「デザート・サンDesert Sun」という地方紙もある。

パームスプリングス砂漠博物館
Palm Springs Desert Museum

この博物館（☎760-325-0189 ⌂101 Museum Dr ◉大人＄7.50 子供＄3.50、第1火曜日無料 ◉火〜土 10:00〜17:00、日 12:00〜17:00）は、パーム・キャニオン・ドライブの西側、デザート・ファッション・プラザDesert Fashion Plazaの裏にあり、シアトルのガラス芸術家デール・チフリーの印象的な作品をはじめ、小さいが優れた現代芸術のコレクションが収蔵されている。そのほかにはカウィーア族の作ったかご、大型ジオラマ、砂漠の野生動植物のすばらしい展示がある。

パームスプリングス航空博物館
Palm Springs air Museum

パームスプリングス国際空港隣のパームスプリングス航空博物館（☎760-778-6262 ⌂745 N Gene Autry Trail ◉大人＄8 特別割引＄6.50 ◉10:00〜17:00、6〜9月 8:00〜15:00）では第2次世界大戦時の航空機、写真、飛行記録などのすばらしい収集品が展示されている。追加料金なしで定期的に映画を上映する大きな劇場もある。

ビレッジ・グリーン・ヘリテージ・センター
Village Green Heritage Center

この青々と緑の茂る小さな広場（⌂221 S Palm Canyon Dr）はダウンタウンの中心部にあり、たいていの人は隣の菓子屋で買えるアイスクリームや柔らかく甘いファッジを座って食べる場として広場を使っているが、幾つか魅力ある"史跡"がある。広場周辺の真の史跡には、カウィーア族の歴史に関する写真や工芸品を展示する**アグア・カリエンテ文化博物館 Agua Caliente Cultural Museum**（☎760-323-0151）、1930年代の雑貨店を復元した**ルディーズ・ジェネラルストアー Ruddy's General Store**、パ

ームスプリングスで最古の建物と言われる1884年建造の**マッカラム・アドービ McCallum Adobe**（日干し煉瓦の家）などがあり、木曜から土曜の10:00から16:00、日・水曜は12:00から15:00の間開館している。

ザ・リビング・デザート
The Living Desert

砂漠は生きている。四方に広がる舗装された道と緑のゴルフコースによって時々忘れてしまう事実であるが、安全に野生生物を見学し、解説板を見たいなら、パーム・デザートのハイウェイ111の南にあるこの戸外の博物館と植物園（☎760-346-5694 ⌂47-900 Portola Ave 大人＄8.50 特別割引＄4.25 9〜5月 9:00〜17:00、6〜8月 8:00〜13:00、入館は閉館の1時間前まで）を訪ねるといい。園内には多様な種類の砂漠の動植物が生育し、砂漠の地質や先住民の文化に関するすばらしい展示もある。木々や特別な動物の模型に照明を当てる光りの祭典ワイルドライトショーが感謝祭から正月元旦までの18:00から21:00に催されており、追加料金＄4で見ることができる。こちらも割引がある。

パームスプリングス・ロープウェイ
Palm Springs Aerial Tramway

パームスプリングス訪問のまさにハイライトは、この回転式ケーブルカー（☎760-325-1391 www.pstramway.com）による空中散策で、砂漠からサン・ジャシント山脈San Jacinto Mountainsまでの約6000フィート（約1829m）をおよそ14分で一気に登る。明白に異なる植生帯を通過してバレー駅Valley Station（標高2643フィート＜約806m＞）から山頂駅Mountain Station（標高8516フィート＜約2596m＞）まで上昇する。山頂の松林に踏み入すと気温は30〜40°F（1〜4℃）と低いため暖かい服装を持参しよう。この登山はメキシコからカナダに移動するに等しい（気温の点で）と言われている。

ロープウェイの終点山頂駅にはバー、カフェテリア、展望台、それにロープウェイに関する短編映画を上映する劇場がある。谷の眺めはすばらしい。

サン・ジャシント州立自然保護公園 San Jacinto Wilderness State Parkを楽しむために山頂で時間（バックカントリー＜未開拓地＞の熱心なファンなら1日か2日間）をとる価値はある。夏のハイキング、冬のスノーシューハイク、スキーに使われるサン・ジャシント山頂（標高9879フィート＜約3011m＞）への技術を要しないルートをはじめ、さまざまなトレイル（小道）が何マイルも延びている。素朴なキャンプ場（無料）も数カ所ある。バックカントリー（たとえ2、3時間でも）へ行く人は、山頂駅の1階のレンジャー事務所に救援のために届けなければならない。地図（＄1〜7）はこの事務所でも買えるが、山頂駅の州立公園観光案内所State Park Visitor Information Centerで買うほうがいいだろう。案内所で雪が十分ある時に営業する**クロスカントリー・スキーセンター cross-country ski center**のことを聞いてみよう。スキー板、ソリ、雪靴は1時間＄8、1日＄18でレンタルできる。センターのスタッフは雪の状況やバックカントリーの道について精通している。

ロープウェイの営業時間は月曜から金曜の10:00から20:00、土曜、日曜、祝日は8:00から20:00だ。5月から11月は上り最終21:00、下り最終21:45になっている。往復料金は大人＄20.80、シニア・子供＄13.80で、各種割引がある。山頂でのバイキングディナーを含むロープウェイとディナーのセット券は大人＄27.80、シニア・子供＄18.80で16:00以降利用できる。追加＄7にしては悪いディナーではないが、山頂でゆっくり景色を眺めるには時間が足りないかもしれない。

パームスプリングス砂漠博物館近くで始まるスカイライン・トレイルSkyline Trailを歩いてロープウェイの終点まで登ることもできるが、非常に険しいコースだ。この特に壮健な人にだけおすすめするコースは丸1日がかり、それも7:00までに出発しなくてはならない。見事な眺望と幾多の気候帯の体験以外に、褒美として帰りのロープウェイが無料になる。

インディアン・キャニオン
Indian Canyons

サン・ジャシント山脈から流れ出る川はパームスプリングス近郊の渓谷に育成する豊かで多様な植物を支えている。この渓谷（入場＄6 秋・冬 8:00〜17:00、春・夏 8:00〜18:00）は数百年にわたり先住民たちの居住地だった場所で、現在はアグア・カリエンテ・インディアン保留地Agua Caliente Indian Reservationの一部になっている。扇状葉のヤシの木陰や、そびえ立つ断崖に囲まれた渓谷のオアシスを歩いて登るのは実に楽しい。ダウンタウンからパーム・キャニオン・ドライブPalm Canyon Drを2マイル（約3km）ほど南に下ると保留地の入口に出る。ここから帽子、地図、水、装身具などを販売する売店まで3マイル（約5km）だ。各渓谷の入口にはそのコースについての情報や地図が置いてあるトレイル・ポストがある。

保留地の入口ゲートに一番近いのは**アンドレアス渓谷 Andreas Canyon**で、快適なピクニック

代替エネルギー

カリフォルニア州は化石燃料を大量に消費する一方で、徹底的に代替エネルギーの開発計画も行ってきている。砂漠地帯は強烈な太陽光をふんだんに提供するばかりでなく、風力発電に優れた場所であり、地熱エネルギーを生み出す場でもある。飛行機の翼ほどある大きさの翼板が優勢な風に向かい、高さ80フィート（約24m）の塔の上で回転する風力発電機が、目を見張るような壮観な光景を見せている。何千というこうした塔がパームスプリングス近くのサン・ゴルゴニオ峠 San Gorgonio Pass やモハベの西のテハチャピ峠 Tehachapi Pass などに立ち並んでおり、それらの場所では地理的な条件により確実に強風が吹いているのだ。砂漠の空気は昼間熱せられ上昇し、沿岸部から冷たい空気が流れ込み、狭まった通路を抜ける時に風は加速する（サン・ゴルゴニオ峠の平均風速は時速15〜20マイル＜約24〜32km＞）。古い発電機（その多くはデンマークから輸入）でもおよそ40〜50kWの発電能力があるが、急速な技術発展のおかげで新型タービンはずっと大きくなり、およそ500kWの能力がある。

詳細は砂漠風力エネルギー協会 Desert Wind Energy Association（☎760-329-1799）に問い合わせること。パームスプリングス風車ツアー Palm Springs Windmill Tours（☎760-320-1365 大人＄22 子供＄10）は風車地域へ車で向かう1時間30分のツアーで、多くの情報が得られるほか、道すがら写真撮影のための停車もある。ツアーは火、木、土曜の10:00と14:00発で、インターステート10（I-10）の0.5マイル（約800m）南、インディアン・アベニューにある駐車場から出発する（電話予約の際、道案内がある）。

地熱エネルギーの可能性もまた地理的な条件から生まれる。カリフォルニア湾からインペリアル・バレーやコーチェラ・バレーを通って広がるソルトン谷 Salton Trough は、地殻の巨大な塊が移動して形成された。この地殻の動きにより割れやひずみが生じる。こうして地震を引き起こすばかりでなく、溶融マグマを地表近くに押し上げ地下水を熱する。この結果、場所によっては天然温泉がわいたりするが、マグマの熱は発電機の動力となる蒸気を取り出すために使うこともできる。地熱発電所は、ソルトン谷の最も深い所でかつ地殻の最も薄い部分であるソルトン湖 Salton Sea 付近の多くの場所で稼働している。

エリアがある。近くには荘重な岩の群れがあり、先住民が種子を粉に挽くのに使ったすり鉢の穴や岩のアートが見られる（「カリフォルニアについて」の「はじまり」と「カリフォルニアのインディアン」を参照）。渓谷を上って行くトレイルは歩きやすい。

アンドレアス渓谷から南にほぼ20分歩くと**マーレイ渓谷 Murray Canyon**がある。ここは道路が通じていないため訪れる人も少ない。バードウォッチングに適した所で、渓谷の上方斜面にビッグホーン（オオツノヒツジ）が見られるかもしれない。

曲がりくねった道を行き止まりまで行くと**パーム渓谷 Palm Canyon**に着く。この辺りの渓谷で最も広範囲の谷で、長さは15マイル（約24km）ほどあり、なかなか良いトレイルとスナックや土産物を売る店がある。朝、砂地に動物の足跡を探してみよう。

ターキツ・キャニオン
Tahquitz Canyon

30年間の閉鎖の後、1999年に公開されたターキツ・キャニオン（☎案内760-416-7044 www.tahquitzcanyon.com）はアグア・カリエンテの人々にとって歴史的かつ重要な聖地である。もともと谷はアグア・カリエンテの祖先の居住地だった場所だが、1960年代、10代の無断居住者によって占拠された。ついにはアグア・カリエンテ族、現地司法当局、窪地や洞窟の居住権を主張する"ヒッピー"間で論争が起きた。大規模な掃討作戦により住民は谷から一掃されたが、ゴミを運び出し、落書きを消し、地域をもとの自然な状態に戻すのに何年もかかった。

谷は今でも一般のハイカーは立ち入り禁止になっている。しかし、＄12.50を払えば2マイル（約3km）2時間のガイド付ハイキングツアーで滝、岩絵、古い灌漑設備を見学できる。部族のレンジャーが引率するこのツアーは8:00、10:00、12:00、14:00に出発する。谷の入口にあるビジターセンターではターキツの言い伝えに関するビデオ上映や谷についての展示があり、コーチェラ・バレーのすばらしい景色も望める。

その他の見所

コーチェラ・バレーの内外には、ほかにもかなり多くの見所があるので、時間と特別な興味があれば訪れる価値があるだろう。**カボッツ・オールド・インディアン・プエブロ博物館 Cabot's Old Indian Pueblo Museum**（☎760-329-7610 67616 E Desert View Ave 入館＄2.50 6月〜8月 土・日のみ、9月中旬〜5月中旬 土・日・ほとんどの平日）は、デザート・ホット・スプリングスにあるもっとも突飛なものの1つだ。ガラクタがいっぱい詰まって今にも倒壊しそうなこのぼろ家は、財産を捨てて隠遁し、砂漠を愛した東海岸出身の金持ちによって建てられた家だ。

コーチェラ・バレーに元からある温泉群は、

30年以上先住民が所有する**スパ・リゾート・カジノ Spa Resort Casino**（☎760-325-1461 ✦100 N Indian Canyon Dr）の一部である。日帰り客は＄17で温泉を利用できる。かなり料金は上がるが、ラップ、スクラブ、マーサージの豊富なメニューを選ぶこともできる。

歴史を実証する場の1つ**シールズ Shields**（☎760-347-0996 ✦80-225 Hwy 111）はパーム・デザートの東端にある。1924年以来、映画「The Romance and Sex Life of the Date」を上映している。上映後には贈答品、ナツメヤシケーキ、ナツメヤシミルクセーキの販売も行っている。

ノッツ・ソーク・シティUSA Knott's Soak City USA（☎760-327-0499 ⓦ www.oasiswaterresort.com ✦1500 S Gene Autry Trail）大人＄22 子供＄15 ❖3～9月 毎日、10月 土・日のみ）には波の立つプール、ウォータースライド、強烈な日の光が浴びられる霧のかかったビーチがある。

アクティビティ

ゴルフ ここではゴルフは一大産業で、パブリック、セミプライベート、プライベート、リゾートコース合わせて90以上のコースがあり、合計1733ホールある。ゴルフ場の散水には1日100万ガロン（約3785kℓ）の水を要する。年に数回大きなトーナメントがあり、カレッジ・オブ・ザ・デザートCollege of the Desertにはゴルフ経営スクールまである。プレー料金はコース、季節、曜日により＄26から＄215と幅がある。たいていのホテルでは宿泊客に少なくとも1ヵ所は地元コースの予約をしてくれる。**スタンバイ・ゴルフ Stand-by Golf**（☎760-321-2665 ❖6:30～21:00）を通して予約すると大幅な割引を受けられ、20のコースについて当日か翌日の予約を割引料金で確保できる。

ハイキング 大勢の熱心な地元のハイカーがいる。ハイキングは地域の渓谷、野生生物、植生を見る良い方法だ。ほとんどのハイキングコースはインディアン・キャニオンやロープウェイで上がった終点から延びている（前出参照）。**トレイル・ディスカバリー・アウトドア・ガイド・サービス Trail Discovery Outdoor Guide Service**（☎760-325-4453 ⓦ www.palmspringshiking.com）では、周辺とジョシュア・ツリー国立公園のガイド付ハイキング・ランニングツアーを提供している。1年で最も暑い時期は催行しないので催行予定や料金については問い合わせること。

パームスプリングス砂漠博物館 Palm Springs Desert Museum（☎760-325-0189 ✦101 Museum Dr）では金、土曜に短時間のハイキングを催している。ツアー客も参加できるかもしれない。問い合わせよう。

サイクリング パームスプリングスとコーチェラ・バレーには、周辺の移動に便利なサイクリングロードが縦横に走っている。パームスプリングスのダウンタウンにある**ビッグホーン・バイシクル・アドベンチャーズ Bighorn Bicycle Adventures**（☎760-325-3367 ✦cnr Palm Canyon Dr & Amado St ❖9:00～17:00）は、貸し自転車（1時間＄10、1日＄28、1週間＄100）のほか、インディアン・キャニオンへのツアーを毎日催行している。一般的なサイクリング情報源として役立つ所だ。

乗馬 **スモークツリー・ステーブルズ Smoketree Stables**（☎760-327-1372 ✦2500 Toledo Ave）は、1時間から終日のトレッキングまで各種の手配をする。料金は1時間＄35で、乗馬の初心者から経験者まで引き受ける。定時出発だが、事前に予約するか20分前までに到着して席を確保するのをおすすめする。

ツアー

セレブリティ・ツアーズ パームスプリングスの噂話や魅力を探る最良の方法は**リムロック・プラザ・ショッピング・センター Rimrock Plaza Shopping Center**（✦4751 E Palm Canyon Dr）にオフィスを構える**セレブリティ・ツアーズ Celebrity Tours**（☎760-770-2700）のツアーに参加することだ。ビジターセンターでスターの家の地図（＄5.50）を購入して自分でも回れるが、それではおもしろい解説や興味津々の噂話を聞き損なうだろう。ツアーは10月から5月、料金は1時間コースが＄17で、2時間半のデラックスコースが＄23だ。

デザート・アドベンチャーズ Desert Adventures 非常に専門的なツアー（☎760-324-5337、888-440-5337）を扱っていて、自家用4WDでさえ行くのが難しいインディアン・キャニオン Indian Canyons、サンタ・ロサ山脈Santa Rosa Mountains、ビッグホーン・シープ自然保護区Bighorn Sheep Preserveやそのほかへのガイド付き**ジープツアー jeep tours**を運営している。ガイドやドライバーは自然環境や先住民の民間伝承について豊富な知識を持っている。料金は1時間＄30、半日＄75くらいだ。

PSモダン・ツアーズ PS Modern Tours パームスプリングスは資産家たちが1920年代にここにやって来るようになって以来、建築活動の場であった。ここのモダニズムと国際様式の

建造物はこれら2つの建築運動の流行に伴い、近年ますます認識が高まってきている。このツアー（☎760-318-6118 epsmodern-tours@aol.com）は1920年代から70年代の建築を網羅するが、フレイ、ニュートラ、ジョン・ロートネルなどの建築家が活躍した50年代、60年代に焦点を当てている。ツアーはパームスプリングスのダウンタウンを9:30と13:30に出発する。1時間半コース（＄40）、2時間半コース（＄55）どちらのコースもまずダウンタウンを見学後に車で中心部から離れた地域を訪れる。

サン・アンドレアス・フォールト・ツアーズ
San Andreas Fault Tours　サン・アンドレアス断層の100マイル（約161km）を訪れる。料金＄25で3時間のこのツアー（☎760-322-6029 月・水 11:00、火・木 9:00）は絶大な人気を誇っている。ツアー車は各名所で停車し、ガイドはカリフォルニアで起こる大半の地震の原因であるこの活断層をとてもうまく説明してくれる。要予約。

スカイ・ウォッチャー・スカイ・ゲイジング・ツアーズ
Sky Watcher Sky Gazing Tours　砂漠ほど星を見るのに適した場所はない。スカイ・ウォッチャー・スター・ゲイジング・ツアーズ（☎760-345-2363）では、ラ・キンタ La Quintaにある**ラ・キンタ・リゾート La Quinta Resort**（☎760-564-4111）でのスカイ「ツアー」を金、土曜の夜20:00から22:00の間無料で開催する。スタッフは望遠鏡と双眼鏡を用意していて、アメリカ先住民の伝統に基づく話を聞かせてくれる。すてきな数時間の過ごし方になるだろう。

年中行事
ここでは有名人のゴルフトーナメントが毎月開かれ、大きな財源となっている。3月にはすばらしいデキシーランド・ジャズ・フェスティバルもある。

毎週木曜18:00から22:00の間、ダウンタウンのノース・パーム・キャニオン・ドライブは**ビレッジ祭り Villagefest**（ミュージシャン、食品販売者、芸術・手工芸品商人が参加する認可を受けた農産物市場）のため、車は乗り入れ禁止となる。

4月最終週末にはインディオズ・エンパイア・ポロ・クラブ Indio's Empire Polo Club主催の**コーチェラ・ミュージック＆アーツ・フェスティバル Coachella Music & Arts Festival**（☎問い合わせ310-788-7060、1日約＄75）がある。この種の音楽フェスティバルではもっともホットな2日間にわたる祭典の1つだ。出演アーチストはインディーズ系ポップの無名の者からDJのサーシャ＆ディグウィード、ビョークのようなポップアイドルまで幅広い。正午から夜中に及ぶ催しの休憩時に人々は会話しながら彫塑作品と戯れたり、樹脂製のブローアップ・ラウンジチェアーに腰掛け、映画を見たりする。

宿泊
コーチェラ・バレーの宿泊施設の多くは高価なリゾートタイプのホテルだが、中には小規模で個人経営の宿泊施設に格安な部屋がある程度あることが分かる。この辺りでは"モーテル"という言葉はいかがわしい意味合いを含むため"イン"や"ロッジ"という看板を多く見かけるだろう。エアコン付きの部屋、ケーブルテレビ、プールは標準装備だ。ハイシーズンは12月から3月で、ローシーズンは5月中旬から8月末だ。料金には10%の税金が加算される。

キャンプ場　RV車用の公園が幾つかあるが、テントを張るキャンプ場は1カ所だけだ。

カウィーア湖郡立公園
Lake Cahuilla County Park
☎予約760-564-4712
サイト＄10～15
58thアベニューの西端にあるラ・キンタの4マイル（約6km）南にある。テント85張りと65のRVサイト、シャワー、ピクニック用設備がある。冬の休眠シーズンは予約した方が望ましい。

キャンプにもっと良い場所は、車でたった1時間のジョシュア・ツリー国立公園（本章後出参照）とロープウェイの終点に素朴なキャンプ場を持つサン・ジャシント州立自然保護公園（本章前出の「パームスプリングス・ロープウェイ」を参照）だ。

ホテル　アイアン・ツリー・イン Iron Tree Inn
（☎760-325-8237、877-696-9668　1600 Calle Palo Fierro　客室＄50～　6月15日～9月15日 閉館）は、外からは少々みすぼらしく見えるが、各部屋は明るく南西部の色調に装飾され、電子レンジや冷蔵庫が設置されている。場所はイースト・パーム・キャニオン・ドライブを外れたパームスプリングスのダウンタウンの南で、中心部にありながら静寂な立地だ。

アルペン・ガーデンズ・ホテル
Alpine Gardens Hotel
☎760-323-2231、888-299-7455
www.alpinegardens.com
1586 E Palm Canyon Dr
客室＄60～、夏は＄20安い

アイアン・ツリー・インの近く。こぢんまり

した心地よい部屋、花飾り、温泉、そして広い庭がある。

パーム・ティー・ホテル
Palm Tee Hotel
☎760-327-1293、888-757-7657
🌐www.palmteehotel.com
📖客室$75〜、夏は$25安い

アルペン・ガーデンズ・ホテルの向かいにあり、大きなプールがあるが景色はそれほどよくない。部屋は何の変哲もないが、冷蔵庫と電子レンジがある。料金には軽い朝食を含む。

もう少し上乗せすれば、いろいろな場所に徒歩で行けるパームスプリングス中心部のホテルに泊まれる。

カサ・コディ
Casa Cody
☎760-320-9346　📠760-325-8610
🏠175 S Cahuilla Rd
📖客室$69〜、夏は$20安い

この地区で一番お値打ち。プエブロインディアン風の独立したコテージが青々した緑の中に建ち、宿泊客が使える鉄板グリルがあり、朝食も無料で付く。1つ難点はとても小さくて、ことのほかひっそりした2つのプールだろう。

ザ・チェイス
The Chase
☎760-320-8866、877-532-4273
🌐www.chasehotelpalmsprings.com
🏠200 W Arenas Rd
📖客室 夏$59〜、9〜12月・3〜5月中旬$79、冬$89〜、金・土は$10高い

ここもいい所だ。大きなプール、シャッフルボード・コートがあり、広々としたロビーには果物や雑誌が置かれている。部屋は標準的なモーテル風。

エストレラ
Estrella
☎760-320-4117、800-237-3687
🌐www.estrellapalmsprings.com
🏠415 S Belardo Rd
📖客室 平日$99〜　週末$119〜

モダニズムと歴史的なパームスプリングスの美学が出会う"魅力的な"ホテル。客室の装飾は白黒の大胆な色使いで、ベッドと浴室のリネン類はこの上なく上等だ。3つあるプールのうち2つは「大人専用」になっている。

リゾートホテル　ホープ・スプリングス・リゾート
Hope Springs Resort（☎760-329-4003　🌐www.hopespringsresort.com　🏠68075 Club Circle Dr
📖客室$150〜）には申し分ないお洒落な部屋が10室ある。眺めは良く、無料の朝食付で、3つのプールへ流れる天然温泉もある。

マリオット・デザート・スプリングス・リゾート&スパ
Marriott's Desert Springs Resort & Spa
☎760-341-2211、800-331-3112　📠760-341-1872
🏠74855 Country Club Dr
📖客室・スイート　9〜6月　$235〜2100、それ以外の季節は大幅割引

パーム・デザートにあり、コーチェラ・バレーでおそらく一番の超高級リゾートホテルだ。客室はすべて現代的な設備を備え、敷地内にはゴルフ場、テニスコート、さまざまな温泉施設、さらに人口湖を渡りレストランにあなたを運ぶ小船がある。

マーヴ・グリフィンズ・リゾート・ホテル&ジバンシー・スパ
Merv Griffin's Resort Hotel & Givenchy Spa
☎760-770-5000、800-276-5000　📠760-324-6104
🌐www.palmsprings.com/merv
🏠68-900 Frank Sinatra Dr
📖客室$220〜

パームスプリングスのダウンタウン近くで、14エーカー（約6ha）あり、ルイ14世の息をも詰まらせるほどのフランス式装飾が施されている。料金には空港送迎や温泉とフィットネス設備の無制限の利用（宿泊者以外は1日$40）を含み、"相対的"に割安となっている。

同性愛者の宿泊　同性愛者に的を絞った宿泊施設も増加している。

クイーン・オブ・ハーツ
Queen of Hearts
☎760-322-5793、888-275-9903　📠322-5795
🏠435 Avenida Olancha
📖客室$110〜

デザート・ナイトDesert Knightと呼ばれてきた、1960年創業のパームスプリングスで最初のゲイ専門リゾートホテル。現在は女性専用で部屋はきれい（ほとんどキッチン付）でバスロープ、発泡（炭酸水のよう）プールがあり、無料の朝食も付く。

テラゾ
Terrazzo
☎866-837-7996
🌐www.terrazzo-ps.com
🏠1600 E Palm Canyon Dr
📖客室 夏$105 冬$125

男性専用で、朝食とランチ（そして午後のクッキー）が出される。各部屋には電子レンジ、冷蔵庫、ビデオデッキ完備。無節制を許さない小さなフィットネスルームがある。

イン・エグザイル
Inn Exile
☎760-327-6413、800-962-0186
🌐www.innexile.com
🏠545 Warm Sands Dr

パームスプリングス&コーチェラ・バレー − 食事

客室＄87～140
もう1つの男性専用ホテルでは"着衣自由"だ。宿泊客には朝食、ランチ、イブニングカクテルが無料で提供される。4つのプール、2つの温泉、ビリヤードルームがあり、美しい景観が楽しめる。

食事

パームスプリングスのダウンタウンにあるパーム・キャニオン・ドライブ沿いのレストランのほとんどが観光客向けで、値段も高い。本当に価値があり、地元の特色ある店に行くには、幹線道路（ほんの1ブロックか2ブロックでも）を離れてみよう。パーム・デザートのエル・パセオEl Paseoでは、パーム・キャニオン・ドライブよりもっと価値あるお金の使い方ができるし、散歩して気に入るメニューを探す機会もある。屋外で食事ができる店では涼を得るため、時折細かな水の霧が散布され、とてもいい感じだ。

ラス・カスエラス・テラッツァ
Las Casuelas Terraza
☎760-325-2794
🏠222 S Palm Canyon Dr
メイン＄7～12

パーム・キャニオン・ドライブにある最古で最も活気あるレストランの1つで、人間観察やマルガリータが好きなら行く価値がある。

南に下った**エル・ミラソル El Mirasol**（☎760-323-0721 🏠140 E Palm Canyon Dr メイン＄8～12）は、より本物のメキシコ料理を出す店。メニューは少ないが料理はおいしく、店の雰囲気はフレンドリーで気さくだ。近くにある**チャーチルズ・フィッシュ＆チップス Churchill's Fish & Chips**（☎760-325-3716 🏠665 S Palm Canyon Dr メイン＄7.50程度）は、イギリスのパブの雰囲気があり、＄7.50のフィッシュアンドチップスが実においしい。ほかにエビ、帆立貝、ハマグリがあり、樽詰めのギネスは＄2.75。

フィッシャーマンズ・マーケット＆グリル
Fisherman's Market & Grill
☎760-327-1766
🏠235 S Indian Canyon Dr
食事＄7程度

パームスプリングスのパーム・キャニオン・ドライブの喧騒から1ブロックの所にある。新鮮な魚や貝を焼いてサラダ、サンドイッチ、タコスの具にしたり、コールスローやライスと一緒に出したりする。ビールはたったの＄2.50。キーライムチーズケーキはべた褒めされている。

タイ・スマイル
Thai Smile
☎760-341-6565
🏠42-467 Bob Hope Dr
ランチ＄6程度 メイン＄5～13程度

ランチョ・ミラージュのリバー・ショッピングモールRiver shopping mall隣のショッピングプラザ内にあるが、内側からは決してわからないだろう。モダンなタイ風の装飾と、タイ風ヤキソバのようなスタンダードなものから焼きナスサラダのような創作料理まである。香り豊かな料理は、探し出して行く価値がある。

キーディーズ
Keedy's
☎760-346-6492
🏠73-633 Hwy 111
朝食・ランチ＄5未満

パーム・デザートにあり、安い朝食とランチを出している。店は古く、食材は有機栽培とはほど遠いが、ここの卵、パンケーキ、ハンバーガー、ミルクセーキはアメリカ料理の象徴と言える。

コーチェラ・バレーで上質の食事をするのに不足はない。カジュアルだが上品でとても妥当な値段で洗練された食事を望むなら、パームスプリングスにある**ヨハネス Johannes**（☎760-778-0017 🏠196 S Indian Canyon Dr メイン＄11～26）へ行ってみよう。料理は創意があるが凝り過ぎてなく、食材はすべて最良のものが使われている。

エンターテインメント

パームスプリングスのダウンタウンでパーム・キャニオン・ドライブを夜散歩するのはたいていとても愉快で楽しい。温かい風が吹き、薄着でいられることで人々は極めて陽気になるようだ。宇宙家族ジェッソン一家にヒントを得た**ムリエルズ・サパー・クラブ Muriel's Supper Club**（☎760-325-8839 🏠210 S Palm Canyon Dr）に立ち寄り、飲んで行こう。それとも21時過ぎなら＄10のカバーチャージを払って生演奏の音楽とダンスのショーを見るのもいい。

2、3軒隣にある**ビレッジ・パブ Village Pub**（☎760-323-3265 🏠262 S Palm Canyon Dr）はカジュアルな店で、音楽のライブ、ダーツ、樽詰めの良いビールがある。

気ままなゲイとレズビアンの店は**ツーキャンズ Toucans**（☎760-416-7584 🏠2100 N Palm Canyon Dr）で、"サロン（腰布）着用は自由"になっている。たくさんの南国風の装飾があり、ドリンクにはどれも傘がのっている。

アリーナス通りArenas Rdはパーム・キャニオン・ドライブと垂直に交わり、その交差点から2ブロック東にゲイやレズビアンの溜り場

が集中している。**ハンターズ・ビデオ・バー Hunter's Video Bar**（☎760-323-0700 ⌂302 E Arenas Rd）の客は大半が男性で、多くのテレビ画面があり楽しいダンスシーンが繰り広げられる。**レインボー・カクタス・カフェ Rainbow Cactus Café**（☎760-325-3868 ⌂cnr Arenas Rd & Indian Canyon Dr）は陽気なピアノバーのあるおいしいランチとディナーを出すレストランだ。

合法的なギャンブルはパーム・キャニオン・ドライブからほんの数ブロック入った**スパ・リゾート・カジノ Spa Resort Casino**（☎800-258-2946 ⌂100 N Indian Canyon Dr）で可能だ。カジノの入口は140 N Indian Canyon Drにある。

日曜の午後のジャズと言えばイングルサイド・インIngleside Innの中にある**メルヴィンズ Melvyn's**（☎760-325-0046 ⌂200 W Ramon Rd）が定番。誰でも入れて、カバーチャージも不要。

1936年にできた伝統ある**プラザ・シアター Plaza Theater**（☎760-327-0225 Ⓦwww.psfollies.com ⌂128 S Palm Canyon Dr）では、ジーグフェルド・フォーリーズ風のレビューを公演していて、音楽、ダンス、ショーガール、コメディーが見られる。特異なのは出演者の多くが劇場と同じくらいの年齢ということだ。つまり全員50歳以上、中には80歳の人もいる。しかし、決して素人のショーではない。パームスプリングスは有名人の収納庫から大物を呼び出すことができ、ビング・クロスビー、ドリス・ディ、ジャック・ベニーといったスターたちが主演したことでも知られている。チケットは＄35から＄70と安くはないが、過去のスターたちはすばらしいステージを見せてくれる。11月から5月にかけては夜の部と昼の部があり、予約した方が望ましい。

ショッピング

パームスプリングスでショッピングを楽しむならはパーム・キャニオン・ドライブ、パーム・デザートならエル・パセオEl Paseoが最高だ。多数のギャラリーや骨董品店が並んでいるが、莫大な資金がなければ、もっぱらウインドウショッピングに時間を費やすことになる。

ジェイ・バーマン・ギャラリー J Behman Gallery
☎760-320-6806
⌂1000 N Palm Canyon Dr
パームスプリングスの中心的なアートスクールの一部である。展示される作品に時折古典がまぎれることもあるが、現代芸術のものが多い。

アダージョ・ギャラリー Adagio Galleries
☎800-288-2230
⌂193 S Palm Canyon Dr
ビレッジ・パブVillage Pubの中にあり、ジョン・ニエトやフランク・ハウェルなどの著名な南西部のアーチストの作品を展示、販売している。

リフレクションズ・オブ… Reflections of …
☎760-323-3882
⌂285 S Palm Canyon Dr
広範で風変わりなガラス工芸品のコレクションを持ち、店ではアメリカ最大のコレクションの1つと言っている。

リバー River
⌂71800 Hwy 111
中には多くの高級な店舗やレストラン、大型複合映画館が入っている。パームスプリングスのダウンタウンにある多くの店では典型的なパームスプリングスでの買い物品である"リゾートウエア"を売っている。もう1つの地元産品はデーツ（ナツメヤシ）だ。コーチェラ・バレーはアメリカの全供給量の90％を生産している。

アクセス

パームスプリングス国際空港 Palm Springs International Airport（☎760-318-3800 Ⓦwww.palm-springsairport.com）には、アラスカ航空、アメリカン航空、アメリカ・ウエスト、アメリカン・イーグル、デルタ航空およびスカイ・ウエスト、ホライゾン・エアが乗り入れており、冬にはノースウエスト航空、コンチネンタル航空、カナダのチャーター航空会社の**カナダ3000 Canada 3000**（☎877-658-3000）が路線を持っている。

滞在先ホテルの空港送迎がない場合、もっとも良いのはシャトルバスかタクシー利用だ。1人だいたい＄12くらい。評判の良い会社は**アット・ユア・サービス At Your Service**（☎760-343-0666、888-700-7888）と**プライム・タイム・シャトル Prime Time Shuttle**（☎760-341-2221）だ。

グレイハウンド Greyhound
☎760-325-2053
⌂311 N Indian Canyon Dr
◷8:00～18:00
毎日6:00から23:00の間、ロスアンゼルス行き（＄17.25、約3時間）を9便運行している（駅が閉まっている時は車中で切符を購入する）。アムトラックのバスはパームスプリングス国際空港の正面のバス停から出発し、ベイカーズフィールド、フレズノ、オークランド、ストックトンへ向かう。切符は車中で購入する。

サンライン
Sunline
☎760-343-3451

地元のバス会社。"無気力で予測できない"と言う読者もいて、基本的にはそのとおりだが、6:00から22:00頃まで谷のほとんどに路線を張っており、エアコンバスはきれいで快適だ。路線111番はハイウェイ111に沿ってパームスプリングスとインディオ間（約1時間半）を結ぶ。さまざまな地域を周回するほかの路線に乗り換えることもできる。標準運賃は75¢（つり銭の要らないよう小銭を用意しておくこと）で、乗り換えには25¢加算される。すべてのバスには車椅子用リフトと自転車2台分のラックが備わっている。

ロサンゼルスから延びるインターステート10（I-10）はコーチェラ・バレーに向かい、そして通過する主要道路だ。しかし、パームズ・トゥ・パインズ・ハイウェイPalms to Pines Hwyと呼ばれるハイウェイ74はもっと眺めが良く、回り道するに値するルートだ。

レンタカー会社には**アラモ Alamo**（☎760-778-6271、800-327-9633）、**エイビス Avis**（☎760-778-6300、800-331-1212）、**ダラー Dollar**（☎760-325-7333、800-800-4000）**エンタープライズ Enterprise**（☎760-778-0054、800-325-8007）、**ハーツ Hertz**（☎760-778-5100、800-654-3131）などがある。

エース・タクシー Ace Taxi（☎760-835-2445）は24時間営業している。**パームスプリングス・タクシー Palm Springs Taxi**（☎760-323-5100）と**アメリカン・キャブ American Cab**（☎760-775-1477）もよい会社だ。

ジョシュア・ツリー国立公園
Joshua Tree National Park

ジョシュア・ツリー国立公園は、コロラド砂漠と、標高が高く気温の低いモハベ砂漠との間の移行帯に位置する。モハベ砂漠はまるでスース博士の絵本から抜け出したような独特のジョシュア・ツリーが生えている。見事な形の岩層（ほとんどは石英深成岩）は、"ジェイ・ツリーJ-Tree"こそカリフォルニアで最高のクライミングの場と通常に考えているロッククライマーに人気がある。公園内に天然の水流がないためバックパッカーにはそれほど人気はないが、日帰りのハイカーやキャンパーは砂漠の微妙な配色を楽しんだり、大きな岩によじ登るチャンスを享受している。

最も奇抜で劇的な岩の集まりは地元で"岩のワンダーランドWonderland of Rocks"と呼ばれる地区にあり、最大級の樹木がコビントン平地Covington Flatsの近くにある。標高の高いコロラド砂漠やソノラ砂漠から、低いモハベ砂漠への変化を見たいなら、ピント・ベイスン通りPinto Basin Rdを走りトゥエンティーナイン・パームズTwentynine Palmsからピント盆地Pinto Basinへ下るといい。

歴史や現地の伝説に興味がある人はヒドゥン・バレー・キャンプ場Hidden Valley Campgroundから北東に砂利道を12マイル（約19km）ほど行った所にある**デザート・クイーン・ランチ Desert Queen Ranch**（☎予約専用760-367-5555）見学ツアー 9～3月 8:30、10:30、13:00、15:00、4～5月は 17:00もある、6～8月 8:30、19:00のみ 大人＄5 特別割引＄2）を見学するといい。ロシアからの移民ウイリアム・キーズが1917年に160エーカー（約65ha）のこの土地に農場を開き、それ以来60年にわたりフル稼働している農場、学校、商店、作業場を建設していった。それらは今でも1969年にキーズが亡くなった当時のまま残っている。

インフォメーション

公園管理事務所は公園の北側境界線のすぐ外側、トゥエンティーナイン・パームズ内の**オアシス・ビジターセンター Oasis Visitor Center**（☎760-367-5500 www.nps.gov/jotr National Monument Dr 8:00～17:00、冬 8:00～18:00）にある。役立つ情報、書籍、地図が置いてある。ビジターセンターの背後にあるマラのオアシスOasis of Maraには町の名前の由来となった29本のヤシの木が立っている。心的エネルギーが宿っていると信じられているこのオアシスをピント山断層Pinto Mountain Fault（サン・アンドレアス断層の系統の小規模なもの）が貫いている。

やや小さめの**コットンウッド・ビジター・センター Cottonwood Visitor Center**（8:00～16:00）は公園の南入口から数マイル中に入った所にある。車での入場は7日間有効で＄10、徒歩や自転車の人は＄5だ。緊急の場合は☎909-383-5651へ電話のこと。

ハイキング

ジョシュア・ツリーの一風変わった月に似た景観を鑑賞し、興味をそそられる細部を理解するには実際車から離れる必要がある。ビジターセンターで公園のいろいろな特徴に焦点を当てた、標識の付いているさまざまな短いトレイルについての地図や助言を与えてくれる。その中には**フォーティーナイン・パームズ・オアシス Fortynine Palms Oasis**、**ヒドゥン・バレー**

Hidden Valley、ロスト・ホース鉱山 Lost Horse Mine、キーズ・ビュー Keys View、インスピレーション・ポイント Inspiration Point、ライアン山 Ryan Mountain、チョージャ・カクタス・ガーデン Cholla Cactus Garden、ロスト・パーム・オアシス Lost Palm Oasisなどのトレイルがある。1.7マイル（約2.7km）の**スカル・ロック・ループ Skull Rock Loop**は途中に解説板を備え、標識の整った易しいトレイルだ。

遠距離ハイキングは可能だが、水を携帯する必要があるために相当な難関になる。少なくとも1日1人2ガロン（約8ℓ）必要だ。バックカントリーへ泊まりでハイキングに出かける人は登録カードに記入（調査と救援活動を助けるため）し、園内の駐車場に設置された12あるバックカントリー委員会のどこか1カ所に半券を預けなければならない。登録カードに記載がなく1晩放置された車は召喚されるか牽引されるかもしれない。

公園西側の**ボーイ・スカウト・トレイル Boy Scout Trail**は行き交う人の多いトレイルで、その16マイル（約26km）はインディアン・コーブ Indian Coveかキーズ・ウエストKeys Westのバックカントリー事務局のある場所から始まる。

ロック・クライミング

岩山から割れ目、いろいろな高さの岩の露出面まで、アメリカのほかのどこよりも多彩なルートがここにはある。最長の登りでも100フィート（約31m）かそこらだが、技術を要する挑戦的なルートがたくさんあり、またほとんどが訓練用のロープを頂上に簡単にかけられるものだ。最も人気のある場所の幾つかは**ヒドゥン・バレー Hidden Valley**にある。

専門的な岩登りの本、たとえばランディー・ボーゲル著「ジョシュア・ツリー・ロック・クライミング・ガイドJoshua Tree Rock Climbing Guide」などは必須である。ジョシュア・ツリーの町（後出参照）にあるコヨーテ・コーナー Coyote Cornerの親切なスタッフは岩登りの本やルートダイヤリーを持っており、そこでさっと目を通したり、買うこともできる。

岩登りや案内に関しては**アップライジング・アドベンチャー・ガイド Uprising Adventure Guides**（☎760-320-6630、888-254-6266 www.uprising.com）に連絡してみよう。**ノーマッド・ベンチャーズ Nomad Ventures**（☎760-366-4684 cnr Twentynine Palms Hwy & Park Blvd 8:00〜18:00、冬 土日は遅く開店）は、ジョシュア・ツリーの町にある岩登り用品の優れた店だ。

サイクリング

ジョシュア・ツリー国立公園では、自転車は道路やトレイルを外れてはいけないが、サイクリングに人気の場所だ。マウンテンバイクか最低限、空気のいっぱい詰まったこぶ状のタイヤの付いたロードバイクが多くの未舗装の道路を走るのに必要だ。

2つの好評のルートはコットンウッド・ビジター・センターから始まる、やりがいのある**ピンカム・キャニオン通り Pinkham Canyon Rd**と、そこから北に6マイル半（約10km）の地点から始まる**オールド・デール通り Old Dale Rd**だ。**クイーン・バレー通り Queen Valley Rds**の道路網はもっと易しいトレイルとの組み合わせで、ルート沿いに自転車ラックが設置してあり、そこに自転車を置いてハイキングに出かけることができる。

ここでは自転車は重要な交通手段だ。2輪の馬に飛び乗り、キャンプ場を出てどこでも好きな所へ行ける。そして、道すがら贅沢な景色を堪能できるのだ。

宿泊

公園内には9カ所のキャンプ場がある。**ブラック・ロック・キャニオン Black Rock Canyon**（☎800-365-2267 サイト＄10）と**インディアン・コーブ Indian Cove**（☎800-365-2267 サイト＄10）はサイトの予約が必要だ。**ヒドゥン・バレー Hidden Valley**、**ライアン Ryan**、**シープ・パス Sheep Pass**、**ジャンボ・ロックス Jumbo Rocks**、**ベル Belle**、**ホワイト・タンク White Tank**、**コットンウッド Cottonwood**は先着順でのみ受け付ける。春と秋の繁盛期は午前中にサイトを見つけ、しっかりと確保しておこう。水はブラック・ロック・キャニオン、コットンウッド両キャンプ場とインディアン・コーブの近くで手に入る。水のあるこの3カ所のキャンプ場のみ有料（サイト＄10）だ。あとのキャンプ場は無料で、簡易トイレ、テーブル、暖炉があるが、水は持参しなければならない。ジャンボ・ロックスは特に日の出、日の入りの最高の展望台となる、風雨にさらされない岩の窪地が魅力的だ。

バックカントリーでのキャンプは許可されているが、最寄りの道路から1マイル（約1.6km）または最寄りのトレイルから500フィート（約152m）以内は禁止、湿地や昼間利用するエリアでも禁止だ。火気の使用は全面禁止。

ジョシュア・ツリー国立公園周辺
Around Joshua Tree National Park

公園の周囲の町はどこもこれといった魅力はないが、モーテルや食事の場を探す目的はかなえてくれる。パームスプリングスからは車で1時間少しなので、キャンプに興味のない人は、よくこの地へ日帰りでやって来る。

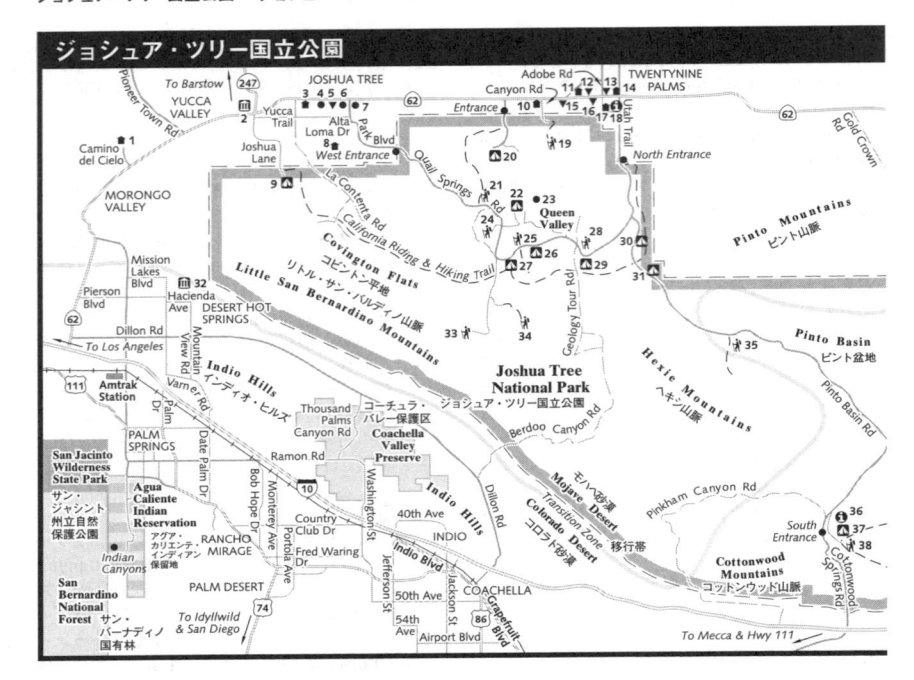

トゥエンティーナイン・パームズ
Twentynine Palms

国立公園の北口のすぐ近くにあるトゥエンティーナイン・パームズ（人口1万5348人、標高3242フィート＜約988m＞）は公園と付近の海兵隊戦闘訓練センターMarine Corps Combat Training Center（時折、大騒音が聞こえてもびっくりしないように）に労働力を提供している町だ。町の大半はスプロール現象で29パーム・ハイウェイに沿って延びている。このハイウェイがアドビ通りAdobe Rdと交わる辺りがいわゆるダウンタウンだ。特別な魅力はないが、街には十分な創作意欲をかきたてるような景観があり、U2のアルバム「ザ・ジョシュア・ツリーThe Joshua Tree」の制作、録音を思いつかせたり（後出の「ハーモニー・モーテルで」を参照）、少し人里離れて住むアーチストのエドワード・ルシェを楽しませ続けている。

宿泊・食事　トゥエンティーナイン・パームズは国立公園周辺最大の宿泊施設数を誇る。

ハーモニー・モーテル
Harmony Motel
☎760-367-3351
🏠71161 29 Palms Hwy
🛏S＄40 W＄46

町の西端の落ち着いた場所。小さなプールと広い部屋（数室はキッチン付）、そしてくつろいだり、経営者お気に入りの時間の過ごし方でもある瞑想に耽るのに良い場所がある。

ランチョ・ドロレス・モーテル
Rancho Dolores Motel
☎760-367-3528
🏠73352 29 Palms Hwy
🛏客室＄55～

スペイン風の装飾が施された、この地区に典型的なモーテルで、大きなプールがある。部屋にはケーブルテレビが付いている。

サンセット・モーテル
Sunset Motel
☎760-367-3484
🏠73842 29 Palms Hwy
🛏客室＄36

小さくて少し傷んでいるが、全般的に清潔かつ親切。

トゥエンティーナイン・パームズ・イン
Twentynine Palms Inn
☎760-367-3505
🏠73950 Inn Ave
🛏客室 オフシーズン 平日＄85程度 ハイシーズン 金～日＄135～

マラのオアシス内外に建つ、滞在するには最もおもしろい場所だ。ホテルにあるいろいろなタイプの古い日干し煉瓦と木材でできたキ

ジョシュア・ツリー国立公園

宿泊
1. Yucca Inn
3. Joshua Tree Inn
8. Ruby Rosebud Inn
9. Black Rock Canyon Campground
10. Harmony Motel
11. Rancho Dolores Motel
14. Sunset Motel
15. Twentynine Palms Inn
20. Indian Cove Campground
22. Hidden Valley Campground
26. Sheep Pass Campground
27. Ryan Campground
29. Jumbo Rocks Campground
30. Belle Campground
31. White Tank Campground
37. Cottonwood Campground

食事
5. Crossroads Café
12. Edchada's
13. Desert Ranch Market
15. The Rib Co
16. Jimmy the Greek's

その他
2. ハイ・デザート自然博物館
4. トミー・ボールズ・ビートニク・カフェ
6. ノーマッド・ベンチャーズ
7. コヨーテ・コーナー
18. オアシス・ビジター・センター
19. フォーティーナイン・パームズ・オアシス・トレイル
21. ボーイ・スカウト・トレイル
23. デザート・クイーン・ランチ
24. ヒドゥン・バレー・トレイル
25. ライアン山トレイル
28. スカル・ロック・ループ
32. カボッツ・オールド・インディアン・プエブロ博物館
33. キーズ・ビュー＆インスピレーション・ポイント・トレイル
34. ロスト・ホース鉱山トレイル
35. チョージャ・カクタス・ガーデン・トレイル
36. コットンウッド・ビジター・センター
38. ロスト・パーム・オアシス

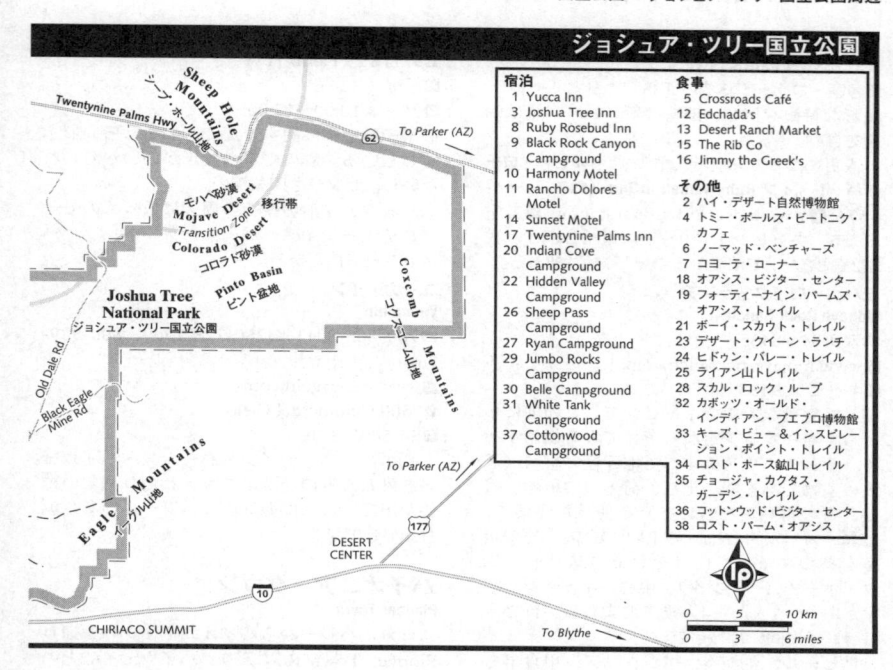

ャビンには"幽霊花"、"防御針"などといった名前がついている。

デザート・ランチ・マーケット
Desert Ranch Market
cnr 29 Palms Hwy & Adobe Rd
7:00〜22:00
あらゆる農産物が集まっている。

ジミー・ザ・グリークス
Jimmy the Greek's
760-367-3456
73501 29 Palms Hwy
月〜木 7:00〜18:00、金 7:00〜21:00、土 7:00〜16:00
1品＄4〜10
ハイウェイの反対側にあり、ホットやコールドのサンドイッチや、ナスのパルメザンチーズ添え、フィッシュアンドチップスなどの日替わりメニューを求めて地元の人が立ち寄る店だ。

エドチャダズ
Edchada's
760-367-2131
73502 29 Palms Hwy
11:00〜21:00
食事＄6〜11
本物のメキシコ料理が大皿で出される。マルガリータがおいしい。

ザ・リブ・コウ
The Rib Co
760-365-1663
72183 29 Palms Hwy
メイン＄7〜15
日〜木 11:30〜21:00、金・土 11:30〜22:00
ユッカ・バレーYucca Valleyにも店がある。見事な焼きサンドイッチ、バーガー、チキン、リブ、ほかにサラダ、数種のベジタリアン用メニューがある。

ジョシュア・ツリー
Joshua Tree

ジョシュア・ツリー（人口3898人、標高2728フィート＜約831.5m＞）は国立公園の西口へのアクセス道路がハイウェイ62から分岐する辺りに位置する町で、公園周辺のどこより活気がある。理由（または結果）はこの町が登山家たちを惹きつけているからで、彼らは品揃えの豊富な岩登り用品店の**ノーマッド・ベンチャーズ Nomad Ventures**（cnr 29 Palms Hwy & Park Blvd）や登山道具、資料、エッセンシャルオイル、帽子を取り揃え、親切なアドバイスをしてくれる**コヨーテ・コーナー Coyote Corner**（cnr 29 Palms Hwy & Park Blvd）に立ち寄る。

ジョシュア・ツリー・イン
Joshua Tree Inn

☎760-366-1188、800-366-1444
🏠61259 29 Palms Hwy
💲客室・コテージ＄75〜125
多彩な特徴を持ち、部屋は新しい。料金は朝食を含む。

人目につかずに休息したいなら**ルビー・ローズバッド・イン Ruby Rosebud Inn**（☎760-366-4676 www.rosebudrubystar.com 客室＄155、キャビン＄170〜）に電話しよう。客室2室と8人まで泊まれるキャビンが1棟ある。

モハベ・ロック・ランチ
Mohave Rock Ranch
☎760-366-8455
www.mojaverockranch.com
💲キャビン＄185〜

美しく完璧な設備のキャビンで、この地にしばらく滞在する予定なら考えてみる価値がある。ランチハウスはすべて地元産の材料（過去の遺物である岩、化石、荷馬車の車輪、貝殻、骨の再利用を含めて）を使った建築で、55エーカー（約22ha）の土地に建つ。2室の寝室を持つキャビンにはそれぞれスリーピング・ポーチ（ベランダ）、中庭、キッチン、浴室があり、1人から4人まで泊まれる。行き方はランチに問い合わせを。

地ビール、生演奏、ベジタリアン用食事もまたこの町の魅力の一部だ。

トミー・ポールズ・ビートニク・カフェ
Tommy Paul's Beatnik Café
☎760-366-2090
🏠61597 29 Palms Hwy
町内一のコーヒーハウスで、15分＄2でインターネットアクセスもできる。

クロスロード・カフェ
Crossroads Café
☎760-366-5414
🏠61715 29 Palms Hwy
💲1品＄8未満
⏰日〜木 7:00〜21:00、金・土 7:00〜23:00
ヘルシーな朝食、大きなサンドイッチ、サラダ、ディナーを提供している。

ユッカ・バレー
Yucca Valley

ジョシュア・ツリーの町は西側でユッカ・バレー（人口1万9800人、標高3279フィート＜約999.4m＞）の町に接しており、ハイウェイ62（ここではトウェンティーナイン・パームズ・ハイウェイと呼ばれる）沿いにはあまり見栄えのしない商業開発区や、"精神センター"である精神物理学研究所Institute of Mental Physicsが建ち並んでいる。

ハイ・デザート自然博物館
Hi-Desert Nature Museum

☎760-369-7212
🏠57116 29 Palms Hwy
💲任意（寸志）
⏰火〜日 10:00〜17:00
砂漠の動植物に関する2、3のおもしろい展示をしている。春の草花の展示がいいかもしれないし、サソリも印象深い。

ハイウェイ沿いやその周辺に数多くのモーテルチェーンやスーパーマーケット、ファーストフード店がある。

ユッカ・イン
Yucca Inn
☎760-365-3311 📠760-228-1509、800-989-7644
www.desertgold.com
🏠7500 Camino del Cielo
💲S＄50 W＄60
トウェンティーナイン・パームズ・ハイウェイを外れた町の西端にあり、わかりやすい標識が出ている。部屋は広く、プールがあり朝食が無料で付く。

パイオニア・タウン
Pioneer Town

ユッカ・バレーからパイオニア・タウン通りPioneer Town Rdに入り、ハイウェイ62との分岐から7マイル（約11km）北に向かうと真っすぐ過去の町に乗り込むだろう。パイオニア・タウンはロイ・ロジャーズ、デール・エヴァンズ、ジーン・オートリーほか、数人のハリウッド全盛期の西部住人たちにより1946年に映画の背景の町として造られて以後、ほとんど変わっていない。町の創設の考えは俳優たちがここに家を構え、映画のセットの一部となって自ら演じる西部の荒野の生活を実際に送るというものだった。主要道路（メイン・ストリートMane St）には「OK牧場の決闘Gunfight at the OK Corral」など数限りない西部劇映画やテレビ番組に使われた建物が並んでいる。

パイオニア・ボール
Pioneer Bowl
☎760-365-3615
⏰月〜水 16:00〜21:30、金・土 11:00〜深夜、日 7:00〜21:00、木 休み
1947年、ロイ・ロジャーズのために作られたボーリング場は現在でも使われている。建てられた当時の装置やアーケードゲーム機器があり、見事な骨董品に目のないファンなら誰しも大金を払っても手に入れたいと思うだろう。中のバーではビール、バッファローバーガー、アイスクリームの混じった飲み物を売っており、そこかしこに興味深い、重要な思い出が漂っている。

パピー＆ハリエット・パイオニアタウン・パレス
Pappy & Harriet's Pioneertown Palace
☎760-365-5956
食事＄6〜15
木 17:00〜、金〜日 10:00〜

ブルースの生演奏、カウボーイハット、安いビール、本物のテキサス風メキシコ料理（たとえばインゲン豆や、メスキートの木片で燻製にしバーベキューソースをたっぷりのせたビーフやチキンなど）、バーガー、揚げチーズが好きな人にはとてもいい場所だ。食事のボリュームはかなりある。予約をおすすめする。

飲んで騒いで昏睡状態で運転するのを避けるために**パイオニアタウン・モーテル Pioneertown Motel**（☎760-365-4879 ℻365-3127 客室＄38〜）に泊まろう。各室個々の室内装飾が施され、どの部屋にも冷蔵庫とコーヒーポットがある。

もう少し時間があるなら北に数分走って、快適な**リムロック・ランチ・キャビンズ Rimrock Ranch Cabins**（☎760-228-1297 ℻818-956-0268 50857 Burns Canyon Rd キャビン＄75〜、最低2泊以上）へ行こう。ここでは時間がゆっくり流れ、緊張が和らぐ。1940年代に当地で最初の家屋敷として建てられたもので、4つある美しく飾られたキャビンは南カリフォルニア内部の隠れ家だ。各部屋にはキッチン、テレビとビデオデッキ（ビデオは無料）、そして星座観測に最高のプライベートパティオ（中庭）が付いている。

チリアコ・サミット・パットン将軍記念博物館
Chiriaco Summit & General Patton Memorial Museum

チリアコ・サミットは**モーテル**（スタンダードルーム＄35）と**ダイナー**（スパムを使った＄5.50の"砂漠訓練センターバーガー"を試してみよう）を併設する、本来ハイウェイの停留所だ。パットン将軍が第2次世界大戦中、アメリカ軍を北アフリカ戦役に備えさせるために砂漠訓練センターを建設したが、それにもっとも近い「町」としてここはかつて重要な場所であった。

パットン将軍記念博物館（☎760-227-3483 入館＄5 9:30〜16:30）では、"血と豪胆"のジョージ・スミス・パットン将軍の経歴に関する徹底した展示を行っている。パットン将軍は砂漠の厳しい環境についてこう言った。「この国でやっていけるなら他国で遭遇する野郎どもを殺すことはまったく難しいことではないだろう」。

博物館の外には、軍とは関係のないおもしろい展示品がある。**ビッグ・マップ The Big Map**（入場＄3 9:00〜17:00）は重量5.5トンの南カリフォルニアの立体地図で、コロラド川からロサンゼルスに水を引く242マイル（約389km）の水路建設設計画に使用されたものだ。屋外の古い貯水槽は無料で見学できる。

ロー・デザート
The Low Desert

インペリアル・バレーの豊かな農業地帯は先見の明と先駆的な起業家精神の不朽の業績だ。灌漑、農業ビジネス、妙なアメリカの風物文化や広大な無の世界に関心のある人にとっては見るものがたくさんあるだろう。

ソルトン湖は地図で見ると興味をそそられるが、多くの水鳥たちを引き寄せてはいるものの、現実には退屈な地だ。砂漠を愛する人にとって最も興味のある場所は遠く離れたアルゴドネス砂丘だ。そこでは何千もの人々がキャンピングカーの集落でひと冬過ごす―異様な光景だ。カレキシコCalexicoはカリフォルニアとメキシコの境界（わかるだろうか？）にあり、バハ・カリフォルニアBaja California（カリフォルニア半島）に行く際、ティファナTijuanaに代わる良い目的地になる。

インペリアル・バレー
Imperial Valley

インペリアル・バレーの土壌はコロラド川の昔の河道から出る堆積物で栄養豊かだ。谷の農業の可能性は1850年代がから認識され始めた。この地域は実際海面より低く、メキシコ湾に流れ込むコロラド川の水流はアラモAlamo水道経由でメキシコ領土を通り、再び北のインペリアル・バレーに流すことができた。この意欲的な企てはCRロックウッド、ジョージ・チャフィー、それと彼らのカリフォルニア開発会社California Development Companyによって実現され、水利権を地元の水道会社に売ることで資金調達した。初めて水が流れたのは1901年のことだった。谷は1905年までに6万7000エーカー（約2万7114ha）の土地が灌漑され、人口は1万2000人となった。1904年のメキシコ政府との協定により、迂回する水量の半分がメキシコに供給されることが取り決められた。メキシコ側の土地ではアメリカの会社が中国人移民労働者を使ってメヒカリ・バレーMexicali Valleyで綿花栽培を行っていたが、ここでその水の大半が利用された。

1905年、氾濫したコロラド川は運河やインペリアル・バレーへと歯止めなく流出し、こ

カリフォルニア砂漠地帯

の災害が契機となって、より効果的で集中した水管理システムへと発展することになる。地元の水道会社が合併し、インペリアル灌漑区域Imperial Irrigation District（IID）を結成し、これがコロラド川の大規模管理に対するアメリカ議会の支持を引き起こした。その結果、80マイル（約129km）に及ぶオールアメリカン水路All-American Canalが建設され、コロラド川の水流はインペリアルダムで迂回され、ちょうど前身のインターカリフォルニア水路がそうしたようにメキシコを通らずにカレキシコへ運ばれるようになった。

IIDの水は今では50万エーカー（約20万2342ha）以上の土地に引かれている。整然としたつぎはぎ状の畑では蓄牛の飼料、綿花、トマト、砂糖大根、メロン、イチゴ、レタスなどが栽培されている。果物や野菜の一部は季節はずれの高値を目当てに冬に育てられている。インペリアル・バレーの農業について興味深い環境的な論議がマーク・ライスナーの書「キャデラック砂漠：アメリカ・ウエスト・アンド・イッツ・ディスアピアリング・ウォーター Cadillac Desert: The American West and Its Disappearing Water」の中に見られる。

見所はほんの数カ所だけある。

エル・セントロ
El Centro
インペリアル・バレーの活動の中心で郡の首都でもあるエル・セントロ（人口2万4500人）には適度に堂々とした郡庁舎、幾つかのショッピングセンター、標準的なファーストフード店が並んでいる。

パイオニアズ・パーク博物館
Pioneers Park Museum
☎760-352-1165
🏠373 E Aten Rd
🎫入場＄4
🕐火〜日 10:00〜16:00

ハイウェイ111の交差点にある、地元の歴史協会の並外れた努力の賜物だ。立ち寄る価値は十分ある。インペリアル・バレーの灌漑、洪水、移民に関して展示しているが、特に興味を引くのは、20世紀初頭にこの谷に定住した十数の民族についての展示だ。

数多くの廉価なモーテルがハイウェイ86の近く、I-8の4thストリート出口の辺りにある。
E-Z 8モーテル E-Z 8 Motel ☎760-352-6431
🏠455 Wake Ave 🎫 S＄35 W＄43）はインターステート8（I-8）の南にあり、典型的なモーテルの部屋が駐車場を囲んで並んでいる。

ブルンナーズ・モーテル
Brunner's Motel
☎760-352-6431

🏠215 N Imperial Ave
🎫客室＄83〜
さまざまなタイプの部屋があるが、どれもかなりのもの。料金にはコーヒーショップでの朝食が含まれる。

ソルトン湖
Salton Sea
カリフォルニア最大の湖だが、意外にもつまらない。ここを訪れる唯一の本当の理由はバードウォッチングだ。ここにやって来る渡り鳥や絶滅危惧種の鳥には白雁、真ガモ、褐色ペリカン、ハクトウワシ、ハヤブサなどがいる。ソニー・ボノ・ソルトン湖国定自然保護区 **Sonny Bono Salton Sea National Wildlife Refuge**（☎760-348-5278 🏠906 W Sinclair Rd 🕐月〜金 7:00〜15:30）はナイランドNilandとカリパトリアCalipatriaの間、ハイウェイ111を外れた所にある。

魚のセレニウム含有濃度が高いため、すすめはしないが、釣りがよく知られている。船の進水ランプが3カ所あり、小型の船は湖岸のどこからでも進水させることができる。

水泳は楽しくない。湖水はプランクトンで濁っているし、塩分で目がヒリヒリする。湖の南端は水が汚れているので、やはり泳ぎはすすめられない。

その暖かい気候のため、"避寒者"（冬の間寒い気候の土地から暖かい土地へ移動する人々）はここが気に入るようだ。そうした人のほとんどはインターステート10（I-10）の南、ナイランドの東にあるスラブ・シティSlab Cityに集まり、町は11月から5月にかけて紛れもなく都会風のRV車だらけの景観を呈することになる。ハイウェイ111をわざわざ離れて見に行く価値がある風変わりな場所は、コンクリートと手でこねた日干し煉瓦でできた、鮮やかな色彩のキリスト教の宣言で覆われた100フィート（約31m）の高さの丘、**サルベーション山 Salvation Mountain**だ。1985年以来、自分の山の裏に住み、山にかかるアクリルの覆いを新しくしているレオナード・ナイトのライフワークだ。ナイランドでハイウェイを下り東に向かうと絶対見つかる。

泊まりたいなら、ソルトン湖州立レクリエーション地域Salton Sea State Recreation Areaに幾つか未開発**キャンプ場 campgrounds**（🎫テントサイト＄7、フックアップサイト＄19）がある。この地域では最良の**ボンベイ・ビーチ・キャンプ場 Bombay Beach Campground**は東岸のビジターセンター南に位置し、サイトは先着順で利用できる。ここの"ビーチ"は、古い乗り物（バスも含め）をソルトン湖の泥の中に沈めて造成されたものだ。大きな洞窟状のものを作り沼沢植物を育成し、ここに生息する

> **ソルトン湖**
>
> 1905年、コロラド川が氾濫、灌漑用水路に溢れ出し、インペリアル・バレー全域が水浸しとなった。コロラド川を本来のルートに戻しメキシコ湾に流れるようにするのに18カ月の月日、1500人の労力、1200万ドルの資金、50万トンの岩が必要だった。その結果、以前は乾燥していたソルトン窪地Salton Sinkが長さ45マイル（約72km）、幅17マイル（約27km）の湖となった。湖には自然の放水口がなく、蒸発により湖水面積が減少するにつれ天然塩濃度が増した。ソルトン湖はカリフォルニア湾の海面より228フィート（約70m）標高が低い内海となり、湖水の塩分濃度は1.5倍以上になった。

野鳥を救援するとい計画に基づくものだが、多少なりとも機能するようになるのはまだずっと先のことだ。

アルゴドネス砂丘
Algodones Dunes

高い所で300フィート（約91m）にもなる、インペリアル・バレーの東端に沿うこれらの砂丘は以前カウィーア湖の岸辺だった。ヨーロッパからの初期の探検家や、運河や道路の建設業者にとって移動する砂地は障害だった。

インペリアル・バレーとユマYumaを結ぶ当初の道が砂丘に埋もれてしまった時、木製の道路建設が試みられた。重い木材の厚板を帯鋼でつなぎとめ路面にした。砂が路面を覆うとラバの一群がこの木製路面を別の場所に引いていった。砂丘の動きと共に絶えず移動された"厚板道路"は1916年から舗装ハイウェイが建設された1926年まで砂漠のこの区間を走るただ1つの連絡路だった。インターステート8（I-8）の南、グレイズ・ウェル通りGrays Well Rdから厚板道路の面影が見られるかもしれない。エル・セントロ近くのパイオニア・パーク博物館に一部が展示されている。

砂丘の多くは4WDに開放されているが、グラームズGlamisの近くには原生自然環境保全指定地域もある。邪魔されない静かな砂丘を見たいなら、ハイウェイ78の北、グラームズの西にある**インペリアル砂丘国定天然記念物 Imperial Sand Dunes National Natural Landmark**に行ってみよう。砂漠の動植物の保護区で、車の乗り入れは禁止だが、歩行者は入れる。

この辺り一帯を眺めたければ、グラームズの4マイル（約6km）ほど西のハイウェイ78を外れた所にある**オズボーン展望台 Osbourne Overlook**へ行こう。ハイキングがしたければ、グラームズからテッド・キブス通りTed Kips Rd（鉄道線路のすぐ西のグラームズ・ストアーのある所で）を北に向かい、2マイル（約3km）先の土地管理局の野生生物見学地区BLM Watchable Wildlife Areaへ行こう。

エル・セントロにある**エル・セントロ地方事務所 El Centro Field Office**（☎760-337-4400 🏠1661 S 4th St ⏰月〜金 8:00〜16:00）と、ハイウェイ78の南、カウィーアにある**カウィーア・レンジャー・ステーション&ビジターセンター Cahuilla Ranger Station & Visitor Center**（☎760-344-3919 🏠Gecko Rd ⏰9月〜5月 金〜日 10:00〜16:00）には地図や情報がある。電話、食料、ガソリンはグラームズのハイウェイ78沿いで入手できる。インペリアル・バレーとコロラド川間には施設や設備はない。

宿泊
土地管理局がミッドウエイMidway、ゲコウGecko、ロードランナーRoadrunnerの各キャンプ場で無料キャンプを運営している。3カ所ともトイレはあるが、水道やそのほかの設備はない。最長14日まで未開発の公有地のどこでもキャンプを張れる。未開発の砂漠地帯をキャンピングカーでひと冬過ごす人たちのために長期滞在者地区（LTVAs）が設けられている。

アンザ・ボレゴ砂漠
Anza-Borrego Desert

60万エーカー（約24万ha）あるアンザ・ボレゴ砂漠州立公園を含むこの砂漠は、最も壮観で接近しやすい砂漠の景色を呈している。人間の歴史は1万年前にさかのぼると、古代アメリカ先住民の象形文字が証明している。スペインの探検家フアン・バウティスタ・デ・アンザはメキシコからの移民道を開拓しながら1774年ここを通過した。サザン・エミグラント・トレイルSouthern Emigrant Trailは1782年にペドロ・ファーゲスによって作られ、1826年からはメキシコへの郵便路線として使われたのち、1846年にケアニー将軍とその部隊がアメリカのためにカリフォルニアを守ろうとこの道を進軍した。1849年にカリフォルニアに金を求めてやって来た多くの人がそうしたように、バターフィールド駅馬車は1840年代と50年代の同じルートを路線として使った。

アンザ・ボレゴ砂漠州立公園
Anza-Borrego Desert State Park

この巨大な州立公園（アラスカを除く全米で最大）はサンディエゴ・カウンティのほぼ5分の1を占める。移動には車が絶対必要で、園内

アンザ・ボレゴ砂漠 – アンザ・ボレゴ砂漠州立公園

アンザ・ボレゴ砂漠州立公園

宿泊
- 2 Oasis Motel
- 4 Hacienda del Sol
- 7 Palm Canyon Resort
- 8 Borrego Valley Inn
- 11 The Palms at Indian Head; Krazy Koyote Saloon & Grill
- 12 Borrego Palm Canyon Campground
- 15 La Casa del Zorro
- 18 Tamarisk Grove
- 22 Fish Creek Primitive Camp
- 28 Bow Willow

食事
- 3 Center Market
- 6 Carlee's Place
- 9 Jilberto's Taco Shop

その他
- 1 アンザ・ボレゴ砂漠州立公園ビジターセンター
- 5 カリゾ・バイクス
- 10 ペッグ・レッグ・スミス記念碑
- 13 ボレゴ・パーム・キャニオン・ネイチャー・トレイル
- 14 ヘルホール・キャニオン／メイドゥンヘアー・フォールズ・トレイル
- 16 カクタス周遊ネイチャー・トレイル
- 17 ヤキ・ウェル・ネイチャー・トレイル
- 19 ナローズ・アース・トレイル
- 20 オコティージョ・ウェルズ・レンジャー・ステーション
- 21 エレファント・ツリーズ・ディスカバリー・トレイル
- 23 インディアン・ピクトグラフ
- 24 ボックス・キャニオン
- 25 ピクトグラフ／スマグラーズ・キャニオン・トレイル
- 26 インディアン・モルテロス
- 27 ゴースト山、マーシャル・サウス家跡

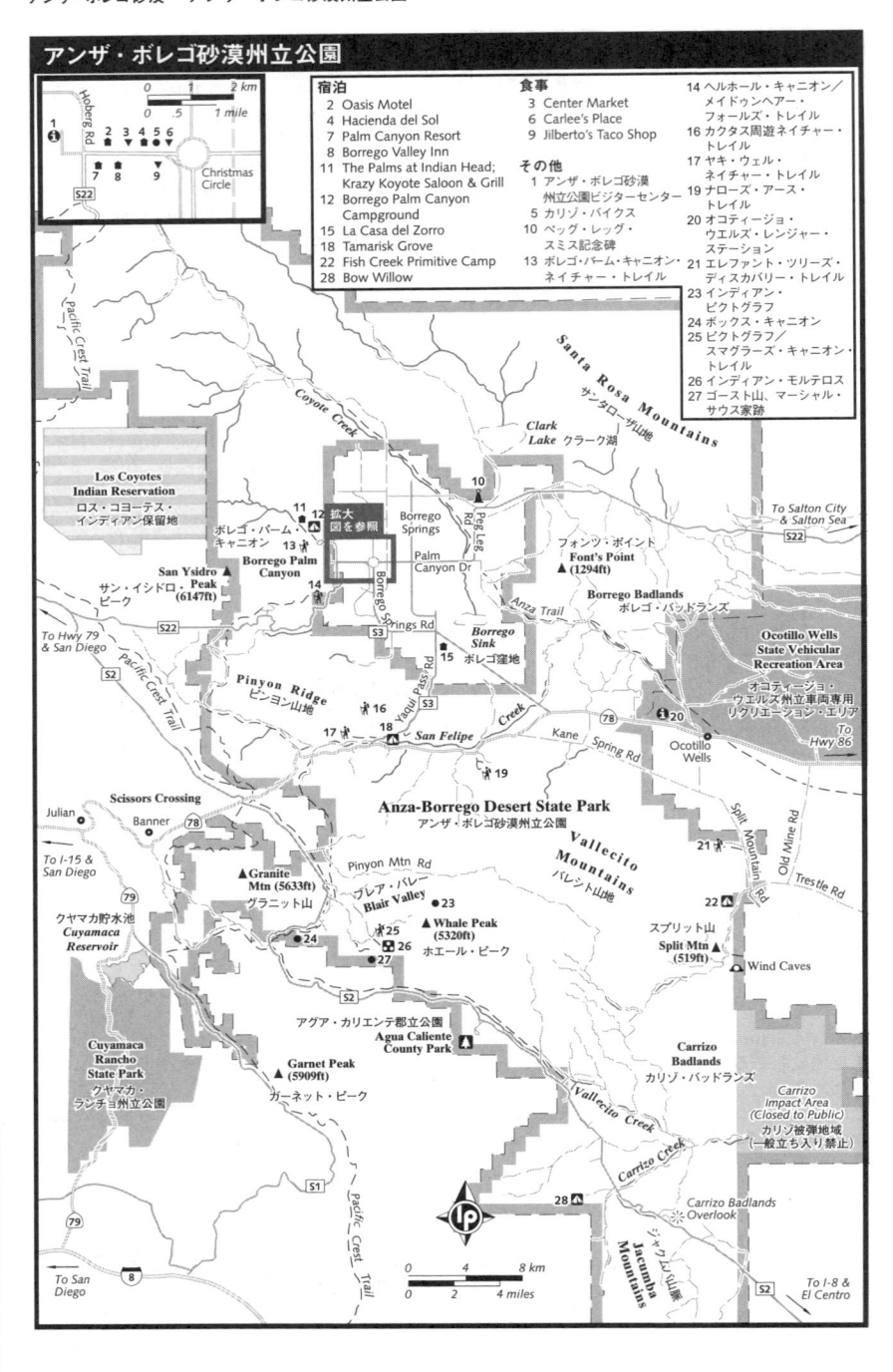

の異なる3つのエリア、つまりボレゴ・スプリングスBorrego Springs周辺、ブレア・バレーBlair Valley付近、スプリット・マウンテンSplit Mountain付近をよく知るには数回足を運ぶ必要があるだろう。

時間がない時や初めての訪問の場合は**ボレゴ・スプリングス Borrego Springs**（人口2989人、標高590フィート＜約180m＞）へ向かおう。マーケットやひと握りのレストラン、モーテルのある2本の道路の郡区だ。ここのビジターセンターが優秀であることと、ここからフォント・ポイントFont's Pointやボレゴ・パーム・キャニオンBorrego Palm Canyonを含む多くの場所に行きやすいことがこの地を全体として公園の代表地にしている。

ブレア・バレーを含めた地区とその南、砂漠の南端地域は、ブレア・バレー内は別として最も訪れる人が少なく、整備されたトレイルや設備がほとんどない地域だ。孤独感以外のここの見所は、ゴート・トレスルGoat Trestleやすばらしい眺めの展望台のあるカリゾ・バッドランズCarrizo Badlandsなどだ。砂漠の南東に位置するスプリット・マウンテン地区は4WDに人気だが、おもしろい地質や目を見張るような風穴もある。

アンザ・ボレゴの春の野草は、冬の雨量によって見事な鮮やかさになることがある。バーベナ、サクラソウ、ヒマワリ、ブリトゥル（キク科の植物）、ユリはここで見られる種の一部に過ぎない。花々は標高の低い所で2月下旬に咲き始め、その後満開となり、数ヵ月間は、標高が上がるにつれ咲き続ける期間が順次上へと移動する。花の盛りはあまりに見応えがあるので、専用電話の**野草ホットライン Wildflower Hotline**（☎760-767-4684）を設け質問に答えている。

サンディエゴから砂漠へのルートは幾つかある。インターステート8（I-8）から州道2（S-2）へ入るルートは最も長くなるが、ほとんどフリーウエイだ。多くの人がポーウェイPowayを通るハイウェイ78がひどく込むことがあるにも関わらずジュリアンJulian経由でやって来る。カーブが多いけれどかなり気持ちの良いルートはクヤマカ・ランチョ州立公園Cuyamaca Rancho State Park経由のハイウェイ79だ。どのルートを通っても2時間30分のドライブを想定しておこう。

インフォメーション

アンザ・ボレゴ砂漠州立公園ビジターセンター
Anza-Borrego Desert State Park Visitor Center（☎760-767-5311 ◐9:00～17:00、6月～10月土・日のみ）は、ボレゴ・スプリングスの町の2マイル（約3km）西にあり、一部地下にな

っている。駐車場から見ると、ちょうど低い雑木林の丘のように見える。壁は地元産の石を使っており、山の背景と見事に調和している。センターの周辺には園内で見かける植物が植えてあり、すべてはっきりと名札が付けてある。建物の中に入ると、小さな劇場で公園の自然の歴史に関する短いスライドショーを見せてくれる。砂漠の動植物に関する展示や優れた出版物も並んでいる。スタッフは親切で十分な知識を持っている。

ハイウェイを下り公園に向かう車は、どれも皆、無料の公園使用許可証が必要となるが、これは泊まりのキャンプにも有効だ。火の使用は金属容器を使った場合だけ許される。薪集めは禁止。

ここは夏に極端に暑くなる。7月の平均最高温度は107°F（41°C）だが、125°F（51°C）に達することもある。標高が上がれば少し涼しくなる。

観光スポットと楽しみ方

ボレゴ・スプリングスの北東、州道22が東に直角に曲がる道路北側に積み重なった岩がある。これが**ペッグ・レッグ・スミス記念碑 Peg Leg Smith Monument**で、トーマス・ロング "ペッグ・レッグ（義足）"・スミス（山の住民、毛皮を採る猟師で、先住民戦士、馬泥棒、嘘つき、そして開拓期の西部の伝説的人物）に捧げる記念碑だ。1829年頃、ペッグ・レッグはロサンゼルスへ向かう途中で通ったボレゴ・スプリングスで、幾つか拾った岩がのちに純金であることがわかったと言われている。妙なことに彼は1850年代になるまで当地へは戻らなかったが、その時には彼は金脈を見つけることはできなかった。しかし、彼は多くの人にその話をし（2、3杯の酒と引き換えに）、大勢の人が金鉱探しにやって来て伝説をさらに付け加えた。

4月第1土曜日に行われる**ペッグ・レッグ嘘つき大会 Peg Leg Liars Contest**は、素人嘘つきが西部の伝統であるホラ話を語って競いあう、とても楽しい行事だ。南西部のゴールドと採掘に関して、5分以内で真実以外の話をすれば誰でも参加できる。

たいていは4WD以外でも通れる（ビジターセンターで確認のこと）砂利道を州道22の南へ4マイル（約6km）行くと**フォント・ポイント Font's Point**（標高1249フィート＜約380.7m＞）へ出る。そこからは西にボレゴ・バレー、南にボレゴ・バッドランズを見渡す壮大なパノラマが望める。突端までの4マイル（約6km）のハイキングは、砂漠が一見したところ足元から落ちているように思えた時の相当な驚きを体験する良い方法だ。

アンザ・ボレゴ砂漠 − アンザ・ボレゴ砂漠州立公園

カリフォルニア砂漠地帯

オコティージョ・ウエルズOcotillo Wells（レンジャー事務所がある所）のハイウェイ78の南、舗装したスプリット・マウンテン通りSplit Mountain Rdを行くと**エレファント・ツリー・ディスカバリー・トレイル Elephant Trees Discovery Trail**に出る。ここは象の足に似ていることから名前の付いた、珍しいエレファント・ツリーの群生が見られる数少ない場所の1つだ。フランキンセンス（乳香）やミルラ（没薬を採る木）の親戚であるこの木は、休暇シーズンのデパートと変わらない良い香りがする。エレファント・ツリーは1937年に本格的な調査が始まるまではコロラド砂漠にはないと考えられていたが、この年、フィッシュ・クリークFish Creek地区で75本発見された。

スプリット・マウンテン通りを4マイル（約6km）ほど南へ進むとフィッシュ・クリーク・プリミティブ・キャンプFish Creek Primitive Campへ向かう砂利道との分岐があり、それをさらに4マイル（約6km）行くと**スプリット山 Split Mountain**だ。4WDのドライバーに大人気のこの道路は地震や浸食でできた600フィート（約183m）の壁の間を抜け、スプリット山を貫通している。峡谷は南北におよそ2マイル（約3km）の長さがある。谷の南端に幾つか急勾配のトレイルがあり、風で砂岩層が地表に露出した崩れやすい洞窟へと続いている。

州立公園の西、シザーズ・クロッシングScissors Crossing（州道2とハイウェイ78が交わる所）の5マイル（約8km）ほど南に、先住民の象形文字とすり鉢状の窪み（種子を挽いて粉にするのに使われた岩の窪み）で知られる**ブレア・バレー Blair Valley**がある。この地域には良いキャンプ場やハイキングトレイルもある。

フット・アンド・ウォーカー峠Foot and Walker Passにある記念碑はバターフィールド横断駅馬車路Butterfield Overland Stage Route上の困難な地点を記している。そして**ボックス・キャニオン Box Canyon**ではエミグラント・トレイルに駅馬車の指標を今でも見ることができる。急な坂を1マイル（約1.6km）登ると**ゴースト山 Ghost Mountain**や、砂漠の世捨て人、マーシャル・サウス一家の所有した家跡へ出る。

ハイキング

ボレゴ・パーム・キャニオン・ネイチャー・トレイル Borrego Palm Canyon Nature Trailは人気のある周遊散策コースで、ボレゴ・パーム・キャニオン・キャンプ場から北東に向かう、ガイドの付かないコースだ。トレイルは3マイル（約5km）進む間に350フィート（約107m）上がる登り坂で、乾燥した岩だらけの田舎で快適なオアシスとなっているヤシの林や滝の通っている。

ヘルホール・キャニオン／メイドゥンヘアー・フォールズ・トレイル Hellhole Canyon/Maidenhair Falls Trailは、州道22沿いのビジターセンターから2マイル（約3km）西のヘルホール・キャニオン・トレイル起点から始まり、ヤシのオアシスを幾つか過ぎて、鳥や多様な植物を支える深い滝へと上っている。

往復3マイル（約5km）のハイキングで、ブレア・バレーの州道2から3.5マイル（約5.6km）の地点で始まる**ピクトグラフ／スマグラーズ・キャニオン・トレイル Pictograph/Smuggler's Canyon Trail**からピクトグラフやバレシト・バレーVallecito Valleyのすばらしい景色を見ることができる。

他にもさまざまな短いトレイルが延びており、トレイルごとに他とは違う特徴があり、その多くには解説板やパンフレットが用意されている。長さ1マイル（約1.6km）の**カクタス周遊ネイチャー・トレイル Cactus Loop Nature Trail**はいろいろなサボテン鑑賞に良い所だ。その近くにある2マイル（約3km）の**ヤキ・ウェル・ネイチャー・トレイル Yaqui Well Nature Trail**では砂漠の植物に名札が付けられており、種類豊かな野鳥をはじめ、冬には時折オオツノヒツジなどもやって来る、天然の水飲み場を通る。**ナローズ・アース・トレイル Narrows Earth Trail**はタマリスク・グローブの東2マイル（約3km）にあり、その土地の地質に焦点を当てた短いトレイルだが、珍しいチュパロサの低木群があり、ハチドリがやって来る。

ビジターセンターでもらえる新聞に、役立つトレイル案内や位置探査地図が載っている。

マウンテンバイク
Mountain Biking

未舗装道路も舗装道路も自転車に開放されている。人気のあるコースはグレープバイン・キャニオンGrapevine Canyon、オリフラム・キャニオンOriflamme Canyon、キャニオン・シン・ノンブレCanyon Sin Nombreだ。ビジターセンターではマウンテンバイク案内書を無料で配布している。ボレゴ・スプリングスにある**カリゾ・バイクス Carrizo Bikes**（☎760-767-3872 🏠648 Palm Canyon Dr）では1時間＄10、24時間＄32で自転車を貸し出している。ガイド付き自転車ツアーも主催する。

宿泊

キャンプ　園内のどこでも、道路や水源から200ヤード（約183m）以内でない限りキャンプが許可されている。地面での焚き火はできない。植物採集（枯れ木でも）も禁止だ。

ボレゴ・パーム・キャニオン・キャンプ場
Borrego Palm Canyon Campground

☎予約800-444-7275
サイト＄10、RVサイト＄16
ボレゴ・スプリングスから北西2マイル（約3km）にあり、キャンプファイアーが行われる。水洗トイレ、シャワー設備あり。

タマリスク・グローブキャンプ場
Tamarisk Grove Campground
☎予約用800-444-7275
サイト＄10
ボレゴ・スプリングスの南12マイル（約19km）、ハイウェイ78の近くにあり、ボレゴ・パーム・キャニオン・キャンプ場より小さいが、施設数は多く、設備は同程度だ。

ボウ・ウィローキャンプ場
Bow Willow Campground
サイト＄7
公園の南部、州道2を外れた所にあり、サイトは16あるのみ。水道、簡易トイレ、テーブル、炉がある。

公園内には他にも幾つかキャンプ場がある。**カルプ・バレー Culp Valley**、**アロヨ・セコ Arroyo Seco**、**ヤキ・ウェル Yaqui Well**、**ヤキ・パス Yaqui Pass**、**フィッシュ・クリーク Fish Creek**、**マウンテン・パームスプリングス Mountain Palm Springs**。これらはどこも使用料無料だが、水道はなく、最小限の設備があるだけだ。詳細は園内のレンジャー事務所かビジターセンターならどこでも入手できるし、ホームページwww.anzaborregostatepark.orgで確認してもいい。

モーテル・リゾートホテル
これらは公園から2マイル（約3.2km）のボレゴ・スプリングスにある。気温が高く、室料の安い夏のシーズンは5月から9月だ。

オアシス・モーテル
Oasis Motel
☎760-767-5409
366 Palm Canyon Dr
客室 夏＄30程度、冬＄60程度、簡易キッチン付＄10追加
町で一番安いホテル。部屋は少し古くなっているが、標準的なアメニティは揃っている。

アシエンダ・デル・ソル
Hacienda del Sol
☎760-767-5442
610 Palm Canyon Dr
客室＄60、キッチン付＄95
ここも標準的だが、客室はわりと新しく、ケーブルテレビ、コーヒーメーカーが置かれている。

よりお値打ちな**パーム・キャニオン・リゾート Palm Canyon Resort**（☎760-767-5341、800-242-0044　221 Palm Canyon Dr　客室 夏＄70〜、冬＄95〜）には、とてもすてきなプールや温泉、手入れされた敷地、良いレストランがある。

ザ・パームズ・アット・インディアン・ヘッド
The Palms at Indian Head
☎760-767-7788、800-519-2624
2220 Hoberg Rd
客室＄80〜160
パーム・キャニオン・ドライブを北に外れた所にあり、人気のレストラン（＜食事＞参照）があり、雄大な砂漠が眺められる、やや歴史のあるリゾートホテルだ。空室状況により大幅な料金割引がある。

ラ・カサ・デル・ゾロ La Casa del Zorro
（☎760-767-5323、800-824-1884　3845 Yaqui Pass Rd　客室 冬＄135〜875、そのほかの時期＄95〜）ここの贅沢さは2つの面をもっている。つまり、町の南東のとても美しい敷地に建つホテルは南西部風の建築様式ということだ。客室は広く、格調高いロビーとダイニングルームがある。

ボレゴ・バレー・イン
Borrego Valley Inn
☎760-767-0311
www.borregovalleyinn.com
405 Palm Canyon Dr
客室＄145〜185
現代的な建築の建物で、私的な温泉リゾートの雰囲気がある。午後のレモネード、イブニングカクテル、健康志向の朝食がすべて料金に含まれる。

食事
クリスマス・サークルChristmas Circleにあるマーケットは無視して、センターにある**センター・マーケット Center Market**（590 Palm Canyon Dr　月〜土 8:30〜18:30、日 8:30〜17:00）へ行こう。食材は新鮮で種類が多い。

ジルベルトズ・タコ・ショップ
Jilberto's Taco Shop
659 Palm Canyon Dr
ほとんどの1品＄5未満
店のムードは魅力に欠けるが、すばらしいメキシコ料理を出す。ほとんどの人は外のテーブルで食べている。

カーリーズ・プレイス
Carlee's Place
☎760-767-3262
Christmas Circle at Palm Canyon Dr
メイン＄8程度
地元の人たちがバーガー、サラダ、パスタ、ステーキディナー、そしてその雰囲気をすすめる店だ。ビリヤードもおすすめかも。

クレイジー・コヨーテ・サルーン＆グリル
Krazy Koyote Saloon & Grill
☎760-767-7788

☎2220 Hoberg Rd
🍴食事＄11程度
ザ・パームズ・アット・インディアン・ヘッド・リゾートThe Palms at Indian Head resort内にあり、優れた南西部スタイルの料理を出す。楽しい雰囲気があり、眺めもこの上なくすばらしい。

モハベ砂漠
The Mojave Desert

モハベ砂漠はロサンゼルス郡の北端の都市部から、人里離れた人口のまばらなモハベ国立自然保護区Mojave National Preserveの田舎まで、広大な地域を占めている。ほとんどの人はイースタン・シエラEastern Sierra、デス・バレーDeath Valley、またはラスベガスLas Vegasへ行く途中、この砂漠を通過するだけだが、時間があればここには立ち寄る価値があるものがたくさんあるとわかるだろう。自ら操縦する乗り物なしにはモハベを探検するのは現実的ではない。

当地を探検したい人にはジョン・マッキニーとシェリー・レイ共著の「ウォーキング・ザ・イースト・モハベ・デザートWalking the East Mojave Desert」に役立つ情報が出ている。

東モハベ国立自然保護区
East Mojave National Preserve

1994年のカリフォルニア砂漠地帯保護法の一部として創設された。この保護区の中には160万エーカー（約6470km²）に及ぶ砂丘、ジョシュア・ツリー、露出した火山岩層、驚くべき岩石群などがある。デス・バレー国立公園とジョシュア・ツリー国立公園を合わせたくらいの広さがあるが、人口はそこより少ない。そして人がいない所では砂漠の動物群が多いという傾向がある。オオツノヒツジ、カメ、ずる賢いコヨーテを特に夕方や早朝よく見かける。訪問者が少ないことの1つの欠点はアスファルト舗装がないことだ。いったん主要なハイウェイを離れると、ほぼずっと砂利道を走ることになる。

強風がここの標準的な気候だ。気温は5月から9月にかけて100°F（38°C）くらい（またはそれ以上）で、その後、冬の期間は時折雪嵐があり50°F（10°C）前後になる。

インフォメーション

保護区の近くになると、大きな町には国立公園局National Park Service（NPS）が運営する良い案内所がある。ベイカー Baker（☎760-733-4040 ☎72157 Baker Blvd 🕘9:00〜17:00）とニードルズ Needles（☎760-326-6322 ☎707 Broadway 🕘火〜日 8:00〜16:00）は、どちらも解説付の展示や道路・天気情報を持っており、地図や自然史の書籍も置いている。それより小さいホール・イン・ザ・ウォール・レンジャー・ステーション Hole-in-the-Wall Ranger Station（☎760-928-2572 🕘土・日 10:00〜14:00）は舗装されたブラック・キャニオン通りBlack Canyon Rdの終点、インターステート40（I-40）の北19マイル（約30km）にある。

観光スポットと楽しみ方

まる1日、保護区の周辺をドライブして景色を眺めたり、歩いて探検しながら過ごすことができる。

インターステート15（I-15）から南に見えるシーマ・ドーム Cima Domeは、噴石丘や外側の堅くなった露出玄武岩と花崗岩の混じった高さ1500フィート（約457m）の岩の塊で、700万年以上前から1万年ほど前にかけて流出した溶岩が残したもの。ケルベイカー通りKelbaker Roadはインターステート15（I-15）から南に向かう道で、この古代の炭化した景色を間近で見る最高の場所だ。ある地点で噴石丘は数が非常に多くなっていて噴石丘国定天然記念物 Cinder Cones National Natural Landmarkとして保護されている。

また、ケルベイカー通りを離れると、とてつもない形をしたケルソー砂丘 Kelso Dunesがあり、高い所は600フィート（約183m）に達し、独特の真珠色をしている。砂が砂丘の風上側を吹き上げ、その後、砂丘の"滑面"を滑り落ちる時、砂丘はよく轟き音や歌うような音を出す。これらの砂丘の周囲や頂上へのハイキングは、楽しいひとときになるだろうし、砂は風でよく固められているので思ったほど厄介ではない。

ケルベイカー通りの東側ではプロヴィデンス山脈Providence Mountainsが印象的な岩山の壁を成している。山脈の中でI-40を離れ、エセックス通りEssex Roadから入って行けるのが、洞窟二次生成物（鍾乳石など）と呼ばれるポタポタ滴る形成物で知られるミッチェル洞窟 Mitchell Cavernsだ。

洞窟の北側、ブラック・キャニオン通りBlack Canyon Rd（エセックス通りから北に延びる）の終点にあるのがホール・イン・ザ・ウォール Hole-in-the-Wallだ。よく研磨されていないテラゾ大理石でできた崖のように見えるこの凝灰岩の垂直な壁は、岩を60フィート（約18m）離れた空中や、地面に噴き出した1850万年前の凄まじい火山噴火でできたと考えられている。

ホール・イン・ザ・ウォールを展望する地点にレンジャーステーションがある（前出「インフォメーション」を参照）。車を2台持っている人に好まれる**ハイキングコース**は、ミッド・ヒルズ・トレイルの起点からレンジャーステーションまでの道のりで、8マイル（約12.8km）北へ（高度は1200フィート＜約365.8m＞を上がる）未舗装の道路を行く。

宿泊・食事
2カ所のキャンプ場が年間通して営業している。どちらも簡易トイレ、水道があり、先着順で泊まれるサイト（＄12）がある。**ホール・イン・ザ・ウォール Hole-in-the-Wall**（標高4400フィート＜約1342m＞）はサイト数35で岩の多い砂漠の景色に囲まれている。一方の**ミッド・ヒルズ Mid Hills**（標高5600フィート＜約1707m＞）は26サイトあり、松や杜松の林の中にある。アクセス道路は未舗装だが、概してよく管理が行き届いている。

保護区に入る前に食料と水をたっぷり用意しておこう。ベイカーとニードルズにスーパーマーケットや、どれも必要なファーストフードレストランがある。ベイカーでお気に入りの食事処は**グリーク・レストラン Greek Restaurant**（1品＄4〜7）で、ハイウェイ127とインターステート15（I-15）の交差点、世界最大の温度計のすぐ隣にある。

アンテロープ・バレー
Antelope Valley

アンテロープ・バレーはまったく平坦だ。それゆえ谷を見るのは難しく、ましてやなおさらアンテロープ（レイヨウ）は見られない。明らかにかつては何千というプロングホーンレイヨウがこの地を動き回っていて、夏は山中で、冬は低地の暖かい砂漠で暮らしていた。今日、ここの2つの主要な街（**パームデール Palmdale**と**ランカスター Lancaster**）の人口は合わせておよそ20万8000で、郊外住宅地は永久に広がって行くように思える。当然、最近では当地でレイヨウよりもKマートがないほうがずっと寂しく思われるだろう。

見るに値するものが、幾つか都市部から離れた所にある。ここに泊まる必要があれば、モーテルはハイウェイ14を外れたパームデール大通りPalmdale BlvdやランカスターのアベニューK Avenue Kに見つけられるだろう。

アンテロープ・バレー・カリフォルニア・ポピー保護区
Antelope Valley California Poppy Reserve

3月中旬から5月中旬まで、丘は野草、特にカリフォルニアの州花であるゴールデンポピーで一面覆われる。ここには幾つか易しいハイキングコースがあり、その詳細な情報は**案内所 interpretive center**（☎661-724-1180 車1台＄5 開花シーズンは毎日）で手に入る。行き方はハイウェイ14をWアベニューI出口で下り、西へ13マイル（約21km）ほど進む。

アンテロープ・バレー先住民博物館
Antelope Valley Indian Museum

スイスのシャレー風の建物（1928年H・アーデン・エドワーズによる建築）にちぐはぐに収まっているこの博物館（☎805-942-0662 www.avim.av.org 入館＄1 9月中旬〜6月土・日 11:00〜16:00）は、カリフォルニアやアメリカ南西部から集めたすばらしい先住民の加工品の数々を収蔵する。館内では対話式の実演や映画上映があり、かご織りやドングリの粉砕などを実演するために来ている部族の人たちもいる。ハイウェイ14からEアベニューI出口を出てほぼ8マイル（約13km）東に進み、南に向かってアベニューJへ入る。その後、東にさらに9マイル（約14km）走って150thストリートへ出、南のアベニューMへ進む。最後に左側の岩の間にシャレーが見えるまで東進する。

サドルバック・ビュート州立公園
Saddleback Butte State Park

砂漠床から1000フィート（約305m）標高が高いこの花崗岩のビュート（孤立した山）からは、もし頂上まで行けたら（そして晴天なら）見事な眺望が楽しめる。公園（☎805-942-0662）では、自生のジョシュア・ツリーと砂漠の住人である数種のカメをうまくグループ分けしている。ハイウェイ14からEアベニューI出口を出てほぼ8マイル（約13km）東に進み、南に向かってアベニューJへ入る。その後、東にさらに10マイル（約16km）走る。公園は170thストリートを過ぎて右にある。**キャンプ場**は水洗トイレと先着順のサイトが50ある。場所はアベニューJの南1マイル（約1.6km）にあり170thストリートからは標識が整備されている。料金はサイト＄10。

ビクター・バレー
Victor Valley

このエリアには、ビクタービルVictorville、ヘスペリアHesperia、アップル・バレーApple Valleyの各住宅地域が含まれ、人口は合わせて15万人以上、その住人の多くは退職者だ。ビクター・バレーはまた、ロイ・ロジャーズとデール・エバンスがそれぞれ1998年と2001年に亡くなるまで住んでいた。

ロイ・ロジャーズ-デール・エバンス博物館
Roy Rogers-Dale Evans Museum

ロイ・ロジャーズ（「カウボーイの王」として知られている）は、1938年から1952年の間にリパブリックスタジオのために80作以上の映画を作り、100本以上のテレビの30分番組も手掛け、また1976年には映画の復帰作を製作した。テレビ番組の多くは彼の妻で"西部の女王"と言われたデール・エバンスや、彼の馬で「映画界一利口な馬」と言われたトリガーを主役にしていた。

旧西部の砦に似た建物内にあるこの博物館（☎760-243-4547 ■入館＄7、 特別割引あり ◎9:00～17:00）は、信じられないような記念品、賞、表彰状、写真、遺品の数々を所蔵している。ここではロイのお気に入りだった車や船、自筆のサイン入り野球ボール、数十の拳銃、凝った飾りの鞍、アフリカ、アジア、アラスカに狩りに行った時に仕留めた動物の頭の剥製、そしてロナルド・レーガン大統領就任式への額入り招待状を見ることができる。愛馬トリガーも剥製にされ、鞍をつけられここにいる。博物館はロイとデールによって設立されたもので、全体として見ると（その訪問者も含めて）本物の時代に忠実な、そしてあまりひどく自意識過剰ではない、20世紀半ばのアメリカ事情の一部として訪ねる価値は十分ある。

行き方は、ビクタービルのロイ・ロジャーズ・ドライブでインターステート15（I-15）を下りて西進する。それから最初の角を左折し、シビック・ドライブのつき当たりでトリガーの巨大な像を探そう。高齢者、子供、AAA会員には割引がある。

モハベとその周辺
Mojave & Around

ロサンゼルスの北70マイル（約112km）の辺りでロサンゼルス郡境を越えると、本当に街から出た気がする。アッパー・モハベUpper Mojaveは、点在する鉱山集落と兵器や航空宇宙の実験のために設けられた広大な敷地があり、過酷で荒涼たる田舎だ。

モハベ（人口4297人、標高2757フィート＜約840m＞）の町はハイウェイ14すなわちシエラ・ハイウェイをメイン・ストリートとし、西側には鉄道、東側にはモーテル、商店、レストランの並ぶ商業地区がある。観光情報はマイクス・ファミリー・レストランMike's Family Restaurant隣の敷地にある、古くて赤い鉄道車掌車で時々手に入る。車を走らせながら、あなたはこの町には大きな国際空港が

あると思うかもしれない。しかし、それらの航空機は実際すべて倉庫に保管されているのであって、砂漠の乾燥した大気の中にあって劣化は最小限に抑えられている。

エドワード空軍基地
Edwards Air Force Base

町の南東にあるこの30万1000エーカー（約12万1810ha）の基地（以前はマラックMurocと呼ばれていた）は、アメリカ空軍、航空宇宙局、民間航空機のための飛行訓練施設であり、また"ふさわしい素質"を持つテストパイロット用の訓練校でもある。チャック・イエーガーがベルX-1機を飛ばして世界初の超音速飛行を行ったり、初期のシャトルがその宇宙ミッションを果たした後滑り込んだ（ケープ・カナベラルCape Canaveralの天候が悪い時は今でもシャトルはここに着陸する）のもこの基地である。

本書執筆時点では、基地は"本来の目的である飛行テストと国家防衛目的"を支援するため観光客は入れなかった。最新の情報はホームページⒿwww.edwards.af.mil/trip/docs_html/museum.htmlで見ることができ、電話☎661-277-8050に問い合わせてもいい。基地が一般人に再公開されたら、一見の価値がある**空軍飛行テストセンター博物館 Air Force Flight Test Center Museum**（☎661-277-3510 ✿405 S Rosamond Blvd ■入館無料 ◎火～土 9:00～17:00）を訪れるといい。自然史から第2次世界大戦中の飛行テスト、超音速飛行技術まで幅広い展示がされている。

ボロン
Boron

モハベの30マイル（約48km）東、ボロンには巨大なホウ砂の露天採掘場がある。ボロンの北には、ハイウェイ395から見える、ルツ社の発電システムの一部である太陽光集光器が広大な土地に並んでいる。町中には**トゥエンティ・ミュール・チーム（20頭のラバ隊）博物館＆観光局Twenty Mule Team Museum & Visitor's Bureau**（☎760-762-5810 ✿26962 Twenty Mule Team Road ■入館無料）があり、現地の岩の標本を見たり、アメリカのホウ砂会社の伝説的な20頭のラバ隊について学んだり、宿泊情報を得たりできる。

レッド・ロック・キャニオン州立公園
Red Rock Canyon State Park

モハベの北およそ20マイル（約32km）、ハイウェイ14の両側に広がる小さな公園（☎情報661-942-0662 ■日帰り＄2 ◎ビジターセン

ター 土・日、夏は閉館）は非常に目立つ砂岩の断崖が侵食され異様な形になっており、日の出と日の入りの頃には壮観な配色を見せる。映画「ジュラシック・パークJurassic Park」の冒頭シーンで見覚えがあるだろう。標識の付いたトレイルが幾つかあり、先住民の使った粉挽きの穴やいろいろな砂漠の植物を見ることができる。**リカルド・キャンプ場 Ricardo Campground**（サイトは無料）は先着順で50張り分あり、飲料水や簡易トイレもある。

バーストウ
Barstow

I-40とI-50の交差する位置にあるバーストウ（人口2万2470人、標高2106フィート＜約642m＞）はロサンゼルスとラスベガスのほぼ中間にあり、多くの旅行者が旅の途中ここに寄る。しかし、魅力的な場所を探そうとする旅行者はいないし、そうしたところで見つかりもしないだろう。実はこの地域は、何世紀もの間砂漠を旅する人たちの十字路で、1776年、スペイン人宣教師フランシスコ・ガルセスがここを通り抜け、近くにオールド・スパニッシュ・トレイルOld Spanish Trailが通じた。モハベ川岸に住みついた人たちは1860年代までには必需品、主にアルコール類をカリフォルニアの移民たちに売っていた。周囲の丘に鉱山が創業されると、バーストウの町は1886年以降鉄道の連絡駅として発展していった。

町は今でも鉄道貨物業が盛んで、軍基地も2、3ある。同時にモハベ砂漠の非公式の首都として機能している。

インフォメーション

インターステート15（I-15）を下り、北に延びるバーストウ通りBarstow Rdを行くと、**カリフォルニア砂漠地帯インフォメーション・センター California Desert Information Center**（☎760-255-8760 🏠831 Barstow Rd 入館無料 🕘9:00～17:00 昼食時閉館）の前に出る。センターでは砂漠の自然環境や歴史について非常に優れた展示を行っており、バーストウやモハベ地域の観光情報も豊富に揃えている。

地域の情報を得たり、清潔なトイレを見つける良い場所は**バーストウズ・カリフォルニア・ウエルカム・センター Barstow's California Welcome Center**（☎760-253-4782 🏠2796 Tanger Way）で、I-15からレンウッド通りLenwood Rdに出る出口付近のタンガー・ファクトリー・アウトレット・センターTanger Factory Outlet Center内にある。

観光スポットと楽しみ方

I-15をバーストウ通り出口で下り、北に2ブロック進んだところに**モハベ川谷博物館 Mojave River Valley Museum**（☎760-256-5452 🏠270 E Virginia Way 入館無料 🕘11:00～16:00）がある。地元の歴史に重点を置いた展示をしており、カリコ古代人遺跡発掘場Calico Early Man Archaeological Site（本章後出「バーストウ周辺」を参照）から出土した工芸品を陳列している。

ファクトリー・マーチャンツ
Factory Merchants
☎760-253-7342
🕘9:00～20:00

町のちょうど南、I-15からレンウッド通りLenwood Rdへの出口を下りたところにあるこのファクトリーアウトレットセンターには、衣類、履物、家庭用品などを扱う店舗が50以上入っている。商品の中には傷がついていたり、値下げする前に価格を上げている物もあるかもしれないので、購入時にはよく注意しよう。本当の掘り出し物なんてそうあるものではないし、あってもごく稀ということだ。

宿泊・食事

Eメイン・ストリートE Main Stにとてもすばらしい低料金のモーテルがある。室内にテレビとコーヒーメーカーが付いていて室料が＄33からあるホテルは、**スターダスト・イン Stardust Inn**（☎760-256-7116 🏠901 E Main St）**デザート・イン Desert Inn**（☎760-256-2146 🏠1100 E Main St）と**エグゼクティブ・イン Executive Inn**（☎760-256-7581 🏠1261 E Main St）だ。

もう少し上積みすれば、**クオリティー・イン Quality Inn**（☎760-256-6891 🏠1520 E Main St 客室 S ＄59 W ＄64）や**ベスト・ウエスタン・デザート・ビラ Best Western Desert Villa**（☎760-256-1781、800-528-1234 🏠1984 E Main St 客室＄70～）でより快適に過ごせるだろう。どちらも料金には朝食が含まれる。**ラマダ・イン Ramada Inn**（☎760-256-5673 🏠1511 E Main St 客室 ＄84 ＄89）は、おそらくバーストウで一番快適なホテルで、プール、温泉、レストランがある。

非日常を体験するなら、**キャロウズ Carrow's**（🏠1200 E Main St）や**インターナショナル・ハウス・オブ・パンケーキ International House of Pancakes**（🏠1441 E Main St）と言った有名レストランは訪れる価値が十分にある地元の店だ。

ゴールデン・ドラゴン Golden Dragon（☎760-256-1890 🏠1231 E Main St 1品＄6～8）は、内容のある中国やタイの料理を出す。ディナースペシャルはなかなかいける。

ロシータス Rosita's（☎760-256-1058 ☎540 W Main St 1品＄6〜8）は、中心地の南へ1マイル（約1.6km）ほどの所にあり、本物のメキシコ料理が食べられる。途中、バーストウにある数軒のバーを通るだろう。

アクセス

バスも鉄道も発着する**カサ・デル・デシエルト Casa del Desierto**（☎760-256-8757 ☎681 N 1st St 9:00〜14:00、16:00〜18:00）は、メイン・ストリート北にある、当地の歴史ある鉄道駅。実際にはバーストウや周辺の地域を回るには車が必要になるだろう。

グレイハウンド Greyhoundではロサンゼルス行き（＄22.25、2.5〜5時間）を1日10便、サンディエゴ行き（＄35.50、5〜8時間）を7便運行している。1日8便のバスも東のラスベガス（＄22.25、3時間）やデンバーまで走っている。

アムトラック Amtrakはベイカーズフィールド Bakersfield（＄21、3時間）行きのバスを1日2便運行しており、そこから乗り換えて南のロサンゼルスや北のサンフランシスコ・ベイエリア、さらにその北へ行くことができる。アムトラックの列車、サウスウエスト・チーフ号 Southwest Chiefもバーストウに停車する。列車はロサンゼルス（＄27、5時間）とシカゴ（＄248、41時間）間を結んでいる。切符は車中で購入のこと。

バーストウ周辺

レインボー・ベイスン国定天然記念物
Rainbow Basin National Natural Landmark

驚くほど色彩に富む堆積岩の層がここで見られ、折り重なったり歪んだりしておもしろい形を形成している。眺めの良いドライブコースと、幾つか短いハイキングコースがある。道路はすべて普通乗用車で走れるという訳ではないことを覚えておこう。"4WD・車高の高い車専用"と書かれた標識に従うこと。また、ここでは1200〜1600万年前の哺乳類の化石が多く見つかっている。近くの**オウル・キャニオン・キャンプ場 Owl Canyon Campground**（サイト＄6）は先着順で受け付け、簡易トイレと水道設備がある。レインボー・ベイスンとキャンプ場へ行くには、バーストウのメイン・ストリートからファースト・アベニュー First Aveに入り、右折してアーウィン通り Irwin Rdに入る。8マイル（約13km）北上したあと、フォッシル・ベッド通り Fossil Bed Rdを西に2マイル（約3km）進む。

カリコ・ゴースト・タウン
Calico Ghost Town

この辺りの鉱山は数百万ドル相当の銀やホウ砂を産出していたが、鉱石が尽き、銀の値段が落ちたため、町は死んだようになり、1907年までには事実上見捨てられたも同然になっていた。ウォルター・ナット（ナッツ・ベリー・ファームで有名の）が町を再建し始めた1951年には、建物の基礎以外はほとんど何も残っていなかった。現在、カリコ・ゴースト・タウン（☎760-254-2122、800-862-2542 w www.calicotown.com 大人＄6 特別割引＄3 9:00〜17:00）は観光地になっていて、その約3分の1が当時のままのものだ。それ以外は再建されたもので、その再建費用を支援させる幾重もの機会が待ち受けている。つまり、砂金採り、マギー鉱山見学、小さな蒸気機関車の試乗、"ミステリー小屋"見学、カリケージ劇場 Calikage Playhouseでのショー見物に1回＄2.25程度の追加料金が必要になるのだ。カリコ・ゴースト・タウンはバーストウの北10マイル（約16km）ほどのインターステート15（I-15）を外れた所にある。

カリコ・キャンプ場
Calico Campground
☎760-254-2122
サイト フックアップ設備付＄22、フックアップ設備なし＄18、キャビン＄28
ゴーストタウンに隣接した赤土の駐車場。12人まで泊まれるバンクハウス（＄12）を借りるのもおもしろいだろう。

ケイオーエイ
KOA
☎760-254-2311
サイト フックアップ設備付＄22、フックアップ設備なし＄18、キャビン＄28
カリコ・キャンプ場と料金は同じだが、I-15近くのこちらキャンプ場のほうがおすすめ。

カリコ・モーテル
Calico Motel
☎760-254-2419
S＄24、W＄33
I-15の南側にあるここは、まるで1950年代から何も変わっていないように見える。しかし、そこがまた魅力でもある。

カリコ古代人遺跡発掘場
Calico Early Man Archaeological Site

ルイス・リーキー博士によって1964年に始まった"カリコ発掘遺跡 Calico Dig"で発見された人工物は20万年前にさかのぼるものだが、最初のアメリカ先住民がアジアから2万年前にやって来たとする説と噛み合わない。しかし、こ

れらの石は本当に人間が使った道具なのだろうか？人工物の中には小片が欠けた岩にしか見えないものもあり、人骨もまだ発見されてはいない。**ビジターセンター visitor center** ☎760-256-5102 www.ca.blm.gov/barstow/calico.html 大人＄5 子供＄1 水 12:30〜16:30、木〜日 9:00〜16:30）で自分の目で見てみよう。木から日曜の9:30、11:30、13:30、15:30に催行される遺跡ツアー（水曜は午後のみ）に参加してみるのもいい。場所はI-15の北、バーストウの15マイル（約24km）東にある。

デス・バレー
Death Valley

その名は、空想における砂漠の過酷で暑くて地獄のようなものすべてを連想させ、厳格な旧約聖書にある痛めつけるように不毛で生命のない世界を思わせる。しかし、歴史的に見ると、この谷はカリフォルニアのほかの土地ほど死に至る危険な場所ではなかったため、博物学者たちはここで多くの動植物が繁殖していることを指摘したがる。それでも、やはり灼熱の太陽光や不毛の荒涼とした光景、超人的なスケールを期待してやって来る、一般の観光客が期待を裏切られることはないだろう。

デス・バレー国立公園
Death Valley National Park

実際の谷は南北およそ100マイル（約160km）、幅5〜15マイル（約8km〜24km）で、西にパナミント山脈、東にアマルゴサ山脈がある。**デス・バレー国立公園 Death Valley National Park**（入場料＄10）はこれよりずっと広い範囲、5000平方マイル（約1930km²）以上に及び、北側の幾つかの山脈や峡谷も含んでいる。1994年のカリフォルニア砂漠地帯保護法によって創設された、この公園の第1の存在理由は保護であって観光ではない。カリフォルニアのほかの国立公園でよく見受けられるようなサービス、レンジャープログラム、開発された光景はあまりここでは見かけないだろう。さらに、時によっては入場料（特に4〜10月）を払うという協力をしなければならない。

歴史

ティンビシャ・ショショーニ族Timbisha Shoshoneは、何世紀もの間パナミント山脈に住み、毎年冬から初夏にかけ、食料、特にメスキート豆を求めてこの谷に来ていた。彼らはまた、水鳥や沼地のメダカを捕まえたり、小さな畑を耕してトウモロコシ、スカッシュ、豆などを栽培した。鉱山と観光による開発によってショショーニ族の生活は以前より定住性のものとなり、多くの人が有給の仕事についたり、かごを作って観光客用のマーケットに出したりするようになった。1933年、部族はファーナス・クリークFurnace Creekの近くに村を宛がわれ、今でもそこに居住している。

デス・バレーの亀裂性地質により、多くの鉱物が掘削しやすくなっている。1860年代、初期の鉱夫たちは金、銀、銅、鉛を採掘した。十数の鉱山が周囲の山中で操業を始めたが、鉱石が採り尽くされるとそれぞれ閉鎖された。もっとも長く操業したのはハーモニー・ボラックス（ホウ砂）精錬所で、洗浄剤などの製造に使われるアルカリ性の鉱物であるホウ酸塩を抽出した。掘り出された鉱物は荷馬車に積まれ、20頭のラバ隊に引かれてモハベの鉄道始点までの160マイル（約256km）の道を運ばれた。第2次世界大戦中、マンガン、タングステン、鉛のような鉱物が戦時生産のため必要とされた時に一時的な復活はあったが、ほとんどの採掘は1920年代後半までには終わっていた。

1920年代にストーブパイプ・ウェルズStovepipe Wellsにあるテントが最初の観光客用宿泊所となり、その後はファーナス・クリークの労働者の住居が改築され、宿泊施設として利用されている。1933年、一帯が国定記念物に指定されると、資源保存市民部隊Civilian Conservation Corps（CCC）が11年間をかけて道路、レンジャーステーション、キャンプ場、入口ゲートを建設していった。1994年にデス・バレーが国立公園に指定された時に保護区の面積は増やされ、アメリカ大陸最大の国立公園となった。

地質

今日見る岩の形状は、5億年前に起きた地質変動によって造られた。広範な断層活動や亀裂により、通常は地下深くに隠れているはずである最古の岩層の一部が地表に露出している。

パナミント山脈やフューネラル山脈Funeral Mountainsに見られる古代の石灰岩や砂岩は古代の海底に堆積し、地殻の動きにより徐々に隆起した。7000万〜2億5000万年前に、構造プレートがぶつかり合い、山脈を押し上げ、岩層は曲がり折れ重なり裂けた。これらの応力が地殻を弱め、火山活動の時代が始まり、今日、谷で見られる豊かな色彩の源となる灰や噴石をばらまいたのである。

およそ300万年前に構造プレートは離れ始

デス・バレー国立公園

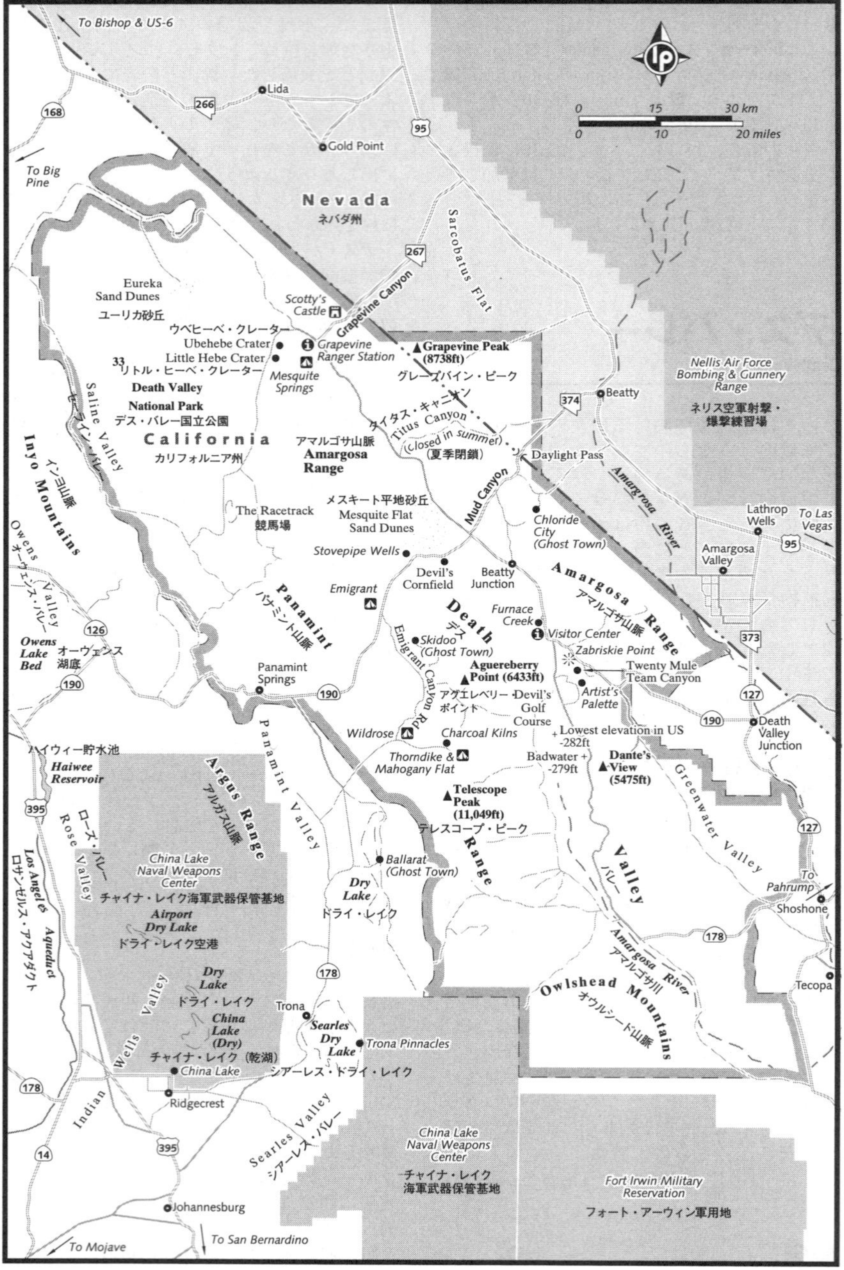
To Bishop & US-6
Lida
266
168
95
Gold Point
0 15 30 km
0 10 20 miles
To Big Pine
Nevada
ネバダ州
Sarcobatus Flat
267
Grapevine Canyon
Eureka Sand Dunes
ユーリカ砂丘
Scotty's Castle
ウベヒーベ・クレーター
Ubehebe Crater
Little Hebe Crater
リトル・ヒーベ・クレーター
Grapevine Ranger Station
Mesquite Springs
Grapevine Peak (8738ft)
グレープバイン・ピーク
Death Valley National Park
デス・バレー国立公園
California
カリフォルニア州
Saline Valley
セーライン・バレー
Inyo Mountains
インヨ山脈
タイタス・キャニオン
Titus Canyon
(closed in summer)
(夏季閉鎖)
アマルゴサ山脈
Amargosa Range
374
Beatty
Nellis Air Force Bombing & Gunnery Range
ネリス空軍射撃・爆撃練習場
Daylight Pass
Amargosa River
Mud Canyon
メスキート平地砂丘
Mesquite Flat Sand Dunes
The Racetrack
競馬場
Chloride City (Ghost Town)
Lathrop Wells
To Las Vegas
Amargosa Valley
Owens Valley
オーウェンス・バレー
Stovepipe Wells
Devil's Cornfield
Beatty Junction
Panamint
パナミント山脈
Emigrant
Death
デス
Furnace Creek
Visitor Center
Amargosa Range
アマルゴサ山脈
Zabriskie Point
Twenty Mule Team Canyon
Artist's Palette
373
126
Owens Lake Bed
オーウェンス湖底
Skidoo (Ghost Town)
Emigrant Canyon Rd
Aguereberry Point (6433ft)
アグエレベリー・ポイント
Devil's Golf Course
Panamint Springs
190
127
Death Valley Junction
Wildrose
Charcoal Kilns
Lowest elevation in US -282ft
Badwater -279ft
ハイウィー貯水池
Haiwee Reservoir
Thorndike & Mahogany Flat
Dante's View (5475ft)
Argus Range
アルガス山脈
Panamint Valley
Greenwater Valley
395
ローズ・バレー
Rose Valley
Telescope Peak (11,049ft)
テレスコープ・ピーク
China Lake Naval Weapons Center
チャイナ・レイク海軍武器保管基地
Ballarat (Ghost Town)
Range
Valley
バレー
To Pahrump
Shoshone
Los Angeles Aqueduct
ロサンゼルス・アクアダクト
Airport Dry Lake
ドライ・レイク空港
Dry Lake
ドライ・レイク
178
Amargosa River
アマルゴサ川
Owlshead Mountains
オウルシード山脈
Tecopa
Wells Valley
Trona
Searles Dry Lake
Trona Pinnacles
China Lake (Dry)
チャイナ・レイク（乾湖）
China Lake
シアーレス・ドライ・レイク
Ridgecrest
Indian Wells
Searles Valley
シアーレス・バレー
14
China Lake Naval Weapons Center
チャイナ・レイク海軍武器保管基地
Fort Irwin Military Reservation
フォート・アーウィン軍用地
Johannesburg
To Mojave
To San Bernardino

め、大きな断層を生じさせた。これらの断層の1つは現在のデス・バレーの東側に、また別の断層がパナミント山脈の西側に形成された。その谷底と山脈は共に1つの地質構造を成していてゆっくり回転—谷底が沈む一方で山脈は隆起—している。同時に侵食によって山から土砂が削られ、谷に堆積する。こうした侵食の多くは今よりずっと湿度が高かった2000～1万年前に起きた。そのため、谷底が沈んでも谷は堆積物で満たされていた。バッドウォーターBadwaterは、谷の最低点まで歩いて行ける場所にあるが、そこでは堆積層が9000フィート（約2743m）の深さにまで達する。

いつ行くか

冬はハイシーズンで、宿泊施設は予約が満室になり、キャンプ場は11時前にいっぱいになり、またスコッティーズ・キャッスルScotty's Castle（後出参照）を見るために何時間も列に並ばなければいけない。秋は比較的観光客が少なく、春は野草が最高に美しい時期だ。デス・バレーは、実際これまで夏は人がいなかったが、近年特に120°F（48℃）という気温を体験したがるヨーロッパからの観光客に人気が出てきている。エアコン付きの車があれば夏の旅行もまったく問題ない。ただし、早朝や夕方遅くに観光し、一番暑い昼間はプールやかなり涼しい標高の高い所で過ごすのであればの話だが。

オリエンテーション・インフォメーション

車でデス・バレーを回るのは難しくない。主要な道路が数本走っているだけで、よく標識が立っている。谷の南端方向にあるファーナス・クリークに**ファーナス・クリーク・ビジター・センター Furnace Creek Visitor Center**（☎760-786-3200 www.nps.gov/deva ◎8:00～18:00）をはじめ、ほとんどの観光客用施設がある。この優れたセンターはデス・バレーの自然と人に関する小さな博物館を併設し、書籍、地図、情報をうまく揃えている。30分おきに、程よくおもしろいスライドショーも上映している。町にあるほかの施設としては、品揃えの良い**ジェネラルストア general store**（◎通年 7:00～21:00）、郵便局、ガソリンスタンド、キャンプ場、レストラン、モーテルなどがある。

ファーナス・クリークの北西20マイル（約32km）ほどの所にある**ストーブパイプ・ウェルズ Stovepipe Wells**にも小さな商店、宿泊施設、キャンプ場がある。どちらの町にも公衆シャワー（＄2）がある。生活品やガソリンは谷では高価だ。国立公園の周辺（これらの町は公園から平均して30マイル＜約48km＞離れていることを覚えておこう）の、たとえば西のパナミント・スプリングスPanamint Springsや東のビーティBeattyのような小さな町では食料や水が手に入るし、ガソリンは谷より安い。

リッジクレストRidgecrest（後出「デス・バレー周辺」を参照）の近くを通るなら、マトゥランゴ博物館Maturango Museumは絶対に立ち寄る価値がある。そこでハイキング、山中サイクリング、地質を含む、公園に関する無料の情報シートをもらえるのだ。ファーナス・クリーク・ビジター・センターでも頼めば同様のものが入手できる。

国立公園の入場料は車1台につき＄10で、1週間以内なら何度でも入場でき、公園に関する良い地図がもらえる。すべての入口にいつも開いている料金徴集所があるわけではないが、その場合でもレンジャーステーションで支払うことが求められる。必ず忘れずに支払うこと。レンジャーたちには、入場料をごまかす人を追いかけるよりももっとやるべき仕事があるし、国立公園局には資金が必要なのだから。

24時間稼動のレンジャー支援を要するなら☎760-786-3200に、それ以外の緊急の場合は911に電話しよう。

ドライブツアー

このツアーは南から北へ進み、また戻ってくる。谷の外側から出発するが、非常に早く出発すれば全行程を1日でこなすことができる。砂漠では早朝出発はどんな時でも良いことだ。もう少し時間があれば、後出の寄り道をしてみよう。

まず、**ダンテス・ビュー Dante's View**（標高5475フィート＜約1669m＞）へ車を走らせる。このドライブでは、常に谷全体の最高の眺望が楽しめるが、日の出、日の入りの時は本当に見事だ。次に中央の谷に向かい、溶岩で覆われた形状や侵食された荒れ地を見学するのにもってこいの**ザブリスキー・ポイント Zabriskie Point**まで少し歩く。展望台まで続く舗装されたトレイルには多くの人が歩いているが、その舗装トレイルの右50ヤード（約46m）にある、溶岩形状の基盤の周囲を回るハイキングコースの方にはたいてい人がいない。その後、車に乗り込み、来た道を3マイル（約5km）ほど引き返して、古代の湖底を走る激しいカーブの一方通行環状路を通り、**トゥエンティ・ミュール・ティーム・キャニオン Twenty Mule Team Canyon**へ行こう。自分が石切り場のアリになったような気持ちになるだろう。

そのまま北上し、ファーナス・クリークへ向かい、ここで朝食や休憩を取ったり、日陰に腰掛けたりしよう。ファーナス・クリーク・ラン

デス・バレーでの死

ネバダ州西部を横断する移住者の大きなグループから分かれた、フォーティナイナーの小隊がデス・バレーに迷いこんだ。カリフォルニアの金鉱への近道であるよう願った道を進み、1849年12月に東から谷へ入っていった。彼らは谷を横断して行ったが、荷馬車にパナミント山脈を越えさせることができなかった。グループの大半が泉のそばで待避する間、ルイス・マンリーとジョン・ロジャーズの2人の若者が山を越え西へのルートを探すために偵察に送られた。グループの隊長は南方へ探索に行ったが、数日歩き回ったあと引き返し、泉に再び戻る前に死んでしまった。

グループの残留者は意見が2つに分かれた。一方は最終的に出て行き、タウン峠 Towne Pass を越え、もう一方、女性と子供を含むベネット一家とアーキャン一家は偵察に出た2人を待った。マンリーとロジャーズは荒野を600マイル（約965km）歩き回って、26日後ついに戻り、現在、エミグラント・キャニオン Emigrant Canyon（移民峡谷）と呼ばれているルートに沿って生存者たちを谷から誘導した。通説によると、谷を去る時にミス・ベネットは振り返って「さようなら、デス・バレー（死の谷）」という言葉を残したという。その名が永遠に残ったことは驚きでもなんでもない。驚くべきは25人の移住者のうち24人が過酷な試練を切り抜け、実際に生き残ったという事実である。

チにあるホウ砂博物館 Borax Museum（🅿寄付＜寸志＞ 🕐10月～5月 9:00～16:00)はホウ砂についてあらゆることを教えてくれるだろう。裏手にたくさんの古い大型4輪馬車や荷馬車の展示もある。ファーナス・クリーク・ビジター・センターは、デス・バレーに関してすばらしい展示しており、同じ道路のすぐ北に位置する。さらに再び北に行くとハーモニー・ホウ砂精錬所 Harmony Borax Works 跡をたどる、さほどおもしろくないトレイルがある。案内板付きだ。

ファーナス・クリークから真っすぐ谷の北端まで50マイル（約80km）ドライブしてもいいし、途中停車して観光するのもいい。暑くなってきたなら、ここは通過して帰りに観光しよう。入場料をまだ払っていない場合は、グレープバイン・レンジャー・ステーション Grapevine Ranger Station で払わなくてはいけない（チケットを保管しておくこと）。ゲートを過ぎ、数百ヤード行った所で右に曲がり、スコッティーズ・キャッスル Scotty's Castle（後出参照）へ着く。海抜3000フィート（約914m）のかなり涼しい場所だ。ここの広いヤシの木陰の芝生は、猛暑の真昼を過ごす最も楽しい場所の1つだ。弁当を持参するほうがよいが、ここで食事をとることもできる。

グレープバイン・レンジャー・ステーションから西へ行くと、過熱した溶岩と冷たい地下水がぶつかり、爆発して生じた幅0.5マイル（約0.8km）の窪地である**ウベヘベ・クレーター Ubehebe Crater** に出る。その1.5マイル（約2.4km）の縁周を歩くこともできるし、年代の若い、ひと回り小さな**リトル・ヒーベ・クレーター Little Hebe Crater** へ半マイル（約800m）歩いて上がることもできる。

谷を来た方向に引き返し、**メスキート・フラット砂丘 Mesquite Flat Sand Dunes** の眺めの良い環状路にさしかかる頃には、気温はもっとしのぎやすくなっているはずだ。太陽は低くなり、砂丘はより写真映えする。ここもまた、車外でしばし過ごすのに良い場所だ。

道路脇にある古いポンプは、本来の**ストーブパイプ・ウェルズ Stovepipe Wells** があった場所を示している。井戸は干上がった泉の砂地に古いストーブの煙突を打ち込んで汲み上げられていた。環状路の端の反対側に**デビルズ・コーンフィールド Devil's Cornfield** と呼ばれる、アロー・ウィードの木立を探そう。近くにレンジャーステーション、商店、プールかシャワー（＄2）のある**ストーブパイプ・ウェルズ・ビレッジ Stovepipe Wells Village** がある。

ハイウェイ190に戻り、ファーナス・クリークを南に通過し、次の交差点を右に曲がろう。2マイル（約3.2km）南に**ゴールデン・キャニオン Golden Canyon** があり、午後遅くになると、その名のとおり本当に光り輝いている。さらに6マイル（約10km）先には日没の頃がやはりもっとも美しい、景色の良い環状路の**アーティスツ・ドライブ Artist's Drive** への分岐がある。**アーティスツ・パレット Artist's Palette** と呼ばれる場所は特に色鮮やかだ。西に広がる谷底はいわゆる**悪魔のゴルフコース Devil's Golf Course** と呼ばれる所で、結晶化した塩の塊で満ちている。この塩田の中央に、谷の最も深い地点がある。車で行ける標高の最低地点は、もう少し南の**バッドウォーター Badwater**（海面下282フィート＜約86m＞）からアクセスできる。塩分の多い、鉱化した湖水が絶えず蒸発を続ける湖底の上を歩いてみよう。そこは軟体のデス・バレー・カタツムリの唯一の生息場所である。

スコッティーズ・キャッスル
Scotty's Castle

ウォルター・E・スコット、別名"デス・バレー・スコッティー"は金の話で人々をうっとりさせた典型的なホラ吹きだった。彼の最も裕福な友人はシカゴの裕福な保険業界の大物、アルバート＆ベッシー・ジョンソンだった。

スコッティーが嘘つきでたかり屋の気があると知りつつも、夫妻は最後には自分たちの主な住居となった、この手の込んだ別荘の建築費用を融資した。

1948年にアルバート・ジョンソンが亡くなると、スコッティーが死ぬまで（1954年）住むことが認められるという条件で家は慈善事業に遺贈された。建物は外からはたいしたことはないが、内部にはヨーロッパからの輸入家具や手細工のタイル、彫り込まれた木材、凝った鍛鉄など、特にこの家のために作られたものが残っている。

スコッティーズ・キャッスル（☎760-786-2392）について十分な説明が聞きたければ、9:00から17:00の間、定期的に出発するガイド付きツアーに参加するといい。料金は＄8で、長く待たなければならないこともある（またはチケット完売もあり得る）。電話で事前予約しよう。さっと見学したり、歴史について簡単に知りたいだけなら、敷地内を歩くのは無料だ。展示ホールには過去の所有品のすばらしいコレクションも陳列されている。

寄り道

谷の周縁や周囲の山脈に、興味深い寄り道が多くある。詳細な情報はファーナス・クリーク・ビジター・センター（前出「オリエンテーション・インフォメーション」を参照）で入手できる。出発前にセンターで情報、地図、最新の道路状況について調べておくのが賢明だ。

エミグラント・キャニオン・ロード Emigrant Canyon Rd 眺めの良い道路がこの峡谷の急勾配を抜け、エミグラント峠Emigrant Pass（標高5318フィート＜約1621m＞）に延びている。途中、ゴーストタウンである**スキドゥー Skidoo**やデス・バレーの絶景が得られる**アグエレベリー・ポイント Aguereberry Point**（標高6433フィート＜約1961m＞）へ砂利道が通じている。エミグラント・キャニオン通りをさらに進み、ワイルドローズ・キャニオンWildrose Canyonを左折して**チャコール・キルンズ Charcoal Kilns**へ向かおう。銀鉱石の溶融精錬に使う木炭生産に使用された、大きくて石造りの、上部が円錐形をした炉が並んでいる。

ピニョン松や杜松の森が広がるここの景観は亜高山性で、冬には雪に覆われることもある。道路の終点、マホガニー・フラットMahogany Flat（標高8133フィート＜約2479m＞）に行くには4WDが必要になるかもしれない。そこからテレスコープ・ピークTelescope Peakまで通じるトレイル（後出「ハイキング」参照）がある。

レーストラック 太陽熱で乾ききった土の表面に、長くかすかな跡をつけながら大きな岩がこの干潟を移動しているように見える。一説では谷が湿ったり冷えたりした時、風が岩を押しているという。レーストラックはウベヒーベ・クレーターの南方20マイル（約32km）にあり、場合によっては4WDの必要な砂利道を通って行くことになる。

デイライト・パス Daylight Pass デイライト・パス・ロード（ネバダ州ビーティBeattyに至るハイウェイ374）はゴーストタウンのクロライド・シティChloride Cityに通じる悪路を過ぎて谷の東に向かっている。デイライト・パス出口を出たところに別の悪路があり、キーン・ワンダー鉱山Keane Wonder Mine跡地へ通じている。

タイタス・キャニオン Titus Canyon 長さ25マイル（約40km）、一方通行の眺めの良い道路がデイライト・パス通りからこのドラマチックな峡谷を通って、デス・バレーの谷底まで走っている。この道は、通常夏は閉鎖され、4WDでのみ通行可能。

ユーリカ砂丘 Eureka Sand Dunes 乾燥した湖底から高い所で680フィート（約207m）せり上がったこれらの砂丘は、おそらくアメリカで一番高い砂丘だ。デス・バレーの北端、ウベヒーベ火口の近くにあり、44マイル（約71km）の砂利道が砂丘に通じている。道は雨天でない限り通常の車で走行できる。

ハイキング

ファーナス・クリーク・ビジター・センターには役立つ地図やハイキング情報があり、バックカントリー登録書に記入するようにもすすめられるだろう。レンジャーたちは夏を除いて定期的にガイド付きハイキングツアーを催行している。

デス・バレーでもっとも人気のあるハイキングコースは、モザイク・キャニオンMosaic Canyon、ゴールデン・キャニオンGolden Canyon、ナチュラル・ブリッジ・キャニオンNatural Bridge Canyon、タイタス・キャニオン・ナローズTitus Canyon Narrowsなど、数多くの側峡谷を探検するものだ。標高の高い（そして涼しい）所では、トレイルはキーン・ワンダー鉱山やクロライド・シティなどの古い鉱山地域の周辺を通る。チャコール・キルンズから**ワイルドローズ・ピーク Wildrose Peak**（標高9064フィート＜2763m＞）に至るコースは往復8.5マイル（約14km）で、ほぼ3000フィート（約914m）の健康に良い登りである。

もっとも厳しいハイキングトレイルは、マ

ホガニー・フラットから**テレスコープ・ピーク Telescope Peak**（標高11049フィート＜約3368m＞）の山頂まで7マイル（約11km）で3000フィート（約914m）登るものだ。山頂からは、アメリカ大陸の標高最高地点のホイットニー山Mt.Whitneyと、最低地点のバッドウォーターBadwaterの両方を見ることができる。往復で6時間から9時間みておこう。また、雪山登山の装備なしに冬山に登らないこと。トレイルの起点の手前2マイル（約3km）は通常の車にはきつ過ぎるかもしれないので、チャコール・キルンズから歩き始めなければならないだろう。この場合、およそ4マイル（約6km）、高さにして2000フィート（約610m）が行程に加わる。

サイクリング
自転車は、車の交通に開かれた道路上だけ走行が許可されていて、ハイキングトレイルでは走ることができない。ビジターセンターに推奨サイクリングコースのリストがある。

乗馬
この地域を見て回るのに、馬による移動がもっとも伝統的で、おそらく今でも最も楽しい手段だ。**ファーナス・クリーク・ランチ Furnace Creek Ranch**（☎760-786-3339）では夏を除いて毎日3回乗馬プログラムを催行する。1時間の乗馬は＄35、2時間なら＄50。

宿泊
キャンプ場や優雅なファーナス・クリーク・インは別として、デス・バレーの宿泊施設のサービスは最低基準で料金は高い。頭上に屋根が欲しいなら、デス・バレー周辺の町に、ずっとお値打ちな場所がある。西のパナミント・スプリングス、東のネバダ州ビーティが最良の選択だ。

キャンプ場　公園内のキャンプ場は特に魅力的ではない（トイレの囲いだけのある砂利敷きの駐車場のような所もある）が、それでもここで体験できる夕陽、星空、朝陽、静けさは魅力だ。夏のキャンプは標高の低い場所では不可。暑過ぎるのだ。事実、通年営業しているのはファーナス・クリーク、メスキート・スプリング、ワイルドローズのキャンプ場のみで、これらのキャンプ場の予約は☎800-365-2267に電話するか、http://www.reservations.nps.govにアクセスしよう（予約は10～4月のみ可能）。

ファーナス・クリーク・キャンプ場
Furnace Creek Campground
サイト 5～9月＄16、10～4月＄10

ビジターセンターのすぐ南に入口があり、サイト数は136、ファーナス・クリークの各施設に近い。繁盛期は早くから満杯になり、日陰は少ない。

テキサス・スプリングス
Texas Springs
サイト＄10
10～4月

ファーナス・クリーク・ビジター・センターとファーナス・クリーク・インの中間にある。もう少し日陰になる場所が多く、谷底より少し高い丘の中腹というすてきな環境にある。

サンセット・キャンプ場
Sunset Campground
サイト＄10
10～4月

テキサス・スプリングスの近くで、わずかに標高は低い所にある、主にRV車用の大きな施設。

ストーブパイプ・ウェルズ・キャンプ場
Stovepipe Wells Campground
サイト＄10
10～4月

日陰はほとんどない。RV車で込み合っているので、隣接のRV専用パーク（サイト＄20）と混同しないように。雑貨店の隣にあるここは、ストーブパイプ・ウェルズ・ビレッジが経営している。

エミグラント・キャンプ場
Emigrant Campground
サイト無料
4～10月

ストーブパイプ・ウェルズの9マイル（約14km）南にある小さな施設。標高2100フィート（約640m）にあり、ほかのキャンプ場より涼しく、谷のすばらしい景色が広がる。

メスキート・スプリングス
Mesquite Springs
サイト＄10
通年

谷の北端方向、標高1800フィート（約549m）にあり、比較的魅力あるキャンプ場の1つだ。谷の中央に位置し、緑が多い。

パナミント山中、テレグラフ・ピークTelegraph Peakの近くに、夏は温暖だが冬は雪が降ることもある、3カ所の無料キャンプ場がある。**ワイルドローズ Wildrose**（標高4100フィート＜約1250m＞）は通年営業（雪で閉じ込められない限り）で、夏は水が手に入るはずだ。**ソーンダイク Thorndike**（標高7500フィート＜約2286m＞）と**マホガニー・フラット Mahogany Flat**（標高8133フィート＜約2479m＞）は小さなキャンプ場で、3月から11月の間オープンしている。これらのキャンプ場へ行くには4WDが要るかもしれない。

バックカントリーに行けば、最寄りの道路から少なくとも1マイル（約1.6km）そして水源から0.25マイル（約400m）以上離れていれば、国立公園のほとんどの地域に無料でキャンプができる。古い鉱山地帯は昼間の利用のみだ。レンジャーたちは日暮れ後に人々がそういう場所にいることを望まない。まず、ビジターセンターで確認し、バックカントリー登録書に記入するのが得策だ。

ホテル　ストーブパイプ・ウェルズ・ビレッジ
Stovepipe Wells Village ☎760-786-2387
W www.stovepipewells.com 客室 パティオルーム＄50、スタンダード＄70、デラックス＄92）はストーブパイプ・ウェルズにある。ここは数本の樹木とプール以外はほとんど興味を引かない場所だ。スタッフはこちらから聞かない限り、パティオルームのことを教えてくれないだろう。聞いても貸すのを渋る。パティオルームは狭く少し古く、エアコンは音がうるさい。しかし、デス・バレーで間違いなく一番安い部屋だ。

エクセンテーラXenterraが経営する**ファーナス・クリーク・ランチ Furnace Creek Ranch**（☎760-786-2345 W www.furnacecreekresort.com キャビン＄102 モーテル＄133〜、大人1人増につき＄15加算）は、ファーナス・クリーク・ビジター・センターの南0.25マイル（約400m）にあり、レストランや雑貨店の近くだ。ごく普通の、1人か2人用キャビンとモーテルがある。設備としては大きなプール、テニスコート、ゴルフコース（プレー料金は夏＄30、冬＄55）などがある。

ファーナス・クリーク・イン
Furnace Creek Inn
☎760-786-2345
W www.furnacecreekresort.com
客室 ＄235〜、5月中旬〜10月中旬＄155
ここもエクセンテーラ経営で、ランチから丘を上がった所にある高級ホテル。1927年建造の上品なスペイン風の石造りの建物には、美しく化学薬品を使用していない湧水を使ったソーラープール、テニスコート、すてきなレストランとバー、そしてヤシの木陰がある。

食事
ストーブパイプ・ウェルズで買える食品（卵、チーズ、ホットドッグ）は限られている。ファーナス・クリーク・ゼネラル・ストアでは、より幅広い食料（乾燥品、青果、デリサンドイッチを含む）が買える。ファーナス・クリーク・ランチにあるレストランは、**フォーティー・ナイナー・カフェ Forty Niner Cafe**（朝食・ランチ＄6〜8、ディナー＄10程度）と**ラングラー・ステーキ・ハウス Wrangler Steak House**（バイキング 朝食＄6 ランチ＄9、ディナーメイン＄13〜21）でディナーにステーキやシーフード料理を出している。

ファーナス・クリーク・イン
Furnace Creek Inn
ランチ＄10程度、ディナー＄15程度
ここの上品なレストランは、予約が必要。ディナー時にはジーンズやTシャツの着用は認められていない。

コークスクリュー・サルーン
Corkscrew Saloon
ストーブパイプ・ウェルズ・ビレッジ（後出参照）内のバーで、町でただ1つの夜遊びの場だ。一杯飲んでビリヤードをするのに悪い所ではない。毎夜17:30から21:30の間は持ち帰りのピザを焼いている。

ストーブパイプ・ウェルズ・ビレッジ
Stovepipe Wells Village
☎760-786-2387
朝食・ランチ＄5〜8、ディナー＄10〜18
バーのある、快適なダイニングルームで家族連れに適している。レストランが、ランチタイム後ディナータイムの始まりまで閉まる午後に、バーではナーチョ、フライドポテト、鶏鳥の手羽（＄7程度）も出している。

アクセス
ラスベガスから幾つかチャーターバスやツアーが運行されてはいるが、デス・バレーへの定期的な交通機関はない。

あらゆる方向からデス・バレーに整備された道路が走っており、どの道からも壮観な眺めが得られる。国道95（US-95）から州道374か267のいずれかで谷の東から西方向に走ると、モンゴルやパタゴニアの風景にすっと馴染んでしまうような、ハイデザートの光景の中を通ることになる。州道190に沿ってパナミント・スプリングス経由で谷から出るドライブは、目前に広がるシエラ・ネバダの全景を目にして、息を飲むような美しさだ。ガソリンは公園内でも高いので、園内に入る前に満タンにしておこう。

デス・バレー周辺
Around Death Valley

リッジクレスト
Ridgecrest
リッジクレスト（人口2万4600人、標高2289フィート＜約698m＞）は公園の南西部に位置し、デス・バレー手前の最後の大きな町である。情報を集めたり、水、ガソリン、日用品を買い込んだり、手頃な価格のホテルに1泊す

るのに悪い場所ではない。

　町がここにあるのは、町の東端にチャイナ・レイク海軍兵器センターChina Lake Naval Weapons Centerがあるからだ。本書執筆時点では、センター見学は厳戒体制のため許可されていなかった。平時に**チャイナ・レイク展示センター China Lake Exhibit Center**（☎760-939-3454、760-939-8645 ◑月〜金 7:30〜16:30）を見学すれば、この施設の活動内容を知ることができる。

　マツランゴ博物館 Maturango Museum（☎760-375-6900 ❂cnr China Lake Blvd & Las Flores Ave ⓔ任意＜寸志＞ ◑10:00〜17:00）は地域のすばらしい情報資源になる。デス・バレーに出かける人のための非常に優れたドライブ案内書「ゲッティング・ゼア・イズ・ハーフ・ザ・ファンGetting There is Half the Fun」をはじめ、園内のハイキング、サイクリング、地質、天候、動植物に関する情報がある。博物館スタッフは地元のペトログリフ（岩面陰刻）のある場所へのツアーを催行したり、館内の展示物についてよく知っている。彼らはまた、付近にある**トロナ・ピナクルズ Trona Pinnacles**の情報や行き方も知っている。そこは、モノ湖Mono Lake同様、古代の湖底から石灰華の尖頂が隆起している場所だ。

　宿泊・食事　町の南、チャイナ・レイク大通りChina Lake Blvd沿いに幾つか低料金のモーテルがある。たとえば、**バジェット・イン＆カフェ Budget Inn & Cafe**（☎760-375-1351 ❂831 N China Lake Blvd ⓔS＄38 W＄42）はほとんどの部屋にキッチンが付いている。

　やや高級な**キャリッジ・イン Carriage Inn**（☎760-446-7910 ❂901 N China Lake Blvd ⓔ客室＄75〜）のケーブルテレビ付客室は広くて清潔で、ホテル内にレストランが1軒ある。さらに、町で一番活気のあるショッピングセンター（Kマート、ボーダーズ・ブックス＆ミュージック、映画館が入っている）が通りの向かいにある。チャイナ・レイク大通りには最も人気のあるファーストフードチェーン店のほとんどが軒を並べている。

　リッジクレストから南に16マイル（約26km）の辺り、ヨハネスブルグJohannesburgのハイウェイ395沿いに個人経営の**デス・バレー・ホステル Death Valley Hostel**（☎760-374-2323 ❂Hwy 395 ⓔドミトリーベッド＄12、個室1人＄22 ◑7:00〜9:00・18:00〜21:00）がある。この方面を旅しているなら、良い立ち寄り場所だ。ユースホステルには設備の整ったキッチンや館内に食品店があり、タオルやベッドシーツは無料。親切なスタッフはデス・バレーの情報を教えてくれ、トロナ・ピナクルズ、ペトログリフ、フォッシル・フォールズFossil Falls、レッド・ロック・キャニオンRed Red Canyonなどへ無料のツアーの手配もしてくれる。

ネバダ州ビーティ
Beatty, Nevada

通りが1本だけのこの小さなネバダの町（人口1623人、標高3308フィート＜約1008m＞）はファーナス・クリークからたった40マイル（約64km）しか離れておらず、デス・バレー近くで安いホテルを探すなら一番のおすすめだ。温泉につかったり、フリーマーケットをのぞいたり、共にビールを飲む相手を見つけるにも良い場所でもある。

　町から8マイル（約13km）北の**ベイリーズ・ホット・スプリングス Bailey's Hot Springs**（☎775-553-2732 ⓔサイト＄15）にはキャンプサイトが5つある。道路にちょっと近すぎるが、天然鉱泉プールが3つある。入浴料は＄2、貸しタオルは＄1で、プールは20:00に閉まる。

　ハッピー・バーロウ・ホステル Happy Burro Hostel（☎775-553-9130 ❂100 Main St ⓔドミトリーベッド＄15）は、ホステル・インターナショナル加盟のユースホステルで、3人部屋は狭いが、テレビかキッチンが付いている。階下の公共スペースはアットホームな感じだが、やはり狭い。

バーロウ・イン
Burro Inn
☎775-553-2225、800-843-2078
ⓔ客室＄45〜

駐車場、ATM、＄5で食べ放題のサラダバーのある人気のバー、レストラン、カジノを取り囲んで清潔なモーテルがある。

エクスチェンジ・クラブ・モーテル＆カジノ
Exchange Club Motel & Casino
☎775-553-2333、888-561-2333 ℻553-9348
ⓔ客室＄48〜

客室はバーロウ・イン同様だが、やや広め。ここのバーは酔いつぶれるのに良い所で、レストランで出される料理（バーガー、ステーキ、サンドイッチ）は＄10未満だが、かなりのボリュームがある。

　町の北1マイル（約1.6km）にある**ステージコーチ・ホテル＆カジノ Stagecoach Hotel & Casino**（☎775-553-2419、800-424-4946 ℻775-553-2548 ⓔ客室＄55〜）は、けばけばしい色で装飾してある。客室はすばらしく、カジノは町でもっとも人気がある。レストランはまあまあで、＄8程度で標準的な料理が出る。

フェニックス・イン
Phoenix Inn
☎775-553-2250、800-845-7401
℻775-553-2260

客室＄35〜38

必要条件は満たしているが少々みすぼらしい、幅が2倍のトレーラ（移動住宅）に宿泊する。

おいしくて内容豊富なメキシコ料理なら**エンセナーダ・グリル Ensenada Grill**（☎775-553-2600　メイン＄6〜11）へ行こう。フィッシュ・タコス、スープ、チリ・レエノスはどれもぜひおすすめだ。

アマルゴサ・バレー
Amargosa Valley

ハイウェイ373沿い、カリフォルニアーネバダ州境から北に10マイル（約16km）ほどの所にある**ロングストリート・イン＆カジノ Longstreet Inn & Casino**（☎775-372-1777、800-508-9493　775-372-1280　RVサイト＄21、客室＄60〜）のモーテルは手頃な値段でとても陽気なホテルだ。ランドリー、商店、2軒のまあまあのレストラン、プール（小さな滝がある）、渦巻き風呂、9ホールのゴルフ場、ギャンブル場がある。

5マイル（約8km）ほど南にある**デザート・ビレッジ・モーテル Desert Village Motel**（☎775-372-1405　cnr Hwy 373 & Mecca Rd　客室＄45〜）は、最後の選択肢と言うべきさえない場所だ。**ロサズ・メキシカン・カフェ Rosa's Mexican Café**（月休み）は本物の、しかも安価なメキシコ料理を食べに寄る良い店。

アマルゴサ・ホテル＆オペラハウス
Amargosa Hotel & Opera House

ハイウェイ127と190が交差する所（地図上にはデス・バレー・ジャンクションと記されている）、公園の境界から12マイル（約19km）東に、この地方で有名かつ飛び抜けて奇抜な**アマルゴサ・ホテル＆オペラハウス Amargosa Hotel & Opera House**（☎760-852-4441）がある。マルチタレントのマータ・ベケットが創設したこのオペラハウスには実物そっくりに描かれた観客の絵があり、75歳のマータのダンスやパントマイムを見に、定期的にやってくる150人の満席の観客と一緒になって鑑賞している。

ショーは10月から5月の月曜と土曜に行われ、チケットは大人＄15、特別割引＄12だ。まず電話で予約し、開演時間を確認しよう（6月から9月にショーは行われない）。

オペラハウスは、1924年にボラックス会社Borax companyによって建てられたアーケードの付いた広場の一部だ。現在、ミッション様式の建物にはすっかり使い古したホテル客室が12室あり、オペラの季節には驚いたことに＄45（ベッド1台とシャワー付き）あるいは＄55（ベッド2台と浴室付き）の宿泊料になる。宿泊したり、ショーを見ないとしても、訪ねてみる価値のある建物だ。

ショショーニ
Shoshone

小さな町、ショショーニ（人口70人、標高1569フィート＜約478m＞）からは、2つの眺めの良いルートでデス・バレーへ入ることができる。ファーナス・クリークから短いほうの北回りルートで57マイル（約92km）だ。

ショショーニ・イン Shoshone Inn（☎760-852-4335　S＄42 W＄57）は唯一の宿泊施設で、この値段なら悪くない。料金には、古いが清潔で非常にくつろげる天然温泉の利用が含まれる。

ベイカーBakerに数軒宿泊施設があるが、デス・バレーからさらに58マイル（約93km）南に進まなくてはならない。

ショショーニから南に10マイル（約16km）、ハイウェイ127の東、テコパTecopaの町に**ホステル・インターナショナル・デザーテアー・ホーム・ホステル HI Desertaire Home Hostel**（☎760-852-4580、877-907-1265　2000 Old Spanish Trail Hwy）がある。2つあるドミトリーの一方、または5人まで泊まれる個室のベッド1台につき会員は＄15、非会員は＄18だ。共用キッチン、食堂、居間があり、シーツやタオルは1枚＄1、駐車場もある。到着前の予約（ほんの10分前であれ）が必要。地元の温泉やテコパのほかの名所についてもたくさん情報が得られる。

ネバダ

Nevada

道路沿いのガソリンスタンドにまでスロットマシンがあるのを見たとき、これこそがネバダだと実感するだろう。旅行案内書は旅行者に「ネバダの2つの面を発見しなさい」と吹き込む。多くの旅行者にとって、これはひと晩中車を飛ばしてラスベガスLas VegasかリノRenoに行き、カジノでドキドキするひと時を過ごすこと、そして10分もしないうちに＄100すってしまって呆然とする、という2つの面を意味する。

ネバダ州南部の三角形をした地域はカリフォルニア州、アリゾナ州北西部、ユタ州南部にまたがるモハベ砂漠Mojave Desertの一部である。中心都市は、言わずと知れた世界に名だたるラスベガスだ。

だが、ネバダ州の西端の地が本来近世にネバダが発祥した所だ。リノとその隣のスパークスSparksは移民の利用する通過駅として始まり、次第に鉄道輸送、娯楽、商業、教育の中心となった。バージニア・シティVirginia Cityは1800年代後半にコムストック鉱脈Comstock Lodeが発見された鉱業一大ブームの舞台だ。州都カーソン・シティCarson Cityはカーソン・バレーCarson Valleyの秩序正しい農業共同体から生まれた町である。

ネバダ観光委員会 Nevada Commission on Tourism（☎775-687-4322、800-638-2328　Ⓦwww.travelnevada.com）は宿泊施設、キャンプ場、イベントなどの情報を提供するほか、無料でガイドブックや地図を送ってくれる。ハイウェイの情報は☎877-687-6237またはⓌwww.nvroads.comで得られる。

ネバダにあるほとんどの地域の市外局番は☎775だが、ラスベガスだけは☎702となっている。

ポーカーを除いたすべてのギャンブルはプレーヤー対ハウス（胴元）となっていて、ハウスのほうが統計的に見て常に優位に立っている。カジノの中にはブラックジャックやルーレット、クラップの手ほどきをしている所もある。賭博場に入れるのは18歳以上の人に限られる。売春について触れておくと、クラーク・カウンティClark County（ラスベガスがここに含まれる）とワショー・カウンティWashoe County（リノがここに含まれる）では売春は完全に違法行為であるということを頭に入れておいてほしい。合法的な娼家は大都市ではなく郡部にある。だが、古き良き西部の娼家でのロマンスなどを期待してはいけない。中には、ひと気のないハイウェイ沿い

ハイライト

- ゴールデン・ゲートGolden Gateでギャンブル ‐ ラスベガスのダウンタウンでもっとも歴史のあるカジノ
- バレー・オブ・ファイア州立公園Valley of Fire State Park ‐ スロットマシンの熱気から少し離れたい時に
- 国立自動車博物館National Automobile Museum ‐ リノにある、ダイマクシオン、ファントム・コルサー、ビートニク・バンディットといった奇抜な車が展示されているミュージアム
- バージニア・シティVirginia City ‐ コムストック鉱脈があり、風変わりな昔風の酒場も

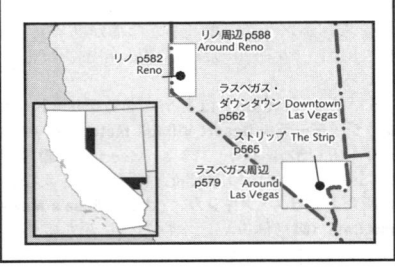

にある、ぼろぼろのダブルベッドならぬダブルトレーラーということもあるのだ。

ネバダの気候は非常に乾燥している。なんといってもここは砂漠なのだから。そして夏の気温はたいてい100°F（約37°C）に達する。ラスベガスではさらに気温が高い。一方、冬の夜のラスベガスは涼しい程度だが、標高が高いリノでは氷点下になることも珍しくない。

インターステート80（I-80）はリノとサンフランシスコ（西）、ソルトレイクシティSalt Lake City（東）をつないでいる。インターステート15はラスベガスとロサンゼルスをつないでいる。2車線のハイウェイ95はラスベガスとリノを結ぶ、南北の大動脈だ。

ラスベガス
Las Vegas

グリッター・ガルチGlitter Gulch（光り輝く渓谷）とストリップStrip（歓楽街）沿いのまばゆいネオンの輝きを初めて見る人のほとんどは、目がくらみ、そのスケールの大きさと

贅沢さに二の足を踏んでしまう。そう、ラスベガス（人口51万1246人・標高2174フィート＜約663m＞）はエキサイティングな場所だ。もし、あなたがギャンブルと華やかなことが好きなら気に入ることだろう。少なくとも手持ちのお金が底をつくか、ひっきりなしにスロットマシンがジャンジャンなる音と落ちぶれたギャンブラーのやつれた顔つきがあなたを打ちのめすまでは。子供は単におもしろい物に夢中になるだろう。つつましいバックパッカーも安価な食事やちょっとしたエンターテインメントを楽しめる。そしてスロットマシンの前で十分時間を過ごしたら、無料のカクテルの1、2杯も味わえるだろう。

しかし、芸術に一家言持つ人にとってラスベガスは、趣味が悪くてけばけばしいひどい場所だ。ここは単なる罪のない低俗な演芸場ではなく、センセーショナルな商業主義と徹底した浪費の場所なのだ。環境保護論者にとっては、厳しい環境のモハベ砂漠の真ん中に造られた巨大な湖、泉、整備されたゴルフコースなど言語道断であろう。見ないようにするのは簡単だ。しかし、その水が非常に限られた水源（枯れつつある帯水層と堆積物が非常に多いコロラド川）からもたらされることを考えると、そして高騰した電気代をよそに光り輝くネオンを目の前にすると、環境保護はどうなっているのかという疑問を抑えることはできない。

しかし、ラスベガスについて誰がどう感じようと、ここは驚くべき場所だ。100年かそこらで、辺ぴな鉄道駅からアメリカでもっとも人気のある観光地へと成長したのだから。毎年3500万人の観光客がここを訪れる。外観は映画のセットのように人工的で、ほとんど観光業頼みで発展しているこの夢の世界。ラスベガスは低予算で一攫千金の夢を売りにし、人々はすぐそれに群がる。

歴史

ラスベガスで唯一自然を売り物にできるのは、ダウンタウンの北にある泉、かつてパイユート・インディアンPaiute Indiansが利用していた場所である。1829年、メキシコの隊商の偵察役だったラファエル・リヴェラが泉を発見した。その後、陸路をやって来る旅人たちに、いつも水があって馬が草を食める場所、ラスベガスlas vegas（草地）として知られるようになった。1844年、探険家ジョン・フレモントが地図にその位置を記した。ラスベガスはスパニッシュ・トレイルSpanish Trailを旅する途中、いつも休憩をとる場所になった。モルモン教徒が1855年最初の建物を造ったが、その小さな伝道所と砦は1858年には打ち捨てられた。それからはたいした開発も行われなかったが、1902年にその土地のほとんどをサンペドロ、ロサンゼルス、ソルトレイク鉄道が買い取り、さらにその後、親会社のユニオン・パシフィックUnion Pacificに吸収された。ラスベガスとカリフォルニアを結ぶ鉄道工事が1904年夏に始まり、1905年1月に開通した。

ユニオン・パシフィックは現在のラスベガスのダウンタウンを分割し競売にかけ、その1200区画は1905年5月15日の1日で完売した。その日は今日、市の誕生日として祝われている。

鉄道の町として栄えたラスベガスには機械工場、製氷工場、そしてその会社が保有するホテル、酒場、賭博場があった。1920年には人口は2300人だった。1920年代半ば、鉄道会社は何百人もの人をレイオフしたが、大恐慌時代の1つの事業が町に新しい命を吹き込んだ。フーバーダムHoover Damの建設である。この一大プロジェクトは1931年に始まり、短期間に雇用と成長、そしてラスベガスの長期的な成長に必要な水と電力を供給した。

1931年にネバダ州はギャンブルを合法化し、離婚手続きを簡素化した。しかし、リノと違い、ラスベガスには保守的なモルモン教徒が多かったので、このような変更をすぐには受け入れなかった。1941年、トミー・ハルがストリップにウェスタンをテーマにしたエル・ランチョ・ベガスEl Rancho Vegasという最初のカジノを、現在のサハラSaharaの向かい側に建てた（エル・ランチョは1960年に焼失）。続く投資の波も町の外からやって来た。1946年にフラミンゴFlamingoを共同設立した「バグシー」・シーゲルなどのマフィアである。フラミンゴは新しいカジノの基礎を作った。豪華なエンターテインメントでばくち打ちたちを引きつけ、大げさに華々しく彩った。ラスベガスの急成長の秘密を付け加えるとしたら、それは暗黒社会とのコネクションといえる。この驚くべき成長はほとんど第2次世界大

ラット・パック

エルビスが去ったあと、ラスベガスでもっとも親しまれ、伝説を生んだのはラット・パック（不良グループ）だ。フランク・シナトラ、ディーン・マーチン、サミー・デイビス・ジュニア、ジョーイ・ビショップ、ピーター・ローフォードを中心にしたラット・パックは、1950年代から1960年代にかけてストリップに出没し、サンズは彼らの遊び場だった。共に歌い、ジョークを飛ばし、酒を飲み、女性と遊び、ギャンブルをした。そして時代の先端を行くショーマンシップとバーボンの染みたブラックタイを格好よくきめて、オーラを発散させていたのだ。

ラスベガス - オリエンテーション

ラスベガス・ダウンタウン

1. オールド・ラスベガス・モルモン・フォート州立歴史公園
2. ラスベガス自然歴史博物館
3. ライド・ディスカバリー子供博物館
4. 郵便局
5. ベガス・ビック&サシー・サリー・ネオンサイン
6. ビニオンズ・ホースシュー、ビニオンズ・ランチ・ステーキハウス
7. グレイハウンド・バス・ステーション
8. ゴールデン・ゲート
9. ゴールデン・ナゲット・ホテル&カジノ
10. ビクトリー・ホテル
11. クラーク・カウンティ裁判所
12. ネオノポリス
13. ネオン・ミュージアム
14. エル・コルテス・ホテル&カジノ
15. ラスベガス・アカデミー
16. USAホステル・ラスベガス
17. ギャンブラーズ・ジェネラル・ストア
18. エル・ソンブレロ
19. ユニバーシティ・メディカル・センター
20. ジ・アティック
21. ギャンブラーズ・ブック・ショップ

戦後に起こった。それは空調や水の確保といった革新が、砂漠の生活を耐えるべきものから望ましいものへと変化させたことによる。

1950年代には多くの大規模な娯楽施設がラスベガス・ストリップに現れ始めた。サンズSands(ラット・パックRat Packのもともとの遊び場)や、のちに引きこもりがちのハワード・ヒューズ(ストリップにある多くのカジノを経営)の定宿となったデザート・インDesert Innなどである。サハラ、スターダストStardust、フラミンゴ、ニュー・フロンティアNew Frontierといった古いカジノも幾つか現存するが、それらは度重なる改修工事を行ってきた。新たな成長は1980年代半ばに始まり、現在サウス・ストリップSouth Stripを彩る巨大娯楽施設を呼び込んだ。それ以来、ラスベガスの人口はほぼ2倍になっている。

観光シーズンの間にホテルを満室にするため、ラスベガスは1959年最初のセンターをオープンさせ、会議ビジネスにも乗り出した。今日、会議ビジネスは一大事業となり、毎年400万人もの会議参加者が押し寄せている。

オリエンテーション

I-15とハイウェイ95の2つの主要道路がラスベガスを通っている。ダウンタウンへ行くには、ハイウェイ95ではラスベガス大通りLas Vegas Blvdで、I-15ではチャールストン大通りCharleston Blvdで下りる。I-15はストリップと平行に走っていて、ラスベガス大通りから3マイル(約5km)だ。車で行くならどの交差道路が目的地にもっとも近いか考えよう。ベガスが初めてであまり急いでないなら、I-15を空港のすぐ南にあるブルー・ダイアモンド・ロードBlue Diamond Rdで下り、ストリップを南から北へ行けば、ダウンタウンに入れる。

ラスベガスのダウンタウン、つまりもとの街の中心は目の細かい格子のようになっている。大動脈はフレモント・ストリートFremont Stで、今は少し古いカジノやホテルが連なる歩行者専用の商店街になっている(ネオンであふれている)。郵便局や市役所といった公舎は数ブロック北にある。覚えていてほしいのは、ここはあなたが見慣れているようなダウンタウンとは違うということだ。カジノやホテルで構成されたビジネス地区で、実質的には土産物を除いて買い物ができる場所ではない。

メイン・ストリートMain Stとフレモント・ストリートの交差点はグリッター・ガルチと呼ばれ、ベガス・ビックVegas Vicとサシー・サリーSassy Sallyとして知られる2つのネオン

サインが幅を利かせている。東へ向かうと、フレモント・ストリートは、フーバーダムへの昔のルートであるボールダー・ハイウェイBoulder Hwyとなる。ダウンタウンは古き良き時代のネオンサインと、酔っ払い、安宿、ぼろぼろのベニヤ板が連なる所だ。

ダウンタウンとストリップの間はみすぼらしい、くたびれたラスベガス大通りで、安っぽいモーテルやごてごて飾り立てたウェディングチャペル、不快なセックスショップでいっぱいだ。巨大な3本足のストラトスフィアStratosphereというタワーがあり、ストリップの最北端の目印だ。ここは現在公式にではないが2つの区域に分けられている。

ストラトスフィアからニュー・フロンティアまでのノース・ストリップNorth Stripは、今の基準からすれば少々古臭いカジノが目立ち、南の地区と比較すると質素で、大仰な豪勢さに欠けているように思える。

サウス・ストリップはトレジャー・アイランドTreasure Islandから始まり、南のマンダレー・ベイMandalay Bayへと延びている。この地域はもっとも豪華ですごいカジノがある。ここが、ラスベガスでほとんどの観光客が耳にし、実際に行ってみて息をのむ場所だ。マンダレー・ベイの向こうは空港に近づくにつれてネオンが姿を消し、再び砂漠地帯となる。

パラダイス・ロードParadise Rd沿いのストリップの東側、フラミンゴ・ロードとバレー・ビュー大通りValley View Blvdの交差点近くのインターステート15西側にあたる所に、さらに大規模なカジノがある。

ストリップ周辺では1日中交通が渋滞していて、特に週末の夜ともなればほとんど動かないと言っていい。どうしてもどこかへ行こうと思うなら、ストリップと平行に走る道路（インダストリアル・ロードIndustrial Rdかパラダイス・ロード）を利用すべきだろう。運転したくない場合は（それがもっとも賢い方法と言えるが）、地元のバスが安くて安心だ。

ストリップを越えると、小さなショッピングモール、チェーンストア、質素な住宅が建ち並んでいる。大きく不規則に広がるラスベガス。これがすべて観光産業で成り立っていることを思うと驚くばかりだ。ノース・ラスベガスNorth Las Vegasはとても危険な地域だ。ベガスの南東部、ヘンダーソンHendersonは化学工場や金属加工工場など「現実的な」産業を主とした衛星都市である。

フリーウェイやストリートのラッシュアワーにはいらいらさせられる。特に北へ向かうハイウェイ95とチャールストン大通りCharleston Blvdなどの、西へ向かう主要道路はひどい（レッド・ロック・キャニオンRed Rock Canyonへのルートは後出「交通手段」を参照）。渋滞の列に並んでじっと待つしかない。

インフォメーション

観光案内所

ラスベガス・ビジター・センター Las Vegas Visitor Center ☎702-892-0711 📠702-892-2824 🌐www.lasvegas24hours.com 🏠cnr Paradise Rd & Convention Center Dr ⏰8:00〜17:00）はラスベガス・コンベンション・センターLas Vegas Convention Centerの向かい側（コンベンション・センター・ドライブConvention Center Drから入る）にあり、たくさんのパンフレットとともに役に立つアドバイスがもらえる。古き良きラット・パック時代のラスベガスのすばらしい歴史的な写真も見ることができる。ここでは予約サービスもしており（☎800-332-5333）、地元のホテルへは好きなだけ無料

ラスベガスでの結婚

ネバダ州ほど簡単に結婚手続きができる所はない。どんなに人気があるかは、毎年11万5000カップルがラスベガスで結婚しているという事実からしても明らかだ（これは1日300組の計算になる。特にバレンタインデーと大晦日が人気）。

その魅力の1つは、ここでは即座に結婚手続きが済んでしまうことだ。ほかの州では一定の居住期間、血液検査などの時間のかかる手続きを要する。ネバダ州では、18歳以上であること、身分証明書、ライセンス取得用に現金$50がそろえばよいのだ。夫婦どちらかに結婚歴がある場合は離婚手続きが完了していることが必要で、法的手続きを行った日付と場所を申告しなければならない。

ラスベガスで結婚証明書を発行しているのは、クラーク・カウンティ裁判所 Clark County Courthouse（☎702-455-4416 🏠200 S 3rd St ⏰月〜木 8:00〜深夜、金曜8:00〜日曜深夜）だ。もう$50出せばカウンティの結婚立会人もいて、結婚式を挙げられるし（🏠309 S 3rd St)、自分でチャペルを見つけることもできる。チャペルはピンからキリまであって（価格も）びっくりだ。ドライブスルー式、エルビスの物まね芸人が出てくるもの、中世風の衣装を貸すもの、大げさで低俗な儀式風のものなどさまざまだ。あまり長い結婚式は期待しないほうがいい。たぶん、ほかのカップルがドキドキしながら列をなして自分たちの番が来るのを待っているだろうから。

ラスベガス － カジノ

で電話がかけられる。買い物するにもよい所で、ほかと比べながらお買い得品を手に入れることができる。駐車したいときは、ビジター・センターに行くと告げれば料金はかからない。

ストリップ沿いで「公式観光案内所Official Tourist Bureaus」の看板を掲げている会社には注意しよう。それらは基本的にはしけた、中には怪しげな旅行代理店もあり、グランド・キャニオンGrand Canyonへの値段のはる観光旅行を押し付けている。本当にグランド・キャニオンに行きたいのなら、ビジター・センターのアドバイスを参考にしよう。

ラスベガスに関する便利なホームページは ⓦ http://www.insidervlv.com と、ⓦ http://www.lasvegas.com だ。

AAAのラスベガス営業所では（☎702-870-9171 🏠3312 W Charleston Blvd 📅月～金 8:30～17:30）車のトラブルに巻き込まれたとき、地元の優良修理工場を紹介してくれる。

ゲイ&レズビアン・コミュニティ・センター Gay & Lesbian Community Center（☎702-733-9800 🏠953 E Sahara Ave, suite B25）では、ゲイにフレンドリーなホテルやクラブを紹介してくれる。

お金

カジノのキャッシャーは24時間開いていて、トラベラーズチェックを換金したり、外国の通貨を両替しているが、銀行のほうがレートがよい。ストリップ沿いではカジノの外にATMはほとんどないし、銀行に設置してあるATMより高い手数料を取られてしまう。

チップ

ラスベガスはいわゆるサービス業で成り立っている都市の1つであり、従業員のほとんどは少ない給料をチップで補っている。カジノのテーブルで遊んでいるときドリンクはたいてい無料だが、運んで来てくれたウェイターにそのつど＄1程度のチップを渡そう。ディーラーは、勝っているプレーヤーだけから賞金の10％か、賭けが当たった時ディーラーが集めるサイドベットを付けたチップ（またはご祝儀）を期待している。ビュッフェの食事はセルフサービスだが、飲み物を持ってきてくれたスタッフやテーブルを片付けてくれたスタッフに少しチップを置いて行くのがマナーだ。ホテルの部屋を掃除してくれる人には1日につき＄2（枕の上かサイドテーブルに置いておく）渡そう。係員付駐車場はたいてい無料だが、係員に＄1～2のチップを渡すのがいいだろう。

郵便・通信

局留め郵便はダウンタウンの**郵便局**（🏠301 Stewart Ave）に着く。

書店

ウォルデンブックス Waldenbooks（☎702-733-1049 🏠3200 Las Vegas Blvd）はファッション・ショー・モールFashion Show Mallにある。**ギャンブラーズ・ブック・ショップ Gamblers Book Shop**（☎702-382-7555 🏠630 S 11th St）はギャンブルに関するあらゆる本をそろえている。

医療機関

ユニバーシティ・メディカル・センター University Medical Center（☎702-383-2000 🏠1800 W Charleston Blvd）は24時間対応の緊急医療サービスを行っている。**ギャンブラーズ・アノニマス Gamblers Anonymous**（☎702-385-7732）は、ギャンブル絡みの問題を助けてくれる。

治安・トラブル

観光客が行くような場所、特にストリップ沿いなどは明るく人も多いので安全だ。ノース・ラスベガスは治安が悪いことで知られているが、わざわざそこを訪ねる理由もない。ダウンタウンから東に向かうフレモント・ストリートは汚くて少し怖いと感じるかもしれない。もし、この地区のホテルに宿泊しているのなら、グループで歩いたほうが安心だろう。ラスベガス大通りの、ダウンタウンとストラトスフィア・タワーの間の地区もあまり安全ではないので、夜間は近づかないほうがよい。

ラスベガスは「禁煙」の文字が使われることはない。公衆電話、エレベーター、プール、シャワー、化粧室、タクシー、映画館、ありとあらゆる所に灰皿が用意されている。

カジノ

客が入ってきた瞬間からカジノは儲かる。ラスベガスでは競争がとても激しいのでカジノは客を引きつけるためにいろいろなサービスを提供する。安い酒、食事、エンターテインメントがいまだに主要な手段だ。しかし、最近はカジノも客を呼び寄せるのに派手なネオンサイン以上のことをしなければならなくなっている。

1980年代後半から、ストリップの南端は遊園地（ジェットコースターまである）とショッピングモールが合体したような所になってきた。ラスベガス市の境界線の南約3マイル（約5km）にわたって、ラスベガス大通りには多数の客室を備え、大きなゲーム室とギャンブル以外のエンターテインメントを増やしたカジノとホテルが一体となった巨大施設が連なっている。贅沢さも天井知らずで、各ホテルは大理石の風呂や最高に贅沢なスパなどを

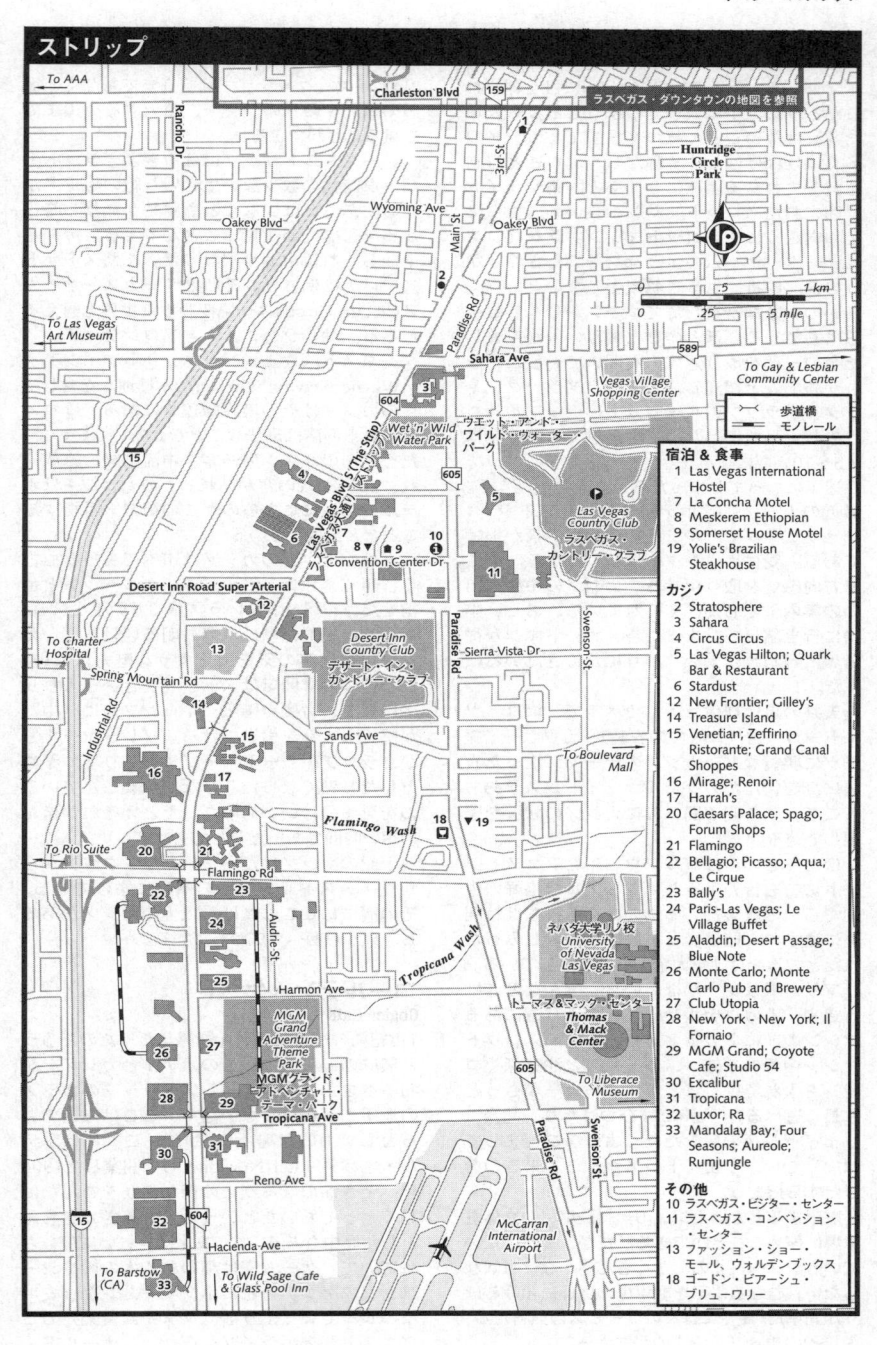

ストリップ

ネバダ ー ストリップ

ラスベガス・ダウンタウンの地図を参照

歩道橋
モノレール

宿泊 & 食事
1 Las Vegas International Hostel
7 La Concha Motel
8 Meskerem Ethiopian
9 Somerset House Motel
19 Yolie's Brazilian Steakhouse

カジノ
2 Stratosphere
3 Sahara
4 Circus Circus
5 Las Vegas Hilton; Quark Bar & Restaurant
6 Stardust
12 New Frontier; Gilley's
14 Treasure Island
15 Venetian; Zeffirino Ristorante; Grand Canal Shoppes
16 Mirage; Renoir
17 Harrah's
20 Caesars Palace; Spago; Forum Shops
21 Flamingo
22 Bellagio; Picasso; Aqua; Le Cirque
23 Bally's
24 Paris-Las Vegas; Le Village Buffet
25 Aladdin; Desert Passage; Blue Note
26 Monte Carlo; Monte Carlo Pub and Brewery
27 Club Utopia
28 New York - New York; Il Fornaio
29 MGM Grand; Coyote Cafe; Studio 54
30 Excalibur
31 Tropicana
32 Luxor; Ra
33 Mandalay Bay; Four Seasons; Aureole; Rumjungle

その他
10 ラスベガス・ビジター・センター
11 ラスベガス・コンベンション・センター
13 ファッション・ショー・モール、ウォルデンブックス
18 ゴードン・ビアーシュ・ブリューワリー

ラスベガス – カジノ

競いあって設置している。

巨大な黒いピラミッド、噴火する火山、アイマックス・ライドIMAX ridesに目を奪われるだろうが、中に入ってしまうとどこも大した違いはないことに気づくはずだ。カジノの多くはけばけばしくて騒がしく、わざと方向感覚を失わせるようにしてある。鏡やライトに囲まれたスロットマシンの長い列。さらにその向こうにもスロットマシン。壊れたコンピューターゲームのような耳をつんざくばかりの音。時折、もうこれ以上はないというくらいの大きな音をたててコインがじゃらじゃら落ちてくる。ほんのひと握りの人が投資した金の一部を取り返すのを聞いていると、誰もが勝てると錯覚してしまう。ブラックジャック、クラップ、ルーレットのテーブルはもう少し上品だが、たいてい最低でも賭け金は$5〜10必要になる。

迷子になってしまったら、上を見上げよう。最近のカジノにはホテル予約、レストラン、ショッピングモール、その他の案内板が掲げてある。受付カウンターは頼りになる。そこで方向感覚を取り戻せる。カジノの中には出口の案内までも掲げてくれている。もし、本当に行き詰ってしまったら、ガードマンか従業員に尋ねればよい。周りにたくさんいるはずだ。

天井の黒い球体は隠しカメラで、網タイツやトーガ（古代ローマの衣装）、カウボーイブーツに腰蓑など、カジノのテーマに沿った衣装に身を包んだカクテルウェイトレスがあちらこちら動き回る間、常にカジノの状況を監視している。

ほとんどの客はゴルフウェアとファストフードにでも行くようなカジュアルな格好の中間くらいの服装だ。本物のばくち打ちは特別室に通され、賭け金は高騰するが、しみったれたところを見せず大金をひけらかしている。

フリードリンクがほしい？　そんなときは行き来するカクテルサーバーの通り道にあるマシンの前にドカッと座り、重症のスロットマシン中毒者を装い、ゆっくりと注意深くコインを入れていく（ビデオポーカーがもっとも長く遊べる）。大声で呼びつけたり、乱暴にウェイトレスの肩をたたくようなことをしてはいけない。ウェイトレスがやって来るのをひたすら待とう。

駐車するときはカジノの無料駐車場か立体駐車場に停めることができる。だが、それはたいていカジノへ行くのにたくさん歩かなければならない。むしろ、車を駐車場の係員に預けるほうが簡単だ。厳密にはこのサービスは無料だが、$1〜2のチップを渡すのがマナーだ。

ラスベガスに来る人はみな、サウス・ストリップのカジノを訪れる。ここではすばらしいレストランや気取ったショッピングモール、3Dアイマックスショーは言うまでもなく、海賊の戦いや噴水のショー、噴火する火山までも見ることができる。

ノース・ストリップには古きよきラット・パック時代の数少ない生き残り組のカジノがある。あるいは少なくとも華やかなりし時代が年をとった姿を見ることができるのだ。今の基準からするとストラトスフィアは例外だ。それとサーカス・サーカスCircus Circusは一風変わった世界と言えるだろう。サハラ、ニュー・フロンティア、スターダスト（ウェイン・ニュートン・シアターWayne Newton Theaterの本拠地）を含む多くのカジノはその境界線辺りにある。けれどもそれらの店は違法なことをしていないので、たくさんのバスツアー客、中流階級の家族連、20〜30代の客が訪れる。でも、彼らはホテルの部屋にこもるのがこの街で一番得することだと気付いている。

ダウンタウンのカジノは市内でもっとも古く、輝くネオンの洪水、赤いベルベットと色褪せたカーペットという言葉で言い表される。ネオンライトだけは今でも明るいけれど、カジノ自体は客の気を引くような魅力はない。この辺りの雰囲気はストリップというよりリノに似て、労働者階級、ギャンブルに夢中だが堅実な人々を引きつける。プレーヤーたちがクラップやカードテーブルの周りでニヤニヤしたり熱くなったりしながら楽しんでいるのを見るのはいいものだ。たとえそれがほんの短い時間であったとしても。

下記のカジノはだいたいダウンタウンからサウス・ストリップへの順番に挙げている。その間にはここに挙げた以上のカジノがあるし、東から西へも広がっている。

ゴールデン・ゲート
Golden Gate

1世紀前のベガスはどんな感じだったのだろうと興味のある人は、このホテルとカジノを訪ねるべきだ。実際、もしストリップのカジノの派手さが物足りないなら、ここは市内でもっとも魅力的な場所の1つだ。ここにはホテル・ネバダHotel Nevadaとして開業した1906年へとさかのぼる（この街が何かをこんなに長くとっておいたということに驚き）きちんとした歴史もある。全106室はきれいに保存されていて、ゲーム室は趣のある木の梁やシーリングファン、それにホンキートンク（安キャバレーで弾くようなラグタイム音楽）のピアニストが夜毎ライブを行ない、オールド・ウエストの娯楽場の雰囲気を今に伝えている。

テーブルはにぎやかなときもあるが、古いバーはひと息入れるのにぴったりだ。

ビニオンズ・ホースシュー
Binion's Horseshoe
もう1つの由緒あるダウンタウンのカジノ、ホースシューは1951年開業した。30年以上にわたって、ポーカー・ワールド・シリーズthe World Series of Pokerが毎年4、5月に開催されている。そして、地下にはこの街でもっとも愛されているコーヒーショップの1つがある。ギャンブリングホールはスズの天井、赤いベルベットの壁紙、騒々しい客など、オールド・ベガスの魅力をたたえている。

ストラトスフィア
Stratosphere
ボブ・ステューパックは1996年、このカジノをストリップの北端に開いた。そこは彼が以前低予算のやぼったい施設、ベガス・ワールドVegas Worldをやっていた場所だ。ストラトスフィアは1149フィート（約350m）のタワーで（計画では1800フィート＜約550m＞だった）、レストラン、ラウンジ、幾つかのスリルのある乗り物がある屋上の展望デッキがある。ハイ・ローラーHigh Roller（＄9）はタワーの外側を回るコースターだ。ビッグ・ショットBig Shot（＄11）はタワーの先端でアップダウンするスリルたっぷりのフリーフォールである。両方乗れるチケットは＄15。

サーカス・サーカス
Circus Circus
カジノとテーマパークを組み合わせた施設の草分けの1つ。1968年に開業したサーカス・サーカスはサーカスのテントのようなインテリアで、無料のサーカスをやっており、カーニバルのアトラクションとビデオゲームの部屋の中間といった感じだ。アドベンチャードームの中ではダブルループコースターほか、15の乗り物がある。

トレジャー・アイランド
Treasure Island
海賊をテーマとしたこのホテルの正面に作られた人工の礁湖バカーニア・ベイBucaneer Bayに停泊した海賊船と戦士が通りから見える。16:30から真夜中までの間、90分ごとに、ホテルのステージでは大音響とスモークと派手な演出の、花火を使った海の戦いが演じられる。ストリップで一番見ものの無料ショーで、子供たちに受けること間違いない。ホテル内のバトル・バーBattle Barからでも見ることができる。

ベネチアン
Venetian
1999年にオープンしたこの巨大な施設は、以前サンズがあった場所にあり、ストリップでもっとも豪華といえるだろう。美しく整備され（＄15億もかかっているのだから）、その名の由来となった都市にちなんだものをたくさんちりばめている。ドーム状のロビーはすばらしく、各部屋はスイートルームとなっている。運河に沿って並んだ店もあり、現実のベニスよりこざっぱりしている（本章後出の「ショッピング」を参照）。船頭はゴンドラに観光客を乗せて、人工的に光らせた「空」の下、オペラのように歌いながら、ターコイズの水面（ここは**2階**だということを覚えておいて）を行き来している（＄12.50）。本当の芸術に触れたい人にはグッゲンハイム・ハーミテージGuggenheim Hermitageとグッゲンハイム・ラスベガスGuggenheim Las Vegasへどうぞ。入館料は各＄15、両方だと＄25。

ミラージュ
Mirage
スティーブ・ウィンがはじめにストリップに作ったカジノは滑稽なほどわざとらしく、派手な宮殿風建築物は現代のラスベガスを象徴するものだ。その宮殿に面した熱帯風の池では、夕方を過ぎると30分おきに火山が噴火し、オレンジ色の水から炎が噴きあがり、センサラウンド式の音響で窓ガラスが割れそうになったりする。それは滑稽で安っぽいものだが、多分見たくなるだろう。

ギャンブリングルームは熱帯雨林に似せた林の真ん中にある。完全な熱帯のチキスタイルというわけではないので、あまり期待しないように。ジークフリード＆ロイは大金を稼ぐためにここでショーを行っているが（本章後出の「エンターテインメント」を参照）、入口近くの檻で飼われている気だるく活気のないホワイトタイガーは無料で見ることができる。奥ではジークフリード＆ロイのドルフィン・ハビタットDolphin Habitatと秘密の花園Secret Gardenがある。コンボパスは＄10。

シーザーズ・パレス
Caesars Palace
ベガスの先駆者ボブ・サルノ（彼はサーカス・サーカスも所有している）が経営する豪華なホテル兼カジノ。この1966年創業の施設はストリップ地区の新しい施設から見れば祖父に当たるくらいの古さだが、改装修理を繰り返しているため、おそらくストリップでもっとも趣のある華やかさを誇っている。それが、今なお人々

を引きつけているのだろう。レース・フォー・アトランティスRace for Atlantis（＄10）、フォーラム・ショップForum Shopsでの華々しい3Dアイマックス（本章後出の「ショッピング」を参照）、魔法使いと火の仕掛けが楽しめる3時間のディナーショー、マジカル・エンパイアMagical Empire（＄75）といったアトラクションがある。

ベラージオ
Bellagio

高級好みのお金持ちに贈るスティーブ・ワインの贅沢なパレス、ベラージオは美しい建物と室内装飾、＄3億相当のマチス、ゴッホなどの絵画のコレクションを所有する小さな**アートギャラリー art gallery**を誇る。入館料は＄12だ。屋外では霧がかった光と音楽のスペクタクルショー（ライオネル・リッチーに注目）の合間に毎晩15分おきに1200個ものウォータージェットを使っての無料の噴水ショーが行われる。食事はといえば、ル・サークLe Cirque、アクアAqua、ピカソPicassoといった街でもトップクラスの（料金も）レストランがある。

パリ・ラスベガス
Paris-Las Vegas

1999年開業のこのカジノでは、50階建てのエッフェル塔の巨大な金属製の脚の下にあるスロットマシンで遊べる。塔のてっぺんまで行くのは＄9。インテリアはパリの街角のようで、カジノ場はびっくりするほど広く、心地よいムードでやや明るい。

アラジン
Aladdin

2000年にオープンした新しいアラジン（古いアラジンのあった場所に建設）は、ストリップにあるメジャーなホテル兼カジノの中でもっとも新しい。アラビアの砂漠をモチーフに、現代的でやや高級志向だ。ほかのストリップのカジノと同様、巨大な砂漠の道をイメージしたショッピングモール、デザート・パッセージDesert Passageが併設されている（本章後出の「ショッピング」を参照）。だが、アラジンはオープンからたった13カ月目に破産申請してしまったので、次年度の経営がどうなるかは不透明だ。

ニューヨーク・ニューヨーク
New York-New York

このホテルの正面は自由の女神、ブルックリン橋やたくさんの高層ビルのレプリカを配し、マンハッタンのスカイラインを模したものになっている。内部ではレストランや偽物の店でパーク・アベニューや、グリニッジ・ビレッジの通りの様子を再現している。2階はコニー・アイランド風のにぎやかな通りとなっている。マンハッタン・エクスプレスManhattan Express（＄10.50）はストリップ上空で急降下、ツイスト、ループする、おそらく街一番のスリリングなローラーコースターと言えるだろう。

MGMグランド
MGM Grand

5000以上の客室を誇る巨大なグリーンのストライプのこの建物は、世界でもっとも大きいホテルの1つ。その華やかしい正面玄関は、ホテルの以前のテーマである「オズの魔法使いThe wizard of Oz」のエメラルド・シティをイメージしている。1万7000席のグランド・ガーデン・アリーナGrand Garden Arenaでのコンサートはなかなか高価だ。派手に宣伝されたバーブラ・ストライザンドのミレニアム・コンサートがあった場所です。一方、ライオン・ハビタットLion Habitatは無料のままだ。また、ここにはCBSテレビのリサーチ施設があり、テレビ番組の宣伝版を一般の人に見てもらって、その評価を調査している。

エクスカリバー
Excalibur

この1990年に開業した大きなホテルは、あまり趣味のよくないディズニー風の中世の城が2つの大きなホテルタワーに挟まれているような形で、合わせて4000室ある。なんとも厚かましくて不愉快な様子だが、ファミリー層向けの雰囲気で、子供たちには人気だ。大人にとっては、24時間営業のルネサンス・フェアRenaissance Faireが好みであっても、特に2階にいるときは、手品師や軽業師、歌手が練り歩く中世風の村は避けたいと思うだろう。

ルクソール
Luxor

1993年開業以来、鉄とガラスの巨大なピラミッドそれ自体が現代のラスベガスの象徴となっている。スフィンクスとオベリスクが正面にそびえ、夜になるとピラミッドの頂上から光線が出るが、特に意味はない。ピラミッドの内部は世界最大のアトリウム（吹き抜け）となっていて、その規模には驚かされる。アイマックス・シアターIMAX theater（＄9）、有名なファラオの墓のレプリカであるキング・タッツ・ミュージアムKing Tut's Museum（＄5）といったアトラクションがある。

ラスベガス・ヒルトン
Las Vegas Hilton

もともとインターナショナルと呼ばれていたこの白い巨大な建物は、コンベンション・センターConvention Center近くのストリップのはずれ、パラダイス・ロードParadise Rdにある。ヒルトンはエルビス・プレスリーが最後の8年間で837回のコンサートを行ったことで有名。その偉業をたたえ、「ザ・キングthe King」の彫像がロビーに立っている。

近年、ヒルトンはたくさんのスーツ・アンド・タイのビジネス客に加え、「スタートレックStar Trek」のファンがやって来る。彼らのお目当ては、博物館、演劇、心臓がひっくり返るようなスリリングな乗り物が合体した**スタートレック：ジ・エクスペリエンス Star Trek: The Experience**だ。入館料は＄25。

ほかにもクオーク・バー＆レストランQuark Bar & Restaurant（本章後出の「食事」を参照）、クールな宇宙時代のギャンブリングエリアであるスペースクエスト・カジノSpacequest Casinoがスタートレックをテーマとしている。もうすぐなくなりそうなロミュラン・エールRomulan Aleの6本パック（＄9.95）を買ってみよう。おもしろいことにエルサルバドルで製造されているという。

フレモント・ストリート・エクスペリエンス
Fremont Street Experience

衰退しつつあるラスベガスのダウンタウンに新しい活気を吹き込もうと、カジノが立ち並ぶフレモント・ストリートの4ブロックに＄7000万かけて本当に風変わりな屋根がかけられた。ここは今やショッピングモールとなっている。暗くなると、200万個以上の電球と54万ワットの音響を使っての6分間の光と音楽のショーに彩られ、屋根がかかる。このショーはトロピカル・フィーバーTropical Feverとかクラシック・ロックClassic Rockなどさまざまなテーマを、レッド・ツェッペリン、フー、その他誰か分からないような音楽をバックにおかしなアニメーションで演出する。安っぽくて押しつけがましい（うるさいのは言うまでもないが）、この妙な出し物にはただ魅了されるしかないだろう。カジノの灯がかすみ、椅子を持って来る人もいる。

エクスペリエンス東端には**ネオン・ミュージアムNeon Museum**がある。屋外でハシエンダHaciendaと古いアラジンAladdinのような最近取り壊されたホテルから取られた年代物の看板を展示している。

隣には**ネオノポリス Neonopolis**がある。真新しいショッピングとエンターテインメントの複合施設で、エクスペリエンス自体のようにダウンタウンを現代化し、新しい客を呼び込むためにつくられた。基本的にはモールだが、映画館、店舗、レストランに加え、幾つかのすてきな年代物のネオンサインが置いてあり、一見の価値がある。

ミュージアム

ラスベガスにやって来る人すべてがウイスキーやウィンストンの100年物をすすりながら、スロットマシンの前に延々と座っていられるわけではない。外の世界に戻りたくなったら、散策してみる価値のある場所やミュージアムが幾つかある。

ネバダ州立博物館＆歴史協会
Nevada State Museum & Historical Society

この博物館（☎702-486-5205 ✿700 Twin Lakes Dr 🎫大人＄2 子供無料 ⏰9:00～17:00）は、ウエスト・ワシントン大通りW Washington Aveのはずれのロレンツィ・パークLorenzi Parkにあり、ネバダ州の歴史と環境について研究している（マンモスの骸骨まである）。もっと興味深いのは、鉄道の町からギャンブル・リゾートに変化していく際のマフィアの果たした役割について考察しているセクションがあるということだ（フラミンゴ・ホテルFlamingo Hotelについての特別展示あり）。ネバダ州で行われていた核実験に関する展示もあり、かつて実験場の近くが観光地として大々的に宣伝されていた事実を見ると驚く。

ラスベガス自然歴史博物館
Las Vegas Natural History Museum

野生動物と自然環境に関する展示を行っているこの博物館（☎702-384-3466 ✿900 Las Vegas Blvd N 🎫大人＄5 子供＄3 ⏰9:00～16:00）には実物大の恐竜のモデルやネバダ州の砂漠の動植物を表現したよくできたジオラマ（立体模型）がある。

オールド・ラスベガス・モルモン・フォート州立歴史公園
Old Las Vegas Mormon Fort State Historic Park

自然科学博物館の隣にあるこの公園（☎702-486-3511 ✿908 Las Vegas Blvd N 🎫入園＄2 ⏰8:30～15:30）は、かつてラスベガスのモルモン教徒の砦だった。そんなに景色の良い所ではないが、ここは1855年にネイティブ・アメリカンでない人々が定住を始めた場所である。日干し煉瓦で作られた中庭はモルモン・トレイルMormon Trailに沿って旅するモルモ

ラスベガス － 歴史的建築物

ン教徒に避難場所を提供した。その当時の壁が現存し、当時の工芸品や写真を展示する部屋が3つある。

ライド・ディスカバリー子供博物館
Lied Discovery Children's Museum

このハンズオン（手で触れられる）博物館（☎702-382-3445 ⌂833 Las Vegas Blvd N 大人＄6 子供＄5 火～日 10:00～17:00）では、子供たちが巨大なシャボン玉を作ったり、ディスクジョッキーになったり、スペースシャトルシミュレーターを操縦したりできる。ハイウェイ95の北約0.5マイル（約800m）にあるラスベガス図書館Las Vegas Library（建物がおもしろい）と同じ建物内にある。

リベラーチェ・ミュージアム
Liberace Museum

ピアニスト、ウラーディズ・バレンチノ・リベラーチェ（1919～87年）のハイキャンプさ（俗っぽさが芸術の域まで高められたもの）に迫ったミュージアム（☎702-798-5595 ⌂1775 E Tropicana 大人＄7 シニア＄5 子供無料 月～土 10:00～17:00、日 13:00～17:00）で、この派手な殿堂は、一見の価値ありだ。彼の人生の記念品である世界最大のラインストーン、光り輝く衣装、クレイジーな車や彼の所有する37台のピアノのうち18台が展示され、彼のホモセクシュアルという隠された一面も垣間見ることができる。ここの利益は才能ある若者のための音楽教育を支援するリバーチェ基金へ寄付される。

歴史的建築物

当然ながらたくさんは残っていない。ここが新しい都市であるだけでなく、昔の建物やクラシックなラット・パック時代のカジノの多くははるか昔に解体されているからだ（観光案内所に行けば価値ある歴史的な建物の写真を見ることができる）。

ダウンタウンには1906年建設の**ゴールデン・ゲート Golden Gate**（初めの名前はホテル・ネバダHotel Nevada）、1910年建設の**ビクトリー・ホテル Victory Hotel**（⌂307 S Main St）といった生き残りもいる。ビクトリー・ホテルはみすぼらしい外観にもかかわらず、シンプルな部屋を目当てにやって来る客が今なおいる。3rdストリートの600番地には、同じ時代の鉄道会社の建物が残っている。1930年に建てられた**ラスベガス・アカデミー Las Vegas Academy**（⌂315 S 7th St）にはアールデコ調の精細な装飾が施されている。一方、その近くにはスペインのミッションスタイルで建てられた、同時代のどっしりとした建物が幾つか残っている。

宿泊

ラスベガスにはマンモスホテルがたくさんあるので、宿泊先を見つけるのは難しくない。ただし、大きなコンベンションが開かれているときは別だが。そのような期間中は、宿泊料金は跳ね上がり、すぐ満室になる。反対にコンベンション活動をやっていない夏やクリスマス休暇期間は空いていて、料金も底値になる。このような期間中は大きなホテル兼カジノもスパ料金や無料のショー、果ては航空運賃の割引まで付けて客を呼び込もうとする。一般的に日曜から木曜までがもっとも安い。週末の料金は平日の2倍以上、金曜より土曜のほうが高くなる。

観光案内所では無料の予約電話サービスを提供している。これを通じて現行の料金を確認したり、予約を入れることができる（本章前出の「インフォメーション」を参照）。

モーテルの宿泊料金はあまりばらつきはないが、やはり金曜と土曜の夜は高くなるし、2連泊以上の宿泊を要求している場合もある。

これらのことを念頭に置いても、価格だけを考えて宿泊先を選んではいけない。ほんの参考程度にすることだ。結局モーテルのほうが安上がりになることもあるのだから。電話かホームページを検索してみるのも役立つ。

キャンプ場・ユースホステル

ラスベガスの東西にある公園でキャンプすることができる（本章後出の「交通手段」を参考）。

ラスベガス・インターナショナル・ホステル
Las Vegas International Hostel
☎702-385-9955
⌂1208 Las Vegas Blvd
ドミトリーベッド＄14

ダウンタウン南部のあまりきれいでない地域にぽつんと建つシンプルな宿泊施設で、外国のバックパッカーに人気がある。HIカードがあればわずかに割引がある。小さなキッチンとラウンジ、ランドリーがある。とても清潔で手入れが行き届いている。それだけに混でいるので早めにチェックインを（予約は受け付けていない）。このユースホステルではグランド・キャニオン、ブライス・キャニオンBryce Canyon、ザイオンZionの各国立公園への格安ツアーも行っている。セミプライベートの部屋（＄28）もあるが、モーテルと変わらないぐらいの料金を払うことになる。

USAホステル - ラスベガス
USA Hostel-Las Vegas
☎702-385-1150 ℻702-385-4940
🏠1322 Fremont St
🛏ドミトリーベッド＄15〜、個室＄40〜

フレモント・ストリート・エクスペリエンスFremont St Experienceの数ブロック東、治安があまりよくない地域（歩き回るときは注意しよう）にぽつんとあるユースホステル。設備は立派でプールとジャクジーを完備している。2泊以上する宿泊客に対しては、グレイハウンドのバスステーションまで無料で迎えが出る。

モーテル
安い宿泊施設はラスベガスでは事欠かない。たいていカジノ施設ほどの価値はなく、街のあまり好ましくない地域にある。だが、週末にはカジノより安くつく。

　フレモント・ストリート沿いのダウンタウン東部の老朽化したモーテルの中にはかっこいいネオンサインのものがあるが、宿泊にはおすすめできない。ダウンタウンとストリップの間にはもっとたくさんの選択肢がある。が、ここも大したことはない。その代わり、ノース・ストリップとそこから東に延びる道路沿い、または空港近くのストリップの南端を探してみよう。

ラ・コンチャ・モーテル
La Concha Motel
☎702-735-1255
🏠2955 Las Vegas Blvd S
🛏平日＄48〜　週末＄68〜

スターダストStardust近くで、ノース・ストリップの中心に位置する1950年代のクラシックホテル。街でもっとも目を引くモーテルの1つだ。大きいアーチ状の入口を探してほしい。

サマーセット・ハウス・モーテル
Somerset House Motel
☎702-735-4411
🏠294 Convention Center Dr
🛏平日＄33〜　週末＄44〜

シンプルだがフレンドリーなモーテル。中心部にあるモーテルをお望みの人向き。ストリップのすぐ東にある。

グラス・プール・イン
Glass Pool Inn
☎702-739-6800、800-527-1118
🏠4613 Las Vegas Blvd S
🛏平日＄39〜

ストリップ南端にあるお手頃なモーテル。水中が見える大きな円形の窓があるスイミングプールで知られる。

カジノ - ダウンタウン
おそらくダウンタウンでもっとも有名なカジノは**ビニオンズ・ホースシュー Binion's Horseshoe**（☎702-3821600、800-237-6537 ℻702-382-5750 www.binions.com 🏠128 E Fremont 🛏客室＄30〜60）だ。フレモント・ストリートの中心にある。ホテルは生粋のオールド・ベガスの魅力をたたえ、しかも宿泊料は＄20にも下がることがある。ホームページで特別料金のチェックを。

エル・コルテス・ホテル＆カジノ
El Cortez Hotel & Casino
☎702-385-5200、800-634-6703
℻702-385-9765
🏠600 Fremont St
🛏クイーンベッド＄27.50

1941年創業。東海岸の犯罪組織が所有した最初のホテル兼カジノ。でも、心配ない。ホテルは近年合法化された。

ゴールデン・ナゲット
Golden Nugget
☎702-385-7111、800-634-3454
℻702-386-8362
www.goldennugget.com
🏠129 E Fremont St
🛏平日＄59〜　週末＄99〜

バスツアーに組み込まれているので、多くの年配客を集めている。けばけばしさと派手派手しさにもかかわらず、むしろ退屈だ。ミラージュとベラージオを開く前の、スティーブ・ワインの最初のカジノプロジェクト（1970年代に改修）だ。

カジノ - ノース・ストリップ
1950年代のホテル-カジノの生き残りで、砂漠をテーマにしている**サハラ Sahara**（☎702-737-2111、800-634-6666 ℻702-737-1017 🏠2535 Las Vegas Blvd S 🛏平日＄30〜　週末＄80〜）は、わくわくするような感じはないが、お得な値段で心地よく宿泊できる部屋がある。実際、街で一番お得だ。「古い」タワーは少々安っぽいが、悪くない。

　スターダスト Stardust（☎702-732-6111、800-634-6757 ℻702-732-6257 🏠3000 Las Vegas Blvd S 🛏平日＄54〜　週末＄80〜）は1950年代創業で、90年代に改修された。ラスベガスらしい所で、年配者やウエイン・ニュートンに遭遇したい人に人気がある。紫のタワーは新しく輝いている。しかし、一番安い宿泊料金だとタワーから遠く離れた「ビラ」になってしまうことがある。それもまたいいだろう。

サーカス・サーカス
Circus Circus
☎702-734-0410、800-634-3450

ラスベガス − 宿泊

📠702-734-2268
🏠2880 Las Vegas Blvd S
📧平日＄34〜　週末＄89〜
ファミリー向きの低予算大規模ホテル。

カジノ - サウス・ストリップ
Casinos - South Strip
びっくりするようなものが見たいならここ。世界有数の大規模ホテルがストリップの南端に建ち並んでいる。

　ベネチアン Venetian（☎702-414-1000、877-857-1861 📠702-414-1100 🌐www.venetian.com 🏠3355 Las Vegas Blvd S 📧平日＄159〜　週末＄199〜）は全室スイートで、ラスベガスでもっともグレードが高い。スタンダードの部屋でさえなんと650平方フィート（約60m²）もある。一番広いスイートが1456平方フィート（約135m²）。すばらしいストリップの眺望が楽しめる部屋はもう少し高くなる。

シーザーズ・パレス
Caesars Palace
☎702-731-7110、800-634-6661
📠702-731-6636
🌐www.caesarspalace.com
🏠3570 Las Vegas Blvd S
📧客室＄109〜

ストリップにある、広く贅沢な部屋を持つもう1つのデラックスホテル。スタンダードの部屋でも350平方フィート（約32m²）、新しいタワーの「スーペリア」ルームは525平方フィート（約49m²）。3つのプールがあり、娯楽施設も充実している。

ベラージオ
Bellagio
☎702-693-7111、888-987-6667
📠702-693-8546
🌐www.bellagiolasvegas.com
🏠3600 Las Vegas Blvd S
📧客室＄159〜

つまらない客を寄せつけないよう、法外な料金を設定している。スタンダードの部屋でも510平方フィート（約47m²）と広いが、思ったほどゴージャスではない。

モンテ・カルロ
Monte Carlo
☎702-730-7000、800-311-8999
📠702-730-7250
🌐www.monte-carlo.com
🏠3770 Las Vegas Blvd S
📧平日＄69〜　週末＄119〜

よく設備の整った部屋が3000室以上ある高級ホテル兼カジノ。着飾って気取った周りのホテルより少し控えめな雰囲気がある。

マンダレー・ベイ
Mandalay Bay
☎702-632-7777、877-632-7000
📠702-632-7013
🌐www.mandalaybay.com
🏠3950 Las Vegas Blvd S
📧客室＄149〜

ビーチリゾートをテーマとした高級ホテル。すばらしいプールと3220の客室を誇る。この客室数には35階から39階までを占める超高級ホテルフォー・シーズンズ Four Seasons（☎702-632-5000 📧客室＄200〜）の500室は含まれていない。

バリーズ
Bally's
☎702-739-4111、800-634-3434
🌐www.ballyslv.com
🏠3645 Las Vegas Blvd S
📧客室＄59〜

周りのホテルのように遊園地のような仕掛けはないが、広く手頃な部屋が2800室ある。

パリ・ラスベガス
Paris-Las Vegas
☎702-946-7000、888-266-5687
📠702-946-4405
🌐www.parislasvegas.com
🏠3655 Las Vegas Blvd S
📧客室＄79〜

3000近くの客室。もっとも狭い部屋でも450平方フィート（約42m²）。満室の場合、シーザーズ・パレス、ヒルトン、フラミンゴ、バリーズのいずれかを紹介する。これらのホテルはみな、ヒルトンのゲーム部門であるパーク・プレース・エンターテインメント Park Place Entertainmentが所有しているからだ。

ニューヨーク・ニューヨーク
New York-New York
☎702-740-6969、800-693-6763
📠702-740-6810
🌐www.nynyhotelcasino.com
🏠3790 Las Vegas Blvd
📧客室＄65〜

ビッグアップルの景色をうまく再現している。受付クラークのすごいニューヨーク訛りまでも。12本のタワーには2000室あり、スタンダードサイズで300〜400平方フィート（約27〜37m²）。

ルクソール
Luxor
☎702-262-4000、800-288-1000
📠702-262-4454、3900
🌐www.luxor.com
🏠Las Vegas Blvd S
📧客室＄69〜

エクスカリバーExcaliburの隣。古代エジプトをテーマとした巨大なガラスのピラミッドのような建物だ。内部は30階建てで壮大なアトリウム（吹き抜け）を囲むように客室が並んでおり（めまいが起きやすい人はこのホテルはやめたほうがいいかも）、「インクリネーターinclinator」と呼ばれるエレベーターがピラミッドの傾斜に沿ってついている。建物の形を反映した角度のある窓を除き、客室は快適だが、そうわくわくするようなものではない。うしろにあるタワーにもさらに客室がある。スパがすばらしいので、ぜひパスを手に入れて試してみるとよい。

MGMグランド
MGM Grand
- ☎ 702-891-1111、800-929-1111
- 📠 702-891-1030
- 🌐 www.mgmgrand.com
- 🏠 3799 Las Vegas Blvd S
- 💲 平日＄59〜 週末＄89〜

30階建てのタワーに5000もの客室を誇る、ラスベガス最大のホテル。

食事

カジノビュッフェ・スペシャル

食べ放題のビュッフェというスタイルはネバダが発祥の地だ。みな貪欲になって皿に山のように食べ物を載せてくる。まるで＄5で＄30分の焼き過ぎの牛肉を食べることで、さっきスロットマシンで消えていった＄25を取り戻そうとでもしているかのようだ。

昔から、このような場所で食べるものは標準以下のものだった。だが、最近は少数ではあるが高級ホテルでもビュッフェへの考え方を改め、本当においしいものを出す所も出てきている。それは街に支店を持つスパーゴSpagoやル・サルクLe Cirqueではない。だが、少なくとも魚は新鮮で冷凍物ではないし、野菜も夜明けからずっとヒートランプの下に置いてあるものではない。中にはオーダーを受けてから調理するフードステーションを設けている所もある。

朝食は安上がりに、ディナーはリッチに、週末にはブランチが用意されることが多い。週末のディナーはスペシャルメニューを売り物に少し高くなることが多い。

ランチをビュッフェで食べるのはいい作戦だ。ディナーよりかなり安いし、ほとんどのカジノではエビ、ポーク、パスタなども用意されたランチタイムが毎日14:00から15:00まである。おなかいっぱいにしておけば、夕食の時間を過ぎても空腹になることはない。

街一番のビュッフェはどこか、というのはいつも地元で論争の的だが、以下にあげたビュッフェはいつも名前が挙がっている。

ベラージオ
Bellagio
- 🏠 3600 Las Vegas Blvd S
- 🍴 朝食＄12 ランチ＄15 ディナー＄25

街一番のビュッフェの名に恥じない。その大きさにはびっくり仰天させられる。料理の質もビュッフェの中ではもっとも良い。たとえば、魚は1週間に5回新鮮なものが空輸されてくるし、新鮮なフルーツ、野菜もある。

パリ・ラスベガス
Paris-Las Vegas
- 🏠 3655 Las Vegas Blvd S
- 🍴 ＄12〜25

レストラン、ル・ヴィラージュ・ビュッフェLe Village Buffetはフランスというテーマに沿って装飾も料理もまったくのフランス風。フランスのあらゆる地方の料理を試食できる。

リオ・スイート・ホテル＆カジノ
Rio Suite Hotel and Casino
- 🏠 3700 W Flamingo Rd
- 🍴 朝食＄10 ランチ＄12 ディナー＄17

ストリップの西にあるカーニバル・ワールド・ビュッフェCarnival World Buffet。世界のいろいろな国々の料理を売り物に、地元客も観光客も引きつけている。

バリーズ
Bally's
- 🏠 3645 Las Vegas Blvd S
- 🕘 日 9:30〜14:30
- 🍴 ブランチ＄55

1週間に1回だけスターリング・ブランチSterling Brunch（超高級ブランチ）をやっている。本物のグルメのための贅沢なブランチ。値段もそれなりに高い。

ほとんどのカジノはまた、格安料金の食事を宣伝している。ノース・ストリップやダウンタウンの広告掲示板、垂れ幕などをこまめにチェックしよう。ウェスタンをテーマとした**ニュー・フロンティア New Frontier**（🏠3120 Las Vegas Blvd S 🍴食事＄8.75）が出すプライムリブのディナーは本当にお得だ。日曜から木曜までやっている。

朝食なら、ホテルの地下のコーヒーショップ、**ビニオンズ・ホースシュー Binion's Horseshoe**（🏠128 E Fremont St 🍴朝食＄5未満）がおすすめ。巨大なハムエッグスペシャルで昔から有名。昔ほど安くはないが肉の厚切りが皿からあふれそうなのは変わらない。

安さならこの店、**ゴールデン・ゲート Golden Gate**（🏠cnr Fremont & Main Sts）。1959年から99¢のシュリンプカクテルを出している。

＄7.77のポーターハウスステーキもある。

カジノ・レストラン

ディナーをどこでとろうかと迷ったときは、レストランに関するしっかりとした意見とリストが載った、無料の「ラスベガス・ウィークリーLas Vegas Weekly」が参考になる。「トゥデイ・イン・ラスベガスToday in Las Vegas」と「ホワッツ・オンWhat's On」もレストランのリストと解説を載せている。

「スタートレックStar Trek」のファンとおたくたちはラスベガス・ヒルトンのクールでムーディーなクオーク・バー＆レストランQuark Bar & Restaurant（☎3000 Paradise Rd▣食事＄10〜）に行くべきだ。未来をテーマにしたセッティングで、「リトルグリーンサラダ」、「ハムボーガー」など「風変わりな」料理を楽しめる。クリンゴンが近くのブースにいるかもしれない。

モンテ・カルロ・パブ・アンド・ブリューワリー
Monte Carlo Pub and Brewery
☎3770 Las Vegas Blvd S
▣食事＄8〜

おいしいパブならではの食べ物と、ジャックポット・エールJackpot Aleなどの熟練の技で醸造したビールを出している。9時になると値段が上がるのでその前に着くこと。夜毎演奏しているバンドもボリュームを上げてくる。

コヨーテ・カフェ
Coyote Cafe
☎3799 Las Vegas Blvd S
▣ディナー＄20〜

人気のあるサンタ・フェのMGMグランド版。満足できる「ヌーベル・サウスウェスタン」料理を出している。

イル・フォルナイオ
Il Fornaio
☎3790 Las Vegas Blvd S
▣ディナー＄15〜

ニューヨーク・ニューヨーク内、グリニッジ・ビレッジのストリートシーンの一角にある。自家製のパンはここで一番のおいしさ。

ひと晩で、ラスベガスはビュッフェの街から高級レストランや有名シェフを引きつける街に変身したように見える。もしも、まだクラップスゲームで持ち金を使い果たしてないなら、下記のホットスポットはお金を払う価値があるだろう。予約を入れておくことが大事だ。ドレスコードを課している所もある。

ル・サルク
Le Cirque
☎702-693-7223
☎3600 Las Vegas Blvd S
▣ディナー＄80〜95

ベラージオBellagio内にある、ニューヨーク市の有名フレンチレストランの支店（男性はジャケットとタイ着用）。同じくベラージオ内にあるアクア Aqua（☎702-693-7223 ▣メイン＄30〜50）は、マイケル・ミナのサンフランシスコにある高級シーフードレストランの支店。ピカソ Picasso（☎702-693-7223）▣ディナー＄80）もベラージオ内にあり、スパニッシュとフレンチを見事に融合させた料理を出す。

ルノアール
Renoir
☎702-791-7223
☎3400 Las Vegas Blvd S
▣テイスティングメニュー＄75〜100

ミラージュMirage内にある、もう1つの本格的なフレンチレストラン。評判がいい。

スパーゴ Spago（☎702-369-6300 ☎3500 Las Vegas Blvd S ▣ディナーメイン＄12〜40）は、ウォルフガング・パックが経営するトレンディな店。トレードマークであるカリフォルニア料理をシーザーズ・パレスCaesars Palaceのフォーラム・ショップForum Shopsにある、ラスベガス店で出している。気軽なカフェと少し改まったダイニングルームがある。

オーレオール
Aureole
☎702-632-7401
☎3950 Las Vegas Blvd S
▣ディナー＄50〜

マンダレー・ベイMandalay Bay内にある。ニューヨークに本拠地を置くもう1つの有名な会社が経営している。売り物は新しいアメリカ料理となんと4層のワインタワー。一見の価値あり。

ゼフィリーノ・リストランテ
Zeffirino Ristorante
☎702-414-3500
☎3355 Las Vegas Blvd
▣メイン＄25〜

ベネチアンVenetian内にあるイタリア料理店。本場イタリアに対抗できるほどの味。

ビニオンズ・ランチ・ステーキハウス
Binion's Ranch Steakhouse
☎702-382-1600
☎128 E Fremont
▣ディナー＄25〜

ダウンタウンにあるビニオンズ・ホースシューBinion's Horseshoeの最上階にある、保守的な人が好みそうな店。すばらしい牛肉料理と広大な眺望が楽しめるので人気がある。

その他のレストラン

メスケレム・エチオピアン Meskerem Ethiopian（☎252 Convention Center Dr ▣食事＄4〜10）は、ストリップStripの東、サマーセット・シ

ョッピング・センターSomerset Shopping Centerにある、小さな居心地のよいスポット。ベジタリアン用のメイン料理やエチオピアンスタイルの卵料理を朝食に出すなど、エチオピア料理を提供している。エスプレッソもあり、市場もすぐ隣。

エル・ソンブレロ
El Sombrero
🏠807 S Main St
🍴1品＄10未満

昔風で気取らないメキシカン・レストラン。1951年から営業している。料理にはボリュームがあり、シンプルでおいしい。

ヨーリーズ・ブラジリアン・ステーキハウス
Yolie's Brazilian Steakhouse
☎702-794-0700
🏠3900 Paradise Rd
🍴セットディナー＄27

マリネ肉のステーキを目当てに観光客が押し寄せている。

ワイルド・セージ・カフェ
Wild Sage Cafe
☎702-944-7243
🏠600 E Warm Springs Rd
🍴メイン＄15〜

新しいアメリカ料理とカリフォルニア料理を融合させた高級店。カジノ内にはないし、有名シェフの顔を売り物にもしていない。

エンターテインメント

「トゥデイ・イン・ラスベガスTodayin Las Vegas」、「ホワッツ・オンWhat's On」といった無料の新聞が街のあちこちで手に入る。これらには今ラスベガスで流行っているもののリストが載っている。カジノ以外のことは「ラスベガス・ウィークリーLas Vegas Weekly」に。

カジノ

メジャーなカジノでは驚くほどさまざまなジャンルのエンターテインメントを用意している。いわゆる「ビッグルームbig-room」では、トム・ジョーンズやレニー・クラビッツたちのようなコンサートか、ブロードウェイ・ミュージカルあるいはベガススタイルの光と音のきらびやかなショーをやっているかもしれない。これらのチケットはもともと＄30程度だが、1枚につき＄100かそれ以上に跳ね上がることもある。2、3杯のカクテルが付く場合もある。

エルビスのそっくりさんは近頃はやらないし、ラット・パックの時代は終わった。だが、二流のラウンジシンガーならどこでも見られる。ステージ上でのショーで入場料をとる者もいれば、カジノの片隅のバーで歌う者もい

いる。後者はたいてい無料だ。彼らのショーはだいたい品がないので当然だが、オーバーな衣装で着飾った芸人が何のアイロニーも加味せずにドゥービー・ブラザースをカバーするところを想像してみて。サミーやディーンが墓の中で笑い転げそうだ。もし、オールド・ベガスの俗っぽさを求めるなら、比較的古いバーやラウンジを訪ねることだ。

人気のあるショーは（特に週末には）売り切れてしまうので、予約を入れておこう。下記に有名なショーとその場所をあげた。

バリーズ
Bally's
☎702-739-4567
🏠3645 Las Vegas Blvd S

ビッグネームたちがここのセレブリティ・ルームでショーを予定している。歴史あるジュビリーJubilee（＄53〜70）でショーガールの華やかなショーが行われる。

ベラージオ
Bellagio
☎702-796-9999
🏠3600 Las Vegas Blvd S

この街でもっともすばらしい、そして値段の高いショーが格調高い"O"で行われる。150万ガロン（約570万リットル）の水を使うショー、シルク・ド・ソレイユCirque du Soleilが公演している（＄90〜110）。

シーザーズ・パレス
Caesars Palace
☎702-731-7333
🏠3570 Las Vegas Blvd S

2003年に新しいコロシアム型ショールームをオープンする。セリーヌ・ディオンが口切りの公演となる。

エクスカリバー
Excalibur
☎702-597-7600
🏠3850 Las Vegas Blvd S

馬上槍試合、道化師、魔術師、侵略してくる敵や戦うドラゴンを売り物にするトーナメント・オブ・キングスTournament of Kingsがある。中世風の食事をしながら見ることができる（＄42）。

フラミンゴ
Flamingo
☎800-221-7299
🏠3555 Las Vegas Blvd S

幾つかの異なったシアターでそれぞれ出し物をやっている。メインショールームでは歌手グラディス・ナイトのコンサート（＄55〜65）、バグシーズ・セレブリティ・シアターBugsy's Celebrity Theaterではコメディ一座のセカンド・シティSecond City（＄28）。ボトムズ・アップBottoms Upというセクシーなレビュー（＄13）もある。

ラスベガス － エンターテインメント

ハラーズ
Harrah's
☎702-369-5222
🏠3475 Las Vegas Blvd S
歌手でバンドリーダーでもあるクリント・ホームズを擁している（＄60）。スキンタイト*Skintight*ではトップレスショー（＄40）、インプロブ*Improv*ではコメディアンが代わる代わる出ている（＄24）。

ルクソール
Luxor
☎702-262-4400
🏠3900 Las Vegas Blvd S
ブルー・マン・グループBlue Man Groupのショー（＄87）をやっている。ミッドナイト・ファンタジー*Midnight Fantasy*ではトップレスショー（＄33）、アイマックスIMAX映画（＄9）、その他いろいろなショーが用意されている。

マンダレー・ベイ
Mandalay Bay
☎702-632-7777
🏠3950 Las Vegas Blvd S
音楽とダンスのショー、ストーム*Storm*（＄55～65）、また1万2000席を誇るイベント・センターEvents Center、屋外のアイランドステージ、1800席もあるナイトクラブチェーン、**ハウス・オブ・ブルースHouse of Blues**がある。

MGMグランド
MGM Grand
☎702-891-7777
🏠3799 Las Vegas Blvd S
過去にはデビッド・キャシディやリック・スプリングフィールドなどのポップスターもコンサートを行った桁外れに豪華なハイテクホールEFXアライブ*EFX Alive*がある。

ミラージュ
Mirage
☎702-792-7777
🏠3400 Las Vegas Blvd S
ジークフリート＆ロイによるホワイトタイガーが登場するロングランのマジックショーをやっている。このトラの餌はお客が払う＄105もするチケットでまかなわれている。

モンテ・カルロ
Monte Carlo
☎702-730-7777
🏠3770 Las Vegas Blvd S
マジシャン、ランス・バートンのショーをやっている（＄55～60）。彼自身が2700万ドルのシアターを所有している。

スターダスト
Stardust
☎702-732-6111
🏠3000 Las Vegas Blvd S

ウェイン・ニュートン・シアターWayne Newton Theaterがあるのはここだ。ミスター・ラスベガスであるウェイン・ニュートン自身が定期的に自分の光り輝く栄光の劇場に出ている（＄55）。ドン・リックレスも2～3カ月ごとにおきまりのギャグを披露している（＄50）。

トレジャー・アイランド
Treasure Island
☎702-796-9999
🏠3300 Las Vegas Blvd S
ミステール*Mistère*ではシルク・ド・ソレイユが公演している（＄80）。

トロピカーナ
Tropicana
☎702-739-2411
🏠3801 Las Vegas Blvd S
何年もクラシックな出し物「フォリー・ベルジェール*Folies Bergère*」（＄50～80）を上演している。早い時間帯のショーは"カバーされている"が、夜がふけると"アダルト"バージョンになる。

バー＆クラブ

すべてとは言わないまでも、多くのおしゃれなダンスクラブはドレスコードを課している。たいていジーンズ、スニーカー、スポーツウェアはお断りという程度だ。ほとんどの店では＄5～20の席料があり、女性や地元客は割引が受けられることが多い。

　クラブ・ユートピア Club Utopia（☎702-740-4646 🏠3765 Las Vegas Blvd S）は、モンテ・カルロから道を挟んですぐ。テクノ、ヒップホップ、トップ40を流している人気のダンススポットだ。

クラブ・リオ
Club Rio
🏠3700 W Flamingo Rd
ストリップの西、華々しいリオRioにある派手なダンスクラブ。階上にはシックな**ブードゥー・ラウンジ VooDoo Lounge**があり、51階からの街の眺望を楽しめる。

ラー
Ra
🏠3900 Las Vegas Blvd
ルクソールLuxor内にある。目からレーザー光線を出す巨大な影像など、宇宙的な仕掛けのあるスーパートレンディなダンススポット。

スタジオ54
Studio 54
🏠3799 Las Vegas Blvd S
MGMグランドMGM Grandにある活気にあふれたダンスクラブ。3階分を占めている。

ジリーズ
Gilley's
🏠3120 Las Vegas Blvd

ニュー・フロンティアにあるカントリーのダンスホール。サロンとバーベキューコーナーがある。店の名は歌手ミッキー・ジリーと「アーバン・カウボーイ*Urban Cowboy*」の舞台となったヒューストンにある彼のカントリーバー、ジリーズからとったもの。

ラムジャングル
Rumjungle
🏠 3950 Las Vegas Blvd
マンダレー・ベイにあるカリビアンレストラン。昼はレストラン、23:00以降は粋なナイトクラブに変わる。

ゴードン・ビアーシュ・ブリューワリー
Gordon Biersch Brewery
🏠 3987 Paradise Rd
カリフォルニア州パロ・アルトで生まれた地ビール醸造チェーンで、ドイツ風のラガービール、身だしなみのよい店員、地元バンドが売り物。

ブルー・ノート
Blue Note
🏠 3663 Las Vegas Blvd S
アラジン内にある。ニューヨークの有名店に敬意を表し、同じ名前が付けられた。すばらしいジャズアーチストや、ロック&ブルースの歌手が出演している。

カジノラウンジらしい雰囲気を味わいたいなら、スターダスト内の**スターライト・ラウンジ Starlight Lounge**へ。クラシックなラスベガスの盛り場の雰囲気が味わえる。ミラージュ内の**ラグーン・サルーン Lagoon Saloon**はテラリウム（栽培用ガラス容器）の中の酒場風。モンテ・カルロ内の**フーディーニズ・ラウンジ Houdini's Lounge**はバカラエリアの隣にあり、カントリー歌手ディック・カーレスが名づけた「敗者のカクテル loser's cocktail」を売切している人に、ほの暗くて心和む安らぎの場を提供している。

ショッピング

最近まで安い土産物とフリードリンクが観光客の主な目的だった。しかし、最近では再び進化を遂げている。大規模なラスベガスのカジノは犯罪の宮殿から遊園地へと、最近ではショッピングモールへと変貌しているように見える。広い回廊沿いに高級で気取った店が並び、アッパー・マンハッタンかサンフランシスコのユニオン・スクエアさながらである。カードやダイスに飽きたら、一休みしてカルティエを眺めたりグッチを見てワクワクすることもできる。

グランド・キャナル・ショップス Grand Canal Shopesはベネチアン*Venetian*にある。ここはイタリアをイメージした60を超えるブティックが建ち並ぶ。「街角」のコーヒーショップや青く光る人工の「空」の下、ゴンドラの船頭が2階の「グランド・キャナル Grand Canal」を行き来している。すべてが作り物なのに、雰囲気はとても落ち着いている。これが21世紀型店舗なのか？

シーザーズ・パレス内には**フォーラム・ショップス Forum Shops**がある。屋内にローマの街角を再現。人工の「空」は夜明けから夕暮れへと3時間ごとに変わっていく。泉では、大理石の彫像が目覚め、突然に動き始める。このような作り物の世界があるかと思うと高級な店もある。

アラジン内にある**デザート・パッセージ Desert Passage**は「アラビアン・ナイト*Arabian Nights*」風の雰囲気や装飾にもかかわらず、ところどころ郊外の昔ながらのショッピングモールと似通ったところがある。ストリップのショッピングモールといえば、**ファッション・ショー・モール Fashion Show Mall**（🏠 3200 Las Vegas Blvd S）だ。トレジャー・アイランド隣にある。

1億ドルをかけた**ネオノポリス Neonopolis**が2002年に開業し、ダウンタウンもラスベガスのショッピングモール戦争に参戦した。ラスベガス大通りからフレモント・ストリートまでの全ブロックを占める高層ビルで、マルチスクリーンの映画館、レストラン、店舗を売り物にしてダウンタウンにもっと観光客を呼び寄せようとしている。

もっとユニークなアイテムを求める人は**ギャンブラーズ・ジェネラル・ストア Gamblers General Store**（🏠 800 S Main St）に行ってみよう。自分のスロットマシンが買える（輸送の手配までしてくれる）。オーダーメイドのポーカーチップも作れる。

ジ・アティック The Attic（🏠 1018 S Main St）はシュールなビンテージ物の服を扱っているが、同様のものがもっと安い値段で近くのスリフトストア（安売り店）や質屋で手に入るかもしれない。

アクセス

空から
ストリップのすぐ南に**マッカラン国際空港 McCarran International Airport**（☎ 702-261-5211 🌐 www.mccarran.com）があり、ほとんどのアメリカ主要都市からの飛行機が直接乗り入れている。カナダ、ヨーロッパからの便もある。航空料金や宿泊料を含めたパッケージツアーで訪れる人が増えているが、それが一番安上がりなことが多い。カジノのホームページをチェックして格安料金を探すか旅行代理店に相談してみよう。駐車場は有料（メーター式）なので、誰かを迎えにいくときは小銭を多く用意しておこう。

バスで
グレイハウンド Greyhound（☎ 702-384-8009

200 S Main St）はロサンゼルス（＄34、7時間）、サンディエゴ（＄46、8時間30分）、サンフランシスコ（＄67、15時間）の各都市に往復定期便がある。ラスベガスへのパッケージツアーには通常の宿泊料にバス代として少しだけプラスされていることが多い。

アムトラック Amtrak（☎800-872-7245）にはロサンゼルス（＄34、6時間）への往復便がある。バックパッカー向けは**ミッシング・リンク・ツアー・カンパニー Missing Link Tour Company**（☎800-209-8586　www.tmltours.com）。ロサンゼルス（片道＄39、往復＄75）へのシャトルバスが1週間に3回出ている。ユースホステルやホテルに迎えに来てくれるサービスがある。アムトラックの降車場はダウンタウンにあるグレイハウンドのバスステーション（200 S Main St）である。

車で

業者が多く競争が激しいので、レンタカー料金はピークシーズンを除いてとても安い。大手のレンタカー会社のほか、**ブルックス Brooks**（☎702-735-3344　Las Vegas Blvd S Site 6）、**フェアウェイ Fairway**（☎702-369-7216　4645 Procyon St Site A）、**サブ・モール Sav-Mor**（☎702-736-1234　5101 Rent Car Rd））などの地元レンタカー会社もある。

交通手段

空港へのアクセス

ホテルの多くは宿泊客に空港への無料送迎サービスを行っている。それの都合が悪い場合は、**ベル・トランス Bell Trans**（☎702-739-7990）へ連絡してみよう。手荷物引渡所の外からストリップStripまで連れて行ってくれる（1人＄4.25）。ストリップのホテルまでのタクシー料金は＄10か＄12、ダウンタウンへは約＄20。

バス

車がない場合、徒歩以外でストリップを行ったり来たりする（そして街の中を移動する）最善の方法は地元バスシステム、**シチズンズ・エリア・トランスポート Citizens Area Transport**（CAT ☎702-228-7433）を利用することだ。料金は＄2で、比較的早く（カジノの入口につけずに、ラスベガス大通り沿いに停車するため）、1日中10～15分おきに発着する。301番と302番のバスがストリップを往来する。

ストリップ・トロリー Strip Trolley（☎702-382-1404）が毎日9:30から翌1:30までの間マンダレー・ベイからストラトスフィアStratosphereまで巡回している（＄1.65）。だが、バスより少し遅い。

モノレール

4つの短いモノレールの線路が幾つかのカジノを結んでいる。しかし、駅を探してモノレールを待っているうちに、歩けば目的地まで着いてしまうだろう（運賃は無料）。建設中のバリーズ、ヒルトン、サハラを結ぶ新しい路線が完成すればもっと便利になるだろう。ストリップとダウンタウンを結ぶ路線ができればという夢はまだかなっていない。だが、気長に待ってみよう。

タクシー

タクシーに乗って最初の1マイル（約1.6km）の基本料金は＄2.30だ。1マイル過ぎるごとに＄1.80追加される。**ホイットルシー Whittlesea**（☎702-384-6111）、**イエロー・キャブ Yellow Cab**（☎702-873-2000）などがある。

ラスベガス周辺
Around Las Vegas

レッド・ロック・キャニオン
Red Rock Canyon

ストリップから西へ20マイル（約32km）に位置するレッド・ロック・キャニオン国立保護地域Red Rock Canyon National Conservation Areaの自然の壮麗さは、ラスベガスの人工的な輝きとは全くもって対照的だ。キャニオン（大峡谷）は実際には渓谷というべきもので、その西端には標高3000フィート（約914m）の険しい岩だらけのレッド・ロックの崖がある。レッド・ロックは、ストリップの熱狂から逃れるには手軽に行ける最高の場所だが、近接した場所にあるので旅行者は孤独になれると思わないほうがよい。

ラスベガスから来るなら、途中から州道（SR）159になるチャールストン大通りCharleston Blvdを西に約30分進む（大渋滞するラッシュ時は避けよう）。キャニオンには、13マイル（約21km）も一方通行の景観のよい環状線があり、ハイキングトレイルへの入口となっている。

立派な**ビジター・センター**（☎702-363-1921　8:30～16:30）では、地図とハイキング情報が手に入る。景観の良い環状線は8:00から日没まで通行でき、駐車料金は車1台1日＄5。ビジター・センターから東へ2マイル（約3km）に位置する**キャンプ場**は先着順で利用できる。料金は1サイト＄10。

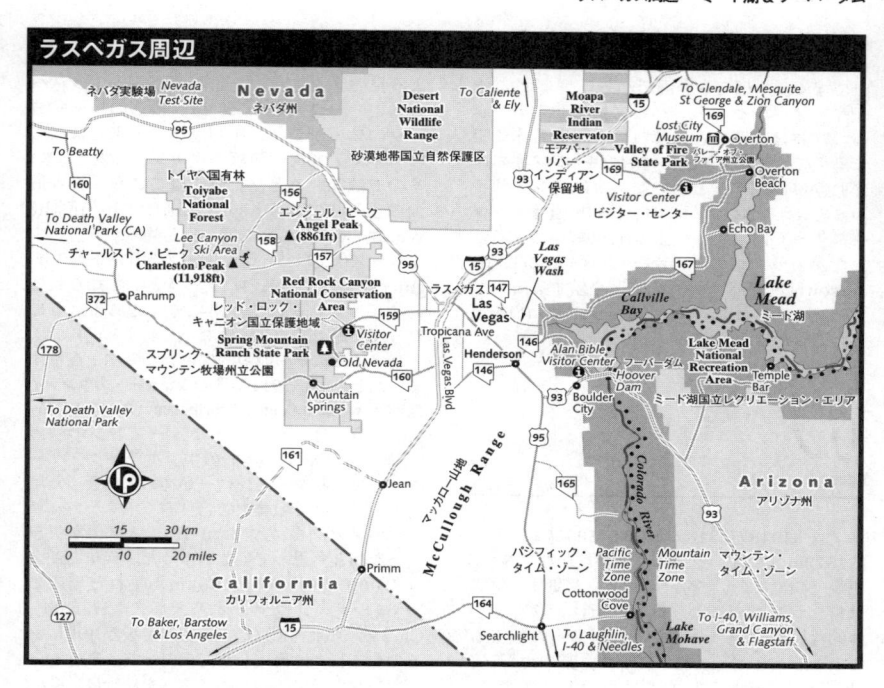

ミード湖 & フーバーダム
Lake Mead & Hoover Dam

ハイウェイ95・93をラスベガスから車で1時間弱走ると、ミード湖とフーバーダムに着く。長さ110マイル（約177 km）のミード湖、長さ67マイル（約108km）のモハベ湖Lake Mohave、湖周辺の何十マイルも続く砂漠を囲む**ミード湖国立レクリエーション・エリア Lake Mead National Recreation Area**（☎702-293-8907）の中で、もっとも人気が高いスポットだ。

全長550マイル（約885km）のミード湖の湖岸線は、目を見張るような砂漠の景色に囲まれている。**アラン・バイブル・ビジター・センター Alan Bible Visitor Center**（☎702-293-8990 ◎8:30〜16:30）はラスベガスからハイウェイ93を東に約26マイル（約42km）の所で、レクリエーション、キャンプ場、自然の歴史についての情報が手に入る。ノースショア・ロードNorthshore Rdは、湖の北岸沿いのすばらしい眺めのドライブウェイで、バレー・オブ・ファイア州立公園Valley of Fire State Parkへと続く。湖岸のキャンプ場は、ボウルダー・ビーチBoulder Beach、ラスベガス・ウォッシュLas Vegas Wash、カルビル湾Callville Bay、エコー湾Echo Bay、テンプル・バーTemple Bar（アリゾナ州内）にある。

ボルダー・ダム（フーバーダムに改名）は1931年から1935年にかけて建設され、当時は世界最大のダムだった。コロラド川Colorado Riverをせき止めてミード湖をつくり、氾濫の被害に見舞われていた峡谷、考古学上重要な場所、自然保護地域、集落を守った。治水、灌漑、水力発電、水の供給の調節が、フーバーダム建設の主要目的だった。これらは現在でもダムの主要機能である。

ツアーはガイドなしで、ダム上部がコースとなっており約2時間かかる。料金は大人＄10、子供＄4。チケットは**ビジター・センター**（☎702-294-3524 ◎9:00〜17:00）で販売している。隣の駐車場ビルの駐車料金は＄5だ。

バレー・オブ・ファイア州立公園
Valley of Fire State Park

ミード湖の北端近くにあるバレー・オブ・ファイア州立公園の砂漠の景色はまるですばらしい絵画を見るようで、サイケデリックな奇岩に刻まれた不思議な造形が幻想的だ。ユタ州、アリゾナ州、ニュー・メキシコ州で見られる砂漠の風景と外観も地質も似ているが、ここはラスベガスから車でほんの1時間しかかからず、だいたい空いている。料金は車1台1日＄5。

リノ － 歴史

ビジター・センター（☎702-397-2088 ⏰8:30～16:30）は公園内を通る州道（SR）169を下りてすぐ。すばらしい展示があり、一般的な情報やハイキングのアドバイス情報が入手できる。渓谷は夜明けと日暮れにもっとも赤く染まるので、2カ所ある先着順の**キャンプ場**のいずれかに滞在するといい。料金はテントサイト＄8。ラスベガスからの一番の早道はインターステート15（I-15）と州道169経由で来ることだが、ラスベガスの南、ヘンダーソンHendersonでハイウェイ95と交差するミード湖のノースショア・ロードNorthshore Rdを走ったほうが景観は良い。

リノ
Reno

リノ（人口18万2818人・標高4500フィート＜約1372m＞）は、ラスベガスからかなり遠い。距離（445マイル＜約716km＞）や気候（気温は常にラスベガスより低い）だけでなく、全体的な特質に隔たりがある。どちらの都市もギャンブルのメッカで、24時間営業のカジノ、高くそびえるホテル群、巨大なサービス産業、借金のない生活を夢見る何万人もの熱狂した旅行者達が集まる場所だ。しかし、模造の都市景観が特徴のラスベガスとは異なり、リノは小さな町が持つある種の魅力を懸命に守ってきた。

ほとんどの人は、週末になるとサクラメントSacramento、ボイスBoise、フレズノFresnoなど近隣の町から逃れて、手軽なリノにやって来る。そして、ギャンブルにはまり、来月の家賃を焦げつかせ、子供の将来の学費にも手をつけるほど長時間カジノ場で過ごした挙句、普段の仕事へとぼとぼと戻っていく。日曜日の朝早く起きると、そういった人々が首をひねりながらバージニア・ストリートVirginia Stをよろよろと歩き、頭を抱え、連れ合いに向かってどなり、また輝かしい約束できらめいていたはずの町の虚しい景色をただ見つめている光景に出くわすことだろう。

もちろん、これはリノのほんの一面にすぎない。国際的な雰囲気に満ちているということもないが、南にある空想の地のカジノとは違って、リノは本物の地だ。ホテルがラスベガスと比べて大きくないことや、カジノがあまり飾り立てられていないことを気にすることはない。ラスベガスは人工的なものを好むが、リノは実際に町がここにあるという存在感を大事にする。

ギャンブルについては、カジノ内でのゲームはラスベガスとまったく同じなので、同じようにお金を失うことになるだろう。ラスベガスとの一番大きな違いは、模造のニューヨークのスカイラインをバックに、または人工のベネチア運河のそばでギャンブルをしているのではないことだ。リノはここが「世界最大の小都市The Biggest Little City in the World」であることを繰り返し強調する。このフレーズは、Nバージニア・ストリートN Virginia Stにかかる有名なアーチとして知られているが、スローガンが常にそうであるように安っぽいが、どこか新鮮な感じもする。

リノには数々の歴史的建造物が町中に点在する。たとえば、1911年築の**ワショー・カウンティ裁判所 Washoe County Courthouse**（🏛117 S Virginia St）は、ジョン・ヒューストンの映画「荒馬と女The Misfits」の中でクラーク・ゲーブルとマリリン・モンローが初めて出会った場所だ。リノはその歴史を誇り高く示す一方、ラスベガスと同様、残念ながらその大部分を失うことを何とも思っていないようだ。何年も前には、1000マイル（約1600km）離れた場所に「ハロルド・クラブ・オア・バストHarold's Club or Bust」を宣伝する広告看板が州境にあるのを旅行者は目にしたものだった。現在ではダウンタウンにあるこの尊ぶべき建物は、その近くにあるネバダ・クラブNevada Clubとともに、華美なハラーズHarrah'sへの長い通路にすぎない。ネバダ州の典型的なカジノ&ホテルで、かつては米国歴史遺産に登録されていた古きメイプス・ホテルMapes Hotelも、今ではたまに開催される市民イベントで使われるアスファルトで舗装されたただの更地にすぎない。

しかしながら、リノの一番の魅力はグレート・ベイスン砂漠Great Basin Desertとシエラ・ネバダ山脈Sierra Nevada mountainsの境界に位置するという立地の良さだろう。安いレストランやモーテルも豊富にあり、景観のよい周辺地域へ旅行するには最高の拠点となるだろう。

歴史

1850年代には、フンボルト・トレイルHumboldt Trailを通ってカリフォルニアへと旅する人々は、トラッキー・メドウTruckee Meadows（現在のリノの位置）にあるトラッキー川Truckee Riverを渡り、タホ湖Lake Tahoeの北側にある山々を川沿いに登り、ドナー峠Donner Passでシエラ山脈を越えていた。これは基本的に現在のインターステート80のルートだ。橋を造って通行料を取る人々も幾人かいた。その中でもっとも進取の気性に富んでいたのがマイロン・レイクだった。彼はホテルやサ

ルーンも建て、自分の橋へと人々を誘導するための長さ数マイルの道路も造った。バージニア・シティVirginia Cityで採掘ブームが起こったのち、レイクの橋は人々の往来が激しくなった。裕福になったレイクは周囲の土地のほとんどを買収した。

セントラル・パシフィック鉄道Central Pacific Railroadが開通したとき、レイクは鉄道会社が客車や貨物列車の駅を造ってくれるなら、町に自分の土地を寄付すると申し出た。取り引きは成立せず、1868年5月、土地のほとんどは南北戦争で戦死した連邦軍の将官、ジェシー・リノにちなんで名づけられた新しい町で競売にかけられた。1870年、リノはワショー・カウンティの中心地となり、1872年にはバージニア＆トラッキー鉄道Virginia & Truckee Railroadはリノとカムストック鉱脈Comstock Lodeのある採掘ブームの町をつないだ。気前のよい採掘王達のおかげで大学を市営化できたものの、1900年までリノは人口4500人の荒っぽい鉄道の町だった。

採掘ブームが終焉を迎え、ネバダ州のほとんどの地域で経済が停滞する中、リノは社会的に不道徳なことから利益を得た。ギャンブルと売春は、世間体を気にするようカリフォルニアではますます抑圧されたが、リノではそれらは客を呼び寄せるためのフロンティアの伝統だった。禁酒法の期間、リノはもぐりの酒場を黙認していただけでなく、ギャングが不正に得た金を洗う(合法的なものに変える)場所になっていた。ほかの主要な"産業"は、たった6週間リノに滞在した期間があれば結婚に終止符が打てるという離婚業だった。

カーソン・バレーCarson Valleyでの灌漑、農業、軽工業、倉庫業は、ギャンブルやタホ湖および地域の歴史の魅力に基づいた観光業とともに、経済の多様化にずっと寄与してきた。

オリエンテーション

リノを通る主要ハイウェイはインターステート80（I-80）で、西方面へ向かうとトラッキーTruckee（32マイル＜約51km＞）、サンフランシスコがあり、東方面へ向かうとスパークスSparks（5マイル＜約8km＞）、エルコElko、ソルトレイクシティがある。ハイウェイ395が南に延び、カーソン・シティCarson City（30マイル＜約48km＞）を通ってイースタン・シエラEastern Sierra、カリフォルニア南部Southern Californiaへと続く。

リノのメインストリートは、I-80とトラッキー川Truckee Riverの間にあるNバージニア・ストリートN Virginia Stだ。ここにカジノのほとんどが集中し、何百万ワットもの電気が消費されている。ランドマークであるリノ・アーチReno Archは、商店街のあるバージニア・ストリートのコマーシャル・ローCommercial Rowのところに架かっており、その後方には町を横切る線路がある。サウス・バージニア・ストリートSouth Virginia Stは、川から数マイル南を通り、モーテル、モール、カジノ、にぎわっているリノ・スパークス・コンベンション・センターReno-Sparks Convention Centerが並ぶ。ダウンタウンに戻るとW4thストリートが東西を結ぶ主要な道路だ。ネバダ大学のキャンパスは、I-80のすぐ北側に位置する。

インフォメーション

リノのダウンタウンの**ビジター・センター**（☎775-827-7366、800-367-7366 ℻775-827-7713 ▼www.renolaketahoe.com ⌂1 E 1st St ◐月～金 8:00～17:00）は、Nバージニア・ストリート沿いにあるカル・ネバ・カジノCal-Neva Casino隣のカル・ネバ・ビルCal-Neva buildingの2階にある。無料の州地図や処理しきれないほど多くのパンフレットが置かれている。**全米賭博問題カウンシル National Council on Problem Gambling**（☎800-522-4700）では24時間のオンラインヘルプを提供する。

救急処置室があるのは2つの病院、**セント・メリーズ St Mary's**（☎775-770-3627 ⌂235 W 6th St）とダウンタウンの南東に位置する**ワショー・メディカル・センター Washoe Medical Center**（☎775-982-4100 ⌂77 Pringle Way）だ。

カジノ

サーカス・サーカス Circus Circus（⌂500 N Sierra St）は、Nバージニア・ストリートをI-80から南下して最初にある大型カジノ場。およそ30分間隔で無料のサーカス・ショーが上演され、通路はカーニバルの祭り会場となっている。**エルドラド Eldorado**（⌂345 N Virginia St）は老舗のホテルで、サーカス・サーカスと歩道橋で結ばれている。比較的新しい**シルバー・レガシー Silver Legacy**（⌂407 N Virginia St）はマンダレイ・リゾート・グループMandalay Resort Group（旧サーカス・サーカス・エンタープライズCircus Circus Enterprises）とエルドラドが共同出資して設立した。サーカス・サーカスと歩道橋で結ばれ、ダウンタウンのスカイラインを見下ろす、周りを圧倒するような37階立てのタワーだ。銀の採掘をテーマとして建設され、リノでもっともラスベガス的な興行手腕を持つ。球形の180フィート（約55m）の白いドーム

リノ - カジノ

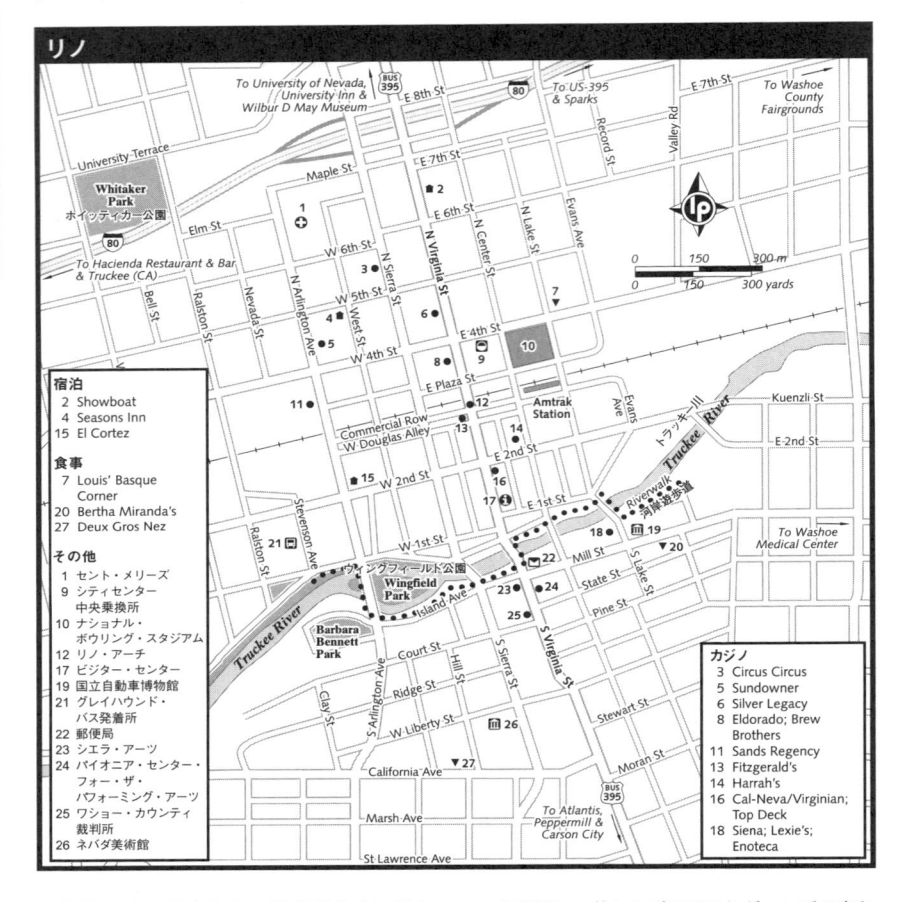

リノ

宿泊
- 2 Showboat
- 4 Seasons Inn
- 15 El Cortez

食事
- 7 Louis' Basque Corner
- 20 Bertha Miranda's
- 27 Deux Gros Nez

その他
- 1 セント・メリーズ
- 9 シティセンター中央乗換所
- 10 ナショナル・ボウリング・スタジアム
- 12 リノ・アーチ
- 17 ビジター・センター
- 19 国立自動車博物館
- 21 グレイハウンド・バス発着所
- 22 郵便局
- 23 シエラ・アーツ
- 24 パイオニア・センター・フォー・ザ・パフォーミング・アーツ
- 25 ワショー・カウンティ裁判所
- 26 ネバダ美術館

カジノ
- 3 Circus Circus
- 5 Sundowner
- 6 Silver Legacy
- 8 Eldorado; Brew Brothers
- 11 Sands Regency
- 13 Fitzgerald's
- 14 Harrah's
- 16 Cal-Neva/Virginian; Top Deck
- 18 Siena; Lexie's; Enoteca

の内部には、巨大な空の絵が描かれ、高さ120フィート（約37m）のイミテーションの掘削装置は、定期的に音と光のスペクタクルを繰り広げる。

エルドラドから線路を越えた所にある**フィッツジェラルズ Fitzgerald's**（☎255 N Virginia St,）は、古いが今でも活気あふれるホテル。かなり時代遅れで退屈な「幸運な小妖精lucky leprechaun」をテーマとしている。**ハラーズ Harrah's**（☎219 N Center St）はフィッツジェラルズの近くにあり、今でも町で最大かつ最高級のカジノの1つだ。1946年にウイリアム・ハラーにより創設されてから、カジノはずっと現在の場所にある。1980年にはホリディ・インズ株式会社に買収された。

カル・ネバ/バージニアン Cal-Neva/Virginian（☎cnr 2nd & N Virginia Sts）は、川寄りに位置する。1962年創業のカル・ネバは、少し前にカル・ネバよりほんの少し高級なバージニ

ンを吸収し、昔かたぎの平凡なギャンブル客を呼び寄せている。町で一番安い食事、99￠のハムエッグはここで食べられる（本章後出の「食事」を参照）。宿泊料金の安い**サンダウナー Sundowner**と**サンズ・リージェンシー Sands Regency**は、バージニア・ストリートVirginia Stから西へ3ブロックの所にある。

シエナ Siena（☎1 S Lake St）はSバージニア・ストリートS Virginia Stの東、トラッキー川の正面に建つ。町で最新の施設は明らかに高級所得層向けで、トスカナ村をテーマとして建てられた。単なるギャンブルの場というよりリゾート施設に近く、豪華なヘルススパ、最高級のレストラン、1万8000本ものワインが眠るワイン貯蔵室で有名な居心地のよいワインバー、エノテカEnotecaなど、自慢の施設が揃っている。

ダウンタウンの南、Sバージニア・ストリート沿いにはホテル兼カジノが2、3軒ある。旧

クラリオンの豪華なホテル、**アトランティス Atlantis**（🏠3800 S Virginia St）は、思わず夢見心地になりそうな熱帯がテーマで、ホテル内部には滝、ティキ（ポリネシア風）の小屋、ヤシの木が多く見られる。**ペッパーミル Peppermill**（🏠2707 S Virginia St）は巨大な明るすぎるほどのビデオの看板と派手なネオンが印象的。しかし、ホテル内部は平均的なダウンタウンのホテルと比べると少し洒落ている。

リノ・ヒルトン Reno Hilton（🏠2500 E 2nd St）は町の高級ホテルの1つだが、ダウンタウンの東、ハイウェイ395近くに位置するので、幾分かほかから孤立した感じがある。ゲームルームはかなり広く、町で最大のホテル。

ジョン・アシュアガズ・ナゲット John Ascuaga's Nugget（🏠1100 Nugget Ave）は、リノから東へ約5マイル（約8km）のスパークスにある。インターステート80のすぐ隣に立つ巨大なツインタワーホテルで、安っぽい店舗が並ぶビクトリアン・スクエアVictorian Square内にある。

ミュージアム・ギャラリー

観光を目的にリノを訪れる人は少ない。それでも、カジノでの小競り合いの合間に何かほかのことがしたいなら、行く価値のある場所が幾つかある。

実際、少しでも車や自動車史に興味がある人には、**国立自動車博物館 National Automobile Museum**（☎775-333-9300 🏠10 Lake St 🎫大人＄7.50 子供＄2.50 🕐月～土 9:30～17:30、日 10:00～16:00）は必見の場所。コレクションには、バックミンスター・フラーの1934年製ダイマクション、エド・ロスの1961年製ビートニック・バンディットなど、世界に1台しかない車、特別注文の車、実験的に造った車もある。博物館はトラッキー川の南側の土手にあり、ダウンタウンから歩いて行ける距離だ。

ナショナル・ボウリング・スタジアム National Bowling Stadium（☎775-334-2695 🏠300 N Center St）は、ボウリングの愛好者には間違いなく行く価値のある場所。広さ36万3000平方フィート（約3万3000m²）の施設には、なんと78ものレーンと450フィート（約137m）のスコアボードがあり、観客席から（無料で）見物することができる。

ネバダ美術館 Nevada Museum of Art（☎775-329-3333 🏠160 W Liberty St 🎫大人＄5 子供＄3 🕐火～日 12:00～18:00）では現代美術と歴史的な展示物の両方が楽しめる。1931年設立で、州でもっとも古い文化施設と考えられている。2003年には新しい美術館が同じ場所に建て替えられ、オープンする予定だ。

ウイルバー・メイ（1898～1982年）は裕福な旅行家、冒険家、パイロット、大物狙いのハンター、農場主、慈善家で、人生の後半をリノで過ごした。**ウイルバー・D・メイ博物館 Wilbur D May Museum**（☎775-785-5961 🏠Rancho San Rafael Park 🎫大人＄4.50 特別割引＄2.50 🕐火～土 10:00～17:00、日 12:00～17:00）にはメイの遺品や旅行中に収集した工芸品、射止めた狩猟記念品が数多く展示されている。博物館には12エーカー（約4.8ha）の庭のある植物園や、ログエーカーや動物園を併設した子供向けの遊園地もある。中心部はインターステート80の北、ノース・マカラン大通りN McCarran Blvd近くのNバージニア・ストリートをそれた所にある。

シエラ・アーツ Sierra Arts（☎775-329-2787 🌐www.sierra-arts.org）は夏のアータウン・フェスティバルArtown Festivalなどのイベントを開催し、地元の助成金制度を運営する。トラッキー川沿いには**ギャラリー**（🏠17 S Virginia St 🕐月～金 8:30～17:00）もあり、地元の画家や現代美術の画家の作品を展示する。

ネバダ大学リノ校
University of Nevada, Reno

1874年に創立のネバダ大学リノ校（UNR）には1万2000人を越える学生がおり、Nバージニア・ストリートのすぐ東側に位置する。**キャンパスツアー Campus tours**（☎775-784-4700）が平日の10:00と14:00に行われている。

フライシュマン・プラネタリウム＆サイエンス・センター Fleischmann Planetarium & Science Center（☎775-784-4811 🎫入場無料 🕐月～金 8:00～20:00、土・日 10:30～20:00）はネバダ大学リノ校のキャンパス内にあり、ハイライトは90分2本立ての70ミリフィルムのプレゼンテーションとプラネタリウムショーだ。料金は大人＄7、子供＄5。雲のない金曜の夜には無料で望遠鏡観測もできる。

ネバダ社会史博物館 Nevada Historical Society Museum（☎775-688-1190 🏠1650 N Virginia St 🎫大人＄2 子供無料 🕐月～土 10:00～17:00）はプラネタリウムのすぐ北側にあり、ネバダの歴史に興味がある人には大発見があるだろう。

アクティビティ

ハイキング、スキー、マウンテンバイクなど、タホ湖またはその周辺でのアウトドアアクティビティの詳細は、「シエラ・ネバダ」を参照すること。ほとんどのスキーリゾートから車で30分から60分かかるが、安くて豊富なロッ

ジのおかげでリノはスキーの「ベースキャンプ地」としても機能している。スキー宿泊スペシャルパッケージの料金については、ビジター・センターに電話するか、いろいろなカジノ（スキーシーズンの期間）のホームページで確認すること。

釣りをしたいなら、スポーツ用品店で許可を取る必要がある。町から北へ32マイル（約52km）のピラミッド湖Pyramid Lakeは、ラホンタン・カットスロート・トラウト（ニジマスの1種）で有名だ（本章後出の「リノ周辺」を参照）。

年中行事

観光客やコンベンション参加者を誘致しようとするほかの地域同様、リノは年間を通してイベントが満載だ。もっとも興味深いイベントのときにはホテルも満室になる可能性が高いので、そのつもりで旅行の計画を立てよう。

リノ・ロデオ Reno Rodeo（☎775-329-3877）はアメリカで最大規模のもっとも愉快なロデオの1つ。毎年6月には騎手を振り落とそうとするブロンコbroncos（放牧野馬）と傷ついたカウボーイで**ライブストック・イベント・センター Livestock Events Center**（🏠cnr E 9th St & Sutro St）はにぎわう。

ホット・オーガスト・ナイツ Hot August Nights（☎775-356-1956）は夏に開催される2つめの大イベント。1950年代、1960年代の車や音楽を祝うパレードやコンサートが行われる。

8月下旬に行われる**ネバダ・ステート・フェア Nevada State Fair**（☎775-688-5767）でライブストック・イベント・センターはまた盛り上がる。乗馬、ゲーム、家畜を使ったイベントなど、古き良きカントリーフェアの楽しさがよみがえる。

ウエストナゲットリブ料理コンテスト Best in the West Nugget Ribs Cookoff（☎800-647-1177）は、ジョン・アシュアガズ・ナゲットJohn Ascuaga's Nuggetで開催される。毎年レーバーデイLabor Dayの週末、スパークスの通りには風味の強いソースで口の周りをベトベトにした何千人もの肉好きであふれる。

ナショナル・リノ・エア・レース National Championship Air Races（☎775-972-6663）は、世界一最長距離のエアレース。ダウンタウンの北西、ステッド空港Stead Airportで開催される。

宿泊

リノではかなり低料金で宿泊できるが、週末（特に土曜の夜）やかなり先まで予約で満室になる年中行事の期間はそうはいかない。宿泊料金は曜日、季節、その週の行事、電話をかけたときの予約状況によっても大幅に変動する。したがって下記の金額はおおまかな目安にしてもらいたい。

キャンプ場

テントサイトのあるキャンプ場は、どこも少なくとも20マイル（約32km）町から離れている。**デイビス・クリーク・パーク Davis Creek Park**（☎775-849-0684 🏕サイト＄13）はハイウェイ395沿いをカーソン・シティに向かって南下した所にある。**ローズ山キャンプ場 Mt Rose Campground**（☎877-444-6777 🏕サイト＄10 📅6月下旬～9月初旬）はリノの南西、ハイウェイ431沿いにあり、およそ標高9000フィート（約2700m）のシエラ山脈高地にある。

ピラミッド湖の湖岸（本章後出の「リノ周辺」を参照）やタホ湖周辺（「シエラ・ネバダ」を参照）にもキャンプ場がある。

ホテル・モーテル

E5thストリートやW4thストリート沿いには安いモーテルが数多くあるが、あまり快適でないタイプやうさん臭い見掛け倒しのものもあることを頭に入れておこう。ほかはだいたい問題ない。ダウンタウンの南部、Sバージニア・ストリート沿いで宿を探すのもいい。

エル・コルテス
El Cortez
☎775-322-9161
🏠239 W 2nd St
💰平日S＄26、W＄29、週末S＄34、W＄38
1931年に魅力的なアールデコ様式で建てられ、かつては町で一番高い建物だった。簡素な客室は、リノでもっとも低料金の宿の1つだ。1週間単位で貸す客室もあるが、どの部屋も清潔で安全だ。駐車場はホテルから通りを渡ったグレイハウンド停留所のそばにある。

シーズンズ・イン
Seasons Inn
☎775-322-6000、800-322-8588
🏠495 West St
💰客室 平日＄42～、金＄69～、土＄99～
サーカス・サーカスのうしろ側にあり、正面にホテル所有の駐車場を持つ3階建てのモーテル。このブロックは上品な雰囲気が漂い、客室は清潔でかなり静かだ。

ショーボート
Showboat
☎775-786-4032、800-648-3960
🏠660 N Virginia St
💰平日＄40～ 週末＄70～
シーズンズ・インと同様、清潔なスタンダー

ドーム。ダウンタウンのカジノ群から北へ数ブロックの所に位置する。

ユニバーシティ・イン
University Inn
☎775-323-0321　 FAX 775-323-2929
🏠 570 N Virginia St
客室 $55〜

大学のそば、インターステート80の北側にある。お金に余裕がある人にはおすすめだ。閑静でアットホームな雰囲気。カジノの喧騒を忘れられる場所だ。

リノを体験する本当にユニークな方法は、海辺のビーチ、けばけばしい売春宿、アイルランドの城、宇宙といった、安っぽい風変わりなテーマで飾り立てられた客室やスイートを提供する「ファンタジー」モーテルの1つに宿泊することだ。

アドベンチャー・イン
Adventure Inn
☎775-828-9000、800-937-1436
FAX 775-825-8333
www.adventureinn.com
🏠 3575 S Virginia St
スタンダードルーム 平日 $59〜 週末 $99〜

さまざまなテーマの客室がある（ホームページに写真が多く掲載されている）。全室スパ付で、部屋の広さもいろいろ。1800平方フィート（約167m²）のスーパーデラックススイートまである。

カジノ

大型のホテル兼カジノの宿泊料金は、季節、ビッグイベントが開催中かなど、需要に応じて変動する。一般的に日曜から木曜までがもっとも安く、金曜は幾分高くなり、土曜日は平日料金の2倍以上になる。冬の宿泊料金は夏より少し安い。一番良いのは事前に電話して予約しておくことだが、ビジター・センターに電話してアドバイスを受けてもよい。ホームページ上でより安い宿泊料金や特別プランを用意しているホテルもあるので、インターネットで確認してみよう。

サンダウナー
Sundowner
☎775-786-7050、800-648-5490
www.sundowner-casino.com
🏠 450 N Arlington Ave
平日 $35 週末 $90

Nバージニア・ストリートから西に3ブロック。常に町でもっとも安いホテル兼カジノの1つ。600の客室には飾り気はないが、十分満足できる。

サンズ・リージェンシー
Sands Regency
☎775-348-2200、800-648-3553
FAX 775-348-2226
www.sandsregency.com
🏠 345 N Arlington Ave
客室 平日 $42〜 週末 $79〜

客室数800。ここも低料金で宿泊できるホテル。サンダウナーのすぐ南側に位置し、Nバージニア・ストリートから歩いてすぐ。さらに安いスペシャルプランについてはホームページで確認しよう。

サーカス・サーカス
Circus Circus
☎775-329-0711、800-648-5010
FAX 775-329-0599
www.circusreno.com
🏠 500 N Sierra St
客室 平日 $45〜 週末 $89〜

外装は派手なピンクで飾られ、1572の客室それぞれが世紀の変わり目頃のヨーロッパサーカスをテーマに反映している。少し前に改装されているので、思ったより建物の状態は良い。

エルドラド
Eldorado
☎775-786-5700、800-648-5966
FAX 775-348-9269
www.eldoradoreno.com
🏠 345 N Virginia St
客室 平日 $65〜 週末 $100〜

25階建てのタワーには800以上の客室、多数のカフェやレストランがある。ほとんどの週末は最低2泊から受け付ける。中2階には天井画、アーチ型の通路、円柱、幸福の泉、青銅と大理石でできた一般受けする空想的な世界が広がる。

シルバー・レガシー
Silver Legacy
☎775-329-4777、800-687-8733
FAX 775-325-7177
www.silverlegacyreno.com
🏠 407 N Virginia St
客室 平日 $55〜 週末 $119〜

町でもっとも豪華なホテルの1つ。町の2ブロック分を占め、3層から成る400フィート（約122m）のタワーを誇る。さらに1720のビクトリア朝をテーマとした客室は、さわやかで居心地がよく静かだ。見晴らしが良い部屋は料金が割高になる。

ハラーズ
Harrah's
☎775-786-3232、800-427-7247
FAX 775-788-2644
www.harrahs.com/our_casinos/ren
🏠 219 N Center St
客室 平日 $49〜 週末 $129〜

ダウンタウンにあり、ここもある意味金で飾られているという点で高級なホテルの1つ。

リノ－食事

950の客室はあまりわくわくするような装飾はされていないが、それでも十分感じは良い。

シエナ
Siena
- ☎775-337-6260、877-743-6233
- FAX 775-337-6608
- W www.sienareno.com
- 1 S Lake St
- 客室 $99～

豪華さ、スタイル、快適性、どれも最高級。町でもっとも新しいホテル兼カジノで、サービス万全のスパとなごやかな雰囲気で迎えてくれる。214の客室は豪華で、設備も良い。宿泊料金は変動するが想像するほど高くはないので、町でもっとも料金に見合ったホテルかもしれない。

ペパーミル
Peppermill
- ☎775-826-2121、800-648-6992
- FAX 775-698-7348
- W www.peppermillreno.com
- 2707 S Virginia St
- タワールーム 平日 $55～ 週末 $109～

ダウンタウンの南に位置し、正面にあるまぶしい看板と派手なネオンのおかげで見逃しようがないだろう。宿泊客は人工の山の風景と滝がある戸外のプールを利用できる。もっとも安い客室はうしろ側にあるモーテル内にあり、一応許容範囲ではあるが、あまりパッとしない。メインタワー内の客室のほうが型破りで近代的な雰囲気を持ち、はるかにすてきだ。

リノ・ヒルトン
Reno Hilton
- ☎775-789-2000、800-648-5080
- W www.renohilton.com
- 2500 E 2nd St
- 客室 平日 $59～ 週末 $99～

2000の客室を持つ町で最大のホテル。客室は広々としていて高級感が漂う。ヒルトンではビジネスタイプやコンベンション用の部屋のニーズにも応じている。

食事

リノには、ラスベガスとは違って最先端の料理は限られてはいるものの、数多くのレストランがある。予算に限りがある旅行者は、カジノの食べ放題のビュッフェ、激安の極上のリブ、深夜のステーキ＆エッグスペシャルに狂喜するだろう。

ビュッフェは実際にはわずかな料金では利用できないが、本当に空腹なときなら十分もとが取れる。ビュッフェでは安いことが常に良いとは限らないことを覚えておこう。もう数ドル出してもっと食事の選択肢を広げ、一番大切なことだが、もっと質の良い食事をとる方が価値がある。**エルドラド Eldorado**（1 345 N Virginia St ディナー $15～25）、**ハラーズ Harrah's**（219 N Center St ディナー $11～23）、**ペパーミル Peppermill**（2707 S Virginia St ディナー $15～25）などのホテルでは、価値のある食事を提供してくれる。通常、金曜と土曜の夜はディナーの料金は高くなるが、ランチはとにかくお得で、夕食時間を過ぎてもまだ満腹感にひたっていることだろう。

カル・ネバ／バージニアン
Cal-Neva/Virginian
- cnr 2nd & N Virginia Sts
- 食事 $1～

とにかく安いものをというなら、**トップ・デック Top Deck**コーヒーショップにはたった99¢のハムエッグがある。そのほかにも**コッパー・レッジ Copper Ledge**には $2.50で食べ放題のスパゲティ、$9の極上リブディナーなどのスペシャルがある。

ブリュー・ブラザーズ Brew Brothersは**エルドラド Eldorado**（345 N Virginia St 食事 $7～）の2階にある大型ブリューパブ。夜食のピザと驚くほどおいしい8種類の自家製ビールを1杯頂くには最適。夜のロックバンドの演奏が始まると込み合い、かなり騒がしくなる。

ドゥ・グロ・ネズ
Deux Gros Nez
- 249 California Ave
- 朝食＆ランチ $4～7

カジノやカジノの安くて脂っこいディナーから逃れて来る客を喜んで迎えてくれる。親しみやすく落ち着いた本物のコーヒー店で、装飾がユニークだ。チーズ・ボード Cheese Boardの裏側にある建物の2階にある。スムージー、エスプレッソシェーク、ペストリー、パスタディナーは美味。店の雰囲気は気さくな田舎風で、コーヒーは濃い目だ。

ルイス・バスク・コーナー Louis' Basque Corner（☎775-323-7203 301 E 4th St ディナー $18）は創業35年以上。フルコースディナーには、スープ、サラダ、メイン2品、サイドディッシュ2品にワインまたはノンアルコール飲料1杯とアイスクリームが付く。

町にはメキシコ料理のレストランも多い。地元の人が好んで行く店には、**バーサ・ミランダズ Bertha Miranda's**（336 Mill St ディナーメイン $10前後）や、**エル・ボラチョ El Borracho**（1601 S Virginia St 食事 $10未満）があり、ガカモーレ guacamole（メキシコ風ペースト）と一般受けする装飾で人気が高い。

確かにカジノの食事は質の悪いものが多いが、中には思い出に残る食事を（忘れられない

ほどの高い料金で）提供する超高級レストランも2、3ある。予約をしておいたほうがいい。

レキシーズ
Lexie's
☎775-337-6260、877-743-6233
🏠1 S Lake St
🍴ディナーメイン＄10〜30

シエナSienaにある現代的なイタリアンレストラン。新鮮なシーフードが専門だが、パスタ料理やオーガニックビーフも出す。お金のあり余っているワイン通なら、「タスカン・テーブルTuscan Table」用の席を予約したいだろう。それはシエナの階下にあるワインバー、**エノテカEnoteca**で出される7品料理のコースで、グルメのディナーであると同時に、ワインセミナーでもある。ワイン込みで＄200の高価な食事で、コース終了まで4時間を要する。

ホワイト・オーキッド
White Orchid
☎775-826-2121
🍴メイン＄27〜

ペパーミルPeppermill内にある。膨大な種類のワインリストとメイン州のロブスター、神戸牛などの洗練されたメニューが大きな特色だ。

エンターテインメント

リノにはラスベガスのような超一流の輝きはないが、大勢の安っぽいカジノラウンジのパフォーマーはもとより、旅行者を楽しませてくれる地元の開催イベントや市の芸術協会などがある。週報の「リノ・ニュース＆レビューReno News & Review」（www.newsreview.com）をチェックしてガイダンスとして利用してみよう。

カジノでは、ロス・ロボスのようなロックバンド、マジックショー、トニー・ベネットのような黄金の喉の持ち主の歌を楽しみたいことだろう。主要なショーの開催場所は以下の4カ所だ。**リノ・ヒルトン Reno Hilton**（☎775-789-2285 🏠2500 E 2nd St）では毎年夏には野外コンサートを開催している。**ジョン・アシュアガズ・ナゲット John Ascuaga's Nugget**（☎775-356-3304 🏠1100 Nugget Ave, Sparks）ではセレブリティー・ショールームで「デート・パックStepping Out Package」を行っている。ディナー込みで、かなりお得な話だ。**ハラーズ Harrah's**（☎775-788-3773 🏠219 N Center St）にはサミー・デイビス・ジュニアに敬意を表して名づけられたサミーズ・ショールームがあり、彼は1967年から1989年の間にここで40回ショーを開いた。**シルバー・レガシー Silver Legacy**（☎775-329-4777 🏠407 N Virginia St）は町の中心部にあり、まぶしく輝くジオデシック・ドームでショーが開かれる。

カジノ群の外側には**ハシエンダ・レストラン＆バー Hacienda Restaurant & Bar**（☎775-746-2228 🏠10580 N McCarran Blvd）があり、生演奏のロック、サルサのDJ、ジャズが楽しめる。**グレート・ベイスン・ブリューイング・カンパニー Great Basin Brewing Company**（☎775-355-7711 🏠846 Victorian Ave）はスパークスにある地ビール店。おいしいビールと生バンド演奏がある。

リノにはまたバレエ、オーケストラ音楽、オペラ、ジャズ、演劇のシーズンもある。そのほとんどが**パイオニア・センター・フォー・ザ・パフォーミング・アーツ Pioneer Center for the Performing Arts**（☎775-686-6600 🏠cnr S Virginia & State Sts）で開催される。

アクセス

リノ・タホ国際空港 Reno-Tahoe International Airport（☎775-328-6400）は、ダウンタウンから南東に5マイル（約8km）に位置する。リノ地域に乗り入れる航空会社には、アラスカ、アメリカン、アメリカン・ウエスト、コンチネンタル、デルタ、フロンティア、ノースウエスト、サウスウエスト、ユナイテッド航空がある。

グレイハウンド
Greyhound
☎775-322-2970
🏠155 Stevenson St

サンフランシスコ（＄34、5時間）、ロサンゼルス（＄59、11時間）、ラスベガス（＄72、9時間）方面へ毎日運行する。

アムトラック
Amtrak
☎775-329-8638、800-872-7245
🏠135 E Commercial Row

毎日西方面行きの電車が1本運行する。サクラメントまで＄41で5時間半、オークランドまで＄46で8時間半かかる。

車で、特にシエラを通って行くつもりなら、冬場はスノーチェーンを携帯しよう。道路状況については**ネバダ州交通局 Nevada Department of Transportation**（☎775-793-1313）に問い合わせること。

交通手段

多くのホテルではホテル・空港間を結ぶ無料のシャトルバスを用意している。**RTCシティフェア・バス・システム RTC Citifare bus system**（☎775-348-7433）の13番のバスがリノ空港とダウンタウン間を30分間隔で運行している。バスルートはダウンタウンにあるシティセンター中央乗換所CitiCenter Main Transfer Siteにほとんど集結し、そこには案内所もある。

料金は＄1.25（つり銭が要らないようにすること）で、乗り換えは無料だ。ほかに便利なルートとして8番のバス（大学行き）、11番のバス（スパークス行き）、1番のバス（Sバージニア・ストリート行き）がある。

リノ周辺
Around Reno

ピラミッド湖
Pyramid Lake

リノから北へ約30マイル（約48km）、荒涼とした樹木のない高地の砂漠に広がる美しい青い湖。長さ27マイル（約43km）のピラミッド湖は、レクリエーションと魚釣りのスポットとして人気だ。湖岸には1万1000年も前から人が住み、半遊牧民のパイウート・インディアンは祈りを捧げ、産卵のためにトラッキー川をさかのぼり集まってくる魚を収穫するために毎年湖を訪れた。1843年、探検家ジョン・フレモントは、クフ王のピラミッドに似ている（と彼が思っていた）小さな島にちなんでこの湖に名前をつけた。

偉大なパイウート族の首長、ウイネムッカは、早くも1855年にヨーロッパからの移住者と協定の交渉を行ったが、1860年には2度の血なまぐさい争いが起きた。移住者や鉄道会社は依然として最高の土地の一部を手に入れようとやっきになっていたが、1874年にはピラミッド湖とその周辺の土地はインディアン保留地として公に認められた。トラッキー川の水は、常に湖を満たしていたが、灌漑のため汲み取られ、水面は100フィート（約30m）以上も下がった。

現代の釣り人にとって、もっとも高く評価される捕獲物は、40ポンド（約18kg）の重さまで成長し、光栄にもネバダの州魚として認定されているラホンタン・カットスロート・トラウトだ。地元特産のクイクイとともに古代ラホンタン湖Lake Lahontanからの生き残りであるカットスロート・トラウトは、ダムができたせいで川をさかのぼって産卵することができなくなるなど、環境の変化のために激減している。1970年代以降、湖の環境を保護し、孵化場で産卵された魚を湖に補充する努力が続いている。

ピラミッド・レイク・パイウート・インディアン保留地 Pyramid Lake Paiute Indian Reservationへの通常の入口は、スパークスからのハイウェイ445を下りた所にある。境界はスパークスから23マイル（約37km）のピラミッド・レイク・ストアPyramid Lake Storeの近くだ。さらに北に約5マイル（約8km）進むと、**サトクリフ Sutcliffe**がある。ここで必要なものを補充でき、**レンジャーステーション ranger station**（☎775-476-1155）または**マリーナ marina**（☎775-476-1156）でキャンプ、釣り、ボート遊びの許可を得ることができる。

キャンプは許可さえあれば（レンジャーが実際確認する）湖周辺の多くの場所で可能だ。許可には1人1晩＄5かかるので、レンジャーステーションで許可を得ること。

湖の反対側には、アメリカホワイトペリカンのための鳥獣保護区域、アナホ島Anaho Islandと湖の名前となった凝灰岩のピラミッドPyramidが見える。

バージニア・シティ
Virginia City

リノから南へ約23マイル（約37km）の所にあるバージニア・シティは、19世紀後半には採鉱

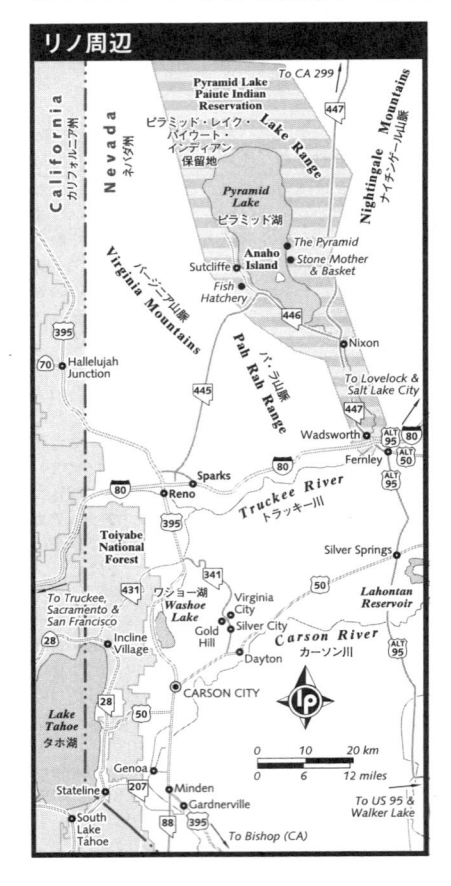

ブームでにぎわった町。世界の大発見の１つにも数えられ、もっとも埋蔵量の多い巨大な銀鉱脈として有名なコムストック鉱脈Comstock Lodeがある。町の人口はピーク時でおよそ3万人まで増え、現在では町は国の史跡に指定されている。夏になるとオールド・ウエストの物語や品々を求める観光客が押し寄せる。

メイン・ストリートMain Stには、風変わりな酒場、安っぽい土産物店、かなり陳腐な「ミュージアム」として修復されたビンテージものの建物が建ち並ぶ。それにしても実際、バージニア・シティは非常に美しく、過度に修復され、復元されたほかの多くの「歴史的な」町よりも核となる部分では、はるかに本物だ。リノから車でハイウェイ341を通って町へ入ると、山々のすばらしい景色を眺めることができ、本当にすばらしい体験ができる。

町のメイン・ストリートはCストリートで、**商工会議所**（☎775-847-0311 Ⓦwww.virginiacity-nv.com）が古い鉄道車両内にある。洗練され、洒落た地元の週刊誌「コムストック新聞*Comstock Chronicle*」には、旅行情報や良識ある歴史観が掲載されている。

町の呼び物の多くはかなりつまらないが、中にはかつて1025人の生徒が勉学に励んだ記念碑的な4階立ての建物、**フォース・ワード・スクール Fourth Ward School**（☎775-847-0975 ⌂537 C St）のように本当にすばらしいものもある。

ＮＣストリートにある奇抜な博物館、**ウェイ・イト・ワズ・ミュージアム Way It Was Museum**（☎775-847-0766 ￥$2.50 ⏰10:00～18:00）と、5月から9月の期間、Fストリートの南端で料金$5の30分のツアーを催行する**コラー・マイン Chollar Mine**（☎775-847-0155）では、鉱脈の採掘に関する基礎知識を教えてくれる。**シルバー・テラス墓地 Silver Terrace Cemetery**は写真に撮りたくなるような美しい墓地。何十人もの力尽きた鉱夫達が、カーソン・ストリートCarson Stのはずれにあるこの墓地に眠る。

喉が渇いたら、Cストリートには壁中を古い写真で飾り立てた**デルタ・サルーン Delta Saloon**、質素な**レッド・ドッグ・サルーン Red Dog Saloon**（⌂76 N C St）など、いろいろな店が揃っている。レッド・ドッグは通称「サイケデリックロックの発祥地birthplace of psychedelic rock」と呼ばれている。というのも1965年当時の店のお抱えバンドがチャラタンズCharlatansで、ここでの夏の仕事後もサイケデリックなサンフランシスコ・サウンドを築くために尽力してきたからだ。

ゴールド・ヒル・ホテル Gold Hill Hotel（☎775-847-0111 Ⓦwww.goldhillhotel.net ￥客室$45～200）は町からハイウェイ342沿いを南に1マイル（約1.6km）行くとある美しいホテル。清潔で評判もよく、自称ネバダでもっとも老舗のホテルだ。ディナーは**マンダリン・ガーデン Mandarin Garden**（⌂30 B St ￥$10未満）のヌードルとライスプレートがお手頃。おいしいうえに、ベジタリアン向けでもある。

サンディエゴ・エリア

San Diego Area

サンディエゴ・カウンティは、北側のオレンジカウンティOrange Countyとリバーサイド・カウンティRiverside Countyから南側のメキシコ国境まで南北に約60マイル（約100km）、太平洋沿岸の山岳地帯からアンザ・ボレゴ砂漠AnzaBorregoまで東西に70マイル（約113km）に広がる4200平方マイル（約1万900km²）の地域だ。変化に富んだ景観とすばらしいコーストラインがあり、その天候は完璧と言ってもいいだろう。人口は270万人を超えており、ひと月あたり1万1000人ずつ増えていると推定される。

サンディエゴ・カウンティの都市部は、サンディエゴ市（人口210万人）を中心として、幾つもの多様な郊外地域から成り立っている。

カリフォルニア風ののんびりとした生き方を味わいたい人は、サンディエゴのビーチタウン（オーシャン・ビーチOcean Beach、パシフィック・ビーチPacific Beach、ミッション・ビーチMission Beach）やノース・カウンティ・コースト（「サンディエゴ周辺」を参照）にもっとも惹かれることだろう。海好きでアウトドアライフこそ最高という人たちは、サンディエゴをとても魅力的な所だと感じるに違いない。少々ありふれた言いまわしではあるが、ここはまさしく誰もがお気に入りを見つけられる場所だ。ミュージアム、軍艦、ショッピングエリア、メキシカンレストラン、ゲイやレズビアンの集まる店、ビーチ、船旅、1つ1つはどれもロサンゼルスほど有名ではなく、サンフランシスコほど魅力的ではないかもしれない。だが、それらがすべて集まり、サンディエゴをトータルとしてすばらしく魅力的な都市としている。

ハイライト

- バルボア公園Balboa Park - たくさんのミュージアムと動物
- カブリヨ国定記念物 Cabrillo National Monument - 町と海の見事な眺望
- ラ・ホーヤLa Jolla - 洞窟、入り江、現代美術
- デル・マーDel Mar - ショッピング、サーフィン、競馬

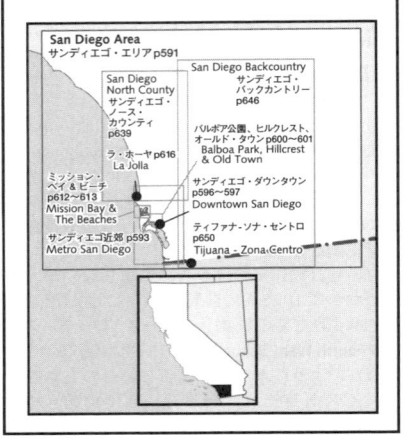

San Diego Area
サンディエゴ・エリア p591

San Diego North County
サンディエゴ・ノース・カウンティ p639

ラ・ホーヤ p616 La Jolla

San Diego Backcountry
サンディエゴ・バックカントリー p646

バルボア公園、ヒルクレスト、オールド・タウン p600〜601
Balboa Park, Hillcrest & Old Town

ミッションベイ＆ビーチ p612〜613
Mission Bay & The Beaches

サンディエゴ・ダウンタウン p596〜597
Downtown San Diego

サンディエゴ近郊 p593
Metro San Diego

ティファナ・ソナ・セントロ p650
Tijuana - Zona Centro

サンディエゴ
San Diego

誰もがサンディエゴを好きになる、というより好きにならずにはいられない。アメリカのほとんどの地域が雨や雪に見舞われて、身の凍るような思いをしている時でさえもサンディエゴでは屋外ピクニックを楽しめ、サーフボードで波をかき分けていられる。ダウンタウンには水平線の広がる世界でも有数の美しい港があるかと思えば、建ち並ぶビルの足元には歴史のあるガスランプ・クオーターGaslamp Quarterで食事やナイトライフが楽しめる。西には数マイルにわたりビーチが続き、東ではアンザ・ボレゴ砂漠が手招きしている。さらにアメリカ最大の都市公園とサンディエゴ動物園、そのうえシーワールドまである。サンディエゴ市民はもちろん自分たちの街にプライドを持っており、恥じらうこともなく親しみを込めて「アメリカでもっともすばらしい都市」と口にする。一体どこに好きになれない部分があるだろうか？

サンディエゴを悪く言う人々は、この完璧さからきているナルシズムを嫌うのだろう。「ダイナミック」と「サンディエゴ」、この2つの単語が1つの文章に収められることはまずありえない。やはりここは軍隊が中心の都市で、ロサンゼルスやサンフランシスコのような大都会特有のエネルギーは持ち得ない。もう2つの大都市と同様にサンディエゴにも移民は多いが、無国籍感により生み出される才気を感じることはない。夢想家たちにより造られたこの都市では、現在、「成長」や「変化」に対する取り組みを感じることもまずない。だが結局、誰がサンディエゴをナルシスティックだと責められる

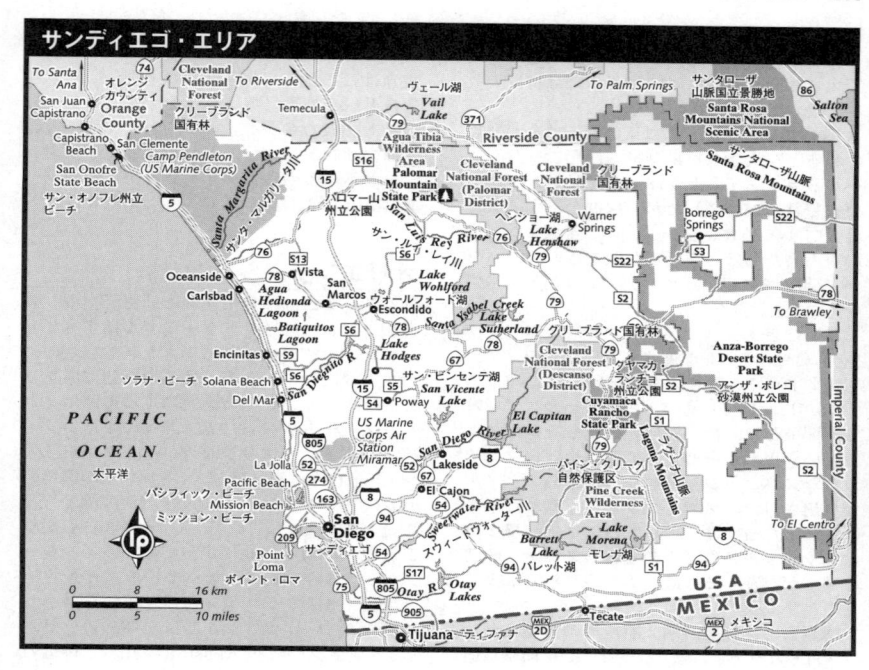

というのだろうか。アメリカの古い格言にもあるように「壊れていなければ修理はできない」のだ。ラ・ホーヤLa Jollaの入り江でひと泳ぎするもよし、夕日を浴びる地平線を眺めるもよし、パシフィック・ビーチで冷えたビールを飲むのもいいだろう。アメリカでもっともすばらしいこの都市では、どこで何をしようと、とてもすばらしいと感じるに違いない。

歴史

サンディエゴの海岸地帯とソルトン湖Salton Sea周辺には2万年前のミデン（古代のゴミの堆積）があり、アメリカ最古の人類が暮らしていた地の1つとして知られている。ホカ語を使うクミアイ部族Kumeyaayが海岸線から多少草木の茂る砂漠地帯までと、現在のメキシコ国境から今のオーシャンサイドの辺りまでのもっとも大きな領地を持っていた。北部ではユト・アステク語を使うルイセーニョ部族Luiseño/Juaneñoが沿岸地帯とパロマー山Mt Palomarの傾斜地で暮らしていた（現在も一部の子孫が暮らしている）。

1542年、スペイン人のファン・ロドリゲス・カブリヨがサンディエゴ湾San Diego Bayにやってきて、その地をサン・ミゲルと名づけて北上していった。そして1602年、同じくスペイン人のセバスチャン・ビスカイノがサンディエゴ・デ・アルカラの祭りの日にこの地に到着し、サンディエゴとその名を変えさせることとなった。

1769年、ガスパール・デ・ポルトラとフニペロ・セラ神父のもと、40人の男たちが砦と現在プレシディオとして知られるカリフォルニアで最初の教会を造った。最初はあまり普及しなかった伝道活動もやがて北部に広がっていき、1798年にはサン・ルイス・レイ・フランシア、そして「アシステンシアasistencias」と呼ばれる教会のサテライト、アントニオ・デ・パラ（1815年）とサンタ・イザベル（1818年）がサンディエゴ・エリアにできた。

教会の崩壊（1833年頃）後、民衆の村となったサンディエゴだが、1850年代に元海軍大佐でサンフランシスコの不動産投機家ウイリアム・ヒース・デービスが160エーカー（約64ha）の港湾地帯を購入してプレハブ建築の団地、波止場、倉庫を建てるまでは、プレシディオの丘のふもとにある数百人が暮らす閑散とした小さな村に過ぎなかった。

デービス・フォリーと呼ばれたこの時代を先取りしすぎた開発は失敗に終った。1867年、サンフランシスコのアロンゾ・E・ホートンというビジネスマン兼投機家が海岸の土地を買い、「ニュー・タウンNew Town」と名づけて

街づくりを始めた。この時、区画整備が成功し、プレシディオ・ヒル近辺の居住地が火災で大きな損害を受けた1872年以降は特に大成功を収めた。

1869年にサンディエゴ東部の丘で金が発見されると、大きな採鉱ブームが起こった。ゴールドラッシュにより1884年にはサンディエゴまで鉄道が開通したが、採掘が下火になると人口は4000人から2000人へと半減した。街の有力者たちはさまざまな取り組みを行ったが、結局19世紀にはサンディエゴが産業基盤を持つことはなかった。

サンフランシスコがパナマ運河開通記念博覧会（1914年）を開催すると、サンディエゴも慌てて自らの売り込みを始め、1915年から1916年にかけてパナマ・カリフォルニア博覧会を開催した。街に独自のカラーを持たせようという思惑から博覧会の建造物はロマンチックなスパニッシュメキシカン風のスタイルが採用された。スペインから遠く離れた小さな植民地だったサンディエゴに地中海風またはミッションスタイルの建物やスペイン語名の通りが存在するのは、その取り組みによるものと言える。

博覧会とほぼ同時期、航空界の先駆けグレン・H・カーティスはサンディエゴに航空基地を造り、サンディエゴ湾の船上から離着陸できる飛行機の開発にひと役買うこととなった。1927年、ライアン社がリンドバーグの大西洋無着陸横断飛行にスピリット・オブ・セント・ルイス号Spirit of St Louisを製作、そして1931年、コンソリデイティッド・エアクラフト社が工場を建設すると、サンディエゴはようやく基盤産業を持つこととなった。

1941年にパール・ハーバーが爆撃されると、合衆国太平洋艦隊司令部はハワイからサンディエゴへと移された。戦争がその激しさを増すにつれ、サンディエゴはその姿を変えていった。湾は掘り起こされ埋立地が造られ、大規模な簡易住宅が建てられ、公共の場所はトレーニングキャンプや補給基地、病院などへと姿を変えた。人口も数年のうちに倍増した。当時の戦争の様子、海兵隊や海軍航空隊員のサンディエゴでの活動は（偶然ではあるが）戦争映画に収められており、「ガダルカナル島Guadalcanal」や「硫黄島の砂Sands of Iwo Jima」で見ることができる。こうした戦時中の役割が、ほかの何よりもアメリカ全土にサンディエゴを知らしめるものとなった。

戦後、サンディエゴは急速に発展する州の中でも際立った発展を遂げる都市となる。全労働力の4分の1を雇用する海軍や軍施設は発展の中心的な存在であり、すばらしい気候と海に面した立地も発展の大きな要素となった。ミッション・ベイMission Bayなどのレクリエーション施設は多くの観光客を集め、現在、観光はこの地方の収入の多くを賄っている。教育と研究施設（特にバイオテクノロジー分野）も主要な事業だ。プロスポーツチーム、野球のサンディエゴ・パドレスとアメリカンフットボールのサンディエゴ・チャージャーズも都市の顔となっている。

オリエンテーション

サンディエゴは移動に便利な地だ。空港、鉄道駅、グレイハウンドターミナルはすべてサンディエゴ湾の東にある小さな碁盤目状のダウンタウンの中、あるいはその近辺に集まっている。メインとなる南北に走る道路はインターステート5（I-5）で、北部のキャンプ・ペンドルトン・マリン基地Camp Pendleton Marine Corps Baseからメキシコとの国境のサン・イシドロSan Ysidroまで海岸線と平行に延びている。インターステート805もダウンタウンの東を南北に走っており、インターステート5の迂回路となっている。インターステート8はオーシャン・ビーチから東へサンディエゴ・リバーSan Diego Riverの低地（ミッション・バレーMission Valleyと呼ばれる）地域に向けて延び、エル・カホンEl Cajonなどの郊外を通り、インペリアル・バレーImperial Valleyやアリゾナ Arizonaへと続いている。

エンバーカデロEmbarcadero沿いのウォータフロントアトラクションはダウンタウンのすぐ西側となる。たくさんのミュージアムと有名な動物園のあるバルボア公園Balboa Parkは街の北東部に、サンディエゴ発祥の地オールド・タウンOld Townはダウンタウンから北西に数マイル行った所にある。オールド・タウンの北側にはプレシディオ・ヒルPresidio hillがあり、現在では高速道路が走り商業地となっているミッション・バレーを見下ろしている。そのすぐ東が街のゲイ＆レズビアン・コミュニティの中心地区（アップタウンの中心）、ヒルクレストHillcrestだ。

サンディエゴ湾の向かい、1888年に建てられた有名なビンテージホテル、ホテル・デル・コロナドがあるコロナドCoronadoへは、高架橋あるいはフェリーで渡る。湾の入口にあるポイント・ロマPoint Lomaのカブリヨ国定史跡からは、海と街の見事な眺めを一望できる。ダウンタウンの北西にはラグーンや公園のほか、さまざまなレクリエーション施設を持つミッション・ベイMission Bayがある。近隣のオーシャン・ビーチ、ミッション・ビーチ、パシフィック・ビーチは南カリフォル

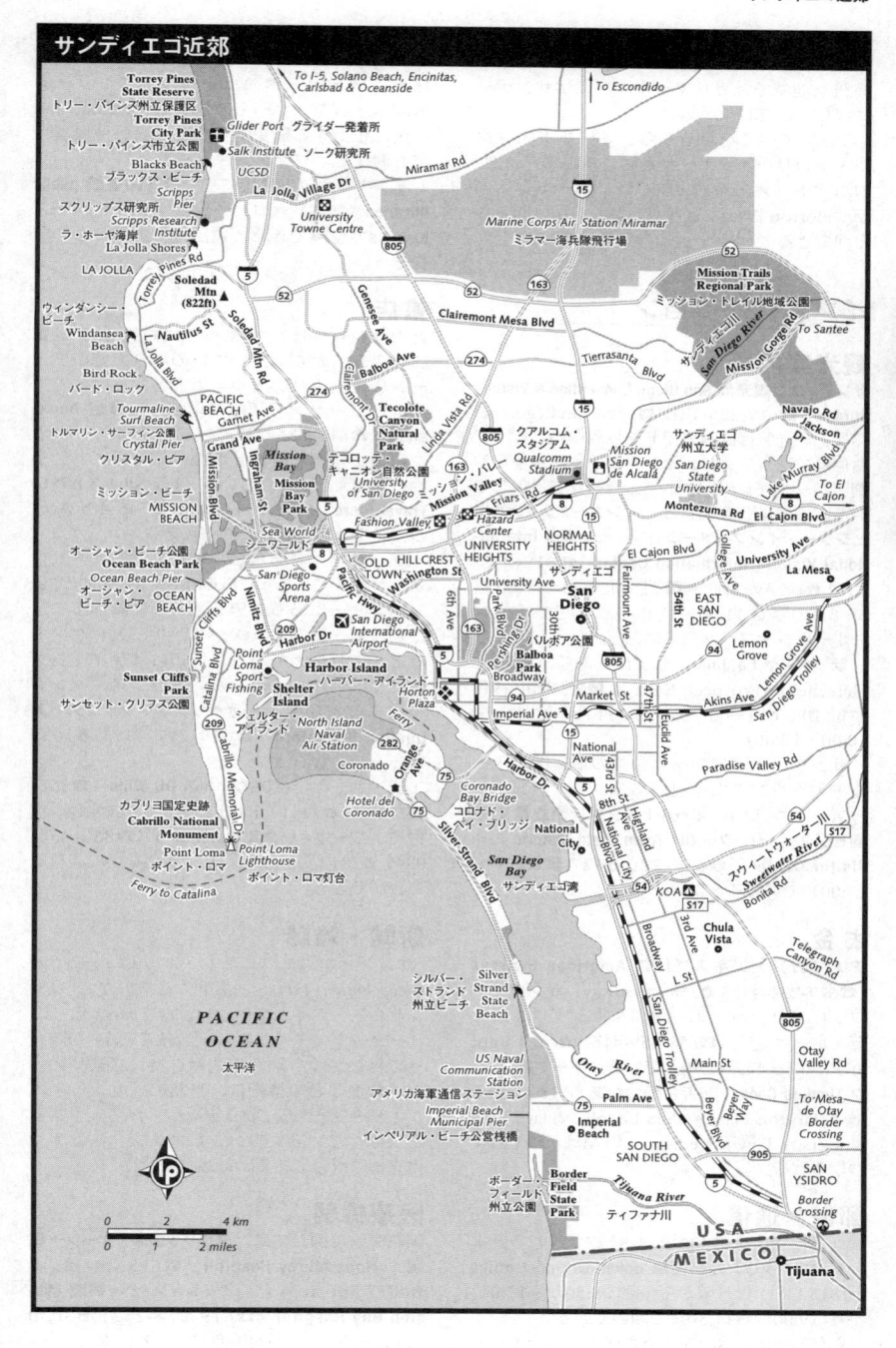

サンディエゴ近郊

ニアビーチの光景を縮図的に表しており、やや北の海岸沿いに位置するラ・ホーヤはより高級な地域で、カリフォルニア大学サンディエゴ校(UCSD)がある。

1日ですべてを見るなら、オールド・タウン・トロリー・ツアーが良い。バルボア公園、コロナド、オールド・タウン、ホートン・プラザHorton Plazaなどを乗り降り自由に回ることができる(「ツアー」を参照)。

インフォメーション

観光案内所

サンディエゴ観光局 San Diego Convention & Visitors Bureau (☎619-236-1212 **W**www.sandiego.org)では、観光旅行計画ガイドを世界中のどこへでも無料で送ってくれ、オンラインホテル予約や割引パッケージ旅行もホームページで提供している。直接訪れる場合は、**インターナショナル・ビジター・インフォメーション・センター International Visitors Information Center** (☎619-236-1212 ♠1st Ave at F St ◙ 月〜土 8:30〜17:00 日 6〜8月のみで 11:00〜17:00)がダウンタウンのホートン・プラザ西側にある。

ラ・ホーヤ La Jollaにも支店がある(♠7666 Herschel & Prospect, Suite A ◙6月中旬〜9月中旬 10:00〜19:00、9月中旬〜6月中旬 木〜火 10:00〜17:00)。

サンディエゴ内の州立公園の情報は、オールド・タウンの広場奥にあるロビンソン・ローズ・ハウス内の**オールド・タウン州立歴史公園ビジター・センター Old Town State Historic Park Visitor Center**(☎619-220-5427 ◙10:00〜17:00)で尋ねるとよい。

お金

アメリカン・エキスプレス American Express(☎619-234-4455 ♠258 Broadway)がダウンタウンにあり、ラ・ホーヤのダウンタウンにもラ・ホーヤ支店(☎858-459-4161 ♠cnr Girard & Prospect Sts)を構えている。**トーマス・クック Thomas Cook**の支店も幾つかある(♠ground level, Horton Plaza • 4525 La Jolla Village Dr • University Towne Center)。ATMはどこでも見つけられる。

郵便・通信

郵便局の場所は☎800-275-8777で尋ねるとよい。**ダウンタウンの郵便局 downtown post office**(♠815 E St)は月曜から金曜の8:30から17:00、土曜は9:00から11:30まで開いている。

郵便番号92138の局留め郵便は、バーネットの外れ、ダウンタウンとミッション・ベイの中間の不便な場所にある**ミッドウェイ郵便局 Midway postal station**(☎2535 Midway Dr)に届く。ラ・ホーヤのウォール・ストリートWall Stとイワンホー・アベニューIvanhoe Aveの角に位置する歴史あるすてきな郵便局は今でも健在だ。

インターネットはすべての**公共図書館 public libraries**(無料)とコピーショップの**キンコーズ Kinko's**で使用できる。電話帳で近隣のものを探そう。

書店

どんなショッピング・モールにも最低1軒は書店が入っており、たいていの場合大型のチェーン店だ。カリフォルニア大学サンディエゴ校には、キャンパス内に卓越した**書店 bookstore**(☎619-534-7323)がある。ダウンタウンには、親切な店員と地図、旅行ガイド、小物の品揃えがすばらしい**ル・トラベル・ストア Le Travel Store**(☎619-544-0005 ♠745 4th Ave)がガスランプ・クオーターにある。

ブックマニアならヒルクレストの大学とロビンソン・アベニューRobinson Aveの間の5thアベニューにある書店を念入りに調べることだ。古本、新刊本、なかなか手に入らない本などが取り揃えてある。近辺にはゲイ、レズビアン、バイセクシャル、トランスジェンダー向きの本が揃った**オベリスク・ブックストア Obelisk Bookstore**(☎619-297-4171 ♠1029 University Ave)がある。

ラ・ホーヤでは**DGウィルズ DG Wills**(☎858-456-1800 ♠7461 Girard Ave)で一風変わった物や、**ワーウィックス Warwick's**(☎858-454-0347 ♠2812 Girard Ave)で新作を手に入れることができる。

新聞・雑誌

「サンディエゴ・ユニオン・トリビューン San Diego Union-Tribune」も悪くはないが、「ロサンゼルス・タイムズ Los Angeles Times」と「ニューヨーク・タイムズ New York Times」が際立って目につく。地元の情報、特に音楽やアート、公演などの情報は、無料の「サンディエゴ・リーダー San Diego Reader」から入手するとよい。たいていのコンビニエンスストアやカフェに置いてある。毎週木曜発行。

医療機関

緊急医療に関しては、**スクリップス・マーシー病院 Scripps Mercy Hospital**(☎619-294-8111 ♠4077 5th Ave)と、**ミッション・ベイ病院 Mission Bay Hospital**(☎619-274-7721 ♠3030 Bunker Hill St)が24時間対応している。

海辺や海岸近くで問題が発生したときには、

最寄りのライフガードに連絡すること。鮮やかなオレンジのトラックを探すか最寄りの監視塔に行くこと。ライフガード**本部 headquarters**（☎619-224-2708）に電話し、医療に関して尋ねることもできるが、命にかかわるような緊急時には☎911に電話すること。

治安・トラブル

旅行者が興味を持って訪れる地域は安全で、そのほとんどはダウンタウンから歩くか公共の交通機関を使って簡単に行くことができるようになっている。サンディエゴはかなり安全な都市だが、ダウンタウンの東、シックス・アベニュー6th Ave辺りをうろつくのは注意したほうがよく、特に夜になってからは慎重に。たいてのトラブルはしつこく強引に迫る物乞いだ。

ダウンタウン

サンディエゴのダウンタウンは、アロンゾ・ホートンが1867年に最初に取得し宅地化して売りに出したウォーターフロントに隣接する地域だ。海沿いのトロリーが走っている辺りは埋立地で、1920年代中頃までは5thアベニューの南端が貨物船の荷降しをする大波止場として、ジャンク（中国様式の船）や釣り舟は現在コンベンション・センターが建っている所に泊められていた。

1960年代には実効性のないオフィス開発とだらだらとした都市の内部開発を行ったが、サンフランシスコと、いやシアトルと比較して、ダウンタウンには今も都会特有の活気は見当たらない。それでもショッピング、食事、エンターテインメントの中心であるホートン・プラザやガスランプ・クオーターを訪れることはサンディエゴ観光には欠かせない。エンバーカデロも港の散歩にはもってこいの場所だ。

ダウンタウンの北西の角にあるリトル・イタリーはイタリア系アメリカ人たちの集まる活気のある場所で、快適に滞在できる。高速道路に近く港に歩いて行くこともでき、多くのおいしい食べ物が楽しめる。

ホートン・プラザ・センター
Horton Plaza Center

サンディエゴのダウンタウン再開発の中心的存在。市の7ブロックにまたがる5階建てのコンプレックスビルには、2300台分もの駐車場がある。中庭を囲んでシネマコンプレックスと2つの劇場、レストラン、カフェ、140もの店が並んでいる。カリフォルニアを拠点とし、とかく話題となる都市建築家ジョン・ジャーディが「フェスティバル・マーケットプレースfestival-

---

サンディエゴ滞在48時間

私がラ・ホーヤに住んでいた頃、フランスから友人がやって来ることになった。滞在時間は48時間のみ。サンディエゴには見るものがたくさんあって、2日間ではとても無理だと必死に説明したが、友人が都合をつけられるのは2日間だけ。私は決心した。「よし、それならば彼にベストを見せてやろう」。私はスケジュールを立てた。

1日目

8:00	パニキンPannikin（ラ・ホーヤ）で朝食
9:00〜11:30	ラ・ホーヤ散策、コーブ〜現代美術館Museum of Contemporary Art〜ウィンダンシー・ビーチWindansea Beach
12:00	コノズKono's（パシフィック・ビーチ）でランチ
13:00〜17:00	レンタルサイクルで南へ、ボードウォーク沿いをオーシャン・ビーチへ向かう。途中タトゥーパーラー、アンティークショップをのぞいて、ビールを1杯
18:00	ガスランプ・クオーターを歩き、バンダルBandarでディナー
20:00	オールド・グローブ・シアター Old Globe Theaterで「恋の骨折り損 Love's Labours Lost」を観劇
23:00	ジェラート・ベロ Gelato Veroに立ち寄り、ジェラートを買って帰宅

2日目

7:30	トリー・パインズ州立保護区Torrey Pines State Reserveをハイキング
9:00	UCSDを歩いてスチュアート・コレクションStuart Collectionを見学、ガイゼル図書館Geisel Libraryに立ち寄る
11:30	ブレッド&シ Bread & Cie（ヒルクレスト）でランチ
12:30	本とおみやげを購入（ヒルクレスト）
13:00〜16:00	バルボア公園探検
16:30	ホテル・デル・コロナドで1杯
18:30	リトル・イタリーのモナ・リザ Mona Lisaでディナー
20:00	ベリー・アップ・タバーン Belly Up Tavernでレゲエショーを見る（ソラナ・ビーチ）

サンディエゴ動物園もシーパークも見ていないけど（次回、子供たちと一緒にね）、それにしてもいやはや、彼は大いに楽しんだ！

マリーザ・ゲーリック

---

marketplace」という、それぞれの店がさまざまな外観と玄関を持ち、1つのスペースで統合されるという都市再開発のコンセプトに基づいてデザインした。建設には1億4500万ドルかかっており、1985年に完成した。

プラザの外観はあまり魅力的には見えない（批評家たちからは「ダウンタウンに背を向けている」と言われ、建設時には見るからに貧

相だった)。内部はポストモダニズム特有のアーチやバルコニーが並んだまるでおもちゃで作られた町のようで、MCエッシャーの絵の中を歩いているかのような気にもさせられる。最上階のフードコートも料金は安くはないが独創的なデザインが印象的。人間ウォッチングにも最適だ。

ホートン・プラザ・センター (☎619-238-1596 ◎月~金 10:00~21:00、土 10:00~19:00、日 11:00~18:00) は、お店やレストランによっては遅くまで営業している所もある。歩行者用の正面玄関はブロードウェイ沿いにあり、駐車料金は商品購入時のみ無料となる。

ガスランプ・クオーター
Gaslamp Quarter

ホートンがサンディエゴに最初のニュー・タウンを建設した1867年、5thアベニューはメインストリートであり、酒場や賭博場、売春宿やアヘン窟など、多くの「ビジネス」の中心となっていた。一方、ブロードウェイ沿いではより正当なビジネスが成長しており、5thアベニューはスティンガリーStingareeと呼ばれる悪名高い歓楽街として知られていった。1960年代には安宿とバーの並ぶ薄汚れた地域になってしまい、周囲の建物などが再開発で壊されていく中、この地域の古い建物は開発業者たちにその怪しげな雰囲気を嫌われ生き延びていった。1980年代前半、開発業者たちも地域の解体と再構築を考え始めたが、地元住民とガスランプ・クオーター議会の反対によりそのまま残された。

街路樹とれんがの歩道、19世紀のガスランプスタイルの錬鉄製の街灯が取り付けられた。そして1870年代から1920年代に建てられた建造物は修復され、現在ではレストランやバー、ギャラリー、劇場などになった。

サンディエゴ・ダウンタウン

宿泊
- 6 La Pensione Hotel
- 23 Inn at the YMCA
- 26 Hotel Bristol
- 30 US Grant Hotel
- 43 USA Hostel San Diego
- 48 HI San Diego Downtown Hostel
- 53 J Street Inn

食事
- 2 Mona Lisa
- 7 Filippi's Pizza Grotto
- 8 Mimmo's Italian Village
- 9 Caffe Italia
- 12 Star of the Sea
- 13 Anthony's Fish Grotto
- 34 Rubio's
- 36 Bandar
- 39 Cafe Lulu
- 40 Star of India
- 42 Olé Madrid
- 46 The Cheese Shop
- 49 Café Sevilla
- 52 Royal Thai
- 55 Dick's Last Resort

その他
- 1 カスバ
- 3 カリフォルニア・レンタカー
- 4 ウエスト・コースト・レンタカー
- 5 ウォーターフロント
- 10 聖マリア・ロザリー・カトリック教会
- 11 消防署博物館
- 14 クルーズ船ターミナル
- 15 オールド・コロンビア・ブリューワリー＆グリル
- 16 シビック・シアター
- 17 フォース＆B
- 18 コプレイ・シンフォニー・ホール
- 19 ホーンブロワー・クルーズ
- 20 サンディエゴ・ハーバー・エクスカーション
- 21 フェリー乗り場
- 22 現代美術館ダウンタウン分館
- 24 郵便局
- 25 ディエゴ・チルドレンズ・ミュージアム
- 27 グレイハウンド駅
- 28 トランジット・ストア
- 29 スプレックルス・シアター
- 31 アメリカン・エキスプレス
- 32 タイムズ・アーツ・ティックス
- 33 グランド・シアター・ホートン
- 35 サンディエゴ観光局、インターナショナル・ビジター・インフォメーション・センター
- 37 クローチェズ・トップ・ハット・バー＆グリル
- 38 クローチェズ・レストラン＆ジャズバー
- 41 ビター・エンド
- 44 ル・トラベル・ストア
- 45 ガスランプ15
- 47 ガスランプ・ブックス＆アンティークス
- 50 ウイリアム・ヒース・デービス・ハウス
- 51 オリジナル・バイク・キャブ・カンパニー
- 54 サンディエゴ・中国歴史博物館

4thアベニューと6thアベニューの間、ブロードウェイの南側にある16ブロックは国立歴史地区とされ、開発は厳重に管理されている。今でも幾つかの品のない店が残っており、性風俗店数軒と安宿も残っている。しかし、それらがこの地域に特色をもたらし、もとの姿がわからないほどに高級化されることを防いでいる。人々が通りを歩いてるときや、店の外にあるテーブルが込みあう暖かな夜に訪れるとよいだろう（後出「食事」と「エンターテインメント」を参照）。ガスランプ・クオーターの建造物と歴史を味わいたいのなら日中に訪れよう。

ウイリアム・ヒース・デービス・ハウス William Heath Davis House（☎619-233-4692 ⌂cnr Island St & 5th Ave）は、1850年にデービスがメイン州から運んできた14のプレハブの家のうちの1軒。19世紀家具の小さなミュージアムが入っている。毎週土曜日の11:00より行われているガスランプ・クオーター歴史財団 Gaslamp Quarter Historical Foundationによる2時間のウォーキングツアー（大人$5 特別割引$3）は、ここからスタートする。

ガスランプ・ブックス＆アンティークス Gaslamp Books & Antiques（☎619-237-1492 ⌂413 Market St 無料）は、ミュージアムも兼ねており、オーナーの50年以上にわたるサンディエゴでの生活から集められたコレクションが飾られている。一見の価値あり。

サンディエゴのチャイナタウンは昔から変わらず3rdアベニューにある（とは言え、近年著しく広がりを見せてはいるが）。JストリートJ Stの角にあるチャイニーズ・ミッション・ビル Chinese Mission Buildingはルイス・J・ギル（ミニマリズム建築家、サンディエゴの建築家アービング・J・ギルの甥）によりデザインされた。中には**サンディエゴ中国歴史博物館 San Diego Chinese Historical Museum**（☎619-338-

9888 ▲404 3rd Ave ■$2 ◎火～日 11:00～15:00）がある。1920年に建てられた小さなしっくい仕上げの建物は、赤いタイルで装飾された屋根と堅木張りの床が印象的で、すてきな裏庭もある。

現代美術館ダウンタウン分館
Museum of Contemporary Art Downtown (MCA)

列車駅の向かい、サンディエゴ・トロリーの停車場に隣接しているMCA（☎619-234-1001 ▲1001 Kettner Blvd ■無料 ◎木～火 11:00～17:00、水曜休館）は、1960年代からラ・ホーヤを本拠として独創的な美術作品を紹介してきた現代美術館のダウンタウン分館。絵画や彫刻などの展示内容は随時変更され、広く公表されている（「リーダー*Reader*」を見るか、ギャラリーに電話するとよい）。

サンディエゴ・チルドレンズ・ミュージアム
San Diego Children's Museum/Museo de los Niños

この体験型ミュージアム（☎619-233-5437 ▲200 Island Ave ■大人＄6、3歳未満の子供無料 ◎火～土 10:00～16:00）は小さな子供たちに大人気だ。お話を聞かせてくれるコーナーや音楽、アクティビティのコーナー、随時変更される展示のほかに、巨大な組み立て玩具、絵を描いたり模型を作るスペース、衣装を身に付けた役者による即席演劇の舞台がある。

リトル・イタリー
Little Italy

サンディエゴのリトル・イタリーはホーソーンHawthornとアッシュ・ストリートAsh Stに南北を、フロント・ストリートFront Stとウォーターフロントに東西を囲まれている。主に漁師とその家族からなる移民たちが19世紀中頃にイタリアからやって来てこの地域に寄り添って暮らすようになり、それと共にコミュニティも成長を遂げてきた。当時の原動力は漁業の繁栄とウイスキーの取り引き（その幾つかは地元のマフィアの協力による）だった。

インターステート5（I-5）が1962年に完成した時、地域のハート（そしてソウルも、と言う人は多い）は破壊された。建物は没収され、ブロック全体が高速道路建設のために壊された。工事が完了して交通量が増加すると、歩行者の通りと港へ出る道路はにぎわいを見せるようになった。だが、ここ5年間の再開発により刺激的な現代風の建築が増え、リトル・イタリーはダウンタウンでもっとも充実した食と住の地域となった。この地域は今も（特にインディア・ストリートIndia St沿い）輸入食品（「食事」を参照）、イタリアの新聞、イタリアからやって来た人たちを探すのにはうってつけの場所だ。

聖マリア・ロザリー・カトリック教会 Our Lady of the Rosary Catholic Church（▲cnr State & Date Sts）は1925年に建てられ、今でもリトル・イタリーの活動の中心となっている。そのすばらしい天井画は、この仕事のためにイタリアからやって来た職人の手によるもので、サンディエゴにおける宗教美術の最高傑作の1つだ。通りの向かいのアミーチ公園Amici Parkでは、地元の人たちがボッチャbocciaというイタリア式の屋外ボーリングをしている。

消防署博物館 Firehouse Museum（☎619-232-3473 ▲1572 Columbia St at Cedar St ■$2 ◎木・金 10:00～14:00、土・日 10:00～16:00）では、歴史的な消防器具のコレクションを保管しており、サンディエゴの"もっとも熱い"瞬間を展示している。

エンバーカデロ
Embarcadero

サンディエゴのウォーターフロントはほぼ全面的に埋め立てにより造られた地域で、1800年代後半と比べて500ヤード（約460m）も広がっている。その結果、この辺りは手入れも行き届き、人々が快適に散歩が楽しめる場所となった。

港沿いの散策を始めよう。まずはアッシュ・ストリートのすぐ北、**海洋博物館 Maritime Museum**（☎619-234-9153 ▲1492 N Harbor Dr ■大人＄6 特別割引＄4＜3艦すべてに乗船可＞ ◎9:00～20:00）だ。この博物館に行くには、横帆船スター・オブ・インディア号*Star of India*の100フィート（約30m）のマストを目指すとよい。マン島で造られ1863年に初航海したこの背の高い船は、まずイングランドとインドの通商路をせっせと往復すると、その後ニュージーランドに移民を運ぶ船となり、そしてハワイを本拠とする通商船となり、最後にアラスカサーモン漁船となった。とても見栄えのする船だが、船上でのロマンスを求めてはいけない。この船はもうご老体だし、なにしろラブボートではないのだから。ここにはほかにも、バークレー号*Berkeley*とメディア号*Medea*の2隻が停泊している。夏には、船舶関連の映画がスター・オブ・インディア号内で上映される。情報や時間に関しては博物館に電話しよう。

南に下りハーバークルーズ船（「ツアー」を参照）がつながれているドックを過ぎると**シーポート・ビレッジ Seaport Village**（☎619-235-4014 ◎夏 10:00～22:00、それ以外 10:00～21:00）だ。名前とは裏腹に、実際

は港でもなければ村でもない。小物を売るお店やレストラン、スナックショップの集まりであり、20世紀初頭のハーバーサイドを再現したイミテーションの建造物にはあまり説得力がない。いかにも観光客向けですましてはいるが、土産物や軽い食事にはなかなかの所だ。

南東の**エンバーカデロ海浜公園 Embarcadero Marina Park**で締めるとしよう。ここには公営の釣り用の桟橋と、夏の夜には無料コンサートが開かれる野外円形ステージがある。帆が見えたら、それは**サンディエゴ・コンベンション・センター San Diego Convention Center**（☎619-525-5000）だ。サンディエゴをメジャーなコンベンション会場として売り込もうという試みは成功し、この1989年にオープンした風変わりな集合施設には、21世紀にかけて5年以上ぎっしりと予約が入っている。カナダ人の前衛建築家アーサー・エリクソンのデザインは、外洋航路船に触発されたものであろうと言われている。通常開いているので中をのぞくことができる。

バルボア公園
Balboa Park

ミュージアムと庭、世界的に有名な動物園を持つバルボア公園は、サンディエゴ観光の目玉に挙げられる。1868年の地図にも、アロンゾ・ホートンがサンディエゴに1400エーカー（約570ha）の都市公園を北東の角、現在のダウンタウン辺りに建設しようと予定していたのがうかがえる。根っからのビジネスマンだったホートン氏は、将来の開発に備えて区画に制限をかけておき、自身の持つ土地の価値を高めていた。地図上では理想的に見えたその土地は、1892年にケイト・セッションズがその地で苗木畑を営み、市に対して賃貸料を木で支払い始めるまで、丘の上にある低木の茂みと急勾配の小渓谷（水の浸食でできた溝）だけが示された何もない場所だった（コラム「ケイト・セッションズの伝説」を参照）。

1900年代前半には、バルボア公園はすっかりサンディエゴの人々に愛される場所になっていた。その名はヨーロッパ人で最初に太平洋を目にしたと言われているスペイン人の征服者にちなんでつけられた。

1915年から1916年にかけて実施されたパナマ・カリフォルニア博覧会の計画では、アービング・ギルのモダンなミニマリズム建築の提案は、ニューヨークのバートラム・グッドヒューとカールトン・ウィンスローの提案したボザール風建築とバロック風装飾の前に退けられた。当初博覧会の建物は一時的なものとされており、建材にはしっくい、金網、石膏、麻、馬の毛などが広く使われた。しかし、評判がたいへん良かったことから、多くの建物がそのまま残されることとなった。ただし、その多くは老朽化したため、現在では耐性のあるコンクリート建材に替えられている。これらの建物は現在、公園のメイン歩行用道路であるエル・プラドEl Pradoに面したミュージアムの建物となっている。

1935年のパシフィック・カリフォルニア博覧会により、エル・プラドの南西、パン・アメリカン・プラザPan-American Plazaの周辺に新たな建物が建てられた。スパニッシュコロニアル様式の建物に加えて、新世界スタイルである先住民族文化（プエブロ先住民スタイルやマヤの影響を受けているものすらある）や現代風のスタイルを持つ建物が見られるようになった。これらの固有のスタイルを持った建物の多くも保存されており、今では展示室やミュージアム、劇場などの建物となっている。

サンディエゴ動物園は公園の北側に200エーカー（約81ha）にわたり広がっており、公園の東3分の1はテニスコートやプール、自転車競走場、9ホールと18ホールのゴルフコース、さらにはゴルフコースのようにデザインされたフリスビーグランドなどがあるモーリー運動場Morley Fieldとなっている。当初の1400エーカー（約570ha）の約4分の1が、カブリヨ・フリーウェイCabrillo Freewayと米国海軍病院US Naval Hospitalなどの公園以外の施設となっている。

ケイト・セッションズの伝説

ケイト・O・セッションズは1881年、カリフォルニア大学バークレー校植物学部を卒業した。自然科学はおろか、大学で学ぶ女性などほとんどいない時代だった。サンディエゴに学校の教師としてやって来たケイトだったが、すぐに園芸家となり当時目立ち始めてきた洗練されたハイクラス層向けの家の庭を取り扱うようになった。1892年、苗木畑の場所が必要となると、ケイトは市の役員へ変わった申し入れをする。市が所有するバルボア公園の30エーカー（約12ha）の土地を使用させてもらう代わりに、バルボア公園に年間100本の木を植え、さらに300本をサンディエゴ全土にわたって提供するというのだ。市はこの申し込みに同意し、ケイト・セッションズは当初の申し出を守るだけではなく、さらに多くの緑を増やし続けていった。10年後には、バルボア公園には木が繁り、芝生が広がり、散歩道や花壇までができていた。大喜びのサンディエゴ市民たちは、ケイトを「バルボア公園の母」と呼んで称えた。

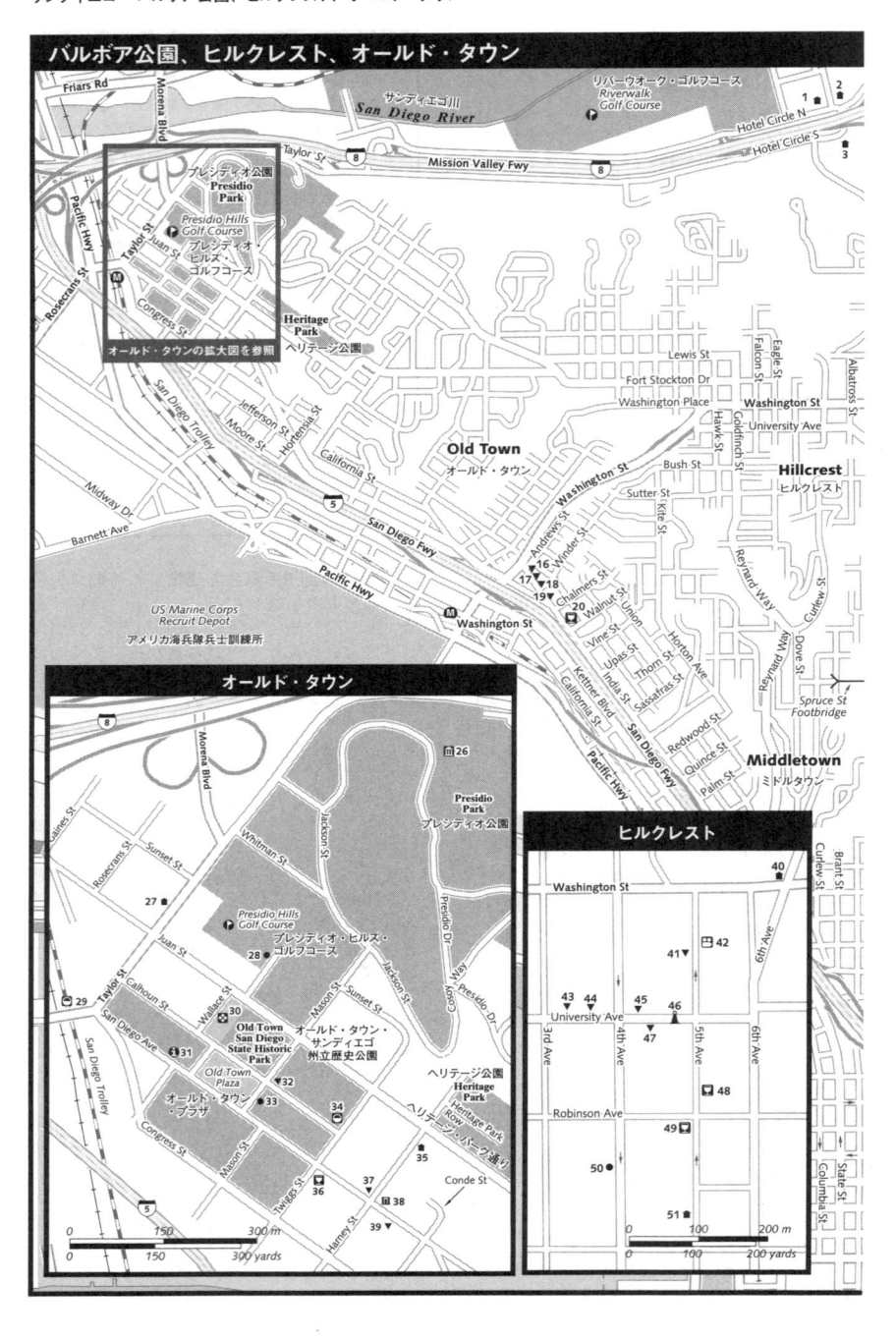

サンディエゴ - バルボア公園、ヒルクレスト、オールド・タウン

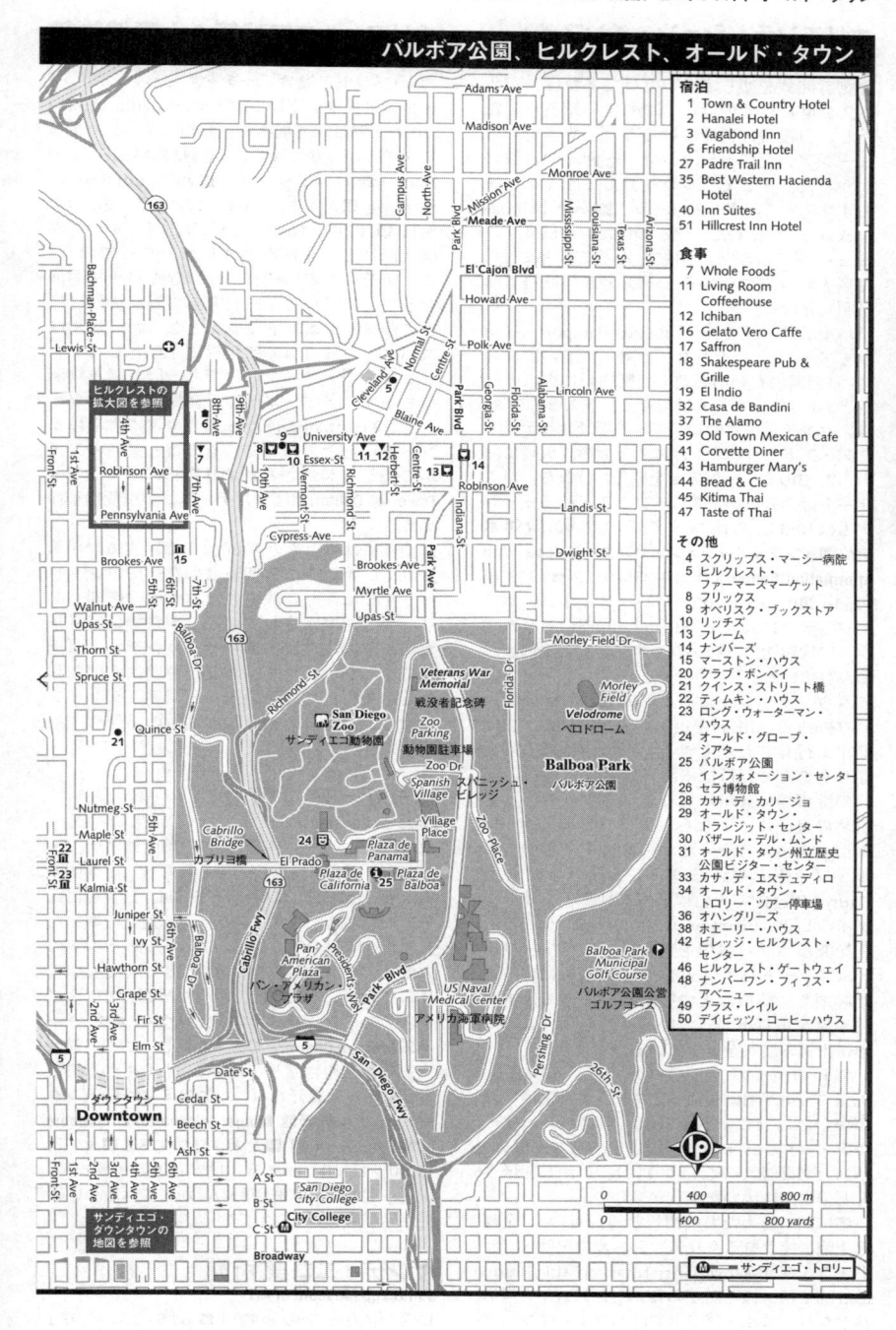

サンディエゴ － バルボア公園、ヒルクレスト、オールド・タウン

バルボア公園、ヒルクレスト、オールド・タウン

宿泊
1 Town & Country Hotel
2 Hanalei Hotel
3 Vagabond Inn
6 Friendship Hotel
27 Padre Trail Inn
35 Best Western Hacienda Hotel
40 Inn Suites
51 Hillcrest Inn Hotel

食事
7 Whole Foods
11 Living Room Coffeehouse
12 Ichiban
16 Gelato Vero Caffe
17 Saffron
18 Shakespeare Pub & Grille
19 El Indio
32 Casa de Bandini
37 The Alamo
39 Old Town Mexican Cafe
41 Corvette Diner
43 Hamburger Mary's
44 Bread & Cie
45 Kitima Thai
47 Taste of Thai

その他
4 スクリプス・マーシー病院
5 ヒルクレスト・ファーマーズマーケット
8 フリックス
9 オベリスク・ブックストア
10 リッチーズ
13 フレーム
14 ナンバーズ
15 マーストン・ハウス
20 クラブ・ボンベイ
22 クインス・ストリート橋
22 ティムキン・ハウス
23 ロング・ウォーターマン・ハウス
24 オールド・グローブ・シアター
25 バルボア公園インフォメーション・センター
26 セラ博物館
28 カサ・デ・カリージョ
29 オールド・タウン・トランジット・センター
30 バザール・デル・ムンド
31 オールド・タウン州立歴史公園ビジター・センター
33 カサ・デ・エステュディロ
34 オールド・タウン・トロリー・ツアー停車場
36 オハングリーズ
38 ホエーリー・ハウス
42 ビレッジ・ヒルクレスト・センター
46 ヒルクレスト・ゲートウェイ
ナンバーワン・フィフス・アベニュー
49 プラス・レイル
50 デイビッツ・コーヒーハウス

601

オリエンテーション・インフォメーション

庭と雰囲気を楽しみたいだけであれば、バルボア公園に行くのはいつでもよいだろう。ただし、日没後は気をつけること。すべてのミュージアムとアトラクションを回るのは数日がかりだ。そこでプランを立てて回ることをおすすめする。ホームページ（**W**www.balboapark.org）が便利だ。気をつけたいのは多くのミュージアムが月曜閉館となっていること。毎週火曜は幾つかのミュージアムが無料（順番制）となる。

バルボア・パスポートBalboa Passport（インフォメーション・センターで購入可能）は＄30で、1週間の有効期間内に公園内の12のミュージアムに各1回ずつ入場できる。＄25追加すれば、サンディエゴ動物園にも入場できるデラックス・アドミッションが購入できる。火曜に訪れ、2、3のミュージアムを見るだけなら、パスポートは必要ないだろう。ほとんどのミュージアムは10:00から16:30まで開いている。**バルボア公園インフォメーション・センター Balboa Park Information Center**（☎619-239-0512 🏠1549 El Prado ◐9:00〜16:00）はハウス・オブ・ホスピタリティHouse of Hospitality内にあり、スタッフは親切で、わかりやすい公園の案内図が置かれている。

ダウンタウンからバルボア公園には公園大通りPark Blvd沿いを走るバス7番、7A、7Bで簡単に行くことができる。車の場合は公園大通りを進んで行けば多くの展示場に程近い無料の駐車場に簡単に辿り着けるが、もっとも眺めの良いルートなら、カブリヨ橋Cabrillo Bridge経由だろう。西からは途中で名前をエル・プラドと変えるローレル・ストリートLaurel St経由で来れば、カブリヨ・フリーウェイCabrillo Freewayの120フィート（約37m）上を渡るカブリヨ橋を通る。このフリーウェイ（ステートハイウェイ163）の運転には注意が必要だ。路肩はきつい斜面で、道には木の枝や葉が垂れ下がっている所もあり、まるで熱帯雨林の渓谷を走っているかのようだ。

無料のバルボア・パーク・トラムBalboa Park Tramが園内を回っており、主要箇所に停車場がある（このトラムは実際はバス。オールド・タウン・トロリーOld Town Trolleyのバスとお間違えのないように）。しかし、ほとんどの場所は歩いたほうが楽しい。

冬に訪れる人たちへ情報を。12月の第1金曜と土曜に開かれるクリスマス・オン・ザ・プラド・フェスティバルChristmas on the Prado festivalでは、ほとんどのミュージアムが入場無料となり、エル・プラドではパフォーマンスアートや工芸品、世界の食べ物が楽しめる。

カリフォルニア建築＆人類博物館
California Building & Museum of Man

エル・プラドを過ぎアーチをくぐると、カリフォルニア・クアドラングルCalifornia Quadrangleと呼ばれる場所だ。北側にクラシカルなスタイルがうかがえる人類博物館Museum of Man（☎619-239-2001 **W**www.museumofman.org ■大人＄5、6歳〜17歳＄3、第3木曜無料 ◐10:00〜16:30）がある。アーチの両端は大西洋と太平洋を表す形状となっており、アーチそのものはそれらをつなぐパナマ運河を示すシンボルだ。1915年の博覧会の際にはここがメインエントランスとなった。建物はスパニッシュコロニアル様式を復元したグッドヒューのデザインの中でも一段と豪華絢爛なもので、メキシコ・シティに近いテポツォトランTepotzotlánのチュリゲレスク教会にヒントを得たと言われている。青と黄色のタイルで美しく装飾された**カリフォルニア・タワー Tower of California**はサンディエゴの重要建築作品だ。

内部にはもともと5000以上の民族遺物が飾られていた。中には博覧会のためにコンクリートを型に流し作成されたマヤ族の彫刻もあり、今でも展示されている。現在ではアメリカ南西部の先住民の遺物や、サンディエゴ近辺で見つかったかごや陶器を専門にすばらしい展示を行っている。ミュージアムショップでは中央アメリカやほかの地域の手作り工芸品が売られている。

プラザ・デ・パナマ
Plaza de Panama

エル・プラドの中央にあるこの場所はパナマ・カリフォルニア博覧会の中心地だった。南側の馬に乗った彫刻は**エル・シド El Cid**、11世紀にムーア人の侵略に対するスペインの反乱を率いた人物だ。南西の角、珍しいニュージーランドのアガチスの木（平らな葉を持つ小さくて良い香りの常緑樹）の横には、パナマ博覧会ではネイティブアートを展示していた**ハウス・オブ・チャーム House of Charm**がある。ただし、この名前は1935年に土産物屋としてつけられたもの。最近オリジナルに復元され、中には**ミンゲイ・インターナショナル美術館 Mingei International Museum**（☎619-239-0003 ■大人＄5 学生＄2 ◐火〜日11:00〜16:00）がある。世界各地の民族衣装、玩具、宝飾品、家庭用品のほか、すばらしい手工芸品が常時展示されている。

サンディエゴ美術館
San Diego Museum of Art

1924年築のこの建物（☎619-232-7931 **W**www.sdmart.org ■大人＄8 シニア＆18歳ま

で・18歳〜24歳＄6 子供＄3 火〜日 10:00〜18:00 木 10:00〜21:00）は、サンディエゴの建築家ウイリアム・テンプルトン・ジョンソンによりデザインされた。重々しい銀細工風の装飾は、16世紀のスパニッシュプレテレスコスタイルと呼ばれている。正面はとりわけ精巧な細工が施され、並んでいる彫刻はスペイン人のアーチストたちを彫ったものだ（中にはそれらのアーチストの作品も展示されている）。有名な海外からの作品も頻繁に公開されている。常設のコレクションには数々の立派なヨーロッパ絵画（あまり有名な作品ではないが）、幾つかの見事なアメリカの風景画、そしてアジア・ギャラリーの興味深い作品などがある。メインビルディングの西、カフェの裏手にある**スカルプチャー・ガーデン Sculpture Garden**には、アレクサンダー・カルダーとヘンリー・ムーアの作品がある。

ティムケン美術館
Timken Museum of Art

スパニッシュスタイルではないことがむしろ目立つこの1965年に造られた建物（☎619-239-5548 1500 El Prado 無料 休館 月、および日の午前中、9月）には、パトナム・コレクションが収められている。少ないが印象的な絵画の中にはレンブラントやルーベンス、エル・グレコやセザンヌ、ピカソの作品がある。すばらしいロシアイコン（聖画）のコレクションもあり、特にイコンに興味がない人でも引かれるはず。ティムケンを見逃すことのないように。

ボタニカル・ビル
Botanical Building

エル・プラドから見えるこの建物（無料 金〜水）はとても美しく、大きなスイレンの池に映るその姿は、海軍が公園を占有していた第2次世界大戦の頃には水治療法に使われていた。建物の中央のドームと2つのウィングはレッドウッドのレースがかかっており、それを通して熱帯植物やシダ類に日光が当たるしくみになっている。植物の展示は季節により変わる（12月には見事なポインセチアが飾られる）。

カサ・デル・プラド
Casa del Prado

エル・プラド沿いでもっとも美しい建物の1つだが、中にはあまり興味深い物はない。1915年の博覧会に合わせて臨時に建てられたが、1968年の地震でひどく損傷を受けて取り壊された。その後、地域のアート団体のサポートにより再建され、現在は同団体により演劇とダンスパフォーマンスに使用されている。

カサ・デ・バルボア
Casa de Balboa

グッドヒューデザインのスパニッシュコロニアルを模した建物で、1915年の博覧会では商工会議所として使用された。その後、1978年に焼け落ちるまでさまざまな用途に使われた。オリジナルに忠実に再建されており、コンクリートの鋳型は昔と同じものが使われた。現在では3つのミュージアムが中に入っている（各＄4）。ミュージアムにはそれぞれミュージアムショップと小さなカフェがある。

3つの中の目玉は間違いなく**写真美術館 Museum of Photographic Arts**（☎619-238-7559 第2火曜無料 17:00まで）だ。つい最近、ラ・ホーヤの建築家デヴィッド・シンガーにより拡張された。世界的な展示には野生生物の写真から「こりゃいったい何なんだ」というものまである。

サンディエゴ歴史博物館 Museum of San Diego History（☎619-232-6203 ＄5、第2火曜無料 火〜日 10:00〜16:30）1848年以降のアメリカの歴史を取り扱っている。下の階には**モデル・レイルロード博物館 Model Railroad Museum**（☎619-696-0199 15歳未満無料、第1火曜無料 火〜金 11:00〜16:00、土・日 11:00〜17:00）があり、南カリフォルニアの歴史上の列車と今でも実際に使われている列車のモデルが展示されている。

ルーベン・H・フリート・スペース・シアター＆サイエンス・センター
Reuben H Fleet Space Theater & Science Center

バルボア公園内でもっとも宣伝されている場所の1つで、実践的な科学博物館や巨大なオムニマックスシアターのスクリーンがある。ドーム型の全景スクリーンと152ものスピーカーを持つ音響システムは、見る者を仰天させることもあるが、フィルムによってはたいしたことないと思わせるものも。1973年のオープン当初は体験型科学展示がとても革新的だったが、今となってはよくあるものに。シアター（☎619-238-1233 www.rhfleet.org 大人＄9 学生＄7.20）は毎日9:30から21:00まで、または23:00まで開いている。サイエンス・センターScience Center（☎619-238-1233 大人＄6.50 子供＄5）はシアターの料金に含まれているが、ここだけを訪れることもできる。

自然史博物館
Natural History Museum

1933年にウイリアム・テンプルトン・ジョンソンによりデザインされた建物で、最近改修された。エル・プラドの東端に建ち、美しい空間と巨大なスクリーンを持つ映画館がある。

上映される映画は変わるが、いずれも自然界に関するもので、常に若い鑑賞者から高い評価を受けている。博物館には多くの岩石、化石、動物の剥製などのほか、見事な恐竜の骸骨やカリフォルニアの断層線の展示がある。ほとんど毎週末に子供用の特別プログラムが組まれる。この博物館（☎619-232-3821 🌐www.sdnhm.org 🎫通常展示＄3 特別展示＄12、第1火曜無料 🕐9:30～16:30）では、バルボア公園内外の実地見学や自然観察ハイキングなども用意されている。

スパニッシュ・ビレッジ・アート・センター
Spanish Village Art Center

自然史博物館の裏には芝生の広場があり、モートン・ベイ・イチヂクの木（木登りはダメ）が植えられている。木の向かいには公園当局の造った「本物のスペインの昔の村の再現」という小さなタイル造りのコテージが並んでおり、アーチストたちにスタジオとして貸し出されている。毎日11:00から16:00まで開いており、陶芸家、細工職人、ガラス吹きの職人、画家、彫刻家たちが次々と高価な凝った作品を作り出していくのを目にできる。スパニッシュ・ビレッジの北には1924年からある**回転木馬 carousel**と**ミニチュア鉄道 miniature railroad**（ともに🕐土・日・祝 11:00～16:30、夏は毎日）があり、料金はどちらも＄1。

スプレケルズ・オルガン・パビリオン
Spreckels Organ Pavilion

プラザ・デ・パナマを西に進むと、世界でもっとも大きな屋外にある楽器と言われているオルガンが目に飛び込んでくる。パビリオンにはベンチが円形に並べられており、彫刻の施された柱廊の前に置かれたこの巨大オルガンは、砂糖で財をなしたスプレケルズ家から、サンディエゴに公式のオルガン奏者を置くことを条件に寄贈された物だ。日曜の14:00と、6月中旬から8月の月曜の19:30に無料のコンサートが開かれている。

パン・アメリカン・プラザ
Pan-American Plaza

プラザはスプレケルズ・オルガンの南西にあり、現在は大きな駐車場として利用されている。プラザに向かって右側には**国連ビル United Nations Building**があり、中にある**ユニセフ・インターナショナル・ギフト・ショップ Unicef International Gift Shop**（🎫毎日）では文具、宝飾品、キャンディなど、さまざまな商品が売られ、売上の多くはアーチストに還元されている。近くにあるハウス・オブ・パシフィック・リレーションズ **House of Pacific Relations**（☎619-292-8592）は1915年の博覧会で使用された15のコテージから成り、中ではさまざまな国の家具や展示品を見ることができる。日曜の午後はコテージが入場無料となり、しばしば工芸品や食品が販売される。

ほかに興味深い所ではパリセーズ・ビル Palisades Building内の**マリー・ヒッチコック人形劇場 Marie Hitchcock Puppet Theater**（☎619-685-5045）や、1933年製のデューセンバーグ・ロードスターなどのクラシックカーやインディアン社のバイクなど、60以上の車やバイクが完全な状態で展示され、親切なスタッフのいる**サンディエゴ自動車博物館 San Diego Automotive Museum**（☎619-231-2886）がある。

プラザの南端にある円形の建物にはすばらしい**サンディエゴ航空宇宙博物館 Aerospace Museum**（☎619-234-8291）があり、たくさんの航空機が展示されている。オリジナル、レプリカ、模型など、チャールズ・リンドバーグにまつわるさまざまな物が飾られている。中庭の飛行機を見逃すことのないように。ファントム・ジェットがアール・デコの街灯柱の間をすり抜け、ロシアのミグ17を追っている。

スターライト・ボール Starlight Bowlに隣接して、**スターライト・オペラ Starlight Opera**（☎619-544-7800）があり、夏場にはミュージカルやオペレッタを上演している。

フェデラル・ビルはもともと1935年の博覧会のために建てられた物だが、近年修復され**サンディエゴ・ホール・オブ・チャンピオンズ・スポーツ博物館 San Diego Hall of Champions Sports Museum**（☎619-234-2544 🎫＄6 🕐毎日）となっている。サンディエゴのスポーツ界の有名人（最近死亡した野球界の伝説的プレーヤー、テッド・ウイリアムズ、オリンピック飛び込み競技のグレッグ・ルガニスらがもっとも知られているだろう）の展示があり、ロッククライミング用の壁もある。「センターコート」にはチャージャーズのミニトレーニングキャンプ場があり、運が良ければ本物のチャージャーズの選手がその力を誇示している姿を目にすることができるかもしれない。

セントロ・カルチュラル・デ・ラ・ラザ
Centro Cultural de la Raza

メキシコとアメリカの先住民アートが展示されているこのセンター（☎619-235-6135 🌐www.centroaza.com 🎫寄付 🕐木～日 12:00～17:00）は、主要なミュージアムのある地域からはかなり離れている（公園大通りからがもっとも簡単な行き方）。丸い鉄製の建物は水タンクを改造したもの。内部ではとてもパワフルな現代先住民アートが展示されている。

マーストンハウス
Marston House

バルボア公園北西の外れの角にある、慈善家でサンディエゴ歴史協会の創設者ジョージ・マーストンが住んでいた昔の家。サンディエゴの著名な建築家ウイリアム・ヘバードとアービング・ギルのデザインで1904年に建てられたこの家（☎619-298-3142 🏠3525 7th Ave）は、アメリカのアーツ・アンド・クラフツ運動を象徴するかのようなすばらしいできばえだ。歴史協会がインテリアを修復し、美術工芸家具と装飾物の展示室とした。**歴史協会 Historical Society**（☎619-232-6203）は家を回る45分のツアー（大人＄5 特別割引＄4）を金〜日曜の10:00から15:30まで行っている。

バルボア公園のガーデン
Gardens of Balboa Park

バルボア公園には園芸的にまた環境的に特色を持つガーデンが多数ある。詳しく学びたければ、1月中旬から11月下旬のサンクスギビングまで毎週開かれているオフシュート・ツアーOffshoot Tourに参加し、公園の園芸士の解説を聞くとよい。**公園＆レクリエーション局 Park & Recreation Department**（☎619-235-1114）で詳しい情報が聞ける。予約不要で、10:00までに園芸ビルの前に集合。

もし1人で園内を回るなら、本式のスパニッシュスタイルの**アルカサール・ガーデン Alcazar Garden**を訪れよう。**パーム・キャニオン Palm Canyon**では50種類以上の椰子を目にできる。ほかにも**日本友好庭園 Japanese Friendship Garden**（🎫＄3、毎月第3火曜無料 🕐火・金〜日）、**オーストラリア・ガーデン Australian Garden**、**バラ園 Rose Garden**、春がもっともすてきな**デザート・ガーデン Desert Garden**、そしてスペイン人がやってくる前のサンディエゴの様子がうかがえる**フロリダ・キャニオン Florida Canyon**がある。**自然史博物館 Natural History Museum**（☎619-232-3821）ではフロリダ・キャニオンのガイド付ウォークツアーを行っている。

サンディエゴ動物園
San Diego Zoo

動物園はサンディエゴ最大のアトラクションで、自然界に興味がある人は、見て回るのに丸1日は必要だと思ったほうがいい。800以上の種からなる3000頭以上の動物がおり、たいていはその自然の生息地を模した美しい景色に囲まれて過ごしている。サンディエゴ動物園のそもそもの始まりは、1915〜16年のパナマ・カリフォルニア博覧会と、ハリー・ウェッジフォース博士の熱心さからスタートした。博覧会では、公園大通り沿いに数種類の動物が檻に入れられて展示された。サンディエゴに伝わる話によれば、ウェッジフォース博士は檻の中の1頭のライオンがこうほえるのを聞いたという「サンディエゴに動物園があればいいと思わないか？ 俺ならきっと造る」。1916年、博士は新聞広告を出すと、すぐにサンディエゴ動物学協会をつくった。ウェッジフォース博士は努力を重ね、この珍しい動物たちを国外に送ることがほとんどできなくなるように検疫条件を改定することで、展覧会のために送られて来た動物たちをどうにか協会の手元に残すことに成功した。

動物学協会は民間団体であったために公共地を入手できずにいたが、1921年にすばらしい契約が成立する。市が協会からすべての動物と施設の寄贈を受ける代わりに、バルボア公園の200エーカー（約80ha）の土地を動物園とし、その管理を協会に任せるというものだ。土地はほとんどが荒れ地で、渓谷によりほとんど分断されているような所だったが、結果的にむしろそれが利点となった。分断された地形のおかげで別種の動物を分離して飼育することができ、感染症の蔓延を防ぐのにも都合がよかった。異なる自然の生息地を模すのにも役立った。

ウェッジフォースは裕福な支援者たちから多額の援助を受ける才知にたけていた。砂糖王の億万長者ジョン・スプレケルズは、人々に博士の策略により一文無しにされますよと警告したほどだ。初期の後援者の中にはジャーナリスト、エレン・ブロウニング・スクリップス（カリフォルニア、クレアモントのスクリップス大学の創立者）も含まれており、スクリップスの寄付金により建てられたフェンスは、動物たちを囲うだけではなく、料金を支払わずに園内に入る者を排除するのにも役立った。

一風変わった地域の動物園に対する協力がそのコレクションの中にも現れている。サンディエゴ市民はアザラシやヘビなど捕まえた動物を園に持ち寄り、バルボア公園のガラガラヘビは他園の動物と有利な条件で交換された。ニューヨークのノミのサーカスにノミを提供したこともあった。非公式ながら、米海軍が船のマスコットとして捕獲したものの船上で飼いきれなくなってしまった動物を寄付したこともあった。ウェッジフォース博士はニカラグアに上陸した米海兵隊員たちに、動物を捕獲すれば賞金を出すとの申し出もしていた。1930年代、ウェッジフォース自身も世界を旅し、ベネズエラでジャガーを、ボルネオでオランウータンを、オーストラリアで有袋動物を集めた。1941年、インドへの旅行で肺炎とマラリアにかかりウェッジフォース博

士は死亡した。博士が最後に入手した動物は3頭の象で、その死から2カ月後にサンディエゴに到着した。

第2次世界大戦末期には、サンディエゴ動物園は世界的に有名な存在となっており、戦争で壊滅させられたヨーロッパの動物園の復興を支援した。動物の居住環境に生物気候学を導入した動物学協会は、多種にわたる動物にその生息地に近い生態環境を与え、動物園管理の最先端を進み続けた。協会は1960年代より街の32マイル（約52km）北側（「エスコンディド」を参照）に1800エーカー（約730ha）の野生動物公園をつくり始め、現在では多くの大型動物がそこで放し飼いにされている。

インフォメーション　動物園（☎619-234-3153 Ⓦ www.sandiegozoo.org）スタンダードアドミッション 大人＄20 子供＄12、デラックスアドミッションパッケージ 大人＄32 子供＄20）はバルボア公園の北側にあり、公園大通り脇に広い無料駐車場がある。ダウンタウンからは7番のバスが走っている。営業時間は時期によりさまざまなので電話で確認したほうがよい。動物園に入ってすぐ左手側に案内所があり、いったん動物園の外に出て再入場したい場合は、スタッフが手にスタンプを押してくれる。

「デラックスアドミッションパッケージ」には、スカイファリと呼ばれるロープウェーの往復料金と、40分間のガイド付バスツアーが含まれている（別購入の場合大人＄5、子供＄3.5）。動物園の割引券はサンディエゴ地区の雑誌、週刊紙、ホテルや観光案内所に置かれているクーポンブックなど、いろいろな所で入手可能。サンディエゴ動物園と野生動物公園がセットになった5日間有効の入場券は大人＄46.80、子供＄31.40。

動物たちは午前中のほうが活動的なので、早めに到着したほうが良い。また、ダブルデッカーバスのツアーには園内情報のアナウンスが付いており、最初に乗れば動物園の全体像がつかめる。2カ所の野外劇場（追加料金不要）で開かれる動物ショーは特に子供たちに人気だ。ロープウエースカイファリは動物園の端まで走っており、歩く距離を減らすことができるが、乗るのを待たなければならないこともある。6月から9月までは22:00まで開園しており、夜行性動物の特別コーナーが開かれる。

体の不自由な入場者用の設備もあり、詳細は（☎619-231-1515 内線4326）で確認できる。

ハイライト　動物園と野生動物公園は、共に絶滅危惧種を捕獲し繁殖させ、本来の生息地に戻すという活動を行っており、アラビアオリックス、バリ固有種のムクドリ、カリフォルニアコンドル（下図）など、既に多くの取り組みが行われている。

ズーガーデン zoo gardensはよく知られており、特定の植物しか食べない動物の餌も現在そこで育てられている。

園は地域社会のエンターテインメントと教育の領域を担っており、**チルドレンズ・ズー・エキジビット children's zoo exhibit**（子供が動物たちに触ることのできるコーナー）を新たにオープンし、屋外のアニマルショーも行っている。子供も大人も楽しめるアニマルナースリーは、園に仲間入りしたまだ幼い動物たちを見られるコーナーだ。

たいていの入園者はそれぞれ自分のお気に入りを見つけることだろう。**コアラ**はとても人気があり、オーストラリア人ならコアラがまるでサンディエゴのシンボルのようになっていることに驚くかもしれない。10フィート（約3m）ほどの大きさまで成長するインドネシアのトカゲ、**コモドドラゴン**、見た目に恐ろしいだけではなく、爬虫類の飼育館の周りを威嚇するようにのし歩いている。

タイガー・リバー Tiger Riverはアジアの熱帯雨林を再現した、もっとも新しい生物気候学を取り入れたコーナーだ。**ゴリラ・トロピクス Gorilla Tropics**はアフリカの熱帯雨林。3番目の生物気候学コーナーは、かわいらしいしぐさでよく知られているアジアのクマがいる**サン・ベアー・フォレスト Sun Bear Forest**だ。

大きな**スクリップス鳥類館 Scripps Aviary**と**熱帯雨林鳥類館 Rainforest Aviary**は工夫された構造になっており、餌を食べにくる鳥を間近に見られる。そして最後に、中国のパンダと、クリップスプリンガー（小型アンテロープ）がそのロッククライミングの妙技を見せてくれる**アフリカの岩山 African Rock Kopje**（岩の露出部）も見逃せない。

ミッション・バレー
Mission Valley

夏の終わり頃には干上がってしまうこともよくあったが、初期の入植者たちにとってサンディエゴ川は農作と家畜のための水源としてもっとも信頼の置けるものであった。上流のダムが完成する1950年代中頃まで、現在ミッション・バレーと呼ばれている川の流域の平

地は頻繁に洪水に見舞われていた。現在ではインターステート8が通り抜けており、沿道にはホテルやショッピングセンターができている。いくらか緑が残ってはいるものの、そのほとんどがゴルフ場や郊外のスポーツ施設だ。修復されたサンディエゴ・デ・アルカラ伝道所Mission San Diego De Alcaláは間違いなく訪れる価値の高い場所だが、今日の地区で一番の呼び物はファッション・バレーFashion Valley、ハザード・センターHazard Center、ミッション・バレー・センターMission Valley Centerの3つのショッピングセンターだ。

サンディエゴ・トロリーはダウンタウンから低地を抜けて伝道所まで走っており、クアルコム・スタジアムQualcomm Stadiumやすべてのショッピングセンターに停車する。トロリーはハイウェイからは見えない川沿いの美しい景色（とゴルフコース）の中を走っている。幾つかの大きなショッピングセンターで下車し、丸1日をトロリーショッピングデイとしてしまうのもいいだろう。ファッション・バレーにはティファニーTiffany & Co、エンゾー・アンジョリーニEnzo Antolini、レストレーション・ハードウエアRestoration Hardwareなどの専門店のほか、サックス・フィフス・アベニューSaks Fifth Aveやメイシーズ Macy's、ノードストロームNordstromなどの大店舗があり、中には22:00まで営業している。ミッション・バレー・センターは高級アウトレットで知られており、ノードストローム・ラックNordstrom Rack やサックス・オフ・フィフス・アベニューSaks Off Fifth Aveなどがある。どちらのモールにも評判のよいレストラン数軒とシネマコンプレックスが入っている。

サンディエゴ・アルカラ伝道所
Mission San Diego de Alcalá

カリフォルニア最初の伝道所はプレシディオ・ヒルに建てられたが、1773年、ユニペロ・セラ神父はよりよい水と耕作地を求めて川の数マイル上流に移動することを決めた。

1784年、伝道団はれんがと木で教会を建造したものの、地震により1803年に壊れてしまった。教会はすぐに再建され、その一部は現在もミッション・バレーを見下ろす坂の上に残っている。1830年代の宣教制度の終焉と共に、建物はメキシコ政府に引き渡され、その後荒廃していった。幾つかの記録によれば、1920年代には門とボロボロになった壁がいくらか残っていただけだという。

カリフォルニアでも有数の名家により設立された慈善団体、ハースト財団Hearst Foundation（「セントラル・コースト」の「ハースト・キャッスル」を参照）と地元住民からの財政的な支援を受け、1931年に集中的な復旧工事が始まった。現在目にすることのできるかわいらしい白い教会と周囲の建物はその復旧工事によるものだ。

伝道所内のビジターセンター visitor center（☎619-281-8449）にはフレンドリーで知識の豊富なスタッフがおり、なかなか役に立つ本と安価な土産物を販売している。伝道所（⌂Friars Rd 大人＄3 子供＄2 9:00～17:00）はインターステート8から2ブロック北のインターステート15とミッション・ゴージ・ロードMission Gorge Rdの間にあり、ミッション・トロリー停車場からは2ブロック北に向かい、サンディエゴ・ミッション・ロードSan Diego Mission Rdを右折する。

オールド・タウン
Old Town

1821年にこの地を治めたメキシコ政府の方針により、500人以上の住人のいる場所は「プ

改宗と復讐

最初の伝道団は贈り物と希望を抱えてネイティブ・アメリカンの居住地を訪れた。最初の改宗者たちはネオファイトneophytesと呼ばれ、勧めに応じて伝道団の暮らすプレシディオに移り住むとそこで働き、中にはヨーロッパの伝染病に感染する者もいた。スペインの駐屯隊はネオファイトを虐待し、ネイティブ・アメリカンの村も襲撃した。神父セラの報告書によると、馬にまたがった兵士たちは「ネイティブ・アメリカンの女性を投げ縄で捕まえて、自らの抑制の効かない情欲の餌食にした」という。そこで1774年、修道士たちはプレシディオを去り、軍の影響の届かない大きなクミアイ族の村の近くに居を移した。

しかし不幸なことに、それは軍の保護下からの離脱をも意味していた。1775年11月、その怒りを増大させていたクミアイ族は一致団結して伝道団を襲撃し、その居住地に火を放った。神父の1人、ルイス・ジェイムは攻撃してきたクミアイ族の前に立つと両手を広げ「神を愛すのです。子供たちよ！」と叫んだという。捕らえられたジェイムは殴り殺され、カリフォルニアで最初の殉教者となった。残された者たちがプレシディオに引き返すと、スペイン駐屯軍の幹部たちは攻撃者たちのリーダーを捕らえると鞭で打ち、処刑した。数カ月後、伝道団はバレーに戻り、ネイティブ・アメリカンの火矢の攻撃に備えたタイル屋根を持つ第2の伝道所を建設した。そして、この屋根のスタイルがミッション建築の定番となっていった。

エブロ（町）」とされた。プレシディオの人口が約600人だったことから、プレシディオの丘のふもとは駐屯軍のスペイン人兵士に分割されて耕作が認められ、カリフォルニア初の公式な民間スペイン人居住地区、プエブロ・デ・サンディエゴとなった。プエブロの指揮官の住居、カサ・エステュディロCasa Estudilloの周りに広場が造られ、10年の間に40の小屋と幾つかの家がカサを取り囲むように建てられた。この地域（現在はそのおよそ10倍となっている）は1872年の火事で街の中心がホートンの分譲地区へと移るまで、アメリカ政府の管理するサンディエゴの中心地となった。

1920年代にジョン・スプレッケルズはニュー・タウンからオールド・タウンへトロリー路線をひき、人々の興味を集めるためにオールド・タウン地区の復興を始めた。1968年、地区がオールド・タウン歴史公園となると歴史学上の作業が始まり、残っていた幾つかの建物は修復され、オリジナルを模した建物が再建設された。現在、地区には街路樹が植えられ大きな広場があり、商店やレストランが群れをなす歩行者地区となっている（地区の周囲に駐車場がある）。

オールド・タウンは今や買物と食事のための場所となってしまい、公園管理局は歴史的な重要性を強調するための試みとして、通訳のできるガイドを雇用しツアーを行うと共に、ビジターセンターを拡張してすばらしいアメリカ時代の歴史館（ネイティブ・アメリカン時代のものはバルボア公園の人類博物館に展示されている）を建設した。**ビジターセンター visitor center**（☎619-220-5422 ◎10:00〜17:00）は広場の南端にあるロビンソン・ローズ・ハウスRobinson-Rose House内にある。センターにはカリフォルニアの歴史を紹介するスライドショーやお土産があり、豊富な知識を持ったスタッフがいる。ロビンソン・ローズ・ハウスでは有用な歴史書が売られており、昔のプエブロを再現したジオラマも展示されている。

もし、歴史に強い興味があるなら、「オールド・タウン・サンディエゴ州立歴史公園ツアーガイド&小史Old Town San Diego State Historic Park Tour Guide & Brief History」（＄2）を購入するか、ビジターセンターを毎日14:00に出発するガイド付ツアーに参加してみよう（人数の多いときは11:00にも行われる）。

センターの向かいには日干し煉瓦を使って修復した**ラ・カサ・デ・エステュディロ La Casa de Estudillo**（◎無料）があり、中にはオリジナルの家具が配置されている。のぞいてみる価値は十分だ。カサ北西の入口の案内所でガイドなしツアー用の地図がもらえる。

広場北西の角にある**バザール・デル・ムンド Bazaar del Mundo**は、輸入品の店とレストランが並ぶ目にも楽しいコーナーで、営業時間も長く、歩いてみる価値の非常に高いところだ。広場の南側、サンディエゴ・アベニュー沿いには歴史のありそうに見える小さな建物（実際に昔から建っているのは1軒だけ）が並んでおり、そのうちの幾つかは土産物屋だ。オールド・タウンから2ブロック離れた、街でもっとも古いれんが屋敷**ホエーリー・ハウス Whaley House**（☎619-298-2482 ♦2482 San Diego Ave ◎＄5 ◎10:00〜16:30、冬は火曜休館）は、1960年代初期にアメリカ商務省が公式に「認定」した幽霊屋敷だ。ハウスが裁判所、劇場、個人宅だった時代のすばらしい家具と洋服のコレクションが展示されている。

オールド・タウンからわずかに北に進むと、サンディエゴでもっとも古い家といわれている1820年頃の建築物、**カサ・デ・カリージョ Casa de Carrillo**がある。現在ではパブリックコース、**プレシディオ・ヒルズ・ゴルフ・コース Presidio Hills Golf Course**（☎619-295-9476）のプロショップとなっている。

オールド・タウンの北西端、テイラー・ストリートTaylor Stのトロリー路線にあるオールド・タウン・トランジット・センターには、コースターCoasterという通勤電車や、ダウンタウンからのバス4番と5番が停車する。オールド・タウン・トロリー・ツアーの停車場は広場の南東、ツイッグス・ストリートTwiggs St沿い。

プレシディオ・ヒル
Presidio Hill

1769年、ユニペロ・セラ神父とガスパール・デ・ポルトラは、サンディエゴ川を見下ろすプレシディオ・ヒルにカリフォルニア初のスペイン人居住区を造った。オールド・タウンからメイソン・ストリートMason St沿いを進んでいくと、サンディエゴ湾とミッション・バレーのすばらしい眺めが楽しめる。丘の頂上にある**プレシディオ公園 Presidio Park**にはたくさんのハイキングトレイルと木陰のベンチがある。初代伝道所のタイルで造られた巨大な十字架はセラ神父を偲ぶものだ。アメリカ・メキシコ戦争さなかの1846年、アメリカ軍が丘を占領すると、アメリカ軍指揮官ロバート・ストックトンにちなんでその地を**フォート・ストックトンFort Stockton**と名づけた。旗竿、大砲、幾つかの勲章、土壁などが**フォート・ストックトン記念館 Fort Stockton Memorial**に現在置かれている。近くにある馬に乗ったメキシコ人カウボーイの模型、**エル・チャロ像 El Charro Statue**は市の成立200年を記念してメキ

キャップ・ロックからの月の出（ジョシュア・ツリー国立公園）

ジョシュア・ツリー国立公園

起伏の激しい山頂が迫るハーモニー・ホウ砂精錬所（デス・バレー国立公園）

デス・バレー国立公園

果てしなく広がるメスキート・フラット砂丘（デス・バレー国立公園）

ラ・ホーヤでサーフボードにワックスを塗るサーファー達

オールド・ポイント・ロマ・ライトハウス（サンディエゴ港）

1950年代をおもわせるオレンジカウンティにあるラグーナ・ビーチ・ダイナー

サンディエゴ・ダウンタウンのホートン・プラザ・センターはポスト・モダンなショッピングセンター

シコから贈られた。プレシディオ元来の建造物は何も残っていないが、現在発掘調査が行われている。

セラ博物館 Serra Museum（☎619-297-3258 **圏**大人＄5 子供＄2）のことを大事に保存されてきたスパニッシュコロニアル様式の建築物だと思う者は多いだろう。だが、これは1929年にウイリアム・テンプルトン・ジョンソンによりデザインされた建物だ。博物館は小さいが、ミッション時代とメキシコ支配時代の興味深い工芸品や写真が飾られ、初期のヨーロッパからの入植者たちの生活を感じることができる。開館時間は電話で確認すること。

アップタウン・ヒルクレスト
Uptown & Hillcrest

大まかに言ってアップタウンはダウンタウン北側の三角地帯で、オールド・タウンの東、ミッション・バレーの南側の地区だ。19世紀後半、馬車を持つことのできる金持ちたちの間でダウンタウン北の丘に住むのが流行した。裕福層の住むバンカーズ・ヒル、あるいは医者が多かったことからピル・ヒルとも呼ばれたこの高台からは、インターステート5が建設される前まで、湾とポイント・ロマの美しい景色がさえぎられることなく楽しめた。装飾の施されたたくさんのビクトリア朝の豪邸が残っており、もっとも名高い建築が1889年築の**ロング・ウォーターマン・ハウス Long-Waterman House**（**⌂**2408 1st Ave）だ。搭と三角屋根、出窓とベランダがとても目につくもので、かつてはカリフォルニア州知事ロバート・ウォーターマンの邸宅であった。1ブロック北の**ティムキン・ハウス Timkin House**も有名だ。

今も昔も住人たちのお気に入りは、フロント・ストリートとブラント・ストリートに架かった375フィート（約114m）の吊橋、**スプルース・ストリート歩道橋 Spruce St Footbridge**を渡って深い渓谷を越える散歩コースだ。フォース・アベニューとサード・アベニューに架かる**クインス・ストリート橋 Quince Street Bridge**は1905年に造られた木製の構脚橋で、取り壊しが予定されていたがコミュニティの激しい反対に応えて1988年に修復された。

ワシントン・ストリートとインディア・ストリートの角には、かつて**インディア・ストリート・アート・コロニー India Street Art Colony**として知られていた平屋の建物がある。1970年代に建築家兼アーチストのラウール・マーキスがオープンし、当時はスタジオ、輸入品店、シアターを兼ねていた。現在はすばらしいカフェや一級店を低価格で提供するレストランとなっている。

アップタウンの中心地は**ヒルクレスト Hillcrest**（4thアベニューと5thアベニュー沿いを走るバス1番、3番、25番がダウンタウンとの間を結んでいる）で、サンディエゴ初の郊外不動産開発地だ。周囲にはアービング・ギルやウイリアム・テンプルトン・ジョンソンなど、20世紀初頭のサンディエゴでもっとも知られていた建築家の作品が多数ある。地中海建築やスパニッシュ・ミッション建築、アーツ・アンド・クラフツ運動の影響を受けた家も目につく。だが、ヒルクレストの一番の目玉は活気あるストリートだ。ここはサンディエゴのゲイとレズビアンが集うコミュニティの中心地なのだ。

まず、最初は5thアベニュー沿いにあり、ユニバーシティ・アベニューUniversity Aveにかぶさる**ヒルクレスト・ゲートウェイ Hillcrest Gateway**から見ていこう。ユニバーシティ・アベニューとワシントン・ストリートの間、5thアベニュー沿いのゲートウェイから程近い所に、カラフルでポストモダンな建物**ビレッジ・ヒルクレスト・センター Village Hillcrest Center**がある。中には**マルチプレックスシネマ multiplex cinema**（☎619-299-2100）やレストラン、商店のほかに、さまざまな種類の新聞を販売している**ニュース・エトセトラ News Etc**がある。ユニバーシティ・アベニューを東に向かった535番地には、まさにキッチュともいえる建築スタイルを持つ1928年築のヒルクレストの商業ビル、**カーン・ビルディング Kahn Building**がある。5thアベニューを南に向かうとさまざまな書店が並び、多くが出版業界の主流から外れた本を豊富に揃えている。

ヒルクレストの**ファーマーズマーケット farmers market**（**⌂**5th Ave cnr Normal & Lincoln Sts **◎**日9:00〜13:00）は人間ウォッチングと新鮮な食品を買うのに絶好。

ポイント・ロマ
Point Loma

ポイント・ロマの南端、サンディエゴ湾の入口に垂れ下がっているようにみえる半島部分に、サンディエゴでもっとも歴史にあふれ美しい景色の見られる場所、**カブリヨ国定記念物 Cabrillo National Monument**（ダウンタウンからバス26番 **圏**車1台につき＄4、バイクまたはバス＄2 **◎**9:00〜17:00）がある。サンディエゴでコククジラの移動（1〜3月）が地上からもっともよく見ることのできる場所だ。史跡にある**ビジターセンター visitor center**（☎619-557-5450 **◎**9:00〜17:15）には、ポルトガル人探検家ファン・ロドリゲス・カブリヨの探検を紹介するすばらしい展示があり、よくわかる地

域の自然史と野生生物の展示もある。岬に建つ1854年築の灯台**オールド・ポイント・ロマ・ライトハウス Old Point Loma Lighthouse**は、典型的な19世紀後半の灯台の調度品を備えており、数百個の貝殻で彩られた手作りのランプや額縁は、長く孤独な夜を耐えた灯台守たちの生活を思い描かせる。岬の海に近い辺りには**タイドプール（潮だまり）**があり、車か徒歩で行くことができる。イソギンチャクやヒトデ、カニ、巻貝、ウミトサカ（細い管状の海藻）などを観察できる。

サンディエゴの最初の漁船はポイント・ロマを拠点として活動しており、19世紀には捕鯨船が鯨油を取るためにクジラの死骸を海岸まで運んできていた。1860年代に中国人漁師たちが岬の港近辺に住み着いたが、1888年アメリカ議会は地域への市民権を持たない者の立ち入りを禁じたスコット・アクトScott Actを成立させると、役人は国境水域外（沖合い30マイル＜約48km＞）での漁から戻ってきた中国人たちを待ち構え、港への再入港を認めずに中国人を追放した。約50年後、ポルトガル人の漁師一族がこの地に入植しコミュニティを誕生させ、同じ頃港の反対側ではイタリア移民たちが暮らし始めた。ポイント・ロマで暮らす人たちにはポルトガルの血を引いている人たちが多く、**ポルトギーズ・ホール Portuguese Hall**は現在でも人々の活動拠点となっている。

ポイント・ロマと本土をつなぐ**ロマ・ポータル Loma Portal**の干潟は、チャールズ・リンドバーグがスピリット・オブ・セント・ルイス号Spirit of St Louisを試験飛行する際の臨時滑走路とされた。翌年、常設空港が建設され、リンドバーグ・フィールドと名づけられた。現在では大幅に拡張され、サンディエゴ国際空港として知られている。

オーシャン・ビーチ
Ocean Beach

タトゥーを入れたり、アンティークを買ったり、靴やシャツを脱いだままでレストランに行ったりと、サンディエゴでもっとも自由奔放な雰囲気のあるビーチコミュニティだ。ビーチからまっすぐに延びる**ニューポート・アベニュー Newport Ave**がもっともにぎわっている。バー、サーフショップ、ミュージックショップ、古着屋などが小さなブロックに集まっており、4800番地から4900番地には数件のアンティーク委託販売店がある。バス23番がオーシャン・ビーチとダウンタウンを結んでいる。

半マイル（約800m）のオーシャン・ビーチ桟橋は魚釣りと散歩に良い場所だ。ピアの北側、ニューポート・アベニューの端には、ビーチシーンの中心地であるバレーボールコートとバーベキューグラウンドがある。その北側の**ドッグ・ビーチ Dog Beach**では、サンディエゴ川が海につながる湿地の周囲を、リードを外された犬が自由に鳥を追いかけて走り回っている。ピアの数ブロック南は、夕陽とサーファーを見る人たちが集まる**サンセット・クリフス公園 Sunset Cliffs Park**だ。

クリフス公園付近と南のポイント・ロマの周囲はサーフィン向きのスポットだ。ピアの下ではサーフィン上級者たちが杭の周りでスラロームをしている。腕が立つ者以外は危険な離岸流に気をつけるように。

水曜の午後にこの地を訪れるのなら、オーシャンビーチ・**ファーマーズマーケット farmers market**（❏水 16:00〜19:00、6〜9月 16:00〜20:00）に立ち寄り、ストリートパフォーマンスと新鮮な食べ物を味わっていこう。

コロナド
Coronado

人口2万8500人が密集して暮らしているコロナドは、軍関係者の家族、年配の引退者、リゾートホテルの従業員が暮らす手入れの行き届いた小ぎれいな街だ。サンディエゴのダウンタウンと湾を挟んで向かいあっており、行政上ダウンタウンとは別の管轄で、その雰囲気と環境をしっかりと守っている。

2.12マイル（約3.41km）の壮大な**コロナド・ベイ・ブリッジ Coronado Bay Bridge**（1969年完成）がコロナドと本土を結んでおり、長く細いシルバーストランド大通りSilver Strandが砂の間を南のインペリアル・ビーチImperial Beachまで走っている。実際には島ではないがしばしばコロナド島と呼ばれ、地元の人たちは「ザ・ロック」と呼ぶ。大きな**ノースアイランド海軍基地North Island Naval Air Station**が、かつては島であったこの地の大部分を占めている。

ホテル・デル・コロナド Hotel del Coronadoは1888年にエリシャ・バブコックとハンプトン・ストーリーによって建設され、街の中心に位置した人目を引くニューリゾートだったが、1900年に倒産した。サンディエゴ最初の鉄道の出資者でもある億万長者、ジョン・D・スプレケルズがコロナドを購入すると、島全体をウエスト・コーストでももっともファッショナブルなリゾート地に変身させた。

インフォメーション

コロナド観光局 Coronado Visitors Bureau（☎619-437-8788 ❏www.coronadovisitor.com ⌂1047 B Ave ❏月〜金 9:00〜17:00、土 10:00〜17:00、

日11:00〜16:00）で情報が入手できる。火・木・土曜の11:00に**グロリエッタ・ベイ・イン Glorietta Bay Inn**（🏠1630 Glorietta Blvd）から出発する徒歩ツアー（＄6）も開催しており、90分のツアーはコロナドの多数のハイライトを回る。

コロナドに渡る橋の通行料は＄1だが、ドライバー以外に同乗者のいる車は通行無料。バス901番、902番、903番がダウンタウンからオレンジ・アベニュー Orange Aveを通ってホテル・デル・コロナドまで走っている。

コロナド行きのフェリーは、サンディエゴのBストリート・ピアB St Pierから毎時0分に出航しており、コロナドからBストリート・ピア行きの便は毎時30分に出航する。乗船時間は15分で料金＄2。**サンディエゴ・ウォーター・タクシー San Diego Water Taxi**（☎619-235-8294）は電話リクエストに応えて本土とコロラド間を結ぶ交通機関で、10:00から22:00まで営業している（1人＄5）。コロナドのフェリー・ランディング・マーケットプレイス Ferry Landing Marketplaceでは自転車のレンタルをしている（1時間＄5）。フェリーに自分の自転車を持ち込む場合は料金50¢。ほかに電気自動車、コロナド・シャトル Coronado Shuttle（無料）に乗り、街を見て歩くこともできる。オールド・タウン・トロリー・ツアーはオレンジ・アベニューと11thストリートの交差点にあるアイリッシュパブ、マックピーズ Mc P's の前に停車する。

ホテル・デル・コロナド
Hotel del Coronado

ホテル・デル（☎619-435-6611、800-468-7337）としてもよく知られており、とても愛されているサンディエゴの建物の1つ。建築学的には円錐形の搭、キューポラ、小塔、バルコニー、屋根窓を備えたかなり突飛なデザインだ。すべて木造で、洞穴のような大きな共用空間は鉄道駅のデザインを行っていた建築家、ジェイムズとメリット・リードの系譜を反映している。磨きあげられた木材が大量に使用されており、内装に温かみと懐かしさを与えている。

すぐにロマンスに発展したわけではないが、デルは1920年にエドワード（のちのウェールズ皇太子）とシンプソン夫人（のちのスペンサー夫人）が初めて出会った場所だ。ほかにも多くのアメリカ大統領や高官がこのホテルに滞在しており、写真や記念品がホテルのヒストリー・ギャラリーに飾られている。ホテル・デルがもっとも広く世間に知られたのが、1959年の映画『お熱いのがお好き Some Like It Hot』で、ホテルはマリリン・モンローとの永遠の関係を手に入れた。ロビー・ショップからスタートす

るカセットテープを聞きながらの自分で回るツアー（＄3）または日曜を除き10:00、11:00、13:00に行われるガイド付のツアー（ホテル宿泊客＄10 それ以外＄15）をおすすめする。ここには興味深い幽霊話もある。かつて片思いに悩んでいた女性が失恋してしまったのだが、彼女は失恋したその部屋のテレビ画面に今でも静かに現れるというのだ。

詳細は「宿泊・食事」を参照。

ミッション・ベイ
Mission Bay

18世紀、サンディエゴ川があふれ出した際には浅瀬を形成し、それ以外のときに湿地を形成することから、スペイン人たちはその地をフォールス・ベイ False Bayと名づけた。第2次世界大戦の後、先見の明を持つ都市計画と高い技術の海岸工学により、湿地は27マイル（約43km）の海岸線と90エーカー（36ha）の公園を持つ7平方マイル（約18km²）の行楽地とされた。公債を資金源とし、軍の工学知識を使用した工事により川は海へとつながれ、ベイは水底をさらった数万トンの泥を使用し、島と入り江、半島が造られた。建設された島の4分の1はホテルやボート小屋、別のビジネスにも貸し出され、都市の継続的な財源となっている。

ミッション・ベイのアトラクションは高級リゾートホテルから無料のアウトドアアクティビティまで、全領域に渡っている。凧揚げはミッション・ベイ公園で人気があり、ビーチバレーが人気のフィエスタ島 Fiesta Islandには、数マイルにわたる長さの平地のサイクリングとインラインスケートの楽しいコースもある。ミッション・ベイ北西部の海辺はヨット、ウインドサーフィン、カヤックのメッカで、フィエスタ島ではウォータースキーが盛んに行われている。用具のレンタルについては後出「アクティビティ」を参照。

アドレナリンが飛び出すような刺激的なものではないが、外車蒸気船に扮した水上バー、**バヒア・ベル Bahia Belle**（☎858-539-7779 🏠998 West Mission Bay Dr 🎫大人＄6 特別割引＄4）に乗船するのは楽しい体験だ。クルーズは1年を通じ週末、6月には水曜から日曜、7月と8月は毎日、カタマラン Catamaranとバヒア Bahiaの2つのリゾートホテルを結んでいる。ディナークルーズ、サンセットクルーズ、ナイトクルーズもある。

シーワールド
SeaWorld

1964年開業のシーワールド（☎619-226-3901

ミッション・ベイ＆ビーチ

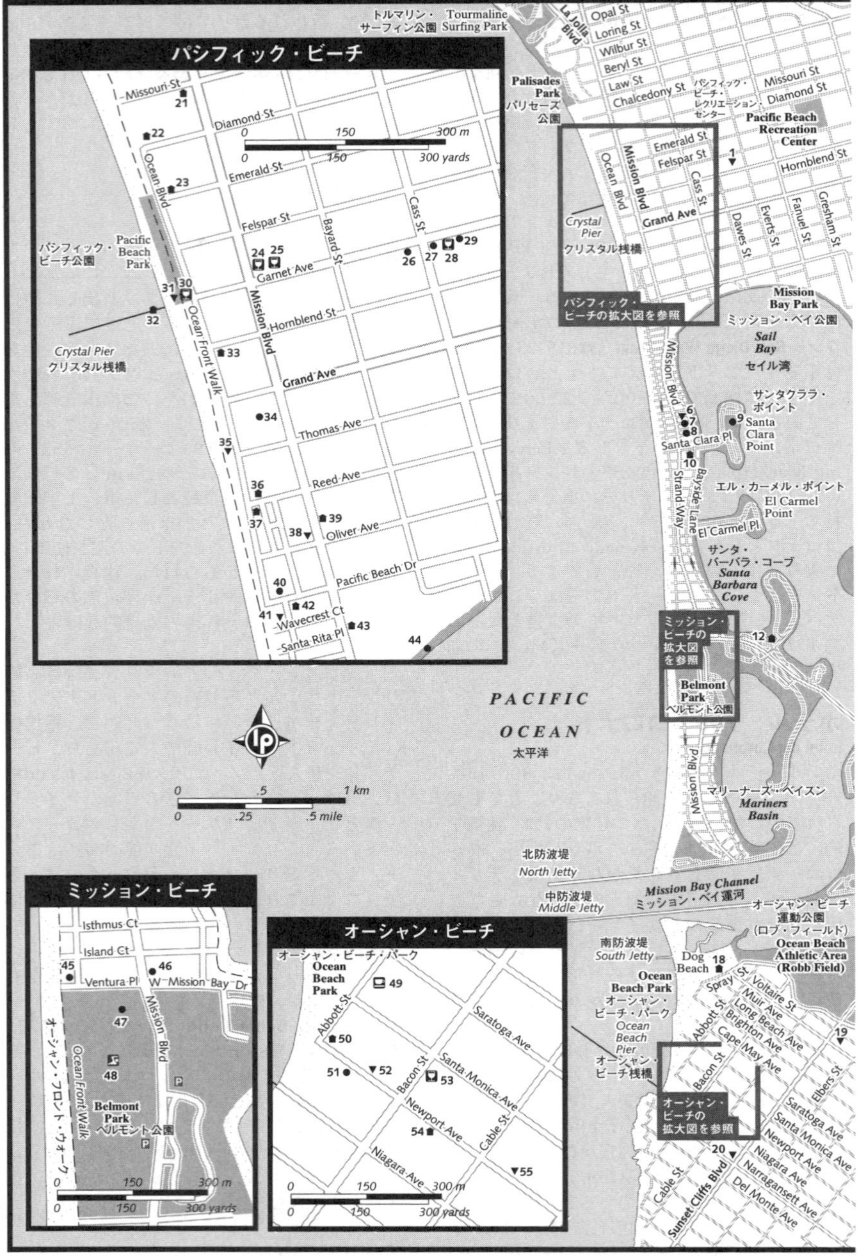

トルマリン・サーフィン公園 Tourmaline Surfing Park
La Jolla Blvd
Opal St
Loring St
Wilbur St
Beryl St
Law St
Chalcedony St
Missouri St
Diamond St
パシフィック・ビーチ・レクリエーション・センター
Pacific Beach Recreation Center
Palisades Park パリセーズ公園
Emerald St
Felspar St
Hornblend St
Mission Blvd
Ocean Blvd
Cass St
Grand Ave
Dawes St
Everts St
Fanuel St
Gresham St
Crystal Pier クリスタル桟橋
パシフィック・ビーチの拡大図を参照
Mission Bay Park ミッション・ベイ公園
Sail Bay セイル湾
サンタクララ・ポイント
Santa Clara Point
Santa Clara Pl
Bayside Lane
Strand Way
エル・カーメル・ポイント
El Carmel Point
El Carmel Pl
サンタ・バーバラ・コーブ
Santa Barbara Cove
ミッション・ビーチの拡大図を参照
Belmont Park ベルモント公園
PACIFIC OCEAN
太平洋
マリーナーズ・ベイスン
Mariners Basin
北防波堤 North Jetty
中防波堤 Middle Jetty
Mission Bay Channel ミッション・ベイ運河
オーシャン・ビーチ運動公園（ロブ・フィールド）
Ocean Beach Athletic Area (Robb Field)
南防波堤 South Jetty
Dog Beach
Ocean Beach Park オーシャン・ビーチ・パーク
Ocean Beach Pier オーシャン・ビーチ桟橋
オーシャン・ビーチの拡大図を参照
Spray St
Voltaire St
Muir Ave
Long Beach Ave
Brighton Ave
Cape May Ave
Abbott St
Bacon St
Elbers St
Saratoga Ave
Santa Monica Ave
Newport Ave
Niagara Ave
Narragansett Ave
Del Monte Ave
Cable St
Sunset Cliffs Blvd
0 .5 1 km
0 .25 .5 mile
パシフィック・ビーチ
Missouri St
Diamond St
Emerald St
Felspar St
Garnet Ave
Hornblend St
Grand Ave
Thomas Ave
Reed Ave
Oliver Ave
Pacific Beach Dr
Wavecrest Ct
Santa Rita Pl
Bayard St
Cass St
Mission Blvd
Ocean Blvd
Ocean Front Walk
パシフィック・ビーチ公園 Pacific Beach Park
Crystal Pier クリスタル桟橋
0 150 300 m
0 150 300 yards
ミッション・ビーチ
Isthmus Ct
Island Ct
Ventura Pl
W Mission Bay Dr
Mission Blvd
オーシャン・フロント・ウォーク Ocean Front Walk
Belmont Park ベルモント公園
0 150 300 m
0 150 300 yards
オーシャン・ビーチ
オーシャン・ビーチ・パーク Ocean Beach Park
Abbott St
Saratoga Ave
Santa Monica Ave
Bacon St
Newport Ave
Cable St
Niagara Ave
0 150 300 m
0 150 300 yards

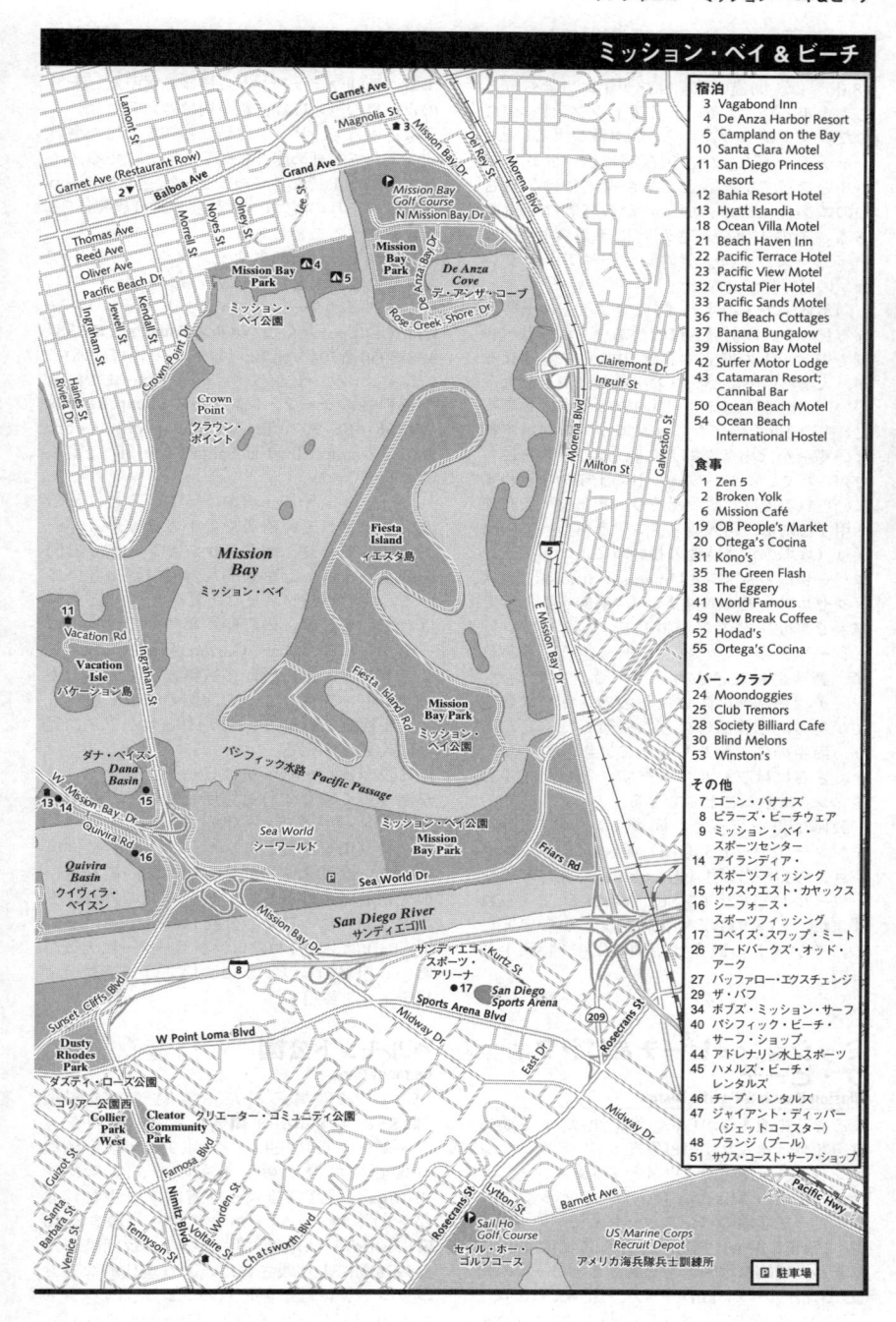

ミッション・ベイ＆ビーチ

宿泊
- 3 Vagabond Inn
- 4 De Anza Harbor Resort
- 5 Campland on the Bay
- 10 Santa Clara Motel
- 11 San Diego Princess Resort
- 12 Bahia Resort Hotel
- 13 Hyatt Islandia
- 18 Ocean Villa Motel
- 21 Beach Haven Inn
- 22 Pacific Terrace Hotel
- 23 Pacific View Motel
- 32 Crystal Pier Hotel
- 33 Pacific Sands Motel
- 36 The Beach Cottages
- 37 Banana Bungalow
- 39 Mission Bay Motel
- 42 Surfer Motor Lodge
- 43 Catamaran Resort; Cannibal Bar
- 50 Ocean Beach Motel
- 54 Ocean Beach International Hostel

食事
- 1 Zen 5
- 2 Broken Yolk
- 6 Mission Café
- 19 OB People's Market
- 20 Ortega's Cocina
- 31 Kono's
- 35 The Green Flash
- 38 The Eggery
- 41 World Famous
- 49 New Break Coffee
- 52 Hodad's
- 55 Ortega's Cocina

バー・クラブ
- 24 Moondoggies
- 25 Club Tremors
- 28 Society Billiard Cafe
- 30 Blind Melons
- 53 Winston's

その他
- 7 ゴーン・バナナズ
- 8 ビラーズ・ビーチウェア
- 9 ミッション・ベイ・スポーツセンター
- 14 アイランディア・スポーツフィッシング
- 15 サウスウエスト・カヤックス
- 16 シーフォース・スポーツフィッシング
- 17 コベイズ・スワップ・ミート
- 26 アードバークズ・オッド・アーク
- 27 バッファロー・エクスチェンジ
- 29 ザ・バフ
- 34 ボブズ・ミッション・サーフ
- 40 パシフィック・ビーチ・サーフ・ショップ
- 44 アドレナリン水上スポーツ
- 45 ハメルズ・ビーチ・レンタルズ
- 46 チープ・レンタルズ
- 47 ジャイアント・ディッパー（ジェットコースター）
- 48 プランジ（プール）
- 51 サウス・コースト・サーフ・ショップ

サンディエゴ－ミッション・ベイ＆ビーチ

サンディエゴ・エリア

サンディエゴ − ミッション・ビーチ＆パシフィック・ビーチ

Ｗ　www.seaworld.com/sea world/ca　大人＄43 子供＄33　夏 9:00〜23:00、それ以外 10:00〜18:00）は、間違いなくサンディエゴでもっともよく知られ、人気のあるアトラクションの1つだ。ダウンタウンからバス9番が出ている。シャチのシャムーは、現在都市の非公式シンボルとなっている。とても商業的ではあるものの娯楽性に富み、いくらか教育的な部分もある。その人気の高さが時に不都合を生じ、ハイシーズンには人気のショーやアトラクションに長い列ができる。

通常料金で入場すれば1日でかなりの出費となるだろう。割引券も幾つかあり、ホームページでチケットを購入すれば10％引きにはなるが、入場料以外にかなりの出費を覚悟したほうがいい。駐車場は＄7、園内での食事代も高く（公園入口近くのピクニックエリアを利用すればいくらかは出費を抑えられるが）、あちこちで売られているシーワールドの土産物を買わずにいられる人はわずかだろう。チケットを有効活用するには、再入場スタンプをもらっての出入り（夏場の営業時間の長い時によい）や、ユニバーサル・スタジオUniversal Studios（ロスアンゼルス）との共通券、＄4追加するだけで購入できる2日券などがおすすめだ。

シーワールドのハイライトはいろいろあるが、調教されたイルカやアザラシ、アシカ、シャチなど、海の生き物たちのショーは見応えがある。水族館のような施設もたくさんあり、海中の生き物たちを見て、学ぶことができ、さらにはプールですべすべとしたイルカやマンタに触ることもできる。

公園は車で行っても簡単に見つけられる。インターステート5（I-5）をI-8とのジャンクションの1マイル弱（約1.6km）北側にあるシーワールド・ドライブSea World Drで下りればよい。バス9番がダウンタウンから出ている。チケットの販売は閉園時間の1時間半前まで。

ミッション・ビーチ＆パシフィック・ビーチ
Mission Beach & Pacific Beach

まるで巡礼地さながらに、海に沈む夕日を眺め歓声を挙げる人々が毎日集まっている。ミッション・ビーチ南端のサウス・ミッション・ジェティーSouth Mission Jettyから、パシフィック・ビーチ北端のパシフィック・ビーチ・ポイントPacific Beach Pointまでは、いかにもカリフォルニア的な雰囲気を充満させたビーチの光景が3マイル（約5km）にわたって続いている。浜辺沿いの遊歩道、**オーシャン・フロント・ウォーク Ocean Front Walk**は、1年を通じてジョギング、インラインスケート、サイクリングを楽しむ人々で込みあっていることが多く、サンディエゴの人間ウォッチングに最適の場所だ。天気の良い夏の週末には、駐車場は考えられないような込み方で、ビーチは端から端まで日光浴をする人たちで埋め尽くされる。南北に走るメインストリートであるミッション大通りMission Blvdはあまりの混雑に手を焼いた警察が時に通行止めにすることもある。

街を回るには自転車やインラインスケートがおすすめだ。どちらもミッション・ビーチのジェットコースター、ジャイアント・ディッパー Giant Dipper近くの**ハメルズ Hamel's**（☎858-488-5050　704 Ventura Place）や、自転車やインラインスケートからベビージョガーまで揃った低料金の**チープ・レンタルズ Cheap Rentals**（☎858-488-9070　Ｗ　www.cheaprentals.com　3685 Mission Blvd at Santa Clara St）で借りることができる。

ミッション・ビーチを下っていくと、夏の間貸し出されている多くの小さな家やアパートが並んでおり、海とミッション・ベイの間の細長い土地には享楽的な雰囲気が渦巻いている。北のパシフィック・ビーチ（PBとも呼ばれている）は、内陸側が華やかで、特にガーネット・アベニューGarnet Ave沿いにバー、レストラン、古着屋が多数集まっている。ガーネット・アベニューの海側の端にあるクリスタル桟橋Crystal Pierは釣りとサーフィン見物に人気の場所だ。

ミッション・ビーチはビーチブレーク（波が海岸近くでくずれる場所）なので、初心者サーファーやボディーボード、ボディーサーフィン（用具を使わないサーフィン）に向いている。クリスタル桟橋近辺は波が高く速いので初心者には厳しい。ビーチ北の外れ、トルマリン・サーフィン公園Tourmaline Surfing Parkは、とりわけロングボーダーに人気が高い。用具のレンタルについては「アクティビティ」を参照。

ベルモント公園
Belmont Park

1925年に建てられた家族向けの遊園地（☎858-488-0668　無料）で、ミッション・ビーチの中央にある。1990年代中頃取り壊しの危機に瀕したものの、プランジPlungeと呼ばれる大きな室内プールと昔ながらの木製ジェットコースター（＄3.50　11:00〜）は地域住民たちの一致団結した反対運動により残された。より現代的なアトラクションには子供たちのプレイグラウンドであるパイレーツ・コブPirates Coveや、テレビゲームとバーチャルリアリティ技術を

組み合わせたベンチャラーII Venturer IIなどがある。ほかにビーチウェアの店やバー、食事ができる場所などもある。ベルモント公園は入場無料で、アトラクションごとに料金を支払う。

ラ・ホーヤ
La Jolla

美しく整備された公園、白砂の入り江、高級ブティック、深く澄んだ青色の水を見下ろす断崖の上という完璧な地形、ここに来ればラ・ホーヤという名前がスペイン語の「宝石」からきていると言われる理由がすぐわかるだろう。実際には、1万年前から19世紀中頃までこの地に暮らしていたネイティブ・アメリカンたちの言葉「ムト・ラ・ホヤ、ラ・ホヤ mut la Hoya, la Hoya」(たくさんの入り江のある場所)からこの名がついた。由来はともあれ、「ラ・ホイヤ (la **hoy**-ya)」と発音されるこの地域ではすてきな1日が過ごせる。バス34番がオールド・タウン・トランジット・センター経由でラ・ホーヤとダウンタウンを結んでいる。

1880年代から宅地化されていたが、1897年に新聞社の女相続人、エレン・ブロウニング・スクリップスが移り住んで来ると開発は加速した。スクリップスはプロスペクト通り沿いのほとんどの土地を買収すると、その後さまざまな用途の公共地として寄贈した。**ビショップズ・スクール Bishop's School**(cnr Prospect St & La Jolla Blvd)や**ラ・ホーヤ・ウーマンズ・クラブ La Jolla Woman's Club**(715 Silverado St)などの地元施設をサポートしただけではなく、アーヴィン・ギルにそれらの建物の設計を任せ、橋やコロネードと呼ばれる回廊、パームツリー、赤いタイル屋根、青白いしっくいといった質素な地中海風スタイルが地域のスタイルに加えられることとなった。

周囲はカリフォルニア大学サンディエゴ校の本拠地となっており、幾つかの有名な研究施設と、インターステート5、インターステート805、ハイウェイ52に囲まれたゴールデン・トライアングルと呼ばれる新興高級住宅街がある。インターステート5から見える超近代的な教会は、1993年に完成したモルモン教の寺院だ。

ラ・ホーヤ・ダウンタウン
Downtown La Jolla

三方を海に囲まれた、断崖の上に立つ小さなエリア。窓やビルの合間から遠くに青い太平洋を垣間見ることができるが、ダウンタウンと太平洋にあまりつながりはない。中心となる大通りのプロスペクト通りとジラード・アベニューGirard Aveはレストラン、ラグ(洋服)、リアル・エステート(不動産)の「スリーR」の場所として知られている。ラ・ホーヤはサンディエゴで一番の高級ショッピング地域で、ギャラリーでは絵画や彫刻のほかに装飾的な品々が売られており、ウォール・ストリートWall Stのハーシェル・アベニューHerschel Ave寄りにはバナナ・リパブリックBanana Republicやアルマーニ・エクスチェンジArmani Exchange、サックス・フィフス・アベニューの間に多数の小さなブティックが集まっている。代替療法の権威、ディーパック・チョプラの**センター・フォー・ウェル・ビーイング Center for Well Being**(☎858-551-7788 7630 Fay Ave)には、世界中から健康に強い関心を示す人々が集まる。

古きラ・ホーヤを訪ねたければ、プロスペクト通り沿いを北西に向かおう。**ジョン・コールズ・ブックショップ John Cole's Bookshop**(☎858-454-4766 780 Prospect St)はかつてエレン・ブロウニング・スクリップスが所有していたコテージ内にあり、アーヴィン・ギルが改装のデザインを担当した建物だ。角を曲がった所にある**ラ・ホーヤ・ヒストリカル・ソサエティー La Jolla Historical Society**(☎858-459-5335 Eads Ave 火~木 12:00~16:30)には古い写真、昔の水着、救命ブイなどのビーチにまつわる思い出の品がある。さらにプロスペクト通りを北西に進むと、ラ・ホーヤのレクリエーションの中心地でありビショップ・スクールでもある、セント・ジェームス・エピスコパル教会St James Episcopal Churchがある。すべて20世紀初期に建てられた建物だ。

現代美術館 Museum of Contemporary Art(☎858-454-3541 700 Prospect St $4、第1火曜・第3日曜無料 水曜休館、冬 11:00~17:00、夏の月~金および1年を通じて木曜 11:00~20:00)では世界的な展示が行われている。1916年、エレン・ブロウニング・スクリップスの住居としてアーヴィン・ギルにデザインされた建物で、フィラデルフィア生まれのポストモダン建築家ロバート・ヴェンチューリにより改装され、アンディ・ゴールズワージーの彫刻が正面に飾られている。

シルバラード・ストリートSilverado Stを東へジラード・アベニューGirard Aveまで進んでみよう。服飾業界トップブランドの最新作がずらりと並んでおり、ウォール・ストリートとの角には音楽とアートに関するライブラリー、**アテネウム・ミュージック&アーツライブラリー Athenaeum Music & Arts Library**がある。ここでは音楽とアートにまつわる小さな展示を見ることができ、世界中の新聞を読むこともできる。

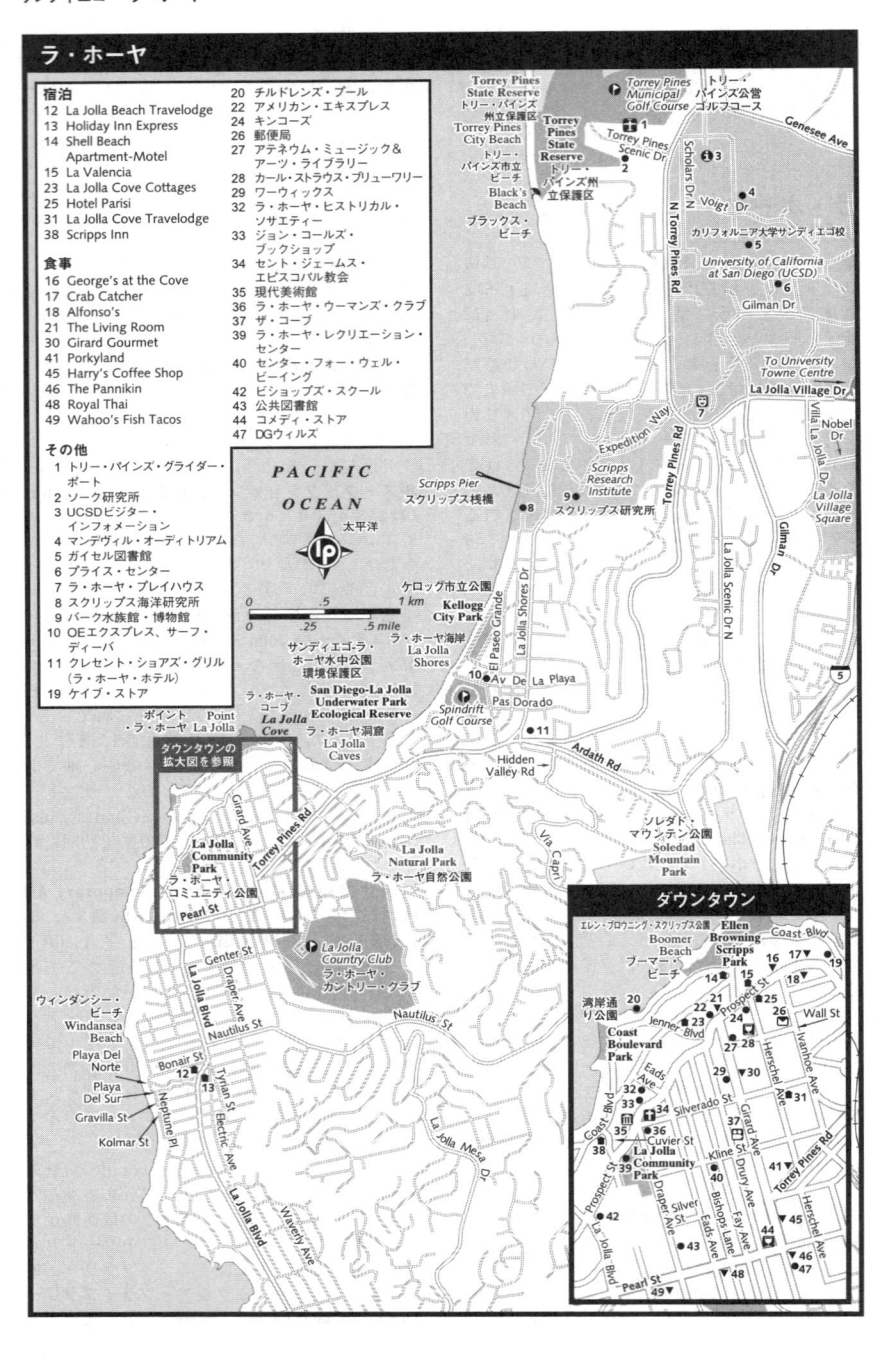

ラ・ホーヤ

宿泊
- 12 La Jolla Beach Travelodge
- 13 Holiday Inn Express
- 14 Shell Beach Apartment-Motel
- 15 La Valencia
- 23 La Jolla Cove Cottages
- 25 Hotel Parisi
- 31 La Jolla Cove Travelodge
- 38 Scripps Inn

食事
- 16 George's at the Cove
- 17 Crab Catcher
- 18 Alfonso's
- 21 The Living Room
- 30 Girard Gourmet
- 41 Porkyland
- 45 Harry's Coffee Shop
- 46 The Pannikin
- 48 Royal Thai
- 49 Wahoo's Fish Tacos

- 20 チルドレンズ・プール
- 22 アメリカン・エキスプレス
- 24 キンコーズ
- 26 郵便局
- 27 アテネウム・ミュージック＆アーツ・ライブラリー
- 28 カール・ストラウス・ブリューワリー・ワーウィックス
- 29
- 32 ラ・ホーヤ・ヒストリカル・ソサエティー
- 33 ジョン・コールズ・ブックショップ
- 34 セント・ジェームス・エピスコパル教会
- 35 現代美術館
- 36 ラ・ホーヤ・ウーマンズ・クラブ
- 37 ザ・コーブ
- 39 ラ・ホーヤ・レクリエーション・センター
- 40 センター・フォー・ウェル・ビーイング
- 42 ビショップズ・スクール
- 43 公共図書館
- 44 コメディ・ストア
- 47 DGウィルズ

その他
- 1 トリー・パインズ・グライダー・ポート
- 2 ソーク研究所
- 3 UCSDビジター・インフォメーション
- 4 マンデヴィル・オーディトリアム
- 5 ガイセル図書館
- 6 プライス・センター
- 7 ラ・ホーヤ・プレイハウス
- 8 スクリップス海洋研究所
- 9 バーク水族館・博物館
- 10 OEエクスプレス、サーフ・ディーバ
- 11 クレセント・ショアズ・グリル（ラ・ホーヤ・ホテル）
- 19 ケイブ・ストア

海岸地帯
The Coast

ダウンタウンから坂を下っていくと、荒々しいがすがすがしい海岸地帯に出る。ビーチすぐ脇のエリアは個人所有地となっており入場できず、駐車場もかなり少ないものの、海岸線沿いにはすばらしい半マイル（約0.8km）の歩道がある。

歩道の西側の始まりには**チルドレンズ・プール Children's Pool**があり、防波堤（予想に違わずエレン・ブローニング・スクリップスの出資により建てられた）が高波からビーチを守っている。

もともと子供たちが安全に遊べるように造られたビーチだが、現在ではアシカたちに大人気で、海岸線に寝そべる彼らを間近に観察するのにもってこいの場所だ。チルドレンズ・プールの東はラ・ホーヤ唯一の「高層ビル」、60年代中期に建設された悪名高い**939コースト・ビル939 Coast Building**が建っている。インターステート5以西に30フィート（約9m）以上の高さの建築物を造ってはならないという、現在のラ・ホーヤの建築基準がつくられた原因となったビルだ。ポイント・ラ・ホーヤ Point La Jollaの頂、歩道の東の端には、パームツリーの立ち並ぶ一面に芝生が広がる美しい公園、**エレン・ブローニング・スクリップス公園 Ellen Browning Scripps Park**があり、北側のラ・ホーヤ・コーブ La Jolla Coveを見下ろすことができる。コーブの愛らしい小さなビーチからはシュノーケリングのベストスポットへ行くことができ、荒波での水泳も人気だ。

ポイント・ラ・ホーヤの北からスクリップス桟橋（北側に見えている）までの白いブイが浮いている沖合い地域にはケルプの森やユニークなリーフ、海底渓谷があり、さまざまな海の生物の保護区**サンディエゴ・ラ・ホーヤ水中公園 San Diego-La Jolla Underwater Park**として指定されている（詳細は「アクティビティ」の「スキューバダイビング」を参照）。コーブ東の砂岩の断崖には、波によりできた一連の洞窟がある。もっとも大きな洞窟はサニー・ジム・ケイブ Sunny Jim Caveで、＄2を支払い**ケイブ・ストア The Cave Store**（☎858-459-0746 📍1325 Cave St 🕘9:00～17:00）から入ることができる。

サーフィンとサーフィン見物に絶好の場所が、ダウンタウンの2マイル（約3km）南にある（ラ・ホーヤ大通りを南へ行きノーチラス・ストリート Nautilus Stを西へ進む）**ウィンダンシー・ビーチ Windansea Beach**だ。絶え間なくやって来る波（パワフルなリーフブレークで、初心者には向かない）は中～低潮時が一番だ。すぐ南のパロマ・ストリート寄りには、ハワイパイプラインのカリフォルニア版、**ビッグ・ロック Big Rock**があり、急で深く、厳しいチューブができる。沖合いから突き出たリーフの塊がこの名の由来で、干潮時にはタイドプールで自然観察ができる。

ラ・ホーヤ海岸
La Jolla Shores

ラ・ホーヤ・コーブ北東の「ショアーズ」と呼ばれるこの地域は、ラ・ホーヤの断崖が北のデル・マー（「サンディエゴ周辺」の「ノース・カウンティ・コースト」を参照）まで続く広い砂質のビーチに接する所だ。基本的には住宅街だが、海岸地帯には会員制の**ラ・ホーヤ・ビーチ＆テニスクラブ La Jolla Beach and Tennis Club**（ラ・ホーヤ・コーブからオレンジ色のタイル屋根が見える）と、家族向きのビーチサイドの公園**ケロッグ市立公園 Kellogg City Park**がある。ビーチへはトリー・パインズ通り Torrey Pines Rdからラ・ホーヤ海岸ドライブ La Jolla Shores Drを北へ向かい、アベニュー・デ・ラ・プレーヤ Ave de la Playaを西方面へ曲がる。このあたりの波は穏やかで初心者サーファーにも向いており、浜辺から海へカヤックを出すのも簡単だ。

カウンティ内でも最高の部類に入るビーチは、ソーク研究所 Salk Instituteからトリー・パインズ州立保護区 Torrey Pines State Reserveまでの海岸線に及ぶ。**トリー・パインズ市立公園 Torrey Pines City Park**内のショアーズ北部にある。大規模な干潮時（年に約2回）には、ショアーズの北からデル・マーまで海岸線を歩いて行くことができる。トリー・パインズ・シーニック・ドライブ Torrey Pines Scenic Drの端にある**トリー・パインズ・グライダー・ポート Torrey Pines Glider Port**からは、断崖から吹き上がる海風に乗りハンググライダーやパラグライダーで飛び立つことができる。タンデムフライト（2人乗り）で醍醐味を味わうことも可能だ。その下の**ブラックス・ビーチ Black's Beach**は水着着用となっているものの実際にはヌーディストビーチで、ゲイの男性に人気のビーチだ。

スクリップス海洋研究所
Scripps Institution of Oceanography

1910年と早くから海洋科学者たちはこの地で研究を進めており、スクリップス家からの寛大な援助を受けて世界でも有数の海洋研究所となった。現在はカリフォルニア大学サンディエゴ校の一部となっており、その桟橋はラ・ホーヤ沿岸のランドマークとなっている。

Nトリー・パインズ通りN Torrey Pines Rdの北にある、スクリップス海洋研究所（SIO）の公共教育プロジェクト、**バーク水族館・博物**

館 **Birch Aquarium-Museum**（☎858-534-3474 ●2300 Exhibition Way 大人＄8.50 特別割引＄5 ●9:00～17:00）は以前のスクリップス水族館Scripps Aquariumに取って代わり、海洋科学と生物のすばらしい展示を行っている。ホール・オブ・フィッシュHall of Fishesには30以上の水槽が並び、北米太平洋岸北西地区から熱帯地域までの海の環境が再現されている。ダウンタウンとラ・ホーヤからはバス34番が走っている。

SIOは民間の非営利生物医学研究組織**スクリップス研究所 Scripps Research Institute**（●10550 Torrey Pines Rd）とは別のものなので混同しないように。

ソーク研究所
Salk Institute

この生物学と生物医学の研究所（☎858-453-4100 内線1200 ●10010 N Torrey Pines Rd）はポリオワクチンの発見者ジョナス・ソークにより1960年に設立された。サンディエゴ・カウンティから27エーカー（約11ha）の土地の寄付を受け、小児麻痺救済募金運動マーチ・オブ・ダイムスMarch of Dimesからは資金提供を受け、建物のデザインはルイス・カーンが担当した。1965年に完成したこの建物は現代建築の傑作といわれている。古典的なバランスのトラバーチン（細かい穴のある大理石）の広場を持ち、立体派風の研究施設には反射ガラスが用いられ、太平洋の完璧な景色を映し出している。研究だけに打ち込める環境の揃ったこの研究所には、世界中から一流の科学者たちが集まっている。近年、カーンの信奉者ジャック・マカリスターにより研究施設の拡張が行われた。月～金曜の11:00と正午にボランティアガイドによるソーク研究所ツアーが行われている。バス41番と301番がNトリー・パインズ通りに沿って走っている。

トリー・パインズ州立保護区
Torrey Pines State Reserve

Nトリー・パインズ通りから海岸とトリー・パインズ・グライダー・ポートとデル・マー間の土地（☎858-755-2063 ●www.torreypine.org ●9:00～日没）は、石質で砂が多く雨の少ない環境に順応したアメリカ本土に残る最後の松トリー・パイン（学名：Pinus torreyana）自然林の保護地になっている。深い砂岩の溝が幾本も走るたいへん美しい場所で、海や、北にはオーシャンサイドOceansideが望め、特に夕暮れ時の美しさは格別だ。

保護区へと向かうメインロードは保護区北端のトリー・パインズ・シーニック・ドライブTorrey Pines Scenic Drで、Nトリー・パインズ通り（バス41番＆301番）とつながっている。シーニック・ドライブを進むと（ここでもやはり登場する）エレン・ブロウニング・スクリップスのロッジとして1922年に建てられた日干し煉瓦造りの質素な建物があり、現在では地域の動植物を展示している**ビジターセンター visitor center**（☎858-755-2063）となっている。週末の11:00と14:00には、自然保護官によるネイチャーウォークが行われている。

車で入場する場合、料金は駐車料と合わせて＄2で、チケット売り場が閉まっている時には駐車場の奥にある黄色い販売機で支払う。歩いての入場は無料。保護区内にはビーチへと続く曲がりくねったハイキングトレイルが幾つもある。ハイキングをするなら保護区近くのNトリー・パインズ通りの駐車場に車を止め、ブロークン・アロー・トレイルBroken Arrow Trail入口にあるトレイルマップの箱まで、舗装路を北西に歩いていこう。

カリフォルニア大学サンディエゴ校
University of California, San Diego

カリフォルニア大学のキャンパス、カリフォルニア大学サンディエゴ校は1960年に創立された。現在その生徒数は1万8000人を超え、とりわけ数学と科学を中心に高い評価を受けている。緩やかに起伏した海岸線の丘の上にあり、まるで公園のような環境にあるキャンパスには、香りの良い大きなユーカリの木がたくさん立っている。何より目につくのが**ガイセル図書館 Geisel Library**（正式名称は中央図書館 Central Library）だ。逆ピラミッド型をしたガラスとコンクリート製の建築物で、その名は「キャット・イン・ザ・ハットCat in the Hat」の作者、ドクター・スースとしてよく知られるセオドア・ガイセルからとられた。ガイセルと彼の妻はこの図書館に多大な寄贈をしており、1階にはガイセルの絵と本のコレクションがある。

アレクシス・スミス作の寓意的なヘビが、図書館2階の東側からカリフォルニアの植物が飾られた庭を越え、大理石で作られた巨大なジョン・ミルトンの「失楽園Paradise Lost」までうねうねと這っている。この作品はキャンパス内に点在する屋外彫刻作品**スチュアート・コレクション Stuart Collection**の一部だ。ほかにはニキ・ド・サンファルの「サン・ゴッドSun God」やブルース・ナウマンの「悪徳と美徳Vices & Virtues」（悪徳、美徳それぞれを意味する7つの言葉が大きなネオン管で綴られている）、ロバート・アーウィンの真っ青な「フェンスFence」と話をする木のある森などがある。ほとんどの展示はガイセル図書館

近くにあり、詳細はビジュアル・アート・ビルVisual Arts Buildingか、充実した在庫と親切なスタッフのいるUCSD書店 UCSD bookstore（☎858-534-7323）が中にあるプライス・センターPrice Centerで入手できる。パフォーミングアートPerforming Artsのマンデル・ヴァイス・センターMandell Weiss Center内には、評価の高い作品で知られているラ・ホーヤ・プレイハウス La Jolla Playhouse（☎858-550-1010）がある。

キャンパスへはラ・ホーヤ・ビレッジ・ドライブLa Jolla Village DrかNトリー・パインズ・ロード（ダウンタウンからはバス41番と301番）から行くのがわかりやすい。週末は駐車場無料。

ソレダド・マウンテン
Soledad Mountain

ここからラ・ホーヤを360度見渡すことができる。ラ・ホーヤ大通りからノーチラス・ストリートを東へ向かい、ラ・ホーヤ・シーニック・ドライブを左折して進むとソレダド・マウンテン公園Soledad Mountain Parkへ出る。頂にある巨大な十字架は公共地には相応しくない宗教上の物として住民の反対を受け、1960年代後半に訴訟されたが敗訴となった。

アクティビティ

自転車については本章後出の「交通手段」を参照。

サーフィン

サーフィンを理由にこの地で暮らしているサンディエゴ住民は多い。海は込みあうこともあり、サンセット・クリフSunset Cliffsやウィダンシー・ビーチなど、幾つかの場所はある意味で地元の人々に「所有」されているが、一般にはサンディエゴはどのレベルのサーファーにも向いている場所だ。

秋は大波を捕らえるチャンスで、サンタ・アナSanta Anaと呼ばれる季節風が沖に向かって吹く。夏場は南、あるいは南西から、冬は西、あるいは北西からの波となる。春は岸に向かって吹くオンショアの風が頻繁に吹くが、それでもサーフィン向きのコンディションだ。最新のビーチ、天候、サーフィンの状況は、シティ・ライフガード City Lifeguard（☎619-221-8824）に電話して確認しよう。

初心者で用具をレンタルしたければ、波の穏やかなミッション・ビーチかパシフィック・ビーチに向かうとよい。初めてサーフィンにチャレンジするなら、クリスタル桟橋かトルマリン・サーフ・ビーチが特におすすめ。ガーネット・アベニュー近くのボブズ・ミッション・サーフ Bob's Mission Surf（☎858-483-8837 🌐www.missionsurf.com 🏠4320 Mission Blvd）やパシフィック・ビーチ・サーフ・ショップ Pacific Beach Surf Shop（☎858-488-9575 🏠747 Pacific Beach Dr）などでサーフボード（1時間＄5〜8）やウェットスーツ（＄3）のレンタルを行っている。ラ・ホーヤ海岸のOEエクスプレス OE Express（☎858-454-6195 🌐www.oeexpress.com 🏠2158 Avenida de la Playa）では用具料込み＄75でレッスンが受けられる（2人以上で割引あり）。隣のサーフ・ディーバ Surf Diva（☎858-454-8273 🌐www.surfdiva.com 🏠2160 Avenida de la Playa）では、女性による女性のためのワークショップが週末開かれている。料金は＄98、5〜10月は＄115となる。

おすすめのサーフポイントを南から北へ列挙する。インペリアル・ビーチ（特に冬）、ポイント・ロマ（リーフブレークにはたどり着きにくいが、その分込んでいない。冬がベスト）、オーシャン・ビーチのサンセット・クリフ、パシフィック・ビーチ、ビッグ・ロック（カリフォルニア版パイプライン）、ウィダンシー・ビーチ（すばらしいリーフブレークは特に中〜低潮時、だが込みあう）、ラ・ホーヤ海岸（ビーチブレークは特に冬がベスト）、ブラックス・ビーチ（速くパワフルな波）。さらに北のノース・カウンティNorth Countyのポイントは、カーディフ州立ビーチCardiff State Beach、サン・エリホ州立ビーチSan Elijo State Beach、スワミーズSwami's、カールスバッド州立ビーチCarlsbad State Beach、オーシャンサイドだ。

ボディーサーフィン Body surfingのスポットはコロナド、パシフィック・ビーチ、ラ・ホーヤ・コーブ近くのブーマー・ビーチBoomer Beach（経験者のみ、大波が来るベストスポット）、ラ・ホーヤ海岸だ。岸で直接strongな強力なチューブに入る前に、まず自分の力量を十分考慮し、その上でウィダンシー・ビーチ、あるいはシー・レーンSea Laneの端にあるビーチ（共にラ・ホーヤ内）に向かうこと。

スキューバダイビング

サンディエゴ・カウンティでのダイビングでは、一面ケルプに覆われた海底、難破船（第2次世界大戦の駆逐艦ユーコンYukonもある）、アカエイやタコ、イカなどが住む深いキャニオン（海底谷）を見ることができる。海の状態は☎619-221-8824で確認できる。カリフォルニアの中でも1、2を争うベストダイビングスポットで、もっとも簡単に行くことができる（ボート不要）のが、ラ・ホーヤ・コーブから行けるサンディエゴ・ラ・ホーヤ水中公園環境保護区San Diego-La Jolla Underwater

Park Ecological Reserveだ。平均深度20フィート（約6m）、広さ6000エーカー（約2428ha）の保護地区には、見るだけで触れてはいけないというルールがあり、シュノーケルもおすすめ。絶えず目にすることのできる鮮やかなオレンジ色をした魚ガリバルディは非常に美しく、カリフォルニアの州の魚として保護種に指定されている（釣り上げた場合には＄500の罰金が科せられる）。さらに奥には1日で3フィート（約90cm）も成長する巨大なカリフォルニアケルプの森と、深さ100フィート（約30m）のラ・ホーヤ・キャニオンがある。

ダイビングショップは多数あり、さまざまなコース、器具の販売とレンタル、タンクの充填、近隣の難破船や島へのボートツアーなどを行っている。シュノーケリングのマスクとフィンは＄10程度、スキューバ用具のレンタルは1日1人あたり＄90～120程度だ。海にもっとも近いショップはラ・ホーヤ海岸の **OEエクスプレス OE Express**（☎858-454-6195　www.oeexpress.com　2158 Avenida de la Playa）だ。

釣り

16歳以上の人には州のフィッシングライセンスが必要（「アクティビティ」を参照）。**録音サービス recorded service**（☎619-465-3474）で釣りに関する情報が聞ける。

釣り用の桟橋は、インペリアル・ビーチ公営桟橋 Imperial Beach Municipal Pier、エンバーカデロ・フィッシング・ピア Embarcadero Fishing Pier、シェルター・アイランド・フィッシング・ピア Shelter Island Fishing Pier、オーシャン・ビーチ桟橋 Ocean Beach Pier、そしてパシフィック・ビーチのクリスタル桟橋の人気が高い。桟橋での釣りのベストシーズンはだいたい4月から10月までとなる。沖釣りではバラクーダ、バス、イエローテールなどが釣れる。夏場はビンナガ（マグロの一種）がとりわけ呼び物となる。上記のピアから沖釣りに出る場合、ライセンスは必要ない。

多くの会社が1年を通じてフィッシングツアーを行っている。たいてい半日（9:00～13:00、14:00～18:00）のツアーが大人＄32、特別割引＄22で、1日ツアーは＄90～135程度となり、用具とライセンス料が1人につき＄8必要。多くは1泊や3日間のツアー、また大人数用の特別チャーターなども取り扱っている。もっとも評判が良い会社は、シェルター・アイランド Shelter Islandの **アイランディア・スポーツフィッシング Islandia Sportfishing**（☎619-222-1164　www.islandiasport.com　2803 Emerson St）や、**H&Mランディング H&M Landing**（☎619-222-1144　www.hmlanding.com）、ミッション・ベイのクイヴィラ・ベイスンQuivira Basinにある **シーフォース・スポーツ・フィッシング Seaforth Sport Fishing**（☎619-224-3383　www.seaforthlanding.com）、**ポイント・ロマ・スポーツ・フィッシング Point Loma Sport Fishing**（☎619-223-1627　www.pointlomasportfishing.com　1403 Scott St）など。「リーダー Reader」で割引券を探してみるとよい。

ボート

ミッション・ベイではモーターボートやヨット、ローボート、カヤック、カヌーなどをレンタルできる。**ミッション・ベイ・スポーツセンター Mission Bay Sportcenter**（☎619-488-1004　1010 Santa Clara Place）かカタマラン・リゾート・ホテル（「宿泊」を参照）にある **アドレナリン・ウォータースポーツ Adreneline Watersports**（☎619-488-2582　resortwatersport.com）にあたってみよう。

シーカヤックは海の生き物を見たり、地上からは行くことのできない崖や洞窟を探索するのにもってこいだ。シーワールド近くのダナ・ランディングDana Landingにある **サウスウエスト・カヤックス Southwest Kayaks**（☎619-222-3616）では、ガイドツアーや講習会を行っており、共に＄35～。ラ・ホーヤ海岸の **OEエクスプレス OE Express**（☎858-454-6195　2158 Avenida de la Playa）を利用すると洞窟や崖の探索に出かけるのも簡単で、2時間レンタルの料金は＄35。

セイリング経験者はヨットをチャーターしてサンディエゴ湾や太平洋に出ることもできる。シェルター・アイランド近辺には、**シェルター・コーブ・マリーナ Shelter Cove Marina**（☎619-224-2471　2240 Shelter Island Dr）や **サンディエゴ・ヨット・チャーターズ San Diego Yacht Charters**（☎619-297-4555　1880 Harbor Island Dr）、**ハーバー・セイルボート Harbor Sailboats**（☎619-291-9568　2040 Harbor Island Dr, Suite 104）など、多数のチャーター会社がある。

ホエールウォッチング

12月中旬から2月下旬にはバハ・カリフォルニアBaja Californiaへ向かうコククジラがサンディエゴ近海を通過し、再び3月中旬にここを通過してアラスカ海へ戻っていく。この往復1万2000マイル（約1万9000km）の移動は地球上の哺乳類では最長のものだ。

カブリヨ国定史跡は地上からクジラを見るには一番の場所で、展示、クジラ関連の保護プログラム、クジラの潮吹きを見ることのできる（双眼鏡を持参しよう）シェルターがある。トリー・パインズ州立保護区とラ・ホー

ヤ・コーブもホエールウォッチングに適した場所だ。

半日のホエールウォッチング・ボートツアーはフィッシングツアーを運営しているすべての会社（前出参照）が行っている。4時間のツアー料金は通常大人＄20、特別割引＄15で、何も見ることができなかった場合は翌日無料でもう1度ツアーに参加できる。割引券や特別料金を「リーダー*Reader*」で探そう。

ハンググライダー

ラ・ホーヤの**トリー・パインズ・グライダー・ポート Torrey Pines Gliderport**（☎858-452-9878 ⌂2800 Torrey Pines Scenic Dr）はハンググライダー愛好家に有名な場所。タンデムフライトは20分で1人＄150。

ハンググライダーのベテランはアメリカハンググライダー協会USHGAの4級を取得し、トリー・パインズ・ハンググライダー協会準会員となれば仲間に加わることができる。

熱気球

都市中心部の北、デル・マーの上空ではカラフルな熱気球が空のトレードマークとなっている。熱気球を楽しんでみたいなら**スカイサーファー・バルーン・カンパニー Skysurfer Balloon Company**（☎858-481-6800 ⌂1221 Camino del Mar）に連絡してみよう。

「リーダー*Reader*」にはそれ以外の熱気球会社のリストが掲載されており、熱気球体験の割引券もついていることがよくある。フライトは通常日の出か日没に行われる。1時間のフライト（説明と送迎を合わせて最大3時間求められることもある）は平日でおよそ＄130、週末は＄150。

ツアー

街とその周辺を回る説明付のツアーを行っている会社が幾つかある。**グレイライン Grayline**（☎619-491-0011）は夏には1日2回（冬は1日1回）4時間のツアーを行っており、料金は大人＄25、子供＄16。そのほかにも野生動物公園、ラ・ホーヤ、コロナドなどへ向かうツアーがあり、ティファナへ行く4時間のツアーは＄26だ。ホートン・プラザや大きなホテルなどダウンタウンの数カ所でピックアップサービスをしている。

サンディエゴ・シーニック・ツアーズ San Diego Scenic Tours（☎858-273-8687 Ⓦwww.sandiegoscenictours.com）もほぼ同じ料金で都市部のツアーを行っており、大人2人に対し子供2人が無料となるファミリーパッケージもある。ティファナ行きのツアーもあり、4時間の観光付ツアーが＄26、8時間の買物ツアーも同料金だ。

メトロポリタン・トランジット・システム Metropolitan Transit Systemのトロリーは線路の上を走っているもので、それと間違えないよう気をつけたいのが昔の路面電車を真似た緑とオレンジ色のバス、オールド・タウン・トロリーだ。**オールド・タウン・トロリー・ツアーズ Old Town Trolley Tours**（☎619-298-8687）はダウンタウンとコロナド近辺の主要な観光地を環状に走っている。何度でも乗り降り可能なので見たいものを思う存分見て回れる。ツアーは9:00から始まり、19:00までだいたい30分おきにバスがやって来る。どの停車場（オレンジ色の目立つもので、だいたい通常のバス、サンディエゴ・トランジットの停車場の隣にある）からもツアーをスタートすることができるが、公式のトロリーのスタート地点はオールド・タウンのツイッグス・ストリートにある停車場だ（駐車するには便利）。車内放送も楽しく、まずこのツアーで街を見て回るのはよい考えだろう。料金は大人＄25、子供＄12で、インターネットでチケットを購入すれば10％引きとなる。海にも出たいということなら、ミッション・ベイ近辺の水陸両用車での観光も含まれたシール・ツアーSeal Tour（大人＄30 子供＄14）がいいだろう。

サンディエゴ版のリキシャ、自転車のうしろに客車を備えたペディキャブには4人まで乗ることができる。観光地間の移動にも、街を見て回るのにも向いている楽しい乗り物だ。ドライバー（ペダラー？）が街の最新情報を教えてくれることもしばしばある。街で空車のペディキャブを捕まえることもできるし、**オリジナル・バイク・キャブ・カンパニー The Original Bike Cab Co**（☎888-245-3222）に電話して迎えに来てもらうこともできる。平日は10:00から深夜まで、週末は10:00から翌3:00まで営業しており、料金はエンバーカデロからホートン・プラザまで1人＄4。同社はダウンタウンやサンディエゴのほかの地域に行く自転車ツアー（＄25〜）や、自転車のレンタルも1日＄18程度で行っている（ホテルまで自転車を無料で配達してくれる）。

セキュリティが厳重になり、**軍事施設 military facilities**への訪問は難しくなった。だが空母が港に来ている時は、事前に電話（☎619-545-2427）で申し込めば週末のツアーに参加できる。潜水艦に乗って中を見せてもらうことも可能だ。詳細は（☎619-553-8643）へ。

ホーンブロワー・クルーズ Hornblower Cruises（☎619-725-8888 Ⓦwww.hornblower.com）と、**ハーバー・エクスカーション Harbor Excursions**（☎619-234-4111）は共にクルーズ観光を行っ

ており、エンバーカデロ（スター・オブ・インディア号Star of India）近くから出発する。1日約6便があり、料金は1時間のツアーで大人＄13、子供も＄6。2時間のツアーは大人＄18、子供＄9となる。共に夜のディナークルーズも行っており、そちらは大人＄50、子供＄30（土曜は＄55）。

年中行事

年間を通じ地域、文化、スポーツイベントが行われている。特に興味深いものと変わっているものを下記リストに挙げる。詳細なリストと最新情報は**サンディエゴ観光局 San Diego Convention & Visitors Bureau**（☎619-236-1212）で確認を。

オーシャン・ビーチ・カイト・フェスティバル Ocean Beach Kite Festival（3月）カイトの製作や飾り付け、凧上げ大会など。場所はオーシャン・ビーチ（☎619-531-1527）。

サンディエゴ・クルー・クラシック San Diego Crew Classic（4月）全米大学対抗レガッタ。場所はクラウン・ポイント海岸。

デル・マー・フェア Del Mar Fair（6月15日〜7月4日）移動遊園地の数百もの乗り物や、ビッグスターのショーが行われる巨大なカウンティフェア。場所はデル・マー・フェアグラウンド（☎619-755-1161）。

USオープン・サンドキャッスル・コンペティション US Open Sandcastle Competition（7月末）レベルの高い砂の城コンテスト。場所はパシフィック・ビーチ（☎619-424-6663）。

航空ショー Air Show（8月）ブルーエンジェルスとトップガンによる航空ショー。場所はミラマー海兵隊航空基地。

サマーフェスト室内楽フェスティバル Summerfest Chamber Music Festival（8月）世界的なミュージシャンたちによる2週間のコンサートシリーズ（☎619-459-3728）。

オールド・グローブ・フェスティバル Old Globe Festival（9月）有名なシェイクスピアフェスティバル。バルボア公園内オールド・グローブ・シアターOld Globe Theatre（☎619-239-2255）。

サンディエゴ・ストリート・シーン San Diego Street Scene（9月）野外ステージでコンサートが開かれ、たくさんの屋台が並ぶストリートフェスティバル。場所はガスランプ・クオーター。

サンダーボート・レース Thunderboat Races（9月）無制限クラスの水上飛行機チャンピオンシップ。ミッション・ベイで開催される。

クリスマス・オン・エル・プラド Christmas on El Prado（12月）工芸品、キャロル、キャンドルライトパレードなど。場所はバルボア公園（☎619-239-0512）。

ハーバー・パレード・オブ・ライツ Harbor Parade of Lights（12月週末）電飾などで飾られた船のパレード。港で行われる。

オールド・タウン・ポサダス Old Town Posadas（12月）伝統的なラテンのクリスマス行事。オールド・タウンで見られる。

宿泊

観光はサンディエゴの主要産業で、カウンティ内には4万5000部屋以上がある。夏の観光シーズン（だいたいメモリアル・デーからレイバー・デーまで、5月下旬から9月上旬まで）には、ビーチに近い宿は特に予約がいっぱいとなり、料金も高くなる。サンディエゴ・カウンティ内の宿泊には10.5％の税金がかかる。

ビーチ近辺にはバケーションハウスも豊富にある。グループで数日以上滞在するならかなりお得になることも。代理店**ミッション・ベイ・バケーション Mission Bay Vacations**（☎858-488-6773、800-882-8626）や**ペニー・リアルティ Penny Realty**（☎858-272-3900、800-748-6704）に早めに電話してみよう。

キャンプ場

サンディエゴにキャンプ場は幾つかあるが、テントでのキャンプを認めている所は2カ所だけだ。

キャンプランド・オン・ザ・ベイ Campland on the Bay（☎619-581-4260、800-422-9386 ⌂2211 Pacific Beach Dr サイト＄30〜150）ミッション・ベイに面した40エーカー（約16ha）のキャンプ場。レストランやプール、ボート場、RVフックアップ有り。料金は水場への距離によって変わる。ロケーションはすばらしいが、テントエリアはさほど魅力がなく（RVが多すぎ、木が少ない）込みあっている。暖かな季節には予約をしたほうがよいだろう。キャンプランドのRV車専用エリアは**デ・アンザ・ハーバー・リゾート De Anza Harbor Resort**（☎858-273-3211 1泊＄30、1週間＄190）である。

コア KOA（☎619-427-3601 ⌂111 N 2nd Ave テント＄28 RVサイト＄36 キャビン＄39〜47）はサンディエゴのダウンタウンから5マイル（約8km）南東のチュラ・ビスタChula Vistaにある。

ユースホステル

HIサンディエゴ・ダウンタウン・ホステル HI San Diego Downtown Hostel
☎619-525-1531
⌂521 Market St
ドミトリー 会員＄16 非会員＄19
7:00〜深夜

ガスランプ・クオーターの中心に位置するHI（ホステリング・インターナショナル）の施設で、公共交通機関に近くナイトライフにも便利。ドミトリーと設備の整ったキッチンあり。

HIサンディエゴ・ポイント・ロマ・ホステル
HI San Diego Point Loma Hostel
☎619-223-4778
🏠3790 Udall St
🛏ドミトリー 会員＄16 非会員＄19

ロマ・ポータルLoma Portalにあるもう1軒のHIホステルで、オーシャン・ビーチの中心地から徒歩20分。マーケットとコインランドリーが近くにある。バス23番（ダウンタウンから、平日のみ）と35番（オールド・タウンから、毎日）がボルテール・ストリートVoltaire St近くを走っている。

サンディエゴの私営ユースホステルは海外からの旅行者用だが、海外在住の証明書を見せればアメリカ人でもしばしば泊めてもらえる。

USAホステル・サンディエゴ
USA Hostel San Diego
☎619-232-3100、800-438-8622
🌐www.sandiego@usahostels.com
🏠726 5th Ave
🛏ドミトリー＄15〜19 W＄44

ダウンタウンのアスティズ・リストランテAsti's Ristoranteの上にあり、ビクトリア朝のホテルを改修して造られた6室のドミトリーと幾つかのダブルルームを持つユースホステル。ラウンジとキッチンは快適で、料金は温かい朝食込み。デイツアーやハウスパーティー、ビーチバーベキューなどのほか、ビーチや周辺の観光地へのシャトルサービスを行うこともある。ガスランプ・クオーターの中心地にあるので少々騒がしいが、ここに集まる人たちはまったく気にしていない様子だ。

オーシャン・ビーチ・インターナショナル・ホステル
Ocean Beach International Hostel
☎619-223-7873、800-339-7263
🏠4961 Newport Ave
🛏ドミトリー＄15〜18 W＄35〜40

海からわずか数ブロックのフレンドリーで陽気な宿。スタッフも親切だ。ヨーロッパからの旅行者に人気が高い。ダウンタウン発のバス35番が、ホステルから1ブロック東のニューポート・アベニューNewport Aveを通る。

バナナ・バンガロー
Banana Bungalow
☎858-273-3060
🏠707 Reed Ave
🛏ドミトリー＄15〜20

ビーチの真ん中という最高のロケーションで、ビーチパーティーのような雰囲気を持ったなかなか清潔な宿。設備は標準的で、込みあうこともある。無料の温かい朝食が毎日振る舞われる。海岸沿いのボードウォークに面した共有パティオは人間ウォッチングとビールを飲むのに最適。

モーテル・ホテル

ダウンタウン　幾つかのダウンタウンのホステルでは、このサービスがなければホームレスとなってしまう人向けに、1日、1週間、1カ月単位でSRO（シングルルームオキュパンシー）というベーシックな部屋の貸し出しを行っていることを覚えておきたい。バックパッカーの中にはこれらの場所にそこそこ満足して泊まる者も少なくはないが、ここの住人たちには、まあ、かなりの個性派が揃っていることをお忘れなく。特にガスランプ・クオーターのような「発展途上」地域でSROを廃止したがっている土地開発業者も多いが、SROは有用な社会的機能であり、区域再開発のあおりを受けた人々を守る役割を果たしている。1週間単位のほうが安く済むが、通常デポジットが必要となる。もっとも低料金の部屋では、共用の大浴場を使用することになる。

イン・アットYMCA
Inn at the YMCA
☎619-234-5252
🏠500 W Broadway
🛏客室＄55

アムトラックとグレイハウンドの駅に近く、ティファナ行きのトロリー乗り場にも近い便利なロケーションにある。バスルームは共用となるが問題はなく、節約の手段としては上等だろう。

Jストリート・イン
J Street Inn
☎619-696-6922
🏠222 J St
🛏客室1泊＄60〜 1週間＄180〜

ガスランプ・クオーターの近代的でヒップな宿。すべての部屋は簡易キッチン付。

ラ・ペンシオーネホテル
La Pensione Hotel
☎619-236-8000、800-232-4683
🌐www.lapensionehotel.com
🏠1700 India St
🛏S＄65 W＄75

部屋の品質は高いが料金は安く、リトル・イタリーの中心地にある。

USグラント・ホテル
US Grant Hotel
☎619-232-3121 📠619-232-3626
🏠326 Broadway
🛏S＄150〜180 W＄165〜200 スイート＄295〜

ダウンタウンでもっとも歴史ある最高級のホ

テル。予算に限りがないのならここが一番だ。1910年開業とさほど古いわけではないが、ユリシーズ・S・グラントJrによって建てられ、ホテルの名は父であり大統領だったユリシーズ・S・グラントからとられた。チャールズ・リンドバーグやアルバート・アインシュタイン、ハリー・S・トルーマンなど、著名なゲストが宿泊した。パッケージ料金はお得なので電話して確認する価値あり。

ホテル・ブリストル
Hotel Bristol
☎800-662-4477
W www.hotelbristolsandiego.com
🏠1055 First Ave
🛏客室＄130～
ロビーや客室にポップアートが飾られている。愛好家におすすめ。

ホートン・グランド・ホテル
Horton Grand Hotel
☎619-544-1886、800-542-1886
🏠311 Island Ave
🛏客室＄140～
レースのカーテンが飾られ、ガス暖炉がある。予約前にスペシャル料金について尋ねてみよう。

オールド・タウン　フリーウェイに近い便利な場所にある**パードレ・トレイル・イン Padre Trail Inn**（☎619-297-3291、800-255-9988 🏠4200 Taylor St 🛏夏 1ベッドルーム＄69 2ベッドルーム＄79、冬 1ベッドルーム＄59 2ベッドルーム＄69）はわりと料金が安い。プール、バー、レストランがあり、部屋はエアコン付。

ベスト・ウエスタン・ハシェンダ・ホテル
Best Western Hacienda Hotel
☎619-298-4707、800-888-1991
🏠4041 Harney St
🛏スイート＄135～
パードレ・トレイル・インよりオールド・タウン中心地に近く、1ランク上の快適さが味わえる。部屋はスイートのみでキッチン付。プール、ジム、ジャグジーが併設され、夜にはカクテルアワーがある。料金は空き具合により＄89まで下がることもある。

ヒルクレスト

フレンドシップホテル
Friendship Hotel
☎619-298-9898
🏠3942 8th Ave
🛏1日＄29～45、1週間＄125～150
予算の少ない旅行者にありがたいヒルクレストの低料金宿。静かな横道沿いにあり、レストランやナイトライフの充実した地域まで歩いて行ける範囲。

ヒルクレスト・イン
Hillcrest Inn
☎619-293-7078
🏠3754 5th Ave
🛏客室＄59～
中庭、ジャグジーがあり、フレンドリーなスタッフがいる高価値のホテル。ストレートもゲイも歓迎するが子供連れは不可。

イン・スイート
Inn Suites
☎619-296-2101
🏠2223 El Cajon Blvd
🛏客室 夏＄107～・冬＄87～
大きなプールがあり、ほかのホテルチェーンよりは少々個性がある。

ミッション・バレー　I-8の南北にあるホテル・サークル・ノース Hotel Circle Northとホテル・サークル・サウス Hotel Circle Southには中規模のモーテルが集まっており、オールド・タウンやショッピングセンター、またサンディエゴ・トロリーラインへのアクセスが良い。
　もっとも安いのは**バガボンド・イン Vagabond Inn**（☎619-297-1691、800-522-1555 🏠625 Hotel Circle S 🛏客室＄65～135）と**コンフォート・イン・スイート Comfort Inn Suites**（☎619-291-7700、800-647-1903 🏠2485 Hotel Circle Place 🛏S＄79～ W＄89～）で、共に夏は高くなる。

タウン＆カントリー・ホテル
Town & Country Hotel
☎619-291-7131、800-772-8527
🏠500 Hotel Circle N
🛏S＄125～ W＄145～
ビジネス用またはバカンス用としても共に高い人気。オフシーズンでも特別料金で満室のことも。

ハナレイホテル
Hanalei Hotel
☎619-297-1101、800-882-0858
🏠2270 Hotel Circle N
🛏客室＄79～129 スイート＄150～250
人の心を引きつける派手なポリネシアン風のホテルで、サンディエゴでも目玉ホテルの1つ。

ミッション・ベイ　ミッション・ベイの高級ホテルはまるでトロピカルリゾートのようで、青々とした庭とプライベートビーチを持っている。低料金では**バガボンド・イン Vagabond Inn**（☎619-274-7888 🏠4540 Mission Bay Dr 🛏客室 夏＄70～89、冬は＄10～15安くなる）があり、水辺ではないがインターステート5に近くて便利。

サンディエゴ・プリンセス・リゾート
San Diego Princess Resort
☎619-274-4630
🏠1404 W Vacation Rd
🛏夏 客室＄185程度〜

ミッション・ベイの中心地、バケーション島Vacation Isleにあり、たくさんあるトロピカルリゾート系ホテルの中でももっとも古く、もっとも高級なホテルの1つ。バーとレストラン、プールがあり、ほかにボート、自転車、スケートのレンタルを行っている。

ほかにも**バヒア・リゾートホテル Bahia Resort Hotel**(☎619-488-0551 🏠998 W Mission Bay Dr)や**カタマラン・リゾート・ホテル Catamaran Resort Hotel**(☎619-488-1081 🏠3999 Mission Blvd)、**ハイアット・アイランディア Hyatt Islandia**(☎619-224-1234 🏠1441 Quivira Rd)などの美しい景色を臨むリゾートホテルがある。客室料金は通常約＄155〜となっているが、空き部屋が多い時にはずいぶんと安くなることもある。トロピカルリゾートでの休日を味わいたいと思っている人は電話をして問い合わせてみると良いだろう。

ハーバー・アイランド＆シェルター・アイランド
もしヨットが好きで、海辺の景色を眺めていたいと思うなら、下記の防波堤を臨むホテルが良いだろう。

シェラトン・ハーバー・アイランド
Sheraton Harbor Island
☎619-291-2900
🏠1380 Harbor Island Dr
🛏客室＄165前後

贅沢三昧の生活を味わえる。

ハンフリーズ・ハーフ・ムーン・イン
Humphrey's Half Moon Inn
☎619-224-3411、800-542-7400
🏠2303 Shelter Island Dr
🛏客室 夏＄185〜 冬＄150〜

シェルター・アイランドにあるトロピカルアイランドの雰囲気を持ったホテル。すてきなジャズクラブあり。

ベスト・ウエスタン・アイランド・パーム・ホテル
Best Western Island Palms Hotel
☎619-222-0561
🏠2051 Shelter Island Dr
🛏客室 夏＄175〜 冬＄140〜

ハンフリーズより少々高級感にかけるが少々お安い。

オーシャン・ビーチ

オーシャン・ビーチ・モーテル
Ocean Beach Motel
☎619-223-7191
🏠5080 Newport Ave
🛏客室＄70〜

オーシャン・ビーチシーンの中心にあるオーシャンビューの部屋がある。

オーシャン・ビラ・モーテル
Ocean Villa Motel
☎619-224-3481、800-759-0012
🏠5142 W Point Loma Blvd
🛏客室 夏 簡易キッチンなし＄113 簡易キッチン付＄140、冬 簡易キッチンなし＄70 簡易キッチン付＄87

オーシャン・ビーチ・モーテルよりはるかに北だが同様に海に近く、家族向け（ペット＆パーティー禁止）の清潔で整ったモーテル。プールもあり、部屋のタイプもさまざま。

ミッション・ビーチ＆パシフィック・ビーチ
パシフィック・ビーチの宿はほとんどがビーチ沿いだ。ミッション・ビーチなら小さな**サンタクララ・モーテル Santa Clara Motel**(☎858-488-1193 🏠839 Santa Clara Place 🛏夏 SW＄95〜、冬 S＄50〜 W＄55〜)がいいだろう。普通のホテルだが、オーシャン・ビーチにもベイビーチにもほど近い。オフシーズンはかなりお得だが、夏には料金が跳ね上がる。

パシフィック・ビーチのモーテルは冬場はかなりお得な料金となるが、夏場はだいたい30％ほど高くなり、なかなか空き部屋も見つからない。

ミッション・ベイ・モーテル
Mission Bay Motel
☎858-483-6440
🏠4221 Mission Blvd
🛏客室 夏＄90〜140 冬＄60〜90

部屋から見えるのは駐車場と通行料の多い道路だが、ビーチとガーネット・アベニューには程近く、スタッフもとても親切だ。

パシフィック・ビュー・モーテル
Pacific View Motel
☎858-483-6117
🏠610 Emerald St
🛏冬 S＄47〜 W＄52〜

60年代風のクラシックな外観をしており、ビーチに近い。

パシフィック・サンズ・モーテル
Pacific Sands Motel
☎858-483-7555
🏠4449 Ocean Blvd
🛏客室 冬 ＄55〜60

程よい場所にあり程よく古びている。ほとんどの部屋に設備の整ったキッチンがある。

ビーチ・ヘブン・イン
Beach Haven Inn
☎858-272-3812、800-831-6323

🏠4740 Mission Blvd
🛏客室＄75〜165
ビーチからわずか1ブロック。部屋もなかなか良い。

サーファー・モーター・ロッジ
Surfer Motor Lodge
☎858-483-7070、800-787-3711
🏠711 Pacific Beach Dr
🛏客室冬＄85〜 ファミリー用＄125〜、夏＄100〜
ビーチ・ヘブン・インより広く、プールとレストランがあるビーチ正面の宿。部屋はさまざまだが冷蔵庫、電話、テレビはすべての部屋にある。

ビーチ・コテージ
Beach Cottages
☎858-483-7440
🏠4255 Ocean Blvd
🛏客室 夏＄105〜 冬＄65〜
モーテルタイプ、アパートタイプ、ビーチフロントコテージがある。9〜4月までは週単位や月単位での貸し出しもしている。管理が行き届いており、早めに予約したほうが良い。

パシフィック・テラス・ホテル
Pacific Terrace Hotel
☎858-581-3500、800-344-3370
🏠610 Diamond St
🛏オーシャンビュー＄260〜355
すばらしい景観を楽しめるが、（ほぼ）同じ景色がホテル正面のボードウォークからも見ることができることを考慮すると料金は高め。

クリスタル・ピア・ホテル
Crystal Pier Hotel
☎858-483-6983、800-748-5894
🏠4500 Ocean Blvd
🛏冬 最低宿泊日数2晩 旧コテージ＄130〜 新コテージ＄250まで、夏 最低宿泊日数3晩 ＄170〜280
よりユニークなスタイルで宿泊したいならその桟橋にあるコテージがおすすめ。サンディエゴでも有数の変わった宿で、その歴史は1927年までさかのぼることができ、橋の架かったピアの入口は大変目立ち、ガーネット・アベニューの終わりにあるランドマークとなっている。旧コテージは1〜4人まで収容可。幾つかの新しく大きめの部屋には8人まで泊まれる。

ラ・ホーヤ ＄100未満で部屋を見つけるのは難しく、1カ所はラ・ホーヤ・コーブ向かいの**シェル・ビーチ・アパートメント・ホテル Shell Beach Apartment Hotel**（☎858-459-4306 🏠981 Coast Blvd 🛏ワンルーム型＄65〜、1ベッドルームスイート＄98〜、オーシャンビューのワンルーム型＄85、1ベッドルームスイート＄118）。

ラ・ホーヤ・コーブ・トラベルロッジ La Jolla Cove Travelodge（☎858-454-0791 🏠1141 Silverado St 🛏夏 S＄95〜 W＄120〜、冬 S＄50〜W＄60〜）はラ・ホーヤ・ダウンタウンの中心にあり、この地でなければこの料金はつけられないだろう。

街の南側ラ・ホーヤ大通りに幾つか安めの宿がある。ウィダンシー・ビーチ近くの**ラ・ホーヤ・ビーチ・トラベルロッジ La Jolla Beach Travelodge**（☎858-454-0716 🏠6750 La Jolla Blvd）と、道路を挟んでトラベルロッジの向かいにある**ホリデイ・イン・エクスプレス Holiday Inn Express**（☎858-454-7101 🏠6763 La Jolla Blvd）の料金は＄89〜（夏は＄145〜）。

ラ・バレンシア
La Valencia
☎858-454-0771
🏠1132 Prospect St
🛏1年を通じて同料金 スタンダード＄250〜550
歴史的な魅力と奔放なカリフォルニアのエレガントさを備えたこのホテルに肩を並べる所はない。すばらしい景観とピンク色の壁、パームツリーと地中海風の建築物（ウイリアム・テンプルトン・ジョンソンによるデザイン）は、1920年代の創業以来映画スターや大富豪をとりこにしている。

新進の映画スターや大富豪は、通りを挟んでラ・バレンシアと向かいあっている**ホテル・パリシ Hotel Parisi**（☎858-454-1511、877-472-7474 🏠1111 Prospect St 🛏客室 夏＄255〜 冬＄205〜）を好む。独特な落ち着きのあるブティックホテルだ。

スクリップス・イン
Scripps Inn
☎858-454-3391
🏠555 Coast Blvd
🛏客室＄145〜
サンディエゴ現代美術館の裏手にある、リラックスした雰囲気をもつオーシャンビューの逸品。13室すべてが予約で埋まることも多いので早めに予約したほうがいい。

ラ・ホーヤ・コーブ・コテージ
La Jolla Cove Cottages
☎858-551-4556
🌐www.lajollacovecottages.com
コーブ近くの家族向けの客室を持つコテージ。1週間程度の旅行に最適。

コロナド コロナドでもっとも安いのは**エル・ランチョ・モーテル El Rancho Motel**（☎619-435-2251 🏠370 Orange Ave 🛏客室＄50〜110）だが、8部屋しかなく泊まるにはよっぽ

どの幸運か、前もって予約が必要。

コロナド・イン
Coronado Inn
☎619-435-4121、800-598-6624
📠619-435-6296
🏠266 Orange Ave
🛏客室 $85〜140

プールがあり、部屋には電子レンジと冷蔵庫がある。

ホテル・デル・コロナド
Hotel del Coronado
☎619-435-6611、800-468-3533
🏠1500 Orange Ave
🛏客室 $235〜595

もちろん、本物のコロナド体験を味わえる。歴史的な環境のほか、テニスコート、プール、スパ、売店、レストランが揃い、裏には太平洋が広がる。だが、およそ半分の宿泊施設はメインホテル内ではなく7階建ての隣接したビルの中にあり、歴史的な雰囲気など微塵もない。メインホテルも部屋はいたって普通だ。

食事

ガスランプ・クオーター
Gaslamp Quarter

簡単な朝食からグルメなディナーまで、65店以上のあらゆるタイプの店が並んでおり、料金もさまざまだ。幾つかは日中を中心に営業しており、幾つかは深夜までエンターテインメントを提供している（本章後出「エンターテインメント」を参照）。昼はビジネスマンのランチ、夕方はシアター前の軽めのディナー、深夜はカクテルと、時間帯によって1日の中でさまざまな顔を持つ店も多い。

ルビオズ
Rubio's
☎619-231-7731
🏠901 4th Ave
🍴食事 $7未満

早くて安くておいしいバハカリフォルニアスタイルのメキシカン。

カフェ・ルル
Cafe Lulu
☎619-238-0114
🏠419 F St
🍴軽食 $4〜8
🕐〜翌3:00

カフェ風のさわやかな内装と屋外テラスが楽しめる。コーヒーと軽食にうってつけ。

スター・オブ・インディア
Star of India
☎619-544-9891
🏠423 F St
🍴ビュッフェランチ $8、1品 $7〜12

カフェ・ルルの隣にある北インド料理の高級店。食べ放題のビュッフェランチを行っている。

チーズ・ショップ
The Cheese Shop
☎619-232-2303
🏠cnr 4th Ave & G St
🍴スナック $4.50〜7

日中営業のデリカテッセンで、とてもおいしいサンドイッチとコーヒーで地元住民に愛されている。

オレ・マドリッド **Olé Madrid**（☎619-557-0146 🏠751 5thAve）と**カフェ・セビリア Café Sevilla**（☎619-233-5979 🏠555 4th Ave）は共にスペイン料理タパスのレストランで、サングリア（ピッチャー1杯$15程度）と生演奏を楽しめば、料金はだいたい1人 $25程度となる。どちらも深夜2:00まで営業しており、ダンスができる。

ディックズ・ラスト・リゾート
Dick's Last Resort
☎619-231-9100
🏠345 4th Ave
🍴食事 $6〜12

奔放な雰囲気を持つ伝説的な店。ビールや揚げ物がバケツで出される。広いパティオあり。

ロイヤル・タイ
Royal Thai
☎619-230-842
🏠cnr 5th Ave & Island St
🍴1品 $5〜11、ランチスペシャル $7.50

1912年のナンキンカフェのオープン以来、代々アジア料理のレストランが入っているビルにある、優雅ですばらしいレストラン。支店 branch（☎858-551-8424 🏠757 Pearl St）がラ・ホーヤにある。

バンダル
Bandar
☎619-238-0101
🏠825 4th Ave
🍴1品 $6〜11

数々の賞に輝き賞賛されている異国情緒あふれる中近東レストラン。サイドウォーク席があり、香りの高いライスと共に出されるマリネされた肉料理は夢見心地の逸品。

エンバーカデロ
Embarcadero

ポイント・ロマ・シーフード **Point Loma Seafoods**（☎619-223-1109 🏠2805 Emerson St 🍴1品 $4〜8）はシェルター・アイランド・マリーナ内にある。シーフードがもっとも盛況に売り買いされている場所にある市場とつながっているデリカテッセン。スシ、サンドイッチ、

シーフード盛り合せはどれも一番新鮮な魚を使っており、魚料理に合う焼きたてのパン、ビール、ワインも販売している。

スター・オブ・ザ・シー
Star of the Sea
☎619-232-7408
メイン＄9〜25

アッシュ・ストリート端の水辺に建っており、エンバーカデロに多数あるアンソニーの店の中でももっとも高級でもっとも料金の高いレストラン。アンソニーの店は数十年来シーフードを提供している。

アンソニーズ・フィッシュ・グロット
Anthony's Fish Grotto
☎619-232-5103
メイン＄7〜26

スター・オブ・ザ・シーの隣にあり、料理はほとんど同じだがより質素な雰囲気の中でより安く提供している。

アンソニーズ・フィッシェッテ Anthony's Fishette はグロットの南側のベランダにあり、もっとも安い。おいしいフィッシュ＆チップスは＄5程度で、ほかの店と同様にハーバーを見下ろす景色が楽しめる。

リトル・イタリー
Little Italy

徹底的に洞窟のような装飾が施されたビル内にある**ミンモズ・イタリアン・ビレッジ Mimmo's Italian Village**（☎619-239-3710）1743 India St 食事＄10未満）はサラダ、ホット＆コールドサンドイッチ、ランチスペシャル（ラザニア、ナスのパルミジャーナなど）を提供するデリ。

フィリッピズ・ピザ・グロット
Filippi's Pizza Grotto
☎619-232-5094
1747 India St
1品＄6.50〜12

街でもっとも古いピザ屋とされ、現在でも最高の店の1つに数えられる。店内、または持ち帰りもできるパイも安くておいしい。

モナ・リザ
Mona Lisa
☎619-234-4893
2061 India St
食事＄6〜11

愛情あふれる料理を提供し、豊富な輸入イタリア食材を販売している。

ワシントン・ストリート
Washington Street

インディア・ストリートを北へ進みワシントン・ストリートとぶつかる辺りは、気軽なレストラン街として良く知られている。

街でもベストな＄10以下の店なら、まっすぐ2軒のサフランを目指そう。**サフラン・タイ・グリルド・チキン Saffron Thai Grilled Chicken**（☎619-574-0177　3731 India St 1品＄5〜8）はチキンの炭火焼専門店で、ソースを選んで焼いたチキンがサラダとジャスミンライスと共に提供される。**サフラン・ヌードル＆サテ Saffron Noodles & Saté**　☎619-574-7737 3737 India St メイン＄4.50〜8.75）は、大きな丼に入ったあつあつのヌードルスープか、いろいろな材料と一緒に炒められたヌードルが食べられる。両店とも月〜土曜は21:00まで、日曜は20:00までの営業。

エル・インディオ
El Indio
☎619-299-0394
3695 India St
1品＄1.50〜3

タコス（＄1.50）とタマリ（＄2）がよく知られているが、メニューは豊富ですばらしいブリートの朝食（＄3）がある。

シェイクスピア・パブ＆グリル
Shakespeare Pub & Grille
☎619-299-0230
3701 India St
軽食＄6程度

街でもっとも本格的な英国ビールを出す店で、ダーツ、さまざまな種類の生ビール、フィッシュ＆チップスやビーフシチュー、ソーセージとマッシュポテトのセットなど、パブ料理を提供する。

ジェラート・ベロ・カフェ
Gelato Vero Caffe
☎619-295-9269
cnr Washington & India Sts

サンディエゴで一番のイタリアンアイスクリームの店。遅い時間まで営業しており、地元アーチストの作品を飾っている。

オールド・タウン
Old Town

オールド・タウンではメキシカンと南西部の料理が主流だ。不自然なメキシコ風（マルガリータとマリアッチバンドがあちこちを飛び回っている）の造りの店が多いが、料理は悪くない。屋外テーブルは人気があり、心地よい夜を過ごすのにひと役買っている。

カサ・デ・バンディーニ
Casa de Bandini
☎619-297-8211
2660 Calhoun St
食事＄10.50未満

もっとも有名な店の1つで、ポジョアサド *pollo*

*asado*やエンチラーダを納得いく価格で提供している。

バザール・デル・ムンド Bazaar del Mundo
オールド・タウン・プラザの北西の角にある、にぎわった雰囲気とまあまあの料理（食事は＄5〜11、前菜は＄4程度）を出す3軒のレストラン。ドリンクが良い。人間ウォッチングもできる。

アラモ
The Alamo
☎619-296-1112
🏠cnr San Diego Ave & Harney St
🍴1品＄5未満
低料金で本物を提供するテイクアウト用タケリア（タコス店）の1つ。

オールド・タウン・メキシカン・カフェ
Old Town Mexican Cafe
☎619-297-4330
🏠2489 San Diego Ave
🍴1品＄8程度
地元住民に人気の店。大きなバーとダイニングルームがあり、すばらしい食事を提供する。この店のマチャカmachacas（タマネギとトウガラシを添えた細切り豚肉）はサンディエゴでも名高い。席が空くのを待つ間、トルティーヤ作りを見学できる。

ヒルクレスト
Hillcrest
ヒルクレストには楽しく、手頃な店が揃っている。多くの店が火曜の晩（17:00〜20:00）に無料の前菜や、1つ買えば1つおまけがつくなどの特別サービスを行っている。

テイスト・オブ・タイ
Taste of Thai
☎619-291-7525
🏠527 University Ave
🍴1品＄6〜9
さまざまなスパイスが利いた肉入り、肉なしの料理を提供する。

キチマ・タイ
Kitima Thai
☎619-298-2929
🏠406 University Ave
🍴1品＄6〜11
テイスト・オブ・タイの向かい。外観は間違いなく一流店のそれであり、その香り高さとあっさりしていながら複雑な味付けの料理も一流だ。

コルベットディナー
Corvette Diner
☎619-542-1001
🏠3946 5th Ave
🍴ほとんどの料理＄8程度

古典的でとても楽しい50年代風内装をしており、メニューはすべてアメリカン。

ハンバーガー・マリーズ
Hamburger Mary's
☎619-491-0400
🏠308 University Ave
🍴1品＄5.50〜10、日曜ビュッフェ＄12.95
「フンカ・フンカ・バーニンラブ」と名づけられたデイリースペシャルのバーガーや、有名な日曜のシャンパンブランチ・ビュッフェなど、お高くとまった陽気な店。一番良い席は屋外にある花や植木の間の席。

ブレッド＆シー
Bread & Cie
☎619-683-9322
🏠350 University Ave
🍴サンドイッチ＄3〜5.75
サンドイッチに使われている手作りパンはそのままでもとてもおいしい。

ホール・フーズ
Whole Foods
☎619-294-2800
🏠711 University Ave
5thアベニューの東にある大きなヘルシー志向の食品店で、テイクアウトもでき、カフェもある。

イチバン
Ichiban
☎619-299-7203
🏠1449 University Ave
スシと大変お買い得な＄5前後の弁当を売っている。

リビング・ルーム・コーヒーハウス
Living Room Coffeehouse
☎619-295-7911
🏠1417 University Ave
🍴軽食＄7程度
🕐〜24:00、金・土はさらに遅くまで開いている
コーヒーやペストリー、軽食を提供する気楽な店。

コロナド
Coronado

コロナド・ブルーイング・カンパニー
Coronado Brewing Co
☎619-437-4452
🏠170 Orange Ave
🍴ほとんどの料理は＄10未満
パティオがあり、おいしい手作りビールと料理はハートにも染み入るが、ウエストラインにも染み入る（ピザ、パスタ、サンドイッチとポテトフライなどがある）。

マックピーズ・アイリッシュパブ＆グリル
Mc P's Irish Pub & Grill
☎619-435-5280

🏠1107 Orange Ave
🍴1品＄6.50〜11

元海軍特殊部隊のオーナーが経営しており、軍関係者がいつでも集まっている。食べ物は典型的なパブ料理でギネスのジョッキとよく合う塩漬け肉とキャベツの煮込み、マリガンシチュー（肉や野菜のごった煮）など。特に「パディーオ（paddy-o）」（アイルランド人の俗称とパティオをかけた語呂合わせ）でいただくのがご機嫌だ。夜にはエンターテインメントもある。

シェ・ロマ
Chez Loma

☎619-435-0661
🏠1132 Loma Ave
⏰ディナーと日曜ブランチのみ
🍴メイン＄11〜18

1899年建築のランドマークコテージを改装したヨーロッパ風の店。21世紀風にアレンジされた料理が提供される。特に新鮮な魚料理に力が注がれているが、メニューには肉やパスタも登場する。料金は高いが、定額の3品のコースは18:00前なら通常＄28のところが＄18となる。

ライノセラス・カフェ＆グリル
Rhinoceros Cafe & Grill

☎619-435-2121
🏠1166 Orange Ave
🍴日替りスペシャル＄9〜14

パスタ、サンドイッチ、サラダ、日替り料理を出している。

ビーチ・エリア
The Beaches

ビーチ沿いの多くの店は低料金で、若者や地元の人たちでにぎわっている。ガーネット・アベニューにはいろいろな料理店とたくさんのバーがある。

朝食には**ブロークン・ヨーク Broken Yolk**（☎858-270-9655 🏠1851 Garnet Ave）で、47種類もあるオムレツの中の1つを味わってみてはどうだろう。**コノズ Kono's**（☎858-483-1669 🏠704 Garnet Ave）ではブリートとブルーベリーホットケーキを、美しいクリスタル桟橋を眺めながら＄5で賞味できる。あるいは**エッガリー The Eggery**（☎858-274-3122 🏠4150 Mission Blvd）の、一部の人の間で街一番と言われているフレンチトーストはいかが。

すばらしい景色と共にランチやディナーを楽しみたければ、**ワールド・フェイマス World Famous**（☎858-272-3100 🏠711 Pacific Beach Dr）か、**グリーン・フラッシュ The Green Flash**（☎619-270-7715 🏠701 Thomas Ave）🍴1品＄5〜10）で、サンドイッチ、バーガー、新鮮なシーフードディナーが提供されている。ハッピーアワーは15:00から19:00までで、ワールド・フェイマスでは水曜にロブスタータコスが＄1.50となる。

ゼン5
Zen 5

☎858-490-0121
🏠1130 Garnet Ave

サービスが素早くて親切、若くてエネルギッシュなこの店では、皆の注目がスシに集まる。ディナー時に1テーブルあたり5品（料金は＄3.50〜8.95）以上注文すると50％の割引が受けられる。

ミッション・カフェ
The Mission Café

☎858-488-9060
🏠3795 Mission Blvd
🍴1品＄4〜7、ディナースペシャル＄8程度

ミッション・ビーチを南に向かった所にある。軽めの朝食、すばらしいサラダ、サンドイッチ、ディナースペシャルとおいしいコーヒーが提供される。

オーシャン・ビーチではたくさんの店がニューポート・アベニュー沿いに建ち並んでおり、安く飲み食いできる。**ホダッズ Hodad's**（🏠5010 Newport Ave 🍴バーガー＄5）で古いサーフィン用の車に座って、伝説のバーガーを食べてみよう。ポテトフライやシェーク、古いビーチのヒットナンバーに人気がある（ここは裸足の人がほとんどだ）。

オルテガズ・コシーナ
Ortega's Cocina

☎619-222-4205
🏠4888 Newport Ave
🍴食事＄5〜8

大人気で角には順番待ちの列ができている。シーフードが専門だが、すばらしいエンチラーダ、チミチャンガ、ブリートなどもある（＄5未満）。

ランチョズ・コシーナ
Rancho's Cocina

☎619-226-7619
🏠1830 Sunset Cliffs Blvd
🍴ほとんどの料理は＄5未満

ニューポート・アベニューの2ブロック南、ちょっと変わったヘルシーなメキシコ料理を出し、パティオがある。

OBピープルズ・マーケット
OB People's Market

☎619-224-1387
🏠cnr Voltaire & Sunset Cliffs Blvd

自然食品の協同組合で、大量にまとめられた食品やフレッシュスープ、調理済みのサンドイッチ、サラダ、ラップなどがだいたい＄5未満で売られている。

ラ・ホーヤ
La Jolla

コーヒーと軽食で＄10未満というラ・ホーヤでは珍しいカフェ**パニキン The Pannikin**（☎858-454-5453 ⌂7467 Girard Ave）は、1964年以来サンディエゴを「目覚め」させ続けており、**リビング・ルーム The Living Room**（⌂1010 Prospect St）には隣接する語学学校のさまざまな国籍の生徒たちが集っている。

　安くて人気があり、サーフィンカルチャーの影響が色濃い**ワフーズ・フィッシュ・タコス Wahoo's Fish Tacos**（☎858-459-0027 ⌂637 Pearl St ▣タコス＄2、ブリート＄4、サラダ＆ライスボール＄6）はライスと豆、肉（または魚）と野菜のグリルがすばらしい。冷たいビールとレゲエが待っている。

ポーキーランド
Porkyland
☎858-459-1708
⌂1030 Torrey Pines Rd

メキシコ料理の店で、＄10以下で嫌というほど食べられる。

アルフォンソズ
Alfonso's
☎619-454-2232
⌂1251 Prospect St
▣1品＄11〜

マルガリータと独創的なメキシコ料理を出す準一流店。かわいいパティオあり。

ハリーズ・コーヒー・ショップ
Harry's Coffee Shop
☎858-454-7381
⌂7545 Girard Ave

朝食かランチにぜひ試したいプロにも愛されている本格派。「ニューヨーク・タイムズ*New York Times*」でも取り上げられた。食事は＄8前後。

ジラール・グルメ
Girard Gourmet
☎858-454-3321
⌂7837 Girard Ave
▣1品＄6未満

ぎゅうぎゅうに詰まったサンドイッチや、温かいランチスペシャル、食べ始めたら止まらないペストリーなどを＄6未満で提供する高品質のデリカテッセン。

クラブ・キャッチャー
Crab Catcher
☎858-454-9587
⌂1298 Prospect St
▣シーフード メイン＄15〜30

コーストウォークCoast Walkコンプレックス内にあり、シーフードと景観の楽しめる店。毎日15:00から19:00までハッピーアワーのサービスで飲み物と前菜が安くなり、それを利用すれば＄10程度で食事ができる。

ジョージズ・アット・ザ・コーブ
George's at the Cove
☎858-454-4244
⌂1250 Prospect St
▣ランチ＄25、ディナー＄45

ディナーはジャケット着用。賞を受賞したワインセラーを持ち、美しい景観を楽しめる。とても優雅な雰囲気だが気取ったところはない。ディナーは予約が必要。

エンターテインメント

無料の週刊紙「サンディエゴ・リーダー*San Diego Reader*」と、毎週木曜に出る「サンディエゴ・ユニオン・トリビューン*San Diego Union Tribune*」のナイト＆デイコーナーには、映画、演劇、ギャラリー、コンサートの総合的なリストとレビューが掲載されている。ゲイの男性とレズビアンのためのナイトライフシーンは小さいが活気があり、予想に違わずヒルクレストに集中している。

　イベント情報とチケットの予約は**チケットマスター Ticketmaster**（☎619-220-8497）に電話しよう。ブロードウェイの小さなホートン・プラザ公園にある**タイムズ・アーツ・ティックス Times Arts Tix**（☎619-497-5000）では、地域の主要な公演チケットの定価販売のほか、演劇、音楽、ダンスの当日夜の公演と翌日のマチネ公演を半額で販売している。

バー＆クラブ

ウォーターフロント Waterfront（☎619-232-9656 ⌂2044 Kettner Blvd）は、港が埋められ、空港が建設されるまでは名前どおりウォーターフロントにあった。1930年代にサンディエゴで最初にリカーライセンスが与えられた店であり、オーナーはその当時から変わっていない。たくさんの歴史的な「品々」に囲まれた店内は今でも人気があり、午後や夜を過ごすのに適した場所だ。道路に面した大きな窓ガラスがあり、週末にはバーフードが＄5となり、生演奏がある。

　できたてビールを買いたければ、サンディエゴにはたくさんの地ビール会社がある。多くのバーでカール・ストラウスKarl Straussビールなどを飲めるが、実際に造っているのは**オールド・コロンビア・ブリューワリー＆グリル Old Columbia Brewery & Grill**（☎619-234-2739 ⌂1157 Columbia St）だ。

ガスランプ・クオーター　この活気ある地域では、レストランとエンターテインメントの

店の線引きが難しい。

クローチェズ・レストラン&ジャズ・バー Croce's Restaurant & Jazz Bar ☎619-233-4355 🏠802 5th Ave）と、**クローチェズ・トップ・ハット・バー&グリル Croce's Top Hat Bar & Grille** ☎619-232-4338 🏠802 5th Ave）の2軒は共にクローチェ家が経営。豊富なフードメニュー（＄12〜＄15）があり、ジャズ、ブルース、R＆Bの演奏が毎晩ある。

ビター・エンド
The Bitter End
☎619-338-9300
🏠770 5th Ave

昔は売春宿だったが、現在ではビールの品揃えが豊富な、良い雰囲気の人気の社交場となっている。

ほかのダウンタウンの楽しい店としては、毎晩のようにラテンの生演奏とダンスが行われる**カフェ・セビリア Café Sevilla** ☎619-233-5979 🏠555 4th Ave）［「食事」を参照］、DJが入りファンクやアシッドジャズのレコードを回す**オレ・マドリッド Olé Madrid** ☎619-557-0146 🏠751 5th Ave）がある。

カスバ
Casbah
☎619-232-4355
🏠2501 Kettner Blvd

リトル・イタリーに近く、オルタナティブロックのバンド演奏が楽しめる陽気な店。ソファやピンボールが置かれており、ダンスという気分でなければ薄暗く照らされた片隅の席もある。

オールド・タウン 名前とは違って**オーハングリーズ O'Hungry's**（☎619-298-0133 🏠2547 San Diego Ave）はどちらかと言えば食べるよりも飲むための店。庭でビールを飲むことができ、生演奏を楽しめることもある。

クラブ・モンタージュ
Club Montage
☎619-294-9590
🏠2028 Hancock St

オールド・タウンの南西にある、サンディエゴでももっともヒップで権威あるダンスの店。流行に敏感な美男美女が集まっている。水曜はスチューデントナイト、木曜と土曜はゲイナイト、金曜は誰もが入れる。

クラブ・ボンベイ
Club Bombay
☎619-296-6789
🏠3175 India St

モンタージュの近くにあり、オーナーはレズビアンだがゲイの男性客も多い。バーガーとビールが安いサンデーバーベキューが有名だ。木〜土曜は地元のレズビアンバンドが小さなステージで演奏している。

ヒルクレスト **ブラス・レイル Brass Rail**（☎619-298-2233 🏠3796 5th Ave）はおそらく街最古のゲイバーで、ラテンからアフリカン、ヒットチャートナンバーまで毎晩テーマ毎に音楽が変わる。ピンボールやビリヤード、ダーツなどたくさんの「おもちゃ」があり、ストレート（ゲイ以外）の客も多い。

ナンバー・ワン・フィフス・アベニュー
Number One Fifth Ave
☎619-299-1911
🏠3845 5th Ave

ブラス・レイルの通りを挟んだ向かいで、ブロックは隣となる。パティオのある地元の人たちが集まる店。

リッチズ
Rich's
☎619-497-4588
🏠1051 University Ave

ナンバーワンを東に数ブロック進んだ所にある店。水曜〜日曜までDJがラテン、テクノ、ポップ、ハウスなどをかけており、木曜はストレートとバイセクシャルが集まっている。喫煙のためのパティオあり。

フリックス
Flicks
☎619-297-2056
🏠1017 University Ave

リックの数軒先、巨大なスクリーンの置かれた昔ながらのビデオバーで、ちびちびと酒を飲みのんびりするための場所だ。雰囲気としてはアルコールを置いたスターバックス。

フレーム
The Flame
☎619-295-4163
🏠3780 Park Blvd

街最古で一番人気のレズビアンの集まる店。最近改装し、豪華でレトロな内装は、クッションのきいたピンクの壁があり、ひだの多いカーテンが飾られ赤い照明が使われている。大きなダンスフロアとシガーバーがある。

ビーチ パシフィック・ビーチにはガーネット・アベニューとビーチ近辺に数多くのバーとクラブが並んでおり、その多くは落ち着いた店だ。たいてい平日は16:00から、金曜と土曜は正午から営業している。

ブラインド・メロンズ
Blind Melons
☎858-483-7844
🏠710 Garnet Ave

ブルース演奏が中心、ロックもあり。

サンディエゴ－エンターテインメント

クラブ・トレマーズ
Club Tremors
☎858-272-7278
⌂860 Garnet Ave
入場料とスナックが安く、若者に人気のダンスクラブ。

ムーンドギーズ
Moondoggies
☎858-483-6550
⌂832 Garnet Ave
クラブ・トレマーズの隣。広いパティオ、大きなスクリーンのテレビ、ビリヤードがあり、料理はおいしくビールの品揃えも豊富。

ソサエティ・ビリヤード・カフェ
Society Billiard Cafe
☎858-272-7665
⌂1051 Garnet Ave
サンディエゴで一番豪華な店だと宣伝されている。15台のフルサイズビリヤードテーブルとスナック、バー bar（⊙11:00〜翌2:00）がある。

カニバル・バー
Cannibal Bar
☎858-539-8650
⌂3999 Mission Blvd
カタマラン・リゾート・ホテル内にあり、レゲエ、ラテン、アシッドジャズなどのバンドが入るくつろげるトロピカルムードの店。

ウィンストンズ
Winston's
☎619-222-6822
⌂1921 Bacon St
オーシャン・ビーチにあり、音楽はほぼ毎晩レゲエ。

ラ・ホーヤ　ジャズなら、ホテル・ラ・ホーヤの**クレセント・ショアズ・グリル** Crescent Shores Grill（☎858-459-0241 ⌂7955 La Jolla Shores Dr）と、ヒルトン・トリー・パインズ内の**トリーヤナ・グリル** Torreyana Grille（☎858-450-4571 ⌂10950 Torrey Pines Rd）がある。

カール・ストラウス・ブリューワリー
Karl Strauss Brewery
☎858-551-2739
⌂cnr Wall St & Herschel Ave
オールド・コロンビア・ブリューワリーに行かなかったとしても、ここでカール・ストラウスビールが飲める。平日16:00から19:00まではジョッキが＄2。

コメディ・ストア
The Comedy Store
☎858-454-9176
⌂916 Pearl St
⊙毎晩
ラ・ホーヤでもっとも評判の高いコメディの上演場。食事と飲み物と笑いを提供する。しばしば入場料が必要となる（週末＄6〜＄12、最低2杯のドリンク注文が必要）。

ノース・カウンティ　**ベリー・アップ・タバーン** Belly Up Tavern（☎858-481-2282、858-481-8140 ⌂143 S Cedros Ave ▣チケット＄5〜20）はソラナ・ビーチにある。興味を引くショーがあるようなら行ってみよう。店内は倉庫を改造して造られ、レゲエ、ジャズ、ブルースと地元のポップバンドの演奏が楽しめる。

コーヒーハウス

サンディエゴのコーヒーハウスには多くの人が集まっており、夜には生演奏が行われる。ガスランプ・クオーターの**カフェ・ルル** Cafe Lulu（☎619-238-0114 ⌂419 F St）や、リトル・イタリーの**カフェ・イタリア** Caffe Italia（⌂1704 India St）、オーシャン・ビーチの**ニュー・ブレーク・コーヒー** New Break Coffee（☎619-224-6666 ⌂1959 Abbot St）、パシフィック・ビーチの**ザンジバー** Zanzibar（⌂Garnet Ave）、ラ・ホーヤの**パニキン** The Pannikin（☎858-454-6365 ⌂7458 Girard Ave）がおすすめだ。

デイビッツ・コーヒーハウス
David's Coffeehouse
⌂3766 5th Ave
ヒルクレストの社交の中心地。深夜まで営業しており、公共のインターネットが使用でき、おいしいパンやクッキーが食べられる。

クラシック音楽

すばらしい**サンディエゴ交響楽団** San Diego Symphony（☎619-235-0804 ⌂750 B St）は、シビック・センターCivic Centerでのクラシックとファミリーコンサートのほか、クラシックの啓蒙を目的とした対話型ので斬新なプログラム、ライト・バルブ・シリーズLight Bulb Seriesを行っている。夏になると楽団は活動の場を屋外の**ネイビー・ピア** Navy Pier（⌂960 N Harbor Dr）へと移し、より気軽な夏のポップコンサートを開く。

ラ・ホーヤ交響楽団 La Jolla Symphony（☎619-534-4637）はとてもレベルが高く、11〜5月までカリフォルニア大学サンディエゴ校のマンデヴィル・オーディトリアムMandeville Auditoriumでコンサートを開いている。

サンディエゴ室内管弦楽団 San Diego Chamber Orchestra（☎888-848-7326 ☎760-753-6402）は少人数のオーケストラで、その優れたパフォーマンスは高く評価されている。活動期間は9月から4月で、ダウンタウンのコプレイ・シンフォニーホールCopley Symphony Hall

やラ・ホーヤの**現代美術館 Museum of Contemporary Art**（🏠700 Prospect St）内にあるシャーウッド・オーディトリアムSherwood Auditorium、さらにはナイトクラブ**4th & Bストリート 4th & B Street**（🏠345 B St）で活動している。

映画

ダウンタウンの主要な映画館は、ホートン・プラザの**グランド・シアター・ホートン Grand Theater Horton**（☎619-234-4661）と、パシフィック・シアターにオープンした優雅な**ガスランプ 15 Gaslamp 15**（☎619-232-0400 🏠5th & G Sts）で、共にロードショーを公開している。

ヒルクレストの**ビレッジ・ヒルクレスト Village Hillcrest**（☎619-299-2100 🏠5th Ave）と、ラ・ホーヤの**ザ・コーブ The Cove**（☎619-459-5404 🏠7730 Girard Ave）では、ロードショーに加えてヨーロッパ映画や名作の上映を行っている。

演劇

演劇はサンディエゴでもっとも栄えている文化的な催しの1つだ。劇場か本章の冒頭で紹介した代理店でチケットを入手できる。劇場を下記に列挙する。

シビック・シアター Civic Theatre（☎619-570-1100 🏠202 3rd Ave at B St）コミュニティ・コンコース Community Concourse内にある。

グランド・シアター・ホートン Grand Theatre Horton（☎619-234-9583 🏠444 4th Ave）

ラ・ホーヤ・プレイハウス La Jolla Playhouse（☎619-550-1010 🏠UCSD）

ラムズ・プレイヤーズ・シアター Lamb's Players Theater（☎619-437-0600 🏠1142 Orange Ave, Coronado）

サンディエゴ・ジュニア・シアター San Diego Junior Theatre（☎619-239-8355 🏠Casa del Prado, Balboa Park）

サンディエゴ・リピートリー・シアター San Diego Repertory Theatre（☎619-231-3586 🏠79 Horton Plaza）

スプレックルス・シアター Spreckels Theater（☎619-235-9500 🏠121 Broadway）

シアター・イン・オールド・タウン Theatre in Old Town（☎619-688-2494 🏠4040 Twiggs St）

バルボア公園にある**オールド・グローブ・シアター Old Globe Theaters**（☎619-239-2255 Ⓦwww.theglobetheaters.org チケット＄17～55）は、特別に書かれるだけの価値のあるシアター。1935～36年のパシフィック・カリフォルニア博覧会では40分間のシェイクスピア劇が公演された。1937年の取り壊しを免れ、人気の高い夏の完全版シェイクスピア劇のシリーズ公演会場となった。1978年、放火により建物はすべて焼け落ちてしまったが、その後17世紀イギリスのオールド・グローブを模して再建された。1982年に劇場が再オープンすると、1984年には舞台芸術へのたゆまない貢献が認められ、トニー賞を受賞した。3つの劇場、オールド・グローブ、カシアス・カーター・ステージCassius Carter Stage、屋外のローウェル・デービス・フェスティバル・シアターLowell Davies Festival Theaterでは、ほぼ毎晩公演が行われており、週末昼にはマチネ公演が行われている。

オペラ

サンディエゴ・オペラ San Diego Opera（☎619-570-1100 チケット 立ち見席＄15、指定席＄38～115）は、質の高さと深い感動を与えるプログラムでロサンゼルス・オペラのライバルとして知られている。今までにプラシド・ドミンゴ、ホセ・カレーラス、チェチーリア・バルトリなどの大スターを招いて公演を行っている。シビック・シアターで1月から5月まで公演を開いており、タイムズ・アーツ・ティックスで割引券を入手できることもある。立ち見席のチケットは開演直前に劇場で販売される（確実に入場できるよう会場には開演1時間前には到着するように）。立ち見席のチケットでを持っていれば、会場のライトが落ちたあとに空いている席がある場合、どこに座っても構わない。

スポーツ観戦

野球チームサンディエゴ・パドレス、フットボールチームサンディエゴ・チャージャースは、ともにミッション・バレーの**クアルコム・スタジアム Qualcomm Stadium**（☎619-283-4494 🏠9449 Friars Rd）を本拠地としている（目の前にサンディエゴ・トロリーの停車場がある）。もともとは、この地に球場を建設するために奮闘したスポーツジャーナリスト、ジャック・マーフィーの名を冠した球場だ。マーフィーはフットボールチーム、チャージャースを1961年に、そして野球チームパドレスを1968年にこの地に誘致するのにも大いに力を発揮した。

野球シーズンは4月から9月まで続き、チケット（＄5～24）は首位のかかったゲームやLAドジャースが金曜、土曜にやって来ている時を除き、通常球場のゲートで購入できる。フットボールシーズンは8月から1月で、チケットは＄24～。

チケットはチケットマスターで電話かインターネットで、またはスタジアムのゲートCで

平日9:00から18:00、土曜は10:00から16:00まで直接購入できる（この場合サービス料は必要ない）。

サンディエゴ・スポーツ・アリーナ San Diego Sports Arena（☎619-224-4176 ⌂3500 Sports Arena Blvd）は、サッカーチームサンディエゴ・サッカーズとアイスホッケーチームサンディエゴ・ガルズの本拠地。大掛かりなロックコンサートが開かれる際の会場にもなる。日没後、周囲は少々荒っぽい雰囲気となることがあるのでご注意を。

ショッピング

すべての美術館、博物館、観光地には土産物屋があり、お土産物好きはシーワールドでシャムーShamu（くじらの一種・オルカ）のぬいぐるみ、動物園ではまるで本物のようなゴム製のヘビ、サンディエゴ歴史博物館では古い写真を見つけるだろう。バルボア公園のスパニッシュ・ビレッジ周辺はサンディエゴの景色を描いた絵画（主に水彩画）を買うのによい。サンディエゴっぽい土産なら、地元のサーフショップの華々しいロゴが入った商品はどうだろうか。バックカントリー（本章後出参照）に行くのであれば、地元産のナツメヤシやアボカド、シトラスフルーツ、ワインなどが安く購入できる。

もっとも高級な品を扱っているのがラ・ホーヤ・ダウンタウンのホートン・プラザで、大きなデパートならファッション・バレーのショッピングセンター（前出「ミッション・バレー」を参照）の**メイシーズ Macy's**やノードストローム **Nordstrom**、ロビンソン・メイ **Robinsons-May**か、ラ・ホーヤのインターステート5（I-5）の東にある**ユニバーシティ・タウン・センター University Towne Centre**（☎858-546-8858）を訪れよう。

水着をお探しの女性にはミッション・ビーチの**ピラーズ・ビーチウェア Pilar's Beachwear**（☎858-488-3056 ⌂3745 Mission Blvd）がおすすめ。すべての最新デザインがすべてのサイズで揃っている。

ゴーン・バナナズ
Gone Bananas
☎858-488-4900
⌂3785 Mission Blvd
ピラーズからさほど遠くなく、ハンドメイド風ビキニやワンピースなどがたくさんそろっている。ボディ・グローブBodyGloveやモッシモMossimo、ソバージュSauvageのほか、数十社のブランドが揃っている。

サウス・コースト・サーフ・ショップ
South Coast Surf Shops
☎619-223-7017
⌂5023 Newport Ave
オーシャン・ビーチにあり、クィックシルバーQuiksilverやハーレーHurley、ビラボンBillabong、オニールO'Neillなどのビーチウェアやサーフ用品を販売している。

サウス・コースト・ワヒーンズ
South Coast Wahines
☎858-273-7600
⌂4500 Ocean Front Blvd
パシフィック・ビーチのクリスタル桟橋のふもとにあり、サウス・コースト・サーフ・ショップと似通っているが女性専門の店。

節約大好きで流行に敏感な人たちは、街のビンテージファッション店の棚から棚へと飛び回って、オリジナルな洋服を探している。ほとんどの店では販売、買い取り、交換を行っている。もっとも大きく、そして昔からあるのがパシフィック・ビーチの**アードバークズ・オッド・アーク Aardvark's Odd Ark**（☎858-274-3597 ⌂979 Garnet Ave）で、アロハシャツやスエードのベスト、ズートスーツ（コートのように長い上着が特徴）、ゴージャスなガウン、ほかにもいろいろ楽しげな服が売られている。

ザ・バフ
The Buff
☎858-581-2833
⌂1059 Garnet Ave
多くはハロウィーンのコスチュームのようなかなりとっぴな服と、流行のアクセサリーが揃っている。

バッファロー・エクスチェンジ
Buffalo Exchange
☎858-273-6227
⌂1007 Garnet Ave
もう少し保守的な品揃えで、ビンテージものと最近のものが揃っており、ブランド物もある。

アダムス・アベニューはサンディエゴのメイン「アンティーク横丁」で、サンディエゴのあまり知られていない町幾つかを横切っている。店がもっとも集まっているのはインターステート805とインターステート15の間にあるノーマル・ハイツNormal Heightsだ。数十件の店の中には家具を専門としている**リトレッツ Retreads**（☎619-284-3999 ⌂3220 Adams Ave）や、世界中のアートとアンティークが集まっている**バック・フロム・トンブクトゥ Back from Tomboctou**（☎619-282-8708 ⌂3564 Adams Ave）などがある。店の一覧はアダムス・アベニューの商工会のホームページ（W www.gothere.com/AdamsAve）で確認しよう。

もっと本当に安いものを探しているなら、サンディエゴ・スポーツ・アリーナの駐車場で開かれる巨大なフリーマーケット、**コベイズ・スワップ・ミート Kobey's Swap Meet**（☎858-226-0650 ◎金〜日 7:00〜15:00）に行ってみ

よう。サングラス、洋服、貴金属、食品、花、植物、道具、家具などさまざまな新品と中古商品が売られている。入場料は金曜50¢、土曜と日曜は＄1で、駐車料金は無料。

アクセス

空から

ダウンタウンの西3マイル（約5km）にある**サンディエゴ国際空港・リンドバーグ・フィールド San Diego International Airport-Lindbergh Field**（☎619-231-2100）に離発着するのはほとんどが国内線だ。海外から訪れる際にはほとんどの場合、ロサンゼルスやシカゴ、マイアミなどの主要な空港で入国審査を終え、飛行機を乗り換えることになる。唯一ブリティッシュ・エアウェイズだけがロンドン・ガトウィックからサンディエゴの直行便を飛ばしている。

ロサンゼルスとサンディエゴ間の通常片道料金はおよそ＄75。飛行時間はわずか35分で、車の場合は2時間程度。レンタカーはどちらの都市でも料金はほとんど変わらない。

それ以外のアメリカの都市とサンディエゴ間の料金も、ロサンゼルスからサンディエゴ間の料金とほとんど変わらない。サンディエゴへ乗り入れている航空会社にはアエロメキシコ、アメリカウエスト、アメリカン、コンチネンタル、デルタ、ノースウエスト、サウスウエスト、USエアウェイズがある。

バスで

グレイハウンド Greyhound（☎800-231-2222、619-239-3266 ✦120 W Broadway）が北米のあらゆる都市からサンディエゴ行きのバスを走らせている。駅にはコインロッカー(6時間＄2)と公衆電話がある。

ロサンゼルスからの通常料金は片道＄16、往復＄28で、バスはだいたい30分おきに発車しており、停車カ所数により2時間15分から3時間45分かかる。ディズニーランドのあるアナハイム行きも1日9本出ており、料金は（乗車時間も）変わらない。

サンフランシスコとサンディエゴ間の路線ではロサンゼルスでの乗り換えが必要となり、料金は片道＄52、往復＄87。乗車時間は11時間で1日9本走っている。ラスベガス直行便は1日2本で、ロサンゼルスまたはサンバーナーディノ経由が7本。乗車時間は7時間半〜13時間半で、料金は片道＄45、往復＄80。

グレイハウンドはサンディエゴからメキシコ国境を越えてティファナまでの直行便も走らせており、そこからバスを乗り換えてメキシコのあらゆる所へ向かうこともできる。バスはだいたい毎時30分に1時間おきに出発している。乗車時間は1時間ちょっとで料金は片道＄5、往復＄8。

1日7本、メヒカリMexicaliの向かいにある国境のアメリカ側にある内陸地キャレキシコCalexico行きのバスがある。乗車時間は3時間で料金は片道＄22、往復＄34。キャレキシコ発は1日2本のみ。

鉄道で

アムトラック Amtrak（☎800-872-7245 ⓦwww.amtrak.com）の発着場がCストリートC Stの西端、**サンタ・フェ・トレインデポ Santa Fe train depot**（✦1050 Kettner Blvd）にある。ロサンゼルスへ往復する1日9本のパシフィック・サーフライナー*Pacific Surfliner*が出発しており、うち4本はサンタバーバラSanta Barbaraまで、2本はさらに北のサン・ルイス・オビスポSan-Luis Obispoまで走っている。

サンフランシスコへの旅は少々複雑になる。まず、ベーカーズフィールドBakersfield行きのアムトラックのモーターコーチに乗り、サン・ホアキンスSan Joaquinsに乗り換えてエメリービルEmeryville（オークランド近く）に向かい、そこからまたモーターコーチでサンフランシスコのダウンタウンへと入る。料金は少々高くなるが少々早いのが、パシフィック・サーフライナー*Pacific Surfliner*でロサンゼルスに行き、コースト・スターライト*Coast Starlight*に乗り換えオークランドへ、そしてモーターコーチでサンフランシスコに入る方法だ。アメリカのほかの都市に行く際にもロサンゼルスでの乗り換えが必要となる。

サンディエゴとロサンゼルス間の一般料金は片道＄25で約2時間45分。ベーカーズフィールド経由サンフランシスコ行きは＄56（14時間）、ロサンゼルス経由は＄93（12時間）。サンタバーバラは片道＄30（5時間半）。

交通手段

多くの人が車で移動するが、ほとんどの場所へは公共交通機関を使って行くことができる。メトロポリタンバスとトロリーラインはメトロポリタン・トランジット・サービスMetropolitan Transit Service (MTS)が運行しており、それ以外にも周辺地域を走っているバス会社がある。すべての地元バス会社のチケットと地図、インフォメーションは**トランジット・ストア Transit Store**（☎619-234-1060 ✦102 Broadway at 1st Ave ⓜ月〜金 8:30〜17:30、土・日 12:00〜16:00)で入手可能。またデイ・トリッパー・トランジ

ット・パスDay Tripper Transit Pass（1日券＄5　4日券＄12）も販売しており、ローカルバスやトロリー、ベイフェリーが乗り放題となる。

空港へのアクセス
空港とダウンタウンの間を走っているフライヤーFlyerとあだ名をつけられたバス992番が10分から15分間隔で出発している（＄2）。バスは4:52〜翌1:21まで走っており、ブロードウェイ沿いを何カ所か停車し、ハーバー・ドライブを空港へ向かって北へと進む。

　空港の3つのターミナルへ行くドアツードアのシャトルサービスを行っている会社も幾つかある。1人あたりの料金は乗車距離により異なり、だいたいミッション・バレーのホテル・サークルまで＄12、オールド・タウンまたはダウンタウンまで＄8、ラ・ホーヤまで＄14程度。これより短い区間ではさほどタクシー料金も変わらないので、2人以上で旅行をしているのならそちらのほうがよいだろう。

　空港へ向かうのなら、前日にはシャトル会社に電話をして迎えの時間と場所を決めておいたほうがいいだろう。もっとも知られている会社は**クラウド9シャトルCloud 9 Shuttle**（☎619-505-4950、800-974-8885）だ。ほかに**エクスプレスシャトル Xpress Shuttle**（☎619-295-1900）や、**エアポートシャトル Airport Shuttle**（☎619-234-4403）、**シーサイド・シャトル Seaside Shuttle**（☎619-281-6451）などがある。

バス
MTSはメトロポリタン地区のほとんどをカバーしており、ダウンタウンとノース・カウンティ、ラ・ホーヤ、各ビーチの往復は、夜遅くでさえなければ便利だ。トランジット・ストア（前出参照）で無料のリージョナル・トランジット・マップRegional Transit Mapを手に入れよう。

　ルートや料金については月〜金曜の5:30から20:30、土曜と日曜は8:00から17:00に☎619-233-3004、800-266-6883へ電話して確認しよう。テープでの案内は24時間☎619-685-4900で聞くことができる。インターネットでルートを確認したければ🅦www.sdcommute.comを確認しよう。

　たいていの区間は＄1.75で、2時間有効のトランスファーチケットがもらえる。急行路線は＄2。お釣りはもらえない。ダウンタウン発着のおもな路線を下記に挙げる。

3番	バルボア公園、UCSD
4番	ナショナル・シティ
5番	オールド・タウン、リトル・イタリー
7番	シーポート・ビレッジ、バルボア公園
25番	ミッション・バレー、ファッション・バレー、ヒルクレスト
30番	パシフィック・ビーチ、ユニバーシティ・タウン・センター
34番	スポーツ・アリーナ、ミッション・ビーチ、ベルモント公園、パシフィック・ビーチ、ステファン・パーク水族館、UCSD、ユニバーシティ・タウン・センター
35番	オーシャン・ビーチ
901番	コロナド

鉄道
通勤列車コースター*Coaster*はサンタ・フェ・トレインデポを出発し、ソラナ・ビーチ、エンシニタスEncinitas、カールスバッド、オーシャンサイドに停車しながらノース・カウンティの海岸まで進む。メトロポリタン地区ではソレント・バレー駅Sorrento Valley station（UCSD行きの接続シャトルバスがある）とオールド・タウンに停車する。チケットは駅の自動販売機で購入し、乗車前に必ず機械に通すこと。料金は＄3〜＄3.75で、販売機は釣り銭を出す。

　月〜金曜は各方面に1日9便走っており、始発はオーシャンサイド発5:23、サンタ・フェ・デポ発6:33。終電はオーシャンサイド発17:28、サンタ・フェ・トレインデポ発18:42。土曜は1日4便のみ。

　インフォメーションは**リージョナル・トランジットRegional Transit**（☎619-233-3004、ノース・カウンティ内☎800-266-6883　🅦www.sdcommute.com）で。

トロリー
ダウンタウン発着の2本のトロリーがサンタ・フェ・トレインデポ近くから発車している。ブルー・ラインBlue Lineの南方面は国境近くのサン・イシドロまで行き、北方面はオールド・タウンまで進み東へ向かい、ミッション・バレーを通過してミッション・サンディエゴ・アルカラ伝道所まで進む。オレンジ・ラインOrange Lineは東へ向かい、コンベンション・センターを越えてエル・カホンとサンティSanteeまで進む。トロリーは、日中は15分おきに夜は30分おきに4:20〜翌2:20まで走っている。土曜のブルー・ラインは1晩中走り続けている。

　料金は距離によって変わるが、最高でも＄2.50。チケットは駅のプラットフォームにある自動販売機で購入し、購入後3時間有効。販売機は釣り銭が出る。

車
エイビス、バジェット、ハーツなどの大手レンタカー会社はすべて空港にデスクがあり便利だが、あまり知られていない会社のほうが安

いことが多い。簡単に決めずに幾つかにあたって料金交渉してみたほうがよいだろう。同じ会社でも料金は日々変更される。空港の西ターミナルにはレンタカー会社用の無料直通電話があるので、何社かと交渉してから決定し、無料バスで会社に向かおう。また、レンタカーの料金はロサンゼルスと同程度か、LAのほうが安いこともあり、LAで借りたほうが得になることもある。

　カリフォルニア・レンタカー California Rent a Car（☎619-238-9999 ⌂904 W Grape St）とウエスト・コースト・レンタカー West Coast Rent a Car（☎619-544-0606 ⌂834 W Grape St）の2社は小さな個人経営の会社で共にリトル・イタリーにあり、より安くより条件が良いこともある。

タクシー

主要な会社には、**アメリカンキャブ American Cab**（☎619-292-1111）、**オレンジキャブ Orange Cab**（☎619-291-3333）、**サンディエゴキャブ San Diego Cab**（☎619-226-7294）、**イエローキャブ Yellow Cab**（☎619-234-6161）がある。料金はおよそ$1.80からスタートし、1マイル（約1.6km）毎に$1.90加算される。

自転車

　パシフィック・ビーチ、ミッション・ビーチ、ミッション・ベイ、コロナドなど、サンディエゴ周辺には自転車に最適な地域が幾つかある。

　公共のバスにはすべて自転車ラックが付いており、自転車の移動は無料。乗り込む前にドライバーに声をかけ、バス後部のラックに自転車を取り付ける。便利なバス路線はダウンタウンとラ・ホーヤを結ぶバス34番（オーシャン・ビーチ、ミッション・ベイ、ミッション・ビーチ、パシフィック・ビーチ経由）、ファッション・バレー・センターとUCSDを結ぶ41番、ダウンタウンとユニバーシティ・タウン・センターを結ぶ150番、ユニバーシティ・タウン・センターとオーシャンサイドを結ぶ301番、ダウンタウンとコロナドを結ぶ902番。詳細は☎619-685-4900で確認しよう。

　下記の店舗では、マウンテンバイク、ロードバイク、子供用、クルーザーバイクなど、さまざまな種類の自転車をレンタルしている。一般的に料金は1時間$5、半日（4時間）$10〜14、1日$15〜25。

　バイク・キャブ・カンパニー **Bike Cab Co**（☎619-232-4700 ⌂523 Island Ave, downtown）

　ホランズ・バイク **Holland's Bike**（☎619-435-3153 ⌂977 Orange Ave, Coronado）

　ハメルズ・ビーチ・レンタルズ **Hamel's Beach Rentals**（☎858-488-5050 ⌂704 Ventura Place, Mission Beach）

　チープ・レンタルズ **Cheap Rentals**（☎858-488-9070 ⌂3685 Mission Blvd, Mission Beach）

船

　レギュラーフェリー（$1.50）はブロードウェイ・ピアとコロナドをつないでいる。**ウォーター・タクシー Water Taxi**（☎619-235-8294）はシーポート・ビレッジとコロナド間をつなぎ、途中、フェリー・ランディング・マーケットプレイス、グロリエッタ・ベイGlorietta Bayに止まる。電話で予約してシェルター・アイランドやハーバー・アイランド、チュラ・ビスタ、サウス・ベイへ向かうことも可能で、料金は1人$5。

サンディエゴ周辺
Around San Diego

ノース・カウンティ・コースト
North County Coast

　ノース・カウンティは美しい海辺の街デル・マーからキャンプ・ペンドルトン・マリン基地まで海岸線沿いに続いている。このビーチ沿いの連なった郊外地区は30年前のサンディエゴの面影を色濃く残しているが、延々と続く開発（特にインターステート5＜I-5＞の東側）は、ノース・カウンティをサンディエゴとオレンジカウンティの巨大なベッドタウンへと変貌させている。だが、この地域のビーチは大変美しく、小さな海辺の街は単なる観光地としてだけではなく、数日間滞在しゆったりとした南カリフォルニアの環境にどっぷりと漬かるのにもピッタリだ。

　南からデル・マーに向かうにはNトリー・パインズ通りがもっとも美しい通りで、そのままハイウェイS21（北に進むにつれて名前をカミノ・デル・マーCamino del Mar、パシフィック・コースト・ハイウェイ、オールド・ハイウェイ101と変えていく）を海岸沿いに進むことができる。もっとも速いコースはI-5で、ロサンゼルスとその先までつながっている。自転車を積めるバス301番は、ユニバーシティ・タウン・センターを出発してオーシャンサイドまで海岸線を進んで行く。バス800番は急行だ。インフォメーションは**ノース・カウンティ・トランジット・ディストリクト North County Transit District**（☎760-722-6283）へ電話して確認しよう。グレイハウンドはデル・マー、ソラナ・ビーチ、

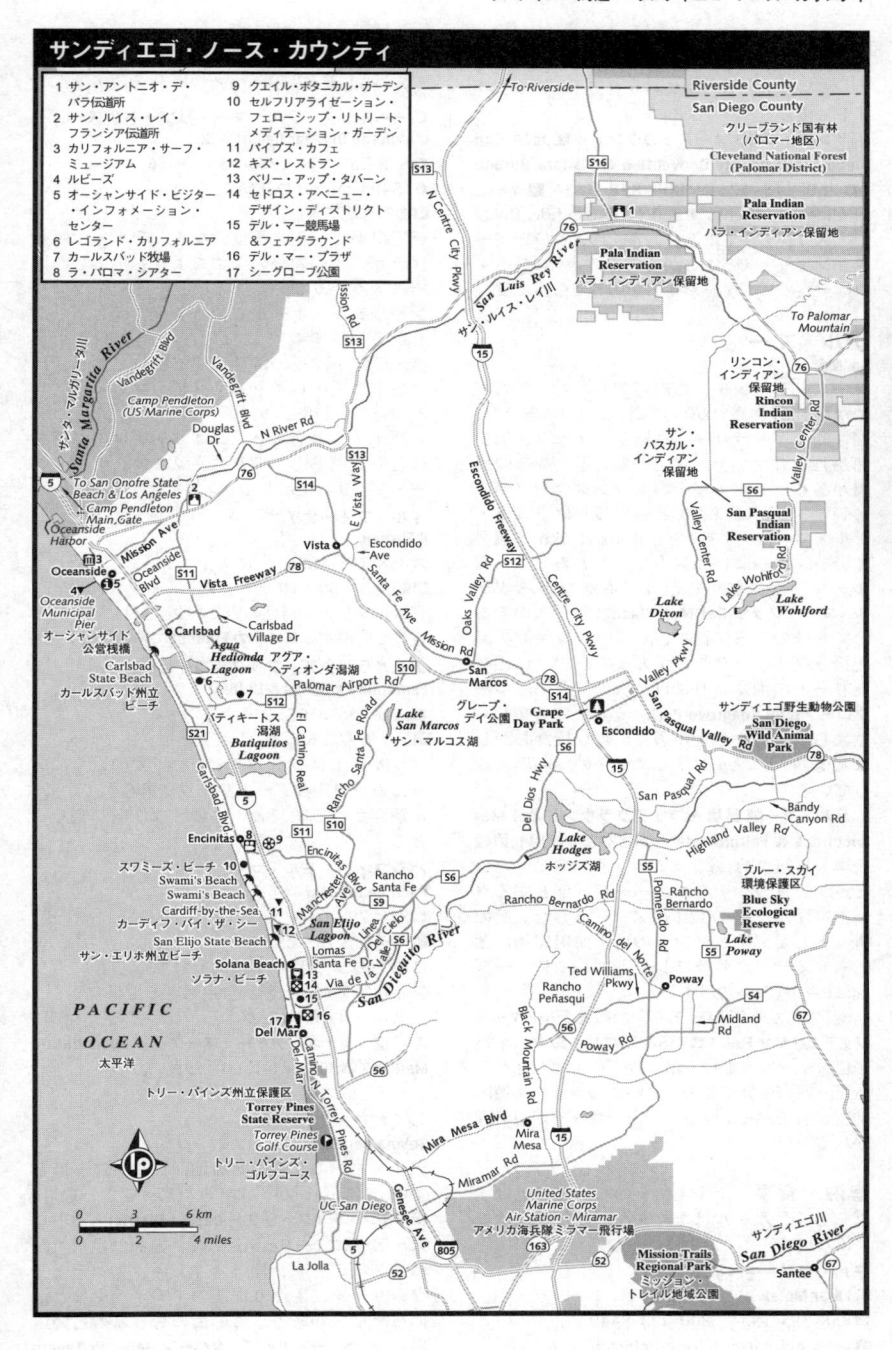

サンディエゴ・ノース・カウンティ

1 サン・アントニオ・デ・パラ伝道所
2 サン・ルイス・レイ・フランシア伝道所
3 カリフォルニア・サーフ・ミュージアム
4 ルビーズ
5 オーシャンサイド・ビジター・インフォメーション・センター
6 レゴランド・カリフォルニア
7 カールスバッド牧場
8 ラ・パロマ・シアター
9 クエイル・ボタニカル・ガーデン
10 セルフリアライゼーション・フェローシップ・リトリート、メディテーション・ガーデン
11 パイプズ・カフェ
12 キズ・レストラン
13 ベリー・アップ・タバーン
14 セドロス・アベニュー・デザイン・ディストリクト
15 デル・マー競馬場＆フェアグラウンド
16 デル・マー・プラザ
17 シーグローブ公園

エンシニタス、オーシャンサイドに停車する。通勤列車コースター*Coaster*はソラナ・ビーチ、エンシニタス、カールスバッド、オーシャンサイドに止まる。

サンディエゴ・ノース・カウンティ観光局 San Diego North County Convention & Visitors Bureau（☎760-745-4741、800-848-3336 www.sandiegonorth.com 360 N Escondido Blvd）がエスコンディドにあり、多くのインフォメーションを入手することができる。リクエストすれば無料のビジターガイドを送ってもらえる。

デル・マー
Del Mar

ノース・カウンティの海辺郊外のもっとも華やかな街。（お高いが）すばらしいレストラン、個性的なギャラリー、高級ブティック、毎年開かれるカウンティフェアの会場となる競馬場がある。デル・マーのダウンタウン（ザ・ビレッジと呼ばれることもある）はカミノ・デル・マー沿いに約1マイル（約1.6km）続いている。中心は15thストリートとカミノ・デル・マーが交差する辺り。海を見下ろす**デル・マー・プラザ Del Mar Plaza**はテラスのあるとても味のある建物で、レストランや高級品を扱うブティックなどが入っている。15thストリートの海岸寄りには、海を見下ろす**シーグローブ公園 Seagrove Park**がある。この美しく整えられた海岸に近い辺りには住民たちがしばしば訪れ、地元コミュニティの中心地となっている。

デル・マー競馬場＆フェアグラウンド Del Mar Racetrack & Fairgrounds（☎858-755-1141 競馬場入場料＄3）は、ビング・クロスビーとジミー・デュランテをメンバーの一部とするグループによって1937年にスタートした。その青々とした庭園とピンクの地中海風建物はとてもすてきだ。サラブレッドのレースシーズンは6月中旬から9月中旬。

6月中旬から7月4日まで開かれる**デル・マー・フェア Del Mar Fair**（☎858-755-1161 大人＄15 子供＄8 シニア＄12）は、地元の大事なイベントだ。家畜の展示やカーニバルのショー、遊園地、有名ミュージシャンのコンサートが毎晩開かれる。

宿泊・食事
デル・マーのビーチ付近はすばらしく、ホテルはたくさんあるが料金は安くはない。

デル・マー・モーテル
Del Mar Motel
☎858-755-1534、800-223-8449
www.delmarmotelonethebeach.com
1702 Coast Blvd
夏S＄119〜 W＄139〜、冬S＄89〜 W＄109〜
ビーチの中心にあり、ダブルルームは追加料金なしで5人まで宿泊可能。

ローベルジュ・デル・マー・リゾート＆スパ
L'Auberge Del Mar Resort & Spa
☎858-259-1515、800-553-1336
1540 Camino Del Mar
客室＄225〜

贅沢に過ごそうと言うのなら、デル・マー・プラザのすぐ向かいのここよりも相応しい場所はそうそうない。チャーリー・チャップリンやルシル・ボールもやって来てはしゃいだという（一緒にではないが）歴史的なホテル・デル・マーの跡地に建てられており、現在もボニー・レイットやメル・ブルックスなどの有名人が集まる。

パティオとレストランはサンディエゴでもっとも見晴らしの良い場所の1つ、デル・マー・プラザの上にある。

イル・フォーナイオ
Il Fornaio
☎858-755-8876
軽食＄7.50〜10、ディナーメイン＄16〜
高級イタリアン料理の店で、グラッパやワイン、軽食を提供する**エノテカ Enoteca**に隣接している。

エスメラルダズ・ブック＆コーヒー
Esmeralda's Books & Coffee
☎858-755-2707
スナック＄6未満
プラザの上、イル・フォーナイオの近くにあり、カラフルなアートワークが飾られている。毎週開かれる朗読会には著名な作家が来ることも。

パシフィカ・デル・マー
Pacifica Del Mar
☎858-792-0476
メイン＄18〜25
こちらもプラザの上にあり、すばらしいカリフォルニア料理と新鮮な魚料理を提供する。

セルフケータリングなら、プラザの下の階にある**グッド・ネーチャー・マーケット Good Nature Market**（☎858-481-1260）が良い。

ソラナ・ビーチ
Solana Beach

デル・マーの北隣にある地。デル・マーほど気取っていないが、すてきなビーチと、最近、**デザイン・ディストリクト Design District**（セドロス・アベニュー Cedros Ave）と名づけられた個性的なアート、建築スタジオ、アンティークショップ、手作り洋服のブティックなどが揃った地区がある。この街のもっとも古い店の1つが**ベリー・アップ・タバーン Belly Up Tavern**（☎858-481-2282、858-481-8140 143 S

Cedros Ave)で、倉庫を改築して造られたライブハウスには定期的に一流のバンドがやって来る。入場料は＄5～10だが、有名どころがやって来ると＄10～20となる。

ワイルド・ノート・カフェ Wild Note Cafe（☎858-259-7310 ■1品＄6～）はベリー・アップの新規事業で、ランチとディナーにおすすめ。

2軒の古くからあるメキシコ料理店、フィデルズ Fidel's（☎858-755-5292 ▲607 Valley Ave ■食事＄10程度）とトニーズ・ジャッカル Tony's Jacal（☎858-755-2274 ▲621 Valley Ave ■食事＄10程度）は行ってみる価値のある店。デ・ラ・バレ de la Valleを経由し、バレー・アベニュー Valley Aveを北へ向かう。インターステート5のすぐ西側。

幾つかの低料金のモーテルが、海岸へと続くハイウェイS21沿いにある。たくさんのチェーンホテル系列ホテルと独立系ホテルが入り混じり、中級クラスのものが多い。

カーディフ・バイ・ザ・シー
Cardiff-by-the-Sea

多くの人が短く「カーディフ」と呼ぶこの地域には、パシフィック・コースト・ハイウェイ沿いにレストラン、サーフショップ、ニュー・エイジ風の店が並ぶ。サーフィンにちょうど良く、のんびりと過ごそうという人たちに人気の場所だ。近くのサン・エリホ・ラグーン San Elijo Lagoonは1000エーカー（約400ha）の生態系保護区で、たくさんのサギやクロガモ、アジサシ、カモ、シロサギなど250種以上の鳥がいて、バードウォッチングに人気だ。保護区には合計すると7マイル（約11km）になる幾つかのハイキングトレイルが張り巡らされている。

パイプズ・カフェ Pipes Café（▲121 Liverpool Ave ■朝食＄4～6）は、サーフィン前の食事に人気の店だ。

キズ・レストラン Ki's Restaurant（☎760-436-5236 ▲2591 S Coast Hwy 101 ■食事＄4～8）は、アクティビティの中心となっているだけではなく、おいしいスムージーや、ヘルシーバーガー、サラダに加えてオーシャンビューを楽しめ、金曜の20:30から23:30には無料でジャズやブルースバンドのライブが楽しめる。通りを越えるとカーディフの「レストラン通り」で、窓に波しぶきがあたる高級なシーフードレストランが並ぶ。

サン・エリホ州立ビーチ・キャンプ場 San Elijo State Beach Campground（☎760-753-5091、予約電話800-444-7275 ■テント＄12 RVサイト＄18）は、バーミンガム・ドライブ Birmingham Drの外れにあり、打ち寄せる波を見下ろす場所にある。

カーディフ・バイ・ザ・シーのすぐ南、カーディフ州立ビーチ Cardiff State Beachはロングボーダーの集まるリーフブレークのサーフポイントだが、低潮時には大きな北からのうねりがやって来てとてもすばらしい状態となる。少し北のサン・エリホ州立ビーチは冬場の波が良い。

エンシニタス
Encinitas

ヨギ・パラマハンサ・ヨガナンダは1937年、この地でセルフリアライゼーション・フェローシップ・リトリート＆ハーミテッジ Self-Realization Fellowship Retreat & Hermitageを設立し、以来ここはホリスティック療法士や自然主義的生き方を求める人、ベジタリアンなどが集う聖地になっている。オールド・ハイウェイ101（S21）にあるハーミテッジは金色のハス型のドームがとても目につき、エンシニタス南端を示すランドマークとなっている。パワフルなリーフブレークの上を地元民がボードを走らすワミーズ Swami'sへの入口でもある。ハーミテッジのすぐ南側、オールド・ハイウェイ101の西側が駐車場となっており、波を見るのにちょうど良い場所だ。ハーミテッジのメディテーション・ガーデン Meditation Garden（入口▲215 K St ■一般公開 火～土9:00～17:00、日 11:00～17:00）でもすばらしい展望が楽しめる。入口はオールド・ハイウェイ101の西にある。

エンシニタスの中心地はハーミテッジの北、EストリートとDストリートの間となる。アウトドアカフェ、バー、サーフショップ以外の街の呼び物は1928年に建てられたラ・パロマ・シアター La Paloma Theater（☎760-436-7469 ▲471 S Coast Hwy 101）だ。ラ・パロマでは毎晩ロードショーが上映されている。

内陸の丘陵地はほとんどが花農場となっており、もっとも目立つのが1928年創業のポール・エキ・ポインセチア・ランチ Paul Ecke Poinsettia Ranchだ。ランチには12月になるとポインセチアが広がり、春には色とりどりの花が咲き乱れ、インターステート5からはすばらしい眺めとなる。

クエイル・ボタニカル・ガーデン Quail Botanical Gardens（☎760-436-3036 ■大人＄5 子供＄2 ■9:00～17:00）は、カリフォルニア固有の植物と、オーストラリアや中央アメリカなど、世界各地から集められた植物のコーナーを持つ30エーカー（約12ha）の植物園。インターステート5からはエンシニタス大通り Encinitas Blvdを進み、クエイル・ガーデン・ドライブ Quail Gardens Drを東に向かう。

ムーンライト・ビーチ・モーテル Moonlight Beach Motel（☎760-753-0623、800-323-1259 ▲233 2nd St ■客室 夏＄80～、冬＄60～）は、大きくてロケーションが良い。

サンディエゴ周辺 – ノース・カウンティ・コースト

カールスバッド
Carlsbad

カールスバッド（人口6万8200人）はショッピング、レストラン、ビーチに歩いて行きたいという人にはちょうど良い場所だ。ほかのノース・カウンティの街のようにダウンタウンがハイウェイ沿いに長く延びているのではなく、I-5とカールスバッド大通りCarlsbad Blvd（東西に走るカールスバッド・ビレッジ・ドライブCarlsbad Village Drとつながり南北に走っている）の間にこぢんまりとした正方形のダウンタウンがある。**ビジター・インフォメーション・センター Visitor Information Center**（☎760-434-6093 ♠400 Carlsbad Village Dr）は1887年築の旧サンタ・フェ・トレインデポ内にある。

1880年代に鉄道が走ると、この辺りはしだいに街となっていった。元船乗りのキャプテンだった初期の入植者ジョン・フレイジャーは井戸を掘ると、ボヘミア（現在のチェコ共和国）にあるカールスバッド（街の名の由来）にある鉱水と同質と思われるミネラルの豊富な水を見つけた。フレイジャーは水質の類似性を利用して大きなスパホテルを建て、1930年代まではたいへんな人気を博した。アン女王朝様式のホテルは現在、**ニーマンズ・レストラン＆バー Neiman's Restaurant & Bar**（☎760-729-4131 ♠2978 Carlsbad Blvd）となっており、高すぎる料理はともかく雰囲気のある店だ。

カールスバッドの長く砂質の**ビーチ beaches**は散歩や貝殻拾いに最適だ。カールスバッド・ビレッジ・ドライブCarlsbad Village Drの2ブロック南となるカールスバッド大通りにはボードウォークとトイレ、無料駐車場がある。

レゴランド・カリフォルニア Legoland California
本家デンマークのレゴランドに多少似ているレゴランド・カリフォルニア（☎760-918-5346 ◎6月中旬～レイバー・デー 9:00～20:00、それ以外10:00～17:00 図大人＄34、3歳～16歳＄29、2日券大人＄42、3歳～16歳＄37）は、私たちの多くが子供時代に慣れ親しんだ、カラフルで小さなプラスチックのブロックだけで作られた建物に囲まれた夢のある場所だ。広場を走り回れる自転車、アトラクションを回るボートツアーのほか、いろいろ作れる（そして購入もできる）ブロックが置かれた場所がある。ディズニーランドのような大きく派手なアトラクションに比べると地味だが、その分、小さな子供たち（10歳以下）に向いている。

レゴランドへはI-5をレゴランド・キャノン通りLegoland/Cannon Rd出口で下り、標識に従って進む。カールスバッドのダウンタウン、あるいはサンディエゴのダウンタウンからは、コースターCoasterでポインセチア駅Poinsettia Stationまで行き、そこから公園に直行するバス344番に乗る。

カールスバッド牧場 Carlsbad Ranch
3月から5月にかけて、50エーカー（約20ha）のカールスバッド牧場にはカーマイン、サフラン、そして真っ白なラナンキュラスの花々が見事に咲き乱れる。I-5から2ブロック東となり、パロマー・エアポート通りPalomar Aiport Rdを下りて東へ向かい、パセオ・デル・ノルテ通りPaseo del Norte Roadを左折する。風車が目印。営業時間、料金、イベントスケジュールは（☎760-431-0352）で確認しよう。

バチキトス・ラグーン Batiquitos Lagoon
カールスバッドの南、エンシニタスとの境界線となっているのがカリフォルニアに残る最後の湿地地帯であるこのラグーンだ。ガイドなしツアーではウチワサボテン、海岸沿いのサルビア原生地、ユーカリの木を巡るほか、オオサギ、シロサギなどのラグーンに集まる鳥たちを見ることができる。ラグーンにある人工の島の1つは、共に絶滅危惧種のカリフォルニアコアジサシやウエスタンシロチドリなどの営巣地となっている。これ以上はないほどデラックスなフォーシーズン・アヴィアラ・リゾートFour Seasons Aviara resortとゴルフコースはラグーンの北端に接しており、その東端は同じように豪勢なラ・コスタ・リゾート＆スパLa Costa Resort & Spaに面している。

宿泊・食事
カールスバッドのダウンタウンから南へ3マイル（約5km）進むと**サウス・カールスバッド州立公園キャンプ場 South Carlsbad State Park Campground**（☎760-438-3143、予約800-444-7275 図テント＆RVサイト＄17～22、土＄1増し）で、222のテントとRVサイトがある。**モーテル6 Motel 6**（☎760-434-7135 ♠1006 Carlsbad Village Dr 図日～木＄46～、金・土＄50～）は、おそらくもっとも手頃だ。また**サーフモーテル Surf Motel**（☎760-729-7961、800-523-9170 ♠3135 Carlsbad Blvd 図夏＄129～、冬＄69～）もおすすめ。

高級な所では、ビーチ正面の**カールスバッド・イン Carlsbad Inn**（☎760-434-7020、800-235-393 ♠3075 Carlsbad Blvd 図客室＄178～）と、I-5の2マイル（約3km）東にあり、数エーカーのグラウンドとあらゆるレクリエーション施設を持つ**ラ・コスタ・リゾート＆スパ La Costa Resort & Spa**（☎760-438-9111 ♠Costa Del Mar Rd 図客室＄325～）がある。

アルメニアン・カフェ
Armenian Cafe

☎760-720-2233
🏠3126 Carlsbad Blvd
🍴1品＄6〜12

カールスバッド・ビレッジ・ドライブの2ブロック南側にあり、地元の人たちにもそのすばらしさと本物の中東料理が支持されている。

ピザ・ポート
Pizza Port
☎760-720-7007
🏠571 Carlsbad Village Dr
🍴食事＄3〜16

サラダ、ピザに加え、地元で作られているビールがある。

オーシャンサイド
Oceanside

オーシャンサイド（人口7万2500人）は、北端にある大きな基地、キャンプ・ペンドルトン海兵基地に勤めている人たちのホームタウンだ。自動車部品またはミリタリージャケットを探しているのでなければ、ほとんどの興味は海岸線沿いに集中している。アムトラック、グレイハウンド、コースター*Coaster*、MTSバスはすべて**オーシャンサイド・トランジット・センター Oceanside Transit Center**（🏠235 S Tremont St）に停車する。

海岸線を旅しているのなら**オーシャンサイド・ビジター・インフォメーション・センター Oceanside Visitor Information Center**（☎760-721-1101 🏠928 N Coast Hwy）で止まるのがよい。地域アトラクションのクーポンブックに加え、サンディエゴとその周辺の地図、インフォメーションが揃っている。

もっとも興味深い場所は、木製で海に突き出た1900フィート（約580m）の**オーシャンサイド公営桟橋 Oceanside Municipal Pier**だろう。あまりに長いので、小さなゴルフバギー（50¢）が人々を端まで乗せて行ってくれる。竿や夜釣り用のライトのレンタルをしている数軒の釣具店やスナックバーがあるほか、50年代風で手頃なメニューが揃う**ルビーズ Ruby's**（☎760-433-7829）ではハンバーガーやミルクシェークを販売するだけでなく本格的なバーも併設している。大きなサーフィンの大会、ウエスト・コースト・プロアマ選手権とナショナル・スカラスティック・サーフィン・アソシエーション（NSSA）はピア近辺で6月に開かれる。

それらのコンテストや写真、昔のサーフボード、そしてデューク・カハナモク（オリンピック水泳の金メダリストで、サーフィンのパイオニア。1968年死亡）にまつわる記念品や歴史の品々は、**カリフォルニア・サーフ・ミュージアム California Surf Museum**（☎760-721-6876 🏠223 N Coast Hwy 🎫無料 ⏰木〜月10:00〜16:00）に飾られている。

サンタ・フェ・コースタルレールウェイSanta Fe coastal railwayがオーシャンサイドを通るようになった1880年代から残っている建物はとても少ないが、幾つかアーヴィン・ギルとジュリア・モーガンに設計された建築物が残っている。オーシャンサイド・ビジター・インフォメーション・センターには、歴史的な場所を歩くガイドなしツアーを紹介しているパンフレットがある。

ウォーターフロントの北端には、オーシャンサイド・ハーバーOceanside Harborの広大な船寄せがある。**ヘルグレンズ Helgren's**（☎760-722-2133 🏠315 Harbor Dr S）では、いろいろな種類のスポーツフィッシングのチャーター（半日＄29 1日＄55）やホエールウォッチング（1日＄18）を行っている。ハーバーの南端には、海辺ならではの食べ物を提供する店やレストランの揃ったケープ・コッド・ビレッジCape Cod Villageがある。

ミッション・サン・ルイス・レイ・フランシア Mission San Luis Rey Francia（☎760-757-3651 🏠4050 Mission Ave, Hwy 76 🎫入場料＄4 ⏰10:00〜16:00）は、1798年に建てられたカリフォルニア最大の伝道所で、ネイティブ・アメリカンたちの改宗にもっとも成功した。約3000人のネオファイトたちがここに暮らし、働いていた頃には「キング・オブ・ザ・ミッションズ」として知られていた。メキシコ政府がここを宗教から切り離すとサン・ルイスは没落していった。1811年に造られた干しれんがの壁だけが現在残っているオリジナルの部分だ。内部には幾つかの宗教美術品や工芸品と合わせ、ミッションでの仕事や生活の展示がされている。内陸側に4マイル（約6km）進んだ場所にある。

伝道所の裏手にあるのが**ヘリテージ・パーク・ビレッジ＆ミュージアム Heritage Park Village & Museum**（☎760-966-4545 ⏰グランド9:00〜16:00、建物 日のみ 13:00〜16:00）で、落ち着きのある場所だ。医師の職務室や牢獄、鍛冶屋などの20世紀初頭の歴史的な建築物を残している。

低料金のモーテルは簡単に見つけられるが、週末や夏の間は満室となることもある。

ゲストハウス・イン＆スイート Guesthouse Inn & Suites（☎760-722-1904 🛏客室＄65〜）は、コースト・ハイウェイを下りたI-5の近くで、以前はブリッジ・モーター・インBridge Motor Innだった。レストランがあり、ハーバービューが楽しめる。

オーシャンサイド・デイズ・イン Oceanside Days Inn（☎760-722-7661 🛏S＄59 W＄69）は簡

素な部屋で、オーシャンサイド・ハーバー・ドライブ出口の近く。

サン・オノフレ州立ビーチ
San Onofre State Beach

オーシャンサイドの北にある広く大きな設備のないビーチであるサン・オノフレはロングボーダーによく知られている。「オールドマンズ」と呼ばれることも多いが、その理由は年配者がここの優しい波を好むからだ。若くて、よりアグレッシブなサーファーたちは、ビーチ北端の速く深い波の来るトラッセルズTrestlesに行くことが多い。サン・オノフレへの行き方は、I-5を下り（バシロン通りBasilone Rd経由）、北に目立つ原子力発電所（このせいで水が温かいと噂されている）を目指す。ビーチ上の断崖の上に**キャンプ場 campground**（☎予約800-444-7275 テント＆RVサイト 夏＄20、冬＄18）がある。

ノース・カウンティ内陸部
North County Inland

サンディエゴからインターステート15（I-15）を、ポーウェイPoway、ランチョ・ベルナルドRancho Bernardo、エスコンディドEscondidoを越えて、リバーサイド・カウンティ・ラインまで北へ進む。一番のアトラクションはエスコンディドの東にあるサンディエゴ野生動物公園だが、ほかにも幾つかの興味深い歴史的な場所があり、パロマーPalomar近郊の美しいバックカントリーへ向かう入口でもある（本章後出「サンディエゴ・バックカントリー」を参照）。

ポーウェイ
Poway

この田舎町（人口5万人）は、インターステート15を下りてすぐの最新鋭の**ポーウェイ・センター・フォー・ザ・パフォーミング・アート Poway Center for the Performing Arts**（☎858-748-0505 1598 Espola Rd）でもっともよく知られている。だが、ここを訪れる者にとっての一番の魅力は、このゆっくりと時の流れるような雰囲気だろう。**オールド・ポーウェイ公園 Old Poway Park**（☎858-679-4313 14134 Midland Rd 土 10:00～16:00、日 11:00～14:00）は歴史的な建築物の集まりで、教会、テンプラーズ・ホールTemplars Hall、ネルソン・ハウスNelson Houseなどがある。子供たちは1907年製の蒸気機関車と1894年製のロサンゼルスストロリーが納められているトレイン・バーンTrain Barnが大好きだ。

小規模な家が集まっているほうへ向かえば、さらに東の大自然へと続いて行く。レイク・ポーウェイ通りLake Poway Rdの東の端にある**ポーウェイ湖 Lake Poway**は地元の人たちが集まる主要な集会の場で、釣り（マスの養殖をしている）、ボート、キャンプ、ハイキングなどを楽しめるが、残念なことに水泳は禁止されている。売店ではフィッシングライセンスを販売しており、ボートのレンタルもしている（10月と月曜、火曜は釣りもボートも禁止されている）。湖は周囲を自然に囲まれており、3マイル（約5km）の湖周を回るトレイルや、2.5マイル（約4km）のマウント・ウッドソンMt Woodsonへのトレイルなど、多くのハイキングトレイルへ出ることができる。700エーカー（約280ha）に及ぶ**ブルー・スカイ環境保護区 Blue Sky Ecological Reserve**はバードウォッチャーにはとりわけ喜ばれる場所だ。

エスコンディド
Escondido

この小さな衛星都市（人口12万8000人）はノース・カウンティ内陸部の商業の中心地だ。多くのアンティークショップと2つのワイナリーに加えて、もっとも人々を引きつけているのがコンサートホール、小さな劇場、美術館、会議場が集まった複合施設、**カリフォルニア・センター・フォー・ジ・アート California Center for the Arts**だ。**美術館 museum**（☎760-839-4120 火～土 10:00～17:00、日 12:00～17:00 大人＄5 シニア＄4 学生＄3）には、20世紀の絵画、彫刻、写真などの特別展示と常設展示がある。

エスコンディドの歴史を中心にそろえているのが**ヘリテージ・ウォーク Heritage Walk**（☎760-743-8207 321 N Broadway 無料 火～土 13:00～16:00）で、図書館や納屋、風車、鉄道停車場などが、グレープ・デイ公園Grape Day Parkにあるビクトリア朝のビル（現在は利用されていない）内に展示されている。

宿はさまざまな料金帯で揃っている。

エスコンディドRVリゾート Escondido RV Resort（☎760-740-5000、800-331-3556 1740 Seven Oaks Rd サイト＄35～40）には67のサイトがあり、テレビラウンジや雑貨店、温水プールとスパが揃っている。テントでのキャンプなら周囲の環境も良い**レイク・ディクソン Lake Dixon**（☎760-741-3328、760-839-4680 1700 La Hondra Dr テント＄12 RVサイト＄18）がおすすめだ。

もっとも低料金帯のモーテルの中では、料金にコンチネンタルブレックファストが含まれる**パムス・イン Palms Inn**（☎760-743-9733、800-727-8932 2650 S Escondido Blvd S＄50 W＄60）がよい。

サンディエゴ野生動物公園
San Diego Wild Animal Park

1960年代初頭から、サンディエゴ動物学協会はこの1800エーカー（約720ha）の、動物を放し飼いにする動物公園に取り組んでいる。この公園（☎760-747-8702 www.sandiegozoo.org 大人＄26.50、シニア＄23.85、3歳〜11歳＄19.50 夏 開門時間 9:00〜18:00、それ以外 9:00〜16:00）の目玉はキリン、シマウマ、サイなどの群れと、渓谷を自由に歩き回っている動物たちだ。来園者はまず、楽しい解説を聞きながら動物たちを見ることができるウガサ・ブッシュ・モノレールWgasa Bush monorail（実際には電気トラムだ）に乗り、園内を50分間巡る。大自然の中で動物たちを見るのはなかなか楽しいが、動物との距離は普通の動物園と変わらないことも多い。

ペッティング・クラールPetting Kraalでは、園内の動物の子供たちに触れることができる。11:00から16:30までは多くの場所でアニマルショーが開かれる。入園時に地図とスケジュールを貰おう。

園内にはいろいろなサービス施設や土産屋、食事をする場所が揃っている。ハイウェイ78のすぐ北にあり、インターステート15からはビア・ランチョ・パークウェイVia Rancho Parkway出口を下り5マイル（約8km）に進む。月〜土曜はエスコンディド・トランジット・センターEscondido Transit Centerからバス307番に乗れば行けるが、距離もあるし帰りの道のりも複雑なので、車で行くほうがいいだろう。

閉門後1時間は園内に留まることができる。料金にはモノレール乗車とアニマルショーが含まれており、割引クーポンもいろいろな所で入手可能だ。5日間の期間内にサンディエゴ動物園と野生動物公園の両方に入場できるコンビネーションチケットがあり、料金は大人＄46.80、子供＄31.40。駐車場は＄6だ。動物たちの間を抜けて進み、本物のサファリ体験を味わえるフォトキャラバンツアーもあるが、料金はかなり高く、予約が必要だ。時期にもよるが、ナイトツアーも行っているので代表電話でお客様受付に確認してみよう。施設は身体の不自由な人でも利用できる。詳細は☎760-738-5067で確認しよう。

サン・アントニオ・デ・パラ伝道所
Mission San Antonio de Pala

内陸部に広がった伝道所系統の1つ、サン・ルイス・デル・レイ伝道所のアシステンシアasistenciaとして1810年に建てられたが、計画は取りやめとなり、数年後には伝道所のシステム自体が見捨てられてしまった。I-15の東7マイル（約11km）、ハイウェイ76にあるこの伝道所は現在では再建されて、小さな博物館 museum（☎760-742-3317 ＄2.50 火〜日10:00〜16:00）が併設されている。静かで人の少ないパラ・インディアン保留地Pala Indian Reservationにあり、ハイウェイ76沿いの心地よい停車場所だ。

サンディエゴ・バックカントリー
San Diego Backcounty

サンディエゴから奥地へ進むとすぐに、海岸沿いの開発の進んだ地域からは大きく離れた、住人もまばらな僻地となる。サンディエゴ・カウンティのバックカントリーのほとんどはクリーブランド国有林Cleveland National Forestに覆われており、キャンプやハイキング、マウンテンバイクが楽しめる。ハイキングトレイルと、トレイルを見つけるのにおすすめなのが＄16程度で販売されているジェリー・シャード著の「アフット・アンド・アフィールド・イン・サンディエゴ・カウンティAfoot and Afield in San Diego County」で、多くの書店で入手できる。

車でクリーブランド国有林を回る場合、必要となるのが国有林アドベンチャー・パスNational Forest Adventure Passだ。パスを持っていなければ、ハイキングトレイルを始めとする国有林内の施設は使用できない（「アクティビティ」のコラム「国有林アドベンチャー・パス」を参照）。

ハイウェイ79はバックカントリーを抜ける美しい道路で、北から南へ向かうとテメキュラTemecula（リバーサイド・カウンティ内）近郊のワインの産地を越え、ワーナー・スプリングスWarner Springsや、ジュリアンJulianの昔の金鉱地域を抜け、クヤマカ・ランチョ州立公園Cuyamaca Rancho State Parkを越えてインターステート8に出る。バックカントリーを旅するには車が便利だが、バスでもほとんどの場所に行くことができ、本数は少ないものの（日曜と月曜はまったく走っていない）安く回ることができる。ノースイースト・ルーラル・バス・システムNortheast Rural Bus System（☎760-767-4287）に遅くとも前日には電話し予約すること。

パロマー山
Palomar Mountain

3つの高台からなる25マイル（約40km）のパロマー山脈の中央にあるのが、6140フィート（約1842m）のパロマー山だ。パイン、オーク、モミ、スギなどの木が密集しており、年に数フィートの雪が積もる。山の上には先着式で自己登録式の2つのUSFSキャンプ場（フライ・クリーク Fry Creekとオブザーバトリ Observatory）

サンディエゴ周辺 – サンディエゴ・バックカントリー

サンディエゴ・バックカントリー

宿泊 & 食事
- 2 Fry Creek Campground
- 3 Doane Valley Campground
- 4 Observatory Campground
- 6 Lakeland Resort
- 7 Lake Cuyamaca Store & Restaurant
- 9 Paso Picacho Campground
- 12 Green Valley Campground
- 15 Laguna Campground
- 18 Laguna Mountain Lodge
- 19 Burnt Rancheria Campground

その他
- 1 パロマー天文台
- 5 パロマー山ジェネラル・ストア
- 8 ストーンウォール・マイン
- 10 ストーンウォール・ピーク・トレイルヘッド
- 11 クヤマカ・ランチョ州立公園管理事務所＆ミュージアム
- 13 インディアン・クリーク・トレイルヘッド
- 14 ペニー・パイン駐車場
- 16 ノーブル・キャニオン国立レクリエーション・トレイル
- 17 ビジター・インフォメーション・オフィス
- 20 クリーブランド国有林デスカンソ地区事務所
- 21 テカテ国境検問所

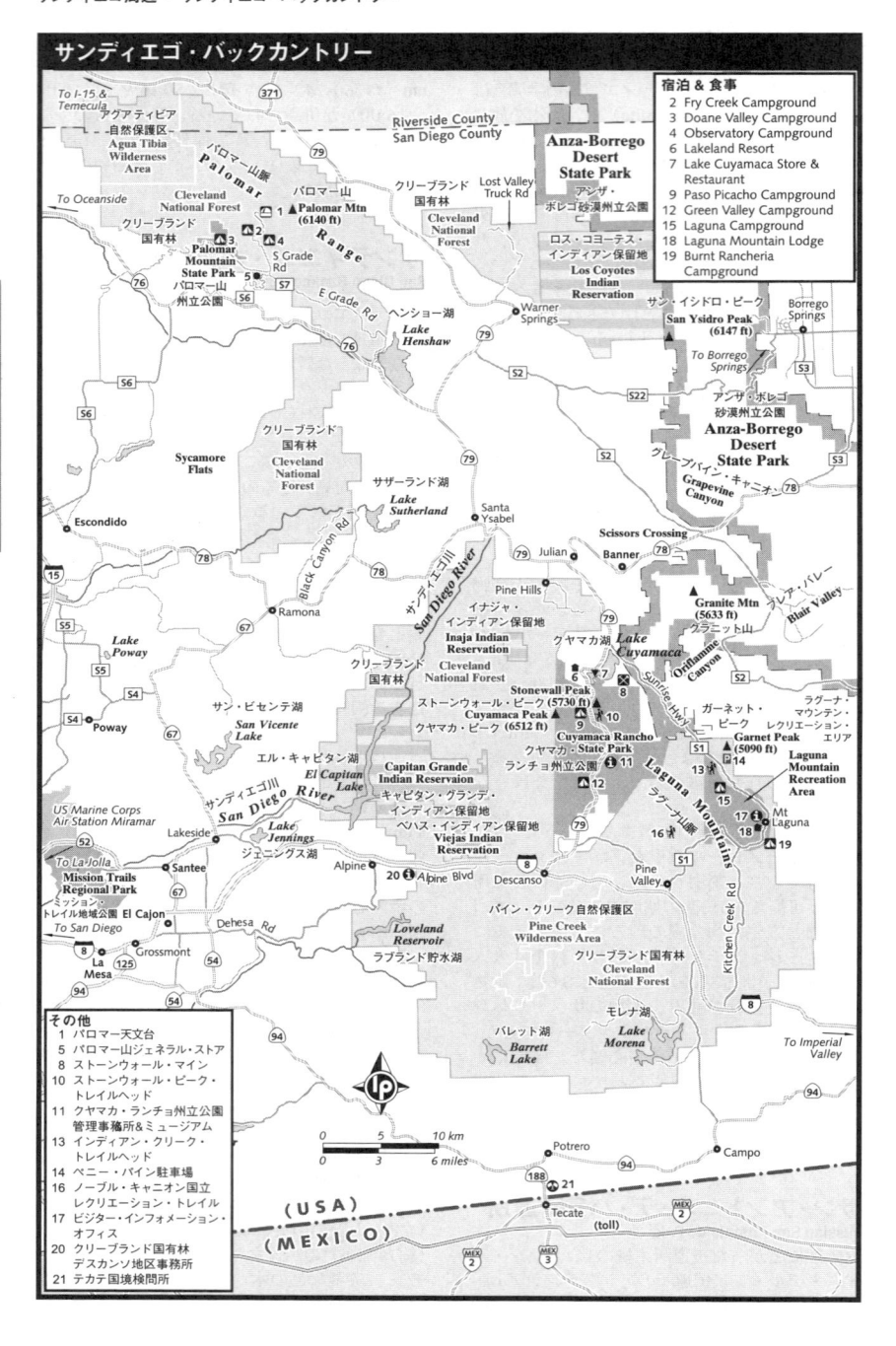

があるものの、パロマー山州立公園Palomar Mountain State Park近くにある**パロマー天文台 Palomar Observatory**（☎760-742-2119 🆓無料 🅾博物館と展望場所は通常9:00～16:00）の200インチ（約5m）のヘール望遠鏡Hale terescope（1948年より使用されている）を見に、日帰りでやってくる者がほとんどだ。

　天文台付近の土地は、カリフォルニア工科大学California Institute of Technologyの所有地となっており、ハイキングのできる所は少ない。2.2マイル（約3.5km）の**天文台ナショナル・レクリエーション・トレイル Observatory National Recreation Trail**はオブザーバトリ・キャンプ場から天文台へと向かうトレイルで、帰りの交通機関を何か用意して片道トレイルとしてもよいし、同じ道を歩いて戻ってくるのもよい。

　ハイウェイ76から天文台に行くには、イースト・グレード通りEast Grade Rd（カウンティ・ハイウェイS7）か、急で曲がりくねったサウス・グレード通りSouth Grade Rd（カウンティ・ハイウェイS6）で、食品や必需品を販売している**パロマー山ジェネラルストア Palomar Mountain General Store**（☎760-742-3496 🅾月～金 11:00～17:30、土・日 8:30～18:00）のあるジャンクションへ向かう。天文台はそこから北へ5マイル（約8km）で、道路標識がきちんと整備されている。

　ジャンクションからS7を西へ向かうと、**パロマー山州立公園 Palomar Mountain State Park**（☎760-742-3462 🈁1日＄2）だ。地図は入口の建物に置かれており、通常そこで入場料を支払うが、**ドーン・バレー・キャンプ場 Doane Valley Campground**（☎予約800-444-7275 🈁テント＆RVサイト＄12）を利用する場合は不要。要予約。

ジュリアン
Julian
1869年、漂砂鉱床が現在のジュリアン近くの入り江で見つかると、この地にゴールドラッシュが始まった。1870年に金の石英が発見されると、硬岩鉱山が開始され町が形成されていった。現在、ジュリアン（人口3860人）はハイウェイ78とハイウェイ79が交差し、サンディエゴからは2時間、アンザ・ボレゴ砂漠州立公園からは40分で来ることができる手軽な場所としての利点を味わっている。19世紀にできた目抜き通りにやってくるほとんどの人たちのお目当ては、広い農産地のトレードマークとなっているアップルパイを食べるため。4200フィート（約1300m）の高台にあるため、夏の避暑地にもなっている。

イーグル・マイニング・カンパニー
Eagle Mining Company
☎760-765-0036

メイン・ストリートMain Stの東側に数ブロック進んだCストリートC Stの先にあり、町にあった2つの鉱山、イーグルEagleとハイ・ピークHigh Peakの跡地を保存している。鉱山や鉱山機械を展示しており、13:00～15:00まで毎日ツアー（＄7）を行っている。

ジュリアン・パイオニア・ミュージアム
Julian Pioneer Museum
☎760-765-0227
🏠2811 Washington St
🈁＄2

🅾通常 火～日 10:00～16:00、冬 土・日のみ
典型的な昔の洋服や道具、写真が展示されているが、短時間で十分見ることができる。メイン・ストリートから1ブロック西側。

宿泊・食事　町の南側のハイウェイ79に幾つかの民営キャンプ場とRV駐車場があるが、この辺りで一番のキャンプ場はクヤマカ・ランチョ州立公園（後出参照）だ。
　ジュリアンでは宿はほとんどが高料金帯のB&B（ベッド＆ブレックファスト）となる。週末や休暇期間は満室となり、多くが2泊の最低宿泊日数を設定する。情報は**商工会議所 Chamber of Commerce**（☎760-765-1857 🏠2129 Main St）に豊富にある。

　ジュリアン・ホテル Julian Hotel（☎760-765-0201、800-734-5854 🆎www.julianhotel.com 🏠2032 Main St 🈁客室 平日＄95～ 週末＄130～）は、1897年から営業しており、ロケーションは町の中心だが、ほとんどの部屋にバスルームがないことを考えると高いと言える。**ジュリアン・ロッジ Julian Lodge**（☎760-765-1420、800-542-1420 🈁平日＄85～ 週末＄105～）のほうが比較的お得だが、それでも安いとは言えない。

　おいしいパイを食べさせてくれる2軒は共にメイン・ストリート沿いにあり、**マムズ Mom's**も**ジュリアン・パイ・カンパニー Julian Pie Co**も丸ごと1個のパイが＄10、1切れは＄2.50程度だ。小さな店**アップル・バレー・ベーカリー Apple Valley Bakery**（☎760-765-2532 🏠2212 Main St）ではお得なランチスペシャルを行っており、ハーフサンドイッチとスープに1切れのパイが付いて＄6.60。ほかの同じような店のランチは＄7程度（パイは付かない）。町の北の端にある**ベイリーズ・バーベキュー・ピット Bailey's BBQ Pit**（☎760-765-9957 🏠cnr Main & A Sts 🈁1品＄7～11）は周囲の店とは違ったメニューで、週末には生演奏がある。

クヤマカ・ランチョ州立公園
Cuyamaca Rancho State Park
さまざまな景色に囲まれたクヤマカ・ランチョ州立公園は、海岸地帯とも砂漠とも対照的

な清々しく心地よい場所だ。I-8から北へ6マイル（約10km）先のハイウェイ79にある33平方マイル（約90km²）のこの地には、野生の春の花が広がる草原とオーク、ヤナギ、スズカケノキ、パインの森があり、シカやアライグマ、ヤマネコ、リスなどの野生の動物たちが生息している。鳥類も豊富だ。

公園ができたのは1870年、クヤマカ湖Cuyamaca Lakeの南で金が発見されてからだ。1872年にはストーンウォール・マインStonewall Mine周辺にクヤマカの街ができ、1887年から1891年にかけてカリフォルニア州知事のロバート・ウォーターマンが意気揚揚と地域の開発を進めた。鉱山から金が出にくくなり、ウォーターマンの熱意も失われていくと、地域の有力者たちはここをリゾートにしようと考えた。ゴールドラッシュによりこの地にやってきた親を持つミスター・ダイヤーズは1923年に牧場を開くと、10年後、この地に州立公園をつくるのに多大な助力を与えた。ダイヤーズの旧家は現在、**公園管理事務所 park headquarters**（☎760-765-0755 月～金8:30～16:30）と**ミュージアム museum**（無料 夏 毎日、冬 土・日のみ）になっており、地元のネイティブ・アメリカンの立派な展示がある。

公園はハイキング、マウンテンバイク、乗馬を楽しむ人たちに人気。ハイウェイ79沿いのトレイル入口の駐車場からスタートする、数マイルに及ぶきちんと区画されたハイキングトレイルがあり、各トレイルの入口に地図が置かれている。

おすすめの2つのトレイルは、360度の視界を楽しめるクヤマカ・ピークCuyamaca Peak（6512フィート＜1954m＞）に登る往復で5マイル半（約8.9km）のトレイルと、ストーンウォール・ピークStonewall Peak（5730フィート＜1719m＞）に登る、昔の炭鉱地を眺める4マイル半（約7.2km）のトレイルだ。パソ・ピカッチョ・キャンプ場Paso Picacho Campgroundの1マイル（約1.6km）北にある**鉱山跡 mine site**までドライブするなら、ハイウェイ79をロス・カバロス・キャンプ場Los Caballos Campgroundの標識で下りて東に進もう。

公園内にはドライブインのキャンプ場、**グリーン・バレー Green Valley**と**パソ・ピカッチョ Paso Picacho**（☎予約800-444-7275 サイト＄12）がある。パソ・ピカッチョには簡素な＄15のキャビンもある。

レイクランド・リゾート Lakeland Resort（☎760-765-0736 14916 Hwy 79 客室＄48～60）は公園北端にある湖の正面にある。1マイル（約1.6km）北にはいくらかの食料雑貨を販売し、なかなか立派なレストランのある**レイク・クヤマカ・ストア＆レストラン Lake Cuyamaca Store & Restaurant**（☎619-765-0700 食事＄6～11）があり、おいしい手作りの朝食とドイツ料理を専門としたランチとディナー、ドイツビールが楽しめる。

地図や情報はこれらのキャンプ場入口にあるキオスクか、（冬場）公園管理事務所の2階で入手できる。1日使用料＄5が必要で、駐車する際に封筒に入れておかなければならない。

ラグーナ山脈
Laguna Mountains

ラグーナの高地はクリーブランド国有林の東端にあり、頂上から6000フィート（約1800m）下にはアンザ・ボレゴ砂漠がある。ここからはときどき60マイル（97km）離れたソルトン湖と、その湖から2000フィート（610m）高地で、時に雪に包まれるサン・ハシント山脈San Jacinto Mountainsが見える。

ラグーナ地域は11マイル（約18km）西のクヤマカ地域より低く乾燥した場所だが、ここにはジェフリーマツやコルターマツ、8月と9月に花をつける希少なラグーナギク（学名：Machaeranthera asteroides lagunesis）などのたくさんの植物が育っている。コヨーテ、クーガー、キツネなどの動物たちを目にすることもある。

サンライズ・ハイウェイSunrise Hwy（郡道S1 County Road S1）は、地域でもっとも高地となる**ラグーナ山レクリエーション・エリア Laguna Mountain Recreation Area**沿いを走っており、南はI-8から、北のハイウェイ79までの区間を走る道路だ。セルフサービスの案内所がハイウェイの両端にあり、また、**観光案内事務所 visitor information office**（☎619-473-8547 County Rd S1 金 13:00～17:00、土 8:00～17:00、日 10:00～16:00）が、I-8とハイウェイ79のほぼ中間のラグーナ山の小さなコミュニティにある。

さらに**クリーブランド国有林デスカンソ地区事務所 Cleveland National Forest Descanso District Office**（☎619-445-6235 月～金8:00～16:00、土 7:30～15:00）がアルパインAlpineの東のI-8そばにある。

ラグーナ山のタウンシップにある**ラグーナ・マウンテン・ロッジ Laguna Mountain Lodge**（☎619-445-2342 客室 平日＄50 週末＄60、キャビン 平日＄55 週末＄70）では田舎風の、ある意味飾り気のないキャビンをレンタルしており、地図や本、食品雑貨などの在庫を豊富に扱っている。この地域には2つのキャンプ場、**ラグーナ・キャンプ場 Laguna Campground**と**バーント・ランチェリア・キャンプ場 Burnt Rancheria Campground**（☎予約800-444-7275 サイト＄12）がサンライズ・ハイウェイSunrise Hwy沿いにある。

地域には37マイル（約60km）の**パシフィック・クレスト・トレイル** Pacific Crest Trailや10マイル（約16km）の**ノーブル・キャニオン国立レクリエーション・トレイル** Noble Canyon National Recreation Trailなど、たくさんのハイキングトレイルがある。

ラグーナ・マウンテン・ロッジの4マイル（約6km）北のペニー・パイン駐車場Penny Pines parking lotは、幾つかのコースをスタートするのにピッタリの場所だ。晴れた日のガーネット・ピークGarnet Peak（5090フィート＜約1.6km＞）に登る2マイル（約3.2km）の登山（パシフィック・コースト・トレイルPacific Coast Trailの一部）は、非常におすすめで、頂上からの眺めは目がくらみそうなほど美しい。

ペニー・パインから西へ向かうコースでは、サンライズ・ハイウェイを越え、ジェフリーマツの木立ちと見渡す限りの草原を抜けていくと、ビッグ・ラグーナ湖Big Laguna Lakeに到着する。インディアン・クリーク・トレイルIndian Creek Trailを進み、クヤマカへと行くハイキングトレイルもある。

ティファナ（メキシコ）
Tijuana, Mexico

ティファナ訪問は貴重な体験だ。メキシコの都市としては、ティファナは典型的でも特に魅力があるわけでもなく、俗っぽい土産物屋と騒々しいバーが並ぶ、国境によくある安っぽい街の原形のような所だ。以前よりはましになったものの、アメリカ禁酒法施行時代につけられた「罪の街」のイメージを覆すまでには至っていない。だが、現在では主要な商店街を歩くのに罪の意識を感じる人はほとんど、少なくとも日中にはいないだろう。

実際にこの街で出会ったもっとも野蛮な相手が、21歳以下でも合法的に酒を飲めるこの地に来ている若いアメリカ人だったということも珍しくない。

ティファナ（発音tee-**hwah**-na、TJと呼ばれることもある）の人口は非公式に120万人程度と推測されている。サンディエゴ南端の街からアメリカ国境を渡ってすぐ、ティファナそれ自体で充分街として成り立っている所ではあるが、国境を挟んだ2つの街はある意味とても依存し合っており、たびたび1つの都市部としてみなされている。ティファナ経済の70%は観光などの娯楽産業で、ほかにマキラドーラmaquiladoras（アメリカ市場向けの製品を製造する工場）が15%を占めている。

一方で、サンディエゴは観光客を呼び込むための自分たちのアトラクションの1つとしてティファナのプロモーションをし、また国境沿いの安い労働力を得られる場として捕らえている。だが、ティファナは買物やエンターテインメント以外にも独自の暮らしを持っており、オフィスビルや工場、住宅街、10の大学などがある。

オリエンテーション・インフォメーション

ティファナはアメリカ国境と併行した12マイル（約19km）の街だ。ティファナのダウンタウン（ソナ・セントロZona Centroとも呼ばれる）はサン・イシドロ国境から南西に10〜15分歩いた所にあり、南北に走るアベニーダスavenidas（アベニュー）と東西に走るカーリェスcalles（ストリート）に、碁盤目上に区切られている。ほとんどのストリートには番号が付けられており、そちらのほうが名前よりも良く使われているので、本章では通常両方を併記している。5ブロック西へ行ったレボルシオン・アベニューAvenida Revolución（ラ・レボとも呼ばれている）は街の主要な旅行客用通りで、ここよりも西側の道、コンスティトゥシオン・アベニューAvenida Constituciónやニーニョス・アベニューAvenida Niños Héroesに並ぶ店はより地元の人たち向けとなる。

国境から離れれば離れるほど、ティファナの観光地色は薄まっていく。コンスティトゥシオン通りの南側にある丘の上には、たくさんの木が植えられた3月18日公園Parque 18 de Marzo（パルケ・ディエスィオチョ・デ・マルソ）があり、バスケットボールに興じる人々やTJの日常生活を垣間見ることができる。

バハ・カリフォルニア半島をさらに南下しようという人には、ロンリープラネットから出版されている「バハ・カリフォルニア*Baja California*」を強くおすすめする。便利なロンリープラネットの「ラテン・アメリカン・スパニッシュ・フレーズブック*Latin American Spanish phrasebook*」には、実用的で日常的に使われるラテンアメリカンのスペイン語の表現が収められている。（いずれも英語版）

観光案内所

国境を徒歩で越えるとすぐに**ティファナ観光局 Tijuana Convention & Visitors Bureau**（☎ 月〜木 9:00〜17:00、金・土 9:00〜19:00、日 9:00〜14:00）の出張所がある。**ティファナ観光案内所 Tijuana Secretary of Tourism**（☎688-05-05 ☎ 月〜金 10:00〜17:00、土・日 11:00〜）のオフ

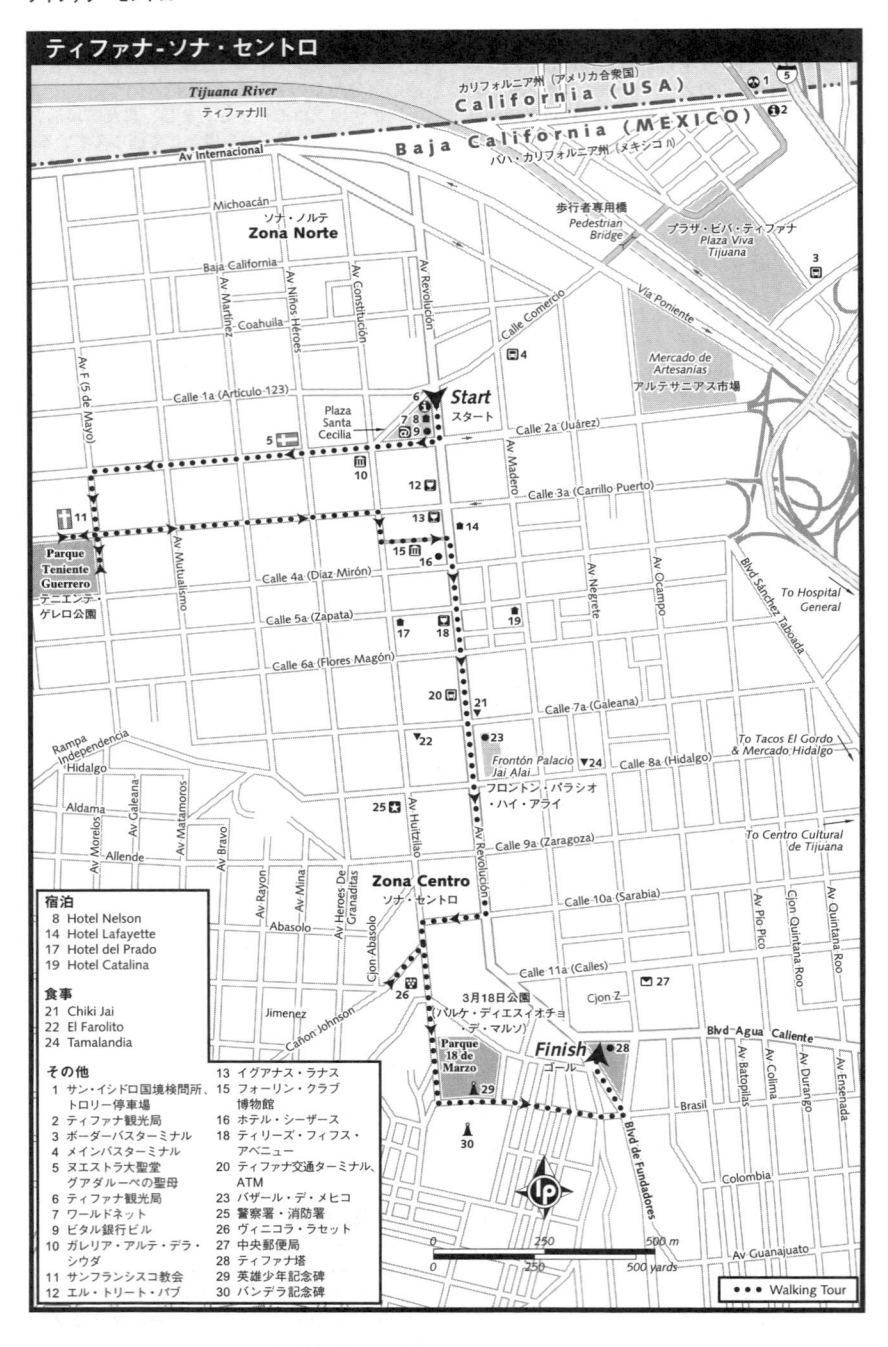

ティファナ・セントロ

ティファナ-ソナ・セントロ

Tijuana River
ティファナ川

California (USA)
カリフォルニア州（アメリカ合衆国）

Baja California (MEXICO)
バハ・カリフォルニア州（メキシコ）

Av Internacional

Michoacán

Zona Norte
ソナ・ノルテ

Pedestrian Bridge
歩行者専用橋

Plaza Viva Tijuana
プラザ・ビバ・ティファナ

Baja California
Av Martínez
Av Niños Héroes
Coahuila
Av Constitución
Av Revolución
Calle Comercio
Via Poniente

Mercado de Artesanías
アルテサニアス市場

Av F (5 de Mayo)
Calle 1a (Artículo 123)

Plaza Santa Cecilia

Start
スタート

Calle 2a (Juárez)
Av Madero

Calle 3a (Carrillo Puerto)
Av Negrete
Av Ocampo
Blvd Sánchez Taboada

To Hospital General

Parque Teniente Guerrero
テニエンテ・ゲレロ公園

Av Mutualismo
Calle 4a (Díaz Mirón)
Calle 5a (Zapata)
Calle 6a (Flores Magón)
Av Huitzilac

Calle 7a (Galeana)

To Tacos El Gordo & Mercado Hidalgo

Rampa Independencia Hidalgo
Aldama
Av Galeana
Av Matamoros
Av Morelos
Allende
Av Bravo
Av Rayón
Av Mina
Av Heroes De Granadas
Abasolo
Cjon Abasolo
Cañón Johnson

Frontón Palacio Jai Alai
フロントン・パラシオ・ハイ・アライ

Calle 8a (Hidalgo)
Calle 9a (Zaragoza)

To Centro Cultural de Tijuana

Zona Centro
ソナ・セントロ

Calle 10a (Sarabia)
Calle 11a (Calles)
Cjon Z
Cjon Quintana Roo
Av Pío Pico

Jimenez

3月18日公園
パルケ・ディエスイオチョ・デ・マルソ

Parque 18 de Marzo

Finish
ゴール

Blvd Agua Caliente
Av Batopolis
Av Colima
Av Durango
Av Ensenada

Brasil
Colombia

Blvd de Fundadores

Av Guanajuato

宿泊
- 8 Hotel Nelson
- 14 Hotel Lafayette
- 17 Hotel del Prado
- 19 Hotel Catalina

食事
- 21 Chiki Jai
- 22 El Farolito
- 24 Tamalandia

その他
- 1 サン・イシドロ国境検問所、トロリー停車場
- 2 ティファナ観光局
- 3 ボーダーバスターミナル
- 4 メインバスターミナル
- 5 ヌエストラ大聖堂グアダルーペの聖母
- 6 ティファナ観光局
- 7 ワールドネット
- 9 ビタル銀行ビル
- 10 ガレリア・アルテ・デ・ラ・シウダ
- 11 サンフランシスコ教会
- 12 エル・トリート・パブ
- 13 イグナス・ラナス
- 15 フォーリン・クラブ博物館
- 16 ホテル・シーザース
- 18 ティリーズ・フィフス・アベニュー
- 20 ティファナ交通ターミナル、ATM
- 23 バザール・デ・メヒコ
- 25 警察署・消防署
- 26 ヴィコラ・ラセット
- 27 中央郵便局
- 28 ティファナ塔
- 29 英雄少年記念碑
- 30 バンデラ記念碑

0 250 500 m
0 250 500 yards

••• Walking Tour

サンディエゴ・エリア

ィスは、カーリェ1a Calle 1aのアベニーダレボルシオン通りにある。

ビザ・入国審査
アメリカ国民または永住権保持者で、国境地帯を越えないか（つまりエンセナダEnsenadaより先に行く）、あるいは72時間以上国境地域にとどまることがなければ、ティファナに入るにあたってビザどころかパスポートすら不要だ。しかし、何らかの写真付身分証明書を持参したほうがよい。アメリカ人以外はアメリカに戻る際の入国審査でさまざまな取り調べを受けることもあるので、パスポートと（必要とされる人は）ビザを持っていくこと。

お金
USドルがどこでも使える（むしろ喜ばれる）ので、旅行者とのお金のやり取りはたいていはドルで計算される。多くのカサ・デ・カンビオcasas de cambio（両替所）があり、たいていは常時現金とトラベラーズチェックを扱っている。

ターミナル・ツーリスティカ・ティファナ Terminal Turistica Tijuana（🏠1025 Avenida Revolución）にはドルを引き出せるATMがある。小額の紙幣や小銭を持っていったほうがよく、さもないとひどいレートでお釣りをペソで渡されることもある。ほとんどの土産物を売る屋台や店では料金が提示されておらず、値切り交渉は欠かせない。

郵便・通信
メキシコ内の電話番号はすべて7桁のローカルナンバーとエリアコードから成る。ティファナとそのほかバハ・カリフォルニア北部のエリアコードは6番。ティファナの中央郵便局（oficina de correos）は、カーリェ11a（PEカーリェ）とネグレテ2050アベニューAvenida Negrete 2050の角にあり、平日は8:00から17:00まで、土曜は9:00から13:00まで。

もっとも安く電話をかけられるのは公衆電話で、ティファナのあちこちにある。最大手で料金に信頼のおける会社はテルノアTelnorだ。ほとんどのテルノアの公衆電話ではコインと30、50、100ペソ（約$3、$5、$10））のテレフォンカード、タルヘタス・ラダテルtarjetas Ladatelが使え、薬局や酒屋などの店で販売されている。デ・ベンタ・アキ・ラダテルDe Venta Aquí Ladatelと書かれている青と黄色の看板を探そう。

安くて速いインターネットへのアクセスは、レボルシオン・アベニューの半ブロック西の**ワールドネット Worldnet**（🏠Calle 2a ◑9:00～23:00）で使用できる。

緊急のとき
ティファナの**中央警察 central police station**（緊急時番号☎060 🏠Avenida Constitución 1616）はソナ・セントロのカーリェ8a（イダルゴHidalgo）にあり、**消防署 fire station**（☎068）はその隣だ。

ティファナの**総合病院 Hospital General**（☎684-09-22 🏠Avenida Centenario 10851）はリオ・ティファナRío Tijuanaの北にあり、緊急治療室を備えたもっとも中心地にある病院だ。

救急車が必要な時は、**クルス・ロハ Cruz Roja**（赤十字Red Cross）（☎684-8984）に電話をする。

治安・トラブル
「コヨーテ」と呼ばれる不法侵入補助者やポジェロpolleros（不法入国ブローカー）、そしてその客たちがサン・イシドロ国境の川沿いに集まっている。日没後はこの辺りと国境東のコロニア・リベルタColonia Libertadには近づかないように。泥棒やすり、釣り銭ごまかし、水増し請求、違法な外国人税請求などはティファナでは珍しいことではない。

車上荒らしも頻繁に起こっている。車内に高価そうに見える物を置かず、路上駐車は避け、係員のいる駐車場に止めるように（盗難防止警報機を付けていてもだ）。

観光スポットと楽しみ方
ティファナのダウンタウンはティファナでもっとも歴史のある場所だが、その歴史は退屈な店先やけばけばしい広告、大音量の音楽とむき出しの排気ガスにさらされたテラスバーなどによりすりかわりその痕跡を消されている。ぎらぎらとした商業主義と実用主義をこれほどまでにむき出しにしている場所は、ダウンタウンのメイン通りで旅行者を引きつけている**レボルシオン・アベニュー Avenida Revolución**のほかにはないだろう。現実的にこの「ラ・レボ」La Revoとしてよく知られている騒々しい大通りをまったく歩かずに帰る旅行者はいない。

徒歩ツアー
ここで紹介する徒歩ツアーはティファナのもっとも歴史ある通りからスタートし、ダウンタウンのすべての主要な観光地を通る。3マイル（約5km）にわたるこのツアーは短くて2時間、途中でのんびりしたり食事、買物などをしながら進めば丸1日かかる。

ツアーはレボルシオン・アベニューAvenida Revoluciónの始まり、**プラザ・サンタ・セシリア**

Plaza Santa Ceciliaのティファナ観光局 Tijuana Secretary of Tourism Officeからスタートするのがいいだろう。そこから南へ向かって1ブロック先のカーリェ2a Calle 2a（ファレスJuárez）のティファナに残る貴重な数少ない古い建物、**ビタル銀行ビル Bital Bank Building**（1929年築）を右折し（西へ進む）、コンスティトゥシオン・アベニューを1ブロック進む。アンティゴ・パラシオ・ムニシパルAntiguo Palacio Municipalの静かな中庭を抜け、**ガレリア・アルテ・デラ・シウダ Galería Arte de la Ciudad**（市営美術館 ☎685-01-04）で地元アーチストの作品を見よう。

カーリェ2a Calle 2aを西へ進むと、ティファナ最古の教会で、1902年に建てられた干しれんがの礼拝堂を改装した壮大な**ヌエストラ大聖堂グアダルーペの聖母 Catedral de Nuestra Señora de Guadalupe**に出る。FアベニューAvenida F（5デ・マヨ 5 de Mayo）を南へ曲がると星型の高い天井と現代風のステンドグラスがあり、床が板張りの単廊の教会、**サンフランシスコ教会 Iglesia de San Francisco**の脇へ出る。隣は1911年にバハ・カリフォルニアをギャングのマゴニスタスMagonistasの手から守った戦士の名が付けられた、人気の**テニエンテ・ゲレロ公園 Parque Teniente Guerrero**だ。公園は日没後、ゲイの男性の集う場所として評判だ。ただし日中は、家族連れや数時間をそこで過ごす人たちが集まっている。

公園でしばらく過ごしたあとは、カーリェ3a Calle 3a（カリージョ・プエトロCarrillo Puerto）沿いを東へ向かいコンスティトゥシオン・アベニューAvenida Constituciónまで戻って右折し（南へ進む）、半ブロックほど先の東側にある路地の入口を探そう。

左折して路地を入って行くと、1950年代と60年代に国際的に人気を博したアメリカ人のメキシカンフォークソングシンガー、ウイリアム・マケイン・クラウソンが建てた**フォーリン・クラブ博物館 Museo Foreign Club**（☎666-37-49 無料 7:00～17:00）がある。そこには歴史的な写真や記念の品々がランダムに飾られている。

路地からレボルシオン・アベニューAvenida Revoluciónに戻って右折すると、すぐに伝説的な**ホテル・シーザース Hotel Caesar's**に出る。1930年に建てられた、立派だがかすかにくたびれたこのホテルがシーザーサラダを生み出した場所で、闘牛に関する記念品が揃えられたおもしろい場所だ。

ラ・レボLa Revoをさらに南へ進んだ所にあるのが**フロントン・パラシオ・ハイ・アライ Frontón Palacio Jai Alai**だ。ハイ・アライjai alaiはバスクに起源を持つスピード感のある競技で、スカッシュとテニスを混ぜ合わせたようなもの。競技場は数十年にわたってティファナのランドマークだったが、競技の人気と観衆の数が落ちたため、オーナーは1990年代後半、競技場を閉鎖せざるをえなくなってしまった。

カーリェ10a Calle 10a（サラビアSarabia）を右へ進み、ウィツィラオ・アベニューAvenida Huitzilao（コンスティトゥシオン・アベニューから南へ続いており、途中で名前が変わる）を越えてカーリェ・カノン・ジョンソンCalle Cañon Johnsonに入ると、メキシコ最大のワイナリーの支店**ヴィニコラ・ラセット Vinícola LA Cetto**（（発音elle-a-tsche-tto ☎685-30-31 Calle Cañón Johnson 8151）があり、ワインの試飲が楽しめる。

ワイナリーのショップでは街中より25％安くワインを販売しており、ワインのボトルは＄5から、シャンパンやブランデーは＄6から、テキーラは＄12からある。ツアー（＄2）が月～金曜の10:00から17:00、土曜は10:00と16:00に行われている。

ウィツィラオ・アベニューAvenida Huitzilaoに戻って坂を登って行く（南）と、**英雄少年記念碑 Monumento a los Niños Héroes de Chapultepec**が置かれた3月18日公園に出る。大きなメキシコ国旗の下には、1997年に前大統領エルネスト・セディージョにより落成された**バンデラ記念碑 Bandera Monumental**がある。

カーリェ・ブラジルCalle Brasilに沿ってデ・ロス・フンダドレス大通りBlvd de los Fundadoresまで坂を下って行くと、**ティファナ塔 Torre de Tijuana**に出る。ツアーはここで終了。レボルシオン・アベニューAvenida Revoluciónを真っすぐ北へ向かうと、スタート地点にもっとも早く戻れる。

ティファナ文化センター
Centro Cultural de Tijuana (Cecut)

ティファナの現代的なこの文化センター（☎684-11-11 cnr Paseo de los Héroes & Avenida Independencia 火～土 9:00～12:00・14:00～17:00、日 10:00～20:00）では文化的退廃地と言われるこの都市の傷だらけの歴史を掘り下げており、この規模の都市にある施設としては世界に誇れる物であろう。

施設の正面にはラ・ボラLa Bola（ザ・ボール）として知られている巨大なゴルフボールのようなクリーム色の地球儀が置かれており、これは著名な建築家ペドロ・ラミーレス・ヴァスケスとマヌエル・ローゼン・モリソンによりデザインされた物。

最新鋭の博物館内部では、先史時代から現在までのバハ・カリフォルニアの歴史が年代別に展示されている。半島の紹介はすばらしく、誰

もが一度は見ておいたほうがよいものだ。展示は、世界でも有数の博物館であるメキシコ・シティの有名なムセオ・ナシオナル・デ・アントロポロヒアMuseo Nacional de Antropología（メキシコ国立人類学博物館）を設計したマリオ・ヴァスケスによりデザインされた。

宿泊・食事

ティファナを訪れる観光客のほとんどは日帰りだが、宿泊するのであればさまざま宿がある。サンディエゴよりかなり安く、かなり荒れているが、きちんとした中級ホテルもあり、国境の反対側よりも低料金で泊まることができる。ティファナの歓楽街、ソナ・ノルテZona Norte（北地区）の安ホテルは絶対に避けること。

ホテル・ネルソン
Hotel Nelson
☎685-43-03
🏠Avenida Revolución 721
🍴客室＄45

中央に位置し、清潔でカーペットが引かれているスタンダードな92室の部屋はいつでも白人で埋まっている。コーヒーショップで安い朝食とスナックが食べられる。

ホテル・ラファイエット
Hotel Lafayette
☎685-39-40
🏠Avenida Revolución 325
🍴S ＄22 W ＄28

低料金帯のホテルの中では一番。安全でこざっぱりとした部屋だが、ラ・レボに面していない部屋を頼んだほうがいい。

ホテル・デル・プラド
Hotel del Prado
☎688-23-29
🏠Calle 5a 8163
🍴客室 バスなしUS＄15 バス付US＄17

経営者はとても親切で部屋はいたって質素だが、清潔でこの上なく料金も安い。

ホテル・カタリナ
Hotel Catalina
☎685-97-48
🏠cnr Calle 6a & Avenida Madero
🍴客室US＄28

値段もホテル・デル・プラドより少々高いが、快適さも高い。このファミリー向けホテルのオーナーは安全性の高さを誇っており、部屋も清潔だ。

ほとんどの街角には焼きとうもろこしや新鮮なフルーツとシーフードを売る屋台、タコス屋が1軒か2軒はある。たいていは込んでいる店のものがおいしい。ただし、胃腸の弱い人は要注意。屋台は悪名高いティファナ・トロットTijuana Trots（下痢）の産地でもある。

エル・ファロリート
El Farolito
🏠Calle 7a
🍴朝食US＄3、ランチ・ディナーUS＄6

コンスティトゥシオン・アベニュー近くにある、多彩な色で飾り立てた店。オープンキッチンで作られる料理を見ることができる。

タマランディア
Tamalandia
☎685-75-62
🏠Calle 8a 8374
🍴スナック各US75¢

手作りのビーフやチキン、チーズの入ったタマーレのほか、デザートのようなドゥルセdulceを販売している小さな陽気な店。

チキ・ハイ
Chiki Jai
☎685-49-55
🏠Avenida Revolución 1388
🍴メインUS＄9

フロントン・パラシオ・ハイ・アライの隣にあり、1947年からいつも常連客でいっぱいだ。ハイ・アライの黄金時代（1950年代と60年代）には、もっとも有名な選手たちがここに集まっていた。

タコス・エル・ゴルド
Tacos El Gordo
🏠Blvd Sánchez Taboada at Calle Javier Mina
🍴タコス＄1
🕐24時間

イダルゴ市場Mercado Hidalgoにあり、夜更かし族に崇拝されている店。

エンターテインメント

騒々しいレボルシオン・アベニューには、耳が張り裂けそうな大音量の生演奏や音楽が鳴り響くバーやクラブが建ち並んでいる。**エル・トーリト・パブ El Torito Pub**（🏠Avenida Revolución 643）の2階には巨大な円形のダンスフロアと2台のビリヤードテーブルがあり、さらに電動の雄牛が置かれている。

イグアナス・ラナス
Iguanas Ranas
🏠cnr Avenida Revolución & Calle 3a

エル・トーリトからさほど遠くなく、似ているがサーカスを模した凝った内装の店。現在では入口の一部となっている古い黄色のスクールバスの中に座ることもできるが、テラスも用意されている。奥には大きなブラックライト照明の部屋があり、ディスコとビリヤードテーブルの置かれたスポーツバーとなっている。

もっと小さな1階建ての**ティリーズ・フィフス・アベニュー Tilly's Fifth Avenue**（🏠cnr Avenida Revolución & Calle 5a）も人気の店で、1927年以来さまざまに姿を変えながら営業している。

ショッピング

たくさんのアメリカ人が定期的に国境を越え、はるかに安い処方薬や医薬品を購入しに来ている。ほかにティファナで人気の商品はバニラ、カルーア、テキーラ、タートルオイルローションなど。

アメリカに戻る際には＄400分の商品が免税となる。10kや14kの金製品の裏にある「CH」のマークは、それが金メッキ、あるいは金張りを意味している。本物の銀製品には必ず「925」が刻印されており、アルパカalpacaは銀メッキを意味する。

バザール・デ・メヒコ
Bazaar de Mexico
☎638-47-37
🏠cnr Avenida Revolución & Calle 7a
メキシコ全土から集められた高品質のアート製品と手工芸品が揃えられている。品質の高さを考慮すると価格は他店ほど高くない。

イダルゴ市場 Mercado Hidalgoは地元の人たちがスパイスや乾燥チリ、地元の特産品、新鮮なトルティーヤ、アステカ産の季節の特産物などを買いに来る市場。市場までのもっとも簡単な行き方は、レボルシオン・アベニューからカーリェ9a（サラゴサZaragoza）を東にサンチェス・タボアダ・アベニューAvenida Sanchez Taboadaにぶつかるまで進む。通りを渡ってハビエル・ミナ・アベニューAvenida Javier Minaを下って行くと右手に市場がある。

アルテサニアス市場 Mercado de Artesaniasは歩いて国境を渡ると最初に出くわす屋外市場。土産物、工芸品のほか、変わった物が売られている。大幅に値切ること。

アクセス

サン・イシドロ国境は24時間開いている。ティファナから6マイル（約10km）東のメサ・デ・オテイMesa de Otayは6:00から22:00まで開いており、ティファナのように込むことはない。

空から

ダウンタウンの東6マイル（約10km）にある国境からすぐ近くの町、メサ・デ・オテイの郊外に**アベラルド・L・ロドリゲス国際空港 Aeropuerto Internacional Abelardo L Rodríguez**（☎683-24-18）があり、ほかのメキシコの都市へかなり安く向かえる。アメリカの都市へは安くて便数も多いサンディエゴからのほうがいいだろう。

バスで

サンディエゴのグレイハウンド駅からは5:30から翌0:30までほぼ毎時間バス（＄5）が出ている。セントラル・カミオネーラ Central Camioneraからサンディエゴ方面へのバス（＄18）は、サンディエゴ経由でロサンゼルスまで進む。

ソナ・セントロの古い**メインターミナル main terminal**（☎688-07-52 🏠cnr Avenida Madero & Calle 1a）からはサバー・バハSubur BajaがテカテTecate、ロサリートRosarito行き、グレイハウンドがアメリカ行き、エリートEliteとTNSがメキシコの本土へと向かうバスを走らせている。

国境からターミナルへはタクシー、または徒歩で10分ほどでいける。ターミナル内には電話、FAX、コピーサービスがあり、トイレ（2ペソ）も清潔だ。

ボーダーバスターミナル border bus terminal（☎683-56-81）はプラザ・ビバ・ティファナPlaza Viva Tijuanaの南東の端にある。ABCはここからエンセナダ、サンクィンティンSan Quintín、サン・フェリペSan Felipe行きのバスを走らせており、エストレージャス・デル・パシフィコEstrellas del PacíficoはメキシカリMexicali、グァダラハラGuadalajara、マサトランMazatlánのほか、メキシコ本土のほかの都市へ向かうバスを出している。

メキシコーチMexicoachのロサリート・ビーチ・エクスプレスRosarito Beach Expressは、月～土曜の11:00、13:00、15:00、17:00にここを出発し、料金は往復で＄6。

トロリー

サンディエゴのダウンタウンからサン・イシドロへ向かうトロリー（＄3.25）は5:00から深夜まで15分おきに走っている。サン・イシドロの停車場からは、歩行者用の陸橋を越え、回転式の改札口を抜けてメキシコに入る。

街の中心地に行くにはタクシーに乗る必要はなく、青と白のセントロ・ダウンタウンCentro Downtownと書かれた標識に従って進めばよい。土産物屋の並ぶ閑散としたプラザ・ビバ・ティファナを抜け、リオ・ティファナRío Tijuanaに架かったもう1つの歩行者用の陸橋を越え、数ブロック進むとレボルシオン・アベニューの北端に出る。

車で

日帰りでティファナへ行くなら車はやめておこう。渋滞はひどく、駐車場探しは困難を極

め、アメリカへ戻る国境は長蛇の列となることもある。トロリーで行くか、サン・イシドロ（国境に一番近いインターステート5の出口）の駐車場（約＄6）に車を止めて歩いていったほうがよい。

　バハ・カリフォルニアをさらに南下するのなら車は便利だ。ティファナよりもサンディエゴで車を借りたほうがはるかに安いが、レンタカー会社が国境越えを認めているかを確認するように。

　メキシコの法律ではメキシコのセグロ*seguro*（自動車保険）しか認められていないので、アメリカやカナダの保険は適用されない。メキシコの保険なしでメキシコ内を運転するのは馬鹿げたことだ。ティファナへ車で入ると、インターステート5（I-5）を下りた出口近辺のヴィア・デ・サン・イシドロVia de San Ysidroとカミノ・デ・ラ・プラザCamino de la Plazaにたくさんの保険会社がある。料金は政府が管理しており、国境のどちら側で加入しても1日目＄8、2日目以降＄2.50の標準的な金額となっている。アメリカの大手保険会社やアメリカ自動車協会American Automobile Association（AAA）でも取り扱っている。

交通手段

サン・イシドロ国境からは、セントロCentroと記されているバスはすべてダウンタウンへ向かう。バスはプラザ・ビバ・ティファナの南東の端に停車し、たいていの場合そこに街中のあらゆる行き先へのバスに案内してくれるノートを持った人がいる。料金は4.50ペソ（USドルで約50￠）で、釣り銭はもらえない。国境からラ・レボへ行くには歩いて行くのが一番簡単な方法だ（詳細は前出「トロリー」を参照）。

オレンジカウンティ
Orange County

オレンジカウンティOrange Countyにディズニーランド以上の何かがあると思っている旅行者はほとんどいない。カリフォルニアを初めて訪れる旅行者にとって絶対にはずせない目的地というわけではないが、すばらしいビーチ（海岸線は42マイル＜約67km＞もある）、興味をそそられる美術館、魅力的なエンターテインメントなど、例のネズミのパーク以外にも価値のある見どころは数多くある。オレンジカウンティは34の市で構成されており、270万人が住んでいる。日刊新聞「オレンジカウンティ・レジスターOrange County Register」や、エンターテインメントのレビューや一覧を載せている「オレンジカウンティ・ウィークリーOrange County Weekly」などの出版物からもわかるように、この地域は南カリフォルニアのどのカウンティ（郡）よりも"カウンティ"であることが意識されている。

内陸側の町ではラテン系の人が多いが、彼らの先祖がこの地域にやって来たときにはオレンジが主な収入源であった。人口統計や町並みが変わったのは幾つもの大企業が本社を構えた1970年代から80年代のことで、その頃からオレンジカウンティはアメリカの中でも急成長を続ける都市部の1つに数えられている。1995年には行政ミスと政治腐敗のせいでカウンティは破産を宣言せざるを得なかったが、その後は回復している。一方、住民1人当りの所得水準はカリフォルニアでの最高レベルを悠々と維持している。政治的・社会的には保守的なコミュニティだ。

ハイライト
- ディズニー・カリフォルニア・アドベンチャーDisney's California Adventure － ゴールデン・ステイトGolden Stateで最高に創造的なお祭り
- オレンジカウンティのビーチ 太陽と海に包まれるこの上ない喜び
- サン・ファン・キャピストラーノ伝道所Mission San Juan Capistrano － 豪華で保存状態が良く、カリフォルニアの伝道所ではもっとも有名
- ラグーナ・ビーチLaguna Beach － カリフォルニアのリビエラと呼ばれる輝く砂浜は息をのむ美しさ。古くからのアートの伝統もある
- クリスタル大聖堂Crystal Cathedral － きらめく礼拝堂は大建築家フィリップ・ジョンソンにより建設された

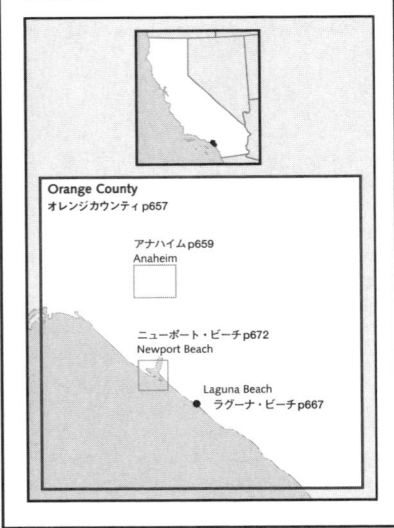

Orange County オレンジカウンティ p657
アナハイム Anaheim p659
ニューポート・ビーチ Newport Beach p672
ラグーナ・ビーチ Laguna Beach p667

インフォメーション
オレンジカウンティのほとんどの町には観光案内所（連絡先詳細は各セクションを参照）があるが、この地域の一般的なエリア情報を手に入れるなら、新しくできたカリフォルニア・ウェルカム・センター California Welcome Center（☎714-667-0400 ⌂2800 N Main St）に寄ってみるとよい。インターステート5（I-5）のメイン・ストリートMain St出口を出てすぐ、ハイウェイ22との交差点にあるサンタ・アナSanta AnaのメインプレイスMainPlaceモール内にある。事務所は低層階の南西側エントランスそば。

アクセス・交通手段
アムトラックAmtrakの駅はフラートンFullerton、アナハイムAnaheim、オレンジOrange、サンタ・アナSanta Ana、アービンIrvine、サン・ファン・キャピストラーノSan Juan Capistranoにある。これらの駅はすべてロサンゼルスとサンディエゴを結ぶ路線上にあり、ロサンゼルスのダウンタウンから出ているパシフィック・サーフライナーPacific SurflinerとメトロリンクMetrolinkの通勤電車が停車する。

ジョン・ウェイン・オレンジカウンティ空港
John Wayne-Orange County Airport
☎949-252-5200
www.ocair.com
I-405からすぐ。アービンIrvineにある小さいが利便性のよい空港。国内線ではロサンゼルス国際空港Los Angeles International Airport

オレンジカウンティ - アナハイム

(LAX) の本格的な代替空港として利用する人が増えてきている。現在は、アラスカ・エアラインAlaska Airlines、アメリカ・ウエストAmerica West、アメリカンAmerican、コンチネンタルContinental、デルタDelta、ノースウエストNorthwest、スカイウエストSkywest、サウスウエストSouthwest、ユナイテッドUnited、USエアウェイUS Airwaysが、合わせて毎日約300便運航している。

オレンジカウンティ交通局
Orange County Transportation Authority (OCTA)
☎714-636-7433
www.octa.net
1回乗車＄1、1日パス＄2.50
街中やカウンティ内を巡るバスを運行している。チケットは車内で販売しているため、釣り銭の要らないようにしておくこと。乗り換えは無料。OCTAバスの系統図や時刻表は無料で配布しており、駅、多くの商工会議所、またはホームページで入手できる。

ほとんどのホテルやモーテルでは、ディズニーランドや地域内のそのほかのアトラクションに行く無料のシャトルバスを運行している。

アナハイム
Anaheim

アナハイムAnaheim（人口30万6000人）は、ディズニーランドのある場所としてよく知られている。ディズニーランドは最近42億ドルもの莫大な費用をかけて改造・拡張された。5年をかけた工事の中心は、2つ目のテーマパークであるディズニー・カリフォルニア・アドベンチャーDisney's California Adventureと、アウトドア型エンターテインメント・モールのダウンタウン・ディズニーDowntown Disneyだ。パークへ通じる道路は拡幅されて美しく整備されている。この地域全体は"アナハイ

ム・リゾートThe Anaheim Resort"という堂々とした名前がつけられている。

アナハイムへの入植が始まったのは1世紀以上前。ドイツからの移民がブドウ栽培とワイン生産のためにやってきた。1880年代の終わりにはブドウ園で葉枯れ病が蔓延したため、ワイン産業は衰退したが、まもなくオレンジやそのほかの農作物が取って代わり、第2次世界大戦後までオレンジカウンティは農作物の生産地として活気にあふれていた。人々の生活が決定的に変わったのは1955年。ウォルト・ディズニーがディズニーランドに初めての客を迎えたときだった。

アナハイム／オレンジカウンティ観光局 Anaheim/Orange County Visitor & Convention Bureau（☎714-765-8888 ℻714-991-8963 🌐www.anaheimoc.org 🏠800 W Katella Ave）はディズニー・カリフォルニア・アドベンチャーのすぐ南にあり、カウンティ全域の宿泊、食事、交通についての情報が得られる。スタッフは電話でも丁寧に質問に答えてくれる。

ディズニーランド・リゾート
Disneyland Resort

ウォルト・ディズニーがかの有名なネズミを披露した1928年は、以来終わることなく拡大し続けている商業的大成功の始まりだった。世界中の子供たちの夢に支えられて、ディズニーは参入したすべての分野で実質的に成功

トリッキー・ディック図書館

オレンジカウンティの北東部にあるヨーバ・リンダYorba Lindaには、**リチャード・ニクソン大統領図書館＆生誕地 Richard Nixon Presidential Library & Birthplace**（☎714-993-3393 🏠18001 Yorba Linda Blvd 🎫大人$5.95 学生および62歳以上$3.95 8〜11歳の子供$2 ⏰月〜土 10:00〜17:00、日 11:00〜17:00）がある（"トリッキー・ディック"はリチャード・ニクソンの愛称）。ここでは「ネバー・ギブ・アップ：リチャード・ニクソン・イン・ザ・アリーナNever Give Up: Richard Nixon in the Arena」という映画を鑑賞したり、ウォーターゲート事件の頃にホワイト・ハウスで録音され注意深く編集されたテープを聴いたり、またエルビス・プレスリーから贈られたピストルや、アポロ11号の宇宙飛行士が月からの通信で使用した電話を見ることができる。大統領がホワイト・ハウスでお気に入りだったリンカーン・シッティング・ルームLincoln Sitting Room（リンカーンの居間）を再現した部屋もある。図書館に行くには、ハイウェイ57からヨーバ・リンダ大通りYorba Linda Blvdを東に向かい、美術館まで直進する。

し、他社を超越した企業として伝説的な存在となった。参入した分野には映画、TV、出版物、音楽、グッズ、そしてもちろんテーマパークがある。

ウォルト・ディズニー自身の手によって1955年に開園した**ディズニーランド Disneyland**（☎714-781-4565、213-626-8605 🌐www.disneyland.com）では、パステル調の歩道は非の打ちどころがなく清潔で、およそ2万1000人の従業員（ディズニー用語で"キャストメンバー"）がすみずみまで"創造的世界"を具体化した"世界で一番幸せな場所"である。

2001年の2月には、ディズニーランドに隣接して2番目のパーク、**ディズニー・カリフォルニア・アドベンチャー Disney's California Adventure**（☎714-781-4565、213-626-8605 🌐www.disneyland.com）が開園した。こちらはカリフォルニアでもっとも有名な自然の景観と人工建造物を中心としている。上記2つのパークと、ダウンタウン・ディズニーDowntown Disney、そして3つのディズニー・リゾート・ホテルがディズニーランド・リゾートDisneyland Resortを形作っている。

どちらのパークも最低1日は必要だが、すべての乗り物を制覇しようとするならもっとかかる。夏期や主な祝日には待っている人の列は最長になる。一般には、金曜日から日曜日よりも週の半ばに訪れるほうが良く、早い時間に着くのが最善である。必要なものは帽子、日焼け止め、忍耐力、そして費用を抑えたいのであればペットボトルの水だ。多くの乗り物には年齢制限や身長制限があるので、子供でいらいらすることのないよう注意が必要である。ディズニーランドには託児所、両替所、銀行のほか、ペットの預かり所まである。ただし、パーク内はすべて禁煙である。

最近は、乗り物の乗車時刻を事前に割り当てることのできる無料のファストパスFastpassシステムが導入されたので待ち時間を大幅に削減できるようになった。乗り物入口近くにあるチケットマシンを探そう。チケットに印刷された時刻にやってきて、通常の列ではなくファストパスの列に並ぶだけだ。それでも待つことはあるが、**かなり**待ち時間を短縮できる。

チケットと開園時間 両パークとも1日入園券は大人$45、子供（3〜9歳）$35。「マルチ・デー・パーク・ホッパー・チケットMulti-Day Park Hopper Tickets」は、3日間用が大人$114、子供$90、4日間用が大人$141、子供$111で、どちらも2週間以内に使用しなければならない。これらのチケットはどちらのパークにも使えるが、1日に1パークしか入園できない。料金は年々高くなっているので、

アナハイム

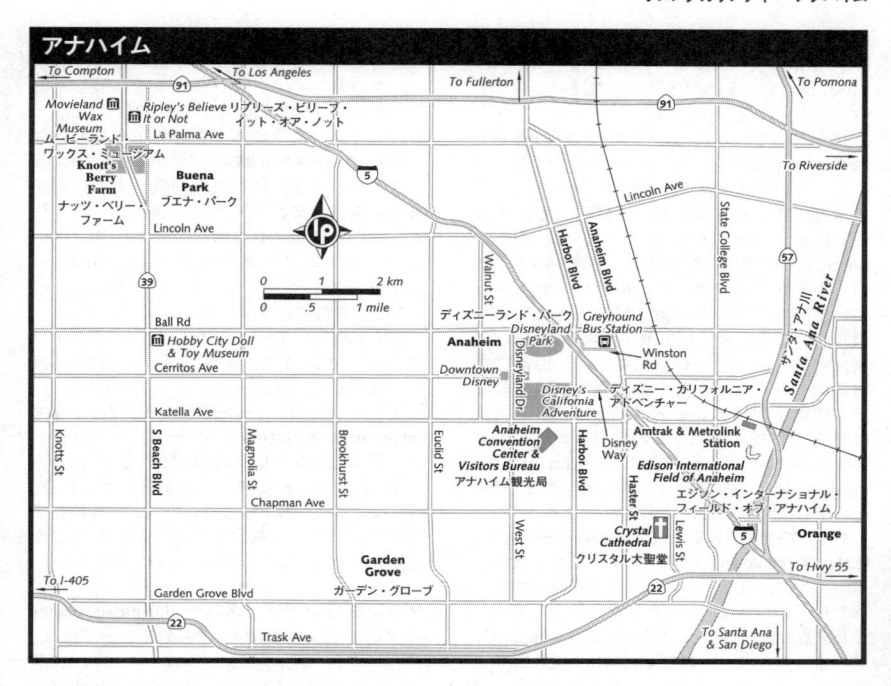

[地図：アナハイムおよび周辺地域]
- To Compton / To Los Angeles / To Fullerton / To Pomona
- Movieland Wax Museum ムービーランド・ワックス・ミュージアム
- Ripley's Believe It or Not リプリーズ・ビリーブ・イット・オア・ノット
- La Palma Ave
- Knott's Berry Farm ナッツ・ベリー・ファーム
- Buena Park ブエナ・パーク
- Lincoln Ave
- Ball Rd
- Hobby City Doll & Toy Museum
- Cerritos Ave
- Katella Ave
- Knotts / S Beach Blvd / Magnolia St / Brookhurst St / Euclid St / Walnut St / Harbor Blvd / Anaheim Blvd / State College Blvd
- Chapman Ave
- To I-405
- Garden Grove ガーデン・グローブ
- Garden Grove Blvd
- Trask Ave
- Anaheim / Downtown Disney
- Disneyland Park ディズニーランド・パーク
- Disney's California Adventure ディズニー・カリフォルニア・アドベンチャー
- Anaheim Convention Center & Visitors Bureau アナハイム観光局
- Disney Way / Haster St
- Greyhound Bus Station
- Winston Rd
- Amtrak & Metrolink Station
- Edison International Field of Anaheim エジソン・インターナショナル・フィールド・オブ・アナハイム
- Crystal Cathedral クリスタル大聖堂
- West St / Lewis St
- Santa Ana River サンタ・アナ川
- Orange / To Hwy 55
- To Santa Ana & San Diego
- To Riverside

ホームページで最新情報やチケットの購入について調べておくこと。駐車料金は＄8。

開園時間は日によって大きく異なり、マーケティング部門が予定した入場者数によって変わる。6月中旬から9月初めのハイシーズン中は通常8:00から真夜中まで開園しているが、ほかのシーズンは10:00開園で20:00か22:00までというのが一般的である。

ディズニーランド Disneyland ディズニーランドに入ると、そこは**メイン・ストリート USA Main Street USA**だ。1900年頃のアメリカの小さな町並みをにぎやかに再現しており、無数のショップやキャンディー・パレスCandy Palaceがある。ミッキーやミニー、ほかの巨大なディズニーキャラクターたちは普段この辺りにいるので、一緒に写真を撮ったら、眠れる森の美女の城Sleeping Beauty's Castleの周りにある7つの「ランド」に突入しよう。この城は、ドイツ南部に実在する城がモデルになっている。

メイン・ストリートUSAはセントラル・プラザまで延びている。そのすぐ右が多くのハイテクな乗り物を備えている**トゥモローランド Tomorrowland**だ。そのなかでもおすすめなのがスター・ツアーズStar Toursで、こわれてしまったアンドロイドが操縦するスタースピーダーStarSpeederにしがみついて宇宙空間を猛烈にガタガタと進んで行く。スペース・マウンテンSpace Mountainでは、頭をかがめながらものすごいスピードで真っ暗闇の中を突き進んでいく。大きな声で悲鳴をあげ続けるだろう。

アドベンチャーランド Adventurelandはセントラル・プラザの左にあり、ジャングルをテーマにしたインディ・ジョーンズ・アドベンチャーIndiana Jones Adventureが見どころ。有名な3部作のテーマやスタントを再現し、軍用車型の乗り物でスリリングな遭遇を求めて未開の地に入っていく。子供は、隣接するターザン・ツリーハウスTarzan's Treehouseの階段を上ったり、樹上の生活を想像したりするのが楽しいだろう。

その向こうには**ニュー・オリンズ・スクエア New Orleans Square**があり、演出された恐怖感や景色を楽しめるホーンテッド・マンションHaunted Mansionのような魅力的なアトラクションがある。リラックスしたいなら、地下を進むフロートに飛び乗ってカリブの海賊Pirates of the Caribbeanのけばけばしく装飾されたエリアを通り抜けよう。海賊たちの骸骨が略奪品の山に腰掛けている。

隣にある**フロンティアランド Frontierland**では、カウボーイたちが定めた法と秩序が保たれていた騒々しい旧西部へと引き戻される。ここ

はパークの中では落ち着いたエリアで、ビッグ・サンダー・マウンテンBig Thunder Mountain Railroadを体験した直後の小さな子供も、すぐに落ち着きを取り戻す。

パークの中央にあるのは**ファンタジーランドFantasyland**。眠れる森の美女の城をくぐり抜けると、ダンボやピーターパンといった昔からの童話のキャラクターがいっぱいいる。すばらしいイッツ・ア・スモール・ワールドIt's a Small Worldでは、数百体もの世界中の子供たちの人形がアトラクションのテーマ曲を歌っている間をフロートに乗って進んでいく。子供たちはこの音楽旅行に夢中になるだろうが、家に帰ったあとでも何日もこの曲が頭から離れないということを警告しておく（唯一の確実な防衛手段は、レッド・ツェッペリンを全曲聴くことだ）。もう1つの有名な乗り物であるマッターホルン・ボブスレーMatterhorn Bobsledsは今の基準からするとおとなしいが、それでも楽しいことには間違いない。

パークの北の端にある**ミッキーのトゥーンタウンMickey's Toontown**も小学生の子供たちに人気の場所。ここにはミッキーやミニーが家を構えていたり（もちろん別々にだ。ここはディズニーランドなのだから）、ドナルドがボートを係留している。グーフィーのはずむ家Bounce HouseやチップとデールのツリーハウスTreehouseがあり、ロジャーラビットはカー・トゥーン・スピンCar Toon Spinに招待してくれる。

ディズニー・カリフォルニア・アドベンチャー
Disney's California Adventure　最新のディズニーパークはディズニーランドの右隣にあり、規模は小さいが創造性では負けていない。基本的にはカリフォルニアへのオマージュであるが、テーマごとに3つのセクションに分かれており、余裕のあるつくりとなっている。ゴールデン・ゲート・ブリッジGolden Gate Bridgeの縮尺レプリカの下をくぐると、左手に**ハリウッド・スタジオ・バックロット Hollywood Studios Backlot**、正面にはディズニー・カリフォルニア・アドベンチャーのテーマの中心としてふさわしい名前の付いた**ゴールデン・ステート Golden State**がある。その奥には大きな池に隣接して**パシフィック・ピア Pacific Pier**があり、スリルのある乗り物が集まっている。

パークは55エーカー（約22ha）あり、20以上のアトラクションや乗り物、多数のレストランやショップ、ここにワインの楽しめるバーやサワードウ（酸味のあるパン）のベーカリー、トルティーヤ屋もある。はずせないのはソアリン・オーバー・カリフォルニアSoarin' Over California。仮想ハンググライダーに乗って、ゴールデン・ゲート・ブリッジやディズニーランドなど、カリフォルニア州の魅力あふれる美しい風景や観光地の上を飛ぶ。この驚異のアトラクションを体験した後は、鳥をうらやましく思うこと間違いなし。

もっと鳥のようにパークを見下ろしたいなら**サン・ウィール Sun Wheel**に向かおう。ゴンドラ自体が上下左右に揺れながら、大きな円を描く大観覧車だ。パークで一番激しい乗り物は新しくお目見えしたローラーコースターのカリフォルニア・スクリーミンCalifornia Screamin'で、ミッキーマウスのシルエットの周りに作られている。

おすすめのショーはイッツ・ア・バグズ・ライフIt's a Bugs Life。陽気だが妙に心にくる派手な3D映像で、思わず触りたくなってしまう。もう1つの見所は**ゴールデン・ドリーム・シネマ Golden Dreams cinema**で、ウーピー・ゴールドバーグの気味悪い人形が感動的でためになるカリフォルニアの歴史旅行へと案内してくれる。映画は甘美なものではなく、中国人の線路作業員やそのほかの少数民族から搾取したことなど、暗黒の時代からも目をそむけていない。

ダウンタウン・ディズニー Downtown Disney
4分の1マイル（約400m）もあるモールには、ダイニング、ショッピング、エンターテインメントなどの店舗が集まり、楽しくかつ清潔感がある。見所の1つ**ハウス・オブ・ブルース House of Blues**（☎714-778-2583）では、ライブコンサートと南部料理が楽しめる。スポーツ観戦と食事が楽しめるのは**ESPNゾーン ESPN Zone**（☎714-300-3776）で、175台のテレビモニターを備えている（熱心なスポーツファンだけがこの光と音の攻撃に耐えられるだろう）。そして**イ・アリーバ・イ・アリーバ Y Arriba Y Arriba**（☎714-533-8272）は、毎晩のようにライブ音楽とダンスで盛り上がっている、にぎやかなラテンレストラン＆ナイトクラブだ。

宿泊

アナハイムはディズニーランド観光客相手のビジネスがほとんどだが、1年を通じて各種会議の開催地としても人気がある。宿泊料はそれに合わせて上下する。多くの場合は、宿泊とディズニーやほかの観光スポットのチケットとを組み合わせた特別料金が用意されている。

低予算　ディズニーランドから5マイル（約8km）ほど北に進んだフラートンFullertonには**ハイ・フラートン HI Fullerton**（☎714-738-3721　📠714-738-0925　📧hifull@aol.com　🏠1700 N Harbor Blvd　🛏ドミトリーベッド 会員＄16.50 会員以外＄18.50　🕚11:00～16:00は閉館）がある。地中海風の建物に、清潔で使

いやすい設備を備える。3つのドミトリーには20台のベッドがあり、すてきなポーチや、インターネット、キッチン設備も完備。アナハイム・グレイハウンドAnaheim Greyhoundステーションから47番のバスがホステルまで通じている。アムトラックAmtrakステーションからは、111番のバスに乗る。ディズニーランドとの間を往復する43番のバスは、すぐ下の道路に停車する。

ディズニーランドの周囲(特にハーバー大通りHarbor Blvdとカテラ・アベニューKatella Ave)には、手頃な価格帯の宿泊施設が多く集まり、大チェーン(モーテル6 Motel 6、トラベロッジTravelodge、エコノ・ロッジEcono Lodgeなど)がすべて揃っている。客室は問題なく清潔で、基本的なアメニティは用意されている。$70以下で宿泊でき、時にはコンチネンタルブレックファスト、が付くこともある。ほとんどの宿泊施設はディズニーランドから歩いて行ける距離にあるか、パークへのシャトルサービスが用意されている。5月から10月の間は、宿泊料がやや高くなる。**ホリデイ・イン・エクスプレス Holiday Inn Express**　☎714-772-7755　🏠435 W Katella Ave)がおすすめ。

アラモ・イン Alamo Inn　☎714-635-8070、800-378-9696　📠714-778-3307　🏠1140 W Katella Ave　客室$49〜98)はディズニーランドの近くにある独立系の宿の1つ。標準的だが居心地が良く、料金も適正。娯楽設備には小さいプール、屋内のスパ、無料の映画などがある。

トロピカーナ・イン&スイーツ Tropicana Inn & Suites　☎714-635-4082、800-828-4898　🏠1540 S Harbor Blvd　客室$68〜98)は平均よりは大きめの良い宿。ディズニーランドのすぐそば。スタッフは親切で、風通しの良い部屋は設備が整っている。

中級
キャッスル・イン&スイーツ Castle Inn & Suites　☎714-774-8111、800-227-8530　📠714-956-4736　🏠1734 S Harbor Blvd　客室$92〜132)はやや予算オーバーになるが、ガーゴイル(怪物の形に作られた屋根の水落とし口)に至るまでお城の様式にこだわった宿に子供たちは夢中になるに違いない。スタンダードタイプの客室は広いが、意外ほど普通だ。

キャンディ・ケイン・イン
Candy Cane Inn
☎714-774-5284、800-345-7057
📠714-772-5462
🏠1747 S Harbor Blvd
客室$87〜114
この辺りではもっとも宿泊する価値がある。玄関先には無数の花が咲き誇り、部屋は最新

オレンジカウンティ − アナハイム

設備が揃っているだけでなく、羽根布団やプランテーション・シャッターなど、ワンランク上の設備がある。朝食は無料。

ジ・アナベラ
The Anabella
☎714-905-1050　📠714-905-1054
🌐www.anabellahotel.com
🏠1030 Katella Ave
客室$79〜149
大人向けの雰囲気が漂う。ゴージャスなスペインのミッション風の敷地には、高級レストラン、ヤシの木に囲まれたプールとスパがあり、客室やスイートには落ち着いた装飾が施されている。

高級
ディズニーの3大リゾートホテルがパークの右隣にある。予約は☎714-956-6425か800-225-2024に電話するか、インターネットで🌐www.disneyland.comにアクセスする。1泊の料金は$190〜470と高いが、複数泊やバケーションのパッケージを使うと、いくらか安く抑えられる。

3つのホテルの中で一番エレガントなのは**ディズニー・グランド・カリフォルニアン・ホテル Disney's Grand Californian Hotel**　☎714-635-2300　📠714-300-7300　🏠1600 S Disneyland Dr)。オーダーメイドの調度品や、大聖堂のようなロビーからは職人気質が感じられる。ディズニー・カリフォルニア・アドベンチャー・パークの隣にあり、専用の入園ゲートがある。

ディズニーランド・ホテル
Disneyland Hotel
☎714-778-6600　📠714-956-6597
🏠1150 Magic Way
家族連れがターゲット。トロピカルなプールエリアには、110フィート(約33m)のウォータースライダーや海賊船がある。大人ならロスト・バーLost Barラウンジでカクテルを飲みながら1日を終えたい。

ディズニー・パラダイス・ピア・ホテル
Disney's Paradise Pier Hotel
☎714-999-0990、714-776-5763
🏠1717 S Disneyland Dr
活気にあふれてセンスが良く、カラフルな装飾が施されているが、3つのうちでもっとも面白みに欠ける。

食事
パーク内での食事は高く、ほとんどの場合は質やサービスが値段に合っていない。オリジナルのディズニーランドにある**ベンガル・バーベキュー Bengal Barbecue**では、チキン・ステーキ・野菜のカバブが$3.50前後。満腹になり

たければ、ろうそくの灯に照らされた**ブルー・バイユー Blue Bayou**がおすすめ。カリブの海賊を背景にルイジアナ風料理のディナーを。料金はメイン＄23〜29。

ディズニー・カリフォルニア・アドベンチャーで値頃なのは屋外の**ゴールデン・バイン・テラス Golden Vine Terrace**で、おいしいサンドイッチやパスタが＄10前後。

ダウンタウン・ディズニーにはこの辺りで一番のレストランが集まっている。

レインフォレスト・カフェ
Rainforest Café
☎714-772-0413
メイン＄10〜25
はるか遠くの熱帯地方がテーマだが、料理はピザ、パスタ、シーフードなど全米各地の料理。

カタール＆ウバ・バー
Catal & Uva Bar
☎714-774-4442
バーのメイン＄8〜16　メイン＄16〜26
地中海の食材や調味料を巧みに操るシェフがいる。階下のバーには屋外の席もあり、カジュアルで安い。

ディズニー近辺から離れると選択肢はほとんどないが、それでも訪ねてみる価値のある店も幾つかある。**ミミズ・カフェ Mimi's Café**（☎714-956-2223　1400 S Harbor Blvd　食事＄6.50〜）のかわいらしいニューオーリンズ風の店内は活気があり、どんな人でも楽しい気分になれるだろう。量の多い見事なカフェの料理にかぶりつくもよし、エスプレッソバーで目を覚ますもよし。ペストリーもおいしい。

ミリーズ
Millie's
☎714-535-6892
1480 S Harbor Blvd
メイン＄7〜15
ファミリーレストラン。ミミズ・カフェに長蛇の列ができているときにはこちらへ来てみよう。バナナスプリットがおいしい。

キューバン・ピーツ
Cuban Pete's
☎714-490-2020
1050 W Ball Rd
メイン＄12〜25
カリブにある魔女の城のような外観だが、内装は森林を思わせ、昔のハバナの写真が飾られている。巧みに味付けされたキューバ料理は、大人の味覚にぴったり合っている。

アクセス
アナハイム・リゾートはロサンゼルスのダウンタウンから南へ30マイル（約48km）、インターステート5から少し外れたハーバー大通りHarbor Blvd沿いにある。**エアポート・バス Airport Bus**（☎800-772-5299　www.airportbus.com）はLAXとディズニーランドエリアのホテルとの間を、少なくとも1時間に1本運行している。運賃は片道＄16、往復＄25。

グレイハウンド Greyhound（☎714-999-1256　100 W Winston Rd）はLAのダウンタウンとの間（＄8.25、1〜1.5時間）およびサンディエゴSan Diego行き（＄14、2時間15分〜3時間）の便を頻繁に運行している。

アムトラック Amtrakの電車はエジソン・インターナショナル・フィールド・オブ・アナハイムEdison International Field of Anaheim隣の発着場に停車する。LAのユニオン・ステーションUnion Stationまでの運賃は＄9.50（45分）、サンディエゴ行きは＄20（2時間）。

アナハイム周辺
Around Anaheim

ナッツ・ベリー・ファーム
Knott's Berry Farm
ディズニーランドの北西4マイル（約6.4km）、インターステート5（I-5）のすぐそばにこのテーマパーク（☎714-220-5200　www.knotts.com　8039 Beach Blvd, Buena Park　大人＄40　シニア・子供（3〜11歳）＄30、18:00過ぎまで開いている場合は16:00以降の入園　大人＄20　シニア・子供（3〜11歳）＄15）がある。ここはディズニーランドに比べると小規模で騒々しくなく、特に10才に満たない小さな子供のいる家族連れには最適。スリリングな乗り物はそれほど怖いものではないし、食べ物や土産品の値段も手頃。ほとんどの人にとって、"ナッツを楽しむ"には1日で十分だ。乗り物の中には身長の制限があるものがある。開園時間は季節により異なるので、詳細については電話で問い合わせること。駐車料金は＄8。

ナット夫妻によってはじめられたナッツ・ベリー・ファームは、1932年の開園当時、ボイズンベリー（ブラックベリーとラズベリーの交配種）やチキン料理が地元の農夫たちの間で大人気となった。ナット氏は、そのお客たちを楽しませるために、偽のゴーストタウンを建造し、その後、さまざまな乗り物を導入して入場料を取るようになった。ナット夫人は、チキン料理を作り続けたが、乗り物と古き良き西部の街並みが主な呼び物となった。

園内のゴーストタウンGhost Townには古き良き西部が生き続けている。ここにある建物はカリフォルニアやそのほかの西部の歴史的な鉱山の町から移築されたもの。銃の撃ち合いや、金の掬い取り、蒸気機関車の乗車とい

ったアトラクションも楽しめる。ナッツ・ベリー・ファームでは、アステカ族（メキシコの原住民）のダンサーやカリフォルニア伝道所の展示を通して、ゴールドラッシュ以前の歴史も紹介している。フィエスタ・ビレッジFiesta Villageではマリアッチ（メキシコの民族音楽）を聴くこともできる。

しかし、多くの客がやって来るのは、やはりスリリングな乗り物があるからだ。数あるコースターの中でもっとも新しいものは、1950年代をテーマにした「エクセレイターXcelerator」で、胴体部分に炎が描かれ、後部にフィンのついた57年型シボレーの様なデザインのジェットコースターに乗ると、猛スピードのダッシュとともに、ぐるぐると腸がねじれるようなコースを走り、その一番高い所では髪の毛が逆立つように回転して、スリル満点の体験ができる。

木製のコースターでもっとも人気のあるものの1つは「ゴースト・ライダーGhostRider」だ。4530フィート（約1381m）の距離を猛スピードで進み、ある時は、108フィート（約32m）を急落して3.14Gの重力加速度がかかる。あいにく、このジェットコースターはとてつもなく人気で、長蛇の列ができる。

もう1つの絶叫マシーンは「ペリラス・プランジPerilous Plunge」で、127フィート（約38m）の高さまで猛スピードで急上昇したかと思えば、次は75度の角度で115フィート（約35m）のウォーターシュートを落ちて行く。このコースターに乗れば必ずびしょ濡れになる。「スープリーム・スクリームSupreme Scream」も人気がある。これは45秒間で30階建てのビルの高さから時速50マイル（時速約80km）のスピードで4Gの重力加速度を受けて落ちていき、次には－1.5Gの重力加速度で跳ね上がって行く。

あまり怖くない冒険をしたいのなら「ビッグ・フット・ラピッズBig Foot Rapids」へ。波が渦巻く人造の川をばしゃばしゃとフロートに乗って進んで行くのだが、これに乗ると、絶対にびしょ濡れになる（ただし、気温が低いと滝を止めることがある）。「キャンプ・スヌーピーCamp Snoopy」はスヌーピーやチャーリー・ブラウン、ルーシーやライナス、その他ピーナッツのキャラクターがいっぱいいて、子供にとっては夢の国だ。

10月には、南カリフォルニアでもっとも楽しいがもっとも怖いと評判のハロウィンパーティーが開催される。パーティーではハロウィンの衣装に身を包んだプロのパフォーマーたちが園内を歩き回る。期間中は特別な乗り物やアトラクションが用意され、園内の照明を薄暗くしたり、消したりする。

パーク内には飲食店が多いが、きちんとした食事なら、やはり**ミセス・ナッツ・チキン・ディナー・レストラン Mrs. Knott's Chicken Dinner Restaurant**でいただくフライドチキンとマッシュドポテトのディナーだろう（メイン＄15〜20）。園のメインゲートのすぐ外にあるショッピングやダイニングのモールはカリフォルニア・マーケットプレイスCalifornia Marketplace内にある。

ナッツの隣には業務提携している**ソーク・シティUSA Soak City USA**（☎714-220-5200 🎫大人＄22.95 子供（3〜11歳）＄15.95、15:00以降の入場料は＄12.95 🌞夏のみ）がある。人気のウォーターパークで、高速で滑り下りるチューブやスライダーがある。

リプリーズ・ビリーブ・イット・オア・ノット＆ムービーランド・ワックス・ミュージアム
Ripley's Believe It or Not & Movieland Wax Museum

これらの「美術館」はナッツの1ブロック北にあり、旅行者目当てでちょっとわざとらしいが、いかれた気分になっていれば、間違いなく楽しめるはずだ。より楽しめるのは**リプリーズ Ripley's**（☎714-522-1152 📍7850 Beach Blvd 🎫大人＄8.95、55歳以上＄6.95、子供（4〜11歳）＄5.25 🕐月〜金 11:00〜17:00、土・日 10:00〜18:00、夏期は延長される）だ。冒険家、レポーター、そしてコレクターでもあるロバート・L・リプリーは1920〜30年代に世界を旅して珍品を求めた。おもしろい民間の伝承奇習の記録や文書には、おなかがよじれるほど笑えるものもある。

ムービーランド・ワックス・ミュージアム Movieland Wax Museum（☎714-522-1155 📍7711 Beach Blvd 🎫大人＄12.95、55歳以上＄10.55、子供（4〜11歳）＄6.95 🕐月〜金10:00〜19:30、土・日 9:00〜20:30、夏期は延長される）は通りをはさんでリプリーの反対側にあり、有名人、政治家、宗教関連の人々のろう人形がいつも所狭しと並べられている。入館は閉館の90分前まで。

リプリーズとミュージアムの入館がセットになったチケットは大人＄16.90、55歳以上のシニア＄13.95、子供（4〜11歳）＄9.75。

ホビー・シティ人形と玩具博物館
Hobby City Doll & Toy Museum

ナッツの南、約2マイル（約3.2km）にあるホビー・シティHobby Cityには、ログキャビン内にあるアメリカン・インディアンの店や、キャベジ・パッチ・オフィシャル・アダプション・センターCabbage Patch Official Adoption Centerなど、美術や工芸関係の専門店が

20も集まっている。人形と玩具博物館Doll & Toy Museum（☎714-527-2323 🏠1238 S Beach Blvd 🎫大人＄2 特別割引＄1 🕐10:00〜18:00）は2分の1サイズのホワイト・ハウス内にあり、この辺りで一番おもしろい。あらゆる種類のバービー人形や、1800年代以降に製作されたロシア人形もある。TV、映画、スポーツなどで活躍した人、ロックスター、大統領などのおもちゃのレプリカを見ると、ここ60年間のアメリカのポップカルチャーを知ることができて興味深い。

バウアーズ・ミュージアム・オブ・カルチュラル・アート
Bowers Museum of Cultural Art

サンタ・アナSanta Anaにある上品な1932年ミッション風の複合施設。この洒落た美術館（☎714-567-3600 🏠2002 N Main St 🎫常設展示 大人＄5 学生および子供（17歳以下）無料、特別展示 大人＄14 シニアおよび学生＄10 子供（5〜18歳）＄8 🕐火〜日 10:00〜16:00）には、コロンブス以前のアート、アフリカ、オセアニア、ネイティブ・アメリカンのアートが豊富に常設展示されている。また特別展示は質が高く、多くの人でにぎわう。最近の例では、「大英博物館所蔵エジプトの秘法展Egyptian Treasures from the British Museum」や「エトルリアの世界The World of the Etruscans」などがある。

チケットは1ブロック南の**キッジアム Kidseum**（☎714-480-1520 🏠1802 N Main St 🕐土・日 10:00〜16:00、7・8月は火〜日 12:00〜17:00）でも利用できる。ここは世界中の文化に関する展示に直接触れることができ、子供に人気がある。

バウアーズにはこの辺りで一番のミュージアムレストラン、**タンガータ Tangata**（☎714-550-0906 🎫メイン＄8〜15 🕐火〜日のランチ）がある。ここはロサンゼルスの人気シェフ、ヨアヒム・スプリシャルがプロデュースする地中海料理のお店だ。

クリスタル大聖堂
Crystal Cathedral

テレビ伝道師ロバート・シュラーの説教が気に入らなくても、「アワー・オブ・パワーHour of Power」のファンでなくても、クリスタル大聖堂Crystal Cathedral（☎714-971-4000 🏠12141 Lewis St）の建築芸術のすばらしさは認めざるをえないだろう。大聖堂はディズニーランドの南東約2マイル（約3.2km）のガーデン・グローブGarden Groveにある。近代的なオフィス複合施設やSF映画のセットのように見えるこの大聖堂は十字の星型をしており、窓の数は1万661個、座席は3000席、パイプオルガンのパイプは1万6000本もある。

クリーブランドCleveland出身のインターナショナルスタイルの建築家でポストモダニストのフィリップ・ジョンソンの設計による。広い庭にある建物はプール、噴水、彫刻などを窓ガラスに映している。個人で見学することもできるが、30分間の無料ツアー（通常は月〜土 9:00〜15:30）もある。大聖堂の北側にある、独立したモダンなゴシック風の礼拝堂も見逃さないでおきたい。ここの柱はイタリアから運ばれてきた8種類の大理石で作られており、内部には5個の鉛ガラスを使用した総重量200ポンド（約90kg）の十字架がある。

シュラーの集会はプロテスタント系のリフォーム・チャーチ・オブ・アメリカReform Church of Americaの一部となっているが、これはもともとオレンジカウンティ・ドライブイン・ムービー・シアターOrange County Drive-In movie theaterで行っていた礼拝で、シュラーはスナックのカウンターの上で説教をしていた。彼の「アワー・オブ・パワー」は、世界中のTVネットワークで放送されている。

聖書のお話を再現したステージショー、グローリー・オブ・クリスマスGlory of Christmasとグローリー・オブ・イースターGlory of Easterは教会の主要な資金源となっており、演出には本物のラクダ、空飛ぶ天使、そのほかの仕掛けを用いている。チケットの購入は電話で（☎714-544-5679）。

オレンジ
Orange

オレンジOrange（人口12万7000人）の町はディズニーランドの南東約6マイル（約9.6km）にあり、巨大なモールが集まっている。ブロック・アット・オレンジBlock at Orange（後出のコラム「買い物好きの天国」を参照）だけでなく、この町の古くからの中心地といえるオールド・タウン・オレンジOld Towne Orangeにはさまざまな魅力がある。ここはもともと1869年に1平方マイル（約2.5km²）の土地を弁護士費用の代わりに受け取ったアルフレッド・チャップマンとアンドリュー・グラッセルによって計画された。プラザを取り囲むこの場所は、チャップマン通りChapman Stとグラッセル通りGlassell Stが交わる所にあり、オレンジカウンティのなかでももっともアンティークショップやコレクターズショップ、代理販売店などが集まっている場所だ。

アメリカン・ヘリテージ American Heritage（🏠110 S Glassell St）でコークの記念品や年代物のガソリンポンプ、古いスロットマシンを眺めたり、**ハピネス・バイ・ザ・ブシェル Happi-**

ness by the Bushel（☎128 N Glassell St）でたくさんの地味な宝物を眺めるのも楽しい。残念ながら、ここやほかの店でも本当の掘り出し物はめったにない。店によってはレプリカをアンティークと偽って渡そうとすることもあるので、注意が必要だ。

　足が疲れたら、プラザ・スクエアPlaza Square周辺のコーヒーショップで休憩しよう。**スターバックス Starbucks**や**ディードリッヒ・コーヒー Diedrich Coffee**がある。**フェリックス・コンチネンタル・カフェ Felix Continental Cafe**（☎714-633-5842 食事＄15〜25）は、ディードリッヒ・コーヒーの隣。ここはオレンジの町営でそれほど高くない。キューバ料理を歩道に面した席で気取らずに楽しめる。

シトラス・シティ・グリル
Citrus City Grille
☎714-639-9600
122 N Glassell St
ランチ＄8〜12 ディナー＄13〜26
高級かつシックで値段も張るが、創意を凝らしたカリフォルニア料理でちょっと変わったメニューが楽しめる。

　ディズニーランドエリアからはOCTAバスの43番（コスタ・メサCosta Mesa行き）に乗り、ハーバー＆チャップマンHarbor & Chapmanで54番に乗り換える。レモン＆チャップマンLemon & Chapmanで下車するとオールド・タウン・オレンジに着く。

リトル・サイゴン
Little Saigon

ウエストミンスターWestminsterの町は、アナハイムの南西、I-405とハイウェイ22とのジャンクション近くにある。多数のベトナム人が、ボルサ・アベニューBolsa Aveとブルックハースト・アベニューBrookhurst Aveの交差点周辺に、独自の商業地区をにぎやかにつくりあげている。その中心が**アジアン・ガーデン・モール Asian Garden Mall**（9200 Bolsa Ave）で構造は巨大だ。漢方やヒスイの宝飾店など、400前後のエスニックなブティックが2つのフロアで客を誘う。

　この辺りにはカジュアルな飲食店が多いが、その中でもおすすめなのが**フォー79 Pho 79**（☎714-893-1883 1品＄4〜15）で、モール北口の1階にある。麺や野菜の料理は種類が豊富。フォー・ガーpho ga（鶏入りのスープ麺）は絶品だ。

　道の反対側には**新サイゴン・モール文化会館 New Saigon Mall Cultural Court**がある。像や壁画の見事な展示により、商業主義と精神性が巧みに融合している。

グレン・アイビー温泉

コロナCorona、正確にはオレンジカウンティのちょうど東側のリバーサイド・カウンティに、このすばらしい温泉施設、グレン・アイビー・ホット・スプリングスGlen Ivy Hot Springs（☎888-258-2683 25000 Glen Ivy Rd 入場料 月〜木＄25、金〜日・祝＄35 サマータイム時 9:30〜18:00、それ以外 9:30〜17:00）がある。"クラブ・マッドClub Mud"と呼ばれ、温かい鉱水のプールやスパが15個あり、その周りはブーゲンビリア、ユーカリ、ヤシの茂る10エーカー（約4ha）の土地が広がっている。水中で遊んだり、サウナや蒸し風呂でくつろいだり、アクアエアロビクスのレッスンに参加したり、マッサージで自分をいたわったり（別料金）、大きなスイミングプールで何往復も泳いだりできる。

　だが、何と言っても一番のおすすめは赤土の泥プールだ。有史以前の動物がタールの穴にはまりこんでいたように、まずは泥の中にはまりこもう。そして、泥のかたまりを身体中に塗って、皮膚の泥が乾くまで太陽の下でくつろごう。本当に治療効果があるかどうかは疑問の余地があるが、楽しいことは間違いない。写真を撮るときは、頭の上に泥をのせて風変わりなマスクや角をつくったり、SFっぽいスタイルで写ってみよう。水着に泥の染みが少しできるので、古い水着を持っていくほうがよい。入場は16歳以上。

　アクセスは、インターステート15（I-15）のテメスカル・キャニオン・ロードTemescal Canyon Rd出口を出て、右折する。1マイル（約1.6km）先のグレン・アイビー道路Glen Ivy Rdでもう1度右折し、突き当たりまで直進する。

オレンジカウンティのビーチ
Orange County Beaches

オレンジカウンティのビーチタウンにはサーファーやアーチスト、そして退職した人々が住み、このカウンティのほかの地域とは異なる雰囲気がある。この地域の開発は急速に進んでいるが、パシフィック・コースト・ハイウェイPacific Coast Hwyに沿って並ぶ小さなコミュニティは、非常にくつろいだ趣がある。石油掘削機が海岸に沿って1マイル（約1.6km）ほど沖合に並ぶ。掘削機は内陸の住宅地や企業群の中にも点在し、現実離れした雰囲気を醸し出している。

　宿泊施設は、6月から9月初めにかけてはかなり前から予約でいっぱいだ。この時期は料

金も高く、宿によっては2～3泊以上要求する所もある。

交通手段

オレンジカウンティのビーチ一帯を簡単に旅するには、OCTAバスの1番に乗るとよい。これはパシフィック・コースト・ハイウェイを通り、ロングビーチLong Beach（ロサンゼルスにある。詳細は「ロサンゼルス」を参照）とサン・クレメンテSan Clementeを結ぶ路線で、平日はほぼ20分間隔で運行している。北行き最終バスはサン・クレメンテ発が19:30、南行き最終バスはロングビーチ発が20:26である。週末は1時間おきの運行となり、最終バスが1時間早くなる。

ラグーナ・ビーチ
Laguna Beach

人里を離れた幾つものビーチ、低い崖、グラッシーウェーブ（無風状態の海面）、海浜公園、ユーカリの木に覆われた丘がリビエラのような印象をつくりだしているラグーナ・ビーチLaguna Beach（人口2万3700）は、南カリフォルニアでもっとも魅力的なシーサイドリゾートの1つだ。この小さな町は、アートに関して確固たる長い伝統を持つとともに、幾つもの名高いフェスティバル（コラム「ラグーナのアート・フェスティバル」を参照）や、評価の高い**ラグーナ・プレイハウス Laguna Playhouse**（🏠606 Laguna Canyon Rd）もある。パブリックアートも数多く見られるし、何十ものギャラリーや有名な美術館もある。毎月第1木曜日の夕方には、人気のアート・ウォーク・ツアーも開催される。ラグーナは夏の週末には旅行者で膨れあがるが、中央部の商業地域であるビレッジVillageとその海岸部であるメイン・ビーチMain Beachを離れると、混雑を知らぬ砂と水だけの世界が広がっている。

歴史

ラグーナの最初の住人であるユテ・アステカ族とショショーニ族は、現在のラグーナ・キャニオンLaguna Canyonがある地方を、2つの淡水ラグーンがあることから"ラゴナスLagonas"と呼んだ。この名前は1904年まで使われ、それからラグーナに変わった。ほぼ同時期に、サンフランシスコのアーチストであるノーマン・セント・クレアがラグーナを訪れ、水彩画で波や崖、丘を描き、彼の情熱はほかのアーチストたちを引き寄せた。彼らはフランス印象主義の影響を受け、"外光派（plein air）"として知られた。1918年にはラグーナ・ビーチ・アート・アソシエーションLaguna Beach Art Associationが設立され、1920年代の終わりには、町の住人300人のうち半分以上がアーチストという状況であった。

ラグーナの発展はもっとも長く続いているが、それは1926年にラグーナ・ビーチで始まった。パシフィック・コースト・ハイウェイがニューポート・ビーチNewport Beachとダナ・ポイントDana Pointとの間に開通し、ラグーナに3本のアクセスルートを開いたのである。ハリウッドスターのメアリー・ピックフォードや、ダグラス・フェアバンクス、ミッキー・ルーニー、ベティ・デイビスらがここで定期的に休暇を過ごし、ラグーナ・プレイハウスやフェスティバル・オブ・ザ・アートFestival of the Artsの創立にひと役買った。

オリエンテーション・インフォメーション

ラグーナは、パシフィック・コースト・ハイウェイに沿って、約7マイル（約11km）延びている。ショップ、レストラン、バーは、ビレッジ内の0.25マイル（約400メートル）の範囲にあり、並行する3つの通り（ブロードウェイ、オーシャン、フォレスト）に囲まれている。

ラグーナ・ビーチ観光局 Laguna Beach Visitors Bureau（☎949-497-9229 800-877-1115 📠949-376-0558 www.lagunabeachinfo.org 🏠252 Broadway 🕐月～金 9:00～17:00、土 11:00～15:00、7・8月のみ日 11:00～15:00）には親切なスタッフがいて、パンフレットが揃っている。週刊の「コーストライン・ニュースCoastline News」は無料で、地元のニュースやイベントを知るには良い情報源だ。

駐車はこの辺りでは常に問題となっている。夜通し過ごすなら、車をホテルに置いていくか、バスを利用しよう（「アクセス」を参照）。ビレッジの駐車場は駐車1回につき＄10以上かかり、夏期にはすぐにいっぱいになる。

ラグーナ美術館
Laguna Art Museum

このそよ風の吹きぬける美術館（☎949-494-8971 🏠307 Cliff Dr 🎟大人＄5 特別割引＄4 子供（11歳以下）無料、火曜は入場料無料 🕐火～日 11:00～17:00）は、普段はカリフォルニアのアーチストを1人か2人ほど特集して展示している。初期のラグーナ・アーチストによるカリフォルニアの風景画や古い写真などの作品に重点を置いている常設展示もある。無料のガイドツアーは14:00から行われる。楽しいギフトショップもあり。

ビーチ

ラグーナ・ビーチには、30の公共ビーチや入

オレンジカウンティのビーチ − ラグーナ・ビーチ

ラグーナ・ビーチ

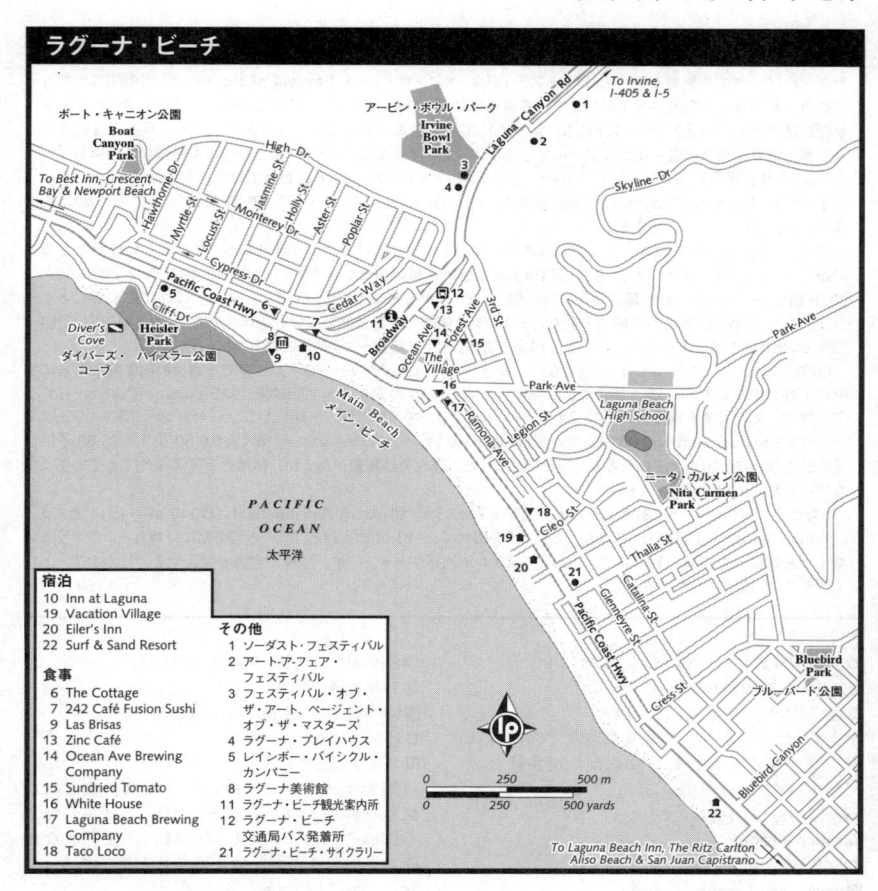

宿泊
10 Inn at Laguna
19 Vacation Village
20 Eiler's Inn
22 Surf & Sand Resort

食事
6 The Cottage
7 242 Café Fusion Sushi
9 Las Brisas
13 Zinc Café
14 Ocean Ave Brewing Company
15 Sundried Tomato
16 White House
17 Laguna Beach Brewing Company
18 Taco Loco

その他
1 ソーダスト・フェスティバル
2 アート・ア・フェア・フェスティバル
3 フェスティバル・オブ・ザ・アート、ページェント・オブ・ザ・マスターズ
4 ラグーナ・プレイハウス
5 レインボー・バイシクル・カンパニー
8 ラグーナ美術館
11 ラグーナ・ビーチ観光案内所
12 ラグーナ・ビーチ交通局バス発着所
21 ラグーナ・ビーチ・サイクラリー

り江があり、その多くはパシフィック・コースト・ハイウェイから階段を下りてすぐのところにある。"ビーチアクセスbeach access"の標識が目印だ。**メイン・ビーチ Main Beach**には、バレーボールやバスケットボールのコートがあり、泳ぐのにも最適。すぐ北には、ハイスラー公園Heisler Parkが崖の上にあり、そこから数カ所の入り江に行くことができる。その1つが**ダイバーズ・コーブ Diver's Cove**。この入り江は深く入り組んでおり、どんな人々に人気があるかはその名前でわかる。町の北側にある**クレセント・ベイ Crescent Bay**には、ボディサーフィン向きの大きなホローウェーブ（空洞状の波）が来るが、ここは駐車が難しい。ビーチの上の崖がいいだろう。

ビレッジの約1マイル（約1.6km）ほど南にある**ビクトリア・ビーチ Victoria Beach**には、バレーコートやラ・トゥールLa Tourがある。ラ・トゥールはラプンツェルの塔のような建物で、1926年に建てられた。こちらに行くにはビクトリア・ドライブVictoria Drから階段を下りる。パシフィック・コースト・ハイウェイにはわずかばかりの駐車場がある。近くの**アリソ・ビーチ Aliso Beach**にはかなり広い駐車場があり、サーファーがよく使う。ラグーナ・ニゲルLaguna Niguelにあるソルト・クリーク・ビーチSalt Creek Beachも同様だ。

宿泊

ベスト・イン
Best Inn
☎949-494-6464、877-363-7229
🏠1404 N Coast Hwy
🛏客室 $64〜94 夏 $99〜159
ビレッジの北西約1マイル（約1.6km）の所にある。気さくで平均以上のモーテル。

ラグーナ・ビーチ・イン
Laguna Beach Inn

ラグーナのアート・フェスティバル

ラグーナ・ビーチの特色あるイベントはフェスティバル・オブ・ザ・アート Festival of the Artsだ。7週間にわたって絵画から手作りの家具や手工芸品まで、審査を受けた160人のアーチストの作品が展示されている。バイヤーを呼び込むために地元のアーチストたちによって1932年に始められたこのフェスティバルも、現在では世界中から美術愛好家や旅行者を集めるまでになっている。アートだけでなく、アーチストたちによる日替わりの無料ワークショップや、子供たちのアートギャラリー、ライブエンターテインメントも行われている。会場はラグーナ・キャニオン・ロードLaguna Canyon Rdの650番地で、7・8月の毎日10:00から（終了時刻は日によって変わる）。入場料は大人＄5、シニアと学生＄3。

このフェアでもっとも驚き、かつ信じられないと目をこすり続けてしまうほど非常にすばらしい体験となるのが、ページェント・オブ・ザ・マスターズ Pageant of the Mastersだ（チケット☎949-497-6582、800-487-3378 www.foapom.com 入場料＄15～65）。モデルが有名な絵画そっくりに扮する。これは1933年にメインフェスティバルの余興として始められた。チケットは何週も前に注文しないと手に入らないが、入口辺りで当日キャンセル分を手に入れることができる場合もある。夜のパフォーマンスは20:30に始まる。

60年代には、フェスティバルに出品しなかったラグーナ・ビーチのアーチストたちが町を通る美術愛好家たちに向けて独自のフェスティバルを始めた。会場はフェスティバルの道を挟んで反対側（935 Laguna Canyon Rd）で、地面におがくずを撒き散らしてフェスティバルのフォーマルな雰囲気を茶化した。これがソーダスト・フェスティバル Sawdust Festival（☎949-494-3030 www.sawdustartfestival.org 大人＄6.50 シニア＄5.50 子供＄2 10:00～22:00）と呼ばれるイベントの始まりだ。現在では審査があるが、依然として実用的でとても手頃なアートやクラフトを扱っている。

3番目のアートイベントであるアート・ア・フェア・フェスティバル Art-A-Fair Festival（☎949-494-4514 777 Laguna Canyon Rd 大人＄5 学生・シニア＄3 10:00～21:00または22:00）も同時期に行われる。アメリカ全土から選ばれた作品の展示会で、水彩・パステル・油彩がメインだが、写真・宝飾・陶芸やそのほかのアートやクラフトも展示されている。

☎949-494-5450、800-504-7678
2020 S Coast Hwy
客室＄59～99 夏＄129～149
手入れの行き届いた馬蹄形の建物で客室はスタンダードルーム。ビレッジから南東約1.25マイル（約2km）の所にある。

バケーション・ビレッジ
Vacation Village
☎949-494-8566、800-843-6895
www.vacationvillage.com
647 S Coast Hwy
客室・スイート＄83～251 夏＄92～339
ビレッジの南東にあり、ファミリー向けで130の客室がある。その約半数はキッチン付。プールとスパが利用できる。

エイラーズ・イン
Eiler's Inn
☎949-494-3004 949-497-2215
741 S Coast Hwy
客室＄95～220
ふかふかの枕にアンティークなインテリア、花柄の壁紙に彩られたロマンティックなB＆B（ベッド＆ブレックファスト）。12ある部屋は噴水の中庭を取り囲んでいる。この中庭では午後になるとワインとチーズが振る舞われる。朝食は午前中いっぱい出してもらえる。

サーフ＆サンド・リゾート
Surf & Sand Resort
☎949-497-4477、800-524-8621
949-494-7653
www.surfandsandresort.com
1555 S Coast Hwy
客室＄225～375
自然をイメージした配色で、装飾の施された豪華な客室。プライベートビーチと海の見える部屋もある。新しいスパは、さまざまな鎮静効果のある設備を備えており人気がある。

イン・アット・ラグーナ
Inn at Laguna
☎949-497-9722、800-544-4479
949-497-9972
211 N Coast Hwy
客室＄99～499 夏＄149～529
客室の大きさや眺望はさまざまだが、どの部屋にも清潔感があり、最新のフランス製ブラインドとしっかりした羽根ベッドが完備されている。特別なアメニティとして、客室内にはビデオデッキ、CDプレーヤー、バスローブが用意されている。朝食は部屋でいただける。

ザ・リッツ・カールトン
The Ritz-Carlton
☎949-240-2000、800-241-3333
949-240-0829
客室＄395～695
街から南へ約4マイル（約6.4km）のラグーナ・ニゲルLaguna Niguelにある。豪華な雰囲気で贅沢な宿泊施設の数々を用意している。

もっとも低料金で楽しめる経験といえば、ロビーラウンジでいただくドリンクだろう。すばらしい夕日を見ることができる。

食事

ジンク・カフェ
Zinc Café
☎949-494-6302
🏠350 Ocean Ave
🍴1品＄2～7

垣根に囲まれたパティオがある。心のこもった朝食やランチのメニューには、肉を使っていない料理もたくさんある。セルフサービスとなっている。

タコ・ロコ
Taco Loco
☎949-497-1635
🏠640 S Coast Hwy
🍴1品＄3～9

セルフサービスでオープンエアのカフェ。サーファーや低料金で済ませたい人、深夜の軽食を求める人たちに人気。メニューはメキシコ料理が中心だが、そのほかにも風変わりな"ヘンプ"バーガーや、焼きマッシュルーム、豆腐バーガーなどがある。

ラス・ブリサス
Las Brisas
☎949-497-5434
🏠361 Cliff Dr
🍴メイン＄11～20

すばらしいオーシャンビューの施設。ダイニングルームでメキシカンシーフードや、パティオでスナックを味わえる。料金は＄7～12。ナチョプラターならゆうに2人分ある。朝食、日曜のブランチ、平日のハッピーアワーが人気。

ザ・コテージ
The Cottage
☎949-494-3023
🏠208 N Coast Hwy
🍴朝食・ランチ＄5～10 ディナー＄11～17

"おばあちゃんのリビング"のような店内と広いパティオ。朝食メニューは15:00まで食べることができる（クランベリーとオレンジのパンケーキがおすすめ）。それ以外には肉のたくさん入ったアメリカの伝統料理やパスタも。

242 カフェ・フュージョン・スシ
242 Café Fusion Sushi
☎949-494-2444
🏠242 N Coast Hwy
🍴ディナー＄18

腕の良いすし職人の店。町で最高の魚料理が味わえる。

サンドライド・トマト
Sundried Tomato
☎949-494-3312
🏠361 Forest Ave
🍴ランチ＄5～10 ディナー＄7～24

さわやかなヨーロッパ風の店内と、カジュアルなパティオがある。料理はすべてカリフォルニア料理だが、変わったサラダやパスタ、サンドイッチなどもある。

ホワイト・ハウス White House（☎949-494-8088 🏠340 S Coast Hwy 🍴ランチ＄6.50～10.50 ディナー＄8～23）では、現代的な料理が味わえる。暗くなるとバーとナイトクラブに変わり、たいてい生演奏が聴ける。エンターテインメントをもっと楽しみたいなら、地ビールを飲める2つのパブ、**ラグーナ・ビーチ・ブリューイング・カンパニー Laguna Beach Brewing Company**（🏠422 S Coast Hwy）と**オーシャン・アベニュー・ブリューイング・カンパニー Ocean Ave Brewing Company**（🏠237 Ocean Ave）がある。どちらのパブでも屋内と屋外の席があり、結構なつまみが食べられる。

アクセス・交通手段

I-405からラグーナ・ビーチに行くには、ハイウェイ133（ラグーナ・キャニオン道路Laguna Canyon Rd）を西に向かう。OCTAバスの1番も運行している。

ラグーナ・ビーチ交通局
Laguna Beach Transit
☎949-497-0746

ビレッジの中心にある観光案内所のすぐ北にあり、ブロードウェイBroadwayにバスの中央停車場がある。3つの路線で1時間おきに運行している。ただし、12:00から13:00と日曜日は運行なし。旅行者にとって一番大事なのはブルー・ラインBlue Lineで、パシフィック・コースト・ハイウェイ沿いのホテルやビーチに停車し、終点はリッツ-カールトン・ホテルRitz-Carlton Hotel。運賃は＄0.75。

ラグーナ・ビーチ・サイクラリー Laguna Beach Cyclery（☎949-494-1522 🏠240 Thalia St）と**レインボー・バイシクル・カンパニー Rainbow Bicycle Co**（☎949-494-5806 🏠485 N Coast Hwy）の2カ所で自転車をレンタルすることができる。レンタル料は24時間で、スポーツタイプの自転車が＄20前後、マウンテンバイクが＄25～35。

ラグーナ・ビーチ周辺
Around Laguna Beach

ダナ・ポイント Dana Pointはラグーナ・ビーチの8マイル（約13km）南にあるビーチコミュニティというだけでなく、サンタ・カタリナ島Santa Catalina Island（この島についての詳

は、「ロサンゼルス」を参照）行きフェリーの出発港でもある。サンタ・カタリナ島は、まるで地中海の島のような雰囲気があり、約26マイル（約41km）沖にある。**カタリナ・エクスプローラー Catalina Explorer**（☎877-432-6276 W http://www.catalinaferry.com）では、水路を通ってアバロンAvalonへ行くシャトル便を毎日運航しており、往路は9:00、復路は17:00に出発する（往復 大人＄41 子供＄31、所要時間 1時間45分）。4月から5月は金曜日から日曜日、7月から9月中旬は毎日運行している。6月から9月中旬にはアバロンからツー・ハーバーTwo Harbor間のシャトルサービスがあり、島の奥地にも行くことができる（追加料金 大人＄25 子供＄15、所要時間 1時間）。

サン・ファン・キャピストラーノ
San Juan Capistrano

ラグーナ・ビーチから南に約10マイル（約16km）の内陸部にあるこの小さな町には、ほかに類を見ない建造物である**サン・ファン・キャピストラーノ伝道所 Mission San Juan Capistrano**（☎949-234-1300 ▲31882 Camino Capistrano ■大人＄6 特別割引＄5 子供＄4 ◎8:30〜17:00）がある。ここはカリフォルニアでもっとも美しく、もっとも多くの人々が訪れる伝道所の1つ。人々を魅了してやまないセラ・チャペルSerra Chapelはしっくい塗りで、色とりどりのシンボルで装飾が施されている。このチャペルはフニペロ・セラ神父がミサを執り行った場所のうち、現存する唯一の建築物である。1776年11月1日、セラ神父はこの伝道所を建て、長年にわたって自身で管理していた。サン・クレメンテ港にほど近く、またサンディエゴとロサンゼルスとの間で唯一開発が行われた場所であることから、一連の伝道所の中でももっとも重要なものの1つとされてきた。ほかの多くの伝道所と同様、ここでの暮らしもほとんど自給自足であった。そのため製粉場・穀物倉などの施設を備え、家畜の飼育や農産物の栽培、その他小規模な家内工業も行っていた。

緑の生い茂った庭園、噴水、中庭のある広大な敷地や、神父宿舎、兵舎、墓地、グレート・ストーン教会Great Stone Churchといった伝道所施設を見て回るのに、少なくとも1時間はみておこう。ギフトショップでは、初期のカリフォルニアと伝道所の歴史に関する品々を揃えている。

サン・ファン・キャピストラーノは、歌にも歌われているように毎年3月19日の聖ヨセフの日に、南米で越冬した伝説のツバメが巣に帰ってくることで有名な場所。**ザ・フェスティバル・オブ・ザ・スワローズThe Festival of the Swallows**は、伝道所で盛んに行われている年中行事の中でもハイライトとなっている。ツバメは10月23日頃までこの辺りを飛び回っていて、早朝、午後遅く、夕方の餌を食べる時間帯にその姿を一番よく観察することができる。

伝道所へと続くカミーノ・キャピストラーノ Camino Capistrano（キャピストラーノ大通り）には、土産物店、ギャラリー、レストランが建ち並ぶ。ここから1ブロック西、キャピストラーノ駅の隣に面した**ロス・リオス歴史保存地区 Los Rios Historic District**には、歴史的に重要であるかわいらしいコテージや干しれんが造りの住宅が31戸集まっている。現在そのほとんどはカフェやギフトショップとして使われている。**ザ・コーチ・ハウス The Coach House**（☎949-496-8930 ▲33157 Camino Capistrano）は、ライブエンターテインメントが楽しめる場所として有名。地元やこの地方のロックバンドやオルタナティブ系バンドが名を連ねることが売りだ。

アクセス　ラグーナ・ビーチからは、1番のバスに乗ってKマートプラザK-Mart Plazaまで南下し、接続する191番のビエホ伝道所Mission Viejo行きのバスに乗り換えて、伝道所近くで下車する。料金は＄2で所要時間は1時間。アムトラックの駅は伝道所から1ブロックずつ南と西に行った所にある。車で行く場合は、I-5のオルテガ・ハイウェイOrtega Hwy出口で下り、西へおよそ0.25マイル（約400m）進む。

ニューポート・ビーチ
Newport Beach

ニューポート・ビーチNewport Beach（人口7万2000人）は、オレンジカウンティに数あるビーチタウンの中でも最大で、特に洗練された町である。アメリカでも屈指のプレジャーボートハーバーを擁しており、ボートのいたる所や、巨大なファッション・アイランドFashion Islandのモールには華やかな店が軒を連ねる。

港の活気の中心であるニューポートNewportは、パシフィック・コースト・ハイウェイがその中を通っており、ボートの販売代理店やレンタルボート店、ヨットクラブやシーフードレストランがひしめきあっている。ここの建物は、かつてはアービン牧場Irvine Ranchの積荷用倉庫として使用されたものだ（アービンの町が建設された土地は、もとはスペインの無償払い下げ地の一部で、アービン牧場では大規模な牧羊と小作農事業を行っていた）。

バルボア大通りBalboa Blvdを貫くパシフィック・コースト・ハイウェイの南にあるバル

ボア半島Balboa Peninsulaは全長6マイル（約10km）で、ニューポート港Newport Harborと海をへだてる天然の防波堤となっている。ビーチやバルボア・ファン・ゾーンBalboa Fun Zoneといった観光施設の大部分がここに集中する。港内にある代表的な2つの島は、高級住宅街でもあるリド島Lido Isleと、マリン・アベニューMarine Aveに沿って美しいブティックや飲食店が並ぶバルボア島Balboa Island。パシフィック・コースト・ハイウェイの北側にあるファッション・アイランドFashion Islandにも、シネマコンプレックス（複合映画館）や多くのレストランが建ち並ぶ巨大ショッピングモールがある。

クリスマスの前週になると、毎晩行われるクリスマス・ボート・パレードChirstmas Boat Paradeをひと目見ようと、大勢の見物客がニューポート港に集まってくる。これは1919年から開催されていて、電飾や装飾されたボートが18:30から2時間30分にわたってパレードする。パレードはファン・ゾーンまたはバルボア島から無料で見物できるほか、遊覧船からもおよそ＄8で見物できる（予約は☎949-673-5245）。問い合わせは☎949-729-4400。

オリエンテーション・インフォメーション

ハイウェイ55（ニューポート大通りNewport Blvd）は、I-405からの主要アクセス道路である。パシフィック・コースト・ハイウェイと交わったのち、バルボア大通りと合流してバルボア半島の東の端まで続く。ハイウェイ73（コロナ・デル・マー・フリーウェイCorona del Mar Fwy）も、ニューポート・ビーチでI-405に接続したあとラグーナ・ビーチから先に向かう有料道路に変わる。

ニューポート・ビーチ観光局 Newport Beach Conference & Visitors Bureau（☎949-722-1611、800-942-6278 📠949-722-1612 🌐www.newportbeach-cvb.com 🏠3300 W Pacific Coast Hwy）はハイウェイ55とパシフィック・コースト・ハイウェイのジャンクションそばにある。宿泊と食事について丁寧にガイドしてくれる。街の詳細なマップあり。

バルボア半島・バルボア島
Balboa Peninsula & Island

長さ6マイル（約10km）、幅0.25マイル（約400m）の細長い土地には、海に面して白い砂浜が続き、1926年に建てられた**ラベル・ハウスLovell House**（🏠1242 W Ocean Front）をはじめ瀟洒な住宅が建ち並ぶ。この邸宅は、南カリフォルニアを代表する現代建築家の1人、ルドルフ・シンドラーによる設計で、木部のあるサイトキャスト・コンクリートフレームが使用されている。

半島にある2つの埠頭の周りには、ホテル、レストラン、バーが建ち並ぶ。西の端にはニューポート埠頭Newport Pier、東にはバルボア埠頭Balboa Pierがある。バルボア埠頭近くにある**バルボア・ファン・ゾーン Balboa Fun Zone**は、

買い物好きの楽園

オレンジカウンティは、ディズニーランドやビーチだけでなく、南カリフォルニアのショッピングの中心地としても名を馳せている。このエリアには、巨大で魅力的なモールがひしめき合っている。どのモールにも噴水、レストラン、映画館、ショップ、エンターテインメントが揃っている。

サウス・コースト・プラザ South Coast Plazaはコスタ・メサCosta Mesaにある洒落たショッピングセンター（🏠3333 Bristol St）（ブリストルでインターステート405を出る）で、アメリカ国内のモールの中で最高の売上げを誇る。シャネルChanel、エスカーダEscada、プラダPradaなどの一流ブランドの価格が、その記録となっていると役買っている。

さらに南、ニューポート・ビーチにはファッション・アイランド **Fashion Island**（🏠550 Newport Center Dr）がある。ゆったりとしたオープンエアの施設に200もの店舗、シネマコンプレックス、おいしいレストランが入っている。

アービン・スペクトラム・センター Irvine Spectrum CenterはI-5とI-405の合流地点、アービン・センター・ドライブIrvine Center Drにある。比較的小さいが、IMAXシアターや、スペインはグラダナのアルハンブラ宮殿をモチーフにした中庭がある。

巨大なブロック・アット・オレンジ **Block at Orange**は大きいことが一番と言わんばかりだ。80万平方フィート（約7ha）のオープンエアのプロムナードがあり、最新技術のビデオゲームを集めたゲームワークスGameworksアーケード、スケート場、30スクリーンもあるシネマコンプレックス、そしておびただしい数のショップや飲食店が集まっている。

もっとも新しいモールがメインプレイス・サンタ・アナ **MainPlace Santa Ana**（🏠2800 N Main St）。190のショップに3つのデパートが集まっている複合施設。ディズニーランド周辺のホテルとの間をシャトルで結んでいる。料金は往復で＄2.50。

これらすべてを回りきれないと言うなら、とにかくザ・ラボ・アンチ・モール **The Lab Anti-Mall**（🏠2930 Bristol St, Costa Mesa）には行っておこう。1993年に"都会の文化"を典型的な郊外都市のオレンジカウンティにもたらそうと考えられたもので、改修された工場にナ・ナNa Naやアーバン・アウトフィッターズUrban Outfittersなどの"オルタナティブ"で若者志向のショップが入っている。

オレンジカウンティのビーチ - ニューポート・ビーチ

ニューポート・ビーチ

宿泊
1　Newport Channel Inn
7　Portofino Beach Hotel
8　The Little Inn by the Bay
12　Best Western Bay Shores Inn
14　Balboa Inn

食事
2　Cappy's Café
9　The Crab Cooker
10　Blue Beet
11　21 Oceanfront
16　Wilma's Patio

その他
3　ホーグ記念病院
4　ニューポート・ビーチ観光局
5　海洋博物館、リバーポート・カフェ
6　オレンジカウンティ美術館
13　ラベル・ハウス
15　バルボア・ファン・ゾーン、バルボア・パビリオン
17　シャーマン・ライブラリー＆ガーデン
18　ザ・ウェッジ

1936年のオープン以来、地元民と旅行者でにぎわっている。小さい観覧車、アーケードゲーム、土産物店やレストランが並び、ランドマークである**バルボア・パビリオン Balboa Pavilion**がある。1905年に建設されたもので、夜になると美しくライトアップされる。ファン・ゾーンからは、ハーバークルーズ、フィッシングツアーやホエールウォッチングツアー、カタリナ島へのカタマラン（双胴船）ツアー（9:00出航、往復＄37）、海峡の向こう側にあるバルボア島行きのフェリーが利用できる。

半島の突端、ウエスト・ジェッティWest Jettyのそばに、**ザ・ウェッジ The Wedge**と呼ばれるボディサーフィン、ニーボーディングのスポットがある。ここは30フィート（約9m）の高さになることもある完璧なホローウェーブが来ることで有名。ただし、このポイントは、潮流に慣れていない人には不向き。初心者は数ブロック西のもっと波が静かなポイントを目指したほうがよい。

バルボア・ファン・ゾーンは、24時間運航の小型カーフェリーで**バルボア島 Balboa Island**と結ばれている。料金は車1台と運転者で＄1.25、乗客1名50￠。フェリーはアゲイト・アベニューAgate Aveに到着する。アゲイト・アベニューはマリン・アベニューMarine Aveの約11ブロック西にあり、気取ったショップやカフェ、レストランが連なるメインストリートだ。島の美しい家並みを近くでじっくり眺めたいなら、海岸線に沿って約1.5マイル（約2.4km）の散策がおすすめ。

ミュージアム

ファッション・アイランド近くに**オレンジカウンティ美術館 Orange County Museum of Art**（☎949-759-1122　850 San Clemente Dr　大人＄5　特別割引＄4　子供（15歳以下）無料　火〜日11:00〜17:00）があり、カリフォルニア美術の

解説と、最前線の現代美術展示を行っている。彫刻の庭、ギフトショップ、古典・外国・美術関連のフィルムを上映するシアターがある。

ニューポート港海洋博物館 Newport Harbor Nautical Museum ☎949-673-7863 ♠151 E Coast Hwy 🈂入場無料 ⊙火～日 10:00～17:00）は汽船内にあり、古めかしい写真、船舶のモデル、絵画、記念品の展示を通して、この地域の海洋の歴史を紹介している。

コロナ・デル・マー
Corona del Mar
おしゃれな店舗とレストランを備えた高級なベッドタウンであるコロナ・デル・マーはパシフィック・コースト・ハイウェイ沿い、ニューポート・チャネルNewport Channelの東側にある。ここのビーチは、ごつごつした崖の下にある。子供たちはリトル・コロナ・ビーチLittle Corona Beachの波のプールが気に入るだろう。ここには休憩所やバレーボールコートもある。駐車料金は1台あたり＄6だが、オーシャン大通りOcean Blvd沿いのビーチ裏手にある崖の上に無料の空きスペースがあるかもしれない。

コロナ・デル・マーにはすばらしい観光施設のシャーマン・ライブラリー＆ガーデン Sherman Library & Gardens ☎949-673-2261 ♠2647 E Pacific Coast Hwy ⊙火～日 大人＄3 子供（11歳以下）無料、月 入場無料 ⊙庭園 10:00～16:00、図書館 火～木 9:00～16:30）がある。庭園は緑が生い茂り、よく手入れされている。多くのランが植えられ、コイの池や視覚障害者向けの庭もある。小さな研究図書館にはカリフォルニアの歴史資料が大量に収蔵されているほか、初期のカリフォルニア風景画家による絵画も展示されている。

宿泊

ニューポート・チャネル・イン
Newport Channel Inn
☎949-642-3030、800-255-8614
🈁949-650-2666
🌐www.newportchannelinn.com
♠6030 W Pacific Coast Hwy
🈂客室 冬＄59 夏＄79

交通量の多いハイウェイそばにあるが、ビーチからは1ブロックしか離れていない。広くて設備の整ったモーテル風の部屋には2～7人が泊まることができる。ホストはフレンドリーで物知りだ。

ザ・リトル・イン・バイ・ザ・ベイ
The Little Inn by the Bay
☎949-673-8800、800-438-4466
🈁949-673-4943
🌐www.littleinnbythebay.com
♠2627 Newport Blvd
🈂客室＄79～229

気持ち良く装飾された部屋に運ばれるコンチネンタルブレックファストと新聞で1日を始めることができる。バイク、スケートボード、ビーチチェアを借りることができる。

ベスト・ウェスタン・ベイ・ショアーズ・イン
Best Western Bay Shores Inn
☎949-675-3463、800-222-6675
🈁949-675-4977
🌐www.thebestinn.com
♠1800 W Balboa Blvd
🈂客室＄109～269

小ぶりだが設備の整った客室は、船舶をイメージした装飾。料金には朝食、客室内での映画、ビーチ用の備品が含まれている。湾や海が見える部屋は、＄10～30追加。

ポルトフィーノ・ビーチ・ホテル
Portofino Beach Hotel
☎949-673-7030、800-571-8749
🈁949-723-4370
🌐www.portofinobeachhotel.com
♠2306 W Oceanfront
🈂客室＄130～300

ビーチそばの小さく古風な宿。すべての部屋には大理石の風呂が付いているが、やや蒸し暑い感じがする（特に暖炉付の部屋）。オーシャンビューの部屋もある。

バルボア・イン
Balboa Inn
☎949-675-3412、877-225-2629
🈁949-673-4587
🌐www.balboainn.com
♠105 Main St
🈂スタンダード＄169～

1929年に建てられたヨーロッパ風の魅力的なホテル。バルボア埠頭近くにある。

食事

カッピーズ・カフェ
Cappy's Café
☎949-646-4202
♠5930 W Pacific Coast Hwy
🈂朝食・ランチ＄5～13

ほっぺたが落ちるほどおいしいオムレツや、そのほかのコレステロールの高い朝食は、地元で熱烈な支持を得ている。

クラブ・クッカー
Crab Cooker
☎949-673-0100
♠2200 Newport Blvd
🈂メイン＄7～22

新鮮な魚料理を1951年から出し続けている。テ

ーブルはおとなしい常連客でいつもいっぱいだが、環境保護主義者は紙皿とプラスチックのナイフやフォークにがっかりするかもしれない。

リバーボート・カフェ
Riverboat Café
☎949-673-3425
🏠151 E Pacific Coast Hwy
🍴メイン＄13〜25

予算を気にせずムード満点のディナーを楽しむのにちょうどよい。ニューポート港海洋博物館と同じ汽船上にある、コンチネンタル料理専門店。

　ニューポート埠頭の一帯は、カジュアルな店から高級な店まで、さまざまなレストランがひしめいている。

ブルー・ビート
Blue Beet
☎949-675-2338
🏠107 21st Place
🍴ランチ＄4〜8　ディナー＄7〜19

額装のビンテージポスター、大きな肘掛け椅子、赤れんがの壁から、ゆったりとした雰囲気が醸し出される。バーガー、パスタ、魚料理なども魅力的だが、ジャズやブルースのライブコンサートが毎晩のように行われることでも有名である（カバーチャージが必要な場合もある）。

21オーシャンフロント
21 Oceanfront
☎949-673-2100
🏠2100 W Oceanfront
🍴ディナー＄20〜50

シーフードが中心で、ベルーガのキャビアやアワビなどの珍味も食べられる。込み合っているビクトリア様式のダイニングルームと、オーシャンビューのバーがあり、洗練された雰囲気の中で食事が楽しめる。

ウィルマズ・パティオ
Wilma's Patio
☎949-675-5542
🏠203 Marine Ave
🍴1品＄6.50〜15

バルボア島にある家族向けの店。ビッグバーガーやローストチキン、パスタ、その他おなかがいっぱいになる伝統料理が出される。

交通手段

71番のOCTAバスがパシフィック・コースト・ハイウェイとニューポート大通りの角に停車する。その先は南に向かい、バルボア半島の先端まで行く。57番バスは北へ向かい、コスタ・メサCosta Mesaのサウス・コースト・プラザSouth Coast Plazaまで行く。

ハンティントン・ビーチ
Huntington Beach

ハンティントン・ビーチHuntington Beach（人口18万9000人）は、アイルランド系ハワイアンのサーフィンスター、ジョージ・フリース（この地の先駆的開拓者であるヘンリー・ハンティントンのすすめで入植）が1914年にサーフィンのパフォーマンスをして以来、南カリフォルニアでも屈指の人気を誇るサーフィンスポットとなっている。実際、この街はサーフィンロックの大御所であるジャン＆ディーンによって"USAのサーフシティ"の異名がつけられた。9月には、スポーツのビッグイベントであるハンティントン・ビーチ・プロ＆アマ・サーフシリーズ・チャンピオンシップHuntington Beach Pro/Am Surf Series Championshipが、ハンティントン・ビーチ埠頭Huntington Beach Pierのすぐ南で開催される。パシフィック・コースト・ハイウェイとメイン・ストリートMain Stの交差点にある**サーフィン・ウォーク・オブ・フェイム Surfing Walk of Fame**も訪ねてみるといい。地元の伝説的人物の記録は、たいていここに永久保存されている。

　ハンティントンのメイン・ストリートからすぐの所に**インターナショナル・サーフィン・ミュージアム International Surfing Museum**（☎714-960-3483 🏠411 Olive St 🎫大人＄2 特別割引＄1 🕐水〜日 12:00〜17:00）がある。この手の博物館はカリフォルニアでもめずらしく、サーフィンカルチャーのメッカとしてファンを楽しませている。写真、初期のサーフボードやサーフウェア、ビーチ・ボーイズ、ジャン＆ディーン、ベンチャーズのサーフミュージックのレコードを展示して、このスポーツの歴史を年代順に紹介している。女性サーファーに関する興味深い展示もある。

　かつてはオレンジカウンティにあるビーチタウンの中でもっともひなびた地味な土地であったハンティントンに、高級化の波が押し寄せている。メイン・ストリートの南側沿道は、多くのカフェやバー、カジュアルレストランが立ち並ぶ。ここでは新世紀風だがどれも同じような外観をした洒落た建物と、旧来のサーフカルチャーとが融け合っている。マップや情報は**観光局 Visitors Bureau**（☎714-969-3492、800-729-6232 📠714-969-5592 🌐www.hbvisit.com 🏠417 Main St 🕐月〜金 9:00〜17:00）で入手できる。

ボルサ・チカ州立ビーチ＆環境保護区
Bolsa Chica State Beach & Ecological Preserve

ハンティントンからパシフィック・コースト・

ハイウェイを北上してシール・ビーチSeal Beachまでの3マイル（約5.4km）の区間は、道路の片側が**ボルサ・チカ州立ビーチ Bolsa Chica State Beach**と接している。ここには、沖合0.5マイル（約800m）に巨大な油田採掘機が設置されており、黒ずんだ細かい砂が広がっている。ハイウェイを挟んで反対側には**ボルサ・チカ州立環境保護区 Bolsa Chica State Ecological Preserve**があり、小さな油田が点在するため若干寂れた景観ではあるが、実際には鳥類が数多く生息している。復元された塩性湿地では、アジサシやアイサ、ペリカン、オナガガモ、カイツブリ、絶滅寸前であるベルディングのクサチヒメドリが、アカザ科の低木やミクリに群がる。パシフィック・コースト・ハイウェイの駐車場からは、1周1.5マイル（約2.4km）の遊歩道が延びている。

宿泊・食事

コロニアル・イン・ホステル
Colonial Inn Hostel
☎714-536-3315 ℻714-536-9585
W www.huntingtonbeachhostel.com
🏠421 8th St 🛏ドミトリーベッド＄18、S・W1人＄21）

1906年に建てられたすてきな建物。この辺りでは唯一のユースホステルで、ビーチからは3ブロックの距離にある。ドミトリーでは3～8人が寝ることができる。使いやすいキッチンと居間は共用で、庭にも入れる。またランドリーとインターネットアクセスを備えており、サーフボードは無料で借りられる。バイクのレンタルサービスもあり。

サン・アンド・サンズ・モーテル
Sun 'n' Sands Motel
☎714-536-2543
🏠1102 Pacific Coast Hwy
🛏客室＄69～149

ビーチの向かいでは数少ない低予算のモーテルの1つ。客室は清潔で心地よい。プールもある。

クォリティー・イン
Quality Inn
☎714-536-7500
🏠800 Pacific Coast Hwy
🛏客室＄80～130

魅力的な建物に、間違いなく清潔な客室。各室にはケーブルTVと冷蔵庫が完備されてお

り、一部ではあってもどの部屋からもオーシャンビューが楽しめる。屋上のジャグジーと無料のコンチネンタルブレックファストがうれしい。

　メイン・ストリートの南のほうには、サーファーたちがやってくるカジュアルな飲食店が軒を連ねている。地元の工芸品が壁を飾っている**シュガー・シャック Sugar Shack（☎714-536-0355 🏠213 Main St 🍽1品＄5～10）**では朝食とランチが食べられる。おいしくてヘルシーなメキシコ料理や、さまざまなトッピングのご飯など、安くておなかいっぱい食べられるのは**ワフーズ・フィッシュ・タコ Wahoo's Fish Taco（🏠120 Main St 🍽1品＄2～7）**。

シール・ビーチ
Seal Beach

シール・ビーチSeal Beach（人口2万5100人）はこの地域ではめずらしく非商業的な町である。広大なビーチと、歩いて回れる魅力的なダウンタウンがある。ビーチを取り囲むオーシャン・アベニューOcean Aveと、パシフィック・コースト・ハイウェイとの間にあり、メイン・ストリート沿いの数ブロックに広がっている。ここには、レストランのほかに、興味をひくアンティークショップ、衣料品の委託販売店などが軒を並べている。長い歴史を持つ**ベイ・シアター Bay Theater（☎562-431-9988 🏠340 Main St）**では、所蔵のワーリッツァーオルガンを使ったコンサートが行われることもある。

　メイン・ストリートは、1885フィート（約566m）ほど海上にせり出している**シール・ビーチ埠頭 Seal Beach Pier**へと続く。現在の埠頭は、1906年に建造された埠頭が1980年代初頭の冬に嵐で被災したため、1985年に再建されたもの。

　シール・ビーチの**商工会議所 chamber of commerce（☎562-799-0179 ℻562-795-5637 🏠201 8th St, Suite 120）**では、宿泊施設などの情報を提供しているが、紹介してもらえるのは商工会議所に会員登録している施設に限る。

　シール・ビーチには、アメリカ海軍の巨大な武器保管基地と、退役者専用住宅地のレジャー・ワールドLeisure Worldがある。この退役者専用住宅地は南カリフォルニアでもっとも古くかつ高級なものの1つに数えられる。

ロサンゼルス

Los Angeles

圧倒される、怖い、物騒だ。そして一体どこまでがLAなの？世界中でこんなふうに語られ、誤解されている場所はロサンゼルス以外にないだろう。ロサンゼルス（市の人口370万人、郡の人口950万人）は、自然災害、犯罪、暴力で恐れられ、高速道路の大渋滞や大気汚染で悪名をとどろかせ、おまけにロサンゼルスの住人はうわべだけの連中だ、などと軽蔑されたりもする。

　正にその通り。LAはとらえどころのない都市だ。これまでに知っているどんな都市とも似ているとは感じられない。広くあいまいで、はっきりとした市の中心部がない。そんなLAを正しく理解するには1つの都市という概念をまず棄てなければならない。実際、LAは独立した88の市の集合体で、独自の個性を持った市（サンタモニカSanta Monica、パサデナPasadena、ロングビーチLong Beachなど）と町が、都市という大きな渦の中で渾然一体となっている。

　LAを魅力ある土地にしている要因にはLAで暮らすさまざまな人々と食文化が挙げられる。ほんの数マイル車を走らせれば、気分次第であらゆる文化、食べ物、音楽、さらには違った時代を体験することができる。チャイナタウンでは正統的チャーメン、リトル東京では最高のスシ、フェアファックスFairfax地区ではマツォースープ、ビバリーヒルズではカリフォルニア料理が楽しめる。踊りたいなら奇抜なズートスーツでビシッときめてジルバを踊り、サルサやメレンゲだって楽しめる。懐かしのロックンロールという手もある。伝統衣装を身にまとった大西洋諸島の人々のパフォーマンスは必見。セントラル・アベニューCentral Aveでジャズの巨匠たちとジャムセッションしたり、ハリウッドのクリスマスパレードで有名人に向かって手を振ったりもできる。ゲッティ・センターGetty Centerの印象派の絵画、サウスウエスト博物館Southwest Museumのアメリカ先住民の陶器、イーストLAのラテンアメリカの壁画などなど、見所は尽きない。1つだけはっきりしているのは「退屈」という言葉はLAの辞書にはない、ということだ。

歴史

　LA地区最初の住人は、ガブリエリノGabrielino族インディアンとチュマッシュChumash族インディアンで、紀元前5000〜6000年の間にこの地に住み始めた。ガブリエリノ族は内陸で暮らす狩猟採集民（ドングリを主食とし、細か

ハイライト

- ズマZuma、サンタモニカ、マンハッタンビーチで、日光浴、水泳、サーフィンを楽しむ
- 古典の巨匠や、ハンティントンHuntington、ロサンゼルス郡立美術館LACMA、ノートン・サイモンNorton Simon、ゲッティ・センターGetty Centerなどの美術館で新進アーチストの作品を見る
- 撮影中のお気に入りホームドラマのスターに接近
- サンタモニカ山地Santa Monica Mountainsをハイキングして、LAの「ワイルドサイド」を発見
- ベニス・ボードウォークVenice Boardwalkに行き、南カリフォルニアで最高の海辺の遊歩道を歩いてみる

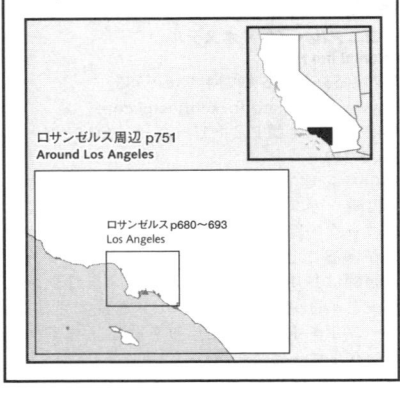

ロサンゼルス周辺 p751
Around Los Angeles

ロサンゼルス p680〜693
Los Angeles

く挽いた実をパン粥にして食べていた）で、チュマッシュ族は沿岸部に暮らす漁民だった。

　ロサンゼルス盆地に初めて目をつけたヨーロッパ人はファン・ロドリゲス・カブリヨで、1542年の航海中にこの沿岸地域を発見した。サンタモニカ湾から陸地の上空を覆う茶色い霞（ヤングナYangnaのガブリエリノ族の村から立ち上がる焚き火の煙）を見て、彼はこの湾をバイーア・デ・ロス・フモスBahia de los Fumos「煙の湾Bay of Smokes」と呼んだ。

宣教の時代

　グレーターLAには2つの伝道拠点があった。サン・ガブリエル・アーチエンジェル伝道所Mission San Gabriel Archangel（1771年）とサン・フェルナンド・レイ・デ・エスパーニャ伝道所San Fernando Rey de España（1797年）だ。現在は両伝道所とも修復され観光できる。伝道に集まったガブリエリノ族には、天国や

地獄という概念はなかったが、魂を救済するために激しい労働を提供し始めた。やがて彼らはさまざまな疾病に侵され、その部族民の多くを失うことになった。

1781年、伝道団は布教活動を広げていく際の食料を生産するための農業コミュニティをつくる計画に着手した。44名のポブラドーレスpobladores（定住者）がサン・ガブリエル伝道所から任命され、ヤングナの村の近くに新たな町（布教地の南西9マイル＜約14km＞のポプラ並木が続く土手沿い）をつくり始めた。この町は、ちょうど祝祭日で祝われていた聖人にちなんでエル・プエブロ・デ・ヌエストラ・セニョーラ・ラ・レイナ・デ・ロス・アンヘレス・デル・リオ・ポルシウンクラEl Pueblo de Nuestro Señora la Reina de los Angeles del Río Porciúncula「ポルシウンクラ川の天使の聖母の町」と名づけられた。

このプエブロpueblo（町）が知られるようになるにつれ、ロサンゼルスは豊かな農業地帯へと発展していった。長い夏の日を最大限に活用し、定住者たちはオレンジやオリーブの果樹園、ブドウ園、小麦畑を開き、牛、羊、馬などの家畜を飼育するようになった。

ランチョ時代

1818年、ジョセフ・チャップマン（ブロンドのボストンの機械工で海賊）がロサンゼルス初の白人の住民となった。彼はエル・イングレスEl Inglés「イギリス人」として知られ、彼に続いて徐々に白人が住み始めた。1830年代中頃はまだ29人のアメリカ市民しかロサンゼルスにはいなかったが、このひと握りの者は船員が運んできた輸入品を積み荷いっぱいの獣皮と引き換えに船ごと買い占めた。彼らは牧場主や農場主との信用貸し制度を設立し、カリフォルニア初の銀行制度を確立させた。

ジェデディア・スミスが初めて西部の州への内陸路を開き、1826年にサン・ガブリエル・アーチエンジェル伝道所に到着した。アメリカ西部の伝説的人物キット・カーソンは、1832年にロサンゼルスまで開通したサンタフェ・トレイルSanta Fe Trailの敷石に貢献した。アメリカ東部の人々は1840年にリチャード・ヘンリー・ダナが自著「ツー・イヤーズ・ビフォー・ザ・マストTwo Years Before the Mast」で1830年代半ばのウエストコーストでの自身の獣皮と獣脂のビジネス経験を語るまでロサンゼルスのことはほとんど知ることはなかった。ダナはロサンゼルスについて「野心家でいっぱいだ。ここはすばらしい所になるぞ」と書いた。当時、ロサンゼルスの人口はやっと1200人を越えたところだった。

小さな町から大都市へ

1850年4月4日、カリフォルニア州に合併されたLAは汚れたストリートと煉瓦造りの家、荒稼ぎで栄えた酒場、売春宿、賭博場がひしめく手に負えない町だった。1854年、北カリフォルニアのゴールドラッシュのピークが過ぎると、カリフォルニア州は不況の波に飲まれていった。失業した炭鉱夫がLAや周辺の町にあふれるにつれ、自らの未来を坑夫たちの未来に結びつけていた銀行や商店などは店を閉めていった。

多少の策略があったものの1876年にサン・ホアキン・バレーSan Joaquin Valley経由でLAまでの鉄道が開通した。1885年にはアチソン、トペカ＆サンタフェ鉄道Atchison, Topeka & Santa Fe Railroadが直接LAにつながり、アリゾナ砂漠を渡ってイーストコーストに抜ける路線の開通をみた。

路線の開通とともに南カリフォルニアの柑橘類産業も軌道に乗った。カリフォルニアオレンジが、強力な宣伝コピーとともにニューヨークの食料品店の棚に並ぶようになると、イーストコーストの人たちは、「若者よ、西部をめざせ」というカリスマ編集者ホレス・グリーレイのメッセージに注目するようになった。1860年には2300人だったLAの人口は1880年には1万1000人に膨れ上がり、1890年には5万人を超えた。続いて1900年には10万人に達した。LAには天然の港はなく、小さな町ですらまかなえない水源しかなかったにもかかわらず。

こういった課題のうち最初に取り組まれたのが市役所から23マイル（約37km）南のサン・ペドロSan Pedro港建設事業で、1899年に着工された。最初の波止場が1914年（パナマ運河開通の年）に開かれ、サン・ペドロ港は大西洋沿岸で8000マイル（約1万2880km）も近づくことになった。この港はすぐにウエストコーストで一番のにぎわいをみせる港になった。

どんどん成長していくこの都市に飲み水を供給するには、より複雑な解決策をとる必要があった。ロサンゼルス川（リオ・ポルシウンクラRío Porciúncula）の散発的な流れや深堀井戸からの水では不十分なのは明らかであった。どのような対策がとられたかは次ページのコラム「渇いた巨人を癒す水」を参照してほしい。

現在のロサンゼルス

LAの人口は1920年までに100万人に跳ね上がり、1930年には200万人に達した。これは1892年、LAのダウンタウン近くに住むエドワード・ドヒニーが発見した油田によるところが大きかった。この石油の輸出で貿易業や関連する港湾産業も急成長した。

渇いた巨人を癒す水

半砂漠地帯にあるLAがメガロポリスへと発展していくには、水の問題は切っても切れない問題だった。20世紀初めに人口が20万人に達したとき、地下水の状況はLAの需要を満たすには不十分だった。ましてや将来の成長したLAを支えるのはとうてい無理な話で、水を輸入しなければならなかった。元LA市長のフレッド・イートンと市水道局長ウィリアム・マルホランドは、250マイル（約403km）北東のシエラ山脈Eastern Sierraの裾野のオーウェンズ・バレーOwens Valleyから水を引く案を打ち出した。

そもそもオーウェンズ・バレーは灌漑用の水が必要だった農夫が定住した地域であったため、フレッドとウィリアムやこの地を獲得して市が治水権を得ることを積極的に支援していた連邦政府への反発は強かった。

マルホランドは、シエラ山脈からLAに雪解け水を運ぶ水道橋建設に必要な2450万ドルを有権者から得て、工事を1908年に着工した。見事な技術を駆使し、不毛の砂漠や険しい山岳地帯を越え、1913年11月5日に完成した。1940年には水道橋はモノ盆地Mono Basinまで延長され、全長105マイル（約170km）となった。しかし、オーウェンズ・バレーは変わった。

オーウェンズ湖の大半は干上がり、かつては肥沃だった谷は不毛の地となってしまい、農場は閉鎖され、ビジネスもうまくいかなくなってしまった。これが原因で谷の住人とLA市との間に苦い確執が続くことになり、谷の住人の中からはダイナマイトで水道を破壊しようとした者さえ出た。

今日、ロサンゼルス水道電力局LA's Department of Water and Power（LADWP）はインヨInyoおよびモノ・カウンティ（郡）の30万7000エーカー（約12万2800ha）を所有し、この水道システムは現在もLAの水の75%を供給している（残りは300マイル＜約483km＞東のコロラド川のダムから取水している）。水源地域の住民は今日でも、南に住む渇いた巨人に腹を立てているわけだが、LADWPは現在オーウェンズ・バレーの復興を目指して支援している。この件に関しての詳細は「シエラ・ネバダ」の章のコラム「モノ湖」を参照。

第1次世界大戦中、ロックヒード兄弟とドナルド・ダグラスがこの地域に航空機製造工場を設立した。20年後に再び世界大戦が起きると航空機産業に雇用をもたらし、世界大恐慌からLAを救い上げた。第2次世界大戦終了までに、何十億ドルもの政府資金が南カリフォルニアの軍事契約に投入され、何千もの家族が軍事工場で働くためにこの地域に移り住んできた。

航空機産業への労働者の流入により空前の不動産ブームが訪れ、新たな郊外地区が形成されていった。同時に何千ものアフリカ系アメリカ人労働者がテキサスやルイジアナから移住して来て、サウス・セントラルLA South Central LAに活気に満ちたコミュニティをつくっていった。戦前は小さなコロニーに過ぎなかったLAは50年代までに国内でも有数の黒人文化の中心地へと発展していった。

20世紀のLAを象徴するものといえば、映画産業を忘れてはならない。1908年を皮切りに、独立系の監督たちがLAに引き寄せられ始めた。これは太陽に恵まれ、従来は室内で撮っていたシーンを屋外で撮影できること、また海から砂漠、山岳森林地帯までと、どんなロケ地でも近場で確保できるという魅力によるものだった。スタジオはカルバー・シティCulver Cityとユニバーサル・シティUniversal Cityに作られていったが、映画産業の首都はLAの郊外、ハリウッドだった。

LAが成長を続ける間、この街ではトラブルが起きていた。何十年もの間、政治家たちは沸き起こる人種間の摩擦を見て見ぬフリをし続けていたが、1965年、LAは全米で最悪の人種間摩擦による暴動を経験することになった。ワッツWatts地区の黒人居住地で6日間にわたって焼き討ち略奪が繰り広げられた。この暴動では34人が死亡、1000人以上が負傷した。さらに1979年と1992年にも暴動が起きている。後者の暴動のきっかけになったのは、黒人青年ロドニー・キング氏を殴打したロサンゼルス市警が無罪となったことだ。この暴動で54人が死亡し、10億ドルの損害が出た。

LAの歴史の中で1990年代は「地獄の」10年だったが、暴動だけがその原因ではない。1992年と1994～95年の冬の豪雨による大洪水と地滑りでは家屋が損壊した。1993年には低木火災が発生し、多くの住人が家を失った。そして1994年のノースリッジNorthridgeを襲った地震。マグニチュード6.9を記録したこの地震は、高速道路、家屋、LAの中枢システムを破壊した。

警官の不祥事はニュースのヘッドラインを飾り続け、90年代末には「ランパート・スキャンダル」と呼ばれる事態に発展した。このスキャンダルは、LAのダウンタウン近くのランパートRampart地区（ギャングが横行する犯罪多発地区）に勤務するロサンゼルス市警察官がギャングの犯罪行為を減らすために、不正行為に加担し証拠の隠滅を謀ったという事件だ。犯罪は減少したが、ロス市警の正義は失墜した。

地理・地質

LA地区は亜熱帯の砂漠、74マイル（約119km）続く海岸、標高1万フィート（約3000m）を越

える山々あり、と地形的変化に富む。また、世界最長の部類に入るサン・アンドレアスSan Andreas断層がこの地を縦断しており、マグニチュード6.0以上の地震が今世紀5回も襲いLAを破壊した。震源は1933年がロングビーチ近く、1971年がサン・フェルナンド・バレーのシルマーSylmar、1994年が同ノースリッジ、1992年に2度あった地震の震源はビッグ・ベアーBig Bear地域だった。

気候
LAは穏やかな地中海性気候で北と東の山脈によって極端な温度や湿度から守られている。平均気温は70°F（21°C）で、夏の気温は約85～90°F（約29～32°C）、冬は約55～60°F（約13～16°C）。沿岸部は沖合からの風のため、内陸部やサン・フェルナンド・バレー地区より10～15°F（約6～9°C）低くなる。朝方、沿岸に発生する霧も気温が低くなる要因となっている。夜は真夏でも涼しい。雨季は11～4月で、1月と2月には嵐となる場合がある。

オリエンテーション
LAを初めて訪れる観光客の大半は、LAの大きさとまとまりのなさにすぐに混乱し、おじけづいてしまう。ニューヨークやパリのような大都市とは違いLAには明確な中心地がなくてごちゃごちゃしているが、各地区それぞれに特色がある。

ロサンゼルスの歴史的中心地は大西洋岸から約12マイル（約19km）東にあるダウンタウンだ。この北西には豊かな町パサデナがあり、ローズ・ボウルRose Bowlが開かれる。ジェット推進研究所Jet Propulsion Laboratory (JPL)、カリフォルニア工科大学California Institute of Technology（カルテックCaltech）もここにある。ラテンアメリカからの移民はイーストLAのダウンタウン東に集まっているが、この南にあるコンプトンComptonやワッツなど昔からアフリカ系アメリカ人が暮らす地区にも移り住んでいる。

観光客の興味を引く地区の大半はLAのダウンタウンの西にある。ハリウッドにはボヘミアン的ライフスタイルのシルバー・レイクSilver Lakeやファッショナブルなメルローズ・アベニューMelrose Aveがあり、ウエスト・ハリウッドにはLAのゲイとレズビアンの中心地がある。テレビと映画のスタジオの大半は、実際にはハリウッド北のサン・フェルナンド・バレーにある。

さらに西に進むと、ベル・エアBel Air、ブレントウッドBrentwood、ビバリーヒルズ Beverly Hillsという「3つのB」がある。ここは「富や名声を手にした者たち」が集まり、そのライフスタイルで知られる地区だ。マリブMalibu、パシフィック・パリセーズPacific Palisades、サンタモニカなどの北端の海岸地区も同様だ。さらに南のベニス・ビーチVenice Beach、マンハッタン・ビーチManhattan Beach、レドンド・ビーチRedondo Beachなどの沿岸地区はリラックスした中産階級が暮らし、ビーチカルチャーが浸透している。サン・ペドロSan Pedro、ロング・ビーチなど南端の沿岸地区はLAの港町だ。沖合の島カタリーナ・アイランドCatalina Islandは地中海の趣があり、日帰り旅行にはうってつけの場所。

地図
特定の地区を調べるには、本書の地図で十分に間に合う。ロンリープラネットのラミネート加工のロサンゼルス地図は書店またはホームページ www.lonelyplanet.comで入手できる。詳細な道路地図はガソリンスタンド、書店、南カリフォルニアの自動車協会（最寄りの支店は電話帳で調べる）で手に入れよう。

インフォメーション

観光案内所
地図、パンフレット、宿泊情報、テーマパークやその他のアトラクションのチケットなどは、ロサンゼルス観光局Los Angeles Convention and Visitors Bureau (LACVB)にある**ダウンタウン・ビジター・センター Downtown Visitor Center**（MAP 2 ☎213-689-8822 213-624-1992 www.lacvb.com 685 S Figueroa St 月～金 8:00～17:00、土 8:30～17:00）に行けば手に入る。本書を執筆している時点では、新しい支店が2002年中にハリウッドのハリウッド＆ハイランド・コンプレックスHollywood & Highland complexにオープンする予定になっている。

ビバリー・センター・モールBeverly Center mallの1階にある**カリフォルニア・ウェルカム・センター California Welcome Center**（MAP 4 ☎310-854-7616 8500 Beverly Blvd 月～土 10:00～18:00、日 11:00～18:00）でカリフォルニア州全域の観光情報と地元のアトラクションのチケットを入手できる。センターのスタッフがホテルの予約もしてくれる。

[p694に続く]

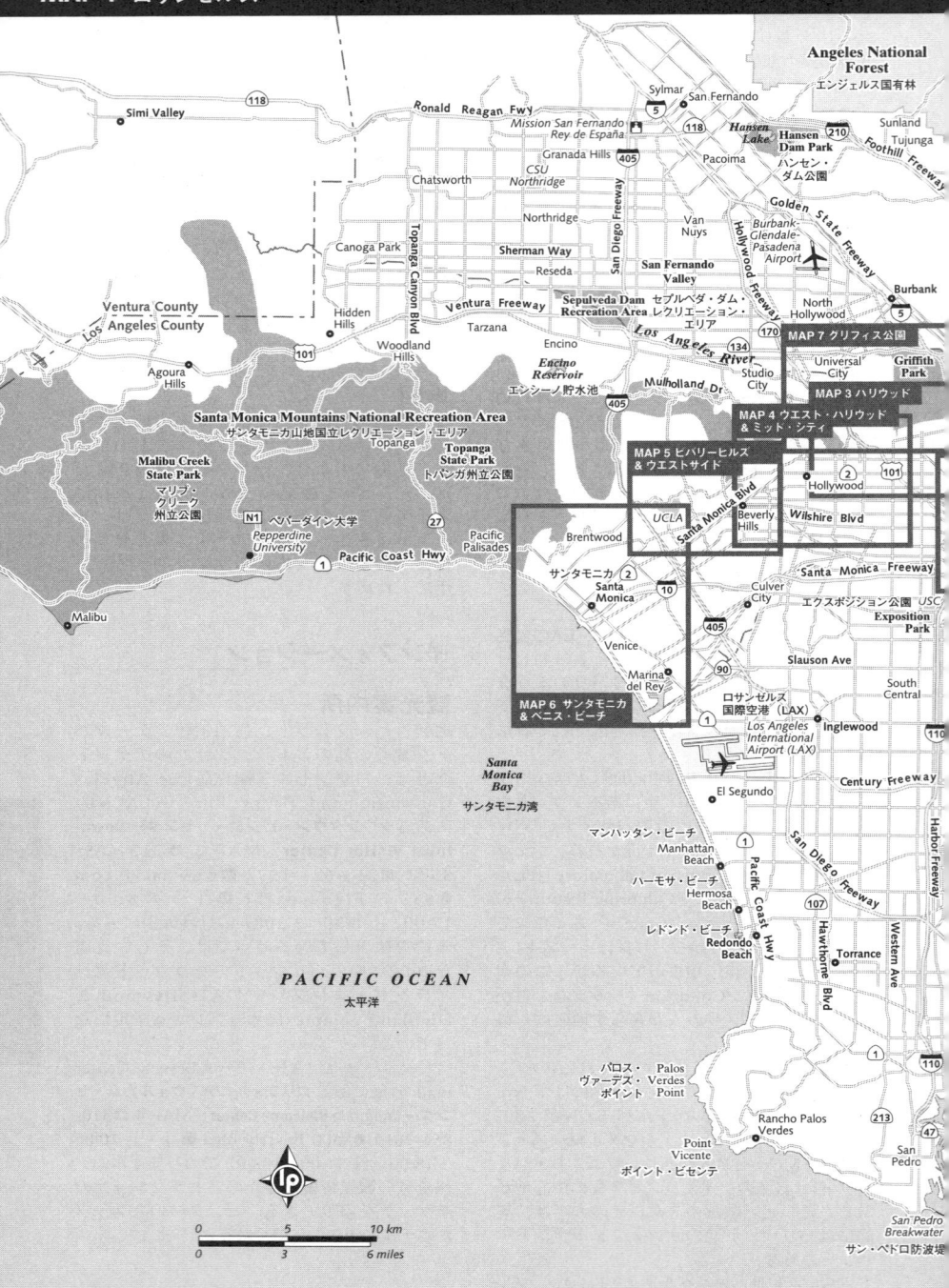

MAP 1 ロサンゼルス

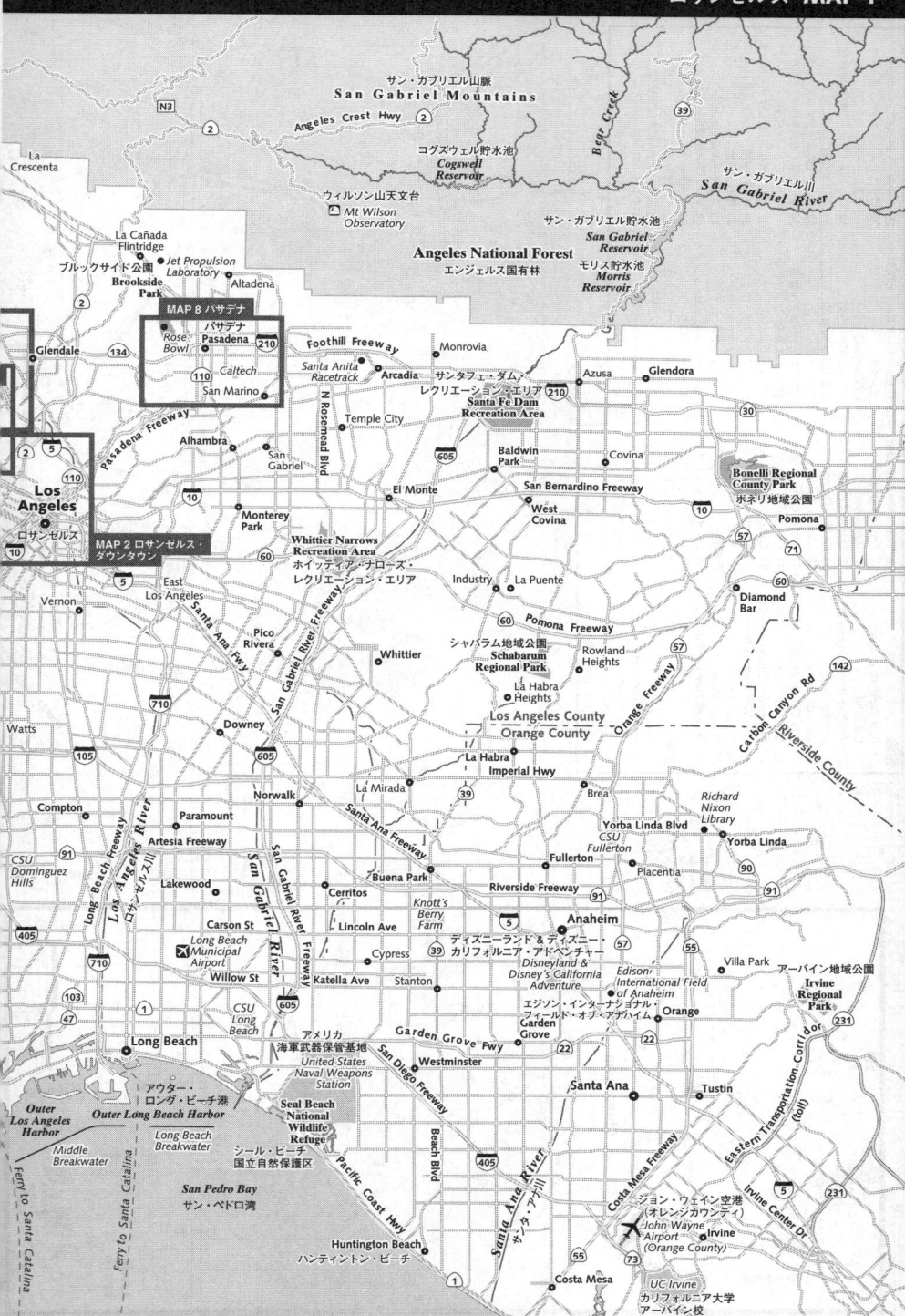

ロサンゼルス **MAP 1**

MAP 2 ロサンゼルス・ダウンタウン

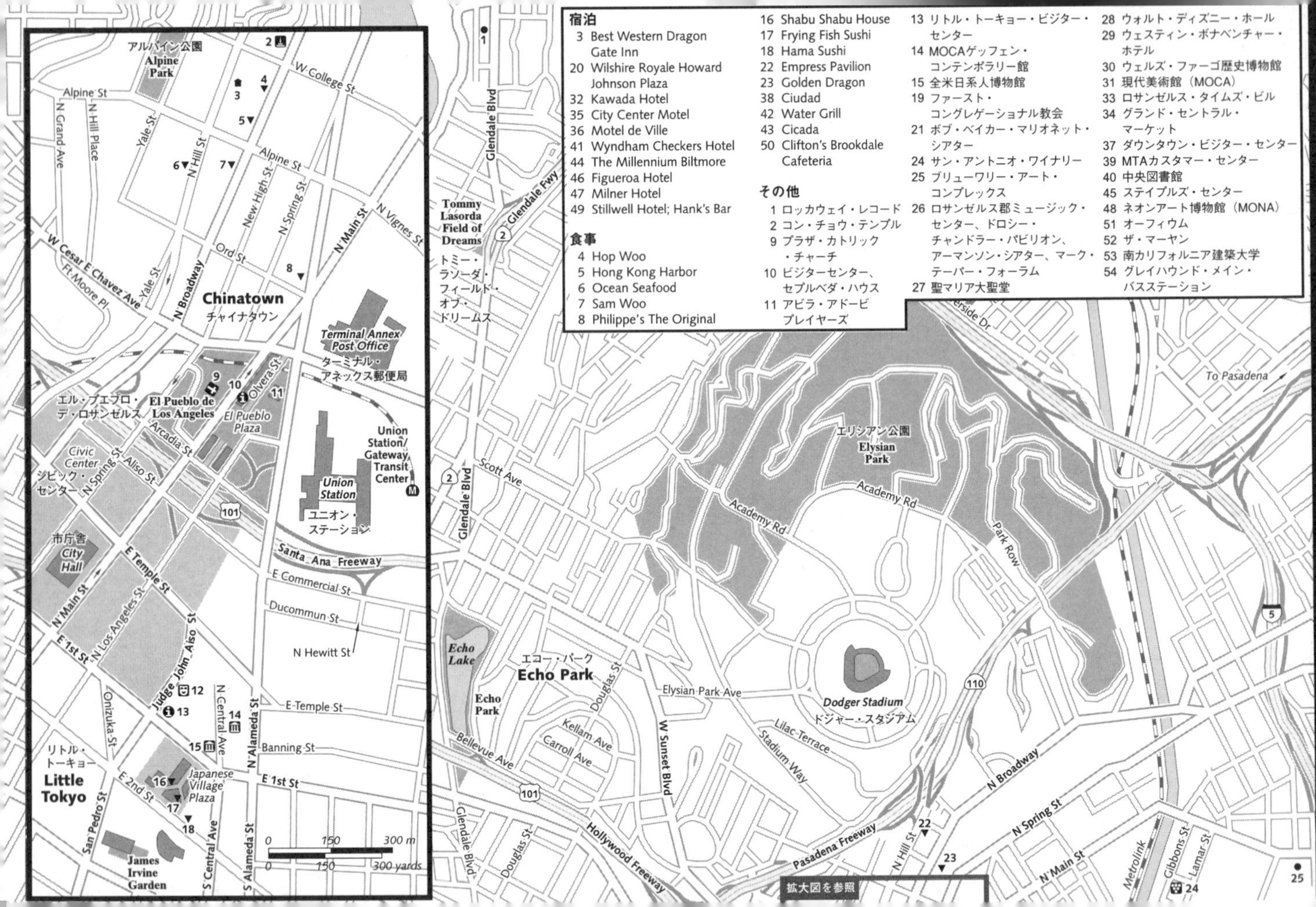

宿泊
- 3 Best Western Dragon Gate Inn
- 20 Wilshire Royale Howard Johnson Plaza
- 32 Kawada Hotel
- 35 City Center Motel
- 36 Motel de Ville
- 41 Wyndham Checkers Hotel
- 44 The Millennium Biltmore
- 46 Figueroa Hotel
- 47 Milner Hotel
- 49 Stillwell Hotel; Hank's Bar

食事
- 4 Hop Woo
- 5 Hong Kong Harbor
- 6 Ocean Seafood
- 7 Sam Woo
- 8 Philippe's The Original
- 16 Shabu Shabu House
- 17 Frying Fish Sushi
- 18 Hama Sushi
- 22 Empress Pavilion
- 23 Golden Dragon
- 38 Ciudad
- 42 Water Grill
- 43 Cicada
- 50 Clifton's Brookdale Cafeteria

その他
- 1 ロックカウェイ・レコード
- 2 コン・チョウ・テンプル
- 9 プラザ・カトリック・チャーチ
- 10 ビジターセンター、セプルベダ・ハウス
- 11 アビラ・アドービ
- 13 リトル・トーキョー・ビジターセンター
- 14 MOCAグランド・アベニュー、ゲフィン・コンテンポラリー館
- 15 全米日系人博物館
- 19 ファースト・コングリゲーショナル教会
- 21 ボブ・ベイカー・マリオネット・シアター
- 24 サン・アントニオ・ワイナリー
- 25 ブリュワリー・アート・コンプレックス
- 26 ロサンゼルス銀ミュージック・センター、ドロシー・チャンドラー・パビリオン、アーマンソン・シアター、マーク・テーパー・フォーラム
- 27 聖マリア片聖堂
- 28 ウォルト・ディズニー・ホール
- 29 ウェスティン・ボナベンチャー・ホテル
- 30 ウェルズ・ファーゴ歴史博物館
- 31 現代美術館 (MOCA)
- 33 ロサンゼルス・タイムズ・ビル
- 34 グランド・セントラル・マーケット
- 37 ダウンタウン・ビジネス・センター
- 39 MTAカウンスター・センター
- 40 中央図書館
- 45 ステイプルズ・センター
- 48 ネオアート博物館 (MONA)
- 51 オーディアム
- 52 ザ・マーヤン
- 53 南カリフォルニア建築大学
- 54 グレイハウンド・メイン・バスステーション

ロサンゼルス・ダウンタウン MAP 2

Los Angeles River
ロサンゼルス川

Chinatown
チャイナタウン

Little Tokyo
リトル・トーキョー

Arts District
アート地区

Civic Center
シビック・センター
Civic Center/
Tom Bradley

Financial District
金融街

Pershing Square
パーシング・スクエア

Jewelry District
ジュエリー地区

Fashion District
ファッション地区

Flower Market
フラワー・マーケット

South Park
サウス・パーク

Los Angeles Convention Center
ロサンゼルス・コンベンション・センター

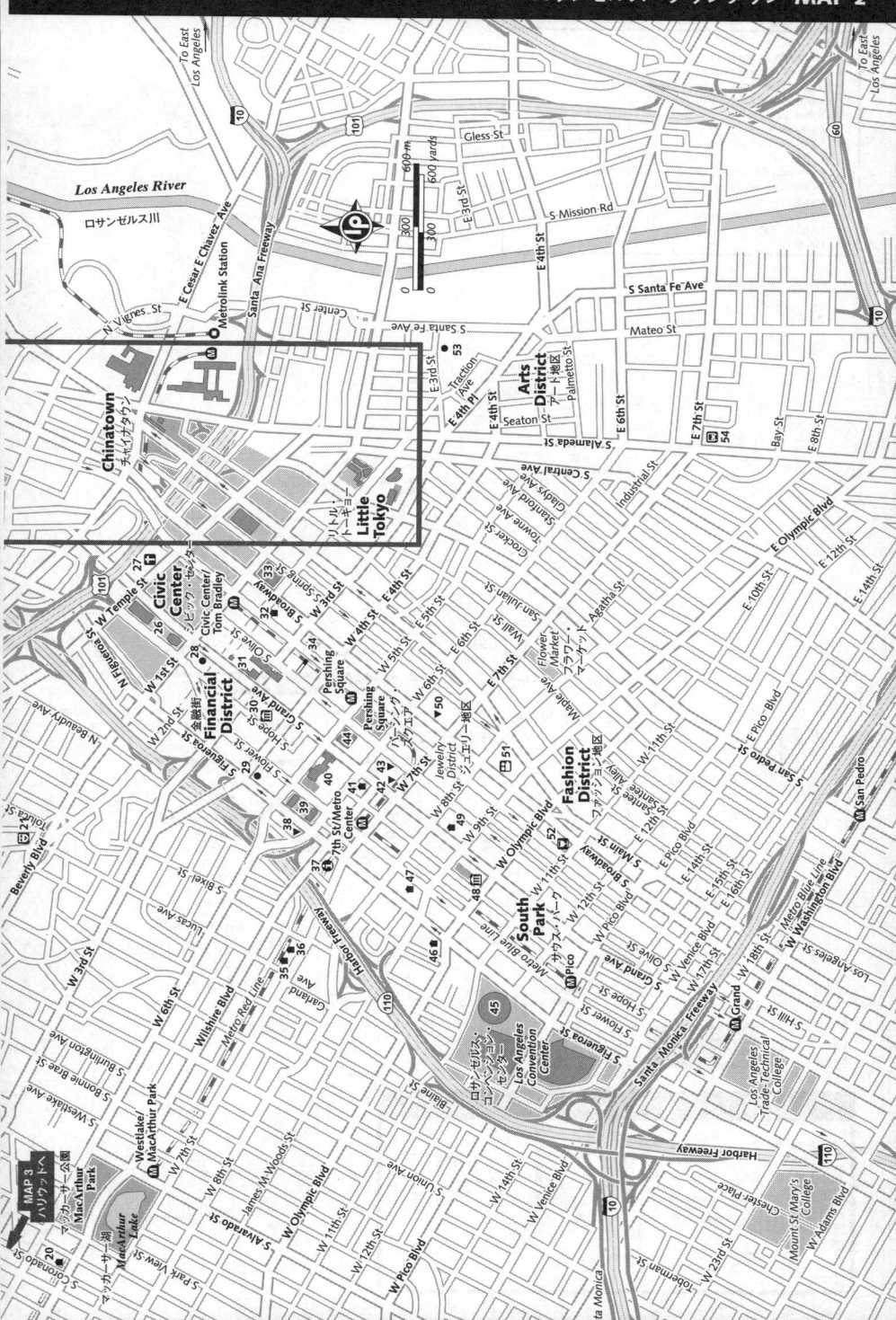

Westlake/MacArthur Park

MacArthur Lake
マッカーサー湖

MacArthur Park
マッカーサー公園

MAP 3 ハリウッドへ

Los Angeles Trade Technical College

Mount St. Mary's College

Metrolink Station

E Cesar E Chavez Ave
N Vignes St
Santa Ana Freeway
Center St
S Santa Fe Ave
Mateo St
E 3rd St
S Mission Rd
E 4th St
Gless St
Traction Ave
E 4th Pl
Seaton St
Palmetto St
E 6th St
S Alameda St
Bay St
E 7th St
E 8th St
S Central Ave
Industrial St
Gladys Ave
Stanford Ave
Towne Ave
Crocker St
San Julian St
Wall St
Maple Ave
Santee St
S Main St
S Broadway
S Spring St
S Hill St
S Olive St
S Grand Ave
S Hope St
S Flower St
S Figueroa St
N Figueroa St
N Hill St
N Broadway
N Spring St
N Temple St
W 1st St
W 2nd St
W 3rd St
W 4th St
W 5th St
W 6th St
W 7th St
W 8th St
W 9th St
E Olympic Blvd
W Olympic Blvd
E 11th St
E 12th St
W 11th St
W 12th St
W Pico Blvd
E Pico Blvd
E 14th St
E 15th St
E 16th St
W 14th St
W 15th St
W 18th St
W Washington Blvd
Santa Monica Freeway
Harbor Freeway
Metro Blue Line
Metro Red Line
7th St/Metro Center
Pershing Square
Pico
Grand
San Pedro
Los Angeles St
Chester Place
Toberman St
W Adams Blvd
W 23rd St
Coronado St
S Park View St
S Alvarado St
James M Woods Blvd
Union Ave
Blaine St
Garland Ave
Lucas Ave
Bixel St
Beaudry Ave
Beverly Blvd
Wilshire Blvd
S Burlington Ave
S Bonnie Brae St
S Westlake Ave
W Pine St

MAP 3 ハリウッド

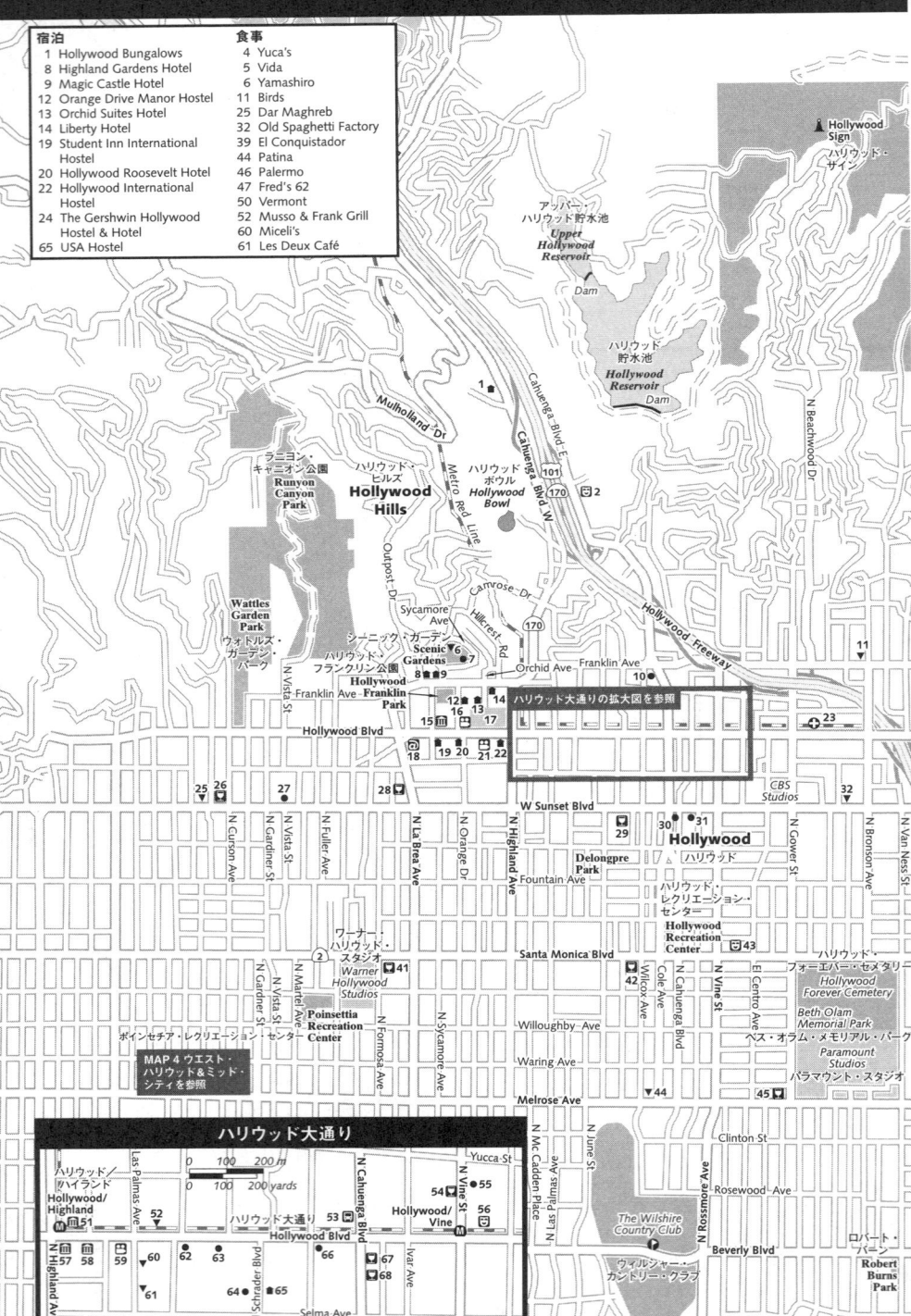

宿泊
1. Hollywood Bungalows
8. Highland Gardens Hotel
9. Magic Castle Hotel
12. Orange Drive Manor Hostel
13. Orchid Suites Hotel
14. Liberty Hotel
19. Student Inn International Hostel
20. Hollywood Roosevelt Hotel
22. Hollywood International Hostel
24. The Gershwin Hollywood Hostel & Hotel
65. USA Hostel

食事
4. Yuca's
5. Vida
6. Yamashiro
11. Birds
25. Dar Maghreb
32. Old Spaghetti Factory
39. El Conquistador
44. Patina
46. Palermo
47. Fred's 62
50. Vermont
52. Musso & Frank Grill
60. Miceli's
61. Les Deux Café

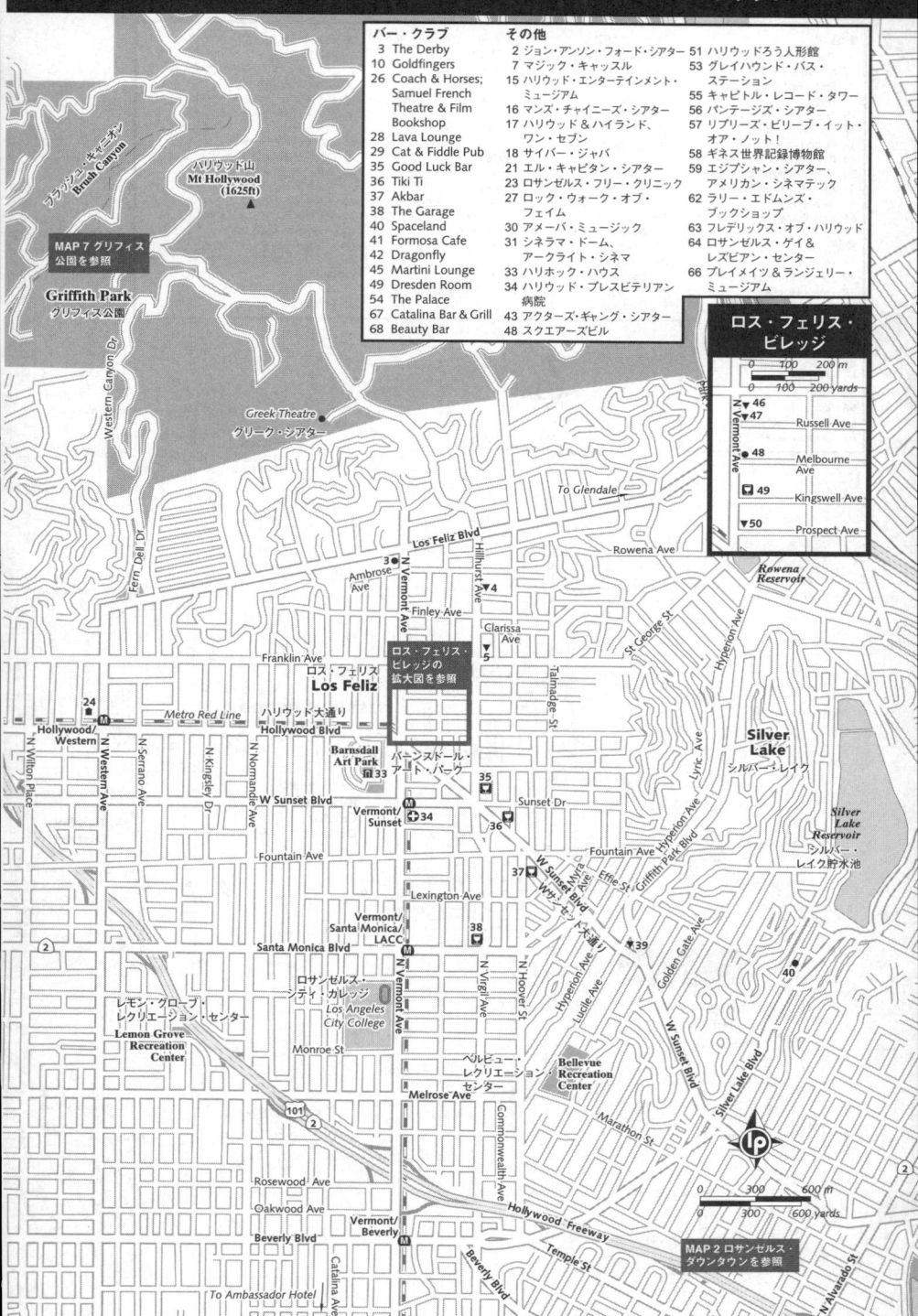

ハリウッド MAP 3

バー・クラブ
- 3 The Derby
- 10 Goldfingers
- 26 Coach & Horses; Samuel French Theatre & Film Bookshop
- 28 Lava Lounge
- 29 Cat & Fiddle Pub
- 35 Good Luck Bar
- 36 Tiki Ti
- 37 Akbar
- 38 The Garage
- 40 Spaceland
- 41 Formosa Cafe
- 42 Dragonfly
- 46 Martini Lounge
- 49 Dresden Room
- 54 The Palace
- 67 Catalina Bar & Grill
- 68 Beauty Bar

その他
- 2 ジョン・アンソン・フォード・シアター
- 7 マジック・キャッスル
- 15 ハリウッド・エンターテインメント・ミュージアム
- 16 マンズ・チャイニーズ・シアター
- 17 ハリウッド＆ハイランド、ワン・セブン
- 18 サイバー・ジャバ
- 21 エル・キャピタン・シアター
- 23 ロサンゼルス・フリー・クリニック
- 27 ロック・ウォーク・オブ・フェイム
- 30 アメーバ・ミュージック
- 31 シネラマ・ドーム、アークライト・シネマ
- 33 ハリホック・ハウス
- 34 ハリウッド・プレスビテリアン病院
- 43 アクターズ・ギャング・シアター
- 48 スクエアーズビル
- 51 ハリウッドろう人形館
- 53 グレイハウンド・バス・ステーション
- 55 キャピトル・レコード・タワー
- 56 パンテージズ・シアター
- 57 リプリーズ・ビリーブ・イット・オア・ノット！
- 58 ギネス世界記録博物館
- 59 エジプシャン・シアター、アメリカン・シネマテック
- 62 ラリー・エドムンズ・ブックショップ
- 63 フレデリックス・オブ・ハリウッド
- 64 ロサンゼルス・ゲイ＆レズビアン・センター
- 66 プレイメイツ＆ランジェリー・ミュージアム

MAP 4 ウエスト・ハリウッド&ミッド・シティ

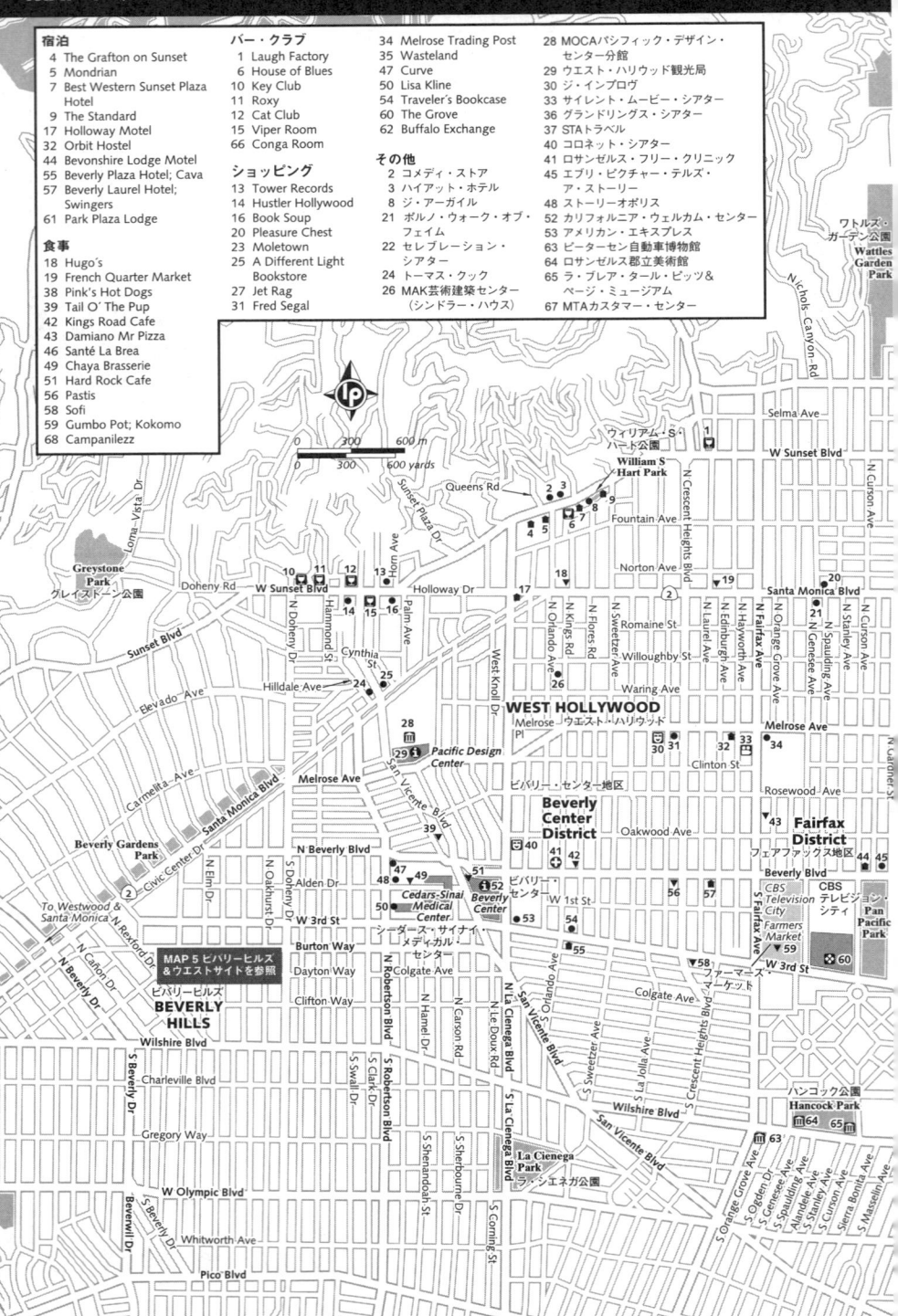

宿泊
- 4 The Grafton on Sunset
- 5 Mondrian
- 7 Best Western Sunset Plaza Hotel
- 9 The Standard
- 17 Holloway Motel
- 32 Orbit Hostel
- 44 Bevonshire Lodge Motel
- 55 Beverly Plaza Hotel; Cava
- 57 Beverly Laurel Hotel; Swingers
- 61 Park Plaza Lodge

食事
- 18 Hugo's
- 19 French Quarter Market
- 38 Pink's Hot Dogs
- 39 Tail O' The Pup
- 42 Kings Road Cafe
- 43 Damiano Mr Pizza
- 46 Santé La Brea
- 49 Chaya Brasserie
- 51 Hard Rock Cafe
- 56 Pastis
- 58 Sofi
- 59 Gumbo Pot; Kokomo
- 68 Campanilezz

バー・クラブ
- 1 Laugh Factory
- 6 House of Blues
- 10 Key Club
- 11 Roxy
- 12 Cat Club
- 15 Viper Room
- 66 Conga Room

ショッピング
- 13 Tower Records
- 14 Hustler Hollywood
- 16 Book Soup
- 20 Pleasure Chest
- 23 Moletown
- 25 A Different Light Bookstore
- 27 Jet Rag
- 31 Fred Segal
- 34 Melrose Trading Post
- 35 Wasteland
- 47 Curve
- 50 Lisa Kline
- 54 Traveler's Bookcase
- 60 The Grove
- 62 Buffalo Exchange

その他
- 2 コメディ・ストア
- 3 ハイアット・ホテル
- 8 ジ・アーガイル
- 21 ポルノ・ウォーク・オブ・フェイム
- 22 セレブレーション・シアター
- 24 トーマス・クック
- 26 MAK芸術建築センター (シンドラー・ハウス)
- 28 MOCAパシフィック・デザイン・センター分館
- 29 ウエスト・ハリウッド観光局
- 30 ジ・インプロヴ
- 33 サイレント・ムービー・シアター
- 36 グランドリングス・シアター
- 37 STAトラベル
- 40 コロネット・シアター
- 41 ロサンゼルス・フリー・クリニック
- 45 エブリ・ピクチャー・テルズ・ア・ストーリー
- 48 ストーリーオポリス
- 52 カリフォルニア・ウェルカム・センター
- 53 アメリカン・エキスプレス
- 63 ピーターセン自動車博物館
- 64 ロサンゼルス郡立美術館
- 65 ラ・ブレア・タール・ピッツ&ページ・ミュージアム
- 67 MTAカスタマー・センター

ウエスト・ハリウッド&ミッド・シティ **MAP 4**

MAP 5 ビバリーヒルズ&ウエストサイド

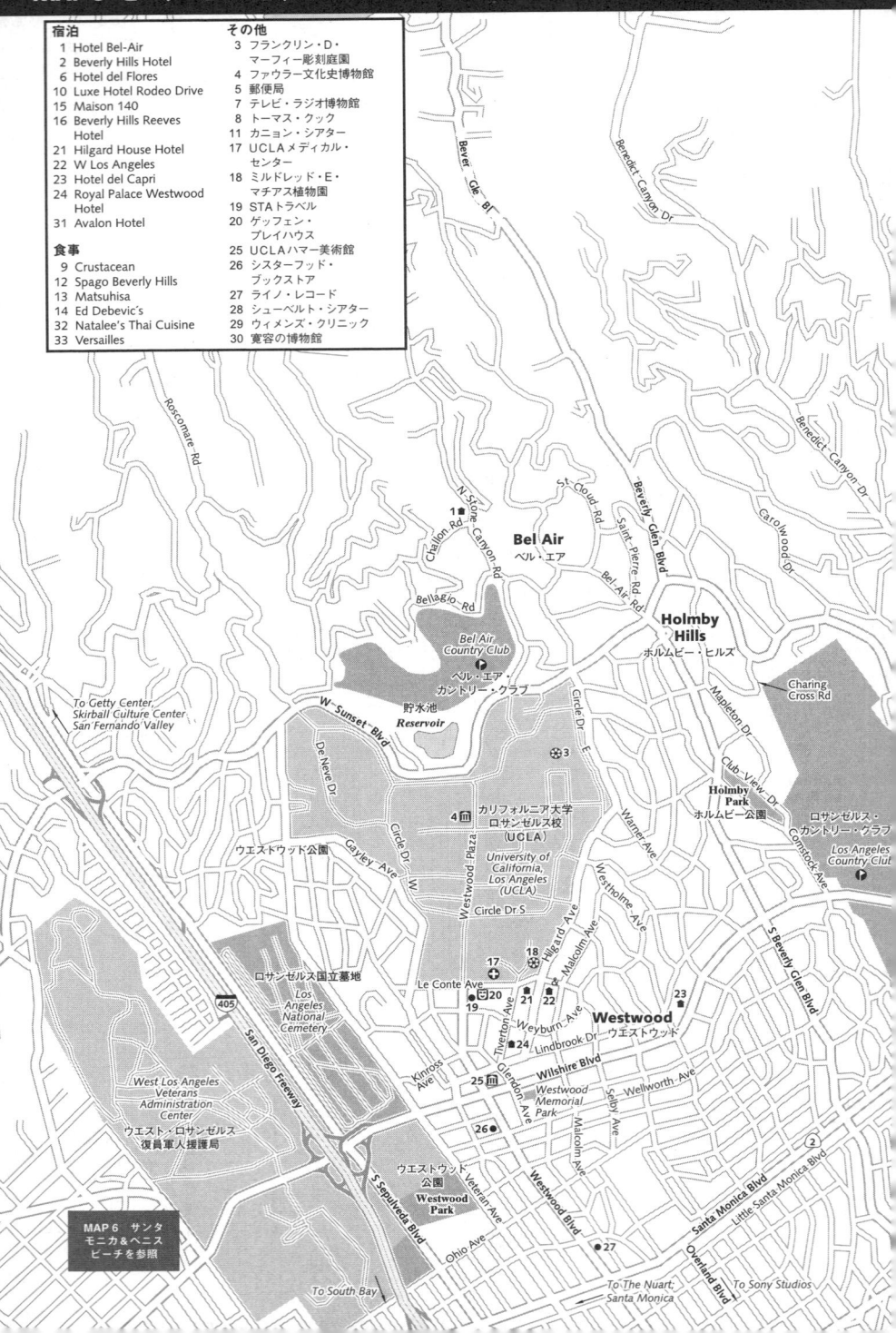

宿泊
- 1 Hotel Bel-Air
- 2 Beverly Hills Hotel
- 6 Hotel del Flores
- 10 Luxe Hotel Rodeo Drive
- 15 Maison 140
- 16 Beverly Hills Reeves Hotel
- 21 Hilgard House Hotel
- 22 W Los Angeles
- 23 Hotel del Capri
- 24 Royal Palace Westwood Hotel
- 31 Avalon Hotel

食事
- 9 Crustacean
- 12 Spago Beverly Hills
- 13 Matsuhisa
- 14 Ed Debevic's
- 32 Natalee's Thai Cuisine
- 33 Versailles

その他
- 3 フランクリン・D・マーフィー彫刻庭園
- 4 ファウラー文化史博物館
- 5 郵便局
- 7 テレビ・ラジオ博物館
- 8 トーマス・クック
- 11 カニオン・シアター
- 17 UCLAメディカル・センター
- 18 ミルドレッド・E・マチアス植物園
- 19 STAトラベル
- 20 ゲッフェン・プレイハウス
- 25 UCLAハマー美術館
- 26 シスターフッド・ブックストア
- 27 ライン・レコード
- 28 シューベルト・シアター
- 29 ウィメンズ・クリニック
- 30 寛容の博物館

MAP 6 サンタモニカ&ベニスビーチを参照

ビバリーヒルズ&ウエストサイド **MAP 5**

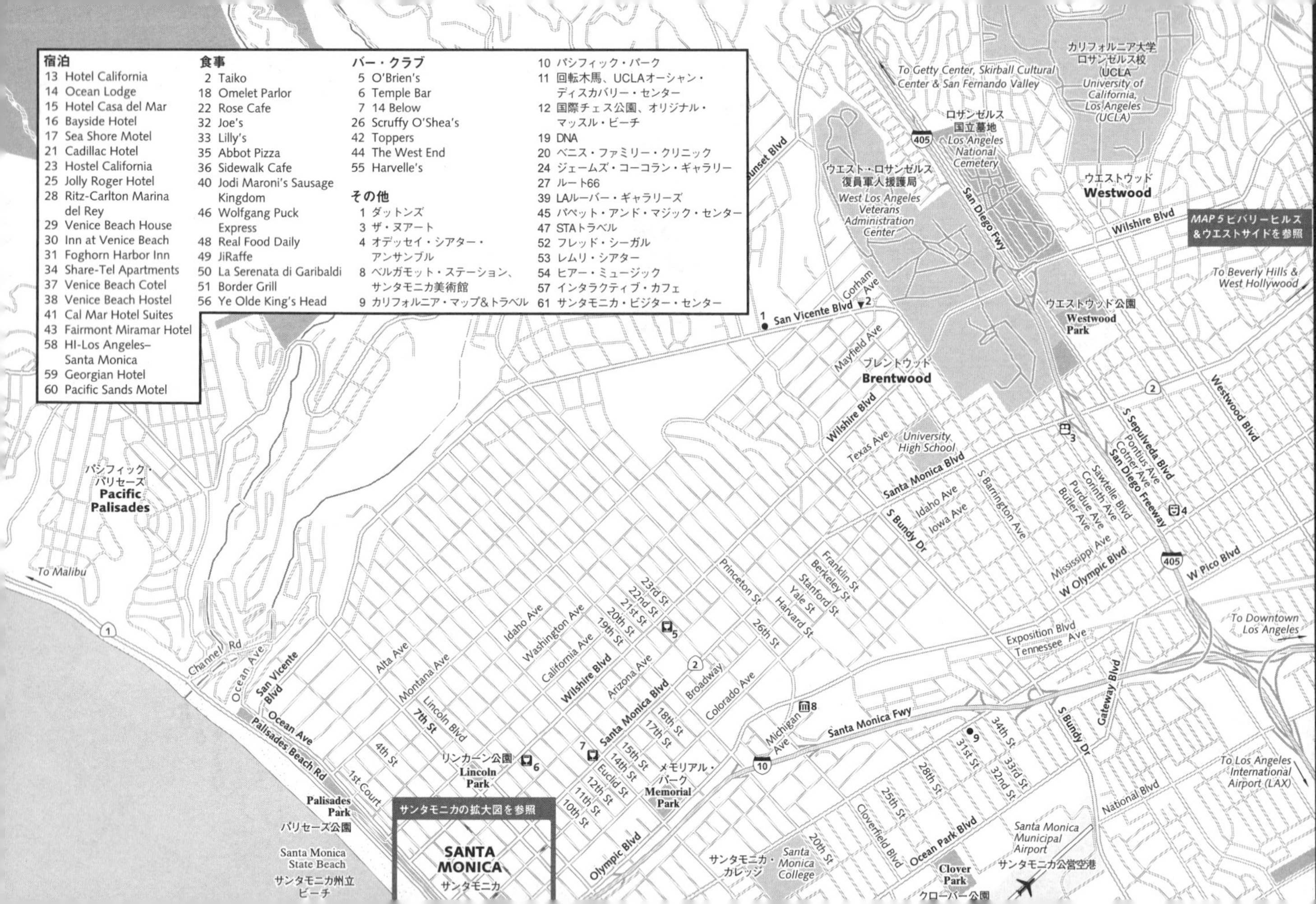

MAP 6 サンタモニカ & ベニス・ビーチ

宿泊
- 13 Hotel California
- 14 Ocean Lodge
- 15 Hotel Casa del Mar
- 16 Bayside Hotel
- 17 Sea Shore Motel
- 21 Cadillac Hotel
- 23 Hostel California
- 25 Jolly Roger Hotel
- 28 Ritz-Carlton Marina del Rey
- 29 Venice Beach House
- 30 Inn at Venice Beach
- 31 Foghorn Harbor Inn
- 34 Share-Tel Apartments
- 37 Venice Beach Cotel
- 38 Venice Beach Hostel
- 41 Cal Mar Hotel Suites
- 43 Fairmont Miramar Hotel Santa Monica
- 58 HI-Los Angeles–Santa Monica
- 59 Georgian Hotel
- 60 Pacific Sands Motel

食事
- 2 Taiko
- 18 Omelet Parlor
- 22 Rose Cafe
- 32 Joe's
- 33 Lilly's
- 35 Abbot Pizza
- 36 Sidewalk Cafe
- 40 Jodi Maroni's Sausage Kingdom
- 46 Wolfgang Puck Express
- 48 Real Food Daily
- 49 jiRaffe
- 50 La Serenata di Garibaldi
- 51 Border Grill
- 56 Ye Olde King's Head

バー・クラブ
- 5 O'Brien's
- 6 Temple Bar
- 7 14 Below
- 26 Scruffy O'Shea's
- 42 Toppers
- 44 The West End
- 55 Harvelle's

その他
- 1 ダンドレス
- 3 ザ・ゲッティ・センター
- 4 オデッセイ・シアター・アンサンブル
- 8 ベルモント・ステーション
- 9 サンタモニカ美術館
- 10 バシフィック・パーク
- 11 回転木馬、UCLAマーシャン
- 12 国際チェス公園、オリジナル マッスル・ビーチ
- 19 DNA
- 20 ベニス・ファミリー・クリニック
- 24 ジェームス・コーコラン・ギャラリー
- 27 ルート66
- 39 LAルーバー・ギャラリーズ
- 45 バスケット・アンド・マジック・センター
- 47 STAトラベル
- 52 フレッド・シーガル
- 53 レムリ・シアター
- 54 ピアー・インクラブシティ・カフェ
- 57 インクラブシティ・カフェ
- 61 サンタモニカ・ビジター・センター

ウエストウッド Westwood
Westwood Park
Brentwood ブレントウッド
SANTA MONICA サンタモニカ

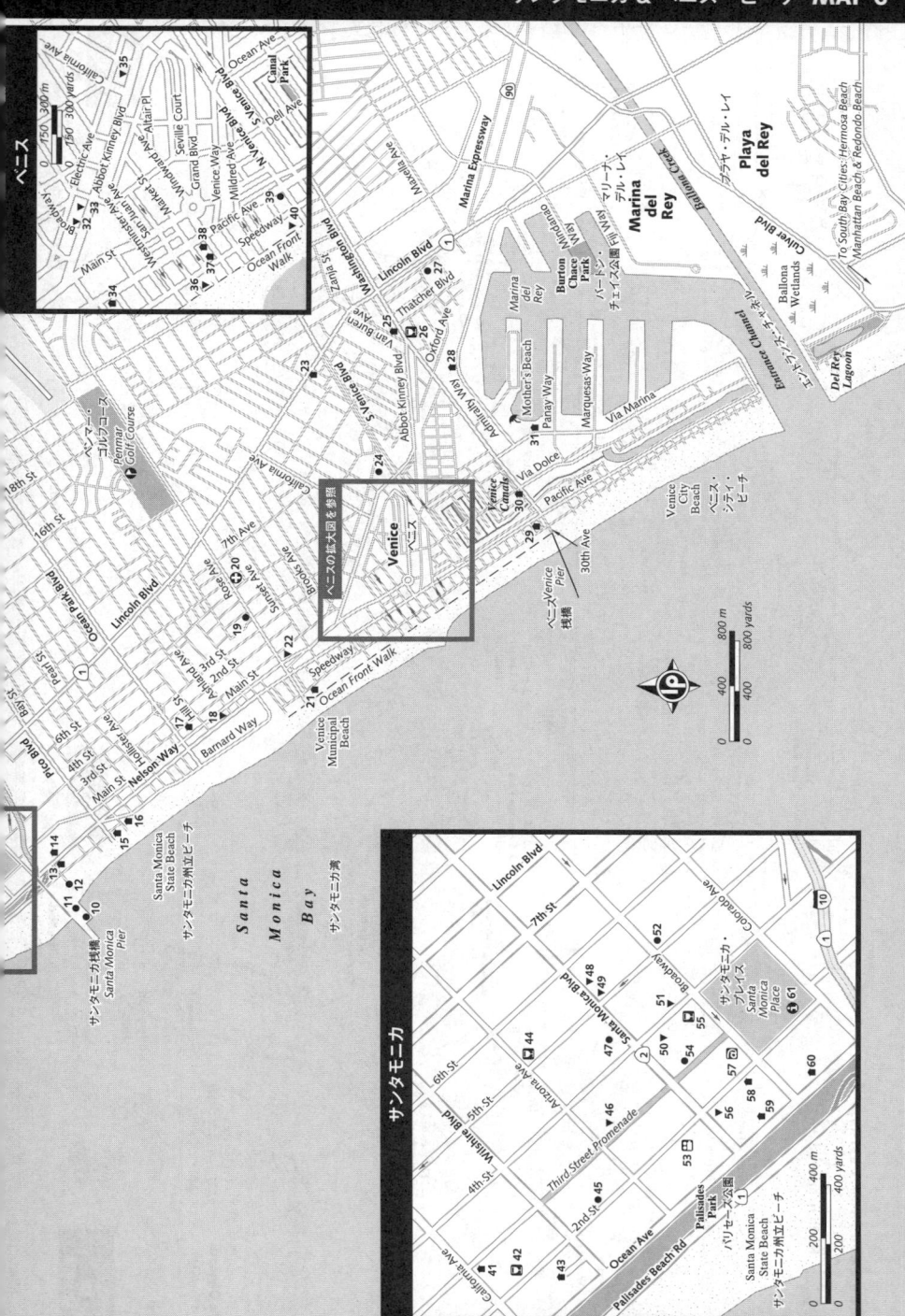

サンタモニカ＆ベニス・ビーチ MAP 6

ベニス

サンタモニカ

MAP 7　グリフィス公園

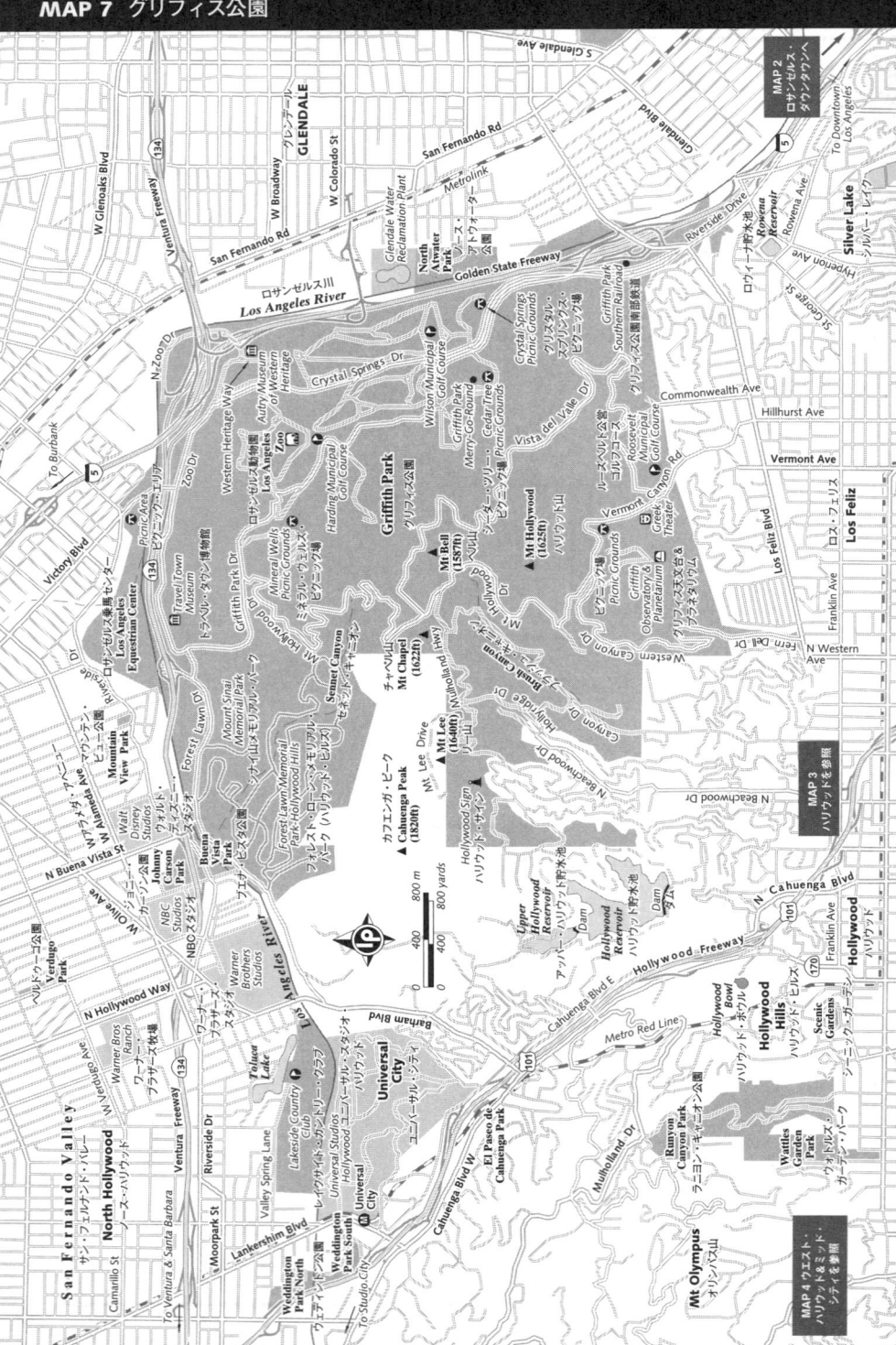

MAP 8 パサデナ

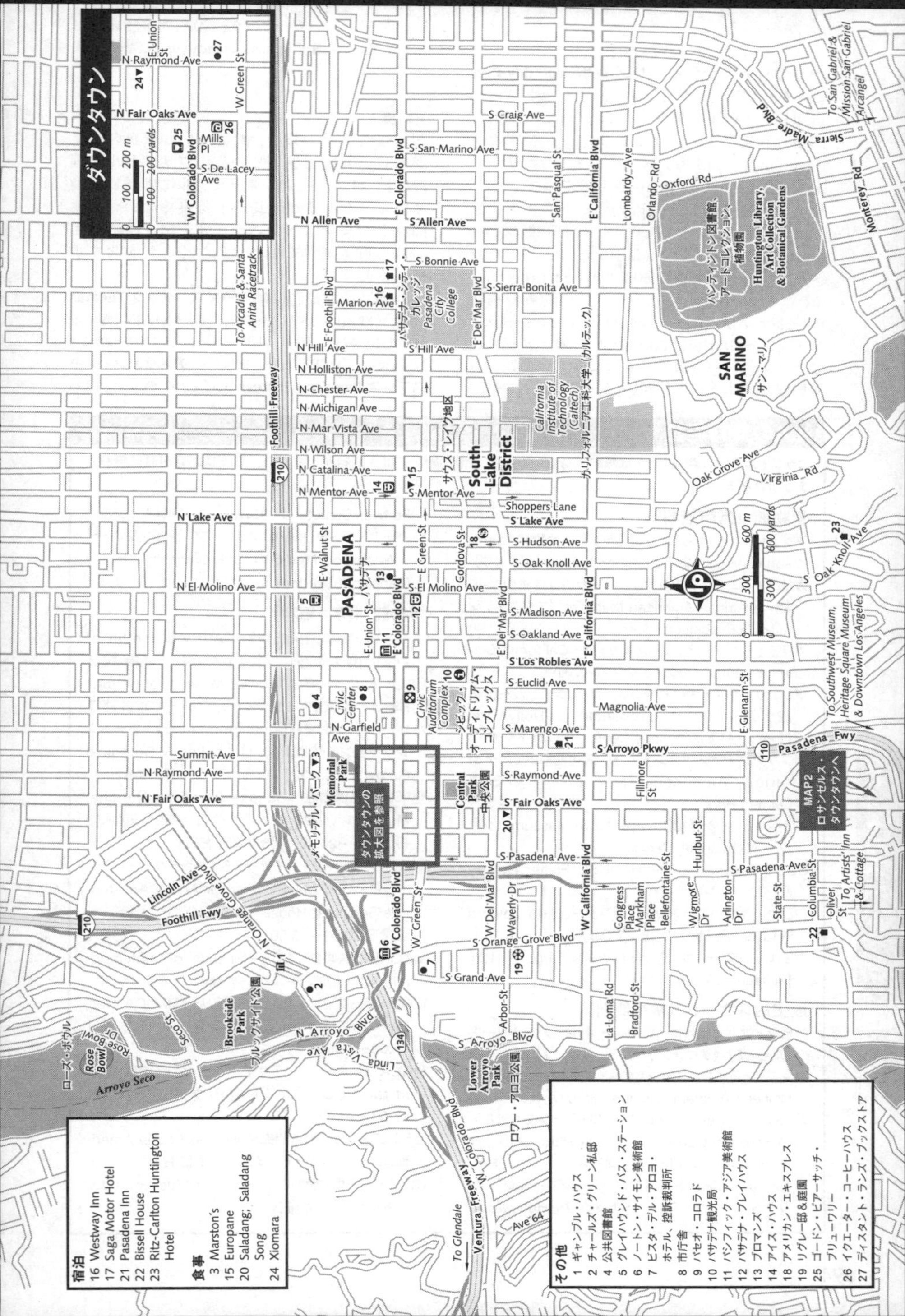

ダウンタウン

宿泊
- 16 Westway Inn
- 17 Saga Motor Hotel
- 21 Pasadena Inn
- 22 Bissell House
- 23 Ritz-Carlton Huntington Hotel

食事
- 3 Marston's
- 15 Europane
- 20 Saladang; Saladang Song
- 24 Xiomara

その他
- 1 キャノンブル・ハウス
- 2 チャールズ・グリーン私邸
- 4 公共図書館
- 5 グレイハウンド・バス・ステーション
- 6 ノートン・サイモン美術館
- 7 ビスタ・デル・アロヨ ホテル、控訴裁判所
- 8 市庁舎
- 9 パセオ・コロラド
- 10 パサデナ観光局
- 11 パシフィック・アジア美術館
- 12 パサデナ・プレイハウス
- 13 ブロマンス
- 14 アイス・ハウス
- 18 アメリカン・エキスプレス
- 19 リグリー邸&庭園
- 25 ユードン・ビア・サック・ブリュワリー
- 26 イクエーター・コーヒーハウス
- 27 ディスタント・ランズ・ブックストア

ロサンゼルス − インフォメーション

[p679から続く]

ハリウッド・シティ・パス Hollywood City Pass
このクーポン付チケット・ブックレットは、30日間有効で以下のアトラクションにそれぞれ1回限り利用できる。エジプシャン・シアターEgyptian Theatreのアメリカン・シネマテックAmerican Cinematheque、ウェスタン・ヘリテージWestern Heritageのオートリー博物館Autry Museum、テレビ・ラジオ博物館Museum of Television & Radio、ハリウッド・エンターテインメント博物館Hollywood Entertainment Museum、ピーターソン自動車博物館Petersen Automotive Museum。スターライン・ツアーStarline Toursのシティツアーもこのパッケージの一部である。このブックレットの値段は大人＄59、子供（3〜11歳）＄39で、LACVBのビジターセンターの系列全店およびホームページⓌcitypass.net/hollywoodからも入手できる。

お金
銀行が至る所にあり、たいていが最良の通貨交換レートを提供している。ロサンゼルス国際空港（LAX）の各ターミナルには通貨交換オフィスがあるが、レートは良くない。日本円をドルまたはトラベラーズチェックに替えるなら日本国内で済ませておくことをおすすめする。

外国通貨取扱店には**トーマス・クック Thomas Cook**（☎800-287-7362全支店、MAP4 ☎806 Hilldale Ave, West Hollywood、MAP5 ☎421 N Rodeo Dr, Beverly Hills）と**アメリカン・エキスプレス American Express**（MAP 4 ☎310-659-

---

LAの無料施設

ロサンゼルスの有名スポットは無料ではないが、市の博物館などは入館料がいらない。または特定日時に無料とする所がある。

博物館（常時無料）
- アダムソン・ハウス＆マリブ・ラグーン博物館Adamson House & Malibu Lagoon Museum（マリブ）
- カリフォルニア・アフリカ・アメリカン博物館California African American Museum（エクスポジション公園Exposition Park）
- カリフォルニア・サイエンス・センターCalifornia Science Center（エクスポジション公園）
- フレデリックス・オブ・ハリウッド・リンジェリー博物館ゲッティ・センターFrederick's of Hollywood Lingerie Museum Getty Center（ウエストサイド）
- アフリカン・アメリカン・アート博物館Museum of African American Art（ライマート・パークLeimert Park）
- トラベル・タウン博物館Travel Town Museum（グリフィス公園Griffith Park）
- USCフィッシャー・ギャラリーUSC Fisher Gallery（ダウンタウン）
- ワッツ・タワーズ・アート・センターWatts Towers Art Center（サウス・セントラル）
- ウェルズ・ファーゴ歴史博物館Wells Fargo History Museum（ダウンタウン）

歴史的スポット（常時無料）
- アビラ・アドビAvila Adobe - オルベラ・ストリートOlvera St（ダウンタウン）
- マンズ・チャイニーズ・シアター・フォアコートMann's Chinese Theater Forecourt（ハリウッド）
- 墓地Cemeteries - フォレスト・ローン・メモリアル・パークForest Lawn Memorial Park（ハリウッド・ヒルズ）、フォレスト・ローン・セメタリーForest Lawn Cemetery（グレンデールGlendale）、ハリウッド・フォーエバー・セメタリーHollywood Forever Cemetery、ウエストウッド・メモリアル・パーク・セメタリー・リグリー・マンション＆ガーデンWestwood Memorial Park Cemetery Wrigley Mansion & Gardens（パサデナ）

博物館（時々無料）
- オートリー西部開拓史博物館Autry Museum of Western Heritage（グリフィス公園）- 第2火曜日
- UCLAファウラー博物館Fowler Museum of Cultural History at UCLA（ウエストサイド）- 木曜日 終日
- ハンティントン図書館Huntington Library、アートコレクション＆植物園Art Collection & Botanical Gardens（サンマリノ、パサデナ）- 第1木曜日
- 全米日系人博物館Japanese American National Museum（ダウンタウン）- 第1、第2、第4木曜日 17:00〜20:00、第3木曜日 終日
- MAKセンター・フォー・アート＆アーキテクチャ、シンドラー・ハウスMAK Center for Arts & Architecture/Schindler House（ウエスト・ハリウッド）- 金曜日 16:00〜18:00
- MOCA現代美術館MOCA - Museum of Contemporary Art（ダウンダウン）- 木曜日 17:00〜20:00
- MOCAゲッフェン・コンテンポラリー館MOCA Geffen Contemporary（ダウンタウン）- 木曜日 17:00〜20:00
- MOCAパシフィック・デザイン・センター分館MOCA at the PDC（ウエスト・ハリウッド）- 木曜日 17:00〜20:00
- ラテンアメリカ美術博物館Museum of Latin American Art（ロング・ビーチ）- 金曜日 終日
- UCLAハマー博物館UCLA Hammer Museum（ウエストサイド）- 木曜日

1682 ☎8493 W 3rd St, Beverly Center District、MAP8 ☎626-449-2281 ☎269 S Lake Ave, Pasadena）がある。

郵便・通信
LAではどこにいても、郵便局が近くにある。最寄りの郵便局は☎800-275-8777に問い合わせる。

電子通信技術が発達したおかげで、LA地域は現在5つのエリアコードに分けられている。本書での電話番号はすべて適切なエリアコードに従っている。

インターネットカフェは移り変わりが激しいが、現在も営業しているのはサイバー・ジャバCyber Java（MAP 3 ☎323-466-5600 ☎7080 Hollywood Blvd, Hollywood)、インタラクティブ・カフェInteractive Café（MAP 6 ☎310-395-5009 ☎215 Broadway, Santa Monica）およびイクエーター・コーヒーハウスEquator Coffeehouse（MAP 8 ☎626-564-8656 ☎22 Mills Place, Pasadena）だ。

参考サイト
ロサンゼルス関連のホームページは豊富にある。中でも優良総合ホームページⓌwww.atla.comに掲載される7万以上のリンク先は芸術から旅行に至るすべてを網羅している。また、Ⓦwww.digitalcity.com/losangelesには観光客ガイド、レストラン、クラブの批評が掲載されている。最新のイベント情報を知りたいなら「ロサンゼルス・タイムスLos Angeles Times」オンライン版の「カレンダーCalendar」やⓌwww.calendarlive.com）をチェックしよう。

旅行代理店
本章前出の「お金」で紹介したアメリカン・エキスプレスのほかに、STAトラベルSTA Travelがある。3つの支店は、ハリウッドのメルローズ・アベニュー店（MAP 4 ☎323-934-8722 ☎7202 Melrose Ave)、UCLAの近くにあるウエストウッド店（MAP 5 ☎310-824-1574 ☎920 Westwood Blvd)、サンタモニカ店（MAP 6 ☎310-394-5126 ☎411 Santa Monica Blvd）だ。

書店
旅行関連に優れた書店には、ビバリー・センターの近くにあるトラベラーズ・ブックケースTraveler's Bookcase（MAP 4 ☎323-655-0575 ☎8375 W 3 rd St, Beverly Center District)や、カリフォルニア・マップ＆トラベルCalifornia Map & Travel（MAP 6 ☎310-396-6277 ☎3312 Pico Blvd, Santa Monica)、ディスタント・ランズDistant Lands（MAP 8 ☎626-449-3220 ☎56 Raymond Ave, Pasadena)、ネイションズNations（☎310-318-9915 ☎500-504 Pier Ave, Hermosa Beach）がある。

一般書店としてはウエスト・ハリウッドにあるセンスの良いブック・スープBook Soup（MAP 4 ☎310-659-3110 ☎8818 Sunset Blvd）が筆頭に挙げられ、この店には世界各地の新聞雑誌、ゲイやレズビアン関連の本も豊富に揃っている。博学の常連客が集まるダットンズDutton's（MAP 7 ☎310-476-6263 ☎11975 San Vicente Blvd）はブレントウッドBrentwoodにある。パサデナにあるブロマンズVroman's（MAP 8 ☎626-449-5320 ☎695 E Colorado Blvd）は1894年の創業で、南カリフォルニアでもっとも古い書店だ。

医療機関・緊急のとき
主要な病院にはハリウッド・プレスビテリアン病院Hollywood Presbyterian Hospital（MAP 3 ☎323-660-5350 ☎1300 N Vermont Ave, Hollywood)、シーダース・サイナイ・メディカル・センターCedars-Sinai Medical Center（MAP 4 ☎310-855-5000 ☎8700 Beverly Blvd, West Hollywood)、UCLAメディカル・センターUCLA Medical Center（MAP 5 ☎310-825-9111 ☎10833 LeConte Ave, Westwood）がある。保険証を用意すること。

保険を掛けていない場合、または控除額を多くしたい場合は、州補助のクリニックに行くといい。ここでは支払い能力に応じて診察料が決定されるため出費を抑えることができる。中でもロサンゼルス・フリー・クリニックLos Angeles Free Clinic（MAP 3 ☎323-462-4158 ☎6043 Hollywood Blvd, Hollywood、MAP4 ☎323-653-1990 ☎8405 Beverly Blvd, Beverly Center District)、ウィメンズ・クリニックWomen's Clinic（MAP 6 ☎310-203-8899 ☎9911 Pico Blvd, suite 500, Century City)、ベニス・ファミリー・クリニックVenice Family Clinic（MAP 7 ☎310-392-8630 ☎604 Rose Ave, Venice）は優良なクリニックだ。

非常緊急時は、☎911に電話し、警察、消防署、救急車、緊急救命士に救助を求める。

治安・トラブル
近年LAの犯罪の全体数は減少しているものの、これまでに多くのことが語られてきている。普通に注意を払っていれば、犯罪に巻き込まれることはない。

日中はたいていどこも問題はないのだが、イーストLAを歩くときは用心するよう心がけるべきだ。サウス・セントラル、ハリウッドの一部、ダウンタウン西のマッカーサー公園MacArthur Park近隣は各人種のギャング

団、ドラッグ、売春などで病んでいる。夕刻はこういった地区には近寄らないようにする。どうしても行かなければならない場合は自家用車かタクシーを使い、絶対に歩き回らないこと。

ハリウッドのストリートには麻薬中毒者やいかれた連中がうろつき危険なため、夜は避けたほうがいい。ベニスも同様だ。シルバー・レイクとウエスト・ハリウッドも少し気をつけなければならない。ウエストウッドやビバリーヒルズなどのウエストサイドのコミュニティやビーチタウン（ベニスは除く）およびパサデナは総じて安全な地区だ。

ダウンタウン
Downtown (MAP 2)

疑い深くて救いがたい皮肉屋の人は信じないだろうが、LAにももちろん中心地はある。その中心地というべきダウンタウンほどの広さを誇る地区は市内のほかにはない。歴史が豊かで（何しろここは街の発祥地だ）、建築、レストラン、文化団体が多い。実際、チャイナタウンChinatownからリトル・トーキョーLittle Tokyoへ足を運び、オルベラ・ストリートのメキシカン・マーケットプレイスMexican marketplaceとブロードウェイBroadwayを回って21世紀アメリカの金融街Financial Districtに戻ってくれば、1日で「世界中を巡る」ことができる。

ダウンタウンを移動するのは簡単だ。興味深い場所にはほとんど徒歩で行ける。足が疲れたらダッシュDASHのミニバスに乗るといい。5〜10分間隔で運行していて、1回の乗車賃はわずか25¢だ。ハリウッドやユニバーサル・スタジオからダウンタウンへ行くなら、メトロ・レールMetro Railのレッド・ライン地下鉄Red Line subwayを利用する。ロング・ビーチからはブルー・ラインBlue Lineに、パサデナからはゴールド・ラインGold Line（2003年開通）に乗る。サンタモニカから行くならビッグ・ブルー・バスBig Blue Busの10番急行バスで行け、市街地域のどこからでも別の路線バスが多数利用できる。車で行くなら駐車料金が恐ろしく高い都心を避けて、周辺部に駐車するといい。

金融街
Financial District

LAのモダンなビジネス街は、シビック・センターCivic Centerから7ブロック南の8thストリートまでで、インターステート110（I-110）から6ブロック東のヒル・ストリートHill Stに

かけて広がっている。その中心部となるバンカー・ヒルBunker Hillは1世紀前には風格あるビクトリア様式の邸宅が点在する居住地区だった。1920年代以降はさびれ、以降は惨めな状況のままだった。60年代になると、市は歴史的な居住区を一掃して、鋼鉄とガラスの高層ビルの森に変える選択をした。ここには大規模なコンドミニアムコンプレックスや未来的な**ウェスティン・ボナベンチャー・ホテル Westin Bonaventure Hotel**もある。このホテルの5つの円筒形ガラスタワーは、映画のロケ地となることも多い。

バンカー・ヒルには、グランド・アベニュー Grand Aveをはさんで2大コンプレックスがある。ウェルズ・ファーゴ・センター Wells Fargo Centerとカリフォルニア・プラザCalifornia Plazaだ。ウェルズ・ファーゴ・センターの1階にある**ウェルズ・ファーゴ歴史博物館 Wells Fargo History Museum**（☎213-253-7166 無料 月〜金 9:00〜17:00）は、地図や銃器類、旅の身の回り品一式、本物の駅馬車、2ポンド（約900g）の天然金塊などを展示し、ゴールドラッシュ時代を再現している。

カリフォルニア・プラザ北端にある**現代美術館 Museum of Contemporary Art**（MOCA ☎213-626-6222 250 S Grand Ave 大人＄8 特別割引＄5、木 17:00以降 無料 火〜日 11:00〜17:00、木 11:00〜20:00）は極めて高い評価を受けている。斬新な設計は、日本人建築家の磯崎新によるもの。1940年代から現在までの絵画、彫刻、写真を展示している。チケットはMOCAゲッフェン・コンテンポラリー館MOCA Geffen Contemporary（本章後出の「リトル・トーキョー」参照）と同日共通。パシフィック・デザイン・センターPacific Design Center（「ウエスト・ハリウッド」参照）のMOCAとは30日以内有効。

バンカー・ヒルから**バンカー・ヒル・ステップス Bunker Hill Steps**を下りて5thストリートに出ると、市内のビルではもっとも高い**ライブラリー・タワー Library Tower**がある。ライブラリー・タワー向かい側の**中央図書館 Central Library**（MAP 2 ☎213-228-7000 630 W 5th St）は、約250万冊の書物と歴史的写真を収蔵し、2つのギャラリーがある。もともとは1922年にバートラム・グッドヒューが建物を設計。建築当時に流行したエジプトのモチーフを多数取り入れている。1993年に現代的な別館の**マグアイヤー・ガーデン Maguire Gardens**が完成。こぢんまりとした静かな公園で、曲がりくねった歩道やプール、噴水、ちょっと変わった作品などがある。

シビック・センター
Civic Center

サン・ペドロ・ストリートSan Pedro Stからフィゲロア・ストリートFigueroa Stまでの東西8ブロックを占めるシビック・センターには、LAの市、郡、州、連邦政府のビルのほとんどが集まっている。

もっとも目立つ建物は1928年に建造された**市庁舎 City Hall**（☎200 N Spring St）だ。映画「スーパーマン*Superman*」では「デイリー・プラネット社」に、「ドラグネット*Dragnet*」では警察署として登場。地震やその他の安全規定を満たす改修が切望されていたが、最近完了した。

市庁舎の筋向かいにある**ロサンゼルス・タイムズ・ビルディング Los Angeles Times Building**（☎予約213-237-5757 ☎202 W 1st St）は、北米西海岸で最大の日刊紙の本拠地。見学者（10歳以上）は無料で45分のツアーに参加でき、活字メディアの巨大企業の内部作業を見学できる。月～金曜の9:30、11:00、13:30に始まるこのツアーは少なくとも1週間前には予約しよう。

3つの劇場（ドロシー・チャンドラー・パビリオンDorothy Chandler Pavilion、アーマンソン・シアターAhmanson Theatre、マーク・テーパー・フォーラムMark Taper Forum）が集まった複合施設の**ロサンゼルス郡ミュージック・センター Music Center of Los Angels County**（☎213-972-7211、213-972-7483 ツアー予約 ☎N Grand Ave）は、シビック・センターの北西にあり、1stストリートとテンプル・ストリートTemple Stの間を占めている。チャンドラー・パビリオンはLAフィルハーモニック・オーケストラLA Philharmonic Orchestraの現在の本拠地であり、何度もアカデミー賞のセレモニー会場となっている。火～土曜の10:00～13:30の間、1時間の無料見学ツアーを行っている。

予定通りにいけば2003年中に壮観な**ウォルト・ディズニー・ホール Walt Disney Hall**がミュージック・センターの南に完成し、LA交響楽団が移転する予定だ。フランク・ゲーリーが設計した建物の壁はダイナミックにカーブした曲線を描き、まるで荒波にもまれる船を抽象的に表現しているようだ。海のイメージは膨らみ、階段状となって、セクションごとに区切られた客席がオーケストラ・ピットを完全に取り巻いている。

ミュージック・センターの東、テンプル・ストリート沿いにはLAのもう1つの新しいランドマークがそびえ建つ。**聖マリア大聖堂 Cathedral of Our Lady of the Angels**は、LAの新しいカトリックの大聖堂で、スペイン人の有名建築家ホセ・ラファエル・モネオが毅然としたモダンなデザインで造りあげたもの。天使は見当たらず、雪花石膏Features Milky Alabaster Windowの窓と照明に照らされた十字架、地元彫刻家ロバート・グラハムによる巨大なブロンズ・ドアを特徴として、大聖堂の入口まで広大な広場が続く。

エル・プエブロ・デ・ロサンゼルス
El Pueblo de Los Angeles

44エーカー（約18ha）の広さをもつ州立歴史公園はシビック・センターの北にあり、LAの基礎を築いた場所を記念して、初期の建物を数多く保存している。プエブロでは年間を通じてフィエスタや陽気なお祝いが行われる。

公園で最大の魅力は**オルベラ・ストリート Olvera St**だ。1ブロックの長さの細い路地で、1930年から露店のメキシコ市場になっている。セプルベダ・ハウスSepulveda House（1877年）の**ビジターセンター visitor center**（☎213-680-3800）では火～土曜の午前中にボランティアがエル・プエブロの1時間無料徒歩ツアーをガイドしてくれる。オルベラ・ストリートにあるLAで一番古い建物**アビラ・アドービ Avila Adobe**（1818年）は、LAの市長も務めたこともある裕福なメキシコ人の農場主の建物を修復したもの。

オルベラ・ストリートを抜けるとオールド・プラザOld Plazaに出る。ここは当時のプエブロの中心広場。プラザの西にある**プラザ・カトリック・チャーチ Church of Our Lady the Queen of the Angels**（☎535 N Main St）は、もともとは1818～1822年にかけて修道士と先住民の労働者たちが建てた日干し煉瓦造りの建物だった。

エル・プエブロ南東のアラメダ・ストリートAlameda St沿いには、アメリカで最後に作られた大きな鉄道駅、**ユニオン・ステーション Union Station**（1939年）がある。大理石の床の待合室には大きなシャンデリアが吊り下がり、無骨な皮製の肘掛け椅子が固定してある。映画「バグジー*Bugsy*」や「追憶*The Way We Were*」の中で目にしたことがあるかもしれない。

チャイナタウン
Chinatown

LA在住の中国人17万人のうち、16平方ブロックのチャイナタウンの居住者は5％以下に過ぎないが、ブロードウェイやヒル・ストリート沿いのエル・プエブロ北の地区には彼らの社会・文化の中心がある。

2月になるとチャイナタウンのストリートでは**チャイニーズ・ニュー・イヤー・パレード Chinese New Year parade**があり、巨大なドラゴン

や山鉾、獅子舞いたちが参加してお祭り気分となる。一年中いつでもつくりたての広東料理やおいしい四川料理を何十もあるレストランで楽しめ、安くてごてごてした美しいシルクの服や箱詰めのお茶、乾燥ナマコや朝鮮人参の酢漬けといった珍しい食材を見て回ることができる。

チャイナタウンで観光客に人気の場所はブロードウェイ北端にある**オールド・チャイナタウン Old Chinatown**で、土産物店やレストランが集まるプラザだ。ここから南のイースト・ウエスト・フェデラル・バンクEast West Federal Bankの上に**コン・チョウ・テンプル Kong Chow Temple**（🏠2nd floor, 931 N Broadway）がある。ベルを鳴らすと中に入れてくれる。

リトル・トーキョー
Little Tokyo

シビック・センターのすぐ南にはリトル・トーキョーがある。1880年代、日本人の初期移民たちが定住して活気にあふれた地区が形成されたが、第2次世界大戦中はアメリカ生まれの日本人は捕虜収容所に強制収容されたことにより衰退している。その後何十年もかけてコミュニティは復活され、リトル・トーキョーは現在25万人といわれる日系アメリカ人にとっての社会、経済、文化の中心となっている。通りや屋外のショッピングセンターを歩くと、スシバーや寺院、伝統的な日本庭園にお目にかかれる。地図や案内が必要なら、**リトル・トーキョー・ビジター・センター Little Tokyo Visitor Center**（☎213-613-1911 🏠307 E 1st St 🗓月～土 10:00～17:30）に立ち寄るといい。

リトル・トーキョーを探索するなら**全米日系人博物館 Japanese American National Museum**（JANM ☎213-625-0414 🏠369 E 1st St 🎟大人＄6 シニア＄5 学生＄3、木曜17:00以降・第3木曜 無料 🗓火～日 10:00～17:00、木 10:00～20:00）から始めるといいだろう。日本人移民の歴史と第2次世界大戦の収容所での苦難の一節を含め、過去130年にわたるアメリカでの生活に関連した著作物や崇拝の品、写真、美術品を公開している。

JANMのすぐ裏側には**MOCAゲッフェン・コンテンポラリー館 MOCA Geffen Contemporary**（MAP 2 ☎213-626-6222 🏠152 N Central Ave 🎟大人＄8 特別割引＄5、木 17:00～ 無料 🗓火～日 11:00～17:00、木 11:00～20:00）がある。大規模展示品のためにフランク・ゲーリーが倉庫を見事に改造した。チケットはカリフォルニア・プラザのMOCAと同日有効で、パシフィック・デザイン・センターのMOCAなら30日以内有効になっている。

アート地区
Arts District

リトル・トーキョーの南と東の古びた工業地域に、活気にあふれたロフト・アート地区が出現している。アーチストのアトリエやギャラリーがあり、とてもユニークで実験的なアートが満ちあふれている。**南カリフォルニア建築大学 Southern California Institute of Architecture**（Sci-Arc ☎213-613-2200 🏠960 E 3rd St）は最近キャンパスを移転し、興味深いギャラリーも併設している。大学の北東にある**ブリューワリー・アート・コンプレックス Brewery Art Complex**（🏠2100 N Main St）は各戸独立したアーチストの共同施設だ。すぐ近くの**サン・アントニオ・ワイナリー San Antonio Winery**（☎323-223-1401 🏠737 Lamar St 🎟入場、テイスティング・ツアー 無料 🗓日～水 10:00～18:00、木～土 10:00～19:00）は市内に残っている最後のワイナリーで、1917年にイタリア人移民のサント・カンビアンカが開園した。サン・アントニオのワインのほとんどが試飲できる。舞台裏を見学するツアー（毎日11:00～15:00）も無料で行っているほか、すばらしいレストランもある。

サウス・パーク
South Park

LAダウンタウンの南西にあり、現在も工事が進行中。1999年に完成した超近代的な建物は**ステイプルズ・センター Staples Center**（☎ボックス・オフィス877-305-1111、213-742-7340 🏠1111 S Figueroa St）で、2万人の観客を収容するスポーツ＆エンターテインメントの最高級アリーナだ。ロサンゼルス・コンベンション・センターLos Angeles Convention Centerに続いてオープンし、ロサンゼルス・レイカーズLos Angeles Lakers、ロサンゼルス・クリッパーズLos Angeles Clippers、ロサンゼルス・キングスLos Angeles Kingが新しい本拠地とすることにより、アリーナ全体の活性化を狙っている。多数のレストランがこのエリアに移転し、新しくホテル建設の構想も幾つかあり、徐々に成功しつつある。

アリーナの東にある**ネオンアート博物館 Museum of Neon Art**（MONA ☎213-489-9918 🏠501 W Olympic Blvd 🎟大人＄5 特別割引＄3.50 子供 無料 🗓水～土 11:00～17:00、日 12:00～17:00）は、粋なギャラリー用のネオンサインや光と動力を使用したキネチック・アートを展示している。ロック演奏するエルビスや、穏やかにほほ笑むモナリザを常設。夜間バスツアーも実施している。この南東はブロードウェイとウォール・ストリートWall St、7thストリート、ピコ大通りPico Blvdに囲まれた56ブロックの**ファッション地区 Fashion**

> ### キッズ必見
>
> LAとその周辺には子供が楽しめる場所がいっぱいだ。ビーチや山だけでなく都心部にも揃っている。ディズニーランドやナッツベリー・ファームKnott's Berry Farm、ユニバーサル・スタジオといったアミューズメントパークは、どれも決して安くはないが11～15歳くらいの子供に大変人気がある。
>
> アミューズメントパークに代わる楽しみを以下のリストにまとめた（詳細は本章の該当箇所を参照）。このほかについては、前出の「アクティビティ」の章も参照してほしい。
>
> - ロング・ビーチ水族館Aquarium of the Pacific（ロング・ビーチ）
> - オートリー西部開拓史博物館Autry Museum of Western Heritage（MAP 7 グリフィス公園）
> - カブリヨ水族館Cabrillo Marine Aquarium（サン・ペドロ）
> - カリフォルニア・サイエンス・センターCalifornia Science Center（エクスポジション公園）
> - ラ・ブレア・タール・ピッツ・アンド・ページ博物館La Brea Tar Pits and Page Museum（MAP 4 ミラクル・マイル地区Miracle Mile District）
> - ロサンゼルス動物園Los Angeles Zoo（MAP 7 グリフィス公園）
> - ロサンゼルス自然史博物館Natural History Museum of LA County（エクスポジション公園）
> - クイーン・メリー号Queen Mary（ロング・ビーチ）
> - UCLAオーシャン・ディスカバリー・センターUCLA Ocean Discovery Center（MAP 6 サンタモニカ）
>
> LAには子供向けのギャラリーもある。たいていは物語の読み聞かせや読書会、講習会などを豊富に予定している。エブリ・ピクチャー・テルズ・ア・ストーリーEvery Picture Tells a Story（MAP 4 ☎323-932-6070 ⌂7525 Beverly Blvd, Fairfax District）とストーリーポリスStoryopolis（MAP 4 ☎310-358-2500 ⌂116 N Robertson Blvd, Beverly Center District）はどちらも質が良いのでチェックしてみよう。
>
> ロサンゼルス人ならたいていの人は、ダウンタウンそばのボブ・ベイカー・マリオネット・シアターBob Baker Marionette Theater（MAP 2 ☎213-250-3995 ⌂1345 W 1st St, Echo Park）を見て大きくなった。歌い、踊るマリオネットやぬいぐるみの動物の愛らしい姿は、1963年以来ずっと2～12歳の子供たちを夢中にさせてきた。カーペットに座りこんだ幼い観客たちは人形と一体となる。これは正真正銘の魔法だ。
>
> サンタモニカのパペット・アンド・マジック・センターPuppet and Magic Center（MAP 6 ☎310-656-0483 ⌂1255 2nd St）は40人収容の劇場で定期上演のほか、パペットの講習会やパペット博物館もある。
>
> 木曜のロサンゼルス・タイムズLos Angeles Timesのカレンダー付録と、新聞の日曜カレンダーの欄には子供向けのアクティビティがリストアップされている。

Districtである。LAの服飾製造、卸売り、小売の中心となっている。詳細は本章後出の「ショッピング」を参照。

ウォール・ストリートとメープル・ストリートMaple Stの間の700ブロックにこの国最大の生花市場、**南カリフォルニア・フラワー・マーケットSouthern California Flower Market**（🔲月～金＄2、土＄1 ◉月・水・金 8:00～12:00、火・木・土 6:00～12:00）がある。1913年に開設され、およそ2000人が働いている。

エクスポジション公園
Exposition Park

1872年に農業共進会場としてつくられた。敷地内には幾つもの博物館があり、今もなお人気が高い。夏であれば、美しい**ローズ・ガーデンRose Garden**に立ち寄りたい。手入れの行き届いた1万5000本の低木が一面に広がり、150種類もの気品ある花を咲かせている。エクスポジション公園へは、ダウンタウンから直通のDASHバスを利用できる。パークの北には南カリフォルニア大学University of Southern California（USC）と歴史のある住宅街がある。ここにはビクトリア様式やアン女王スタイル、アールデコ様式の建物が多数見られる。

ロサンゼルス郡自然史博物館
Natural History Museum of LA County

パークの北西端にある、1913年に開館した建物は堂々としたスペイン・ルネッサンス様式のロサンゼルス郡自然史博物館（☎213-763-3466 🔲大人＄8 シニア＄5.50 子供＄2 ◉月～金 9:30～17:00、土・日 10:00～17:00）で、膨大なコレクションを所蔵している。地球の進化を年代順に紹介し、驚くほど多様な生物を展示している。生息環境を整えた2つのホールではアフリカと北アメリカの哺乳類を公開しているが、実際のところもっとも人気があるのは恐竜ホールDinosaur Hallだ。コロンブス以前の時代から1914年までのアメリカの歴史や、400年にわたるカリフォルニアの歴史を紹介する小さいギャラリーもある。宝石と鉱物のホールGem and Mineral Hallには300ポンド（約137kg）の金などの標本が

2000種類も陳列され、目を奪われる。国産・外来種の身の毛もよだつ虫を集めた昆虫館Insect Zooは子供たちに人気で、タランチュラやシューという音をたてるマダガスカルゴキブリ、巨大なアリ飼育場まである。ほかにも鳥類のシュライバー・ホールSchreiber Hallや海洋生物のホールMarine Life Hallなどがある。

カリフォルニア・サイエンス・センター
California Science Center

学校で習った科学が苦い思い出になっている人でも、カリフォルニア・サイエンス・センター（☎213-744-7400 🏠700 State Dr 🈚無料 🕙10:00～17:00）を訪れると「へえ、科学っておもしろいものなんだ」と絶対に納得するはずだ。ここの実地体験型最新鋭施設はLAの家族のお出かけにぴったりの場所の1つ。遊び心があり随所にユーモアをちりばめた環境で教育的な体験ができる。

主な展示エリアは3つ。**生命の世界 World of Life**コーナーの展示コンセプトは、アメーバからサボテン、ホモ・サピエンスまであらゆる形態の生命は、生殖から摂取、エネルギー、排出物処理において同じ基本過程を共有しているというもの。ここの見所は「50フィート（約15m）の頭脳、美と生態学」と紹介されるテスという名前のテクノ・ドールを主役にした「ボディワークスBodyworks」シアターだ。

創造の世界 Creative Worldコーナーでは、バーチャルリアリティゲームやハイテクのシミュレーター、レーザーアニメーションなどの目新しい設備が待ち受けている。通信、交通、システムにおけるヒューマン・イノベーションの恩恵と重要性が焦点となっている。

文字通り「この世界を抜け出してout of this world」は、新しい**大気と宇宙のギャラリー Air & Space Gallery**。フライトの原理からテレスコープや衛星、宇宙探査機を利用して宇宙旅行や宇宙探査までいろいろと教えてくれる。アメリカから宇宙に打ち上げられた最初の人工衛星、エクスプローラ1号Explorer 1や1966年に宇宙空間を飛んだスペースカプセル、ジェミニ11号Gemini 11の実物も展示されている。

サイエンス・センターに併設している**アイマックス・シアター IMAX Theater**（☎213-744-2014 🎫大人＄7 学生＄5.25 子供＄4.25）では、神秘と迫力に満ちた自然をテーマに2Dと3Dの映像を上映。

カリフォルニア・アフリカン・アメリカン博物館
California African American Museum

ここは評判の高い博物館（☎213-744-7432 🈚無料 🕙火～日 10:00～17:00）でパークの北東の角にあり、アフリカ人とアフリカ系アメリカ人の美術・工芸品を公開している。1920年代のハーレム・ルネッサンス時代の画家による作品の展示もある。展示のほかにも講演や演劇、音楽などさまざまな教養プログラムがある。本書を執筆している時点では大幅な改造に伴い閉館中だったが、2003年春に開館再開の予定。電話で確認してほしい。

ロサンゼルス・メモリアル・コロシアム
Los Angeles Memorial Coliseum

エクスポジション公園の南にある、10万6000人収容のこのスタジアム（☎213-748-6131 🏠3911 S Figueroa St）は1923年に完成した。1932年と1984年の夏季オリンピックのメイン会場として、1959年にはワールドシリーズを開催し、スーパーボウルⅠ＆Ⅶの会場にもなった。隣接する**ロサンゼルス・メモリアル・スポーツ・アリーナ Los Angeles Memorial Sports Arena**（☎213-748-6136 🏠3939 S Figueroa St）は1959年に完成。ロック・コンサートやアイス・ショー、サーカス、ロデオなどが行われる。

エクスポジション公園周辺
Around Exposition Park

公園の北にある**南カリフォルニア大学 University of Southern California (USC)**はアメリカ西海岸でもっとも古い私立研究大学の1つ。卒業生にはジョージ・ルーカスやジョン・ウェイン、フランク・ゲーリー、ニール・アームストロングなどの有名人がいる。50分のキャンパス・ウォーキング・ツアー（無料）を毎日10:00～15:00に行っているので参加したければ電話（☎213-740-6605）で予約を。

キャンパス内には**フィッシャー・ギャラリー Fisher Gallery**（☎213-740-4561 🏠823 Exposition Blvd 🈚無料 🕙火～土 12:00～17:00 9～4月）があり、19世紀アメリカの風景画やイギリス人アーチストやフランスのバルビゾン派の作品を常設展示している。

キャンパス北東の角のジェファーソン大通りJefferson Blvdにある2つのドームがムーア式の建築物、1926年に完成した**シュライン・オーディトリアム Shrine Auditorium**。座席数は6500、アメリカ最大の劇場の1つだ。

イースト・ロサンゼルス
East Los Angeles

車でイーストLAに入ると（ダウンタウン東のLA川を渡るだけ）サンディエゴSan DiegoからティファナTijuanaへの国境を越

えたような錯覚に陥る。ここはラテン系アメリカ人100万人のうち90％以上が生活するメキシコ国外で最大のメキシコ人居住地区だ。

ヒスパニック地区での生活は物騒だが生き生きとしている。ベーカリー（パナデリーアスpanaderías）やコンビニエンス・ストア（ティエンダスtiendas）、ハーブ治療薬（ボタニカスbotanicas）の店が並ぶ通りで買い物や散歩をする。明るく塗られた建物の壁面には装飾も施されている。しかし、そんな鮮やかな色あいの裏側にある生活は非常に厳しいと言える。この地区は高い失業率と犯罪発生率、低収入、学校やインフラ基盤の不足に苦しんでいる。

イーストLAで犯罪の被害者になる可能性は比較的低いが、一般的には観光客は足を踏み入れない。ここを訪れるならば日中を選び、スペイン語もある程度話せるのが好ましい。

セザール・チャベス・アベニュー Cesar Chavez Aveとミッション・ロード **Mission Rd**、ネオンで飾られた**ホイッティア大通り Whittier Blvd**に行ってみるとおもしろい。インターステート710（I-710）とアトランティック大通り Atlantic Blvdの間にはクラブやバー、レストランが集中する、さながら「イーストLAのサンセット・ストリップ」といったところだ。

ボイル・アベニューBoyle Aveと1stストリートの角にある**マリアッチ・プラザ Mariachi Plaza**の壁画の下では、メキシコ伝統音楽のミュージシャンたちがレストランのコンサートやパーティーに声が掛かるのを待っている。すぐ隣には**エル・メルカード El Mercado**（🏠3425 E 1st St）という驚くほどにぎやかでカラフルな屋内市場があり、トルティーヤ製造機からマリアッチ衣装一式に至るまで、あらゆるものを売っている。2階のレストランではマリアッチ音楽の生演奏を楽しめる。

プラザ・デ・ラ・ラサ Plaza de la Raza（🏠3540 N Mission Rd）はコミュニティ・アートセンターで、学校帰りの近所の子供たちに無料あるいは低料金で演劇、ダンス、美術のレッスンを行っている。もう1つ**セルフ・ヘルプ・グラフィックス Self-Help Graphics**（☎323-264-1259 🏠3802 Cesar E Chavez Ave）というアートセンターがある。アートは強いヒーリング・パワーを秘めているという強い信念をもったフランシスコ修道女シスター・カレン・ボッカレロが1972年に設立したもので、内部にはさまざまなギャラリーと大きな土産物店もある。

サウス・セントラル
South Central

ギャング、ドラッグ、貧困、走行中の車からの発砲など、この地区にはネガティブなイメージがつきまとう（当たっていないわけではない）。けれどもこの地区の内側には文化的、歴史的に見てとてつもない魅力がある。初期のLAの重要人物たちはここに大邸宅を構えたし、文化や芸術（とりわけジャズ音楽）が盛んで、サウス・セントラルをニューヨークのハーレムにたとえるほどだ。

地区の近辺や商業地のほとんどは1965年のワッツ大暴動に続き、1992年に起きた人種暴動で大きな被害を受けた。もともとは観光客の目的地ではないが、LAのアフリカ系アメリカ人の文化遺産に興味があれば見逃す手はない。

残念ながらこの地区の暴力犯罪率はかなり高い。ターゲットにされることはないと思うが十分に注意を払い、くれぐれも日中に訪れるようにしたほうがいい。

ワッツ・タワーズ
Watts Towers

サウス・セントラルの主な見所は興味をそそるワッツ・タワーズ（☎213-847-4646 🏠1765 E 107th St 🎫大人＄2 特別割引＄1 17歳未満無料 ⏰30分ごとのツアー 火〜金 11:00〜14:30、土 10:30〜14:30、日 12:30〜15:00）だろう。米国内登録史跡にもなっている、この不思議でユニークなフォークアート・モニュメントはイタリア人移民サイモン・ロディアが生涯をかけて創りあげたものだ。1921年、「何か大きなものをつくる」ことを計画したロディアはそれからの33年間をそのことだけに費やした。タワーを支えているのはスチールで補強した細い柱で、その柱を結ぶワイヤーメッシュを巻き、手作業でセメントが塗られている。表面にはガラス（そのほとんどは7-Upの緑色のビン）、鏡、貝がら、小石、セラミックタイル、陶器を埋め込んである。最近修復されたタワーは、世界でもっとも偉大なフォークアートの作品に入ると考えられている。

タワーの隣にある**ワッツ・タワー・アート・センター Watts Towers Art Center**（☎213-847-4646 🎫無料）は地元や米国内のアーチストたちが展示品を入れ替えている。このセンターでは美術教室やダンス・演劇の講習会、そのほかにも地域社会に必要と思われるプログラムを無料で主催している。

ライマート・パーク
Leimert Park

マーチン・ルーサー・キングJr大通りMartin Luther King Jr Blvdの南とクレンショー大通り

Crenshaw Blvdの東に位置する静かな通りは、そびえ立つ木々に覆われた、立派な一戸建て住宅が建ち並ぶ美しい地区。

43rdストリートとライマート・パークの間にあるデグナン大通りDegnan Blvd沿いに2ブロックにわたるライマート・ビレッジLeimert Villageがある。行動拠点はここに集中し、レストランやコーヒーハウス、ショップやライブ・スペースがある。

すぐそばの**アフリカン・アメリカン・アート美術館 Museum of African American Art**（☎323-294-7071 ✿4005 S Crenshaw Blvd 圓無料 ◎木～土 11:00～18:00、日 12:00～17:00）は、ボールドウィン・ヒルズ・クレンショー・プラザBaldwin Hills Crenshaw Plazaに入っているロビンソンズ・メイ・デパートRobinsons-May department storeの3階にある。ハーレム・ルネッサンス絵画の第一人者パーマー・ハイデンの作品が展示されていることで有名。

ハリウッド
Hollywood (MAP 3)

ハリウッドはどちらかというと辺ぴな場所だ。長年にわたり家出したティーンエイジャー、麻薬中毒者、売春婦らがたむろす汚い通りが交錯する、明らかにぱっとしない所だったが、最近のハリウッド中心地は積極的な再開発計画が施行され、実際その成果が上がりつつあるようだ。

エル・キャピタンEl Capitanやエジプシャン Egyptianなどの歴史的な映画館の幾つかは改修され、魅力に満ちたパンテージ・シアター Pantages Theaterは街のもっとも熱気のあるミュージカルの開催地として復活を遂げている。メトロ・レッド・ラインMetro Red Lineを利用すれば、ダウンタウンやユニバーサル・シティUniversal Cityからものの1分でここに着く。しかし、街の景色を一変させた最大の要因は巨大な小売・娯楽複合施設、ハリウッド＆ハイランドHollywood & Highlandのオープンだ。こういった開発が引き金となってこの地域への関心が深まる一方で、人々はいまだに「新しいハリウッド」は単なる観光客を引き込む巨大な罠であるのか、ダイナミックな都会の憩い場であるのかを決めかねている状態にある。

ハリウッドへはサンタモニカから4番か304番バスでラ・ブレアLa Breaまで行き、212番バス（＄1.65、約1時間）に乗り換える。

ハリウッド大通り
Hollywood Blvd

ハリウッド・ウォーク・オブ・フェイム Hollywood Walk of Fameの歩道には2000体以上のスターの大理石・ブロンズ像が埋め込まれていて、東はラ・ブレア・アベニューLa Brea Aveからガワー・ストリートGower Stまで、南はユッカ・ストリートYucca Stとサンセット大通りSunset Blvdに挟まれたバイン・ストリートVine Stまで延びている。それぞれスターの名前が刻み込まれ、映画、ラジオ、レコード、ライブシアターなどの芸術分野を表す模様があしらわれている。授与式は月に1、2回行われる。スケジュールは**ハリウッド商工会議所 Hollywood Chamber of Commerce**（☎323-489-8311）に問い合わせを。

ハリウッド・エンターテインメント・ミュージアム Hollywood Entertainment Museum（☎323-465-7900 ✿7021 Hollywood Blvd 圓大人＄7.50 シニア＄4.50 子供＄4 ◎火～日 10:00～18:00）は最先端の技術を採用し、映画作成の歴史と謎をひも解いている。2、3軒下った所にある1927年創業の**ハリウッド・ルーズベルト・ホテル Hollywood Roosevelt Hotel**（✿7000 Hollywood Blvd）は、1929年の最初のアカデミー賞授与式を主催した。

隣のブロックはハリウッド再開発の中心的存在、巨大な娯楽複合施設の**ハリウッド＆ハイランド Hollywood & Highland**だ。ここは、その名のとおりの2本の道が交差する場所にあるためこう呼ばれる。一見したところでは才気なく設計された野外ショッピングモールに過ぎないが、レストラン、ナイトクラブ、高級ホテル、そしてオスカー賞授賞式そのほかの華々しいイベントの新たな会場となった最先端の公会堂コダック・シアターKodak Theaterなどもあるのだ。ここを締めくくるのは、円形の**バビロン・コート Babylon Court**。ここにはネオ・バビロニア風のモチーフに飾られた巨大で独立した凱旋門があり、この門を通してハリウッドの看板Hollywood Signが望める。高い台座の上に一対の立派な像が辺りを睨みつけているが、これはDWグリフィスの1916年の映画「イントレランスIntolerance」の場面にヒントを得ている。**マンズ・チャイニーズ・シアター Mann's Chinese Theater**は、その建築構造のため文字通り小さく見えるが、1927年に建てられたハリウッドでもっとも有名な映画館だ。前庭の半乾きのセメントに足型か手型を残すことは、ダグラス・フェアバンクス、メアリー・ピックフォード、ノーマ・タルマッジ以来の特別な栄誉なのだ。通りの向こう側の**エル・キャピタン・シアター El Capitan Theater**（✿6838 Hollywood Blvd）の正面は印象的で華麗なスパニッシュコロニアル風。内装は東インド風のきらびやかさだ。

角を曲がった所にある、最近改修されたマックス・ファクター・ビルMax Factor Building（1935年）内に開設される**ハリウッド歴史博物館 Hollywood History Museum**（🌐 www.hollywoodhistorymuseum.com 🏠1666 Highland Ave）は2003年にオープン予定で、サイレント時代から現在に至る映画の歴史を展示する。経過はホームページでチェックするといい。50年代風のレストラン、メルズ・ドライブイン Mel's Drive-Inは既に営業している。

次のブロックには、観光客がよく引き込まれてしまう罠が3ヵ所待ちうけている。**リプリーズ・ビリーブ・イット・オア・ノット！Ripley's Believe it or Not!**（☎323-466-6345 🏠6780 Hollywood Blvd 🎫大人＄10.95 子供＄7.95 学生＄9.95 🕐金・土 10:00～深夜）では、3000点の不気味でとっておきの展示品をじっくり見ることができる。その隣に**ギネス世界記録博物館 Guinness World of Records Museum**（☎323-462-8860 🏠6764 Hollywood Blvd 🎫大人＄10.95 シニア＄8.50 子供＄6.95 🕐日～木 10:00～深夜、金・土 10:00～翌1:00）がある。そして、通りの向かいには**ハリウッドろう人形館 Hollywood Wax Museum**（☎323-462-5991 🏠6767 Hollywood Blvd 🎫大人＄10.95 シニア＄8.50 子供＄6.95 🕐日～木 10:00～深夜、金・土 10:00～翌1:00）がある。

これら建物の向こうにある**エジプシャン・シアター Egyptian Theatre**（☎323-466-3456 🏠6712 Hollywood Blvd）はハリウッドでもっとも古い映画館（1922年）で、現在は非営利団体アメリカン・シネマテック American Cinematequeの本拠地である。最近改修され、そのエキゾチックな装飾は映画を見るには魅力的なセッティングだ。たいてい週末には14:00および15:30から1時間のドキュメンタリー、「フォーエバー・ハリウッド Forever Hollywood」（☎323-461-2020 情報は内線3 チケット＄7）が上映され、ハリウッドの歴史の裏事情を見聞きすることができる。

フレデリックス・オブ・ハリウッド・ランジェリー・ミュージアム Frederick's of Hollywood Lingerie Museum（☎323-466-8506 🏠6608 Hollywood Blvd 🎫無料 🕐月～土 10:00～18:00、日 12:00～17:00）が肌着専門店の裏手にある。マドンナが着用したふさ付ビスチェ、ジョーン・クロフォードの波打つペチコート、ロバート・レッドフォードのボクサーパンツなどの「薄物」に感激してしまうかもしれない。

ハリウッド大通りとバイン・ストリートが交差する場所は伝説的と言っていいが、おそらく**キャピトル・レコード・タワー Capitol Records Tower**（🏠1750 N Vine St）以外にもう見るべきものはないだろう。レコードを積み上げたような外観である。

ハリウッド・サイン
Hollywood Sign
ハリウッドの、いやロサンゼルスのもっとも有名なこのランドマークは、ハリウッドランド Hollywoodlandという不動産会社が1923年に広告用に建てたもので、金属製の各文字の高さは50フィート（約15m）。看板まで歩いていくのは法律で禁止さている。眺めたいなら、グリフィス公園天文台Griffith Park Observatoryか、ビーチウッド・キャニオン・ドライブ Beachwood Canyon Drの頂上がいい。

パラマウント・スタジオ
Paramount Studios
パラマウント・スタジオ（🏠5555 Melrose Ave）はハリウッド中心地の南東に位置し、今なお唯一の正式なハリウッドの映画スタジオだ。1914年に設立され、初期の「スター・トレックStar Trek」のテレビシリーズや、現代版スター・トレック「ボイジャーVoyager」の撮影現場である。ここで製作された大ヒット映画は、1921年ルドルフ・バレンチノの「シークThe Sheik」、「インディ・ジョーンズIndiana Jones」3部作、「フォレストガンプForrest Gump」などがある。安全上の理由によりスタジオツアーは一時中止されているが、すぐに再開されるだろう。最新情報は電話（☎323-956-1777）で確認を。

ハリウッド・フォーエバー・セメタリー
Hollywood Forever Cemetery
パラマウント・スタジオの北に位置するこの墓地（☎323-469-1181 🏠6000 Santa Monica Blvd 🕐屋外 通常 7:00～18:00、霊廟 8:00～17:30）には、ルドルフ・バレンチノ、タイロン・パワー、ジェーン・マンスフィールド、セシル・B・デミルなど、有名な「永遠の人々」が数多く眠っている。スターの墓の詳細な地図（＄5）は入口右側の花屋で入手できる。花屋の営業時間は不定期で、屋外墓地の開場時間よりは短い。

バーンズドール・アート・パーク
Barnsdall Art Park
市営の文化・芸術センターであるバーンズドール・アート・パークは、ハリウッド大通りとサンセット大通りBlvd（ハリウッド大通り側から入る）に挟まれた、バーモント・アベニューVermont Ave沿いに広がるオリーブの丘全体を敷地としている。観光客が主に訪れるのは**ハリホック・ハウス Hollyhock House**で、フランク・ロイド・ライトが1921年に最初にロサンゼルスに建てたものだ。現在、

全体の改修が行われており、2005年頃まで閉館している。ハリホック・ハウスの写真、家具そのほかの展示は、パーク内の**ロサンゼルス美術館 Los Angeles Municipal Art Gallery**において、おそらく2003年の初め頃に行われるだろう。詳しくは電話（☎213-473-8455）で問い合わせを。

ウエスト・ハリウッド
West Hollywood (MAP 4)

流行の最先端を行くロサンゼルスの隣、ウエスト・ハリウッド（WeHo）にはナイトクラブやレストラン、格調高いホテルなどがひしめきあっている。無数のギャラリーが芸術的な雰囲気を醸し出し、世界中のセレブやファッションフリークご用達の最新流行の店が並ぶ。ここはロサンゼルスのゲイの本拠地であると共に本拠地とまではいかないがレズビアンのコミュニティもあり、その数はWeHoの住民3万6000人の3分の1

を占める。6月のゲイ・プライド・パレードGay Pride Paradeとハロウィーンの期間中は、サンタモニカ大通りSanta Monica Blvdは熱狂的な騒ぎとなる。

ウエスト・ハリウッドではデザインは重要で、**パシフィック・デザイン・センター Pacific Design Center**（PDC ☎310-657-0800 ⬛8687 Melrose Ave）だけでも150以上のショールーム（小売専門）があり、周辺の通り（「デザイン通りAvenues of Designs」）にも何十軒もある。パシフィック・デザイン・センター（PDC）はその巨大さと正面の輝く青いガラスから「ブルー・ホエールBlue Whale」という愛称がつけられ、建築のランドマークとなっている。PDCの中庭には現代美術館（本章前出「ダウンタウン」を参照）の**MOCAパシフィック・デザイン・センター分館 MOCA at the PDC**（☎310-657-0800 ⬛＄3、木 17:00〜 無料 ◎火〜日 11:00〜17:00、木 11:00〜20:00）がある。建築やデザインを中心とし、新進のあるいは国際的な芸術家の作品の展示を積極的に企画している。

また、PDCの中2階には**ウエスト・ハリウッド観光局 West Hollywood Convention & Visitors Bureau**（☎310-289-2525、800-368-6020 ⬛www.visitwesthollywood.com）があり、街のより詳しい情報を得られる。

メルローズ・アベニュー
Melrose Ave

PDCをはじめ、メルローズ・アベニューはかつての、そして今再び流行の発信地であり、ユニークなファッションやビンテージものの服を手に入れるにはおあつらえの場所。無数のブティックや多くの一風変わったユニークな店がこの通りの両側に並んでいる。レストラン、バー、劇場なども選択の幅が広く、メルローズはぶらぶら歩くには街でもっとも楽しい所の1つなのだ。おもしろいものはフェアファックス・アベニューFairfax Aveとラ・ブレア・アベニューLa Brea Aveに集中しているが、最近はPDC周辺も人気が出ている。この界隈にはわざわざ正午前に出向かないこと。できれば土曜日に出かけて、最高の人間ウォッチングを楽しもう。

シンドラー・ハウス
Schindler House

メルローズ・アベニューから2、3ブロック北の、かつて現代建築家ルドルフ・シンドラーが住んでいた邸宅が**MAK芸術建築センター MAK Center for Art & Architecture**（☎323-651-1510 ⬛835 N Kings Rd ⬛＄5、金 16:00〜18:00無料 ◎水〜日 10:00〜18:00）として利用されて

ロサンゼルスのゲイ＆レズビアン

ウエスト・ハリウッド（WeHo）はロサンゼルスのゲイ＆レズビアンの本拠地で、実質的に年中無休、24時間営業のバー、レストラン、クラブ、コーヒーハウス、ジムなどがサンタモニカ大通りにある。そのほとんどは主に男性のゲイを対象としているが、レズビアン、ゲイとレズビアン両方を対象とする店もわずかながらある。

「**ボーイズ・タウンBoyz Town**」では美しさがもっとも重要であり、たくましく、日に焼けて、おしゃれでなければ威嚇される可能性が高くなるかもしれない。**シルバー・レイクSilver Lake**は、リーバイスと革を身に付けた人たちのナンパ天国で、ラテン系もある。ビーチ沿いの町はもっとリラックスした、親しみやすい場所だが、サン・フェルナンド・バレーの方が概して一般的で主流派のゲイが多い。さまざまな最新、詳細な情報はバー、レストランおよびゲイに好意的な施設で手に入る無料のゲイ＆レズビアン雑誌でチェックしよう。

ア・ディファレント・ライト・ブックストア A Different Light Bookstore（MAP 4 ☎310-854-6601 ⬛8853 Santa Monica Blvd, West Hollywood）はウエスト・ハリウッド随一のゲイの書店だ。**シスターフッド・ブックストア Sisterhood Bookstore**（MAP 5 ☎310-477-7300 ⬛1351 Westwood Blvd, Westwood）はレズビアンだけでなく女性全般を対象としている。**ロサンゼルス・ゲイ＆レズビアン・センター LA Gay & Lesbian Center**（☎323-993-7400 ⬛www.laglc.org ⬛1625 N Schrader Blvd, Hollywood）はここに来ればすべての情報が得られる場所であり、健康機関でもある。

ロデオ・ドライブ（ロサンゼルス）

マンハッタンビーチでサーフィンを楽しむ（ロサンゼルス）

1927年に建てられたパサデナ市庁舎の夜のライトアップ

サンタモニカのサード・ストリート・プロムナード

ベニス・ビーチでバスケットボールを楽しむ

荒いが壮観であるビッグ・サーの海岸線

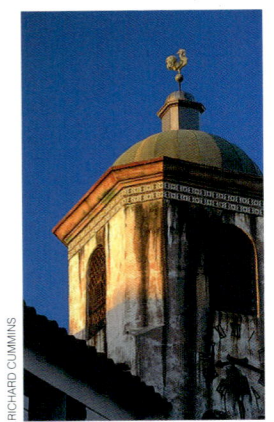

サンタバーバラ州立歴史公園

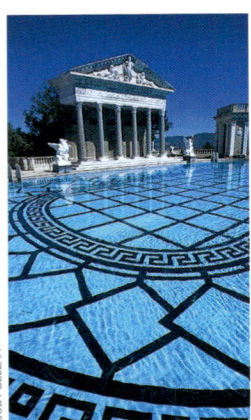

ネプチューン・プール（ハースト・キャッスル）

サンタバーバラのショッピング・モール

睡蓮の浮かぶ澄んだ池に映るサンタバーバラ伝道所の鐘楼

いる。フランク・ロイド・ライトの弟子でオーストリア生まれのシンドラーが1921年に手がけた邸宅は現在、最新の芸術や建築を支援するシンクタンクとして機能している。

サンセット・ストリップ
Sunset Strip

有名なサンセット・ストリップ（ローレル・キャニオン大通りLaurel Canyon Blvdとドヘニー・ドライブDoheny Drに挟まれたサンセット大通り）にはナイトクラブ、レストラン、ホテルなどが建ち並び、ロサンゼルスのロック史における「雑然とした場所の重要物」となっている。ウイスキー・ア・ゴー・ゴー、ザ・ロキシー、レインボー・バー＆グリル、かつてのガザーリ（現在はキー・クラブ）などがたまり場として伝説的な店で、多くの成功者を生み出してきた。ザ・ドアーズ、ジミー・ヘンドリックス、ボブ・マーリー、ブルース・スプリングスティーン、ヴァン・ヘイレンなどがサンセット・ストリップのクラブに出演したのだ。もし、ハリウッドの歴史に関心があるのなら、女優マリリン・モンローと野球のスター選手ジョー・ディマジオが1953年に「ブラインド」（第三者の紹介による面識のない男女の）デートで出会ったのはレインボー・バー＆グリル（その後ヴィラ・ノバとなる）だったことを言っておこう。

サンセットは世界の広告板の中心地でもある。この巨大で誇示的な広告板は新しい映画、アルバムの発売、スター志望者、禁煙キャンペーンを宣伝する独特なプラカードだ。

さらに東へ進むと、ロサンゼルスにはハリウッド・ウォーク・オブ・フェイムだけでなく**ロック・ウォーク・オブ・フェイム Rock Walk of Fame**（☎7425 Sunset Blvd）もあるとわかるだろう。BBキング、ZZトップ、スティーリー・ダン、ドゥービーブラザーズや数多くの伝説的アーチストの手型が、ギター・センターGuitar Center入口のコンクリートに不朽の名誉を与えている。

ところで、ロサンゼルスには**ポルノ・ウォーク・オブ・フェイム Porno Walk of Fame**もあるが、ここへ行くには3ブロック南のゲイ映画館**トムキャット Tomkat**（☎7734 Santa Monica Blvd）まで足を延ばさなければならない。巨根もののポルノ映画には手を出さない人たちでも、ハリー・リームズや最近亡くなったリンダ・ラブレスなどの伝説的なハードコアな色男や歌姫などは耳にしたことがあるかもしれない。もしもスターの身体の一部がセメントに型取られていると期待したら失望することになるだろう。あるのはPG指定（R指定）に関係ない手型と足型のみだから。

ミッド・シティ
Mid-City (MAP 4)

ミッド・シティはウエストサイドWestsideとダウンタウンを結ぶくさび形の地域で、インターステート10（I-10）の北側、ハリウッドの南側に位置する。第一の幹線は**ウィルシャー大通りWilshire Blvd**で東西を16マイル（約26km）にわたって分断している。コリアタウンKoreatown、ハンコック・パークHancock Park、ミラクル・マイル、フェアファックス地区、ビバリーヒルズ、ウエストウッド、サンタモニカなど、周辺地域を次々に通り過ぎ、最終的に太平洋まで続いている。メトロ・ラピッドMetro Rapidの720番バスはこの全行程をカバーする。

コリアタウン
Koreatown

コリアタウンはダウンタウン西側とマッカーサー公園MacArthur Park南側の境界があいまいな地域である。そのほとんどは近代的なショッピングモールと住宅地が並ぶ平凡な所だが、建築物愛好家にはたまらない精巧な建物がウィルシャー大通り沿いに数多く待ちうけている。

ウエスタン・アベニューWestern Aveとフーバー・ストリートHoover Stに挟まれたブロックは何軒かの精巧な教会に特徴づけられるが、ほとんどは1920年代にロマネスクからバロックまで多様な伝統的建築様式で建てられている。その中でも特に興味深いのは**ファースト・コングレゲーショナル教会 First Congregational Church**（MAP 2 ☎540 Commonwealth Ave）で、ウィルシャー大通りのちょうど1ブロック北に位置する。

さらに西に進むとウィルシャーWilshire大通りとウェスタンWestern大通りの南東の交差点に位置することからその名がつけられた、アールデコ様式の**ウィルターン・シアター Wiltern Theatre**（1931年）がある。**ブロックス・ウィルシャー Bullocks Willshire**（1929年）（☎3050 Whilshire Blvd）はウィルターン・シアターと同じく正面が青緑色でその1マイル（約1.6km）東にある。ブロックス・ウィルシャーはアメリカで初めて車で来る客に対応したデパートだ。何十年もの間、人々はここで買い物をして5階のティールームでお茶を飲んだものだ。デパートは1992年に閉鎖され、現在はサウスウェスタン大学法学部Southwestern University School of Lawになっている。**ティールーム Tearoom**（◯月～木 10:00～15:00、金 10:00～15:00）が最近復元されオープンした。

上記の2つの建物に挟まれているのは1922年に創業した**アンバサダー・ホテル Ambassador Hotel**（☎3400 Wilshire Blvd）で、かつてはロ

サンゼルスの最高級ホテルだったが現在は廃業している。1968年にサーハン・サーハンが民主党の大統領候補、ロバート・F・ケネディと関わったのはここなのだ。

ミラクル・マイル地区
Miracle Mile District

ラ・ブレア大通りとフェアファックス・アベニューに挟まれたウィルシャー大通りは、起業家AW・ロスが1920年にランチョ・ラ・ブレアRancho La Breaのタール池のほとりに空き地を買収し、ダウンタウン郊外で街1番の商業地にして以来「ミラクル・マイル」と呼ばれている。現在この通りは「ミュージアム通りMuseum Row」としても知られている。

ラ・ブレア・タール・ピッツ&ページ・ミュージアム La Brea Tar Pits & Page Museum
世界で最初の古生物学上の発掘現場であるラ・ブレア・タール・ピッツはアメリカ先住民や初期の移民が屋根や船を防水するために利用したタール(スペイン語でブレアbrea)を産出していた。1906年、科学者たちは4万年前に始まる洪積世氷河期に泡を吹く黒いタール池が、ハエ取り紙のような働きをして動植物を引き込んでいたことを発見したのだ。タール池の遺跡からは100万点以上の化石化した骨の断片が発掘され、その中にはサーベルタイガー、地上で生活するナマケモノ、マンモス、マストドンなどの絶滅して久しい哺乳類や、200種類に及ぶ鳥類、爬虫類、昆虫、植物などがある。

タール池からの発掘物は**ページ・ミュージアム Page Museum**(☎323-936-2230 www.tarpits.org 🏠5801 Wilshire Blvd 大人$6 特別割引$3.50 子供5〜12歳$2 月〜金 9:30〜17:00、土・日 10:00〜17:00)で展示されている。

発掘は現在も進行中で(通常7〜9月中旬)、**ピット91ビジター・ステーション Pit 91 Visitors Station**(☎323-934-7243 無料 水〜日10:00〜16:00)に行けば、その現場が見学できる。

ロサンゼルス郡立美術館 Los Angeles County Museum of Art
タール池のすぐ西側にあるロサンゼルス郡立美術館(LACMA ☎323-857-6000 www.lacma.org 🏠5905 Wilshire Blvd 大人$7 シニア・学生$5 子供$1 月・火・木 12:00〜20:00、金 12:00〜21:00、土・日 11:00〜20:00)は規模、収蔵範囲、量においてアメリカ合衆国を代表する美術館の1つである。広大なコレクションの中でも特に重きを置いているのはヨーロッパ美術で、イタリアのバロック絵画、レンブラント、ドガ、ゴーギャンなどの作品がある。

エジプト、ギリシャ、ローマ、トルコ、イランの8000年の期間にも及ぶ古代、イスラム美術品も展示されている。この美術館の東南アジア美術の所蔵品には、石・ブロンズ像、絵画、装飾美術品などがある。極東部門には新石器時代(紀元前400〜1800年)の作品からモンゴル帝国、宋朝のものや、明朝の学者の書斎を再現したものも所蔵されている。日本美術パビリオンの呼び物は「心遠館」の珍しい寺院絵画のコレクションである。

この美術館はオランダ人建築家のレム・コールハスに建物の全面建て替えを依頼しており、2005年に完成する予定。数年間閉鎖されたギャラリーも幾つかある。最新情報はホームページをチェックするといい。

ピーターセン自動車博物館 Petersen Automotive Museum
ロサンゼルスで車と熱烈な時を過ごすなら、ピーターセン自動車博物館(☎323-930-2277 www.petersen.org 🏠6060 Wilshire Blvd 大人$7 シニア$6 子供$5 火〜日 10:00〜18:00)だ。車の愛好家でなくとも1階の展示は楽しめるだろう。20年代30年代のロサンゼルスの町並み模型や、ロサンゼルスにおけるガソリンスタンドや広告板、商店街、ドライブイン、映画館などの誕生についての記録を見ることができるのだ。2階のギャラリーには特別展示品を所蔵しており、3階では子供たちが車を通じて科学を学べる「ディスカバリー・センター」が見ものだ。

フェアファックス地区
Fairfax District

ロサンゼルスのユダヤ人街の要はサンタモニカ大通りとウィルシャー大通りに挟まれたフェアファックス・アベニュー界隈だ。ユダヤ教正統派とハシディーム派の本拠地で多くのイエシーバ(男女別の昼間宗教学校)、デリカテッセン、精肉店、家具店やその他の小売店などがある。

観光客の興味を引く主な見所は**ファーマーズ・マーケット Farmers Market**(☎323-933-9211 🏠6333 W 3rd St)だ。150以上の売り手が生鮮野菜やユニークな土産物に加えて温かい、冷たい食べ物など、国際色豊かな品々を並べている。マーケットの北側に見えるのが**CBSテレビジョン・シティ CBS Television City**(☎323-852-2624 🏠7800 Beverly Blvd)。マーケットの東側にはおしゃれな巨大モール、**ザ・グローブ・アット・ファーマーズ・マーケット The Grove at Farmer's Market**が現れた。魅力的な造りのオープンエアスペースや数多くの高級店、14のスクリーンを持つ映画館がある。トロリーバスがモールとファーマーズ・マーケット間を往復し、買物客を運んでくれる。

グリフィス公園
Griffith Park (MAP 7)

グリフィス公園はカリフォルニア・オークやワイルドセージ、マンザニータの木などが茂る岩だらけの山岳地帯に広がり、その面積はニューヨークにあるセントラル・パークの5倍もある。有名なハリウッドの看板は、パークの西端、リー山Mt Leeの頂上に立っている。公園の敷地内には、野外劇場や天文台、市営動物園、大きな美術館、ゴルフコース、テニスコート、遊園地、乗馬道、それに登山道である。

サンタモニカからパークを目指すには、ビッグ・ブルー・バス10番の東行きでダウンタウンのオリーブOliveと14thまで行き、そこで96番の北行きに乗り換える。ハリウッドからは181番の東行きでリバーサイド・ドライブRiverside Drとロス・フェリス大通りLos Feliz Blvdまで乗り、そこで96番に乗り換えるといい。

グリフィス天文台&プラネタリウム
Griffith Observatory & Planetarium

細く曲がりくねった道路を上がった所にグリフィス天文台&プラネタリウム（☎323-664-1191 www.griffithobs.org 2800 E Observatory Rd）がある。体力に自信がある人には登山道もある。ハリウッド山Mt Hollywoodの南斜面にしがみつくように建つ、雪のように白い外壁と光り輝く銅の丸屋根は、1935年以来、地元の名所になっている。ここから見下ろす街の眺めは息をのむほど美しいが、全面的な改修工事のため建物は現在閉鎖されており、2005年くらいまでは立ち入り禁止となっている。最新の情報はホームページで確認を。

ロサンゼルス動物園
Los Angeles Zoo

ロサンゼルス動物園（☎323-644-6000 5333 Zoo Dr 大人＄8.25 シニア＄5.25 子供＄3.25 10:00～17:00）には哺乳類、鳥類、両生類、爬虫類など350種、1200余りの動物が飼育されていて、南北アメリカ、アフリカ、オーストラリア、ユーラシアなど、生息している大陸によって12の飼育環境に分けられている。見所の1つはマハレ山塊Mahale Mountains（タンザニア）のチンパンジーだが、アーマンソン・コアラ・ハウスAhmanson Koala Houseも人気がある。東南アジア原産のトカゲで、成長すれば10フィート（約3m）にもなるコモドラゴンも最近仲間入りした。子供向けの参加型動物園アドベンチャー・アイランドAdventure Islandには、アメリカ南西部原産の動物が主に展示されている。

オートリー西部開拓史博物館
Autry Museum of Western Heritage

西部開拓史に興味のある人は、この楽しさあふれる博物館（☎323-667-2000 www.autry-museum.org 4700 Western Heritage Way 大人＄7.50 シニア・学生＄5 子供2～12歳＄3、毎月第2火曜 無料 火～日 10:00～17:00、木10:00～20:00）でまさに金鉱を掘り当てたような気分になるだろう。学術研究に巧みな演出が取り入れられた10のギャラリーでは、前史時代の部族や宣教者たちによって、西部が何度も「発見」されてきた経緯が語られている。彫刻で飾られた1880年代のマホガニー製バーカウンターや賭博台、いかさまの道具、見事に揃ったコルト式銃のコレクションなど、特別出展品の数々も西部がいかにワイルドだったかを裏付けている。

このほか、博物館ではコンサートや展示説明会、シンポジウム、公開討論会、映画上映、子供向けのお話し会なども開かれる。

トラベル・タウン博物館
Travel Town Museum

第2次世界大戦より昔の列車を集めた屋外交通博物館トラベル・タウン（☎323-662-5874 5200 W Zoo Dr 入場無料 月～金10:00～16:00、土・日 10:00～17:00）は、鉄道ファンなら見逃せない。見所は蒸気機関車（最古のものは1864年製、「最新」でも1925年製）や貨物列車、客車（寝台車も幾つかある）、そして車掌車だ。毎月第1・3日曜日にはボランティアがディーゼル機関車を使って車掌車を走らせ、無料で乗せてくれるので（寄付は喜ばれる）、訪れるならこの日がおすすめだ。ミニチュア列車は毎日運行している。

その他の観光スポット

子供向けの観光スポットはパークの南東の角に集まり、グリフィス公園南部鉄道 Griffith Park Southern Railroad（☎323-664-6788 月～金10:00～16:30、土・日 10:00～17:00）も1948年の開業以来、ミニチュア列車に乗客を乗せて走っている。昔の西部の町やアメリカ先住民族の村を通り抜け、1周1マイル（約1.6km）でポニーの乗馬コースのそばを走る。

代々のロサンゼルスっ子も観光客も、南部鉄道そばの1926年に作られた豪華な装飾のメリーゴーランド Merry-go-round（☎323-665-3051 1回1ドル 11:00～17:00 夏、土日のみ冬）には大喜びだ。パークの東側にあるクリスタル・スプリングス・ドライブCrystal Springs Drに沿って行くと、この地域にたどり着く。

フォレスト・ローン・メモリアル・パーク – ハリウッド・ヒルズ
Forest Lawn Memorial Park - Hollywood Hills

グリフィス公園のすぐ西側にある340エーカー（約138ha）の墓地（☎323-254-7251 ♠6300 Forest Lawn Dr ■入場無料 ◎8:00〜18:00）。ここには彫像やモザイク、芸術作品が立ち並び、加えてルシル・ボールやリベラーチェ、ベティ・デイヴィス、スタン・ローレルなど往年のスターが多数眠っていることでも知られている。

ビバリーヒルズ＆ウエストサイド
Beverly Hills & Westside (MAP 5)

ビバリーヒルズの名を聞いただけで、世界中の誰もがテレビや映画で誇張された名声と富のイメージを思い浮かべるだろう。実際、現実のビバリーヒルズもそういった伝説化された街のイメージと大してかけ離れてはいない。このおしゃれで洗練された街の中の街は、真に裕福な人々が陽気に浮かれ騒ぐ場所なのだ。**ロデオ・ドライブ Rodeo Drive**には正真正銘の一流オートクチュールがずらりと軒を連ねている。サンタモニカ大通りの北側にあるヤシの木陰が続く通りは、ゆるやかにくねりながら丘に向かい、きちんと手入れされた道に面して絢爛豪華な邸宅が建ち並んでいる。

スターの邸宅を記した地図は、観光客相手の店や街角にいる売り子から手に入るが、たいてい情報があきれるほど古い。この地域の主な名所である**ビバリーヒルズ・ホテル Beverly Hills Hotel**（☎310-887-2887 ♠9641 Sunset Blvd）は、別名「ピンク・パレス」とも呼ばれ、1912年の創業以来ハリウッドの権力者が私的に酒を酌み交わす拠点になっている。

ビバリーヒルズの西側は、静かな高級住宅街ベル・エア Bel Airとブレントウッド Brentwoodで、カリフォルニア大学のウエストウッド・キャンパスも含めて一般的にその一帯をウエストサイドと呼んでいる。

テレビ・ラジオ博物館
Museum of Television & Radio

名前から受ける印象とは異なり、テレビ・ラジオ博物館（MTR ☎310-786-1000 ♠465 N Beverly Dr ■推奨寄付額 大人＄6 シニア・学生＄4 子供＄3 ◎水〜日 12:00〜17:00、木 12:00〜20:00）はありきたりな技術工芸品の展覧館ではない。20世紀の画期的な2大発明品に関する、膨大な数の資料を保存する場所だ。中でもスタンレー・ハバード・ライブラリー Stanley Hubbard Libraryは博物館の心臓部とも言えるもので、75年間にわたる10万点余りの放送作品が収められた知識の宝庫だ。番組のコレクションはすべて公開されている。日替わりのビデオ上映、3つのギャラリー、昔のラジオ番組の試聴室、セミナーなどもあり、時には生放送が行われる。スケジュールについては、電話（☎310-786-1025）で問い合わせるか、ロビーにある案内所でスケジュール表をもらうといい。

寛容の博物館
Museum of Tolerance

サイモン・ヴィーゼンタール・センター Simon Wiesenthal Centerが運営するこの博物館（☎310-553-9036 ♠9786 W Pico Blvd ■大人＄9 シニア＄7 学生・子供＄5.50 ◎通年 月〜木 11:30〜16:00、日 11:00〜17:00 金曜のみ 11:30〜13:00 11〜3月、11:30〜15:00 4〜10月 入場には写真付身分証明書が必要）は、最新のコンピュータ技術を駆使した疑似体験を通して、見学者が自分たちの心と向き合えるように工夫されている。人種偏見や差別をテーマとする**トーレンスセンター Tolerancenter**の「ポイント・オブ・ビュー・ダイナー Point of View Diner」では個人としての責任が問われ、「ミレニアム・マシーン Millennium Machine」では世界中で侵されている人権について学ぶことができる。だが、博物館の中心はやはり**ホロコースト・セクション Holocaust Section**だろう。個別のギャラリーやマルチメディア学習センターでさらに多くを学び、週のうちには、ホロコーストの生存者から直接話を聞く時間も設けられている。

カリフォルニア大学ロサンゼルス校
UCLA

1919年に創立され、約3万6500人の学生が通うUCLA（☎310-825-4321 ♠405 Hilgard Ave）はアメリカの最高教育機関の1つである。予約をすれば平日の10:30と13:30に行われる無料の学生ガイド付見学**ツアー tours**で、419エーカー（約170ha）のキャンパスを案内してもらえる。美しく整備されたキャンパスの敷地内には博物館や各種展示スペースがあり、建築学的に興味をそそる建物も幾つかある。

キャンパス内の見所の1つである**ファウラー文化史博物館 Fowler Museum of Cultural History**（☎310-825-4361 ■大人＄5 シニア＄3 子供・学生無料、木曜無料 ◎水〜日 12:00〜17:00、木 12:00〜20:00）には、西洋文化以外の世界的な芸術品や美術工芸品が集められている。ロダンやムーア、コールダーといった芸術家の作品70点が並ぶ、絵のように美しく静かな**フランクリン・D・マーフィー彫刻庭園 Franklin D Murphy Sculpture Garden**や、4000種を越える植

物の宝庫ミルドレッド・E・マチアス植物園 Mildred E Mathias Botanical Gardenもキャンパスの南東の角にある（ティバートン・アベニューTiverton Aveから入る）。

UCLAハマー美術館
UCLA Hammer Museum

今は亡き実業家アーマンド・ハマーが、美術館の主な寄贈者として虚栄心を満たすために収集したものが、10年も経たないうちに現代美術と年代物の芸術品を集めた美術館（☎310-443-7000 🏠10899 Wilshire Blvd 🚇大人＄5 シニア＄3 子供17歳未満 無料、木曜無料 🗓火・水・金・土 11:00～19:00、木 11:00～21:00、日 11:00～17:00）として高い評価を受けるようになった。ハマーのコレクションである印象派や後期印象派の作品、フランスの風刺画家オノレー・ドーミエによる石版画に加え、UCLAグリュンワルド・グラフィックアート・センターのコレクションなど、時に応じて展示物が変更されている。本書を執筆している時点では、2004年の初めに美術館の大掛かりな改修工事が予定されていたが、2005年には再開する予定だ。

ウエストウッド・メモリアル・パーク
Westwood Memorial Park

多くのスターが眠るこの小さな墓地（🏠1218 Glendon Ave）は少々見つけにくい所にある。ウィルシャー大通りからグレンドン・アベニューGlendon Aveへ南に曲がり、すぐ左手の私道に入る。マリリン・モンローやナタリー・ウッド、ロイ・オービソン、フランク・ザッパ（墓石に記されていない）などが安らかに眠っている。

ゲッティ・センター
Getty Center

ゲッティ・センター（☎310-440-7300 🏠1200 Getty Center Dr 🚇入場無料 🗓火～木、日 10:00～18:00、金・土 10:00～21:00）は、ブレントウッドの丘の上に難攻不落のポストモダンの要塞のようにどっしり構えて見えるが、広大な中庭にひとたび足を踏み入れると、とても歓迎されているように感じられる場所だ。計画に14年、総工費10億ドルをかけ、リチャード・マイアーの設計で110エーカー（約45ha）の「キャンパス」がつくられた。石油王J・ポール・ゲッティが収集した芸術品のコレクションと、ゲッティの資金援助で創設された芸術品の保存、研究、教育を目的とする研究所が幾つかが集まっている。

2階建ての4つの展示館には常設展示があり、5つ目の建物では特別展が行われる。それぞれの建物の上の階には絵画が収められ、下の階には彫像や照明で見やすくした手書き原稿、デッサン、家具などがある。見学ツアーや講演会、参加型のコンピュータ技術を駆使し、誰でもが芸術品に親しめるよう工夫されている。建築美や庭園のたたずまい、この上なくすばらしい眺望も楽しめるように時間は十分にとっておきたい。

入場は無料だが、駐車には必ず予約（＄5）が必要。ただし、平日の16:00以降と週末、それに大学生なら予約は必要ない。セプルベダ大通りSepulveda Blvdとコンスティテューション・アベニューConstitution Aveの角（ウィルシャー大通りのすぐ北側）にある駐車場なら予約もいらず、美術館まで無料の送迎サービスもある。MTAバスの561番とビッグ・ブルー・バスの14番がゲッティ・センター行きだ。

スカーボール文化センター
Skirball Cultural Center

ギャラリーやパフォーマンス、展示スペースが集まったスカーボール文化センター（☎310-440-4500 🏠2701 N Sepulveda Blvd 🚇大人＄8 シニア・学生＄6 子供12歳未満 無料 🗓月～土 12:00～17:00、日 11:00～17:00）では歴史的に見てユダヤ人が世界やアメリカにどれほど貢献しているかを斬新かつ厳然と主張している。

タッチスクリーンやビデオ映像は程よく「ハイテク」を感じさせ、考古学者気分で古代の遺物を文字どおり掘り起こせる**ディスカバリー・センター Discovery Center**には、子供も大喜びだろう。

夏には無料の野外コンサートがあり、講演会やコンサート、パフォーマンス（催しにより値段は異なる）のスケジュールもぎっしりつまっている。**ジードラーズ・カフェ Zeidler's Café**は伝統的ユダヤ料理や独創的なピザ、パスタ、サラダ、その他ランチに最適な食事を出している。料金はメインで＄6～10程度だ。ベジタリアンや乳糖不耐症の人に配慮したメニューもたくさん揃っている。

ソニー・ピクチャーズ・スタジオ
Sony Pictures Studios

ハリウッドでもっとも栄華を誇っていた映画会社MGMが1924～1986年の間所有していたスタジオを、1990年にソニー・ピクチャーズ・エンターテインメント（☎310-520-8687 🏠10202 W Washington Blvd）が買い取った。かつてMGMは「天国より多くスターがいるスタジオ」をモットーにして、多数の映画俳優（スペンサー・トレーシー、キャサリン・ヘップバーン、エリザベス・テイラー、ジミー・スチュワートなどがほんの一例）と契約を結んでいた。

歴史的な場所であるにも関わらず、2時間の徒歩見学ツアーではもっぱらソニーが製作した作品に焦点が当てられている。見所には、テレビのクイズ番組「ジェパディーJeopardy」のセットや、「黄色い煉瓦道Yellow Brick Road」（映画オズの魔法使いで登場したもの）が今も残る屋内スタジオ、サウンド・ステージ27も含まれている。ツアーチケットがあれば、食品販売部（レストラン）やスタジオストア（売店）にも入ることができる。ツアーは＄20で、平日の9:30、11:00、12:00、14:30に出発する。予約が必要で、子供は12歳以上から参加できる。

マリブ
Malibu

1920年代に、土地の所有者メイ・リッジが資金繰りのためマリブ・ラグーンMalibu Lagoonの西側を貸し出して以来、マリブは著名人が好んで住む場所になっている。クララ・ボウやバーバラ・スタンウィックなどが初めに移り住み、それがメル・ギブソンやスティング、トム・ハンクス、バーブラ・ストライザンドなどの大物スターが住む現在の**マリブ・コロニー Malibu Colony**になった。スターたちはプライバシーを重視して、いまだに門で閉ざされ警備が厳重なこの地区に暮らしている。門を通り抜けることは不可能だが、浜辺を歩くことは法的に許されている。ただし、満潮時の潮位線から上に行きさえしなければだが。

「一般人」にとってマリブは、公園やビーチを楽しむ場所だろう。25マイル（約40km）以上にわたって東西に続く海岸線では、ラス・トゥナスLas Tunasやマリブ・サーフライダーMalibu-Surfrider、ポイント・デュームPoint Dume、ズマZuma、リオ・カリーヨ Leo Carrilloなどのビーチが特にすばらしい。

マリブのうしろにそびえ立つ岩山は**サンタモニカ山地国立レクリエーション・エリア Santa Monica Mountains National Recreation Area**の一部。全長約600マイル（約966km）のハイキングトレイル hiking trailsが点在する州立公園や郡立公園を結んでいる。トパンガTopangaやウィル・ロジャースWill Rogers、ポイント・ムグーPoint Muguなどの州立公園がトレイルの始点として人気がある。

地域の文化的な見所の1つが**アダムソン邸 Adamson House**（☎310-456-8432 🏠23200 Pacific Coast Hwy）は1928年に建てられた美しいスペイン植民地風の別荘で、ムーア様式の装飾が屋敷に魅惑的な風情を与えている。無料の見学ツアー（30〜45分）が水曜と土曜の11:00と14:00に行われる。隣接する**マリブ・ラグーン博物館 Malibu Lagoon Museum**（☎310-456-8432 🎫入場無料 🕐水〜土 11:00〜15:00）は地元の歴史博物館だ。マリブにある**J・ポール・ゲッティの別荘 J Paul Getty Villa**は本書執筆時点ではまだ改修中だった。

サンタモニカ
Santa Monica (MAP 6)

ここ10年というもの、サンタモニカは世界中の都市計画者をうらやましがらせるような驚くべき変貌を遂げている。かつては古風な趣がある少し風変わりな海辺のリゾートだったのが、今や国際的なセンスを感じさせるきらめくような海辺の街になっている。旅行者にとってサンタモニカは理想的だ。安全で、簡単に歩いて回れ、空気が良く、ショッピングも宿も食事もエンターテインメントも、それに何マイルも続くビーチまで揃っている。

地図や宿泊予約、一般的な情報が必要なら、**サンタモニカ・ビジター・センター Santa Monica Visitor Center**（☎本部・支所とも310-393-7593 🌐www.santamonica.com）の本部か支所を訪ねるといい。本部（🕐10:00〜16:00）はサンタモニカ・プレースSanta Monica Place（2ndストリートとコロラド大通りColorado Blvd交差点の近く）の2階にあり、支所（🕐5〜10月下旬 10:00〜17:00、10月下旬〜4月 10:00〜16:00）はオーシャン大通りOcean Blvdの1400番地にある。

サンタモニカの中心地はブロードウェイとウィルシャー大通りの間にある歩行者専用の商店街**サード・ストリート・プロムナード Third Street Promenade**だ。ここでは大道芸も見られ（特に週末）、レストラン、バー、映画館も充実している。プロムナードの南端にはフランク・ゲーリーが設計したショッピングセンター、**サンタモニカ・プレース Santa Monica Place**がある。

プロムナードから2ブロック西に行くと、オーシャン・アベニューOcean Aveに平行して**パリセーズ公園 Palisades Park**が断崖から海を見下ろしている。その下にあるのが有名な**サンタモニカ桟橋 Santa Monica Pier**で、近くにはレストランやバー、店が建ち並び、映画「スティングThe Sting」でポール・ニューマンやロバート・レッドフォードと共に登場した1920年製の古風な**回転木馬 carousel**もある。回転木馬の下にあるのが**UCLAオーシャン・ディスカバリー・センター UCLA Ocean Discovery Center**（☎310-393-6149 🎫＄3 🕐12:00〜16:00 6〜10月、土・日 11:00〜17:00 11〜5月）で、クラゲやサメなどサンタモニカ湾の海の住人の謎を子供向けに分かりやすく解き明かしている。

桟橋でもっとも人気なのは**パシフィック・パーク Pacific Park**だ。小規模な遊園地で、小さなジェットコースターや太陽電池で動く観覧車、子供用の小さな乗り物やゲームセンターなどがある。

桟橋の南にあるのは最近新しくなった**国際チェス公園 International Chess Park**と、その昔1930年代に南カリフォルニアの運動ブーム発祥の地となった屋外ジム、**オリジナル・マッスル・ビーチ Original Muscle Beach**だ。真新しい筋力トレーニング器具が並び、体操選手やボディビルダー、運動選手など、新しい世代が歴史的名所に今また集まってきている。

サンタモニカのほかの地域では、街の北部にある**モンタナ・アベニュー Montana Ave**や街の南端でベニス・ビーチとの境界に近い**メイン・ストリート Main St**なども、散策やショッピング、食事に向いている。

ベルガモット・ステーション
Bergamot Station

1994年に複合施設がオープンして以来、工業地帯として成長を続けるベルガモット・ステーション（☎310-453-7535 🏠2525 Michigan Ave）には40近くのギャラリーが集まり、ロサンゼルスのアートの中心地になっている。ここには**サンタモニカ美術館 Santa Monica Museum of Art**（☎310-586-6488 推奨寄付額 大人＄3 学生・シニア・アーチスト＄2 🕐火～土 11:00～18:00、日 12:00～17:00）もあり、変化しつつある現代美術を、目新しく実験的なものを中心に大胆かつ活気あふれる様子で紹介している。

ベニス・ビーチ
Venice Beach (MAP 6)

ベニス・ビーチは本物のボヘミアンが集う場所だ。オーシャン・フロント・ウォーク Ocean Front Walk、マッスル・ビーチ Muscle Beachや運河で知られ、ヒッピーやニューエイジ、アーチスト、会社人間、学生など、さまざまな人々が彩り豊かに混ざりあっているのもおもしろい。現在の様子からは、ベニスが約100年前には荒涼とした湿地帯でしかなかったことなど想像しにくいだろう。先見の明があり夢想家でもある不動産開発業者アボット・キニー（1850～1920年）は湿地の水を抜いて全長16マイル（約26km）の運河を築き、遊歩道や桟橋、劇場をつくった。キニーはイタリアからゴンドラの船頭まで連れてきて、「アメリカのベニス」と名づけたこの海辺のパラダイスに人々を引きつけようとした。1905年7月4日には盛大なオープニング式典まで催したが、それから間もなくハリウッドの人気のほうが上回るようになり、禁酒法時代にはもぐりの酒場や賭博場がキニーの描いた理想に取って代わってしまった。

1993年になり、なんとか残っていた由緒ある運河の3マイル（約5km）ほどが修復され、今では運河に沿って1億ドルはするであろう優雅なたたずまいの豪邸が建ち並んでいる。この田園のような地区を縦横無尽に通っている**ベニス・カナル・ウォーク Venice Canal Walk**には、デル・アベニュー Dell Aveの近くにあるベニス大通り Venice Blvdかワシントン大通り Washington Blvdから入ることができる。

今のベニスの見所といえば、ベニス・ボードウォーク Venice Boardwalkとも呼ばれる**オーシャン・フロント・ウォーク Ocean Front Walk**だろう。ビキニを着たサイクリストやチェーンソーで曲芸をする大道芸人、シュワルツェネッガーを目指す大男、ローラースケートを履いているシーク教徒の吟遊詩人、「肉食は殺戮だ」と唱える活動家、ヘンナ染料を使う入れ墨アーチストなど、実際に見なければ信じられないような奇人変人大集合の場になっている。その北側のマリーン・ストリート Marine Stからベニス桟橋 Venice Pierまでの1.5マイル（約2.4km）は、散策やサイクリング、ローラースケートをしながら午後のひとときを過ごすのに最高だ。週末は特に活気に満ちている。

ローズ・アベニュー Rose Aveとメイン・ストリートの角には、ジョナサン・ボロフスキー作の34フィート（約10m）もある**バレリーナ・ピエロ Ballerina Clown**がそびえ立つ。街にはパブリック・アートや多くのギャラリーが星の数ほどもあることから、ベニスには多くの芸術家が住んでいることもうかがえる。地元のアーチストをよく紹介しているギャラリーの中では、**LAルーバー・ギャラリーズ LA Louver Galleries**（☎310-822-4955 🏠45 N Venice Blvd 🕐火～土 10:00～18:00）と**ジェームズ・コーコラン・ギャラリー James Corcoran Gallery**（☎310-966-1010 🏠1633 Electric Ave 見学は要予約）の2つがもっともすばらしい。

サン・ペドロ
San Pedro

ロサンゼルスのダウンタウンから21マイル（約34km）南にあるサン・ペドロはのんびりした港町で、世界で最大級の港ロサンゼルス国際港の北端に位置する。

見所の1つは**ロサンゼルス海洋博物館 Los Angeles Maritime Museum**（☎310-548-7618 🏠Berth 84, bottom of 6th St 推奨寄付額 ＄1 🕐火～日 10:00～17:00）で、昔のカーフェリ

一乗り場だった流線型の建物を改造して設立された。7万5000平方フィート（約7440m2）の敷地に700以上の船の模型や船首像や航法機器が並べられ、実際に使われているアマチュア無線の放送局まである。1マイル（約1.6km）北のバース94 Berth 94には、第2次世界大戦で連合艦隊の輸送船として使われていた**SSレーン・ビクトリー号 SS Lane Victory**（☎310-519-9545 大人＄3 子供5〜15歳＄1 9:00〜16:00）がそのまま博物館になっている。

海洋博物館のすぐ南で観光客を引きつけているのが19世紀のニューイングランド地方の港町を再現したポーツ・オコール・ビレッジ Ports O'Call Villageだ。ここからは港内遊覧船**スピリット・クルーズ Spirit Cruises**（☎310-548-8080）が毎日数回バース77Berth 77から出発している。1時間の説明付ツアーで＄7.5、90分だと＄9だ。

車で少し南に行くと**カブリヨ海洋水族館 Cabrillo Marine Aquarium**（☎310-548-7562 www.cabrilloaq.org 3720 Stephen White Dr 推奨寄付額 大人＄5 子供＄1、駐車場＄6.5 火〜金 12:00〜17:00、土・日 10:00〜17:00）がある。楽しく学べる場所なので子供にも喜ばれるだろう。彩り鮮やかな魚やさまざまな海洋生物を紹介した38の水槽が並び、中にはヒトデやウニ、ナマコなど海の生き物に直接触ることができるものもある。予定では2004年後半まで拡張工事中だが、通常通り開館している。

サン・ペドロを回るなら**トロリー電車 Electric Trolley**がおすすめだ。1乗りたったの25¢で、木〜日曜の間、15分間隔で運行している。

ロング・ビーチ
Long Beach

ロング・ビーチはLAカウンティの南端にあり、小さな町の穏やかな雰囲気を保っている。主な見所は2カ所ほどあり、パスポートPassportと呼ばれる市内巡回バス（ダウンタウン内は無料、それ以外は90¢）に乗れば、主な観光スポットも合わせて簡単に回ることができる。

中心街はロング・ビーチ・プラザLong Beach Plazaとオーシャン大通りOcean Blvdを結ぶ**パイン・アベニュー Pine Ave**を3ブロックほど進んだ所で、レストランやナイトスポット、多くの店が建ち並ぶ。ダウンタウンから3マイル（約5km）東の2ndストリート沿いにあるベルモント・ストアBelmont Shoreにもおもしろい店やレストランがある。少し先にある高級住宅地ネイプルズNaplesには、迷路のような運河があり、伝統的なゴンドラ遊覧（☎562-433-9595 5437 E Ocean Blvd）も楽しめ、1時間のツアーなら2人で＄55だ。

ロング・ビーチには**観光案内所 Visitor Center**（☎562-436-3645、800-452-7829 www.visitlongbeach.com One World Trade Center suite 300 月〜金 8:30〜17:00）および、水族館の外側に**インフォメーションセンター information kiosk**（ 10:00〜17:00 5〜9月、土・日 10:00〜16:00 10〜4月）がある。

ロング・ビーチ太平洋水族館
Long Beach Aquarium of the Pacific

世界各地で精力剤を打ったナマコのように、水中動物園が増殖している。そんな水族館全盛の時代を泳ぎ切るべく、ロング・ビーチは最上級の水族館として競争に参加してきた。この太平洋水族館（☎562-590-3100 100 Aquarium Way 大人＄18.75 シニア＄14.95 子供＄9.95、駐車場＄6 9:00〜18:00）は17の飼育環境に分けられ、30の小さめの水槽が環太平洋海域を南カリフォルニアおよびカリフォルニア半島、北太平洋、南太平洋の3つに分けて紹介している。550種から選ばれた1万以上もの魚や哺乳類、鳥類には、想像力をかき立てるような内容の濃い説明が添えられ、大人も子供も海への神秘と畏敬の念を徐々に感じることができるよう工夫されている。最新の見所はサメ専用の大型プール、シャーク・ラグーンShark Lagoonで、鋭い歯を持つ肉食動物に手を伸ばして触ることができる。ひょっとしたら、映画「ジョーズJaws」のしつこい悪夢から解き放たれるきっかけになるかもしれない。追加料金を払えば、水族館の舞台裏が見れる見学ツアーや遊覧クルーズ（季節運行）にも参加できる。

クイーン・メリー港
Queen Mary Seaport

タイタニックTitanicの文字ばかりが新聞の見出しに躍ることになったが、実際にはクイーン・メリー号Queen Mary（☎310-435-3511 1126 Queens Hwy 大人＄19 子供＄15、駐車場＄8 10:00〜18:00）のほうがはるかに豪華で大型の船だった。この8万1237トンの客船は1934年に就航し、1964年に引退してその3年後にロング・ビーチに係留されるまで、1001回も大西洋を横断している。世界でも最高級の客船の1つとして、著名人や王族に愛されていた。現在、船の一部はホテルになっている。

基本料金には特殊効果を駆使した「クイーン・メリーの亡霊と伝説Ghost and Legends of the Queen Mary」ツアーも含まれている。舞台裏ツアーBehind the Scenes Tourと第2次世

界大戦ツアーWWII Tourはオプションで、大人＄8、子供＄5の追加料金が必要になる。

豪華客船の隣に係留してあるのは1973年建造のロシアの潜水艦 **スコーピオン Scorpion**（☎562-435-3511 大人＄10 特別割引＄9 10:00～18:00）で、閉所恐怖症でなければ内部の見学が楽しめるだろう。クイーン・メリー号との共通入場券もある。

2隻の船があるクイーンズウェイ・ベイQueensway Bayのちょうど向かい側には、ショッピングや食事が楽しめる**ショアライン・ビレッジ Shoreline Village**があり、港内遊覧クルーズやホエールウォッチングクルーズの出発点にもなっている。

美術館

ロング・ビーチには2つの美術館がある。**ラテン・アメリカン美術館 Museum of Latin American Art**（☎562-437-1689 628 Alamitos Ave 大人＄5 学生・シニア＄3、金曜 無料 火～金 11:30～19:00、土 11:00～19:00、日 11:00～18:00）はアメリカ西部地域で唯一、ラテンアメリカの現代美術を紹介するすばらしい美術館だ。

海に面して建つ**ロング・ビーチ美術館 Long Beach Museum of Art**（☎562-439-2119 2300 E Ocean Blvd 大人＄5 シニア・学生＄4 火～日 11:00～17:00）は20世紀のヨーロッパ美術、カリフォルニア・モダニズム、ビデオアートに特に力を入れて常設展示をしている。

サン・フェルナンド・バレー
San Fernando Valley

普通「バレー」とだけ呼ばれるこの広くて平らな220平方マイル（約570km²）の地域は、商業地域や新興住宅地が何ごともなく続いているように見えるが、地震が多いことでもよく知られている。この地域がだいたい自動車文化発祥の地で、車で立ち寄る小規模な商店街だけでなくドライブイン・シアター、ドライブイン・バンク、そしてもちろんドライブイン・レストランもこのバレーから始まった。

山地に囲まれているため空気の流れが悪く、バレーにはたいがい厚いスモッグの層がたちこめ、海辺より15～20°F（約9～11℃）は暑くなる。グレンデールGlendale、バーバンクBurbank、ノース・ハリウッドNorth Hollywood、ステューディオ・シティStudio Cityなどが主な住宅地域だ。

今ではよそ者から物笑いの種にされることも多いが、実はバレーはその昔、ウォルト・ディズニーやジョン・ウェインなどハリウッド初期の大立者がこぞって家を建てるような、かなりおしゃれな場所だった。当初は大きなスタジオもほとんどここにあった。現在、バレーは世界のアダルトフィルム産業の中心的存在になっている。

ユニバーサル・スタジオ・ハリウッド
Universal Studios Hollywood

ユニバーサル・スタジオ（MAP 7 ☎818-508-9600 100 Universal City Plaza 大人＄43 子供＄35、特別パッケージ料金あり 季節により異なる）は、1915年にカール・レムレが養鶏場の跡地につくった、世界でもっとも大きな映画とテレビのスタジオだ。スタジオ見学ツアーは1964年から始まり、以来、のべ1億人がこの地を訪れている。

ユニバーサル・スタジオの見学には丸1日かかる。夏にはとても込み合うので、暑苦しい中、長蛇の列で待つのを覚悟すること。帽子に日焼け止め、忍耐、そしてとにかく支出を抑えたいなら、サンドイッチや水筒は用意したほうがいい。バック・トゥ・ザ・フューチャーBack to the Futureやジュラシック・パークJurassic Parkなどの人気の乗り物には、たいがい身長制限（通常42インチ＜約107cm＞または46インチ＜約117cm＞）がある。

413エーカー（約165ha）の広さを誇るユニバーサル・スタジオは、上のセクションと下のセクションに分かれ、長さ0.25マイル（約402m）のエスカレーターがそれらを結んでいる。方向感覚をつかむには、まず45分間の**舞台裏ツアー Backlot Tour**に参加するといいだろう。映画製作の裏を見ながら知識を深めて、ちょっとしたスリルも味わうことができる。スピーカーと4台のテレビでロン・ハワードのナレーションとビデオを流しつつ、約250人乗りのトラムがข่ม組んだ35の屋内スタジオを素早く移動する。映画「ジュラシック・パークJurassic Park」や「アポロ13 Apollo 13」が撮影された場所や、「バック・トゥ・ザ・フューチャーBack to the Future」で一番知られる裁判所広場Courthouse Square、ヒッチコックの「サイコPsycho」に登場したベイツ・ホテルBates Hotelのような屋外セットの前を大きな音をたてながら過ぎていく。途中、マグニチュード8.3の大地震や鉄砲水が襲ってきたり、橋が崩れ落ちたり、陥no穽のプラスチックのサメや真正面で雄叫びをあげるキングコングにも遭遇したりして、なかなかスリルも味わえる。

ユニバーサルには無数に乗り物があるわけではないので、丸1日で十分楽しめる。火山のトンネルを自由落下したり、氷河の壁に突っ込んでいったり、恐竜に衝突したりする**バッ**

ク・トゥ・ザ・フューチャー Back to the Futureのような乗り物が典型的だ。**ETアドベンチャー The ET Adventure**では、空飛ぶ「自転車」型のモノレールに乗って、うっとりするようなファンタジーの世界が楽しめる。一番人気の**ジュラシック・パーク Jurassic Park**では、ボートで前史時代のジャングルにいる人なつっこい草食恐竜を見て回ったあと、残忍なベロキラプトルや飢えたティラノサウルスが正面から襲いかかってくる。最高にスリル満点なのは…。いや、驚きを台無しにしてしまうのはよしておこう（ヒント：ずぶ濡れになる）。

最新のアトラクションは、マーベルコミックMarvel Comicsの人気者が登場する、スタントと花火がにぎやかな20分のミュージカル・ショー、**スパイダーマン・ロック Spider-Man Rocks**と、最先端特殊効果の撮影方法を解き明かして見せる**スペシャル・イフェクト・ステージ Special Effects Stages**だ。

ユニバーサル・スタジオの隣には、店やレストラン、映画館、ナイトクラブなどが並ぶファンタジックな雰囲気の**ユニバーサル・シティ・ウォーク Universal City Walk**がある。夜になると活気あふれるネオンサインが遊歩道をミニ・ラスベガスのごとく鮮やかに彩るので、訪れるなら暗くなってからのほうが良い。駐車代は残念ながら＄7もする。

その他のスタジオツアー

ハリウッドでもっとも古い映画とテレビ製作現場の1つで、普段なかなか見られない撮影の現実的な様子を垣間見るには、2時間の**ワーナー・ブラザーズ・スタジオ・ツアー Warner Bros Studios Tour**（MAP 7 ☎818-972-8687 ♠4000 Warner Blvd）に参加しよう。博物館、舞台裏、幾つかの屋内スタジオや屋外セットを巡ることができる。ツアー料金は＄32で、平日の9:00〜15:00に30分間隔で行われる。予約が必要で、8歳未満の子供は参加できない。

近くには**NBCスタジオツアー NBC Studios Tour**（MAP 7 ☎818-840-3537 ♠3000 W Alameda Ave）もあり、ジェイ・レノのテレビ番組「トゥナイト・ショー Tonight Show」のセットや、衣装、メイクアップ、大道具、特殊効果、音響効果などの部門も見ることができる。70分のツアー料金は大人＄7.50、子供＄4.25で、毎日9:00〜15:00に行われる。どちらのスタジオもバーバンクBurbankにある。

フォレスト・ローン・セメタリー
Forest Lawn Cemetery

「死人のカントリークラブ」と茶目っ気たっぷりに呼ばれるこの途方もなく広い墓地（☎818-241-4151 ♠1712 S Glendale Ave、Glendale 入場無料 9:00〜17:00）は、クラーク・ゲーブルやウォルト・ディズニー、キャロル・ロンバードなどハリウッドの伝説的な人々が死後に行き着いた場所だ。ミケランジェロのダビデ像やダ・ビンチの絵画、最後の晩餐*Last Supper*を完璧に模したステンドグラスなど、敷地内には芸術品の複製がたくさん散りばめられている。はっきり模造とはいってはいるが、イブリン・ウォーの小説「ラブド・ワン*The Loved One*」（1948年）で強烈に皮肉られた死者文化を垣間見るためにも、興味をそそられる場所だ。

サン・フェルナンド・レイ・デ・エスパーニャ伝道所
Mission San Fernando Rey de España

1797年に設立されたこの伝道所（☎818-361-0186 ♠15151 San Fernando Mission Rd 大人＄4 特別料金＄3 子供7歳未満 無料 9:00〜16:30）は、ロサンゼルス地域で建てられた2番目のスペインの伝道所だ。見所は厚さ4フィート（約1.2m）の日干し煉瓦と21のロマネスク様式のアーチを用いて1822年に建造された修道院で、内部にある祭壇のうしろにはスペインから取り寄せた精巧なバロック様式の飾りが見られる。博物館には、伝道の歴史とアメリカ先住民族の手工芸品が紹介されている。鳩が歩き回る敷地内には彫像が点在。伝道所はバレーの北部にあり、インターステイト405（I-405）とハイウェイ118が交差する辺りにある。

パサデナとその周辺
Pasadena & Around (MAP 8)

この風格のある町パサデナを特徴づけ、今日の活気あふれる雰囲気を象徴しているのが、有名なローズ・パレードとローズ・ボウルだろう。20世紀初頭に建てられたすばらしい豪邸から立派な美術館、見事な料理を披露するレストランまで、パサデナは常に注目を浴びる地だ。

ダウンタウンから車で15分ほど北東に向かうと、パサデナはサン・ガブリエル山脈San Gabriel Mountainsの影に吸い込まれる。1873年に中西部からの移住者によって町がつくられて以来、作家や画家、特に20世紀の初めには建築家の天国だった。1891年にはエイモス・G・スループが現在のカリフォルニア工科大学の前身であるスループ大学を創立している。1940年には南カリフォルニアで初めての自動車専用道路アロヨ・セコ・パークウェイArroyo Seco Parkwayが開通した。それが今のI-110（パサデナ・フリーウェイPasadena Fwy）で、町の住人がロサンゼルスのダウンタウン

ロサンゼルス - パサデナとその周辺

に通うための通勤道路になっている。

パサデナの中心部は歴史保存地区オールドタウンOld Townで、アロヨ・パークウェイとパサデナ・アベニューPasadena Aveの間にあるコロラド大通りColorado Blvdに沿って20ブロックほど続く。通りにはレストランやコーヒーハウス、チェーン店、本屋、ギャラリー、ナイトクラブ、シネマコンプレックスなどがひしめき合っている。この東には、うまく設計された新しいタイプの屋外ショッピングセンター、**パセオ・コロラド Paseo Colorado**もある。

情報が必要なら、**パサデナ観光局 Pasadena Convention & Visitors Bureau**（☎626-795-9311 ♠171 S Los Robles Ave ◘月〜金 8:00〜17:00、土 10:00〜16:00）に行くといい。無料のパサデナATRSバスは、オールド・パサデナOld Pasadenaとパサデナ劇場地区Pasadena Playhouse District、サウス・レイク・アベニューSouth Lake Aveの間を定期的に行き来している。

予定通りなら、2003年の夏の終わりには、ロサンゼルスのダウンタウンにあるユニオン・ステーションからパサデナまで、新交通システムのゴールド・ラインが運行されているはずだ。

ノートン・サイモン美術館
Norton Simon Museum

ノートン・サイモン美術館（☎626-449-6840 ♠411 W Colorado Blvd ◘大人＄6 シニア＄3 学生・子供18歳未満 無料 ◘水〜月 12:00〜18:00、金 12:00〜21:00）には、ルネッサンス期から20世紀にかけてのヨーロッパ芸術の粋が集められ、また、インドや東南アジアの2000年の歴史から選り抜かれたアジアの彫像も収められている。ボッティチェリ、セザンヌ、ドガ、ゴヤ、マチス、モネ、ピカソ、ラファエロ、レンブラント、ルノアール、ルーベンス、トゥールーズ・ロートレック、そしてヴァン・ゴッホと、名前を一部挙げただけでもそうそうたる顔ぶれであることがわかる。最近、フランク・ゲーリーの手により美術館の照明と展示方法が改良され、ナンシー・ゴスリー・パワーは、ジベルニーGivernyにあるクロード・モネの庭をモデルに、屋外をすばらしい彫刻庭園に作り替えた。

リグレー邸＆庭園
Wrigley Mansion & Gardens

ノートン・サイモン美術館の南にあるのは、1914年に建てられたイタリア・ルネッサンス様式の装飾が施された堂々たる別荘リグレー邸（☎626-449-4100 ♠391 Orange Grove Blvd ◘入場無料 ◘年中）だ。チューインガム王ウィリアム・リグレー・ジュニアがかつて所有し、現在はローズパレード協会の本部になっている。無料の見学ツアーは2〜8月までの木曜、14:00と16:00に行われる。その他の時期は、バラやツバキがあでやかに咲き乱れる（もちろん季節によるが）魅力的な庭園だけが一般公開されている。

ローズ・ボウル＆アロヨ・セコ
Rose Bowl & Arroyo Seco

数あるパサデナの偉大な建築物の中でも最大級なのは、1922年に建てられた9万8636人収容のローズ・ボウル・スタジアム（☎626-577-3100 ♠1001 Rose Bowl Dr）だ。UCLAブルーインズBruinsフットボールチームのホームグラウンドで、元旦にはアメリカンフットボールの優勝決定戦ローズ・ボウルが行われ、毎月開催されるフリーマーケットの会場にもなっている。

スタジアムは広大な緑地帯アロヨ・セコのもっとも広い部分**ブルックサイド公園 Brookside Park**の真ん中にあり、周辺はハイキングやサイクリング、乗馬で人気がある。ここは、20世紀初頭、パサデナの豪壮な邸宅の陰で、多くの工芸家やアーチスト、建築家などが参加して花開いた芸術活動「アロヨ文化」の中心地だった。その頃に建てられた堂々たる構えの**ビスタ・デル・アロヨ・ホテル Vista del Arroyo Hotel**（1903年）（♠125 S Grand Ave）は、1980年代に修復され、現在は第9巡回控訴裁判所Ninth Circuit US Court of Appealsとして使われている。アロヨに架かる町でもっとも不名誉な名所は**コロラド・ストリート橋 Colorado St Bridge**（1913年）で、1929年には株の暴落に絶望してこの橋から飛び下りる人が相次ぎ、その後も世をはかなんだ人々が寄って来ることから「自殺橋」として知られている

ギャンブル・ハウス
Gamble House

1908年にチャールズとヘンリー・グリーンの設計で建てられたギャンブル・ハウス（☎626-793-3334 ♠4 Westmoreland Place ◘大人＄8 シニア・学生＄5 子供12歳未満 無料）は、クラフツマン様式をもっともよく表したものとされている。テラスや屋外で寝るためのベッドルームポーチ、日射しを避けるために広く張り出したひさしなどが特徴的だ。建設当初は、映画「バック・トゥ・ザ・フューチャー」の3本に出演したいかれた科学者ドック・ブラウン（クリストファー・ロイド）が住んでいた。1時間のガイド付ツアーは、主な祝日を除く木〜日曜ま

での12:00〜15:00の間に、だいたい20分間隔で行われる。グリーン兄弟が建てたほかの家は、**チャールズの私邸 Charles' private residence**（🏠368 Arroyo Terrace）を含めて、グランド・アベニューGrand Aveとアロヨ・テラスArroyo Terraceの辺りにある。

パシフィック・アジア美術館＆シビック・センター
Pacific Asia Museum & Civic Center

そり上がった屋根と竜の飾り、それに静かな中庭のある中国王宮スタイルの美術館（☎626-449-2742 🏠46 N Los Robles Ave 🚇大人＄5 シニア・学生＄3 子供 無料 🕐水〜日 10:00〜17:00、金 10:00〜20:00）は一風変わった建築物だ。5000年の歴史から集められた芸術工芸品の数々は、珍しいものも平凡なものも一緒に展示されている。この美術館の目玉は、広重や北斎といった日本の浮世絵や、中国の何代にもわたる王朝の陶磁器だろう。

西側にあるのはパサデナの**シビック・センター Civic Center**で、イタリア・ルネッサンス様式とスペイン植民地様式が古典的装飾様式と混じり合う1927〜1933年の間に建てられた。その北側にある、中庭と噴水を囲むように建てられた壮大な**パサデナ市庁舎 Pasadena City Hall**（🏠100 N Garfield Ave）と**公共図書館 Public Library**（🏠285 E Walnut St）も見ておきたい。

パサデナ・カリフォルニア美術館
Pasadena Museum of California Art

町に新しくできたパサデナ・カリフォルニア美術館（☎626-568-3665 🏠490 E Union St 🚇大人＄6 シニア・学生＄4 子供12歳未満 無料、毎月第1金曜 無料 🕐水〜日 10:00〜17:00、金 10:00〜20:00）は、カリフォルニアの芸術家により製作された1850年から現在までの芸術品、建築、写真、デザインなどを紹介している。この地で芽生えたイマジネーションは、実験的なことを好む気風によって育まれ、混在する文化の影響を受けていく。それがどのようにして、アーミッシュキルトの豊かな模様のように織りなされていったかがよくわかるようになっている。

カリフォルニア工科大学
California Institute of Technology

カルテックCaltech（☎626-395-6327 🏠551 S Hill Ave）の教授陣と卒業生には、26のノーベル賞受賞者と43の科学栄誉賞受賞者がいる。これだけでもこの大学が学会でいかに畏敬の念をもって見られているかがわかるだろう（アルバート・アインシュタインもここの卒業生だった）。一般のキャンパス見学ツアーは月〜金の14:00に行われ（祝日、雨の日、12月中旬から1月初旬の冬休み期間中を除く）、地震学研究室への訪問も含まれる。必ず予約すること。建築学ツアーも用意されている。詳細は電話で問い合わせること。

カルテックはまた、パサデナのすぐ北にあるラ・カニャーダLa Cañadaにある太陽系ロボット探査を研究するNASAの本部、**ジェット推進研究所 Jet Propulsion Laboratory (JPL)**も運営している。施設は公開されていないが、JPLはその研究活動の一部をホームページ（🌐www.jpl.nasa.gov）で紹介し、年に1度「一般公開日」（6月頃）も設けている。

ハンティントン図書館、アートコレクション、植物園
Huntington Library, Art Collection & Botanical Gardens

文化センターや研究所が建ち並ぶ地区だが、1日をゆったりと過ごせる場所でもある。不動産・鉄道王ヘンリー・ハンティントンのかつての所有地（☎626-405-2100 🏠1151 Oxford Rd 🚇大人＄10 シニア＄8.50 学生＄7 子供5〜11歳＄4、毎月第1木曜 無料 🕐火〜金 12:00〜16:30、土・日 10:30〜16:30）は、ロサンゼルスの見逃せない見所の1つになっている。

1万4000種の樹木、潅木、草花が植えられた広大な**植物園 botanical gardens**だけでも訪れる価値はある。さらに見応えがあるのは**図書館 library**で、1455年製のグーテンベルクの聖書や、チョーサーの「カンタベリー物語*Canterbury Tales*」（1410年）のエルズミーア写本、ベンジャミン・フランクリンが手書きした自叙伝など、英語の希少本や地図、手書き原稿などが集められている。

ハンティントン・アート・ギャラリー Huntington Art Galleryは、かつて家族が住んでいた邸宅で、18世紀イギリスとフランスの絵画コレクション（中にはトーマス・ゲインズボロ作の「青い衣装の少年*Blue Boy*」もある）を誇りにしている。ほかにもヨーロッパの年代物の彫像や陶磁器、タペストリーに加えて、メアリー・カサット、エドワード・ホッパー、ジョン・シンガー・サージェントの作品など、1730年代〜1930年代にかけてのアメリカの絵画がずらりと並んでいる。

サウスウエスト博物館
Southwest Museum

パサデナのすぐ南にあるこの博物館（☎323-221-2164 🏠234 Museum Dr 🚇大人＄6 シニア・学生＄4 子供7〜18歳＄3 🕐火〜日 10:00〜

17:00）には、アメリカ先住民族による芸術品や手工芸品が驚くほどたくさん収蔵されている。4つのホールは、大草原地域、北西海岸地域、南西地域、カリフォルニア地域の北アメリカ先住民族文化をそれぞれ紹介している。この区分により、各地域で発達した彼らの伝統や儀式、服装、工芸品、信仰、祭式、社会的・政治的組織などを比べることができる。この博物館にはアメリカでもっとも多くのバスケットのコレクションがあり（1万1000点）、同時に7000点余りの陶器、6600点の絵画や織物、聖像、ラテンアメリカからの装飾的・民族的芸術品なども収められている。本書を執筆している時点では、大規模な拡張工事中で完成は2004年春の予定だ。

ヘリテージ・スクウェア博物館
Heritage Square Museum

1865～1914年にかけてのビクトリア時代に建てられた8つの建物が、取り壊し寸前で救われ、インターステート110（I-110）をアベニュー43 Ave 43の出口へ下りた所にあるヘリテージ・スクウェアHeritage Squareの屋外博物館（☎626-449-0193 ❏3800 Homer St ❏大人＄6 シニア＄5 子供6～12歳＄3 ❏金～日 12:00～16:00）に移され、公開されている。

見所はイタリア風のペリー・ハウスPerry Houseとロングフェロー・ヘイスティングスの8角形の家Longfellow Hastings Octagon Houseだろう。敷地内は自由に見て回れるが、家の内部を見たいなら入場料に含まれているガイド付ツアーに参加すること。

サン・ガブリエル・アーチエンジェル伝道所
Mission San Gabriel Archangel

このカリフォルニアの伝道所（☎626-457-3048 ❏537 W Mission Dr ❏大人＄5 シニア＄4 子供6～12歳＄2 ❏9:00～16:30）はパサデナの南東の町サン・ガブリエルにあり、21の伝道所の4番目として、フランシスコ会の修道士により1771年に創立された。南スペインのコルドバCórdobaにある大聖堂の外観にムーア様式の要素を取り入れ、地元の先住民が石と煉瓦とモルタルを使い、厚い控え壁を用いたデザインで教会の原型を造りあげた。この教会は何度も崩壊と復元をくり返し、最近では1993年に修復されている。

内部には銅の洗礼盤や1790年にメキシコ・シティで作られた祭壇、木製の聖像などがある。墓地にはほかの多くの人々と共に、記念碑が捧げられた6000人の先住民が眠り、敷地内にはせっけんやろうそく作りに使われた大樽、暖炉、泉、台所の複製がある。博物館では、聖書や聖衣、先住民の工芸品などが見られる。

ビーチ

LAカウンティの海岸線にあるビーチはみんなを手招きする。あふれるほどの日射し、温かい空気、そしてさまざまなアクティビティが人々を年中海辺に引きつける。サーフィンやヨット、水泳、日光浴、バレーボール、漂流物探し、そして単に砂浜を散策するのもいい。地元の人間も観光客も同じように楽しめる。

水は春の終わりまでには浸かれるくらいぬるくなり、8月と9月にはもっとも温かくなるが（70°Fまたは21℃くらい）、冬の太平洋はかなり冷たい。ほとんどのビーチには、シャワーやトイレ、売店などがあり、ライフセーバーもいて、定期的に掃除もされている。

危険なことはあまりないが、まったく油断はできない。大きな嵐のあとは、危険なレベルで汚染された未処理の下水が流れ出ることもあるので、たいてい3日間は遊泳禁止になる。地元の非営利団体ヒール・ザ・ベイ Heal the Bay（☎310-453-0395 ❏www.healthebay.org）がA+からFまでの評点方式でその海域の水質を評価したビーチ成績表Beach Report Cardを毎月出している。情報がほしければ電話をするかホームページをチェックするといい。ほかの危険な要素は、泳いでいる人を岸から引き離してしまう離岸流と呼ばれる強い潮流だ。白く泡立つ平らな波には気をつけよう。

何マイルも広い砂浜が続くので、ロサンゼルスのビーチが込み合うことはめったにない。もっとも人気があるのはサンタモニカ、ベニス、マンハッタン・ビーチだろう。サーフィンなら、別名サーフライダー・ビーチSurfrider Beachと呼ばれているマリブ・ラグーン州立ビーチMalibu Lagoon State Beachとマンハッタン・ビーチ桟橋Manhattan Beach pierだ。プラッテス・リーフPratte's Reefは、ドックワイラー州立ビーチDockweiler State Beachに作られたサーフィン用の人工岩礁だ。郡の北部にあるズマ・ビーチZuma Beachはもっとも美しい浜辺の1つで、水も一番澄んでいる。それより北に行けばしばしば映画のロケに使われるエル・ペスカドールEl Pescador、エル・マタドールEl Matador、ラ・ピエドラLa Piedraがあり、ヌーディストたちにも人気がある。

サンタモニカ山地
Santa Monica Mountains

観光客の中で、この大都市ロサンゼルスが、実

はサンタモニカ山地国立レクリエーション・エリアSanta Monica Mountains National Recreation Areaの原野に隣接していると気がつく人は少ない。15万エーカー（約6万ha）もの広さを誇り、地元の人の遊び場として大切にされているが、観光客はたいてい素通りしている。カリフォルニアの典型とも言える荒削りな美しさが手軽に楽しめるというのにもったいないことだ。短いハイキングをするだけでも都会の観光から離れて爽快な気分になれるし、都市と自然環境の両方の良さに改めて気づくに違いない。公園では、**ハイキングhiking**、**マウンテンバイクmountain biking**、**乗馬 horseback riding**、**バードウォッチング bird-watching**などのアクティビティが楽しめる。人気がある65マイル（約105km）のバックボーン・トレイルBackbone Trailを初めとして、この地域には登山道が600マイル（約966km）も縦横に走っている。峡谷道路が何本か山を切り進んでいるので登山道は簡単に見つかる。

春、気温が穏やかで**野生の花 wildflowers**が咲き乱れる時期が、公園を訪れるのに一番楽しい季節だろう。夏の真昼のハイキングはおすすめしない（気温は100°F、または38°C以上になる）。秋もすばらしい季節だが、山火事の恐れがある。冬にはよく雨が降り、登山道が閉鎖されることもある。ほとんどの登山道も岩だらけなので、しっかりした靴を用意することだ（スニーカーや軽いハイキングシューズなら大丈夫）。服は重ね着にして、日焼け止め、帽子、水をたっぷりと持って行こう。ワックスがかかったようなつやのある三枚葉はウルシなので注意すること。ほかに危険があるとすれば、ガラガラヘビやクーガーにまれに遭遇することだろう（野生動物に遭遇した時の詳しい対処法については「基本情報」の章を参照）。

サン・フェルナンド・バレーのもっとも西側にあるサウザンド・オークスThousand Oaksの**ビジターセンター visitor center**（☎805-370-2300 Ⓦwww.nps.gov/samo 🏠401 W Hillcrest Dr ◐月〜金 8:00〜17:00、土・日 9:00〜17:00、主要な祝日は休館）は国立公園局が運営している。ハイウェイ101からリン・ロードLynn Rd方面へ出て、そのままリン・ロードを北上し、ヒルクレスト・ドライブHillcrest Drで東へ、マクラウド・アベニューMcCloud Aveに出たら左折して、右手の最初の私道に入る。センターでは各種の情報が手に入り、地図やハイキング本も買うことができる。

シエラ・クラブ Sierra Club（☎213-387-4287 Ⓦwww.angeles.sierraclub.org）や**国立公園局 National Park Service**がガイド付のハイキングを主催している。ジョン・マッキニーJohn McKinneyの著作「南カリフォルニア日帰りハイキングガイドDay Hiker's Guide to Southern California」や「ロサンゼルスを歩く：街はずれの冒険Walking Los Angeles: Adventures on the Urban Edge」は、この地域のハイキングについて詳しく書かれたすばらしいガイドブックで、町の書店ならどこでも手に入る。

ロサンゼルス・コンサーバンシーのツアー

ロサンゼルス・コンサーバンシー Los Angeles Conservancy（☎213-623-2489 Ⓦwww.laconservancy.org）はロサンゼルスにある歴史的な建物を保存して、人々の関心を高める目的で活動している非営利団体だ。訓練を受けたガイドが、ダウンタウン地域を楽しみながら学べる徒歩ツアーで案内してくれる。ツアーはテーマ別になっており、特に記載がない限り、10:00に集合して約2.5時間歩く。料金は＄8で、予約（電話かインターネットで）が必要だ。

特に人気のあるツアーを下記に挙げたので、電話かホームページで正確なスケジュールを確認してほしい。

- **アンジェリーノ・ハイツAngelino Heights**（毎月第1・3土曜日、＄10）- ロサンゼルス最初の郊外地域にある19世紀後半ビクトリア様式の家を訪ねる。そのうち2カ所では、内部の見学もある。
- **アールデコArt Deco**（毎土曜日）- 1920〜1930年代に流行した、派手な幾何学様式で建てられた建築物を巡る。
- **ビルトモア・ホテルBiltmore Hotel**（毎月第2土曜日、11:00）- 華やかなホテルのヘルスクラブや調理場、貴賓室などを90分かけて巡る。
- **ブロードウェー・シアターBroadway Theaters**（毎土曜日）- ブロードウェイ国立歴史的劇場保全地区Broadway National Register Historic Theater Districtのツアーでは、劇場の内部を幾つか見学するが、どの劇場になるかはその日の行程により異なる。
- **市庁舎 City Hall**（毎月第1・4土曜日）- 最近修復された市庁舎に入り、円形のホール、市議会議場、公務室などを見学する。
- **ユニオン・ステーションUnion Station**（毎月第3・4土曜日）- アメリカで最後に建てられた大きな鉄道駅（1939年建造）と、1993年に増築されたトランジット・ゲートウェイを見学する。

ツアー

幾つかの旅行会社が、市内観光やスターの邸宅を巡る人気のツアーなど（どちらも約＄40）基本的に似たようなタイプのバスツアーを同程度の料金で行っている。ユニバーサル・スタジオやディズニーランド、ナッツベリー・ファーム、シックス・フラッグス・マジッ

ク・マウンテンSix Flags Magic Mountainなどのテーマパークツアーは、入場料込みでおよそ＄60〜75、子供用の割引料金もある。**スターライン・ツアー Starline Tours**（☎800-959-3131）や**LAツアー LA Tours**（☎323-937-3361）、**ユーロ・パシフィック・ツアー EuroPacific Tours**（☎800-303-3005）をあたってみるといい。

LAバイク・ツアー LA Bike Tours（☎323-466-5890、888-775-2453 www.labiketours.com）ベニスやサンタモニカ、ハリウッドなど、周辺地域へのガイド付サイクリングツアーや、サンタモニカ山地にあるトパンガ・キャニオンTopanga Canyonを巡るツアーを行っている。ツアー料金は＄30〜75で、軽食、飲料水、自転車、ヘルメットが含まれる。

ホエールウォッチングツアーや、湾内遊覧クルーズ、ディナークルーズなどの会社なら、**ホーンブローアー・クルーズ Hornblower Cruises**（☎310-301-6000 ✆13755 Fiji Way, Marina del Rey）や**ショアライン・ビレッジ・クルーズ Shoreline Village Cruises**（☎562-495-5884 ✆429 Shoreline Village Dr, Long Beach）がある。

ハリウッドとダウンタウンの徒歩ツアーを行う新しい会社は**レッド・ライン・ツアー Red Line Tours**（☎323-402-1074 www.redlinetours.com ✉大人＄20 シニア・学生＄18 子供9〜15歳＄15）だ。親しみやすいガイドが、さまざまなエピソードやおもしろい事実、歴史的・建築学的なデータなどをうまく織りまぜて、楽しみながら学べるように工夫している。全員にヘッドフォンが配られるので、車の多い騒がしい通りでも説明を聞き逃すことはない。現在行われているツアーには、ハリウッドの歴史Historic Hollywood、ダウンタウンの歴史Historic Downtown、現代のダウンタウンContemporary Downtownなどがある。

年中行事

ロサンゼルスのカレンダーは、街に住むさまざまな民族の伝統的なお祭りや文化的行事で埋め尽くされている。ここに挙げたものは、ほんの一例に過ぎないので、詳しくはビジターセンターに問い合わせるか、「ロサンゼルス・タイムス*Los Angeles Times*」「LAウィークリー*LA Weekly*」などのイベント欄を参照してほしい。

トーナメント・オヴ・ローズィズ・パレード Tournament of Roses Parade（☎818-419-7673）1月
チャイニーズ・ニュー・イヤー Chinese New Year（旧正月）（☎213-617-0396）2月
ロサンゼルス・マラソン＆サイクリング大会 LA Marathon & Bike Tour（☎310-444-5544）3月
トヨタ・グランプリ・ロング・ビーチ Toyota Grand Prix of Long Beach（☎800-752-9524）4月
ブレッシング・オブ・ジ・アニマルズ Blessing of the Animals（ペット感謝祭）（☎213-628-1274）4月
シンコ・デ・マヨ・セレブレーション Cinco de Mayo Celebration（5月5日祭）（☎213-624-3660）5月
マリアッチUSAフェスティバル Mariachi USA Festival（☎213-848-7717）6月
ロサンゼルス・ゲイ＆レズビアン・プライド・セレブレーション Los Angeles Gay & Lesbian Pride Celebration（☎323-860-0701）6月
ロータス・フェスティバル Lotus Festival（☎213-485-1310）7月
マリブ・アート・フェスティバル Malibu Art Festival（☎310-456-9025）7月
セントラル・アベニュー・ジャズ・フェスティバル Central Avenue Jazz Festival（☎213-485-2437）8月
日系2世週間 Nisei Week（☎213-687-7193）8月
ロング・ビーチ・ブルース・フェスティバル Long Beach Blues Festival（☎562-436-7794）9月
LAカウンティ・フェア LA County Fair（☎909-623-3111）9月
オクトーバーフェスト Oktoberfest（☎310-327-4384）9月
カタリーナ・アイランド・カウンティ・ミュージック・フェスティバル Catalina Island Country Music Festival（☎619-458-9586）9月
ディア・デ・ロス・ムエルトス Día de los Muertos（死者の日）（☎213-624-3660）11月
ドゥー・ダー・パレード Doo Dah Parade（☎818-449-3689）11月
ハリウッド・クリスマス・パレード Hollywood Christmas Parade（☎323-469-2337）11月
ホリデー・フェスティバル・オブ・ライト Holiday Festival of Lights（☎323-913-4688）12月
クリスマス・ボート・パレード Christmas Boat Parade（☎310-821-7614）12月
ラス・ポサダス Las Posadas（☎213-968-8492）12月

宿泊

はっきり言えることは、ロサンゼルスのどこに泊まるかで宿泊料はかなり左右される。低料金の宿はビバリーヒルズやウエスト・ハリウッドでは少ないが、ハリウッド、ダウンタウン、パサデナには比較的多くある。ユースホステルはハリウッドやベニス・ビーチに集中する。

ダウンタウン
Downtown (MAP 2)
低料金 スティルウェル・ホテル Stillwell Hotel
（☎213-627-1151、800-553-4774 ℻213-622-

8940 www.stillwell-la.com ⌂838 S Grand Ave S＄49〜、W＄59〜）には1920年代の魅力ある雰囲気が今も残る。この歴史ある建造物は、全面改装が行われテレビ、エアコン付の標準的だが快適な設備の部屋が250室ある。

ミルナー・ホテル
Milner Hotel
☎213-627-6981、877-645-6377
www.milner-hotels.com
⌂813 S Flower St
客室＄60〜80
古風な部屋が177室ある。多国語を話すスタッフがおり、レストランパブもある。料金には朝食と空港までの送迎が含まれる。

ダウンタウンの西側へ数ブロックの所には、とりたてて特徴のない格安モーテル、**モーテル・デ・ヴィラ Motel de Ville**（☎213-624-8474 ⌂1123 W 7th St 客室＄40〜45）と**シティ・センター・モーテル City Center Motel**（☎213-628-7141、800-816-6889 213-629-1064 ⌂1135 W 7th St 客室＄40〜50)の2軒がある。

中級 歴史と新しさが融合した一風変わった**フィゲロア・ホテル Figueroa Hotel**（☎213-627-8971、800-421-9202 213-689-0305 www.figueroahotel.com ⌂939 S Figueroa St, South Park 客室＄98〜185）は1927年建築。天井の高いロビーはスペイン風の住居を連想させるが、モロッコを中心に地中海周辺のさまざまな装飾スタイルを採用している。客室にもこの様式が施され、その大きさや室料はそれぞれ異なる。人気のあるこのホテルには、金額に見合うだけの価値がある。

ベスト・ウェスタン・ドラゴン・ゲート・イン
Best Western Dragon Gate Inn
☎213-617-3077、800-282-9999
213-680-3753
www.dragongateinn.com
⌂818 N Hill St
客室＄89〜159、子供18歳未満 無料
快適な設備の部屋が52室あり、中国風の装飾が施されている。アメニティも充実している。

カワダ・ホテル
Kawada Hotel
☎213-621-4455、800-752-9232
213-687-4455
www.kawadahotel.com
⌂200 S Hill St
客室＄109〜129
ビジネスマン向けの近代的でお値打ちなホテル。週末料金は下がることも多いので、問い合わせよう。室内特別設備にはビデオや簡易キッチンがあり、1階にはレストランもある。

ウィルシャー・ロイヤル・ハワード・ジョンソン・プラザ
Wilshire Royale Howard Johnson Plaza
☎213-387-5311、800-421-8072
213-380-8174
⌂2619 Wilshire Blvd
4〜9月 S＄129、W＄149、トリプル＄159、4人部屋＄179、10〜3月 S＄109、W＄129、トリプル＄139、4人部屋＄159
ダウンタウンの北西マッカーサーMacArthur地区にあり、年代物の建物の中で現代的な利便性を提供している。室内には温かみのある家具が備えられ、アメニティも豊富。

高級 ダウンタウンにある最高級ホテル、**ザ・ミレニアム・ビルトモア The Millennium Biltmore**（☎213-624-1011、800-245-8673 213-612-1545 ⌂506 S Grand Ave 客室＄205〜250）の起源は1923年にさかのぼる。歴代のアメリカ大統領、有名人、要人たちが、彫刻の施された黄金色に輝く天井、大理石の床や大階段のある豪華な共用部分ををを華やかにパレードしていった。部屋は贅沢さを極めている。

ウィンダム・チェッカーズ・ホテル
Wyndham Checkers Hotel
☎213-624-0000、800-423-5798
213-626-9906
www.checkershotel.com
⌂535 S Grand Ave
客室＄166〜228
ザ・ミレニアム・ビルトモアの近く、それより小さいが同様にこの上なく美しいホテルだ。大理石の浴室や屋上のスパは、このヨーロッパ式ホテルの独特な趣の一例である。アメニティには無料の新聞や靴磨きが含まれる。

ハリウッド
Hollywood (MAP 3)

低料金 ハリウッドはユースホステルの多い所で、あまりお金のない一般大衆が滞在するには良い場所となっている。ほとんどのユースホステルでは、ロサンゼルス国際空港、グレイハウンド・バスターミナル、アムトラックの駅から無料または割引で送迎を行っている。

ハリウッド・インターナショナル・ホステル
Hollywood International Hostel
☎323-463-0797、800-750-6561
323-463-1705
www.hollywoodhostels.com
⌂6820 Hollywood Blvd
ドミトリーベッド＄17、個室＄40
ハリウッド大通りとハイランド通りの交差点近

くにある清潔なホステルで、フロアは男性、女性、カップル別になっているが、共に行動する異性のグループにも対応してくれる。ドミトリーは3、4人部屋で、すべての調度品を新しくしたビリヤード台やテレビのある大きなロビーのほかには共同のキッチンやランドリーもある。パスポート、学生証の提示が必要。

USAホステル
USA Hostel
☎323-462-3777、800-524-6783
Ⓦ www.usahostels.com
⌂1624 Schrader Blvd
✉ドミトリーベッド＄17、個室＄36～48

衛星テレビやバス付の適度な広さの部屋がある。宿泊客はモダンで設備の整ったキッチンに集ったり、週2回ここで行われるコメディのライブで顔を合わせることもできる。宿泊料金にはパンケーキとワッフルの朝食が含まれる。

スチューデント・イン・インターナショナル・ホステル
Student Inn International Hostel
☎323-469-6781、800-557-7038（ロサンゼルス市内のみ）　🖷なし
Ⓦ www.studentinn.com
⌂7038 1/2 Hollywood Blvd
✉ドミトリー2段ベッド 1人につき＄14.50、2人用クイーンサイズベッド 1人につき＄11、個室＄39.50

キッチン、ラウンジ、インターネットコーナーがある。各室バス付だが、全面改装が必要かもしれない。パスポート、学生証の提示が必要。

ハリウッド・バンガローズ
Hollywood Bungalows
☎323-969-9155　🖷323-969-9678
Ⓦ www.hollywoodbungalows.com
⌂2775 Cahuenga Blvd
✉ドミトリーベッド＄15～22、テレビ付個室＄59

以前はバナナ・バンガローBanana Bungalowだった場所で別のオーナーが営業するこの宿には、今もパーティー気分が漂い、すてきなプールもある。ドミトリーは4、6、10人用で、ケーブルテレビ、バスルーム、ロッカーがある。無料または低価格のシャトルバスやツアーがあり、ロサンゼルスを見て回るのに役立つ。マイナス面としては公共交通機関を使う場合に理想的な立地（ハリウッド・ボウルHollywood Bowlの近くで、フリーウェイの隣）とは言えないことが挙げられる。

ザ・ガーシュウィン・ハリウッド・ホステル＆ホテル
The Gershwin Hollywood Hostel & Hotel
☎323-464-1131、800-446-7835
🖷323-462-8171
Ⓦ www.gershwinhollywood.com
⌂5533 Hollywood Blvd
✉ドミトリーベッド＄22、個室＄45～75

ロサンゼルスでホステル利用が十分浸透してきたことを示すかのように古い散漫なアパートを改築し、新世紀の斬新なデザインへと生まれ変わった宿。ドミトリーと個室合わせて174室あり、すべてバス付、半数は簡易キッチンも付いている。メトロ・レッド・ラインの地下鉄駅のすぐそばで、付近には大型ショッピングセンターやレストランがある。ホステルには通常の設備のほか、無料または低価格のシャトルバスやツアーなどさまざまな催しが用意されている。

オレンジ・ドライブ・マナー・ホステル
Orange Drive Manor Hostel
☎323-850-0350　🖷323-969-8164
Ⓦ www.orangedrivehoustel.com
⌂1764 N Orange Dr
✉ドミトリーベッド＄19～23、S＄37、Wバスなし＄42、Wバス付＄47

フレンドリーで禁煙のユースホステルで、マンズ・チャイニーズ・シアターのすぐそばにある。1920年代のまとまりなく広がる荘園跡地に建ち、床は硬材で、急な階段や高い天井がある。最近、全面的に刷新された。ドミトリーはほとんど4人用でバスルームが隣接している。

ハリウッドには低価格モーテルが数多く点在するが、中には評判の良くないものもある。次に挙げる以外にも格安のホテルチェーンや個人経営のホテルがラ・ブレア大通りとバイン・アベニューVine Ave間のサンセット大通り沿いに並んでおり、室料は＄40～60程度だ。

リバティー・ホテル
Liberty Hotel
☎323-962-1788、800-750-6561
⌂1770 Orchid Ave
✉客室＄50～、キッチン付＄55～

ハリウッド＆ハイランド・コンプレックスのすぐ裏にあり、テレビとバスルームの付いた大きく明るい部屋が21室あるフレンドリーなホテル。コーヒーと駐車は無料、宿泊者用のランドリーもある。

ハイランド・ガーデンズ・ホテル
Highland Gardens Hotel
☎323-850-0535、800-404-5472
🖷323-850-1712
Ⓦ www.highlandgardenshotel.com
⌂7047 Franklin Ave
✉客室＄65～75、キッチン付スイート＄85～175

周囲を青々と茂る中庭に囲まれた快適な部屋。宿泊者用ランドリーとプールがあり、朝食を無料で提供している。有名歌手のジャニス・

ジョプリンは1970年10月3日、このホテルの105号室で麻薬の過剰摂取により死亡した。

中級・高級　マジック・キャッスル・ホテル
Magic Castle Hotel（☎323-851-0800、800-741-4915　📠323-851-4926　🌐www.magiccastlehotel.com　🏠7025 Franklin Ave　🛏客室・スイート＄69～169）はハリウッドでもっとも人気のあるホテルの1つだが、それにはもっともな理由がある。改装された部屋にはキッチンがあり、モダンな装飾が施されている。広い温水プールもある。近くの伝説的な秘密のマジック・クラブ、マジック・キャッスルMagic Castleへの行き方を尋ねるといい。

オーキッド・スイート・ホテル
Orchid Suites Hotel
☎323-874-9678、800-537-3052
📠323-467-7649
📧info@orchidsuites.com
🏠1753 N Orchid Ave
🛏客室＄79～119

ここも財布にそれほど負担がかからないホテル。プールと設備の良い36室のキッチン付スイートルームがあり、バルコニー付の部屋もある。料金には朝食が含まれる。

ハリウッド・ルーズベルト・ホテル
Hollywood Roosevelt Hotel
☎323-466-7000、800-950-7667
📠323-462-8056
🌐www.hollywoodroosevelt.com
🏠7000 Hollywood Blvd
🛏客室＄199～229

1927年に起源を発する魅力あるスペインのコロニアル風のこのホテルは最近全面改装を行っている。追加サービスの高速無線インターネットが全室で可能だ。18歳未満の子供を同伴する場合は子供の宿泊は無料で、プライバシーが保てるプールサイドの更衣室もいい。特別割引については問い合わせのこと。

ウエスト・ハリウッド＆ミッド・シティ
West Hollywood & Mid-City (MAP 4)

資金の乏しい多くの人にとってウエスト・ハリウッドではめぼしいホテルは少ないが、メルローズ・アベニューに優良ホステルが1軒、ファーマーズ・マーケットの近くに手頃なモーテルが数軒ある。

オービット・ホステル
Orbit Hostel
☎323-655-1510、877-672-4887　📠なし
📧reservations@orbithotel.com
🏠7950 Melrose Ave
🛏ドミトリーベッド＄15～22、個室＄45～79

はっきりした色彩のレトロな装飾と陽気な雰囲気で、非常に好立地の清潔なホステル。ドミトリーは4～6人用で個室にはテレビが設置されており、バルコニー付の部屋もある。全室バスルームが付いている。インターネットコーナー、広いラウンジ、戸外のテラス、コインランドリーがある。朝食は無料だが夕食は＄5かかる。ロサンゼルス空港からの送迎は無料。ドミトリーベッドの予約にはパスポートの提示が必要だ。

パーク・プラザ・ロッジ
Park Plaza Lodge
☎323-931-1501　📠323-931-5863
🏠6001 W 3rd St
🛏客室＄60～65

広めの客室にはアンティーク家具、冷蔵庫、エアコンが装備されている。

ベヴォンシャー・ロッジ・モーテル
Bevonshire Lodge Motel
☎323-936-6154
🏠7575 Beverly Blvd
🛏客室＄50～55

目立たないが静かな場所にあり、清潔で快適な部屋にはエアコン、テレビ、電話がある。

ビバリー・ローレル・ホテル
Beverly Laurel Hotel
☎323-651-2441、800-962-3824
📠323-651-5225
🏠8018 Beverly Blvd
🛏客室＄80～84、簡易キッチン付 追加料金＄10

この辺りで最良のホテル。プールの周りに配置された広めの部屋はかなりセンスが良く、付属のレストラン、**スウィンガーズ・ダイナーSwingers diner**は1日中オープンし、どれも1品＄10以下だ。

ハラウェイ・モーテル
Holloway Motel
☎323-654-2454
🌐hollowaymotel.com
🏠8465 Santa Monica Blvd
🛏客室＄85～105

ウエスト・ハリウッドの中心部にあり、少しうるさいが、それがなければ十分な価値のあるモーテルだ。部屋には留守番電話、モデム接続用データポート、金庫がある。駐車場と朝食は料金に含まれる。

ザ・スタンダード
The Standard
☎323-650-9090　📠323-650-2820
🌐www.standardhotel.com
🏠8300 Sunset Blvd
🛏客室＄99～225

決してスタンダードとは言い難いこの新しいおしゃれなホテルには、常識を超えた驚きのデザインが随所に見られる。客室はCDプレーヤー、ビデオ、プラットホームベッドを完備。24時間営業のコーヒーショップもある。夕方には毛足の長いカーペットを敷いたロビーがDJのいるラウンジに変わる。

ベスト・ウェスタン・サンセット・プラザ・ホテル
Best Western sunset Plaza Hotel
☎323-654-0750、800-421-3652
📠323-650-6146
🌐www.sunsetplazahotel.com
🏠8400 Sunset Blvd
🛏客室 $109～199

力強さとコスモポリタン的感覚があり、広い客室の内装はすばらしい。全室に高速通信用回線が敷いてあり、簡易キッチン付。料金には朝食が含まれる。

ザ・グラフトン・オン・サンセット
The Grafton on Sunset
☎323-654-4600、800-821-3660
📠323-654-5918
🌐www.graftononsunset.com
🏠8462 W Sunset Blvd
🛏客室 $165～300

中国の風水の考えを基にデザインされたビジネスマン向きホテル。追加サービスとして2マイル（約3km）以内の無料のシャトルサービス、広いプール、特定エリア内のナイトクラブでの来賓待遇などがある。

ビバリー・プラザ・ホテル
Beverly Plaza Hotel
☎323-658-6600、800-624-6835
📠323-653-3464
🌐www.beverlyplazahotel.com
🏠8384 W 3rd St
🛏客室 $142～272

ビバリー・センターの近くにあり、客室はヨーロッパ風の広くておしゃれな設備が整っている。すてきなレストラン、カーヴァCava（「食事」を参照）もある。ホテルの特別料金については問い合わせのこと。

モンドリアン
Mondrian
☎323-650-8999、800-525-8029
📠323-650-5215
🌐www.mondrianhotel.com
🏠8440 Sunset Blvd
🛏客室 $335～525

ロサンゼルスの有名人を引き寄せるホテル。この芝居がかったミニマリズムの空間には排他的なムードが満ち、遊び心あふれる照明効果が施された強烈で幾何学的な概観の設備が揃えられている。客室は当然最高級だ。

ビバリーヒルズ
Beverly Hills (MAP 5)

普通「低料金」と「ビバリーヒルズ」は噛み合わないが、予算に余裕のない人でも泊まれる場所も幾つかある。

ビバリーヒルズ・リーブズ・ホテル
Beverly Hills Reeves Hotel
☎310-271-3006　📠310-271-2278
🌐www.bhreeves.com
🏠120 S Reeves Dr
🛏客室 $45～85

静かな通りに建つ、古いが立派で清潔なホテル。部屋には電子レンジ、冷蔵庫、カラーテレビがある。料金は朝食と駐車料込み。

ホテル・デル・フローレス
Hotel del Flores
☎310-274-5115
🏠409 N Crescent Dr
🛏客室 バスなし $65、バス付 $95

家庭的な感じで中心部にあるホテルだが、少々暑苦しい雰囲気もする。

メゾン140
Maison 140
☎310-281-4000、800-432-5444
📠310-281-4001
🌐www.maison140.com
🏠140 S Lasky Dr
🛏客室 $150～215

サイレント映画のスター、リリアン・ギッシュの元私邸で、金の価値を問い直すものだ。フランスとアジアの持ち味をうまく調和させた装飾が施されている。客室にははっきりした模様の壁紙が貼られ、多くの要素の混ざり合ったアート作品、年代ものの家具に加えて多くの贅沢品が置かれている。料金には軽い朝食が含まれる。

ビバリーヒルズ・ホテル
Beverly Hills Hotel
☎310-276-2251、800-283-8885
📠310-281-2905
🌐www.thebeverlyhillshotel.com
🏠9641 Sunset Blvd 🛏客室 $345～455、コテージ $380～、スイート $745～

ロサンゼルスの大ホテルのグランド・ダム*grande dame*（貴婦人）であるこのホテルは、贅沢の極みを与えてくれる。プールサイドやポロ・ラウンジPolo Loungeにあふれるお金持ちの有力者たちと話をしてみよう。

ラックス・ホテル・ロデオ・ドライブ
Luxe Hotel Rodeo Drive
☎310-273-0300、800-468-3541
📠310-859-8730
🌐www.luxehotels.com
🏠360 N Rodeo Dr

客室＄255〜355、スイート＄355〜455
現代的で清潔な整った外観を持つホテルで、88室ある風通しの良い部屋は豪華なリネンやバス用品が十分に用意されている。無料サービスの軽い朝食で1日が始まる。

アバロン・ホテル
Avalon Hotel
☎310-277-5221、800-535-4715
FAX 310-277-4928
www.avalonhotel.com
9400 W Olympic Blvd
客室＄200〜250、スイート＄289〜475
上品でビジネスマン向きのこのホテルでは世紀半ばのモダンさと新世紀の設備が融合している。マリリン・モンローが住んだことがあるここには、ルーシーとデシーも滞在したことがある。

ホテル・ベルエアー
Hotel Bel-Air
☎310-472-1211、800-648-4097
www.hotelbelair.com
701 Stone Canyon Rd
客室＄385〜550、スイート＄700〜3000
プライバシーに重きを置いていて、それこそ正に有名人たちがここの離れのコテージや噴水のある中庭、庭園を好む所以である。夢のような敷地を散歩したり、何か飲むだけでも訪れてみるといい。

ウエストウッド
Westwood (MAP 5)

ロイヤル・パレス・ウエストウッド・ホテル Royal Palace Westwood Hotel
☎310-208-6677、800-631-0100 FAX 310-824-3732 www.royalpalacewestwood.com 1052 Tiverton Ave
客室＄85〜139、子供12歳未満 無料）は決して宮殿ではないが、ジャグジー付など多様な造りの部屋があるなど、結構な価値のある場所だ。駐車、朝食、ケーブルテレビが無料という利点がある。

ホテル・デル・カプリ
Hotel del Capri
☎310-474-3511、800-444-6343
FAX 310-470-9999
www.hoteldelcapri.com
10587 Wilshire Blvd
客室＄100〜125、スイート＄125〜155
明るい装飾の部屋とスイート（簡易キッチン付）がテラスとプールを囲むように建っている人気のホテル。無料のシャトルバスがビバリーヒルズやウエストウッドへ出ている。

ヒルガード・ハウス・ホテル
Hilgard House Hotel
☎310-208-3945、800-826-3934
FAX 310-208-1972
www.hilgardhouse.com
927 Hilgard Ave
S＄129、W＄139
こぢんまりとした快適なビジネスマン向きホテルで、旧世界の魅力とアンティーク調の家具が備えられている。

ダブリュー・ロサンゼルス
W Los Angeles
☎310-208-8765、877-946-8357
FAX 310-824-0355
www.whotels.com
930 Hilgard Ave
スイート＄320〜
並のありふれたホテルとはまったく違うと即座にわかるホテルだ。ボーイはマイク付ヘッドフォンを身に付けているし、階段は噴水の2倍ほどの長さがある。ロビーバーにはゲーム(tic-tac-toe)用の遊戯台も置かれている。部屋は1級品だ。

ロサンゼルス国際空港
Los Angeles International Airport

ここに挙げる宿泊施設はすべて空港から2マイル（約3km）以内にあり、24時間の無料シャトルサービスを提供している。

社交的な人が集まる**LAアドベンチャラー／バックパッカーズ・パラダイス・ホステル LA Adventurer/Backpackers Paradise Hostel** ☎310-672-3090 FAX 310-412-9100 www.backpackersparadise.com 4200 W Century Blvd ドミトリーベッド＄12、個室＄39〜75）では、宿泊客は自ら毎日ベッドメーキングとタオル交換をしなくてはならない。ベニス・ビーチや地元のショッピングモールへ無料の乗り物で行ける。料金にはコンチネンタルブレックファスト、午後のクッキーとお茶、そして毎夜開かれる食べ物付の「シャンパンパーティー」を含む。プールやレストランパブもある。グレイハウンドとアムトラックの駅からの送迎も無料。

スーパー・エイト・モーテル
Super 8 Motel
☎310-670-2900、800-800-8000
9250 Airport Blvd
客室＄55〜95
1泊か2泊、ただ屋根がありさえすればいいという場合に適している宿だ。

アシエンダ・ホテル
Hacienda Hotel
☎310-615-0015、800-421-5900
www.haciendahotel.com
525 N Sepulveda Blvd
客室＄89〜99
巨大なこのお値打ちホテルのモダンな630室は

準サイケデリックなカーペットが特徴で、かなり良いレストランやカントリー＆ウェスタンのラウンジがある。

クオリティー・ホテル・エアポート
Quality Hotel Airport
☎310-645-2200、800-228-5151
🏠5249 Century Blvd 🛏客室＄79〜169
このホテルでは、スタイルではなく快適さを期待しよう。安い軽食メニューのあるフードコートのほか、温水プールのあるフィットネスセンターもある。

バーナビーズ・ホテル
Barnabey's Hotel
☎310-750-0300、888-239-6295
📠310-545-8621
🌐www.barnabeyshotel.com
🏠3501 Sepulveda Blvd
🛏客室＄99〜179
ビクトリア様式の趣（多くのレースとオーク材を想像して）を持つ家庭的なくつろげるホテル。美しいパティオ（中庭）、パブ、人気のレストランが敷地内にある。

フォー・ポインツ・バイ・シェラトン
Four Points by Sheraton
☎310-645-4600 📠310-649-7047
🌐www.fourpointslax.com
🏠9750 Airport Blvd
🛏客室＄89〜99
景色は心地よく、たくさんのアメニティが揃い、うまく家具が置かれた客室がある。フライト後の身体のよじれをスポーツジムやプールでほぐしてみては。

　高級なエアポートホテルは、主にビジネス出張者の要求を満たしてくれる。1室＄120〜200で、スイートはそれより少し高くなる。この種のホテルには**クラウン・プラザLAエアポート Crowne Plaza LA Airport**（☎310-642-7500、800-255-7606 📠310-342-7010 🏠5985 W Century Blvd）、**ロサンゼルス・エアポート・ヒルトン＆タワーズ Los Angeles Airport Hilton & Towers**（☎310-410-4000、800-445-8667 📠310-410-6250 🏠5711 W Century Blvd）およびロサンゼルス・エアポート・マリオット Los Angeles Airport Marriott（☎310-641-5700、800-228-9290 📠310-337-5258 🏠5855 W Century Blvd）がある。

マリブ
Malibu

レオ・カリーリョ・ステート・ビーチ・キャンプ場
Leo Carrillo State Beach Campground（☎805-488-5223、800-444-7275 予約専用 🏠9000 Pacific Coast Hwy 🛏サイト＄12）はサンタモニカの北西約28マイル（約45km）にある長い砂浜の近くに位置し、子供が喜びそうな非常に人気のある場所です。138のテントサイトとRVサイト、雑貨店、水洗トイレ、有料の温水シャワーがある。

カサ・マリブ・イン
Casa Malibu Inn
☎310-456-2219、800-831-0858
📠310-456-5418
✉casamalibu@earthlink.net
🏠22752 Pacific Coast Hwy
🛏客室＄129〜349
ビーチが目の前の美しい宿。21室ある中にはベランダ、暖炉、簡易キッチン付の客室もある。料金にはおいしい朝食が含まれる。

マリブ・ビーチ・イン
Malibu Beach Inn
☎310-456-6444、800-462-5428
📠310-456-1499
🌐www.malibubeachinn.com
🏠22878 Pacific Coast Hwy
🛏客室＄209〜329、スイート＄339〜399
マリブ桟橋の近く、そよ風の吹く海辺の閑静な場所にある宿。客室にはバルコニー（ジャグジー付もある）や暖炉があり、部屋から海が見える。料金にはコンチネンタルブレックファストが含まれる。

サンタモニカ
Santa Monica (MAP 6)

HIロサンゼルス・サンタモニカ HI Los Angeles-Santa Monica（☎310-393-9913、800-909-4776 📠310-393-1769 🏠1436 2nd St 🛏ドミトリーベッド＄24〜29、個室＄66〜72）にはキッチン、中庭、図書室、シアター、ランドリー、旅行用品店がある。称賛する者も多い中心部にあるホステルだが、本書読者からの「不親切なスタッフ」とのトラブルの報告もあり、うち1人は「冷淡なホステル」と評価したものもあった。引き続き情報の提供をお願いする。

シー・ショア・モーテル
Sea Shore Motel
☎310-392-2787 📠310-392-5167
🏠2637 Main St
🛏客室・スイート＄70〜100
ビーチから2ブロック離れたモーテル。清潔でうまく運営されていて、ヨーロッパ人に人気だ。改装された部屋には多くのアメニティが揃う。朝食は隣のカフェ（別料金）でとることができる。

パシフィック・サンズ・モーテル
Pacific Sands Motel
☎310-395-6133 📠310-395-7206
🏠1515 Ocean Ave
🛏客室＄55〜125

ロサンゼルス − 宿泊

標準的なモーテルで、適度な広さの部屋にはテレビと電話がある。

ベイサイド・ホテル
Bayside Hotel
☎310-396-6000、800-525-4447
W www.baysidehotel.com
⌂2001 Ocean Ave
客室＄79〜139

ビーチの脇にあり、バルコニーとモデム接続用データポートの付いた電話が部屋に備えられている。駐車は無料。

オーシャン・ロッジ
Ocean Lodge
☎310-451-4146、800-393-6310
FAX 310-393-9621
W www.oceanlodgehotel.com
⌂1667 Ocean Ave
客室＄97〜350

1950年代に建てられたホテルだが、部屋は改装され家具がうまく配置されている。高速インターネット接続は無料だ。

カル・マー・ホテル・スイート
Cal Mar Hotel Suites
☎310-395-5555、800-776-6007
FAX 310-451-1111
W www.calmarhotel.com
⌂220 California Ave
スイート＄99〜159

家族連れや広いスペースの必要な人にはもってこいの場所だ。すべてのスイートには設備の整ったキッチンが付いており、プールに面している。

ホテル・カリフォルニア
Hotel California
☎310-393-2363、800-537-8483
FAX 310-393-1063
W www.hotelca.com
⌂1670 Ocean Ave
客室＄135〜325

ビーチのすぐ前にあり、サーフィンから発想を得た風変わりな装飾で出迎えてくれる。日当たりの良い部屋は硬材の床が光り、小さな冷蔵庫とモデム接続ポートがある。スイートには専用のパティオと簡易キッチンが付いている。

フェアモント・ミラマー・ホテル
Fairmont Miramar Hotel
☎310-576-7777、800-866-5577
FAX 310-458-7912
W www.fairmont.com
⌂101 Wilshire Blvd
客室＄269〜859

樹齢120年のどっしりしたオオバゴムノキにしっかり支えられた高級な建物。大統領、王族、有名人たちがここの豪華な客室や準熱帯性の庭園に建つコテージに滞在している。

ジョージアン・ホテル
Georgian Hotel
☎310-395-9945、800-538-8147
FAX 310-451-3374
W www.georgianhotel.com
⌂1415 Ocean Ave
客室＄235〜525

海を見渡して建つ、人目を引くアールデコのランドマーク。その装飾はあまりに「華麗なるギャツビーGreat Gatsby」風で、カンカン帽を被っても場違いな感じがしないほどだ。部屋は完璧な最新設備が揃う。

ホテル・カサ・デル・マー
Hotel Casa del Mar
☎310-581-5533、800-898-6999、310-581-5503
⌂1910 Ocean Front Walk
客室＄370〜595

歴史ある海岸沿いの住宅地にある高級感漂う新しいホテルは砂浜に隣接している。地中海の香りのする部屋で贅沢さに埋もれてみてはいかが。ほとんどの客室は海に面している。

ベニス＆マリーナ・デル・レイ
Venice & Marina del Rey (MAP 6)

共有精神ある人ならばベニスにある数多くのユースホステルから選択できるだろう。

シェア・テル・アパートメント
Share-Tel Apartments
☎310-392-0325　FAX 310-392-9804
E rooms@share-tel.com
⌂20 Brooks Ave, Venice
ドミトリーベッド＄20、個室＄46〜50（アメリカ人以外の旅行者のみ）

ビーチのすぐ横にあり、4〜8人部屋それぞれにキッチン、バスルーム、金庫が付いている。料金にはリネン、毎朝食、平日のディナーが含まれるが、悲しいことに、個室は値段が高すぎる。インターネット、ケーブルテレビ、コインランドリーの設備がある。

ベニス・ビーチ・ホステル
Venice Beach Hostel
☎310-452-3052　FAX 310-821-3469
W www.caprica.com/venice-beach-hostel
⌂1515 Pacific Ave, Venice
ドミトリーベッド＄15〜19、個室＄50〜55

ビーチから潮の香りが漂う距離にある、陽気な、少々変わった高層のホステル。ドミトリー（女性専用のものもある）は4〜6人部屋でバス付。広いキッチンとレクリエーションのスペースがある。アメリカ人も歓迎だが、身分証明書の提示を要求される。

ベニス・ビーチ・コーテル
Venice Beach Cotel

☎310-399-7649　📠310-399-1930
🏠25 Windward Ave, Venice
📋ドミトリーベッド オーシャンビューなし＄15、オーシャンビュー＄17.50、個室＄35〜49

ビーチのすぐ近く、洒落たレストランの階上にあり、ウェルカムドリンクが提供される。ドミトリーは3〜6人部屋でバス付、ベッドメーキングがしてありタオルとせっけんが用意されている。アメリカ人でもパスポートを持っていれば宿泊可。

ホステル・カリフォルニア
Hostel California
☎310-305-0250　📠310-305-8590
✉kschmahle@aol.com
🏠2221 Lincoln Blvd, Venice
📋ドミトリーベッド 6人部屋＄20、30人部屋＄16、個室＄44

ビーチから歩いて20分の所にある。テレビ室、インターネットコーナー、コインランドリー、キッチンがある。駐車、ベッドシーツ、ロッカー、空港送迎（事前予約）は無料。他州の身分証を持つアメリカ人も宿泊できる。冬は料金がやや下がる。

ジョリー・ロジャー・ホテル
Jolly Roger Hotel
☎310-822-2904、800-822-2904
🌐www.jollyrgr.com
🏠2904 Washington Blvd, Venice
📋客室＄70〜80、モーテル 左記より＄15割引

ビーチの近く、トレンディーなアボット・キニー大通りAbbot Kinney Blvdにも近い。広いバスルーム付のベーシックルームはお値打ちだ。もっと安くあげたいなら、モーテル棟に泊まろう。

キャデラック・ホテル
Cadillac Hotel
☎310-399-8876　📠310-399-4536
🌐www.thecadillachotel.com
🏠8 Dudley Ave, Venice
📋ドミトリーベッド＄20、客室＄89、スイート＄130〜

美しい海岸沿いのアールデコ風建物内の客室からは海が見え、テレビ、電話、専用バスが装備されている。宿泊客はスポーツジム、サウナ、屋上サンデッキ、コインランドリーが利用できる。

イン・アット・ベニス・ビーチ
Inn at Venice Beach
☎310-821-2557、800-828-0688
📠310-827-0289
🌐www.innatvenicebeach.com
🏠327 Washington Blvd
📋客室＄99〜159

ビーチから2ブロックの所にあり、新鮮で明る

い装飾の快適なホテル。客室の天井は高く、冷蔵庫やヘアドライヤーといったアメニティ設備もある。料金は朝食込み。

フォグホーン・ハーバー・イン
Foghorn Harbor Inn
☎310-823-4626、800-423-4940
📠310-578-1964
✉info@foghornhotel.com
🏠4140 Via Marina, Marina del Rey
📋客室＄99〜169

穏やかなマザーズ・ビーチMother's Beachのすぐ横にある。客室は小さ目でかなり簡素だが、どの客室からもマリーナを見ることができ、冷蔵庫が付いている。料金には朝食が含まれる。

ベニス・ビーチ・ハウス
Venice Beach House
☎310-823-1966　📠310-823-1842
🏠15 30th Ave, Venice
📋客室＄120〜190

日当たりの良い9室はすてきな静養場所と言える。かつて地元の開発業者のビーチハウスだった頃、チャールズ・チャップリンがよく滞在していた。

リッツ・カールトン・マリーナ・デル・レイ
Ritz-Carlton Marina del Rey
☎310-823-1700、800-241-3333
📠310-823-2403
🏠4375 Admiralty Way, Marina del Rey
📋客室＄249〜569

専用のマリーナとヨットのある贅沢なホテルで、照明付のテニスコート、プール、スパもある。客室にはあらゆる装飾が施されている。

サウス・ベイ
South Bay

サウス・ベイ地区を通り抜けるパシフィック・コースト・ハイウェイPacific Coast Hwy沿いには＄50以下のチェーンモーテルがたくさんある。

ドックワイラー・ビーチRVパーク
Dockweiler Beach RV Park
☎310-322-4951、800-950-7275
🏠8255 Vista Del Mar, Playa del Rey
📋サイト＄15、RVサイト 5月下旬〜9月中旬＄25、9月中旬〜5月＄12〜17

ロサンゼルス国際空港、石油精製所、下水処理場の近くでのキャンプが気にならなければ、いい場所だ。ビーチの中央に位置することと料金の安さが最大の利点だ。

サーフ・シティ・ホステル
Surf City Hostel
☎310-798-2323

www.hostels.com/surfcity
 26 Pier Ave, Hermosa Beach
 ドミトリーベッド＄15〜18、個室＄35〜45
ビーチからそれほど遠くない所にあり、ハーモサHermosaの「飲み屋街」にある親しみやすいホステルだ。壁画が廊下を明るいものとし、その先は各部屋、キッチン、そしてテレビ、ビデオ、インターネットコーナーのあるラウンジへと続く。ドミトリーの一部にはひと続きのバスルームがある。電話をすれば無料で空港まで迎えに来てくれる。アムトラックやグレイハウンドの駅で申し込むと料金の割引があり、アメリカ人でも短期滞在なら受け付けている。料金には軽い朝食が含まれる。

シー・ビュー・イン
Sea View Inn
 310-545-1504 310-545-4052
 www.seaview-inn.com
 3400 Highland Ave, Manhattan Beach
 客室＄95〜225
ビーチの近く、爽やかな色で飾られた31の客室とスイートがある。ほとんどの部屋から海が見え、簡易キッチン、ビデオ、留守番電話が付いている。設備の整ったキッチンが付いた小型マンションとも言える「エグゼクティブスイート」は家族連れにおすすめ。

グランドビュー・モーター・ホテル
Grandview Motor Hotel
 310-374-8981 310-374-8983
 55 14th St, Hermosa Beach
 客室＄82.50〜149
安全で静かな、輝くほどに綺麗なホテルだ。広い客室には冷蔵庫が付いていて、パティオがある。2階のロビーへはベルを鳴らすと入れる。

サン・ペドロ＆ロング・ビーチ
San Pedro & Long Beach

HIロサンゼルス - サウス・ベイ HI Los Angeles-South Bay（ 310-831-8109 3601 S Gaffey St No 613, San Pedro ドミトリーベッド＄17.10 会員、＄20.10 非会員、個室＄42）は風当たりの強い断崖絶壁に建っているが、太平洋を見渡せる景観では一番だ。この美しく飾られたホステルには、大きなキッチン、ゲームや娯楽設備、さらにバレーボールコートがある。ベッドは性別で分けられるドミトリーの3〜5人部屋にある。

イン・オブ・ロング・ビーチ
Inn of Long Beach
 562-435-3791、800-230-7500
 562-436-7510
 185 Atlantic Ave, Long Beach
 客室＄65〜75、スイート＄120
親しみやすく中心的な施設で、部屋は温水プールとスパのある中央の中庭に面している。朝食と市内電話、駐車は無料。

ドックサイド・ボート＆ベッド
Dockside Boat & Bed
 562-436-3111、800-436-2574
 562-436-1181
 www.boatandbed.com
 Rainbow Harbor, Dock 5, 316 E Shoreline Dr, Long Beach
 客室＄175〜300
ロマンチックで海の香りのする人に適している。専用ヨット（50フィート＜約15m＞）の中国の帆船も選べる）でクイーン・メリー号Queen Maryを見ながら眠る感動を体験してみよう。

ロード・メイヤーズ B&B
Lord Mayor's B&B
 562-436-0324、800-691-5166
 www.lordmayors.com
 435 Cedar Ave, Long Beach
 客室＄85〜140
1904年に建てられたエドワード様式の建物内にある。部屋の内装はフリルのついた過剰な装飾ではなく、上品なアンティーク家具が特徴を出している。バスルームにはクロウフットタブ（脚付浴槽）が置かれ、広いサンデッキもある。

ホテル・クイーン・メリー
Hotel Queen Mary
 562-435-3511
 www.queenmary.com
 1126 Queens Hwy, Long Beach
 客室＄109〜219
以前は大型豪華客船であったものを修復し、一新させた特別室に泊まることができる。舷窓から入る光は少ないが、海に浮かぶアールデコのムードはほかに比べようもない。安い料金の部屋はどことなく狭苦しい。

サン・フェルナンド・バレー
San Fernando Valley

低料金のモーテルはグレンデールGlendaleのイースト・コロラド・ストリートE Colorado St沿いに密集している。その中には**チャリオット・イン・モーテル Chariot Inn Motel**（ 818-507-9600 1118 E Colorado St 客室＄58〜95）がある。ここは適度な広さの客室が31室あり、部屋には冷蔵庫があり、映画も見られる。**グレンデール・ロッジ Glendale Lodge**（ 818-507-6688 1510 E Colorado St 客室＄62〜82、スイート＄92〜120）もある。この2ヵ所とも宿泊料金に軽い朝食が含まれる。

ユニバーサル・シティ・イン
Universal City Inn
☎818-760-8737 ℻818-762-5159
🏠10730 Ventura Blvd, Studio City
🛏客室＄79〜90

花綱で飾られたホテルの客室はモダンで広く、エアコンが装備されている。交通量の多いハイウェイ101をわずかに外れた、ユニバーサル・スタジオへ歩いて行ける距離にある。

サファリ・イン
Safari Inn
☎818-845-8586、800-782-4373
℻818-845-0054
🌐http://anabelle-safari.com
🏠1911 W Olive Ave, Burbank
🛏客室＄109〜129、スイート＄179

年代もののネオンサインを掲げているが、今は近代化され、このモーテルを21世紀へと前進させている。設備の整ったキッチン付スイートは5人まで泊まれる。

スポーツメンズ・ロッジ・ホテル
Sportsmen's Lodge Hotel
☎818-769-4700、800-821-8511
℻818-769-4798
🌐www.slhotel.com
🏠12825 Ventura Blvd, Studio City
🛏客室＄152〜185

滝と白鳥の泳ぐ池のある、調和のとれた庭園の周囲に建つホテル。ユニバーサル・スタジオで往復する無料のシャトルサービスがある。

パサデナ
Pasadena (MAP 8)

パサデナの「モーテル街」はレイク・アベニューとローズミード大通りRosemead Blvdの間に延びるイースト・コロラド大通り沿いで、この通りは低料金のモーテルが数十軒建ち並ぶ。中には比較的よく修繕されたコンフォート・インComfort Inn、エコノ・ロッジEcono Lodge、ホリデー・インHoliday Inn、ラマダRamada、トラベロッジTravelodgeといったチェーンホテルもある。

ウエストウェイ・イン
Westway Inn
☎626-304-9678
🏠1599 E Colorado Blvd
🛏客室＄62〜89

親しみやすいホテルで、61室あるモダンな客室には冷蔵庫、コーヒーメーカー、ヘアドライヤーを完備。ジャグジーの付いた部屋もある。

サーガ・モーター・ホテル
Saga Motor Hotel
☎626-795-0431、800-793-7242
🏠1633 E Colorado Blvd
🛏客室＄63〜93

ウエストウェイ・イン隣の同等のホテルで、軽い朝食が付く。

パサデナ・イン
Pasadena Inn
☎626-795-8401
🏠400 S Arroyo Parkway
🛏客室＄55〜89

オールド・パサデナの南1マイル（約1.6 km）にある、よく手入れされたプール付の標準的なホテル。部屋にはケーブルテレビと電話があるが、冷蔵庫と電子レンジは別料金のレンタルとなる。

アーチスト・イン＆コテージ
Artists' Inn & Cottage
☎626-799-5668、888-799-5668
℻626-799-3678
🌐www.artistinns.com
🏠1038 Magnolia St
🛏客室＄115〜205

見事なビクトリア様式の農家のB＆B（ベッド＆ブレックファスト）だ。9つある客室とスイートそれぞれにさまざまな時代と芸術家を思い起こさせる装飾が施されている。

ビッセル・ハウス
Bissell House
☎626-441-3535、800-441-3530
℻626-441-3671
🌐www.bissellhouse.com
🏠201 Orange Grove Blvd
🛏客室＄125〜175

魅力的な5室のB＆Bで、各室に鉛枠のガラス窓と台座の付いた洗面台、クロウフットタブ（脚付浴槽）が設置されている。

リッツ・カールトン・ハンティントン・ホテル
Ritz-Carlton Huntington Hotel
☎626-568-3900、800-241-3333
℻626-568-3700
🌐www.ritzcarlton.com/hotels/huntington
🏠1401 S Oak Knoll Ave
🛏客室＄245〜310

豪華な部屋が392室あるホテルで、緑多い広い庭園に囲まれている。屋根の付いた眺めの良い橋やカリフォルニア州で最初に作られたオリンピック級の大きなプールなどが特徴となっている。

食事

サンフランシスコやニューヨークの人は笑うかもしれないが、ロサンゼルスですばらしい料理が楽しめるという事実は変えられない。その第1の理由はおそらく、進んで試してみよ

うという意識にあるだろう。世界中から人が集まって来るLAには、彼らと共にいろいろな食べ物もやって来る。創造力豊かなシェフたちはさまざまな伝統の料理から断片を取り出し、ほんの数年前には考えられなかったやり方でそれらを組み合わせていくのだ。

新しいアイデア料理がもっともよく見受けられるのは、ウエスト・ハリウッド、ビバリーヒルズ、サンタモニカ、パサデナといった高級な地区だ。メキシコ、中国、日本、その他の料理は市内の至る所で食べられる。しかし、本物はリトル・トーキョー、チャイナタウン、イーストLAなどのエスニック地区にある。イタリアン、フレンチ、メキシカンレストランはどこでも人気だ。そして、誰の財布にも見合うハンバーガーショップ、カフェ、こぢんまりとした食堂が多数ある。

ほとんどのレストランは毎日ランチやディナーの時間に開店しているが、営業時間は店によってさまざまなうえによく変更されているので、ここぞと決めたら前もって電話するといいだろう。たいていの中級、高級レストランでは予約しておこう。

ダウンタウン
Downtown (MAP 2)

多様な民族性、言語、社会階層が交じり合っているのがLAダウンタウンの特徴だが、これは料理の多様さにも反映されている。

込み合うブロードウェイには、予算の乏しい人にとって夢が実現できるすばらしい店が数軒ある。**グランド・セントラル・マーケット Grand Central Market**（🏠317 Broadway）にはたくさんのセルフサービスのレストランがあり、＄5未満でおなかいっぱいになる。中でも中央通路にある**マリアズ・ペスカード・フリート Maria's Pescado Frito**は新鮮な魚のタコスとセビーチェceviche の店、北通路の**サリータズ・ププセリーア Sarita's Pupuseria**はチーズ、豚肉、豆などが詰まった、エルサルバドルのおいしいププサスpupusasの店、そして、中央通路の**ロースト・トゥ・ゴー Roast To Go**はタコスとブリートの店だ。上階の**チャイナ・カフェ China Cafe**の一番の売れ筋は特大の湯気のたつおいしいスープ麺だが、大皿に盛られたチャーメン（焼きそば）もある。

クリフトンズ・ブルックデール・カフェテリア
Clifton's Brookdale Cafeteria
☎213-627-1673
🏠648 S Broadway
🍴食事＄3〜7

1932年以来営業を続ける、超通俗的なLAの名物レストラン。トレイに料理をいっぱい乗せたら偽ものの木々やリス、鹿のいる「魅惑の森」に腰掛ける。精神の維持には、小さなチャペルにさっと身を隠そう。

近くの金融街には権力者たちで賑わう高級な場所が多くある。

シカーダ
Cicada
☎213-488-9488
🏠617 S Olive St
🍴メイン＄15〜32

歴史的な建物オビアットOviattoビルにあるこの店は金色の大聖堂の天井など、店内はアールデコのオンパレードだ。メニューは現代イタリア料理が中心。

シウダッド
Ciudad
☎213-486-5171
🏠445 S Figueroa St
🍴ランチ月〜金＄9〜18.50、ディナー毎日＄15〜26

汎ラテン料理の開拓で客を喜ばせている。デザートだけとっても、ウエストラインに影響することに目をつむるだけの価値がある。

ウォーター・グリル
Water Grill
☎213-891-0900
🏠544 S Grand Ave
🍴メイン＄21〜34

捕れたて新鮮で申し分なく調理されたシーフードを出してくれる。オイスターバーもある。店の看板でもあるチョコレートパンプディングを食べる余裕をおなかに持たせておこう。

リトル・トーキョーは作りたてのスシを味わうにはもってこいの場所だ。**ハマ寿司 Hama Sushi**（☎213-680-3454 🏠355 E 2nd St 🍴すし盛り合わせ＄12〜15）は小さな寿司屋だが、街中の目利きの間で知られた存在だ。**フライング・フィッシュ・スシ Flying Fish Sushi**（☎213-680-0567 🏠120 Japanese Village Plaza 🍴スシ1品＄1.50〜4.50）にはお値打ち価格のものが幾つかある。なにか違ったものに挑戦したければ、**シャブシャブ・ハウス Shabu Shabu House**（☎213-680-3890 🏠127 Japanese Village Plaza 🍴ランチ並＄8、大＄9.60、ディナー 並＄11、大＄13.60）に行ってみよう。フォンデュの日本版、シャブシャブ料理の最良レストランの1つだ。行列は間違いないが、待たされる価値はある。

チャイナタウンのレストランは基本的に2つのタイプがある。フォーマルな宴会場と言うべき点心店か、素早く調理された標準的な料理（レモン・チキンやモンゴリアン・ビーフなど）を超安値（通常＄5〜8）で食べるカジュアルなレストランのどちらかだ。

オーシャン・シーフード Ocean Seafood（☎213-687-3088 🏠757 N Hill St）前者の筆頭を行く、

広々とした香港スタイルのレストランだ。**エンプレス・パビリオン Empress Pavilion**（☎213-617-9898 ☖988 N Hill St）はバンブー・プラザBamboo Plazaの3階にある。これら2店での標準的なランチは約＄20で、ディナーは＄30ほどだ。値段がやや低めなのは**ゴールデン・ドラゴン Golden Dragon**（☎213-626-2039 ☖960 N Broadway）で、おいしいシーフードと湯気のあがる焼きビーフンがある。

ほかに行ってみたい中華レストランは、**ホンコン・ハーバー Hong Kong Harbor**（☖845 N Broadway）、**サム・ウー Sam Woo**（☖727 N Broadway）、**ホップ・ウー Hop Woo**（☖855 N Broadway）だ。

チャイナタウン南で1908年から営業している**フィリップス・ザ・オリジナル Philippe's The Original**（☎213-628-3781 ☖1001 N Alameda St 食事＄5未満）は、自称「フレンチディップサンドイッチの本場」。レトロな衣装を着たカーバー（肉を切り分ける人）がジューシーなローストビーフサンドイッチを切り取り、ロースト用鉄板から出る香りの良い汁に浸す様を見よう。コーヒーはたったの9¢（ミスプリントではない）だ。

ハリウッド
Hollywood (MAP 3)

オールド・スパゲッティ・ファクトリー
Old Spaghetti Factory
☎323-469-7149
☖5939 W Sunset Blvd
食事＄6〜11

すばらしくとっぴなインテリア、つまり大きく赤い路面電車Big Red Streetcar、ゆったりとした革張りの仕切り席、「ドクター・スース風」の肘掛け椅子が混在する中で、山盛の安くて実際とてもおいしいパスタを食べられる。料理にはサラダ、焼きたてパン、コーヒーか紅茶、デザートが付く。

バーズ
Birds
☎323-465-0175
☖5925 Franklin Ave
食事＄6〜12

小粋なコーヒーショップ。回転式串焼き器で焼いた軽くサクサクした黄褐色をしたチキンのマリネが有名だ。チキンと一緒に風味あるディップソース、パン、付け合わせが出される。

ミチェリーズ
Miceli's
☎323-466-3438
☖1646 N Las Palmas Ave
ランチ 月〜金＄7〜12、ディナー 毎日＄9〜17

ハリウッドで1番古いイタリアンレストラン（1949年）で、彫刻された仕切り席があり、梁のある天井から数百本のキャンティワインの空ボトルがぶら下がっている。ここのハウスワインは1本＄12の掘り出し物だ。

山城
Yamashiro
☎323-466-5125
☖1999 N Sycamore Ave
メイン＄18〜35

日本の皇居を模したこの店はハリウッド・ヒルズの南寄りの斜面に人目を引くように建ち、夜の街の海のようなきらめきを見渡している。料理はそこそこだが、ここからの眺め、特に夜は忘れ難い光景だ。

ムッソー＆フランク・グリル
Musso & Frank Grill
☎323-467-7788
☖6667 Hollywood Blvd
メイン＄20〜35
火〜土

サイレント映画の時代から既に大成功していた店。現在でも映画業界の重鎮を引きつけている。サービスは迅速で、マティーニはまろやかだ。

レ・ドゥ・カフェ
Les Deux Café
☎323-465-0509
☖1638 Las Palmas Ave
メイン＄24〜34

お金、美貌、権力をたっぷり備えた洒落た人々の注目を集めるフレンチレストラン。良い席は丸太でこしらえた、周囲を映し出す池の周りの静かな庭園の中だ。グランツGrants駐車場を通ってレストランに入ろう。

ダール・マグレブ
Dar Maghreb
☎323-876-7651
☖7651 Sunset Blvd
7品コース＄37

客はここに来ると金ピカの街ハリウッドから「千夜一夜物語Thousand and One Nights」の世界に旅することができる。大皿に盛られたよだれの出そうなご馳走をアラビア風に素手でかぶりついていると、官能的なベリーダンサーが身に着けた飾房に首筋をくすぐられているのに気づくかもしれない。

パティーナ
Patina
☎323-467-1108
☖5955 Melrose Ave
メイン＄29〜39、ディナーセット＄70〜80

デザインを一新した華々しい空間で、裕福なグルメの人の地図に必ず出ている主要な場所だ。シェフのジョアキム・スプリーシャルは彼の数知れない料理レパートリーを掘り下げ、

巧みにカリフォルニアの風味とヨーロッパ感覚を融合した新メニューを開発している。

シルバー・レイク＆ロス・フェリス
Silver Lake & Los Feliz (MAP 3)

エル・コンキスタドール
El Conquistador
☎323-666-5136
🏠3701 Sunset Blvd, Silver Lake
🍴メイン＄9〜13.50

キラキラ光る照明付の陽気な屋内庭園がある一風変わったメキシカンバーだ。おいしい料理とフレンドリーなサービス、そして値段は正当だ。

フレッズ62
Fred's 62
☎323-667-0062
🏠1854 Vermont Ave, Los Feliz
🍴1品＄2.62〜13.62

ロス・フェリスの中心部にある改装された1950年代風の店で、無国籍風サンドイッチ、サラダ、麺類が小洒落てはいるが予算の乏しい腹ペコの連中に24時間提供される。

パレルモ
Palermo
☎323-663-1178
🏠1858 Vermont Ave, Los Feliz
🍴メイン＄7〜13
🕐水〜月

旧友から抱きしめられるように温かく迎えてくれる、くつろげるファミリータイプの店。夫婦、子供、同性愛者、プロデューサー、お金のない連中が気前よくトッピングされたピザや大皿のパスタを求めてやって来る。スモールサイズのアンティパストサラダ（前菜として）は4人分ある。

バーモント
Vermont
☎323-661-6163
🏠1714 Vermont Ave, Los Feliz
🍴ランチ＄9〜16、ディナー＄13〜30

簡素なコンクリートの床と中世風のアーチ型天井のあるエレガントなレストラン。メニューのほとんどは地中海料理で、新鮮な食材を使って申し分なく調理されている。肉なしのメニューもたいてい2、3種類用意されている。

ヴィーダ
Vida
☎323-660-4446
🏠1930 Hillhurst Ave, Los Feliz
🍴ディナー＄15〜28

シェフは絶えずカリフォルニア料理の枠を押し広げている、かなり凝ったレストラン。変わった盛り付けの仕方や珍しい組み合わせの風味であなたの味覚芽を驚かせたいなら、気に入るものがたくさん見つかるだろう。

ジューカズ
Yuca's
☎323-662-1214
🏠2052 Hillhurst Ave, Los Feliz
🍴1品＄3〜6

小さな店で、マチャカ*machaca*やコチニータ・ピビル*cochinita pibil*などのユカタン半島風の詰め物で膨らんだブリート、タコス、トルティーヤが配膳カウンターから止まることなく飛び出している。

ウエスト・ハリウッド＆ミッド・シティ
West Hollywood & Mid-City (MAP 4)

フレンチ・クウォーター・マーケット
French Quarter Market
☎323-654-0898
🏠7985 Santa Monica Blvd, West Hollywood
🍴1品＄5〜13

ゲイやそのほか誰にでも人気の店で、山のような新鮮でおいしいサラダをはじめ、カジュアルなカリフォルニア料理を出す。戸外のパティオかニューオリンズを思わせる内装の店内に座席が設置されている。

ヒューゴズ
Hugo's
☎323-654-3993
🏠8401 Santa Monica Blvd, West Hollywood
🍴1品＄8〜10

一見「ハリウッド」らしくないが、たいていいつも、特に朝食時は映画業界の人間やそうなりたいと思っている人たちでいっぱいだ。メニューは健康に良いもの（タントラ教信者の野菜バーガーといったもの）が多い。

グルメな人々がビバリー・センター地区で1日過ごす日があるだろう。そんな時行ってみる価値のある場所は次に挙げるような店だ。

テイル・オー・ザ・パップ
Tail O' The Pup
☎310-652-4517
🏠329 N San Vicente Blvd
🍴食事＄5未満

ホットドッグの形をした軽食堂で、ロサンゼルスに残る最後の摸倣建築の1つになる。1938年の創業で、かつてオーソン・ウェルズのお気に入りの場所だった。

カーヴァ
Cava
☎323-658-8898
🏠8384 W 3rd St
🍴タパス＄4〜13、メイン＄15〜32

ビバリー・プラザ・ホテル内にあり、スペイン・ラテン風装飾と、設定日の夜に行われる

上階でのサルサのライブショーで燃えるように暑くなる。タパスと言えば、半分に切ったヤシの殻に盛られた絶妙なセビーチェ*ceviche*に気を悪くすることは決してない。

キングス・ロード・カフェ
Kings Road Cafe
☎323-655-9044
🏠8361 Beverly Blvd
1品＄5〜11

おいしい居酒屋料理を低料金で食べられる。店内あるいは歩道のテーブル席で詰め物をしたおいしいパニーニや味わい深いパスタを食べてみよう。隣には外国の新聞を売る売店がある。

ハード・ロック・カフェ
Hard Rock Cafe
☎310-276-7605
🏠8500 Beverly Blvd
☎818-622-7625
🏠Universal City Walk
1品＄7〜19

ビバリー・センターのショッピングモール1階とユニバーサル・シティ・ウォーク1階に支店がある。

チャヤ・ブラッセリー
Chaya Brasserie
☎310-859-8833
🏠8741 Alden Dr
メイン＄14〜28

独創的なダイニングルーム「禅と産業の融合」くらい創造性に富むメニューがある。シェフがアジアンテイストを加えて完成したカリフォルニア・フレンチ料理の妙技を披露する。

パスティス
Pastis
☎323-655-8822
🏠8114 Beverly Blvd
メイン＄16〜20

黄色の壁が陽光を店内に引き入れ、食事が夜中続く気持ちよい祝賀となる、くつろげるレストランだ。メニューはよく変わるが、フランス南部の伝統料理が主である。

ソフィー
Sofi
☎323-651-0346
🏠8030 3/4 W 3rd St
メイン＄12〜23

ギリシャの小レストランの魅力を与えてくれる。張り出したブーゲンビリアや青々と茂る木々のあばら肉がここの代表料理だが、とてもおいしいムサカや十分満足できる前菜もある。

ファーマーズ・マーケット Farmers Market
（🏠6333 W 3rd St）ではチーズ、ソーセージ、パン、デリカテッセンなどを買い集めてピクニックに出かけよう。テイクアウトの食べ物を買って中央にあるパティオで食べてもいいだろう。おすすめの店はニューオリンズ風の**ガンボ・ポット Gumbo Pot**（☎323-933-0358 1品＄5〜9）で、おいしいジャンバラヤ（チキンやソーセージの入ったスパイシーな米の料理）がある。センスのいいアールデコ調の**ココモ Kokomo**（☎323-933-0773 🏠6333 W 3rd St ランチ＄5〜8、ディナー＄8〜15）では隣のCBSの広告に沿ったフォーマイカ社製のカウンターへ並び、量のある朝食と、そのほかにもたくさんの食べ物を買おう。

ダミアーノ・ミスター・ピザ
Damiano Mr Pizza
☎323-658-7611
🏠412 N Fairfax Ave
1スライス＄2〜、1枚＄10〜、パスタ＄5.25〜

マーケットの北数ブロックにある控え目な夜型人間の大好きな場所だ。ニューヨークスタイルのピザを店のスタッフが夜明けまで焼いている。

ピンクス・ホット・ドッグズ
Pink's Hot Dogs
🏠711 La Brea Ave at Melrose Ave
ホットドッグ＄2.35〜3.65
🕐月〜金 翌2:00まで、土・日 翌3:00まで

さらに東にある「ホットドッグ屋」の名所で、深夜族の礼讃を受けている。

サンテ・ラ・ブレア
Santé La Brea
☎323-857-0412
🏠345 N La Brea Ave
1品＄5〜10

菜食の店で、ウエストラインや心臓、精神に良い食べ物を出している。緑多い戸外のパティオが一番賑わっている。朝食も出している。

カンパニーレ
Campanile
☎323-938-1447
🏠624 S La Brea Ave
ランチ月〜金＄12〜18、ディナー月〜土＄24〜38

「都会的田舎料理」を打ち出している。シェフのマーク・ピールは日々新しい創作料理を提案しているが、メニューの中心は焼肉と野菜だ。ナンシー・シルバートンがデザートの女神として采配を振るう。

ビバリーヒルズ＆ウエストサイド
Beverly Hills & Westside (MAP 5)

クラステーシアン
Crustacean
☎310-205-8990
🏠9646 Little Santa Monica Blvd, Beverly Hills
メイン＄18〜38

床より低く埋め込んだ水槽で丸々太ったコイ

がのらりくらり泳ぎ回る、そんな室内デザインを特徴とするすばらしいレストランだ。ここのシーフードは最高で、最上位に来るのは「秘伝のスパイス」の芳香漂う香油と共に丸ごとローストしたダンジネス蟹Dungeness crabだ。

エド・デベヴィックス
Ed Debevic's
☎310-659-1952
🏠134 N La Cienega Blvd, Beverly Hills
📖1品＄10未満

ビーハイブ（女性の髪型）、フラフープ、エルビスの全盛期時代を思い起こさせる店だ。テーブル横に小型ジュークボックスが置かれた色鮮やかなノーガハイド社製のブース席に押し込まれた客へは生意気な従業員がバーガー、フライドポテトのほか十分満足できる料理を運んでくる。

松久
Matsuhisa
☎310-659-9639
🏠129 N La Cienega Blvd, Beverly Hills
📖メイン＄20～、テイスティングメニュー＄100～120

ロサンゼルスで最高のレストランの1つ。25ページ以上あるメニューは、さながら「戦争と平和War and Peace」の料理版と思わせるほど壮大、威圧的かつ荘重だ。

スパーゴ・ビバリーヒルズ
Spago Beverly Hills
☎310-385-0880
🏠176 N Cañon Dr, Beverly Hills
📖メイン＄17～32

ウォルフガング・パックWolfgang Puckのレストラン第1号店。季節メニューがあり、古いオリーブの木で囲まれたロマンチックなパティオでいただくのが最良だ。早めに予約するか、予約した人が現れないのを期待しよう。

ナタリーズ・タイ・キュイジーヌ
Natalee's Thai Cuisine
☎310-855-9380
🏠998 S Robertson Blvd
☎310-202-7003
🏠10036 Venice Blvd, Culver City, Westside
📖メイン＄6～10

粋なタイ料理店で、あらゆるタイの伝統的代表料理を提供する。

ベルサイユ
Versailles
☎310-289-0392
🏠1415 S La Cienega Blvd, Beverly Hills
☎310-558-3168
🏠10319 Venice Blvd, Culver City, Westside
📖メイン＄6～11

ハバナ以外では最高のキューバ料理を出している。舌つづみを打ちたくなるようなガーリックレモンのローストチキンは、あなたに喜びの声をあげさせることだろう。

マリブ
Malibu

ネプチューンズ・ネット
Neptune's Net
☎310-457-3095
🏠42505 Pacific Coast Hwy
📖食事＄5～20

ベンチュラ・カウンティ境界線のそばにあり、すばらしく新鮮なシーフードをまったく気取らないやり方で出している。日の入りの頃来て素朴なテーブルに座り、海を見ながらエビの殻を剥き、冷えたビールで流し込もう。

イン・オブ・ザ・セブンス・レイ
Inn of the Seventh Ray
☎310-455-1311
🏠128 Old Topanga Canyon Rd
📖食事 ランチ＄7～15、ディナー＄19～31、サンデービュッフェランチ＄22

素朴で美しい渓谷の中のニューエイジ的な店。直感的に感じる雰囲気から言って正当なメニューには肉を使わない料理や菜食が多い。席は屋内か木陰のパティオにある。

サンタモニカ
Santa Monica (MAP 6)

オムレツ・パーラー
Omelet Parlor
☎310-399-7892
🏠2732 Main St
📖朝食・ランチ＄7未満

1967年の「サマー・オブ・ラブSummer of Love」の期間に開業して以来、業界の重鎮としてのオムレツとしっかりしたサンドイッチを手早く作り続けてきた。週末の朝は行列を見込むこと。

リアル・フード・デイリー
Real Food Daily
☎310-451-7544
🏠514 Santa Monica Blvd
📖1品＄6～12

LAでも最良の有機菜食レストランの1つで、芸術的な空間の2つのフロアで栄養価の高い食べ物を出している。

ジ・オールド・キングズ・ヘッド
Ye Olde King's Head
☎310-451-1402
🏠116 Santa Monica Blvd
📖1品＄6.50～13

ウエストサイドにある大きな在米イギリス人コミュニティの非公認本部といえる店。ここ

のフィッシュアンドチップスは街で最高、と常連客は断言する。

ウォルフガング・パック・エクスプレス
Wolfgang Puck Express
☎310-576-4770
🏠1315 Third Street Promenade
🍴1品＄7〜10

予算の限られたグルメな人に店の売れ筋メニュー、たとえばチャイニーズ・チキンサラダやおいしいピザを見味する機会を与えてくれる。

太幸
Taiko
☎310-207-7782
🏠11677 San Vicente Blvd, Brentwood
🍴メイン＄7〜22

小規模なモール内にある上品な麺処。みずみずしい風味のそばとうどんを熱々か冷やしてたっぷりと盛って出している。

ラ・セレナータ・デ・ガリバルディ
La Serenata De Garibaldi
☎310-656-7017
🏠1416 4th St
🍴メイン＄9〜22

高級なメキシコ料理を陽気な屋内庭園でいただく。

ジラフェ
JiRaffe
☎310-917-6671
🏠502 Santa Monice Blvd
🍴ランチ＄10〜12.50、ディナー＄18〜28

クルミ材の家具、クリスタルのシャンデリア、オリジナルアートが施された店内は「個人の邸宅」といった感じだが、決して堅苦しくはない。カリフォルニア・フレンチ料理はその環境と同様に優雅で美しく、サービスは距離をおきながらも行き届いている。

ボーダー・グリル
Border Grill
☎310-451-1655
🏠1445 4th St
🍴ランチ＄7.50〜15、ディナー＄14〜25

まるで6歳の子供がデザインしたような造りの店だが、出てくるのは大胆な味の国境の南側の料理で、確かに大人向けのメニューだ。

ベニス・ビーチ
Venice Beach (MAP 6)

アボット・ピザ
Abbot Pizza
☎310-396-7334
🏠1407 Abbot Kinney Blvd
🍴1スライス＄2.50、1枚＄13.50〜

ふらりと立ち寄れる小さな店で、マッシュルーム、バーベキューチキン、オリーブペーストなどおいしいトッピングをのせた、外側がベーグルパン皮のピザは癖になる。街で最高のピザ店の1つだろう。

ジョディ・マローニズ・ソーセージ・キングダム
Jodi Maroni's Sausage Kingdom
🏠2011 Ocean Front Walk
🍴ソーセージ＄4〜

ボードウォークで異国風のスパイスを効かせたおいしいソーセージを売るこの店はファーストフードの良い選択になる。

ローズ・カフェ
Rose Cafe
☎310-399-0711
🏠220 Rose Ave
🍴コーヒー＄4未満、レストラン＄6〜16

木々に囲まれた2つのパティオがあり、古くからいざという時頼りになる店として知られる。カフェにはおいしい焼き菓子があり、レストランは伝統的なカリフォルニア料理が中心だ。

サイドウォーク・カフェ
Sidewalk Cafe
☎310-399-5547
🏠1401 Ocean Front Walk
🍴1品＄8〜12

絶え間なくやって来る地元の人や観光客に、大皿に盛ったおいしい昔風のアメリカ料理を出している。特典として、ベニス・ボードウォークVenice Boardwalkを行進する外見上人間らしき人の流れを最前列のかぶりつきで見られる。

リリーズ
Lilly's
☎310-314-0004
🏠1031 Abbot Kinney Blvd
🍴メイン＄10〜19

たくさん花が咲く隔たった中庭のある、ゆったりした近場のビストロ。1番のおすすめは＄10の2コースランチだ。

ジョーズ
Joe's
☎310-399-5811
🏠1023 Abbot Kinney Blvd
🍴メイン＄20〜22、4品定食コース＄38、＄48

リリーズの隣にあり、カリフォルニア・フレンチ料理のよく知られた近場の店。シンプルな料理でさえそのすばらしい芳香は口一杯に余韻を残し、記憶にも残る。

サウス・ベイ
South Bay

サウス・ベイはお値打ちでカジュアルなレストランが多いが、上品な正餐の場を探している人にとっても幾つか良い店がある。

朝食に良い場所としては、**アンクル・ビルズ・**

パンケーキ・ハウス Uncle Bill's Pancake House（🏠1305 Highland Ave, Manhattan Beach)、バック・バーナー・カフェ Back Burner Cafe（🏠87 14th St, Hermosa Beach)、その道路向いのビーチ・ハット No 2 Beach Hut No 2（🏠14th St, Hermosa Beach）などがある。これらはどこも＄8未満でおなかいっぱいになるが、どの店も14:00頃閉店する。

数品が組み合わされて出される一皿が＄7～9で、1品料理が＄2.50から食べられる優良メキシカンレストランには**エル・ソンブレロ El Sombrero**（🏠1005 Manhattan Ave, Manhattan Beach)、**エル・グリンゴ El Gringo**（🏠2620 Hermosa Ave, Hermosa Beach)、**ラ・プラジータ La Playita**（🏠37 14th St, Hermosa Beach）などがある。

シェ・メラーンジュ
Chez Mélange
☎310-540-1222
🏠1716 S Pacific Coast Hwy, Redondo Beach
🍽メイン＄10～30

確実に信頼できる包括的な料理を洗練されたブルジョア的なダイニングムールでいただく。ケージャンミートローフがこの店の代表料理だ。

ロング・ビーチ
Long Beach

パイン・アベニューはロング・ビーチの「レストラン街」で、金曜や土曜の夜は常連客であふれる中級、高級レストランが並んでいる。

アレグリア
Alegria
☎562-436-3388
🏠115 Pine Ave
🍽タパス＄6～10、メイン＄14～20

おしゃれなテクノカラーのモザイクフロアー、だまし絵の壁画、スパイスの効いたエキゾチックなニューラテン料理がある。毎夜ライブショーが行われる。タパスだけを食べていれば低料金の店とみなすこともできる。

ロペラ
L'Opera
☎562-491-0066
🏠101 Pine Ave
🍽メイン＄11～29

イタリアグルメの殿堂であり、環境、食事、サービス、ワインが協力し合って（かなり高額の）伝票を支払ったあとも長く心に余韻の残るディナーを作り出している。

キングズ・フィッシュ・ハウス
King's Fish House
☎562-432-7463
🏠100 W Broadway
🍽メイン＄14～30

誠心誠意を込めてシーフードを料理する。申し分のない新鮮な食材を使い、ダイナミックな環境の中で料理が供される。

ベルモント・ブリューイング・カンパニー
Belmont Brewing Company
☎562-433-3891
🏠25 39th Place
🍽ランチ＄6～12、ディナー＄9～25

レストランが並ぶ通りからはずれた所にある。海を目の前にして、夕陽を眺めるのに完璧な大きな屋外テラスのあるビール・パブレストラン。新鮮で手作りの地ビールは値段もいいが、単なる「パブでの食事」以上の中身のある料理とよく合う。

サン・フェルナンド・バレー
San Fernando Valley

最近拡張されたユニバーサル・シティ・ウォークには現在30ほどのレストランがあり、そのほとんどは街で成功を収めている店とそっくりなものだ。たとえば、**ジョディ・マローニズ・ソーセージ・キングダム Jodi Maroni's Sausage Kingdom**（「ベニス・ビーチ」を参照)や**ベルサイユ Versailles**（「ビバリーヒルズ＆ウエストサイド」を参照）などである。**カール・ストラウス・ブリューワリー Karl Strauss Brewery**（☎818-753-2739 🍽1品＄6～15）では汎アメリカ料理にゲルマン的な感覚を加えた料理が出され、マグカップに注がれた地ビールと特に合う。

サン・フェルナンド・バレーでそのほかの良いレストランとして次のものがある。

ザンコウ・チキン
Zankou Chicken
☎323-665-7842
🏠5065 Sunset Blvd, Glendale
🍽1品＄2.60～8

回転式串焼き器で焼いた舌打ちしたくなるどうまいチキンがクリーミーなホムス、サラダ、ピタパンと共に出てくる。熱烈なファンはガーリックソースをたっぷり塗る。

ポキート・マス
Poquito Más
☎818-563-2252
🏠2635 W Olive Ave, Burbank
🍽1品＄3.50～7

素早くできてヘルシーな食事を出す、掘っ建て小屋のようなレストラン。アヒ ahiのタコスとチキンのブリートはグルメの要求を満たす味だ。トルティーヤのスープも試してみよう。

ボブズ・ビッグ・ボーイ
Bob's Big Boy
☎818-843-9334
🏠4211 Riverside Dr, Burbank
🍽1品＄5～9

1940年代後半から続くよく知られたコーヒーショップで、生粋のアメリカ的なものの一面を提供している。土曜と日曜の17:00〜22:00に、車と車の間を動き回ってサービス（ローラースケートを履かずに）してくれ、あの「アメリカン・グラフィティAmerican Graffiti」の雰囲気を感じさせてくれる。朝食メニューは何時でもオーダーできる。

カフェ・ビズー
Café Bizou
☎818-788-3536
🏠14016 Ventura Blvd, Sherman Oaks
🍴ランチ＄7〜14、ディナー＄13〜19

貧困者価格でフランス料理を気高い待遇で食べられる魅力的な店だ。メインのコースに＄1追加してスープかサラダを頼もう。飲み物の持ち込み料はたったの＄2だ。

カ・デル・ソーレ
Ca' del Sole
☎818-985-4669
🏠4100 Cahuenga Blvd, North Hollywood
🍴メイン＄8〜17

郊外地の真ん中にあるイタリア的な店。曲線の美しい仕切り席と大きな窓のある内装で、食欲をそそる香りの強い北イタリア料理に客は大喜びだ。

マーケット・シティ・カフェ
Market City Café
☎818-840-7036
🏠164 E Palm Ave, Burbank
🍴メイン＄12〜17

バラエティー豊かなイタリアンピザ、パニーニ、パスタ、サラダがあるが、おそらく最高の選択は＄8（メインコース注文時は＄5.25）の食べ放題の前菜バーだろう。すてきなパティオもある。

ビストロ・ガーデン・アット・コールドウォーター
Bistro Garden at Coldwater
☎818-501-0202
🏠12950 Ventura Blvd, Studio City
🍴メイン＄15〜20

創作力を発揮して調理されたシーフード、ミート、パスタをヨーロッパ調のウィンターガーデンでいただくロマンチックなディナーのための店。

パサデナ
Pasadena (MAP 8)

ユーロペイン Europane（☎626-577-1828 🏠950 E Colorado Blvd 🍴1品＄6〜9 🕐月〜土 7:00〜17:30、日 7:00〜14:00）はバターたっぷりのクロワッサン、サクサクのビスコッティやあらゆるフィリングを作る。見事な詰め物が見事に出来合いのサンドイッチもある。

マーストンズ
Marston's
☎626-796-2459
🏠151 E Walnut Ave
🍴1品＄6〜11
🕐火〜土

家庭的な建物の、地元の人たち行きつけの朝食とランチの店。フレンチトーストはあの完璧な金色の焦げ目が付いていて、パンケーキはふっくらして、サンドイッチとサラダはとにかく新鮮な食材が詰まっている。

サラダン
Saladang
☎626-793-8123
🏠363 S Fair Oaks Ave
🍴メイン＄10〜21

平凡な物が非凡なものに変わるタイ料理の聖地だ。店のオーナーは需要に応えるべく、数軒先により伝統的な料理を出す、もっと人目を引くデザインのサラダン・ソンSaladang Songをオープンさせた。

シオマーラ
Xiomara
☎626-796-2520
🏠69 N Raymond Ave
🍴ランチ＄10〜20、ディナー＄18〜28

洒落た装飾が施された店内は、あなたの注文した刺激的な味と香りの料理を引き立ててくれるだろう。メニューはヌエボ・ラティノ Nuevo Latino（新ラテン）志向で、よく変更になる。

エンターテインメント

LAの最新情報を把握するには、日刊「ロサンゼルス・タイムスLos Angeles Times」（特に木曜の特集版）のカレンダーCalendar欄や、レストランや店、パブなどで手に入る「ロサンゼルス・ウィークリーLA Weekly」がもっとも良い情報源だ。

たいていのイベントのチケットは予約手数料なし、あるいはわずかな手数料で電話または開催会場のチケット売り場で直接手に入れることができ、インターネットで予約できる会場も多い。**チケットマスター Ticketmaster**（☎213-480-3232 🌐www.ticketmaster.com）を通さないと予約できない場合もあるが、チケット代に加えてかなり高い取り扱い手数料とサービス料がかかる。

音楽＆ダンスクラブ

LAのクラブやライブミュージック界は国内でももっとも活気があり、白人の学生世代ファン

からデザイナーブランドを上品に着こなしたヤッピーや元ヒッピーのベビーブーマーまで、あらゆる人の好みと期待に応えてくれる。20年代のジャズ、30～40年代のビッグバンドスウィング、50年代のロカビリー、60年代のロックンロール、70年代のディスコ、80年代のパンクとニューウェーブ、テクノ、ハウス、ゴシック、インダストリアル、トリップホップ、ヒップホップ、トランスなどの現代音楽に至るまで、あらゆる時代の音楽が揃っている。

多くの会場が1週間の間にカメレオンのようにその姿を変えるので、バー、クラブ、コンサート会場の境界はしばしばあいまいだ。最新情報は「ロサンゼルス・ウィークリーLA Weekly」を参考にするといい。

ダウンタウン Downtown (MAP 2) 風変わりなプレ・コロンビア・スタイルで、もとは大きな映画館だった**ザ・マーヤン The Mayan**（☎213-746-4287）🏠1038 S Hill St 🌙金・土）のメインフロアではサルサやメレンゲを、ほかの部屋ではヒップホップ、ディスコ、スペイン系ロックを流している。正装が必要で、ジーンズやスニーカーは不可。

ハリウッド Hollywood (MAP 3) 洒落た連中の天国、**ドラゴンフライ Dragonfly**（☎323-466-6111）🏠6510 Santa Monica Blvd 🌙毎夜）は奇妙に薄汚さを強調した外観で、主にロックバンドが演奏する。ライブ演奏のあとはDJが奔放に音楽をミックスして選曲。パティオはすばらしい出会いの場だ。

ザ・ダービー
The Derby
☎323-663-8979
🏠4500 Los Feliz Blvd
1993年からLAの「スウィングの中心」で、映画「スウィンガーズSwingers」の舞台となった。洗練されたリバイバルバンドが演奏する中、街の一流のダンサーが小さなダンスフロアで踊り回る。無料レッスンがあるので問い合わせてみよう。

ザ・ガレージ
The Garage
☎323-662-6802
🏠4519 Santa Monica Blvd
シルバー・レイクの自称グランジ専門家らの本拠地。しばしば挑発的なまでに奇妙で野性的、時に才能にまで恵まれたバンドが見たければここに来るといい。

ゴールドフィンガーズ
Goldfingers
☎323-962-2913
🏠6423 Yucca St

すばらしいリベラーチェスタイルの豪華舞台装置があり、ファンクとグラムロックとパンクが混在した熱狂的演奏でクラブメンバーの中核層を満足させる。マティーニもおいしい。

マティーニ・ラウンジ
Martini Lounge
☎323-467-4068
🏠5657 Melrose Ave
🌙毎日
薄暗いラウンジと2階建てのダンスクラブを併設している。ここの音楽はロックンロールからエレクトロニカまで。観客は若く、流行に敏感な地元の人が多い。

ワン・セブン
One Seven
☎323-461-2017
🏠Hollywood & Highland complex
15～20歳の「すばらしい」人々をターゲットにしている。10代の人気雑誌「セブンティーンSeventeen」の副産物であるこの洒落たダイナミックなクラブには、DJのかける音楽やライブ演奏、ノンアルコールの「エネルギーバー」がある。

ザ・パレス
The Palace
☎323-467-4571
🏠1735 N Vine St
巨大で魅力的なアールデコのランドマークで、最新式の音響設備がある。入場は18歳以上可。

スペースランド
Spaceland
☎323-833-2843
🏠1717 Silver Lake Blvd
シルバー・レイクのアングラロック界の中心で、成功を夢見る地元のバンド発掘には最適の店。古着の中でも最良の服を着ていこう。

ウエスト・ハリウッド&ミッド・シティ West Hollywood & Mid-City (MAP 4)
キャット・クラブ
Cat Club
☎310-657-0888
🏠8911 Sunset Blvd
気取りのない小さなクラブ。ストレイキャッツで有名なスリム・ジム・ファントムが所有しており、たいていは多彩な充実したロックンロールのライブを行っている。ラウンジのほか、タバコを吸ったり耳を休めたりするためのパティオがある。

コンガ・ルーム
Conga Room
☎323-549-9765
🏠5364 Wilshire Blvd

改革前夜のハバナHavanaの沸き立つ雰囲気を感じさせる豪華なラテンダンスクラブ。ジミー・スミッツとジェニファー・ロペスの共同所有。サウンドが響きわたるダンスホールはいつも、腰を揺らした紳士と先の尖ったヒールを履いてくるくる回る淑女とで振動している。

ハウス・オブ・ブルース
House of Blues
☎323-848-5100
🏠8430 Sunset Blvd

例のミシシッピ・デルタを模倣した装飾と、そこそこの南部料理が特徴。ブルースだけではなく、あらゆる種類のタレントがここに来る。ショーは売り切れになることも多く、日曜のゴスペルブランチSunday Gospel Brunchが評判だ。

キー・クラブ
Key Club
☎323-274-5800
🏠9039 Sunset Blvd

銀河の装飾と超一流の音楽の最高に洒落たクラブ。ギャザリーズGazzari'sの名で知られた店の前身はドアーズやバーズを送り出している。現在はライブとDJ半々のスケジュールを組んでいる。

ザ・ミント
The Mint
☎323-954-9630
🏠6010 W Pico Blvd, Crescent Heights

1937年からほとんど変わっていない生真面目な雰囲気のもとで、ブルース、ロック、ジャズの生演奏を熱狂的ファンに聴かせている。

ロキシー
Roxy
☎310-276-2222
🏠9009 Sunset Blvd

1973年以来サンセット大通りではよく知られた店。スターになる一歩前のバンドにとって足掛かりの場となっている。ほとんど毎晩、地元と全国的のロックバンドを取り混ぜて出演者を組んでいるが、時折、ニール・ヤングやブルース・スプリングスティーンのような人々が不意に出演することもある。

ヴァイパー・ルーム
Viper Room
☎310-358-1880
🏠8852 Sunset Blvd

ジョニー・デップ所有。音楽家、映画界の有名人、ショービジネスの上流階級、とれにその取り巻きたちの小さなたまり場。常連客らはこの店の全盛期はとっくに終わっていると断言するが、このブロックの周りにはいまだに長い列ができている。

サンタモニカ Santa Monica (MAP 6)
14ビロウ
14 Below
☎310-451-5040
🏠1348 14th St

地元の人のたまり場で、2つのバーと3つの部屋、それと冬には暖炉がある。ほとんどがLA周辺のバンドで、オルタナティブ、レゲエ、ロックからスカまでをカバーする。

テンプル・バー
Temple Bar
☎310-393-6611
🏠1026 Wilshire Blvd

ウエスト・ハリウッドの中でももっとも楽しいたまり場の1つ。バンドは当たり外れがあるが、酒は強く、魅力的な人たちを眺めるのも楽しいし、雰囲気はまったくと言っていいほど気取りがない。

ザ・ウエスト・エンド
The West End
☎310-313-3293
🏠1301 5th St

サンタモニカの社交パーティーの中心。ダンスシューズを持参して80年代にフラッシュバックしたり、ディスコダンス、ヒップホップ、レゲエ、ロックに加わろう。生演奏バンドと安い飲み物がある。

ジャズ&ブルース
ベーブ&リッキーズ
Babe & Ricky's
☎323-295-9112
🏠4339 Leimert Blvd, Leimert Park

40年近い歴史のあるLAで1番古いブルースクラブで、ママ・ローラ、別名ローラ・マエ・グロスが司会を務める。食事付の月曜夜のジャムセッションはしばしば会場をうならせる。

カタリーナ・バー&グリル
Catalina Bar & Grill (MAP 3)
☎323-466-2210
🏠1640 Cahuenga Blvd, Hollywood

LAの一流ジャズ演奏会場の1つで、チック・コリアやブランフォード・マルサリスなど、世界的に有名なビッグミュージシャンが出演する。

ハーベルズ
Harvelle's (MAP 6)
☎310-395-1676
🏠1432 4th St, Santa Monica

小さなブルース小屋。1931年以来、何世代にもわたるファンを楽しませてきた。洗練された地元グループが毎晩ブルースやR&B、ファンク、ロックを演奏する。

ジャズ・ベーカリー
Jazz Bakery
☎310-271-9039
⌂3233 Helms Ave, Culver City
かつてベーカリーだった建物ではツアー中の有名奏者や一流の地元音楽家が出演する。チャーリー・ヘーデンやデビッド・マレー、ミルト・ジャクソンらもここで演奏したことがある。

ライトハウス・カフェ
Lighthouse Café
☎310-372-6911
⌂30 Pier Ave, Hermosa Beach
1950年代から営業する時代を超えたビーチサイドの一流カフェ。

ブルー・カフェ
Blue Café
☎562-983-7111
⌂210 Promenade, Long Beach
地元では評判の店で、優れたジャズやブルースの演奏家が定期的に訪れる。飲み物や食事もおいしい。

バー・パブ

LAのどこにいても、バーが近くにある。ここで取り上げた店以外にも、さまざまなLAの雰囲気とアルコールを楽しむため、またその場を眺めるのに良いバーを持つレストランやホテル、クラブは数多い。

ダウンタウン Downtown

ハンクス・バー
Hank's Bar (MAP 2)
☎213-623-7718
⌂838 Grand Ave
スティルウェル・ホテルStillwell Hotelにあり、まるでレイモンド・チャンドラーの小説を思わせる、地下牢のような薄暗さに包まれたクラシックなトンネル状の社交場だ。

HMSバウンティ
HMS Bounty
☎323-385-7275
⌂3357 Wilshire Blvd
ダウンタウンの数マイル西にあるコリアタウンの薄暗いレトロな居酒屋。ノーガハイドNaughahyde張りの仕切り席とお手頃価格の飲み物のあるこの店は、次の世代の主役となるものを求めている。

ハリウッド Hollywood (MAP 3)

アクバー
Akbar
☎323-665-6810
⌂4356 W Sunset Blvd
シルバー・レイクにあり、もったいぶったところのない流行の先端を行く店。カクテルや会話、ジュークボックスミュージックを楽しみに来るゲイの男性や普通の女性と一緒に過ごすのが新しい。親しみやすいキャンドルライト、ムーア式のアーチ、吊り下げられた円筒型の小枝細工ランプがエキゾチックな雰囲気を醸し出している。

グッド・ラック・バー
Good Luck Bar
☎323-666-3524
⌂1514 Hillhurst Ave
洋紅色の壁紙と提灯の中国風幻想世界に招いてくれる。観客はクールで、ジュークボックスはにぎやかに鳴り響き、イー・ミー・ルー・ブルーYee Mee Loo Blueや中国薬草ウイスキーが人気。魅惑的な酒の多い店。

ティキ・ティ
Tiki Ti
☎323-669-9381
⌂4427 Sunset Blvd
ガレージほどの大きさのトロピカルドリンク専門バー。ショービジネスの業界人や労働者、シルバー・レイクのトレンディーな人々が、ひどく不思議な海のがらくたに埋もれたバーに集まる。「レイズ・ミステイクRae's Mistake」と呼ばれるこの店の特製カクテルが絶品。

ビューティ・バー
Beauty Bar
☎323-464-7676
⌂1638 N Cahuenga Blvd
「レトロ」という言葉に新たな意味を授けた小規模なカクテルバー。店内はすべてケネディ時代の美容室道具で飾装されている。頭上にプラスチックのヘアドライヤーの付いた回転椅子に腰掛けながら、マティーニを飲んでもいいし、マニュキュアを塗ってもらうのもいい。

ドレスデン・ルーム
Dresden Room
☎323-665-4294
⌂1760 N Vermont Ave
1997年の映画「スウィンガーズSwingers」に取り上げられてから再び注目を浴びた昔ながらのバー。マーティ・アンド・エレインという古臭いデュオが1981年からこのラウンジの「呼び物」となっており、新入りのヒップも永遠のヒップも世代を超えた観客で賑わっている。

フォルモサ・カフェ
Formosa Cafe
☎323-850-9050
⌂7156 Santa Monica Blvd
かつてのボガートやモンロー、ゲーブルの社交場だった、ハリウッドの郷愁を味わえる店。喫煙者には屋上デッキやパティオがあるのがうれしい。マイタイやマティーニが人気で、

アルコールだけのオーダーも可。

ラバ・ラウンジ
Lava Lounge
☎323-876-6612
🏠1533 N La Brea Ave
曲線で仕切った席や小さなティキ像のランプ、竹やヤシの葉、バンドの生演奏によって魅惑的な南国情緒がにじみ出ている。マウイ気分でありたいなら＄8のブルー・ハワイアンBlue Hawaiianを注文しよう。

　粋なハリウッドのパブはほかに**キャット＆フィドル Cat & Fiddle**（🏠6530 Sunset Blvd）や**コーチ＆ホース Coach & Horses**（🏠7617 Sunset Blvd）がある。

沿岸地域 Coastal Communities
オブライエンズ
O'Brien's (MAP 6)
☎310-829-5303
🏠2226 Wilshire Blvd, Santa Monica
アイルランド風の入口が気持ちよく出迎えてくれて、大学OB客に人気がある。喫煙用パティオや長いカウンターがあり、ギネスビールを飲みながら友達ができそうだ。

スクラフィ・オシアーズ
Scruffy O'Shea's (MAP 6)
☎310-821-0833
🏠822 Washington Blvd, Venice
突然、ハッピーアワー（開店直後のサービスタイム）となったり、イギリスパブ風食事、レゲエ、ロック、サルサ、スウィング、アイルランド音楽を生演奏するバンドが毎晩楽しめる。

トッパーズ
Toppers (MAP 6)
☎310-393-8080
🏠1111 2nd St, Santa Monica
ラディソン・ハントレイ・ホテルRadisson Huntley Hotelの最上階にあり、楽しい外向きエレベーターで上がる。LAで最良のハッピーアワー（毎日16:30～19:30）があり、すばらしい海の夕日が見られる。

アロハ・シャーキーズ
Aloha Sharkeez
☎310-374-7823
🏠52 Pier Ave, Hermosa Beach
できるだけ早く酔える、大衆向けの気取らない酒場。その秘密はラバ・フロウLava Flowやブルー・ヴードゥーBlue Voodooなどの謎めいた飲み物にある。

プープデック
Poopdeck
☎310-376-3223
🏠1272 Strand, Hermosa Beach
夜毎にスペシャルドリンクや安いビールを出す、汗臭さを感じるもう1つの大衆酒場。時に、男子学生の社交パーティーに押しかけているような気持ちになる。

ヤード・ハウス
Yard House
☎562-628-0455
🏠401 Shoreline Village Dr, Long Beach
宇宙船の舵に似た楕円形のカウンターを仕切るバーテンダーたちがいる。250種類の樽出しビールは5マイル（約8km）のビールラインと27のポンプに連結している。本格的な大酒飲みは「ヤーズ」（細長くカーブした、高さ約90cmのグラス）でビールを飲むことになる。

パサデナ Pasadena
オールド・パサデナに便利な場所、**ゴードン・ビアーサッチ・ブリューワリー Gordon Biersch Brewery**（MAP 8 ☎626-449-0052 🏠41 Hugus Alley）はドイツ語で書かれたオリジナルレシピに従って醸造している、ビアガーデンのある小さなビール醸造所。すがすがしいピルスナーや、かすかに甘さのあるメルツェンMärzen、コクのあるダンクルスDunklesなど、すばらしく滑らかな舌触りのビールを作っている。

映画

世界の映画の中心であるここには、映画館がいたる所にあり、そのたいていは20ものスクリーンを持つ複合施設だ。金曜と土曜の夜の封切り映画は早くに売り切れる。18:00以降の上映は約＄9.50（大人）で、それよりも早い上映は安くなることもある。クレジットカードで予約 ☎213-777-3456、310-777-3456 🌐www.moviefone.comもでき、このサービスには追加料金はかからない。

　由緒ある映画館には、近年復活したシネラマ・ドームCinerama Dome（現在は最新設備を誇るアークライト・シネマArcLight Cinemas映画館の一部）や、エル・キャピタン、エジプシャン、ハリウッドにあるマンズ・チャイニーズ・シアター、サン・ペドロにあるワーナー・グランドWarner Grand、ダウンタウンにあるオーフィウムOrpheumなどがある。サンタモニカのサード・ストリート・プロムナードThird Street Promenadeやオールド・パサデナのコロラド大通り、ウエストウッド・ビレッジに映画館が集まっている。

　優良なリバイバルやアートシアター系映画館には次のものがある。**ザ・ヌアート The Nuart**（MAP 7 ☎310-478-6379 🏠11272 Santa Monica Blvd, Westside）は土曜深夜に上映する「ロッキー・ホラー・ピクチャー・ショーRocky

スタジオに行く

LAにいる間に特定のテレビスターに会うには、そのスターの出ている番組の録画撮りを見に行くのがベストだ。行くのは簡単でチケットは無料。ただし、人気番組（たとえば『フレンズ*Friends*』）は早く満席になってしまうので十分前もって計画を立てたほうがいい。制作時期は8月〜3月にかけて。番組はすべて入場年齢制限を設けている（たいてい16歳か18歳）。チケットは収容人数より多めに配られているので、番組収録の当日は席を確保するためにも早めにスタジオに着きたい。

チケットはオーディエンス・アンリミテド Audiences Unlimited（☎818-753-3470 内線812 ● www.tvtickets.com）を通じて手に入れるのがもっとも簡単だろう。多数の番組、主にホームコメディのチケットを取り扱っている。チケットは番組収録日の30日前までに注文すればいい。電話で注文した場合、チケットは郵送される。オンライン注文をすればすぐに処理され自分でチケットをプリントアウトできる。この会社はユニバーサル・スタジオ・ハリウッドにあるエンターテインメント・センター Entertainment Centerにもチケットブースを出しているので、当日あるいは翌日分の番組収録のチケットを手に入れることができる。スタジオまで無料のシャトルバスが出ることもある。

NBCテレビジョン・スタジオ NBC Television Studios（● www.nbc.com/nbc/footer/tickets.shtml）で収録される「ジェイ・レノのトゥナイト・ショー *The Tonight Show with Jay Leno*」のチケットは、少なくとも6週間前に手紙で申し込もう（宛先：The Tonight Show with Jay Leno/Tickets, 3000 W Alameda Ave, Burbank, CA 91523）。自分の住所と返信用切手を貼った封筒を同封し、希望の収録日を3日分記入する。チケットは収録の当日8:00に先着順にチケット売り場で直接手に入れることもでき、収録は17:00開始。NBCホームコメディのチケットはオーディエンス・アンリミテド（前出参照）でも手に入る。

パラマウント・スタジオ Paramount Studios（☎323-956-5575 録音テープによる番組スケジュール案内、323-956-1777 チケット ● www.paramountshowticket.com）もまた、このスタジオで行われる幾つかの収録番組のチケットを配布している。詳細は電話かホームページで確認を。

Horror Picture Show」で有名。**レムリ・シアター Laemmle Theatre**（MAP 6 ☎310-394-9741 ⌂1332 2nd St, Santa Monica）には4つのスクリーンがあり、アメリカ以外の国の一風変わった傾向の最新映画を上映している。**サイレント・ムービー・シアター Silent Movie Theatre**（MAP 4 ☎323-655-2520 ⌂611 N Fairfax Ave, Fairfax District）では生演奏付で上映する。

演劇

演劇は古くからLAのカルチャーシーンでは活気のある大事な役割を担ってきた。華麗なミュージカルや演劇からアンサンブルショー、型破りな会場で行われる独立系周辺演劇まで選択肢は広い。LAの劇場は明日の新進スターを見つけたり、有名な映画・テレビ俳優が舞台に出演するために彼らと深い結びつきのあるこの地に戻って来るのを見るにはうってつけの地だ。

シアター・ロサンゼルス Theatre LA（● www.theatrela.org）のホームページ上ではその週に行われているショーの半額チケットが売り出されている。ロサンゼルス地区の大小160の劇場が提携している。手数料はチケット申し込みにつき＄2〜6かかる。

マーク・テーパー・フォーラム Mark Taper Forum（MAP 2）
☎213-628-2772
⌂Music Center, 135 N Grand Ave, Downtown

南カリフォルニアでは主要な劇場とみなされている。ここのアンサンブルは新しい演劇を創り出すのが得意で多くの作品がブロードウェイで上演され、その中にはトニー賞やピューリッツァー賞を手に入れたものもある。当劇場が開幕の10分前に売り出す、直前＄10チケットを求めて人が殺到する。

ツアー公演、多くは豊富なミュージカル公演が**アーマンソン・シアター Ahmanson Theatre**（MAP 2 ☎213-972-0700 ⌂Music Center）、ミュージック・センターにある**シューベルト・シアター Shubert Theater**（MAP 5 ☎310-201-1500, 800-447-7400 ⌂2020 Ave of the Stars, Westside）、アールデコ様式の**パンテージズ・シアター Pantages Theater**（MAP 3 ☎323-468-1770 ⌂6233 Hollywood Blvd, Hollywood）で行われている。

イースト・ウエスト・プレイヤーズ East West Players（MAP 2）
☎213-625-4397
⌂120 N Judge John Aiso St, Downtown LA
東洋系アメリカ人の優れた劇団。レパートリーはクラシックからブロードウェイミュージカルまで多岐にわたり、主にこの地域社会から得た体験を演じている。ここから出た俳優がトニー賞やエミー賞を受賞している。

アクターズ・ギャング・シアター Actors' Gang Theatre（MAP 3）
☎323-465-0566

🏠6209 Santa Monica Blvd, Hollywood
ティム・ロビンスが共同創立者となっている。大胆で一風変わった解釈で演出した古典や新作をアンサンブル演出のワークショップで演じている。

セレブレーション・シアター
Celebration Theater (MAP 4)
☎323-957-1884
🏠7051 Santa Monica Blvd, West Hollywood
ゲイやレズビアン演劇を生み出している米国内トップクラスの劇場の1つ。

コロネット・シアター
Coronet Theater (MAP 4)
☎310-657-7177
🏠366 N La Cienega Blvd, West Hollywood
1947年にバートルト・ブレヒトの「ガリレオ Galileo」を初演して以来、小さいが傑出したこの劇場は、リチャード・ドレイファス、ピーター・フォーク、グィネス・パルトロウなど、あまたの高名な役者たちを輩出している。最近、この劇場は「男性器を使ったオリガミgenital origami」と銘打ったとっぴなショー「ペニスの人形劇Puppetry of the Penis」で動員客を増やし、上演期間を延長している。内容は想像にお任せする。

カニオン・シアター
Cañon Theatre (MAP 5)
☎310-859-8001
🏠205 Cañon Dr, Beverly Hills
ARガーニーによる「ラブ・レターズLove Letters」やイブ・エンスラーの「ヴァジャイナ・モノローグスThe Vagina Monologues」など、とどまることのない公演成功で、いつも追加公演まで予約でいっぱいだ。どちらの芝居も有名俳優が代わる代わる主役を演じている。

ゲッフェン・プレイハウス
Geffen Playhouse (MAP 6)
☎310-208-5454
🏠10886 Le Conte Ave, Westwood
有名スターを揃えて、アメリカ主要脚本家の書いた最先端の作品を上演している。

オデッセイ・シアター・アンサンブル
Odyssey Theater Ensemble (MAP 7)
☎310-477-2055
🏠2055 S Sepulveda Blvd, Westside
アメリカ人以外の現役あるいは既に亡くなってしまった脚本家の作品やモダンクラシックの革新的な作品を専門とする。

ア・ノイズ・ウィズイン
A Noise Within
☎323-953-7795
🏠234 S Brand Blvd, Glendale
「クラス」を「クラシック」に作り上げる。サンフランシスコのアメリカン・コンサバトリー・シアターAmerican Conservatory Theater出身者らが創設。レパートリーはシェイクスピアからカルデロン・デ・ラ・バルカやノエル・カワードまで幅広い。

パサデナ・プレイハウス
Pasadena Playhouse (MAP 8)
☎626-356-7529
🏠39 S El Molino Ave, Pasadena
1924年創設のこの劇場はLAに熱心な支持者を持つ。公演は質が高く、ウエストコーストや世界初演の作品が多数ある。

クラシック＆オペラ

ドロシー・チャンドラー・パビリオン
Dorothy Chandler Pavilion (MAP 2)
☎213-972-7211
🏠Music Center, 135 N Grand Ave, Downtown

野外劇場

ロサンゼルスの夏の楽しみの1つは、爽やかな夏の夜をこの街の歴史ある野外劇場で過ごすことである。

ハリウッド・ボウルHollywood Bowl（MAP 3＆4 ☎323-850-2000 🏠2301 N Highland Ave）の常連たちにとっては、音楽はこの歴史ある野外円形劇場に来る1つの理由に過ぎない。市民の多くは夕方からピクニックを始め、持参のワイングラスを片手にモーツァルトやガーシュインあるいはフーの音楽を聞きながら星空のもとでリラックスした時を過ごす。冷えることもあるので、枕と毛布を持って行こう。

ハリウッド・ボウル近くのジョン・アンソン・フォード・シアターJohn Anson Ford Theatre（MAP 3 ☎323-461-3673 🏠2580 E Cahuenga Blvd）も同様に伝統ある劇場で、音楽、ダンス、ファミリー向けイベントなど幅広いプログラムを組んでいる。

グリフィス公園にある自然のままの円形劇場、グリーク・シアターGreek Theater（MAP 7 ☎323-665-1927 🏠2700 N Vermont Ave）には人気のロックバンドやポップスバンドが来る。より良い音響を求めるならステージ近くに席を取ろう。

もし、求めるものが荒野の劇場ならウィル・ギア・シアトリカム・ボタニカムWill Geer Theatricum Botanicum（☎310-455-3723 🏠1419 N Topanga Canyon Blvd, Malibu）に行くといい。人気テレビ番組の登場人物「グランパ・ウォルトン」によって創設され、自然野外円形劇場が設置されている。シェイクスピアや、もっと近代の戯曲家、テネシー・ウィリアムズやソーントン・ワイルダーなどがプログラムにお目見えする。

LAフィルハーモニック・オーケストラ（ウォルト・ディズニー・ホールが完成するまで。前出「シビック・センター」を参照）や、ロサンゼルス・オペラLA Opera、ロサンゼルス・マスター・コーラルLA Master Choraleの拠点。

ロサンゼルス・フィルハーモニック・オーケストラ
LA Philharmonic Orchestra
☎213-850-2000
1992年よりエサペッカ・サロネン監督のもと、無名作曲家の作品や有名作曲家の無名作品に焦点を当てたプログラムに固執しているにも関わらず、熱心な支持を得ている。

ロサンゼルス・オペラ
LA Opera
☎213-972-8001
3大テノールの1人、プラシド・ドミンゴの監督により、人気オペラ、支流オペラ両方による幅広いが高い質を誇るレパートリーが中心。

ロサンゼルス・マスター・コーラル
LA Master Chorale
☎213-626-0624、800-787-5262
定評のある120声コーラス。単独リサイタルも行うし、ロサンゼルス・フィルハーモニックやロサンゼルス・オペラのコーラスも務める。

コメディクラブ

いつの夜もコメディアンたちはLAの数多いコメディクラブで「口ならし」をしている。予約しておいたほうがいい。席料のほかに最低2杯のドリンクオーダーが必要なクラブが多いので覚えておきたい。

ウエスト・ハリウッド周辺にクラブが多く、**グランドリングス・シアター Groundlings Theater**（MAP 4 ☎323-934-9700 ⌂7307 Melrose Ave）は即興派の一座で、20年以上にわたり人々を面白がらせている。出身者にはリサ・クドロー、ピーウィー・ハーマン、ジョン・ロビッツ、フィル・ハートマン、ジュリア・スウィーネイなどがいる。

そのほかの伝統的な場所としては、**ジ・インプロヴ The Improv**（MAP 4 ☎323-651-2583 ⌂8162 Melrose Ave）、高度な技術で主流となるお笑いを創り続けている**ラフ・ファクトリー Laugh Factory**（MAP 4 ☎323-656-1336 ⌂8001 Sunset Blvd）や**コメディ・ストア Comedy Store**（MAP 4 ☎323-656-6225 ⌂8433 Sunset Blvd）がある。

市内のほかの優良なクラブには次のものがある。**コメディ＆マジック・クラブ Comedy & Magic Club**（☎310-372-1193 ⌂1018 Hermosa Ave, Hermosa Beach）では、ジェイ・レノが「トゥナイト・ショーThe Tonight Show」のための新しいネタを定期的に試している。そして、**アイス・ハウス Ice House**（MAP 8 ☎626-577-1894 ⌂24 N Mentor Ave, Pasadena）にはプロの有名タレントや明日のスターが来ている。

スポーツ観戦

LAでもっとも有名なチームと言えば、間違いなく男子プロバスケットボールチームの**ロサンゼルス・レイカーズ LA Lakers**だ。コーチのフィル・ジャクソンやスター選手のシャキール・オニールおよびコービー・ブライアンに率いられ、チームは2002年、3度目の全米優勝を果たした。レイカーズはダウンタウンにある**ステイプルズ・センター Staples Center**（MAP 2 ☎213-742-7340 ⌂1111 S Figueroa St ■チケット＄22〜165）で試合を行う。チケットを手に入れるのは大変だが、チケットマスター（前出「エンターテインメント」を参照）で購入できる。

ステイプルズ・センターはまた、市のWNBA女子プロバスケットボールチームである**ロサンゼルス・スパークス Los Angeles Sparks**（☎877-4477-2757 問い合わせ ■チケット＄7.50〜120、試合は6〜8月）やLAで2つ目の、そして第2位のNBA男子チームである**ロサンゼルス・クリッパーズ Los Angeles Clippers**（☎213-742-7500 ■チケット＄11〜90）の本拠地でもある。ナショナル・ホッケー・リーグNational Hockey Leagueの**ロサンゼルス・キングズ Los Angeles Kings**（☎213-742-7100、888-546-4752 ■チケット＄20〜100）もまたこの新しい競技場でプレーしている。

LAを本拠地とするナショナル・リーグ野球チーム、**ロサンゼルス・ドジャーズ Los Angeles Dodgers**はダウンタウンのすぐ北側の**ドジャー・スタジアム Dodger Stadium**（MAP 2 ☎323-224-1448 ⌂1000 Elysian Park Ave ■大人＄6〜21 子供4〜12歳 全席＄4）で試合を行っている。シーズンは4月〜10月で、チケットはたいてい試合当日チケット売り場で手に入る。

LAにはプロのサッカーチームはないが、現在、**パサデナ・ローズ・ボウル Pasadena Rose Bowl**（MAP 8 ☎626-535-8300、877-342-5299 チケットおよび問い合わせ ⌂1001 Rose Bowl Dr ■チケット大人＄18〜22 子供＄8〜15）でプレーしているメジャーリーグの**ロサンゼルス・ギャラクシー Los Angeles Galaxy**を招致している。2003年には、このチームは、南ロサンゼルスのカルソンCarson郊外にあるカリフォルニア州立大学ドミンゲス・ヒルズCal State Dominguez Hillsの構内に現在建設中の新しいスポーツ施設に移る予定。

競馬ファンはパサデナ東にある**サンタ・アニタ・レーストラック Santa Anita Racetrack**（☎626-574-7223 ⌂285 W Huntington Dr,

Arcadia 入場＄5）がアメリカでも最高の競馬場の1つだと考えている。**ハリウッド・パーク・レース・トラック Hollywood Park Race Track**（☎310-419-1500 1050 S Prairie St 入場＄7）はロサンゼルス国際空港LAXの近く、イングルウッドInglewoodにある。どちらの競馬場も大人同伴の18歳未満は無料である。

ショッピング

ロサンゼルスの人々はたいてい高層ビルに入っている専門店街（1つのビルに200店舗以上入っていることもある）で買い物をする。もっと落ち着いてショッピングをするなら、ウィンドウショッピングのみならず人間ウォッチングも楽しい数少ない通りに足を向けよう。

どこで買うか

21世紀の粋で最先端を行くデザインの店が出ている地区が幾つかある。ラ・ブレア・アベニューとフェアファックス・アベニューの間にある**メルローズ・アベニュー Melrose Ave**（MAP 3）には奇抜な流行ブティックが集まっている。シルバー・レイクとロス・フェリスには古着やビンンテージ物の店のほか、セクシーなクラブウェアの店が散在している。**サンセット大通り Sunset Blvd**の3000～4000番地のブロック（MAP 3）やバーモント・アベニュー沿いの**ロス・フェリス・ビレッジ Los Feliz Village**（MAP 3）をじっくり眺めてみよう。

ビバリー・センター地区 Beverly Center District（MAP 4）のビバリー・ドライブBeverly Drとウエスト3rdストリートW 3rd Stに挟まれたノース・ロバートソン大通りN Robertson Blvd沿いには若い高級デザイナーたちのブティックがある。さらに北、ロバートソン大通りとメルローズ・アベニューの角は家具やアクセサリーの店が多数建ち並び、ここがロサンゼルスのデザインの中心であることがわかるだろう。

ビバリーヒルズの**ロデオ・ドライブ Rodeo Drive**（MAP 5）は超高級デザイナーのブティックや宝石店、アートギャラリーやアンティークショップがあることで世界的に知られている。

コレクションマニアの大集合：LAのフリーマーケット入門

フリーマーケットあるいは不要品交換会、好きなように呼べばいいが、LAには多くの会場がある。幅広い嗜好を持った非常に多様化した住民に育まれ、この種の集まりはもっとも安く買い物をするのに大いに役立つ。57年製シボレーのホイールキャップやホパロン・キャシディーのポケットナイフが欲しいなら、早く会場に行き、袋と小銭を持参し、値切る準備をしよう。

- **バーバンク・マンスリー・アンティーク・マーケット Burbank Monthly Antique Market** – 骨董品や洋服、家具、芸術品、収集品を販売する約125店がメイン・ストリートとリバーサイド・ドライブRiverside Drの角のピックウィックPickwickに集まる。開催は毎月第4日曜の9:00～15:00で、入場料は＄3。

- **グレンデール・コミュニティ・カレッジ・スワップ・ミート Glendale Community College Swap Meet** – ベルドゥーゴVerdugo近くのマウンテン・アベニューMountain Aveには毎月第3日曜の8:00～15:00に、200店の骨董品や収集品を扱う商人らが集う。入場無料。

- **ロング・ビーチ・アウトドア・アンティーク＆コレクティブル・マーケット Long Beach Outdoor Antique & Collectible Market** – 毎月第3日曜の8:00～15:00の、レイクウッド大通りLakewood Blvdとクラーク・アベニューClark Aveに挟まれたコナント・ストリートConant Stのベテランズ・メモリアル・スタジアムVeteran's Memorial Stadiumで800店以上の骨董品・収集品販売人が質の高い品物を売っている。入場には＄5かかる。

- **メルローズ・トレーディング・ポスト Melrose Trading Post**（MAP 4）– メルローズとフェアファックス・アベニューの角のフェアファックス高校で毎週日曜9:00～17:00、センスの良い一風変わった収集品を扱うおよそ120店がこのトレーディング・ポストを構成している。LAでもっとも興味をそそるマーケットの1つが体験するには＄2の入場料を支払う。

- **パサデナ・シティ・カレッジ・フリーマーケット Pasadena City College Flea Market**（MAP 8）– ほとんどが中古品だが、衣類、工芸品、宝飾品、収集品等を売る500を超える店が毎月第1日曜 8:00～15:00、Eコロラド大通りE Colorado Blvd 1570番地の大学駐車場に集まる。入場、駐車場ともに無料だ。

- **ローズ・ボウル・フリーマーケット Rose Bowl Flea Market**（MAP 8）– この地域では最大規模、2200以上の店が毎月第2日曜の6:00～15:00ローズ・ボウルに出店する。入場料は6:00～7:30が＄20、7:30～9:00は＄10、9:00以降は＄7と変化する。

- **サンタモニカ・アウトドア・アンティーク＆コレクティブル・マーケット Santa Monica Outdoor Antique & Collectible Market** – 毎月第4日曜 8:00～15:00、バンディ・ドライブBundy Drからそれたエアポート・アベニューAirport Aveで開催。＄5で入場すればおいしい食べ物や、ビクトリア様式からポスト・モダンの時代の陶器が見つかる。

平行したビバリー・ドライブは流行の小売店が軒を連ねている。

サンタモニカの歩行者天国となっている**サード・ストリート・プロムナード** Third Street Promenade（MAP 6）はブロードウェイに面したサンタモニカ・プレースに直結している。ここには主流のファッションから、斬新な衣服やカジュアルな洋服、ファンキーファッションなど、多くの物が揃っている。サンタモニカのその他のショッピングストリートにはギャラリーや調度品、ファッションの店がある**メイン・ストリート** Main St（MAP 6）や、ユニークな洋服を扱うブティックや特選ギフト、家庭用装飾小物などの高級感のある**モンタナ・アベニュー** Montana Aveがある。

安くふざけた物はベニス・ビーチ（MAP 6）にある**オーシャン・フロント・ウォーク** Ocean Front Walk沿いで見つかる。エロチックな踊るシバ像、あるいはスイスのブロンズ製カウベルが必要？ 犬用にスパイクの付いた革の帽子やお姉さんのためのスパイク付き革のビキニ（あるいはその逆）をご要望？ ここにくれば見つかるかもしれない。

オールド・パサデナにある高級化された**コロラド大通り** Colorado Blvd（MAP 8）には書店やブティック、家庭用品店、専門店が多い。ロンドンスタイルのショッピングアーケードで有名な**サウス・レイク・アベニュー** South Lake Aveもまたオールド・パサデナにある。

ダウンタウン（MAP 2）にある**ブロードウェイ** Broadwayと**オルベラ・ストリート** Olvera St、イースト・ロサンゼルスにある**エル・メルカード** El Mercadoにはメキシコ製の子供用おもちゃやピニャータはもちろん工芸品や手織りの洋服を探すのにいい。**チャイナタウン** Chinatownには箸やせっけん石で作った仏像は言うまでもなく、輸入磁器や家具、絹製の洋服を売る店が多数ある。リトル・トーキョーの主要ショッピングセンターは**ジャパニーズ・ビレッジ・プラザ** Japanese Village Plazaで着物や本、おもちゃ、折り紙からくろで造ったすばらしい陶器にいたる工芸品を仕入れることができる。仮面、彫刻品、絵画に工芸品といったアフリカ美術を探すなら**レイマート・ビレッジ** Leimert Villageにあるデグナン・アベニューに行くといい。

洋服を安く手に入れたい買物客はダウンタウン（MAP 2）にある**ファッション地区** Fashion Districtに集まる。ここは、この街のアパレル産業の中枢で、非常に大きな56ブロックにも及ぶファッションの迷路だ。ほとんどの店が現金販売のみを行い、返品や交換もまれであることに注意しよう。試着室はほとんどなく、デザイナーブランドの偽物も多い。

ファッション

ザ・プレイス&カンパニー
The Place & Co
☎310-645-1539
⌂8820 S Sepulveda Blvd, near LAX
ブランド志向だが、予算が多くない人にはありがたい店。ほとんど着ていないデザイナーズブランドの服がかなり値引きされて売られている。

フレッド・シーガル
Fred Segal (MAP 6)
☎323-651-4129
⌂8100 Melrose Ave, Hollywood (MAP 7)
☎310-458-9940
⌂500 Broadway, Santa Monica
キャメロン・ディアスやヘレン・ハントのようなおしゃれが大好きな女性向けの高級ブティック。都会的な洋服を幅広く扱う。

カーブ
Curve (MAP 4)
☎310-360-8008
⌂154 N Robertson Blvd, West Hollywood
オーナーの作品と共に、隠れたデザイナーや定評のあるデザイナーによる流行の先端を行く服や、時には個性的な服を取り扱っている。

リサ・クライン
Lisa Kline (MAP 4)
☎310-246-0907
⌂136 S Robertson Blvd, West Hollywood
斬新なスタイルも伝統的なスタイルも豊富に揃えて、思春期を過ぎた年頃の客に提供している。

ディー・エヌ・エー
DNA (MAP 7)
☎310-399-0341
⌂411 Rose Ave, Venice
数は少ないがほどよく揃えられた、地元や国内デザイナーによるセンスの良い男女向きの服が所狭しと置かれている。粋なヨーロッパ風の服が多い。

ビンテージ
ハリウッドはLAのビンテージ衣料の中心地である。

スクエアーズビル
Squaresville (MAP 3)
☎323-669-8464
⌂1800 N Vermont Ave, Los Feliz Village
あの自由奔放な太平洋岸の装いはここで取り入れよう。銀行強盗をせずに手に入れられるくらいの値段だ。

バッファロー・エクスチェンジ
Buffalo Exchange (MAP 4)
☎323-938-8604
⌂131 N La Brea Ave

靴やアクセサリーのほか、数点のカルバン・クラインやベルサーチも取り入れ、主流タイプの洋服を揃えている。

ジェット・ラグ
Jet Rag (MAP 4)
☎323-939-0528
🏠825 N La Brea Ave
質の良いレトロな洋服やアクセサリーを販売する倉庫ほどの大きさの店。日曜日にもなると、倹約家のヒッピーたちが1着1ドルで売られている大量の古着の中から掘り出し物を見つけようと駐車場で戦いを繰り広げる。

ウェイストランド
Wasteland (MAP 4)
☎323-653-3028
🏠7428 Melrose Ave
人目を引くショーウィンドウと高品質のビンテージ物や最新デザイナーズファッションがある。

ランジェリー・エロティカ

品がないと思うか、あるいは趣味がわかると思うかは好みによるが、奔放なLAでは夜をすてきに過ごす小道具に欠くことはない。

フレデリックス・オブ・ハリウッド
Frederick's of Hollywood (MAP 3)
☎323-466-8506
🏠6608 Hollywood Blvd, Hollywood
老舗のランジェリーショップの1つで、今ももっとも人気のある店の1つ。

プレイメイツ
Playmates (MAP 3)
☎323-464-7636
🏠6438 Hollywood Blvd, Hollywood
どちらかといえばややハードコア系で、エキゾチックなダンサーや女優、夜の女たちが好む店。

ハスラー・ハリウッド
Hustler Hollywood (MAP 4)
☎310-860-9009
🏠8920 Sunset Blvd, West Hollywood
「リラックス—イッツ・ジャスト・セックス」をモットーとするポルノ商人ラリー・フリントの娘が経営するエロティカ専門の大型店。

プレジャー・チェスト
Pleasure Chest (MAP 4)
☎323-650-1022
🏠7733 Santa Monica Blvd, West Hollywood
想像しうる限りのあらゆる幻想や執着に応える、大人のオモチャを扱う。

ハリウッドの記念品

少しでも長くハリウッドの輝きを残しておきたいのなら、次の店で土産を買うといい。オスカーのプラスチック製の像やハリウッドの看板の入った冷蔵庫用マグネットなど、たくさんの品が揃う。

イッツ・ア・ラップ
It's a Wrap
☎818-567-7366
🏠3315 W Magnolia Ave, Burbank
撮影時にスターが着ていた洋服を売っている。タグを見れば番組名や時には俳優名がわかる。

リール・クローズ&プロップス
Reel Clothes & Props
☎818-508-7762
🏠12132 Ventura Blvd at Laurel Canyon, Studio City
イッツ・ア・ラップ同様の店だが、もう少し値の張る収集品を扱っている。

ラリー・エドムンズ・ブックショップ
Larry Edmunds Bookshop (MAP 3)
☎323-463-3273
🏠6644 Hollywood Blvd, Hollywood
映画や演劇、テレビ番組の台本、ポスター、スチール写真、本を長年にわたって取り扱っている。

サミュエル・フレンチ・シアター&フィルム・ブックショップ
Samuel French Theatre & Film Bookshop (MAP 3)
☎323-876-0570
🏠7623 Sunset Blvd, Hollywood
映画、演劇、ミュージカルの台本、楽譜、本の驚くべき宝庫だ。

モルタウン
Moletown (MAP 4)
☎323-851-0111
🏠900 N La Brea Ave, Hollywood
マグカップ、人形、ジャケットなど、テレビ番組や映画の記念品を扱うステージほどの大きさの店。

音楽

中古CDを探すのに選り抜きの店は**アメーバ・ミュージック Amoeba Music** (MAP 3 ☎323-245-6400 🏠6400 Sunset Blvd, Hollywood）だが、**ロッカウェイ・レコード Rockaway Records** (MAP 2 ☎323-664-3232 🏠2395 Glendale Blvd, Silver Lake）もかなりいい。

タワー・レコード
Tower Records (MAP 4)
☎310-657-7300
🏠8801 W Sunset Blvd, Hollywood
ヒット曲好きな人も輸入音楽愛好者もクラシックファンも満足できる。イエローページで周辺の支店を探してみるといい。

ロサンゼルス – ロサンゼルスへのアクセス

ライノ・レコード
Rhino Records (MAP 5)
☎310-474-8685
🏠1720 Westwood Blvd, Westwood
1970年代に創業した伝説的とも言える店舗兼レーベル。インディーズ物や販促用の過剰在庫が専門。

ヒアー・ミュージック
Hear Music (MAP 6)
☎310-319-9527
🏠1429 Third Street Promenade, Santa Monica
ケルト音楽からアフリカ・キューバミュージックまで世界中の質の高い音楽を探すにぴったりの店。

ロサンゼルスへのアクセス

空から

飛行機でロサンゼルスに入る場合、たいていダウンタウンから17マイル（約27km）南西の**ロサンゼルス国際空港 Los Angeles International Airport (LAX)**（MAP 1 ☎310-646-5252 Ⓦwww.lawa.org）に降り立つことになる。規模の小さい地方空港にはダウンタウンの14マイル（約23km）北西にあるバーバンク・グレンデール・パサデナ空港Burbank-Glendale-Pasadenaと22マイル（約35km）南のロングビーチ空港Long Beach Airportがある。ロサンゼルス・カウンティLA County外だと40マイル（約64km）南東のアーバインIrvineにあるジョン・ウェイン・オレンジカウンティ空港John Wayne-Orange County Airportと、40マイル（約64km）東のサン・バーナディノ・カウンティSan Bernardino Countyにあるオンタリオ・インターナショナル空港Ontario International Airportがある。

LAXには2階建ての中央環状道路の周囲に8つのターミナルがあり、この道路から短時間用の駐車場へアクセスできる。発券やチェックインは2階（出発ロビー）で、手荷物受取所は1階（到着ロビー）にある。ほとんどの国際便はトム・ブラッドレイ・インターナショナル・ターミナルTom Bradley International Terminal (TBIT) に離着陸する。

ターミナル間を移動するには、それぞれのターミナル1階の外にあるLAXシャトルLAX Shuttleと表示されたバス停で無料シャトルAを利用する。各ホテルのサービスシャトルバスもここに止まる。身障者用車椅子昇降機付の無料ミニバスは電話（☎310-646-6402）で予約できる。

バスで

グレイハウンドはLAと北アメリカの各都市を結んでいる。24時間営業の**メイン・バス・ターミナル Main Bus Terminal**（MAP 2 ☎213-629-8401 🏠1716 E 7th St at Alameda St）はダウンタウンにある。この地区の治安はあまり良くないが、バスターミナル内にいれば安全だ。LA地区のグレイハウンドの営業所は**ハリウッド Hollywood**（MAP 3 ☎323-466-6381 🏠1715 N Cahuenga Blvd）、**パサデナ Pasadena**（MAP 7 ☎626-792-5116 🏠645 E Walnut St）、**ロングビーチ Long Beach**（☎562-218-3061 🏠1498 Long Beach Blvd）の各所にある。

グレイハウンドは、サンディエゴ（＄14、2時間15分〜4時間）まで最低1時間おきに、サンタバーバラSanta Barbara（＄13、2〜3時間30分）へは10本運行している。サンフランシスコ便（＄42、7時間30分〜12時間）へはたいてい1時間おきに出発する。

ミッシング・リンク・ツアー・カンパニー
Missing Link Tour Company
☎800-209-8586
Ⓦwww.tmltours.com
💲片道＄39 往復＄75
所要時間5時間。ロサンゼルス〜ラスベガス間のシャトルバスを両方向とも週に3便運行している。

鉄道で

アムトラック Amtrak（☎800-872-7245 Ⓦwww.amtrak.com）はダウンタウンにある**ユニオン・ステーション Union Station**（MAP 2 🏠800 N Alameda St）から出ている。ロサンゼルスに停まる州間列車はシアトルSeattle行きのコースト・スターライトCoast Starlight、シカゴChicago行きのサウスウエスト・チーフSouthwest Chief、オーランドOrlando行きのサンセット・リミテッドSunset Limited。パシフィック・サーフライナーPacific SurflinerはLAとサンディエゴ（＄27、3時間）、サンタバーバラ（＄20、2時間45分）、サン・ルイス・オビスポSan Luis Obispo（＄31、5時間30分）の各間を定期的に結んでいる。

車・オートバイで

車やオートバイでLAに行くなら、この大都市圏に入るルートが幾つかある。

サンフランシスコおよび北カリフォルニアからならLAまではインターステート5（I-5）経由でサン・ホアキン・バレーを抜けるのがもっとも速い（約6時間）。ハイウェイ101は時間がかかるが（約8時間）、カーブが多く、趣がある。時間はかかるが（少なくとも10時間は見込んだほうがいい）もっと

も景色が良いのはパシフィック・コースト・ハイウェイあるいはハイウェイ1経由のルートだ。

サンディエゴほか、南方面から来るには、I-5経由が普通。アーバインでI-405からI-5にそれて西寄りのロング・ビーチやサンタモニカ方面に向かうコースを取り、ロサンゼルスのダウンタウンを避けて、サン・フェルナンド近くでI-5にも合流する。ウエストサイド方面に向かう場合、このルートなら時間の節約になる。

ラスベガスやグランド・キャニオンからロサンゼルスに来るなら、I-15を通って南下し、I-10で西へ向かう。I-10はロサンゼルスを抜けて東西を結ぶ幹線道路で、ダウンタウンやサンタモニカまでつながっている。

交通手段

おおかたの予想とは裏腹に、LAは包括的でかなり効率の良い公共交通機関が整備されている。ほとんどの都市はバスで行くことができるし、軽および重レールの速い鉄道でハリウッドやユニバーサル・スタジオのような行楽地まで行くことができる。それでもなお車がこの地域で断然、もっとも人気のある移動手段になっている。軽率にも長々と続く交通渋滞に突入する前に、ほかの交通手段を考えてみたらどうだろうか。

ロサンゼルス空港(LAX)へのアクセス

実際、ユースホステルや空港エリアのホテルはすべて、シャトルバス会社と無料あるいは割引運賃でLAXから客を乗せるように契約している。予約の際に受けられるサービスをチェックするか、空港のインフォメーションカウンターをよく見てみよう。

すべてのターミナルから直行のシャトルバスを運行している会社があり、1階でワゴン車が「シャトルShuttle」と記された看板の下に停まる。乗客が1人だけでも、たいていはタクシーよりも安いし、公共交通機関よりも速い。主な会社は、**プライム・タイム Prime Time**（☎800-473-3743）、**スーパー・シャトル Super Shuttle**（☎310-782-6300）**エクスプレス・シャトル Xpress Shuttle**（☎800-427-7483）の3つ。運賃はダウンタウンまで＄12、ハリウッドまで＄19、サンタモニカまで＄14を見込んでおけばいい。ほとんどのシャトルバスは24時間運行で、宿泊先の前で降ろしてくれるが、ほかの客にも同じように便宜を図るため、巡回経路の自分の番まで待たされることになるだろう。

低料金で行くには、24時間シャトルCバス Shuttle Cに乗るといい。このバスは**LAXトランジット・センター LAX Transit Center**（☎cnr 96th St & Vicksburg Ave）行きで、各ターミナルの外側に10～20分おきに停まる。トランジット・センターからは公共バスに接続し、この広いロサンゼルスエリアのあらゆる所に行くことができる。ハリウッドに行くには、MTAバス42番西行きでオーバーヒルOverhillとラ・ブレアまで行き、MTA212番（＄1.60、1時間15分）に乗り換える。ダウンタウンに行くには、MTA42番（＄1.35、1時間）にそのまま乗っていればいい。サンタモニカ、ベニスおよびウエストウッド（UCLA）はビッグ・ブルー・バスBig Blue Bus3番（75￠、1時間～1時間30分）で行ける。

パサデナへは**エアポートバス Airport-Bus**（☎800-938-8933）が9:15から19:15まで2時間おきに出ていて、運賃は片道＄12。

LAXに乗り入れている鉄道はないが、最寄りの駅では、バスで10分ほどの所にメトロ・レール・グリーン・ラインMetro Rail Green LineのエイビエイションAviation駅がある。1階（到着ロビー）のLAXシャトルの標識の下に停まる無料シャトルバスGに乗ろう。グリーン・ラインは南はレドンド・ビーチ、北東はノーウォークNorwalk行き。東行き列車に乗れば、ロサ・パークスRosa Parks（インペリアル／ウィルミントンImperial/Wilmington）駅でメトロ・ブルー・ラインMetro Blue Lineに乗り換えることができる。ブルー・ラインは北はLAダウンタウン、南はロング・ビーチ行き。運賃は＄1.35。

レンタカー会社に電話をして見積もりを取ったり予約したりする時は、到着ロビーのサービス電話を利用しよう。レンタカー会社の営業所は空港から多少離れた所にあるが、どの会社もシャトルバスを用意している。

舗道沿いにいるタクシー発車係が客のためにタクシーを呼んでくれる。平均運賃はサンタモニカまで＄20～25、ダウンタウンあるいはハリウッドまで＄25～35、ディズニーランドまでは高くて＄80。空港サービス料として運賃に＄2.50上乗せされる。2、3人で割り勘にするなら、移動にはタクシーがもっとも速く便利な方法である。

バス

メトロポリタン・トランスポーテーション・オーソリティ Metropolitan Transportation Authority（MTA ☎800-266-6883 www.mta.net）はもっとも多くのバスを運行しており、運賃はバスも鉄道も均一の＄1.35で、乗換えは25￠。フリー

ウェイ・エクスプレスFreeway Expressバスはルートや距離によって＄1.85〜3.85。1週間の定期券は＄11で、土、日曜日に発行してもらう。A地点からB地点までの行き方が知りたいときは、MTAのフリーダイヤルに電話をするか、ホームページのトリッププランナーTrip plannerを利用しよう。地図、時刻表、定期券などを含め直接情報がほしい場合は、MTAカスタマー・センターも利用できる。営業所はロサンゼルス・ダウンタウンDowntown LA（MAP 2 ☎Level C, ARCO Plaza, 515 S Flower St ⊙7:30〜15:30）とミッド・シティのミラクル・マイル地区 Miracle Mile District（MAP 4 ☎5301 Wilshire Blvd ⊙9:00〜17:00）にある。

街を横断するには、快速メトロ・ラピッドMetro Rapidバス720番を利用すると便利だ。ウィルシャー大通りに沿ってサンタモニカからダウンタウンへ行き、ウエストウッド、ビバリーヒルズ、フェアファックスやミッド・シティを経由してイースト・ロサンゼルスまで走っている。

サンタモニカを中心とするビッグ・ブルー・バス Big Blue Bus（☎310-451-5444 ⓦ www.bigbluebus.com）はサンタモニカ、ベニス、ウエストウッド（UCLA）、パシフィック・パリセーズ Pacific PalisadesおよびLAXなどのウエストサイドを隈なく運行している。14番バスはゲッティ・センター行き。運賃は75￠で、ほかのビッグ・ブルー・バスへの乗換えは無料で（MTAバスへの乗換えは25￠）。サンタモニカからダウンタウンまでは快速バス10番（＄1.75）がもっとも速い。3番バスはLAXまで運行している。

市のロサンゼルス・デパートメント・オブ・トランスポーテーション Los Angeles Department of Transportation（LADOT ⓦ www.ladottransit.com）はダッシュDASHと呼ばれる地方行きシャトルバスをダウンタウン、ハリウッド、フェアファックス地区、コリアタウン、ワッツ、ミッド・シティなど、19の地域で運行している。ほとんどのバスが月〜土曜、7:00前後〜19:00ごろまで頻繁に出ている。運賃は25￠。詳しくはロサンゼルスでの滞在地の電話局番プラス☎808-2273に電話してみるといい。この電話番号で、あるいはホームページ、観光案内所、DASHバス内で地図が入手できる。

鉄道

MTA（前出「バス」を参照）はまた、ダウンタウン、ハリウッド、ノース・ハリウッド、ロング・ビーチ、レドンド・ビーチ、2003年からはパサデナも結ぶ鉄道網メトロ・レールも運営している。片道切符は＄1.35で自動販売機で購入する。

地下鉄メトロ・レッド・ラインMetro Red Lineは、ダウンタウン、ハリウッド、ユニバーサル・シティの3つの呼び物が集中した近隣を結んでいるので、観光客にとってはもっとも便利だ。ブルー・ラインBlue Lineはダウンタウンからロング・ビーチまで走り、一方グリーン・ラインGreen Lineはノーウォークとレドンド・ビーチ間を結んでいる。レッド・ラインとブルー・ラインはダウンタウンの7thストリート／メトロ・センター7th St/Metro Center駅で合流し、ブルー・ラインとグリーン・ラインはロサ・パークスRosa Parks（インペリアル／ウィルミントン）駅で接続している。

2003年後半に、ロサンゼルスで一番新しい軽鉄道であるゴールド・ラインGold Lineが開通する予定。この路線は、チャイナタウン、ハイランド・パーク、サウス・パサデナを経由して、ダウンタウンのユニオン・ステーションとパサデナをおよそ33分で結ぶ。

メトロリンク
Metrolink
☎800-371-5465
ⓦ www.metrolinktrains.com
416マイル（約669km）に及ぶ6路線からなる通勤列車。ダウンタウンのユニオン・ステーションと北のサンディエゴ・カウンティSan Diego Countyとロサンゼルス周辺のオレンジ、リバーサイドRiverside、サン・バーナディノおよびベンチュラVentura4つのカウンティを結んでいる。発着する列車の多くは通勤ラッシュ時間に運行されるもので、幾つかの路線は土曜日にも一部運行している。

車・オートバイ

LAは地理的に広大な地域に縦横に広がっているので、時間を気にしない場合、または予算的に厳しい場合には車で移動したいと考えるだろう。車での移動の難点には、特に朝と午後の通勤時間帯に交通量が多いことが挙げられる。交通事故のために何マイルにも渋滞することもあるし、プレッツェルのように複雑なインターチェンジや入口ランプが最初はとっつきにくく思えるかもしれない。しかし、それでもなおLAを回るには車がもっとも速い。

サンタモニカ、ビバリーヒルズ、ウエスト・ハリウッドの公共駐車場はたいてい、最初の2時間は無料で、それ以降も低料金で利用できる。センチュリー・シティCentury Cityやダウンタウンなどのビジネス街の駐車料金は20分＄3.50もするが、ダウンタウンへ行けば、問題は簡単に解決する。周辺地域の駐車場なら1日＄3しかかからない。

モーテルや安いホテルの駐車料金はたいてい無料だが、少し上等なホテルは宿泊代

ロサンゼルス周辺
Around Los Angeles

に加えて1日＄5〜10の駐車料金がかかる。高級レストランやホテルには（もちろんチップが目的の）駐車場ボーイがいたるところにいる。

主な国際的レンタカー会社はすべてロサンゼルス全域に支店があるが、競争の激しいLAX支店で借りるのが料金的には最適だろう。

特に25歳未満の人に、うってつけなのは**スーパー・チープ・カー・レンタル Super Cheap Car Rental**（☎310-645-3993 ℻310-645-3995 ⓌWww.supercheapcar.com ⌂10212 S La Cienega Blvd ◎月〜土）だ。レンタルできる車は最新モデルとはいかないが、料金には全部保険（対人保険および衝突については＄400免責）と税金が含まれ、一定エリア内は走行距離無制限だ。カリフォルニア内、およびラスベガスまでのレンタカーは1週間＄199から で、ロサンゼルスとオレンジカウンティを周るなら＄169。ただし1週間以上のレンタルが条件になっている。

ハーレーをレンタルするには、LAXから2マイル（約3km）南の**イーグル・ライダー・モーターサイクル・レンタル Eagle Rider Motorcycle Rental**（☎310-536-6777、800-501-8687 ⌂11860 S La Cienega Blvd, El Segundo）か、**ルート66 Route 66**（☎888-434-4273 ⌂4161 Lincoln Blvd, Marina del Rey）に行こう。料金は24時間につき＄75〜225で、長期レンタルには割引がある。

タクシー

ロサンゼルスでは、ただ腕を突き出しただけではタクシーを拾うことはできない。空港や駅、バス乗り場、大きなホテルの外に並ぶタクシー以外は電話で呼ばなくてはならない。運賃はメーター制で初乗り料金は＄2、以降1マイル（約1.6km）ごとに＄1.80。タクシー会社には**チェッカー Checker**（☎800-300-5007）、**インデペンデント Independent**（☎800-521-8294）、**ユナイテッド・インデペンデント United Independent**（☎800-822-8294）、**イエロー・キャブ Yellow Cab**（☎800-200-1085）などがある。

自転車

最近のMTAバスには自転車キャリアが付いているものも多く、自分で自転車を安全に乗降させなければならない が、自転車の持ち込みは無料だ。許可を得れば（☎800-266-6883）ラッシュ時間帯以外のメトロ・レールの車両にも自転車を持ち込むことができる。メトロリンクの列車へは許可を取らなくてもいつでも無料で自転車を持ち込める。

サンタ・カタリナ島
Santa Catalina Island

地中海の香りのするサンタ・カタリナ島（人口4000人）は、地元では単にカタリナと呼ばれている。南カリフォルニア沖の海洋底から隆起した山脈が頭部だけを海上に見せて連なっているチャネル群島Channel Islandsで、もっとも大きな島の1つである。観光客のほとんどは島の南東端にある小さな港町アバロンAvalonを拠点に行動する。もっとも混雑する夏の週末、町は1万1000もの人であふれかえる。このほかの集落といえば遠く離れたツー・ハーバーズTwo Harborsだけで、アバロンから20マイル（約32km）北西で島の峡部にあたるここには町のにぎわいはない。

ファン・ロドリゲス・カブリヨにより1542年に発見されたカタリナは比較的手付かずの状態で置かれていたが、1811年までにアメリカ先住民の船乗りたちが強制的に本土に移住させられ、ほとんどの島々は個人所有となった。1919年、チューインガム王のウィリアム・リグレー・ジュニア（1861〜1932年）に買い取られ、一時はリグレーが所有していたメジャーリーグのシカゴ・カブスの春季トレーニングの中心地として使われたこともあった。

観光客がアバロンに集まり始めたのは1930年代になってからのことだが、リグレーが自然保護に関心を持っていたおかげで、カタリナの内陸部と海岸線のほとんどは手を加えられずに残された。1975年、リグレー家は島の86％をNPOのカタリナ島コンサーバンシーCatalina Island Conservancyに譲り渡した。こうして島独自の自然環境は保護管理されるようになった。

400種以上の植物と、最近になって再度導入されたハクトウワシを含む100種以上の鳥類のほかにもシカ、ヤギ、イノシシ、島固有のカタリナ島キツネが生息している。おもしろいのは何百頭という北アメリカバイソンがいることだろう。1924年にザン・グレイ監督の『ザ・バニシング・アメリカンThe Vanishing American』の撮影用に持ち込んで以来ここで繁殖している。

カタリナへの旅は節約旅行向きではない。日帰りで「見て」しまうことはできるが、島の静かな雰囲気はやはり1晩泊まってこそ味わえると言える。ボートに乗る以外の宿泊や食事は料金が高く、島の本当の良さを知るため

アバロン
Avalon
ホテル、レストラン、商店は海岸沿いのクレセント・アベニューCrescent Aveや脇道に沿って建ち並んでいる。**商工会議所＆観光局 Chamber of Commerce & Visitors Bureau**（☎310-510-1520 www.catalina.com 毎日）がグリーン・ピアGreen Pierに窓口を設けている。

アバロンで圧倒的に目立つ建物、白くて円い形をしたスペインモダン様式の**カジノ Casino**（☎310-510-2500 1 Casino Way）は、リグレーが1929年に建設したもの。カジノという名前だが、実際は一度もギャンブル場として使用されたことはなく、パーティー会場として使われてきた。最上階はかつてビッグバンドの伴奏でダンスが行われた大ホールで、その下にはパイプオルガンが備え付けられて壁画で飾られた豪華なアールデコ様式の映画館がある。封切り映画の上映や＄12の50分間にわたる館内ツアーを楽しめる。ここには**カタリナ博物館 Catalina Island Museum**（☎310-510-2414 大人＄1.50 子供＄0.50 10:30〜16:00）もあり、7000年に及ぶ島の歴史をたどることができる。

リグレー記念館＆植物園 Wrigley Memorial & Botanical Garden（☎310-510-2288 1400 Avalon Canyon Rd ＄3 8:00〜17:00）は海岸から約1.5マイル（約2.4km）内陸に入った所にある。記念館のらせん階段は高さ130フィート（約39m）あり、青砂岩のブロックと装飾を施した化粧タイルを使って1934年に建てられた。周囲38エーカー（約15ha）の庭園には巨大種のサボテンの林があり、その他のサボテン類、カタリナ固有の8種類の植物を見ることができる。

内陸部
The Interior
カタリナの内陸部はほとんどが砂漠で、日当たりの良い丘陵や大小の谷が延々と連なっている。景色は一見して不毛に見えるが、実際は動植物が非常に豊富である。バイソンの群れに出合うことがあれば、忘れられない思い出となるだろう。

内陸部を手っ取り早く回るのにはガイド付ツアーをおすすめする（「ツアー」を参照）。しかし、もっと活発なタイプの人は、徒歩やマウンテンバイクで回るのもいいだろう。どちらのアクティビティも許可が必要で、**カタリナ島コンサーバンシー Catalina Island Conservancy**（☎310-510-1421 www.catalinaconservancy.org

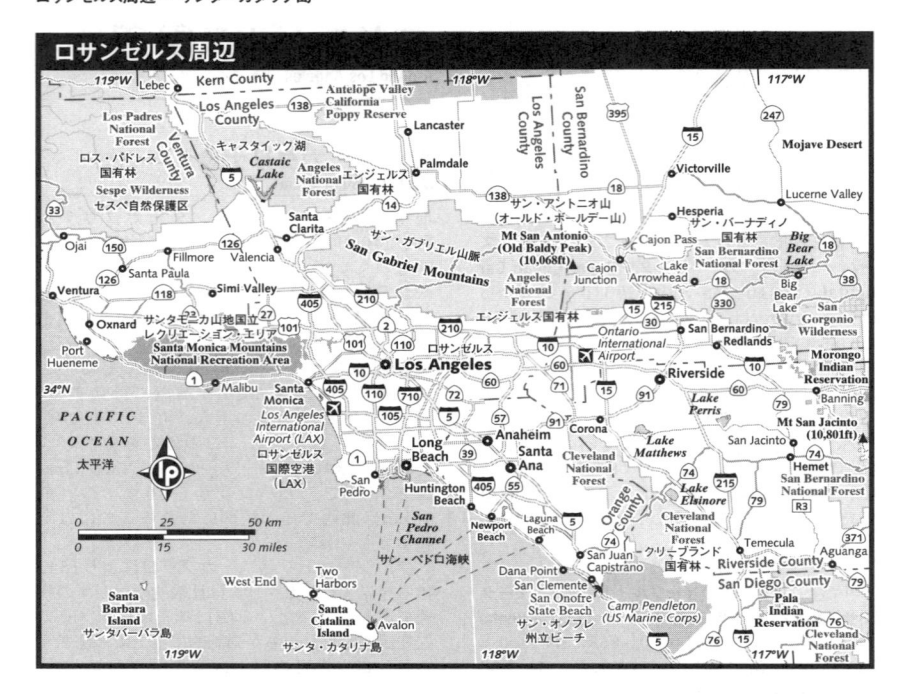

125 Claressa St, Avalon）で取ることができる。ハイキングは無料で、自転車の通行許可は1年につき＄50とずいぶん高いが、保険料が含まれている。キャンプ場情報は「宿泊」、公共交通の詳細は「アクセス・交通手段」を参照のこと。

郊外で唯一の「村」と言えるのはツー・ハーバーズTwo Harborsだろう。食料雑貨店、ダイビングセンター、レストラン、軽食堂、そして1910年から開いている丘の上のB＆B、**バニング・ハウス・ロッジ Banning House Lodge**（☎310-510-0244　客室＄87〜253）がある。

水上スポーツ

カタリナの本当の魅力は水に親しみ、ダイビングをしてこそ味わえる。ほとんどの業者がアバロンのグリーン・ピアに案内所を設けている。

クレセント・アベニューCrescent Ave沿いの狭い海岸で**水泳 swimming**ができるが、プライバシーに関してはあまり期待しないこと。もっと人が少ないほうがいいなら（ある程度にではあるが）北に徒歩で10分進んでカジノを過ぎた所に**デスカンソ・ビーチ Descanso Beach**がある。入場料＄2のプライベートビーチで、アルコールもOKだ。

シュノーケリング Snorkelingを楽しむなら、ボートターミナルのすぐ東側にあるラバーズ・コーブLovers' Coveという入り江を目指すか、**カジノ・ポイント水中公園 Casino Point Underwater Park**に向かうといい。どちらもダイビングには最適の場所で、夕焼け色をしたガリバルディや、時にはツノザメやヒョウザメ（危険はない）を見ることができる。ラバーズ・コーブ、グリーン・ピア周辺のシュノーケリング用具のレンタルは、1時間＄7.50、1日＄12程度となっている。ほかの地域へはボートでないと立ち寄ることができない。ボートターミナルの近くの**シュノーケル・カタリナ Snorkel Catalina**（☎310-510-3175）と**カタリナ・ダイバーズ・サプライ Catalina Divers Supply**（☎310-510-0330）がさまざまなツアーを企画している。

カヤックは**デスカンソ・ビーチ・オーシャン・スポーツ Descanso Beach Ocean Sports**（☎310-510-1226　Descanso Beach）でレンタルできる。シングルカヤックは1時間＄11、1日＄45で、ガイド付ツアーは＄28〜。グリーン・ピアの上の**ジョーズ・レンタボート Joe's Rent-A-Boat**（☎310-510-0330）ではカヤック、小ボートのレンタルができる。アバロンの人ごみから抜け出して荒々しい海岸線を探索したい人には、どちらも最適のスポーツだ。料金は1時間＄35〜、1日＄175〜。

ツアー

手軽にカタリナ観光をするなら、**ディスカバリー・ツアー Discovery Tours**（☎310-510-8687）および**カタリナ・アドベンチャー・ツアー Catalina Adventure Tours**（☎310-510-2888）で各種ツアーがある。オプションで、島の内陸探索（＄26〜）、カタリナの豊かな水中庭園をガラス底の船から見物（＄9.50）を加えることができる。アバロンの美しい景色を楽しむツアー、アバロン港クルーズ、ナイトクルーズ、そのほかもある。**ジープ・エコ・ツアー Jeep Eco-Tours**（☎310-510-2595 内線0）はカタリナ島コンサーバンシーが運営していて、3時間の秘境ツアーを1人＄98で行っている。

宿泊

キャンプ場　カタリナのキャンプ場は、アバロンに1カ所、内陸部に4カ所ある。利用料金は、3月中旬〜11月中旬が大人＄12、子供＄6、そのほかの期間は大人、子供ともに1人＄6。自分のテントがなくても、ハーミット峡谷 Hermit Gulch、ツー・ハーバーズのキャンプ場では貸し出している。2人用テント＄10、4人用テント＄16、6人用キャビン＄30で、キャンプ場使用料がこれにプラスされる。予約はFAX（310-510-7254）、またはホームページ（www.scico.com/camping）で。

ハーミット峡谷 Hermit Gulchがアバロン渓谷の中にあり、内陸を1.5マイル（約2.4km）歩くか、もしくはアバロン・トロリーAvalon Trolleyに乗ればすぐに着く（「交通手段」を参照）。水洗トイレ、温水シャワーが設置されている。

内陸の主なキャンプ場は切り立った崖の上にある**ツー・ハーバーズ Two Harbors**で、冷水シャワー、化学処理式簡易トイレが備えられている。そこから6.8マイル（約10.9km）離れた所にある**リトル・ハーバー Little Harbor**は2つのすてきな砂浜に面している。設備はツー・ハーバーズと同じ。**パーソンズ・ランディング Parson's Landing**はツー・ハーバーズから西に7マイル（約11km）の所にあり、キャンプサイトは整地されていない。トイレは化学処理式。水道設備がないため1人あたり2.5ガロン（約9.5リットル）の飲料水と薪（キャンプ場内で使用可）が支給され、その代金はサイト使用料に含まれている。**ブラック・ジャック Black Jack**はアバロンから9マイル（約14km）の島でもっとも標高が高い地域のそばにある。

ホテル　カタリナのホテル業者が書き入れ時としている夏はホテル料金は跳ね上がり、週末の連泊が当然の扱いとなる。冬になると料金が50％も下がることはしばしばだ。多くのホテルではボートでの送迎サービスを行っている。

ロサンゼルス周辺 − シックス・フラッグス・マジック・マウンテン＆ハリケーン・ハーバー

ハーモサ・ホテル
Hermosa Hotel
☎310-510-1010、877-241-1313
w www.hermosahotel.com
🏠 131 Metropole St
🛏 客室 バスなし＄35〜50、バス付＄45〜65、コテージ＄60〜100
カタリナでは低料金の部類に入る。客室にはいろいろなタイプがあり、キッチン付のコテージもある。

カタリナ・ビーチ・ハウス
Catalina Beach House
☎310-510-1078、800-974-6835
🏠 200 Marilla Ave
🛏 客室 夏＄75〜160、冬＄35〜105
平日料金が手頃で利用しやすく、客室にはテレビ、ビデオ（映画無料）、電話、電子レンジ、コーヒーメーカーを完備。ダイバー歓迎の宿だ。

カタリナ・アイランド・イン
Catalina Island Inn
☎310-510-1623、800-246-8134
🏠 125 Metropole Ave
🛏 客室＄99〜289
オーシャンビューの客室とバルコニー付の客室がある。

ホテル・セント・ローレン
Hotel St Lauren
☎310-510-2299、800-645-2471
🏠 231 Beacon St
🛏 客室＄40〜375
ピンク色の外観はビクトリア様式の建物にも見えるが、実際は1987年に建てられたものだ。大人の雰囲気があり、低料金からオーシャンビューのスイートまでさまざまなタイプの客室が揃う。

ゼーン・グレイ・プエブロ・ホテル
Zane Grey Pueblo Hotel
☎310-510-0966、800-378-3256
🏠 199 Chimes Tower Rd
🛏 客室 夏＄135〜165、冬＄80〜110
丘陵地帯にある閑静な日干し煉瓦造りのこのホテルには16室ある。アメリカ西部劇の作家ゼーン・グレイの私邸だった建物だ。客室に電話はないが、周囲の景色がすばらしい。プールを備えている。

食事

セルフケータリング、飲み物、ピクニック用品を揃えるなら**ヴォンス・スーパーマーケット Vons supermarket**（🏠Metropole St）が1番のおすすめ。
　カフェテリアスタイルだが、朝食にピッタリの場所は**パンケーキ・コテージ Pancake Cottage**（☎310-510-0726 🏠118 Catalina St 🛏1品＄4〜9 🕐6:30〜13:00）。もしも屋外でオムレツを楽しむには**カジノ・ドック・カフェ Casino Dock Café**（☎310-510-2755 🏠2 Casino Way 🛏ランチ1品＄3〜8）に行こう。ランチのほかに、ハンバーガー、ドリンク類があり、カジノのすぐ脇、ウォーターフロントのデッキで食べられる。
　トップレス・タコス Topless Tacos（🏠Crescent Ave 🛏1品＄5〜10）では、ボリューム満点のハンバーガーとメキシコ料理にありつける。**アントニオズ Antonio's**（☎310-510-0060 🏠114 Sumner St 🛏1品＄7〜）は赤いチェック模様のクロスがかかったテーブルで、たっぷりトッピングされたピザ、ホットサンド、サンドイッチといったメニューを。**ミスター・ニンズ・チャイニーズ・ガーデン Mr Ning's Chinese Garden**（☎310-510-1161 🏠127 Sumner St 🛏1品＄6〜16）も安くて満足できる。
　もっとフォーマルな雰囲気がお好みなら以下の店がある。

アームストロングズ
Armstrong's
☎310-510-0113
🏠 306 Crescent Ave
🛏 ランチ＄6〜14、ディナー＄15〜25
獲れたてのシーフードを出す。ウォーターフロントにあるパティオに席が取れることを期待した客が長い行列をつくるレストラン。

チャネル・ハウス
Channel House
☎310-510-1617
🏠 205 Crescent Ave
🛏 ランチ＄8〜16、ディナー＄14〜26
ステーキとシーフードの店。キャンドルが灯され、ロマンチックな雰囲気に包まれて食事ができる。

スティーブズ・ステーキハウス
Steve's Steakhouse
☎310-510-0333
🏠 417 Crescent Ave
🛏 ランチ＄7〜15、ディナー＄12〜25
チャネル・ハウス同様、ステーキとシーフードのレストランで。雰囲気の良いことに加えて2階席からの港の景色がすばらしい。

アクセス・交通手段

カタリナ・エクスプレス Catalina Express（☎310-519-1212、800-481-3470）はもっとも速いフェリー便で、安定した運航を行っており、毎日最高30便が出ている。サン・ペドロ、ロングビーチのダウンタウンにある埠頭、ロング・ビーチのクイーン・メリー号 Queen Maryの隣のドックからは約1時間で島に到着し、往復乗船券は＄40（子供・シニア割引あり）。ツー・ハーバーズ直行便はサン・ペドロ発

（＄40、90分）のみ。アバロンからオレンジカウンティのラグーナ・ビーチLaguna Beachの南、ダナ・ポイントDana Pointに向かう便もある（「オレンジカウンティ」を参照）。

カタリナ・フライヤー Catalina Flyer（☎949-673-5245）毎日1便、オレンジカウンティのニューポート・ビーチNewport Beachからアバロンに双胴船（＄37、75分）を運航している。

アイランド・エクスプレス Island Express（☎310-510-2525）のヘリコプターなら15分で島に到着できる。サン・ペドロのボートターミナル、またはクイーン・メリー号の脇から飛び立つ。料金は片道＄73.50、往復＄136。

タクシー、自転車、ゴルフカートはいずれもアバロン周辺の観光用にレンタルできる。

アバロン・トロリー Avalon Trolley（☎310-510-0342）は公共の交通機関で、2系統走っている。主な観光地や立ち寄りポイントはすべてカバーしており、1回の乗車につき＄1。

サファリ・バス Safari Busはアバロン～ツー・ハーバーズを結び、ブラック・ジャックBlack Jackのトレイルの始点とリトル・ハーバー・キャンプ場に停車する。6月中旬～9月初旬の間、毎日運航されている。運賃は乗車距離によって異なり、たとえばアバロン～ツー・ハーバーズ間は片道＄20。チケットは**ディスカバリー・ツアー Discovery Tours**（☎310-510-8687問い合わせ）の支店ならどこでも購入できる。

島の**空港 airport**（☎310-510-0143）行きのバスは、年間を通して毎日7便走っており、料金は往復＄15。

シックス・フラッグス・マジック・マウンテン＆ハリケーン・ハーバー
Six Flags Magic Mountain & Hurricane Harbor

ローラーコースターファンならシックス・フラッグス・マジック・マウンテンSix Flags Magic Mountain（☎661-255-4100 🏠26101 Magic Mountain Parkway, Valencia 📅大人＄41 シニア・身長4フィート＜約120cm＞未満の子供＄27、2歳未満は無料、駐車場＄7 📅3月31日～9月初旬 土・日・祝、その他の時期土 開園10:00 閉園時間は18:00～深夜の間で随時）へ1度は行っておきたいところだ。

とにかくこの速度に勝るものはない。高低差、スピード、回転がこれほどすごいのは、スペースシャトルはさておき、ここマジック・マウンテンをおいてないだろう。面積260エーカー（約104ha）の敷地内に、100を上回る乗り物、ショーやアトラクションが目白押し、コースターも15機揃っている。

最新鋭のマシンは、その名も**エックス X**。「世界最速の4次元コースター」で、前方、後方そそれぞれに360度のスピンをし、最初から最後まで絶叫の渦に巻き込まれることになる。

高さ、速さとも世界一のスタンドアップ・ローラーコースター、**リドラーズ・リベンジ Riddler's Revenge**。高速ループと重力ゼロの連続スピンが体験できる、**バットマン・ザ・ライド Batman:The Ride**。**スーパーマン・ジ・エスケープ Superman:The Escape**では7秒でゼロから時速100マイル（約160km）まで一挙に加速し、次には地面に向かって急降下する。この6秒半の間、無重力状態を体験することになる。**フラッシュバック Flashback**にはヘアピンターンしながら降下する場所が6つもあり、**タイダル・ウェーブ Tidal Wave**では高さ50フィート（約15m）以上ある滝をボートで滑り降りることになる。

マジック・マウンテンの隣には**ハリケーン・ハーバー Hurricane Harbor**（☎661-255-4100 📅大人＄22 シニア・身長4フィート＜約120cm＞未満の子供＄15、2歳未満は無料 📅5月末～9月初旬 毎日、5月初旬～9月下旬 土・日 開園10:00 閉園時間随時）が控えている。熱帯のジャングルをテーマにしたウォーターパークで、さまざまなスライドマシンで有名。**ブラック・スネーク・サミット Black Snake Summit**は長さ75フィート（約23m）もある高速スライド。6機あるレーシングスライドの1つ、**バンブー・レーサー Bamboo Racer**では頭を下に、まっさかさまに降下する。また園内にはファンタジーあふれる入り江、波が打ち寄せるプールもある。日よけになるものを持って行くこと。

マジック・マウンテン、ハリケーン・ハーバーの両方に行く共通チケットが＄53で発売されている。1日券、2日券、再入場可能のチケットがある。

アクセス

LAのダウンタウンからインターステート5（I-5）に乗り、北に約30マイル（約48km）、マジック・マウンテン・パークウェイMagic Mountain Parkwayで降りる。公共の交通機関ではやや不便だが、行けないわけではない。LAダウンタウンのユニオン・ステーションからはメトロリンクでサンタ・クラリータSanta Clarita駅まで向かい、そこで10番か20番のバス（30分おきに運行）に乗り換える。ここへはLA地区のホテルから多数のツアーが出ている。

サン・バーナディノ国有林
San Bernardino National Forest

サン・バーナディノ国有林は広さ1031平方マイル（約2670km²）の森林地帯で、LAの東、車で2時間の所にあり、都会の混雑から逃れてきた地元の人々や旅行者に大きな安らぎを与

えている。夏にはハイキング、マウンテンバイク、乗馬、水上スポーツ、釣りで賑わい、冬にはスキーやスノーボードを楽しむ人たちが何カ所もあるリゾート地に集まってくる。南カリフォルニアの最高峰**サン・ゴルゴーニオ山 Mt San Gorgonio**（1万1502フィート＜約3450m＞）を含む高さ1万フィート（3000m）級の6つの山々と、6カ所ある自然保護区とを森林が取り巻いている。

長さ110マイル（約177km）の**リム・オブ・ザ・ワールド・シーニック・バイウェイ Rim of the World Scenic Byway**（ハイウェイ18）がこの地域を縫って走っており、天気に恵まれさえすれば、そのすばらしい景観を余すところなく見せてくれる。大都市がスモッグで煙っている様子を眼下に見渡すと、抜け出してきてホッとすると同時に、もしかしたら不安も覚えるかもしれない。

ビッグ・ベア・レイク Big Bear Lakeの町やレイク・アローヘッド Lake Allowheadの周辺にある集落を森林を楽しむ拠点に最適の場所で、サン・ゴルゴーニオは人里離れた場所での静かな休息を約束してくれる。

この森林地帯は週末は非常に人が多いが、月～木の間ならしばしば遊歩道や施設を独り占めできるようなこともあるし、宿泊料もぐっと低く抑えられる。本章でキャンプ場の情報も載せているが、場所によっては単独でのフリーなキャンプも可能だ。その際は、必要な許可、ルール、場所についてレンジャーステーションに確認を取ること。

ブラックベアーが森林をうろついているので注意すること。ヨセミテ国立公園など、カリフォルニアのいたる所で見られるクマほど人に慣れてはいないが、気を付けるに越したことはない。前出「アクティビティ」の章のコラム「クマに対する注意」を必ず読んでおいてほしい。

最新の道路情報は**カルトランス Caltrans**（☎800-427-7623）で聞くことができる。

アクセス・交通手段

森林を車で回ろうと考えているのなら、ナショナル・フォレスト・アドベンチャー・パス National Forest Adventure Passを手に入れる必要がある（「アクティビティ」の章のコラムを参照）。販売店のリストは電話（☎909-884-6634）またはホームページ（Ⓦwww.fsadventurepass.org）で確認しよう。

マウンテン・エリア・リージョナル・トランジット・オーソリティー Mountain Area Regional Transit Authority (MARTA)（☎909-584-1111）は日曜を除く毎日、サン・バーナディノにあるグレイハウンドとメトロリンクの駅から森林地帯の集落の間をバスが1日2便運行されている。運賃はサン・バーナディノ～レイク・アローヘッド間が＄3、ビッグ・ベア・レイクまでが＄5となる。

グレイハウンドはLAのダウンタウンからサン・バーナディノまで（＄10.25、1時間15分～3時間45分）少なくとも1時間ごとにバスを出しているが、メトロリンクは月～土のみ運行（1時間30分）している。

ビッグ・ベア・レイク
Big Bear Lake

ビッグ・ベア・レイク（人口2万1000人、標高6750フィート＜約2057m＞）は1年を通して家族連れで賑わうリゾートだ。サン・バーナディノ山系への登山基地としても、もっとも人気がある。夏には、長さ7マイル（約11km）、幅平均0.5マイル（約0.8km）にわたる湖そのものが釣り、カヌー、ボート、水上スキー、セーリングの最適の遊び場となる。水泳ももちろんできるが、波打ち際は藻が繁殖しているので、沖に出て泳ぐほうがいい。

ビッグ・ベアーがもっとも賑わうのは冬の積雪のある週末で、ベアー・マウンテン Bear Mountainやスノー・サミット Snow Summitの積雪地帯は、その白銀の魅力で多くの人を引きつける。雪が解けるとすぐに、今度はハイカーやマウンテンバイク愛好家たちが押し寄せてくる。

オリエンテーション・インフォメーション

ビッグ・ベアーは、ほとんどの部分が湖の南岸と山々に挟まれている。町を通る主要な道路はビッグ・ベア大通り Big Bear Blvdと呼ばれているハイウェイ18に沿ってモーテル、キャビン、レストランが建ち並んでいる。観光客は主に「ザ・ビレッジ The Village」で行動するが、この東側にはスキーリゾートへ向かう道があり、スキーのレンタルショップが多数見られる。レストラン、宿泊施設もこちらのほうが数多くある。湖の北岸はハイウェイ38（こちらはノース・ショア大通り North Shore Blvd）が通っているが、静かで、多くのハイキングコースがここを出発点としている。

ビッグ・ベア・レイク・リゾート組合 Big Bear Lake Resort Association（☎800-4-244-2327 ℻909-866-8034 Ⓦwww.bigbearinfo.com ⌂630 Bartlett Rd ⏰月～金 8:00～17:00、土・日 9:00～17:00）で地図や組合員の情報が得られ、1件につき手数料＄10を支払えば宿泊予約もできる。

森林でのアウトドア（ハイキング、マウンテンバイク、キャンプなど）に関する情報がほしいなら、湖の北岸にある**ビッグ・ベアー・デ**

ィスカバリー・センター Big Bear Discovery Center （☎909-866-3437 🕐5〜10月 8:00〜18:00、11〜4月 8:00〜16:30）に行くといい。教育施設や土産物店が幾つかあり、ガイド付ツアーやナショナル・フォレスト・アドベンチャー・パスの販売、レンジャーによるレクチャーなどを行っている。

スキー 湖の南側にそびえ立つ高さ8000フィート（約2400m）の峰、ビッグ・ベアーには、通常12月中旬から3〜4月頃まで雪がある。天候の具合で降雪量が足りないときには、人口降雪機で補っている。一般のスキー、ブーツ、ストックのレンタルは、ハイウェイ18沿いのレンタル店やスキー場のロッジで1日＄13.50からある（プロ仕様の用具、連日使用割引あり）。

ビッグ・ベアーのスキー場はハイウェイ18から入った2カ所にある。スノー・サミット Snow Summit（☎909-866-5766、24時間積雪情報☎888-786-6481 Ⓦwww.snowsummit.com）にはリフトが12基あり、ゲレンデの標高差が1175フィート（約353m）でリフトの料金は大人＄41（半日＄32、ナイター＄25、祝日＄50）だ。コースのほとんどが中級、上級者向けで、ナイタースキーもできる。スノー・サミットは、ハーフおよびスーパーパイプ、ジャンプ、レール、バンク、ボックスそのほかを備えた、ジャンルを問わず対応できるゲレンデで知られている。これらとは別にファミリー・パークFamily Parkがあり、こちらは初心者でも滑りやすい。

ベアー・マウンテン Bear Mountain（☎909-585-2519、24時間積雪情報800-232-7686 Ⓦwww.bearmtn.com）にもリフトが12基あり、ゲレンデの標高差が1665フィート（約500m）でリフト料金は＄39（半日＄30、祝日＄49）だ。通常スノー・サミットよりも積雪量があり、初級者や中級者向けのコースはこちらのほうが多い。スノーボードパークも人気がある。

ハイキング 夏になると、人々はスキーブーツをハイキングブーツに履き替えて森林の中の遊歩道を歩く。あまり時間が取れない場合は、キャッスル・ロック・トレイルCastle Rock Trailをおすすめする。往復2.4マイル（約3.9km）のコースで、沿道からの景色がすばらしい。はじめの0.5マイル（約0.8km）は急な坂道だが、そのあとは平坦になる。ハイキングコースは湖の西端、ハイウェイ18のそばから始まっている。ほかに人気のあるコースとしては、やや健脚向きのクーガー・クレスト・トレイル Cougar Crest Trailがある。ディスカバリー・センターDiscovery Centerの近くから始まり、約2マイル（約3km）の所でパシフィック・クレスト・トレイルPacific Crest Trail（PCT）とつながる。

湖とホルコム・バレーHolcomb Valleyが眺められる。景観を重視するのなら、東に向かってもうあと0.5マイル（約0.8km）進み、バーサ・ピーク Bertha Peak（8502フィート＜約2550m＞）の頂上を目指すといい。

マウンテンバイク ビッグ・ベアー・レイクはマウンテンバイクのメッカで、プロやアマチュアの選手権が毎年幾つも開催されている。スノー・サミットのバイクパークには約40マイル（約64km）の道路やトレイルがあり、あらゆるレベルのライダーたちが盛んにマウンテンバイクを乗り回している。グランビュー・ループ Grandview Loopは13マイル（約21km）のコースで、斜面のでこぼこを感じながら走るのが楽しい。チェアーリフト（マウンテンバイク運搬込み＄10、1日券＄20）を使うと簡単に山頂まで行くことができる。また景色を見たり、ハイキングをするだけ（バイクなし）なら片道＄7、往復＄10だ。

地図、チェアーリフトのチケットの購入やマウンテンバイクのレンタルは山のふもとにあるチーム・ビッグ・ベアー Team Big Bear（☎909-866-4565 Ⓦwww.teambigbear.com）で。マウンテンバイクのレンタルは、ヘルメット込みで半日＄27、1日＄50。

経験を積んだマウンテンバイカーにはハイウェイ38沿いのハルコム・バレー、デラマー・マウンテンDelamar Mountainやヴァン・デーセン・キャニオンVan Duesen Canyonが人気だ。

水上スポーツ ビッグ・ベアー・レイクは夏には格好の避暑地となる。ビレッジに近いスイム・ビーチSwim Beachには水難救命員がおり、家族連れに人気がある。だが、本格的に水泳 swimmingをしようと思うなら湖の西の突き当たりに周りから隔離された入り江がある。静かで、丸石が堆積してできた島が点在している。その中には個人所有のチャイナ島China Islandもある。道路は通じていないので、ボートかジェットスキーで行くことになる。

ジェットスキー（1〜3人用）のレンタルは1時間＄75〜100、水上スキーは1時間＄110、スピードボート（2〜6人用）は1時間＄65〜95で、どれも別途ガソリン代が加算される。ポンツーンボートpontoon boat（8〜10人用）も1時間＄50〜185にガソリン代がかかる。ヨット（2〜6人用、最低2時間の利用）は1時間＄25〜45。

ビッグ・ベアー湖は魚が豊富で、マス、ナマズ、バス、コイ、その他が生息しているが、釣り上げるのはそう簡単なことではない。絶対に釣りたい、という人はキャントレル・ガイ

ド・サービス Cantrell Guide Service（☎909-866-3218）に申し込むこと。ここで当たりの来そうな場所を教えてもらおう。釣れなかった場合は、代金を返してくれることになっている。釣りをするのには許可が必要なので、町周辺のスポーツ用具店で手続きをする。貸しボートは1時間＄75、3時間からの利用となる。ジョンが、釣竿、餌を用意し、いろいろとアドバイスをしてくれるだろう。やはりマイペースで、というのなら、ビレッジの近くにあるビッグ・ベアー・マリーナBig Bear Marinaで1時間＄20（長時間割引あり）でボートを貸してくれる。

その他のアクティビティ
ビッグ・ベアーのすぐ北にあるハルコム・バレーは、1860年代初頭に南カリフォルニア地域でもっとも大きい規模のゴールドラッシュを経験した。**ゴールド・フィーバー・トレイル Gold Fever Trail**は坂の多い未舗装の道で、かつてのゴールドカントリーを地図を頼りに走破する、20マイル（約32km）のコースだ。マウンテンバイクやほかの乗り物を使っても、休憩込みで2～4時間あれば通り抜けられる。ディスカバリー・センター（「オリエンテーション・インフォメーション」を参照）に行くと、このルート沿いの見所12カ所が載った地図を無料でもらうことができる。運転手が必要なら**オフロード・アドベンチャー Off-Road Adventures**（☎909-585-1036）のツアー（＄50）を申し込むといい。

この広大な未開地でほかに見るべき所といえば、**バトラー・ピーク Butler Peak**がある。山頂には古い火の見やぐらがあって、ここからの眺めは筆舌に尽くせないほど見事だ。マウンテンバイクもしくは車高のある車で向かうか、ガイドツアーに参加しよう。ツアーは、ディスカバリー・センター（＄30）、**ビッグ・ベアー・ジープ・ツアー Beg Bear Jeep Tours**（☎909-878-JEEP ⌂40977 Big Bear Blvd）のそれぞれが主催している。

アルペン・スライド Alpine Slide（☎909-866-4626 ⌂Big Bear Blvd）はビレッジの西にあり、家族連れにおすすめ。チェアーリフトでマジック・マウンテン Magic Mountain（確かに丘よりは高い）をゆっくりと登る。車輪の付いたボブスレーに乗り込み、コンクリート製のコースを勢いよく駆け下りる。多少のコントロールはできる。ボブスレーは1回＄5、5回で＄18。ほかにウォータースライド、ゴーカート場、ミニチュアゴルフの設備がある。

9ホールの**ゴルフ場 golf**としては、**ベアー・マウンテン・ゴルフコース Bear Mountain Golf Course**（☎909-585-8002 ◯4～11月）がある。ティータイム（ゲームスタート）の予約を入れておくこと。

宿泊
ビッグ・ベア・レイクには、こぢんまりしたB&B、リゾートキャビン、ロッジ、ホテル、キャンプ場、民宿といった具合に、ありとあらゆる宿泊施設が揃っている。

すべてのキャンプ場に、ピクニックテーブル、かまど、簡易式水道、簡易式トイレの設備が整っている。以下のパインノット Pineknot、セラノ Serrano、ハナ・フラット Hanna Flatでは、キャンプサイトの半数まで予約（☎800-444-6777）を受け付ける。オープンの日取りは気候によって変わるので注意すること。

パインノット Pineknot
■サイト＄18
◯5～10月中旬
サミット大通り Summit Blvdの最終地点にあって、マウンテンバイク愛好家たちに人気がある。スノー・サミットスキー場の隣で、モミ、松、オークの林の中に48のサイトがある。

セラノ Serrano
■テント＄20 RVサイト＄30
◯4～11月
ディスカバリー・センターのそばにあり、この地域ではもっとも人気のあるキャンプ場。特に夏の週末はすぐにいっぱいになる。サイト数は132、シャワー設備もある。

ハナ・フラット Hanna Flat
■サイト＄17
◯5月中旬～10月中旬
ハイウェイ38から2.5マイル（約4.0km）北の車で行くことができる静かな場所。冒険好きな家族連れに人気が高い88のサイトがある。

もっと町から離れた所を望むなら、**ビッグ・パイン・フラット Big Pine Flat**（サイト＄12）がある。ハナ・フラットから4マイル（約6km）の所で、17サイトがある。**ハルコム・バレー Holcomb Valley**（サイト＄10）のサイト数は19で、ハイウェイ38の北4マイル（約6km）の所だ。

ガッツと先見の明を併せ持ち、自ら歩き回って山々を知り尽くした男のおかげで、ビッグ・ベアーにもユースホステルが作られた。**アドベンチャー・ホステル Adventure Hostel**（☎909-866-8900、800-866-5255 ■425-790-0212 w www.adventurehostel.com ⌂527 Knickerbocker Rd ■ドミトリーベッド＄20、個室1～3人用＄60 4人用＄80 5人用＄100 6人用＄120）はビレッジの東端にあり、個人の家を改装した建物は清潔で親しみやすい。宿泊客はキッチン、ラウンジ、庭、ダイニングルーム、ゲームルームを共同で使う。無料で高

速インターネットに接続もできる。

プライバシーが保てる上にマイペースで過ごすこともできるため、ビッグ・ベアーでもキャビンは人気がある。小さくシンプルなものから、広くエレガントなものまでキャビンの大きさはさまざまで、ほとんどにキッチンが付いている。高級なものになると、暖炉、サンデッキ、ジャクジー付をうたうものもある。その料金は1泊＄75〜400までと幅がある。ビッグ・ベア・レイク・リゾート組合で紹介をしているし、**グレー・スクワラル・リゾート Grey Squirrel Resort**（☎909-866-4335、800-381-5569　℻909-866-6271　ⓦwww.greysquirrel.com　🏠39372 Big Bear Blvd）に直接問い合わせてみてもいい。ここではキャビン以外に、林に囲まれた一戸建ての家（1泊＄150〜500）も借りられる。

ロッジは何十軒と数多くある。そのほとんどは個人経営で、ビッグ・ベアー大通りBig Bear Blvd沿いに建ち並んでいる。

ハニー・ベアー・ロッジ
Honey Bear Lodge
☎909-866-7825、800-628-8714
℻909-866-1958
ⓦwww.honeybearlodge.com
🏠40994 Pennsylvania Ave
🛏客室 平日＄59〜139、週末＄89〜199
低料金で泊まれる。最近改装したばかりなので客室はまだ真新しい感じがする。ロフト付スイートやスパつきの客室はすばらしいし、料金の安い部屋でもテレビ、電子レンジ、冷蔵庫、暖炉が備わっている。

ノースウッズ・リゾート
Northwoods Resort
☎909-866-3121、800-866-3121
℻909-878-2122
ⓦwww.northwoodsresort.com
🏠40650 Village Dr
🛏客室 平日＄79〜169、週末＄119〜209
ビレッジの真ん中に位置し、近代的な山のリゾート施設と言える。装飾をたっぷり施した居心地の良い客室、プール、フィットネスセンター、良質のレストランがある（「食事」を参照）。

ニッカボッカ・マンション
Knickerbocker Mansion
☎909-878-9190、800-388-4179
℻909-878-4248
ⓦwww.knickerbockermansion.com
🏠869 Knickerbocker Rd
🛏客室＄110〜155、スイート＄200〜225
1920年代、ビッグ・ベアーにあるダムの初代所有者が手作りしたログハウスを利用したB&B。すぐ近くに、鉄道の客車を改装した宿も運営している。

食事　セルフケータリングならハイウェイ38沿いの湖の東端に面した所に**ヴォンス・スーパーマーケット Vons supermarket**がある。食材がとても豊富で、デリカテッセンやパン屋も入っている。

パインナット・コーヒー・ハウス＆ベーカリー
Pinenut Coffee House & Bakery
🏠535 Pine Knot Ave
🍴1品＄8未満
ビレッジ内にあるここの店の健康志向のラップサンドやチョコレートチップクッキーは抜群だ。夜はカジュアルな軽食堂となり、時々生演奏も行われる。

スティルウェルズ
Stillwells
☎909-866-3121
🍴ランチ＄8〜12、ディナー＄14〜30
ノースウッズ・リゾートNorthwoods Resort内にある。夜の食事はグルメにぴったりだが、特におすすめしたいのは昼のほうだ。湖に面したパティオに席が取れたなら、本当にすばらしいランチを堪能できるだろう。

ビレッジから約0.25マイル（約0.40km）東に進むと、次の3ヵ所が待ち受けている。どれも一度試してみる価値のある店だ。

グリズリー・マナー・カフェ
Grizzly Manor Cafe
☎909-866-6226
🏠41268 Big Bear Blvd
🍴朝食・ランチ＄7未満
🕐開店〜14:00
「ツイン・ピークスTwin Peaks」張りの魅力を持つ店。クマが食べるのかと思うようなボリュームの朝食で有名で、パンケーキは野球のキャッチャーミット大だ。アメリカの大衆食堂の伝統を今に伝えている。

オールド・カントリー・イン
Old Country Inn
☎909-866-5600
🏠41126 Big Bear Blvd
🍴ランチ＄7〜8.50、ディナー＄12〜22
心のこもったドイツ料理に力を入れているが、肉を好まない客のためのシーフード料理も多数ある。食堂にはオジカやヘラジカの頭が飾ってあり、もの悲しげな目で見下ろしている。朝食もおすすめ。

ソノラ・キャンティーナ
Sonora Cantina
☎909-866-8202
🏠41144 Big Bear Blvd
🍴1品＄5〜14
オールド・カントリー・インの隣にある。メキシコから山岳地帯にかけての楽しげな雰囲気を感じさせる。ブリートからカルニタまで、この地域の料理を揃えている。

ロサンゼルス周辺 – サン・バーナディノ国有林

アクセス・交通手段 ビッグ・ベア・レイクはLAの北東、約100マイル（約161km）に位置していて、車で約2時間半で到着する。インターステイト10（I-10）をレッドランズRedlandsの出口からハイウェイ30に入る。そこからはハイウェイ330から18へと進む。現地のマルタMARTAバス（前出）がビッグ・ベア・レイクの南岸を走っている。

アローヘッド
Arrowhead

アローヘッド（人口1万5000人、標高5200フィート＜約1560m＞）は、村というより**アローヘッド湖 Lake Arrowhead**を取り巻く集落の連なりといったほうが当たっている。LAの東約90マイル（約145km）にあり、ビッグ・ベアーからはハイウェイ18経由で西へ28マイル（約45km）離れている。アローヘッド湖は19世紀につくられた人造湖で、南カリフォルニア地域で初めて造られた週末用リゾート地の1つだ。今日では湖を取り巻く住居の持ち主が湖に入る権利を持っており、事実上一般人が水に入ることはできず、表向きは湖に立ち入るには**レイク・アローヘッド・リゾート Lake Allowhead Resort**（「宿泊・食事」を参照）に泊まるか、岸辺に沿って建てられているキャビンやコンドミニアムを借りるしかないことになっている。しかし、実際のところ多くの人がルールを無視して湖に入っている。

1979年、金儲けには目端が利くがアローヘッドのひなびた古い町並みにはとんと興味を持たない開発業者により町の中心地は取り壊され、**レイク・アローヘッド・ビレッジ Lake Allowhead Village**が造られた。土産物やアウトレットの店が駐車場を取り囲む立派な施設で、湖の南岸にある。駐車場のすぐそばに湖の波打ち際に沿って延びる遊歩道がある。100ヤード（約90m）かそこらの長さがあり、ピクニックに最適な芝生で覆われた小さな岬まで続いている。

オリエンテーション・インフォメーション
レイク・アローヘッド・ビレッジ（以降「ビレッジ」）は、ハイウェイ18からハイウェイ173に入り、北に2マイル（約3km）走った所にある。ほかの集落としては、ビレッジからハイウェイ189を西進すると**ブルー・ジェイ Blue Jay**。やはりハイウェイ189沿いでブルー・ジェイのすぐ南側にある小さな**アグア・フリア Agua Fria**。ハイウェイ18沿いで、ハイウェイ173への分岐点から約1.5マイル（約2.4km）東にある**スカイ・フォレスト Sky Forest**。そしてビレッジからハイウェイ173を経由して東に向かうと、**シーダー・グレン Cedar Glen**がある。

ビレッジの斜面の高いほう側に食料雑貨店があるが、日常の買い物はブルー・ジェイが中心となっており、銀行、ガソリンスタンド、郵便局、スーパーマーケットなどがある。ビレッジの中（サンドイッチ店サブウェイSubwayの上）には**レイク・アローヘッド商工会議所 Lake Arrowhead Chamber of Commerce**（☎909-337-3715、800-337-3716 www.lakearrowhead.net 月〜金 9:00〜17:00、土 10:00〜15:00）がある。

キャンプ場やトレイルの情報、地図、ナショナル・フォレスト・アドベンチャー・パスを入手するには、**アローヘッド・レンジャー・ステーション Arrowhead Ranger Station**（☎909-337-2444 月〜土 8:00〜16:30）に寄るといい。ハイウェイ18沿い、ハイウェイ173への分岐点から東に約0.25マイル（約0.40km）進むとある。

レイク・アローヘッド・ビレッジ Lake Arrowhead Village ビレッジ内では買い物以外これといってすることはない。湖を見るならアローヘッド・クイーン号 Arrowhead Queenに乗るのもいい。45分間の航行で案内のナレーションが入る。船は小型の外輪船で通年運航（大人＄11、シニア＄10、子供＄7.50）している。チケットは湖の波打ち際に沿った遊歩道にあるルロイズ・スポーツ Leroy's Sportsで購入する。近くには**マッケンジー・ウォータースキー・スクール McKenzie Waterski School**（☎909-337-3814）があり、＄45で水上スキーレッスン、15分につき＄45で水上スキーができる。

スキー レイク・アローヘッドからハイウェイ18を東へ13マイル（約21km）ほど行くと小規模なスキー場**スノー・バレー Snow Valley**（☎909-867-2751）がある。そこからハイウェイを挟んだ所にある**リム・ノルディック Rim Nordic**（☎909-867-2600）は、クロスカントリー愛好者のためのリゾートだ。森林を抜ける、手入れの行き届いた20マイル（約32km）のコースがある。クロスカントリーをするなら**グリーン・バレー・ノルディック Green Valley Nordic**（☎909-867-2600）がグリーン・バレー・レイク・ロード Green Valley Lake Rdの終点にある。ハイウェイ18を進み、ランニング・スプリングス Running Springsの約3マイル（約5km）東に進んだ所が入口になっている。コース使用料はいずれも1日＄15。

ハイキング アウトドアの愛好者はきっとビレッジには寄らずにまっすぐに丘を目指しただろう。**ディープ・クリーク Deep Creek**はレイク・アローヘッドの北側の地域でパシフィック・クレスト・トレイル Pacific Crest Trail

（PCT）に通じており、ハイキングをしたりマウンテンバイクを乗り回したりするのに絶好の場所だ。湖の南側を回っているハイウェイ173から東に道を替えてフック・クリーク通りHook Creek Rdを進む。シーダー・グレンを過ぎて2マイル（約3km）走ると舗装されていない道路になる。さらに2マイル（約3km）田舎道を進むとスプリンターズ・キャビンSplinters Cabinのトレイルの始点がある駐車場に至る。**ディープ・クリーク・ホット・スプリングス Deep Creek Hot Springs**はとても人気が高い場所で、PCTを過ぎてから北に約5マイル（約8km）行った所にある。ここには山脈の北側にあるボウエン観光牧場Bowen RanchからヘスペリアHesperiaを通って徒歩40分で到着するが、個人の所有地を通るため、＄4を徴収されることになる。コラム「熱いのが好きな人、そうでない人」を参照のこと。

それより手軽でとっつきやすいのは**ヒープス・ピーク植物公園トレイル Heap's Peak Arboretum Trail**で、美しい庭園を1周する0.5マイル（約0.8km）のコースだ。始点はハイウェイ18のレンジャーステーションから東に2マイル（約3km）の所にある。もっと手応えのあるコースをお望みなら、**ノース・ショア・レクリエーション・トレイル North Shore Recreation Trail**はどうだろう。全長1.7マイル（約2.7km）でノース・ショア・キャンプ場North Shore Campgroundのキャンプサイト10番と11番の間がスタート地点になる（場所については「宿泊」参照）。

宿泊・食事

アローヘッド地域にはUSFS（米国森林局）のキャンプ場（☎予約800-444-6777）が3カ所ある。

ドッグウッド
Dogwood
サイト＄20
5〜11月

ハイウェイ18のハイウェイ189への分岐点（ブルー・ジェイ）の近くにある。密集した松林の木陰に、美しい94サイトがある。水洗トイレ、新設されたシャワーが備えられている。

ノース・ショア
North Shore
サイト＄15
5〜9月

ハイウェイ173からホスピタル通りHospital Rdを0.25マイル（約0.40km）進む。オークの木々に囲まれて27サイトがあり、ハイキングコースにつながっている。

グリーン・バレー
Green Valley
サイト＄15
5月中旬〜9月中旬

熱いのが好きな人、そうでない人

バス停や列車の駅がそうであるように、独特の魅力を持ったものは、一風変わった人たちを自然と引きつけるものだ。そんな1つが、レイク・アローヘッド近くの山脈にある悪名高きディープ・クリーク・ホット・スプリングスだろう。自然に湧き出ていて温度もさまざまな温泉が続くここは何十年にもわたり、ハイキングの目的地として人気があった。ある陰惨な噂話がある。「道楽者」のマンソンがお気に入りの場所を見つけたが、そこに骸骨があった。地元のある怠け者が忽然と姿を消し、白骨となっていたのだ。暴行、酒に酔っての喧嘩、お定まりの薬物使用の報告がなされ、噂が噂を呼んだ。60年代、この周辺には、軍から逃げ出した者やむさくるしい不法居住者が悪臭を放ちながら寝泊りしていたからだ。当時、パークレンジャーもチームを組んで武器を持たなければ決して近づきはしなかった。

それでも登山者たちがここを訪れて温泉につかろうとしたが、近道を通って温泉に行くには障害があった。＄4を支払わなければならなかったのだ。近道は私有地を通っていて、髪の毛の長い地主が武器を持ち、ダートバイクにまたがって通行料をふんだくろうと所有地をパトロールしていた。これさえなければ、温泉は実に自然あふれる良い場所なのだが。幸いなことに、裸になる人の数のほうがはるかに死体の数より多い。しかし、ディープ・クリークの温泉に飛び込む前に、しっかりと心に刻んでおいてほしい。ここは「遊泳禁止 Caveat Natator」なのだ。

デビッド・ピーバース

ハイウェイ18からグリーン・バレー・レイク・ロードGreen Valley Lake Rdに入り、終点の小さな釣り用池のそばにある。ラニング・スプリングスにも近い。

キャンプをしない人たちのためにはキャビンやロッジが選択に困るほど数多くある。

アローヘッド・ツリー・トップ・ロッジ
Arrowhead Tree Top Lodge
☎909-337-2311、800-358-8733
27992 Rainbow Dr
客室＄59〜141

ビレッジから0.5マイル（約800m）南側にある。プールがあり、湖に船着場を持っていて、田舎風の客室には冷蔵庫とテレビが備えてある。ハイウェイ側に面していない側の部屋のほうが静かだ。

キャリッジ・ハウス
Carriage House
☎909-336-1400、800-526-5070
472 Emerald Dr
客室＄95〜135

居心地がよくロマンチックな雰囲気のニューイ

ングランドスタイルのB&B。世界中を旅してきたカップルが経営している。宿泊料金にはすばらしい朝食と午後の軽い飲み物が含まれる。

レイク・アローヘッド・リゾート
Lake Arrowhead Resort
☎909-336-1511、800-800-6792
⌂27984 Hwy 189
客室 フォレストビュー＄109〜189、レイクビュー＄149〜229

ビレッジに隣接した豪華な建物で、宿泊料が高いだけのことはある。大きな暖炉のある美しいロビー、プール、ホットタブ、フィットネスセンターを備え、プライベートビーチを所有している。

ビレッジ内のレストランには**ベルジャン・ワッフル・ワークス Belgian Waffle Works**（☎909-337-5222　1品＄5〜8.50）があり、ここの朝食は文句なしにすばらしい。華やかなビクトリア様式のインテリアで、ぜひ1度はレイクビューのあるパティオにあるテーブルで食事がしたいと思うだろう。軽食なら**レイク・アローヘッド・ビレッジ・ピザ・デリ Lake Arrowhead Village Pizza Deli**（1品＄6〜12）に行こう。ビレッジの上階にあるここには広いテラスがあり、景色がとても良い。

ビレッジ以外の場所でも、もちろんおいしい食事はできる。

ボーダーライン・ファミリー・レストラン
Borderline Family Restaurant
☎909-336-4363
⌂Blue Jay
1品 ほとんど＄10未満

ハンバーガー、サンドイッチからメキシコ料理まであらゆる料理を提供する。

アヴァンティズ
Avanti's
☎909-336-7790
⌂28575 Hwy 18, Skyforest
ランチ＄7〜12、ディナー＄11〜18

アローヘッド・レンジャー・ステーションから約1マイル（約1.6km）東側にある。この近辺では1番のイタリア料理店だ。ビレッジに移転するという噂も聞いているので、もし見当たらなかったら商工会議所に問い合わせてみよう。

カジュアル・エレガンス
Casual Elegance
☎909-337-8932
⌂26848 Hwy 189, Agua Fria
ディナー＄15〜28
水〜日

広大な古いヴィラの中にあって、清潔なテーブルクロスやくつろげる雰囲気にあふれた、とても良いレストラン。

サン・ゴルゴーニオ自然保護区
San Gorgonio Wilderness

ハイウェイ38から入るとビッグ・ベアーの南にあるサン・ゴルゴーニオ自然保護区は、サン・バーナディノ国有林の中でもっとも人の手が入っていない場所であり、サン・ゴルゴーニオ山Mt San Gorgonio（1万1502フィート＜約3450m＞）へとつながっている。ハイキングや乗馬用の道のほとんどは、急坂やでこぼこする地形を横切って通っている。標高の低い地域では、夏は乾燥して暑く、ガラガラヘビが多く出没する。高地ではオーク、ツツジにシーダー、モミ、サトウマツ、ヨレハマツが混じって生えている。ブラックベアー、コヨーテ、シカ、リスがたくさん見られ、ハート・バーHeart Barキャンプ場ではハクトウワシもよく見かける。

ハイウェイ38が自然保護区の北の端に沿って走っていて、道沿いにトレイルの始点やキャンプ場、数少ないこの地域のサービス施設もある。日帰りハイキングやキャンプの際にはハイウェイ38を通り、レッドランドから10マイル（約16km）東の**ミル・クリーク・レンジャー・ステーション Mill Creek Ranger Station**（☎909-794-1123　⌂34701 Mill Creek Rd, Mentone）で無料の許可証を発行してもらう必要がある。さらに北には**バートン・フラッツ・ビジター・センター Burton Flats Visitor Center**（5〜10月）と**ビッグ・ベアー・ディスカバリー・センター Big Bear Discovery Center**（本章前出「ビッグ・ベア・レイク」を参照）がある。ここで＄6のトレイルの地図が手に入る。トレイルの始点のほとんどはバートン・フラッツ地域にある。

宿泊・食事　ハイウェイ38沿いのUSFSキャンプ場は電話（☎877-444-6777）で予約できる。

バートン・フラッツ Barton Flatsと**サン・ゴルゴーニオ San Gorgonio**　＄20　5月中旬〜9月）はどちらとも水洗トイレとシャワーがある設備の良いキャンプ場。

ハート・バー
Heart Bar
5月中旬〜9月
＄15

サイト数94と最大のキャンプ場で、水洗トイレ完備。広く平坦なこのサイトはポンデローサマツの巨木に囲まれて景色も良いが、プライバシーの面ではやや劣る。

サウス・フォーク
South Fork
サイト＄15

西に数マイル奥まった所にあるため居心地や人家から離れている点ではもっとも良いが、

ハイウェイの騒音が気になる。
　この辺りで大きな町といえば、アンジェラス・オークスAngelus Oaksだ。食料雑貨店やキャビン、レストランがある。

セブン・オークス・マウンテン・キャビンズ
Seven Oaks Mountain Cabins
☎909-794-1277
🏠40700 Seven Oaks Rd
料 キャビン＄70

サンタ・アナ川Santa Ana Riverのほとりに建つ魅力的な小型のログキャビン。バレーボール、テニスコート、大きな暖炉とゲームの道具が揃うロッジもある。

ザ・ロッジ・アット・アンジェラス・オークス
The Lodge at Angelus Oaks
☎909-794-9523　FAX909-794-9523
✉damionl@ibm.net
🏠37825 Hwy 38
料 キャビン 2人用＄45 4人用＄55 6人用＄65、金・土 追加料金＄20

ここもなかなか良い宿。

オークス・レストラン
Oaks Restaurant
☎909-794-3611
🏠37676 Hwy 38
料 1品＄10未満

一般的なアメリカスタイルの食事を出し、ベジタリアン用メニューも数品ある。

アクセス　この自然保護区に公共交通機関はない。LAからの場合、レッドランズのオレンジ・ストリート北Orange St Nでインターステート10（I-10）を出て、あとはハイウェイ38への標識に沿って進む。

セントラル・コースト

Central Coast

カリフォルニアのセントラル・コーストにはこの世のものとは思えないほど美しい断崖絶壁がベンチュラ港Ventura Harborからモントレー湾Monterey Bayまで273マイル（約440km）にわたり続いている。

南下コースの見所としては、サンタバーバラSanta Barbaraとサン・ルイス・オビスポSan Luis Obispoがある。どちらも大学のある活気あふれる町で旅行者に人気が高い。サン・ルイス・オビスポを過ぎるとサンタ・ルシア山地Santa Lucia Rangeが、モントレー半島Montereyまで延び、サン・ホアキン・バレーSan Joaquin Valleyと太平洋を隔てている。

ルートには、海岸沿いのハイウェイ1と山の東側のハイウェイ101がある。風光明媚なハイウェイ1（別名パシフィック・コースト・ハイウェイPacific Coast Hwy）の美しさは世界的にも有名で、海岸線沿いのドライブコースは圧巻だ。特にビッグ・サーBig Sur沿いは、風と波が絶えず岩肌に打ちつけ、断崖絶壁を作り出している。沿岸性のレッドウッドが、ビッグ・サー川Big Sur River、リトル・サー川Little Sur Riverに沿いに見られる。また、ベンタナ自然保護区Ventana Wildernessは、この地の固有種サンタルシアモミの生育地となっている。

ハイウェイ101は、エル・カミノ・リアルEl Camino Realというカリフォルニアの各伝道所を結んだ古い道でもあり、なだらかに起伏する原野や牧草地、ブドウ園、ピナクルズ国定記念物Pinnacles National Monumentのごつごつとした岩山を見ながら走るルートだ。

サンシメオンSan Simeon（ハースト・キャッスルHearst Castle近く）とカーメルCarmelの間のナシメント‐ファーガソン・ロードNacimiento-Fergusson Rd (G18)は、狭く曲がりくねっているため走るのに手間取るが、ハイウェイ1とハイウェイ101とをつなぐのはこの道だけだ。

ハイライト

- モントレーMonterey - 日干煉瓦の建物、缶詰横丁Cannery Row、息をのむ美しさのモントレー・ベイ水族館Monterey Bay Aquariumでは海の生き物たちを間近で見ることができる。
- ビッグ・サーBig Sur - 海岸沿いに延びるベルベットのような山肌の緑、ごつごつとした岩がつくりだす断崖の美しさには、深く心を打たれる。
- ハースト・キャッスルHearst Castle - 空にそびえる幻想的な建物。ゴテゴテした低俗な建物と見るか、崇高な建物と見るか迷ってしまう。
- サンタバーバラSanta Barbara - これぞカリフォルニア、のんびりと友好的で美しいビーチタウン。さらに自然と歴史も満載の町。
- ピナクルズ国定記念物Pinnacles National Monument - 辺ぴな所にあり規模も小さいが、おもしろい形の岩石や洞穴は興味深い。

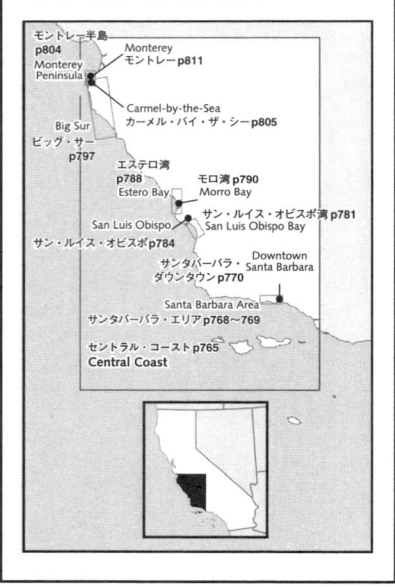

ベンチュラ
Ventura

ベンチュラ（人口10万1000人）は農業と工業の町であり、セントラル・コーストの出発点としてはややおもしろ味に欠けるが、魅力的なポイントもある。特に、シーワード・アベニューSeaward Aveを経由してハイウェイ101を北に向かうメイン・ストリートMain St沿いのダウンタウンは歴史的に価値あるものがある。ベンチュラにはすばらしいアンティークや中古品の店が多いが**ビジター・センター visitor center**（☎805-648-2075、800-333-2989 ✦ 89 S California St, Suite C ◎月〜金 8:30〜17:00、土 9:00〜17:00、日 10:00〜16:00）もその1つだ。

サン・ブエナベンチュラ伝道所 Mission San Buenaventura（☎805-643-4318 ✦211 E Main St ✉寄付＄1 ◎月〜土 10:00〜17:00、日 10:00〜16:00）にはベンチュラ伝道のルーツが今なお残っている。1782年設立で、パドレ・ジュニ

セントラル・コースト

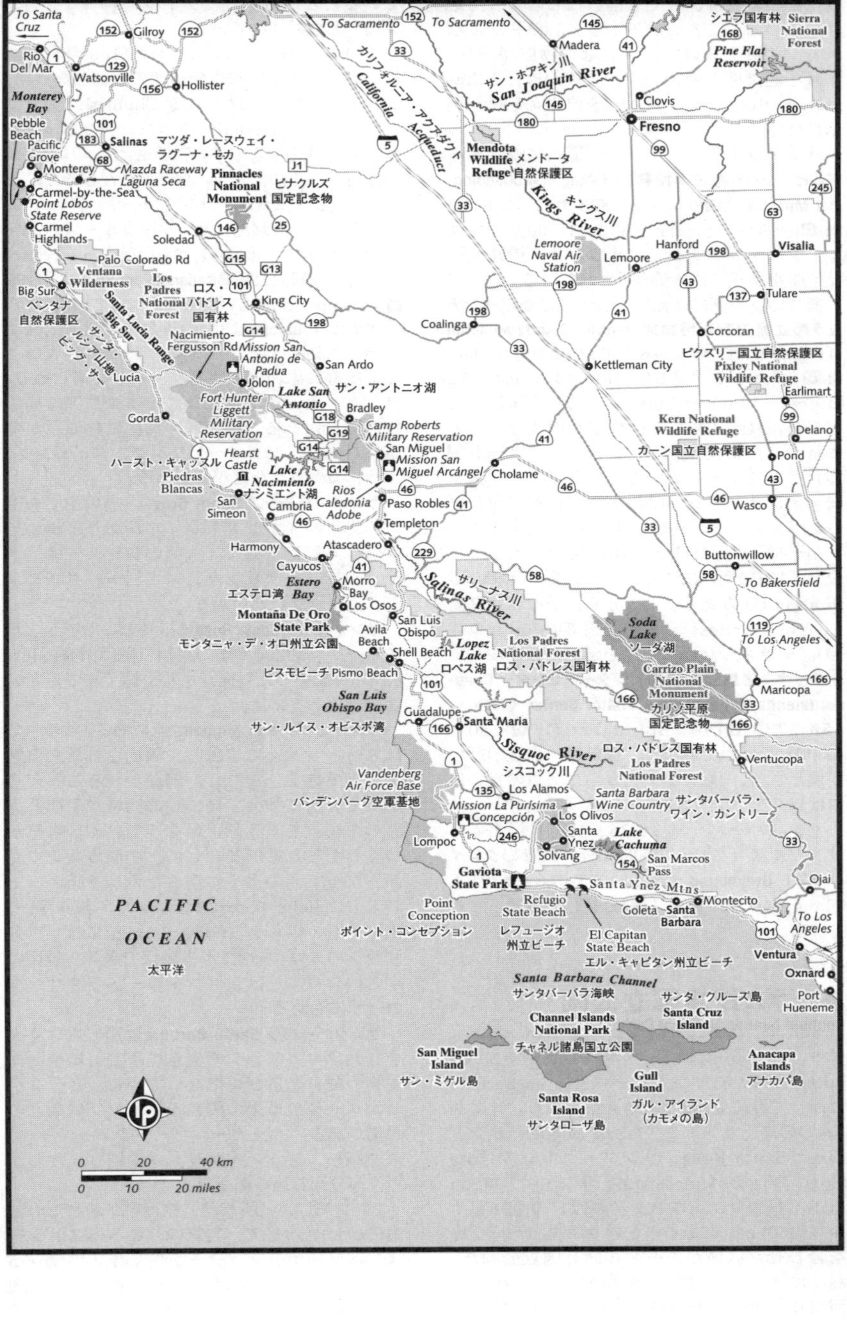

To Santa Cruz
Gilroy
Rio Del Mar
Watsonville
Hollister
Monterey Bay
Pebble Beach
Pacific Grove
Monterey
Carmel-by-the-Sea
Point Lobos State Reserve
Carmel Highlands
Salinas
マツダ・レースウェイ・ラグーナ・セカ
Mazda Raceway Laguna Seca
Pinnacles National Monument
ピナクルズ国定記念物
Soledad
Palo Colorado Rd
Ventana Wilderness
Los Padres National Forest
ロス・パドレス国有林
Big Sur
ベンタナ自然保護区
Santa Lucia Range
Big Sur
サンタ・ルシア山地
ビッグ・サー
King City
Nacimiento-Fergusson Rd
Mission San Antonio de Padua
Lucia
Jolon
San Ardo
Lake San Antonio
サン・アントニオ湖
Fort Hunter Liggett Military Reservation
Bradley
Camp Roberts Military Reservation
Gorda
San Miguel
Mission San Miguel Arcángel
ハースト・キャッスル
Hearst Castle
Piedras Blancas
Lake Nacimiento
ナシミエント湖
San Simeon
Cambria
Rios Caledonia Adobe
Paso Robles
Templeton
Cholame
Harmony
Atascadero
Cayucos
Estero Bay
エステロ湾
Morro Bay
Los Osos
Montaña De Oro State Park
モンタニャ・デ・オロ州立公園
San Luis Obispo
Avila Beach
Shell Beach
Lopez Lake
ロペス湖
ピスモビーチ Pismo Beach
Los Padres National Forest
ロス・パドレス国有林
San Luis Obispo Bay
サン・ルイス・オビスポ湾
Guadalupe
Santa Maria
Sisquoc River
シスコック川
Vandenberg Air Force Base
バンデンバーグ空軍基地
Los Alamos
Mission La Purísima Concepción
Santa Barbara Wine Country
サンタバーバラ・ワイン・カントリー
Los Olivos
Santa Ynez
Lompoc
Solvang
Lake Cachuma
San Marcos Pass
Gaviota State Park
Santa Ynez Mtns
Refugio State Beach
レフュージオ州立ビーチ
Point Conception
ポイント・コンセプション
El Capitan State Beach
エル・キャピタン州立ビーチ
Goleta
Santa Barbara
Montecito
Ojai
To Los Angeles
Ventura
Oxnard
Port Hueneme
PACIFIC OCEAN
太平洋
Santa Barbara Channel
サンタバーバラ海峡
Channel Islands National Park
チャネル諸島国立公園
San Miguel Island
サン・ミゲル島
Santa Rosa Island
サンタローザ島
Santa Cruz Island
サンタ・クルーズ島
Gull Island
ガル・アイランド（カモメの島）
Anacapa Islands
アナカパ島
To Sacramento
To Sacramento
カリフォルニア・アクアダクト
California Aqueduct
Madera
サン・ホアキン川
San Joaquin River
Clovis
Fresno
シエラ国有林
Sierra National Forest
Pine Flat Reservoir
Mendota Wildlife Refuge
メンドータ自然保護区
Kings River
キングス川
Lemoore Naval Air Station
Lemoore
Hanford
Visalia
Tulare
Coalinga
Corcoran
ピクスリー国立自然保護区
Pixley National Wildlife Refuge
Kettleman City
Earlimart
Kern National Wildlife Refuge
カーン国立自然保護区
Delano
Pond
Wasco
Buttonwillow
To Bakersfield
Salinas River
サリーナス川
Soda Lake
ソーダ湖
Carrizo Plain National Monument
カリゾ平原国定記念物
To Los Angeles
Maricopa
ロス・パドレス国有林
Los Padres National Forest
Ventucopa
0 20 40 km
0 10 20 miles

ペロ・セラが築いた最後の伝道所だ。修復を経たこの教会は、今でも信者たちの集会所となっている。ここを散策すると心穏やかになれる。中庭を抜けると小さな博物館があり、年月を経た聖人の彫刻や十字架の道行きStations of the Crossを描いた250年前の絵画が展示されている。

サン・ブエナベンチュラ伝道所に隣接する**アルビンジャー考古学博物館 Albinger Archaeological Museum**（☎805-648-5823 ▲113 E Main St ◎6〜9月の水〜日 10:00〜16:00）にはサン・ブエナベンチュラのオリジナルの建築遺品や関連する工芸品が展示されている。

通りの反対側には幅広い展示品が並ぶ**ベンチュラ郡立歴史芸術博物館 Ventura County Museum of History & Art**（☎805-653-0323 ▲100 E Main St ◆大人＄4 シニア＄3 子供＜13〜15歳＞＄2 ◎火〜日 10:00〜17:00）がある。目玉は、実際の4分の1サイズの人形で約300体あり、史実に基づいた衣装（ジョージ・スチュアート製作）を身にまとっている。さらに、チュマシュ・インディアンの時代から現代までをたどったベンチュラの歴史に関する展示も見事だ。

ハーバー大通りHarbor Blvdを経由してハイウェイ101の南西に進むと、ベンチュラ港Ventura Harborがある。ここから、チャネル諸島Channel Islands行きの船が出ている（次章参照）。チャネル諸島まで足を延ばさないにしても**チャネル諸島国立公園ビジターセンター Channel Islands National Park Visitor Center**（☎805-658-5730 ▲1901 Spinnaker Dr ◎8:30〜17:00）を訪れてみよう。興味深い自然の歴史が展示され、3階の展望台からは天気の良い日には島々を一望できる。

サンタバーバラ（＄8.25、40分）経由でロサンゼルス（＄12、2時間30分）行きの**グレイハウンド Greyhound**（☎805-653-0164 ▲291 E Thompson Blvd）バスは毎日最大5本運行されている。

チャネル諸島国立公園
Channel Islands National Park

チャネル諸島は、ニューポートビーチNewport BeachからサンタバーバラSanta Barbaraにかけて沖に並ぶ8つの島々から成る。北にある4つの島、サン・ミゲルSan Miguel、サンタローザSanta Rosa、サンタ・クルーズSanta Cruz、アナカパAnacapaと、サン・ペドロSan Pedro（「ロサンゼルス」を参照）の西38マイル（約60km）にある小さなサンタバーバラ島を合わせた区域がチャネル諸島国立公園だ。島々には珍しい植物や動物が生息し、広い潮溜まりやケルプの森が見られる。世界でもこの島でしか見られない145種の動植物が存在していることから「カリフォルニアのガラパゴス島」とも呼ばれている。

この地に最初住み着いたのは（1800年代初頭に大陸からやって来た伝道団の奴隷となった）インディアンのチュマシュ族Chumashとガブリエリーニョ族Gabrierinoだった。チャネル諸島は1970年代中頃まで羊の牧場主とアメリカ海軍の所有だったが、のちに保護運動が起きた。現在ではサン・ミゲル、サンタローザ、アナカパ、サンタバーバラ諸島、サンタ・クルーズの20%（残り80%は自然保護協会Nature Conservancyの所有）は**国立公園局National Park Service**（NPS www.nps.gov/chis）の所有になっている。

アナカパ Ancapaは3つの小島から成る大陸にもっとも近い島だ。チャネル諸島への入口として気軽に思い出に残るリゾートを楽しめる。ビジターセンターとピクニックエリアは島の狭い高台にある。島周囲の海底には海草が豊富に育成し、シュノーケリング、ダイビング、水泳、カヤックなどが楽しめる。

サンタ・クルーズ Santa Cruzは4島の中でも最大の島。ハイキングトレイルがあり、歩いて探索するには最適だ。人気のレジャーは、水泳、シュノーケリング、スキューバダイビング、カヤックなどがある。

サンタローザ Santa Rosaには美しい砂浜が広がるビーチ、約200種類の鳥類、壁画洞窟Painted Caveといった見所があり、遠くまで足をのばす価値ある島だ。

サン・ミゲル San Miguelは北にある4島の中ではもっとも遠くに位置し、隔絶された大自然を満喫できる。ただし、霧がかかることが多く風も非常に強い。幾つかの区域が生態系保護のため立ち入り禁止となっている。自然がつくりだした造形美として、炭酸カルシウムが固まって木のようになったカリーチ・フォレストCaliche Forestなどがあり、興味深い。ポイント・ベネットPoint Bennettではゾウアザラシのコロニーを1年中観察できる。規模の小さいコロニーは、サンタバーバラやサンタローザにもある。

サンタバーバラ Santa Barbaraは途方もなく大きな北ゾウアザラシの生息場所で、鳥や海洋生物の隠れた遊び場になっている。ビジターセンターや最低限の設備のキャンプ場などの設備がある。ハイカー、バードウォッチャー、ダイバー、シュノーケリングや釣り人たちが思う存分楽しめる場所だ。

1年中美しい場所だが、旅行者が訪れるのは主に6月から9月で、実際のところベストシーズンはワイルドフラワーが咲く春（4月から5月にかけて）と天候がもっとも安定している9月と10月だ。

宿泊

どの島にも最低限の設備の**キャンプ場 camp-grounds**（☎予約 800-365-2267 サイト＄10）があり、1年中営業している。汲み取り式トイレとピクニックテーブルの設備があるだけで、そのほかはすべて自分で用意することになる（帰る際にはゴミも含めてすべて持ち帰る）。水を利用できるのは、サンタローザとサンタ・クルーズのキャンプ場のみ。危険なので、キャンプファイアーは禁止されているが、囲いのあるキャンプストーブは利用できる。下船ポイントからキャンプ場まで0.5マイル（約800m）から1.5マイル（約2.4km）ほど荷物を運ぶ覚悟で。

サンタバーバラのキャンプ場は広い草原で、周囲にはハイキングトレイルがある。アナカパのキャンプ場は、高台の岩の多い場所で周りには何もない。サン・ミゲルは、常に風が強く霧も出る天候不順なキャンプ場で、サバイバル気分を味わいたい人にはおすすめ。サンタローザのキャンプ場は峡谷に囲まれた場所にあり、ユーカリに覆われたサンタ・クルーズの絶景が見える。サンタ・クルーズの奥地にあるキャンプ場デル・ノルテDel Norteは、最近オープンしたばかりだ。うっそうとしたオークの森の中にあるキャンプ場で、上陸ポイントから歩いて5.6kmの所にある。キャンプ場についての詳細は、国立公園局NPSのホームページでチェックしよう。

アクセス

ビジターセンター、船着場への道順は次のとおり。ハイウェイ101を北上している場合は、ビクトリア・アベニューVictoria Ave出口を下りてビクトリアVictoriaで左折し、オリバス・パーク・ドライブOlivas Park Drを右折してハーバー大通りHarbor Blvd方面へ。オリバス・パーク・ドライブを直進すると、そのままスピネーカー・ドライブSpinnaker Drに入る。南下する場合は、シーワードSeaward出口で下りてハーバー大通りHarbor Blvdへスピネーカー・ドライブSpinnaker Drを右折する。

キャンプをする人の送迎や島巡りツアーを運営する船会社が2社と航空機運営会社が1社ある。

アイランド・パッカーズ
Island Packers
☎805-642-1393
☎テープ情報 805-642-7688
www.islandpackers.com
1867 Spinnaker Dr

ビジターセンターの隣。全島を対象とした日帰りの旅とパック旅行を運営。東アナカパ島への8時間の旅が大人＄37、子供＄20。6時間の旅は大人＄32、子供＄20だ。キャンプ1泊は、大人＄48、子供＄30で、カヤックの持ち込みは追加料金＄6が必要（カヤックは地元の装具店でレンタルできる。アイランド・パッカーズのホームページでリストを参照しよう）。サン・ミゲル島へのキャンプツアーは、大人＄90、子供＄80。その他の追加料金についてはホームページをチェックしよう。同社は島への上陸なしのホエールウォッチングツアーも提供している。料金はコククジラを見る3時間半の旅（1～3月）で大人＄24、子供＄16、ザトウクジラとシロナガスクジラを見る1日ツアー（7～9月）は大人＄58、子供＄47となる。

トゥルース・アクアティクス
Truth Aquatics
☎805-962-1127
www.truthaquatics.com
301 W Cabrillo Blvd

サンタバーバラにある公園の運営会社で、アイランド・パッカーズと同様のサービスを提供している。

ツアーはどれも最小催行人数が設定されており、波や天候によっては中止になることもある。また、どのツアーも上陸できるという保証はない。日帰りと同様に波や天候によって変更の可能性がある。週末、休日、夏休みは予約が無難、クレジットカードでの支払いか前払いとなる。

船酔いしやすい人は飛行機でサンタローザ島まで25分の空の旅を楽しもう。**チャネル諸島航空 Channel Islands Aviation**（☎805-987-1301）の日帰りツアーはカマリロCamarilloとサンタバーバラの空港から1年中出ている。大人＄106、子供（2～12歳）＄84、キャンプをする場合は＄162。フライト1回につき最低3人の参加が必要で、料金には荷物の積み下ろしも含まれる。

オハイ
Ojai

サンタバーバラの南東およそ35マイル（約56km）、ベンチュラから内陸へ14マイル（約23km）でハイウェイ33を下った所にあるオハイ（発音**oh-hi**、チュマシュ語で「月」の意味、人口8000人）は、息の長いアーチストとニューエイジの町だ。クリシュナムルティ財団Krishnamurti Foundationやクロトナ・インスティテュート・オブ・テオソフィKrotona Institute of Theosophyなど数々の宗教団体がここを本拠地としている。オハイは日の入りの美しさでも有名で、ピンク・モーメントと呼ばれる山々に沈む夕日の輝きと、スパの向こうに見える山肌に反射する光で辺りはバラ色に染まる。この世のものとは思えないこの美しい光景に感動した映画監督のフランク・

サンタバーバラ・エリア

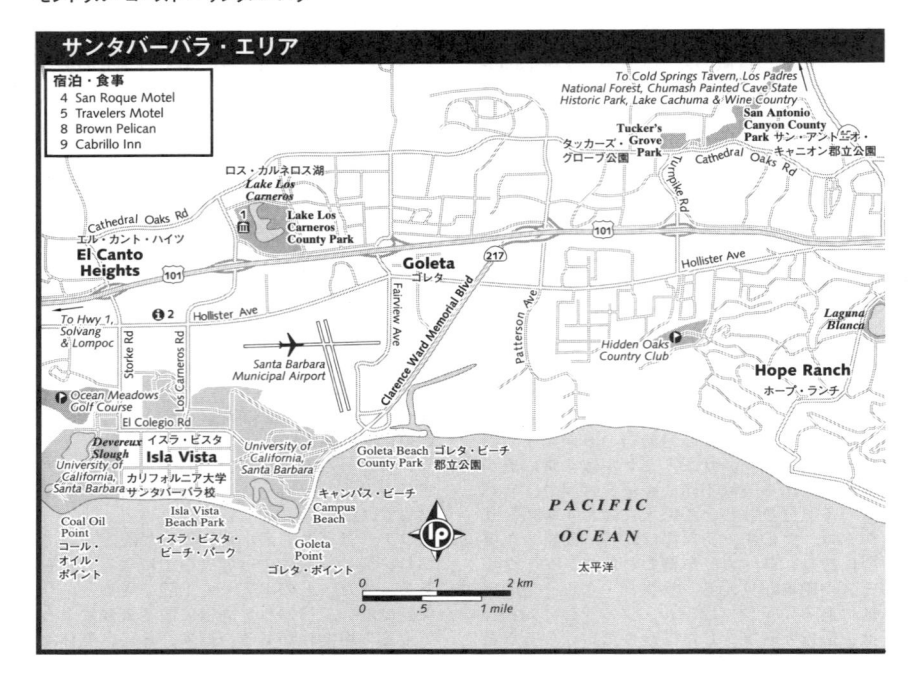

宿泊・食事
- 4 San Roque Motel
- 5 Travelers Motel
- 8 Brown Pelican
- 9 Cabrillo Inn

キャプラFrank Capraは、1937年の映画「失われた地平線Lost Horizon」に登場する伝説の楽園のロケ地としてオハイを選んでいる。

オハイに関する情報は**オハイ商工会議所 Ojai Chamber of Commerce**（☎805-646-8126 FAX 805-646-9762 W www.the-ojai.org ♦150 W Ojai Ave ◎月～金 9:30～16:30、土・日 10:00～16:00）で。

アーケード・プラザArcade Plazaは町の主要道路オハイ・アベニューOhai Aveにある伝道所を模した迷宮のように入り組んだビル群で、かわいいお店やアートギャラリーが入っている。**バーツ・ブックス Bart's Books**（☎805-646-3755 ♦302W Matilija St）はオハイ・アベニューから北へ1ブロック、見て回るのに少なくとも30分はかかる。

1980年代、オハイはリゾート地として栄えたが、現在はいく分さびれ気味だ。しかし、**オハイ・バレー・イン＆スパ Ojai Valley Inn & Spa**（☎805-646-5511、800-422-6524 客室・スイート＄279～450）別格だ。オハイの西はずれにある豪華なゴルフコースとスパを備えたホテルで、すばらしい庭園と凝った建築様式も見事。

ダウンタウンから約10分の所にある**ファーム・ホステル Farm Hostel**（☎805-646-0311 ♦Hwy 33 ドミトリーベッド＄15）は、穏やかで神秘的なオハイの雰囲気が見事に映し出されている。広大な自然農法の果樹園の中、実際に稼動している家族経営の農場に建てられた男女別の寮に宿泊する。ベジタリアンに限り共同キッチンを使って自分で食事の用意ができるほか、ケーブルテレビやインターネットなど近代的な設備も整っている。予約は必須だ。喫煙者は宿泊不可で、国外旅行を証明するものが必要。ベンチュラのダウンタウンのどこからでも無料のピックアップを利用できる。

オハイ・バレー・トレイル Ojai Valley Trailは古い線路を改修して作られた距離9マイル（約14km）のコース。ウォーキング、ジョギング、自転車や乗馬を趣味とする人たちに人気だ。

オハイへの直通バスが1本だけベンチュラから出ている。ベンチュラまではグレイハウンド・バスかアムトラック・トレインを利用して。メイン・ストリートMain Stとフィゲロア・ストリートFigueroa Stの角から出る16番のバス（＄1、45分、1時間1本）に乗り換えよう。オハイのダウンタウンまで直行するこのバスを運営するのは**SCAT**（☎805-487-4222）だ。

サンタバーバラ
Santa Barbara

太平洋とサンタ・イネス山脈に挟まれたサンタバーバラ（人口9万人）は赤タイルの屋根と白いスタッコの壁が連なり、地中海のけだるい町並みを思わせる美しい地。セントラル・

サンタバーバラ・エリア

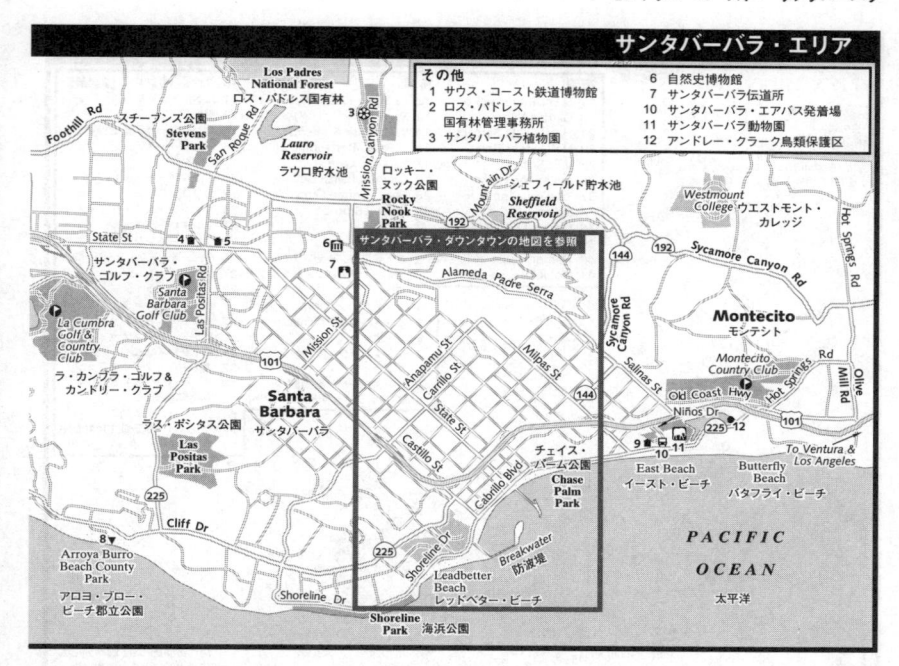

その他
1 サウス・コースト鉄道博物館
2 ロス・パドレス国有林管理事務所
3 サンタバーバラ植物園
6 自然史博物館
7 サンタバーバラ伝道所
10 サンタバーバラ・エアバス発着場
11 サンタバーバラ動物園
12 アンドレー・クラーク鳥類保護区

コーストの見所の1つであり、都会で疲れきった南カリフォルニアの人々には週末のリゾート地としても人気だ。

サンタバーバラのカリフォルニア大学University of California（UCSB）を含め、この付近にある5つのカレッジは、この町の若々しい原動力の源であり、ヨットの町としての顔と引退者のコミュニティとしての顔とのバランスを保つ役目を果たしている。サンタバーバラのダウンタウンのすばらしい建築は完璧だ。その最たるものが郡庁舎であり、美術や自然史の博物館などもすばらしい。北に堂々とそびえる峻険なサンタ・イネスの丘陵地帯は、ハイキングやキャンプに絶好の場だ。

歴史

約200年前まで、サンタバーバラは、海岸沿いやサンタ・イネス山脈の集落で暮らすチュマシュ・インディアンの土地だった。1542年、ファン・ロドリゲス・カブリヨがチャネル諸島に上陸し、スペインの旗を立てて自国の土地とした。モンテ・レイ公のため地図を製作していたセバスチャン・ビスカイノは、1602年12月4日（聖バーバラの祭礼の日）に港に上陸し、文字通りサンタバーバラと地図に記した。しかし、スペインが自国の領土と主張し命名してはいたが、サンタバーバラのチュマシュ族は、1700年代半ばに伝道団がこの地を訪れるまでは、それまでと変わらない生活を続けていた。

カリフォルニアのその他の地で行ったように、神父たちはチュマシュ族を改宗させた。さらに伝道所や要塞を築くため事実上の奴隷として働かせ、衣服を着ることを教え、ドングリの粉や木の根、魚を食べる習慣を肉食へと転向させた。インディアンたちはヨーロッパからもたらされた病で多くが死んでいったが、現在では勢いを取り戻し部族は存続している。

1849年のゴールドラッシュには東部からの人間が大挙して押し寄せ、1890年代後半までにサンタバーバラは富豪や著名人、アーチストたちがバカンスを楽しむ町となった。1910年にミッション・ストリートMission Stとステート・ストリートState Stの角に建てられたアメリカン・フィルム・カンパニーThe American Film Companyは3年間世界最大のスタジオだったが、10年でその幕を閉じている。しかし、町の尽力によって、映画・テレビ産業はこの地で変わらぬ繁栄を続けている。毎年3月には、アメリカおよび世界のインディペンデント系映画を集めてサンタバーバラ国際映画祭が行われている。

オリエンテーション

サンタバーバラのダウンタウンは碁盤の目状に区画され、メインとなるステート・ストリート

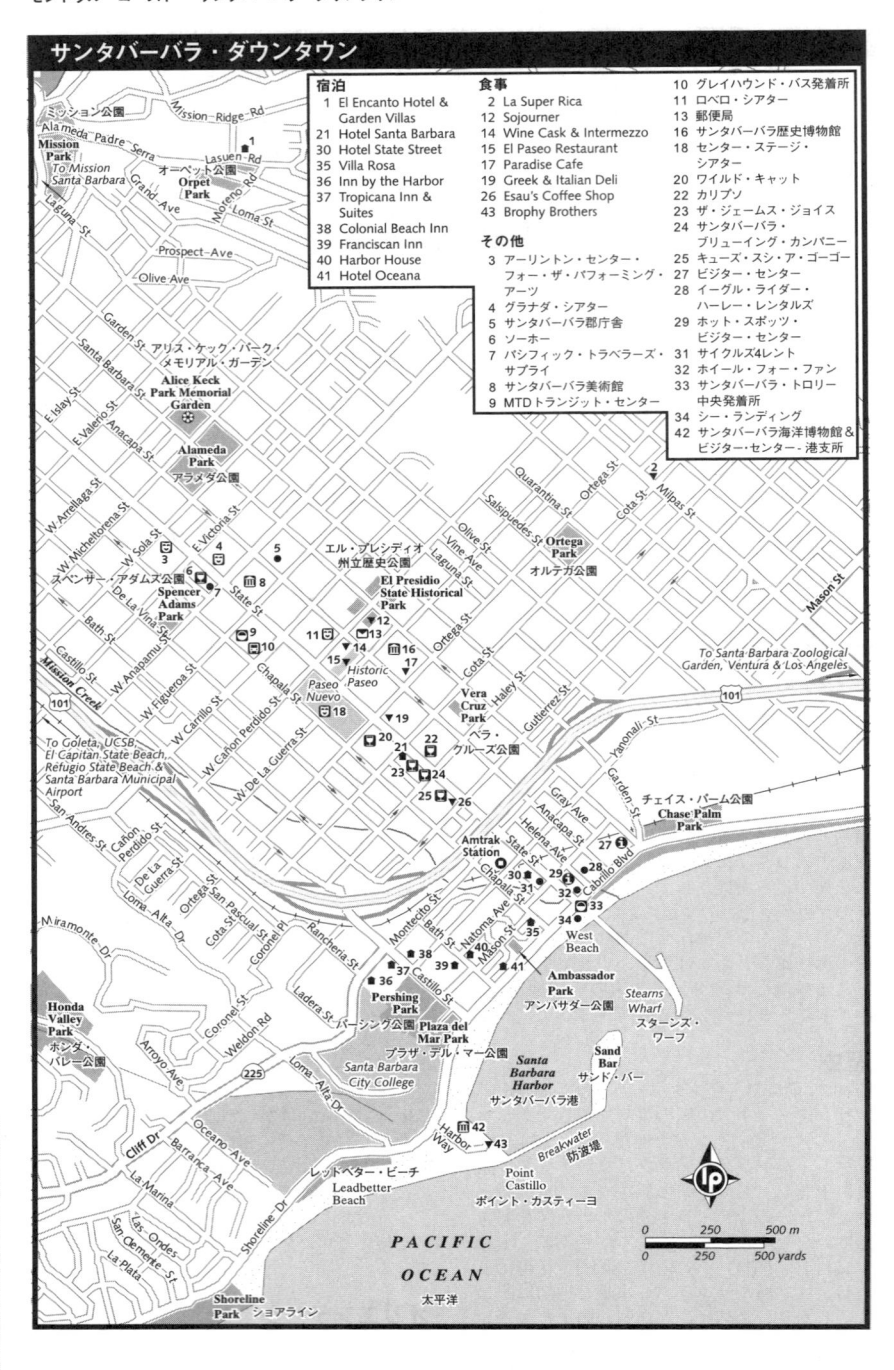

サンタバーバラ・ダウンタウン

宿泊
1 El Encanto Hotel & Garden Villas
21 Hotel Santa Barbara
30 Hotel State Street
35 Villa Rosa
36 Inn by the Harbor
37 Tropicana Inn & Suites
38 Colonial Beach Inn
39 Franciscan Inn
40 Harbor House
41 Hotel Oceana

食事
2 La Super Rica
12 Sojourner
14 Wine Cask & Intermezzo
15 El Paseo Restaurant
17 Paradise Cafe
19 Greek & Italian Deli
26 Esau's Coffee Shop
43 Brophy Brothers

その他
3 アーリントン・センター・フォー・ザ・パフォーミング・アーツ
4 グラナダ・シアター
5 サンタバーバラ郡庁舎
6 ソーホー
7 パシフィック・トラベラーズ・サプライ
8 サンタバーバラ美術館
9 MTDトランジット・センター
10 グレイハウンド・バス発着所
11 ロベロ・シアター
13 郵便局
16 サンタバーバラ歴史博物館
18 センター・ステージ・シアター
20 ワイルド・キャット
22 カリプソ
23 ザ・ジェームズ・ジョイス
24 サンタバーバラ・ブリューイング・カンパニー
25 キューズ・スシ・ア・ゴーゴー
27 ビジター・センター
28 イーグル・ライダー・ハーレー・レンタルズ
29 ホット・スポッツ・ビジター・センター
31 サイクルズ4レント
32 ホイール・フォー・ファン
33 サンタバーバラ・トロリー中央発着所
34 シー・ランディング
42 サンタバーバラ海洋博物館＆ビジター・センター - 港支所

State Stが町を南北に縦断している。オルテガ・ストリートOrtega Stより南のステート・ストリートState Stはバーが集中する地区で、オルテガ・ストリートより北には、かわいらしい店や博物館が集っている。カブリヨ大通りCabrillo Blvdは海沿いに走る道で、モンテシトMontecitoの東のはずれにさしかかったところでコースト・ビレッジ・ロードCoast Village Rdとなる。

サンタバーバラは、西はホープ・ランチHope Ranch、東はモンテシトMontecitoとサマーランドSummerlandと、小さいが裕福なコミュニティに囲まれている。UCSBは、ホープ・ランチの真西イスラ・ビスタIsla Vistaにあり、サンタバーバラのほとんどの大学生は、キャンパス周辺か隣接するゴレタGoletaに住んでいる。

インフォメーション

サンタバーバラのビジター・センター Visitor Center（☎805-965-3021 www.santabarbara-CA.com 1 Garden St 9～6月 月～土 9:00～17:00、日 10:00～17:00、7～8月 9:00～18:00)には地図やパンフレットがあり、忙しそうだが親切なスタッフがいる。支所（☎805-884-1475、4th floor,Santa Barbara Maritime Museum、11:00～17:00または18:00)はアウトドア情報が充実しており、チャネル諸島国立公園Channel Islands National Parkやロス・パドレス国有林Los Padres National Forestの情報が豊富だ。

町の中心にある民営のホット・スポッツ・ビジター・センター Hot Spots Visitor Center（☎805-564-1637、800-793-7666 36 State St 4～11月 月～土 9:00～21:00、日 9:00～16:00、12～3月は営業時間が短縮される）の内部には24時間営業のインターネットカフェがある。

銀行、ATMはステート・ストリートState Stにある。**中央郵便局**（836 Anacapa St）もその近く。

レッド・タイル・ツアー
Red Tile Tour

ガイドなしで12ブロックを歩くこのツアーは、ダウンタウンの主な見所と歴史的な建造物を見て回るのに最適だ。サンタバーバラ郡立庁舎Santa Barbara County Courthouse、美術館Museum of Art、歴史博物館Historical Museum、エル・プレシディオEl Presidioなどを巡る（すべて本章で紹介）。ビジターセンターで無料マップを手に入れよう。

サンタバーバラ郡立庁舎
Santa Barbara County Courthouse

1929年に設立された庁舎（☎805-962-6464 1100 Anacapa St 月～金 8:00～17:00、土・日 10:00～17:00）は必見ポイントだ。スペイン・ムーア調の建築様式で、手塗りの天井壁画、精巧シャンデリア、チュニジアやスペイン製のタイルなどが見もの。自由に見学できるが、無料ガイドによるツアー（月～土 14:00、月・火・金 10:30）への参加がおすすめだ。壁画の部屋をお見逃しなく。80フィート（約24m）を超える時計台に登ったら町の全景を写真に撮ろう。

サンタバーバラ美術館
Santa Barbara Museum of Art

評価の高い美術館（☎805-963-4364 1130 State St 大人＄6 シニア＄4 学生＄3、毎週木曜日・第1日曜日は無料 火～木 11:00～17:00、金 11:00～21:00、日 12:00～17:00）で、モネ、マチス、ホッパー、オキーフなどヨーロッパおよびアメリカの一流芸術家の作品をはじめ、アジアの美術品写真、クラシック様式の彫刻が展示されている。子供が参加できるギャラリー、カフェ、ショップもある。

サンタバーバラ歴史博物館
Santa Barbara Historical Museum

日干し煉瓦でできた複合建築物の中にある教育的施設（☎805-966-1601 136 E De La Guerra St 無料 火～土 10:00-17:00、日 12:00～17:00）は地元の珍しい品々を余す所なく集めている。内容は、アンティーク家具のような日常的なものから、パドレ・セラPadre Serraのものだった精巧な彫刻の箱までと幅広い。さらに、中国君主制の崩壊とサンタバーバラとの関係など、あまり知られていない歴史も学べる。ガイドによる無料ツアーが水曜、土曜、日曜日の13:30に行われる。

エル・プレシディオ・デ・サンタバーバラ州立歴史公園
El Presidio de Santa Barbara State Historic Park

カリフォルニアに4カ所ある18世紀のスペイン砦（☎805-966-9719 寄付 10:30～16:30）の1つ。アナカパ・ストリートAnacapa Stとサンタバーバラ・ストリートSanta Barbara Stの間のEカニョン・プレディード・ストリートE Cañon Perdido Stにある。町でも最古の部類の建物が集められ、どれも支柱付けや修復が絶えず行われている。モントレーとサンディエゴの間にある伝道所を守る目的で1782年に建造されたこの要塞は、移動を続けるスペイン軍の1次滞在所としてだけでなく社会や政治の中心としても機能していた。チャペルはぜひ訪れたい。内部はまさに色の洪水のような美しさで、トロンプルイユ効果（実物と見まちがうほど精細に描写する技法）は必見だ。

サンタバーバラ伝道所
Mission Santa Barbara

「伝道所の女王」と呼ばれるこのサンタバーバラ伝道所（☎805-682-4713 🏠2201 Laguna St 🎫大人＄4 子供無料 🕐9:00～17:00）は、ダウンタウンから0.5マイル（約800m）ほど北の高台に堂々と建っている。1786年12月4日（聖バーバラの祭礼の日）カリフォルニアで10番目の伝道所として完成した。1820年に現在の石造りになる前は日干し煉瓦製の3つの建物だった。正面には新古典主義様式の円柱が並ぶ。現在、伝道所はフランシスコ会の修道院、教区の教会、博物館として機能している。教会の見所はチュマシュ族の壁飾りや、心が安らいだ気分になれる中庭の庭園だ。裏には4000人のチュマシュ族の墓と、カリフォルニアへの初期入植者たちの手の込んだ墓石がある広大な共同墓地が広がる。

自然史博物館
Museum of Natural History

伝道所から北へ2ブロックの所にあるこの博物館（☎805-682-4711 🏠2559 Puesta del Sol Rd 🎫大人＄7 シニア・13歳～19歳＄6 子供＄4 🕐月～土 9:00～17:00、日 10:00～17:00）では美しい建築様式と風景を楽しもう。館内のチュマシュ族の展示、シロナガスクジラの完全な骨格標本は一見の価値があるが、それ以外は月並み。プラネタリウムの設備もある。

サンタバーバラ植物園
Santa Barbara Botanic Garden

自然史博物館から北へ1マイル（約1.6km）進んだ所にある広さ65エーカー（約26ha）の植物園（☎805-682-4726 🏠1212 Mission Canyon Rd 🎫大人＄5 特別割引＄3 🕐9:00～日没）では、カリフォルニア在来の植物のみが栽培されている。サボテンやレッドウッド、野生の花々の間を5.5マイル（約9km）の道が曲がりくねって進む。伝道所の敷地に水を引き込むため、チュマシュ族によってつくられた古いダムも見られる。

サンタバーバラ動物園
Santa Barbara Zoological Garden

すばらしい庭園があるこの動物園（☎805-962-5339 🏠500 Niños Dr 🎫大人＄8 シニア・12歳未満＄6 🕐10:00～17:00）には、大型のネコ科動物、サル、ゾウ、キリンなど世界各地から700種類の動物が集められている。100年を経ている植物群はかつて広大な私有地の一部だったもの。

サンタバーバラ動物園の真東にはアンドレー・クラーク鳥類保護区 Andrée Clark Bird Refuge（🏠1400 E Cabrillo Blvd 🎫無料）がある。池、庭園、小道が配置され、淡水に生息する鳥の巣作りを観察できる。

ウォーターフロント

ステート・ストリート State Stを南へ行くと、**スターンズ・ワーフ Stearns Wharf**に出る。ごつごつとした木造の埠頭で、スナックの売店や土産物店が数店ある。1872年にジョン・ペック・スターンズにより建築され、西海岸で使用されている埠頭としては最古のもの。1940年代は、ジミー・キャグニーと彼の兄弟2人の所有だった。1998年の火事で部分的に焼け落ちたが、現在は修復されている。ここから南西方向、港の右手には新しめの**サンタバーバラ海洋博物館 Santa Barbara Maritime Museum**（☎805-962-8404 🏠113 Harbor Way 🎫大人＄5 特別割引＄3、第3木曜日 無料 🕐木～火 11:00～18:00）がある。海にまつわる町の歴史を広く知ってもらうために建てられた施設で記念的な品々が展示されている。椅子に座って実際にマカジキを「釣り上げる」釣りゲームなど、見学者が参加できるものもある。ほかにサンタバーバラ沖に浮かぶチャネル諸島へのバーチャル・ツアーもあり、高さ45フィート（約14m）というアメリカ海軍の展望鏡をのぞくこともできる。

サウス・コースト鉄道博物館
South Coast Railroad Museum

鉄道マニア必見の博物館（☎805-964-3540 🏠300 N Los Carneros Rd 🎫無料 🕐6～9月 水～日 11:00～16:00、10～5月 13:00～16:00）だ。鉄道関係の工芸品、古い写真、300平方フィート（約28m²）ある線路の模型など見応え十分で、子供が大喜びするミニチュア列車は＄1で乗車できる。博物館はハイウェイ101のロス・カルネロス Los Carneros出口から0.25マイル（約400m）進むと現れる、1901年建造のサザン・パシフィック鉄道 Southern Pacific Railroadゴレタ Goleta駅の中にある。サンタバーバラのダウンタウンからは北西に8マイル（約13km）ほど。

アクティビティ

イースト・ビーチ East Beachは、スターンズ・ワーフ Sterns WharfとモンテシトMontecitoまで続く長い砂浜で、サンタバーバラのビーチでは、大きさ、人気、ともにトップだ。ビーチの東の端、ビルトモア・ホテル Biltmore Hotel向かい側の**バタフライ・ビーチ Butterfly Beach**には、アルマーニの水着にグッチのサングラスかけた人たちがあふれている。

スターンズ・ワーフと港の間の**ウエスト・ビーチ West Beach**は穏やかで、家族連れや近くの

モーテルに滞在している旅行者に人気だ。港の反対側の**レッドベター・ビーチ Leadbetter Beach**はサーフィンやウィンドサーフィンに最適で、崖の上にあるピクニックのできる草原へ行くこともできる。

サンタバーバラの西、クリフ・ドライブCliff Drとラス・ポジタス・ロードLas Positas Rdの合流点近くの**アロヨ・ブロー・ビーチ Arroyo Burro Beach**（別名ヘンドリーズHendry's）には駐車場、ピクニックエリア、レストランが完備されている。

サンタ・イネスSanta Ynezの丘陵地帯（本章後出「ロス・パドレス国有林Los Padres National Forest」の「ハイウェイ154沿い」を参照）までは、ダウンタウンから車で20分だ。この丘陵地帯には**ハイキング**トレイルがたくさんあるが、ほとんどは灌木の茂みを踏み分けて進み、海の絶景を望む険しい峡谷を通る道だ。ラトルスネーク・キャニオンRattlesnake Canyonを通るコースやトネル・トレイルTunnel Trailからインスピレーション・ポイントInspiration Pointまでのコースは地元でも人気だ。**パシフィック・トラベラーズ・サプライ Pacific Travellers Supply**（☎805-963-4438 ⌂12 W Anapamu St）にはハイキングマップが豊富に用意されている。

カブリヨ自転車道路Cabrillo Bikewayは、海辺に沿って走る3マイル（約5km）のコースで、アンドレー・クラーク鳥類保護区とレッドベター・ビーチとを結んでいる。ゴレタ自転車道路Goleta Bikewayは西に向かってUCSBまで続く。ホイール・フォー・ファンWheel for Funとサイクルズ・フォー・レントCycles-4-Rentの両店はサイクリング用品のレンタルを行っており、ステート・ストリートState Stが海に突き当たる辺りにある。自転車、インラインスケートのレンタルは1時間で約＄7だ。

バス・ストリートBath Stがビーチに突き当たる所にある**シー・ランディング Sea Landing**（☎805-882-0088）なら、カヤック、ジェットスキー、ジェットボートをレンタルできる。「コンドル・エクスプレスCondor Express」でのチャネル諸島ホエールウォッチングツアーも行っている。この船は最新式の高速双胴船で揺れにくいので、船酔いの心配も少ない。所要時間は約4時間半、料金は大人＄70、子供＄40だ。クジラが見られることを保証しているツアーなので見えなかった場合は無料で引き返してくれる。ヨットのレンタルは港にある**サンタバーバラ・セイリング・センター Santa Barbara Sailing Center**（☎805-962-2826）で。

パッケージツアー

サンタバーバラ・トロリー Santa Barbara Trolley（☎805-965-0353 ⌂大人＄12 子供＄7）はナレーション付で、スターンズ・ワーフStearns Wharf、郡庁舎、美術館、伝道所を90分で巡るツアーを主催している。チケットは終日有効で、乗降は自由。始発はスターンズ・ワーフ発10:00、最終は同駅に16:00着（6〜9月は17:30着）。

宿泊

夏期（5月中旬〜9月中旬）は、サンタバーバラで低予算の宿泊施設を見つけるのはまず無理だろう。11月なら1室＄35の格安モーテルも、「シーズン」には＄150にまで跳ね上がる。一般に、平日は金曜、土曜日の夜より安い。ホテルの中には、最低2泊を条件とするミニマムステイを設けている所もある。**サンタバーバラ・ホット・スポッツ Santa Barbara Hot Spots**（☎800-564-1637 ⓦwww.hotspotsusa.com）と**コウスタル・エスケープス Coastal Escapes**（☎800-692-2222 ⓦwww.coastalescapes.com）では空き部屋情報を提供している。

低予算 サンタバーバラのダウンタウン周辺にキャンプ場はないが、町の西27km〜32kmでハイウェイ101を下りると**エル・キャピタン州立ビーチ El Capitan State Beach**と**レフュージオ州立ビーチ Refugio State Beach**（☎805-968-1033、予約800-444-7275 ⌂サイト＄12）の2つのビーチがある。レフュージオは人気のサーフスポットで、学生たちの溜まり場。エル・キャピタンは低い崖の上にあり家族向けだ。水洗トイレ、温水シャワー、ピクニックテーブル、バーベキューの設備などが利用できる。ロス・パドレス国有林Los Padres National Forest、カチュマ湖Lake Cachumaにもキャンプ場がある（後出の「ハイウェイ154沿い」を参照）。

本書執筆時、サンタバーバラにはユースホステルはなかったが、2002年後半にサンタバーバラ・インターナショナル・ホステルSanta Barbara International Hostelがオープン予定だ。最新情報は☎805-963-3586へ電話するかⓦwww.bananabungalow.comでチェックしよう。

ホテル・ステート・ストリート
Hotel State Street
☎805-966-6586 ℻805-962-8459
✉ewtrade@ix.netcom.com
⌂121 State St
⌂客室 夏＄50〜70 冬＄40〜55

設備の良さでは町でも指折りのホテルだ。ほどよい大きさの客室は清潔で、大きな窓、シンク、テレビがそろっている部屋も多いが、電話はない。ビーチからわずか2ブロックで駅も隣接しているため、うるさい。耳栓を持っていくか静かな部屋を希望しよう。

ほどほどに手頃で、特にシーズンオフは格

安になるモーテルが何軒かある。場所はステート・ストリートState Stを北へ進んだラス・ポシタス・ロードLas Positas Rd付近で、6番と11番バスでも行ける。

トラベラーズ・モーテル
Travelers Motel
☎805-687-6009
🏠3222 State St
🛏客室 ＄39～65
周辺ではもっとも安い宿。やや小さめだが、清潔な客室にはテレビと電話が付いている。

サン・ローク・モーテル
San Roque Motel
☎805-687-6611、800-587-5667
🏠3344 State St
🛏客室 夏＄69～169 冬＄49～89
トラベラーズ・モーテルよりやや上質の宿。見晴らしの良い庭とプールがある。

中級・高級

ハーバー・ハウス
Harbor House
☎805-962-9745 📠888-474-6789
🏠104 Bath St
🛏客室 夏＄78～158 冬＄68～108
周りを立派なパームツリーが囲むスタイリッシュな部屋は、Ｂ＆Ｂ（ベッド＆ブレックファスト）にありがちなごてごてした雰囲気がなくていい。

フランシスカン・イン
Franciscan Inn
☎805-963-8845 📠805-564-3295
🏠109 Bath St
🛏客室 夏＄105～220 冬＄85～175
ハーバー・ハウスの通りを挟んで向かい側にある感じの良いこのホテルは、効率よく運営されている。すてきなプール、スパ、ランドリーもあり、料金には朝食と午後のドリンクが含まれる。

カブリヨ・イン
Cabrillo Inn
☎805-966-1641、800-648-6708 📠805-965-1623
🌐www.cabrilloinn.com
🏠931 E Cabrillo Blvd
🛏客室 ＄89～169
デザインはいまいちだが、道を渡ればすぐイースト・ビーチEast Beachでロケーションは完璧。上記料金は海が部分的に見える部屋の値段で、海が一望できる部屋は＄20～30増しになる。

ビラ・ローザ
Villa Rosa
☎805-966-0851 📠805-962-7159
🌐www.villarosainnsb.com
🏠15 Chapala St
🛏客室 ＄125～230
居心地の良いホテルで、周りを花で囲まれた中庭にはスイミングプールやジャグジーがある。午後のワインアワーやラウンジでのナイトキャップの時間は出会いのチャンス。

コロニアル・ビーチ・イン
Colonial Beach Inn
☎805-966-2219、800-468-1988
📠805-962-9428
🌐www.sbhotels.com
🏠223 Castillo St
🛏客室 ＄126～188
特大サイズの部屋はアメリカ南部風の内装。簡単なキッチン付の部屋もある。料金には朝食が含まれる。通りの反対側にある**トロピカーナ・イン＆スイート Tropicana Inn & Suites**（☎805-966-2219 🏠223 Castillo St）と**イン・バイ・ザ・ハーバー Inn by the Harbor**（☎805-963-7851 🏠433 W Montecito St）は同じオーナーの経営で、料金もコロニアルと同程度。

ホテル・サンタバーバラ
Hotel Santa Barbara
☎805-957-9300、888-259-7700
🌐www.hotelsantabarbara.com
🏠533 State St
🛏客室 ＄129～229
落ち着いたヨーロッパの粋なセンスとアメリカの快適性がうまくマッチしたホテル。広々としたロビーを抜けると静かな客室に通じている。カーテン、ベッドカバー、厚いカーペットはすべて花模様。

ホテル・オセアナ
Hotel Oceana
☎805-965-4577、800-965-9776
📠805-965-9937
🌐www.hoteloceana.com
🏠202 W Cabrillo Blvd
🛏客室 日～木＄175～275 金・土＄225～350、スイート＄325～400
海を臨む広々としたホテル。4つの活気のないモーテルからスタイリッシュなホテルに生まれ変わった。客室は風通しが良く内装も抜群。ビーチで遊びたくない人も2つあるプールでくつろいだり、ジャグジーに使ったり、ジムで汗を流したりできる。裏手の部屋は静かだ。

エル・エンカント・ホテル＆ガーデン・ビラズ
El Encanto Hotel & Garden Villas
☎805-687-5000、800-346-7039
📠805-687-0903
🌐www.elencantohotel.com
🏠1900 Lasuen Rd
🛏＄229～800

長年サンタバーバラの一流ホテルとして親しまれている。伝道所の上の丘にあり、ダウンタウンと海の眺めは最高。離れのパティオ付コテージは、広さおよそ400エーカー（約162ha）の青々とした庭の中にある。

食事

サンタバーバラにはすばらしい料理を出す店がそろっていて、グルメ、違いのわかる食通、誰でも楽しめる町だ。

ラ・スーパー・リカ
La Super Rica
🏠622 N Milpas St
🍽1品＄7未満

食通ジュリア・チャイルドJulia Childのお気に入りのメキシカンレストランだが、もちろん誰でも満足できる店だ。窓越しに注文したら、地元の家族連れと一緒にピクニックスタイルのテーブルでコミダcomidaを食べよう。

エサウズ・コーヒー・ショップ
Esau's Coffee Shop
🏠403 State St
🍽1品＄7未満

押しつけがましさがなく応対も良い地元の店。オレンジ色のブースには風変わりな装飾が施されている。典型的なアメリカンブレックファストとランチは大満足のメニュー。

グリーク＆イタリアン・デリ
Greek & Italian Deli
🏠cnr State & Ortega Sts
🍽1品＄5〜8

おいしいコールドサンドイッチとホットサンドイッチ、ジャイロや惣菜のサラダなどがある。薄切りハムやソーセージ、チーズなどもビーチでのピクニックにはもってこいだ。

ソウジャーナー
Sojourner
☎805-965-7922
🏠134 E Cañon Perdido
🍽1品＄4〜12

気さくで陽気なカフェ。アイディアに富んだメニューは、野菜、豆腐、テンペtempeh（発酵させた大豆を固めたもの）、米、木の実などが材料で、ヘルシーで体に良いものばかりだ。

ブラウン・ペリカン
Brown Pelican
☎805-687-4550
🏠29811/2 Cliff Dr
🍽朝食・ランチ＄6〜13.50 ディナー＄12〜29

ヘンドリーズ・ビーチHendry's Beach（トランジット・センター発の5番バスで行ける）にあるが、海までは距離がある。気楽なこのカフェのメニューは、絶妙にスパイスの利いたフィッシュタコスからボリュームのあるフィッシュアンドチップス、ヘルシーな山盛りサラダまでと多彩。

パラダイス・カフェ
Paradise Cafe
☎805-962-4416
🏠702 Anacapa St
🍽1品＄5〜20

これぞカリフォルニアのカフェ。オークを使ってグリルした絶品バーガー、アイディアあふれるサラダ、軽めのパスタ、シーフード、ステーキなど、どれも外のパティオ（禁煙）で食べれば最高だ。

ブロフィー・ブラザーズ
Brophy Brothers
☎805-966-4418
🏠Breakwater
🍽メイン＄7〜18

とびきり上等で新鮮な魚介類が好評の店。活気あるムードと海の香り漂うマリーナという場所も人気の秘密だ。クラムチャウダー、チョッピーノcioppino（シーフードのシチュー）が好評。どちらも噛み応えのあるサワードウブレッド付。

インタメッツォ
Intermezzo
☎805-966-9463
🏠813 Anacapa St
🍽メイン＄9〜15

ワイン・カスクWine Cask（後出参照）をややカジュアルにしたような店。メニューも雰囲気も華麗で洗練されたヨーロッパのビストロを思わせる。朝食から夕食まで楽しめるが、予約を受け付けていない。

ワイン・カスク
Wine Cask
☎805-687-4417
🏠813 Anacapa St
🍽ランチ＄10〜15、ディナー＄20〜35

天井が金色に光り輝く地元で有名な超高級店。花の咲き乱れる中庭のテーブルを選んで、すばらしいワインをゆっくり味わいながら正統派アメリカ料理を堪能しよう。

新鮮な野菜や果物を仕入れるなら、**ファーマーズ・マーケット farmers market**へ行ってみよう。火曜日の午後遅くは東ヘイリー・ストリートE Haley Stと東コタ・ストリートE Cota Stの間、ステート・ストリート500番地で、日曜日の朝はサンタバーバラ・ストリートSanta Barbara Stとコタ・ストリートCota Stの角で開かれている。

エンターテインメント

木曜日発行で無料の「インディペンデント*Independent*」は、イベントの詳細なリストとレビューを載せている。「サンタバーバラ・ニュ

ースプレス*Santa Barbara Newspress*』にはイベントカレンダーが毎日掲載され、金曜日には「**シーン**Scene」という特集版が付いてくる。

サンタバーバラの夜の中心は、ステート・ストリート**State St**の南とオルテガ・ストリート**Ortega St**の周辺一帯だ。たいていはハッピーアワーやカレッジナイトのようなサービスがあり、思う存分飲んで楽しみたいときには安上がりだが、騒々しい。

ザ・ジェームス・ジョイス
The James Joyce
☎805-962-2688
🏠513 State St

すばらしい彫刻の天井、ダーツボード、パチパチと音をたてる暖炉など、カリフォルニアでありながらダブリンのパブにいるような気分にさせる店だ。土曜日の夜には、店のバンドがディキシーランドジャズで客を盛り上げる。

サンタバーバラ・ブリューイング・カンパニー
Santa Barbara Brewing Co
☎805-730-1040
🏠501 State St

10を超える数のビン入り自家製ドリンクを置いている。銅と鉄でできたぴかぴかの樽はインテリアの一部になっている。

エネルギッシュなダンスミュージックが演奏されている**カリプソ Calypso**（☎805-966-1388 🏠514 State St）同様、**キューズ・スシ・ア・ゴーゴー Q's Sushi a Gogo**（☎805-966-9177 🏠409 State St）でもダンスミュージックが熱狂的。ビリヤードとすしバーがある。

ワイルド・キャット Wild Cat（☎805-962-7970 🏠15 W Ortega St）は1970年代風のゆったりくつろげる店で、倉庫と隠れ家をミックスしたような趣がある。客層は多様で、音楽の趣味が良い。

ソーホー
Soho
☎805-962-7776
🏠1221 State St

マクドナルドの上にある店。毎晩バンド演奏があるが、入場料が必要なのは週末とビッグネームが出演するときだけ。

エル・パセオ
El Paseo
☎805-962-6050
🏠10 El Paseo

ヒストリック・パセオHistoric Paseoにある陽気なメキシカンレストランで、旅行者が入りやすい雰囲気。本物のマルガリータと自由に選べる広いビュッフェがあり、この店のハッピーアワーは町でも指折りと評判だ。

サンタバーバラは種々のエンターテイメント会社や歴史ある劇場を支援している。ロベロ・シアター **Lobero Theatre**（☎805-963-0761 🏠33 E Cañon Perdido St）は1873年の創立でカリフォルニアでももっとも古い部類の劇場。バレエ、モダンダンス、室内楽などを催している。国際的に活躍しているトップアーチストが出演するスペシャルイベントも多い。**グラナダ・シアター Granada Theatre**（☎805-966-2324 🏠1216 State St）は1930年の創立。ミュージカルとオペレッタを中心に上演している。**アーリントン・センター・フォー・ザ・パフォーミング・アーツ Arlington Center for the Performing Arts**（☎805-963-4408 🏠1317 State St）はサンタバーバラ・シンフォニー**Santa Barbara Symphony**の本拠地であり、映画館も併設している。ライブシアターへ行くなら**センター・ステージ・シアター Center Stage Theater**（☎805-963-0408）へ。パセオ・ヌーボー・モール**Paseo Neuvo mall**ショッピングセンター内にある。

ショッピング

ステート・ストリート**State St**沿いの店は、衣服、小さなアクセサリー、アンティーク、本などを売っている。キャノン・ペルディード・ストリート**Cañon Perdido St**とオルテガ・ストリート**Ortega St**の間のパセオ・ヌーボー**Paseo Nuevo**は、魅力いっぱいの外に開けたショッピングモールだ。ノードストロム**Nordstrom**、ロビンソンズ・メイ**Robinsons-May**などのデパートのほか、ギャップ**Gap**やビクトリアズ・シークレット**Victoria's Secret**など、さまざまなチェーン店が集まっている。

フィゲロア・ストリート**Figueroa St**近く**ラ・アルカダ La Arcada**（🏠1114 State St）はミュロン・ハント（ロサンゼルスのローズ・ボウル**Rose Bowl**の設計者）デザインによる歴史的に有名な赤タイルの通路が敷かれている。ブティック、レストラン、奇抜なパブリックアートの店がずらりと並ぶ。花々が美しい庭、**ヒストリック・パセオ Historic Paseo**がパセオ・ヌーボー**Paseo Nuevo**の反対側にある。

アクセス

小規模な**サンタバーバラ市営空港 Santa Barbara Municipal Airport**（☎805-683-4011 🏠500 Fowler Rd）はゴレタ**Goleta**にあり、ハイウェイ101を下りてダウンタウンの西約8マイル（約13km）の所。ロサンゼルス、サンフランシスコ、デンバー、フェニックスなど都市への定期往復便がある。

サンタバーバラ・エアバス Santa Barbara Airbus（☎805-964-7759、800-423-1618）はロサンゼルス国際空港**Los Angeles International Airport**（LAX）とサンタバーバラ間の定期往復便（＄37、往復＄69、1日14便）を運行している。

グレイハウンド Greyhound（☎805-965-7551 🏠34 W Carrillo St）ではロサンゼルス行きのバスが毎日最大9本（＄12、2時間15分〜3時間）、サンフランシスコ行きは最大7本（＄32、8時間30分〜10時間）運行している。

アムトラック駅 Amtrak depot（🏠lower State St）では、ロサンゼルス（＄20）とサン・ルイス・オビスポ（＄22）行きの直通列車と普通席に相当するコーチ・サービスcoach serviceを利用できる。

サンタバーバラはハイウェイ101で2つに分断されている。ダウンタウンへは、ガーデン・ストリートGarden St出口かカブリヨ大通りCabrillo Blvd出口で下りる。通り沿いのパーキング、10カ所ある市営パーキングはすべて90分まで（日曜日は終日）無料。**イーグル・ライダー Eagle Rider**（☎805-963-2453、866-345-7437 🏠52 Helena Ave）ではハーレーを1日＄90〜145でレンタルできる。

交通手段

ダウンタウン・ウォーターフロント・シャトル Downtown-Waterfront Shuttleのバスは、10分〜15分おきに、ステート・ストリートState Stをスターンズ・ワーフStearns Wharfまで走っており、始発は10:15で終便18:00だ。もう1つのルートは動物園からヨットハーバーまでのコースで、30分間隔で出ている。運賃は乗車1回につき＄0.25。ルート内での乗り換えは自由。

サンタバーバラ・メトロポリタン・トランジット・ディストリクト Santa Barbara Metropolitan Transit District（MTD）（☎805-683-3702）のバスは乗車1回につき＄1で、町全体とゴレタGoletaやモンテシトMontecitoなど、隣接する地域を回れる。ルートや時刻表の詳細は**トランジット・センター Transit Center**（🏠1020 Chapala St）へ。

ハイウェイ154沿い
Along Highway 154

ハイウェイ154は、サンタバーバラの北を曲がりくねりながら進む景色の良い道路で、ロス・パドレス国有林を通り抜ける。途中、サンタバーバラ・ワイン・カントリーSanta Barbara Wine Countryとサンタ・イネス・バレーSanta Ynez Valleyの間を抜け、ロス・オリボスLos Olivosの北でハイウェイ101と合流する。

チュマシュ壁画洞窟州立歴史公園
Chumash Painted Cave State Historic Park

小さな州立の公園（☎805-968-3294 📅日の出〜日没）には約200年前にチュマシュ族が描いた躍動感あふれる洞窟壁画がある。洞窟は金属製の塀で保護されているため、フラッシュを使うほうが良い写真が撮れるだろう。ペインティド・ケイブ・ロードPainted Cave Rdへの分岐を目指そう。サンタバーバラの北約8マイル（約13km）の所にある。道が狭く険しくなるのでRV車には不向きだ。

ロス・パドレス国有林
Los Padres National Forest

ロス・パドレス国有林はおよそ200万エーカー（約80万ha）におよぶ原生林で、海沿いに続く変化に富んだ山々の中をカーメル・バレーCarmel Valley（本章後出参照）からロサンゼルス・カウンティ西端まで広がっている。ハイキングやキャンプ、乗馬、マウンテンバイクなど、さまざまなレジャーに適している。情報は海洋博物館Maritime Museum内のサンタバーバラ・ビジター・センターSanta Barbara Visitor Center（前出「サンタバーバラ」の「インフォメーション」を参照）かゴレタGoletaにある**国有林管理事務所 Forest Headquarters**（☎805-968-6640 🏠6755 Hollister Ave, Suite 150 📅月〜金 8:00〜16:30）で。

車での旅の場合、国有林アドベンチャー・パスNational Forest Adventure Passがないと、フォレスト内には駐車できない（「アクティビティ」の章のコラムを参照）。

パラダイス・ロード Paradise Rdはサン・マルコス・パスSan Marcos Pssの北でハイウェイ154と交差する道で、フォレスト内の施設へはもっとも行きやすいルートだ。約4マイル（約6km）ほど北上すると、レンジャーステーションがあり、地図や情報が掲示されている。**キャンプ場**はレンジャーステーション前に3カ所と、そこを過ぎてすぐに1カ所あり、1サイトは＄12だ。レッド・ロックスRed Rocks（レンジャーステーションからは道順の表示あり）では、サンタ・イネス川Santa Ynez Riverの滝からの水が岩に囲まれて淵になっていて、水泳や日光浴に格好の場所となっている。たくさんのハイキングトレイルがここから放射状に延びている。

パラダイス・ロードはアメリカの歴史が感じられる場所でもある。**コールド・スプリング・ターバン Cold Spring Tavern**（☎805-967-0066 🏠5595 Stagecoach Rd）は歴史的な駅馬車の停車場で、今でもバー兼レストランとして親しまれている。ごつごつした板張りの床の先には薄暗い部屋が集まった迷宮になっており、西部の珍しい品々、額入りの写真、新聞記事など興味深い品々が飾られている。食事は残念ながら値段の割には月並みだ。パラダイス・ロードとハイウェ

イ154のジャンクションの北約0.25マイル（約400m）の所にステージコーチ・ロードStagecoach Rdへの分岐があり、そこからターバンまでは約3マイル（約5km）。道中、すばらしいサン・マルコス橋San Marcos Bridgeを通り抜ける。

カチュマ湖郡立公園
Lake Cachuma County Park

カチュマ湖は釣りやボートには最適で、ピクニックテーブル、バーベキューの設備、水洗トイレ、温水シャワーが利用できる広いキャンプ場（☎805-686-5054 テント＄16 RVサイト＄22）もある。サイトは先着順で、週末はすぐいっぱいになる。「ユルトyurt」（円形の移動テント）を借りることもできるが、レッドウッドのデッキの上にあるテントキャビンのレンタルが一般的で、料金は1泊＄35〜55（☎予約 805-686-5050）。駐車料金は1台につき＄5だ。

サンタバーバラ・ワイン・カントリー
Santa Barbara Wine Country

サンタ・イネス・バレーSanta Ynez Valleyを通り抜けハイウェイ154を直進すると、そこはサンタバーバラ・ワイン・カントリーだ。谷に流れ込む霧と海風が、この土地の気候をブドウ栽培に適したものにしている。40近いワイナリーのほとんどは家族経営で、シャルドネをはじめ、ピノ・ノワール、メルロー、カベルネ・ソーヴィニヨンなどの品種を生産している。すてきなピクニックスペースを備えた所が多く、ツアーやテイスティングもほとんどのワイナリーで行っている。サンタバーバラのビジターセンターで各ワイナリーの概略やテイスティングの時間を記した無料マップが手に入る。

立ち寄り先としておすすめなのは、ハイウェイ246を下りてすぐの**サンストーン Sunstone**（☎805-688-9463 125 Refugio Rd）とハイウェイ154の南にある**フォーリー Foley**（☎805-688-8554 1711 Alamo Pintado Rd）の2つ。ピクニックなら**エル・ランチョ・マーケット El Rancho Market**が最高だ。ハイウェイ246に乗って、レフュージオ・ロードRefugio Rdの西約0.25マイル（約400m）の所。

ソルバング
Solvang

1911年、デンマークの伝統を未来の世代に受け継ぐ目的で、3人のデンマーク人農業家がサンタ・イネス・バレーSanta Ynez Valleyにアッターダグ・カレッジAtterdag College人民学校を設立した。この学校を中心に発展してきた小さな町、ソルバング（デンマーク語で「日の当たる野原」の意味、人口5300人）は今ではスカンジナビアをモデルにしたテーマパークのような町並みとなり、風車、ガス灯、「ジンジャーブレッド」ハウス（装飾のきれいな家）などがそろっている。小道にはベーカリー、ギフトショップ、ギャラリーが建ち並ぶ。観光局 visitors bureau（☎805-688-6144、800-468-6765）で地図や情報を手に入れよう。

18世紀ユトランド半島の農家を模して作られた建物にある**エルバホイ博物館Elverhøj Museum**（☎805-686-1211 cnr 2nd St & Elverhoy Way 寄付 水〜日 13:00〜16:00）では、この町の歴史が展示されている。切り紙細工papierklip、年代物の衣服、家具、農具、古い写真などのコレクションは見る価値あり。

ハンス・クリスチャン・アンデルセン博物館 Hans Christian Andersen Museum（☎805-688-2052 1680 Mission Dr 寄付 10:00〜17:00）ではアンデルセンの本、自筆原稿、書簡、写真などが展示されているほか、アンデルセン本人が作った切り紙の作品も展示されている。

映画「イージー・ライダーEasy Rider」が好きな人におすすめの**ビンテージ・オートバイ・ミュージアム Vintage Motorcycle Museum**（☎805-686-9522 320 Alisal Rd ＄5 土・日 11:00〜17:00）は、1955年製のマッチレスG640や1936年製BMWなど、クラシックオートバイを展示している博物館だ。

サンタ・イネス旧伝道所 Old Mission Santa Inés（☎805-688-4815 1760 Mission Dr 大人＄3、16歳未満無料 6〜9月 9:00〜17:30 9:00〜19:00）は伝道団絶頂期の1804年に建てられたもの。現在は、祭服、教会の歴史的記録、チュマシュ族の工芸品などが展示されている。

宿泊費がもっとも安い**ハムレット・モーテル Hamlet Motel**（☎805-688-4413、800-253-5033 1532 Mission Dr 客室＄50〜120）はこれといった特徴はない宿だが、簡単な朝食を無料で提供してくれる。

小さくてかわいらしい物に囲まれて過ごしたい人には**チムニー・スウィープ・イン Chimney Sweep Inn**（☎805-688-2111、800-824-6444 1564 Copenhagen Dr 客室＄80〜250）がおすすめ。フリルで飾られた暖炉付の部屋や屋根裏付のスイートがある。

ソルバングはレストランやベーカリーが充実している町だ。地元の人は**バークホルムズ Birkholms**（1555 Mission Dr）のショートブレッドクッキーとペストリーを推薦する。**ソルバング・レストラン Solvang Restaurant**（1672 Copenhagen Dr 食事＄8未満）もおすすめで、

エーブルスキーバー*aebleskivers*（粉砂糖のかかったボール形のパンケーキ）のほか、「標準的な」アメリカンブレックファストやランチが食べられる。

6月から10月のはほぼ毎晩**パシフィック・コンサバトリー・オブ・ザ・パフォーミング・アーツ Pacific Conservatory of the Performing Arts**（☎インフォメーション800-468-6765）が肩の凝らない愉快なパフォーマンスの野外公演を行っている。

ソルバングはハイウェイ101の東に位置し、ハイウェイ246沿いにある。サンタバーバラからアムトラックのソルバング行きバス（＄13、50分）が毎日数本出ている。

ロンポック
Lompoc

ピスモ・ビーチPismo Beachとサンタバーバラ Santa Barbaraの間を曲がりくねりながら延びるハイウェイ1沿いで最大の町ロンポック（人口4万1000人）。ここは、伝道所、軍事、壁画、花の4つの単語で表現できる。

平凡な商業都市として発展してきたこの広い町は、海岸の北およそ13マイル（約21km）にあるバンデンバーグ空軍基地Vandenberg Air Force Baseで支えられている。ロンポックのオールドタウン（HストリートH Stとオーシャン・アベニューOcean Aveが交差する辺り）には、歴史のある建物やアンティークショップが多く、立ち寄ってみるのもおもしろいだろう。**ロンポック商工会議所 Lompoc Chamber of Commerce**（☎805-736-4567 ♦111 South I St）には地図や、セルフガイド用パンフレットが置いてある。しかし、まず目を奪われるのはこの一帯に輝きを与えているカラフルな壁画だろう。素朴なものから洗練された作品までバラエティに富んでいる。SHストリート200番地に建つ新古典主義様式の邸宅にある**ロンポック・ミュージアム Lompoc Museum**（☎805-736-3888 ♦無料 ☻火～金 13:00～17:00、土・日 13:00～16:00）にはチュマシュ族や地元の工芸品のコレクションがあり、立ち寄るに値する。

ロンポックは、**花畑 flower fields**（ヒエンソウ、スイトピー、デルフィニウムなど）に覆われた谷あいの町だ。色とりどりの花々が咲き乱れ、特に6月～8月の間はまさに百花繚乱という言葉がふさわしい。切り花向けとして出荷するため栽培されているが、開花中は自由に見学できる。花畑のほとんどは町の西、セントラル・アベニューCentral Aveとオーシャン・アベニューOcean Aveの間のベイリー・アベニューBailey Ave西側に集中している。

ピュリシマ・コンセプシオン伝道所
Mission La Purísima Concepción

ロンポックのオールドタウンの北東およそ3マイル（約5km）にあるこの美しい伝道所（☎805-733-3713 🅿駐車1台＄2 ☻9:00～17:00）は、1930年代に民間資源保全隊Civilian Conservation Corps（CCC）によって徹底した再建工事が行われた。ベッドの毛布や中庭の石臼まで、当時の伝道所を完璧に再現している。伝道所の敷地内では今でも家畜が飼われ、庭にはチュマシュ族が利用していた薬用効果のある植物や木々が植えられている。インディアンや伝道所の女性たちが洗濯に使っていた泉やため池もある。チュマシュ族が築いたもともとの伝道所は3マイル（約5km）南にあったが、1812年の大地震後ここに再建された。

伝道所の周りは15マイル（約24km）のハイキング・乗馬トレイルになっている。敷地の入口にある美術館と書店には、地元の歴史に関する良書がそろい、無料トレイルマップも置いている。

伝道所はハイウェイ246のすぐそばにあり、ハイウェイ北側のプリシマ・ロードPurisima Rdへの分岐からは約1マイル（1.6km）だ。オールドタウン・ロンポックから来る場合はオーシャン・アベニューOcean Aveを東へ進み、ハイウェイ246に入る。

サン・ルイス・オビスポ湾
San Luis Obispo Bay

パシフィック・コースト・ハイウェイ（ハイウェイ1）は、サン・ルイス・オビスポ湾Sam Luis Obispo Bayで再びハイウェイ101と合流し、オセアノOceano、グローバー・ビーチGrover Beach、ピスモ・ビーチPismo Beach、シェル・ビーチShell Beach、アビラAvilaといったのんびりした小さな町が続くエリアを通る。この地域の主な産業は観光で、釣り、自転車、水泳、山登りなど、アウトドアのレジャーにも格好の場所となっている。

公共のバス会社**サウス・カウンティ・エリア・トランジット South County Area Transit**（SCAT ☎805-773-5400）は年中、定時に各町の間を結ぶバスを運行している。運賃は75¢なので釣り銭のいらないように用意しておくこと。

オセアノ
Oceano

オセアノ（人口4800人）は湾最南端にある町だ。**オセアノ砂丘州立車両専用レクリエーション・エリア Oceano Dunes State Vehicular Recreation Area**（☎テープ情報 805-473-7223

www.ohv.parks.ca.gov ■デイユース＄4 ●6:00〜23:00）へはオセアノの町が入口となっていて、ここからオフロード愛好者が集う6マイル（約10km）におよぶ砂地を進む。カリフォルニアのビーチで車の乗り入れが許されているのはここだけということから、映画のロケ地として使われることが多い（ルドルフ・バレンチノ主演の「熱砂の舞The Sheik」はここで撮影された初期の映画）。ハイウェイ1を下り、ピア・アベニューPier Avenueからアクセスできる。

ビージェイズATVレンタルズ
BJ's ATV Rentals
☎805-481-5411
⌂197 Grand Ave
オセアノの北隣グローバー・ビーチGrover Beachにあり、さまざまなバイクをレンタルできる。料金はサイズによって1時間＄20〜50、1日＄50〜。

オセアノにはキャンプ場が3カ所ある。

オセアノ砂丘SVRAキャンプ場
Oceano Dunes SVRA Campground
☎805-473-7220　予約☎800-444-7275
■サイト＄6
砂浜で素朴なキャンプが楽しめる。砂地で車を乗りまわすのが好きな人たちには好評だが、そうでない人は別の場所を探したほうがいい。

オセアノ郡立キャンプ場
Oceano County Campground
⌂494 Air Park
■サイト＄19〜23
狭いが整備は良く、隣にはカモ池がある。フックアップ設備のある22カ所のスペースは先着順で利用できる。

オセアノ・キャンプ場
Oceano Campground
☎805-489-2684、予約800-444-7275
■テント＄12 RVサイト＄18
ユーカリの木陰に手入れの行き届いたサイトが82カ所ある。

ピスモ・ビーチ
Pismo Beach
ピスモ・ビーチ（人口8000人）は湾最大の町だ。広い砂浜のビーチ沿いにあるピスモ・ピアPismo Pier周辺には、観光客向けの店やレストランが集まっている。この町は「世界の貝の町」と呼ばれており、かつてピスモのビーチではおいしいアサリが豊富に採れていた。現在でもかなりの水揚げがあるが、大漁を狙って泥を掘っているのは主に一般人のようだ。

道具は何もいらない。つま先で湿った砂を足首の深さまで掘れば、何か硬いものに足が触れるのがわかる。カリフォルニアのフィッシングライセンス（スポーツ店か酒屋で入手できる）があれば、直径4.5インチ（約10cm）以上のものを10個まで持ち帰れる。10月中旬に開かれるクラム・フェスティバル Clam Festivalは大切な貝を祝うお祭りで、芸術や工芸品の市や食べ物の屋台が並び、音楽の催しもある。

しかし、最近ではアサリよりもチョウがピスモの関心を集めている。この町には11月下旬から3月にかけて、渡りをするオオカバマダラMonarchというチョウが何万も飛来し、人里離れたモナーク・バタフライ・グローブ Monarch Butterfly Groveで冬を過ごす。チョウたちがユーカリや松の木のてっぺんにびっしりと集まると、深いオレンジ色の羽が辺りの景色に見事に溶け込み、木の葉とは容易には区別がつかないほどだ。町の南、ハイウェイ1を下りた場所にあるノースビーチ・キャンプ場North Beach Campgraoundから森へ自由に入ることができる。

詳しい情報はピスモ・ビーチ商工会議所Pismo Beach Chamber of Commerce（☎805-773-4382、800-443-7778 www.pismocha-ber.com ⌂581 Dolliver St ■月〜土 9:00〜17:00、日 10:00〜16:00）に問い合わせを。

宿泊・食事
ハイウェイ1を下り、ピスモ・ピアPismo Pierの南1マイル（1.6km）進むとノースビーチ・キャンプ場 North Beach Campground（☎805-489-2684、予約800-444-7275 ■サイト＄12）に着く。ユーカリの木陰に草の生えた広いサイトが103カ所ある。ビーチへ行きやすい場所で、水洗トイレ、温水シャワーがあるが、フックアップ設備はない。

ピスモ・ビーチには数十軒のモーテルがあるが、すぐ満室になる。さらに5月から9月にかけてとクラム・フェスティバルの時期は料金が跳ね上がる。平日料金はおおむね低めに設定されている。

オーシャン・ブリーズ・イン
Ocean Breeze Inn
☎805-773-2070、800-472-7873
www.surfinn.net
⌂250 Main St
■客室＄89〜159 キッチン付スイート＄89〜199
ビーチから1ブロックの場所にある。料金には軽めの朝食と温水プールの利用料が含まれる。キッチン付のスイートには6人用の部屋もある。

ドルフィン・コーブ・ロッジ
Dolphin Cove Lodge
☎805-773-4706 ■805-773-4214
⌂170 Main St
■客室＄70〜100 スイート＄130〜180
ビーチ脇のピスモ・ピアPismo Pierが見渡せる親切ななロッジ。館内は禁煙にになっている。

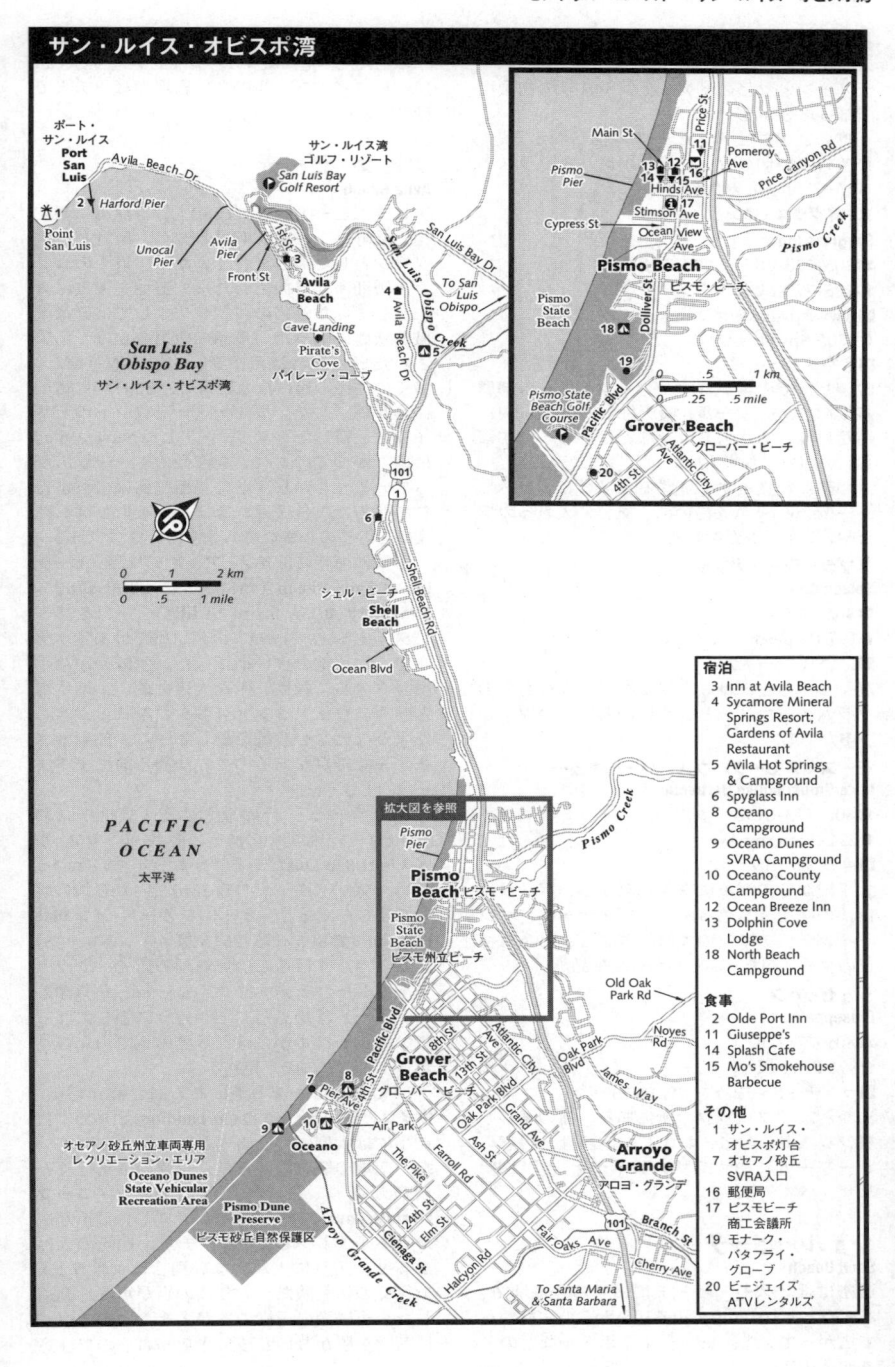

セントラル・コースト − サン・ルイス・オビスポ湾

サン・ルイス・オビスポ湾

宿泊
3 Inn at Avila Beach
4 Sycamore Mineral Springs Resort; Gardens of Avila Restaurant
5 Avila Hot Springs & Campground
6 Spyglass Inn
8 Oceano Campground
9 Oceano Dunes SVRA Campground
10 Oceano County Campground
12 Ocean Breeze Inn
13 Dolphin Cove Lodge
18 North Beach Campground

食事
2 Olde Port Inn
11 Giuseppe's
14 Splash Cafe
15 Mo's Smokehouse Barbecue

その他
1 サン・ルイス・オビスポ灯台
7 オセアノ砂丘 SVRA入口
16 郵便局
17 ピスモビーチ商工会議所
19 モナーク・バタフライ・グローブ
20 ビージェイズ ATVレンタルズ

781

料金には簡単なコンチネンタルブレックファストが含まれる。ここの8号室はジェームス・ディーンと女優のピア・アンジェリの密会場所だったそうだ。

町の北のシェル・ビーチ方面へ向かうと、景色の良い切り立った崖の上にハイクラスのリゾートホテルが数軒建っている。

スパイグラス・イン
Spyglass Inn
☎805-773-4855、800-824-2612
FAX 805-773-5298
W www.spyglassinn.com
🏠 2705 Spyglass Dr
🛏 客室 $79～199

改装したての客室（オーシャンビューの部屋多数）、スパ、プール、暖房付のデッキがあり、海が見渡せるレストランなどがそろったすばらしい宿で、おすすめだ。

埠頭から真っすぐ延びるポメロイ・アベニューPomeroy Ave沿いに、気軽に入れるカフェやレストランが数軒ある。

スプラッシュ・カフェ
Splash Cafe
☎805-773-4653
🏠 197 Pomeroy Ave
🍴 1品 $1.75～7.75

騒がしくちっぽけなカフェだが、受賞もののクラムチャウダーと$4.50のおいしいツナサンドがある。

モーズ・スモークハウス・バーベキュー
Mo's Smokehouse Barbecue
☎805-773-6193
🏠 221 Pomeroy Ave
🍴 食事 $6～19

太平洋からの海風に吹かれながら、アメリカ南部の味を楽しめる店。リブステーキ、サンドイッチ、チキンの大皿料理など、どれも秘伝のソースがたっぷりかかった絶品だ。

ジュゼッペズ
Giuseppe's
☎805-773-2870
🏠 891 Price St
🍴 ランチ $8～12 ディナー $16～24

海から2、3ブロックの所にある一流のイタリアンレストランで、おいしい肉料理と得意のシーフードに加えてサンドイッチ、サラダ、ピザ、パスタもある。

シェル・ビーチ
Shell Beach

厳密にはピスモ・ビーチに属する住宅地で、ハイウェイ101が海に出る辺りから北に向かって広がっている。モーテルやホテルなどのある商業地区は、シェル・ビーチ・ロードShell Beach Rd沿いにある。ピクニックテーブルや草の生えた歩道が続くオーシャン大通りOcean Blvdはタイドプールの多い岩場のビーチまで延びている。

アビラ・ビーチ
Avila Beach

アビラ・ビーチ（人口1250人）は試練に耐え抜いた町だ。1990年代後期には、町はビーチタウンとして親しまれていたが、近くのユノカル製油所が長期にわたって石油を大量に垂れ流していたために、ビーチとしてはほぼ壊滅的状態に陥った。多額の費用をかけ、汚染された砂の入れ替え作業、施設の取り壊し、多くの住民の移住などを行い、2001年に復旧作業が終了した。ウォーターフロントのデザインを一新した「ニュー・アビラNew Avila」には、かつてのきれいな白砂のビーチが広がっている。しかし、町の基盤整備はまだまだこれからだ。住民は、ほぼ平静を取り戻した南向きのこの小さな町へ徐々に戻りつつある。

本書執筆時には**イン・アット・アビラ・ビーチInn at Avila Beach**（☎805-595-2300 FAX 805-595-9560 🏠 256 Front St 🛏 客室 平日 $79～129 週末 $99～199）は町に1軒だけあるホテルで、居心地の良い宿だった。色鮮やかな手塗りタイル、錬鉄、木を大量に使い、地中海とサウスウェスタンとメキシコをミックスしたような楽しい装飾を施している。部屋はさまざまな種類があるので、決める前にまずチェックしよう。

アビラ・ビーチの北およそ1マイル（約1.6km）に、稼動中の漁業の港**ポート・サン・ルイスPort San Luis**がある。かなり年季のはいったハーフォード・ピアHarford Pierから湾の眺めを楽しんだあと、**オールド・ポート・インOlde Port Inn**（☎805-595-2515 🍴 メイン $6～26）に寄ろう。すばらしい魚料理の店で、クラムチャウダーとチョッピーノcioppino（魚介類のシチュー）は絶品だ。下がガラス張りになっているテーブルからは、桟橋の下でのんびり寝そべるトドの姿が見える。

アビラ・ビーチの南にある高さ45mの岬、**ケイブ・ランディングCave Landing**は1900年代前半には大型船の船着場として利用されていた。南端の駐車場から続く岩場の道を行くと洞窟があり、その先の**パイレーツ・コーブPirate's Cove**に着く。ここは、美しい砂浜が広がるトップレスOKのビーチだ。地元の人によると、辺りに人がいない場合は女性が1人で行くのは危険だ。入り江の岩が複雑に発達したために潮の干満の差が大きく、崖の近くに荷物を置かないと波にさらわれるので注意しよう。

アビラの郊外へ出る道は、スズカケやカエデが美しい峡谷の中を曲がりくねって進んでいる。この道沿いに豪華な**シカモア・ミネラル・スプリングス・リゾート Sycamore Mineral Springs Resort**（☎805-595-7302 🏠1215 Avila Beach Dr 🛏客室＄127〜177 スイート＄219〜308）が建っている。ホテルの専用ミネラル温泉で日頃の疲れを癒そう。シカモア・ミネラル・スプリングス・リゾート内のおしゃれなレストラン、**ガーデンズ・オブ・アビラ Gardens of Avila**（☎805-595-7365 🍴ランチ＄7〜13 ディナー＄20〜28）の岩壁に囲まれた緑豊かなパティオで太平洋周辺地域の料理を楽しもう（ディナーは予約をおすすめする）。

シカモアに宿泊しなくても**ホットタブ hot tubs**（🕐24時間）でたっぷりのお湯につかってリラックスできる。森が広がる山の斜面にひっそりと点在している20カ所以上の温泉で、人目がさえぎられていて、浴槽がレッドウッドでできている。料金は1時間1人＄12.50、タオルは別途料金がかかる。予約したほうがいい。

隣接する**アビラ・バレー・ホット・スプリングス Avila Valley Hot Springs**（☎805-595-2359 🏠250 Avila Beach Dr 🛏＄7.50 🕐日〜木 8:00〜20:00、金・土 8:00〜21:00）は1907年から営業している公共スパで、値段は安いがやや情緒に欠ける。近くには**キャンプ場 campground**（サイト＄30 部分フックアップ設備＄35 完全フックアップ設備＄40）があり、水洗トイレと温水シャワーが使える。料金には2つのプールの利用料も含まれている。

サン・ルイス・オビスポ
San Luis Obispo

サン・ルイス・オビスポ（SLO 人口4万3700人）は、湾から約8マイル（約13km）内陸に位置する。陽気な雰囲気の中にも落ち着きのある街で、生活レベルは高く、活気に満ちている。ほかのカリフォルニアの多くの街と同じく、1772年に建造された伝道所を中心に発展してきた。セラ神父が建てた伝道所は現在も教会として機能している。SLOには、「実践を通して学ぶ」教育手法で有名なカリフォルニア州立工科大学California Polytechnic State University（CalPoly）もある。同大学の学期中は、1万7000人の学生の元気な声が街のストリートやパブ、カフェにあふれているが、学生の少ない夏休みには、年中この街で暮らしている牧場や製油所の労働者が目立つようになる。

SLOを訪れるなら、有名な**ファーマーズ・マーケット farmers market**が開かれる木曜日がいい。マーケットの開かれる18:00から21:00には街の大通り、ヒゲエラ・ストリートHiguera Stや隣接する路地が巨大なパーティー会場となる。バーベキューの煙がたちこめ、生演奏やエンターテインメント、そぞろ歩く家族連れでにぎわう街では、カリフォルニアで一番にぎやかな夜が楽しめる。

SLOには、5つのワイナリーから成る小さな**ワイン・カントリー wine country**もある。場所は町から南東に数マイルの所で、滑らかなシャルドネとエレガントなピノ・ノワールを専門としている。

SLOには手頃な料金の宿が、ビーチ、州立公園、ハースト・キャッスルHearst Castle（45マイル＜約72km＞北）の近くにあり、セントラル・コーストの内陸では活動の拠点となっている。

オリエンテーション・インフォメーション

こぢんまりとしたSLOのダウンタウンは、主だった店が並ぶヒゲエラ・ストリートHiguera Stで2つに分かれている。このストリートは南西に向かって一方通行で、ヒゲエラと平行に走るマーシュ・ストリートMarsh Stは北東に向かって一方通行になっている。ホテルやモーテルは、ヒゲエラ・ストリートから1ブロック北のモントレー・ストリートMonterey Stの北東端に集中している。サン・ルイス川San Luis Creekは、かつて伝道所の果樹園に水を引いていた川で、ダウンタウンをヒゲラ・ストリートと平行に流れる。ハイウェイ101で町へ来る場合、マーシュ・ストリートとモントレー・ストリートの出口がベストだ。何カ所かあるダウンタウンの駐車場は1時間まで無料。

SLOの**商工会議所 chamber of commerce**（☎805-543-1255、800-676-1772 🌐www.visitslo.com 🏠1039 Chorro St 🕐日・月 10:00〜17:00、火・水 8:00〜17:00、木・金 8:00〜20:00、土 10:00〜20:00）には多数の無料のパンフレットと便利なシティマップ（＄2.95）が用意されている。地元のホテルやモーテルの空き部屋をチェックするための無料電話も利用できる。

SLO観光局 SLO Visitors & Conference Bureau（☎805-541-8000、800-634-1414 🌐www.sanluisobispocounty.com 🏠1037 Mill St 🕐月〜金 8:00〜17:00）でも情報を入手できる。

銀行はヒゲエラ・ストリートHiguera Stとマーシュ・ストリートMarsh St沿いにあり、近くには**中央郵便局 main post office**（☎805-541-3062 🏠cnr Marsh & Morro Sts）がある。

SLO郡立総合病院 SLO County General Hospital（☎805-781-4800 🏠2180 Johnson Ave）はモントレー・ストリートMonterey Stの南東0.5マイル（約800m）の所にある。

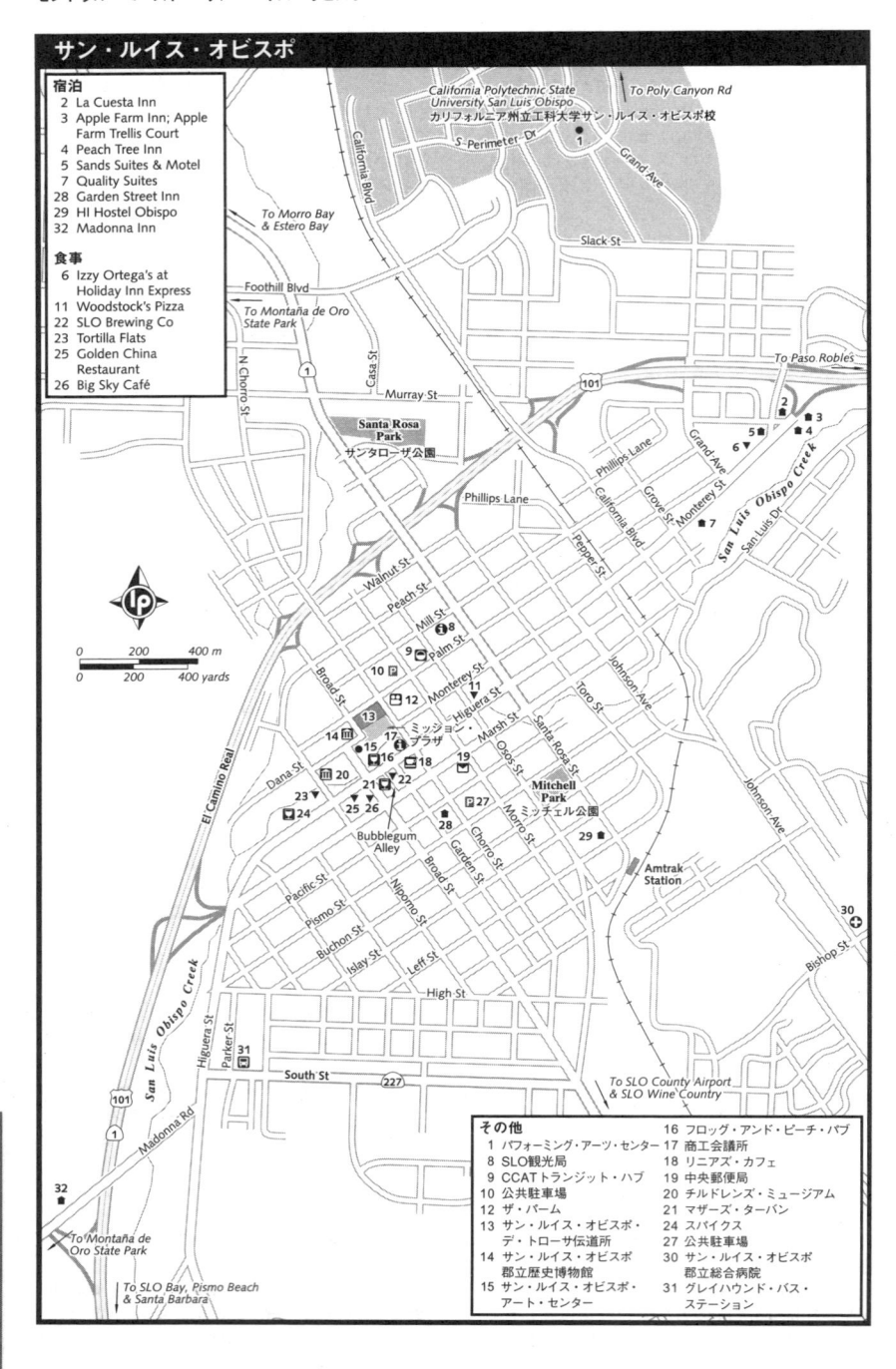

サン・ルイス・オビスポ

宿泊
- 2 La Cuesta Inn
- 3 Apple Farm Inn; Apple Farm Trellis Court
- 4 Peach Tree Inn
- 5 Sands Suites & Motel
- 7 Quality Suites
- 28 Garden Street Inn
- 29 HI Hostel Obispo
- 32 Madonna Inn

食事
- 6 Izzy Ortega's at Holiday Inn Express
- 11 Woodstock's Pizza
- 22 SLO Brewing Co
- 23 Tortilla Flats
- 25 Golden China Restaurant
- 26 Big Sky Café

その他
- 1 パフォーミング・アーツ・センター
- 8 SLO観光局
- 9 CCATトランジット・ハブ
- 10 公共駐車場
- 12 ザ・バーム
- 13 サン・ルイス・オビスポ・デ・トローサ伝道所
- 14 サン・ルイス・オビスポ郡立歴史博物館
- 15 サン・ルイス・オビスポ・アート・センター
- 16 フロッグ・アンド・ピーチ・パブ
- 17 商工会議所
- 18 リニアズ・カフェ
- 19 中央郵便局
- 20 チルドレンズ・ミュージアム
- 21 マザーズ・ターバン
- 24 スパイクス
- 27 公共駐車場
- 30 サン・ルイス・オビスポ郡立総合病院
- 31 グレイハウンド・バス・ステーション

観光スポット

SLOの見所は**ミッション・プラザ Mission Plaza**の周辺に集中している。修復した日干し煉瓦が美しい木陰のオアシスとなっている広場で、サン・ルイス川San Luis Creekが見える円形劇場がある。場所はダウンタウンの真ん中だ。

サン・ルイス・オビスポ・デ・トローサ伝道所 Mission San Luis Obispo de Tolosa（☎805-543-6850 教会入場無料、美術館への寄付目安＄2 4~10月 9:00~17:00、11~3月 9:00~16:00）がプラザの中心だ。チョーロ・ストリートChorro Stとブロード・ストリートBroad Stの間のモントレー・ストリートMonterey Stにある。1772年にカリフォルニアで5番目に建てられた伝道所で、フランスの聖人にちなんで名づけられた。「伝道所のプリンス」と称されるこの教会は、珍しいL字型の造りで、平らな天井は梁が露出し、白壁には十字架の道行きが描かれている。ミサは定期的に開かれているので時間を確認しよう。隣にある古風で魅力的な美術館では、チュマシュ族と伝道所が栄えていた時代の日常生活を展示している。

この土地の歴史を幅広く知りたいなら**サン・ルイス・オビスポ郡立歴史博物館 San Luis Obispo County Historical Museum**（☎805-543-0638 696 Monterey St 無料 水~日 10:00~16:00）に立ち寄ろう。伝道所の南西、1904年に建てられた立派な石造りのカーネギー図書館Carnegie Libraryの中にある博物館だ。

ミッション・プラザは、穏やかに流れるサン・ルイス川で区切られている。パブリックアートが並ぶ川沿いは、休憩やピクニックには格好のスペースだ。プラザを直進すると**サン・ルイス・オビスポ・アート・センター San Luis Obispo Art Center**（☎805-543-8562 1010 Broad St 無料 火~日 11:00~17:00）があり、地元アーチストの作品やカリフォルニア各地の美術品が公開されている。

アート・センターから1ブロック南西の**チルドレンズ・ミュージアム Children's Museum**（☎805-544-5437 1010 Nipomo St 大人＄5、2歳未満の子供は無料 火~土 11:00~17:00、日 12:00~16:00）では、入場者参加型の活動や対話式のディスプレイを使って遊びながら学べる。

「摩訶不思議な光景」が見られるSLOの名所といえば、間違いなく**バブルガム・アレー Bubblegum Alley**だ。狭い歩道の壁一面に、何千という丸めたチューインガムのかたまりで覆われている。この異常とも言える行為がどのようにして始まったのかは定かではない。しかし結果的には、ジャクソン・ポロックのようなモダンアートを思わせ、印象的でもあると同時に不快でもある。ヒグエラ・ストリートHiguera Stの733番地と737番地の間に入口がある。

ハイキング

SLO周辺にはすてきなハイキングコースが多くあるが、ほとんどはCal Polyのキャンパスのポリ・キャニオン・ロードPoly Canyon Rdから始まる。ハイキングマップと駐車場情報は、キャンパス入口の右手のブースで手に入る。そのほか、日帰りハイキングを楽しめる人気コースがビショップ・ピークBishop Peakやセロ・サン・ルイス・オビスポCerro San Luis Obispoへ続いていて、サン・ルイス・オビスポ湾や農場を一望できる。商工会議所にハイキングマップとパンフレットがある。

宿泊

ユースホステル 美しい並木道沿いにある**HIホステル・オビスポ HI Hostel Obispo**（☎805-544-4678 805-544-3142 1617 Santa Rosa St ドミトリーベッド＄17.50~20 個室＄40~60 チェックイン 7:30~10:00・16:30~22:00、10:00~16:30は閉館）には管理の行き届いた部屋が20室ある。ビクトリア建築を改装した建物なのでB&B（ベッド&ブレックファスト）のような雰囲気がある。アムトラックの駅から歩いて1分、ダウンタウンから歩いても10分の場所だ。インターネットを利用できるほか、設備の整ったキッチン、暖炉のあるラウンジもある。朝食にはオーナーのトムが、サービスのパンケーキを手際よく作ってくれる。駐車は無料だ。

モーテル、ホテル、B&B モーテルは、モントレー・ストリートMonterey Stの北の端に集中している。SLOの宿はほぼどこも禁煙なので、喫煙者は事前に確認しよう。

ラ・ケスタ・イン
La Cuesta Inn
☎805-543-2777、800-543-2777
805-544-0696
www.lacuestainn.com
2074 Monterey St
客室＄89~149
客室は72室でプールとジャグジーがある。コンチネンタルブレックファスト、アフタヌーンティーと市内通話料は無料だ。

ピーチ・ツリー・イン
Peach Tree Inn
☎805-543-3170、800-227-6396
805-543-7673
www.peachtreeinn.com
2001 Monterey St
客室＄60~175
気さくで親しみやすい宿で、ロビーには花があふれている。料金には、自家製パン付で量もたっぷりの朝食が含まれている。川岸の部屋が最高だ。

セントラル・コースト − サン・ルイス・オビスポ

サンズ・スイーツ・アンド・モーテル
Sands Suites & Motel
☎805-544-0500、800-441-4657
FAX 805-544-3529
🏠1930 Monterey St
🛏客室 10〜4月 $59〜119、5〜9月 $129〜169
ナチュラルカラーで統一された広々とした客室には最新設備がそろう。料金にはコンチネンタルブレックファストと市内通話料が含まれる。

ガーデン・ストリート・イン
Garden Street Inn
☎805-545-9802
🏠1212 Garden St
🛏客室 $90〜160
1887年に改装した趣のある客室とスイートが合わせて13室あるすばらしいビクトリア建築のB&B。建築当時からあるステンドグラスのはめられた窓のある部屋で、ボリュームのある朝食をどうぞ。午後には宿泊客にワインとチーズの無料サービスがある。

クォリティー・スイーツ
Quality Suites
☎805-541-5001、800-228-5151
FAX 805-546-9575
🏠1631 Monterey St
🛏客室 10〜4月 $129〜195、5〜9月 $169〜250
高級ベッド、花いっぱいの中庭、プール、スパなどを備えた南米の大農場スタイルの宿。自慢のスイートルームは冷蔵庫、電子レンジ、ビデオデッキ、ステレオ、テレビを完備している。完全注文制のアメリカンブレックファストとハッピーアワーに提供される無料ドリンクとスナックのサービスがある。

アップル・ファーム・イン
Apple Farm Inn
☎805-544-2040、800-374-3705
FAX 805-546-9495
🏠2015 Monterey St
🛏客室 $179〜399
すぐ隣が高速道路出口だということを差し引いても、SLOの街中ではトップの宿だ。花が咲き乱れる上品なビクトリア調のカントリー・インには、古風な風車と人気のレストランがある。料金にはアフタヌーンティー、市内電話、新聞が含まれる。やや安めの部屋に泊まりたいなら、付属の**アップル・ファーム・トレリス・コート** Apple Farm Trellis Court（☎805-544-2040 🛏客室 $99〜279）を利用しよう。

マドンナ・イン
Madonna Inn
☎805-543-3000、800-543-9666
FAX 805-543-1800
🏠100 Madonna Rd
🛏客室 $137〜330
「アメリカならでは」の驚くほど派手な宿。ハイウェイ1／101を下りてすぐの場所にあり、宿泊せずとも立ち寄ってみる価値はある。けばけばしい外観にも、バービー人形が登場しそうな奇抜なおとぎの世界が広がっている。緋色のプラスチックでできたブース、造花のフラワーアレンジメント、揺れるシャンデリア、ハート型の椅子…。用を足そうとすると滝が流れる男性用トイレは必見だ。固い岩を掘り出して作った原始人の部屋Caveman Roomに泊まれば、あなたの中の野性が目を覚ますかもしれない。これでもかというほど飾りのついたオーストリア風の部屋で、ヨーロッパの王族気分を味わうのも楽しいだろう。それぞれ異なる109室で夢のようなひとときを過ごそう。

食事

SLOはレストランが充実していて、気軽に入れる店が多い。ベジタリアンが満足できるレストランもある。

ビッグ・スカイ・カフェ
Big Sky Cafe
☎805-545-5401
🏠1121 Broad St
🛏1品 $6〜16
流行の先端を行くフレンドリーな店は新しい感覚がプラスされた南部風料理を出す。黒いチキンサラダ、人気メニューのビッグ・スカイ・ヌードルなど、料理のバラエティは豊富だ。ギャラリーも兼ねた優雅なダイニングルームのどっしりしたテーブルでおなかいっぱい食べよう。朝食もすばらしい。

ゴールデン・チャイナ・レストラン
Golden China Restaurant
☎805-543-7354
🏠685 Higuera St
🛏食べ放題ランチ $6.95 ディナービュッフェ $10.95 メイン $7〜19
安くたっぷり食べたいならこの店へ。巨大ビュッフェの料理が気に入らなければ、1品料理をオーダーしよう。

イジー・オルテガズ
Izzy Ortega's
☎805-543-3333
🏠1850 Monterey St
🛏メイン $9〜15
ホリデイ・イン・エクスプレスHolyday Inn Expressの中にある活気あふれる店。メニューには満足のいくメキシコ料理の数々が並ぶ。

SLO・ブリューイング・カンパニー
SLO Brewing Co
☎805-543-1843
🏠1119 Garden St

☐1品＄6〜10

人気のパブ。バーガー、グリルした肉や魚、たっぷりのサラダに自家製ビールがよく合う。階下にはビリヤードがあり、木曜から土曜日にはライブ演奏が楽しめる。

トルティーヤ・フラッツ
Tortilla Flats
☎805-544-7575
🏠1051 Nipomo St
🍴メイン＄8〜15

大きな酒場で、量がたっぷりのスペシャルメニュー（タコスとファヒータの食べ放題ランチ＄6.95など）、80種類あるバラエティ豊富なテキーラ、騒々しいハッピーアワーが有名だ。

ウッドストックス・ピザ
Woodstock's Pizza
☎805-541-4420
🏠1000 Higuera St
🍴1切れ＄1.75 ホールピザ＄14.25〜

迅速で愛想が良く、いつも混んでいるSLOの名物ピザ屋。小麦粉と全粒粉の生地が選べる。月曜から金曜日の11:00から15:00までは＄6でピザ食べ放題だ。

エンターテインメント

フロッグ・アンド・ピーチ・パブ
Frog & Peach Pub
☎805-595-3764
🏠728 Higuera St

オールドスタイルのブリティッシュパブが持つ独特の雰囲気と香り、そしてプライドを兼ね備えた店。ビールを飲みながらダーツも楽しめる。週末にはライブ演奏もある。

マザーズ・ターバン
Mother's Tavern
☎805-541-3853
729 Higuera St
🍴パブメニュー＄3.50〜6.50

フロッグ・アンド・ピーチ・パブと通りを挟んで向かい側にある。楽しい装飾とライブエンターテインメント、誠実な価格設定で地元の人たちから熱烈な支持を集めている。バーガー、ナチョス（薄切りのトルティーヤ）、サラダなどのパブメニューは、どれもすばらしい味だ。

リニアズ・カフェ
Linnaea's Cafe
☎805-541-5888
🏠1110 Garden St

落ち着いた客が集まる気さくなカフェ。店の裏手には、芸術の香り漂う静かなパティオに小さな養魚池がある。時々、フォークやアコースティックのギター演奏が催される。

スパイクス
Spike's
☎805-544-7157
🏠570 Higuera St

約40種類のビール（すぐに出てくるのは25種類）があり、ビール好きな人は大満足の店だ。全種類を制覇すると壁に名前入りの札がかけられる。バーは、ギャラリーに改装した歴史ある複合施設ザ・クリーマリーThe Creamery内に入っている。

ザ・パーム
The Palm
☎805-541-5161
🏠817 Palm St
🎬火〜日＄6.50、月＄4

古いスタイルのインデペンデント系映画館で、外国作品や名画を毎晩上映している。

パフォーミング・アーツ・センター
Performing Arts Center
☎805-756-2787、888-237-8787
🏠1 Grand Ave

カリフォルニア工科大学のキャンパスにある最新式の施設で、街の文化の中心となっている。ジャンルはコンサート、演劇、ダンスなど幅広い。

アクセス

小さな**SLOカウンティ空港 SLO County Airport**（☎805-541-1038）はダウンタウンの南3マイル（約5km）、ハイウェイ1／101とブロード・ストリートBroad Stの間にある。アメリカ・ウエストAmerica West、アメリカン航空American Airlines、ユナイテッド航空United Airlinesがロサンゼルス、サンフランシスコ、フェニックス（アリゾナ州）行きの定期便を運行している。

グレイハウンド Greyhound（☎805-543-2121 🏠150 South St）ではサンタバーバラ（＄18、2〜3時間）経由のロサンゼルス行き（＄26.25、4〜6時間）が毎日6本、サンフランシスコ（＄40.50、5時間30分〜7時間）行きを毎日最大8本運行している。

この地方のバス会社**セントラル・コースト・エリア・トランジット Central Coast Area Transit**（CCAT ☎805-541-2228）が北はモロ・ベイMorro Bay、カンブリアCambria、サンシメオンSan Simeon、南はピスモ・ビーチPismo Beachを含むSLOベイコミュニティまで広範囲に運行。パソ・ロブレスPaso Robles行きのルートもある。町中にバス停はあるが、すべての路線が**トランジット・ハブ transit hub**（🏠cnr Palm & Osos Sts）に集まる。距離に応じて料金が決まり、1日乗り放題のパスは＄3。車内で両替はできないので注意しよう。時刻表は

セントラル・コースト − エステロ湾

商工会議所で手に入る。

SLOは、アムトラックAmtrakのパシフィック・サーフライナーPacific Surflinerの北の終点だ。サーフライナーは毎日、サンタバーバラ、ロサンゼルス、サンディエゴまで運行している。シアトルとロサンゼルス（サクラメント経由）の間を走るコースト・スターライトCoast Starlightも、毎日SLOに停車する。アムトラックの駅はサンタローザ・ストリートSanta Rosa Stの南端だ。

交通手段

SLOのダウンタウンは歩いて回るのにはちょうどよい広さだが、歩き疲れたときには無料の**SLOトロリー SLO Trolley**（12:00～17:00、ファーマーズ・マーケット開催中の木曜日は21:00まで）に乗ろう。マーシュMarsh、ヒグエラHiguera、ニポモNippomo、モントレーMonterey、パームPalmの各ストリートを回っている。

SLOトランジット SLO Transit（805-541-2277）はカリフォルニア工科大学まで行く定期ルートなど、この地域を走るバスも運行している。料金は75￠だ。**ライドオン・トランスポーテーション Ride-On Transportation**（805-541-8747）はすばらしいサービスを提供している非営利団体が母体の会社。SLO市内を回る「セーフ・ライドSafe Ride」という輸送サービスをわずか＄2で運営している。運行しているのは、木曜、金曜、土曜日の21:00～3:00だ。利用したいときは、235セーフ235-SAFE（235-7233）に電話するだけ。さらに特定の日に、ハースト・キャッスルHearst Castle行きツアーを運営している。料金は入場料込みで大人＄40、子供＄30。

エステロ湾
Estero Bay

エステロ湾は長く浅い西向きの湾で、北はキユーキスCayucosから南はモンタニャ・デ・オロ州立公園Montaña de Oro State Parkまで延びる。モロ湾Morro Bayは、モロ・ロックMorro Rockに守られた深い入り江で、12マイル（約19km）以上も続く砂州で太平洋と隔てられている。モロ湾はキユーキスと州立公園のほぼ中間に位置し、エステロ湾のほとんどの施設や観光産業が集まっている。モロ・ロックは、この湾の格好の目印となっている巨石で、ポルトラが1769年にこの地を探検した時以来、航海の目標とされている。

交通手段

セントラル・コースト・エリア・トランジット（前出「サン・ルイス・オビスポ」の「交

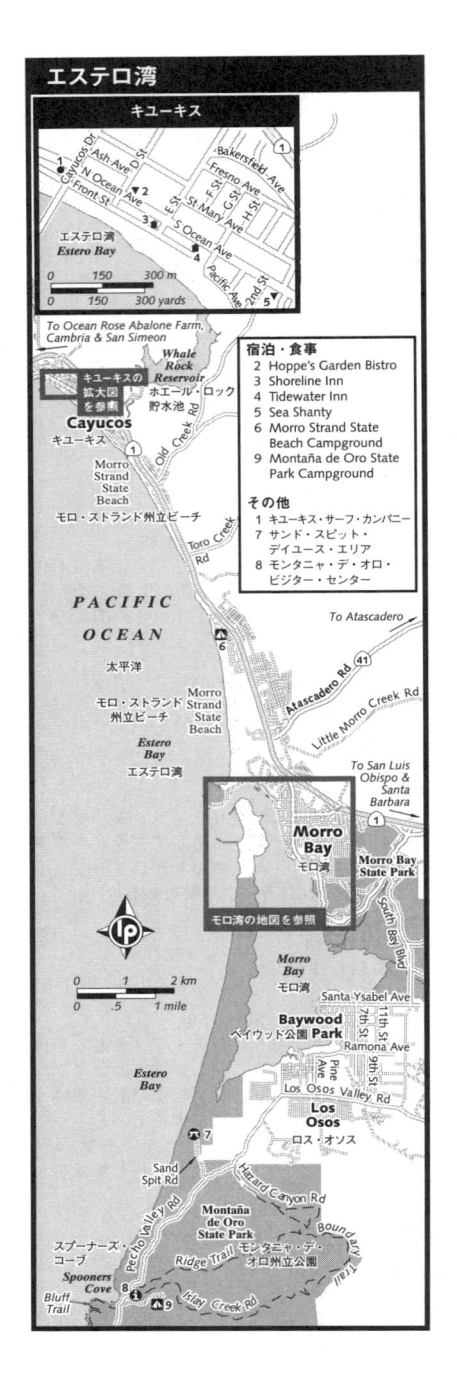

通手段」を参照）の12番のバスがハイウェイ1を通ってサン・ルイス・オビスポから北のサンシメオンSan Simeonまで走っている。途中、ロス・オソスLos Osos、モロ・ベイ、キューキス、カンブリアCambriaに停まる。運賃は距離によるが、どこを通っても＄2.25を超えることはない。

モンタニャ・デ・オロ州立公園
Montaña de Oro State Park

モロ湾の南西およそ6マイル（約10km）にあるモンタニャ・デ・オロ州立公園は、広さ1万3000エーカー（約5300ha）の未開発の山と海沿いの地域に広がっている。海沿いの絶壁周辺は、ハイキング、マウンテンバイク、乗馬に絶好のポイントとなっている。公園の北半分は、高さ約85フィート（約26m）の砂丘と、太平洋とモロ湾を隔てる長さ4マイル（約6km）の砂地が広がる。公園の南は、指のような形に延びた崖と古代の海岸段丘からなる。これは地震により隆起したもので、現在は高さ1000フィート（約300m）を超す頂が連なっている。春、この丘は色鮮やかなポピーやアブラナなどの野性の花々に覆われることから、スペイン語で「金の山」を意味する「モンタニャ・デ・オロ」という名前がつけられた。

　公園の**ビジター・センター visitor center**（☎805-528-0513 ◎4〜8月 11:00〜15:00、9〜3月 木〜日 11:00〜15:00）は南端から約3マイル（約5km）の所にある。レンジャーステーションと自然史博物館も兼ねていて、**スプーナーズ・コーブ Spooners Cove**上の右手だ。スプーナーズ・コーブは、かつて密輸業者が利用していたこともあった入り江で、現在は美しい砂浜のピクニックエリアとなっている。ビーチへも出ることができる断崖の縁を行くブラフ・トレイルBluff Trailのほか、幾つもの**ハイキングトレイル hiking trail**がここからスタートする。砂丘へ出るには、園内のメインロードから分かれるサンド・スピット・ロードSand Spit Rdを進み、ビジター・センターの北1.8マイル（約2.9km）にある**サンド・スピット・デイユース・エリア Sand Spit Day-Use Area**へ向かおう。

　モンタニャ・デ・オロ州立公園キャンプ場 Montaña de Oro State Park Campground（☎805-528-0513、予約800-444-7275 ◙サイト＄7）はビジター・センターから東へ歩いてすぐの場所にあるすてきなキャンプ場だ。小川のそばや斜面を背景に50のサイトがある。料金には、ピクニックテーブル、炉、汲み取り式トイレ、飲料水の利用料が含まれるが、シャワーは含まれない。

　公園はハイウェイ1から東に約7マイル（約11km）にある。サウス・ベイ大通りSouth Bay Blvdの出口で下り、標示に従って進むとロ

ス・オソスLos Osos、ベイウッド公園Baywood Parkを通ってキャンプ場に着く。

モロ・ベイ
Morro Bay

昔から大規模な漁船団が停泊する港町として名高いモロ・ベイ（人口9700人）は、**モロ・ロック Morro Rock**にちなんで名づけられた。578フィート（約176m）あるモロ・ロックが海底から沖に向かって突き出している姿は、感動的な眺めだ。モロ・ロックを含め、この湾からサン・ルイス・オビスポまでには火山から噴出した岩が9つ連なっているが、どれも2億1千万年前にできたものだ。ただ、湾の北端にある場違いな火力発電所のタバコのような3本の煙突が見えるので、岩と湾のすばらしい風景も台無しになっている。

　湾は大きく広がった河口域があり、カッショクペリカン、ラッコ、降海型のニジマスなど、絶滅の危機に瀕している20種以上の生物のすみかとなっている。モロ・ロックには、移住性のタカが住んでいる。冬になると、約120種の渡り鳥がこの湾へとやって来る。

　モロ・ロックから南へ向かうと**エンバカデーロ Embarcadero**がある。旅行者向けの店やレストランが、このかなり薄汚れた海岸沿いの歩道に並んでいる。船のツアー（後出「アクティビティ」を参照）はここから出発する。10月には人気のモロ・ベイ・ハーバー・フェスティバルMorro Bay Harbor Festivalのメインステージも設置される。ここにある**モロ・ベイ水族館 Morro Bay Aquarium**（☎805-772-7647 ◙＄2 ◎9:30〜17:30、5〜9月は18:00まで）では、ギフトショップを過ぎると哀れな状態の海洋生物を目の当たりにすることになる。狭い所に閉じ込められたアザラシや古く窮屈そうな水槽など、動物愛護団体が見たら間違いなく猛反発しそうな代物だ。

　エンバカデーロから3ブロック内陸に入れば、楽しい雰囲気のメイン・ストリートMain Stがあり、おもしろそうな店やこの地域の**商工会議所 chamber of commerce**（☎805-772-4467、800-231-0592 ◙805-772-6038 ◾www.morrobay.com ♦880 Main St ◎月〜金 8:00〜17:00、土 10:00〜15:00）が並んでいる。

モロ湾州立公園 Morro Bay State Park　広さ1965エーカー（約795ha）のこの公園には、18ホールのゴルフコース、カヤックをレンタルできるマリーナ、キャンプ場がある。ほかにも**自然史博物館 Museum of Natural History**（☎805-772-2694 ◙大人＄3 子供＄1 ◎10:00〜17:00）があるが、本書執筆時には点検作業中だった。新しい展示は、海、大気、地形、人類が環境に与える影響に関する検証や、生

モロ湾

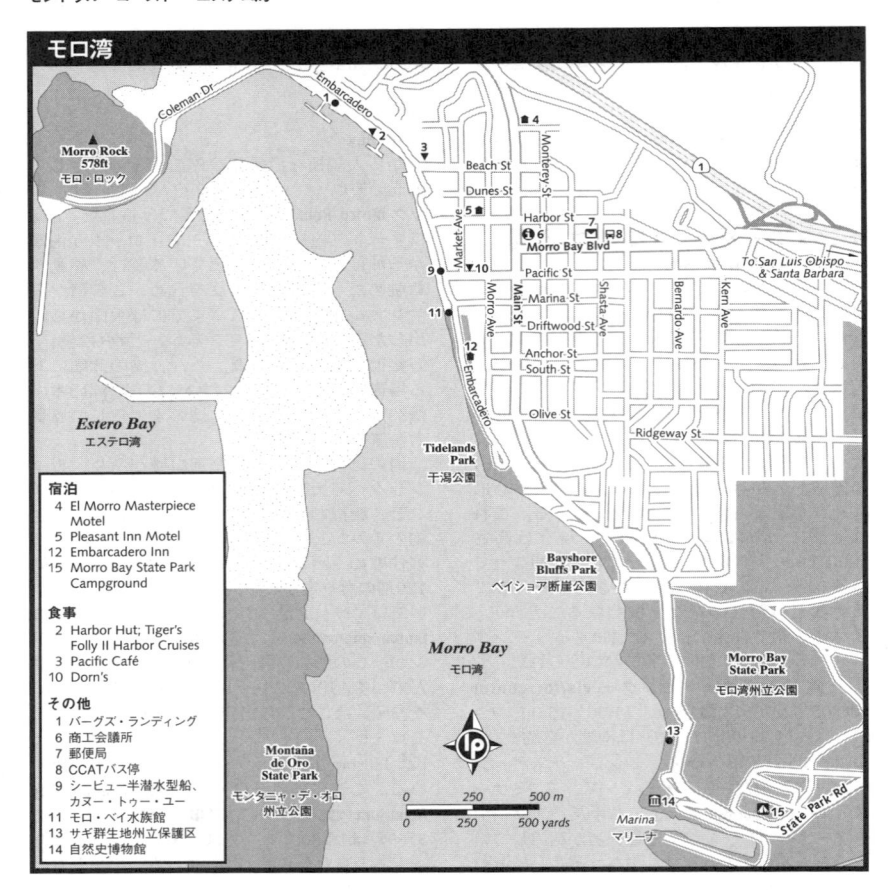

宿泊
- 4 El Morro Masterpiece Motel
- 5 Pleasant Inn Motel
- 12 Embarcadero Inn
- 15 Morro Bay State Park Campground

食事
- 2 Harbor Hut; Tiger's Folly II Harbor Cruises
- 3 Pacific Café
- 10 Dorn's

その他
- 1 バーグズ・ランディング
- 6 商工会議所
- 7 郵便局
- 8 CCATバス停
- 9 シービュー半潜水型船、カヌー・トゥー・ユー
- 11 モロ・ベイ水族館
- 13 サギ群生地州立保護区
- 14 自然史博物館

命が変化にどのように対応していくかに焦点を当てた内容になる予定だ。

博物館の真北にあるユーカリの森は、**サギ群生地州立保護区 Heron Rookery State Reserve**になっていて、カリフォルニアに残る数少ないサギの大規模群生地の1つ。2月の終わりから5月にかけて、ひなにえさを与える親鳥の姿が見られる。

アクティビティ　タイガーズ・フォーリー II Tiger's Folly II（☎805-772-2257 ⌂1205 Embarcadero）は5月から9月の毎日、冬期は週末、港を外輪船で巡るツアーを行っている。ハーバー・ハット・レストランHarbor Hut Restaurant（「宿泊・食事」を参照）でチェックインする。1時間のクルーズは大人＄10、子供＄5。

海草の森や魚の群れを見ながら湾を1周したいなら**シービュー Seaview**（☎805-772-9463 ⌂699 Embarcadero No 8）が半潜水型船を毎日運行している。パシフィック・ストリートPacific Stの端にあるエンバカデロから出発する。ツアー料金は大人＄12.50、子供＄5.50。

自分で船をこいでこの海域を探検したい人は、シービューの隣にある**カヌー・トゥー・ユー Canoe 2 U**（☎805-772-3349 ⌂699 Embarcadero No 9）へ。カヌーとカヤックのレンタル店で料金は1人30分＄4、半日＄19.50。

スポーツフィッシングに挑戦しようと思っているタフな人は**バーグズ・ランディング Virg's Landing**（☎805-772-1222、800-762-5263 ⌂1215 Embarcadero）のツアーに参加するといい。半日＄28、1日＄40でツアーは毎日出ている。釣り竿は半日＄6、1日＄8でレンタルできる。外洋でのライセンスが必要だが、ここで購入できる。

宿泊・食事

モロ・ストランド州立ビーチ・キャンプ場 Morro Strand State Beach Campground
☎805-772-8812、予約800-444-7275

サイト＄12
町の北にある砂丘の裏側に81のサイトがある。水洗トイレと水のシャワーはあるが、フックアップ設備はない。

モロ湾州立公園キャンプ場
Morro Bay State Park Campgroud
☎805-772-7434、予約800-444-7275
テント＄12、RVサイト＄18
町の南およそ2マイル（約3km）にあるユーカリとイトスギの木に囲まれた美しいキャンプ場。温水が利用でき、ビーチまで続くトレイルもある。

モーテルはメイン・ストリートMain Stとハーバー・ストリートHarbor St沿いに集まっている。料金はオフシーズンには値下がりするが、夏とハーバー・フェスティバルの時期は予約が必要だ。

プリーザント・イン・モーテル
Pleasant Inn Motel
☎805-772-8521、888-772-8521
FAX805-772-1550
www.pleasantinnmotel.com
235 Harbor St
客室＄49〜90
名前のとおり花があふれ感じのよいB＆B（ベッド＆ブレックファスト）タイプの宿。10ある客室はよく整えられており、キッチン付の部屋もある。

エル・モロ・マスターピース・モーテル
El Morro Masterpiece Motel
☎805-772-5633、800-527-6782
FAX805-772-1404
www.masterpiecemotel.com
1206 Main St
客室＄69〜325
地中海のお城のような建物が自慢のモーテル。額に入った絵が至る所に飾られ、申し分のない広さの客室はヨーロッパの雰囲気が漂う。スタッフも親切だ。

エンバカデロ・イン
Embarcadero Inn
☎805-772-2700、800-292-7625
FAX805-772-1060
www.embarcaderoinn.com
456 Embarcadero
客室＄95〜225
モロ・ベイを親しみやすい町にするのにひと役買っている宿。広い客室のほとんどに「ロックThe Rock」を眺めるバルコニーがあり、高級感のあるお風呂、ビデオデッキ、冷蔵庫がある。ガス式の暖炉付の部屋もある。料金にはコンチネンタルブレックファストと新聞が含まれる。

ドーンズ
Dorn's
☎805-772-4415
801 Market Ave
朝食＄4.50〜11 ランチ＄7.50〜16 ディナー＄9〜25
1942年以来、繁盛し続けている店。クラムチャウダー、新鮮な魚、幅広いワインの品揃えが有名だ。店内の雰囲気は格調高いが、服装は自由。

ハーバー・ハット
Harbor Hut
☎805-772-2255
1205 Embarcadero
ランチ＄8〜17 ディナー＄15〜34
南国のティキに似た外観の気楽な雰囲気の店。ボリュームのあるステーキとシーフードが味わえる。

パシフィック・カフェ
Pacific Café
☎805-772-2965
1150 Embarcadero
ディナー＄12〜17
地元で人気の店。愛想の良いオーナー兼シェフは一流の地中海料理を極めた人で、ワインにも造詣が深い。

キユーキス
Cayucos
湾の北端、ゆったりと時間が流れる小さな町キユーキス（発音ki-you-kiss、人口3400人）は、古い西部の面影を残す町だ。モロ・ベイに比べるとおもしろ味に欠け商業的にも未発達なこの町にも時代の波は訪れ、広々とした白砂のビーチ周辺には新しい家々が目につくようになった。

町は、キユーキス川Cayucos Creekの河口と、キャプテン・ジェームス・カスが1867年に建てた波止場と倉庫の周辺を中心にして発展した。ハイウェイ1と平行して走るオーシャン・アベニューOcean Aveが町1番の大通りで、歴史のある店やホテル、レストランのほとんどがここに集まっている。町の北端には1875年建造の長いピアがあり、ライセンスなしでも釣りができる。

キユーキスの穏やかな波は初心者サーファー向きだ。ピアから北へ少し歩いた所にある**キユーキス・サーフ・カンパニー Cayucos Surf Company**（☎805-995-1000 95 Cayucos Dr）でのサーフボードのレンタル料は半日＄10、1日＄20で、そのほかの用具も借りることができる。

宿泊・食事
タイドウォーター・イン
Tidewater Inn
☎805-995-3670、800-965-2699
20 S Ocean Ave

セントラル・コースト − カンブリア

客室 平日＄55〜65、週末＄75〜85
ビーチから半ブロックの所にあり、こぢんまりとしたきれいなモーテル。新しく手を入れた客室には花の装飾があふれている。

ショアライン・イン
Shoreline Inn
☎805-995-3681
🏠1 N Ocean Ave
客室 9月中旬〜5月中旬 客室＄75〜95 スイート＄95〜134、5月中旬〜9月中旬 客室＄105〜123 スイート＄105〜150
ピア近くのビーチ右手にあるすばらしい宿。全室にオーシャンビューのバルコニーがある。スイートはやや広めで家具も現代風だ。

ホッペス・ガーデン・ビストロ
Hoppe's Garden Bistro
☎805-995-1006
🏠78 N Ocean Ave
ランチ＄8〜14 ディナー＄12〜28
カリフォルニア・フランス料理の店。この小さな町で都会の洗練された味を楽しめる。

シー・シャンティ
Sea Shanty
☎805-995-3272
🏠296 S Ocean Ave
1品＄4〜18
気取りがなく陽気で風変わりな店。家庭的なディナー料理のほか、思わず手が伸びるデザートの数々がそろっている。通りの反対側にはスーパーマーケットがある。

オーシャン・ローズ・アバロン・ファーム
Ocean Rose Abalone Farm
気味の悪い乳白色のねばねばした軟体動物アバロン（アワビ）は媚薬として知られているが、食材としても世界の料理界で珍重されている。かつて、カリフォルニアのセントラル・コースト沖に豊富に生息していた頃は、海に手を入れるだけで採ることができた。だが、水の汚染や乱獲、生息場所の減少などにより、この40年で数が激減した。商業目的の漁は1998年に禁止されたため、このぬるぬるした貝を正規に仕入れるには養殖場に頼るほかない。オーシャン・ローズ・アバロン・ファームOcean Rose Abalone Farm（☎805-995-2495 🌐www.abalonefarm.com）はキュキスの北およそ4マイル（約6km）にあり、およそ100万匹のカリフォルニアアカネアワビを養殖している。育てているのは、子供のアワビから4年までの貝だ。養殖に興味がある人は、ツアー（＄3）に参加しよう。5月から9月の土曜と日曜日に行われ、事前に予約が必要だ。行き方はハイウェイ1を海に向かい、西へ

ビラ・クリーク・ロードVilla Creek Rdまで進む。泥だらけの道を少し行くと養殖場だ。

カンブリア
Cambria

海から約0.5マイル（800m）内陸にあるカンブリア（人口5400人）はかわいらしい村だ。活気あるメインストリート沿いには旅行者目当ての店がほとんどで、小さな置物などを売る店やアートギャラリー、B＆B（ベッド＆ブレックファスト）、宿屋、レストランがひしめいている。夏は少々人が多すぎるが、10月から5月はのんびりした午後や夜を過ごすには格好の場所だ。

　風変わりなものが好きな人におすすめの**ニット・ウィット・リッジ Nit Wit Ridge**（☎805-927-2690 🏠881 Hillcrest Dr）は3階建ての建物で、アワビの貝殻、ビールの空き缶、トイレのタイルなど、普通なら捨ててしまうものだけでできている。この「がらくた御殿」は、アーサー・ハロルド・ビール（別名キャプテン・ニット・ウィットまたはデア・ティンカーポー）が51年をかけ1人で作りあげた。ビールは1992年に亡くなったが、彼のライフワークは今もツアー客を楽しませている。ツアーは毎日9:00から16:00までで、大人＄10、特別割引＄8、子供＄5。参加には予約が必要だ。

　カンブリアの海岸には、**ムーンストーン・ビーチ Moonstone Beach**と呼ばれるビーチがある。この名前は、かつてここでふんだんに採れたオパールに似た石にちなんでいる。低い崖や砂浜がある向かい側には、中級から高級のモーテルが並んでいる。ビーチ北端の**レフィングウェル・ランディング Leffingwell Landing**からの眺めはすばらしく、モントレーイトスギの木陰にはピクニックエリアもある。

　カンブリアの南、ハイウェイ1を下りると小さな**ハーモニー Harmony**（人口18人）がある。ここでは一風変わったアメリカに出合える。ここには、古いチーズ工場を利用したアーチストたちの仕事場があり、見学もできる。村の情報は**商工会議所chamber of commerce**（☎805-927-3624 🏠767 Main St）で入手しよう。

宿泊・食事

カンブリアの高級ホテルはムーンストーン・ビーチ・ドライブMoonstone Beach Dr沿いにあるが、村にはもっと手頃な宿がある。

ブリッジ・ストリート・イン
Bridge Street Inn
☎805-927-7653
🏠4314 Bridge St

www.bridgestreetinncambria.com
2段ベッド＄20 客室＄40〜70

評判が良く魅力的で快適なユースホステルを兼ねたB＆B（ベッド＆ブレックファスト）。厳しい予算の人でもOKだ。料金には朝食はもちろん、共同キッチンと駐車場の利用料も含まれている。泊まれる人数が少ないので事前に電話で予約しよう。

ザ・ブルーバード
The Bluebird
☎805-927-4634、800-552-5434
805-927-5215
1880 Main St
客室 4〜10月＄40〜14、11〜3月＄48〜180

静かで気持ちのよい庭から小川が見える宿。独創性に富んだ客室は設備が整っており、暖炉、専用のテラス、バルコニー付の部屋もある。

クリークサイド・イン
Creekside Inn
☎805-927-4021、800-269-5212
2618 Main St
www.moonstonehotels.com
客室＄59〜149

客室は23室で小川に面したバルコニー付の部屋もある。料金には軽めのコンチネンタルブレックファストが含まれる。

カンブリア・ショアーズ・イン
Cambria Shores Inn
☎805-927-8644、800-433-9179
805-927-4070
www.cambriashores.com
6276 Moonstone Beach Dr
客室＄89〜160

ビーチにあり、外観はモーテルのようだが、部屋まで運んでもらえる豪華な朝食や無料のアペタイザーアワーなど、B＆Bタイプのサービスがある。ペットもOKだ。

リンズ
Linn's
☎805-927-0371
2277 Main St
1品＄5.50〜14

天井の高い気楽なレストランの壁には芸術品が飾られている。ここのポットパイと奇抜なデザートは有名だが、そのほかにもメニューが豊富で誰もが満足できる。

ロビンズ
Robin's
☎805-927-5007
4095 Burton Dr
ランチ＄5.50〜13 ディナー＄11〜17

豆腐、テンペ（発酵させた大豆を固めたインドネシア料理）など、世界各国の味を楽しむことができて量もたっぷりある。順番待ちの長い列ができ、蔦のからまるすてきなパティオのテーブル席は特に人気が高い。

もっと正式なディナーを、と言う人には**ソウズ・イアー・カフェ Sow's Ear Cafe**（☎805-927-4865　2248 Main St　メイン＄13〜23）か**ブランブルズ・ディナー・ハウス Brambles Dinner House**（☎805-927-4716　4005 Burton Dr　メイン＄10〜22）がおすすめだ。一流のコンチネンタル料理が賞味できる。

サンシメオン
San Simeon

サンシメオン（人口360人）は1850年代に捕鯨の基地として生まれた町だ。ジョージ・ハーストが、現在のハースト・キャッスルHearst Castle入口の向かい側にある4万5000エーカー（約1万8000ha）の土地を買い入れ、ハイウェイ1の西側の海岸沿いにコミュニティを築いた。ハースト・コーポレーションは現在もこの地の大地主であり、ジュリア・モーガンが設計した家（以前はハースト・キャッスルの社員が住んでいた）には、現在では8万エーカー（約3万ha）のハーストの牧場を取り仕切るカウボーイたちが住んでいる。

カウボーイたちが住む家の隣にはすばらしい**ハースト・メモリアル州立ビーチ Hearst Memorial State Beach**（デイユース＄2）が広がり、ところどころに岩場も見える。木製の揺れる桟橋もある（釣りができる）。

かつて、サンシメオンはハースト・コーポレーションの敷地近くにあった。そこから3マイル（約5km）南にある現在のサンシメオンの町には、平凡なモーテルと特徴のないレストランが1マイルにわたって並んでいる。

商工会議所 chamber of commerce（☎805-927-3500、800-342-5613　9511 Hearst Dr）で宿泊先やそのほかの情報を得よう。

宿をとるならカンブリアか、さらに南のハースト・キャッスル近くがおすすめだが、もし、サンシメオンに泊まらなくてはならない場合は、**シルバー・サーフ・モーテル Silver Surf Motel**（☎805-927-4661、800-621-3999　805-927-3225　9390 Castillo Dr　客室＄49〜104）はいかがだろう。これといった特徴はないが、値段はまずまずで小さな室内プールとスパがある。

カリフォルニア・シーコースト・ロッジ
California Seacoast Lodge
☎805-927-3878
9215 Hearst Dr
客室＄89〜169

ひだ飾りの付いたカーテン、アンティーク、張りぐるみの肘掛け椅子など、やや装飾過多な部

屋だが最新設備が整っている。オーシャンビューの部屋もあり、料金には朝食が含まれる。

サンシメオン州立公園
San Simeon State Park

サンシメオン州立公園（☎805-927-2035）内には、冬にオオカバマダラが飛来することで人気の**サンシメオン自然保護区 San Simeon Natural Preserve**や、6000年前の考古学的発見があった**パヌ文化保護区 Pânu Cultural Preserve**がある。園内には3マイル（約5km）の曲がりくねったトレイルが延び、公園の端は細長い砂浜になっている。**サンシメオン・クリーク・キャンプ場 San Simeon Creek Campground**（☎予約800-444-7275 ■キャンプサイト＄12）には134サイトあり、温水シャワー、水洗トイレが利用できる。**ワッシュバーン・キャンプ場 Washburn Campground**（キャンプサイト＄7）にある60サイトは先着順で利用できる。

ハースト・キャッスル
Hearst Castle

曲がりくねった道をドライブしていくと前方にぼんやりとみえてくる立派なお城を想像してみよう。そして、ディナーのためにやってくると、50フィート（約15m）のダイニングテーブルがあって、右隣にはチャーリー・チャップリンが、左には時の女王が座っている。前の席に座った今をときめく映画スターとはキジの丸焼き越しに目が合う…。これらはすべて、新聞界の大物ウィリアム・ランドルフ・ハーストが鋭い視線を放つ中で実際に起きていた出来事だ。彼は世界でも指折りの権力者であり、自分の新聞を売るためにスペイン・アメリカ戦争のきっかけを作った張本人でもある。世界的な有名人とのディナーを想像しながら、ハースト・キャッスルでのかつての出来事を追体験してみよう。

　ハーストが「魅惑の丘The Enchanted Hill」と呼んだ丘の上からは、広大な牧草地と太平洋が見渡せる。その丘に富と野望の遺物ハースト・キャッスルHearst Castle（☎録音メッセージ805-927-2020 ■www.hearstcastle.org）は建っている。美しい緑の庭園が広がる127エーカー（約51ha）の敷地には水面が輝くプールや噴水があり、古代ギリシャやスペイン・ムーア風の彫像が点在する。4つの建物にある165の部屋は、すべてイタリアやスペインのアンティーク家具が置かれている。暖炉付の部屋も41室あり、バスルーム付の部屋は61室。そのほか、豪華なプライベートチャペルや多数の娯楽室も備えている。

　ハーストの美術コレクションはあまりに膨大だったため、所有点数や価値を正確に算出できなかった。スペイン風教会の天井は、イタリアのシエナSienaで開かれるパリオPalioという祭典の旗で覆われ、その下にはフランス製の長テーブルが置かれている。贅の限りを尽くしたコレクションはグロテスクと言えるほどさまざまなスタイルと時代が入り乱れ、建築家や歴史学者も眉をひそめるような代物だ。だが、実際に城を訪れてみると、たとえセンスが悪いにしても王室の雰囲気を目指した彼の計画に驚きの声を挙げずにはいられない。俳優エロル・フリンとその家族が時を過ごした地下のローマ風プールを見るだけでも、入場料を払う価値はあるだろう。

インフォメーション

ハースト・キャッスルは州の歴史的建造物に指定されている建物で、感謝祭、クリスマス、1月1日を除いて、毎日行われるツアーの最初の出発は8:20、最終は15:20（夏期はこれより遅い）になっている。5月から9月と休暇期間中の週末は混雑するので電話での予約（☎800-444-4445、海外からは☎916-414-8400）をおすすめする。

　ツアーはすべて丘のふもとにあるビジターセンターから出発する。チケット売り場の横にはスナックバー、エスプレッソバー、ギフトショップが2店あるが、とてもおすすめできない。無料の展示ではハーストが生涯で演じたさまざまな役割を知ることができる。こち

らはツアーチケットがなくても見学できる。

ビジターセンターにある**ナショナル・ジオグラフィック・シアター** National Geographic Theater（☎805-927-6811）は5階建ての巨大スクリーンのある映画館。感傷的だが興味深い映画を上映している。40分間のフィルムには、ハーストの生涯、キャッスルの建築の様子と完成後の生活ぶりがつづられている。

映画館の入場料はツアー1に含まれている。別のツアーの参加者が映画を見るには、大人＄6、子供＄4の割引チケットを購入する。映画館単独の入場料は大人＄7.50、子供＄5.50だ。

ツアー

ここでは5種類のツアーが行われている。全ツアー共通のすばらしい見所としては、グレコ・ローマン様式のネプチューン・プールNeptune Pool（屋外）と金とベネチアガラスが敷きつめられたローマン・プールRoman Pool（屋内）がある。ツアー1は大人＄14、6〜17歳の子供＄7。ツアー2、3、4は大人＄10、子供＄5。イブニングツアーのツアー5は大人＄20、子供＄10。ツアー1〜4の所要時間は、ビジターセンターからキャッスルまでの往復を含め1時間15分。イブニングツアーは2時間15分だ。

ウィリアム・ランドルフ・ハーストと彼の城

絶大な富と結びついた独裁権力が歴史上もっとも醜悪な建築を生み出してきたことは明らかだ。ラスベガスのギャングが考え出したオーウェル的な（人間味のない組織的な）賭博場や、歪んだ精神のナチ政権下ドイツであがめられた異様なグロテスク様式などがその証拠だ。巨万の富と審美眼とは相容れない。醜い金持ちが「設計図」という言葉を口にしたら、ともかくはらわたを引き出し八つ裂きにするべきだ。だが、彼らがドナルド・トランプ風の大がかりなものを建てると決めてしまったら、我々にできることはその記念碑的ながらくたにただ耐えることだけだ。

だが、コンクリートと耐火材で覆われたぞっとするような遺物も、規模と愚考があまりに桁外れであるがゆえに人の心を引きつけるようなこともある。ハースト・キャッスルを見てほしい。この城は、あり余るほどの積み木を持った元気な「少年」が、誰にも邪魔されることなく自らの熱狂的な趣味を表現した場所だ。ウィリアム・ランドルフ・ハーストの王国では「ああ、ビル（ウィリアムの愛称）、部屋が100もあれば十分だろう？」とは誰も言わなかった。そればかりか、キノコが胞子で繁殖していくように部屋数はますます増え、ついに165室となった。それらの部屋全体からは、歌手のドリー・パートンとルイ14世と3馬ー鹿大将（アメリカのTVコメディ番組の主役たち）が作った建築会社が設計したら、こんな風だろうという印象を受ける。だが、驚くことにビルは満足だった。

サンフランシスコの裕福な家庭に生まれたハーストは10歳のとき、母親とヨーロッパを巡る旅に出かけた。その地で彼の心に生'まれ変わることはなかった。しかし、美的センスはどうしたのだ？ おそらくパリへは行かなかったのだろう。その後、ハーバード大学へ入学しジャーナリズムを学び、1887年に父親の新聞社「エグザミナー Examiner」を引き継いで2000万ドルを手にすると、敵を作ることにかけて天才的能力を発揮し始めた。彼の名が話題に登っただけで、政治家たちはマスタードガス攻撃に遭ったシマリスみたいにびくびくした。事の真偽はともかく、彼の新聞は他社が取り上げないようなものばかりを扱った。記事がなくなると「スペイン人、キューバでアメリカ女性に暴行」というような事件をでっちあげ、スペイン・アメリカ戦争勃発のきっかけを作り出した。しかし、ビルはそんなことはまったく気にしなかった。とにかく彼の新聞はとてもよく売れた。

全米に50以上の新聞を持つ一大帝国を築き上げると、ハーストの興味は自分の「隠れ家」を作ることへと移った。ラ・クエスタ・エンカンターダ La Cuesta Encantada（魅惑の丘）という奇妙な響きを耳にした地元のゾウアザラシは日本に向けて逃げ泳いでいったことだろう。ハーストが雇い入れた建築家のジュリア・モーガンは彼の夢の実現にとりかかったが、実際のところ崖の上で身動きがとれなくなるだけだった。モーガンはアザラシと協力して彼を思いとどまらせるべきだった。

邸宅のあらゆる部分に関してハーストから何度も口出しされたおかげで、モーガンの作品はシュールリアリズムの様相を呈し始めた。最終的には、ハーストの芸術的センスと、さらには彼のガールフレンドでハリウッド女優のマリオン・デイビスに対する彼の情熱をも取り込んだ城ができあがった。ハーストが大聖堂の天井とローマの円柱を取り寄せたときには、モーガンは全力を尽くして彼の収集品をなんとか住む場所にふさわしいものに変えようとした。週末、ビルとマリオンはハリウッドの有名人たちを招いて、テニスや洞穴でのお祭り騒ぎに興じた。そんな騒ぎにも飽きると、なんと皆でハーストの動物園内を車で疾走し、驚くダチョウやキリンに向かって口笛を吹いた。動物たちはB級映画にでも出演している気分だったろう。

1951年にハーストは死亡したが、奇想天外な道楽者の伝説は、彼の豪華な王国—その壮大な計画は幸運にも未完のまま終わった—の中で今も生きている。オーソン・ウェルズがハーストをモデルに製作した映画「市民ケーン Citizen Kane」の中で、非業の死を遂げる「リア王」と同じく、結局はハーストも権力を失った。しかし、映画とは対照的に、彼の晩年を伝える事実によれば、その奇行ぶりにもかかわらず、彼は不思議と満ち足りていたようだ。キリンたちも同意見かは知るよしもない。

デビッド・ピーバース

ツアーは冬期には1時間に1回、ハイシーズンは1時間6回に増える。

ツアー1 初めて訪れた人に最適な1時間45分のツアー。城の母屋であるカーサ・グランデCasa Grandeでは、集会のための大広間、大食堂、「ビリヤードルーム」を見学する。映画館では有名人が集まり、城で開かれた宴の様子を映したホームムービーを見る。エスプラネード（景色の良い遊歩道）、庭園、客用コテージのカーサ・デル・ソルCasa del Solもコースに入っている。

ツアー2 カーサ・グランデの上の階を回るツアー。コースには、ゴシック様式のハースト専用スイートと書斎、5000冊の蔵書と古代ギリシャの壺がある図書室、驚くほど近代的で設備の良いパントリーとキッチンなどが含まれている。すばらしいドージェ・スイートDoge Suiteは、ベニスのドージェ宮殿をモデルにして作られたもの。

ツアー3 カーサ・グランデの北の棟を回るツアーで、建築に興味がある人におすすめのコースだ。ハースト・キャッスルの中では、あとから手が加えられた部分がもっとも少なく、ハーストの最晩年に建築された場所（ほかの部分とはまったく趣が異なる）。カーサ・デル・モンテCasa del Monte、客用コテージ10室のほか、ハースト・キャッスル建築の様子を収めたビデオを見る。

ツアー4 4月から10月に行われるツアーで、「秘密のテラスと庭」を見る。この場所はもともと建設計画に盛り込まれていたが建築中に覆い隠されてしまい、最近行われた修復作業で発見された。エスプラネード、客用コテージ、プールの化粧室、カーサ・グランデのワインセラーもコースに含まれている。

ツアー5 春と秋だけ行われる夕方の人気ツアー。当時の衣装をまとい、ハーストに招かれたゲストと城のスタッフに「なりきっている」ガイドが呼び物のコース。カーサ・グランデでもっとも風変わりな幾つかの部屋と、客用コテージのカーサ・デル・マーCasa del Mar、プール、何百個という電灯でライトアップされた庭園を見学する。

ピエドラス・ブランカス
Piedras Blancas

ピエドラス・ブランカスと呼ばれるサンシメオンの北にある海岸線は、カリフォルニア最大のゾウアザラシのコロニーがある場所で、その数はおよそ7500頭だ。ハースト・キャッスルの北およそ4.5マイル（約7.2km）にある見学ポイントからは、ゾウアザラシが、砂の上を転がったり、ハエを叩いたりする様子や、縄張り争いや海で餌採りをする姿が見られる。解説パネルやガイドの説明から、このユーモラスな生き物の行動の秘密を知ることができる。数がもっとも多いのは12月から2月の間で、この時期、運が良ければメスの出産に出遭えるかもしれない。ゾウアザラシに関する詳細が知りたければ、**ザ・フレンズ・オブ・ジ・エレファント・シール** The Friends of the Elephant Seal（☎805-924-1628　www.elephantseal.org）に立ち寄ろう。サンシメオンの商工会議所の隣にある（本章前出の「サンシメオン」を参照）。「サンフランシスコ・ベイ・エリア」の章のコラム、「ゾウアザラシ」も参照のこと。

ビッグ・サー
Big Sur

ビッグ・サーという場所は実際にあるわけではなく、体験してみるものだ。自然のままの美しさは畏敬の念を抱かせるほどで、魅力的で風変わりな動物が生息している。周りには街灯も銀行もショッピングセンターもなく、日が沈んだあと、辺りを照らすのは月と星だけだ。

モントレーMontereyからビッグ・サー北部まで行くバスはあるが、このエリアは自分で運転して探索するのがベストだ。というのも、ヘアピンカーブを曲がるたびに美しい岩肌や絶景が現れるので、あちこちで車を停めて見物したくなるからだ。6月から8月中旬、この海岸は濃い霧に包まれることが多いので注意すること。

サンシメオンからカーメルCarmelまでは90マイル（144km）ほどだが、ハイウェイは狭い2車線でスピードは出せない。夏は特に車が多く、遅い車がいても追い越しは難しく危険だ。サンシメオン-カーメル間で少なくとも4時間はかかると考えよう。自転車にも注意が必要だ。暗くなってからの移動は、何も見えないので意味がないうえに危険も伴う。特に日が短い冬場に旅行するなら、なおさら注意が必要だ。

歴史

3000年以上昔、エセレン族がこの海岸沿いの土地に住み、ドングリ、ウサギ、シカ、クマ、海に住む哺乳類を食べて暮らしていた。しかし、スペイン人によってもたらされた病気によって部族は絶滅し、その後、アメリカの開

ビッグ・サー

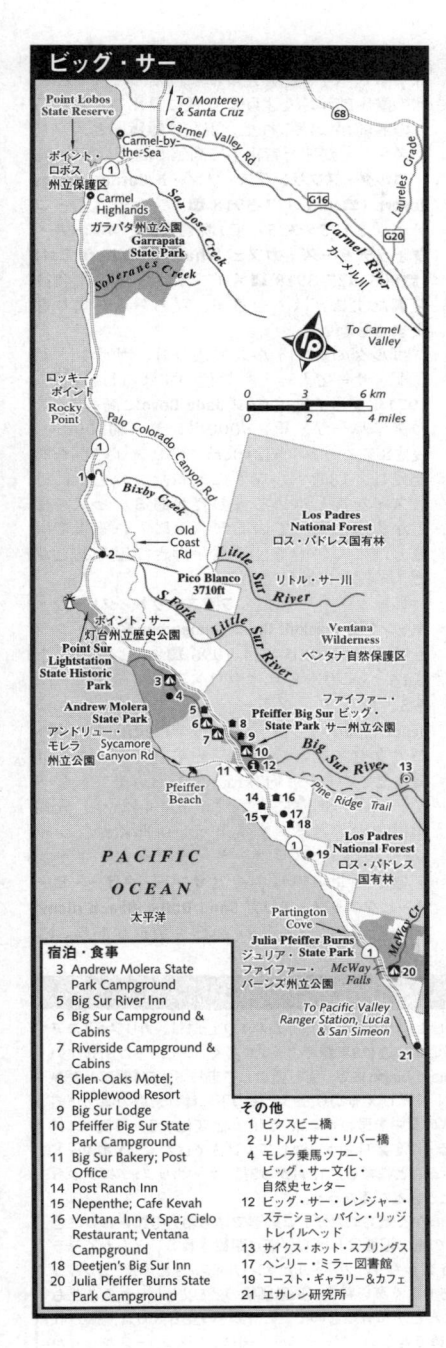

宿泊・食事
- 3 Andrew Molera State Park Campground
- 5 Big Sur River Inn
- 6 Big Sur Campground & Cabins
- 7 Riverside Campground & Cabins
- 8 Glen Oaks Motel; Ripplewood Resort
- 9 Big Sur Lodge
- 10 Pfeiffer Big Sur State Park Campground
- 11 Big Sur Bakery; Post Office
- 14 Post Ranch Inn
- 15 Nepenthe; Cafe Kevah
- 16 Ventana Inn & Spa; Cielo Restaurant; Ventana Campground
- 17 Deetjen's Big Sur Inn
- 20 Julia Pfeiffer Burns State Park Campground

その他
- 1 ビクスビー橋
- 2 リトル・サー・リバー橋
- 4 モレラ乗馬ツアー、ビッグ・サー文化・自然史センター
- 12 ビッグ・サー・レンジャー・ステーション、パイン・リッジ・トレイルヘッド
- 13 サイクス・ホット・スプリングス
- 18 ヘンリー・ミラー図書館
- 19 コースト・ギャラリー＆カフェ
- 21 エサレン研究所

拓者がこの地へやって来た。

ビッグ・サーとはカーメルの伝道所に住むスペイン人入植者がつけた名前で、この未開の原野をエル・パイス・グランデ・デル・スール el pais grande del sur（南にある大きな国）と呼んだことに由来する。彼らは海岸近くの2つの川を、エル・リオ・グランデ・デル・スール el rio grande del sur（南の大きな川）とエル・リオ・チキート・デル・スール el rio chiquito del sur（南の小さな川）とも呼んでいた。

1852年、ジョン・ロジャーズ・クーパー（別名ファン・バウティスタ・ロジェリオ・クーパー）は、クーパー・ポイントからリトル・サー川の河口まで広がるランチョ・エル・スール Rancho El Sur の所有権を請求した。現在、クーパー・ポイントと農場本部は、アンドリュー・モレラ州立公園 Andrew Molera State Park の一部となっている。

1900年代初めに入植者がこの地に入り、缶詰工場や製材所を営んでいた。20世紀初頭には現在よりも多くの人がビッグ・サーに住んでいた。1950年代には電気の供給が始まり、1980年代にはテレビが普及し始めた。

1950～1960年代、作家や芸術家たちが好んでビッグ・サーに別荘を建てるようになる。この地で暮らしていた著名人には、1947～64年に住んでいたヘンリー・ミラーや、ビート族のローレンス・ファーリンゲッティとジャック・ケルアックなどがいる。今でもビッグ・サーは、神秘主義を信奉するニューエイジ、「アーティスティックな」人、風変わりなタイプに人気の場所だ。

オリエンテーション・インフォメーション

ハイウェイ1沿いの店でこんな質問をする旅行者は多い。「ビッグ・サーまではあとどのくらいですか？」だが、地図にビッグ・サーと記されていても、ビッグ・サーという「町」はない。民間のアクティビティが多いのは、アンドリュー・モレラ州立公園とファイファー・ビッグ・サー州立公園 Pfeiffer Big Sur State Park の間だ。「ザ・ビレッジ The Village」と呼ばれることもあるこのエリアには、ショップ、レストラン、宿、キャンプ場がそろい、郵便局もある。

ファイファー・ビッグ・サー州立公園の南にあるビッグ・サー・レンジャー・ステーション Big Sur Ranger Station（☎831-667-2315 ◎5月下旬～9月初旬8:00～18:00、そのほかの時期8:00～16:30）には、ロス・パドレス国有林 Los Padres National Forest、ベンタナ自然保護区 Ventana Wilderness、そのほか国立公園に関する情報が豊富にある。またパシフィック・バレ

ー・レンジャー・ステーション Pacific Valley Ranger Station（☎805-927-4211 🌐5～9月 9:00～18:00、10～4月は月～金のみ）がビッグ・サーの南部、ナシミエント-ファーガソン・ロードNacimento-Fergusson Rdへの分岐点の南側にある。

年1回発行の「エル・スール・グランデEl Sur Grande」は、役に立つ住所や情報が満載の無料新聞で、ほとんどすべての駅やバス停に置かれている。ホームページ（🌐www.bigsur-california.org.）で下調べすることもできる。

コミュニティ・ホスピタル Community Hospital（☎831-624-5311）はここからもっとも近いモントレーの病院。ハイウェイ1とハイウェイ68が交差する地点の北側にある。

サザン・ビッグ・サー
Southern Big Sur

ビッグ・サーが始まる地点から距離にして40～45マイル（約64～72km）のサンシメオンSan Simeonからエサレン研究所Esalen Instituteの間は、ハイウェイ1が比較的まっすぐで、山と海の間に低地が広がっている。ビッグ・サー川の流れる北部の谷とは異なり、やせた荒地が続き、店もほとんどない。

雄大なビッグ・サーの景色を最初に楽しめるのはラジッド・ポイント Ragged Pointだ。ごつごつした岩がむき出しになった絶壁で、左右に続く海岸線沿いに絶景を見晴らすことができる。サンシメオンから北へ約15マイル（24km）進んだ場所だ。一大帝国を築いていたハーストのものだったラジッド・ポイント・イン・アンド・リゾート Ragged Point Inn & Resort（☎805-927-4502 🌐www.raggedpointinn.com 🛏客室＄89～209 ランチ＄6～12 ディナー＄14～23）は現在、ホテルとレストランとして使われている。

次のポイントはゴルダ Gorda（「太った」を意味するスペイン語）だ。海に向かって突き出た岩の露出部がふくよかな女性に見えることからこの名前がつけられた。現在は雑貨屋とガソリンスタンドが旅行者相手に高値で商売している。

ゴルダ・スプリングス・リゾート Gorda Springs Resort（☎805-927-3918 🏠ワンルーム型・コテージ＄175～325）で1晩過ごし、ホエール・ウォッチャーズ・カフェ Whale Watchers Café（☎805-927-3918 🍴メイン＄10～29）で食欲を満たすことはできるが、どちらもあまりおすすめしない。

ゴルダの数マイル北の辺りは、サザン・ビッグ・サーでもっとも景色のすばらしい所だ。1971年ジェイド・コーブ Jade Coveに潜った3人のダイバーが、重さ9000ポンド（約3000…）長さ8フィート（約240cm）のヒスイの巨石を発見し、18万ドルを手に入れた。今も浜にはヒスイを探し求める人の姿がある。ヒスイは黒か青緑色をしているので、水に入れるまでは見分けにくいので、干潮か大きな嵐のあとがヒスイ探しに適している。

ビッグ・サー屈指のプラスケット・クリーク・キャンプ場 Plaskett Creek Campground（☎インフォメーション805-434-1996 🏕キャンプサイト＄16 ハイカー＆サイクリスト＄5 デイユース＄5、サンド・ダラー・ビーチSand Dollar beachとファイファー・ビーチPfeiffer beachへのアクセスを含む）はジェイド・コーブの北およそ2マイル（約3km）にある。モントレーイトスギの木陰に広いサイトが44あり、先着順に利用できる。水洗トイレはあるが、シャワーはない。プラケット・クリーク・キャンプ場から北に少し歩くとサンド・ダラー・ビーチ・ピクニック・エリア Sand Dollar Beach picnic area（デイユース＄5）へ続く脇道がある。こ

ハイウェイ1のドライブ

建設に18年をかけ（作業の大半は囚人が刑罰として従事した）1937年に完成したハイウェイ1は、カリフォルニア初の景勝道路であり、その名にふさわしい絶景が続いている。道は2車線でカーブが多く、スピードは出せないため、カーメルCarmelからサン・ルイス・オビスポSan Luis Obispoまで、寄り道なしで走っても5時間ほどかかる。海岸沿いに続く壮大な景色は絶対におすすめだ。美しくそびえる切り立った崖の下には、岩場の海岸が広がっている。海の水は孔雀の羽のような青緑色からカジキの背中を思わせる深い紫色へと変化する。写真マニアならフィルムをどっさり用意し、日中いっぱい使ってドライブを楽しもう。決して大げさではなく、100ヤード（約90m）進むごとに絶景をカメラに収めるため車を停めることになる。12月から3月、バハカリフォルニアから北上してくるクジラが道沿いに見えれば、夢のようなひとときとなるだろう。

ドライブ好きな人には、この道のバンクやカーブはたまらなく魅力的だが、この道では忍耐力も試されることになる。夏は霧の出ることもあり、ひどく渋滞する。冬の嵐の期間はしばしば道が閉鎖される。ともかくリラックスして、次々と現れる信じられないほど美しい景色を楽しもう。カーメルかサン・ルイス・オビスポでガソリンを入れ、食料も用意しておこう。ハイウェイ途中では途方もなく高い料金（通常価格の2倍以上とられることもある）を払うはめになる。ハイウェイ1沿いの土地はほとんどが私有地なので、ビーチへの立ち入りは制限されている。引き波が強く、潮流が速いので海水浴はおすすめできない。ビーチへ続く道はテニスシューズかしっかりしたサンダルを履いて行こう。

こから5分ほど歩くと、この辺りでもっとも長い砂浜のビーチに出る。

前出のパシフィック・バレー・レンジャー・ステーションPacific Valley Ranger Stationを過ぎると、ナシミエント-ファーガソン・ロードNacimiento-Fergusson Rdへの脇道がある。森を横切って進むこの道を約40マイル（約64km）行くと、ハイウェイ101に合流する。途中のサン・アントニオ・デ・パドゥア伝道所Mission San Antonio de Padua（本章後出の「ハイウェイ101沿い」を参照）は、立ち寄る価値がある伝道所だ。

ナシミエント-ファーガソン・ロードからは先着順で利用できるキャンプ場へ行くことができる。**ナシミエント Nacimiento**（キャンプサイト＄8）やそこからさらに東に2マイル（約3km）進んだ所に**ポンデローサ Ponderosa**（キャンプサイト＄12）がある。ポンデローサはナシミエントより良い。そばにはマスのいる川が流れ、サイトには炉、テーブルがあり、汲み取り式トイレがある。

ナシミエント・リッジNacimiento Ridgeからは、太平洋とサンタ・ルシア山地Santa Lucia Rangeの東側の山麓が見える。

そのほかにもハイウェイ1にキャンプ場が数カ所ある。**カーク・クリーク・キャンプ場 Kirk Creek Campground**（ウォークイン＄5 キャンプサイト＄16）は眼下に海が広がる崖の上にあるすてきなキャンプ場で、日当たりも良い。水洗トイレはあるが、シャワーはない。**ライムキルン州立公園 Limekiln State Park**（☎831-667-2403 ☎予約800-444-7275 ☎キャンプサイト＄12 デイユース＄3）はカーク・クリーク・キャンプ場の北2マイル（約3km）にある公園。入口は海のそばにある橋の下にあり、その脇にキャンプ場がある。水洗トイレと無料の温水シャワーを利用できる。公園の名前は、1880年代に作られ、今もこの場所に残る4つの石灰釜（ライムキルン）に由来する。この釜を使って地元で採れる石灰石を溶解し粉末にしていた。半マイル（800m）のトレイルがレッドウッドの新しい森の中を抜け、この歴史のある釜の所まで続いている。もう1つの短いトレイルを行くと、高さ100フィート（約30m）の滝に出る。

さらに北へ進むとじきに脇道がある。狭くて曲がりくねったこの道を2マイル（約3km）ほど進み丘を登ると、**ニュー・カマルドリ修道院 New Camaldoli Hermitage**がある。道沿いにはすばらしい景色が広がり、ベンチやピクニックテーブルも用意されている。この広い敷地内では、約30人の修道士が自給自足の生活をしながら祈りと瞑想の日々を送っている。詳細は☎831-667-2456へ電話すること。

現世を楽しみたい人におすすめの**ルシア・ロッジ Lucia Lodge**（☎831-667-2391 ☎831-667-2326 ☎キャビン＄125～250 ランチ＄8～28 ディナー＄17～30）は、修道院への脇道から北2マイル（約3km）にある湾の上、約400フィート（約120m）の高台にあるロッジだ。屋外のデッキにあるラウンジを兼ねたレストランからは、夢のように美しい景色が楽しめる。サンドイッチから魚やステーキのディナーまで、幅広いメニューがそろっている。

エサレン研究所
Esalen Institute

「エサレン研究所、予約客のみEsalen Institute, By Reservation Only」と書かれたライト付の標示が出ているだけだが、エサレン研究所（☎831-667-3000 ☎www.esalen.org）のセミナーと天然温泉は世界的にも有名だ。「人間の価値と潜在能力を高める」というワークショップでは、アフリカ舞踊からヨガ、心理的ゲームであるゴルフ体験などを行う。数十年にわたり繰り返されているこういった手法は、ニューエイジ界ではもはや「旧式」だが、エサレンではそんなことを気にかける人はいない。

エサレンには天然の温泉がひかれていて、メインの建物の下に広がる海の岩礁の上に風呂が作られている。1998年のエルニーニョで壊れた浴槽は、2002年後半には改修が完了した。毎晩1:00～3:30までは外部の人も利用できるので（水着着用でも可）、上記に電話してみよう。

空き部屋があれば、セミナーに参加しなくてもエサレンに宿泊できる（新しいお風呂も利用できる）。宿泊施設は、3人まで泊まれる標準的な客室（1人あたり＄130～150）と、ベッド数4～6のドミトリーがある（1人あたり＄90～95）。1日の料金には3食が含まれている。部屋またはセミナーの予約は、☎831-667-3005へ。セミナーの日時など詳細は電話またはホームページの一覧を確認すること。

ジュリア・ファイファー・バーンズ州立公園
Julia Pfeiffer Burns State Park

ビッグ・サー開拓時代の女性の名前がつけられたこの公園（☎831-667-2315）は、ハイウェイ1の両側に広がり、アメリカイトスギ、タン皮カシ、マドローネ（ツツジ科の常緑高木）、カシの木のやぶなどが見られる。公園の入口（ハイウェイ1の東側）には、マックウェイ川沿いの林の中にピクニック場が広がり、この土地初の入植者であるウォーターズ一家が住んでいた古いキャビン（川の北側、ピクニック場を過ぎてすぐ）もある。1900年代、ウォーターズ家はここにサドル・ロック農場Saddle Rock Ranchを開いた。エウォルドセン・トレイルEwoldsen Trailからは海とサンタ・ルシア山地の絶景を望める。

この公園の見所は、カリフォルニアで唯一海に（干潮時には砂に）流れ落ちる高さ80フィート（約24m）の**マックウェイ滝 McWay Falls**だ。滝を見晴らすポイントまでは、公園入口から西へ向かうトレイルを進み、ハイウェイ1の下を通る。近くには予約なしでも利用できる**キャンプ場 campgrounds**（☎予約800-444-7275 ■キャンプサイト＄12）が、ほぼ自然のままの崖の上に2カ所ある。キャンプの登録は、約12マイル（約19km）ほど北にあるファイファー・ビッグ・サー・キャンプ場で行う（本章後出参照）。

パーティントン・コーブ
Partington Cove

ハイウェイ1の西からパーティントン・コーブまで、パーティントン川沿いに0.5マイル（約800m）ほど、あまり標示のない未舗装の険しい下り坂が続いている。パーティントンとは、1880年代にこの入り江を築いた入植者の名前だ。この入り江はもともとタン皮を船に積み込むために使われていたものだった。オークとクリの交配種でその樹皮は、皮なめしに用いられる。禁酒法時代、この入り江は酒の密売業者たちの上陸場所となっていたようだ。この辺りは、絶景の見渡せるポイントや潮だまり、泳ぎに適した川、すてきなピクニックエリアなどがあるすばらしい場所だが、見落とされることが多い。

入り江へ続く脇道は、ジュリア・ファイファー・バーンズ州立公園の北およそ2kmにある大きなヘアピンカーブの内側から出ている。未舗装道路沿いに汚い駐車スペースがある。

コースト・ギャラリー
Coast Gallery

コースト・ギャラリー（☎831-667-2301 ■9:00～17:00）はレッドウッドの水槽を利用した建物が集まってできている施設。地元や国内のアーチストによる一流工芸品を集めたすばらしいコレクションのほか、ヘンリー・ミラーの手による水彩画、限定版の版画、書籍、歴史ある記念の品々を収蔵している。

数軒のギフトショップ、キャンドル工房もある。カフェのデッキからは海を眺めながら、ペストリーや軽めのランチが食べられる。

ヘンリー・ミラー図書館
Henry Miller Library

コースト・ギャラリーから北に約2マイル（約3km）にあるこの図書館（☎831-667-2574 ■www.henrymiller.org ■寄付＄1 ■水～月11:00～18:00）は、彫刻が点在する庭の真ん中に建ち、ビッグ・サーではもっとも文化的香りのする場所だ。この建物は、ミラーの親友で画家のエイマル・ホワイトが1989年に亡くなるまで住んでいた場所で、現在は非営利組織によって管理されている。図書館では、ミラーが執筆した全作品、彼が描いた絵画の数々、ミラーの作品の翻訳本、ビッグ・サーやビート族に関する貴重な資料を収蔵している。本を持ってデッキでのんびりすることもできる。開館時間は上記のとおり（事前に電話すること）。職員は親切で知識も豊富だ。ここで催される、詩、戯曲、音楽などのイベントについては、ホームページで確認すること。

ファイファー・ビッグ・サー州立公園
Pfeiffer Big Sur State Park

ビッグ・サー最大の州立公園（☎831-667-2315）は1869年、ビッグ・サーに初めて入植したヨーロッパ人マイケル・ファイファーとバーバラ・ファイファーにちなんでこの名がつけられた。かつて、ファイファー・ランチ・リゾートがあった広さ680エーカー（約280ha）の敷地には、当時の農家のキャビンや、ファイファー夫妻が眠る墓地もある。管理事務所がある丸太造りの建物とビッグ・サー・ロッジ（「宿泊」を参照）は、CCC（自然保護青年団Civilian Conservation Corps）が1930年に建てたもの。

ビッグ・サー川そばには**キャンプ場 campground**（☎予約800-444-7275 ■キャンプサイト＄12）がある。土地は谷あいの平らな低地で周囲をレッドウッドが囲んでいる。シャワー、洗濯の設備があるが、フックアップはない。

公園内を巡るハイキングトレイルがあり、近くのベンタナ自然保護区Ventana Wildernessへ続いている（コラム参照）。混雑する夏の時期でなければ、牧歌的風景を満喫できる。カーブの続くシカモア・キャニオン・ロードSycamore Canyon Rdを2マイル（約3km）進むと、すばらしい**ファイファー・ビーチ Pfeiffer Beach**に出る。この原稿を書いている時点では、道とビーチの再開発中だったが、現在はリニューアルオープンしているはずだ。

アンドリュー・モレラ州立公園
Andrew Molera State Park

アンドリュー・モレラ州立公園（☎831-667-2315）は人里離れた自然があふれる場所にある。さまざまな野生動物が生息し、海からの漂流物探しをするのにも楽しい場所だ。ファン・バウティスタ・クーパーが所有する広さ9000エーカー（約3600ha）のランチョ・エ

先着順で利用できる**ウォークイン・キャンプ場 walk-in campground**（キャンプサイト＄1）は駐車場から約0.3マイル（約500m）の所にある。炉、汲み取り式トイレ、飲料水の設備がある。キャンプ場から出ていうなだらかな0.5マイル（約800m）のトレイルは、スズカケノキの木立を抜けて、ビッグ・サーにある建築のうち最古の部類に入る**クーパー・キャビン Cooper Cabin**のそばを通り、ビッグ・サー川が流れ込む美しいビーチまで続いている。そこから南に向かう数本のトレイルがビーチ上の断崖沿いに延びている。

モレラ乗馬ツアー Molera Horseback Tours（☎831-625-5486、800-942-5486 W www.molerahorsebacktours.com）ではガイド付の多彩なツアーを行っている。1～2時間半のコースで、料金は4月から1月が＄25～59だ。この馬小屋は、公園入口から約0.25マイル（400m）の所にある。ここにはベンタナ自然保護協会Ventana Wilderness Societyが管理する**ビッグ・サー文化・自然史センター Big Sur Cultural & Natural History Center**（☎831-455-9514）もある。開館時間は電話で問い合わせること。

ポイント・サー灯台州立歴史公園
Point Sur Lightstation State Historic Park

カーメルの南およそ19マイル（約30km）にある巨大な火山岩、ポイント・サーは一見すると島に見えるが、実際は砂州で陸とつながっている。そのてっぺんの海抜361フィート（約110m）にある**ポイント・サー灯台 Point Sur Lightstation**（☎831-625-4419）は、1899年に建造され1972年までは稼動していた。ここを見学できるのは3時間のツアー（＄5）の参加者だけだ。ツアーは年間をとおして土曜、日曜日の10:00に始まる。4月から10月は、水曜日の10:00と14:00にも行われる。7月と8月は、木曜日の10:00に特別ツアーがある。この「ムーンライト」ツアーのスケジュールは電話で問い合わせること。ツアー希望者はハイウェイ1にある農場の入口に集合する。

リトル・サー・リバー橋
Little Sur River Bridge

高所のハリケーン・ポイント岬へ登る前に、ハイウェイ1は低地のリトル・サー・リバー橋を通る。この辺りはリトル・サー川の流れが穏やかで、画家たちが好んで題材とする場所だ。海に出る前に堆積した石灰石が大量に混じり、川の水は鮮やかな青色に変化する。雨の少ない時期、川には砂州に囲まれた沼ができる。橋の東に位置する**ピコ・ブランコ Pico Blanco**は、標高3710フィート（約1130m）の白と緑が縞模様になった山だ。エセレン・インディアンは人間と動物が生まれた神聖な場所として、この山を信仰していた。

ビクスビー橋
Bixby Bridge

ビクスビー・クリークBixby Creekにかかるビクスビー橋は、ビッグ・サーの中で撮影の名所となっている。長さ714フィート（約218m）、高さ260フィート（約80m）のこの橋は、世界でもっとも高い位置にあるシングルアーチ橋の1つ。刑期の短縮を望む囚人たちの働きにより1932年に完成した。

橋が架けられる前はここを通過するために、内陸にある**オールド・コースト・ロード Old Coast Rd**と呼ばれる14マイル（約22km）の道を行か

ベンタナ自然保護区

広さ16万7000エーカー（約6万8000ha）のベンタナ自然保護区Ventana Wildernessは、ビッグ・サーの海岸沿いに広がる未開の土地で、ロス・パドレス国有林Los Padres National Forestの北部にある。ロス・パドレス国有林は、サンタ・ルシア山地をまたいで広がり、海岸と平行に続いている。自然保護区のほとんどはオークと潅木の茂みに覆われているが、ビッグ・サー川とリトル・サー川が流れる峡谷には、沿岸性のレッドウッドの原生林も見られる。この地の固有種であるサンタルシアモミは、岩肌が露出した標高5000フィート（約1500m）以上の場所に点在している。

ベンタナ自然保護区はハイカーやバックパッカーに特に人気が高い。総計237マイル（約379km）のさまざまなトレイルが、奥地にある55カ所の指定キャンプ場へと続いている。目的地として人気があるのはサイクス・ホット・スプリングス Sykes Hot Springsだ。このレッドウッドに囲まれた天然のミネラル温泉（98～110°F＜約37～43°C＞）は、自然保護区の境界から10マイル（約16km）の場所にあり、途中、自然保護区へ通じるパイン・リッジ・トレイル Pine Ridge Trailを経由する。

トレイルヘッド（トレイルの入口）はビッグ・サー・レンジャー・ステーションにあり、駐車場、新鮮な水、トイレの設備がある。奥地への立ち入りおよび火の使用についての許可は、このレンジャーステーションか、ここより南のパシフィック・バレーにあるステーションで取得する。ベンタナ自然保護区は、国内でもっともクーガーが集まっている地域（10平方マイル＜約26km²＞あたり1頭）なので注意すること。

なければならなかった。この道は、ビクスビー橋の北側から東へ向かい、アンドリュー・モレラ州立公園を越えた所でハイウェイ1に再び合流する。今もこの道を通ることはできるが、車高の高い頑丈な車が必要だ。

ガラパタ州立公園
Garrapata State Park

ガラパタ州立公園（☎831-624-4909）は見過ごされることが多いが、2マイル（約3km）にわたってビーチに面しているすてきな公園で、海からレッドウッドの森に延びる幾つかのハイキングトレイルもある。**ソベラネス・キャニオン・トレイル** Soberanes Canyon Trailと**ロッキー・リッジ・トレイル** Rocky Ridge Trailはかなり厳しいコース。駐車スペースはハイウェイ1沿いにある。

宿泊

ビッグ・サーにある低料金の宿泊施設はキャンプ場だけだ。わずかにあるキャビン、小さなホテル、モーテルの料金は高く、数週間先まで予約でいっぱいになっていることも多い。特に夏場と1年をとおした週末は、少なくとも1カ月前に予約しなければならない。早めに予約するかキャンセル待ちも兼ねて、ビッグ・サーの外に泊まることも選択肢に入れておこう。最低2泊が条件の宿もある。宿泊に関する情報は前出の「サザン・ビッグ・サー」も参照。

キャンプ場 アンドリュー・モレラ、ファイファー・ビッグ・サー、ジュリア・ファイファー・バーンズの3つのビッグ・サーにある州立公園には、キャンプ場がある。各キャンプ場の詳細は、本章前出の公園に関する説明を参照のこと。さらに、ロス・パドレス国有林とベンタナ自然保護区にも人里離れた未開発キャンプ場がある。詳細はレンジャーステーションで確認のこと。1泊分の駐車許可証（＄4）と火の使用許可（無料）もレンジャーステーションで取ることができる。

ベンタナ・キャンプ場
Ventana Campground
☎831-667-2712
■キャンプサイト 日〜木＄25、金・土＄35
■4〜10月

ファイファー・ビッグ・サー州立公園の南、40エーカー（約16ha）のレッドウッドの森の中にあるキャンプ場。各サイトは人目を気にする必要がなくすばらしい。小さな雑貨店もある。

ビッグ・サー・キャンプ場＆キャビン
Big Sur Campground & Cabins
☎831-667-2322
■サイト＄26 テントキャビン＄50 バス＆キッチン付キャビン＄90〜180

「ザ・ビレッジThe village」にあるキャンプ場。年月を経たレッドウッドに囲まれたビッグ・サー川沿いで、すてきなサイトと小さなキャビンを備えている。キャンプ場内の店で最低限のものは買うことができる。洗濯の設備、温水シャワー、バレーボールとバスケットボールのコート、運動場もある。

リバーサイド・キャンプ場＆キャビン
Riverside Campground & Cabins
☎831-667-2414
■サイト＄28 キャビン＄60〜115

ビッグ・サー・キャンプ場からさらに南へ0.5マイル（約800m）の場所にある、同じようなタイプのキャンプ場。安いほうのキャビンには専用風呂がない。

イン＆リゾート

グレン・オークス・モーテル
Glen Oaks Motel
☎831-667-2105 FAX 831-667-1105
W www.glenoaksbigsur.com
■客室＄69〜104 コテージ＄130〜145

「ザ・ビレッジ」にあるモーテル。清潔で風通しも良く、設備も整っている。木々と花々に囲まれたコテージもある。レストランでは火曜日以外は毎晩ディナーを楽しむこともできる。

リップルウッド・リゾート
Ripplewood Resort
☎831-667-2242
W www.ripplewoodresort.com
■キャビン＄75〜125

グレン・オークス・モーテルの隣にある。キャビンによって設備はさまざまだが、キッチンと専用風呂は全キャビンにあり、暖炉付のキャビンもある。周りをレッドウッドに囲まれた川沿いのキャビンは静かだが、ハイウェイ1沿いのキャビンはかなりうるさい。カフェではおいしい朝食とランチを楽しめる。マーケットもある。

ディートジェンズ・ビッグ・サー・イン
Deetjen's Big Sur Inn
☎831-667-2377
W www.deetjens.com
■客室＄75〜195

ヘンリー・ミラー図書館の真南にあるイン。カストロ・クリークCastro Creek沿いにレッドウッドやフジの木々に囲まれた素朴な客室が幾つも集まっていて魅力的だ。1930年代初期にノルウェーからやって来た1人の移民が建てたキャビンは、今なお彼の個性が感じられる。テレビや電話はない。くつろいだ雰囲気のレストランでは、朝食（＄4.50〜11）とおいしいディナー（メイン＄15〜29）が食べられる。

ビッグ・サー・リバー・イン
Big Sur River Inn
☎831-667-2700、800-548-3610
www.bigsurriverinn.com
客室 $85〜140

1888年以来続く「ザ・ビレッジ」にあるイン。居心地の良いカントリー調のロッジがあり、近くを川が流れる。広い温水プールと終日営業のレストランがある。

ビッグ・サー・ロッジ
Big Sur Lodge
☎831-667-3100、800-424-4787
www.bigsurlodge.com
コテージ $99〜229

すてきなコテージには、全棟にデッキかバルコニーがある。料金が高いコテージにはキッチンと暖炉の両方、またはいずれかが備えられており、6人まで泊まれる。料金には州立公園の入場料が含まれている。レストラン（メイン $12.50〜23）と店もある。

ベンタナ・イン・アンド・スパ
Ventana Inn & Spa
☎831-667-2331、800-628-6500
831-667-2419
www.ventanainn.com
客室 $300〜975

この宿の静かで幻想的な雰囲気は、アンソニー・ホプキンス、レオナルド・ディカプリオなど、ハリウッドの超一流俳優たちの目にも留まっている。客室にはスパ、暖炉、豪華なバスローブなどがそろい、複合施設には日本式の風呂、サウナのほか、2つのプールが入っている。

ベンタナ・イン・アンド・スパでは物足りないという人は、さらに豪華な**ポスト・ランチ・イン Post Ranch Inn**（☎831-667-2200 客室 $485〜935）を試してみるといい。ハイウェイを挟んでベンタナの向かい側にある。ゲートを入り、監視付のドライブウェイを進むとすばらしいゲストハウス群が見えてくる。

食事
以下に記載した以外のレストラン情報は「宿泊」を参照のこと。

ビッグ・サー・ベーカリー
Big Sur Bakery
☎831-667-0520
ピザ $9〜15 メイン $18〜24

「ザ・ビレッジ」にある雰囲気の良い店。古風で照明も温かい感じだ。できたてのキッシュやビヤリ（中央をへこませた平たいロールパン）があり、薪で焼くピザは正午から作り始める。ボリュームたっぷりのディナーは肉料理のメニューが中心だ。

ネペンス
Nepenthe
☎831-667-2345
メイン $11〜30

ファイファー・ビッグ・サー州立公園の南にある。色鮮やかな庭園と店のロケーションで有名な店。足がすくむほどの断崖の上にあり、店から眺める日没は圧巻だ。外の大きなテラスからも景色を楽しめるが、バーとダイニングルームの広い窓からも絶景が一望できる。残念ながら料理は月並みだ。手頃な値段でネペンテスと同じ絶景を楽しむなら、ネペンテスの下にあるセルフサービス式カフェ**カフェ・ケバ Cafe Kevah**（1品 $8〜12 3〜12月 9:00〜16:00）に行ってみるといい。

シエロ
Cielo
☎831-667-2331
ランチ $11〜17 ディナー $25〜35

ベンタナ・イン・アンド・スパ内にある、禅の雰囲気を取り入れたスキーロッジの趣の店。完璧なサービスと流行のアメリカ料理はどちらも芸術的ですばらしい。

ポイント・ロボス州立保護区
Point Lobos State Reserve

ポイント・ロボス（☎インフォメーション 831-624-4909 車1台 $4、徒歩無料 サマータイム 9:00〜19:00、その他 9:00〜17:00）はカーメルの南4マイル（約6km）にある。見所はダイナミックな形の岩と渦を巻く海岸線だ。大きな声で鳴くトドが住んでいることから「トドのいる場所」という意味のスペイン語、プンタ・デ・ロス・ロボス・マリノスからこの名前がつけられた。数本の短い遊歩道が、わくわくするような未開の地へと続いている。人気のポイントには、**シーライオン・ポイント Sea Lion Point**と、満潮時にはしぶきを上げながら渦を巻く**デビルズ・コールドラン Devil's Cauldron**がある。メイン道路の終点にある**バード・アイランド Bird Island**では、すばらしいバードウォッチングを体験できる。そこから距離のあるハイキングコースも延びている。

ホエーラーズ・コーブ Whaler's Coveにある海草の森はダイバーに人気があるが、入るには許可（$7）が必要。詳細は☎831-624-8413へ連絡を。

カーメル・バイ・ザ・シー
Carmel-By-The Sea

ハイウェイ1はビッグ・サーの北で、南にカーメル、北にはモントレーがあるモントレー半島

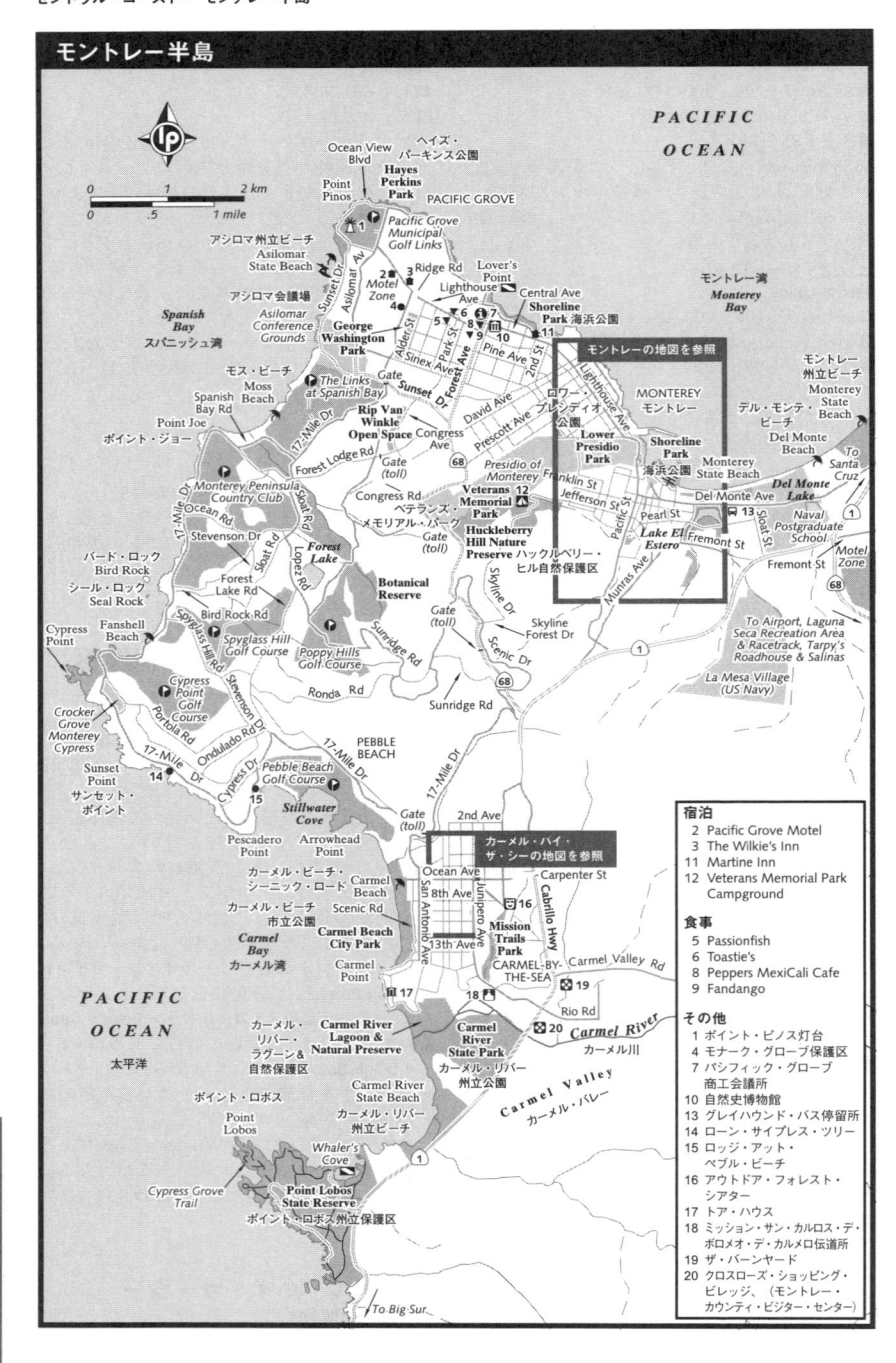

セントラル・コースト − モンテレー半島

モントレー半島

宿泊
- 2 Pacific Grove Motel
- 3 The Wilkie's Inn
- 11 Martine Inn
- 12 Veterans Memorial Park Campground

食事
- 5 Passionfish
- 6 Toastie's
- 8 Peppers MexiCali Cafe
- 9 Fandango

その他
- 1 ポイント・ピノス灯台
- 4 モナーク・グローブ保護区
- 7 パシフィック・グローブ商工会議所
- 10 自然史博物館
- 13 グレイハウンド・バス停留所
- 14 ローン・サイプレス・ツリー
- 15 ロッジ・アット・ペブル・ビーチ
- 16 アウトドア・フォレスト・シアター
- 17 トア・ハウス
- 18 ミッション・サン・カルロス・デ・ボロメオ・デ・カルメロ伝道所
- 19 ザ・バーンヤード
- 20 クロスローズ・ショッピング・ビレッジ、（モンテレー・カウンティ・ビジター・センター）

804

へと向かう。この辺りは海岸沿いに続く絶景で知られているが、(カリフォルニアがスペイン、メキシコの領土だった時代の州都として)さまざまな歴史に彩られたエリアでもある。

カーメル(人口4500人)は、1880年代に計画的な海辺のリゾート地として開発され、自由な気風を持つ別荘地として瞬く間に有名になった。町の美しい通りには100を超えるギャラリーがあり、今も芸術的な香りを感じさせるが、最近では「金持ちが好む」とか「俗な」と形容されることが多くなってしまった。美しい海岸沿いに絵のような家々が建ち並ぶカーメルにはお金持ち向けの店が多く、確実に高級志向が強まっているようだ。

この町の整然とした美しさは、厳しく定められた地元の条例によるもので、ネオンサインや広告の看板、ホットドッグスタンドなどは禁止されている。ハイヒールを履くにも許可が必要だ(なんと、丸石を敷いた歩道ですべった人から訴えられないためだそうだ)。ここの住民は自分宛ての郵便物を郵便局まで取りに行く。各家には番地がなく、住所には、ブロック名か通り名のどちら側にあるのかだけ記載される。公衆電話、ゴミ箱、新聞を売るボックスにまで、趣のある屋根が付いている。

オリエンテーション・インフォメーション

ほとんどのショップ、レストラン、ホテルは、オーシャン・アベニューOcean Ave、サン・カルロス・ストリートSan Carlos St、ドロレス・ストリートDolores St沿いに集まっている。5thストリートと6thストリートの間のサン・カルロス・ストリートに**カーメル商工会 Carmel Business Association**(☎831-624-2522、800-550-4333 ℻831-624-1329 ◐月〜金 8:00〜17:00)がある。タウンマップとインフォメーションを発行しているが、掲載されているのはここのメンバー企業のみだ。

カーメルのほか、モントレー、ビッグ・サーに関する情報は**モントレー・カウンティ・ビジター・センター Monterey County Visitors Center**(☎831-626-1424、888-221-1010 ℻831-626-1426 ⌂137 Crossroads Blvd ◐6〜9月 10:00〜17:00、10〜5月 10:00〜16:00)で。ハイウェイ1をリオ・ロードRio Rdで下りたクロスローズ・ショッピング・ビレッジCrossroads Shopping Village内にある。

サン・カルロス・デ・ボロメオ・デ・カルメロ伝道所
Mission San Carlos de Borroméo de Carmelo

もともとは、1769年にセラ神父がモントレーに築いた伝道所だが、やせた土地だったためやむなく1771年にカーメルの川沿いへと移動した。このほかにもカリフォルニアには、伝道師たちが築いた20の伝道所があるが、この伝道所にはセラ神父当時の土台が残っている。彼はここで1784年に亡くなり、同胞のファン・クレスピ神父と並んで伝道所内の教会に埋葬された。

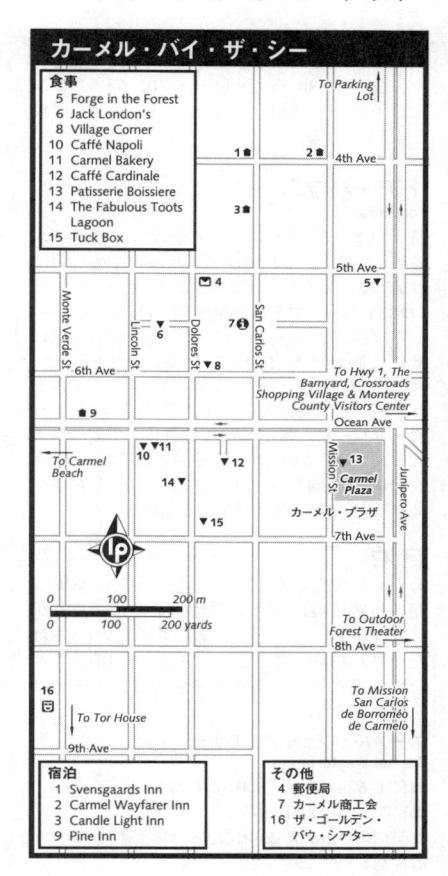

伝道所の聖堂は初め木造だったが、のちに日干し煉瓦で再建され、1793年に現在の石造りになった。19世紀に入ると伝道所は衰退していった。1834年に伝道所は宗教から分離され、1836年に神父がモントレーへ移った時点で、事実上見捨てられてしまった。廃墟となった伝道所は1884年に屋根で覆われ、かろうじて崩壊を食い止めた。だが、実際に修復作業が始まったのは1931年のことだった。現在、ここはカリフォルニアでもっとも魅力のある完全な形を保っている伝道所であり、セラ神父と伝道所の歴史を語るすばらしい博物館も併設されている。

伝道所(☎831-624-1271 ⊠3080 Rio Rd 料 美術館・教会 大人＄4 子供18歳未満＄1 ◐月〜土 9:30〜19:30 日 10:30〜16:30、6〜8月のみ毎日 9:30〜19:30)へはカーメルの南でハイウェイ1を下りる。

トア・ハウス
Tor House
詩人ロビンソン・ジェファーズは、カーメルの風土が生んだ芸術家の1人だ。いかめしい造りが人目を引く彼の家はトア・ハウス(☎831-624-1813 ⊠26304 Ocean View Ave)と呼ばれ、シーニック・アベニューScenic Aveそばの観光名所となっている。ツアーでは、家の内部や庭を見学するほか、古代アイルランドの石の塔からヒントを得たというホーク・タワーHawk Towerにも登る。ツアー(大人＄7、学生＄4)は、金曜、土曜日の10:00〜15:00に1時間おきに出発する。予約をおすすめする。12歳未満は参加できない。

宿泊
カーメルの宿は安くない。モーテルが6軒あるが、接客態度は極めて悪い。その代わり、小さなブティックホテルや居心地の良いB＆Bはたくさんある。ただし、週末は最低2泊を条件とする宿が多く、空き部屋も少ない。夏場は一層混み合う。

カーメル・ウェイフェアラー・イン
Carmel Wayfarer Inn
☎831-624-2711、800-624-2711
FAX 831-625-1210
♠cnr Mission St & 4th Ave
◐客室＄89〜259
1919年創業のすてきなカントリー調の宿。客室はすべて異なり、見事な夕日が見える部屋もある。量がたっぷりのコンチネンタルブレックファストと自家製パンがサービスされる。

キャンドル・ライト・イン
Candle Light Inn
☎831-624-6451、800-433-4732
FAX 831-624-6732
♠San Carlos St between 4th & 5th Aves
料客室 11〜5月＄129〜179、6〜10月＄185〜275
清潔で居心地の良い客室にはコーヒーメーカーが付いている。親切なフランス人女性オーナーは周辺のレストラン情報に詳しい。バスケットに入ったコンチネンタルブレックファストを部屋の外まで運んでくれる。

スペンスガーズ・イン
Svensgaards Inn
☎831-624-1511、800-433-4732
FAX 831-624-5661
♠cnr San Carlos St & 4th Ave
料客室 11〜5月＄99〜275、6〜10月＄150〜300
緑あふれるすてきな中庭が広がり、大きな野外温水プールがある。最高級の部屋には暖炉、簡易キッチン、テレビ付の広い渦巻き風呂がある。朝、部屋までコンチネンタルブレックファストが運ばれる。

パイン・イン
Pine Inn
☎831-624-3851、800-228-3851
FAX 831-624-3030
W tallyho-inn.com
♠Ocean Ave & Lincoln St
料客室＄125〜250
1889年創業の宿。ヨーロッパ風の瀟洒な日干し煉瓦が昔と変わらない優雅な趣を醸し出している。豪華なじゅうたん、磨き上げられた木製の羽目板、すてきなアンティークの調度品、暖かなライティング、すべてが上品で心地良い空間を作り出している。館内はすべて禁煙だ(喫煙した場合は＄250の罰金)。

食事
カーメルには、手頃な値段で量もたっぷりあり、さらに雰囲気も楽しめるすばらしいレストランがある。たいていの店は21:00頃には閉店するので注意すること。

カフェ・カルディナーレ
Caffé Cardinale
☎831-626-2095
♠Ocean Ave between San Carlos & Dolores Sts
料スナック＄3〜8
◐7:00〜18:00
濃厚なコーヒー(店で焙煎している)が圧倒的な支持を得ているが、焼き菓子やサンドイッチも信頼のおける味だ。オーシャン・アベニューOcean Aveから脇道に入った目立たない場所にある。

カフェ・ナポリ
Caffé Napoli
☎831-625-4033
♠Ocean Ave near Lincoln St
料メイン＄10〜20
高い人気を誇る南イタリア料理の店。メニューは店内で生地から作るピザ、濃厚な味のパスタやリゾット、各種の魚料理など。小さな店なので予約をおすすめする。

カーメル・ベーカリー
Carmel Bakery
☎831-626-8885
♠Ocean Ave between Lincoln & Delores Sts
料パンなど＄0.50〜3
◐日〜木 18:00まで、金・土 19:00まで
1935年から続く一流ベーカリー。サラダとサンドイッチの簡単なメニューは、どれも＄7未満だ。

ザ・ファビュロス・トゥーツ・ラグーン
The Fabulous Toots Lagoon
☎831-625-1915
⌂Dolores St between Ocean & 7th Aves
🍴メイン＄10〜30

絶品のリブとジューシーなステーキが有名だが、ピザも捨てがたい。ここのバーは地元の人に人気だ。

フォージ・イン・ザ・フォレスト
Forge in the Forest
☎831-624-2233
⌂cnr 5th Ave & Junípero St
🍴メイン＄13〜31

町でもっとも人気があり楽しめる店。店内は本物の鍛冶場を利用した田舎風の造りで、花があふれるパティオにも席がある。メニューはアメリカ・カリフォルニア料理で、価格は中程度、アペタイザーが無料になるサービスタイムが毎日ある。

ジャック・ロンドンズ
Jack London's
☎831-624-2336
⌂Dolores St between 5th & 6th Aves
🍴1品＄4〜19

ドロレス・ストリートDolores Stから脇道に入った所にある、深夜まで温かい料理を楽しめる店。1973年以来、カーメルの中心的な存在として上等なパブ料理のほか、地元の小さなメーカーのビール、絶品のマルガリータを出す。バーガーと小牛の背からとったリブはこの店のスペシャルメニューだ。朝食は時間を気にせずいつでも食べられる。

パティスリー・ボアシエ
Patisserie Boissiere
☎831-624-5008
⌂Mission St between Ocean & 7th Aves
🍴ランチ＄8〜13、ディナー水〜日＄9〜18

カーメル・プラザCarmel Plazaのショッピング街に入っている魅力的な店。アンティークの多いダイニングルームには暖炉があり、友人の家に招かれたような気分になれる。最高のフランス料理のメニューは地元の新鮮な材料を使った逸品。

タック・ボックス
Tuck Box
☎831-624-6365
⌂Dolores St between Ocean & 7th Aves
🍴朝食＆ランチ＄7〜9.50 アフタヌーンティー＄6〜

居心地の良いイギリス風のティールームで「ヘンゼルとグレーテル」に出てくるような建物。常連客が自家製のスコーンとパイを目当てにやって来る。朝食は7:00から。

ビレッジ・コーナー
Village Corner
☎831-624-3588
⌂cnr Dolores St & 6th Ave
🍴朝食＄5〜8.50 ランチ＄7〜16.50 ディナー＄16〜25

高級なカリフォルニア風ビストロ。花があふれるすてきなパティオにはオープンタイプのピットがある。料理の量はたっぷりで待たずに食べられるだけでなく、店員の対応も感じが良い。

エンターテインメント

アウトドア・フォレスト・シアター
Outdoor Forest Theatre
☎831-626-1681
⌂Mountain View between Forest & Guadalupe Sts

1910年開設の劇場。ミュージカル、演劇、コメディのほか、映画も上映している。周りを木立に囲まれたすばらしい場所で、2つある大きなファイアーピットが人目を引く。

ゴールデン・バウ・シアター
Golden Bough Theatre
☎831-622-0100
⌂Monte Verde between 8th & 9th Aves

パシフィック・レパートリー・シアターPacific Repertory Theatreの本拠地。チェーホフからシェイクスピアまで幅広い演目を上演する。

カーメル・バッハ・フェスティバル
Carmel Bach Festival
☎831-624-2046
🌐www.bachfestival.org

7月と8月にカーメルが主催する人気の催し。町のあちこちの会場で催される。

ショッピング

カーメルは、地元の人も旅行者も関係なくショッピングを楽しめる町だ。買い物好きを満足させてくれるお店が豊富にあり、特に美術・工芸品のギャラリーや、必要でなくともつい手が出てしまうような小さな装飾品を売る店が多い。カーメルのギャラリーにあるのは、愉快なイルカの彫刻や、地元の風景を描いた油絵（なんとゴルフコースの絵まである）をはじめ、少々時代遅れの印象派絵画など。デザインがすてきな**カーメル・プラザ Carmel Plaza**（⌂cnr Ocean Ave & Mission St）のほか、小さなショッピングモールにもたくさんお店が入っている。町の中心から東の**ザ・バーンヤード The Barnyard**（⌂Carmel Rancho between Carmel Valley & Rio Rds）には40以上の専門店が軒を連ねる。

アクセス・交通手段

カーメルへはモントレーからハイウェイ1を南へ行けばわずか5マイル（8km）だ。モントレー

サリーナス・トランジット Monterey-Salinas Transit（MST ☎831-899-2555）の4番と5番のバスが、北はモントレー、南は伝道所とバーンヤード・ショッピングモールまで行く。22番のバスは、途中ビッグ・サーを通過する。**ビスタ・ロボス公園 Vista Lobos Park**（cnr 3rd Ave & Torres St）には時間制限のない無料駐車場がある。

17マイル・ドライブ
17-Mile Drive

17マイル・ドライブは、カーメルからパシフィック・グローブPacific Groveまで続く風光明媚な道だ。道は曲がりくねりながら、ペブル・ビーチPebble Beach、リゾート地、住宅地など、この半島の豊かさの象徴とも言えるエリアを通り抜ける。通行は日の出から日の入りまで、ゲートは5カ所、料金はマップ込みで1台＄8.50だ。自転車は無料だが、週末と祝日は自転車はパシフィック・グローブのゲートからしか入れない。景色にすっかり夢中になっているドライバーもいるので、自転車に乗る場合は注意すること。

カーメルの中心からの道順はオーシャン・アベニューを西に進み、北サン・アントニオ・アベニューN San Antonio Aveを北へ向かうと、カーメル・ゲートに着くので料金を支払う。そこからカーメル・ウェイCarmel Wayを行き、17マイル・ドライブのジャンクションに出たら左折する。

カーブの続くデル・モンテ・フォレストDel Monte Forestを抜けると、ペブル・ビーチに出る。このエリアはロールスロイスに乗るようなお金持ちが集まるリゾートで、有名なペブル・ビーチ・ゴルフコースや超高級施設ロッジ・アット・ペブル・ビーチLodge at Pebble Beachがある。さらに数マイル北へ進むと**ローン・サイプレス Lone Cypress**が見える。多くの地元の画家や写真家たちを魅了したこのイトスギは、（なんと著作権で保護されている）ペブル・ビーチ・カンパニーのシンボルマークでもあり、撮影はもとより絵の題材にすることさえ著作権の侵害となる。

そこから道は蛇行しながらモントレーイトスギの生える**クロッカー・グローブ Crocker Grove**を抜け、**サイプレス・ポイント展望台 Cypress Point Lookout**に出る。見栄えの悪いワイヤフェンスがあるが、それでもこの展望台は17マイル・ドライブ沿いでは最高の眺めを満喫できる場所だ。次に**ファンシェル・ビーチ Fanshell Beach**とアザラシや海辺の生き物が集まる**シール・ロック Seal Rock**がある。だが、動物を近くで見るなら、少し先の**バード・ロック Bird Rock**が一番だ。アシカやゴマフアザラシのほか、さまざまな海鳥の生息地となっている。バード・ロックには散策に最適な自然の道が1マイル（1.6km）続く。

さらに進むと、足場の不安定な岩場の**ポイント・ジョー Point Joe**がある。ここはかつてモントレー湾の入口と間違われることが多く、難破する船が頻発した。そこを過ぎると**スパニッシュ湾 Spanish Bay**に出る。1769年、探検家のガスパール・デ・ポルトラの船がこの湾から上陸した。湾からあと少しで、北の終点であるパシフィック・グローブ・ゲートに着く。

一般の旅行者にとってペブル・ビーチは、せいぜいドライブスルーですばらしい景色を楽しむだけの場所だ。だが、本来はリッチな人たちのための高級保養地で、ザ・ロッジ・アット・ペブル・ビーチやザ・イン・アット・スパニッシュ・ベイのような一流リゾート、名門ゴルフコース（コースは7つあり、有名なペブル・ビーチ・ゴルフコースもその1つ）、広さ5000エーカー（約2000ha）のデル・モンテ・フォレストなど、すばらしいリゾートがそろっている。

パシフィック・グローブ
Pacific Grove

パシフィック・グローブ（地元では「PG」と呼ばれる。人口1万6000人）は、穏やかなコミュニティで、1875年にメソジスト教徒の夏の修養の場として始まった。現在も立派なビクトリア建築群が美しく整った住宅街の通りに並んでいる。夏、町には旅行者が押し寄せるが、冬にはオオカバマダラというチョウが群れをなして飛来し、周辺の松林で冬を越す。この町には、立派な美術館、歴史を感じさせる灯台、半島でも最高のサーフスポットもある。アシロマ州立ビーチAsilomar State Beachから見る夕日がすばらしい。

オリエンテーション・インフォメーション

セントラル・アベニューCentral Aveとライトハウス・アベニューLighthouse Aveは、PGの商業の中心となっている通りだ。ライトハウス・アベニューは南東のモントレーまで続いている。**商工会議所 chamber of commerce**（☎831-373-3304、800-656-6520 FAX831-373-3317 www.pacificgrove.org cnr Central & Forest Aves 月〜金 9:30〜17:00、土10:00〜16:00）で旅行者向けの情報と地図が入手できる。

観光スポットと楽しみ方

建物の正面にコククジラの像がある**自然史博物館 Museum of Natural History**（☎831-648-

3116 ☎165 Forest Ave 国無料 ◉火〜日 10:00
〜17:00)は古くさい「標本の動物園」といっ
た印象は否めないが、ビッグ・サー、ラッコ、
オオカバマダラに関する興味深い展示がある。
　チョウが飛来する時期(10〜3月頃)に無数
の群れを見るのに最適なのは、**モナーク・グロ
ーブ保護区 Monarch Grove Sanctuary**だ。場所は、
ライトハウス・アベニューLighthouse Aveそ
ばのリッジ・ロードRidge Rd沿い(標示あり)
になる。10月には**バタフライ・パレード Butterfly
Parade**を行い、チョウたちがPGへ戻ったこと
を祝う。
　ライトハウス・アベニューLighthouse Ave
北西の端、モントレー半島の先端にある**ポイン
ト・ピノス灯台 Point Pinos Lighthouse**(☎831-
648-3116 国無料 ◉木〜日 13:00〜16:00)は西
海岸ではもっとも古くから動いている灯台だ。
1855年以来、レンズ、プリズム、建物とも当
時のままで、海の難所を航行する船に危険を
知らせている。内部には灯台の歴史とこの地
で難破した船に関する展示がある。

宿泊・食事

PGの宿の多くは、ハイクラスのホテルやB&B
であり、ライトハウス・アベニューLight-
house Ave沿いにある商業地区の北西に集まっ
ている。

パシフィック・グローブ・モーテル
Pacific Grove Motel
☎831-372-3431、800-525-3373
FAX 831-643-0235
🏠204 Grove Acre Ave at Lighthouse Ave
国客室$59〜149
プールとスパがあるモーテル。料金には簡単な
コンチネンタルブレックファストが含まれる。

ザ・ウィルキーズ・イン
The Wilkie's Inn
☎831-372-5960、866-372-5960
FAX 831-655-1681
W www.wilkiesinn.com
🏠1038 Lighthouse Ave
国客室$70〜189
一見、モーテルのようだが設備は良い。無料
のコンチネンタルブレックファスト付で、オ
ーシャンビューの部屋、簡易キッチン付の部
屋などもある。

マーティーン・イン
Martine Inn
☎831-373-3388、800-852-5588
FAX 831-373-3896
W www.martineinn.com
🏠255 Ocean View Blvd
国客室$135〜300
魅力あふれる非常に快適な宿。アンティーク

の調度品がそろった客室はくつろげる雰囲気
でいっぱい(暖炉付の部屋あり)。カクテルア
ワーではワインやアペタイザーの味見をし、
岩場に打ちつける波の音を聞きながら朝は心
のこもった朝食を楽しめる。クラシックカー
マニアのオーナーに頼めば、年代もののMGロ
ードスターを見せてもらえるかもしれない。

トースティーズ
Toastie's
☎831-373-7543
🏠702 Lighthouse Ave
国1品$3.50〜8.50
気取らない雰囲気のカフェ。納得の味の朝食
とランチが好評だ。

ペッパーズ・メヒカリ・カフェ
Peppers MexiCali Cafe
☎831-373-6892
🏠170 Forest Ave
国1品$6.50〜12.50
伝統的なメキシコ料理の店で、メニューはバ
ラエティ豊富で量もたっぷり。スパイスが利
いたシーフード料理も絶品。

ファンダンゴ
Fandango
☎831-372-3456
🏠223 17th St
国ランチ$8〜22、ディナー$12〜28
カリフォルニアにいながらにして地中海料理
を堪能できる。

パスタ・ミア
Pasta Mia
☎831-375-7709
🏠481 Lighthouse Ave
国ディナー$11〜20
この半島ではトップクラスの人気を誇るイタ
リア料理店。メニューは絶品のアンティパス
ト、ピザ、パスタ、ステーキ、魚料理など。

パッションフィッシュ
Passionfish
☎831-655-3311
🏠701 Lighthouse Ave
国ディナー$11〜27
新鮮な魚と厳選された肉の組み合わせが常連
客に人気。ソースもレモングラスからミント
ペーストまで、世界各国の味を楽しめる。ワ
インの品揃えもすばらしい。

モントレー
Monterey

カリフォルニアがスペイン、メキシコの領地
だったことを今に伝える場所はあちこちにあ
るが、スペインの遺産がもっとも多いのは間
違いなくモントレー(人口3万人)だ。町には、

スペイン・メキシコ時代の建物を再現した日干し煉瓦の建物が数多く存在し、歴史のある地区を散策して過ごすのは非常に有意義な体験になる。さらにモントレーには、海洋博物館や世界的に有名な水族館、言わずと知れたフィッシャーマンズ・ワーフFisherman's Wharfやキャナリー・ロウCannery Rowなど、旅行者に人気のスポットもある。

モントレー湾は世界有数の豊かな海で、さまざまな生物が数多く生息している。湾には海草が密集するケルプの森があり、ラッコ、アザラシ、アシカ、ゾウアザラシ、イルカ、クジラなどの哺乳類をはじめ多様な海洋生物が暮らしている。

モス・ランディングMoss Landing（モントレーの北数マイル）のわずか数百ヤード沖からは、海深1万フィート（約3000km）以上にまでおよぶモントレー・キャニオンが続いている。夏に発生する上昇流は、この海中峡谷の冷たい水と共に豊かな栄養分を海面まで運び、湾のさまざまな生き物に恵みを与える。この冷たい海水が流れ込むために湾の水温は比較的低く、夏には頻繁に発生する霧がこの半島を覆う。

歴史

紀元前500年頃からこの半島で暮らしていたオローニ族は、1542年に初めてヨーロッパから船でやって来たスペイン人探検家ファン・ロドリゲス・カブリヨを目撃していたかもしれない。1602年には、セバスチャン・ビスカイノが現在のモントレーのダウンタウン近くに上陸し、パトロンのモンテ・レイ公にちなんでこの地をモントレーと名づけた。その後、長い空白期間を経て1770年にスペイン人が再びモントレーに上陸し、その地にアルタ・カリフォルニアAlta California（北部カリフォルニア）で最初の要塞都市を築いた。この時、遠征を率いていたのはガスパール・デ・ポルトラであり、伝道所の創設者であるジュニペロ・セラ神父も随行していた。1年後、セラは教会を政治から分断するため、軍から遠く安全なカーメルへ伝道所を移した。

1821年にメキシコがスペインに破れると、モントレーはアルタ・カリフォルニアの首都となる。スペインによる厳しい貿易規制から開放されたモントレーは、活気ある海外貿易港となり、アメリカの東海岸からの移民がロシアの毛皮商や中国産の品々を運んできた船乗りたちと交易を行った。

1842年、メキシコとアメリカが戦争に突入したとの噂を聞いたトーマス・ジョーンズ提督が町を制圧し、一時的にモントレーはアメリカの領土となった。だが、噂は間違っていたことが判明し、数日後慌てて町から撤退した。1846年、本当に戦争が始まると、ジョン・スロート提督がしぶしぶ町を占領した。彼はジョーンズと同じ間違いを繰り返したくなかったのだ。アメリカに占領されたことで町の運命は一変する。モントレーに代わってサンノゼSan Joseが州都となったうえに、1849年のゴールドラッシュでは町の人口の多くが流出した。

30年の間、町は時代から取り残されたままだった。この間、町に残った人々は捕鯨で生計を立てていたが、1880年代には観光が町の中心産業となった。サザン・パシフィック鉄道の企業家たちが豪華なホテル・デル・モンテHotel del Monteを建てると、サンフランシスコのお金持ちがアクセスの良い町としてモントレーを訪れるようになった。現在、ホテル・デル・モンテはアメリカ海軍の訓練学校となっている。

同じ頃、漁師たちがモントレー湾の豊かな海の恵みを活用するようになり、初のイワシ缶詰工場が操業を開始する。1930年代には、缶詰工場が建ち並ぶこの湾は「サーディン・キャピタル・オブ・ザ・ワールド（世界のイワシ漁の中心）」となったが、乱獲と環境の変化により1950年代にイワシ産業は衰退に転じる。だが、幸いなことにここ十数年で観光産業が勢いを盛り返し、現在、モントレーは多くの旅行者が訪れる人気の町となっている。

オリエンテーション・インフォメーション

歴史のあるモントレーのダウンタウンは、アルバラード・ストリートAlvarado St周辺にこぢんまりとまとまっている。アルバラード・ストリートを進むと、フィッシャーマンズ・ワーフ近くのポルトラ・プラザPortola Plaza、カスタム・ハウス・プラザCustom House Plazaに突き当たる。この辺りはオールド・モントレーとして知られており、その北西およそ1マイル（約2km）にあるキャナリー・ロウとは違った雰囲気の地区だ。キャナリー・ロウはパシフィック・グローブPacific Groveまで真っすぐ続いている。

旅行の計画を立てるなら、**モントレー・カントリー観光局 Monterey County Convention & Visitors Bureau**（☎888-221-1010 ◐月〜金 9:00〜17:00）が運営するコールセンターに連絡するかホームページⓌwww.montereyinfo.orgをチェックしよう。☎831-649-1770へ電話すれば録音の情報は24時間聞くこともできる。

街に幾つかあるビジターセンターのうちの1つ、オールド・モントレーの東、エル・エステロ湖El Estero Lake湖岸にあるビジターセン

セントラル・コースト − モントレー

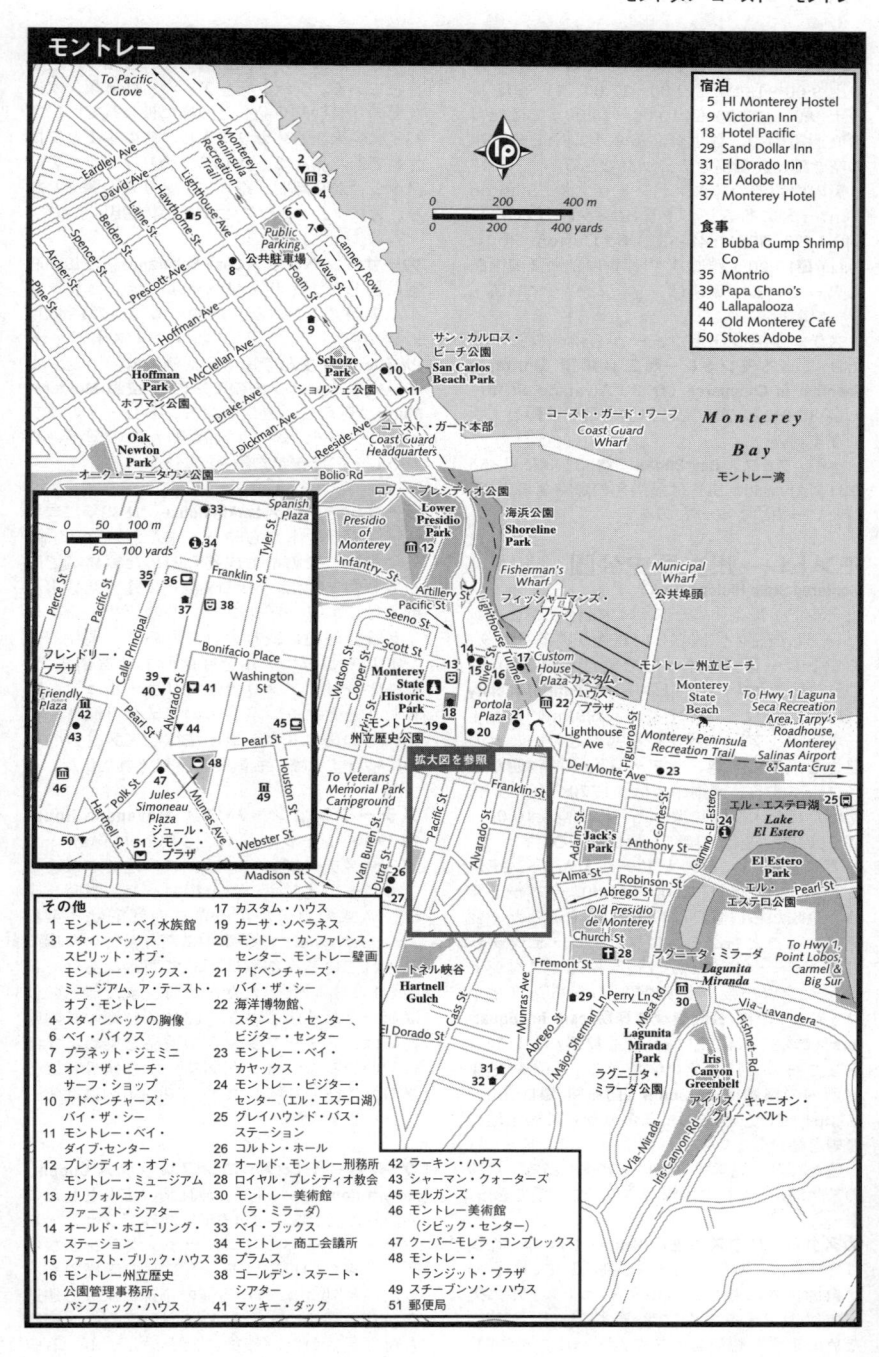

モントレー

宿泊
- 5 HI Monterey Hostel
- 9 Victorian Inn
- 18 Hotel Pacific
- 29 Sand Dollar Inn
- 31 El Dorado Inn
- 32 El Adobe Inn
- 37 Monterey Hotel

食事
- 2 Bubba Gump Shrimp Co
- 35 Montrio
- 39 Papa Chano's
- 40 Lallapalooza
- 44 Old Monterey Café
- 50 Stokes Adobe

その他
- 1 モントレー・ベイ水族館
- 3 スタインベックス・スピリット・オブ・モントレー・ワックス・ミュージアム、ア・テースト・オブ・モントレー
- 5 スタインベックの胸像
- 6 ベイ・バイクス
- 7 プラネット・ジェミニ
- 8 オン・ザ・ビーチ・サーフ・ショップ
- 10 アドベンチャーズ・バイ・ザ・シー
- 11 モントレー・ベイ・ダイブ・センター
- 12 プレシディオ・オブ・モントレー・ミュージアム
- 13 カリフォルニア・ファースト・シアター
- 14 オールド・ホエーリング・ステーション
- 15 ファースト・ブリック・ハウス
- 16 モントレー州立歴史公園管理事務所、パシフィック・ハウス
- 17 カスタム・ハウス
- 19 カーサ・ソベラネス
- 20 モントレー・カンファレンス・センター、モントレー壁画
- 21 アドベンチャーズ・バイ・ザ・シー
- 22 海洋博物館、スタントン・センター、ビジター・センター
- 23 モントレー・ベイ・カヤックス
- 24 モントレー・ビジター・センター（エル・エステロ湖）
- 25 グレイハウンド・バス・ステーション
- 26 コルトン・ホール
- 27 オールド・モントレー刑務所
- 28 ロイヤル・プレシディオ教会
- 30 モントレー美術館（ラ・ミラーダ）
- 33 ベイ・ブックス
- 34 モントレー商工会議所
- 36 プラス
- 38 ゴールデン・ステート・シアター
- 41 マッキー・ダック
- 42 ラーキン・ハウス
- 43 シャーマン・クォーターズ
- 45 モルガンズ
- 46 モントレー美術館（シビック・センター）
- 47 クーパー-モレラ・コンプレックス
- 48 モントレー・トランジット・プラザ
- 49 スチーブンソン・ハウス
- 51 郵便局

811

ター（☎831-649-1770 ＦＡＸ831-648-5373 ♠cnr Camino El Estero & Franklin St ◐4〜10月 月〜土 9:00〜18:00 日 9:00〜17:00、11〜3月 月〜土 9:00〜17:00 日 10:00〜16:00）では無料の直通電話で、数十軒あるホテルやモーテルの空き部屋、価格をチェックできる。

街の中心部のスタントン・センターStanton Center内にあるビジターセンター（☎831-649-1770 ＦＡＸ831-648-5373 ♠5 Custom House Plaza ◐10:00〜17:00）の建物には海洋美術館も入っている。場所はフィッシャーマンズ・ワーフの近く。

ステーション・センターから南へ少し歩いた所にある**モントレー商工会議所 Monterey Chamber of Commerce**（♠380 Alvarado St ◐月〜金 8:30〜17:00）では参加企業の情報を入手できる。

ベイ・ブックス Bay Books（☎831-375-1855 ♠316 Alvarado St）は品揃えの豊富な書店で、コーヒーカウンターもある。

モントレー州立歴史公園
Monterey State Historic Park

オールド・モントレーには19世紀に建造された日干し煉瓦のすばらしい建物が数多くあり、モントレー州立公園として管理されている。これらは、**パス・オブ・ヒストリー Path of History**（歴史の道）という2マイル（約3km）のウォーキングツアーで各建物を巡るといい。どの建物も入場は無料、ツアーは海洋博物館からスタートする。博物館では、1770〜1879年代を紹介した大変興味深い15分の映画を10:00〜16:30の間、連続で無料上映している。

ガイド付の90分のツアー（大人＄5、子供＄2）もあり、毎日10:00と14:00にスタートする。金曜から日曜日は11:00の回もあるが、変更されることもある。スタントン・センターのビジターセンターか、道を挟んでスタントン・センター反対側の歴史あるパシフィック・ハウス内の**公園管理事務所 park headquarters**（☎831-649-7118）でも無料パンフレットをもらって自分で見学できる。公園管理事務所内の**博物館 museum**（無料 ◐10:00〜17:00）では、さまざまな角度からこの土地の歴史を紹介している。

建物ごとに見学する無料ツアーもある。最新のスケジュールは公園管理事務所で入手できる。

カスタム・ハウス Custom House 1882年メキシコの独立により、スペインが独占していた貿易が自由化されたが、アルタ・カリフォルニア（北部カリフォルニア）で交易するには、課税のためにまず、船荷をカスタム・ハウス（税関）で降ろすという規定ができた。1827年の建物を再建した現在のカスタム・ハウスでは、貿易船によって運ばれた異国情緒あふれる品々が展示されている。シャンデリア、酒、機械類、家具などの「ぜいたく品」と同様に扱われていたスパイスや米を含めカリフォルニアの牛皮と交換されていた品々だ。1846年、カリフォルニアはメキシコから離脱、正式にアメリカの領土となり、カスタム・ハウスには星条旗が掲げられた。

カーサ・ソベラネス Casa Soberanes 美しい庭園に面したカーサ・ソベラネスは、カリフォルニアがメキシコから離脱する直前の1842年に建てられた。パシフィック・ストリート Pacific Stを挟んで道の反対側には、カラフルで巨大なモザイク画の**モントレー壁画 Monterey Mural**が見える。近代的なモントレー・カンファレンス・センターに描かれたこの壁画はモントレーの歴史を物語っている。

ラーキン・ハウス Larkin House 1832年にニューイングランドからやって来たトーマス・ラーキンは、この地で成長し始めた貿易業で財を成した人物だ。彼が1842年に建てた見事な邸宅は、ニューイングランドのデザインを日干し煉瓦建築に取り入れたもので、現在、モントレーコロニアルと呼ばれている様式だ。ラーキンは、アメリカがカリフォルニアを略奪したときにモントレーのアメリカ領事を務め、その後、メキシコの法律をアメリカのものに移行する際にも重要な役割を果たした。

スチーブンソン・ハウス Stevenson House 1879年モントレーへやって来たロバート・ルイス・スチーブンソンは、この地で未来の妻ファニー・オズボーンと出会った。当時、フランス式のホテルだったこの邸宅は「宝島 *Treasure Island*」を執筆中に滞在していた場所とされている。部屋は極めて簡素な造りで料金も1カ月＄2だったが、当時、まだ無名の彼は無一文だったという。1840年建造のこの建物には、スチーブンソンの遺品を集めたすばらしいコレクションがある。本書執筆時は改修のため閉館していたが、2003年中にはオープンする予定だ。

クーパー-モレラ・コンプレックス Cooper-Molera Complex 日干し煉瓦製の広々としたこの建物は、1827〜1900年にかけてジョン・ロジャー・クーパー（ニューイングランドからやって来た船長で、モントレーの湾長でもあった）と3世代にわたる彼の子孫によって建造された。建築中に分割・増築が行われ、庭園も付け足された。最後にはナショナル・トラストへ寄贈された。

そのほかの歴史的建造物
Other Historic Buildings

パス・オブ・ヒストリーのツアーでは上記のほか、**ファースト・ブリック・ハウス First Brick House** と**オールド・ホエーリング・ステーション Old Whaling Station**（どちらも1847年建造）を見学する。ホエーリング・ステーションの前庭の歩道はクジラの骨でできているので注目してほしい。**カリフォルニア・ファースト・シアター California First Theatre**は1844年、娯楽場のある宿として造られたもの。ここに宿泊する船員たちによって現存するカリフォルニア最古の劇場ということだ。本書執筆時は改修のため閉館していたが、2002年の下旬にはオープンする予定になっていた。

1849年にカリフォルニアの州法が作成された場所が**コルトン・ホール Colton Hall**だ。コルトンとは、スロート提督の艦隊付牧師であるウォルター・コルトンのことだ。上の階の会議室を改装した部屋は、かつて議論を交わし公文書の草案を作成していた場所。隣の**オールド・モントレー刑務所 Old Monterey Jail**は、ジョン・スタインベックの「*Tortilla Flat*」に登場する。

パシフィック・ストリートにある**シャーマン・クォーターズ Sherman Quarters**はトーマス・ラーキンが建てた建物だが、その名前は、南北戦争で名を馳せ1847年にここで暮らしていたシャーマン将軍からとられた。石と日干し煉瓦で1795年に建造された**ロイヤル・プレシディオ教会 Royal Presidio Chapel**は、スペイン・メキシコ時代に軍の本部として使われた。1770年モントレーに建てられたこの伝道教会は、後にカーメルに移された。1820年代までは、この要塞の防壁がほぼ町全体を取り囲んでいた。モントレーが拡大するにつれて古い建物は徐々に壊され、現存するのはこの古い要塞ただ1つとなった。

海洋博物館
Maritime Museum

モントレーの海洋博物館（☎831-372-2608 ♠Stanton Center, 5 Custom House Plaza 大人＄5 特別割引＄2.50 10:00～17:00）では探検家が初めてこの地を訪れた時代から20世紀まで、この町にまつわる海の歴史を知ることができる。すばらしい展示がそろった館内では、ポイント・サー灯台のフレネルレンズや、ビンに入った巨大な船の模型のコレクションなど、見所が多い。イワシ産業の隆盛と急激な衰退を中心としたモントレーの歴史に関する展示も興味深い。

フィッシャーマンズ・ワーフ
Fisherman's Wharf

サンフランシスコにも同じ名前でここより大きな埠頭があるが、モントレーのフィッシャーマンズ・ワーフは純然たる観光地であり、楽しい場所だ。鳴き声のうるさいアザラシも頻繁に姿を見せる。ホエールウォッチングツアー（後出参照）など、さまざまな船のツアーの出発場所にもなっている。

プレシディオ・オブ・モントレー・ミュージアム
Presidio of Monterey Museum

最近、モントレーにオープンした博物館（☎831-646-3456 ♠Corporal Ewing Rd, Bldg 113 無料 木～土 10:00～16:00 日 13:00～16:00）では、アメリカインディアン、メキシコ、アメリカと持ち主が代わったモントレーの現在までの歴史を、軍事的視点から考察できる。博物館はかつて要塞があった場所にあり、現在は、国防省語学研修外国語センターDefense Language Institute Foreign Language Centerも置かれている。

モントレー美術館
Monterey Museum of Art

モントレーでもっともすばらしいこの美術館は2カ所に分かれている。**シビック・センター Civic Center**の分館（☎831-372-5477 ♠559 Pacific St 大人＄5 学生＄2.50 子供（12歳未満）無料 水～土 11:00～17:00 日 13:00～16:00）の見所は、アンセル・アダムス、エドワード・ウェストンなど、カリフォルニアの画家と写真家の作品を集めたすばらしいコレクションだ。

ラ・ミラーダ La Mirada（☎831-372-3689 ♠720 Via Mirada 大人＄5 学生＄2.50 子供（12歳未満）無料 水～土 11:00～17:00 日 13:00～16:00）と呼ばれるもう1カ所はこの魅力的な邸宅に入っている。日干し煉瓦でできた質素なもとの建物は、見えないように上手に隠されている。主な展示品は、モントレー美術館が所蔵するアジアのコレクション。裏にはバラとツツジ科の木が美しい庭園がある。チケットは2カ所共通なので、どちらかで購入する。

キャナリー・ロウ
Cannery Row

ジョン・スタインベックの小説「キャナリー・ロウ*Cannery Row*」で一躍有名になったイワシの缶詰製造は、20世紀の前半にはモントレーの主力産業だった。スタインベックはこの小説の中でキャナリー・ロウのことを「詩、悪臭、耳障りな音、光の質感、色合い、習慣、ノスタルジー、そして夢」と表現している。

乱獲を行えばこの産業はだめになるという予測は無視され、1945年のピーク時の水揚げは25万トンを記録した。だが、そのわずか5年

後には、漁獲高は3万3000トンに激減、1951年までに大半の缶詰工場は閉鎖に追いこまれ、多くの工場で原因不明の火災が発生した。

現在のキャナリー・ロウは旅行者に人気のスポットで、レストラン、バー、土産もの屋が集まっている。プレスコット・アベニューPrescott Aveの突き当たりにあるブロンズ製のスタインベックの胸像隣に、倉庫を改装して作った**スタインベック・スピリット・オブ・モントレー・ワックス・ミュージアム Steinbeck's Spirit of Monterey Wax Museum**（☎831-375-1010）大人＄4.95、7〜12歳＄2.95 9:00〜21:00）がある。100体以上の等身大の蝋人形とアニメーションや効果音を使って、キャナリー・ロウの歴史を非常に感傷的に表現している。

上記の蝋人形館と同じ建物の上階にはワインビジターセンターの**ア・テースト・オブ・モントレー A Taste of Monterey** ☎888-646-5446 11:00〜18:00）がある。ささやかな展示スペースとギフトショップがあるが、何といっても湾を一望できるテイスティングルームがすばらしく、近くのモントレー・ワイン・カントリーで収穫された上質のワインを味見できる。6種類で＄5（リザーブワインは＄10）のテイスティングは、ワイン購入のめやすになる。さらにこのセンターでは、自分で見て回りたい人のためにワイン・カントリーの無料マップを配布している。

モントレー・ベイ水族館
Monterey Bay Aquarium

夢のようなひとときを楽しめるモントレー・ベイ水族館（☎831-648-4888 886 Cannery Row 大人＄18 シニア・学生＄15 子供＜3〜12歳＞＄8 10:00〜18:00、5月下旬〜9月上旬・祝 9:30〜18:00）は、かつて街最大のイワシ缶詰工場が建っていた場所にある。ゆったりとした動きのヒトデやぬるぬるしたナマコから活発なアシカやラッコまで、数え切れないほどの海の生き物を見ることができる。

どこを見てもすばらしいが、中でも新設の「生きた芸術作品－クラゲ」のコーナーが一番の見所。この展示は2005年まで行われる。フワフワと浮遊する優美なクラゲの種類は驚くほどの数だ。さらに、さまざまなジャンルのアーチストたちがクラゲに触発されて手がけた作品も展示していて、デール・チフーリのガラス彫刻、ジャクソン・ポロックの絵画、ジミ・ヘンドリックスの詩のほか、溶岩で作ったランプなど、多彩な作品を見ることができる。無数の鏡を使ったミラールームに入ると、何百万ものミズクラゲが周囲に映り、幻覚を見ているような気分を味わえる。アウター・ベイ・ウィングにもクラゲの展示がある。

そのほか、大規模な**ケルプ（海草）の森 kelp forest**と、イワシからサメまで数百匹の魚たちが泳ぐ3階建ての水槽も見逃せない。毎日、11:30と16:00が水槽の魚の餌付け時間だ。10:30、13:30、15:30のラッコの餌付け時間はさらにおもしろい。食事のとき以外は、元気なラッコたちは水族館外の**グレート・タイド・プール Great Tide Pool**で日光浴をしたり、自由に動き回りしている。ゴマフアザラシが姿を現すこともある。

スプラッシュ・ゾーン Splash Zoneは小さな子供たちが大好きな場所だ。見学者参加型のエリアでペンギンもいる。ナマコやカリフォルニアエイなどを近寄って見ることができる**タッチ・プール touch pools**も人気があるコーナーで、幼児連れでなくても楽しめる。

見学には最低3時間はかかる。夏季、週末や祝日は非常に込み合うので、前売りチケットを入手すること。購入はホテルまたは☎831-648-4937か☎800-756-3737に電話する（手数

すてきな生き物、ラッコを見逃すな

ラッコは、モントレー・ベイ水族館の人気者だが、モントレー湾周辺から北のサンタ・クルーズSanta Cruzまでのエリアでもたくさんのラッコを見ることができる。

つい最近までラッコは絶滅の危機に瀕していた。原因は、18世紀から19世紀にかけてラッコの非常に緻密な毛皮（ラッコには1平方インチ＜約$6cm^2$＞あたり100万本の毛が生えている、哺乳類の中ではもっとも緻密な毛皮）を狙って毛皮業者が乱獲を繰り返していたためだ。内務省魚類野生生物局US Fish & Wildlife Serviceにより、1977年にラッコは絶滅危惧種に指定された。これ以降、カリフォルニアラッコ狩猟保護区California Sea Otter Game Refugeと呼ばれるビッグ・サー沿いで、ラッコは手厚く保護されている。

ラッコは、道具を使うことのできる数少ない動物の1つだ。仰向けに水に浮かびながら、石を使って貝を割る様子はよく知られており、このおもしろい習性とのんびりとした様子が人気の秘密だろう。モントレー・ベイ水族館のほかにラッコを見ることができるのは、モントレーのフィッシャーマンズ・ワーフ、17マイル・ドライブ沿いの幾つかの岩場、ポイント・ロボス州立保護区などだ。ラッコに関する詳細は、パシフィック・グローブにある非営利団体フレンズ・オブ・ザ・シー・オッター Friends of the Sea Otter（☎831-373-2747、800-279-3088 www.seaotters.org 125 Ocean View Blvd）に問い合わせるか、モントレーのキャナリー・ロウ381番地にあるエデュケーションセンターとショップに立ち寄ろう。

料が＄3かかる)。館内にはショップが数軒と、手頃な値段で味も悪くないカフェテリアとレストランがある。

アクティビティ

この半島にはすばらしいサーフィンスポットが幾つかあるが、そのほとんどは初心者向きではない。強い引き波と突然現れる荒波、さらにサメが出ることでも有名なこの湾では慎重さが要求される。地元サーファーに人気なのは、アシロマ州立ビーチAsilomar State Beach（パシフィック・グローブ内）と、モス・ランディングMoss Landing（モントレーとマリーナの北）。どちらも安定した最高の波を楽しめるポイントだ。サーフィン用具を借りるなら、キャナリー・ロウの**オン・ザ・ビーチ On the Beach**（☎831-646-9283 ♠693 Lighthouse Ave）へ行くといい。

モントレー湾の豊かなケルプの森は多彩な海の生き物が生息する場所で、スキューバダイビングをする人たちの間では有名だ。人気のスポットは、モントレーのコースト・ガード・ワーフCoast Guard Wharf近くのサン・カルロス・ビーチSan Carlos Beachの沖、パシフィック・グローブのラバーズ・ポイントLovers Point、ポイント・ロボス州立保護区Point Lobos State Preserve（本章前出参照）だ。

モントレー・ベイ・ダイブ・センター
Monterey Bay Dive Center
☎831-656-0454、800-607-2822
♠225 Cannery Row
スクールを開校していて、用具のレンタルもできる。標準的なダイビング装備一式で＄69、シュノーケリングキットは＄39。マンツーマンのガイドツアーはタンク1本＄59、タンク2本＄89。

モントレー・ベイ・カヤックス
Monterey Bay Kayaks
☎831-373-5357、800-649-5357
♠693 Del Monte Ave
オープンとクローズドのカヤックがあり、1日＄25から貸し出している。週末にはスクールや自然の歴史に関するさまざまなツアー（＄50、3時間）も行っている。アドベンチャー・バイ・ザ・シーAdventure by the Seaでもプロ向け用具を扱っている。

モントレー沖では、ほぼ1年中クジラの姿を見ることができる。シロナガスクジラ、ザトウクジラは5月から11月、コククジラは12月中旬から4月にかけてここを通過する。**ホエールウォッチング Whalewatching**の船はフィッシャーマンズ・ワーフから出発し、3時間のツアーは大人＄25、子供＄18だ。

すばらしい景色を眺めながら舗装道路を走ることができるこの半島では、サイクリングは非常に人気が高いスポーツだ。**モントレー半島レクリエーショナル・トレイル Monterey Peninsula Recreational Trail**は、車の通らない18マイル（約29km）の舗装道路だ。コースはパシフィック・グローブのラバーズ・ポイントから始まり、モントレーのキャナリー・ロウやフィッシャーマンズ・ワーフを通って海岸まで続いている。

自転車のレンタルは**アドベンチャーズ・バイ・ザ・シー Adventures by the Sea**（☎831-372-1807 ♠201 Alvarado St、299 Cannery Row）が経営する2店のアウトレットショップで。料金は1時間＄6、4時間＄18、1日＄24。

ベイ・バイクス Bay Bikes（☎831-646-9090 ♠640 Wave St）も信頼できるキャナリー・ロウのレンタルショップ。料金はアドベンチャーズ・バイ・ザ・シーと同程度だ。

年中行事

モントレー半島では、1年を通してさまざまな祭りやイベントが開かれ、地元の人や旅行者でにぎわう。ハイライトは4月に催される人気の**モントレー・ワイン・フェスティバル Monterey Wine Festival**（☎800-656-4282 ♠monterey-wine.com）と9月に行われる世界的に有名な**モントレー・ジャズ・フェスティバル Monterey Jazz Festival**（☎831-373-3366 ♠www.montereyjazzfestival.org）で、どちらもチケットはかなり前もって予約すること。

大勢のギャラリーがペブル・ビーチに押し寄せるのは、1月下旬に開かれる**AT&Tペブル・ビーチ・ナショナル・プロアマ・ゴルフ・トーナメント AT&T Pebble Beach National Pro-Am golf tournament**（☎831-649-1533 ♠www.attpbgolf.com）と8月に開かれるクラシックカー展示会**コンクール・デレガンス Concours d'Elegance**（☎831-659-0663）だ。

宿泊

モントレーに安い宿はないが、節約したい人向けにはキャンプ場や町に新しくオープンしたすてきなユースホステルがある。車など移動手段がある人は、モントレーから東へ車で30分ほどのサリーナスSalinasの安い宿が利用できる。

この半島にある宿の料金は季節によって変動し、夏場と週末は急騰する。主要な予約代理店は**モントレー・ペニンシュラ・リザベーションズ Monterey Peninsula Reservations**（☎888-655-3424 ♠www.monterey-reservations.com）と**バケーション・センターズ・リザベーションズ Vacation Centers Reservations**（☎800-466-6283 ♠www.stayinmonterey.com）などがある。

キャンプ場・ユースホステル

ベテランズ・メモリアル・パーク・キャンプ場
Veterans Memorial Park Campground
☎831-646-3865
サイト 車1台$18 ウォークイン$5 最長3日間まで

中心地にあるキャンプ場。手入れの行き届いたサイトが40カ所あり、日当たりの良い場所が多い。電気の設備はなく利用は先着順だ。温水シャワー、水洗トイレ、ロッカーが完備。ハイウェイ1から来る場合はハイウェイ68に入り、スカイライン・フォレスト・ドライブSkyline Forest Drへ、次にスカイライン・ドライブSkyline Drを北上する。モントレーのダウンタウンから来る場合は、ジェファーソン・ストリートJefferson Stを西へ向かうと公園に入る。

ラグーナ・セカ・レクリエーション・エリア
Laguna Seca Recreation Area
☎831-755-4899、予約888-588-2267
Monterey-Salinas Hwy 68
テント$18 RVサイト$22

町の東およそ9マイル（約14km）、サリーナスSalinasまでの途中にある。よく整備されたキャンプ場で、175のサイト（102カ所にフックアップ設備あり）がある。温水シャワー、水洗トイレ、ピクニックテーブル、炉がある。

HIモントレー・ホステル
HI Monterey Hostel
☎ 831-649-0375
www.montereyhostel.com
778 Hawthorne St
ドミトリーベッド$18〜21

初めての利用者を手厚くもてなしてくれる。モントレー・ベイ水族館とキャナリー・ロウからわずか4ブロックの場所にあり、客室数は45。6月から9月は予約が必要になる。トランジット・センター（後出「交通手段」を参照）から1番のバスで行くとよい。

モーテル・ホテル
もっとも安い宿はモントレーのモーテル街にある。オールド・モントレーの北東およそ2.5マイル（約4km）で、ハイウェイ1の東（フレモント・ストリートFremont St出口で下りる）にある北フレモント・ストリートN Fremont St沿いだ。料金はシーズンオフであれば$45まで下がるが、ベスト・ウェスタンBest Westernsやトラベロッジ Travelodgeのような大手チェーンの中から選ぶなら$60〜90程度だろう。

エル・ドラド・イン
El Dorado Inn
☎831-373-2921、800-722-1836
831-758-4509
900 Munras Ave
客室$45〜195

モントレーの中心地近くで探すならここが選択肢の1つ。オールド・モントレーの徒歩圏内にある小さなモーテルだ。極めて標準的な造りの客室には暖炉付の部屋もあるが、くたびれたムードは隠し切れない。料金には部屋でとれる簡単な朝食が含まれている。トランジット・センターから出るビッグ・サー行きの22番のバスが、ここのすぐそばに停車する。

エル・アドービ・イン
El Adobe Inn
☎831-372-5409、800-433-4732
831-375-7236
936 Munras Ave
客室$49〜199

隣のエル・ドラド・インと似ているが、こちらのほうがより魅力的。清潔で手入れも行き届いている。料金にはコンチネンタルブレックファスト、市内通話とホットタブの利用料が含まれている。

サンド・ダラー・イン
Sand Dollar Inn
☎831-372-7551、800-982-1986
831-372-0916
www.sanddollarinn.com
755 Abrego St
客室$69〜149

親切な応対のインで、客室には楽しい内装が施されている。温水プールとジャグジーがあり、料金には簡単な朝食が含まれている。

モントレー・ホテル
Monterey Hotel
☎831-375-3184、800-727-0960
831-373-2899
www.montereyhotel.com
406 Alvarado St
客室$119〜329

歴史のある美しい建物のホテル。オールド・モントレーの中心に延びているにぎやかなアルバラード・ストリートAlvarado St沿いにある。客室にはヨーロッパ風の家具が置かれ、料金にはかなりのボリュームのコンチネンタルブレックファストが含まれる。

ビクトリアン・イン
Victorian Inn
☎831-373-8000、800-232-4141
831-373-4815
487 Foam St
客室$159〜389

キャナリー・ロウ近くにある広々としたイン。正式なビクトリア様式には見えないが、落ち着いた優雅さがあり、居心地の良い別荘のような雰囲気が漂っている。

ホテル・パシフィック

Hotel Pacific
☎831-373-5700、800-554-5542
📠831-373-6921
🌐www.hotelpacific.com
🏠300 Pacific St
💰＄189〜429

全室スイートルームで、温かく迎えてくれるホテル。客室には上品なスペイン風の家具が置かれ、ふわふわの羽根布団のベッド、大きな暖炉、簡易台所やダイニングスペースもある。ここでの1日はたっぷりのコンチネンタルブレックファストで始まる。午後にはチーズと果物付のお茶の時間がある。

食事

オールド・モントレー・カフェ
Old Monterey Café
☎831-646-1021
🏠489 Alvarado St
💰1品＄5〜11
🕐7:00〜14:30

昔ながらのやり方を頑固に守り通している店。お皿に乗りきらないほどたっぷりの朝食や、スープ、サンドイッチ、サラダが有名だ。

パパ・チャノズ
Papa Chano's
☎831-646-9587
🏠462 Alvarado St
💰1品＄2〜6

オールド・モントレー・カフェから見ると道の反対側にある。飾り気のないメキシコ料理店で、できたてのタコスと大きなブリートが食べられる。

ストーク・アドビ
Stokes Adobe
☎831-373-1110
🏠500 Hartnell St
💰小皿＄4〜8 大皿＄12〜20

評判のレストランで、店と同じ名前の歴史ある建物に入っている。変化に富んだメニューは素朴で濃厚な地中海料理が中心。ラベンダー漬けのポークチョップやフェンネルのソーセージ入りパスタなどがある。

ババ・ガンプ・シュリンプ・カンパニー
Bubba Gump Shrimp Co
☎831-373-1884
🏠720 Cannery Row
💰メイン＄8〜18

映画「フォレスト・ガンプForrest Gump」をテーマにした陽気なレストランで、旅行者目当ての店だが大いに楽しめる。ロビーには映画のスチール写真が飾られている。店の外にあるフォレスト・ガンプの靴に足を入れて、ガンプになった気分を味わえる。

ララパルーザ
Lallapalooza
☎831-645-9036
🏠474 Alvarado St
💰メイン＄8〜22

最先端を行くレストランで、広々とした店内のバーではマティーニなどおなじみのもののほか、創作カクテルも楽しめる。典型的なアメリカ料理を最新のアレンジで調理している。

モントリオ
Montrio
☎831-648-8880
🏠414 Calle Principal
💰ディナー＄16〜29

モントレーのダウンタウンにある店。おしゃれですっきりとした造りのビストロで、テーブルにはムードたっぷりの明かりが灯り、ギャラリースペースが品格を添えている。バーに並ぶ数々の酒で会話も一段と盛り上がる。料理のメニューはカリフォルニア風、アイデアあふれるサラダやカロリーたっぷりの絶品デザートがそろっている。

ターピーズ・ロードハウス
Tarpy's Roadhouse
☎831-647-1444
🏠2999 Monterey-Salinas Hwy No 1
💰メイン＄7〜37

町の東およそ3.5マイル（約5.6km）にある、1917年建造の素朴な農場を利用したレストラン。温かい雰囲気とアイデアたっぷりで趣向を凝らしたコンチネンタル料理が地元で人気だ。メニューの価格は幅広い。

エンターテインメント

街で行われているイベントやレストランガイドなどを幅広く扱っているのは、無料の冊子「コースト・ウィークリーCoast Weekly」と「ゴー！Go!」だ。書店、レストラン、ビジターセンターで入手できる。

　パブ、コーヒーハウス、映画館、レストランなど、この街のナイトスポットはアルバラード・ストリートAlvarado Stに集まっている。**マッキー・ダック Mucky Duck**（☎831-655-3031 🏠479 Alvarado St）は活気のあるイングリッシュスタイルのパブ。**ララパルーザ Lallapalooza**（「食事」を参照）はマティーニが有名な店。**プラムス Plumes**（☎831-373-4526 🏠400 Alvarado St）は、熱いコーヒーを飲みながらゆっくりおしゃべりを楽しめるおしゃれな店だ。アルバラード・ストリートから数ブロック東にある**モーガンズ Morgan's**（☎831-373-5601 🏠498 Washington St）はアーティスティックな雰囲気の一風変わった店で、ライブ演奏や詩の朗読会が開かれることもある。ゴー

ルデン・ステート・シアター Golden State Theater（☎831-372-4555 ⌂417 Alvarado St）は歴史のある建物のすてきな古い映画館。

キャナリー・ロウにもナイトスポットがあるが、「旅行者向けの」退屈な店が多い。**プラネット・ジェミニ Planet Gemini**（☎831-373-1449 ⌂625 Cannery Row）はライブ演奏とコメディーショー（通常は木曜から土曜日）が若者に人気。ホフマン・アベニューHoffman Aveから少し入った所にある。

アクセス

アメリカン航空、アメリカン・イーグルAmerican Eagle、アメリカ・ウエストAmerica West、ユナイテッド・エクスプレスUnited Expressが、**モントレー半島空港 Monterey Peninsula Airport**（☎831-648-7000 ⌂Olmsted Rd）からロサンゼルス、サンフランシスコ、フェニックス行きの便を運行している。空港はダウンタウンの南東およそ4マイル（約6km）にある。

グレイハウンド Greyhound（☎831-373-4735 ⌂1042 Del Monte Ave）のサンタ・クルーズSanta Cruz（＄10.25、1時間15分）、サンフランシスコ（＄17.25、3～3時間15分）へ行く直通バスが毎日最大4本出ている。ロサンゼルス（＄38.50、7～10時間）行きのバスはたいていサリーナスで乗り換えが必要だが、手間はかからない。モントレー・ベイ・ガス・アンド・ミニマートMonterey Bay Gas & Mini-martにバス・ターミナルがある。

最寄りのアムトラックAmtrakのステーションは、モントレーから約17マイル（約27km）東のサリーナスにある。サリーナスは、シアトルとロサンゼルスを結ぶコースト・スターライトCoast Starlightの停車駅になっている。モントレー行きのシャトルバスは1日中運行していて、料金はどのコースもすべて＄8だ。情報は☎800-872-7245へ電話すること。

モントレーはサンフランシスコから120マイル（約192km）南にある（ハイウェイ1は景色が良いが、ハイウェイ101、156のほうが時間は短縮できる）。車を借りるなら、バジェットBudgetやハーツHertzといった大手のレンタカー会社がモントレーにある。詳しい場所は、「交通手段」にある無料電話にかけるか、「イエローページYellow Pages」で確認を。

交通手段

モントレー・サリーナス・トランジット Monterey-Salinas Transit (MST)
☎831-899-2555
www.mst.org
21番のバスが、空港からモントレーのダウンタウンにあるモントレー・トランジット・プラザMonterey Transiti Plazaまで行く。サンフランシスコとサンノゼSan Joseの空港も比較的近い（該当セクションを参照）。**モントレー-サリーナス・エアバス Monterey-Salinas Airbus**（☎予約831-883-2871）はトランジット・プラザから、モントレーとサリーナスの空港まで行くシャトル便（片道＄30 往復＄55、1日10便）を運行している。

モントレー-サリーナス・トランジットのバスは、半島の全エリアと、内陸はサリーナス、南はポイント・ロボス、さらにビッグ・サーのネペンスNepentheまで運行している。チケットは＄1.75～3.50で、1日券もある。

どのコースも**モントレー・トランジット・プラザ Monterey Transit Plaza**（⌂Jules Simoneau Plaza, Alvarado St）に集まる。ここから1番のバスがキャナリー・ロウとパシフィック・グローブまで行く。そのほか、カーメルCarmel行きの4番と5番のバス、カーメル経由ビッグ・サー行きの22番バス（5月から10月のみ）、サリーナス行きの20番と21番のバス（21番バスはラグーナ・セカLaguna Secaと空港を経由する）など、便利なコースがある。

節約したいなら5月下旬から9月の始めに運行する無料のシャトルバス、**ウエーブ WAVE**（⌂Waterfront Area Visitors Express ☎831-899-2555）を利用しよう。9:00～18:30の間にオールド・モントレー、フィッシャーマンズ・ワーフ、キャナリー・ロウを循環運行している。

モントレー周辺
Around Monterey

マツダ・レースウェイ・ラグーナ・セカ
Mazda Raceway Laguna Seca

ハイウェイ68のそば、サリーナスとモントレーの中間にあるマツダ・レースウェイ・ラグーナ・セカ（☎831-648-5111、800-373-0533）は1年をとおしてトップクラスのレーシングカーやビンテージカー、オートバイのイベントが開かれ、レーシングマニアが集まる。詳細はホームページwww.laguna-seca.comで確認すること。1950年代前半には、ペブル・ビーチのデル・モンテ・フォレストDel Monte Forestでサーキットレースを行っていたが、コースがあまりに危険だったため、1956年にラグーナ・セカへと移った。

サリーナス
Salinas

モントレーの東17マイル（約27km）にあるサリーナス（人口12万人）は、ジョン・スタイ

ンベックの生まれ故郷だ。農業が中心であるこの町では、主にアイスバーグレタスを栽培している。5月から9月は毎日600万人以上が収穫作業に従事し「世界のサラダボール」と呼ばれるレタスの一大生産地となっている。公共交通機関やハイウェイ68があるためアクセスしやすいが、半島にある裕福な都市とはまったく趣が異なる地だ。歴史のある中心街はメイン・ストリートMain St沿いに広がり、通りの北端には町1番の見所であるナショナル・スタインベック・センターNational Steinbeck Centerがある。

メイン・ストリートMain Stから4ブロック東にある**サリーナス・ビジター・センター Salinas Visitors Center**（☎831-424-7611 ▦831-424-8639 ♿119 E Alisal St ▣月〜金 8:30〜17:00）でパンフレットや地図を入手しよう。

シーズンごとのハイライトとしては、7月に開かれる**カリフォルニア・ロデオ California Rodeo**（☎831-775-3100 ▣www.carodeo.com）や9月か10月に行われる**カリフォルニア国際航空ショー California International Airshow**（☎888-845-7469 ▣www.ca-airshow.com）などがある。

ナショナル・スタインベック・センター
National Steinbeck Center

ナショナル・スタインベック・センター（☎831-796-3833 ▣www.steinbeck.org ♿1 Main St ▦大人＄8 特別割引＄7 ▣10:00〜17:00）はサリーナス出身のノーベル賞作家ジョン・スタインベック（1902〜68年）をたたえるにふさわしく、最新設備を備えた広々とした芸術の殿堂だ。この地に住む人々と日々の暮らしぶりは、スタインベックの創作活動の源であり、彼に深い影響を与えた。モントレーのキャナリー・ロウをモデルにした1945年の作品はその例と言える。

対話式の展示では、独創的かつ魅力的な手法を用いてスタインベックの生涯と作品を年代順に追っている。7つのテーマに分けられたギャラリーは、文章の引用、書簡、本などを取り入れ、「怒りの葡萄The Grapes of Wrath」、「エデンの東East of Eden」、「二十日鼠と人間Of Mice and Men」といった名作の場面を表現している。小さな映画館では映像も見ることができる。展示品は高い評価を受けているものが多く、「チャーリーとの旅Travels with Charley」の執筆ため、国内を旅行する際にあつらえたキャンピングカー、ロシナンテRocinanteもその1つに数えられる。短い伝記映画では、スタインベックの人物像と彼のさまざまな経歴が紹介されている。

スタインベックが少年期を過ごした彼の生家**スタインベック・ハウス Steinbeck House**（☎831-424-2735 ♿132 Central Ave）はセン

ジョン・スタインベック

多くのウエスト・コースト出身の小説家により築きあげられた文学界を考えると、他界して間もないジョン・スタインベックが残した足跡がいかに偉大かを思い知る。スタインベックは、マーク・トウェインと同じく生粋のアメリカ人作家だった。彼の作風は、生まれ故郷とそこに暮らす人々から多大な影響を受けていた。

無頼派、スタンフォード大学中退、社会に対する批判的精神とユーモアのセンスの持ち主、映画脚本家、戦争特派員など、多彩な肩書きを持つスタインベックは、必死に生きている人々の中で育ち、共に働いてきた人間だ。彼が生まれたサリーナスは、骨身を惜しんで働いても食べることさえままならないような土地だった。極貧生活の中でわずかに残された人間の尊厳を失うまいと苦闘を続ける人々を見てきた体験こそが、人間の内面に対する彼の洞察力の源だろう。

人生の不平等を真っ向から受け入れる彼の姿勢は、ピューリッツァー賞を受賞した名作「怒りの葡萄 The Grapes of Wrath」にもっとも強く表れている。1930年代のアメリカ中南部の乾燥地帯に住む家族がカリフォルニアの農場まで旅をするストーリーで、家族が試練と屈辱と挫折にひたすら耐え、高潔な精神で立ち向かっていく様子には胸を打たれる。この作品のテーマである不幸のどん底にある救済は、スタインベックの作品の中で繰り返し描かれている。

1962年ノーベル文学賞を獲得したとき、受賞スピーチで彼はこう述べている。「文学は、人間がそれを求めたために生まれた。今もそのことは変わっていない。ただ人間はより強く文学を求めるようになった。挫折しても失われない勇敢さ、勇気、哀れみ、愛という心と精神の偉大な力を人間が持っていることは誰もが知っている。作家の役目はその力を描き出し、祝福することだ」。スタインベックの小説を読むということは、アメリカ人の心に根ざしているものに触れる体験だと言える。

デビッド・ピーバース

ターから西へ2ブロックの所にある。一流レストランが入っていて、日曜日を除く毎日ランチを楽しめる。スタインベックは**ガーデン・オブ・メモリーズ・セメタリー Garden of Memories Cemetery**にある一族の墓に埋葬されている。

宿泊・食事

サリーナスには安く泊まれるチェーンのモーテルが多く、モントレー半島の観光の拠点となっている。チェーン・モーテルには**エコノ・ロッジ Econo Lodge**（☎831-422-5111 ♿180 Sanborn Rd ▦客室＄48〜99）、**デイズ・イン Days Inn**（☎831-759-9200 ♿1226 De La Torre St ▦客室＄68〜170）、**コンフォート・イ**

ン Comfort Inn（☎831-758-8850 ♠144 Kern St 客室＄79〜299）、スーパー8モーテル Super 8 Motel（☎831-422-6486 ♠1030 Fairview Ave 客室＄50〜100）、バガボンド・イン Vagabond Inn（☎831-758-4693 ♠131 Kern St 客室＄80〜160）などがある。

ローレル・イン Laurel Inn（☎831-449-2474、800-354-9831 ☎831-449-2476 www.laurelinnmotel.com ♠801 W Laurel Dr 客室＄60〜150）は家族経営の宿で、チェーンのモーテル以外から選ぶならおすすめ。客室は清潔で感じの良い内装が施されている。大きなプール、ホットタブ、サウナなど、リラックスできる設備が整っている。ローレル・ドライブ Laurel Dr 出口でハイウェイ101を下りてすぐの所にある。

空腹を感じたらスタインベック・センター近くのメイン・ストリート沿いへ行ってみよう。次に紹介するすばらしい2軒のほかにも数軒の店がある。

ファースト・アウェーキング
First Awakening
☎831-784-1125
♠171 S Main St
1品＄4.50〜8.50
7:00〜14:00

美しい小塔のある店。量がたっぷりあるここの朝食を食べれば、昼までおなかが空くことはない。ランチはサラダとサンドイッチが中心だ。

ハラバルー
Hullaballoo
☎831-757-3663
♠228 S Main St
ランチ＄7〜18 ディナー＄8〜25

アーティスティックなムードの店内は活気に満ちている。季節ごとに変わるメニューは「豪快なアメリカ料理」と宣伝されている。ラム、ステーキ、チキン、魚を組み合わせたアイデアあふれる地元料理は満足できる品揃えだ。

アクセス

モントレー発のMSTのバス（マリーナ経由の20番またはハイウェイ68経由の21番、＄3.50）は、スタインベック・センターから1ブロック西のサリーナス・トランジット・センターに停車する。アムトラックのステーションは、トランジット・センターから北メイン・ストリートN Main Stを通って北に2ブロックだ。

ハイウェイ101沿い
Along Highway 101

モントレー半島とサン・ルイス・オビスポSan Luis Obispoの間を短時間で移動したいなら、内陸を走るハイウェイ101がよいだろう。絶景の続くハイウェイ1に比べると景色は単調だが、数力所あるカリフォルニアの伝道所や小さいながらも興味深いピナクルズ国定記念物Pinacles National Monumentなど、幾つか見所もある。

パソ・ロブレス
Paso Robles

サン・ルイス・オビスポの北およそ30マイル（約48km）にあるパソ・ロブレス（人口2万3000人）は、主にブドウを栽培している農業地帯の中心だ。ハイウェイ46に沿ってワイナリーが数十カ所あり、製造されるワインの品質も向上しつつある。ワインのほか、パソ・ロブレスでは最近になって再び掘り当てられた温泉が評判を呼び、再びパソ・ロブレス・インPaso Robless Inで温泉に入れるようになったほか、**パソ・ロブレス・ホット・スプリングス・アンド・スパ Paso Robles Hot Springs & Spa**（☎805-238-4600 ♠3725 Buena Vista Dr）でも温泉に入ることができる。

町で歴史を感じさせる場所は、パーク・ストリートPark Stと12thストリートだ。この通りにある再建されたカーネギー歴史図書館・美術館Carnegie Historic Library Museumと時計塔ビルClocktower Buildingは昔の面影を残している。**商工会議所 chamber of commerce**（☎805-238-0506、800-406-4040 805-238-0527 www.pasorobleschamber.com ♠1225 Park St）で情報と地図を入手できる。

ハイウェイ101から東に約25マイル（約40km）のハイウェイ沿いにジェームス・ディーンの記念碑がある。1955年9月30日、彼はこの場所で自動車事故に遭い、24歳でこの世を去った。

パソ・ロブレス・ワイン・カントリー Paso Robles Wine Country
パソ・ロブレス周辺にあるワイン・カントリーで1日を過ごすのは楽しい経験だ。まだあまり知られていないので人も少なく、ナパNapaやソノマSonomaに比べると価格も安い。ほとんどのワイナリーは町の南を走るハイウェイ101そばのハイウェイ46ウエスト沿いに集中しているが、町の真東にあるハイウェイ46イースト沿いにも数カ所ある。

たいていのワイナリーにはテイスティングルームがあり、無料ツアーも行っている。地図は商工会議所や町のさまざまな店に置かれている。立ち寄ってみると良いワイナリーは次の2軒。**エベルレ・ワイナリー Eberle Winery**（☎805-238-9607 Hwy 46 East テイスティング 10:00〜18:00）にはブドウ畑を見渡せるすてきなデッキがあり、ワインの貯蔵室を見学するツアーを行っている。ハイウェイ101の東3.5マイル（5.6km）の所にある。**ヨーク・マウンテン・ワイナリー York Mountain Winery**

(☎805-238-3925 ♠Hwy 46 West ◎テイスティング 10:00〜17:00) はハイウェイ101の西7マイル（約11km）進んだ所で、この周辺ではもっとも古いワイナリー。古びた丸太小屋にテイスティングルームがある。

宿泊・食事　パソ・ロブレスの宿は、町一番の大通りであるスプリング・ストリートSpring St沿いに集中している。

メロディー・ランチ・モーテル
Melody Ranch Motel
☎805-238-3911、800-909-3911
♠939 Spring St
◉客室 $45〜70

町でもっとも安い宿だが、部屋はまずまずで小さなプールまである。

アデレード・イン
Adelaide Inn
☎805-238-2770、800-549-7276
♠1215 Ysabel Ave
◉客室 $55〜90

プール、スパ、サウナがあり、リラックスするには申し分ない快適な宿。ただし、客室は平凡だ。

パソ・ロブレス・イン
Paso Robles Inn
☎805-238-2660、800-676-1713、805-238-4707
Ⓦwww.pasoroblesinn.com
♠1103 Spring St
◉客室 $95〜245

中心街にあり、町でもっとも楽しめる場所。歴史的な建物の下にはミネラル温泉が湧いていて、各客室にあるスパで1人のんびりとお湯につかることができる。暖炉付の客室が多く、建物はすてきな庭園に囲まれ、敷地内にレストランもある。

ロロ'ズ
Lolo's
☎805-239-5777
♠305 Spring St
◉1品 $4.50〜9.50

手頃なメキシコ料理の店で、外にパティオがある。

ビストロ・ローラン
Bistro Laurent
☎805-226-8191
♠1202 Pine St
◉メイン $15〜20

フランス料理を熟知した一流シェフが取り仕切っている。古びた煉瓦造りの洒落た建物内にあり、非常に趣のある店だ。

アクセス　サン・ルイス・オビスポから出るCCATの9番のバスが、毎日数本パソ・ロブレ

スに停まる（90分）。アムトラックのコースト・スターライトCoast Starlightは1日1本、数本のグレイハウンドのバスも街に停まる。

サン・ミゲル・アルカンヘル伝道所
Mission San Miguel Arcángel

ハイウェイ101を外れてパソ・ロブレスの北にはサン・ミゲル・アルカンヘル伝道所（☎805-467-3256 ♠775 Mission St ◉寄付 ◎9:30〜16:30）がある。カリフォルニアの伝道所の中ではアクセスの良さは抜群で、由緒正しい伝道所としても屈指だ。1797年にサン・アントニオ・デ・パドゥアSan Antonio de Paduaとサン・ルイス・オビスポ・デ・トローサSan Luis Obispo de Tolosaの伝道所の間にある短期滞在施設として建てられた。21ある伝道所の中で16番目に当たる。現在の建物は1818年に建てられたもので、ほぼ当時のままであるというのは素朴な外観や雨染みなどからうかがえる。大聖堂には、地元の岩からとった顔料でチュマシュ・インディアンが描いた壁画がある。現在もこの伝道所はフランシスコ会の修道士が管理している。

ガイドなしのウォーキングツアーはギフトショップからスタートし、伝道所の奥にある各部屋、庭を巡る。時間は30分ほど。伝道所正面にある巨大なサボテンは、伝道所建造時に植えられたもの。ミサは日曜日と教会の祝日に開かれる。

リオス・カレドニア・アドービ
Rios Caledonia Adobe

リオス・カレドニア・アドービは（☎805-467-3357 ◉無料 ◎水〜日 10:00〜16:00）伝道所から南へ0.25マイル（400m）にある。1846年、知事のピオ・ピコは伝道所の敷地をペトロニロ・リオスへ不法に売り渡してしまった。リオスは、チュマシュ族を奴隷にしてその土地にこの日干し煉瓦の2階建て建築を築き、農園本部と家族が住む母屋とした。その後、宿屋のある停車場となり、ロサンゼルスからサンフランシスコまでの途中、駅馬車が停まるようになった。もともとの日干し煉瓦は、白壁のはげた隙間から見ることができる。ハイウェイ101から来る場合は、ステージコーチ・ロードStagecoach Rd出口で下りる。

ナシミエント湖
Lake Nacimiento

パソ・ロブレスの北西およそ17マイル（約27km）にあるナシミエント湖（アクセスはレイク・ナシメント・ロードLake Nacimiento Rdから。ハイウェイ101からはわかりやすい標示が出ている）は、サン・アントニオ・デ・パ

ドゥア伝道所の行き帰りに立ち寄るにはちょうど良い場所にあり、水上スキーヤーでなくても行く価値のある湖だ。広々とした入り江があり、松やオークの木に囲まれたこの湖がアメリカ有数の水上スキーのスポットであることは間違いない。4月から10月にかけて、湖面にはたくさんの船が浮かび、週末や祝日は非常に混雑する。岸辺の土地はほとんどが私有地だ。

レイク・ナシミエント・リゾート
Lake Nacimiento Resort
☎805-238-3256、800-323-3839
www.nacimientoresort.com
デイユース2名 3～10月＄10、11～2月＄7、1名増えるごとに＄3、サイト 3～10月＄25、1～2月＄18、RVサイト 3～10月＄35、11～2月＄24、レンタルトレーラー＄115～、ロッジ＄195～
唯一の一般向けリゾートで料金には、スイミングプール、ホットタブなどの施設利用料が含まれる。夏の間は、レストランでおいしい朝食とランチ、まあまあのディナーを出している。6つのキャンプ場にはテントとRV対応のサイトが合計260と、4～10人が泊まれるさまざまなタイプのキャビンがある。バラエティ豊かなレンタルボートもあり、1日＄65～400で借りることができる。一例として、カヤック、カヌーは1時間＄5、1日＄18、ペダルボートは1時間＄10、1日＄25だ。

サン・アントニオ・デ・パドゥア伝道所
Mission San Antonio de Padua
辺ぴな場所にあるため、訪れる人は少ない伝道所（☎831-385-4478 寄付 5～10月 8:00～18:00、11～4月 8:00～17:00）だが、わざわざ出かけるだけの価値がある。フォート・ハンター・リゲットFort Hunter Liggetという活気ある軍の基地の中にあるので、そばまで行ってみるだけでも興味深い体験ができる。まず、軍の検問所を通らなければ先へ進めない。

この伝道所は1771年にセラ神父が設立したものだが、実際の労働に従事したのはサリーナスのインディアンだった。建物は入念に修復されていて、白壁には手の込んだ装飾が施されている。木製の演壇と精巧な造りの天蓋が付いた祭壇は必見だ。きしむドアの向こうには噴水のある庭園が広がり、周りを背の高いイトスギの木立が囲んでいる。伝道所博物館では、インディアンが作ったかご細工、刺繍のついた衣裳、調度品などのすばらしいコレクションのほか、オリーブつぶし器、機織り機など、伝道所の作業場で使われていた実用品も収蔵している。そのほかにも、穀物をひく器械、縦引きのこ、畜舎、貯水池、灌漑システムなど、見所は多い。

伝道所の手前0.25マイル（約400m）の丘の上にあるスペイン風の建物が**ハシエンダ・ミルピタス・ランチ・ハウス Hacienda Milpitas Ranch House**（客室＄33、バス付＄46～55、2ベッドルーム アパート式＄125）で、1930年にウィリアム・ランドルフ・ハーストのためにジュリア・モーガンが設計した。個人所有のこのホテルには、軍関係者に人気のバーとレストランがある。メニューはグルメ向きでも兵士向きでもなく、分厚いステーキのほか、＄10程度のメニューがそろっている。限られた予算で宿を探している人にもおすすめだ。どの部屋も広く、テレビ、ビデオデッキ、電子レンジ、コーヒーメーカー、冷蔵庫が備え付けられているが、家具は角が少々こすれている。

アクセス 北から来る場合は、ジョロンJolon出口（キング・シティKing Cityの手前）でハイウェイ101を下り、ジョロン・ロード（G14）を南へ20マイル（約32km）行くとミッション・ロードに出る。南から来る場合は、「サン・アントニオ伝道所／サン・アントニオ湖レクリエーション・エリアSan Antonio Mission/Lake San Antonio Recreation Area」と標示が出ている出口（ブラッドリーBradleyの北）でハイウェイ101を下り、G18を北西へ22マイル（約35km）進む。サン・アントニオ湖（泳ぎを楽しめる）の北側の湖岸にあるマーケットやガソリンスタンドを幾つか通り過ぎると、軍の検問所に出る。そこから伝道所まではさらに数マイルだ。

伝道所までの別のルートとして、ハイウェイ1からナシミエント-ファーガソン・ロードNacimiento-Fergusson Rd.を経由するコースを通ると28マイル（約45km）だ。

ピナクルズ国定記念物
Pinnacles National Monument
ピナクルズ国定記念物（☎831-389-4485 www.nps.gov/pinn 7:30～20:00）のピナクルズとは、ごつごつと尖った塔のような岩のこと。サリーナス渓谷のオークと潅木の茂みに覆われた丘から突然現れるこのピナクルズは、高いものは1200フィート（約370m）にも達する。この岩石群は約2300万年前にサン・アンドレアス断層San Andreas Rift Zone沿いに形成された古代の火山によるもので、何百万年もかけ侵食され、湾曲やごつごつとした高い尖塔の形などさまざまな形状に発達した。1年中オープンしているが、春と秋がもっとも良い季節で、夏は非常に日差しがきつく、冬は雨が多い。

オリエンテーション・インフォメーション
公園は岩石群が天然のしきりとなり、イース

ト・ピナクルズとウエスト・ピナクルズに分かれている。この2つのエリア間を結ぶ道はないが、1時間ほど歩けば東西を移動できる。

インフォメーション、マップ、本、飲料水などは、**ベア・ガルチ・ビジター・センター Bear Gulch Visitor Center**（東側）や**チャパラル・レンジャー・ステーション Chaparral Ranger Station**（西側）で入手できる。

公園への入園は日中のみ（キャンプによる宿泊は不可）で、車1台につき＄5、連続7日まで有効。図入りのパークマップも配布している。週末にはトレイルヘッド（トレイルの入口）にある駐車場はすぐに満車になってしまうので、訪れるなら平日がいい。

アクティビティ　この公園の力強い美しさを堪能するにはハイキングが最適だ。敷地があまり広くないので、極端に長いコースはないが、気軽に楽しめるものからかなりきついコースまでバラエティに富んでいる。マップはビジターセンターで入手すること。

公園の見所の1つは、岩屑の堆積でできた2つの洞窟（円い巨石が積み重なってできている）だ。そのうちの1つ、**バルコニー洞窟 Balconies Cave**は公開しているので中を探検できる。洞窟内は真っ暗なので、閉所恐怖症の人は入らないほうが無難だ。懐中電灯は必ず持っていくこと（ビジターセンターで販売している）。慣れていないと道がわかりにくく、迷うこともあるので注意が必要。

洞窟は、チャパラル・レンジャー・ステーションから0.7マイル（約1km）の場所にある。東側からは、カローン川Chalone Creekトレイルヘッドに車を停め、平坦なオールド・ピナクルズ・トレイルOld Pinnacles Trailを北へ約2.3マイル（約4km）進む。もう1つのベア・ガルチ洞窟Bear Gulch Caveなどは、大規模なコロニーを形成し生息しているタウンゼンドウサギコウモリ保護のため、1997年以来立ち入り禁止になっている。

ロッククライミングは大変人気があるが、この公園の岩壁は火山性のトゥファ（炭酸石灰から成る多孔質の石灰岩）で非常にもろいため、ベテランのクライマー向きだ。クライミングに最適のポイントまでは標示が出ているが、ほとんどが西側のエリアにある。命にかかわるような重要な情報は、レンジャーに確認するか、デービッド・ルビー著「ピナクルズ国定記念物クライマーズ・ガイド*Climber's Guide to Pinnacles National Monument*」で調べること。

そのほかにも春には**バードウォッチング bird-watching**、野草を見ながらの**散策 wildflower walks**などが楽しめる。サイクリングは舗装道路のみ許可されている。

宿泊　公園内にはキャンプ場はないが、私営の**ピナクルズキャンプ場 Pinnacles Campground**（☎831-389-4462 料日〜木1名 テント＄7 RV＄9.50、金・土1名 テント＄14 RV＄17）がイースト・ピナクルズ入口のすぐ外にある。テントサイトが78カ所と、フックアップのあるRV用サイトが36カ所ある。料金には温水シャワーの利用料が含まれている。スイミングプールとコンビニエンスストアもある。

ハイウェイ101のすぐそばのソレダッドSoledadには、銀行、ガソリンスタンド、マーケットがあり、メキシコ料理店、低料金のモーテルも数軒ある。

アクセス　ウエスト・ピナクルズへの道順は、ソレダッドでハイウェイ101からハイウェイ146へ入り、東へ約12マイル（約19km）進む。イースト・ピナクルズの入口は少々わかりづらい。南から来る場合は、キング・シティKing Cityでルート G13に入り、東へ17マイル（約27km）ほど進む。ハイウェイ25に合流したら北へ向かい、さらに13マイル（約21km）行くと、公園へ続く脇道に出る。北から来る場合は、ギルロイGilroy南にあるハイウェイ25に入り、約35マイル（56km）進むと脇道に出る。

情報ありがとう

Thanks

英語原書の前回版を利用して旅をし、ロンリープラネットに有益なヒントやアドバイス、また興味深い逸話を寄せていただいた読者の皆様に感謝いたします。

Jo Abbie, Elizabeth Abbott, Maria Amuchastegui, Morten Andersen-Gott, Lars Anderson, Trygve Anderson, Warren Anderson, Stephen Andrew Lee, Linda Appanaitis, Charlie Appleby, Ofra Arbel, Ofra & Youval Arbel, Neil Bage, J Baker, Magdalena Balcerek, Theodore C. Bale, Sarah-Jane Bateman, Mehdi Bazargan, Darren Beckett, Judith Beery, Caroline Bell, Tony Benfield, Stacy Benjamin, Bruce Berger, Bob Bergevin, Ken Berry, Carolyn Bickford, Jo Billingham, Emma H Black, Mike Blencowe, Joseph Blum, Jan Bohuslav, Renee Bremer, David Bridgman, Elizabeth Brightwell, Andrew Britton, Norman Broad, Kevin Broughton, Sheila Bryans, John Bryant, Pam Bryant, Felicity Buddell, Hollywood Bungalows, Nicholas Burton, Heidi Buxton, Heidi & Richard Buxton, Vassili Bykov, Regina Campbell, Camiel Camps, Florence Caplow, Michael Cartwright, Robin Catto, Jacky Chalk, Kam Chan, Brenda J. Chapel, Kevin Chapman, Darrin Charmley, Jennifer E. Chase, Xavier Chavez, Hua Chee Ooi, RA Cherriman, Lovan Chetty, Kate Chmiel, Lars Bruun Christensen, Veronica Cocco, Bethany Collings, JE Collins, John Connell, Geoff Cook, Sharon Cooper, Sena Copson, Sena & Ray Copson, Graeme Cornwallis, Kevin Cotter, Scott Crawford, Robert Crisp, Robert Cross, Angel Cuadras, Adele Cushing, Jorgen Dahl, Lucy Dallas, Chris Dalton, Helen Daunt, Robin Daus, C. David Gibbons, Jim Davis, Joshana Davis-Twomey, Vicki Dawkins, Hermelinda De La Torre, Karin de Lauje, Trisha Delbridge, Chris Delodder, Christina Demetriou, Susan Derby, Pam Dickson, Michele DiNunzio, Jean-Noël Doan, Tim Dolta, Scott Donahue, Mike Dowling, Karina Duffy, Joanne Duggan, Monica Ehman, Sue Ellen Shaneyfelt, Nivine Emeran, Lotta Emgard, Jenni Empson-Ridler, Marilee Enge, Johanna Fabre, Colin Falls, Marian Ferrari, Monica Ferrari, Tami Fichter, Amy-Lynn Fischer, Jane Fitzpatrick, Grant Fletcher, Andrea Foley, A Ford, Steve Fox, Jerry Franks, Nick Freeman, Eleanor Friedman, Neville Fursdon, Alessandro Gagliardi, Vanessa Gajewska, Claire Gardner, Joanne Garrah, Jennifer Gaylord, Indraneel Ghose, Charlotte Gibson, Rafael Gilliam, Graham Gilpin, Erik Gothberg, Rodrigo Gouvea Rosique, Martin Green, Keith Greenfield, Chantal Grisanti, Patrick Grove, JC Gwilliam, Annika Hacin, Claire Haddon, Jody Hansen, Prine Hansen, Robert Hanson, David Harcombe, Piers Harding, Piers & Marysia Harding, Shea Hardy, Stephen Harris, Sue Harvey, Camilla Heath, Brian Heeney, Nico Heijnen, Kathleen Helgesen, Oyvind Henriksen, Barbara Hess, Barbara & Art Hess, Ric Higgins, P Hill, P & W R Hill, Andrew Hindmarch, Vincent Hogenboom, Noor Hogeweg, Kai Holderbaum, Muei Hoon Tan, Damien Horigan, Janet Howell, Faridah Iriani Tahir, Jude Isherwood, Mary Jacob, Bailey T James, Michela Janni, Asker Jeukendrup, Pam Johnson, Paul Johnson, Alan Jones, Christopher Jones, Darryl Jones, Margaret Jones, Romy Jouen, Teresa Kamieniak, Lyndis Kang, Michael Keary, Rachel Keary, John Kelleher, Bas Kempen, Karen Kester, Heidi Kestnebaum, Jennifer Keys, Don Kilburg, Alan Kirsner, Michael R. Kluge, Anke Kolbe, Ernst & Annelies Koningsveld, Cherrill Kousal, Winston Kousal, Vera Kramer, Pierre Kruse, Hartmut Kuhne, Frances Kwok, Karen Lally, Nathan Landau, Silviu Landman, JM Latham, Wilbur Lawson, Adrian le Hanne, Elli Levy, Erin Lewis,

情報ありがとう

Hope Liebersohn, Krista Lighthall, Keith Liker, Felicia Lim, JD Lindsay, Brian Livingstone, Fiona Llewellyn, Kieron Lo, Kristy Lombardo, Kristy & Anthony Lombardo, Margaret Lord, Wendi Lunn, Christine Lutz, Jack Lynch, Jamie Mackenzie, JL Macomber, Christine Magnor, Andreas Mahn, Evan Malonai, Mary Marcia Pope, Philippe Margaron, Sheryl Maring, Della Markey, P Marquis, Marc Marsh-Desmarais, Don Martine, Marti Matulis, Jade Mawbey, Eve Mayberry, Eve & Frank Mayberry, Frank Mayberry, Sally Maynard, Annette McCormick, Iain McCormick, Jim McGillis, Daryl & Dia McKee, Colin McKinlay, Chris McLaughlin, Darren McLean, Jenny McRae, Kristine Melby, Mercedes Meras, Finn Mikkelsen, Finn & Lene Mikkelsen, Frances Millane, Melina Mingari, John Mitchell, Erik Moderegger, Karin Monnink, Chris Mono, Patrick Mounsey, Nanelle Mulligan, Christian Mussegaard, Claire Nash-Wortham, Claire & Fiona Nash-Wortham, Mickey Nee, Julie Needham, Richard Nelson, Serwind Netzler, Kenneth Newman, Leslie Newman, Tracey Nicholls, Juanita Nicholson, Hemming Nielsen, Ellen Nobels, Nathalie Nollet, Marc Norman, David Nutt, Mike Ocon, Regina O'Connor, Leah Oehlert, Janet Oflynn, Markku Paalanen, Amy Packer, Miles Parker, Brett Paterson, Katerina Pavlou, Nigel Peacock, Stephen Pearce, Rachel J. Pearcey, Grant Pearse, Virginia Persson, DJ Peterson, Dennis Phelan, Leighton & Jane Phillips, Jo Pilkington-Down, David Pinder, Eliose de Paula Piva, Petr Polednak, Monta Pooley, Lindsay Pulliam, Christopher Race, Linda Rafferty, Maria Ralph, Thomas Rau, Jessica Raymond, Michiel Reneman, Theresa Rieder, Alex Ro, Jon Roberts, Kelly Roberts, Alan F. Robilliard, Ruud Roemeling, Andrea Rogge, Ryon Rosovold, Neil J. Rubenking, Raymond Rudd, David Rutter, Sally-Ann Ryder, Hannah Salvidge, S Sanderson, Shornj Sandhu, Lee Savage, Kari Schjolberg Henriksen, Ronald Schlosberg, Link Schrader, Martin Seed, Martin & Mary Seed, Liz Seers, Himanshu Sharma, Alan Sharp, Mick Sharry, Mick & Liz Sharry, Nicole Shaw, Sue Shepard, Kamer Sidhy, Pernilla Siebenfreund, Andreas Silzle, Elaine Simer, Simon Skerrit, Joyce Slaton, David W Smith, L. Smith, Rachael Smith, Rob Smith, Claire Snel, Christian Sobotta, Christian & Heike Sobotta, Maibritt Sorensen, Henrik Stender Christensen, Rob Stevens, Jeannette Stewart, Caroline Stout, Valerie Straayer, Valerie Straayer & Ilinois State Geological Survey, Joe Suchman, Jean E Sunderland, Selvi Supramaniam, Joe Szper, Jane Tate, Melanie Thomas, Richard Thompson, Gemma Tinsdale, Hannah Treworgy, Wendy Tucker, Anita Tveter, CB Valdez, Huub van der Linden, Niels van der Werff, Govert van Ginkel, Margo & Fred van Roosmalen, Christa Van Schaardenburg, Erica Van Zon, Krista Vanggaard, Stephanie Vincent, Paul von Wichert, Sally Wade, Barbara Wall, Tobias Wall, Adrian Watson, A Weekes, Norman Weisser, Jodie Whan, Steve White, Gill Whitfield, Stephanie Wickersham, Erika Wienecke, David Wignall, Monique Williamson, Clare Winkel, Adriaan Witjes, David Wlfhart, Allan Wong, Karen Wong, Kenneth Woolley, Bruce Wright, Jim Wright, Richard Yates, Dave Yoshimoto, Donna Zalan, Suki Zoe, Sheila Zompa.

Notes

Index

本文

あ

アームストロング・レッドウッド州立保護区／Armstrong Redwoods State Reserve 275
アール湖自然保護区／Lake Earl Wildlife Area 344
アイルトン／Isleton 390
アグア・カリエンテ（カウィーア族を参照）／Agua Caliente
アクティビティ（個別項目を参照）
アジュマイ溶岩湧泉州立公園／Ahjumawi Lava Springs State Park 350
アップル・ヒル／Apple Hill 418
アナハイム／Anaheim 657, **659**
　アクセス 662
　宿泊 660
　食事 661
　ディズニーランド・リゾート／Disneyland Resort 658
アニョ・ヌエボ州立保護区／Año Nuevo State Reserve 234
アバロン／Avalon 752
アビラ・ビーチ／Avila Beach 782
アマドール・シティ／Amador City 419
アマルゴサ・バレー／Amargosa Valley 559
アマルゴサ・ホテル&オペラハウス／Amargosa Hotel & Opera House 559
アメリカ自動車協会／American Automobile Association (AAA) 58, 98
アメリカ先住民族／Native Americans 15
アラバマ・ヒルズ／Alabama Hills 517
アルカータ／Arcata 329, **330**
アルカトラズ島／Alcatraz 233
アルゴドネス砂丘／Algodones Dunes 541
アルマノール湖／Lake Almanor 351
アローヘッド／Arrowhead 760
アンザ・ボレゴ砂漠州立公園／Anza-Borrego Desert State Park 541, **542**
安全に関する注意 47, 59, 695
アンソニー・シャボー地域公園／Anthony Chabot Regional Park 200
アンダーソン・バレー／Anderson Valley 288
アンダーソン沼沢地州立歴史公園／Anderson Marsh State Historic Park 285
アンテロープ・バレー／Antelope Valley 547
アンテロープ・バレー・カリフォルニア・ポピー保護区／Antelope Valley California Poppy Reserve 547
アンドリュー・モレラ州立公園／Andrew Molera State Park 800
イーグル湖／Eagle Lake 353
イースタン・シエラ／Eastern Sierra 500
イースト・ベイ／East Bay 193
eメール 51

イザベラ湖／Lake Isabella 446
イシ／Ishi 394
イヌワシ 473
違法行為 60
イリーカ／Yreka 372
医療（健康を参照）
インクライン・ビレッジ／Incline Village 462
インターナショナル・サーフィン・ミュージアム／International Surfing Museum 674
インターネット／Internet 51
インディアン・グラインディング・ロック州立歴史公園／Indian Grinding Rock State Historic Park 421
インディペンデンス／Independence 516
インバーネス／Inverness 191
インペリアル・バレー／Imperial Valley 539
ウィードパッチ・レイバー・キャンプ／Weedpatch Labor Camp 445
ウィーバービル／Weaverville 379
ヴィシー・ホット・スプリングス・リゾート／Vichy Hot Springs Resort 291
ウィスキータウン湖／Whiskeytown Lake 361
ウィリッツ／Willits 292
ウインドサーフィン（水上スポーツも参照） 134
ウエストウッド／Westwood 352
ウエストポート／Westport 310
ウオーキング（ハイキング&バックパッキングを参照）
映画 71, 164, 741
映画産業 22
営業時間 60
エサレン研究所／Esalen Institute 799
エスコンディド／Escondido 644
エステロ湾／Estero Bay 788, **788**
エドワード空軍基地／Edwards Air Force Base 548
エベッツ峠／Ebbetts Pass 425
エメラルド・ベイ州立公園／Emerald Bay State Park 468
エル・キャピタン／El Capitan 476
エル・セントロ／El Centro 540
エル・ポータル／El Portal 490
エルク／Elk 300
エルク（オオシカ） 193, 340
エンジェル・キャンプ／Angels Camp 423
エンジェル島／Angel Island 182
エンシニタス／Encinitas 641
エンターテインメント 71
エンバーカデロ（サンディエゴ）／Embarcadero (San Diego) 598
オアー・ホット・スプリングス／Orr Hot Springs 292
オーウェンス・バレー／Owens Valley 513
オークハースト／Oakhurst 489
オークビル／Oakville 264
オークランド／Oakland 195, **194**
　アクセス 203

太字はMAPを示す

827

Index

アトラクション　197
インフォメーション　196
エンターテインメント　202
交通手段　204
宿泊　199
食事　200
オーシャン・ビーチ／Ocean Beach　610
オーシャン・ローズ・アバロン・ファーム／Ocean Rose Abalone Farm　792
オーシャンサイド／Oceanside　643
オートバイ　99
オートリー西部開拓史博物館／Autry Museum of Western Heritage　707
オーバーン／Auburn　412
オーバーン州立レクリエーション・エリア／Auburn State Recreation Area　413
オーリック／Orick　337
オールド・フェイスフル間欠泉／Old Faithful Geyser　269
お金　47
オキシデンタル／Occidental　274
オセアノ／Oceano　779
オハイ／Ojai　767
オレマ／Olema　190
オレンジ／Orange　664
オレンジカウンティ／Orange County　656, **657**
　ショッピング　671
オロビル／Oroville　393
音楽　32, 166, 444, 737, 743
温泉（スパ&温泉を参照）

か

ガーストル・コーブ海洋保護区／Gerstle Cove Marine Reserve　298
カーディフ・バイ・ザ・シー／Cardiff-by-the-Sea　641
ガーニービル／Guerneville　275
カーネル・アレンズワース州立歴史公園／Colonel Allensworth State Historic Park　440
ガーバービル／Garberville　313
カーメル・バイ・ザ・シー／Carmel-by-the-Sea　803, **805**
カールスバッド／Carlsbad　642
カーン川／Kern River　446
カーンビル／Kernville　446
絵画　34
カウィーア族／Cahuilla people　524
カジノ
　サウス・レイクタホ／South Lake Tahoe　464
　ラスベガス／Las Vegas　564
　リノ／Reno　581
カスケード山脈／Cascade Range　23
化石の森（ペトリファイド・フォレスト）／Petrified Forest　269
カチューマ湖郡立公園／Lake Cachuma County Park　778
カヌー（カヤック&カヌーを参照）
カブリヨ、ファン・ロドリゲス／Cabrillo, Juan Rodriguez　15, 591
カブリヨ国定記念物／Cabrillo National Monument　609
カヤック&カヌー　84

インバーネス／Inverness　191
ウィーバービル／Weaverville　380
エンジェル島／Angel Island　182
キングス・ビーチ／Kings Beach　461
クラマス国有林／Klamath National Forest　374
シックス・リバーズ国有林／Six Rivers National Forest　381
シャスタ山／Mt Shasta　367
バン・ダム州立公園／Van Damme State Park　301
ボデガ・ベイ／Bodega Bay　296
モロ・ベイ／Morro Bay　790
モントレー／Monterey　815
ガラパタ州立公園／Garrapata State Park　802
カラベラス・ビッグ・ツリー州立公園／Calaveras Big Trees State Park　425
カリコ・ゴースト・タウン／Calico Ghost Town　550
カリコ古代人遺跡発掘場／Calico Early Man Archaeological Site　550
カリストーガ／Calistoga　265, **266**
カリゾ平原国定記念物／Carrizo Plain National Monument　446
カリフォルニア州庁舎／California State Capitol　385
カリフォルニア大学
　サンタ・クルーズ／Santa Cruz　238
　サンディエゴ／San Diego　618
　バークレー／University of California Berkeley　206
　ロサンゼルス／Los Angeles　708
カリフォルニア洞窟／California Cavern　423
環境問題　25, 75
観光案内所　44
カンブリア／Cambria　792
気候　25, 679
北ユバ川／North Yuba River　404
キネティック・スカルプチャー・レース／Kinetic Sculpture Race　319, 331
キャッスル・クラッグズ州立公園／Castle Crags State Park　362
キャッスル湖／Castle Lake　366
キャナリー・ロウ／Cannery Row　813
キャピトラ／Capitola　243
キャプテン・ジャックの砦／Captain Jack's Stronghold　376
キャンプ場　65
キユーキス／Cayucos　791
教育　31
ギルロイ／Gilroy　244
緊急のとき　60
キング山脈国立自然保護区／King Range National Conservation Area　318
キングス・ビーチ／Kings Beach　461
キングスキャニオン／Kings Canyon　491
キングスキャニオン&セコイア国立公園／Kings Canyon & Sequoia National Parks　491, **492**
　アクセス　499
　アトラクション　493
　インフォメーション　493
　宿泊　498

Index

食事　499
キングスキャニオン国立公園（キングスキャニオン&セコイア国立公園を参照）／Kings Canyon National Park
金採取法　405
グアララ／Gualala　299
クインシー／Quincy　355
クジラ　192
熊　77
クヤマカ・ランチョ州立公園／Cuyamaca Rancho State Park　647
グライーグル／Graeagle　354
グライダー飛行　247
グラス・バレー／Grass Valley　410
グラニット・チーフ自然保護区／Granite Chief Wilderness　453
クラマス／Klamath　340
クラマス国有林／Klamath National Forest　374
クラマス盆地国立自然保護区／Klamath Basin National Wildlife Refuges　376
クリア湖／Clear Lake　285
クリア湖州立公園／Clear Lake State Park　285
クリアレイク／Clearlake　285
クリスタル大聖堂／Crystal Cathedral　664
クリスタル洞窟／Crystal Cave　495
グリフィス公園／Griffith Park　707, **692**
クルーズ・ロードデンドロン州立保護区／Kruse Rhododendron State Reserve　298
車　93, 96
　　アメリカ自動車協会／American Automobile Association (AAA)　58, 98
　　運転免許証　45
　　交通ルール　97
　　レンタル　98
クレア・エングル湖／Clair Engle Lake　379
グレイ・ホエール・コーブ州立ビーチ／Gray Whale Cove State Beach　232
グレイハウンドのバス路線（バスを参照）／Greyhound bus lines, see buses
グレーシャー・ベイ／Glacier Point　477, 481, 482
クレセント・シティ／Crescent City　342
グレン・アイビー温泉／Glen Ivy Hot Springs　665
グローブランド／Groveland　490
ゲイ&レズビアン　57
　　サンフランシスコ地区　129
　　ロサンゼルス地区　704
経済　31
芸術（個別項目を参照）
計測単位／　54
ケイビング（洞窟探検）　87
ケープタウン／Capetown　319
ケーブルカー　119, 122
劇場　71
ゲッティ・センター／Getty Center　709
言語　41

太字はMAPを示す

健康　55
　　高山病　56
現代美術館（ロサンゼルス）／Museum of Contemporary Art (Los Angeles)　696
建築　36
高齢の旅行者へ　58
コーチェラ・バレー／Coachella Valley　524, **525**
コート・マデラ／Corte Madera　184
ゴールデン・ゲート・パーク／Golden Gate Park　131, **117**
ゴールデン・ゲート・ブリッジ／Golden Gate Bridge　133
ゴールド・カントリー／Gold Country　402, **403**
ゴールド湖／Gold Lake　355
ゴールドラッシュ　22, 402
国有林（個別項目を参照）
バス　75
国立公園（個別項目も参照）　29
　　国立公園局／National Park Service　58
　　バス　59
湖水盆地レクリエーション・エリア／Lakes Basin Recreation Area　355
古代ブリストルスコーン・パイン・フォレスト／Ancient Bristlecone Pine Forest　515
子供連れの旅行者へ　58, 699
コヨーテ・ポイント・パーク／Coyote Point Park　218
ゴルフ　87, 135, 248
コルマ／Colma　217
コロナド／Coronado　610
コロマ／Coloma　414
コロンビア州立歴史公園／Colombia State Historic Park　426
コンドル　29
コンビクト湖／Convict Lake　512

さ

サーフィン（水上スポーツも参照）　85
　　サンタ・クルーズ／Santa Cruz　238
　　サンディエゴ／San Diego　619
　　ハンティントン・ビーチ／Huntington Beach　674
　　ボデガ・ベイ／Bodega Bay　296
　　モントレー半島／Monterey Peninsula　815
　　サンフランシスコ／San Francisco　134
サイクリング（マウンテンバイキングも参照）　79, 100
　　カリフォルニア砂漠地帯／California Deserts　524, 529, 535
　　サンフランシスコ／San Francisco　134
　　サンフランシスコ・ベイ・エリア／San Francisco Bay Area　178, 226, 239
　　ワイン・カントリー／Wine Country　248, 254, 262
サウサリート／Sausalito　178
サウス・レイクタホ／South Lake Tahoe　462, **463**
サクラメント／Sacramento　383, **386**
　　アクセス　389
　　アトラクション　384
　　インフォメーション　384
　　エンターテインメント　389
　　宿泊　388

829

Index

食事 388
サクラメント・デルタ／Sacramento Delta 389
サクラメント・バレー／Sacramento Valley 383, **384**
サケ 272
サター・クリーク／Sutter Creek 419, **420**
サター砦州立歴史公園／Sutter's Fort State Historic Park 386
雑誌 53
サドルバック・ビュート州立公園／Saddleback Butte State Park 547
サニーサイド／Sunnyside 470
砂漠（個別項目も参照） 519, **520**
    安全に関する注意 521
    交通手段 523
    植物 27, 28
    野生生物 29, 521
サモア半島／Samoa Peninsula 328
サリーナス／Salinas 818
サルベーション山／Salvation Mountain 540
サローヤン、ウィリアム／Saroyan, William 436
サン・アンセルモ／San Anselmo 184
サン・アンドレアス／San Andreas 423
サン・オノフレ州立ビーチ／San Onofre State Beach 644
サン・グレゴリオ州立ビーチ／San Gregorio State Beach 234
サン・ゴルゴーニオ山／Mt San Gorgonio 756
サン・ゴルゴーニオ自然保護区／San Gorgonio Wilderness 762
サン・ジャシント州立自然保護公園／San Jacinto Wilderness State Park 527
サン・バーナディノ国有林／San Bernardino National Forest 755
サン・ファン・キャピストラーノ／San Juan Capistrano 670
サン・ファン・バウティスタ／San Juan Batista 243
サン・フェルナンド・バレー／San Fernando Valley 713
サン・ペドロ／San Pedro 711
サン・ホアキン・バレー／San Joaquin Valley 430, **431**
サン・ラファエル／San Rafael 185
サン・ルイス・オビスポ／San Luis Obispo 783, **784**
サン・ルイス・オビスポ湾／San Luis Obispo Bay 779, **781**
参考になる映画（映画も参照） 39
参考になる本（文学も参照） 52
    ハイキングガイド 78
サンシメオン／San Simeon 793
サンセット・ストリップ／Sunset Strip 705
サンタ・カタリナ島／Santa Catalina Island 751
サンタ・クルーズ／Santa Cruz 235, **236**
サンタクララ／Santa Clara 231
サンタバーバラ／Santa Barbara 768, **768**, 770
    アクセス 776
    アトラクション 771
    インフォメーション 771
    宿泊 773
    食事 775
サンタモニカ／Santa Monica 710, **690**
サンタモニカ山地／Santa Monica Mountains 717

サンタローザ／Santa Rosa 256
サンディエゴ／San Diego 590, **591**, **593**, **596**, **600**, **612**, **616**
    アクセス 636
    アトラクション 595
    インフォメーション 594
    エンターテインメント 631
    交通手段 636
    宿泊 622
    食事 627
    ショッピング 635
    年中行事 622
サンディエゴ・バックカントリー／San Diego Backcountry 645, **646**
サンディエゴ動物園／San Diego Zoo 605
サンディエゴ野性動物公園／San Diego Wild Animal Park 645
サンノゼ／San Jose 223, **224**, **226**
    アクセス 230
    アトラクション 224
    インフォメーション 224
    エンターテインメント 229
    交通手段 230
    宿泊 227
    食事 228
サンフランシスコ／San Francisco 102, **106**
    アクセス 170
    アトラクション 119
    インフォメーション 105
    エンターテインメント 157
    交通手段 171
    宿泊 136
    食事 144
    ショッピング 166
    徒歩ツアー 135
サンフランシスコ・ベイ・エリア／San Francisco Bay Area 174, **175**
サンフランシスコ近代美術館／San Francisco Museum of Modern Art 121
サンフランシスコ半島／The Peninsula 216, **217**
サンフランシスコ湾／San Francisco Bay 133
シー・ランチ／Sea Ranch 298
シーダー・パス・スノー・パーク／Cedar Pass Snow Park 378
シール・ビーチ／Seal Beach 675
シーワールド／SeaWorld 611
ジェームズタウン／Jamestown 429
ジェデディア・スミス・レッドウッド州立公園／Jedediah Smith Redwoods State Park 345
ジェネラルズ・ハイウェイ／Generals Highway 495
ジェファーソン州／Jefferson, State of 374
シエラ・シティ／Sierra City 405
シエラ・ネバダ／Sierra Nevada 23, 448, **449**
シェル・ビーチ／Shell Beach 782
シェルター・コーブ／Shelter Cove 317
ジェナー／Jenner 297

Index

時間 54
仕事 65
地震 60
シスキュー湖／Lake Siskiyou 366
シスキュー自然保護区／Siskiyou Wilderness 374
シックス・フラッグス・マジック・マウンテン／Six Flags Magic Mountain 755
シックス・リバーズ国有林／Six Rivers National Forest 381
自動車レース 248
ジャイアンツ・アベニュー／Avenue of the Giants 315
ジャイアント・フォレスト／Giant Forest 495
ジャグ・ハンドル州立保護区／Jug Handle State Reserve 306
ジャクソン／Jackson 422
写真・ビデオ 53
ジャズ（音楽も参照） 739
シャスタ・ダム／Shasta Dam 362
シャスタ湖／Shasta Lake 361
シャスタ湖洞窟／Lake Shasta Caverns 362
シャスタ山／Mt Shasta 364
シャスタ州立歴史公園／Shasta State Historic Park 361
ジャック・ロンドン州立歴史公園／Jack London State Historic Park 256
シャンデリア・ドライブスルー森林公園／Chandelier Drive-Thru Tree Park 312
宗教 41
17マイル・ドライブ／17-Mile Drive 808
住民 31
州立公園（個別項目を参照）
ジューン・レイク・ループ／June Lake Loop 506
シュガー・パイン・ポイント州立公園／Sugar Pine Point State Park 469
祝日 61
宿泊 65
シュノーケリング（ダイビング&シュノーケリングを参照）
ジュリア・ファイファー・バーンズ州立公園／Julia Pfeiffer Burns State Park 799
ジュリアン／Julian 647
シュルツ、チャールズ／Schulz, Charles 257
乗馬 83
　サンタモニカ山地／Santa Monica Mountains 718
　ジューン・レイク・ループ／June Lake Loop 506
　スコーバレーUSA／Squaw Valley USA 457
　デス・バレー／Death Valley 556
　パームスプリングス／Palm Springs 529
　ビショップ（ラバの日）／Bishop 513
　フンボルト・レッドウッド州立公園／Humboldt Redwoods State Park 315
　モンタニャ・デ・オロ州立公園／Montaña de Oro State Park 789
　ヨセミテ国立公園／Yosemite National Park 486
　ワイン・カントリー／Wine Country 254
ジョーンズビル／Johnsville 355
食事 68

太字はMAPを示す

植物 27, 448, 472, 491, 521
ジョシュア・ツリー／Joshua Tree 537
ジョシュア・ツリー国立公園／Joshua Tree National Park 534, **536**
ショショーニ／Shoshone 559
ジョス・ハウス 397
ジョス・ハウス州立歴史公園／Joss House State Historic Park 380
女性旅行者へ 56
ショッピング 72, 671
ジョン・ミュアー・トレイル／John Muir Trail 480, 483
ジョン・ミュアー国定跡／John Muir National Historic Site 216
シリコン・バレー／Silicon Valley 219
シンキオン州立自然保護公園／Sinkyone Wilderness State Park 319
人口 31
身体の不自由な旅行者へ 57
新聞 53
水上スポーツ（カヤック&カヌーも参照）（ビーチも参照）
　サンタ・カタリナ島／Santa Catalina Island 753
　ビッグ・ベア・レイク／Big Bear Lake 757
　北部山岳地帯／Northern Mountains 351
スーザンビル／Susanville 352
スカイダイビング 87
スキー 80
　アローヘッド／Arrowhead 760
　キングスキャニオン&セコイア国立公園／Kings Canyon & Sequoia National Parks 497
　サン・ジャシント州立自然保護公園／San Jacinto Wilderness State Park 527
　シーダー・パス・スノー・パーク／Cedar Pass Snow Park 378
　ジューン・マウンテン・スキー・エリア／June Mountain Ski Area 506
　スコーバレーUSA／Squaw Valley USA 456
　タホ・スキー・エリア／Tahoe Ski Areas 458
　ビッグ・ベア・レイク／Big Bear Lake 757
　プルマス・ユーリカ州立公園／Plumas-Eureka State Park 355
　ベア・バレー・スキー・エリア／Bear Valley Ski Area 425
　マウント・シャスタ／Mt Shasta 365
　マンモス・マウンテン・スキーエリア／Mammoth Mountain Ski Area 509
　ヨセミテ国立公園／Yosemite National Park 486
スケート 134
スコーシャ／Scotia 316
スコーバレーUSA／Squaw Valley USA 456
スコッティーズ・キャッスル／Scotty's Castle 554
スコット、ウォルター・E／Scott, Walter E 554
スコット・バレー／Scott Valley 375
スタインベック、ジョン／Steinbeck, John 819
スタンフォード線形加速器センター／Stanford Linear Accelerator Center 220
スタンフォード大学／Stanford University 219

831

Index

スチュワート・ミネラル・スプリングス／Stewart Mineral Springs　372
スティーブンソン、ロバート・ルイス／Stevenson, Robert Louis　264, 269
スティンソン・ビーチ／Stinson Beach　188
ストックトン／Stockton　430
スノー・マウンテン自然保護区／Snow Mountain Wilderness　382
スノーボード（スキーも参照）　81
スパ&温泉　238, 265, 266, 267, 287, 291, 372, 665, 799
スプーナー湖／Spooner Lake　462
スプリット山／Split Mountain　544
スポーツ観戦／spectator sports　72, 166, 744
スリー・リバーズ／Three Rivers　500
政治　30
セーリング（船も参照）　134
セコイア　426, 493
セコイア国立公園（キングスキャニオン&セコイア国立公園を参照）／Sequoia National Park
セッションズ、ケイト／Sessions, Kate　599
セバストポル／Sebastopol　272
セラ神父、フニペロ／Serra, Father Junípero　16
セント・ヘレナ／St Helena　264
セントラル・コースト／Central Coast　764, **765**
ゾウアザラシ　193, 235, 796
ソニー・ピクチャーズ・スタジオ／Sony Pictures Studios　709
ソノマ／Sonoma　252, **250**
ソノマ・コースト州立ビーチ／Sonoma Coast State Beaches　297
ソノマ・バレー／Sonoma Valley　249, **250**
ソノマ湖／Lake Sonoma　283
ソノマ州立歴史公園／Sonoma State Historical Park　253
ソノラ／Sonora　427, **427**
ソラナ・ビーチ／Solana Beach　640
ソルト・ポイント州立公園／Salt Point State Park　298
ソルトン湖／Salton Sea　540
ソルバング／Solvang　778

た

ターキツ・キャニオン／Tahquitz Canyon　528
タートル・ベイ探検公園／Turtle Bay Exploration Park　359
タイオガ・ロード／Tioga Rd　477
タイオガ峠／Tioga Pass　473
大気汚染　25
大使館　46
ダイビング&シュノーケリング　86, 238, 619, 815
ダウニービル／Downieville　405
ダナ・ポイント／Dana Point　669
タホ・シティ／Tahoe City　457
タホ・スキー・エリア／Tahoe Ski Areas　458, **459**
タホ・ビスタ／Tahoe Vista　461
タホ・リム・トレイル／Tahoe Rim Trail　450, 457
タホマ／Tahoma　469
タマルパイス山州立公園／Mt Tamalpais State Park　186
タム山／Mt Tam　186

タラック山／Mt Tallac　465
タラック史跡／Tallac Historic Site　464
単位（計測単位を参照）
ダンス　34
ダンスミュア／Dunsmuir　363
ダンビル／Danville　216
チェスター／Chester　351
チコ／Chico　395, **396**
地質　25, 448, 450
地図　43
　　ハイキング用　79
チップ　48
チャネル諸島国立公園／Channel Islands National Park　766
チュービング　397
チュマシュ壁画洞窟州立歴史公園／Chumash Painted Cave State Historic Park　777
彫刻　34
地理　23, **24**
チリアコ・サミット／Chiriaco Summit　539
ツアー　93, 101, 248, 486, 529, 621, 718
ツイン・レイクス／Twin Lakes　502
通貨（お金を参照）
通関　46
釣り　86, 276, 363, 502, 510, 620
ディアブロ山州立公園／Mt Diablo State Park　215
DLブリス州立公園／DL Bliss State Park　468
ディープ・クリーク・ホット・スプリングス／Deep Creek Hot Springs　761
ディズニーランド・リゾート／Disneyland Resort　658
デイビス／Davis　390, **390**
デイビス湖／Lake Davis　354
ティファナ／Tijuana　649, **650**
　　アクセス　654
　　アトラクション　651
　　インフォメーション　649
　　エンターテインメント　653
　　交通手段　655
　　宿泊　653
　　食事　653
　　ショッピング　654
ティブロン／Tiburon　181
デイリー・シティ／Daly City　217
デス・バレー／Death Valley　551
デス・バレー国立公園／Death Valley National Park　551, **552**
　　アトラクション　553
　　インフォメーション　553
　　地質　551
　　アクセス　557
　　宿泊　556
　　食事　557
デソレーション自然保護区／Desolation Wilderness　464
テニス　135
デビルズ・スライド／Devil's Slide　232
デビルズ・ポストパイル国定記念物／Devil's Postpile National Monument　512

Index

デル・ノルテ・コースト・レッドウッド州立公園／Del Norte Coast Redwoods State Park　341
デル・マー／Del Mar　640
テレビ　53
電圧・電源　54
伝道所　16, 18
　サン・アントニオ・デ・パドゥア／San Antonio de Padua　822
　サン・アントニオ・デ・パラ／San Antonio de Pala　645
　サン・ガブリエル・アーチエンジェル／San Gabriel Archangel　717
　サン・カルロス・デ・ボロメオ・デ・カルメロ／San Carlos de Borroméo de Carmelo　805
　サン・ファン・キャピストラーノ／San Juan Capistrano　670
　サン・ファン・バウテスタ／San Juan Bautista　243
　サン・フェルナンド・レイ・デ・エスパーニャ／San Fernando Rey de España　714
　サン・ミゲル・アルカンヘル／San Miguel Arcángel　821
　サン・ルイス・オビスポ・デ・トローサ／San Luis Obispo de Tolosa　785
　サンタ・クルーズ／Santa Cruz　237
　サンタクララ・デ・アシス／Santa Clara de Asís　231
　サンタバーバラ／Santa Barbara　772
　サンディエゴ・デ・アルカラ／San Diego de Alcalá　607
　サンノゼ／San Jose　230
　サンフランシスコ・デ・ソラノ・デ・ソノマ／San Francisco Solano de Sonoma　253
　ピュリシマ・コンセプシオン／La Purísima Concepción　779
電話　49
トア・ハウス／Tor House　806
トイレ　55
トゥエンティーナイン・パームス／Twentynine Palms　536
トゥオルム・メドウズ／Tuolumne Meadows　477
洞窟（個別項目を参照）
トゥファ・タワー　504
動物（野生動物を参照）
渡航書類　44
登山（ロッククライミングも参照）　82
土地管理局／Bureau of Land Management　58
ドナー・メモリアル州立公園／Donner Memorial State Park　452
ドナー湖／Donner Lake　453, **454**
ドナー隊／Donner Party　453
トメイルズ・ベイ州立公園／Tomales Bay State Park　193
ドライブ（車を参照）
トラッキー／Truckee　452, **454**
鳥（野生動物を参照）
トリー・パインズ州立保護区／Torrey Pines State Reserve　618
トリニダード／Trinidad　324
トリニティ・アルプス自然保護区／Trinity Alps Wilderness　374

トリニティ・カウンティ／Trinity County　378
トリニティ・シーニック・バイウェイ／Trinity Scenic Byway　378
トリニティ・ヘリテージ・ナショナル・シーニック・バイウェイ／Trinity Heritage National Scenic Byway　378
トリニティ湖／Trinity Lake　379
ドレイク、サー・フランシス／Drake, Sir Francis　16, 190
トレイル・ライド（乗馬も参照）　357, 367

な
嘆きの洞窟／Moaning Cavern　426
NASAエームズ研究センター／NASA-Ames Research Center　220
ナシミエント湖／Lake Nacimiento　821
ナチュラル・ブリッジズ州立ビーチ／Natural Bridges State Beach　238
ナッツ・ベリー・ファーム／Knott's Berry Farm　662
ナパ／Napa　262
ナパ・バレー／Napa Valley　258, **259**
ナパ・バレー・ワイン・トレイン／Napa Valley Wine Train　248
ニアリー・ロドリゲス・アドービ／Neary-Rodriguez Adobe　237
ニカシオ／Nicasio　190
ニューポート・ビーチ／Newport Beach　670, **672**
熱気球　87, 247, 621
ネバダ／Nevada　560
ネバダ・シティ／Nevada City　407, **408**
ネバダ大学リノ校／University of Nevada, Reno　583
ネバダ滝／Nevada Fall　480
年中行事　62, 136, 303, 307, 320, 325, 343, 719
　アート・アンド・パンプキン・フェスティバル／Art & Pumpkin Festival　233
　アート・イン・ザ・レッドウッズ・フェスティバル／Art in the Redwoods Festival　299
　ウィリッツ・フロンティア・デイズ&ロデオ／Willits Frontier Days & Rodeo　293
　ギルロイ・ガーリック・フェスティバル／Gilroy Garlic Festival　244
　ケルティック・ルネッサンス・フェアー／Celtic Renaissance Faire　293
　コーチェラ・ミュージック&アーツ・フェスティバル／Coachella Music & Arts Festival　530
　シスキュー・ブルース・アンド・ヘリテージ・フェスティバル／Siskiyou Blues & Heritage Festival　363
　ソノマ・カウンティ・フェア／Sonoma County Fair　256
　ボデガ・ベイ・フィッシャーマンズ・フェスティバル／Bodega Bay Fishermen's Festival　295
　ミル・バレー・フィルム・フェスティバル／Mill Valley Film Festival　183
　ラグーナ・ビーチのアート・フェスティバル／Laguna Beach art festivals　668
　レゲエ・オン・ザ・リバー／Reggae on the River　313
ノース・カウンティ・コースト／North County Coast　638, **639**
ノース・コースト／North Coast　270, 271
ノース・タホ地域公園／North Tahoe Regional Park　461

太字はMAPを示す

833

Index

ノース・ドーム／North Dome 484
ノブ・ヒル／Nob Hill 123
飲み物 70

は

バークレー／Berkeley 204, **205**, 208
    アクセス 214
    インフォメーション 206
    エンターテインメント 212
    観光スポット 206
    交通手段 215
    宿泊 210
    食事 211
バークレー・ヒルズ／Berkeley Hills 209, **688**
バージニア・シティ／Virginia City 588
バージニア湖／Virginia Lakes 503
ハースト、ウィリアム・ランドルフ／Hearst, William Randolph 795
ハースト・キャッスル／Hearst Castle 794
ハースト・メモリアル州立ビーチ／Hearst Memorial State Beach 793
バーストウ／Barstow 549
パーティントン・コーブ／Partington Cove 800
バードウォッチング 718
バーナル滝／Vernal Fall 479
ハービン・ホット・スプリングス／Harbin Hot Springs 268, 287
ハーフ・ドーム／Half Dome 475, 481, 482
ハーフ・ムーン・ベイ／Half Moon Bay 233
パームスプリングス／Palm Springs 524, **525**
    アクセス 533
    アトラクション 526
    インフォメーション 526
    エンターテインメント 532
    宿泊 530
    食事 532
パームスプリングス・ロープウェイ／Palm Springs Aerial Tramway 527
パームデール／Palmdale 547
ハーモニー・ホウ砂精錬所／Harmony Borax Works 554
パイオニア・タウン／Pioneer Town 538
ハイキング&バックパッキング 74
    安全に関する注意 78
    カリフォルニア砂漠地帯／California Deserts 527, 529, 534, 544, 555
    環境への配慮 75
    ゴールド・カントリー／Gold Country 406
    サンフランシスコ・ベイ・エリア／San Francisco Bay Area 178, 183, 186, 226, 239
    シエラ・ネバダ／Sierra Nevada 453, 479, 496, 509, 517
    セントラル・コースト／Central Coast 789, 785
    ノース・コースト／North Coast 295, 315, 317
    北部山岳地帯／Northern Mountains 349, 350, 357, 363, 366., 378, 381
    ロサンゼルス／Los Angeles 718, 757, 760

バイセリア／Visalia 440
ハウスボート 67
ハクトウワシ 361
パサデナ／Pasadena 714, **693**
パシフィカ／Pacifica 232
パシフィック・クレスト・トレイル／Pacific Crest Trail 74
パシフィック・グローブ／Pacific Grove 808
パシフィック・ビーチ／Pacific Beach 614
パシフィック・フライウェイ／Pacific Flyway 376
バスで 92
    カリフォルニア内の移動 95
    カリフォルニアへのアクセス 92
パソ・ロブレス／Paso Robles 820
バタフライ、ジュリア／Butterfly, Julia 316
バックアイ・ホット・スプリングス／Buckeye Hot Springs 502
バックス湖／Bucks Lake 357
バックパッキング（ハイキング&バックパッキングを参照）
パットン将軍記念博物館／General Patton Memorial Museum 539
ハッピー島／Happy Isles 479
パトリックス・ポイント州立公園／Patrick's Point State Park 336
ハニーデュー／Honeydew 319
パノラマ・トレイル／Panorama Trail 481
パラマウント・スタジオ／Paramount Studios 703
ハリウッド／Hollywood 702, **684**
ハリウッド・ウォーク・オブ・フェイム／Hollywood Walk of Fame 702
ハリケーン・ハーバー／Hurricane Harbor 755
パリセード氷河／Palisade Glacier 515
バルボア公園／Balboa Park 599, **600**
バルボア半島／Balboa Peninsula 671
バレー・オブ・ファイア州立公園（ネバダ州）／Valley of Fire State Park (NV) 579
バレーオ／Vallejo 216
バレーオ将軍／Vallejo, General 253
パロ・アルト／Palo Alto 218, **218**
パロマー山／Palomar Mountain 645
バン・ダム州立公園／Van Damme State Park 301
ハングライダー 621
ハンティントン・ビーチ／Huntington Beach 674
バンパス・ヘル／Bumpass Hell 349
ハンフォード／Hanford 439
B&B（ベッド&ブレックファスト）（宿泊を参照）
ピーターセン自動車博物館／Petersen Automotive Museum 706
ビーチ（個別項目も参照）
    オレンジカウンティ／Orange County 665
    サンディエゴ・ノース・カウンティ／San Diego North County 640
    サンフランシスコ・ベイ・エリア／San Francisco Bay Area 188, 232, 233, 234
    セントラル・コースト／Central Coast 772, 779
    ノース・コースト／North Coast 297, 300
    ロサンゼルス／Los Angeles 717

Index

ビーティ（ネバダ州）／Beatty (NV) 558
ビート・ジェネレーション／Beat generation 124
ヒールズバーグ／Healdsburg 280
ピエドラス・ブランカス／Piedras Blancas 796
東モハベ国立自然保護区／East Mojave National Preserve 546
ビクスビー橋／Bixby Bridge 801
ビクター・バレー／Victor Valley 547
飛行機で 88
　　カリフォルニアへのアクセス 88
　　カリフォルニア内の移動 95
　　空港 88
　　航空会社 88
ビザ 44
ビショップ／Bishop 512
ビズ・ジョンソン・トレイル／Bizz Johnson Trail 352
ピスモ・ビーチ／Pismo Beach 780
ビッグ・サー／Big Sur 796, **797**
ビッグ・パイン／Big Pine 515
ビッグ・ベア・レイク／Big Bear Lake 756
ビッグ・ベイスン・レッドウッド州立公園／Big Basin Redwoods State Park 234
ヒッチハイク 100
ビデオ 53
ピナクルズ国定記念物／Pinnacles National Monument 822
ビバリーヒルズ・ホテル／Beverly Hills Hotel 708
ピラミッド湖／Pyramid Lake 588
ピルスベリー湖／Lake Pillsbury 382
ファーンデール／Ferndale 320
ファイファー・ビッグ・サー州立公園／Pfeiffer Big Sur State Park 800
FAX 51
フィッツジェラルド海洋保護区／Fitzgerald Marine Reserve 232
フィロ／Philo 288
フィローリ／Filoli 217
フーバーダム（ネバダ州）／Hoover Dam (NV) 579
ブーンビル／Boonville 288
フェザー・リバー・キャニオン／Feather River Canyon 351, 393
フェザー川／Feather River 356
フェスティバル（年中行事を参照）
フォー・マイル・トレイル／Four Mile Trail 481
フォート・ブラッグ／Fort Bragg 306
　　アトラクション 307
　　交通手段 310
　　宿泊 307
　　食事 309
フォート・ロス州立歴史公園／Fort Ross State Historic Park 297
フォレステレール地下庭園／Forestiere Underground Gardens 436
ブタノ州立公園／Butano State Park 234

太字はMAPを示す

船（カヤック&カヌーも参照） 101, 179, 325, 620
　　ハウスボート 67
ブライダルベール滝／Bridalveil Fall 476
ブラックホーク・ミュージアム／Blackhawk Museum 216
ブラナン、サム／Brannan, Sam 265, 402
ブリッジポート／Bridgeport 501
ブルース 32, 201, 363, 739
フルーム・トレイル／Flume Trail 462
プルマス・カウンティ／Plumas County 346
プルマス・ユーリカ州立公園／Plumas-Eureka State Park 355
プルマス国有林／Plumas National Forest 350
ブレア・バレー／Blair Valley 544
ブレアスデン／Blairsden 354
プレイサービル／Placerville 415
プレーリー・クリーク・レッドウッド州立公園／Prairie Creek Redwoods State Park 338
フレズノ／Fresno 435, **437**
フレンチマン湖／Frenchman Lake 354
文学（参考になる本も参照） 37
噴石丘国定天然記念物／Cinder Cones National Natural Landmark 546
フンボルト・ラグーン州立公園／Humboldt Lagoons State Park 337
フンボルト・レッドウッド州立公園／Humboldt Redwoods State Park 315
フンボルト湾国立自然保護区／Humboldt Bay National Wildlife Refuge 322
ベア・フラッグ共和国／Bear Flag Republic 18, 253
米国森林局／US Forest Service 59
ベーカーズフィールド／Bakersfield 441, **442**
ベール・グリスト・ミル州立歴史公園／Bale Grist Mill State Historic Park 269
ペスカデロ／Pescadero 234
ヘッチ・ヘッチー／Hetch Hetchy 478
ペトロリア／Petrolia 319
ベニス・ビーチ／Venice Beach 711, **690**
ベンタナ自然保護区／Ventana Wilderness 801
ベンチュラ／Ventura 764
ヘンディ・ウッズ州立公園／Hendy Woods State Park 288
ベンボウ湖／Benbow Lake 312
ヘンリー・コーウェル・レッドウッド州立公園／Henry Cowell Redwoods State Park 239
ホアキン・ミラー公園／Joaquin Miller Park 199
ホイットニー山／Mt Whitney 517
ポイント・アリーナ／Point Arena 299
ポイント・サー灯台州立歴史公園／Point Sur Lightstation State Historic Park 801
ポイント・レイズ駅／Point Reyes Station 190
ポイント・レイズ国定海岸／Point Reyes National Seashore 192
ポイント・ロボス州立保護区／Point Lobos State Reserve 803
ポイント・ロマ／Point Loma 609
ホエールウオッチング 135, 193, 239, 296, 303, 620, 815
ポーウェイ／Poway 644

835

Index

ボーテ-ナパバレー州立公園／Bothe-Napa Valley State Park 269
ホートン・プラザ・センター／Horton Plaza Center 595
ホームウッド／Homewood 470
北部山岳地帯／Northern Mountains 346, **347**
保険
　健康 55
　旅行 45
保全 522
ボックス・キャニオン・ダム／Box Canyon Dam 366
ホット・クリーク地質サイト／Hot Creek Geological Site 512
ホット・クリーク養魚場／Hot Creek Fish Hatchery 512
ホップランド／Hopland 284
ボディ州立歴史公園／Bodie State Historic Park 503
ボデガ・ベイ／Bodega Bay 295
ホテル 65
ホテル・デル・コロナド／Hotel del Coronado 611
ホビー・シティ／Hobby City 663
ボリナス／Bolinas 189
ボルケーノ／Volcano 420
ボルサ・チカ州立ビーチ／Bolsa Chica State Beach 674
ポルトラ／Portola 353
ポルトラ、ガスパール・デ／Portolá, Gaspar de 16
ボロン／Boron 548
ホワイトウォーター（急流）ラフティング 83, 367, 374
　ウィーバービル／Weaverville 380
　カーン川／Kern River 447
　トラッキー川／Truckee River 454
　ヨセミテ国立公園／Yosemite National Park 486
ホワイト・マウンテン／White Mountains 515

ま

マーシャル・ゴールド・ディスカバリー州立歴史公園／Marshall Gold Discovery State Historic Park 415
マーセド／Merced 434
マーセド川／Merced River 480, 481, 483
マーフィーズ／Murphys 424
マーブル山自然保護区／Marble Mountain Wilderness 374
マウンテンバイキング（サイクリングも参照）
　アルマノール湖／Lake Almanor 351
　アンザ・ボレゴ砂漠州立公園／Anza-Borrego Desert State Park 544
　サンタモニカ山地／Santa Monica Mountains 718
　サンフランシスコ・ベイ・エリア／San Francisco Bay Area 178, 186
　シエラ・ネバダ／Sierra Nevada 457, 462, 465, 486, 510
　ダウニービル／Downieville 405
　ビッグ・ベア・レイク／Big Bear Lake 757
　フンボルト・レッドウッド州立公園／Humboldt Redwoods State Park 315
　モンタニャ・デ・オロ州立公園／Montaña de Oro State Park 789
マウント・シャスタの町／Mt Shasta Town 366
マクニー・ランチ州立公園／McNee Ranch State Park 232

マクロード／McCloud 370
マザー・ロード（ゴールド・カントリーを参照）／Mother Lode
マッカーサー・バーニー滝／McArthur-Burney Falls 350
マッカーリッチャー州立公園／MacKerricher State Park 310
マツダ・レースウェイ・ラグーナ・セカ／Mazda Raceway Laguna Seca 818
マラコフ・ディギンズ州立歴史公園／Malakoff Diggins State Historic Park 407
マリブ／Malibu 710
マリポサ／Mariposa 490
マリン・カウンティ／Marin County 174, **176**
マリン・ヘッドランド／Marin Headlands 175
マンザナール国定史跡／Manzanar National Historic Site 516
マンザニタ湖／Manzanita Lake 349
マンチェスター州立ビーチ／Manchester State Beach 300
マンモス・レイクス／Mammoth Lakes 507, **508**
ミークス・ベイ／Meeks Bay 469
ミード湖（ネバダ州）／Lake Mead (NV) 579
ミステリー・スポット／Mystery Spot 242
ミッション・バレー／Mission Valley 606
ミッション・ビーチ／Mission Beach 614
ミッション・ベイ／Mission Bay 611, **612**
ミッドパインズ／Midpines 490
ミドルタウン／Middletown 285
南ユバ川州立公園／South Yuba River State Park 406
ミネラル・キング／Mineral King 496
ミュア・ウッズ国定記念物／Muir Woods National Monument 187
ミュア・ビーチ／Muir Beach 188
ミュアー、ジョン／Muir, John 474
ミュージアム
　インターナショナル・サーフィン・ミュージアム／International Surfing Museum 674
　カリフォルニア・アフリカン・アメリカン博物館／California African American Museum 700
　現代美術館（ロサンゼルス）／Museum of Contemporary Art (Los Angeles) 696
　サンフランシスコ近代美術館／San Francisco Museum of Modern Art 121
　シルベラード博物館／Silverado Museum 264
　チャールズ・M・シュルツ博物館／Charles M Schulz Museum 257
　バウアーズ・ミュージアム・オブ・カルチュラル・アート／Bowers Museum of Cultural Art 664
　ピーターセン自動車博物館／Petersen Automotive Museum 706
　ロイ・ロジャーズ-デール・エヴァンス博物館／Roy Rogers-Dale Evans Museum 548
　ロージクルーシャン・エジプト博物館／Rosicrucian Egyptian Museum 225
　ロサンゼルス郡立美術館／Los Angeles County Museum of Art 706
ミラー湖／Mirror Lake 476
ミル・バレー／Mill Valley 183

Index

メキシコ（ティファナを参照）／Mexico
メスキート・フラット砂丘／Mesquite Flat Sand Dunes　554
メディシン湖／Medicine Lake　377
メンドシーノ／Mendocino　301, **302**
　　アトラクション　302
　　宿泊　303
　　食事　305
　　年中行事　303
メンドシーノ湖／Lake Mendocino　292
メンドシーノ国有林／Mendocino National Forest　381
メンドシーノ岬州立公園／Mendocino Headlands State Park　303
モデスト／Modesto　433
モドック国有林／Modoc National Forest　377
モナーク・グローブ保護区／Monarch Grove Sanctuary　809
モノ湖／Mono Lake　504, **505**
モハベ／Mojave　548
モハベ砂漠／Mojave Desert　546
モフェット・フィールド／Moffett Field　220
モロ・ベイ／Morro Bay　789, **790**
モンゴメリ・ウッズ州立保護区／Montgomery Woods State Reserve　292
モンタニャ・デ・オロ州立公園／Montaña de Oro State Park　789
モンタラ／Montara　232
モントレー／Monterey　809, **811**
　　アクセス　818
　　アトラクション　812
　　インフォメーション　810
　　エンターテインメント　817
　　宿泊　815
　　食事　817
　　年中行事　815
モントレー・ベイ水族館／Monterey Bay Aquarium　814
モントレー州立歴史公園／Monterey State Historic Park　812
モントレー半島／Monterey Peninsula　803, **804**

や

野生動物　28, 472, 491, 521
　　安全対策　60
ユージン・オニール国定史跡／Eugene O'Neill National Historic Site　216
郵便　49
ユーリカ／Eureka　322, **323**
ユーリカ・ピーク／Eureka Peak　355
ユカイア／Ukiah　289
ユッカ・バレー／Yucca Valley　538
ユニオン・スクエア／Union Square　119, **108**
ユニバーサル・スタジオ・ハリウッド／Universal Studios Hollywood　713
ヨーラ・ボリー・ミドル・イール自然保護区／Yolla Bolly-Middle Eel Wilderness　382
ヨセミテ・バレー／Yosemite Valley　475, **476**

太字はMAPを示す

ヨセミテ・ポイント／Yosemite Point　480
ヨセミテ国立公園／Yosemite National Park　470, **471**
　　アトラクション　473
　　インフォメーション　473
　　交通手段　489
　　宿泊　487
　　食事　488
　　ハイキング　479
ヨセミテ滝／Yosemite Falls　476, **480**
ヨセミテの滝　479, 480
ヨントビル／Yountville　263

ら

ラ・ホーヤ／La Jolla　615, **616**
ラークスパー／Larkspur　184
ラグーナ山脈／Laguna Mountains　648
ラグーナ・ビーチ／Laguna Beach　666, **667**
　　アート・フェスティバル　668
ラザフォード／Rutherford　264
ラジオ　53
ラスベガス（ネバダ州）／Las Vegas (NV)　560, **562**, **565**
　　アクセス　577
　　アトラクション　564
　　インフォメーション　563
　　エンターテインメント　575
　　交通手段　578
　　宿泊　570
　　食事　573
　　ショッピング　577
ラッコ　814
ラッセン・カウンティ／Lassen County　346
ラッセン・シーニック・バイウェイ／Lassen Scenic Byway　346
ラッセン・ピーク／Lassen Peak　349
ラッセン火山国立公園／Lassen Volcanic National Park　348
ラッセン国有林／Lassen National Forest　350
ラット・パック／Rat Pack　561
ラッフェンホルツ・ビーチ／Luffenholtz Beach　335
ラバ・ベッズ国定記念物／Lava Beds National Monument　375
ラフティング（ホワイトウォーター〈急流〉ラフティングを参照）
ランカスター／Lancaster　547
ランディ湖／Lundy Lake　503
ランドリー　54
ランニング　86, 134
リー・ビニング／Lee Vining　505
リオス・カレドニア・アドービ／Rios Caledonia Adobe　821
リチャードソン・グローブ州立公園／Richardson Grove State Park　312
リッジクレスト／Ridgecrest　557
リトル・サイゴン／Little Saigon　665
リノ（ネバダ州）／Reno (NV)　580, **582**
　　アクセス　587
　　アトラクション　581
　　インフォメーション　581

837

Index

エンターテインメント 587
交通手段 587
宿泊 584
食事 586
年中行事 584
領事館 46
旅費 48
ルイストン／Lewiston 378
ルーサー・バーバンク邸&庭園／Luther Burbank Home & Gardens 256
ルーズベルト・エルク／Roosevelt elk 340
レイクタホ／Lake Tahoe 450, **451**
レイクタホ・ネバダ州立公園／Lake Tahoe-Nevada State Park 462
レイクポート／Lakeport 285
レイジング・ウォーターズ／Raging Waters 231
レインボー・ベイスン国定天然記念物／Rainbow Basin National Natural Landmark 550
レース場 443
レガット／Leggett 312
歴史 15
レゴランド・カリフォルニア／Legoland California 642
レズビアン（ゲイ&レズビアンを参照）
列車の旅
　カリフォルニア内の移動 96
　カリフォルニアへのアクセス 92
レッド・ビューツ自然保護区／Red Buttes Wilderness 374
レッド・ブラフ／Red Bluff 399
レッド・ロック・キャニオン（ネバダ州）／Red Rock Canyon (NV) 578
レッド・ロック・キャニオン州立公園／Red Rock Canyon State Park 548
レッドウッド 338
レッドウッド・コースト／Redwood Coast 311, **338**
レッドウッド国立公園／Redwood National Park 338
レッドウッド地域公園／Redwood Regional Park 199
レディング／Redding 358, **359**
ローズ山自然保護区／Mt Rose Wilderness 462
ローラ・モンテズ／Lola Montez 411
ローラーコースター 755
ローン・パイン／Lone Pine 516
ロサンゼルス／Los Angeles 676, **680**
　アクセス 748
　インフォメーション 679, **694**
　ウエスト・ハリウッド／West Hollywood 704, **686**
　エクスポジション公園／Exposition Park 699
　エンターテインメント 737
　グリフィス公園／Griffith Park 707, **692**
　交通手段 749
　サンタモニカ／Santa Monica 710, **690**
　宿泊 719
　食事 729
　ショッピング 745
　ダウンダウン／Downtown 696, **682**

パサデナ／Pasadena 714, **693**
ハリウッド／Hollywood 702, **684**
ビバリーヒルズ&ウエストサイド／Beverly Hills & Westside 708, **688**
ベニス・ビーチ／Venice Beach 711, **690**
マリブ／Malibu 710
ミッド・シティ／Mid-City 705, **686**
ロング・ビーチ／Long Beach 712
ロサンゼルス郡自然史博物館／Natural History Museum of LA County 699
ロサンゼルス郡立美術館／Los Angeles County Museum of Art 706
ロシア自然保護区／Russian Wilderness 374
ロシアン川／Russian River 270
ロス・パドレス国有林／Los Padres National Forest 777
ロスト・コースト／Lost Coast 317
ロック／Locke 390
ロッククライミング 82
　オーウェンス・リバー・ゴージ／Owens River Gorge 513
　ジョシュア・ツリー国立公園／Joshua Tree National Park 535
　ヨセミテ国立公園／Yosemite National Park 478
ロデオ・ドライブ／Rodeo Drive 708
ロバート・シブレー火山帯保護区／Robert Sibley Volcanic Regional Preserve 199
ロバート・ルイス・スティーブンソン州立公園／Robert Louis Stevenson State Park 269
ロング・ビーチ／Long Beach 712
ロンドン、ジャック／London, Jack 197, 256
ロンボック／Lompoc 779

わ

ワーナー山脈／Warner Mountains 378
ワイナリー
　アマドール・カウンティ／Amador County 418
　アンダーソン・バレー／Anderson Valley 288
　エル・ドラド・カウンティー／El Dorado County 418
　ガーニービル／Guerneville 275
　クリア湖／Clear Lake 286
　サン・ルイス・オビスポ／San Luis Obispo 783
　サンタバーバラ／Santa Barbara 778
　セバストポル／Sebastopol 273
　ソノマ・バレー／Sonoma Valley 249
　ナパ・バレー／Napa Valley 258
　パソ・ロブレス／Paso Robles 820
　ヒールズバーグ／Healdsburg 280
　ホップランド／Hopland 284
　ユカイア周辺 291
ワイン・カントリー／Wine Country 245, 246
ワイン・テイスティング 247
ワウオナ／Wawona 477

太字はMAPを示す

838

Index

コラム

アダルト・オンリー　169
熱いのが好きな人、そうでない人　761
イシ　394
イリーカ：名前より中身が大事　372
ウィリアム・ランドルフ・ハーストと彼の城　795
LAの無料施設　694
オークランドブルース　201
ガートルード・スタイン&ジャック・ロンドン　198
改宗と復讐　607
買い物好きの楽園　671
ガラスのような羽の悪夢　247
カリフォルニアコンドル：空の王者　29
渇いた巨人を癒す水　678
完璧な仕事に口出し無用　260
キッズ必見　699
キャプテン・ジャックの砦　376
金採取法　405
銀幕のスター　301
空想の州　374
クマに対する注意　77
グラス・バレーのローラ・モンテス　411
クレイジーな仕掛け装置　319
クレセント・シティの巨大津波　342
グレン・アイビー温泉　665
ケイト・セッションズの伝説　599
ケーブルカー　122
ゴールデン・ゲート・ブリッジのハイキング&サイクリング　179
コククジラ　192
国立公園パス　59
コレクションマニアの大集合：LAのフリーマーケット入門　745
サー・フランシス・ドレイク　190
サケー海の王者　272
砂漠の保護と保全　522
サム・ブラナン　265
サンディエゴ滞在48時間　595
サンフランシスコのゲイ社会　129
支配的パラダイムの失墜　207
ジャイアントセコイア　493
シャスタ　365
十分熱い？　523
ジョス・ハウス　397
ジョン・スタインベック　819
ジョン・ミュアー　474

森林の中を走る　239
スタジオに行く　742
すてきな生き物、ラッコを見逃すな　814
ゾウアザラシ　235
ソルトン湖　541
代替エネルギー　528
タホ・スキー・エリア　458
タホ・リム・トレイル　450
地球上でもっとも背の高い木、コースト・レッドウッド　339
注意事項　88
鳥類スーパーハイウェイ　377
通行不可能なタイオガ峠　473
ツール霧　432
デス・バレーでの死　554
テディ・ルーズベルト・エルク　340
点心　148
伝説のハーフ・ドーム　475
伝道所　17
ドナー隊　453
トリッキー・ディック図書館　658
ナショナル・フォレスト・アドベンチャー・パス　76
夏と冬の値段　43
ハービンの思い出　268
ハイウェイ1のドライブ　798
パシフィック・クレスト・トレイル　74
ビート・ジェネレーション　124
ブーントリング　288
ベーカーズフィールド・サウンド　444
ベンタナ自然保護区　801
ホイットニー山を登る　517
ホテル・モーテルチェーン　68
無料・屋外イベント　164
モノ湖　504
モフェット・フィールズ・エアシップ・ハンガー　220
野外劇場　743
49マイル・シーニック・ドライブ　104
ラグーナのアート・フェスティバル　668
ラスベガスでの結婚　563
ラット・パック　561
老木の上に住んだ娘　316
ロサンゼルス・コンサーバンシーのツアー　718
ロサンゼルスのゲイ&レズビアン　704
忘れられそして見つけられ　322

MAP凡例

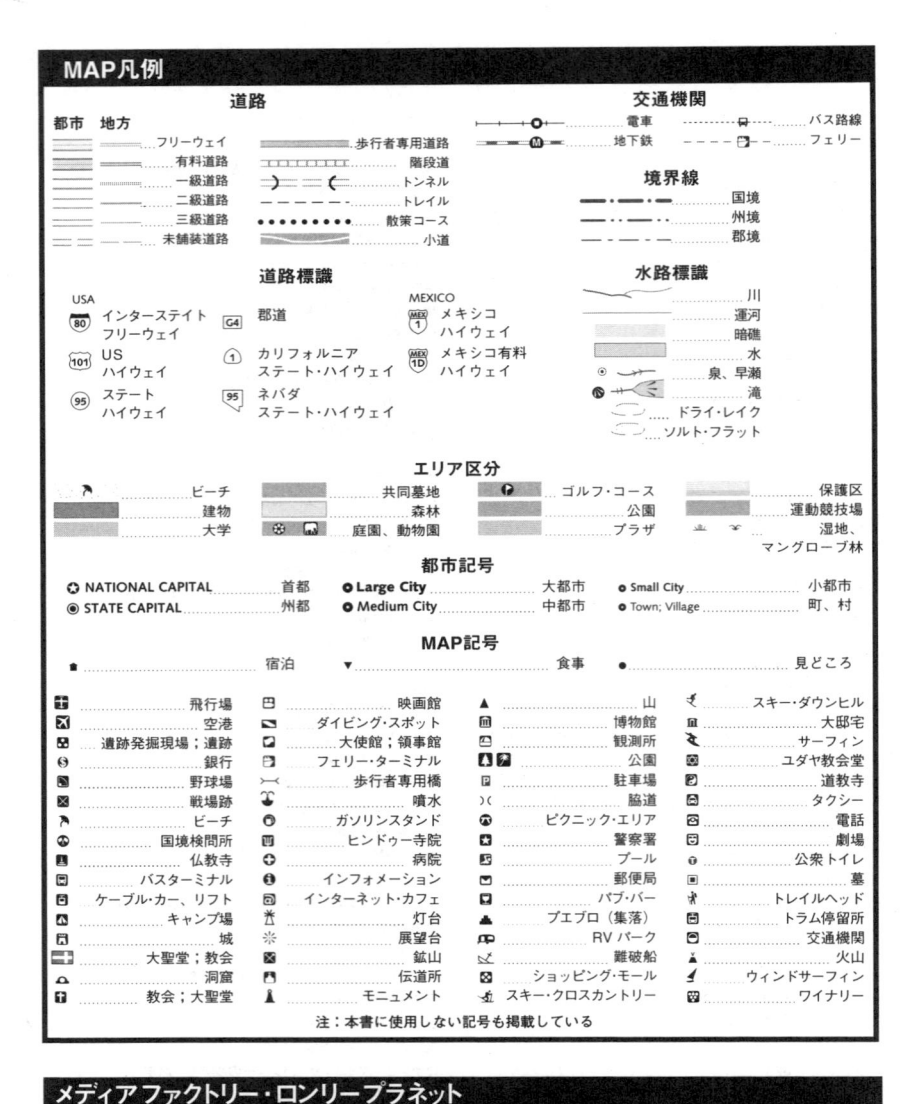

道路

都市	地方		
		フリーウェイ	歩行者専用道路
		有料道路	階段道
		一級道路	トンネル
		二級道路	トレイル
		三級道路	散策コース
		未舗装道路	小道

交通機関

- 電車
- 地下鉄
- バス路線
- フェリー

境界線

- 国境
- 州境
- 郡境

道路標識

USA		MEXICO	
(80) インターステイト フリーウェイ	G4 郡道	MEX 1 メキシコ ハイウェイ	
(101) US ハイウェイ	1 カリフォルニア ステート・ハイウェイ	MEX 1D メキシコ有料 ハイウェイ	
(95) ステート ハイウェイ	95 ネバダ ステート・ハイウェイ		

水路標識

- 川
- 運河
- 暗礁
- 水
- 泉、早瀬
- 滝
- ドライ・レイク
- ソルト・フラット

エリア区分

- ビーチ
- 共同墓地
- ゴルフ・コース
- 保護区
- 建物
- 森林
- 公園
- 運動競技場
- 大学
- 庭園、動物園
- プラザ
- 湿地、マングローブ林

都市記号

- ○ NATIONAL CAPITAL ... 首都
- ● STATE CAPITAL ... 州都
- ● Large City ... 大都市
- ● Medium City ... 中都市
- ● Small City ... 小都市
- ● Town; Village ... 町、村

MAP記号

	宿泊		食事		見どころ
	飛行場		映画館	▲ 山	スキー・ダウンヒル
	空港		ダイビング・スポット	博物館	大邸宅
	遺跡発掘現場；遺跡		大使館；領事館	観測所	サーフィン
	銀行		フェリー・ターミナル	公園	ユダヤ教会堂
	野球場		歩行者専用橋	P 駐車場	道教寺
	戦場跡		噴水	脇道	タクシー
	ビーチ		ガソリンスタンド	ピクニック・エリア	電話
	国境検問所		ヒンドゥー寺院	警察署	劇場
	仏教寺		病院	プール	公衆トイレ
	バスターミナル		インフォメーション	郵便局	墓
	ケーブル・カー、リフト		インターネット・カフェ	パブ・バー	トレイルヘッド
	キャンプ場		灯台	プエブロ（集落）	トラム停留所
	城		展望台	RV パーク	交通機関
	鉱山		伝道所	難破船	火山
	大聖堂；教会				
	洞窟		モニュメント	ショッピング・モール	ウィンドサーフィン
	教会；大聖堂			スキー・クロスカントリー	ワイナリー

注：本書に使用しない記号も掲載している

メディアファクトリー・ロンリープラネット

株式会社 メディア ファクトリー

〒104-0061
東京都中央区銀座8-4-17
Tel: 0570-002-001
Tel: 03-5469-4740（編集部）
www.mediafactory.co.jp

Lonely Planet Publications Pty Ltd

本社
Locked Bag 1, Footscray
Victoria 3011
Australia
（他にアメリカ、イギリス、フランス支社）
Tel: 61-3-8379-8000　Fax: 61-3-8379-8111
talk2us@lonelyplanet.com.au
www.lonelyplanet.com/japan